C# COMO PROGRAMAR

Pearson Education

EMPRESA CIDADÃ

C# COMO PROGRAMAR

H. M. Deitel
Deitel & Associates, Inc.

P. J. Deitel
Deitel & Associates, Inc.

J. Listfield

T. R. Nieto
Deitel & Associates, Inc.

C. Yaeger
Deitel & Associates, Inc.

M. Zlatkina

Tradutor:
João Eduardo Nóbrega Tortello

Revisão Técnica:
Alvaro Rodrigues Antunes
Mestre em Ciência da Computação pela Universidade Federal do Rio Grande do Sul Desenvolvedor de sistemas de controles em Tempo Real em C, C++ e C# Consultor nacional e internacional

Pearson

Tradução autorizada da edição original em inglês *C# — How to program*, 1st Edition de Deitel, Harvey; Deitel, Paul; Listfield, Jefrey A.; Nieto,Tem; Yaeger, Cheryl; Zlatkina, Marina, publicada pela Pearson Education , Inc. sob o selo Prentice Hall

Diretor Editorial: José Martins Braga
Editora: Gisélia Costa
Editora de Texto: Marileide Gomes
Preparação: Barbara E. Benevides Arruda
Revisão: Lucila Segóvia
Designer de capa: Marcelo da Silva Françozo,
sob o projeto original de Tamara L. Newnam
Editoração Eletrônica: Marco Zero / Denise D'Amaro Chiara

Dados Internacionais de Catalogação na Publicação (CIP)
(Câmara Brasileira do Livro, SP, Brasil)

Deitel, H. M.

C# — Como programar/ H. M. Deitel;P.J. [*outros autores: P. J. Deitel; J. Listfield; T. R. Nieto; C.Yaeger; M. Zlatkina*]. tradução João Eduardo Nóbrega Tortello; revisão técnica Alvaro Antunes
São Paulo: Pearson Education, 2003.

Título original: *C# — How to Program*
ISBN: 978-85-346-1459-7

1. C# (Linguagem de programação para computadores) I. Deitel, P. J.. II. Listfield, J.. III. Nieto, T. R.. IV. Yaeger, C.. V. Zlatkina, M..

03-1665 CDD-005.133

Índices para catálogo sistemático:

1. C#: Linguagem de programação para computadores : computadores: Processamento de dados 005.133

Direitos exclusivos cedidos à
Pearson Education do Brasil Ltda.,
uma empresa do grupo Pearson Education
Avenida Santa Marina, 1193
CEP 05036-001 - São Paulo - SP - Brasil
Fone: 19 3743-2155
pearsonuniversidades@pearson.com

Distribuição
Grupo A Educação
www.grupoa.com.br
Fone: 0800 703 3444

À carinhosa memória de nosso tio e tio-avô David Gewanter:

Estamos profundamente agradecidos por ele ter compartilhado conosco seu amor, estímulo, conhecimento, idéias e sabedoria.

Harvey e Paul Deitel

A meus pais:

Vocês me conduziram nesses anos e fizeram de mim o que sou.

Jeff

À carinhosa memória de vovô Corbit.

Tem R. Nieto

A meus pais e irmão:

Por sempre me apoiarem nos bons e maus momentos. Obrigada por tudo — nunca me esquecerei das lágrimas, dos abraços e das risadas.

Cheryl

Para mamãe e vovó:

Que me apoiaram com seu amor, coragem e força sem fim.
Obrigada por sempre estarem presentes.

Marina

SUMÁRIO

ILUSTRAÇÕES

Capítulo 3 Introdução à Programação com C#

Capítulo 4 Estruturas de Controle: Parte 1

Capítulo 5 Estruturas de Controle: Parte 2

Apêndice D Depurador do Visual Studio .NET

Apêndice E Gerando documentação no Visual Studio (no CD)

Apêndice F Conjunto de Caracteres ASCII

Apêndice G Unicode® (no CD)

Apêndice H Integração COM (no CD)

Apêndice I Introdução à HyperText Markup Language 4: Parte 1

Apêndice J Introdução à HyperText Markup Language 4: Parte 2

Apêndice K Introdução ao XHTML: Parte 1

Apêndice L Introdução ao XHTML: Parte 2

Apêndice M Caracteres especiais do HTML/XHTML

Apêndice N Cores no HTML/XHTML

Apêndice O Manipulação de bits (no CD)

Apêndice P Crystal Reports for Visual Studio .NET

PREFÁCIO

Viver em fragmentos não mais. Apenas conectado.
Edward Morgan Forster

Tecemos uma teia na infância,
uma teia de aspecto alegre.
Charlotte Brontë

Bem-vindo ao C# e ao mundo da programação Windows, Internet e World Wide Web com o Visual Studio e a plataforma .NET! Este livro é o segundo de nossa nova série *.NET How to Program*, que apresenta várias tecnologias de computação de ponta, no contexto da plataforma .NET.

O C# — a fase seguinte na evolução do C e C++, desenvolvido expressamente para a plataforma .NET da Microsoft — fornece os recursos que são mais importantes para os programadores, como programação orientada a objetos, strings, elementos gráficos, componentes de interface com o usuário gráfica (GUI), tratamento de exceções, múltiplas linhas de execução, multimídia (áudio, imagens, animação e vídeo), processamento de arquivos, estruturas de dados pré-empacotadas, processamento de banco de dados, redes cliente/servidor com base na Internet e na World Wide Web e computação dis tribuída. A linguagem é apropriada para implementar aplicativos para a Internet e World Wide Web que se integram de forma transparente com os aplicativos baseados em PC.

A plataforma .NET oferece poderosos recursos para o desenvolvimento e a distribuição de software, incluindo a independência de uma linguagem ou plataforma específica. Em vez de exigir que os desenvolvedores aprendam uma nova linguagem de programação, os programadores podem contribuir para o mesmo projeto de software, mas escrever código usando qualquer uma (ou várias) das linguagens .NET (como C#, Visual Basic .NET, Visual C++ .NET e outras) pelas quais têm preferência e/ou nas quais são mais experientes. Além de fornecer independência de linguagem, o .NET amplia a portabilidade dos programas, permitindo que os aplicativos .NET residam e se comuniquem entre várias plataformas — facilitando assim a distribuição de serviços da Web pela Internet. A plataforma .NET permite que os aplicativos baseados na Web sejam distribuídos para aparelhos eletrônicos de consumo, como telefones celulares e assistentes digitais pessoais, assim como para computadores de mesa. Os recursos que a Microsoft incorporou na plataforma .NET criam um novo paradigma de desenvolvimento de software, que aumentará a produtividade do programador e diminuirá o tempo de desenvolvimento.

Recursos neste livro

Esta edição contém muitos recursos úteis:

- ***Convenções na apresentação do código***. Este livro apresenta o código com alguns tipos de fontes diferentes, de acordo com o tipo de informação. Nossas convenções para a sintaxe são as seguintes:

```
comentários
palavras-chave
valores literais
erros e diretivas do ASP .NET
texto e nomes de classes, métodos e variáveis
```

- ***"Lavagem de código"***. Essa é nossa expressão para o processo que usamos para formatar os programas do livro, de modo que eles tenham um layout aberto e cuidadosamente comentado. O código aparece com fontes diferentes e é agrupado em pequenas partes bem documentadas. Isso melhora muito a legibilidade do código — um objetivo especialmente importante para nós, considerando que este livro contém aproximadamente 23.500 linhas de código.

- ***Serviços da Web e ASP .NET***. A estratégia .NET da Microsoft considera a Internet e a Web como partes integrantes dos processos de desenvolvimento e distribuição de software. Os serviços da Web — os Web Services, uma tecnologia importante nessa estratégia — permitem o compartilhamento de informações, comércio e outras interações usando protocolos e tecnologias padrão da Internet, como Hypertext Transfer Protocol (HTTP), Simple Object Access Protocol (SOAP) e Extensible Markup Language (XML). Os serviços da Web permitem aos programadores empacotar a funcionalidade de aplicativos de uma maneira que transforma a Web em uma biblioteca de componentes de software reutilizáveis. No Capítulo 21 apresentamos um serviço da Web que permite que os usuários façam reservas de poltronas em uma companhia aérea. Nesse exemplo, um usuário acessa uma página Web, escolhe uma opção de poltrona e envia a página para o servidor da Web. Então, a página chama um serviço da Web que verifica a disponibilidade do assento. Também apresentamos algumas informações relacionadas aos serviços da Web no Apêndice P, que discute software de produção de relatórios popular para aplicativos que usam bancos de dados intensivamente. O Crystal Reports, que é integrado no Visual Studio .NET, fornece a capacidade de expor um relatório como um serviço da Web. O apêndice fornece informações introdutórias e conduz os leitores em uma excursão por esse processo, no site Web da Crystal Decisions (**`www.crystaldecisions.com/net`**).

- ***Web Forms, Web Controls e ASP .NET***. Os desenvolvedores de aplicativos devem criar aplicativos baseados na Web robustos e flexíveis. A arquitetura da plataforma .NET suporta esses aplicativos. A tecnologia do lado do servidor .NET da Microsoft, Active Server Pages (ASP) .NET, permite que os programadores construam documentos da Web que respondam a solicitações dos clientes. Para possibilitar páginas Web interativas, os programas do lado do servidor processam as informações que os usuários introduzem em formulários HTML. O ASP .NET é um desvio significativo das versões anteriores de ASP e permite que os desenvolvedores programem aplicativos baseados na Web usando as poderosas linguagens orientadas a objetos do .NET. O ASP .NET também fornece recursos de programação visual melhorados, semelhantes àqueles usados na construção de formulários Windows para programas para microcomputadores. Os programadores podem criar páginas Web visualmente, arrastando e soltando controles Web em formulários Web. O Capítulo 20 apresenta essas poderosas tecnologias.

- ***Programação orientada a objetos***. A programação orientada a objetos é a técnica mais amplamente empregada para desenvolver software robusto e reutilizável, e o C# oferece recursos aprimorados de programação orientada a objetos. Este texto oferece uma rica apresentação da programação orientada a objetos. O Capítulo 8 mostra como criar classes e objetos. Esses conceitos são estendidos no Capítulo 9, que discute como os programadores podem criar novas classes que "absorvem" os recursos de classes já existentes. O Capítulo 10 familiariza o leitor com os conceitos fundamentais do polimorfismo, das classes abstratas, das classes concretas e das interfaces, que facilitam manipulações poderosas entre objetos pertencentes a uma hierarquia de herança.

- ***XML***. O uso de Extensible Markup Language (XML) está explodindo no setor de desenvolvimento de software, nas comunidades de e-business e e-commerce e penetra em toda a plataforma .NET. Como a XML é uma tecnologia independente de plataforma para descrever dados e para criar linguagens de marcação, a portabilidade dos dados da XML se integra bem com os aplicativos e serviços portáveis do C#. O Capítulo 18 apresenta a XML. Nele apresentamos a marcação XML básica e discutimos tecnologias como DTDs e esquemas, que são usadas para validar conteúdo de documentos XML. Também explicamos como manipular documentos XML por meio de programas usando o Document Object Model (DOM™) e como transformar documentos XML em outros tipos de documentos utilizando o de Extensible Stylesheet Language Transformations (XSLT).

- ***Múltiplas linhas de execução (multithreading)***. Os computadores nos permitem executar muitas tarefas em paralelo (ou concorrentemente), como a impressão de documentos, o download de arquivos de uma rede e a navegação na Web. As múltiplas linhas de execução representam uma tecnologia por meio da qual os programadores podem desenvolver aplicativos que executam tarefas concorrentes. Historicamente, um computador possui um único processador caro, que seu sistema operacional compartilha entre todos os aplicativos. Atualmente os processadores estão se tornando tão baratos que é possível construir computadores acessíveis com muitos processadores que funcionam em paralelo — esses computadores são chamados de multiprocessadores. As múltiplas linhas de execução são eficazes nos sistemas de um único processador e em multiprocessadores. Os recursos de múltiplas linhas de execução do C# tornam a plataforma e suas tecnologias relacionadas mais bem preparadas para tratar com os atuais aplicativos distribuídos sofisticados de uso intenso de multimídia, banco de dados, baseados em rede e multiprocessadores. O Capítulo 14 fornece uma discussão detalhada sobre múltiplas linhas de execução.

- ***ADO .NET***. Os bancos de dados armazenam amplos volumes de informação que as pessoas e empresas devem acessar para fazer negócios. Como uma evolução do ActiveX Data Objects (ADO) da Microsoft, o ADO .NET representa uma nova estratégia para construir aplicativos que interagem com bancos de dados. O ADO .NET usa XML e um modelo de objeto melhorado para fornecer aos desenvolvedores as ferramentas que precisam para acessar e manipular bancos de dados, para aplicativos de grande escala, extensíveis, de missão crítica e múltiplas camadas. O Capítulo 19 detalha os recursos do ADO .NET e a Structured Query Language (SQL) para manipular bancos de dados.

- ***Visual Studio .NET Debugger***. Depuradores são programas que ajudam os programadores a encontrar e corrigir erros lógicos no código do programa. O Visual Studio .NET contém uma poderosa ferramenta de depuração que permite que os programadores analisem seus programas linha a linha enquanto eles executam. No Apêndice D explicamos como usar os principais recursos do depurador, como a configuração de pontos de parada e "watches", percorrendo procedimentos e examinando a pilha de chamada de procedimento.

- ***Integração COM (Component Object Model)***. Antes da introdução do .NET, muitas empresas gastavam tempo e dinheiro criando componentes de software reutilizáveis, chamados componentes COM, que incluíam controles ActiveX® e DLLs (Dynamic Link Libraries — bibliotecas de vinculação dinâmica) ActiveX para aplicativos Windows. No Apêndice H discutimos algumas das ferramentas disponíveis no Visual Studio .NET para integrar esses componentes em aplicativos .NET. Essa integração permite que os programadores usem conjuntos existentes de controles baseados em COM, com componentes .NET.

- ***Documentação em XML***. Documentar o código do programa é fundamental para desenvolvimento de software, pois diferentes programadores freqüentemente trabalham em um aplicativo durante o ciclo de vida do software, que em geral inclui várias versões e pode abranger muitos anos. Se os programadores documentarem o código e os métodos do software, outros programadores que trabalhem no aplicativo poderão aprender e entender a lógica subjacente ao código, economizando tempo e evitando desentendimentos. Para automatizar a documentação de programas, o Visual Studio .NET fornece uma ferramenta XML para programadores de C#. O Apêndice E explica como um programador pode inserir comentários no código, o que produz um arquivo separado fornecendo a documentação do código.

- ***Oportunidades de carreira***. O Apêndice C apresenta serviços de carreira disponíveis na Internet. Exploramos os serviços de carreira on-line, da perspectiva do empregador e do empregado. Relacionamos muitos sites Web nos quais você pode enviar currículos, procurar trabalho e examinar candidatos (se você estiver interessado em contratar alguém). Também examinamos os serviços que constroem páginas de recrutamento diretamente nos e-businesses. Um de nossos revisores nos disse que usou a Internet como principal ferramenta em uma recente pesquisa de emprego e que este apêndice o ajudou a expandir enormemente sua busca.

- ***Unicode***. À medida que os sistemas de computador evoluíram no mundo todo, os fornecedores de computador desenvolveram representações numéricas de conjuntos de caracteres e símbolos especiais para os idiomas locais falados em diferentes países. Em alguns casos, diferentes representações eram desenvolvidas para os mesmos idiomas. Esses conjuntos de caracteres díspares atrapalhavam a comunicação entre os sistemas de computador. O C# suporta o *padrão Unicode* (mantido por uma organização sem fins lucrativos, chamada *Unicode Consortium*), que mantém um único conjunto de caracteres especificando valores numéricos exclusivos para caracteres e símbolos especiais na maioria dos idiomas do mundo. O Apêndice G discute o padrão, dá um panorama do site Web do Unicode Consortium (`www.unicode.org`) e apresenta um aplicativo C# que mostra "Welcome to Unicode!" em vários idiomas.

- ***XHTML***. O World Wide Web Consortium (W3C) declarou o HTML como uma tecnologia legada que não terá mais desenvolvimento. O HTML está sendo substituído pelo Extensible Hypertext Markup Language (XHTML) — uma tecnologia baseada no XML que está se tornando rapidamente o padrão para descrever conteúdo da Web. Usamos XHTML no Capítulo 18 e oferecemos uma introdução à tecnologia nos Apêndices K e L. Esses apêndices dão um panorama dos cabeçalhos, das imagens, das listas, dos mapas de imagem e de outros recursos dessa emergente linguagem de marcação. (Também apresentamos o HTML nos apêndices I e J, pois o ASP .NET, usado nos capítulos 20 e 21, gera conteúdo HTML.)

- ***Acessibilidade***. Embora a World Wide Web tenha se tornado uma parte importante da vida de muitas pessoas, atualmente o meio apresenta muitos desafios para os portadores de deficiências. As pessoas portadoras de deficiência auditiva e visual, em particular, têm dificuldade de acessar sites da Web ricos em multimídia. Em uma tentativa de melhorar essa situação, o World Wide Web Consortium (W3C) lançou a Web Accessibility Initiative (WAI), que fornece diretrizes para tornar os sites Web acessíveis para pessoas portadoras de deficiências. O Capítulo 24 descreve essas diretrizes e destaca vários produtos e serviços projetados para melhorar a experiência de navegação na Web de pessoas com deficiências. Por exemplo, o capítulo apresenta a VoiceXML e a CallXML — duas tecnologias baseadas em XML para aumentar a acessibilidade do conteúdo da Web para pessoas portadoras de deficiência visual.

- ***Manipulação de bits***. Os computadores trabalham com dados na forma de dígitos binários ou bits, que podem assumir os valores 1 ou 0. Os circuitos do computador realizam várias manipulações de bit simples, como examinar o valor de um bit, configurar o valor de um bit e inverter um bit (de 1 para 0 ou de 0 para 1). Os sistemas operacionais, equipamentos de teste, software de redes e muitos outros tipos de software exigem que os programas se comuniquem "diretamente com o hardware", usando manipulação de bits. O Apêndice O dá um panorama dos recursos de manipulação de bits fornecidos pela plataforma .NET.

Algumas notas para instrutores

Os alunos gostam de aprender uma linguagem de ponta

O Dr. Harvey M. Deitel deu cursos introdutórios de programação em universidades por 20 anos, com ênfase no desenvolvimento de programas bem projetados e escritos claramente. Muito do que foi ensinado nesses cursos representa os princípios básicos da programação, concentrando-se no uso eficiente de tipos de dados, estruturas de controle, arrays e funções. Nossa experiência tem sido a de que os estudantes tratam o material deste livro praticamente da mesma maneira como tratam outros cursos de programação introdutórios e intermediários. Contudo, há uma diferença notável: os alunos ficam altamente motivados pelo fato de estar aprendendo uma linguagem de ponta, C#, e um paradigma de programação de ponta (programação orientada a objetos), que serão imediatamente úteis para eles quando entrarem no mercado de trabalho. Isso aumenta o entusiasmo pelo material — que é fundamental, quando você considera que existe muito mais a aprender em um curso sobre C#, agora que os estudantes precisam dominar a linguagem básica e muitas bibliotecas de classes. Embora o C# seja uma linguagem nova, que pode exigir que os programadores renovem suas habilidades, eles ficarão motivados a fazer isso, em virtude da poderosa gama de recursos que a Microsoft está oferecendo em sua iniciativa .NET.

Um mundo da orientação a objetos

No final dos anos 90, as universidades ainda enfatizavam a programação procedimental. Os cursos de ponta estavam usando C++ orientado a objetos, mas esses cursos geralmente misturavam uma grande quantidade de programação procedimental com programação orientada a objetos — algo que o C++ permite que os programadores façam. Muitos instrutores estão agora enfatizando uma estratégia de programação orientada a objetos pura. Este livro — o segundo texto de nossa série .NET — adota uma estratégia predominantemente orientada a objetos, devido à orientação a objetos fornecida no C#.

Foco do livro

Nosso objetivo era claro: produzir um livro-texto de C# para cursos introdutórios e intermediários, universitários ou não, sobre programação de computadores, destinado a estudantes com pouca ou nenhuma experiência em programação, e ainda oferecer a profundidade e o tratamento rigoroso da teoria e prática exigidos por profissionais e estudantes de cursos de programação de nível superior tradicionais. Para atingir esses objetivos, produzimos um livro abrangente que ensina pacientemente os princípios da programação de computadores e da linguagem C#, incluindo estruturas de controle, programação orientada a objetos, bibliotecas de classes do C#, conceitos de interface com o usuário gráfica, programação dirigida para eventos e muito mais. Após dominar o material deste livro, os estudantes estarão bem preparados para programar em C# e para empregar os recursos da plataforma .NET.

Comunicação com uso intenso de multimídia

As pessoas querem se comunicar. É claro que elas se comunicam desde o começo da civilização, mas o potencial para troca de informações tem aumentado dramaticamente com a evolução de várias tecnologias. Até recentemente, mesmo a comunicação pelo computador era limitada principalmente a dígitos, caracteres alfabéticos e caracteres especiais. A onda atual da tecnologia de comunicação envolve a distribuição de multimídia — as pessoas gostam de usar aplicativos que transmitem figuras coloridas, animações, vozes, clipes de áudio e até vídeo colorido com movimento por meio da Internet. Em algum ponto insistiremos na transmissão de imagens tridimensionais em movimento.

Muitas previsões apontam que a Internet finalmente substituirá o rádio e a televisão como os conhecemos hoje. Analogamente, não é difícil imaginar jornais, revistas e livros distribuídos para "a palma de suas mãos" (ou mesmo óculos especiais), por comunicação móvel. Muitos jornais e revistas já oferecem versões baseadas na Web, e alguns desses serviços têm se difundido no mundo da comunicação móvel. Quando os telefones celulares foram introduzidos, eles eram grandes e desajeitados. Hoje, eles são pequenos dispositivos que cabem em nossos bolsos e muitos são habilitados para a Internet. Perante a velocidade do avanço atual, a tecnologia de comunicação móvel em breve oferecerá serviços melhores de fluxo de vídeo e elementos gráficos empacotados, como chamadas em conferência por vídeo e jogos de vídeo para vários jogadores.

Estratégia de ensino

Este livro contém uma rica coleção de exemplos, exercícios e projetos extraídos de muitos campos e destinados a fornecer aos estudantes uma chance de resolver problemas interessantes do mundo real. Os exemplos de código deste texto foram testados no Windows XP. O livro se concentra nos princípios da boa engenharia de software e enfatiza a clareza do programa. Somos educadores que ensinam tópicos práticos avançados em classes do setor por todo o mundo. Evitamos a terminologia e as especificações de sintaxe complicadas para favorecer o ensino por meio do exemplo. O texto enfatiza a boa pedagogia[1].

Abordagem de ensino Live-Code™

Este livro está repleto de exemplos Live-Code™. Esse estilo exemplifica a maneira como ensinamos e escrevemos sobre programação e é o foco de nossas *Cyber Classrooms* de multimídia e cursos de treinamento baseados na Web. Cada novo conceito é apresentado no contexto de um exemplo funcional completo, que é imediatamente seguido de uma ou mais janelas mostrando a caixa de diálogo de entrada/saída do programa. Chamamos esse método de ensino e escrita de ***abordagem Live-Code™***. Usamos linguagens de programação para ensinar linguagens de programação. Ler os exemplos do texto é muito parecido com digitá-los e executá-los em um computador.

Acesso à World Wide Web

Todos os exemplos deste livro (e de nossas outras publicações) estão disponíveis na Internet para download, nos seguintes sites Web:

```
www.deitel.com
www.grupoa.com.br
```

O registro é rápido e fácil, e esses downloads são gratuitos. Sugerimos fazer o download de todos os exemplos e depois executar cada programa, quando você ler o texto correspondente. Faça alterações nos exemplos e veja os efeitos dessas alterações imediatamente — uma maneira excelente de aprender a programar. Cada conjunto de instruções presume que o usuário esteja executando o Windows 2000 ou o Windows XP e esteja usando o Internet Information Services (IIS) da Microsoft.

---

1. Usamos fontes para distinguir entre recursos do Integrated Development Environment (IDE), do Visual Studio .NET (como nomes de menus e itens de menu), e outros elementos que aparecem no IDE. Nossa convenção é enfatizar os recursos do IDE na fonte Helvética, negrito, sem serifa (por exemplo, menu **Project**) e enfatizar texto de programa na fonte Courier, negrito, com serifa (por exemplo, **`bool x = true/`**).

O Visual Studio .NET, que inclui o C#, pode ser adquirido junto à Microsoft. Estão disponíveis três versões diferentes do Visual Studio .NET — Enterprise, Professional e Academic. Visite o endereço **developerstore.com/devstore/** para obter mais detalhes e para ver opções de compra on-line. Se você for membro da Microsoft Developer Network, visite o endereço **msdn.microsoft.com/default.asp**.

Objetivos

Cada capítulo começa com objetivos que informam os estudantes sobre o que esperar e que dão a eles a oportunidade, após ler o capítulo, de determinar se atingiram os objetivos pretendidos. Os objetivos servem como construtores de confiança e como uma fonte de reforço positivo.

Citações

Os objetivos dos capítulos são seguidos por conjuntos de citações. Algumas são humorísticas, algumas filosóficas e outras oferecem idéias interessantes. Achamos que os estudantes gostam de relacionar as citações com o material do capítulo. Muitas das citações merecem uma "segunda olhada", após a leitura de cada capítulo.

Resumo

O resumo do capítulo permite que os estudantes encarem o material de cima para baixo. Junto com os objetivos do capítulo, o resumo ajuda os estudantes a antecipar os tópicos futuros e a definir um ritmo de aprendizado confortável e eficiente.

Aproximadamente 23.500 linhas de código em 204 exemplos de programas (com saídas de programa)

Apresentamos os recursos do C# no contexto de programas funcionais completos. Os programas têm tamanho variado, desde poucas linhas de código até exemplos substanciais, contendo várias centenas de linhas de código. Todos os exemplos estão disponíveis no CD que acompanha o livro.

607 ilustrações/figuras

Muitos gráficos, desenhos e saídas de programa estão incluídos. A discussão das estruturas de controle, por exemplo, apresenta fluxogramas cuidadosamente desenhados. [*Nota:* não ensinamos o uso de fluxogramas como ferramenta de desenvolvimento de programas, mas usamos uma breve apresentação orientada por fluxogramas para explicar a operação precisa de cada estrutura de controle do C#.]

509 dicas de programação

Incluímos dicas de programação para ajudar os estudantes a focalizar aspectos importantes do desenvolvimento do programa. Destacamos centenas dessas dicas na forma de *Boas práticas de programação, Erros de programação comuns, Dicas de teste e depuração, Dicas de desempenho, Dicas de portabilidade, Observações de engenharia de software* e *Observações de aparência e comportamento*. Essas dicas e práticas representam o melhor que os autores vislumbraram em uma combinação de sete décadas de experiência em programação e ensino. Uma de nossas alunas — formada em matemática — disse-nos que acha que essa estratégia é como o destaque de axiomas, teoremas e corolários nos livros de matemática; ela fornece uma base na qual se constrói um bom software.

91 Boas práticas de programação

As Boas práticas de programação são dicas que chamam a atenção para técnicas que ajudarão os estudantes a produzir programas melhores. Quando damos cursos introdutórios para quem não é programador, dizemos que a "dica" de cada curso é a "clareza" e falamos aos estudantes que destacaremos (nessas Boas práticas de programação) as técnicas para escrever programas mais claros, inteligíveis e manuteníveis.

165 Erros de programação comuns

Os estudantes que estão aprendendo uma linguagem — especialmente em seus primeiros cursos de programação — tendem a cometer certos tipos de erros freqüentemente. Apontar esses Erros de programação comuns reduz a probabilidade de que os estudantes cometam os mesmos erros. Isso também diminui as longas filas fora dos escritórios dos instrutores, durante o expediente!

44 Dicas de teste e depuração

Quando projetamos pela primeira vez esse "tipo de dica", achávamos que elas conteriam sugestões estritamente para expor erros e removê-los dos programas. Na verdade, muitas das dicas descrevem aspectos do C# que impedem que os "erros" entrem nos programas, simplificando assim o processo de teste e depuração.

57 Dicas de desempenho

De acordo com nossa experiência, ensinar estudantes a escrever programas claros e inteligíveis é de longe o objetivo mais importante para um primeiro curso de programação. Mas os estudantes querem escrever programas que executem mais rapidamente, usem o mínimo de memória, exijam o menor número de pressionamentos de tecla ou deslumbrem de outras maneiras. Os estudantes se preocupam realmente com o desempenho e querem saber o que podem fazer para "turbinar" seus programas. Incluímos 57 Dicas de desempenho que destacam oportunidades para melhorar o desempenho do programa — fazendo os programas executarem mais rapidamente ou minimizando a quantidade de memória que eles ocupam.

16 Dicas de portabilidade

Incluímos Dicas de portabilidade para ajudar os estudantes a escrever código portável e para dar idéias sobre como o C# atinge seu alto grau de portabilidade.

115 Observações de engenharia de software

O paradigma da programação orientada a objetos necessita de uma maneira de pensar completamente nova sobre como construímos sistemas de software. C# é uma linguagem eficiente para se realizar uma boa engenharia de software. As Observações de engenharia de software destacam problemas arquitetônicos e de projeto que afetam a construção de sistemas de software, especialmente sistemas de larga escala. Grande parte do que o estudante aprende aqui será útil em cursos de nível superior e na indústria, quando o estudante começar a trabalhar com sistemas grandes e complexos do mundo real.

21 Observações de aparência e comportamento

Fornecemos Observações de aparência e comportamento para destacar convenções da interface com o usuário gráfica. Essas observações ajudam os estudantes a projetar interfaces gráficas atraentes e amigáveis para o usuário, que obedeçam às normas do setor.

Resumo (1.277 itens de resumo)

Cada capítulo termina com dispositivos pedagógicos adicionais. Apresentamos um resumo completo do capítulo, no estilo de uma lista de itens. Em média, existem 39 itens de resumo por capítulo. Isso ajuda os estudantes a rever e reforçar conceitos importantes.

Terminologia (2.932 termos)

Incluímos uma lista em ordem alfabética dos termos importantes definidos no capítulo, em uma seção chamada *Terminologia*. Novamente, isso serve como mais um reforço. Em média, existem 89 termos por capítulo. Cada termo também aparece no índice, para que o estudante possa localizar termos e definições rapidamente.

693 Exercícios de revisão e respostas (a contagem inclui as partes separadas)

Extensivos exercícios de revisão e respostas são incluídos para estudo individual. Essas perguntas e respostas dão ao estudante uma chance de ganhar confiança com o material e preparar-se para os exercícios regulares. Os estudantes devem ser estimulados a tentar todos os exercícios de revisão e conferir suas respostas.

367 Exercícios (a contagem inclui as partes separadas)

Cada capítulo termina com um conjunto substancial de exercícios que envolvem a simples recordação de terminologia e conceitos importantes; a escrita de instruções C# individuais; a escrita de pequenas partes de métodos e classes C#; a escrita de métodos, classes e aplicativos C# completos; e a escrita de projetos maiores. Esses exercícios cobrem uma ampla variedade de tópicos, permitindo aos instrutores personalizar seus cursos segundo as necessidades exclusivas de seu público e variar as tarefas do curso em cada semestre. Os instrutores podem usar os exercícios para formular tarefas para casa, pequenos testes e exames maiores.

"Indexação dupla" de todos os exemplos de Live-Code™ C#

Este livro tem 204 exemplos Live-Code™, que "indexamos duplamente". Para cada programa em código-fonte C# no livro, pegamos o nome do arquivo com a extensão `.cs`, como em **`ChessGame.cs`**, e o indexamos em ordem alfabética (nesse caso, sob "C") e como um subíndice sob "Exemplos". Isso torna mais fácil encontrar exemplos usando recursos em particular.

C# Multimedia Cyber Classroom e The Complete C# Training Course

Preparamos uma versão em software interativa desde livro, baseada em CD-ROM, chamada *C# Multimedia Cyber Classroom*. Esse recurso está repleto de recursos e-Learning, que são ideais para aprendizado e referência. O *Cyber Classroom* está empacotado com o livro-texto, com desconto, no *The Complete C# Training Course* (em inglês). Se você já tem o livro e quer adquirir o *C# Multimedia Cyber Classroom* separadamente, visite o endereço **www.InformIT.com/cyberclassrooms**. O número ISBN do *C# Multimedia Cyber Classroom* é 0-13-064587-7. Todos os *Cyber Classrooms* da Deitel™ estão disponíveis no CD-ROM e em formatos de treinamento baseados na Web.

Iniciativas de e-Learning da Deitel

e-Books e suporte para dispositivos de comunicação móvel

Os dispositivos de comunicação móvel desempenharão um papel fundamental no futuro da Internet. Dadas as recentes melhorias na largura de banda e a aparição de tecnologias de 2,5 e 3G, está previsto que, dentro de poucos anos, mais pessoas acessarão a Internet por meio de dispositivos de comunicação móvel do que através de computadores de mesa. A Deitel & Associates, Inc. está comprometida com a acessibilidade de comunicação móvel e recentemente publicou o *Wireless Internet & Mobile Business How to Program*. Para atender às necessidades de uma ampla gama de clientes, estamos desenvolvendo atualmente nosso conteúdo nos formatos impressos tradicionais e nos formatos eletrônicos recentemente desenvolvidos, como e-books, para que estudantes e professores possam acessar o conteúdo a qualquer momento e de qualquer lugar. Visite o endereço **www.deitel.com** para ver atualizações periódicas sobre essa iniciativa (em inglês).

e-Matter

A Deitel & Associates, Inc. está se associando à empresa controladora da Prentice Hall, a Pearson PLC, e seu site Web de tecnologia da informação, **InformIT.com**, para lançar a série Deitel e-Matter no endereço **www.InformIT.com/deitel**. Essa série fornecerá uma fonte de informação adicional para professores, estudantes e profissionais sobre tópicos específicos da programação. O e-Matter consiste em seções independentes extraídas de textos publicados, textos futuros ou partes escritas durante o processo de pesquisa e desenvolvimento da Deitel. Desenvolver e-Matter baseado em livros antes de sua publicação nos permite oferecer quantidades significativas do material para uso em cursos por quem os adota previamente. Alguns títulos possíveis de e-Matter sobre C# que estamos considerando incluem *Object-Based Programming and Object-Oriented Programming in C#*, *Graphical User Interface Programming in C#*, *Multithreading in C#*, *ASP .NET and Web Forms: A C# View*, e *ASP .NET and Web Services: A C# View*.

Sistemas de gerenciamento de cursos: WebCT, Blackboard e CourseCompass

Estamos trabalhando com a Prentice Hall para integrar nossos cursos *How to Program Series* em três sistemas de gerenciamento de cursos: WebCT, Blackboard™ e CourseCompass. Esses sistemas de gerenciamento de cursos permitem que os instrutores criem, gerenciem e usem sofisticados programas educativos baseados na Web. Os recursos do sistema de gerenciamento de cursos incluem personalização de cursos (como o envio de informações de contato, planos, detalhamentos, anúncios, tarefas, notas, avaliações de desempenho e controle de progresso), ferramentas de gerenciamento de turmas e alunos, um boletim de notas, ferramentas de produção de relatórios, ferramentas de comunicação (como salas de bate-papo), um quadro-branco, compartilhamento de documentos, quadros de avisos e muito mais. Os instrutores podem usar esses produtos para se comunicar com seus alunos, criar testes on-line e testes de perguntas diretamente ligadas ao texto, e dar nota automaticamente e controlar os resultados do teste. Para mais informações sobre esses futuros produtos, visite o endereço **www.deitel.com/whatsnew.html**. Para demonstrações de cursos WebCT, Blackboard e CourseCompass existentes, visite os endereços **cms.prenhall.com/WebCT**, **cms.prenhall.com/Blackboard** e **cms.prenhall.com/CourseCompass**, respectivamente.

Boletins da Deitel e InformIT

Deitel Column nas InformIT Newsletters

A Deitel & Associates, Inc. colabora semanalmente com uma coluna no popular boletim *InformIT*, atualmente assinado por mais de 800 mil profissionais de IT no mundo inteiro. Para se registrar, visite o endereço **www.InformIT.com**.

Boletim da Deitel

Nosso boletim gratuito contém comentários sobre tendências e desenvolvimentos do setor, links para artigos e recursos de nossos livros publicados e futuras publicações, informações sobre publicações futuras, agenda de lançamento de produto e muito mais. Para registrar-se, visite o endereço **`www.deitel.com`**.

Agradecimentos

Um dos grandes prazeres de escrever um livro-texto é agradecer os esforços de muitas pessoas cujos nomes podem não aparecer na capa, mas cujo trabalho árduo, cooperação, amizade e entendimento foram cruciais para a produção do livro.

Muitas outras pessoas da Deitel & Associates, Inc. dedicaram longas horas para este projeto.

- Sean E. Santry, graduado em ciência da computação e filosofia pelo Boston College, diretor de desenvolvimento de software da Deitel & Associates, Inc. e co-autor do *Advanced Java 2 Platform How to Program*, colaborou nos capítulos 1 a 10, 12, 13 e 18 a 23.
- Matthew R. Kowalewski, graduado em sistemas de informação de contabilidade pelo Bentley College, é o diretor de desenvolvimento de comunicação móvel da Deitel & Associates, Inc. Ele colaborou nos capítulos 19 e 20, nos apêndices B, F, I a N e P e editou o índice.
- Jonathan Gadzik, graduado pela Columbia University School of Engineering and Applied Science, com especialização em ciência da computação, é o co-autor do Capítulo 17 e colaborou nos capítulos 9 e 22 e nos apêndices D e E.
- Kyle Lomelí, graduada em ciência da computação pelo Oberlin College e com ênfase em estudos da Ásia Oriental, colaborou nos capítulos 11, 14, 15, 19 e 24.
- Lauren Trees, graduada no idioma inglês pela Brown University, editou o manuscrito inteiro para dar suavidade, clareza e eficácia à apresentação; ela também é co-autora do Prefácio, do Capítulo 1 e do Apêndice P.
- Rashmi Jayaprakash, graduado pela Boston University com especialização em ciência da computação, é co-autor do Capítulo 24 e do Apêndice G.
- Laura Treibick, graduada em fotografia e multimídia pela University of Colorado em Boulder, é diretora de multimídia da Deitel & Associates, Inc. Ela colaborou no Capítulo 16 e aprimorou muitos dos elementos gráficos por todo o texto.
- Betsy DuWaldt, graduada pelo Metropolitan State College de Denver, com especialização em comunicação técnica (com ênfase em redação e edição) e ênfase em sistemas de informação de computador, é diretora editorial da Deitel & Associates, Inc. Ela é co-autora do Prefácio, do Capítulo 1 e do Apêndice P e gerenciou o processo de permissões do livro.
- Barbara Deitel aplicou as edições de cópia no manuscrito. Ela fez isso em paralelo com suas amplas responsabilidades financeiras e administrativas na Deitel & Associates, Inc., o que inclui atuar como diretora financeira chefe. [Todo mundo na empresa trabalha no conteúdo do livro.]
- Abbey Deitel, graduada em programa de gerenciamento industrial pela Carnegie Mellon University e presidente da Deitel & Associates, Inc., recrutou mais 40 funcionários em tempo integral e internos durante 2001. Ela também alugou, equipou e mobiliou nosso segundo prédio para criar o ambiente de trabalho no qual este livro e nossas outras publicações do ano 2001 foram produzidas. Ela sugeriu o título da série *How to Program* e editou este prefácio e vários capítulos do livro.

Também gostaríamos de agradecer aos participantes do Deitel & Associates, Inc. College Internship Program[2].

- Jeffrey Hamm, estudante de segundo ano de ciência da computação da Northeastern University, é o co-autor dos capítulos 16, 18, 20 e 21 e dos apêndices D e H.

2. O *Deitel & Associates, Inc. College Internship Program* oferece um número limitado de estágios remunerados para os estudantes universitários da região de Boston, nos Estados Unidos, fazendo especialização em ciência da computação, tecnologia da informação, marketing, gerenciamento e inglês. Os estudantes trabalham em nossa sede corporativa, em Sudbury, Massachusetts, em tempo integral, durante o verão e (para aqueles que fazem faculdade na região de Boston), em meio período, durante o ano letivo. Também oferecemos estágios em tempo integral para os estudantes interessados em trancar a matrícula por um semestre, para ganhar experiência na indústria. Estão disponíveis vagas em tempo integral para formados. Para mais informações sobre esse competitivo programa, entre em contato com Abbey Deitel, no endereço **`deitel@deitel.com`**, e visite nosso site Web, no endereço **`www.deitel.com`**.

- Kalid Azad, estudante do segundo ano de ciência da computação da Princeton University, colaborou nos capítulos 1, 2, 12, 13 e 16 e no Apêndice D. Ele criou slides auxiliares no PowerPoint para os capítulos 1 a 7 e pesquisou o Visual Studio .NET e a iniciativa .NET da Microsoft.
- Christopher Cassa, calouro de ciência da computação do MIT, colaborou nos capítulos 3 a 7 e 18.
- David Tuttle, bacharelando de ciência da computação em Harvard, colaborou nos capítulos 8, 18, 19 e 24 e codificou exemplos para os capítulos 3 a 6, 7, 11, 16, 17, 19, 23 e 26.
- Ori Schwartz, estudante de segundo ano de ciência da computação da Boston University, produziu soluções para todos os capítulos e colaborou no Capítulo 16.
- Thiago Lucas da Silva, estudante de segundo ano de ciência da computação da Northeastern University, testou todos os exemplos de programação nas várias versões beta e candidatas a lançamento do Visual Studio .NET.
- Matthew Rubino, estudante de segundo ano de ciência da computação da Northeastern University, criou materiais auxiliares para o livro inteiro.
- Elizabeth Rockett, bacharelanda em inglês da Princeton University, editou os capítulos 1 a 3, 7, 8, 14, 17 e 19 a 24.
- Barbara Strauss, bacharelanda em inglês da Brandeis University, editou os capítulos 1 a 6, 9 a 13 e 18 a 24.
- Christina Carney, bacharelanda em psicologia e comércio do Framingham State College, ajudou no Prefácio.
- Reshma Khilnani, caloura de ciência da computação e matemática do Massachusetts Institute of Technology, colaborou no Capítulo 18 e no Apêndice E.
- Brian Foster, estudante de segundo ano de ciência da computação da Northeastern University, ajudou no Prefácio e na Bibliografia.
- Mike Preshman, estudante de segundo ano da Northeastern University com especialização em ciência da computação e ênfase em engenharia elétrica e matemática, ajudou na Bibliografia.

Temos a sorte de ter trabalhado neste projeto com a talentosa e dedicada equipe de profissionais de publicação da Prentice Hall. Apreciamos especialmente os extraordinários esforços de nossa editora de ciência da computação, Petra Recter, e de sua chefe e nossa mentora na publicação, Marcia Horton, diretora editorial da divisão de engenharia e ciência da computação da Prentice-Hall. Camille Trentacoste e seu chefe, Vince O'Brien, fizeram um trabalho maravilhoso de gerenciamento da produção do livro. Sarah Burrows foi a responsável editorial no amplo pacote auxiliar do livro.

O *C# Multimedia Cyber Classroom* foi desenvolvido em paralelo com este livro. Apreciamos sinceramente as idéias de "nova mídia", o bom senso e a experiência técnica de nossos editores de mídia eletrônica, Mark Taub e Karen McLean. Eles e o gerente de projeto, Mike Ruel, fizeram um trabalho magnífico na publicação do *C# Multimedia Cyber Classroom* e do *The Complete C# Training Course*.

Devemos agradecer especialmente à criatividade de Tamara Newnam (**`smart_art@earthlink.net`**), que produziu a arte final de nossos ícones de dicas de programação e da capa. Ela criou a criatura encantadora que compartilha com você as dicas de programação do livro. Barbara Deitel e Abbey Deitel colaboraram com os nomes dos besouros da capa.

Durante o desenvolvimento deste manuscrito, tivemos a sorte de contar com duas universidades — o Massachusetts Institute of Technology e a Yale University — fazendo o beta-teste do livro, no segundo semestre de 2001. O professor do MIT, John Williams, usou o texto para dar aulas em nível de graduação, *Web System Architecting — Part I: Programming Clients and Web Services Using C# and .NET*, para o Off-Campus Advanced Study Program. Chris Cassa, estagiária do primeiro semestre de 2001 na Deitel & Associates, Inc., foi a professora assistente da classe. O professor da Yale, Paul Hudak, usou o manuscrito para uma aula de *Introduction to Programming*, que ensinava linguagens de programação orientada a objetos. Gostaríamos de agradecer ao professor Williams, ao professor Hudak e à Chris, por suas contribuições. O retorno que recebemos foi fundamental para a otimização deste texto.

Queremos reconhecer os esforços de nossos revisores da primeira e da segundo etapa, e a Crissy Statuto e Jennifer Cappello da Prentice Hall, que os recrutaram e gerenciaram o processo de revisão. Obedecendo a um cronograma apertado, esses revisores examinaram o texto e os programas, dando incontáveis sugestões para melhorar a precisão e a inteireza da apresentação. É um privilégio ter a orientação de profissionais talentosos e ocupados.

Revisores da edição original em inglês:

Hussein Abuthuraya (Microsoft)
Lars Bergstrom (Microsoft)
Indira Dhingra (Microsoft)
Eric Gunnerson (Microsoft)

Peter Hallam (Microsoft)
Habib Hegdarian (Microsoft)
Anson Horton (Microsoft)
Latha Lakshminarayanan (Microsoft)
Kerry Loynd (Microsoft)
Tom McDade (Microsoft)
Syed Mehdi (Microsoft)
Cosmin Radu (Microsoft)
Ratta Rakshminarayana (Microsoft)
Imtiaz Syed (Microsoft)
Ed Thornburg (Microsoft)
Richard Van Fossen (Microsoft)
Rishabh Agarwal (Delteq Systems Pte. Ltd.)
José Antonio González Seco (Sadiel S.A.)
Paul Bohman (WebAIM)
Alex Bondarev (SureFire Commerce, Inc.)
Ron Braithwaite (Nutriware)
Filip Bulovic (Objectronics PTY Ltd.)
Mark Burhop (University of Cincinnati)
Carl Burnham (Southpoint)
Matt Butler (Oakscape Inc.)
Andrew Chau (Rich Solutions, Inc.)
Dharmesh Chauhan (Microsoft Consultant, Singapore)
Shyam Chebrolu (SAIC Broadway & Seymour Group)
Kunal Cheda (DotNetExtreme.com)
Edmund Chou (MIT Student, www.devhood.com project, Microsoft Intern)
James Chegwidden (Tarrant County College)
Vijay Cinnakonda (University of Toledo)
Michael Colynuck (Sierra Systems)
Jay Cook (Canon Information Systems)
Jeff Cowan (Magenic Technologies)
Robert Dombroski (AccessOnTime)
Shaun Eagan ((Eagan Consulting)
Brian Erwin (Extreme Logic)
Hamilton Fong (Montag & Caldwell, Inc.)
Gnanavel Gnana Arun Ganesh (Arun Microsystems)
Sam Gentile (Consultant)
Sam Gill (San Francisco State University)
John Godel (TJX)
David Haglin (Minnesota State University in Mankato)
Jeff Isom (WebAIM)
Rex Jaeschke (Consultant)
Amit Kalani (MobiCast)
Priti Kalani (Consultant)
Bryan Keller (csharphelp.com)
Patrick Lam (EdgeNet Communications)
Yi-Fung Lin (MIT Student, www.devhood.com project, Microsoft Intern)
Maxim Loukianov (SoloMio Corporation)
Gaurav Mantro (EDS PLM Solutions)
Jaimon Mathew (Osprey Software Technology)
Robert Meagher (Compuware NuMega Lab)
Arun Nair (iSpan Technologies)
Saurabh Nandu (Mastercsharp.com)
Simon North (Synopsys)
Jibin Pan (csharpcorner.com)
Graham Parker (VBUG)
Bryan Plaster (Valtech)
Chris Rausch (Sheridan Press)
Debbie Reid (Santa Fe Community College)
Bryn Rhodes (Softwise, Inc.)
Craig Schofding (C.A.S. Training)
Rahul Sharma (Maxutil Software)
Devan Shepherd (XMaLpha Technologies)
David Talbot (Reallinx, Inc.)
Satish Talim (Pune-Csharp)
Pavel Tsekov (Consultant)
John Varghese (UBS Warburg)
Peter Weng (MIT Student, www.devhood.com project, Microsoft Intern)
Jesse Wilkins (Metalinear Media)
Warren Wiltsie (Fairleigh Dickinson University/Seton Hall University)
Phil Wright (Crownwood Consulting Ltd.)
Norimasa Yoshida (MIT Graduate Student)

Apreciaríamos sinceramente seus comentários, críticas, correções e sugestões para melhorar o texto. Mande correspondência para:

ensinosuperior@pearson.com

Bem, é isso, por enquanto. Bem-vindo ao excitante mundo da programação C#. Esperamos que você goste dessa visão dos aplicativos de computador de ponta. Boa sorte!

Dr. Harvey M. Deitel
Paul J. Deitel
Tem R. Nieto
Cheryl H. Yaeger
Marina Zlatkina
Jeff Listfield

Sobre os autores

Dr. Harvey M. Deitel, diretor-presidente da Deitel & Associates, Inc., tem 40 anos de experiência no campo da computação, incluindo ampla experiência na indústria e acadêmica. O Dr. Deitel tem bacharelado e mestrado do Massachusetts Institute of Technology e doutorado da Boston University. Trabalhou nos projetos de sistemas operacionais de memória virtual pioneiros da IBM e do MIT, que desenvolveram técnicas agora amplamente implementadas em sistemas como UNIX, Linux e Windows NT. Tem 20 anos de experiência de ensino superior, sendo titular e presidente do departamento de ciência da computação do Boston College, antes de fundar a Deitel & Associates, Inc. com seu filho, Paul J. Deitel. É autor ou co-autor de dezenas de livros e pacotes multimídia e está escrevendo muitos mais. Com traduções publicadas em japonês, russo, espanhol, chinês tradicional, chinês simplificado, coreano, francês, polonês, italiano e português, os textos do Dr. Deitel têm merecido reconhecimento internacional. O Dr. Deitel profere seminários profissionais para importantes empresas e para organizações governamentais e vários setores militares.

Paul J. Deitel, vice-presidente executivo e diretor técnico da Deitel & Associates, Inc., é graduado na Sloan School of Management do Massachusetts Institute of Technology, onde estudou tecnologia da informação. Por meio da Deitel & Associates, Inc., ministra cursos de Java, C, C++, Internet e World Wide Web para clientes do setor, incluindo Compaq, Sun Microsystems, White Sands Missile Range, Rogue Wave Software, Boeing, Dell, Stratus, Fidelity, Cambridge Technology Partners, Open Environment Corporation, One Wave, Hyperion Software, Lucent Technologies, Adra Systems, Entergy, CableData Systems, NASA, Kennedy Space Center, National Severe Storm Laboratory, IBM e muitas outras empresas. Profere conferências sobre C++ e Java para o Boston Chapter da Association for Computing Machinery e cursos de Java, baseados em satélite, através de uma cooperação entre a Deitel & Associates, Inc., Prentice Hall e Technology Education Network. Ele e seu pai, Dr. Harvey M. Deitel, são os autores de livro-texto sobre ciência da computação que mais vendem no mundo.

Tem R. Nieto, diretor de desenvolvimento de produtos da Deitel & Associates, Inc., é graduado pelo Massachusetts Institute of Technology, onde estudou engenharia e computação. Através da Deitel & Associates, Inc., ministra cursos para clientes do setor, incluindo Sun Microsystems, Compaq, EMC, Stratus, Fidelity, NASDAQ, Art Technology, Progress Software, Toys "R" Us, Operational Support Facility da National Oceanographic and Atmospheric Administration, Jet Propulsion Laboratory, Nynex, Motorola, Federal Reserve Bank of Chicago, Banyan, Schlumberger, University of Notre Dame, NASA, várias instalações militares e muitas outras. É co-autor de numerosos livros e pacotes multimídia com os Deitel e tem colaborado em praticamente todas as publicações da Deitel & Associates, Inc.

Cheryl H. Yaeger, diretora de publicações de software da Microsoft na Deitel & Associates, Inc., graduou-se pela Boston University em três anos, com bacharelado em ciência da computação. Outras publicações da Deitel em que colaborou incluem *Perl How to Program*, *Wireless Internet & Mobile Business How to Program* e *Internet and World Wide Web How to Program, Second Edition*. Cheryl está cada vez mais interessada na estratégia .NET da Microsoft e em saber como a iniciativa .NET se desenvolverá no próximo ano.

Marina Zlatkina graduou-se pela Brandeis University em ciência da computação e matemática, em três anos, e está fazendo mestrado em ciência da computação pela Brandeis. Durante sua carreira na Brandeis, tem feito pesquisas sobre bancos de dados e é professora assistente. Também colaborou no livro *e-Business & e-Commerce for Managers* da Deitel & Associates, Inc.

Jeff Listfield é bacharelando em ciência da computação pelo Harvard College. Seu trabalho de fim de curso inclui aulas de computação gráfica, redes e teoria computacional. Jeff tem experiência em programação com C, C++, Java, Perl e Lisp, ele também colaborou no livro *Perl How to Program*, da Deitel & Associates, Inc.

Sobre a Deitel & Associates, Inc.

A Deitel & Associates, Inc. é uma empresa de treinamento corporativo e criação de conteúdo reconhecida internacionalmente, especializada em tecnologia de software para Internet/World Wide Web, e-business/e-commerce, tecnologia de objetos e educação de linguagens de programação de computadores. A empresa fornece cursos sobre Internet e World Wide Web/programação, programação de Internet móvel, tecnologia de objetos e sobre as principais linguagens de programação e plataformas, como Visual Basic .NET, C#, Java, Java avançado, C, C++, XML, Perl, Python e muito mais. Os fundadores da Deitel & Associates, Inc. são o Dr. Harvey M. Deitel e Paul J. Deitel. Os clientes da empresa incluem muitas das maiores empresas de computação do mundo, agências do governo, setores militares e organizações comerciais. Em seus 25 anos de parceria de publicação com a Prentice Hall, a Deitel & Associates, Inc. publicou livros-texto sobre programação de ponta, livros profissionais, *Cyber Classrooms*, *Complete Training Courses*, multimídia interativos baseados em CD-ROM, e-books, e-matter, cursos de treinamento baseados na Web e e-content de sistemas de gerenciamento de curso. A Deitel & Associates, Inc. e os autores podem ser encontrados via e-mail no endereço

deitel@deitel.com

Para saber mais sobre a Deitel & Associates, Inc., suas publicações e seu currículo corporativo mundial, visite o endereço

www.deitel.com

Quem quiser adquirir livros da Deitel, *Cyber Classrooms*, *Complete Training Courses* e cursos de treinamento baseados na Web, pode fazer isso por meio das livrarias, vendas de livros on-line e dos endereços

pearson.com.br/deitel

Ou envie um e-mail para **vendas@pearson.com**.

O World Wide Web Consortium (W3C)

A Deitel & Associates, Inc. é membro do *World Wide Web Consortium (W3C)*. O W3C foi fundado em 1994 "para desenvolver protocolos comuns para a evolução da World Wide Web". Como membro do W3C, a Deitel & Associates, Inc. tem lugar no W3C Advisory Committee (o representante da empresa é nosso diretor de tecnologia chefe, Paul Deitel). Os membros do Advisory Committee ajudam a dar "direção estratégica" ao W3C por meio de reuniões mantidas em todo o mundo. As organizações membros também ajudam a desenvolver recomendações de padrões para tecnologias da Web (como XHTML, XML e muitas outras) por meio da participação nas atividades e grupos do W3C. A participação como membro no W3C é destinada a empresas e grandes organizações. Para obter informações sobre como se tornar membro do W3C, visite o endereço **www.w3.org/Consortium/Prospectus/Joining**.

C# —
Como Programar

1

Introdução aos Computadores, à Internet, à Web e ao C#

Objetivos

- Entender os conceitos básicos de computação.
- Aprender sobre várias linguagens de programação.
- Familiarizar-se com a história da linguagem de programação C#.
- Entender a iniciativa .NET da Microsoft®.
- Ver uma prévia dos capítulos restantes do livro.

★

As coisas são sempre melhores no início.
Blaise Pascal

Altos pensamentos devem ter alta linguagem.
Aristófanes

Nossa vida é desperdiçada pelos detalhes... Simplifique, simplifique.
Henry David Thoreau

Antes de começar, planeje cuidadosamente...
Marcus Tullius Cicero

Procure começar de maneira audaz.
Virgílio

Acho que estou começando a aprender algo sobre isso.
Auguste Renoir

Resumo

1.1 Introdução

Bem-vindo ao C#! Neste livro, projetado para leitores de todos os níveis, de programadores habituais a pessoas com pouca ou nenhuma experiência em programação, trabalhamos arduamente para fornecer informações precisas e completas sobre a linguagem C# e a plataforma .NET. Esperamos que trabalhar com este texto seja uma experiência de aprendizado informativa, divertida e desafiadora para você.

Como um livro pode ser atraente tanto para iniciantes como para programadores experientes? A base deste livro enfatiza a obtenção da clareza do programa, por meio de técnicas comprovadas de *programação estruturada, programação baseada em objetos, programação orientada a objetos* (*POO*) e *programação dirigida por eventos*. Aqueles que não são programadores aprendem as habilidades que servem de base à boa programação; os desenvolvedores experientes recebem uma explicação rigorosa da linguagem e podem melhorar seus estilos de programação. Talvez o mais importante, o livro apresenta centenas de programas C# completos e funcionais e mostra suas saídas. Chamamos isso de *abordagem* LIVE-CODE™. Todos os exemplos do livro estão disponíveis no CD-ROM que o acompanha.

O uso do computador está aumentando em quase todos os campos de trabalho. Em uma era de custos sempre crescentes, os custos da computação têm diminuído substancialmente, em virtude de rápidos desenvolvimentos na tecnologia de hardware e software. Os computadores que ocupavam enormes salas e custavam milhões de dólares há apenas duas décadas agora são feitos na superfície de chips de silício menores do que uma unha, custando talvez poucos dólares cada um. O silício é um dos materiais mais abundantes da Terra — ele é um ingrediente da areia comum. A tecnologia do chip de silício barateou a computação de tal maneira que centenas de milhões de computadores de propósito geral estão em uso no mundo todo, ajudando as pessoas no comércio, na indústria, no governo e em suas vidas pessoais. Dada a taxa corrente de desenvolvimento tecnológico, esse número pode facilmente dobrar nos próximos anos.

Você está começando a percorrer um caminho educacional desafiador e recompensador. Esperamos que você aproveite o aprendizado de C#.

1.2 O que é um computador?

Um *computador* é um dispositivo capaz de realizar cálculos e tomar decisões lógicas milhões e até bilhões de vezes mais rápido do que os seres humanos. Por exemplo, muitos computadores pessoais podem realizar centenas de milhões — até bilhões — de operações de soma por segundo. Uma pessoa operando uma calculadora necessita de décadas para concluir o mesmo número de cálculos que um computador pessoal poderoso consegue realizar em um segundo. (*Pontos a ponderar:* como saber se a pessoa somou os números corretamente? Como saber se o computador somou os números corretamente?) Os *supercomputadores* mais rápidos da atualidade podem efetuar centenas de bilhões de operações de soma por segundo — cálculos que centenas de milhares de pessoas levariam cerca de um ano para efetuar! Os computadores capazes de realizar trilhões de instruções por segundo já estão funcionando em laboratórios de pesquisa!

Os computadores processam *dados* sob o controle de conjuntos de instruções chamadas *programas de computador.* Esses programas guiam os computadores através de conjuntos de ações ordenadas, especificadas por pessoas conhecidas como *programadores de computador.*

Um computador é composto de vários dispositivos (como o teclado, tela, mouse, discos, memória, CD-ROM e unidades de processamento), conhecidos como *hardware.* Os programas executados em um computador são chamados de *software.* Os custos do hardware têm declinado substancialmente nos últimos anos, a ponto de os computadores pessoais terem se tornado uma mercadoria comum. Entretanto, os custos do desenvolvimento de software têm aumentado constantemente, à medida que os programadores desenvolvem aplicativos ainda mais poderosos e complexos, sem serem capazes de melhorar significativamente a tecnologia do desenvolvimento de software. Neste livro, você vai aprender métodos de desenvolvimento de software comprovados que podem reduzir os custos do desenvolvimento de software — refinamento "top-down" passo a passo, análise funcional e programação orientada a objetos. A programação orientada a objetos é amplamente tida como a ruptura significativa que pode melhorar de maneira substancial a produtividade do programador.

1.3 Organização de computadores

Todos os computadores, independentemente das diferenças na aparência física, podem ser divididos em seis seções ou *unidades lógicas*:

1. *Unidade de entrada.* Essa seção "receptora" do computador obtém informações (dados e programas de computador) de vários *dispositivos de entrada.* A unidade de entrada coloca então essas informações à disposição das outras unidades, para facilitar seu processamento. Atualmente, a maioria dos usuários introduz informações nos computadores por meio de teclados e dispositivos de mouse. Outros dispositivos de entrada incluem microfones (para falar com o computador), scanners (para digitalizar imagens) e câmeras digitais (para tirar fotografias e fazer vídeos).

2. *Unidade de saída.* Essa seção de "distribuição" do computador pega as informações que o computador processou e as coloca em vários *dispositivos de saída*, tornando-as disponíveis para uso fora do computador. Os computadores podem produzir saída das informações de várias maneiras, incluindo apresentá-la em telas, reproduzi-la em dispositivos de áudio/vídeo, imprimi-la em papel ou usá-la para controlar outros dispositivos.

3. *Unidade de memória.* Essa é a seção de "armazém" de acesso rápido e capacidade relativamente baixa do computador, que facilita o armazenamento temporário dos dados. A unidade de memória mantém as informações que foram introduzidas por meio da unidade de entrada, permitindo que elas estejam imediatamente disponíveis para processamento. Além disso, a unidade mantém as informações processadas até que elas possam ser transmitidas para os dispositivos de saída. Freqüentemente, a unidade de memória é chamada de *memória* ou *memória principal*; a RAM (random access memory — memória de acesso aleatório) é um exemplo de memória principal. A memória principal é normalmente volátil, o que significa que ela é apagada quando a máquina é desligada.

4. *ALU (arithmetic and logic unit — unidade de aritmética e lógica).* A ALU é a seção de "fabricação" do computador. Ela é responsável por efetuar cálculos como adição, subtração, multiplicação e divisão. Ela também contém mecanismos de decisão, permitindo que o computador realize tarefas como determinar se dois itens armazenados na memória são iguais.

5. *CPU (central processing unit — unidade central de processamento).* A CPU serve como a seção "administrativa" do computador. Trata-se do coordenador do computador, responsável por supervisionar a operação das outras seções. A CPU alerta a unidade de entrada quando as informações devem ser lidas na unidade de memória, instrui a ALU a respeito de quando usar as informações da unidade de memória em cálculos e diz à unidade de saída quando enviar as informações da unidade de memória para certos dispositivos de saída.

6. *Unidade de armazenamento secundário.* Essa unidade é a seção de "armazenamento" de longo prazo e alta capacidade do computador. Os dispositivos de armazenamento secundário, como unidades de disco rígido e discos, normalmente contêm programas ou dados que outras unidades não estão usando ativamente; o computador poderá então recuperar essas informações quando forem necessárias — horas, dias, meses ou mesmo anos mais tarde. As informações do

armazenamento secundário demoram muito mais para ser acessadas do que as informações da memória principal. Entretanto, o preço por unidade de armazenamento secundário é muito menor do que o preço por unidade de memória principal. O armazenamento secundário normalmente é *não volátil* — ele mantém as informações, mesmo quando o computador é desligado.

1.4 Evolução dos sistemas operacionais

Os primeiros computadores eram capazes de realizar apenas um *trabalho* ou *tarefa* por vez. Nesse modo de operação do computador, freqüentemente chamado de *processamento de lotes* (*batch*) monousuário, o computador executa um programa por vez e processa os dados em grupos chamados *lotes* (*batches*). Os usuários desses primeiros sistemas normalmente submetiam seus trabalhos a um centro de computação, em maços de cartões perfurados. Freqüentemente, horas ou mesmo dias se passavam antes que os resultados retornassem para as mesas dos usuários.

Para tornar o uso do computador mais conveniente, foram desenvolvidos sistemas de software chamados *sistemas operacionais*. Os primeiros sistemas operacionais supervisionavam e gerenciavam as transições entre tarefas do computador. Minimizando o tempo para que o operador do computador trocasse de uma tarefa para outra, o sistema operacional aumentava o volume total de trabalho, ou *volume de trabalho* (*throughput*) que os computadores podiam processar em determinado período de tempo.

À medida que os computadores se tornaram mais poderosos, o processamento de lotes monousuário se tornou ineficaz, pois os computadores despendiam muito tempo esperando por dispositivos de entrada/saída lentos para completar suas tarefas. Então, os desenvolvedores criaram técnicas de multiprogramação que permitiam que muitas tarefas *compartilhassem* os recursos do computador, para melhor utilizá-lo. A *multiprogramação* envolve a operação "simultânea" de muitas tarefas em um computador, que divide seus recursos entre essas tarefas. Entretanto, os usuários dos primeiros sistemas operacionais de multiprogramação ainda submetiam os trabalhos em maços de cartões perfurados e esperavam horas ou dias pelos resultados.

Nos anos 60, vários grupos industriais e universitários criaram os sistemas operacionais de *tempo compartilhado* (*timesharing*). Tempo compartilhado é um tipo especial de multiprogramação que permite aos usuários acessarem um computador por meio de *terminais* (dispositivos com teclados e telas). Dezenas ou mesmo centenas de pessoas podem usar um computador de tempo compartilhado ao mesmo tempo. É importante notar que o computador não executa os pedidos de todos os usuários simultaneamente. Em vez disso, ele executa uma pequena parte da tarefa de um usuário e passa a servir o usuário seguinte. Entretanto, como o computador faz isso muito rapidamente, ele pode atender cada usuário várias vezes por segundo. Isso dá aos programas dos usuários a aparência de execução simultânea. O tempo compartilhado oferece vantagens importantes sobre os sistemas de computação anteriores, pois os usuários recebem respostas aos pedidos prontamente, em vez de esperar longos períodos de tempo para obter resultados.

O sistema operacional UNIX, hoje amplamente usado para computação avançada, era a princípio um sistema operacional de tempo compartilhado experimental. Dennis Ritchie e Ken Thompson desenvolveram o UNIX no Bell Laboratories, a partir do início dos anos 60, e o C como a linguagem em que o escreveram. Eles distribuíram o código-fonte gratuitamente para outros programadores que o quisessem usar, modificar e estender. Uma grande comunidade de usuários do UNIX se desenvolveu rapidamente. O sistema operacional crescia à medida que os usuários do UNIX contribuíam com seus próprios programas e ferramentas. Graças a um esforço conjunto de numerosos pesquisadores e desenvolvedores, o UNIX se tornou um sistema operacional poderoso e flexível, capaz de manipular praticamente qualquer tipo de tarefa exigido pelo usuário. Muitas versões do UNIX evoluíram, incluindo o muito popular sistema operacional de *código-fonte aberto* Linux atual. Normalmente o código-fonte de produtos de código-fonte aberto está disponível gratuitamente na Internet. Isso permite aos desenvolvedores aprenderem a respeito dele, validá-lo e modificá-lo. Freqüentemente, os produtos de código-fonte aberto exigem que os desenvolvedores publiquem todos os aprimoramentos que fazem, para que a comunidade de código-fonte aberto possa continuar a desenvolver seus produtos.

1.5 Computação pessoal, computação distribuída e computação cliente/servidor

Em 1977, a Apple Computer popularizou o fenômeno da *computação pessoal*. Inicialmente, ela era um sonho de diletantes. No entanto, o preço dos computadores logo caiu a ponto de um grande número de pessoas poder adquiri-los para uso pessoal ou comercial. Em 1981, a IBM, a maior fornecedora de computadores do mundo, apresentou o IBM Personal Computer. A computação pessoal se tornou rapidamente legítima em organizações empresariais, industriais e governamentais.

Os computadores apresentados pela primeira vez pela Apple e IBM eram unidades "isoladas" (*stand-alone*) — as pessoas faziam seus trabalhos em suas próprias máquinas e transportavam discos para compartilhar informações. (Esse processo era freqüentemente chamado de *sneakernet*.) Embora os primeiros computadores pessoais não fossem poderosos o suficiente para compartilhar vários usuários, as máquinas podiam ser interligadas em redes de computador, por meio de linhas telefônicas ou de LANs (local area networks — redes locais), dentro de uma organização. Essas redes levaram ao fenômeno da *computação distribuída*, em que a computação de uma organização é distribuída por redes para os locais em que o trabalho da organização é realizado, em vez de ser feito apenas em uma instalação de computador central. Os computadores pessoais eram poderosos o suficiente para manipular os requisitos de computação dos usuários individuais e as tarefas básicas envolvidas na transferência eletrônica de informações entre os computadores. Os *aplicativos de n camadas* dividem um aplicativo por numerosos computadores distribuídos. Por exemplo, um *aplicativo de três camadas* poderia ter uma interface com o usuário em um computador, processamento de lógica corporativa em outro e um banco de dados em um terceiro computador; todos interagindo quando o aplicativo é executado.

Os computadores pessoais mais avançados de hoje são tão poderosos quanto as máquinas de um milhão de dólares de apenas duas décadas atrás. As máquinas de mesa de alto poder — chamadas de *estações de trabalho* — fornecem aos usuários recursos enormes. As informações são facilmente compartilhadas por meio de redes de computador, nas quais computadores chamados de *servidores* armazenam programas e dados que podem ser usados pelos computadores *clientes*, distribuídos por toda a rede. Esse tipo de configuração deu origem à expressão *computação cliente/servidor*. Os sistemas operacionais populares atuais, como UNIX, Solaris, MacOS, Windows 2000, Windows XP e Linux, fornecem os tipos de recursos discutidos nesta seção.

1.6 Linguagens de máquina, linguagens assembly e linguagens de alto nível

Os programadores escrevem instruções em várias linguagens de programação, algumas diretamente inteligíveis pelos computadores e outras que exigem passos de *tradução* intermediários. Embora centenas de linguagens de computador estejam em uso atualmente, as diversas ofertas podem ser divididas em três tipos gerais:

1. Linguagens de máquina
2. Linguagens assembly
3. Linguagens de alto nível

Qualquer computador pode entender diretamente apenas sua própria *linguagem de máquina*. Como a "linguagem natural" de um computador em particular, a linguagem de máquina é definida pelo projeto de hardware do computador. Geralmente, as linguagens de máquina consistem em fluxos de números (em última análise reduzidos a valores 1 e 0) que instruem os computadores sobre como executar a maioria de suas operações mais elementares. As linguagens de máquina são *dependentes da máquina*, o que significa que uma linguagem de máquina específica só pode ser usada em um tipo de computador. A seção a seguir de um programa em linguagem de máquina, que soma o pagamento de *horas extras* com a *remuneração básica* e armazena o resultado em *remuneração bruta*, demonstra a incompreensibilidade da linguagem de máquina para o ser humano.

```
+1300042774
+1400593419
+1200274027
```

Se, por um lado, a popularidade dos computadores aumentou, a programação em linguagem de máquina se mostrou excessivamente lenta, maçante e propensa a erros. Em vez de usar as strings de números que os computadores podiam entender diretamente, os programadores começaram a usar abreviações parecidas com o inglês para representar as operações elementares do computador. Essas abreviações formaram a base das *linguagens assembly* (também conhecidas no Brasil como *linguagens assembler*). *Programas tradutores*, chamados *assemblers*, convertem programas em linguagem assembly para linguagem de máquina em velocidade de computador. A seção a seguir de programa em linguagem assembly também soma o *pagamento de horas extras* (HORASEXTRAS) à *remuneração básica* (REMUNBASICA) e armazena o resultado na *remuneração bruta* (REMUNBRUTA), mas apresenta os passos mais claramente para os leitores humanos do que seu equivalente em linguagem de máquina:

```
LOAD   REMUNBASICA
ADD    HORASEXTRAS
STORE  REMUNBRUTA
```

Esse código é mais claro para os seres humanos, mas é incompreensível para os computadores, até que seja traduzido em linguagem de máquina.

Embora o uso do computador tenha crescido rapidamente com o advento das linguagens assembly, essas linguagens ainda exigiam muitas instruções para realizar mesmo as tarefas mais simples. Para acelerar o processo de programação, *linguagens de alto nível*, nas quais instruções simples realizam tarefas substanciais, foram desenvolvidas. Programas de tradução, chamados de *compiladores*, convertem os programas de linguagem de alto nível em linguagem de máquina. As linguagens de alto nível permitem aos programadores escrever instruções semelhantes ao inglês normal, com notações matemáticas comuns. Um programa de folha de pagamento escrito em uma linguagem de alto nível poderia conter uma instrução como a seguinte:

```
remunBruta = remunBasica + horasExtras
```

Obviamente, os programadores preferem as linguagens de alto nível, e não as linguagens de máquina ou as linguagens assembly.

A compilação de um programa de linguagem de alto nível em linguagem de máquina pode exigir uma quantidade de tempo considerável. Entretanto, esse problema foi resolvido com o desenvolvimento de programas *interpretadores*, que podem executar programas de linguagem de alto nível diretamente, ignorando o passo de compilação. Embora os programas que já são compilados sejam executados mais rapidamente do que os programas interpretados, os interpretadores são populares nos ambientes de desenvolvimento de programa. Nesses ambientes, os desenvolvedores alteram os programas freqüentemente, quando adicionam novos recursos e corrigem erros. Quando um programa está totalmente desenvolvido, uma versão compilada pode ser produzida para que ele seja executado com a máxima eficiência.

1.7 C, C++, Visual Basic .NET e Java™

À medida que as linguagens de alto nível são desenvolvidas, novos lançamentos melhoram aspectos de suas predecessoras. O C++ evoluiu do C, que por sua vez evoluiu de duas linguagens anteriores, BCPL e B. Martin Richards desenvolveu o BCPL em 1967, como uma linguagem para escrever sistemas operacionais, software e compiladores. Ken Thompson desenvolveu sua linguagem, B, tendo o BCPL como base. Em 1970, Thompson usou o B para criar as primeiras versões do sistema operacional UNIX. Tanto o BCPL como o B eram linguagens "sem tipos", ou seja, qualquer item de dado ocupava uma "palavra" na memória. Usando essas linguagens, os programadores assumiam a responsabilidade por tratar de cada item de dado como um número inteiro ou como um número real, por exemplo.

A linguagem C, que Dennis Ritchie desenvolveu a partir do B no Bell Laboratories, foi originariamente implementada em 1973. Embora o C empregue muitos conceitos importantes do BCPL e do B, a linguagem também oferece tipagem de dados e outros recursos. O C ganhou amplo reconhecimento como uma linguagem de desenvolvimento do sistema operacional UNIX. Entretanto, a linguagem C está agora disponível para a maioria dos computadores, e muitos dos principais sistemas operacionais atuais são escritos em C ou em C++. O C é uma linguagem independente de hardware, e, com um projeto cuidadoso, é possível escrever programas C portáveis para a maioria dos computadores.

O C++, uma extensão do C usando elementos do Simula 67, uma linguagem de programação de simulação, foi desenvolvido por Bjarne Stroustrup no início dos anos 80, no Bell Laboratories. O C++ fornece vários recursos que "compõem" a linguagem C, mas o mais importante é que fornece recursos para *programação orientada a objetos* (*POO*).

Em um tempo em que a demanda por software novo e mais poderoso é alta, a capacidade de construir software rápida, correta e economicamente continua sendo um objetivo difícil de alcançar. Entretanto, esse problema pode ser resolvido em parte utilizando-se *objetos* ou *componentes* de software reutilizáveis, que modelam itens no mundo real (veja a Seção 1.11). Os desenvolvedores de software estão descobrindo que uma estratégia modular e orientada a objetos para projeto e implementação pode tornar os grupos de desenvolvimento de software muito mais produtivos do que é possível por meio das técnicas de programação populares anteriores, como a programação estruturada. Além disso, os programas orientados a objetos são freqüentemente mais fáceis de entender, corrigir e modificar.

Além do C++, muitas outras linguagens orientadas a objetos foram desenvolvidas. Isso inclui o Smalltalk, criado no Palo Alto Research Center (PARC) da Xerox. O Smalltalk é uma linguagem orientada a objetos pura, o que significa que, dentro dela, literalmente tudo é um objeto. O C++ é uma linguagem híbrida — é possível programar em um estilo tipo C, em um estilo orientado a objetos ou em ambos. Embora alguns considerem essa gama de opções uma vantagem, a maioria dos programadores atualmente acredita que é melhor programar de uma maneira orientada a objetos pura.

Entretanto, desenvolver aplicativos para o Microsoft Windows em linguagens como C e C++ se mostrou um processo difícil e desajeitado. Quando Bill Gates fundou a Microsoft Corporation, ele implementou *BASIC* em vários computadores pessoais. O BASIC (Beginner's All-Purpose Symbolic Instruction Code — código de instruções simbólico de propósito geral para iniciantes) é uma linguagem de programação que foi desenvolvida em meados dos anos 60 pelos professores John Kemeny e Thomas Kurtz, do Dartmouth College, como uma linguagem para escrever programas simples. O principal objetivo do BASIC era familiarizar os iniciantes com as técnicas de programação. A evolução natural do BASIC para o Visual Basic deu-se em 1991, como resultado do desenvolvimento da GUI (graphic user interface — interface com o usuário gráfica) Microsoft Windows, no final dos anos 80 e início dos 90.

Embora o Visual Basic seja derivado da linguagem de programação BASIC, trata-se de uma linguagem bem diferente, que oferece recursos poderosos, como interfaces com o usuário gráficas, tratamento de eventos, acesso à API (Application Programming Interface — interface de programação de aplicativos) Win32 (Windows de 32 bits), programação orientada a objetos e tratamento de erros. O Visual Basic é uma das interfaces de programação visual dirigidas por evento mais populares.

A versão mais recente do Visual Basic, chamada *Visual Basic .NET*[1], é projetada para a nova plataforma de programação da Microsoft, a plataforma .NET. As versões anteriores do Visual Basic forneciam recursos orientados a objetos, mas o Visual Basic .NET oferece orientação a objetos aprimorada e faz uso da poderosa biblioteca de componentes de software reutilizáveis do .NET.

Na mesma ocasião em que o Visual Basic estava sendo desenvolvido, muitas pessoas acharam que dispositivos eletrônicos inteligentes seriam o próximo sucesso no mercado, no qual os microprocessadores teriam um profundo impacto. Reconhecendo isso, a Sun Microsystems fundou, em 1991, um projeto de pesquisa corporativo interno, cujo nome de código era Green. O projeto resultou no desenvolvimento de uma linguagem baseada em C e C++. Embora o criador da linguagem, James Gosling, a tenha chamado de Oak (em homenagem ao carvalho que via de sua janela na Sun), posteriormente descobriu-se que já existia uma linguagem de computador com esse nome. Quando um grupo de funcionários da Sun visitou um café local, o nome Java foi sugerido e pegou.

Infelizmente, o projeto Green encontrou algumas dificuldades. O mercado de dispositivos eletrônicos inteligentes não se desenvolvia com a velocidade que a Sun tinha previsto. Pior ainda, um grande contrato pelo qual a Sun concorria foi vencido por outra empresa. O projeto estava, nesse ponto, correndo o risco de ser cancelado. Por um golpe de extrema sorte, a World Wide Web explodiu em popularidade, em 1993, e a Sun viu imediatamente o potencial para usar Java para prover *conteúdo dinâmico* (isto é, conteúdo animado e interativo) em páginas Web.

A Sun anunciou formalmente o Java em uma conferência em maio de 1995. Normalmente, um evento como esse não geraria muita publicidade. Entretanto, o Java mereceu atenção imediata da comunidade empresarial, em virtude do novo e difundido interesse pela World Wide Web. Agora, os desenvolvedores usam Java para criar páginas Web com conteúdo dinâmico, para construir aplicativos corporativos de larga escala, para aprimorar a funcionalidade de servidores da World Wide Web (os computadores que fornecem o conteúdo distribuído para nossos navegadores da Web, quando navegamos nos sites), para fornecer aplicativos para dispositivos de eletrônica de consumo (por exemplo, telefones celulares, pagers e PDAs) e para muitos outros propósitos.

1.8 C#

O avanço das ferramentas de programação (por exemplo, C++ e Java) e dos dispositivos eletrônicos inteligentes (por exemplo, telefones celulares) criou problemas e novas exigências. A integração dos componentes de software de várias linguagens se mostrou difícil, e problemas de instalação eram comuns, pois as novas versões de componentes compartilhados eram incompatíveis com o software antigo. Os desenvolvedores também descobriram que precisavam de aplicativos baseados na Web que pudessem ser acessados e usados via Internet. Como resultado da popularidade dos dispositivos eletrônicos móveis, os desenvolvedores de software perceberam que seus clientes não estavam mais restritos aos computadores de mesa. Os desenvolvedores reconheceram a necessidade de software que fosse acessível para qualquer um e disponível por meio de praticamente qualquer tipo de dispositivo. Para tratar dessas necessidades, a Microsoft anunciou sua *iniciativa .NET* (pronuncia-se "dot-net", ou "ponto net") e a linguagem de programação C# (pronuncia-se "ci-sharp", ou "cê-sharp").

A *plataforma .NET* possibilita que os aplicativos baseados na Web possam ser distribuídos para uma grande variedade de dispositivos (até telefones celulares) e para computadores de mesa. A plataforma oferece um novo modelo de desenvolvimento de software que permite que os aplicativos criados em linguagens de programação diferentes se comuniquem. A linguagem de programação C#, desenvolvida na Microsoft por uma equipe liderada por Anders Hejlsberg e Scott Wiltamuth, foi projetada especificamente para a plataforma .NET como uma linguagem que permite aos programadores migrarem fa-

1. O leitor interessado em Visual Basic .NET talvez queira consultar nosso livro *Visual Basic .NET Como Programar*.

-cilmente para o .NET. Essa migração é facilitada graças ao fato de que o C# tem raízes em C, C++ e Java, adaptando os melhores recursos de cada linguagem e acrescentando novas capacidades próprias. Como o C# foi construído com base em linguagens amplamente usadas e bem desenvolvidas, os programadores acharão seu aprendizado fácil e agradável.

O C# é uma linguagem de programação visual dirigida por eventos e totalmente orientada a objetos, na qual os programas são criados usando-se um IDE (Integrated Development Environment — ambiente de desenvolvimento integrado). Com um IDE, um programador pode criar, executar, testar e depurar programas C# convenientemente, reduzindo assim o tempo necessário para produzir um programa funcional a uma fração do que levaria sem usar o IDE. O processo de criação rápida de aplicativos usando um IDE é normalmente denominado RAD (Rapid Application Development — desenvolvimento rápido de aplicativos).

O C# também permite um novo grau de intercâmbio entre linguagens: os componentes de software de diferentes linguagens podem interagir de maneiras inéditas. Os desenvolvedores podem empacotar até software antigo, para trabalhar com novos programas C#. Além disso, os aplicativos C# podem interagir pela Internet usando padrões do setor, como SOAP (Simple Object Access Protocol — protocolo de acesso a objetos simples) e XML (Extensible Markup Language — linguagem de marcação extensível), que veremos no Capítulo 18. Os avanços na programação incorporados no .NET e no C# levarão a um novo estilo de programação, no qual os aplicativos serão criados a partir de blocos de construção disponíveis na Internet.

1.9 Outras linguagens de alto nível

Embora centenas de linguagens de alto nível tenham sido desenvolvidas, apenas algumas obtiveram ampla aceitação. Esta seção dá um panorama das várias linguagens de alto nível que, assim como a linguagem BASIC, existem há muito tempo e são populares. A IBM Corporation desenvolveu o Fortran (FORmula TRANslator — tradutor de fórmulas) entre 1954 e 1957, para criar aplicativos científicos e de engenharia que exigiam cálculos matemáticos complexos. O Fortran ainda é amplamente usado.

O COBOL (COmmon Business Oriented Language — linguagem de orientação comercial comum) foi desenvolvido em 1959 por um grupo de fabricantes de computador, em conjunto com usuários de computador do governo e industriais. O COBOL é usado principalmente para aplicativos comerciais que exigem a manipulação precisa e eficiente de grandes volumes de dados. Uma parte considerável do software corporativo atual ainda é programada em COBOL. Aproximadamente um milhão de programadores está ativamente escrevendo em COBOL.

O Pascal foi projetado no final dos anos 60 pelo professor Nicklaus Wirth e era destinado para uso acadêmico. Exploraremos o Pascal na próxima seção.

1.10 Programação estruturada

Durante os anos 60, muitos grandes esforços de desenvolvimento de software encontraram sérias dificuldades. Normalmente, o desenvolvimento atrasava, os custos superavam em muito os orçamentos, e os produtos finais não eram confiáveis. As pessoas começaram a perceber que o desenvolvimento de software era uma atividade bem mais complexa do que tinham imaginado. A atividade de pesquisa, destinada a tratar desses problemas, resultou na evolução da *programação estruturada* — uma abordagem disciplinada para a criação de programas claros, cuja correção pode ser demonstrada, e fáceis de modificar.

Um dos resultados mais palpáveis dessa pesquisa foi o desenvolvimento da linguagem de programação *Pascal*, em 1971. A linguagem Pascal, assim chamada em homenagem ao matemático e filósofo do século XVII, Blaise Pascal, foi criada para ensinar programação estruturada em ambientes acadêmicos e rapidamente se tornou a linguagem de programação introdutória preferida na maioria das universidades. Infelizmente, como a linguagem não possuía muitos recursos necessários para torná-la útil em aplicativos comerciais, industriais e governamentais, ela não foi amplamente aceita nesses ambientes[2]. Em contraste, a linguagem C, que também surgiu da pesquisa sobre programação estruturada, não tinha as limitações do Pascal, e os programadores a adotaram rapidamente.

A linguagem de programação *Ada* foi desenvolvida com o patrocínio do DOD (Department of Defense — Ministério da Defesa) dos Estados Unidos, durante os anos 70 e início dos 80. Centenas de linguagens de programação estavam sendo usadas para produzir sistemas de software de comando e controle massivos do DOD. O DOD queria uma única linguagem que atendesse suas necessidades. O Pascal foi escolhido como base, mas a linguagem Ada final é muito diferente do Pascal. A linguagem foi assim chamada em homenagem a Lady Ada Lovelace, filha do poeta Lord Byron. Lady Lovelace é geral-

2. No entanto, com a popularização do Delphi, que usa o Pascal como base de programação, o interesse na linguagem Pascal tem crescido. (N.R.T.)

mente citada como tendo escrito o primeiro programa de computador do mundo, no início dos anos 1800 (para o dispositivo de computação mecânico Analytical Engine, projetado por Charles Babbage). Um recurso importante da linguagem Ada é a *multitarefa*, que permite aos programadores especificar que muitas atividades devem ocorrer em paralelo. Conforme veremos no Capítulo 14, o C# oferece um recurso semelhante, chamado *múltiplas linhas de execução* (*multithreading*).

1.11 Principal tendência de software: tecnologia de objetos

Um dos autores deste livro, HMD (H. M. Deitel), se recorda da grande frustração sentida nos anos 60 pelas organizações de desenvolvimento de software, especialmente aquelas que estavam desenvolvendo projetos de grande porte. Durante seu curso de gradução, HMD teve o privilégio de trabalhar em um fornecedor de computadores líder do mercado, nas equipes que estavam desenvolvendo sistemas operacionais de tempo compartilhado e memória virtual. Foi uma excelente experiência para um aluno de faculdade, mas no final do ano de 1967 a realidade era outra. A empresa se "descomprometeu" de produzir como produto comercial um sistema em particular em que centenas de pessoas estavam trabalhando há vários anos. Foi difícil manter esse software. Software é "coisa complexa".

Quando as vantagens da programação estruturada (e das disciplinas relacionadas de *análise e projeto de sistemas estruturados*) foram percebidas, nos anos 70, uma tecnologia de software melhorada começou a aparecer. Entretanto, não foi antes que a tecnologia da programação orientada a objetos se tornou amplamente utilizada, nos anos 80 e 90, que os desenvolvedores de software finalmente sentiram que tinham as ferramentas necessárias para melhorar o processo de desenvolvimento de software substancialmente.

Na verdade, a tecnologia de objetos data pelo menos de meados dos anos 60, mas nenhuma linguagem de programação amplamente utilizada a incorporou, até o C++. Embora não seja rigorosamente uma linguagem orientada a objetos, o C++ absorveu os recursos do C e incorporou a capacidade da linguagem Simula de criação e manipulação de objetos. O C++ nunca foi destinado a uso amplo, além dos laboratórios de pesquisa da AT&T, mas um apoio da comunidade rapidamente cresceu para a linguagem híbrida.

O que são objetos e por que eles são especiais? A tecnologia de objetos é um esquema de empacotamento que facilita a criação de unidades de software significativas. Essas unidades são grandes e focalizadas em áreas de aplicação específicas. Existem objetos data, objetos tempo, objetos cheque de pagamento, objetos fatura, objetos áudio, objetos vídeo, objetos arquivo, objetos registro etc. Na verdade, quase qualquer substantivo pode ser razoavelmente representado como um objeto de software. Os objetos têm *propriedades* (isto é, *atributos*, como cor, tamanho e peso) e executam *ações* (isto é, *comportamentos*, como mover, dormir ou desenhar). Classes representam grupos de objetos relacionados. Por exemplo, todos os carros pertencem à classe "carro", mesmo que os carros individuais variem na marca, modelo, cor e pacotes de opções. Uma classe especifica o formato geral de seus objetos; as propriedades e ações disponíveis para um objeto dependem de sua classe.

Vivemos em um mundo de objetos. Basta olhar em volta — existem carros, aviões, pessoas, animais, prédios, semáforos, elevadores etc. Antes que as linguagens orientadas a objetos aparecessem, as *linguagens de programação procedimentais* (às vezes também chamadas de *procedurais*, como o Fortran, o Pascal, o BASIC e o C) tinham como foco as ações (verbos), em vez de coisas ou objetos (substantivos). Vivemos em um mundo de objetos, mas anteriormente as linguagens de programação forçavam as pessoas a programar principalmente com os verbos. Essa mudança de paradigma tornou a escrita de programas um pouco difícil. Entretanto, com o advento das linguagens orientadas a objetos populares, como C++, Java e C#, os programadores podem programar de maneira orientada a objetos, que reflete o modo como eles percebem o mundo. Esse processo, que parece mais natural do que a programação procedimental, resultou em ganhos de produtividade significativos.

Um dos principais problemas da programação procedimental é que as unidades de programação (ou seja, rotinas, funções, procedimentos, programas ou módulos) criadas não espelham as entidades do mundo real de maneira eficiente e, portanto, não são particularmente reutilizáveis. Os programadores freqüentemente escrevem e reescrevem software semelhante para vários projetos. Isso desperdiça um tempo precioso e dinheiro, quando as pessoas repetidamente "reinventam a roda". Com a tecnologia de objetos, as entidades de software (chamadas de objetos) corretamente projetadas podem ser reutilizadas em futuros projetos. Usar bibliotecas de componentes reutilizáveis pode reduzir muito a quantidade de trabalho exigida para implementar certos tipos de sistemas (em comparação ao trabalho que seria exigido para reinventar esses recursos em novos projetos). Os programadores de C# usam a biblioteca de classes da plataforma .NET, conhecida como FCL (.NET Framework Class Library).

Algumas organizações relatam que a reutilização de software não é, na verdade, a principal vantagem da programação orientada a objetos. Em vez disso, elas indicam que a programação orientada a objetos tende a produzir software mais inteligível, pois ele é melhor organizado e tem menos requisitos de manutenção. Até 80 por cento dos custos do software não estão associados aos esforços originais para desenvolver o software, mas sim à evolução continuada e à manutenção desse software por toda sua existência. A orientação a objetos permite que os programadores abstraiam os detalhes do software e se concentrem no todo. Além da preocupação com os mínimos detalhes o programador pode se concentrar no comportamento e nas interações entre os objetos. Um mapa rodoviário mostrando cada árvore, casa e estrada seria difícil, se não impossível, de ler. Quando tais detalhes são removidos e apenas as informações essenciais (as estradas) permanecem, o mapa se torna mais fácil de entender. Da mesma maneira, um programa dividido em objetos é fácil de entender, modificar e atualizar, pois ele oculta grande parte dos detalhes. Está claro que a programação orientada a objetos será a principal metodologia de programação, pelo menos para os próximos anos.

Observação de engenharia de software 1.1

Use uma estratégia de blocos de construção para criar programas. Usando peças preexistentes em novos projetos, os programadores evitam ter de reinventar a roda. Isso é chamado de reutilização de software e é fundamental na programação orientada a objetos.

[*Nota*: incluiremos muitas dessas *Observações de engenharia de software* por todo o texto, para explicar conceitos que afetam e melhoram a arquitetura e a qualidade globais de um sistema de software e, particularmente, de grandes sistemas de software. Também destacaremos as *Boas práticas de programação* (práticas que podem ajudá-lo a desenvolver programas mais claros, inteligíveis, manuteníveis e fáceis de testar e depurar), *Erros de programação comuns* (problemas para se tomar cuidado, para garantir que você não cometa esses mesmos erros em seus programas), *Dicas de desempenho* (técnicas que o ajudarão a escrever programas que sejam executados mais rapidamente e que utilizem menos memória), *Dicas de portabilidade* (técnicas que o ajudarão a escrever programas que funcionem, com pouca ou nenhuma modificação, em computadores de diferentes tipos), *Dicas de teste e depuração* (técnicas que o ajudarão a eliminar erros em seus programas e, mais importante, a escrever programas livres de erros) e *Observações de aparência e comportamento* (técnicas que o ajudarão a projetar "a aparência e o comportamento" — *look and feel* — de suas interfaces com o usuário gráficas, para formato e facilidade de uso). Muitas dessas técnicas e práticas são apenas diretrizes; sem dúvida, você desenvolverá seu próprio estilo de programação.]

A vantagem de criar seu próprio código é que você saberá exatamente como ele funciona. O código será seu para examinar, modificar e aprimorar. A desvantagem é o tempo e o trabalho exigidos no projeto, desenvolvimento e teste do novo código.

Dica de desempenho 1.1

Reutilizar componentes de código provados, em vez de desenvolver suas próprias versões, pode melhorar o desempenho do programa, pois esses componentes normalmente são escritos para ser executados eficientemente.

Observação de engenharia de software 1.2

Amplas bibliotecas de classes de componentes de software reutilizáveis estão disponíveis na Internet e na World Wide Web; muitas são oferecidas gratuitamente.

1.12 Tendências de hardware

A cada ano as pessoas geralmente esperam pagar pelo menos um pouquinho mais pela maioria dos produtos e serviços. Tem ocorrido o oposto no setor dos computadores e das comunicações, especialmente com relação aos custos do hardware que suporta essas tecnologias. Por muitas décadas e continuando até um futuro previsível, os custos do hardware têm caído rapidamente, se não precipitadamente. A cada um ou dois anos a capacidade dos computadores praticamente dobra[3]. Isso é especialmente verdade em relação à quantidade de memória que os computadores têm para programas, para a quantidade de armazenamento secundário (como o armazenamento em disco) que eles possuem para conter programas e dados por períodos de tempo mais longos e a velocidade de seus processadores — a velocidade com que os computadores executam seus programas (isto é, realizam seu trabalho). Melhorias semelhantes têm ocorrido no setor das comunicações, no qual os custos caíram verticalmente, à medida que uma enorme demanda por largura de banda (isto é, a capacidade de transportar informações) das comunicações tem atraído uma concorrência tremenda. Não conhecemos nenhum outro setor em que a tecnologia mude tão rapidamente e os custos caiam tão repentinamente. Tal melhoria fenomenal nos setores da computação e das comunicações de fato promove a famosa *revolução da informação*.

3. Isso é freqüentemente chamado de *Lei de Moore*.

Quando o uso dos computadores explodiu nos anos 60 e 70, muitos discutiam as dramáticas melhorias na produtividade humana que a computação e as comunicações causariam. Entretanto, essas melhorias não se materializaram. As organizações estavam gastando vastas somas de capital em computadores e os empregando de maneira eficiente, mas sem perceber completamente os ganhos de produtividade esperados. A invenção da tecnologia de chips de computador, bem como sua ampla distribuição no final dos anos 70 e 80, criou a base para as melhorias de produtividade que as pessoas e as empresas obtiveram nos anos recentes.

1.13 A história da Internet e da World Wide Web

No final dos anos 60, um dos autores deste livro (HMD) era um estudante de pós-graduação do MIT. Sua pesquisa no Project Mac (agora Laboratory for Computer Science — laboratório de ciência da computação — a base do World Wide Web Consortium) do MIT foi custeada pela ARPA (Advanced Research Projects Agency — Agência de Projetos de Pesquisa Avançados), do Ministério da Defesa dos Estados Unidos. A ARPA patrocinou uma conferência, na qual várias dezenas de alunos de pós-graduação custeados por ela se encontraram, na Universidade de Illinois de Urbana-Champaign, para reunir e compartilhar idéias. Durante essa conferência, a ARPA distribuiu os esquemas da interligação em rede dos principais sistemas de computador de aproximadamente uma dezena de universidades e instituições de pesquisa por ela custeadas. Os computadores seriam conectados com linhas de comunicação operando em, então espantosos, 56 Kbps (1 Kbps é equivalente a 1.024 bits por segundo), em um tempo em que a maioria das pessoas (poucas das quais tinham acesso às tecnologias de interligação em rede) estava se conectando com computadores, por meio de linhas telefônicas, a uma velocidade de 110 bits por segundo. HMD lembra-se claramente do entusiasmo nessa conferência. Os pesquisadores de Harvard falavam sobre comunicação com o "supercomputador" Univac 1108, que estava localizado no outro lado do país, na Universidade de Utah, para fazer cálculos relacionados a suas pesquisas de computação gráfica. Muitas outras possibilidades interessantes foram discutidas. A pesquisa acadêmica estava para dar um enorme passo. Logo após essa conferência, a ARPA passou a implementar o que foi rapidamente chamado de ARPAnet, a avó da Internet atual.

As coisas funcionaram diferentemente do plano original. Embora a ARPAnet tenha permitido aos pesquisadores interligar seus computadores em rede, sua principal vantagem provou ser a capacidade de comunicação rápida e fácil por meio do que ficou conhecido como *e-mail* (*correio eletrônico*). Isso é verdade até na Internet atual, com o e-mail, a troca de mensagens instantânea e a transferência de arquivos facilitando as comunicações entre centenas de milhões de pessoas no mundo todo.

A rede foi projetada para operar sem controle centralizado. Isso significava que, se uma parte da rede falhasse, as partes restantes que estavam funcionando ainda poderiam direcionar pacotes de dados dos remetentes para os destinatários por caminhos alternativos.

O protocolo (isto é, conjunto de regras) para a comunicação por meio da ARPAnet se tornou conhecido como TCP (Transmission Control Protocol — protocolo de controle de transmissão). O TCP garantia que as mensagens fossem corretamente direcionadas do remetente para o destinatário e que essas mensagens chegassem intactas.

Em paralelo com a evolução inicial da Internet, organizações do mundo todo estavam implementando suas próprias redes para facilitar a comunicação interna (isto é, dentro da própria organização) e externa (isto é, entre organizações). Uma enorme variedade de hardware e software de interligação em rede apareceu. Um desafio era permitir que esses produtos diversos se comunicassem entre si. A ARPA conseguiu isso desenvolvendo o IP (Internet Protocol — protocolo inter-redes), que criou uma verdadeira "rede de redes", a arquitetura corrente da Internet. O conjunto combinado de protocolos é agora comumente chamado de TCP/IP.

Inicialmente, o uso da Internet estava limitado às universidades e instituições de pesquisa; posteriormente, os militares adotaram a tecnologia. Finalmente, o governo dos Estados Unidos decidiu permitir o acesso à Internet para propósitos comerciais. Quando essa decisão foi tomada, havia um ressentimento entre as comunidades de pesquisa e militar — achava-se que os tempos de resposta se tornariam péssimos, pois "a Rede" ficaria saturada com tantos usuários.

Na verdade, ocorreu o oposto. As empresas rapidamente perceberam que, fazendo uso eficaz da Internet, elas poderiam refinar suas operações e oferecer novos e melhores serviços para seus clientes. As empresas começaram a gastar enormes quantidades de dinheiro para desenvolver e aprimorar sua presença na Internet. Isso gerou uma feroz concorrência entre as operadoras de comunicação e os fornecedores de hardware e software, para atender à crescente demanda por infra-estrutura. O resultado é que a *largura de banda* (isto é, a capacidade de transporte de informações das linhas de comunicação) na Internet aumentou tremendamente, enquanto os custos do hardware caíram verticalmente. É amplamente aceito que a Internet desempenhou um papel significativo no crescimento econômico que muitas nações industrializadas experimentaram na última década.

A *World Wide Web* permite que os usuários de computador localizem e vejam documentos baseados em multimídia (isto é, documentos com texto, elementos gráficos, animações, áudios e/ou vídeos) sobre praticamente qualquer assunto. Embora a Internet tenha se desenvolvido há mais de 30 anos, a introdução da World Wide Web (WWW) foi um evento relativamente recente. Em 1989, Tim Berners-Lee, da CERN (a organização européia de pesquisa nuclear), começou a desenvolver uma tecnologia para compartilhar informações por meio de documentos de texto com links. Baseando a nova linguagem no bem estabelecido SGML (Standard Generalized Markup Language — linguagem de marcação generalizada padrão) — um padrão para o intercâmbio de dados comerciais —, Berners-Lee chamou sua invenção de HTML (HyperText Markup Language — linguagem de marcação de hipertexto). Ele também escreveu protocolos de comunicação para formar a espinha dorsal de seu novo sistema de informações de hipertexto, que chamou de *World Wide Web.*

Os historiadores com certeza listarão a Internet e a World Wide Web dentre as criações mais importantes e profundas da humanidade. No passado, a maioria dos aplicativos de computador era executada em máquinas "isoladas" (computadores que não estavam conectados uns com os outros). Os aplicativos atuais podem ser escritos para se comunicar com centenas de milhões de computadores de todo o mundo. A Internet e a World Wide Web mesclam as tecnologias da computação e da comunicação, acelerando e simplificando nosso trabalho. Elas tornam as informações instantânea e convenientemente acessíveis para um grande número de pessoas. Elas permitem que as pessoas e pequenas empresas obtenham exposição mundial. Elas estão mudando profundamente a maneira como fazemos negócios e conduzimos nossa vida pessoal.

1.14 W3C

Em outubro de 1994, Tim Berners-Lee fundou uma organização, chamada W3C (World Wide Web Consortium — Consórcio da World Wide Web), dedicada a desenvolver tecnologias não patenteadas e intercambiáveis para a World Wide Web. Um dos principais objetivos do W3C é tornar a Web universalmente acessível — independentemente de deficiências, idioma ou cultura.

O W3C também é uma organização de padronização e é composto de três *hospedeiros* — o MIT (Massachusetts Institute of Technology), o INRIA (Institut National de Recherche en Informatique et Automatique), da França, e a Keio University, do Japão — e mais de 400 membros, incluindo a Deitel & Associates, Inc. Os membros fornecem o principal financiamento do W3C e ajudam a dar a direção estratégica do consórcio. Para saber mais sobre o W3C, visite o endereço **www.w3.org**.

As tecnologias da Web padronizadas pelo W3C são chamadas de *Recomendações*. As recomendações atuais W3C incluem o XHTML™ (Extensible HyperText Markup Language — linguagem de marcação de hipertexto extensível), as CSS™ (Cascading Style Sheets — folhas de estilos em cascata) e o XML (Extensible Markup Language — linguagem de marcação extensível). As recomendações não são produtos de software, mas documentos que especificam o papel, a sintaxe e as regras de uma tecnologia. Antes de se tornar uma Recomendação W3C, um documento passa por três fases principais: *Working Draft*, cujo nome, traduzido, significa versão preliminar na qual se está trabalhando; *Candidate Recommendation* (recomendação candidata), uma versão estável do documento que o setor pode começar a implementar; e *Proposed Recommendation* (recomendação proposta), uma recomendação candidata que é considerada amadurecida (isto é, foi implementada e testada por um período de tempo) e está pronta para ser considerada para o status de Recomendação W3C. Para obter informações detalhadas sobre o caminho da Recomendação W3C, veja "6.2 The W3C Recommendation track", no endereço

www.w3.org/Consortium/Process/Process-19991111/process.html#RecsCR

1.15 XML

Quando a popularidade da Web explodiu, as limitações do HTML se tornaram aparentes. A falta de capacidade de *extensão* (a capacidade de alterar ou adicionar recursos) do HTML frustrou os desenvolvedores, e sua definição ambígua permitiu que HTML inconsistente e incorreto proliferasse. Em resposta a esses problemas, o W3C adicionou uma capacidade de extensão limitada ao HTML. Entretanto, essa foi apenas uma solução temporária — a necessidade de uma linguagem padronizada, totalmente extensível e estruturalmente rígida era aparente. Como resultado, o W3C desenvolveu o XML, que combina o poder e a capacidade de extensão de sua linguagem mãe, e o SGML (Standard Generalized Markup Language — linguagem de marcação generalizada padrão), com a simplicidade exigida pela comunidade da Web. Ao mesmo tempo, o W3C começou a desenvolver padrões baseados no XML, para folhas de estilo e uso de links avançado. O XSL (Extensible Stylesheet Language — linguagem de folhas de estilos extensível) incorpora elementos das CSS (Cascading Style Sheets — folhas de estilos em cascata), usadas para formatar documentos HTML, e do DSSSL (Document Style and Semantics Specification Language — linguagem de especificação de estilo e semântica de documentos), usado para formatar documentos SGML. Analogamente, o XLink (Extensible Linking Language — linguagem de vinculação extensível) combina idéias da HyTime e da TEI (Text Encoding Initiative — iniciativa de codificação de texto), para fornecer a vinculação de recursos extensíveis.

A *independência de dados*, a separação entre o conteúdo e sua apresentação, é a característica essencial do XML. Como um documento XML descreve dados, potencialmente qualquer aplicativo poderia processar um desses documentos. Reconhecendo isso, os desenvolvedores de software estão integrando o XML em seus aplicativos para melhorar a funcionalidade e o intercâmbio via Web. A flexibilidade e o poder do XML o tornam perfeito para a camada intermediária dos sistemas cliente/servidor, que precisam interagir com uma ampla variedade de clientes. Grande parte do processamento que estava limitado aos computadores servidores agora pode ser realizada pelos computadores clientes, pois a semântica e as informações estruturais do XML permitem que ele seja manipulado por qualquer aplicativo que possa processar texto. Isso reduz a carga do servidor e o tráfego da rede, resultando em uma Web mais rápida e eficiente.

O XML não está limitado a aplicativos para a Web. Cada vez mais, o XML está sendo empregado em bancos de dados — a estrutura de um documento XML permite que ele seja integrado facilmente com aplicativos de bancos de dados. À medida que os aplicativos incluem mais recursos para a Web, parece provável que o XML vá se tornar a tecnologia universal para representação de dados. Todos os aplicativos que empreguem XML poderiam se comunicar, desde que possam entender a marcação XML, ou *vocabulário*, uns dos outros.

O SOAP é uma tecnologia para a distribuição de objetos (codificados com marcação XML) por meio da Internet. Desenvolvido principalmente pela Microsoft e pela DevelopMentor, o SOAP fornece uma estrutura para expressar semântica de aplicativo, codificando esses dados e empacotando-os em módulos. O SOAP tem três partes: o *envelope*, que descreve o conteúdo e o destinatário desejado de uma mensagem SOAP; as *regras de codificação* SOAP, que são baseadas em XML; e a *representação de* RPC (Remote Procedure Call — chamada de procedimento remoto) SOAP, para comandar outros computadores para realizar uma tarefa. O Microsoft .NET (discutido nas duas próximas seções) usa XML e SOAP para marcar e transferir dados pela Internet. O XML e o SOAP estão no cerne do .NET — eles permitem que os componentes de software interajam (isto é, se comuniquem facilmente entre si). O SOAP é suportado por muitas plataformas, graças a suas bases no XML e no HTTP (HyperText Transfer Protocol — protocolo de transferência de hipertexto). Discutiremos o XML no Capítulo 18 e o SOAP no Capítulo 21.

1.16 Introdução ao Microsoft .NET

Em junho de 2000, a Microsoft anunciou sua *iniciativa .NET*, uma visão nova para abranger a Internet e a World Wide Web no desenvolvimento, engenharia e uso de software. Um aspecto importante da estratégia .NET é sua independência de uma linguagem ou plataforma específica. Em vez de obrigar os desenvolvedores a usar uma única linguagem de programação, eles podem criar aplicativos .NET em qualquer linguagem compatível com essa tecnologia. Os programadores podem colaborar no mesmo projeto de software, escrevendo código nas linguagens .NET (como C#, Visual C++ .NET, Visual Basic .NET e muitas outras) em que forem mais competentes. Parte da iniciativa compreende a tecnologia ASP (Active Server Pages — páginas de servidor ativas) .NET da Microsoft, que permite aos programadores criar aplicativos para a Web.

A arquitetura .NET pode existir em várias plataformas, ampliando ainda mais a portabilidade dos programas .NET. Além disso, a estratégia .NET envolve um novo processo de desenvolvimento de programas que pode mudar a maneira como os programas são escritos e executados, levando a uma maior produtividade.

Um componente importante da arquitetura .NET são os *serviços da Web* (*Web services*), que são aplicativos que podem ser usados na Internet. Os clientes e outros aplicativos podem usar esses serviços da Web como blocos de construção reutilizáveis. Um exemplo de serviço da Web é o sistema de reserva da Dollar Rent a Car[4]. Uma companhia aérea parceira queria permitir que os clientes fizessem reservas de carro de aluguel em seu site Web. Para isso, a companhia aérea precisava acessar o sistema de reservas da Dollar. Em resposta, a Dollar criaria um serviço da Web que permitiria à companhia aérea acessar seu banco de dados e fazer reservas. Os serviços da Web permitem que as duas empresas se comuniquem por meio da Web, mesmo que a companhia aérea utilize sistemas UNIX e a Dollar use Microsoft Windows. A Dollar poderia ter criado uma solução exclusiva para essa companhia aérea em particular, mas a empresa não poderia reutilizar tal sistema personalizado. Criando um serviço da Web, a Dollar pode permitir que outras companhias aéreas ou hotéis utilizem seu sistema de reservas, sem criar um programa personalizado para cada relacionamento.

A estratégia .NET estende o conceito de reutilização de software para a Internet, permitindo que os programadores se concentrem em suas especialidades, sem ter de implementar cada componente de cada aplicativo. Em vez disso, as empresas podem comprar serviços da Web e dedicar seu tempo e energia no desenvolvimento de seus produtos. A estratégia .NET amplia ainda mais o conceito de reutilização de software para a Internet, permitindo que os programadores se concentrem em suas especialida-

4. Microsoft Corporation, "Dollar Rent A Car E-Commerce Case Study on Microsoft Business", 1º de julho de 2001, **<www.micro-soft.com/BUSINESS/casestudies/b2c/dollarrentacar.asp>**.

des sem ter de implementar cada componente. A programação visual (discutida no Capítulo 2) se tornou popular, pois ela permite que os programadores criem aplicativos facilmente, usando componentes pré-empacotados, como botões, caixas de texto e barras de rolagem. Analogamente, os programadores podem criar um aplicativo usando serviços da Web para bancos de dados, segurança, autenticação, armazenamento de dados e tradução de idiomas, sem ter de conhecer os detalhes internos desses componentes.

A estratégia .NET incorpora a idéia de reutilização de software. Quando as empresas vinculam seus produtos dessa maneira, surge uma nova experiência para o usuário. Por exemplo, um único aplicativo poderia gerenciar pagamentos de contas, restituição de impostos, empréstimos e investimentos, usando serviços da Web de diversas empresas. Um comerciante on-line poderia comprar serviços da Web para pagamento de cartão de crédito on-line, autenticação de usuários, segurança de rede e bancos de dados de estoques, para criar um site Web de comércio eletrônico (e-commerce).

As chaves para essa interação são o XML e o SOAP, que permitem aos serviços da Web se comunicarem. O XML dá significado aos dados, e o SOAP é o protocolo que permite aos serviços da Web se comunicarem facilmente entre si. O XML e o SOAP atuam como a "cola" que combina vários serviços da Web para formar aplicativos.

O *acesso a dados universal* é outro conceito fundamental na estratégia .NET. Se existem duas cópias de um arquivo (como em um computador pessoal e no computador da empresa), a versão menos recente deve ser constantemente atualizada — isso se chama *sincronismo*. Se as versões separadas do arquivo são diferentes, elas estão *dessincronizadas*, uma situação que poderia levar a erros. No .NET, os dados podem residir em um repositório central, em vez de em sistemas separados. Qualquer dispositivo conectado com a Internet poderia acessar os dados (sob controle rígido, é claro), os quais seriam então formatados adequadamente para uso ou exibição no dispositivo que os acessasse. Assim, o mesmo documento poderia ser visto e editado em um PC de mesa, em um PDA, em um telefone celular ou em outro dispositivo. Os usuários não precisariam sincronizar as informações, pois elas estariam totalmente atualizadas em uma área centralizada.

Os *serviços da Web HailStorm* da Microsoft facilitam tal organização de dados[5]. O HailStorm permite que os usuários armazenem dados de modo que eles sejam acessíveis a partir de qualquer dispositivo compatível com essa tecnologia (como um PDA, um computador de mesa ou um telefone celular). O HailStorm oferece um conjunto de serviços, como e-mail, armazenamento de documentos, agenda e uma carteira de dinheiro digital. Serviços da Web de terceiros também podem interagir com o HailStorm — o usuário pode ser notificado ao vencer um leilão on-line ou ter sua agenda atualizada se seu vôo atrasar. As informações podem ser acessadas de qualquer parte e não poderão se tornar dessincronizadas. Contudo, as preocupações com a privacidade aumentam, pois todos os dados do usuário residem em um único local. A Microsoft tem tratado desse problema fornecendo aos usuários controle sobre seus dados. Os usuários devem autorizar o acesso a seus dados e especificar a duração desse acesso.

A Microsoft pretende criar aplicativos clientes baseados na Internet. Por exemplo, o software poderia ser distribuído pela Internet, *com base em assinatura*, permitindo correções, atualizações e comunicação imediata com outros aplicativos, pela Internet. O HailStorm fornece serviços básicos gratuitamente, e os usuários podem pagar por recursos mais avançados, mediante uma assinatura.

A estratégia .NET é um empreendimento enorme. Vamos discutir vários aspectos do .NET por todo este livro. Informações adicionais estão disponíveis no site Web da Microsoft (**www.microsoft.com/net**).

1.17 A plataforma .NET e o CLR

A plataforma .NET (.NET Framework) da Microsoft® é o coração da estratégia .NET. Essa estrutura gerencia e executa aplicativos e serviços da Web, contém uma biblioteca de classes, chamada de FCL (Framework Class Library — biblioteca de classes da plataforma), garante a segurança e fornece muitos outros recursos de programação. Os detalhes da plataforma .NET podem ser encontrados na CLS (Common Language Specification — especificação de linguagem comum), que contém informações sobre o armazenamento de tipos de dados, objetos etc. A CLS foi submetida para padronização à ECMA (European Computer Manufacturers Association — Associação Européia de Fabricantes de Computador), tornando mais fácil portar a plataforma .NET para outros ambientes. Isso é como publicar os esquemas da estrutura — qualquer um pode construí-la, seguindo as especificações. Atualmente, a plataforma .NET existe apenas para o ambiente Windows, embora uma versão para o sistema operacional FreeBSD esteja em desenvolvimento[6]. O projeto FreeBSD fornece um sistema opera-

5. Microsoft Corporation, "Building User-Centric Experiences: An Introduction to Microsoft HailStorm", 30 de julho de 2001, **http://www.microsoft.com/net/hailstorm.asp**.

6. Microsoft Corporation, "The Microsoft Shared Source C# and CLI Specifications", 30 de julho de 2001, **http://www.microsoft.com/net/sharedsourcewp.asp**.

cional do tipo UNIX, de código-fonte aberto e gratuitamente disponível, baseado no BSD (Berkeley System Distribution) da Universidade da Califórnia de Berkeley.

O CLR (Common Language Runtime — ambiente de tempo de execução de linguagens comum) é outra parte central da plataforma .NET — ele executa programas C#. Os programas são compilados em instruções específicas da máquina, em duas etapas. Primeiro, o programa é compilado em MSIL (Microsoft Intermediate Language — linguagem intermediária da Microsoft), que define instruções para o CLR. O código convertido em MSIL a partir de outras linguagens e fontes pode ser reunido pelo CLR. Então, outro compilador no CLR compila o código MSIL em código de máquina (para uma plataforma em particular), criando um único aplicativo.

Por que se preocupar em ter a etapa extra da conversão de C# para MSIL, em vez de compilar diretamente para linguagem de máquina? Os motivos principais são a portabilidade entre os sistemas operacionais, o intercâmbio entre as linguagens e os recursos de gerenciamento de execução, como gerenciamento de memória e segurança.

Se a plataforma .NET existe (e está instalada) para um ambiente, esse ambiente pode executar qualquer programa .NET. A capacidade que um programa tem de ser executado (sem modificação) em vários ambientes operacionais distintos é conhecida como *independência de plataforma*. O código escrito uma vez pode ser usado em outra máquina, sem modificação, economizando tempo e dinheiro. Além disso, o software pode ter por objetivo um público mais amplo — anteriormente, as empresas tinham de decidir se converter seus programas para diferentes ambientes operacionais (às vezes chamado de *portar*) valeria o custo. Com o .NET, portar não é mais problema.

A plataforma .NET também fornece um alto nível de *interoperabilidade de linguagens*. Os programas escritos em diferentes linguagens são todos compilados em MSIL — as partes diferentes podem ser combinadas para criar um programa unificado. O MSIL permite que a plataforma .NET seja *independente da linguagem*, pois os programas .NET não estão vinculados a uma linguagem de programação específica. Qualquer linguagem que possa ser compilada em MSIL é chamada de *linguagem compatível com .NET*. A Figura 1.1 lista muitas das linguagens atuais que suportam a plataforma .NET[7].

A interoperabilidade de linguagens oferece muitas vantagens para as empresas de software. Os desenvolvedores que usam C#, Visual Basic .NET e Visual C++, por exemplo, podem trabalhar lado a lado no mesmo projeto, sem ter de aprender outra linguagem de programação — todo seu código é compilado em MSIL e unido para formar um único programa. Além disso, a plataforma .NET pode empacotar componentes novos e antigos, para trabalharem juntos. Isso permite que as empresas reutilizem o código que passaram anos desenvolvendo e o integrem com o novo código .NET que escreverem. A integração é fundamental, pois as empresas não podem migrar facilmente para o .NET, a não ser que possam permanecer produtivas, usando seus desenvolvedores e software existentes.

Outra vantagem da plataforma .NET são os recursos de gerenciamento de execução do CLR. O CLR gerencia memória, segurança e outros recursos, liberando o programador dessas responsabilidades. Com linguagens como C++, os programadores precisam se responsabilizar pelo gerenciamento da memória. Isso leva a problemas, caso os programadores solicitem memória e nunca a retornem — os programas poderiam consumir toda a memória disponível, o que impediria os

Linguagens de programação	
APL	Oberon
C#	Oz
COBOL	Pascal
Component Pascal	Perl
Curriculum	Python
Eiffel	RPG
Fortran	Scheme
Haskell	Smalltalk
Java	Standard ML
JScript	Visual Basic .NET
Mercury	Visual C++ .NET

Figura 1.1 Linguagens .NET.

7. Informações da tabela provenientes do site Web da Microsoft, no endereço **www.microsoft.com**.

aplicativos de serem executados. Gerenciando a memória do programa, a plataforma .NET permite que os programadores se concentrem na lógica do programa.

A plataforma .NET também fornece aos programadores uma biblioteca de classes enorme. Essa biblioteca, chamada de FCL, pode ser usada por qualquer linguagem .NET. A FCL contém uma variedade de componentes reutilizáveis, evitando o problema de criar novos componentes por parte dos programadores. Este livro explicará como se faz para desenvolver software .NET com C#. Steve Ballmer, CEO da Microsoft, disse, em maio de 2001, que a empresa estava "apostando a empresa" no .NET. Tal comprometimento dramático seguramente indica um brilhante futuro para o C# e sua comunidade de desenvolvedores.

1.18 Visão geral do livro

Nesta seção damos um panorama dos capítulos e apêndices deste livro. Além dos tópicos apresentados em cada capítulo, muitos deles contêm uma seção sobre recursos da Internet e da World Wide Web, relacionando fontes adicionais a partir das quais os leitores podem aprimorar seu conhecimento sobre programação com C#.

Capítulo 1 — Introdução aos computadores, à Internet, à Web e ao C#

O primeiro capítulo familiariza o leitor com o que são os computadores, como eles funcionam e como são programados. Explicamos a evolução das linguagens de programação, desde suas origens nas linguagens de máquina até o desenvolvimento de linguagens de alto nível, orientadas a objetos. Damos um panorama da história da Internet, da World Wide Web e de várias tecnologias (como HTTP, SOAP e XML) que levaram a avanços no modo como os computadores são usados. Então, discutimos o desenvolvimento da linguagem de programação C# e da iniciativa .NET da Microsoft, incluindo os serviços da Web. Exploramos o impacto do .NET no desenvolvimento de software e concluímos com um panorama do restante do livro.

Capítulo 2 — Introdução ao IDE do Visual Studio .NET

O Capítulo 2 apresenta o Microsoft Visual Studio .NET, um IDE para a criação de programação C#. O Visual Studio .NET permite *programação visual*, na qual os *controles* (como botões e caixas de texto) são "arrastados" e "soltos" em seu lugar, em vez de serem adicionados por digitação de código. A programação visual tem levado a uma produtividade bem maior por parte dos desenvolvedores de software, pois ela elimina muitas das tarefas maçantes com que os programadores deparam. Por exemplo, as propriedades dos objetos (informações como altura e cor) podem ser modificadas por meio das janelas do Visual Studio .NET, permitindo que as alterações sejam feitas rapidamente e fazendo com que os resultados apareçam de imediato na tela. Em vez de imaginar como a GUI aparecerá, enquanto escreve um programa, os programadores a vêem exatamente como ela aparecerá quando o programa final for executado. O Visual Studio .NET também contém ferramentas avançadas para depuração, documentação e escrita de código. O capítulo apresenta recursos do Visual Studio .NET, incluindo suas principais janelas, caixa de ferramentas e recursos de ajuda, e mostra um panorama do processo de compilação e execução de programas. Fornecemos um exemplo dos recursos do Visual Studio .NET, utilizando-o para criar um aplicativo Windows simples, sem digitar uma única linha de código.

Capítulo 3 — Introdução à programação com C#

Este capítulo apresenta aos leitores nossa estratégia LIVE-CODE™. Cada conceito é apresentado no contexto de um programa C# funcional completo e é seguido por um ou mais exemplos de saída representando a execução do programa. Em nosso primeiro exemplo, imprimimos uma linha de texto e discutimos cuidadosamente cada linha de código. Então, discutimos as tarefas fundamentais, como o modo como um programa pega entrada de dados de seus usuários e como escrever expressões aritméticas. O último exemplo do capítulo demonstra como se imprime uma variedade de strings de caracteres em uma janela chamada caixa de mensagem.

Capítulo 4 — Estruturas de controle: parte 1

Este capítulo apresenta formalmente os princípios da programação estruturada, um conjunto de técnicas que ajudarão o leitor a desenvolver programas claros, fáceis de entender e de manter, por todo o texto. A primeira parte desse capítulo apresenta técnicas de desenvolvimento de programas e solução de problemas. O capítulo demonstra como transformar uma especificação escrita em um programa, usando técnicas como *pseudocódigo* e *refinamento top-down passo a passo*. Então, percorremos o processo inteiro, do desenvolvimento de uma declaração de problema até um programa C# funcional. A noção de algoritmos também é discutida. Complementamos as informações apresentadas no capítulo anterior, para criar programas interativos (isto é, eles mudam seu comportamento de acordo com as entradas fornecidas pelo usuário). Então, o capítulo apresenta o uso de estruturas de controle que afetam a seqüência em que as instruções são executadas. As estruturas de controle produzem programas que são facilmente entendidos, depurados e mantidos. Discutimos as três formas de controle de programa — seqüência, seleção e repetição —, focalizando as estruturas de controle **if/then** e **while**. Fluxogramas (isto é, representações gráficas dos algoritmos) aparecem por todo o capítulo, reforçando e ampliando as explicações.

Capítulo 5 — Estruturas de controle: parte 2

O Capítulo 5 apresenta estruturas de controle mais complexas e operadores lógicos. São usados fluxogramas para ilustrar o fluxo de controle por meio de cada estrutura de controle, incluindo as estruturas **for**, **do/while** e **switch**. Explicamos as instruções **break** e **continue** e os operadores lógicos. Os exemplos incluem o cálculo de juros compostos e a impressão da distribuição de notas em um exame (com alguma verificação de erros simples). O capítulo termina com um resumo da programação estruturada, incluindo cada uma das estruturas de controle da linguagem C#. As técnicas discutidas nos capítulos 4 e 5 constituem uma grande parte do que tem sido tradicionalmente ensinado sob o tópico da programação estruturada.

Capítulo 6 — Métodos

Um *método* permite que o programador crie um bloco de código que pode ser chamado a partir de diversos pontos de um programa. Grupos de métodos relacionados podem ser separados em blocos funcionais (classes), usando-se a estratégia "dividir e conquistar". Os programas são divididos em componentes que interagem de maneiras simples. Discutimos como criar nossos próprios métodos, que podem receber entrada, efetuar cálculos e retornar saída. Examinamos a classe **Math** da biblioteca .NET, que contém métodos (isto é, métodos em uma classe) para efetuar cálculos complexos (por exemplo, cálculos trigonométricos e logarítmicos). São apresentados os métodos *recursivos* (métodos que chamam a si mesmos) e a sobrecarga de método, que permite que vários métodos tenham o mesmo nome. Demonstramos a sobrecarga por meio da criação de dois métodos **Square**, que recebem um inteiro (isto é, um número inteiro) e um número de ponto flutuante (isto é, um número com uma casa decimal), respectivamente. Para concluir o capítulo, criamos uma simulação gráfica do jogo de dados "craps", usando as técnicas de geração de números aleatórios apresentadas no capítulo.

Capítulo 7 — Arrays

O Capítulo 7 discute os arrays, nossas primeiras estruturas de dados. (O Capítulo 24 discutirá o assunto das estruturas de dados em profundidade.) As estruturas de dados são fundamentais para armazenar, ordenar, pesquisar e manipular grandes volumes de informações. Os *arrays* são grupos de itens de dados relacionados que permitem ao programador acessar qualquer elemento diretamente. Em vez de criar 100 variáveis separadas, todas relacionadas de alguma maneira, o programador pode criar um array de 100 elementos e acessar esses elementos mediante sua localização no array. Discutimos como declarar e alocar arrays e complementamos as técnicas do capítulo anterior, passando arrays para métodos. Além disso, discutimos como passar um número variável de argumentos para métodos. Os capítulos 4 e 5 fornecem a base essencial para a discussão sobre arrays, pois as estruturas de repetição são usadas para fazer a iteração nos elementos do array. A combinação desses conceitos ajuda o leitor a criar programas altamente estruturados e bem organizados. Então, demonstramos como ordenar e pesquisar arrays. Discutimos os arrays multidimensionais (retangulares e recortados), que podem ser usados para armazenar tabelas de dados.

Capítulo 8 — Programação baseada em objetos

O Capítulo 8 serve como nossa introdução aos poderosos conceitos de objetos e *classes* (as classes são tipos definidos pelo programador). Conforme mencionado no Capítulo 1, a tecnologia de objetos tem levado a melhorias consideráveis no desenvolvimento de software, permitindo aos programadores criar componentes reutilizáveis. Além disso, os objetos permitem que os programas sejam organizados de maneiras naturais e intuitivas. Nesse capítulo, apresentamos os fundamentos da programação orientada a objetos, como encapsulamento, abstração de dados e ADTs (abstract data types — tipos de dados abstratos). Essas técnicas ocultam os detalhes dos componentes, para que o programador possa se concentrar no "quadro geral". Para demonstrar esses conceitos, criamos uma classe de tempo que exibe o tempo nos formatos padrão e militar. Outros tópicos examinados incluem abstração, composição, capacidade de reutilização e herança. Damos um panorama sobre como criar componentes de software reutilizável com montagens, espaços de nome e arquivos de DLL (Dynamic Link Library — biblioteca de ligação dinâmica). Você vai aprender a criar classes como aquelas da Framework Class Library. Outros recursos da linguagem C# discutidos incluem as propriedades e as palavras-chave **readonly** e **const**. Esse capítulo estabelece a base para os dois capítulos seguintes, que apresentam a programação orientada a objetos.

Capítulo 9 — Programação orientada a objetos: herança

Neste capítulo discutimos a herança — uma forma de reutilização de software na qual as classes (chamadas de *classes derivadas*) são criadas por absorção dos atributos e métodos de classes existentes (denominadas *classes base*). A classe herdada (isto é, a classe derivada) pode conter atributos e métodos adicionais. Mostramos como o fato de encontrar as características comuns entre as classes de objetos pode reduzir a quantidade de trabalho exigido para construir grandes sistemas de software. Essas técnicas comprovadas ajudam os programadores a criar e manter sistemas de software. Um estudo de caso detalhado demonstra a reutilização de software e as boas técnicas de programação, encontrando as características comuns entre uma hierarquia de herança de três níveis: as classes ponto, círculo e cilindro. Discutimos as vantagens da engenharia de software da programação orientada a objetos. O leitor aprende importantes fundamentos da programação orientada a objetos, como a criação e extensão de classes personalizadas.

Capítulo 10 — Programação orientada a objetos: polimorfismo

O Capítulo 10 continua nossa introdução formal à programação orientada a objetos. Discutimos a programação polimórfica e suas vantagens. O *polimorfismo* permite que as classes sejam tratadas de uma maneira geral, possibilitando que a mesma chamada de método atue de forma diferente, dependendo do contexto (por exemplo, mensagens "mover-se" enviadas para um pássaro e para um peixe resultam em tipos substancialmente diferentes de ação — um pássaro voa e um peixe nada). Além de tratar as classes existentes de uma maneira geral, o polimorfismo permite que novas classes sejam adicionadas facilmente em um sistema. Identificamos situações em que o polimorfismo é útil. Um estudo de caso de sistema de folha de pagamento demonstra o polimorfismo — o sistema determina os salários de cada funcionário de forma diferente, de acordo com o tipo de funcionário (os chefes recebem salários fixos, os trabalhadores que recebem por hora são pagos dessa maneira, os comissionados recebem um salário-base mais uma comissão, e os tarefeiros são pagos pelos itens produzidos). Essas técnicas de programação e as do capítulo anterior permitem que o programador crie componentes de software que podem ser estendidos e reutilizados.

Capítulo 11 — Tratamento de exceções

O tratamento de exceções é um dos assuntos mais importantes na linguagem C#, do ponto de vista da construção de aplicativos de missão crítica e comercialização crítica. As pessoas podem fornecer dados incorretos, os dados podem estar corrompidos, e os clientes podem tentar acessar registros que não existem ou que são restritos. Um simples erro de divisão por zero pode fazer um programa de calculadora parar, mas e se tal erro ocorrer no sistema de navegação de um avião em pleno vôo? Os programadores devem saber lidar com essas situações, pois, em alguns casos, os resultados da falha do programa podem ser desastrosos. Os programadores precisam saber como reconhecer os erros (*exceções*) que poderiam ocorrer nos componentes de software e tratar essas exceções eficientemente, permitindo que os programas resolvam os problemas e continuem a ser executados, em vez de "travar". Esse capítulo fornece um panorama do uso correto do tratamento de exceções e de várias técnicas de tratamento de exceções. Abordamos os detalhes do tratamento de exceções da linguagem C#, o modelo de término do tratamento de exceções, o lançamento e a captura de exceções e a classe de biblioteca **`Exception`**. Os programadores que constroem sistemas de software a partir de componentes reutilizáveis feitos por outros programadores freqüentemente tratam com as exceções que esses componentes podem lançar.

Capítulo 12 — Conceitos de interface com o usuário gráfica: parte 1

O Capítulo 12 explica como adicionar GUIs em nossos programas, proporcionando uma aparência e comportamento profissional. Usando as técnicas de RAD (rapid application development — desenvolvimento rápido de aplicativos), podemos criar uma GUI a partir de componentes reutilizáveis, em vez de programar explicitamente cada detalhe. O IDE do Visual Studio .NET torna o desenvolvimento de GUIs ainda mais fácil, permitindo que o programador posicione os componentes em uma janela, por meio da conhecida programação visual. Discutimos o modo de construir interfaces com o usuário com componentes de GUI formulários Windows (Windows Forms), como rótulos, botões, caixas de texto, barras de rolagem e caixas de figura. Também apresentamos os *eventos*, que são mensagens enviadas por um programa para sinalizar a um objeto ou a um conjunto de objetos que uma ação ocorreu. Os eventos são mais usados para sinalizar interações do usuário com componentes de GUI, mas também podem sinalizar ações internas em um programa. Damos um panorama do tratamento de eventos e discutimos como manipular eventos específicos para controles, o teclado e o mouse. Dicas são incluídas em todo o capítulo, para ajudar o programador a criar GUIs visualmente atraentes, bem organizadas e consistentes.

Capítulo 13 — Conceitos de interface com o usuário gráfica: parte 2

O Capítulo 13 apresenta componentes de GUI mais complexos, incluindo menus, rótulos de link, painéis, caixas de lista, caixas de combinação e controles com guias. Em um exercício desafiador, os leitores criam um aplicativo que exibe a estrutura de diretório de uma unidade de disco em uma árvore — semelhante àquela criada pelo Windows Explorer. É apresentada a MDI (Multiple Document Interface — interface de documentos múltiplos), a qual permite que vários documentos (isto é, formulários) sejam abertos simultaneamente em uma única GUI. Concluímos o capítulo com uma discussão sobre como criar controles personalizados, combinando controles existentes. As técnicas apresentadas nesse capítulo permitem aos leitores criar GUIs sofisticadas e bem organizadas, proporcionando estilo e utilidade a seus aplicativos.

Capítulo 14 — Múltiplas linhas de execução (multithreading)

Esperamos muito de nossos aplicativos. Queremos fazer o download de arquivos na Internet, ouvir música, imprimir documentos e navegar na Web — tudo ao mesmo tempo! Para fazer isso, precisamos de uma técnica chamada *múltiplas linhas de execução* (*multithreading*), que permite aos aplicativos realizar várias atividades concomitantemente. A linguagem C# contém recursos internos para possibilitar aplicativos com múltiplas linhas de execução, enquanto isolam os programadores dos detalhes complexos. A linguagem C# está mais bem equipada para tratar com aplicativos multimídia, baseados em rede e em multiprocessadores mais sofisticados, do que outras linguagens que não têm recursos de múltiplas linhas de execução. Este capítulo fornece um panorama das classes de linha de execução internas do C# e aborda as linhas de execução, ciclos de vida da linha de execução, uso de fatia de tempo, agendamento de execução e prioridades. Analisamos o relacionamento produtor–consumidor, o sincronismo de linha de execução e os buffers circulares. Esse capítulo estabelece a base para a criação dos programas com múltiplas linhas de execução impressionantes exigidos pelos clientes.

Capítulo 15 — Strings, caracteres e expressões regulares

Neste capítulo discutimos o processamento de palavras, sentenças, caracteres e grupos de caracteres. Em C#, as **`strings`** (seqüências de caracteres) são objetos. Essa é mais uma vantagem da ênfase do C# na programação orientada a objetos. Os objetos do tipo **`string`** contêm métodos que podem copiar, criar códigos de *hash*, pesquisar, extrair substrings e concatenar strings. Como um exemplo interessante de strings, criamos uma simulação de embaralhamento e distribuição de cartas. Discutimos as expressões regulares, uma poderosa ferramenta para procurar e manipular texto.

Capítulo 16 — Elementos gráficos e multimídia

Neste capítulo discutimos a GDI+, uma extensão da GDI (Graphics Device Interface — interface de dispositivos gráficos), o serviço do Windows que fornece os recursos gráficos usados pelo .NET. Os amplos recursos gráficos da GDI+ podem tornar os programas mais visuais e divertidos de criar e usar. Discutimos o tratamento do C# dos objetos gráficos e o controle de cor e mostramos como desenhar arcos, polígonos e outras figuras. Usamos várias penas e pincéis para criar efeitos de cor e incluímos um exemplo demonstrando os preenchimentos de gradiente e texturas. Esse capítulo apresenta as técnicas para transformar aplicativos somente de texto em programas interessantes e esteticamente agradáveis que até programadores iniciantes podem escrever com facilidade. A segunda metade do capítulo focaliza a tecnologia de áudio e vídeo. Discutimos a adição de som, vídeo e caracteres animados em programas (usando principalmente clipes de áudio e vídeo preexistentes). Você vai ver como é fácil incorporar multimídia em aplicativos C#. Esse capítulo apresenta uma tecnologia interessante, chamada *Microsoft Agent* (agente da Microsoft), para adição de *personagens animadas interativas* em um programa. Cada caractere permite que os usuários interajam com o aplicativo, usando técnicas de comunicação humanas mais naturais, como a fala. Os caracteres agentes aceitam interação de mouse e teclado, fala e audição (isto é, suportam síntese de fala e reconhecimento de voz). Com esses recursos, seus aplicativos podem falar com os usuários e responder a seus comandos de voz!

Capítulo 17 — Arquivos e fluxos

Imagine um programa que não pudesse salvar dados em um arquivo. Ao ser fechado, todo o trabalho realizado nele seria perdido para sempre. Por isso, esse capítulo é um dos mais importantes para os programadores que vão desenvolver aplicativos comerciais. Explicamos como fazer entrada e saída de dados em arquivos, respectivamente. Discutimos como os programas lêem e gravam dados em dispositivos de armazenamento secundários (como os discos). Um exemplo detalhado demonstra esses conceitos, permitindo que o usuário leia e grave informações de conta bancária em arquivos. Apresentamos as classes e os métodos em C# que ajudam a realizar entrada e saída convenientemente — eles demonstram o poder da programação orientada a objetos e das classes que podem ser reutilizadas. Discutimos as vantagens dos arquivos seqüenciais, dos arquivos de acesso aleatório e do uso de buffers. Esse capítulo é fundamental para se desenvolver aplicativos de processamento de arquivo em C# e aplicativos de interligação em rede (Capítulo 22), que também usa as técnicas desse capítulo para enviar e receber dados.

Capítulo 18 — XML (Extensible Markup Language)

O XML (Extensible Markup Language — linguagem de marcação extensível) deriva do SGML (Standardized General Markup Language — linguagem de marcação generalizada padrão), que se tornou um padrão do setor em 1986. Embora o SGML seja empregado na publicação de aplicativos no mundo todo, ele não foi incorporado no currículo da computação geral e da informação, em virtude de seu tamanho e complexidade enormes. O XML é um esforço para tornar a tecnologia do tipo SGML disponível para uma comunidade mais ampla. Criado pelo World Wide Web Consortium (W3C) para descrever dados em um formato portável, ele é uma das tecnologias mais importantes no setor atualmente e está integrado em quase todos os campos. O XML difere conceitualmente das linguagens de marcação, como o HTML (HyperText Markup Language — linguagem de marcação de hipertexto). O HTML é uma linguagem de marcação para descrever como a informação é representada em um navegador. O XML é uma linguagem para a criação de linguagens de marcação para praticamente qualquer tipo de informação. Os autores de documento usam o XML para criar linguagens de marcação totalmente novas, para descrever tipos de dados específicos, incluindo fórmulas matemáticas, estruturas moleculares químicas e músicas. As linguagens de marcação criadas com o XML incluem o WML (Wireless Markup Language — linguagem de marcação para dispositivos móveis), o XHTML (Extensible HyperText Markup Language, uma versão formalmente mais rigorosa do HTML, para conteúdo para a Web), o MathML (para matemática), a VoiceXML™ (para fala), o SMIL™ (Synchronized Multimedia Integration Language, para apresentações multimídia), o CML (Chemical Markup Language, para química) e o XBRL (Extensible Business Reporting Language, para o intercâmbio de dados financeiros). Empresas e indivíduos estão constantemente encontrando novos e interessantes usos para o XML. Neste capítulo apresentamos exemplos que ilustram os fundamentos da marcação de dados com o XML. Demonstramos várias linguagens de marcação derivadas do XML, como o XML Schema (para verificar a gramática de um documento XML), o XSTL (Extensible Stylesheet Language Transformations, para transformar os dados de um documento XML em outro formato baseado em texto, como XHTML) e o BizTalk™ da Microsoft (para marcar transações corporativas). (Para os leitores não familiarizados com o XHTML, fornecemos os apêndices K e L, que contêm uma introdução detalhada sobre a linguagem.)

Capítulo 19 — Bancos de dados, SQL e ADO .NET

O acesso e o armazenamento de dados são partes integrantes da criação de poderosos aplicativos de software. Esse capítulo discute o suporte do .NET à manipulação de bancos de dados. Os sistemas de bancos de dados mais populares de hoje são bancos de dados relacionais. Nesse capítulo apresentamos o SQL (Structured Query Language — linguagem de consulta estruturada) para executar consultas em bancos de dados relacionais. Apresentamos o ADO .NET — uma extensão do ActiveX Data Objects da Microsoft, que permite aos aplicativos .NET acessar e manipular bancos de dados. O ADO .NET permite que dados sejam exportados como XML, o que possibilita aos aplicativos que usam ADO .NET se comunicarem com uma variedade de programas que entendem o XML. O leitor aprenderá a criar conexões de banco de dados usando ferramentas fornecidas no Visual Studio .NET e também a usar as classes do espaço de nome `System.Data`.

Capítulo 20 — ASP .NET, formulários Web e controles Web

Os capítulos anteriores demonstraram como criar aplicativos que são executados de maneira local no computador do usuário. Neste e no próximo capítulo discutiremos como criar aplicativos baseados na Web usando ASP .NET. Esse é um aspecto fundamental do .NET e da visão da Microsoft de como o software deve ser distribuído via Internet. O ASP .NET é uma tecnologia completa para criar conteúdo dinâmico da Web, marcado como HTML. (Para os leitores que não estiverem familiarizados com o HTML, fornecemos uma introdução detalhada nos apêndices I e J.) Os *formulários Web* (*Web forms*) fornecem GUIs para páginas ASP .NET e podem conter *controles Web* (*Web controls*), como rótulos, botões e caixas de texto, com os quais os usuários interagem. Assim como os formulários Windows, os formulários Web são projetados por meio de programação visual. Esse capítulo apresenta muitos exemplos interessantes, incluindo um aplicativo de livro de convidados on-line e um aplicativo multicamadas de uso intenso de banco de dados que permite aos usuários consultar uma lista de publicações em um banco de dados por meio de um autor específico. A depuração de formulários Web usando a propriedade `Trace` também é discutida.

Capítulo 21 — ASP .NET e serviços da Web

O Capítulo 21 continua nossa discussão sobre ASP .NET. Nesse capítulo apresentamos os *serviços da Web* (*Web services*), que são programas que "expõem" serviços (isto é, métodos) para os clientes. Usando serviços da Web, os programadores podem criar métodos que qualquer um pode chamar. Isso permite que os aplicativos chamem métodos de forma remota por meio de uma rede. Os serviços da Web oferecem maior reutilização de software, tornando a Internet basicamente uma biblioteca de programação, disponível para programadores do mundo todo. Os serviços da Web usam XML e SOAP para marcar e enviar informações, respectivamente. Esse capítulo apresenta vários exemplos interessantes que incluem serviços da Web para manipular números enormes (acima de 100 algarismos), simular o jogo de cartas vinte-e-um e implementar um sistema de reservas de uma companhia aérea. Um exemplo particularmente interessante é nosso servidor de temperatura, um serviço da Web que reúne informações climáticas para dezenas de cidades dos Estados Unidos.

Capítulo 22 — Rede: soquetes e datagramas baseados em fluxo

O Capítulo 22 apresenta as técnicas fundamentais de rede baseadas em C# — fluxos e datagramas. Demonstramos como os *soquetes* baseados em fluxos nos permitem ocultar muitos detalhes da interligação em rede. Com os soquetes, a interligação em rede é tão simples como se estivéssemos lendo e gravando em um arquivo. Também apresentamos os *datagramas*, nos quais pacotes de informação são enviados entre os programas. Cada pacote é endereçado para seu destinatário e enviado para a rede, a qual direciona o pacote para seu destino. Os exemplos desse capítulo focalizam a comunicação entre os aplicativos. Um exemplo demonstra o uso de soquetes baseados em fluxo (stream) para comunicação entre dois programas C#. Outro exemplo semelhante envia datagramas entre aplicativos. Também mostramos como criar um aplicativo servidor com múltiplas linhas de execução, que pode se comunicar com vários clientes em paralelo. Nesse jogo-da-velha cliente/servidor, o servidor mantém o status do jogo, e dois clientes se comunicam com ele para jogar.

Capítulo 23 — Estruturas de dados e coleções

Este capítulo discute a organização dos dados em agregações, como listas encadeadas, pilhas, filas e árvores. Cada estrutura de dados tem propriedades que são úteis em uma ampla variedade de aplicações, desde a ordenação de elementos até o controle de chamadas de método. Discutimos como construir cada uma dessas estruturas de dados. Essa também é uma experiência valiosa na elaboração de classes úteis. Além disso, abordamos as classes de coleção pré-construídas da Framework Class Library do .NET. Essas estruturas de dados têm muitos métodos úteis para ordenar, inserir e excluir itens, além de métodos para permitir às estruturas de dados se redimensionarem dinamicamente. Quando possível, os programadores de C# devem usar a Framework Class Library para encontrar estruturas de dados apropriadas, em vez de implementá-las. Esse capítulo reforça grande parte da tecnologia de objetos discutida nos capítulos 8, 9 e 10, incluindo classes, herança e composição.

Capítulo 24 — Acessibilidade

A World Wide Web apresenta um desafio para pessoas com deficiências físicas. Os sites Web ricos em multimídia são difíceis para leitores de texto e outros programas interpretarem; assim, os usuários com deficiências auditivas e visuais podem ter dificuldade para navegar nesses sites. Para ajudar a resolver essa situação, o World Wide Web Consortium (W3C) lançou a WAI (Web Accessibility Initiative — iniciativa de acessibilidade à Web), que fornece diretrizes para tornar os sites Web acessíveis para as pessoas com deficiências físicas. Esse capítulo fornece uma descrição dessas diretrizes, como o uso da tag (marca) `<headers>`, para tornar as tabelas mais acessíveis para os leitores de página, o atributo `alt` da tag `<img>`, para descrever imagens, e o XHTML e o CSS, para garantir que uma página possa ser vista em praticamente qualquer tipo de tela ou leitor. Mostramos a chave para o acesso a recursos do Visual Studio .NET e do Windows 2000. Além disso introduzimos a *VoiceXML* e a *CallXML*, duas tecnologias para aumentar a acessibilidade do conteúdo da Web. A VoiceXML ajuda as pessoas com deficiências visuais a acessarem o conteúdo da Web por meio de síntese da fala e do reconhecimento de voz. A CallXML permite que os usuários com deficiências visuais acessem conteúdo baseado na Web por meio de um telefone. Nos exercícios do capítulo, os leitores criam seus próprios aplicativos de correio de voz usando CallXML.

Apêndice A — Tabela de precedência de operadores

Este apêndice lista os operadores C# e sua precedência.

Apêndice B — Sistemas de numeração (no CD)

Este apêndice explica os sistemas de numeração binário, octal, decimal e hexadecimal. Ele também examina a conversão de números entre essas bases e ilustra as operações matemáticas em cada base.

Apêndice C — Oportunidades de carreira (no CD)

Este apêndice fornece possibilidades de emprego para programadores de C# (tendo como base o mercado dos Estados Unidos).

Apêndice D — Depurador do Visual Studio .NET

Este apêndice apresenta o depurador do Visual Studio .NET para localização de erros lógicos nos programas. Os principais recursos desse apêndice incluem a configuração de pontos de quebra, percorrer os programas linha por linha, passo a passo, e "observar" valores de variável.

Apêndice E — Geração de documentação no Visual Studio (no CD)

Este apêndice discute como criar comentários dentro do código C#, que pode ser extraído para gerar documentação baseada em XML poderosa.

Apêndice F — Conjunto de caracteres ASCII

Este apêndice contém uma tabela com os 128 símbolos alfanuméricos ASCII e seus números ASCII (American Standard Code for Information Interchange — código-padrão norte-americano para o intercâmbio de informações) correspondentes.

Apêndice G — Unicode® (no CD)

Este apêndice apresenta o padrão Unicode, um esquema de codificação que atribui valores numéricos exclusivos aos caracteres da maioria dos idiomas do mundo. Incluímos um aplicativo Windows que usa codificação Unicode para imprimir mensagens de boas-vindas em vários idiomas diferentes.

Apêndice H — Integração COM (no CD)

Antes do .NET, o COM (Component Object Model — modelo de objetos componentes) era fundamental para especificar como as diferentes linguagens de programação Windows se comunicavam em nível binário. Por exemplo, os componentes COM, como os controles e as DLLs ActiveX, eram freqüentemente escritos em Microsoft Visual C++, mas usados em outros programas. A plataforma .NET não suporta componentes COM diretamente, mas a Microsoft fornece ferramentas para a integração desses componentes com aplicativos .NET. Nesse apêndice exploramos algumas dessas ferramentas, integrando um controle e uma DLL ActiveX em aplicativos C#.

Apêndices I e J — Introdução ao HTML 4: partes 1 e 2 (no CD)

Estes apêndices fornecem uma introdução ao HTML (Hypertext Markup Language — linguagem de marcação de hipertexto). O HTML é uma *linguagem de marcação* para descrever os elementos de um documento HTML (página Web) de modo que um navegador, como o Internet Explorer da Microsoft, possa representar (isto é, exibir) essa página. Esses apêndices são incluídos para nossos leitores que não conhecem o HTML ou que queiram revê-lo antes de estudar o Capítulo 20. Não apresentamos nenhuma programação com C# nesses apêndices. Alguns assuntos importantes abordados no Apêndice I incluem: incorporação de texto e imagens em um documento HTML, vinculação a outros documentos HTML na Web (links), incorporação de caracteres especiais (como os símbolos de direitos de cópia e marca registrada) em um documento HTML e separação das partes de um documento HTML com linhas horizontais (chamadas de *réguas horizontais*). No Apêndice J discutimos os elementos e os recursos mais substanciais do HTML. Demonstramos como apresentar informações em *listas* e *tabelas*. Discutimos como reunir informações de pessoas que navegam em um site. Explicamos como usar *vinculação interna* e *mapas de imagens* para tornar as páginas Web mais fáceis de navegar. Também discutimos como usar *quadros* (frames) para exibir múltiplos documentos na janela do navegador.

Apêndices K e L — Introdução ao XHTML: partes 1 e 2 (no CD)

Nestes apêndices apresentamos o XHTML (Extensible Hypertext Markup Language — linguagem de marcação de hipertexto extensível). O XHTML é uma tecnologia emergente do W3C, projetado para substituir o HTML como o principal meio de descrever conteúdo da Web. Como uma linguagem baseada no XML, o XHTML é mais robusto e flexível do que o HTML. O XHTML incorpora a maioria dos elementos e atributos do HTML 4 — o foco desses apêndices. Os apêndices K e L são incluídos para nossos leitores que não conhecem o XHTML ou que desejam revê-lo antes de estudar os capítulos 18 e 24.

Apêndice M — Caracteres especiais do HTML/XHTML

Este apêndice fornece muitos caracteres especiais normalmente usados do HTML/XHTML, chamados de *referências de entidade de caractere*.

Apêndice N — Cores no HTML/XHTML

Este apêndice relaciona os nomes de cor normalmente usados no HTML/XHTML e seus valores hexadecimais correspondentes.

Apêndice O — Manipulação de bits (no CD)

Este apêndice discute os poderosos recursos de manipulação de bits da linguagem C#. Isso ajuda os programas a processar strings de bits, ativar e desativar bits individuais e armazenar informações de forma mais compacta. Tais recursos — herdados do C — são característicos das linguagens assembly de baixo nível e são apreciados pelos programadores que escrevem software de sistemas, como sistemas operacionais e software de interligação em rede.

Apêndice P — Crystal Reports® para Visual Studio .NET

Este apêndice apresenta os recursos que a *Crystal Decisions*, a empresa que produz o Crystal Reports — software de produção de relatório —, oferece em seu site Web, e um panorama da funcionalidade única desse software e dos recursos no Visual Studio .NET.

1.19 Recursos da Internet e da World Wide Web (em inglês)

www.deitel.com

Este é o site Web oficial da Deitel & Associates, Inc. Nele você encontrará atualizações, correções, downloads e recursos adicionais para todas as publicações da Deitel. Além disso, esse site fornece informações sobre seminários profissionais locais da Deitel & Associates, Inc. oferecidos no mundo todo.

www.pearson.com.br/deitel

Este é o site Web da Prentice Hall para publicações da Deitel, que contém informações sobre nossos produtos e publicações, downloads, currículo da Deitel e informações sobre os autores.

www.InformIT.com/deitel

Esta é a página da Deitel & Associates, Inc. no site Web da InformIT. A InformIT é um recurso geral para profissionais de informática, fornecendo artigos, publicações eletrônicas e outros recursos para as tecnologias mais em evidência da atualidade. O quiosque da Deitel na InformIT.com terá artigos gratuitos e publicações eletrônicas para aquisição. Além disso, você pode comprar todos os produtos da Deitel neste site (EUA).

www.w3.org

O World Wide Web Consortium (W3C) é uma organização que desenvolve e recomenda tecnologias para a Internet e para a World Wide Web. Esse site contém links para tecnologias do W3C, notícias, declarações da missão e respostas a perguntas freqüentes (FAQs).

www.elsop.com/wrc/h_comput.htm

Este site apresenta a história da computação, contém informações sobre inovadores famosos, a evolução das linguagens e o desenvolvimento dos sistemas operacionais.

www.w3.org/History.html

Este site fornece um panorama da história da Internet. Após abordar brevemente os desenvolvimentos de 1945 a 1988, o site detalha os avanços tecnológicos, ano a ano, de 1989 até o momento.

www.netvalley.com/intval.html

Este site apresenta a história da Internet e da World Wide Web.

www.microsoft.com

O site Web da Microsoft fornece informações e recursos técnicos para todos os produtos da Microsoft, incluindo .NET, software corporativo e o sistema operacional Windows.

Resumo

[Este capítulo é principalmente um resumo do restante do livro; portanto, não fornecemos uma seção de resumo. Os capítulos restantes incluem resumos detalhados de seu conteúdo.]

Terminologia

.NET Framework (plataforma . NET)
ação
acesso a dados universal
algoritmo
ALU (arithmetic and logic unit — unidade aritmética e lógica)
API (Application Programming Interface — interface de programação de aplicativos) Win32 (Windows de 32 bits)
aplicativo de *n* camadas
Apple Computer
armazenamento secundário
ARPA (Advanced Research Projects Agency — Agência de Projetos de Pesquisa Avançados)
assembler
bibliotecas de classe
cálculo
capacidade de tornar funcional
chip de silício
clareza
classe
CLR (Common Language Runtime — ambiente de tempo de execução de linguagens comum)
CLS (Common Language Specification — especificação de linguagem comum)
compartilhar os recursos de um computador

compilador
componente
componente de software
componente de software reutilizável
computação
computação distribuída
computador
computador pessoal
CPU (central processing unit — unidade central de processamento)
CSS (cascading style sheets — folhas de estilos em cascata)
dados
decisão
decisão lógica
dependente de máquina
disco
dispositivo de entrada
dispositivo de saída
ECMA (European Computer Manufacturers Association — Associação Européia de Fabricantes de Computador)
e-mail (correio eletrônico)
estratégia de blocos de construção
estratégia LIVE-CODE™
FCL (Framework Class Library — biblioteca de classes da plataforma)
formulário Web
hardware
HTML (HyperText Markup Language — linguagem de marcação de hipertexto)
HTTP (HyperText Transfer Protocol — protocolo de transferência de hipertexto)
IBM (International Business Machines)
independência de dados
independência de linguagem
independência de plataforma
iniciativa .NET
Internet
interoperabilidade de linguagens
interpretador
intranet
IP (Internet Protocol — protocolo inter-redes)
largura de banda
linguagem .NET
linguagem assembly
linguagem de alto nível
linguagem de máquina
linguagem de programação C
linguagem de programação C#
linguagem de programação C++
linguagem de programação Java
linguagem de programação Pascal
linguagem de programação Visual Basic .NET
linguagem orientada a objetos
lote
manutenção de software
memória
memória principal
Microsoft .NET
mouse
MSIL (Microsoft Intermediate Language — linguagem intermediária da Microsoft)
multiprogramação
multitarefa
objeto
plataforma de hardware
POO (programação orientada a objetos)
portabilidade
portando
processamento em lotes
programa
programa de computador
programa tradutor
programação baseada em objetos
programação estruturada
programação visual
programador
programador de computador
propriedade de um objeto
Recomendações W3C
reutilização de software
seção "administrativa" do computador
seção de "armazém" do computador
seção de "distribuição" do computador
seção de "fabricação" do computador
seção de "recepção" do computador
serviço da Web
serviço da Web HailStorm
sistema operacional
sistema operacional de memória virtual
site Web
SOAP (Simple Object Access Protocol — protocolo de acesso a objetos simples)
software
software baseado em assinatura
tarefa
TCP (Transmission Control Protocol — protocolo de controle de transmissão)
TCP/IP (Transmission Control Protocol/Internet Protocol — protocolo de controle de transmissão/protocolo inter-redes)
teclado
tela
tempo compartilhado
terminal
trabalho
unidade de entrada
unidade de memória
unidade de processamento
unidade de saída
unidade lógica
UNIX
volume de trabalho
W3C (World Wide Web Consortium — Consórcio da World Wide Web)
WWW (World Wide Web)
XML (Extensible Markup Language — linguagem de marcação extensível)

Exercícios de revisão

1.1 Preencha os espaços em branco em cada uma das seguintes declarações:

a) Um computador pode entender diretamente apenas sua linguagem _______________ nativa, que é composta somente de valores 1 e 0.
b) Os computadores processam dados sob o controle de conjuntos de instruções chamados _______________ de computador.
c) SOAP é o acrônimo de _______________.
d) O _______________ é uma tecnologia derivada do SGML, que é usado para criar linguagens de marcação.
e) Os três tipos de linguagens discutidos no capítulo são: linguagens de máquina, _______________ e _______________.
f) Os programas que transformam programas de linguagem de alto nível em linguagem de máquina são chamados _______________.
g) O Visual Studio .NET é um _______________ no qual os programas C# são desenvolvidos.
h) O C é amplamente conhecido como a linguagem de desenvolvimento do sistema operacional _______________.
i) _______________ fornece uma vasta biblioteca de programação para linguagens .NET.
j) O Ministério da Defesa dos Estados Unidos desenvolveu a linguagem Ada com uma capacidade chamada multitarefa, que permite aos programadores especificar atividades que podem ocorrer em paralelo. O C# oferece um recurso semelhante, chamado de _______________.
k) Os serviços da Web usam o _______________ e o _______________ para marcar e enviar informações pela Internet, respectivamente.

1.2 Indique se cada uma das alternativas a seguir é *verdadeira* ou *falsa*. Se for *falsa*, justifique.

a) O acesso a dados universal é uma parte fundamental do .NET.
b) Os padrões W3C são chamados de recomendações.
c) C# é uma linguagem orientada a objetos.
d) O CLR (Common Language Runtime) exige que os programadores gerenciem sua própria memória.
e) O C# é a única linguagem disponível para programar aplicativos .NET.
f) A programação procedimental modela o mundo mais naturalmente do que a programação orientada a objetos.
g) Os computadores podem entender diretamente as linguagens de alto nível.
h) MSIL é o formato intermediário comum para o qual todos os programas .NET são compilados, independentemente de sua linguagem .NET original.
i) A plataforma .NET é portável para ambientes operacionais não-Windows.
j) Os programas compilados são executados mais rapidamente do que seus programas interpretados correspondentes.
k) Volume de trabalho (*throughput*) é a quantidade de trabalho que um computador pode processar em dado período de tempo.

Respostas dos exercícios de revisão

1.1 a) de máquina. b) programas. c) Simple Object Access Protocol. d) XML. e) linguagens assembly, linguagens de alto nível. f) compiladores. g) IDE (ambiente de desenvolvimento integrado). h) UNIX. i) FCL (Framework Class Library). j) múltiplas linhas de execução. k) XML, SOAP.

1.2 a) Verdadeira. b) Verdadeira. c) Verdadeira. d) Falsa. O CLR manipula o gerenciamento da memória. e) Falsa. O C# é uma das muitas linguagens .NET (outras incluem Visual Basic e Visual C++). f) Falsa. A programação orientada a objetos é uma maneira mais natural de modelar o mundo do que a programação procedimental. g) Falsa. Os computadores podem entender diretamente apenas suas próprias linguagens de máquina. h) Verdadeira. i) Verdadeira. j) Verdadeira. k) Verdadeira.

Exercícios

1.3 Classifique cada um dos itens a seguir como hardware ou software:

a) CPU.
b) Compilador.
c) Unidade de entrada.
d) Um programa processador de textos.
e) Um programa Visual Basic .NET.

1.4 Distinga entre os termos HTML, XML e XHTML.

1.5 Programas tradutores, como os assemblers e os compiladores, convertem programas de uma linguagem (referida como linguagem de origem) para outra (referida como linguagem-objeto ou linguagem de destino). Determine quais das declarações a seguir são *verdadeiras* e quais são *falsas*:

a) Um assembler traduz programas em linguagem de origem para programas em linguagem de máquina.
b) Um compilador converte programas em linguagem de origem para programas em linguagem-objeto.
c) As linguagens de alto nível geralmente são dependentes da máquina.
d) Um programa em linguagem de máquina exige tradução antes que possa ser executado em um computador.
e) O compilador do Visual Basic .NET traduz uma linguagem de alto nível em SMIL.

1.6 Quais são os requisitos básicos de uma linguagem .NET? O que é necessário para executar um programa .NET em um novo tipo de computador (máquina)?

1.7 Expanda cada um dos acrônimos a seguir:

a) W3C.
b) XML.
c) SOAP.
d) TCP/IP.
e) POO.
f) CLR.
g) CLS.
h) FCL.
i) MSIL.

1.8 Quais são as principais vantagens da plataforma .NET e do CLR? Quais são as desvantagens?

2

INTRODUÇÃO AO IDE DO VISUAL STUDIO .NET

OBJETIVOS

- Familiarizar-se com o IDE (integrated development environment — ambiente de desenvolvimento integrado) do Visual Studio .NET.
- Familiarizar-se com os tipos de comandos contidos nos menus e barras de ferramentas do IDE.
- Identificar e entender o uso dos vários tipos de janelas do Visual Studio .NET.
- Entender os recursos fornecidos pela **toolbox** (caixa de ferramentas).
- Entender os recursos de ajuda do Visual Studio .NET.
- Criar, compilar e executar um programa C# simples.

★

Ver é acreditar.
Provérbio

A forma jamais segue a função.
Louis Henri Sullivan

Inteligência... é a faculdade de fazer objetos artificiais; especialmente ferramentas para fazer ferramentas.
Henri-Louis Bergson

Resumo

2.1 Introdução

O *Visual Studio .NET* é o IDE (integrated development environment — ambiente de desenvolvimento integrado) da Microsoft para a criação, documentação, execução e depuração de programas escritos em diversas linguagens de programação .NET. O Visual Studio .NET também oferece ferramentas de edição para manipular vários tipos de arquivos, além de ser uma ferramenta poderosa e sofisticada para criar aplicativos de missão e comercialização crítica. Neste capítulo fornecemos um panorama dos recursos do Visual Studio .NET necessários para criar um programa C# simples. Apresentamos mais recursos do IDE por todo o livro.

2.2 Visão geral do IDE do Visual Studio .NET

Quando o Visual Studio .NET é executado pela primeira vez, a ***Start Page*** (página inicial) é exibida (Figura 2.1). Essa página contém links úteis, que aparecem no lado esquerdo da **Start Page**. Os usuários podem clicar no nome de uma seção (como **Get Started**) para navegar em seu conteúdo. Neste livro vamos nos referir a clicar com o botão esquerdo do mouse como *selecionar* ou *clicar* e a dar um clique duplo com o botão esquerdo do mouse como *dar um clique duplo*. [*Nota*: o usuá-rio deve saber que existem pequenas diferenças na maneira como o Visual Studio aparece, baseado na versão utilizada.]

A seção ***Get Started*** contém links para projetos recentemente abertos. Os projetos abertos mais recentemente aparecem nessa lista (como **WindowsApplication1**, na Figura 2.1), junto com a data de última modificação. Como alternativa, o usuário pode selecionar **Recent Projects** no menu **File**. Na primeira vez que o Visual Studio .NET for carregado, essa seção estará vazia. Existem dois botões na página: ***Open Project*** e ***New Project***. Um botão é uma área retangular em relevo que executa uma ação quando clicado.

A seção ***What's New*** exibe novos recursos e atualizações do Visual Studio .NET, incluindo downloads de exemplos de código e novas ferramentas de programação. A seção ***Online Community*** contém maneiras de entrar em contato com outros desenvolvedores de software, usando newsgroups, páginas Web e outros recursos on-line. A seção ***Headlines*** fornece uma maneira de navegar em notícias, artigos e guias do tipo "como fazer para". Use a seção ***Search Online*** para navegar na biblioteca on-line MSDN (Microsoft Developer Network). O site MSDN contém numerosos artigos, downloads e exercícios dirigidos para uma variedade de tecnologias. A seção ***Downloads*** permite que o usuário obtenha atualizações e exemplos de código. A página ***XML Web Services*** fornece informações aos programadores sobre *serviços da Web*, que são componentes de software reutilizáveis disponíveis na Internet. Discutiremos essa tecnologia no Capítulo 21. ***Web Hosting*** fornece informações para os desenvolvedores que queiram divulgar seu software (como serviços da Web) on-line para uso público. A página ***My Profile*** permite aos usuários personalizar o Visual Studio .NET, como configurar preferências de teclado e layout de janela. Os usuários também podem personalizar o Visual Studio .NET selecionando **Options...** ou **Customize...**, no menu **Tools**. [*Nota*: deste ponto em diante, usaremos o caractere **>** para indicar a seleção de um comando de menu. Por exemplo, usaremos a notação **Tools > Options...** e **Tools > Customize...** para indicar a seleção dos comandos **Options...** e **Customize...**, respectivamente.] O Visual Studio .NET pode até navegar na Web — o Internet Explorer faz parte do IDE. Para acessar uma página Web, digite seu endereço na barra de localização (veja a Figura 2.1) e pressione a tecla *Enter*. [*Nota*: o computador deve estar conectado com a Internet.] Várias outras janelas aparecem no IDE, além da **Start Page**. Discutiremos essas janelas nas seções a seguir.

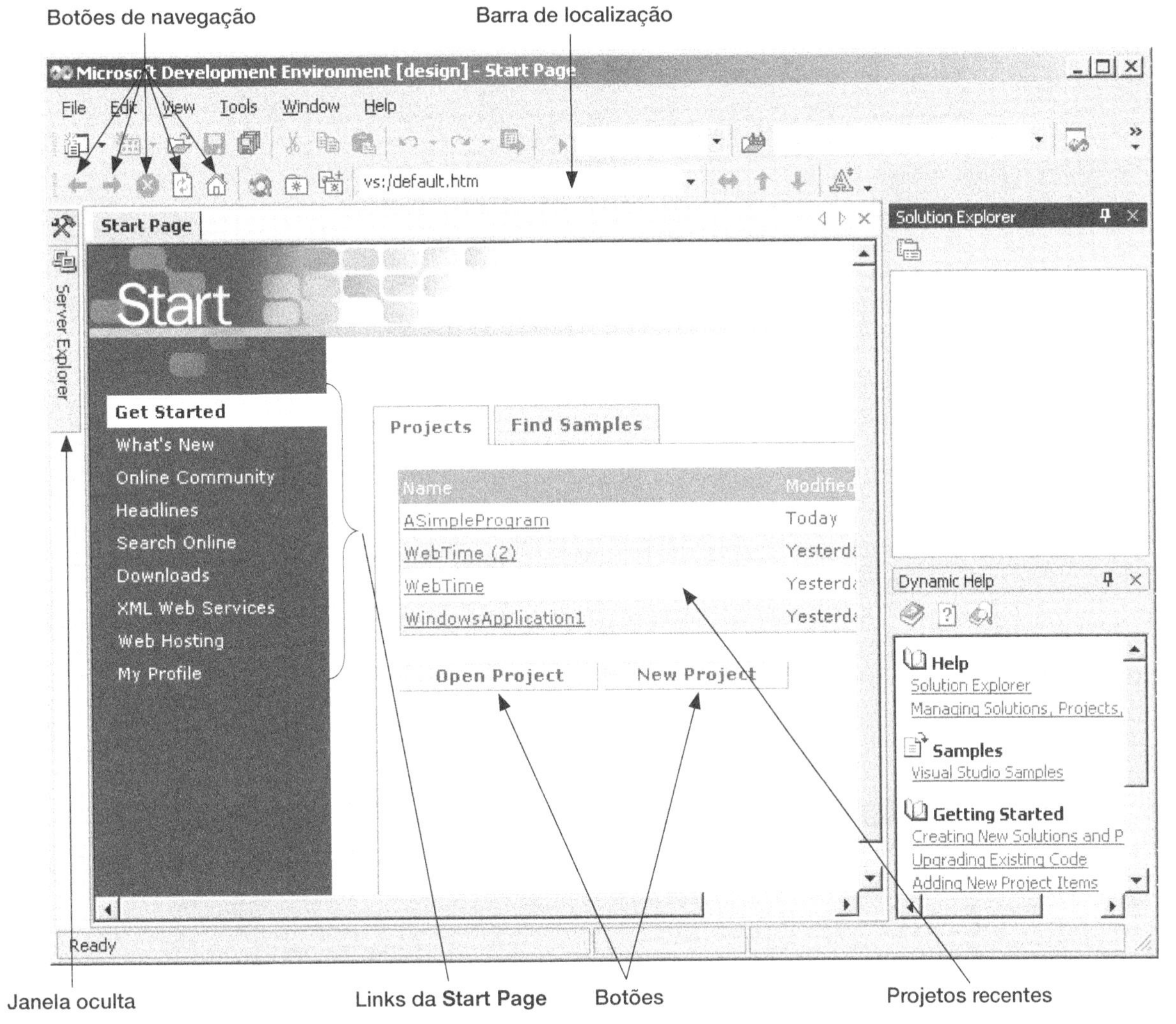

Figura 2.1 Start Page no Visual Studio .NET.

Para criar um novo programa C#, clique no botão **New Project**, na seção **Get Started**. Essa ação exibe a *caixa de diálogo* da Figura 2.2. As caixas de diálogo são janelas usadas para a comunicação com os usuários. Normalmente, elas contêm botões que permitem aos usuários tomar decisões.

O Visual Studio .NET organiza os programas em *projetos* e *soluções*. Um projeto é um grupo de arquivos relacionados, como código C#, imagens e documentação. Uma solução é um grupo de projetos que representa um aplicativo completo ou um conjunto de aplicativos relacionados. Cada projeto da solução pode realizar uma tarefa diferente. Neste capítulo criaremos uma solução com um único projeto.

O Visual Studio .NET permite criar projetos em diversas linguagens de programação. Este livro focaliza o C#; portanto, selecione a pasta **Visual C# Projects** (Figura 2.2). Existe uma variedade de tipos de projeto para se escolher, dos quais vários são usados por todo este livro. Nesse caso, criamos um *aplicativo Windows*. Os aplicativos Windows são programas executados dentro do sistema operacional Windows, como o Microsoft Word, o Internet Explorer e o Visual Studio .NET. Normalmente, eles contêm *controles* — elementos gráficos, como botões e rótulos — com os quais o usuário interage.

Como padrão, o Visual Studio .NET atribui o nome **`WindowsApplication1`** ao projeto e à solução (Figura 2.2). A localização-padrão para armazenar arquivos relacionados é a pasta em que o último projeto foi criado. Na primeira vez que o Visual Studio .NET é executado, a pasta-padrão é **Visual Studio Projects**. O usuário pode mudar o nome e a localização da pasta em que vai salvar o projeto. Após selecionar um nome e uma localização para o projeto, clique em **OK** na caixa de diálogo **New Project**. Então, o IDE mudará sua aparência, como se vê na Figura 2.3.

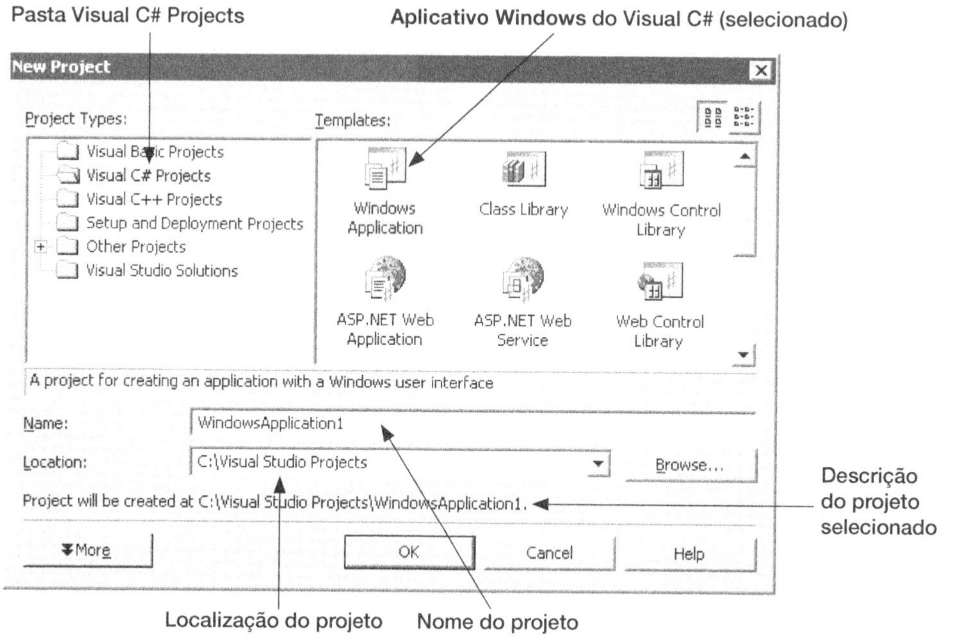

Figura 2.2 Caixa de diálogo New Project.

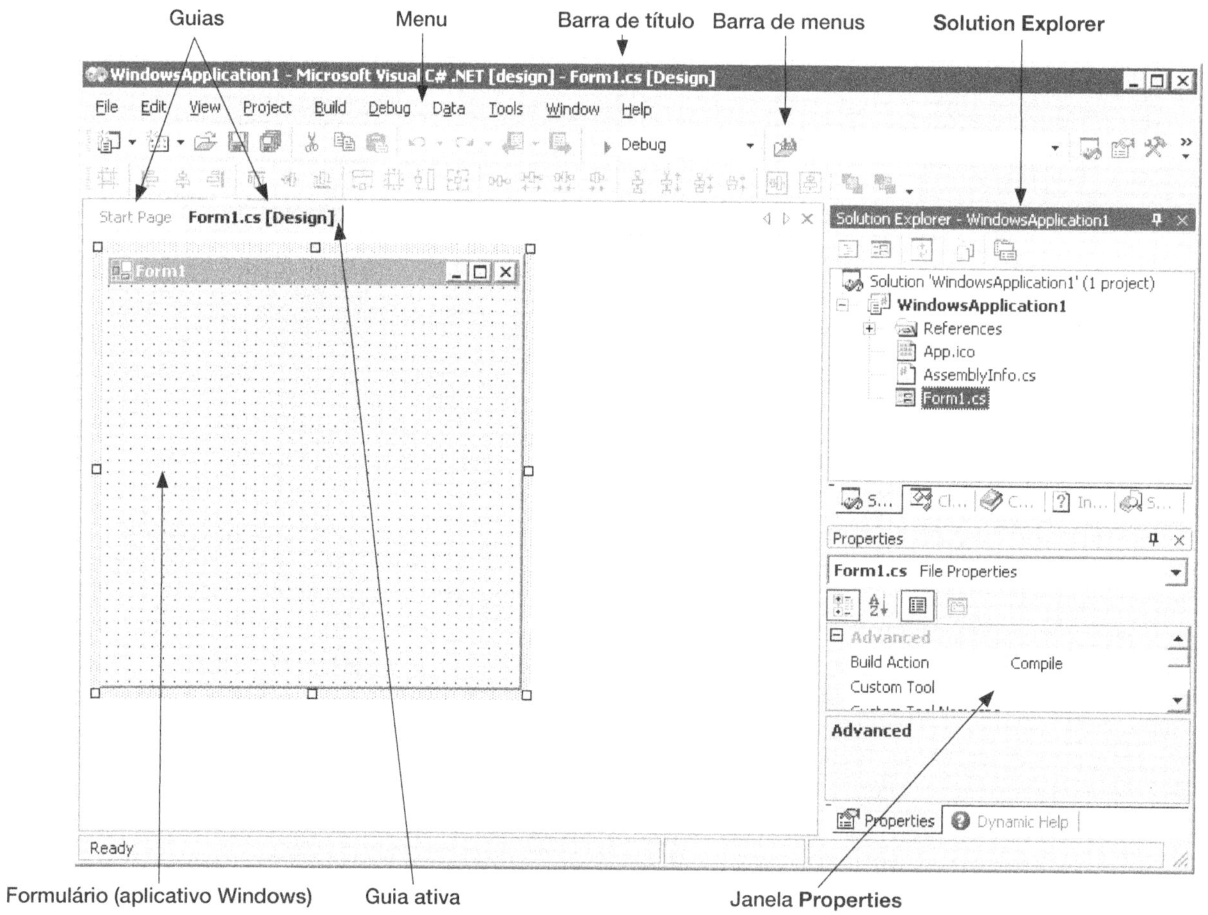

Figura 2.3 O ambiente do Visual Studio .NET após um novo projeto ser criado.

O retângulo cinza representa a janela de nosso aplicativo. Esse retângulo é chamado de *formulário*. Veremos como adicionar controles no formulário posteriormente neste capítulo. O formulário e os controles são a GUI (graphical user interface — interface com o usuário gráfica) do programa. Eles são os componentes gráficos por meio dos quais o usuário interage com o programa. Os usuários introduzem dados (*entradas*) no programa digitando informações no teclado e clicando os botões do mouse. O programa exibe instruções e outras informações (*saídas*) para os usuários lerem na GUI.

A parte superior da janela do IDE (a *barra de título* na Figura 2.3) exibe **WindowsApplication1 - Microsoft Visual C# .NET [design] - Form1.cs [Design]**. Esse título fornece o nome do projeto (**WindowsApplication1**), a linguagem de programação (**Microsoft Visual C# .NET**), o *modo do IDE* (modo de projeto — **design**), o arquivo que está sendo visto (**Form1.cs**) e o modo desse arquivo (modo de projeto — **Design**). O nome de arquivo `Form1.cs` é o padrão para aplicativos Windows. Vamos discutir os vários modos na Seção 2.6.

Observe como aparece uma guia para cada documento aberto. Em nosso caso, os documentos são **Start Page** e **Form1.cs [Design]**. Para ver um documento que possui guia, clique na guia com o nome do documento que você deseja ver. As guias economizam espaço e permitem um fácil acesso a vários documentos.

2.3 Barra de menus e barra de ferramentas

Os comandos para gerenciar o IDE e para desenvolver, manter e executar programas estão contidos nos menus. A Figura 2.4 mostra os menus exibidos na barra de menus. Os menus contêm grupos de comandos relacionados que, quando selecionados, fazem o IDE executar várias ações (por exemplo, abrir uma janela). Assim, novos projetos podem ser criados selecionando-se **File > New > Project...** na barra de menus. Os menus exibidos na Figura 2.4 estão resumidos na Figura 2.5. O Visual Studio .NET fornece diferentes modos para o usuário. Um desses modos é o modo de projeto, que será discutido posteriormente. Certos itens de menu aparecem apenas em modos específicos do IDE.

Em vez de navegar nos menus para encontrar certos comandos normalmente usados, o programador pode acessar os comandos na *barra de ferramentas* (Figura 2.6). A barra de ferramentas contém figuras, chamadas *ícones*, que representam comandos. Para executar um comando, clique em seu ícone. Clique na *seta para baixo* ao lado de um ícone para exibir outras ações disponíveis. A Figura 2.6 mostra a barra de ferramentas padrão e um ícone que usa a seta para baixo.

Manter o ponteiro do mouse sobre um ícone na barra de ferramentas destaca esse ícone e exibe uma descrição chamada *dica de tela* (Figura 2.7). As dicas de tela ajudam os usuários a entender os objetivos dos ícones desconhecidos.

Figura 2.4 Barra de menus do Visual Studio .NET.

Menu	Descrição
File	Contém comandos para abrir, fechar, imprimir projetos etc.
Edit	Contém comandos como recortar, colar, localizar, desfazer etc.
View	Contém comandos para exibir janelas e barras de ferramentas do IDE.
Project	Contém comandos para adicionar recursos, como formulários, no projeto.
Build	Contém comandos para compilar um programa.
Debug	Contém comandos para depurar e executar um programa.
Data	Contém comandos para interagir com bancos de dados.
Format	Contém comandos para organizar os controles de um formulário.
Tools	Contém comandos para ferramentas adicionais do IDE e opções para personalizar o ambiente.
Windows	Contém comandos para organizar e exibir janelas.
Help	Contém comandos para obter ajuda.

Figura 2.5 Resumo dos menus do Visual Studio .NET.

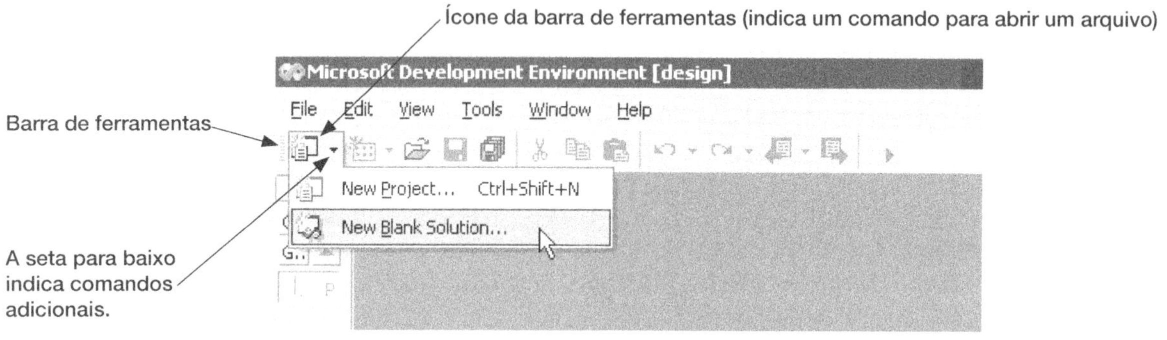

Figura 2.6 Barra de ferramentas do Visual Studio .NET.

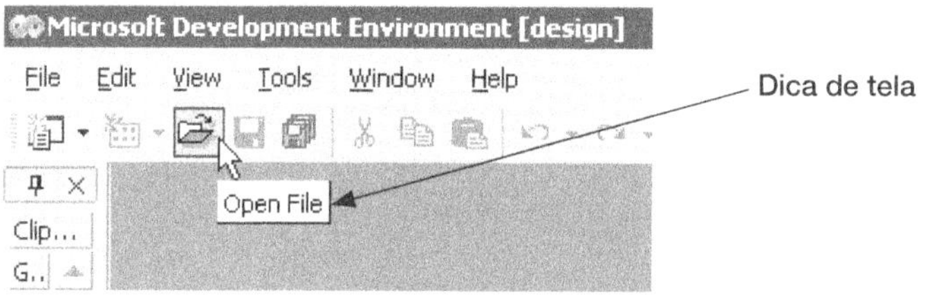

Figura 2.7 Demonstração de dica de tela.

2.4 Janelas do Visual Studio .NET

O Visual Studio .NET fornece janelas aos usuários, para explorar arquivos e personalizar controles. Nesta seção discutiremos as janelas que são essenciais para desenvolver aplicativos C#. Essas janelas podem ser acessadas usando-se ícones da barra de ferramentas abaixo do menu e na margem direita da barra de ferramentas (Figura 2.8) ou selecionando-se o nome da janela desejada no menu **View**.

2.4.1 Solution Explorer

A janela **Solution Explorer** (Figura 2.9) lista todos os arquivos da solução. Quando o Visual Studio .NET é carregado pela primeira vez, o **Solution Explorer** está vazio — não existem arquivos para exibir. Após um novo projeto ter sido criado ou um projeto já existente ser carregado, o **Solution Explorer** exibe o conteúdo desse projeto.

O *projeto inicial* da solução é aquele que é executado quando a solução é executada. Ele aparece com texto em negrito no **Solution Explorer**. Para nossa solução de um projeto, o projeto inicial (**`WindowsApplication1`**) é o único existente. O arquivo C# é **`Form1.cs`**; ele contém o código do programa. Vamos discutir os outros arquivos e pastas posteriormente no livro.

As caixas com os sinais de adição e subtração à esquerda dos nomes do projeto e da solução expandem e contraem a árvore, respectivamente (semelhante aos do Windows Explorer). Clique em uma caixa com o sinal de adição para exibir mais opções; clique em uma caixa com o sinal de subtração para contrair uma árvore já expandida. Os usuários também podem expandir e contrair uma árvore dando um clique duplo no nome da pasta. Muitas outras janelas do Visual Studio .NET também usam a convenção dos sinais de adição/subtração.

O **Solution Explorer** contém uma barra de ferramentas. Um ícone da barra de ferramentas recarrega os arquivos na solução (atualiza), e outro exibe todos os arquivos da solução (incluindo os ocultos). O número de ícones na barra de ferramentas muda dependendo do tipo de arquivo selecionado. Vamos discutir esses ícones posteriormente no livro.

2.4.2 Toolbox (caixa de ferramentas)

A **Toolbox**, ou caixa de ferramentas (Figura 2.10), contém componentes de software reutilizáveis (ou controles) que podem ser usados para personalizar aplicativos. Usando *programação visual*, os programadores podem "arrastar e soltar" controles em um formulário, em vez de escrever código eles próprios. Assim como as pessoas não precisam saber como construir um motor para dirigir um carro, os programadores não precisam construir um controle para utilizá-lo. Isso permite que eles

Figura 2.8 Ícones da barra de ferramentas para várias janelas do Visual Studio .NET.

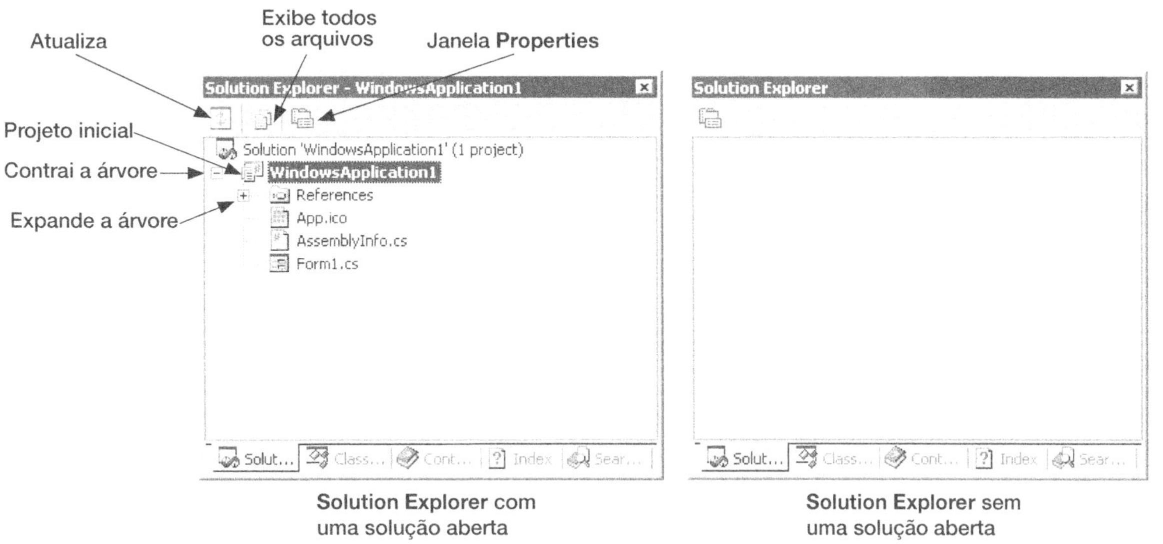

Figura 2.9 Janela Solution Explorer.

se concentrem no panorama geral, em vez de se deterem nos detalhes complexos de cada controle. A ampla variedade de ferramentas disponíveis para os programadores é um recurso poderoso do C#. Vamos demonstrar o poder dos controles da **Toolbox** quando criarmos nosso próprio programa, posteriormente neste capítulo.

A **Toolbox** contém grupos de componentes relacionados (por exemplo, **Data**, **Components**, **Windows Forms**). Expanda os membros de um grupo clicando no nome do grupo. Os usuários podem percorrer os itens individuais usando as setas de rolagem pretas, no lado direito da **Toolbox**. O primeiro item no grupo não é um controle — é o ponteiro do mouse. Clicar nesse item permite que o usuário anule a seleção do controle atual na **Toolbox**. Note que não existem dicas de tela, pois os ícones da **Toolbox** já estão rotulados com os nomes dos controles. Em capítulos posteriores, discutiremos muitos desses controles.

Inicialmente, a **Toolbox** pode estar oculta, apenas com o nome da janela aparecendo no lado do IDE (Figura 2.11). Mover o ponteiro do mouse sobre um nome de janela abre essa janela. Mover o ponteiro do mouse para fora da janela a faz desaparecer. Esse recurso é conhecido como *ocultamento automático* (opção *Auto Hide*). Para "fixar" a **Toolbox** (isto é, desativar o ocultamento automático), clique no ícone de pino no canto superior direito da janela, à esquerda do ícone **X** que a fecha (veja a Figura 2.11). Para ativar o ocultamento automático (se ele já estava desativado), clique no ícone de pino novamente. Note que, quando o ocultamento automático está ativado, o pino aponta para o lado, como se vê na Figura 2.11.

2.4.3 Janela Properties

A janela **Properties** (Figura 2.12) permite a manipulação das *propriedades* de um formulário ou controle. As propriedades especificam informações sobre um controle, como tamanho, cor e posição. Cada controle tem seu próprio conjunto de propriedades. A parte inferior da janela **Properties** contém uma descrição da propriedade selecionada.

A coluna da esquerda da janela **Properties** mostra as propriedades do controle (um formulário, na Figura 2.12). A coluna da direita mostra seus valores atuais. Ícones na barra de ferramentas organizam as propriedades em ordem alfabética (clicando-se no *ícone* ***Alphabetic***) ou por categoria (clicando-se no *ícone* ***Categorized***). Os usuários podem rolar pela lista de propriedades *arrastando* a barra de rolagem para cima ou para baixo (isto é, mantendo o botão esquerdo do mouse pressionado, enquanto o cursor está sobre a barra de rolagem, movendo o mouse para cima ou para baixo e soltando o botão). O *ícone* ***Events*** permite que o controle ou formulário responda a certas ações do usuário. Vamos discutir os eventos no Capítulo 12. Mostraremos como configurar as propriedades individuais posteriormente neste capítulo e por todo o livro.

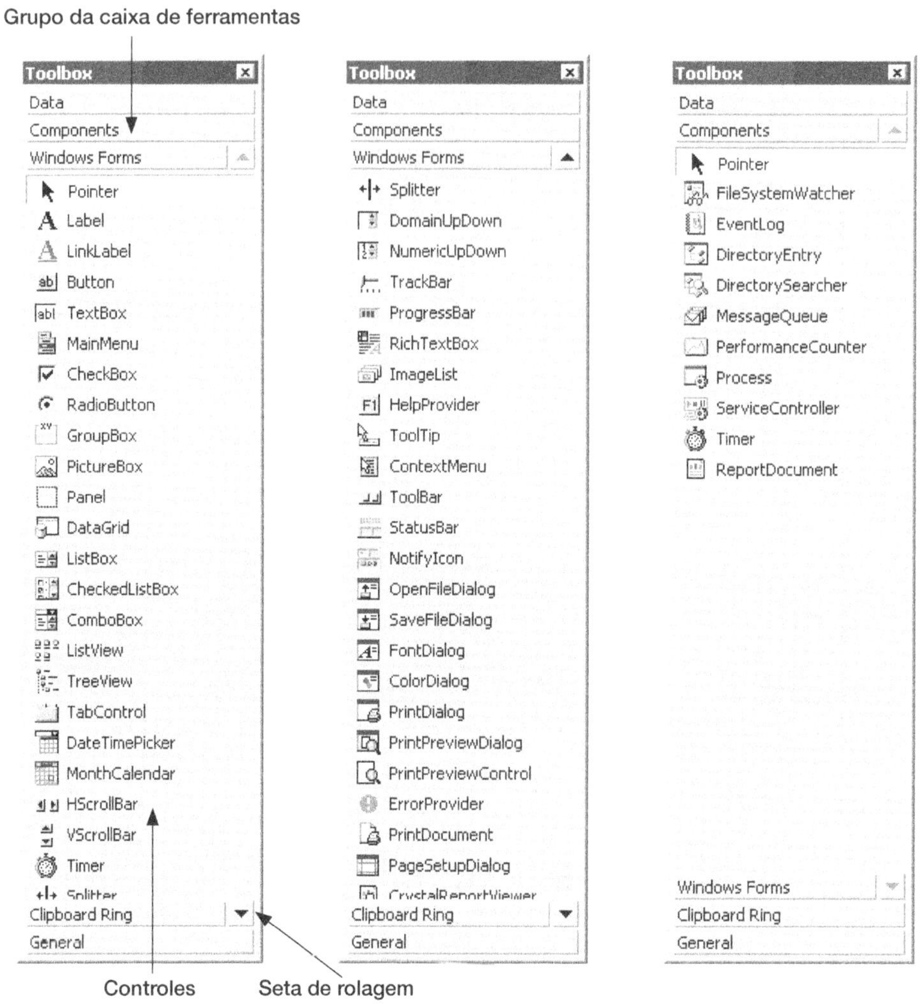

Figura 2.10 Janela **Toolbox**.

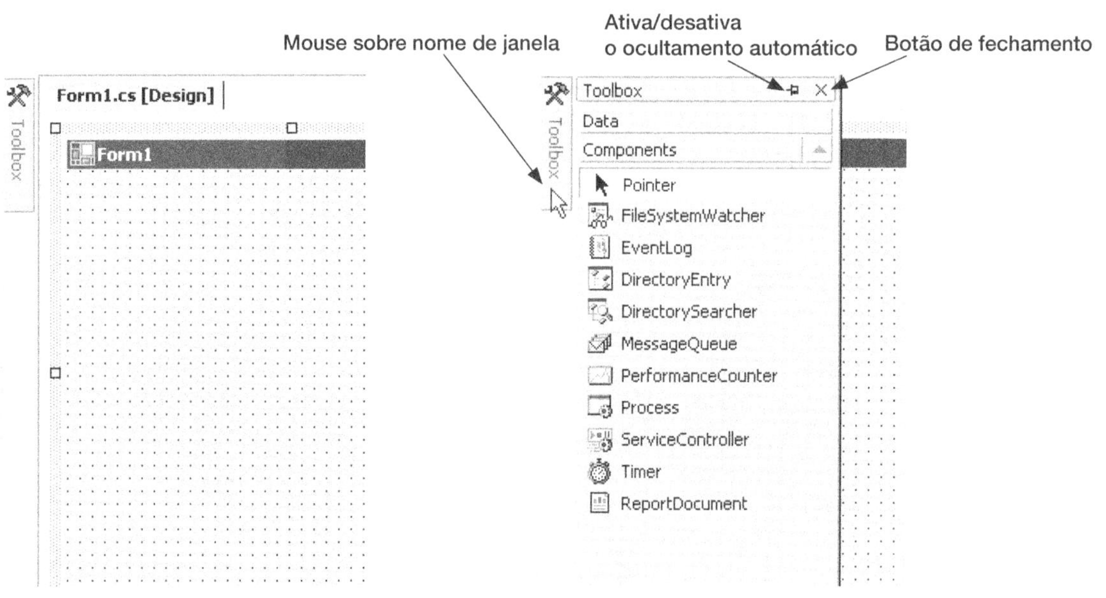

Figura 2.11 Demonstrando o ocultamento automático de janela.

A janela **Properties** também é importante para a programação visual. Os controles normalmente são personalizados, após serem criados com a **Toolbox**. A janela **Properties** permite que os programadores modifiquem os controles visualmente, sem escrever código. Essa configuração tem diversas vantagens. Primeiro, o programador pode ver quais propriedades estão disponíveis para modificação e quais são os valores possíveis; o programador não precisa pesquisar ou recordar quais configurações uma propriedade em particular pode ter. Segundo, a janela apresenta uma breve descrição de cada propriedade, permitindo ao programador entender o objetivo de cada uma delas. Terceiro, o valor de uma propriedade pode ser configurado rapidamente usando-se a janela; apenas um clique de mouse é exigido, e nenhum código precisa ser escrito. Todos esses recursos são projetados para ajudar os desenvolvedores de software a programar sem realizar muitas tarefas repetitivas.

Na parte superior da janela **Properties** existe uma lista suspensa chamada *seleção de componente*. Essa lista mostra o componente que está sendo alterado. O programador pode usar a lista para escolher qual componente vai editar. Por exemplo, se uma GUI contém vários botões, o programador pode selecionar o nome de um botão específico para configurar.

2.5 Usando a ajuda

O Visual Studio .NET tem um mecanismo de ajuda amplo. O *menu* ***Help*** contém uma variedade de opções. O *item de menu* ***Contents*** exige um sumário organizado em categorias. O item de menu ***Index*** exibe um índice em ordem alfabética que os usuários podem percorrer. O recurso **Search** permite aos usuários localizar artigos de ajuda específicos, com base em algumas palavras de busca. Em cada caso, um filtro pode estreitar a busca para os artigos relacionados apenas ao C#.

A *ajuda dinâmica* (Figura 2.13) fornece uma lista de artigos baseada no conteúdo atual (isto é, nos itens em torno da localização do ponteiro do mouse). Para abrir a ajuda dinâmica (se ela ainda não estiver aberta), selecione o comando **Dynamic Help** do menu **Help**. Quando você clicar em um objeto para apresentar no Visual Studio .NET, artigos de ajuda re-

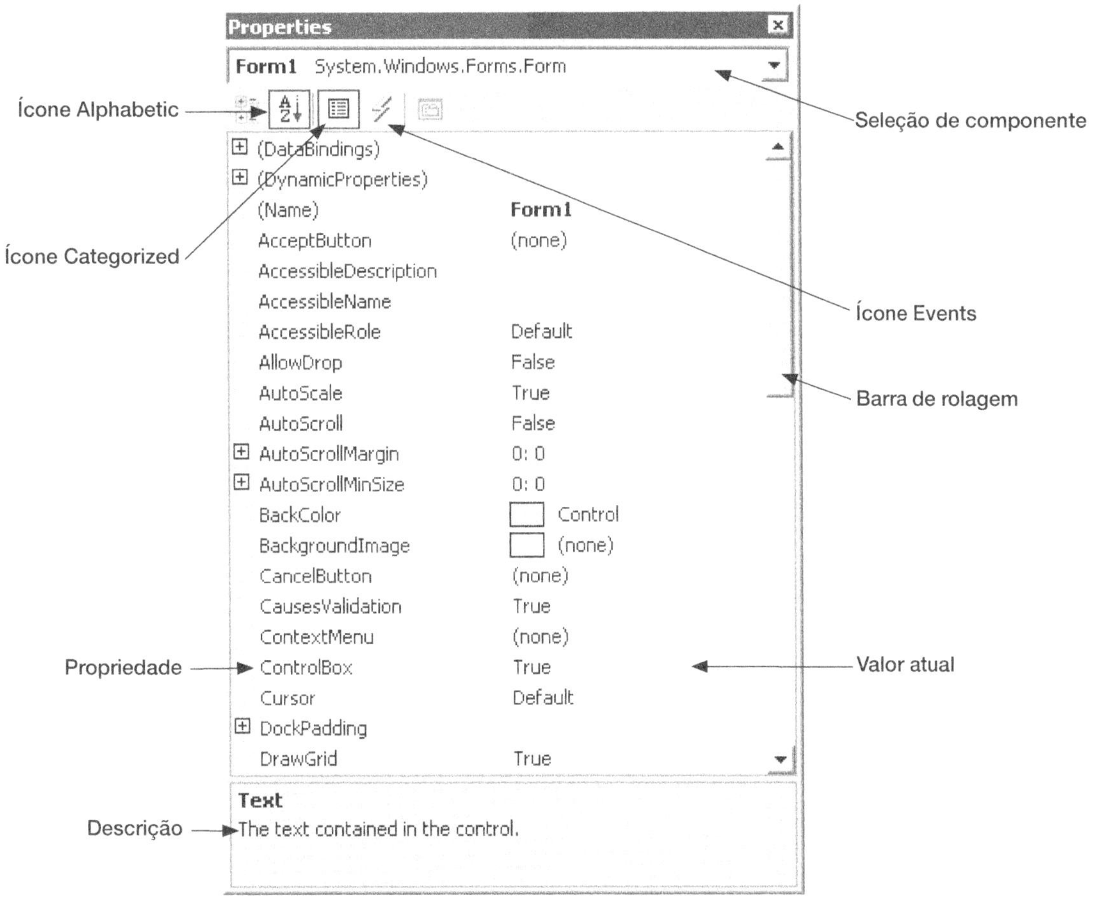

Figura 2.12 Janela Properties.

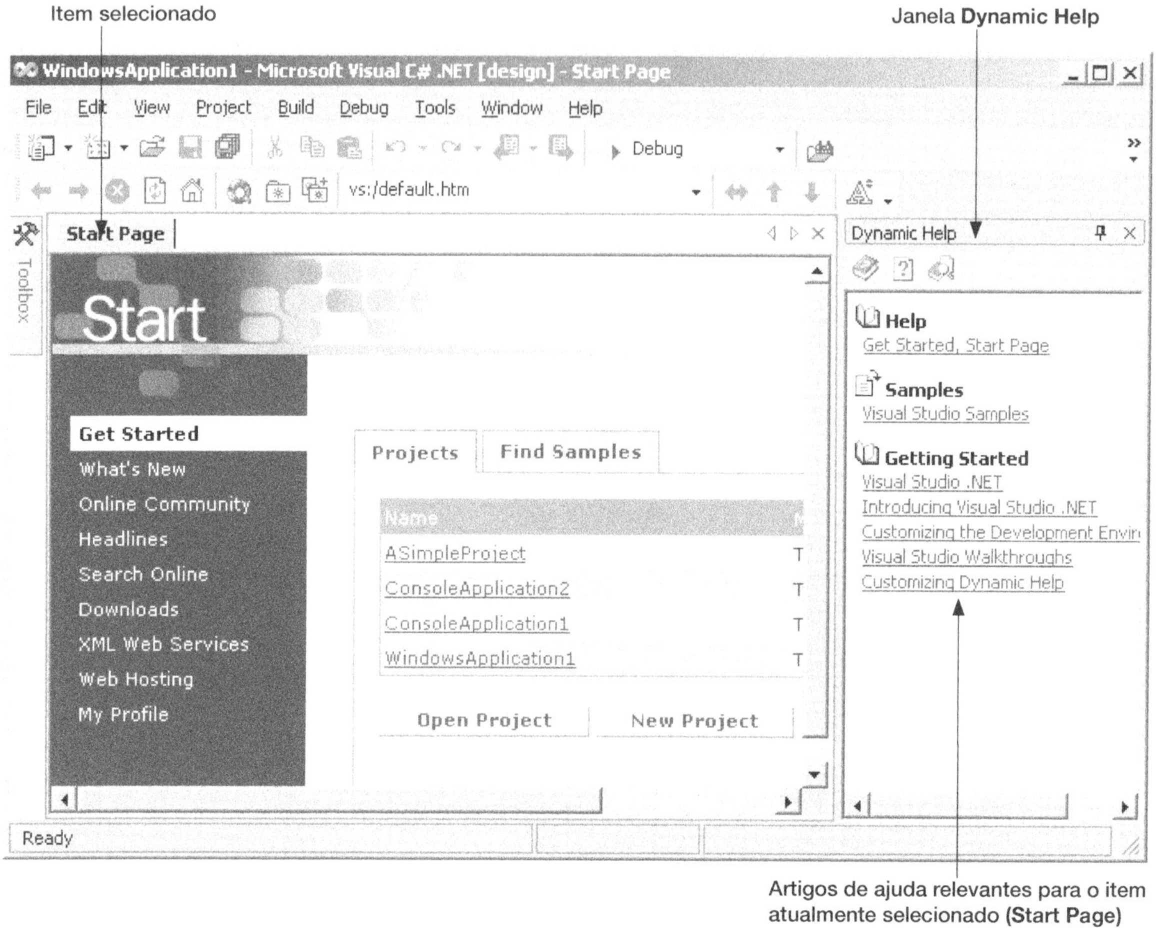

Figura 2.13 Janela Dynamic Help.

levantes aparecerão na janela **Dynamic Help**. A janela relaciona entradas de ajuda relevantes, exemplos e informações "para iniciantes", além de fornecer uma barra de ferramentas para os recursos de ajuda normais. A ajuda dinâmica é uma maneira excelente de obter informações sobre os recursos do Visual Studio .NET. Note que, para alguns usuários, o item **Dynamic Help** pode diminuir a velocidade do Visual Studio.

Dica de desempenho 2.1

Se você experimentar tempos de resposta lentos no Visual Studio, poderá desativar (isto é, fechar) o item **Dynamic Help** *clicando no* **X** *do canto superior direito de sua janela.*

Além da ajuda dinâmica, o Visual Studio .NET fornece *ajuda sensível ao contexto*. A ajuda sensível ao contexto é semelhante à ajuda dinâmica, exceto que o texto sensível ao contexto apresenta imediatamente um artigo de ajuda relevante, em vez de apresentar uma lista. Para usar ajuda sensível ao contexto, selecione um item e pressione a tecla *F1*. A ajuda pode aparecer *interna* ou *externamente*. Com a ajuda externa, um artigo relevante aparece imediatamente, em uma janela separada, fora do IDE. Com a ajuda interna, um artigo de ajuda aparece como uma janela com guias, dentro do Visual Studio .NET. As opções de ajuda podem ser configuradas na seção **My Profile** da **Start Page**. A ajuda dinâmica e a ajuda sensível ao contexto serão explicadas no contexto do código C#, posteriormente no livro.

2.6 Programa simples: exibindo texto e uma imagem

Nesta seção criaremos um programa que exibe o texto "`Welcome to C#!`" e uma imagem. O programa consiste em um único formulário que usa um rótulo para apresentar texto e uma caixa de figura para exibir uma imagem. A Figura 2.14 mostra

Figura 2.14 Programa simples ao ser executado.

o programa sendo executado. Esse exemplo (assim como o arquivo de imagem usado nele) está disponível no CD que acompanha o livro, na pasta \examples\ch02[1]).

Não escrevemos uma única linha de código de programa. Em vez disso, usamos as técnicas da programação visual. Vários *gestos* do programador (como usar o mouse para apontar, clicar, arrastar e soltar) fornecem ao Visual Studio .NET informações suficientes para que ele gere todo (ou a maior parte) o código do programa. No próximo capítulo começaremos nossa discussão sobre a escrita de código de programa. Por todo o livro, produziremos programas cada vez mais complexos e poderosos. Normalmente a programação do Visual C# envolve uma combinação de escrita de uma parte do código do programa e da geração do código restante pelo Visual Studio .NET.

Para criar, executar e terminar este primeiro programa, execute os passos a seguir:

1. *Crie o novo projeto.* Se um projeto já estiver aberto, feche-o, selecionando **File > Close Solution** no menu. Uma caixa de diálogo perguntando se você deseja salvar a solução atual pode aparecer, para manter todas as alterações não salvas. Salve a solução. Crie um novo aplicativo Windows para nosso programa. Abra o Visual Studio .NET e selecione **File > New > Project... > Visual C# Projects > Windows Application** (Figura 2.15). Chame o projeto de **`ASimpleProject`** e selecione um diretório para salvá-lo. Para isso, clique no botão **Browse...**, o que abrirá uma caixa de diálogo **Project Location** (Figura 2.16). Navegue pelos diretórios, localize um no qual queira colocar o projeto e selecione **OK**. Essa seleção o levará de volta à caixa de diálogo **New Project**; a pasta selecionada aparecerá no campo de texto **Location**. Quando você estiver satisfeito com a localização do projeto, clique em **OK**. O Visual Studio .NET carregará a nova solução, e um formulário chamado **Form1** aparecerá.

2. *Configure a barra de título do formulário.* Primeiro, configure o texto que aparece na barra de título. Esse texto é determinado pela propriedade ***`Text`*** do formulário (Figura 2.17). Se a janela **Properties** do formulário não estiver aberta, clique no ícone **Properties**, na barra de ferramentas, ou selecione o comando **Properties Window** do menu **View**. Use o mouse para selecionar o formulário; a janela **Properties** mostra informações sobre o item atualmente selecionado. Na janela, clique na caixa à direita da caixa da propriedade **`Text`**. Para configurar um valor para a propriedade **`Text`**, digite-o na caixa. Nesse caso, digite **`A Simple Program`**, como na Figura 2.17. Pressione a tecla *Enter* (ou a tecla *Return*) quando você tiver terminado de atualizar a barra de título do formulário na área de projeto.

3. *Redimensione o formulário.* Clique e arraste uma das *alças de redimensionamento* (os pequenos quadrados em torno do formulário, mostrados na Figura 2.18) ativas do formulário, para alterar seu tamanho. As alças de redimensionamento ativas são brancas. O ponteiro do mouse muda de aparência quando está sobre uma alça de redimensionamento ativa. As alças de redimensionamento desativadas são cinzas. A grade no fundo do formulário é usada para alinhar controles e não aparece quando o programa é executado.

1. Ao contrário de versões anteriores de algumas linguagens da Microsoft, como o Visual Basic, os programas em C# precisam ser compilados e ter arquivos intermediários salvos para ser executados, mesmo dentro do ambiente do Visual Studio .NET. Assim, para executar os programas de exemplo do CD, antes copie-os para seu disco rígido. (N.R.T.)

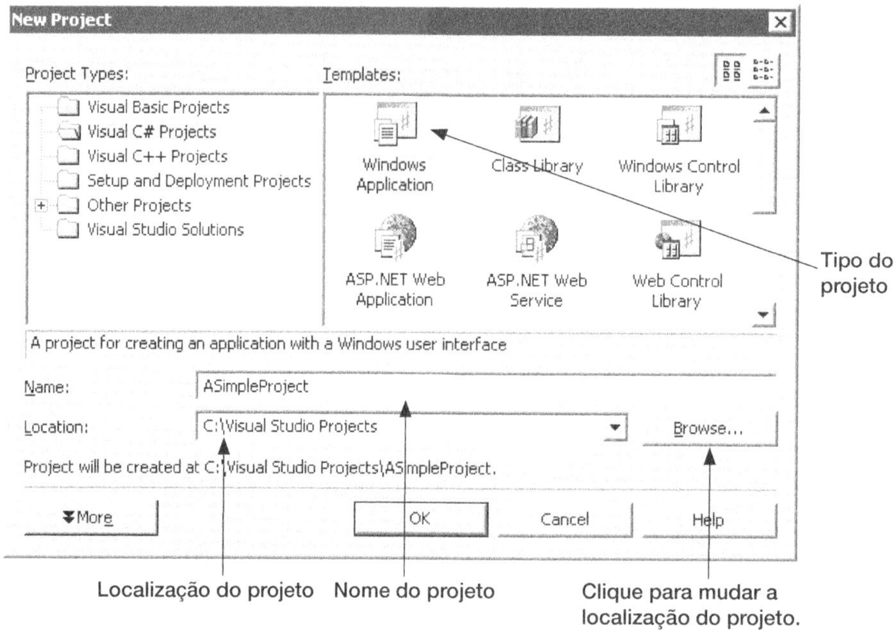

Figura 2.15 Criando um novo aplicativo Windows.

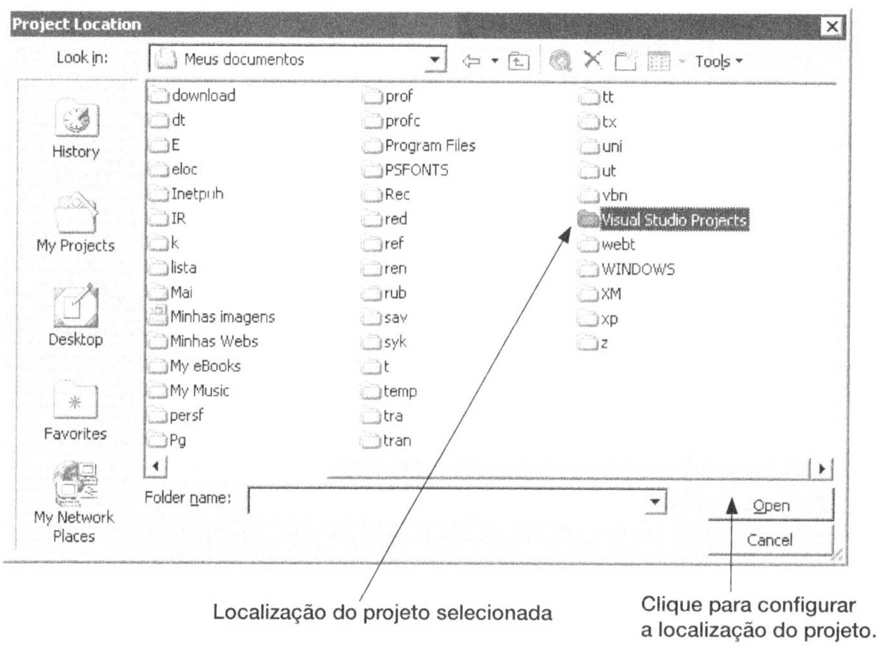

Figura 2.16 Configurando a localização do projeto.

4. *Mude a cor de fundo do formulário.* A propriedade **`BackColor`** especifica a cor de fundo de um formulário ou controle. Clicar em **`BackColor`** na janela **Properties** faz um botão de seta para baixo aparecer ao lado do valor da propriedade (Figura 2.19). Quando clicada, a seta para baixo exibe outras opções. (As opções variam, dependendo da propriedade.) Nesse caso, ela exibe as guias ***System*** (o padrão), ***Web*** e ***Custom***. Clique na guia **Custom** para apresentar a paleta (uma caixa de seleção de cores) e selecione a caixa que representa a cor amarela, conforme ilustrado na Figura 2.19. A paleta desaparecerá, e a cor de fundo do formulário mudará para amarela.

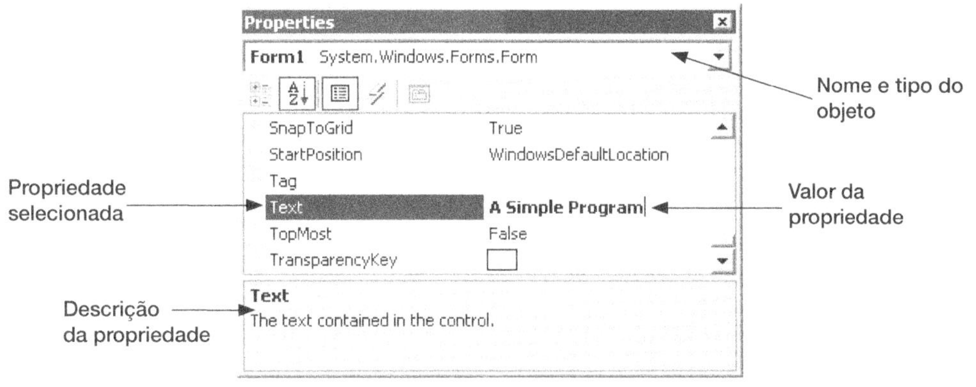

Figura 2.17 Configurando a propriedade `Text` do formulário.

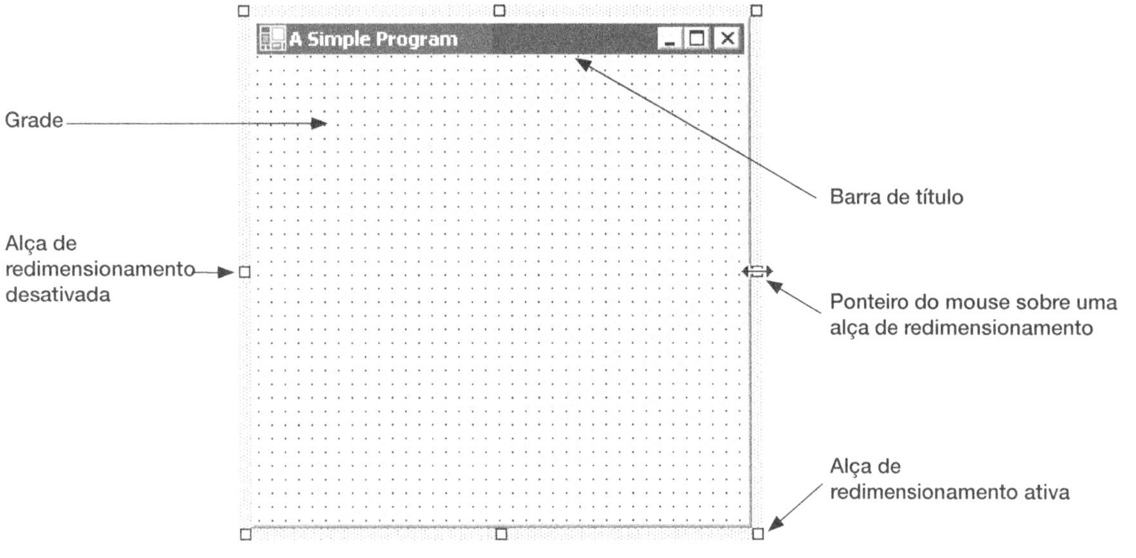

Figura 2.18 Formulário com alças de redimensionamento.

5. *Crie um controle de rótulo no formulário.* Dê um clique duplo no controle de rótulo, na **Toolbox**. Essa ação cria um rótulo com alças de redimensionamento no canto superior esquerdo do formulário (Figura 2.20). Dar um clique duplo em qualquer controle da **Toolbox** o coloca no formulário. Como alternativa, os programadores podem "arrastar" controles da **Toolbox** para o formulário. Os rótulos exibem texto; nosso rótulo exibe **`label1`** como padrão. Note que nosso rótulo tem a mesma cor do fundo do formulário. A cor de fundo do formulário também é a cor de fundo padrão dos controles nele adicionados.

6. *Configure o texto do rótulo.* Selecione o rótulo para que suas propriedades apareçam na janela **Properties**. A propriedade **`Text`** do rótulo determina o texto (se houver) que o rótulo exibirá. O formulário e o rótulo têm suas próprias propriedades **`Text`**. Os formulários e os controles podem ter os mesmos tipos de propriedades, sem conflitos. Vamos ver que muitos controles têm nomes de propriedade em comum. Configure a propriedade **`Text`** do rótulo como **`Welcome to C#!`** (Figura 2.21). Redimensione o rótulo (usando as alças de redimensionamento), caso o texto não caiba. Mova o rótulo para a parte central superior do formulário, arrastando-o ou usando as teclas de seta. Como alternativa, você pode mover o rótulo selecionando **Format > Center In Form > Horizontally**, na barra de menus.

7. *Configure o tamanho da fonte do rótulo e alinhe seu texto.* Clicar no valor da propriedade ***`Font`*** faz um botão de *reticências* (...) aparecer ao lado do valor, como na Figura 2.22. O botão de reticências indica que uma caixa de diálogo aparecerá quando o programador clicar no botão. Quando o botão é clicado, a *janela* ***Fonte*** padrão do Windows,

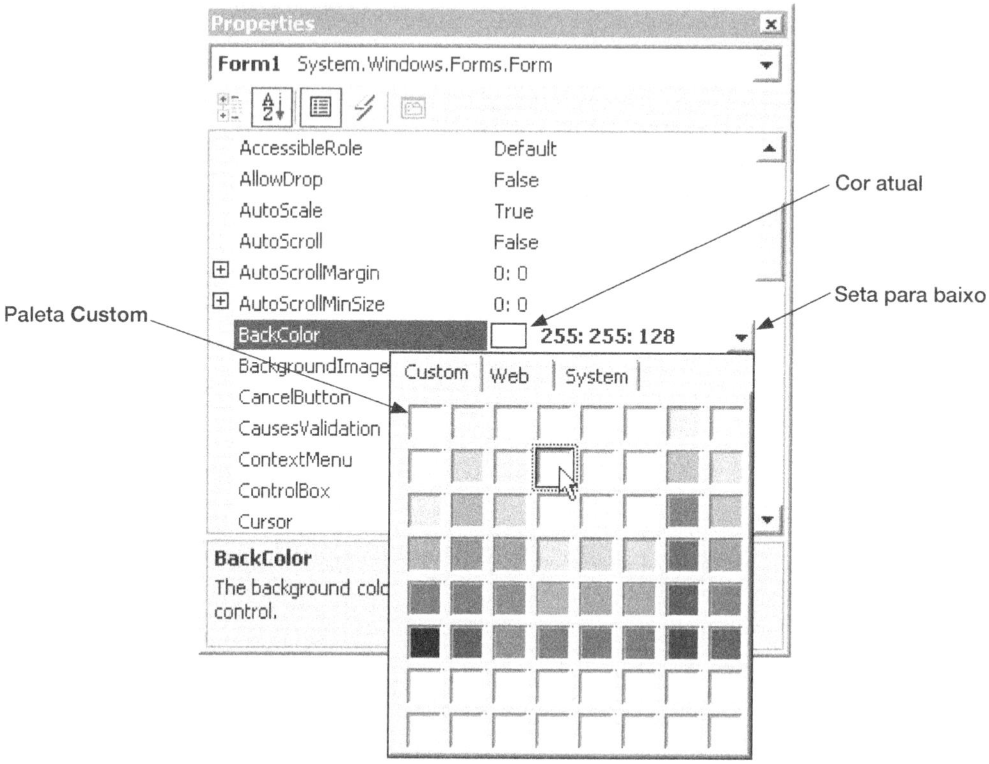

Figura 2.19 Mudando a propriedade `BackColor`.

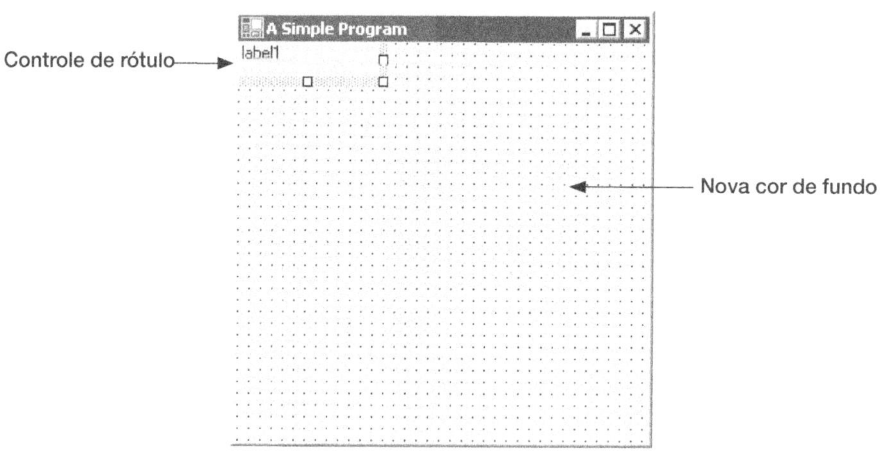

Figura 2.20 Adicionando um novo rótulo no formulário.

ilustrada na Figura 2.23, é exibida. Os usuários podem selecionar o nome (**Microsoft Sans Serif**, **Arial** etc.), o estilo (**Normal**, **Itálico**, **Negrito** etc.) e o tamanho da fonte (**8**, **10** etc.) nessa janela. O texto na área ***Exemplo*** apresenta a fonte selecionada. Na categoria **Tamanho**, selecione **24** e clique em **OK**. Se o texto não couber em uma única linha, ele mudará para a linha seguinte, automaticamente. Redimensione o rótulo, caso ele não seja suficientemente grande para conter o texto. Em seguida, selecione a propriedade ***`TextAlign`*** do rótulo, que determina como o texto é alinhado dentro do rótulo. Uma grade de três por três de opções de alinhamento é apresentada, correspondendo ao local em que o texto aparece no rótulo (Figura 2.24). Selecione o item central superior da grade, para que o texto apareça na posição respectiva do rótulo.

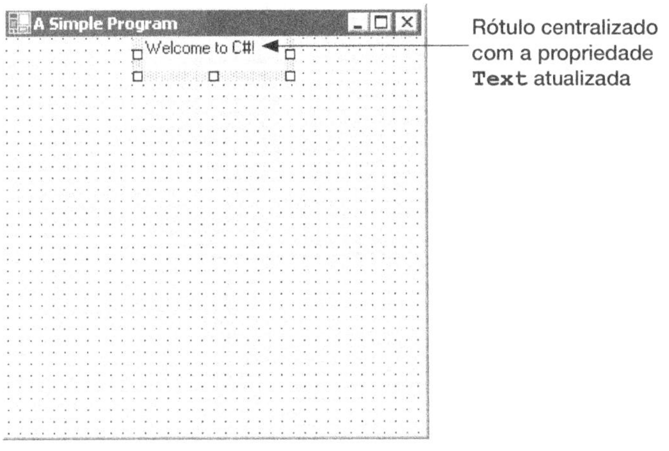

Figura 2.21 Rótulo em posição, com sua propriedade `Text` configurada.

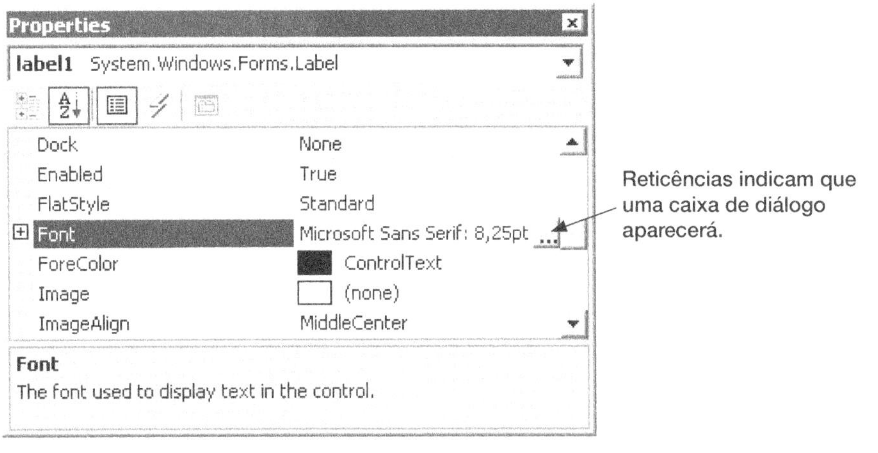

Figura 2.22 A janela **Properties** exibindo as propriedades do rótulo.

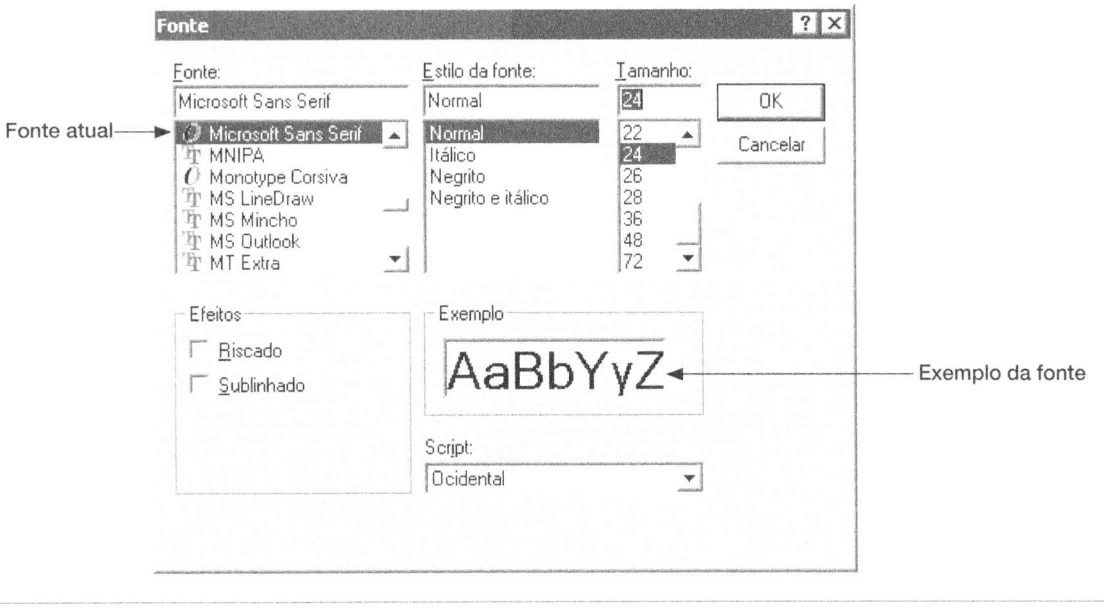

Figura 2.23 A janela **Fonte** padrão do Windows para selecionar fontes, estilos e tamanhos.

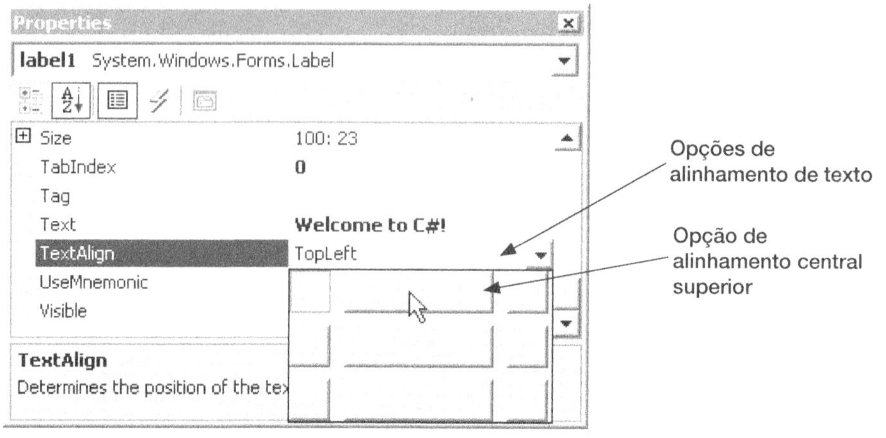

Figura 2.24 Centralizando o texto no rótulo.

8. *Adicione uma caixa de figura no formulário.* O controle de caixa de figura exibe imagens. Esse passo é semelhante ao Passo 5. Localize a caixa de figura na caixa de ferramentas e adicione-a ao formulário. Mova-a para baixo do rótulo, arrastando-a ou usando as teclas de seta (Figura 2.25).

9. *Insira uma imagem.* Clique na caixa de figura para carregar suas propriedades na janela **Properties** e localize a *propriedade* **`Image`**. A propriedade **`Image`** mostra uma prévia da figura atual. Nenhuma figura foi atribuída; portanto, a propriedade **`Image`** exibe **(none)** (Figura 2.26). Clique no botão de reticências para exibir uma caixa de diálogo **Abrir** padrão do Windows (Figura 2.27). Procure uma figura para inserir e pressione a tecla *Enter.* Os formatos aceitos para imagens incluem PNG (Portable Networks Graphic), GIF (Graphic Interchange Format) e JPEG (Joint Photographics Experts Group). Cada um desses formatos de arquivo é amplamente suportado na Internet. Para criar uma nova figura, é necessário usar um software de edição de imagem, como o Jasc Paint Shop Pro, Adobe Photoshop Elements ou Microsoft Paint. Usamos a figura **`ASimpleProgramImage.png`**, que está localizada, com este exemplo, no CD que acompanha este livro. Após a imagem ser inserida, a caixa de figura exibe o máximo dela que puder (dependendo do tamanho), e a propriedade **`Image`** mostra uma pequena prévia. Para exibir a imagem inteira, redimensione a caixa de figura, arrastando suas alças (Figura 2.28).

10. *Salve o projeto.* Selecione **File > Save All** para salvar a solução inteira. Para salvar um arquivo individual, selecione-o no **Solution Explorer** e selecione **File > Save**. O programa criado armazena o código-fonte no arquivo C# **`Form1.cs`**. O arquivo de projeto contém os nomes e as localizações de todos os arquivos do projeto. Escolher **Save All** salva o projeto e o arquivo C#.

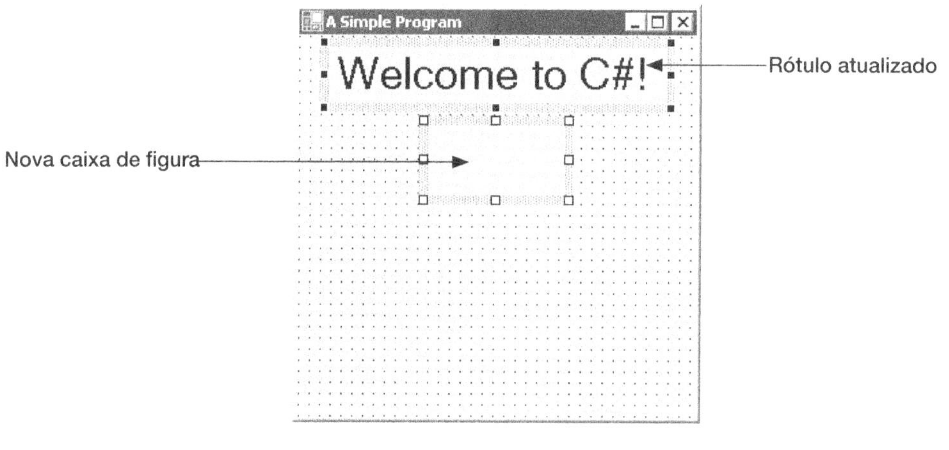

Figura 2.25 Inserindo e alinhando a caixa de figura.

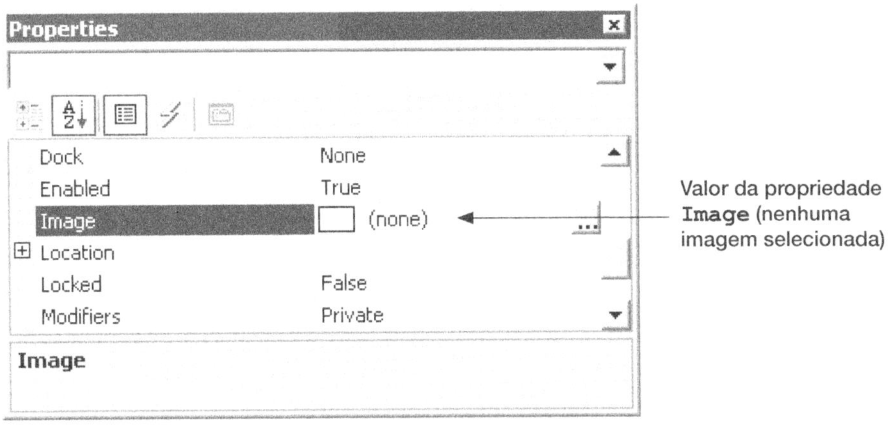

Figura 2.26 Propriedade Image da caixa de figura.

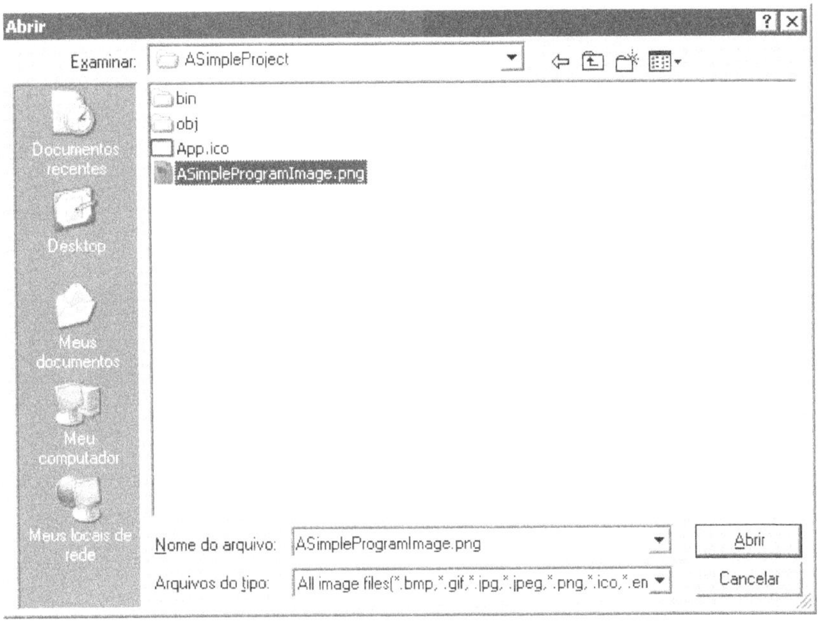

Figura 2.27 Selecionando uma imagem para a caixa de figura.

11. *Execute o projeto.* Antes deste passo, estávamos trabalhando no *modo de projeto* do IDE (isto é, o programa que estava sendo criado não estava sendo executado). Esse modo é indicado pelo texto **Microsoft Visual C# .NET [design]**, na barra de título. Enquanto estão no modo de projeto, os programadores têm acesso a todas as janelas do ambiente (isto é, **Toolbox** e **Properties**), menus, barras de ferramentas etc. Entretanto, enquanto se está no *modo de execução*, o programa está sendo executado, e os usuários podem interagir apenas com alguns recursos do IDE. Os recursos que não estão disponíveis ficam desativados ou acinzentados. O texto **Form1.cs [Design]** na barra de título significa que estamos projetando o formulário visualmente, em vez de programando com código. Se estivéssemos escrevendo código, a barra de título conteria apenas o texto **Form1.cs**. Para executar nosso programa, primeiro precisamos compilá-lo, o que é feito clicando-se na *opção* ***Build Solution*** do *menu* ***Build*** (ou digite < Ctrl > + Shift + B). Então o programa pode ser executado, clicando no botão ***Start*** (o triângulo azul), selecionando-se o comando **Start** do menu **Debug** ou pressionando-se a tecla *F5*. A Figura 2.29 mostra o IDE no modo de execução. Note que a barra de título do IDE mostra **[run]** e que muitos ícones da barra de ferramentas estão desativados.

12. *Encerre a execução.* Para terminar o programa, clique no botão ***Fechar*** padrão do Windows (o **X** no canto superior direito) do aplicativo que está sendo executado. Como alternativa, clique no botão ***End*** (o quadrado azul) na barra de ferramentas. As duas ações interrompem a execução do programa e colocam o IDE no modo de projeto.

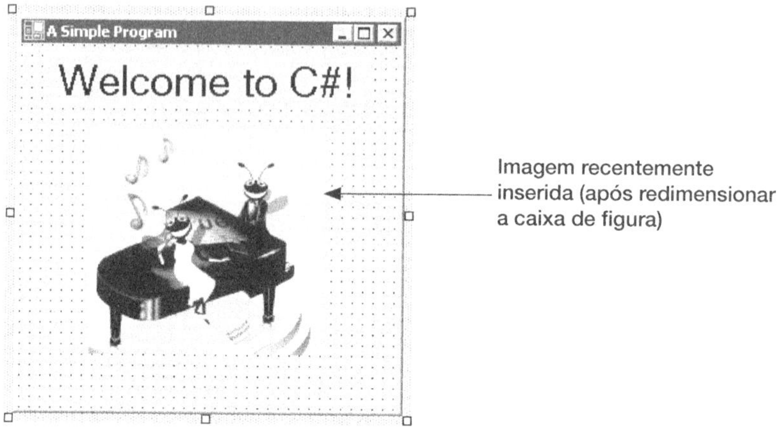

Figura 2.28 A caixa de figura após a imagem ter sido inserida.

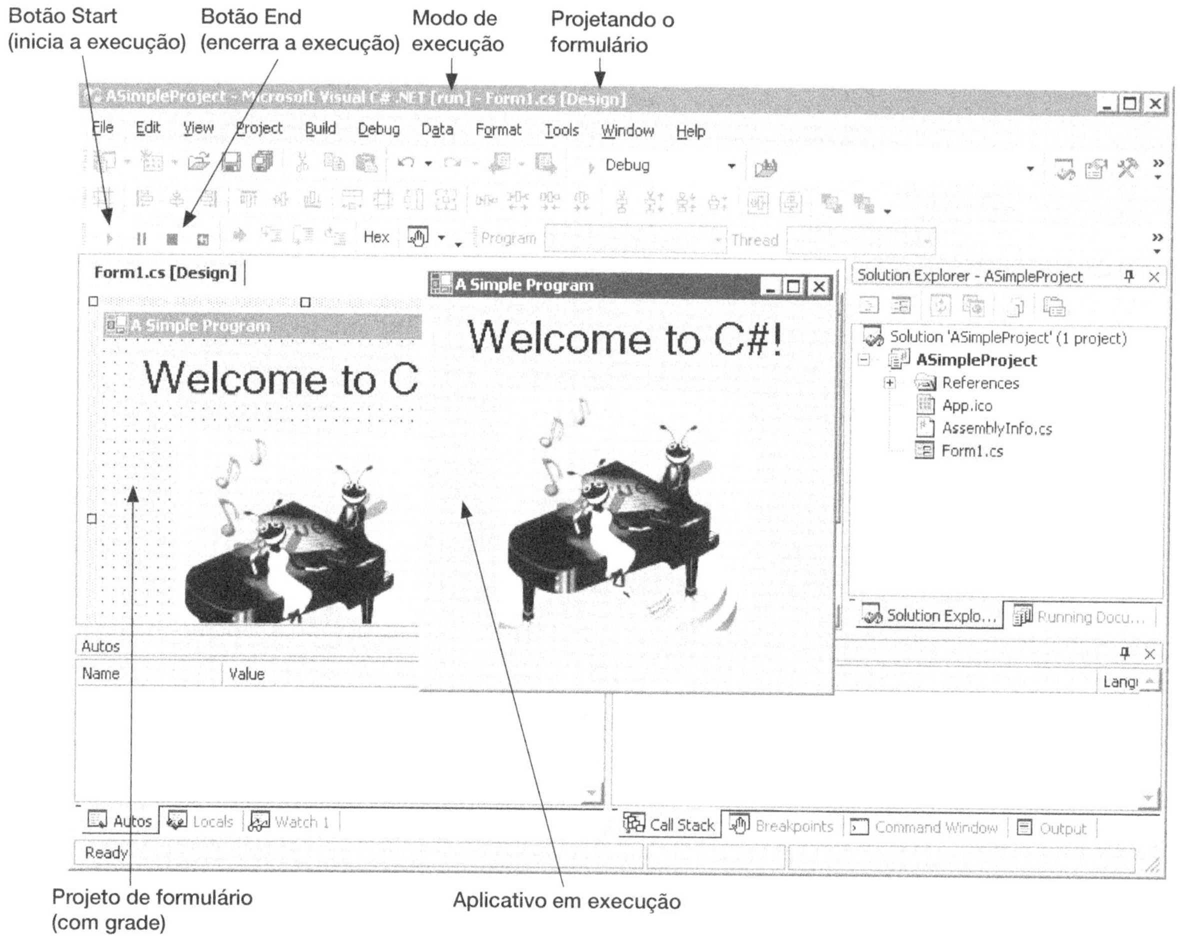

Figura 2.29 IDE no modo de execução, com o aplicativo sendo executado em primeiro plano.

Acabamos de criar um programa C# funcional, sem escrever uma única linha de código. A programação visual nos permite criar controles e configurar propriedades usando janelas, em vez de linhas de código. No próximo capítulo discutiremos a programação não visual ou convencional — criaremos um programa usando apenas código. A programação com C# é uma mistura dos dois estilos: a programação visual nos permite desenvolver uma GUI e evitar tarefas maçantes, enquanto a programação convencional especifica o comportamento de nosso programa. A parte mais importante de um aplicativo é seu comportamento, que explicaremos como programar nos próximos capítulos.

Observação de engenharia de software 2.1

A programação visual pode ser mais simples e rápida do que a escrita de código.

Observação de engenharia de software 2.2

A maioria dos programas exige mais do que programação visual. Em tais programas, algum código deve ser escrito manualmente. Exemplos incluem aplicativos que usam manipuladores de evento (usados para responder às ações do usuário), bancos de dados, segurança, interligação em rede, edição de texto, elementos gráficos e multimídia.

Resumo

- O Visual Studio .NET é o IDE da Microsoft para a criação, documentação, execução e depuração de programas.
- Quando o Visual Studio .NET é carregado pela primeira vez, a **Start Page** é apresentada. Essa página contém links úteis, como projetos recentes, newsgroups on-line, downloads e configurações de perfil de usuário.
- A seção **Get Started** contém links para os arquivos recentes.
- A página **My Profile** permite que os usuários personalizem o Visual Studio .NET.
- No IDE do Visual Studio .NET, os usuários podem navegar na Web com o Internet Explorer.
- Caixas de diálogo são janelas usadas para a comunicação com os usuários.
- Os programas no Visual Studio .NET são organizados em projetos e soluções. Um projeto é um grupo de arquivos relacionados. Uma solução é um grupo de projetos combinados para resolver o problema de um desenvolvedor.
- Aplicativos Windows são programas executados dentro do sistema operacional Windows, como o Microsoft Word, o Internet Explorer e o Visual Studio .NET. Eles contêm controles — elementos gráficos reutilizáveis, como botões e rótulos — que o usuário utiliza para interagir com o aplicativo.
- O formulário é aquilo com que os usuários interagem e vêem quando os programas são executados.
- O formulário e seus controles constituem a GUI do programa. Os controles são os componentes gráficos com os quais o usuário interage. Os usuários introduzem dados (entradas) no programa digitando informações no teclado e clicando com os botões do mouse. O programa exibe instruções e outras informações (saídas) para os usuários lerem na GUI.
- A barra de título exibe o nome do projeto, a linguagem de programação, o modo do IDE, o arquivo que está sendo visto e o modo em que ele está sendo visto.
- Para ver um documento com o uso de guias, clique na guia com o nome do documento. As guias economizam espaço e permitem fácil acesso a vários documentos.
- Os menus contêm grupos de comandos relacionados que, quando selecionados, fazem o IDE executar alguma ação. O Visual Studio .NET fornece diferentes modos para o usuário. Certos itens de menu aparecem apenas em alguns desses modos.
- A barra de ferramentas contém ícones que representam comandos de menu. Para executar um comando, clique no ícone correspondente. Clique na seta para baixo, ao lado de um ícone, para exibir outras opções disponíveis.
- Mover o ponteiro do mouse sobre um ícone destaca o ícone e apresenta uma dica de tela.
- A janela **Solution Explorer** relaciona todos os arquivos da solução.
- O projeto inicial da solução é aquele que é executado quando o programa é executado.
- As caixas de sinal de adição e subtração à esquerda dos nomes do projeto e da solução expandem e contraem a árvore, respectivamente.
- A **Toolbox** contém controles que personalizam os formulários.
- Usando programação visual, os programadores podem "arrastar e soltar" controles no formulário, em vez de escrever o código eles próprios.
- Mover o ponteiro do mouse sobre o rótulo de uma janela oculta abre a janela. Mover o ponteiro do mouse para fora da janela faz com que ela desapareça. Esse recurso é conhecido como ocultamento automático. Para "fixar" a **Toolbox** (isto é, desativar o ocultamento automático), clique no ícone de pino no canto superior direito da janela.

- A janela **Properties** mostra as propriedades de um formulário ou controle. Propriedades são informações sobre um controle, como tamanho, cor e posição.
- Cada tipo de controle tem seu próprio conjunto de propriedades.
- A coluna da esquerda da janela **Properties** mostra as propriedades do controle. A coluna da direita mostra seus valores atuais. A barra de ferramentas organiza as propriedades em ordem alfabética (clicando-se no ícone **Alphabetic**) ou em categorias (clicando-se no ícone **Categorized**).
- A janela **Properties** permite aos programadores modificar controles visualmente, sem escrever código.
- O menu **Help** contém uma variedade de opções. O item de menu **Contents** exibe um sumário organizado em categorias. O item de menu **Index** exibe um índice em ordem alfabética que pode ser percorrido. O recurso **Search** permite aos usuários localizar artigos de ajuda específicos, com base em algumas palavras de busca.
- Para cada opção do menu **Help**, um filtro pode ser usado para estreitar a busca aos artigos relacionados apenas ao C#.
- A ajuda dinâmica fornece uma lista de artigos, baseada no conteúdo atual (isto é, a localização do ponteiro do mouse).
- A ajuda sensível ao contexto é semelhante à ajuda dinâmica, exceto que apresenta imediatamente um artigo de ajuda relevante. Para usar a ajuda sensível ao contexto, selecione um item e pressione a tecla F1.
- A programação do Visual C# normalmente envolve uma combinação de escrita de uma parte do código do programa e da geração do código restante pelo Visual Studio .NET.
- Para criar um novo projeto de formulários Windows (Windows Forms), abra o Visual Studio .NET e selecione **File > New > Project... > Visual C# Projects > Windows Application**. Nomeie o projeto e selecione um diretório. Em seguida, clique em **OK**. O Visual Studio .NET carregará a nova solução, e um formulário em branco, chamado **Form1**, aparecerá.
- O texto que aparece na parte superior do formulário (a barra de título) é determinado por sua propriedade `Text`. Para configurar um valor para a propriedade, basta digitá-lo no espaço fornecido. Pressione a tecla Enter (ou a tecla Return) quando tiver terminado.
- Para redimensionar o formulário, clique e arraste uma de suas alças de redimensionamento ativadas (os pequenos quadrados em torno do formulário). As alças de redimensionamento ativas são brancas; as alças de redimensionamento desativadas, cinzas.
- A grade no plano de fundo do formulário é usada para alinhar controles e não aparece quando o programa está sendo executado.
- A propriedade `BackColor` especifica a cor de fundo do formulário ou controle. A cor de fundo do formulário é a cor de fundo padrão de todos os controles adicionados a ele.
- Dar um clique duplo em qualquer controle da **Toolbox** coloca um controle desse tipo no formulário. Como alternativa, os programadores podem "arrastar" controles da **Toolbox** para o formulário.
- A propriedade `Text` do rótulo determina o texto (se houver) que o rótulo exibe. O formulário e o rótulo têm sua propriedade `Text` própria.
- Quando clicado, o botão de reticências exibe uma caixa de diálogo.
- Na caixa de diálogo **Fonte** padrão do Windows, aberta pela propriedade `Font` dos controles que a possuem, os usuários podem selecionar uma fonte usando o nome, o estilo e o tamanho da mesma.
- A propriedade `TextAlign` determina como o texto será alinhado dentro dos limites do rótulo.
- O controle de caixa de figura permite exibir uma imagem no formulário. A propriedade `Image` mostra uma prévia da figura atual. Para selecionar uma imagem, clique no botão de reticências, que apresenta uma caixa de diálogo **Abrir** padrão do Windows. Procure uma figura para inserir (do formato correto, como PNG, GIF ou JPEG) e, em seguida, pressione a tecla Enter.
- Selecione **File > Save All** para salvar a solução inteira. Para salvar um arquivo específico, selecione-o no **Solution Explorer** e selecione **File > Save**.
- O modo de projeto do IDE (isto é, o programa não está sendo executado) é indicado pelo texto **Microsoft Visual C# .NET [Design]** na barra de título.
- Enquanto está no modo de execução, o programa está sendo executado, e os usuários podem interagir apenas com alguns recursos do IDE.
- Ao se projetar um programa visualmente, o nome do arquivo C# aparece na barra de título, seguido de **[Design]**.
- Para executar um programa, clique no botão **Start** (o triângulo azul) ou selecione **Debug > Start**. A barra de título do IDE exibe **[Run],** e muitos ícones da barra de ferramentas são desativados.
- Termine a execução clicando no botão **Fechar** (**X**, no canto superior direito) do aplicativo. Como alternativa, clique no botão **End** (um quadrado azul) da barra de ferramentas.

Terminologia

abrindo um projeto
ajuda dinâmica
ajuda externa
ajuda interna
ajuda sensível ao contexto
alça de redimensionamento
aplicativo Windows
barra de ferramentas
barra de menus no Visual Studio .NET
barra de título
barra de título do formulário
botão
botão **Start**
caixa de diálogo
caixa de figura
categoria **Appearance** na janela **Properties**
clicando
clicar com o botão esquerdo do mouse
colar
compilar um programa
contrair uma árvore
controle
cor de fundo
cor de fundo do formulário
dar um clique duplo
depurar um programa
desfazer
dica de tela
entrada
estilo da fonte
expandir uma árvore
fechar um projeto
filtro de ajuda
formulário
GUI (Graphical User Interface — interface com o usuário gráfica)
ícone
ícone **Alphabetic**
ícone **Categorized**
ícone da barra de ferramentas
ícone do botão **Fechar**
IDE (integrated development environment — ambiente de desenvolvimento integrado)
imprimir um projeto
Internet Explorer
janela com uso de guias
janela **Dynamic Help**
janela **Fonte** padrão do Windows
janela **Properties**
layout da janela
layout de controle
localizar
menu
menu **Build**
menu **Data**
menu **Debug**
menu **Edit**
menu **File**
menu **Format**
menu **Help**
menu **Project**
menu **Run**
menu **Tools**
menu **View**
menu **Windows**
modo de execução
modo de projeto
novo projeto no Visual Studio .NET
ocultamento automático
paleta
personalizar o Visual Studio .NET
personalizar um formulário
ponteiro do mouse
prender uma janela
projeto
projeto inicial
projeto recente
propriedade
propriedade `Alignment`
propriedade `BackColor`
propriedade de um formulário ou controle
propriedade **Font**
propriedade `Text`
rótulo
saída
selecionando
seta para baixo
solução
Solution Explorer no Visual Studio .NET
Start Page
tamanho da fonte
tecla de ajuda *F1*
Visual Studio .NET

Exercícios de revisão

2.1 Preencha os espaços em branco em cada uma das declarações a seguir:

a) A técnica de ______________ nos permite criar uma GUI sem nenhum código.
b) Um ______________ é um grupo de arquivos relacionados, compilados em um único aplicativo.
c) O recurso ______________ economiza espaço na tela quando o mouse é retirado da janela.
d) Uma ______________ aparece quando o ponteiro do mouse paira sobre um ícone.
e) A janela ______________ permite percorrer os arquivos de sua solução.
f) Um ícone com o sinal de adição indica que a árvore no **Solution Explorer** pode ______________.
g) A janela **Properties** pode ser ordenada ______________ ou ______________.

h) A propriedade ______________ do formulário determina o texto que aparece em sua barra de título.
i) A ______________ nos permite adicionar controles no formulário, visualmente.
j) A ______________ exibe artigos de ajuda relevantes, com base no contexto atual.

2.2 Indique se cada uma das alternativas a seguir é *verdadeira* ou *falsa*. Se for *falsa*, justifique.

a) A barra de título exibe o modo do IDE.
b) A **Start Page** permite que o usuário personalize o IDE.
c) O botão **X** ativa e desativa o ocultamento automático na maioria das janelas.
d) A barra de ferramentas fornece uma maneira conveniente de executar certos comandos de menu.
e) A barra de ferramentas contém os ícones de controle.
f) As alças de redimensionamento de um formulário são sempre ativadas quando o formulário é selecionado.
g) Os formulários e os rótulos têm uma barra de título.
h) Os controles podem ser modificados apenas por meio da escrita de código.
i) Os botões normalmente executam ações quando clicados.
j) A grade aparece ao se projetar um formulário, mas não durante a execução do programa.

Respostas dos exercícios de revisão

2.1 a) programação visual. b) projeto. c) ocultamento automático. d) dica de tela. e) **Solution Explorer**. f) expandir. g) em ordem alfabética, por categoria. h) **`Text`**. i) **Toolbox**. j) ajuda dinâmica.

2.2 a) Verdadeira. b) Verdadeira. c) Falsa. O ícone de pino ativa e desativa o ocultamento automático. d) Verdadeira. e) Falsa. A **Toolbox** contém os ícones de controle. f) Falsa. Algumas das alças de redimensionamento de um formulário ficam desativadas. g) Falsa. Os formulários têm uma barra de título; os rótulos, não. h) Falsa. As propriedades de controle podem ser configuradas usando-se a janela **Properties**. i) Verdadeira. j) Verdadeira.

Exercícios

2.3 Preencha os espaços em branco em cada uma das declarações a seguir:

a) O botão ______________ da janela **Properties** indica que um diálogo aparecerá.
b) Para salvar todos os arquivos de uma solução, use a seleção de menu ______________.
c) A ajuda ___________ apresenta um artigo relevante imediatamente. Ela pode ser acessada pressionando-se a tecla ___________.
d) GUI significa ______________.

2.4 Indique se cada uma das alternativas a seguir é *verdadeira* ou *falsa*. Se for *falsa*, justifique.

a) Certos itens de menu aparecem apenas ao se projetar um formulário.
b) O formulário, o rótulo e a caixa de figura têm propriedades idênticas.
c) Uma pessoa pode navegar na Internet dentro do Visual Studio .NET.
d) Os programadores de Visual C# freqüentemente criam aplicativos complexos sem escrever nenhum código.
e) As alças de redimensionamento são visíveis durante a execução.

2.5 Alguns recursos aparecem por todo o Visual Studio .NET, executando ações semelhantes em diferentes contextos. Explique e dê exemplos de como os ícones de sinal de adição/subtração, os botões de reticências, as setas para baixo e as dicas de tela atuam dessa maneira. Por que você acha que o Visual Studio .NET foi projetado assim?

2.6 Construa as GUIs descritas em cada parte do exercício. (Você não precisa fornecer toda a funcionalidade.) Execute cada programa e determine o que acontece quando um controle é clicado com o mouse. Arraste controles da **Toolbox** para o formulário e redimensione-os, quando necessário.

a) Esta GUI consiste em um **`MainMenu`** e em uma **`RichTextBox`**. Os dois controles podem ser arrastados da **ToolBox** para o formulário, ou pode ser dado um clique duplo. Após inserir o **`MainMenu`**, adicione itens clicando na seção **Type Here**, digitando o nome de um item de menu e pressionando a tecla *Enter*. Redimensione a **`RichTextBox`** para preencher o formulário.

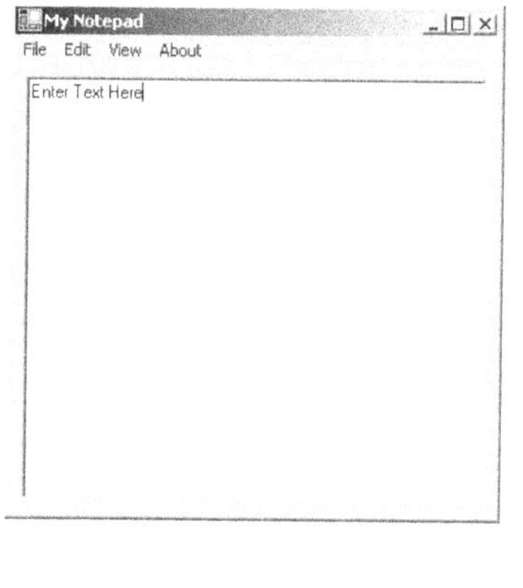

b) Esta GUI consiste em dois **`Label`**s (tamanho da fonte 12, fundo amarelo): um **`MonthCalendar`** e um **`RichTextBox`**. O calendário é apresentado quando o **`MonthCalendar`** é arrastado no formulário. Os controles **`MonthCalendar`** e **`RichTextBox`** são semelhantes aos controles que vimos anteriormente. Eles podem ser arrastados para o formulário (ou clicados duas vezes) e depois manipulados com a janela **Properties**. [*Dica*: use a propriedade **`BackColor`** para mudar a cor de fundo dos rótulos.]

2.7 Preencha os espaços em branco em cada uma das declarações a seguir:

a) A propriedade ____________ especifica qual imagem uma caixa de figura exibe.
b) A ____________ tem um ícone na **Toolbox**, mas não é um controle.
c) O menu ____________ contém comandos para organizar e exibir janelas.
d) A propriedade ____________ determina a cor de fundo de um formulário ou controle.

2.8 Descreva sucintamente cada um dos recursos de IDE a seguir:

a) barra de ferramentas
b) barra de menus
c) caixa de ferramentas
d) controle
e) formulário
f) projeto
g) barra de título

3

Introdução à Programação com C#

Objetivos

- Escrever programas C# simples.
- Usar instruções de entrada e saída.
- Familiarizar-se com os tipos de dados primitivos.
- Entender os conceitos básicos de memória.
- Usar operadores aritméticos.
- Entender a precedência dos operadores aritméticos.
- Escrever instruções de tomada de decisão.
- Usar operadores relacionais e de igualdade.

★

Comentário é de graça, mas os fatos são sagrados.
C. P. Scott

O credor tem memória melhor do que o devedor.
James Howell

Quando me deparo com uma decisão, eu sempre pergunto, "o que seria mais divertido?".
Peggy Walker

A igualdade, no sentido social, pode ser dividida na da condição e na dos direitos.
James Fenimore Cooper

Resumo

3.1 Introdução

Este capítulo apresenta a programação com C# e mostra exemplos que ilustram vários recursos importantes da linguagem. Os exemplos são analisados linha a linha. Neste capítulo, criamos *aplicativos de console* — aplicativos que contêm apenas saída de texto. Existem vários tipos de projetos que podemos criar em C#; o aplicativo de console é um dos tipos básicos. A saída de texto em um aplicativo de console é exibida em uma *janela de console*. No Microsoft Windows 95/98, a janela de console é o ***prompt do MS-DOS***. No Microsoft Windows NT/2000/XP, a janela de console é chamada de ***prompt de comando***. Com C#, um programa pode ser criado com vários tipos de saída (janelas, caixas de diálogo etc.). Esses programas são chamados de *aplicativos Windows* e fornecem interfaces com o usuário gráficas. Mostramos um exemplo de aplicativo Windows no Capítulo 2, quando imprimimos uma mensagem em um formulário. Esses tipos de aplicativos serão discutidos com mais detalhes a partir dos capítulos 4 e 5. Nesses capítulos também forneceremos um tratamento detalhado do *desenvolvimento de programa* e do *controle de programa* em C#.

3.2 Programa simples: imprimindo uma linha de texto

O C# usa algumas notações que podem parecer estranhas para quem não é programador. Começaremos considerando um programa simples que exibe uma linha de texto. O programa e sua saída são mostrados na Figura 3.1. O programa é seguido de uma janela de saída que apresenta seus resultados. Quando você executar esse programa, a saída aparecerá em uma janela de console.

```
// Fig. 3.1: Welcome1.cs
// Um primeiro programa em C#.

using System;

class Welcome1
{
   static void Main( string[] args )
   {
      Console.WriteLine( "Welcome to C# Programming!" );
   }
}
```

Figura 3.1 Nosso primeiro programa em C#.

Esse programa ilustra vários recursos importantes do C#. Todos os programas que apresentamos neste livro incluem números de linha para conveniência do leitor; esses números de linha não fazem parte dos programas C#. A linha 10, na Figura 3.1, realiza o "trabalho real" do programa, apresentando a frase **`Welcome to C# Programming!`** na tela.

A linha 1 começa com `//`, indicando que o restante dela é um *comentário*. Os programadores inserem comentários para *documentar* e melhorar a clareza de seu código. Os comentários também ajudam as outras pessoas a lerem e entenderem seus programas. Esse comentário simplesmente indica o número da figura e o nome de arquivo desse programa. Começamos cada programa deste livro dessa maneira. Nesse caso, chamamos o arquivo de **`Welcome1.cs`**. Um comentário que começa com `//` é chamado de *comentário de uma linha*, pois ele termina no final da linha. Os comentários de uma linha podem ser colocados em praticamente qualquer parte do programa.

Também existe uma sintaxe para se escrever *comentários de múltiplas linhas*. Um comentário de múltiplas linhas como

```
/* Este é um comentário
de múltiplas linhas. Ele pode ser dividido
em muitas linhas */
```

começa com o *delimitador* `/*` e termina com o *delimitador* `*/`. Todo o texto entre esses delimitadores é tratado como comentário e é ignorado pelo compilador. No IDE do Visual Studio .NET, todo texto de comentário aparece na cor verde. Os comentários da forma `//` e `/* ... */` são ignorados pelo compilador; portanto, eles não fazem o computador realizar qualquer ação quando o programa é executado.

Erro de programação comum 3.1

O esquecimento de um dos delimitadores em um comentário de múltiplas linhas é um erro de sintaxe. Um erro de sintaxe é causado quando o compilador não consegue reconhecer uma instrução. Normalmente, o compilador publica uma mensagem de erro para ajudar o programador a localizar e corrigir a instrução incorreta. Os erros de sintaxe são violações das regras da linguagem. Eles também são chamados de erros de compilação ou erros de tempo de compilação, pois são detectados durante a fase de compilação. Um programa não pode compilar ou executar até que todos os erros de sintaxe sejam corrigidos.

Observação de engenharia de software 3.1

O Visual Studio freqüentemente capturará erros de sintaxe, quando você estiver desenvolvendo um programa, mesmo antes que ele seja compilado. Esteja atento às linhas serrilhadas vermelhas que possam aparecer imediatamente abaixo de um erro de sintaxe.

O C# usa a mesma sintaxe usada pela linguagem de programação C para comentários de múltiplas linhas (`/*...*/`) e a mesma sintaxe do C++ para comentários de uma linha (`//`). Os programadores de C# geralmente usam os comentários de uma linha no estilo do C++, em vez dos comentários no estilo do C. Por todo este livro, usamos principalmente comentários de uma linha no estilo do C++.

Boa prática de programação 3.1

Todo programa deve começar com um ou mais comentários descrevendo seu objetivo.

A linha 4 (conhecida como *diretiva* **`using`**) é gerada pelo IDE do Visual Studio e declara que o programa usa recursos do *espaço de nomes* **`System`**. Um *espaço de nomes* agrupa vários recursos do C# em categorias relacionadas. Uma das maiores vantagens do C# é que os programadores podem usar o rico conjunto de espaços de nomes fornecido pela plataforma .NET (.NET framework). Esses espaços de nomes contêm código que os programadores podem reutilizar, em vez de "reinventar a roda". Isso torna a programação mais fácil e rápida. Os espaços de nomes definidos na plataforma .NET contêm código previamente preparado, conhecido como *.NET Framework Class Library* (biblioteca de classes da plataforma .NET). Um exemplo de um dos recursos do espaço de nomes **`System`** é **`Console`**, que discutiremos a qualquer momento. Os vários recursos estão organizados em espaços de nomes que permitem aos programadores localizá-los facilmente. Discutiremos muitos espaços de nomes e seus recursos por todo o livro.

A linha 5 é uma linha em branco. Os programadores freqüentemente usam linhas em branco e caracteres de espaço por todo o programa para torná-lo mais fácil de ler. Coletivamente, as linhas em branco, os caracteres de espaço, os caracteres de nova linha e os caracteres de tabulação são conhecidos como *espaço em branco* (os caracteres de espaço e tabulações são conhecidos especificamente como *caracteres de espaço em branco*). Os *caracteres de nova linha* são "caracteres especiais" que indicam quando posicionar o cursor de saída no início da próxima linha na janela de console, para continuar a saída. O compilador ignora as linhas em branco, tabulações e espaços extras que separam elementos da linguagem. Várias convenções para uso de caracteres de espaço em branco serão discutidas neste e nos capítulos subseqüentes.

Boa prática de programação 3.2

Use linhas em branco, caracteres de espaço e caracteres de tabulação em um programa, para melhorar sua legibilidade.

As linhas 6 a 12 definem nossa primeira *classe* (coletivamente, essas linhas são chamadas de *definição de classe*). Os programas C# consistem em partes chamadas classes, que são agrupamentos lógicos de membros (isto é, *métodos*) que simplificam a organização do programa. Esses métodos (que são como funções nas linguagens de programação procedimentais) realizam tarefas e retornam informações, quando as tarefas são concluídas. Um programa C# consiste em classes e métodos criados pelo programador e em classes preexistentes encontradas na Framework Class Library. Por todo este livro, ensinaremos ao leitor como usar as duas técnicas em seus programas. Todo programa em C# consiste em pelo menos uma definição de classe que o programador define. Essas classes são conhecidas como *classes definidas pelo programador*. No Capítulo 8 discutiremos os programas que contêm várias classes definidas pelo programador. A *palavra-chave* **`class`** inicia uma definição de classe em C# e é imediatamente seguida pelo *nome da classe* (**`Welcome1`**, nesse exemplo). As palavras-chave (ou *palavras reservadas*) são reservadas para uso do C# e sempre consistem em letras minúsculas (uma tabela completa das palavras-chave do C# será apresentada no próximo capítulo). Por convenção, cada palavra em um nome de classe começa com uma letra maiúscula e tem uma letra maiúscula para cada palavra de seu nome (por exemplo, **`NomeClasseDeExemplo`**). O nome da classe é conhecido como *identificador*, que é uma série de caracteres consistindo em letras[1], algarismos, sublinhados (_) e símbolos de arroba (`@`). Os identificadores não podem começar com um algarismo e não podem conter espaços. Exemplos de identificadores válidos são: **`Bem_vindo1`**, **`_valor`**, **`m_campoEntrada1`** e **`botao7`**. O nome **`7botao`** não é um identificador válido, pois começa com um algarismo, e o nome **`campo entrada`** não é um identificador válido, pois contém um espaço. O caractere de arroba (`@`) pode ser usado apenas como o primeiro caractere em um identificador. O C# *diferencia letras maiúsculas de minúsculas* — as letras maiúsculas e minúsculas são consideradas diferentes; por exemplo, **`a1`** e **`A1`** são identificadores diferentes.

Erro de programação comum 3.2

O C# diferencia letras maiúsculas de minúsculas. Não usar a combinação de maiúsculas e minúsculas para um identificador (por exemplo, escrever **`Total`**, *quando o identificador é* **`total`**) *é um erro de compilação.*

Boa prática de programação 3.3

Sempre comece um nome de classe com uma letra maiúscula. Essa prática torna os nomes de classe mais fáceis de identificar.

A *chave de abertura* (`{`), na linha 7, inicia o *corpo da definição de classe*. A *chave de fechamento* (`}`) correspondente, na linha 12, finaliza a definição de classe. Note que as linhas 8 a 11, no corpo da classe, estão recuadas. Essa é uma das convenções de espaçamento mencionadas anteriormente. O recuo fornece legibilidade ao programa. Definimos cada convenção de espaçamento como uma *Boa prática de programação*.

Erro de programação comum 3.3

Se as chaves não ocorrerem em pares de chave de abertura com a chave de fechamento correspondente, ocorrerá um erro de sintaxe.

Boa prática de programação 3.4

Ao digitar uma chave de abertura (`{` *) em um programa, digite imediatamente a chave de fechamento (* `}` *) e depois reposicione o cursor entre as chaves, para começar a digitar o corpo. Essa prática ajuda a evitar o esquecimento de chaves de fechamento. Os leitores podem notar que, quando digitam a chave de fechamento, o Visual Studio .NET mostra em negrito as duas chaves (assim como a primeira linha da definição de classe). Isso é útil na criação de programação mais complexa, que envolve vários conjuntos de chaves de abertura e de fechamento.*

Boa prática de programação 3.5

Recue (Endente) o corpo inteiro de cada definição de classe por um "nível" de recuo, entre as chaves de abertura (`{` *) e fechamento (* `}` *) que delimitam o corpo da classe. Isso enfatiza a estrutura da definição de classe e ajuda a torná-la mais fácil de ler. O Visual Studio .NET fornece recuo em vários lugares, à medida que o programador digita o código.*

---

1. Ao contrário de algumas outras linguagens de programação, o C#. NET permite o uso de caracteres acentuados (á, ê, õ etc.) e "ç" em identificadores. No entanto, por uma questão de consistência, recomenda-se que esses caracteres não sejam usados. (N.R.T.)

A linha 8 está presente em todos os aplicativos de console C# e Windows. Esses aplicativos começam a executar em ***Main***, que é conhecido como *ponto de entrada* do programa. Os parênteses após **Main** indicam que esse é um bloco de construção de programa, chamado de método. As definições de classe C# normalmente contêm um ou mais métodos, e os aplicativos C# contêm uma ou mais classes. Para um aplicativo de console C# ou Windows, exatamente um desses métodos deve ser chamado **Main**, e ele deve estar definido como se vê na linha 8; caso contrário, o programa não será executado. Normalmente, o método **Main** de um aplicativo de console é definido como na linha 8. Os métodos serão explicados com detalhes no Capítulo 6. Por enquanto, basta imitar a primeira linha de **Main** em cada aplicativo C#.

A chave de abertura (**{**) da linha 9 inicia o *corpo da definição de método* (o código que será executado como parte de nosso programa). Uma chave de fechamento (**}**) correspondente termina o corpo da definição de método (linha 11). Note que a linha do corpo do método está recuada entre essas chaves.

Boa prática de programação 3.6

Recue (Endente) o corpo inteiro de cada definição de método por um "nível" de recuo entre as chaves de abertura ({) e fechamento (}) que definem o corpo do método. Isso faz a estrutura do método se destacar, melhorando a legibilidade da definição de método.

A linha 10 instrui o computador para que execute uma *ação*, a saber, imprimir uma série de caracteres contidos entre as aspas. Os caracteres delimitados dessa maneira são chamados *strings, caracteres de string* ou *literais de string*. Nos referimos genericamente aos caracteres entre aspas como strings. Os caracteres de espaço em branco nas strings são significativos — o compilador não ignora esses caracteres quando eles aparecem nas strings.

A *classe **Console*** permite que os programas produzam informações na *saída padrão* do computador. A classe **Console** fornece métodos que permitem aos programas C# apresentar strings e outros tipos de informações no prompt de comando do Windows.

O método ***Console.WriteLine*** *apresenta* (ou *imprime*) uma linha de texto na janela do console. Quando **Console.WriteLine** conclui sua tarefa, ele posiciona o *cursor de saída* (o local onde o próximo caractere será apresentado) no início da próxima linha, na janela do console. (Isso é semelhante a pressionar a tecla *Enter* ao se digitar em um editor de textos — o cursor é reposicionado no início da próxima linha no arquivo.)

A linha inteira, incluindo **Console.WriteLine**, seus *argumentos* entre parênteses (**"Welcome to C# Programming!"**) e o *ponto-e-vírgula* (**;**), é chamada de *instrução*. Toda instrução deve terminar com um ponto-e-vírgula (conhecido como *terminador de instrução*). Quando essa instrução é executada, ela apresenta a mensagem **Welcome to C# Programming!** na janela do console (Figura 3.1).

Nas instruções do C#, normalmente precedemos cada nome de classe com seu nome de espaço de nomes e um ponto. Por exemplo, normalmente a linha 10 seria

```
System.Console.WriteLine( "Welcome to C# Programming!" );
```

para que o programa seja executado corretamente. A diretiva **using**, na linha 4, elimina a necessidade de especificar explicitamente o espaço de nomes **System**, ao se usar classes no espaço de nomes. Isso pode economizar tempo e evitar confusão para os programadores.

Erro de programação comum 3.4

Omitir o ponto-e-vírgula no final de uma instrução é um erro de sintaxe.

Dica de teste e depuração 3.1

Quando o compilador relata um erro de sintaxe, ele pode não estar na linha indicada pela mensagem de erro. Verifique primeiro a linha em que o erro foi relatado. Se essa linha não contiver erros de sintaxe, verifique as linhas que precedem a relatada.

Agora que já apresentamos esse programa a você, vamos explicar, passo a passo, como criá-lo e executá-lo no Visual Studio.

1. *Crie o aplicativo de console.* Vá para o menu **File**, escolha **New** e, em seguida, **Project...**. Uma caixa de diálogo aparecerá. No painel esquerdo, escolha **Visual C# Projects**; no painel direito, escolha ***Console Application***. É possível especificar outras informações a respeito do projeto, na parte inferior dessa caixa de diálogo (isto é, o nome e a localização do projeto). Após fornecer todas as informações necessárias, clique em **OK** para criar o projeto. O projeto é criado, e a janela de código é aberta para edição. O novo aplicativo aparece na Figura 3.2.

Note que essa é a mesma maneira como criamos nosso aplicativo no Capítulo 2, exceto que, agora, escolhemos um aplicativo de console, em vez de um aplicativo Windows.

Esse aplicativo pode ser gerado (compilado) e executado, mas não fará nada até que adicionemos mais código (isso será feito no Passo 3). Vejamos rapidamente o código gerado pelo IDE.

Note que esse código contém recursos que ainda não discutimos. Fizemos isso por motivos de exibição e clareza — neste ponto do livro, esse código não é obrigatório nem relevante para a discussão desse programa. Grande parte do código extra fornecido pelo IDE é usada para documentação ou para ajudar a criar interfaces com o usuário gráficas. Uma das coisas que o leitor sem dúvida notará é que não mostramos as linhas imediatamente acima e abaixo da definição da classe. Essas linhas são usadas para criar espaços de nomes, um assunto que discutiremos no Capítulo 8. [*Nota*: várias vezes, anteriormente neste texto, pedimos ao leitor que imite certos recursos do C# que apresentamos. Fazemos isso especialmente quando não é muito importante conhecer todos os detalhes de um recurso para usá-lo em C#. Inicialmente, todos os programadores aprendem a programar imitando o que outros programadores fizeram. Para cada detalhe que pedimos ao leitor para imitar, indicamos onde a discussão completa será apresentada posteriormente no texto.] O código de todos os exemplos do livro está disponível para o leitor no CD que acompanha o livro.

2. *Mude o nome do arquivo de programa.* Para os programas deste livro, normalmente mudamos o nome do arquivo de código. Como padrão, o arquivo é chamado **`Class1.cs`**. Isso pode ser mudado dando-se um clique com o botão direito do mouse no nome do arquivo, no **Solution Explorer**, e selecionando-se **Rename**. O leitor pode então digitar um novo nome para o arquivo, desde que esse arquivo termine com **`.cs`** (a extensão para arquivos de código C#).

3. *Complete o código.* No editor de textos, substitua o comentário

```
//
// TODO: Add code to start application here
//
```

que está localizado dentro do método **`Main`**, pela linha 10 da Figura 3.1 (esse comentário não é mais necessário, pois estamos adicionando código no programa).

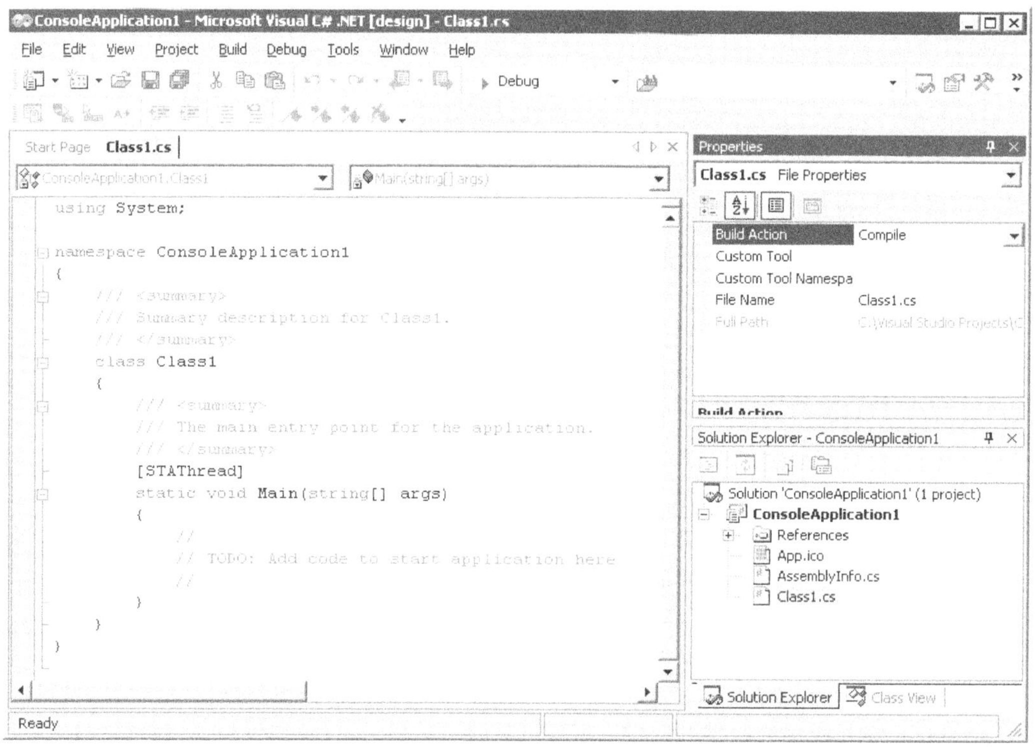

Figura 3.2 Aplicativo de console gerado pelo Visual Studio .NET.

4. *Execute o programa.* Agora, estamos prontos para compilar e executar nosso programa. Para isso, basta seguirmos os mesmos passos que executamos para o exemplo do Capítulo 2. Para compilar o programa, vá para o menu **Build** e selecione **Build Solution**. Se o programa não contiver erros de sintaxe, o comando anterior criará um novo arquivo, chamado `Welcome1.exe`, contendo o código MSIL de nosso aplicativo. Para executar esse programa, escolha a opção **Start Without Debugging**[2] no menu **Debug**.

A execução do programa começa com o método `Main`, que é o ponto de entrada do programa. Em seguida, a instrução da linha 10 de `Main` exibe `Welcome to C# Programming!`. A Figura 3.3 mostra o resultado da execução do programa.

A mensagem `Welcome to C# Programming!` pode ser exibida por meio de várias chamadas de método. A classe `Welcome2` da Figura 3.4 usa duas instruções para produzir a mesma saída ilustrada na Figura 3.3.

As linhas 10 e 11 da Figura 3.4 apresentam uma linha na janela de console. A primeira instrução chama o método `Write` de `Console`, para apresentar uma string. Ao contrário de `WriteLine`, `Write` não posiciona o cursor de saída no início da próxima linha na janela de console, após exibir sua string. O próximo caractere apresentado na janela de console aparece imediatamente após o último caractere apresentado com `Write`. Assim, quando a linha 11 é executada, o primeiro caractere apresentado (`C`) aparece imediatamente após o último caractere exibido com `Write` (isto é, o caractere de espaço após a palavra `"to"`, na linha 10). Cada instrução `Write` ou `WriteLine` retoma a exibição de caracteres a partir de onde a última instrução `Write` ou `WriteLine` parou.

Figura 3.3 Execução do programa `Welcome1`.

```
1  // Fig. 3.4: Welcome2.cs
2  // Imprimindo uma linha com multiplas instruções.
3
4  using System;
5
6  class Welcome2
7  {
8     static void Main( string[] args )
9     {
10       Console.WriteLine( "Welcome to " );
11       Console.WriteLine( "C# Programming!" );
12    }
13 }
```

Figura 3.4 Imprimindo uma linha com instruções separadas.

2. Selecionar **Debug > StartWithoutDebugging** faz a janela de comando solicitar ao usuário para que pressione uma tecla, após o programa terminar, permitindo a ele observar a saída do programa. Em contraste, se executarmos esse programa usando **Debug > Start**, como fizemos para o aplicativo Windows no Capítulo 2, uma janela de comando se abrirá, o programa apresentará a mensagem **Welcome to C# Programming!**, e, em seguida, a janela de comando se fechará imediatamente.

Uma única instrução pode exibir múltiplas linhas, usando caracteres de nova linha. Lembre-se de que esses caracteres indicam quando posicionar o cursor de saída no início da próxima linha na janela de console, para saída contínua. A Figura 3.5 demonstra o uso de caracteres de nova linha.

A linha 10 produz quatro linhas separadas de texto na janela de console. Normalmente, os caracteres de uma string são apresentados exatamente como eles aparecem entre as aspas. Entretanto, note que os dois caracteres "\" e "**n**" não aparecem na tela. A *barra invertida* (\) é chamada de *caractere de escape*. Ela indica que um caractere "especial" vai aparecer na saída. Quando uma barra invertida é encontrada em uma string de caracteres, o próximo caractere é combinado com essa barra para formar uma *seqüência de escape*. Essa seqüência de escape **\n** é o *caractere de nova linha*. Ele faz o *cursor* (isto é, o indicador de posição atual na tela) se mover para o início da próxima linha de texto na janela de console. Algumas seqüências de escape comuns estão relacionadas na Figura 3.6.

Embora os primeiros programas apresentem saída no prompt de comando, a maioria dos aplicativos C# usa janelas ou *caixas de diálogo* para exibi-la. Conforme mencionado anteriormente, as caixas de diálogo são janelas que exibem mensagens importantes para o usuário de um aplicativo. A .NET Framework Class Library inclui a classe ***MessageBox*** para criar diálogos. A classe **MessageBox** é definida no espaço de nomes ***System.Windows.Forms***. O programa da Figura 3.7 mostra a mesma string da Figura 3.5 em uma caixa de diálogo de mensagem, usando a classe **MessageBox**.

```
1  // Fig. 3.5: Welcome3.cs
2  // Imprimindo múltiplas linhas com uma única instrução.
3
4  using System;
5
6  class Welcome3
7  {
8     static void Main( string[] args )
9     {
10       Console.WriteLine( "Welcome\nto\nC#\nProgramming!" );
11    }
12 }
```

Figura 3.5 Imprimindo múltiplas linhas com uma única instrução.

Muitas classes compiladas em C# (incluindo **MessageBox**) precisam ser referenciadas antes que possam ser usadas em um programa. Dependendo do tipo de aplicativo que criamos, as classes podem ser compiladas em arquivos com a exten-

Seqüência de escape	Descrição
\n	Nova linha. Posiciona o cursor de tela no início da próxima linha.
\t	Tabulação horizontal. Move o cursor de tela para o próximo ponto de tabulação.
\r	Retorno de carro. Posiciona o cursor de tela no início da linha atual; não avança para a próxima linha. Toda saída de caracteres após o retorno de carro sobrepõe a saída de caracteres anterior nessa linha.
\\	Barra invertida. Usada para imprimir um caractere de barra invertida.
\"	Aspas. Usadas para imprimir um caractere de aspas (").

Figura 3.6 Algumas seqüências de escape comuns.

```
1   // Fig. 3.7: Welcome4.cs
2   // Imprimindo múltiplas linhas com uma caixa de diálogo.
3
4   using System;
5   using System.Windows.Forms;
6
7   class Welcome4
8   {
9      static void Main( string[] args )
10     {
11        MessageBox.Show ( "Welcome\nto\nC#\nProgramming!" );
12     }
13  }
```

Figura 3.7 Exibindo múltiplas linhas em uma caixa de diálogo.

-são **.exe** (*executável*), com a extensão **.dll** (ou *biblioteca de vinculação dinâmica*) ou uma de várias outras extensões. Tais arquivos são chamados de *assemblies* e são as unidades de empacotamento de código em C#. [*Nota*: os assemblies podem ser compostos de muitos arquivos de diferentes tipos.] Os espaços de nomes agrupam *classes* relacionadas; o assembly é um pacote contendo o código MSIL (Microsoft Intermediate Language — linguagem intermediária da Microsoft) em que um projeto precisa ser compilado, além de todas as outras informações necessárias para essas classes. O assembly que pre-cisamos referenciar pode ser encontrado na documentação do Visual Studio .NET (também chamada de Documentação MSDN) para a classe que deseja-mos usar. O modo mais fácil de acessar essas informações é ir para o menu **Help** no Visual Studio e escolher **Index**. O leitor pode então digitar o nome da classe, para acessar a documentação. A classe **MessageBox** está localizada no assembly **System.Windows.Forms.dll**. Como mencionado, devemos adicionar uma referência para esse assembly para usar a classe **MessageBox** em nosso programa. Vamos discutir um exemplo de adição de uma referência para **System.Windows.Forms** dentro do IDE.

Erro de programação comum 3.5

Incluir um espaço de nomes com a diretiva **using**, *mas não adicionar uma referência para o assembly correto, resulta em um erro de compilação.*

Para começar, certifique-se de que você tenha um aplicativo aberto. Selecione a opção ***Add Reference...*** no menu **Project** ou clique com o botão direito do mouse na pasta **References**, no **Solution Explorer,** e selecione **Add Reference...** no menu flutuante que aparece. Isso abre a caixa de diálogo **Add Reference** (Figura 3.8). Dê um clique duplo em **System.Windows.Forms.dll** para adicionar esse arquivo na lista **Selected Components**, na parte inferior da caixa de diálogo, e, em seguida, clique em **OK**. Note que **System.Windows.Forms** aparece agora na pasta **References** do **Solution Explorer** (Figura 3.8).

Após referenciar o assembly apropriado e fornecer uma diretiva **using** para o espaço de nomes correspondente (linha 5), podemos usar as classes desse espaço de nomes (como **MessageBox**).

O leitor pode notar que não adicionamos quaisquer referências para nossos programas iniciais. O Visual Studio adiciona algumas referências comuns quando um projeto é criado. Além disso, como padrão, alguns assemblies não exigem referências. A classe **Console**, por exemplo, está localizada no assembly **mscorlib.dll**, mas uma referência para ela não é obrigatória para usá-la.

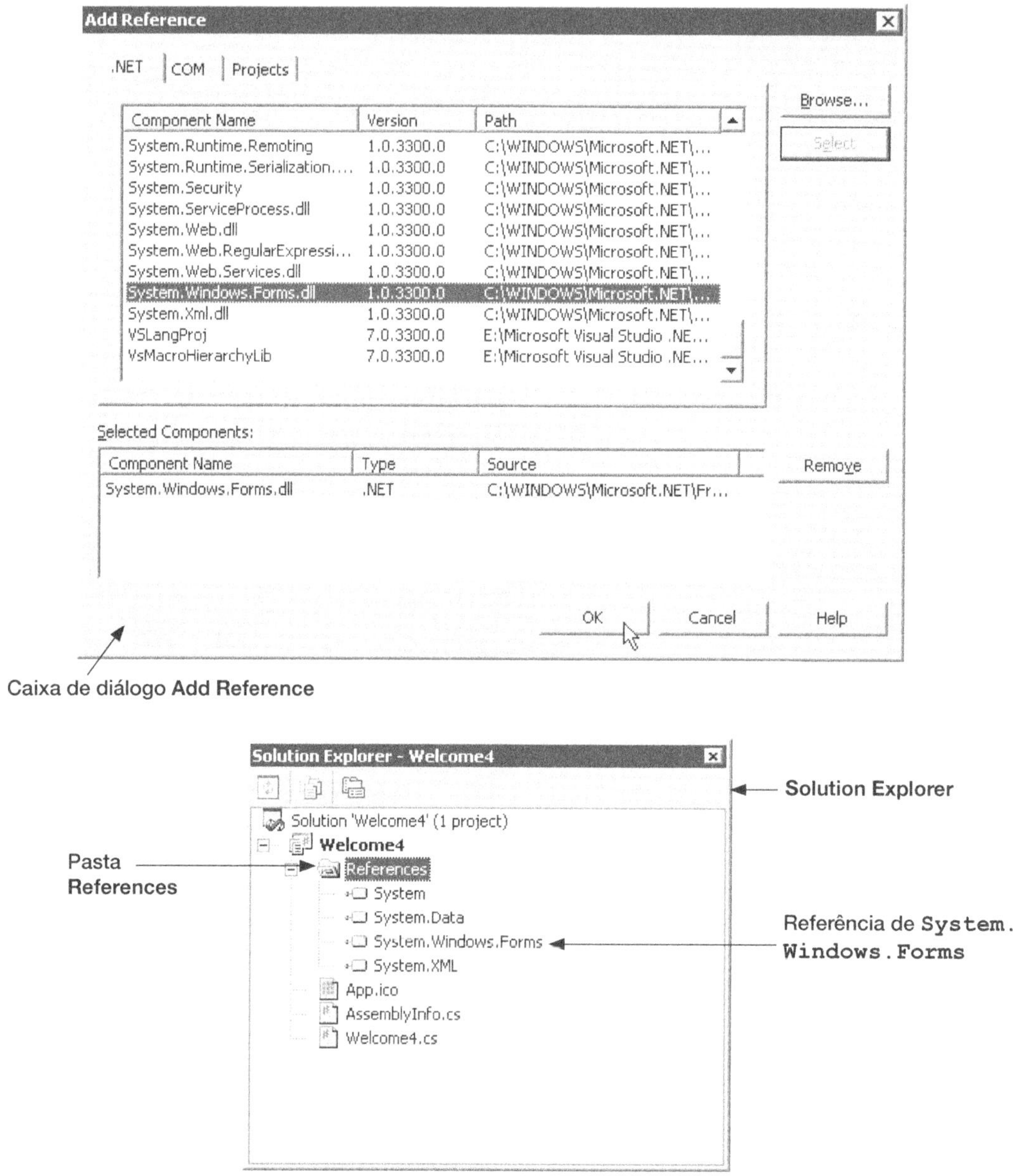

Figura 3.8 Adicionando uma referência em um assembly no Visual Studio .NET.

O espaço de nomes **System.Windows.Forms** contém muitas classes que ajudam os programadores de C# a definir GUIs para seus aplicativos. Os *componentes de GUI* (por exemplo, botões) facilitam a entrada de dados por parte do usuário e a formatação ou apresentação de saída de dados para o usuário. Por exemplo, a Figura 3.9 é uma janela do Internet Explorer com uma barra contendo menus (**Arquivo, Editar, Exibir** etc.). Abaixo da barra de menus existe um conjunto de botões, cada um com uma tarefa definida no Internet Explorer. Abaixo dos botões existe um *campo de texto*, no qual o usuário pode digitar a localização de um site World Wide Web para visitar. À esquerda do campo de texto existe um *rótulo* que indica o objetivo desse campo. Os menus, botões, caixas de texto e rótulos fazem parte da GUI do Internet Explorer. Eles permitem que os usuários interajam com o programa Internet Explorer. A linguagem C# contém classes que criam os componentes de GUI descritos aqui. Outras classes que criam componentes de GUI serão descritas nos capítulos 12 e 13.

Em **Main**, a linha 11 chama o método ***Show*** da classe **MessageBox** (Figura 3.7). Esse método recebe uma string como argumento e a apresenta para o usuário em uma caixa de diálogo de mensagem. O método **Show** é chamado de *método estático*. Tais métodos são sempre chamados usando-se seus nomes de classe (nesse caso, **MessageBox**), seguidos do *operador ponto* (**.**) e do nome do método (nesse caso, **Show**). Discutiremos os métodos estáticos no Capítulo 8.

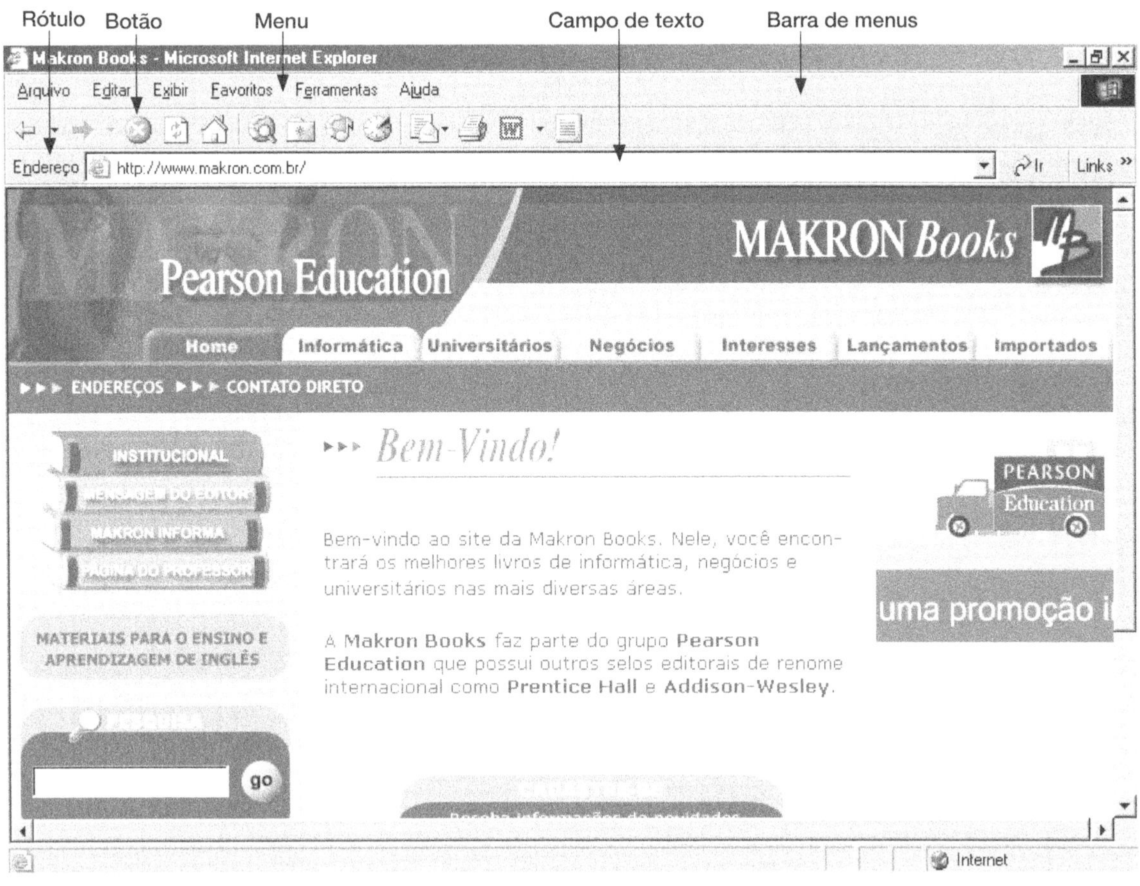

Figura 3.9 GUI do Internet Explorer.

A linha 11 mostra a caixa de diálogo ilustrada na Figura 3.10. A caixa de diálogo inclui um botão **OK** que permite ao usuário *dispensá-lo (fechá-lo)*. Posicionar o *ponteiro do mouse* (também chamado de *cursor do mouse*) sobre o botão **OK** e clicar dispensa a caixa de diálogo.

O C# permite que instruções grandes sejam divididas em múltiplas linhas. Por exemplo, poderíamos ter dividido a instrução da linha 11 nas duas linhas a seguir:

```
MessageBox.Show(
    "Welcome\nto\nC#\nprogramming!" );
```

Todas as instruções terminam com um ponto-e-vírgula (`;`); portanto, o compilador reconhece que essas duas linhas representam apenas uma instrução. Entretanto, você não pode dividir uma instrução no meio de um identificador (por exemplo, o nome da classe) ou de uma string.

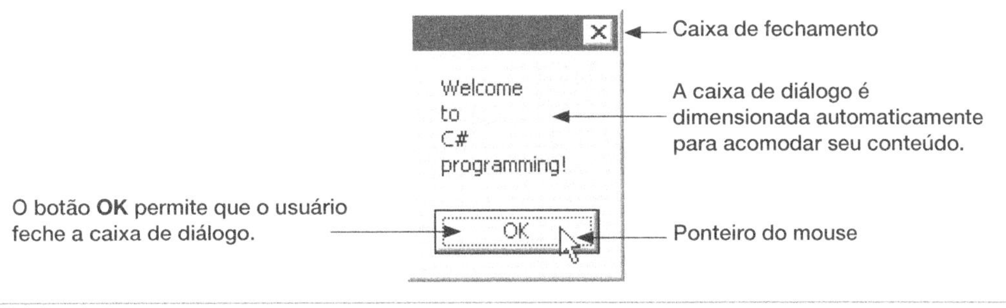

Figura 3.10 Caixa de diálogo apresentada por meio da chamada de `MessageBox.Show`.

Erro de programação comum 3.6

Dividir uma instrução no meio de um identificador ou uma string é um erro de sintaxe.

O usuário pode fechar o diálogo clicando no botão **OK** ou na caixa de fechamento. Quando isso ocorre, o programa termina, pois o método **Main** termina.

3.3 Outro programa simples: somando inteiros

Nosso próximo aplicativo (Figura 3.11) recebe dois inteiros (números inteiros) como entrada, digitados pelo usuário no teclado, calcula a soma desses valores e exibe o resultado. Quando o usuário digita cada inteiro e pressiona a tecla *Enter*, o inteiro é lido no programa e somado ao total. As linhas 1 e 2 são comentários de uma linha indicando o número da figura, o nome do arquivo e o objetivo do programa.

Como dissemos anteriormente, todo programa C# consiste em pelo menos uma definição de classe. A linha 6 inicia a definição da classe **Addition**. As linhas 7 a 37 definem o corpo da classe. Lembre-se de que todas as definições de classe começam com uma chave de abertura (**{**) e terminam com uma chave de fechamento (**}**).

O programa começa sua execução com o método **Main**, na linha 8. A chave de abertura (linha 9) inicia o corpo de **Main**, e a chave de fechamento correspondente (linha 35) o termina.

```
1   // Fig. 3.11: Addition.cs
2   // Um programa de soma.
3
4   using System;
5
6   class Addition
7   {
8      static void Main( string[] args )
9      {
10        string   firstNumber,  // primeira string fornecida pelo usuário
11                 secondNumber;  // segunda string fornecida pelo usuário
12
13        intnumber1,          // primeiro número a somar
14            number2,          // segundo número a somar
15            sum;                // soma de number1 e number2
16
17        // solicita e lê o primeiro número do usuário como string
18        Console.write( "please enter the first integer: " );
19        firstNumber = Console.ReadLine();
20
21        // lê o segundo número do usuário como string
22        Console.write( "\nPlease enter the second integer: " );
23        secondNumber = Console.ReadLine();
24
25        // converte números de tipo string para tipo int
26        number1 = Int32.parse( firstNumber );
27        number2 = Int32.Parse( secondNumber );
28
29        // soma os números
30        sum = number1 + number2 ;
31
32        // exibe o resultado
33        Console.writeLine( "\nThe sum is {O}.", sum );
34
35     } // fim do método Main
36
37  } // fim da classe Addition
```

Figura 3.11 Programa de adição que soma dois valores fornecidos pelo usuário. (Parte 1 de 2.)

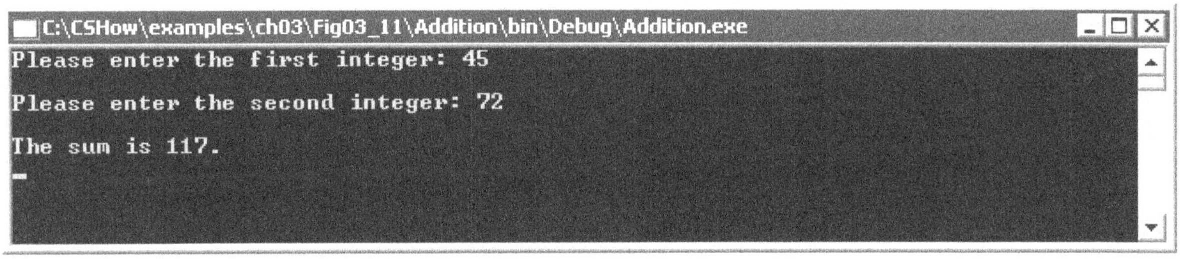

Figura 3.11 Programa de adição que soma dois valores fornecidos pelo usuário. (Parte 2 de 2.)

As linhas 10 e 11 são uma *declaração*. As palavras **firstNumber** e **secondNumber** são nomes de *variáveis*. Uma variável é uma posição (local) da memória do computador em que um valor pode ser armazenado para uso por um programa. Todas as variáveis devem ser declaradas com um nome e um tipo de dados, antes de poderem ser usadas em um programa. Essa declaração especifica que as variáveis **firstNumber** e **secondNumber** são dados do tipo ***string***, o que significa que essas variáveis armazenam strings de caracteres. Existem certos tipos de dados já definidos na plataforma .NET, conhecidos como *tipos de dados internos* ou *tipos de dados primitivos*. Tipos como **string**, **int**, **double** e **char** são exemplos de tipos de dados primitivos. Os nomes dos tipos primitivos são palavras-chave. Os 15 tipos primitivos são expostos no Capítulo 4.

Um nome de variável pode ser qualquer identificador válido. As declarações terminam com um ponto-e-vírgula (;) e podem ser divididas por múltiplas linhas, com cada variável da declaração separada por uma vírgula (isto é, uma *lista separada por vírgulas* de nomes de variável). Diversas variáveis do mesmo tipo podem ser declaradas em uma ou em várias declarações. Poderíamos ter escrito duas declarações, uma para cada variável, mas a declaração anterior é mais concisa. Observe os comentários de uma linha no final de cada linha. Essa é uma sintaxe comumente usada pelos programadores para indicar o objetivo de cada variável no programa.

Boa prática de programação 3.7

Escolher nomes significativos para as variáveis ajuda o programa a ser "documentado automaticamente" (isto é, mais fácil de entender apenas lendo-o, em vez de ter de ler manuais ou usar comentários excessivamente)[3].

Boa prática de programação 3.8

Por convenção, os identificadores de nome de variável começam com uma letra minúscula. Assim como nos nomes de classe, toda palavra no nome, após a primeira palavra, deve começar com uma letra maiúscula. Por exemplo, o identificador **firstNumber** *tem um* **N** *maiúsculo em sua segunda palavra,* **Number**.

Boa prática de programação 3.9

Alguns programadores preferem declarar cada variável em uma linha separada. Esse formato permite fácil inserção de um comentário que descreva cada variável.

As linhas 13 a 15 declaram que as variáveis **number1**, **number2** e **sum** são de tipo de dados ***int***, o que significa que essas variáveis conterão valores *inteiros* (isto é, números inteiros, como –11, 7, 0 e 31914). Em contraste, os tipos de dados **float** e **double** especificam números reais (isto é, números de ponto flutuante com casas decimais, como 3,4, 0,0 e –11,19), e variáveis de tipo **char** especificam dados de caractere. Uma variável **char** pode conter apenas uma letra minúscula, uma letra maiúscula, um algarismo ou um caractere, como **x**, **$**, **7**, ***** e seqüências de escape (como o caractere de nova linha **\n**). Freqüentemente nos programas, os caracteres são denotados entre apóstrofos, como em **'x'**, **'$'**, **'7'**, **'*'** e **'\n'**, para diferenciar entre um valor e um nome de variável. O C# também é capaz de representar todos os caracteres Unicode. O *Unicode* é um *conjunto de caracteres* (coleção de caracteres) internacional amplo que permite ao programador apresentar letras em diferentes idiomas, símbolos matemáticos e muito mais. Para mais informações sobre esse assunto, veja o Apêndice G.

3. Novamente lembramos que, embora o Visual Studio .NET permita o uso de caracteres acentuados (á, ê, õ etc.) e ç em nomes de variáveis, é melhor não os usar, para evitar eventuais problemas de compatibilidade com outros ambientes operacionais (por exemplo, no Macintosh tais caracteres têm codificação diferente; assim, um programa escrito no Windows poderá exibir, no lugar dos caracteres acentuados, caracteres estranhos no Mac). Já nas strings exibidas pelo programa, a acentuação normal deve ser usada. (N.R.T.)

As linhas 18 e 19 solicitam que o usuário forneça um inteiro e lêem uma **string** do usuário, representando o primeiro dos dois inteiros que o programa somará. A mensagem na linha 18 é chamada de *prompt* (solicitação), pois ela orienta o usuário para que execute uma ação específica. O método **ReadLine** (linha 19) faz uma pausa no programa e espera pela entrada do usuário. O usuário fornece caracteres a partir do teclado e, em seguida, pressiona a tecla *Enter* para retornar a string para o programa. Infelizmente, a plataforma .NET não fornece um diálogo de entrada simples. Por isso, os exemplos desses capítulos iniciais recebem entrada do usuário por meio do prompt de comando.

Tecnicamente, o usuário pode enviar qualquer coisa como entrada para o programa. Para este programa, se o usuário digitar um valor não-inteiro, ocorrerá um *erro de lógica de tempo de execução* (um erro que tem efeito durante a execução). O Capítulo 11 discutirá como tornar seu programa mais robusto, tratando de tais erros.

Quando o usuário fornece um número e pressiona *Enter*, o programa atribui a representação de string desse número à variável **firstNumber** (linha 19), com o *operador de atribuição* **=**. A instrução é lida como "**firstNumber** *recebe* o valor retornado pelo método **ReadLine**". O operador **=** é um *operador binário*, pois ele tem dois *operandos* — **firstNumber** e o resultado da expressão **Console.ReadLine**. A instrução inteira é uma *instrução de atribuição*, pois ela atribui um valor a uma variável. Em uma instrução de atribuição, o lado direito da atribuição é avaliado, e então o resultado é atribuído à variável do lado esquerdo da atribuição. Assim, a linha 19 executa o método **ReadLine** e depois atribui o valor da string a **firstNumber**.

Boa prática de programação 3.10

Coloque espaços nos dois lados de um operador binário. Isso faz o operador se destacar e torna o programa mais legível.

As linhas 22 e 23 pedem para que o usuário forneça um segundo inteiro e lêem uma representação de string do valor do usuário. As linhas 26 e 27 convertem as duas strings fornecidas pelo usuário para valores **int**, que podem ser usados em um cálculo. O método ***Int32.Parse*** (um método estático da classe **Int32**) converte seu argumento **string** em um inteiro. A classe **Int32** faz parte do espaço de nomes ***System***. A linha 26 atribui o inteiro que **Int32.Parse** retorna à variável **number1**. Todas as referências subseqüentes a **number1** no programa usam esse valor inteiro. A linha 27 atribui o inteiro que **Int32.Parse** retorna à variável **number2**. Todas as referências subseqüentes a **number2** no programa usam esse valor inteiro. Você pode tornar as variáveis **string firstNumber** e **secondNumber** desnecessárias combinando as operações de entrada e conversão como se segue:

```
int number1;
number1 = Int32.Parse( Console.ReadLine() );
```

Em C#, os usuários fornecem dados como **strings**. Convertemos essas strings para efetuar aritmética de inteiros. As operações aritméticas, conforme discutiremos na Seção 3.5, não trabalham com **strings** da mesma maneira como trabalham com inteiros. Para somar números e obter o resultado correto, devemos converter as strings em inteiros. As instruções anteriores não fazem uso da variável **string** (**firstNumber**). Essa variável é exigida apenas para armazenar a **string** temporariamente, até que o programa a converta. Ler a **string** e convertê-la em uma única linha torna a variável desnecessária.

A instrução de atribuição da linha 30 calcula a soma das variáveis **number1** e **number2** e atribui o resultado à variá-vel **sum**, usando o operador de atribuição **=**. A instrução é lida como "**sum** *recebe* o valor de **number1** mais **number2**". A maioria dos cálculos é efetuada em instruções de atribuição.

Após efetuar o cálculo, a linha 33 apresenta o resultado da adição. Nesse exemplo queremos produzir na saída o valor de uma variável usando o método **WriteLine**. Vamos discutir como isso é feito.

Os argumentos *separados por vírgulas* de **Console.WriteLine**

```
"\nThe sum is {0}.", sum
```

usam **{0}** para indicar um lugar reservado para o valor da variável. Se supusermos que **sum** contém o valor **117**, a expressão será avaliada como se segue: o método **WriteLine** encontra um número entre chaves, **{0}**, conhecido como *formato*. Isso indica que a variável encontrada após a string na lista de argumentos (nesse caso, **sum**) será avaliada e incorporada em nossa string, no lugar do formato. A string resultante será **"The sum is 117"**. Analogamente, na instrução

```
Console.WriteLine(
"The numbers entered are {0} and {1}", number1, number2 );
```

o valor de **number1** substituiria **{0}** (pois essa é a primeira variável), e o valor de **number2** substituiria **{1}** (pois essa é a segunda variável). A string resultante seria **"The numbers entered are 45 and 72"**. Mais formatos podem ser usados (**{2}**, **{3}** etc.), caso existam mais variáveis para apresentar na string.

Boa prática de programação 3.11

Coloque um espaço após cada vírgula na lista de argumentos de um método, para tornar os programas mais legíveis.

Alguns programadores acham difícil, ao ler ou escrever um programa, combinar as chaves de abertura e fechamento (**{** e **}**) que delimitam o corpo de uma definição de classe ou método. Por isso, alguns programadores incluem um comentário de uma linha após cada chave de fechamento que finalize uma definição de método ou classe, como fizemos nas linhas 35 e 37.

Boa prática de programação 3.12

*Coloque um comentário de uma linha após a chave de fechamento (**}**) do corpo de uma definição de método ou classe. Esse comentário deve indicar o método ou classe que a chave de fechamento finaliza.*

3.4 Conceitos de memória

Os nomes de variável, como **number1**, **number2** e **sum**, correspondem na verdade a *posições* (locais) na memória do computador. Toda variável tem um *nome*, um *tipo*, um *tamanho* e um *valor*.

No programa de adição da Figura 3.11, a instrução (linha 26)

```
number1 = Int32.Parse( firstNumber );
```

converte para **int** a string fornecida pelo usuário. Esse valor **int** é colocado em uma posição de memória à qual o nome **number1** foi atribuído pelo compilador. Suponha que o usuário forneça a string **45** como valor para **firstNumber**. O programa converte **firstNumber** para **int**, e o computador coloca o valor inteiro **45** na posição **number1**, como se vê na Figura 3.12.

Quando um valor é colocado em uma posição de memória, ele substitui o valor anterior nessa posição. O valor anterior é perdido (ou destruído).

Suponha que ao ser executada a instrução (linha 27)

```
Number2 = Int32.Parse( secondNumber );
```

o usuário digite **72** como o valor de **secondNumber**. O programa converte **secondNumber** para **int**, o computador coloca o valor inteiro **72** na posição **number2**, e a memória aparece como na Figura 3.13.

Depois de obter os valores para **number1** e **number2**, o programa soma esses valores e coloca o total na variável **sum**.

A instrução

```
sum - number1 + number2;
```

efetua a adição e substitui (isto é, destrói) o valor anterior de **sum**. Após calcular **sum**, a memória aparece como na Figura 3.14. Note que os valores de **number1** e **number2** aparecem exatamente como antes do cálculo de **sum**. Esses valores fo-

Figura 3.12 Posição de memória mostrando o nome e o valor da variável number1.

Figura 3.13 Posições de memória após os valores das variáveis number1 e number2 terem sido fornecidos.

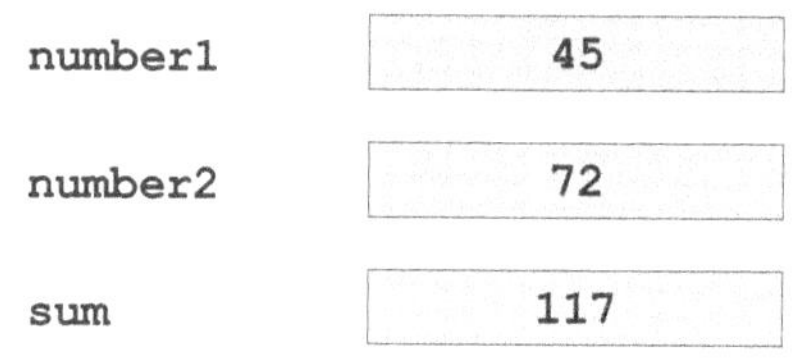

Figura 3.14 Posições de memória após um cálculo.

ram usados, mas não destruídos, quando o computador efetuou o cálculo. Assim, quando um valor é lido de uma posição de memória, o processo é *não destrutivo.*

3.5 Aritmética

A maioria dos programas efetua cálculos aritméticos. A Figura 3.15 resume os *operadores aritméticos*. Note o uso de vários símbolos especiais não usados em álgebra. O *asterisco* (`*`) indica multiplicação, e o *sinal de porcentagem* (`%`) representa o *operador módulo*, que será discutido em breve. Os operadores aritméticos da Figura 3.15 são operadores binários, pois cada um deles exige dois operandos. Por exemplo, a expressão **`sum + value`** contém o operador binário `+` e os dois operandos **`sum`** e **`value`**.

A *divisão inteira* contém dois operandos **`int`**. O resultado desse cálculo é um quociente inteiro; por exemplo, a expressão `7 / 4` é avaliada como `1`, e a expressão `17 / 5` é avaliada como `3`. Note que toda parte fracionária na divisão inteira é simplesmente descartada (isto é, truncada) — nenhum arredondamento ocorre. O C# fornece o operador módulo, `%`, que produz o resto, após a divisão inteira. A expressão **`x % y`** gera o resto, após **`x`** ser dividido por **`y`**. Assim, `7 % 4` gera `3` e `17 % 5` gera `2`. Esse operador é usado mais comumente com operandos inteiros, mas também pode ser usado com outros tipos aritméticos. Em capítulos posteriores, consideraremos interessantes aplicações do operador módulo, com a determinação de se um número é múltiplo de outro. Não existe operador aritmético para exponenciação em C#. (O Capítulo 6 discutirá o modo de realizar exponenciação em C#.)

As expressões aritméticas em C# devem ser escritas na *forma de linha reta*, para facilitar a introdução de programas em um computador. Assim, expressões como "`a` dividido por `b`" devem ser escritas como `a / b`, para que todas as constantes, variáveis e operadores apareçam em uma linha reta. A seguinte notação algébrica geralmente não é aceita pelos compiladores:

$$\frac{a}{b}$$

As expressões do C# podem usar parênteses, da mesma maneira como nas expressões algébricas. Por exemplo, para multiplicar `a` pela quantidade `b + c`, escrevemos

```
a * ( b + c )
```

O C# aplica os operadores em expressões aritméticas em uma seqüência precisa, determinada pelas seguintes *regras de precedência entre operadores*, que geralmente são as mesmas seguidas na álgebra:

1. Os operadores nas expressões contidas entre parênteses são avaliados primeiro. *Assim, parênteses podem ser usados para forçar a ordem de avaliação a ocorrer em qualquer seqüência desejada pelo programador.* Os parênteses estão no nível mais alto da precedência. Com parênteses *aninhados* (ou *embutidos*), os operadores nos parênteses mais internos são aplicados primeiro.
2. As operações de multiplicação, divisão e módulo são aplicadas em seguida. Se uma expressão contém várias operações de multiplicação, divisão e módulo, os operadores são aplicados da esquerda para a direita. A multiplicação, a divisão e o módulo têm o mesmo nível de precedência.
3. As operações de adição e subtração são aplicadas por último. Se uma expressão contém várias operações de adição e subtração, os operadores são aplicados da esquerda para a direita. A adição e a subtração têm o mesmo nível de precedência.

As regras de precedência entre operadores permitem ao C# aplicar operadores na ordem correta. Quando dizemos que os operadores são aplicados da esquerda para a direita, estamos nos referindo à *associatividade* dos operadores. Se existem vários

Operação do C#	Operador aritmético	Expressão algébrica	Expressão do C#
Adição	`+`	$f + 7$	`f + 7`
Subtração	`-`	$p - c$	`p - c`
Multiplicação	`*`	bm	`b * m`
Divisão	`/`	x / y ou $\frac{x}{y}$ ou $x \div y$	`x / y`
Módulo	`%`	$r \bmod s$	`r % s`

Figura 3.15 Operadores aritméticos.

operadores, cada um com a mesma precedência, a associatividade determina a ordem em que os operadores são aplicados. Vamos ver que alguns operadores se associam da direita para a esquerda. A Figura 3.16 resume as regras de precedência entre operadores. Essa tabela será expandida quando apresentarmos mais operadores C#, nos capítulos subseqüentes. Veja no Apêndice A uma tabela completa da precedência dos operadores.

Observe, na tabela, que tomamos nota dos parênteses aninhados. Nem todas as expressões com vários parênteses contêm parênteses aninhados. Por exemplo, a expressão

```
a * ( b + c ) + c * ( d + e )
```

tem vários conjuntos de parênteses, mas não parênteses aninhados. Em vez disso, diz-se que esses parênteses estão "no mesmo nível".

Vamos considerar várias expressões, de acordo com as regras de precedência entre operadores. Cada exemplo lista uma expressão algébrica e seu equivalente C#.

A seguir está um exemplo de média aritmética de cinco termos:

Álgebra: $m = \frac{a + b + c + d + e}{5}$

C#: `m - ( a + b + c + d + e ) / 5;`

Os parênteses são obrigatórios, pois a divisão tem precedência mais alta do que a adição.

A quantidade `( a + b + c + d + e )` inteira deve ser dividida por `5`. Se os parênteses forem erroneamente omitidos, obteremos `a + b + c + d + e / 5`, que é avaliado como

$$a + b + c + d + \frac{e}{5}$$

A seguir está a equação de uma linha reta:

Álgebra: $y = mx + b$

C#: `y = m * x + b;`

Operador(es)	Operação	Ordem de avaliação (precedência)
`( )`	Parênteses	Avaliados primeiro. Se os parênteses estiverem aninhados, a expressão no par mais interno será avaliada primeiro. Se existirem vários pares de parênteses "no mesmo nível" (isto é, não aninhados), eles serão avaliados da esquerda para a direita.
`*`, `/` ou `%`	Multiplicação, divisão ou módulo	Avaliados em segundo lugar. Se houver vários desses operadores, eles serão avaliados da esquerda para a direita.
`+` ou `-`	Adição ou subtração	Avaliados por último. Se houver vários desses operadores, eles serão avaliados da esquerda para a direita.

Figura 3.16 Precedência dos operadores aritméticos.

Nenhum parêntese é exigido. A multiplicação ocorre primeiro, pois ela tem precedência mais alta do que a adição. A atribuição ocorre por último, pois ela tem precedência mais baixa do que a multiplicação e a divisão.

O exemplo a seguir contém operações módulo (`%`), multiplicação, divisão, adição e subtração:

Álgebra: $z = pr\%q + w/x - y$

C#:

```
z = p * r % q + w / x - y;
  6   1   2   4   3   5
```

Os números nos círculos sob a instrução indicam a ordem em que o C# aplica os operadores. Os operadores de multiplicação, módulo e divisão são avaliados primeiro, da esquerda para a direita (isto é, eles são associados da esquerda para a direita). A adição e a subtração são avaliadas em seguida. Essas operações também são aplicadas da esquerda para a direita.

Para desenvolver um melhor entendimento das regras de precedência entre operadores, considere como um polinômio de segundo grau ($y = ax^2 + bx + c$) é avaliado:

```
y = a * x * x + b * x + c;
  6   1   2   4   3   5
```

Os números nos círculos sob a instrução indicam a ordem em que o C# aplica os operadores. Não existe nenhum operador aritmético para exponenciação em C#; x^2 é representado como **`x * x`**. A .NET Framework Class Library fornece o método **`Math.Pow`** para exponenciação (veja o Capítulo 6).

Suponha que **`a`**, **`b`**, **`c`** e **`x`** sejam inicializados como se segue: **`a = 2`**, **`b = 3`**, **`c = 7`** e **`x = 5`**. A Figura 3.17 ilustra a ordem de avaliação dos operadores.

Como na álgebra, é aceitável colocar parênteses desnecessários em uma expressão, para torná-la mais fácil de ler. Os parênteses desnecessários também são chamados de *parênteses redundantes*. Por exemplo, a instrução de atribuição anterior poderia ser representada com parênteses, como se segue:

```
y = ( a * x * x ) + ( b * x ) + c;
```

Boa prática de programação 3.13

Usar parênteses para expressões aritméticas mais complexas, mesmo quando os parênteses não são necessários, pode torná-las mais fáceis de ler.

Passo 1. `y = 2 * 5 * 5 + 3 * 5 + 7;`

`2 * 5` dá `10` *(Multiplicação mais à esquerda)*

Passo 2. `y = 10 * 5 + 3 * 5 + 7;`

`10 * 5` dá `50` *(Multiplicação mais à esquerda)*

Passo 3. `y = 50 + 3 * 5 + 7;`

`3 * 5` dá `15` *(Multiplicação antes da adição)*

Passo 4. `y = 50 + 15 + 7;`

`50 + 15` dá `65` *(Adição mais à esquerda)*

Passo 5. `y = 65 + 7;`

`65 + 7` dá `72` *(Última adição)*

Passo 6. `y = 72;` *(Última operação — coloca **72** em **y**)*

Figura 3.17 Ordem em que um polinômio de segundo grau é avaliado.

3.6 Tomada de decisão: operadores de igualdade e relacionais

Esta seção apresenta a estrutura `if` do C#, que permite a um programa tomar uma decisão com base no estado verdadeiro ou falso de uma *condição*. Se a condição for satisfeita (isto é, a condição é *verdadeira*), a instrução do corpo da estrutura `if` é executada. Se a condição não for satisfeita (isto é, a condição é *falsa*), a instrução do corpo não é executada. A condição nas estruturas `if` pode ser formada utilizando-se *operadores de igualdade* e *operadores relacionais*, resumidos na Figura 3.18. Todos os operadores relacionais têm o mesmo nível de precedência e são associados da esquerda para a direita. Os operadores de igualdade têm o mesmo nível de precedência, que é menor do que o dos operadores relacionais. Os operadores de igualdade também são associados da esquerda para a direita.

Erro de programação comum 3.7

É um erro de sintaxe se os operadores ==, !=, >= e <= contiverem espaços entre seus símbolos (como em = =, ! =, > =, < =).

Erro de programação comum 3.8

Inverter os operadores !=, >= e <= (como em =!, => e =<) é um erro de sintaxe.

Erro de programação comum 3.9

Confundir o operador de igualdade == com o operador de atribuição = é um erro lógico. O operador de igualdade deve ser lido como "é igual a", e o operador de atribuição deve ser lido como "recebe" ou "recebe o valor de". Algumas pessoas preferem ler o operador de igualdade como "duplo igual" ou "igual igual".

O próximo exemplo usa seis instruções `if` para comparar dois números fornecidos em um programa pelo usuário. Se a condição em qualquer uma dessas instruções `if` for verdadeira, a instrução de atribuição associada à instrução `if` será executada. O usuário fornece valores que o programa converte em inteiros e armazena nas variáveis **`number1`** e **`number2`**. O programa compara os números e exibe os resultados da comparação no prompt de comando. O programa e os exemplos de saída aparecem na Figura 3.19.

Operador de igualdade ou relacional padrão algébrico	Operador de igualdade ou relacional do C#	Exemplo de condição C#	Significado da condição C#
Operadores de igualdade			
==	==	`x == y`	**x** é igual a **y**
≠	!=	`x != y`	**x** é diferente de **y**
Operadores relacionais			
>	>	`x > y`	**x** é maior que **y**
<	<	`x < y`	**x** é menor que **y**
≥	>=	`x >= y`	**x** é maior ou igual a **y**
≤	<=	`x <= y`	**x** é menor ou igual a **y**

Figura 3.18 Operadores de igualdade e relacionais.

```
// Fig. 3.19: Comparison.cs
// Usando instruções if, operadores relacionais e operadores
// de igualdade.

using System;

class Comparison
{
   static void Main( string[] args )
```

Figura 3.19 Usando operadores de igualdade e relacionais. (Parte 1 de 2.)

```
      {
         int number1,           // primeiro número a comparar
             number2 ;        // segundo número a comparar

         // lê o primeiro número do usuário
         Console.Write( "Please enter first integer: " );
         number1 = Int32.Parse( Console.ReadLine() );

         // lê o segundo número do usuário
         Console.Write( "\nPlease enter second integer: " );
         number2 = Int32.Parse( Console.ReadLine() );

         if ( number1 == number2 )
            Console.WriteLine( number1 + " == " + number2 );

         if ( number1 != number2 )
            Console.WriteLine ( number1 + " != " + number2 ) ;

         if ( number1 < number2 )
            Console.WriteLine( number1 + " < " + number2 );

         if ( number1 > number2 )
            Console.WriteLine( number1 + " > " + number2 );

         if ( number1 <= number2 )
            Console.WriteLine( number1 + " <= " + number2 );

         if ( number1 >= number2 )
            Console.WriteLine( number1 + " >= " + number2 );

      } // fim do método Main

   } // fim da classe Comparison
```

```
Please enter first integer: 2000

Please enter second integer: 1000
2000 != 1000
2000 > 1000
2000 >= 1000
```

```
Please enter first integer: 1000

Please enter second integer: 2000
1000 != 2000
1000 < 2000
1000 <= 2000
```

```
Please enter first integer: 1000

Please enter second integer: 1000
1000 == 1000
1000 <= 1000
1000 >= 1000
```

Figura 3.19 Usando operadores de igualdade e relacionais. (Parte 2 de 2.)

A definição da classe **Comparison** começa na linha 7, e o método **Main** começa na linha 9. As linhas 11 e 12 declaram as variáveis usadas no método **Main**. Note que existem duas variáveis de tipo **int**. Lembre-se de que as variáveis do mesmo tipo podem ser declaradas em uma única declaração ou em várias. Lembre-se também de que, se mais de uma variável é colocada em uma única declaração (linhas 11 e 12), essas variáveis são separadas por vírgulas (**,**). O comentário no final de cada linha indica o objetivo de cada variável no programa.

A linha 16 lê o primeiro número fornecido pelo usuário. A linha 20 lê o segundo número. Esses valores são armazenados nas variáveis **number1** e **number2**, respectivamente. Lembre-se de que os operadores aritméticos não podem ser usados com strings. Os operadores relacionais e de igualdade também não podem ser usados com strings. Portanto as duas strings de entrada devem ser convertidas para inteiros.

As linhas 16 e 20 recebem uma entrada, a convertem para o tipo **int** e atribuem os valores à variável apropriada, em um único passo. Note que esse passo pode ser combinado com a declaração de variável e colocado em uma única linha, com a instrução

```
int number1 = Int32.Parse( Console.ReadLine() );
```

que declara a variável, lê uma string do usuário, a converte para inteiro e armazena o inteiro na variável.

A estrutura **if** nas linhas 22 e 23 compara a igualdade dos valores das variáveis **number1** e **number2**. Se os valores forem iguais, o programa produzirá na saída o valor de **number1 + "==" + number2**. Note que essa expressão usa o operador **+** para "somar" (ou combinar) números e strings. O C# tem uma versão do operador **+** usada para *concatenação de* ***strings***. Concatenação é o processo que permite a uma **string** e a um valor de outro tipo de dados (incluindo outra **string**) serem combinados para formar uma nova **string**.

Se **number1** contém o valor **1000** e **number2** contém o valor **1000**, a expressão é avaliada como se segue: o C# determina que os operandos do operador + são de diferentes tipos e que um deles é uma **string**. Em seguida, **number1** e **number2** são convertidas para **string** e concatenadas com **"=="**. Nesse ponto, a **string**, a saber, **"1000 == 1000"**, é enviada para saída com **Console.WriteLine**. À medida que o programa prosseguir pelas estruturas **if**, mais **strings** serão produzidas na saída por essas instruções **Console.WriteLine**. Por exemplo, dado o valor **1000** para **number1** e **number2**, as condições **if** nas linhas 34 (<=) e 37 (>=) também serão verdadeiras. Assim, a saída apresentada será

```
1000 == 1000
1000 <= 1000
1000 >= 1000
```

A segunda janela de saída da Figura 3.19 demonstra esse caso.

Erro de programação comum 3.10

Confundir o operador **+**, *usado para concatenação de strings, com o operador* **+**, *usado para adição, pode levar a resultados estranhos. Por exemplo, supondo que a variável inteira* **y** *tenha o valor* **5**, *a expressão* **"y + 2 = " + y + 2** *resulta na string* **"y + 2 = 52"**, *e não em* **"y + 2 = 7"**. *Primeiro, o valor* **y (5)** *é concatenado com a string* **"y + 2 = "**; *em seguida, o valor* **2** *é concatenado com a nova e maior string* **"y + 2 = 5"**. *A expressão* **"y + 2 = " + (y + 2)** *produz o resultado desejado.*

Erro de programação comum 3.11

Substituir o operador **==** *na condição de uma estrutura* **if**, *como em* **if (x==1)**, *pelo operador* **=**, *como em* **if (x=1)**, *é um erro lógico.*

Observe o recuo nas instruções **if** em todo o programa. Tal recuo melhora a legibilidade do programa.

Boa prática de programação 3.14

Coloque um recuo na instrução do corpo de uma estrutura **if** *para fazê-lo se destacar e para melhorar a legibilidade do programa.*

Boa prática de programação 3.15

Coloque apenas uma instrução por linha em um programa. Isso melhora a legibilidade do programa.

Erro de programação comum 3.12

Esquecer-se dos parênteses de abertura e fechamento da condição na estrutura **if** *é um erro de sintaxe. Os parênteses são obrigatórios.*

Não há ponto-e-vírgula (`;`) no final da primeira linha de cada estrutura **`if`**. Tal ponto-e-vírgula resultaria em um erro lógico de tempo de execução. Por exemplo,

```
if ( number1 == number2 );
   Console.WriteLine( number1 + " == " + number2 );
```

seria interpretado pelo C# como

```
if ( number1 == number2 )
   ;
Console.WriteLine( number1 + " == " + number2 );
```

onde o ponto-e-vírgula sozinho em uma linha — o que é chamado de *instrução vazia* — é a instrução a ser executada se a condição for verdadeira. Quando a instrução vazia é executada, nenhuma tarefa é realizada. O programa continua com a instrução **`Console.WriteLine`**, que é executada independentemente de a condição ser verdadeira ou falsa.

Erro de programação comum 3.13

Colocar um ponto-e-vírgula imediatamente após o parêntese de fechamento da condição em uma estrutura **`if`** *normalmente é um erro lógico. O ponto-e-vírgula faz o corpo da estrutura* **`if`** *ser vazio; portanto, a estrutura* **`if`** *não executa nenhuma ação, independentemente de sua condição ser verdadeira. Pior ainda, a instrução do corpo intencionada para a estrutura* **`if`** *se torna uma instrução na seqüência da estrutura* **`if`** *e é sempre executada.*

Observe o uso de espaçamento na Figura 3.19. Lembre-se de que o compilador normalmente ignora os caracteres de espaço em branco, como tabulações, novas linhas e espaços. As instruções podem ser divididas em múltiplas linhas e podem ser espaçadas de acordo com as preferências do programador, sem afetar o significado de um programa. É incorreto dividir identificadores e literais de string. De preferência, as instruções devem se manter pequenas, mas isso nem sempre é possível.

Boa prática de programação 3.16

Uma instrução comprida pode ser distribuída por múltiplas linhas. Se uma instrução precisar ser dividida por múltiplas linhas, escolha pontos de quebra que façam sentido, como após uma vírgula em uma lista separada por vírgulas, ou um operador, em uma expressão comprida. Se uma instrução for distribuída por duas ou mais linhas, coloque um recuo em todas as linhas subseqüentes, com um nível de endentação.

A Figura 3.20 mostra a precedência entre os operadores apresentados neste capítulo. Os operadores são apresentados de cima para baixo em ordem decrescente de precedência. Note que todos esses operadores, com exceção do operador de atribuição `=`, são associados da esquerda para a direita. A adição é associativa à esquerda; portanto, uma expressão como **`x + y + z`** é avaliada como se fosse escrita como **`(x + y) + z`**. O operador de atribuição `=` é associado da direita para a esquerda; portanto, uma expressão como **`x = y = 0`** é avaliada como se fosse escrita como **`x = (y = 0)`**. Essa última expressão, **`x = (y = 0)`**, primeiro atribui o valor `0` à variável **`y`** e depois atribui o resultado dessa atribuição, `0`, a **`x`**.

Boa prática de programação 3.17

Consulte a tabela de precedência entre operadores quando escrever expressões contendo muitos operadores. Confirme se os operadores da expressão são executados na ordem esperada. Se você estiver em dúvida sobre a ordem de avaliação em uma expressão complexa, use parênteses para forçá-la, como faria em uma expressão algébrica. Lembre-se de que alguns operadores, como a atribuição (`=`), são associados da direita para a esquerda, em vez de da esquerda para a direita.

Operadores	Associatividade	Tipo
`()`	da esquerda para a direita	parênteses
`* / %`	da esquerda para a direita	multiplicativo
`+ -`	da esquerda para a direita	aditivo
`< <= > >=`	da esquerda para a direita	relacional
`== !=`	da esquerda para a direita	igualdade
`=`	da direita para a esquerda	atribuição

Figura 3.20 Precedência e associatividade dos operadores discutidos neste capítulo.

Neste capítulo apresentamos importantes recursos do C#, incluindo a exibição de dados na tela, a introdução de dados a partir do teclado, o modo de efetuar cálculos e tomar decisões. O próximo capítulo demonstra muitas técnicas semelhantes, pois reapresentaremos os aplicativos Windows do C# (aplicativos que fornecem uma interface com o usuário gráfica). Também apresentaremos a *programação estruturada* e familiarizaremos melhor o leitor com as técnicas de endentação. Estudaremos como especificar e variar a ordem de execução das instruções — essa ordem é chamada de *fluxo de controle*.

Resumo

- Um aplicativo de console é aquele que, predominantemente, exibe saída de texto em uma janela de console (ou janela do MS-DOS). A janela de console também é chamada de prompt de comando.
- Os programadores inserem comentários para documentar programas e melhorar sua legibilidade. Todo programa deve começar com um comentário descrevendo seu objetivo.
- Um comentário que começa com `//` é chamado de comentário de uma linha, pois termina no final da linha atual. Um comentário com `//` pode começar no meio de uma linha e continuar até o final dessa linha. Os comentários de múltiplas linhas começam com o delimitador `/*` e terminam com o delimitador `*/`. O compilador ignora todo texto entre os delimitadores do comentário.
- Um espaço de nomes agrupa vários recursos do C# em categorias relacionadas, fornecendo aos programadores a capacidade de localizá-los rapidamente.
- A diretiva **`using`** declara o uso de um espaço de nomes.
- Os programadores usam código preexistente para tornar a programação mais fácil e rápida.
- Linhas em branco, caracteres de espaço e caracteres de tabulação são conhecidos como espaço em branco (os caracteres de espaço e as tabulações são conhecidos, especificamente, como caracteres de espaço em branco). Tais caracteres são ignorados pelo compilador e usados para melhorar a legibilidade do programa.
- As classes consistem em partes (chamadas métodos) que realizam tarefas e retornam informações (ou simplesmente controlam) ao terminá-las. O programador pode programar cada parte necessária para formar um programa C#.
- As classes definidas pelo programador são conhecidas como classes definidas pelo programador ou pelo usuário.
- A palavra-chave **`class`** introduz uma definição de classe e é seguida imediatamente pelo nome da classe.
- As palavras-chave são reservadas para uso pelo C# e são sempre grafadas com letras minúsculas.
- Por convenção, todos os nomes de classe em C# começam com uma letra maiúscula e têm uma letra maiúscula no início de cada palavra do nome.
- O nome de uma classe é chamado de identificador. Um identificador é uma série de caracteres, consistindo em letras, algarismos, sublinhados (_) e símbolos de "arroba" (`@`), que não começa com um algarismo e não contém espaços.
- O C# diferencia letras maiúsculas de minúsculas; assim, **`a1`** e **`A1`** são identificadores distintos.
- Uma chave de abertura (`{`) inicia o corpo de toda definição de classe ou método. Uma chave de fechamento (`}`) correspondente deve finalizar cada definição de classe ou método. Se as chaves não ocorrerem em pares correspondentes, o compilador indicará um erro.
- Estabeleça uma convenção para o tamanho do recuo, se preferir, e aplique essa convenção uniformemente.
- Os aplicativos C# começam a ser executados em **`Main`**, que é conhecido como ponto de entrada do programa.
- As definições de classe C# normalmente contêm um ou mais métodos. Os aplicativos C# contêm uma ou mais classes. Para um aplicativo C#, uma das classes deve conter o método **`Main`**.
- Os métodos podem realizar tarefas e retornar informações quando essas tarefas são concluídas. As informações também podem ser passadas para um método. Essas informações podem ser necessárias para o método concluir sua tarefa e são chamadas de argumento.
- Às vezes, uma string é chamada de string de caracteres, mensagem ou literal de string.
- Os caracteres de espaço em branco nas strings não são ignorados pelo compilador.
- Toda instrução deve terminar com um ponto-e-vírgula (o terminador de instrução). Omitir o ponto-e-vírgula no final de uma instrução é um erro de sintaxe.
- Quando o compilador não consegue reconhecer uma instrução, ocorre um erro de sintaxe. O compilador normalmente publica uma mensagem de erro para ajudar o programador a localizar e corrigir a instrução incorreta. Erros de sintaxe são violações das regras da linguagem.
- Quando o compilador informa um erro de sintaxe, o erro pode não estar na linha indicada pela mensagem de erro. Primeiro, verifique a linha em que o erro foi relatado. Se essa linha não contiver erros de sintaxe, verifique as linhas anteriores no programa.

- Ao contrário de **WriteLine**, o método **Write** não posiciona o cursor de saída no início da próxima linha na janela de console, após exibir seu argumento.
- Uma única instrução pode apresentar múltiplas linhas, usando-se caracteres de nova linha.
- O C# tem uma versão do operador **+** para concatenação de strings que permite a uma string e a um valor de outro tipo de dados (incluindo outra string) serem concatenados — o resultado dessa operação é uma nova (e normalmente mais longa) string.
- A barra invertida (\) é chamada de caractere de escape. Ela indica que um caractere "especial" vai ser produzido na saída. Quando uma barra invertida é encontrada em uma série de caracteres, o próximo caractere é combinado com a barra para formar uma seqüência de escape.
- O conteúdo da string sempre deve ser delimitado com aspas.
- A classe **MessageBox** permite que você exiba uma caixa de diálogo contendo informações.
- A classe **MessageBox** está definida no espaço de nomes **System.Windows.Forms**.
- Os espaços de nomes predefinidos em C# contêm classes que, coletivamente, são referidas como .NET Framework Class Library.
- Os componentes de GUI facilitam a entrada de dados por parte do usuário e a formatação ou apresentação de saídas de dados para o usuário.
- **MessageBox.Show** é um método especial da classe **MessageBox**, chamado método estático. Tais métodos são sempre chamados com seus nomes de classe seguidos de um operador ponto (**.**) e do nome do método.
- Dependendo do tipo de aplicativo criado, as classes podem ser compiladas em arquivos com extensão **.exe** (executável), **.dll** (ou biblioteca de vinculação dinâmica) ou com uma de várias outras extensões. Esse arquivo é chamado de assembly, que é a unidade de empacotamento para código em C#.
- Precisamos adicionar uma referência para um assembly, se quisermos usar suas classes. As referências para os assemblies podem ser criadas facilmente no Visual Studio .NET, selecionando-se a opção **Add Reference...** no menu **Project** e localizando-se o arquivo **.dll** necessário.
- O espaço de nomes **System.Windows.Forms** contém muitas classes que ajudam os programadores de C# a definir GUIs (interfaces com o usuário gráficas) para seus aplicativos.
- Como padrão, uma caixa de diálogo de mensagem inclui um botão **OK** que permite ao usuário dispensar a caixa de diálogo.
- Uma variável é uma posição (local) na memória em que um valor pode ser armazenado para uso por um programa.
- Todas as variáveis devem ser declaradas com um nome e um tipo de dados antes que possam ser usadas em um programa.
- Um nome de variável pode ser qualquer identificador válido.
- As declarações terminam com um ponto-e-vírgula (**;**) e podem ser divididas por múltiplas linhas, com cada variável da declaração separada por uma vírgula.
- Diversas variáveis do mesmo tipo podem ser declaradas em uma única declaração ou em declarações separadas.
- As palavras-chave **int**, **double** e **char** são tipos primitivos.
- Os nomes de tipo primitivo são palavras-chave.
- Um prompt é uma mensagem que indica ao usuário para que execute uma ação específica.
- O operador **=** é chamado de operador binário, pois ele tem dois operandos. Uma instrução contendo um operador **=** é chamada de instrução de atribuição, pois ela atribui um valor a uma variável. A expressão à direita do operador de atribuição **=** sempre é avaliada antes que a atribuição ocorra.
- O método **Int32.Parse** (um método estático da classe **Int32**) converte seu argumento de **string** para um inteiro.
- Às vezes, ao se exibir strings, o C# encontra um formato. Um formato especifica um lugar reservado para um valor que será inserido em uma string.
- Os nomes de variável correspondem na verdade a localizações na memória do computador. Toda variável tem um nome, um tipo, um tamanho e um valor.
- Quando um valor é colocado em uma posição de memória, esse valor substitui o anterior nessa posição. O valor anterior é destruído (perdido).
- Quando um valor é lido de uma posição de memória, o processo é não destrutivo.
- A divisão inteira gera um quociente inteiro. Note que toda parte fracionária na divisão inteira é simplesmente descartada (isto é, truncada) — nenhum arredondamento ocorre.

- O operador de módulo (%) gera o resto após a divisão inteira.
- As expressões aritméticas devem ser escritas em forma de linha reta para facilitar a introdução de programas no computador.
- Os parênteses são usados em expressões do C#, da mesma maneira como nas expressões algébricas.
- O C# aplica os operadores nas expressões aritméticas em uma seqüência precisa, determinada pelas regras de precedência entre operadores.
- Assim como na álgebra, é aceitável colocar parênteses desnecessários (redundantes) em uma expressão, para torná-la mais clara.
- A estrutura **if** permite que um programa tome uma decisão com base no estado verdadeiro ou falso de alguma condição. Se a condição for satisfeita (isto é, a condição é verdadeira), a instrução do corpo da estrutura **if** é executada. Se a condição não for satisfeita (isto é, a condição é falsa), a instrução do corpo não é executada.
- As condições nas estruturas **if** podem ser formadas usando-se operadores de igualdade e operadores relacionais.
- Uma string que não contém nenhum caractere é conhecida como string vazia.
- Toda variável declarada em um método deve ser inicializada (receber um valor), antes que possa ser usada em uma expressão; caso contrário, ocorrerá um erro de sintaxe.
- Um ponto-e-vírgula sozinho (não precedido de uma instrução real) é conhecido como instrução vazia. Quando uma instrução vazia é executada, nenhuma tarefa é realizada.

Terminologia

!= operador diferente de
" aspas
% operador de módulo
*/ finaliza um comentário de múltiplas linhas
/* inicia um comentário de múltiplas linhas
// comentário de uma linha
; terminador de instrução
< operador menor que
<= operador menor ou igual a
= operador de atribuição
== operador igual a
> operador maior que
>= operador maior ou igual a
\\ seqüência de escape
\n seqüência de escape
\r seqüência de escape
\t seqüência de escape
_ sublinhado
{ chave de abertura
} chave de fechamento
, vírgula
aplicativo
aplicativo de console
aplicativo de console gerado pelo Visual Studio .NET
aplicativo Windows
argumento
arredondamento
assembly
associatividade de operadores
asterisco (*) indicando multiplicação
avaliação da esquerda para a direita
barra invertida (\)
botão
botão **OK** em uma caixa de diálogo
caixa de diálogo
caixa de diálogo **Add Reference**
cálculo aritmético
caractere de espaço
caractere de espaço em branco
caractere de tabulação
classe
classe **Console**
classe definida pelo programador
classe definida pelo usuário
classe **MessageBox**
código de documentação automática
comentário
comentário de uma linha
comentário de múltiplas linhas (/*...*/)
compilador
compilador C#
concatenação de **strings**
condição
conjuntos de caracteres
consideração de letras maiúsculas e minúsculas
corpo de uma definição de classe
corpo de uma definição de método
correspondendo chaves de abertura e fechamento
decisão
declaração
definição de classe
definição de método
diretiva **using**
divisão inteira
documentação
double
editor de textos
efetuando um cálculo
entrada de dados a partir do teclado
erro de sintaxe
erro em tempo de compilação
erro lógico
erro lógico de tempo de execução
espaço de nomes

espaço de nomes **System**
espaço de nomes **System.Windows.Forms**
estrutura **if**
exponenciação
float
fluxo de controle
forma de linha reta
formatação de strings
formato
identificador
instrução
instrução de atribuição
instrução vazia (;)
janela de console
linha em branco
lista de nomes de variável separada por vírgulas
literal de string
localização na memória do computador
média
método
método **Console.ReadLine**
método **Console.Write**
método **Console.WriteLine**
método **Int32.Parse**
método **Main**
método **Parse**
método **ReadLine**
método **static**
método **Write** da classe **Console**
método **WriteLine** da classe **Console**
MSIL (Microsoft Intermediate Language — linguagem intermediária da Microsoft)
não destrutivo
.NET Framework Class Library
nome de classe
nome de uma variável
notação algébrica
número real
objeto
operador binário
operador ponto (.)
operadores aritméticos
operando
palavra-chave
palavra-chave **class**
palavra-chave **void**
palavra reservada
par de parênteses mais interno
parêntese incorporado
parênteses ()
parênteses "no mesmo nível"
parênteses aninhados
parênteses desnecessários
parênteses redundantes
polinômio
ponto de entrada de um programa
precedência
precedência entre operadores
programação estruturada
prompt
prompt de comando
prompt do MS-DOS
quociente inteiro
recuo em instruções **if**
reinventar a roda
retorno de carro
reutilização
robusto
saída
saída de tela
saída padrão
seqüência de escape
string
string de caracteres
tamanho de uma variável
tecla Enter (ou Return)
teclado
técnicas de recuo
tipo de dados
tipo de dados interno
tipo de dados primitivo
tipo de uma variável
tipo **string**
tomando decisões
tratamento de erro
truncamento
Unicode
valor de uma variável
variável
variável **char**
vírgula (,)
Windows 95/98
Windows NT/2000

Exercícios de revisão

3.1 Preencha os espaços em branco em cada uma das declarações a seguir:

a) A ________________ e a ________________ iniciam e terminam cada corpo de método.
b) Toda instrução deve terminar com um terminador de instrução ________________.
c) A estrutura ________________ toma decisões.
d) ________________ inicia um comentário de uma linha.
e) ________________, ________________, ________________ e ________________ são conhecidos como espaço em branco.
f) A classe ________________ exibe uma caixa de diálogo de mensagem.
g) ________________ são reservadas para uso do C#.
h) Os aplicativos C# começam a execução no método ________________.

i) Os métodos ________________ e ________________ exibem informações na janela de console.
j) Um método ________________ é chamado precedendo-se seu nome com seu nome de classe e um ponto (**.**).
k) Uma ________________ inicia o corpo de uma definição de método.
l) Um programa em C# inclui diretivas ________________ para indicar que estamos incorporando classes de determinados espaços de nomes.
m) Quando um valor é colocado em uma posição de memória, esse valor ________________ o valor anterior nessa posição.
n) Dizer que os operadores são aplicados da esquerda para a direita se refere à ________________ dos operadores.
o) A estrutura **if** do C# permite que um programa tome uma decisão baseada no estado ________________ ou ________________ de uma condição.
p) Tipos como **int**, **float**, **double** e **char** são freqüentemente chamados de tipos de dados ________________.
q) Uma variável é uma posição na ________________ do computador onde um valor pode ser armazenado.
r) Os tipos de dados ________________ e ________________ contêm casas decimais para armazenar números como 3,44 e 1,20846.
s) A expressão à ________________ do operador de atribuição (**=**) é sempre avaliada primeiro.
t) As expressões aritméticas em C# devem ser escritas na forma ________________ para facilitar a introdução de programas no computador.

3.2 Indique se cada uma das alternativas a seguir é *verdadeira* ou *falsa*. Se for *falsa*, justifique.

a) Os comentários fazem o computador imprimir o texto após os caracteres **//** na tela, quando o programa é executado.
b) Todas as variáveis devem receber um tipo, ao serem declaradas.
c) O C# considera as variáveis **number** e **NuMbEr** como idênticas.
d) Os operadores aritméticos *****, **/**, **%**, **+** e **-** têm todos o mesmo nível de precedência.
e) O método **Int32.Parse** converte um inteiro para uma **string**.
f) Um comentário que começa com **//** é chamado de comentário de uma linha.
g) Uma string de caracteres contida entre aspas é chamada de frase ou frase literal.
h) Linhas em branco, caracteres de espaço, caracteres de nova linha e caracteres de tabulação são ignorados pelo compilador quando colocados fora de strings.
i) Todo aplicativo C# deve conter um método **Main**.
j) As chaves que definem corpos de classes e métodos não precisam ocorrer em pares correspondentes.
k) Os aplicativos C# começam a execução em **Main**.
l) O compilador usa instruções **class** para identificar espaços de nomes referenciados em um programa C#.
m) A divisão inteira gera um quociente inteiro.
n) Os parênteses não podem ser usados em uma expressão aritmética para obrigar a ordem de avaliação dos operadores a ocorrer em uma seqüência determinada pelo programador.

Respostas dos exercícios de revisão

3.1 a) chave de abertura (**{**), chave de fechamento (**}**). b) ponto-e-vírgula (**;**). c) **if**. d) **//**. e) Linhas em branco, caracteres de espaço, caracteres de nova linha, caracteres de tabulação. f) **MessageBox**. g) Palavras-chave. h) **Main**. i) **Console.Write**, **Console.WriteLine**. j) estático. k) chave de abertura. l) **using**. m) substitui. n) associatividade. o) verdadeiro, falso. p) primitivos (ou internos). q) memória. r) **float**, **double**. s) direita. t) de linha reta.

3.2 a) Falsa. Os comentários não causam a realização de qualquer ação, quando o programa é executado. b) Verdadeira. c) Falsa. O C# diferencia letras maiúsculas de minúsculas; portanto, essas variáveis são diferentes. d) Falsa. Os operadores *****, **/** e **%** estão no mesmo nível de precedência, e os operadores **+** e **-** estão em um nível de precedência mais baixo. e) Falsa. O método **Integer.Parse** converte uma **string** em um valor inteiro (**int**). f) Verdadeira. g) Falsa. Uma string de caracteres é chamada de string ou literal de string. h) Verdadeira. i) Verdadeira. j) Falsa. As chaves que não têm correspondente causam erros de sintaxe. k) Verdadeira. l) Falsa. O compilador usa diretivas **using** para identificar e carregar espaços de nomes. m) Verdadeira. n) Falsa. Os parênteses podem ser usados para impor a ordem de avaliação.

Exercícios

3.3 Escreva instruções C# que realizem cada uma das tarefas a seguir:

a) Exiba a mensagem **"Enter two numbers"**, usando a classe **MessageBox**.
b) Atribua o produto das variáveis **b** e **c** à variável **a**.
c) Diga que um programa efetua um exemplo de cálculo de folha de pagamento (isto é, use texto que ajude a documentar um programa).

3.4 O que aparece na caixa de diálogo de mensagem quando cada uma das instruções C# a seguir é executada? Suponha que o valor de **x** seja 2 e que o valor de **y** seja 3.

a) `MessageBox.Show( "x = " + x );`
b) `MessageBox.Show( "The value of x + x is " + ( x + x ) );`
c) `MessageBox.Show( "x =" );`
d) `MessageBox.Show(( x + y ) + " = " + ( y + x ));`

3.5 Dado $y = ax^3 + 7$, quais das seguintes instruções estão corretas para essa equação?

a) `y = a * x * x * x + 7;`
b) `y = a * x * x * ( x + 7 );`
c) `y = ( a * x ) * x * ( x + 7 );`
d) `y = ( a * x ) * x * x + 7;`
e) `y = a * ( x * x * x ) + 7;`
f) `y = a * x * ( x * x + 7 );`

3.6 Indique a ordem de avaliação dos operadores em cada uma das instruções C# a seguir e mostre o valor de **x** após cada instrução ser executada.

a) `x = 7 + 3 * 6 / 2 - 1;`
b) `x = 2 % 2 + 2 * 2 - 2 / 2;`
c) `x = ( 3 * 9 * ( 3 ( 9 * 3 / ( 3 ) ) ) );`

3.7 Escreva um aplicativo que apresente os números de 1 a 40 na mesma linha, com cada par de números adjacentes separado por um espaço. Escreva o programa usando os métodos a seguir:

a) Use uma instrução **Console.Write**.
b) Use quatro instruções **Console.Write**.

3.8 Escreva um aplicativo que solicite ao usuário para que forneça dois números, obtenha os dois números do usuário e imprima a soma, o produto, a diferença e o quociente desses números.

3.9 Escreva um aplicativo que pegue como entrada do usuário o raio de um círculo e imprima o diâmetro, a circunferência e a área. Use as seguintes fórmulas (r é o raio): *diâmetro* $= 2r$, *circunferência* $= 2\pi r$, área $= \pi r^2$.

3.10 Escreva um aplicativo que apresente na janela de console uma caixa, uma elipse, uma seta e um losango, usando asteriscos (*), como se segue:

```
*********     ***       *        *
*       *   *     *    ***      * *
*       *  *       *  *****    *   *
*       *  *       *    *     *     *
*       *  *       *    *    *       *
*       *  *       *    *     *     *
*       *  *       *    *      *   *
*       *   *     *     *       * *
*********     ***       *        *
```

3.11 Modifique o programa criado no Exercício 3.10 para apresentar as figuras em uma caixa de diálogo **MessageBox**. O programa apresenta as figuras exatamente como no Exercício 3.10?

3.12 O que o código a seguir imprime?

```
Console.WriteLine( "*\n**\n***\n****\n*****" );
```

3.13 O que o código a seguir imprime?

```
Console.Write( "*" );
Console.Write( "***" );
Console.WriteLine( "*****" );
Console.Write( "****" );
Console.WriteLine( "**" );
```

3.14 Escreva um aplicativo que leia dois inteiros e determine e imprima se o primeiro é um múltiplo do segundo. Por exemplo, se o usuário fornecer 15 e 3, o primeiro número será múltiplo do segundo. Se o usuário fornecer 2 e 4, o primeiro número não será múltiplo do segundo. [*Dica*: use o operador módulo.]

3.15 Aqui está uma antecipação. Neste capítulo você aprendeu sobre inteiros e sobre o tipo de dados **int**. O C# também pode representar letras maiúsculas, minúsculas e uma variedade considerável de símbolos especiais. Todo caractere tem uma representação de inteiro correspondente. Ao conjunto de caracteres que um computador usa e às representações de inteiro correspondentes a esses caracteres denominamos conjunto de caracteres desse computador. Você pode indicar um valor de caractere em um programa simplesmente colocando esse caractere entre apóstrofos, como em `'A'`.

Você pode determinar o equivalente inteiro de um caractere, precedendo-o com `(int)` — isso é chamado de conversão. (Vamos falar mais sobre conversões no Capítulo 4.)

```
( int ) 'A'
```

A instrução a seguir produziria na saída um caractere e seu equivalente inteiro:

```
Console.WriteLine(
   "The character " + 'A' + " has the value " + (int) 'A' );
```

Quando a instrução precedente é executada, ela apresenta o caractere **A** e o valor **65** (do conjunto de caracteres Unicode) como parte da string.

Escreva um aplicativo que mostre os equivalentes inteiros de algumas letras maiúsculas, minúsculas e símbolos especiais. No mínimo, apresente os equivalentes inteiros de **A B C a b c 0 1 2 $ * + /** e o caractere em branco.

3.16 Escreva um aplicativo que tenha como entrada do usuário um número consistindo em cinco dígitos, separe o número em seus dígitos individuais e os imprima separados por três espaços cada um. Por exemplo, se o usuário digitar o número **42339**, o programa deverá imprimir

```
4   2   3   3   9
```

[*Dica*: este exercício é possível com as técnicas que você aprendeu neste capítulo. Você precisará usar operações de divisão e módulo para "extrair" cada dígito.]

Para o objetivo deste exercício, suponha que o usuário forneça o número correto de dígitos. O que acontece quando você executa o programa e digita um número com mais de cinco dígitos? O que acontece quando você executa o programa e digita um número com menos de cinco dígitos?

3.17 Usando apenas as técnicas de programação que você aprendeu neste capítulo, escreva um aplicativo que calcule os quadrados e os cubos dos números de 0 a 10 e imprima os valores resultantes em forma de tabela, como se segue:

```
número      quadrado      cubo
0     0             0
1           1             1
2           4             8
3           9             27
4           16            64
5           25            125
6           36            216
7           49            343
8           64            512
9           81            729
10          100           1000
```

[*Nota*: esse programa não exige nenhuma entrada do usuário.]

3.18 Escreva um programa que leia o prenome e o sobrenome do usuário como duas entradas separadas e concatene o prenome e o sobrenome, mas separados por um espaço. Apresente o nome concatenado no prompt de comando.

4

Estruturas de Controle: Parte 1

Objetivos

- Entender as técnicas básicas de solução de problemas de programação.
- Desenvolver algoritmos por meio do processo de refinamento "top-down", passo a passo.
- Usar as estruturas de seleção **`if`** e **`if/else`** para escolher entre ações alternativas.
- Usar a estrutura de repetição **`while`** para executar instruções repetidamente em um programa.
- Entender a repetição controlada por contador e a repetição controlada por sentinela.
- Usar os operadores de incremento, decremento e atribuição.

★

Vamos todos nos mover um pouco para frente.
Lewis Carroll

A roda deu uma volta completa.
William Shakespeare, *Rei Lear*

Quantas maçãs caíram na cabeça de Newton antes que ele tivesse a idéia?
Robert Frost

Resumo

4.1 Introdução

Antes de escrever um programa para resolver um problema, é fundamental ter um entendimento completo do problema e uma estratégia cuidadosamente planejada. Ao se escrever um programa, é igualmente fundamental entender os tipos de blocos de construção que estão disponíveis e empregar princípios de construção de programa comprovados. Neste capítulo e no próximo apresentaremos a teoria e os princípios da programação estruturada. As técnicas que você vira aprender podem ser aplicadas na maioria das linguagens de alto nível, incluindo o C#. Quando estudarmos a programação baseada em objetos com mais profundidade, no Capítulo 8, veremos que as estruturas de controle são úteis na construção e manipulação de objetos. As estruturas de controle discutidas neste capítulo permitirão que você construa esses objetos de maneira rápida e fácil.

4.2 Algoritmos

Todo problema de computação pode ser resolvido executando-se uma série de ações em uma ordem específica. Um *procedimento* para resolver um problema em termos

1. das *ações* a serem executadas e
2. da *ordem* em que essas ações devem ser executadas

é chamado de *algoritmo*. O exemplo a seguir demonstra a importância da especificação correta da ordem em que as ações devem ser executadas.

Considere o "algoritmo de acordar pela manhã" seguido por um executivo júnior para levantar da cama e ir ao trabalho: (1) levantar da cama, (2) tirar o pijama, (3) tomar banho, (4) vestir-se, (5) tomar café da manhã, (6) pegar carona para o trabalho. Essa rotina leva o executivo para o trabalho, bem preparado para tomar decisões importantes.

Suponha que os mesmos passos sejam executados em uma ordem ligeiramente diferente: (1) levantar da cama, (2) tirar o pijama, (3) vestir-se, (4) tomar banho, (5) tomar café da manhã, (6) pegar carona para o trabalho. Nesse caso, nosso executivo compareceria ao trabalho completamente molhado.

A importância da especificação correta da ordem em que as ações aparecem se aplica também aos programas de computador. O *controle do programa* se refere à tarefa de ordenar as instruções de um programa corretamente. Neste capítulo começaremos a investigar os recursos de controle de programa do C#.

4.3 Pseudocódigo

Pseudocódigo é uma linguagem artificial e informal que ajuda os programadores a desenvolver algoritmos. O pseudocódigo que apresentamos é particularmente útil para desenvolver algoritmos que serão convertidos em partes estruturadas de programas C#. O pseudocódigo é semelhante ao idioma falado normalmente; ele é conveniente e amigável para o usuário, e não é uma linguagem de programação de computador real.

O pseudocódigo não é executado em computadores. Em vez disso, ele ajuda o programador a "pensar" no programa, antes de tentar escrevê-lo em uma linguagem de programação, como C#. Neste capítulo forneceremos vários exemplos de algoritmos em pseudocódigo.

Observação de engenharia de software 4.1

O pseudocódigo ajuda o programador a conceitualizar um programa durante o processo de projeto. O pseudocódigo pode então ser convertido para C#.

O estilo de pseudocódigo que apresentamos consiste unicamente em caracteres; assim, os programadores podem digitar pseudocódigo convenientemente, usando um programa editor. Os programadores podem converter facilmente programas em pseudocódigo cuidadosamente preparados em programas C# correspondentes. Em muitos casos, essa conversão ocorre simplesmente pela substituição de instruções de pseudocódigo por suas equivalentes C#.

Em geral o pseudocódigo descreve apenas instruções executáveis — as ações realizadas quando o pseudocódigo é convertido para C# e executado. As declarações não são instruções executáveis. Por exemplo, a declaração

```
int i;
```

informa o compilador do tipo da variável `i` e o instrui para que reserve espaço na memória para essa variável. Essa declaração não faz nenhuma ação, como entrada, saída ou um cálculo, ocorrer quando o programa é executado. Alguns programadores optam por relacionar as variáveis e seus propósitos no início de um programa em pseudocódigo.

4.4 Estruturas de controle

Normalmente as instruções em um programa são executadas uma após a outra, na ordem em que aparecem no programa. Isso é chamado de *execução seqüencial*. Várias instruções do C# permitem que o programador especifique que a próxima instrução a ser executada não é a próxima da seqüência. Uma *transferência de controle* ocorre quando é executada uma instrução que não é a próxima no programa.

Durante os anos 60, tornou-se claro que o uso indiscriminado de transferências de controle estava causando dificuldade para os grupos de desenvolvimento de software. O problema era a *instrução* ***goto***, que em algumas linguagens de programação permite ao programador especificar uma transferência de controle para uma ampla variedade de destinos possíveis em um programa. Isso tornava os programas bastante desestruturados e difíceis de seguir. A noção de *programação estruturada* se tornou quase sinônimo de "eliminação de **goto**".

A pesquisa de Bohm e Jacopini[1] demonstrou que todos os programas com instruções **goto** poderiam ser escritos sem elas. O desafio da era dos programadores era mudar seus estilos para a "programação usando menos **goto**". Foi somente nos anos 70 que os programadores começaram a levar a programação estruturada a sério. Os resultados foram significativos, pois os grupos de desenvolvimento de software relataram tempos de desenvolvimento reduzidos, entrega de sistemas no prazo com maior freqüência e conclusão dentro do orçamento de projetos de software também mais freqüente. O segredo para esses sucessos foi que os programas estruturados eram mais claros, mais fáceis de depurar e modificar e provavelmente mais isentos de erros.

O trabalho de Bohm e Jacopini demonstrou que todos os programas poderiam ser escritos em termos de apenas três *estruturas de controle*, a saber, *estrutura de seqüência*, *estrutura de seleção* e *estrutura de repetição*. A estrutura de seqüência é incorporada ao C#. A não ser que instruído de outra forma, o computador executa instruções C# uma após a outra, na ordem em que elas aparecem no programa. O trecho de *fluxograma* da Figura 4.1 ilustra uma estrutura de seqüência típica na qual dois cálculos são efetuados em ordem.

Um fluxograma é uma representação gráfica de um algoritmo ou de uma parte de um algoritmo. Os fluxogramas contêm certos símbolos de propósito especial, como retângulos, losangos, elipses e pequenos círculos. Esses símbolos são conectados por setas chamadas *linhas de fluxo*, que indicam a ordem em que as ações do algoritmo são executadas. Essa ordem é conhecida como fluxo de controle.

---

1. Bohm, C. e G. Jacopini, "Flow Diagrams, Turing Machines, and Languages with Only Two Formation Rules", *Communications of the ACM*, vol. 9, n. 5, maio de 1966, p. 336-71.

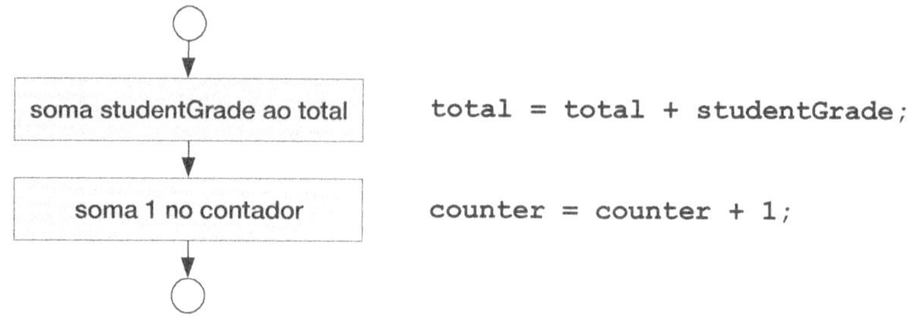

Figura 4.1 Fluxograma da estrutura de seqüência do C#.

Assim como o pseudocódigo, os fluxogramas freqüentemente são úteis para desenvolver e representar algoritmos, embora o pseudocódigo seja preferido por muitos programadores. Os fluxogramas mostram claramente como as estruturas de controle operam; é para isso que as utilizamos neste texto. O leitor deve comparar cuidadosamente o pseudocódigo e as representações de fluxograma de cada estrutura de controle.

Considere o trecho de fluxograma da estrutura de seqüência da Figura 4.1. Usamos o *símbolo de retângulo*, também chamado de *símbolo de ação*, para indicar qualquer tipo de ação, incluindo um cálculo ou uma operação de entrada/saída. As linhas de fluxo na figura indicam a ordem em que as ações devem ser executadas — primeiro, **`studentGrade`** deve ser somado a **`total`**; em seguida, **`1`** deve ser somado a **`counter`**. Podemos ter quantas ações quisermos em uma estrutura de seqüência. Em qualquer parte de uma seqüência, onde uma ação possa ser colocada, várias ações também podem ser colocadas.

Ao se desenhar um fluxograma representando um algoritmo completo, um *símbolo de elipse* contendo a palavra "Início" é o primeiro símbolo usado; um símbolo de elipse contendo a palavra "Fim" indica onde o algoritmo termina. Ao se desenhar apenas uma parte de um algoritmo, como mostrado na Figura 4.1, os símbolos de elipse são omitidos, favorecendo o uso de *símbolos de círculos pequenos*, também chamados de *símbolos de conector*.

Talvez o mais importante símbolo dos fluxogramas seja o *losango*, também chamado de *símbolo de decisão*, que indica que uma decisão deve ser tomada. Discutiremos o símbolo de losango na Seção 4.5.

O C# fornece três tipos de estruturas de seleção, que discutiremos neste e no próximo capítulo. A estrutura de seleção **`if`** executa (seleciona) uma ação, caso uma condição seja verdadeira, ou pula a ação, se a condição for falsa. A estrutura de seleção **`if/else`** executa uma ação, se uma condição for verdadeira, e executa uma ação diferente, caso a condição seja falsa. A estrutura de seleção **`switch`**, discutida no Capítulo 5, executa uma de muitas ações, dependendo do valor de uma expressão.

A estrutura **`if`** é chamada de *estrutura de seleção única*, pois ela seleciona ou ignora uma única ação (ou um único grupo de ações). A estrutura **`if/else`** é chamada de *estrutura de seleção dupla*, pois ela seleciona entre duas ações diferentes (ou grupos de ações). A estrutura **`switch`** é chamada de *estrutura de seleção múltipla*, pois ela seleciona uma entre muitas ações diferentes (ou grupos de ações).

O C# fornece quatro estruturas de repetição — **`while`**, **`do/while`**, **`for`** e **`foreach`** (**`while`** será abordado neste capítulo, **`do/while`** e **`for`** serão abordados no Capítulo 5, e **`foreach`** será abordada no Capítulo 8). As palavras **`if`**, **`else`**, **`switch`**, **`while`**, **`do`**, **`for`** e **`foreach`** são palavras-chave do C#. A Figura 4.2 relaciona o conjunto completo de palavras-chave do C#. Vamos discutir a ampla maioria das palavras-chave do C# por todo este livro.

Palavras-chave do C#						
`abstract`	`as`	`base`	`bool`	`break`	`byte`	`case`
`catch`	`char`	`checked`	`class`	`const`	`continue`	`decimal`
`default`	`delegate`	`do`	`double`	`else`	`enum`	`event`
`explicit`	`extern`	`false`	`finally`	`fixed`	`float`	`for`
`foreach`	`goto`	`if`	`implicit`	`in`	`int`	`interface`
`internal`	`is`	`lock`	`long`	`namespace`	`new`	`null`
`object`	`operator`	`out`	`override`	`params`	`private`	`protected`
`public`	`readonly`	`ref`	`return`	`sbyte`	`sealed`	`short`
`sizeof`	`stackalloc`	`static`	`string`	`struct`	`switch`	`this`
`throw`	`true`	`try`	`typeof`	`uint`	`ulong`	`unchecked`
`unsafe`	`ushort`	`using`	`virtual`	`void`	`volatile`	`while`

Figura 4.2 Palavras-chave do C#.

O C# tem apenas oito estruturas de controle — seqüência, três tipos de seleção e quatro tipos de repetição. Cada programa é formado pela combinação de quantos tipos de cada estrutura de controle forem necessários. Assim como na estrutura de seqüência da Figura 4.1, cada estrutura de controle tem em seu fluxograma dois símbolos de círculo pequenos: um no ponto de entrada da estrutura de controle e um no ponto de saída.

As *estruturas de controle com uma entrada/uma saída* tornam fácil construir programas — as estruturas de controle são ligadas entre si por uma conexão do ponto de saída de uma ao ponto de entrada da outra. Isso é semelhante ao empilhamento de blocos de construção; assim, a chamamos de *empilhamento de estruturas de controle*. Há uma outra maneira pela qual as estruturas de controle podem ser conectadas: por meio do *aninhamento de estruturas de controle*, em que uma estrutura de controle pode ser colocada dentro de outra. Assim, os algoritmos nos programas C# são construídos a partir de apenas oito diferentes tipos de estrutura de controle, combinados de apenas duas maneiras.

4.5 Estrutura de seleção `if`

Em um programa, uma estrutura de seleção escolhe um entre vários cursos de ação alternativos. Por exemplo, suponha que a nota para aprovação em um exame seja 60 (em 100 pontos possíveis). Então, a instrução em pseudocódigo

Se a nota do aluno for maior ou igual a 60
Imprimir "Passou"

determina se a condição "a nota do aluno é maior ou igual a 60" é verdadeira ou falsa. Se a condição for verdadeira, então *Passou* é impresso, e a próxima instrução do pseudocódigo é "executada" na ordem. (Lembre-se de que o pseudocódigo não é uma linguagem de programação real.) Se a condição for falsa, a instrução de impressão é ignorada, e a próxima instrução do pseudocódigo é executada na ordem. Note que a segunda linha dessa estrutura de seleção está recuada. Tal recuo é opcional, mas é altamente recomendado, pois ele enfatiza a estrutura inerente dos programas estruturados. A instrução *Se* do pseudocódigo anterior pode ser escrita em C# como

```
if ( notaAluno >= 60 )
   Console.WriteLine( "Passou" );
```

Note que o código C# é muito parecido com o pseudocódigo, demonstrando como este pode ser útil como ferramenta de desenvolvimento de programa. A instrução no corpo da estrutura **`if`** produz na saída a string de caracteres **`"Passou"`**, na janela do console.

O fluxograma da Figura 4.3 ilustra a estrutura **`if`** de seleção única. Esse fluxograma contém o símbolo de fluxograma mais importante — o símbolo de decisão (ou losango), que indica que uma decisão deve ser tomada. O símbolo de decisão contém uma condição, que pode ser **`verdadeira`** ou **`falsa`**. O símbolo de decisão tem duas linhas de fluxo emergindo dele. Uma indica a direção a ser tomada quando a condição no símbolo for verdadeira; a outra indica a direção a ser tomada quando a condição for falsa. Uma decisão pode ser tomada em qualquer expressão que avalie um valor do tipo ***`bool`*** do C# (isto é, qualquer expressão que seja avaliada como **`verdadeira`** ou **`falsa`**).

Note que também a estrutura **`if`** é uma estrutura de uma entrada/uma saída. Os fluxogramas das estruturas de controle restantes também contêm (além dos símbolos de círculo pequenos e linhas de fluxo) apenas símbolos de retângulo, para indicar as ações a serem executadas, e um símbolo de losango, para indicar as decisões a serem tomadas. Esse é o *modelo de programação ação/decisão* que estivemos enfatizando.

Podemos imaginar oito caixas, cada uma contendo estruturas de controle para apenas um dos oito tipos. As estruturas de controle de cada caixa estão vazias; nada está escrito nos retângulos ou nos losangos. A tarefa do programador é montar um programa usando quantas estruturas de controle o algoritmo exigir, combinando essas estruturas de controle de apenas duas maneiras possíveis (empilhando ou aninhando) e, então, preenchendo as ações e decisões de maneira apropriada para o algoritmo. Vamos discutir as várias maneiras de escrever ações e decisões.

4.6 Estrutura de seleção `if/else`

A estrutura de seleção **`if`** executa uma ação indicada apenas quando a condição é avaliada como verdadeira; caso contrário, a ação é pulada. A estrutura de seleção **`if/else`** permite ao programador especificar diferentes ações para executar quando a condição é verdadeira e quando a condição é falsa. Por exemplo, a instrução em pseudocódigo

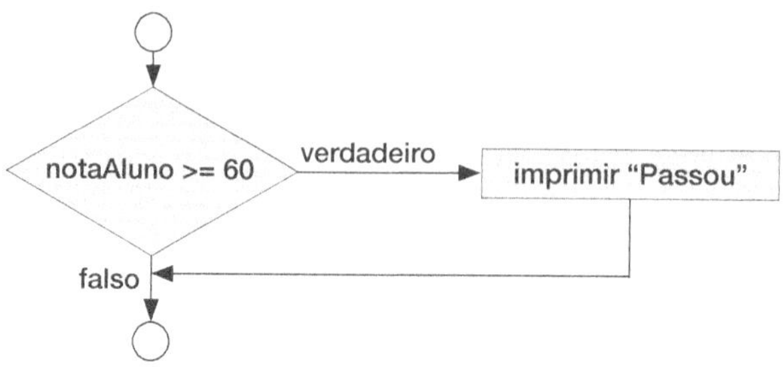

Figura 4.3 Fluxograma de uma estrutura `if` de seleção única.

Se a nota do aluno é maior ou igual a 60
Imprimir "Passou"
Senão
Imprimir "Reprovou"

imprime *Passou* se a nota do aluno for maior ou igual a 60, e imprime *Reprovou* se a nota for menor do que 60. Nos dois casos, após a impressão ocorrer, a próxima instrução em pseudocódigo na seqüência é "executada".

A estrutura *If/Else* anterior em pseudocódigo pode ser escrita em C# como

```
if ( notaAluno >= 60 )
   Console.WriteLine( "Passou" );
else
   Console.WriteLine( "Reprovou" );
```

Boa prática de programação 4.1

Coloque um recuo nas instruções de corpo de uma estrutura **`if/else`**.

Note que o corpo da instrução **`else`** também está recuado. A convenção de recuo que você escolher deve ser aplicada cuidadosamente por todos os seus programas. É difícil ler programas que não usam convenções de espaçamento uniformes.

O fluxograma da Figura 4.4 ilustra o fluxo de controle na estrutura **`if/else`**. Note que (além dos pequenos círculos e setas) os únicos símbolos no fluxograma são retângulos (para ações) e um losango (para uma decisão). Continuamos a enfatizar esse modelo de ação/decisão da computação.

O *operador condicional* (`?:`) está intimamente relacionado com a estrutura **`if/else`**. O símbolo **`?:`** é o único *operador ternário* do C# — ele recebe três operandos. Os operandos e o símbolo **`?:`** formam uma *expressão condicional*. O primeiro operando é uma *condição* (isto é, uma expressão que é avaliada como um valor **`bool`**), o segundo é o valor da expressão condicional, caso ela seja avaliada como **`verdadeira`**, e o terceiro é o valor da expressão condicional, caso a condição seja avaliada como **`falsa`**. Por exemplo, a instrução de saída

```
Console.WriteLine( notaAluno >= 60 ? "Passou" : "Reprovou" );
```

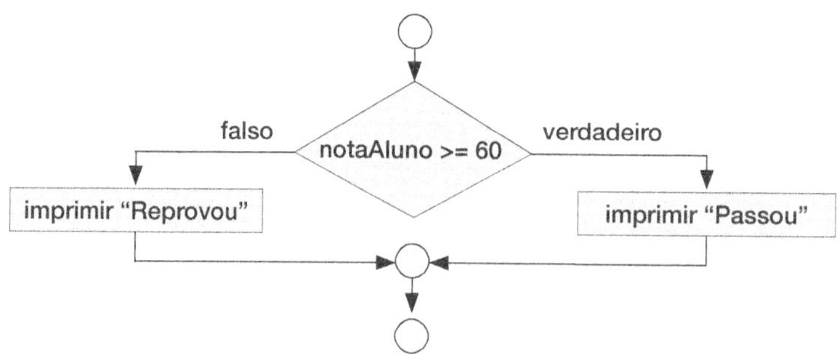

Figura 4.4 Fluxograma de uma estrutura `if/else` de seleção dupla.

contém uma expressão condicional que é avaliada como a string **"Passou"**, caso a condição **notaAluno >= 60** seja verdadeira, e é avaliada como a string **"Reprovou"**, caso a condição seja falsa.

A instrução com o operador condicional funciona da mesma maneira que a instrução **if/else** anterior. A precedência do operador condicional é baixa; portanto, normalmente, a expressão condicional inteira é colocada entre parênteses. Os operadores condicionais podem ser usados em algumas situações onde as instruções **if/else** não podem, como no argumento do método **WriteLine**, mostrado anteriormente.

As *estruturas* **if/else** *aninhadas* podem testar múltiplos casos, colocando-se estruturas **if/else** dentro de outras estruturas **if/else**. Por exemplo, a instrução em pseudocódigo a seguir imprimirá **A** para notas de exame maiores ou iguais a 90, **B** para notas no intervalo de 80 a 89, **C** para notas no intervalo de 70 a 79, **D** para notas no intervalo de 60 a 69 e **F** para todas as outras notas:

```
Se a nota do aluno for maior ou igual a 90
    Imprimir "A"
Senão
    Se a nota do aluno for maior ou igual a 80
        Imprimir "B"
    Senão
        Se a nota do aluno for maior ou igual a 70
            Imprimir "C"
        Senão
            Se a nota do aluno for maior ou igual a 60
                Imprimir "D"
            Senão
                Imprimir "F"
```

Esse pseudocódigo pode ser escrito em C# como

```
if ( notaAluno >= 90 )
   Console.WriteLine( "A" );
else
   if ( notaAluno >= 80 )
      Console.WriteLine( "B" );
   else
      if ( notaAluno >= 70 )
         Console.WriteLine( "C" );
      else
         if ( notaAluno >= 60 )
            Console.WriteLine( "D" );
         else
            Console.WriteLine( "F" );
```

Se **notaAluno** for maior ou igual a 90, as primeiras quatro condições serão verdadeiras, mas apenas a instrução **Console.WriteLine** após o primeiro teste será executada. Após essa instrução **Console.WriteLine** em particular ser executada, o programa pula a parte **else** da estrutura **if/else** "externa".

Boa prática de programação 4.2

Se houver vários níveis de recuo, cada nível deverá ser recuado pela mesma quantidade de espaço adicional.

A maioria dos programadores de C# prefere escrever a estrutura **if** anterior como:

```
if ( notaAluno >= 90 )
   Console.WriteLine( "A" );
else if ( notaAluno >= 80 )
```

```
      Console.WriteLine( "B" );
   else if ( notaAluno >= 70 )
      Console.WriteLine( "C" );
   else if ( notaAluno >= 60 )
      Console.WriteLine( "D" );
   else
      Console.WriteLine( "F" );
```

As duas formas são equivalentes. Essa última forma é popular, porque evita um recuo muito grande do código. Tal recuo freqüentemente deixa pouco espaço em uma linha, obrigando as linhas a serem divididas e diminuindo a legibilidade do programa.

O compilador C# sempre associa uma instrução **else** à instrução **if** anterior, a não ser que dito de outra maneira pela colocação de chaves (**{ }**). Isso é referido como *problema de else pendente*. Por exemplo,

```
if ( x > 5 )
   if ( y > 5 )
      Console.WriteLine( "x e y são > 5" );
else
   Console.WriteLine( "x é <= 5" );
```

parece indicar que, se **x** for maior do que **5**, a estrutura **if** em seu corpo determinará se **y** também é maior do que **5**. Se assim for, a string **"x e y são > 5"** aparecerá na saída. Caso contrário, *parece* que, se **x** não for maior do que **5**, a parte **else** da estrutura **if/else** produzirá na saída a string **"x é <= 5"**.

Dica de teste e depuração 4.1

O leitor pode usar o Visual Studio para colocar o recuo no código corretamente. Para verificar o recuo, o leitor deve destacar o código relevante e pressionar Ctrl-K, *seguido imediatamente por* Ctrl-F.

Entretanto, a estrutura **if** aninhada anterior não é executada como seu recuo implica. Na verdade, o compilador interpreta a estrutura como

```
if ( x > 5 )
   if ( y > 5 )
      Console.WriteLine( "x e y são > 5" );
   else
      Console.WriteLine( "x é <= 5" );
```

onde o corpo da primeira estrutura **if** é uma estrutura **if/else**. Essa estrutura testa se **x** é maior do que **5**. Se assim for, a execução continua, testando se **y** também é maior do que **5**. Se a segunda condição for verdadeira, a string correta — **"x e y são > 5"** — será apresentada. Entretanto, se a segunda condição for falsa, a string **"x é <= 5"** será apresentada, mesmo que saibamos que **x** é maior do que **5**.

Para forçar a estrutura **if** aninhada anterior a ser executada conforme originariamente pretendido, a estrutura deve ser escrita como se segue:

```
if ( x > 5 )
{
   if ( y > 5 )
      Console.WriteLine( "x e y são > 5" );
}
else
   Console.WriteLine( "x é <= 5" );
```

As chaves (**{ }**) indicam para o compilador que a segunda estrutura **if** está no corpo da primeira estrutura **if** e que a instrução **else** corresponde a essa primeira estrutura **if**.

A estrutura de seleção **if** normalmente espera apenas uma instrução em seu corpo. Para incluir várias instruções no corpo de uma instrução **if**, coloque essas instruções entre chaves (**{** e **}**). Um conjunto de instruções contidas em um par de chaves é chamado de *bloco*.

Observação de engenharia de software 4.2

Um bloco pode ser colocado em qualquer parte de um programa em que uma instrução possa ser colocada.

O exemplo a seguir inclui um bloco na parte **else** de uma estrutura **if/else**:

```
if ( notaAluno >= 60 )
   Console.WriteLine( "Passou" );
else
{
   Console.WriteLine( "Reprovou" );
   Console.WriteLine( "Você terá de fazer esta matéria novamente." );
}
```

Nesse caso, se **notaAluno** for menor do que 60, o programa executará as duas instruções no corpo da instrução **else** e imprimirá:

```
Reprovou
Você terá de fazer esta matéria novamente.
```

Observe as chaves circundando as duas instruções na cláusula **else**. Essas chaves são importantes. Sem elas, a instrução

```
Console.WriteLine( "Você terá de fazer esta matéria novamente." );
```

estaria fora do corpo da instrução **else** e seria executada independentemente de a nota ser menor do que 60.

Erro de programação comum 4.1

Esquecer-se de uma das chaves que delimitam um bloco pode levar a erros de sintaxe. Esquecer-se das duas chaves que delimitam um bloco pode levar a erros de sintaxe e/ou lógicos.

Os erros de sintaxe, como quando uma chave é omitida no programa, são capturados pelo compilador. Um *erro lógico*, como aquele causado quando as duas chaves em um bloco são omitidas no programa, tem seu efeito em tempo de execução. Um *erro lógico fatal* faz o programa falhar e terminar prematuramente. Um *erro lógico não fatal* permite que um programa continue a ser executado, mas o faz produzir resultados incorretos.

Observação de engenharia de software 4.3

Assim como um bloco pode ser colocado em qualquer parte onde uma instrução simples possa ser colocada, também é possível ter uma instrução vazia, que é representada pela colocação de um ponto-e-vírgula (`;`) onde uma instrução normalmente ficaria.

Erro de programação comum 4.2

Colocar um ponto-e-vírgula após a condição em uma estrutura **if** *leva a um erro lógico em estruturas* **if** *de seleção simples e a um erro de sintaxe em estruturas* **if** *de seleção dupla (se a cláusula* **if** *contiver uma instrução de corpo não vazia).*

Boa prática de programação 4.3

Alguns programadores preferem digitar as chaves de abertura e fechamento de blocos antes de digitar as instruções individuais dentro das chaves. Essa prática ajuda a evitar a omissão de uma ou de ambas as chaves.

Nesta seção apresentamos a noção de bloco. Um bloco pode conter declarações. As declarações em um bloco normalmente são colocadas nele, antes de quaisquer instruções de ação, mas elas podem ser entremeadas com instruções de ação.

4.7 Estrutura de repetição `while`

Uma *estrutura de repetição* permite que o programador especifique que uma ação deve ser repetida, enquanto uma condição permanecer verdadeira. A instrução em pseudocódigo

Enquanto houver mais itens em minha lista de compras
Compra o próximo item e risca-o de minha lista

descreve a repetição que ocorre durante uma saída para compras. A condição "houver mais itens em minha lista de compras" pode ser verdadeira ou falsa. Se for verdadeira, então a ação "Compra o próximo item e risca-o de minha lista" será executada. Essa ação é executada repetidamente enquanto a condição for verdadeira. A(s) instrução(ões) contida(s) na estrutura de repetição *while* constitui(em) o corpo da instrução *while*. O corpo da estrutura *while* pode ser uma única instrução ou um bloco. Finalmente, a condição se torna falsa (quando o último item da lista de compras foi adquirido e riscado da lista). Nesse ponto, a repetição termina, e a primeira instrução após a estrutura de repetição é executada.

Como um exemplo de uma estrutura **`while`**, considere um trecho de programa projetado para localizar a primeira potência de 2 maior do que 1000. Suponha que a variável **`int produto`** contenha o valor 2. Quando a estrutura **`while`** a seguir terminar de executar, **`produto`** conterá o resultado

```
int produto = 2;
while ( produto <= 1000 )
   produto = 2 * produto;
```

O fluxograma da Figura 4.5 ilustra o fluxo de controle da estrutura de repetição **`while`** anterior. Mais uma vez, note que (além de pequenos círculos e setas) o fluxograma contém apenas um símbolo de retângulo e um símbolo de losango.

Erro de programação comum 4.3

Não fornecer no corpo de uma estrutura **`while`** *uma ação que finalmente faça a condição se tornar falsa é um erro lógico. Normalmente, tal estrutura de repetição nunca terminará, o que é um erro chamado "laço infinito".*

Erro de programação comum 4.4

Iniciar a palavra-chave **`while`** *com um* **`W`** *maiúsculo, como em* **`While`**, *é um erro de sintaxe. Lembre-se de que o C# é uma linguagem que leva em consideração letras maiúsculas e minúsculas. Todas as palavras-chave do C# —* **`while`**, **`if`**, **`else`** *etc. — contêm apenas letras minúsculas.*

Dica de teste e depuração 4.2

O Visual Studio .NET não colorirá uma palavra-chave corretamente, a não ser que ela seja grafada corretamente e com uso de letras maiúsculas e minúsculas correto.

Imagine novamente uma caixa profunda de estruturas **`while`** vazias, que podem ser empilhadas e aninhadas com outras estruturas de controle para formar uma implementação estruturada do fluxo de controle de um algoritmo. Os retângulos e losangos vazios são preenchidos com ações e decisões apropriadas. O fluxograma mostra claramente a repetição. A linha de fluxo que emerge do retângulo indica que o controle do programa continua com a decisão, que é testada durante cada iteração do laço, até que a decisão finalmente se torne falsa. Nesse ponto, a estrutura **`while`** termina, e o controle passa para a instrução seguinte, após a estrutura **`while`**, no programa.

Quando a estrutura **`while`** começa a executar, **`produto`** é 2. A variável **`produto`** é repetidamente multiplicada por 2, assumindo os valores 4, 8, 16, 32, 128, 256, 512 e 1024, sucessivamente. Quando **`produto`** se torna 1024, a condição **`produto <= 1000`** na estrutura **`while`** se torna **`falsa`**. Isso termina a repetição, com 1024 sendo o valor final de **`produto`**. A execução continua na próxima instrução, após o **`while`**. [*Nota:* se a condição de uma estrutura **`while`** for inicialmente **`falsa`**, a(s) instrução(ões) do corpo nunca será(ão) executada(s).

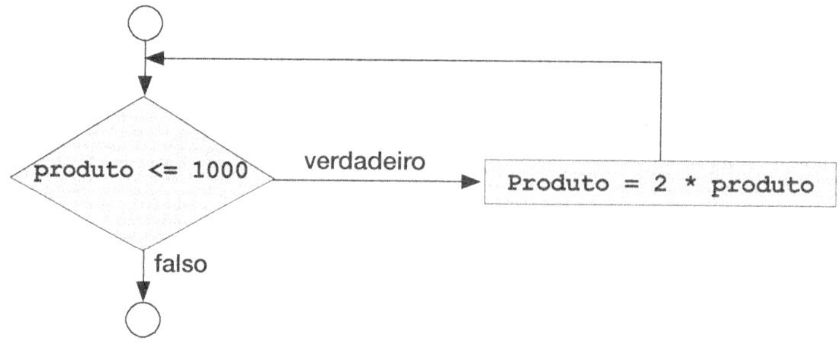

Figura 4.5 Fluxograma da estrutura de repetição `while`.

4.8 Formulando algoritmos: estudo de caso 1 (repetição controlada por contador)

Para ilustrar como os algoritmos são desenvolvidos, resolvemos diversas variações de um problema de média de turma. Considere a seguinte declaração de problema:

> *Uma turma de dez alunos faz um teste. As notas (inteiros no intervalo de 0 a 100) desse teste estão disponíveis para você. Determine a média da turma no teste.*

A média da turma é igual à soma das notas dividida pelo número de alunos. O algoritmo para resolver esse problema deve fornecer cada uma das notas, efetuar o cálculo da média e exibir o resultado.

Vamos usar pseudocódigo para listar as ações a serem executadas e para especificar a ordem de execução. Usaremos *repetição controlada* por contador para fornecer as notas uma a uma. Essa técnica usa uma variável chamada *contador* para controlar o número de vezes que um conjunto de instruções será executado. Neste exemplo, a repetição termina quando o contador ultrapassa 10. Esta seção apresenta um algoritmo em pseudocódigo (Figura 4.6) e o programa correspondente (Figura 4.7). Na Seção 4.9 mostraremos como desenvolver um algoritmo em pseudocódigo. A repetição controlada por contador também é chamada de *repetição definida*, pois o número de repetições é conhecido antes que o laço comece a executar.

```
Configurar total como zero
Configurar contador de notas como um

Enquanto o contador de notas for menor ou igual a dez
    Entrar a próxima nota
    Somar a nota ao total
    Somar um ao contador de notas

Configurar a média da turma como o total dividido por dez
Imprimir a média da turma
```

Figura 4.6 Algoritmo em pseudocódigo que usa a repetição controlada por contador para resolver o problema da média da turma.

```
// Fig. 4.7: Average1.cs
// Media da turma com repetição controlada por contador.

using System;

class Average1
{
   static void Main( string[] args )
   {
      int total,            // soma das notas
          gradeCounter,     // número de notas fornecidas
          gradeValue,       // valor da nota
          average;          // média de todas as notas

      // fase de inicialização
      total = 0;            // limpa o total
      gradeCounter = 1;     // prepara para o laço

      // fase de processamento
      while ( gradeCounter <= 10 )  // repete o laço 10 vezes
      {
         // solicita a entrada e lê a nota do usuário
         Console.Write( "Enter integer grade: " );

```

Figura 4.7 Programa de média da turma com repetição controlada por contador. (Parte 1 de 2.)

```
25             // lê a entrada e converte para inteiro
26             gradeValue = Int32.Parse( Console.ReadLine() );
27
28             // soma gradeValue ao total
29             total = total + gradeValue;
30
31             // soma 1 a gradeCounter
32             gradeCounter = gradeCounter + 1;
33          }
34
35          // fase de conclusão
36          average = total / 10; // divisão inteira
37
38          // exibe a média das notas do exame
39          Console.WriteLine( "\nClass average is {0}", average );
40
41       } // fim de Main
42
43    } // fim da classe Average1
```

```
Enter integer grade: 100
Enter integer grade: 88
Enter integer grade: 93
Enter integer grade: 55
Enter integer grade: 68
Enter integer grade: 77
Enter integer grade: 83
Enter integer grade: 95
Enter integer grade: 73
Enter integer grade: 62

Class average is 79
```

Figura 4.7 Programa de média da turma com repetição controlada por contador. (Parte 2 de 2.)

Observe as referências no algoritmo (Figura 4.6) a um total e a um contador. A variável em pseudocódigo *total* acumula a soma de uma série de valores. Um contador é uma variável que conta — nesse caso, que conta o número de notas fornecidas. As variáveis que armazenam totais normalmente devem ser inicializadas como zero, antes de serem usadas em um programa; caso contrário, a soma incluiria o valor previamente armazenado na posição de memória de total.

Dica de teste e depuração 4.3

Inicialize contadores e totais.

A linha 6 inicia a definição da classe **Average1**. Lembre-se de que uma definição de classe de aplicativo deve conter um método **Main** (linhas 8 a 41) para começar a execução do aplicativo.

As linhas 10 a 13 declaram as variáveis **total**, **gradeCounter**, **gradeValue** e **average** como sendo do tipo **int**. A variável **gradeValue** armazenará o valor fornecido pelo usuário após ser convertido de **string** para **int**.

Boa prática de programação 4.4

Sempre coloque uma linha em branco entre uma declaração e instruções executáveis. Isso destaca as declarações e contribui para a clareza do programa.

As linhas 16 e 17 são instruções de atribuição que inicializam **total** como **0** e **gradeCounter** como **1**. As variáveis **total** e **gradeCounter** são inicializadas antes de serem usadas em um cálculo. Lembre-se de que usar variáveis não inicializadas em cálculos resulta em erros de compilação.

A linha 20 indica que a estrutura **while** deve continuar enquanto o valor de **gradeCounter** for menor ou igual a 10. As linhas 23 e 26 correspondem à instrução em pseudocódigo *"Entrar a próxima nota"*. A instrução na linha 23 exibe o prompt **"Enter integer grade: "** na tela. A instrução na linha 26 lê a informação fornecida pelo usuário, a converte para **int** e armazena o valor em **gradeValue**. Em seguida, a linha 29 atualiza a variável **total** com o novo valor de **gradeValue**, somando **gradeValue** ao valor anterior de **total** e atribuindo o resultado a **total**.

Agora o programa está pronto para incrementar a variável **gradeCounter**, para indicar que uma nota foi processada. A linha 32 soma **1** a **gradeCounter**, de modo que a condição na estrutura **while** finalmente se torne falsa e termine o laço. A linha 36 atribui o resultado do cálculo da média à variável **average**. A linha 39 exibe uma mensagem contendo a string **"Class average is "**, seguida do valor da variável **average**.

O cálculo da média produz um resultado inteiro. Na verdade, a soma dos valores das notas neste exemplo é 794, o que, dividido por 10, resulta em 79,4. Tais números com casas decimais são chamados números de ponto flutuante: vamos discutir esses números na próxima seção.

4.9 Formulando algoritmos com refinamento "top-down", passo a passo: estudo de caso 2 (repetição controlada por sentinela)

Vamos generalizar o problema de média da turma. Considere o seguinte problema:

> *Desenvolver um programa de média de turma que processe um número arbitrário de notas a cada vez que o programa for executado.*

No primeiro exemplo de média da turma, o número de notas (10) era conhecido antecipadamente. Neste exemplo, não é dada nenhuma indicação de quantas notas serão fornecidas. O programa deve processar um número arbitrário de notas. Como o programa poderá determinar quando deve interromper a entrada de notas? Como ele saberá quando calcular e imprimir a média da turma?

Uma maneira de resolver esse problema consiste em usar um valor especial chamado *valor de sentinela* (também chamado de *valor de sinalização*, *valor fictício* ou *valor de flag*) para indicar o "final da entrada de dados". O usuário fornece todas as notas e, em seguida, digita o valor de sentinela para indicar que a última nota foi fornecida. A repetição controlada por sentinela é freqüentemente chamada de *repetição indefinida*, pois o número de repetições não é conhecido antes que a execução do laço comece.

O valor de sentinela não pode ser confundido com um valor de entrada aceitável. As notas de um teste normalmente são inteiros não negativos; assim, -1 é um valor de sentinela aceitável para esse problema. Uma execução do programa de média da turma poderia processar um fluxo de entradas, como 95, 96, 75, 74, 89 e -1. Então, o programa calcularia e imprimiria a média da turma para as notas 95, 96, 75, 74 e 89. O valor de sentinela, -1, não deve entrar no cálculo da média.

Erro de programação comum 4.5

Escolher um valor de sentinela que também seja um valor de dados legítimo resulta em um erro lógico e pode impedir que o laço controlado por sentinela termine corretamente, um problema conhecido como laço infinito, ou looping.

Abordamos o problema da média da turma com um *refinamento "top-down" passo a passo*, uma técnica fundamental para o desenvolvimento de algoritmos bem estruturados. Começamos com uma representação em pseudocódigo da parte "*top*":

> *Determinar a média da turma para o teste*

A parte "top" é uma única instrução que representa a função global do programa. Como tal, a parte "top" é uma representação completa de um programa. Infelizmente, a parte "top" raramente transmite uma quantidade de detalhes suficiente para se escrever o algoritmo C#. Portanto, passamos para o processo de refinamento. Dividimos a parte "top" em uma série de tarefas menores e as relacionamos na ordem em que elas devem ser executadas. Isso resulta no seguinte *primeiro refinamento*:

> *Inicializar as variáveis*
> *Entrar, somar e contar as notas do teste*
> *Calcular e imprimir a média da turma*

Aqui, apenas a estrutura de seqüência foi usada — os passos relacionados devem ser executados em ordem, um após o outro.

Observação de engenharia de software 4.4

Cada refinamento, incluindo o superior (Parte "top"), é uma especificação completa do algoritmo; apenas o nível de detalhe em cada refinamento é que varia.

Para passar para o próximo nível de refinamento (isto é, o *segundo refinamento*), devemos especificar variáveis. Precisamos de um total parcial dos números, de uma contagem de quantos números foram processados, de uma variável para receber o valor de cada nota e de uma variável para conter a média calculada. A instrução em pseudocódigo

Inicializar as variáveis

pode ser refinada como se segue:

Inicializar o total como zero
Inicializar o contador como zero

Note que apenas as variáveis *total* e *contador* são inicializadas antes de serem usadas; as variáveis *média* e *nota* (para a média calculada e para a entrada do usuário, respectivamente) não precisam ser inicializadas, pois seus valores serão determinados quando calculados ou fornecidos.

A instrução em pseudocódigo

Entrar, somar e contar as notas do teste

exige uma estrutura de repetição (isto é, um laço) que forneça cada nota sucessivamente. Não sabemos quantas notas devem ser processadas; assim, usamos a repetição controlada por sentinela. O usuário digita notas legítimas, uma por vez. Após a última nota legítima ser digitada, o usuário digita o valor de sentinela. O programa testa a presença do valor de sentinela após cada nota ser fornecida e termina o laço quando o usuário fornece o valor de sentinela. Então, o segundo refinamento da instrução em pseudocódigo anterior é:

Entrar a primeira nota (possivelmente a sentinela)

Enquanto o usuário não tiver fornecido a sentinela
    Somar essa nota ao total parcial
    Somar um ao contador de notas
    Entrar a próxima nota (possivelmente a sentinela)

Não usamos chaves em torno do pseudocódigo que forma o corpo da estrutura *while*. Simplesmente colocamos um recuo no pseudocódigo, sob a instrução *while*, para mostrar que ele pertence à estrutura *while*. Note que um valor é fornecido antes de chegar ao laço e no final do corpo do laço. Quando entramos no laço, o valor de entrada antes dele é testado, para determinar se se trata da sentinela. Se assim for, o laço termina; caso contrário, o corpo do laço é executado. O corpo processa a nota e, em seguida, fornece a nota seguinte. Então, a nova nota é testada no início do laço, para determinar se essa nota é a sentinela.

A instrução em pseudocódigo

Calcular e imprimir a média da turma

pode ser refinada como segue:

Se o contador não for igual a zero
    Configurar a média como o total dividido pelo contador
    Imprimir a média
Senão
    Imprimir "Nenhuma nota foi fornecida"

Testamos a possibilidade de divisão por zero — um erro lógico que, se não for detectado, fará o programa produzir saída inválida. O segundo refinamento completo do algoritmo em pseudocódigo do problema da média da turma aparece na Figura 4.8.

```
Inicializar o total como zero
Inicializar o contador como zero

Entrar a primeira nota (possivelmente a sentinela)

Enquanto o usuário não tiver fornecido a sentinela
    Somar essa nota ao total parcial
    Somar um ao contador de notas
    Entrar a próxima nota (possivelmente a sentinela)

Se o contador não for igual a zero
    Configurar a média como o total dividido pelo contador
    Imprimir a média
Senão
    Imprimir "Nenhuma nota foi fornecida"
```

Figura 4.8 Algoritmo em pseudocódigo que usa repetição controlada por sentinela para resolver o problema da média da turma.

Dica de teste e depuração 4.4

Ao efetuar uma divisão por uma expressão cujo valor pode ser zero, teste de maneira explícita esse caso e trate dele apropriadamente em seu programa, possivelmente imprimindo uma mensagem de erro.

Boa prática de programação 4.5

Inclua linhas em branco em programas de pseudocódigo, para aumentar a legibilidade. As linhas em branco separam as estruturas de controle do pseudocódigo e as fases do programa.

Observação de engenharia de software 4.5

Muitos algoritmos podem ser divididos logicamente em três fases — uma fase de inicialização, que inicializa as variáveis do programa; uma fase de processamento, que fornece valores de dados e ajusta as variáveis do programa de acordo; e uma fase de término, que calcula e imprime os resultados.

O algoritmo em pseudocódigo da Figura 4.8 resolve o problema de média da turma mais geral. Esse algoritmo foi desenvolvido após apenas dois níveis de refinamento. Às vezes, mais níveis são necessários.

Observação de engenharia de software 4.6

O programador termina o processo de refinamento "top-down" passo a passo quando o algoritmo em pseudocódigo é especificado com detalhes suficientes para que o programador possa convertê-lo em um programa C#. Então, a implementação do programa C# normalmente ocorre de maneira simples.

O programa C# para esse pseudocódigo aparece na Figura 4.9 (para manter a compatibilidade com os programas fornecidos no CD e no site do autor, os nomes de variáveis e as mensagens impressas foram mantidos em inglês). Note, a partir da saída, que cada nota fornecida é um valor inteiro, embora o cálculo da média provavelmente produza um número com casas decimais. O tipo **`int`** não pode representar números reais; portanto, esse programa usa o tipo de dados ***`double`*** para tratar de números de ponto flutuante.

O programa também introduz o *operador de conversão* (linha 44) para manipular a conversão de tipo para o cálculo da média. Esses recursos serão explicados em detalhes em nossa discussão da Figura 4.9.

Nesse exemplo, examinamos como as estruturas de controle podem ser empilhadas uma sobre as outras, em seqüência. A estrutura **`while`** (linhas 26 a 39) é seguida imediatamente por uma estrutura **`if`** (linhas 42 a 51). Grande parte do código desse programa é idêntica ao código da Figura 4.7; portanto, nesse exemplo, nos concentraremos nos recursos novos.

A linha 14 declara a variável **`average`** como sendo de tipo **`double`**. Essa mudança nos permite armazenar o resultado do cálculo da média da turma como um número de ponto flutuante. A linha 18 inicializa **`gradeCounter`** como **`0`**, pois nenhuma nota foi fornecida ainda — lembre-se de que esse programa usa repetição controlada por sentinela. Para manter um registro preciso do número de notas fornecidas, a variável **`gradeCounter`** é incrementada apenas quando um valor de nota válido é fornecido.

```
// Fig. 4.9: Average2.cs
// Média da turma com repetição controlada por sentinela.

using System;

class Average2
{
   static void Main( string[] args )
   {
      int total,           // soma das notas
         gradeCounter,     // número de notas fornecidas
         gradeValue;       // valor da nota

      double average;      // média de todas as notas

      // fase de inicialização
      total = 0;           // limpa total
      gradeCounter = 0;    // prepara para o laço

      // fase de processamento
      // solicita entrada e converte para inteiro
      Console.Write( "Enter Integer Grade, -1 to Quit: " );
      gradeValue = Int32.Parse( Console.ReadLine() );

      // repete o laço até que -1 seja fornecido pelo usuário
      while ( gradeValue != -1 )
      {
         // soma gradeValue ao total
         total = total + gradeValue;

         // soma 1 a gradeCounter
         gradeCounter = gradeCounter + 1;

         // solicita entrada e lê a nota do usuário
         // converte a nota de string para inteiro
         Console.Write( "Enter Integer Grade, -1 to Quit: " );
         gradeValue = Int32.Parse( Console.ReadLine() );

      } // fim do while

      // fase de conclusão
      if ( gradeCounter != 0 )
      {
         average = ( double ) total / gradeCounter;

         // exibe a média das notas do teste
         Console.WriteLine( "\nClass average is {0}", average );

      }
      else
      {
         Console.WriteLine( "No grades were entered." );
      }

   } // fim do método Main

} // fim da classe Average2
```

Figura 4.9 Programa de média da turma com repetição controlada por sentinela. (Parte 1 de 2.)

```
Enter Integer Grade, -1 to Quit: 97
Enter Integer Grade, -1 to Quit: 88
Enter Integer Grade, -1 to Quit: 72
Enter Integer Grade, -1 to Quit: -1

Class average is 85,6666666666667
```

Figura 4.9 Programa de média da turma com repetição controlada por sentinela. (Parte 2 de 2.)

Observe as diferenças entre a repetição controlada por sentinela e a repetição controlada por contador da Figura 4.7. Na repetição controlada por contador, lemos um valor do usuário durante cada passagem da estrutura **while** pelo número especificado de iterações. Na repetição controlada por sentinela, lemos um valor (linha 23) antes que o programa chegue à estrutura **while**. Esse valor é usado para determinar se o fluxo de controle do programa deve entrar no corpo da estrutura **while**. Se a condição da estrutura **while** for falsa (isto é, o usuário forneceu o valor de sentinela), o corpo da estrutura **while** não será executado (isto é, nenhuma nota foi fornecida). Por outro lado, se a condição for verdadeira, o corpo começará a ser executado, e o valor fornecido pelo usuário será processado (somado ao **total**). Então, o próximo valor é fornecido pelo usuário, antes do final do corpo da estrutura **while**. Quando o controle do programa chega à chave de fechamento (**}**) do corpo (linha 39), a execução continua com o próximo teste da condição da estrutura **while**. O novo valor fornecido pelo usuário determina se o corpo da estrutura **while** deve ser executado novamente. Note que o próximo valor é fornecido pelo usuário imediatamente antes que a condição da estrutura **while** seja avaliada (linha 37). Isso permite que o programa determine se o valor recém-fornecido pelo usuário é o valor de sentinela, *antes* que o programa processe esse valor como uma nota válida. Se o valor for o de sentinela, a estrutura **while** terminará, e o valor não será somado ao **total**.

Observe o bloco que compõe o laço **while** na Figura 4.9. Sem as chaves, as últimas três instruções do corpo do laço estariam fora dele, fazendo o computador interpretar o código incorretamente, como se segue:

```
while ( gradeValue != -1 )

      // soma gradeValue ao total
      total = total + gradeValue;

// soma 1 a gradeCounter
gradeCounter = gradeCounter + 1;

// solicita entrada e lê a nota do usuário
Console.Write( "Enter Integer Grade, -1 to Quit: " );
gradeValue = Int32.Parse( Console.ReadLine() );
```

Ocorrerá um laço infinito no programa, caso o usuário não forneça a sentinela **-1** como valor de entrada, na linha 23 (antes da estrutura **while**).

Erro de programação comum 4.6

*Omitir as chaves que delimitam um bloco em uma estrutura de repetição pode levar a erros lógicos, como laços infinitos (*looping*).*

Boa prática de programação 4.6

Em um laço controlado por sentinela, os prompts que solicitam entrada de dados devem lembrar o usuário do valor de sentinela.

As médias nem sempre são avaliadas como valores inteiros. Freqüentemente, uma média é um valor como 3,333 ou 2,7, que contém uma parte fracionária. Esses valores são números de ponto flutuante e normalmente são representados pelo tipo de dados **double**. Declaramos a variável **average** como de tipo **double** para capturar o resultado fracionário de nosso cálculo. Entretanto, o resultado do cálculo **total / gradeCounter** é um valor inteiro, pois **total** e **gradeCounter** são variáveis inteiras. Dividir dois valores inteiros resulta na *divisão inteira*, na qual toda parte fracionária do cálculo é *truncada*, e o resultado é um número inteiro. O cálculo é efetuado primeiro; assim, a parte fracionária é perdida antes que o resultado seja atribuído a **average**. Para produzir um cálculo de ponto flutuante com valores inteiros, devemos criar valores temporários que sejam números de ponto flutuante para o cálculo. O C# fornece o *operador de conversão unário* para criar esse valor temporário. A linha 44 usa o operador de conversão ***(double)*** para criar uma cópia de ponto flutuante temporária de seu operando — **total**. Quando usamos um operador de conversão dessa maneira estamos fazendo uma *conversão explícita* (ou *cast*). O valor armazenado em **total** ainda é um inteiro. O cálculo agora consiste em um valor de ponto flutuante (a versão de **double** temporária de **total**), dividido pelo inteiro **gradeCounter**. Note que a conversão não modifica o valor armazenado na memória para **total**. Em vez disso, ela cria um valor temporário que é usado apenas para esse cálculo.

Erro de programação comum 4.7

Supor que a divisão inteira faz o arredondamento (em vez de truncar) pode levar a resultados incorretos.

O C# pode avaliar apenas expressões aritméticas nas quais os tipos de dados dos operandos sejam idênticos. Para garantir que os operandos sejam do mesmo tipo, o C# realiza uma *conversão implícita* (também chamada de *promoção*) nos operandos selecionados. Por meio da conversão implícita, em uma expressão contendo os tipos de dados **int** e **double**, os operandos **int** são *promovidos* a **double**. Em nosso exemplo, a versão **double** temporária de **total** é dividida pelo valor **int gradeCounter**. Portanto, uma versão temporária de **gradeCounter** é promovida a **double**, o cálculo é efetuado, e o resultado da divisão de ponto flutuante é atribuído a **average**.

Estão disponíveis operadores de conversão para a maioria dos tipos de dados. O operador de conversão é conhecido como *operador unário* (isto é, um operador que recebe apenas um único operando) e é formado pela colocação de parênteses em torno de um nome de tipo de dados. No Capítulo 3 estudamos os operadores aritméticos binários. O C# também suporta versões unárias dos operadores de adição (**+**) e subtração (**-**); portanto, o programador pode escrever expressões como **-7** ou **+5**. Os operadores de conversão são associados da direita para a esquerda e têm a mesma precedência que outros operadores unários, como o **+** unário e o **-** unário. Essa precedência é um nível mais alta do que a dos *operadores multiplicativos* *****, **/** e **%** e um nível mais baixa do que a dos parênteses. (Veja a tabela de precedência de operadores no Apêndice A.) Em nossas tabelas de precedência, indicamos o operador de conversão com a notação (*tipo*), para mostrar que qualquer nome de tipo pode formar um operador de conversão.

Erro de programação comum 4.8

Usar números de ponto flutuante de uma maneira que se suponha que eles são números reais representados com precisão pode levar a resultados incorretos. Os números reais são representados de maneira apenas aproximada pelos computadores.

Boa prática de programação 4.7

Não compare valores de ponto flutuante quando usar igualdade ou desigualdade. Em vez disso, teste se o valor absoluto da diferença entre os dois números de ponto flutuante é menor do que um valor pequeno especificado.

A despeito do fato de que os números de ponto flutuante nem sempre são "100% precisos", eles têm muitas aplicações. Por exemplo, quando falamos da temperatura "normal" do corpo de 37 graus, não necessitamos ter a precisão de um número de dígitos maior. Quando vemos a temperatura em um termômetro e a lemos como 37 graus, na verdade ela pode ser 36,69994732310643. Dizer que tal número é simplemente 37 graus está bem para a maioria das aplicações.

Os números de ponto flutuante também se revelam por meio da divisão. Quando dividimos 10 por 3, o resultado é 3,3333333..., com a seqüência de números 3 se repetindo indefinidamente. O computador aloca apenas um espaço fixo para conter tal valor, de modo que o valor de ponto flutuante armazenado pode ser apenas uma aproximação.

A linha 47 apresenta o valor de **average**. Especificamos a média como o segundo argumento de **WriteLine**. O método **WriteLine** converterá esse argumento para uma **string** e exibirá seu valor.

4.10 Formulando algoritmos com refinamento "top-down", passo a passo: estudo de caso 3 (estruturas de controle aninhadas)

Vamos trabalhar em outro problema completo. Novamente, formularemos o algoritmo usando pseudocódigo e refinamento "top-down" passo a passo; vamos escrever um programa C# correspondente.

Considere a declaração do problema a seguir:

Uma faculdade oferece um curso que prepara os alunos para o exame de licenciamento para corretores imobiliários. No último ano, vários alunos que concluíram esse curso fizeram o exame de licenciamento. A faculdade quer saber como seus alunos se comportaram no exame e assim lhe pede para escrever um programa resumindo os resultados. Você recebe uma lista dos 10 alunos. Ao lado de cada nome está escrito 1, caso o aluno tenha passado, e 2, se o aluno não passou.

Seu programa deve analisar os resultados do exame como se segue:

1. *Fornecer o resultado de cada teste (isto é, 1 ou 2). Exibir a mensagem "Fornecer resultado" na tela sempre que o programa solicitar outro resultado de teste.*
2. *Contar o número de resultados de teste de cada tipo.*
3. *Exibir um resumo dos resultados do teste, indicando o número de alunos que passaram e o número de alunos que não passaram no exame.*
4. *Se mais de oito alunos passaram no exame, imprimir a mensagem "Aumentar o preço do curso".*

Após ler a declaração do problema cuidadosamente, fazemos as seguintes observações:

1. O programa deve processar resultados de teste de 10 alunos. Um laço controlado por contador será usado.
2. O resultado de cada teste é um número (1 ou 2). Sempre que o programa lê o resultado de um teste, ele deve determinar se o número é 1 ou 2. Testamos se é 1 em nosso algoritmo. Se o número não for 1, supomos que ele seja 2. (Um exercício no final do capítulo considera as conseqüências dessa suposição.)
3. Dois contadores controlam os resultados do exame — um para contar o número de alunos que passaram no exame e outro para contar o número de alunos que não passaram.
4. Após o programa processar todos os resultados, ele deve indicar se mais de oito alunos passaram no exame.

Vamos prosseguir com o refinamento "top-down", passo a passo. Começamos com uma representação em pseudocódigo da parte "top":

Analisar os resultados do exame e decidir se o preço do curso deve ser aumentado

Mais uma vez, é importante enfatizar que a parte "top" é uma representação completa do programa, mas vários refinamentos provavelmente serão necessários antes que o pseudocódigo possa evoluir naturalmente para um programa C#. Nosso primeiro refinamento é:

Inicializar as variáveis
Fornecer as dez notas de exame e contar as aprovações e as reprovações
Imprimir um resumo dos resultados do exame e decidir se o número de aulas deve ser aumentado

Mesmo que tenhamos uma representação completa do programa inteiro, um maior refinamento é necessário. Devemos especificar as variáveis. Contadores são necessários para registrar aprovações e reprovações. Um contador controla o processo de repetição, e uma variável armazena a entrada do usuário. A declaração em pseudocódigo

Inicializar as variáveis

pode ser refinada como se segue:

Inicializar o número de aprovados como zero
Inicializar o número de reprovados como zero
Inicializa o número de alunos como um

Apenas os contadores do número de alunos que passaram, do número de alunos que não passaram e do número de alunos são inicializados. A declaração em pseudocódigo

Fornecer as dez notas do teste e contar as aprovações e as reprovações

exige um laço que forneça sucessivamente o resultado de cada exame. Aqui, sabe-se antecipadamente que existem precisamente dez resultados de exame; portanto, a repetição controlada por contador é apropriada. Dentro do laço (isto é, *aninhada* dentro do laço), uma estrutura de seleção dupla determina se o resultado de cada exame é uma aprovação ou uma reprovação e incrementa o contador apropriado de acordo. O refinamento da declaração em pseudocódigo anterior é

Enquanto o contador de alunos for menor ou igual a dez
Fornecer o próximo resultado de exame

Se o aluno passou
Somar um ao número de aprovados
Senão
Somar um ao número de reprovados

Soma um ao contador de alunos

Observe o uso de uma linha em branco para destacar a estrutura de controle *If/Else*, para melhorar a legibilidade do programa. A declaração em pseudocódigo

Imprimir um resumo dos resultados do exame e decidir se o preço do curso deve ser aumentado

pode ser refinada como se segue:

Imprimir o número de aprovados
Imprimir o número de reprovados

Se mais de oito alunos passaram
Imprimir "Aumentar o preço do curso"

O segundo refinamento completo aparece na Figura 4.10. Note que linhas em branco também destacam a estrutura *While* para dar legibilidade ao programa.

Agora, o pseudocódigo está suficientemente refinado para conversão para C#. O programa C# e exemplos de execução aparecem na Figura 4.11.

Inicializar o número de aprovados como zero
Inicializar o número de reprovados como zero
Inicializa o número de alunos como um

Enquanto o contador de alunos for menor ou igual a dez
Fornecer o próximo resultado de exame

Se o aluno passou
Somar um ao número de aprovados
Senão
Somar um ao número de reprovados

Soma um ao contador de alunos

Imprimir o número de aprovados
Imprimir o número de reprovados

Se mais de oito alunos passaram
Imprimir "Aumentar o preço do curso"

Figura 4.10 Pseudocódigo do problema dos resultados do exame.

```
// Fig. 4.11: Analysis.cs
// Análise dos resultados do exame.

```

Figura 4.11 Programa C# para o problema dos resultados do exame. (Parte 1 de 3.)

```
using System;

class Analysis
{
   static void Main( string[] args )
   {
      intpasses = 0,           // número de aprovados
          failures = 0,        // número de reprovados
          student = 1,         // contador de alunos
          result;              // resultado de um exame

      // processa 10 alunos; laço controlado por contador
      while ( student <= 10 )
      {
         Console.WriteLine( "Enter result (1=pass, 2=fail): " );
         result = Int32.Parse( Console.ReadLine() );

         if ( result == 1 )
            passes = passes + 1;

         else
            failures = failures + 1;

            student = student + 1;
      }

      // fase de conclusão
      Console.WriteLine();
      Console.WriteLine( "Passed: " + passes );
      Console.WriteLine( "Failed: " + failures );

      if ( passes > 8 )
         Console.WriteLine( "Raise Tuition\n" );

   } // fim do método Main

} // fim da classe Analysis
```

```
Enter result (1=pass, 2=fail): 1
Enter result (1=pass, 2=fail): 2
Enter result (1=pass, 2=fail): 1
Enter result (1=pass, 2=fail): 1
Enter result (1=pass, 2=fail): 1
Enter result (1=pass, 2=fail): 1
Enter result (1=pass, 2=fail): 1
Enter result (1=pass, 2=fail): 1
Enter result (1=pass, 2=fail): 1
Enter result (1=pass, 2=fail): 1

Passed: 9
Failed: 1
Raise Tuition
```

```
Enter result (1=pass, 2=fail): 1
Enter result (1=pass, 2=fail): 2
Enter result (1=pass, 2=fail): 2
```

Continua na próxima página

Figura 4.11 Programa C# para o problema dos resultados do exame. (Parte 2 de 3.)

Continuação da página anterior

```
Enter result (1=pass, 2=fail): 2
Enter result (1=pass, 2=fail): 2
Enter result (1=pass, 2=fail): 2
Enter result (1=pass, 2=fail): 1
Enter result (1=pass, 2=fail): 1
Enter result (1=pass, 2=fail): 1
Enter result (1=pass, 2=fail): 1

Passed: 5
Failed: 5
```

Figura 4.11 Programa C# para o problema dos resultados do exame. (Parte 3 de 3.)

As linhas 10 a 13 declaram as variáveis usadas em **Main** para processar os resultados do exame. Tiramos proveito de um recurso do C# que incorpora inicialização de variável nas declarações (**0** é atribuído a **passes**, **0** é atribuído a **failures**, e **1** é atribuído a **student**). Os programas que contêm repetição podem exigir inicialização no início de cada repetição; tal inicialização ocorre normalmente nas declarações de atribuição. Observe o uso da estrutura **if/else** aninhada (linhas 21 a 25) no corpo da estrutura **while**. Note também a nova instrução na linha 31, que usa **Console.WriteLine** para produzir uma linha em branco na saída.

Observação de engenharia de software 4.7

A parte mais difícil da solução de um problema em um computador é desenvolver o algoritmo para a solução. Uma vez especificado o algoritmo correto, o processo de produção de um programa C# funcional a partir do algoritmo normalmente é simples.

Observação de engenharia de software 4.8

Muitos programadores experientes escrevem programas sem jamais usar ferramentas de desenvolvimento de programa, como o pseudocódigo. Esses programadores acham que seu objetivo último é resolver o problema em um computador e que escrever pseudocódigo apenas atrasa a produção da saída final. Embora isso possa funcionar para problemas simples e familiares, pode levar a sérios problemas em projetos grandes e complexos.

4.11 Operadores de atribuição

O C# fornece vários operadores de atribuição para abreviar operações de atribuição. Por exemplo, a instrução

```
c = c + 3;
```

pode ser abreviada, com o *operador de atribuição de adição* **+=**, como:

```
c += 3;
```

O operador **+=** soma o valor da expressão à direita do operador ao valor da variável à esquerda e armazena o resultado na variável à esquerda do operador. Qualquer instrução da forma

variável = *variável operador expressão*;

onde *operador* é um dos operadores binários **+**, **-**, *****, **/** ou **%** (ou outros que discutiremos posteriormente no livro) pode ser escrita na forma

variável operador= *expressão*;

A Figura 4.12 contém os operadores de atribuição aritméticos, exemplos de expressões usando esses operadores e explicações.

Erro de programação comum 4.9

Colocar um caractere de espaço entre os símbolos que compõem um operador de atribuição aritmético é um erro de sintaxe.

Operador de atribuição	Exemplo de expressão	Explicação	Atribui
Suponha: `int c = 3, d = 5, e = 4, f = 6, g = 12;`			
`+=`	`c += 7`	`c = c + 7`	`10` a `c`
`-=`	`d -= 4`	`d = d - 4`	`1` a `d`
`*=`	`e *= 5`	`e = e * 5`	`20` a `e`
`/=`	`f /= 3`	`f = f / 3`	`2` a `f`
`%=`	`g %= 9`	`g = g % 9`	`3` a `g`

Figura 4.12 Operadores de atribuição aritméticos.

4.12 Operadores de incremento e decremento

O C# fornece o operador de incremento unário, **++**, e o operador de decremento unário, **--**, que estão listados na Figura 4.13. Um programa pode incrementar o valor de uma variável chamada **c** por 1, usando o operador de incremento, **++**, em vez da expressão **c = c + 1** ou **c += 1**. Se um operador de incremento ou decremento for colocado antes de uma variável, ele será referido como operador de *pré-incremento* ou *pré-decremento*, respectivamente. Se um operador de incremento ou decremento for colocado após uma variável, ele será referido como operador de *pós-incremento* ou *pós-decremento*, respectivamente.

Pré-incrementar (ou pré-decrementar) uma variável faz com que ela seja incrementada (ou decrementada) por 1, e, em seguida, o novo valor da variável é usado na expressão em que ela aparece. Pós-incrementar (ou pós-decrementar) a variável faz o valor atual dessa variável ser usado na expressão em que ela aparece, e, em seguida, o valor é incrementado (ou decrementado) por 1.

O aplicativo da Figura 4.14 demonstra a diferença entre a versão pré-incrementada e a versão pós-incrementada do operador de incremento **++**. Pós-incrementar a variável **c** faz com que ela seja incrementada após ter sido usada na chamada do método **Console.WriteLine** (linha 14). Pré-incrementar a variável **c** faz com que ela seja incrementada antes de ter sido usada na chamada do método **Console.Writeline** (linha 21).

Operador	Chamado	Exemplo de expressão	Explicação
`++`	pré-incremento	`++a`	Incrementa **a** por 1 e, em seguida, usa o novo valor de **a** na expressão em que **a** reside.
`++`	pós-incremento	`a++`	Usa o valor atual de **a** na expressão em que **a** reside e, em seguida, incrementa **a** por 1.
`--`	pré-decremento	`--b`	Decrementa **b** por 1 e, em seguida, usa o novo valor de **b** na expressão em que **b** reside.
`--`	pós-decremento	`b--`	Usa o valor atual de **b** na expressão em que **b** reside e, em seguida, decrementa **b** por 1.

Figura 4.13 Os operadores de incremento e decremento.

```
1   // Fig. 4.14: Increment.cs
2   // Pré-incremento e pós-incremento
3
4   using System;
5
6   class Increment
7   {
8      static void Main( string[] args )
9      {
10        int c;
11
```

Figura 4.14 A diferença entre pré-incrementar e pós-incrementar. (Parte 1 de 2.)

```
12         c = 5;
13         Console.WriteLine( c );   // imprime 5
14         Console.WriteLine( c++ ); // imprime 5 e depois pós-incrementa
15         Console.WriteLine( c );   // imprime 6
16
17         Console.WriteLine();      // pula uma linha
18
19         c = 5;
20         Console.WriteLine( c );   // imprime 5
21         Console.WriteLine( ++c ); // pré-incrementa e depois imprime 6
22         Console.WriteLine( c );   // imprime 6
23
24      } // fim do método Main
25
26   } // fim da classe Increment
```

```
5
5
6

5
6
6
```

Figura 4.14 A diferença entre pré-incrementar e pós-incrementar. (Parte 2 de 2.)

O programa exibe o valor de **c** antes e depois que o operador **++** seja usado. O operador de decremento (**--**) funciona de modo semelhante.

Boa prática de programação 4.8

Para melhorar a legibilidade, os operadores unários devem ser colocados ao lado de seus operandos, sem espaços intervenientes.

A linha 17,

```
Console.WriteLine(); // pula uma linha
```

usa **Console.WriteLine** para produzir uma linha em branco na saída. Se **Console.WriteLine** não receber argumentos, a instrução simplesmente produzirá um caractere de nova linha na saída.

Os operadores de atribuição aritméticos e os operadores de incremento e decremento podem ser usados para simplificar instruções de programa. Por exemplo, as três instruções de atribuição da Figura 4.11 (linhas 22, 25 e 27)

```
passes = passes + 1;
failures = failures + 1;
student = student + 1;
```

podem ser escritas mais concisamente, com operadores de atribuição, como

```
passes += 1;
failures += 1;
student += 1;
```

com operadores de pré-incremento como

```
++passes;
++failures;
++student;
```

ou com operadores de pós-incremento como

```
passes++;
failures++;
student++;
```

É importante notar aqui que, ao incrementar ou decrementar uma variável em uma expressão ou instrução sozinha, as formas de pré-incremento e pós-incremento, assim como pré-decremento e pós-decremento, têm o mesmo efeito. É somente quando uma variável aparece no contexto de uma expressão maior que pré-incrementar ou pós-incrementar a variável têm efeitos diferentes (e analogamente para pré-decrementar e pós-decrementar).

Erro de programação comum 4.10

Tentar usar o operador de incremento ou decremento em uma expressão que não seja uma referência a variável é um erro de sintaxe. Uma referência a variável é uma variável ou expressão que pode aparecer no lado esquerdo de uma operação de atribuição. Por exemplo, escrever **`++(x + 1)`** *é um erro de sintaxe, pois* **`(x + 1)`** *não é uma referência.*[2]

A Figura 4.15 mostra a precedência e a associatividade dos operadores apresentados até agora. Os operadores são mostrados de cima para baixo em ordem decrescente de precedência. A segunda coluna descreve a associatividade dos operadores em cada nível de precedência. Note que o operador condicional (**?:**), os operadores unários de incremento (**++**) e decremento (**--**), os sinais de adição (**+**), subtração (**-**), conversão e os operadores de atribuição (**=**, **+=**, **-=**, ***=**, **/=** e **%=**) são associados da direita para a esquerda. Todos os outros operadores da tabela de precedência de operador da Figura 4.15 são associados da esquerda para a direita. A terceira coluna nomeia os grupos de operadores.

4.13 Introdução à programação de aplicativos Windows

Atualmente, os usuários exigem software com GUIs ricas que lhes permitam clicar em botões, selecionar itens de menus e muito mais. Neste capítulo e no anterior criamos aplicativos de console. Entretanto, a maioria dos programas C# usados no setor é constituída de aplicativos Windows com GUIs. Por isso, estamos apresentando os aplicativos Windows logo no início do livro, embora fazer isso exponha alguns conceitos que não explicaremos totalmente até capítulos posteriores.

No Capítulo 2 apresentamos a noção de programação visual, que permite aos programadores criar interfaces com o usuário gráficas sem escrever qualquer código de programação. Nesta seção combinamos programação visual com as técnicas de programação convencionais apresentadas neste capítulo e no Capítulo 3. Por meio dessa combinação podemos melhorar consideravelmente o aplicativo Windows apresentado no Capítulo 2.

Carregue no IDE o projeto **ASimpleProject** do Capítulo 2. Para identificar facilmente o formulário e seus controles no código do programa, mude as propriedades **(Name)** do formulário, do rótulo e da caixa de figura para **ASimple-**

Operadores	Associatividade	Tipo
`()`	da esquerda para a direita	parênteses
`++ --`	da direita para a esquerda	unário posfixado
`++ -- + -` (*tipo*)	da direita para a esquerda	unário prefixado
`* / %`	da esquerda para a direita	multiplicativo
`+ -`	da esquerda para a direita	aditivo
`< <= > >=`	da esquerda para a direita	relacional
`== !=`	da esquerda para a direita	igualdade
`?:`	da direita para a esquerda	condicional
`= += -= *= /= %=`	da direita para a esquerda	atribuição

Figura 4.15 Precedência e associatividade dos operadores discutidos até aqui neste livro.

2. A expressão *referência a variável* é equivalente ao termo *lvalue* (de "left value", ou "valor esquerdo"), que é popular entre os programadores C e C++.

Program, **welcomeLabel** e **bugPictureBox**, respectivamente. Para mudar as propriedades do componente da GUI, selecione (clique) o componente na janela de projeto e, em seguida, localize a propriedade na janela **Properties**. Clique na caixa à direita do nome da propriedade para fornecer um novo valor e, em seguida, pressione a tecla *Enter*.

Com a programação visual, o IDE gera o código do programa que cria a GUI. Esse código contém instruções para a criação do formulário e de cada controle nele contido. Ao contrário de um aplicativo de console, o código do programa de um aplicativo Windows não é apresentado inicialmente na janela do editor. Quando o projeto do programa (por exemplo, **ASimpleProgram**) é aberto no IDE, o código do programa pode ser visto selecionando-se **View > Code**. A Figura 4.16 mostra o editor de código exibindo o código do programa.

Os aplicativos Windows usam classes. Já vimos exemplos de classes, como **Console** e **MessageBox**, que são definidas dentro da .NET Framework Class Library. As classes são agrupamentos lógicos de métodos e dados que simplificam a organização do programa. Uma abordagem aprofundada das classes será fornecida no Capítulo 8.

Todo aplicativo Windows consiste em pelo menos uma classe que *herda* da *classe* ***Form*** (que representa um formulário) do espaço de nomes ***System.Windows.Forms***. A palavra-chave **class** inicia uma definição de classe e é seguida imediatamente do nome da classe (**ASimpleProgram**). Lembre-se de que o nome do formulário é configurado usando-se a propriedade (**Name**). Dois-pontos (**:**) indicam que a classe **ASimpleProgram** herda partes existentes de outra classe. A classe da qual **ASimpleProgram** herda — aqui, **System.Windows.Forms.Form** — aparece à direita dos dois-pontos. Nesse relacionamento de herança, **Form** é chamada de classe *base* (ou *superclasse*) e **ASimpleProgram** é chamada de *classe derivada* (ou *subclasse*). Com a herança, a definição de classe de **ASimpleProgram** tem os *atributos* (dados) e *comportamentos* (métodos) da classe **Form**. Discutiremos o significado da palavra-chave **public** no Capítulo 6. [*Nota:* mudar o nome do controle na janela **Properties** pode não mudar todas as ocorrências de seu nome no código. O leitor deve pesquisar o código e substituir todas as ocorrências que não foram alteradas pelo IDE. Por exemplo, o nome original do formulário (e o nome de classe) era **Form1**. Procure **Form1** no código e altere todas as instâncias restantes para **ASimpleProgram**.]

Uma vantagem importante de herdar de **Form** é que alguém definiu anteriormente "o que significa ser um formulário". O sistema operacional Windows espera que toda janela (por exemplo, um formulário) tenha certos atributos e comportamentos. Entretanto, como a classe **Form** já fornece esses recursos, os programadores não precisam "reinventar a roda", definindo todos os recursos eles mesmos. Na verdade, a classe **Form** tem mais de 400 métodos! Em nossos programas até este ponto, usamos apenas um método (isto é, **Main**); portanto, você pode imaginar como deu trabalho criar a classe **Form**. O uso dos dois-pontos para estender a partir da classe **Form** permite aos programadores criar formulários rapidamente.

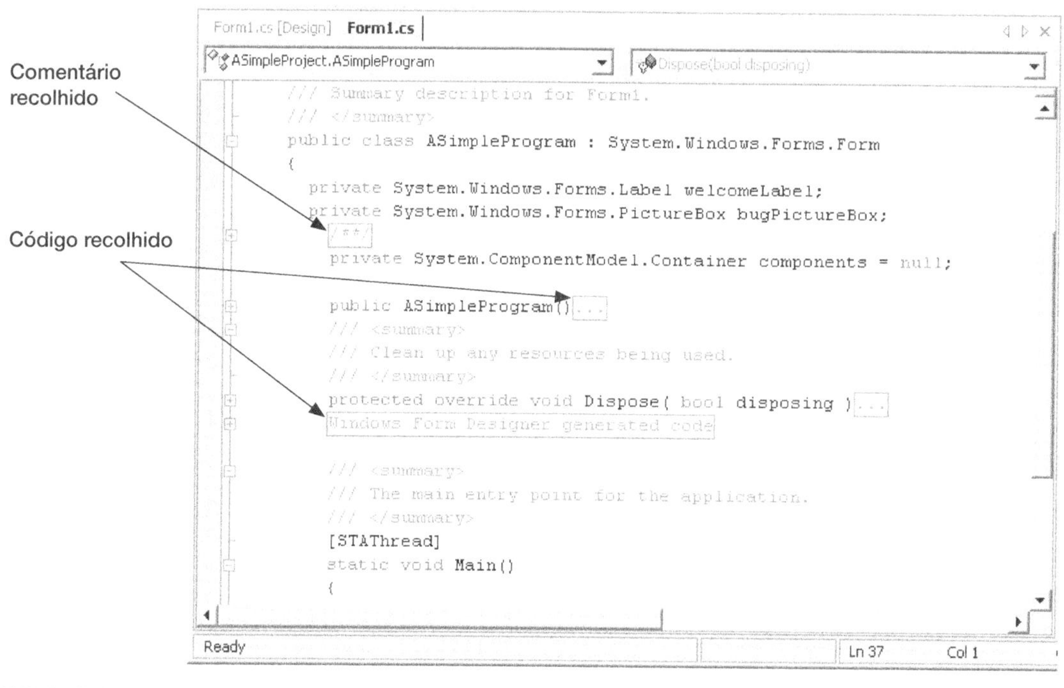

Figura 4.16 IDE mostrando o código do programa da Figura 2.15.

Na janela do editor (Figura 4.16), observe o texto **`Windows Form Designer generated code`**, que está na cor cinza e tem uma caixa com o sinal de adição a seu lado. A caixa com o sinal de adição indica que essa seção de código está *recolhida*. Embora o código recolhido não seja visível, ele ainda faz parte do programa. O recolhimento de código permite aos programadores ocultar código no editor, para que possam focalizar trechos de código menores (e talvez mais importantes). Note que a definição de classe inteira também pode ser recolhida clicando-se na caixa com o sinal de subtração à esquerda de **`public`**. Na Figura 4.16, a descrição em cinza indica que o código recolhido foi criado pelo *Windows Form Designer* (isto é, a parte do IDE que cria o código para a GUI). Esse código recolhido contém o código criado pelo IDE para o formulário e seus controles, assim como o código que permite ao programa ser executado. Clique na caixa com o sinal de subtração para ver o código.

Em uma inspeção inicial, o *código expandido* (Figura 4.17) parece incrivelmente complexo. Esse código é criado pelo IDE e normalmente não é editado pelo programador. Achamos importante, para os programadores iniciantes, ver a quantidade de código gerada pelo IDE, mesmo que grande parte dele não seja explicada até posteriormente no livro. Esse tipo de código está presente em todo aplicativo Windows. Permitir que o IDE crie esse código economiza para o programador um tempo de desenvolvimento considerável. Se o IDE não fornecesse o código, o programador teria de escrevê-lo, e isso exigiria uma quantidade de tempo considerável. A ampla maioria do código mostrado ainda não foi apresentada; portanto, não se espera que você entenda como ele funciona. Entretanto, certas construções de programação, como os comentários e as estruturas de controle, devem lhe ser familiares. Nossa explicação desse código nos permitirá discutir a programação visual com mais detalhes. À medida que você continuar a estudar C#, especialmente nos capítulos 8 a 13, o objetivo desse código se tornará mais claro.

Quando criamos esse aplicativo no Capítulo 2, usamos a janela **Properties** para configurar as propriedades do formulário, do rótulo e da caixa de figura. Uma vez configurada uma propriedade, o formulário ou controle era atualizado imediatamente. Os formulários e os controles contêm um conjunto de *propriedades padrão*, que são exibidas inicialmente na janela **Properties**, quando um formulário ou controle é selecionado. Essas propriedades padrão fornecem as características iniciais de um formulário ou controle, quando ele é criado. Quando um controle, como um rótulo, é colocado no formulário, o IDE adiciona código para a classe (por exemplo, **`ASimpleProgram`**) que cria o controle e que configura alguns valores de propriedade do controle, como seu nome e sua localização no formulário. A Figura 4.18 mostra uma parte do código gerado pelo IDE para configurar as propriedades do rótulo (isto é, de **`welcomeLabel`**). Isso inclui as propriedades **`Font`**, **`Location`**, **`Name`**, **`Text`** e **`TextAlign`** do rótulo. Lembre-se, do Capítulo 2, de que configuramos explicitamente os valores das propriedades **`Name`**, **`Text`** e **`TextAlign`** do rótulo. Outras propriedades, como **`Location`**, são configuradas apenas quando o rótulo é colocado no formulário.

Os valores atribuídos às propriedades são baseados nos valores da janela **Properties**. Mostraremos agora como o IDE atualiza o código gerado pelo Windows Form Designer, que ele gera quando um valor de propriedade na janela **Properties** muda. Durante esse processo, devemos alternar entre o modo de visualização de código e o modo de visualização de projeto.

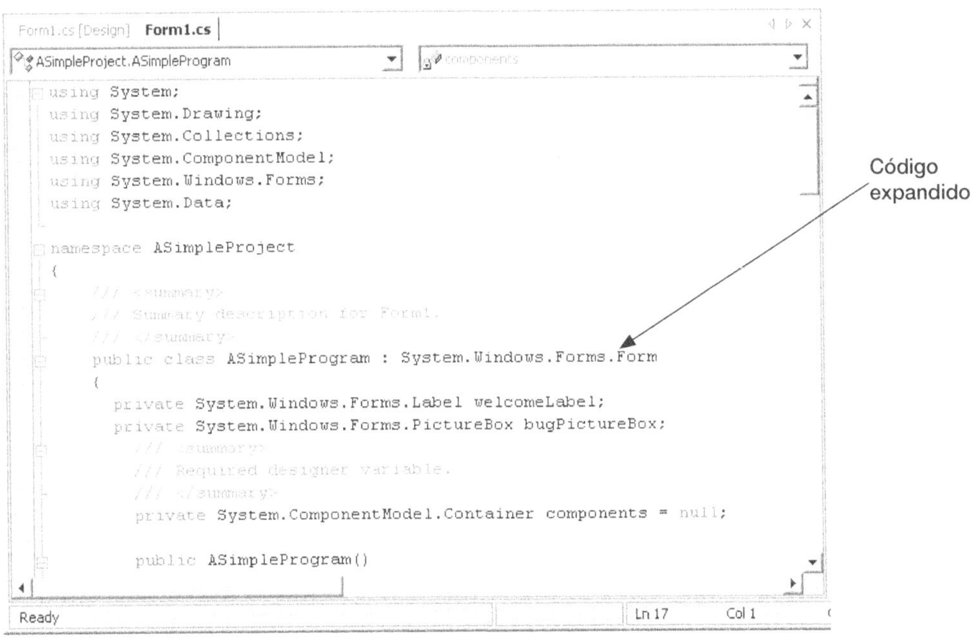

Figura 4.17 Código gerado pelo Windows Form Designer, quando expandido.

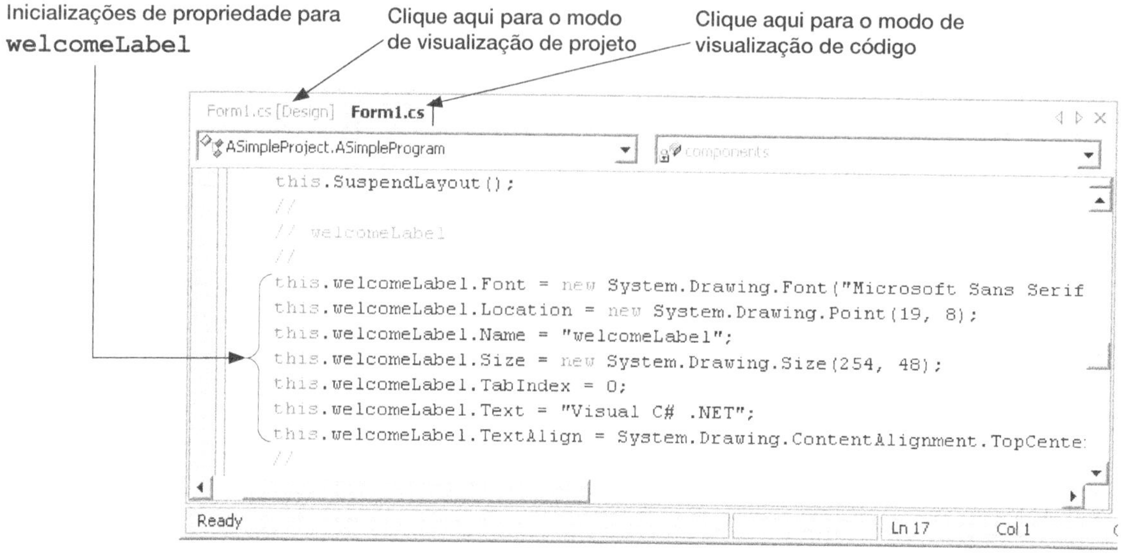

Figura 4.18 Código gerado pelo IDE para `welcomeLabel`.

Para alternar entre os modos de visualização, selecione as guias correspondentes — **Form1.cs***, para o modo de visualização de código, e **Form1.cs* [Design]**, para o modo de visualização de projeto. Como alternativa, o programador pode selecionar **View > Code** ou **View > Designer**. Execute os passos a seguir:

1. *Modifique a propriedade* **`Text`** *do controle rótulo usando a janela* **Properties**. Lembre-se de que as propriedades podem ser alteradas no modo de visualização de projeto clicando-se em um formulário ou controle para selecioná-lo e depois modificando-se a propriedade apropriada na janela **Properties**. Mude a propriedade **`Text`** do rótulo para "**`Deitel`**" (Figura 4.19).

2. *Examine as alterações no modo de visualização de código*. Troque para o modo de visualização de código e examine o código. Note que, agora, está atribuído à propriedade **`Text`** do rótulo o texto que fornecemos na janela **Properties** (Figura 4.20). Quando uma propriedade é alterada no modo de visualização de projeto, o Windows Form Designer atualiza a linha de código apropriada na classe, para refletir o novo valor.

3. *Modificando um valor de propriedade no modo de visualização de código*. No editor do modo de visualização de código, localize as três linhas de comentários indicando a inicialização de **`welcomeLabel`** e mude a **`string`** atribuída a **`this.welcomeLabel.Text`**, de "**`Deitel`**" para "**`Visual C# .NET`**" (Figura 4.21). Agora, vá para o modo de visualização de projeto. O rótulo exibe o texto atualizado, e a janela **Properties** de **`welcomeLabel`** exibe o novo valor de **`Text`** (Figura 4.22). [*Nota*: os valores de propriedade não devem ser configurados usando-se as técnicas apresentadas neste passo. Aqui, modificamos o valor da propriedade no código gerado pelo IDE apenas como uma demonstração do relacionamento entre o código do programa e o Windows Form Designer.]

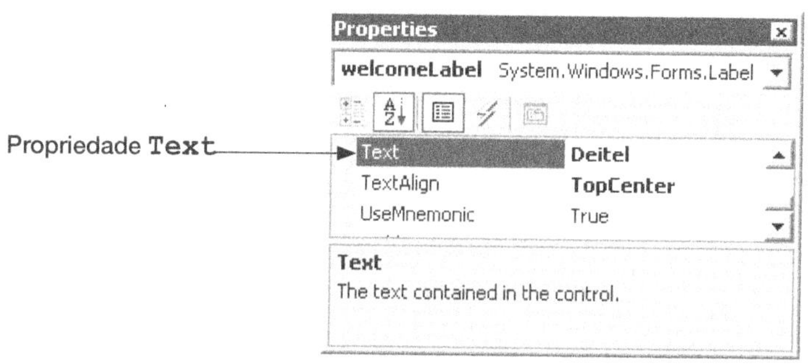

Figura 4.19 Usando a janela **Properties** para configurar um valor de propriedade.

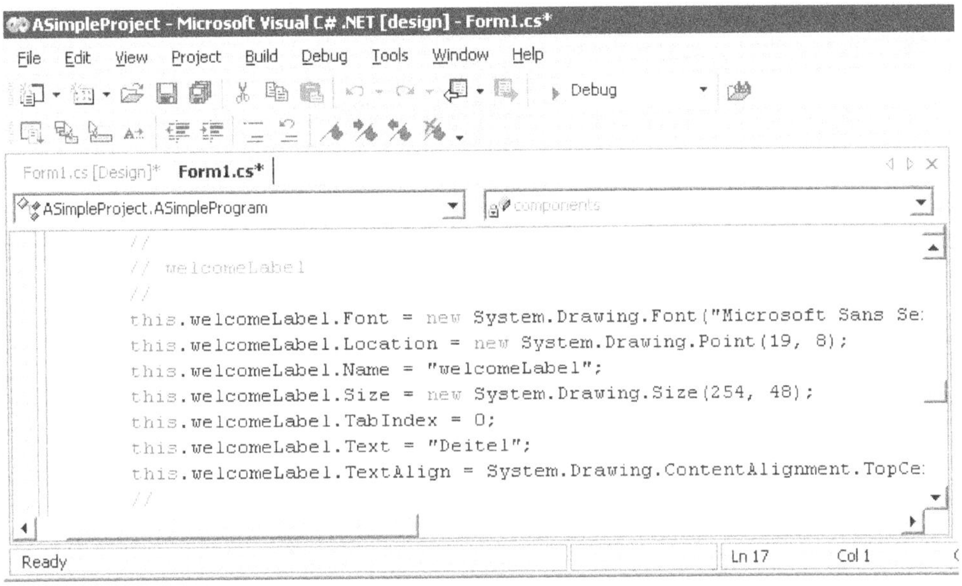

Figura 4.20 Código gerado pelo Windows Form Designer refletindo novos valores de propriedade.

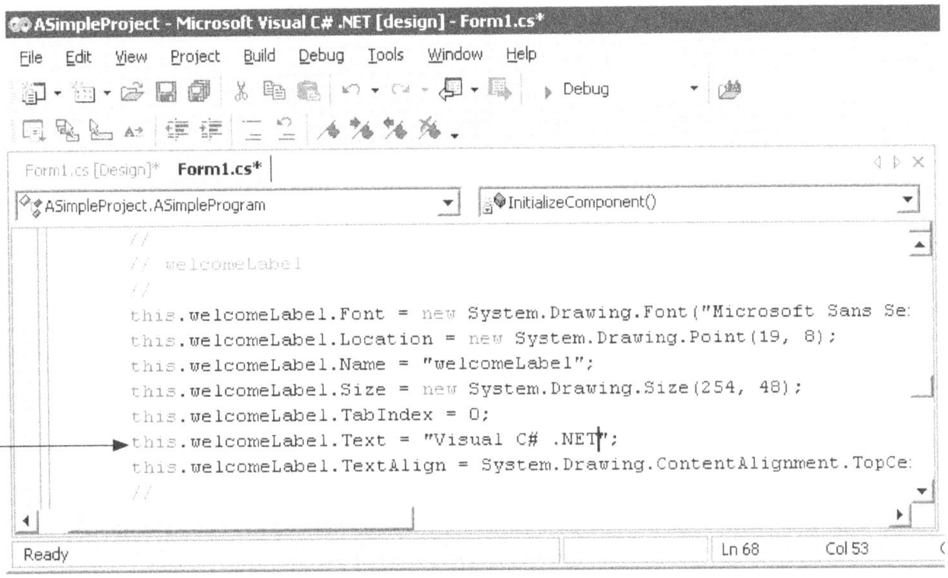

Figura 4.21 Mudando uma propriedade no editor do modo de visualização de código.

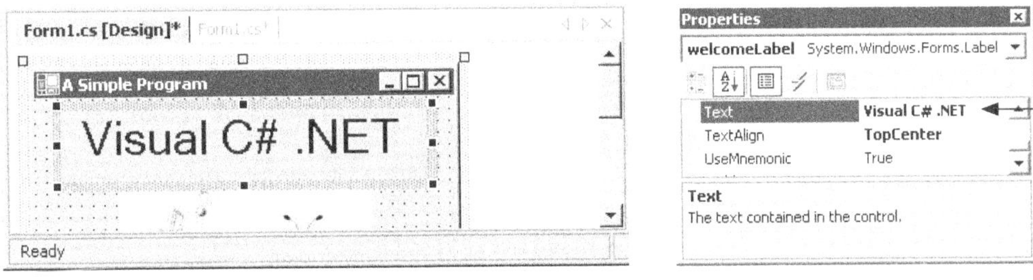

Figura 4.22 Novo valor da propriedade `Text` refletido no modo de visualização de projeto.

4. *Altere a propriedade* **`Text`** *do rótulo em tempo de execução.* Nos passos anteriores, configuramos as propriedades em tempo de projeto. Freqüentemente, entretanto, é necessário modificar uma propriedade enquanto um programa está em execução. Por exemplo, para apresentar o resultado de um cálculo ao texto de um rótulo pode ser atribuída uma **`string`** contendo o resultado. Em aplicativos de console, tal código fica localizado em **`Main`**. Em aplicativos Windows, devemos criar um método que seja executado quando o formulário for carregado na memória, durante a execução do programa. Assim como **`Main`**, esse método é chamado quando o programa é executado. Dar um clique duplo no formulário, no modo de visualização de projeto, adiciona um método chamado ***`ASimpleProgram_Load`*** na classe (Figura 4.23). O cursor é colocado no corpo da definição do método **`ASimpleProgram_Load`**. Note que **`ASimpleProgram_Load`** não faz parte do código gerado pelo Windows Form Designer. Adicione a instrução **`welcomeLabel.Text = "C#";`** no corpo da definição do método (Figura 4.23). Em C#, as propriedades são acessadas colocando-se o nome da propriedade (isto é, **`Text`**) após o nome do objeto (isto é, **`welcomeLabel`**), separado pelo operador de ponto. Essa sintaxe é semelhante àquela usada ao se acessar métodos de objeto. Note que o recurso *IntelliSense* exibe a propriedade **`Text`** na lista de membros após o nome de classe e o operador de ponto terem sido digitados (Figura 4.24). No Capítulo 8 discutiremos como os programadores podem criar suas próprias propriedades.

Método **`ASimpleProgram_Load`**

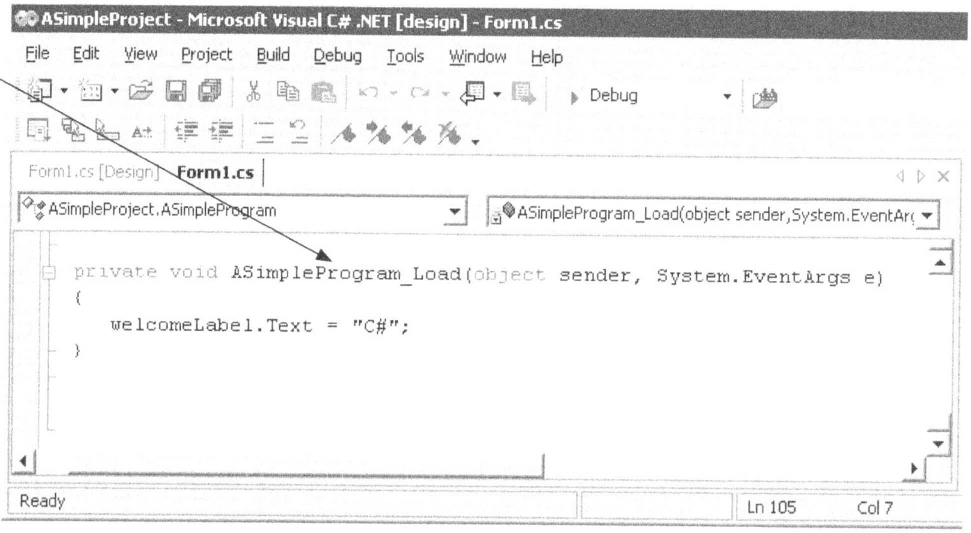

Figura 4.23 Método `ASimpleProgram_Load`.

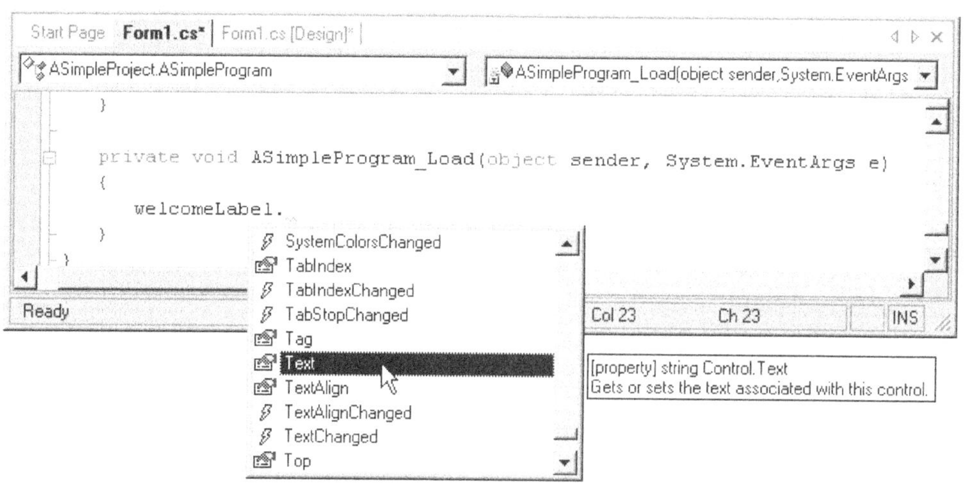

Figura 4.24 O recurso IntelliSense em ação.

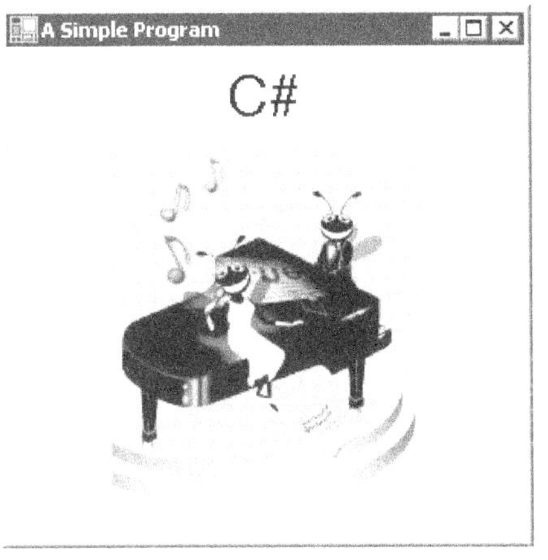

Figura 4.25 Mudando um valor de propriedade em tempo de execução.

5. *Examine os resultados do método* **ASimpleProgram_Load**. Note que o texto no rótulo parece o mesmo do modo **Design** da Figura 4.22. Note também que a janela de propriedade ainda exibe o valor "**Visual C# .NET**" como propriedade **Text** do rótulo e que o código gerado pelo IDE também não mudou. Selecione **Build > Build** e, em seguida, **Debug > Start**, para executar o programa. Quando o formulário é apresentado, o texto no rótulo reflete a atribuição da propriedade em **ASimpleProgram_Load** (Figura 4.25).

6. *Termine a execução do programa.* Clique no botão de fechamento para terminar a execução do programa. Mais uma vez, note que o rótulo e sua propriedade **Text** contêm o texto **Visual C# .NET**. O código gerado pelo IDE também contém o texto **Visual C# .NET**, que está atribuído à propriedade **Text** do rótulo.

Neste capítulo, apresentamos blocos de construção de programa chamados estruturas de controle. Também discutimos aspectos da programação de aplicativos Windows. No Capítulo 5, continuaremos nossa discussão sobre as estruturas de controle, apresentando estruturas de seleção e repetição adicionais. Além disso, também complementaremos os conceitos de aplicativo Windows apresentados neste capítulo, criando um aplicativo Windows mais rico.

Resumo

- Executar uma série de ações em uma ordem específica pode resolver muitos problemas de computação.
- Um procedimento para resolver um problema em termos das ações a serem executadas e da ordem em que essas ações são executadas é um algoritmo.
- O controle do programa especifica a ordem em que as instruções são executadas em um programa de computador.
- Pseudocódigo é uma linguagem artificial e informal que ajuda os programadores a desenvolver algoritmos e "pensar sobre" um programa, durante o processo de projeto.
- O código C# corresponde intimamente ao pseudocódigo. Essa é uma propriedade do pseudocódigo que o transforma em uma ferramenta de desenvolvimento de programa útil.
- Normalmente, as instruções em um programa são executadas uma após a outra, na ordem em que aparecem. Isso é chamado de execução seqüencial.
- Várias instruções C# permitem que o programador especifique que a próxima instrução a ser executada pode ser outra que não aquela que está na seqüência. Isso é chamado de transferência de controle.
- Muitas complicações de programação nos anos 60 foram resultado do mal uso da instrução **goto**, que permite ao programador especificar uma transferência de controle para um de uma ampla variedade de destinos possíveis em um programa. A notação de programação estruturada tornou-se praticamente sinônimo de "eliminação de **goto**".
- O trabalho de Bohm e Jacopini demonstrou que todos os programas poderiam ser escritos em termos de apenas três estruturas de controle — a saber, seqüência, seleção e repetição.
- A estrutura de seqüência é incorporada ao C#. A não ser que indicado de outra forma, o computador executa as instruções C# uma após a outra, na ordem em que aparecem.

- Um fluxograma é uma representação gráfica de um algoritmo ou de uma parte de um algoritmo. Os fluxogramas são desenhados usando-se símbolos, como retângulos, losangos, elipses e pequenos círculos; esses símbolos são conectados por setas chamadas linhas de fluxo, que indicam a ordem em que as ações do algoritmo são executadas.
- A estrutura de seleção **if** executa (seleciona) uma ação, se uma condição for verdadeira, ou pula a ação, caso a condição seja falsa.
- A estrutura de seleção **if/else** executa uma ação, caso uma condição seja **verdadeira**, e executa uma ação diferente, se a condição for **falsa**.
- Uma estrutura de seleção simples é aquela que seleciona ou ignora uma única ação.
- Uma estrutura de seleção dupla é aquela que seleciona uma entre duas ações.
- Uma estrutura de seleção múltipla é aquela que seleciona uma dentre muitas ações.
- Palavras-chave são reservadas pela linguagem para implementar vários recursos, como as estruturas de controle do C#. As palavras-chave não podem ser usadas como identificadores.
- Cada programa é formado pela combinação de quantas estruturas de controle de cada tipo, das oito do C#, forem apropriadas para o algoritmo que o programa implementa.
- As estruturas de controle de uma entrada/uma saída tornam fácil construir programas. As estruturas de controle são ligadas umas às outras conectando-se o ponto de saída de uma ao ponto de entrada da outra. Isso é chamado de empilhamento de estrutura de controle.
- Os algoritmos nos programas C# são construídos a partir de apenas oito tipos diferentes de estruturas de controle, combinados de apenas duas maneiras.
- O símbolo de decisão tem duas linhas de fluxo emergindo dele. Uma indica a direção a ser tomada quando a expressão no símbolo é verdadeira; a outra indica a direção a ser tomada quando a expressão é falsa.
- Os fluxogramas de estrutura de controle contêm (além de símbolos de círculo pequenos e linhas de fluxo) apenas símbolos de retângulo, para indicar as ações a serem executadas, e símbolos de losango, para indicar as decisões a serem tomadas. Esse é o modelo ação/decisão da programação.
- O operador condicional ternário (**?:**) está intimamente relacionado à estrutura **if/else**. Os operandos e o operador **?:** formam uma expressão condicional. O primeiro operando é uma condição que é avaliada como um valor **bool**, o segundo é o valor da expressão condicional se a condição for avaliada como **verdadeira**, e o terceiro é o valor da expressão condicional se a condição for avaliada como **falsa**.
- As estruturas **if/else** aninhadas testam múltiplos casos, colocando estruturas **if/else** dentro de outras estruturas do mesmo tipo.
- Um conjunto de instruções em um par de chaves é chamado de bloco. Um bloco pode ser colocado em qualquer parte de um programa em que uma única instrução possa ser colocada.
- Um erro de sintaxe é capturado pelo compilador em tempo de compilação, enquanto um erro lógico tem seu efeito durante a execução.
- Um erro lógico fatal faz um programa falhar e terminar prematuramente. Um erro lógico não fatal permite que o programa continue a ser executado, mas ele produz resultados incorretos.
- Uma estrutura de repetição repete uma ação (ou conjunto de ações) enquanto alguma condição permanece verdadeira.
- Finalmente, a condição em uma estrutura **while** se tornará falsa. Nesse ponto, a repetição termina, e a primeira instrução após a estrutura de repetição é executada.
- É um erro lógico não fornecer no corpo de uma estrutura **while** uma ação que finalmente faça a condição se tornar falsa. Normalmente, tal estrutura de repetição nunca terminará, o que é um erro chamado "laço infinito" (ou looping).
- Usamos repetição controlada por contador para fornecer valores de dados um por vez, um número especificado de vezes. Essa técnica usa uma variável chamada contador para controlar o número de vezes que um conjunto de instruções será executado.
- A repetição controlada por contador é freqüentemente chamada de repetição definida, pois o número de repetições é conhecido antes que o laço comece a executar.
- A repetição controlada por sentinela é chamada freqüentemente de repetição indefinida, pois o número de repetições não é conhecido antes que o laço comece a executar.
- O valor de sentinela (também chamado de valor de sinalização, valor fictício ou valor de flag) determina quando se deve terminar uma estrutura de repetição.
- Abordamos os problemas de programação com o refinamento "top-down", passo a passo — uma técnica que é fundamental para o desenvolvimento de algoritmos bem estruturados.
- A parte "top" é uma única declaração que transmite a função global do programa. Como tal, essa parte é uma representação completa de um programa.

- Dividimos a parte "top" em uma série de tarefas menores e as listamos na ordem em que elas devem ser executadas. Cada refinamento, incluindo a própria parte "top", é uma especificação completa do algoritmo; apenas um nível de detalhe varia em cada refinamento.
- Muitos algoritmos podem ser divididos logicamente em três fases — uma fase de inicialização, que inicializa as variáveis do programa, uma fase de processamento, que fornece valores de dados e ajusta as variáveis do programa de acordo, e uma fase de finalização, que calcula e imprime os resultados.
- O programador termina o processo de refinamento "top-down", passo a passo, quando o algoritmo em pseudocódigo está especificado com detalhes suficientes para que o programador o converta em um programa C#.
- Omitir as chaves que definem um bloco no corpo de uma estrutura de repetição pode levar a erros lógicos, como os laços infinitos.
- Dividir dois inteiros resulta em uma divisão inteira, na qual toda a parte fracionária do cálculo é truncada.
- Para garantir que os operandos em uma expressão sejam do mesmo tipo, o C# realiza uma conversão implícita nos operandos selecionados e os promove para o mesmo tipo.
- O C# fornece o operador de incremento unário, **++**, e o operador de decremento unário, **--**. Esses operadores somam ou subtraem 1 de seus operandos, respectivamente.
- Se um operador de incremento ou decremento é colocado antes de uma variável, ele é referido como operador de pré-incremento ou pré-decremento, respectivamente.
- Se um operador de incremento ou decremento é colocado depois de uma variável, ele é referido como operador de pós-incremento ou pós-decremento, respectivamente.
- Uma vantagem importante do fato de estender classes usando herança é que todos os recursos são fornecidos pela classe original — os programadores não precisam definir esses recursos por conta própria.
- O método **InitializeComponent** contém o código para configurar propriedades de componente em uma GUI.
- O valor entre parênteses após o tipo em uma operação **new** inicializa o novo objeto.
- O Visual Studio .NET gera código que constrói a GUI de um aplicativo.
- Os tipos primitivos são os blocos de construção de tipos mais complicados.

Terminologia

--, operador de decremento unário
%=, operador de atribuição de módulo
(*tipo*), operador de conversão
***=**, operador de atribuição de multiplicação
++, operador de incremento unário
+=, operador de atribuição de adição
/=, operador de atribuição de divisão
;, instrução vazia
=, operador de atribuição
-=, operador de atribuição de subtração
?:, operador condicional ternário
{, chave de abertura
}, chave de fechamento
abreviando uma expressão de atribuição
algoritmo
algoritmo em pseudocódigo
aninhamento de estrutura de controle
associação da direita para a esquerda
associação da esquerda para a direita
associatividade de operadores
bloco
bloco de construção
caracteres de espaço em branco
chaves que delimitam um bloco
classe **System.Windows.Forms.Form**
código expandido
código recolhido
contador
controle de programa
convenção de recuo
conversão explícita
conversão implícita
corpo da instrução **while**
declaração
definição de classe de aplicativo
diretiva **#endregion**
diretiva **#region**
diretivas de pré-processador
divisão de ponto flutuante
divisão inteira
divisão por zero
eliminação de **goto**
empilhamento de estrutura de controle
erro de sintaxe
erro lógico
erro lógico fatal
erro lógico não fatal
espaçamento vertical
estrutura de controle
estrutura de controle de uma entrada/uma saída
estrutura de repetição
estrutura de repetição **do/while**
estrutura de repetição **for**
estrutura de repetição **while**
estrutura de seleção
estrutura de seleção dupla

estrutura de seleção **if**
estrutura de seleção **if/else**
estrutura de seleção múltipla
estrutura de seleção simples
estrutura de seleção **switch**
estrutura de seqüência
execução seqüencial
expressão booleana
expressão condicional
false
fase de conclusão
fase de inicialização
fase de processamento
fase de projeto
ferramenta de desenvolvimento de programa
fim da entrada de dados
fluxo de controle
fluxograma
formulário principal
herdando da classe **System.Windows.Forms.Form**
inicializar
instrução **else**
instrução vazia (**;**)
IntelliSense
laço
laço infinito
linguagem fortemente tipada
linguagem que leva em consideração letras maiúsculas e minúsculas
linha de fluxo
método **Dispose**
método **InitializeComponent**
modelo de programação ação/decisão
nível de refinamento
número de ponto flutuante
número real
operação de entrada/saída
operador aritmético binário
operador condicional (**?:**)
operador de atribuição (**=**)
operador de conversão
operador de pós-decremento
operador de pós-incremento
operador de pré-decremento
operador de pré-incremento
operador ternário (**?:**)
operador unário
operadores multiplicativos: *****, **/** e **%**
palavra-chave
ponto de entrada de estrutura de controle
ponto de saída de estrutura de controle
pós-decrementando
pós-incrementando
precedência de operadores
pré-decrementando
pré-incrementando
primeiro refinamento
problema do else pendente
problema dos resultados do exame
procedimento para resolver um problema
processo de refinamento
programação com menos **goto**
programação estruturada
promoção
pseudocódigo
recuo
referência a variável
refinamento "top-down", passo a passo
repetição controlada por contador
repetição controlada por sentinela
repetição definida
repetição indefinida
representação completa de um programa
representação gráfica de um algoritmo
resultado fracionário
segundo refinamento
símbolo de ação
símbolo de círculo pequeno
símbolo de conector
símbolo de decisão
símbolo de elipse
símbolo de losango
símbolo de retângulo
tipo de dados de ponto flutuante
tipo de dados inteiro
tipo de dados primitivo (ou interno)
tipo de dados primitivo **bool**
tipo de dados primitivo **double**
tipo de dados primitivo **string**
transferência de controle
true
truncamento
Unicode
valor de flag
valor de sentinela
valor de sinalização
valor temporário

Exercícios de revisão

4.1 Preencha os espaços em branco em cada uma das declarações a seguir:

a) Todos os programas podem ser escritos em termos de três tipos de estruturas de controle: ________, ________ e ________.
b) A estrutura de seleção ________ executa uma ação quando uma condição é verdadeira e outra ação quando a condição é falsa.
c) A repetição de um conjunto de instruções um número específico de vezes é chamada de repetição ________.
d) Quando não se sabe antecipadamente quantas vezes um conjunto de instruções será repetido, um valor ________ pode ser usado para terminar a repetição.

e) Especificar a ordem em que as instruções devem ser executadas em um programa de computador é chamado de ________________.
f) ________________ é uma linguagem artificial e informal que ajuda os programadores a desenvolver algoritmos.
g) ________________ são reservadas pelo C# para implementar vários recursos, com as estruturas de controle da linguagem.
h) Uma instrução ________________, especificando que nenhuma ação deve ser executada, é indicada pela colocação de um ponto-e-vírgula onde normalmente haveria uma instrução.
i) O operador de incremento (**++**) e o operador de decremento (**--**) incrementam e decrementam o valor de uma variável por ________________.
j) A conversão explícita faz uso do operador ________________.

4.2 Indique se cada uma das alternativas a seguir é *verdadeira* ou *falsa*. Se for *falsa*, justifique.

a) É difícil converter pseudocódigo em um programa C# funcional.
b) Execução seqüencial se refere a instruções em um programa que são executadas uma após a outra.
c) É recomendado que os programadores de C# usem instruções **goto**.
d) A estrutura **if** é chamada de estrutura de seleção simples.
e) Os programas estruturados são claros, fáceis de depurar e modificar, e provavelmente têm menos erros do que os programas não estruturados.
f) A estrutura de seqüência não é incorporada ao C#.
g) O pseudocódigo normalmente se assemelha ao código C# real.
h) Colocar um ponto-e-vírgula após a condição em uma estrutura **if** é um erro de sintaxe.
i) O corpo da estrutura **while** pode ser uma única instrução ou um bloco.

4.3 Escreva quatro instruções C# diferentes, cada uma somando 1 à variável inteira **x**, e armazene o resultado em **x**.

4.4 Escreva instruções C# para executar cada exercício a seguir:

a) Atribuir a soma de **x** e **y** a **z** e, em seguida, incremente **x** por 1, após o cálculo. Use apenas uma instrução.
b) Testar se o valor da variável **cont** é maior do que 10. Se for, imprimir **"Cont é maior que 10"**.
c) Decremente a variável **x** por 1 e, em seguida, a subtraia da variável **total**. Use apenas uma instrução.
d) Calcule o resto, após **q** ser dividido por **divisor**, e atribua o resultado a **q**. Escreva essa instrução de duas maneiras diferentes.

4.5 Escreva uma instrução C# para executar cada exercício a seguir:

a) Declare as variáveis **soma** e **x** como de tipo **int**.
b) Atribua **1** à variável **x**.
c) Atribua **0** à variável **soma**.
d) Some a variável **x** com a variável **soma** e atribua o resultado à variável **soma**.
e) Imprima **"A soma é: "**, seguido do valor da variável **soma**.

4.6 Combine as instruções que você escreveu no Exercício 4.5 em um aplicativo em C# que calcule e imprima a soma dos inteiros de 1 a 10. Use a estrutura **while** para fazer um laço pelas instruções de cálculo e incremento. O laço deve terminar quando o valor de **x** se tornar 11.

4.7 Determine os valores de cada variável, após o cálculo ser efetuado. Suponha que, quando cada instrução começar a ser executada, todas as variáveis tenham o valor inteiro 5.

a) `produto *= x++;`
b) `quociente /= ++x;`

4.8 Identifique e corrija os erros em cada um dos exercícios a seguir:

a)
```
while ( c <= 5 )
{
   produto *= c;
   ++c;
```
b)
```
if ( genero == 1 )
   Console.WriteLine( "Feminino" );
else;
   Console.WriteLine( "Masculino" );
```

4.9 O que há de errado com a estrutura de repetição **while** a seguir?

```
while ( z >= 0 )
   soma += z;
```

Respostas dos exercícios de revisão

4.1 a) seqüência, seleção, repetição. b) **if/else**. c) controlada por contador ou definida. d) sentinela, sinal, flag ou fictício. e) controle de programa. f) Pseudocódigo. g) Palavras-chave. h) vazia. i) um. j) conversão.

4.2 a) Falsa. O pseudocódigo deve ser facilmente convertido em código C#. b) Verdadeira. c) Falsa. Alguns programadores dizem que as instruções **goto** violam a programação estruturada e causam problemas consideráveis. d) Verdadeira. e) Verdadeira. f) Falsa. A estrutura de seqüência está incorporada ao C#; as linhas de código são executadas na ordem em que são escritas, a não ser que seja explicitamente instruído de outra forma. g) Verdadeira. h) Falsa. Colocar um ponto-e-vírgula após a condição em uma estrutura **if** normalmente é um erro lógico. i) Verdadeira.

4.3
```
x = x + 1;
x += 1;
++x;
x++;
```

4.4
a) `z = x++ + y;`
b)
```
if ( cont > 10 )
    Console.WriteLine( "Cont é maior que 10" );
```
c) `total -= --x;`
d)
```
q %= divisor;
q = q % divisor;
```

4.5
a) `int soma, x;`
b) `x = 1;`
c) `soma = 0;`
d) `soma += x;` ou `soma = soma + x;`
e) `Console.WriteLine( "A soma é: " + soma );` ou
`Console.WriteLine( "A soma é: {0}", soma );`

4.6
```
// Calcula a soma dos inteiros de 1 a 10

using System;

class Calcular
{
   static void Main( string[] args )
   {
      int soma, x;

      x = 1;
      soma = 0;

      while ( x <= 10 )
      {
         soma += x++;
      }

      Console.WriteLine( "A soma é: "  + soma );
   }
}
```

4.7
a) `produto = 25, x = 6;`
b) `quociente = 0, x = 6;`

4.8 a) Erro: falta a chave de fechamento do corpo da instrução **while**.
Correção: adicionar a chave de fechamento após a instrução **++c**;

b) Erro: o ponto-e-vírgula após a instrução **else** resulta em um erro lógico. A segunda instrução de saída será sempre executada.
Correção: remover o ponto-e-vírgula após a instrução **else**.

4.9 O valor da variável **z** nunca é alterado na estrutura **while**. Portanto, se a condição de continuação do laço **(z>=0)** é verdadeira, um laço infinito é criado. Para evitar o laço infinito, **z** deve ser decrementado para que finalmente se torne menor do que 0.

Exercícios

4.10 Muitos motoristas gostam de saber o desempenho de seus carros. Um motorista controlou durante várias semanas a quilometragem para cada tanque cheio. Desenvolva um programa em C# que receba como entrada os quilômetros rodados e o combustível gasto (ambos como valores double) para cada tanque cheio. O programa deve calcular e exibir a quilometragem para cada tanque cheio e imprimir a quilometragem para todos os tanques cheios até esse ponto. Todos os cálculos de média devem produzir resultados em ponto flutuante.

4.11 Desenvolva um aplicativo em C# que determine se o cliente de uma loja de departamentos ultrapassou o limite de crédito em uma conta. Para cada cliente, os seguintes fatos estão disponíveis:

a) O número da conta
b) O saldo no início do mês
c) O total de todos os itens cobrados desse cliente no mês corrente
d) O total de todos os créditos aplicados na conta desse cliente no mês corrente
e) O limite de crédito permitido

O programa deve fornecer como valores inteiros cada um desses fatos, calcular o novo saldo (= *saldo inicial + cobranças - créditos*), exibir o novo saldo e determinar se o novo saldo ultrapassa o limite de crédito do cliente. Para os clientes cujo limite de crédito foi ultrapassado, o programa deve exibir a mensagem "Limite de crédito excedido".

4.12 Escreva um aplicativo em C# que use laço para imprimir a seguinte tabela de valores:

```
N   10*N    100*N    1000*N

1   10      100      1000
2   20      200      2000
3   30      300      3000
4   40      400      4000
5   50      500      5000
```

4.13 (*Problema do else pendente*) Determine a saída de cada um dos exercícios a seguir, quando **x** é **9** e **y** é **11**, e quando **x** é **11** e **y** é **9**. Note que o compilador ignora o recuo em um programa C#. Além disso, o compilador C# associa uma instrução **else** à instrução **if** anterior, a não ser que instruído de outra forma pela colocação de chaves (**{}**). À primeira vista, o programador pode não estar certo de quais **if** e **else** correspondem; isso é referido como problema do "else pendente". Eliminamos o recuo do código a seguir para tornar o problema mais difícil. (*Dica*: aplique as convenções de recuo que você aprendeu.)

a)
```
if ( x < 10 )
if ( y > 10 )
Console.WriteLine( "*****" );
else
Console.WriteLine( "#####" );
Console.WriteLine( "$$$$$" );
```

b)
```
if ( x < 10 ) {
if ( y > 10 )
Console.WriteLine( "*****" );
}
else {
Console.WriteLine( "#####" );
Console.WriteLine( "$$$$$" );
}
```

4.14 Um palíndromo é um número ou uma expressão que pode ser lida igualmente da esquerda para a direita ou ao contrário. Por exemplo, cada um dos inteiros de cinco dígitos a seguir é um palíndromo: 12321, 55555, 45554 e 11611. Escreva um aplicativo que leia um inteiro de cinco dígitos e determine se ele é um palíndromo. Se o número não tiver cinco dígitos, exiba uma caixa de diálogo de mensagem de erro indicando o problema para o usuário. Quando o usuário dispensar a caixa de diálogo de erro, permita que ele forneça um novo valor.

4.15 Uma empresa quer transmitir dados pelo telefone, mas está preocupada com a interceptação telefônica. Todos os seus dados são transmitidos como inteiros de quatro dígitos. Ela pediu para que você escreva um programa que criptografe seus dados, para que eles possam ser transmitidos com mais segurança. Seu aplicativo deve ler um inteiro de quatro dígitos fornecido pelo usuário em uma caixa de diálogo de entrada e criptografá-lo como se segue: substitua cada dígito por *(a soma desse dígito mais 7) módulo 10*. Em seguida, troque o primeiro dígito pelo terceiro e troque o segundo dígito pelo quarto. Imprima o inteiro criptografado. Escreva um aplicativo separado que tenha como entrada um inteiro de quatro dígitos criptografado e o descriptografe para formar o número original.

4.16 O fatorial de um inteiro não negativo n é escrito como $n!$ (pronuncia-se "fatorial de n") e é definido como se segue:

$n! = n \cdot (n - 1) \cdot (n - 2) \cdot \ldots \cdot 1$ (para valores de n maiores ou iguais a 1)

e

$n! = 1$ (para $n = 0$).

Por exemplo, $5! = 5 \cdot 4 \cdot 3 \cdot 2 \cdot 1$, que dá 120.

a) Escreva um aplicativo que leia um inteiro não negativo de uma caixa de diálogo de entrada e calcule e imprima seu fatorial.

b) Escreva um aplicativo que estime o valor da constante matemática e usando a fórmula

$$e = 1 + \frac{1}{1!} + \frac{1}{2!} + \frac{1}{3!} + \cdots$$

c) Escreva um aplicativo que calcule o valor de e^x, usando a fórmula

$$e = 1 + \frac{x}{1!} + \frac{x^2}{2!} + \frac{x^3}{3!} + \cdots$$

5

Estruturas de Controle: Parte 2

Objetivos

- Usar as estruturas de repetição **for** e **do/while** para executar instruções repetidamente em um programa.
- Entender a seleção múltipla que usa a estrutura de seleção **switch**.
- Usar as instruções de controle de programa **break** e **continue**.
- Usar os operadores lógicos.

Quem pode controlar seu destino?
William Shakespeare, *Otelo*

A chave usada é sempre brilhante.
Benjamin Franklin

O homem é um animal que faz ferramentas.
Benjamin Franklin

Inteligência... é a faculdade de fazer objetos artificiais, especialmente ferramentas para fazer ferramentas.
Henri Bergson

Resumo

5.1 Introdução

O Capítulo 4 iniciou nossa introdução aos tipos de blocos de construção disponíveis para solução de problemas e usou esses blocos para implementar princípios de construção de programa comprovados. Neste capítulo continuamos nossa apresentação da teoria e dos princípios da programação estruturada, mostrando as estruturas de controle restantes do C#. Assim como no Capítulo 4, as técnicas do C# descritas aqui podem ser aplicadas à maioria das linguagens de alto nível. Quando iniciarmos nosso tratamento formal da programação baseada em objetos em C#, no Capítulo 8, veremos que as estruturas de controle que estudamos neste capítulo e no Capítulo 4 são úteis na construção e manipulação de objetos.

5.2 Fundamentos da repetição controlada por contador

No último capítulo apresentamos a noção de repetição controlada por contador. Nesta seção formalizaremos os elementos necessários na repetição controlada por contador, a saber:

1. O *nome* de uma *variável de controle* (ou contador de laço) usada para determinar se o laço prossegue sua execução.
2. O *valor inicial* da variável de controle.
3. O *incremento* (ou *decremento*) pelo qual a variável de controle é modificada a cada passagem no laço (também conhecida como *iteração do laço*).
4. A condição que testa o *valor final* da variável de controle (isto é, se o laço deve continuar).

Para ver os quatro elementos da repetição controlada por contador, considere o programa simples da Figura 5.1, que exibe os dígitos de 1 a 5.

```
// Fig. 5.1: WhileCounter.cs
// Repetição controlada por contador.

using System;

class WhileCounter
{
   static void Main( string[] args )
   {
      int counter = 1;          // inicialização

      while ( counter <= 5 )  // condição de repetição
      {
```

Figura 5.1 Repetição controlada por contador com a estrutura `while`. (Parte 1 de 2.)

```
14            Console.WriteLine( counter );
15            counter++;          // incrementa
16
17         } // fim do while
18
19      } // fim do método Main
20
21   } // fim da classe WhileCounter
```

```
1
2
3
4
5
```

Figura 5.1 Repetição controlada por contador com a estrutura `while`. (Parte 2 de 2.)

A declaração (linha 10)

```
int counter = 1;
```

nomeia a variável de controle (**counter**), a declara como sendo do tipo inteiro, reserva espaço para ela na memória e a configura com o *valor inicial* **1**. Essa instrução é uma declaração que inclui uma inicialização. A declaração e a inicialização de **counter** também poderiam ter sido feitas com a declaração e a instrução

```
int counter;      // declara counter
counter = 1;      // inicializa counter como 1
```

A declaração não é executável, ao contrário da instrução de atribuição. Usamos as duas estratégias de inicialização por todo este livro.

As linhas 12 a 17 definem a estrutura **while**. Durante cada iteração do laço, a linha 14 exibe o valor corrente de **counter**, e a linha 15 *incrementa* a variável de controle por **1**, a cada iteração do laço. A condição de continuação do laço na estrutura **while** testa se o valor da variável de controle é menor ou igual a **5** (o *valor final* para o qual a condição é verdadeira). O corpo dessa instrução **while** é executado mesmo quando a variável de controle é **5**. O laço termina quando a variável de controle ultrapassa **5** (isto é, **counter** se torna **6**).

O programa da Figura 5.1 pode se tornar mais conciso por meio da inicialização de **counter** como **0** e substituindo-se a estrutura **while** por

```
while ( ++counter <= 5 )      // condição de repetição
   Console.WriteLine( counter );
```

Esse código economiza uma instrução e elimina a necessidade de chaves em torno do corpo do laço, pois o incremento ocorre diretamente na condição de **while**, antes de ser testada (lembre-se de que a precedência de **++** é mais alta do que a de **<=**).

Boa prática de programação 5.1

Controle a contagem de laços com valores inteiros.

Boa prática de programação 5.2

Coloque uma linha em branco antes e depois de cada estrutura de controle importante, para fazê-la se destacar no programa.

Boa prática de programação 5.3

O espaçamento vertical acima e abaixo das estruturas de controle e o recuo de seus corpos dentro dos cabeçalhos da estrutura de controle dão aos programas uma aparência bidimensional que melhora a legibilidade.

5.3 Estrutura de repetição `for`

A estrutura de repetição **for** trata dos detalhes da repetição controlada por contador. Para ilustrar o poder da instrução **for**, vamos reescrever o programa da Figura 5.1. O resultado aparece na Figura 5.2.

O método **Main** (linhas 8 a 14) funciona como se segue: quando a estrutura **for** (linha 12) começa a ser executada, o programa inicializa a variável de controle **counter** como **1** (os dois primeiros elementos da repetição controlada por contador — *nome* e *valor inicial* da variável de controle). Em seguida, o programa testa a condição de continuação do laço, **counter <= 5**. O valor inicial de **counter** é **1**; assim, a condição é verdadeira. Então, a linha 13 produz na saída o valor de **counter**. Depois, o programa incrementa a variável **counter** na expressão **counter++**, e o laço começa novamente, com o teste de continuação do laço. Agora, a variável de controle é igual a **2**. Esse valor não ultrapassa o valor final; portanto, o programa executa novamente a instrução do corpo (isto é, executa a próxima iteração do laço). Esse processo continua até que a variável de controle **counter** se torne **6**, fazendo com que o teste de continuação do laço falhe e a repetição termine. O programa continua, executando a primeira instrução após a estrutura **for**. (Nesse caso, o método **Main** termina, pois o programa chega ao final do corpo de **Main**.)

A Figura 5.3 examina com mais detalhes a estrutura **for** da Figura 5.2. A primeira linha da estrutura **for** (incluindo a palavra-chave **for** e tudo o que está entre parênteses depois dela) às vezes é chamada de *cabeçalho da estrutura* ***for***. Note que a estrutura **for** especifica cada um dos itens necessários para a repetição controlada por contador, com uma variável de controle. Se houver mais de uma instrução no corpo da estrutura **for**, chaves (**{** e **}**) serão exigidas para definir o corpo do laço.

A Figura 5.2 usa a condição de continuação de laço **counter <= 5**. Se o programador escrever incorretamente **counter < 5**, o laço será executado apenas quatro vezes. Esse erro lógico comum é chamado de *erro por falta de um*.

Erro de programação comum 5.1

Usar um operador relacional incorreto ou usar um valor final incorreto para um contador de laço na condição de uma estrutura ***while****,* ***for*** *ou* ***do/while*** *(apresentada na Seção 5.6) pode causar um erro por falta de um.*

Erro de programação comum 5.2

Os valores de ponto flutuante podem ser aproximados, de modo que controlar a contagem de laços com variáveis de ponto flu--tuante pode resultar em valores de contador e em testes de conclusão imprecisos.

```
1   // Fig. 5.2: ForCounter.cs
2   // Repetição controlada por contador com a estrutura for.
3
4   using System;
5
6   class ForCounter
7   {
8      static void Main( string[] args )
9      {
10        // inicialização, condição de repetição e incremento
11        // todos estão incluídos na estrutura for
12        for ( int counter = 1; counter <= 5; counter++ )
13           Console.WriteLine( counter );
14     }
15  }
```

```
1
2
3
4
5
```

Figura 5.2 Repetição controlada por contador com a estrutura for.

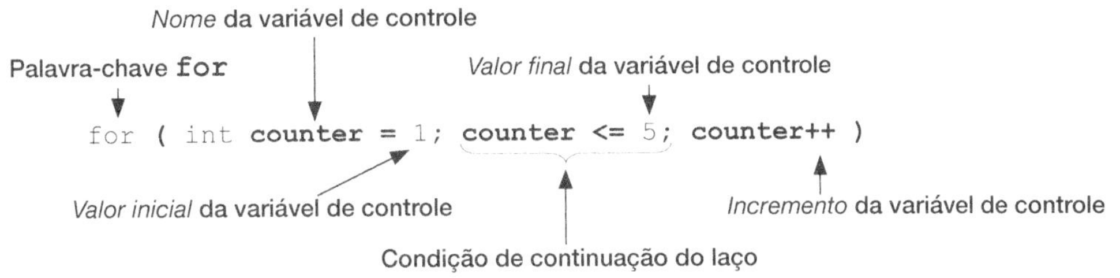

Figura 5.3 Componentes de um cabeçalho típico da estrutura `for`.

Dica de teste e depuração 5.1

Usar o valor final na condição de uma estrutura **`while`** *ou* **`for`** *e usar o operador relacional* **<=** *ajudará a evitar erros por falta de um. Para um laço usado para imprimir os valores de 1 a 10, por exemplo, a condição de continuação do laço deve ser* **`counter <= 10`***, em vez de* **`counter < 10`** *(que é um erro por falta de um), ou* **`counter < 11`** *(que também funciona). Essa estratégia é comumente conhecida como contagem baseada em um. Quando estudarmos os arrays, no Capítulo 7, veremos quando os programadores preferem* contagem baseada em zero, *na qual se conta 10 vezes através de um laço,* **`counter`** *é inicializada como zero e o teste de continuação do laço é* **`counter < 10`***.*

O formato geral da estrutura **`for`** é

```
for ( expressão1 ; expressão2 ; expressão3 )
    instrução
```

onde *expressão1* nomeia a variável de controle do laço e fornece seu valor inicial, *expressão2* é a condição de continuação do laço (contendo o valor final da variável de controle) e *expressão3* incrementa ou decrementa a variável de controle. Na maioria dos casos, a estrutura **`for`** pode ser representada por uma estrutura **`while`** equivalente, com *expressão1, expressão2* e *expressão3* colocadas como se segue:

```
expressão1 ;
while ( expressão2 )
{
    instrução
    expressão3 ;
}
```

Na Seção 5.7 discutiremos uma exceção a essa regra.

Em C#, os programadores podem declarar a variável de controle na *expressão1* do cabeçalho da estrutura **`for`** (isto é, o tipo da variável de controle é especificado antes do nome da variável), em vez de anteriormente no código. Quando isso ocorre, a variável de controle pode ser usada apenas no corpo da estrutura **`for`** (isto é, o nome da variável de controle será desconhecido fora da estrutura **`for`**). Tal restrição no uso de um nome de variável de controle define o *escopo* da variável. O escopo de uma variável define onde ela pode ser usada em um programa. O escopo será discutido em detalhes no Capítulo 6.

Erro de programação comum 5.3

Quando uma estrutura **`for`** *declara sua variável de controle em sua seção de inicialização, usar a variável de controle após o corpo da estrutura é um erro de compilação.*

Às vezes, *expressão1* e *expressão3* em uma estrutura **`for`** são listas separadas por vírgulas de expressões que permitem ao programador usar várias expressões de inicialização e/ou várias expressões de incremento ou decremento. Por exemplo, podem existir diversas variáveis de controle em uma única estrutura **`for`**, que devem ser inicializadas e incrementadas ou decrementadas.

Boa prática de programação 5.4

Coloque todas as expressões que envolvem variáveis de controle na seção de inicialização do cabeçalho da estrutura **`for`***. As manipulações das outras variáveis devem aparecer antes do laço (caso sejam executadas apenas uma vez, como as instruções de inicialização) ou no corpo do laço (caso sejam executadas uma vez por iteração do laço, como as instruções de incremento e decremento).*

As três expressões da estrutura **for** são opcionais. Se *expressão2* for omitida, o C# pressuporá que a condição de continuação do laço será sempre verdadeira, criando assim um laço infinito (*looping*). O programador poderá omitir a *expressão1*, se o programa inicializar a variável de controle antes do laço. A *expressão3* poderia ser omitida se as instruções do corpo da estrutura **for** calculassem o incremento ou o decremento ou se nenhum incremento ou decremento fosse necessário. A expressão de incremento (ou decremento) na estrutura **for** atua como se fosse uma instrução independente no final do corpo de **for**. Portanto, as expressões

```
counter = counter + 1
counter += 1
++counter
counter++
```

são equivalentes, quando usadas na *expressão3*. Alguns programadores preferem a forma **counter++**, pois o incremento da variável de controle ocorre após a execução do corpo do laço. Por isso, a forma de pós-incremento (ou pós-decremento), em que a variável é incrementada depois de ser usada, parece mais natural. Como a variável que está sendo incrementada ou decrementada não aparece em uma expressão maior, pré-incrementar e pós-incrementar a variável têm o mesmo efeito. Os dois pontos-e-vírgulas na estrutura **for** são obrigatórios.

Erro de programação comum 5.4

Usar vírgulas em um cabeçalho de estrutura **for**, *em vez dos dois pontos-e-vírgulas obrigatórios, é um erro de sintaxe.*

Erro de programação comum 5.5

Colocar um ponto-e-vírgula imediatamente à direita do parêntese de fechamento do cabeçalho de uma estrutura **for** *torna o corpo dessa estrutura uma instrução vazia. Normalmente, isso é um erro lógico.*

As partes relativas à inicialização, à condição de continuação do laço e ao incremento ou decremento de uma estrutura **for** podem conter expressões aritméticas. Por exemplo, suponha que **x = 2** e **y = 10**. Se **x** e **y** não forem modificados no corpo do laço, a instrução

```
for ( int j = x; j <= 4 * x * y; j += y / x )
```

é equivalente à instrução

```
for ( int j = 2; j <= 80; j += 5 )
```

O "incremento" de uma estrutura **for** pode ser negativo, no caso em que na verdade se trata de um decremento e o laço conta de trás para frente.

Se a condição de continuação do laço da estrutura **for** for inicialmente falsa, o corpo da estrutura não será executado. Em vez disso, a execução prosseguirá com a instrução após a estrutura **for**.

A variável de controle é freqüentemente impressa ou usada em cálculos no corpo de uma estrutura **for**, mas não precisa ser assim. Muitas vezes, a variável de controle simplesmente controla a repetição e não é mencionada no corpo da estrutura **for**.

Dica de teste e depuração 5.2

Evite mudar o valor da variável de controle no corpo de um laço **for**, *para impedir erros sutis.*

O fluxograma da estrutura **for** é semelhante ao da estrutura **while**. Por exemplo, o fluxograma da estrutura **for** da Figura 5.2 aparece na Figura 5.4. Esse fluxograma esclarece que a inicialização ocorre apenas uma vez e que o incremento ocorre sempre *após* a instrução do corpo ser executada. Note que (além dos pequenos círculos e das linhas de fluxo) o fluxograma contém apenas símbolos de retângulo e um símbolo de losango. Os retângulos e losangos são preenchidos com ações e decisões apropriadas para o algoritmo.

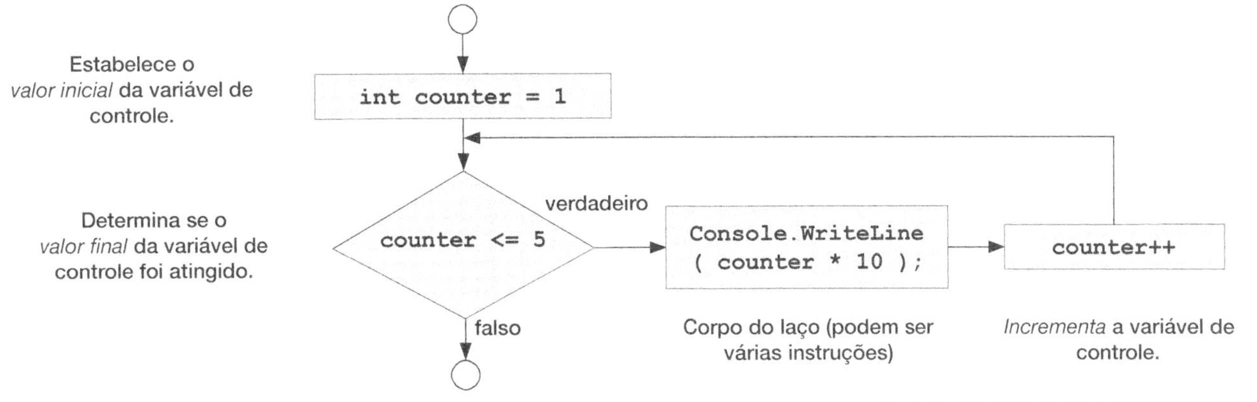

Figura 5.4 Fluxograma de uma estrutura de repetição `for` típica.

5.4 Exemplos usando a estrutura `for`

Os exemplos a seguir demonstram métodos de variação da variável de controle em uma estrutura **`for`**. Em cada caso, escrevemos o cabeçalho de **`for`** apropriado. Observe a mudança no operador relacional para laços que decrementam a variável de controle.

a) Varia a variável de controle de **`1`** a **`100`**, em incrementos de **`1`**.

```
for ( int i = 1; i <= 100; i++ )
```

b) Varia a variável de controle de **`100`** a **`1`**, em incrementos de **`-1`** (decrementos de **`1`**).

```
for ( int i = 100; i >= 1; i-- )
```

c) Varia a variável de controle de **`7`** a **`77`**, em passos de **`7`**.

```
for ( int i = 7; i <= 77; i += 7 )
```

d) Varia a variável de controle de **`20`** a **`2`**, em passos de **`-2`**.

```
for ( int i = 20; i >= 2; i -= 2 )
```

e) Varia a variável de controle na seqüência dos valores a seguir: **`2`**, **`5`**, **`8`**, **`11`**, **`14`**, **`17`**, **`20`**.

```
for ( int j = 2; j <= 20; j += 3 )
```

f) Varia a variável de controle na seqüência dos valores a seguir: **`99`**, **`88`**, **`77`**, **`66`**, **`55`**, **`44`**, **`33`**, **`22`**, **`11`**, **`0`**.

```
for ( int j = 99; j >= 0; j -= 11 )
```

Erro de programação comum 5.6

Não usar o operador relacional correto na condição de continuação de um laço que conta de trás para frente (por exemplo, usar **`i <= 1`** *em um laço que conta para baixo, até 1) normalmente é um erro lógico que produzirá resultados incorretos quando o programa for executado.*

Os dois próximos exemplos de programa demonstram aplicações simples da estrutura de repetição **`for`**. O programa da Figura 5.5 usa a estrutura **`for`** para somar todos os inteiros pares, de **`2`** a **`100`**, e depois exibe o resultado em uma **`MessageBox`**. Lembre-se de que, para usar **`MessageBox`**, você deve adicionar uma referência para **`System.Windows.Forms.dll`** em seu projeto, conforme explicado no Capítulo 3 (Seção 3.2).

A Figura 5.5 usa uma versão do método **`MessageBox.Show`** (linhas 16 a 19) que recebe quatro argumentos. A caixa de diálogo na saída da Figura 5.5 ilustra os quatro argumentos. Assim como na versão que recebe um argumento, o primeiro argumento é a mensagem a ser exibida. O segundo argumento é a string a ser apresentada na barra de título da caixa de diálogo. O terceiro argumento é um valor indicando qual(is) botão(ões) vai(ão) ser exibido(s). O quarto argumento indica qual ícone será exibido à esquerda da mensagem. A documentação do MSDN, fornecida com o Visual Studio .NET, contém a listagem completa das opções **`MessageBoxButtons`** e **`MessageBoxIcon`**. A Figura 5.6 descreve os ícones de caixa de diálogo de mensagem, e a Figura 5.7 descreve os botões de caixa de diálogo de mensagem.

```
// Fig. 5.5: Sum.cs
// Soma com a estrutura for.

using System;
using System.Windows.Forms;

class Sum
{
   static void Main( string[] args )
   {
      int sum = 0;

      for ( int number = 2; number <= 100; number += 2 )
         sum += number;

      MessageBox.Show( "The sum is " + sum,
         "Sum Even Integers from 2 to 100",
         MessageBoxButtons.OK,
         MessageBoxIcon.Information );

   } // fim do método Main

} // fim da classe Sum
```

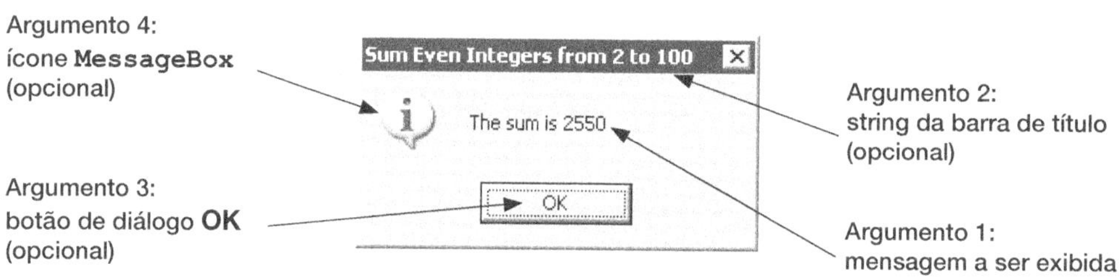

Figura 5.5 Soma usando `for`.

Ícones de MessageBox	Ícone	Descrição
`MessageBoxIcon.Exclamation`		Especifica um ícone de ponto de exclamação. Normalmente usado para alertar o usuário de problemas em potencial.
`MessageBoxIcon.Information`		Especifica que a caixa de diálogo contém uma mensagem informativa para o usuário.
`MessageBoxIcon.Question`		Especifica um ícone de ponto de interrogação. Normalmente usado em caixas de diálogo que fazem uma pergunta ao usuário.
`MessageBoxIcon.Error`		Especifica uma caixa de diálogo com um X em um círculo vermelho. Alerta o usuário de erros ou mensagens importantes.

Figura 5.6 Ícones de caixas de diálogo de mensagem.

O corpo da estrutura **for** da Figura 5.5 poderia, na verdade, ser mesclado na parte direita do cabeçalho de **for** usando-se uma *vírgula*, como se segue:

```
for ( int number = 2; number <= 100;
      sum += number, number += 2 )
   ;  // instrução vazia
```

Botões de MessageBox	Descrição
MessageBoxButton.OK	Especifica que a caixa de diálogo deve incluir um botão **OK**.
MessageBoxButton.OKCancel	Especifica que a caixa de diálogo deve incluir os botões **OK** e **Cancelar**. Avisa o usuário sobre alguma condição e permite que ele continue ou cancele uma operação.
MessageBoxButton.YesNo	Especifica que a caixa de diálogo deve conter botões **Sim** e **Não**. Usado para fazer uma pergunta para o usuário.
MessageBoxButton.YesNoCancel	Especifica que a caixa de diálogo deve conter botões **Sim**, **Não** e **Cancelar**. Normalmente usado para fazer uma pergunta para o usuário, mas ainda permitir que ele cancele a operação.
MessageBoxButton.RetryCancel	Especifica que a caixa de diálogo deve conter botões **Repetir** e **Cancelar**. Normalmente usado para informar o usuário que uma operação de uma série falhou e permitir que ele tente novamente ou cancele a operação.
MessageBoxButton.AbortRetryIgnore	Especifica que a caixa de diálogo deve conter botões **Anular**, **Repetir** e **Ignorar**. Normalmente usado para informar o usuário que uma operação de uma série falhou e permitir que ele aborte a série de operações, tente novamente a operação que falhou ou ignore a operação que falhou e continue.

Figura 5.7 Botões para caixas de diálogo de mensagens.

Analogamente, a inicialização **sum = 0** poderia ser combinada na seção de inicialização da estrutura **for**. As instruções que precedem uma estrutura **for** e as instruções do corpo de uma estrutura **for** freqüentemente podem ser combinadas no cabeçalho da estrutura. Entretanto, tal mesclagem poderia diminuir a legibilidade do programa.

Boa prática de programação 5.5

Limite o tamanho dos cabeçalhos de estrutura de controle a apenas uma linha, se possível.

O próximo exemplo usa uma estrutura **for** para calcular juros compostos. Considere a declaração do problema a seguir:

Uma pessoa investe \$ 1000,00 em uma poupança, rendendo 5% de juros. Supondo que todos os juros são deixados depositados, calcule e imprima o saldo da conta ao final de cada ano, por 10 anos. Para determinar esses valores, use a seguinte fórmula:

$$a = p(1 + r)^n$$

onde

p é o valor original investido (isto é, o principal)
r é a taxa de juros anual
n é o número de anos
a é o saldo depositado no final do n-ésimo ano.

Esse problema envolve um laço que efetua o cálculo indicado para cada um dos 10 anos que o dinheiro permanece depositado. Uma solução é o programa mostrado na Figura 5.8.

A linha 11 no método **Main** declara duas variáveis ***decimal*** — **amount** e **principal** — e inicializa **principal** como **1000.00**. O tipo **decimal** é um tipo de dados primitivo usado para cálculos monetários[1]. O C# trata tais constantes, como **1000.00** na Figura 5.8, como tipo **double**. Analogamente, o C# trata constantes de número inteiro (por exemplo, 7 e –22) como tipo **int**. Os valores de tipo **double** não podem ser convertidos implicitamente para o tipo **decimal**; portanto, usamos um operador de conversão para converter o valor **double** 1000,00 para o tipo **decimal**. Também é possível especificar que uma constante é de tipo **decimal** anexando a letra **m** nela, como em 1000.0m. A linha 12 declara a variável **double rate**, que inicializamos como **.05**.

1. Observe que, independentemente da exibição de valores numéricos com vírgula decimal (no Windows, a exibição com ponto ou vírgula decimal é controlada pelas Opções regionais, uma opção do Painel de controle), dentro dos programas em C# todos os valores numéricos (aqueles que serão atribuídos a variáveis numéricas e/ou usados em cálculos) devem ser fornecidos com **ponto** decimal, em vez de vírgula. (N.R.T.)

```
1  // Fig. 5.8: Interest.cs
2  // Calculando juros compostos.
3
4  using System;
5  using System.Windows.Forms;
6
7  class Interest
8  {
9     static void Main( string[] args )
10    {
11       decimal amount, principal = ( decimal ) 1000.00;
12       double rate = .05;
13       string output;
14
15       output = "Year\tAmount on deposit\n";
16
17       for ( int year = 1; year <= 10; year++ )
18       {
19          amount = principal *
20             ( decimal ) Math.Pow( 1.0 + rate, year );
21
22          output += year + "\t" +
23             String.Format( "{0:C}", amount ) + "\n";
24       }
25
26       MessageBox.Show( output, "Compound Interest",
27          MessageBoxButtons.OK, MessageBoxIcon.Information );
28
29    } // fim do método Main
30
31 } // fim da classe Interest
```

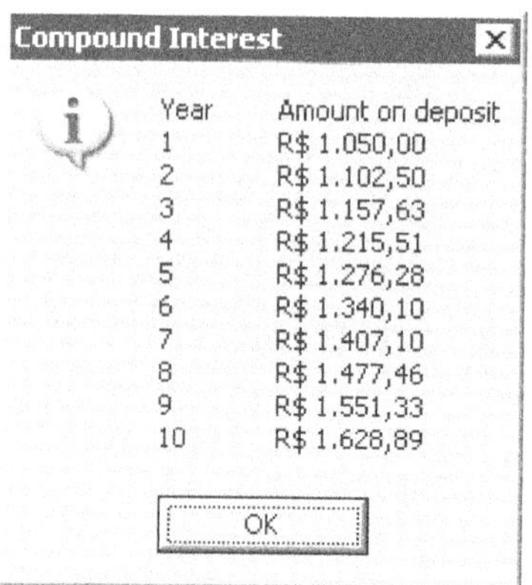

Figura 5.8 Calculando juros compostos com `for`.

A estrutura **for** executa seu corpo 10 vezes, alterando a variável de controle **year** de **1** a **10**, em incrementos de **1**. Note que **year** representa *n* na declaração do problema. O C# não tem operador de exponenciação; portanto, usamos o método **static Pow** da classe **Math** para esse propósito. **Math.Pow(x, y)** calcula o valor de **x** elevado à **y**-ésima potência. O método **Math.Pow** recebe dois argumentos de tipo **double** e retorna um valor **double**. As linhas 19 e 20 efetuam o cálculo da declaração do problema

$$a = p(1 + r)n$$

onde *a* é **amount**, *p* é **principal**, *r* é **rate** e *n* é **year**.

As linhas 22 e 23 acrescentam o texto adicional no final da string **`output`**. O texto inclui o valor atual de **`year`**, um caractere de tabulação para posicionar a segunda coluna, o resultado da chamada de método **`String.Format( "{0:C}", amount )`** e um caractere de nova linha para posicionar a próxima linha. A chamada do método **`String.Format`** converte **`amount`** em uma **`string`** e formata essa **`string`** para que ela apareça com duas casas decimais. [*Nota*: o método **`Format`** usa os códigos de formatação de string para representar valores numéricos e monetários de maneira apropriada para o ambiente de execução. Por exemplo, nos Estados Unidos, os valores monetários são formatados com dois dígitos à direita do ponto decimal, e o separador de milhar é uma vírgula.] O primeiro argumento é a string de formato. Já vimos tais strings na forma `{0}`, `{1}` etc. Nesses casos, o dígito indicava o argumento que estava sendo exibido. Em strings de formato mais complicadas, como aquela mostrada neste exemplo (`"{0:C}"`), o primeiro dígito (`0`) ainda representa o argumento a ser exibido. A informação especificada após os dois-pontos (`:`) mostra a formatação do argumento e normalmente é chamada de *código de formatação*. Nesse caso estamos usando código de formatação `C`, que indica que nossa string deve ser exibida como um valor monetário, com dois dígitos após o ponto decimal[2]. Existem vários outros códigos de formatação, que podem ser encontrados na documentação do MSDN. A Figura 5.9 mostra vários códigos de formatação.

As variáveis **`amount`** e **`principal`** foram declaradas como sendo de tipo **`decimal`**, pois o programa trata com partes fracionárias de valores monetários (centavos). Em tais casos, os programas precisam de um tipo que permita pontos decimais em seus valores. A variável **`rate`** é de tipo **`double`**, pois é usada no cálculo **`1.0 + rate`**, que aparece como um argumento **`double`** no método **`Pow`** da classe **`Math`**. Note que o cálculo **`1.0 + rate`** aparece no corpo da instrução **`for`**. O cálculo produz o mesmo resultado a cada vez no laço; portanto, é desnecessário repeti-lo.

Dica de desempenho 5.1

Evite colocar expressões com valores que não mudam dentro de um laço. Tais expressões devem ser avaliadas uma vez, antes do laço. A maioria dos bons compiladores corrigirá isso automaticamente executando um processo chamado otimização.

5.5 Estrutura de seleção múltipla `switch`

O capítulo anterior discutiu as estruturas de seleção simples **`if`** e de seleção dupla **`if/else`**. Às vezes um algoritmo contém uma série de decisões em que ele testa uma variável ou expressão separadamente para cada *expressão integral constante* ou *expressão de string constante* que a variável ou expressão pode assumir. Uma expressão integral constante é qualquer expressão envolvendo constantes de caractere e inteiras avaliadas como um valor inteiro (isto é, valores de tipo

Código de formato	Descrição
`C` ou `c`	Formata a string como moeda. Precede o número com um símbolo de moeda apropriado ($, nos Estados Unidos, ou **R$** seguido de um espaço em branco, no Brasil). Separa os dígitos com um caractere separador de milhares apropriado (vírgula, nos Estados Unidos, ou ponto, no Brasil) e configura o número de casas decimais como duas, como padrão.
`D` ou `d`	Formata a string como um valor decimal. Exibe o número como um inteiro.
`N` ou `n`	Formata a string com vírgulas e duas casas decimais.
`E` ou `e`	Formata o número usando notação científica, com um padrão de seis casas decimais.
`F` ou `f`	Formata a string com um número fixo de casas decimais (duas, como padrão).
`G` ou `g`	Geral. `E` ou `F`.
`X` ou `x`	Formata a string como hexadecimal.

Figura 5.9 Códigos de formatação de `string`.

2. Observe que, na Figura 5.8, os valores são exibidos com vírgula decimal, ponto como separador de milhares e R$ como símbolo monetário. Isso ocorreu porque o programa foi executado em um computador com uma versão em português do Windows instalada. Os símbolos efetivos exibidos pelo programa são determinados pelo sistema operacional (opção Configurações regionais do Painel de controle). Em um Windows em inglês dos Estados Unidos com as configurações padrão, a primeira linha, por exemplo, seria exibida como $1,050.00 (note que, ao contrário do Brasil, não é usado espaço em branco entre o $ e o 1). Resumindo, basta você especificar que deseja um separador decimal, separadores de milhares, um símbolo de moeda etc. A determinação dos caracteres adequados é feita automaticamente pelo sistema operacional. (N.R.T.)

byte, **sbyte**, **short**, **ushort**, **int**, **uint**, **long**, **ulong** e **char**). Uma expressão de string constante é qualquer expressão composta de literais de string que sempre resulta na mesma **string**. Então, o algoritmo executa diferentes ações, com base nesses valores. O C# fornece a *estrutura de seleção múltipla* ***switch*** para tratar de tal tomada de decisão.

No próximo exemplo (Figura 5.10), vamos supor que uma classe de 10 alunos tenha feito uma prova e que cada aluno recebeu uma nota que pode ser A, B, C, D ou F. O programa introduzirá as notas e resumirá os resultados, usando **switch** para contar o número de cada nota diferente que os alunos obtiveram na prova. A linha 10 declara a variável **grade** como de tipo **char**. As linhas 11 a 15 definem as variáveis contadoras que o programa usa para contar cada nota. Essa variável armazena a entrada do usuário para cada nota. A linha 17 inicia uma estrutura **for** que faz um laço 10 vezes. Em cada iteração, a linha 19 solicita a próxima nota para o usuário, e a linha 20 chama o método **Char.Parse** para ler a entrada do usuário como um valor **char**. Aninhada no corpo da estrutura **for** está uma estrutura **switch** (linhas 22 a 56), que processa as notas. A estrutura **switch** consiste em uma série de *rótulos* ***case*** e em um *case* ***default*** opcional.

Quando o fluxo de controle chega na estrutura **switch**, o programa avalia a *expressão de controle* (**grade**, nesse exemplo) nos parênteses após a palavra-chave **switch**. O valor dessa expressão é comparado com cada rótulo **case** até que ocorra uma correspondência. Suponha que o usuário tenha introduzido a letra **B** como nota. **B** é comparado com cada **case** na estrutura **switch**, até que ocorra uma correspondência na linha 29 (**case 'B':**). Quando isso acontece, as instruções dessa instrução **case** são executadas. Para a letra **B**, as linhas 31 e 32 incrementam o número de notas **B** armazenadas na variável **bCount**, e a estrutura **switch** termina imediatamente com a *instrução* ***break***. A instrução **break** faz o controle do programa prosseguir na primeira instrução após a estrutura **switch**. Nesse caso, chegamos ao final do corpo da estrutura **for**; portanto, o controle passa para a expressão de incremento da variável de controle no cabeçalho da estrutura **for**. Então, a variável contadora na estrutura **for** é incrementada, e a condição de continuação do laço é avaliada para determinar se outra iteração do laço é necessária.

```
1   // Fig. 5.10: SwitchTest.cs
2   // Contando notas.
3
4   using System;
5
6   class SwitchTest
7   {
8      static void Main( string[] args )
9      {
10        char grade;             // uma nota
11        int aCount = 0,         // número de notas A
12            bCount = 0,         // número de notas B
13            cCount = 0,         // número de notas C
14            dCount = 0,         // número de notas D
15            fCount = 0;         // número de notas F
16
17        for ( int i = 1; i <= 10; i++ )
18        {
19           Console.Write( "Enter a letter grade: " );
20           grade = Char.Parse( Console.ReadLine() );
21
22           switch ( grade )
23           {
24              case 'A':   // a nota é A maiúsculo
25              case 'a':   // ou a minúsculo
26                 ++aCount;
27                 break;
28
29              case 'B':   // a nota é B maiúsculo
30              case 'b':   // ou b minúsculo
31                 ++bCount;
32                 break;
```

Figura 5.10 Estrutura de seleção múltipla **switch**. (Parte 1 de 2.)

```
            case 'C':   // a nota é C maiúsculo
            case 'c':   // ou c minúsculo
               ++cCount;
               break;

            case 'D':   // a nota é D maiúsculo
            case 'd':   // ou d minúsculo
               ++dCount;
               break;

            case 'F':   // a nota é F maiúsculo
            case 'f':   // ou f minúsculo
               ++fCount;
               break;

            default:    // processa todos os outros caracteres
            Console.WriteLine(
               "Incorrect letter grade entered." +
               "\nGrade not added to totals." );
            break;

         } // fim de switch

      } // fim de for

      Console.WriteLine(
         "\nTotals for each letter grade are:\nA: {0}" +
         "\nB: {1}\nC: {2}\nD: {3}\nF: {4}", aCount, bCount,
         cCount, dCount, fCount );

   } // fim do método Main

} // fim da classe SwitchTest
```

```
Enter a letter grade: a
Enter a letter grade: A
Enter a letter grade: c
Enter a letter grade: F
Enter a letter grade: z
Incorrect letter grade entered.
Grade not added to totals.
Enter a letter grade: D
Enter a letter grade: d
Enter a letter grade: B
Enter a letter grade: a
Enter a letter grade: C

Totals for each letter grade are:
A: 3
B: 1
C: 2
D: 2
F: 1
```

Figura 5.10 Estrutura de seleção múltipla `switch`. (Parte 2 de 2.)

Boa prática de programação 5.6

*Coloque um recuo nas instruções do corpo de cada **case** em uma estrutura **switch**.*

Se não ocorrer nenhuma correspondência entre o valor da expressão de controle em um rótulo **case**, a instrução case **default** (linha 49) será executada. As linhas 50 a 52 exibem uma mensagem de erro. Note que a instrução case **default** é opcional na estrutura **switch**. Se a expressão de controle não corresponder a um **case** e não houver nenhum case **default**, o controle do programa passará para a próxima instrução após a estrutura **switch**. Também é importante entender que, em C#, apenas as instruções de um **case** podem ser executadas em uma instrução **switch**.

Cada **case** pode conter várias ações ou nenhuma ação. Um **case** sem instruções é considerado *vazio* e pode omitir a instrução **break**. A instrução **break** é exigida para cada **case** (incluindo o case **default**) que contenha instruções. O último **case** em uma estrutura **switch** não deve ser vazio. Se o rótulo **case** de um **case** vazio corresponde a nossa expressão de controle, ocorre uma *falha*. Isso significa que a estrutura **switch** executa as instruções do próximo **case**. Se esse **case** também estiver vazio, esse processo continuará até que um **case** não vazio seja encontrado, e, então, as instruções desse **case** serão executadas. Isso proporciona ao programador uma maneira de especificar instruções para serem executadas em vários rótulos. A Figura 5.10 demonstra isso. As linhas 26 e 27 executam para os dois cases das linhas 24 e 25 (se a nota introduzida foi **A** ou **a**), as linhas 31 e 32 executam para os dois cases das linhas 29 e 30 (se a nota introduzida foi **B** ou **b**) etc.

Erro de programação comum 5.7

*Não incluir uma instrução **break** no final de cada **case** em uma estrutura **switch** é um erro de sintaxe. A exceção dessa regra é o **case** vazio.*

Erro de programação comum 5.8

*Certifique-se de verificar todos os valores possíveis, ao criar **cases**, para confirmar se dois **cases** em uma instrução **switch** não são para o mesmo valor integral. Se os valores forem os mesmos, ocorrerá um erro em tempo de compilação.*

Finalmente, é importante notar que a estrutura **switch** é diferente das outras estruturas, pois não são exigidas chaves em torno de múltiplas ações em um **case** de uma instrução **switch**. O fluxograma da estrutura **switch** geral (usando uma instrução **break** em cada **case**) aparece na Figura 5.11.

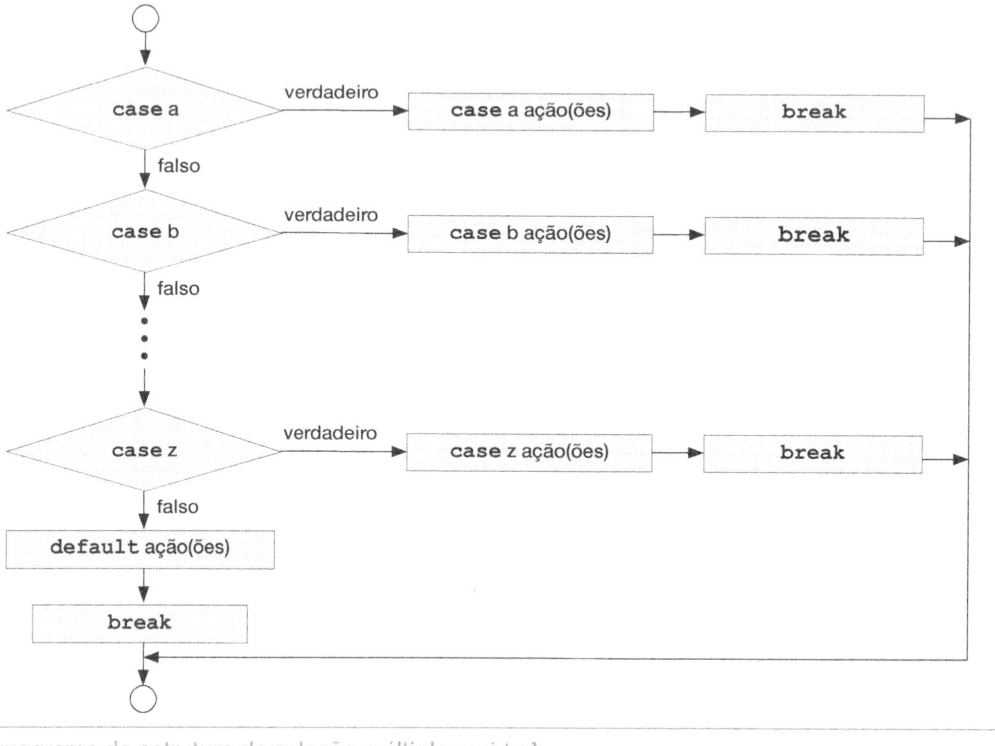

Figura 5.11 Fluxograma da estrutura de seleção múltipla **switch**.

Novamente, note que (além dos círculos pequenos e das linhas de fluxo) o fluxograma contém apenas símbolos de retângulo e losango. O programador preenche os retângulos e losangos com ações e decisões apropriadas para o algoritmo. Embora as estruturas de controle aninhadas sejam comuns, é raro encontrar estruturas **switch** aninhadas em um programa.

Boa prática de programação 5.7

Forneça um case **default** *em cada estrutura* **switch**. *Os casos não testados explicitamente em uma estrutura* **switch** *que não tenha um case* **default** *são ignorados. Incluir um case* **default** *focaliza o programador no processamento de condições excepcionais. Entretanto, existem situações em que nenhum processamento de condição* **default** *é necessário.*

Boa prática de programação 5.8

Embora os **cases** *em uma estrutura* **switch** *possam ocorrer em qualquer ordem, é considerada uma boa prática de programação colocar o case* **default** *por último.*

Ao usar a estrutura **switch**, lembre-se de que todos os cases em uma estrutura **switch** específica devem ser valores integrais ou strings. Uma *constante de caractere* é representada como um caractere específico entre apóstrofos (como em **'A'**). Uma constante inteira é simplesmente um valor inteiro. A expressão após cada **case** também pode ser uma *variável constante* — uma variável que contém um valor que não muda por todo o programa. Tal variável é declarada com a palavra-chave ***const*** (discutida no Capítulo 6).

O Capítulo 10 apresentará uma maneira mais elegante de implementar a lógica de **switch**. Usamos uma técnica chamada polimorfismo para criar programas mais claros e fáceis de manter e estender do que os programas que usam a lógica de **switch**.

5.6 Estrutura de repetição do/while

A estrutura de repetição ***do/while*** é semelhante à estrutura **while**, na qual o teste da condição de continuação do laço ocorre no início do laço, antes que o corpo do laço seja executado. A estrutura **do/while** testa a condição de continuação do laço *após* o corpo do laço ser executado; portanto, *o corpo do laço sempre é executado pelo menos uma vez*. Quando uma estrutura **do/while** termina, a execução continua com a instrução após a cláusula **while**. O programa da Figura 5.12 usa uma estrutura **do/while** para produzir na saída os valores de 1 a 5.

As linhas 12 a 16 demonstram a estrutura **do/while**. Quando a execução do programa chega à estrutura **do/while**, o programa executa as linhas 14 e 15, que exibem o valor de **counter** (nesse ponto, **1**) e o incrementam por **1**. Em seguida, o programa avalia a condição na linha 16. Nesse ponto, a variável **counter** é 2, que é menor ou igual a 5; portanto, o corpo da estrutura **do/while** é executado novamente. Na quinta vez que a estrutura é executada, a linha 14 produz **5** na saída, e a linha 15 incrementa **counter** para **6**. Então, a condição na linha 16 é avaliada como falsa, e a estrutura **do/while** termina.

```
1   // Fig. 5.12: DoWhileLoop.cs
2   // A estrutura de repetição do/while.
3
4   using System;
5
6   class DoWhileLoop
7   {
8      static void Main( string[] args )
9      {
10        int counter = 1;
11
12        do
13        {
14           Console.WriteLine( counter );
15           counter++;
16        } while ( counter <= 5 );
17
```

Figura 5.12 Estrutura de repetição do/while. (Parte 1 de 2.)

```
    } // fim do método Main

} // fim da classe DoWhileLoop
```

```
1
2
3
4
5
```

Figura 5.12 Estrutura de repetição do/while. (Parte 2 de 2.)

O fluxograma da estrutura **do/while** (Figura 5.13) torna claro que a condição de continuação do laço não é executada até que o corpo seja executado pelo menos uma vez. O fluxograma contém apenas um retângulo e um losango. O programador preenche o retângulo e o losango com ações e decisões apropriadas para o algoritmo.

Note que não é necessário usar chaves na estrutura **do/while**, se houver apenas uma instrução no corpo. Entretanto, as chaves normalmente são incluídas, para evitar confusão entre as estruturas **while** e **do/while**. Por exemplo,

```
while ( condição )
```

normalmente é o cabeçalho de uma estrutura **while**. Uma estrutura **do/while** sem chaves em torno do corpo de uma só instrução aparece como

```
do
   instrução
while ( condição );
```

que pode ser confuso. A última linha — **while (** *condição* **);** — poderia ser erroneamente interpretada pelo leitor como uma estrutura **while** contendo uma instrução vazia (o ponto-e-vírgula sozinho). Assim, a estrutura **do/while** com uma única instrução é freqüentemente escrita como se segue, para evitar confusão:

```
do
{
   instrução
} while ( condição );
```

Boa prática de programação 5.9

Alguns programadores sempre incluem chaves em uma estrutura **do/while**, *mesmo quando as chaves são desnecessárias. Isso ajuda a eliminar a ambigüidade entre uma estrutura* **while** *e uma estrutura* **do/while** *que contêm apenas uma instrução.*

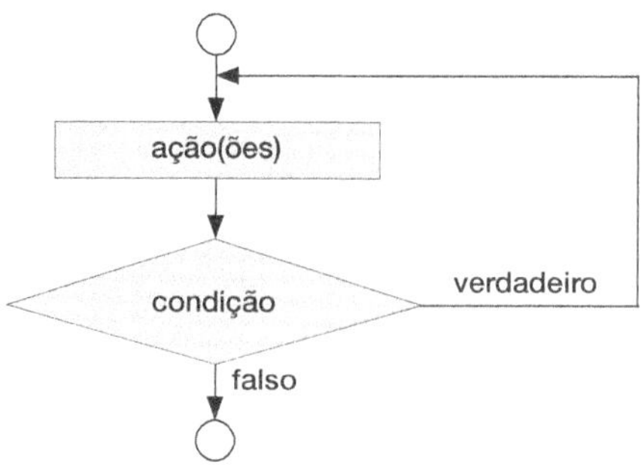

Figura 5.13 Fluxograma da estrutura de repetição do/while.

Erro de programação comum 5.9

*Os laços infinitos (*loopings*) ocorrem quando a condição de continuação do laço em uma estrutura* **while**, **for** *ou* **do/while** *nunca se torna falsa. Para evitar isso, certifique-se de que não haja nenhum ponto-e-vírgula imediatamente após o cabeçalho de uma estrutura* **while** *ou* **for**, *ou após a palavra* **do** *em uma instrução* **do/while**. *Em um laço controlado por contador, certifique-se de que a variável de controle seja incrementada (ou decrementada) no corpo do laço. Em um laço controlado por sentinela, certifique-se de que o valor de sentinela seja finalmente introduzido.*

5.7 Instruções break e continue

As instruções ***break*** e ***continue*** alteram o fluxo de controle. A instrução **break**, quando executada em uma estrutura **while**, **for**, **do/while** ou **switch**, causa saída imediata dessa estrutura. A execução continua com a primeira instrução após a estrutura. A instrução **break** é comumente usada para se sair prematuramente de um laço ou de uma instrução **switch** (como na Figura 5.10). A Figura 5.14 demonstra a instrução **break** em uma estrutura de repetição **for**.

Quando a instrução **if**, na linha 16, detecta que **count** é **5**, a instrução **break** é executada. Isso termina a instrução **for**, e o programa passa para a linha 24 (imediatamente após a instrução **for**). A instrução de concatenação de string produz a string que é exibida na caixa de diálogo de mensagem, nas linhas 26 e 27. O laço executa seu corpo somente quatro vezes.

```
1  // Fig. 5.14: BreakTest.cs
2  // Usando a instrução break em uma estrutura for.
3
4  using System;
5  using System.Windows.Forms;
6
7  class BreakTest
8  {
9     static void Main( string[] args  )
10    {
11       string output = "";
12          int count;
13
14       for ( count = 1; count <= 10; count++ )
15       {
16          if ( count == 5 )
17             break;          // pula o código restante no laço
18                             // se count == 5
19
20          output += count + " ";
21
22       } // fim do laço
23
24       output += "\nBroke out of loop at count = " + count;
25
26       MessageBox.Show( output, "Demonstrating the break statement",
27          MessageBoxButtons.OK, MessageBoxIcon.Information );
28
29    } // fim do método Main
30
31 } // fim da classe BreakTest
```

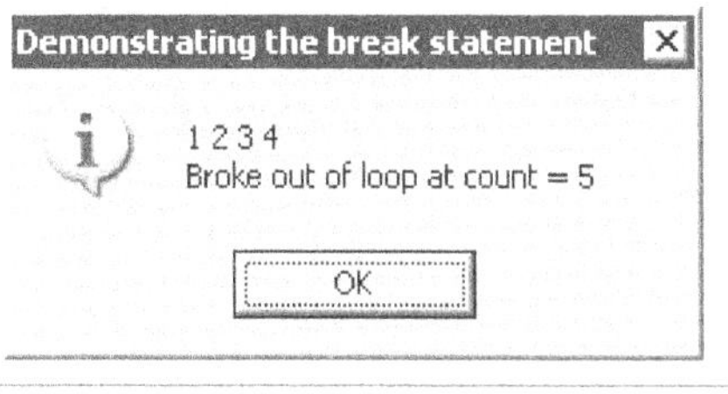

Figura 5.14 Instrução break em uma estrutura for.

A instrução **continue**, quando executada em uma estrutura **while**, **for** ou **do/while**, pula as instruções restantes no corpo dessa estrutura e passa para a próxima iteração do laço. Em estruturas **while** e **do/while**, a condição de continuação do laço é avaliada imediatamente após a execução de **continue**. Em uma estrutura **for**, a expressão de incremento/decremento é executada, e, em seguida, o teste de continuação de laço é avaliado.

Dissemos que a estrutura **while** pode substituir a estrutura **for** na maioria dos casos. Uma exceção ocorre quando a expressão de incremento/decremento na estrutura **while** vem após a instrução **continue**. Nesse caso, o incremento/decremento não é executado antes que a condição de continuação da repetição seja testada, e a instrução **while** não é executada da mesma maneira que **for**.

A Figura 5.15 usa a instrução **continue** em uma estrutura **for** para pular a instrução de concatenação de string, na linha 19, quando a estrutura **if** (linha 15) determina que o valor de **count** é **5**. Quando a instrução **continue** é executada, o controle do programa continua com o incremento da variável de controle na estrutura **for**.

Boa prática de programação 5.10

Alguns programadores acreditam que **break** *e* **continue** *violam a programação estruturada. O efeito dessas instruções pode ser obtido por meio de técnicas de programação estruturada, de modo que esses programadores evitam* **break** *e* **continue**.

```
1  // Fig. 5.15: ContinueTest.cs
2  // Usando a instrução continue em uma estrutura for.
3
4  using System;
5  using System.Windows.Forms;
6
7  class ContinueTest
8  {
9     static void Main( string[] args )
10    {
11       string output = "";
12
13       for ( int count = 1; count <= 10; count++ )
14       {
15          if ( count == 5 )
16             continue;         // pula o código restante no laço
17                               // apenas se count == 5
18
19          output += count + " ";
20       }
21
22       output += "\nUsed continue to skip printing 5";
23
24       MessageBox.Show( output, "Using the continue statement",
25          MessageBoxButtons.OK, MessageBoxIcon.Information );
26
27    } // fim do método Main
28
29 } // fim da classe ContinueTest
```

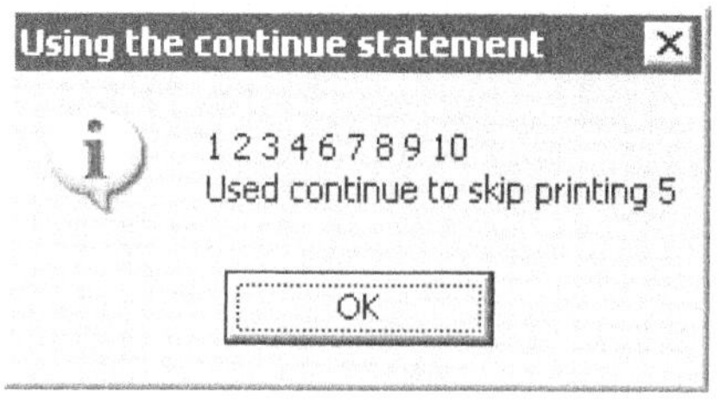

Figura 5.15 Instrução continue em uma estrutura for.

Dica de desempenho 5.2

Quando usadas corretamente, as instruções **break** *e* **continue** *são executadas mais rapidamente do que suas técnicas estruturadas correspondentes.*

Observação de engenharia de software 5.1

Há um debate entre obter engenharia de software de qualidade e obter o software de melhor desempenho. Freqüentemente, um desses objetivos é atingido à custa do outro. Para todas as situações, menos as de alto desempenho, aplique a seguinte "regra geral": primeiro, torne seu código simples e correto; em seguida, torne-o rápido e pequeno, mas apenas se necessário.

5.8 Operadores lógicos e condicionais

Até aqui estudamos apenas *condições simples*, como `con <= 10`, `total > 1000` e `numero != valorSentinela`. Essas condições foram expressas em termos dos operadores relacionais **>**, **<**, **>=** e **<=** e dos operadores de igualdade **==** e **!=**. Cada decisão testava uma condição. Para testar várias condições em um processo de tomada de decisão, realizamos esses testes em instruções separadas ou em estruturas `if` ou `if/else` aninhadas.

O C# fornece vários *operadores lógicos e condicionais* que podem ser usados para formar condições complexas por meio da combinação de condições simples. Os operadores são **&&** (*E condicional*), **&** (*E lógico*), **||** (*OU condicional*), **|** (*OU lógico*), **^** (*OU exclusivo ou XOR lógico*) e **!** (*NÃO lógico*, também chamado de *negação lógica*). Consideraremos exemplos usando cada um desses operadores.

Erro de programação comum 5.10

Colocar um espaço entre o operador **&&** *ou* **||** *resulta em um erro de sintaxe.*

Suponha que queiramos garantir que duas condições sejam *ambas* verdadeiras em um programa, antes de escolhermos determinado caminho de execução. Nesse caso, podemos usar o operador **&&** condicional, como se segue:

```
if ( sexo == 1 && idade >= 65 )
   ++senhorasDeIdade;
```

Essa instrução `if` contém duas condições simples. A condição `sexo == 1` poderia ser avaliada para determinar se a pessoa é mulher. A condição `idade >= 65` é avaliada para determinar se a pessoa é idosa. As duas condições simples são avaliadas primeiro, pois as precedências de **==** e **>=** são mais altas do que a precedência de **&&**. Então, a instrução `if` considera a condição combinada:

```
sexo == 1 && idade >= 65
```

Essa condição é verdadeira *se e somente se* as duas condições simples são verdadeiras. Finalmente, se essa condição combinada é verdadeira, a instrução do corpo incrementa a contagem de `senhorasDeIdade` por `1`. Se uma ou ambas as condições são falsas, o programa pula o incremento e passa para a instrução após a estrutura `if`. A condição combinada anterior pode se tornar mais legível adicionando-se parênteses redundantes:

```
( sexo == 1 ) && ( idade >= 65 )
```

A tabela da Figura 5.16 resume o operador **&&** e mostra todas as quatro combinações possíveis de valores falsos e verdadeiros para *expressão1* e *expressão2*. Tais tabelas são freqüentemente chamadas de *tabelas verdade*. O C# avalia como verdadeiras ou falsas as expressões que incluem operadores relacionais, operadores de igualdade, operadores lógicos e/ou operadores condicionais.

expressão1	expressão2	expressão1 && expressão2
falsa	falsa	falsa
falsa	verdadeira	falsa
verdadeira	falsa	falsa
verdadeira	verdadeira	verdadeira

Figura 5.16 Tabela verdade do operador && (E condicional).

Agora vamos considerar o operador || (OU condicional). Suponha que queiramos garantir que uma *ou* ambas as condições sejam verdadeiras antes de escolher determinado caminho de execução. Usamos o operador || no trecho de programa a seguir:

```
if ( mediaSemestral >= 90 || exameFinal >= 90 )
   Console.WriteLine( "A nota do estudante é A" );
```

que também contém duas condições simples. A condição **mediaSemestral >= 90** determina se o aluno merece um "A" no curso, em razão de um bom desempenho por todo o semestre. A condição **exameFinal >= 90** determina se o aluno merece um "A" no curso, graças a um excelente desempenho no exame final. A instrução **if** considera então a condição combinada

```
mediaSemestral >= 90 || exameFinal >= 90
```

e premia o aluno com um "A" se uma ou ambas as condições simples forem verdadeiras. Note que a mensagem **"A nota do estudante é A"** é impressa, a não ser que *ambas* as condições simples sejam falsas. A Figura 5.17 é uma tabela verdade para o operador OU condicional (||).

O operador **&&** tem uma precedência mais alta do que o operador ||. Os dois operadores são associados da esquerda para a direita. Uma expressão contendo os operadores **&&** ou || é avaliada somente até que sua veracidade ou falsidade seja conhecida. Assim, a avaliação da expressão

```
sexo == 1 && idade >= 65
```

pára imediatamente se **sexo** não for igual a **1** (isto é, a expressão inteira é falsa) e continua se **sexo** for igual a **1** (isto é, a expressão inteira é verdadeira, mesmo que a condição **idade >= 65** seja verdadeira). Esse recurso de desempenho para a avaliação de expressões E condicional e OU condicional é chamado de *avaliação de curto-circuito*.

Dica de desempenho 5.3

*Em expressões que usam o operador **&&**, se as condições separadas forem independentes umas das outras, faça com que a condição, que mais provavelmente será falsa, seja a da esquerda. Em expressões que usam o operador ||, faça com que a condição, que mais provavelmente será verdadeira, seja a da esquerda. Esse uso de avaliação de curto-circuito pode reduzir o tempo de execução de um programa.*

Os operadores *E lógico* (**&**) e *OU lógico* (|) são semelhantes aos operadores E condicional e OU condicional, com uma exceção: os operadores lógicos sempre avaliam seus dois operandos (isto é, não há avaliação de curto-circuito). Portanto, a expressão

```
sexo == 1 & idade >= 65
```

avalia **idade >= 65**, independentemente de **sexo** ser igual a **1**. Isso é útil se o operando da direita do operador E lógico ou OU lógico inclui um *efeito colateral* necessário — a modificação do valor de uma variável. Por exemplo, a expressão

```
aniversario == true | ++idade >= 65
```

garante que a condição **++idade >= 65** seja avaliada e incremente a variável **idade** na expressão anterior, independentemente de a expressão global ser verdadeira ou falsa. Do mesmo modo, se quisermos que a condição no operando da direita seja o resultado de uma chamada de método e quisermos que o método seja executado em qualquer caso, então podemos usar o operador |.

expressão1	expressão2	expressão1 || expressão2
falsa	falsa	falsa
falsa	verdadeira	verdadeira
verdadeira	falsa	verdadeira
verdadeira	verdadeira	verdadeira

Figura 5.17 Tabela verdade do operador || (OU condicional).

expressão1	expressão2	expressão1 ^ expressão2
`falsa`	`falsa`	`falsa`
`falsa`	`verdadeira`	`verdadeira`
`verdadeira`	`falsa`	`verdadeira`
`verdadeira`	`verdadeira`	`falsa`

Figura 5.18 Tabela verdade do operador OU exclusivo lógico (^).

expressão	!expressão
`falsa`	`verdadeira`
`verdadeira`	`falsa`

Figura 5.19 Tabela verdade do operador ! (NÃO lógico).

Erro de programação comum 5.11

Evite expressões com efeitos colaterais nas condições. Os efeitos colaterais podem parecer inteligentes, mas freqüentemente causam erros sutis e podem ser confusos para outras pessoas que leiam ou mantenham seu código.

Uma condição contendo o operador *OU lógico exclusivo (^)* é verdadeira *se e somente se um de seus operandos resultar em um valor verdadeiro e o outro resultar em um valor falso.* Se os dois operandos são verdadeiros ou ambos são falsos, o resultado da condição inteira é falso. A Figura 5.18 é a tabela verdade do operador OU lógico exclusivo (^). Esse operador avalia seus dois operandos (isto é, não há avaliação de curto-circuito).

O C# inclui o operador **!** (negação lógica) para permitir que o programador "inverta" o significado de uma condição. Ao contrário dos operadores lógicos **&&**, **&**, **||**, **|** e **^**, que combinam duas condições (operadores binários), o operador de negação lógica tem apenas uma condição como operando (operador unário). O operador de negação lógica é colocado antes de uma condição para escolher um caminho de execução se a condição original (sem o operador de negação lógica) for falsa. Isso está demonstrado pelo trecho de programa a seguir:

```
if ( ! ( nota == valorSentinela ) )
   Console.WriteLine( "A próxima nota é " + nota );
```

Os parênteses em torno da condição **nota == valorSentinela** são necessários, pois o operador de negação lógica tem uma precedência mais alta do que o operador de igualdade. A Figura 5.19 é a tabela verdade do operador de negação lógica.

Na maioria dos casos, o programador pode evitar o uso da negação lógica, expressando a condição de uma maneira diferente, com operadores relacionais ou de igualdade. Por exemplo, a instrução anterior pode ser escrita como se segue:

```
if ( nota != valorSentinela )
   Console.WriteLine( "A próxima nota é " + nota );
```

Essa flexibilidade pode ajudar o programador a expressar uma condição mais naturalmente.

O aplicativo de console da Figura 5.20 demonstra todos os operadores condicionais e lógicos, exibindo suas tabelas verdade em um rótulo.

```
// Fig. 5.20: LogicalOperators.cs
// Demonstrando os operadores lógicos.
using System;

class LogicalOperators
{
```

Figura 5.20 Operadores condicionais e lógicos. (Parte 1 de 3.)

```
      // ponto de entrada principal do aplicativo.
      static void Main( string[] args )
      {
         // testando o operador E condicional (&&)
         Console.WriteLine( "Conditional AND (&&)" +
            "\nfalse && false: " + ( false && false ) +
            "\nfalse && true:  " + ( false && true ) +
            "\ntrue && false:  " + ( true && false ) +
            "\ntrue && true:   " + ( true && true ) );

         // testando o operador OU condicional (||)
         Console.WriteLine( "\n\nConditional OR (||)" +
            "\nfalse || false: " + ( false || false ) +
            "\nfalse || true:  " + ( false || true ) +
            "\ntrue || false:  " + ( true || false ) +
            "\ntrue || true:   " + ( true || true ) );

         // testando o operador E lógico (&)
         Console.WriteLine( "\n\nLogical AND (&)" +
            "\nfalse & false: " + ( false & false ) +
            "\nfalse & true:  " + ( false & true ) +
            "\ntrue & false:  " + ( true & false ) +
            "\ntrue & true:   " + ( true & true ) );

         // testando o operador OU lógico (|)
         Console.WriteLine( "\n\nLogical OR (|)" +
            "\nfalse | false: " + ( false | false ) +
            "\nfalse | true:  " + ( false | true ) +
            "\ntrue | false:  " + ( true | false ) +
            "\ntrue | true:   " + ( true | true ) );

         // testando o operador OU exclusivo lógico (^)
         Console.WriteLine( "\n\nLogical exclusive OR (^)" +
            "\nfalse ^ false: " + ( false ^ false ) +
            "\nfalse ^ true:  " + ( false ^ true ) +
            "\ntrue ^ false:  " + ( true ^ false ) +
            "\ntrue ^ true:   " + ( true ^ true ) );

         // testando o operador NÃO lógico (!)
         Console.WriteLine( "\n\nLogical NOT (!)" +
            "\n!false: " + ( !false ) +
            "\n!true:  " + ( !true ) );
      }
   }
```

```
Conditional AND (&&)
false && false: False
false && true:  False
true && false:  False
true && true:   True

Conditional OR (||)
false || false: False
false || true:  True
true || false:  True
true || true:   True
```

continua na próxima página

Figura 5.20 Operadores condicionais e lógicos. (Parte 2 de 3.)

continuação da página anterior

```
Logical AND (&)
false & false:  False
false & true:   False
true & false:   False
true & true:    True

Logical OR (|)
false | false:  False
false | true:   True
true | false:   True
true | true:    True

Logical exclusive OR (^)
false ^ false:  False
false ^ true:   True
true ^ false:   True
true ^ true:    False

Logical NOT (!)
!false:   True
!true:    False
```

Figura 5.20 Operadores condicionais e lógicos. (Parte 3 de 3.)

Na linha 11 iniciamos a classe `LogicalOperators`. O método `Main` (linhas 8 a 49) contém o código desse programa. As linhas 11 a 15 demonstram o operador `&&`; as linhas 25 a 29 demonstram o operador `&`. Note que, para exibir um símbolo `&`, são exigidos dois operadores `&`. O restante do construtor demonstra os operadores `||`, `|`, `^` e `!`.

Quando um valor `bool` é concatenado com uma `string`, o C# adiciona a representação de string do valor booleano, que será `"False"` ou `"True"`.

A Figura 5.21 mostra a precedência e a associatividade dos operadores do C# apresentados até aqui. Os operadores estão mostrados de cima para baixo na ordem descrescente de precedência.

Operadores	Associatividade	Tipo
`()` `++ --`	da esquerda para a direita da direita para a esquerda	parênteses pós-fixo unário
`++ -- + - ! (`*type*`)`	da direita para a esquerda	pré-fixo unário
`* / %`	da esquerda para a direita	multiplicativo
`+ -`	da esquerda para a direita	aditivo
`< <= > >=`	da esquerda para a direita	relacional
`== !=`	da esquerda para a direita	igualdade
`&`	da esquerda para a direita	E lógico
`^`	da esquerda para a direita	OU exclusivo lógico
`|`	da esquerda para a direita	OU inclusivo lógico
`&&`	da esquerda para a direita	E condicional
`||`	da esquerda para a direita	OU condicional
`?:`	da direita para a esquerda	condicional
`= += -= *= /= %=`	da direita para a esquerda	atribuição

Figura 5.21 Precedência e associatividade entre os operadores discutidas até aqui.

5.9 Resumo da programação estruturada

Os programadores deveriam projetar programas da mesma maneira que os arquitetos projetam prédios, ou seja, empregando os conhecimentos comuns a todos os profissionais de sua área. Nosso campo é mais novo do que a arquitetura, e nosso conhecimento é consideravelmente mais esparso. Aprendemos que a programação estruturada produz programas mais fáceis de entender, testar, depurar, modificar e se mostrar corretos do que os programas não estruturados, no sentido matemático.

A Figura 5.22 resume as estruturas de controle do C#. Os pequenos círculos na figura indicam o ponto de entrada e o ponto de saída de cada estrutura. Conectar símbolos de fluxograma individuais arbitrariamente pode levar a programas não estruturados. Portanto, a profissão da programação optou por combinar símbolos de fluxograma para formar apenas um conjunto limitado de estruturas de controle e para construir programas estruturados combinando essas estruturas apenas de duas maneiras simples.

Por simplicidade, apenas estruturas de controle de uma entrada/uma saída são usadas — existe apenas uma maneira de entrar e uma maneira de sair de cada estrutura de controle. Para conectar estruturas de controle em seqüência e assim para formar programas estruturados, o ponto de saída de uma estrutura de controle é ligado ao ponto de entrada da estrutura de controle seguinte (isto é, as estruturas de controle são simplesmente colocadas uma após a outra em um programa). Chamamos esse processo de "empilhamento de estruturas de controle". As regras para formar programas estruturados também permitem que as estruturas de controle sejam aninhadas. A Figura 5.23 contém as regras para formação de programas corretamente estruturados. As regras presumem que o símbolo de fluxograma retangular pode indicar qualquer ação, inclusive entrada/saída.

A aplicação das regras da Figura 5.23 sempre resulta em um fluxograma estruturado, com uma aparência de bloco de construção organizada. Por exemplo, aplicar repetidamente a regra 2 no fluxograma mais simples resulta em um fluxograma estruturado contendo muitos retângulos em seqüência (Figura 5.25). Note que a regra 2 gera uma pilha de estruturas de controle; portanto, chamamos a regra 2 de *regra de empilhamento*.

A regra 3 é a *regra de aninhamento*. Aplicar repetidamente a regra 3 no fluxograma mais simples resulta em um fluxograma com estruturas de controle organizadamente aninhadas. Por exemplo, na Figura 5.26, o retângulo no fluxograma mais simples primeiro é substituído por uma estrutura de seleção dupla (`if/else`). Em seguida, a regra 3 é aplicada novamente nos dois retângulos da estrutura de seleção dupla, substituindo cada um deles por uma estrutura de seleção dupla. As caixas tracejadas em torno de cada uma das estruturas de seleção dupla representam os retângulos que foram substituídos por essas estruturas.

Boa prática de programação 5.11

Níveis de aninhamento em demasia podem tornar um programa difícil de entender. Como regra geral, tente evitar o uso de mais de três níveis de aninhamento.

A regra 4 gera estruturas maiores, mais complicadas e profundamente aninhadas. Os fluxogramas que emergem da aplicação das regras da Figura 5.23 constituem o conjunto de todos os fluxogramas e programas estruturados possíveis. A estratégia estruturada tem a vantagem de usar apenas oito peças de entrada única/saída única simples e de nos permitir montá-las de duas maneiras simples apenas. A Figura 5.27 mostra os tipos de blocos de construção corretamente empilhados que emergem da aplicação da regra 2 e os tipos de blocos de construção corretamente empilhados que emergem da aplicação da regra 3. A figura também mostra o tipo de blocos de construção sobrepostos que não podem ocorrer em fluxogramas estruturados (como resultado do fato de se evitar instruções `goto`).

Se as regras da Figura 5.23 forem seguidas, um fluxograma não estruturado (como o da Figura 5.28) não poderá ser criado. Se você estiver em dúvida se um fluxograma em particular é estruturado, aplique as regras da Figura 5.23 na ordem inversa, para tentar reduzir o fluxograma para a forma mais simples. Se o fluxograma puder ser reduzido a sua forma mais simples, então o fluxograma original é estruturado; caso contrário, ele é não estruturado.

Em resumo, a programação estruturada promove a simplicidade. Bohm e Jacopini verificaram que apenas três formas de controle são necessárias:

- Seqüência
- Seleção
- Repetição

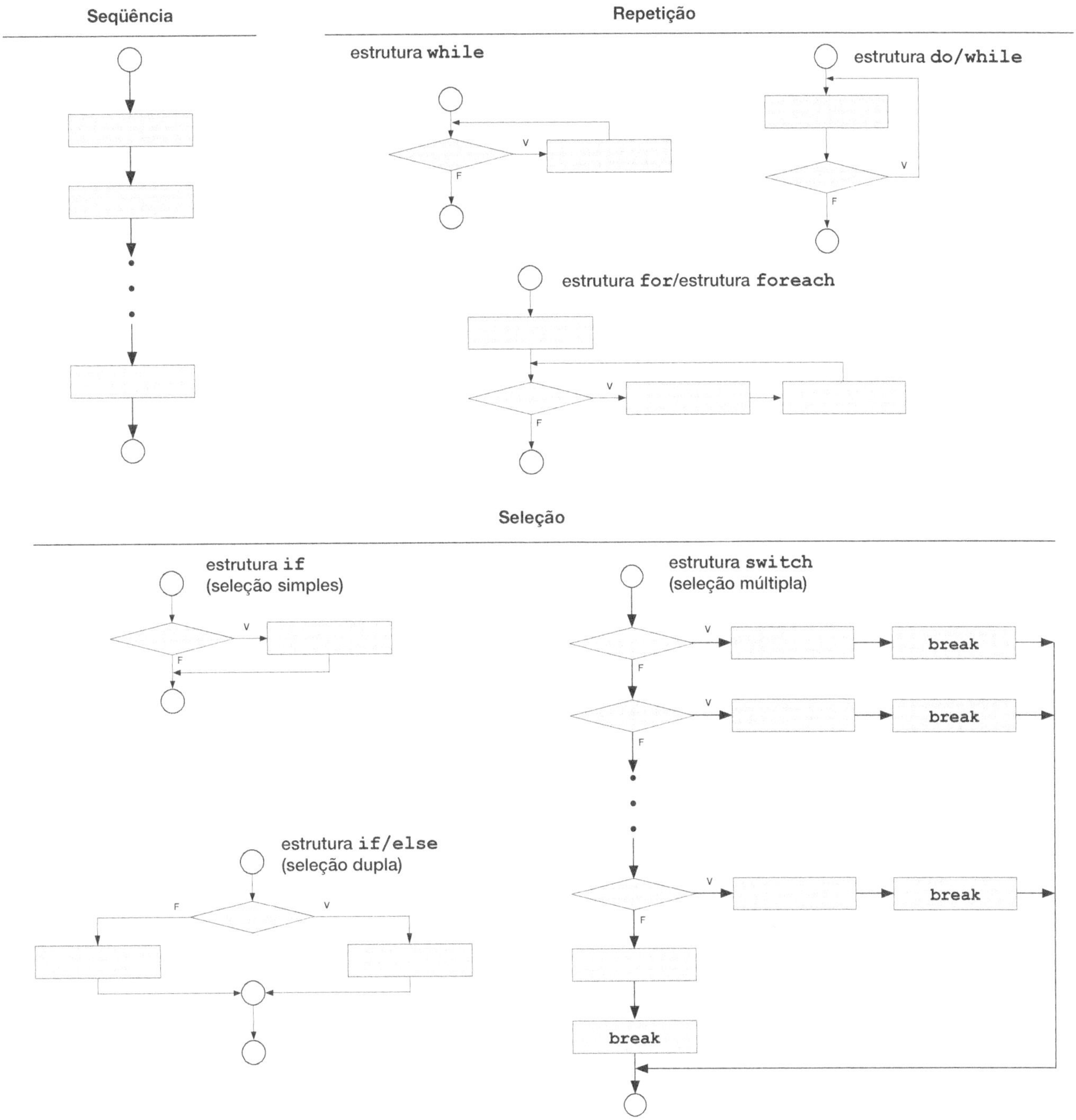

Figura 5.22 Estruturas de seqüência de uma entrada/uma saída, repetição e seleção do C#.

A seqüência é trivial. A seleção é implementada de três maneiras:

- estrutura **`if`** (seleção simples)
- estrutura **`if/else`** (seleção dupla)
- estrutura **`switch`** (seleção múltipla)

Na verdade, é simples provar que a estrutura **`if`** é suficiente para fornecer qualquer forma de seleção. Tudo o que pode ser feito com as estruturas **`if/else`** e **`switch`** pode ser implementado por meio da combinação de estruturas **`if`** (embora, talvez, de uma forma não tão elegante).

Regras para formar programas estruturados

1) Comece com o "fluxograma mais simples" (Figura 5.24).
2) Qualquer retângulo (ação) pode ser substituído por dois retângulos (ações) em seqüência.
3) Qualquer retângulo (ação) pode ser substituído por qualquer estrutura de controle (seqüência, **`if`**, **`if/else`**, **`switch`**, **`while`**, **`do/while`**, **`for`** ou **`foreach`**, como veremos no Capítulo 7).
4) As regras 2 e 3 podem ser aplicadas tão freqüentemente quanto você quiser e em qualquer ordem.

Figura 5.23 Regras para formar programas estruturados.

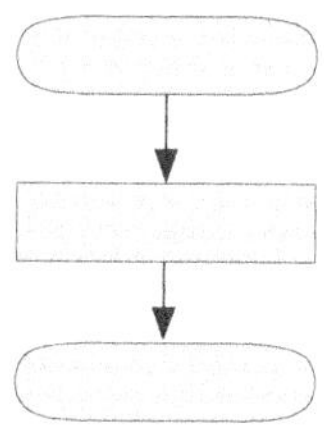

Figura 5.24 Fluxograma mais simples.

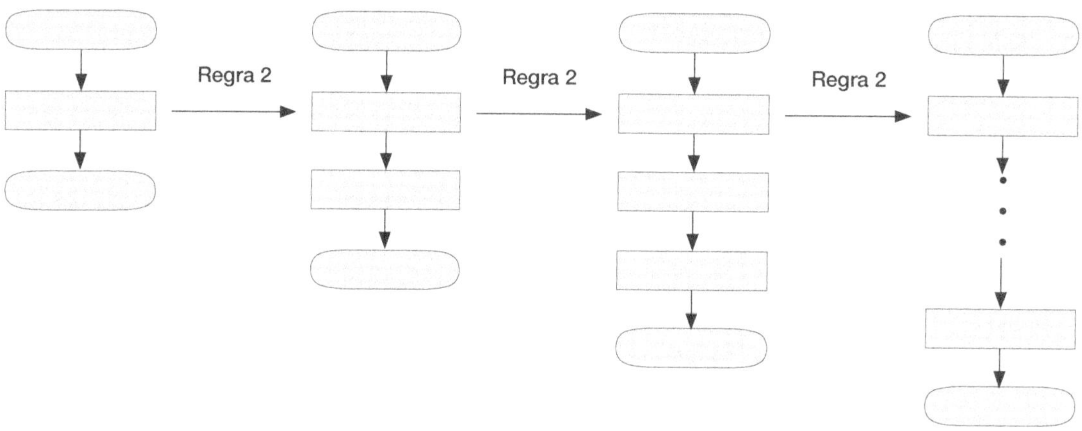

Figura 5.25 Aplicação repetida da regra 2 da Figura 5.23 no fluxograma mais simples.

A repetição é implementada de quatro maneiras:

- estrutura **`while`**
- estrutura **`do/while`**
- estrutura **`for`**
- estrutura **`foreach`** (discutida no Capítulo 7)

É simples provar que a estrutura **`while`** é suficiente para fornecer qualquer forma de repetição. Tudo o que pode ser feito com as estruturas **`do/while`**, **`for`** e **`foreach`** pode ser feito com a estrutura **`while`** (embora, talvez, de uma forma não tão elegante).

A combinação desses resultados ilustra que qualquer forma de controle necessária em um programa C# pode ser expressa em termos de:

- seqüência
- estrutura **`if`** (seleção)
- estrutura **`while`** (repetição)

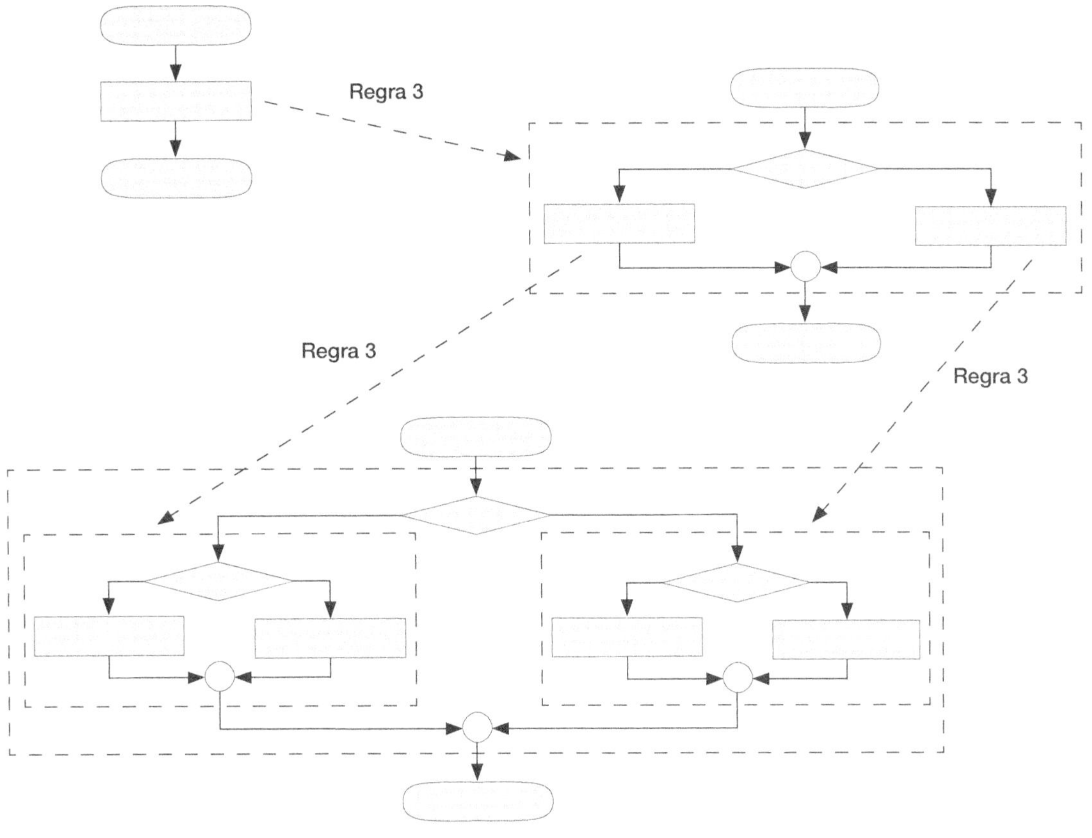

Figura 5.26 Aplicação da regra 3 da Figura 5.23 no fluxograma mais simples.

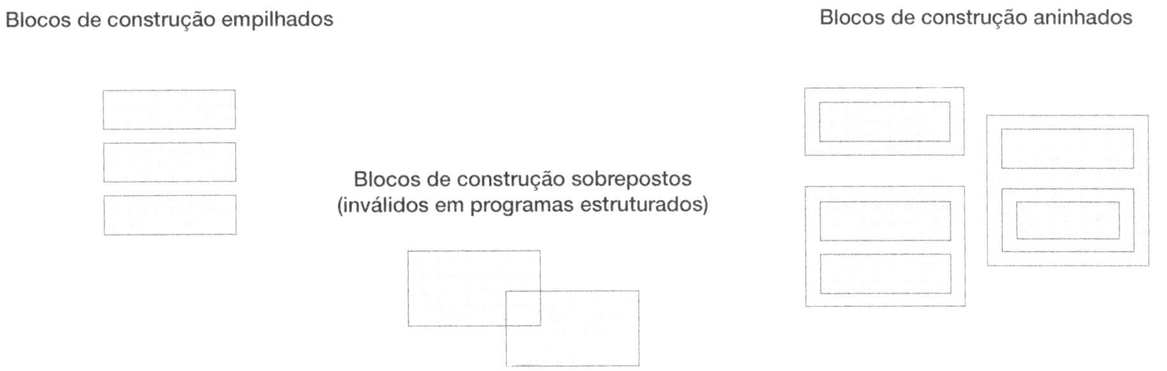

Figura 5.27 Blocos de construção empilhados, aninhados e sobrepostos.

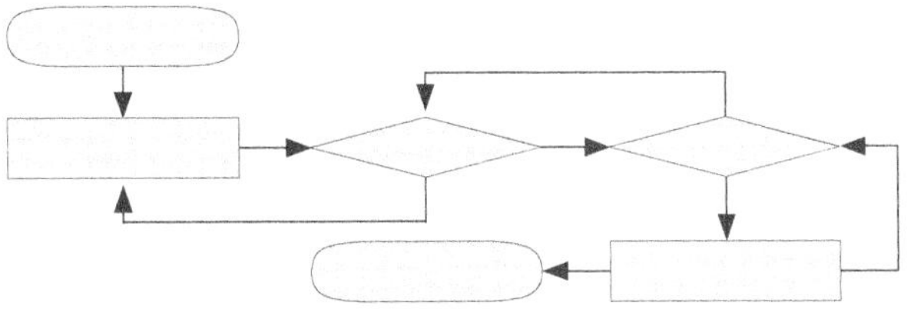

Figura 5.28 Fluxograma não estruturado.

Essas estruturas de controle podem ser combinadas apenas de duas maneiras — empilhamento e aninhamento. A programação estruturada promove mesmo a simplicidade.

Neste capítulo discutimos como compor programas a partir de estruturas de controle que contêm ações e decisões. No Capítulo 6 apresentaremos outra unidade de estruturação de programação, chamada *método*. Aprenderemos a compor programas grandes, combinando métodos compostos de estruturas de controle. Também discutiremos como os métodos promovem a reutilização de software. No Capítulo 8 discutiremos com mais detalhes outra unidade de estruturação de programas do C#, chamada *classe*. Então criaremos objetos a partir das classes e prosseguiremos com nosso tratamento da programação orientada a objetos — o principal foco deste livro.

Resumo

- A repetição controlada por contador exige o nome de uma variável de controle (ou contador de laço), o valor inicial da variável de controle, o incremento (ou decremento) pelo qual a variável de controle é modificada a cada passagem pelo laço e a condição que testa o valor final dessa variável (isto é, se o laço deve continuar).
- As declarações que incluem inicialização são instruções executáveis.
- Os valores de ponto flutuante podem ser aproximados; portanto, controlar a contagem de laços com variáveis de ponto flutuante pode resultar em valores de contador e testes de conclusão imprecisos.
- Se houver mais de uma instrução no corpo da estrutura **for**, chaves (**{** e **}**) serão necessárias para definir o corpo do laço.
- Usar um operador relacional incorreto ou um valor final de um contador de laço incorreto na condição de uma estrutura **while**, **for** ou **do/while** pode causar um erro de falta de um.
- O formato geral da estrutura **for** é

```
for ( expressão1; expressão2; expressão3 )
    instrução
```

  onde *expressão1* nomeia a variável de controle do laço e fornece seu valor inicial, *expressão2* é a condição de continuação do laço (contendo o valor final da variável de controle) e *expressão3* incrementa a variável de controle.
- Na maioria dos casos, a estrutura **for** pode ser representada por uma estrutura **while** equivalente, com *expressão1*, *expressão2* e *expressão3* colocadas como se segue:

```
expressão1;
while ( expressão2 )
{
    instrução
    expressão3;
}
```

- Se a seção de inicialização no cabeçalho da estrutura **for** define a variável de controle, essa variável pode ser usada apenas no corpo da estrutura **for**.
- O escopo de uma variável define onde ela pode ser usada em um programa.
- As três expressões na estrutura **for** são opcionais. Os dois pontos-e-vírgulas na estrutura **for** são obrigatórios.
- Se a condição de continuação do laço é inicialmente falsa, o corpo da estrutura **for** não é executado.
- Mudar o valor da variável de controle no corpo de um laço **for** pode levar a erros sutis.
- Não use variáveis de tipo **float** ou **double** para efetuar cálculos monetários precisos. A imprecisão dos números de ponto flutuante pode causar erros que resultarão em valores monetários incorretos. O tipo **decimal** está disponível para se efetuar cálculos monetários corretamente.
- A estrutura de seleção múltipla **switch** consiste em uma série de rótulos **case** e em um case **default** opcional. Cada rótulo (**case** ou **default**) contém instruções para serem executadas, caso esse rótulo seja selecionado.
- Uma instrução **break** é exigida em cada **case** de uma estrutura **switch**, exceto no caso de **cases** vazios.
- Listar rótulos **case** juntos (como em **case 'C' : case 'c' :**, sem instruções entre os cases) faz com que o mesmo conjunto de ações seja executado para cada um dos **cases**.
- Ao usar a estrutura **switch**, lembre-se de que a expressão após cada **case** deve ser uma expressão integral constante (isto é, qualquer combinação de constantes de caractere e inteiras avaliadas como um valor inteiro constante) ou uma string.

- A estrutura **do/while** testa a condição de continuação do laço após o corpo do laço ser executado; portanto, o corpo do laço é sempre executado pelo menos uma vez.
- A instrução **break**, quando executada em uma estrutura **while**, **for**, **do/while** ou **switch**, causa a saída imediata dessa estrutura. A execução continua na primeira instrução após a estrutura.
- A instrução **continue**, quando executada em uma estrutura **while**, **for** ou **do/while**, pula as instruções restantes no corpo dessa estrutura e prossegue com a próxima iteração do laço.
- O C# usa operadores condicionais e lógicos para formar condições complexas, combinando os operadores simples.
- Os operadores condicionais e lógicos são **&&** (E condicional), **&** (E lógico), **||** (OU condicional), **|** (OU inclusivo lógico), **^** (OU exclusivo lógico) e **!** (NÃO lógico, também chamado de negação lógica).
- O operador condicional **&&** garante que duas condições são **verdadeiras**, antes de escolhermos determinado caminho de execução.
- O operador lógico **||** garante que pelo menos uma de duas condições é **verdadeira**, antes de escolhermos determinado caminho de execução.
- Uma condição contendo o operador OU exclusivo lógico (**^**) booleano é verdadeira se e somente se um de seus operandos for verdadeiro e o outro for falso.
- O operador **!** (negação lógica) "inverte" o significado de uma condição.
- Quando um valor **bool** é concatenado com uma **string**, o C# adiciona a string **"False"** ou **"True"**, com base no valor **bool**.
- Nos fluxogramas, os pequenos círculos indicam o ponto de entrada e o de saída únicos de cada estrutura.
- Conectar símbolos de fluxograma individuais arbitrariamente pode levar a programas não estruturados. Portanto, os profissionais de programação optaram por combinar símbolos de fluxograma para formar um conjunto limitado de estruturas de controle e para construir programas estruturados por meio da combinação correta das estruturas de controle de duas maneiras simples — empilhamento e aninhamento.
- A programação estruturada promove a simplicidade.
- Bohm e Jacopini verificaram que apenas três formas de controle são necessárias — seqüência, seleção e repetição.
- A seleção é implementada com uma de três estruturas de controle — **if**, **if/else** e **switch**.
- A repetição é implementada com uma de quatro estruturas de controle — **while**, **do/while**, **for** e **foreach**.
- A estrutura **if** é suficiente para fornecer qualquer forma de seleção.
- A estrutura **while** é suficiente para fornecer qualquer forma de repetição.

Terminologia

! NÃO lógico
!= "diferente de"
& E lógico
&& E condicional
^ OU exclusivo lógico booleano
| OU inclusivo lógico booleano
|| OU condicional
<= menor ou igual a
aninhamento de estrutura de controle
avaliação de curto-circuito
binário
bloco de construção aninhado
bloco de construção sobreposto
botões de caixa de diálogo de mensagem
cabeçalho da estrutura **for**
case
case vazio
chaves (**{** e **}**)
classe **Math**
código de formatação
código de formatação **C**
código de formatação **D**
código de formatação **E**
código de formatação **F**
código de formatação **G**
código de formatação **N**
código de formatação **X**
códigos de formatação de **string**
condição de continuação do laço
condição simples
contador de laço
contagem baseada em um
contagem baseada em zero
corpo de um laço
decimal
efeito colateral
empilhamento
empilhamento de estrutura de controle
erro de falta de um
Error
escopo de uma variável
estrutura de controle
estrutura de controle aninhada
estrutura de controle de empilhamento

estrutura de controle de uma entrada/uma saída
estrutura de seleção dupla
estrutura de seleção múltipla
estrutura **do/while**
estrutura **for**
estrutura **foreach**
estrutura **if**
estrutura **if/else**
estrutura **switch**
estrutura **while**
expressão de controle
expressão de decremento
expressão de incremento
expressão integral constante
fluxograma mais simples
fluxograma não estruturado
formatação de dados
ícones de caixas de diálogo de mensagem
instrução **break**
instrução **continue**
instrução **default**
instrução **goto**
instrução vazia (ponto-e-vírgula sozinho)
iteração de um laço
laço de retardo
laço infinito
MessageBoxButton.AbortRetryIgnore
MessageBoxButton.OK
MessageBoxButton.OKCancel
MessageBoxButton.RetryCancel
MessageBoxButton.YesNo
MessageBoxButton.YesNoCancel
MessageBoxIcon.Error
MessageBoxIcon.Exclamation
MessageBoxIcon.Information
MessageBoxIcon.Question
método **Pow** da classe **Math**
negação lógica (**!**)
níveis de aninhamento
operador binário
operador E condicional (**&&**)
operador E lógico (**&**)
operador E lógico booleano
operador NÃO lógico ou de negação lógica (**!**)
operador OU condicional (**||**)
operador OU exclusivo lógico (**^**)
operador OU lógico (**|**)
operador unário
operadores lógicos
otimização
ponto de entrada de uma estrutura de controle
princípios de construção de programa
programação estruturada
regra de aninhamento
regra de empilhamento
repetição
repetição controlada por contador
rótulos em uma estrutura **switch**
seção de inicialização de uma estrutura **for**
seleção
seleção simples
seqüência
símbolo de círculo pequeno
símbolo de fluxograma
símbolo de losango
símbolo de retângulo
sistema de numeração hexadecimal (base 16)
string de barra de título
tabela verdade
valores **bool**
variável **const**
variável constante
variável contadora
variável de controle

Exercícios de revisão

5.1 Indique se cada uma das alternativas a seguir é *verdadeira* ou *falsa*. Se for *falsa*, justifique.

a) O case **default** é obrigatório na estrutura de seleção **switch**.
b) Se houver mais de uma instrução no corpo da estrutura **for**, chaves (**{** e **}**) serão necessárias para definir o corpo do laço.
c) A expressão **(x > y && a < b)** é verdadeira se **x > y** for verdadeiro ou **a < b** for verdadeiro.
d) Uma expressão contendo o operador **||** é verdadeira se um ou os dois operandos forem verdadeiros.
e) A expressão **(x <= y && y > 4)** é verdadeira se **x** for menor ou igual a **y** ou **y** for maior que 4.
f) Um laço **for** exige duas vírgulas em seu cabeçalho.
g) Os laços infinitos (*loopings*) são causados quando a condição de término do laço é sempre verdadeira.
h) A sintaxe a seguir continua a iteração do laço, enquanto $10 < x < 100$:

```
while ( x > 10 && x < 100 );
```

i) A instrução **break**, quando executada em uma estrutura de repetição, causa a saída imediata dessa estrutura.
j) O operador **||** tem precedência mais alta do que o operador **&&**.

5.2 Preencha os espaços em branco em cada uma das declarações a seguir:

a) Especificar a ordem em que as instruções devem ser executadas em um programa de computador é chamado de __________.
b) Colocar um ponto-e-vírgula após uma instrução **for** normalmente resulta em um erro __________.
c) Um laço **for** deve contar com valores __________.
d) Usar o operador relacional **<**, em vez de **<=**, em uma condição de repetição **while** que deve se repetir 10 vezes (como mostrado a seguir) causa um erro __________:

```
int x = 1;
while ( x < 10 ) ...
```

e) Uma variável de controle inicializada dentro de um laço **for** pode ser usada apenas no corpo do laço. Isso é chamado de _______________ da variável.
f) Em um laço **for**, o incremento ocorre _______________ o corpo da estrutura ser executado a cada vez.
g) Múltiplas inicializações no cabeçalho da estrutura **for** devem ser separadas por _______________.
h) Colocar expressões cujos valores não mudam dentro de _______________ pode levar a um desempenho deficiente.
i) Os quatro tipos de ícones **MessageBox** são exclamação, informação, erro e _______________.
j) O valor entre parênteses imediatamente após a palavra-chave **switch** é chamado de _______________.

5.3 Escreva uma instrução ou um conjunto de instruções em C# para executar cada uma das tarefas a seguir:

a) Some os inteiros ímpares entre 1 e 99 usando uma estrutura **for**. Suponha que as variáveis inteiras **sum** e **count** tenham sido declaradas.
b) Calcule o valor de **2,5** elevado à potência de **3** usando o método **Math.Pow**.
c) Imprima os inteiros de 1 a 20 usando um laço **while** e a variável contadora **x**. Suponha que a variável **x** tenha sido declarada, mas não inicializada. Imprima apenas cinco inteiros por linha. [*Dica*: use o cálculo **x % 5**. Quando o valor disso for 0, imprima um caractere de nova linha; caso contrário, imprima um caractere de tabulação. Use o método **Console.WriteLine()** para produzir na saída o caractere de nova linha e use o método **Console.Write('\t')** para produzir o caractere de tabulação.]
d) Repita a parte c usando uma estrutura **for**.

Respostas dos exercícios de revisão

5.1 a) Falsa. O case **default** é opcional. Se nenhuma ação padrão é exigida, então não há necessidade de um case **default**. b) Verdadeira. c) Falsa. As duas expressões relacionais devem ser verdadeiras para que a expressão inteira seja verdadeira. d) Verdadeira. e) Falsa. A expressão **(x <= y && y > 4)** é verdadeira se **x** for menor ou igual a **y** e **y** for maior do que **4**. f) Falsa. Um laço **for** exige dois pontos-e-vírgulas em seu cabeçalho. g) Falsa. Os laços infinitos são causados quando a condição de continuação do laço é sempre verdadeira. h) Verdadeira. i) Verdadeira. j) Falsa. O operador **&&** tem precedência mais alta do que o operador **||**.

5.2 a) controle de programa. b) lógico. c) integrais. d) de falta de um. e) escopo. f) após. g) vírgula. h) laços. i) pergunta. j) expressão de controle.

5.3 a)
```
sum = 0;
for ( count = 1; count <= 99; count += 2 )
   sum += count;
```

b)
```
Math.Pow( 2.5, 3 )
```

c)
```
x = 1;
while ( x <= 20 )
{
   Console.Write( x );

   if ( x % 5 == 0 )
      Console.WriteLine();
   else
      Console.Write( '\t' );

   ++x;
}
```

d)
```
for ( x = 1; x <= 20; x++ )
{
   Console.Write( x );

   if ( x % 5 == 0 )
      Console.WriteLine();
   else
      Console.Write( '\t' );
}
```

ou

```
for ( x = 1; x <= 20; x++ )
   if ( x % 5 == 0 )
```

```
      Console.WriteLine( x );
   else
      Console.Write( x + "\t" );
```

Exercícios

5.4 O método *fatorial* é usado freqüentemente em problemas de probabilidade. O fatorial de um inteiro positivo *n* (escreve-se *n!* e pronuncia-se "fatorial de n") é igual ao produto dos inteiros positivos de 1 a *n*. Escreva um programa que avalie os fatoriais dos inteiros de 1 a 20, com diferentes tipos de dados inteiros. Apresente os resultados em uma tabela de saída com três colunas. [*Dica*: crie um aplicativo Windows usando **Label** como colunas e o caractere **'\n'** para alinhar as fileiras.] A primeira coluna deve exibir os *n* valores (1 a 20). A segunda coluna deve exibir *n!*, calculado com **int** (**Int32**, um valor inteiro de 32 bits). A terceira coluna deve exibir *n!*, calculado com **long** (**Int64**, um valor inteiro de 64 bits). O que acontece quando **int** (**Int32**) é pequeno demais para conter o resultado de um cálculo fatorial?

5.5 Escreva dois programas que imprimam uma tabela dos equivalentes binários, octais e hexadecimais dos números decimais no intervalo de 1 a 256. Se você não estiver familiarizado com esses sistemas de numeração, leia primeiro o Apêndice C.

a) Para o primeiro programa, imprima os resultados no console, sem usar nenhum formato de **string**.
b) Para o segundo programa, imprima os resultados no console, usando os formatos de **string** decimal e hexadecimal (não existem formatos para binário e octal em C#).

5.6 (*Triplos pitagóricos*) Um triângulo reto pode ter todos os lados inteiros. Um conjunto de três valores inteiros para os lados de um triângulo reto é chamado de triplo pitagórico. Esses três lados devem satisfazer o relacionamento que diz que a soma dos quadrados dos catetos é igual ao quadrado da hipotenusa. Escreva um programa para encontrar os triplos pitagóricos para **lado1**, **lado2** e **hipotenusa**, nenhum deles maior do que 30. Use um laço **for** aninhado triplo que teste todas as possibilidades. Esse é um exemplo de computação tipo "força bruta". Você vai aprender, em cursos de computação mais avançados, que existem vários problemas para os quais não existe outra estratégia de algoritmo conhecida.

5.7 Escreva um programa que exiba os padrões a seguir separadamente, um embaixo do outro. Use laços **for** para gerar os padrões. Todos os asteriscos (*****) devem ser impressos por uma única instrução da forma **Console.Write('*');** (isso faz os asteriscos serem impressos lado a lado). Uma instrução da forma **Console.WriteLine();** pode ser usada para posicionar na próxima linha. Uma instrução da forma **Console.Write(' ');** pode ser usada para exibir espaços para os dois últimos padrões. Não deve existir nenhuma outra instrução de saída no programa. [*Dica*: os dois últimos padrões exigem que cada linha comece com um número apropriado de caracteres em branco.]

```
(A)          (B)          (C)          (D)
*            **********   **********            *
**           *********     *********           **
***          ********       ********          ***
****         *******         *******         ****
*****        ******           ******        *****
******       *****             *****       ******
*******      ****               ****      *******
********     ***                 ***     ********
*********    **                   **    *********
**********   *                     *   **********
```

5.8 Modifique o Exercício 5.7 para combinar seu código que produz quatro triângulos de asteriscos separados em um programa que imprime todos os quatro padrões lado a lado, fazendo uso inteligente de laços **for** aninhados.

5.9 Escreva um programa que imprima o losango a seguir. Você pode usar instruções de saída que imprimam um asterisco (*****), um espaço ou um caractere de nova linha. Maximize o uso de repetição (com estruturas **for** aninhadas) e minimize o número de instruções de saída.

```
    *
   ***
  *****
 *******
*********
 *******
  *****
   ***
    *
```

5.10 Modifique o programa que você escreveu no Exercício 5.9 para ler um número ímpar no intervalo de 1 a 19, para especificar o número de fileiras no losango. Seu programa deve exibir então um losango do tamanho apropriado.

6

MÉTODOS

OBJETIVOS

- Construir programas de forma modular a partir de pequenas partes, chamadas métodos.
- Apresentar os métodos matemáticos comuns disponíveis na Framework Class Library.
- Criar novos métodos.
- Entender os mecanismos de passagem de informação entre os métodos.
- Apresentar as técnicas de simulação que usam geração de números aleatórios.
- Entender como a visibilidade dos identificadores está limitada a regiões específicas dos programas.
- Saber como escrever e usar métodos que chamam a si mesmos.

★

A forma sempre acompanha a função.
Louis Henri Sullivan

E pluribus unum. (Um, composto de muitos.)
Virgílio

Oh! Ordene o ontem voltar, mande o tempo retroceder.
William Shakespeare

Chame-me de Ismael.
Herman Melville

Quando você me chamar assim, sorria.
Owen Wister

Resumo

6.1 Introdução

A maioria dos programas de computador que resolvem problemas reais é muito maior do que os programas apresentados nos primeiros capítulos deste livro. A experiência tem mostrado que a melhor maneira de desenvolver e manter um programa grande é construí-lo a partir de pequenas partes simples, ou *módulos*. Essa técnica é conhecida como *dividir e conquistar*. Este capítulo descreve muitos recursos importantes da linguagem C# que facilitam o projeto, a implementação, a operação e a manutenção de programas grandes.

6.2 Módulos de programa em C#[1]

Em C#, os módulos são chamados de *métodos* e *classes*. Os programas C# são escritos por meio da combinação de novos métodos e classes que o programador escreve com métodos e classes "previamente empacotados", disponíveis na *.NET Framework Class Library (FCL)*. Neste capítulo, nos concentraremos nos métodos. Vamos discutir as classes em detalhes no Capítulo 8.

A FCL fornece uma rica coleção de classes e métodos para efetuar cálculos matemáticos comuns, manipulações de string, manipulações de caractere, operações de entrada/saída, verificação de erro e muitas outras operações úteis. Esse conjunto de módulos torna o trabalho do programador mais fácil, pois os módulos fornecem muitos dos recursos de que precisam. Os métodos da FCL fazem parte da plataforma .NET, que inclui as classes da FCL **Console** e **MessageBox**, usadas em exemplos anteriores.

Observação de engenharia de software 6.1

Familiarize-se com a rica coleção de classes e métodos da FCL.

Observação de engenharia de software 6.2

Quando possível, use as classes e os métodos da plataforma .NET Framework, em vez de escrever novas classes e métodos. Isso reduz o tempo de desenvolvimento do programa e evita a introdução de novos erros.

1. É importante notar que estamos discutindo os módulos no sentido abstrato. Em C#, existe outra forma de empacotamento de código (além das montagens), chamada módulo. Não é isso que estamos discutindo neste capítulo, mas o leitor deve saber que esse termo pode ser usado de duas maneiras.

O programador pode escrever métodos para definir tarefas específicas, que podem ser usados em muitos pontos em um programa. Tais métodos são conhecidos como *métodos definidos pelo programador* (ou *definidos pelo usuário*). As instruções que definem o método são escritas apenas uma vez e ficam ocultas dos outros métodos.

Um método é *chamado* (isto é, solicitado a executar sua tarefa designada) por uma *chamada a método*. A chamada a método especifica o nome do método e pode fornecer informações (como *argumentos*) que o método chamado exige para executar sua tarefa. Quando a chamada a método termina, o método retorna um resultado para o *método chamador* (ou apenas *chamador*) ou simplesmente retorna o controle para o método que fez a chamada. Uma analogia comum para isso é a forma hierárquica de gerenciamento. Um chefe (o método chamador ou apenas chamador) pede a um funcionário (o *método chamado*) para que execute uma tarefa e relate (isto é, *retorne*) os resultados após concluir a tarefa. O método chefe não sabe *como* o método funcionário realiza suas tarefas designadas. O funcionário também pode chamar outros métodos funcionários, e o chefe não saberá dessas chamadas. Veremos como esse "ocultamento" de detalhes de implementação promove a boa engenharia de software. A Figura 6.1 mostra um método **chefe** se comunicando com os métodos funcionários **trabalhador1**, **trabalhador2** e **trabalhador3** de maneira hierárquica. Note que **trabalhador1** age como método "chefe" de **trabalhador4** e **trabalhador5** nesse exemplo em particular.

6.3 Métodos da classe Math

Os métodos da classe **Math** permitem que o programador efetue certos cálculos matemáticos comuns. Usamos vários métodos da classe **Math** para apresentar a noção de métodos em geral. Por todo o livro, discutimos muitos outros métodos das classes da Framework Class Library.

Os métodos são chamados escrevendo-se o nome do método, seguido de um parêntese de abertura, do *argumento* (ou uma lista de argumentos separados por vírgulas) do método e de um parêntese de fechamento. Os parênteses podem estar vazios, se estivermos chamando um método que não precisa de informações para executar sua tarefa. Por exemplo, um programador que queira calcular e imprimir a raiz quadrada de **900,0** poderia escrever

```
Console.WriteLine( Math.Sqrt( 900.0 ) );
```

Quando essa instrução é executada, o método **Math.Sqrt** calcula a raiz quadrada do número entre parênteses (**900.0**). O número **900.0** é o argumento do método **Math.Sqrt**. O método **Math.Sqrt** recebe um arquivo de tipo **double** e retorna um resultado de tipo **double**. A instrução anterior usa o resultado do método **Math.Sqrt** como argumento do método **Console.WriteLine** e exibe **30.0**[2]. Note que todos os métodos da classe **Math** devem ser chamados precedendo-se o nome do método com o nome da classe **Math** e um operador ponto (**.**) (também chamado de operador de acesso a membro).

Observação de engenharia de software 6.3

Não é necessário adicionar uma referência de montagem para usar os métodos da classe **Math** *em um programa. A classe* **Math** *está localizada no espaço de nomes* **System**, *que está disponível para todo programa.*

Erro de programação comum 6.1

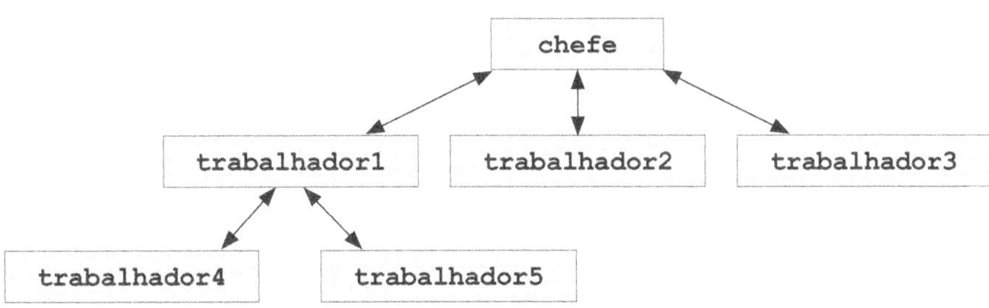

Figura 6.1 Relacionamento hierárquico do método chefe/método funcionário.

2. Ou **30,0**, de acordo com as configurações de separador decimal do sistema em que o programa está sendo executado. (N.R.T.)

Esquecer-se de chamar um método da classe **Math** *precedendo o nome do método com o nome da classe* **Math** *e um operador ponto (* **.** *) resulta em um erro de sintaxe.*

Os argumentos de método podem ser constantes, variáveis ou expressões. Se **c1 = 13.0**, **d = 3.0** e **f = 4.0**, então a instrução

```
Console.WriteLine( Math.Sqrt( c1 + d * f ) );
```

calcula e exibe a raiz quadrada de **13.0 + 3.0 * 4.0 = 25.0**, que dá **5.0**.

A Figura 6.2 resume alguns métodos da classe **Math**. Nessa figura, as variáveis **x** e **y** são de tipo **double**; entretanto, muitos dos métodos fornecem versões que recebem valores de outros tipos de dados como argumentos. A classe **Math** também define duas constantes matemáticas comumente usadas — **Math.PI** (3,14159265358979323846) e **Math.E** (2,7182818284590452354). A constante **Math.PI** da classe **Math** é a relação da circunferência de um círculo com seu diâmetro. A constante **Math.E** é o valor de base dos logaritmos naturais (calculado com o método **Math.Log**).

Método	Descrição	Exemplo

`Abs( x )`	valor absoluto de x	`Abs( 23.7 )` é `23.7`
		`Abs( 0 )` é `0`
		`Abs( -23.7 )` é `23.7`

`Ceiling( x )`	arredonda x para o menor inteiro não menor do que x	`Ceiling( 9.2 )` é `10.0` `Ceiling( -9.8 )` é `-9.0`
`Cos( x )`	co-seno trigonométrico de x (x em radianos)	`Cos( 0.0 )` é `1.0`
`Exp( x )`	método exponencial e^x	`Exp( 1.0 )` é aproximadamente `2.7182818284590451` `Exp( 2.0 )` é aproximadamente `7.3890560989306504`
`Floor( x )`	arredonda x para o maior inteiro não maior do que x	`Floor( 9.2 )` é `9.0` `Floor( -9.8 )` é `-10.0`
`Log( x )`	logaritmo natural de x (base e)	`Log( 2.7182818284590451 )` é aproximadamente `1.0` `Log( 7.3890560989306504 )` é aproximadamente `2.0`
`Max( x, y )`	maior valor de x e y (também tem versões para valores **float**, **int** e **long**)	`Max( 2.3, 12.7 )` é `12.7` `Max( -2.3, -12.7 )` é `-2.3`
`Min( x, y )`	menor valor de x e y (também tem versões para valores **float**, **int** e **long**)	`Min( 2.3, 12.7 )` é `2.3` `Min( -2.3, -12.7 )` é `-12.7`
`Pow( x, y )`	x elevado à potência y (x^y)	`Pow( 2.0, 7.0 )` é `128.0` `Pow( 9.0, .5 )` é `3.0`
`Sin( x )`	seno trigonométrico de x (x em radianos)	`Sin( 0.0 )` é `0.0`
`Sqrt( x )`	raiz quadrada de n	`Sqrt( 900.0 )` é `30.0` `Sqrt( 9.0 )` é `3.0`
`Tan( x )`	tangente trigonométrica de x (x em radianos)	`Tan( 0.0 )` é `0.0`

Figura 6.2 Métodos da classe **Math** comumente usados.

6.4 Métodos

Os métodos permitem que o programador modularize os programas. As variáveis declaradas nas definições de método são *variáveis locais* — apenas o método que as define sabe de sua existência. A maioria dos métodos tem uma lista de *parâmetros* que permite às chamadas a métodos comunicarem informações entre os métodos. Os parâmetros de um método também são variáveis locais para esse método e não são visíveis em nenhum outro método.

Existem várias razões para se modularizar um programa com métodos. A estratégia dividir e conquistar torna o desenvolvimento de programas mais fácil de gerenciar. Outro motivo é a *reutilização de software* — usar métodos (e classes) existentes como blocos de construção para criar novos programas. Com a atribuição de nomes e definições de métodos corretos, podemos criar programas a partir de métodos padronizados, em vez de construir código personalizado. Por exemplo, não precisamos definir o modo de converter **`strings`** em inteiros — a .NET Framework Class Library já define tais métodos (**`Int32.Parse`**). Um terceiro motivo é evitar a repetição de código em um programa. O empacotamento de código como um método permite que o código seja executado a partir de vários locais em um programa — simplesmente temos de chamar esse método.

Boa prática de programação 6.1

Faça bom uso da modularidade para melhorar a clareza e a organização de seu programa. Isso não apenas ajudará os outros a entenderem seu programa, como também ajudará no desenvolvimento, teste e depuração do programa.

Observação de engenharia de software 6.4

Para promover a reutilização, cada método deve executar uma única tarefa bem definida, e o nome do método deve expressar essa tarefa eficientemente.

Observação de engenharia de software 6.5

Se você não puder escolher um nome conciso que expresse o que o método faz, é possível que seu método esteja tentando executar tarefas diversas demais. Normalmente, é melhor dividir tal método em vários métodos menores.

6.5 Definições de métodos

Os programas apresentados até este ponto continham cada um pelo menos uma definição de método (como **`Main`**) que chamava métodos da FCL para executar as tarefas do programa. Agora, consideraremos como escrever métodos personalizados.

Considere o aplicativo Windows da Figura 6.3, que usa um método chamado **`Square`** para calcular os quadrados dos inteiros de 1 a 10. Observe o comentário na linha 15:

```
// código gerado pelo Visual Studio .NET
```

Por todo o livro, usaremos esse comentário para denotar código que não estamos exibindo no capítulo. Em todos os casos, isso representa código criado pelo IDE. A maior parte desse código inicializa propriedades de componentes de GUI. Os exemplos de todos os capítulos estão incluídos em sua totalidade no CD que acompanha este livro. A Figura 6.4 mostra todo o código, mas você não precisa entender todo ele neste ponto do livro. O Capítulo 12 apresentará um exemplo em que discutiremos todo o código em detalhes.

```
1  // Fig. 6.3: SquareInt.cs
2  // Demonstra um método Square definido pelo programador.
3  using System;
4  using System.Drawing;
5  using System.Collections;
6  using System.ComponentModel;
7  using System.Windows.Forms;
8  using System.Data;
9
```

Figura 6.3 Usando o método Square definido pelo programador. (Parte 1 de 2.)

```
public class SquareInt : System.Windows.Forms.Form
{
   private System.Windows.Forms.Button calculateButton;
   private System.Windows.Forms.Label outputLabel;

   // código gerado pelo Visual Studio .NET

   [STAThread]
   static void Main()
   {
      Application.Run( new SquareInt() );
   }

   // Definição do método Square
   int Square( int y )
   {
      return y * y; // retorna o quadrado de y

   } // fim do método Square

   private void calculateButton_Click( object sender,
      System.EventArgs e )
   {
      outputLabel.Text = "";

      // repete o laço 10 vezes
      for ( int counter = 1; counter <= 10; counter++ )
      {
         // calcula o quadrado de counter e armazena o resultado
         int result = Square( counter );

         // coloca o resultado em outputLabel
         outputLabel.Text += "The square of " + counter +
            " is " + result + "\n";
      }

   } // fim do método calculateButton_Click

} // fim da classe SquareInt
```

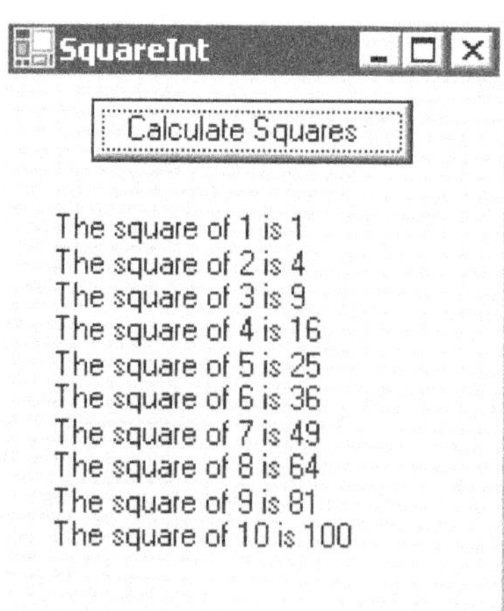

Figura 6.3 Usando o método `Square` definido pelo programador. (Parte 2 de 2.)

Até agora, nossos programas usaram métodos da classe **Console** para obter entrada do usuário a partir do prompt de comando. Esses programas produziam a saída de seus resultados no prompt de comando ou em **MessageBox**. Embora essas sejam maneiras válidas de receber entrada do usuário e exibir a saída, elas têm capacidade muito limitada — o prompt de comando só pode obter um valor por vez do usuário, e uma caixa de diálogo de mensagem só pode exibir uma mensagem. É muito mais comum que os programas leiam várias entradas simultaneamente (por exemplo, quando o usuário fornece informações de nome e endereço) ou que exibam muitos dados de uma vez (como os valores dos dez primeiros quadrados, nesse exemplo). Para apresentar interfaces com o usuário mais elaboradas, o programa da Figura 6.3 ilustra dois conceitos de interface com o usuário gráfica — inclusão de múltiplos componentes de GUI em um aplicativo e *manipulação de eventos*.

Para construir esse aplicativo, usamos o Windows Form Designer para adicionar um objeto componente de GUI **Button** em **Form**. Esse exemplo também usa um rótulo para exibir os resultados do cálculo dos dez primeiros quadrados. O programa chama um método especial, conhecido como *manipulador de evento*, quando o usuário clica no botão **Calculate Squares**. Um manipulador de evento é um método que executa alguma ação em resposta a um *evento*. Os eventos ocorrem quando certas ações acontecem em uma interface com o usuário gráfica, como quando o usuário clica em um botão. O uso de objetos componentes de GUI e eventos em conjunto permite aos programadores criar aplicativos que interagem com os usuários de maneiras mais sofisticadas do que vimos anteriormente. No Windows Form Designer do Visual Studio .NET, dar um clique duplo em um objeto componente de GUI faz o Visual Studio .NET gerar um método manipulador de evento vazio. O nome do método manipulador de evento tem como padrão o nome do componente da GUI seguido de um sublinhado e do nome do evento. O programador, então, pode preencher o método manipulador de evento com código que executa uma tarefa em particular.

Na Figura 6.3, o método **calculateButton_Click** (linhas 30 a 46) é um método manipulador de evento para o evento **Click** de **calculateButton** (isto é, o evento que ocorre quando o usuário clica no botão). Quando o usuário clica no botão, a linha 33 atribui a string vazia (**""**) à propriedade **Text** de **outputLabel**, para garantir que a saída não role para fora do formulário caso o usuário pressione o botão **Calculate Squares** mais de uma vez. As linhas 36 a 44 chamam repetidamente o método **Square**, para calcular os quadrados dos inteiros de 1 a 10. A linha 39 chama o método **Square** e passa a variável **counter** como argumento.

Como em alguns de nossos aplicativos Windows anteriores, criamos um rótulo chamado **outputLabel** para exibir a saída do programa. Todo rótulo contém uma propriedade **string** chamada **Text**, que pode ser acessada usando-se o operador ponto (**.**). Colocamos os resultados dos cálculos de quadrado na propriedade **Text** desse rótulo.

A linha 39 declara a variável **int result** para armazenar o resultado de cada cálculo de quadrado. As linhas 36 a 44 contêm uma estrutura de repetição **for** na qual cada iteração do laço calcula o quadrado (**Square**) do valor atual da variá-vel de controle **counter** e armazena o valor em **result**. As linhas 42 e 43 concatenam cada resultado com a propriedade **Text** de **outputLabel**. No final do laço, o **Label** contém os resultados do quadrado dos valores de 1 a 10.

O programa chama o método **Square** na linha 39. Os parênteses, **()**, após **Square** representam o *operador de chamada a método*, que tem precedência alta. Nesse ponto, o programa faz uma cópia do valor de **counter** (o argumento da chamada a método), e o controle do programa é transferido para o método **Square** (definido nas linhas 24 a 28). O método **Square** recebe a cópia do valor de **counter** no *parâmetro* **y**. Em seguida, **Square** calcula **y * y** (linha 26). O método **Square** usa uma instrução **return** para retornar (isto é, devolver) o resultado do cálculo para a instrução que chamou **Square** (localizada na linha 39). A linha 39 atribui então o valor retornado à variável **result**. As linhas 42 e 43 concatenam **"The square of"**, o valor de **counter**, **"is"**, o valor de **result** e um caractere de nova linha no final da propriedade **Text** de **outputLabel**. A estrutura de repetição **for** repete esse processo dez vezes.

A definição do método **Square** (linha 24) mostra (entre parênteses) que **Square** espera um parâmetro inteiro **y**. O parâmetro **y** é o nome que contém o valor passado para **Square** como argumento. O nome do parâmetro dá acesso ao valor do argumento, de modo que o código no corpo do método pode usar o valor. A palavra-chave **int**, que precede o nome do método, indica que o método **Square** retorna um resultado inteiro. A instrução **return** em **Square** (linha 26) passa o resultado do cálculo **y * y** para a instrução que fez a chamada. Note que a definição do método inteira aparece entre as chaves da classe **SquareInt**. Todos os métodos devem ser definidos dentro de uma definição de classe.

Boa prática de programação 6.2

Coloque uma linha em branco entre as definições, para separar os métodos e melhorar a legibilidade do programa.

Erro de programação comum 6.2

Definir um método fora das chaves de uma definição de classe é um erro de sintaxe.

O formato de uma definição de método é:

tipo-do-valor-de-retorno *nome-do-método* (*lista-de-parâmetros*)
{
 declarações e instruções
}

A primeira linha às vezes é conhecida como *cabeçalho do método*. O *nome-do-método* é qualquer identificador válido. O *tipo-do-valor-de-retorno* é o tipo de dados do resultado que o método retorna para seu chamador. O *tipo-do-valor-de-retorno* **`void`** indica que um método não retorna nenhum valor. Os métodos podem retornar no máximo um valor.

Erro de programação comum 6.3

Omitir o tipo-do-valor-de-retorno em uma definição de método é um erro de sintaxe. Se um método não retorna um valor, seu tipo-do-valor-de-retorno deve ser **`void`**.

Erro de programação comum 6.4

Esquecer de retornar um valor de um método que deve retornar é um erro de sintaxe. Se um tipo-do-valor-de-retorno diferente de **`void`** *está especificado, o método deve conter uma instrução* **`return`** *que retorne um valor.*

Erro de programação comum 6.5

Retornar um valor de um método cujo tipo de retorno foi declarado como **`void`** *causa um erro de compilação.*

A *lista-de-parâmetros* é uma lista separada por vírgulas na qual o método declara o tipo e o nome de cada parâmetro. A chamada a método deve especificar um argumento para cada parâmetro da definição do método, e os argumentos devem aparecer na mesma ordem dos parâmetros na definição do método. Os argumentos também devem ser compatíveis com o tipo do parâmetro. Por exemplo, um parâmetro de tipo **`double`** poderia receber os valores 7,35, 22 ou –0,3546, mas não **`"hello"`**, pois uma variável **`double`** não pode conter uma **`string`**. Se um método não recebe nenhum valor, a lista de parâmetros fica vazia (isto é, o nome do método é seguido por um conjunto de parênteses vazio). Cada parâmetro na lista de parâmetros do método tem um tipo de dados; caso contrário, ocorre um erro de sintaxe.

Erro de programação comum 6.6

Declarar parâmetros de método do mesmo tipo, como **`float x, y`**, *em vez de* **`float x, float y`**, *é um erro de sintaxe, pois o tipo é obrigatório para cada parâmetro da lista de parâmetros.*

Erro de programação comum 6.7

Colocar um ponto-e-vírgula após o parêntese de fechamento, incluindo a lista de parâmetros de uma definição de método, é um erro de sintaxe.

Erro de programação comum 6.8

Redefinir um parâmetro de método no corpo do método causa um erro de compilação.

Erro de programação comum 6.9

Passar para um método um argumento que não é compatível com o tipo do parâmetro correspondente é um erro de sintaxe.

As declarações e instruções dentro das chaves formam o *corpo do método*. O corpo do método também é referido como bloco. Conforme discutido anteriormente, um bloco é um conjunto de declarações e instruções colocadas entre chaves. As variáveis podem ser declaradas em qualquer bloco, e os blocos podem ser aninhados.

Erro de programação comum 6.10

Definir um método dentro de outro é um erro de sintaxe (isto é, os métodos não podem ser aninhados).

Boa prática de programação 6.3

Escolher nomes de métodos e nomes de parâmetros significativos torna os programas mais legíveis e ajuda a evitar uso excessivo de comentários.

Observação de engenharia de software 6.6

Como regra geral, um método não deve ser maior do que uma página. Melhor ainda, um método não deve ser maior do que meia página. Independentemente do quanto um método seja longo, ele deve executar bem uma única tarefa. Métodos pequenos promovem a reutilização de software.

Dica de teste e depuração 6.1

Métodos pequenos são mais fáceis de testar, depurar e entender do que os métodos maiores.

Observação de engenharia de software 6.7

Um método que exige um grande número de parâmetros pode estar executando tarefas demais. Considere a divisão do método em métodos menores que executem tarefas separadas. Como regra geral, o cabeçalho do método deve caber em uma linha (se possível).

Observação de engenharia de software 6.8

O número, o tipo e a ordem dos argumentos em uma chamada a método devem corresponder exatamente àqueles dos parâmetros do cabeçalho de método correspondente.

Existem três maneiras de retornar o controle ao ponto em que um método foi chamado. Se o método não retorna um resultado (isto é, o método tem o tipo de retorno **void**), o controle volta quando o programa atinge a chave de fechamento do método ou quando a instrução

```
return;
```

é executada. Se o método não retorna um resultado, a instrução

```
return expressão;
```

retorna o valor da *expressão* para o chamador. Quando uma instrução **return** é executada, o controle volta imediatamente para o ponto em que o método foi chamado.

Observe a sintaxe que chama o método **Square** na Figura 6.3 — usamos o nome do método seguido dos argumentos do método entre parênteses. Os métodos de uma definição de classe podem chamar todos os outros métodos da mesma definição de classe usando-se essa sintaxe (uma exceção será discutida no Capítulo 8). Agora, já vimos três maneiras de chamar um método — um nome de método sozinho (como mostrado com **Square(x)**); uma referência para um objeto seguida do operador ponto (**.**) e do nome do método (como em **string1.CompareTo(string2)**); e um nome de classe seguido de um nome de método (como em **Math.Sqrt(9.0)**). Essa última sintaxe serve para chamar os *métodos* ***estáticos*** de uma classe (discutidos em detalhes no Capítulo 8).

O aplicativo de nosso próximo exemplo (Figura 6.4) usa o método definido pelo programador **Maximum** para determinar e retornar o maior de três valores de ponto flutuante fornecidos pelo usuário por meio da interface com o usuário gráfica do programa. Note que, nesse exemplo, mostramos todo o código gerado pelo Windows Form Designer. Por todo o restante do livro, omitimos partes do código gerado que não são relevantes para nossas discussões. Em tais programas, colocamos um comentário indicando onde o código gerado pelo Visual Studio .NET aparece no arquivo-fonte original[3].

```
// Fig. 6.4: MaximumValue.cs
// Encontrando o máximo de três valores double.
using System;
using System.Drawing;
using System.Collections;
```

Figura 6.4 Método Maximum definido pelo programador. (Parte 1 de 6.)

3. Neste exemplo, todos os comentários, inclusive aqueles gerados automaticamente pelo Visual Studio .NET em inglês, foram traduzidos, para facilitar a compreensão. (N.R.T.)

```
using System.ComponentModel;
using System.Windows.Forms;
using System.Data;

namespace MaximumValue
{
   ///<summary>
   ///Descrição resumida de Form1.
   ///</summary>
   public class MaximumValue : System.Windows.Forms.Form
   {
      private System.Windows.Forms.Label firstNumberLabel;
      private System.Windows.Forms.Label secondNumberLabel;
      private System.Windows.Forms.Label thirdNumberLabel;
      private System.Windows.Forms.Label maximumLabel;
      private System.Windows.Forms.TextBox firstNumberTextBox;
      private System.Windows.Forms.TextBox secondNumberTextBox;
      private System.Windows.Forms.TextBox thirdNumberTextBox;
      private System.Windows.Forms.Button calculateButton;

      /// <summary>
      /// Variável de projetista obrigatória.
      /// </summary>
      private System.ComponentModel.Container components = null;

      public MaximumValue()
      {
         //
         // Exigido para suporte do Windows Form Designer
         //
         InitializeComponent();

         //
         // TODO: Adicionar qualquer código de construtor após
         // a chamada InitializeComponent
         //
      }

      /// <summary>
      /// Limpa quaisquer recursos sendo usados.
      /// </summary>
      protected override void Dispose( bool disposing )
      {
         if( disposing )
         {
            if (components != null)
            {
               components.Dispose();
            }
         }
         base.Dispose( disposing );
      }

      #region Windows Form Designer generated code
      /// <summary>
      /// Método exigido para o suporte ao projetista — não modificar
      /// o conteúdo desse método com o editor de código.
```

Figura 6.4 Método Maximum definido pelo programador. (Parte 2 de 6.)

```
      /// </summary>
      private void InitializeComponent()
      {
         this.calculateButton =
            new System.Windows.Forms.Button();
         this.secondNumberTextBox =
            new System.Windows.Forms.TextBox();
         this.thirdNumberTextBox =
            new System.Windows.Forms.TextBox();
         this.firstNumberLabel =
            new System.Windows.Forms.Label();
         this.secondNumberLabel =
            new System.Windows.Forms.Label();
         this.thirdNumberLabel =
            new System.Windows.Forms.Label();
         this.maximumLabel = new System.Windows.Forms.Label();
         this.firstNumberTextBox =
            new System.Windows.Forms.TextBox();
         this.SuspendLayout();
         //
         // calculateButton
         //
         this.calculateButton.Location =
            new System.Drawing.Point(24, 120);
         this.calculateButton.Name = "calculateButton";
         this.calculateButton.Size =
            new System.Drawing.Size(112, 23);
         this.calculateButton.TabIndex = 0;
         this.calculateButton.Text = "Calculate Maximum";
         this.calculateButton.Click +=
            new System.EventHandler(this.calculateButton_Click);
         //
         // secondNumberTextBox
         //
         this.secondNumberTextBox.Location =
            new System.Drawing.Point(176, 49);
         this.secondNumberTextBox.Name = "secondNumberTextBox";
         this.secondNumberTextBox.TabIndex = 2;
         this.secondNumberTextBox.Text = "";
         //
         // thirdNumberTextBox
         //
         this.thirdNumberTextBox.Location =
            new System.Drawing.Point(176, 81);
         this.thirdNumberTextBox.Name = "thirdNumberTextBox";
         this.thirdNumberTextBox.TabIndex = 3;
         this.thirdNumberTextBox.Text = "";
         //
         // firstNumberLabel
         //
         this.firstNumberLabel.Location =
            new System.Drawing.Point(8, 16);
         this.firstNumberLabel.Name = "firstNumberLabel";
         this.firstNumberLabel.Size =
            new System.Drawing.Size(136, 23);
         this.firstNumberLabel.TabIndex = 4;
         this.firstNumberLabel.Text =
```

Figura 6.4 Método Maximum definido pelo programador. (Parte 3 de 6.)

```
            "First Floating-Point Value:";
         //
         // secondNumberLabel
         //
         this.secondNumberLabel.Location =
            new System.Drawing.Point(8, 48);
         this.secondNumberLabel.Name = "secondNumberLabel";
         this.secondNumberLabel.Size =
            new System.Drawing.Size(152, 23);
         this.secondNumberLabel.TabIndex = 5;
         this.secondNumberLabel.Text =
            "Second Floating-Point Value:";
         //
         // thirdNumberLabel
         //
         this.thirdNumberLabel.Location =
            new System.Drawing.Point(8, 80);
         this.thirdNumberLabel.Name = "thirdNumberLabel";
         this.thirdNumberLabel.Size =
            new System.Drawing.Size(144, 23);
         this.thirdNumberLabel.TabIndex = 6;
         this.thirdNumberLabel.Text =
            "Third Floating-Point Value:";
         //
         // maximumLabel
         //
         this.maximumLabel.Location =
            new System.Drawing.Point(176, 120);
         this.maximumLabel.Name = "maximumLabel";
         this.maximumLabel.Size =
            new System.Drawing.Size(100, 80);
         this.maximumLabel.TabIndex = 7;
         //
         // firstNumberTextBox
         //
         this.firstNumberTextBox.Location =
            new System.Drawing.Point(176, 16);
         this.firstNumberTextBox.Name = "firstNumberTextBox";
         this.firstNumberTextBox.TabIndex = 1;
         this.firstNumberTextBox.Text = "";
         //
         // MaximumValue
         //
         this.AutoScaleBaseSize = new System.Drawing.Size(5, 13);
         this.ClientSize = new System.Drawing.Size(292, 205);
         this.Controls.AddRange(
            new System.Windows.Forms.Control[] {
               this.firstNumberTextBox,
               this.maximumLabel,
               this.thirdNumberLabel,
               this.secondNumberLabel,
               this.firstNumberLabel,
               this.thirdNumberTextBox,
               this.secondNumberTextBox,
               this.calculateButton
            }
         );
```

Figura 6.4 Método `Maximum` definido pelo programador. (Parte 4 de 6.)

```
            this.Name = "MaximumValue";
            this.Text = "MaximumValue";
            this.ResumeLayout(false);

        }
        #endregion

        /// <summary>
        /// O ponto de entrada principal do aplicativo.
        /// </summary>
        [STAThread]
        static void Main()
        {
            Application.Run(new MaximumValue());
        }

        // O método Maximum usa o método Math.Max para determinar o
        // valor máximo entre os três argumentos double
        double Maximum( double x, double y, double z )
        {
            return Math.Max( x, Math.Max( y, z ) );
        }

        // obtém os valores de ponto flutuante que o usuário forneceu e
        // chama o método Maximum para determinar o valor máximo
        private void calculateButton_Click(object sender,
            System.EventArgs e )
        {
            // obtém os valores fornecidos e converte strings para valores double
            double number1 =
                Double.Parse( firstNumberTextBox.Text );

            double number2 =
                Double.Parse( secondNumberTextBox.Text );

            double number3 =
                Double.Parse( thirdNumberTextBox.Text );

            // chama o método Maximum para determinar o maior valor
            double maximum = Maximum( number1, number2, number3 );

            // exibe o valor máximo
            maximumLabel.Text = "maximum is: " + maximum;

         } // fim do método calculateButton_Click

     } // fim da classe MaximumValue

 } // fim do espaço de nomes MaximumValue
```

Figura 6.4 Método Maximum definido pelo programador[4]. (Parte 5 de 6.)

4. Observe que, da mesma forma que valores numéricos são exibidos com o separador decimal definido nas opções regionais do sistema (por exemplo, no caso do Brasil, vírgula), o programa também espera que os valores fornecidos pela interface sejam digitados com as mesmas configurações regionais. Ou seja, apesar de **dentro** do programa sempre ser usado o **ponto** decimal, os valores fornecidos pela **interface** devem ser dados com **vírgula** decimal, no caso de um ambiente padrão da versão brasileira do Windows. Caso sejam fornecidos valores com ponto decimal, o ponto em si é desconsiderado, e os valores são tratados como inteiros (experimente no programa). (N.R.T.)

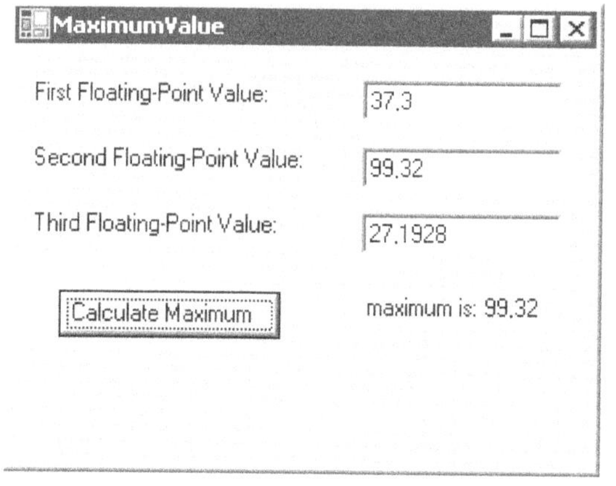

Figura 6.4 Método `Maximum` definido pelo programador. (Parte 6 de 6.)

A interface com o usuário gráfica desse programa consiste em três **`TextBox`**es, nos quais o usuário pode fornecer números de ponto flutuante, um **`Button`** para calcular o máximo, **`Label`**s para cada **`TextBox`** e um **`Label`** para exibir o valor máximo. As linhas 31 a 182 contêm o código gerado pelo Visual Studio .NET para construir essa interface com o usuário gráfica. As linhas 31 a 42 definem um tipo especial de método chamado *construtor*. Os programas chamam os construtores para criar objetos. O construtor executa as tarefas necessárias para preparar um objeto para uso em um programa. Discutiremos os construtores em detalhes no Capítulo 8. No caso de aplicativos Windows, o construtor chama o método **`InitializeComponent`** para criar a interface com o usuário gráfica do programa (linha 36). O método **`InitializeComponent`** (linhas 64 a 181) configura e organiza os objetos componentes da interface com o usuário gráfica do programa, como os **`Label`**, **`Button`** e **`TextBox`**.

Quando o usuário fecha a janela de um programa, o sistema chama o método **`Dispose`** (linhas 47 a 57) para "limpar" os recursos usados pela janela.

Para criar a interface com o usuário gráfica desse programa, arraste os componentes apropriados da **Toolbox** para o formulário (**`Form`**), no Windows Form Designer. Organize os componentes como mostrado na captura de tela da Figura 6.4 e configure as propriedades **`Text`** dos **`Label`**s e do **`Button`**. Em seguida, dê um clique duplo no botão **Calculate Maximum** para adicionar um manipulador de evento vazio. Preencha esse manipulador de evento vazio com o código mostrado nas linhas 202 a 221. As linhas 206 a 213 chamam o método **`double Parse`** na propriedade **`Text`** de cada **`TextBox`**, para recuperar os valores fornecidos pelo usuário. A linha 216 chama então nosso método **`Maximum`**, para determinar qual é o maior valor. O método **`Maximum`** fornece o maior número como valor de retorno, que a linha 216 armazena na variável **`double maximum`**. A linha 219 coloca o valor **`maximum`** na propriedade **`Text`** de **`maximumLabel`**, para exibir o resultado para o usuário.

Agora, vamos examinar a implementação do método **`Maximum`** (linhas 195 a 198). A primeira linha indica que o método retorna um valor de ponto flutuante **`double`**, que o nome do método é **`Maximum`** e que o método recebe três parâmetros **`double (x`**, **`y`** e **`z)`**. A instrução no corpo do método (linha 197) retorna o maior dos três valores de ponto flutuante, usando duas chamadas para o método **`Math.Max`**. Primeiro, o método **`Math.Max`** é chamado e recebe os valores das variáveis **`y`** e **`z`** para determinar o maior desses dois valores. Em seguida, o valor da variável **`x`** e o resultado da primeira chamada de **`Math.Max`** são passados para o método **`Math.Max`**. Finalmente, o resultado da segunda chamada de **`Math.Max`** é retornado para o chamador.

6.6 Promoção de argumentos

Outro recurso importante das definições de método é a *conversão de argumentos* (isto é, forçar os argumentos para o tipo apropriado para passar para um método). Esse processo é normalmente referido como *conversão implícita*, na qual uma cópia do valor da variável é convertida para um tipo diferente, sem uma conversão explícita. A *conversão explícita* (cast) ocorre quando a conversão especifica que ela deve ocorrer. Tais conversões também podem ser feitas com a classe ***`Convert`***, no espaço de nomes **`System`**. O C# suporta conversões de alargamento e estreitamento — a *conversão de alargamento* ocorre quando um tipo é convertido para outros tipos (normalmente tipos que podem conter mais dados), sem perda de dados, e uma *conversão de estreitamento* ocorre quando dados podem ser perdidos por meio de uma conversão (normalmente para tipos que podem conter volumes de dados menores). A Figura 6.5 mostra as conversões implícitas permitidas.

Por exemplo, o método **Sqrt** da classe **Math** pode ser chamado com um argumento integer, mesmo que o método seja definido na classe **Math** para receber um argumento **double**. A instrução

```
Console.WriteLine( Math.Sqrt( 4 ) );
```

avalia **Math.Sqrt(4)** corretamente e exibe o valor **2**. O C# converte implicitamente o valor **int** 4, no valor **double** 4.0, antes de passá-lo para **Math.Sqrt**. Em muitos casos, o C# aplica conversões implícitas nos valores de argumento que não correspondem precisamente aos tipos de parâmetro da definição do método. Em alguns casos, tentar essas conversões leva a erros de compilação, pois o C# usa regras de conversão para determinar quando uma conversão de alargamento pode ocorrer. Em nosso exemplo **Math.Sqrt** anterior, o C# converte um valor **int** em um valor **double**, sem alterar o valor. Entretanto, converter um valor **double** em **int** trunca a parte fracionária do valor **double**. Converter tipos inteiros maiores em tipos inteiros menores (por exemplo, **long** para **int**) também pode resultar em valores alterados. Tais conversões de estreitamento podem causar perda de dados; portanto, o C# não permite conversões de estreitamento sem uma operação de conversão explícita.

As regras de conversão se aplicam às expressões que contêm valores de dois ou mais tipos de dados (também referidas como *expressões de tipo misto*) e aos valores de tipos de dados primitivos passados como argumentos para métodos. O C# converte o tipo de cada valor em uma expressão de tipo misto no tipo "mais alto" da expressão. O C# cria uma cópia temporária de cada valor e a utiliza na expressão — os valores originais permanecem inalterados. O tipo do argumento de um método pode ser promovido para qualquer tipo "mais alto".

Converter valores para tipos mais baixos pode resultar em perda de dados. Nos casos em que informações podem ser perdidas por meio de conversão, o compilador exige que o programador use uma conversão explítica para obrigar a conversão a ocorrer. Para chamar nosso método **Square**, que recebe um parâmetro inteiro (Figura 6.3) com a variável **double y**, a chamada a método seria escrita como

```
int result = Square( ( int ) y );
```

Essa instrução converte explicitamente uma cópia do valor de **y** para um inteiro, para uso no método **Square**. Assim, se o valor de **y** for **4.5**, o método **Square** retornará **16**, e não **20.25**.

Erro de programação comum 6.11

*Ao se realizar uma conversão de estreitamento (por exemplo, **double** para **int**), converter um valor de tipo de dados primitivo em outro tipo de dados primitivo pode resultar em perda de dados.*

Tipo	Pode ser convertido para o(s) tipo(s)
bool	**object**
byte	**decimal, double, float, int, uint, long, ulong, object, short** ou **ushort**
sbyte	**decimal, double, float, int, long, object** ou **short**
char	**decimal, double, float, int, uint, long, ulong, object** ou **ushort**
decimal	**object**
double	**object**
float	**double** ou **object**
int	**decimal, double, float, long** ou **object**
uint	**decimal, double, float, long, ulong** ou **object**
long	**decimal, double, float** ou **object**
ulong	**decimal, double, float** ou **object**
short	**decimal, double, float, int, long** ou **object**
ushort	**decimal, double, float, int, uint, long, ulong** ou **object**

Figura 6.5 Conversões implícitas permitidas.

6.7 Espaços de nomes do C#

Como já vimos, o C# contém muitas classes predefinidas, agrupadas em espaços de nomes. Coletivamente, nos referimos a esse código preexistente como Framework Class Library. O código real das classes está localizado em arquivos **.dll** chamados montagens.

Por todo o texto, instruções **using** especificam os espaços de nomes que usamos em cada programa. Por exemplo, um programa inclui a instrução

```
using System;
```

para dizer ao compilador que estamos usando o espaço de nomes **System**. Essa instrução **using** nos permite escrever **Console.WriteLine**, em vez de **System.Console.WriteLine**, por todo o programa. Para usar uma classe de um espaço de nomes em particular, devemos adicionar uma referência para a montagem apropriada (demonstrado na Seção 3.2). Referências de montagem para o espaço de nomes **System** são adicionadas automaticamente — outras montagens devem ser adicionadas explicitamente.

Utilizamos várias classes da FCL neste livro. A Figura 6.6 lista um subconjunto dos muitos espaços de nomes da FCL e fornece uma breve descrição de cada um. Usamos classes desses espaços de nomes e de outros por todo o livro. Essa tabela apresenta aos leitores a variedade de componentes reutilizáveis da FCL. Ao aprender C#, passe algum tempo lendo as descrições das classes na documentação.

O conjunto dos espaços de nomes disponíveis na FCL é muito grande. Além dos espaços de nomes resumidos na Figura 6.6, a FCL contém espaços de nomes para elementos gráficos complexos, interfaces com o usuário gráficas avançadas, impressão, interligação em rede avançada, segurança, multimídia, acessibilidade (para pessoas com deficiências físicas) e muito mais. Para ver um panorama dos espaços de nomes da FCL, pesquise ".NET Framework, class library" na documentação da ajuda.

6.8 Tipos de valor e tipos de referência

Na próxima seção discutiremos a passagem de argumentos para métodos por valor e por referência. Para entender isso, precisamos primeiro fazer uma distinção entre os tipos em C#. Os tipos de dados são *tipos de valor* ou *tipos de referência*. Uma variável de tipo de valor contém dados desse tipo. Em contraste, uma variável de tipo de referência contém o endereço da localização na memória em que os dados estão armazenados. Os tipos de valor normalmente representam dados simples, como valores **int** ou **bool**. Os tipos de referência, por outro lado, se referem a objetos, os quais podem conter muitos dados individuais. Discutiremos os objetos em detalhes nos capítulos 8, 9 e 10.

O C# contém tipos de valor e tipos de referência. Os tipos de valor internos são os *tipos integrais* (**sbyte**, **byte**, **char**, **short**, **ushort**, **int**, **uint**, **long** e **ulong**), os *tipos de ponto flutuante* (**float** e **double**) e os tipos **decimal** e **bool**. Os tipos de referência internos são **string** e **object**. Os programadores também podem criar tipos de valor e tipos de referência. Os tipos de referência que os programadores podem criar são classes (Capítulo 8), interfaces (Capítulo 8) e delegados (Capítulo 9).

Espaço de nomes	Descrição
System	Contém classes e tipos de dados fundamentais (como **int**, **double**, **char** etc.). Referenciado implicitamente por todos os programas C#.
System.Data	Contém classes que formam o ADO .NET, usadas para acesso e manipulação de banco de dados.
System.Drawing	Contém classes usadas para desenho e elementos gráficos.
System.IO	Contém classes para a entrada e a saída de dados, como no caso de arquivos.
System.Threading	Contém classes para múltiplas linhas de execução (multithreading), usadas para executar várias partes de um programa simultaneamente.
System.Windows.Forms	Contém classes usadas para criar interfaces com o usuário gráficas.
System.Xml	Contém classes usadas para processar dados XML.

Figura 6.6 Espaços de nomes da Framework Class Library.

A tabela da Figura 6.7 lista os tipos de dados primitivos, que são blocos de construção para tipos mais complicados. Assim como suas linguagens predecessoras C e C++, o C# exige que todas as variáveis tenham um tipo, antes que elas possam ser usadas em um programa. Por isso, o C# é referido como uma *linguagem fortemente tipada*.

Nos programas C e C++, os programadores freqüentemente devem escrever versões separadas para suportar diferentes ambientes operacionais de computador, pois não é garantido que os tipos de dados primitivos sejam idênticos de um computador para outro. Por exemplo, um valor `int` em um computador poderia ocupar 16 bits (2 bytes) de memória, enquanto um valor `int` em outro computador poderia ocupar 32 bits (4 bytes) de memória. Em C#, os valores `int` têm sempre 32 bits (4 bytes).

Dica de portabilidade 6.1

Os tipos de dados primitivos em C# são portáveis entre todas as plataformas que suportam C#.

Cada tipo de dados da tabela está listado com seu tamanho em bits (existem 8 bits em 1 byte) e seu intervalo de valores. Os projetistas do C# quiseram que o código fosse portável; portanto, eles optaram por usar padrões reconhecidos internacionalmente para os dois formatos de caractere (Unicode) e números de ponto flutuante (IEEE 754).

6.9 Passagem de argumentos: passagem por valor *versus* passagem por referência

Duas maneiras de passar argumentos para métodos em muitas linguagens de programação são *passagem por valor* e *passagem por referência*. Quando um argumento é passado por valor, o método chamado recebe uma *cópia* do valor do argumento.

Dica de teste e depuração 6.2

Com a passagem por valor, as alterações na cópia do método chamado não afetam o valor da variável original. Isso evita alguns efeitos colaterais que impedem o desenvolvimento de sistemas de software corretos e confiáveis.

Quando um argumento é passado usando passagem por referência, o chamador dá ao método a capacidade de acessar e modificar os dados originais do chamador diretamente. A passagem por referência pode melhorar o desempenho, pois

Tipo	Tamanho em bits	Valores	Padrão
`bool`	8	`true` ou `false`	
`char`	16	`'\u0000'` a `'\uFFFF'`	(conjunto de caracteres Unicode)
`byte`	8	0 a 255	(sem sinal)
`sbyte`	8	–128 a +127	
`short`	16	–32.768 a +32.767	
`ushort`	16	0 a 65.535	(sem sinal)
`int`	32	–2.147.483.648 a 2.147.483.647	
`uint`	32	0 a 4.294.967.295	(sem sinal)
`long`	64	–9.223.372.036.854.775.808 a +9.223.372.036.854.775.807	
`ulong`	64	0 a 18.446.744.073.709.551.615	(sem sinal)
`decimal`	128	$1{,}0 \times 10^{-28}$ a $7{,}9 \times 10^{28}$	
`float`	32	$\pm 1{,}5 \propto 10^{-45}$ a $\pm 3{,}4 \propto 10^{38}$	(ponto flutuante IEEE 754)
`double`	64	$\pm 5{,}0 \propto 10^{-324}$ a $\pm 1{,}7 \propto 10^{308}$	(ponto flutuante IEEE 754)
`object`			
`string`			(conjunto de caracteres Unicode)

Figura 6.7 Tipos de dados internos do C#.

ela elimina a carga adicional da cópia de itens de dados grandes, como objetos; entretanto, a passagem por referência pode debilitar a segurança, pois o método chamado pode modificar os dados do chamador.

Observação de engenharia de software 6.9

Ao retornar informações de um método por meio de uma instrução **`return`**, *as variáveis de tipo de valor sempre são retornadas por valor (isto é, uma cópia é retornada), e as variáveis de tipo de referência são sempre retornadas por referência (isto é, uma referência para o objeto é retornada).*

Para passar uma referência a objeto para um método, basta especificar o nome da referência na chamada do método. Então, no corpo do método, referencie o objeto usando o nome do parâmetro. Isso se refere ao objeto original na memória, o que permite ao método chamado acessar o objeto original diretamente.

Na Seção 6.8 discutimos a diferença entre os tipos de valor e os tipos de referência. Neste ponto, o leitor pode entender uma das principais diferenças entre os dois tipos de dados — as variáveis de tipo de valor são passadas para os métodos por valor, enquanto as variáveis de tipo de referência são passadas para os métodos por referência. E se o programador quisesse passar um tipo de valor por referência? Para isso, o C# fornece as *palavras-chave* **`ref`** e **`out`**. A palavra-chave **`ref`** especifica que um argumento de tipo de valor deve ser passado por referência, o que permite ao método chamado modificar a variável original. A palavra-chave é usada para variáveis que já foram inicializadas. A palavra-chave **`out`** especifica um parâmetro de saída, que é um argumento ao qual o método chamado atribuirá um valor. Normalmente, quando um método recebe um valor não inicializado, o compilador gera um erro. Preceder o parâmetro com a palavra-chave **`out`** especifica que o método chamado inicializará a variável e impedirá que o compilador gere uma mensagem de erro para a variável não inicializada. A Figura 6.8 demonstra o uso das palavras-chave **`ref`** e **`out`** para manipular valores inteiros[5].

Esse programa contém três métodos para calcular o quadrado de um inteiro. O primeiro método, **`SquareRef`** (linhas 26 a 29), multiplica seu argumento **`x`** por si mesmo e atribui o novo valor a **`x`**. **`SquareRef`** recebe seu argumento como um **`ref int`**, especificando que **`x`** é um inteiro passado por referência para o método. Como resultado, a atribuição na linha 28 modifica o valor do argumento original, em vez de uma cópia desse valor.

O segundo método, **`SquareOut`** (linhas 33 a 37), faz o mesmo, mas inicializa **`x`** como **`6`**, na linha 35. **`SquareOut`** recebe seu argumento como um **`out int`**, o que indica que **`x`** é uma variável inteira que o chamador passa para o método **`SquareOut`** por referência e que **`SquareOut`** pode atribuir um novo valor a essa variável. O último método, **`Square`** (linhas 41 a 44), simplesmente recebe **`x`** como um argumento inteiro de tipo de valor e o eleva ao quadrado.

```
1   // Fig. 6.8: RefOutTest.cs
2   // Demonstrando parâmetros ref e out.
3   using System;
4   using System.Drawing;
5   using System.Collections;
6   using System.ComponentModel;
7   using System.Windows.Forms;
8   using System.Data;
9
10  public class RefOutTest : System.Windows.Forms.Form
11  {
12     private System.Windows.Forms.Button showOutputButton;
13     private System.Windows.Forms.Label outputLabel;
14
15     // código gerado pelo Visual Studio .NET
16
17     // ponto de entrada principal do aplicativo
18     [STAThread]
19     static void Main()
20     {
```

Figura 6.8 Demonstrando os parâmetros `ref` e `out`. (Parte 1 de 3.)

5. No Capítulo 7 discutiremos a passagem de argumentos de tipo de referência por valor e por referência.

```
        Application.Run( new RefOutTest() );
    }

    // x é passado por referência e o método modifica
    // o valor da variável original
    void SquareRef( ref int x )
    {
        x = x * x;
    }

    // x é passado como um parâmetro out e o método inicializa
    // e modifica o valor da variável original
    void SquareOut( out int x )
    {
        x = 6;
        x = x * x;
    }

    // x é passado por valor e o método não pode modificar
    // o valor da variável original
    void Square( int x )
    {
        x = x * x;
    }

    private void showOutputButton_Click( object sender,
            System.EventArgs e )
    {
        int y = 5; // cria novo int e inicializa como 5
        int z;     // declara z, mas não o inicializa

        // exibe os valores originais de y e z
        outputLabel.Text = "Original value of y: " + y + "\n";
        outputLabel.Text +=
            "Original value of z: uninitialized\n\n";

        // passa y e z por referência
        SquareRef( ref y );
        SquareOut( out z );

        // exibe os valores de y e z, após serem modificados pelos métodos
        // SquareRef e SquareOut
        outputLabel.Text +=
            "Value of y after SquareRef: " + y + "\n";
        outputLabel.Text +=
            "Value of z after SquareOut: " + z + "\n\n";

        // passa y e z por valor
        Square( y );
        Square( z );

        // exibe os valores inalterados de y e z
        outputLabel.Text += "Value of y after Square: " + y + "\n";
        outputLabel.Text += "Value of z after Square: " + z + "\n";


    } // fim do método showOutputButton_Click
}
```

Figura 6.8 Demonstrando os parâmetros `ref` e `out`. (Parte 2 de 3.)

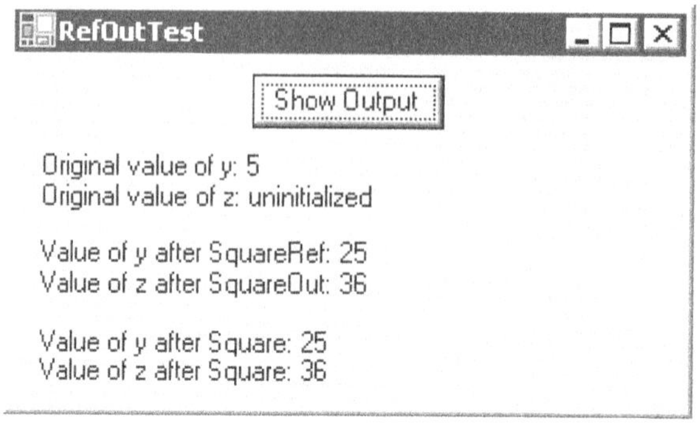

Figura 6.8 Demonstrando os parâmetros `ref` e `out`. (Parte 3 de 3.)

O método **`showOutputButton_Click`** (linhas 46 a 77) é um manipulador de evento que chama os métodos **`SquareRef`**, **`SquareOut`** e **`Square`** quando o usuário clica no botão **Show Output**. Esse método começa inicializando **`y`** como **5** e declarando (mas não inicializando) **`z`**. As linhas 58 e 59 chamam os métodos **`SquareRef`** e **`SquareOut`**. Observe a sintaxe usada para passar **`y`** e **`z`** — em cada caso, precedemos o argumento com **`ref`** ou com **`out`**. A saída mostra os valores de **`y`** e **`z`**, após as chamadas de função. Note que **`y`** foi alterado para **`25`** e que **`z`** foi configurado como **`36`**. Finalmente, nas linhas 69 e 70 chamamos o método **`Square`**. Os argumentos **`y`** e **`z`** são ambos passados por valor — apenas cópias de seus valores são passadas para o método. Como resultado, os valores de **`y`** e **`z`** permanecem como **`25`** e **`36`**, respectivamente.

Erro de programação comum 6.12

Em uma chamada a método, os argumentos **`ref`** *e* **`out`** *devem corresponder àqueles especificados na definição do método; caso contrário, ocorrerá um erro de sintaxe.*

Observação de engenharia de software 6.10

Como padrão, o C# não permite que o programador escolha se vai passar cada argumento por valor ou por referência. As variá--veis do tipo valor são passadas por valor. Os objetos não são passados para os métodos; em vez disso, referências aos objetos são passadas para os métodos. As próprias referências são passadas por valor. Quando um método recebe uma referência a um objeto, ele pode manipular o objeto diretamente, mas o valor de referência não pode ser alterado (por exemplo, para se referir a um novo objeto).

6.10 Geração de números aleatórios

Agora, teremos uma breve e, esperamos, interessante diversão com uma programação de aplicativo popular — simulação e jogo. Nesta e na próxima seção desenvolveremos um programa de jogo bem estruturado que inclui vários métodos. O programa usa a maioria das estruturas de controle que estudamos até este ponto e também apresenta vários conceitos novos.

Há algo no clima dos cassinos que estimula cada tipo de pessoa — desde jogadores em luxuosas mesas de mogno e feltro para jogo de dados até bandidos armados em espeluncas. É o *elemento da chance*, a possibilidade de que a sorte converta um bolso cheio de dinheiro em uma montanha de riqueza. O elemento da chance pode ser fornecido em aplicativos de computador com a classe ***`Random`*** (localizada no espaço de nomes **`System`**).

Considere as instruções a seguir:

```
Random randomObject = new Random();
int randomNumber = randomObject.Next();
```

O método **`Next`** gera um valor **`int`** positivo entre zero e a constante **`Int32.MaxValue`** (o valor 2.147.483.647). Se **`Next`** produz valores aleatoriamente, todo valor nesse intervalo terá uma *chance* (ou *probabilidade*) *igual* de ser escolhido quando **`Next`** for chamado. Note que os valores retornados por **`Next`** são na verdade *números pseudo-aleatórios* — uma seqüência de valores produzida por um cálculo matemático complexo. Um valor *gerador* é exigido nesse cálculo matemático. Quando criamos nosso objeto **`Random`**, usamos a hora atual do dia como gerador. Um valor gerador em particular sempre produz a mesma série de números aleatórios. Normalmente, os programadores usam a hora atual do dia como valor gerador, pois ela muda a cada segundo e, portanto, produz seqüências de números aleatórios cada vez que o programa é executado.

O intervalo de valores produzido diretamente por **Next** freqüentemente é diferente do intervalo de valores exigido em um aplicativo em particular. Por exemplo, um programa que simula o sorteio feito por uma moeda exigiria apenas 0 para "cara" e 1 para "coroa". Um programa que simula o lançamento de um dado de seis lados exigiria inteiros aleatórios no intervalo de 1 a 6. Um programa de videogame que previsse aleatoriamente o próximo tipo de espaçonave (de quatro possibilidades) que voaria no horizonte poderia exigir inteiros aleatórios no intervalo de 1 a 4.

A versão de um argumento do método **Next** retorna valores no intervalo de 0 até (mas não incluindo) o valor desse argumento. Por exemplo,

```
value = randomObject.Next( 6 );
```

produz valores de 0 a 5. Isso é chamado de *escala*, pois o intervalo de valores produzido diminuiu de mais de dois bilhões para apenas seis. O número 6 é o *fator de escala*. A versão de dois argumentos do método **Next** nos permite *deslocar* e escalonar o intervalo de números. Por exemplo, podemos usar o método **Next** como se segue:

```
value = randomObject.Next( 1, 7 );
```

para produzir inteiros no intervalo de 1 a 6. Nesse caso, deslocamos os números para produzir um intervalo de 1 até (mas não incluindo) 7.

O aplicativo Windows da Figura 6.9 simula 20 lançamentos de um dado de seis lados e mostra o valor inteiro de cada lançamento. A simulação de lançamento de dado começa quando o usuário clica no botão **Show Output**, que chama o manipulador de evento **showOutputButton_Click** (linhas 24 a 44). O laço **for**, nas linhas 32 a 43, chama repetidamente o método **Next** da classe **Random**, para simular o lançamento do dado. As linhas 37 e 38 colocam o valor do lançamento na propriedade **Text** de **outputLabel**. Após cada cinco lançamentos, a linha 42 acrescenta um caractere de nova linha para tornar a saída mais legível.

```
1  // Fig. 6.9: RandomInt.cs
2  // Gerando valores inteiros aleatórios.
3  using System;
4  using System.Drawing;
5  using System.Collections;
6  using System.ComponentModel;
7  using System.Windows.Forms;
8  using System.Data;
9
10 public class RandomInt : System.Windows.Forms.Form
11 {
12    private System.Windows.Forms.Button showOutputButton;
13    private System.Windows.Forms.Label outputLabel;
14
15    // código gerado pelo Visual Studio .NET
16
17    // ponto de entrada principal do aplicativo
18    [STAThread]
19    static void Main()
20    {
21       Application.Run( new RandomInt() );
22    }
23
24    private void showOutputButton_Click( object sender,
25       System.EventArgs e )
26    {
27       Random randomInteger = new Random();
28
```

Figura 6.9 Inteiros aleatórios no intervalo de 1 a 6. (Parte 1 de 2.)

```
        outputLabel.Text = "";

        // repete o laço 20 vezes
        for ( int counter = 1; counter <= 20; counter++ )
        {
           // escolhe um inteiro aleatório entre 1 e 6
           int nextValue = randomInteger.Next( 1, 7 );

           outputLabel.Text +=
              nextValue + "  "; // coloca o valor na saída

           // adiciona um caractere de nova linha após cada 5 valores
           if ( counter % 5 == 0 )
              outputLabel.Text += "\n";
        }
     }
  }
```

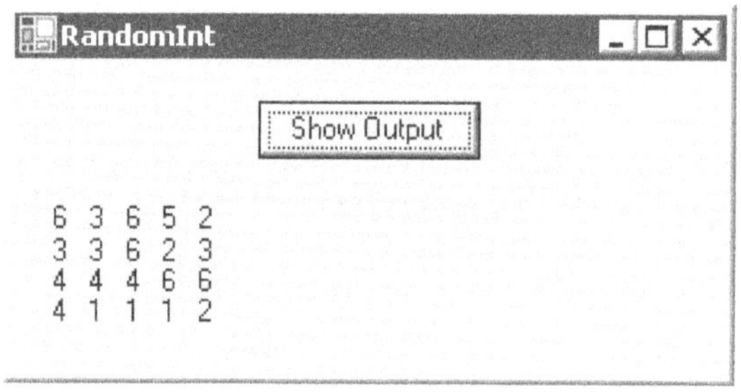

Figura 6.9 Inteiros aleatórios no intervalo de 1 a 6. (Parte 2 de 2.)

O aplicativo Windows da Figura 6.10 simula lançamentos de quatro dados. O programa permite que o usuário clique em um botão que "lança" quatro dados por vez e exibe uma imagem de cada dado na janela. O próximo exemplo (Figura 6.11) usa muitos recursos desse exemplo para demonstrar que os números gerados por **Next** ocorrem com probabilidade aproximadamente igual.

```
// Fig. 6.10: RollDie.cs
// Usando a geração de números aleatórios para simular o lançamento de dados.
using System;
using System.Drawing;
using System.Collections;
using System.ComponentModel;
using System.Windows.Forms;
using System.Data;
using System.IO;   // permite ler dados de arquivos

public class RollDie : System.Windows.Forms.Form
{
   private System.Windows.Forms.Button rollButton;

   private System.Windows.Forms.Label dieLabel2;
   private System.Windows.Forms.Label dieLabel1;
   private System.Windows.Forms.Label dieLabel3;
   private System.Windows.Forms.Label dieLabel4;
```

Figura 6.10 Lançamento de dados em um aplicativo Windows. (Parte 1 de 2.)

```
19
20      private Random randomNumber = new Random();
21
22      // código gerado pelo Visual Studio .NET
23
24      // método chamado quando rollButton é clicado,
25      // passa rótulos para outro método
26      protected void rollButton_Click(
27         object sender, System.EventArgs e )
28      {
29         // passa os rótulos para um método que
30         // atribuirá uma face para cada dado aleatoriamente
31         DisplayDie( dieLabel1 );
32         DisplayDie( dieLabel2 );
33         DisplayDie( dieLabel3 );
34         DisplayDie( dieLabel4 );
35
36      } // fim de rollButton_Click
37
38      // determina a imagem a ser exibida pelo dado atual
39      public void DisplayDie( Label dieLabel )
40      {
41         int face = randomNumber.Next( 1, 7 );
42
43         // exibe a imagem especificada pelo nome de arquivo
44         dieLabel.Image = Image.FromFile(
45            Directory.GetCurrentDirectory() +
46            "\\images\\die" + face + ".gif" );
47      }
48
49      // ponto de entrada principal do aplicativo
50      [STAThread]
51      static void Main()
52      {
53         Application.Run( new RollDie() );
54      }
55
56   } // fim da classe RollDie
```

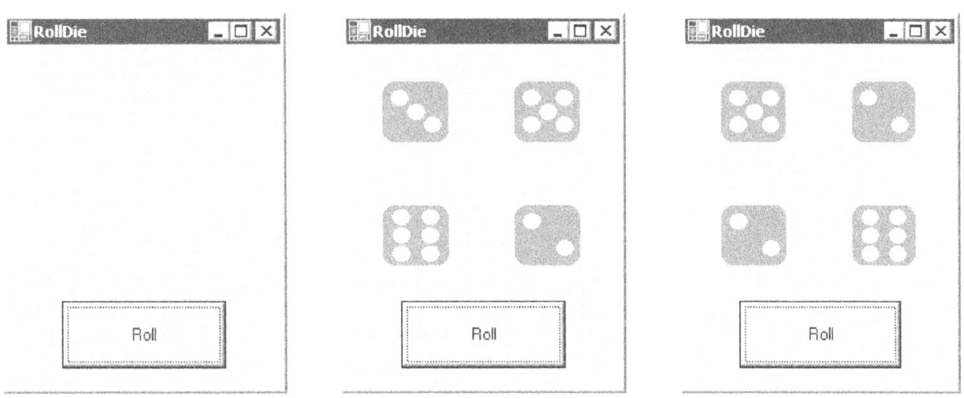

Figura 6.10 Lançamento de dados em um aplicativo Windows. (Parte 2 de 2.)

O método **DisplayDie** (linhas 39 a 47) chama o método **Random Next** para simular o lançamento de um dado (linha 41) e carrega uma imagem que corresponde ao valor sorteado (linhas 44 a 46). A linha 44 usa a propriedade **Image** de **Label** (apresentada no Capítulo 2) para exibir o dado. Note que especificamos qual imagem será exibida chamando o método

FromFile da classe **Image**, que especifica a localização do arquivo no disco que contém a imagem. Cada clique do botão apresenta quatro imagens que representam os quatro novos valores dos dados. Note que o usuário precisa clicar em **roll-Button** pelo menos uma vez para apresentar os dados. O método **Directory GetCurrentDirectory** (linha 45) retorna o caminho da pasta em que o programa está sendo executado. Se você executar o programa a partir do Visual Studio .NET, esse será o diretório **bin\Debug** no diretório do projeto. As imagens de dados devem estar nessa pasta para que o exemplo funcione corretamente. Essas imagens estão colocadas nas pastas correspondentes no CD que acompanha este livro.

Para mostrar que a classe **Random** produz números com probabilidade aproximadamente igual, vamos modificar o programa da Figura 6.10 para manter algumas estatísticas simples. O aplicativo Windows da Figura 6.11 fornece um botão **Roll** para lançar o dado e uma **TextBox** que exibe a freqüência de cada valor sorteado. A saída do programa mostra os resultados de dez cliques no botão **Roll**.

Quando o usuário clica no botão **Roll**, o programa chama o manipulador de evento **rollButton_Click**, nas linhas 38 a 73. Esse manipulador de evento chama o método **DisplayDie** para cada um dos 12 dados que o programa simula (linhas 43 a 54). As linhas 56 a 71 calculam então as freqüências de cada dado e exibem os resultados, colocando a informação na propriedade **Text** de **displayTextBox**. O método **displayDie** (linhas 76 a 113) simula o lançamento de um dado (linha 78), carrega a **Image** apropriada e incrementa a contagem de freqüência para o valor sorteado.

```
1  // Fig. 6.11: RollDie2.cs
2  // Lançamento de 12 dados com diagrama de freqüência.
3  using System;
4  using System.Drawing;
5  using System.Collections;
6  using System.ComponentModel;
7  using System.Windows.Forms;
8  using System.Data;
9  using System.IO;
10
11 public class RollDie2 : System.Windows.Forms.Form
12 {
13    private System.Windows.Forms.Button rollButton;
14
15    private System.Windows.Forms.RichTextBox displayTextBox;
16
17    private System.Windows.Forms.Label dieLabel1;
18    private System.Windows.Forms.Label dieLabel2;
19    private System.Windows.Forms.Label dieLabel3;
20    private System.Windows.Forms.Label dieLabel4;
21    private System.Windows.Forms.Label dieLabel5;
22    private System.Windows.Forms.Label dieLabel6;
23    private System.Windows.Forms.Label dieLabel7;
24    private System.Windows.Forms.Label dieLabel8;
25    private System.Windows.Forms.Label dieLabel9;
26    private System.Windows.Forms.Label dieLabel10;
27    private System.Windows.Forms.Label dieLabel11;
28    private System.Windows.Forms.Label dieLabel12;
29
30    private Random randomNumber = new Random();
31
32    private int ones, twos, threes, fours, fives, sixes;
33
34    // código gerado pelo Visual Studio .NET
35
36    // simula o lançamento chamando DisplayDie para
37    // cada rótulo e exibe os resultados
38    protected void rollButton_Click(
39       object sender, System.EventArgs e )
```

Figura 6.11 Simulando o lançamento de 12 dados de seis lados. (Parte 1 de 3.)

```
      {
         // passa os rótulos para um método que
         // atribuirá uma face a cada dado aleatoriamente
         DisplayDie( dieLabel1 );
         DisplayDie( dieLabel2 );
         DisplayDie( dieLabel3 );
         DisplayDie( dieLabel4 );
         DisplayDie( dieLabel5 );
         DisplayDie( dieLabel6 );
         DisplayDie( dieLabel7 );
         DisplayDie( dieLabel8 );
         DisplayDie( dieLabel9 );
         DisplayDie( dieLabel10 );
         DisplayDie( dieLabel11 );
         DisplayDie( dieLabel12 );

         double total = ones + twos + threes + fours + fives + sixes;

         // exibe os valores de freqüência atuais
         displayTextBox.Text = "Face\t\tFrequency\tPercent\n1\t\t" +
            ones + "\t\t" +
            String.Format( "{0:F2}", ones / total * 100 ) +
            "%\n2\t\t" + twos + "\t\t" +
            String.Format( "{0:F2}", twos / total * 100 ) +
            "%\n3\t\t" + threes + "\t\t" +
            String.Format( "{0:F2}", threes / total * 100 ) +
            "%\n4\t\t" + fours + "\t\t" +
            String.Format( "{0:F2}", fours / total * 100 ) +
            "%\n5\t\t" + fives + "\t\t" +
            String.Format( "{0:F2}", fives / total * 100 ) +
            "%\n6\t\t" + sixes + "\t\t" +
            String.Format( "{0:F2}", sixes / total * 100 ) + "%";

      } // fim de rollButton_Click

      // exibe o dado atual e modifica os valores de freqüência
      public void DisplayDie( Label dieLabel )
      {
         int face = randomNumber.Next( 1, 7 );

         dieLabel.Image = Image.FromFile(
            Directory.GetCurrentDirectory() +
            "\\images\\die" + face + ".gif" );

         // soma um à freqüência da face atual
         switch ( face )
         {
            case 1:
               ones++;
               break;

            case 2:
               twos++;
               break;

            case 3:
               threes++;
               break;
```

Figura 6.11 Simulando o lançamento de 12 dados de seis lados. (Parte 2 de 3.)

```

            case 4:
               fours++;
               break;

            case 5:
               fives++;
               break;

            case 6:
               sixes++;
               break;

         } // fim do switch

      } // fim de DisplayDie

      // ponto de entrada principal do aplicativo
      [STAThread]
      static void Main()
      {
         Application.Run( new RollDie2() );
      }

   } // fim da classe RollDie2
```

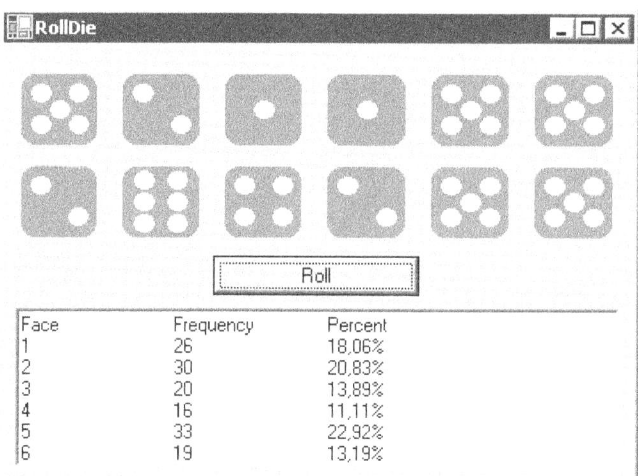

Figura 6.11 Simulando o lançamento de 12 dados de seis lados. (Parte 3 de 3.)

Conforme demonstra a saída do programa, quando de um grande número de lançamentos de dados, cada uma das faces possíveis de 1 a 6 aparece com probabilidade aproximadamente igual (isto é, cerca de 1/6 das vezes). Após estudarmos os arrays no Capítulo 7, mostraremos como substituir a estrutura **switch** inteira desse programa por uma instrução de uma linha.

6.11 Exemplo: jogo de azar

Um dos jogos de azar mais populares é um jogo de dados conhecido como *craps*, jogado em cassinos e becos de todo o mundo. As regras do jogo são simples:

> *Um jogador lança dois dados. Cada dado tem seis faces. Cada face contém 1, 2, 3, 4, 5 ou 6 pontos. Após os dados pararem, a soma dos pontos das duas faces que estão para cima é calculada. Se a soma for 7 ou 11 no primeiro*

lançamento, o jogador ganha. Se a soma for 2, 3 ou 12 no primeiro lançamento (chamado de craps*), o jogador perde (isto é, ganha a "banca"). Se a soma for 4, 5, 6, 8, 9 ou 10 no primeiro lançamento, essa soma se torna os "pontos" do jogador. Para ganhar, os jogadores devem continuar lançando os dados até "atingir seus pontos" (isto é, lançar seus valores de pontos). O jogador perde lançando um 7 antes de atingir seus pontos.*

A Figura 6.12 simula o jogo de craps com uma interface com o usuário gráfica simples.

Note que o jogador lança dois dados a cada vez. Ao se executar o aplicativo, clicar no botão **Play** inicia o jogo e faz o primeiro lançamento. O formulário exibe os resultados de cada lançamento. A captura de tela mostra a execução de vários jogos.

```
// Fig. 6.12: CrapsGame.cs
// Simulando o jogo de craps.
using System;
using System.Drawing;
using System.Collections;
using System.ComponentModel;
using System.Windows.Forms;
using System.Data;
using System.IO;

public class CrapsGame : System.Windows.Forms.Form
{
   private System.Windows.Forms.Button rollButton;
   private System.Windows.Forms.Button playButton;

   int myPoint; // valor de pontos do jogador
   private System.Windows.Forms.PictureBox pointFirstDieImage;
   private System.Windows.Forms.Label statusLabel;
   private System.Windows.Forms.PictureBox firstDieImage;
   private System.Windows.Forms.PictureBox pointSecondDieImage;
   private System.Windows.Forms.PictureBox secondDieImage;
   private System.Windows.Forms.GroupBox pointGroupBox;
   int myDie1; // valor do primeiro dado
   int myDie2; // valor do segundo dado

   public enum DiceNames
   {
      SNAKE_EYES = 2,
      TREY = 3,
      YO_LEVEN = 11,
      BOX_CARS = 12,
   }

   // código gerado pelo Visual Studio .NET

   // simula o próximo lançamento e o resultado desse lançamento
   protected void rollButton_Click(
      object sender, System.EventArgs e )
   {
      int sum = rollDice();

      if ( sum == myPoint )
      {
         statusLabel.Text = "You Win!!!";
         rollButton.Enabled = false;
```

Figura 6.12 Programa para simular o jogo de craps. (Parte 1 de 3.)

```
         playButton.Enabled = true;
      }
      else
         if ( sum == 7 )
         {
            statusLabel.Text = "Sorry. You lose.";
            rollButton.Enabled = false;
            playButton.Enabled = true;
         }

   } // fim de rollButton_Click

   // simula o primeiro lançamento e o resultado desse lançamento
   protected void playButton_Click(
      object sender, System.EventArgs e )
   {
      pointGroupBox.Text = "Point";
      statusLabel.Text = "";
      pointFirstDieImage.Image = null;
      pointSecondDieImage.Image = null;

      myPoint = 0;
      int sum = rollDice();

      switch ( sum )
      {
         case 7:
         case ( int ) DiceNames.YO_LEVEN:
            rollButton.Enabled = false;     // desativa o botão Roll
            statusLabel.Text = "You Win!!!";
            break;

         case ( int ) DiceNames.SNAKE_EYES:
         case ( int ) DiceNames.TREY:
         case ( int ) DiceNames.BOX_CARS:
            rollButton.Enabled = false;
            statusLabel.Text = "Sorry. You lose.";
            break;

         default:
            myPoint = sum;
            pointGroupBox.Text = "Point is " + sum;
            statusLabel.Text = "Roll Again";
            displayDie( pointFirstDieImage, myDie1 );
            displayDie( pointSecondDieImage, myDie2 );
            playButton.Enabled = false;
            rollButton.Enabled = true;
            break;

      } // fim do switch

   } // fim de playButton_Click

   // exibe uma imagem para a face especificada
   private void displayDie( PictureBox dieImage, int face )
   {
      dieImage.Image = Image.FromFile(
```

Figura 6.12 Programa para simular o jogo de craps. (Parte 2 de 3.)

```
            Directory.GetCurrentDirectory() +
            "\\images\\die" + face + ".gif" );
      }

      // simula o lançamento de dois dados
      private int rollDice()
      {
         int die1, die2, dieSum;
         Random randomNumber = new Random();

         die1 = randomNumber.Next( 1, 7 );
         die2 = randomNumber.Next( 1, 7 );

         displayDie( firstDieImage, die1 );
         displayDie( secondDieImage, die2 );

         myDie1 = die1;
         myDie2 = die2;
         dieSum = die1 + die2;
         return dieSum;

      } // fim do método rollDice

      // ponto de entrada principal do aplicativo.
      [STAThread]
      static void Main()
      {
         Application.Run( new CrapsGame() );
      }

   } // fim da classe CrapsGame
```

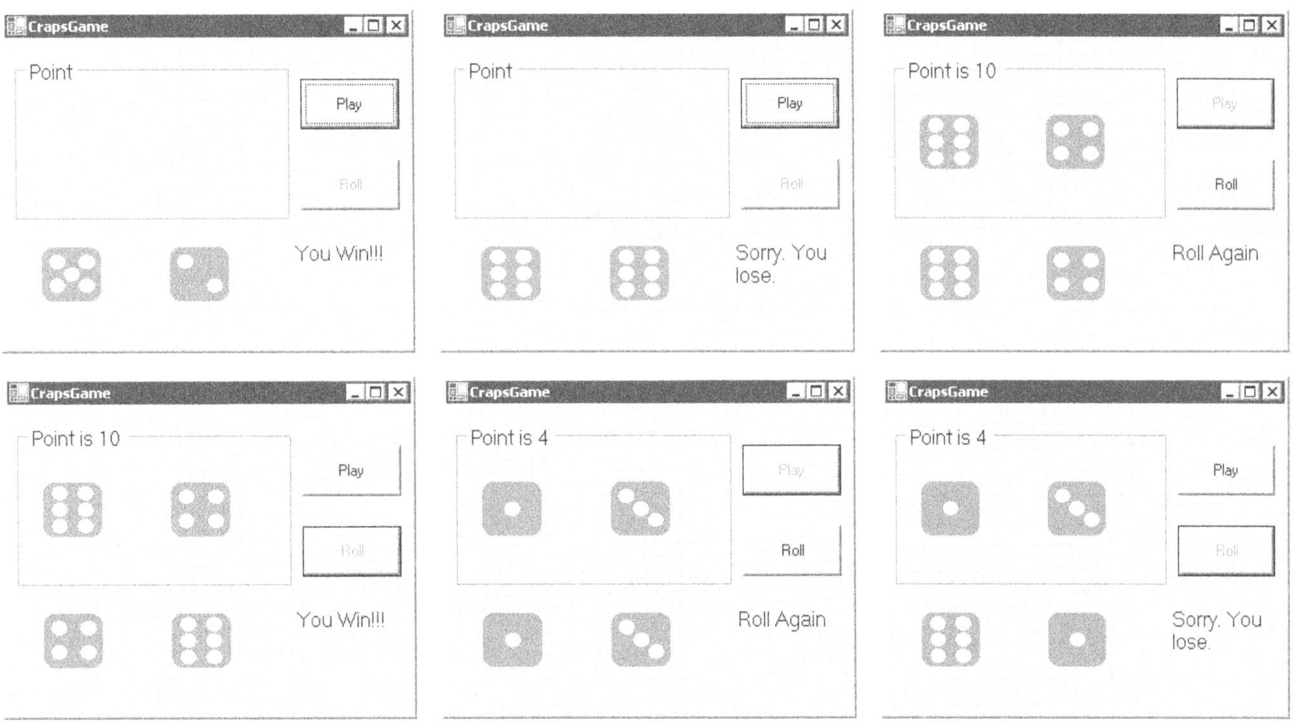

Figura 6.12 Programa para simular o jogo de craps. (Parte 3 de 3.)

Antes das definições de seus métodos, o programa contém várias declarações, incluindo uma *enumeração*, nas linhas 26 a 32. Uma enumeração é um tipo de valor que contém um conjunto de valores constantes e é criado usando-se a palavra-chave **enum**. Essa enumeração é uma maneira conveniente de se referir a valores constantes usados por todo o programa. Usamos os identificadores **SNAKE_EYES**, **TREY**, **YO_LEVEN** e **BOX_CARS** para representar valores significativos no jogo de craps. Usar esses identificadores torna o programa mais legível. Além disso, se precisarmos mudar um desses valores, poderemos modificar a enumeração, em vez de mudar os valores em que eles são usados por todo o programa.

Esse exemplo apresenta alguns componentes de GUI novos. O primeiro, chamado ***GroupBox***, exibe os pontos do usuário. Uma **GroupBox** é um contêiner para outros componentes e ajuda a agrupá-los em ordem lógica. Dentro da **GroupBox**, adicionamos duas **PictureBox**es — componentes que exibem imagens. Esses componentes são adicionados, como acontece com outros componentes, clicando-se em **PictureBox** na **ToolBox** e arrastando-se esse componente para dentro dos limites da **GroupBox**.

O manipulador de evento **playButton_Click** inicia o jogo. A linha 68 chama o método **rollDice** (definido nas linhas 108 a 124), que lança os dados, os exibe e retorna sua soma. As linhas 70 a 95 usam uma estrutura **switch** para determinar se o jogador ganhou, perdeu ou estabeleceu um valor de pontos. Se o jogador ganhou, lançando um 7 ou 11, a linha 74 desativa o **rollButton** para impedir que ele lance os dados novamente. A linha 75 exibe uma mensagem para indicar que o usuário ganhou. Se o jogador perdeu, lançando **SNAKE_EYES**, **TREY** ou **BOX_CARS** (isto é, 2, 3 ou 12), a linha 82 exibe uma mensagem para indicar que o usuário perdeu. Caso contrário, o case padrão (linhas 85 a 93) configura os pontos do jogador, exibe os dados em **pointGroupBox**, ativa **rollButton** e desativa **playButton**. Note que, para muitas das instruções **case**, convertemos os valores da enumeração para o tipo **int**. Embora cada valor da enumeração receba um inteiro nas linhas 26 a 32, cada valor é considerado como sendo de tipo **enum DiceNames** e, portanto, deve ser convertido para **int**, para ser usado na estrutura **switch**, que exige expressões integrais constantes.

A tarefa do manipulador de evento **rollButton_Click** é lançar os dados e determinar se o jogador ganhou, estabelecendo o valor dos pontos, ou perdeu, lançando 7. A linha 40 chama o método **rollDice**. As linhas 42 a 54 no método **rollButton_Click** analisam o lançamento. Dependendo do valor do lançamento, os botões **rollButton** e **playButton** se tornarão desativados ou ativados. Isso é feito configurando-se a propriedade **Enabled** como **true** ou **false**.

6.12 Duração das variáveis

Os atributos das variáveis incluem nome, tipo, tamanho e valor. Cada variável em um programa tem atributos adicionais, incluindo *duração* e *escopo*.

A duração de uma variável (também chamada de *tempo de vida*) é o período durante o qual ela existe na memória. Algumas variáveis existem brevemente, algumas são criadas e destruídas repetidamente, e outras existem durante a execução inteira de um programa.

O *escopo* de uma variável é onde seu identificador (isto é, o nome) pode ser referenciado em um programa. Algumas variáveis podem ser referenciadas por todo o programa, enquanto outras podem ser referenciadas em partes limitadas de um programa. Esta seção discute a duração das variáveis. A Seção 6.13 discutirá o escopo dos identificadores.

As variáveis locais em um método (isto é, parâmetros e variáveis declarados no corpo do método) têm *duração automática*. As variáveis de duração automática são criadas quando o controle do programa chega a sua declaração; ou seja, elas existem enquanto o bloco em que são declaradas está ativo, e elas são destruídas quando se sai do bloco. Pelo resto deste texto, vamos nos referir às variáveis de duração automática como variáveis automáticas ou variáveis locais.

As variáveis de instância de uma classe são inicializadas pelo compilador, caso o programador não forneça valores iniciais. As variáveis da maioria dos tipos de dados primitivos são inicializadas com zero, as variáveis **bool** são inicializadas como **false**, e as referências são inicializadas como **null**. Ao contrário das variáveis de instância de uma classe, as variáveis automáticas devem ser inicializadas pelo programador antes de poder ser usadas.

Erro de programação comum 6.13

As variáveis automáticas devem ser inicializadas antes que seus valores sejam usados em um método; caso contrário, o compilador publicará uma mensagem de erro.

As variáveis de *duração estática* existem a partir do momento em que a classe que as define é carregada na memória. Essas variáveis duram então até que o programa termine. Seu armazenamento é alocado e inicializado quando suas classes são carregadas na memória. Os nomes de variável de duração estática existem quando suas classes são carregadas na memória, mas isso não significa que esses identificadores podem necessariamente ser usados por todo o programa — seus escopos podem ser limitados, conforme veremos na próxima seção.

6.13 Regras de escopo

O *escopo* (às vezes chamado de *espaço de declaração*) de um identificador de uma variável, referência ou método é a parte do programa em que o identificador pode ser acessado. Uma variável local ou referência declarada em um bloco pode ser usada apenas nesse bloco ou em blocos aninhados dentro desse bloco. Os escopos possíveis para um identificador são *escopo de classe* e *escopo de bloco*.

Os membros de uma classe têm escopo de classe e são visíveis no que é conhecido como *espaço de declaração de uma classe*. O escopo de classe começa na chave de abertura (`{`) da definição da classe e termina na chave de fechamento (`}`). O escopo de classe permite que os métodos de uma classe acessem todos os membros definidos nessa classe. No Capítulo 8 veremos que os membros **`estáticos`** são uma exceção a essa regra. De certo modo, todas as variáveis de instância e métodos de uma classe são *globais* aos métodos da classe em que são definidos (isto é, os métodos podem modificar as variáveis de instância diretamente e chamar outros métodos da classe).

Os identificadores declarados dentro de um bloco têm escopo de bloco, (declaração de espaço de variáveis local). O escopo de bloco começa com uma delaração de identificador e termina com uma chave de encerramento de bloco (`}`). Variáveis locais de um método têm escopo de bloco, como acontece com parâmetros de método, que são variáveis locais do método. Todo bloco pode conter declarações de variável. Quando os blocos são aninhados no corpo de um método e um identificador declarado em um bloco mais externo tem o mesmo nome do identificador declarado no bloco mais interno, um erro é gerado. Por outro lado, se uma variável local em um método tem o mesmo nome de uma variável de instância, o valor no método que está fazendo a chamada (programa principal) fica "oculto", até que termine a execução do método. No Capítulo 8 discutiremos como acessar tais variáveis de instância "ocultas". O leitor deve notar que o escopo de bloco também se aplica aos métodos e às estruturas `for`. No caso de estruturas `for`, toda variável declarada na parte relativa à inicialização do cabeçalho do `for` estará no escopo apenas dentro dessa estrutura `for`.

Boa prática de programação 6.4

Evite nomes de variáveis locais que ocultem nomes de variáveis de instância.

O programa da Figura 6.13 demonstra os problemas de escopo das variáveis de instância e das variáveis locais. A variável de instância **`x`** (linha 15) é inicializada como 1. Essa variável de instância fica oculta em qualquer bloco (ou método) que declare uma variável local chamada **`x`**. O manipulador de evento **`showOutputButton_Click`** (linhas 47 a 63) declara uma variável local **`x`** e a inicializa como 5 (linha 50). As linhas 52 e 53 exibem o valor dessa variável local para mostrar que a variável de instância **`x`** (com o valor 1) está "oculta" no método **`showOutputButton_Click`**.

```
1  // Fig. 6.13: Scoping.cs
2  // Demonstrando o escopo de variaveis locais e de instância.
3  using System;
4  using System.Drawing;
5  using System.Collections;
6  using System.ComponentModel;
7  using System.Windows.Forms;
8  using System.Data;
9
10 public class Scoping : System.Windows.Forms.Form
11 {
12    private System.Windows.Forms.Label outputLabel;
13    private System.Windows.Forms.Button showOutputButton;
14
15    public int x = 1; // variável de instância
16
17    // código gerado pelo Visual Studio .NET
```

Figura 6.13 Escopo. (Parte 1 de 3.)

```

   public void MethodA()
   {
      int x = 25;    // inicializado cada vez que a é chamado

      outputLabel.Text = outputLabel.Text +
         "\n\nlocal x in MethodA is " + x +
         " after entering MethodA";

      ++x; // incrementa a variável local x

      outputLabel.Text = outputLabel.Text +
         "\nlocal x in MethodA is " + x +
         " before exiting MethodA";
   }

   public void MethodB()
   {
      outputLabel.Text = outputLabel.Text +
         "\n\ninstance variable x is " + x +
         " on entering MethodB";

      x *= 10;

      outputLabel.Text = outputLabel.Text +
         "\ninstance variable x is " + x +
         " on exiting MethodB";
      }

      private void showOutputButton_Click( object sender,
         System.EventArgs e )
      {
         int x = 5; // x local no método showOutputButton_Click

         outputLabel.Text =
            "local x in method showOutputButton_Click is " + x;

         MethodA();      // MethodA tem x local automática;
         MethodB();      // MethodB usa a variável de instância x
         MethodA();      // MethodA cria novo x local automática
         MethodB();      // a variável de instância x mantém seu valor

         outputLabel.Text = outputLabel.Text + "\n\n" +
            "local x in method showOutputButton_Click is " + x;

      } // fim do método ShowOutputButton_Click

   // ponto de entrada principal do aplicativo.
   [STAThread]
   static void Main()
   {
      Application.Run( new Scoping() );
   }

} // fim da classe Scoping
```

Figura 6.13 Escopo. (Parte 2 de 3.)

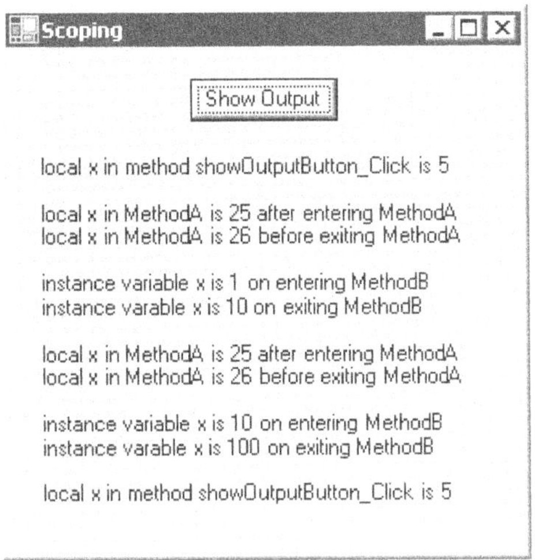

Figura 6.13 Escopo. (Parte 3 de 3.)

O programa define outros dois métodos — **MethodA** e **MethodB** —, que não recebem argumentos e não retornam nada. O programa chama cada método duas vezes, a partir do método **Scoping**. O **MethodA** define a variável local **x** (linha 21) e a inicializa como **25**. Cada chamada de **MethodA** exibe o valor da variável em **outputLabel**, incrementa a variável e a apresenta novamente, antes de sair do método. Cada chamada de **MethodA** recria a variável automática **x** e a inicializa como **25**. O método **MethodB** não declara nenhuma variável. Portanto, quando ele se refere à variável **x**, a variável de instância **x** é usada. Cada chamada de **MethodB** exibe a variável de instância em **outputLabel**, a multiplica por **10** (linha 40) e a apresenta novamente, antes de sair do método. Na próxima vez que o método **MethodB** é chamado, a variável de instância começa com seu valor modificado, **10**. Após as chamadas de **MethodA** e **MethodB**, o programa exibe novamente a variável local **x** no método **showOutputButton_Click**, para mostrar que nenhuma das chamadas a métodos modificou essa variável **x** específica, pois todos os métodos se referiram às variáveis em seus escopos.

6.14 Recursividade

Os programas que discutimos geralmente são estruturados como métodos que chamam outro de maneira hierárquica. Para alguns problemas, é interessante ter um método chamando a si mesmo. Um *método recursivo* é um método que chama a si mesmo, diretamente ou por meio de outro método. A recursividade é um assunto importante, bastante discutido nos cursos de ciência da computação de nível superior. Nesta seção e na próxima apresentaremos dois exemplos simples de recursividade. Primeiro consideraremos a recursividade conceitualmente e depois examinaremos vários programas contendo métodos recursivos.

As estratégias recursivas de solução de problemas têm vários elementos em comum. Um método recursivo é chamado para resolver um problema. Na verdade, o método sabe como resolver apenas o(s) caso(s) mais simples ou *caso(s) básico(s)*. Se o método é chamado com um caso básico, ele retorna um resultado. Se o método é chamado com um problema mais complexo, ele divide o problema em duas partes conceituais — uma parte que o método sabe como resolver (caso básico) e uma parte que não sabe como resolver. Para tornar a recursividade possível, a última parte deve representar o problema original, mas ser uma versão ligeiramente mais simples ou menor dele. O método chama uma nova cópia de si mesmo para trabalhar no problema menor — isso é referido como *chamada recursiva* ou *passo de recursividade*. O passo de recursividade normalmente também inclui a palavra-chave **return**, pois seu resultado será combinado com a parte do problema que o método sabia como resolver. Tal combinação formará um resultado que será passado para o chamador original.

O passo de recursividade é executado enquanto a chamada ao método original ainda está "aberta" (isto é, não terminou sua execução). O passo de recursividade pode resultar em muito mais chamadas recursivas, pois o método divide cada novo subproblema em duas partes conceituais. Sempre que o método chama a si mesmo com uma versão ligeiramente mais simples do problema original, a seqüência de problemas cada vez menores deve convergir para o caso básico, de modo que a recursividade possa finalmente terminar. Nesse ponto, o método reconhece o caso básico e retorna um resultado para a cópia anterior do método. Uma seqüência de retornos se segue até que a chamada a método original retorne o resultado final para o chamador. Como um exemplo desses conceitos, vamos escrever um programa recursivo para efetuar um cálculo matemático.

O fatorial de um inteiro não negativo *n*, escrito como *n!* (e pronunciado como "fatorial de *n*"), é o produto

$n \cdot (n - 1) \cdot (n - 2) \cdot ... \cdot 1$

com 1! sendo igual a 1 e 0! definido como 1. Por exemplo, 5! é o produto 5 · 4 · 3 · 2 · 1, que é igual a 120.

O fatorial de uma variável **num** inteira, maior ou igual a 0, pode ser calculado *interativamente* (não recursivamente) usando-se a estrutura **for**, como se segue:

```
fatorial = 1;

for ( int contador = num; contador >= 1; contador-- )
   fatorial *= contador;
```

Chegamos a uma definição recursiva do método fatorial, com o seguinte relacionamento:

$n! = n \cdot (n - 1)!$

Por exemplo, 5! é claramente igual a 5 * 4!, como se vê a seguir:

$5! = 5 \cdot 4 \cdot 3 \cdot 2 \cdot 1$
$5! = 5 \cdot (4 . 3 \cdot 2 \cdot 1)$
$5! = 5 \cdot (4!)$

Uma avaliação recursiva de 5! ocorreria como na Figura 6.14. A Figura 6.14a mostra como a sucessão de chamadas recursivas prossegue até 1! ser avaliado como 1, o que termina a recursividade. Cada retângulo representa uma chamada a método. A Figura 6.14 mostra os valores retornados de cada chamada recursiva para seu chamador, até que o valor final seja calculado e retornado.

A Figura 6.15 usa recursividade para calcular e imprimir os fatoriais dos inteiros de 0 a 10. O método recursivo **Factorial** (linhas 17 a 24) primeiro determina se sua condição de término é **true** (isto é, **number** é menor ou igual a 1). Se **number** for menor ou igual a 1, **factorial** retornará 1, mais nenhuma recursividade será necessária, e o método retornará. Se **number** for maior do que 1, a linha 23 expressará o problema como o produto de **number** e uma chamada recursiva de **Factorial**, avaliando o fatorial de **number - 1**. Note que **Factorial(number - 1)** é um problema ligeiramente mais simples do que o cálculo original **Factorial(number)**.

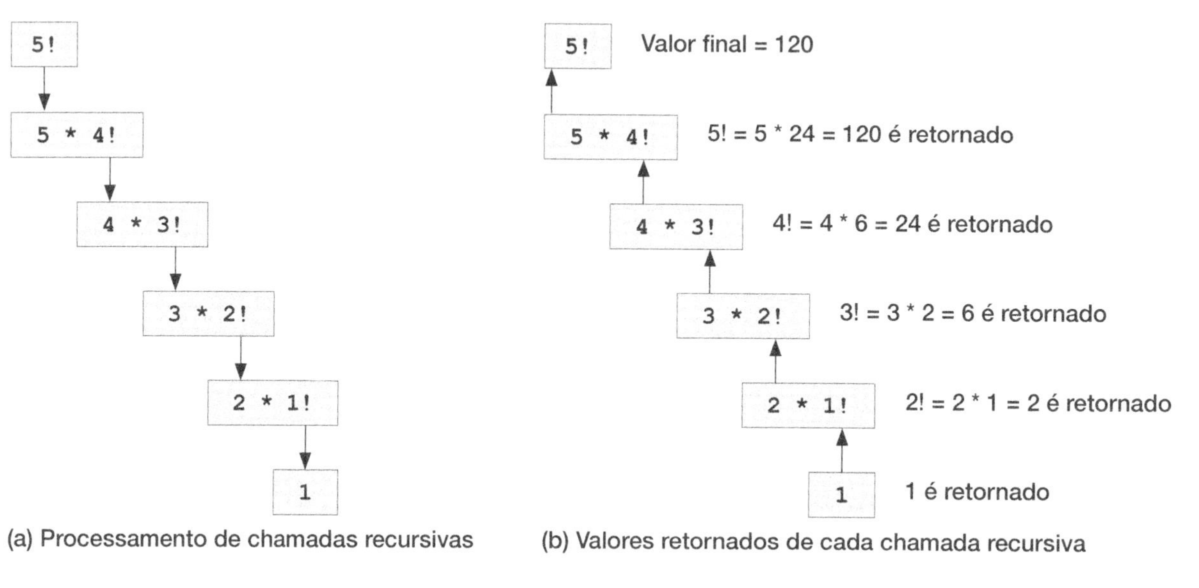

Figura 6.14 Avaliação recursiva de 5!.

```
// Fig. 6.15: FactorialTest.cs
// Calculando fatoriais com recursividade.
using System;
using System.Drawing;
using System.Collections;
using System.ComponentModel;
using System.Windows.Forms;
using System.Data;

public class FactorialTest : System.Windows.Forms.Form
{
   private System.Windows.Forms.Button showFactorialsButton;
   private System.Windows.Forms.Label outputLabel;

   // código gerado pelo Visual Studio .NET

   public long Factorial( long number )
   {
      if ( number <= 1 )        // caso básico
         return 1;

      else
         return number * Factorial( number - 1 );
   }

   // ponto de entrada principal do aplicativo.
   [STAThread]
   static void Main()
   {
      Application.Run( new FactorialTest() );
   }

   private void showFactorialsButton_Click( object sender,
      System.EventArgs e )
   {
      outputLabel.Text = "";

      for ( long i = 0; i <= 10; i++ )
         outputLabel.Text += i + "! = " +
            Factorial( i ) + "\n";
   }

} // fim da classe FactorialTest
```

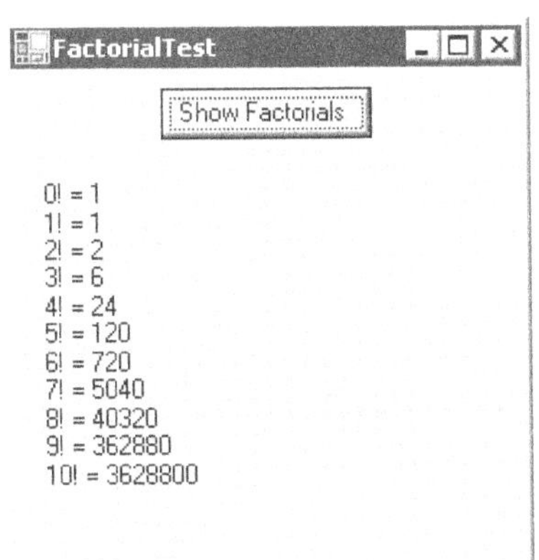

Figura 6.15 Calculando fatoriais com um método recursivo.

O método **Factorial** recebe um parâmetro de tipo **long** e retorna um resultado do mesmo tipo. Como vimos na Figura 6.15, os valores fatoriais se tornam grandes rapidamente. Escolhemos o tipo de dados **long** para que o programa pudesse calcular fatoriais maiores do que 20!. Infelizmente, o método **Factorial** produz valores grandes rápido demais e mesmo o tipo **long** não pode nos ajudar a imprimir muitos mais valores fatoriais antes que o tamanho da variável **long** seja excedido.

Os fatoriais de números maiores exigem que o programa use variáveis **float** e **double**. Isso mostra uma fraqueza da maioria das linguagens, a saber, que elas não são facilmente estendidas para manipular os requisitos únicos de vários aplicativos. Conforme veremos em nosso estudo da programação orientada a objetos, a partir do Capítulo 8, o C# é uma linguagem que pode ser estendida — os programadores com requisitos únicos podem estender a linguagem com novos tipos de dados (chamadas classes). Um programador poderia criar uma classe **InteirosEnormes**, por exemplo, que permitisse a um programa calcular os fatoriais de números grandes arbitrários.

Erro de programação comum 6.14

Esquecer-se de retornar um valor de um método recursivo pode resultar em erros de sintaxe e/ou lógicos.

Erro de programação comum 6.15

Omitir o caso básico ou escrever o passo de recursividade, de modo que ele não tenha como convergência o caso básico, acarretará em recursividade infinita, finalmente exaurindo a memória. A recursividade infinita é análoga ao problema do laço infinito em uma solução iterativa (não recursiva).

6.15 Exemplo usando recursividade: a série de Fibonacci

A série de Fibonacci

0, 1, 1, 2, 3, 5, 8, 13, 21, ...

começa com 0 e 1 e tem a propriedade de que cada número de Fibonacci subseqüente é a soma dos dois números de Fibonacci anteriores.

A série ocorre na natureza e, em particular, descreve uma forma de espiral. A relação de números de Fibonacci sucessivos converge para o valor constante 1,618... Esse número também ocorre repetidamente na natureza e foi chamado de *relação de ouro* ou *média de ouro*. Os seres humanos tendem a achar a média de ouro esteticamente agradável. Os arquitetos freqüentemente projetam janelas, salas e prédios cujo comprimento e largura estão na mesma relação da média de ouro. Os cartões-postais freqüentemente são projetados com uma relação largura–altura da série de Fibonacci.

A definição recursiva da série de Fibonacci é a seguinte:

$$Fibonacci(\ 0\ ) = 0$$
$$Fibonacci(\ 1\ ) = 1$$
$$Fibonacci(\ n\ ) = Fibonacci(n-1) + Fibonacci(n-2)$$

Note que existem dois casos básicos para o cálculo de Fibonacci — *fibonacci(0)* é avaliado como 0, e *fibonacci(1)* é avaliado como 1. O aplicativo da Figura 6.16 calcula o *i*-ésimo número de Fibonacci recursivamente, usando o método **Fibonacci**. O usuário fornece um número inteiro na caixa de texto, indicando o *i*-ésimo número de Fibonacci a ser calculado, e clica no botão **calculateButton** (que exibe o texto **Calculate Fibonacci**). O método **calculateButton_Click** (linhas 22 a 29) é executado em resposta ao evento e chama o método recursivo **Fibonacci** para calcular o número de Fibonacci especificado. Na Figura 6.16, as capturas de tela mostram o resultado do cálculo de vários números de Fibonacci.

```
1  // Fig. 6.16: FibonacciTest.cs
2  // método de geração recursiva de números de Fibonacci.
3  using System;
4  using System.Drawing;
5  using System.Collections;
6  using System.ComponentModel;
```

Figura 6.16 Gerando números de Fibonacci recursivamente. (Parte 1 de 2.)

```
7   using System.Windows.Forms;
8   using System.Data;
9
10  public class FibonacciTest : System.Windows.Forms.Form
11  {
12     private System.Windows.Forms.Button calculateButton;
13
14     private System.Windows.Forms.TextBox inputTextBox;
15
16     private System.Windows.Forms.Label displayLabel;
17     private System.Windows.Forms.Label promptLabel;
18
19     // código gerado pelo Visual Studio .NET
20
21     // chama Fibonacci e exibe os resultados
22     protected void calculateButton_Click(
23        object sender, System.EventArgs e )
24     {
25        int number = Convert.ToInt32( inputTextBox.Text );
26        int fibonacciNumber = Fibonacci( number );
27        displayLabel.Text =
28           "Fibonacci Value is " + fibonacciNumber;
29     }
30
31     // calcula o número de Fibonacci
32     public int Fibonacci( int number )
33     {
34        if ( number == 0 || number == 1 )
35           return number;
36        else
37           return Fibonacci( number - 1 ) + Fibonacci( number - 2 );
38     }
39
40     // ponto de entrada principal do aplicativo.
41     [STAThread]
42     static void Main()
43     {
44        Application.Run( new FibonacciTest() );
45     }
46
47  } // fim da classe FibonacciTest
```

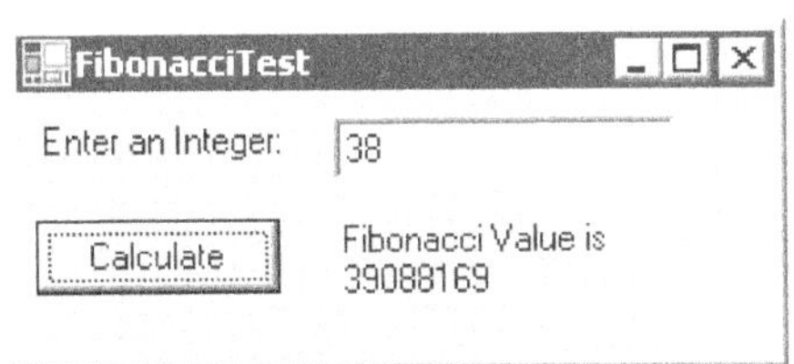

Figura 6.16 Gerando números de Fibonacci recursivamente. (Parte 2 de 2.)

A chamada de **Fibonacci** (linha 26) a partir de **calculateButton_Click** não é recursiva, mas todas as chamadas de **Fibonacci** subseqüentes, a partir da linha 37, são recursivas. Sempre que **Fibonacci** é chamado, ele testa imediatamente o caso básico — **number** é igual a 0 ou 1 (linha 34). Se isso for verdade, **Fibonacci** retorna **number** (*fibonacci(0)* é 0 e *fibonacci(1)* é 1). É interessante notar que, se **number** for maior do que 1, o passo de recursividade gerará *duas* chamadas recursivas (linha 37), e cada uma delas servirá para um problema ligeiramente diferente da chamada original de **Fibonacci**. A Figura 6.17 mostra como o método **Fibonacci** avaliaria **Fibonacci(3)**.

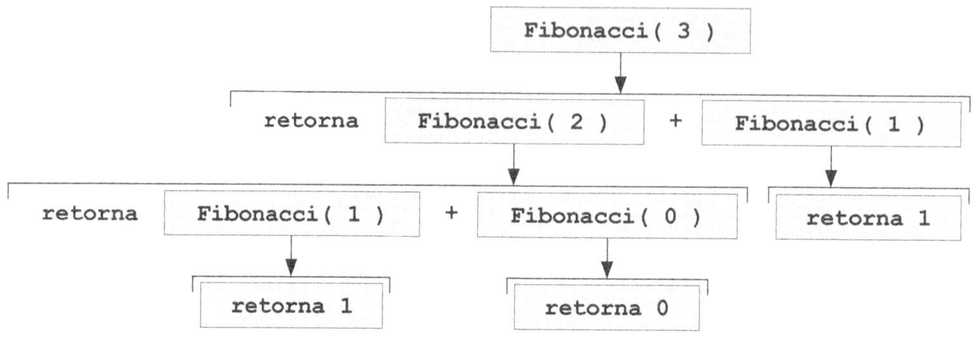

Figura 6.17 Conjunto de chamadas recursivas para o método `Fibonacci`.

Essa figura levanta alguns problemas sobre a ordem em que os compiladores C# avaliarão os operandos. A Figura 6.17 mostra que, durante a avaliação de **`Fibonacci(3)`**, duas chamadas recursivas serão feitas — **`Fibonacci(2)`** e **`Fibonacci(1)`**. Em que ordem essas chamadas serão feitas? A maioria dos programadores pressupõe que os operandos serão avaliados da esquerda para a direita; em C#, isso é mesmo verdade.

As linguagens C e C++ (nas quais muitos dos recursos do C# estão baseados) não especificam a ordem em que os operandos da maioria dos operadores (inclusive **`+`**) são avaliados. Portanto, nessas linguagens, o programador não pode fazer nenhuma suposição a respeito da ordem em que essas chamadas são executadas. As chamadas poderiam, na verdade, executar **`Fibonacci(2)`** e depois **`Fibonacci(1)`**, ou poderiam executar na ordem inversa (**`Fibonacci(1)`** e depois **`Fibonacci(2)`**). Nesse programa e na maioria dos outros, o resultado final seria o mesmo. Entretanto, em alguns programas, a avaliação de um operando poderia ter *efeitos colaterais* que afetariam o resultado final da expressão. Assim, as chamadas a métodos são primeiro **`Fibonacci(2)`** e depois **`Fibonacci(1)`**.

Boa prática de programação 6.5

Não escreva expressões que dependam da ordem de avaliação dos operandos do operador. Fazer isso freqüentemente resulta em programas que são difíceis de ler, depurar, modificar e manter.

Um alerta sobre o uso de um programa recursivo para gerar números de Fibonacci: cada chamada do método **`Fibonacci`** que não corresponda a um dos casos básicos (isto é, 0 ou 1) resulta em duas chamadas recursivas ao método. Isso resulta rapidamente em muitas chamadas a métodos. Calcular o valor de Fibonacci para 20 usando o programa da Figura 6.16 exige 21.891 chamadas ao método **`Fibonacci`**; calcular o valor de Fibonacci para 30 exige 2.692.537 chamadas ao método **`Fibonacci`**.

À medida que o programador experimenta valores maiores, cada número de Fibonacci consecutivo que o programa é solicitado a calcular resulta em um aumento substancial no número de chamadas ao método **`Fibonacci`** e também no tempo de cálculo. Por exemplo, o valor de Fibonacci para 31 exige 4.356.617 chamadas ao método **`Fibonacci`**, e o valor de Fibonacci para 32 exige 7.049.155 chamadas. Conforme você pode ver, o número de chamador ao método Fibonacci aumenta rapidamente — 1.664.080 chamadas adicionais entre os valores de Fibonacci para 30 e 31, e 2.692.538 chamadas adicionais entre os valores de Fibonacci para 31 e 32. Essa diferença no número de chamadas feitas entre os valores de Fibonacci para 31 e 32 é mais de 1,5 vez a diferença para os valores de Fibonacci para 30 e 31. Problemas dessa natureza degradam mesmo os computadores mais poderosos do mundo! No campo da ciência chamado *teoria da complexidade*, os cientistas da computação determinam o quanto os algoritmos trabalham para fazer suas tarefas. Os problemas de complexidade são discutidos no curso de ciência da computação de nível superior chamado "Algoritmos".

Dica de desempenho 6.1

Evite os programas recursivos no estilo Fibonacci, que resultam em uma "explosão" exponencial de chamadas a métodos.

6.16 Recursividade *versus* iteração

Nas seções anteriores estudamos dois métodos que podem ser implementados recursivamente ou iterativamente. Nesta seção compararemos as duas estratégias e discutiremos por que o programador poderia optar por uma delas em detrimento da outra.

A iteração e a recursividade são baseadas em uma estrutura de controle — a iteração usa uma estrutura de repetição (como **for**, **while** ou **do/while**), e a recursividade usa uma estrutura de seleção (como **if**, **if/else** ou **switch**). A iteração e a recursividade envolvem a repetição — a iteração usa explicitamente uma estrutura de repetição, e a recursividade obtém a repetição por meio de chamadas a métodos repetidas. A iteração e a recursividade envolvem um teste de conclusão — a iteração termina quando a condição de continuação do laço falha, e a recursividade termina quando um caso básico é reconhecido. A iteração com repetição controlada por contador e a recursividade chegam à conclusão gradualmente — a iteração fica modificando um contador até que ele assuma um valor que faça a condição de continuação do laço falhar, e a recursividade fica produzindo versões cada vez mais simples do problema original até que um caso básico seja obtido. A iteração e a recursividade podem ser executadas indefinidamente — um laço infinito ocorrerá com a iteração se o teste de continuação do laço nunca se tornar falso, e a recursividade infinita ocorrerá se o passo de recursividade não reduzir o problema de uma maneira que haja convergência para um caso básico.

A recursividade também tem desvantagens. Ela chama repetidamente o mecanismo e em conseqüência a carga adicional de chamadas a métodos. Isso pode ser dispendioso em termos de tempo de processador e espaço de memória. Cada chamada recursiva cria outra cópia do método (na verdade, apenas as variáveis do método), o que pode consumir memória considerável. A iteração normalmente ocorre dentro de um método; portanto, a sobrecarga das chamadas a métodos repetidas e a atribuição de memória extra são omitidas. Por que um programador escolheria a recursividade?

Observação de engenharia de software 6.11

Qualquer problema que possa ser resolvido recursivamente também pode ser resolvido iterativamente (não recursivamente). Uma estratégia recursiva em geral é escolhida perante uma estratégia iterativa quando a recursiva espelha mais naturalmente o problema e resulta em um programa mais fácil de entender e depurar. As soluções recursivas também são escolhidas quando as soluções iterativas não são aparentes.

Dica de desempenho 6.2

Evite usar recursividade em situações em que é exigido alto desempenho. As chamadas recursivas demoram e consomem mais memória.

Erro de programação comum 6.16

Ter uma chamada a método não recursiva chamando a si mesma acidentalmente, por meio de outro método, pode causar recursividade infinita.

A maioria dos livros-texto sobre programação apresenta a recursividade muito mais tarde do que fizemos neste livro. Achamos que a recursividade é um assunto suficientemente rico e complexo para que seja apresentado logo e difundido em exemplos no restante do texto.

6.17 Sobrecarga de métodos

O C# permite que vários métodos de mesmo nome sejam definidos na mesma classe, desde que esses métodos tenham diferentes conjuntos de parâmetros (número, tipos ou ordem dos parâmetros). Isso é chamado de *sobrecarga de métodos*. Quando um método sobrecarregado é chamado, o compilador C# seleciona o método correto examinando o número, os tipos e a ordem dos argumentos da chamada. Normalmente, a sobrecarga de métodos é usada para criar vários métodos com o mesmo nome, que realizam tarefas semelhantes, mas em diferentes tipos de dados. A Figura 6.18 usa o método sobrecarregado **Square** para calcular o quadrado de um valor **int** e de um valor **double**.

Boa prática de programação 6.6

Sobrecarregar métodos que realizam tarefas intimamente relacionadas pode tornar os programas mais legíveis e compreensíveis.

```
// Fig. 6.18: MethodOverload.cs
// Usando métodos sobrecarregados.
using System;
using System.Drawing;
```

Figura 6.18 Usando métodos sobrecarregados. (Parte 1 de 2.)

```
using System.Collections;
using System.ComponentModel;
using System.Windows.Forms;
using System.Data;

public class MethodOverload : System.Windows.Forms.Form
{
   private System.Windows.Forms.Button showOutputButton;
   private System.Windows.Forms.Label outputLabel;

   // código gerado pelo Visual Studio .NET

   // primeira versão, recebe um inteiro
   public int Square ( int x )
   {
      return x * x;
   }

   // segunda versão, recebe um valor de ponto flutuante de precisão dupla
   public double Square ( double y )
   {
      return y * y;
   }

   // ponto de entrada principal do aplicativo.
   [STAThread]
   static void Main()
   {
      Application.Run( new MethodOverload() );
   }

   private void showOutputButton_Click( object sender,
      System.EventArgs e )
   {
      // chama as duas versões de Square
      outputLabel.Text =
         "The square of integer 7 is " + Square( 7 ) +
         "\nThe square of double 7.5 is " + Square ( 7.5 );
   }

} // fim da classe MethodOverload
```

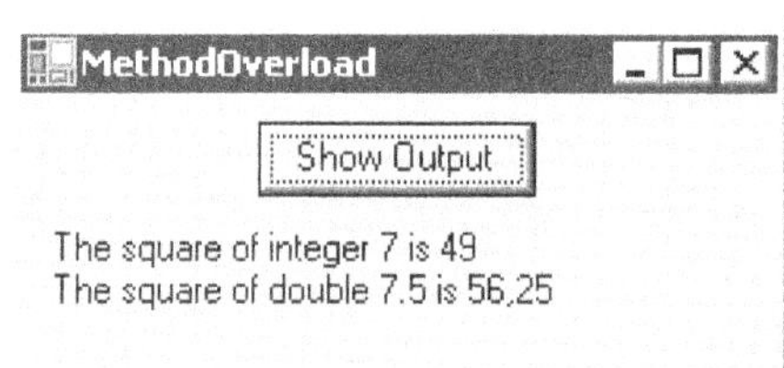

Figura 6.18 Usando métodos sobrecarregados. (Parte 2 de 2.)

O compilador diferencia os métodos sobrecarregados por suas *assinaturas*. A assinatura de um método é uma combinação do nome e dos tipos de parâmetros do método. Se o compilador examinasse apenas os nomes de métodos durante a compilação, o código da Figura 6.18 seria ambíguo — o compilador não saberia distinguir os dois métodos **Square**. O compilador usa a *resolução de sobrecarga* para determinar qual método deve chamar. Esse processo primeiro pesquisa todos os métodos que *podem* ser usados no contexto, baseado no número e no tipo dos argumentos presentes. Ele poderia ver que apenas um método combinaria, mas lembre-se de que o C# pode converter valores de variável em outros tipos de dados implicitamente. Uma vez que todos os métodos correspondentes sejam encontrados, a correspondência mais próxima é escolhida. Essa correspondência é baseada em um algoritmo do "melhor encaixe", que analisa as conversões implícitas que ocorrerão.

Vamos ver um exemplo. Na Figura 6.18, o compilador poderia usar o nome lógico "**Square** de **int**" para o método **Square** que especifica um parâmetro **int** (linha 30) e "**Square** de **double**" para o método **Square** que especifica um parâmetro **double** (linha 36). Se a definição de um método **Foo** começasse como

```
void Foo( int a, float b )
```

o compilador poderia usar o nome lógico "**Foo** de **int** e **float**". Se os parâmetros fossem especificados como

```
void Foo( float a, int b )
```

o compilador poderia usar o nome lógico "**Foo** de **float** e **int**". A ordem dos parâmetros é importante para o compilador; ele considera diferentes os dois métodos **Foo** anteriores.

Até aqui, os nomes lógicos dos métodos que foram usados pelo compilador não mencionaram os tipos de retorno dos métodos. Isso porque as chamadas a métodos não podem ser diferenciadas pelo tipo de retorno. O programa da Figura 6.19 ilustra o erro de sintaxe que é gerado quando dois métodos têm a mesma assinatura e tipos de retorno diferentes. Os métodos sobrecarregados com listas de parâmetros distintas podem ter tipos de retorno diferentes. Os métodos sobrecarregados não precisam ter o mesmo número de parâmetros.

Erro de programação comum 6.17

Criar métodos sobrecarregados com listas de parâmetro idênticas e tipos de retorno diferentes é um erro de sintaxe.

```
// Fig. 6.19: InvalidMethodOverload.cs
// Demonstrando sobrecarga de métodos incorreta.

public class InvalidMethodOverload
{
   public int Square( double x )
   {
      return x * x;
   }

   // ERRO! O segundo método Square recebe o mesmo número, ordem
   // e tipos de argumentos.
   public double Square( double y )
   {
      return y * y;
   }
}
```

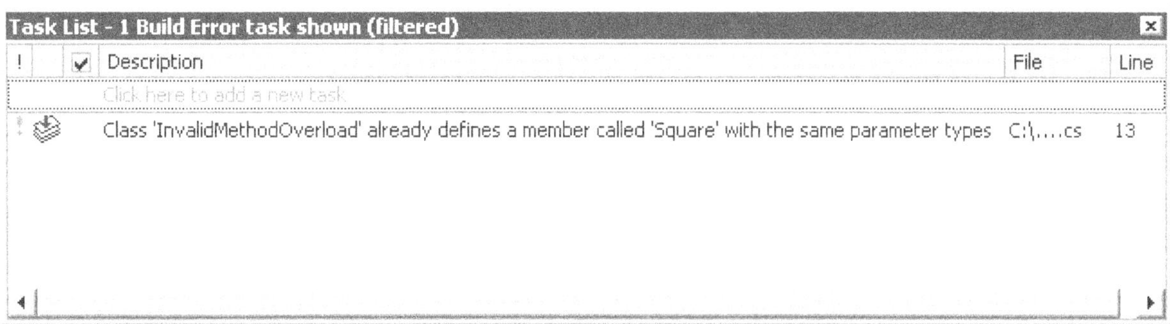

Figura 6.19 Erro de sintaxe gerado a partir de métodos sobrecarregados com listas de parâmetro idênticas e tipos de retorno diferentes.

Resumo

- A melhor maneira de desenvolver e manter um programa grande é construí-lo a partir de pequenas partes ou módulos. Essa técnica é chamada de dividir e conquistar.
- Os módulos podem ser criados com métodos e classes.
- Os programas são escritos pela combinação de novos métodos e classes que o programador escreve com métodos e classes "previamente empacotados" na .NET Framework Library e em várias outras bibliotecas de método e classe.
- A .NET Framework Library fornece uma rica coleção de classes e métodos para efetuar cálculos matemáticos comuns, manipulações de string, manipulações de caractere, entrada/saída, verificação de erro e outras operações úteis.
- O programador pode escrever métodos para definir tarefas específicas, que podem ser usados em muitos pontos de um programa. Às vezes esses métodos são referidos como métodos definidos pelo programador.
- As instruções que realmente definem o método são escritas apenas uma vez e ficam ocultas dos outros métodos.
- Os métodos são chamados escrevendo-se o nome do método (às vezes precedido pelo nome da classe e de um operador ponto), seguido de um parêntese de abertura, o argumento (ou uma lista de argumentos separados por vírgulas) do método e um parêntese de fechamento.
- Todas as variáveis declaradas em definições de método são variáveis locais — elas são conhecidas apenas no método em que são definidas.
- Empacotar código como um método permite que o código seja executado em vários locais de um programa quando o método é chamado.
- A instrução **`return`** em um método passa os resultados do método para o método que o chamou.
- O formato de uma definição de método é:

  tipo-do-valor-de-retorno *nome-do-método* (*lista-de-parâmetros*)
  {
  declarações e instruções
  }

- A primeira linha de uma definição de método às vezes é conhecida como cabeçalho do método. Os atributos e modificadores no cabeçalho do método são usados para especificar informações sobre o método.
- O *tipo-do-valor-de-retorno* do método é o tipo de dados do resultado que é retornado do método para o chamador. Os métodos podem retornar no máximo um valor.
- A *lista-de-parâmetros* é uma lista separada por vírgulas contendo as declarações dos parâmetros recebidos pelo método chamado. Deve existir um argumento na chamada do método para cada parâmetro presente na definição do método.
- As declarações e instruções dentro das chaves que vêm após o cabeçalho do método formam o corpo do método.
- As variáveis podem ser declaradas em qualquer bloco, e os blocos podem ser aninhados.
- Um método não pode ser definido dentro de outro método.
- Em muitos casos, o valor de um argumento que não corresponde precisamente ao(s) tipo(s) de parâmetro(s) da definição do método é convertido para o(s) tipo(s) correto(s) antes que o método seja chamado.
- Quando um argumento é passado por valor, uma cópia do valor do argumento é feita e passada para o método chamado.
- Com a passagem por referência, o chamador permite que o método chamado acesse seus dados diretamente e modifique esses dados, caso o método chamado queira.
- A classe **`Random`** pode ser usada para gerar números aleatórios.
- Um evento é um sinal enviado para um programa quando uma ação ocorre, como quando o usuário clica em um botão. O programador escreve o aplicativo para executar tarefas quando esses eventos ocorrem. Um manipulador de evento é um método que é executado quando um evento ocorre (ou é "lançado").
- A duração de um identificador (seu tempo de vida) é o período durante o qual esse identificador existe na memória.
- Os identificadores que representam variáveis locais de um método (isto é, os parâmetros e as variáveis declarados no corpo do método) têm duração automática. As variáveis de duração automática são criadas quando o controle do programa chega à declaração da variável. Elas existem enquanto o bloco em que são declaradas está ativo e são destruídas quando o bloco em que são declaradas termina sua execução.

- O escopo (às vezes chamado de espaço de declaração) de um identificador para uma variável, referência ou método é a parte do programa em que esse identificador pode ser referenciado.
- Uma variável local ou referência declarada em um bloco pode ser usada apenas nesse bloco ou em blocos aninhados dentro desse bloco.
- Os membros de uma classe têm escopo de classe e são visíveis no que é conhecido como espaço de declaração da classe.
- O escopo de classe permite que os métodos de uma classe acessem diretamente todos os membros definidos nessa classe ou herdados para essa classe. (Os membros **estáticos** são uma exceção a essa regra.)
- Toda variável declarada na parte da inicialização de uma estrutura **for** será visível apenas dentro dessa estrutura.
- Um método recursivo é aquele que chama a si mesmo diretamente ou indiretamente por meio de outro método.
- Um método recursivo sabe como resolver apenas o(s) caso(s) mais simples ou caso(s) básico(s). Se o método é chamado com um caso básico, ele retorna um resultado. Se o método é chamado com um problema mais complexo, ele divide o problema em duas partes conceituais — uma parte que o método sabe como resolver (caso básico) e uma parte que ele não sabe como resolver.
- Para tornar a recursividade possível, a parte do problema que o método não sabe como resolver deve ser semelhante ao problema original, mas ser uma versão ligeiramente mais simples ou menor.
- Certos métodos recursivos podem levar a uma "explosão" exponencial de chamadas a métodos.
- A iteração e a recursividade são baseadas em uma estrutura de controle. A iteração usa uma estrutura de repetição (como **for**, **while** ou **do/while**); a recursividade usa uma estrutura de seleção (como **if**, **if/else** ou **switch**).
- A iteração e a recursividade envolvem repetição. A iteração usa uma estrutura de repetição explicitamente; a recursividade obtém a repetição por meio de chamadas a métodos repetidas.
- A iteração e a recursividade envolvem um teste de conclusão. A iteração termina quando a condição de continuação do laço falha; a recursividade termina quando um caso básico é reconhecido.
- A iteração e a recursividade podem ser executadas indefinidamente. Um laço infinito ocorre com a iteração caso o teste de continuação do laço nunca se torne falso; a recursividade infinita ocorre se o passo de recursividade não reduzir o problema de uma maneira que haja convergência para o caso básico.
- Uma estratégia recursiva normalmente é escolhida em lugar de uma estratégia iterativa quando a primeira espelha mais naturalmente o problema e resulta em um programa mais fácil de entender e depurar.
- Vários métodos podem ter o mesmo nome, desde que esses métodos tenham diferentes conjuntos de parâmetros, em termos de número, tipos e ordem. Isso é chamado de sobrecarga de métodos.
- A sobrecarga de métodos é usada normalmente para criar vários métodos com o mesmo nome, que executam tarefas semelhantes, mas em diferentes tipos de dados.

Terminologia

. (operador ponto)
argumento para uma chamada a método
assinatura
avaliação recursiva
bloco aninhado
cabeçalho de método
caso básico
chamada a método
chamar um método
classe
classe **Button**
classe **Random**
constante nomeada
conversão de argumentos
corpo do método
deslocamento de valor
duração automática
duração de um identificador
duração estática
efeito colateral
escopo de um identificador
estratégia do dividir e conquistar
estrutura de controle aninhada
estrutura hierárquica
estruturas de controle na iteração
estruturas de controle na recursividade
evento **Click**
evento de interface com o usuário
exaustão de memória
"explosão" exponencial de chamadas
fator de escala
inicialização automática de uma variável
laço infinito (*looping*)
lista de argumentos separada por vírgulas
lista de parâmetros
manipulação de eventos

método
método definido pelo programador
método definido pelo usuário
método fatorial
método recursivo
método sobrecarregado
modularizando um programa com métodos
operador de conversão
palavra-chave **`return`**
parâmetro **`out`**
parâmetro **`ref`**
passagem por referência
passagem por valor
princípio do menor privilégio
programa monolítico
promoções de tipos de dados primitivos
recursividade infinita
relação de ouro
reutilização de software
seqüência de números aleatórios
série de Fibonacci definida recursivamente
simulação
sobrecarga de métodos
tempo de vida de um identificador
teoria da complexidade
teste de conclusão
tipo de valor de retorno
tipo de valor de retorno **`void`**
variáveis de instância de uma classe
variável constante
variável local

Exercícios de revisão

6.1 Preencha os espaços em branco em cada uma das declarações a seguir:

a) Em C#, os módulos de programa são chamados de ______________ e ______________.
b) Um método é chamado com uma ______________.
c) Uma variável conhecida apenas dentro do método em que ela é definida é chamada de ______________.
d) A instrução ______________ em um método chamado pode ser usada para passar o valor de uma expressão de volta para o método que está fazendo a chamada.
e) A palavra-chave ______________ é usada em um cabeçalho de método para indicar que um método não retorna um valor.
f) O ______________ de um identificador é a parte do programa em que esse identificador pode ser usado.
g) As três maneiras de retornar o controle de um método chamado para o chamador são ______________, ______________ e ______________.
h) O método ______________ é usado para produzir números aleatórios.
i) As variáveis declaradas em um bloco ou na lista de parâmetros de um método são de duração ______________.
j) Um método que chama a si mesmo, direta ou indiretamente, é um método ______________.
k) Um método recursivo normalmente tem dois componentes: um que fornece um meio para que a recursividade termine, testando um caso ______________, e um que expressa o problema como uma chamada recursiva para um problema ligeiramente mais simples do que a chamada original.
l) Em C#, é possível ter vários métodos com o mesmo nome operando sobre diferentes tipos ou números de argumentos. Isso é chamado de ______________ de método.
m) As variáveis locais declaradas no início de um método têm escopo ______________, assim como os parâmetros de método, que são considerados variáveis locais do método.
n) A iteração é baseada em uma estrutura de controle. Ela usa uma estrutura de ______________.
o) A recursividade é baseada em uma estrutura de controle. Ela usa uma estrutura de ______________.
p) A recursividade obtém a repetição por meio de chamadas a ______________ repetidas.
q) A melhor maneira de desenvolver e manter um programa grande é dividi-lo em vários ______________ de programa menores, cada um dos quais sendo mais gerenciável do que o programa original.
r) É possível definir métodos com o mesmo ______________, mas com diferentes listas de parâmetro.
s) A recursividade termina quando um ______________ é encontrado.
t) Colocar um ponto-e-vírgula após o parêntese de fechamento que engloba a lista de parâmetros de uma definição de método é um erro de ______________.
u) A ______________ é uma lista separada por vírgulas contendo as declarações dos parâmetros recebidos pelo método chamado.
v) O ______________ é o tipo de dados do resultado retornado de um método chamado.
w) Um ______________ é um sinal enviado quando alguma ação ocorre, como um botão sendo clicado ou um valor sendo alterado.

6.2 Indique se cada uma das alternativas a seguir é *verdadeira* ou *falsa*. Se for *falsa*, justifique.

a) O método **`Math Abs`** arredonda seu parâmetro para o menor inteiro.
b) O método **`Math Exp`** é o método exponencial, e^x.
c) O tipo variável **`float`** pode ser promovido para o tipo **`double`**.
d) O tipo variável **`char`** não pode ser promovido para o tipo **`int`**.
e) Um método recursivo é aquele que chama a si mesmo.
f) Quando um método chama a si mesmo recursivamente, ele é conhecido como caso básico.
g) 0! é igual a 1.

h) Esquecer de retornar um valor de um método recursivo, quando um é necessário, resulta em um erro de sintaxe.
i) A recursividade infinita ocorre quando um método converge para o caso básico.
j) Uma implementação recursiva do método **Fibonacci** é sempre eficiente.
k) Qualquer problema que possa ser resolvido recursivamente também pode ser resolvido iterativamente.

6.3 Para o programa a seguir, indique o escopo (escopo de classe ou escopo de bloco) de cada um dos seguintes elementos:

a) A variável **x**.
b) A variável **y**.
c) O método **cubo**.
d) O método **pintar**.
e) A variável **posY**.

```
public class TesteCubo {
    int x;

    public void pintar()
    {
        int posY = 25;

        for ( x = 1; x <= 10; x++ ) {
            Console.WriteLine( x );
            posY += 15;
        }
    }

    public int cubo( int y )
    {
        return y * y * y;
    }
}
```

6.4 Escreva um aplicativo que teste se os exemplos das chamadas a métodos da biblioteca de matemática mostrados na Figura 6.2 produzem realmente os resultados indicados.

6.5 Forneça o cabeçalho de método de cada um dos métodos a seguir:

a) O método **hipotenusa**, que recebe dois argumentos de ponto flutuante e precisão dupla, **lado1** e **lado2**, e retorna um resultado de ponto flutuante e precisão dupla.
b) O método **o_menor**, que recebe três inteiros, **x**, **y** e **z**, e retorna um inteiro.
c) O método **instrucoes**, que não recebe nenhum argumento e não retorna nenhum valor. [*Nota*: tais métodos são normalmente usados para exibir instruções para o usuário.]
d) O método **intParaFloat**, que recebe um argumento inteiro, **numero**, e retorna um resultado em ponto flutuante.

6.6 Encontre o erro em cada um dos trechos de programa a seguir e explique como o erro pode ser corrigido:

a)
```
int g() {
    Console.WriteLine( "Dentro do método g" );
    int h() {
        Console.WriteLine( "Dentro do método h" );
    }
}
```
b)
```
int soma( int x, int y ) {
    int resultado;
    resultado = x + y;
}
```
c)
```
int soma( int n ) {
    if ( n == 0 )
        return 0;
    else
        n + soma( n - 1 );
}
```
d)
```
void f( float a ); {
    float a;
    Console.WriteLine( a );
}
```

e)
```
void produto() {
    int a = 6, b = 5, c = 4, resultado;
    resultado = a * b * c;
    Console.WriteLine( "O resultado é " + resultado );
    return result;
}
```

Respostas dos exercícios de revisão

6.1 a) métodos, classes. b) chamada a método. c) variável local. d) **return**. e) **void**. f) escopo. g) **return;**, **return** *expressão*;, encontrando a chave de fechamento de um método. h) **Random.Next**. i) automática. j) recursivo. k) básico. l) sobrecarga. m) bloco. n) repetição. o) seleção. p) método. q) módulos. r) nome. s) caso básico. t) sintaxe. u) lista de parâmetros. v) tipo de valor de retorno. w) evento.

6.2 a) Falsa. O método **Math Abs** retorna o valor absoluto de um número. b) Verdadeira. c) Verdadeira. d) Falsa. O tipo **char** pode ser promovido para **int**, **float**, **long** e **double**. e) Verdadeira. f) Falsa. Quando um método chama a si mesmo recursivamente, isso é conhecido como chamada recursiva ou passo de recursividade. g) Verdadeira. h) Verdadeira. i) Falsa. A recursividade infinita ocorrerá quando um método recursivo não convergir para o caso básico. j) Falsa. A recursividade chama repetidamente o mecanismo, e conseqüentemente a sobrecarga, das chamadas a métodos. k) Verdadeira.

6.3 a) Escopo de classe. b) Escopo de bloco. c) Escopo de classe. d) Escopo de classe. e) Escopo de bloco.

6.4 O código a seguir demonstra o uso de algumas chamadas a método da biblioteca **Math**[6]:

```
// Exercicio 6.4: MathTest.cs
// Testando os métodos da classe Math
using System;

public class MathTest {
   public static void Main( string[] args )
   {
      Console.WriteLine( "Math.Abs( 23.7 ) = " +
                         Math.Abs( 23.7 ) );
      Console.WriteLine( "Math.Abs( 0.0 ) = " +
                         Math.Abs( 0.0 ) );
      Console.WriteLine( "Math.Abs( -23.7 ) = " +
                         Math.Abs( -23.7 ) );
      Console.WriteLine( "Math.Ceiling( 9.2 ) = " +
                         Math.Ceiling( 9.2 ) );
      Console.WriteLine( "Math.Ceiling( -9.8 ) = " +
                         Math.Ceiling( -9.8 ) );
      Console.WriteLine( "Math.Cos( 0.0 ) = " +
                         Math.Cos( 0.0 ) );
      Console.WriteLine( "Math.Exp( 1.0 ) = " +
                         Math.Exp( 1.0 ) );
      Console.WriteLine( "Math.Exp( 2.0 ) = " +
                         Math.Exp( 2.0 ) );
      Console.WriteLine( "Math.Floor( 9.2 ) = " +
                         Math.Floor( 9.2 ) );
      Console.WriteLine( "Math.Floor( -9.8 ) = " +
                         Math.Floor( -9.8 ) );
      Console.WriteLine( "Math.Log( 2.718282 ) = " +
                         Math.Log( 2.718282 ) );
```

6. Se o exercício for executado em um computador configurado para vírgula como valor decimal, os valores **à esquerda** do sinal de = serão mostrados com pontos decimais (por serem parte de strings), mas aqueles **à direita** serão exibidos com vírgula decimal (por serem valores numéricos e adotarem a convenção estabelecida pelo sistema operacional. (N.R.T.)

```
        Console.WriteLine( "Math.Log( 7.389056 ) = " +
                           Math.Log( 7.389056 ) );
        Console.WriteLine( "Math.Max( 2.3, 12.7 ) = " +
                           Math.Max( 2.3, 12.7 ) );
        Console.WriteLine( "Math.Max( -2.3, -12.7 ) = " +
                           Math.Max( -2.3, -12.7 ) );
        Console.WriteLine( "Math.Min( 2.3, 12.7 ) = " +
                           Math.Min( 2.3, 12.7 ) );
        Console.WriteLine( "Math.Min( -2.3, -12.7 ) = " +
                           Math.Min( -2.3, -12.7 ) );
        Console.WriteLine( "Math.Pow( 2, 7 ) = " +
                           Math.Pow( 2, 7 ) );
        Console.WriteLine( "Math.Pow( 9, .5 ) = " +
                           Math.Pow( 9, .5 ) );
        Console.WriteLine( "Math.Sin( 0.0 ) = " +
                           Math.Sin( 0.0 ) );
        Console.WriteLine( "Math.Sqrt( 25.0 ) = " +
                           Math.Sqrt( 25.0 ) );
        Console.WriteLine( "Math.Tan( 0.0 ) = " +
                           Math.Tan( 0.0 ) );
    }
}
```

```
Math.Abs( 23.7 ) = 23.7
Math.Abs( 0.0 ) = 0
Math.Abs( -23.7 ) = 23.7
Math.Ceiling( 9.2 ) = 10
Math.Ceiling( -9.8 ) = -9
Math.Cos( 0.0 ) = 1
Math.Exp( 1.0 ) = 2.71828
Math.Exp( 2.0 ) = 7.38906
Math.Floor( 9.2 ) = 9
Math.Floor( -9.8 ) = -10
Math.Log( 2.718282 ) = 1
Math.Log( 7.389056 ) = 2
Math.Max( 2.3, 12.7 ) = 12.7
Math.Max( -2.3, -12.7 ) = -2.3
Math.Min( 2.3, 12.7 ) = 2.3
Math.Min( -2.3, -12.7 ) = -12.7
Math.Pow( 2, 7 ) = 128
Math.Pow( 9, .5 ) = 3
Math.Sin( 0.0 ) = 0
Math.Sqrt( 25.0 ) = 5
Math.Tan( 0.0 ) = 0
```

6.5 a) `double hipotenusa( double lado1, double lado2 )`
b) `int o_menor ( int x, int y, int z )`
c) `void instrucoes()`
d) `float intParaFloat( int numero )`

6.6 a) Erro: o método **h** está definido no método **g**.
Correção: retirar a definição de **h** da definição de **g**.

b) Erro: o método deve retornar um inteiro, mas não retorna.
Correção: excluir a variável **resultado** e colocar a seguinte instrução no método:

```
return x + y;
```

ou adicionar a seguinte instrução no final do corpo do método:

```
return resultado;
```

c) Erro: o resultado de **n + soma(n - 1)** não é retornado por esse método recursivo, resultando em um erro de sintaxe.
Correção: reescrever a instrução na cláusula **else**, como:

```
return n + soma( n - 1);
```

d) Erro: o ponto-e-vírgula após o parêntese de fechamento que engloba a lista de parâmetros e a redefinição do parâmetro **a** na definição do método estão incorretos.
Correção: excluir o ponto-e-vírgula após o parêntese de fechamento da lista de parâmetros e excluir a declaração **float a;**.

e) Erro: o método retorna um valor, quando não deveria fazer isso.
Correção: mudar o tipo de retorno para **int**.

Exercícios

6.7 Qual é o valor de **x** após cada uma das seguintes instruções ser executada?

a) `x = Math.Abs( 7.5 );`
b) `x = Math.Floor( 7.5 );`
c) `x = Math.Abs( 0.0 );`
d) `x = Math.Ceiling( 0.0 );`
e) `x = Math.Abs( -6.4 );`
f) `x = Math.Ceiling( -6.4 );`
g) `x = Math.Ceiling( -Math.Abs( -8 + Math.Floor( -5.5 ) ) );`

6.8 Um estacionamento cobra \$ 2,00 de taxa mínima para estacionar por até três horas e mais \$ 0,50 por hora, após as três horas. O valor máximo para qualquer período de 24 horas é de \$ 10,00. Suponha que nenhum carro estacione por mais de 24 horas por vez. Escreva um programa que calcule e exiba as taxas de estacionamento para cada cliente que estacionou um carro nessa garagem no dia de ontem. Você deve fornecer, em uma **TextBox**, as horas estacionadas para cada cliente. O programa deve exibir a cobrança do cliente atual e usar o método **CalcularValor** para determinar o valor a ser cobrado de cada cliente. Use as técnicas descritas no capítulo para ler o valor **double** de uma **TextBox**.

6.9 Escreva um método **PotenciaInteira(base, expoente)** que retorne o valor de

$$\mathbf{base}^{\mathbf{expoente}}$$

Por exemplo, **PotenciaInteira(3, 4) = 3 * 3 * 3 * 3**. Suponha que **expoente** seja um valor inteiro positivo diferente de zero e que **base** seja um valor inteiro. O método **PotenciaInteira** deve usar **for** ou **while** para controlar o cálculo. Não use nenhum método da biblioteca **Math**. Incorpore esse método em um aplicativo Windows que leia valores inteiros de **TextBox** para **base** e **expoente**, fornecidos pelo usuário, e efetue o cálculo com o método **PotenciaInteira**.

6.10 Defina um método **Hipotenusa** que calcule o tamanho da hipotenusa de um triângulo reto, dados os outros dois lados. O método deve receber dois argumentos de tipo **double** e retornar a hipotenusa como um valor **double**. Incorpore esse método em um aplicativo Windows que leia valores inteiros de **lado1** e **lado2** de **TextBox** e efetue o cálculo com o método **Hipotenusa**. Determine o comprimento da hipotenusa de cada um dos triângulos a seguir:

Triângulo	Lado 1	Lado 2
1	3.0	4.0
2	5.0	12.0
3	8.0	15.0

6.11 Escreva um método **QuadradoDeAsteriscos** que exiba um quadrado cheio de asteriscos, cujo lado é especificado no parâmetro inteiro **lado**. Por exemplo, se **lado** é **4**, o método exibe

```
****
****
****
****
```

Incorpore esse método em um aplicativo que leia um valor inteiro para **lado** fornecido pelo usuário e faça o desenho com o método **QuadradoDeAsteriscos**. Esse método deve reunir dados de **TextBox** e imprimir em um **Label**.

6.12 Modifique o método criado no Exercício 6.11 para formar o quadrado a partir do caractere contido no parâmetro **caracterePreenchimento**. Assim, se **lado** for **5** e **caracterePreenchimento** for "**#**", esse método deverá imprimir

```
#####
#####
```

```
#####
#####
#####
```

6.13 Escreva um aplicativo que simule o lançamento de uma moeda. Faça com que o programa lance a moeda sempre que o usuário pressionar o botão "**Lançar**". Conte o número de vezes que cada lado da moeda aparece. Exiba os resultados. O programa deve chamar um método **CaraCoroa** separado, que não receba argumentos e retorne **false** para cara e **true** para coroa. [*Nota*: se o programa simular o lançamento da moeda de forma realista, cada lado da moeda deve aparecer aproximadamente metade das vezes.]

6.14 Os computadores estão desempenhando um papel cada vez maior na educação. Escreva um programa que ajude um aluno de primeiro grau a aprender multiplicação. Use o método **Seguinte** de um objeto de tipo **Aleatorio** para produzir dois inteiros positivos de um algarismo. Ele deve exibir uma pergunta na barra de status, como:

```
Quanto é 6 vezes 7?
```

O aluno deve então digitar a resposta em uma **TextBox**. Seu programa deve verificar a resposta do aluno. Se ela estiver correta, o programa deverá escrever a string "**Muito bom!**" em uma **TextBox** somente de leitura e, em seguida, fazer outra pergunta sobre multiplicação. Se a resposta estiver errada, o programa deverá desenhar a string "**Não. Tente outra vez.**" na mesma **TextBox** somente de leitura e, em seguida, deixar o aluno tentar responder à mesma pergunta novamente, até que ele finalmente responda certo. Um método separado deve ser usado para gerar cada nova pergunta. Esse método deve ser chamado uma vez, quando o programa começa a ser executado, e sempre que o usuário responde à pergunta corretamente.

6.15 (*Torres de Hanói*) Todo cientista da computação iniciante precisa lutar com certos problemas clássicos, e Torres de Hanói (Figura 6.20) é um dos mais famosos. A lenda diz que, em um templo no Oriente, os sacerdotes estão tentando mover uma pilha de discos de um pino para outro. A pilha inicial tem 64 discos entremeados em um pino e organizados de baixo para cima por tamanho decrescente. Os sacerdotes estão tentando mover a pilha desse pino para um segundo, sob as restrições de que exatamente um disco é movido por vez e em nenhum momento um disco maior pode ser colocado em cima de um disco menor. Um terceiro pino está disponível para conter discos temporariamente. Supostamente, o mundo acabará quando os sacerdotes completarem sua tarefa; portanto, há pouco incentivo para facilitarmos seus esforços.

Vamos supor que os sacerdotes estejam tentando mover os discos do pino 1 para o pino 3. Queremos desenvolver um algoritmo que imprima a seqüência precisa de transferências de disco de um pino a outro.

Se fôssemos abordar esse problema com métodos convencionais, nos veríamos sem esperança, emaranhados no gerenciamento dos discos. Entretanto, se atacarmos o problema com a recursividade em mente, ele se tornará tratável. A movimentação de n discos pode ser vista em termos de mover apenas $n - 1$ discos (e, daí, a recursividade), como se segue:

a) Move $n - 1$ discos do pino 1 para o pino 2, usando o pino 3 como uma área de armazenamento temporário.
b) Move o último disco (o maior) do pino 1 para o pino 3.
c) Move os $n - 1$ discos do pino 2 para o pino 3, usando o pino 1 como uma área de armazenamento temporário.

O processo termina quando a última tarefa envolve mover $n = 1$ disco (isto é, o caso básico). Isso é feito simplesmente movendo-se o disco, sem a necessidade de uma área de armazenamento temporária.

Escreva um programa para resolver o problema das Torres de Hanói. Permita que o usuário forneça o número de discos em uma **TextBox**. Use um método **Torre_Hanoi** recursivo, com quatro parâmetros:

a) O número de discos a serem movidos.
b) O pino no qual esses discos estão entremeados inicialmente.
c) O pino para o qual essa pilha de discos deve ser movida.
d) O pino a ser usado como área de armazenamento temporário.

Figura 6.20 As Torres de Hanói para o caso de quatro discos.

Seu programa deve exibir, em uma **TextBox** somente de leitura, com funcionalidade de rolagem, as instruções precisas para mover os discos do pino de partida para o pino de destino. Por exemplo, para mover uma pilha de três discos do pino 1 para o pino 3, seu programa deve imprimir a série de movimentos a seguir:

1 → 3 (Isso significa mover um disco do pino 1 para o pino 3.)
1 → 2
3 → 2
1 → 3
2 → 1
2 → 3
1 → 3

6.16 O *maior divisor comum* dos inteiros **x** e **y** é o maior inteiro igualmente divisível por **x** e **y**. Escreva um método recursivo **MDC** que retorne o maior divisor comum de **x** e **y**. O **MDC** de **x** e **y** é definido recursivamente como se segue: se **y** é igual a **0**, então **MDC(x, y)** é **x**; caso contrário, **MDC(x, y)** é **MDC(y, x % y)**, onde **%** é o operador de módulo.

6.17 (Música "The Twelve Days of Christmas") Escreva um aplicativo que use repetição e estruturas **if** para imprimir a música "The Twelve Days of Christmas". Visite o site da Web **www.12days.com/library/carols/12daysofxmas.htm** para ver a letra completa da música.

7

ARRAYS

OBJETIVOS

- Apresentar a estrutura de dados array.
- Entender como os arrays armazenam, ordenam e pesquisam listas e tabelas de valores.
- Entender como declarar um array, inicializar um array e fazer referência a elementos individuais de um array.
- Passar arrays a métodos.
- Entender as técnicas de ordenamento básicas.
- Declarar e manipular arrays multidimensionais.

★

Com soluços e lágrimas, ele ordenou
aqueles de maior tamanho...
Lewis Carroll

Tente até o fim e nunca fique em dúvida;
nada é tão difícil, mas a busca encontrará.
Robert Herrick

Vai pois agora, escreve isto numa tábua perante eles,
e aponta-o num livro.
Isaías 30:8

Isso está trancado em minha memória, e
você mesmo deve manter a chave.
William Shakespeare

Resumo

7.1 Introdução

Este capítulo serve como uma introdução às estruturas de dados. Os *arrays* são estruturas de dados que consistem em itens de dados do mesmo tipo. Os arrays são entidades "estáticas", pois, uma vez criados, eles permanecem do mesmo tamanho. Começaremos aprendendo a respeito da criação e do acesso aos arrays e, em seguida, usaremos esse conhecimento para começar a ver manipulações mais complexas dos arrays, incluindo poderosas técnicas de pesquisa e ordenação. Então, demonstraremos a criação de arrays mais sofisticados, que têm múltiplas dimensões. O Capítulo 24 apresentará as estruturas de dados dinâmicas, como listas, filas, pilhas e árvores, que podem crescer e diminuir enquanto o programa é executado. Também apresentaremos as estruturas de dados predefinidas do C#, que permitem ao programador usar estruturas de dados existentes para listas, filas, pilhas e árvores, em vez de terem de "reinventar a roda".

7.2 Arrays

Um array é um grupo de posições de memória adjacentes que têm o mesmo nome e tipo. Para nos referirmos a uma posição ou elemento particular no array, especificamos o nome do array e o *número da posição* (um valor que indica uma posição específica dentro do array) do elemento ao qual nos referimos.

A Figura 7.1 mostra um array inteiro chamado `c`. Esse array contém 12 *elementos*. Um programa pode se referir a qualquer elemento de um array fornecendo o nome do array, seguido do número da posição do elemento entre colchetes (`[]`). O primeiro elemento de todo array é o *elemento zero*. Assim, o primeiro elemento do array `c` é referido como `c[ 0 ]`, o segundo elemento do array `c` é referido como `c[ 1 ]`, o sétimo elemento do array `c` é referido como `c[ 6 ]` etc. O *i*-ésimo elemento do array `c` é referido como `c[ i - 1 ]`. Os nomes de array seguem as mesmas convenções de outros nomes de variável, conforme discutido no Capítulo 3.

O número da posição entre colchetes é chamado mais formalmente de *índice* (ou *subscrito*). Um índice deve ser um inteiro ou uma expressão inteira. Se um programa usa uma expressão como índice, ele avalia a expressão primeiro para determinar o índice. Por exemplo, se a variável `a` é igual a `5` e a variável `b` é igual a `6`, então a instrução

```
c[ a + b ] += 2;
```

soma 2 ao elemento do array `c[11]`. Note que um nome de array com índice é um *lvalue* (de *left value*, valor esquerdo) — ele pode ser usado no lado esquerdo de uma atribuição para se colocar um novo valor em um elemento do array.

Vamos examinar o array `c` da Figura 7.1 mais detidamente. O nome do array é `c`. Todo array em C# "conhece" seu próprio tamanho. O tamanho do array é determinado pela expressão

```
c.Length
```

Os 12 elementos do array são referidos como `c[ 0 ]`, `c[ 1 ]`, `c[ 2 ]`, ..., `c[ 11 ]`. O *valor* de `c[ 0 ]` é `-45`, o valor de `c[ 1 ]` é `6`, o valor de `c[ 2 ]` é `0`, o valor de `c[ 7 ]` é `62`, e o valor de `c[ 11 ]` é `78`. Para calcular a soma dos valores contidos nos três primeiros elementos do array `c` e para armazenar o resultado em uma variável `soma`, escreveríamos

```
soma = c[ 0 ] + c[ 1 ] + c[ 2 ];
```

Para dividir o valor do sétimo elemento do array `c` por **2** e atribuir o resultado à variável `x`, escreveríamos

```
x = c[ 6 ] / 2;
```

Erro de programação comum 7.1

É importante notar a diferença entre o "sétimo elemento do array" e o "elemento sete do array". Os índices de array começam em 0; assim, o "sétimo elemento do array" tem o índice 6, enquanto o "elemento sete do array" tem o índice 7 e, na verdade, é o oitavo elemento do array. Essa confusão é uma fonte de erros de "falta de um".

Os colchetes que englobam o índice de um array são operadores. Eles têm o mesmo nível de precedência que os parênteses. A tabela da Figura 7.2 mostra a precedência e a associatividade dos operadores apresentados até aqui no texto. Eles são mostrados de cima para baixo na ordem decrescente de precedência, com sua associatividade e tipo. O leitor deve notar que os operadores `++` e `--` na primeira linha representam os operadores de pós-incremento e pós-decremento, enquanto os operadores `++` e `--` na segunda linha representam os operadores de pré-incremento e pré-decremento. Além disso, note que na primeira linha a associatividade está misturada. Isso porque a associatividade dos operadores de pós-incremento e pós-decremento é da direita para a esquerda, enquanto a associatividade dos outros operadores é da esquerda para a direita.

7.3 Declarando e alocando arrays

Os arrays ocupam espaço na memória. O programador especifica o tipo dos elementos e usa o operador `new` para alocar dinamicamente o número de elementos exigidos por cada array. Os arrays são alocados com `new` porque são objetos, e todos os objetos devem ser criados com `new`. Veremos uma exceção a essa regra em breve.

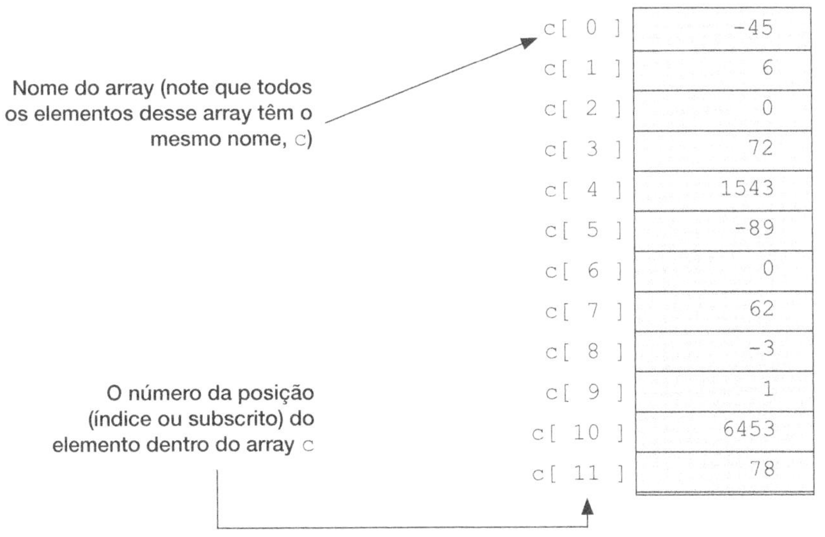

Figura 7.1 Um array de 12 elementos.

Operadores	Associatividade	Tipo
`() [] . ++ --`	da esquerda para a direita	mais alto (unário pós-fixado)
`++ -- + - !` *(tipo)*	da direita para a esquerda	unário (unário prefixado)
`* / %`	da esquerda para a direita	multiplicativo
`+ -`	da esquerda para a direita	aditivo
`< <= > >=`	da esquerda para a direita	relacional
`== !=`	da esquerda para a direita	igualdade
`&`	da esquerda para a direita	E lógico
`^`	da esquerda para a direita	OU exclusivo lógico
`|`	da esquerda para a direita	OU inclusivo lógico
`&&`	da esquerda para a direita	E condicional
`||`	da esquerda para a direita	OU condicional
`?:`	da direita para a esquerda	condicional
`= += -= *= /= %=`	da direita para a esquerda	atribuição

Figura 7.2 Precedência e associatividade dos operadores discutidos até aqui.

A declaração

```
int[] c = new int[ 12 ];
```

aloca 12 elementos para o array inteiro `c`. A instrução anterior também pode ser executada em dois passos, como se segue:

```
int[] c;              // declara o array
c = new int[ 12 ];    // aloca a referência para o array
```

Quando os arrays são alocados, os elementos são inicializados como zero para as variáveis numéricas de tipo de dados primitivo, como `false` para variáveis `bool` e como `null` para tipos de referência.

Erro de programação comum 7.2

Ao contrário do que acontece em C ou C++, em C# o número de elementos no array nunca é especificado nos colchetes após o nome do array. A declaração **`int[12] c;`** *causa um erro de sintaxe.*

Memória pode ser reservada para vários arrays com uma única declaração. A declaração a seguir reserva 100 elementos para o array de `string` `b` e 27 elementos para o array de `string` `x`:

```
string[] b = new string[ 100 ], x = new string[ 27 ];
```

Analogamente, a declaração a seguir reserva dez elementos para `array1` e 20 elementos para `array2` (ambos de tipo `double`):

```
double[]  array1 = new double[ 10 ],
          array2 = new double[ 20 ];
```

Os arrays podem ser declarados para conter a maioria dos tipos de dados. Em um array de tipos de valor, todo elemento do array contém um valor do tipo declarado. Por exemplo, todo elemento de um array `int` é um valor `int`.

Em um array de tipos de referência, todo elemento do array é uma referência para um objeto do tipo de dados do array. Por exemplo, todo elemento de um array de `string` é uma referência para uma `string`. Cada uma dessas referências de `string` tem o valor `null` como padrão.

7.4 Exemplos usando arrays

Esta seção apresenta vários exemplos usando arrays, que demonstram a declaração de arrays, a alocação de arrays, a inicialização de arrays e a manipulação de elementos de array de várias maneiras. Por simplicidade, os exemplos desta seção usam arrays que contêm elementos de tipo `int`. Lembre-se de que um programa pode declarar arrays da maioria dos tipos de dados.

7.4.1 Alocando um array e inicializando seus elementos

A Figura 7.3 cria três arrays de inteiros de dez elementos e exibe esses arrays em formato tabular. O programa demonstra várias técnicas de declaração e inicialização de arrays.

A linha 14 declara `x` como uma referência para um array de inteiros. Cada elemento no array é de tipo `int`. A variável `x` é de tipo `int[]`, o que denota um array cujos elementos são de tipo `int`. A linha 15 aloca os dez elementos do array com `new` e atribui ao array a referência `x`. Cada elemento desse array tem o valor padrão 0.

A linha 20 cria outro array `int` e inicializa cada elemento usando uma *lista inicializadora*. Nesse caso, o número de elementos na lista inicializadora determina o tamanho do array. Por exemplo, a linha 20 cria um array de dez elementos com os índices `0` a `9` e os valores `32`, `27`, `64` etc. Note que essa declaração não exige o operador `new` para criar o objeto array — o compilador aloca memória para o objeto quando encontra uma declaração de array que inclui uma lista inicializadora.

```
1   // Fig 7.3: InitArray.cs
2   // Diferentes maneiras de inicializar arrays.
3
4   using System;
5   using System.Windows.Forms;
6
7   class InitArray
8   {
9      // ponto de entrada principal do aplicativo
10     static void Main( string[] args )
11     {
12        string output = "";
13
14        int[] x;                    // declara referência para um array
15        x = new int[ 10 ];          // aloca o array dinamicamente e configura
16                                    // os valores padrão
17
18        // a lista inicializadora especifica o número de elementos
19        // e o valor de cada elemento
20        int[] y = { 32, 27, 64, 18, 95, 14, 90, 70, 60, 37 };
21
22        const int ARRAY_SIZE = 10;  // constante nomeada
23        int[] z;                    // referência para array int
24
25        // aloca array de ARRAY_SIZE (isto é, 10) elementos
26        z = new int[ ARRAY_SIZE ];
27
28        // configura os valores no array
29        for ( int i = 0; i < z.Length; i++ )
30           z[ i ] = 2 + 2 * i;
31
32        output += "Subscript\tArray x\tArray y\tArray z\n";
33
34        // mostra os valores de cada array na saída
35        for ( int i = 0; i < ARRAY_SIZE; i++ )
36           output += i + "\t" + x[ i ] + "\t" + y[ i ] +
37              "\t" + z[ i ] + "\n";
38
39        MessageBox.Show( output,
40           "Initializing an array of int values",
41           MessageBoxButtons.OK, MessageBoxIcon.Information );
42
43     } // fim de Main
```

Figura 7.3 Inicializando arrays de elemento de três maneiras diferentes. (Parte 1 de 2.)

```
44
45 } // fim da classe InitArray
```

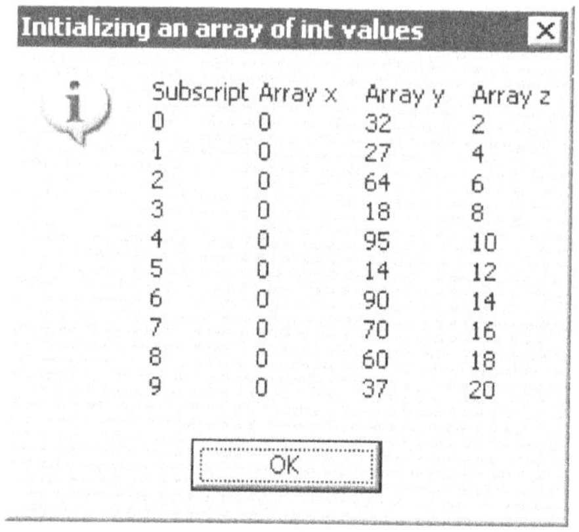

Figura 7.3 Inicializando arrays de elemento de três maneiras diferentes. (Parte 2 de 2.)

Na linha 22 criamos a constante inteira `ARRAY_SIZE` usando a palavra-chave `const`. Uma constante deve ser inicializada na mesma instrução onde ela é declarada e depois disso não pode ser modificada. Se for feita uma tentativa de modificar uma variável `const` após ela ter sido declarada, o compilador publicará um erro de sintaxe.

As constantes também são chamadas de *constantes nomeadas*. Elas são freqüentemente usadas para tornar um programa mais legível e em geral são denotadas com nomes de variável com todas as letras maiúsculas.

Erro de programação comum 7.3

Atribuir um valor a uma constante, após a variável ter sido inicializada, é um erro de compilação.

Nas linhas 23 e 26 criamos o array inteiro `z`, de tamanho 10, usando a constante nomeada `ARRAY_SIZE`. A estrutura `for`, nas linhas 29 e 30, inicializa cada elemento do array `z`. Os valores são gerados pela multiplicação de cada valor sucessivo do contador de laço por `2` e somando-se `2` ao produto. Após essa inicialização, o array `z` contém os inteiros pares `2`, `4`, `6`, ..., `20`. A estrutura `for`, nas linhas 35 a 37, usa os valores dos arrays `x`, `y` e `z` para construir uma string de saída, a qual será apresentada em uma `MessageBox`. A contagem baseada em zero (lembre-se de que os índices de array começam em 0) permite que o laço acesse todos os elementos do array. A constante `ARRAY_SIZE` da condição da estrutura `for` (linha 29) especifica os tamanhos dos arrays.

7.4.2 Totalizando os elementos de um array

Freqüentemente, os elementos de um array representam séries de valores a serem usados em cálculos. Por exemplo, se os elementos de um array representam as notas de um exame em uma classe, o professor pode querer totalizar os elementos de um array e, então, calcular a média da turma no exame.

```
// Fig. 7.4: SumArray.cs
// Calculando a soma dos elementos em um array.

using System;
using System.Windows.Forms;

class SumArray
{
   // ponto de entrada principal do aplicativo
   static void Main( string[] args )
```

Figura 7.4 Calculando a soma dos elementos de um array. (Parte 1 de 2.)

```
11      {
12         int[] a = { 1, 2, 3, 4, 5, 6, 7, 8, 9, 10 };
13         int total = 0;
14
15         for ( int i = 0; i < a.Length; i++ )
16            total += a[ i ];
17
18         MessageBox.Show( "Total of array elements: " + total,
19            "Sum the elements of an array",
20            MessageBoxButtons.OK, MessageBoxIcon.Information );
21
22      } // fim de Main
23
24   } // fim da classe SumArray
```

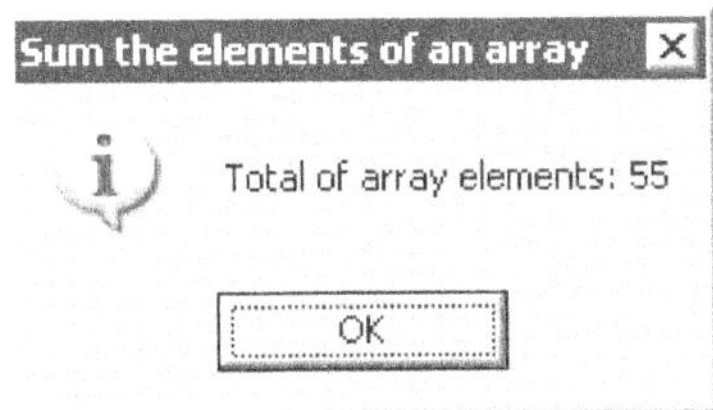

Figura 7.4 Calculando a soma dos elementos de um array. (Parte 2 de 2.)

O aplicativo da Figura 7.4 soma os valores contidos no array inteiro de dez elementos `a` (declarado, alocado e inicializado na linha 12). A linha 16 no corpo do laço `for` efetua a adição, usando o elemento do array na posição `i`, durante cada iteração do laço. Note que os valores que estão sendo fornecidos como inicializadores do array `a` normalmente seriam lidos no programa. Por exemplo, em um aplicativo Windows, o usuário poderia introduzir os valores por meio de uma `TextBox`, ou os valores poderiam ser lidos de um arquivo no disco. (Veja o Capítulo 17.)

7.4.3 Usando histogramas para apresentar os dados do array graficamente

Muitos programas apresentam dados para os usuários de maneira gráfica. Por exemplo, os valores numéricos freqüentemente são exibidos como barras em um gráfico de barras. Em tal gráfico, as barras mais longas representam valores numéricos maiores. Uma maneira simples de exibir dados numéricos graficamente é com um *histograma* que mostre cada valor numérico como uma barra de asteriscos (*).

Nosso próximo aplicativo (Figura 7.5) lê números de um array e representa as informações graficamente, na forma de um gráfico de barras ou histograma. O programa apresenta cada número seguido de uma barra, consistindo no número correspondente de asteriscos. Os laços `for` aninhados (linhas 18 a 24) colocam as barras na `string` que será exibida na `MessageBox`. Observe a condição de continuação do laço da estrutura `for` interna, na linha 22 (`j <= n[ i ]`). Cada vez que o programa chega à estrutura `for` interna, o laço conta de `1` até `n[ i ]`, usando um valor no array `n` para determinar o valor final da variável de controle `j` e o número de asteriscos a serem exibidos.

```
1   // Fig. 7.5: Histogram.cs
2   // Usando dados para criar um histograma.
3
4   using System;
5   using System.Windows.Forms;
6
7   class Histogram
8   {
9      // ponto de entrada principal do aplicativo
```

Figura 7.5 Programa que imprime histogramas. (Parte 1 de 2.)

```
      static void Main( string[] args )
      {
         int[] n = { 19, 3, 15, 7, 11, 9, 13, 5, 17, 1 };
         string output = "";

         output += "Element\tvalue\tHistogram\n";

         // constrói a saída
         for ( int i = 0; i < n.Length; i++ )
         {
            output += "\n" + i + "\t" + n[ i ] + "\t";

            for ( int j = 1; j <= n[ i ]; j++ ) // imprime uma barra
               output += "*";
         }

         MessageBox.Show( output, "Histogram Printing Program",
         MessageBoxButtons.OK, MessageBoxIcon.Information );

      } // fim de Main

   } // fim da classe Histogram
```

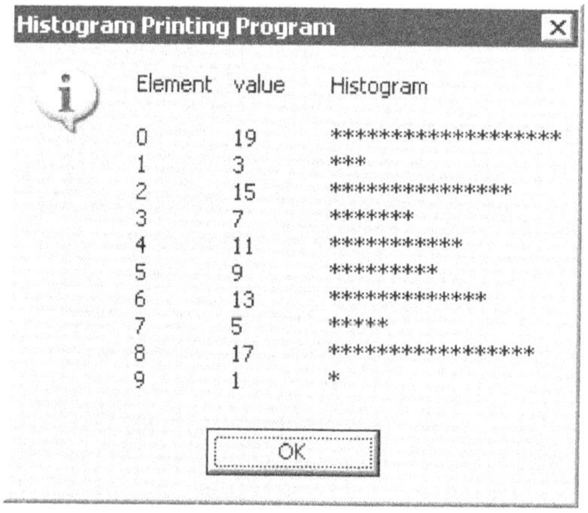

Figura 7.5 Programa que imprime histogramas. (Parte 2 de 2.)

7.4.4 Usando os elementos de um array como contadores

Às vezes, os programas usam uma série de variáveis contadoras para resumir dados, como os resultados de um levantamento. No Capítulo 6 usamos uma série de contadores em nosso programa de lançamento de dados, para controlar o número de ocorrências de cada lado em um dado de seis lados, quando o programa lançava 12 dados por vez. Também indicamos que havia um método mais elegante do que aquele da Figura 6.11 para escrever o programa de lançamento de dados. Uma versão usando array desse aplicativo está mostrada na Figura 7.6.

O programa usa a freqüência de array de sete elementos para contar as ocorrências de cada lado do dado. A linha 94, que usa o valor `face` aleatório como índice do array `frequency` para determinar qual elemento deve ser incrementado durante cada iteração do laço, substitui as linhas 85 a 111 da Figura 6.11. O cálculo de número aleatório, na linha 88, produz números de 1 a 6 (os valores de um dado de seis lados); assim, o array `frequency` deve ser suficientemente grande para permitir valores de índice de 1 a 6. O menor número de elementos exigido para que um array tenha esses valores de índice é sete (valores de índice de 0 a 6). Nesse programa, ignoramos o elemento 0 do array `frequency`. As linhas 75 a 80 substituem as linhas 59 a 71 da Figura 6.11. Podemos fazer um laço pelo array `frequency`; portanto, não precisamos enumerar cada linha do texto para apresentar no `Label`, como fizemos na Figura 6.11.

```
// Fig. 7.6: RollDie.cs
// Lançamento de 12 dados.

using System;
using System.Drawing;
using System.Collections;
using System.ComponentModel;
using System.Windows.Forms;
using System.Data;
using System.IO;

public class RollDie : System.Windows.Forms.Form
{
   private System.Windows.Forms.Button rollButton;

   private System.Windows.Forms.RichTextBox displayTextBox;

   private System.Windows.Forms.Label dieLabel1;
   private System.Windows.Forms.Label dieLabel2;
   private System.Windows.Forms.Label dieLabel3;
   private System.Windows.Forms.Label dieLabel4;
   private System.Windows.Forms.Label dieLabel5;
   private System.Windows.Forms.Label dieLabel6;
   private System.Windows.Forms.Label dieLabel7;
   private System.Windows.Forms.Label dieLabel8;
   private System.Windows.Forms.Label dieLabel9;
   private System.Windows.Forms.Label dieLabel10;
   private System.Windows.Forms.Label dieLabel11;
   private System.Windows.Forms.Label dieLabel12;

   private System.ComponentModel.Container components = null;

   Random randomNumber = new Random();
   int[] frequency = new int[ 7 ];

   public RollDie()
   {
      InitializeComponent();
   }

   // código gerado pelo Visual Studio .NET

   [STAThread]
   static void Main()
   {
      Application.Run( new RollDie() );
   }

   private void rollButton_Click(
      object sender, System.EventArgs e )
   {
      // passa os rótulos para um método que
      // atribui aleatoriamente uma face para cada dado
      DisplayDie( dieLabel1 );
      DisplayDie( dieLabel2 );
      DisplayDie( dieLabel3 );
      DisplayDie( dieLabel4 );
      DisplayDie( dieLabel5 );
```

Figura 7.6 Usando arrays para eliminar uma estrutura switch. (Parte 1 de 2.)

```
            DisplayDie( dieLabel6 );
            DisplayDie( dieLabel7 );
            DisplayDie( dieLabel8 );
            DisplayDie( dieLabel9 );
            DisplayDie( dieLabel10 );
            DisplayDie( dieLabel11 );
            DisplayDie( dieLabel12 );

            double total = 0;

            for ( int i = 1; i < 7; i++ )
               total += frequency[ i ];

            displayTextBox.Text = "Face\tFrequency\tPercent\n";

            // valores de freqüência de saída
            for ( int x = 1; x < frequency.Length; x++ )
            {
               displayTextBox.Text += x + "\t" +
                  frequency[ x ] + "\t\t" + String.Format( "{0:N}",
                  frequency[ x ] / total * 100 ) + "%\n";
            }

         } // fim de rollButton_click

         // simula o lançamento, exibe a
         // imagem correta e incrementa a freqüência
         public void DisplayDie( Label dieLabel )
         {
            int face = randomNumber.Next( 1, 7 );

            dieLabel.Image = Image.FromFile(
               Directory.GetCurrentDirectory() +
               "\\images\\die" + face + ".gif" );

            frequency[ face ]++;
         }

      } // fim da classe RollDie
```

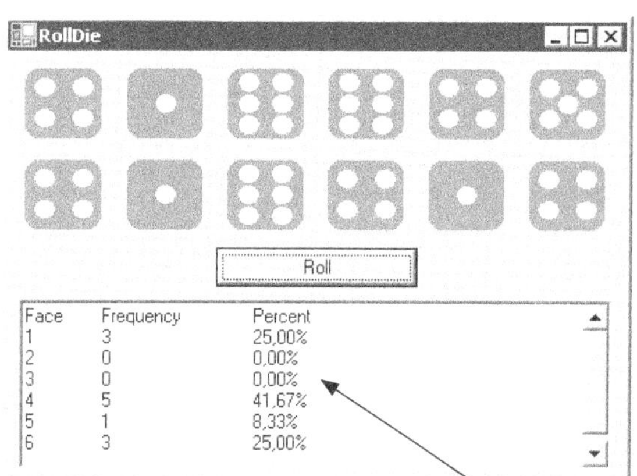

Resultados após um lançamento

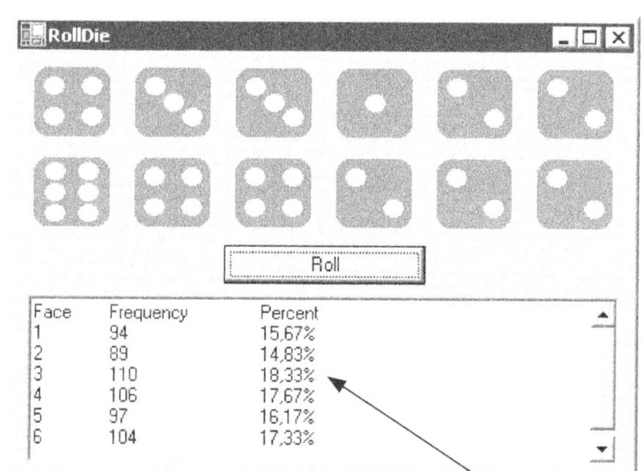

Resultados após 50 lançamentos

Figura 7.6 Usando arrays para eliminar uma estrutura `switch`. (Parte 2 de 2.)

7.4.5 Usando arrays para analisar resultados de levantamento

Nosso próximo exemplo usa arrays para resumir os resultados de dados reunidos em um levantamento. Considere a declaração de problema a seguir:

> *Foi pedido a 40 alunos para que classificassem a qualidade da comida no refeitório, em uma escala de 1 a 10, sendo 1 horrível e 10 excelente. Coloque as 40 respostas em um array inteiro e resuma a freqüência de cada classificação.*

Essa é uma aplicação típica de array (Figura 7.7). Queremos resumir o número de respostas de cada tipo (isto é, de 1 a 10). O array `responses` é um array inteiro de 40 elementos, com as respostas dos alunos ao levantamento. Usamos um array `frequency` de 11 elementos para contar o número de ocorrências de cada resposta. Ignoramos o primeiro elemento, `frequency[ 0 ]`, pois é mais lógico ter uma resposta de `frequency[ 1 ]` de incremento `1` do que `frequency[ 0 ]`. Podemos usar cada resposta diretamente como índice no array `frequency`. Cada elemento do array é usado como um contador para uma das respostas do levantamento.

Boa prática de programação 7.1

Cuide bem da clareza do programa. Às vezes vale a pena comprometer o uso mais eficiente da memória ou do tempo do processador, para escrever programas mais claros.

O laço `for` (linhas 20 e 21) pega uma por vez as respostas do array `response` e incrementa um dos dez contadores no array `frequency` (`frequency[ 1 ]` a `frequency[ 10 ]`). A principal instrução do laço está na linha 21, que incrementa o contador apropriado no array `frequency`, dependendo do valor do elemento `responses[ answer ]`.

```
1  // Fig. 7.8: StudentPoll.cs
2  // Um programa de pesquisa de alunos.
3
4  using System;
5  using System.Windows.Forms;
6
7  class StudentPoll
8  {
9     // ponto de entrada principal do aplicativo
10    static void Main( string[] args )
11    {
12       int[] responses = { 1, 2, 6, 4, 8, 5, 9, 7, 8, 10, 1,
13          6, 3, 8, 6, 10, 3, 8, 2, 7, 6, 5, 7, 6, 8, 6, 7,
14          5, 6, 6, 5, 6, 7, 5, 6, 4, 8, 6, 8, 10 };
15
16       int[] frequency = new int[ 11 ];
17       string output = "";
18
19       // incrementa a freqüência de cada resposta
20       for ( int answer = 0; answer < responses.Length; answer++ )
21          ++frequency[ responses[ answer ] ];
22
23       output += "Rating\tFrequency\n";
24
25       // produz os resultados na saída
26       for ( int rating = 1; rating < frequency.Length; rating++ )
27          output += rating + "\t" + frequency[ rating ] + "\n";
28
29       MessageBox.Show( output, "Student poll program",
30          MessageBoxButtons.OK, MessageBoxIcon.Information );
31
32    } // fim do método Main
```

Figura 7.7 Programa simples de análise de pesquisa de aluno. (Parte 1 de 2.)

```
} // fim da classe StudentPoll
```

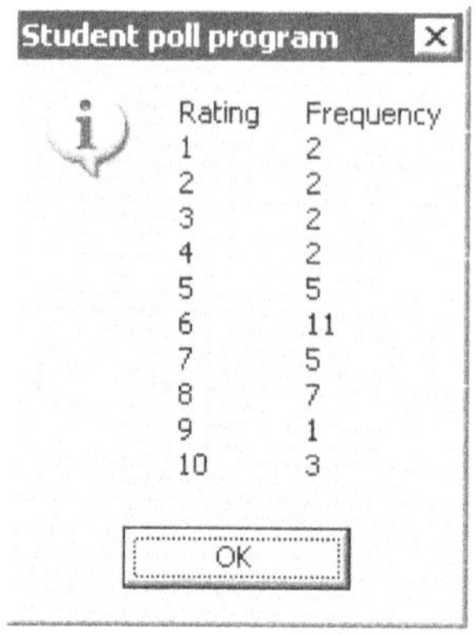

Figura 7.7 Programa simples de análise de pesquisa de aluno. (Parte 2 de 2.)

Vamos considerar várias iterações do laço `for`. Quando o contador `answer` é `0`, `responses[ answer ]` é o valor do primeiro elemento do array `responses` (isto é, `1`). Nesse caso, o programa interpreta `++frequency[ responses[ answer ] ];` como `++frequency[ 1 ];`, o que incrementa o elemento um do array. Ao avaliar a expressão, comece com o valor do conjunto de colchetes mais interno (`answer`). Quando você souber o valor de `answer`, coloque esse valor na expressão e avalie o próximo conjunto de colchetes mais externo (`responses[ answer ]`). Use esse valor como índice do array `frequency`, para determinar qual contador vai incrementar.

Quando `answer` é `1`, `responses[ answer ]` é o valor do segundo elemento do array `responses` (isto é, `2`); portanto, o programa interpreta

```
++frequency[ responses[ answer ] ];
```

como `++frequency[ 2 ];`, o que incrementa o elemento dois do array (o terceiro elemento do array). Quando `answer` é `2`, `responses[ answer ]` é o valor do terceiro elemento do array `responses` (isto é, `6`); portanto, o programa interpreta

```
++frequency[ responses[ answer ] ];
```

como `++frequency[ 6 ];`, o que incrementa o elemento seis do array (o sétimo elemento do array) etc. Note que, independentemente do número de respostas processadas no levantamento, apenas um array de 11 elementos é exigido (ignorando-se o elemento zero) para resumir os resultados, pois todos os valores de resposta estão entre 1 e 10, e os valores de índice para um array de 11 elementos são de 0 a 10. Os resultados estão corretos, pois os elementos do array `frequency` foram inicializados como zero, quando o array foi alocado com `new`.

Se os dados contivessem valores inválidos, como 13, o programa tentaria somar `1` a `frequency[ 13 ]`. Isso está fora dos limites do array. Nas linguagens de programação C e C++, nenhuma verificação é realizada para impedir que os programas leiam dados fora dos limites dos arrays. Em tempo de execução, o programa "ultrapassaria" o final do array, onde o elemento número 13 estaria localizado, e somaria 1 aos dados que estivessem armazenados nessa posição da memória. Isso poderia modificar outra variável no programa ou mesmo resultar no término prematuro do programa. A plataforma .NET fornece mecanismos para impedir o acesso a elementos fora dos limites dos arrays.

Dica de teste e depuração 7.1

Quando um programa C# é executado, é verificada a validade dos índices de elemento de array (isto é, todos os índices devem ser maiores ou iguais a 0 e menores do que o tamanho do array).

Dica de teste e depuração 7.2

Exceções indicam quando ocorrem erros nos programas. Os programadores podem escrever código para se recuperar de exceções e continuar a execução do programa, em vez de terminá-lo de forma anormal. Quando ocorre uma referência de array inválida, o C# gera uma exceção **`IndexOutOfRangeException`**. *Discutiremos as exceções com mais detalhes no Capítulo 11.*

Erro de programação comum 7.4

Referir-se a um elemento fora dos limites do array é um erro lógico.

Dica de teste e depuração 7.3

Ao se fazer um laço em um array, o índice do array nunca deve ficar abaixo de 0 e sempre deve ser menor do que o número total de elementos no array (um a menos do que o **tamanho** *do array). A condição de término do laço deve impedir o acesso a elementos fora desse intervalo.*

Dica de teste e depuração 7.4

Os programas devem verificar a correção de todos os valores de entrada, para impedir que informações errôneas afetem os cálculos de um programa.

7.5 Passando arrays a métodos

Para passar um argumento array para um método, especifique o nome do array sem usar colchetes. Por exemplo, se o array `hourlyTemperatures` fosse declarado como

```
int[] hourlyTemperatures = new int[ 24 ];
```

a chamada a método

```
ModifyArray( hourlyTemperatures );
```

passaria o array `hourlyTemperatures` para o método `ModifyArray`. Todo objeto de array "conhece" seu próprio tamanho (por meio da variável de instância `Length`); portanto, quando passamos um objeto de array para um método, não passamos o tamanho do array separadamente como argumento.

Embora arrays inteiros sejam passados por referência, os elementos individuais do array de tipos de dados primitivos são passados por valor, da mesma maneira que as variáveis simples. (Os objetos referidos pelos elementos individuais de um array de tipo não primitivo ainda são passados por referência.) Tais dados simples às vezes são chamados de *escalares* ou *quantidades escalares*. Para passar um elemento de array para um método, use o nome de índice do elemento do array como argumento na chamada a método.

Para que um método receba um array por meio de uma chamada a método, a lista de parâmetros do método deve especificar que um array será recebido. Por exemplo, o cabeçalho do método `ModifyArray` poderia ser escrito como

```
public void ModifyArray( int[] b )
```

indicando que `ModifyArray` espera receber um array inteiro no parâmetro `b`. Os arrays são passados por referência; quando o método chamado usa o nome de array `b`, ele se refere ao array real no chamador (array `hourlyTemperatures`).

O aplicativo da Figura 7.8 demonstra a diferença entre passar um array inteiro e passar um elemento do array.

O laço `for` das linhas 32 e 33 colocam os cinco elementos do array inteiro `a` na propriedade `Text` de `outputLabel`. A linha 33 chama o método `ModifyArray` e passa para ele o array `a`. O método `ModifyArray` multiplica cada elemento por 2. Para ilustrar que os elementos do array `a` foram modificados, o laço `for` nas linhas 41 e 42 coloca os cinco elementos do array inteiro `a` na propriedade `Text` de `outputLabel`. Conforme a captura de tela indica, os elementos de `a` são modificados por `ModifyArray`.

```
1  // Fig. 7.8: PassArray.cs
2  // Passando arrays e elementos individuais a métodos.
3  using System;
4  using System.Drawing;
5  using System.Collections;
6  using System.ComponentModel;
7  using System.Windows.Forms;
```

Figura 7.8 Passando arrays e elementos de array individuais a métodos. (Parte 1 de 3.)

```
using System.Data;

public class PassArray : System.Windows.Forms.Form
{
   private System.Windows.Forms.Button showOutputButton;
   private System.Windows.Forms.Label outputLabel;

   // código gerado pelo Visual Studio .NET

   [STAThread]
   static void Main()
   {
      Application.Run( new PassArray() );
   }

   private void showOutputButton_Click( object sender,
      System.EventArgs e )
   {
      int[] a = { 1, 2, 3, 4, 5 };

      outputLabel.Text = "Effects of passing entire array " +
         "call-by-reference:\n\nThe values of the original " +
         "array are:\n\t";

      for ( int i = 0; i < a.Length; i++ )
         outputLabel.Text += "   " + a[ i ];

      ModifyArray( a );  // o array é passado por referência

      outputLabel.Text +=
         "\n\nThe values of the modified array are:\n\t";

      // exibe os elementos do array a
      for ( int i = 0; i < a.Length; i++ )
         outputLabel.Text += "   " + a[ i ];

      outputLabel.Text += "\n\nEffects of passing array " +
         "element call-by-value:\n\na[ 3 ] before " +
         "ModifyElement: " + a[ 3 ];

      // elemento do array passado por valor
      ModifyElement( a[ 3 ] );

      outputLabel.Text +=
         "\na[ 3 ] after ModifyElement: " + a[ 3 ];
   }

   // o método modifica o array que recebe,
   // o original será modificado
   public void ModifyArray( int[] b )
   {
      for ( int j = 0; j < b.Length; j++ )
         b[ j ] *= 2;
   }

   // o método modifica o inteiro passado para ele
   // o original não será modificado
   public void ModifyElement( int e )
```

Figura 7.8 Passando arrays e elementos de array individuais a métodos. (Parte 2 de 3.)

```
66        {
67           outputLabel.Text +=
68              "\nvalue received in ModifyElement: " + e;
69
70           e *= 2;
71
72           outputLabel.Text +=
73              "\nvalue calculated in ModifyElement: " + e;
74        }
75     }
```

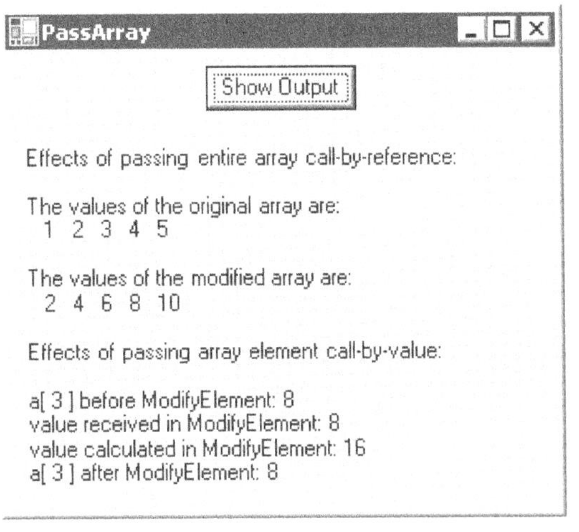

Figura 7.8 Passando arrays e elementos de array individuais a métodos. (Parte 3 de 3.)

Para mostrar o valor de `a[ 3 ]` antes da chamada de `ModifyElement`, as linhas 44 a 46 colocam o valor de `a[ 3 ]` (e outras informações) em `outputLabel.Text`. A linha 44 chama o método `ModifyElement` e passa `a[ 3 ]`. Lembre-se de que `a[ 3 ]` é um valor `int` no array `a`. Além disso, lembre-se de que os valores de tipos primitivos sempre são passados para os métodos por valor. Portanto, uma cópia de `a[ 3 ]` é passada. O método `ModifyElement` multiplica seu argumento por 2 e armazena o resultado em seu parâmetro `e`. O parâmetro de `ModifyElement` é uma variável local; portanto, quando o método termina, a variável local é destruída. Assim, quando o controle é retornado para `PassArray`, o valor não modificado de `a[ 3 ]` é colocado em `outputLabel.Text` (linhas 51 e 52).

7.6 Passando arrays por valor e por referência

Em C#, uma variável que "armazena" um objeto, como um array, não armazena realmente o objeto em si. Em vez disso, tal variável armazena uma referência para o objeto (isto é, a localização na memória do computador em que o objeto em si está armazenado). A distinção entre variáveis de referência e variáveis de tipo de dados primitivo levanta alguns problemas sutis que os programadores devem entender para criar programas seguros e estáveis.

Quando um programa passa um argumento para um método, o método chamado recebe uma cópia do valor desse argumento. As alterações na cópia local não afetam a variável original que o programa passou para o método. Se o argumento for um tipo de referência, o método fará uma cópia local da própria referência, e não uma cópia do objeto real ao qual a referência alude. A cópia local da referência também se refere ao objeto original na memória. Assim, os tipos de referência são sempre passados por referência, o que significa que as alterações feitas nesses objetos nos métodos chamados afetam os objetos originais na memória.

Dica de desempenho 7.1

Passar arrays e outros objetos por referência faz sentido por motivos de desempenho. Se os arrays fossem passados por valor, uma cópia de cada elemento seria passada. Para arrays grandes e passados freqüentemente, isso desperdiçaria tempo e consumiria armazenamento considerável para as cópias dos arrays — esses dois problemas causam mal desempenho.

O C# também permite que os métodos passem referências com a palavra-chave `ref`. Esse é um recurso sutil, que, se for mal usado, pode levar a problemas. Por exemplo, quando um objeto de tipo de referência, como um array, é passado com `ref`, o método chamado ganha o controle sobre a referência passada em si, permitindo que o método chamado substitua a referência original no chamador por um objeto diferente ou mesmo por `null` (nulo). Tal comportamento pode levar a efeitos imprevisíveis, o que pode ser desastroso em aplicativos de missão crítica. O programa da Figura 7.9 demonstra a diferença sutil entre passar uma referência por valor e passar uma referência com a palavra-chave `ref`.

```
// Fig. 7.9: ArrayReferenceTest.cs
// Testando os efeitos da passagem de referências de array
// por valor e por referência.
using System;
using System.Drawing;
using System.Collections;
using System.ComponentModel;
using System.Windows.Forms;
using System.Data;

public class ArrayReferenceTest : System.Windows.Forms.Form
{
   private System.Windows.Forms.Label outputLabel;
   private System.Windows.Forms.Button showOutputButton;

   [STAThread]
   static void Main()
   {
      Application.Run( new ArrayReferenceTest() );
   }

   private void showOutputButton_Click( object sender,
      System.EventArgs e )
   {
      // cria e inicializa firstArray
      int[] firstArray = { 1, 2, 3 };

      // copia a referência firstArray
      int[] firstArrayCopy = firstArray;

      outputLabel.Text =
         "Test passing firstArray reference by value";

      outputLabel.Text += "\n\nContents of firstArray " +
         "before calling FirstDouble:\n\t";

      // imprime o conteúdo de firstArray
      for ( int i = 0; i < firstArray.Length; i++ )
         outputLabel.Text += firstArray[ i ] + " ";

      // passa a referência firstArray por valor para FirstDouble
      FirstDouble( firstArray );

      outputLabel.Text += "\n\nContents of firstArray after " +
         "calling FirstDouble\n\t";

      // imprime o conteúdo de firstArray
      for ( int i = 0; i < firstArray.Length; i++ )
         outputLabel.Text += firstArray[ i ] + " ";
```

Figura 7.9 Passando uma referência de array por valor e por referência. (Parte 1 de 3.)

```
      // testa se a referência foi alterada por FirstDouble
      if ( firstArray == firstArrayCopy )
         outputLabel.Text +=
            "\n\nThe references refer to the same array\n";
      else
         outputLabel.Text +=
            "\n\nThe references refer to different arrays\n";

      // cria e inicializa secondArray
      int[] secondArray = { 1, 2, 3 };

      // copia a referência secondArray
      int[] secondArrayCopy = secondArray;

      outputLabel.Text += "\nTest passing secondArray " +
         "reference by reference";

      outputLabel.Text += "\n\nContents of secondArray " +
         "before calling SecondDouble:\n\t";

      // imprime o conteúdo de secondArray antes da chamada do método
      for ( int i = 0; i < secondArray.Length; i++ )
         outputLabel.Text += secondArray[ i ] + " ";

      SecondDouble( ref secondArray );

      outputLabel.Text += "\n\nContents of secondArray " +
         "after calling SecondDouble:\n\t";

      // imprime o conteúdo de secondArray após a chamada do método
      for ( int i = 0; i < secondArray.Length; i++ )
      outputLabel.Text += secondArray[ i ] + " ";

      // testa se a referência foi alterada por SecondDouble
      if ( secondArray == secondArrayCopy )
         outputLabel.Text +=
            "\n\nThe references refer to the same array\n";
      else
         outputLabel.Text +=
            "\n\nThe references refer to different arrays\n";

   } // fim do método showOutputButton_Click

   // modifica os elementos do array e tenta modificar
   // a referência
   void FirstDouble( int[] array )
   {
      // duplica o valor de cada elemento
      for ( int i = 0; i < array.Length; i++ )
         array[ i ] *= 2;

      // cria uma nova referência e a atribui ao array
      array = new int[] { 11, 12, 13 };
   }

   // modifica os elementos do array e altera o array de referência
   // para se referir a um novo array
```

Figura 7.9 Passando uma referência de array por valor e por referência. (Parte 2 de 3.)

```
108     void SecondDouble( ref int[] array )
109     {
110        // duplica o valor de cada elemento
111        for ( int i = 0; i < array.Length; i++ )
112        array[ i ] *= 2;
113
114        // cria uma nova referência e a atribui ao array
115        array = new int[] { 11, 12, 13 };
116     }
117 }
```

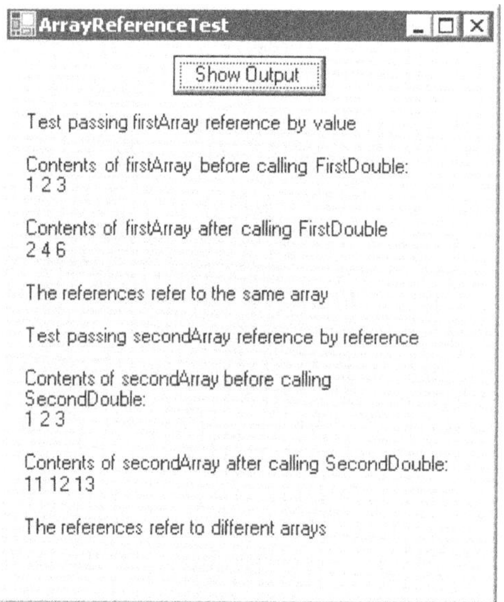

Figura 7.9 Passando uma referência de array por valor e por referência. (Parte 3 de 3.)

As linhas 26 e 29 declaram duas variáveis de array inteiras, `firstArray` e `firstArrayCopy` (fizemos a cópia para poder determinar se a referência `firstArray` é sobrescrita). A linha 26 inicializa `firstArray` com os valores `1`, `2` e `3`. A instrução de atribuição na linha 29 copia a referência `firstArray` na variável `firstArrayCopy`, fazendo com que essas variáveis referenciem o mesmo objeto array na memória. A estrutura `for`, nas linhas 38 e 39, imprime o conteúdo de `firstArray` antes que ela seja passada para o método `FirstDouble` (linha 42), para que possamos verificar se esse array é passado por referência (isto é, o método chamado realmente altera o conteúdo do array).

A estrutura `for` no método `FirstDouble` (linhas 99 e 100) multiplica os valores de todos os elementos do array por `2`. A linha 103 aloca um novo array, contendo os valores `11`, `12` e `13`; a referência para esse array é então atribuída ao parâmetro `array` (em uma tentativa de sobrescrever a referência `firstArray` — isso, é claro, não acontecerá, pois a referência foi passada por valor). Após a execução do método `FirstDouble`, a estrutura `for` nas linhas 48 e 49 imprime o conteúdo de `firstArray`, demonstrando que os valores dos elementos foram alterados pelo método (e confirmando que, em C#, os arrays são sempre passados por referência). A estrutura `if/else`, nas linhas 52 a 57, usa o operador `==` para comparar as referências `firstArray` (que acabamos de tentar sobrescrever) e `firstArrayCopy`. A expressão na linha 40 é avaliada como `true`, se os operandos do operador binário `==` referenciarem o mesmo objeto. Nesse caso, o objeto representado é o array alocado na linha 26 — e não o array alocado no método `FirstDouble` (linha 103).

As linhas 60 a 90 realizam testes semelhantes, usando as variáveis de array `secondArray` e `secondArrayCopy` e o método `SecondDouble` (linhas 108 a 116). O método `SecondDouble` executa as mesmas operações que `FirstDouble`, mas recebe seu argumento array usando a palavra-chave `ref`. Nesse caso, a referência armazenada em `secondArray` após a chamada do método é uma referência para o array alocado na linha 115 de `SecondDouble`, demonstrando que uma referência passada com a palavra-chave `ref` pode ser modificada pelo método chamado, de modo que a referência aponte na verdade para um objeto diferente; nesse caso, um array alocado no procedimento `SecondDouble`. A estrutura `if/else`, nas linhas 85 a 90, demonstra que `secondArray` e `secondArrayCopy` não se referem mais ao mesmo array.

Observação de engenharia de software 7.1

Quando um método recebe um parâmetro de objeto de tipo de referência por valor, o objeto não é passado por valor — o objeto ainda passa por referência. Em vez disso, a referência ao objeto é passada por valor. Isso impede que um método sobrescreva referências passadas para ele. Na ampla maioria dos casos, impedir a modificação da referência do chamador é o comportamento desejado. Se você encontrar uma situação em que queira realmente que o procedimento chamado modifique a referência do chamador, passe o tipo de referência usando a palavra-chave **`ref`** *— mas, novamente, tais situações são raras.*

Observação de engenharia de software 7.2

Em C#, os objetos de tipo de referência (incluindo os arrays) sempre são passados por referência. Então, um procedimento chamado que receba uma referência para um objeto em um chamador pode alterar o objeto do chamador.

7.7 Ordenando arrays

Ordenar dados (isto é, organizar os dados em uma ordem específica, como crescente ou decrescente) é uma das aplicações mais importantes da computação. Um banco ordena todos os cheques pelo número da conta, para que possa preparar declarações bancárias individuais ao final de cada mês. As companhias telefônicas ordenam suas listas de assinantes pelo sobrenome e, dentro disso, pelo prenome, para tornar fácil encontrar os números de telefone. Praticamente toda organização deve ordenar alguns dados e, em muitos casos, grandes volumes deles. Ordenar dados é um problema intrigante que tem atraído alguns dos esforços de pesquisa mais intensos no setor da ciência da computação. Nesta seção discutiremos um dos esquemas de ordenação mais simples. Nos exercícios investigaremos algoritmos de ordenação mais sofisticados.

Dica de desempenho 7.2

Os algoritmos mais simples muitas vezes têm desempenho fraco; por outro lado, são fáceis de escrever, testar e depurar. Às vezes são necessários algoritmos complexos para se obter o máximo desempenho de um programa.

A Figura 7.10 ordena os valores do array `a` de dez elementos em ordem crescente. A técnica que usamos é chamada de *ordenação "bolha"* (*bubble sort*), pois os valores menores "sobem" gradualmente, até o topo do array (isto é, em direção ao primeiro elemento), como bolhas de ar subindo na água. A técnica é às vezes chamada de *ordenação de submersão* (*sinking sort*), pois os valores maiores submergem para o final do array. A ordenação "bolha" usa laços aninhados para fazer várias passagens pelo array. Cada passagem compara sucessivos pares de elementos. Se um par está em ordem crescente (ou os valores são iguais), os valores permanecem na mesma ordem. Se um par está em ordem decrescente, a ordenação "bolha" troca os valores no array. O programa contém os métodos `Main`, `BubbleSort` e `Swap`. O método `sortButton_Click` (linhas 23 a 41) cria o array `a`, chama `BubbleSort` e exibe a saída. A linha 34 de `sortButton_Click` chama o método `BubbleSort` (linhas 44 a 52) para ordenar o array `a`. A linha 51 no método `BubbleSort` chama o método `Swap` (linhas 55 a 62) para trocar dois elementos do array.

```
1   // Fig. 7.10: BubbleSorter.cs
2   // Ordenando os valores de um array em ordem crescente.
3   using System;
4   using System.Drawing;
5   using System.Collections;
6   using System.ComponentModel;
7   using System.Windows.Forms;
8   using System.Data;
9
10  public class BubbleSorter : System.Windows.Forms.Form
11  {
12     private System.Windows.Forms.Button sortButton;
13     private System.Windows.Forms.Label outputLabel;
14
15     // código gerado pelo Visual Studio .NET
16
17     [STAThread]
18     static void Main()
```

Figura 7.10 Ordenando um array com ordenação "bolha". (Parte 1 de 2.)

```
19         {
20            Application.Run( new BubbleSorter() );
21         }
22
23         private void sortButton_Click( object sender,
24            System.EventArgs e )
25         {
26            int[] a =  { 2, 6, 4, 8, 10, 12, 89, 68, 45, 37 };
27
28            outputLabel.Text = "Data items in original order\n";
29
30            for ( int i = 0; i < a.Length; i++ )
31               outputLabel.Text += "   " + a[ i ];
32
33            // ordena os elementos no array a
34            BubbleSort( a );
35
36            outputLabel.Text += "\n\nData items in ascending order\n";
37
38            for ( int i = 0; i < a.Length; i++ )
39               outputLabel.Text += "   " + a[ i ];
40
41         } // fim do método sortButton_Click
42
43         // ordena os elementos de um array com a ordenação "bolha"
44         public void BubbleSort( int[] b )
45         {
46            for ( int pass = 1; pass < b.Length; pass++ ) // passagens
47
48               for ( int i = 0; i < b.Length - 1; i++ )   // uma passagem
49
50                  if ( b[ i ] > b[ i + 1 ] )         // uma comparação
51                     Swap( b, i );                   // uma troca
52         }
53
54         // troca dois elementos de um array
55         public void Swap( int[] c, int first )
56         {
57            int hold;      // área de armazenamento temporário para troca
58
59            hold = c[ first ];
60            c[ first ] = c[ first + 1 ];
61            c[ first + 1 ] = hold;
62         }
63      }
```

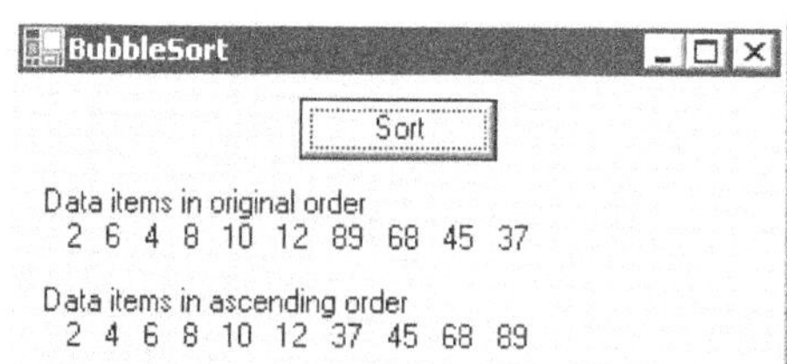

Figura 7.10 Ordenando um array com ordenação "bolha". (Parte 2 de 2.)

O método `BubbleSort` recebe o array como o parâmetro `b`. O laço `for` aninhado, nas linhas 46 a 51, realiza a ordenação. O laço mais externo controla o número de passagens do array. O laço interno controla as comparações e a troca necessária dos elementos durante cada passagem.

O método `BubbleSort` primeiro compara `b[ 0 ]` com `b[ 1 ]`, em seguida, `b[ 1 ]` com `b[ 2 ]`, e depois, `b[ 2 ]` com `b[ 3 ]` etc., até completar a passagem, comparando `b[ 8 ]` com `b[ 9 ]`. Embora existam dez elementos, o laço de comparação executa apenas nove comparações. Como resultado da maneira como são feitas as sucessivas comparações, um valor grande pode descer (submergir) muitas posições no array (e, às vezes, até o final do array) em uma única passagem. Entretanto, um valor pequeno pode subir (emergir) apenas uma posição. Na primeira passagem, é garantido que o maior valor desça até o elemento final do array, `b[ 9 ]`. Na segunda passagem, é garantido que o segundo maior valor desça até `b[ 8 ]`. Na nova passagem, o nono maior valor submerge para `b[ 1 ]`. Isso deixa o menor valor em `b[ 0 ]`, de modo que apenas nove passagens são necessárias para se ordenar um array de dez elementos.

Se uma comparação revelar que os dois elementos aparecem em ordem decrescente, `BubbleSort` chamará `Swap` para trocar os dois elementos, para que eles fiquem em ordem crescente no array. O método `Swap` recebe uma referência para o array (que ele chama de `c`) e um inteiro representando o índice do primeiro elemento do array a ser trocado. Três atribuições nas linhas 59 a 61 realizam a troca, onde a variável extra `hold` armazena temporariamente um dos dois valores que estão sendo trocados. A troca não pode ser feita com apenas as duas atribuições:

```
c[ first ] = c[ first + 1 ];
c[ first + 1 ] = c[ first ];
```

Se `c[ first ]` for `7` e `c[ first + 1 ]` for `5`, após a primeira atribuição, os dois elementos do array conterão `5`, e o valor `7` será perdido — daí a necessidade da variável extra `hold`.

A vantagem da ordenação "bolha" é que ela é fácil de programar. Entretanto, a ordenação "bolha" é executada lentamente, o que se torna aparente na ordenação de arrays grandes. Cursos mais avançados (freqüentemente chamados "Estruturas de dados", "Algoritmos" ou "Complexidade computacional") investigam a ordenação e a busca com maior profundidade. Note que a plataforma .NET inclui um recurso de ordenação de arrays interno que implementa uma ordenação de alta velocidade. Para ordenar o array `a` na Figura 7.10, você pode usar a instrução

```
Array.Sort( a );
```

7.8 Pesquisando arrays: pesquisa linear e pesquisa binária

Freqüentemente, os programadores trabalham com grandes volumes de dados armazenados em arrays. Poderia ser necessário, nesse caso, determinar se um array contém um valor que corresponde a determinado *valor de chave*. O processo de localizar um valor de elemento em particular em um array é chamado de *pesquisa*. Nesta seção discutiremos duas técnicas de pesquisa — a técnica de *pesquisa linear* simples e a técnica de *pesquisa binária* mais eficiente. Os exercícios 7.8 e 7.9, no final deste capítulo, pedem que você implemente versões recursivas das pesquisas linear e binária.

7.8.1 Pesquisando um array com pesquisa linear

No programa da Figura 7.11, o método `LinearSearch` (definido nas linhas 44 a 54) usa uma estrutura `for` contendo uma estrutura `if` para comparar cada elemento de um array com uma *chave de busca* (linha 44). Se a chave de busca for encontrada, o método retorna o valor do índice do elemento, para indicar a posição exata da chave de busca no array. Se a chave de busca não for encontrada, o método retorna `-1`. (O valor `-1` é uma boa escolha, pois ele não é um número de índice válido.) Se os elementos do array que está sendo pesquisado não estiverem em uma ordem específica, o valor poderá ser encontrado, com a mesma probabilidade, no primeiro elemento ou no último. Na média, o programa terá de comparar a chave de busca com metade dos elementos do array. O programa contém um array de 100 elementos, preenchidos com os inteiros pares de 0 a 198. O usuário digita a chave de busca em uma `TextBox` (chamada ***`inputTextBox`***) e clica no botão `findButton` para iniciar a pesquisa. [*Nota*: o array é passado para `LinearSearch` mesmo que seja uma variável de instância da classe. Isso é feito porque, normalmente, um array é passado para um método de outra classe para pesquisa.]

```
1  // Fig. 7.11: LinearSearcher.cs
2  // Demonstrando a pesquisa linear de um array.
3  using System;
4  using System.Drawing;
5  using System.Collections;
```

Figura 7.11 Pesquisa linear de um array. (Parte 1 de 2.)

```
using System.ComponentModel;
using System.Windows.Forms;
using System.Data;

public class LinearSearcher : System.Windows.Forms.Form
{
   private System.Windows.Forms.Button searchButton;
   private System.Windows.Forms.TextBox inputTextBox;
   private System.Windows.Forms.Label outputLabel;

   int[] a = { 2, 4, 6, 8, 10, 12, 14, 16, 18, 20, 22, 24, 26,
               28, 30, 32, 34, 36, 38, 40, 42, 44, 46, 48, 50 };

   // código gerado pelo Visual Studio .NET

   [STAThread]
   static void Main()
   {
      Application.Run( new LinearSearcher() );
   }

   private void searchButton_Click( object sender,
      System.EventArgs e )
   {
      int searchKey = Int32.Parse( inputTextBox.Text );

      int elementIndex = LinearSearch( a, searchKey );

      if ( elementIndex != -1 )
         outputLabel.Text =
            "Found value in element " + elementIndex;

      else
         outputLabel.Text = "Value not found";

   } // fim do método searchButton_Click

   // array de pesquisa para o valor de chave especificado
   public int LinearSearch( int[] array, int key )
   {
      for ( int n = 0; n < array.Length; n++ )
      {
         if ( array[ n ] == key )
            return n;
      }

      return -1;

   } // fim do método LinearSearch
}
```

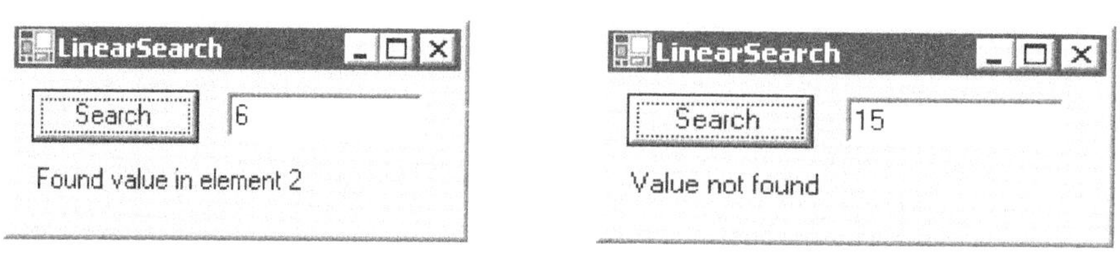

Figura 7.11 Pesquisa linear de um array. (Parte 2 de 2.)

7.8.2 Pesquisando um array ordenado com pesquisa binária

O método de pesquisa linear funciona bem para arrays pequenos ou não ordenados. Entretanto, para arrays grandes, a pesquisa linear é ineficiente. Se o array estiver ordenado, a técnica de *pesquisa binária* de alta velocidade pode ser usada. O algoritmo de pesquisa binária elimina metade dos elementos do array que está sendo pesquisado, após cada comparação. O algoritmo localiza o elemento do meio do array e o compara com a chave de busca. Se eles forem iguais, a chave de busca foi encontrada, e o índice desse elemento é retornado. Caso contrário, o problema é reduzido para uma pesquisa da metade do array. Se a chave de busca for menor do que o elemento do meio do array, a primeira metade do array será pesquisada; caso contrário, a segunda metade do array será pesquisada. Se a chave de busca não estiver no elemento do meio no subarray especificado (uma parte do array original), o algoritmo é repetido em um quarto do array original. A pesquisa continua até que a chave de busca seja igual ao elemento do meio de um subarray ou até que o subarray seja composto de um elemento que não seja igual à chave de busca (isto é, a chave de busca não for encontrada).

Em um cenário de pior caso, pesquisar um array de 1024 elementos exigirá apenas dez comparações, usando-se a pesquisa binária. Dividir repetidamente 1024 por 2 (após cada comparação, eliminamos metade do array da consideração) produz os valores 512, 256, 128, 64, 32, 16, 8, 4, 2 e 1. O número 1024 (2^{10}) é dividido por 2 apenas dez vezes, para se obter o valor 1. Dividir por 2 é equivalente a uma comparação no algoritmo de pesquisa binária. Um array de 1.048.576 (2^{20}) elementos exige um máximo de 20 comparações para se encontrar a chave. Um array de um bilhão de elementos exige um máximo de 30 comparações para se encontrar a chave. Isso é um aumento tremendo no desempenho em relação à pesquisa linear, que exigia a comparação da chave de busca com uma média da metade dos elementos do array. Para um array de um bilhão de elementos, a diferença está entre uma média de 500 milhões de comparações e um máximo de 30 comparações! O número máximo de comparações necessárias para a pesquisa binária de qualquer array ordenado é o expoente da primeira potência de 2 maior que o número de elementos no array.

A Figura 7.12 apresenta a versão iterativa do método `BinarySearch` (linhas 59 a 85). O método recebe dois argumentos — um array inteiro chamado `array` (o array a ser pesquisado) e uma chave inteira (a chave de busca). O array é passado para `BinarySearch` mesmo sendo uma variável de instância da classe. Mais uma vez, isso é feito porque um array normalmente é passado para um método de outra classe para pesquisa. A linha 67 calcula o elemento do meio do array que está sendo pesquisado, determinando o número de elementos no array e dividindo esse valor por 2. Lembre-se de que usar o operador / com inteiros efetua uma divisão inteira, o que trunca o resultado. Portanto, quando existe um número par de elementos no array, não existe nenhum elemento "do meio" — o meio de nosso array está na verdade entre dois elementos. Quando isso ocorre, o cálculo na linha 67 retorna o menor índice dos dois elementos do meio.

```
1   // Fig. 7.12: BinarySearchTest.cs
2   // Demonstrando uma pesquisa binária de um array.
3
4   using System;
5   using System.Drawing;
6   using System.Collections;
7   using System.ComponentModel;
8   using System.Windows.Forms;
9   using System.Data;
10
11  public class BinarySearchTest : System.Windows.Forms.Form
12  {
13     private System.Windows.Forms.Label promptLabel;
14
15     private System.Windows.Forms.TextBox inputTextBox;
16
17     private System.Windows.Forms.Label resultLabel;
18     private System.Windows.Forms.Label displayLabel;
19     private System.Windows.Forms.Label outputLabel;
20
21     private System.Windows.Forms.Button findButton;
22
```

Figura 7.12 Pesquisa binária de um array ordenado. (Parte 1 de 3.)

```
      private System.ComponentModel.Container components = null;

      int[] a = {  0, 2, 4, 6, 8, 10, 12, 14, 16,
                  18, 20, 22, 24, 26, 28 };

      // código gerado pelo Visual Studio .NET

      // ponto de entrada principal do aplicativo
      [STAThread]
      static void Main()
      {
         Application.Run( new BinarySearchTest() );
      }

      // procura um elemento chamando
      // BinarySearch e exibe os resultados
      private void findButton_Click( object sender,
         System.EventArgs e )
      {
         int searchKey = Int32.Parse( inputTextBox.Text );

         // inicializa a string de exibição da nova pesquisa
         outputLabel.Text = "Portions of array searched\n";

         // executa a pesquisa binária
         int element = BinarySearch( a, searchKey );

         if ( element != -1 )
            displayLabel.Text = "Found value in element " +
               element;
         else
            displayLabel.Text = "Value not found";

      } // fim de findButton_Click

      // procura a chave especificada no array
      public int BinarySearch( int[] array, int key )
      {
         int low = 0;                    // índice baixo
         int high = array.Length - 1;    // índice alto
         int middle;                     // índice do meio

         while ( low <= high )
         {
            middle = ( low + high ) / 2;

            // a linha a seguir apresenta a parte
            // do array que está sendo manipulada durante
            // cada iteração do laço de pesquisa binária
            BuildOutput( a, low, middle, high );

            if ( key == array[ middle ] )   // corresponde
               return middle;
            else if ( key < array[ middle ] )
               high = middle - 1;   // pesquisa a extremidade inferior do array
            else
               low = middle + 1;

```

Figura 7.12 Pesquisa binária de um array ordenado. (Parte 2 de 3.)

```
81          } // fim de binary search
82
83          return -1;  // chave de busca não encontrada
84
85       } // fim do método de pesquisa binária
86
87       public void BuildOutput(
88          int[] array, int low, int mid, int high )
89       {
90          for ( int i = 0; i < array.Length; i++ )
91          {
92             if ( i < low || i > high )
93                outputLabel.Text += "    ";
94
95             // marca o elemento do meio na saída
96             else if ( i == mid )
97                outputLabel.Text +=
98                   array[ i ].ToString( "00" ) + "* ";
99             else
100               outputLabel.Text +=
101                  array[ i ].ToString( "00" ) + "  ";
102         }
103
104         outputLabel.Text += "\n";
105
106      } // fim de BuildOutput
107
108 } // fim da classe BinarySearchTest
```

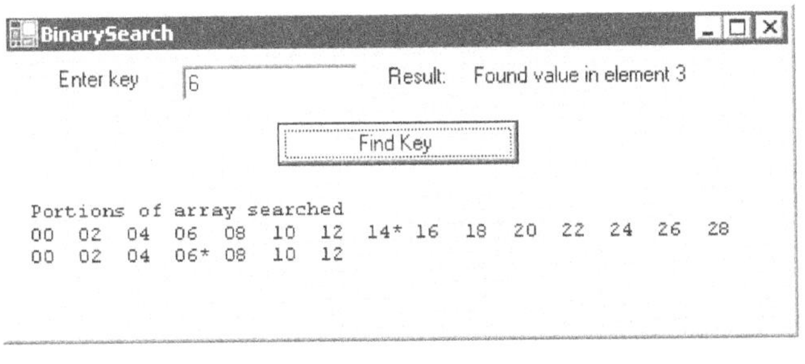

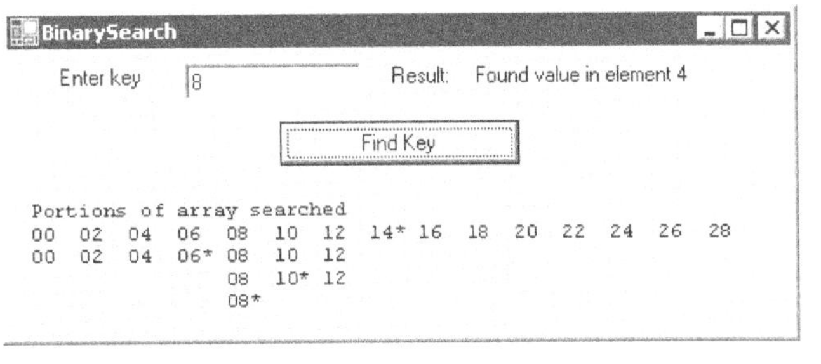

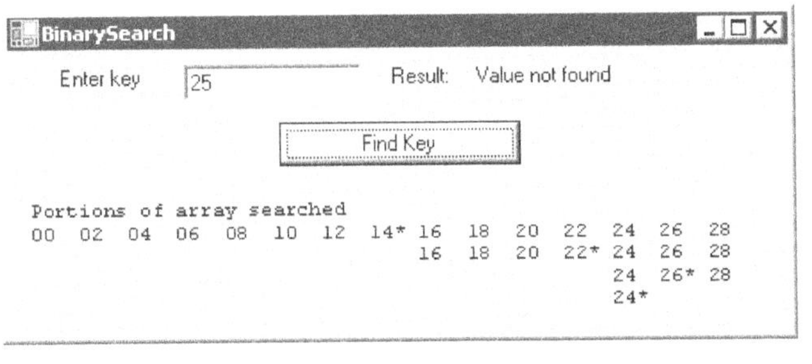

Figura 7.12 Pesquisa binária de um array ordenado. (Parte 3 de 3.)

Se `key` corresponde ao elemento `middle` de um subarray (linha 74), `BinarySearch` retorna `middle` (o índice do elemento atual), indicando que o valor foi encontrado e a pesquisa está completa. Se `key` não corresponde ao elemento `middle` de um subarray, `BinarySearch` ajusta o índice `low` ou o índice `high` (ambos declarados no método) para que um subarray menor possa ser pesquisado. Se `key` é menor do que o elemento `middle` (linha 76), o índice `high` é configurado como `middle - 1`, e a pesquisa continua nos elementos de `low` a `middle - 1`. Se `key` é maior do que o elemento `middle` (linha 78), o índice `low` é configurado como `middle + 1`, e a pesquisa continua nos elementos de `middle + 1` a `high`. Essas comparações ocorrem na estrutura `if/else` aninhada, nas linhas 74 a 79.

O programa usa um array de 15 elementos. A primeira potência de 2 maior do que o número de elementos do array é 16 (2^4) — assim, no máximo quatro comparações são exigidas para se encontrar a chave (`key`). Para ilustrar esse conceito, o método `BinarySearch` chama o método `BuildOutput` (linhas 87 a 106) para produzir na saída cada subarray durante o processo de pesquisa binária. `BuildOutput` marca o elemento do meio de cada subarray com um asterisco (`*`), para indicar o elemento com o qual `key` é comparada. Cada pesquisa nesse exemplo resulta em um máximo de quatro linhas de saída — uma por comparação. Note que a plataforma .NET inclui um recurso de pesquisa de array interno que implementa o algoritmo de pesquisa binária. Para procurar a chave 7 no array ordenado `a`, na Figura 7.12, você pode usar a instrução

```
Array.BinarySearch( a, 7 );
```

7.9 Arrays multidimensionais

Até aqui estudamos os arrays de *um índice* (ou *unidimensionais*) — isto é, aqueles que contêm listas simples de valores. Nesta seção apresentaremos os arrays *multidimensionais* (também chamados de arrays de *múltiplos índices*). Tais arrays exigem dois ou mais índices para identificar elementos específicos. Os arrays que exigem dois índices para identificar um elemento em particular normalmente são chamados de *arrays bidimensionais*. Nos concentraremos nos *arrays bidimensionais* (também chamados de arrays de *dois índices*). Existem dois tipos de arrays bidimensionais — *retangulares* e *irregulares*. Os arrays retangulares com dois índices freqüentemente representam *tabelas* de valores consistindo em informações organizadas em *linhas* e *colunas*, onde cada linha tem o mesmo tamanho e cada coluna também tem o mesmo tamanho. Para identificarmos um elemento em particular da tabela, devemos especificar os dois índices — por convenção, o primeiro identifica a linha do elemento e o segundo, sua coluna. Os arrays multidimensionais podem ter mais de dois índices. A Figura 7.13 ilustra um array bidimensional, `a`, contendo três linhas e quatro colunas (isto é, um array 3 por 4). Um array com *m* linhas e *n* colunas é chamado de *array m por n*.

Todo elemento no array `a` está identificado na Figura 7.13 por um nome de elemento da forma `a[ i , j ]`, na qual `a` é o nome do array, e `i` e `j` são os índices que identificam exclusivamente a linha e a coluna de cada elemento em `a`. Note que todos os nomes dos elementos na primeira linha têm o primeiro índice igual a `0`, e todos os nomes dos elementos na quarta coluna têm o segundo índice igual a `3`.

Os arrays multidimensionais podem ser inicializados em declarações como os arrays de um índice. Um array bidimensional `b`, com duas linhas e duas colunas, poderia ser declarado e inicializado com

```
int[,] b = new int[ 2, 2 ];

b[ 0, 0 ] = 1;
b[ 0, 1 ] = 2;
b[ 1, 0 ] = 3;
b[ 1, 1 ] = 4;
```

ou poderia ser escrito em uma única linha usando-se uma *lista inicializadora*, como se vê a seguir:

```
int[,] b = { { 1, 2 }, { 3, 4 } };
```

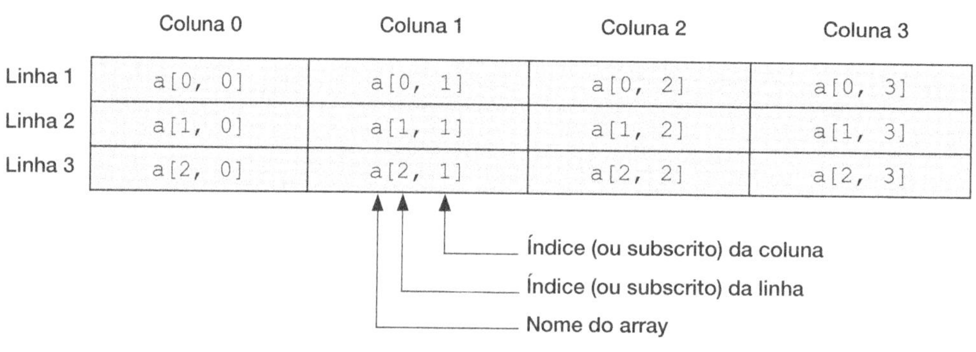

Figura 7.13 Array bidimensional com três linhas e quatro colunas.

Os valores são agrupados por linha em chaves. Assim, 1 e 2 inicializam `b[ 0, 0 ]` e `b[ 0, 1 ]`, e 3 e 4 inicializam `b[ 1, 0 ]` e `b[ 1, 1 ]`. O compilador determina o número de linhas contando o número de listas subinicializadoras (representadas por conjuntos de chaves) na lista inicializadora principal. O compilador determina o número de colunas em cada linha contando o número de valores inicializadores na lista subinicializadora dessa linha. O método `GetLength` retorna o tamanho de uma dimensão em particular do array. No exemplo anterior, `b.GetLength( 0 )` retornava o tamanho da dimensão do elemento zero de `b`, que é 2.

Os arrays irregulares são mantidos como arrays de arrays. Ao contrário dos arrays retangulares, os arrays que compõem os arrays irregulares podem ser de tamanhos diferentes. A declaração

```
int[][] c = new int[ 2 ][]; // aloca linhas

// aloca e inicializa elementos na linha 0
c[ 0 ] = new int[] { 1, 2 };
// aloca e inicializa elementos na linha 0
c[ 1 ] = new int[] { 3, 4, 5 };
```

cria o array inteiro `c` com a linha 0 (que é um array em si) contendo dois elementos (1 e 2), e a linha 1 contendo três elementos (3, 4 e 5). A propriedade `Length` de cada subarray pode ser usada para determinar o tamanho de cada coluna. Para o array irregular `c`, o tamanho da coluna zero é `c[ 0 ].Length`, que é igual a 2.

O aplicativo da Figura 7.14 demonstra a inicialização de arrays bidimensionais em declarações e o uso de laços `for` aninhados para percorrer os arrays (isto é, para manipular cada elemento de array).

```
// Fig. 7.14: TwoDimensionalArrays.cs
// Inicializando arrays bidimensionais.
using System;
using System.Drawing;
using System.Collections;
using System.ComponentModel;
using System.Windows.Forms;
using System.Data;

public class TwoDimensionalArrays : System.Windows.Forms.Form
{
   private System.Windows.Forms.Button showOutputButton;
   private System.Windows.Forms.Label outputLabel;

   // código gerado pelo Visual Studio .NET

   [STAThread]
   static void Main()
   {
      Application.Run( new TwoDimensionalArrays() );
   }

   private void showOutputButton_Click( object sender,
      System.EventArgs e )
   {
      // declaração e inicialização de array retangular
      int[,] array1 = new int[,] { { 1, 2, 3 }, { 4, 5, 6 } };

      // declaração e inicialização de array irregular
      int[][] array2 = new int[ 3 ][];
      array2[ 0 ] = new int[] { 1, 2 };
      array2[ 1 ] = new int[] { 3 };
```

Figura 7.14 Inicializando arrays multidimensionais. (Parte 1 de 2.)

```
33          array2[ 2 ] = new int[] { 4, 5, 6 };
34
35          outputLabel.Text = "Values in array1 by row are\n";
36
37          // valores de saída no array1
38          for ( int i = 0; i < array1.GetLength( 0 ); i++ )
39          {
40             for ( int j = 0; j < array1.GetLength( 1 ); j++ )
41                outputLabel.Text += array1[ i, j ] + "  ";
42
43             outputLabel.Text += "\n";
44          }
45
46          outputLabel.Text += "\nValues in array2 by row are\n";
47
48          // valores de saída no array2
49          for ( int i = 0; i < array2.Length; i++ )
50          {
51             for ( int j = 0; j < array2[ i ].Length; j++ )
52                outputLabel.Text += array2[ i ][ j ] + "  ";
53
54             outputLabel.Text += "\n";
55          }
56
57       } // fim do método showOutputButton_Click
58    }
```

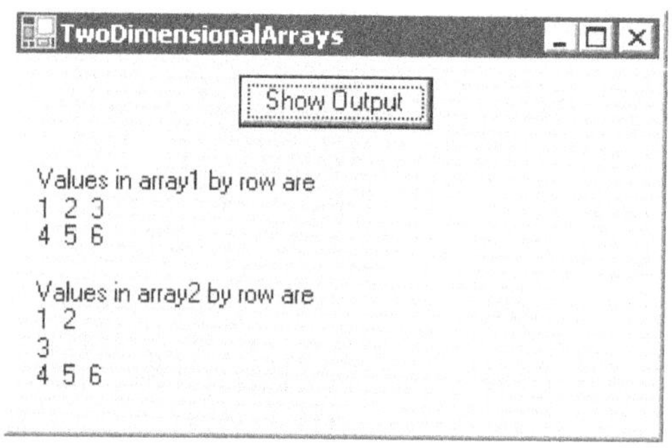

Figura 7.14 Inicializando arrays multidimensionais. (Parte 2 de 2.)

A declaração de `array1` (linha 27) fornece seis inicializadores em duas sublistas. A primeira sublista inicializa a primeira linha do array com os valores 1, 2 e 3. A segunda sublista inicializa a segunda linha do array com os valores 4, 5 e 6. A declaração de `array2` (linha 30) cria um array irregular de 3 arrays (especificado pelo 3 no primeiro conjunto de colchetes). As linhas 31 a 33 inicializam cada subarray, de modo que o primeiro subarray contenha os valores 1 e 2; o segundo, o valor 3; e o último, os valores 4, 5 e 6.

A estrutura `for`, nas linhas 38 a 44, coloca os elementos do `array1` na `string output`. Observe o uso de uma estrutura `for` aninhada para produzir na saída as linhas de cada array bidimensional. Nas estruturas `for` aninhadas de `array1`, usamos o método `GetLength` para determinar o número de elementos em cada dimensão do array. A linha 38 determina o número de linhas no array, chamando `array1.GetLength( 0 )`, e a linha 40 determina o número de colunas no array, chamando `array1.GetLength( 1 )`. Os arrays com mais dimensões exigiriam o processamento de laços `for` mais profundamente aninhados.

As estruturas `for` aninhadas, nas linhas 49 a 55, produzem na saída os elementos do array irregular `array2`. Lembre-se de que um array irregular é basicamente um array que contém arrays adicionais como seus elementos. A linha 49 usa a propriedade `Length` de `array2` para determinar o número de linhas no array irregular. A linha 51 determina o tamanho (`Length`) de cada subarray, com a expressão `array2[ i ].Length`.

Muitas manipulações de array comuns usam estruturas de repetição `for`. Para o restante desta seção, focalizaremos as manipulações de arrays irregulares. Imagine um array irregular `a` que contenha 3 linhas ou arrays. A estrutura `for` a seguir configura todos os elementos da terceira linha do array `a` como zero:

```
for ( int col = 0; col < a[ 2 ].Length; col++ )
   a[ 2 ][ col ] = 0;
```

Especificamos a *terceira linha*; portanto, sabemos que o primeiro índice é sempre `2` (`0` é a primeira linha e `1` é a segunda). O laço `for` varia apenas o segundo índice (isto é, o índice de coluna). Observe o uso de `a[ 2 ].Length` na expressão condicional da estrutura `for`. Essa instrução demonstra que cada linha de `a` é um array, e, portanto, o programa pode acessar as propriedades típicas de um array, como `Length`. Supondo que o tamanho do array `a[ 2 ]` seja `4`, a estrutura `for` anterior é equivalente às seguintes instruções de atribuição:

```
a[ 2 ][ 0 ] = 0;
a[ 2 ][ 1 ] = 0;
a[ 2 ][ 2 ] = 0;
a[ 2 ][ 3 ] = 0;
```

A estrutura `for` aninhada a seguir determina o total de todos os elementos no array `a`. Usamos `a.Length` na expressão condicional da estrutura `for` mais externa, para determinar o número de linhas em `a` — nesse caso, 3.

```
int total = 0;

for ( int row = 0; row < a.Length; row++ )

   for ( int col = 0; col < a[ row ].Length; col++ )
      total += a[ row ][ col ];
```

A estrutura `for` totaliza os elementos do array, uma linha por vez. A estrutura `for` mais externa começa configurando o índice `row` como `0`, de modo que os elementos da primeira linha podem ser totalizados pela estrutura `for` interna. Então, a estrutura `for` mais externa incrementa `row` com `1`, de modo que a segunda linha pode ser totalizada. Finalmente, a estrutura `for` mais externa incrementa `row` com `2`, de modo que a terceira linha poderá ser totalizada. O resultado poderá ser apresentado quando a estrutura `for` aninhada terminar.

O programa da Figura 7.15 realiza várias outras manipulações no array 3 por 4 `grades`. Cada linha do array representa um aluno, e cada coluna representa uma nota em um de quatro exames feitos pelo aluno durante o semestre. As manipulações de array são realizadas por quatro métodos. O método `Minimum` (linhas 64 a 76) determina a nota mais baixa de qualquer aluno no semestre. O método `Maximum` (linhas 79 a 91) determina a nota mais alta de qualquer aluno no semestre. O método `Average` (linhas 94 a 102) determina a média do semestre de um aluno em particular.

```
1  // Fig. 7.15: DoubleArray.cs
2  // Manipulando um array bidimensional.
3  using System;
4  using System.Drawing;
5  using System.Collections;
6  using System.ComponentModel;
7  using System.Windows.Forms;
8  using System.Data;
9
10 public class DoubleArray : System.Windows.Forms.Form
11 {
12    private System.Windows.Forms.Button showOutputButton;
13    private System.Windows.Forms.Label outputLabel;
14
15    int[][] grades;
16    int students, exams;
17
```

Figura 7.15 Exemplo usando arrays bidimensionais. (Parte 1 de 3.)

```
      // código gerado pelo Visual Studio .NET

      [STAThread]
      static void Main()
      {
         Application.Run( new DoubleArray() );
      }

      private void showOutputButton_Click( object sender,
         System.EventArgs e )

      {
         grades = new int[ 3 ][];
         grades[ 0 ] =  new int[]{ 77, 68, 86, 73 };
         grades[ 1 ] =  new int[]{ 96, 87, 89, 81 };
         grades[ 2 ] =  new int[]{ 70, 90, 86, 81 };

         students = grades.Length;        // número de alunos
         exams = grades[ 0 ].Length;      // número de exames

         // alinha os cabeçalhos de coluna
         outputLabel.Text = "                          ";

         // gera os cabeçalhos de coluna
         for ( int i = 0; i < exams; i++ )
            outputLabel.Text += "[" + i + "]  ";

         // gera as linhas
         for ( int i = 0; i < students; i++ )
         {
            outputLabel.Text += "\ngrades[" + i + "]    ";

            for ( int j = 0; j < exams; j++ )
               outputLabel.Text += grades[ i ][ j ] + "    ";
         }

         outputLabel.Text += "\n\nLowest grade: " + Minimum() +
            "\nHighest grade: " + Maximum() + "\n";

         for ( int i = 0; i < students; i++ )
            outputLabel.Text += "\nAverage for student " + i + " is " +
               Average( grades[ i ] );

      } // fim do método showOutputButton_Click

      // encontra a nota mínima do array grades
      public int Minimum()
      {
         int lowGrade = 100;

         for ( int i = 0; i < students; i++ )

            for ( int j = 0; j < exams; j++ )

               if ( grades[ i ][ j ] < lowGrade )
                  lowGrade = grades[ i ][ j ];

         return lowGrade;
```

Figura 7.15 Exemplo usando arrays bidimensionais. (Parte 2 de 3.)

```
76       }
77
78       // encontra a nota máxima do array grades
79       public int Maximum()
80       {
81          int highGrade = 0;
82
83          for ( int i = 0; i < students; i++ )
84
85             for ( int j = 0; j < exams; j++ )
86
87                if ( grades[ i ][ j ] > highGrade )
88                   highGrade = grades[ i ][ j ];
89
90          return highGrade;
91       }
92
93       // determina a nota média de um aluno em particular
94       public double Average( int[] setOfGrades )
95       {
96          int total = 0;
97
98          for ( int i = 0; i < setOfGrades.Length; i++ )
99             total += setOfGrades[ i ];
100
101         return ( double ) total / setOfGrades.Length;
102      }
103
104   } // fim da classe DoubleArray
```

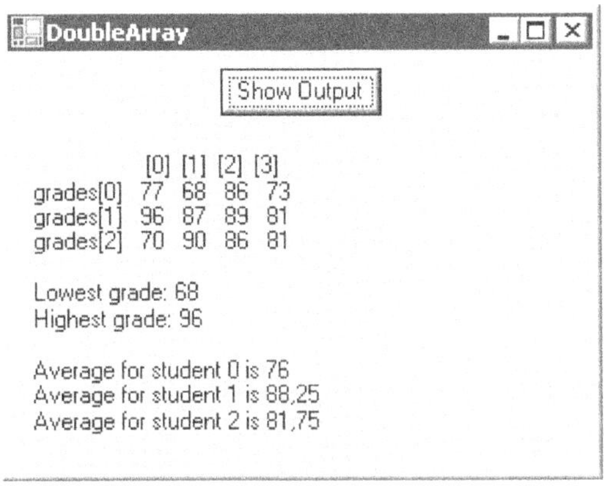

Figura 7.15 Exemplo usando arrays bidimensionais. (Parte 3 de 3.)

Os métodos `Minimum` e `Maximum` usam o array `grades` e as variáveis `students` (número de linhas no array) e `exams` (número de colunas no array). Cada método percorre o array `grades`, usando estruturas `for` aninhadas. Considere a estrutura `for` aninhada do método `Minimum` (linhas 68 a 73). A estrutura `for` mais externa configura `i` (isto é, o índice de linha) como `0`, de modo que os elementos da primeira linha podem ser comparados com a variável `lowGrade` no corpo da estrutura `for` mais interna. A estrutura `for` interna percorre as quatro notas de uma linha em particular e compara cada nota com `lowGrade`. Se uma nota é menor do que `lowGrade`, então `lowGrade` é configurada com essa nota. A estrutura `for` externa incrementa então o índice de linha por `1`. Os elementos da segunda linha são comparados com a variável `lowGrade`. A estrutura `for` externa incrementa então o índice de linha para `2`. Os elementos da terceira linha são comparados com a variável `lowGrade`. Quando a execução da estrutura aninhada está concluída, `lowGrade` contém a menor nota no array bidimensional. O método `Maximum` funciona de modo análogo ao método `Minimum`.

O método `Average` recebe um argumento — um array de um índice de resultados de exames de um aluno específico. Quando `Average` é chamado (linha 59), o argumento `grades[ i ]` especifica que uma certa linha do array bidimensional `grades` deve ser passada para `Average`. Por exemplo, o argumento `grades[ 1 ]` representa os quatro valores (um array de um índice de notas) armazenados na segunda linha do array bidimensional `grades`. Lembre-se de que um array bidimensional irregular é um array com elementos que são arrays de um índice. O método `Average` calcula a soma dos elementos do array, divide o total pelo número de resultados de teste e, em seguida, retorna a conversão do resultado de ponto flutuante como um valor `double` (linha 101).

7.10 Estrutura de repetição `foreach`

O C# fornece a estrutura de repetição `foreach` para se fazer a iteração por valores em estruturas de dados, como arrays. Quando usado com arrays unidimensionais, `foreach` se comporta como uma estrutura `for` que percorre o intervalo de índices de `0` ao tamanho (`Length`) do array. Em vez de um contador, `foreach` usa uma variável para representar o valor de cada elemento. O programa da Figura 7.16 usa a estrutura `foreach` para determinar o valor mínimo em um array bidimensional de notas.

```
1  // Fig. 7.16: ForEach.cs
2  // Demonstrando a estrutura for/each.
3  using System;
4
5  class ForEach
6  {
7     // ponto de entrada principal do aplicativo
8     static void Main( string[] args )
9     {
10       int[,] gradeArray = { { 77, 68, 86, 73 },
11          { 98, 87, 89, 81 }, { 70, 90, 86, 81 } };
12
13       int lowGrade = 100;
14
15       foreach ( int grade in gradeArray )
16       {
17          if ( grade < lowGrade )
18             lowGrade = grade;
19       }
20
21       Console.WriteLine( "The minimum grade is: " + lowGrade );
22    }
23 }
```

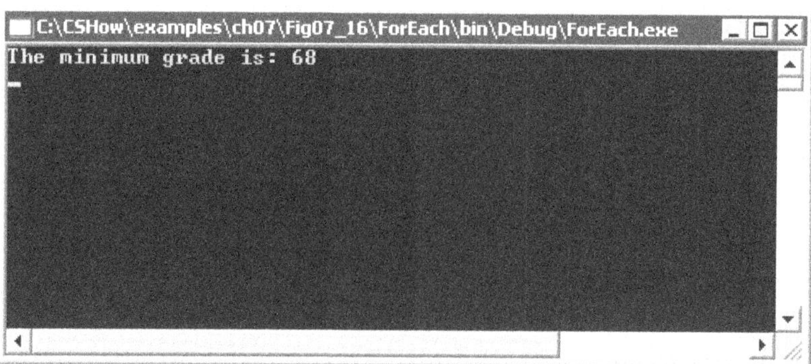

Figura 7.16 Usando `foreach` com um array.

O cabeçalho da estrutura `foreach` (linha 15) especifica uma variável, `grade`, e um array, `gradeArray`. A estrutura `foreach` percorre todos os elementos de `gradeArray`, atribuindo seqüencialmente cada valor à variável `grade`. A linha 17 compara cada valor com a variável `lowGrade`, que armazena a nota mais baixa no array.

Para arrays retangulares, a repetição da estrutura `foreach` começa com o elemento cujos índices são todos zero e, então, percorre todas as combinações possíveis de índices, incrementando primeiro o índice mais à direita. Quando o índice mais à direita chega em seu limite superior, ele é reconfigurado como zero, e o índice à esquerda dele é incrementado por 1. Nesse caso, `grade` recebe os valores conforme eles estão ordenados na lista inicializadora, nas linhas 10 e 11. Quando todas as notas tiverem sido processadas, `lowGrade` é apresentada (linha 21).

Embora muitos cálculos de array sejam mais bem manipulados com um contador, `foreach` é útil quando os índices dos elementos não são importantes. A estrutura `foreach` é particularmente útil para se fazer laço por arrays de objetos, conforme discutiremos no Capítulo 10.

Resumo

- Um array é um grupo de posições de memória adjacentes, tendo todas o mesmo nome e tipo.
- Para se referir a uma posição ou elemento em particular em um array, especifique o nome do array e o número da posição do elemento dentro do array.
- O primeiro elemento em todo array é o elemento zero (isto é, elemento 0).
- O número da posição em colchetes é mais formalmente chamado de índice (ou subscrito). Esse número deve ser um inteiro ou uma expressão inteira.
- Para fazer referência ao *i*-ésimo elemento de um array unidimensional, use *i*-1 como índice.
- Os colchetes que englobam o índice de um array são operadores que têm o mesmo nível de precedência dos parênteses.
- Quando os arrays são alocados, os elementos são inicializados como zero para as variáveis numéricas de tipo de dados primitivo, como `false` para variáveis `bool` ou como `null` para tipos de referência.
- Os arrays podem ser declarados para conter a maioria dos tipos de dados.
- Em um array de tipos de dados primitivos, todo elemento do array contém um valor do tipo de dados declarado do array.
- Em um array de tipo de referência, todo elemento do array é uma referência para um objeto do tipo de dados do array. Por exemplo, todo elemento de um array de `string` é uma referência para uma `string`, e essa referência tem o valor `null` como padrão.
- Os elementos de arrays unidimensionais e retangulares podem ser alocados e inicializados na declaração do array colocando-se após a declaração um sinal de igualdade e uma lista inicializadora separada por vírgulas, incluída entre chaves ({ e }).
- Uma variável `const` deve ser declarada e inicializada na mesma instrução.
- As constantes também são chamadas de constantes nomeadas. Elas freqüentemente são usadas para tornar um programa mais legível.
- Ao contrário de suas predecessoras C e C++, as linguagens compatíveis com .NET fornecem mecanismos para impedir o acesso a elementos fora dos limites do array.
- Quando é feita uma referência para um elemento inexistente de um array, ocorre uma exceção `IndexOutOfRangeException`.
- Para passar um argumento array para um método, especifique o nome do array sem nenhum colchete.
- Embora arrays inteiros sejam passados por referência, elementos individuais do array de tipos de dados primitivos são passados por valor, como variáveis simples.
- Para passar um elemento de array para um método, use o nome de índice do elemento de array como argumento na chamada ao método.
- Ordenar dados (isto é, colocar os dados em uma ordem em particular, como crescente ou decrescente) é uma das aplicações mais importantes da computação.
- A principal virtude da ordenação "bolha" é que ela é fácil de programar. Entretanto, a ordenação "bolha" é executada lentamente, o que se torna aparente ao se ordenar arrays grandes.
- O método de pesquisa linear funciona bem para arrays pequenos ou não ordenados. Entretanto, para arrays grandes, a pesquisa linear é ineficiente.
- Após cada comparação, o algoritmo de pesquisa binária elimina da consideração metade dos elementos do array que está sendo pesquisado. O algoritmo localiza o elemento do meio do array e o compara com a chave de busca. Se eles forem iguais, a chave de busca foi encontrada e o índice desse elemento é retornado. Caso contrário, o problema é reduzido para uma pesquisa de metade do array. Se a chave de busca for menor do que o elemento do meio do array, a primeira metade do array é pesquisada; caso contrário, a segunda metade do array é pesquisada. A pesquisa continua até que a chave de busca seja igual ao elemento do meio de um subarray ou até que o subarray seja composto de um elemento que não seja igual à chave de busca (isto é, a chave de busca não foi encontrada).

- O número máximo de comparações necessárias para a pesquisa binária de qualquer array ordenado é o expoente da primeira potência de 2 que seja maior do que o número de elementos no array.
- Existem dois tipos de arrays multidimensionais — retangular e irregular.
- Em geral, um array com *m* linhas e *n* colunas é referido como um array *m* por *n*.
- Os arrays multidimensionais podem ser inicializados em declarações, assim como os arrays de um índice.
- O compilador determina o número de colunas em cada linha, contando o número de valores inicializadores presentes na lista subinicializadora dessa linha.
- Os arrays irregulares são mantidos como arrays de arrays. Ao contrário dos arrays retangulares, as linhas nos arrays irregulares podem ser de tamanhos diferentes.
- Muitas manipulações de array comuns usam estruturas de repetição `for`.
- Quando usado com arrays unidimensionais, `foreach` se comporta como uma estrutura `for` que percorre o intervalo de índices de `0` ao tamanho (`Length`) do array.
- Para arrays retangulares, a repetição da estrutura `foreach` começa com o elemento cujos índices são todos zero e, em seguida, percorre todas as combinações possíveis de índices, incrementando primeiro o índice mais à direita. Quando o índice mais à direita chega em seu limite superior, ele é reconfigurado como zero, e o índice à esquerda dele é incrementado por 1.

Terminologia

`[]`, operador de índice
algoritmo de pesquisa binária
array alocado com `new`
array bidimensional
array de arrays (array irregular)
array de um índice
array inicializado automaticamente com zeros
array irregular
array *m* por *n*
array multidimensional
array retangular
array unidimensional
chave de busca
colchetes, `[]`
coluna
conjunto mais interno de colchetes
`const`
constante nomeada
contagem baseada em zero
declaração de array
declaração de um array
elemento
elemento de tabela
elemento zero
"erro de falta de um"
estrutura `foreach`
exceção
força bruta
gráfico de barras
histograma
ignorando o elemento zero
índice
informação gráfica
inicializando arrays bidimensionais em declarações
laço `for` aninhado
limites de array
lista inicializadora
lista subinicializadora
lvalue (valor à esquerda)
`null`
número da posição
operador `new`
ordenação
ordenação "bolha"
ordenação de submersão
partição
passagem de uma ordenação "bolha"
passando array a método
passando elemento de array a método
passo de particionamento
pesquisa
pesquisa linear
programa de lançamento de dados
referência de array inválida
subarray
tabela
tamanho de um array
`TextBox`
troca
"ultrapassar" o limite de um array
valor de chave
variável constante
variável somente de leitura

Exercícios de revisão

7.1 Preencha os espaços em branco em cada uma das declarações a seguir:

a) Listas e tabelas de valores podem ser armazenadas em ______________.

b) Os elementos de um array são relacionados pelo fato de que eles têm o mesmo ________________ e ________________.
c) O número que se refere a um elemento específico de um array é chamado de ________________.
d) O processo de colocar os elementos de um array em ordem é chamado de ________________ do array.
e) Determinar se um array contém determinado valor de chave é chamado de ________________ o array.
f) Os arrays que usam dois ou mais índices são referidos como arrays ________________.
g) Os arrays ________________ são mantidos como arrays de arrays.
h) Uma variável ________________ deve ser declarada e inicializada na mesma instrução ou ocorrerá um erro de sintaxe.
i) O C# fornece a estrutura de repetição ______________ para se fazer a iteração pelos valores em estruturas de dados, como arrays.
j) Quando é feita uma referência de array inválida, uma exceção ________________ é gerada.

7.2 Indique se cada uma das seguintes alternativas é *verdadeira* ou *falsa*. Se for *falsa*, justifique.

a) Um array pode armazenar muitos tipos diferentes de valores simultaneamente.
b) Um índice de array normalmente deve ser de tipo de dados `float`.
c) Um elemento de array individual que é passado para um método e modificado nesse método conterá o valor modificado quando o método chamado completar a execução.
d) O número máximo de comparações necessárias para a pesquisa binária de qualquer array ordenado é o expoente da primeira potência de 2 maior do que o número de elementos no array.
e) Existem dois tipos de arrays multidimensionais — quadrado e irregular.
f) Uma variável `const` deve ser declarada e inicializada na mesma instrução ou ocorrerá um erro de sintaxe.
g) Após cada comparação, o algoritmo de pesquisa binária elimina de consideração um terço dos elementos na parte do array que está sendo pesquisado.
h) Para determinar o número de elementos em um array, podemos usar a propriedade `NumberOfElements`.
i) O método de pesquisa linear funciona bem para arrays pequenos ou não ordenados.
j) Em um array *m* por *n*, *m* significa o número de colunas e *n* significa o número de linhas.

Respostas dos exercícios de revisão

7.1 a) arrays. b) nome, tipo. c) índice, índice ou número da posição. d) ordenação. e) pesquisar. f) multidimensionais. g) irregulares. h) `const`. i) `foreach`. j) `IndexOutofRangeException`.

7.2 a) Falsa. Um array só pode armazenar valores do mesmo tipo. b) Falsa. Um índice de array deve ser um inteiro ou uma expressão inteira. c) Falsa. Para elementos individuais de tipo de dados primitivo de um array, eles são passados por valor. Se uma referência para um elemento do array é passada, então as modificações nesse elemento são refletidas no original. Um elemento individual de um tipo de referência é passado para um método por referência. d) Verdadeira. e) Falsa. Os dois tipos diferentes são chamados de retangular e irregular. f) Verdadeira. g) Falsa. Após cada comparação, o algoritmo de pesquisa binária elimina de consideração metade dos elementos na parte do array que está sendo pesquisado. h) Falsa. Para determinar o número de elementos em um array, podemos usar a propriedade `Length`. i) Verdadeira. j) Falsa. Em um array *m* por *n*, *m* significa o número de linhas e *n* significa o número de colunas.

Exercícios

7.3 Escreva instruções para executar cada uma das tarefas a seguir:

a) Exiba o valor do sétimo elemento do array de caracteres `f`.
b) Inicialize cada um dos cinco elementos do array inteiro de um índice `g` como `8`.
c) Totalize os elementos do array de ponto flutuante `c` de 100 elementos.
d) Copie o array de 11 elementos `a` na primeira parte do array `b` contendo 34 elementos.
e) Determine o menor e o maior valores contidos no array de ponto flutuante de 99 elementos `w`.

7.4 Use um array de um índice para resolver o seguinte problema: uma empresa paga seus vendedores por comissão. Os vendedores recebem $ 200 por semana, além de 9% de suas vendas brutas nessa semana. Por exemplo, um vendedor que vende $ 5000 em uma semana recebe $ 200 mais 9% de $ 5000, ou seja, um total de $ 650. Escreva um programa (usando um array de contadores) que determine quantos vendedores ganharam salários em cada um dos seguintes intervalos (suponha que o salário de cada vendedor seja truncado em um valor inteiro):

a) $ 200 a $ 299
b) $ 300 a $ 399
c) $ 400 a $ 499
d) $ 500 a $ 599
e) $ 600 a $ 699
f) $ 700 a $ 799
g) $ 800 a $ 899

h) $ 900 a $ 999
i) $ 1000 e acima

7.5 Use um array de um índice para resolver o seguinte problema: ler 20 números, cada um dos quais entre 10 e 100, inclusive. À medida que cada número é lido, imprima-o somente se ele não for uma duplicata de um número já lido. Previna-se para o "pior caso" (no qual todos os 20 números são diferentes). Use o menor array possível para resolver esse problema.

7.6 (*Gráfico de tartaruga*) A linguagem Logo tornou famosa a noção de gráfico de tartaruga. Imagine uma tartaruga mecânica que ande pela sala sob o controle de um programa. A tartaruga segura uma caneta em uma de duas posições: levantada ou abaixada. Enquanto a caneta está abaixada, a tartaruga traça figuras quando se move; enquanto a caneta está levantada, a tartaruga se move sem escrever nada. Neste problema, você simulará a operação da tartaruga e criará um bloco de rascunho computadorizado.

Use um array `floor` de 20 por 20, que é inicializado com zeros. Leia comandos de um array que os contenha. O tempo todo, controle a posição atual da tartaruga e se a caneta está levantada ou abaixada. Suponha que a tartaruga sempre começa na posição 0,0 do chão, com sua caneta levantada. O conjunto de comandos da tartaruga que seu programa deve processar é o seguinte:

Comando	Significado
`1`	Caneta levantada
`2`	Caneta abaixada
`3`	Virar à direita
`4`	Virar à esquerda
`5,10`	Mover 10 espaços para frente (ou um número diferente de 10)
`6`	Imprimir o array 20 por 20
`9`	Fim dos dados (sentinela)

Suponha que a tartaruga esteja em algum lugar próximo ao centro do chão. O "programa" a seguir desenharia e imprimiria um quadrado de 12 por 12, deixando a caneta na posição levantada:

```
2
5,12
3
5,12
3
5,12
3
5,12
1
6
9
```

Quando a tartaruga se mover com a caneta abaixada, configure os elementos apropriados do array `floor` como `1`. Quando o comando `6` (imprimir) for dado, onde existir um número `1` no array, será exibido um asterisco ou outro caractere. Quando houver um zero, o programa deve exibir um caractere em branco. Escreva um programa para implementar os recursos do gráfico de tartaruga que discutimos. Escreva vários programas de gráfico de tartaruga para desenhar figuras interessantes. Adicione comandos para aumentar o poder de sua linguagem de gráfico de tartaruga.

Seção especial: exercícios de recursividade

7.7 (*Palíndromos*) Um palíndromo é uma string que é grafada igualmente de frente para trás e de trás para frente. Alguns exemplos de palíndromos são "radar", "amor a Roma" e "Ana ama Ana". Escreva um método recursivo `testarPalindromo` que retorne `true` se a string armazenada no array for um palíndromo e `false`, caso contrário. O método deve ignorar os espaços e a pontuação na string.

7.8 (*Pesquisa linear*) Modifique o programa da Figura 7.11 para usar o método recursivo `LinearSearch`, para realizar uma pesquisa linear do array. O método deve receber um array inteiro e o tamanho do array como argumentos. Se a chave de busca for encontrada, retorne o índice do array; caso contrário, retorne –1.

7.9 (*Pesquisa binária*) Modifique o programa da Figura 7.12 para usar um método recursivo `BinarySearch`, para realizar a pesquisa binária do array. O método deve receber um array inteiro e os índices inicial e final como argumentos. Se a chave de busca for encontrada, retorne o índice do array; caso contrário, retorne –1.

7.10 (*Quicksort*) Neste capítulo discutimos a técnica de ordenação "bolha". Agora apresentamos a técnica de ordenação recursiva chamada Quicksort. O algoritmo básico para um array de um índice de valores é o seguinte:

a) *Passo de particionamento.* Pegue o primeiro elemento do array não ordenado e determine sua posição final no array ordenado (isto é, todos os valores à esquerda do elemento no array são menores do que o elemento e todos os valores à direita do elemento no array são maiores do que o elemento). Agora, temos um elemento em sua posição correta e dois subarrays não ordenados.

b) *Passo recursivo.* Execute o passo 1 em cada subarray não ordenado.

Sempre que o passo 1 é executado em um subarray, outro elemento é colocado em sua posição final do array ordenado e dois subarrays não ordenados são criados. Quando um subarray consistir em um elemento, ele deve ser ordenado; portanto, esse elemento está em sua posição final.

O algoritmo básico parece simples, mas como determinar a posição final do primeiro elemento de cada subarray? Considere o seguinte conjunto de valores (elemento de particionamento em negrito — ele será colocado em sua posição final no array ordenado):

37 2 6 4 89 8 10 12 68 45

a) A partir do elemento mais à direita do array, compare cada elemento com 37 até que um elemento menor do que **37** seja encontrado; em seguida, troque **37** e esse elemento. O primeiro elemento menor que **37** é 12; portanto, **37** e 12 são trocados. O novo array é:

12 2 6 4 89 8 10 **37** 68 45

O elemento 12 está em itálico para indicar que ele acabou de ser trocado por **37**.

b) A partir da esquerda do array, mas começando com o elemento após 12, compare cada elemento com **37** até que um elemento maior do que **37** seja encontrado; em seguida, troque **37** e esse elemento. O primeiro elemento maior do que **37** é 89; portanto, **37** e 89 são trocados. O novo array é:

12 2 6 4 **37** 8 10 *89* 68 45

c) A partir da direita, mas começando com o elemento antes de 89, compare cada elemento com **37** até que um elemento menor do que **37** seja encontrado; em seguida, troque **37** e esse elemento. O primeiro elemento menor do que **37** é 10; portanto, **37** e 10 são trocados. O novo array é:

12 2 6 4 *10* 8 **37** 89 68 45

d) A partir da esquerda, mas começando com o elemento após 10, compare cada elemento com **37** até que um elemento maior do que **37** seja encontrado; em seguida, troque **37** e esse elemento. Não há mais elementos maiores do que **37**; portanto, quando comparamos **37** com ele mesmo, sabemos que **37** foi colocado em sua posição final do array ordenado.

Uma vez aplicada a partição no array anterior, existem dois subarrays não ordenados. O subarray com valores menores do que 37 contém 12, 2, 6, 4, 10 e 8. O subarray com valores maiores do que 37 contém 89, 68 e 45. A ordenação continua com os dois subarrays sendo particionados da mesma maneira que o array original.

Usando a discussão anterior, escreva o método recursivo `QuickSort` para ordenar um array inteiro de um índice. O método deve receber como argumentos um array inteiro, um índice inicial e um índice final. O método `Partition` deve ser chamado pelo método `QuickSort` para executar o passo de particionamento.

7.11 (*Labirinto*) A grade de caracteres # e pontos (.) a seguir é uma representação de array bidimensional de um labirinto:

```
#  #  #  #  #  #  #  #  #  #  #  #
#  .  .  .  #  .  .  .  .  .  .  #
.  .  #  .  #  .  #  #  #  #  .  #
#  #  #  .  #  .  .  .  .  #  .  #
#  .  .  .  .  #  #  #  .  #  .  .
#  #  #  #  .  #  .  #  .  #  .  #
#  .  .  #  .  #  .  #  .  #  .  #
#  #  .  #  .  #  .  #  .  #  .  #
#  .  .  .  .  .  .  .  .  #  .  #
#  #  #  #  #  #  .  #  #  #  .  #
#  .  .  .  .  .  .  #  .  .  .  #
#  #  #  #  #  #  #  #  #  #  #  #
```

Os caracteres # representam as paredes do labirinto e os pontos representam quadrados nos caminhos possíveis pelo labirinto. Movimentos podem ser feitos apenas para um local no array que contenha um ponto.

Existe um algoritmo simples para percorrer um labirinto, que garante o encontro da saída (supondo que exista uma saída). Se não houver uma saída, você chegará novamente no ponto de partida. Coloque sua mão direita na parede a sua direita e comece a caminhar para a frente. Nunca retire sua mão da parede. Se o labirinto virar para a direita, você segue a parede à direita. Desde que não retire sua mão da parede, finalmente você chegará à saída do labirinto. Pode existir um caminho mais curto do que aquele que você tomou, mas, se seguir o algoritmo, com certeza sairá do labirinto.

Escreva o método recursivo `MazeTraverse` para percorrer o labirinto. O método deve receber como argumentos um array de caracteres de 12 por 12 representando o labirinto e o local de partida dele. Quando `MazeTraverse` tentar localizar a saída do labirinto, ele deve colocar o caractere `X` em cada quadrado no caminho. O método deve exibir o labirinto após cada movimento, para que o usuário possa ver como o labirinto é resolvido.

8

Programação Baseada em Objetos

Objetivos

- Entender o encapsulamento e o ocultamento de dados.
- Entender os conceitos de abstração de dados e tipos de dados abstratos (TDAs).
- Criar, usar e destruir objetos.
- Controlar o acesso a variáveis de instância e métodos de objeto.
- Usar propriedades para manter os objetos em estados consistentes.
- Entender o uso da referência `this`.
- Entender os espaços de nomes e os assemblies.
- Usar o **Class View** e o **Object Browser**.

★

Meu objeto todo sublime
concluirei a tempo.
W. S. Gilbert

Este é um mundo para se ocultar as virtudes?
William Shakespeare, *Véspera da Epifania*

Seus funcionários públicos o servem corretamente.
Adlai Stevenson

As classes lutam, algumas triunfam,
outras são eliminadas.
Mao Zedong

Isto acima de tudo: teu próprio eu ser verdade.
William Shakespeare, *Hamlet*

Resumo

8.1 Introdução

Neste capítulo investigaremos a orientação a objetos em C#. Alguns leitores poderiam perguntar: por que adiamos esse assunto até agora? Existem vários motivos. Primeiro, os objetos que construiremos neste capítulo são parcialmente compostos de elementos de programação estruturada. Para explicar a organização dos objetos, precisávamos estabelecer uma base na programação estruturada com estruturas de controle. Também queríamos estudar os métodos em detalhes, antes de apresentar a orientação a objetos. Finalmente, queríamos familiarizar os leitores com os arrays, que são objetos no C#.

Em nossas discussões sobre programas orientados a objetos, nos capítulos 1 a 7, apresentamos muitos conceitos básicos (isto é, "pensar objetos") e terminologia (isto é, "falar objetos") relacionados à programação orientada a objetos no C#. Também discutimos nossa metodologia de desenvolvimento de programa: analisamos problemas típicos que exigiam a construção de programas e determinamos quais classes da .NET Framework Class Library eram necessárias para implementar cada programa. Em seguida, selecionamos variáveis de instância e métodos apropriados para cada programa e especificamos a maneira pela qual um objeto de nossa classe colaborava com os objetos das classes da plataforma .NET para atingir os objetivos globais do programa.

Vamos ver brevemente alguns conceitos importantes e terminologia da orientação a objetos. A orientação a objetos usa classes para *encapsular* (isto é, reunir) dados (*atributos*) e métodos (*comportamentos*). Os objetos têm a capacidade de ocultar sua implementação de outros objetos (esse princípio é chamado de *ocultamento de informações*). Embora alguns objetos possam se comunicar uns com os outros, por meio de interfaces bem definidas (assim como a interface do motorista com um carro inclui um volante, pedal acelerador, pedal de freio e câmbio), os objetos não sabem como os outros são implementados (assim como o motorista não sabe como o volante, o motor, o freio e os mecanismos de transmissão são implementados). Em geral os detalhes da implementação ficam ocultos dentro dos próprios objetos. Certamente é possível dirigir um carro sem conhecer os detalhes do funcionamento dos motores, das transmissões e dos sistemas de escape. Posteriormente veremos por que o ocultamento de informações é tão importante para a boa engenharia de software.

Em *linguagens de programação procedimentais* (como C), a programação tende a ser *orientada a ações*. A programação C#, entretanto, é *orientada a objetos*. Em C, a unidade de programação é a *função* (as funções são chamadas de *métdos* em C#). Em C#, a unidade de programação é a *classe*. Os objetos são eventualmente *instanciados* (isto é, criados) dessas classes, e as funções são encapsuladas dentro dos "limites" das classes como métodos.

Os programadores de C se concentram na escrita de funções. Eles agrupam em uma função ações que executam alguma tarefa e, então, agrupam as funções para formar um programa. Certamente, os dados são importantes em C, mas eles existem principalmente para suportar as ações que as funções executam. Os *verbos*, em um documento de requisitos de sistema descrevendo os requisitos de um novo aplicativo, ajudam o programador de C a determinar o conjunto de funções que trabalharão juntas para implementar o sistema.

Em contraste, os programadores de C# se concentram na criação de seus próprios *tipos definidos pelo usuário*, chamados *classes*. Também nos referimos às classes como *tipos definidos pelo programador*. Cada classe contém dados e um conjunto de métodos que manipulam os dados. Os componentes de dados ou membros de dados de uma classe são chamados de *variáveis-membro* ou *variáveis de instância* (muitos programadores de C# preferem o termo *campos*)[1]. Assim como chamamos uma instância de tipo interno — como **`int`** — de *variável*, chamamos uma instância de um tipo definido pelo usuário (isto é, uma classe) de *objeto*. Em C#, a atenção é focalizada nas classes, em vez de nos métodos. Os *substantivos* em um documento de requisitos de sistema ajudam o programador de C# a determinar um conjunto inicial de classes com as quais vai começar o processo de projeto. Os programadores usam essas classes para instanciar objetos que trabalham juntos para implementar o sistema.

Este capítulo explicará como criar e usar classes e objetos, um assunto conhecido como *programação baseada em objetos (PBO)*. Os capítulos 9 e 10 apresentarão a *herança* e o *polimorfismo* — tecnologias importantes que possibilitam a *programação orientada a objetos (POO)*. Embora não discutamos a herança em detalhes até o Capítulo 9, ela faz parte de várias definições de classe neste capítulo e já foi usada em inúmeros exemplos anteriormente. No programa da Seção 4.13 (e em vários programas subseqüentes), por exemplo, herdamos uma classe de **`System.Windows.Forms.Form`** para criar um aplicativo que era executado em sua própria janela.

Observação de engenharia de software 8.1

Todos os objetos C# são passados por referência.

8.2 Implementando um tipo de dados abstrato de tempo com uma classe

As classes em C# facilitam a criação de *tipos de dados abstratos (TDAs)*, os quais ocultam sua implementação dos clientes (ou usuários do objeto de classe). Um problema das linguagens de programação procedimentais é que o código cliente freqüentemente é dependente dos detalhes da implementação dos dados usados no código. Essa dependência pode provocar a reescrita do código cliente, caso a implementação dos dados mude. Os TDAs eliminam esse problema, fornecendo *interfaces* independentes da implementação para seus clientes. O criador de uma classe pode mudar a implementação interna dessa classe sem afetar os clientes dela.

Observação de engenharia de software 8.2

É importante escrever programas fáceis de entender e de manter. Alteração é a regra, não a exceção. Os programadores devem antecipar o fato de que seu código será modificado. Conforme veremos, as classes facilitam a capacidade de modificação do programa.

O exemplo a seguir (e exemplos subseqüentes) exigirá várias definições de classe no mesmo projeto. Para adicionar uma classe em um projeto, selecione **Add Class...** no menu **Project**. Na caixa de diálogo **Add New Item** que aparecer, forneça o nome da nova classe na caixa de texto **Name** e clique no botão **Open**. Note que o nome de arquivo (terminando com a extensão **`.cs`**) aparece no **Solution Explorer** abaixo do nome do projeto.

Nosso próximo exemplo consiste nas classes **`Time1`** (Figura 8.1) e **`TimeTest1`** (Figura 8.2). A classe **`Time1`** contém a hora do dia no formato de relógio de 24 horas. A classe **`TimeTest1`** contém o método **`Main`**, o qual cria uma instância da classe **`Time1`** e demonstra os recursos dessa classe.

```
// Fig. 8.1: Time1.cs
// A classe Time1 mantém o tempo no formato de 24 horas.

using System;

// definição da classe Time1
public class Time1 : Object
{
```

Figura 8.1 O tipo de dados abstrato `Time1` representa a hora no formato de 24 horas. (Parte 1 de 2.)

1. Às vezes usamos terminologia padrão da área, como membros de dados e membros de instância, em vez de termos do C#, como campos. Para uma listagem da terminologia específica do C#, veja a C# Language Specification, cujo download pode ser feito a partir do endereço **`msdn.microsoft.com/vstudio/nextgen/technology/csharpdownload.asp`** (em inglês).

```
9   private int hour;    // 0 a 23
10  private int minute;  // 0 a 59
11  private int second;  // 0 a 59
12
13  // o construtor de Time1 inicializa variáveis de instância como
14  // zero para configurar a hora padrão como meia-noite
15  public Time1()
16  {
17     SetTime( 0, 0, 0 );
18  }
19
20  // Configura o novo valor de hora no formato de 24 horas. Realiza verificações
21  // de validade nos dados. Configura os valores inválidos como zero.
22  public void SetTime(
23     int hourValue, int minuteValue, int secondValue )
24  {
25     hour = ( hourValue >= 0 && hourValue < 24 ) ?
26        hourValue : 0;
27     minute = ( minuteValue >= 0 && minuteValue < 60 ) ?
28        minuteValue : 0;
29     second = ( secondValue >= 0 && secondValue < 60 ) ?
30        secondValue : 0;
31
32  } // fim do método SetTime
33
34  // converte a hora para a string de formato de hora universal (24 horas)
35  public string ToUniversalString()
36  {
37     return String.Format(
38        "{0:D2}:{1:D2}:{2:D2}", hour, minute, second );
39  }
40
41  // converte a hora para a string de formato de hora padrão (12 horas)
42  public string ToStandardString()
43  {
44     return String.Format( "{0}:{1:D2}:{2:D2} {3}",
45        ( ( hour == 12 || hour == 0 ) ? 12 : hour % 12 ),
46        minute, second, ( hour < 12 ? "AM" : "PM" ) );
47  }
48
49  } // fim da classe Time1
```

Figura 8.1 O tipo de dados abstrato `Time1` representa a hora no formato de 24 horas. (Parte 2 de 2.)

Na Figura 8.1, a linha 7 inicia a definição da classe **`Time1`**, indicando que ela herda da classe ***`Object`*** (espaço de nomes **`System`**). Os programadores de C# usam *herança* para criar classes a partir de classes já existentes. Na verdade, toda classe em C# (exceto **`Object`**) herda de uma definição de classe já existente. Na linha 7, o **:**, seguido do nome de classe **`Object`**, indica que a classe **`Time1`** herda partes existentes da classe **`Object`**. Se uma nova definição de classe não especifica **:** e um nome de classe à direita do nome da nova classe, a nova classe herda implicitamente da classe **`Object`**. Não é necessário entender a herança para aprender os conceitos e programas deste capítulo. Vamos explorar herança e a classe **`Object`** em detalhes no Capítulo 9.

A chave de abertura (**{**) na linha 8 e a chave de fechamento (**}**) na linha 49 delimitam o *corpo* da classe **`Time1`**. Diz-se que toda informação que colocamos nesse corpo fica encapsulada (isto é, encerrada) na classe. Por exemplo, as linhas 9 a 11 da classe **`Time1`** declaram três variáveis **`int`** — **`hour`**, **`minute`** e **`second`** —, que representam a hora do dia no formato de *hora universal* (formato *relógio de 24 horas*). As variáveis declaradas em uma definição de classe, mas não dentro de uma definição de método, são chamadas *variáveis de instância* — cada instância (objeto) da classe contém sua própria cópia separada das variáveis de instância da classe.

As palavras-chave **public** e **private** são *modificadores de acesso a membro*. As variáveis de instância ou métodos com modificadores de acesso a membro **public** (público) são acessíveis quando o programa tem uma referência a um objeto **Time1**. Entretanto, as variáveis de instância ou métodos declarados com o modificador de acesso a membro **private** (privados) são acessíveis apenas nessa definição de classe. Os membros **public** e os membros **private** de uma classe podem ser misturados.

Boa prática de programação 8.1

Toda variável de instância ou definição de método deve ser precedida por um modificador de acesso a membro. O modificador de acesso padrão para membros de classe é **private**.

Boa prática de programação 8.2

Os membros em uma definição de classe devem ser agrupados por seus modificadores de acesso a membro para melhorar a clareza e a legibilidade.

As linhas 9 a 11 declaram cada uma das três variáveis de instância **int** — **hour**, **minute** e **second** — com o modificador de acesso a membro **private**, indicando que essas variáveis de instância da classe são acessíveis apenas para membros da classe — isso é conhecido como *ocultamento de dados*. Quando um objeto da classe encapsula tais variáveis de instância, apenas os métodos da classe desse objeto podem acessar as variáveis. Normalmente, as variáveis de instância são declaradas como **private**, e os métodos são declarados como **public**. Entretanto, é possível ter métodos **private** e variáveis de instância **public**, conforme veremos posteriormente. Em geral, os métodos **private** são chamados de *métodos utilitários* ou *métodos auxiliares*, pois eles podem ser chamados apenas por outros métodos dessa classe. O objetivo dos métodos utilitários é suportar a operação de outros métodos de uma classe. Usar dados **public** em uma classe é uma prática de programação incomum e perigosa. Fornecer tal acesso aos membros de dados é inseguro — um código estranho (isto é, um código nas outras classes) poderia configurar membros de dados **public** com valores inválidos, produzindo resultados potencialmente desastrosos.

Boa prática de programação 8.3

Preferimos listar primeiro as variáveis de instância de uma classe, de modo que, ao ler o código, os programadores vejam o nome e o tipo de cada variável de instância antes que ela seja usada nos métodos da classe.

Boa prática de programação 8.4

Mesmo que os membros **private** *e* **public** *possam ser misturados, relacione todos os membros* **private** *de uma classe primeiro em um grupo e, em seguida, todos os membros* **public** *em outro grupo.*

Observação de engenharia de software 8.3

Declare todas as variáveis de instância de uma classe como **private**. *A arquitetura do acesso a dados* **private** *através de propriedades* **public**, *que valida primeiro os dados, permite que o desenvolvedor garanta que os dados de um objeto permaneçam em um estado consistente.*

Observação de engenharia de software 8.4

Torne um membro de classe **private** *se não existir razão para que esse membro seja acessado fora da definição de classe.*

As classes freqüentemente contêm *métodos de acesso* que podem ler ou apresentar dados. Os métodos de acesso também são usados para testar a veracidade de condições — tais métodos são freqüentemente chamados de *métodos predicados*. Por exemplo, poderíamos projetar o método predicado **IsEmpty** para uma *classe contêiner* — uma classe capaz de conter muitos objetos, como uma lista encadeada, uma pilha ou uma fila. (Essas estruturas de dados serão discutidas em detalhes no Capítulo 23.) **IsEmpty** retornaria **true**, se o contêiner estivesse vazio, e **false**, caso contrário. Um programa poderia testar **IsEmpty** antes de tentar ler outro item do objeto contêiner. Analogamente, um programa poderia testar outro método predicado (por exemplo, **IsFull**) antes de tentar inserir um item em um objeto contêiner.

A classe **Time1** contém o construtor **Time1** (linhas 15 a 18) e ainda os métodos **SetTime** (linhas 22 a 32), **ToUniversalString** (linhas 35 a 39) e **ToStandardString** (linhas 42 a 47). Esses são os *métodos* **public** (também chamados de *serviços* **public** ou *interface* **public**) da classe. Os *clientes* da classe **Time1**, como a classe **TimeTest1** (Figura 8.2), usam os métodos **public** de **Time1** para manipular os dados armazenados nos objetos **Time1** ou para fazer a classe **Time1** executar algum serviço.

As linhas 15 a 18 definem o *construtor* da classe **Time1**. O construtor de uma classe inicializa objetos dessa classe. Quando um programa cria um objeto da classe **Time1** com o operador **new**, o construtor é chamado automaticamente para inicializar o objeto. O construtor da classe **Time1** chama o método **SetTime** (linhas 22 a 32) para inicializar as variáveis de instância **hour**, **minute** e **second** como **0** (representando meia-noite). Os construtores podem receber argumentos, mas não podem retornar valores. Conforme veremos, uma classe pode ter construtores sobrecarregados. Uma diferença importante entre construtores e outros métodos é que os construtores não podem especificar um tipo de retorno. Geralmente, os construtores são declarados como **public**. Note que o nome do construtor deve ser igual ao nome da classe.

Erro de programação comum 8.1

*Tentar **retornar** um valor de um construtor é um erro de sintaxe.*

O método **SetTime** (linhas 22 a 32) é um método **public** que recebe três parâmetros **int** e os utiliza para configurar a hora. Uma expressão condicional testa cada argumento para determinar se o valor está em um intervalo especificado. Por exemplo, o valor de **hour** (hora) deve ser maior ou igual a 0 e menor do que 24, pois o formato de hora universal representa as horas como inteiros de 0 a 23. Analogamente, os valores de minuto e segundo devem ser maiores ou iguais a 0 e menores do que 60. Todos os valores fora desses intervalos são inválidos e como padrão são configurados como zero. Configurar valores inválidos como zero garante que um objeto **Time1** sempre contenha dados válidos (pois, nesse exemplo, zero é um valor válido para **hour**, **minute** e **second**). Quando os usuários fornecem dados inválidos para **SetTime**, o programa pode querer indicar que a hora era inválida. No Capítulo 11 discutiremos o tratamento de exceção, que pode ser usado para indicar valores de inicialização inválidos.

Observação de engenharia de software 8.5

Sempre defina uma classe, de modo que cada uma de suas variáveis de instância sempre contenha valores válidos.

O método **ToUniversalString** (linhas 35 a 39) não recebe nenhum argumento e retorna uma **string** no formato de hora universal consistindo em seis dígitos — dois para a hora, dois para os minutos e dois para os segundos. Por exemplo, se a hora fosse 1:30:07 PM, o método **ToUniversalString** retornaria **13:30:07**. As linhas 37 e 38 usam o método **String Format** para configurar a string de hora universal. A linha 37 passa para **Format** a *string de formato* "**{0:D2}:{1:D2}:{2:D2}**", que contém várias *especificações de formato*, indicando que os argumentos **0**, **1** e **2** (os três primeiros argumentos após o argumento de string de formato) devem cada um ter o formato **D2** (um formato de número decimal — base 10 — de dois dígitos) para propósitos de exibição. A especificação de formato **D2** faz valores de um dígito aparecerem como dois dígitos, com um **0** à esquerda (por exemplo, **8** seria representado como **08**). Os dois-pontos que separam as chaves **}** e **{** são os dois-pontos que separam a hora dos minutos e os minutos dos segundos na **string** resultante.

O método **ToStandardString** (linhas 42 a 47) não recebe argumentos e retorna uma **string** no formato de hora padrão, consistindo nos valores de **hour**, **minute** e **second** separados por dois-pontos e seguidos de um indicador de AM ou PM (por exemplo, **1:27:06 PM**). Assim como o método **ToUniversalString**, o método **ToStandardString** usa o método **String Format** para formatar **minute** e **second** como valores de dois dígitos, com zeros à esquerda, se necessário. A linha 45 determina o valor de **hour** na **string** — se **hour** for **0** ou **12** (AM ou PM), então **hour** aparecerá como 12; caso contrário, aparecerá como um valor de 1 a 11.

Após definirmos a classe, podemos usá-la como um tipo em declarações como

```
Time1 sunset;  // referência a um objeto Time1
```

O nome da classe (**Time1**) é um nome de tipo. Uma classe pode produzir muitos objetos, assim como um tipo de dados primitivo, como **int**, pode produzir muitas variáveis. Os programadores podem criar tipos de classe conforme necessário; esse é um dos motivos pelos quais C# é conhecida como uma *linguagem extensível*.

A classe **TimeTest1** (Figura 8.2) usa uma instância da classe **Time1**. O método **Main** (linhas 11 a 40) declara e inicializa a instância **time** de **Time1** (linha 13). Quando o objeto é instanciado, o *operador **new*** aloca a memória em que o objeto **Time1** será armazenado e, então, chama o construtor de **Time1** (linhas 15 a 18 da Figura 8.1) para inicializar as variáveis de instância do objeto **Time1**. Conforme mencionado, esse construtor chama o método **SetTime** da classe **Time1** para inicializar cada variável de instância **private** como **0**. O operador **new** (linha 13 da Figura 8.2) retorna então uma referência a objeto recentemente criado; essa referência é atribuída a **time**.

```
// Fig. 8.2: TimeTest1.cs
// Demonstrando a classe Time1.

using System;
using System.Windows.Forms;

// TimeTest1 cria e usa um objeto Time1
class TimeTest1
{
   // ponto de entrada principal do aplicativo
   static void Main( string[] args )
   {
      Time1 time = new Time1(); // chama o construtor de Time1
      string output;

      // atribui a representação de string de time a output
      output = "Initial universal time is: " +
         time.ToUniversalString() +
         "\nInitial standard time is: " +
         time.ToStandardString();

      // tenta configurações de hora válidas
      time.SetTime( 13, 27, 6 );

      // coloca novas representações de string de time em output
      output += "\n\nUniversal time after SetTime is: " +
         time.ToUniversalString() +
         "\nStandard time after SetTime is: " +
         time.ToStandardString();

      // tenta configurações de hora inválidas
      time.SetTime( 99, 99, 99 );

      output += "\n\nAfter attempting invalid settings: " +
         "\nUniversal time: " + time.ToUniversalString() +
         "\nStandard time: " + time.ToStandardString();

      MessageBox.Show( output, "Testing Class Time1" );

   } // fim do método Main

} // fim da classe TimeTest1
```

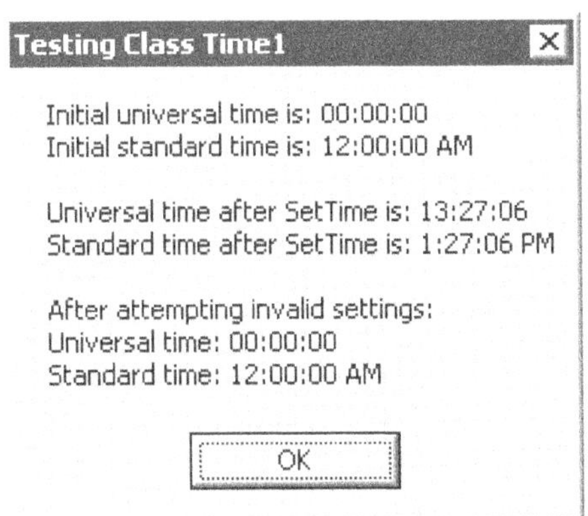

Figura 8.2 Usando um tipo de dados abstrato.

Observação de engenharia de software 8.6

Observe o relacionamento entre o operador **new** *e o construtor de uma classe. Quando o operador* **new** *cria um objeto de uma classe, o construtor dessa classe é chamado para inicializar as variáveis de instância do objeto.*

Note que o arquivo **TimeTest.cs** não usa a palavra-chave **using** para importar o espaço de nomes que contém a classe **Time1**. Se uma classe está no mesmo espaço de nomes que a classe que a utiliza, a instrução **using** não é exigida. Toda classe em C# faz parte de um espaço de nomes. Se um programador não especificar um espaço de nomes para uma classe, ela será colocada no *espaço de nomes padrão*, o qual inclui todas as classes compiladas no diretório atual, que não residem em um espaço de nomes. No Visual Studio, esse diretório é aquele no qual o projeto atual reside. Devemos especificar instruções **using** para classes da plataforma .NET, pois elas são definidas fora do espaço de nomes de cada novo aplicativo que criamos. Note que as instruções **using** não são exigidas, caso o programa qualifique completamente o nome de cada classe, precedendo o nome de classe com o nome de seu espaço de nomes e um operador ponto. Por exemplo, um programa pode chamar o método **Show** da classe **MessageBox**, como se segue:

```
System.Windows.Forms.MessageBox.Show( "Sua mensagem aqui" );
```

Entretanto, tais nomes compridos podem ser inconvenientes.

A linha 14 declara a referência **string output** para armazenar a **string** que contém os resultados, os quais serão exibidos posteriormente em uma **MessageBox**. As linhas 17 a 20 atribuem a hora a **output**, no formato de hora universal (chamando o método **ToUniversalString** do objeto **Time1**) e no formato de hora padrão (chamando o método **ToStandardString** do objeto **Time1**). Observe a sintaxe da chamada de método em cada caso — a referência **time** é seguida por um operador de acesso a membro (**.**), seguido do nome do método. O nome da referência especifica o objeto que receberá a chamada de método.

A linha 23 configura a hora do objeto **Time1** a que **time** se refere, passando argumentos hour, minute e second válidos para o método **SetTime** de **Time1**. As linhas 26 a 29 colocam em **output** a nova hora, nos formatos universal e padrão, para confirmar que a hora foi configurada corretamente.

Para ilustrar que o método **SetTime** valida os valores passados para ele, a linha 32 passa argumentos de hora inválidos para o método **SetTime**. As linhas 34 a 36 colocam em **output** a nova hora, nos dois formatos. Todos os três valores passa--dos para **SetTime** são inválidos; portanto, as variáveis de instância **hour**, **minute** e **second** são configuradas como **0**. A linha 38 exibe uma **MessageBox** com os resultados de nosso programa. Observe, nas duas últimas linhas da janela de saída, que a hora foi mesmo configurada como meia-noite quando argumentos inválidos foram passados para **SetTime**.

Time1 é nosso primeiro exemplo de classe que não contém o método **Main**. Assim, a classe **Time1** não pode ser usada para iniciar a execução do programa. A classe **TimeTest1** define um método **Main**; portanto, a classe **TimeTest1** pode ser usada para iniciar a execução do programa. Uma classe contendo o método **Main** também é conhecida como *ponto de entrada* do programa.

Note que o programa declara as variáveis de instância **hour**, **minute** e **second** como **private**. Tais variáveis de instância não são acessíveis fora da classe em que estão definidas. Os clientes de uma classe não devem se preocupar com a representação de dados dessa classe. Os clientes de uma classe devem estar interessados apenas nos serviços fornecidos por essa classe. Por exemplo, a classe poderia representar a hora internamente como o número de segundos decorridos desde a meia-noite anterior. Suponha que a representação de dados mude. Os clientes ainda podem usar os mesmos métodos **public** e obter os mesmos resultados, sem saber da mudança na representação interna. Nesse sentido, diz-se que a implementação de uma classe fica *oculta* de seus clientes.

Observação de engenharia de software 8.7

O ocultamento de informações promove a capacidade de modificação do programa e simplifica a percepção do cliente de uma classe.

Observação de engenharia de software 8.8

Os clientes de uma classe podem (e devem) usar a classe sem precisar conhecer os detalhes internos de sua implementação. Se a implementação da classe mudar (para melhorar o desempenho, por exemplo), mas sua interface permanecer constante, o código--fonte do cliente não precisará mudar. Isso torna muito mais fácil modificar sistemas.

Nesse programa, o construtor **Time1** inicializa as variáveis de instância como **0** (o equivalente da hora universal de 12 AM) para garantir que o objeto seja criado em um *estado consistente* — isto é, todas as variáveis de instância têm valores válidos. As variáveis de instância de um objeto **Time1** não podem armazenar valores inválidos, pois o construtor, que chama **SetTime**, é chamado para inicializar as variáveis de instância quando o objeto **Time1** é criado. O método **SetTime** esquadrinha as tentativas subseqüentes feitas por um cliente de modificar as variáveis de instância.

Normalmente, as variáveis de instância de uma classe são inicializadas no construtor dessa classe, mas elas também podem ser inicializadas ao serem declaradas no corpo da classe. Se um programador não inicializar as variáveis de instância de maneira explícita, o compilador as inicializará implicitamente. Quando isso ocorre, o compilador configura as variáveis numéricas primitivas como **0**, os valores **bool** como **false** e as referências como **null**.

Os métodos **ToUniversalString** e **ToStandardString** não recebem argumentos, pois, como padrão, esses métodos manipulam as variáveis de instância do objeto **Time1** em particular no qual são chamados. Isso freqüentemente torna as chamadas de método mais concisas do que as chamadas de função convencionais em linguagens de programação procedimentais, além de reduzir a probabilidade de se passar os argumentos errados, os tipos errados de argumentos ou o número errado de argumentos.

Observação de engenharia de software 8.9

O uso de uma estratégia de programação orientada a objetos freqüentemente simplifica as chamadas de método, reduzindo o número de parâmetros que precisam ser passados. Essa vantagem da programação orientada a objetos é derivada do fato de que o encapsulamento de variáveis de instância e métodos dentro de um objeto fornece aos métodos do objeto o direito de acessar suas variáveis de instância.

As classes simplificam a programação, pois o cliente precisa se preocupar apenas com as operações **public** encapsuladas no objeto. Normalmente, tais operações são projetadas para ser orientadas ao cliente, em vez de orientadas à implementação. Os clientes nunca conhecem a implementação de uma classe, nem se envolvem com ela. As interfaces mudam com menos freqüência do que as implementações. Quando uma implementação muda, o código dependente da implementação deve mudar de acordo. Ocultando a implementação eliminamos a possibilidade de que outras partes do programa se tornem dependentes dos detalhes da implementação da classe.

Freqüentemente, os programadores não precisam criar classes "desde o início". Em vez disso, eles podem derivar classes de outras classes que forneçam os comportamentos exigidos pelas novas classes. As classes também podem incluir referências a objetos de outras classes como membros. Tal *reutilização de software* pode melhorar bastante a produtividade do programador. O Capítulo 9 discutirá a *herança* — o processo pelo qual novas classes são derivadas de classes já existentes. A Seção 8.8 discutirá a *composição* (ou *agregação*), na qual as classes incluem como membros referências a objetos de outras classes.

8.3 Escopo de classe

Na Seção 6.13 discutimos o escopo de método; agora, discutiremos o *escopo de classe*. As variáveis de instância e métodos de uma classe pertencem ao escopo dessa classe. Dentro do escopo de uma classe, os membros da classe são imediatamente acessíveis a todos os métodos dessa classe e podem ser referenciados pelo nome. Fora do escopo de uma classe, os membros da classe não podem ser referenciados diretamente pelo nome. Esses membros de classe que são visíveis (como os membros **public**) podem ser acessados apenas por meio de um *handle* (isto é, os membros podem ser referenciados por meio do formato *nomeReferência*.*nomeMembro*).

Se uma variável está definida em um método, apenas esse método pode acessar a variável (ou seja, a variável é uma variável local desse método). Diz-se que tais variáveis têm *escopo de bloco*. Se um método define uma variável que tem o mesmo nome que uma variável com escopo de classe (isto é, uma variável de instância), a variável com escopo de método oculta a variável com escopo de classe no escopo desse método. Uma variável de instância oculta pode ser acessada em um método precedendo-se seu nome com a palavra-chave ***this*** e o operador ponto, como em **this.hour**. Discutiremos a palavra-chave **this** na Seção 8.9.

8.4 Controlando o acesso aos membros

Os modificadores de acesso a membro **public** e **private** controlam o acesso aos dados e métodos de uma classe. (No Capítulo 9, apresentaremos os modificadores de acesso adicionais, **protected** e **internal**.)

Conforme dito anteriormente, os métodos **public** apresentam aos clientes da classe um modo de exibição dos *serviços* que a classe fornece (isto é, a interface **public** da classe). Mencionamos as vantagens de se escrever métodos que realizam apenas uma tarefa. Se um método precisa executar outras tarefas para calcular seu resultado final, essas tarefas devem ser realizadas por um método auxiliar. Um cliente não precisa chamar esses métodos auxiliares e também não precisa se preocupar com o modo pelo qual a classe usa seus métodos auxiliares. Por isso, os métodos auxiliares são declarados como membros **private** de uma classe.

Erro de programação comum 8.2

Tentar acessar um membro de classe **private** *fora dessa classe é um erro de compilação.*

O aplicativo da Figura 8.3 (que usa a classe **Time1** da Figura 8.1) demonstra que os membros de classe **private** não são acessíveis fora da classe. As linhas 12 a 14 tentam acessar as variáveis de instância **private hour**, **minute** e **second** do objeto **Time1** a que **time** se refere. Quando esse programa é compilado, o compilador gera erros indicando que os membros **private hour**, **minute** e **second** não são acessíveis.

O acesso a dados **private** deve ser controlado cuidadosamente pelos métodos de uma classe. Para permitir que os clientes leiam os valores de dados **private**, a classe pode definir uma *propriedade* que permita ao código cliente acessar esses dados **private** com segurança. As propriedades, que discutiremos em detalhes na Seção 8.7, contêm *métodos acessores* que manipulam os detalhes da modificação e retorno de dados. Uma definição de propriedade pode conter um *acessor* **get**, um *acessor* **set** ou ambos. Um acessor **get** permite que o cliente leia um valor de dados **private**; um acessor **set** permite que o cliente modifique esse valor. Tal modificação pareceria violar a noção de dados **private**. Entretanto, um acessor **set** pode fornecer recursos de validação de dados (como verificação de intervalo) para garantir que o valor esteja configurado corretamente. Um acessor **set** também pode transformar entre o formato dos dados usados na interface e o formato usado na implementação subjacente. Analogamente, um acessor **get** não precisa expor os dados no formato "bruto"; em vez disso, ele pode editar os dados e limitar o modo de exibição do cliente desses dados.

```
1  // Fig. 8.3: RestrictedAccess.cs
2  // Demonstra erros de compilação da tentativa de acessar
3  // membros de classe privados.
4
5  class RestrictedAccess
6  {
7     // ponto de entrada principal do aplicativo
8     static void Main( string[] args )
9     {
10       Time1 time = new Time1();
11
12       time.hour = 7;
13       time.minute = 15;
14       time.second = 30;
15    }
16
17 } // fim da classe RestrictedAccess
```

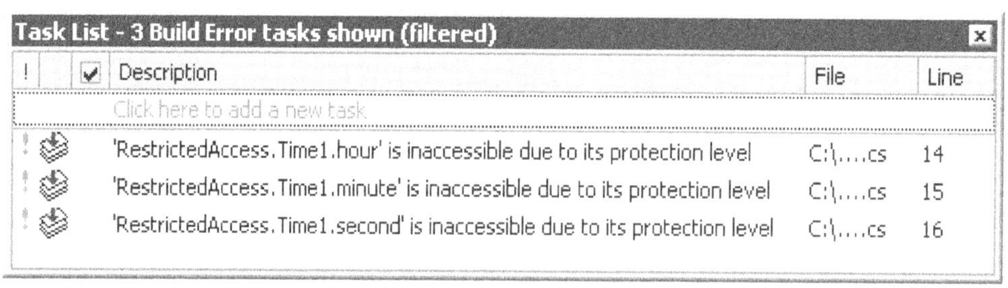

Figura 8.3 Acessar membros de classe `private` a partir de código cliente gera erros de sintaxe.

Observação de engenharia de software 8.10

Os projetistas de classe não precisam fornecer acessores **set** *ou* **get** *para cada membro de dados* **private**; *esses recursos devem ser fornecidos apenas quando isso fizer sentido.*

Observação de engenharia de software 8.11

Declarar as variáveis de instância de uma classe como **private** *e os métodos e as propriedades da classe como* **public** *facilita a depuração, pois os problemas com manipulações de dados ficam localizados nos métodos de classe que manipulam esses dados.*

8.5 Inicializando objetos de uma classe: construtores

Quando um programa cria uma instância de uma classe, ele chama o construtor da classe para inicializar as variáveis de instância (membros de dados) dessa classe. Uma classe pode conter construtores sobrecarregados para fornecer várias maneiras de inicializar objetos dessa classe. As variáveis de instância podem ser inicializadas por um construtor ou quando elas são declaradas no corpo da classe. Independentemente de as variáveis de instância receberem valores de inicialização explícitos, elas são sempre inicializadas. Em tais casos, as variáveis de instância recebem seus valores padrão (`0` para variáveis de tipo numérico primitivo, **false** para variável **bool** e **null** para referências).

Dica de desempenho 8.1

Como as variáveis de instância são sempre inicializadas com valores padrão pelo ambiente de tempo de execução, evite inicializar variáveis de instância com seus valores padrão no construtor.

Observação de engenharia de software 8.12

Quando apropriado, forneça um construtor para garantir que todo objeto seja inicializado com valores significativos.

Ao criar um objeto de uma classe, o programador pode fornecer *inicializadores* entre parênteses, à direita do nome da classe. Esses inicializadores são os argumentos do construtor. Em geral, as declarações assumem a forma

NomeClasse ReferênciaAObjeto = **new** *NomeClasse* (*argumentos*) ;

onde *ReferênciaAObjeto* é uma referência do tipo de dados apropriado, **new** indica que um objeto está sendo criado, *NomeClasse* indica o tipo do novo objeto (e o nome do construtor que está sendo chamado), e *argumentos* especifica uma lista separada por vírgulas dos valores usados pelo construtor para inicializar o objeto. A Figura 8.4 demonstra o uso de inicializadores e construtores sobrecarregados.

Se uma classe não define quaisquer construtores, o compilador fornece um *construtor padrão* (*sem argumentos*). Esse construtor padrão fornecido pelo compilador não contém nenhum código (isto é, o construtor tem um corpo vazio) e não recebe parâmetros. O programador também pode fornecer um construtor padrão, como mostramos na classe **Time1** (Figura 8.1). Os construtores padrão fornecidos pelo programador podem ter código em seus corpos.

Erro de programação comum 8.3

Se uma classe tem construtores, mas nenhum dos construtores **public** *é um construtor padrão, e um programa tenta chamar um construtor sem argumentos para inicializar um objeto da classe, ocorre um erro de compilação. Um construtor pode ser chamado sem argumentos somente se não houver construtores para a classe (no caso em que o construtor padrão fornecido pelo compilador é chamado) ou se a classe definir um construtor* **public** *sem argumentos.*

8.6 Usando construtores sobrecarregados

Assim como os métodos, os construtores de uma classe podem ser sobrecarregados. O construtor **Time1** na Figura 8.1 inicializava **hour**, **minute** e **second** como `0` (isto é, meia-noite na hora universal), por meio de uma chamada para o método **SetTime** da classe. Entretanto, a classe **Time2** (Figura 8.4) sobrecarrega o construtor, para fornecer uma variedade de maneiras de inicializar objetos **Time2**. Cada construtor chama o método **SetTime** de **Time2**, o qual garante que o objeto começa em um estado consistente, configurando valores fora do intervalo como zero. O C# chama o construtor apropriado fazendo corresponder o número, tipos e ordem dos argumentos especificados na chamada do construtor com o número, tipos e ordem dos parâmetros especificados em cada definição de construtor.

Como a maior parte do código da classe **Time2** é idêntica ao da classe **Time1**, esta discussão se concentra apenas nos construtores sobrecarregados. As linhas 15 a 18 definem o construtor sem argumentos, que configura a hora como meia-noite. As linhas 22 a 25 definem um construtor **Time2**, que recebe um único argumento **int** representando **hour** e configura a hora usando o valor de **hour** especificado e zero para **minute** e **second**. As linhas 29 a 32 definem um construtor **Time2**, que recebe dois argumentos **int** representando **hour** e **minute** e configura a hora usando esses valores e zero para **second**. As linhas 35 a 38 definem um construtor **Time2**, que recebe três argumentos **int** representando **hour**, **minute** e **second** e usa esses valores para configurar a hora. As linhas 41 a 44 definem um construtor **Time2**, que recebe uma referência a outro objeto **Time2**. Quando esse último construtor é chamado, os valores do argumento **Time2** são usados para inicializar **hour**, **minute** e **second** do novo objeto **Time2**. Mesmo que a classe **Time2** declare **hour**, **minute** e **second** como **private** (linhas 9 a 11), o construtor **Time2** pode acessar diretamente esses valores em seu argumento **Time2** usando as expressões **time.hour**, **time.minute** e **time.second**.

```
1   // Fig. 8.4: Time2.cs
2   // A classe Time2 fornece construtores sobrecarregados.
3
4   using System;
5
6   // definição da classe Time2
7   public class Time2
8   {
9      private int hour;     // 0 a 23
10     private int minute;   // 0 a 59
11     private int second;   // 0 a 59
12
13     // o construtor de Time2 inicializa as variáveis de instância como
14     // zero para configurar a hora padrão como meia-noite
15     public Time2()
16     {
17        SetTime( 0, 0, 0 );
18     }
19
20     // construtor de Time2: hora fornecida, minuto e segundo
21     // têm zero como padrão
22     public Time2( int hour )
23     {
24        SetTime( hour, 0, 0 );
25     }
26
27     // construtor de Time2: hora e minuto fornecidos, segundo
28     // tem 0 como padrão
29     public Time2( int hour, int minute )
30     {
31        SetTime( hour, minute, 0 );
32     }
33
34     // construtor de Time2: hora, minuto e segundo fornecidos
35     public Time2( int hour, int minute, int second )
36     {
37        SetTime( hour, minute, second );
38     }
39
40     // construtor de Time2: inicializa usando outro objeto Time2
41     public Time2( Time2 time )
42     {
43        SetTime( time.hour, time.minute, time.second );
44     }
45
46     // Configura o novo valor de hora no formato de 24 horas. Realiza verificações
47     // de validade nos dados. Configura os valores inválidos como zero.
48     public void SetTime(
49        int hourValue, int minuteValue, int secondValue )
50     {
51        hour = ( hourValue >= 0 && hourValue < 24 ) ?
```

Figura 8.4 Os construtores sobrecarregados fornecem opções de inicialização de objeto flexíveis. (Parte 1 de 2.)

```
52            hourValue : 0;
53         minute = ( minuteValue >= 0 && minuteValue < 60 ) ?
54            minuteValue : 0;
55         second = ( secondValue >= 0 && secondValue < 60 ) ?
56            secondValue : 0;
57      }
58
59      // converte a hora para a string de formato de hora universal (24 horas)
60      public string ToUniversalString()
61      {
62         return String.Format(
63            "{0:D2}:{1:D2}:{2:D2}", hour, minute, second );
64      }
65
66      // converte a hora para a string de formato de hora padrão (12 horas)
67      public string ToStandardString()
68      {
69         return String.Format( "{0}:{1:D2}:{2:D2} {3}",
70            ( ( hour == 12 || hour == 0 ) ? 12 : hour % 12 ),
71            minute, second, ( hour < 12 ? "AM" : "PM" ) );
72      }
73
74   } // fim da classe Time2
```

Figura 8.4 Os construtores sobrecarregados fornecem opções de inicialização de objeto flexíveis. (Parte 2 de 2.)

Observação de engenharia de software 8.13

Quando um objeto de uma classe tem uma referência a outro objeto da mesma classe, o primeiro objeto pode acessar todos os dados e métodos do segundo objeto (incluindo aqueles que são **`private`**).

Note que o segundo, o terceiro e o quarto construtor (linhas 22, 29 e 35) têm alguns argumentos em comum e que esses argumentos são mantidos na mesma ordem. Por exemplo, o construtor que começa na linha 29 tem como seus dois argumentos um inteiro representando a hora e um inteiro representando os minutos. O construtor na linha 35 tem esses mesmos dois argumentos, na mesma ordem, seguidos por seu último argumento (um inteiro representando os segundos).

Boa prática de programação 8.5

Ao definir construtores sobrecarregados, mantenha a ordem dos argumentos o mais parecida possível; isso torna a programação do cliente mais fácil.

Os construtores não especificam tipos de retorno; fazer isso resulta em erros de sintaxe. Além disso, observe que cada construtor recebe um número diferente ou diferentes tipos de argumentos. Mesmo que apenas dois dos construtores recebam valores para **`hour`**, **`minute`** e **`second`**, cada construtor chama **`SetTime`** com valores para esses argumentos e usa zeros para os valores que faltam, para satisfazer o requisito de **`SetTime`** de três argumentos.

A classe **`TimeTest2`** (Figura 8.5) inicia o aplicativo que demonstra o uso de construtores sobrecarregados (Figura 8.4). As linhas 15 a 20 criam seis objetos **`Time2`** que chamam vários construtores da classe. A linha 15 chama o construtor sem argumentos, colocando um conjunto de parênteses vazio após o nome da classe. As linhas 16 a 20 chamam os construtores **`Time2`** que recebem argumentos. Para chamar o construtor apropriado, passe o número, os tipos e a ordem de argumentos corretos (especificados pela definição do construtor) para esse construtor. Por exemplo, a linha 16 chama o construtor que está definido nas linhas 22 a 25 da Figura 8.4. As linhas 22 a 47 chamam os métodos **`ToUniversalString`** e **`ToStandardString`** para cada objeto **`Time2`**, para demonstrar que os construtores inicializam os objetos corretamente.

Cada construtor **`Time2`** pode ser escrito de modo a incluir uma cópia das instruções apropriadas do método **`SetTime`**. Isso poderia ser ligeiramente mais eficiente, pois elimina a chamada extra a **`SetTime`**. Entretanto, considere o que aconteceria se o programador alterasse a representação da hora de três valores **`int`** (exigindo 12 bytes de memória) para um único valor **`int`** representando o número total de segundos decorridos no dia (exigindo 4 bytes de memória). A colocação de código idêntico nos construtores **`Time2`** e no método **`SetTime`** torna tal alteração na definição de classe mais difícil, pois o corpo de cada construtor exigiria modificações para manipular os dados como um único **`int`**, em vez de três. Se os construtores

Time2 chamam **SetTime** diretamente, todas as alterações na implementação de **SetTime** devem ser feitas apenas uma vez, no corpo de **SetTime**. Isso reduz a probabilidade de introdução de um erro de programação ao se alterar a implementação, pois fazemos uma única mudança na classe, em vez de alterar cada construtor e método **SetTime**.

```
// Fig. 8.5: TimeTest2.cs
// Usando construtores sobrecarregados.

using System;
using System.Windows.Forms;

// TimeTest2 demonstra construtores da classe Time2
class TimeTest2
{
   // ponto de entrada principal do aplicativo
   static void Main( string[] args )
   {
      Time2 time1, time2, time3, time4, time5, time6;

      time1 = new Time2();                 // 00:00:00
      time2 = new Time2( 2 );              // 02:00:00
      time3 = new Time2( 21, 34 );         // 21:34:00
      time4 = new Time2( 12, 25, 42 );     // 12:25:42
      time5 = new Time2( 27, 74, 99 );     // 00:00:00
      time6 = new Time2( time4 );          // 12:25:42

      String output = "Constructed with: " +
         "\ntime1: all arguments defaulted" +
         "\n\t" + time1.ToUniversalString() +
         "\n\t" + time1.ToStandardString();

      output += "\ntime2: hour specified; minute and " +
         "second defaulted" +
         "\n\t" + time2.ToUniversalString() +
         "\n\t" + time2.ToStandardString();

      output += "\ntime3: hour and minute specified; " +
         "second defaulted" +
         "\n\t" + time3.ToUniversalString() +
         "\n\t" + time3.ToStandardString();

      output += "\ntime4: hour, minute and second specified" +
         "\n\t" + time4.ToUniversalString() +
         "\n\t" + time4.ToStandardString();

      output += "\ntime5: all invalid values specified" +
         "\n\t" + time5.ToUniversalString() +
         "\n\t" + time5.ToStandardString();

      output += "\ntime6: Time2 object time4 specified" +
         "\n\t" + time6.ToUniversalString() +
         "\n\t" + time6.ToStandardString();

      MessageBox.Show( output,
         "Demonstrating Overloaded Constructors" );

   } // fim do método Main

} // fim da classe TimeTest2
```

Figura 8.5 Demonstração de construtor sobrecarregado. (Parte 1 de 2.)

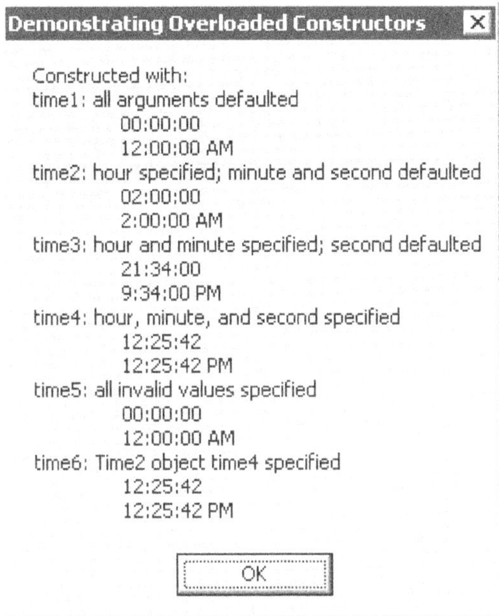

Figura 8.5 Demonstração de construtor sobrecarregado. (Parte 2 de 2.)

Observação de engenharia de software 8.14

Se um método de uma classe fornece a funcionalidade exigida por um construtor (ou outro método) da classe, chame esse método a partir do construtor (ou outro método). Isso simplifica a manutenção do código e reduz a probabilidade de introdução de erros no código.

8.7 Propriedades

Os métodos de uma classe podem manipular variáveis de instância **`private`** dessa classe. Uma manipulação típica poderia ser o ajuste do saldo bancário de um correntista — uma variável de instância **`private`** de uma classe **`ContaBancaria`** — por um método **`CalcularTaxaDeJuros`**.

Freqüentemente, as classes fornecem *propriedades* **`public`** para permitir aos clientes *configurarem* (isto é, atribuírem valores às) ou *obterem* (isto é, obterem os valores de) variáveis de instância **`private`**. Por exemplo, na Figura 8.6 criamos três propriedades — **`Hour`**, **`Minute`** e **`Second`** — que acessam as variáveis **`hour`**, **`minute`** e **`second`**, respectivamente. Cada propriedade contém um *acessor* ***`get`*** (para recuperar o valor do campo) e um *acessor* ***`set`*** (para modificar o valor do campo).

Fornecer recursos de **`set`** e **`get`** parece ser o mesmo que tornar as variáveis de instância **`public`**. Entretanto, essa é outra das sutilezas do C# que tornam a linguagem tão atraente do ponto de vista da engenharia de software. Se uma variá-vel de instância é **`public`**, ela pode ser lida ou escrita por qualquer método no programa. Se uma variável de instância é **`private`**, um acessor **`get public`** parece permitir que outros métodos leiam os dados à vontade. Entretanto, o acessor **`get`** pode controlar a formatação e exibir os dados. Analogamente, um acessor **`set public`** pode investigar tentativas de modificar o valor da variável de instância, garantindo assim que o novo valor seja apropriado para esse membro de dados. Por exemplo, uma tentativa de configurar (**`set`**) o dia do mês como 37 seria rejeitada, e uma tentativa de configurar o peso de uma pessoa como um valor negativo também seria rejeitada. Assim, os acessores **`set`** e **`get`** podem fornecer acesso a dados **`private`**, mas a implementação desses acessores controla o que o código cliente pode fazer com os dados.

A declaração de variáveis de instância como **`private`** não garante sua integridade. Os programadores devem fornecer verificação de validade — o C# fornece apenas a estrutura com a qual os programadores podem projetar programas melhores.

Dica de teste e depuração 8.1

Os métodos que configuram os valores de dados ***`private`*** *devem verificar se os novos valores pretendidos são válidos; se não forem, os acessores* ***`set`*** *devem colocar as variáveis de instância* ***`private`*** *em um estado consistente apropriado.*

Os acessores **set** de uma propriedade não podem retornar valores indicando uma tentativa malsucedida de atribuir dados inválidos aos objetos da classe. Tais valores de retorno poderiam ser úteis para um cliente de uma classe ao tratar de erros. O cliente poderia executar ações apropriadas se os objetos ocupassem estados inválidos. O Capítulo 11 apresenta o tratamento de exceção — um mecanismo que pode ser usado para indicar tentativas de configurar os membros de um objeto com valores inválidos.

A Figura 8.6 aprimora nossa classe **Time**, agora chamada de **Time3**, para incluir propriedades para as variáveis de instância **private hour**, **minute** e **second**. Os acessores **set** dessas propriedades controlam rigorosamente a configuração das variáveis de instância com valores válidos. Uma tentativa de configurar qualquer variável de instância com um valor incorreto faz com que ela seja configurada como zero (deixando assim a variável de instância em um estado consistente). Cada acessor **get** retorna o valor da variável de instância apropriado. Esse aplicativo também apresenta técnicas de manipulação de evento de GUI aprimoradas, pois definimos uma GUI (Figura 8.7) que inclui vários botões que o usuário pode clicar para manipular a hora armazenada em um objeto **Time3**.

```
// Fig. 8.6: Time3.cs
// A classe Time2 fornece construtores sobrecarregados.

using System;

// definição da classe Time3
public class Time3
{
   private int hour;    // 0 a 23
   private int minute;  // 0 a 59
   private int second;  // 0 a 59

   // o construtor Time3 inicializa as variáveis de instância como
   // zero para configurar a hora padrão como meia-noite
   public Time3()
   {
      SetTime( 0, 0, 0 );
   }

   // construtor Time3: horas fornecidas, minutos e segundos
   // têm 0 como padrão
   public Time3( int hour )
   {
      SetTime( hour, 0, 0 );
   }

   // construtor Time3: horas e minutos fornecidos, segundos
   // têm 0 como padrão
   public Time3( int hour, int minute )
   {
      SetTime( hour, minute, 0 );
   }

   // construtor Time3: horas, minutos e segundos fornecidos
   public Time3( int hour, int minute, int second )
   {
      SetTime( hour, minute, second );
   }

   // construtor Time3: inicializa usando outro objeto Time3
   public Time3( Time3 time )
   {
      SetTime( time.Hour, time.Minute, time.Second );
```

Figura 8.6 As propriedades fornecem acesso controlado aos dados de um objeto. (Parte 1 de 3.)

```
}

// Configura o novo valor de hora no formato de 24 horas. Realiza testes
// de validade nos dados. Configura os valores inválidos como zero.
public void SetTime(
   int hourValue, int minuteValue, int secondValue )
{
   Hour = hourValue;       // chama o conjunto de propriedades Hour
   Minute = minuteValue;   // chama o conjunto de propriedades Minute
   Second = secondValue;   // chama o conjunto de propriedades Second
}

// propriedade Hour
public int Hour
{
   get
   {
      return hour;
   }

   set
   {
      hour = ( ( value >= 0 && value < 24 ) ? value : 0 );
   }

} // fim da propriedade Hour

// propriedade Minute
public int Minute
{
   get
   {
      return minute;
   }

   set
   {
      minute = ( ( value >= 0 && value < 60 ) ? value : 0 );
   }

} // fim da propriedade Minute

// propriedade Second
public int Second
{
   get
   {
      return second;
   }

   set
   {
      second = ( ( value >= 0 && value < 60 ) ? value : 0 );
   }

} // fim da propriedade Second

// converte a hora para a string de formato de hora universal (24 horas)
```

Figura 8.6 As propriedades fornecem acesso controlado aos dados de um objeto. (Parte 2 de 3.)

```
102    public string ToUniversalString()
103    {
104       return String.Format(
105          "{0:D2}:{1:D2}:{2:D2}", Hour, Minute, Second );
106    }
107
108    // converte a hora para a string de formato de hora padrão (12 horas)
109    public string ToStandardString()
110    {
111       return String.Format( "{0}:{1:D2}:{2:D2} {3}",
112          ( ( Hour == 12 || Hour == 0 ) ? 12 : Hour % 12 ),
113          Minute, Second, ( Hour < 12 ? "AM" : "PM" ) );
114    }
115
116 } // fim da classe Time3
```

Figura 8.6 As propriedades fornecem acesso controlado aos dados de um objeto. (Parte 3 de 3.)

As linhas 57 a 69, 72 a 84 e 87 a 99 definem as propriedades **Hour**, **Minute** e **Second** de **Time3**, respectivamente. Cada propriedade começa com uma linha de declaração que inclui o modificador de acesso (**public**), o tipo (**int**) e o nome (**Hour**, **Minute** ou **Second**) da propriedade.

O corpo de cada propriedade contém acessores **get** e **set**, que são declarados usando-se as palavras reservadas **get** e **set**. As declarações do acessor **get** estão nas linhas 59 a 62, 74 a 77 e 89 a 92. Esses acessores retornam os valores de variável de instância **hour**, **minute** e **second** que os objetos solicitam. Os acessores **set** são declarados nas linhas 64 a 67, 79 a 82 e 94 a 97. O corpo de cada acessor **set** executa a mesma instrução condicional executada anteriormente pelo método **SetTime** para configurar **hour**, **minute** ou **second**.

O método **SetTime** (linhas 48 a 54) usa agora as propriedades **Hour**, **Minute** e **Second** para garantir que as variáveis de instância **hour**, **minute** e **second** tenham valores válidos. Após definirmos uma propriedade, podemos usá-la da mesma maneira que usamos uma variável. Atribuímos valores às propriedades usando o operador = (atribuição). Quando essa atribuição ocorre, o código no acessor **set** dessa propriedade é executado. A palavra reservada **value** representa o argumento do acessor **set**. Analogamente, os métodos **ToUniversalString** (102 a 106) e **ToStandardString** (109 a 114) usam agora as propriedades **Hour**, **Minute** e **Second** para obter os valores das variáveis de instância **hour**, **minute** e **second**. Referenciar a propriedade executa o acessor **get** dessa propriedade.

Quando usamos os métodos acessores **set** e **get** por todos os construtores e outros métodos da classe **Time3**, minimizamos as alterações que devemos fazer na definição de classe, para o caso de alterarmos a representação de dados de **hour**, **minute** e **second** para outra representação (como o total de segundos decorridos no dia). Quando tais alterações são feitas, devemos fornecer apenas novos corpos de acessor **set** e **get**. Usar essa técnica também permite aos programadores alterarem a implementação de uma classe sem afetar os clientes dessa classe (desde que todos os métodos **public** da classe ainda sejam chamados da mesma maneira).

Observação de engenharia de software 8.15

*Acessar dados **private** por meio de acessores **set** e **get** não apenas impede que as variáveis de instância recebam valores inválidos, mas também oculta a representação interna das variáveis de instância dos clientes dessa classe. Assim, se a representação dos dados mudar (normalmente, para reduzir o volume de armazenamento exigido ou para melhorar o desempenho), apenas as implementações de método precisarão ser alteradas — as implementações de cliente não precisarão mudar, desde que a interface fornecida pelos métodos seja preservada.*

```
// Fig. 8.7: TimeTest3.cs
// Demonstrando as propriedades Hour, Minute e Second de Time3.

using System;
using System.Drawing;
```

Figura 8.7 Demonstração de propriedades da classe Time3. (Parte 1 de 4.)

```
using System.Collections;
using System.ComponentModel;
using System.Windows.Forms;
using System.Data;

// definição da classe TimeTest3
public class TimeTest3 : System.Windows.Forms.Form
{
   private System.Windows.Forms.Label hourLabel;
   private System.Windows.Forms.TextBox hourTextBox;
   private System.Windows.Forms.Button hourButton;

   private System.Windows.Forms.Label minuteLabel;
   private System.Windows.Forms.TextBox minuteTextBox;
   private System.Windows.Forms.Button minuteButton;

   private System.Windows.Forms.Label secondLabel;
   private System.Windows.Forms.TextBox secondTextBox;
   private System.Windows.Forms.Button secondButton;

   private System.Windows.Forms.Button addButton;

   private System.Windows.Forms.Label displayLabel1;
   private System.Windows.Forms.Label displayLabel2;

   // variável de projetista exigida
   private System.ComponentModel.Container components = null;

   private Time3 time;

   public TimeTest3()
   {
      // Exigido para suporte do Windows Form Designer
      InitializeComponent();

      time = new Time3();
      UpdateDisplay();
   }

   // código gerado pelo Visual Studio .NET

   // ponto de entrada principal do aplicativo
   [STAThread]
   static void Main()
   {
      Application.Run( new TimeTest3() );
   }

   // atualiza os rótulos de exibição
   public void UpdateDisplay()
   {
      displayLabel1.Text = "Hour: " + time.Hour +
         "; Minute: " + time.Minute +
         "; Second: " + time.Second;
      displayLabel2.Text = "Standard time: " +
         time.ToStandardString() + "\nUniversal time: " +
         time.ToUniversalString();
   }
```

Figura 8.7 Demonstração de propriedades da classe Time3. (Parte 2 de 4.)

```

    // configura a propriedade Hour quando hourButton é pressionado
    private void hourButton_Click(
       object sender, System.EventArgs e )
    {
       time.Hour = Int32.Parse( hourTextBox.Text );
       hourTextBox.Text = "";
       UpdateDisplay();
    }

    // configura a propriedade Minute quando minuteButton é pressionado
    private void minuteButton_Click(
       object sender, System.EventArgs e )
    {
       time.Minute = Int32.Parse( minuteTextBox.Text );
       minuteTextBox.Text = "";
       UpdateDisplay();
    }

    // configura a propriedade Second quando secondButton é pressionado
    private void secondButton_Click(
       object sender, System.EventArgs e )
    {
       time.Second = Int32.Parse( secondTextBox.Text );
       secondTextBox.Text = "";
       UpdateDisplay();
    }

    // soma um a Second quando addButton é pressionado
    private void addButton_Click(
       object sender, System.EventArgs e )
    {
       time.Second = ( time.Second + 1 ) % 60;

       if ( time.Second == 0 )
       {
          time.Minute = ( time.Minute + 1 ) % 60;

          if ( time.Minute == 0 )
             time.Hour = ( time.Hour + 1 ) % 24;
       }

       UpdateDisplay();

    } // fim do método addButton_Click

} // fim da classe TimeTest3
```

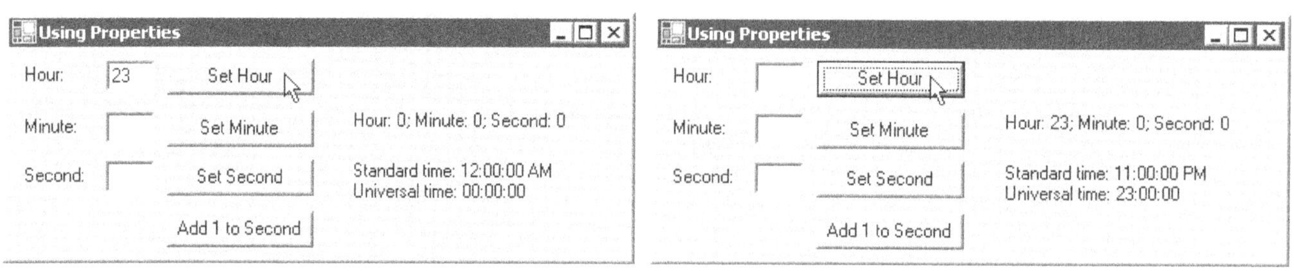

Figura 8.7 Demonstração de propriedades da classe `Time3`. (Parte 3 de 4.)

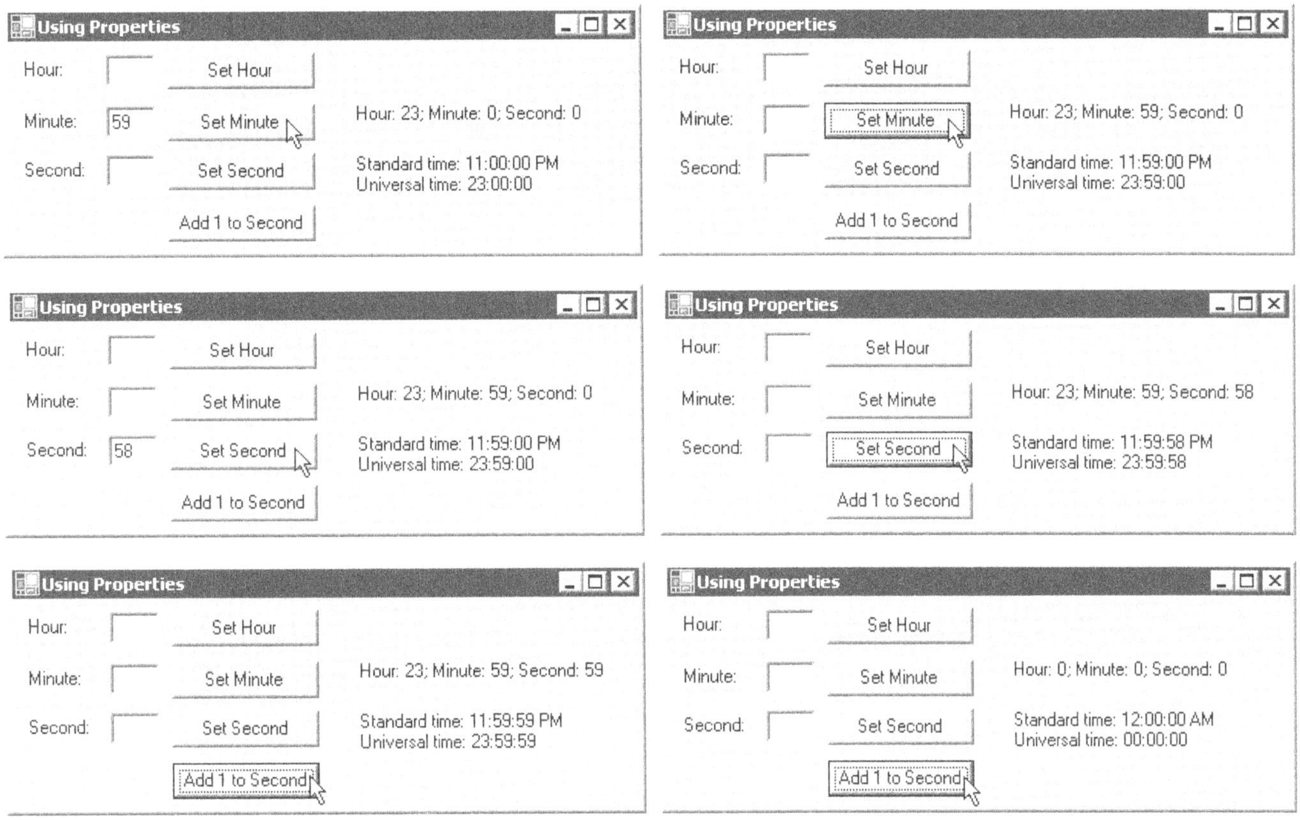

Figura 8.7 Demonstração de propriedades da classe `Time3`. (Parte 4 de 4.)

A classe **`TimeTest3`** (Figura 8.7) define um aplicativo com uma GUI para manipular um objeto da classe **`Time3`**. [*Nota*: não mostramos o código gerado pelo Windows Form Designer do Visual Studio. Em vez disso, a linha 45 fornece um comentário para indicar onde o código gerado aparece no arquivo de código-fonte. Você pode ver esse código no CD que acompanha este livro.]

A linha 34 declara a referência **`time`** de **`Time3`**. A linha 41 no construtor cria um objeto da classe **`Time3`** e o atribui a **`time`**. A GUI contém três campos de texto nos quais o usuário pode fornecer valores para as variáveis **`hour`**, **`minute`** e **`second`** do objeto **`Time3`**, respectivamente. Ao lado de cada campo de texto existe um botão que o usuário pode clicar para configurar o valor de uma propriedade específica de **`Time3`**. As linhas 66 a 90 declaram três métodos de manipulação de evento para os eventos **`Click`** dos botões. Cada manipulador de evento altera os valores de uma propriedade de **`Time3`** (**`Hour`**, **`Minute`** ou **`Second`**). A GUI também contém um botão que permite ao usuário incrementar o valor de **`second`** por **`1`**. Usando as propriedades do objeto **`Time3`**, o método **`addButton_Click`** (linhas 93 a 108) determina e configura a nova hora. Por exemplo, **`23:59:59`** se torna **`00:00:00`**, quando o usuário clica no botão. Cada modificação da hora resulta em uma chamada para **`UpdateDisplay`**, que usa as propriedades de **`Time3`** para exibir os valores de **`hour`**, **`minute`** e **`second`** e também exibir as representações de hora universal e padrão.

As propriedades não estão limitadas a acessar dados **`private`** — elas também podem ser usadas para calcular os valores associados a um objeto. Um exemplo disso seria um objeto **`aluno`** com uma propriedade representando a média geral de um aluno (chamado de **`MediaGeral`**). Os programadores podem fornecer código que calcule a média geral do aluno no acessor **`get`** dessa propriedade ou podem simplesmente retornar uma variável **`private`** contendo a média geral, chamada **`mediageral`**. (O valor nessa variável precisará ser calculado de alguma outra maneira, como usando um método **`CalcularMediaGeral`**.) O programador pode utilizar qualquer uma das técnicas, mas recomendamos usar uma propriedade que calcule a média geral. Lembre-se de que o código cliente não deve ser obrigado a identificar o objeto **`aluno`** ao calcular a média geral. O código cliente deve simplesmente usar a propriedade MediaGeral. O cliente não deve conhecer a implementação subjacente.

8.8 Composição: referências a objetos como variáveis de instância de outras classes

Em muitas situações, referenciar objetos existentes é mais conveniente do que reescrever o código dos objetos para novas classes em novos projetos. Suponha que queiramos implementar um objeto **Despertador** que precise saber quando deve soar seu alarme. Referenciar um objeto **Hora** existente (como aqueles de exemplos anteriores neste capítulo) é mais fácil do que escrever um novo objeto **Hora**. O uso de referências a objetos de classes já existentes, como membros de novos objetos, é chamado de *composição* (ou *agregação*).

Observação de engenharia de software 8.16

Uma forma de reutilização de software é a composição, na qual uma classe tem como membros referências a objetos de outras classes.

O aplicativo das figuras 8.8, 8.9 e 8.10 demonstra a composição. O programa contém três classes. A classe **Date** (Figura 8.8) encapsula informações relacionadas a uma data específica. A classe **Employee** (Figura 8.9) encapsula o nome do funcionário e dois objetos **Date** representando a data de nascimento e de contratação do funcionário (**Employee**). A classe **CompositionTest** (Figura 8.10) cria um objeto da classe **Employee** para demonstrar a composição.

A classe **Date** declara as variáveis de instância **int month**, **day** e **year** (linhas 9 a 11). As linhas 16 a 32 definem o construtor, que recebe valores para **month**, **day** e **year** como argumentos e atribui esses valores às variáveis de instância, após garantir que eles estejam em um estado consistente. Note que as linhas 25 e 26 imprimem uma mensagem de erro, caso o construtor receba um valor de mês inválido. Normalmente, em vez de imprimir mensagens de erro, um construtor "lançaria uma exceção". Discutiremos as exceções no Capítulo 11. O método **ToDateString** (linhas 58 a 61) retorna a representação de string de um objeto **Date**.

```
1   // Fig. 8.8: Date.cs
2   // A definição da classe Date encapsula mês, dia e ano.
3
4   using System;
5
6   // definição da classe Date
7   public class Date
8   {
9      private int month; // 1 a 12
10     private int day;   // 1 a 31 baseado no mês
11     private int year;  // qualquer ano
12
13     // o construtor confirma o valor correto do mês;
14     // chama o método CheckDay para confirmar o valor
15     // correto do dia
16     public Date( int theMonth, int theDay, int theYear )
17     {
18        // valida o mês
19        if ( theMonth > 0 && theMonth <= 12 )
20           month = theMonth;
21
22        else
23        {
24           month = 1;
25           Console.WriteLine(
26              "Month {0} invalid. Set to month 1.", theMonth );
27        }
28
29        year = theYear;              // poderia validar o ano
30        day = CheckDay( theDay );    // valida o dia
```

Figura 8.8 A classe Date encapsula informações de dia, mês e ano. (Parte 1 de 2.)

```

   } // fim do construtor Date

   // o método utilitário confirma o valor do dia correto
   // baseado no mês e no ano
   private int CheckDay( int testDay )
   {
      int[] daysPerMonth =
         { 0, 31, 28, 31, 30, 31, 30, 31, 31, 30, 31, 30, 31 };

      // verifica se o dia está no intervalo do mês
      if ( testDay > 0 && testDay <= daysPerMonth[ month ] )
         return testDay;

      // verifica se é ano bissexto
      if ( month == 2 && testDay == 29 &&
           ( year % 400 == 0 ||
           ( year % 4 == 0 && year % 100 != 0 ) ) )
         return testDay;

      Console.WriteLine(
         "Day {0} invalid. Set to day 1.", testDay );

         return 1; // deixa o objeto no estado consistente
   }

   // retorna a string de data como mês/dia/ano
   public string ToDateString()
   {
      return month + "/" + day + "/" + year;
   }

} // fim da classe Date
```

Figura 8.8 A classe `Date` encapsula informações de dia, mês e ano. (Parte 2 de 2.)

A classe **`Employee`** (Figura 8.9) encapsula informações relacionadas à data de nascimento e de contratação de um funcionário (linhas 10 a 13) usando as variáveis de instância **`firstName`**, **`lastName`**, **`birthDate`** e **`hireDate`**; **`birthDate`** e **`hireDate`** dos membros são referências a objetos **`Date`**, cada um dos quais contendo as variáveis de instância **`month`**, **`day`** e **`year`**. Nesse exemplo, a classe **`Employee`** é *composta* de duas referências de tipo **`string`** e duas referências de classe **`Date`**. O construtor **`Employee`** (linhas 16 a 27) recebe oito argumentos (**`first`**, **`last`**, **`birthMonth`**, **`birthDay`**, **`birthYear`**, **`hireMonth`**, **`hireDay`** e **`hireYear`**). A linha 24 passa os argumentos **`birthMonth`**, **`birthDay`** e **`birthYear`** para o construtor **`Date`**, para criar o objeto **`birthDate`**. Analogamente, a linha 25 passa os argumentos **`hireMonth`**, **`hireDay`** e **`hireYear`** para o construtor **`Date`**, para criar o objeto **`hireDate`**. O método **`ToEmployeeString`** (linhas 30 a 35) retorna uma string contendo o nome do objeto **`Employee`** e as representações de string de **`birthDate`** e **`hireDate`** de **`Employee`**.

A classe **`CompositionTest`** (Figura 8.10) executa o aplicativo com o método **`Main`**. As linhas 13 e 14 instanciam um objeto **`Employee`**, e as linhas 16 e 17 exibem a representação de string de **`Employee`** para o usuário.

```
1  // Fig. 8.9: Employee.cs
2  // A definição da classe Employee encapsula o primeiro nome,
3  // o sobrenome, a data de nascimento e a data de contratação do funcionário.
4
5  using System;
```

Figura 8.9 A classe `Employee` encapsula o nome, a data do nascimento e a data de contratação do funcionário. (Parte 1 de 2.)

```

// definição da classe Employee
public class Employee
{
   private string firstName;
   private string lastName;
   private Date birthDate;  // referência a um objeto Date
   private Date hireDate;   // referência a um objeto Date

   // construtor inicializa name, birth date e hire date
   public Employee( string first, string last,
      int birthMonth, int birthDay, int birthYear,
      int hireMonth, int hireDay, int hireYear )
   {
      firstName = first;
      lastName = last;

      // cria novos objetos Date
      birthDate = new Date( birthMonth, birthDay, birthYear );
      hireDate = new Date( hireMonth, hireDay, hireYear );

   } // fim do construtor Employee

   // converte Employee para o formato String
   public string ToEmployeeString()
   {
      return lastName + ", " + firstName +
         "  Hired: " + hireDate.ToDateString() +
         "  Birthday: " + birthDate.ToDateString();
   }

} // fim da classe Employee
```

Figura 8.9 A classe Employee encapsula o nome, a data do nascimento e a data de contrataçao do funcionário. (Parte 2 de 2.)

```
// Fig. 8.10: CompositionTest.cs
// Demonstra um objeto com referência a um objeto membro.

using System;
using System.Windows.Forms;

// definição da classe Composition
class CompositionTest
{
   // ponto de entrada principal do aplicativo
   static void Main( string[] args )
   {
      Employee e =
         new Employee( "Bob", "Jones", 7, 24, 1949, 3, 12, 1988 );

      MessageBox.Show( e.ToEmployeeString(),
         "Testing Class Employee" );

   } // fim do método Main

} // fim da classe CompositionTest
```

Figura 8.10 Demonstração de composição. (Parte 1 de 2.)

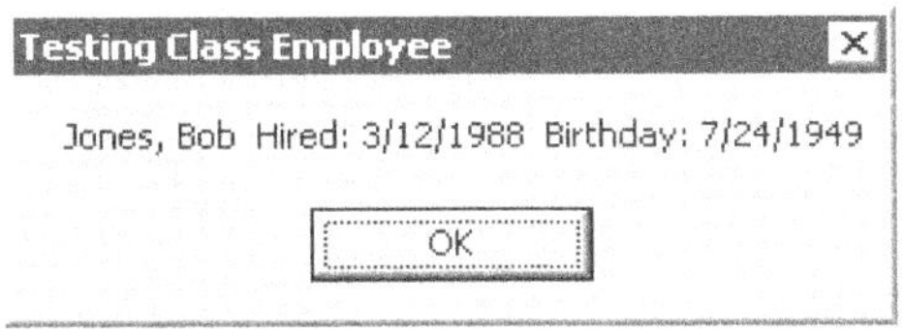

Figura 8.10 Demonstração de composição. (Parte 2 de 2.)

8.9 Usando a referência this

Todo objeto pode acessar uma referência a si mesmo, chamada de *referência* **this**. A referência **this** pode se referir implicitamente às variáveis de instância, propriedades e métodos de um objeto. A palavra-chave **this** é normalmente usada dentro de métodos, onde **this** é uma referência ao objeto em que o método está executando operações. No aplicativo Windows da Figura 6.4, existem vários usos de **this** no método **InitializeComponent**. O aplicativo usa a palavra-chave **this** para fazer referência ao formulário que está sendo inicializado. Todo formulário tem um método **InitializeComponent**, de modo que a referência **this** fornece uma maneira fácil de acessar as informações no objeto atual. Mais exemplos de **this** aparecem nos capítulos 12 e 13.

Demonstraremos agora o uso implícito e explícito da referência **this** para exibir os dados **private** de um objeto **Time4**. A classe **Time4** (Figura 8.11) define três variáveis de instância **private** — **hour**, **minute** e **second** (linhas 9 a 11). O construtor (linhas 14 a 19) recebe três argumentos **int** para inicializar um objeto **Time4**. Note que, para esse exemplo, tornamos os nomes de parâmetro do construtor (linha 14) idênticos aos nomes de variável de instância da classe (linhas 9 a 11). Fizemos isso para ilustrar o uso explícito da referência **this**. Se um método contiver uma variável local com o mesmo nome de uma variável de instância dessa classe, esse método fará referência à variável local, em vez de à variável de instância (isto é, a variável local ocultará a variável de instância no escopo desse método). Entretanto, o método pode usar a referência **this** para se referir explicitamente às variáveis de instância (linhas 16 a 18).

```
1   // Fig. 8.11: Time4.cs
2   // A classe Time4 fornece construtores sobrecarregados.
3
4   using System;
5
6   // definição da classe Time4
7   public class Time4
8   {
9      private int hour;    // 0 a 23
10     private int minute;  // 0 a 59
11     private int second;  // 0 a 59
12
13     // construtor
14     public Time4( int hour, int minute, int second )
15     {
16        this.hour = hour;
17        this.minute = minute;
18        this.second = second;
19     }
20
21     // cria string usando referências this e implícitas
22     public string BuildString()
23     {
24        return "this.ToStandardString(): " +
25           this.ToStandardString() +
26           "\nToStandardString(): " + ToStandardString();
```

Figura 8.11 Referência this usada implícita e explicitamente para permitir que um objeto manipule seus próprios dados e chame seus próprios métodos. (Parte 1 de 2.)

```
27      }
28
29      // converte a hora para a string de formato de hora padrão (12 horas)
30      public string ToStandardString()
31      {
32         return String.Format( "{0}:{1:D2}:{2:D2} {3}",
33            ( ( this.hour == 12 || this.hour == 0 ) ? 12 :
34            this.hour % 12 ), this.minute, this.second,
35            ( this.hour < 12 ? "AM" : "PM" ) );
36      }
37
38   } // fim da classe Time4
```

Figura 8.11 Referência `this` usada implícita e explicitamente para permitir que um objeto manipule seus próprios dados e chame seus próprios métodos. (Parte 2 de 2.)

O método **BuildString** (linhas 22 a 27) retorna uma **string** criada por uma instrução que usa a referência **this** explícita e implicitamente. A linha 25 usa a referência **this** explicitamente para chamar o método **ToStandardString**, enquanto a linha 26 usa a referência **this** implicitamente para chamar o mesmo método. Note que as duas linhas executam a mesma tarefa. Portanto, os programadores em geral não usam a referência **this** explicitamente para fazer referência a métodos dentro do objeto atual.

Erro de programação comum 8.4

Para um método em que um parâmetro (ou variável local) tem o mesmo nome de uma variável de instância, use a referência **this** *se quiser acessar a variável de instância; caso contrário, o parâmetro do método (ou variável local) será referenciado.*

Dica de teste e depuração 8.2

Evite nomes de métodos/parâmetros (ou nomes de variáveis locais) que entrem em conflito com nomes de variáveis de instância, para evitar erros sutis e difíceis de localizar.

Boa prática de programação 8.6

O uso explícito da referência **this** *pode aumentar a clareza do programa em alguns contextos em que* **this** *é opcional.*

A classe **ThisTest** (Figura 8.12) executa o aplicativo que demonstra o uso explícito da referência **this**. A linha 13 instancia uma instância da classe **Time4**. As linhas 15 e 16 chamam o método **BuildString** do objeto **Time4** e, em seguida, exibem os resultados para o usuário em uma **MessageBox**.

O problema dos parâmetros (ou variáveis locais) ocultando variáveis de instância pode ser resolvido usando-se propriedades. Se tivéssemos uma propriedade **Hour** que acessasse a variável de instância **hour**, então não precisaríamos usar **this.hour** para distinguir entre um parâmetro (ou variável local) **hour** e a variável de instância **hour** — simplesmente atribuiríamos **hour** para **Hour**.

8.10 Coleta de lixo

Nos exemplos anteriores vimos como um construtor inicializa dados em um objeto de uma classe após o objeto ser criado. O operador **new** aloca memória para o objeto e, então, chama o construtor desse objeto. O construtor poderia adquirir outros recursos de sistema, como conexões de rede e bancos de dados ou arquivos. Os objetos devem ter uma maneira disciplinada de retornar memória e liberar recursos quando o programa não utiliza mais esses objetos. A falha na liberação desses recursos causa *estouros de recursos* — potencialmente exaurindo o conjunto de recursos disponíveis que os programas poderiam precisar para continuar executando.

```
1  // Fig. 8.12: ThisTest.cs
2  // Usando a referência this.
```

Figura 8.12 Demonstração da referência `this`. (Parte 1 de 2.)

```

using System;
using System.Windows.Forms;

// definição da classe ThisTest
class ThisTest
{
   // ponto de entrada principal do aplicativo
   static void Main( string[] args )
   {
      Time4 time = new Time4( 12, 30, 19 );

      MessageBox.Show( time.BuildString(),
         "Demonstrating the \"this\" Reference" );
   }
}
```

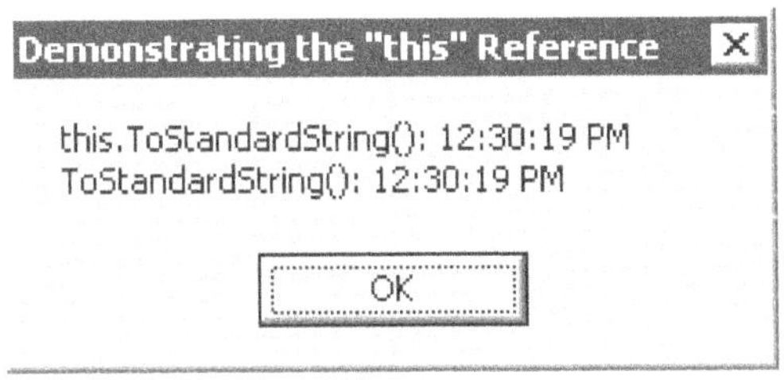

Figura 8.12 Demonstração da referência `this`. (Parte 2 de 2.)

Ao contrário do C e do C++, em que os programadores devem gerenciar a memória de maneira explícita, o C# realiza o gerenciamento de memória internamente. A plataforma .NET realiza a *coleta de lixo* da memória para retornar a memória do sistema que não é mais necessária. Quando o *coletor de lixo* executa, ele localiza os objetos para os quais o aplicativo não tem referências. Tais objetos podem ser coletados nesse momento ou durante uma execução subseqüente do coletor de lixo. Portanto, os *estouros de memória* que são comuns em linguagens como C e C++, onde a memória não é reclamada automaticamente, são raros em C#.

A alocação e liberação de outros recursos, como conexões de rede, conexões de banco de dados e arquivos, devem ser manipuladas explicitamente pelo programador. Uma técnica empregada para manipular esses recursos (em conjunto com o coletor de lixo) é definir um *destrutor* (também conhecido como *finalizador*) que retorne recursos para o sistema. O coletor de lixo chama o destrutor de um objeto para realizar a *limpeza de término* nesse objeto imediatamente antes que o coletor de lixo reclame a memória do objeto (chamado de *finalização*).

Cada classe pode conter apenas um destrutor. O nome de um destrutor é formado precedendo-se o nome da classe com o caractere ~. Por exemplo, o destrutor da classe **Time** é **~Time**(). Os destrutores não recebem argumentos; portanto, não podem ser sobrecarregados. Quando o coletor de lixo está removendo um objeto da memória, ele primeiro chama o destrutor desse objeto para limpar os recursos usados pela classe. Entretanto, não podemos determinar exatamente quando o destrutor é chamado, pois não podemos determinar com precisão quando a coleta de lixo ocorre. No término do programa, todos os objetos que não foram pegos anteriormente na coleta de lixo receberão chamadas de destrutor.

8.11 Membros de classe static

Cada objeto de uma classe tem sua própria cópia de todas as variáveis de instância da classe. Entretanto, em certos casos, todos os objetos da classe devem compartilhar apenas uma cópia de uma variável em particular. Tais variáveis são chamadas de *variáveis* **static** (estáticas). Um programa contém apenas uma cópia de cada uma das variáveis **static** de uma classe na memória, independentemente de quantos objetos da classe tenham sido instanciados. Uma variável **static** representa *informações em nível de classe* — todos os objetos da classe compartilham o mesmo item de dados **static**.

A declaração de um membro **static** começa com a palavra-chave **static**. Uma variável **static** pode ser inicializada em sua declaração colocando-se após o nome da variável um sinal = e um valor inicial. Nos casos em que uma variável **static** exige inicialização mais complexa, os programadores podem definir um *construtor* **static** para inicializar apenas os membros **static**. Tais construtores são opcionais e devem ser declarados com a palavra-chave **static** seguida do nome da classe. Os construtores **static** são chamados antes que todos os membros **static** sejam usados e antes que todos os objetos de classe sejam instanciados.

Consideremos agora um exemplo de videogame para justificar a necessidade de dados **static** em nível de classe. Suponha um videogame envolvendo **Marcianos** e outras criaturas espaciais. Cada **Marciano** torna-se valente e quer atacar as outras criaturas espaciais quando sabe que existem pelo menos outros quatro **Marcianos** presentes. Se houver menos de cinco **Marcianos** presentes, cada **Marciano** se torna covarde. Por isso, cada **Marciano** deve conhecer o **numeroDeMarcianos**. Poderíamos dotar a classe **Marciano** com o **numeroDeMarcianos** como dado de instância. Entretanto, se fizéssemos isso, então todo **Marciano** teria uma cópia separada dos dados de instância e, a cada vez que criássemos um **Marciano**, teríamos de atualizar a variável de instância **numeroDeMarcianos** em cada **Marciano**. As cópias redundantes desperdiçam espaço, e atualizar essas cópias é demorado. Em vez disso, declaramos **numeroDeMarcianos** como sendo **static** para que **numeroDeMarcianos** seja um dado em nível de classe. Cada **Marciano** pode ver o **numeroDeMarcianos** como se fosse um dado da instância desse **Marciano**, mas o C# mantém apenas uma cópia da variável **static numeroDeMarcianos**, para economizar espaço. Essa técnica também economiza tempo; como existe apenas uma cópia, não precisamos incrementar cópias separadas de **numeroDeMarcianos** para cada **Marciano**.

Dica de desempenho 8.2

Quando uma única cópia dos dados for suficiente, use variáveis **static** *para economizar espaço de armazenamento.*

Embora as variáveis **static** possam ser parecidas com as *variáveis globais* (variáveis que podem ser referenciadas em qualquer parte de um programa) em outras linguagens de programação, as variáveis **static** não precisam ser globalmente acessíveis. As variáveis **static** têm escopo de classe.

Os membros de dados **public static** de uma classe podem ser acessados por meio do nome da classe usando-se o operador ponto (por exemplo, **Math.PI**). Os membros **private static** podem ser acessados apenas por meio de métodos ou propriedades da classe. Os membros **static** estão disponíveis assim que a classe é carregada na memória, em tempo de execução, e eles existem durante toda a execução do programa, mesmo quando não existe nenhum objeto dessa classe. Para permitir que um programa acesse um membro **private static** quando não existe nenhum objeto da classe, a classe deve fornecer um método ou propriedade **public static**.

Um método **static** não pode acessar membros de instância (não **static**). Ao contrário dos métodos de instância, um método **static** não tem referência **this**, pois as variáveis **static** e os métodos **static** existem independentemente de todos os objetos de classe, mesmo quando não existem objetos dessa classe.

Erro de programação comum 8.5

Usar a referência **this** *em um método* **static** *ou em uma propriedade* **static** *é um erro de compilação.*

Erro de programação comum 8.6

Uma chamada para um método de instância ou uma tentativa de acessar uma variável de instância a partir de um método **static** *é um erro de compilação.*

A classe **Employee** (Figura 8.13) demonstra uma propriedade **public static** que permite a um programa obter o valor de uma variável **private static**. A variável **static count** (linha 11) não é inicializada explicitamente, de modo que ela receba o valor zero como padrão. A variável de classe **count** mantém uma contagem do número de objetos da classe **Employee** que foram instanciados, incluindo aqueles objetos que já tinham sido marcados para a coleta de lixo, mas que ainda não foram reclamados pelo coletor de lixo.

```
1  // Fig. 8.13: Employee.cs
2  // A classe Employee contém dados estáticos e um método estático.
3
```

Figura 8.13 Os membros `static` são acessíveis para todos os objetos de uma classe. (Parte 1 de 2.)

```
using System;

// definição da classe Employee
public class Employee
{
   private string firstName;
   private string lastName;
   private static int count;  // objetos Employee em memória

   // o construtor incrementa a contagem estática de objetos Employee
   public Employee( string fName, string lName )
   {
      firstName = fName;
      lastName = lName;

      ++count;

      Console.WriteLine( "Employee object constructor: " +
         firstName + " " + lastName + ; count = " + Count );
   }

   // o destrutor decrementa a contagem estática de objetos Employee
   ~Employee()
   {
      --count;

      Console.WriteLine( "Employee object destructor: " +
         firstName + " " + lastName + "; count = " + Count );
   }

   // propriedade FirstName
   public string FirstName
   {
      get
      {
         return firstName;
      }
   }

   // propriedade LastName
   public string LastName
   {
      get
      {
         return lastName;
      }
   }

   // propriedade estática Count
   public static int Count
   {
      get
      {
         return count;
      }
   }

} // fim da classe Employee
```

Figura 8.13 Os membros `static` são acessíveis para todos os objetos de uma classe. (Parte 2 de 2.)

Quando existem objetos da classe **Employee**, o membro **static count** pode ser usado em qualquer método de um objeto **Employee** — nesse exemplo, o construtor (linhas 14 a 23) incrementa **count** e o destrutor (linhas 26 a 32) o decrementa. Se não existirem objetos da classe **Employee**, o valor do membro **count** pode ser obtido por meio da propriedade **static Count** (linhas 53 a 59); isso também funciona quando existem objetos **Employee** na memória.

A classe **StaticTest** (Figura 8.14) executa o aplicativo que demonstra os membros **static** da classe **Employee** (Figura 8.13). As linhas 12 e 13 usam a propriedade **static Count** da classe **Employee** para obter o valor atual de **count** antes que o programa crie objetos **Employee**. Note que a sintaxe usada para acessar um membro **static** é

NomeDaClasse **.** *MembroEstático*

Na linha 13, o *NomeDaClasse* é **Employee** e o *MembroEstático* é **Count**. Lembre-se de que usamos essa sintaxe em exemplos anteriores, para chamar os métodos **static** da classe **Math** (por exemplo, **Math.Pow**, **Math.Abs** etc.) e outros métodos, como **Int32.Parse** e **MessageBox.Show**.

Em seguida, as linhas 16 e 17 instanciam dois objetos **Employee** e os atribuem às referências **employee1** e **employee2**. Cada chamada para o construtor **Employee** incrementa o valor de **count** por um. As linhas 19 a 26 exibem o valor de **Count**, assim como os nomes dos dois funcionários. As linhas 30 e 31 configuram as referências **employee1** e **employee2** como **null**, de modo que elas não mais se referem a objetos **Employee**. Como essas eram as únicas referências no programa a objetos **Employee**, agora pode ser feita a coleta de lixo desses objetos.

```
1  // Fig. 8.14: StaticTest.cs
2  // Demonstrando membros de classe estáticos.
3
4  using System;
5
6  // definição da classe StaticTest
7  class StaticTest
8  {
9     // ponto de entrada principal do aplicativo
10    static void Main( string[] args )
11    {
12       Console.WriteLine( "Employees before instantiation: " +
13          Employee.Count + "\n" );
14
15       // cria dois objetos Employee
16       Employee employee1 = new Employee( "Susan", "Baker" );
17       Employee employee2 = new Employee( "Bob", "Jones" );
18
19       Console.WriteLine( "\nEmployees after instantiation: " +
20          "Employee.Count = " + Employee.Count + "\n" );
21
22       // exibe os objetos Employee
23       Console.WriteLine( "Employee 1: " +
24          employee1.FirstName + " " + employee1.LastName +
25          "\nEmployee 2: " + employee2.FirstName +
26          " " + employee2.LastName + "\n" );
27
28       // remove as referências aos objetos para indicar que
29       // eles podem ser capturados pela coleta de lixo
30       employee1 = null;
31       employee2 = null;
32
33       // força a coleta de lixo
34       System.GC.Collect();
35
36       // espera até que a coleta termine
```

Figura 8.14 Demonstração de membro `static`. (Parte 1 de 2.)

```
37          System.GC.WaitForPendingFinalizers();
38
39          Console.WriteLine(
40             "\nEmployees after garbage collection: " +
41             Employee.Count );
42       }
43    }
```

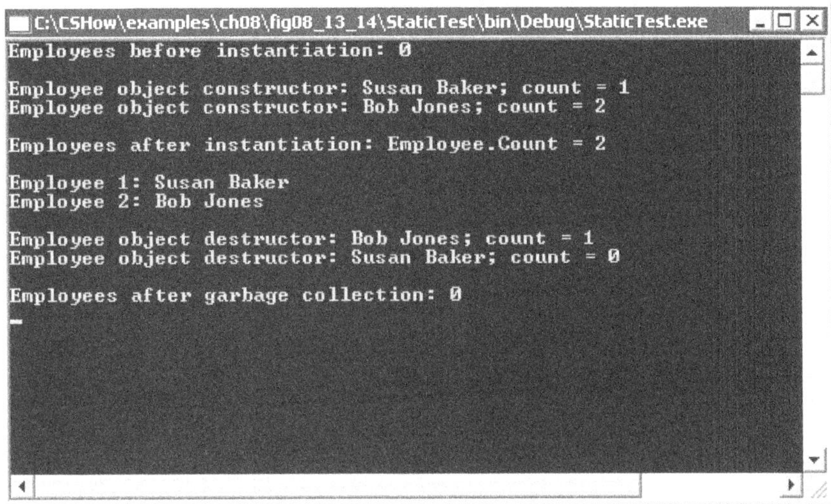

Figura 8.14 Demonstração de membro `static`. (Parte 2 de 2.)

O coletor de lixo não é chamado diretamente pelo programa. O coletor de lixo reclama a memória usada pelos objetos quando o ambiente de execução determina que a coleta de lixo é apropriada ou o sistema operacional recupera a memória quando o programa termina. Entretanto, é possível solicitar que o coletor de lixo tente coletar os objetos disponíveis. A linha 34 usa o método **public static** ***Collect*** da classe ***GC*** (espaço de nomes **System**) para fazer essa requisição. Não é garantido que o coletor de lixo reúna todos os objetos que estão correntemente disponíveis para coleta. Se o coletor de lixo decidir coletar objetos, ele primeiro chama o destrutor de cada objeto. É importante entender que o coletor de lixo é executado como uma entidade independente chamada *linha de execução* (*thread*; as linhas de execução serão discutidas no Capítulo 14). É possível que várias linhas de execução sejam executadas em paralelo, em um sistema com vários processadores, ou que compartilhem um processador, em um sistema com um único processador. Assim, um programa poderia ser executado em paralelo com a coleta de lixo. Por isso, chamamos o método **static** ***WaitForPendingFinalizers*** da classe **GC** (linha 37), que obriga o programa a esperar até que o coletor de lixo chame os destrutores de todos os objetos que estão prontos para a coleta e reclame esses objetos. Quando o programa chega na linha 41, temos certeza de que as duas chamadas de destrutor estão completas e que o valor de **count** foi decrementado de acordo.

Nesse exemplo, a saída mostra que o destrutor foi chamado para cada **Employee**, que decrementa o valor de **count** por dois (uma para cada objeto **Employee** que está sendo coletado). As linhas 39 a 41 usam a propriedade **Count** para obter o valor de **count** após chamar o coletor de lixo. Se o objeto não tivesse sido coletado, o valor de **count** seria maior do que zero.

No final da saída, note que o objeto **Employee** de **Bob Jones** foi finalizado antes do objeto **Employee** de **Susan Baker**. Entretanto, a saída desse programa em seu sistema pode ser diferente. Não há garantia de que o coletor de lixo colete os objetos em uma ordem específica.

8.12 Membros const e readonly

O C# permite que os programadores criem constantes cujos valores não podem mudar durante a execução do programa.

Para criar um membro de dados constante de uma classe, devemos declarar esse membro usando a palavra-chave ***const*** ou ***readonly***. Os membros de dados declarados como **const** (constantes) são **static** implicitamente e devem ser inicializados em sua declaração. Os membros de dados declarados como **readonly** (somente de leitura) podem ser inicializados em sua declaração ou no construtor de suas classes. Nem valores **const** nem **readonly** podem ser modificados, depois de inicializados, exceto que às variáveis **readonly** podem ser atribuídos valores em diversos construtores (apenas um dos quais será chamado quando um objeto for inicializado).

Dica de teste e depuração 8.3

Se uma variável nunca deve mudar, torne-a uma constante. Isso ajuda a eliminar erros que poderiam ocorrer se o valor da variável fosse alterado.

Erro de programação comum 8.7

Declarar um membro de dados de classe como **const**, *mas não o inicializar na declaração dessa classe, é um erro de sintaxe.*

Erro de programação comum 8.8

Atribuir um valor para uma variável **const** *após essa variável ser inicializada é um erro de compilação.*

Erro de programação comum 8.9

A declaração de um membro **const** *como* **static** *é um erro de sintaxe, pois um membro* **const** *é* **static** *implicitamente.*

Erro de programação comum 8.10

Declarar um membro de dados de classe como **readonly** *e tentar usá-lo antes que ele seja inicializado é um erro lógico.*

Os membros que são declarados como **const** devem receber valores em tempo de compilação. Portanto, os membros **const** podem ser inicializados apenas com outros valores constantes, como inteiros, literais de string, caracteres e outros membros **const**. Os membros constantes com valores que não podem ser determinados em tempo de compilação devem ser declarados com a palavra-chave **readonly**. Mencionamos anteriormente que um membro **readonly** pode receber um valor apenas uma vez, ou quando ele é declarado ou dentro do construtor da classe. Ao se inicializar um membro **readonly static** em um construtor, um construtor **static** deve ser usado.

A Figura 8.15 demonstra as constantes. O programa consiste em duas classes — a classe **Constants** (linhas 8 a 22) define duas constantes e a classe **UsingConstAndReadonly** (linhas 25 a 43) demonstra as constantes da classe **Constants**.

```
1  // Fig. 8.15: UsingConstAndReadOnly.cs
2  // Demonstrando valores constantes com const e readonly.
3
4  using System;
5  using System.Windows.Forms;
6
7  // definição da classe Constants
8  public class Constants
9  {
10    // cria a constante PI
11    public const double PI = 3.14159;
12
13    // radius é uma constante
14    // que não é inicializada
15    public readonly int radius;
16
17    public Constants( int radiusValue )
18    {
19       radius = radiusValue;
20    }
21
22 } // fim da classe Constants
23
24 // definição da classe UsingConstAndReadOnly
25 public class UsingConstAndReadonly
```

Figura 8.15 Demonstração de membro de classe const e readonly. (Parte 1 de 2.)

```
26 {
27    // o método Main cria objeto
28    // Constants e exibe seus valores
29    static void Main( string[] args )
30    {
31       Random random = new Random();
32
33       Constants constantValues =
34          new Constants( random.Next( 1, 20 ) );
35
36       MessageBox.Show( "Radius = " + constantValues.radius +
37          "\nCircumference = " +
38          2 * Constants.PI * constantValues.radius,
39          "Circumference" );
40
41    } // fim do método Main
42
43 } // fim da classe UsingConstAndReadOnly
```

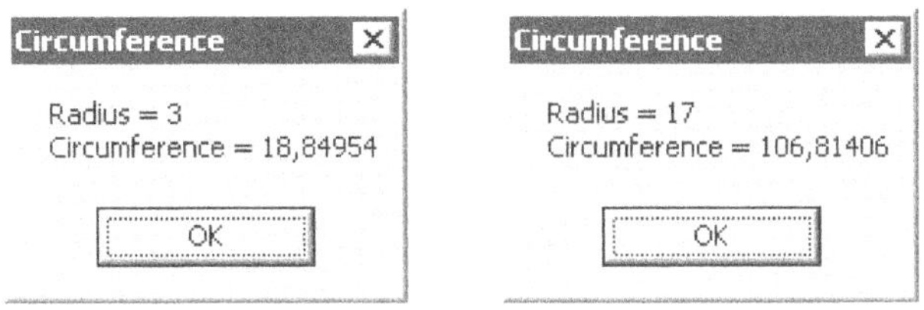

Figura 8.15 Demonstração de membro de classe `const` e `readonly`. (Parte 2 de 2.)

A linha 11 na classe **`Constants`** cria a constante **`PI`** usando a palavra-chave **`const`** e inicializa **`PI`** com o valor **`double 3.14159`** — uma aproximação de π que o programa usa para calcular as circunferências de círculos. Note que poderíamos ter usado a constante **`PI`** predefinida da classe **`Math`** (**`Math.PI`**) como o valor, mas queríamos demonstrar como se define uma variável **`const`** explicitamente. O compilador deve conseguir determinar o valor de uma variável **`const`** em tempo de compilação; caso contrário, ocorrerá um erro de compilação. Por exemplo, se a linha 11 inicializasse **`PI`** com a expressão

```
Double.Parse( "3.14159" )
```

o compilador geraria um erro. Embora a expressão use o literal **`string "3.14159"`** (um valor constante) como argumento, o compilador não consegue avaliar a chamada de método **`Double.Parse`** em tempo de compilação.

As variáveis declaradas como **`readonly`** podem ser inicializadas em tempo de execução. A linha 15 declara a variável **`readonly radius`**, mas não a inicializa. O construtor **`Constants`** (linhas 17 a 20) recebe um valor **`int`** e o atribui a **`radius`** quando o programa cria um objeto **`Constants`**. Note que radius também pode ser inicializada com uma expressão mais complexa, como uma chamada de método que retorne um **`int`**.

A classe **`UsingConstAndReadonly`** (linhas 25 a 43) usa as variáveis **`const`** e **`readonly`** da classe **`Constants`**. As linhas 33 e 34 usam um objeto **`Random`** para gerar um valor **`int`** aleatório entre **`1`** e **`20`** que corresponde ao raio de um círculo e, em seguida, passam esse valor para o construtor **`Constants`** para inicializar a variável **`readonly radius`**. As linhas 36 a 39 produzem na saída o raio e a circunferência de um círculo, em uma **`MessageBox`**. A linha 36 usa a referência **`constantValues`** de **`Constants`** para acessar a variável **`readonly radius`**. A linha 38 calcula a circunferência do círculo usando a variável **`const Constants.PI`** e a variável **`readonly radius`**. Note que usamos a sintaxe **`static`** para acessar a variável **`const PI`**, pois as variáveis **`const`** são implicitamente **`static`**.

8.13 Indexadores

Às vezes uma classe encapsula dados que um programa pode manipular como uma lista de elementos. Tal classe pode definir propriedades especiais chamadas *indexadores*, que permitem acesso indexado às listas de elementos no estilo de um array. Com os arrays "convencionais" do C#, o número do índice deve ser um valor inteiro. Uma vantagem dos indexadores é que o programador pode definir índices inteiros e não inteiros. Por exemplo, um programador poderia permitir que o código cliente manipulasse dados usando **strings** como índices que representassem os nomes ou descrições dos itens de dados. Ao se manipular elementos de array C# "convencionais", o operador de índice do array sempre retorna o mesmo tipo de dados — isto é, o tipo do array. Os indexadores são mais flexíveis — eles podem retornar qualquer tipo de dados, mesmo um que seja diferente do tipo dos dados da lista de elementos.

Embora o operador de índice do indexador seja usado como o operador de índice de um array, os indexadores são definidos como propriedades em uma classe. Ao contrário das propriedades normais, para as quais o programador pode escolher um nome de propriedade apropriado, os indexadores devem ser definidos com a palavra-chave **this**. Os indexadores têm a forma geral a seguir:

```
modificadorDeAcesso tipoDeRetorno this [ TipoDeÍndice1 nome1, TipoDeÍndice2 nome2, ... ]
{
   get
   {
      // use nome1, nome2, ... aqui, para obter dados
   }

   set
   {
      // use nome1, nome2, ... aqui, para configurar dados
   }
}
```

Os parâmetros *TipoDeÍndice* especificados nos colchetes (**[]**) são acessíveis para os acessores **get** e **set**. Esses acessores definem como se faz para usar o índice (ou índices) para selecionar ou modificar o membro de dados apropriado. Assim como nas propriedades, **get** deve **retornar** um valor de tipo *tipoDeRetorno*, e **set** pode usar a palavra-chave **value** para fazer referência ao valor que deve ser atribuído ao membro de dados.

Erro de programação comum 8.11

Declarar indexadores como **static** *é um erro de sintaxe.*

O programa da Figura 8.16 contém duas classes — a classe **Box** (linhas 14 a 74) representa uma caixa com um comprimento, uma largura e uma altura, e a classe **IndexerTest** (linhas 77 a 177) demonstra os indexadores da classe **Box**.

```
1  // Fig. 8.16: IndexerTest.cs
2  // Os indexadores fornecem acesso aos membros de um objeto por meio
3  // de um operador de índice.
4
5  using System;
6  using System.Drawing;
7  using System.Collections;
8  using System.ComponentModel;
9  using System.Windows.Forms;
10 using System.Data;
11
12 // A definição da classe Box representa uma caixa com dimensões de
13 // comprimento, largura e altura
14 public class Box
15 {
16    private string[] names = { "length", "width", "height" };
17    private double[] dimensions = new double[ 3 ];
18
19    // construtor
20    public Box( double length, double width, double height )
21    {
```

Figura 8.16 Os indexadores fornecem acesso por meio de índices aos membros de um objeto. (Parte 1 de 5.)

```
      dimensions[ 0 ] = length;
      dimensions[ 1 ] = width;
      dimensions[ 2 ] = height;
   }

   // acessa as dimensões pelo número de índice inteiro
   public double this[ int index ]
   {
      get
      {
         return ( index < 0 || index >= dimensions.Length ) ?
            -1 : dimensions[ index ];
      }

      set
      {
         if ( index >= 0 && index < dimensions.Length )
            dimensions[ index ] = value;
      }

   } // fim do indexador numérico

   // acessa as dimensões por seus nomes de string
   public double this[ string name ]
   {
      get
      {
         // localiza o elemento a ser obtido
         int i = 0;

         while ( i < names.Length &&
            name.ToLower() != names[ i ] )
            i++;

         return ( i == names.Length ) ? -1 : dimensions[ i ];
      }

      set
      {
         // localiza o elemento a ser configurado
         int i = 0;

         while ( i < names.Length &&
            name.ToLower() != names[ i ] )
            i++;

         if ( i != names.Length )
            dimensions[ i ] = value;
      }

   } // fim do indexador

} // fim da classe Box

// Classe IndexerTest
public class IndexerTest : System.Windows.Forms.Form
{
   private System.Windows.Forms.Label indexLabel;
```

Figura 8.16 Os indexadores fornecem acesso por meio de índices aos membros de um objeto. (Parte 2 de 5.)

```
      private System.Windows.Forms.Label nameLabel;

      private System.Windows.Forms.TextBox indexTextBox;
      private System.Windows.Forms.TextBox valueTextBox;

      private System.Windows.Forms.Button nameSetButton;
      private System.Windows.Forms.Button nameGetButton;

      private System.Windows.Forms.Button intSetButton;
      private System.Windows.Forms.Button intGetButton;

      private System.Windows.Forms.TextBox resultTextBox;

      // variável de projetista exigida
      private System.ComponentModel.Container components = null;

      private Box box;

      // construtor
      public IndexerTest()
      {
         // exigido para suporte do Windows Form Designer
         InitializeComponent();

         // cria bloco
         box = new Box( 0.0, 0.0, 0.0 );
      }

      // código gerado pelo Visual Studio .NET

      // ponto de entrada principal do aplicativo
      [STAThread]
      static void Main()
      {
         Application.Run( new IndexerTest() );
      }

      // exibe o valor no número de índice especificado
      private void ShowValueAtIndex( string prefix, int index )
      {
         resultTextBox.Text =
            prefix + "box[ " + index + " ] = " + box[ index ];
      }

      // exibe o valor com o nome especificado
      private void ShowValueAtIndex( string prefix, string name )
      {
         resultTextBox.Text =
            prefix + "box[ " + name + " ] = " + box[ name ];
      }

      // limpa indexTextBox e valueTextBox
      private void ClearTextBoxes()
      {
         indexTextBox.Text = "";
         valueTextBox.Text = "";
      }

```

Figura 8.16 Os indexadores fornecem acesso por meio de índices aos membros de um objeto. (Parte 3 de 5.)

```
   // obtém o valor no índice especificado
   private void intGetButton_Click(
      object sender, System.EventArgs e )
   {
      ShowValueAtIndex(
         "get: ", Int32.Parse( indexTextBox.Text ) );
      ClearTextBoxes();
   }

   // configura o valor no índice especificado
   private void intSetButton_Click(
      object sender, System.EventArgs e )
   {
      int index = Int32.Parse( indexTextBox.Text );
      box[ index ] = Double.Parse( valueTextBox.Text );

      ShowValueAtIndex( "set: ", index );
      ClearTextBoxes();
   }

   // obtém o valor com o nome especificado
   private void nameGetButton_Click(
      object sender, System.EventArgs e )
   {
      ShowValueAtIndex( "get: ", indexTextBox.Text );
      ClearTextBoxes();
   }

   // configura o valor com o nome especificado
   private void nameSetButton_Click(
      object sender, System.EventArgs e )
   {
      box[ indexTextBox.Text ] =
         Double.Parse( valueTextBox.Text );

      ShowValueAtIndex( "set: ", indexTextBox.Text );
      ClearTextBoxes();
   }

} // fim da classe IndexerTest
```

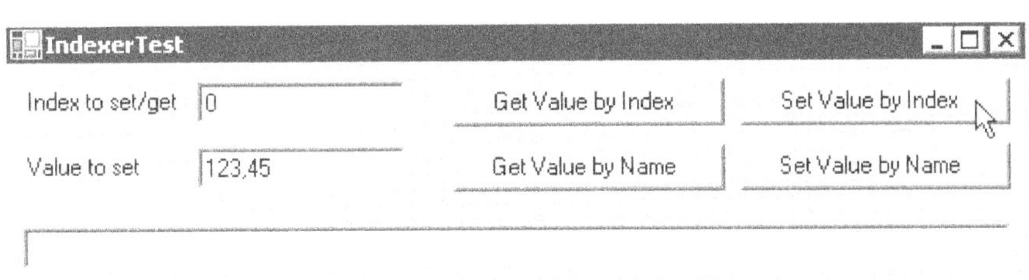

Antes de configurar o valor pelo número do índice

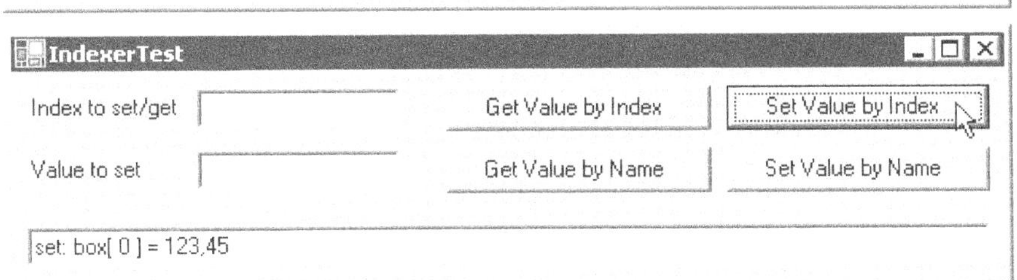

Após configurar o valor pelo número do índice

Figura 8.16 Os indexadores fornecem acesso por meio de índices aos membros de um objeto. (Parte 4 de 5.)

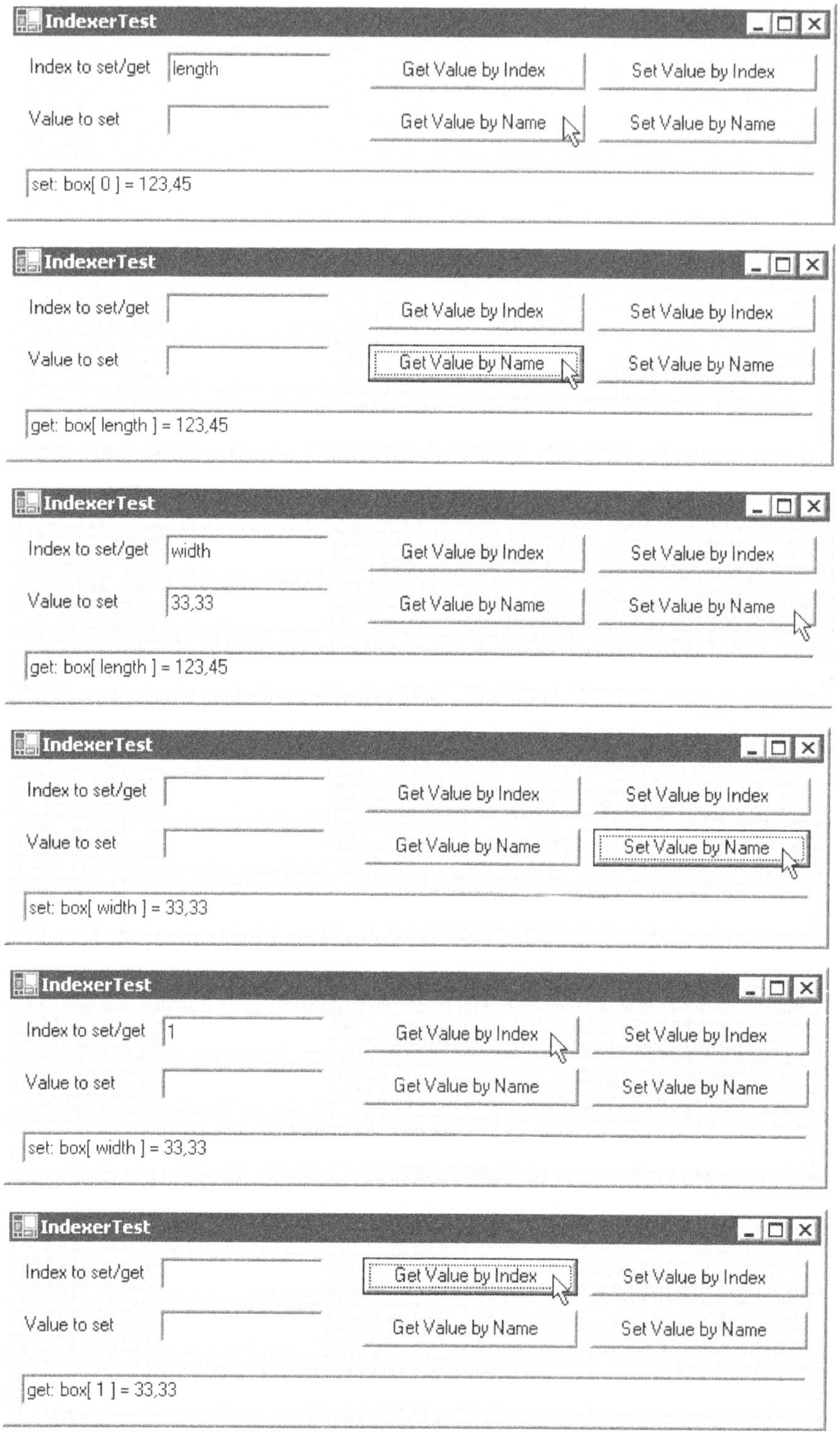

Antes de obter o valor pelo nome da dimensão

Após obter o valor pelo nome da dimensão

Antes de configurar o valor pelo nome da dimensão

Após configurar o valor pelo nome da dimensão

Antes de obter o valor pelo número do índice

Após obter o valor pelo número do índice

Figura 8.16 Os indexadores fornecem acesso por meio de índices aos membros de um objeto. (Parte 5 de 5.)

Os membros de dados **`private`** da classe **`Box`** são o array de **`string names`** (linha 16), que contém os nomes (isto é, **`"length"`**, **`"width"`** e **`"height"`**) das dimensões de uma **`Box`**, e o array de **`double dimensions`** (linha 17), que contém o tamanho de cada dimensão. Cada elemento do array **`names`** corresponde a um elemento do array **`dimensions`** (por exemplo, **`dimensions[ 2 ]`** contém a altura — *height* — da **`Box`**).

Box define dois indexadores (linhas 28 a 42 e linhas 45 a 72) que retornam um valor **double** cada um, representando o tamanho da dimensão especificada pelo parâmetro do indexador. Os indexadores podem ser sobrecarregados, como os métodos. O primeiro indexador usa um índice **int** para manipular um elemento no array **dimensions**. O segundo indexador usa um índice **string** representando o nome da dimensão para manipular um elemento no array **dimensions**. Cada indexador retorna **-1** se seu acessor **get** encontrar um índice inválido. O acessor **set** de cada acessor atribui um valor para o elemento apropriado de **dimensions**, somente se o índice for válido. Normalmente, o programador faria o indexador lançar uma exceção, caso recebesse um índice inválido. Discutiremos como lançar exceções no Capítulo 11.

O indexador de **string** usa uma estrutura **while** para procurar uma **string** correspondente no array **names** (linhas 64 a 66). Se uma correspondência é encontrada, o indexador manipula o elemento correspondente no array **dimensions** (linha 69).

A classe **IndexerTest** é um **System.Windows.Forms.Form** que manipula os membros de dados **private** da classe **Box** por meio dos indexadores de **Box**. A variável de instância **box** é declarada na linha 96 e inicializada no construtor, na linha 105, com as dimensões **0.0**. O manipulador de eventos do botão **Get Value by Index** (linhas 139 a 145) chama o método **ShowValueAtIndex** (linhas 118 a 122) para recuperar o valor no número de índice especificado em **indexTextBox**. O manipulador de eventos do botão **Set Value by Index** (linhas 148 a 156) atribui o valor de **valueTextBox** à posição especificada em **indexTextBox**. O manipulador de eventos do botão **Get Value by Name** (159 a 164) chama o método sobrecarregado **ShowValueAtIndex** (linhas 125 a 129) para recuperar o valor com o nome especificado em **valueTextBox**. O manipulador de eventos do botão **Set Value by Name** (linhas 167 a 175) atribui o valor de **valueTextBox** à posição com o nome especificado em **indexTextBox**.

8.14 Abstração de dados e ocultamento de informações

Conforme apontado no início deste capítulo, as classes normalmente ocultam os detalhes de sua implementação de seus clientes. Isso é chamado de *ocultamento de informações*. Como um exemplo de ocultamento de informações, vamos considerar uma estrutura de dados chamada *pilha* (*stack*).

Os estudantes podem considerar uma pilha como análoga a uma pilha de pratos. Quando um prato é posto na pilha, ele é sempre colocado no topo (referido como *colocar* o prato na pilha). Analogamente, quando um prato é retirado da pilha, ele é sempre removido do topo (referido como *retirar* o prato da pilha). As pilhas são conhecidas como estruturas de dados do tipo último a entrar, primeiro a sair *(LIFO — last-in, first-out)* — o último item colocado (inserido) na pilha é o primeiro item retirado (removido) da pilha.

As pilhas podem ser implementadas com arrays e com outras estruturas de dados, como as listas encadeadas. (Discutiremos as pilhas e listas encadeadas no Capítulo 23.) Um cliente de uma classe de pilha não precisa se preocupar com a implementação da pilha. O cliente só sabe que, quando os itens de dados forem colocados na pilha, esses itens serão chamados na ordem do último a entrar, primeiro a sair. O cliente se preocupa com a *funcionalidade* que uma pilha oferece, mas não com o modo *como* essa funcionalidade é implementada. Esse conceito é referido como *abstração de dados*. Embora os programadores possam conhecer os detalhes da implementação de uma classe, eles não devem escrever código que dependa desses detalhes. Isso permite que uma classe em particular — como uma que implementa uma pilha e suas operações, *colocar* (*push*) e *retirar* (*pop*) — seja substituída por outra versão, sem afetar o restante do sistema. Desde que os serviços **public** da classe não mudem (isto é, todo método ainda tem o mesmo nome, tipo de retorno e lista de parâmetros na nova definição de classe), o restante do sistema não é afetado.

A maioria das linguagens de programação enfatiza as ações. Nessas linguagens, os dados existem para suportar as ações que os programas devem executar. Os dados são "menos interessantes" do que as ações. Os dados são "crus". Existem apenas alguns tipos de dados internos, e é difícil para os programadores criarem seus próprios tipos de dados. O C# e o estilo de programação orientado a objetos aumentam a importância dos dados. As principais atividades da programação orientada a objetos no C# é a criação de tipos de dados (isto é, classes) e a expressão das interações entre os objetos desses tipos de dados. Para criar linguagens que enfatizam os dados, a comunidade de linguagens de programação precisava formalizar algumas noções sobre dados. A formalização que consideramos aqui é a noção de *tipos de dados abstratos (TDAs)*. Os TDAs recebem tanta atenção hoje quanto a programação estruturada recebeu há algumas décadas. Entretanto, os TDAs não substituem a programação estruturada. Em vez disso, eles fornecem uma formalização adicional para melhorar o processo de desenvolvimento de programas.

Considere o tipo interno **int**, que a maioria das pessoas associaria a um inteiro na matemática. Em vez disso, um **int** é uma representação abstrata de um inteiro. Ao contrário dos inteiros matemáticos, os valores **int** do computador têm tamanho fixo. Por exemplo, no .NET, o tipo **int** está limitado aproximadamente ao intervalo de –2 bilhões a +2 bilhões. Se o resultado de um cálculo cair fora desse intervalo, ocorrerá um erro, e o computador responderá de alguma maneira dependente da máquina. Ele poderia, por exemplo, produzir "silenciosamente" um resultado incorreto. Os inteiros matemáticos não têm esse problema. Portanto, a noção de um valor `int` de computador é apenas uma aproximação da notação de um inteiro do mundo real. O mesmo vale para `float` e outros tipos internos.

Até este ponto, admitimos a noção de `int` como certa, mas agora vamos considerá-la sob uma nova perspectiva. Os tipos como `int`, `float`, `char` e outros são todos exemplos de tipos de dados abstratos. Esses tipos são representações de noções do mundo real em um nível satisfatório de precisão dentro de um sistema de computador.

Na verdade, um TDA captura duas noções: uma *representação de dados* e as *operações* que podem ser efetuadas sobre esses dados. Por exemplo, em C#, um valor `int` contém um valor inteiro (dados) e fornece as operações de adição, subtração, multiplicação, divisão e módulo; entretanto, a divisão por zero é indefinida. Os programadores de C# usam classes para implementar tipos de dados abstratos.

Observação de engenharia de software 8.17

Os programadores podem criar tipos utilizando o mecanismo de classe. Esses novos tipos podem ser projetados de modo a serem tão convenientes de usar quanto os tipos internos. Isso distingue o C# como uma linguagem extensível. Embora a linguagem seja fácil de estender, por meio de novos tipos, o programador não pode alterar a linguagem básica em si.

Outro tipo de dados abstrato que discutiremos é a *fila* (*queue*), que é semelhante a uma "fila de espera". Os sistemas de computador usam muitas filas internamente. Uma fila oferece comportamento bem entendido por seus clientes: os clientes colocam itens em uma fila uma vez, por meio de uma operação de *enfileiramento* (*enqueue*), e depois obtêm esses itens de volta uma vez, por meio de uma operação de *desenfileiramento* (*dequeue*). Uma fila retorna itens na ordem do primeiro a entrar, primeiro a sair (*FIFO — first-in, first-out*), o que significa que o primeiro item inserido em uma fila é o primeiro item a ser removido. Conceitualmente, uma fila pode se tornar infinitamente longa, mas as filas reais são finitas.

A fila oculta uma representação interna dos dados que controla os itens que estão esperando na linha e oferece um conjunto de operações para seus clientes (*enfileiramento* e *desenfileiramento*). Os clientes não ficam preocupados com a implementação da fila — eles simplesmente dependem da fila para operar "conforme anunciado". Quando um cliente enfileira um item, a fila deve aceitar esse item e colocá-lo em algum tipo de estrutura de dados FIFO interna. Analogamente, quando o cliente quer o próximo item da frente da fila, esta deve remover o item de sua representação interna e apresentá-lo no menu de atalho na ordem FIFO (isto é, o item que estava na fila a mais tempo deve ser o próximo a ser retornado pela próxima operação de desenfileiramento).

O TDA de fila garante a integridade de sua estrutura de dados interna. Os clientes não podem manipular essa estrutura de dados diretamente — apenas o TDA de fila tem acesso a seus dados internos. Os clientes podem efetuar somente as operações permitidas na representação de dados; o TDA rejeita as operações que sua interface pública não fornece.

8.15 Reutilização de software

Os programadores de C# se concentram em fazer novas classes e em reutilizar classes da Framework Class Library (FCL), que contém milhares de classes predefinidas. Os desenvolvedores constroem software combinando classes definidas pelo programador com classes bem definidas, cuidadosamente testadas, bem documentadas, portáveis e amplamente disponíveis na FCL. Esse tipo de reutilização de software acelera o desenvolvimento de software poderoso e de alta qualidade. O *RAD* (Rapid Applications Development — desenvolvimento rápido de aplicativos) é de grande interesse atualmente.

A FCL permite aos programadores de C# obter a reutilização de software por meio de ambientes operacionais que suportam o .NET e o desenvolvimento rápido de aplicativos. Os programadores de C# focalizam os problemas de programação de alto nível e deixam os detalhes da implementação de baixo nível para as classes da FCL. Por exemplo, um programador de C# que queira escrever um programa gráfico não precisa conhecer os detalhes de cada recurso gráfico da plataforma .NET. Em vez disso, os programadores de C# se concentram no aprendizado e uso das classes gráficas da FCL.

A FCL permite aos desenvolvedores de C# construir aplicativos mais rapidamente, reutilizando classes preexistentes, amplamente testadas. Além de reduzirem o tempo de desenvolvimento, as classes da FCL também aumentam os recursos dos programadores para depurar e manter aplicativos, pois componentes de software comprovados estão sendo usados. Para que os programadores tirem proveito das classes da FCL, eles devem se familiarizar com seu rico conjunto de recursos.

A reutilização de software não está limitada ao desenvolvimento de aplicativos Windows. A FCL também contém classes para criar *serviços da Web* (Web services), que são aplicativos empacotados como serviços que os clientes podem acessar pela Internet. Qualquer aplicativo C# é um serviço da Web em potencial, de modo que os programadores de C# podem reutilizar aplicativos já existentes, como blocos de construção para formar aplicativos maiores e mais sofisticados compatíveis com a Web.

Muitas pessoas acreditam que os serviços da Web representam a próxima fase na evolução do desenvolvimento de software, na qual a Web fornece uma biblioteca de funcionalidades a partir das quais os desenvolvedores podem construir aplicativos de maneira independente de ambiente operacional. Como a principal linguagem .NET da Microsoft, o C# fornece todos os recursos necessários para a criação de serviços da Web flexíveis e robustos. Apresentaremos os serviços da Web formalmente no Capítulo 21.

8.16 Espaços de nomes e assemblies

Como vimos em quase todos os exemplos no texto, as classes de bibliotecas preexistentes, como a plataforma .NET, devem ser importadas para um programa C# por meio da adição de uma referência às bibliotecas apropriadas (um processo que demonstramos na Seção 3.2). Lembre-se de que cada classe da Framework Class Library pertence a um espaço de nomes específico. O código preexistente na FCL facilita a reutilização de software.

Os programadores devem se concentrar em tornar reutilizáveis os componentes de software que criam. Entretanto, fazer isso freqüentemente resulta em *colisões de nomes*. Por exemplo, duas classes definidas por diferentes programadores podem ter o mesmo nome. Se um programa precisa dessas duas classes, ele deve ter um modo de distinguir entre elas no código.

Erro de programação comum 8.12

Tentar compilar código que contém colisão de nomes gerará erros de compilação.

Os espaços de nomes ajudam a minimizar esse problema, fornecendo uma convenção para *nomes de classe exclusivos*. Em determinado espaço de nomes, duas classes não podem ter o mesmo nome, mas espaços de nomes diferentes podem conter classes com o mesmo nome. Com centenas de milhares de pessoas escrevendo programas C#, há uma boa chance de que os nomes escolhidos por um programador para descrever classes coincidam com os nomes escolhidos por outros programadores para suas classes.

Começamos nossa discussão de reutilização de definições de classe existentes na Figura 8.17, que fornece o código da classe **`Time3`** (originariamente definida na Figura 8.6). Ao reutilizarem definições de classe entre programas, os programadores criam bibliotecas de classes que podem ser importadas para uso em um programa por meio de uma instrução **`using`**. Apenas as classes **`public`** podem ser reutilizadas a partir das bibliotecas de classes. As classes não **`public`** só podem ser usadas por outras classes no mesmo assembly.

A única diferença entre a classe **`Time3`** neste exemplo e a versão da Figura 8.6 é que mostramos o **espaço de nomes**, isto é, **`TimeLibrary`**, em que **`Time3`** é definida. Cada biblioteca de classes é definida em um **espaço de nomes** que contém todas as classes da biblioteca. Vamos demonstrar em breve como empacotar a classe **`Time3`** na **`TimeLibrary.dll`** — a DLL (Dynamic Link Library — biblioteca de vinculação dinâmica) que criamos para reutilização em outros programas. Os programas podem carregar bibliotecas de vinculação dinâmica em tempo de execução, para acessar funcionalidade comum que pode ser compartilhada entre muitos programas. Uma biblioteca de vinculação dinâmica representa um assembly. Quando um projeto usa uma biblioteca de classes, ele deve conter uma referência ao assembly que define essa biblioteca.

```
// Fig. 8.17: TimeLibrary.cs
// Colocando a classe Time3 em um assembly para reutilização.

using System;

namespace TimeLibrary   // especifica o espaço de nomes da classe Time3
{
   // definição da classe Time3
   public class Time3
   {
      private int hour;     // 0 a 23
      private int minute;   // 0 a 59
      private int second;   // 0 a 59

      // O construtor Time3 inicializa as variáveis de instância como
```

Figura 8.17 O assembly `TimeLibrary` contém a classe `Time3`. (Parte 1 de 3.)

```
      // zero para configurar a hora padrão como meia-noite
      public Time3()
      {
         SetTime( 0, 0, 0 );
      }

      // construtor Time3: hora fornecida, minutos e segundos
      // têm 0 como padrão
      public Time3( int hour )
      {
         SetTime( hour, 0, 0 );
      }

      // construtor Time3: hora e minutos fornecidos, segundos
      // têm 0 como padrão
      public Time3( int hour, int minute )
      {
         SetTime( hour, minute, 0 );
      }

      // construtor Time3: hora, minutos e segundos fornecidos
      public Time3( int hour, int minute, int second )
      {
         SetTime( hour, minute, second );
      }

      // construtor Time3: inicializa usando outro objeto Time3
      public Time3( Time3 time )
      {
         SetTime( time.Hour, time.Minute, time.Second );
      }

      // Configura o novo valor de hora no formato de 24 horas. Realiza verificações
      // de validade sobre os dados. Configura os valores inválidos como zero.
      public void SetTime(
         int hourValue, int minuteValue, int secondValue )
      {
         Hour = hourValue;
         Minute = minuteValue;
         Second = secondValue;
      }

      // propriedade Hour
      public int Hour
      {
         get
         {
            return hour;
         }

      set
      {
         hour = ( ( value >= 0 && value < 24 ) ? value : 0 );
      }

   } // fim da propriedade Hour

   // propriedade Minute
```

Figura 8.17 O assembly `TimeLibrary` contém a classe `Time3`. (Parte 2 de 3.)

```
      public int Minute
      {
         get
         {
            return minute;
         }

         set
         {
            minute = ( ( value >= 0 && value < 60 ) ? value : 0 );
         }

      } // fim da propriedade Minute

      // propriedade Second
      public int Second
      {
         get
         {
            return second;
         }

         set
         {
            second = ( ( value >= 0 && value < 60 ) ? value : 0 );
         }

      } // fim da propriedade Second

      // converte a hora para a string de formato de hora universal (24 horas)
      public string ToUniversalString()
      {
         return String.Format(
            "{0:D2}:{1:D2}:{2:D2}", Hour, Minute, Second );
      }

      // converte a hora para a string de formato de hora padrão (12 horas)
      public string ToStandardString()
      {
         return String.Format( "{0}:{1:D2}:{2:D2} {3}",
            ( ( Hour == 12 || Hour == 0 ) ? 12 : Hour % 12 ),
            Minute, Second, ( Hour < 12 ? "AM" : "PM" ) );
      }

   } // fim da classe Time3
}
```

Figura 8.17 O assembly `TimeLibrary` contém a classe `Time3`. (Parte 3 de 3.)

Agora descreveremos, passo a passo, como criar a biblioteca de classes **`TimeLibrary`** contendo a classe **`Time3`**:

1. *Crie um projeto de biblioteca de classes.* No menu **File**, escolha a opção **New**, seguida de **Project...**. Na caixa de diálogo **New Project**, certifique-se de que **C# Projects** esteja selecionado na seção **Project Types** e clique em **Class Library**. Chame o projeto de **TimeLibrary** e escolha o diretório em que você gostaria de armazenar o projeto. Uma biblioteca de classes simples será criada, como se vê na Figura 8.18. Existem dois pontos importantes para serem notados a respetio do código gerado. O primeiro é que a classe não contém um método **`Main`**. Isso indica que a classe da biblioteca de classes não pode ser usada para iniciar a execução de um aplicativo. Essa classe é projetada para ser usada por outros programas. Note também que a **`Class1`** é criada como uma classe

public. Se outro projeto usar essa biblioteca, apenas as classes **public** da biblioteca estarão acessíveis. Criamos a classe **Time3** como **public** para esse propósito (linha 9 da Figura 8.17), renomeando a classe **Class1** (criada pelo Visual Studio como parte do projeto) para **Time3**. No **Solution Explorer**, também renomeamos o arquivo **Class1.cs** como **Time3.cs**.

2. *Adicione o código da classe* ***Time3***. Exclua o código do construtor **Class1**. Em seguida, copie o restante do código de **Time3** (linhas 11 a 116) da Figura 8.17 (você pode encontrar esse arquivo nos exemplos do CD que acompanha este livro) e cole o código no corpo da definição de classe mostrada na Figura 8.18.

3. *Compile o código.* No menu **Build**, escolha a opção **Build Solution**. O código deverá compilar com êxito. Lembre-se de que esse código não pode ser executado — não existe nenhum ponto de entrada no programa. Na verdade, se você tentar executar o programa selecionando o menu **Debug** e escolhendo **Start**, o Visual Studio .NET exibirá uma mensagem de erro.

Compilar o projeto cria um assembly (uma DLL — biblioteca de vinculação dinâmica) que representa a nova biblioteca de classes. Esse assembly pode ser encontrado no diretório **bin\Debug** do projeto. Como padrão, o nome do assembly incluirá o nome do espaço de nomes. (Nesse caso, o nome será **TimeLibrary.dll**.) O arquivo do assembly contém a classe **Time3**, que outros projetos podem usar. Os arquivos de assembly, cuja extensão é **.dll** e **.exe**, são partes integrantes do C#. O sistema operacional Windows usa arquivos executáveis (**.exe**) para executar aplicativos, enquanto usa arquivos de biblioteca (**.dll** ou *biblioteca de vinculação dinâmica*) para representar bibliotecas de código que podem ser carregadas dinamicamente por muitos aplicativos e compartilhados entre esses aplicativos.

Em seguida definimos um projeto de aplicativo de console contendo a classe **AssemblyTest** (Figura 8.19), que usa a classe **Time3** no assembly **TimeLibrary.dll** para criar um objeto **Time3** e exibir seus formatos de string padrão e universal.

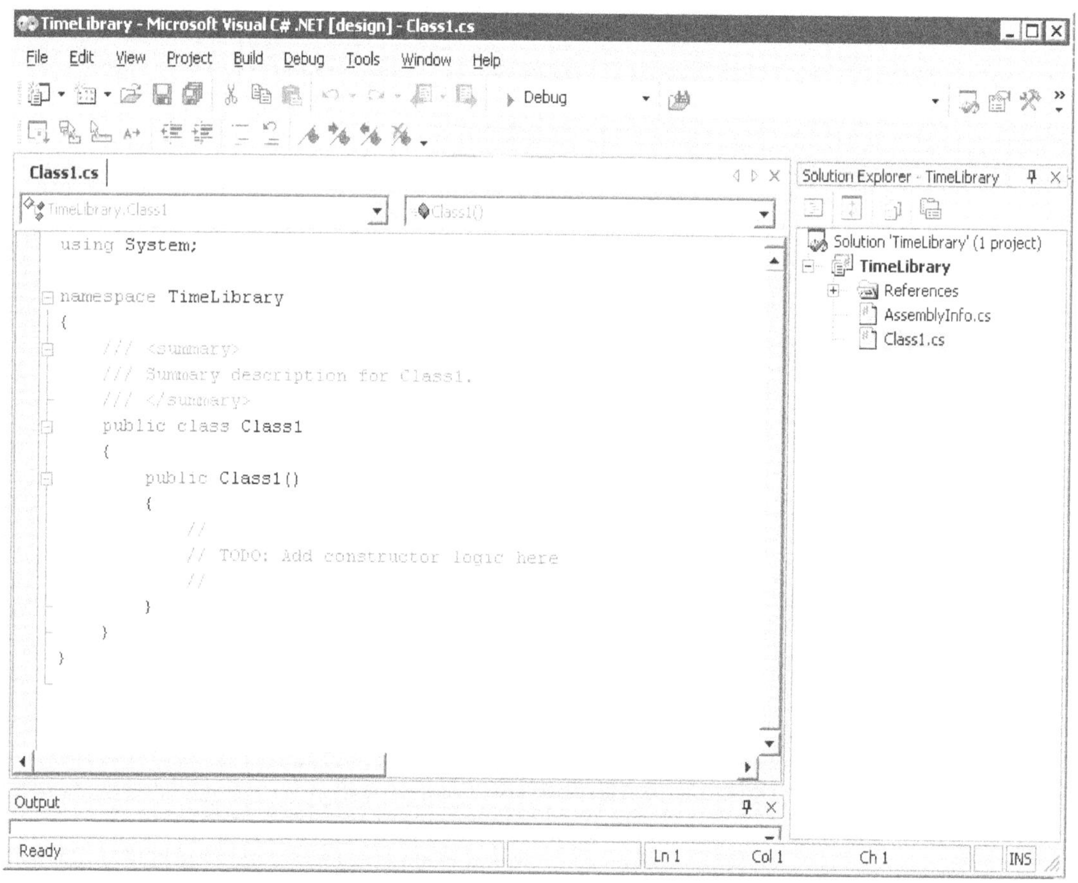

Figura 8.18 Biblioteca de classes simples.

```
1  // Fig. 8.19: AssemblyTest.cs
2  // Usando a classe Time3 do assembly TimeLibrary.
3
4  using System;
5  using TimeLibrary;
6
7  // definição da classe AssemblyTest
8  class AssemblyTest
9  {
10    // ponto de entrada principal do aplicativo
11    static void Main( string[] args )
12    {
13       Time3 time = new Time3( 13, 27, 6 );
14
15       Console.WriteLine(
16          "Standard time: {0}\nUniversal time: {1}\n",
17          time.ToStandardString(), time.ToUniversalString() );
18    }
19 }
```

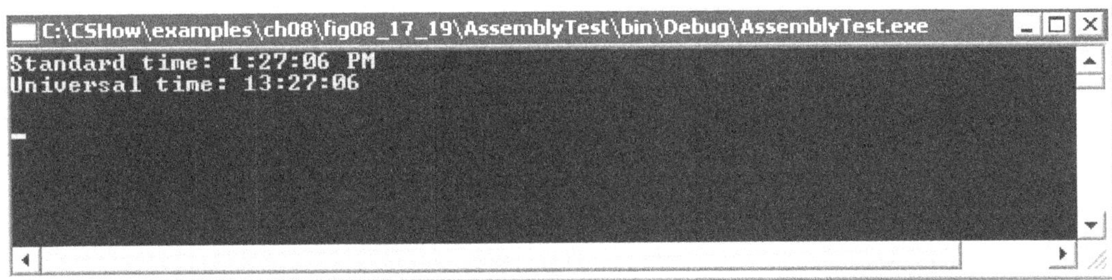

Figura 8.19 Assembly `TimeLibrary` usado a partir da classe `AssemblyTest`.

Antes que a classe **`AssemblyTest`** possa usar a classe **`Time3`**, o projeto que contém a classe **`AssemblyTest`** deve ter uma referência ao assembly **`TimeLibrary`**. Para adicionar a referência, selecione **Add Reference** no menu **Project**. Usando o botão **Browse**, selecione **`TimeLibrary.dll`** (localizada no diretório **`bin\Debug`** do projeto **`TimeLibrary`**) e, em seguida, clique em **OK** para adicionar o recurso no projeto. Após adicionarmos a referência, usamos a palavra-chave **`using`** para informar ao compilador que usaremos classes do espaço de nomes **`TimeLibrary`** (linha 5 na Figura 8.19).

8.17 Class View e Object Browser

Agora que já apresentamos os principais conceitos da programação baseada em objetos, apresentaremos dois recursos fornecidos pelo Visual Studio para facilitar o projeto de aplicativos orientados a objetos — o ***Class View*** (modo de exibição de classes) e o ***Object Browser*** (navegador de objetos).

O recurso **Class View** apresenta as variáveis e métodos de todas as classes de um projeto. Para acessá-lo, selecione **Class View** no menu **View**. A Figura 8.20 mostra o recurso **Class View** para o projeto **`TimeTest1`** das figuras 8.1 e 8.2 (classe **`Time1`** e classe **`TimeTest1`**). O modo de exibição segue uma estrutura hierárquica, posicionando o nome do projeto (**`TimeTest1`**) como a raiz e incluindo uma série de nós (por exemplo, classes, variáveis, métodos etc.). Se um sinal de adição (**+**) aparece à esquerda de um nó, então esse nó pode ser expandido para mostrar outros nós. Em contraste, se aparece um sinal de subtração (**-**) à esquerda de um nó, então esse nó foi expandido (e pode ser recolhido). De acordo com o recurso **Class View**, o projeto **`TimeTest`** contém as classes **`Time1`** e **`TimeTest1`** como *filhas*. A classe **`Time1`** contém os métodos **`SetTime`**, **`Time1`**, **`ToStandardString`** e **`ToUniversalString`** (indicado por caixas de cor violeta) e as variáveis de instância **`hour`**, **`minute`** e **`second`** (indicadas por caixas azuis). Os ícones de cadeado, colocados à esquerda dos ícones de caixa azul das variáveis de instância, especificam que as variáveis são **`private`**. A classe **`TimeTest1`** contém o método **`Main`**. Note que as classes **`Time1`** e **`TimeTest1`** contêm o nó **Bases and Interfaces**. Se você expandir esse nó, verá a classe **`Object`** em cada caso, pois cada classe herda da classe **`System.Object`** (discutida no Capítulo 9).

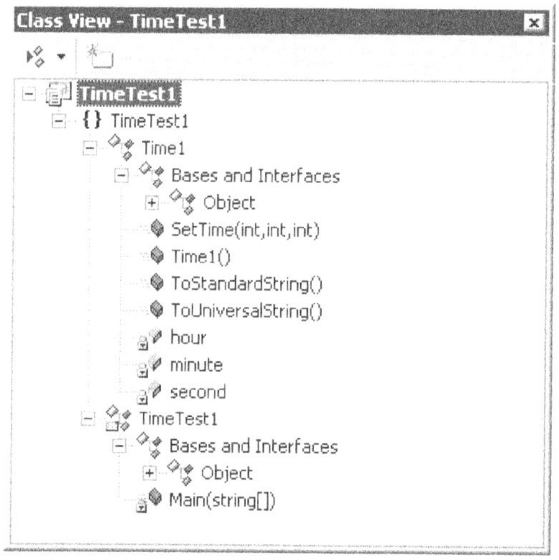

Figura 8.20 O recurso **Class View** da classe `Time1` (Figura 8.1) e da classe `TimeTest1` (Figura 8.2).

O **Object Browser** do Visual Studio relaciona todas as classes da biblioteca C#. Os desenvolvedores usam o **Object Browser** para aprender sobre a funcionalidade fornecida por uma classe específica. Para abrir o **Object Browser**, clique com o botão direito do mouse em qualquer método ou classe interna do C# no editor de código e selecione **Go To Definition**. A Figura 8.21 representa o **Object Browser** quando o usuário clica com o botão direito do mouse no nome de classe `Object` no editor de código. Note que o **Object Browser** relaciona todos os métodos fornecidos pela classe `Object` na janela **Members of 'Object'** — essa janela oferece aos desenvolvedores "acesso instantâneo" às informações

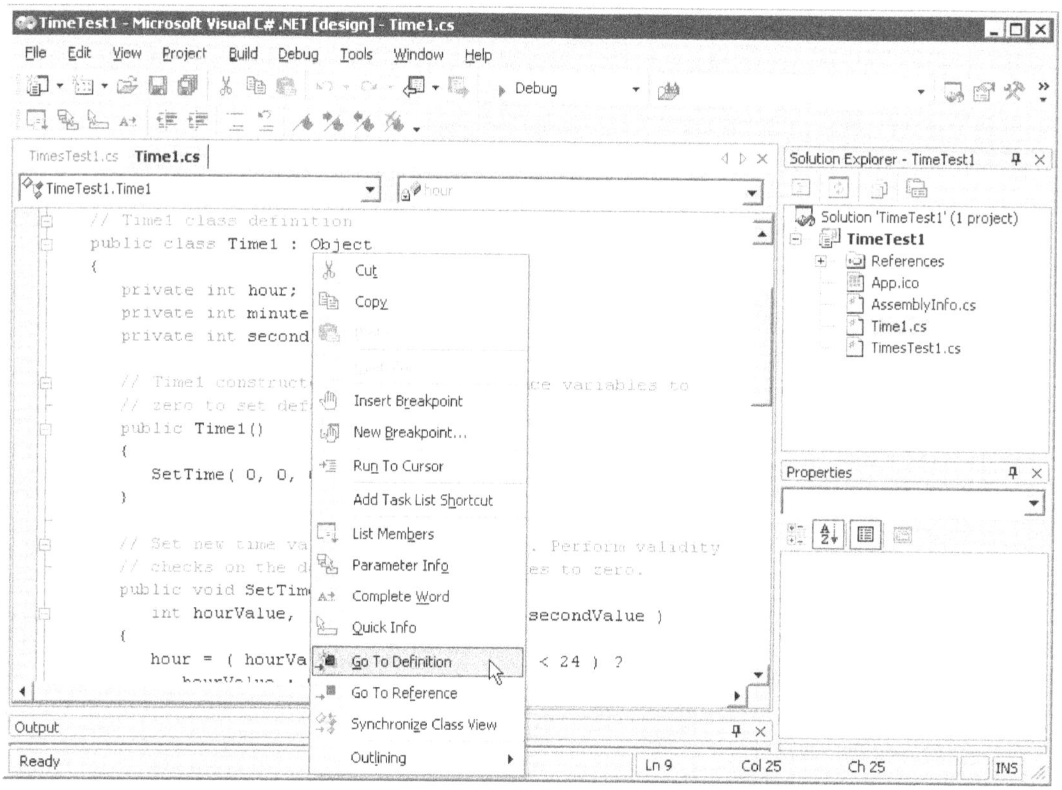

Figura 8.21 O **Object Browser** quando o usuário seleciona `Object` de `Time1.cs`. (Parte 1 de 2.)

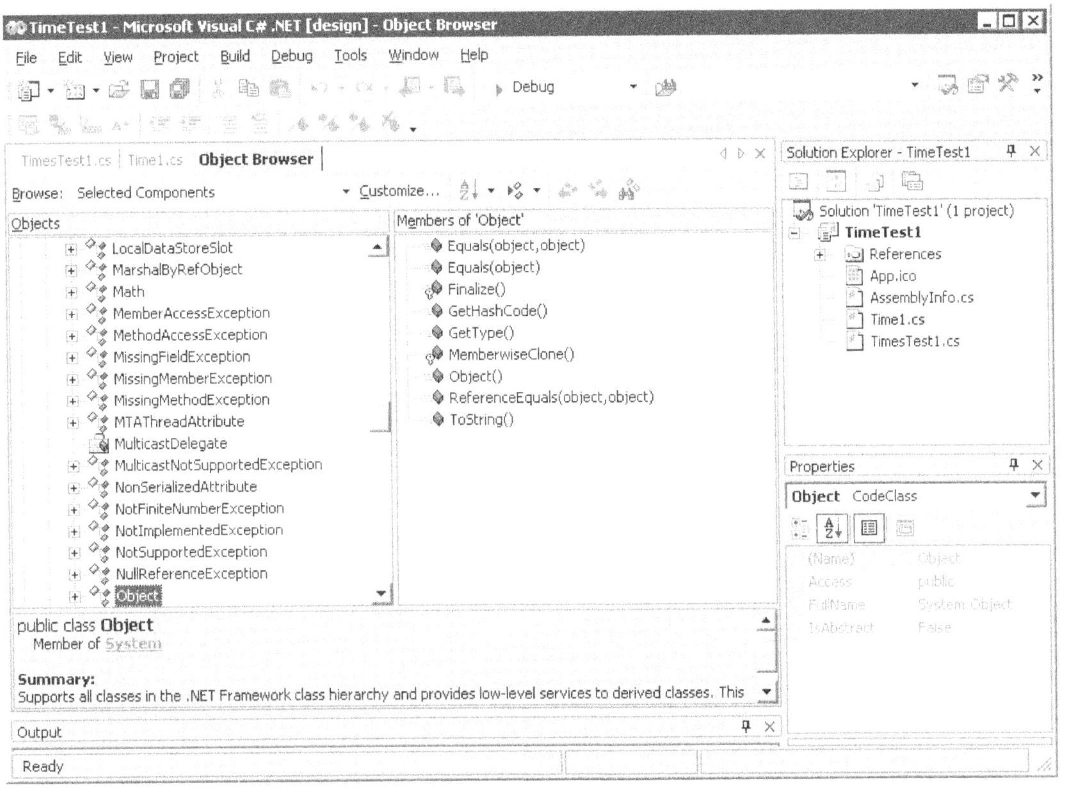

Figura 8.21 O **Object Browser** quando o usuário seleciona `Object` de `Time1.cs`. (Parte 2 de 2.)

relacionadas à funcionalidade de vários objetos. Note também que o **Object Browser** lista na janela **Objects** todas as classes da FCL. O **Object Browser** pode ser um mecanismo rápido para aprender a respeito de uma classe ou método de uma classe. Lembre-se de que você também pode ver a descrição completa de uma classe ou método na documentação on-line, disponível por meio do menu **Help** do Visual Studio .NET.

Este capítulo é o primeiro de uma série de três que aborda os fundamentos da programação baseada em objetos e da programação orientada a objetos. Neste capítulo discutimos como criar definições de classe corretas, como controlar o acesso a membros de uma classe e vários recursos normalmente usados para se fazer classes importantes para reutilização por outros programadores. O Capítulo 9 focalizará a *herança*. Nele você aprenderá a construir classes que herdam dados e funcionalidade de definições de classe já existentes. Você também vai aprender outros recursos do C# que são específicos do relacionamento de herança entre as classes. Esses recursos servem como base para o conceito da programação orientada a objetos chamado *polimorfismo*, que apresentaremos no Capítulo 10.

Resumo

- Toda classe em C# herda direta ou indiretamente da classe **`Object`**.
- As palavras-chave **`public`** e **`private`** são modificadores de acesso a membro.
- As variáveis de instância e os métodos que são declarados com o modificador de acesso a membro **`public`** são acessíveis onde quer que o programa tenha uma referência a um objeto dessa classe.
- As variáveis de instância e os métodos que são declarados com o modificador de acesso a membro **`private`** são acessíveis apenas aos métodos não **`static`** da classe em que os membros **`private`** estão definidos.
- Os métodos **`private`** são freqüentemente chamados de métodos utilitários ou métodos auxiliares, pois eles podem ser chamados apenas por outros métodos dessa classe e são utilizados para suportar a operação desses métodos.
- Os métodos de acesso podem ler ou exibir dados e são muito utilizados no teste da veracidade de condições — tais métodos são freqüentemente chamados de métodos predicados.

- Um construtor inicializa as variáveis de instância de um objeto de classe. O construtor de uma classe é chamado automaticamente quando um objeto dessa classe é instanciado.
- É comum ter construtores sobrecarregados para uma classe. Normalmente os construtores são **public**.
- Toda classe em C#, como as classes da plataforma .NET, pertence a um espaço de nomes.
- Se o programador não especificar o espaço de nomes de uma classe, ela será colocada no espaço de nomes padrão, que inclui as classes compiladas no diretório atual.
- As variáveis de instância podem ser inicializadas pelo construtor de classe ou podem receber valores por meio do acessor **set** de uma propriedade.
- As variáveis de instância que não são inicializadas explicitamente pelo programador são inicializadas pelo compilador (as variáveis numéricas primitivas são configuradas como **0**, os valores **bool** são configurados como **false**, e as referências são configuradas como **null**).
- As classes simplificam a programação, pois o código cliente só precisa se preocupar com as operações **public** encapsuladas em um objeto da classe.
- As variáveis de instância e métodos não **static** de uma classe pertencem ao escopo dessa classe. Dentro do escopo de uma classe, os membros da classe são imediatamente acessíveis a todos os métodos não **static** dessa classe e podem ser referenciados simplesmente pelo nome. Fora do escopo de uma classe, os membros da classe não podem ser referenciados diretamente pelo nome.
- As variáveis definidas em um método são conhecidas apenas nesse método (isto é, são locais a esse método). Diz-se que tais variáveis têm escopo de bloco.
- Se um método define uma variável que tem o mesmo nome de uma variável com escopo de classe, a variável com escopo de classe fica oculta pela variável com escopo de bloco nesse método.
- Para permitir que os clientes manipulem o valor de dados **private**, a classe pode fornecer uma definição de propriedade, a qual permitirá que o usuário acesse esses dados **private** de maneira segura.
- Uma definição de propriedade contém métodos acessores que manipulam os detalhes da modificação e do retorno de dados.
- Uma definição de propriedade pode conter um acessor **set**, um acessor **get** ou ambos. Um acessor **get** permite que o cliente leia o valor do campo, e o acessor **set** permite que o cliente modifique esse valor.
- Quando um objeto é criado, seus membros podem ser inicializados por um construtor da classe desse objeto.
- Se nenhum construtor for definido para uma classe, um construtor padrão será fornecido pelo compilador. Esse construtor não contém nenhum código e não recebe parâmetros.
- Os métodos e os construtores de uma classe podem ser sobrecarregados. Para sobrecarregar um método de uma classe, basta fornecer uma definição de método separada, com o mesmo nome para cada versão do método. Lembre-se de que os métodos/construtores sobrecarregados devem ter listas de parâmetro diferentes.
- Embora os acessores **set** e **get** possam fornecer acesso a dados **private**, o acesso é restringido pela implementação do programador desses métodos.
- Uma forma de reutilização de software é a composição, na qual uma classe contém como membros referências a objetos de outras classes.
- A referência **this** é usada implícita e explicitamente para se referir às variáveis de instância e aos métodos não **static** de um objeto.
- A plataforma .NET realiza coleta de lixo automática.
- Toda classe em C# pode ter um destrutor, que normalmente retorna recursos para o sistema. É garantido que o destrutor de um objeto seja chamado para realizar a limpeza de término no objeto, imediatamente antes que o coletor de lixo reclame a memória do objeto (chamado de finalização).
- Em certos casos, todos os objetos de uma classe devem compartilhar apenas uma cópia de uma variável em particular. Os programadores usam variáveis **static** para isso e por outros motivos.
- Uma variável **static** representa informações em nível de classe — todos os objetos da classe compartilham os mesmos dados.
- A declaração de um membro **static** começa com a palavra-chave **static**. Tais variáveis têm escopo de classe.
- Os membros **static public** de uma classe podem ser acessados por meio do nome da classe e do operador ponto (por exemplo, **Math.PI**).
- Os membros **static private** de uma classe podem ser acessados apenas por meio de métodos ou propriedades da classe.
- Um método declarado como **static** não pode acessar membros não **static**.

- O C# permite que os programadores criem constantes cujos valores não podem mudar durante a execução do programa.
- Para criar um membro constante de uma classe C#, o programador deve declarar esse membro usando a palavra-chave **`const`** ou **`readonly`**.
- Os membros declarados como **`const`** devem ser inicializados na declaração; os declarados como **`readonly`** podem ser inicializados no construtor, mas devem ser inicializados antes de serem usados.
- Nem valores **`const`** nem **`readonly`** podem ser modificados depois de inicializados.
- Uma classe pode definir indexadores para fornecer acesso por meio de índice aos dados em um objeto dessa classe.
- Os indexadores podem ser definidos para usar qualquer tipo de dados como índice.
- Cada indexador pode definir um acessor **`get`** e **`set`**.
- As classes normalmente ocultam os detalhes de sua implementação de seus clientes. Isso é chamado de ocultamento de informações.
- O C# e o estilo de programação orientada a objetos aumentam a importância dos dados. As principais atividades da programação orientada a objetos em C# são a criação de tipos de dados (isto é, classes) e a expressão das interações entre os objetos desses tipos de dados.
- Os programadores de C# se concentram em fazer novas classes e em reutilizar as classes já existentes.
- A reutilização de software acelera o desenvolvimento de software poderoso e de alta qualidade. O desenvolvimento rápido de aplicativos (RAD) é de grande interesse atualmente.
- Cada classe e interface na plataforma .NET pertence a um espaço de nomes (ou biblioteca) específico, que contém um grupo de classes e interfaces relacionadas. Os espaços de nomes fornecem um mecanismo para a reutilização de software.
- Há uma boa chance de que os nomes escolhidos por você para as classes coincidam com os nomes escolhidos por outros programadores para suas classes. Por isso, os espaços de nomes fornecem uma convenção para nomes de classe exclusivos.
- O recurso **Class View** do Visual Studio .NET exibe as variáveis e métodos para todas as classes em um projeto.
- O **Object Browser** do Visual Studio .NET lista todas as classes da biblioteca C#. Os desenvolvedores usam o **Object Browser** para aprender a respeito da funcionalidade fornecida por um objeto específico.

Terminologia

abstração de dados
ação
acessor **`get`**
acessor **`get`** de indexador
acessor **`set`** de indexador
acessor **`set`** de uma propriedade
agregação
assembly
assinatura
atributo (dados)
biblioteca
biblioteca de classes
biblioteca de vinculação dinâmica
Class View
classe
classe **GC**
classe implementa tipo de dados abstrato
classe **`Object`**
cliente de uma classe
coletor de lixo
colocando em uma pilha
compilar uma classe
componente de software reutilizável
comportamento (método)
composição
conjunto de classes inicial
constante
construtor
construtor padrão
construtor sem argumentos
construtor sobrecarregado
corpo de uma definição de classe
criar classe a partir de definição de classe existente
criar tipos de dados
criar um espaço de nomes
criar uma biblioteca de código
criar uma classe reutilizável
dados no suporte de ações
definição de classe
desenvolvimento rápido de aplicativos (RAD)
destrutor
diferenciar letras maiúsculas de minúsculas
divisão por zero é indefinida
`.dll`
encapsular
escopo de bloco
escopo de classe
espaço de nomes
estado consistente
estouro de memória
estouro de recursos
estrutura de dados

estrutura de dados FIFO (first-in, first-out)
estrutura de dados LIFO (last-in, first-out)
.exe
"falar de objeto"
fila
fila de atendimento
finalizador
formato de hora padrão
formato de hora universal
herança
implementação
indexador
informações "em nível de classe"
inicializar com valores padrão
inicializar um objeto de classe
inicializar uma variável de instância
inserir um item em um objeto contêiner
instância de um tipo definido pelo usuário
instância de um tipo interno
instanciar (ou criar) um objeto
integridade dos dados
interações entre objetos
interface
IsEmpty
IsFull
limpeza de término
linguagem de programação procedimental
linguagem extensível
lista encadeada
manipulação de eventos de GUI
membro de dados
membro **static private**
membro **static public**
método auxiliar
método **Collect** da **GC**
método de acesso
método não **public**
método predicado
método **public**
método sobrecarregado
método utilitário
método **WaitForPendingFinalizers** da classe **GC**
modificador de acesso a membro
Object Browser
objeto (ou instância)
objeto passado por referência
ocultamento de informações
ocultar detalhes da implementação
ocultar representação interna dos dados
ocultar uma variável de instância
operação de enfileiramento
operações **public** encapsuladas em um objeto
operador **new**
operador ponto (**.**)
orientação a objetos
orientado a ação
palavra-chave **private**
palavra-chave **public**
palavra-chave **static**
palavra-chave **this**
"pensar objetos"
pilha
polimorfismo
processo de desenvolvimento de programa
programação baseada em objetos (PBO)
programação estruturada
programação orientada a objetos (POO)
reclamar memória
referência a um novo objeto
representação de dados de um tipo de dados abstrato
representação interna dos dados
retirando de uma pilha
reutilização de software
serviço de uma classe
serviço **public**
sobrecarga de métodos
tipo de dados abstrato (TDA)
tipo definido pelo programador
tipo definido pelo usuário
tipos de dados internos
uso explícito da referência **this**
variáveis **static** têm escopo de classe
variável
variável com escopo de classe oculta pela variável com escopo de método
variável de instância
variável local de um método
variável **static**
verificação de validade

Exercícios de revisão

8.1 Preencha os espaços em branco em cada uma das declarações a seguir:

a) O código cliente pode acessar os membros de uma classe por meio do operador ______________, em conjunto com uma referência a um objeto da classe.
b) Os membros de uma classe declarados como ______________ são acessíveis apenas aos métodos da classe em que esses membros estão definidos.
c) Um ______________ inicializa as variáveis de instância de uma classe.
d) O acessor ______________ de uma propriedade é usado para atribuir valores às variáveis de instância **private** de uma classe.

e) Os métodos de uma classe normalmente são declarados como ______________ e as variáveis de instância de uma classe normalmente são declaradas como ______________.
f) O acessor ______________ de uma propriedade é usado para recuperar valores de dados **private** de uma classe.
g) A palavra-chave ______________ introduz uma definição de classe.
h) Os membros de uma classe declarados como ______________ são acessíveis em qualquer parte em que um objeto da classe esteja no escopo.
i) O operador ______________ aloca memória dinamicamente para um objeto de um tipo especificado e retorna uma ______________ para esse tipo.
j) Uma variável ______________ representa informações em nível de classe.
k) A palavra-chave ______________ especifica que um objeto ou variável não pode ser modificado após ser inicializado em tempo de execução.
l) Um método declarado como **static** não pode acessar membros de classe ______________.

8.2 Indique se cada uma das seguintes alternativas é *verdadeira* ou *falsa*. Se for *falsa*, justifique.

a) Todos os objetos são passados por referência.
b) Os construtores podem ter valores de retorno.
c) As propriedades devem definir acessores **get** e **set**.
d) A referência **this** de um objeto é uma referência a esse mesmo objeto.
e) Um membro **static** pode ser referenciado quando não existe nenhum objeto desse tipo.
f) Um membro **static** de uma classe pode ser referenciado por meio de uma instância de classe.
g) As variáveis declaradas como **const** devem ser inicializadas em uma declaração ou no construtor de classe.
h) Diferentes espaços de nomes não podem ter classes/métodos com os mesmos nomes.
i) Os arquivos de assembly não são obrigados a definir um ponto de entrada (método **Main**).
j) Os indexadores podem retornar qualquer tipo em C#.

Respostas dos exercícios de revisão

8.1 a) de ponto (**.**). b) **private**. c) construtor. d) **set**. e) **public**, **private**. f) **get**. g) **class**. h) **public**. i) **new**, referência. j) **static**. k) **readonly**. l) não **static**.

8.2 a) Verdadeira. b) Falsa. Os construtores não podem retornar valores. c) Falsa. Uma definição de propriedade pode especificar um acessor **set**, um acessor **get** ou ambos. d) Verdadeira. e) Verdadeira. f) Falsa. Um membro **static** de uma classe só pode ser referenciado por meio do nome da classe. g) Falsa. As variáveis declaradas como **const** devem ser inicializadas ao serem declaradas. h) Falsa. Diferentes espaços de nomes podem ter classes/métodos com os mesmos nomes. i) Verdadeira. j) Verdadeira.

Exercícios

8.3 Crie uma classe chamada **Complexos** para efetuar operações aritméticas com números complexos. Escreva um programa driver para testar sua classe.

Os números complexos têm a forma

parteReal + parteImaginaria * i

onde *i* é

$\sqrt{-1}$

Use variáveis de ponto flutuante para representar os dados **private** da classe. Forneça um construtor que permita a um objeto dessa classe ser inicializado ao ser declarado. Forneça um construtor sem argumentos com valores padrão, para o caso de nenhum inicializador ser fornecido. Forneça métodos **public** para cada uma das seguintes operações:

a) *Adição de dois números* **complexos**. As partes reais são somadas juntas e as partes imaginárias são somadas juntas.
b) *Subtração de dois números* **complexos**. A parte real do operando da direita é subtraída da parte real do operando da esquerda, e a parte imaginária do operando da direita é subtraída da parte imaginária do operando da esquerda.
c) *Impressão de números* **complexos** *na forma* (**a,b**), *onde* **a** *é a parte real e* **b** *é a parte imaginária.*

8.4 Modifique a classe **Date** da Figura 8.8 para realizar verificação de erro nos valores inicializadores das variáveis de instância **month**, **day** e **year**. Além disso, forneça um método **NextDay** para incrementar o dia por um. O objeto **Date** sempre deve permanecer em um estado consistente. Escreva um programa que teste o método **NextDay** em um laço que imprima a data durante cada iteração do laço, para ilustrar que o método **NextDay** funciona corretamente. Certifique-se de testar os seguintes casos:

a) Incremento para o próximo mês.
b) Incremento para o próximo ano.

8.5 Crie uma classe **`JogoDaVelha`** que permita escrever um programa completo para jogar o jogo-da-velha. A classe contém como dados **`private`** um array de caracteres double de 3 por 3. O construtor deve inicializar o tabuleiro vazio com todos os espaços, `' '`. Permita a presença de dois jogadores. Quando o primeiro jogador fizer um movimento, coloque um **`'X'`** no quadrado especificado; coloque um **`'O'`** quando o segundo jogador fizer seu movimento. Cada movimento deve ser em um quadrado vazio. Após cada movimento, determine se o jogo foi ganho por alguém ou se deu empate, por meio de um método **`EstadoTeste`**. [*Dica*: use uma constante de enumeração para retornar os seguintes status: **`VITÓRIA`**, **`EMPATE`**, **`CONTINUAR`**.] Escreva o aplicativo Windows **`TesteDoJogoDaVelha`** para testar sua classe. Se você desejar, modifique seu programa para que o computador faça os movimentos de um dos jogadores, automaticamente. Além disso, permita que o jogador especifique se deseja jogar primeiro ou não. Você também poderá desenvolver um programa que possibilite jogar o jogo-da-velha em um tabuleiro tridimensional de 4 por 4 por 4 [*Nota*: este é um projeto complicado que pode exigir muitas semanas de trabalho!]

8.6 Crie uma classe **`Date`** com os seguintes recursos:

a) Saída da data em vários formatos, como:

```
DD/MM/AAAA
14 de Junho de 2002
DDD AAAA
```

b) Use construtores sobrecarregados para criar objetos **`Date`** inicializados com datas nos formatos da parte *a*.

8.7 Crie a classe **`ContaDePoupanca`**. Use a variável **`static taxaDeJurosAnual`** para armazenar a taxa de juros de todos os correntistas. Cada objeto da classe contém uma variável de instância **`private saldoPoupanca`**, indicando a quantidade que o poupador possui atualmente depositada. Forneça o método **`CalcularJuroMensal`** para calcular os juros mensais, multiplicando **`saldoPoupanca`** por **`taxaDeJurosAnual`**, dividido por 12; esses juros devem ser acrescidos a **`saldoPoupanca`**. Forneça um método **`static AlterarTaxaDeJuros`** que configure **`taxaDeJurosAnual`** para um novo valor. Escreva um programa driver para testar a classe **`ContaDePoupanca`**. Instancie dois objetos **`ContaDePoupanca`**, **`poupador1`** e **`poupador2`**, com saldos de $ 2000,00 e $ 3000,00, respectivamente. Configure **`taxaDeJurosAnual`** como 4% e, em seguida, calcule os juros mensais e imprima os novos saldos para cada um dos poupadores. Depois, configure **`taxaDeJurosAnual`** como 5%, calcule os juros do próximo mês e imprima os novos saldos para cada um dos poupadores.

8.8 Escreva um aplicativo de console que implemente um **`quadrado`**. A classe **`Quadrado`** deve conter uma propriedade de instância **`Lado`** que possua acessores **`get`** e **`set`** para dados **`private`**. Forneça dois construtores: um que não receba argumentos e outro que receba um comprimento **`lado`** como valor. Escreva uma classe de aplicativo que teste a funcionalidade da classe **`Quadrado`**.

9

Programação Orientada a Objetos: Herança

Objetivos

- Entender a herança e a reutilização de software.
- Entender os conceitos das classes base e das classes derivadas.
- Entender os modificadores de acesso a membro `protected` e `internal`.
- Usar a referência base para acessar membros da classe base.
- Entender o uso de construtores e finalizadores em classes base e classes derivadas.
- Apresentar um estudo de caso que demonstre os mecanismos da herança.

Digamos que você não conheça o outro totalmente,
apesar disso dividiu uma herança com ele.
Johann Kasper Lavater

Este método é para definir o número de uma classe
como sendo a classe de todas as classes
semelhantes à classe especificada.
Bertrand Russell

Apesar de ser bom herdar uma biblioteca,
é melhor ainda fazer uma.
Augustine Birrell

Resumo

9.1 Introdução

Neste capítulo começaremos nossa discussão sobre programação orientada a objetos (POO) apresentando um de seus principais recursos — a *herança*. A herança é uma forma de reutilização de software em que as classes são criadas pela absorção dos dados e comportamentos de uma classe já existente e aprimorando-as com novos recursos. A reutilização de software economiza tempo durante o desenvolvimento do programa e também estimula a reutilização de software de alta qualidade, comprovado e depurado, o que aumenta a probabilidade de um sistema ser implementado eficientemente.

Ao criar uma classe, em vez de escrever variáveis de instância e métodos completamente novos, o programador pode indicar que a nova classe deve *herdar* as variáveis de classe, propriedades e métodos de outra classe. A classe anteriormente definida é chamada de *classe base*, e a nova classe é referida como *classe derivada*. (Outras linguagens de programação, como o Java, se referem à classe base como *superclasse* e à classe derivada como *subclasse*.) Uma vez criada, cada classe derivada pode se tornar a classe base de futuras classes derivadas. Uma classe derivada, na qual variáveis de classe, propriedades e métodos exclusivos são normalmente adicionados, é freqüentemente maior do que sua classe base. Portanto, uma classe derivada é mais específica do que sua classe base e representa um grupo mais especializado de objetos. Normalmente, a classe derivada contém os comportamentos de sua classe base e comportamentos adicionais. A *classe base direta* é a classe base a partir da qual a classe derivada herda explicitamente. Uma *classe base indireta* é herdada de dois ou mais níveis acima na *hierarquia de classes*. No caso de *herança simples*, uma classe é derivada de uma única classe base. Ao contrário do C++, o C# não suporta *herança múltipla* (que ocorre quando uma classe é derivada de mais de uma classe base direta). (Vamos explicar no Capítulo 10 como o C# pode usar interfaces para realizar muitas das vantagens da herança múltipla, enquanto evita os problemas associados.)

Todo objeto de uma classe derivada também é um objeto da classe base dessa classe derivada. Entretanto, os objetos da classe base não são objetos de suas classes derivadas. Por exemplo, todos os carros são veículos, mas nem todos os veículos são carros. Quando continuarmos nosso estudo de programação orientada a objetos, nos capítulos 9 e 10, tiraremos proveito desse relacionamento para realizar algumas manipulações interessantes.

A experiência na construção de sistemas de software indica que volumes significativos de código tratam com casos especiais intimamente relacionados. Quando os programadores estão preocupados com casos especiais, os detalhes podem obscurecer o "quadro geral". Com a programação orientada a objetos, os programadores focalizam as características comuns entre os objetos no sistema, em vez de os casos especiais. Esse processo é chamado de *abstração*.

Fazemos uma distinção entre o *relacionamento "é um"* e o *relacionamento "tem um"*. "É um" representa a herança. Em um relacionamento "é um", um objeto de uma classe derivada também pode ser tratado como um objeto de sua classe base. Por exemplo, um carro *é um* veículo. Em contraste, "tem um" significa composição (a composição foi discutida no Capítulo 8). Em um relacionamento "tem um", um objeto da classe contém uma ou mais referências de objeto como membros. Por exemplo, um carro *tem um* volante.

Os métodos da classe derivada podem exigir acesso às variáveis de instância, propriedades e métodos de sua classe base. Uma classe derivada pode acessar os membros não **private** de sua classe base. Os membros de classe base que não devem ser acessíveis para as propriedades ou métodos de uma classe derivada dessa classe base por meio de herança são declarados como **private** (privados) na classe base. Uma classe derivada pode efetuar alterações de estado nos membros **private** da classe base, mas apenas por meio de métodos e propriedades não **private** fornecidos na classe base e herdados na classe derivada.

Observação de engenharia de software 9.1

As propriedades e métodos de uma classe derivada não podem acessar diretamente os membros **`private`** *de sua classe base.*

Observação de engenharia de software 9.2

Ocultar membros **`private`** *ajuda os programadores a testar, depurar e modificar os sistemas corretamente. Se uma classe derivada puder acessar os membros* **`private`** *de sua classe base, as classes que herdam dessa classe derivada também poderão acessar esses dados. Isso propagaria o acesso ao que devem ser dados* **`private`**, *e as vantagens do ocultamento de informação seriam perdidas.*

Um problema da herança é que uma classe derivada pode herdar propriedades e métodos que não precisa ou que não deve ter. É responsabilidade do projetista da classe garantir que os recursos fornecidos por uma classe sejam apropriados para as futuras classes derivadas. Mesmo quando a propriedade ou método de uma classe base é apropriada para uma classe derivada, essa classe derivada freqüentemente exige que a propriedade ou método realize sua tarefa de maneira específica para a classe derivada. Em tais casos, a propriedade ou o método da classe base pode ser *sobreposto* (*overriden*, redefinida) na classe derivada, com uma implementação apropriada.

As novas classes podem herdar de muitas *bibliotecas de classes*. As empresas desenvolvem suas próprias bibliotecas de classes e podem tirar proveito de outras bibliotecas disponíveis no mundo todo. Algum dia, a ampla maioria do software provavelmente será construída a partir de *componentes reutilizáveis padronizados*, a exemplo da maioria do hardware construída atualmente. Isso facilitará o desenvolvimento de software mais poderoso e abundante.

9.2 Classes base e classes derivadas

Freqüentemente, um objeto de uma classe "é um" objeto de outra classe também. Por exemplo, um retângulo *é um* quadrilátero (assim como os quadrados, paralelogramos e trapézios). Assim, pode-se dizer que a classe **`Retangulo`** *herda* da classe **`Quadrilatero`**. Nesse contexto, a classe **`Quadrilatero`** é uma classe base, e a classe **`Retangulo`** é uma classe derivada. Um retângulo é *um tipo* específico de quadrilátero, mas é incorreto dizer que um quadrilátero *é um* retângulo — o quadrilátero poderia ser um paralelogramo ou algum outro tipo de objeto **`Quadrilatero`**. A Figura 9.1 relaciona vários exemplos simples de classes base e classes derivadas.

Todo objeto de classe derivada "é um" objeto de sua classe base, e uma classe base pode ter muitas classes derivadas; portanto, o conjunto de objetos representados por uma classe base normalmente é maior do que o conjunto de objetos representados por qualquer uma de suas classes derivadas. Por exemplo, a classe base **`Veiculo`** representa todos os veículos, incluindo carros, caminhões, barcos, bicicletas etc. Em contraste, a classe derivada **`Carro`** representa apenas um pequeno subconjunto de todos os objetos de **`Veiculo`**.

Os relacionamentos de herança formam estruturas hierárquicas do tipo árvore. Uma classe existe em um relacionamento hierárquico com suas classes derivadas. Embora as classes possam existir independentemente, quando elas são empregadas

Classe base	Classes derivadas
`Aluno`	`AlunoPosGraduacao` `AlunoGraduacao`

`Forma Geometrica`	`Circulo`
	`Triangulo`
	`Retangulo`

`Emprestimo`	`EmprestimoParaCompraDeVeiculo`
	`EmprestimoParaAquisicaoDaCasaPropria`
	`EmprestimoPessoal`

`Empregado`	`FuncionarioDaProducao` `FuncionarioAdministrativo`
`ContaBancaria`	`ContaCorrente` `ContaDePoupanca`

Figura 9.1 Exemplos de herança.

em organizações de herança se tornam afiliadas de outras classes. Uma classe se torna uma classe base, fornecendo dados e comportamentos para outras classes, ou uma classe derivada, herdando seus dados e comportamentos de outras classes.

Vamos desenvolver uma hierarquia de herança simples. A comunidade de uma universidade tem milhares de membros. Esses membros consistem em funcionários, alunos e ex-alunos. Os funcionários são membros do corpo docente ou membros do staff. Os membros do corpo docente são administradores (como reitores e chefes de departamento) ou professores. Essa estrutura organizacional produz a hierarquia de herança representada na Figura 9.2. Note que a hierarquia de herança poderia conter muitas outras classes. Por exemplo, os alunos poderiam ser graduados ou não graduados. Os alunos não graduados poderiam ser calouros, estudantes do segundo ano, juniores e formandos. Cada seta na hierarquia representa um relacionamento "é um". Por exemplo, quando seguimos as setas nessa hierarquia de classes, podemos dizer "um **`Empregado`** *é um* **`MembroDaComunidade`**" e "um **`Professor`** *é um* **`MembroDoCorpoDocente`**". **`MembroDaComunidade`** é a *classe base direta* de **`Empregado`**, **`Aluno`** e **`ExAluno`**. Além disso, **`MembroDaComunidade`** é uma *classe base indireta* de todas as outras classes no diagrama da hierarquia.

Começando na parte inferior do diagrama, o leitor pode seguir as setas e aplicar o relacionamento *é um* na classe base superior. Por exemplo, um **`Reitor`** *é um* **`MembroDoCorpoDocente`**, *é um* **`Empregado`** e *é um* **`MembroDaComunidade`**. Em C#, um **`Reitor`** também *é um* **`Object`** (objeto), pois todas as classes em C# têm **`Object`** como classe base direta ou indireta. Assim, todas as classes em C# estão conectadas por um relacionamento hierárquico em que compartilham os oito métodos definidos pela classe **`Object`**. Vamos discutir alguns desses métodos herdados de **`Object`** por todo o texto.

Outra hierarquia de herança é a **`FormaGeometrica`** da Figura 9.3. Para especificar que a classe **`FormaGeometricaBidimensional`** é derivada da (ou herda da) classe **`FormaGeometrica`**, a classe **`FormaGeometricaBidimensional`** poderia ser definida em C# como se segue:

```
class FormaGeometricaBidimensional : FormaGeometrica
```

No Capítulo 8 discutimos brevemente os relacionamentos *tem um*, nos quais as classes têm como membros referências a objetos de outras classes. Tais relacionamentos criam classes pela *composição* de classes já existentes. Por exemplo, dadas as classes **`Empregado`**, **`DataDeNascimento`** e **`NumeroDeTelefone`**, é incorreto dizer que um **`Empregado`** *é um* **`DataDeNascimento`** ou que um **`Empregado`** *é um* **`NumeroDeTelefone`**. Entretanto, é correto dizer que um **`Empregado`** *tem uma* **`DataDeNascimento`** e que um **`Empregado`** *tem um* **`NumeroDeTelefone`**.

Com a herança, os membros **`private`** de uma classe base não são diretamente acessíveis a partir das classes derivadas dessa classe, mas esses membros **`private`** da classe base ainda são herdados. Todos os outros membros da classe base mantêm seu acesso ao membro original, quando se tornam membros da classe derivada (por exemplo, os membros **`public`** da classe base se tornam membros **`public`** da classe derivada e, conforme veremos em breve, os membros **`protected`** da classe base se tornam membros **`protected`** da classe derivada). Por meio desses membros da classe base herdados, a classe derivada pode manipular os membros **`private`** da classe base (se esses membros herdados fornecerem tal funcionalidade na classe base).

É possível tratar objetos da classe base e objetos da classe derivada de maneira semelhante; suas características comuns são expressas nas variáveis-membro, propriedades e métodos da classe base. Os objetos de todas as classes derivadas de

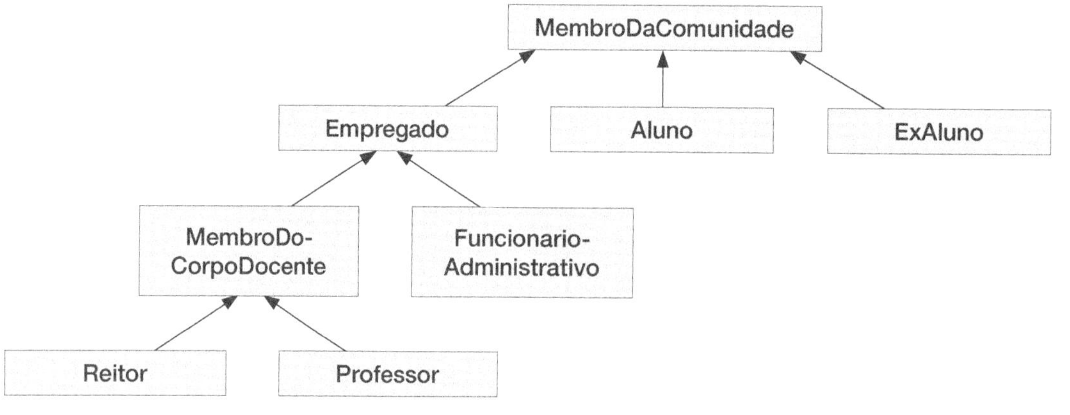

Figura 9.2 Hierarquia de herança para `MembroDaComunidade` de uma universidade.

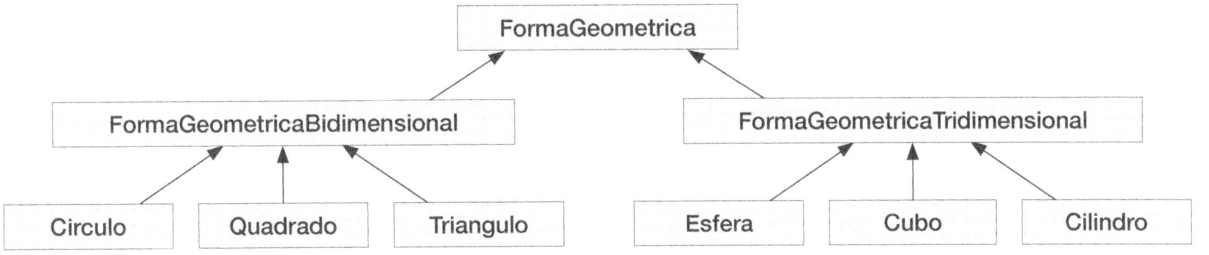

Figura 9.3 Parte de uma hierarquia de classes `FormaGeometrica`.

uma classe base comum podem ser tratados como objetos dessa classe base. No Capítulo 10 consideraremos muitos exemplos que tiram proveito desse relacionamento.

Observação de engenharia de software 9.3

Os construtores nunca são herdados — eles são específicos da classe em que são definidos.

9.3 Membros protected e internal

O Capítulo 8 discutiu os modificadores de acesso a membro **`public`** e **`private`**. Os membros **`public`** (públicos) de uma classe base são acessíveis em qualquer parte em que o programa tenha uma referência a um objeto dessa classe base ou de uma de suas classes derivadas. Os membros **`private`** (privados) de uma classe base são acessíveis apenas dentro do corpo dessa classe base. Nesta seção apresentaremos mais dois modificadores de acesso a membro, ***`protected`*** e ***`internal`***.

O uso do acesso **`protected`** (protegido) oferece um nível intermediário de proteção entre o acesso **`public`** e o **`private`**. Os membros **`protected`** de uma classe base podem ser acessados apenas nessa classe base ou em todas as classes derivadas dessa classe base.

Outro nível intermediário de acesso é conhecido como acesso **`internal`** (interno). Os membros **`internal`** de uma classe base podem ser acessados apenas pelos objetos declarados no mesmo assembly. Note que um membro **`internal`** é acessível em qualquer parte do assembly em que esse membro **`internal`** está declarado.

Os métodos da classe derivada normalmente podem se referir a membros **`public`**, **`protected`** e **`internal`** da classe base, simplesmente usando os nomes de membro. Quando um método da classe derivada sobrepõe um membro da classe base, o membro da classe base pode ser acessado a partir da classe derivada, precedendo-se o nome do membro da classe base com a palavra-chave ***`base`***, seguida do operador ponto (**`.`**). Vamos discutir a palavra-chave **`base`** na Seção 9.4.

9.4 Relacionamento entre classes base e classes derivadas

Nesta seção usamos uma hierarquia de ponto e círculo[1] para discutir o relacionamento entre uma classe base e uma classe derivada. Dividimos nossa discussão do relacionamento de ponto e círculo em várias partes. Primeiro criamos a classe **`Point`**, a qual herda diretamente da classe **`System.Object`** e contém como dados **`private`** um par de coordenadas *x*, *y*. Então, criamos a classe **`Circle`**, que também herda diretamente da classe **`System.Object`** e contém como dados **`private`** um par de coordenadas *x*, *y* (representando a localização do centro do círculo) e um raio. Não usamos herança para criar a classe **`Circle`**; em vez disso, construímos a classe escrevendo cada linha de código que ela exige. Em seguida criamos uma classe **`Circle2`** separada, que herda diretamente da classe **`Point`** (isto é, a classe **`Circle2`** "é um" **`Point`**, mas também contém um raio) e tenta usar os membros **`private`** de **`Point`** — isso resulta em erros de compilação, pois a classe derivada não tem acesso aos dados **`private`** da classe base. Então, mostramos que, se os dados de **`Point`** são declarados como **`protected`**, uma classe **`Circle3`** que herda da classe **`Point`** pode acessar esses dados. As classes **`Circle`** herdadas e não herdadas contêm funcionalidade idêntica, mas mostramos como a classe **`Circle3`** herdada é mais fácil de criar e gerenciar. Após discutirmos os méritos do uso de dados **`protected`**, configuramos os dados de **`Point`** novamente como **`private`**

1. O relacionamento de ponto e círculo pode parecer não natural, quando o discutimos no contexto de um círculo "é um" ponto. Esse exemplo ensina o que às vezes é chamado de *herança estrutural*; o exemplo focaliza a "mecânica" da herança e como uma classe base e uma classe derivada se relacionam entre si. No Capítulo 10 apresentaremos exemplos de herança mais naturais.

(para garantir a boa engenharia de software) e, em seguida, mostramos como uma classe **Circle4** separada (que também herda da classe **Point**) pode usar métodos de **Point** para manipular dados **private** de **Point**.

Vamos primeiro examinar a definição da classe **Point** (Figura 9.4). Os serviços **public** da classe **Point** incluem dois construtores de **Point** (linhas 13 a 24), as propriedades **X** e **Y** (linhas 27 a 54) e o método **ToString** (linhas 57 a 60). As variáveis de instância **x** e **y** de **Point** são especificadas como **private** (linha 10), de modo que os objetos de outras classes não podem acessar **x** e **y** diretamente. Tecnicamente, mesmo que as variáveis **x** e **y** de **Point** se tornassem **public**, **Point** nunca poderia manter um estado inconsistente, pois o plano de coordenadas x, y é infinito em ambas as direções; portanto, **x** e **y** podem conter qualquer valor **int**. Em geral, entretanto, declarar dados como **private**, enquanto se fornece propriedades não **private** para manipular e realizar verificação de validação nesses dados, impõe a boa engenharia de software.

Mencionamos, na Seção 9.2, que os construtores não são herdados. Portanto, a classe **Point** não herda o construtor da classe **Object**. Entretanto, os construtores da classe **Point** (linhas 13 a 24) chamam o construtor da classe **Object** implicitamente. Na verdade, a primeira tarefa de qualquer construtor de classe derivada é chamar o construtor de sua classe base direta, implícita ou explicitamente. (A sintaxe para chamar o construtor de uma classe base será discutida posteriormente nesta seção.) Se o código não contém uma chamada explícita para o construtor da classe base, uma chamada implícita é feita ao construtor padrão (sem argumentos) da classe base. Os comentários nas linhas 15 e 21 indicam onde ocorrem as chamadas implícitas para o construtor padrão da classe base **Object**.

```
1  // Fig. 9.4: Point.cs
2  // A classe Point representa um par de coordenadas x, y.
3
4  using System;
5
6  // A definição da classe Point herda implicitamente de Object
7  public class Point
8  {
9     // coordenadas de ponto
10    private int x, y;
11
12    // construtor padrão (sem argumentos)
13    public Point()
14    {
15       // a chamada implícita ao construtor de Object ocorre aqui
16    }
17
18    // construtor
19    public Point( int xValue, int yValue )
20    {
21       // a chamada implícita ao construtor de Object ocorre aqui
22       X = xValue;
23       Y = yValue;
24    }
25
26    // propriedade X
27    public int X
28    {
29       get
30       {
31          return x;
32       }
33
34       set
35       {
36          x = value; // não é necessário validar
37       }
38
```

Figura 9.4 A classe `Point` representa um par de coordenadas *x*, *y*. (Parte 1 de 2.)

```
39    } // fim da propriedade X
40
41    // propriedade Y
42    public int Y
43    {
44       get
45       {
46          return y;
47       }
48
49       set
50       {
51          y = value; // não é necessário validar
52       }
53
54    } // fim da propriedade Y
55
56    // retorna a representação de string de Point
57    public override string ToString()
58    {
59       return "[" + x + ", " + y + "]";
60    }
61
62 } // fim da classe Point
```

Figura 9.4 A classe `Point` representa um par de coordenadas x, y. (Parte 2 de 2.)

Note que o método **`ToString`** (linhas 57 a 60) contém a palavra-chave ***`override`*** (sobrepor) em sua declaração. Toda classe em C# (como a classe **`Point`**) herda direta ou indiretamente da classe **`System.Object`**, que é a raiz da hierarquia de classes. Conforme mencionamos, isso significa que toda classe herda os oito métodos definidos pela classe **`Object`**. Um desses métodos é ***`ToString`***, que retorna uma **`string`** contendo o tipo do objeto, precedido por seu espaço de nomes — esse método obtém a representação de **`string`** de um objeto e às vezes é chamado implicitamente pelo programa (como quando um objeto é concatenado a uma **`string`**). O método **`ToString`** da classe **`Point`** *sobrepõe* o método **`ToString`** original da classe **`Object`** — quando chamado, o método **`ToString`** da classe **`Point`** retorna uma **`string`** contendo um par ordenado dos valores **`x`** e **`y`** (linha 59), em vez de retornar uma **`string`** contendo a classe e o espaço de nomes do objeto. Para sobrepor a definição de método de uma classe base, uma classe derivada deve especificar que o método da classe derivada sobrepõe o método da classe base com a palavra-chave **`override`** no cabeçalho do método.

Observação de engenharia de software 9.4

*Quando o programa não especifica uma classe base explicitamente, o compilador C# configura a classe base de uma classe derivada como **`Object`**.*

Em C#, um método da classe base deve ser declarado como ***`virtual`***, caso esse método deva ser sobreposto em uma classe derivada. O método **`ToString`** da classe **`Object`** é, na verdade, declarado como **`virtual`**, o que permite à classe derivada **`Point`** sobrepor esse método. Para ver o cabeçalho do método **`ToString`**, selecione **Help > Index...** e digite **`Object.ToString method`** (filtrado por **.Net Framework SDK**) na caixa de texto de pesquisa. A página exibida contém uma descrição do método **`ToString`** que inclui o seguinte cabeçalho:

```
public virtual string ToString();
```

A palavra-chave **`virtual`** permite aos programadores especificar os métodos que uma classe derivada pode sobrepor — um método que não tiver sido declarado como **`virtual`** não pode ser sobreposto. Usamos isso posteriormente nesta seção, para permitir que certos métodos em nossas classes base sejam sobrepostos.

Erro de programação comum 9.1

*Uma classe derivada tentando sobrepor (usando a palavra-chave **`override`**) um método que não foi declarado como **`virtual`** é um erro de sintaxe.*

A classe **PointTest** (Figura 9.5) testa a classe **Point**. A linha 14 instancia um objeto da classe **Point** e atribui **72** como o valor da coordenada *x* e **115** como o valor da coordenada *y*. As linhas 17 e 18 usam as propriedades **X** e **Y** para recuperar esses valores e, em seguida, anexam os valores na **string** de **saída**. As linhas 20 e 21 alteram os valores das propriedades **X** e **Y** (chamando implicitamente seus acessores **set**), e a linha 24 chama o método **ToString** de **Point** implicitamente, para obter a representação de **string** de **Point**.

```
1   // Fig. 9.5: PointTest.cs
2   // Testando a classe Point.
3
4   using System;
5   using System.Windows.Forms;
6
7   // definição da classe PointTest
8   class PointTest
9   {
10     // ponto de entrada principal do aplicativo
11     static void Main( string[] args )
12     {
13        // instancia o objeto Point
14        Point point = new Point( 72, 115 );
15
16        // exibe as coordenadas de ponto através da propriedades X e Y
17        string output = "X coordinate is " + point.X +
18           "\n" + "Y coordinate is " + point.Y;
19
20        point.X = 10; // configura a coordenada x através da propriedade X
21        point.Y = 10; // configura a coordenada y através da propriedade Y
22
23        // exibe o novo valor de ponto
24        output += "\n\nThe new location of point is " + point;
25
26        MessageBox.Show( output, "Demonstrating Class Point" );
27
28     } // fim do método Main
29
30  } // fim da classe PointTest
```

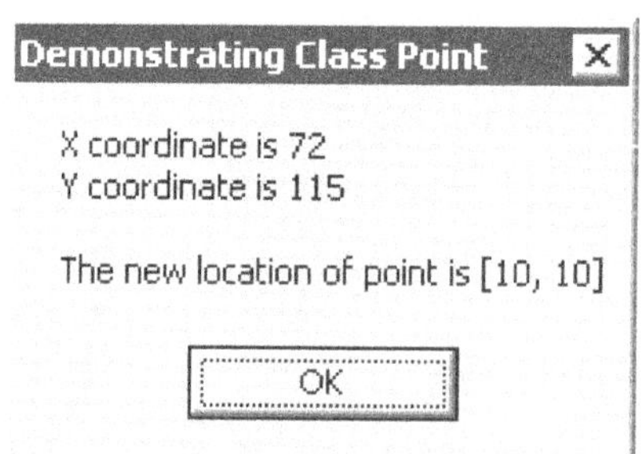

Figura 9.5 A classe `PointTest` demonstra a funcionalidade da classe `Point`.

Discutiremos agora a segunda parte de nossa introdução à herança, criando e testando uma classe **Circle** completamente nova (Figura 9.6), que herda diretamente da classe **System.Object** e representa um par de coordenadas *x*, *y* (representando o centro do círculo) e um raio. As linhas 9 e 10 declaram as variáveis de instância **x**, **y** e **radius** como dados **private**. Os serviços **public** da classe **Circle** incluem dois construtores de **Circle** (linhas 13 a 25), as propriedades **X**, **Y** e **Radius** (linhas 28 a 71), os métodos **Diameter** (linhas 74 a 77), **Circumference** (linhas 80 a 83), **Area** (linhas 86 a 89) e **ToString** (linhas 92 a 96). Essas propriedades e métodos encapsulam todos os recursos necessários (isto é, a "geometria analítica") de um círculo; na próxima seção mostraremos como esse encapsulamento nos permite reutilizar e estender essa classe.

```
// Fig. 9.6: Circle.cs
// A classe Circle contém um par de coordenadas x, y e um raio.

using System;

// A definição da classe Circle herda implicitamente de Object
public class Circle
{
   private int x, y;       // coordenadas do centro do círculo
   private double radius; // raio do círculo

  // construtor padrão
   public Circle()
   {
      // a chamada implícita ao construtor de Object ocorre aqui
   }

   // construtor
   public Circle( int xValue, int yValue, double radiusValue )
   {
      // a chamada implícita ao construtor de Object ocorre aqui
      x = xValue;
      y = yValue;
      Radius = radiusValue;
   }

   // propriedade X
   public int X
   {
      get
      {
         return x;
      }

      set
      {
         x = value;  // não é necessário validar
      }

   } // fim da propriedade X

   // propriedade Y
   public int Y
   {
      get
      {
         return y;
      }

      set
      {
         y = value;  // não é necessário validar
      }

   } // fim da propriedade Y

   // propriedade Radius
```

Figura 9.6 A classe `Circle` contém um par de coordenadas *x*, *y* e um raio. (Parte 1 de 2.)

```
    public double Radius
    {
       get
       {
          return radius;
       }

       set
       {
          if ( value >= 0 )   // validação necessária
             radius = value;
       }

    } // fim da propriedade Radius

    // calcula o diâmetro do círculo
    public double Diameter()
    {
       return radius * 2;
    }

    // calcula a circunferência do círculo
    public double Circumference()
    {
       return Math.PI * Diameter();
    }

    // calcula a área do círculo
    public double Area()
    {
       return Math.PI * Math.Pow( radius, 2 );
    }

    // retorna a representação de string de Circle
    public override string ToString()
    {
       return "Center = [" + x + ", " + y + "]" +
          "; Radius = " + radius;
    }

 } // fim da classe Circle
```

Figura 9.6 A classe `Circle` contém um par de coordenadas *x*, *y* e um raio. (Parte 2 de 2.)

A classe **`CircleTest`** (Figura 9.7) testa a classe **`Circle`**. A linha 14 instancia um objeto da classe **`Circle`**, atribuindo **`37`** como o valor da coordenada *x*, **`43`** como o valor da coordenada *y* e **`2,5`** como o valor do raio. As linhas 17 a 19 usam as propriedades **`X`**, **`Y`** e **`Radius`** para recuperar esses valores e, em seguida, concatenam os valores na **`string de saída`**. As linhas 22 a 24 usam as propriedades **`X`**, **`Y`** e **`Radius`** de **`Circle`** para alterar as coordenadas *x*, *y* e o raio, respectivamente. A propriedade **`Radius`** garante que a variável-membro **`radius`** não possa receber um valor negativo. A linha 28 chama o método **`ToString`** de **`Circle`** implicitamente, para obter a representação de **`string`** de **`Circle`**, e as linhas 32 a 40 chamam os métodos **`Diameter`**, **`Circumference`** e **`Area`** de **`Circle`**.

Após escrevermos todo o código para a classe **`Circle`** (Figura 9.6), notamos que uma grande parte do código dessa classe é semelhante, se não idêntica, ao código da classe **`Point`**. Por exemplo, a declaração em **`Circle`** das variáveis **`private x`** e **`y`** e das propriedades **`X`** e **`Y`** é idêntica à da classe **`Point`**. Além disso, os construtores da classe **`Circle`** e o método **`ToString`** são quase idênticos aos da classe **`Point`**, exceto que eles também fornecem informações sobre o raio. As únicas outras adições da classe **`Circle`** são a variável-membro **`private radius`**, a propriedade **`Radius`** e os métodos **`Diameter`**, **`Circumference`** e **`Area`**.

Parece que copiamos o código da classe **Point** literalmente, o colamos no código da classe **Circle** e depois modificamos a classe **Circle** para incluir um raio. Essa estratégia de "copiar e colar" é freqüentemente propensa a erros e demorada. Pior ainda, ela pode resultar em muitas cópias físicas do código existente por todo o sistema, criando um "pesadelo" de manutenção de código. Há uma maneira de "absorver" os atributos e comportamentos de uma classe de modo que eles façam parte de outras classes sem duplicação de código?

Nos próximos exemplos responderemos a essa pergunta usando uma estratégia de construção de classes mais elegante, enfatizando as vantagens da herança. Agora, criaremos e testaremos uma classe **Circle2** (Figura 9.8) que herda as variáveis **x** e **y** e as propriedades **X** e **Y** da classe **Point** (Figura 9.4). Essa classe **Circle2** "é um" **Point** (porque a herança absorve os recursos da classe **Point**), mas também contém **radius** (linha 9). O símbolo de dois-pontos (**:**) na declaração

```
// Fig. 9.7: CircleTest.cs
// Testando a classe Circle.

using System;
using System.Windows.Forms;

// definição da classe CircleTest
class CircleTest
{
   // ponto de entrada principal do aplicativo.
   static void Main( string[] args )
   {
      // instancia Circle
      Circle circle = new Circle( 37, 43, 2.5 );

      // obtém as coordenadas iniciais x, y e o raio do círculo
      string output = "X coordinate is " + circle.X +
         "\nY coordinate is " + circle.Y + "\nRadius is " +
         circle.Radius;

      // configura as coordenadas x, y e o raio do círculo com novos valores
      circle.X = 2;
      circle.Y = 2;
      circle.Radius = 4.25;

      // exibe a representação de string do círculo
      output += "\n\nThe new location and radius of " +
         "circle are \n" + circle + "\n";

      // exibe o diâmetro do círculo
      output += "Diameter is " +
         String.Format( "{0:F}", circle.Diameter() ) + "\n";

      // exibe a circunferência do círculo
      output += "Circumference is " +
         String.Format( "{0:F}", circle.Circumference() ) + "\n";

      // exibe a área do círculo
      output += "Area is " +
         String.Format( "{0:F}", circle.Area() );

      MessageBox.Show( output, "Demonstrating Class Circle" );

   } // fim do método Main

} // fim da classe CircleTest
```

Figura 9.7 CircleTest demonstra a funcionalidade da classe Circle. (Parte 1 de 2.)

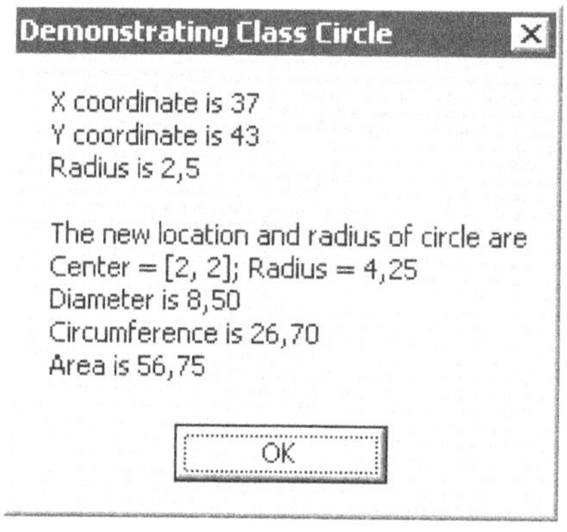

Figura 9.7 `CircleTest` demonstra a funcionalidade da classe `Circle`. (Parte 2 de 2.)

da classe (linha 7) indica herança. Como uma classe derivada, **`Circle2`** herda todos os membros da classe **`Point`**, exceto os construtores. Assim, os serviços **`public`** de **`Circle2`** incluem os dois construtores de **`Circle2`** (linhas 12 a 24), os métodos **`public`** herdados da classe **`Point`**, a propriedade **`Radius`** (linhas 27 a 40) e os métodos de **`Circle2`** **`Diameter`**, **`Circumference`**, **`Area`** e **`ToString`** (linhas 43 a 65). Declaramos o método **`Area`** como **`virtual`**, para que as classes derivadas (como a classe **`Cylinder`**, conforme veremos na Seção 9.5) possam sobrepor esse método para fornecer uma implementação mais apropriada.

```
1   // Fig. 9.8: Circle2.cs
2   // A classe Circle2 que herda da classe Point.
3
4   using System;
5
6   // A definição da classe Circle2 herda de Point
7   class Circle2 : Point
8   {
9      private double radius; // raio de Circle2
10
11     // construtor padrão
12     public Circle2()
13     {
14        // a chamada implícita ao construtor de Point ocorre aqui
15     }
16
17     // construtor
18     public Circle2( int xValue, int yValue, double radiusValue )
19     {
20        // a chamada implícita ao construtor de Point ocorre aqui
21        x = xValue;
22        y = yValue;
23        Radius = radiusValue;
24     }
25
26     // propriedade Radius
27     public double Radius
28     {
29        get
30        {
31           return radius;
32        }
```

Figura 9.8 A classe `Circle2` que herda da classe `Point`. (Parte 1 de 2.)

```
33
34          set
35          {
36             if ( value >= 0 )
37                radius = value;
38          }
39
40       }  // fim da propriedade Radius
41
42       // calcula o diâmetro do círculo
43       public double Diameter()
44       {
45          return radius * 2;
46       }
47
48       // calcula a circunferência do círculo
49       public double Circumference()
50       {
51          return Math.PI * Diameter();
52       }
53
54       // calcula a área do círculo
55       public virtual double area()
56       {
57          return Math.PI * Math.Pow( radius, 2 );
58       }
59
60       // retorna a representação de string de Circle
61       public override string ToString()
62       {
63          return "Center = [" + x + ", " + y + "]" +
64             "; Radius = " + radius;
65       }
66
67    }  // fim da classe Circle2
```

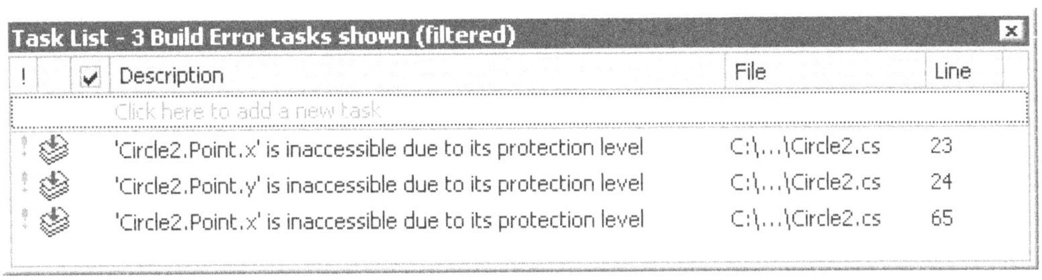

Figura 9.8 A classe `Circle2` que herda da classe `Point`. (Parte 2 de 2.)

As linhas 14 e 20 nos construtores de **`Circle2`** (linhas 12 a 24) chamam o construtor padrão de **`Point`** implicitamente, para inicializar a parte da classe base (variáveis **`x`** e **`y`**, herdadas da classe **`Point`**) de um objeto **`Circle2`** como **`0`**. Entretanto, como o construtor parametrizado (linhas 18 a 24) deve configurar as coordenadas *x*, *y* com um valor específico, as linhas 21 e 22 tentam atribuir valores de argumento a **`x`** e **`y`** diretamente. Mesmo que as linhas 21 e 22 tentem configurar os valores de **`x`** e **`y`** explicitamente, a linha 20 chama primeiro o construtor padrão de **`Point`** para inicializar essas variáveis com seus valores padrão. O compilador gera erros de sintaxe para as linhas 21 e 22 (e para a linha 63, onde o método **`ToString`** de **`Circle2`** tenta usar os valores de **`x`** e **`y`** diretamente), pois a classe derivada **`Circle2`** não pode acessar os membros **`private`** da classe base **`Point`**, **`x`** e **`y`**. O C# impõe rigorosamente a restrição sobre o acesso a membros de dados **`private`**, de modo que mesmo uma classe derivada (isto é, que está intimamente relacionada com sua classe base) não possa acessar dados **`private`** da classe base.

Para permitir que a classe **Circle2** acesse diretamente as variáveis-membro de **Point**, **x** e **y**, podemos declarar essas variáveis como **protected**. Conforme discutimos na Seção 9.3, os membros protegidos de uma classe base podem ser acessados apenas nessa classe base ou em todas as classes derivadas dessa classe base. A classe **Point2** (Figura 9.9) modifica a classe **Point** (Figura 9.4) para declarar as variáveis **x** e **y** como **protected** (linha 10), em vez de **private**.

```
1  // Fig. 9.9: Point2.cs
2  // A classe Point2 contém um par de coordenadas x, y como dados protegidos.
3
4  using System;
5
6  // A definição da classe Point2 herda implicitamente de Object
7  public class Point2
8  {
9     // coordenada de ponto
10    protected int x, y;
11
12    // construtor padrão
13    public Point2()
14    {
15       // a chamada implícita ao construtor de Object ocorre aqui
16    }
17
18    // construtor
19    public Point2( int xValue, int yValue )
20    {
21       // a chamada implícita ao construtor de Object ocorre aqui
22       X = xValue;
23       Y = yValue;
24    }
25
26    // propriedade X
27    public int X
28    {
29       get
30       {
31          return x;
32       }
33
34       set
35       {
36          x = value; // não é necessário validar
37       }
38
39    } // fim da propriedade X
40
41    // propriedade Y
42    public int Y
43    {
44       get
45       {
46          return y;
47       }
48
49       set
50       {
```

Figura 9.9 A classe `Point2` representa um par de coordenadas *x*, *y* como dados `protected`. (Parte 1 de 2.)

```
         y = value; // não é necessário validar
      }

   } // fim da propriedade Y

   // retorna a representação de string de Point2
   public override string ToString()
   {
      return "[" + x + ", " + y + "]";
   }

} // fim da classe Point2
```

Figura 9.9 A classe `Point2` representa um par de coordenadas *x*, *y* como dados `protected`. (Parte 2 de 2.)

A classe **`Circle3`** (Figura 9.10) modifica a classe **`Circle2`** (Figura 9.8) para herdar da classe **`Point2`**, em vez de herdar da classe **`Point`**. Como a classe **`Circle3`** é uma classe derivada da classe **`Point2`**, ela pode acessar diretamente as variáveis-membro **`protected`** da classe **`Point2`**, **`x`** e **`y`**, e o compilador não gera erros ao compilar a Figura 9.10. Isso mostra os privilégios especiais que uma classe derivada recebe para acessar membros de dados **`protected`** da classe base. Uma classe derivada também pode acessar métodos **`protected`** em qualquer uma das classes base dessa classe derivada.

```
// Fig. 9.10: Circle3.cs
// A classe Circle2 que herda da classe Point2.

using System;

// A definição da classe Circle3 herda de Point2
public class Circle3 : Point2
{
   private double radius; // raio do círculo

   // construtor padrão
   public Circle3()
   {
      // a chamada implícita ao construtor de Point ocorre aqui
   }

   // construtor
   public Circle3(
      int xValue, int yValue, double radiusValue )
   {
      // a chamada implícita ao construtor de Point ocorre aqui
      x = xValue;
      y = yValue;
      Radius = radiusValue;
   }

   // propriedade Radius
   public double Radius
   {
      get
      {
         return radius;
      }
```

Figura 9.10 A classe `Circle3` que herda da classe `Point2`. (Parte 1 de 2.)

```
 
      set
      {
         if ( value >= 0 )
            radius = value;
      }
 
   } // fim da propriedade Radius
 
   // calcula o diâmetro do círculo
   public double Diameter()
   {
      return radius * 2;
   }
 
   // calcula a circunferência
   public double Circumference()
   {
      return Math.PI * Diameter();
   }
 
   // calcula a área do círculo
   public virtual double Area()
   {
      return Math.PI * Math.Pow( radius, 2 );
   }
 
   // retorna a representação de string de Circle3
   public override string ToString()
   {
      return "Center = [" + x + ", " + y + "]" +
         "; Radius = " + radius;
   }
 
} // fim da classe Circle3
```

Figura 9.10 A classe `Circle3` que herda da classe `Point2`. (Parte 2 de 2.)

A classe **CircleTest3** (Figura 9.11) realiza na classe **Circle3** testes idênticos aos da classe **CircleTest** (Figura 9.7) realizados na classe **Circle** (Figura 9.6). Note que a saída gerada pelos dois programas é idêntica. Criamos a classe **Circle** sem usar herança e criamos a classe **Circle3** usando herança; entretanto, as duas classes fornecem a mesma funcionalidade. Contudo, observe que a listagem de código da classe **Circle3**, que tem 68 linhas, é consideravelmente mais curta do que a listagem de código da classe **Circle**, que tem 98 linhas, pois a classe **Circle3** absorve parte de sua funcionalidade de **Point2**, ao contrário da classe **Circle**. Além disso, agora existe apenas uma cópia da funcionalidade de ponto.

```
// Figura 9.11: CircleTest3.cs
// Testando a classe Circle3.

using System;
using System.Windows.Forms;

// definição da classe CircleTest3
class CircleTest3
{
```

Figura 9.11 `CircleTest3` demonstra a funcionalidade da classe `Circle3`. (Parte 1 de 2.)

```
      // ponto de entrada principal do aplicativo
      static void Main( string[] args )
      {
         // instancia Circle3
         Circle3 circle = new Circle3( 37, 43, 2.5 );

         // obtém as coordenadas x, y iniciais e o raio de Circle3
         string output = "X coordinate is " + circle.X + "\n" +
            "Y coordinate is " + circle.Y + "\nRadius is " +
            circle.Radius;

         // configura as coordenadas x, y e o raio de Circle3 com novos valores
         circle.X = 2;
         circle.Y = 2;
         circle.Radius = 4.25;

         // exibe a representação de string de Circle3
         output += "\n\n" +
            "The new location and radius of circle are " +
            "\n" + circle + "\n";

         // exibe o diâmetro de Circle3
         output += "Diameter is " +
            String.Format( "{0:F}", circle.Diameter() ) + "\n";

         // exibe a circunferência de Circle3
         output += "Circumference is " +
            String.Format( "{0:F}", circle.Circumference() ) + "\n";

         // exibe a área de Circle3
         output += "Area is " +
            String.Format( "{0:F}", circle.Area() );

         MessageBox.Show( output, "Demonstrating Class Circle3" );

      } // fim do método Main

   } // fim da classe CircleTest3
```

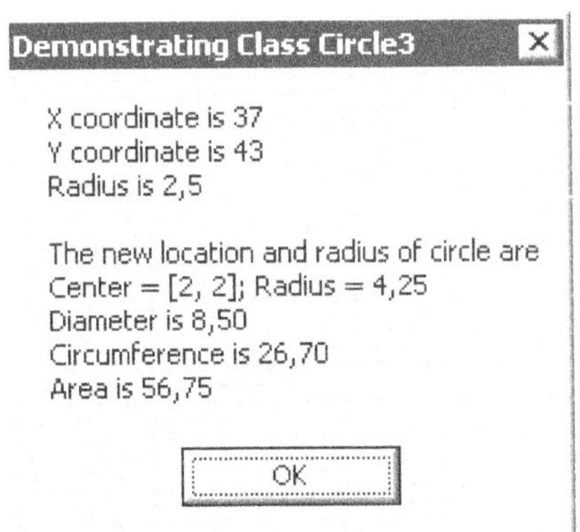

Figura 9.11 `CircleTest3` demonstra a funcionalidade da classe `Circle3`. (Parte 2 de 2.)

No exemplo anterior declaramos as variáveis de instância da classe base como **protected**, para que uma classe derivada pudesse modificar seus valores diretamente. O uso de variáveis **protected** possibilita um ligeiro aumento no desempenho, pois evitamos a ocorrência de carga adicional de uma chamada de método para o acessor **set** ou **get** de uma propriedade. Entretanto, na maioria dos aplicativos C#, em que a interação com o usuário compreende uma grande parte do tempo de execução, a otimização oferecida pelo uso de variáveis **protected** é desprezível.

O uso de variáveis de instância **protected** cria dois grandes problemas. Primeiro, o objeto da classe derivada não precisa usar uma propriedade para configurar o valor dos dados **protected** da classe base. Portanto, um objeto da classe derivada pode facilmente atribuir um valor inválido para os dados **protected**, deixando assim o objeto em um estado inconsistente. Por exemplo, se declarássemos a variável **radius** de **Circle3** como **protected**, um objeto da classe derivada (por exemplo, **Cylinder**) poderia então atribuir um valor negativo a **radius**. O segundo problema do uso de dados **protected** é que os métodos da classe derivada são mais provavelmente escritos para depender da implementação da classe base. Na prática, as classes derivadas devem depender apenas dos serviços da classe base (isto é, métodos e propriedades não **private**), e não da implementação da classe base. Com dados **protected** na classe base, se a implementação da classe base mudar, talvez precisemos modificar todas as classes derivadas dessa classe base. Por exemplo, se por algum motivo mudássemos os nomes das variáveis **x** e **y** para **xCoordinate** e **yCoordinate**, então teríamos de fazer isso para todas as ocorrências em que uma classe derivada fizesse referência diretamente a essas variáveis da classe base. Nesse caso, diz-se que o software é *frágil* ou *quebradiço*. O programador deve poder alterar a implementação da classe base livremente, enquanto ainda fornece os mesmos serviços para as classes derivadas. (É claro que, se os serviços da classe base mudarem, teremos de reimplementar nossas classes derivadas, mas o bom projeto orientado a objetos tenta evitar isso.)

Observação de engenharia de software 9.5

O momento mais apropriado para usar o modificador de acesso **protected** *é quando uma classe base deve fornecer um serviço apenas para suas classes derivadas (isto é, a classe base não deve fornecer o serviço para outros clientes).*

Observação de engenharia de software 9.6

Declarar variáveis de instância da classe base como **private** *(em oposição a declará-las como* **protected***) permite aos programadores alterarem a implementação da classe base sem ter de mudar a implementação da classe derivada.*

Dica de teste e depuração 9.1

Quando possível, evite incluir dados **protected** *em uma classe base. Em vez disso, inclua propriedades e métodos não* **private** *que acessem dados* **private***, garantindo que o objeto mantenha um estado consistente.*

Vamos examinar nosso exemplo de hierarquia de ponto e círculo novamente; desta vez, tentando usar a melhor engenharia de software. Usaremos **Point3** (Figura 9.12), que declara as variáveis **x** e **y** como **private** e usa propriedades no método **ToString** para acessar esses valores. Mostraremos como a classe derivada **Circle4** (Figura 9.13) pode chamar métodos e propriedades não **private** da classe base para manipular essas variáveis.

```
// Fig. 9.12: Point3.cs
// A classe Point3 representa um par de coordenadas x, y.

using System;

// A definição da classe Point3 herda implicitamente de Object
public class Point3
{
   // coordenada de ponto
   private int x, y;

   // construtor padrão
   public Point3()
   {
      // a chamada implícita ao construtor de Object ocorre aqui
   }

   // construtor
```

Figura 9.12 A classe `Point3` usa propriedades para manipular seus dados `private`. (Parte 1 de 2.)

```
   public Point3( int xValue, int yValue )
   {
      // a chamada implícita ao construtor de Object ocorre aqui
      X = xValue;     // usa a propriedade X
      Y = yValue;     // usa a propriedade Y
   }

   // propriedade X
   public int X
   {
      get
      {
         return x;
      }

      set
      {
         x = value;  // não é necessário validar
      }

   } // fim da propriedade X

   // propriedade Y
   public int Y
   {
      get
      {
         return y;
      }

      set
      {
         y = value;  // não é necessário validar
      }

   } // fim da propriedade Y

   // retorna a representação de string de Point3
   public override string ToString()
   {
      return "[" + X + ", " + Y + "]";
   }

} // fim da classe Point3
```

Figura 9.12 A classe `Point3` usa propriedades para manipular seus dados `private`. (Parte 2 de 2.)

```
// Fig. 9.13: Circle4.cs
// A classe Circle4 que herda da classe Point3.

using System;

// A definição da classe Circle4 herda de Point3
public class Circle4 : Point3
{
```

Figura 9.13 A classe `Circle4` que herda da classe `Point3`, a qual não fornece dados `protected`. (Parte 1 de 2.)

```
   private double radius;

   // construtor padrão
   public Circle4()
   {
      // a chamada implícita ao construtor de Point ocorre aqui
   }

   // construtor
   public Circle4( int xValue, int yValue, double radiusValue )
      : base( xValue, yValue )
   {
      Radius = radiusValue;
   }

   // propriedade Radius
   public double Radius
   {
      get
      {
         return radius;
      }

      set
      {
         if ( value >= 0 )  // validação necessária
            radius = value;
      }

   }  // fim da propriedade Radius

   // calcula o diâmetro do círculo
   public double Diameter()
   {
      return Radius * 2;     // usa a propriedade Radius
   }

   // calcula a circunferência do círculo
   public double Circumference()
   {
      return Math.PI * Diameter();
   }

   // calcula a área do círculo
   public virtual double Area()
   {
      return Math.PI * Math.Pow( Radius, 2 );      // usa a propriedade
   }

   // retorna a representação de string de Circle4
   public override string ToString()
   {
      // usa referência base para retornar a representação de string de Point
      return "Center= " + base.ToString() +
         "; Radius = " + Radius;      // usa a propriedade Radius
   }

} // fim da classe Circle4
```

Figura 9.13 A classe `Circle4` que herda da classe `Point3`, a qual não fornece dados `protected`. (Parte 2 de 2.)

Observação de engenharia de software 9.7

Quando possível, use propriedades para alterar e obter os valores de variáveis-membro, mesmo que esses valores possam ser modificados diretamente. O acessor **set** *de uma propriedade pode impedir tentativas de atribuir um valor inadequado para essa variável-membro, e o acessor* **get** *de uma propriedade pode ajudar a controlar a apresentação dos dados aos clientes.*

Dica de desempenho 9.1

Usar uma propriedade para acessar o valor de uma variável é ligeiramente mais lento do que acessar os dados diretamente. Entretanto, tentar otimizar programas referenciando dados diretamente é em geral desnecessário, pois o compilador otimiza os programas implicitamente. (Os chamados "compiladores otimizadores" de hoje são cuidadosamente projetados para realizar muitas otimizações implicitamente, mesmo que o programador não escreva o que pareça ser o código mais perfeito. Uma boa regra é: "Não fique tentando adivinhar o que o compilador fará".)

Para o propósito desse exemplo, para demonstrar chamadas explícitas e implícitas aos construtores da classe base, incluímos um segundo construtor que chama o construtor da classe base explicitamente. As linhas 18 a 22 declaram o construtor de **Circle4**, que chama o segundo construtor de **Point3** explicitamente (linha 19), usando a *sintaxe de chamada de construtor da classe base* (isto é, a referência ***base*** seguida de um conjunto de parênteses contendo os argumentos do construtor da classe base). Nesse caso, **xValue** e **yValue** são passados para inicializar os membros **private** da classe base, **x** e **y**. O símbolo de dois-pontos (**:**), seguido da palavra-chave **base**, acessa explicitamente a versão de classe base desse método (linha 19). Fazendo essa chamada, podemos inicializar **x** e **y** na classe base com valores específicos, em vez de usar **0**.

Erro de programação comum 9.2

É um erro de sintaxe uma classe derivada usar **base** *para chamar o construtor de sua classe base com argumentos que não sejam exatamente iguais, em número e tipos, aos parâmetros especificados em uma das definições de construtor da classe base.*

O método **ToString** da classe **Circle4** (linhas 59 a 64) sobrepõe o método **ToString** da classe **Point3** (linhas 57 a 60 da Figura 9.12). Conforme discutimos, sobrepor esse método é possível, pois o método **ToString** da classe **System.Object** (classe base da classe **Point3**) é declarado como **virtual**. O método **ToString** da classe **Circle4** exibe as variáveis de instância **private x** e **y** da classe **Point3**, chamando o método **ToString** da classe base (nesse caso, o método **ToString** de **Point3**). A chamada é feita na linha 62, por meio da expressão **base.ToString()**, e faz com que os valores de **x** e **y** se tornem parte da representação de **string** de **Circle4**. Usar essa estratégia é uma boa prática de engenharia de software: se o método de um objeto executa as ações necessárias para outro objeto, chame esse método, em vez de duplicar o corpo de seu código. Duplicar código gera problemas de manutenção de código. Fazendo o método **ToString** de **Circle4** usar a formatação fornecida pelo método **ToString** de **Point3**, evitamos a duplicação de código. Além disso, o método **ToString** de **Point3** executa parte da tarefa do método **ToString** de **Circle4**; portanto, chamamos o método **ToString** de **Point3** a partir da classe **Circle4**, com a expressão **base.ToString()**.

A classe **CircleTest4** (Figura 9.14) realiza na classe **Circle4** manipulações idênticas às feitas nas classes **CircleTest** (Figura 9.7) e **CircleTest3** (Figura 9.11). Note que as saídas de todos os três módulos são idênticas. Portanto, embora cada classe de "círculo" pareça se comportar de forma igual, a classe **Circle4** é a produzida mais corretamente. Usando herança, construímos eficiente e efetivamente uma classe bem projetada.

```
// Fig. 9.14: CircleTest4.cs
// Testando a classe Circle4.

using System;
using System.Windows.Forms;

// definição da classe CircleTest4
class CircleTest4
{
   // ponto de entrada principal do aplicativo
   static void Main( string[] args )
```

Figura 9.14 `CircleTest4` demonstra a funcionalidade da classe `Circle4`. (Parte 1 de 2.)

```
      {
         // instancia Circle4
         Circle4 circle = new Circle4( 37, 43, 2.5 );

         // obtém as coordenadas iniciais x, y e o raio de Circle4
         string output = "X coordinate is " + circle.X + "\n" +
            "Y coordinate is " + circle.Y + "\n" +
            "Radius is " + circle.Radius;

         // configura as coordenadas x, y e o raio de Circle4 com novos valores
         circle.X = 2;
         circle.Y = 2;
         circle.Radius = 4.25;

         // exibe a representação de string de Circle4
         output += "\n\n" +
            "The new location and radius of circle are " +
            "\n" + circle + "\n";

         // exibe o diâmetro de Circle4
         output += "Diameter is " +
            String.Format( "{0:F}", circle.Diameter() ) + "\n";

         // exibe a circunferência de Circle4
         output += "Circumference is " +
            String.Format( "{0:F}", circle.Circumference() ) + "\n";

         // exibe a área de Circle4
         output += "Area is " +
            String.Format( "{0:F}", circle.Area() );

         MessageBox.Show( output, "Demonstrating Class Circle4" );

      } // fim do método Main

   } // fim da classe CircleTest4
```

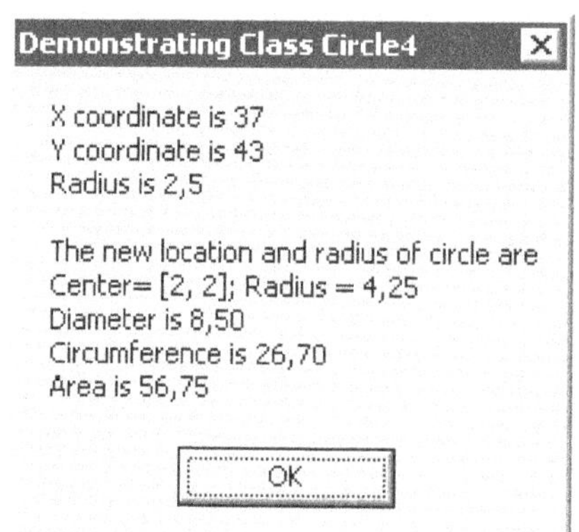

Figura 9.14 `CircleTest4` demonstra a funcionalidade da classe `Circle4`. (Parte 2 de 2.)

Erro de programação comum 9.3

Quando um método de uma classe base é sobreposto em uma classe derivada, a versão da classe derivada freqüentemente chama a versão da classe base para realizar trabalho adicional. O fato de não usar a referência **base** *ao referenciar o método da classe base causa recursividade infinita, pois então o método da classe derivada chamaria a si mesmo.*

Erro de programação comum 9.4

O uso de referências **base** *"encadeadas" para se referir a um membro (um método, propriedade ou variável) vários níveis acima na hierarquia (como em* **base.base.mX**) *é um erro de sintaxe.*

Observação de engenharia de software 9.8

Uma redefinição em uma classe derivada de um método da classe base que usa uma assinatura diferente da do método da classe base é uma sobrecarga (overload) de método, em vez de sobreposição (override) de método.

Observação de engenharia de software 9.9

Embora o método **ToString** *certamente possa ser sobreposto para executar ações arbitrárias, o entendimento geral na comunidade do C# .NET é que o método* **ToString** *deve ser sobreposto para se obter a representação de* **string** *de um objeto.*

9.5 Estudo de caso: hierarquia de herança de três níveis

Vamos considerar um exemplo de herança mais substancial, envolvendo uma hierarquia de cilindro, círculo e ponto de três níveis. Na Seção 9.4 desenvolvemos as classes **Point3** (Figura 9.12) e **Circle4** (Figura 9.13). Agora, apresentaremos um exemplo em que derivamos a classe **Cylinder** da classe **Circle4**.

A primeira classe que usamos em nosso estudo de caso é a classe **Point3** (Figura 9.12). Declaramos as variáveis de instância de **Point3** como **private**. A classe **Point3** também contém as propriedades **X** e **Y** para acessar **x** e **y**, e o método **ToString** (que **Point3** sobrepõe da classe **Object**) para obter uma representação de **string** do par de coordenadas *x*, *y*.

Também criamos a classe **Circle4** (Figura 9.13), a qual herda da classe **Point3**. A classe **Circle4** contém a funcionalidade de **Point3**, além de fornecer a propriedade **Radius**, que garante que a variável-membro **radius** não possa conter um valor negativo, e os métodos **Diameter**, **Circumference**, **Area** e **ToString**. Lembre-se de que o método **Area** foi declarado como **virtual** (linha 53). Conforme discutimos na Seção 9.4, essa palavra-chave permite que classes derivadas sobreponham um método da classe base. As classes derivadas da classe **Circle4** (como a classe **Cylinder**, que apresentaremos em breve) podem sobrepor esses métodos e fornecer implementações específicas. Um círculo tem uma área que é calculada pela fórmula πr^2, na qual r representa o raio do círculo. Entretanto, um cilindro tem uma área de superfície calculada pela fórmula $(2\pi r^2) + (2\pi rh)$, na qual r representa o raio do cilindro e h representa sua altura. Portanto, a classe **Cylinder** deve sobrepor o método **Area** para incluir esse cálculo e assim declaramos o método **Area** da classe **Circle4** como **virtual**.

A Figura 9.15 apresenta a classe **Cylinder**, que herda da classe **Circle4** (linha 7). Os serviços públicos da classe **Cylinder** incluem os métodos **Diameter**, **Circumference**, **Area** e **ToString** herdados de **Circle4**, a propriedade **Radius** herdada de **Circle4**, as propriedades **X** e **Y** herdadas indiretamente de **Point3**, o construtor de **Cylinder**, a propriedade **Height** e o método **Volume**. O método **Area** (linhas 41 a 44) sobrepõe o método **Area** da classe **Circle4**. Note que, se a classe **Cylinder** tentasse sobrepor os métodos **Diameter** e **Circumference** de **Circle4**, ocorreriam erros de sintaxe, pois a classe **Circle4** não declarou esses métodos como **virtual**. O método **ToString** (linhas 53 a 56) sobrepõe o método **ToString** da classe **Circle4** para obter uma representação de **string** para o cilindro. A classe **Cylinder** também inclui o método **Volume** (linhas 47 a 50) para calcular o volume do cilindro. Como não declaramos o método **Volume** como **virtual**, nenhuma classe derivada da classe **Cylinder** pode sobrepor esse método.

```
1   // Fig. 9.15: Cylinder.cs
2   // A classe Cylinder herda da classe Circle4.
3
4   using System;
5
6   // A definição da classe Cylinder herda de Circle4
7   public class Cylinder : Circle4
8   {
9      private double height;
10
```

Figura 9.15 A classe **Cylinder** herda da classe **Circle4** e sobrepõe o método **Area**. (Parte 1 de 2.)

```
   // construtor padrão
   public Cylinder()
   {
      // a chamada implícita ao construtor de Circle4 ocorre aqui
   }

   // construtor de quatro argumentos
   public Cylinder( int xValue, int yValue, double radiusValue,
      double heightValue ) : base( xValue, yValue, radiusValue )
   {
      Height = heightValue; // configura a altura do cilindro
   }

   // propriedade Height
   public double Height
   {
      get
      {
         return height;
      }

      set
      {
         if ( value >= 0 ) // valida a altura
            height = value;
      }

   } // fim da propriedade Height

   // sobrepõe o método Area de Circle4 para calcular a área do cilindro
   public override double Area()
   {
      return 2 * base.Area() + base.Circumference() * Height;
   }

   // calcula o volume do cilindro
   public double Volume()
   {
      return base.Area() * Height;
   }

   // converte Cylinder para string
   public override string ToString()
   {
      return base.ToString() + "; Height = " + Height;
   }

} // fim da classe Cylinder
```

Figura 9.15 A classe Cylinder herda da classe Circle4 e sobrepõe o método Area. (Parte 2 de 2.)

A Figura 9.16 é um aplicativo **CylinderTest** que testa a classe **Cylinder**. A linha 14 instancia um objeto da classe **Cylinder**. As linhas 17 a 19 usam as propriedades **X**, **Y**, **Radius** e **Height** para obter informações sobre o objeto **Cylinder**, pois **CylinderTest** não pode referenciar os dados **private** da classe **Cylinder** diretamente. As linhas 22 a 25 usam as propriedades **X**, **Y**, **Radius** e **Height** para reconfigurar as coordenadas *x*, *y* de **Cylinder** (supomos que as coordenadas *x*, *y* do cilindro especificam sua posição no plano *x*, *y*), raio e altura. A classe **Cylinder** pode usar as propriedades **X** e **Y** da classe **Point3**, pois a classe **Cylinder** as herda indiretamente da classe **Point3** — a classe **Cylinder** herda as propriedades **X** e **Y** diretamente da classe **Circle4**, que as herdou diretamente da classe **Point3**. A linha 29 chama o método **ToString** implicitamente, para obter a representação de **string** do objeto **Cylinder**. As linhas 33 a 37 chamam os métodos **Diameter** e **Circumference** do objeto **Cylinder** — como a classe **Cylinder** herda esses métodos da classe **Circle4** e não pode sobrepô-los, esses métodos, exatamente como listados em **Circle4**, são chamados. As linhas 41 a 45 chamam o métodos **Area** e **Volume**.

Usando o exemplo de ponto, círculo e cilindro, mostramos o uso e as vantagens da herança. Desenvolvemos as classes **Circle4** e **Cylinder** usando herança muito mais rapidamente do que se tivéssemos desenvolvido essas classes "do zero". A herança evita a duplicação de código e os problemas de manutenção de código associados.

```
1  // Fig. 9.16: CylinderTest.cs
2  // Testa a classe Cylinder.
3
4  using System;
5  using System.Windows.Forms;
6
7  // definição da classe CylinderTest
8  class CylinderTest
9  {
10    // ponto de entrada principal do aplicativo
11    static void Main( string[] args )
12    {
13       // instancia objeto da classe Cylinder
14       Cylinder cylinder = new Cylinder(12, 23, 2.5, 5.7);
15
16       // propriedades obtêm as coordenadas x, y iniciais, o raio e a altura
17       string output = "X coordinate is " + cylinder.X + "\n" +
18          "Y coordinate is " + cylinder.Y + "\nRadius is " +
19          cylinder.Radius + "\n" + "Height is " + cylinder.Height;
20
21       // propriedades configuram as novas coordenadas x, y, o raio e a altura
22       cylinder.X = 2;
23       cylinder.Y = 2;
24       cylinder.Radius = 4.25;
25       cylinder.Height = 10;
26
27       // obtém as novas coordenadas x, y e o raio
28       output += "\n\nThe new location, radius and height of " +
29          "cylinder are\n" + cylinder + "\n\n";
30
31       // exibe o diâmetro do cilindro
32       output += "Diameter is " +
33          String.Format( "{0:F}", cylinder.Diameter() ) + "\n";
34
35       // exibe a circunferência do cilindro
36       output += "Circumference is " +
37          String.Format( "{0:F}", cylinder.Circumference() ) + "\n";
38
39       // exibe a área do cilindro
40       output += "Area is " +
41          String.Format( "{0:F}", cylinder.Area() ) + "\n";
42
43       // exibe o volume do cilindro
44       output += "Volume is " +
45          String.Format( "{0:F}", cylinder.Volume() );
46
47       MessageBox.Show( output, "Demonstrating Class Cylinder" );
48
```

Figura 9.16 Testando a classe Cylinder. (Parte 1 de 2.)

```
    } // fim do método Main

} // fim da classe CylinderTest
```

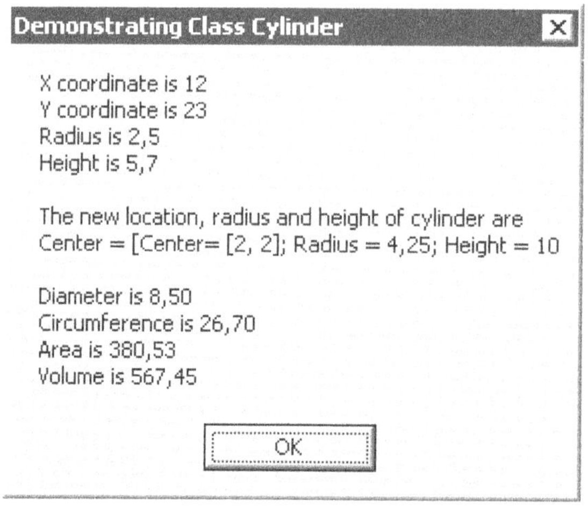

Figura 9.16 Testando a classe `Cylinder`. (Parte 2 de 2.)

9.6 Construtores e destrutores em classes derivadas

Conforme explicamos na seção anterior, instanciar um objeto da classe derivada inicia um encadeamento de chamadas a construtores no qual o construtor da classe derivada, antes de executar suas próprias tarefas, chama o construtor da classe base explícita ou implicitamente. De maneira análoga, se a classe base fosse derivada de outra classe, o construtor da classe base deveria chamar o construtor da classe acima seguinte na hierarquia, e assim por diante. O último construtor chamado no encadeamento é o construtor da classe **`Object`**, cujo corpo na verdade termina a execução primeiro — o corpo da classe derivada original termina a execução por último. Cada construtor da classe base inicializa as variáveis de instância da classe base que o objeto da classe derivada herda. Por exemplo, considere a hierarquia **`Point3/Circle4`** das figuras 9.12 e 9.13. Quando um programa cria um objeto **`Circle4`**, um dos construtores de **`Circle4`** é chamado. Esse construtor chama o construtor da classe **`Point3`**, o qual, por sua vez, chama o construtor da classe **`Object`**. Quando o construtor da classe **`Object`** termina sua execução, ele retorna o controle para o construtor da classe **`Point3`**, o qual inicializa as coordenadas *x*, *y* de **`Circle4`**. Quando o construtor da classe **`Point3`** termina sua execução, ele retorna o controle para o construtor da classe **`Circle4`**, o qual inicializa o raio de **`Circle4`**.

Observação de engenharia de software 9.10

Quando um programa cria um objeto de uma classe derivada, o construtor da classe derivada chama imediatamente o construtor da classe base, o corpo do construtor da classe base é executado e, então, o corpo do construtor da classe derivada é executado.

Quando o coletor de lixo remove um objeto de uma classe derivada da memória, ele chama o destrutor desse objeto. Isso inicia um encadeamento de chamadas de destrutor, no qual o destrutor da classe derivada e os destrutores das classes base diretas e indiretas são executados em ordem inversa daquela em que os construtores são executados. A execução dos destrutores deve liberar todos os recursos adquiridos pelo objeto, antes que o coletor de lixo recupere a memória usada por esse objeto. Quando o coletor de lixo chama o destrutor de um objeto de classe derivada, o destrutor executa sua tarefa e, em seguida, chama o destrutor da classe base. Esse processo se repete até que o destrutor da classe **`Object`** seja chamado.

O C# implementa destrutores usando o método ***`Finalize`*** da classe **`Object`** (um dos oito métodos que toda classe do C# herda). Ao compilar uma definição de classe que contém um destrutor, o compilador transforma a definição de um destrutor em um método **`Finalize`** que executa as tarefas do destrutor e, em seguida, chama o método **`Finalize`** da classe base como a última instrução no método **`Finalize`** da classe derivada. Conforme mencionamos no Capítulo 8, não podemos determinar exatamente quando a chamada do destrutor ocorrerá, pois não podemos determinar com precisão quando a coleta de lixo ocorrerá. Entretanto, definindo um destrutor, podemos especificar um código para ser executado antes que o coletor de lixo remova um objeto da memória.

Nosso próximo exemplo revê a hierarquia de ponto e círculo, definindo a classe **Point4** (Figura 9.17) e a classe **Circle5** (Figura 9.18), que contêm construtores *e* destrutores, cada um dos quais imprimindo uma mensagem ao ser executado.

A classe **Point4** (Figura 9.17) contém os recursos mostrados na Figura 9.4. Modificamos os construtores (linhas 13 a 17 e 20 a 26) para produzirem na saída uma linha de texto ao serem chamados e adicionamos um destrutor (linhas 29 a 32) que também produz na saída uma linha de texto ao ser chamado. Cada instrução de saída (linhas 16, 25 e 31) adiciona a referência **this** na string de saída. Isso chama implicitamente o método **ToString** da classe, para obter a representação de **string** das coordenadas de **Point4**.

```
1  // Fig. 9.17: Point4.cs
2  // A classe Point4 representa um par de coordenadas x, y.
3
4  using System;
5
6  // definição da classe Point4
7  public classe Point4
8  {
9     // coordenada de ponto
10    private int x, y;
11
12    // construtor padrão
13    public Point4()
14    {
15       // a chamada implícita ao construtor de Object ocorre aqui
16       Console.WriteLine( "Point4 constructor: {0}", this );
17    }
18
19    // construtor
20    public Point4( int xValue, int yValue )
21    {
22       // a chamada implícita ao construtor de Object ocorre aqui
23       X = xValue;
24       Y = yValue;
25       Console.WriteLine( "Point4 constructor: {0}", this );
26    }
27
28    // destrutor
29    ~Point4()
30    {
31       Console.WriteLine( "Point4 destructor: {0}", this );
32    }
33
34    // propriedade X
35    public int X
36    {
37       get
38       {
39          return x;
40       }
41
42       set
43       {
44          x = value; // não é necessário validar
45       }
46
47    } // fim da propriedade X
48
```

Figura 9.17 A classe base Point4 contém construtores e finalizador. (Parte 1 de 2.)

```
      // propriedade Y
      public int Y
      {
         get
         {
            return y;
         }

         set
         {
            y = value; // não é necessário validar
         }

      } // fim da propriedade Y

      // retorna a representação de string de Point4
      public override string ToString()
      {
         return "[" + X + ", " + Y + "]";
      }

   } // fim da classe Point4
```

Figura 9.17 A classe base `Point4` contém construtores e finalizador. (Parte 2 de 2.)

A classe **`Circle5`** (Figura 9.18) contém os recursos da Figura 9.13 e modificamos os dois construtores (linhas 12 a 16 e 19 a 24) para produzirem na saída uma linha de texto ao serem chamados. Adicionamos ainda um destrutor (linhas 27 a 30) que também produz na saída uma linha de texto ao ser chamado. Cada instrução de saída (linhas 15, 23 e 29) adiciona a referência **`this`** na string de saída. Isso chama implicitamente o método **`ToString`** de **`Circle5`**, para obter a representação de **`string`** das coordenadas e do raio de **`Circle5`**.

A classe **`ConstructorAndDestructor`** (Figura 9.19) demonstra a ordem em que os construtores e finalizadores são chamados para objetos de classe que fazem parte de uma hierarquia de herança de classe. O método **`Main`** (linhas 11 a 28) começa instanciando um objeto da classe **`Circle5`** e depois o atribui à referência **`circle1`** (linha 16). Isso chama o constru-tor de **`Circle5`**, que chama o construtor de **`Point4`** imediatamente. Em seguida, o construtor de **`Point4`** chama o construtor de **`Object`**. Quando o construtor de **`Object`** (que não imprime nada) retorna o controle para o construtor de **`Point4`**, este inicializa as coordenadas *x*, *y* e depois produz na saída uma **`string`** indicando que o construtor de **`Point4`** foi chamado. A instrução de saída também chama o método **`ToString`** implicitamente (usando referência **`this`**) para obter a representação de **`string`** do objeto que está sendo construído. Então, o controle retorna para o construtor de **`Circle5`**, que inicializa o raio e produz na saída as coordenadas *x*, *y* e o raio de **`Circle5`**, chamando o método **`ToString`** implicitamente.

```
1  // Fig. 9.18: Circle5.cs
2  // A classe Circle5 que herda da classe Point4.
3
4  using System;
5
6  // A definição da classe Circle5 herda de Point4
7  public class Circle5 : Point4
8  {
9     private double radius;
10
11    // construtor padrão
12    public Circle5()
13    {
14       // a chamada implícita ao construtor de Point3 ocorre aqui
15       Console.WriteLine( "Circle5 constructor: {0}", this );
```

Figura 9.18 A classe `Circle5` herda da classe `Point4` e sobrepõe um método finalizador. (Parte 1 de 2.)

```
   }

   // construtor
   public Circle5( int xValue, int yValue, double radiusValue )
      : base( xValue, yValue )
   {
      Radius = radiusValue;
      Console.WriteLine( "Circle5 constructor: {0}", this );
   }

   // o destrutor sobrepõe a versão na classe Point4
   ~Circle5()
   {
      Console.WriteLine( "Circle5 destructor: {0}", this );
   }

   // propriedade Radius
   public double Radius
   {
      get
      {
         return radius;
      }

      set
      {
         if ( value >= 0 )
            radius = value;
      }

   } // fim da propriedade Radius

   // calcula o diâmetro de Circle5
   public double Diameter()
   {
      return Radius * 2;
   }

   // calcula a circunferência de Circle5
   public double Circumference()
   {
      return Math.PI * Diameter();
   }

   // calcula a área de Circle5
   public virtual double Area()
   {
      return Math.PI * Math.Pow( Radius, 2 );
   }

   // retorna a representação de string de Circle5
   public override string ToString()
   {
      // usa a referência base para retornar a string de Point3
      return "Center = " + base.ToString() +
         "; Radius = " + Radius;
   }

} // fim da classe Circle5
```

Figura 9.18 A classe Circle5 herda da classe Point4 e sobrepõe um método finalizador. (Parte 2 de 2.)

Note que as duas primeiras linhas da saída desse programa contêm valores para as coordenadas *x*, *y* e para o raio do objeto **circle1** de **Circle5**. Ao se construir um objeto **Circle5**, a referência **this** usada no corpo dos construtores de **Circle5** e **Point4** se refere ao objeto **Circle5** que está sendo construído. Quando um programa chama o método **ToString** em um objeto, a versão de **ToString** que é executada é sempre a versão definida na classe desse objeto. Como a referência **this** se refere ao objeto **Circle5** que está sendo construído, o método **ToString** de **Circle5** é executado, mesmo quando **ToString** é chamado a partir do corpo do construtor da classe **Point4**. [*Nota*: isso não aconteceria se o construtor de **Point4** fosse chamado para inicializar um objeto que, na verdade, fosse um novo objeto **Point4**.] Quando o construtor de **Point4** chama o método **ToString** para o objeto **Circle5** que está sendo construído, o programa exibe **0** para o valor de **radius**, pois o corpo do construtor de **Circle5** ainda não inicializou **radius**. Lembre-se de que **0** é o valor padrão de uma variável **double**. A segunda linha da saída mostra o valor correto de **radius** (**4,5**), pois essa linha é produzida na saída após **radius** ser inicializada.

```
// Fig. 9.19: ConstructorAndDestructor.cs
// Exibe a ordem em que os construtores e destrutores da classe base e
// da classe derivada são chamados.

using System;

// definição da classe ConstructorAndDestructor
class ConstructorAndDestructor
{
   // ponto de entrada principal do aplicativo.
   static void Main( string[] args )
   {
      Circle5 circle1, circle2;

      // instancia objetos
      circle1 = new Circle5( 72, 29, 4.5 );
      circle2 = new Circle5( 5, 5, 10 );

      Console.WriteLine();

      // marca objetos para coleta de lixo
      circle1 = null;
      circle2 = null;

      // informa o coletor de lixo para que seja executado
      System.GC.Collect();

   } // fim do método Main

} // fim da classe ConstructorAndDestructor
```

```
Point4 constructor: Center = [72, 29]; Radius = 0
Circle5 constructor: Center = [72, 29]; Radius = 4,5
Point4 constructor: Center = [5, 5]; Radius = 0
Circle5 constructor: Center = [5, 5]; Radius = 10

Circle5 destructor: Center = [5, 5]; Radius = 10
Point4 destructor: Center = [5, 5]; Radius = 10
Circle5 destructor: Center = [72, 29]; Radius = 4,5
Point4 destructor: Center = [72, 29]; Radius = 4,5
```

Figura 9.19 Ordem em que os construtores e destrutores são chamados.

A linha 17 instancia outro objeto da classe **Circle5** e, em seguida, o atribui à referência **circle2**. Novamente, isso inicia o encadeamento de chamadas a construtores, no qual o construtor de **Circle5**, o construtor de **Point4** e o construtor de **Object** são chamados. Na saída, note que o corpo do construtor de **Point4** é executado antes do corpo do construtor de **Circle5**. Isso demonstra que os objetos são construídos "de dentro para fora" (isto é, o construtor da classe base é chamado primeiro).

As linhas 22 a 23 configuram as referências **circle1** e **circle2** como **null**. Isso remove as únicas referências a esses objetos **Circle5** no programa. Assim, o coletor de lixo pode liberar a memória ocupada por esses objetos. Lembre-se de que não podemos garantir quando o coletor de lixo será executado, nem podemos garantir que ele vá coletar todos os objetos disponíveis quando for executado. Para demonstrar as chamadas a destrutor para os dois objetos **Circle5**, a linha 26 chama o método **Collect** da classe **GC**, para solicitar a execução do coletor de lixo. Note que o destrutor de cada objeto **Circle5** produz informações na saída, antes de chamar o destrutor da classe **Point4**. Os objetos são destruídos "de fora para dentro" (isto é, o destrutor da classe derivada completa suas tarefas antes de chamar o destrutor da classe base).

9.7 Engenharia de software com herança

Nesta seção discutiremos o uso de herança para personalizar software já existente. Quando usamos herança para criar uma nova classe a partir de uma já existente, a nova classe herda as variáveis-membro, propriedades e métodos da classe existente. Podemos personalizar a nova classe de acordo com nossas necessidades, incluindo mais variáveis-membro, propriedades e métodos e sobrepondo membros da classe base.

Às vezes é difícil para o estudante ver a abrangência dos problemas com que deparam os projetistas que trabalham em projetos de software de larga escala. As pessoas com experiência em tais projetos dizem que a reutilização de software eficiente melhora o processo de desenvolvimento de software. A programação orientada a objetos facilita a reutilização de software, reduzindo assim o tempo de desenvolvimento.

O C# estimula a reutilização de software, fornecendo a .NET Framework Class Library (FCL), que apresenta o máximo benefício da reutilização de software por meio da herança. À medida que aumenta o interesse pelo C#, também cresce o interesse pelas bibliotecas de classes da FCL. Há um comprometimento em nível mundial para a evolução continuada das bibliotecas de classes da FCL, para uma ampla variedade de aplicações. A FCL crescerá à medida que o mundo .NET crescer de maneira explosiva.

Observação de engenharia de software 9.11

No estágio de projeto em um sistema orientado a objetos, o projetista com freqüência determina que certas classes estão intimamente relacionadas. O projetista deve "ponderar" atributos e comportamentos comuns, colocá-los em uma classe base e então usar herança para formar classes derivadas, dotando-as com recursos além daqueles herdados da classe base.

Observação de engenharia de software 9.12

A criação de uma classe derivada não afeta o código-fonte de sua classe base. A herança preserva a integridade de uma classe base.

Observação de engenharia de software 9.13

Assim como os projetistas de sistemas não orientados a objetos devem evitar a proliferação de funções, os projetistas de sistemas orientados a objetos devem evitar a proliferação de classes. A proliferação de classes gera problemas de gerenciamento e pode atrapalhar a reutilização de software, pois torna difícil para um cliente localizar a classe mais apropriada em uma biblioteca de classes enorme. A alternativa é criar menos classes, com cada uma fornecendo funcionalidade mais substancial, mas tais classes também poderiam fornecer funcionalidade demais.

Dica de desempenho 9.2

Se as classes produzidas por meio de herança forem maiores do que precisam ser (isto é, com funcionalidade demais), recursos de memória e processamento podem ser desperdiçados. Herde da classe cuja funcionalidade seja "a mais próxima" à que é necessária.

Ler definições de classe derivada pode ser confuso, pois os membros herdados não são mostrados fisicamente na classe derivada, mas de qualquer forma estão presentes nas classes derivadas. Há um problema semelhante ao se documentar membros de classe derivada.

Neste capítulo apresentamos a herança — a capacidade de criar classes absorvendo os membros de dados e comportamentos de uma classe já existente e aprimorando-os com novos recursos. No Capítulo 10 complementaremos nossa discussão sobre herança apresentando o *polimorfismo* — uma técnica orientada a objetos que nos permite escrever programas que manipulam, de uma maneira mais geral, uma ampla variedade de classes relacionadas pela herança. Após estudar o Capítulo 10, você estará familiarizado com o encapsulamento, a herança e o polimorfismo — os aspectos mais importantes da programação orientada a objetos.

Resumo

- A reutilização de software reduz o tempo de desenvolvimento de programas.
- A classe base direta de uma classe derivada é a classe base a partir da qual a classe derivada herda [por meio do símbolo de dois-pontos (**:**)]. A classe base indireta de uma classe derivada está dois ou mais níveis acima na hierarquia de classes dessa classe derivada.
- Com a herança simples, uma classe é derivada de uma única classe base. O C# não suporta herança múltipla (isto é, derivar uma classe de mais de uma classe base direta).
- Como uma classe derivada pode incluir suas próprias variáveis de classe, propriedades e métodos, uma classe derivada é freqüentemente maior do que sua classe base.
- Uma classe derivada é mais específica do que sua classe base e representa um grupo de objetos menor.
- Todo objeto de uma classe derivada também é um objeto da classe base dessa classe. Entretanto, os objetos da classe base não são objetos das classes derivadas dessa classe.
- Os métodos e propriedades da classe derivada podem acessar membros **protected** (protegidos) da classe base diretamente.
- Um relacionamento "é um" representa herança. Em um relacionamento "é um", um objeto de uma classe derivada também pode ser tratado como um objeto de sua classe base.
- Um relacionamento "tem um" representa composição. Em um relacionamento "tem um", um objeto da classe tem como membros referências a um ou mais objetos de outras classes.
- Uma classe derivada não pode acessar membros **private** de sua classe base diretamente.
- Uma classe derivada pode acessar os membros **public**, **protected** e **internal** de sua classe base, caso a classe derivada esteja no mesmo assembly que a classe base.
- Quando um membro da classe base é inadequado para uma classe derivada, esse membro pode ser sobreposto (*overriden*, redefinido) na classe derivada, com uma implementação apropriada.
- Para sobrepor uma definição de método da classe base, uma classe derivada deve especificar que o método da classe derivada sobrepõe o método da classe base com a palavra-chave **override** no cabeçalho do método.
- Os relacionamentos de herança formam estruturas hierárquicas do tipo árvore. Uma classe existe em um relacionamento hierárquico com suas classes derivadas.
- É possível tratar objetos de classe base e objetos de classe derivada de maneira análoga; as características comuns compartilhadas entre os tipos de objeto são expressas nas variáveis-membro, propriedades e métodos da classe base.
- Os membros **public** de uma classe base são acessíveis em qualquer parte em que o programa tenha uma referência a um objeto dessa classe base ou a um objeto de uma das classes derivadas dessa classe base.
- Os membros **private** de uma classe base são acessíveis apenas dentro da definição dessa classe base.
- Os membros **protected** de uma classe base têm um nível intermediário de proteção, entre acesso **public** e **private**. Os membros **protected** de uma classe base podem ser acessados apenas nessa classe base ou em todas as classes derivadas dessa classe base.
- Os membros **internal** de uma classe base podem ser acessados apenas por objetos do mesmo assembly.
- Infelizmente, a inclusão de variáveis de instância **protected** com freqüência gera dois grandes problemas. Primeiro, o objeto da classe derivada não precisa usar uma propriedade para configurar o valor dos dados **protected** da classe base. Segundo, os métodos da classe derivada são mais provavelmente escritos de forma a depender da implementação da classe base.
- O C# impõe rigorosa restrição sobre o acesso a membros de dados **private**, de modo que mesmo as classes derivadas (isto é, que estão intimamente relacionadas com suas classes base) não podem acessar dados **private** da classe base.
- Quando um método de uma classe derivada sobrepõe um método da classe base, o segundo pode ser acessado a partir da classe derivada precedendo-se seu nome com a referência **base** seguida do operador ponto (**.**).
- Uma classe derivada pode redefinir um método da classe base usando a mesma assinatura; a isso denominamos *sobreposição* (*overriding*) desse método da classe base.
- Um método da classe base deve ser declarado como **virtual**, caso esse método vá ser sobreposto em uma classe derivada.

- Quando um método é sobreposto em uma classe derivada e esse método é chamado em um objeto da classe derivada, a versão da classe derivada (e não a versão da classe base) é chamada.
- Quando um objeto de uma classe derivada é instanciado, o construtor da classe base é chamado imediatamente (explícita ou implicitamente) para realizar toda inicialização necessária das variáveis de instância da classe base no objeto da classe derivada (antes que a variável de instância das classes derivadas seja inicializada).
- Declarar variáveis-membro como **private**, enquanto se fornece propriedades não **private** para manipular e realizar verificação de validação sobre esses dados, condiz com a boa engenharia de software.
- Se o método/propriedade de um objeto executar as ações necessárias para outro objeto, chame esse método/propriedade em vez de duplicar o corpo de seu código. O código duplicado gera problemas de manutenção de código.
- Os construtores e destrutores da classe base não são herdados pelas classes derivadas.

Terminologia

abstração
abstração de dados
acesso **protected**
biblioteca de classes
classe base
classe base direta
classe base indireta
classe derivada
classe **Object**
coletor de lixo
componente reutilizável
comportamento
composição
construtor
construtor da classe base
construtor da classe derivada
construtor padrão
construtor padrão da classe base
construtor sobrecarregado
diagrama de hierarquia
finalizador da classe base
herança
herança múltipla
herança simples
hierarquia de herança
membro **private** de uma classe base
membro **protected** de uma classe base
membro **protected** de uma classe derivada
membro **public** de uma classe derivada
modificador de acesso a membro **internal**
objeto de classe base
objeto de uma classe base
objeto de uma classe derivada
ocultamento de informações
operador de acesso a membro
operador ponto (**.**)
palavra-chave **override**
palavra-chave **virtual**
programação orientada a objetos (POO)
referência **base**
referência de classe base
referência de classe derivada
relacionamento "é um"
relacionamento "tem um"
reutilização de software
símbolo de dois-pontos (**:**)
sobrecarga
sobrepondo um método
sobrepondo um método da classe base
sobreposição
variável de instância (de um objeto)
variável de instância herdada
variável-membro (de uma classe)
variável **protected**

Exercícios de revisão

9.1 Preencha os espaços em branco em cada uma das declarações a seguir:

a) ______________ é uma forma de reutilização de software na qual novas classes absorvem os dados e comportamentos de classes já existentes e aprimoram essas classes com novos recursos.

b) Os membros ______________ de uma classe base podem ser acessados apenas na definição da classe base ou nas definições de classe derivada.

c) Em um relacionamento ______________, um objeto de uma classe derivada também pode ser tratado como um objeto de sua classe base.

d) Em um relacionamento ______________, um objeto de uma classe tem como membros uma ou mais referências a objetos de outras classes.

e) Uma classe existe em um relacionamento ______________ com suas classes derivadas.

f) Os membros ______________ de uma classe base são acessíveis em qualquer parte em que o programa tenha uma referência a essa classe base ou para uma de suas classes derivadas.

g) Os membros de acesso **protected** de uma classe base têm um nível de proteção entre o do acesso **public** e o do acesso ______________.

h) Os membros ______________ de uma classe base podem ser acessados apenas no mesmo assembly.
i) Quando um objeto de uma classe derivada é instanciado, o ______________ da classe base é chamado implícita ou explicitamente para realizar toda inicialização necessária das variáveis de instância da classe base no objeto da classe derivada.
j) Os construtores de classe derivada podem chamar construtores da classe base por meio da referência ______________.

9.2 Indique se cada uma das seguintes alternativas é *verdadeira* ou *falsa*. Se for *falsa*, justifique.

a) É possível tratar objetos de classe base e objetos de classe derivada de forma semelhante.
b) Os construtores de classe base não são herdados pelas classes derivadas.
c) Um relacionamento "tem um" é implementado por meio de herança.
d) Todos os métodos, como padrão, podem ser sobrepostos.
e) O método **`ToString`** da classe **`System.Object`** é declarado como **`virtual`**.
f) Quando uma classe derivada redefine um método da classe base usando a mesma assinatura, diz-se que a classe derivada sobrecarrega esse método da classe base.
g) Uma classe **`Car`** tem um relacionamento "é um" com **`SteeringWheel`** e **`Brakes`**.
h) A herança estimula a reutilização de software comprovado de alta qualidade.

Respostas dos exercícios de revisão

9.1 a) Herança. b) **`protected`**. c) "é um" ou herança. d) "tem um", composição ou agregação. e) hierárquico. f) **`public`**. g) **`private`**. h) **`internal`**. i) construtor. j) **`base`**.

9.2 a) Verdadeira. b) Verdadeira. c) Falsa. Um relacionamento "tem um" é implementado por meio da composição. Um relacionamento "é um" é implementado por meio da herança. d) Falsa. Os métodos que podem ser sobrepostos devem ser declarados explicitamente como **`virtual`**. e) Verdadeira. f) Falsa. Quando uma classe derivada redefine um método da classe base usando a mesma assinatura, a classe derivada sobrepõe esse método da classe base. g) Falsa. Esse é um exemplo de relacionamento "tem um". A classe **`Car`** tem um relacionamento "é um" com a classe **`Vehicle`**. h) Verdadeira.

Exercícios

9.3 Muitos programas escritos com herança poderiam ser escritos com composição e vice-versa. Reescreva as classes **`Point3`**, **`Circle4`** e **`Cylinder`** para usar composição em lugar de herança. Após fazer isso, avalie as vantagens relativas das duas estratégias para o problema de **`Point3`**, **`Circle4`** e **`Cylinder`**, assim como para programas orientados a objetos em geral. Qual estratégia é mais natural? Por quê?

9.4 Alguns programadores preferem não utilizar acesso **`protected`**, pois ele quebra o encapsulamento da classe base. Discuta as vantagens relativas do uso do acesso **`protected`** em relação a insistir no uso de acesso **`private`** na classe base.

9.5 Reescreva o estudo de caso da Seção 9.5 como um programa de **`Point`**, **`Square`**, **`Cube`**. Faça isso de duas maneiras — uma vez por meio de herança e outra por meio de composição.

9.6 Escreva uma hierarquia de herança para as classes **`Quadrilatero`**, **`Trapezoide`**, **`Paralelograma`**, **`Retangulo`** e **`Quadrado`**. Use **`Quadrilatero`** como a classe base da hierarquia. Torne a hierarquia o mais profunda possível (em relação aos níveis). Os dados **`private`** de **`Quadrilatero`** devem ser os pares de coordenadas *x*, *y* dos quatro pontos extremos do **`Quadrilatero`**. Escreva um programa que instancie objetos de cada uma das classes em sua hierarquia e produza de forma polimórfica a saída das dimensões e área de cada objeto.

9.7 Modifique as classes **`Point3`**, **`Circle4`** e **`Cylinder`** para conter destrutores. Em seguida, modifique o programa da Figura 9.19 para demonstrar a ordem em que os construtores e destrutores são chamados nessa hierarquia.

9.8 Desenhe todas as figuras que você possa imaginar — bidimensionais e tridimensionais — e transforme essas figuras em uma hierarquia de figura. Sua hierarquia deve ter a classe base **`FormaGeometrica`**, a partir da qual as classes **`FormaGeometricaBidimensional`** e **`FormaGeometricaTridimensional`** são derivadas. Uma vez que você tenha desenvolvido a hierarquia, defina cada uma de suas classes. Usaremos uma hierarquia como esta nos exercícios do Capítulo 10, para processar todas as figuras como objetos da classe base **`Shape`** (usando uma técnica chamada polimorfismo).

10

PROGRAMAÇÃO ORIENTADA A OBJETOS: POLIMORFISMO

OBJETIVOS

- Entender o conceito de polimorfismo.
- Entender como o polimorfismo torna os sistemas extensíveis e mais fáceis de manter.t
- Entender a distinção entre classes abstratas e classes concretas.
- Aprender como criar classes abstratas, interfaces e delegados.

★

Um anel para controlar a todos,
um anel para encontrá-los,
um anel para reunir todos e,
na escuridão, sujeitá-los.
John Ronald Reuel Tolkien, *A sociedade do anel*

Proposições gerais não decidem casos concretos.
Oliver Wendell Holmes

Um filósofo de estatura imponente não pensa no vazio.
Mesmo que suas idéias mais abstratas sejam,
até certo ponto, condicionadas pelo que é
ou não é conhecido, no tempo em que ele vive.
Alfred North Whitehead

Resumo

10.1 Introdução

A discussão sobre programação orientada a objetos (POO) do capítulo anterior focalizou uma das principais tecnologias componentes da POO, a herança. Neste capítulo continuaremos nosso estudo do *polimorfismo* da POO. A herança e o polimorfismo são tecnologias fundamentais no desenvolvimento de software complexo. O polimorfismo nos permite escrever programas que tratam uma ampla variedade de classes relacionadas de uma maneira genérica e facilita a adição de novas classes e recursos em um sistema.

Com o polimorfismo, é possível projetar e implementar sistemas que são facilmente extensíveis. Os programas podem processar objetos de todas as classes genericamente em uma hierarquia de classes, como objetos de uma classe base comum. Além disso, novas classes podem ser adicionadas com pouca ou nenhuma modificação nas partes genéricas do programa, desde que essas classes façam parte da hierarquia de herança que o programa processa genericamente. As únicas partes de um programa que devem ser alteradas para acomodar novas classes são aqueles componentes que exigem reconhecimento direto das novas classes que o programador adiciona na hierarquia. Neste capítulo demonstraremos duas hierarquias de classes importantes e manipularemos objetos dessas hierarquias de maneira polimórfica.

10.2 Conversão de objetos de classes derivadas para objetos da classe base

A Seção 9.4 criou uma hierarquia de classes de ponto e círculo na qual a classe **Circle** herdava da classe **Point**. Os programas que manipulavam objetos dessas classes sempre usavam referências a **Point** para se referir a objetos **Point** e referências a **Circle** para se referir a objetos **Circle**. Nesta seção discutiremos os relacionamentos entre classes em uma hierarquia que permite aos programas atribuírem objetos da classe derivada a referências à classe base — uma parte fundamental dos programas que processam objetos de maneira polimórfica. Esta seção também discute a conversão explícita entre tipos em uma hierarquia de classes.

Um objeto de uma classe derivada pode ser tratado como um objeto de sua classe base. Isso possibilita várias manipulações interessantes. Por exemplo, um programa pode criar um array de referências à classe base que se refira aos objetos de muitos tipos da classe derivada. Isso é permitido a despeito do fato de que os objetos da classe derivada são de tipos de dados diferentes. Entretanto, o inverso não é verdadeiro — um objeto da classe base não é um objeto de nenhuma de suas classes derivadas. Por exemplo, um **Point** não é um **Circle** na hierarquia definida no Capítulo 9. Se uma referência à classe base se refere a um objeto da classe derivada, é possível converter a referência à classe base para o tipo de dados real do objeto e manipular o objeto como sendo desse tipo.

O exemplo das figuras 10.1 a 10.3 demonstra a atribuição de objetos da classe derivada a referências à classe base e a conversão de referências à classe base para referências à classe derivada. A classe **Point** (Figura 10.1), que discutimos no Capítulo 9, representa um par de coordenadas *x*, *y*. A classe **Circle** (Figura 10.2), que também discutimos no Capítulo 9, representa um círculo e herda da classe **Point**. Cada objeto **Circle** "é um" **Point** e também tem um raio (representado pela propriedade **Radius**). Declaramos o método **Area** como **virtual**, para que uma classe derivada (como a classe **Cylinder**) possa sobrepô-lo, para calcular a área do objeto da classe derivada. A classe **PointCircleTest** (Figura 10.3) demonstra as operações de atribuição e conversão.

```
// Fig. 10.1: Point.cs
// A classe Point representa um par de coordenadas x, y.

using System;

// A definição da classe Point herda implicitamente de Object
public class Point
{
   // coordenada de ponto
   private int x, y;

   // construtor padrão
   public Point()
   {
      // a chamada implícita ao construtor de Object ocorre aqui
   }

   // construtor
   public Point( int xValue, int yValue )
   {
      // a chamada implícita ao construtor de Object ocorre aqui
      X = xValue;
      Y = yValue;
   }

   // propriedade X
   public int X
   {
      get
      {
         return x;
      }

      set
      {
         x = value;  // não é necessário validar
      }

   } // fim da propriedade X

   // propriedade Y
   public int Y
   {
      get
      {
         return y;
      }

      set
      {
         y = value;  // não é necessário validar
      }

   } // fim da propriedade Y
```

Figura 10.1 A classe `Point` representa um par de coordenadas *x*, *y*. (Parte 1 de 2.)

```

   // retorna a representação de string de Point
   public override string ToString()
   {
      return "[" + X + ", " + Y + "]";
   }

} // fim da classe Point
```

Figura 10.1 A classe `Point` representa um par de coordenadas *x*, *y*. (Parte 2 de 2.)

```
// Fig. 10.2: Circle.cs
// A classe Circle que herda da classe Point.

using System;

// A definição da classe Circle herda de Point
public class Circle : Point
{
   private double radius; // raio do círculo

   // construtor padrão
   public Circle()
   {
      // a chamada implícita ao construtor de Point ocorre aqui
   }

   // construtor
   public Circle( int xValue, int yValue, double radiusValue )
      : base( xValue, yValue )
   {
      Radius = radiusValue;
   }

   // propriedade Radius
   public double Radius
   {
      get
      {
         return radius;
      }

      set
      {
         if ( value >= 0 ) // valida o raio
            radius = value;
      }

   } // fim da propriedade Radius

   // calcula o diâmetro do círculo
   public double Diameter()
   {
      return Radius * 2;
   }

   // calcula a circunferência do círculo
```

Figura 10.2 A classe `Circle` que herda da classe `Point`. (Parte 1 de 2.)

```
   public double Circumference()
   {
      return Math.PI * Diameter();
   }

   // calcula a área do círculo
   public virtual double Area()
   {
      return Math.PI * Math.Pow( Radius, 2 );
   }

   // retorna a representação de string de Circle
   public override string ToString()
   {
      return "Center = " + base.ToString() +
         "; Radius = " + Radius;
   }

} // fim da classe Circle
```

Figura 10.2 A classe `Circle` que herda da classe `Point`. (Parte 2 de 2.)

A classe **`PointCircleTest`** (Figura 10.3) demonstra a atribuição de referências à classe derivada para referências à classe base e a conversão de referências à classe base para referências à classe derivada. As linhas 13 e 14 declaram uma referência a **`Point`** (**`point1`**) e uma referência a **`Circle`** (**`circle1`**). As linhas 16 e 17 colocam representações de **`string`** de cada objeto em **`string output`** para mostrar os valores usados para inicializar esses objetos. Como **`point1`** é uma referência a um objeto **`Point`**, o método **`ToString`** de **`point1`** imprime o objeto como um **`Point`**. Analogamente, como **`circle1`** é uma referência a um objeto **`Circle`**, o método **`ToString`** de **`circle1`** imprime o objeto como um **`Circle`**.

```
1  // Fig. 10.3: PointCircleTest.cs
2  // Demonstrando herança e polimorfismo.
3
4  using System;
5  using System.Windows.Forms;
6
7  // definição da classe PointCircleTest
8  class PointCircleTest
9  {
10    // ponto de entrada principal do aplicativo.
11    static void Main( string[] args )
12    {
13       Point point1 = new Point( 30, 50 );
14       Circle circle1 = new Circle( 120, 89, 2.7 );
15
16       string output = "Point point1: " + point1.ToString() +
17          "\nCircle circle1: " + circle1.ToString();
18
19       // usa relacionamento 'é um' para atribuir
20       // circle1 de Circle à referência Point
21       Point point2 = circle1;
22
23       output += "\n\nCircle circle1 (via point2): " +
24          point2.ToString();
25
```

Figura 10.3 Atribuindo referências à classe derivada para referências à classe base. (Parte 1 de 2.)

```
26          // converte para baixo ("downcast" - converte a referência à classe base
27          // para tipo de dados da classe derivada) point2 para circle2 de Circle
28          Circle circle2 = ( Circle ) point2;
29
30          output += "\n\nCircle circle1 (via circle2): " +
31             circle2.ToString();
32
33          output += "\nArea of circle1 (via circle2): " +
34             circle2.Area().ToString( "F" );
35
36          // tenta atribuir o objeto point1 à referência a Circle
37          if ( point1 is Circle )
38          {
39             circle2 = ( Circle ) point1;
40             output += "\n\ncast successful";
41          }
42          else
43          {
44             output += "\n\npoint1 does not refer to a Circle";
45          }
46
47          MessageBox.Show( output,
48             "Demonstrating the 'is a' relationship" );
49
50       } // fim do método Main
51
52    } // fim da classe PointCircleTest
```

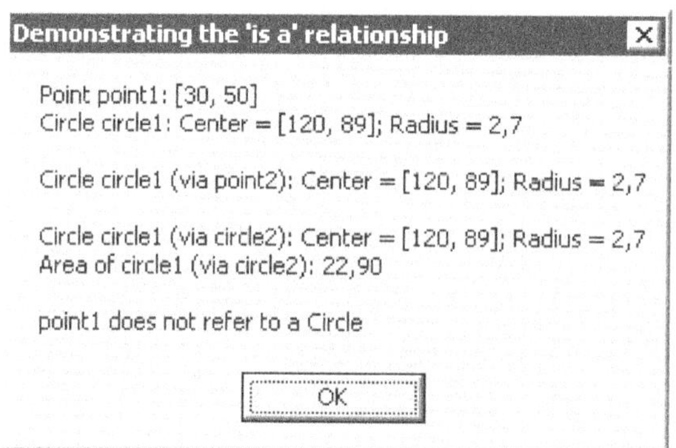

Figura 10.3 Atribuindo referências à classe derivada para referências à classe base. (Parte 2 de 2.)

A linha 21 atribui **circle1** (uma referência a um objeto da classe derivada) a **point2** (uma referência à classe base). Em C#, é aceitável atribuir um objeto da classe derivada para uma referência à classe base, em virtude do relacionamento de herança "é um". A classe **Circle** herda da classe **Point**, pois um **Circle** *é um* **Point** (pelo menos no sentido estrutural). Entretanto, atribuir uma referência à classe base para uma referência à classe derivada é potencialmente perigoso, conforme veremos.

As linhas 23 e 24 chamam **point2.ToString** e colocam o resultado na saída. Quando o C# encontra uma chamada a método **virtual** (como o método **ToString**), ele determina qual versão do método vai chamar a partir do tipo do objeto em que o método é chamado, e não do tipo da referência que se refere ao objeto. Nesse caso, **point2** se refere a um objeto **Circle**; portanto, o C# chama o método **ToString** de **Circle**, em vez do método **ToString** de **Point** (como se poderia esperar, a partir da referência **point2**, que foi declarada como de tipo **Point**). A decisão acerca de qual método vai ser chamado é um exemplo de *polimorfismo*, um conceito que discutiremos em detalhes por todo este capítulo. Note que, se **point2** fizesse referência a um objeto **Point**, em vez de a um objeto **Circle**, o C# chamaria o método **ToString** de **Point**.

Os capítulos anteriores usaram métodos como **`Int32.Parse`** e **`Double.Parse`**, para converter entre vários tipos internos do C#. Agora faremos a conversão entre referências a objetos de tipos definidos pelo programador. Usaremos conversões de tipo (*casts*) explícitas para isso. Se a conversão for válida, nosso programa poderá tratar uma referência à classe base como uma referência à classe derivada. Se a conversão for inválida, o C# lançará uma exceção ***`InvalidCastException`***, que indica que a operação de conversão não é permitida. As exceções serão discutidas em detalhes no Capítulo 11.

Erro de programação comum 10.1

Atribuir um objeto de uma classe base (ou uma referência à classe base) para uma referência à classe derivada (sem uma conversão de tipo explícita) é um erro de sintaxe.

Observação de engenharia de software 10.1

Se um objeto de uma classe derivada foi atribuído para uma referência a uma de suas classes base diretas ou indiretas, é aceitável converter essa referência à classe base de volta para uma referência do tipo da classe derivada. Na verdade, isso deve ser feito para enviar a esse objeto mensagens que não aparecem na classe base. [Nota: às vezes usamos o termo "mensagens" para representar a chamada a métodos e o uso de propriedades de objeto.]

A linha 28 converte **`point2`**, que atualmente se refere a um objeto **`Circle`** (**`circle1`**), para um **`Circle`**, e atribui o resultado a **`circle2`**. Conforme discutiremos em breve, essa conversão seria perigosa se **`point2`** estivesse referenciando um **`Point`**. As linhas 30 e 31 chamam o método **`ToString`** do objeto **`Circle`** ao qual **`circle2`** se refere agora (note que a quarta linha da saída demonstra que o método **`ToString`** de **`Circle`** é chamado). As linhas 33 e 34 calculam e produzem na saída o objeto **`Area`** de **`circle2`**.

A linha 39 converte explicitamente a referência **`point1`** para um **`Circle`**. Essa é uma operação perigosa, pois **`point`** se refere a um objeto **`Point`**, e um **`Point`** não é um **`Circle`**. Os objetos só podem ser convertidos para seus próprios tipos ou para os tipos de suas classes base. Se essa instrução fosse executada, o C# determinaria que **`point1`** faz referência a um objeto **`Point`**, reconheceria a conversão para **`Circle`** como perigosa e indicaria uma conversão imprópria com uma mensagem **`InvalidCastException`**. Entretanto, impedimos a execução dessa instrução, incluindo uma estrutura **`if/else`** (linhas 37 a 45). A condição na linha 37 usa a palavra-chave **`is`** para determinar se o objeto ao qual **`point1`** se refere "é um" **`Circle`**. A palavra-chave **`is`** descobre o tipo do objeto a que o operando da esquerda se refere e compara esse tipo com o operando da direita (nesse caso, **`Circle`**). Em nosso exemplo, **`point1`** não se refere a um **`Circle`**; portanto, a condição falha e a linha 44 coloca em **`output`** uma string que indica o resultado. Note que a comparação **`is`** será **`true`** se o operando da esquerda for uma referência a uma instância do operando da direita ou a uma classe derivada.

Erro de programação comum 10.2

Tentar converter uma referência à classe base para um tipo da classe derivada causa uma exceção **`InvalidCastException`**, *caso a referência se refira a um objeto da classe base, em vez de a um objeto da classe derivada apropriado.*

Observação de engenharia de software 10.2

A palavra-chave **`is`** *permite que um programa determine se uma operação de conversão terá êxito, garantindo que o tipo de referência e o tipo de destino sejam compatíveis.*

Se removermos o teste **`if`** e executarmos o programa, o C# apresentará um componente **`MessageBox`** contendo a mensagem

```
An unhandled exception of type 'System.InvalidCastException' occurred in
(uma exceção não tratada do tipo 'System.InvalidCastException' ocorreu em)
```

seguida do nome e do caminho do programa que está em execução. Discutiremos como tratar de tais situações no Capítulo 11.

A despeito do fato de que um objeto da classe derivada também "é um" objeto da classe base, os objetos da classe derivada e da classe base são diferentes. Conforme discutimos, os objetos da classe derivada podem ser tratados como se fossem objetos da classe base. Esse é um relacionamento lógico, pois a classe derivada contém membros que correspondem a todos os membros da classe base, mas a classe derivada pode ter membros adicionais. Por isso, atribuir um objeto da classe base a uma referência à classe derivada não é permitido sem uma conversão explícita. Tal atribuição deixaria os membros da classe derivada adicionais indefinidos.

Existem quatro maneiras de misturar referências à classe base e referências à classe derivada com objetos da classe base e objetos da classe derivada:

1. Referir-se a um objeto da classe base com uma referência à classe base é trivial.
2. Referir-se a um objeto da classe derivada com uma referência à classe derivada é trivial.
3. Referir-se a um objeto da classe derivada com uma referência à classe base é seguro, pois o objeto da classe derivada *é um* objeto de sua classe base. Entretanto, essa referência pode se referir apenas aos membros da classe base. Se esse código se referir apenas aos membros da classe derivada, por meio da referência à classe base, o compilador gerará um erro.
4. Referir-se a um objeto da classe base com uma referência à classe derivada gera um erro de compilação. Para evitar esse erro, a referência à classe derivada deve primeiro ser convertida explicitamente para uma referência à classe base. Nessa conversão, a referência à classe derivada deve se referir a um objeto da classe derivada, ou o C# gerará uma exceção **InvalidCastException**.

Erro de programação comum 10.3

Após atribuir-se um objeto da classe derivada para uma referência à classe base, tentar referenciar membros apenas da classe derivada com a referência à classe base causa um erro de compilação.

Erro de programação comum 10.4

Tratar um objeto da classe base como um objeto da classe derivada pode causar erros.

Apesar de ser conveniente tratar objetos da classe derivada como objetos da classe base por meio da manipulação de objetos da classe derivada com referências à classe base, fazer isso pode causar problemas significativos. Por exemplo, um sistema de folha de pagamento precisa percorrer um array de funcionários e calcular o pagamento semanal de cada pessoa. A intuição sugere que usar referências à classe base permitiria que o programa chamasse apenas a rotina de cálculo de folha de pagamento (se houvesse tal rotina na classe base). Usando apenas referências à classe base, podemos chamar a rotina de cálculo de folha de pagamento correta para cada objeto, seja ele um objeto da classe base ou um objeto da classe derivada. Aprenderemos a criar classes que exibem esse comportamento à medida que apresentarmos o polimorfismo por todo este capítulo.

10.3 Campos de tipo e instruções switch

Podemos determinar o tipo de um objeto que está incorporado em um programa maior usando uma estrutura **switch**. Isso nos permite distinguir entre os tipos de objeto e depois chamar uma ação apropriada para um objeto específico. Por exemplo, em uma hierarquia de figuras na qual cada objeto figura tenha uma propriedade **TipoDeFormaGeometrica**, uma estrutura **switch** poderia empregar essa propriedade do objeto para determinar qual método **Desenhar** deve chamar.

Entretanto, usar lógica de **switch** expõe os programas a uma variedade de problemas em potencial. Por exemplo, o programador poderia se esquecer de incluir um teste de tipo, quando um estiver garantido, ou se esquecer de testar todos os casos possíveis em uma estrutura **switch**. Ao modificar um sistema baseado em **switch**, adicionando novos tipos, o programador poderia se esquecer de incluir os novos casos em todas as instruções **switch** relevantes. Cada inclusão ou exclusão de uma classe exige a modificação de cada instrução **switch** do sistema; controlar essas instruções pode ser demorado e propenso a erros.

Observação de engenharia de software 10.3

A programação polimórfica pode eliminar a necessidade de lógica **switch** *desnecessária. Usando o mecanismo de polimorfismo do C# para executar lógica equivalente, os programadores podem evitar os tipos de erros normalmente associados à lógica* **switch**.

Dica de teste e depuração 10.1

Uma conseqüência interessante do uso do polimorfismo é que os programas tomam uma aparência mais simples. Eles contêm menos lógica de desvio e código seqüencial mais simples. Essa simplificação facilita o teste, a depuração e a manutenção do programa.

10.4 Exemplos de polimorfismo

Nesta seção discutiremos vários exemplos de polimorfismo. Se a classe **Retangulo** é derivada da classe **Quadrilatero**, então um objeto **Retangulo** é uma versão mais específica de um objeto **Quadrilatero**. Toda operação (como o cálculo do perímetro ou da área) que pode ser efetuada em um objeto da classe **Quadrilatero** também pode ser efetuada em um objeto da classe **Retangulo**. Tais operações também podem ser efetuadas em outros tipos de objetos **Quadrilatero**, como **Quadrado**, **Paralelogramo** e **Trapezoide**. Quando um programa chama um método da classe derivada por meio de uma referência à classe base (isto é, **Quadrilatero**), o C# escolhe de maneira polimórfica a sobreposição de método na classe derivada a partir da qual o objeto foi instanciado. Investigaremos esse comportamento em exemplos posteriores.

Suponha que projetemos um videogame que manipule objetos de muitos tipos diferentes, incluindo objetos das classes **Marciano**, **Venusiano**, **Plutoniano**, **NaveEspacial** e **RaioLaser**. Além disso, imagine que cada uma dessas classes herda da classe base comum, chamada **ObjetoEspacial**, a qual contém o método **DesenharASiMesmo**. Cada classe derivada implementa esse método. Um programa gerenciador de tela manteria um contêiner (como um array **ObjetoEspacial**) de referências a objetos das várias classes. Para atualizar a tela, o gerenciador de tela enviaria periodicamente a mesma mensagem a cada objeto — a saber, **DesenharASiMesmo**. Entretanto, cada objeto responde de uma maneira exclusiva. Por exemplo, um objeto **Marciano** se desenharia na cor vermelha, com o número apropriado de antenas. Um objeto **NaveEspacial** se desenharia como um disco-voador prata brilhante. Um objeto **RaioLaser** se desenharia como um feixe de luz vermelha brilhante passando na tela. Assim, a mesma mensagem enviada para uma variedade de objetos teria "muitas formas" de resultados — daí o termo *polimorfismo*.

Um gerenciador de tela polimórfico facilita a adição de novas classes em um sistema, com modificações mínimas no código do sistema. Suponha que queiramos adicionar a classe **Mercuriano** em nosso videogame. Para fazermos isso, devemos construir uma classe **Mercuriano** que herde de **ObjetoEspacial**, mas forneça sua própria definição do método **DesenharASiMesmo**. Então, quando objetos da classe **Mercuriano** aparecerem no contêiner, o programador não precisará modificar o código do gerenciador de tela. O gerenciador de tela chamará o método **DesenharASiMesmo** em cada objeto do contêiner, independentemente do tipo do objeto, de modo que os novos objetos **Mercuriano** simplesmente "se encaixarão diretamente". Assim, sem modificar o sistema (a não ser por construir e incluir as classes em si), os programadores podem usar polimorfismo para acrescentar tipos adicionais de classes que não foram imaginadas quando o sistema foi criado.

Com o polimorfismo, um método pode fazer ocorrer diferentes ações, dependendo do tipo do objeto em que o método é chamado. Isso proporciona ao programador uma capacidade expressiva tremenda. Nas próximas seções forneceremos exemplos que demonstram o polimorfismo.

Observação de engenharia de software 10.4

Com o polimorfismo, o programador pode tratar das generalidades e deixar o próprio ambiente de tempo de execução se preo-cupar com os detalhes específicos. O programador pode comandar uma ampla variedade de objetos, para se comportarem de maneira apropriada a esses objetos, mesmo que não conheça seus tipos.

Observação de engenharia de software 10.5

O polimorfismo promove a capacidade de extensão. O software usado para chamar o comportamento polimórfico é escrito de forma a ser independente dos tipos dos objetos para os quais as mensagens (isto é, chamadas a métodos) são enviadas. Assim, os programadores podem incluir em um sistema tipos adicionais de objetos que respondam às mensagens existentes e podem fazer isso sem modificar o sistema de base.

10.5 Classes e métodos abstratos

Quando pensamos em uma classe como um tipo, supomos que os programas criarão objetos de tal tipo. Entretanto, existem casos em que é interessante definir classes para as quais o programador nunca pretende instanciar quaisquer objetos. Tais classes são chamadas de *classes abstratas*. Como tais classes normalmente são usadas como classes base nas hierarquias de herança, nos referimos a elas como *classes base abstratas*. Essas classes não podem ser usadas para instanciar objetos, pois as classes abstratas são incompletas. As classes derivadas devem definir as "partes faltantes". As classes abstratas normalmente contêm um ou mais *métodos abstratos* ou *propriedades abstratas*, que são métodos e propriedades que não fornecem implementação. As classes derivadas devem sobrepor os métodos e propriedades abstratos herdados para permitir que os objetos dessas classes derivadas sejam instanciados. Discutiremos as classes abstratas amplamente nas seções 10.6 e 10.8.

O objetivo de uma classe abstrata é fornecer uma classe base apropriada a partir da qual outras classes possam herdar. As classes a partir das quais objetos podem ser instanciados são chamadas de *classes concretas*. Tais classes fornecem implementações de cada método e propriedade que definem. Poderíamos ter uma classe base abstrata **ObjetoBidimensional** e derivar classes concretas, como **Quadrado**, **Circulo** e **Triangulo**. Também poderíamos ter uma classe base abstrata **ObjetoTridimensional** e derivar classes concretas, como **Cubo**, **Esfera** e **Cilindro**. As classes base abstratas são genéricas demais para definir objetos reais; precisamos ser mais específicos, antes de podermos pensar na instanciação de objetos. Por exemplo, se alguém pedir que você "desenhe a figura", qual figura você desenhará? As classes concretas fornecem os detalhes específicos que tornam razoável instanciar objetos.

Uma classe se torna abstrata através de sua declaração com a palavra-chave ***abstract***. Uma hierarquia de herança não precisa conter quaisquer classes abstratas, mas, conforme veremos, muitos bons sistemas orientados a objetos têm hierarquias de classes encabeçadas por classes base abstratas. Em alguns casos, as classes abstratas constituem o topo de alguns níveis da hierarquia. Um bom exemplo disso é a hierarquia de figuras geométricas da Figura 9.3. A hierarquia começa com a classe base abstrata **FormaGeometrica**. No nível seguinte da hierarquia, temos mais duas classes base abstratas; a saber, **FormaGeometricaBidimensional** e **FormaGeometricaTridimensional**. O próximo nível da hierarquia definiria classes concretas para figuras bidimensionais, como **Circulo** e **Quadrado**, e para figuras tridimensionais, como **Esfera** e **Cubo**.

Observação de engenharia de software 10.6

Uma classe abstrata define um conjunto comum de métodos e propriedades **public** *para os vários membros de uma hierarquia de classes. Uma classe abstrata contém normalmente um ou mais métodos e propriedades abstratos que as classes derivadas sobrepõem. Todas as classes da hierarquia podem usar esse conjunto comum de métodos e propriedades* **public**.

As classes abstratas devem especificar assinaturas para seus métodos e propriedades abstratos. O C# fornece a palavra-chave ***abstract*** para declarar um método ou propriedade como abstrato. Os métodos e propriedades **abstract** não fornecem implementações — tentar fazer isso é um erro de sintaxe. Toda classe derivada concreta deve sobrepor todos os métodos e propriedades **abstract** da classe base (usando a palavra-chave **override**) e fornecer implementações concretas desses métodos ou propriedades. Toda classe contendo um método **abstract** deve ser declarada **abstract**. A diferença entre um método **abstract** e um método **virtual** é que este último tem uma implementação e fornece à classe derivada a opção de sobrepor o método; em contraste, um método **abstract** não fornece uma implementação e obriga a classe derivada a sobrepor o método (para que essa classe derivada seja concreta).

Erro de programação comum 10.5

Definir um método **abstract** *em uma classe que não foi declarada como* **abstract** *resulta em um erro de sintaxe.*

Erro de programação comum 10.6

Tentar instanciar um objeto de uma classe **abstract** *resulta em um erro de compilação.*

Erro de programação comum 10.7

Não sobrepor um método **abstract** *em uma classe derivada é um erro de sintaxe, a não ser que a classe derivada também seja uma classe* **abstract**.

Observação de engenharia de software 10.7

Uma classe **abstract** *pode ter dados de instância e métodos não* **abstract** *(incluindo construtores), que estão sujeitos às regras normais da herança pelas classes derivadas.*

Embora não possamos instanciar objetos de classes base abstratas, *podemos* usar classes base abstratas para declarar referências; essas referências podem se referir às instâncias de todas as classes concretas derivadas da classe abstrata. Os programas podem usar tais referências para manipular instâncias das classes derivadas de maneira polimórfica.

Vamos considerar outra aplicação do polimorfismo. Um gerenciador de tela precisa exibir uma variedade de objetos, incluindo novos tipos de objetos que o programador adicionará ao sistema, após escrever o gerenciador de tela. Talvez o sistema precise exibir várias figuras, como objetos **Circulo**, **Triangulo** ou **Retangulo**, que sejam derivadas da classe abstrata **FormaGeometrica**. O gerenciador de tela usa referências à classe base do tipo **FormaGeometrica** para gerenciar os objetos que são exibidos. Para desenhar qualquer objeto (independentemente do nível em que a classe desse objeto apareça na hierarquia de herança), o gerenciador de tela usa uma referência à classe base para o objeto, para chamar seu método **Desenhar**. O método **Desenhar** é um método **abstract** na classe base **FormaGeometrica**; portanto, cada classe derivada deve implementar o método **Desenhar**. Cada objeto **FormaGeometrica** na hierarquia de herança sabe como se desenhar. O gerenciador de tela não precisa se preocupar com o tipo de cada objeto ou se o gerenciador de tela encontrou objetos desse tipo.

O polimorfismo é particularmente eficiente para implementar sistemas de software em camadas. Nos sistemas operacionais, por exemplo, cada tipo de dispositivo físico poderia operar de forma bastante diferente entre si. Mesmo assim, os comandos para *ler* ou *escrever* dados nesses dispositivos podem ter certa uniformidade. A mensagem de escrita enviada para um objeto driver de dispositivo precisa ser interpretada especificamente no contexto desse driver de dispositivo e de como esse driver de dispositivo trata dispositivos de um tipo específico. Entretanto, a própria chamada de escrita não é diferente da escrita em qualquer outro dispositivo no sistema — coloque alguma quantidade de bytes da memória nesse dispositivo. Um sistema operacional orientado a objetos poderia usar uma classe base abstrata para fornecer uma interface apropriada para todos os drivers de dispositivo. Então, por meio da herança dessa classe base, são formadas classes derivadas que operam todas de forma semelhante. Os recursos (isto é, os serviços **public**) oferecidos pelos drivers de dispositivo são fornecidos como métodos abstratos na classe base abstrata. As implementações desses métodos abstratos são fornecidas nas classes derivadas que correspondem aos tipos específicos de drivers de dispositivo.

É comum, na programação orientada a objetos, definir uma *classe iteradora* que possa percorrer todos os objetos em um contêiner (como um array). Por exemplo, um programa pode imprimir uma lista de objetos de uma lista encadeada, criando um objeto iterador e depois usando o iterador para obter o próximo elemento da lista cada vez que o iterador é chamado. Os iteradores são usados freqüentemente na programação polimórfica para percorrer um array ou uma lista encadeada de objetos de vários níveis de uma hierarquia. As referências em tal lista são todas referências à classe base. (Veja o Capítulo 23 para aprender a respeito de listas encadeadas.) Uma lista de objetos da classe base **FormaGeometricaBidimensional** deve conter objetos das classes **Quadrado**, **Circulo**, **Triangulo** etc. Usar polimorfismo para enviar uma mensagem **Desenhar** para cada objeto da lista desenha cada objeto corretamente na tela.

10.6 Estudo de caso: herança de interface e implementação

Nosso próximo exemplo (figuras 10.4 a 10.8) reexamina a hierarquia **Point**, **Circle**, **Cylinder** que exploramos no Capítulo 9. Nesse exemplo, a hierarquia começa com a classe base abstrata **Shape** (Figura 10.4). Essa hierarquia demonstra mecanicamente o poder do polimorfismo. Nos exercícios, exploraremos uma hierarquia de figuras geométricas mais substancial.

```
1  // Fig. 10.4: Shape.cs
2  // Demonstra uma hierarquia de figuras geométricas usando uma classe base abstrata.
3  using System;
4
5  public abstract class Shape
6  {
7     // retorna a área da figura
8     public virtual double Area()
9     {
10       return 0;
11    }
12
13    // retorna o volume da figura
14    public virtual double Volume()
15    {
16       return 0;
17    }
18
19    // retorna o nome da figura
20    public abstract string Name
21    {
22       get;
23    }
24 }
```

Figura 10.4 Classe base abstrata Shape.

A classe **Shape** define dois métodos concretos e uma propriedade **abstract**. Todas as figuras têm uma área e um volume, de modo que incluímos os métodos virtuais **Area** (linhas 8 a 11) e **Volume** (linhas 14 a 17), que retornam a área e o volume da figura, respectivamente. O volume das figuras bidimensionais é sempre zero, enquanto as figuras tridimensionais têm um volume positivo diferente de zero. Na classe **Shape**, os métodos **Area** e **Volume** retornam zero, por padrão. Os programadores podem sobrepor esses métodos nas classes derivadas quando essas classes precisam ter cálculos de área diferentes [por exemplo, as classes **Circle2** (Figura 10.6) e **Cylinder2** (Figura 10.7)] e/ou diferentes cálculos de volume (por exemplo, **Cylinder2**). A propriedade somente de leitura **Name** (linhas 20 a 23) é declarada como **abstract**; portanto, as classes derivadas devem implementar essa propriedade para se tornar classes concretas. Note que os métodos e as propriedades **abstract** são implicitamente **virtual**.

A classe **Point2** (Figura 10.5) herda da classe **abstract Shape** e sobrepõe a propriedade **abstract Name**, o que torna **Point2** uma classe concreta. A área e o volume de um ponto são zero; portanto, a classe **Point2** não sobrepõe os métodos da classe base **Area** e **Volume**. As linhas 59 a 65 implementam a propriedade **Name**. Se não fornecêssemos essa implementação, a classe **Point2** seria uma classe abstrata que exigiria a palavra-chave **abstract** na primeira linha da definição da classe.

```
1  // Fig. 10.5: Point2.cs
2  // Point2 herda da classe abstrata Shape e representa
3  // um par de coordenadas x, y.
4  using System;
5
6  // Point2 herda da classe abstrata Shape
7  public class Point2 : Shape
8  {
9     private int x, y; // coordenadas de Point2
10
11    // construtor padrão
12    public Point2()
13    {
14       // a chamada implícita ao construtor de Object ocorre aqui
15    }
16
17    // construtor
18    public Point2( int xValue, int yValue )
19    {
20       X = xValue;
21       Y = yValue;
22    }
23
24    // propriedade X
25    public int X
26    {
27       get
28       {
29          return x;
30       }
31
32       set
33       {
34          x = value; // nenhuma validação é necessária
35       }
36    }
37
38    // propriedade Y
39    public int Y
40    {
41       get
42       {
43          return y;
44       }
45
46       set
47       {
48          y = value; // nenhuma validação é necessária
```

Figura 10.5 A classe Point2 herda da classe abstract Shape. (Parte 1 de 2.)

```
      }
   }

   // retorna a representação de string do objeto Point2
   public override string ToString()
   {
      return "[" + X + ", " + Y + "]";
   }

   // implementa a propriedade abstrata Name da classe Shape
   public override string Name
   {
      get
      {
         return "Point2";
      }
   }

} // fim da classe Point2
```

Figura 10.5 A classe Point2 herda da classe abstract Shape. (Parte 2 de 2.)

A Figura 10.6 define a classe **Circle2**, a qual herda da classe **Point2**. A classe **Circle2** contém a propriedade **Radius** (linhas 24 a 37) para acessar o raio do círculo. Note que não declaramos a propriedade **Radius** como **virtual**, de modo que as classes derivadas dessa classe não podem sobrepor essa propriedade. Um círculo tem volume zero; portanto, não sobrepomos o método da classe base **Volume**. Em vez disso, **Circle2** herda esse método da classe **Point2**, que herdou o método de **Shape**. Entretanto, um círculo tem uma área; portanto, **Circle2** sobrepõe o método **Area** de **Shape** (linhas 52 a 55). A propriedade **Name** (linhas 65 a 71) da classe **Circle2** sobrepõe a propriedade **Name** da classe **Point2**. Se essa classe não sobrepusesse a propriedade **Name**, ela herdaria a versão de **Point2** da propriedade **Name**. Nesse caso, a propriedade **Name** de **Circle2** retornaria "**Point2**", erroneamente.

```
1  // Fig. 10.6: Circle2.cs
2  // Circle2 herda da classe Point2 e sobrepõe membros importantes.
3  using System;
4
5  // Circle2 herda da classe Point2
6  public class Circle2 : Point2
7  {
8     private double radius; // raio de Circle2
9
10    // construtor padrão
11    public Circle2()
12    {
13       // a chamada implícita ao construtor de Point2 ocorre aqui
14    }
15
16    // construtor
17    public Circle2( int xValue, int yValue, double radiusValue )
18       : base( xValue, yValue )
19    {
20       Radius = radiusValue;
21    }
22
23    // propriedade Radius
24    public double Radius
25    {
```

Figura 10.6 A classe Circle2 herda da classe Point2. (Parte 1 de 2.)

```
      get
      {
         return radius;
      }

      set
      {
         // garante valor de raio não negativo
         if ( value >= 0 )
            radius = value;
      }
   }

   // calcula o diâmetro de Circle2
   public double Diameter()
   {
      return Radius * 2;
   }

   // calcula a circunferência de Circle2
   public double Circumference()
   {
      return Math.PI * Diameter();
   }

   // calcula a área de Circle2
   public override double Area()
   {
      return Math.PI * Math.Pow( Radius, 2 );
   }

   // retorna a representação de string do objeto Circle2
   public override string ToString()
   {
      return "Center = " + base.ToString() +
         "; Radius = " + Radius;
   }

   // sobrepõe a propriedade Name da classe Point2
   public override string Name
   {
      get
      {
         return "Circle2";
      }
   }

} // fim da classe Circle2
```

Figura 10.6 A classe `Circle2` herda da classe `Point2`. (Parte 2 de 2.)

A Figura 10.7 define a classe **`Cylinder2`**, a qual herda da classe **`Circle2`**. A classe **`Cylinder2`** contém a propriedade **`Height`** (linhas 24 a 37) para acessar a altura do cilindro. Note que não declaramos a propriedade **`Height`** como **`virtual`**; portanto, as classes derivadas da classe **`Cylinder2`** não podem sobrepor essa propriedade. Um cilindro tem cálculos de área e volume diferentes dos de um círculo; portanto, essa classe sobrepõe o método **`Area`** (linhas 40 a 43) para calcular a área da superfície do cilindro (isto é, $2\pi r^2 + 2\pi rh$) e sobrepõe o método **`Volume`** (linhas 46 a 49). A propriedade **`Name`** (linhas 58 a 64) sobrepõe a propriedade **`Name`** da classe **`Circle2`**. Se essa classe não sobrepusesse a propriedade **`Name`**, a classe herdaria a propriedade **`Name`** da classe **`Circle2`** e essa propriedade retornaria **`"Circle2"`**, erroneamente.

```
// Fig. 10.7: Cylinder2.cs
// Cylinder2 herda da classe Circle2 e sobrepõe membros importantes.
using System;

// Cylinder2 herda da classe Circle2
public class Cylinder2 : Circle2
{
   private double height; // altura de Cylinder2

   // construtor padrão
   public Cylinder2()
   {
      // a chamada implícita ao construtor de Circle2 ocorre aqui
   }

   // construtor
   public Cylinder2( int xValue, int yValue, double radiusValue,
      double heightValue ) : base( xValue, yValue, radiusValue )
   {
      Height = heightValue;
   }

   // propriedade Height
   public double Height
   {
      get
      {
         return height;
      }

      set
      {
         // garante valor de altura não negativo
         if ( value >= 0 )
            height = value;
      }
   }

   // calcula a área de Cylinder2
   public override double Area()
   {
      return 2 * base.Area() + base.Circumference() * Height;
   }

   // calcula o volume de Cylinder2
   public override double Volume()
   {
      return base.Area() * Height;
   }

   // retorna a representação de string do objeto Circle2
   public override string ToString()
   {
      return base.ToString() + "; Height = " + Height;
   }

   // sobrepõe a propriedade Name da classe Circle2
   public override string Name
```

Figura 10.7 A classe Cylinder2 herda da classe Circle2. (Parte 1 de 2.)

```
    {
       get
       {
          return "Cylinder2";
       }
    }

 } // fim da classe Cylinder2
```

Figura 10.7 A classe `Cylinder2` herda da classe `Circle2`. (Parte 2 de 2.)

A classe **`Test2`** (Figura 10.8) cria um objeto de cada uma das três classes concretas e manipula esses objetos de maneira polimórfica, usando um array de referências a **`Shape`**. As linhas 11 a 13 instanciam o objeto **`Point2 point`**, o objeto **`Circle2 circle`** e o objeto **`Cylinder2 cylinder`**, respectivamente. Em seguida, a linha 16 aloca o array **`arrayOfShapes`**, que contém três referências a **`Shape`**. A linha 19 atribui a referência a **`point`** ao elemento do array **`arrayOfShapes[0]`**, a linha 22 atribui a referência a **`circle`** ao elemento do array **`arrayOfShapes[1]`**, e a linha 25 atribui a referência a **`cylinder`** ao elemento do array **`arrayOfShapes[2]`**. Essas atribuições são possíveis porque um **`Point2`** é uma **`Shape`**, um **`Circle2`** é uma **`Shape`** e um **`Cylinder2`** é uma **`Shape`**. Portanto, podemos atribuir instâncias das classes derivadas **`Point2`**, **`Circle2`** e **`Cylinder2`** para as referências à classe base **`Shape`**.

```
1   // Fig. 10.8: AbstractShapesTest.cs
2   // Demonstra o polimorfismo na hierarquia Point-Circle-Cylinder.
3   using System;
4   using System.Windows.Forms;
5
6   public class AbstractShapesTest
7   {
8      public static void Main( string[] args )
9      {
10        // instancia objetos Point2, Circle2 e Cylinder2
11        Point2 point = new Point2( 7, 11 );
12        Circle2 circle = new Circle2( 22, 8, 3.5 );
13        Cylinder2 cylinder = new Cylinder2( 10, 10, 3.3, 10 );
14
15        // cria array vazio de referências à classe base Shape
16        Shape[] arrayOfShapes = new Shape[ 3 ];
17
18        // arrayOfShapes[ 0 ] se refere ao objeto Point2
19        arrayOfShapes[ 0 ] = point;
20
21        // arrayOfShapes[ 1 ] se refere ao objeto Circle2
22        arrayOfShapes[ 1 ] = circle;
23
24        // arrayOfShapes[ 1 ] se refere ao objeto Cylinder2
25        arrayOfShapes[ 2 ] = cylinder;
26
27        string output = point.Name + ": " + point + "\n" +
28           circle.Name + ": " + circle + "\n" +
29           cylinder.Name + ": " + cylinder;
30
31        // exibe Name, Area e Volume para cada objeto
32        // em arrayOfShapes, de maneira polimórfica
33        foreach( Shape shape in arrayOfShapes )
34        {
35           output += "\n\n" + shape.Name + ": " + shape +
```

Figura 10.8 `AbstractShapesTest` demonstra o polimorfismo na hierarquia Point-Circle-Cylinder. (Parte 1 de 2.)

```
36                "\nArea = " + shape.Area().ToString( "F" ) +
37                "\nVolume = " + shape.Volume().ToString( "F" );
38          }
39
40          MessageBox.Show( output, "Demonstrating Polymorphism" );
41       }
42    }
```

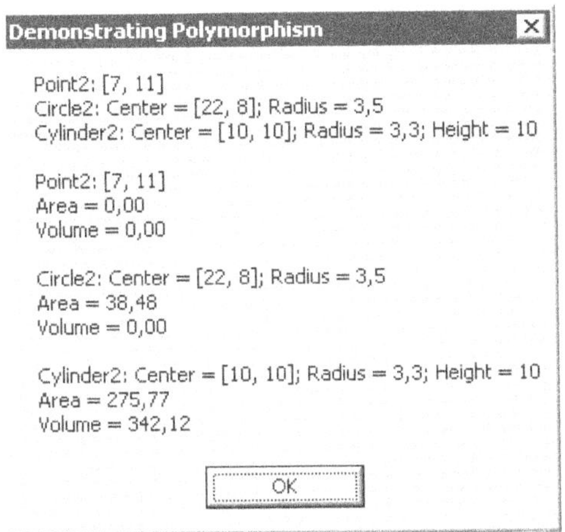

Figura 10.8 `AbstractShapesTest` demonstra o polimorfismo na hierarquia Point-Circle-Cylinder. (Parte 2 de 2.)

As linhas 27 a 29 acessam a propriedade **Name** e chamam o método **ToString** (implicitamente) para objetos **point**, **circle** e **cylinder**. A propriedade **Name** retorna o nome da classe do objeto, e o método **ToString** retorna a representação **String** do objeto (isto é, o par de coordenadas *x, y*, o raio e a altura, dependendo do tipo de cada objeto). Note que as linhas 27 a 29 usam referências à classe derivada para chamar cada um dos métodos e propriedades do objeto da classe derivada.

Em contraste, a estrutura **foreach** (linhas 33 a 38) usa referências à classe base **Shape** para chamar os métodos e propriedades de cada objeto da classe derivada. A estrutura **foreach** chama a propriedade **Name** e os métodos **ToString**, **Area** e **Volume** para cada referência a **Shape** em **arrayOfShapes**. A propriedade e os métodos são chamados em cada objeto, em **arrayOfShapes**. Quando o compilador examina cada chamada a método/propriedade, ele determina se ca--da referência a **Shape** (em **arrayOfShapes**) pode fazer essas chamadas. Isso acontece com a propriedade **Name** e com os métodos **Area** e **Volume**, pois eles estão definidos na classe **Shape**. Entretanto, a classe **Shape** não define o método **ToString**. Para esse método, o compilador prossegue com a classe base de **Shape** (classe **Object**) e determina que **Shape** herdou um método **ToString** sem argumento da classe **Object**.

A tela capturada da Figura 10.8 ilustra que a propriedade **Name** e os métodos **ToString**, **Area** e **Volume** "apropriados" foram chamados para cada tipo de objeto em **arrayOfShapes**. Com "apropriados" queremos dizer que o C# mapeia cada propriedade e chamada a método no objeto correto. Por exemplo, na primeira iteração da estrutura **foreach**, a referência **arrayOfShapes[0]** (que é de tipo **Shape**) se refere ao mesmo objeto que **point** (que é de tipo **Point2**). A classe **Point2** sobrepõe a propriedade **Name** e o método **ToString** e herda os métodos **Area** e **Volume** da classe **Shape**. Em tempo de execução, **arrayOfShapes[0]** acessa a propriedade **Name** e chama os métodos **ToString**, **Area** e **Volume** do objeto **Point**. O C# determina o tipo de objeto correto e depois usa esse tipo para determinar os métodos apropriados para chamar. Por meio do polimorfismo, a chamada à propriedade **Name** retorna a string **"Point2:"**, a chamada a método **ToString** retorna a representação de **String** do par de coordenadas *x, y* de **point**, e os métodos **Area** e **Volume** retornam **0** cada um (como mostrado no segundo grupo de saídas na Figura 10.8).

O polimorfismo também ocorre nas próximas duas iterações da estrutura **foreach**. A referência **arrayOfShapes[1]** se refere ao mesmo objeto que **circle** (que é de tipo **Circle2**). A classe **Circle2** fornece implementações para a propriedade **Name**, para o método **ToString** e para o método **Area** e herda o método **Volume** da classe **Point2** (a qual, por sua vez, herdou o método **Volume** da classe **Shape**). O C# associa a propriedade **Name** e os métodos **ToString**, **Area** e **Volume** do objeto **Circle2** à referência **arrayOfShapes[1]**. Como resultado, a propriedade **Name** retorna a string **"Circle2:"**, o método **ToString** retorna a representação de **String** do par de coordenadas *x, y* e do raio de **circle**, o método **Area** retorna a área (**38.48**), e o método **Volume** retorna **0**.

Para a última iteração da estrutura **foreach**, a referência **arrayOfShapes[2]** se refere ao mesmo objeto que **cylinder** (que é de tipo **Cylinder2**). A classe **Cylinder2** fornece suas próprias implementações para a propriedade **Name** e para os métodos **ToString**, **Area** e **Volume**. O C# associa a propriedade **Name** e os métodos **ToString**, **Area** e **Volume** do objeto **Cylinder2** à referência **arrayOfShapes[2]**. A propriedade **Name** retorna a string **"Cylinder2:"**, o método **ToString** retorna a representação de **String** do par de coordenadas *x*, *y*, do raio e da altura de **cylinder**, o método **Area** retorna a área da superfície do cilindro (**275.769**...), e o método **Volume** retorna o volume do cilindro (**342.119**...).

10.7 Classes e métodos sealed

No Capítulo 8 vimos que as variáveis podem ser declaradas como **const** e **readonly**, para indicar que elas não podem ser modificadas após serem inicializadas. As variáveis declaradas com **const** devem ser inicializadas ao serem declaradas; as variáveis declaradas com **readonly** podem ser inicializadas no construtor, mas não podem ser alteradas após serem inicializadas.

A palavra-chave ***sealed*** é aplicada nos métodos e nas classes para impedir sobreposição e herança. Um método declarado como **sealed** (selado) não pode ser sobreposto em uma classe derivada. Os métodos declarados como **static** e os métodos declarados como **private** são implicitamente **sealed**.

Dica de desempenho 10.1

*A palavra-chave **sealed** permite certas otimizações do compilador. A definição de um método **sealed** nunca pode mudar, de modo que o compilador pode otimizar o programa, removendo chamadas a métodos **sealed** e substituindo-as pelo código expandido de suas definições em cada local de chamada a método — uma técnica conhecida como colocar o código "inline".*

Observação de engenharia de software 10.8

*Se um método é declarado como **sealed**, ele não pode ser sobreposto nas classes derivadas. As chamadas a métodos não devem ser enviadas de maneira polimórfica aos objetos dessas classes derivadas. A chamada a método ainda pode ser enviada para as classes derivadas, mas elas responderão de forma idêntica, em vez de responderem de uma maneira polimórfica. Lembre-se de que um método não pode ser sobreposto (usando-se a palavra-chave **override**) se não for declarado como **virtual** ou **abstract**. Portanto, a palavra-chave **sealed** não é necessária para esses casos. A palavra-chave **sealed** é usada para métodos que foram sobrepostos, mas que não queremos que o sejam nas classes derivadas.*

Dica de desempenho 10.2

*O compilador pode decidir colocar uma chamada a método **sealed** em "inline" e fará isso para métodos **sealed** pequenos e simples. A colocação de código "inline" não viola o encapsulamento ou o ocultamento de informações (mas melhora o desempenho, pois elimina a sobrecarga de fazer uma chamada a método).*

Dica de desempenho 10.3

*Os processadores que usam "pipeline" podem melhorar o desempenho executando simultaneamente partes das próximas várias instruções, mas não se essas instruções vierem após uma chamada a método. A colocação de código "inline" (que o compilador pode realizar em um método **sealed**) pode melhorar o desempenho nesses processadores, pois ela elimina a transferência para fora da linha de controle associada a uma chamada a método.*

Observação de engenharia de software 10.9

*Uma classe que é declarada como **sealed** não pode ser uma classe base (isto é, uma classe não pode herdar de uma classe **sealed**). Todos os métodos em uma classe **sealed** são implicitamente **sealed**.*

O uso da palavra-chave **sealed** com classes permite outras otimizações em tempo de execução. Por exemplo, as chamadas a métodos **virtual** podem ser transformadas em chamadas a métodos não **virtual**.

De certa maneira, uma classe **sealed** é o oposto de uma classe **abstract**. Uma classe **abstract** não pode ser instanciada — outras classes derivam da classe base abstrata e implementam os membros **abstract** da classe base. Por outro lado, uma classe **sealed** não pode ter quaisquer classes derivadas. Esse relacionamento é semelhante com relação aos métodos. Um método **abstract** deve ser sobreposto em uma classe derivada. Um método **sealed** não pode ser sobreposto em uma classe derivada.

10.8 Estudo de caso: sistema de folha de pagamento usando polimorfismo

Vamos usar classes **abstract**, métodos **abstract** e polimorfismo para efetuar cálculos de folha de pagamento para vários tipos de funcionários. Começaremos criando a classe base abstrata **Employee**. As classes derivadas de **Employee** são **Boss** (que recebe um salário semanal fixo, independentemente do número de horas trabalhadas), **CommissionWorker** (que recebe um salário base fixo, mais uma porcentagem das vendas do trabalhador), **PieceWorker** (que recebe uma taxa fixa por item produzido) e **HourlyWorker** (que recebe por hora, com um adicional de 50% para horas extras).

O aplicativo deve determinar os ganhos semanais para todos os tipos de funcionários, de modo que cada classe deri-vada de **Employee** exige o método **Earnings**. Entretanto, cada classe derivada usa um cálculo diferente para determinar os ganhos de cada tipo específico de funcionário. Portanto, declaramos o método **Earnings** como **abstract** em **Employee** e declaramos **Employee** como sendo uma classe **abstract**. Cada classe derivada sobrepõe esse método para calcular os ganhos desse tipo de funcionário.

Para calcular os ganhos de qualquer funcionário, o programa pode usar uma referência à classe base para um objeto da classe derivada e chamar o método **Earnings**. Um sistema de folha de pagamento real poderia fazer referência aos vários objetos **Employee** com elementos individuais em um array de referências a **Employee**. O programa percorreria o array um elemento por vez, usando as referências a **Employee** para chamar o método **Earnings** apropriado de cada objeto.

Observação de engenharia de software 10.10

A capacidade de declarar um método abstrato proporciona ao projetista da classe um controle considerável sobre como as classes derivadas são definidas em uma hierarquia de classes. Toda classe que herda diretamente de uma classe base contendo um método abstrato deve sobrepor o método abstrato. Caso contrário, a nova classe também seria abstrata, e as tentativas de instanciar objetos dessa classe falhariam.

Vamos considerar a classe **Employee** (Figura 10.9). Os membros **public** incluem um construtor (linhas 11 a 16), que recebe como argumentos o nome de batismo e o sobrenome dos funcionários, as propriedades **FirstName** (linhas 19 a 30) e **LastName** (linhas 33 a 44), o método **ToString** (linhas 47 a 50), que retorna o nome de batismo e o sobrenome separados por um espaço, e o método **abstract Earnings** (linha 54). A palavra-chave **abstract** (linha 5) indica que a classe **Employee** é abstrata; assim, ela não pode ser usada para instanciar objetos **Employee**. O método **Earnings** é declarado como **abstract**; portanto, a classe não fornece uma implementação de método. Todas as classes derivadas diretamente da classe **Employee** — exceto quanto às classes abstratas derivadas — devem implementar esse método. O método **Earnings** é **abstract** em **Employee**, pois não podemos calcular os ganhos de um funcionário genérico. Para determinar os ganhos, primeiro devemos saber qual é o *tipo* de funcionário. Declarando esse método como **abstract**, indicamos que forneceremos uma implementação em cada classe derivada concreta, mas não na classe base em si.

```
1   // Fig. 10.9: Employee.cs
2   // Classe base abstrata para funcionários da empresa.
3   using System;
4
5   public abstract class Employee
6   {
7      private string firstName;
8      private string lastName;
9
10     // construtor
11     public Employee( string firstNameValue,
12        string lastNameValue )
13     {
14        FirstName = firstNameValue;
15        LastName = lastNameValue;
16     }
17
18     // propriedade FirstName
```

Figura 10.9 Definição da classe abstract Employee. (Parte 1 de 2.)

```
   public string FirstName
   {
      get
      {
         return firstName;
      }

      set
      {
         firstName = value;
      }
   }

   // propriedade LastName
   public string LastName
   {
      get
      {
         return lastName;
      }

      set
      {
         lastName = value;
      }
   }

   // retorna a representação de string de Employee
   public override string ToString()
   {
      return FirstName + " " + LastName;
   }

   // método abstrato que deve ser implementado para cada classe
   // derivada de Employee para calcular os ganhos específicos
   public abstract decimal Earnings();

} // fim da classe Employee
```

Figura 10.9 Definição da classe `abstract` `Employee`. (Parte 2 de 2.)

A classe **Boss** (Figura 10.10) herda de **Employee**. O construtor da classe **Boss** (linhas 10 a 15) recebe como argumentos um nome de batismo, um sobrenome e um salário. O construtor passa o nome de batismo e o sobrenome para o construtor **Employee** (linha 12), que inicializa os membros **FirstName** e **LastName** da parte da classe base do objeto da classe derivada. Outros métodos **public** na classe **Boss** incluem o método **Earnings** (linhas 34 a 37), que define o cálculo dos ganhos de um chefe, e o método **ToString** (linhas 40 a 43), que retorna uma string indicando o tipo de funcionário (isto é, "**Boss:** ") e o nome do chefe. A classe **Boss** também contém a propriedade **WeeklySalary** (linhas 18 a 31), que manipula o valor da variável-membro **salary**. Note que essa propriedade garante apenas que **salary** não pode conter um valor negativo — em um sistema de folha de pagamento real, essa validação seria mais ampla e cuidadosamente controlada.

```
1  // Fig. 10.10: Boss.cs
2  // A classe Boss derivada de Employee.
3  using System;
4
5  public class Boss : Employee
6  {
```

Figura 10.10 A classe `Boss` herda da classe `Employee`. (Parte 1 de 2.)

```
   private decimal salary; // o salário do chefe

   // construtor
   public Boss( string firstNameValue, string lastNameValue,
      decimal salaryValue)
      : base( firstNameValue, lastNameValue )
   {
      WeeklySalary = salaryValue;
   }

   // propriedade WeeklySalary
   public decimal WeeklySalary
   {
      get
      {
         return salary;
      }

      set
      {
         // garante o valor positivo de salary
         if ( value > 0 )
            salary = value;
      }
   }

   // sobrepõe o método da classe base para calcular os ganhos do chefe
   public override decimal Earnings()
   {
      return WeeklySalary;
   }

   // retorna a representação de string de Boss
   public override string ToString()
   {
      return "Boss: " + base.ToString();
   }
}
```

Figura 10.10 A classe `Boss` herda da classe `Employee`. (Parte 2 de 2.)

A classe **`CommissionWorker`** (Figura 10.11) também herda da classe **`Employee`**. O construtor dessa classe (linhas 12 a 20) recebe como argumentos um nome de batismo, um sobrenome, um salário, uma comissão e uma quantidade de itens vendidos. A linha 15 passa o nome de batismo e o sobrenome para o construtor da classe base **`Employee`**. A classe **`CommissionWorker`** também fornece as propriedades **`WeeklySalary`** (linhas 23 a 36), **`Commission`** (linhas 39 a 52) e **`Quantity`** (linhas 55 a 68), o método **`Earnings`** (linhas 72 a 75), que calcula os vencimentos do trabalhador, e o método **`ToString`** (linhas 78 a 81), que retorna uma string indicando o tipo de funcionário (isto é, **`"CommissionWorker:"`**) e o nome do trabalhador.

```
1  // Fig. 10.11: CommissionWorker.cs
2  // A classe CommissionWorker derivada de Employee
3  using System;
4
5  public class CommissionWorker : Employee
6  {
7     private decimal salary;      // salário semanal básico
```

Figura 10.11 A classe `CommissionWorker` herda da classe `Employee`. (Parte 1 de 3.)

```
      private decimal commission; // valor pago por item vendido (comissão)
      private int quantity;       // total de itens vendidos

      // construtor
      public CommissionWorker( string firstNameValue,
         string lastNameValue, decimal salaryValue,
         decimal commissionValue, int quantityValue )
         : base( firstNameValue, lastNameValue )
      {
         WeeklySalary = salaryValue;
         Commission = commissionValue;
         Quantity = quantityValue;
      }

      // propriedade WeeklySalary
      public decimal WeeklySalary
      {
         get
         {
            return salary;
         }

         set
         {
            // garante valor não negativo de salary
            if ( value > 0 )
               salary = value;
         }
      }

      // propriedade Commission
      public decimal Commission
      {
         get
         {
            return commission;
         }

         set
         {
            // garante valor não negativo de commission
            if ( value > 0 )
               commission = value;
         }
      }

      // propriedade Quantity
      public int Quantity
      {
         get
         {
            return quantity;
         }

         set
         {
            // garante valor não negativo de quantity
            if ( value > 0 )
```

Figura 10.11 A classe CommissionWorker herda da classe Employee. (Parte 2 de 3.)

```
            quantity = value;
         }
      }

      // sobrepõe o método da classe base para calcular
      // os ganhos de CommissionWorker
      public override decimal Earnings()
      {
         return WeeklySalary + Commission * Quantity;
      }

      // retorna a representação de string de CommissionWorker
      public override string ToString()
      {
         return "CommissionWorker: " + base.ToString();
      }

   } // fim da classe CommissionWorker
```

Figura 10.11 A classe `CommissionWorker` herda da classe `Employee`. (Parte 3 de 3.)

A classe **`PieceWorker`** (Figura 10.12) herda da classe **`Employee`**. O construtor dessa classe (linhas 11 a 18) recebe como argumentos um nome de batismo, um sobrenome, um salário por peça e uma quantidade de itens produzidos. A linha 14 passa então o nome de batismo e o sobrenome para o construtor da classe base **`Employee`**. A classe **`PieceWorker`** também fornece as propriedades **`WagePerPiece`** (linhas 21 a 33) e **`Quantity`** (linhas 36 a 48), o método **`Earnings`** (linhas 52 a 55), que calcula os ganhos do trabalhador por peça, e o método **`ToString`** (linhas 58 a 61), que retorna uma string indicando o tipo de funcionário (isto é, **`"PieceWorker: "`**) e o nome do trabalhador que ganha por peça.

```
1   // Fig. 10.12: PieceWorker.cs
2   // classe PieceWorker derivada de Employee.
3   using System;
4
5   public class PieceWorker : Employee
6   {
7      private decimal wagePerPiece; // salário por peça produzida
8      private int quantity;         // quantidade de peças produzidas
9
10     // construtor
11     public PieceWorker( string firstNameValue,
12        string lastNameValue, decimal wagePerPieceValue,
13        int quantityValue )
14        : base( firstNameValue, lastNameValue )
15     {
16        WagePerPiece = wagePerPieceValue;
17        Quantity = quantityValue;
18     }
19
20     // propriedade WagePerPiece
21     public decimal WagePerPiece
22     {
23        get
24        {
25           return wagePerPiece;
26        }
27
```

Figura 10.12 A classe `PieceWorker` herda da classe `Employee`. (Parte 1 de 2.)

```
      set
      {
         if ( value > 0 )
            wagePerPiece = value;
      }
   }

   // propriedade Quantity
   public int Quantity
   {
      get
      {
         return quantity;
      }

      set
      {
         if ( value > 0 )
            quantity = value;
      }
   }

   // sobrepõe o método da classe base para calcular
   // os vencimentos de PieceWorker
   public override decimal Earnings()
   {
      return Quantity * WagePerPiece;
   }

   // retorna a representação de string de PieceWorker
   public override string ToString()
   {
      return "PieceWorker: " + base.ToString();
   }
}
```

Figura 10.12 A classe `PieceWorker` herda da classe `Employee`. (Parte 2 de 2.)

A classe **`HourlyWorker`** (Figura 10.13) herda da classe **`Employee`**. O construtor dessa classe (linhas 11 a 17) recebe como argumentos um nome de batismo, um sobrenome, um salário e o número de horas trabalhadas. A linha 13 passa o nome de batismo e o sobrenome para o construtor da classe base **`Employee`**. A classe **`HourlyWorker`** também fornece as propriedades **`Wage`** (linhas 20 a 33) e **`HoursWorked`** (linhas 36 a 49), o método **`Earnings`** (linhas 53 a 70), que calcula os vencimentos de um trabalhador horista, e o método **`ToString`** (linhas 73 a 76), que retorna uma string indicando o tipo de funcionário (isto é, **`"HourlyWorker: "`**) e o nome do trabalhador horista. Note que os trabalhadores horistas recebem um adicional de 50% pelas horas extras (isto é, as horas trabalhadas além das 40 horas normais).

```
1  // Fig. 10.13: HourlyWorker.cs
2  // A classe HourlyWorker derivada de Employee.
3  using System;
4
5  public class HourlyWorker : Employee
6  {
7     private decimal wage;        // salário por hora de trabalho
8     private double hoursWorked; // horas trabalhadas durante a semana
9
10    // construtor
```

Figura 10.13 A classe `HourlyWorker` herda da classe `Employee`. (Parte 1 de 3.)

```
   public HourlyWorker( string firstNameValue, string LastNameValue,
      decimal wageValue, double hoursWorkedValue )
      : base( firstNameValue, LastNameValue )
   {
      Wage = wageValue;
      HoursWorked = hoursWorkedValue;
   }

   // propriedade Wage
   public decimal Wage
   {
      get
      {
         return wage;
      }

      set
      {
         // garante valor não negativo de wage
         if ( value > 0 )
            wage = value;
      }
   }

   // propriedade HoursWorked
   public double HoursWorked
   {
      get
      {
         return hoursWorked;
      }

      set
      {
         // garante valor não negativo de hoursWorked
         if ( value > 0 )
            hoursWorked = value;
      }
   }

   // sobrepõe o método da classe base para calcular
   // os ganhos de HourlyWorker
   public override decimal Earnings()
   {
      // compensa as horas extras (pagas "uma vez e meia")
      if ( HoursWorked <= 40 )
      {
         return Wage * Convert.ToDecimal( HoursWorked );
      }

      else
      {
         // calcula pagamento básico e de horas extras
         decimal basePay = Wage * Convert.ToDecimal( 40 );
         decimal overtimePay = Wage * 1.5M *
            Convert.ToDecimal( HoursWorked - 40 );

         return basePay + overtimePay;
```

Figura 10.13 A classe HourlyWorker herda da classe Employee. (Parte 2 de 3.)

```
        }
    }

    // retorna a representação de string de HourlyWorker
    public override string ToString()
    {
        return "HourlyWorker: " + base.ToString();
    }
}
```

Figura 10.13 A classe HourlyWorker herda da classe Employee. (Parte 3 de 3.)

O método **Main** (linhas 9 a 48) da classe **EmployeesTest** (Figura 10.14) declara a referência a **Employee employee** (linha 22). Cada tipo de funcionário é tratado de forma semelhante em **Main**; portanto, discutiremos apenas o tratamento do objeto **Boss**.

A linha 11 atribui à referência a **Boss boss** um objeto **Boss** e passa para seu construtor o nome de batismo (**"John"**), o sobrenome (**"Smith"**) e o salário semanal fixo do chefe (**800**). A linha 22 atribui a referência à classe derivada **boss** para a referência à classe base **Employee employee**, para que possamos demonstrar a determinação polimórfica dos vencimentos de **boss**. A linha 24 passa a referência a **employee** como argumento para o método **GetString** (linhas 51 a 55), que de maneira polimórfica chama os métodos **ToString** e **Earnings** no objeto **Employee** que o método recebe como argumento. Nesse ponto, o C# determina que o objeto passado para **GetString** é de tipo **Boss**, de modo que as linhas 53 e 54 chamam os métodos **ToString** e **Earnings** de **Boss**. Esses são exemplos clássicos de comportamento polimórfico.

```
1  // Fig. 10.14: EmployeesTest.cs
2  // Demonstra o polimorfismo exibindo os vencimentos
3  // de vários tipos de funcionário.
4  using System;
5  using System.Windows.Forms;
6
7  public class EmployeesTest
8  {
9     public static void Main( string[] args )
10    {
11       Boss boss = new Boss( "John", "Smith", 800 );
12
13       CommissionWorker commissionWorker =
14          new CommissionWorker( "Sue", "Jones", 400, 3, 150 );
15
16       PieceWorker pieceWorker = new PieceWorker( "Bob", "Lewis",
17          Convert.ToDecimal( 2.5 ), 200 );
18
19       HourlyWorker hourlyWorker = new HourlyWorker( "Karen",
20          "Price", Convert.ToDecimal( 13.75 ), 50 );
21
22       Employee employee = boss;
23
24       string output = GetString( employee ) + boss + " earned " +
25          boss.Earnings().ToString( "C" ) + "\n\n";
26
27       employee = commissionWorker;
28
29       output += GetString( employee ) + commissionWorker +
30          " earned " +
31          commissionWorker.Earnings().ToString( "C" ) + "\n\n";
32
```

Figura 10.14 A classe EmployeesTest testa a hierarquia de classes Employee. (Parte 1 de 2.)

```
33          employee = pieceWorker;
34
35          output += GetString( employee ) + pieceWorker +
36             " earned " + pieceWorker.Earnings().ToString( "C" ) +
37             "\n\n";
38
39          employee = hourlyWorker;
40
41          output += GetString( employee ) + hourlyWorker +
42             " earned " + hourlyWorker.Earnings().ToString( "C" ) +
43             "\n\n";
44
45          MessageBox.Show( output, "Demonstrating Polymorphism",
46             MessageBoxButtons.OK, MessageBoxIcon.Information );
47
48       } // fim do método Main
49
50       // retorna a string que contém informações de Employee
51       public static string GetString( Employee worker )
52       {
53          return worker.ToString() + " earned " +
54             worker.Earnings().ToString( "C" ) + "\n";
55       }
56    }
```

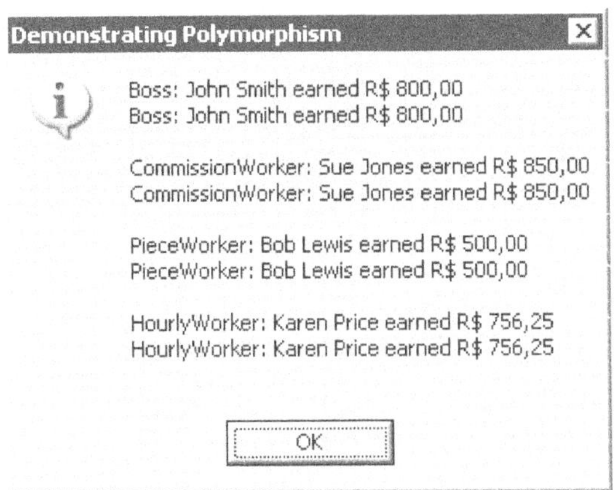

Figura 10.14 A classe `EmployeesTest` testa a hierarquia de classes `Employee`. (Parte 2 de 2.)

O método **`Earnings`** retorna um objeto **`Decimal`** no qual a linha 54 chama então o método **`ToString`**. Nesse caso, a string **`"C"`**, que é passada para uma versão sobrecarregada do método **`Decimal ToString`**, significa **`Currency`**, e **`ToString`** formata a string como um valor monetário.

Quando o método **`GetString`** retorna para **`Main`**, as linhas 24 e 25 chamam explicitamente os métodos **`ToString`** e **`Earnings`**, por meio da referência **`boss`** à classe derivada **`Boss`**, para mostrar as chamadas a métodos que não usam processamento polimórfico. A saída gerada nas linhas 24 e 25 é idêntica àquela gerada pelos métodos **`ToString`** e **`Earnings`** por meio da referência à classe base **`employee`** (isto é, os métodos que usam polimorfismo), o que confirma que os métodos polimórficos chamam os métodos apropriados na classe derivada **`Boss`**.

Para provar que a referência à classe base **`employee`** pode chamar as versões da classe derivada corretas dos métodos **`ToString`** e **`Earnings`** para os outros tipos de funcionários, as linhas 27, 33 e 39 atribuem à referência à classe base **`employee`** um tipo diferente de objeto **`Employee`** (**`CommissionWorker`**, **`PieceWorker`** e **`HourlyWorker`**, respectivamente). Após cada atribuição, o aplicativo chama o método **`GetString`** para retornar os resultados por meio da referência à classe base. Então, o aplicativo chama os métodos **`ToString`** e **`Earnings`** de cada referência à classe derivada, para mostrar que o C# associa corretamente cada chamada a método a seu objeto da classe derivada correspondente.

10.9 Estudo de caso: criando e usando interfaces

Apresentaremos agora mais dois exemplos de polimorfismo, usando *interfaces* que especificam conjuntos de serviços **`public`** (isto é, métodos e propriedades) que as classes devem implementar. Uma interface é usada quando não existe nenhuma implementação padrão para herdar (isto é, nenhuma variável de instância e nenhuma implementação de método padrão). Enquanto uma classe abstrata é mais bem usada para fornecer dados e serviços para objetos em um relacionamento hierárquico, uma interface pode ser usada para fornecer serviços que "reúnem" objetos díspares, que se relacionam entre si apenas por meio dessa interface.

A definição de uma interface começa com a palavra-chave ***`interface`*** e contém uma lista de métodos e propriedades **`public`**. Para usar uma interface, uma classe deve especificar que implementa a interface e deve fornecer implementações para cada método e propriedade especificada na definição da interface. Uma classe que implementa uma interface eficientemente assina um contrato com o compilador que diz que "esta classe definirá todos os métodos e propriedades especificados pela interface".

Erro de programação comum 10.8

Quando uma classe implementa uma **`interface`***, deixar mesmo que um único método ou propriedade da* **`interface`** *indefinido é um erro. A classe deve definir cada método e propriedade da* **`interface`**.

Erro de programação comum 10.9

Em C#, uma **`interface`** *pode ser declarada apenas como* **`public`**; *a declaração de uma* **`interface`** *como* **`private`** *ou* **`protected`** *é um erro.*

As interfaces fornecem conjuntos uniformes de métodos e propriedades para objetos de classes díspares. Esses métodos e propriedades permitem que os programas processem os objetos dessas classes díspares de maneira polimórfica. Por exemplo, considere os objetos díspares que representam uma pessoa, uma árvore, um carro e um arquivo. Esses objetos "nada têm que ver" uns com os outros — uma pessoa tem um nome de batismo e um sobrenome; uma árvore tem um tronco, um conjunto de galhos e muitas folhas; um carro tem rodas, marchas e vários outros mecanismos que permitem a ele se mover; e um arquivo contém dados. Em razão da falta de características comuns entre essas classes, modelá-las por meio de uma hierarquia de herança com uma classe base comum parece ilógico. Entretanto, esses objetos certamente têm pelo menos uma característica comum — uma idade. A idade de uma pessoa é representada pelo número de anos desde que ela nasceu; a idade de uma árvore é representada pelo número de anéis em seu tronco; a idade de um carro é representada por sua data de fabricação; e a idade de um arquivo é representada por sua data de criação. Podemos usar uma interface que forneça um método ou propriedade que os objetos dessas classes díspares possam implementar para retornar a idade de cada objeto.

Nesse exemplo usamos a interface **`IAge`** (Figura 10.15) para retornar a informação de idade das classes **`Person`** (Figura 10.16) e **`Tree`** (Figura 10.17). A definição da interface **`IAge`** começa na linha 4 com **`public interface`** e termina na linha 8 com uma chave de fechamento. As linhas 6 e 7 especificam as propriedades somente de leitura **`Age`** e **`Name`**, para as quais toda classe que implementa a interface **`IAge`** deve fornecer implementações. Declarar essas propriedades como somente de leitura não é obrigatório — uma interface também pode fornecer métodos, propriedades somente de escrita e propriedades com acessores *get* e *set*. Contendo essas declarações de propriedade, a interface **`IAge`** fornece uma oportunidade para que um objeto que implementa **`IAge`** retorne sua idade e seu nome, respectivamente. Entretanto, as classes que implementam esses métodos não são "obrigatórias" para que a interface **`IAge`** ou o C# retorne uma idade e um nome. O compilador exige apenas que as classes que estão implementando a interface **`IAge`** forneçam implementações para as propriedades da interface.

A linha 5 da Figura 10.16 usa a notação de herança do C# (isto é, *NomeDaClasse* **:** *NomeDaInterface*) para indicar que a classe **`Person`** implementa a interface **`IAge`**. Nesse exemplo, a classe **`Person`** implementa apenas uma interface. Uma classe pode implementar qualquer número de interfaces, além de herdar de uma classe. Para implementar mais de uma interface, a definição da classe deve fornecer uma lista separada por vírgulas de nomes de interface, após o ponto-e-vírgula. A classe **`Person`** tem as variáveis-membro **`yearBorn`**, **`firstName`** e **`lastName`** (linhas 7 a 9), para as quais o construtor (linhas 12 a 22) configura valores. Como a classe **`Person`** implementa a interface **`IAge`**, ela deve implementar as propriedades **`Age`** e **`Name`** — definidas nas linhas 25 a 31 e nas linhas 34 a 40, respectivamente. A propriedade **`Age`** permite que o cliente obtenha a idade da pessoa e a propriedade **`Name`** retorna uma **`String`** contendo **`firstName`** e **`lastName`**. Note que a propriedade **`Age`** calcula a idade da pessoa subtraindo **`yearBorn`** do ano atual (por meio da propriedade **`Year`** da propriedade **`DateTime.Now`**, que retorna a data atual). Essas propriedades satisfazem os requisitos de implementação definidos na interface **`IAge`**; portanto, a classe **`Person`** cumpre seu "contrato" com o compilador.

```
// Fig. 10.15: IAge.cs
// A interface IAge declara propriedade para configurar e obter a idade.

public interface IAge
{
   int Age { get; }
   string Name { get; }
}
```

Figura 10.15 Interface para retornar a idade de objetos de classes díspares.

```
// Fig. 10.16: Person.cs
// A classe Person tem uma data de nascimento.
using System;

public class Person : IAge
{
   private string firstName;
   private string lastName;
   private int yearBorn;

   // construtor
   public Person( string firstNameValue, string lastNameValue,
      int yearBornValue )
   {
      firstName = firstNameValue;
      lastName = lastNameValue;

      if ( yearBornValue > 0 && yearBornValue <= DateTime.Now.Year )
         yearBorn = yearBornValue;
      else
         yearBorn = DateTime.Now.Year;
   }

   // implementação da propriedade Age da interface IAge
   public int Age
   {
      get
      {
         return DateTime.Now.Year - yearBorn;
      }
   }

   // implementação da propriedade Name da interface IAge
   public string Name
   {
      get
      {
         return firstName + " " + lastName;
      }
   }

} // fim da classe Person
```

Figura 10.16 A classe `Person` implementa a interface `IAge`.

A classe **`Tree`** (Figura 10.17) também implementa a interface **`IAge`**. A classe **`Tree`** tem a variável-membro **`rings`** (linha 7), que representa o número de anéis do tronco da árvore — essa variável corresponde diretamente à idade da árvore. O construtor de **`Tree`** (linhas 10 a 14) recebe como argumento um **`int`** que especifica em que ano a árvore foi plantada. A classe **`Tree`** contém o método **`AddRing`** (linhas 17 a 20), que permite a um programa incrementar o número de anéis da árvore. Como a classe **`Tree`** implementa a interface **`IAge`**, ela deve implementar as propriedades **`Age`** e **`Name`** — definidas nas linhas 23 a 29 e nas linhas 32 a 38, respectivamente. A propriedade **`Age`** retorna o valor de **`rings`**, e a propriedade **`Name`** retorna a **`string "Tree"`**.

```
1   // Fig. 10.17: Tree.cs
2   // A classe Tree contém o número de anéis correspondente a sua idade.
3   using System;
4
5   public class Tree : IAge
6   {
7      private int rings; // número de anéis no tronco da árvore
8
9      // construtor
10     public Tree( int yearPlanted )
11     {
12        // conta o número de anéis na árvore
13        rings = DateTime.Now.Year - yearPlanted;
14     }
15
16     // incrementa rings
17     public void AddRing()
18     {
19        rings++;
20     }
21
22     // implementação da propriedade Age da interface IAge
23     public int Age
24     {
25        get
26        {
27           return rings;
28        }
29     }
30
31     // implementação da propriedade Name da interface IAge
32     public string Name
33     {
34        get
35        {
36           return "Tree";
37        }
38     }
39
40  } // fim da classe Tree
```

Figura 10.17 A classe `Tree` implementa a interface `IAge`.

A classe **`InterfacesTest`** (Figura 10.18) demonstra o polimorfismo nos objetos das classes díspares **`Person`** e **`Tree`**. A linha 9 instancia o objeto **`tree`** da classe **`Tree`**, e a linha 10 instancia o objeto **`person`** da classe **`Person`**. A linha 13 declara **`iAgeArray`** — um array de duas referências a objetos **`IAge`**. As linhas 16 e 19 atribuem **`tree`** e **`person`** à primeira e à segunda referência em **`iAgeArray`**, respectivamente. As linhas 22 e 23 chamam o método **`ToString`** em **`tree`** e, em seguida, chamam suas propriedades **`Age`** e **`Name`** para retornar as informações de idade e nome do objeto **`tree`**. As linhas 26 e 27 chamam o método **`ToString`** em **`person`** e, em seguida, chamam suas propriedades **`Age`** e **`Name`** para retornar as informações de idade e nome do objeto **`person`**. Em seguida manipulamos esses objetos de maneira polimórfica, por meio do array **`iAgeArray`** de referências a objetos **`IAge`**. As linhas 30 a 34 definem uma estrutura **`foreach`** que usa as propriedades **Age** e **Name** para obter as informações de idade e nome de cada objeto **IAge** em **iAgeArray**. Note que um programa também pode chamar os métodos **public** da classe **Object** (por exemplo, **ToString**) usando qualquer referência a interface. Isso é possível porque todo objeto herda direta ou indiretamente da classe **Object**. Portanto, é garantido que todo objeto tenha os métodos **public** da classe **Object**.

```
// Fig. 10.18: InterfacesTest.cs
// Demonstrando o polimorfismo com interfaces.
using System.Windows.Forms;

public class InterfacesTest
{
   public static void Main( string[] args )
   {
      Tree tree = new Tree( 1978 );
      Person person = new Person( "Bob", "Jones", 1971 );

      // cria array de referências a IAge
      IAge[] iAgeArray = new IAge[ 2 ];

      // iAgeArray[ 0 ] se refere ao objeto Tree de maneira polimórfica
      iAgeArray[ 0 ] = tree;

      // iAgeArray[ 1 ] se refere ao objeto Person de maneira polimorfica
      iAgeArray[ 1 ] = person;

      // exibe informações da árvore
      string output = tree + ": " + tree.Name + "\nAge is " +
         tree.Age + "\n\n";

      // exibe informações da pessoa
      output += person + ": " + person.Name + "\nAge is: "
         + person.Age + "\n\n";

      // exibe o nome e a idade de cada objeto IAge em iAgeArray
      foreach ( IAge ageReference in iAgeArray )
      {
         output += ageReference.Name + ": Age is " +
            ageReference.Age + "\n";
      }

      MessageBox.Show( output, "Demonstrating Polymorphism" );

   } // fim do método Main

} // fim da classe InterfacesTest
```

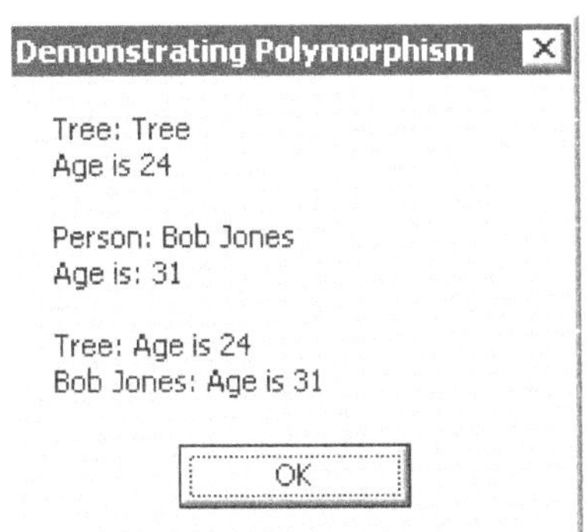

Figura 10.18 Demonstrando polimorfismo em objetos de classes díspares.

Observação de engenharia de software 10.11

Em C#, uma referência a interface pode chamar métodos e propriedades que a interface declara e os métodos **public** *da classe* **Object**.

Observação de engenharia de software 10.12

Em C#, uma interface fornece apenas os serviços **public** *declarados na interface, enquanto uma classe abstrata fornece os serviços* **public** *definidos na classe abstrata e nos membros herdados da classe base dessa classe abstrata.*

Nosso próximo exemplo reexamina a hierarquia **Point-Circle-Cylinder** usando uma interface, em vez de uma classe abstrata, para descrever os métodos e as propriedades comuns das classes na hierarquia. Mostraremos agora como uma classe pode implementar uma interface e depois atuar como uma classe base para as classes derivadas herdarem a implementação. Criamos a interface **IShape** (Figura 10.19), que especifica os métodos **Area** e **Volume**, e a propriedade **Name** (linhas 8 a 10). Toda classe que implementa a interface **IShape** deve fornecer implementações desses dois métodos e dessa propriedade somente de leitura. Note que, mesmo que os métodos desse exemplo de interface não recebam argumentos, os métodos da interface podem receber argumentos (assim como os métodos normais).

Boa prática de programação 10.1

Por convenção, deve-se iniciar o nome de qualquer interface com **"I"**.

Como a classe **Point3** (Figura 10.20) implementa a interface **IShape**, ela deve implementar todos os três membros de **IShape**. As linhas 59 a 62 implementam o método **Area**, que retorna **0**, pois os pontos têm área igual a zero. As linhas 65 a 68 implementam o método **Volume**, que também retorna **0**, pois os pontos têm volume igual a zero. As linhas 71 a 77 implementam a propriedade somente de leitura **Name**, que retorna o nome da classe como uma **string** (**"Point3"**).

Quando uma classe implementa uma interface, ela entra no mesmo tipo de relacionamento *é um* que a herança estabelece. Em nosso exemplo, a classe **Point3** implementa a interface **IShape**. Portanto, um objeto **Point3** *é um* **IShape**, e os objetos de qualquer classe que herde de **Point3** também são **IShape**s. Por exemplo, a classe **Circle3** (Figura 10.21) herda da classe **Point3**; assim, um **Circle3** *é um* **IShape**. A classe **Circle3** implementa a interface **IShape** implicitamente e herda o método **IShape** que a classe **Point** implementava. Como os círculos não têm volume, a classe **Circle3** não sobrepõe o método **Volume** da classe **Point3**, que retorna zero. Entretanto, não queremos usar o método **Area** da classe **Point3** ou a propriedade **Name** da classe **Circle3**. A classe **Circle3** deve fornecer sua própria implementação para isso, pois a área e o nome de um círculo diferem dos de um ponto. As linhas 52 a 55 sobrepõem o método **Area** para retornar a área do círculo, e as linhas 65 a 71 sobrepõem a propriedade **Name** para retornar a **String** **"Circle3"**.

A classe **Cylinder3** (Figura 10.22) herda da classe **Circle3**. **Cylinder3** implementa a interface **IShape** implicitamente, pois **Cylinder3** deriva de **Point3**, que implementa a interface **IShape**. **Cylinder3** herda o método **Area** e a propriedade **Name** de **Circle3** e o método **Volume** de **Point3**. Entretanto, **Cylinder3** sobrepõe a propriedade **Name** e os métodos **Area** e **Volume**, para efetuar operações específicas de **Cylinder3**. As linhas 40 a 43 sobrepõem o método **Area** para retornar a área da superfície do cilindro, as linhas 46 a 49 sobrepõem o método **Volume** para retornar o volume do cilindro, e as linhas 59 a 65 sobrepõem a propriedade **Name** para retornar a **String** **"Cylinder3"**. Note que a classe **Point3** marca esses métodos/propriedades como **virtual**, permitindo que as classes derivadas os sobreponham.

```
1   // Fig. 10.19: IShape.cs
2   // Interface IShape da hierarquia Point, Circle, Cylinder.
3
4   public interface IShape
5   {
6      // as classes que implementam IShape devem implementar esses métodos
7      // e essa propriedade
8      double Area();
9      double Volume();
10     string Name { get; }
11  }
```

Figura 10.19 A interface IShape fornece os métodos Area e Volume e a propriedade Name.

```
// Fig. 10.20: Point3.cs
// Point3 implementa a interface IShape e representa
// um par de coordenadas x, y.
using System;

// Point3 implementa IShape
public class Point3 : IShape
{
   private int x, y; // coordenadas de Point3

   // construtor padrão
   public Point3()
   {
      // a chamada implícita ao construtor de Object ocorre aqui
   }

   // construtor
   public Point3( int xValue, int yValue )
   {
      X = xValue;
      Y = yValue;
   }

   // propriedade X
   public int X
   {
      get
      {
         return x;
      }

      set
      {
         x = value;
      }
   }

   // propriedade Y
   public int Y
   {
      get
      {
         return y;
      }

      set
      {
         y = value;
      }
   }

   // retorna a representação de string do objeto Point3
   public override string ToString()
   {
      return "[" + X + ", " + Y + "]";
   }

   // implementa o método Area da interface IShape
```

Figura 10.20 A classe Point3 implementa a interface IShape. (Parte 1 de 2.)

```
   public virtual double Area()
   {
      return 0;
   }

   // implementa o método Volume da interface IShape
   public virtual double Volume()
   {
      return 0;
   }

   // implementa a propriedade Name de IShape
   public virtual string Name
   {
      get
      {
         return "Point3";
      }
   }

} // fim da classe Point3
```

Figura 10.20 A classe `Point3` implementa a interface `IShape`. (Parte 2 de 2.)

```
// Fig. 10.21: Circle3.cs
// Circle3 herda da classe Point3 e sobrepõe membros importantes.
using System;

// Circle3 herda da classe Point3
public class Circle3 : Point3
{
   private double radius; // raio de Circle3

   // construtor padrão
   public Circle3()
   {
      // a chamada implícita ao construtor de Point3 ocorre aqui
   }

   // construtor
   public Circle3( int xValue, int yValue, double radiusValue )
      : base( xValue, yValue )
   {
      Radius = radiusValue;
   }

   // propriedade Radius
   public double Radius
   {
      get
      {
         return radius;
      }

      set
      {
         // garante valor não negativo de Radius
```

Figura 10.21 A classe `Circle3` herda da classe `Point3`. (Parte 1 de 2.)

```
         if ( value >= 0 )
            radius = value;
      }
   }

   // calcula o diâmetro de Circle3
   public double Diameter()
   {
      return Radius * 2;
   }

   // calcula a circunferência de Circle3
   public double Circumference()
   {
      return Math.PI * Diameter();
   }

   // calcula a área de Circle3
   public override double Area()
   {
      return Math.PI * Math.Pow( Radius, 2 );
   }

   // retorna a representação de string do objeto Circle3
   public override string ToString()
   {
      return "Center = " + base.ToString() +
         "; Radius = " + Radius;
   }

   // sobrepõe a propriedade Name da classe Point3
   public override string Name
   {
      get
      {
         return "Circle3";
      }
   }

} // fim da classe Circle3
```

Figura 10.21 A classe `Circle3` herda da classe `Point3`. (Parte 2 de 2.)

```
// Fig. 10.22: Cylinder3.cs
// Cylinder3 herda da classe Circle2 e sobrepõe membros importantes.
using System;

// Cylinder3 herda da classe Circle3
public class Cylinder3 : Circle3
{
   private double height; // altura de Cylinder3

   // construtor padrão
   public Cylinder3()
   {
      // a chamada implícita ao construtor de Circle3 ocorre aqui
   }

```

Figura 10.22 A classe `Cylinder3` herda da classe `Circle3`. (Parte 1 de 2.)

```
      // construtor
      public Cylinder3( int xValue, int yValue, double radiusValue,
         double heightValue ) : base( xValue, yValue, radiusValue )
      {
         Height = heightValue;
      }

      // propriedade Height
      public double Height
      {
         get
         {
            return height;
         }

         set
         {
            // garante valor não negativo de Height
            if ( value >= 0 )
               height = value;
         }
      }

      // calcula a área de Cylinder3
      public override double Area()
      {
         return 2 * base.Area() + base.Circumference() * Height;
      }

      // calcula o volume de Cylinder3
      public override double Volume()
      {
         return base.Area() * Height;
      }

      // retorna a representação de string do objeto Cylinder3
      public override string ToString()
      {
         return "Center = " + base.ToString() +
            "; Height = " + Height;
      }

      // sobrepõe a propriedade Name da classe Circle3
      public override string Name
      {
         get
         {
            return "Cylinder3";
         }
      }

   } // fim da classe Cylinder3
```

Figura 10.22 A classe `Cylinder3` herda da classe `Circle3`. (Parte 2 de 2.)

A classe **`Interfaces2Test`** (Figura 10.23) demonstra nossa hierarquia de ponto-círculo-cilindro que usa interfa--ces. A classe **`Interfaces2Test`** tem apenas duas diferenças em relação ao exemplo da Figura 10.8, que testava a hierarquia de classes criada a partir da classe base **`abstract Shape`**. Na Figura 10.23, a linha 17 declara **`arrayOfShapes`** como um array de referências à interface **`IShape`**, em vez de referências à classe base **`Shape`**.

```
// Fig. 10.23: Interfaces2Test.cs
// Demonstrando polimorfismo com interfaces na
// hierarquia Point-Circle-Cylinder.

using System.Windows.Forms;

public class Interfaces2Test
{
   public static void Main( string[] args )
   {
      // instancia objetos Point3, Circle3 e Cylinder3
      Point3 point = new Point3( 7, 11 );
      Circle3 circle = new Circle3( 22, 8, 3.5 );
      Cylinder3 cylinder = new Cylinder3( 10, 10, 3.3, 10 );

      // cria array de referências IShape
      IShape[] arrayOfShapes = new IShape[ 3 ];

      // arrayOfShapes[ 0 ] referencia o objeto Point3
      arrayOfShapes[ 0 ] = point;

      // arrayOfShapes[ 1 ] referencia o objeto Circle3
      arrayOfShapes[ 1 ] = circle;

      // arrayOfShapes[ 2 ] referencia o objeto Cylinder3
      arrayOfShapes[ 2 ] = cylinder;

      string output = point.Name + ": " + point + "\n" +
         circle.Name + ": " + circle + "\n" +
         cylinder.Name + ": " + cylinder;

      foreach ( IShape shape in arrayOfShapes )
      {
         output += "\n\n" + shape.Name + ":\nArea = " +
            shape.Area() + "\nVolume = " + shape.Volume();
      }

      MessageBox.Show( output, "Demonstrating Polymorphism" );
   }
}
```

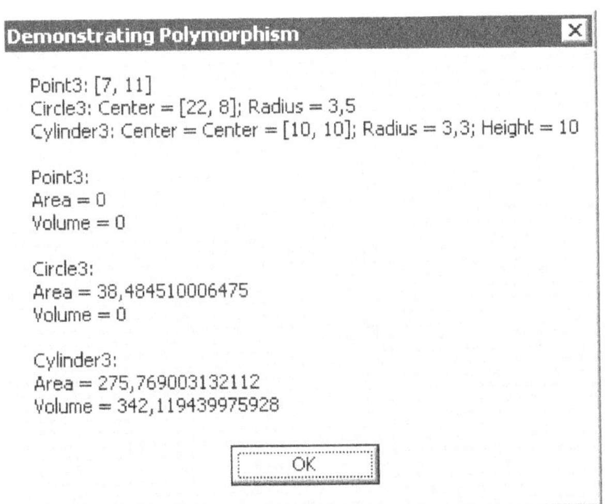

Figura 10.23 `Interfaces2Test` usa interfaces para demonstrar o polimorfismo na hierarquia Point-Circle-Cylinder.

10.10 Delegados

No Capítulo 6 discutimos como os objetos podem passar variáveis-membro como argumentos para métodos. Entretanto, às vezes é vantajoso para os objetos passar métodos como argumentos para outros métodos crescentes e decrescentes. Em vez de fornecer métodos de ordenação crescente e decrescente separados (um para cada tipo de comparação), poderíamos fornecer um único método que recebesse como argumento uma referência para o método de comparação usar. Para executar uma ordenação crescente, poderíamos passar para o método de ordenação a referência ao método de comparação de ordenação crescente; para executar uma ordenação decrescente, poderíamos passar para o método de ordenação a referência para o método de comparação de ordenação decrescente. O método de ordenação usaria então essa referência para ordenar a lista — o método de ordenação não precisaria saber se estaria executando uma ordenação crescente ou decrescente.

O C# não permite a passagem de referências a método como argumentos diretamente para outros métodos, mas fornece *delegados*, que são classes que encapsulam conjuntos de referências para métodos. Um objeto delegado que contém referências a método pode ser passado para outro método. Em vez de enviar uma referência a método diretamente, um objeto pode enviar a instância de delegado, a qual contém a referência do método que gostaríamos de enviar. O método que recebe a referência para o delegado pode então chamar os métodos que o delegado contém.

Um delegado que contém um único método é conhecido como *delegado de conversão simples* (*singlecast delegate*) e é criado ou derivado da classe ***Delegate***. Os delegados que contêm vários métodos são *delegados de conversão múltipla* (*multicast delegates*) e são criados ou derivados da classe ***MulticastDelegate***. As duas classes de delegado pertencem ao espaço de nomes **System**.

Para usar um delegado, primeiro devemos declarar um. A declaração de um delegado especifica um cabeçalho de método (parâmetros e valor de retorno). Os métodos cujas referências estarão contidas dentro de um objeto delegado devem ter o mesmo cabeçalho de método que aquele definido na declaração do delegado. Criamos então os métodos que têm essa assinatura. O segundo passo é criar uma instância de delegado que contenha uma referência a esse método. Após criarmos a instância de delegado, podemos chamar a referência a método que ela contém. Mostraremos esse processo em nosso próximo exemplo.

A classe **DelegateBubbleSort** (Figura 10.24), que é uma versão modificada do exemplo de ordenação "bolha" do Capítulo 7, usa delegados para ordenar um array inteiro em ordem crescente ou decrescente. As linhas 6 e 7 fornecem a declaração do delegado **Comparator**. Para declarar um delegado (linha 7), declaramos uma assinatura de um método — a palavra-chave **delegate** após o modificador de acesso a membro (nesse caso, **public**), seguida do tipo de retorno, do nome do delegado e da lista de parâmetros. O delegado **Comparator** define uma assinatura de método para métodos que recebem dois argumentos **int** e retornam um valor **bool**. Note que o delegado **Comparator** não contém corpo. Conforme demonstraremos em breve, nosso aplicativo (Figura 10.25) implementa métodos que obedecem a assinatura do delegado **Comparator** e, em seguida, passa esses métodos (como argumentos de tipo **Comparator**) para o método **SortArray**. A declaração de um delegado não define seu papel pretendido ou sua implementação; nosso aplicativo usa esse delegado em particular ao comparar dois valores **int**, mas outros aplicativos poderiam usá-lo para propósitos diferentes.

```
1   // Fig. 10.24: DelegateBubbleSort.cs
2   // Demonstrando delegados para ordenar números.
3
4   public class DelegateBubbleSort
5   {
6      public delegate bool Comparator( int element1,
7         int element2 );
8
9      // ordena o array usando o delegado Comparator
10     public static void SortArray( int[] array,
11        Comparator Compare )
12     {
13        for ( int pass = 0; pass < array.Length; pass++ )
14
15           for ( int i = 0; i < array.Length - 1; i++ )
```

Figura 10.24 Ordenação "bolha" usando delegados. (Parte 1 de 2.)

```
16
17               if ( Compare( array[ i ], array [ i + 1 ] ) )
18                  Swap( ref array[ i ], ref array[ i + 1 ] );
19       }
20
21       // troca dois elementos
22       private static void Swap( ref int firstElement,
23          ref int secondElement )
24       {
25          int hold = firstElement;
26          firstElement = secondElement;
27          secondElement = hold;
28       }
29    }
```

Figura 10.24 Ordenação "bolha" usando delegados. (Parte 2 de 2.)

As linhas 10 a 19 definem o método **SortArray**, que recebe como argumentos um array e uma referência a um objeto delegado **Comparator**. O método **SortArray** modifica o array, ordenando seu conteúdo. A linha 17 usa o método delegado para determinar como vai ordenar o array. A linha 17 chama o método incluído dentro do objeto delegado, tratando a referência do delegado como o método que o objeto delegado contém. O C# chama a referência a método incluída diretamente, passando para ela os parâmetros **array[i]** e **array[i + 1]**. O delegado **Comparator** determina a ordem de ordenação de seus dois argumentos. Se o delegado **Comparator** retorna **true**, os dois elementos estão fora de ordem; portanto, a linha 18 chama o método **Swap** (linhas 22 a 28) para trocar os elementos. Se o delegado **Comparator** retorna **false**, os dois elementos estão na ordem correta. Para ordenar em ordem crescente, o delegado **Comparator** retorna **true** quando o primeiro elemento que está sendo comparado é maior do que o segundo elemento que está sendo comparado. Analogamente, para ordenar em ordem decrescente, o delegado **Comparator** retorna **true** quando o primeiro elemento que está sendo comparado é menor do que o segundo.

A classe **BubbleSortForm** (Figura 10.25) exibe um componente **Form** com duas caixas de texto e três botões. A primeira caixa de texto exibe uma lista de números não ordenados, e a segunda apresenta a mesma lista de números, após eles serem ordenados. O botão **Create Data** cria a lista de valores desordenados. Os botões **Sort Ascending** e **Sort Descending** ordenam o array em ordem crescente e decrescente, respectivamente. Os métodos **SortAscending** (linhas 42 a 45) e **SortDescending** (linhas 60 a 63) têm cada um uma assinatura que corresponde à assinatura definida pela declaração do delegado **Comparator** (isto é, cada um recebe dois valores **int** e retorna um valor **bool**). Conforme veremos, o programa passa para o método **DelegateBubbleSort**, delegados de **SortArray** contendo referências para os métodos **SortAscending** e **SortDescending**, que especificarão o comportamento de ordenação da classe **DelegateBubbleSort**.

```
1   // Fig. 10.25: BubbleSortForm.cs
2   // Demonstra a ordenação "bolha" usando delegados para determinar
3   // a ordem de ordenação.
4   using System;
5   using System.Drawing;
6   using System.Collections;
7   using System.ComponentModel;
8   using System.Windows.Forms;
9
10  public class BubbleSortForm : System.Windows.Forms.Form
11  {
12     private System.Windows.Forms.TextBox originalTextBox;
13     private System.Windows.Forms.TextBox sortedTextBox;
14     private System.Windows.Forms.Button createButton;
15     private System.Windows.Forms.Button ascendingButton;
```

Figura 10.25 Aplicativo Form de ordenação "bolha". (Parte 1 de 3.)

```
   private System.Windows.Forms.Button descendingButton;
   private System.Windows.Forms.Label originalLabel;
   private System.Windows.Forms.Label sortedLabel;

   private int[] elementArray = new int[ 10 ];

   // cria um conjunto de números gerados aleatoriamente para ordenar
   private void createButton_Click( object sender,
      System.EventArgs e )
   {
      // limpa as TextBoxes
      originalTextBox.Clear();
      sortedTextBox.Clear();

      // cria o gerador de números aleatórios
      Random randomNumber = new Random();

      // preenche o array elementArray com inteiros aleatórios
      for ( int i = 0; i < elementArray.Length; i++ )
      {
         elementArray[ i ] = randomNumber.Next( 100 );
         originalTextBox.Text += elementArray[ i ] + "\r\n";
      }
   }

   // implementação de delegado para ordenação crescente
   private bool SortAscending( int element1, int element2 )
   {
      return element1 > element2;
   }

   // ordena os números gerados aleatoriamente em ordem crescente
   private void ascendingButton_Click( object sender,
      System.EventArgs e )
   {
      // ordena o array, passando o delegado para SortAscending
      DelegateBubbleSort.SortArray( elementArray,
         new DelegateBubbleSort.Comparator(
            SortAscending ) );

      DisplayResults();
   }

   // implementação de delegado para ordenação decrescente
   private bool SortDescending( int element1, int element2 )
   {
      return element1 < element2;
   }

   // ordena os números gerados aleatoriamente em ordem decrescente
   private void descendingButton_Click( object sender,
      System.EventArgs e )
   {
      // ordena o array, passando o delegado para SortDescending
      DelegateBubbleSort.SortArray( elementArray,
         new DelegateBubbleSort.Comparator(
            SortDescending ) );
```

Figura 10.25 Aplicativo Form de ordenação "bolha". (Parte 2 de 3.)

```
73
74          DisplayResults();
75       }
76
77       // exibe o array ordenado em sortedTextBox
78       private void DisplayResults()
79       {
80          sortedTextBox.Clear();
81
82          foreach ( int element in elementArray )
83             sortedTextBox.Text += element + "\r\n";
84       }
85
86       // ponto de entrada principal do aplicativo
87       public static void Main( string[] args )
88       {
89          Application.Run( new BubbleSortForm() );
90       }
91    }
```

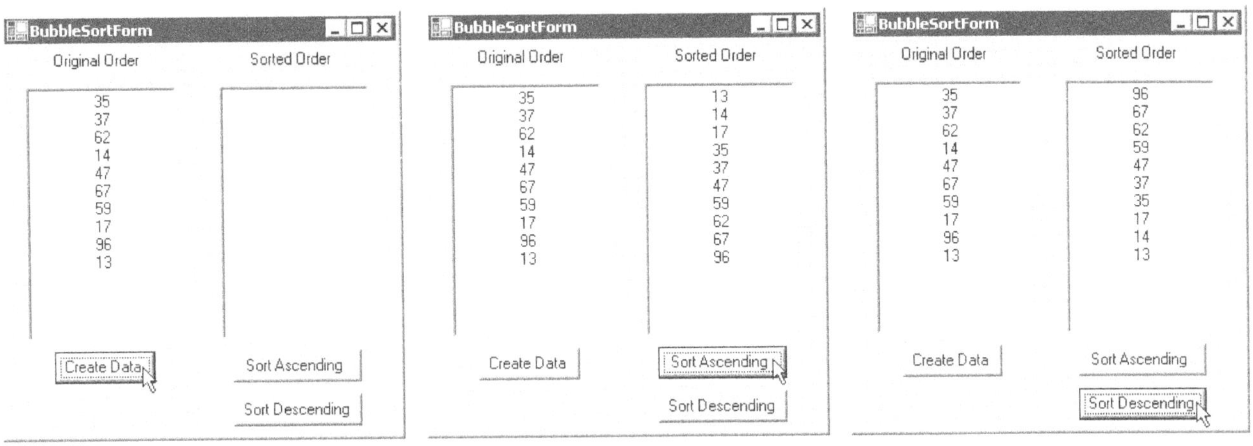

Figura 10.25 Aplicativo `Form` de ordenação "bolha". (Parte 3 de 3.)

Os métodos **`ascendingButton_Click`** (linhas 48 a 57) e **`descendingButton_Click`** (linhas 66 a 75) são chamados quando o usuário clica nos botões **Sort Ascending** e **Sort Descending**, respectivamente. O método **`ascendingButton_Click`** passa para o método **`SortArray`** de **`DelegateBubbleSort`** o array **`elementArray`** não ordenado (linha 52) e uma referência para o método **`SortAscending`**. A sintaxe nas linhas 53 a 54

```
new DelegateBubbleSort.Comparator( SortAscending )
```

cria um delegado **`Comparator`** que contém uma referência para o método **`SortAscending`**. No método **`descendingButton_Click`**, as linhas 70 a 72 passam para o método **`SortArray`** o array não ordenado **`elementArray`** e uma referência a delegado para o método **`SortDescending`**. Continuaremos a usar delegados nos capítulos 12 a 14, quando discutiremos o tratamento de evento e as múltiplas linhas de execução.

10.11 Sobrecarga de operadores

As manipulações nos objetos de uma classe são realizadas por meio do envio de mensagens (na forma de chamadas a métodos) para os objetos. Essa notação de chamada a método é inconveniente para certos tipos de classes, especialmente as classes matemáticas. Para essas classes, seria conveniente usar o rico conjunto de operadores internos do C#, para especificar manipulações de objetos. Nesta seção mostraremos como permitir que os operadores do C# trabalhem com objetos de classe — por meio de um processo chamado *sobrecarga de operadores*.

Observação de engenharia de software 10.13

Use sobrecarga de operadores quando ela tornar um programa mais claro do que ficaria se você estivesse executando as mesmas operações com chamadas a métodos explícitas.

Observação de engenharia de software 10.14

Evite o uso excessivo ou inconsistente de sobrecarga de operadores, pois isso pode tornar um programa complicado e difícil de ler.

O C# permite que o programador sobrecarregue a maioria dos operadores para torná-los sensíveis ao contexto em que estão sendo usados. Alguns operadores são sobrecarregados com freqüência, especialmente o operador de atribuição e vários operadores aritméticos, como **+** e **-**. A tarefa executada pelos operadores sobrecarregados também pode ser executada por chamadas a métodos explícitas, mas a notação de operador freqüentemente é mais natural. A Figura 10.27 dá um exemplo de uso de sobrecarga de operadores com uma classe de números complexos.

A classe **ComplexNumber** (Figura 10.26) sobrecarrega os operadores de soma (**+**), subtração (**-**) e multiplicação (*****) para permitir que os programas somem, subtraiam e multipliquem instâncias da classe **ComplexNumber** usando notação matemática comum. As linhas 7 e 8 declaram membros de dados para as partes real e imaginária do número complexo.

```
1  // Fig. 10.26: ComplexNumber.cs
2  // Classe que sobrecarrega operadores para soma, subtração
3  // e multiplicação de números complexos.
4
5  public class ComplexNumber
6  {
7     private int real;
8     private int imaginary;
9
10    // construtor padrão
11    public ComplexNumber() {}
12
13    // construtor
14    public ComplexNumber( int a, int b )
15    {
16       Real = a;
17       Imaginary = b;
18    }
19
20    // retorna a representação de string de ComplexNumber
21    public override string ToString()
22    {
23       return "( " + real +
24          ( imaginary < 0 ? " - " + ( imaginary * -1 ) :
25          " + " + imaginary ) + "i )";
26    }
27
28    // propriedade Real
29    public int Real
30    {
31       get
32       {
33          return real;
34       }
35
36       set
37       {
38          real = value;
39       }
```

Figura 10.26 Sobrecarregando operadores para números complexos. (Parte 1 de 3.)

```

   } // fim da propriedade Real

   // propriedade Imaginary
   public int Imaginary
   {
      get
      {
         return imaginary;
      }

      set
      {
         imaginary = value;
      }

   } // fim da propriedade Imaginary

   // sobrecarrega o operador de soma
   public static ComplexNumber operator + (
      ComplexNumber x, ComplexNumber y )
   {
      return new ComplexNumber(
         x.Real + y.Real, x.Imaginary + y.Imaginary );
   }

   // fornece alternativa para o operador sobrecarregado +
   // para a soma
   public static ComplexNumber Add( ComplexNumber x,
      ComplexNumber y )
   {
      return x + y;
   }

   // sobrecarrega o operador de subtração
   public static ComplexNumber operator - (
      ComplexNumber x, ComplexNumber y )
   {
      return new ComplexNumber(
         x.Real - y.Real, x.Imaginary - y.Imaginary );
   }

   // fornece alternativa para o operador sobrecarregado -
   // para a subtração
   public static ComplexNumber Subtract( ComplexNumber x,
      ComplexNumber y )
   {
      return x - y;
   }

   // sobrecarrega o operador de multiplicação
   public static ComplexNumber operator * (
      ComplexNumber x, ComplexNumber y )
   {
      return new ComplexNumber(
         x.Real * y.Real - x.Imaginary * y.Imaginary,
         x.Real * y.Imaginary + y.Real * x.Imaginary );
   }
```

Figura 10.26 Sobrecarregando operadores para números complexos. (Parte 2 de 3.)

```
98
99     // fornece alternativa para o operador sobrecarregado *
100    // para a multiplicação
101    public static ComplexNumber Multiply( ComplexNumber x,
102       ComplexNumber y )
103    {
104       return x * y;
105    }
106
107 } // fim da classe ComplexNumber
```

Figura 10.26 Sobrecarregando operadores para números complexos. (Parte 3 de 3.)

As linhas 59 a 64 sobrecarregam o operador de soma (**+**) para realizar a soma de objetos **ComplexNumber**. A palavra-chave ***operator***, seguida de um operador, indica que um método sobrecarrega o operador especificado. Os métodos que sobrecarregam operadores binários devem receber dois argumentos. O primeiro argumento é o operando da esquerda e o segundo, o operando da direita. O operador de sinal de soma sobrecarregado da classe **ComplexNumber** recebe duas referências a **ComplexNumber** como argumentos e retorna um objeto **ComplexNumber** que representa a soma dos argumentos. Note que esse método está marcado como **public** e **static**, o que é exigido para operadores sobrecarregados. O corpo do método (linhas 62 e 63) efetua a soma e retorna o resultado como uma nova referência a **ComplexNumber**.

Observação de engenharia de software 10.15

Os operadores sobrecarregados executam sobre objetos de classe a mesma função ou funções semelhantes às que os operadores executam sobre objetos de tipos internos. Evite o uso não intuitivo de operadores.

Observação de engenharia de software 10.16

Pelo menos um argumento de um método de sobrecarga de operador deve ser uma referência a um objeto da classe em que o operador é sobrecarregado. Isso impede que os programadores mudem o funcionamento dos operadores nos tipos internos.

Nem todas as linguagens do .NET suportam a sobrecarga de operadores. Portanto, para que nossa classe **ComplexNumber** possa ser usada em outras linguagens do .NET, devemos fornecer um método alternativo para efetuar a soma de objetos **ComplexNumber**. O método **Add** (linhas 68 a 72) fornece esse modo alternativo de somar objetos **ComplexNumber**. As linhas 75 a 105 fornecem operadores sobrecarregados e métodos alternativos para subtrair e multiplicar objetos **ComplexNumber**.

A classe **ComplexTest** (Figura 10.27) fornece uma interface com o usuário para somar, subtrair e multiplicar objetos **ComplexNumber**. O método **firstButton_Click** e o método **secondButton_Click** lêem, cada um, um objeto **ComplexNumber** das caixas de texto **realTextBox** e **imaginaryTextBox**. O método **addButton_Click** (linhas 56 a 59), o método **subtractButton_Click** (linhas 62 a 66) e o método **multiplyButton_Click** (linhas 69 a 73) usam operadores sobrecarregados da classe **ComplexNumber** para efetuar soma, subtração e multiplicação.

```
1  // Fig. 10.27: OperatorOverloading.cs
2  // Um exemplo que usa sobrecarga de operadores
3
4  using System;
5  using System.Drawing;
6  using System.Collections;
7  using System.ComponentModel;
8  using System.Windows.Forms;
9  using System.Data;
10
11 public class ComplexTest : System.Windows.Forms.Form
12 {
13    private System.Windows.Forms.Label realLabel;
```

Figura 10.27 Usando sobrecarga de operadores. (Parte 1 de 3.)

```
      private System.Windows.Forms.Label imaginaryLabel;
      private System.Windows.Forms.Label statusLabel;

      private System.Windows.Forms.TextBox realTextBox;
      private System.Windows.Forms.TextBox imaginaryTextBox;

      private System.Windows.Forms.Button firstButton;
      private System.Windows.Forms.Button secondButton;
      private System.Windows.Forms.Button addButton;
      private System.Windows.Forms.Button subtractButton;
      private System.Windows.Forms.Button multiplyButton;

      private ComplexNumber x = new ComplexNumber();
      private ComplexNumber y = new ComplexNumber();

      [STAThread]
      static void Main()
      {
         Application.Run( new ComplexTest() );
      }

      private void firstButton_Click(
         object sender, System.EventArgs e )
      {
         x.Real = Int32.Parse( realTextBox.Text );
         x.Imaginary = Int32.Parse( imaginaryTextBox.Text );
         realTextBox.Clear();
         imaginaryTextBox.Clear();
         statusLabel.Text = "First Complex Number is: " + x;
      }

      private void secondButton_Click(
         object sender, System.EventArgs e )
      {
         y.Real = Int32.Parse( realTextBox.Text );
         y.Imaginary = Int32.Parse( imaginaryTextBox.Text );
         realTextBox.Clear();
         imaginaryTextBox.Clear();
         statusLabel.Text = "Second Complex Number is: " + y;
      }

      // soma números complexos
      private void addButton_Click( object sender, System.EventArgs e )
      {
         statusLabel.Text = x + " + " + y + " = " + ( x + y );
      }

      // subtrai números complexos
      private void subtractButton_Click(
         object sender, System.EventArgs e )
      {
         statusLabel.Text = x + " - " + y + " = " + ( x - y );
      }

      // multiplica números complexos
      private void multiplyButton_Click(
         object sender, System.EventArgs e )
      {
```

Figura 10.27 Usando sobrecarga de operadores. (Parte 2 de 3.)

```
            statusLabel.Text = x + " * " + y + " = " + ( x * y );
        }

    } // fim da classe ComplexTest
```

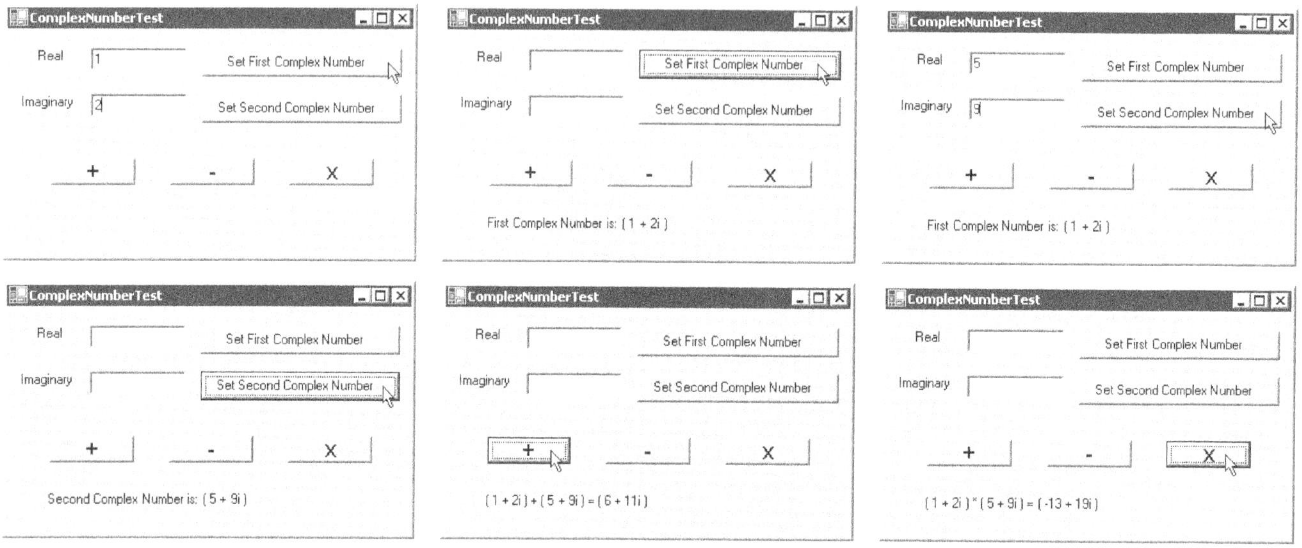

Figura 10.27 Usando sobrecarga de operadores. (Parte 3 de 3.)

Resumo

- O polimorfismo nos permite escrever programas de maneira genérica, para manipular uma ampla variedade de classes relacionadas existentes e futuras.
- Um modo de processar objetos de muitos tipos diferentes é usar uma estrutura **`switch`** para executar uma ação apropriada em cada objeto, baseada no tipo desse objeto.
- A programação polimórfica pode eliminar a necessidade da lógica **`switch`**.
- Quando sobrepomos o método de uma classe base em uma classe derivada, ocultamos a implementação da classe base desse método.
- Com o polimorfismo, novos tipos de objetos nem mesmo imaginados quando um sistema é criado podem ser adicionados sem modificação no sistema (a não ser pela nova classe em si).
- O polimorfismo permite que uma chamada a método execute diferentes ações, dependendo do tipo do objeto que esteja recebendo a chamada. A mesma mensagem assume "muitas formas" — daí o termo polimorfismo.
- Com o polimorfismo, o programador pode tratar das generalidades e deixar que o programa que está sendo executado se preocupe com os detalhes específicos.
- Toda classe que contém um método abstrato deve, ela mesma, ser declarada como **`abstract`**.
- Um programa não pode instanciar objetos de classes **`abstract`**, mas pode declarar referências para classes **`abstract`**. Tais referências podem manipular instâncias das classes derivadas de maneira polimórfica.
- Um método que não é declarado como **`virtual`** não pode ser sobreposto em uma classe derivada.
- Os métodos que são declarados **`static`** e/ou **`private`** são implicitamente não virtuais.
- Uma classe **`sealed`** não pode ser uma classe base (isto é, uma classe não pode herdar de uma classe **`sealed`**).
- Em C#, é impossível passar uma referência a método diretamente como argumento para outro método. Para tratar desse problema, o C# permite a criação de delegados, que são classes que encapsulam um conjunto de referências para métodos.
- O C# permite que o programador sobrecarregue a maioria dos operadores para torná-los sensíveis ao contexto em que são usados.
- Os métodos que sobrecarregam operadores binários devem receber dois argumentos. O primeiro é o operando da esquerda e o segundo, o operando da direita.

Terminologia

classe abstrata
classe base **abstract**
classe concreta
classe declarada como **sealed**
classe **sealed**
conversão
delegado
delegado de conversão múltipla
delegado de conversão simples
herança
hierarquia de classe
hierarquia de herança
interface
InvalidCastException
lógica **switch**
método **abstract**
método abstrato
método **virtual**
ocultamento de informação
palavra-chave **override**
polimorfismo
programação orientada a objetos (POO)
programação polimórfica
referência a método
referências para classe base abstrata
relacionamento "é um"
sobrecarga de operadores
tipo de referência

Exercícios de revisão

10.1 Preencha os espaços em branco em cada uma das declarações a seguir:

a) Tratar um objeto da classe base como um _______________ pode causar erros.
b) O polimorfismo ajuda a eliminar lógica _______________ desnecessária.
c) Se uma classe contém um ou mais métodos **abstract**, ela é uma classe _______________.
d) As classes a partir das quais objetos podem ser instanciados são chamadas de classes _______________.
e) As classes declaradas com a palavra-chave _______________ não podem ser herdadas.
f) Uma tentativa de converter um objeto para um de seus tipos derivados pode causar uma exceção _____________.
g) O polimorfismo envolve o uso de uma referência à classe base para manipular _______________.
h) As classes abstratas são declaradas com a palavra-chave _______________.
i) Os membros de classe podem ser sobrepostos apenas com a palavra-chave _______________.
j) _______________ são classes que encapsulam referências para métodos.

10.2 Indique se cada uma das seguintes alternativas é *verdadeira* ou *falsa*. Se for *falsa*, justifique.

a) Todos os métodos em uma classe base abstrata devem ser declarados como **abstract**.
b) Referir-se a um objeto da classe derivada com uma referência à classe base é perigoso.
c) Uma classe com um método abstrato deve ser declarada como **abstract**.
d) Os métodos que são declarados como **abstract** ainda precisam ser implementados quando são declarados.
e) As classes declaradas com a palavra-chave **sealed** não podem ser classes base.
f) O polimorfismo permite que os programadores manipulem classes derivadas com referências para classes base.
g) A programação polimórfica pode eliminar a necessidade de lógica **switch** desnecessária.
h) Usa-se a palavra-chave **abstract** para declarar um método abstrato.
i) A declaração de um delegado deve especificar sua implementação.

Respostas dos exercícios de revisão

10.1 a) objeto da classe derivada. b) **switch**. c) abstrata. d) concretas. e) **sealed**. f) **InvalidCastException**. g) objetos da classe derivada. h) **abstract**. i) **override**. j) Delegados.

10.2 a) Falsa. Nem todos os métodos em uma classe abstrata devem ser declarados como **abstract**. b) Falsa. Referir-se a um objeto da classe base com uma referência à classe derivada é perigoso. c) Verdadeira. d) Falsa. Os métodos que são declarados como **abstract** não precisam ser implementados, exceto na classe derivada concreta. e) Verdadeira. f) Verdadeira. g) Verdadeira. h) Falsa. Deve-se usar a palavra-chave **abstract** para declarar uma classe abstrata. i) Falsa. A declaração do delegado especifica apenas uma assinatura de método (nome do método, parâmetros e valor de retorno).

Exercícios

10.3 Como o polimorfismo lhe permite programar "genericamente" em vez de "especificamente?" Discuta as principais vantagens da programação feita "genericamente".

10.4 Discuta os problemas da programação com lógica **switch**. Explique por que o polimorfismo pode ser uma alternativa eficaz ao uso de lógica **switch**.

10.5 Faça distinção entre herdar serviços e herdar implementação. Como as hierarquias de herança projetadas para herdar serviços diferem daquelas projetadas para herdar implementação?

10.6 Modifique o sistema de folha de pagamento das figuras 10.9 a 10.14 para adicionar as variáveis de instância `private birth-Date` (use a classe `Date` da Figura 8.8) e `departmentCode` (um `int`) para a classe `Employee`. Suponha que essa folha de pagamento seja processada uma vez por mês. Crie um array de referências `Employee` para armazenar os vários objetos funcionário. Em um laço, calcule a folha de pagamento de cada objeto `Employee` (de maneira polimórfica) e some $ 100,00 de bônus ao pagamento da pessoa, caso esse seja o mês em que ocorre seu aniversário.

10.7 Implemente a hierarquia `FormaGeometrica` mostrada na Figura 9.3. Cada `FormaGeometricaBidimensional` deve conter o método `Area` para calcular a área da figura bidimensional. Cada `FormaGeometricaTridimensional` deve ter os métodos `Area` e `Volume` para calcular a área da superfície e o volume da figura tridimensional, respectivamente. Crie um programa que use um array de referências `FormaGeometrica` para objetos de cada classe concreta na hierarquia. O programa deve produzir na saída a representação de `string` de cada objeto no array. Além disso, no laço que processa todas as figuras do array, determine se cada figura é um objeto `FormaGeometricaBidimensional` ou `FormaGeometricaTridimensional`. Se uma figura for um objeto `FormaGeometricaBidimensional`, exiba sua `Area`. Se a figura for um objeto `FormaGeometricaTridimensional`, exiba sua `Area` e seu `Volume`.

10.8 Reimplemente o programa do Exercício 10.7 de modo que as classes `FormaGeometricaBidimensional` e `FormaGeometricaTridimensional` implementem uma interface `IFormaGeometrica` em vez de estenderem a classe `abstract FormaGeometrica`.

11

TRATAMENTO DE EXCEÇÕES

OBJETIVOS

- Entender exceções e o tratamento de erros.
- Usar blocos **try** para delimitar código em que exceções podem ocorrer.
- Lançar exceções.
- Usar blocos **catch** para especificar manipuladores de exceções.
- Usar o bloco **finally** para liberar recursos.
- Entender a hierarquia de classes de exceção do C#.
- Criar exceções definidas pelo programador.

★

É senso comum pegar um método e experimentá-lo.
Se ele falhar, admita isso francamente e tente outro.
Mas, acima de tudo, tente algo.
Franklin Delano Roosevelt

Oh! Jogue fora a pior parte disso,
e viva o mais puro com a outra metade.
William Shakespeare

Se eles estiverem correndo e não virem para onde estão indo,
precisarei surgir de algum lugar e pegá-los.
Jerome David Salinger

E ao desculpar-se de uma falta
não torne a falta pior com a desculpa.
William Shakespeare

Eu nunca esqueço de um rosto,
mas, em seu caso, farei uma exceção.
Groucho (Julius Henry) Marx

Resumo

11.1 Introdução

Neste capítulo apresentaremos o *tratamento de exceções*. Uma exceção é uma indicação de um problema que ocorre durante a execução de um programa. O nome "exceção" vem do fato de que, embora um problema possa ocorrer, ele ocorre raramente — se a "regra" é que uma instrução em geral executa corretamente, então a "exceção à regra" é que um problema ocorre. O tratamento de exceções permite que os programadores criem aplicativos que podem tratar (ou manipular) exceções. Em muitos casos, o tratamento de uma exceção permite que um programa continue a executar como se nenhum problema tivesse sido encontrado. Um problema mais sério pode impedir que um programa continue sua execução normal, exigindo então que se notifique o usuário do problema e termine o programa de maneira controlada. Os recursos apresentados neste capítulo permitem que os programadores escrevam *programas* claros, robustos e mais *tolerantes a falhas*.

O estilo e os detalhes do tratamento de exceções em C# são baseados em parte no trabalho de Andrew Koenig e Bjarne Stroustrup, conforme apresentados em seu artigo "Exception Handling for C++ (revised)"[1] [Tratamento de exceções para C++ (revisado)]. Os projetistas do C# implementaram um mecanismo de tratamento de exceções semelhante àquele usado em C++ com o trabalho de Koenig e Stroustrup como modelo.

Este capítulo começa com uma visão geral dos conceitos de tratamento de exceções e depois demonstra as técnicas básicas de tratamento de exceções. O capítulo continua com uma visão geral da hierarquia de classes de tratamento de exceções. Em geral os programas solicitam e liberam recursos (como arquivos no disco) durante a execução do programa. Freqüentemente, esses recursos são limitados ou podem ser usados apenas por um programa por vez. Demonstraremos uma parte do mecanismo de tratamento de exceções que permite a um programa usar um recurso e depois garantir que ele libere o recurso para uso por outros programas. O capítulo continua com um exemplo que demonstra várias propriedades da classe **System.Exception** (a classe base de todas as classes de exceção), seguido de um exemplo que mostra aos programadores como criar e usar suas próprias classes de exceção. O capítulo termina com uma aplicação prática do tratamento de exceções, em que um programa trata de exceções geradas por cálculos aritméticos que resultam em valores fora do intervalo para um tipo de dados em particular — uma condição conhecida como *estouro aritmético.*

11.2 Visão geral do tratamento de exceções

A lógica do programa freqüentemente testa condições que determinam como se dá sua execução. Considere o pseudocódigo a seguir:

Executar uma tarefa

Se a tarefa anterior não foi executada corretamente
    Executar o processamento do erro

Executar a próxima tarefa

---

1. Koenig, A. e B. Stroustrup, "Exception Handling for C++ (revised)", *Proceedings of the Usenix C++ Conference*, 149-176, São Francisco, abril de 1990.

Se a tarefa anterior não foi executada corretamente
Executar o processamento do erro

...

Nesse pseudocódigo, começamos executando uma tarefa. Então, fazemos um teste para ver se essa tarefa foi executada corretamente. Se não foi, executamos o processamento do erro. Caso contrário, iniciamos o processo inteiro novamente e continuamos com a tarefa seguinte. Embora essa forma de lógica de tratamento de erro funcione, misturar a lógica do programa com a lógica de tratamento de erro pode tornar o programa difícil de ler, modificar, manter e depurar — especialmente em aplicativos grandes. Na verdade, se muitos dos problemas em potencial ocorrem raramente, misturar a lógica do programa com o tratamento dos erros pode degradar o desempenho do programa, pois ele precisa testar condições extras para determinar se a próxima tarefa pode ser executada.

O tratamento de exceções permite que o programador remova o código de tratamento de erros do "fluxo principal" de execução do programa. Isso melhora a clareza do programa e sua capacidade de modificação. Os programadores podem optar por tratar as exceções que escolherem — todos os tipos de exceções, todas as exceções de determinado tipo ou todas as exceções de um grupo de tipos relacionados. Tal flexibilidade reduz a probabilidade de que erros sejam ignorados e, assim, aumenta a robustez do programa.

Dica de teste e depuração 11.1

O tratamento de exceções ajuda a melhorar a tolerância a falhas de um programa. Quando é fácil escrever código de processamento de erros, é mais provável que os programadores o utilizem.

Observação de engenharia de software 11.1

Embora seja possível fazer isso, não use exceções para o fluxo de controle convencional. É difícil controlar um grande número de casos de exceção, e os programas com muitos casos de exceção são difíceis de ler e manter.

O tratamento de exceções é feito para processar *erros síncronos* — erros que ocorrem durante o fluxo de controle normal do programa. Exemplos comuns desses erros são índices de array fora do intervalo, estouro aritmético (isto é, um valor fora do intervalo de valores que podem ser representados), divisão por zero, parâmetros de método inválidos e ficar sem memória disponível. O tratamento de exceções não é feito para processar eventos *assíncronos*, como conclusões de operações de E/S de disco, chegadas de mensagem na rede, cliques de mouse, pressionamentos de tecla e coisas assim.

Boa prática de programação 11.1

Evite o uso do tratamento de exceções para propósitos que não sejam o tratamento de erros, pois isso pode reduzir a clareza do programa.

Com linguagens de programação que não suportam tratamento de exceções, os programadores freqüentemente retardam a escrita de código de processamento de erros e às vezes simplesmente se esquecem de incluí-lo. Isso resulta em produtos de software menos robustos. O C# permite que o programador lide com o tratamento de exceções facilmente, desde o começo de um projeto. Apesar disso, o programador deve se esforçar consideravelmente para incorporar uma estratégia de tratamento de exceções nos projetos de software.

Observação de engenharia de software 11.2

Tente incorporar a estratégia de tratamento de exceções em um sistema desde o começo do processo de projeto. Adicionar um tratamento de exceções eficaz, após um sistema ter sido implementado, pode ser difícil.

Observação de engenharia de software 11.3

No passado, os programadores usavam muitas técnicas para implementar código de processamento de erros. O tratamento de exceções fornece uma única técnica uniforme para processamento de erros. Isso ajuda os programadores que estão trabalhando em projetos grandes a entender o código de processamento de erros uns dos outros.

O mecanismo de tratamento de exceções também é útil para processar problemas que ocorrem quando um programa interage com elementos de software, como métodos, construtores, assemblies e classes. Em vez de tratar dos problemas que ocorrem internamente, tais elementos de software freqüentemente usam exceções para notificar os programas quando ocorrem problemas. Isso permite que os programadores implementem tratamento de erros personalizado para cada aplicativo.

Erro de programação comum 11.1

Abortar um componente de programa poderia deixar um recurso — como um fluxo de arquivo ou um dispositivo de E/S — em um estado tal que outro programa não poderia fazer uso dele. Isso é conhecido como "estouro de recursos".

Dica de desempenho 11.1

Quando nenhuma exceção ocorre, o código de tratamento de exceções acarreta pouca ou nenhuma penalidade no desempenho. Assim, os programas que implementam tratamento de exceções operam mais eficientemente do que os programas que realizam o tratamento de erros por toda a lógica do programa.

Dica de desempenho 11.2

O tratamento de exceções deve ser usado apenas para problemas que ocorrem raramente. Como regra geral, se um problema ocorre pelo menos 30% das vezes, quando uma instrução em particular é executada, o programa deve testar o erro em linha; caso contrário, a carga adicional do tratamento de exceções fará com que o programa seja executado mais lentamente[2].

Observação de engenharia de software 11.4

Os métodos com condições de erro comuns devem retornar **`null`** *(ou outro valor apropriado), em vez de lançar exceções. Um programa chamando tal método pode simplesmente verificar o valor de retorno para determinar o sucesso ou a falha da chamada a método[3].*

Os aplicativos complexos normalmente consistem em componentes de software predefinidos (como aqueles definidos na plataforma .NET) e em componentes específicos para o aplicativo que usa os componentes predefinidos. Quando um componente predefinido encontra um problema, esse componente precisa de um mecanismo para comunicar o problema para o componente específico do aplicativo — o componente predefinido não pode saber antecipadamente como cada aplicativo processará um problema ocorrido. O tratamento de exceções simplifica a combinação de componentes de software e os faz trabalhar em conjunto eficientemente, permitindo que os componentes predefinidos comuniquem os problemas que ocorrem para os componentes específicos do aplicativo, os quais podem então processar os problemas de maneira específica para o aplicativo.

O tratamento de exceções é destinado às situações em que o método que detecta um erro é incapaz de tratar dele. Tal método *lança uma exceção*. Não há garantia de que existirá um *manipulador de exceções* — um código que é executado quando o programa detecta uma exceção — para processar esse tipo de exceção. Se houver, a exceção será *capturada* e *tratada*. O resultado de uma *exceção não capturada* depende de o programa estar sendo executado no modo de depuração ou no modo de execução padrão. No modo de depuração, quando o programa detecta uma exceção não capturada, abre-se uma caixa de diálogo que permite que o programador veja o problema no depurador ou continue a execução do programa, ignorando o problema ocorrido. No modo de execução padrão, um aplicativo Windows apresenta uma caixa de diálogo que permite ao usuário continuar ou encerrar a execução do programa, e um aplicativo de console apresenta uma caixa de diálogo que permite ao usuário abrir o programa no depurador ou terminar a execução do programa.

O C# usa *blocos* **`try`** para permitir o tratamento de exceções. Um bloco **`try`** consiste na palavra-chave **`try`** seguida de chaves (**`{ }`**) que definem um bloco de código em que exceções podem ocorrer. O bloco **`try`** engloba instruções que poderiam causar exceções. Imediatamente após o bloco **`try`** existem zero ou mais *manipuladores* **`catch`** (também chamados de *blocos* **`catch`**). Cada manipulador **`catch`** especifica, entre parênteses, um parâmetro de exceção que representa o tipo de exceção que o manipulador **`catch`** pode tratar. Se um parâmetro de exceção inclui um nome de parâmetro opcional, o manipulador **`catch`** pode usar esse nome de parâmetro para interagir com um objeto de exceção capturada. Opcionalmente, os programadores podem incluir um *manipulador* **`catch`** *sem parâmetros*, que captura todos os tipos de exceção. Após o último manipulador **`catch`**, um *bloco* **`finally`** opcional contém código que sempre é executado, independentemente de ocorrer uma exceção.

Erro de programação comum 11.2

O manipulador **`catch`** *sem parâmetros deve ser o último manipulador* **`catch`** *após um bloco* **`try`** *em particular; caso contrário, ocorrerá um erro de sintaxe.*

---

2. "Best Practices for Handling Exceptions [C#]", *.NET Framework Developer's Guide*, Visual Studio .NET Online Help.

3. "Best Practices for Handling Exceptions [C#]".

Quando um método chamado em um programa detecta uma exceção ou quando o Common Language Runtime (ambiente de tempo de execução de linguagens comum) detecta um problema, o método ou o CLR *lança uma exceção*. O ponto no programa em que uma exceção ocorre é chamado de *ponto de lançamento* — um local importante para propósitos de depuração (conforme demonstramos na Seção 11.6). As exceções são objetos de classes que estendem a classe ***Exception*** do espaço de nomes **System**. Se uma exceção ocorre em um bloco **try**, esse bloco *expira* (isto é, termina imediatamente), e o controle do programa é transferido para o primeiro manipulador **catch** (se houver um) após o bloco **try**. Diz-se que o C# usa o *modelo de tratamento de exceções de encerramento*, pois o bloco **try** que engloba uma exceção lançada expira imediatamente quando essa exceção ocorre[4]. Assim como com qualquer outro bloco de código, quando um bloco **try** termina, as variáveis locais definidas no bloco saem do escopo. Em seguida, o CLR procura o primeiro manipulador **catch** que possa processar o tipo de exceção ocorrida. O CLR localiza o **catch** correspondente, comparando o tipo da exceção lançada com cada tipo do parâmetro de exceção do **catch**, até encontrar uma correspondência. Uma correspondência ocorre se os tipos são idênticos ou se o tipo da exceção lançada é uma classe derivada do tipo do parâmetro de exceção. Quando um manipulador **catch** termina o processamento, as variáveis locais definidas dentro do manipulador (incluindo o parâmetro **catch**) saem do escopo. Se ocorrer uma correspondência, o código contido dentro do manipulador **catch** correspondente será executado. Todos os manipuladores **catch** que correspondem ao bloco **try** restantes são ignorados, e a execução retoma na primeira linha de código após a seqüência **try/catch**.

Se nenhuma exceção ocorre em um bloco **try**, o CLR ignora os manipuladores de exceções desse bloco. A execução do programa retoma com a próxima instrução após a seqüência **try/catch**. Se uma exceção que ocorre em um bloco **try** não tem manipulador **catch** correspondente ou se uma exceção ocorre em uma instrução que não está em um bloco **try**, o método que contém essa instrução termina imediatamente, e o CLR tenta localizar um bloco **try** envolvente em uma chamada a método. Esse processo é chamado de *desenrolar a pilha* (*stack unwinding*, discutido na Seção 11.6).

11.3 Exemplo: DivideByZeroException

Vamos considerar um exemplo simples de tratamento de exceções. O aplicativo da Figura 11.1 usa **try** e **catch** para especificar um bloco de código que pode lançar exceções e tratar dessas exceções, caso elas ocorram. O aplicativo apresenta duas **TextBox**es nos quais o usuário pode digitar valores inteiros. Quando o usuário clica no botão **Click To Divide**, o programa chama o método **divideButton_Click** (linhas 46 a 84), o qual obtém a entrada do usuário, converte os valores de entrada para o tipo **int** e divide o primeiro número (**numerator**) pelo segundo (**denominator**). Supondo que o usuário forneça valores inteiros como entrada e não especifique 0 como denominador da divisão, **divideButton_Click** exibe o resultado da divisão em um **outputLabel**. Entretanto, se o usuário fornecer um valor não inteiro ou se fornecer 0 como denominador, ocorrerá uma exceção. Esse programa demonstra como capturar essas exceções.

```
1   // Fig 11.1: DivideByZeroTest.cs
2   // Fundamentos do tratamento de exceções do C#.
3
4   using System;
5   using System.Drawing;
6   using System.Collections;
7   using System.ComponentModel;
8   using System.Windows.Forms;
9   using System.Data;
10
11  // a classe demonstra como tratar exceções de
12  // divisão por zero em aritmética de inteiros e de
13  // formatação numerica imprópria
14  public class DivideByZeroTest : System.Windows.Forms.Form
```

Figura 11.1 Manipuladores de exceções para FormatException e DivideByZeroException. (Parte 1 de 3.)

4. Algumas linguagens usam *modelo de tratamento de exceções de retomada*, no qual, após o tratamento da exceção, o controle retorna para o ponto em que ela foi lançada e a execução retoma a partir desse ponto.

```
{
   private System.Windows.Forms.Label numeratorLabel;
   private System.Windows.Forms.TextBox numeratorTextBox;

   private System.Windows.Forms.Label denominatorLabel;
   private System.Windows.Forms.TextBox denominatorTextBox;

   private System.Windows.Forms.Button divideButton;
   private System.Windows.Forms.Label outputLabel;

   // variável de projetista exigida
   private System.ComponentModel.Container components = null;

   // construtor padrão
   public DivideByZeroTest()
   {
      // exigido para suporte do Windows Form Designer
      InitializeComponent();
   }

   // ponto de entrada principal do aplicativo
   [STAThread]
   static void Main()
   {
      Application.Run( new DivideByZeroTest() );
   }

   // código gerado pelo Visual Studio .NET

   // obtém a entrada de valores inteiros do usuário e divide o numerador
   // pelo denominador
   private void divideButton_Click(
      object sender, System.EventArgs e )
   {
      outputLabel.Text = "";

      // recupera a entrada do usuário e chama Quotient
      try
      {
         // Convert.ToInt32 gera FormatException se
         // o argumento não for um inteiro
         int numerator = Convert.ToInt32( numeratorTextBox.Text );
         int denominator =
            Convert.ToInt32( denominatorTextBox.Text );

         // a divisão gera DivideByZeroException se
         // o denominator for 0
         int result = numerator / denominator;

         outputLabel.Text = result.ToString();

      } // fim de try

      // processa formato de número inválido
      catch ( FormatException )
      {
         MessageBox.Show( "You must enter two integers",
```

Figura 11.1 Manipuladores de exceções para FormatException e DivideByZeroException. (Parte 2 de 3.)

```
               "Invalid Number Format",
               MessageBoxButtons.OK, MessageBoxIcon.Error );
      }

      // o usuário tentou dividir por zero
      catch ( DivideByZeroException divideByZeroException )
      {
         MessageBox.Show( divideByZeroException.Message,
            "Attempted to Divide by Zero",
            MessageBoxButtons.OK, MessageBoxIcon.Error );
      }

   } // fim do método divideButton_Click

} // fim da classe DivideByZeroTest
```

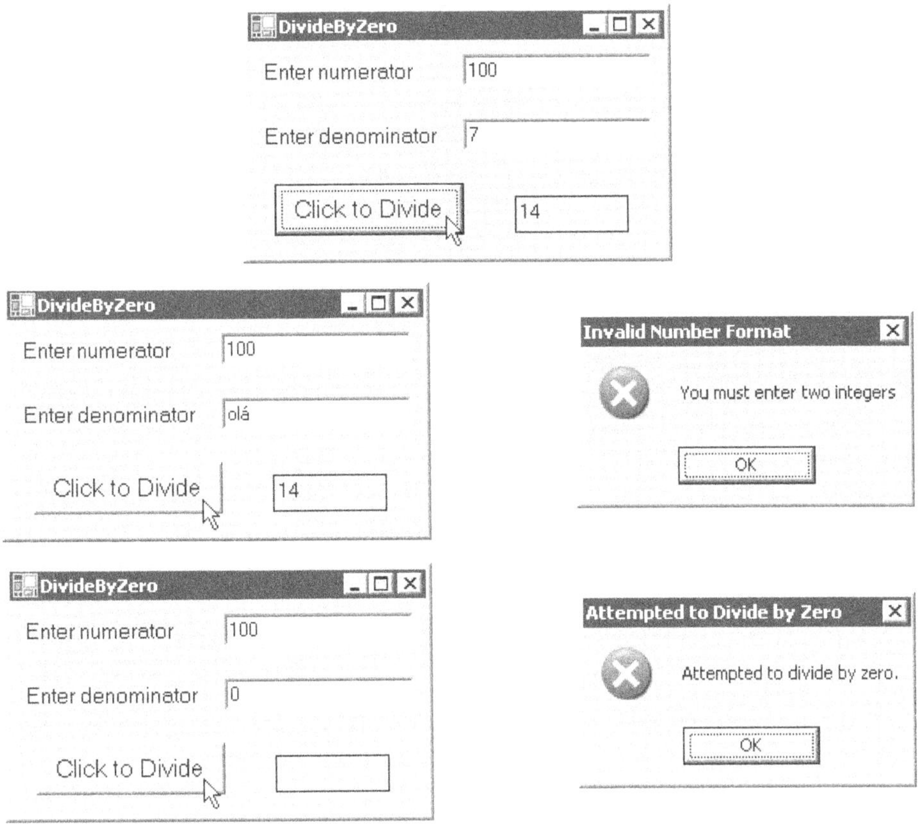

Figura 11.1 Manipuladores de exceções para `FormatException` e `DivideByZeroException`. (Parte 3 de 3.)

Antes de discutirmos os detalhes do programa, considere os exemplos de janelas de saída da Figura 11.1. A primeira janela mostra um cálculo com êxito, no qual o usuário forneceu o numerador **100** e o denominador **7**. Note que o resultado (**14**) é um inteiro, pois a divisão inteira sempre gera resultados inteiros. As duas janelas seguintes mostram o resultado da introdução de um valor não inteiro — nesse caso, o usuário forneceu **"olá"** na segunda **TextBox**. Quando o usuário clica no botão **Click To Divide**, o programa tenta converter as **strings** fornecidas em valores **int**, com o método **Convert.ToInt32**. Se o argumento de **Convert.ToInt32** não é uma representação válida de um inteiro (nesse caso, uma representação de string válida de um inteiro), o método gera uma exceção ***FormatException*** (espaço de nomes **System**). O programa detecta a exceção e exibe uma caixa de diálogo de mensagem de erro, indicando que o usuário deve fornecer dois inteiros. As duas últimas janelas de saída demonstram o resultado após uma tentativa de dividir por zero. Na aritmética de inteiros, o CLR testa automaticamente a divisão por zero e gera uma exceção

DivideByZeroException (espaço de nomes **System**), caso o denominador seja zero. O programa detecta a exceção e exibe uma caixa de diálogo de mensagem de erro, indicando uma tentativa de dividir por zero[5].

Vamos considerar as interações do usuário e o fluxo de controle que produzem os resultados mostrados nas saídas do exemplo ilustradas. O usuário fornece valores nas **TextBox**es que representam o numerador e o denominador e, em seguida, clica no botão **ClicktoDivide**. Nesse ponto, o programa chama o método **divideButton_Click** (linhas 46 a 84). A linha 49 atribui uma **string** vazia a **outputLabel**, para limpar qualquer resultado anterior, pois o programa está para tentar um novo cálculo. As linhas 52 a 66 definem um bloco **try** que engloba o código que pode lançar exceções, assim como o código que não deve ser executado, caso ocorra uma exceção. Por exemplo, o programa não deve exibir um novo resultado em **outputLabel** (linha 64), a não ser que o cálculo (linha 62) termine com sucesso. Lembre-se de que o bloco **try** termina imediatamente, se ocorre uma exceção, de modo que o código restante no bloco **try** não será executado.

As duas instruções que lêem os inteiros das **TextBox**es (linhas 56 a 58) chamam o método **Convert.ToInt32** para converter **strings** em valores **int**. Esse método lança uma exceção **FormatException**, caso não consiga converter seu argumento **string** em um inteiro. Se as linhas 56 a 58 converterem corretamente os valores (isto é, nenhuma exceção ocorrer), então a linha 62 dividirá **numerator** por **denominator** e atribuirá o resultado à variável **result**. Se o denominador for zero, a linha 62 fará o CLR lançar uma exceção **DivideByZeroException**. Se a linha 62 não causar uma exceção, então a linha 64 exibirá o resultado da divisão. Se nenhuma exceção ocorrer no bloco **try**, o programa concluirá com êxito esse bloco, chegando à linha 66 e ignorando os manipuladores **catch** nas linhas 69 a 74 e 77 a 82 — a execução do programa continuará com a primeira instrução após a seqüência **try/catch**. Nesse exemplo, o programa chega ao final do manipulador de evento **divideButton_Click**; portanto, o método termina, e o programa espera pela próxima interação do usuário.

Imediatamente após o bloco **try** existem dois manipuladores **catch** (também chamados de blocos **catch**) — as linhas 69 a 74 definem o manipulador de exeções para **FormatException** e as linhas 77 a 82 definem o manipulador de exceções para **DivideByZeroException**. Cada manipulador **catch** começa com a palavra-chave **catch**, seguida de um parâmetro de exceção entre parênteses, que especifica o tipo de exceção tratada pelo manipulador **catch**. O código de tratamento de exceções aparece no manipulador **catch**. Em geral, quando uma exceção ocorre em um bloco **try**, um manipulador **catch** captura a exceção e trata dela. Na Figura 11.1, o primeiro manipulador **catch** especifica que ele captura exceções **FormatException** (lançadas pelo método **Convert.ToInt32**) e o segundo manipulador **catch** especifica que ele captura exceções **DivideByZeroException** (lançadas pelo CLR). Apenas o manipulador **catch** correspondente é executado, caso ocorra uma exceção. Os dois manipuladores de exceções desse exemplo exibem uma caixa de diálogo de mensagem de erro. Quando o controle do programa chega ao fim de um manipulador **catch**, o programa considera a exceção como tendo sido tratada, e o controle do programa continua na primeira instrução após a seqüência **try/catch** (o final do método, nesse exemplo).

No segundo exemplo de saída, o usuário fornece **olá** como denominador. Quando as linhas 57 e 58 são executadas, **Convert.ToInt32** não pode converter essa **string** para um **int**; portanto, **Convert.ToInt32** cria um objeto **FormatException** e lança essa exceção para indicar que o método foi incapaz de converter a **string** em um **int**. Quando ocorre uma exceção, o bloco **try** expira (termina). Todas as variáveis locais definidas no bloco **try** saem do escopo; portanto, essas variáveis não estão disponíveis para os manipuladores de exceções. Em seguida, o CLR tenta localizar um manipulador **catch** correspondente, começando com o **catch** da linha 69. O programa compara o tipo da exceção lançada (**FormatException**) com o tipo nos parênteses após a palavra-chave **catch** (também **FormatException**). Uma correspondência ocorre, de modo que o manipulador de exceções é executado, e o programa ignora todos os outros manipuladores de exceções após o bloco **try** correspondente. Quando o manipulador **catch** termina de processar, as variáveis locais definidas dentro do manipulador saem do escopo. Se não ocorresse uma correspondência, o programa compararia o tipo da exceção lançada com o próximo manipulador **catch** na seqüência e repetiria o processo até que uma correspondência fosse encontrada.

Observação de engenharia de software 11.5

*Inclua em um bloco **try** uma seção lógica significativa do programa em que várias instruções possam lançar exceções, em vez de usar um bloco **try** separado para cada instrução que lança uma exceção. Entretanto, para se obter a granularidade correta do tratamento de exceções, cada bloco **try** deve incluir uma seção de código suficientemente pequena, para que, quando ocorrer uma exceção, o contexto específico seja conhecido, e os manipuladores **catch** possam processar a exceção corretamente.*

5. O Common Language Runtime permite divisão por zero de ponto flutuante, a qual produz um resultado infinito positivo ou negativo, dependendo de o numerador ser positivo ou negativo. Dividir zero por zero é um caso especial que resulta em um valor chamado "não é um número" (NaN, not a number). Os programas podem testar esses resultados usando constantes para infinito positivo (***PositiveInfinity***), infinito negativo (***NegativeInfinity***) e não é um número (***NaN***), que estão definidas nas estruturas **Double** (para cálculos usando valores **double**) e **Single** (para cálculos usando valores **float**).

Erro de programação comum 11.3

Tentar acessar as variáveis locais de um bloco **try** *em um dos manipuladores* **catch** *associados a esse bloco* **try** *é um erro de sintaxe. Antes que um manipulador* **catch** *correspondente possa ser executado, o bloco* **try** *expira, e suas variáveis locais saem do escopo.*

Erro de programação comum 11.4

Especificar uma lista separada por vírgulas de parâmetros de exceção em um manipulador **catch** *é um erro de sintaxe. Cada* **catch** *pode ter apenas um parâmetro de exceção.*

No terceiro exemplo de saída, o usuário fornece **0** como denominador. Quando a linha 62 é executada, o CLR lança um objeto **DivideByZeroException** para indicar uma tentativa de dividir por zero. Mais uma vez, o bloco **try** termina imediatamente ao encontrar a exceção, e o programa tenta localizar um manipulador **catch** correspondente, começando a partir do manipulador **catch** da linha 69. O programa compara o tipo da exceção lançada (**DivideByZeroException**) com o tipo nos parênteses após a palavra-chave **catch** (**FormatException**). Nesse caso, não há correspondência, pois eles não são os mesmos tipos de exceção e porque **FormatException** não é uma classe base de **DivideByZeroException**. Assim, o programa passa para a linha 77 e compara o tipo da exceção lançada (**DivideByZeroException**) com o tipo nos parênteses após a palavra-chave **catch** (**DivideByZeroException**). Ocorre uma correspondência; portanto, esse manipulador de exceções é executado. A linha 79 nesse manipulador usa a propriedade ***Message*** da classe **Exception** para exibir a mensagem de erro para o usuário. Se houvesse mais manipuladores **catch**, o programa os ignoraria.

11.4 Hierarquia de exceções do .NET

O mecanismo de tratamento de exceções permite que apenas objetos da classe **Exception** e de suas classes derivadas sejam lançados e capturados[6]. Esta seção dá um panorama de diversas classes de exceção da plataforma .NET. Além disso, discutiremos como determinar se um método em particular lança exceções.

A classe **Exception** do espaço de nomes **System** é a classe base da hierarquia de exceções da plataforma .NET. Duas das classes derivadas mais importantes de **Exception** são ***ApplicationException*** e ***SystemException***. **ApplicationException** é uma classe base que os programadores podem estender para criar tipos de dados de exceção específicos para seus aplicativos. Discutiremos a criação de classes de exceção definidas pelo programador na Seção 11.7. Os programas podem se recuperar da maioria das exceções **ApplicationException** e continuar sua execução.

O CLR pode gerar exceções **SystemException** em qualquer ponto, durante a execução do programa. Muitas dessas exceções podem ser evitadas utilizando-se uma codificação correta. Elas são chamadas de *exceções de tempo de execução* e derivam da classe ***SystemException***. Por exemplo, se um programa tenta acessar um índice fora dos limites do array, o CLR lança uma exceção de tipo **IndexOutOfRangeException** (uma classe derivada de **SystemException**). Analogamente, uma exceção de tempo de execução ocorre quando um programa usa uma referência a objeto para manipular um objeto que ainda não existe (isto é, a referência tem um valor **null**). Tentar usar tal referência **null** causa uma exceção ***NullReferenceException*** (outro tipo de **SystemException**). De acordo com o texto "Best Practices for Handling Exceptions [C#]"[7], da Microsoft, normalmente os programas não podem se recuperar da maioria das exceções que o CLR lança. Portanto, os programas geralmente não devem lançar ou capturar exceções **SystemException**. [*Nota*: para ver uma lista completa das classes derivadas de **Exception**, procure "**Exception** class" no índice da documentação on-line do Visual Studio .NET.]

Uma vantagem de usar a hierarquia de classes de exceção é que um manipulador **catch** pode capturar exceções de um tipo específico ou pode usar um tipo da classe base para capturar exceções em uma hierarquia de tipos de exceção relacionados. Por exemplo, um manipulador **catch** que especifique um parâmetro de exceção de tipo **Exception** também pode capturar exceções de todas as classes que estendem **Exception**, pois essa é a classe base de todas as classes de exceção. Isso possibilita o processamento polimórfico de exceções relacionadas. A vantagem dessa última estratégia é que o manipulador de exceções pode usar o parâmetro de exceção para manipular a exceção capturada. Se o manipulador de exceções não precisar de acesso à exceção capturada, o parâmetro de exceção poderá ser omitido. Se nenhum tipo de exceção for especificado, o manipulador capturará todas as exceções.

6. Na verdade, é possível **catch** (capturar) exceções de tipos que não sejam derivados da classe **Exception** usando o manipulador **catch** sem parâmetros. Isso é útil para tratar exceções a partir de código escrito em outras linguagens que não exijam que todos os tipos de exceção derivem da classe **Exception** na plataforma .NET.

7. "Best Practices for Handling Exceptions [C#]", *.NET Framework Developer's Guide*, Visual Studio .NET On-line Help.

Usar herança com exceções permite que um manipulador de exceções capture exceções relacionadas com uma notação concisa. Um manipulador de exceções certamente poderia capturar cada tipo de exceção de classe derivada individualmente, mas capturar o tipo de exceção da classe base é mais conciso. Entretanto, isso só faz sentido se o comportamento da manipulação for o mesmo para uma classe base e para as classes derivadas. Caso contrário, capture cada exceção de classe derivada individualmente.

Neste ponto sabemos que existem muitos tipos de exceção diferentes. Também sabemos que os métodos e o CLR podem lançar exceções. Mas como determinar que uma exceção poderia ocorrer em um programa? Para os métodos das classes da plataforma .NET, podemos ver a descrição detalhada dos métodos na documentação on-line. Se um método lança uma exceção, sua descrição contém uma seção chamada "Exceptions", que especifica os tipos de exceções lançadas pelo método e que descreve brevemente as possíveis causas das exceções. Por exemplo, pesquise "**`Convert.ToInt32`** method" no índice da documentação on-line do Visual Studio .NET. No documento que descreve o método, clique no link "**`public static int ToInt32(string);`**". No documento que aparece, a seção "Exceptions" indica que o método **`Convert.ToInt32`** lança três tipos de exceção — **`ArgumentException`**, **`FormatException`** e **`OverflowException`** — e descreve o motivo pelo qual cada tipo de exceção ocorre.

Observação de engenharia de software 11.6

Se um método é capaz de lançar exceções, as instruções que chamam esse método devem ser colocadas em blocos **`try`**, *e essas exceções devem ser capturadas e tratadas.*

Determinar quando o CLR lança exceções é mais difícil. Normalmente, tal informação aparece na *C# Language Specification*, que está localizada na documentação on-line. Para acessar a especificação da linguagem, selecione **Contents...** no menu **Help** do Visual Studio. Na janela **Contents**, expanda **Visual Studio.NET**, **Visual Basic and Visual C#**, **Reference**, **Visual C# Language** e **C# Language Specification**.

A especificação da linguagem define a sintaxe da linguagem e especifica casos em que exceções são lançadas. Por exemplo, na Figura 11.1 demonstramos que o CLR lança uma exceção **`DivideByZeroException`** quando um programa tenta dividir por zero na aritmética de inteiros. A Seção 7.7.2 da especificação da linguagem discute o operador de divisão e suas exceções. Nessa seção você encontrará os detalhes de quando uma exceção **`DivideByZeroException`** ocorre.

11.5 O bloco `finally`

Freqüentemente, os programas solicitam e liberam recursos dinamicamente (isto é, em tempo de execução). Por exemplo, um programa que lê um arquivo do disco primeiro solicita a abertura desse arquivo. Se esse pedido tiver sucesso, o programa lê o conteúdo do arquivo. Os sistemas operacionais normalmente impedem que mais de um programa manipule um mesmo arquivo ao mesmo tempo. Portanto, quando um programa termina de processar um arquivo, ele normalmente fecha o arquivo (isto é, libera o recurso). Isso permite que outros programas usem o arquivo. Fechar o arquivo ajuda a evitar o *estouro de recursos*, no qual o recurso arquivo fica indisponível para outros programas, pois o programa que o estava usando nunca o fechou. Os programas que obtêm certos tipos de recursos (como os arquivos) devem retornar esses recursos explicitamente para o sistema, para evitar o estouro de recursos.

Em linguagens de programação como C e C++, nas quais o programador é responsável pelo gerenciamento de memória dinâmico, o tipo mais comum de estouro de recursos é um *estouro de memória*. Isso acontece quando um programa aloca memória (como fazemos com o operador **`new`** em C#), mas não desaloca a memória quando esta não é mais necessária no programa. Em C#, isso normalmente não é problema, pois o CLR realiza a "coleta de lixo" da memória não mais necessária para um programa em execução. Entretanto, outros tipos de estouros de recursos (como o arquivo não fechado, mencionado anteriormente) podem ocorrer em C#.

Dica de teste e depuração 11.2

O CLR não elimina completamente os estouros de memória. O CLR não fará a coleta de lixo de um objeto até que o programa não tenha mais referências a esse objeto. Assim, podem ocorrer estouros de memória se os programadores mantiverem erroneamente referências a objetos indesejados.

A maioria dos recursos que exige liberação explícita tem exceções em potencial associadas ao processamento do recurso. Por exemplo, um programa que processa um arquivo poderia receber exceções **`IOException`** durante o processamento. Por isso, código de processamento de arquivos normalmente aparece em um bloco **`try`**. Independentemente de um programa processar um arquivo com êxito, ele deve fechar o arquivo quando este não for mais necessário. Suponha que um programa coloque todo o código de solicitação e liberação de recursos em um bloco `try`. Se nenhuma exceção ocorrer, o bloco `try` será executado normalmente e liberará os recursos após usá-los. Entretanto, se ocorrer uma exceção, o bloco `try` poderá expirar antes que o código de liberação de recursos possa ser executado. Poderíamos duplicar todo código de liberação de recursos nos manipuladores `catch`, mas isso torna o código mais difícil de modificar e manter.

O mecanismo de tratamento de exceções do C# fornece o bloco ***`finally`***, que é garantidamente executado se o controle do programa entrar no bloco `try` correspondente. O bloco `finally` é executado independentemente de o bloco `try` ser executado com êxito ou de uma exceção ocorrer. Essa garantia torna o bloco `finally` um local ideal para colocar código de desalocação de recursos, para recursos adquiridos e manipulados no bloco `try` correspondente. Se o bloco `try` for executado com sucesso, o bloco `finally` será executado imediatamente após o bloco `try` terminar. Se ocorrer uma exceção no bloco `try`, o bloco `finally` será executado imediatamente após um manipulador `catch` completar o tratamento de exceções. Se a exceção não for capturada por um manipulador `catch` associado a esse bloco `try` ou se um manipulador `catch` associado a esse bloco `try` lançar uma exceção, o bloco `finally` será executado, e, então, a exceção será processada pelo próximo bloco `try` circundante (se houver um).

Dica de teste e depuração 11.3

Um bloco `finally` normalmente contém código para liberar os recursos adquiridos no bloco `try` correspondente; isso torna o bloco `finally` uma maneira eficaz de eliminar estouros de recursos.

Dica de teste e depuração 11.4

Se o controle do programa entrar no bloco `try` correspondente, o bloco `finally` só não será executado se o aplicativo terminar antes que o bloco `finally` possa ser executado.

Dica de desempenho 11.3

Como regra, os recursos devem ser liberados assim que ficar claro que eles não são mais necessários em um programa, para tornar esses recursos imediatamente disponíveis para reutilização, melhorando assim a utilização de recursos por parte do programa.

Se aparecem um ou mais manipuladores `catch` após um bloco `try`, o bloco `finally` é opcional. Se não existe nenhum manipulador `catch` após um bloco `try`, um bloco `finally` deve aparecer imediatamente após o bloco `try`. Se existem manipuladores `catch` após um bloco `try`, o bloco `finally` aparecerá após o último `catch`. Apenas espaços em branco e comentários podem separar os blocos em uma seqüência `try/catch/finally`.

Erro de programação comum 11.5

Colocar o bloco `finally` antes de um manipulador `catch` é um erro de sintaxe.

O aplicativo C# da Figura 11.2 demonstra que o bloco `finally` sempre é executado, mesmo que nenhuma exceção ocorra no bloco `try` correspondente. O programa consiste no método `Main` (linhas 10 a 59) e em quatro outros métodos `static` que `Main` chama para demonstrar `finally`: `DoesNotThrowException` (linhas 62 a 85), `ThrowExceptionWithCatch` (linhas 88 a 114), `ThrowExceptionWithoutCatch` (linhas 117 a 138) e `ThrowExceptionCatchRethrow` (linhas 141 a 173). [*Nota*: usamos métodos `static` nesse exemplo para que `Main` possa chamá-los diretamente, sem criar quaisquer objetos da classe `UsingExceptions`. Assim podemos nos concentrar nos mecanismos da seqüência `try/catch/finally`.]

A linha 14 de `Main` chama o método `DoesNotThrowException` (linhas 62 a 85). O bloco `try` (linhas 65 a 68) começa produzindo uma mensagem na saída (linha 67). O bloco `try` não lança quaisquer exceções; portanto, o controle do programa chega à chave de fechamento do bloco `try` e do manipulador `catch` (linhas 71 a 74) e executa o bloco `finally` (linhas 77 a 81), que produz uma mensagem na saída. Nesse ponto, o controle do programa continua com a primeira instrução após o bloco `finally` (linha 83), que produz na saída uma mensagem indicando que o final do método foi alcançado. Então, o controle do programa retorna para `Main`.

A linha 20 de `Main` chama o método `ThrowExceptionWithCatch` (linhas 88 a 114), que começa em seu bloco `try` (linhas 91 a 97) produzindo uma mensagem na saída. Em seguida, o bloco `try` cria um novo objeto `Exception` e usa uma *instrução* ***`throw`*** para lançar o objeto de exceção (linhas 95 e 96). A `string` passada para o construtor retorna a mensagem de erro do objeto de exceção. Quando uma instrução `throw` de um bloco `try` é executada, o bloco `try` expira imediatamente, e o controle do programa continua no primeiro `catch` (linhas 100 a 103) após esse bloco `try`. Nesse exemplo, o tipo lançado (`Exception`) corresponde ao tipo especificado no `catch`; portanto, a linha 102 produz na saída uma mensagem indicando a exceção que ocorreu. Então, o bloco **finally** (linhas 106 a 110) é executado e produz uma mensagem na saída. Nesse ponto o controle do programa continua com a primeira instrução após o bloco **finally** (linha 112), que produz na saída uma mensagem indicando que o final do método foi atingido; em seguida, o controle do programa retorna para **Main**. Note que, na linha 102, usamos a propriedade **Message** do objeto de exceção, para acessar a mensagem de erro associada à exceção (a mensagem passada para o construtor de **Exception**). A Seção 11.6 discutirá várias propriedades da classe **Exception**.

Erro de programação comum 11.6

A expressão de um **throw** *— um objeto de exceção — deve ser da classe* **Exception** *ou de uma de suas classes derivadas.*

As linhas 27 a 30 de **Main** definem um bloco **try** no qual **Main** chama o método **ThrowExceptionWithoutCatch** (linhas 117 a 138). O bloco **try** permite que **Main** capture todas as exceções lançadas por **ThrowExceptionWithoutCatch**. O bloco **try** das linhas 120 a 126 de **ThrowExceptionWithoutCatch** começa produzindo uma mensagem na saída. Em seguida, o bloco **try** lança uma exceção (linhas 124 e 125) e expira de imediato. Normalmente, o controle do programa continuaria no primeiro **catch** após o bloco **try**. Entretanto, esse bloco **try** não tem quaisquer manipuladores **catch** correspondentes. Portanto, a exceção não é capturada no método **ThrowExceptionWithoutCatch**. O controle do programa normal não pode continuar até que a exceção seja capturada e processada. Assim, o CLR terminará **ThrowExceptionWithoutCatch**, e o controle do programa retornará para **Main**. Antes que o controle retorne para **Main**, o bloco **finally** (linhas 129 a 133) é executado e produz uma mensagem na saída. Nesse ponto, o controle do programa retorna para **Main** — todas as instruções que aparecessem após o bloco **finally** não seriam executadas. Nesse exemplo, como a exceção lançada nas linhas 127 e128 não é capturada, o método **ThrowExceptionWithoutCatch** sempre termina após a execução do bloco **finally**. Em **Main**, o manipulador **catch** das linhas 34 a 38 captura a exceção e exibe uma mensagem indicando que a exceção foi capturada em **Main**.

```
1  // Fig 11.2: UsingExceptions.cs
2  // Usando blocos finally.
3
4  using System;
5
6  // demonstra que finally sempre executa
7  class UsingExceptions
8  {
9     // ponto de entrada do aplicativo
10    static void Main( string[] args )
11    {
12       // Caso 1: nenhuma exceção ocorre no método chamado.
13       Console.WriteLine( "Calling DoesNotThrowException" );
14       DoesNotThrowException();
15
16       // Caso 2: a exceção ocorre e é capturada
17       // no método chamado.
18       Console.WriteLine( "\nCalling ThrowExceptionWithCatch" );
19       ThrowExceptionWithCatch();
20
21       // Caso 3: a exceção ocorre, mas não é capturada
22       // no método chamado, pois não existe nenhum manipulador catch.
23       Console.WriteLine(
24          "\nCalling ThrowExceptionWithoutCatch" );
25
26       // chama ThrowExceptionWithoutCatch
27       try
28       {
29          ThrowExceptionWithoutCatch();
30       }
31
32       // processa a exceção retornada de
```

Figura 11.2 Demonstrando que os blocos `finally` sempre são executados, independentemente de ocorrer ou não uma exceção. (Parte 1 de 4.)

```
      // ThrowExceptionWithoutCatch
      catch
      {
         Console.WriteLine( "Caught exception from " +
            "ThrowExceptionWithoutCatch in Main" );
      }

      // Caso 4: a exceção ocorre e é capturada
      // no método chamado e depois novamente lançada para o chamador.
      Console.WriteLine(
         "\nCalling ThrowExceptionCatchRethrow" );

      // chama ThrowExceptionCatchRethrow
      try
      {
         ThrowExceptionCatchRethrow();
      }

      // processa a exceção retornada de
      // ThrowExceptionCatchRethrow
      catch
      {
         Console.WriteLine( "Caught exception from " +
            "ThrowExceptionCatchRethrow in Main" );
      }

   } // fim do método Main

   // nenhuma exceção lançada
   public static void DoesNotThrowException()
   {
      // o bloco try não lança nenhuma exceção
      try
      {
         Console.WriteLine( "In DoesNotThrowException" );
      }

      // este catch nunca é executado
      catch
      {
         Console.WriteLine( "This catch never executes" );
      }

      // finally é executado, pois o try correspondente foi executado
      finally
      {
         Console.WriteLine(
            "Finally executed in DoesNotThrowException" );
      }

      Console.WriteLine( "End of DoesNotThrowException" );

   } // fim do método DoesNotThrowException

   // lança a exceção e a captura de forma local
   public static void ThrowExceptionWithCatch()
   {
      // o bloco try lança exceção
```

Figura 11.2 Demonstrando que os blocos `finally` sempre são executados, independentemente de ocorrer ou não uma exceção. (Parte 2 de 4.)

```
         try
         {
            Console.WriteLine( "In ThrowExceptionWithCatch" );

            throw new Exception(
               "Exception in ThrowExceptionWithCatch" );
         }

         // captura a exceção lançada no bloco try
         catch ( Exception error )
         {
            Console.WriteLine( "Message: " + error.Message );
         }

         // finally é executado porque o try correspondente é executado
         finally
         {
            Console.WriteLine(
               "Finally executed in ThrowExceptionWithCatch" );
         }

         Console.WriteLine( "End of ThrowExceptionWithCatch" );

      } // fim do método ThrowExceptionWithCatch

      // lança a exceção e não a captura de forma local
      public static void ThrowExceptionWithoutCatch()
      {
         // lança a exceção, mas não a captura
         try
         {
            Console.WriteLine( "In ThrowExceptionWithoutCatch" );

            throw new Exception(
               "Exception in ThrowExceptionWithoutCatch" );
         }

         // finally é executado porque o try correspondente é executado
         finally
         {
            Console.WriteLine( "Finally executed in " +
               "ThrowExceptionWithoutCatch" );
         }

         // código inatingível; geraria erro de lógica
         Console.WriteLine( "This will never be printed" );

      } // fim do método ThrowExceptionWithoutCatch

      // lança a exceção, a captura e a lança novamente
      public static void ThrowExceptionCatchRethrow()
      {
         // o bloco try lança a exceção
         try
         {
            Console.WriteLine( "In ThrowExceptionCatchRethrow" );

            throw new Exception(
```

Figura 11.2 Demonstrando que os blocos `finally` sempre são executados, independentemente de ocorrer ou não uma exceção. (Parte 3 de 4.)

```
149                 "Exception in ThrowExceptionCatchRethrow" );
150          }
151
152          // captura qualquer exceção, coloca no objeto error
153          catch ( Exception error )
154          {
155             Console.WriteLine( "Message: " + error.Message );
156
157             // lança a exceção novamente para mais processamento
158             throw error;
159
160             // código inatingível; geraria erro de lógica
161          }
162
163          // finally é executado porque o try correspondente é executado
164          finally
165          {
166             Console.WriteLine( "Finally executed in " +
167                "ThrowExceptionCatchRethrow" );
168          }
169
170          // código inatingível; geraria erro de lógica
171          Console.WriteLine( "This will never be printed" );
172
173       } // fim do método ThrowExceptionCatchRethrow
174
175 } // fim da classe UsingExceptions
```

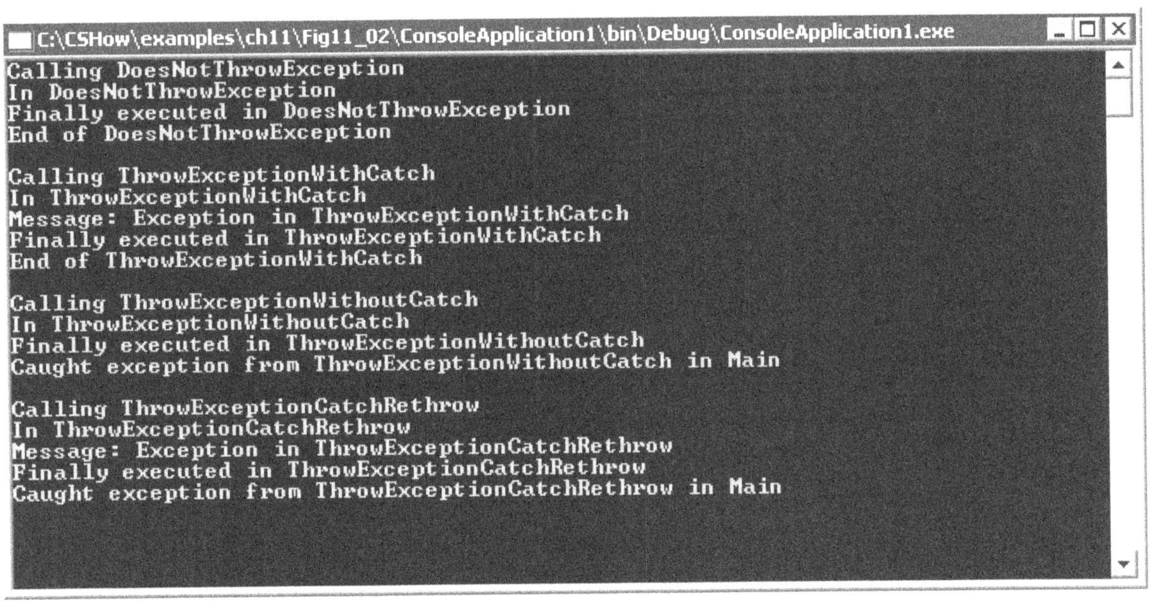

Figura 11.2 Demonstrando que os blocos `finally` sempre são executados, independentemente de ocorrer ou não uma exceção. (Parte 4 de 4.)

As linhas 46 a 49 de **`Main`** definem um bloco **`try`** no qual **`Main`** chama o método **`ThrowExceptionCatchRethrow`** (linhas 141 a 173). O bloco **`try`** permite que **`Main`** capture todas as exceções lançadas por **`ThrowExceptionCatchRethrow`**. O bloco **`try`** das linhas 144 a 150 de **`ThrowExceptionCatchRethrow`** começa produzindo uma mensagem na saída. Em seguida, o bloco **`try`** lança uma exceção (linhas 148 a 149). O bloco **`try`** expira imediatamente, e o controle do programa continua no primeiro **`catch`** (linhas 153 a 161) após o bloco **`try`**. Nesse exemplo, o tipo lançado (**`Exception`**) corresponde ao tipo especificado no **`catch`**; portanto, a linha 155 produz na saída uma mensagem indicando a exceção ocorrida. A linha 158 usa a instrução **throw** para *relançar* a exceção. Isso indica que o manipulador **catch** realizou um processamento parcial (ou nenhum processamento) da exceção e agora está passando a exceção de volta para o método que fez a chamada (nesse caso, **Main**), para mais processamento. Note que a expressão da instrução **throw** é a referência para a exceção que foi capturada. Ao relançar a exceção original, você também pode usar a instrução

```
throw;
```

sem nenhuma expressão. A Seção 11.6 discutirá a instrução **throw** com uma expressão. Tal instrução **throw** permite que os programadores capturem uma exceção, criem um objeto de exceção e depois lancem um tipo diferente de exceção a partir do manipulador **catch**. Os projetistas de bibliotecas de classes freqüentemente fazem isso para personalizar os tipos de exce-ção lançados a partir dos métodos de suas bibliotecas de classes ou para fornecer informações de depuração adicionais.

Observação de engenharia de software 11.7

Antes de se lançar uma exceção para um método chamador, o método que lança a exceção deve liberar todos os recursos adquiridos dentro do método, antes que a exceção ocorra[8].

Observação de engenharia de software 11.8

Quando possível, um método deve tratar das exceções que são lançadas nesse método, em vez de passá-las para outra região do programa.

O tratamento de exceções do método **ThrowExceptionCatchRethrow** não terminou, pois o programa não pode executar o código no manipulador **catch** colocado após a chamada da instrução **throw** (linha 158). Portanto, o método **ThrowExceptionCatchRethrow** terminará e retornará o controle para **Main**. Mais uma vez, o bloco **finally** (linhas 164 a 168) será executado e produzirá uma mensagem na saída, antes que o controle retorne para **Main**. Quando o controle retorna para **Main**, o manipulador **catch** das linhas 53 a 57 captura a exceção e exibe uma mensagem indicando que a exceção foi capturada. Então, o programa termina.

Note que o ponto em que o controle do programa continua, após a execução do bloco **finally**, depende do estado do tratamento de exceções. Se o bloco **try** terminou com sucesso ou se um manipulador **catch** capturou e tratou de uma exceção, o controle continuará com a próxima instrução após o bloco **finally**. Se uma exceção não foi capturada ou se um manipulador **catch** relançar uma exceção, o controle do programa continuará no próximo bloco **try** envolvente. O **try** envolvente pode estar no método que fez a chamada ou em um de seus chamadores. Também é possível aninhar uma seqüência **try/catch** em um bloco **try**, no caso em que os manipuladores **catch** do bloco **try** mais externo processariam todas as exceções que não fossem capturadas na seqüência **try/catch** mais interna. Se um bloco **try** tem um bloco **finally** correspondente, o bloco **finally** executa mesmo que o bloco **try** termine por causa de uma instrução **return**; em seguida, o retorno ocorre.

Erro de programação comum 11.7

*Lançar uma exceção a partir de um **finally** pode ser perigoso. Se uma exceção não capturada estiver esperando processamento quando o bloco **finally** for executado e o bloco **finally** lançar uma nova exceção que não seja capturada nesse bloco, a primeira exceção será perdida, e a nova será passada para o próximo bloco **try** envolvente.*

Dica de teste e depuração 11.5

*Ao colocar código que pode lançar uma exceção em um bloco **finally**, sempre englobe esse código em uma seqüência **try/catch** que capture os tipos de exceção apropriados. Isso impede a perda de exceções não capturadas e relançadas que ocorrem antes que o bloco **finally** seja executado.*

Observação de engenharia de software 11.9

*O mecanismo de tratamento de exceções do C# remove código de processamento de erros da linha principal de um programa, para melhorar sua clareza. Não coloque **try-catch-finally** em torno de cada instrução que possa lançar uma exceção. Fazer isso torna os programas difíceis de ler. Em vez disso, coloque um bloco **try** em torno de uma parte significativa de seu código. Após esse bloco **try**, coloque manipuladores **catch** que tratem de cada uma das possíveis exceções e, após os manipuladores **catch**, coloque um único bloco **finally**.*

8. "Best Practices for Handling Exceptions [C#], *.NET Framework Developer's Guide*, Visual Studio .NET Online Help.

11.6 Propriedades de Exception

Conforme discutimos na Seção 11.4, os tipos de dados de exceção derivam da classe **Exception**, a qual tem várias propriedades. Essas propriedades são usadas freqüentemente para formular mensagens de erro para uma exceção capturada. Duas propriedades importantes são ***Message*** e ***StackTrace***. A propriedade **Message** armazena a mensagem de erro associada a um objeto **Exception**. Essa mensagem pode ser uma mensagem padrão associada ao tipo de exceção ou uma mensagem personalizada, passada para o construtor de um objeto de exceção, quando o objeto de exceção é construído. A propriedade **StackTrace** contém uma **string** que representa a *pilha de chamadas a métodos*. O ambiente de tempo de execução mantém uma lista de chamadas a métodos que foram feitas até determinado momento. A **string StackTrace** representa essa lista seqüencial de métodos que não tinham terminado seu processamento no momento em que a exceção ocorreu. O local exato em que a exceção ocorre no programa é chamado de *ponto de lançamento* da exceção.

Dica de teste e depuração 11.6

*Um rastreamento da pilha mostra a pilha de chamadas a métodos completa no momento em que uma exceção ocorreu. Isso permite que o programador veja a série de chamadas a métodos que levou à exceção. As informações de rastreamento da pilha (*stack trace*) incluem os nomes dos métodos na pilha de chamadas no momento da exceção, os nomes das classes em que esses métodos estão definidos, os nomes dos espaços de nomes em que essas classes estão definidas e números de linha. O primeiro número de linha no rastreamento da pilha indica o ponto de lançamento. Os números de linha subseqüentes indicam as posições a partir das quais cada método do rastreamento da pilha foi chamado.*

Outra propriedade usada freqüentemente pelos programadores de bibliotecas de classes é ***InnerException***. Normalmente, os programadores usam essa propriedade para "encerrar" objetos de exceção capturados em seu código e depois lançar novos tipos de exceção que são específicos de suas bibliotecas. Por exemplo, um programador implementando um sistema de contabilidade poderia ter algum código de processamento de números de conta no qual os números de conta são fornecidos como **strings**, mas representados no código com inteiros. Como você sabe, um programa pode converter **strings** em valores **int** com **Convert.ToInt32**, que lança uma exceção **FormatException** quando encontra um formato de número inválido. Quando ocorre um formato de número de conta inválido, o programador do sistema de contabilidade pode querer indicar uma mensagem de erro diferente da padrão, fornecida por **FormatException**, ou indicar um novo tipo de exceção, como **InvalidAccountNumberFormatException**. Nesses casos, o programador incluiria código para capturar a exceção **FormatException** e criaria um objeto de exceção no manipulador **catch**, passando a exceção original como um dos argumentos do construtor. O objeto de exceção original se torna a exceção **InnerException** do novo objeto de exceção. Quando ocorre uma exceção **InvalidAccountNumberFormatException** no código que usa a biblioteca do sistema de contabilidade, o manipulador **catch** que captura a exceção pode ver a exceção original por meio da propriedade **InnerException**. Assim, a exceção indica que um número de conta inválido foi especificado e que o problema em particular foi um formato de número inválido.

Nosso próximo exemplo (Figura 11.3) demonstra as propriedades **Message**, **StackTrace** e **InnerException** e o método **ToString**. Além disso, esse exemplo demonstra o *desenrolamento da pilha* (*stack unwinding*) — o processo que tenta localizar um manipulador **catch** apropriado para uma exceção não capturada. Ao discutirmos esse exemplo, controlaremos os métodos da pilha de chamadas, para podermos discutir a propriedade **StackTrace** e o mecanismo de desenrolamento da pilha.

A execução do programa começa com a chamada de **Main**, que se torna o primeiro método na pilha de chamadas a métodos. A linha 16 do bloco **try** em **Main** chama **Method1** (linhas 43 a 46), que se torna o segundo método na pilha. Se **Method1** lança uma exceção, o manipulador **catch** das linhas 22 a 38 trata a exceção e gera informações sobre a exceção ocorrida. A linha 45 de **Method1** chama **Method2** (linhas 49 a 52), que se torna o terceiro método na pilha. Então, a linha 51 de **Method2** chama **Method3** (definido nas linhas 55 a 70), que se torna o quarto método na pilha.

```
1  // Fig 11.3: Properties.cs
2  // Desenrolamento de pilha e propriedades da classe Exception.
3
4  using System;
5
6  // demonstra o uso das propriedades Message, StackTrace e
```

Figura 11.3 Propriedades de Exception e desenrolamento de pilha. (Parte 1 de 3.)

```
// InnerException
class Properties
{
   static void Main( string[] args )
   {
      // chama Method1, toda exceção que ele gerar será
      // capturada no manipulador catch que se segue
      try
      {
         Method1();
      }

      // Produz na saída a representação de string de Exception e, em seguida,
      // produz na saída os valores das propriedades InnerException, Message,
      // e StackTrace
      catch ( Exception exception )
      {
         Console.WriteLine(
            "exception.ToString(): \n{0}\n",
            exception.ToString() );

         Console.WriteLine( "exception.Message: \n{0}\n",
            exception.Message );

         Console.WriteLine( "exception.StackTrace: \n{0}\n",
            exception.StackTrace );

         Console.WriteLine(
            "exception.InnerException: \n{0}",
            exception.InnerException );

      } // fim de catch

   } // fim de Main

   // chama Method2
   public static void Method1()
   {
      Method2();
   }

   // chama Method3
   public static void Method2()
   {
      Method3();
   }

   // lança uma exceção contendo uma InnerException
   public static void Method3()
   {
      // tenta converter string não inteira em int
      try
      {
         Convert.ToInt32( "Not an integer" );
      }

      // captura FormatException e a encerra na nova Exception
      catch ( FormatException error )
```

Figura 11.3 Propriedades de Exception e desenrolamento de pilha. (Parte 2 de 3.)

```
        {
            throw new Exception(
                "Exception occurred in Method3", error );
        }

    } // fim do método Method3

} // fim da classe UsingExceptions
```

```
exception.ToString():
System.Exception: Exception occurred in Method3 --->
   System.FormatException: Input string was not in a correct format.
   at System.Number.ParseInt32(String s, NumberStyles style,
      NumberFormatInfo info)
   at System.Convert.ToInt32(String s)
   at Properties.Method3() in
      c:\cshow\examples\ch11\fig11_8\
         properties\properties.cs:line 60
   --- End of inner exception stack trace ---
   at Properties.Method3() in
      c:\cshow\examples\ch11\fig11_8\
         properties\properties.cs:line 66
   at Properties.Method2() in
      c:\cshow\examples\ch11\fig11_8\
         properties\properties.cs:line 51
   at Properties.Method1() in
      c:\cshow\examples\ch11\fig11_8\
         properties\properties.cs:line 45
   at Properties.Main(String[] args) in
      c:\cshow\examples\ch11\fig11_8\
         properties\properties.cs:line 16

exception.Message:
Exception occurred in Method3

exception.StackTrace:
   at Properties.Method3() in
      c:\cshow\examples\ch11\fig11_8\
         properties\properties.cs:line 66
   at Properties.Method2() in
      c:\cshow\examples\ch11\fig11_8\
         properties\properties.cs:line 51
   at Properties.Method1() in
      c:\cshow\examples\ch11\fig11_8\
         properties\properties.cs:line 45
   at Properties.Main(String[] args) in
      c:\cshow\examples\ch11\fig11_8\
         properties\properties.cs:line 16
exception.InnerException:
System.FormatException: Input string was not in a correct format.
   at System.Number.ParseInt32(String s, NumberStyles style,
      NumberFormatInfo info)
   at System.Convert.ToInt32(String s)
   at Properties.Method3() in
      c:\cshow\examples\ch11\fig11_8\
         properties\properties.cs:line 60
```

Figura 11.3 Propriedades de `Exception` e desenrolamento de pilha. (Parte 3 de 3.)

Dica de teste e depuração 11.7

Ao ler um rastreamento de pilha, comece a partir do início do rastreamento da pilha e leia primeiro a mensagem de erro. Em seguida, leia o restante do rastreamento de pilha, procurando a primeira linha que indique código que você escreveu em seu programa. Normalmente, esse é o local que causou a exceção.

Nesse ponto, a pilha de chamadas a métodos do programa é

```
Method3
Method2
Method1
Main
```

com o último método chamado (**Method3**) no início e o primeiro método chamado (**Main**) no fim. O bloco **try** (linhas 58 a 61) em **Method3** chama o método **Convert.ToInt32** (linha 60) e tenta converter uma **string** em um **int**. Nesse ponto, **Convert.ToInt32** se torna o quinto e último método na pilha de chamadas.

O argumento de **Convert.ToInt32** não está no formato inteiro; dessa maneira, a linha 60 lança uma exceção **FormatException** que é capturada na linha 64, em **Method3**. A exceção termina a chamada de **Convert.ToInt32**, de modo que o método é removido da pilha de chamadas a métodos. O manipulador **catch** cria um objeto **Exception** e, em seguida, o lança. O primeiro argumento do construtor de **Exception** é a mensagem de erro personalizada de nosso exemplo, "**Exception occurred in Method3**". O segundo argumento é o objeto **InnerException** — a **FormatException** que foi capturada. Note que o **StackTrace** desse novo objeto de exceção refletirá o ponto em que a exceção foi lançada (linha 66). Agora, o **Method3** termina, pois a exceção lançada no manipulador **catch** não foi capturada no corpo do método. Assim, o controle será retornado para a instrução que chamou **Method3** no método anterior da pilha de chamadas (**Method2**). Isso remove ou *desenrola* (*unwinds*) **Method3** da pilha de chamadas a métodos.

Boa prática de programação 11.2

*Ao capturar e relançar uma exceção, forneça informações de depuração adicionais na exceção relançada. Para isso, crie um objeto **Exception** com informações de depuração mais específicas e passe a exceção capturada original para o construtor do novo objeto de exceção, para inicializar a propriedade **InnerException**[9].*

Quando o controle retorna para a linha 51 em **Method2**, o CLR determina que a linha 51 não está em um bloco **try**. Portanto, a exceção não pode ser capturada em **Method2**, e ele termina. Isso desenrola **Method2** da pilha de chamadas a métodos e retorna o controle para a linha 45, em **Method1**. Aqui, novamente, a linha 45 não está em um bloco **try**; portanto, a exceção não pode ser capturada em **Method1**. O método termina e se desenrola da pilha de chamadas, retornando o controle para a linha 16, em **Main**, que está em um bloco **try**. O bloco **try** em **Main** expira, e o manipulador **catch** (nas linhas 22 a 38) captura a exceção. O manipulador **catch** usa o método **ToString** e as propriedades **Message**, **StackTrace** e **InnerException** para produzir a saída. Note que o desenrolamento da pilha continua até que um manipulador **catch** capture a exceção ou o programa termine.

O primeiro bloco de saída (reformatado para maior legibilidade) da Figura 11.3 mostra a representação de **string** da exceção retornada do método **ToString**. Isso começa com o nome da classe de exceção, seguido do valor da propriedade **Message**. As oito linhas seguintes mostram a representação de **string** do objeto **InnerException**. O restante desse bloco de saída mostra a propriedade **StackTrace** da exceção lançada em **Method3**. Note que **StackTrace** representa o estado da pilha de chamadas a métodos no ponto de lançamento da exceção, e não no ponto em que a exceção é finalmente capturada. Cada uma das linhas de **StackTrace** que começa com "**at**" representa um método na pilha de chamadas. Essas linhas indicam o método em que a exceção ocorreu, o arquivo em que esse método reside e o número da linha no arquivo. Além disso, note que o rastreamento da pilha inclui rastreamento da pilha da exceção interna.

Dica de teste e depuração 11.8

*Ao capturar e relançar uma exceção, forneça informações de depuração adicionais na exceção relançada. Para isso, crie um objeto **Exception** contendo informações de depuração mais específicas e, então, passe a exceção capturada original para o construtor do novo objeto de exceção, para inicializar a propriedade **InnerException**.*

9. "Best Practices for Handling Exceptions [C#]", *.NET Framework Developer's Guide*, Visual Studio .NET Online Help.

O método **ToString** de uma exceção retorna uma **string** contendo o nome da exceção, a **string** de caractere opcional fornecida quando a exceção foi construída, a exceção interna (se houver uma) e um rastreamento da pilha.

O próximo bloco de saída (duas linhas) simplesmente exibe a propriedade **Message** (**Exception occurred in Method3**) da exceção lançada em **Method3**.

O terceiro bloco de saída exibe a propriedade **StackTrace** da exceção lançada em **Method3**. Note que a propriedade **StackTrace** inclui o rastreamento da pilha a partir da linha 66 em **Method3**, pois esse é o ponto em que o objeto **Exception** foi criado e lançado. O rastreamento da pilha sempre começa no ponto de lançamento da exceção.

Finalmente, o último bloco de saída exibe a representação de **ToString** da propriedade **InnerException**, a qual inclui o espaço de nomes e os nomes de classe desse objeto de exceção, sua propriedade **Message** e sua propriedade **StackTrace**.

11.7 Classes de exceção definidas pelo programador

Em muitos casos, os programadores podem usar classes de exceção existentes na plataforma .NET, para indicar as exceções que ocorrem em seus programas. Entretanto, em alguns casos, os programadores podem querer criar tipos de exceção mais específicos para os problemas que ocorrem em seus programas. As *classes de exceção definidas pelo programador* devem derivar direta ou indiretamente da classe **ApplicationException**, do espaço de nomes **System**.

Boa prática de programação 11.3

Associar cada tipo de problema de funcionamento a uma classe de exceção apropriadamente nomeada melhora a clareza do programa.

Observação de engenharia de software 11.10

Antes de criar classes de exceção definidas pelo programador, investigue as classes de exceção existentes na plataforma .NET, para saber se um tipo de exceção apropriado já existe.

Observação de engenharia de software 11.11

Os programadores devem criar classes de exceção somente se precisarem capturar e tratar novas exceções de modo diferente dos outros tipos de exceção já existentes.

As figuras 11.4 e 11.5 demonstram a definição e o uso de uma classe de exceção definida pelo programador. A classe **NegativeNumberException** (Figura 11.4) é uma classe de exceção definida pelo programador representando as exceções que ocorrem quando um programa executa uma operação inválida em um número negativo, como extrair a raiz quadrada de um número negativo.

```
// Fig 11:4: NegativeNumberException.cs
// NegativeNumberException representa exceções causadas por
// operações inválidas executadas em números negativos

using System;

// NegativeNumberException representa exceções causadas por
// operações inválidas executadas em números negativos
class NegativeNumberException : ApplicationException
{
   // construtor padrão
   public NegativeNumberException()
      : base( "Illegal operation for a negative number" )
   {
   }

```

Figura 11.4 Subclasse **ApplicationException**, lançada quando um programa executa operações inválidas em números negativos. (Parte 1 de 2.)

```
      // construtor para personalizar mensagem de erro
      public NegativeNumberException( string message )
         : base( message )
      {
      }

      // construtor para personalizar mensagem de erro e
      // especificar o objeto de exceção interno
      public NegativeNumberException(
         string message, Exception inner )
            : base( message, inner )
      {
      }

   } // fim da classe NegativeNumberException
```

Figura 11.4 Subclasse `ApplicationException`, lançada quando um programa executa operações inválidas em números negativos. (Parte 2 de 2.)

De acordo com a Microsoft[10], as exceções definidas pelo programador devem estender a classe **`ApplicationException`**, devem ter um nome de classe que termine com "Exception" e devem definir três construtores — um construtor padrão, um construtor que receba um argumento **`string`** (a mensagem de erro) e um construtor que receba um argumento **`string`** e um argumento **`Exception`** (a mensagem de erro e o objeto de exceção interno).

As exceções **`NegativeNumberException`** ocorrem mais provavelmente durante operações aritméticas; portanto, parece lógico derivar a classe **`NegativeNumberException`** da classe **`ArithmeticException`**. Entretanto, a classe **`ArithmeticException`** deriva da classe **`SystemException`** — a categoria de exceções lançadas pelo CLR. Especificamente, **`ApplicationException`** é a classe base das exceções lançadas por um programa de usuário, e não pelo CLR.

A classe **`SquareRootTest`** (Figura 11.5) demonstra nossa classe de exceção definida pelo programador. O aplicativo permite que o usuário forneça um valor numérico e, em seguida, chama o método **`SquareRoot`** (linhas 42 a 52) para calcular a raiz quadrada desse valor. Para isso, **`SquareRoot`** chama o método ***`Sqrt`*** da classe **`Math`**, que recebe um valor **`double`** não negativo como argumento. Se o argumento for negativo, o método **`Sqrt`** normalmente retornará a constante **`NaN`**, da classe **`Double`**. Nesse programa, gostaríamos de impedir que o usuário calculasse a raiz quadrada de um número negativo. Se o valor numérico recebido do usuário for negativo, **`SquareRoot`** lançará uma exceção **`NegativeNumberException`** (linhas 46 e 47). Caso contrário, **`SquareRoot`** chamará o método ***`Sqrt`*** da classe **`Math`**, para calcular a raiz quadrada.

Quando o usuário fornece um valor e clica no botão **Square Root**, o programa chama o método **`squareRootButton_Click`** (linhas 56 a 85). O bloco **`try`** (linhas 62 a 68) tenta chamar **`SquareRoot`** com o valor fornecido pelo usuário. Se a entrada do usuário não for um número válido, ocorrerá uma exceção **`FormatException`**, e o manipulador **`catch`** das linhas 71 a 76 processará a exceção. Se o usuário fornecer um número negativo, o método **`SquareRoot`** lançará uma exceção **`NegativeNumberException`** (linhas 46 e 47). O manipulador **`catch`** das linhas 79 a 83 capturará e tratará dessa exceção.

```
1   // Fig 11.5: SquareRootTest.cs
2   // Demonstrando uma classe de exceção definida pelo programador.
3
4   using System;
5   using System.Drawing;
6   using System.Collections;
7   using System.ComponentModel;
8   using System.Windows.Forms;
9   using System.Data;
```

Figura 11.5 A classe `SquareRootTest` lança uma exceção caso o erro ocorra ao se calcular a raiz quadrada. (Parte 1 de 3.)

10. "Best Practices for Handling Exceptions [C#]", *.NET Framework Developer's Guide*, Visual Studio .NET Online Help.

```

// aceita a entrada e calcula a raiz quadrada dessa entrada
public class SquareRootTest : System.Windows.Forms.Form
{
   private System.Windows.Forms.Label inputLabel;
   private System.Windows.Forms.TextBox inputTextBox;

   private System.Windows.Forms.Button squareRootButton;

   private System.Windows.Forms.Label outputLabel;

   // Variável de projetista exigida.
   private System.ComponentModel.Container components = null;

   // construtor padrão
   public SquareRootTest()
   {
      // Exigido para suporte do Windows Form Designer
      InitializeComponent();
   }

   // código gerado pelo Visual Studio .NET

   // ponto de entrada principal do aplicativo
   [STAThread]
   static void Main()
   {
      Application.Run( new SquareRootTest() );
   }

   // calcula a raiz quadrada de seu parâmetro; lança
   // NegativeNumberException se o parâmetro for negativo
   public double SquareRoot( double operand )
   {
      // se o operando for negativo, lança NegativeNumberException
      if ( operand < 0 )
         throw new NegativeNumberException(
            "Square root of negative number not permitted" );

      // calcula a raiz quadrada
      return Math.Sqrt( operand );

   } // fim da classe SquareRoot

   // obtém a entrada do usuário, converte para double e calcula
   // a raiz quadrada
   private void squareRootButton_Click(
      object sender, System.EventArgs e )
   {
      outputLabel.Text = "";

      // captura qualquer NegativeNumberException lançado
      try
      {
         double result =
            SquareRoot( Double.Parse( inputTextBox.Text ) );

         outputLabel.Text = result.ToString();
```

Figura 11.5 A classe SquareRootTest lança uma exceção caso o erro ocorra ao se calcular a raiz quadrada. (Parte 2 de 3.)

```
      }

      // processa formato de número inválido
      catch ( FormatException notInteger )
      {
         MessageBox.Show( notInteger.Message,
            "Invalid Operation", MessageBoxButtons.OK,
            MessageBoxIcon.Error );
      }

      // exibe a MessageBox se a entrada for um número negativo
      catch ( NegativeNumberException error )
      {
         MessageBox.Show( error.Message, "Invalid Operation",
            MessageBoxButtons.OK, MessageBoxIcon.Error );
      }

   } // fim do método squareRootButton_Click

} // fim da classe SquareRootTest
```

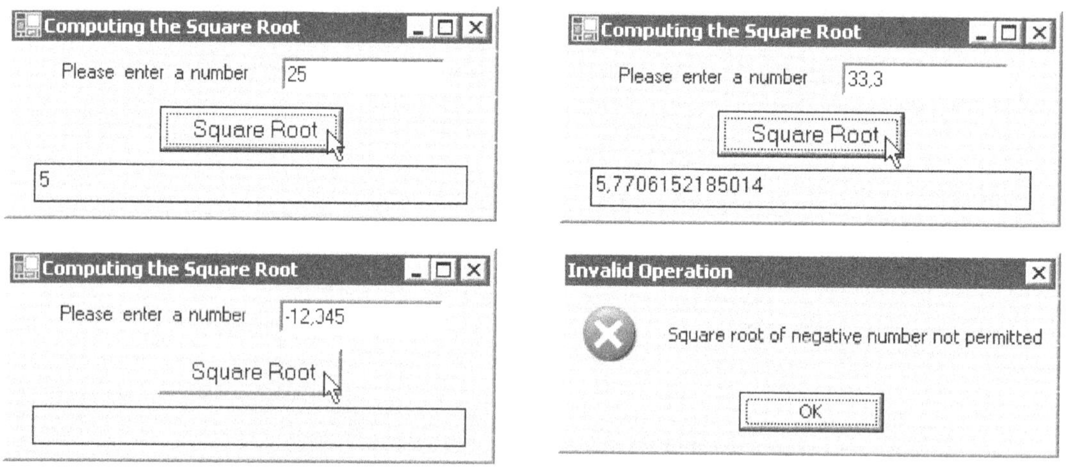

Figura 11.5 A classe `SquareRootTest` lança uma exceção caso o erro ocorra ao se calcular a raiz quadrada. (Parte 3 de 3.)

11.8 Tratando estouros com os operadores checked e unchecked

No .NET, os tipos de dados primitivos são armazenados em estruturas de tamanho fixo. Por exemplo, o valor máximo de um **int** é 2.147.483.647. Na aritmética de inteiros, um valor maior do que 2.147.483.647 causa *estouro* (*overflow*) — o tipo **int** não pode representar tal número. O estouro também ocorre com outros tipos primitivos do C#. Os estouros freqüentemente fazem com que os programas produzam resultados incorretos.

O C# fornece os operadores ***checked*** e ***unchecked*** para especificar se a aritmética de inteiros ocorre em um *contexto verificado* ou em um *contexto não verificado*. Em um contexto verificado, o CLR lança uma exceção **OverflowException** (espaço de nomes **System**) se ocorrer um estouro durante a avaliação de uma expressão aritmética. Em um contexto não verificado, se ocorrer um estouro o resultado é truncado.

Os operadores **++**, **--**, *****, **/**, **+** e **-** (unários e binários) podem causar estouro quando usados com tipos de dados integrais (como **int** e **long**). Além disso, as conversões explícitas entre tipos de dados integrais podem causar estouro. Por exemplo, converter o inteiro 1.000.000 de **int** para **short** resulta em um estouro, pois um valor **short** pode armazenar um valor máximo igual a 32.767. A Figura 11.6 demonstra estouros ocorrendo em contextos verificados e não verificados.

O programa começa definindo as variáveis **int number1** e **number2** (linhas 11 e 12) e atribuindo a cada variável o valor máximo de um **int** — 2.147.483.647 (definido por **Int32.MaxValue**). Em seguida, a linha 13 define a variável **sum** (inicializada como 0) para armazenar a soma de **number1** e **number2**. Então, as linhas 15 e 16 produzem na saída os valores de **number1** e **number2**.

As linhas 19 a 25 definem um bloco **try** no qual a linha 24 soma **number1** e **number2** em um contexto verificado. A expressão a ser avaliada em um contexto verificado aparece entre parênteses, após a palavra-chave **checked**. As variáveis **number1** e **number2** já contêm o valor máximo de um **int**; portanto, somar esses valores causa uma exceção **OverflowException**. O manipulador **catch**, nas linhas 28 a 31, captura a exceção e produz na saída sua representação de **string**.

A linha 39 efetua o mesmo cálculo em um contexto não verificado. O resultado do cálculo deve ser 4.294.967.294. Entretanto, esse valor exige mais memória do que um **int** pode armazenar; portanto, o operador **unchecked** trunca parte do valor, resultando em uma saída de **-2**. Como você pode ver, o resultado do cálculo não verificado não é a soma das variáveis.

```
1   // Fig 11.6: Overflow.cs
2   // Demonstrando os operadores checked e unchecked.
3
4   using System;
5
6   // demonstra o uso dos operadores checked e unchecked
7   class Overflow
8   {
9      static void Main( string[] args )
10     {
11        int number1 = Int32.MaxValue;   // 2.147.483.647
12        int number2 = Int32.MaxValue;   // 2.147.483.647
13        int sum = 0;
14
15        Console.WriteLine(
16           "number1: {0}\nnumber2: {1}", number1, number2 );
17
18        // calcula a soma de number1 e number2
19        try
20        {
21           Console.WriteLine(
22              "\nSum integers in checked context:" );
23
24           sum = checked( number1 + number2 );
25        }
26
27        // captura exceção de estouro
28        catch ( OverflowException overflowException )
29        {
30           Console.WriteLine( overflowException.ToString() );
31        }
32
33        Console.WriteLine(
34           "\nsum after checked operation: {0}", sum );
35
36        Console.WriteLine(
37           "\nSum integers in unchecked context:" );
38
39        sum = unchecked( number1 + number2 );
40
41        Console.WriteLine(
42           "sum after unchecked operation: {0}", sum );
43
44     } // fim do método Main
45
46  } // fim da classe Overflow
```

Figura 11.6 Os operadores **checked** e **unchecked** e o tratamento do estouro aritmético. (Parte 1 de 2.)

```
number1: 2147483647
number2: 2147483647

Sum integers in checked context:
System.OverflowException: Arithmetic operation resulted in an overflow.
    at Overflow.Overflow.Main(String[] args) in
       c:\cshow\examples\ch11\fig11_09\
          overflow\overflow.cs:line 24

sum after checked operation: 0

Sum integers in unchecked context:
sum after unchecked operation: -2
```

Figura 11.6 Os operadores `checked` e `unchecked` e o tratamento do estouro aritmético. (Parte 2 de 2.)

Como padrão, os cálculos ocorrem em um contexto não verificado — uma prática perigosa, a não ser que os cálculos sejam efetuados sobre expressões constantes (como valores inteiros literais). As expressões constantes são avaliadas em um contexto verificado, em tempo de compilação. Os estouros em tais expressões resultam em erros em tempo de compilação. É possível especificar nas propriedades de um projeto que o contexto padrão para avaliar expressões não constantes deve verificar a existência de estouro aritmético. Nas propriedades de seu projeto, você pode configurar o contexto verificado como padrão. Para isso, primeiro selecione seu projeto no **Solution Explorer**[11]. Em seguida, no menu **View**, selecione **Property Pages**. Na caixa de diálogo **Property Pages**, clique na pasta **Configuration Properties**. Sob **Code Generation**, mude o valor de **Check for Arithmetic Overflow/Underflow** para `true`.

Boa prática de programação 11.4

Use um contexto verificado ao efetuar cálculos que possam resultar em estouros. O programador deve definir manipuladores de exceções que possam processar o estouro.

Observação de engenharia de software 11.12

As palavras-chave **`checked`** *e* **`unchecked`** *podem avaliar blocos de instruções em contextos verificados ou não verificados, colocando-se após a palavra-chave apropriada um bloco de código entre chaves ({}).*

Neste capítulo demonstramos como o mecanismo de tratamento de exceções funciona e discutimos como tornar os aplicativos mais robustos por meio da criação de manipuladores de exceções para processar problemas em potencial. À medida que os programadores desenvolvem novos aplicativos, é importante investigar as exceções em potencial lançadas pelos métodos que seu programa chama ou pelo CLR e, então, implementar código de tratamento de exceções apropriado para tornar esses aplicativos mais robustos.

Resumo

- Uma exceção é uma indicação de um problema que ocorre durante a execução de um programa.
- O tratamento de exceções permite que os programadores criem aplicativos que podem resolver exceções, freqüentemente permitindo que o programa continue sua execução como se nenhum problema tivesse sido encontrado.
- O tratamento de exceções permite que os programadores escrevam programas claros, robustos e mais tolerantes a falha.
- O tratamento de exceções permite que o programador remova o código de tratamento de erros da "linha principal" da execução do programa. Isso melhora a clareza do programa e também sua capacidade de modificação.

---

11. Preste atenção, pois mesmo que a solução tenha somente um projeto, você deverá selecionar o nó correspondente ao projeto, não à solução (o nó da solução começa com **Solution**; o nó do projeto tem apenas o nome do projeto). (N.R.T.)

- O tratamento de exceções é feito para processar erros síncronos, como índices de array fora dos limites, estouro aritmético, divisão por zero, parâmetros de método inválidos e exaustão de memória.
- O tratamento de exceções não é feito para processar eventos assíncronos, como conclusões de E/S de disco, chegadas de mensagem na rede, cliques de mouse e pressionamentos de tecla.
- Quando um método detecta um erro e é incapaz de tratar dele, o método lança uma exceção. Não há garantia de que haverá um manipulador de exceções para processar esse tipo de exceção. Se houver, a exceção será capturada e tratada.
- No modo de depuração, quando o programa detecta uma exceção não capturada, aparece uma caixa de diálogo permitindo que o programador veja o problema no depurador ou continue a execução do programa, ignorando o problema ocorrido.
- Um bloco **try** consiste na palavra-chave **try** seguida de chaves ({}) que delimitam um bloco de código em que as exceções devem ocorrer.
- Imediatamente após o bloco **try** existem zero ou mais manipuladores **catch**. Cada **catch** especifica um parâmetro de exceção entre parênteses, representando o tipo de exceção que pode ser manipulado.
- Se um parâmetro de exceção inclui um nome de parâmetro opcional, o manipulador **catch** pode usar esse nome de parâmetro para interagir com um objeto de exceção capturada.
- Pode haver um manipulador **catch** sem parâmetros que capture todos os tipos de exceção.
- Após o último manipulador **catch**, um bloco **finally** opcional contém código que sempre é executado, independentemente de ocorrer uma exceção.
- Quando um método chamado em um programa ou o CLR detecta um problema, o método ou o CLR lança uma exceção. O ponto no programa em que ocorre uma exceção é chamado de ponto de lançamento.
- As exceções são objetos de classes que herdam direta ou indiretamente da classe **Exception**.
- O C# usa o modelo de tratamento de exceções de encerramento. Se uma exceção ocorre em um bloco **try**, o bloco expira, e o controle do programa é transferido para o primeiro manipulador **catch** após o bloco **try**.
- O CLR procura o primeiro manipulador **catch** que pode processar o tipo de exceção ocorrido. O manipulador apropriado é o primeiro no qual o tipo de exceção lançado corresponde ou é derivado do tipo de exceção especificado pelo parâmetro de exceção do manipulador **catch**.
- Se nenhuma exceção ocorre em um bloco **try**, o CLR ignora os manipuladores de exceções desse bloco.
- Se nenhuma exceção ocorre ou se uma exceção é capturada e manipulada, o programa retoma a execução na próxima instrução após a seqüência **try/catch/finally**.
- Se uma exceção ocorre em uma instrução que não está em um bloco **try**, o método que contém essa instrução termina imediatamente — um processo chamado desenrolar a pilha.
- Quando um bloco **try** termina, as variáveis locais definidas no bloco saem do escopo.
- Se o argumento de **Convert.ToInt32** não é um inteiro, ocorre uma exceção **FormatException**.
- Na aritmética de inteiros, uma tentativa de dividir por zero causa uma exceção **DivideByZeroException**.
- Um bloco **try** engloba o código que poderia lançar exceções e o código que não deve ser executado se ocorrer uma exceção.
- Cada manipulador **catch** começa com a palavra-chave **catch** seguida de um parâmetro de exceção opcional que especifica o tipo de exceção tratado pelo manipulador **catch**. O código de tratamento de exceções aparece no corpo do manipulador **catch**.
- Apenas o manipulador **catch** correspondente é executado, se uma exceção ocorre. Quando o controle do programa chega à chave de fechamento de um manipulador **catch**, o CLR considera a exceção manipulada, e o controle do programa continua na primeira instrução após a seqüência **try/catch**.
- Se um manipulador **catch** especifica um tipo de exceção e um nome de parâmetro de exceção, o corpo do manipulador de exceções pode interagir com o objeto de exceção capturada. O parâmetro de exceção pode ser omitido, se o manipulador de exceções não exigir acesso às propriedades do objeto de exceção.
- O mecanismo de tratamento de exceções permite que apenas objetos da classe **Exception** e suas classes derivadas sejam lançados e capturados. A classe **Exception** do espaço de nomes **System** é a classe base da hierarquia de exceções da plataforma .NET.
- **ApplicationException** é uma classe base que os programadores podem estender para criar novos tipos de dados de exceção, específicos para seus aplicativos. Os programas podem se recuperar da maioria das exceções **ApplicationException** e continuar sua execução.
- O Common Language Runtime gera exceções **SystemException**. Se um programa tenta acessar o índice de um array fora do intervalo, o CLR lança uma exceção **IndexOutOfRangeException**. Tentar manipular um objeto por meio de uma referência **null** causa uma exceção **NullReferenceException**.

- Os programas normalmente não podem se recuperar da maioria das exceções lançadas pelo CLR. Portanto, eles geralmente não devem lançar nem tentar capturar exceções **SystemException**.
- Um manipulador **catch** pode capturar exceções de um tipo específico ou pode usar um tipo de classe base para capturar exceções em uma hierarquia de tipos de exceção relacionados. Um manipulador **catch** que especifica um parâmetro de exceção de tipo **Exception** pode capturar todas as exceções, pois **Exception** é a classe base de todas as classes de exceção.
- Para métodos nas classes da plataforma .NET, você deve ver a descrição detalhada do método na documentação on-line, para determinar se esse método lança exceções.
- Informações sobre as exceções lançadas pelo CLR aparecem na *C# Language Specification*, que pode ser encontrada na documentação on-line.
- Muitos sistemas operacionais de computador impedem que mais de um programa manipule um recurso simultaneamente. Portanto, quando um programa não precisa mais de um recurso, ele normalmente libera esse recurso para permitir que outros programas o utilizem. Isso ajuda a evitar estouros de recursos e a garantir que esses recursos estejam disponíveis quando necessário.
- Em C e C++, os estouros de recursos mais comuns são estouros de memória que ocorrem quando um programa aloca memória, mas não a desaloca quando ela não é mais necessária no programa. O Common Language Runtime realiza a coleta de lixo da memória não mais necessária para um programa em execução, evitando assim tais estouros de memória.
- Um programa deve liberar um recurso quando esse recurso não é mais necessário. É garantido que o bloco **finally** seja executado, caso o controle do programa entre no bloco **try** correspondente, independentemente de esse bloco **try** ser executado com êxito ou de ocorrer uma exceção. Essa garantia torna o bloco **finally** um local ideal para se colocar código de desalocação de recurso, para recursos adquiridos e manipulados no bloco **try** correspondente.
- Se um ou mais manipuladores **catch** vêm após um bloco **try**, o bloco **finally** é opcional. Se nenhum manipulador **catch** vem após um bloco **try**, um bloco **finally** deve aparecer imediatamente após o bloco **try**. Se quaisquer manipuladores **catch** vierem após um bloco **try**, o bloco **finally** aparecerá após o último **catch**.
- Apenas espaço em branco e comentários podem separar os blocos em uma seqüência **try/catch/finally**.
- Uma instrução **throw** lança um objeto de exceção.
- Uma instrução **throw** pode ser usada em um manipulador **catch** para relançar uma exceção. Isso indica que o manipulador **catch** realizou o processamento parcial da exceção e agora está passando a exceção de volta para um método chamador, para mais processamento.
- A propriedade **Message** de **Exception** armazena a mensagem de erro associada a um objeto **Exception**. Essa mensagem pode ser uma mensagem padrão associada ao tipo de exceção ou uma mensagem personalizada, passada para o construtor de um objeto de exceção no momento em que um programa cria a exceção.
- A propriedade **StackTrace** de **Exception** contém uma string que representa a pilha de chamadas a métodos no ponto de lançamento da exceção.
- A propriedade **InnerException** de **Exception** é normalmente usada para "encerrar" um objeto de exceção capturada em um novo objeto de exceção e depois lançar o objeto desse novo tipo de exceção.
- Quando uma exceção não é capturada em um método, o método termina. Isso remove ou desenrola o método da pilha de chamadas a métodos.
- As exceções definidas pelo programador devem estender a classe **ApplicationException**, ter um nome de classe que termine com "Exception" e definir um construtor padrão, um construtor que receba um argumento **string** (a mensagem de erro) e um construtor que receba um argumento **string** e um argumento **Exception** (a mensagem de erro e o objeto de exceção interno).
- O estouro ocorre na aritmética de inteiros quando o valor de uma expressão é maior do que o valor máximo que pode ser armazenado em um tipo de dados integral em particular.
- O C# fornece os operadores **checked** e **unchecked** para especificar se a aritmética ocorre em um contexto verificado ou em um contexto não verificado. Em um contexto verificado, o operador **checked** lança uma exceção **OverflowException**, se o estouro ocorre ao se avaliar uma expressão aritmética. Em um contexto não verificado, o operador **unchecked** trunca o resultado, se o estouro ocorre (normalmente, algo perigoso para se permitir).
- Os operadores **++**, **--**, *****, **/**, **+** e **-** (unários e binários) podem causar estouro quando usados com tipos de dados integrais (como **int** e **long**). Além disso, as conversões explícitas entre tipos de dados integrais podem causar estouro.
- A expressão que deve ser avaliada em um contexto verificado ou não verificado aparece entre parênteses, após a palavra-chave **checked** ou **unchecked**, respectivamente. Além disso, blocos de código inteiros podem ser executados em um contexto verificado ou não verificado colocando-se a palavra-chave *checked* ou *unchecked* antes da chave de abertura do bloco.
- Como padrão, os cálculos são efetuados no contexto não verificado.

Terminologia

aplicativo robusto
bloco **catch** (ou manipulador)
bloco **finally**
bloco **try**
bloco **try** expira
C# Language Specification
captura de todos os tipos de exceção
chegada de mensagem na rede
classe **ApplicationException**
classe **DivideByZeroException**
classe **Double**
classe **Exception**
classe **FormatException**
classe **IndexOutOfRangeException**
classe **OverflowException**
classe **SystemException**
classes de exceção definidas pelo programador
código de processamento de erros
Common Language Runtime (CLR)
conclusão de E/S de disco
constante **MaxValue** de **Int32**
constante **NaN** da classe **Double**
contexto não verificado
contexto verificado
desenrolar a pilha
DivideByZeroTest.cs
divisão por zero
eliminação de estouros de recursos
erro síncrono
estouro
estouro aritmético
estouro de memória
estouro de recursos
evento assíncrono
exceção
exceção em tempo de execução
herança com exceções
índice de array fora do intervalo
infinito negativo
infinito positivo
instrução **throw**
Koenig, Andrew
lançar uma exceção
liberação de recurso
manipulador de exceções
manipulando uma exceção de divisão por zero
Message
método **Sqrt** de **Math**
método **ToInt32** de **Convert**
modelo de retomada de tratamento de exceções
modelo de tratamento de exceções de encerramento
NullReferenceException
operador **checked**
operador **unchecked**
pilha de chamadas
pilha de chamadas a métodos
ponto de lançamento
processamento polimórfico de erros relacionados
programa tolerante a falha
propriedade **InnerException** de **Exception**
propriedade **Message** da classe **Exception**
propriedade **Message** de **Exception**
propriedade **StackTrace** de **Exception**
relançar uma exceção
resultado de uma exceção não capturada
SquareRootTest.cs
Stroustrup, Bjarne
tipos de dados integrais
ToString

Exercícios de revisão

11.1 Preencha os espaços em branco em cada uma das declarações a seguir:

a) O tratamento de exceções trata com erros ______________, mas não com erros ______________.
b) Um método ______________ uma exceção quando detecta um problema.
c) O bloco ______________ associado a um bloco **try** sempre é executado.
d) Os objetos de exceção são derivados da classe ______________.
e) A instrução que lança uma exceção é chamada de ______________ da exceção.
f) Um bloco ______________ engloba código que poderia lançar uma exceção.
g) Se o manipulador de exceções que captura tudo é declarado antes de outro manipulador de exceções, ocorre um ______________.
h) Uma exceção não capturada em um método faz com que esse método seja ______________ da pilha de chamadas a métodos.
i) O método **Convert.ToInt32** pode lançar uma exceção ______________, se seu argumento não for um valor inteiro válido.
j) As exceções de tempo de execução derivam da classe ______________.
k) Para obrigar uma exceção a ocorrer no caso de haver estouro aritmético na aritmética de inteiros, use o operador ______________.

11.2 Indique se cada uma das seguintes alternativas é *verdadeira* ou *falsa*. Se for *falsa*, justifique.

a) As exceções são sempre manipuladas no método que detecta inicialmente a exceção.
b) As classes de exceção definidas pelo programador devem estender a classe **SystemException**.
c) Acessar um índice de array fora do limite faz com que o CLR lance uma exceção.
d) Um bloco **finally** é opcional após um bloco **try**.

e) Se um bloco **finally** aparece em um método, é garantido que esse bloco **finally** será executado.
f) É possível retornar ao ponto de lançamento de uma exceção usando a palavra-chave **return**.
g) As exceções podem ser relançadas.
h) O operador **checked** causa um erro de sintaxe quando ocorre um estouro de aritmética inteira.
i) A propriedade **Message** retorna uma **string** indicando o método a partir do qual a exceção foi lançada.
j) As exceções podem ser lançadas apenas por métodos explicitamente chamados em um bloco **try**.

Respostas dos exercícios de revisão

11.1 a) síncronos, assíncronos. b) lança. c) **finally**. d) **Exception**. e) ponto de lançamento. f) **try**. g) erro de sintaxe. h) desenrolar. i) **FormatException**. j) **SystemException**. k) **checked**.

11.2 a) Falsa. As exceções são manipuladas pela chamada a métodos na pilha de chamadas a métodos. b) Falsa. As classes de exceção definidas pelo programador devem estender a classe **ApplicationException**. c) Verdadeira. d) Falsa. O bloco **finally** é opcional *somente* se houver pelo menos um manipulador **catch**. Se não houver manipuladores **catch**, o bloco **finally** é *obrigatório*. e) Falsa. O bloco **finally** será executado apenas se o controle do programa entrar no bloco **try** correspondente. f) Falsa. A palavra-chave **return** faz com que o controle retorne para o chamador. g) Verdadeira. h) Falsa. O operador **checked** causa uma exceção quando o estouro aritmético ocorre em tempo de execução. i) Falsa. A propriedade **Message** retorna uma **string** representando a mensagem de erro. j) Falsa. As exceções podem ser lançadas por qualquer método, chamado de um bloco **try** ou não. Além disso, o CLR pode lançar exceções.

Exercícios

11.3 Use herança para criar uma classe base de exceção e várias classes de exceção derivadas. Escreva um programa para demonstrar que o **catch** que especifica a classe base captura exceções da classe derivada.

11.4 Escreva um programa em C# que demonstre como várias exceções são capturadas, com:

```
catch ( Exception exception )
```

11.5 Escreva um programa em C# que mostre a importância da ordem dos manipuladores de exceções. Escreva dois programas: um com a ordem correta dos manipuladores **catch** e outro com uma ordem incorreta (isto é, coloque o manipulador de exceções de classe base antes dos manipuladores de exceções de classe derivada). Mostre que, se você tentar capturar um tipo de exceção de classe base antes de um tipo de exceção de classe derivada, as exceções de classe derivada não serão chamadas (o que potencialmente gera erros lógicos na rotina). Explique por que esses erros ocorrem.

11.6 As exceções podem ser usadas para indicar problemas que ocorrem quando um objeto está sendo construído. Escreva um programa em C# que mostre um construtor passando informações sobre falha de construtor para um manipulador de exceções que ocorre após um bloco **try**. A exceção lançada também deve conter os argumentos enviados para o construtor.

11.7 Escreva um programa em C# que demonstre o relançamento de uma exceção.

11.8 Escreva um programa em C# que mostre que um método com seu próprio bloco **try** não precisa capturar todas as exceções possíveis que ocorrem dentro do bloco **try**. Algumas exceções podem escapar e ser manipuladas em outros escopos.

12

Conceitos de Interface com o Usuário Gráfica: Parte 1

Objetivos

- Entender os princípios de projeto das interfaces com o usuário gráficas.
- Entender, usar e criar eventos.
- Entender os espaços de nomes que contêm componentes de interface com o usuário gráfica e classes e interfaces de manipulação de eventos.
- Criar interfaces com o usuário gráficas.
- Criar e manipular botões, rótulos, listas, caixas de texto e painéis.
- Usar eventos de mouse e teclado.

★

Os profetas mais sábios
certificam-se primeiro do evento.
Horace Walpole

O usuário deve se sentir no controle do computador,
e não o contrário. Isso é conseguido em aplicativos
que incorporam três qualidades:
receptividade, permissividade e consistência.
Inside Macintosh, Volume 1
Apple Computer, Inc. 1985

Para te ver melhor, minha netinha.
O lobo mau para chapeuzinho vermelho

Resumo

12.1 Introdução

Uma GUI (Graphical User Interface — interface com o usuário gráfica) permite que os usuários interajam com um programa visualmente. Uma GUI proporciona ao programa uma "aparência" e um "comportamento" distintivos. Fornecendo aos diferentes aplicativos um conjunto consistente de componentes de interface com o usuário intuitivos, as GUIs permitem que os usuários passem menos tempo tentando lembrar quais seqüências de pressionamentos de teclas executam quais funções e passem mais tempo usando o programa de maneira produtiva.

Observação de aparência e comportamento 12.1

As interfaces com o usuário consistentes permitem que os usuários aprendam novos aplicativos mais rapidamente.

Como um exemplo de GUI, a Figura 12.1 contém uma janela do Internet Explorer com alguns de seus *componentes de GUI* rotulados. Na janela existe uma *barra de menus* contendo *menus* que incluem **Arquivo**, **Editar**, **Exibir**, **Favoritos**, **Ferramentas** e **Ajuda**. Abaixo da barra de menus existe um conjunto de *botões*; cada um tem uma tarefa definida no Internet Explorer. Abaixo dos botões está uma *caixa de texto*, na qual o usuário pode digitar a localização de um site World Wide Web para visitar. À esquerda da caixa de texto existe um *rótulo* que indica o objetivo da caixa de texto. Na extremidade direita e inferior existem *barras de rolagem*. As barras de rolagem são usadas quando existem mais informações em uma janela do que pode ser exibido de uma vez. Movendo as barras de rolagem para frente e para trás, o usuário pode ver diferentes partes da página Web. Os menus, botões, caixas de texto, rótulos e barras de rolagem fazem parte da GUI do Internet Explorer. Eles formam uma interface amigável para o usuário, por meio da qual ele interage com o navegador da Web Internet Explorer.

As GUIs são construídas a partir de componentes de GUI (às vezes chamados de *controles* ou *elementos de janela*). Um componente de GUI é um objeto com o qual o usuário interage por meio do mouse ou do teclado. Vários componentes de GUI comuns estão listados na Figura 12.2. Nas seções a seguir discutiremos cada um desses componentes de GUI em detalhes. No próximo capítulo discutiremos componentes de GUI mais avançados.

12.2 Formulários Windows

Os *formulários Windows* (*Windows Forms*, também chamados de *WinForms*) criam GUIs para programas. Um formulário é um elemento gráfico que aparece na área de trabalho. Um formulário pode ser uma caixa de diálogo, uma janela ou uma *janela MDI* (Multiple Document Interface — interface de vários documentos, discutida no Capítulo 13). Um *componente* é uma classe que implementa a *interface* **`IComponent`**, a qual define os comportamentos que os componentes devem implementar. Um *controle*, como um botão ou rótulo, é um componente com uma parte gráfica. Os controles são visíveis, enquanto os componentes, que não possuem partes gráficas, não.

A Figura 12.3 mostra os controles e componentes para formulários Windows contidos na **Toolbox** (caixa de ferramentas) do Visual Studio .NET — as duas primeiras telas mostram os controles, e a última mostra os componentes. Quando o usuário seleciona um componente ou controle, ele pode então adicionar esse componente ou controle no formulário. Note que o **Pointer** (ponteiro, o ícone no início da lista) não é um componente; em vez disso, ele representa a ação padrão do mouse.

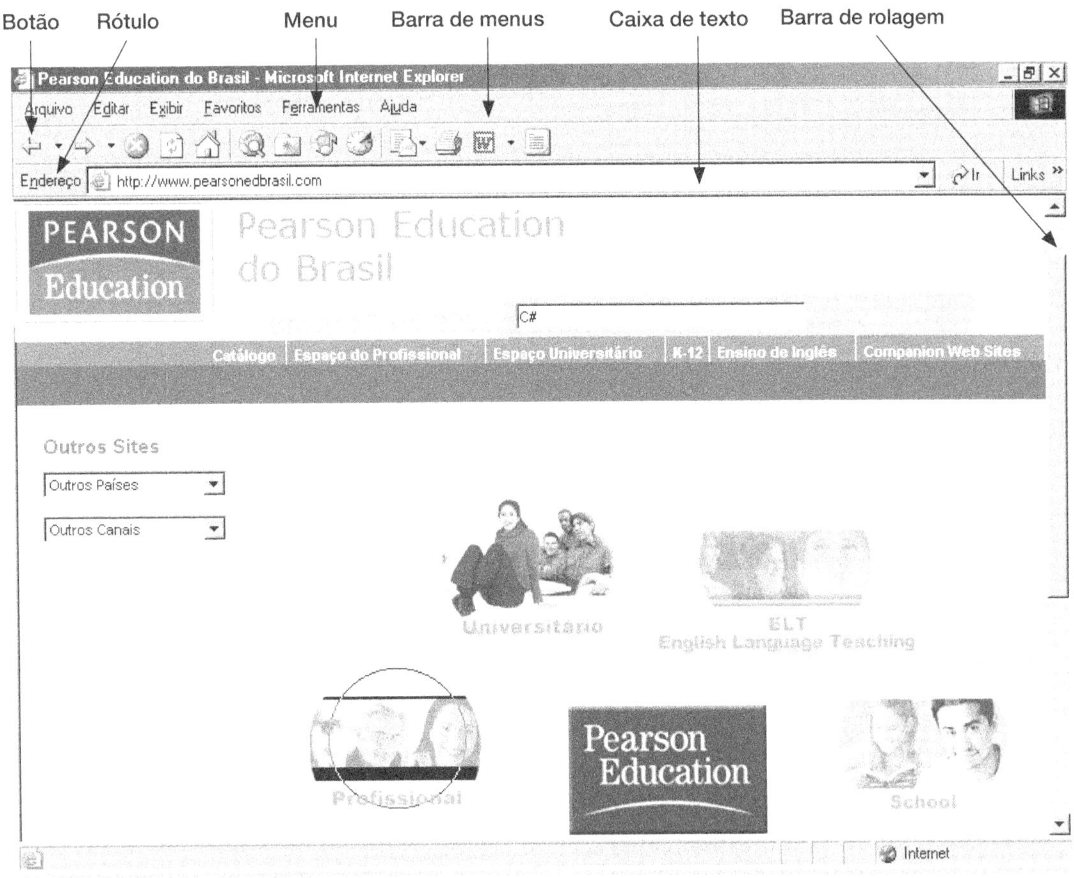

Figura 12.1 Exemplo de janela do Internet Explorer com componentes de GUI.

Controle	Descrição
`Label`	Rótulo. Uma área na qual podem ser exibidos ícones ou texto que não pode ser editado.
`TextBox`	Caixa de texto. Uma área na qual o usuário fornece dados a partir do teclado. A área também pode exibir informações.
`Button`	Botão. Uma área que chama um evento quando clicada.
`CheckBox`	Caixa de seleção. Um controle de GUI que está ou não selecionado.
`ComboBox`	Caixa de combinação. Uma lista suspensa de itens na qual o usuário pode fazer uma seleção clicando em um item da lista ou digitando na caixa, se for permitido.
`ListBox`	Caixa de lista. Uma área na qual uma lista de itens é exibida, na qual o usuário pode fazer uma seleção clicando uma vez em qualquer elemento. Vários elementos podem ser selecionados.
`Panel`	Painel. Um contêiner no qual podem ser colocados componentes.
`ScrollBar`	Barra de rolagem. Permite ao usuário acessar um intervalo de valores que normalmente não cabem em seu contêiner.

Figura 12.2 Alguns componentes de GUI básicos.

Destacá-lo permite ao programador usar o ponteiro do mouse, em vez de adicionar um item. Neste capítulo e no próximo discutiremos muitos desses controles.

Ao interagir com janelas, dizemos que a *janela ativa* tem o *foco*. A janela ativa é a que está na frente e contém uma barra de título destacada. Uma janela se torna a janela ativa quando o usuário clica em algum lugar dentro dela. Quando uma janela tem o foco, o sistema operacional direciona a entrada do usuário, do teclado e do mouse para esse aplicativo.

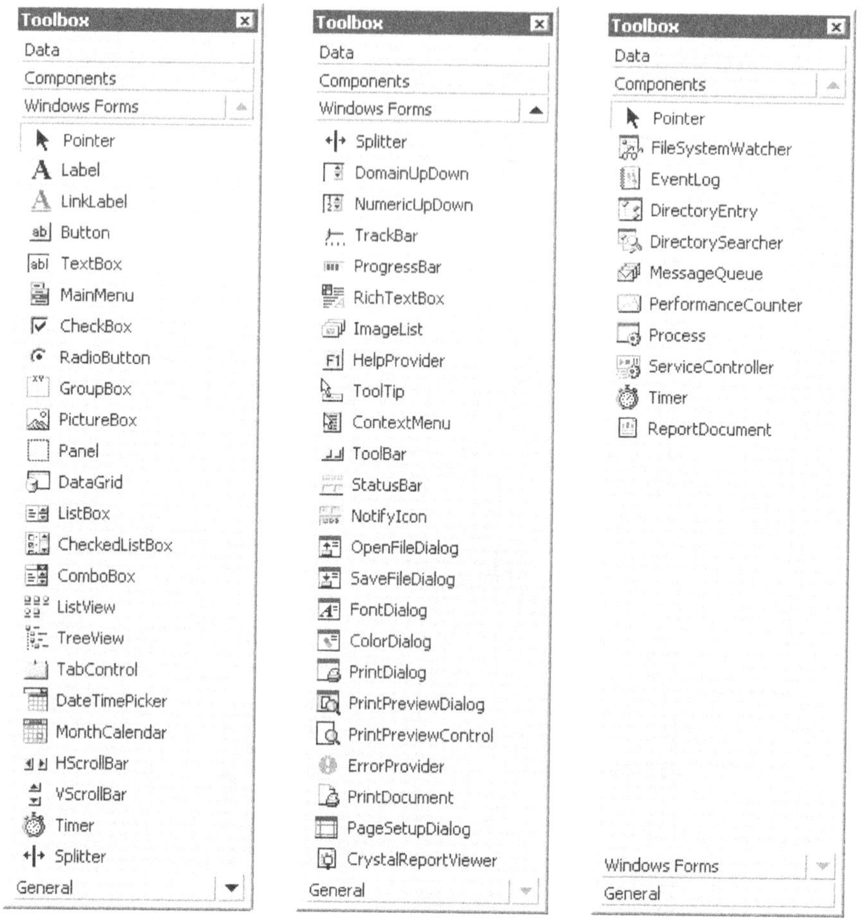

Figura 12.3 Componentes e controles dos formulários Windows.

O formulário atua como um *contêiner* para componentes e controles. Os controles devem ser adicionados ao formulário por meio de código. Quando arrastamos um controle da **Toolbox** para o formulário, o Visual Studio .NET gera esse código para nós, o qual instancia o controle e configura suas propriedades básicas. Nós mesmos poderíamos escrever o código, mas é muito mais fácil criar e modificar controles usando a **Toolbox** e a janela **Properties**, deixando o Visual Studio .NET tratar dos detalhes. Apresentamos tal *programação visual* anteriormente no livro. Nos próximos capítulos construiremos GUIs muito mais completas por meio da programação visual.

Quando o usuário interage com um controle usando o mouse ou o teclado, eventos (discutidos na Seção 12.3) são gerados e manipuladores de evento processam esses eventos. Normalmente, os eventos fazem algo acontecer em resposta. Por exemplo, clicar no botão **OK** em uma `MessageBox` gera um evento. Um manipulador de evento da classe `MessageBox` fecha a `MessageBox` em resposta a esse evento.

A classe da plataforma .NET (isto é, formulário, componente e controle) que apresentamos neste capítulo está no *espaço de nomes* ***`System.Windows.Forms`***. A classe `Form`, a janela básica usada pelos aplicativos Windows, é totalmente qualificada como `System.Windows.Forms.Form`. Do mesmo modo, a classe `Button` é, na verdade, `System.Windows.Forms.Button`.

O processo de projeto geral para a criação de aplicativos Windows requer a geração de um formulário Windows, a configuração de suas propriedades, o acréscimo de controles, a configuração de suas propriedades e a implementação dos manipuladores de evento. A Figura 12.4 relaciona as propriedades e eventos comuns de `Form`.

O Visual Studio .NET gera a maior parte do código relacionado à GUI quando criamos controles e manipuladores de evento. Os programadores podem usar o Visual Studio .NET para executar a maioria dessas tarefas graficamente, arrastando e soltando componentes no formulário e configurando propriedades na janela **Properties**. Na programação visual, o IDE geralmente mantém código relacionado à GUI, e o programador escreve os manipuladores de evento.

Propriedades e eventos de `Form`	Descrição / delegado e argumentos de evento
Propriedades comuns	
`AcceptButton`	Qual botão será clicado quando *Enter* for pressionado.
`AutoScroll`	Se barras de rolagem aparecem quando necessário (se os dados preencherem mais do que uma tela).
`CancelButton`	Botão que é clicado quando a tecla *Esc (Escape)* é pressionada.
`FormBorderStyle`	Borda do formulário (por exemplo, **`none`**, **`single`**, **`3D`**, **`sizable`**).
`Font`	Fonte do texto apresentado no formulário, assim como a fonte padrão dos controles adicionados ao formulário.
`Text`	Texto na barra de título do formulário.
Métodos comuns	
`Close`	Fecha o formulário e libera todos os recursos. Um formulário fechado não pode ser reaberto.
`Hide`	Oculta o formulário (não libera recursos).
`Show`	Exibe um formulário oculto.
Eventos comuns	*(Delegado **`EventHandler`**, argumentos de evento **`EventArgs`**)*
`Load`	Ocorre antes que um formulário seja exibido. O Visual Studio .NET gera um manipulador de evento padrão, quando o programador dá um clique duplo no formulário dentro do projetista.

Figura 12.4 Propriedades e eventos comuns de `Form`.

12.3 Modelo de manipulação de eventos

As GUIs são *dirigidas por eventos* (isto é, elas geram *eventos* quando o usuário do programa interage com a GUI). As interações normais incluem mover o mouse, clicar com o mouse, clicar em um botão, digitar em uma caixa de texto, selecionar um item em um menu e fechar uma janela. Os manipuladores de evento são métodos que processam eventos e executam tarefas. Por exemplo, considere um formulário que muda de cor quando um botão é clicado. Quando clicado, o botão gera um evento e o passa para o manipulador de evento, e o código manipulador de evento muda a cor do formulário.

Cada controle que pode gerar eventos tem um delegado associado que define a assinatura dos manipuladores de evento desse controle. Lembre-se, do Capítulo 10, de que os delegados são objetos que referenciam métodos. Os delegados de even-to têm *conversão múltipla* (classe **`MulticastDelegate`**) — eles contêm listas de referências a métodos. Cada método deve ter a mesma *assinatura* (isto é, a mesma lista de parâmetros). No modelo de manipulação de eventos, os delegados atuam como intermediários entre os objetos que geram eventos e os métodos que manipulam esses eventos (Figura 12.5).

Observação de engenharia de software 12.1

*Os delegados permitem que as classes especifiquem métodos que não serão nomeados ou implementados até que a classe seja instanciada. Isso é extremamente útil na criação de manipuladores de evento. Por exemplo, o criador da classe **`Form`** não precisa nomear ou definir o método que manipulará o evento **`Click`**. Usando delegados, a classe pode especificar quando tal manipulador de evento será chamado. Os programadores que criam seus próprios formulários podem então nomear e definir esse manipulador de evento. Desde que tenha sido registrado com o delegado correto, o método será chamado no momento apropriado.*

Quando um evento é disparado, todo método a que o delegado faz referência é chamado. Todo método no delegado deve ter a mesma assinatura, pois todos eles recebem a mesma informação.

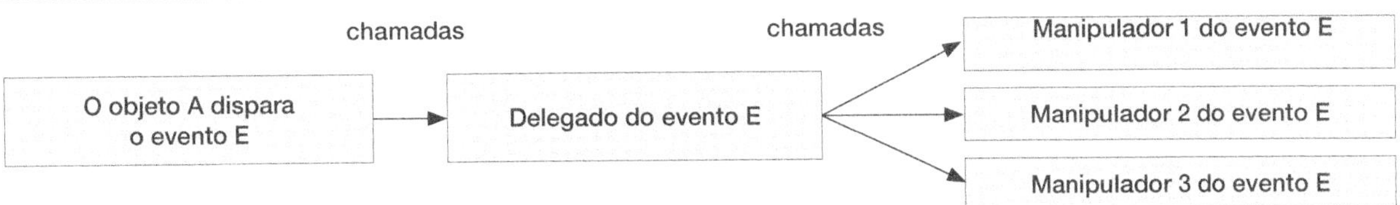

Figura 12.5 Modelo de manipulação de eventos usando delegados.

12.3.1 Manipulação de eventos básica

Na maioria dos casos, não precisamos criar nossos próprios eventos. Em vez disso, podemos manipular os eventos gerados pelos controles do .NET, como botões e caixas de texto. Esses controles já têm delegados para cada evento que podem disparar. O programador cria o manipulador de evento e o registra com o delegado — o Visual Studio .NET ajuda nessa tarefa. No exemplo a seguir criamos um formulário que exibe uma caixa de mensagem quando clicado. Depois disso analisaremos o código de evento gerado pelo Visual Studio .NET.

Primeiro, crie um novo aplicativo Windows. Para registrar e definir um manipulador de evento, clique no ícone **Events** (o raio amarelo) na janela **Properties** do formulário (Figura 12.6). Essa janela permite que o programador acesse, modifique e crie manipuladores de evento para um controle. O painel da esquerda lista os eventos que o objeto pode gerar. O painel da direita relaciona os manipuladores de evento registrados para o evento correspondente; inicialmente, essa lista está vazia. O botão suspenso indica que vários manipuladores podem ser registrados para um evento. Uma breve descrição do evento aparece na parte inferior da janela.

Nesse exemplo, o formulário executará alguma ação quando clicado. Dê um clique duplo no evento **Click**, na janela **Properties**, para criar um manipulador de evento vazio no código do programa.

```
private void FormName_Click( object sender, System.EventArgs e )
{

}
```

Esse é o método que será chamado quando o formulário for clicado. Como resposta, faremos o formulário exibir uma caixa de mensagem. Para isso, insira a instrução

```
MessageBox.Show( "Form was pressed." );
```

no manipulador de evento, para obter

```
private void FormName_Click( object sender, System.EventArgs e )
{
   MessageBox.Show( "Form was pressed" );
}
```

Agora podemos compilar e executar o programa, que aparece na Figura 12.7. Quando o formulário é clicado, uma caixa de mensagem aparece.

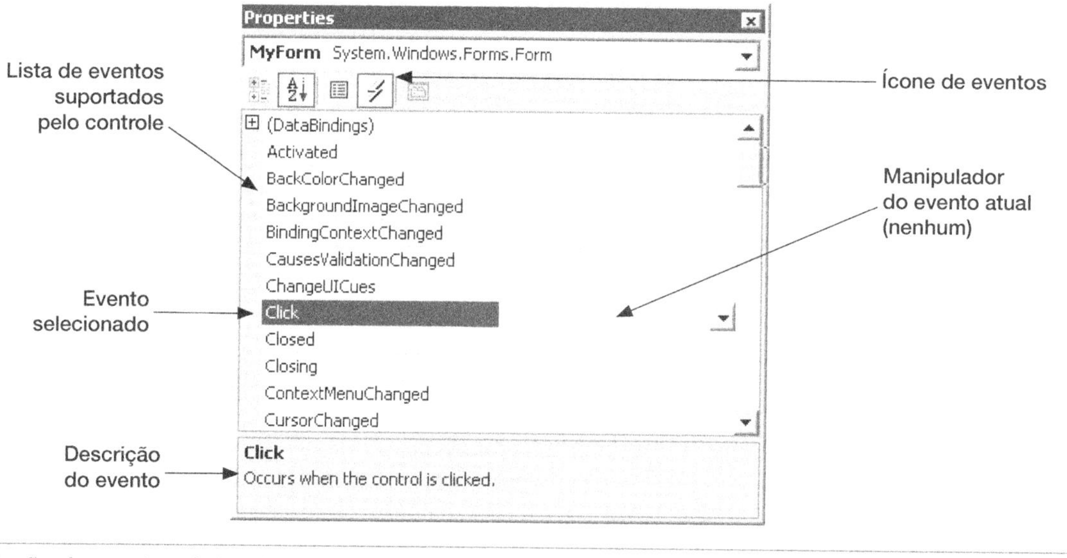

Figura 12.6 Seção de eventos da janela **Properties**.

```
1  // Fig. 12.7: SimpleEventExample.cs
2  // Usando o Visual Studio .NET para criar manipuladores de evento.
3
4  using System;
5  using System.Drawing;
6  using System.Collections;
7  using System.ComponentModel;
8  using System.Windows.Forms;
9  using System.Data;
10
11 // programa que mostra um manipulador de evento simples
12 public class MyForm : System.Windows.Forms.Form
13 {
14    private System.ComponentModel.Container components = null;
15
16    // código gerado pelo Visual Studio .NET
17
18    [STAThread]
19    static void Main()
20    {
21       Application.Run( new MyForm() );
22    }
23
24    // O Visual Studio .NET cria um manipulador vazio,
25    // escrevemos a definição: mostra a caixa de mensagem quando o formulário é clicado
26    private void MyForm_Click( object sender, System.EventArgs e )
27    {
28       MessageBox.Show( "Form was pressed" );
29    }
30
31 } // fim da classe MyForm
```

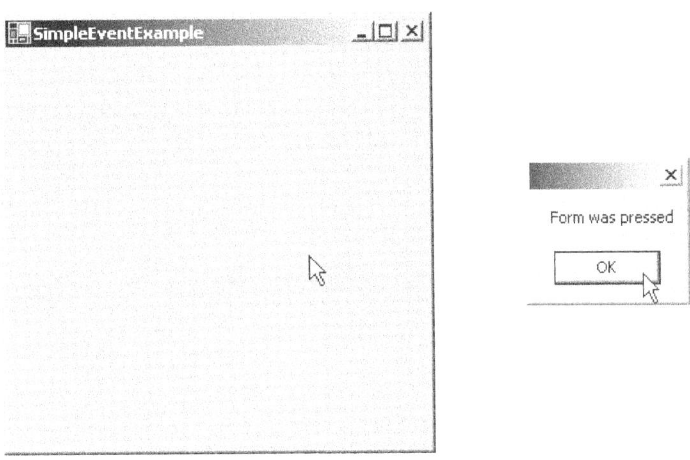

Figura 12.7 Exemplo de manipulação de eventos simples, usando programação visual.

Vamos discutir agora os detalhes do programa. Primeiro criamos um manipulador de evento (linhas 26 a 29). Todo manipulador de evento deve ter a assinatura que o delegado de evento correspondente especifica. Os manipuladores de evento recebem duas referências a objeto. A primeira é uma referência para o objeto que lançou o evento (**sender**), e a segunda é uma referência para um objeto argumentos de evento (**e**). O argumento **e** é de tipo **EventArgs**. A classe **EventArgs** é a classe base dos objetos que contêm informações de evento.

Para criar o manipulador de evento, devemos encontrar a assinatura do delegado. Quando damos um clique duplo no nome de um evento na janela **Properties**, o Visual Studio .NET cria um método com a assinatura correta. A convenção de atribuição de nomes é *NomeDoControle_NomeDoEvento*; em nosso caso, o manipulador de evento é **`MyForm_Click`**. Se não usarmos a janela **Properties**, devemos pesquisar a classe de argumentos de evento. Consulte o índice da documentação sob *NomeDoControle* **class** (isto é, **Form class**) e clique na seção **events** (Figura 12.8). Isso apresenta uma lista de todos os eventos que a classe pode gerar. Clique no nome de um evento para apresentar seu delegado, seu tipo de argumentos de evento e uma descrição (Figura 12.9).

O formato do método de manipulação de eventos é, em geral,

```
void NomeDoControle_NomeDoEvento( object sender, EventArgs e )
{
    código de manipulação do evento
}
```

onde o nome do manipulador de evento é, como padrão, o nome do controle, seguido de um sublinhado (_) e do nome do evento. Os manipuladores de evento têm o tipo de retorno **`void`** e recebem dois argumentos — um **`objeto`** (normalmente, **`sender`**) e uma instância de uma classe de argumentos do evento. As diferenças entre as várias classes **`EventArgs`** serão discutidas nas seções a seguir.

Boa prática de programação 12.1

Use a convenção de atribuição de nomes de manipulador de evento NomeDoControle_NomeDoEvento *para manter os métodos organizados. Isso informa ao usuário qual evento um método manipula e para qual controle. O Visual Studio .NET usa essa convenção de atribuição de nomes ao criar manipuladores de evento a partir da janela* **Properties**.

Após criarmos o manipulador de evento, devemos *registrá-lo* com o objeto delegado, o qual contém uma lista de ma--nipuladores de evento para chamar. Registrar um manipulador de evento com um objeto delegado envolve adicionar o manipulador de evento na lista de chamadas do delegado. Os controles têm uma *referência a delegado* para cada um de seus eventos — a referência a delegado tem o mesmo nome do evento. Por exemplo, se estamos manipulando o evento *NomeDoEvento* para o objeto **`meuControle`**, então a referência a delegado é **`meuControle.`***NomeDoEvento*. O Visual Studio .NET registra eventos para nós, com código como o seguinte, do método **`InitializeComponent`**:

```
this.Click += new System.EventHandler( this.MyForm_Click );
```

O lado esquerdo é a referência a delegado **`MyForm.Click`**. (**`this`** se refere a um objeto da classe **`MyForm`**.) A referência a delegado é inicialmente vazia — devemos atribuir a ela uma referência a objeto (o lado direito). Devemos criar um novo objeto delegado para cada manipulador de evento. Criamos um novo objeto delegado escrevendo

```
new System.EventHandler( nomeDoMétodo )
```

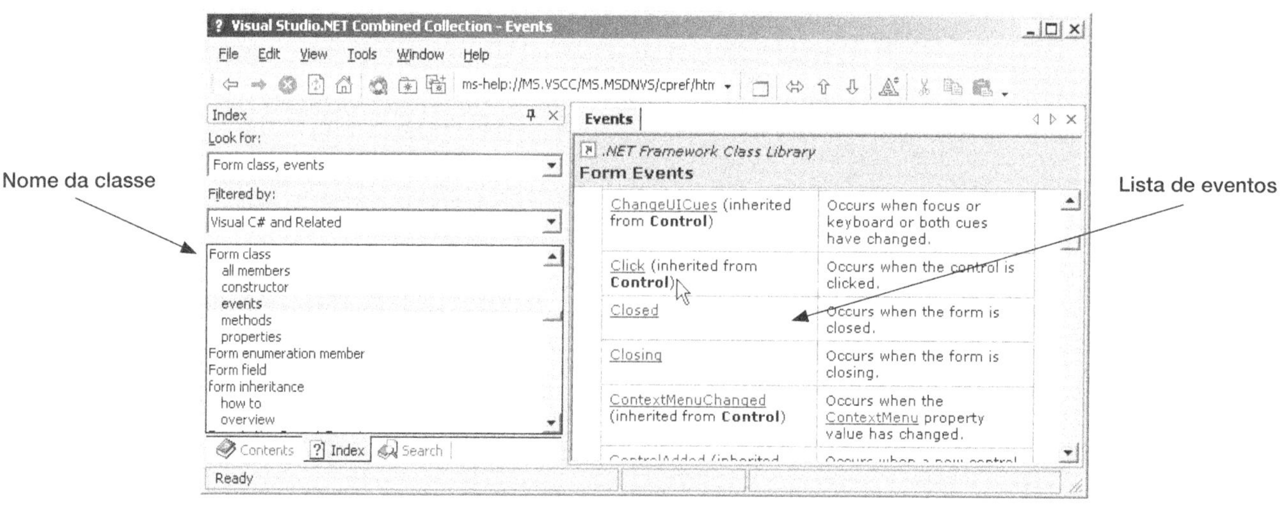

Figura 12.8 Lista dos eventos de `Form`.

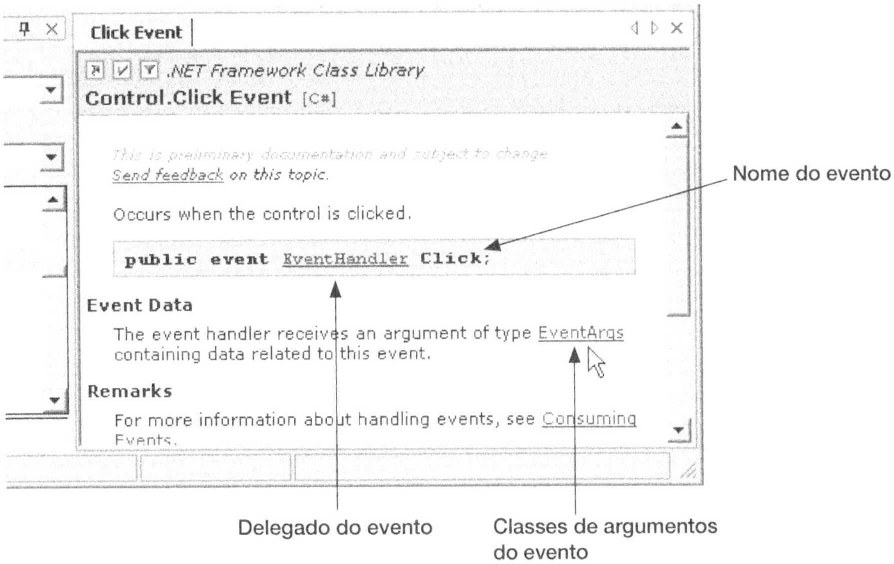

Figura 12.9 Detalhes do evento `Click`.

que retorna um objeto delegado inicializado com o método *nomeDoMétodo*. *nomeDoMétodo* é o nome do manipulador do evento; em nosso caso, é **`MyForm.MyForm_Click`**. O operador **+=** adiciona um delegado **`EventHandler`** na lista de chamadas do delegado atual. Como a referência a delegado é inicialmente vazia, o registro do primeiro manipulador de evento cria um objeto delegado. Em geral, para registrar um manipulador de evento, escreva

```
nomeDoObjeto.NomeDoEvento += new System.EventHandler(
MeuManipuladorDeEvento );
```

Podemos adicionar mais manipuladores de evento usando instruções semelhantes. *Conversão múltipla de eventos* (*event multicasting*) é a capacidade de ter vários manipuladores para um único evento. Cada manipulador de evento é chamado quando o evento ocorre, mas a ordem em que os manipuladores de evento são chamados é indeterminada. Use o operador **-=** para remover o método do objeto delegado.

Erro de programação comum 12.1

Supor que vários manipuladores de evento registrados para o mesmo evento são chamados em uma ordem específica pode levar a erros lógicos. Se a ordem é importante, registre o primeiro manipulador de evento e faça-o chamar os outros em ordem, passando os argumentos sender *e* evento.

Observação de engenharia de software 12.2

Os eventos de componentes .NET previamente empacotados normalmente têm esquemas de atribuição de nomes consistentes. Se o evento é chamado **`NomeDoEvento`**, *então seu delegado é* **`NomeDoEventoEventHandler`**, *e a classe de argumento do evento é* **`NomeDoEventoEventArgs`**. *Entretanto, os eventos que usam a classe* **`EventArgs`** *utilizam o delegado* **`EventHandler`**.

Revisando: as informações necessárias para registrar um evento são a classe **`EventArgs`** (um parâmetro para o manipulador de evento) e o delegado **`EventHandler`** (para registrar o manipulador de evento). O Visual Studio .NET pode criar esse código para nós ou podemos digitá-lo nós mesmos. Se o Visual Studio .NET criar o código, o programador não precisará tratar de todas as etapas, mas também não terá controle completo de tudo o que está ocorrendo. Para eventos e manipuladores de evento simples, freqüentemente é mais fácil deixar que o Visual Studio .NET gere esse código. Para soluções mais complicadas, registrar seus próprios manipuladores de evento pode ser necessário. Nas próximas seções indicaremos a classe **`EventArgs`** e o delegado **`EventHandler`** para cada evento que abordarmos. Para encontrar mais informações sobre um tipo de evento em particular, pesquise *NomeDaClasse* **class** na documentação de ajuda e consulte a subcategoria **events**.

12.4 Propriedades de controle e layout

Esta seção fornece um panorama das propriedades comuns a muitos controles. Os controles derivam da classe ***Control*** (espaço de nomes **System.Windows.Forms**). A Figura 12.10 contém uma lista das propriedades e eventos comuns da classe **Control**. A propriedade **Text** especifica o texto que aparece em um controle, o qual pode variar dependendo do contexto. Por exemplo, o texto de um formulário Windows é sua barra de título, e o texto de um botão aparece em sua face. O método ***Focus*** transfere o foco para um controle. Quando o foco está em um controle, este se torna o controle ativo. Quando a tecla *Tab* é pressionada, a propriedade **TabIndex** determina a ordem em que os controles recebem o foco. A propriedade **TabIndex** é configurada automaticamente pelo Visual Studio .NET, mas pode ser alterada pelo programador. Isso é útil para o usuário que fornece informações em muitos locais diferentes — o usuário pode fornecer informações e selecionar rapidamente o próximo controle pressionando a tecla *Tab*. A propriedade **Enabled** indica se o controle pode ser usado. Os programas podem configurar a propriedade **Enabled** como **false**, quando uma opção está indisponível para o usuário. Na maioria dos casos, o texto do controle aparecerá acinzentado (em vez de na cor preta) quando um controle estiver desativado. Você não precisará desativar um controle para ocultá-lo do usuário; para tanto, basta configurar a propriedade **Visible** como **false** ou chamar o método **Hide**. Quando a propriedade **Visible** de um controle é configurada como **false**, o controle ainda existe, mas ele não é mostrado no formulário.

O Visual Studio .NET permite ao programador *ancorar* (*anchor*) e *acoplar* (*dock*) controles, o que ajuda a especificar o layout dos controles dentro de um contêiner (como um formulário). O ancoramento permite que os controles permaneçam a uma distância fixa a partir das laterais do contêiner, mesmo quando o controle é redimensionado. O acoplamento permite que os controles se estendam de acordo com as laterais de seus contêineres.

O usuário pode querer que um controle apareça em determinada posição (em cima, embaixo, à esquerda ou à direita) em um formulário, mesmo quando esse formulário é redimensionado. O usuário pode especificar isso *ancorando* (*anchoring*) o controle em uma lateral (em cima, embaixo, à esquerda ou à direita). O controle mantém então uma distância fixa

Propriedades e métodos da classe Control	Descrição
Propriedades comuns	
BackColor	Cor de segundo plano (fundo) do controle.
BackgroundImage	Imagem de segundo plano (fundo) do controle.
Enabled	Indica se o controle está ativo (isto é, se o usuário pode interagir com ele). Um controle inativo ainda será exibido, mas ficará "acinzentado" — partes do controle se tornarão cinza.
Focused	Indica se um controle tem o foco. (O controle que está sendo usado de alguma maneira.)
Font	A fonte usada para exibir o texto do controle.
ForeColor	Cor de primeiro plano do controle. Normalmente essa é a cor usada para exibir a propriedade **Text** do controle.
TabIndex	Ordem de tabulação do controle. Quando a tecla *Tab* é pressionada, o foco é passado para os controles na ordem de tabulação crescente. Essa ordem pode ser configurada pelo programador.
TabStop	Se for **true**, o usuário pode usar a tecla *Tab* para selecionar o controle.
Text	O texto associado ao controle. A localização e a aparência variam com o tipo de controle.
TextAlign	O alinhamento do texto no controle. Uma de três posições horizontais (à esquerda, centralizado ou à direita) e uma de três posições verticais (em cima, no meio ou embaixo).
Visible	Indica se o controle é visível.
Métodos comuns	
Focus	Transfere o foco para o controle.
Hide	Oculta o controle (configura **Visible** como **false**).
Show	Exibe o controle (configura **Visible** como **true**).

Figura 12.10 Propriedades e métodos da classe Control.

em relação à lateral de seu contêiner progenitor. Em muitos casos, o contêiner progenitor é um formulário; entretanto, outros controles podem atuar como um contêiner progenitor.

Quando os contêineres progenitores são redimensionados, todos os controles se movem. Os controles não ancorados se movem em relação a sua posição original no formulário, enquanto os controles ancorados se movem de modo a manter a mesma distância de cada lateral em que estão ancorados. Por exemplo, na Figura 12.11, o botão superior está ancorado nas laterais superior e esquerda do formulário progenitor. Quando o formulário é redimensionado, o botão ancorado se move de modo a manter uma distância constante em relação às laterais superior e esquerda do formulário (seu progenitor). O botão não ancorado muda de posição quando o formulário é redimensionado.

Crie um aplicativo Windows simples contendo dois controles. Ancore um controle no lado direito, configurando a propriedade **Anchor** como se vê na Figura 12.12. Deixe o outro controle não ancorado. Agora, redimensione o formulário, arrastando a lateral direita mais para a direita. Note que os dois controles se movem. O controle ancorado se move de modo a manter sempre a mesma distância da lateral direita. O controle não ancorado se move de modo a estar no mesmo lugar no formulário, em relação a cada lado. Esse controle continuará a estar mais próximo das laterais de que estava próximo originariamente, mas ainda será reposicionado quando o usuário redimensionar a janela do aplicativo.

Às vezes um programador quer que um controle ocupe a lateral inteira do formulário, mesmo que o formulário seja redimensionado. Isso é útil quando queremos que um controle permaneça dominante no formulário, como a barra de status,

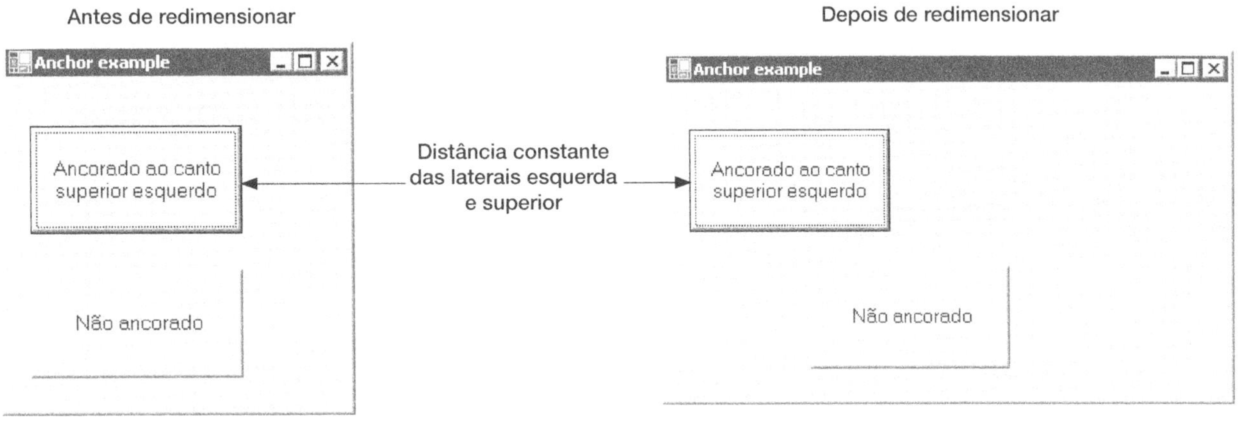

Figura 12.11 Demonstração de ancoragem.

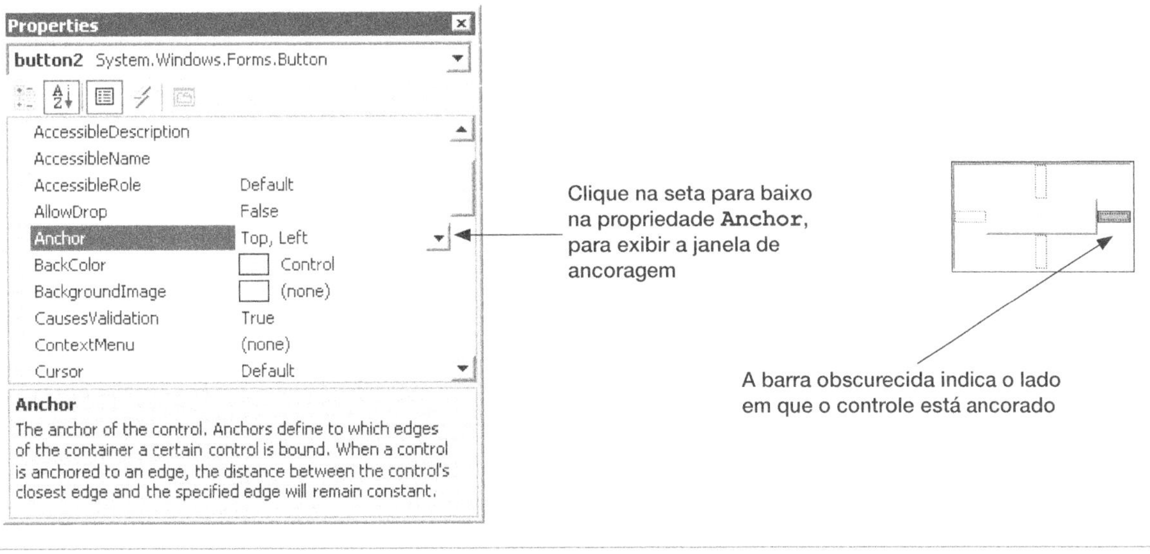

Figura 12.12 Manipulando a propriedade `Anchor` de um controle.

que poderia aparecer na parte inferior de um programa. O *acoplamento* (*docking*) permite que um controle abranja uma lateral inteira (esquerda, direita, superior ou inferior) de seu contêiner progenitor. Quando o progenitor é redimensionado, o controle acoplado também é redimensionado. Na Figura 12.13, um botão está acoplado na parte superior do formulário. (Ele se distribui ao longo da parte superior.) Quando o formulário é redimensionado, o botão também é redimensionado — o botão sempre preenche a parte superior inteira do formulário. A opção de acoplamento ***Fill*** efetivamente acopla o controle em todos os lados de seu progenitor, o que o faz preencher seu progenitor inteiro. Os formulários Windows contêm a propriedade ***DockPadding***, que configura a distância dos controles acoplados até a margem do formulário. O valor padrão é zero, fazendo os controles se anexarem na margem do formulário. As propriedades de layout de controle estão resumidas na Figura 12.14.

As opções de acoplamento e ancoragem se referem ao contêiner progenitor, o qual pode ou não ser o formulário. (Aprenderemos a respeito de outros contêineres progenitores posteriormente neste capítulo.) Os tamanhos mínimo e máximo do formulário podem ser configurados usando-se as propriedades **MinimumSize** e **MaximumSize**, respectivamente. As duas propriedades usam a estrutura **Size**, que tem as propriedades **Height** e **Width** especificando o tamanho do formulário. Essas propriedades permitem que o programador projete o layout da GUI para um intervalo de tamanho dado. Para configurar um formulário com um tamanho fixo, estabeleça seus tamanhos mínimo e máximo com o mesmo valor.

Observação de aparência e comportamento 12.2

Deixe que os formulários Windows sejam redimensionados — isso permite que os usuários com espaço de tela limitado ou que vários aplicativos em execução simultânea utilizem o aplicativo mais facilmente. Verifique se o layout da GUI parece consistente para todos os tamanhos de formulário possíveis.

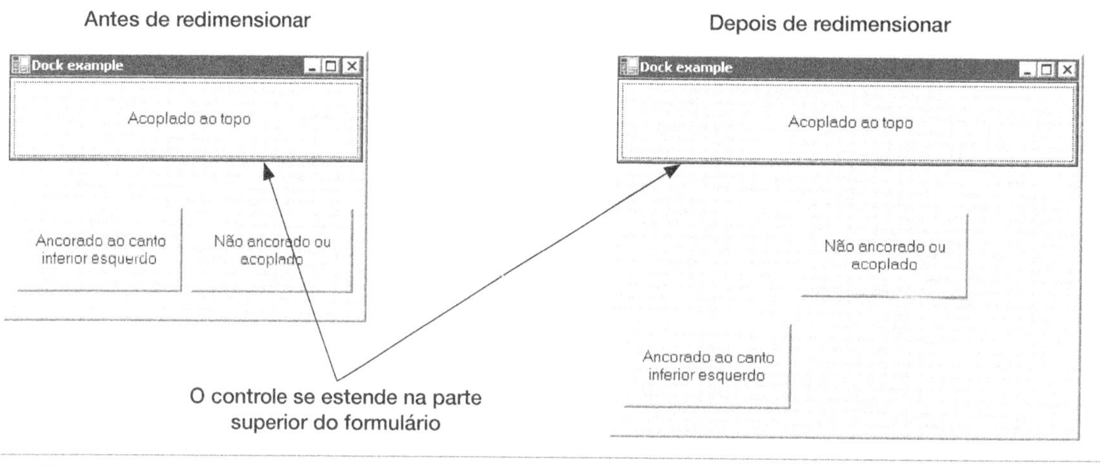

Figura 12.13 Demonstração de acoplamento.

Propriedades de layout comuns	Descrição
Propriedades comuns	
Anchor	Lado do contêiner progenitor em que se vai ancorar o controle — os valores podem ser combinados, como **Top**, **Left**.
Dock	Lado do contêiner progenitor em que se vai acoplar o controle — os valores não podem ser combinados.
DockPadding (para contêineres)	Configura o espaçamento do acoplamento para controles dentro do contêiner. O padrão é zero, de modo que os controles parecem partir da lateral do contêiner.
Location	Localização do canto superior esquerdo do controle, relativa ao seu contêiner.
Size	Tamanho do controle. Recebe uma estrutura **Size**, que tem as propriedades **Height** e **Width**.
MinimumSize, **MaximumSize** (para formulários Windows)	Os tamanhos mínimo e máximo do formulário.

Figura 12.14 Propriedades de layout da classe `Control`.

12.5 Label, TextBox e Button

Os *rótulos* (classe **Label**) fornecem instruções textuais ou informações sobre o programa. Os rótulos são definidos com a classe **Label**, a qual deriva da classe **Control**. Um **Label** apresenta *texto somente de leitura* ou texto que o usuário não pode modificar. Uma vez que os rótulos são criados, os programas raramente alteram seu conteúdo. A Figura 12.15 relaciona as propriedades comuns de **Label**.

Uma *caixa de texto* (classe **TextBox**) é uma área em que o texto pode ser fornecido pelo usuário, a partir do teclado, ou exibido. Uma *caixa de texto de senha* é uma **TextBox** que oculta o que o usuário introduziu. Quando o usuário digita os caracteres, a caixa de texto de senha exibe apenas determinado caractere (normalmente, *). Alterar a propriedade **PasswordChar** de uma caixa de texto a torna uma caixa de texto de senha e configura o caractere apropriado a ser exibido. Excluir o valor de **PasswordChar** na janela **Properties** configura a caixa de texto novamente como uma caixa de texto normal. A Figura 12.16 lista as propriedades e eventos comuns das **TextBox**es.

Um *botão* é um controle em que o usuário clica para ativar uma ação específica. Um programa pode usar vários outros tipos de botões, como *caixas de seleção* e *botões de rádio*. Todos os tipos de botão são derivados de **ButtonBase** (espaço de nomes **System.Windows.Forms**), que define recursos de botão comuns. Nesta seção nos concentraremos na classe **Button**, que é freqüentemente usada para iniciar um comando. Os outros tipos de botão serão abordados nas seções subseqüentes. O texto da face de um **Button** é chamado de *rótulo do botão*. A Figura 12.17 relaciona as propriedades e eventos comuns dos **Button**s.

Propriedades de Label	Descrição / argumentos de delegado e evento
Propriedades comuns	
Font	A fonte usada pelo texto no **Label**.
Text	O texto que vai aparecer no **Label**.
TextAlign	O alinhamento do texto do **Label** no controle. Uma das três posições horizontais (à esquerda, centralizado ou à direita) e uma das três posições verticais (em cima, no meio ou embaixo).

Figura 12.15 Propriedades de Label.

Propriedades e eventos de TextBox	Descrição / argumentos de delegado e evento
Propriedades comuns	
AcceptsReturn	Se for **true**, pressionar *Enter* cria uma nova linha, se a caixa de texto tiver múltiplas linhas. Se for **false**, pressionar *Enter* clica o botão padrão do formulário.
Multiline	Se for **true**, a caixa de texto poderá ter múltiplas linhas. O padrão é **false**.
PasswordChar	Um único caractere para mostrar, em vez de texto digitado, tornando a **TextBox** uma caixa de senha. Se nenhum caractere for especificado, a **Textbox** exibirá o texto digitado.
ReadOnly	Se for **true**, a **TextBox** terá um fundo cinza, e seu texto não poderá ser editado. O padrão é **false**.
ScrollBars	Para caixas de texto de múltiplas linhas, indica quais barras de rolagem aparecem (**nenhuma, horizontal, vertical** ou **ambas**).
Text	O texto a ser exibido na caixa de texto.
Eventos comuns	*(Delegado* ***EventHandler****, argumentos de evento* ***EventArgs****)*
TextChanged	Disparado quando o texto muda na **TextBox** (o usuário adicionou ou excluiu caracteres). Evento padrão quando esse controle recebe um clique duplo no projetista.

Figura 12.16 Propriedades e eventos de TextBox.

Propriedades e eventos de `Button`	Descrição / argumentos de delegado e evento
Propriedades comuns	
`Text`	O texto exibido na face do **`Button`**.
Eventos comuns	(*Delegado* ***`EventHandler`***, *argumentos de evento* ***`EventArgs`***)
`Click`	Disparado quando o usuário clica no controle. O evento padrão quando esse controle recebe um clique duplo no projetista.

Figura 12.17 Propriedades e eventos de `Button`.

Observação de aparência e comportamento 12.3

Embora ***`Labels`***, ***`TextBoxes`*** *e outros controles possam responder a cliques de botão do mouse, os botões transmitem seu significado naturalmente. Use* ***`Buttons`*** *(por exemplo,* ***OK****), em vez de outros tipos de controles, para iniciar ações do usuário.*

O programa da Figura 12.18 usa uma **`TextBox`**, um **`Button`** e um **`Label`**. O usuário fornece texto em uma caixa de senha e clica em **`Button`**. Então, o texto aparece no **`Label`**. Normalmente não apresentaríamos esse texto — o objetivo das caixas de texto de senha é ocultar o texto que está sendo fornecido pelo usuário de qualquer um que esteja observando sobre os ombros de uma pessoa.

```
// Fig. 12.18: LabelTextBoxButtonTest.cs
// Usando Textbox, Label e Button para exibir
// o texto oculto em uma caixa de senha.

using System;
using System.Drawing;
using System.Collections;
using System.ComponentModel;
using System.Windows.Forms;
using System.Data;

// o espaço de nomes contém nosso formulário para exibir texto oculto
namespace LabelTextBoxButtonTest
{
   /// <summary>
   /// formulário que cria uma caixa de texto de senha e
   /// um rótulo para apresentar conteúdo de caixa de texto
   /// </summary>
   public class LabelTextBoxButtonTest :
      System.Windows.Forms.Form
   {
      private System.Windows.Forms.Button displayPasswordButton;
      private System.Windows.Forms.Label displayPasswordLabel;
      private System.Windows.Forms.TextBox inputPasswordTextBox;

      /// <summary>
      /// Variável exigida do projetista.
      /// </summary>
      private System.ComponentModel.Container components = null;

      // contrutor padrão
      public LabelTextBoxButtonTest()
```

Figura 12.18 Programa para exibir texto oculto em uma caixa de senha. (Parte 1 de 4.)

```
      {
         InitializeComponent();
      }

      /// <summary>
      /// Limpa todos os recursos que estão sendo usados.
      /// </summary>
      protected override void Dispose( bool disposing )
      {
         if ( disposing )
         {
            if ( components != null )
            {
               components.Dispose();
            }
         }

         base.Dispose( disposing );
      }

      #region Windows Form Designer generated code
      /// <summary>
      /// Método exigido para o Designer suportar - não modifique
      /// o conteúdo desse método com o editor de código.
      /// </summary>
      private void InitializeComponent()
      {
         this.displayPasswordButton =
            new System.Windows.Forms.Button();
         this.inputPasswordTextBox =
            new System.Windows.Forms.TextBox();
         this.displayPasswordLabel =
            new System.Windows.Forms.Label();
         this.SuspendLayout();

         //
         // displayPasswordButton
         //
         this.displayPasswordButton.Location =
            new System.Drawing.Point( 96, 96 );
         this.displayPasswordButton.Name =
            "displayPasswordButton";
         this.displayPasswordButton.TabIndex = 1;
         this.displayPasswordButton.Text = "Show Me";
         this.displayPasswordButton.Click +=
            new System.EventHandler(
            this.displayPasswordButton_Click );

         //
         // inputPasswordTextBox
         //
         this.inputPasswordTextBox.Location =
            new System.Drawing.Point( 16, 16 );
         this.inputPasswordTextBox.Name =
            "inputPasswordTextBox";
         this.inputPasswordTextBox.PasswordChar = '*';
         this.inputPasswordTextBox.Size =
            new System.Drawing.Size( 264, 20 );
```

Figura 12.18 Programa para exibir texto oculto em uma caixa de senha. (Parte 2 de 4.)

```
         this.inputPasswordTextBox.TabIndex = 0;
         this.inputPasswordTextBox.Text = "";

         //
         // displayPasswordLabel
         //
         this.displayPasswordLabel.BorderStyle =
            System.Windows.Forms.BorderStyle.Fixed3D;
         this.displayPasswordLabel.Location =
            new System.Drawing.Point( 16, 48 );
         this.displayPasswordLabel.Name =
            "displayPasswordLabel";
         this.displayPasswordLabel.Size =
            new System.Drawing.Size( 264, 23 );
         this.displayPasswordLabel.TabIndex = 2;

         //
         // LabelTextBoxButtonTest
         //
         this.AutoScaleBaseSize =
            new System.Drawing.Size( 5, 13 );
         this.ClientSize =
            new System.Drawing.Size( 292, 133 );
         this.Controls.AddRange(
            new System.Windows.Forms.Control[] {
               this.displayPasswordLabel,
               this.inputPasswordTextBox,
               this.displayPasswordButton});
         this.Name = "LabelTextBoxButtonTest";
         this.Text = "LabelTextBoxButtonTest";
         this.ResumeLayout( false );

      } // fim do método InitializeComponent

      // fim da região que pode ser recolhida, iniciada na linha 53
      #endregion

      /// <summary>
      /// Ponto de entrada principal do aplicativo.
      /// </summary>
      [STAThread]
      static void Main()
      {
         Application.Run( new LabelTextBoxButtonTest() );
      }

      // exibe a entrada do usuário no rótulo
      protected void displayPasswordButton_Click(
         object sender, System.EventArgs e )
      {
         // o texto não foi alterado
         displayPasswordLabel.Text =
            inputPasswordTextBox.Text;
      }

   } // fim da classe LabelTextBoxButtonTest

} // fim do espaço de nomes LabelTextBoxButtonTest
```

Figura 12.18 Programa para exibir texto oculto em uma caixa de senha. (Parte 3 de 4.)

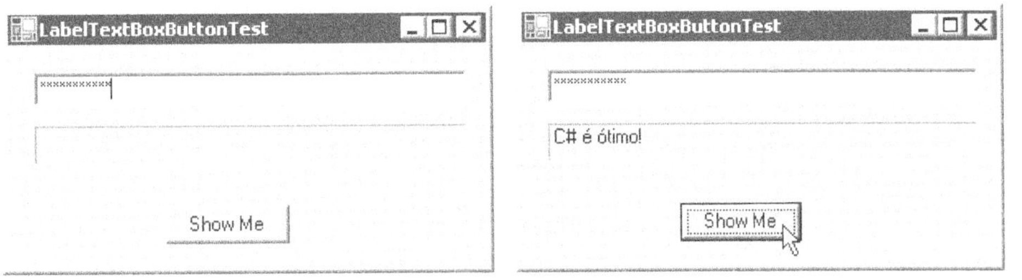

Figura 12.18 Programa para exibir texto oculto em uma caixa de senha. (Parte 4 de 4.)

Primeiro criamos a GUI arrastando os componentes (um **Button**, um **Label** e uma **TextBox**) para o formulário. Uma vez que os componentes estejam posicionados, mudamos seus nomes na janela **Properties** (configurando a propriedade **(Name)**), dos valores padrão (**textBox1**, **label1**, **button1**), para **displayPasswordLabel**, **inputPassword-TextBox** e **displayPasswordButton**, mais descritivos. O Visual Studio .NET cria o código e o coloca dentro do método **InitializeComponent**. Agora que o leitor tem um entendimento da programação orientada a objetos, podemos mencionar que a propriedade **(Name)** não é realmente uma propriedade, mas uma maneira de alterar o nome de variável da referência ao objeto. Por conveniência, esse valor pode ser alterado na janela **Properties** do Visual Studio .NET. Esse valor, entretanto, não é manipulado por uma propriedade.

Então, configuramos a propriedade **Text** de **displayPasswordLabel** como "**Show Me**" e limpamos a propriedade **Text** de **displayPasswordLabel** e **inputPasswordTextBox** para que elas estejam inicialmente em branco quando o programa for executado. A propriedade **BorderStyle** de **displayPasswordLabel** é configurada como **Fixed3D**, para dar a nosso **Label** uma aparência tridimensional. Note que as **TextBox**es têm suas propriedades **BorderStyle** configuradas como **Fixed3D**, como padrão. O caractere de senha é configurado atribuindo-se o asterisco (*) à propriedade **PasswordChar**. Essa propriedade pode receber apenas um caractere.

Vamos examinar o código que o Visual Studio .NET gera por meio de um clique com o botão direito do mouse no projeto e selecionando-se **View Code**. Isso é importante, pois nem toda alteração pode ser feita na janela **Properties**.

Aprendemos nos capítulos anteriores que o Visual Studio .NET adiciona comentários em nosso código. Esses comentários aparecem por todo o código, como nas linhas 15 a 18. Em futuros exemplos, removeremos alguns desses comentários gerados para tornar os programas mais concisos e legíveis (a não ser que eles ilustrem um recurso que ainda não abordamos).

O Visual Studio .NET insere declarações para os controles que adicionamos no formulário (linhas 22 a 24); a saber, o **Label**, a **TextBox** e o **Button**. O IDE gerencia essas declarações para nós, tornando fácil adicionar e remover controles. A linha 29 declara a referência **components** — um array para conter os componentes que adicionamos. Não estamos usando quaisquer componentes nesse programa (apenas controles); assim, a referência é **null**.

O construtor de nosso formulário é criado para nós — ele chama o método **InitializeComponent**. O método **InitializeComponent** cria os componentes e controles no formulário e configura suas propriedades. Os comentários "to do" usuais, gerados pelo Visual Studio .NET, foram removidos, pois não há mais código que precise ser adicionado no construtor. Quando eles existirem, aparecerão como um lembrete na janela **Task List**. O método **Dispose** limpa os recursos alocados, mas não é chamado explicitamente em nossos programas.

As linhas 53 a 126 contêm uma região que pode ser contraída, que engloba nosso método **InitializeComponent**. Lembre-se de que as diretivas de pré-processador **#region** e **#endregion** permitem que o programador contraia código em uma única linha no Visual Studio .NET. Isso permite que o programador focalize certas partes de um programa.

O método **InitializeComponent** (linhas 58 a 123) configura as propriedades dos controles adicionados no formulário (**TextBox**, **Label** e **Button**). As linhas 60 a 66 criam novos objetos para os controles que adicionamos (um **Button**, uma **TextBox** e um **Label**). As linhas 86 a 88 e 92 configuram as propriedades **Name**, **PasswordChar** e **Text** de **inputPasswordTextBox**. A propriedade **TabIndex** é configurada inicialmente pelo Visual Studio .NET, mas pode ser alterada pelo desenvolvedor.

O comentário nas linhas 54 a 57 nos aconselha a não modificar o conteúdo do método **InitializeComponent**. Para fins de formatação deste livro, alteramos ligeiramente o método, mas isso não é recomendado. Fizemos isso apenas para que o leitor possa ver as partes importantes do código. O Visual Studio .NET examina esse método para criar o modo de visualização de projeto do código. Se alterarmos esse método, o Visual Studio .NET poderá não reconhecer nossas modificações e mostrar o projeto incorretamente. É importante notar que o modo de visualização de projeto (*design view*) é baseado no código, e não o contrário.

Dica de teste e depuração 12.1

Para manter o modo de visualização de projeto preciso, não modifique o código no método **InitializeComponent**. *Faça alterações na janela de projeto ou na janela de propriedades.*

O evento **Click** é chamado quando um controle é clicado. Criamos o manipulador usando o procedimento descrito na Seção 12.3.1. Queremos responder ao evento **displayPasswordButton** de **Click**; portanto, damos um clique duplo nele, na janela **Events**. (Como alternativa, poderíamos simplesmente ter clicado em **displayPasswordButton**.) Isso cria um manipulador de evento vazio, chamado **displayPasswordButton_Click** (linha 138). O Visual Studio .NET também registra o manipulador de evento para nós (linhas 77 a 79). Ele adiciona o manipulador de evento ao evento **Click** usando o delegado **EventHandler**. Devemos, então, implementar o manipulador de evento. Quando **displayPasswordButton** é clicado, esse método é chamado e apresenta o texto de **inputPasswordTextBox** em **displayPasswordLabel**. Mesmo que **inputPasswordTextBox** exiba todos os asteriscos, ele ainda mantém o texto de entrada em sua propriedade **Text**. Para exibir o texto, configuramos a propriedade **Text** de **displayPasswordLabel** como a propriedade **Text** de **inputPasswordTextBox** (linhas 142 e 143). O usuário deve programar essa linha manualmente. Quando **display-PasswordButton** é clicado, o evento **Click** é chamado, e o manipulador de evento **displayPasswordButton_Click** é executado (atualizando **displayPasswordLabel**).

O Visual Studio .NET gerou a maior parte do código desse programa. Ele simplifica tarefas como criar controles, configurar suas propriedades e registrar manipuladores de evento. Entretanto, devemos saber como isso é feito — em vários programas, nós mesmos podemos configurar propriedades usando código.

12.6 GroupBox e Panel

As ***GroupBox**es* (caixas de grupo) e os ***Panel**s* (painéis) organizam componentes em uma GUI. Por exemplo, os botões relacionados a uma tarefa em particular podem ser colocados dentro de uma **GroupBox** ou de um **Panel**, dentro do projetista de formulários do Visual Studio .NET. Todos esses botões se movem juntos quando a **GroupBox** ou o **Panel** é movido.

A principal diferença entre as duas classes é que as **GroupBox**es podem exibir uma legenda e os **Panel**s podem ter barras de rolagem. As barras de rolagem permitem que o usuário veja mais controles dentro do **Panel** rolando pela área visível. Como padrão, as **GroupBox**es têm bordas finas. Por outro lado, os **Panel**s podem ser configurados para ter bordas alterando-se sua propriedade **BorderStyle**.

Observação de aparência e comportamento 12.4

Os **Panel***s e as* **GroupBox***es podem conter outros* **Panel***s e* **GroupBox***es.*

Observação de aparência e comportamento 12.5

Organize a GUI ancorando e acoplando controles (de função semelhante) dentro de uma **GroupBox** *ou de um* **Panel**. *A* **GroupBox** *ou o* **Panel** *podem então ser ancorados ou acoplados dentro de um formulário. Isso divide os controles em "grupos" funcionais que podem ser facilmente organizados.*

Para criar uma **GroupBox**, arraste-a da barra de ferramentas e coloque-a em um formulário. Crie novos controles e coloque-os dentro da **GroupBox**, fazendo com que eles se tornem parte dessa classe. Esses controles são adicionados na propriedade **Controls** da **GroupBox**. A propriedade **Text** de **GroupBox** determina sua legenda. As tabelas a seguir listam as propriedades comuns de **GroupBox**es (Figura 12.19) e de **Panel**s (Figura 12.20).

Para criar um **Panel**, arraste-o para o formulário e adicione componentes a ele. Para permitir as barras de rolagem, configure a propriedade **AutoScroll** de **Panel** como **true**. Se o **Panel** for redimensionado e não puder exibir todos os seus controles de uma só vez, aparecerão barras de rolagem (Figura 12.21). Essas barras de rolagem poderão então ser usadas para ver todos os componentes no **Panel** (ao se executar e ao se projetar o formulário). Isso permite que o programador veja a GUI exatamente como ela aparece para o cliente.

Observação de aparência e comportamento 12.6

Use **Panel***s com barras de rolagem para evitar o congestionamento da GUI e para reduzir seu tamanho.*

Propriedades de `GroupBox`	Descrição
Propriedades comuns	
`Controls`	Os controles que a **`GroupBox`** contém.
`Text`	O texto exibido na parte superior da **`GroupBox`** (sua legenda).

Figura 12.19 Propriedades de `GroupBox`.

Propriedades de `Panel`	Descrição
Propriedades comuns	
`AutoScroll`	Indica se barras de rolagem aparecem quando o **`Panel`** é pequeno demais para os controles contidos nele. O padrão é **`false`**.
`BorderStyle`	A borda do **`Panel`** (o padrão é **`None`**; outras opções são **`Fixed3D`** e **`FixedSingle`**).
`Controls`	Os controles que o **`Panel`** contém.

Figura 12.20 Propriedades de `Panel`.

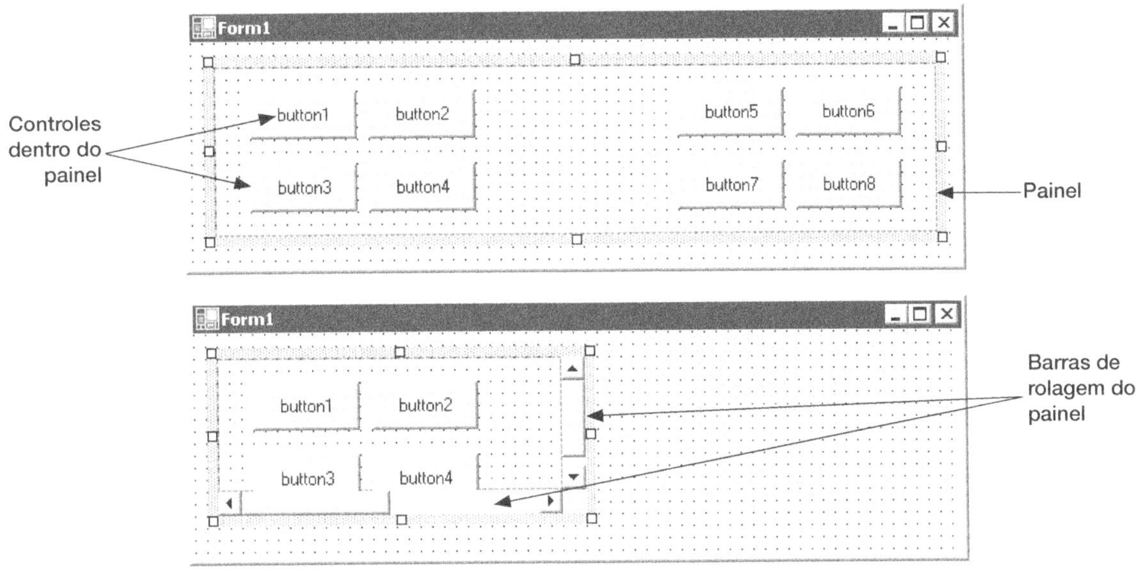

Figura 12.21 Criando um `Panel` com barras de rolagem.

O programa da Figura 12.22 usa uma **`GroupBox`** e um **`Panel`** para organizar botões. Esses botões alteram o texto em um **`Label`**.

A **`GroupBox`** (chamada de **`mainGroupBox`**) tem dois botões: **`hiButton`** (rotulado como **Hi**) e **`byeButton`** (rotulado como **Bye**). O **`Panel`** (chamado de **`mainPanel`**) também tem dois botões: **`leftButton`** (rotulado como **Far Left**) e **`rightButton`** (rotulado como **Far Right**). O controle **`mainPanel`** também tem sua propriedade **`AutoScroll`** configurada como **True**, permitindo que barras de rolagem apareçam, se necessário (isto é, se o conteúdo do **`Panel`** ocupar mais espaço do que o próprio **`Panel`**). O **`Label`** (chamado de **`messageLabel`**) está inicialmente em branco.

Os manipuladores de evento dos quatro botões estão localizados nas linhas 36 a 61. Para criar um manipulador de evento **`Click`** vazio, dê um clique duplo no botão, no modo de projeto (em vez de usar a janela **Events**). Adicionamos uma linha em cada manipulador para alterar o texto de **`messageLabel`**.

```
// Fig. 12.22: GroupBoxPanelExample.cs
// Usando GroupBox e Panel para conter botões.

using System;
using System.Drawing;
using System.Collections;
using System.ComponentModel;
using System.Windows.Forms;
using System.Data;

/// formulário para exibir uma caixa de grupo versus um painel
public class GroupBoxPanelExemplo : System.Windows.Forms.Form
{
   private System.Windows.Forms.Button hiButton;
   private System.Windows.Forms.Button byeButton;
   private System.Windows.Forms.Button leftButton;
   private System.Windows.Forms.Button rightButton;

   private System.Windows.Forms.GroupBox mainGroupBox;
   private System.Windows.Forms.Label messageLabel;
   private System.Windows.Forms.Panel mainPanel;

   private System.ComponentModel.Container components = null;

   // método Dispose gerado pelo Visual Studio .NET

   [STAThread]
   static void Main()
   {
      Application.Run( new GroupBoxPanelExample() );
   }

   // manipuladores de evento para alterar messageLabel

   // manipulador de evento para o botão hi
   private void hiButton_Click(
      object sender, System.EventArgs e )
   {
      messageLabel.Text= "Hi pressed";
   }

   // manipulador de evento para o botão bye
   private void byeButton_Click(
      object sender, System.EventArgs e )
   {
      messageLabel.Text = "Bye pressed";
   }

   // manipulador de evento para o botão far left
   private void leftButton_Click(
      object sender, System.EventArgs e )
   {
      messageLabel.Text = "Far left pressed";
   }

   // manipulador de evento para o botão far right
```

Figura 12.22 Usando GroupBoxes e Panels para organizar Buttons. (Parte 1 de 2.)

```
      private void rightButton_Click(
         object sender, System.EventArgs e )
      {
         messageLabel.Text = "Far right pressed";
      }

   } // fim da classe GroupBoxPanelExample
```

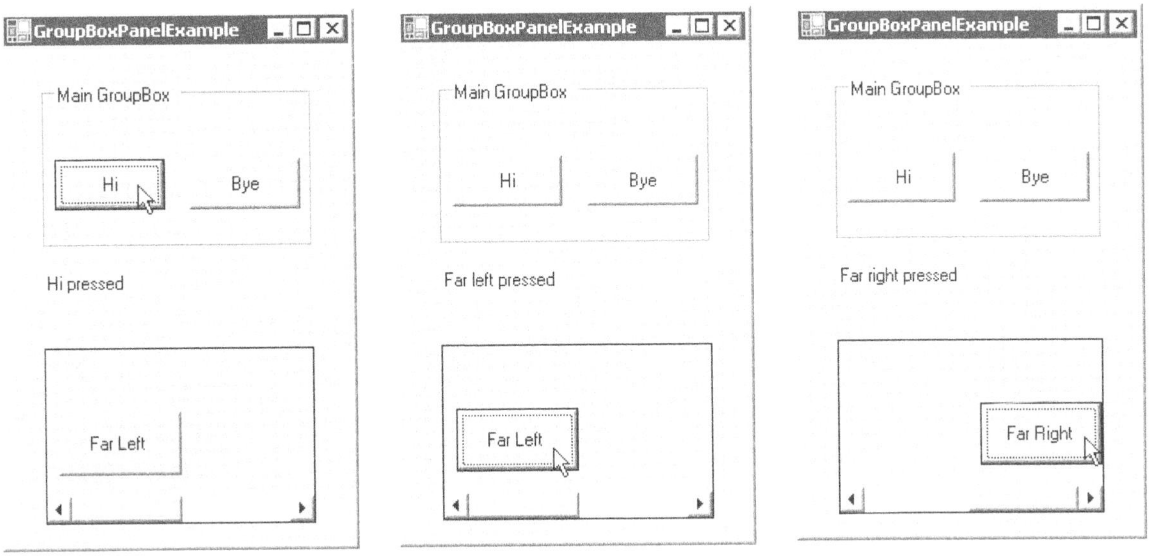

Figura 12.22 Usando GroupBoxes e Panels para organizar Buttons. (Parte 2 de 2.)

12.7 CheckBox e RadioButton

O Visual C# tem dois tipos de *botões de estado* — ***CheckBox*** (caixa de seleção) e ***RadioButton*** (botão de rádio ou botão de opção) —, que podem estar no estado ligado/desligado ou verdadeiro/falso. As classes **CheckBox** e **RadioButton** são derivadas da classe **ButtonBase**. Um **RadioButton** é diferente de uma **CheckBox**, pois normalmente existem vários **RadioButton**s agrupados, e apenas um deles no grupo pode estar selecionado (verdadeiro) em dado momento.

Uma caixa de seleção é um pequeno quadrado branco que pode estar vazio ou conter uma marca de visto. Quando uma caixa de seleção está selecionada, uma marca de visto preta aparece nela. Não existem restrições sobre como as caixas de seleção são utilizadas: qualquer número pode ser selecionado em dado momento. O texto que aparece ao lado de uma caixa de seleção é referido como *rótulo da caixa de seleção*. Uma lista das propriedades e eventos comuns da classe **Checkbox** aparece na Figura 12.23.

Eventos e propriedades de CheckBox	Descrição / argumentos de delegado e evento
Propriedades comuns	
Checked	Indica se a **CheckBox** foi marcada.
CheckState	Indica se a **CheckBox** está marcada (contém uma marca de visto preta) ou desmarcada (em branco). Uma enumeração com valores **Checked**, **Unchecked** ou **Indeterminate**.
Text	O texto exibido à direita da **CheckBox** (chamado de rótulo).

Figura 12.23 Propriedades e eventos de CheckBox. (Parte 1 de 2.)

Eventos e propriedades de **CheckBox**	Descrição / argumentos de delegado e evento
Eventos comuns	*(Delegado* **EventHandler**, *argumentos de evento* **EventArgs***)*
CheckedChanged	Disparado sempre que a **CheckBox** é marcada ou desmarcada. O evento padrão quando esse controle recebe um clique duplo no projetista.
CheckStateChanged	Disparado quando a propriedade **CheckState** muda.

Figura 12.23 Propriedades e eventos de CheckBox. (Parte 2 de 2.)

O programa da Figura 12.24 permite que o usuário selecione uma **CheckBox** para mudar o estilo da fonte de um **Label**. Uma **CheckBox** aplica um estilo negrito; o outro, um estilo itálico. Se as duas caixas de seleção forem selecionadas, o estilo da fonte será negrito e itálico. Quando o programa é executado inicialmente, nenhuma das **CheckBox**es está marcada.

A primeira **CheckBox**, chamada de **boldCheckBox**, tem sua propriedade **Text** configurada como **Bold**. A outra **CheckBox** é chamada **italicCheckBox** e está rotulada como **Italic**. O **Label**, chamado de **outputLabel**, é rotulado como **Watch the font style change**.

```
// Fig. 12.24: CheckBoxTest.cs
// Usando CheckBoxes para alternar entre os estilos itálico e negrito.

using System;
using System.Drawing;
using System.Collections;
using System.ComponentModel;
using System.Windows.Forms;
using System.Data;

/// o formulário contém caixas de seleção para permitir que
/// o usuário modifique o exemplo de texto
public class CheckBoxTest : System.Windows.Forms.Form
{
   private System.Windows.Forms.CheckBox boldCheckBox;
   private System.Windows.Forms.CheckBox italicCheckBox;

   private System.Windows.Forms.Label outputLabel;

   private System.ComponentModel.Container components = null;

   // método Dispose gerado pelo Visual Studio .NET

   /// Ponto de entrada principal do aplicativo.
   [STAThread]
   static void Main()
   {
      Application.Run( new CheckBoxTest() );
   }

   // coloca o texto em negrito, se não estiver em negrito;
   // se já estiver em negrito, remove o negrito
   private void boldCheckBox_CheckedChanged(
      object sender, System.EventArgs e )
   {
      outputLabel.Font =
```

Figura 12.24 Usando CheckBoxes para mudar estilos de fonte. (Parte 1 de 2.)

```
37            new Font( outputLabel.Font.Name,
38            outputLabel.Font.Size,
39            outputLabel.Font.Style ^ FontStyle.Bold );
40      }
41
42      // coloca o texto em  itálico, se não estiver em itálico;
43      // se já estiver em itálico, remove o itálico
44      private void italicCheckBox_CheckedChanged(
45         object sender, System.EventArgs e )
46      {
47         outputLabel.Font =
48            new Font( outputLabel.Font.Name,
49            outputLabel.Font.Size,
50            outputLabel.Font.Style ^ FontStyle.Italic );
51      }
52
53   } // fim da classe CheckBoxTest
```

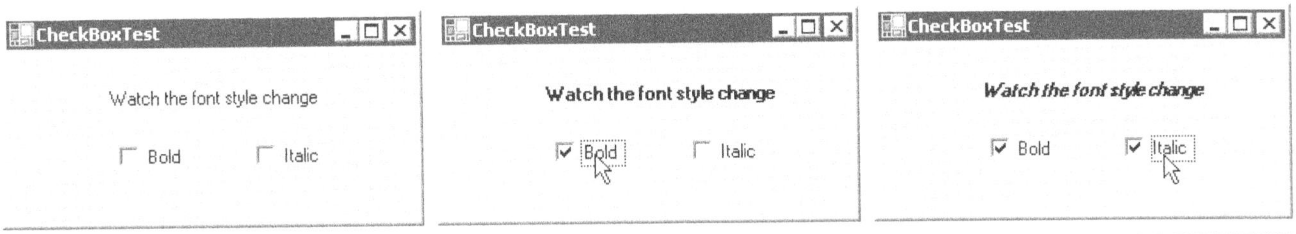

Figura 12.24 Usando CheckBoxes para mudar estilos de fonte. (Parte 2 de 2.)

Após criarmos os componentes, definimos seus manipuladores de evento. Dar um clique duplo em **boldCheckBox** cria e registra um manipulador de evento **CheckedChanged** vazio. Para entendermos o código adicionado no manipulador de evento, primeiro discutiremos a propriedade **Font** de **outputLabel**.

Para alterar a fonte, a propriedade **Font** deve ser configurada como um objeto **Font**. O construtor **Font** que usamos recebe o nome, o tamanho e o estilo da fonte. Os dois primeiros argumentos fazem uso do objeto **Font** de **outputLabel**; a saber, **outputLabel.Font.Name** e **outputLabel.Font.Size** (linhas 37 e 38). O estilo é um membro da enumeração **FontStyle**, que contém os estilos de fonte **Regular**, **Bold**, **Italic**, **Strikeout** e **Underline**. (O estilo **Strikeout** apresenta o texto com uma linha passando por ele, ou seja, tachado; o estilo **Underline** apresenta o texto com uma linha debaixo dele, ou seja, sublinhado.) A propriedade **Style** de um objeto **Font** é configurada quando o objeto **Font** é criado — a própria propriedade **Style** é somente de leitura.

Os estilos podem ser combinados usando-se *operadores bit a bit* ou operadores que realizam manipulação de bits. Lembre-se, do Capítulo 1, de que todos os dados são representados no computador como uma série de valores 0 e 1. Cada 0 ou 1 é chamado de bit. As ações são executadas, e os dados são modificados usando-se esses valores de bit. Nesse programa, precisamos configurar o estilo da fonte de modo que o texto apareça em negrito, caso não esteja em negrito originariamente, e vice-versa. Note que na linha 60, usamos o operador bit a bit OU exclusivo, XOR (**^**) para fazer isso. Aplicar esse operador nos dois bits faz o seguinte: se exatamente um 1 dos bits correspondentes é 1, configura o resultado como 1. Usando o operador **^**, como fizemos na linha 60, estamos configurando os valores de bit da mesma maneira para negrito. O operando à direita (**FontStyle.Bold**) sempre tem os valores de bit configurados como negrito. O operando à esquerda (**outputLabel.Font.Style**) não deve então ser negrito para que o estilo resultante seja negrito. (Lembre-se de que, para o OU exclusivo, XOR, se um valor está configurado como 1, o outro deve ser 0, senão o resultado será 1.) Se **outputLabel.Font.Style** for negrito, então o estilo resultante será não negrito. Esse operador também nos permite combinar os estilos. Por exemplo, se o texto estivesse originariamente em itálico, ele agora ficaria em itálico e negrito, em vez de apenas negrito.

Poderíamos ter testado explicitamente o estilo atual e o alterado de acordo com o que precisássemos. Por exemplo, no método **boldCheckBox_CheckChanged**, poderíamos ter testado o estilo normal, tornado-o negrito, testado o estilo negrito, tornado-o normal, testado o estilo itálico, tornado-o negrito e itálico, ou o negrito e itálico e tornado-o itálico. Entretanto, esse método tem um inconveniente — para todo novo estilo que adicionamos, duplicamos o número de combinações. Para adicionarmos uma caixa de seleção para sublinhado, teríamos de testar oito estilos possíveis. Para adicionarmos uma caixa de seleção também para tachado, teríamos 16 testes em cada manipulador de evento. Usando o operador bit a bit XOR, evitamos esse problema. Cada novo estilo precisa de apenas uma única instrução em seu manipulador de evento. Além disso, os estilos podem ser removidos facilmente, removendo-se seus manipuladores. Se testássemos cada condição, teríamos de remover o manipulador e todas as condições de teste desnecessárias nos outros manipuladores.

Os *botões de rádio* (ou botões de opção, definidos com a classe ***RadioButton***) são semelhantes às caixas de seleção, pois eles também têm dois estados — *selecionado* e *não selecionado*. Entretanto, os botões de rádio normalmente aparecem como um grupo no qual apenas um botão pode ser selecionado a cada vez. Selecionar um botão de rádio diferente no grupo obriga todos os outros botões de rádio do grupo a perderem a seleção. Os botões de rádio representam um conjunto de opções *mutuamente exclusivas* (isto é, um conjunto no qual várias opções não podem ser selecionadas ao mesmo tempo).

Observação de aparência e comportamento 12.7

*Use **RadioButton**s quando o usuário deverá escolher apenas uma opção em um grupo.*

Observação de aparência e comportamento 12.8

*Use **CheckBox**es quando o usuário poderá escolher muitas opções em um grupo.*

Todos os botões de rádio adicionados em um formulário se tornam parte do mesmo grupo. Para criar novos grupos, os botões de rádio devem ser adicionados em **GroupBox**es ou **Panel**s. As propriedades e os eventos comuns da classe **RadioButton** estão listados na Figura 12.25.

Observação de engenharia de software 12.3

*Os formulários e **GroupBox**es e os **Panel**s podem atuar como grupos lógicos de botões de rádio. Os botões de rádio dentro de cada grupo serão mutuamente exclusivos entre si, mas não para os botões de rádio de grupos diferentes.*

O programa da Figura 12.26 usa botões de rádio para selecionar as opções de uma **MessageBox**. Os usuários selecionam os atributos que desejam e então pressionam o botão Display, que faz a **MessageBox** aparecer. Um **Label**, no canto inferior esquerdo, mostra o resultado da **MessageBox** (**Yes**, **No**, **Cancel** etc.). Os diferentes tipos de ícone e botão **MessageBox** foram apresentados em tabelas do Capítulo 5.

Propriedades e eventos de RadioButton	Descrição / argumentos de delegado e evento
Propriedades comuns	
Checked	Indica se o **RadioButton** está marcado.
Text	O texto exibido à direita do **RadioButton** (chamado de rótulo).
Eventos comuns	*(Delegado **EventHandler**, argumentos de evento **EventArgs**)*
Click	Disparado quando o usuário clica no controle.
CheckedChanged	Disparado sempre que o **RadioButton** é marcado ou desmarcado. O evento padrão quando esse controle recebe um clique duplo no projetista.

Figura 12.25 Propriedades e eventos de RadioButton.

```
// Fig. 12.26: RadioButtonsTest.cs
// Usando RadioButtons para configurar opções de janela de mensagem.

using System;
using System.Drawing;
using System.Collections;
using System.ComponentModel;
```

Figura 12.26 Usando RadioButtons para configurar opções da janela de mensagem. (Parte 1 de 4.)

```
using System.Windows.Forms;
using System.Data;

/// o formulário contém vários botões de rádio - o usuário escolhe um
/// de cada grupo para criar uma MessageBox personalizada
public class RadioButtonsTest : System.Windows.Forms.Form
{
   private System.Windows.Forms.Label promptLabel;
   private System.Windows.Forms.Label displayLabel;
   private System.Windows.Forms.Button displayButton;

   private System.Windows.Forms.RadioButton questionButton;
   private System.Windows.Forms.RadioButton informationButton;
   private System.Windows.Forms.RadioButton exclamationButton;
   private System.Windows.Forms.RadioButton errorButton;
   private System.Windows.Forms.RadioButton retryCancelButton;
   private System.Windows.Forms.RadioButton yesNoButton;
   private System.Windows.Forms.RadioButton yesNoCancelButton;
   private System.Windows.Forms.RadioButton okCancelButton;
   private System.Windows.Forms.RadioButton okButton;
   private System.Windows.Forms.RadioButton
      abortRetryIgnoreButton;

   private System.Windows.Forms.GroupBox groupBox2;
   private System.Windows.Forms.GroupBox groupBox1;

   private MessageBoxIcon iconType = MessageBoxIcon.Error;
   private MessageBoxButtons buttonType =
      MessageBoxButtons.OK;

   /// Ponto de entrada principal do aplicativo.
   [STAThread]
   static void Main()
   {
      Application.Run( new RadioButtonsTest() );
   }

   // muda o botão com base na opção escolhida por sender
   private void buttonType_CheckedChanged(
      object sender, System.EventArgs e )
   {
      if ( sender == okButton )    // exibe o botão OK
         buttonType = MessageBoxButtons.OK;

      // exibe os botões OK e Cancelar
      else if ( sender == okCancelButton )
         buttonType = MessageBoxButtons.OKCancel;

      // exibe os botões Anular, Repetir e Ignorar
      else if ( sender == abortRetryIgnoreButton )
         buttonType = MessageBoxButtons.AbortRetryIgnore;

      // exibe os botões Sim, Não e Cancelar
      else if ( sender == yesNoCancelButton )
         buttonType = MessageBoxButtons.YesNoCancel;

      // exibe os botões Sim e Não
      else if ( sender == yesNoButton )
```

Figura 12.26 Usando RadioButtons para configurar opções da janela de mensagem. (Parte 2 de 4.)

```
            buttonType = MessageBoxButtons.YesNo;

         // resta apenas uma opção - exibe
         // botões Repetir e Cancelar
         else
            buttonType = MessageBoxButtons.RetryCancel;

      } // fim do método buttonType_CheckedChanged

      // muda o ícone com base na opção escolhida por sender
      private void iconType_CheckedChanged(
         object sender, System.EventArgs e )
      {
         if ( sender == errorButton )   // exibe o ícone de erro
            iconType = MessageBoxIcon.Error;

         // exibe o ponto de exclamação
         else if ( sender == exclamationButton )
            iconType = MessageBoxIcon.Exclamation;

         // exibe o ícone de informações
         else if ( sender == informationButton )
            iconType = MessageBoxIcon.Information;

         else  // resta apenas uma opção - exibe o ponto de interrogação
            iconType = MessageBoxIcon.Question;

      } // fim do método iconType_CheckedChanged

      // exibe MessageBox e o botão que o usuário pressionou
      protected void displayButton_Click(
         object sender, System.EventArgs e )
      {
         DialogResult result =
            MessageBox.Show( "This is Your Custom MessageBox.",
            "Custom MessageBox", buttonType, iconType, 0, 0 );

         // verifica o resultado do diálogo e o exibe no rótulo
         switch ( result )
         {
            case DialogResult.OK:
               displayLabel.Text = "OK was pressed.";
               break;

            case DialogResult.Cancel:
               displayLabel.Text = "Cancel was pressed.";
               break;

            case DialogResult.Abort:
               displayLabel.Text = "Abort was pressed.";
               break;

            case DialogResult.Retry:
               displayLabel.Text = "Retry was pressed.";
               break;

            case DialogResult.Ignore:
               displayLabel.Text = "Ignore was pressed.";
```

Figura 12.26 Usando RadioButtons para configurar opções da janela de mensagem. (Parte 3 de 4.)

```
                 break;

              case DialogResult.Yes:
                 displayLabel.Text = "Yes was pressed.";
                 break;

              case DialogResult.No:
                 displayLabel.Text = "No was pressed.";
                 break;

           } // fim do switch

        } // fim do método displayButton_Click

} // fim da classe RadioButtonsTest
```

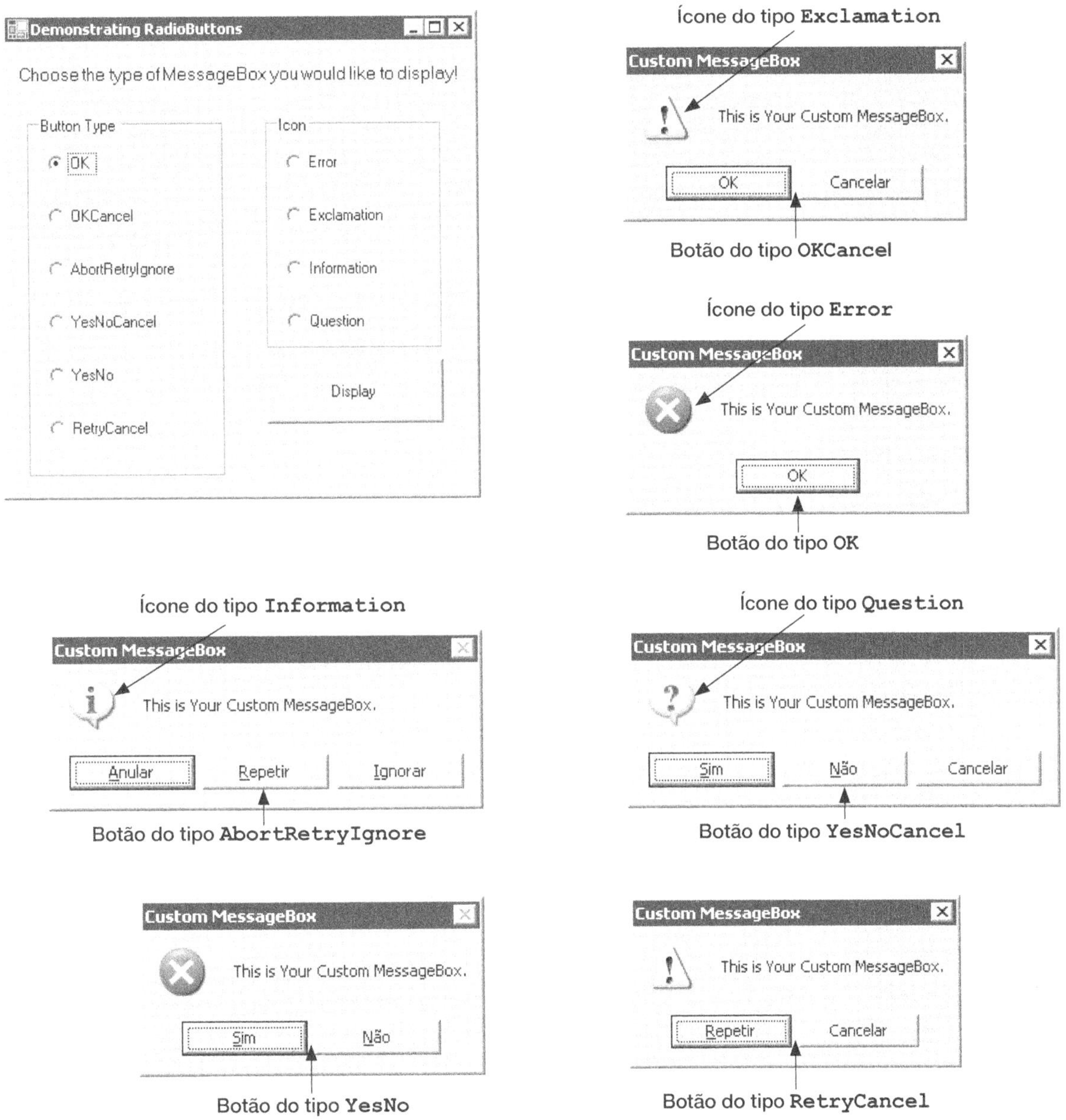

Figura 12.26 Usando RadioButtons para configurar opções da janela de mensagem. (Parte 4 de 4.)

Para armazenar a escolha de opções do usuário, os objetos **iconType** e **buttonType** são criados e inicializados (linhas 34 a 36). O objeto **iconType** é uma enumeração **MessageBoxIcon** que pode ter os valores **Asterisk**, **Error**, **Exclamation**, **Hand**, **Information**, **Question**, **Stop** e **Warning**. Nesse exemplo usamos apenas **Error**, **Exclamation**, **Information** e **Question**.

O objeto **buttonType** é uma enumeração **MessageBoxButton** com os valores **AbortRetryIgnore**, **OK**, **OKCancel**, **RetryCancel**, **YesNo** e **YesNoCancel**. O nome indica quais botões aparecerão na **MessageBox**. Nesse exemplo usamos todos os valores da enumeração **MessageBoxButton**.

Duas **GroupBox**es são criadas, uma para cada enumeração. Suas legendas são **Button Type** e **Icon**. Um rótulo é aquele usado para avisar o usuário (**promptLabel**), enquanto o outro é usado para mostrar qual botão foi pressionado, quando a **MessageBox** personalizada tiver sido exibida (**displayLabel**). Também existe um botão (**displayButton**) que mostra o texto **Display**. **RadioButton**s são criados para as opções de enumeração, com seus rótulos configurados apropriadamente. Os botões de rádio são agrupados; assim, apenas uma opção pode ser selecionada em cada **GroupBox**.

Para a manipulação de eventos, existe um manipulador de evento para todos os botões de rádio em **groupBox1** e outro para todos os botões de rádio em **groupBox2**. Cada botão de rádio, quando clicado, gera um evento **CheckedChanged**.

Lembre-se de que, para configurar o manipulador para um evento, deve usar a seção de eventos da janela **Properties**. Crie um novo manipulador de evento **CheckedChanged** para um dos botões de rádio em **buttonTypeGroupBox** e o renomeie como **buttonType_CheckedChanged**. Em seguida, configure os manipuladores de evento **CheckedChanged** de todos os botões de rádio de **buttonTypeGroupBox** como o método **buttonType_CheckedChanged**. Crie um segundo manipulador de evento **CheckedChanged** para um botão de rádio de **iconTypeGroupBox** e o renomeie como **iconType_CheckedChanged**. Finalmente, configure os manipuladores de evento **CheckedChanged** para os botões de rádio de **iconTypeGroupBox** como o método **iconType_CheckedChanged**.

Os dois manipuladores comparam o objeto **sender** com cada botão de rádio, para determinar qual botão foi selecionado. Dependendo do botão de rádio selecionado, ou **iconType** ou **buttonType** muda (linhas 46 a 93).

O manipulador **Click** de **displayButton** (linhas 96 a 136) cria uma **MessageBox** (linhas 99 a 101). Algumas das opções de **MessageBox** são configuradas por **iconType** e **buttonType**. O resultado da caixa de mensagem é uma enumeração **DialogResult**, com os valores **Abort**, **Cancel**, **Ignore**, **No**, **None**, **OK**, **Retry** ou **Yes**. A instrução **switch** nas linhas 104 a 134 testa o resultado e configura **displayLabel.Text** apropriadamente.

12.8 PictureBox

Uma caixa de figura (classe **PictureBox**) exibe uma imagem. A imagem, configurada por um objeto da classe **Image**, pode estar no formato de bitmap (**.bmp**), **.gif**, **.jpg**, ícone ou metaarquivo. (As imagens e multimídia serão discutidas no Capítulo 16.) Arquivos *GIF (Graphics Interchange Format)* e *JPEG (Joint Photographic Expert Group)* são formatos de arquivo amplamente usados.

A propriedade **Image** configura o objeto **Image** a ser usado, e a propriedade **SizeMode** configura o modo como a imagem é apresentada (**Normal**, **StretchImage**, **AutoSize** ou **CenterImage**). A Figura 12.27 descreve as propriedades e eventos importantes da classe **PictureBox**.

Propriedades e eventos de PictureBox	Descrição / argumentos de delegado e evento
Propriedades comuns	
Image	Imagem a ser exibida na **PictureBox**.
SizeMode	Enumeração que controla o dimensionamento e o posicionamento da imagem. Os valores são **Normal** (o padrão), **StretchImage**, **AutoSize** e **CenterImage**. **Normal** coloca a imagem no canto superior esquerdo da **PictureBox**, e **CenterImage** coloca a imagem no meio. (Ambos recortam a imagem, se for muito grande.) **StretchImage** redimensiona a imagem para encaixar na **PictureBox**. **AutoSize** redimensiona a **PictureBox** de modo a conter a imagem.

Figura 12.27 Propriedades e eventos de PictureBox. (Parte 1 de 2.)

Propriedades e eventos de `PictureBox`	Descrição / argumentos de delegado e evento
Eventos comuns	*(Delegado* **`EventHandler`***, argumentos de evento* **`EventArgs`***)*
`Click`	Disparado quando o usuário clica no controle. É o evento padrão quando esse controle recebe um clique duplo no projetista.

Figura 12.27 Propriedades e eventos de `PictureBox`. (Parte 2 de 2.)

O programa da Figura 12.28 usa **`imagePictureBox`** de **`PictureBox`** para apresentar uma de três imagens de bitmap — **`image0`**, **`image1`** ou **`image2`**. Elas estão localizadas no diretório **`images`** (como sempre, localizado no diretório **`bin/debug`** de nosso projeto), onde se encontra o arquivo executável. Quando a **`imagePictureBox`** é clicada, a imagem muda. O **`Label`** (chamado de **`promptLabel`**), na parte superior do formulário, inclui as instruções **Click On Picture Box to View Images**.

```
// Fig. 12.28: PictureBoxTest.cs
// Usando uma PictureBox para exibir imagens.

using System;
using System.Drawing;
using System.Collections;
using System.ComponentModel;
using System.Windows.Forms;
using System.Data;
using System.IO;

/// formulário para exibir diferentes imagens quando clicado
public class PictureBoxTest : System.Windows.Forms.Form
{
   private System.Windows.Forms.PictureBox imagePictureBox;
   private System.Windows.Forms.Label promptLabel;

   private int imageNum = -1;

   /// Ponto de entrada principal do aplicativo.
   [STAThread]
   static void Main()
   {
      Application.Run( new PictureBoxTest() );
   }

   // muda a imagem quando a PictureBox é clicada
   private void imagePictureBox_Click(
      object sender, System.EventArgs e )
   {
      imageNum = ( imageNum + 1 ) % 3; // imageNum de 0 a 2

      // cria o objeto Image a partir do arquivo, exibe em PictureBox
      imagePictureBox.Image = Image.FromFile(
         Directory.GetCurrentDirectory() + "\\images\\image" +
         imageNum + ".bmp" );
   }

} // fim da classe PictureBoxTest
```

Figura 12.28 Usando uma `PictureBox` para exibir imagens. (Parte 1 de 2.)

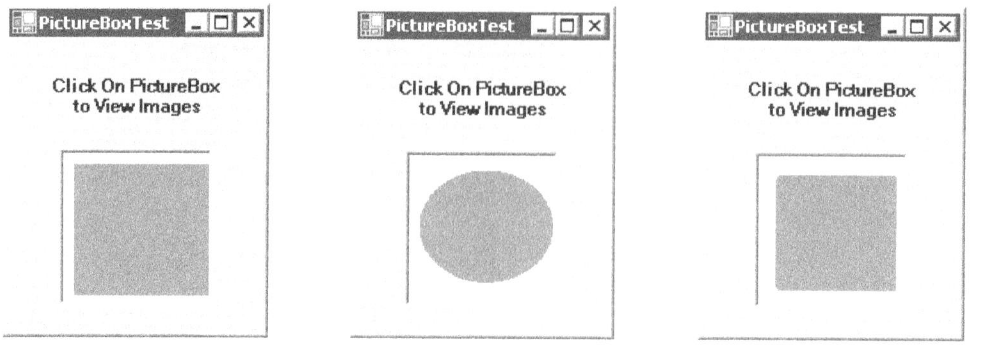

Figura 12.28 Usando uma `PictureBox` para exibir imagens. (Parte 2 de 2.)

Para responder aos cliques do usuário, devemos manipular o evento **`Click`** (linhas 28 a 37). Dentro do manipulador de evento, usamos um inteiro (**`imageNum`**) para armazenar a imagem que queremos exibir. Então, configuramos a propriedade **`Image`** de **`imagePictureBox`** como uma **`Image`**. A classe **`Image`** será discutida no Capítulo 16, mas damos aqui um panorama do método **`FromFile`**, que recebe uma **`string`** (o caminho para o arquivo de imagem) e cria um objeto **`Image`**.

Para encontrar as imagens, usamos o método **`GetCurrentDirectory`** (linha 35) da classe **`Directory`** (espaço de nomes **`System.IO`**, especificada na linha 10). Isso retorna o diretório atual do arquivo executável (normalmente, **`bin\Debug`**) como uma **`string`**. Para acessarmos o subdiretório **`images`**, pegamos o diretório atual e anexamos "**`\\images`**", seguido de "**`\\`**" e do nome do arquivo. Usamos uma barra invertida dupla porque uma seqüência de escape é necessária para se imprimir uma barra invertida simples. Como alternativa, poderíamos ter usado `@`, para evitar o caractere de escape (isto é, `@"\"` imprimirá uma barra invertida simples — a barra não precisa ter seqüência de escape com outra barra invertida). Usamos **`imageNum`** para anexar o número correto; portanto, podemos carregar **`image0`**, **`image1`** ou **`image2`**. O inteiro **`imageNum`** permanece entre `0` e `2`, por causa do cálculo de módulo (linha 31). Finalmente, anexamos "**`.bmp`**" no nome do arquivo. Assim, se quisermos carregar **`image0`**, a string se torna "*DiretórioAtual*`\images\image0.bmp`", onde ***`DiretórioAtual`*** é o diretório do arquivo executável.

12.9 Manipulação de eventos de mouse

Esta seção explica como manipular *eventos de mouse*, como *cliques*, *pressionamentos* e *movimentações*. Os eventos de mouse são gerados quando o mouse interage com um controle. Eles podem ser manipulados para qualquer controle de GUI que derive da classe **`System.Windows.Forms.Control`**. As informações de evento de mouse são passadas usando-se a classe ***`MouseEventArgs`***, e o delegado para criar os manipuladores de evento de mouse é ***`MouseEventHandler`***. Cada método de manipulação de eventos de mouse deve receber um objeto e um objeto **`MouseEventArgs`** como argumentos. O evento **`Click`**, que abordamos anteriormente, usa o delegado **`EventHandler`** e argumentos de evento **`EventArgs`**.

A classe **`MouseEventArgs`** contém informações sobre o evento de mouse, como as coordenadas x e y do ponteiro do mouse, o botão do mouse pressionado, o número de cliques e o número de passos pelos quais a bolinha do mouse passou. Note que as coordenadas x e y do objeto **`MouseEventArgs`** são relativas ao controle que lançou o evento. O ponto (0,0) é o canto superior esquerdo do controle. Os diversos eventos de mouse estão descritos na Figura 12.29.

A Figura 12.30 usa eventos de mouse para desenhar no formulário. Quando o usuário arrasta o mouse (isto é, move o mouse enquanto mantém um botão pressionado), uma linha é desenhada no formulário.

Eventos de mouse, delegados e argumentos de evento	
*Eventos de mouse (Delegado **`EventHandler`**, argumentos de evento **`EventArgs`**)*	
`MouseEnter`	Disparado se o ponteiro do mouse entra na área do controle.
`MouseLeave`	Disparado se o ponteiro do mouse deixa a área do controle.

Figura 12.29 Eventos de mouse, delegados e argumentos de evento. (Parte 1 de 2.)

Eventos de mouse, delegados e argumentos de evento	
Eventos de mouse (Delegado **MouseEventHandler**, *argumentos de evento* **MouseEventArgs**)	
MouseDown	Disparado se o botão do mouse é pressionado enquanto seu ponteiro está sobre a área do controle.
MouseHover	Disparado se o ponteiro do mouse paira sobre a área do controle.
MouseMove	Disparado se o ponteiro do mouse é movido enquanto está na área do controle.
MouseUp	Disparado se o botão do mouse é liberado quando o ponteiro está sobre a área do controle.
Propriedades da classe **MouseEventArgs**	
Button	O botão do mouse que foi pressionado (**left**, **right**, **middle** ou **none**).
Clicks	O número de vezes que o botão do mouse foi clicado.
X	A coordenada x do evento, relativa ao controle.
Y	A coordenada y do evento, relativa ao controle.

Figura 12.29 Eventos de mouse, delegados e argumentos de evento. (Parte 2 de 2.)

```
// Fig 12.30: Painter.cs
// Usando o mouse para desenhar em um formulário.

using System;
using System.Drawing;
using System.Collections;
using System.ComponentModel;
using System.Windows.Forms;
using System.Data;

/// cria um formulário como uma superfície de desenho
public class Painter : System.Windows.Forms.Form
{
   bool shouldPaint = false; // se vai pintar

   /// Ponto de entrada principal do aplicativo.
   [STAThread]
   static void Main()
   {
      Application.Run( new Painter() );
   }

   // deve pintar depois que o botão do mouse tiver sido pressionado
   private void Painter_MouseDown(
      object sender, System.Windows.Forms.MouseEventArgs e )
   {
      shouldPaint = true;
   }

   // pára de pintar quando o botão do mouse é liberado
   private void Painter_MouseUp(
      object sender, System.Windows.Forms.MouseEventArgs e )
   {
      shouldPaint = false;
   }

   // desenha uma bolinha quando o ponteiro do mouse
   // se move (e o botão do mouse está pressionado)
   protected void Painter_MouseMove(
      object sender, System.Windows.Forms.MouseEventArgs e )
```

Figura 12.30 Usando o mouse para desenhar em um formulário. (Parte 1 de 2.)

```
41      {
42         if ( shouldPaint )
43         {
44            Graphics graphics = CreateGraphics();
45            graphics.FillEllipse(
46               new SolidBrush( Color.BlueViolet ),
47               e.X, e.Y, 4, 4 );
48         }
49
50      } // fim de Painter_MouseMove
51
52   } // fim da classe Painter
```

Figura 12.30 Usando o mouse para desenhar em um formulário. (Parte 2 de 2.)

Na linha 14, o programa cria a variável **shouldPaint**, que determina se devemos desenhar no formulário. Queremos desenhar apenas enquanto o botão do mouse está pressionado. No manipulador do evento **MouseDown**, **shouldPaint** é configurada como verdadeira (linha 27). Assim que o botão do mouse é liberado, o programa pára de desenhar: **should--Paint** é configurada como falsa no manipulador de evento **MouseUp** (linha 34).

Quando o mouse se move, enquanto o botão está pressionado, o evento **MouseMove** é gerado. O evento será gerado repetidamente, a uma velocidade definida pelo sistema operacional. Dentro do manipulador de evento **Painter_MouseMove** (linhas 39 a 48), o programa desenha apenas se **shouldPaint** for **true** (indicando que o botão do mouse está pressionado). A linha 44 cria o objeto **Graphics** do formulário, o qual fornece métodos para desenhar várias figuras. O método **FillEllipse** (linhas 45 a 47) desenha um pequeno círculo (uma "bolinha") em cada ponto sobre o qual o ponteiro do mouse se move (enquanto o botão do mouse estiver pressionado). O primeiro parâmetro do método **FillEllipse** é um objeto **SolidBrush**, o qual determina a cor da figura desenhada. Criamos um novo objeto **SolidBrush**, passando para o construtor um valor de **Color**. A estrutura **Color** contém numerosas constantes de cor predefinidas — selecionamos **Color.BlueViolet** (linha 46). O **SolidBrush** preenche uma região elíptica, que reside dentro de um retângulo de contorno. O retângulo de contorno é especificado pelas coordenadas *x* e *y* de seu canto superior esquerdo, sua altura e sua largura. Esses quatro parâmetros são os quatro argumentos finais do método **FillEllipse**. As coordenadas *x* e *y* representam a localização do evento de mouse: elas podem ser obtidas a partir dos argumentos de evento de mouse (**e.X** e **e.Y**). Para desenhar um círculo, configuramos a altura e a largura do retângulo de contorno iguais — nesse caso, cada uma tem 4 pixels.

12.10 Manipulação de eventos de teclado

Esta seção explica como manipular *eventos de tecla*. Os eventos de tecla são gerados quando as teclas do teclado são pressionadas e liberadas. Esses eventos podem ser manipulados por qualquer controle que herde de **System.Windows.Forms.Control**. Existem dois tipos de eventos de tecla. O primeiro é o evento ***KeyPress***, que é chamado quando uma tecla representando um caractere ASCII é pressionada (determinado pela propriedade ***KeyChar*** de ***KeyPressEventArgs***). ASCII é um conjunto de 128 caracteres de símbolos alfanuméricos. (A listagem completa pode ser encontrada no Apêndice B.)

Usando o evento **KeyPress**, não podemos determinar se *teclas modificadoras* (como *Shift*, *Alt* e *Control*) foram pressionadas. Para determinar tais ações, manipule os eventos ***KeyUp*** ou ***KeyDown***, os quais formam o segundo tipo de evento de tecla. A classe ***KeyEventArgs*** contém informações sobre teclas modificadoras especiais. O valor da *enumeração* ***Key*** da tecla pode ser retornado, fornecendo informações sobre uma ampla variedade de teclas não ASCII. As teclas modificadoras são freqüentemente usadas em conjunto com o mouse para selecionar ou destacar informações. Os delegados das duas classes são ***KeyPressEventHandler*** (classe de argumentos do evento **KeyPressEventArgs**) e ***KeyEventHandler*** (classe de argumentos do evento **KeyEventArgs**). A Figura 12.31 relaciona importantes informações sobre os eventos de tecla.

A Figura 12.32 demonstra o uso dos manipuladores de evento de tecla para exibir a tecla que foi pressionada. O formulário do programa contém dois **Label**s. Ele apresenta a tecla pressionada em um **Label** e informações do modificador no outro.

Os dois **Label**s (chamados de **charLabel** e **keyInfoLabel**) estão inicialmente vazios. Os eventos **KeyDown** e **KeyPress** transmitem diferentes informações; assim, o formulário (**KeyDemo**) manipula os dois.

Eventos de teclado, delegados e argumentos de evento	
*Eventos de tecla (Delegado **KeyEventHandler**, argumentos de evento **KeyEventArgs**)*	
KeyDown	Disparado quando a tecla é inicialmente pressionada.
KeyUp	Disparado quando a tecla é liberada.
*Eventos de tecla (Delegado **KeyPressEventHandler**, argumentos de evento **KeyPressEventArgs**)*	
KeyPress	Disparado quando a tecla é pressionada. Ocorre repetidamente, enquanto a tecla está pressionada, em uma velocidade especificada pelo sistema operacional.
*Propriedades da classe **KeyPressEventArgs***	
KeyChar	Retorna o caractere ASCII da tecla pressionada.
Handled	Indica se o evento **KeyPress** foi manipulado.
*Propriedades da classe **KeyEventArgs***	
Alt	Indica se a tecla *Alt* foi pressionada.
Control	Indica se a tecla *Control* foi pressionada.
Shift	Indica se a tecla *Shift* foi pressionada.
Handled	Indica se o evento foi manipulado.
KeyCode	Retorna o código de tecla da tecla, como uma enumeração **Keys**. Isso não inclui informações de teclas modificadoras. Usado para testar uma tecla específica.
KeyData	Retorna o código de tecla como uma enumeração **Keys**, combinada com informações de teclas modificadoras. Usado para determinar todas as informações sobre a tecla pressionada.
KeyValue	Retorna o código de tecla como um **int**, em vez de como uma enumeração **Keys**. Usado para obter uma representação numérica da tecla pressionada.
Modifiers	Retorna uma enumeração **Keys** para quaisquer teclas modificadoras pressionadas (*Alt*, *Control* e *Shift*). Usado para determinar informações somente de teclas modificadoras.

Figura 12.31 Eventos de teclado, delegados e argumentos de evento.

```
// Fig. 12.32: KeyDemo.cs
// Exibindo informações sobre a tecla pressionada pelo usuário.

using System;
using System.Drawing;
using System.Collections;
using System.ComponentModel;
using System.Windows.Forms;
using System.Data;

// formulário para exibir as informações
```

Figura 12.32 Demonstrando eventos de teclado. (Parte 1 de 2.)

```
// da tecla pressionada - contém dois rótulos
public class KeyDemo : System.Windows.Forms.Form
{
   private System.Windows.Forms.Label charLabel;
   private System.Windows.Forms.Label keyInfoLabel;

   private System.ComponentModel.Container components = null;

   /// Ponto de entrada principal do aplicativo.
   [STAThread]
   static void Main()
   {
      Application.Run( new KeyDemo() );
   }

   // exibe o caractere pressionado usando caractere da tecla
   protected void KeyDemo_KeyPress(
      object sender, System.Windows.Forms.KeyPressEventArgs e )
   {
      charLabel.Text = "Key pressed: " + e.KeyChar;
   }

   // exibe teclas modificadoras, código da tecla, dados da tecla e valor da tecla
   private void KeyDemo_KeyDown(
      object sender, System.Windows.Forms.KeyEventArgs e )
   {
      keyInfoLabel.Text =
         "Alt: " + ( e.Alt ? "Yes" : "No") + '\n' +
         "Shift: " + ( e.Shift ? "Yes" : "No" ) + '\n' +
         "Ctrl: " + ( e.Control ? "Yes" : "No" ) + '\n' +
         "KeyCode: " + e.KeyCode + '\n' +
         "KeyData: " + e.KeyData + '\n' +
         "KeyValue: " + e.KeyValue;
   }

   // limpa os rótulos quando a tecla é liberada
   private void KeyDemo_KeyUp(
      object sender, System.Windows.Forms.KeyEventArgs e )
   {
      keyInfoLabel.Text = "";
      charLabel.Text = "";
   }

} // fim da classe KeyDemo
```

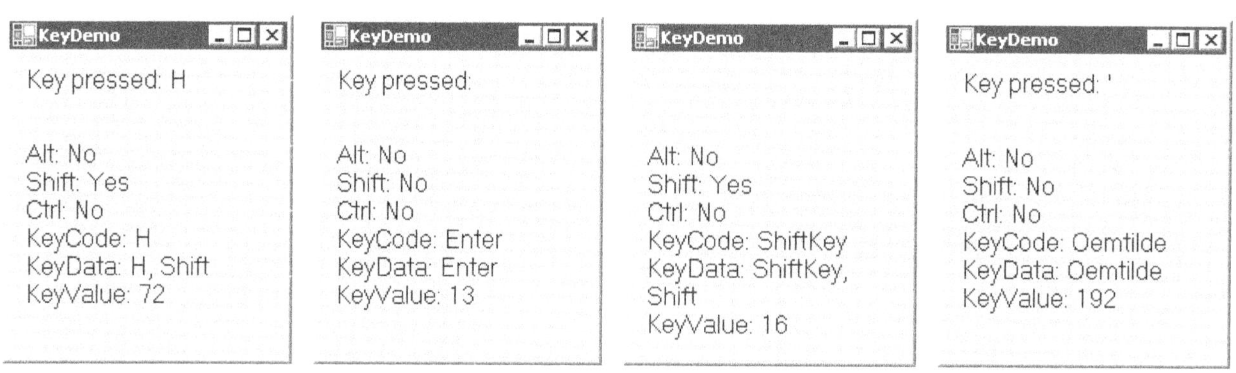

Figura 12.32 Demonstrando eventos de teclado. (Parte 2 de 2.)

O manipulador de evento **KeyPress** (linhas 28 a 32) acessa a propriedade **KeyChar** do objeto **KeyPressEventArgs**. Isso retorna a tecla pressionada como um **char** e exibe em **charLabel** (linha 31). Se a tecla pressionada não era um caractere ASCII, então o evento **KeyPress** não será chamado e **charLabel** permanecerá vazio. ASCII é um formato de codificação comum para letras, números, sinais de pontuação e outros caracteres. Ele não suporta teclas como as *teclas de função* (como *F1*) ou as teclas modificadoras (*Alt, Control* e *Shift*).

O manipulador de evento **KeyDown** (linhas 35 a 45) apresenta mais informações, todas de seu objeto **KeyEventArgs**. Ele testa as teclas *Alt, Shift* e *Control* (linhas 39 a 41), usando as propriedades **Alt**, **Shift** e **Control**, cada uma das quais retornando **bool**. Então, ele exibe as propriedades **KeyCode**, **KeyData** e **KeyValue**.

A propriedade **KeyCode** retorna uma enumeração **Keys**, que é convertida para uma **string** usando-se o método **ToString**. A propriedade **KeyCode** retorna a tecla que foi pressionada, mas não fornece nenhuma informação sobre teclas modificadoras. Assim, um "a" maiúsculo e um minúsculo são representados como a tecla *A*.

A propriedade **KeyData** também retorna uma enumeração **Keys**, mas inclui dados sobre teclas modificadoras. Assim, se "A" for fornecido, a propriedade **KeyData** mostrará que a tecla *A* e a tecla *Shift* foram pressionadas. Por último, **KeyValue** retorna o código da tecla que foi pressionada como um inteiro. Esse inteiro é o *código de tecla virtual do Windows*, que fornece um valor inteiro para uma ampla variedade de teclas e para botões do mouse. O código de tecla virtual do Windows é útil ao se testar teclas não ASCII (como *F12*).

O manipulador de evento **KeyUp** limpa os dois rótulos quando a tecla é liberada (linhas 48 a 53). Como podemos ver na saída, as teclas não ASCII não são apresentadas no **charLabel** superior, pois o evento **KeyPress** não foi gerado. O evento **KeyDown** ainda é disparado, e **keyInfoLabel** exibe informações sobre a tecla. A enumeração **Keys** pode ser usada para testar teclas específicas, comparando a tecla pressionada com uma propriedade **KeyCode** específica. A documentação do Visual Studio. NET tem uma lista completa das enumerações **Keys**.

Observação de engenharia de software 12.4

Para fazer um controle reagir quando determinada tecla é pressionada (como Enter*), manipule um evento de tecla e teste o pressionamento da tecla. Para fazer um botão ser clicado quando a tecla* Enter *é pressionada em um formulário, configure a propriedade* **AcceptButton** *do formulário.*

Resumo

- Uma GUI (Graphical User Interface — interface com o usuário gráfica) apresenta uma interface pictórica para um programa. Uma GUI fornece ao programa uma "aparência" e "comportamento" ("look" and "feel") distintivos.
- Fornecendo a diferentes aplicativos um conjunto consistente de componentes de interface com o usuário intuitivos, as GUIs permitem que o usuário se concentre no uso dos programas de forma produtiva.
- As GUIs são construídas a partir de componentes de GUI (às vezes chamados de controles ou elementos de janela). Um controle de GUI é um objeto visual com o qual o usuário interage por meio do mouse ou do teclado.
- Os formulários Windows criam GUIs. Um formulário é um elemento gráfico que aparece na área de trabalho. Um formulário pode ser uma caixa de diálogo ou uma janela.
- Um componente é uma classe que implementa a interface **IComponent**.
- Um controle é um componente gráfico, como um botão. Os componentes não visíveis normalmente são referidos apenas como componentes.
- A janela ativa tem o foco. Ela é a janela frontal e tem uma barra de título destacada.
- Um formulário atua como um contêiner para componentes.
- Quando o usuário interage com um controle, um evento é gerado. Esse evento pode chamar métodos que respondem às ações do usuário.
- Todos os formulários, componentes e controles são classes.
- O processo de projeto geral para criar aplicativos Windows envolve a criação de um formulário Windows (Windows Form), a configuração de suas propriedades, a adição de controles, a configuração de suas propriedades e a configuração de manipuladores de evento.
- As GUIs são dirigidas por eventos. Quando ocorre uma interação do usuário, um evento é gerado. A informação do evento é então passada para manipuladores de evento.
- Os eventos são baseados na notação de delegados. Os delegados agem como uma etapa intermediária entre o objeto que está criando (disparando) o evento e o método que o está manipulando.

- Em muitos casos, o programador manipulará os eventos gerados por controles previamente empacotados. Nesse caso, tudo o que o programador precisa fazer é criar e registrar o manipulador de evento.
- Use a janela **Events** para criar e registrar manipuladores de evento.
- As informações de que precisamos para registrar um evento são a classe **EventArgs** (para definir o manipulador de evento) e o delegado **EventHandler** (para registrar o manipulador de evento). Normalmente, o Visual Studio .NET pode registrar o evento para nós.
- Os rótulos (classe **Label**) apresentam instruções textuais somente de leitura ou informações em uma GUI.
- Uma **TextBox** é uma área de uma linha em que texto pode ser fornecido. Uma caixa de texto de senha exibe apenas determinado caractere (como *) quando o texto é fornecido.
- Um **Button** é um controle que o usuário clica para executar uma ação específica. Normalmente, os botões respondem ao evento **Click**.
- A **GroupBox** e o **Panel** ajudam a organizar componentes em uma GUI. A principal diferença entre as classes é que as **GroupBox**es podem exibir texto e os **Panel**s podem ter barras de rolagem.
- O Visual C# tem dois tipos de botões de estado — **CheckBox** e **RadioButton** —, que têm valores ligado/desligado ou verdadeiro/falso.
- Uma caixa de seleção é um pequeno quadrado branco que pode estar vazio ou pode conter uma marca de visto.
- Use o operador XOR (^) (OU exclusivo) bit a bit para combinar ou cancelar um estilo de fonte.
- Os botões de rádio (ou botões de opção, classe **RadioButton**) têm dois estados — selecionado e não selecionado. Os botões de rádio aparecem como um grupo no qual apenas um botão pode ser selecionado por vez. Para criar novos grupos, os botões de rádio devem ser adicionados em **GroupBox** ou **Panel**. Cada **GroupBox** ou **Panel** é um grupo.
- Os botões de rádio e as caixas de seleção usam o evento **CheckChanged**.
- Barras de rolagem são controles que permitem ao usuário acessar um intervalo de valores inteiros. Existe **scrollbar** horizontal e vertical.
- Uma caixa de figura (classe **PictureBox**) exibe uma imagem (configurada por um objeto da classe **Image**).
- Os eventos de mouse (cliques, pressionamentos e movimentos) podem ser manipulados para qualquer controle de GUI que derive de **System.Windows.Forms.Control**. Os eventos de mouse usam a classe **MouseEventArgs** (delegado **MouseEventHandler**) e **EventArgs** (delegado **EventHandler**).
- A classe **MouseEventArgs** contém informações sobre as coordenadas *x* e *y*, o botão usado, o número de cliques e o número de passos pelos quais a bolinha do mouse passou.
- Os eventos de teclado são gerados quando as teclas do teclado são pressionadas e liberadas. Esses eventos podem ser manipulados por qualquer controle que herde de **System.Windows.Forms.Control**.
- O evento **KeyPress** pode retornar um **char** para qualquer caractere ASCII pressionado. Não se pode determinar se teclas modificadoras especiais (como *Shift*, *Alt* e *Control*) foram pressionadas.
- Os eventos **KeyUp** e **KeyDown** testam teclas modificadoras especiais (usando **KeyEventArgs**). Os delegados são **KeyPressEventHandler** (**KeyPressEventArgs**) e **KeyEventHandler** (**KeyEventArgs**).
- A classe **KeyEventArgs** tem as propriedades **KeyCode**, **KeyData** e **KeyValue**.
- A propriedade **KeyCode** retorna a tecla pressionada, mas não fornece qualquer informação sobre teclas modificadoras.
- A propriedade **KeyData** inclui dados sobre teclas modificadoras.
- A propriedade **KeyValue** retorna o código da tecla pressionada, como um inteiro.

Terminologia

argumentos de evento
arrastar e soltar
barra de menu
barra de rolagem
barra de rolagem em painel
botão
botão de rádio
caixa de figura
caixa de seleção
caixa de senha
caixa de texto
caractere ASCII
chamar um evento
classe **Button**
classe **CheckBox**
classe **EventArgs**

classe **Form**
classe **KeyEventArgs**
classe **KeyPressEventArgs**
classe **Label**
classe **MouseEventArgs**
classe **MulticastDelegate**
classe **Panel**
classe **PictureBox**
classe **RadioButton**
classe **ScrollEventArgs**
classe **TextBox**
clique de mouse
clique em um botão
clique em um botão do mouse
código de tecla
código de tecla virtual
componente
componente de GUI
contêiner
controle
conversão múltipla
cor de fundo
dados de tecla
delegado
delegado de evento
delegado **MouseEventHandler**
digitar em uma caixa de texto
dirigido por eventos
disparar um evento
elemento de janela
#endregion
entrada de dados a partir do teclado
espaço de nomes **System.Windows.Forms**
estilo de fonte
evento
evento **CheckedChanged**
evento **Click**
evento de conversão múltipla
evento de mouse
evento de mouse **Enter**
evento de tecla
evento **KeyDown**
evento **KeyPress**
evento **KeyUp**
evento **MouseDown**
evento **MouseHover**
evento **MouseLeave**
evento **MouseMove**
evento **MouseUp**
evento **MouseWheel**
evento **Scroll**
evento **TextChanged**
exclusão mútua
foco
formulário
formulário Windows
GroupBox
grupo de botões de rádio
interface com o usuário gráfica (GUI)
janela ativa
janela **Events** no Visual Studio .NET
lista
manipulador de evento
manipular evento
menu
método **GetCurrentDirectory**
método **InitializeComponent**
modelo de manipulação de eventos
mouse
mover o mouse
movimento de mouse
não selecionado
painel
palavra-chave **event**
pressionamento do mouse
programação visual
propriedade **Alt**
propriedade **Control**
propriedade **Font**
propriedade **Hide**
propriedade **Image**
propriedade **Name**
propriedade **NewValue**
propriedade **PasswordChar**
propriedade **Shift**
propriedade **SizeMode**
propriedade **Text**
propriedade **Visible**
registrar um manipulador de evento
rótulo
rótulo de botão
rótulo de caixa de seleção
selecionando um item em um menu
tag **#region**
tecla *Enter*
teclado
texto que não pode ser editado ou ícone
texto somente de leitura
valor de tecla
XOR (OU exclusivo)

Exercícios de revisão

12.1 Indique se cada uma das seguintes alternativas é *verdadeira* ou *falsa*. Se for *falsa*, justifique.

a) Uma GUI é uma interface pictórica para um programa.
b) Os formulários Windows são usados normalmente para criar GUIs.
c) Um controle é um componente invisível.
d) Todos os formulários, componentes e controles são classes.

e) Os eventos são baseados em propriedades.
f) A classe **Label** é usada para fornecer instruções ou informações pictóricas.
g) Os pressionamentos de botão disparam eventos.
h) As caixas de seleção no mesmo grupo são mutuamente exclusivas.
i) As barras de rolagem permitem que o usuário maximize ou minimize um conjunto de dados.
j) Todos os eventos de mouse usam a mesma classe de argumentos de evento.
k) O Visual Studio .NET pode registrar um evento e criar um manipulador de evento vazio.

12.2 Preencha os espaços em branco em cada uma das declarações a seguir:

a) Diz-se que a janela ativa tem o ______________.
b) O formulário atua como um ______________ para os componentes que são adicionados.
c) As GUIs são dirigidas por ______________.
d) Todo método que manipula o mesmo evento deve ter a mesma ______________.
e) As informações exigidas ao se registrar um manipulador de evento são a classe de __________ e o __________.
f) Uma caixa de texto de ______________ exibe apenas um caractere (como um asterisco) quando o usuário digita.
g) A classe ______________ e a classe ______________ ajudam a organizar componentes em uma GUI e a fornecer um grupo lógico de botões de rádio.
h) Os eventos de mouse típicos incluem ______________, ______________ e ______________.
i) Os eventos ______________ são gerados quando uma tecla é pressionada ou liberada no teclado.
j) As teclas modificadoras são ______________, ______________ e ______________.
k) Um evento de _______ ou delegado pode chamar vários métodos.

Respostas dos exercícios de revisão

12.1 a) Verdadeira. b) Verdadeira. c) Falsa. Um controle é um componente visível. d) Verdadeira. e) Falsa. Os eventos são baseados em delegados. f) Falsa. A classe **Label** é usada para fornecer instruções ou informações textuais. g) Verdadeira. h) Falsa. Os botões de rádio no mesmo grupo são mutuamente exclusivos. i) Falsa. As barras de rolagem permitem que o usuário veja dados que normalmente não cabem em seu contêiner. j) Falsa. Alguns eventos de mouse usam **EventArgs**, enquanto outros usam **MouseEventArgs**. k) Verdadeira.

12.2 a) foco. b) contêiner. c) evento. d) assinatura. e) argumentos de evento, delegado. f) senha. g) **GroupBox**, **Panel**. h) cliques de mouse, pressionamentos de mouse, movimentos de mouse. i) Key. j) *Shift, Control, Alt.* k) conversão múltipla.

Exercícios

12.3 Estenda o programa da Figura 12.24 para incluir uma **CheckBox** para cada opção de estilo de fonte. [*Dica*: use XOR, em vez de testar cada bit explicitamente.]

12.4 Crie a GUI da Figura 12.33. Você não precisa fornecer nenhuma funcionalidade.

12.5 Crie a GUI da Figura 12.34. Você não precisa fornecer nenhuma funcionalidade.

12.6 Estenda o programa da Figura 12.30 para incluir opções para mudar o tamanho e a cor das linhas desenhadas. Crie uma GUI semelhante à da Figura 12.35. [*Dica*: faça variáveis controlarem o tamanho (**int**) e a cor (objeto **Color**) atualmente selecionados. Configure-os usando os manipuladores de evento dos botões de rádio. Para a cor, use as várias constantes de **Color** (como **Color.Blue**). Quando responder aos movimentos de mouse, basta usar as variáveis de tamanho e código para determinar o tamanho e a cor corretos.]

12.7 Escreva um programa que jogue "adivinhe o número", como se segue: seu programa escolhe o número a ser adivinhado selecionando um inteiro aleatoriamente, no intervalo de 1 a 1000. Então, o programa exibe o seguinte texto em um rótulo:

```
Eu pensei em um número entre 1 e 1000. Você conseque adivinhar qual é?
Digite sua primeira tentativa de adivinhar.
```

Uma **TextBox** deve ser usada para fornecer a suposição. À medida que cada suposição é fornecida, a cor de fundo deve mudar para vermelho ou azul. Vermelho indica que o usuário está ficando "mais quente" e azul indica que o usuário está ficando "mais frio". Um **Label** deve exibir "**Grande demais**" ou "**Pequeno demais**" para ajudar o usuário a escolher um número mais próximo da resposta correta. Quando o usuário obtiver a resposta correta, "**Correto!**" deverá ser apresentado. O fundo deve se tornar verde, e a **TextBox** usada para entrada não deve mais poder ser editada. Forneça um **Button** que permita ao usuário jogar o jogo novamente. Quando o **Button** for clicado, gere um novo número aleatório, altere o fundo para a cor padrão e gere a entrada **TextBox** para poder ser editada.

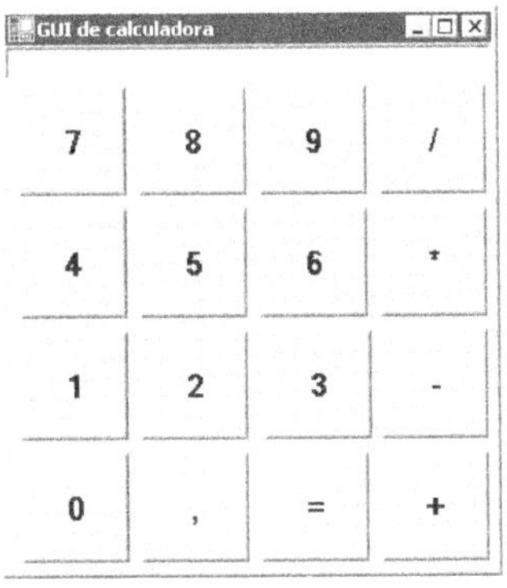

Figura 12.33 GUI para o Exercício 12.4.

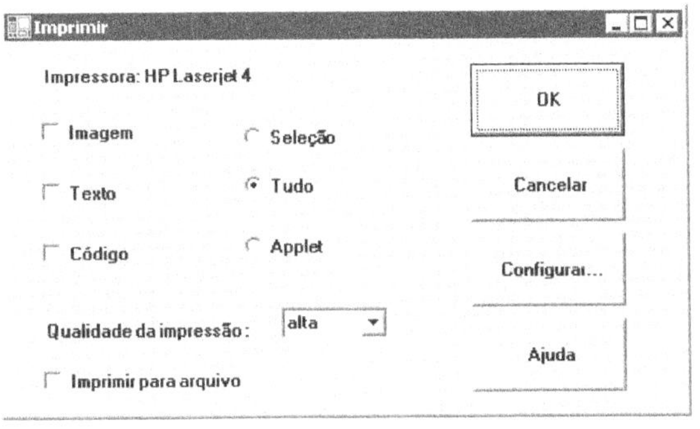

Figura 12.34 GUI para o Exercício 12.5.

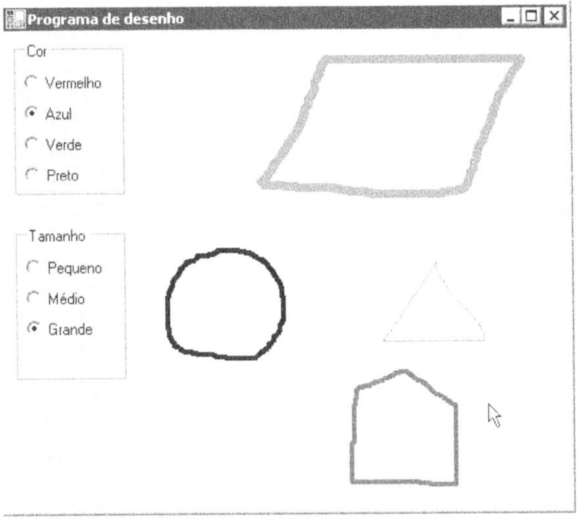

Figura 12.35 GUI para o Exercício 12.6

13

Conceitos de Interface com o Usuário Gráfica: Parte 2

Objetivos

- Criar menus, guias de janela e programas MDI (interface de múltiplos documentos).
- Entender o uso dos controles **`ListView`** e **`TreeView`** para exibir informações.
- Usar links com o controle **`LinkLabel`**.
- Exibir listas usando **`ListBox`**es e **`ComboBox`**es.
- Criar controles personalizados.

★

Asseguro não ter eventos controlados,
mas confesso francamente que os eventos têm me controlado.
Abraham Lincoln

Um bom símbolo é o melhor argumento
e é um missionário a persuadir milhares.
Ralph Waldo Emerson

Capture sua realidade na pintura!
Paul Cézanne

Mas, silêncio!
Que luz escapa através daquela longínqua janela?
É o levante e Julieta é o sol!
William Shakespeare

Um ator entrando pela porta não significa nada.
Mas se ele entra pela janela, você tem uma situação.
Billy Wilder

Resumo

13.1 Introdução

Este capítulo continua nosso estudo das GUIs. Começamos nossa discussão dos assuntos mais avançados com um componente de GUI usado comumente, o *menu*, que mostra ao usuário várias opções organizadas de maneira lógica. O leitor aprenderá a desenvolver menus com as ferramentas fornecidas pelo Visual Studio .NET. Apresentaremos os **LinkLabel**s, poderosos componentes de GUI que permitem ao usuário clicar com o mouse para ser levado a um de vários destinos.

Consideraremos os componentes de GUI que encapsulam componentes de GUI menores. Demonstraremos como manipular uma lista de valores por meio da **ListBox** e como combinar várias caixas de seleção em uma **CheckedListBox**. Também criaremos listas suspensas usando **ComboBox**es e exibiremos dados hierarquicamente, com um controle **TreeView**. Apresentaremos dois importantes componentes de GUI — os controles de guia e as janelas de interface de múltiplos documentos. Esses componentes permitem aos desenvolvedores criar programas reais com interfaces com o usuário gráficas sofisticadas.

A maioria dos componentes de GUI usados neste livro é incluída com o Visual Studio .NET. Mostraremos como projetar controles personalizados e adicionar esses controles na **ToolBox**. As técnicas aprendidas neste capítulo formam a base para a criação de GUIs e controles personalizados complexos.

13.2 Menus

Os *menus* são usados para fornecer grupos de comandos relacionados para aplicativos Windows. Embora esses comandos dependam do programa, alguns — como **Abrir** e **Salvar** — são comuns para muitos aplicativos. Os menus são parte integrante de uma GUI, pois eles tornam as ações do usuário possíveis, sem "congestionamento" desnecessário da GUI.

Na Figura 13.1, um menu expandido relaciona vários comandos (chamados de *itens de menu*), mais *submenus* (menus dentro de um menu). Note que os menus de nível superior aparecem na parte esquerda da figura, enquanto todos os submenus ou itens de menu são mostrados à direita. O menu que contém um item de menu é chamado de *menu progenitor* desse item de menu. Um item de menu que contém um submenu é considerado como o progenitor desse submenu.

Todos os itens de menu podem ter atalhos de tecla *Alt* (também chamados de *atalhos de acesso* ou *teclas ativas*), que são acessados pelo pressionamento de *Alt* e da letra sublinhada (por exemplo, *Alt* + *F* abre o menu **File**). Os menus que não são menus de nível superior também podem ter teclas de atalho (combinações de *Ctrl, Shift, Alt, F1, F2*, teclas de letra etc.). Alguns itens de menu exibem marcas de visto, normalmente indicando que várias opções podem ser selecionadas simultaneamente no menu.

Para criar um menu, abra a **Toolbox** e arraste um controle **MainMenu** para o formulário. Isso cria uma barra de menus na parte superior do formulário e coloca um ícone **MainMenu** sob ela. Para selecionar o ícone **MainMenu**, clique nele. Essa configuração é conhecida como **Menu Designer** do Visual Studio .NET, que permite ao usuário criar e editar menus. Os menus são como os outros controles; eles têm propriedades, as quais podem ser acessadas pela janela **Properties** ou do **Menu Designer** (Figura 13.2), e eventos, que podem ser acessados pelos menus suspensos **Class Name** e **Method Name**.

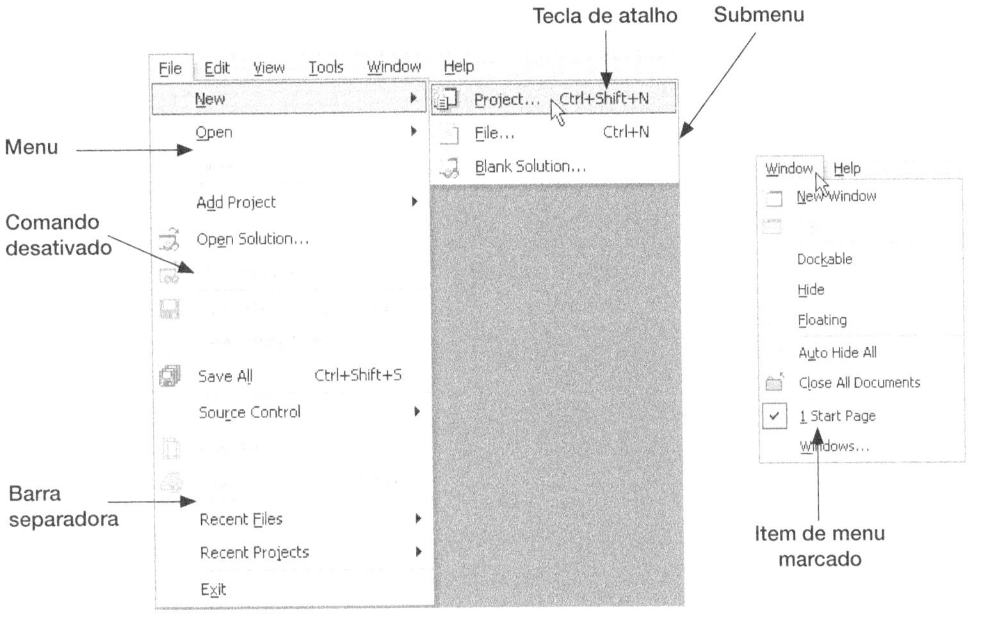

Figura 13.1 Menus expandidos e marcados.

Observação de aparência e comportamento 13.1

Os **`Buttons`** *também podem ter atalhos de acesso. Coloque o símbolo* **`&`** *imediatamente antes do caractere por meio do qual desejamos criar um atalho. Para clicar no botão, pressione* Alt *e o caractere sublinhado.*

Para adicionar entradas no menu, clique na caixa de texto **Type Here** e digite o texto que deve aparecer no menu. Cada entrada no menu é de tipo ***`MenuItem`***, do espaço de nomes **`System.Windows.Forms`**. O próprio menu é de tipo ***`MainMenu`***. Após o programador pressionar a tecla *Enter*, o item de menu é adicionado. Então, mais caixas de texto **Type Here** aparecem, permitindo adicionar itens debaixo ou ao lado do item de menu original (Figura 13.2). Para criar um atalho de acesso, digite um E comercial (**`&`**) na frente do caractere a ser sublinhado. Por exemplo, para criar o item de menu **Arquivo**, digite **`&Arquivo`**. O caractere de E comercial é exibido digitando-se **`&&`**. Para adicionar outras teclas de atalho (como *Ctrl + F9*), configure a propriedade **`Shortcut`** do **`MenuItem`**.

Os programadores podem remover um item de menu selecionando-o com o mouse e pressionando a tecla *Delete*. Barras separadoras são inseridas clicando-se com o botão direito do mouse no menu e selecionando-se **Insert Separator** ou digitando-se "**-**" como texto do menu.

Os itens de menu geram um evento **`Click`** quando selecionados. Para criar um manipulador de evento vazio, entre no modo de visualização de código, dê um clique duplo no **`MenuItem`**, no modo de visualização de projeto. Os menus também podem mostrar os nomes das janelas abertas nos formulários MDI (Multiple Document Interface — interface de múltiplos documentos) (veja a Seção 13.9). As propriedades e os eventos de menu estão resumidos na Figura 13.3.

Observação de aparência e comportamento 13.2

É uma convenção colocar reticências (...) após um item de menu que abre uma caixa de diálogo (como **Salvar como...***). Os itens de menu que produzem uma ação imediata, sem avisar o usuário (como* **Salvar***), não devem ter reticências após seus nomes.*

A classe **`MenuTest`** (Figura 13.4) cria um menu simples em um formulário. O formulário tem um menu **File** de nível superior, com os itens de menu **About** (exibe uma caixa de mensagem) e **Exit** (termina o programa). O menu também contém um menu **Format**, o qual altera o texto de um rótulo. O menu **Format** tem os submenus **Color** e **Font**, que alteram a cor e a fonte do texto em um rótulo.

Observação de aparência e comportamento 13.3

Usar atalhos comuns do Windows (como Ctrl+F ou Ctrl+L para operações de localização de texto e Ctrl+S para operações de salvamento) diminui a curva de aprendizado de um aplicativo.

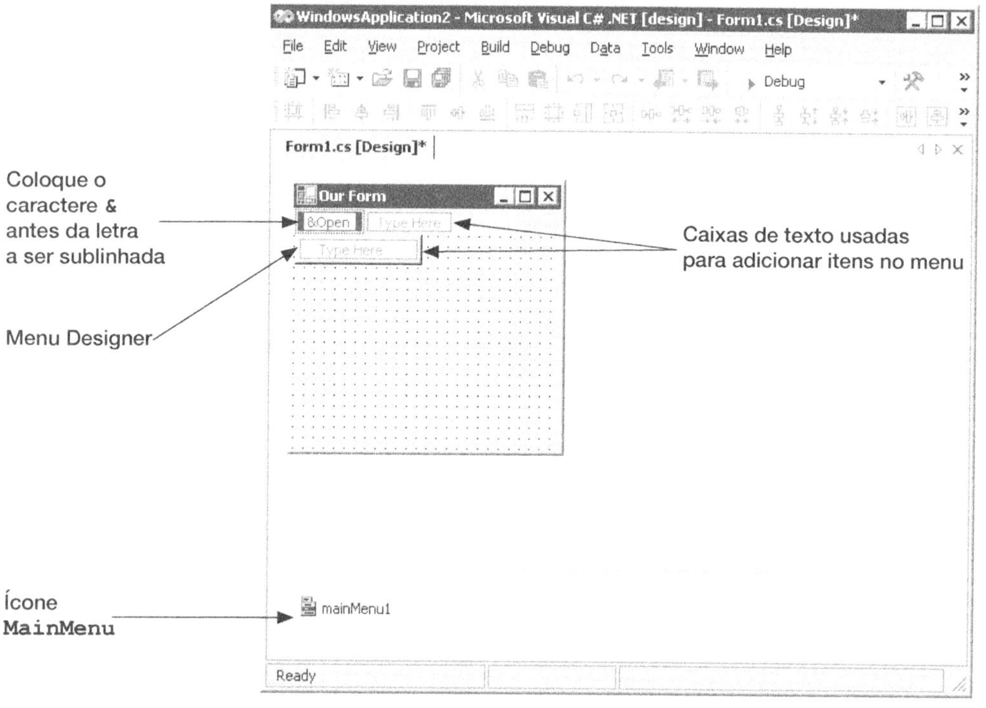

Figura 13.2 Menu Designer do Visual Studio .NET.

Eventos e propriedades de **MainMenu** e **MenuItem**	Descrição / delegado e argumentos de evento
Propriedades de **MainMenu**	
MenuItems	Relaciona os **MenuItem**s que estão contidos no **MainMenu**.
RightToLeft	Faz o texto ser exibido da direta para a esquerda. É útil para idiomas que são lidos da direita para a esquerda.
Propriedades de **MenuItem**	
Checked	Indica se um item de menu está marcado (de acordo com a propriedade **RadioCheck**). O padrão é **False**, significando que o item de menu não está marcado.
Index	Especifica a posição de um item em seu menu progenitor.
MenuItems	Relaciona os itens de submenu de um item de menu específico.
MergeOrder	Configura a posição de um item de menu quando seu menu progenitor é combinado com outro menu.
MergeType	Pega um valor da enumeração **MenuMerge**. Especifica como um menu progenitor se mescla com outro menu. Os valores possíveis são **Add**, **MergeItems**, **Remove** e **Replace**.
RadioCheck	Indica se um item de menu selecionado aparece como um botão de rádio (ou botão de opção, círculo preto) ou exibe uma marca de visto. **True** cria o botão de rádio, **False** exibe marca de visto; o padrão é **False**.
Shortcut	Especifica a tecla de atalho para o item de menu (por exemplo, *Ctrl* + *F9* pode ser equivalente a clicar em um item específico).
ShowShortcut	Indica se uma tecla de atalho é mostrada ao lado do texto do item de menu. O padrão é **True**, que exibe a tecla de atalho.
Text	Especifica o texto que aparece no item de menu. Para criar um atalho de acesso *Alt*, preceda um caractere com **&** (por exemplo, **&Arquivo** para **Arquivo**).

Figura 13.3 Propriedades e eventos de MainMenu e MenuItem. (Parte 1 de 2.)

Eventos e propriedades de `MainMenu` e `MenuItem`	Descrição / delegado e argumentos de evento
Evento comum	*(Delegado* **`EventHandler`**, *argumentos de evento* **`EventArgs`***)*
`Click`	Gerado quando o item é clicado ou a tecla de atalho é usada. É o padrão quando se dá um clique duplo no projetista.

Figura 13.3 Propriedades e eventos de `MainMenu` e `MenuItem`. (Parte 2 de 2.)

Começamos arrastando o item **`MainMenu`** da **ToolBox** para o formulário. Então, criamos nossa estrutura de menu inteira, usando o **Menu Designer**. O menu **File** tem itens **About** (**`aboutMenuItem`**, linha 21) e **Exit** (**`exitMenuItem`**, linha 22); o menu **Format** (**`formatMenu`**, linha 25) tem dois submenus. O primeiro submenu, **Color** (**`colorMenuItem`**, linha 28), contém os itens de menu **Black** (**`blackMenuItem`**, linha 29), **Blue** (**`blueMenuItem`**, linha 30), **Red** (**`redMenuItem`**, linha 31) e **Green** (**`greenMenuItem`**, linha 32). O segundo submenu, **Font** (**`fontMenuItem`**, linha 40), contém os itens de menu **Times New Roman** (**`timesMenuItem`**, linha 35), **Courier** (**`courierMenuItem`**, linha 36), **Comic Sans** (**`comicMenuItem`**, linha 37), uma barra separadora (**`separatorMenuItem`**, linha 42), **Bold** (**`boldMenuItem`**, linha 38) e **Italic** (**`italicMenuItem`**, linha 39).

```
1  // Fig 13.4: MenuTest.cs
2  // Usando menus para alterar cores e estilos de fonte.
3
4  using System;
5  using System.Drawing;
6  using System.Collections;
7  using System.ComponentModel;
8  using System.Windows.Forms;
9  using System.Data;
10
11 public class MenuTest : System.Windows.Forms.Form
12 {
13    // exibe o rótulo
14    private System.Windows.Forms.Label displayLabel;
15
16    // menu principal (contém os menus file e format)
17    private System.Windows.Forms.MainMenu mainMenu;
18
19    // menu file
20    private System.Windows.Forms.MenuItem fileMenuItem;
21    private System.Windows.Forms.MenuItem aboutMenuItem;
22    private System.Windows.Forms.MenuItem exitMenuItem;
23
24    // menu format
25    private System.Windows.Forms.MenuItem formatMenuItem;
26
27    // submenu color
28    private System.Windows.Forms.MenuItem colorMenuItem;
29    private System.Windows.Forms.MenuItem blackMenuItem;
30    private System.Windows.Forms.MenuItem blueMenuItem;
31    private System.Windows.Forms.MenuItem redMenuItem;
32    private System.Windows.Forms.MenuItem greenMenuItem;
33
34    // submenu font
35    private System.Windows.Forms.MenuItem timesMenuItem;
36    private System.Windows.Forms.MenuItem courierMenuItem;
```

Figura 13.4 Menus para mudar fonte e cor de texto. (Parte 1 de 5.)

```
      private System.Windows.Forms.MenuItem comicMenuItem;
      private System.Windows.Forms.MenuItem boldMenuItem;
      private System.Windows.Forms.MenuItem italicMenuItem;
      private System.Windows.Forms.MenuItem fontMenuItem;

      private System.Windows.Forms.MenuItem separatorMenuItem;

      [STAThread]
      static void Main()
      {
         Application.Run( new MenuTest() );
      }

      // exibe MessageBox
      private void aboutMenuItem_Click(
         object sender, System.EventArgs e )
      {
         MessageBox.Show(
            "This is an example\nof using menus.",
            "About", MessageBoxButtons.OK,
            MessageBoxIcon.Information );
      }

      // sai do programa
      private void exitMenuItem_Click(
         object sender, System.EventArgs e )
      {
         Application.Exit();
      }

      // reinicializa a cor
      private void ClearColor()
      {
         // limpa todas as marcas de visto
         blackMenuItem.Checked = false;
         blueMenuItem.Checked = false;
         redMenuItem.Checked = false;
         greenMenuItem.Checked = false;
      }

      // atualiza o estado do menu e exibe a cor preta
      private void blackMenuItem_Click(
         object sender, System.EventArgs e )
      {
         // reinicializa as marcas de visto dos itens de menu de cor
         ClearColor();

         // configura a cor como preta
         displayLabel.ForeColor = Color.Black;
         blackMenuItem.Checked = true;
      }

      // atualiza o estado do menu e exibe a cor azul
      private void blueMenuItem_Click(
         object sender, System.EventArgs e )
      {
         // reinicializa as marcas de visto dos itens de menu de cor
         ClearColor();
```

Figura 13.4 Menus para mudar fonte e cor de texto. (Parte 2 de 5.)

```

         // configura a cor como azul
         displayLabel.ForeColor = Color.Blue;
         blueMenuItem.Checked = true;
      }

      // atualiza o estado do menu e exibe a cor vermelha
      private void redMenuItem_Click(
         object sender, System.EventArgs e )
      {
         // reinicializa as marcas de visto dos itens de menu de cor
         ClearColor();

         // configura a cor como vermelha
         displayLabel.ForeColor = Color.Red;
         redMenuItem.Checked = true;
      }

      // atualiza o estado do menu e exibe a cor verde
      private void greenMenuItem_Click(
         object sender, System.EventArgs e )
      {
         // reinicializa as marcas de visto dos itens de menu de cor
         ClearColor();

         // configura a cor como verde
         displayLabel.ForeColor = Color.Green;
         greenMenuItem.Checked = true;
      }

      // reinicializa os tipos de fonte
      private void ClearFont()
      {
         // limpa todas as marcas de visto
         timesMenuItem.Checked = false;
         courierMenuItem.Checked = false;
         comicMenuItem.Checked = false;
      }

      // atualiza o estado do menu e configura a fonte como Times
      private void timesMenuItem_Click(
         object sender, System.EventArgs e )
      {
         // reinicializa as marcas de visto para itens de menu de fonte
         ClearFont();

         // configura a fonte Times New Roman
         timesMenuItem.Checked = true;
         displayLabel.Font = new Font(
            "Times New Roman", 14, displayLabel.Font.Style );
      }

      // atualiza o estado do menu e configura a fonte como Courier
      private void courierMenuItem_Click(
         object sender, System.EventArgs e )
      {
         // reinicializa as marcas de visto para itens de menu de fonte
         ClearFont();
```

Figura 13.4 Menus para mudar fonte e cor de texto. (Parte 3 de 5.)

```

            // configura a fonte Courier
            courierMenuItem.Checked = true;
            displayLabel.Font = new Font(
               "Courier New", 14, displayLabel.Font.Style );
         }

         // atualiza o estado do menu e configura a fonte como Comic Sans MS
         private void comicMenuItem_Click(
            object sender, System.EventArgs e )
         {
            // reinicializa as marcas de visto para itens de menu de fonte
            ClearFont();

            // configura a fonte Comic Sans
            comicMenuItem.Checked = true;
            displayLabel.Font = new Font(
               "Comic Sans MS", 14, displayLabel.Font.Style );
         }

         // ativa/desativa a marca de visto e ativa/desativa o estilo negrito
         private void boldMenuItem_Click(
            object sender, System.EventArgs e )
         {
            // ativa/desativa a marca de visto
            boldMenuItem.Checked = !boldMenuItem.Checked;

            // usa XOR para ativar/desativar o negrito, mantém todos os outros estilos
            displayLabel.Font = new Font(
               displayLabel.Font.FontFamily, 14,
               displayLabel.Font.Style ^ FontStyle.Bold );
         }

         // ativa/desativa a marca de visto e ativa/desativa o estilo itálico
         private void italicMenuItem_Click(
            object sender, System.EventArgs e)
         {
            // ativa/desativa a marca de visto
            italicMenuItem.Checked = !italicMenuItem.Checked;

            // usa XOR para ativar/desativar o itálico, mantém todos os outros estilos
            displayLabel.Font = new Font(
               displayLabel.Font.FontFamily, 14,
               displayLabel.Font.Style ^ FontStyle.Italic );
         }

      } // fim da classe MenuTest
```

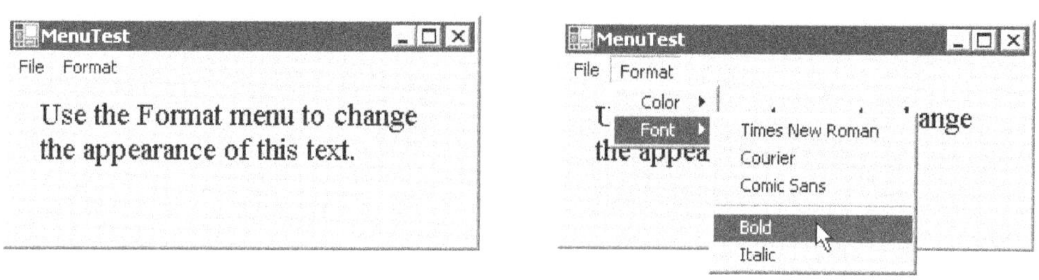

Figura 13.4 Menus para mudar fonte e cor de texto. (Parte 4 de 5.)

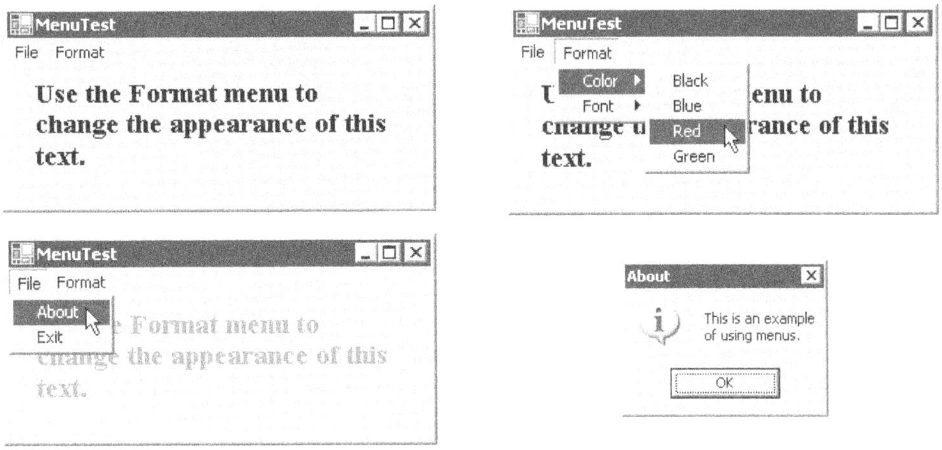

Figura 13.4 Menus para mudar fonte e cor de texto. (Parte 5 de 5.)

O item de menu **About** no menu **File** exibe uma `MessageBox` quando clicado (linhas 54 a 57). O item de menu **Exit** fecha o aplicativo por meio do método `static` *`Exit`* da classe *`Application`* (linha 64). A classe `Application` contém métodos `static` usados para controlar a execução do programa. O método `Exit` faz nosso aplicativo terminar.

Tornamos os itens do submenu **Color** (**Black**, **Blue**, **Red** e **Green**) mutuamente exclusivos — o usuário pode selecionar apenas um de cada vez (explicaremos como em breve). Para indicar esse comportamento para o usuário, configuramos as propriedades *`RadioCheck`* do item de menu como `True`. Isso faz um botão de rádio aparecer (em vez de uma marca de visto) quando o usuário seleciona um item do menu de cor.

Cada item do menu **Color** tem seu próprio manipulador de evento. O manipulador de evento da cor **Black** é `blackMenuItem_Click` (linhas 78 a 87). Os manipuladores de evento das cores **Blue**, **Red** e **Green** são `blueMenuItem_Click` (linhas 90 a 99), `redMenuItem_Click` (linhas 102 a 111) e `greenMenuItem_Click` (linhas 114 a 123), respectivamente. Cada item do menu **Color** deve ser mutuamente exclusivo, de modo que cada manipulador de evento chama o método `ClearColor` (linhas 68 a 75) antes de configurar sua propriedade `Checked` correspondente como `True`. O método `ClearColor` configura a propriedade `Checked` de cada `MenuItem` de cor como `False`, impedindo efetivamente que mais de um item de menu seja marcado simultaneamente.

Observação de engenharia de software 13.1

A exclusão mútua de itens de menu não é imposta pelo `MainMenu`*, mesmo quando a propriedade* `RadioCheck` *é* `True`*. Devemos programar esse comportamento.*

Observação de aparência e comportamento 13.4

Configure a propriedade `RadioCheck` *para refletir o comportamento desejado dos itens de menu. Use botões de rádio (propriedade* `RadioCheck` *configurada como* `True`*) para indicar itens de menu mutuamente exclusivos. Use marcas de visto (propriedade* `RadioCheck` *configurada como* `False`*) para itens de menu que não têm nenhuma restrição lógica.*

O menu **Font** contém três itens de menu para tipos de fonte (**Courier**, **Times New Roman** e **Comic Sans**) e dois itens de menu para estilos de fonte (**Bold** e **Italic**). Adicionamos uma barra separadora entre os itens de menu de tipo de fonte e estilo de fonte, para indicar a distinção: os tipos de fonte são mutuamente exclusivos, mas os estilos, não. Isso significa que um objeto `Font` pode especificar apenas um tipo de fonte por vez, mas pode configurar vários estilos simultaneamente (por exemplo, uma fonte pode estar em negrito e itálico). Configuramos os itens de menu de tipo de fonte para exibir marcas de visto. Assim como no menu **Color**, também devemos impor a exclusão mútua em nossos manipuladores de evento.

Os manipuladores de evento dos itens de menu de tipo de fonte **TimesRoman**, **Courier** e **ComicSans** são `timesMenuItem_Click` (linhas 135 a 145), `courierMenuItem_Click` (linhas 148 a 158) e `comicMenuItem_Click` (linhas 161 a 171), respectivamente. Esses manipuladores de evento se comportam de maneira semelhante aos manipuladores de evento dos itens do menu **Color**. Cada manipulador de evento limpa as propriedades `Checked` de todos os itens de menu de tipo de fonte, chamando o método `ClearFont` (linhas 126 a 132), e, em seguida, configura como `True` a propriedade `Checked` do item de menu que gerou o evento. Isso impõe a exclusão mútua dos itens de menu de tipo de fonte.

Os manipuladores de evento dos itens de menu **Bold** e **Italic** (linhas 174 a 197) usam o operador **XOR** (OU exclusivo) bit a bit. Para cada estilo de fonte, o operador OU exclusivo (**^**) altera o texto para incluir o estilo ou, se esse estilo já estiver aplicado, para removê-lo. O comportamento alternado fornecido pelo operador **XOR** foi explicado no Capítulo 12. Conforme explicado no Capítulo 12, a estrutura de manipulação de eventos desse programa nos permite adicionar e remover entradas de menu, enquanto faz alterações estruturais mínimas no código.

13.3 LinkLabels

O controle ***LinkLabel*** exibe links para outros objetos, como arquivos ou páginas Web (Figura 13.5). Um **LinkLabel** aparece como texto sublinhado (de cor azul, como padrão). Quando o ponteiro do mouse fica sobre o link, o ponteiro muda para uma mão; isso é semelhante ao comportamento de um link em uma página Web. O link pode mudar de cor para indicar se ele é novo, se já foi visitado ou se está ativo. Quando clicado, o **LinkLabel** gera um evento **LinkClicked** (veja a Figura 13.6). A classe **LinkLabel** é derivada da classe **Label** e, portanto, herda toda a funcionalidade dessa classe.

A classe **LinkLabelTest** (Figura 13.7) usa três **LinkLabel**s para ter um link para a unidade de disco **C:**, para a página Web da Deitel (**www.deitel.com**) e para o aplicativo Bloco de notas, respectivamente. As propriedades **Text** dos **LinkLabel**s, **driveLinkLabel** (linha 14), **deitelLinkLabel** (linha 15) e **notepadLinkLabel** (linha 16) são configuradas para descrever o objetivo de cada link.

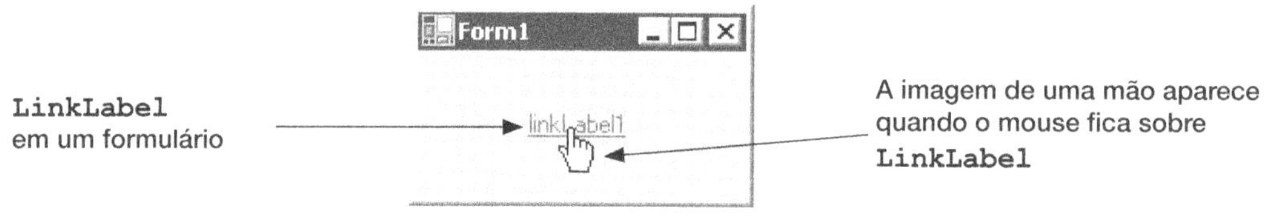

Figura 13.5 O controle LinkLabel no programa em execução.

Propriedades e eventos de LinkLabel	Descrição / delegado e argumentos de evento
Propriedades comuns	
ActiveLinkColor	Especifica a cor do link ativo quando clicado. O padrão é vermelho.
LinkArea	Especifica qual parte do texto no **LinkLabel** é tratada como parte do link.
LinkBehavior	Especifica o comportamento do link, ou seja, como ele aparece no momento em que o mouse é colocado sobre ele.
LinkColor	Especifica a cor original de todos os links antes que eles tenham sido visitados. O padrão é azul.
Links	Relaciona os objetos **LinkLabel.Link**, que são os links contidos no **LinkLabel**.
LinkVisited	Se for **True**, o link aparecerá como se fosse visitado (sua cor é alterada para aquela especificada pela propriedade **VisitedLinkColor**). O padrão é **False**.
Text	Especifica o texto que vai aparecer no controle.
UseMnemonic	Se for **True**, o caractere **&** na propriedade **Text** atuará como um atalho (semelhante ao atalho *Alt* nos menus).
VisitedLinkColor	Especifica a cor dos links visitados. O padrão é **Color.Purple**.
Evento comum	*(Delegado **LinkLabelLinkClickedEventHandler**, argumentos de evento **LinkLabelLinkClickedEventArgs**)*
LinkClicked	Gerado quando o link é clicado. É o padrão quando o controle recebe um clique duplo no projetista.

Figura 13.6 Propriedades e eventos de LinkLabel.

Observação de aparência e comportamento 13.5

Embora outros controles possam executar ações semelhantes àquelas de um **`LinkLabel`** *(como abrir uma página Web), os* **`LinkLabels`** *indicam que um link pode ser seguido — um rótulo ou botão normal não transmite necessariamente essa idéia.*

```
// Fig. 13.7: LinkLabelTest.cs
// Usando LinkLabels para criar links.

using System;
using System.Drawing;
using System.Collections;
using System.ComponentModel;
using System.Windows.Forms;
using System.Data;

public class LinkLabelTest : System.Windows.Forms.Form
{
   // linklabels para a unidade de disco C:, www.deitel.com e Bloco de notas
   private System.Windows.Forms.LinkLabel driveLinkLabel;
   private System.Windows.Forms.LinkLabel deitelLinkLabel;
   private System.Windows.Forms.LinkLabel notepadLinkLabel;

   [STAThread]
   static void Main()
   {
      Application.Run( new LinkLabelTest() );
   }

   // percorre a unidade de disco C:\
   private void driveLinkLabel_LinkClicked( object sender,
      System.Windows.Forms.LinkLabelLinkClickedEventArgs e )
   {
      driveLinkLabel.LinkVisited = true;
      System.Diagnostics.Process.Start( "C:\\" );
   }

   // carrega www.deitel.com no navegador da Web
   private void deitelLinkLabel_LinkClicked( object sender,
      System.Windows.Forms.LinkLabelLinkClickedEventArgs e )
   {
      deitelLinkLabel.LinkVisited = true;
      System.Diagnostics.Process.Start(
         "IExplore", "http://www.deitel.com" );
   }

   // executa o aplicativo Bloco de notas
   private void notepadLinkLabel_LinkClicked(
      object sender,
      System.Windows.Forms.LinkLabelLinkClickedEventArgs e )
   {
      notepadLinkLabel.LinkVisited = true;

      // programa chamado como se fosse no comando executar do
      // menu Iniciar do Windows; o caminho completo não é necessário
```

Figura 13.7 `LinkLabels` usados para se ter um link para uma pasta, para uma página Web e para um aplicativo. (Parte 1 de 2.)

```
        System.Diagnostics.Process.Start( "notepad" );
    }

}  // fim da classe LinkLabelTest
```

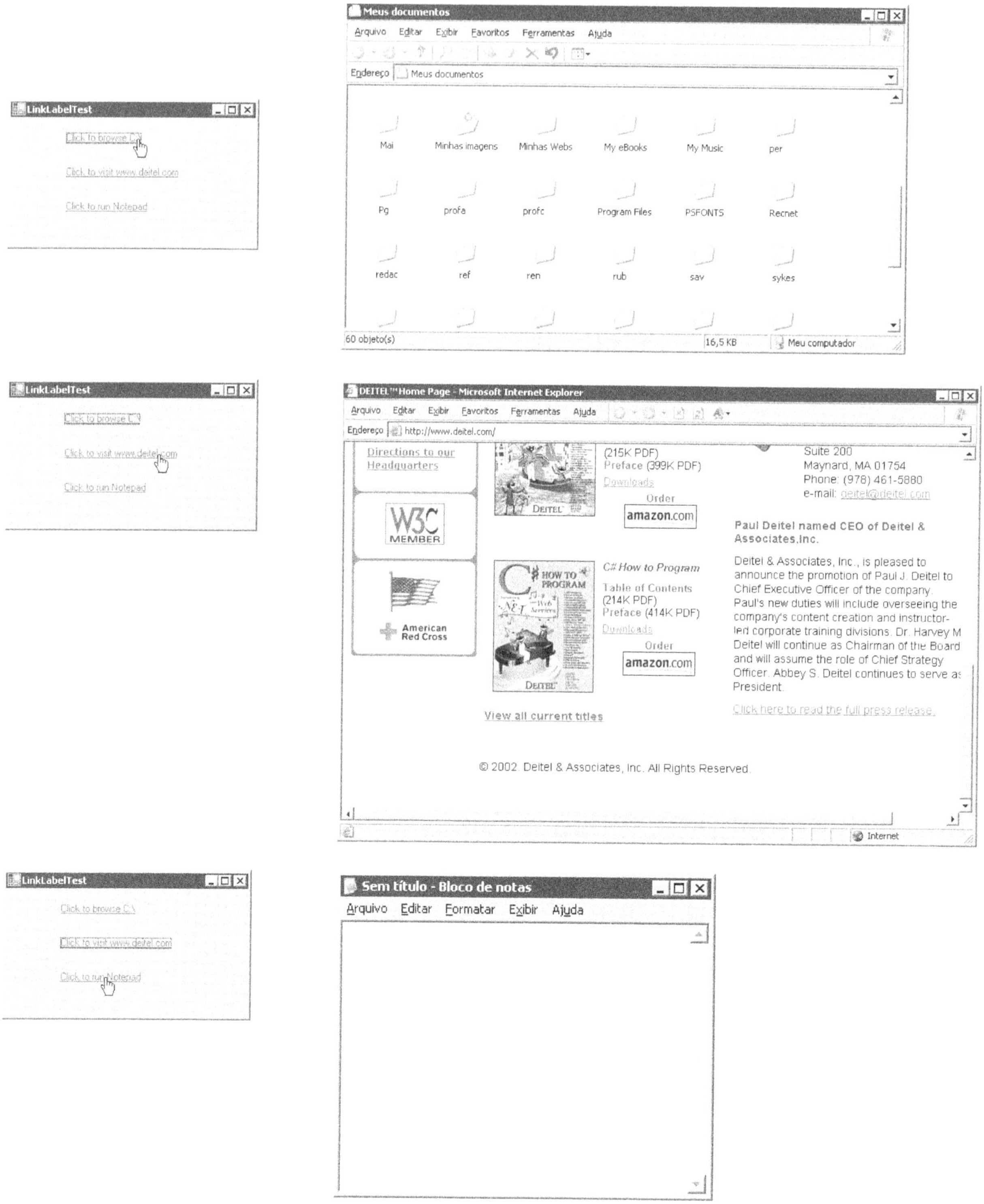

Figura 13.7 `LinkLabels` usados para se ter um link para uma pasta, para uma página Web e para um aplicativo. (Parte 2 de 2.)

Os manipuladores de evento das instâncias de **LinkLabel** chamam o método estático ***Start*** da classe ***Process*** (espaço de nomes **System.Diagnostics**). Esse método nos permite executar outros programas a partir de nosso aplicativo. O método **Start** pode receber como argumentos o arquivo a ser aberto (uma **String**) ou o nome do aplicativo a ser executado e seus argumentos de linha de comando (duas **Strings**). Os argumentos do método **Start** podem estar na mesma forma como se fossem fornecidos para entrada no comando **Executar** do Windows. Para abrir um arquivo cujo tipo o Windows reconhece, basta inserir o nome de caminho completo do arquivo. O sistema operacional Windows deverá conseguir usar o aplicativo associado à extensão de arquivo dada, para abrir o arquivo.

O manipulador de evento **LinkClicked** de **driveLinkLabel** percorre a unidade de disco **C:** (linhas 25 a 30). A linha 28 configura a propriedade **LinkVisited** como **True**, o que muda a cor do link de azul para violeta (podemos configurar as cores de **LinkVisited** através da janela **Properties** no IDE do Visual Studio .NET). O manipulador de evento passa então **"C:\"** para o método **Start** (linha 29), o qual abre uma janela **Windows Explorer**.

O manipulador de evento **LinkClicked** de **deitelLinkLabel** (linhas 33 a 39) abre a página Web **www.deitel.com** no Internet Explorer. Conseguimos isso passando a string **"IExplore"** e o endereço da página Web (linhas 37 e 38), o que abre o Internet Explorer. A linha 36 configura a propriedade **LinkVisited** como **True**.

O manipulador de evento **LinkClicked** de **notepadLinkLabel** abre o aplicativo Bloco de notas especificado (linhas 42 a 51). A linha 46 configura o link para que apareça como um link visitado. A linha 50 passa o argumento **"notepad"** para o método **Start**, o qual chama **notepad.exe**. Note que, na linha 50, a extensão **.exe** não é obrigatória — o Windows pode determinar se o argumento fornecido para o método **Start** é um arquivo executável.

13.4 ListBoxes e CheckedListBoxes

O controle ***ListBox*** (caixa de lista) permite que o usuário veja e selecione dentre múltiplos itens em uma lista. Os **ListBox**es são entidades de GUI estáticas, o que significa que os usuários não podem fornecer novos itens na lista. O controle **CheckedListBox** estende uma **ListBox**, incluindo caixas de seleção ao lado de cada item da lista. Isso permite aos usuários colocar marcas em múltiplos itens simultaneamente, como acontece em um controle **CheckBox** (os usuários também podem selecionar múltiplos itens simultaneamente em uma **ListBox**, mas não como padrão). A Figura 13.8 mostra um exemplo de **ListBox** e um exemplo de **CheckedListBox**. Nos dois controles, barras de rolagem aparecem se o número de itens for grande demais para serem exibidos simultaneamente no componente. A Figura 13.9 relaciona as propriedades, métodos e eventos comuns da **ListBox**.

A propriedade ***SelectionMode*** determina o número de itens que podem ser selecionados. Essa propriedade tem os valores possíveis ***None***, ***One***, ***MultiSimple*** e ***MultiExtended*** (da *enumeração* ***SelectionMode***) — as diferenças entre essas configurações estão explicadas na Figura 13.9. O evento **SelectedIndexChanged** ocorre quando o usuário seleciona um novo item.

A **ListBox** e a **CheckedListBox** têm as propriedades **Items**, **SelectedItem** e **SelectedIndex**. A propriedade **Items** retorna todos os objetos da lista como uma coleção. As coleções são uma maneira comum de expor listas de

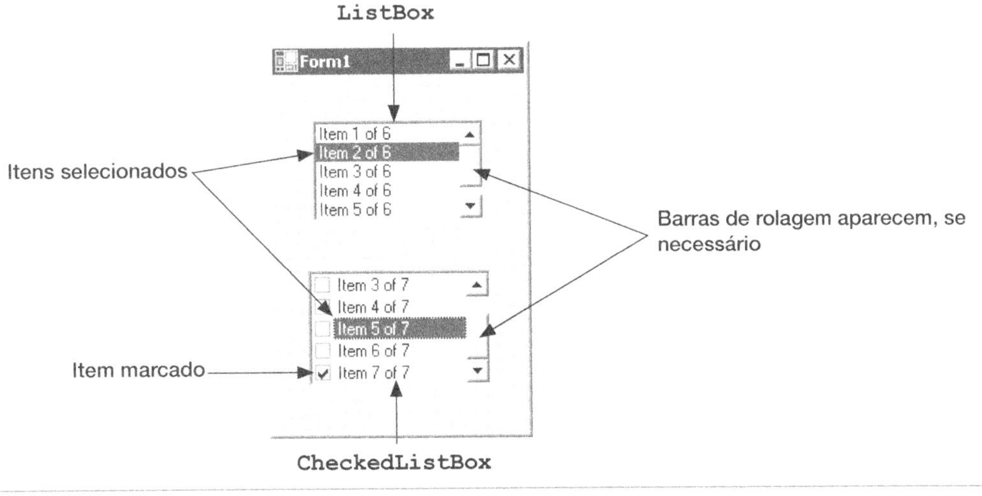

Figura 13.8 ListBox e CheckedListBox em um formulário.

Propriedades, métodos e eventos de **ListBox**	Descrição / delegado e argumentos de evento
Propriedades comuns	
Items	Relaciona a coleção de itens dentro da **ListBox**.
MultiColumn	Indica se a **ListBox** pode dividir uma lista em múltiplas colunas. Múltiplas colunas são usadas para tornar as barras de rolagem verticais desnecessárias.
SelectedIndex	Retorna o índice do item atualmente selecionado. Se o usuário selecionar múltiplos itens, esse método retornará arbitrariamente um dos índices selecionados; se nenhum item tiver sido selecionado, o método retornará **-1**.
SelectedIndices	Retorna uma coleção dos índices de todos os itens atualmente selecionados.
SelectedItem	Retorna uma referência para o item atualmente selecionado (se múltiplos itens forem selecionados, ela retornará o item com o menor número de índice).
SelectedItems	Retorna uma coleção do(s) item(ns) atualmente selecionado(s).
SelectionMode	Determina o número de itens que podem ser selecionados e os meios de selecionar múltiplos itens. Os valores possíveis são **None**, **One**, **MultiSimple** (seleção múltipla permitida) e **MultiExtended** (seleção múltipla permitida por meio de uma combinação de teclas de seta, cliques de mouse e botões *Shift* e *Control*).
Sorted	Indica se os itens aparecem em ordem alfabética. **True** causa disposição em ordem alfabética; o padrão é **False**.
Método comum	
GetSelected	Pega um índice e retorna **True**, caso o item correspondente esteja selecionado.
Evento comum	*(Delegado **EventHandler**, argumentos de evento **EventArgs**)*
SelectedIndexChanged	Gerado quando o índice selecionado muda. É o padrão quando o controle recebe um clique duplo no projetista.

Figura 13.9 Propriedades, métodos e eventos de **ListBox**.

Objects na estrutura .NET. Muitos componentes de GUI .NET (por exemplo, **ListBox**) usam coleções para expor listas de objetos internos (por exemplo, itens contidos em uma **ListBox**). Discutiremos as coleções com mais detalhes no Capítulo 23. A propriedade **SelectedItem** retorna o item atualmente selecionado. Se o usuário puder selecionar múltiplos itens, use a coleção **SelectedItems** para retornar todos os itens selecionados como uma coleção. A propriedade **SelectedIndex** retorna o índice do item selecionado — se puder haver mais de um, use a propriedade **SelectedIndices**. Se nenhum item estiver selecionado, a propriedade **SelectedIndex** retornará **-1**. O método **GetSelected** toma um índice e retorna **True**, caso o item correspondente esteja selecionado.

Para adicionar itens na **ListBox** ou na **CheckedListBox**, devemos adicionar objetos em sua coleção **Items**. Isso pode ser feito chamando-se o método **Add** para adicionar uma **String** na coleção **Items** da **ListBox** ou **CheckedListBox**. Por exemplo, poderíamos escrever

minhaCaixaDeLista.**Items.Add(** *"meuItemDeLista"* **)**

para adicionar a **String** *meuItemDeLista* na **ListBox** *minhaCaixaDeLista*. Para adicionar vários objetos, os programadores podem usar o método **Add** diversas vezes ou usar o método **AddRange** para adicionar um array de objetos. As classes **ListBox** e **CheckedListBox** usam o método **ToString** de cada objeto enviado para determinar o rótulo da entrada do objeto correspondente na lista. Isso permite que os desenvolvedores adicionem diferentes objetos em uma **ListBox** ou em uma **CheckedListBox**, que, posteriormente, podem ser retornados por meio das propriedades **SelectedItem** e **SelectedItems**.

Como alternativa, podemos adicionar itens em **ListBox**es e **CheckedListBox**es visualmente, examinando a propriedade **Items** na janela **Properties**. Clicar nas reticências abre o **String Collection Editor**, uma área de texto na qual podemos digitar os itens a serem adicionados; cada item deve aparecer em uma linha separada (Figura 13.10). Então, o Visual Studio .NET adiciona essas **Strings** na coleção **Items**, dentro do método **InitializeComponent**.

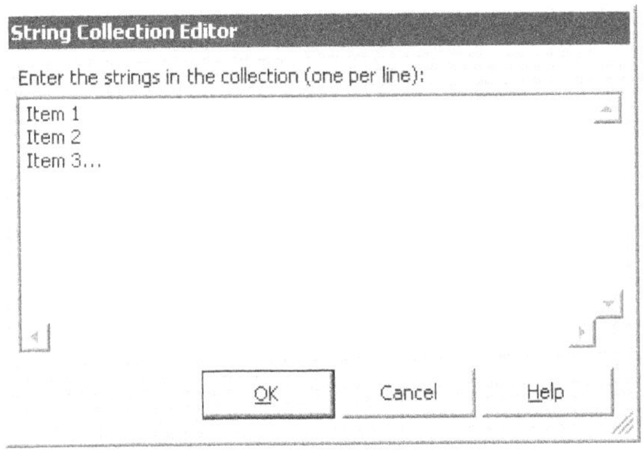

Figura 13.10 String Collection Editor.

13.4.1 ListBoxes

A classe **ListBoxTest** (Figura 13.11) permite que o usuário adicione, remova e limpe itens da **ListBox displayListBox** (linha 14). A classe **ListBoxTest** usa a **TextBox inputTextBox** (linha 17) para permitir que o usuário digite um novo item. Quando o usuário clica no botão **addButton** (linha 20), o novo item aparece na **displayList-Box**. Analogamente, se o usuário selecionar um item e clicar em **removeButton** (linha 21), o item será excluído. O **clearButton** (linha 22) exclui todas as entradas na **displayListBox**. O usuário encerra o aplicativo clicando no botão **exitButton** (linha 23).

O manipulador de evento **addButton_Click** (linhas 33 a 38) chama o método **Add** da coleção **Items** na **ListBox**. Esse método recebe uma **String** como o item a ser adicionado em **displayListBox**. Nesse caso, a **String** usada é o texto fornecido pelo usuário ou **inputTextBox.Text** (linha 36). Após o item ser adicionado, **txtInput.Text** é limpo (linha 37).

```
1  // Fig 13.11: ListBoxTest.cs
2  // Programa para adicionar, remover e limpar itens de caixa de lista.
3
4  using System;
5  using System.Drawing;
6  using System.Collections;
7  using System.ComponentModel;
8  using System.Windows.Forms;
9  using System.Data;
10
11 public class ListBoxTest : System.Windows.Forms.Form
12 {
13    // contém uma lista de elementos fornecidos pelo usuário
14    private System.Windows.Forms.ListBox displayListBox;
15
16    // caixa de texto de entrada do usuário
17    private System.Windows.Forms.TextBox inputTextBox;
18
19    // botões de comando Add, Remove, Clear e Exit
20    private System.Windows.Forms.Button addButton;
21    private System.Windows.Forms.Button removeButton;
22    private System.Windows.Forms.Button clearButton;
23    private System.Windows.Forms.Button exitButton;
24
25    [STAThread]
```

Figura 13.11 ListBox usada em um programa para adicionar, remover e limpar itens. (Parte 1 de 3.)

```
      static void Main()
      {
         Application.Run( new ListBoxTest() );
      }

      // adiciona novo item (texto da caixa de entrada)
      // e limpa caixa de entrada
      private void addButton_Click(
         object sender, System.EventArgs e )
      {
         displayListBox.Items.Add( inputTextBox.Text );
         inputTextBox.Clear();
      }

      // remove o item se houver um selecionado
      private void removeButton_Click(
         object sender, System.EventArgs e )
      {
         // remove apenas se o item estiver selecionado
         if ( displayListBox.SelectedIndex != -1 )
            displayListBox.Items.RemoveAt(
               displayListBox.SelectedIndex );
      }

      // limpa todos os itens
      private void clearButton_Click(
         object sender, System.EventArgs e )
      {
         displayListBox.Items.Clear();
      }

      // sai do aplicativo
      private void exitButton_Click(
         object sender, System.EventArgs e )
      {
         Application.Exit();
      }

   } // fim da classe ListBoxTest
```

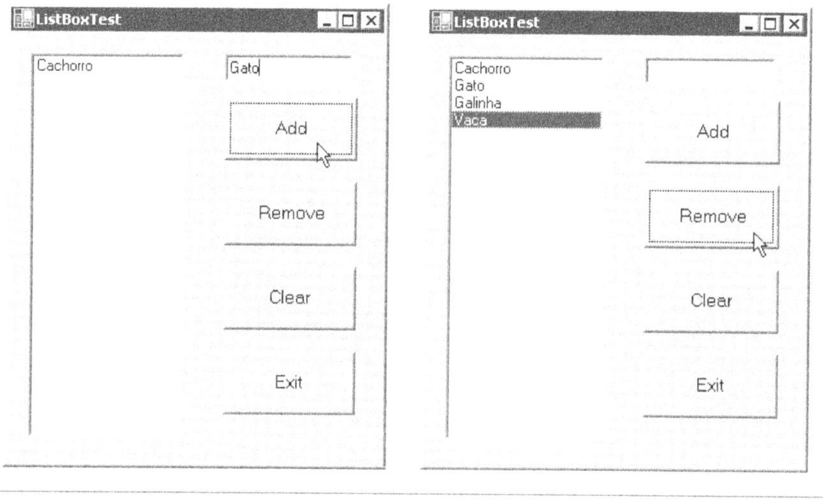

Figura 13.11 `ListBox` usada em um programa para adicionar, remover e limpar itens. (Parte 2 de 3.)

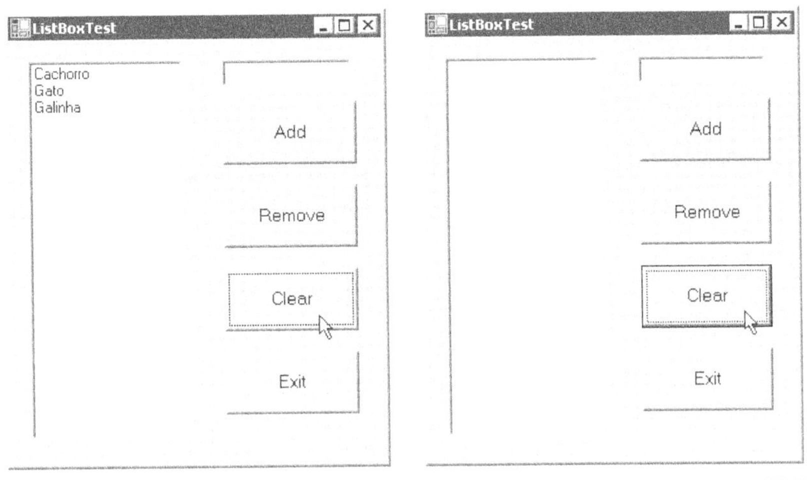

Figura 13.11 `ListBox` usada em um programa para adicionar, remover e limpar itens. (Parte 3 de 3.)

O manipulador de evento **`removeButton_Click`** (linhas 41 a 48) chama o método **`Remove`** da coleção **`Items`**. O manipulador de evento **`removeButton_Click`** usa primeiro a propriedade **`SelectedIndex`** para verificar qual índice está selecionado. A menos que **`SelectedIndex`** seja **`-1`** (linha 45), o manipulador remove o item correspondente ao índice selecionado.

O manipulador de evento de **`clearButton_Click`** (linhas 51 a 55) chama o método **`Clear`** da coleção **`Items`** (linha 54). Isso remove todas as entradas na **`displayListBox`**. Finalmente, o manipulador de evento **`exitButton_Click`** (linhas 58 a 62) encerra o aplicativo usando o método **`Application.Exit`** (linha 61).

13.4.2 CheckedListBoxes

O controle **`CheckedListBox`** (caixa de lista marcada) deriva da classe **`ListBox`** e inclui uma caixa de seleção ao lado de cada item da lista. Assim como nas **`ListBox`**es, itens podem ser adicionados por meio dos métodos **`Add`** e **`AddRange`** ou do **String Collection Editor**. As **`CheckedListBox`**es implicam que múltiplos itens podem ser selecionados, e os únicos valores possíveis para a propriedade **`SelectionMode`** são **`SelectionMode.None`** e **`SelectionMode.One`**. **`SelectionMode.One`** permite seleção múltipla, pois as caixas de seleção implicam que não existem restrições lógicas nos itens — o usuário pode selecionar quantos itens forem necessários. Assim, a única escolha é se o usuário terá seleção múltipla ou nenhuma seleção. Isso mantém o comportamento da **`CheckedListBox`** consistente com o das **`CheckBox`**es. O programador não pode configurar os dois últimos valores de **`SelectionMode`**, **`MultiSimple`** e **`MultiExtended`**, pois os únicos modos de seleção lógica são manipulados por **`None`** e **`One`**. As propriedades e eventos comuns das **`CheckedListBox`**es aparecem na Figura 13.12.

Erro de programação comum 13.1

*O IDE exibe uma mensagem de erro se o programador tenta configurar a propriedade **`SelectionMode`** como **`MultiSimple`** ou **`MultiExtended`** na janela **Properties** de uma **`CheckedListBox`**; se esse valor for configurado pelo programador no código, ocorrerá um erro de tempo de execução.*

O evento **`ItemCheck`** é gerado quando um usuário marca ou desmarca um item de **`CheckedListBox`**. As propriedades de argumento de evento **`CurrentValue`** e **`NewValue`** retornam valores **`CheckState`** dos estados atual e novo do item, respectivamente. Uma comparação desses valores nos permite determinar se o item **`CheckedListBox`** foi marcado ou desmarcado. A **`CheckedListBox`** mantém as propriedades **`SelectedItems`** e **`SelectedIndices`** (ela as herda da classe **`ListBox`**). Entretanto, ela também inclui as propriedades **`CheckedItems`** e **`CheckedIndices`**, as quais retornam informações sobre os itens marcados e índices.

Na Figura 13.13, a classe **`CheckedListBoxTest`** usa uma **`CheckedListBox`** e uma **`ListBox`** para exibir a seleção de livros de um usuário. A **`CheckedListBox`** chamada **`inputCheckedListBox`** (linhas 14 e 15) permite que o usuário selecione vários títulos. No **String Collection Editor** foram adicionados itens para alguns livros da Deitel: C++, Java, VB, Internet & WWW, Perl, Python, Wireless Internet e Advanced Java (o acrônimo HTP significa "How to Program").

A **ListBox** chamada **displayListBox** (linha 18) mostra a seleção do usuário. Nas telas capturadas que acompanham esse exemplo, a **CheckedListBox** aparece à esquerda e a **ListBox**, à direita.

Propriedades, métodos e eventos de CheckedListBox	Descrição / delegado e argumentos de evento
Propriedades comuns	*(Todas as propriedades e eventos de* ***ListBox*** *são herdados por* ***CheckedListBox****.)*
CheckedItems	Relaciona a coleção de itens que estão marcados. Isso é diferente dos itens selecionados, que são destacados (mas não necessariamente marcados). *Nota: pode haver no máximo um item selecionado em dado momento.*
CheckedIndices	Retorna índices para os itens que estão marcados. Não é o mesmo que os índices selecionados.
SelectionMode	Determina quantos itens podem ser marcados. Os únicos valores possíveis são **One** (permite que marcações múltiplas sejam feitas) ou **None** (não permite que nenhuma marcação seja feita).
Método comum	
GetItemChecked	Recebe um índice e retorna **True** se o item correspondente estiver marcado.
Evento comum	*(Delegado* ***ItemCheckEventHandler****, argumentos de evento* ***ItemCheckEventArgs****)*
ItemCheck	Gerado quando um item é marcado ou desmarcado.
Propriedades de ***ItemCheckEventArgs***	
CurrentValue	Indica se o item atual está marcado ou desmarcado. Os valores possíveis são **Checked**, **Unchecked** e **Indeterminate**.
Index	Retorna o índice do item que mudou.
NewValue	Especifica o novo estado do item.

Figura 13.12 Propriedades, métodos e eventos de CheckedListBox.

```
1  // Fig. 13.13: CheckedListBoxTest.cs
2  // Usando as caixas de lista marcadas para adicionar itens em uma caixa de lista
3
4  using System;
5  using System.Drawing;
6  using System.Collections;
7  using System.ComponentModel;
8  using System.Windows.Forms;
9  using System.Data;
10
11 public class CheckedListBoxTest : System.Windows.Forms.Form
12 {
13    // lista dos títulos de livro disponíveis
14    private System.Windows.Forms.CheckedListBox
15       inputCheckedListBox;
16
17    // lista de seleção do usuário
18    private System.Windows.Forms.ListBox displayListBox;
19
20    [STAThread]
21    static void Main()
22    {
23       Application.Run( new CheckedListBoxTest() );
24    }
25
```

Figura 13.13 CheckedListBox e ListBox usadas em um programa para mostrar a seleção de um usuário. (Parte 1 de 2.)

```
26        // item que está para ser alterado
27        // adiciona ou remove de displayListBox
28        private void inputCheckedListBox_ItemCheck(
29           object sender,
30           System.Windows.Forms.ItemCheckEventArgs e )
31        {
32           // obtém referência do item selecionado
33           string item =
34              inputCheckedListBox.SelectedItem.ToString();
35
36           // se o item estiver marcado, adiciona na caixa de lista
37           // caso contrário, remove da caixa de lista
38           if ( e.NewValue == CheckState.Checked )
39              displayListBox.Items.Add( item );
40           else
41              displayListBox.Items.Remove( item );
42
43        } // fim do método inputCheckedListBox_Click
44
45     } // fim da classe CheckedListBox
```

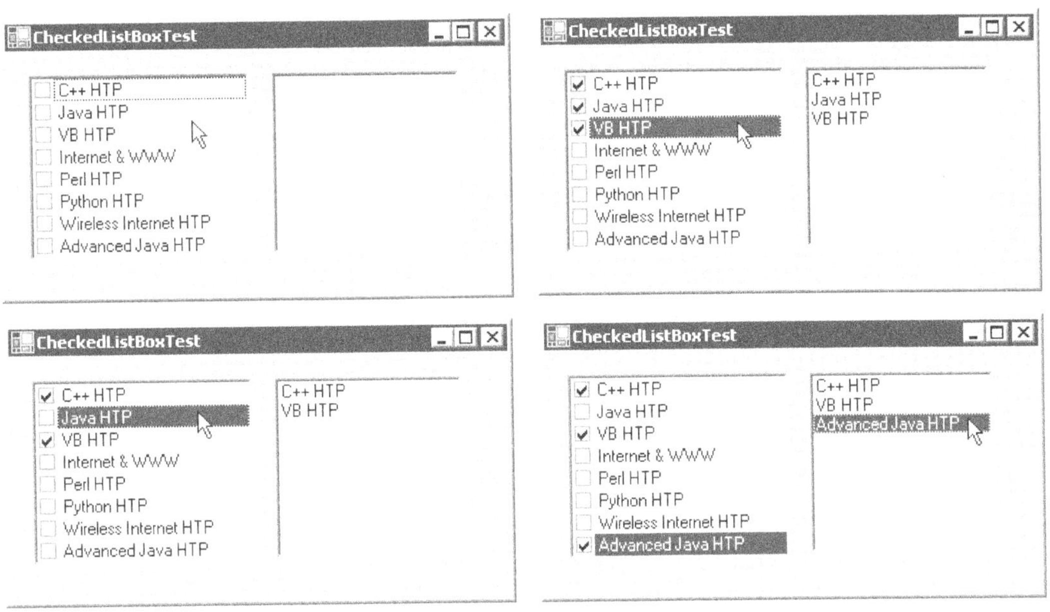

Figura 13.13 CheckedListBox e ListBox usadas em um programa para mostrar a seleção de um usuário. (Parte 2 de 2.)

Quando o usuário marca ou desmarca um item na **CheckedListBox inputCheckedListBox**, o sistema gera um evento **ItemCheck**. O manipulador de evento **inputCheckedListBox_ItemCheck** (linhas 28 a 43) trata o evento. Uma estrutura de controle **if/else** (linhas 38 a 41) determina se o usuário marcou ou desmarcou um item na **CheckedListBox**. A linha 38 usa a propriedade **NewValue** para testar se o item está sendo marcado (**CheckState.Checked**). Se o usuário marca um item, a linha 39 adiciona a entrada marcada na **ListBox displayListBox**. Se o usuário desmarca um item, a linha 41 remove o item correspondente da **displayListBox**.

13.5 ComboBoxes

O controle ***ComboBox*** (caixa de combinação) combina os recursos de **TextBox** com uma *lista suspensa*. A lista suspensa é um componente de GUI que contém uma lista a partir da qual valores podem ser escolhidos. Normalmente, ela aparece como uma caixa de texto com uma seta para baixo a sua direita. Como padrão, o usuário pode fornecer texto na caixa de texto ou clicar na seta para baixo, para exibir uma lista de itens predefinidos. Se um usuário escolher um elemento dessa lista, esse elemento será mostrado na caixa de texto. Se a lista contiver mais elementos do que podem ser mostrados na lista suspensa, aparecerá uma barra de rolagem. O número máximo de itens que uma lista suspensa pode exibir simultaneamente é configurado pela propriedade ***MaxDropDownItems***. A Figura 13.14 mostra um exemplo de **ComboBox** em três estados diferentes.

Assim como acontece no controle **ListBox**, o desenvolvedor pode adicionar objetos na coleção **Items**, por meio de programa, usando os métodos **Add** e **AddRange**, ou visualmente, com o **String Collection Editor**. A Figura 13.15 relaciona as propriedades e eventos comuns da classe **ComboBox**.

Observação de aparência e comportamento 13.6

Use uma ***ComboBox*** *para economizar espaço em uma GUI. A desvantagem é que, ao contrário do que acontece com uma* ***ListBox****, o usuário não pode ver os itens disponíveis sem rolar.*

A propriedade ***DropDownStyle*** determina o tipo de **ComboBox**. O estilo ***Simple*** não exibe uma seta suspensa. Em vez disso, uma barra de rolagem aparece ao lado do controle, permitindo ao usuário selecionar uma opção na lista. O usuário também pode digitar uma seleção. O estilo ***DropDown*** (o padrão) exibe uma lista suspensa quando a seta para baixo é clicada (ou quando a tecla de seta para baixo é pressionada). O usuário pode digitar um novo item na **ComboBox**.

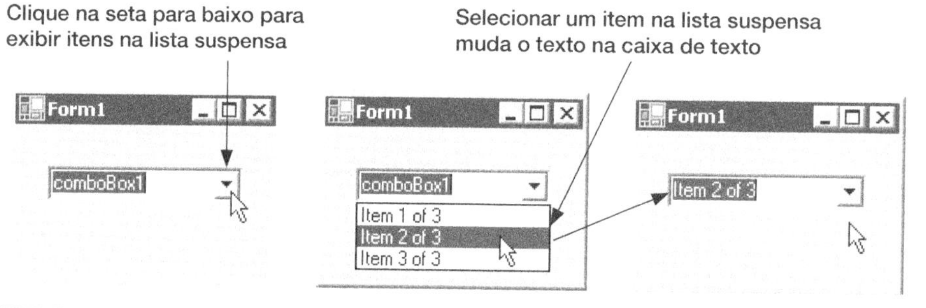

Figura 13.14 Demonstração de ComboBox.

Eventos e propriedades de ComboBox	Descrição / delegado e argumentos de evento
Propriedades comuns	
DropDownStyle	Determina o tipo de caixa de combinação. O valor **Simple** significa que a parte referente ao texto pode ser editada e que a parte referente à lista é sempre visível. O valor **DropDown** (o padrão) significa que a parte referente ao texto pode ser editada, mas o usuário deve clicar em um botão de seta para ver a parte referente à lista. O valor **DropDownList** significa que a parte referente ao texto não pode ser editada e que o usuário deve clicar no botão de seta para ver a parte referente à lista.
Items	A coleção de itens no controle **ComboBox**.
MaxDropDownItems	Especifica o número máximo de itens (entre **1** e **100**) que podem aparecer na lista suspensa. Se o número de itens ultrapassar o número máximo de itens a serem exibidos, aparecerá uma barra de rolagem.
SelectedIndex	Retorna o índice do item atualmente selecionado. Se não houver nenhum item atualmente selecionado, **-1** será retornado.
SelectedItem	Retorna uma referência para o item atualmente selecionado.
Sorted	Especifica se itens em uma lista estão em ordem alfabética. Se for **True**, os itens aparecerão em ordem alfabética. O padrão é **False**.
Evento comum	*(Delegado* ***EventHandler****, argumentos de evento* ***EventArgs****)*
SelectedIndexChanged	Gerado quando o índice selecionado muda (como quando uma caixa de seleção tiver sido marcada ou desmarcada). É o padrão, quando o controle recebe um clique duplo no projetista.

Figura 13.15 Propriedades e eventos de ComboBox.

O último estilo é ***DropDownList***, que abre uma lista suspensa, mas não permite que o usuário forneça um novo item. As listas suspensas economizam espaço, de modo que uma **ComboBox** deve ser usada quando o espaço da GUI for limitado.

O controle **ComboBox** tem as propriedades **Items** (uma coleção), **SelectedItem** e **SelectedIndex**, que são semelhantes às propriedades correspondentes na **ListBox**. Pode haver no máximo um item selecionado em uma **ComboBox** (se for zero, então **SelectedIndex** será **-1**). Quando o item selecionado muda, o evento **SelectedIndexChanged** é gerado.

A classe **ComboBoxTest** (Figura 13.16) permite aos usuários selecionarem uma figura para desenhar — um círculo, elipse, quadrado ou fatia de pizza, vazios ou preenchidos — usando uma **ComboBox**. A caixa de combinação desse exemplo não pode ser editada, de modo que o usuário não pode fornecer um item personalizado.

Observação de aparência e comportamento 13.7

Torne possível editar as listas (como as ***ComboBox****) apenas se o programa for projetado para aceitar elementos enviados pelo usuário. Caso contrário, o usuário poderia fornecer um item personalizado e então ser incapaz de utilizá-lo.*

Após criarmos a **ComboBox imageComboBox** (linha 14), impedimos que ela seja editada configurando sua propriedade **DropDownStyle** como **DropDownList** na janela **Properties**. Em seguida, adicionamos os itens **Circle**, **Square**, **Ellipse**, **Pie**, **Filled Circle**, **Filled Square**, **Filled Ellipse** e **Filled Pie** na coleção **Items**. Adicionamos esses itens usando o **String Collection Editor**. Quando o usuário seleciona um item na **imageComboBox**, o sistema gera um evento **SelectedIndexChanged**. O manipulador de evento **imageComboBox_SelectedIndexChanged** (linhas 23 a 77) trata desses eventos. As linhas 27 a 34 criam um objeto **Graphics**, um **Pen** e um **SolidBrush**, com os quais o programa desenha no formulário. O objeto **Graphics** (linha 22) permite que uma pena ou pincel desenhe em um componente usando um dos vários métodos de **Graphics**. O objeto **Pen** é usado pelos métodos **drawEllipse**, **drawRectangle** e **drawPie** (linhas 43 a 56) para desenhar os contornos de suas figuras correspondentes. O objeto **SolidBrush** é usado pelos métodos **fillEllipse**, **fillRectangle** e **fillPie** (linhas 59 a 72) para desenhar suas figuras sólidas correspondentes. A linha 37 colore o formulário **White** inteiro usando o método **Clear** de **Graphics**. Esses métodos serão discutidos com mais detalhes no Capítulo 16.

O aplicativo desenha uma figura em particular, especificada pelo índice do item selecionado. A estrutura **switch** (linhas 40 a 75) usa **imageComboBox.SelectedIndex** para determinar qual item o usuário selecionou. O método ***DrawEllipse*** da classe **Graphics** (linhas 43 e 44) recebe um objeto **Pen**, as coordenadas *x* e *y* do centro e a largura e a altura da elipse a ser desenhada. A origem do sistema de coordenadas está no canto superior esquerdo do formulário; a coordenada *x* aumenta para a direita e a coordenada *y*, para baixo. Um círculo é um caso especial de elipse (a altura e a largura são iguais). As linhas 43 e 44 desenham um círculo. As linhas 51 e 52 desenham uma elipse que tem valores diferentes de altura e largura.

O método ***DrawRectangle*** da classe **Graphics** (linhas 47 e 48) recebe um objeto **Pen**, as coordenadas *x* e *y* do

```
1   // Fig. 13.16: ComboBoxTest.cs
2   // Usando ComboBox para selecionar a figura a ser desenhada
3
4   using System;
5   using System.Drawing;
6   using System.Collections;
7   using System.ComponentModel;
8   using System.Windows.Forms;
9   using System.Data;
10
11  public class ComboBoxTest : System.Windows.Forms.Form
12  {
13     // contém a lista de figuras (círculo, quadrado, elipse, fatia de pizza)
14     private System.Windows.Forms.ComboBox imageComboBox;
15
16     [STAThread]
17     static void Main()
18     {
```

Figura 13.16 ComboBox usada para desenhar uma figura selecionada. (Parte 1 de 3.)

```
         Application.Run( new ComboBoxTest() );
      }

      // obtém o índice selecionado, desenha a figura
      private void imageComboBox_SelectedIndexChanged(
         object sender, System.EventArgs e )
      {
         // cria objeto gráfico, pena e pincel
         Graphics myGraphics = base.CreateGraphics();

         // cria pena usando a cor DarkRed
         Pen myPen = new Pen( Color.DarkRed );

         // cria SolidBrush usando a cor DarkRed
         SolidBrush mySolidBrush =
            new SolidBrush( Color.DarkRed );

         // limpa a área de desenho, configurando-a com a cor branca (White)
         myGraphics.Clear( Color.White );

         // encontra o índice, desenha a figura correta
         switch ( imageComboBox.SelectedIndex )
         {
            case 0: // o caso círculo é selecionado
               myGraphics.DrawEllipse(
                  myPen, 50, 50, 150, 150 );
               break;
            case 1: // o caso retângulo é selecionado
               myGraphics.DrawRectangle(
                  myPen, 50, 50, 150, 150 );
               break;
            case 2: // o caso elipse é selecionado
               myGraphics.DrawEllipse(
                  myPen, 50, 85, 150, 115 );
               break;
            case 3: // o caso fatia de pizza é selecionado
               myGraphics.DrawPie(
                  myPen, 50, 50, 150, 150, 0, 45 );
               break;
            case 4: // o caso círculo preenchido é selecionado
               myGraphics.FillEllipse(
                  mySolidBrush, 50, 50, 150, 150 );
               break;
            case 5: // o caso retângulo preenchido é selecionado
               myGraphics.FillRectangle(
                  mySolidBrush, 50, 50, 150, 150 );
               break;
            case 6: // o caso elipse preenchida é selecionado
               myGraphics.FillEllipse(
                  mySolidBrush, 50, 85, 150, 115 );
               break;
            case 7: // o caso fatia de pizza preenchida é selecionado
               myGraphics.FillPie(
                  mySolidBrush, 50, 50, 150, 150, 0, 45 );
               break;

         } // fim de switch

```

Figura 13.16 ComboBox usada para desenhar uma figura selecionada. (Parte 2 de 3.)

```
77        }  // fim do metodo imageComboBox_SelectedIndexChanged
78
79    }  // fim da classe ComboBoxTest
```

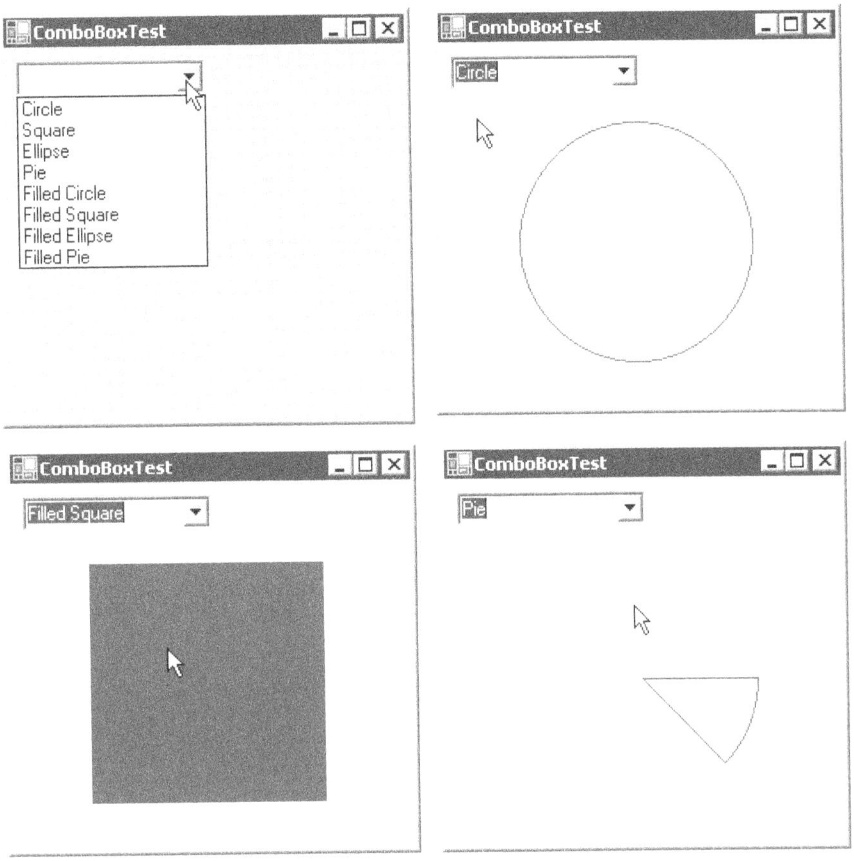

Figura 13.16 ComboBox usada para desenhar uma figura selecionada. (Parte 3 de 3.)

canto superior esquerdo e a largura e a altura do retângulo a ser desenhado. O método ***DrawPie*** (linha 55 e 56) desenha uma fatia de pizza como uma parte de uma elipse. A elipse é limitada por um retângulo. O método **DrawPie** recebe um objeto **Pen**, as coordenadas *x* e *y* do canto superior esquerdo do retângulo, sua largura e altura, o ângulo inicial (em graus) e o ângulo de varredura (em graus) da fatia de pizza. Os ângulos aumentam no sentido horário. Os métodos ***FillEllipse*** (linhas 59, 60, 67 e 68), ***FillRectangle*** (linhas 63 e 64) e ***FillPie*** (linhas 71 e 72) são semelhantes a seus equivalentes não preenchidos, exceto que recebem um objeto **SolidBrush** em vez de **Pen**. Algumas das figuras desenhadas estão ilustradas nas telas capturadas da parte inferior da Figura 13.16.

13.6 TreeViews

O controle ***TreeView*** (modo de visualização de árvore) mostra *nós* hierarquicamente em uma *árvore*. Tradicionalmente, os nós são objetos que contêm valores e podem se referir a outros nós. Um *nó progenitor* contém *nós filhos*, que podem ser progenitores de outros nós. Dois nós filhos que tenham o mesmo nó progenitor são considerados *nós irmãos*. Uma árvore é uma coleção de nós, normalmente organizados de maneira hierárquica. O primeiro nó progenitor de uma árvore é o nó *raiz* (uma **TreeView** pode ter várias raízes). Por exemplo, o sistema de arquivos de um computador pode ser representado como uma árvore. O diretório de nível superior (talvez **C:**) seria a raiz, cada subpasta de **C:** seria um nó filho, e cada pasta filha poderia ter seus próprios filhos. Os controles **TreeView** são úteis para exibir informações hierárquicas, como a estrutura de arquivos que acabamos de mencionar. Abordaremos os nós e as árvores com mais detalhes no Capítulo 24. A Figura 13.17 mostra um exemplo de controle **TreeView** em um formulário.

Um nó progenitor pode ser expandido ou recolhido clicando-se na caixa de sinal de mais ou menos a sua esquerda. Os nós sem filhos não têm uma caixa de expansão ou recolhimento.

Os nós mostrados em uma **TreeView** são instâncias da classe **TreeNode**. Cada **TreeNode** tem uma coleção **Nodes** (tipo **TreeNodeCollection**), a qual contém uma lista de outros **TreeNode**s — seus filhos. A propriedade **Parent** retorna uma referência para o nó progenitor (ou **null**, caso o nó seja um nó raiz). As figuras 13.18 e 13.19 relacionam as propriedades comuns de **TreeView** e **TreeNode** e um evento de **TreeView**.

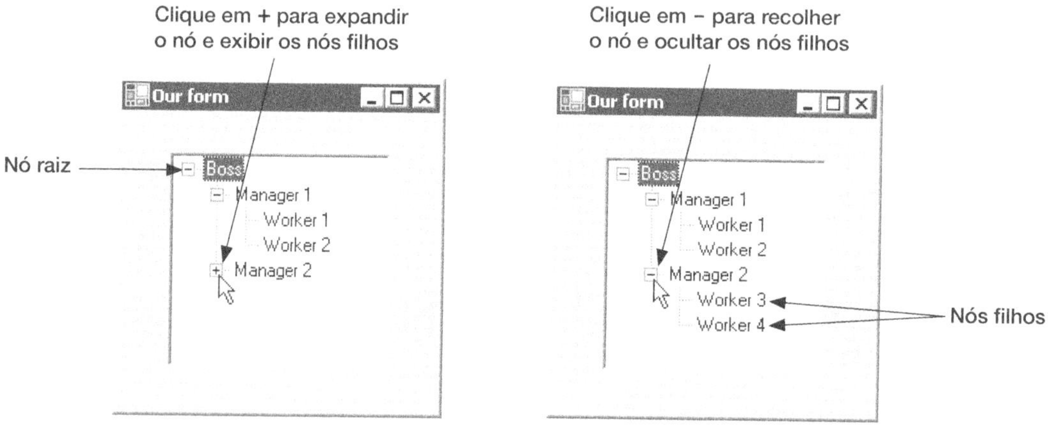

Figura 13.17 TreeView mostrando um exemplo de árvore.

Propriedades e eventos de **TreeView**	Descrição / delegado e argumentos de evento
Propriedades comuns	
CheckBoxes	Indica se caixas de seleção aparecem ao lado dos nós. **True** exibe as caixas de seleção. O padrão é **False**.
ImageList	Indica a **ImageList** usada para exibir ícones ao lado dos nós. Uma ***ImageList*** é uma coleção que contém vários objetos **Image**.
Nodes	Relaciona a coleção de **TreeNode** no controle. Contém os métodos **Add** (adiciona um objeto **TreeNode**), **Clear** (exclui a coleção inteira) e **Remove** (exclui um nó específico). Remover um nó progenitor exclui todos os seus filhos.
SelectedNode	O nó atualmente selecionado.
Evento comum	*(Delegado **TreeViewEventHandler**, argumentos de evento **TreeViewEventArgs**)*
AfterSelect	Gerado após o nó selecionado mudar. É o padrão quando recebe um clique duplo no projetista.

Figura 13.18 Propriedades e eventos de TreeView.

Propriedades e métodos de **TreeNode**	Descrição / delegado e argumentos de evento
Propriedades comuns	
Checked	Indica se o **TreeNode** está marcado. (A propriedade **CheckBoxes** deve estar configurada como **True** na **TreeView** progenitora.)
FirstNode	Especifica o primeiro nó na coleção **Nodes** (isto é, o primeiro filho na árvore).

Figura 13.19 Propriedades e métodos de TreeNode. (Parte 1 de 2.)

Propriedades e métodos de `TreeNode`	Descrição / delegado e argumentos de evento
Propriedades comuns	
`FullPath`	Indica o caminho do nó, começando na raiz da árvore.
`ImageIndex`	Especifica o índice da imagem a ser exibida quando o nó perder a seleção.
`LastNode`	Especifica o último nó na coleção **`Nodes`** (isto é, o último filho na árvore).
`NextNode`	Próximo nó irmão.
`Nodes`	A coleção de **`TreeNode`**s contidos no nó atual (isto é, todos os filhos do nó atual). Contém os métodos **`Add`** (adiciona um objeto **`TreeNode`**), **`Clear`** (exclui a coleção inteira) e **`Remove`** (exclui um nó específico). Remover um nó progenitor exclui todos os seus filhos.
`PrevNode`	Indica o nó irmão anterior.
`SelectedImageIndex`	Especifica o índice da imagem a ser usada quando o nó for selecionado.
`Text`	Especifica o texto a ser exibido na **`TreeView`**.
Métodos comuns	
`Collapse`	Recolhe um nó.
`Expand`	Expande um nó.
`ExpandAll`	Expande todos os filhos de um nó.
`GetNodeCount`	Retorna o número de nós filhos.

Figura 13.19 Propriedades e métodos de `TreeNode`. (Parte 2 de 2.)

Para adicionar nós visualmente na **`TreeView`**, clique nas reticências ao lado da propriedade **`Nodes`**, na janela **Properties**. Isso abre o **TreeNode Editor**, o qual mostra uma árvore vazia representando a **`TreeView`** (Figura 13.20). Existem botões para criar uma raiz, para adicionar ou excluir um nó.

Para adicionar nós via programa, devemos primeiro criar um nó raiz. Faça um novo objeto **`TreeNode`** e passe para ele uma **`String`** a ser exibida. Em seguida, use o método **`Add`** para adicionar esse novo **`TreeNode`** na coleção **`Nodes`** de **`TreeView`**. Assim, para adicionar um nó raiz na **`TreeView`** *meuModoDeVisualizaçãoDeÁrvore*, escreva

meuModoDeVisualizaçãoDeÁrvore **`.Nodes.Add(`**`new` **`TreeNode(`***RótuloDaRaiz***`))`**

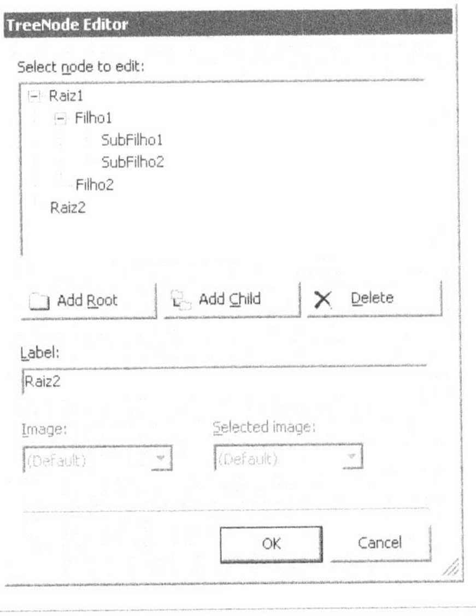

Figura 13.20 TreeNode Editor.

onde *meuModoDeVisualizaçãoDeÁrvore* é a **TreeView** na qual estamos adicionando nós, e *RótuloDaRaiz* é o texto a ser exibido em *meuModoDeVisualizaçãoDeÁrvore*. Para adicionar filhos em um nó raiz, adicione novos **TreeNode**s em sua coleção **Nodes**. Selecionamos o nó raiz apropriado da **TreeView** escrevendo

meuModoDeVisualizaçãoDeÁrvore **.Nodes [***meuÍndice***]**

onde *meuÍndice* é o índice do nó raiz na coleção **Nodes** de *meuModoDeVisualizaçãoDeÁrvore*. Adicionamos nós nos nós filhos através do mesmo processo pelo qual adicionamos nós raízes em *meuModoDeVisualizaçãoDeÁrvore*. Para adicionar um filho no nó raiz cujo índice é *meuÍndice*, escreva

meuModoDeVisualizaçãoDeÁrvore **.Nodes[***meuÍndice***].Nodes.Add(**new **TreeNode(***RótuloFilho***))**

A classe **TreeViewDirectoryStructureTest** (Figura 13.21) usa uma **TreeView** para exibir a estrutura de arquivo de diretório em um computador. O nó raiz é a unidade de disco **C:**, e cada subpasta de **C:** se torna um filho. Esse layout é semelhante àquele usado no **Windows Explorer**. As pastas podem ser expandidas ou recolhidas clicando-se nas caixas de sinal de mais ou menos que aparecem à esquerda.

Quando **TreeViewDirectoryStructureTest** é carregado, o sistema gera um evento **Load**, o qual é tratado pelo manipulador de evento **TreeViewDirectoryStructureTest_Load** (linhas 64 a 72). A linha 69 adiciona um nó raiz (**C:**) em nossa **TreeView**, chamada **directoryTreeView**. **C:** é a pasta raiz da estrutura de diretórios inteira. As linhas 70 e 71 chamam o método **PopulateTreeView** (linhas 25 a 61), o qual recebe um diretório (uma **String**) e um nó progenitor. O método **PopulateTreeView** cria então os nós filhos correspondentes aos subdiretórios do diretório que foi passado para ele.

```
1  // Fig. 13.21: TreeViewDirectoryStructureTest.cs
2  // Usando TreeView para exibir estrutura de diretórios
3
4  using System;
5  using System.Drawing;
6  using System.Collections;
7  using System.ComponentModel;
8  using System.Windows.Forms;
9  using System.Data;
10 using System.IO;
11
12 public class TreeViewDirectoryStructureTest
13    : System.Windows.Forms.Form
14 {
15    // contém o modo de visualização da estrutura de diretórios da unidade de disco c:
16    private System.Windows.Forms.TreeView directoryTreeView;
17
18    [STAThread]
19    static void Main()
20    {
21       Application.Run(
22          new TreeViewDirectoryStructureTest() );
23    }
24
25    public void PopulateTreeView(
26       string directoryValue, TreeNode parentNode )
27    {
28       // preenche o nó atual com subdiretórios
29       string[] directoryArray =
30          Directory.GetDirectories( directoryValue );
31
32       // preenche o nó atual com subdiretórios
33       try
```

Figura 13.21 TreeView usada para exibir diretórios. (Parte 1 de 3.)

```
      {
         if ( directoryArray.Length != 0 )
         {
            // para cada subdiretório, cria novo TreeNode,
            // adiciona como filho do nó atual e preenche
            // recursivamente os nós filhos com subdiretórios
            foreach ( string directory in directoryArray )
            {
               // cria TreeNode para o diretório atual
               TreeNode myNode = new TreeNode( directory );

               // adiciona o nó do diretório atual no nó progenitor
               parentNode.Nodes.Add( myNode );

               // preenche recursivamente cada subdiretório
               PopulateTreeView( directory, myNode );
            }

         } // fim de if
      }

      // captura exceção
      catch ( UnauthorizedAccessException )
      {
         parentNode.Nodes.Add( "Access denied" );
      }

   } // fim de PopulateTreeView

   // chamado pelo sistema quando o formulário é carregado
   private void TreeViewDirectoryStructureTest_Load(
      object sender, System.EventArgs e)
   {
      // adiciona a unidade de disco c:\ em directoryTreeView e
      // insere suas subpastas
      directoryTreeView.Nodes.Add( "C:\\" );
      PopulateTreeView(
         "C:\\", directoryTreeView.Nodes[ 0 ] );
   }

} // fim da classe TreeViewDirectoryStructure
```

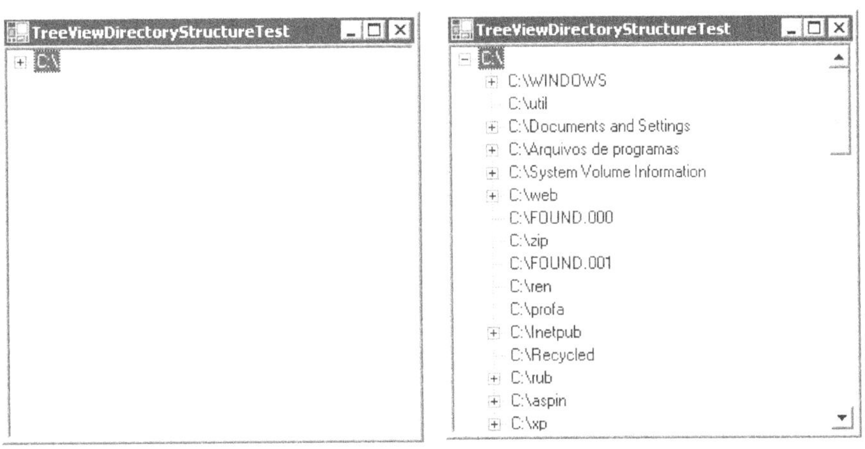

Figura 13.21 `TreeView` usada para exibir diretórios. (Parte 2 de 3.)

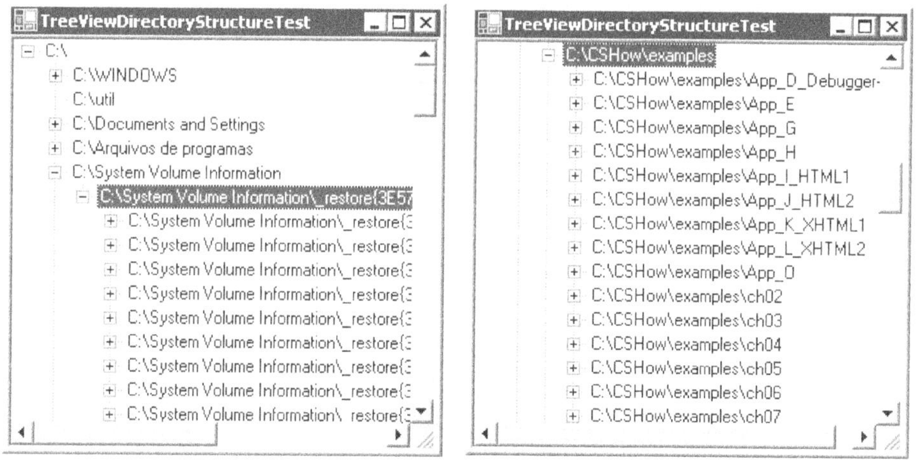

Figura 13.21 `TreeView` usada para exibir diretórios. (Parte 3 de 3.)

O método **`PopulateTreeView`** (linhas 25 a 61) obtém uma lista de subdiretórios usando o método ***`GetDirectories`*** da classe **`Directory`** (espaço de nomes **`System.IO`**) nas linhas 29 e 30. O método **`GetDirectories`** recebe uma **`String`** (o diretório atual) e retorna um array de **`Strings`** (os subdiretórios). Se um diretório não estiver acessível por questões de segurança, é lançada uma exceção **`UnauthorizedAccessException`**. As linhas 56 a 59 capturam essa exceção e adicionam um nó contendo "**`Access Denied`**" em vez de exibir os subdiretórios.

Se houver subdiretórios acessíveis, cada **`String`** no **`directoryArray`** é usada para criar um novo nó filho (linha 43). Usamos o método **`Add`** (linha 46) para adicionar cada nó filho no progenitor. Então, o método **`PopulateTreeView`** é chamado recursivamente em cada subdiretório (linha 49) e finalmente preenche a estrutura de diretórios inteira. Nosso algoritmo recursivo faz com que nosso programa tenha um retardo inicial ao ser carregado — ele precisa criar uma árvore para a unidade de disco **`C:`** inteira. Entretanto, uma vez que os nomes de pasta da unidade de disco sejam adicionados na coleção **`Nodes`** apropriada, eles podem ser expandidos e recolhidos sem retardo. Na próxima seção apresentaremos um algoritmo alternativo para resolver esse problema.

13.7 `ListViews`

O controle ***`ListView`*** (modo de visualização de lista) é semelhante a uma **`ListBox`**, no sentido de que ambos exibem listas a partir das quais o usuário pode selecionar um ou mais itens (para ver um exemplo de uma **`ListView`**, veja a saída da Figura 13.24). A diferença importante entre as duas classes é que uma **`ListView`** pode exibir ícones ao lado dos itens da lista de várias maneiras (controladas por sua propriedade **`ImageList`**). A propriedade ***`MultiSelect`*** (booleana) determina se múltiplos itens podem ser selecionados. Caixas de seleção podem ser incluídas, configurando-se a propriedade **`CheckBoxes`** (booleana) como **`True`**, tornando a aparência da **`ListView`** semelhante à de uma **`CheckedListBox`**. A propriedade **`View`** especifica o layout da **`ListBox`**. A propriedade ***`Activation`*** determina o método pelo qual o usuário seleciona um item da lista. Os detalhes dessas propriedades estão explicados na Figura 13.22.

A **`ListView`** nos permite definir as imagens usadas como ícones para itens **`ListView`**. Para exibir imagens, devemos usar um componente **`ImageList`**. Crie um, arrastando-o para um formulário, a partir da **ToolBox**. Então, clique na coleção **`Images`** na janela **Properties**, para abrir o **Image Collection Editor** (Figura 13.23). Aqui, os desenvolvedores podem procurar as imagens que desejam adicionar na **`ImageList`**, a qual contém um array de **`Image`**. Uma vez que as imagens tenham sido definidas, configure a propriedade **`SmallImageList`** da **`ListView`** como o novo objeto **`ImageList`**. A propriedade **`SmallImageList`** especifica a lista de imagens para os ícones pequenos. A propriedade **`LargeImageList`** configura a **`ImageList`** para ícones grandes. Os ícones dos itens **`ListView`** são selecionados por meio da configuração da propriedade **`ImageIndex`** do item com o índice de array apropriado.

A classe **`ListViewTest`** (Figura 13.24) exibe arquivos e pastas em uma **`ListView`**, junto com ícones pequenos representando cada arquivo ou pasta. Se um arquivo ou pasta estiver inacessível em virtude de configurações de permissão, uma caixa de mensagem aparecerá. O programa varre o conteúdo do diretório à medida que o percorre, em vez de indexar a unidade de disco inteira de uma vez.

Eventos e propriedades de `ListView`	Descrição / delegado e argumentos de evento
Propriedades comuns	
`Activation`	Determina como o usuário ativa um item. Essa propriedade pega um valor na enumeração **`ItemActivation`**. Os valores possíveis são **`OneClick`** (ativação com um único clique), **`TwoClick`** (ativação com um clique duplo; o item muda de cor quando selecionado) e **`Standard`** (ativação com um clique duplo).
`CheckBoxes`	Indica se os itens aparecem com caixas de seleção. **`True`** exibe caixas de seleção. O padrão é **`False`**.
`LargeImageList`	Indica a **`ImageList`** usada ao exibir ícones grandes.
`Items`	Retorna a coleção de **`ListViewItem`** no controle.
`MultiSelect`	Determina se seleção múltipla é permitida. O padrão é **`True`**, que permite seleção múltipla.
`SelectedItems`	Relaciona a coleção de itens atualmente selecionada.
`SmallImageList`	Especifica a **`ImageList`** usada ao exibir ícones pequenos.
`View`	Determina a aparência de **`ListViewItem`**s. Os valores são **`LargeIcon`** (ícone grande exibido; os itens podem estar em múltiplas colunas), **`SmallIcon`** (ícone pequeno exibido), **`List`** (ícones pequenos exibidos; os itens aparecem em uma única coluna) e **`Details`** (igual a **`List`**, mas múltiplas colunas de informação podem ser mostradas por item).
Evento comum	*(Delegado* ***`EventHandler`****, argumentos de evento* ***`EventArgs`****)*
`ItemActivate`	Gerado quando um item na **`ListView`** é ativado. Não especifica qual item é ativado.

Figura 13.22 Propriedades e eventos de `ListView`.

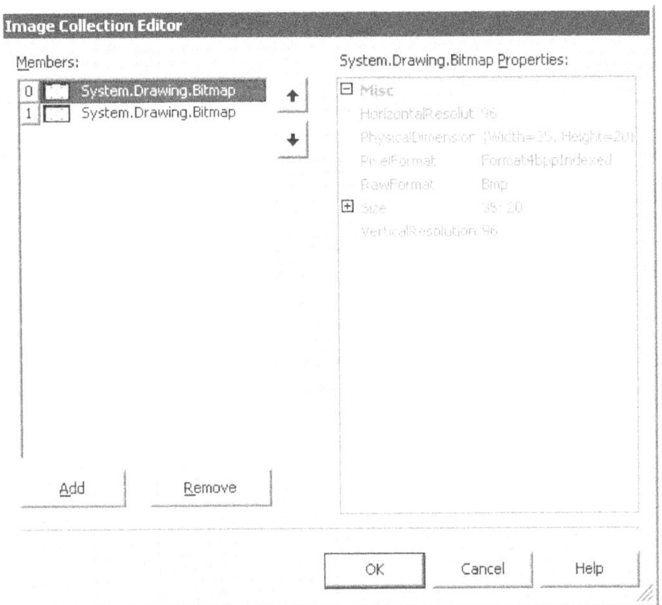

Figura 13.23 Janela do Image Collection Editor para um componente `ImageList`.

```
// Fig. 13.24: ListViewTest.cs
// Exibindo diretórios e seus conteúdos na ListView.

using System;
using System.Drawing;
```

Figura 13.24 `ListView` exibindo arquivos e pastas. (Parte 1 de 5.)

```
using System.Collections;
using System.ComponentModel;
using System.Windows.Forms;
using System.Data;
using System.IO;

public class ListViewTest : System.Windows.Forms.Form
{
   // exibe rótulos para a localização atual
   // na árvore de diretórios
   private System.Windows.Forms.Label currentLabel;
   private System.Windows.Forms.Label displayLabel;

   // exibe o conteúdo do diretório atual
   private System.Windows.Forms.ListView browserListView;

   // especifica imagens para ícones de arquivo e pasta
   private System.Windows.Forms.ImageList fileFolder;

   // obtém o diretório atual
   string currentDirectory =
      Directory.GetCurrentDirectory();

   [STAThread]
   static void Main()
   {
      Application.Run( new ListViewTest() );
   }

   // percorre o diretório que o usuário clicou ou sobe um nível
   private void browserListView_Click(
      object sender, System.EventArgs e )
   {
      // garante o item selecionado
      if ( browserListView.SelectedItems.Count != 0 )
      {
         // se for o primeiro item selecionado, sobe um nível
         if ( browserListView.Items[ 0 ].Selected )
         {
            // cria objeto DirectoryInfo para o diretório
            DirectoryInfo directoryObject =
               new DirectoryInfo( currentDirectory );

            // se o diretório tem progenitor, carrega-o
            if ( directoryObject.Parent != null )
               LoadFilesInDirectory(
                  directoryObject.Parent.FullName );
         }

         // diretório ou arquivo selecionado
         else
         {
            // diretório ou arquivo escolhido
            string chosen =
               browserListView.SelectedItems[ 0 ].Text;

            // se o item selecionado é um diretório
            if ( Directory.Exists( currentDirectory +
```

Figura 13.24 `ListView` exibindo arquivos e pastas. (Parte 2 de 5.)

```
                  "\\" + chosen ) )
               {
                  // carrega subdiretório
                  // se estiver em c:\, não precisamos de '\',
                  // caso contrário, precisamos
                  if ( currentDirectory == "C:\\" )
                     LoadFilesInDirectory(
                        currentDirectory + chosen );
                  else
                     LoadFilesInDirectory(
                        currentDirectory + "\\" + chosen );
               } // fim de if

            } // fim de else

            // atualiza displayLabel
            displayLabel.Text = currentDirectory;

         } // fim de if

      } // fim do metodo browserListView_Click

      // exibe arquivos/subdiretórios do diretório atual
      public void LoadFilesInDirectory(
         string currentDirectoryValue )
      {
         // carrega informações do diretório e exibe
         try
         {
            // limpa ListView e configura o primeiro item
            browserListView.Items.Clear();
            browserListView.Items.Add( "Go Up One Level" );

            // atualiza o diretório atual
            currentDirectory = currentDirectoryValue;
            DirectoryInfo newCurrentDirectory =
               new DirectoryInfo( currentDirectory );

            // coloca arquivo e diretórios em arrays
            DirectoryInfo[] directoryArray =
               newCurrentDirectory.GetDirectories();

            FileInfo[] fileArray =
               newCurrentDirectory.GetFiles();

            // adiciona nomes de diretório em ListView
            foreach ( DirectoryInfo dir in directoryArray )
            {
               // adiciona diretório em ListView
               ListViewItem newDirectoryItem =
                  browserListView.Items.Add( dir.Name );

               // configura a imagem do diretório
               newDirectoryItem.ImageIndex = 0;
            }

            // adiciona nomes de arquivo em ListView
            foreach ( FileInfo file in fileArray )
```

Figura 13.24 `ListView` exibindo arquivos e pastas. (Parte 3 de 5.)

```
            {
               // adiciona arquivo em ListView
               ListViewItem newFileItem =
                  browserListView.Items.Add( file.Name );

               newFileItem.ImageIndex = 1;    // configura imagem do arquivo
            }
         } // fim do try

         // acesso negado
         catch ( UnauthorizedAccessException exception )
         {
            MessageBox.Show(
               "Warning: Some fields may not be " +
               "visible due to permission settings",
               "Attention", 0, MessageBoxIcon.Warning );
         }

      } // fim do método LoadFilesInDirectory

      // manipula evento de carregamento quando o formulário é exibido pela primeira vez
      private void ListViewTest_Load(
         object sender, System.EventArgs e )
      {
         // configura lista de imagens
         Image folderImage = Image.FromFile(
            currentDirectory + "\\images\\folder.bmp" );

         Image fileImage = Image.FromFile( currentDirectory +
            "\\images\\file.bmp" );

         fileFolder.Images.Add( folderImage );
         fileFolder.Images.Add( fileImage );

         // carrega diretório atual em browserListView
         LoadFilesInDirectory( currentDirectory );
         displayLabel.Text = currentDirectory;

      } // fim do método ListViewTest_Load

   } // fim da classe ListViewTest
```

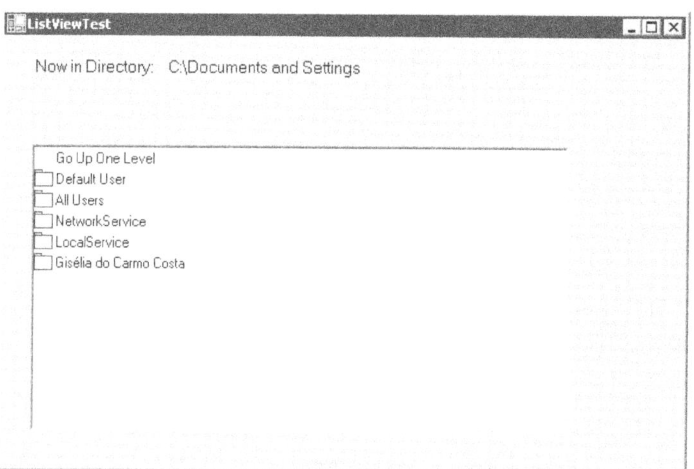

Figura 13.24 `ListView` exibindo arquivos e pastas. (Parte 4 de 5.)

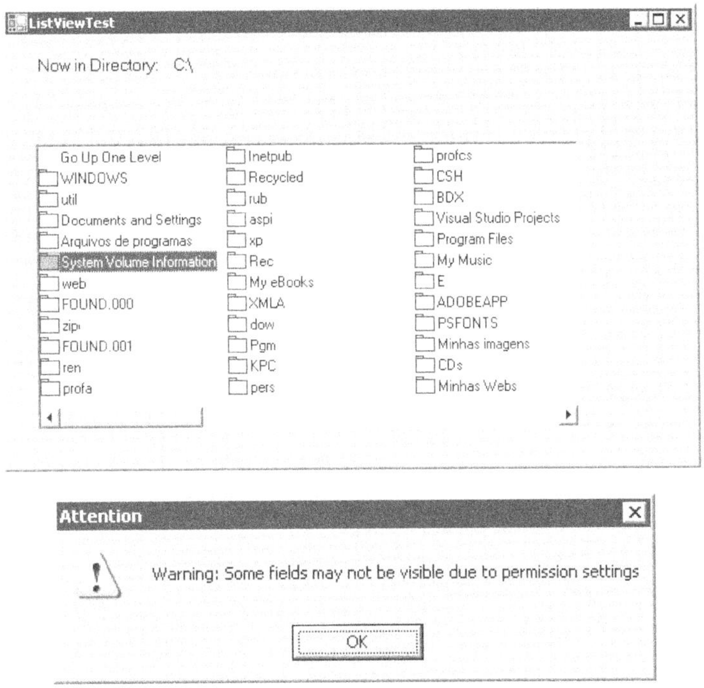

Figura 13.24 `ListView` exibindo arquivos e pastas. (Parte 5 de 5.)

Para exibir ícones ao lado dos itens da lista, devemos criar uma **`ImageList`** para a **`ListView browserList-View`** (linha 20). Primeiro, arraste e solte uma **`ImageList`** no formulário e abra o **Image Collection Editor**. Crie duas imagens de bitmap simples — uma para uma pasta (índice de array 0) e outra para um arquivo (índice de array 1). Em seguida, configure a propriedade **`SmallImageList`** do objeto **`browserListView`** como a nova **`ImageList`**, na janela **Properties**. Os desenvolvedores podem criar tais ícones com qualquer software de imagem, como o Adobe® Photoshop™, o Jasc® Paint Shop Pro™ ou o Microsoft® Paint.

O método **`LoadFilesInDirectory`** (linhas 87 a 140) é usado para preencher **`browserListView`** com o diretório passado a ele (**`currentDirectoryValue`**). Ele limpa **`browserListView`** e adiciona o elemento **`"Go Up One Level"`**. Quando o usuário clica nesse elemento, o programa tenta mover um nível para cima (veremos como em breve). Então, o método cria um objeto **`DirectoryInfo`**, inicializado com a string **`currentDirectory`** (linhas 99 e 100). Se não for dada permissão para percorrer o diretório, uma exceção é lançada (capturada nas linhas 132 a 138). O método **`LoadFilesInDirectory`** funciona de maneira diferente do método **`PopulateTreeView`** do programa anterior (Figura 13.21). Em vez de carregar todas as pastas na unidade de disco rígido inteira, o método **`LoadFilesInDirectory`** carrega as pastas apenas no diretório atual.

A classe ***`DirectoryInfo`*** (espaço de nomes **`System.IO`**) nos permite percorrer ou manipular a estrutura de diretórios facilmente. O método **`GetDirectories`** (linhas 103 e 104) retorna um array de objetos **`DirectoryInfo`** contendo os subdiretórios do diretório atual. Analogamente, o método **`GetFiles`** (linhas 106 e 107) retorna um array de objetos da classe **`FileInfo`**, contendo os arquivos do diretório atual. A propriedade ***`Name`*** (das classes **`DirectoryInfo`** e **`FileInfo`**) contém apenas o nome do diretório ou arquivo, como **`temp`**, em vez de **`C:\minhapasta\temp`**. Para acessar o nome completo, use a propriedade ***`FullName`***.

As linhas 110 a 118 e as linhas 121 a 128 fazem a iteração pelos subdiretórios e arquivos do diretório atual e os adicionam em **`browserListView`**. As linhas 117 e 127 configuram as propriedades **`ImageIndex`** dos itens recém-criados. Se um item for um diretório, configuramos seu ícone como um ícone de diretório (índice 0); se um item for um arquivo, configuramos seu ícone como um ícone de arquivo (índice 1).

O método **`browserListView_Click`** (linhas 36 a 84) responde quando o usuário clica na **`browserListView`**. A linha 40 verifica se algo está selecionado. Se uma seleção foi feita, a linha 43 determina se o usuário escolheu o primeiro item em **`browserListView`**. O primeiro item em **`browserListView`** é sempre **Go up one level**; se ele estiver selecionado, o programa tentará subir um nível. As linhas 46 e 47 criam um objeto **`DirectoryInfo`** para o diretório atual. A linha 50 testa a propriedade **`Parent`** para garantir que o usuário não esteja na raiz da árvore de diretórios. A propriedade **`Parent`** indica o diretório progenitor como um objeto **DirectoryInfo**; se ele não existe, **Parent** retorna o valor **null**. Se existe um diretório progenitor, então as linhas 51 e 52 passam o nome completo desse diretório para o método **LoadFilesInDirectory**.

Se o usuário não selecionou o primeiro item em **browserListView**, as linhas 56 a 77 permitem que ele continue navegando pela estrutura de diretórios. As linhas 59 e 60 criam **String chosen**, que recebe o texto do item selecionado (o primeiro item na coleção **SelectedItems**). As linhas 63 e 64 testam se o usuário selecionou um diretório válido (em vez de um arquivo). O programa combina as variáveis **currentDirectory** e **chosen** (o novo diretório), separadas por uma barra invertida (\), e passa esse valor para o método ***Exists*** da classe **Directory**. O método **Exists** retorna **True** se seu parâmetro **String** é um diretório. Se isso ocorrer, o programa passa a **String** para o método **LoadFilesInDirectory**. O diretório **C:** já inclui uma barra invertida; portanto, não é necessária uma, ao se combinar **currentDirectory** e **chosen** (linha 71). Entretanto, outros diretórios devem incluir a barra invertida (linhas 73 e 74). Finalmente, **displayLabel** é atualizado com o novo diretório (linha 80).

Esse programa é carregado rapidamente, pois ele indexa apenas os arquivos do diretório atual. Isso significa que, em vez de ter um grande retardo no início, um pequeno retardo ocorre quando um novo diretório é carregado. Além disso, alterações na estrutura de diretórios podem ser mostradas recarregando-se um diretório. O programa anterior (Figura 13.21) precisa ser reiniciado para refletir todas as alterações na estrutura de diretórios. Esse tipo de compromisso é normal no mundo do software. Ao projetar aplicativos que são executados por longos períodos de tempo, os desenvolvedores podem escolher um retardo inicial grande para melhorar o desempenho de todo o restante do programa. Entretanto, ao criar aplicativos que são executados apenas por períodos de tempo curtos, os desenvolvedores freqüentemente preferem tempos de carregamento inicial menores e um pequeno retardo após cada ação.

13.8 Controle com guias

O controle ***TabControl*** (controle com guias) cria janelas com guias, como aquelas que vimos no IDE do Visual Studio .NET (Figura 13.25). Isso permite ao programador projetar interfaces com o usuário que encaixam um grande número de controles ou um grande volume de dados, sem usar espaço valioso da tela.

Os **TabControl**s contêm objetos ***TabPage***, os quais são semelhantes aos **Panel**s e **GroupBox**es, no sentido de que as **TabPage**s também podem conter controles. Primeiro, o programador adiciona controles nos objetos **TabPage** e,

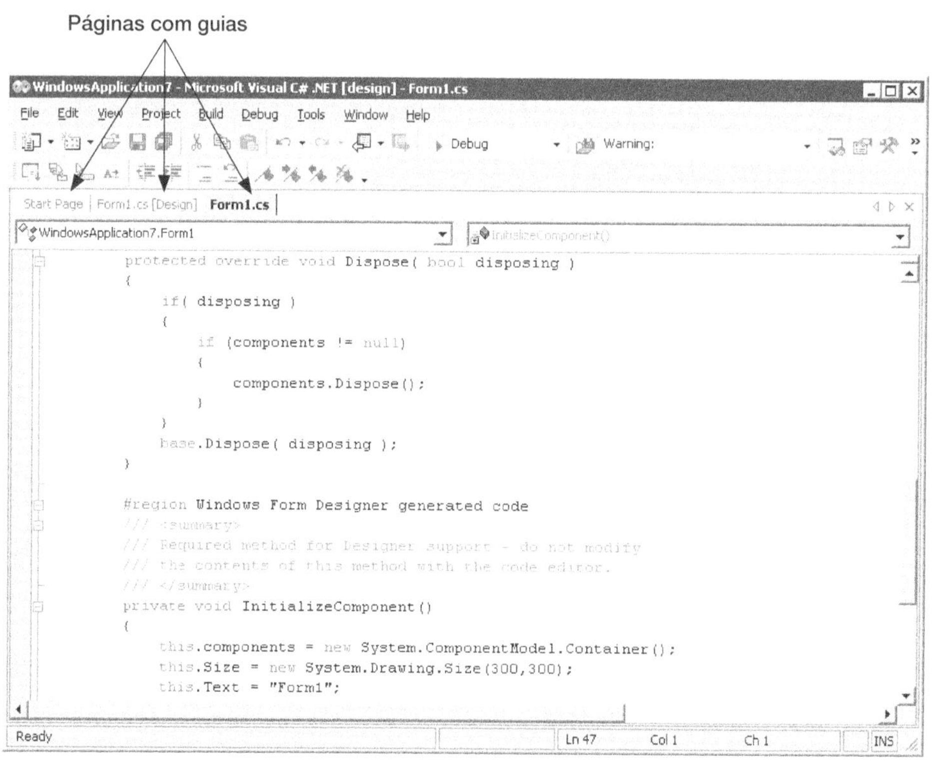

Figura 13.25 Páginas com guias no Visual Studio .NET.

em seguida, adiciona as **TabPage**s no **TabControl**. Apenas uma **TabPage** é exibida por vez. A Figura 13.26 mostra um exemplo de **TabControl**.

Os programadores podem adicionar **TabControl**s visualmente arrastando-os e soltando-os em um formulário, no modo de projeto. Para adicionar **TabPage**s no projetista do Visual Studio .NET, clique com o botão direito do mouse no **TabControl** e selecione **Add Tab** (Figura 13.27). Como alternativa, clique na coleção **TabPages**, na janela **Properties**, e adicione guias no diálogo que aparece. Para alterar um rótulo de guia, configure a propriedade **Text** da **TabPage**.

Note que clicar nas guias seleciona o **TabControl** — para selecionar uma **TabPage**, clique na guia correspondente a ela e, em seguida, na área do controle abaixo da guia. O desenvolvedor pode adicionar controles à **TabPage** arrastando e soltando itens da **ToolBox**. Para ver diferentes **TabPage**s, clique na guia apropriada (no modo de projeto ou de execução). As propriedades e os eventos comuns dos **TabControl**s estão descritos na Figura 13.28.

Cada **TabPage** gera seu próprio evento **Click** quando sua guia é clicada. Lembre-se de que os eventos para controles podem ser manipulados por qualquer manipulador de evento que esteja registrado no delegado de evento do controle. Isso também se aplica aos controles contidos em uma **TabPage**. Por conveniência, o Visual Studio .NET gera os manipuladores de evento vazios para esses controles na classe em que estamos trabalhando no momento.

A classe **UsingTabs** (Figura 13.29) usa um **TabControl** para exibir várias opções relacionadas ao texto de um rótulo (**Color**, **Size** e **Message**). A última **TabPage** exibe uma mensagem **About**, a qual descreve o uso dos **TabControl**s.

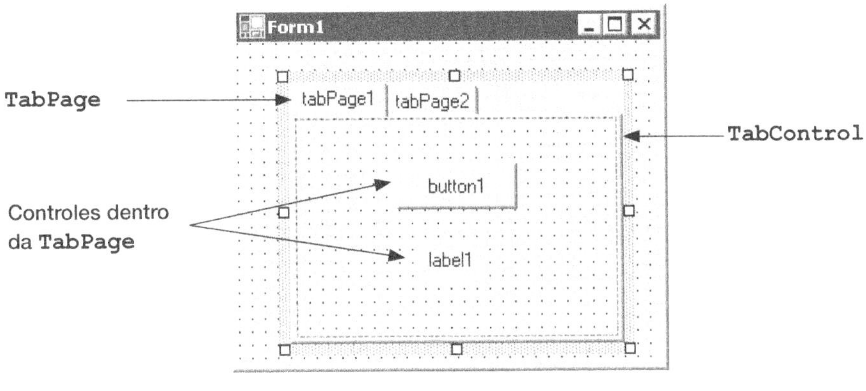

Figura 13.26 TabControl com exemplos de TabPage.

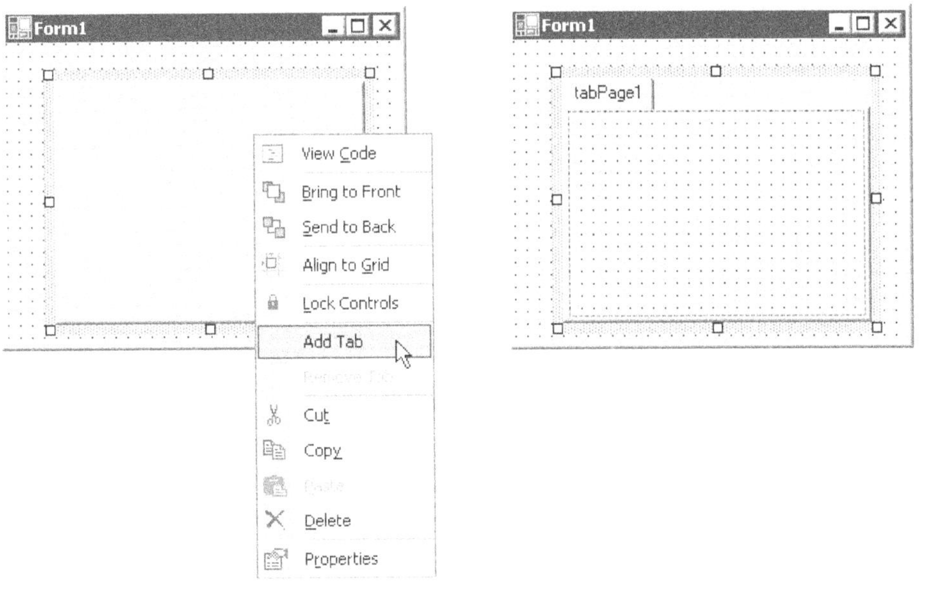

Figura 13.27 TabPages adicionadas em um TabControl.

Propriedades e eventos de **TabControl**	Descrição / delegado e argumentos de evento
Propriedades comuns	
ImageList	Especifica as imagens a serem exibidas em uma guia.
ItemSize	Especifica o tamanho da guia.
MultiLine	Indica se múltiplas linhas de guias podem ser exibidas.
SelectedIndex	Indica o índice da **TabPage** que está selecionada.
SelectedTab	Indica a **TabPage** que está selecionada.
TabCount	Retorna o número de guias.
TabPages	Obtém a coleção de **TabPage**s dentro de nosso **TabControl**.
Evento comum	*(Delegado **EventHandler**, argumentos de evento **EventArgs**)*
SelectedIndexChanged	Gerado quando **SelectedIndex** muda (isto é, outra **TabPage** é selecionada).

Figura 13.28 Propriedades e eventos de TabControl.

```
// Fig. 13.29: UsingTabs.cs
// Usando TabControl para exibir várias configurações de fonte.

using System;
using System.Drawing;
using System.Collections;
using System.ComponentModel;
using System.Windows.Forms;
using System.Data;

public class UsingTabs : System.Windows.Forms.Form
{
   // o rótulo de saida reflete as alterações no texto
   private System.Windows.Forms.Label displayLabel;

   // controle de tabela contendo páginas de tabela colorTabPage,
   // sizeTabPage, messageTabPage e aboutTabPage
   private System.Windows.Forms.TabControl
      optionsTabControl;

   // página de tabela contendo opções de cor
   private System.Windows.Forms.TabPage colorTabPage;
   private System.Windows.Forms.RadioButton
      greenRadioButton;
   private System.Windows.Forms.RadioButton redRadioButton;
   private System.Windows.Forms.RadioButton
      blackRadioButton;

   // página de tabela contendo opções de tamanho de fonte
   private System.Windows.Forms.TabPage sizeTabPage;
   private System.Windows.Forms.RadioButton
      size20RadioButton;
   private System.Windows.Forms.RadioButton
```

Figura 13.29 TabControl usado para exibir várias configurações de fonte. (Parte 1 de 3.)

```
         size16RadioButton;
      private System.Windows.Forms.RadioButton
         size12RadioButton;

      // página de tabela contendo opções de exibição de texto
      private System.Windows.Forms.TabPage messageTabPage;
      private System.Windows.Forms.RadioButton
         goodByeRadioButton;
      private System.Windows.Forms.RadioButton
         helloRadioButton;

      // página de tabela contendo mensagem sobre "about"
      private System.Windows.Forms.TabPage aboutTabPage;
      private System.Windows.Forms.Label messageLabel;

      [STAThread]
      static void Main()
      {
         Application.Run( new UsingTabs() );
      }

      // manipulador de evento para o botão de rádio da cor preta
      private void blackRadioButton_CheckedChanged(
         object sender, System.EventArgs e )
      {
         displayLabel.ForeColor = Color.Black;
      }

      // manipulador de evento para o botão de rádio da cor vermelha
      private void redRadioButton_CheckedChanged(
         object sender, System.EventArgs e )
      {
         displayLabel.ForeColor = Color.Red;
      }

      // manipulador de evento para o botão de rádio da cor verde
      private void greenRadioButton_CheckedChanged(
         object sender, System.EventArgs e )
      {
         displayLabel.ForeColor = Color.Green;
      }

      // manipulador de evento para o botão de rádio do tamanho 12
      private void size12RadioButton_CheckedChanged(
         object sender, System.EventArgs e )
      {
         displayLabel.Font =
            new Font( displayLabel.Font.Name, 12 );
      }

      // manipulador de evento para o botão de rádio do tamanho 16
      private void size16RadioButton_CheckedChanged(
         object sender, System.EventArgs e )
```

Figura 13.29 TabControl usado para exibir várias configurações de fonte. (Parte 2 de 3.)

```
   {
      displayLabel.Font =
         new Font( displayLabel.Font.Name, 16 );
   }

   // manipulador de evento para o botão de rádio do tamanho 20
   private void size20RadioButton_CheckedChanged(
      object sender, System.EventArgs e )
   {
      displayLabel.Font =
         new Font( displayLabel.Font.Name, 20 );
   }

   // manipulador de evento para o botão de rádio da mensagem "Hello!"
   private void helloRadioButton_CheckedChanged(
      object sender, System.EventArgs e )
   {
      displayLabel.Text = "Hello!";
   }

   // manipulador de evento para o botão de rádio da mensagem "Goodbye!"
   private void goodByeRadioButton_CheckedChanged(
      object sender, System.EventArgs e )
   {
      displayLabel.Text = "Goodbye!";
   }

} // fim da classe UsingTabs
```

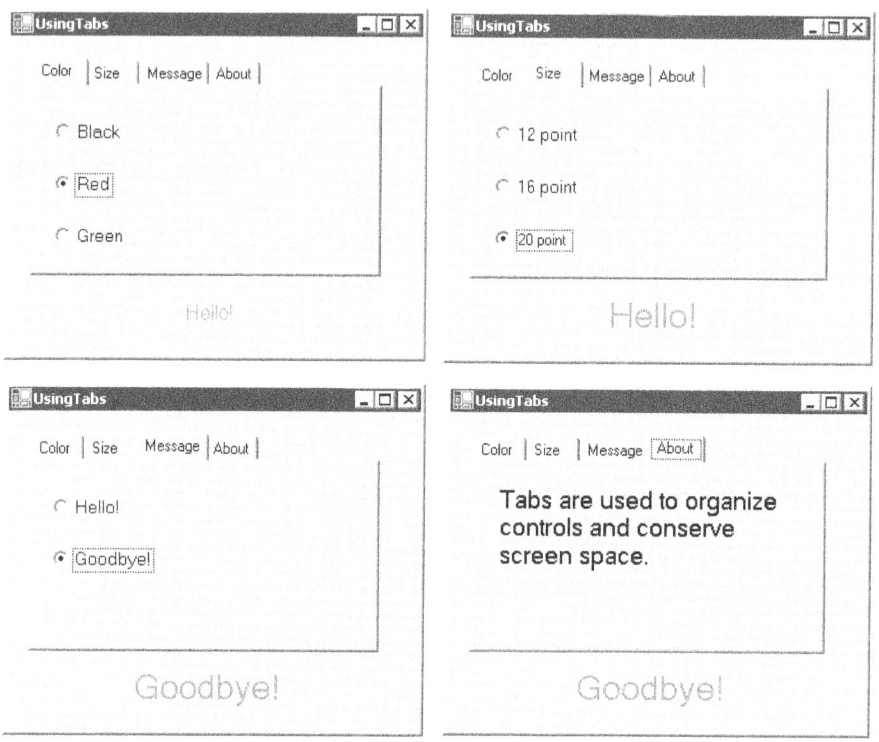

Figura 13.29 TabControl usado para exibir várias configurações de fonte. (Parte 3 de 3.)

O **TabControl optionsTabControl** (linhas 18 e 19) e as **TabPage colorTabPage** (linha 22), **sizeTab-Page** (linha 30), **messageTabPage** (linha 39) e **aboutTabPage** (linha 46) são criados no projetista (conforme descrito anteriormente). A **TabPage colorTabPage** contém três botões de rádio (botões de opção) para as cores preta (**black-RadioButton**, linhas 26 e 27), vermelha (**redRadioButton**, linha 25) e verde (**greenRadioButton**, linhas 23 e 24). O manipulador de evento **CheckChanged** de cada botão atualiza a cor do texto no **displayLabel** (linhas 59, 66 e 73). A **TabPage sizeTabPage** tem três botões de rádio, correspondentes aos tamanhos de fonte 12 (**size12Radio-Button**, linhas 35 e 36), 16 (**size16RadioButton**, linhas 33 e 34) e 20 (**size20RadioButton**, linhas 31 e 32), que mudam o tamanho da fonte de **displayLabel** — linhas 80 e 81, 88 e 89, e 96 e 97, respectivamente. A **TabPage message-TabPage** contém dois botões de rádio — para as mensagens **Hello!** (**helloRadioButton**, linhas 42 e 43) e **Goodbye!** (**goodbyeRadioButton**, linhas 40 e 41). Os dois botões de rádio determinam o texto em **displayLabel** (linhas 104 e 111, respectivamente).

Observação de engenharia de software 13.2

*Uma **TabPage** pode atuar como um contêiner para um grupo lógico de botões de rádio e impor sua exclusividade mútua. Para colocar vários grupos de botão de rádio dentro de uma única **TabPage**, os programadores devem agrupar os botões de rádio em **Panel** ou **GroupBox**, contidos na **TabPage**.*

A última **TabPage** (**aboutTabPage**, linha 46) contém um **Label** (**messageLabel**, linha 47) que descreve o objetivo dos **TabControl**s.

13.9 Janelas MDI

Nos capítulos anteriores construímos apenas aplicativos com SDI (Single Document Interface — interface de um único documento). Tais programas (incluindo o Bloco de notas e o Paint) suportam apenas uma janela ou documento aberto por vez. Os aplicativos SDI normalmente têm capacidades limitadas — o Paint e o Bloco de notas, por exemplo, têm recursos de edição de imagem e texto limitados. Para editar vários documentos, o usuário precisa criar mais instâncias do aplicativo SDI.

Os programas MDI (Multiple Document Interface — interface de múltiplos documentos), como o PaintShop Pro e o Adobe Photoshop, permitem aos usuários editar vários documentos simultaneamente. Os programas MDI também tendem a ser mais complexos — o PaintShop Pro e o Photoshop têm um número maior de recursos de edição de imagem do que o Paint. Até agora não mencionamos que os aplicativos que criamos eram aplicativos SDI. Definimos isso aqui para enfatizar a distinção entre os dois tipos de programas.

A janela de aplicativo de um programa MDI é chamada de *janela progenitora*, e cada janela dentro do aplicativo é referida como *janela filha*. Embora um aplicativo MDI possa ter muitas janelas filhas, cada um tem apenas uma janela progenitora. Além disso, um máximo de uma janela filha pode estar ativa por vez. As janelas filhas não podem ser progenitoras e não podem ser movidas para fora de suas progenitoras. Fora isso, uma janela filha se comporta como qualquer outra janela (com relação ao fechamento, à minimização, ao redimensionamento etc.). A funcionalidade de uma janela filha pode ser diferente da funcionalidade de outras janelas filhas da progenitora. Por exemplo, uma janela filha poderia editar imagens, outra poderia

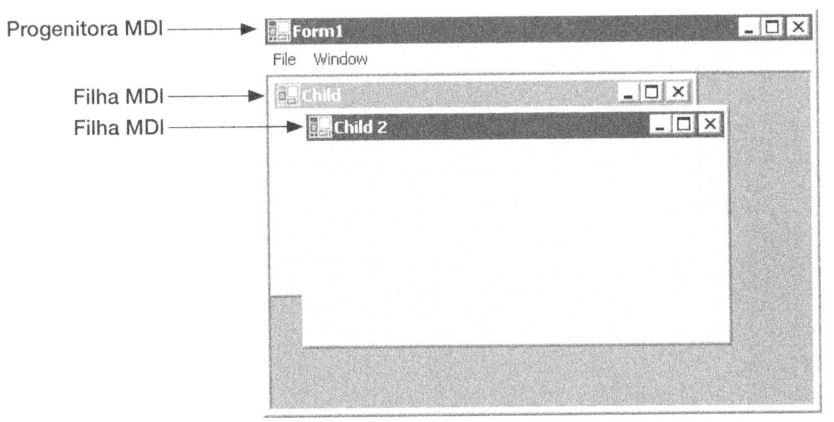

Figura 13.30 Janela progenitora MDI e janelas filhas MDI.

editar texto, e uma terceira poderia exibir o tráfego da rede graficamente, mas todas poderiam pertencer à mesma progenitora MDI. A Figura 13.30 mostra um exemplo de aplicativo MDI.

Para criar um formulário MDI, crie um novo **`Form`** e configure sua propriedade ***`IsMDIContainer`*** como **`True`**. O formulário muda de aparência, como se vê na Figura 13.31.

Em seguida, crie uma classe de formulário filho para ser adicionada ao formulário. Para isso, clique com o botão direito do mouse no projeto, em **Solution Explorer**, selecione **Add Windows Form...** e nomeie o arquivo. Para adicionar o formulário filho no progenitor, você deve criar um novo objeto formulário filho. Configure sua propriedade **`MdiParent`** como o formulário progenitor e chame o método **`Show`**. O código para criar um filho normalmente fica dentro de um manipulador de evento, o qual cria uma nova janela, em resposta a uma ação do usuário. As seleções do menu (como **Arquivo**, seguido da opção de submenu **Nova**, seguida da opção de submenu **Janela**) são métodos comuns utilizados para criar novas janelas filhas.

A propriedade ***`MdiChildren`*** de **`Form`** é um array de referências a **`Form`** filho. Isso é útil, caso a janela progenitora queira verificar o status de todos os seus filhos (por exemplo, para garantir que todos sejam salvos, antes que o progenitor se feche). A propriedade ***`ActiveMdiChild`*** retorna uma referência para a janela filha ativa; ela retorna **`null`**, caso não existam janelas filhas ativas. Outros recursos das janelas MDI estão descritos na Figura 13.32.

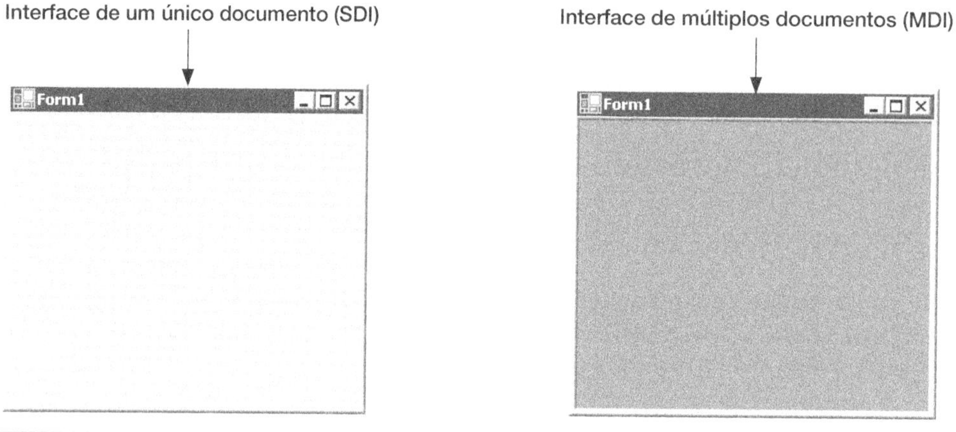

Figura 13.31 Formulários SDI e MDI.

Eventos e propriedades de formulário MDI	Descrição / delegado e argumentos de evento
Propriedades comuns de filho MDI	
`IsMdiChild`	Indica se o **`Form`** é um filho MDI. Se for **`True`**, o **`Form`** é um filho MDI (propriedade somente de leitura).
`MdiParent`	Especifica o **`Form`** progenitor MDI do filho.
Propriedades comuns de progenitor MDI	
`ActiveMdiChild`	Retorna o **`Form`** que é o filho MDI atualmente ativo (retorna **`null`**, caso nenhum filho esteja ativo).
`IsMdiContainer`	Indica se um **`Form`** pode ser um MDI. Se for **`True`**, o **`Form`** pode ser um progenitor MDI. O padrão é **`False`**.
`MdiChildren`	Retorna os filhos MDI como um array de **`Form`**s.
Método comum	
`LayoutMdi`	Determina a exibição dos formulários filhos em um progenitor MDI. Recebe como parâmetro uma enumeração **`MdiLayout`** com os valores possíveis **`ArrangeIcons`**, **`Cascade`**, **`TileHorizontal`** e **`TileVertical`**. A Figura 13.35 mostra os efeitos desses valores.

Figura 13.32 Eventos e propriedades de progenitor e filho MDI. (Parte 1 de 2.)

Eventos e propriedades de formulário MDI	Descrição / delegado e argumentos de evento
Evento comum	*(Delegado* **EventHandler**, *argumentos de evento* **EventArgs***)*
MdiChildActivate	Gerado quando um filho MDI é fechado ou ativado.

Figura 13.32 Eventos e propriedades de progenitor e filho MDI. (Parte 2 de 2.)

As janelas filhas podem ser minimizadas, maximizadas e fechadas independentemente umas das outras e da janela progenitora. A Figura 13.33 mostra duas imagens, uma contendo duas janelas filhas minimizadas e uma segunda, contendo uma janela filha maximizada. Quando a progenitora é minimizada ou fechada, as janelas filhas também são minimizadas ou fechadas. Note que a barra de título na segunda imagem da Figura 13.33 é **Parent Window - [Child]**. Quando uma janela filha é maximizada, sua barra de título é inserida na barra de título da janela progenitora. Quando uma janela filha é minimizada ou maximizada, sua barra de título exibe um ícone de restauração, o qual retorna a janela filha a seu tamanho anterior (seu tamanho antes de ter sido minimizada ou maximizada).

Os formulários progenitor e filho podem ter menus distintos, os quais são combinados quando uma janela filha é selecionada. Para especificar o modo como os menus são combinados, os programadores podem configurar as propriedades ***MergeOrder*** e ***MergeType*** de cada **MenuItem** (veja a Figura 13.3). **MergeOrder** determina a ordem em que os **MenuItem**s aparecem quando dois menus são combinados. Os **MenuItem**s com um valor **MergeOrder** menor aparecerão primeiro. Por exemplo, se **Menu1** tem os itens **Arquivo**, **Editar** e **Janela** (e suas ordens são 0, 10 e 20) e **Menu2** tem os itens **Formatar** e **Exibir** (e suas ordens são 7 e 15), então o menu combinado conterá os itens de menu **Arquivo**, **Formatar**, **Editar**, **Exibir** e **Janela**, nessa ordem.

Cada instância de **MenuItem** tem sua própria propriedade **MergeOrder**. É provável que, em algum ponto em um aplicativo, dois **MenuItem**s com o mesmo valor de **MergeOrder** sejam combinados. A propriedade **MergeType** resolve esse conflito, seguindo a ordem em que os dois menus são exibidos.

A propriedade **MergeType** recebe um valor de enumeração ***MenuMerge*** e determina quais itens de menu serão exibidos quando dois menus forem combinados. Um item de menu com valor ***Add*** é adicionado no menu de seu progenitor como um novo menu na barra de menus (os itens de menu do progenitor vêm primeiro). Se o item de menu de um formulário filho tem o valor ***Replace***, ele tentará tomar o lugar do item de menu correspondente de seu formulário progenitor durante a mesclagem. Um menu com o valor ***MergeItems*** combina seus itens com os do menu correspondente de seu progenitor (caso os menus do progenitor e do filho ocupem originariamente o mesmo espaço, seus submenus serão reunidos em um único menu grande). O item de menu de um filho com o valor ***Remove*** desaparece quando o menu é combinado com o de seu progenitor.

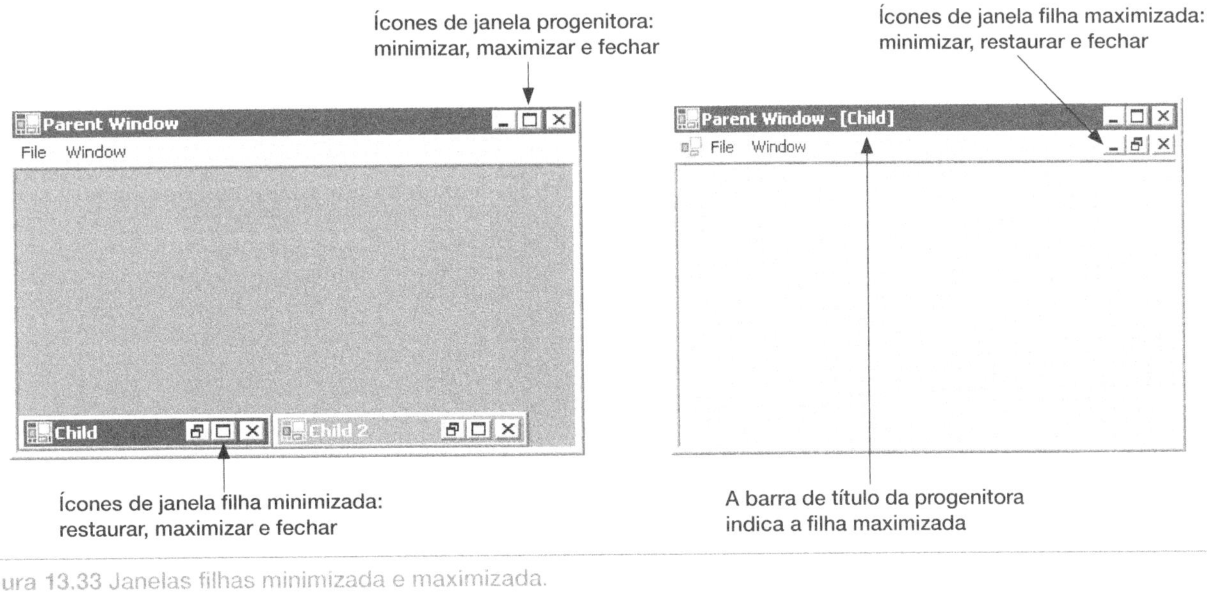

Figura 13.33 Janelas filhas minimizada e maximizada.

O valor **MergeItems** atua passivamente — se o menu do progenitor tem um **MergeType** diferente do **MergeType** do menu filho, então a configuração do menu do filho determina o resultado da mesclagem. Quando a janela filha é fechada, o menu original da progenitora é restaurado.

Boa prática de programação 13.1

Ao criar aplicativos MDI, inclua um item de menu com sua propriedade **MdiList** *configurada como* **True**. *Isso ajuda o usuário a selecionar uma janela filha rapidamente, em vez de ter de procurá-la na janela progenitora.*

Observação de engenharia de software 13.3

Configure a propriedade **MergeType** *dos itens de menu do progenitor com o valor* **MergeItems**. *Isso permite que a janela filha adicione a maioria dos itens de menu de acordo com suas próprias configurações. Os itens de menu do progenitor que precisam permanecer devem ter o valor* **Add**, *e aqueles que precisam ser removidos devem ter o valor* **Remove**.

O C# fornece uma propriedade que facilita o controle de quais janelas filhas estão abertas em um contêiner MDI. A propriedade ***MdiList*** (um valor booleano) da classe **MenuItem** determina se um **MenuItem** exibe uma lista de janelas filhas abertas. A lista aparece na parte inferior do menu, após uma barra separadora (primeira tela na Figura 13.34). Quando uma nova janela filha é aberta, uma entrada é adicionada na lista. Se nove ou mais janelas filhas forem abertas, a lista incluirá a opção **More Windows...**, que permite ao usuário selecionar uma janela em uma lista usando uma barra de rolagem. Vários **MenuItem**s podem ter sua propriedade **MdiList** configurada; cada um exibe uma lista de janelas filhas abertas.

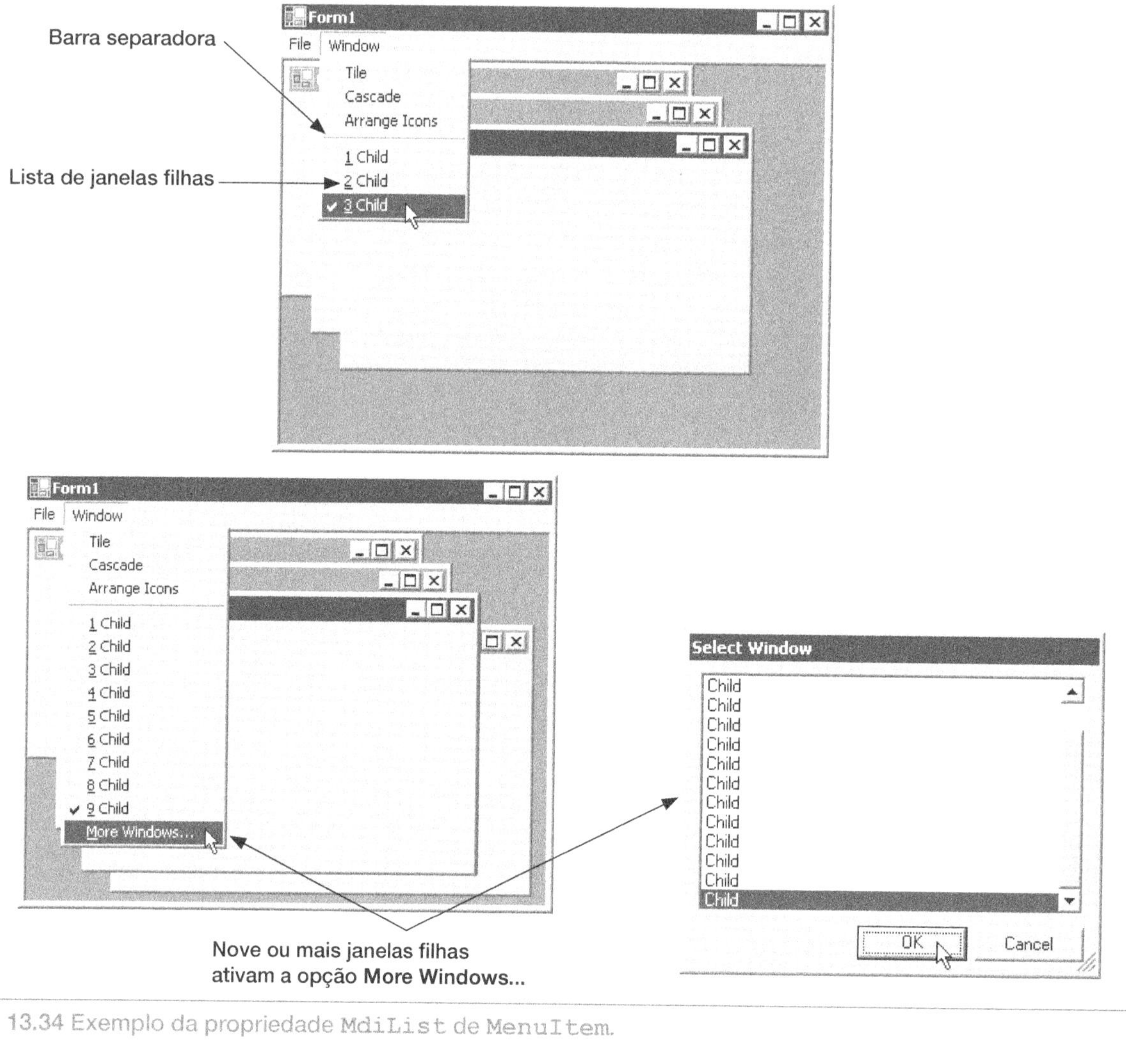

Figura 13.34 Exemplo da propriedade MdiList de MenuItem.

Os contêineres MDI permitem que os desenvolvedores organizem o posicionamento das janelas filhas. As janelas filhas em um aplicativo MDI podem ser organizadas por meio da chamada do método ***`LayoutMdi`*** do formulário progenitor. O método **`LayoutMdi`** recebe uma *enumeração* ***`MdiLayout`***, a qual pode ter os valores ***`ArrangeIcons`***, ***`Cascade`***, ***`TileHorizontal`*** e ***`TileVertical`***. As *janelas lado a lado* preenchem completamente a progenitora e não se sobrepõem; tais janelas podem ser organizadas horizontalmente (valor **`TileHorizontal`**) ou verticalmente (valor **`TileVertical`**). As *janelas em cascata* (valor **`Cascade`**) se sobrepõem — todas têm o mesmo tamanho e exibem uma barra de título visível, se possível. O valor **`ArrangeIcons`** organiza os ícones de todas as janelas filhas minimizadas. Se as janelas minimizadas estão espalhadas pela janela progenitora, o valor **`ArrangeIcons`** as ordena no canto inferior esquerdo da janela progenitora. A Figura 13.35 ilustra os valores da enumeração ***`MdiLayout`***.

A classe **`UsingMDI`** (Figura 13.36) demonstra o uso de janelas MDI. A classe **`UsingMdi`** usa três instâncias da classe **`Child`** (Figura 13.37), cada uma das quais contendo uma **`PictureBox`** e uma imagem de uma capa de livro. O formulário progenitor MDI contém um menu que permite aos usuários criarem e organizarem formulários filhos.

O formulário progenitor MDI (Figura 13.36) contém dois menus de nível superior. O primeiro desses menus, **File** (**`fileMenuItem`**, linha 13), contém um item **Exit** (**`exitMenuItem`**, linha 18) e um submenu **New** (**`newMenuItem`**, linha 14) consistindo em itens para cada janela filha. O segundo menu, **Format** (**`formatMenuItem`**, linha 19), fornece opções para organizar as filhas MDI, além de uma lista das filhas MDI ativas.

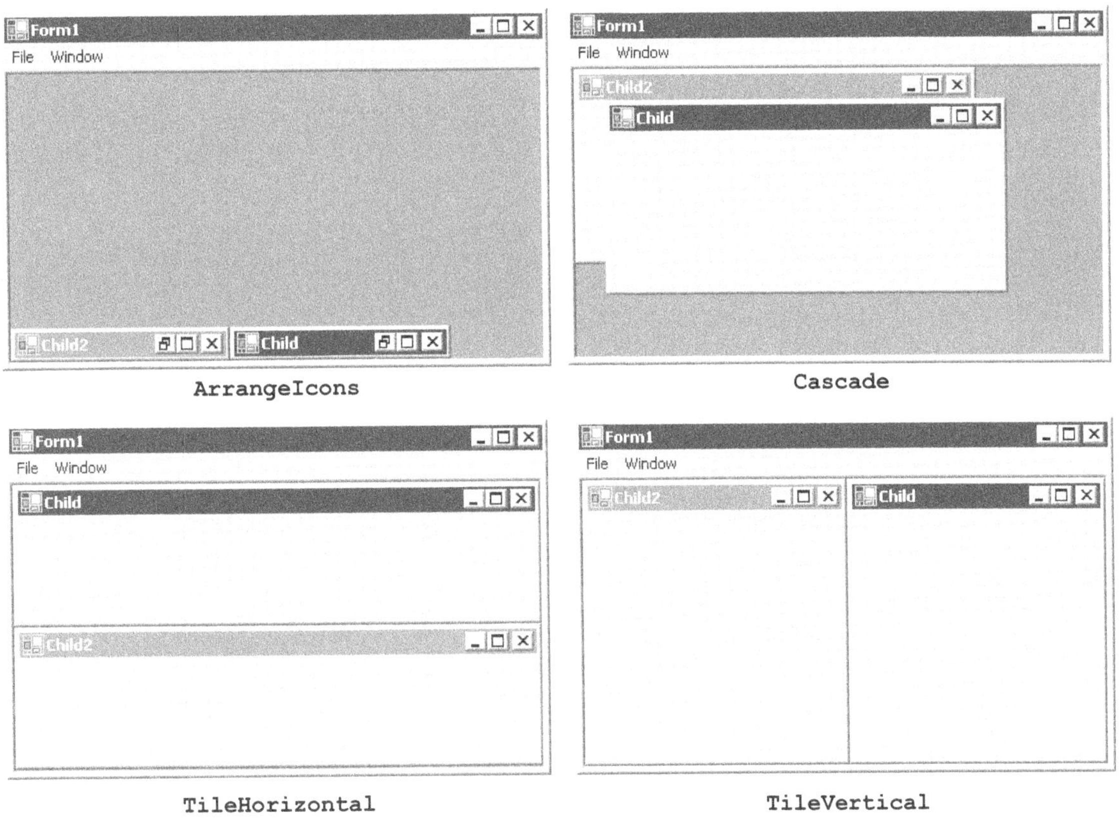

Figura 13.35 Valores da enumeração `MdiLayout`.

```
1  // Fig. 13.36: UsingMDI.cs
2  // Demonstrando o uso de janelas progenitoras e filhas MDI.
3  using System;
4  using System.Drawing;
5  using System.Collections;
6  using System.ComponentModel;
```

Figura 13.36 Classe de janela progenitora MDI. (Parte 1 de 3.)

```
using System.Windows.Forms;
using System.Data;

public class UsingMDI : System.Windows.Forms.Form
{
   private System.Windows.Forms.MainMenu mainMenu1;
   private System.Windows.Forms.MenuItem fileMenuItem;
   private System.Windows.Forms.MenuItem newMenuItem;
   private System.Windows.Forms.MenuItem child1MenuItem;
   private System.Windows.Forms.MenuItem child2MenuItem;
   private System.Windows.Forms.MenuItem child3MenuItem;
   private System.Windows.Forms.MenuItem exitMenuItem;
   private System.Windows.Forms.MenuItem formatMenuItem;
   private System.Windows.Forms.MenuItem cascadeMenuItem;
   private System.Windows.Forms.MenuItem
      tileHorizontalMenuItem;
   private System.Windows.Forms.MenuItem
      tileVerticalMenuItem;

   [STAThread]
   static void Main()
   {
      Application.Run( new UsingMDI() );
   }

   // cria Child 1 quando o menu é clicado
   private void child1MenuItem_Click(
      object sender, System.EventArgs e )
   {
      // cria um novo filho
      Child formChild = new Child( "Child 1",
         "\\images\\csharphtp1.jpg" );
      formChild.MdiParent = this;      // configura o progenitor
      formChild.Show();                // exibe o filho
   }

   // cria Child 2 quando o menu é clicado
   private void child2MenuItem_Click(
      object sender, System.EventArgs e )
   {
      // cria um novo filho
      Child formChild = new Child( "Child 2",
         "\\images\\vbnethtp2.jpg" );
      formChild.MdiParent = this;      // configura o progenitor
      formChild.Show();                // exibe o filho
   }

   // cria Child 3 quando o menu é clicado
   private void child3MenuItem_Click(
      object sender, System.EventArgs e )
   {
      // cria um novo filho
      Child formChild = new Child( "Child 3",
         "\\images\\pythonhtp1.jpg" );
      formChild.MdiParent = this;      // configura o progenitor
      formChild.Show();                // exibe o filho
   }

   // sai do aplicativo
```

Figura 13.36 Classe de janela progenitora MDI. (Parte 2 de 3.)

```
   private void exitMenuItem_Click(
      object sender, System.EventArgs e )
   {
      Application.Exit();
   }

   // configura o layout em cascata
   private void cascadeMenuItem_Click(
      object sender, System.EventArgs e )
   {
      this.LayoutMdi( MdiLayout.Cascade );
   }

   // configura o layout lado a lado horizontal
   private void tileHorizontalMenuItem_Click(
      object sender, System.EventArgs e )
   {
      this.LayoutMdi( MdiLayout.TileHorizontal );
   }

   // configura o layout lado a lado vertical
   private void tileVerticalMenuItem_Click(
      object sender, System.EventArgs e )
   {
      this.LayoutMdi( MdiLayout.TileVertical );
   }

} // fim da classe UsingMDI
```

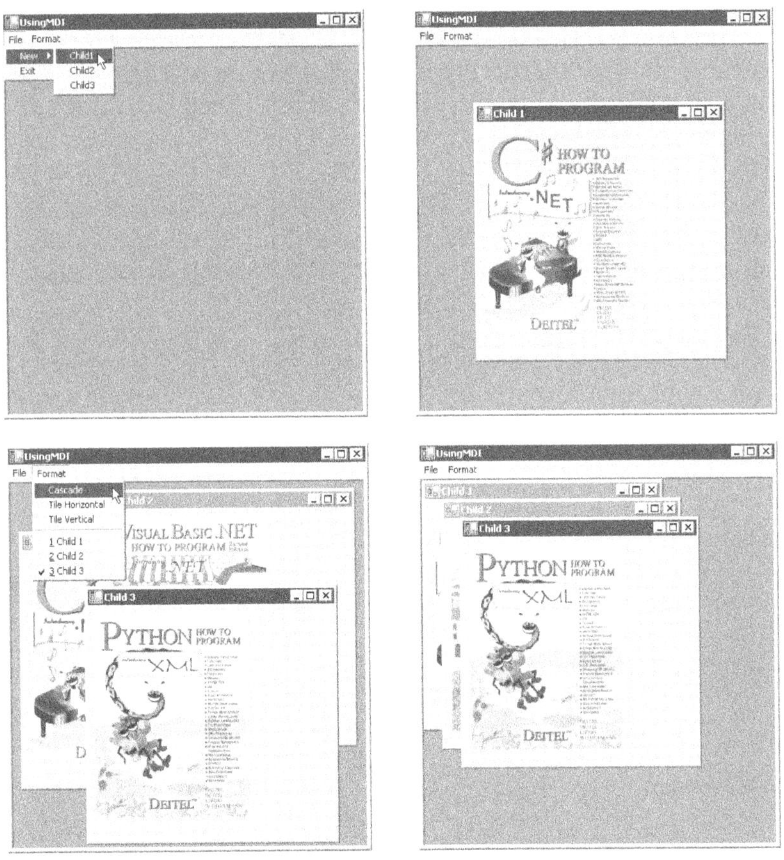

Figura 13.36 Classe de janela progenitora MDI. (Parte 3 de 3.)

Na janela **Properties**, configuramos a propriedade **IsMdiContainer** do **Form** como **True**, tornando-o um progenitor MDI. Além disso, configuramos a propriedade **MdiList** de **formatMenuItem** como **True**. Isso permite que o **formatMenuItem** relacione as janelas filhas MDI ativas.

O item de menu **Cascade** (**cascadeMenuItem**, linha 20) tem um manipulador de evento (**cascadeMenuItem_Click**, linhas 73 a 77) que organiza as janelas filhas em cascata. O manipulador de evento chama o método **LayoutMdi** com o argumento **Cascade** da enumeração **MdiLayout** (linha 76).

O item de menu **Tile Horizontal** (**tileHorizontalMenuItem**, linhas 21 e 22) tem um manipulador de evento (**TileHorizontalMenuItem_Click**, linhas 80 a 84) que organiza as janelas filhas de modo horizontal. O manipulador de evento chama o método **LayoutMdi** com o argumento **TileHorizontal** da enumeração **MdiLayout** (linha 83).

Finalmente, o item de menu **Tile Vertical** (**TileVerticalMenuItem**, linhas 23 e 24) tem um manipulador de evento (**TileVerticalMenuItem_Click**, linhas 87 a 91) que organiza as janelas filhas de modo vertical. O manipulador de evento chama o método **LayoutMdi** com o argumento **TileVertical** da enumeração **MdiLayout** (linha 90).

Para definir a classe filha do aplicativo MDI, clique com o botão direito do mouse no projeto, em **Solution Explorer**, e selecione primeiro **Add** e depois **Add Windows Form...**. Chame a nova classe de **Child** (Figura 13.37).

Em seguida, adicionamos uma **PictureBox** (**picDisplay**, linha 11) no formulário **Child**. O construtor chama o método **InitializeComponent** (linha 17) e inicializa o título do formulário (linha 19) e a imagem a ser exibida na **PictureBox** (linhas 22 e 23).

O formulário progenitor MDI (Figura 13.36) cria novas instâncias da classe **Child** sempre que o usuário seleciona uma nova janela filha no menu **File**. Os manipuladores de evento nas linhas 33 a 63 criam novos formulários filhos, que contêm imagens das capas de livro da Deitel and Associates, Inc. Cada manipulador de evento cria uma nova instância do formulário filho, configura sua propriedade **MdiParent** como o formulário progenitor e chama o método **Show** para exibir o filho.

13.10 Herança visual

No Capítulo 9 discutimos como criar classes herdando de outras classes. No C# também podemos usar herança para criar **Form**s que exibem uma GUI, pois eles são classes derivadas da classe **System.Windows.Forms.Form**. A herança visual nos permite criar um novo **Form**, herdando de outro **Form**. A classe **Form** derivada contém a funcionalidade de sua classe base **Form**, incluindo todas as propriedades, métodos, variáveis e controles da classe base. A classe derivada também herda todos os aspectos visuais — como dimensionamento, layout de componentes, espaçamento entre componentes de GUI, cores e fontes — de sua classe base.

A herança visual permite que os desenvolvedores obtenham consistência visual entre os aplicativos por meio da reutilização de código. Por exemplo, uma empresa poderia definir um formulário base contendo o logotipo de um produto, uma cor de fundo estática, uma barra de menus predefinida e outros elementos. Os programadores poderiam então usar o formulário base por todo um aplicativo, para propósitos de uniformidade e padronização de produto.

A classe **VisualInheritance** (Figura 13.38) é um formulário que usamos como classe base para demonstrar

```
1  // Fig. 13.37: Child.cs
2  // Janela filha de progenitor MDI.
3  using System;
4  using System.Drawing;
5  using System.Collections;
6  using System.ComponentModel;
7  using System.Windows.Forms;
8  using System.IO;
9
10 public class Child : System.Windows.Forms.Form
11 {
12    private System.Windows.Forms.PictureBox pictureBox;
13
14    public Child( string title, string fileName )
```

Figura 13.37 Classe **Child** para demonstração de MDI. (Parte 1 de 2.)

```
   {
      // Exigido para suporte do Windows Form Designer
      InitializeComponent();

      Text = title;   // configura o texto de título

      // configura a imagem a ser exibida na pictureBox
      pictureBox.Image = Image.FromFile(
         Directory.GetCurrentDirectory() + fileName );
   }
}
```

Figura 13.37 Classe `Child` para demonstração de MDI. (Parte 2 de 2.)

a herança visual. A GUI contém dois rótulos (um com o texto **Bugs, Bugs, Bugs** e outro com **Copyright 2002, by Bug2Bug.com.**) e um botão (exibindo o texto **Learn More**). Quando o usuário pressiona o botão **Learn More**, o método `learnMoreButton_Click` (linhas 22 a 29) é chamado. Esse método exibe uma caixa de mensagem que fornece um texto informativo.

Antes de derivar um formulário da classe `VisualInheritance`, devemos empacotar a classe `VisualInheritance` em uma `.dll`. Clique com o botão direito do mouse no projeto `VisualInheritance`, no **Solution Explorer**, e selecione **Properties**. Em **Common Properties > General**, mude o item **Output Type** para **Class Library**. Em seguida, construa o projeto para produzir uma `.dll` que contenha a classe `VisualInheritance`.

Para criar o formulário derivado por meio de herança visual, gere um projeto vazio. No menu **Project**, selecione

```
1  // Fig. 13.38: VisualInheritance.cs
2  // Formulário base para uso com herança visual
3  using System;
4  using System.Drawing;
5  using System.Collections;
6  using System.ComponentModel;
7  using System.Windows.Forms;
8  using System.Data;
9
10 public class VisualInheritance : System.Windows.Forms.Form
11 {
12    private System.Windows.Forms.Label bugsLabel;
13    private System.Windows.Forms.Button learnMoreButton;
14    private System.Windows.Forms.Label label1;
15
16    [STAThread]
17    static void Main()
18    {
19       Application.Run( new VisualInheritance() );
20    }
21
22    private void learnMoreButton_Click( object sender,
23       System.EventArgs e )
24    {
25       MessageBox.Show(
26          "Bugs, Bugs, Bugs is a product of Bug2Bug.com",
27          "Learn More", MessageBoxButtons.OK,
28          MessageBoxIcon.Information );
29    }
30 }
```

Figura 13.38 A classe `VisualInheritance`, que herda da classe `Form`, contém um botão (**Learn More**). (Parte 1 de 2.)

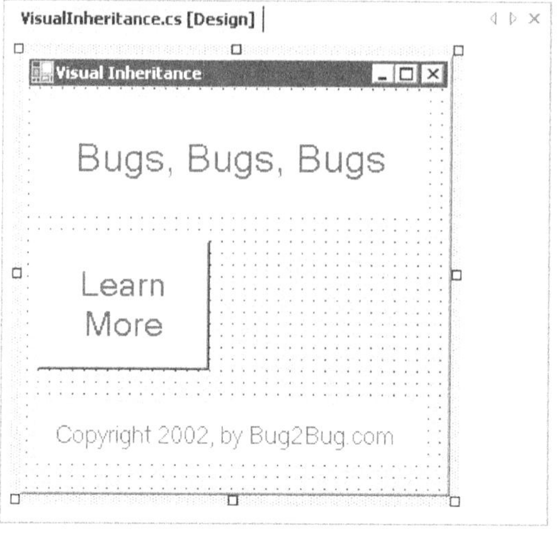

Figura 13.38 A classe `VisualInheritance`, que herda da classe `Form`, contém um botão (**Learn More**). (Parte 2 de 2.)

Add Inherited Form.... Isso faz aparecer a janela **Add New Item**. Selecione **Inherited Form** na janela de modelos. Clicar em **Open** abre o **Inheritance Picker**. A ferramenta **Inheritance Picker** permite aos programadores criarem rapidamente um formulário que herda de um formulário específico. Clique em **Browse** e selecione o arquivo **`.dll`** da classe **`VisualInheritance`**. Normalmente, o arquivo **`.dll`** está localizado dentro do diretório **`bin\Debug`** do diretório de projeto **`VisualInheritance`**. Clique em **OK**. Agora, o Form Designer deve exibir o formulário herdado (Figura 13.39).

A classe **`VisualInheritanceTest`** (Figura 13.40) deriva da classe **`VisualInheritance`**. A GUI contém os componentes derivados da classe **`VisualInheritance`**, além de um botão com o texto **Learn The Program** que adicionamos na classe **`VisualInheritanceTest`**. Quando um usuário pressiona esse botão, o método **`learnProgramButton_Click`** (linhas 15 a 22) é chamado. Esse método mostra uma caixa de mensagem simples.

A Figura 13.40 demonstra que os componentes, seus layouts e a funcionalidade da classe base **`VisualInheritance`**

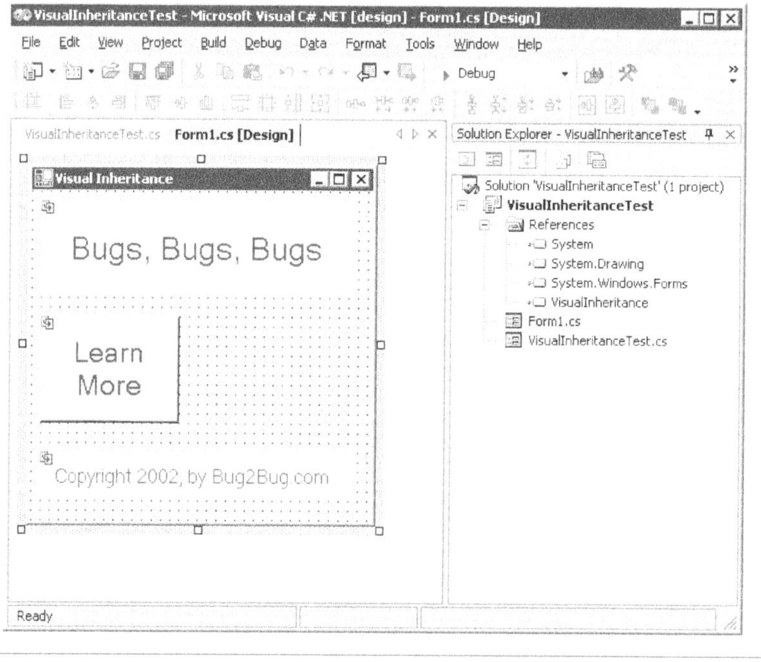

Figura 13.39 Herança visual por meio do `Form Designer`.

(Figura 13.38) são herdados por **VisualInheritanceTest**. Se um usuário clica no botão **Learn More**, o manipulador de evento de classe base **learnMoreButton_Click** exibe uma **MessageBox**.

```
// Fig. 13.40: VisualInheritanceTest.cs
// Formulário derivado usando herança visual.
using System;
using System.Collections;
using System.ComponentModel;
using System.Drawing;
using System.Windows.Forms;

public class VisualInheritanceTest :
   VisualInheritance.VisualInheritance
   {
   private System.Windows.Forms.Button learnProgramButton;

   // chama quando o usuário clica no botão Learn the Program
   private void learnProgramButton_Click( object sender,
      System.EventArgs e )
   {
      MessageBox.Show(
         "This program was created by Deitel & Associates",
         "Learn the Program", MessageBoxButtons.OK,
         MessageBoxIcon.Information );
   }

   public static void Main( string[] args )
   {
      Application.Run( new VisualInheritanceTest() );
   }
}
```

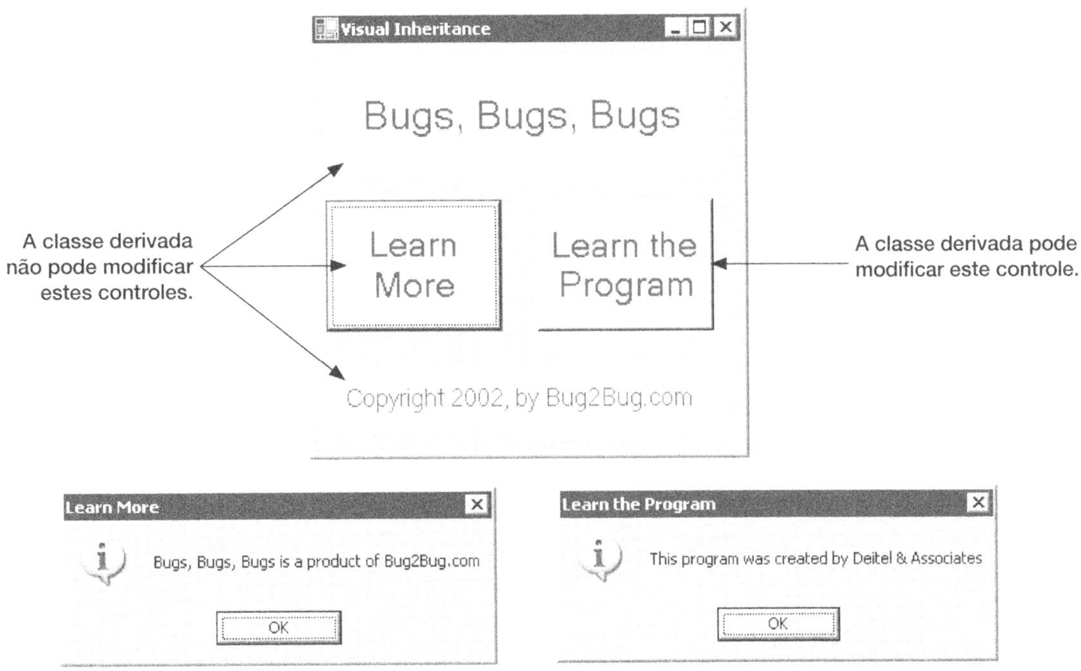

Figura 13.40 A classe VisualInheritanceTest, que herda da classe VisualInheritance.VisualInheritance, contém um botão adicional.

13.11 Controles definidos pelo usuário

A plataforma .NET permite aos programadores criarem *controles personalizados* que herdam de uma variedade de classes. Esses controles personalizados aparecem na **Toolbox** do usuário e podem ser adicionados em `Form`, `Panel` ou `GroupBox` da mesma maneira como adicionamos `Button`, `Label` e outros controles predefinidos. A maneira mais simples de criar um controle personalizado é derivar uma classe de um controle de formulário Windows (Windows Forms) existente, como um `Label`. Isso é útil se o programador quer incluir funcionalidade de um controle existente, em vez de ter de reimplementar o controle existente, além de incluir a nova funcionalidade desejada. Por exemplo, podemos criar um novo tipo de rótulo que se comporte como um `Label` normal, mas que tenha uma aparência diferente. Fazemos isso herdando da classe `Label` e sobrepondo o método `OnPaint`.

Observação de aparência e comportamento 13.8

Para mudar a aparência de qualquer controle, sobreponha o método `OnPaint`.

Todos os controles contêm o método `OnPaint`, chamado pelo sistema quando um componente deve ser redesenhado (como quando o componente é redimensionado). O método `OnPaint` recebe um objeto *`PaintEventArgs`*, o qual contém informações gráficas — a propriedade `Graphics` é o objeto gráfico usado para desenhar, e a propriedade *`ClipRectangle`* define o limite retangular do controle. Quando o sistema gera o evento `Paint`, a classe base de nosso controle captura o evento. O método `OnPaint` de nosso controle é chamado por meio do polimorfismo. A implementação de `OnPaint` de nossa classe base não é chamada; portanto, devemos chamá-la explicitamente a partir de nossa implementação de `OnPaint`, antes de executarmos nosso código de pintura personalizado. Como alternativa, se não quisermos deixar que nossa classe base se pinte sozinha, não devemos chamar a implementação do método `OnPaint` de nossa classe base.

Para criar um novo controle composto de controles já existentes, use a classe *`UserControl`*. Os controles adicionados em um controle personalizado são chamados de *controles constituintes*. Por exemplo, um programador poderia criar um `UserControl` composto de um botão, um rótulo e uma caixa de texto, cada um associado a alguma funcionalidade (de modo que o botão configure o texto do rótulo de acordo com o contido na caixa de texto). O `UserControl` age como um contêiner para os controles nele adicionados. O `UserControl` contém controles constituintes, de modo que ele não determina como esses controles constituintes são exibidos. O método `OnPaint` não pode ser sobreposto nesses controles personalizados — sua aparência pode ser modificada apenas por meio da manipulação do evento `Paint` de cada controle constituinte. O manipulador de evento `Paint` recebe um objeto `PaintEventArgs`, o qual pode ser usado para desenhar elementos gráficos (linhas, retângulos etc.) nos controles constituintes.

Usando outra técnica, um programador pode criar um novo controle, herdando da classe `Control`. Essa classe não define nenhum comportamento específico; essa tarefa é deixada para o programador. Em vez disso, a classe `Control` manipula os itens associados a todos os controles, como os eventos e as alças de dimensionamento. O método `OnPaint` deve conter uma chamada para o método `OnPaint` da classe base, o qual chama os manipuladores de evento `Paint`. O programador deve então adicionar código para elementos gráficos personalizados, dentro do método `OnPaint` sobreposto. Essa técnica permite maior flexibilidade, mas também exige maior planejamento. Todas as três estratégias estão resumidas na Figura 13.41.

Na Figura 13.42 criamos um controle "relógio". Trata-se de um `UserControl` composto de um rótulo e um temporizador — quando o temporizador gera um evento, o rótulo é atualizado para refletir a hora atual.

Os `Timer`s (espaço de nomes `System.Windows.Forms`) são componentes invisíveis que residem em um formulário e geram eventos *`Tick`* em um intervalo definido. Esse intervalo é configurado pela propriedade *`Interval`* do `Timer` (temporizador) que define o número de milissegundos (milésimos de segundo) entre os eventos. Como padrão, os temporizadores estão em estado inativo.

Criamos um `Form` que exibe nosso controle personalizado, `ClockUserControl` (Figura 13.42). Crie uma classe `UserControl` para o projeto selecionando **Project > Add User Control...**. Isso abre uma caixa de diálogo a partir da qual podemos selecionar o tipo de controle a ser adicionado — os controles de usuário já estão selecionados. Então nomeamos o arquivo (e a classe) `ClockUserControl`. Isso exibe nosso controle vazio `ClockUserControl` como um retângulo cinza.

Podemos tratar esse controle como um `Form` do Windows; portanto, podemos adicionar controles (usando a **ToolBox**) e configurar propriedades (usando a janela **Properties**). Entretanto, em vez de criarmos um aplicativo (observe que não existe nenhum método `Main` na classe `Control`), estamos simplesmente criando um novo controle, composto de outros controles. Adicionamos um `Label` (`displayLabel`, linha 15) e um `Timer` (`clockTimer`, linha 14) no `UserControl`.

Técnicas de controle personalizado e propriedades de `PaintEventArgs`	Descrição
Herdar do controle de formulário Windows (Windows Forms)	Adiciona funcionalidade em um controle previamente existente. Se for sobrepor o método **`OnPaint`**, chame o método **`OnPaint`** da classe base. Só será possível incrementar a aparência do controle original, e não o reprojetar.
Criar um **`UserControl`**	Crie um **`UserControl`** composto de vários controles previamente existentes (e combine suas funcionalidades). Você não poderá sobrepor os métodos **`OnPaint`** dos controles personalizados. Em vez disso, adicione código de desenho em um manipulador de evento **`Paint`**. Só será possível incrementar a aparência do controle original, e não o reprojetar.
Herdar da classe **`Control`**	Defina um novo controle. Sobreponha o método **`OnPaint`**, chame o método **`OnPaint`** da classe base e inclua métodos para desenhar o controle. Será possível personalizar a aparência e a funcionalidade do controle.
Propriedades de **`PaintEventArgs`**	*Use esse objeto dentro do método* **`OnPaint`** *ou* **`Paint`**, *para desenhar o controle.*
`Graphics`	Indica o objeto gráfico do controle. Usado para desenhar no controle.
`ClipRectangle`	Especifica o retângulo que indica os limites do controle.

Figura 13.41 Criação de controles personalizados.

Configuramos o intervalo de **`Timer`** como 100 milissegundos e atualizamos o texto de **`displayLabel`** com cada evento (linhas 18 a 24). Note que **`clockTimer`** deve ser ativado por meio da configuração da propriedade **`Enabled`** como **`True`**, na janela **Properties**.

A estrutura **`DateTime`** (espaço de nomes **`System`**) contém o membro **`Now`**, que é a hora atual. O método **`ToLongTimeString`** converte **`Now`** para uma **`String`** que contém a hora, o minuto e o segundo atuais. Usamos isso para configurar a propriedade **`Text`** de **`displayLabel`**, na linha 22.

Uma vez criado, nosso controle de relógio aparece como um item na **ToolBox**. Para usarmos o controle, podemos simplesmente arrastá-lo para um aplicativo Windows em nosso projeto e executar o aplicativo Windows. O objeto **`ClockUserControl`** tem um fundo branco para que possa sobressair no formulário. A Figura 13.42 mostra a saída de **`ClockExample`** — um formulário simples que contém nosso **`ClockUserControl`**.

```
1   // Fig. 13.42: ClockUserControl.cs
2   // Controle definido pelo usuário com um temporizador e um rótulo.
3
4   using System;
5   using System.Collections;
6   using System.ComponentModel;
7   using System.Drawing;
8   using System.Data;
9   using System.Windows.Forms;
10
11  public class ClockUserControl
12     : System.Windows.Forms.UserControl
13  {
14     private System.Windows.Forms.Timer clockTimer;
15     private System.Windows.Forms.Label displayLabel;
16
17     // atualiza o rótulo a cada tique
18     private void clockTimer_Tick(
19        object sender, System.EventArgs e )
20     {
```

Figura 13.42 Controle definido pelo programador que mostra a hora atual. (Parte 1 de 2.)

```
        // obtém a hora atual (Now), converte para string
        displayLabel.Text = DateTime.Now.ToLongTimeString();

    } // fim do método clockTimer_Tick

} // fim da classe ClockUserControl
```

Figura 13.42 Controle definido pelo programador que mostra a hora atual. (Parte 2 de 2.)

Os passos anteriores são úteis quando precisamos definir um controle personalizado para o projeto em que estamos trabalhando. O Visual Studio .NET permite aos desenvolvedores compartilhar seus controles personalizados com outros desenvolvedores. Para criar um `UserControl` que possa ser exportado para outras soluções, faça o seguinte:

1. Crie um novo projeto **Windows Control Library**.
2. Dentro do projeto, adicione controles e funcionalidade no `UserControl` (Figura 13.43).
3. Gere o projeto. O Visual Studio .NET cria um arquivo `.dll` para o `UserControl`, no diretório de saída. O arquivo não é executável: as classes `Control` não têm método `Main`. Selecione **Project > Properties** para encontrar o diretório de saída e o arquivo de saída (Figura 13.44).
4. Crie um novo aplicativo Windows.
5. Importe o `UserControl`. No novo aplicativo Windows, clique com o botão direito do mouse na **ToolBox** e selecione **Customize Toolbox...**. Na caixa de diálogo que aparece, selecione a guia **.NET Framework Components**. Procure o arquivo `.dll`, que está no diretório de saída do projeto da biblioteca de controles Windows. Clique na caixa de seleção ao lado do controle e em **OK** (Figura 13.45).
6. O `UserControl` aparece na **ToolBox** e pode ser adicionado no formulário como se fosse qualquer outro controle (Figura 13.46).

Dica de teste e depuração 13.1

As classes de controle não têm um método **`Main`** *— elas não podem ser executadas sozinhas. Para testar sua funcionalidade, adicione-as em um aplicativo Windows de exemplo e execute-as lá.*

Figura 13.43 Criação de controle personalizado.

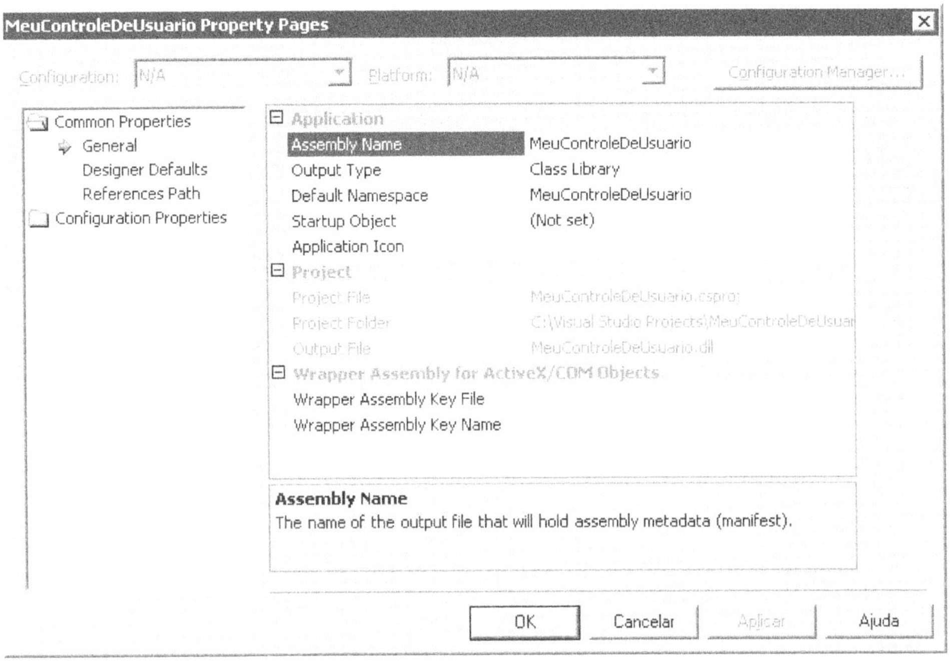

Figura 13.44 Caixa de diálogo de propriedades do projeto.

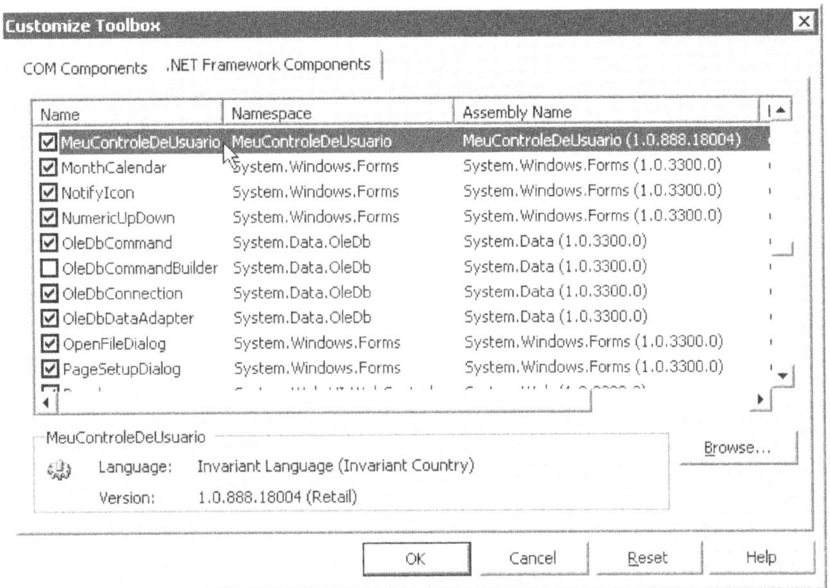

Figura 13.45 Controle personalizado adicionado na ToolBox.

Muitos dos programas comerciais de maior sucesso atuais fornecem GUIs que são fáceis de usar e manipular. Em virtude dessa demanda por GUIs amigáveis para os usuários, a capacidade de projetar GUIs sofisticadas é uma habilidade de programação fundamental. Felizmente, o Visual Studio .NET fornece uma IDE que torna o desenvolvimento de GUI rápido e fácil. Nos dois últimos capítulos apresentamos as técnicas básicas exigidas para adicionar vários componentes de GUI em um programa. O próximo capítulo vai explorar um assunto mais voltado aos bastidores, as *múltiplas linhas de execução* (*multithreading*). Em muitas linguagens de programação, o programador pode criar várias *linhas de execução* (*threads*), permitindo que vários processos ocorram simultaneamente. Aprendendo a criar e gerenciar múltiplas linhas de execução em C#, os leitores começarão seu estudo de um tipo mais robusto de software.

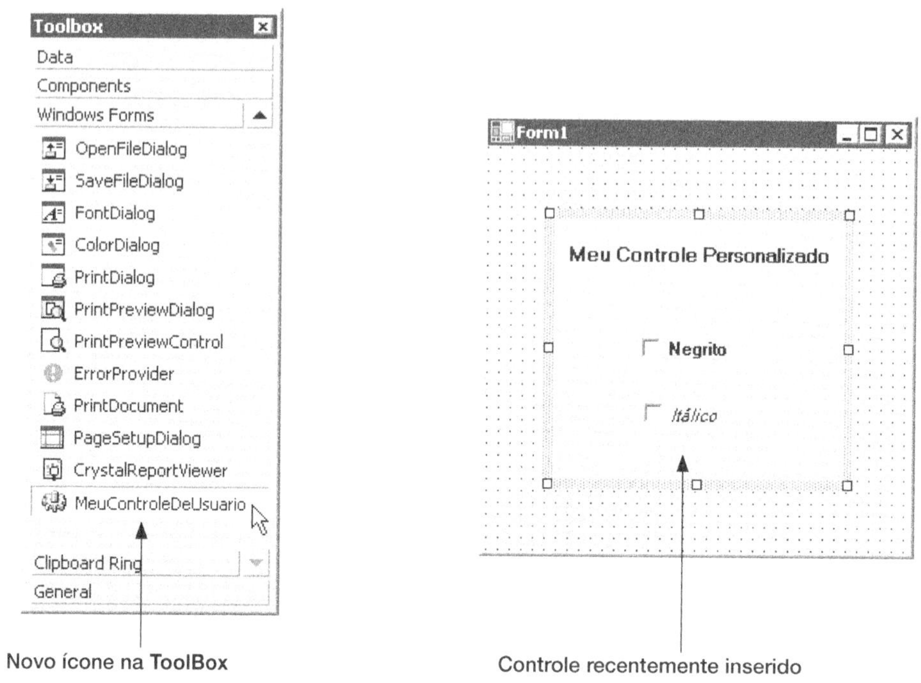

Figura 13.46 Controle personalizado adicionado em um `Form`.

Resumo

- Os menus são usados para fornecer grupos de comandos relacionados para aplicativos Windows. Eles são uma parte integrante das GUIs, pois permitem a interação usuário–aplicativo sem "congestionar" a GUI desnecessariamente.
- Os menus de nível superior da janela aparecem à esquerda da tela — todos os submenus ou itens de menu são endentados (recuados). Todos os itens de menu podem ter atalhos de tecla *Alt* (também chamados de atalhos de acesso ou teclas ativas).
- Os menus que não são de nível superior podem ter teclas de atalho (combinações das teclas *Ctrl*, *Shift*, *Alt*, das teclas de função *F1*, *F2*, das teclas de letra etc.).
- Para criar um menu, abra a **Toolbox** e arraste um controle **`MainMenu`** para o formulário.
- Para adicionar entradas no menu, clique na caixa de texto **Type Here** e digite o texto que deve aparecer no menu. Remova um item de menu selecionando-o com o mouse e pressionando a tecla *Delete*.
- Os menus geram um evento **`Click`** quando selecionados.
- Use o operador **`XOR`** (OU exclusivo) para alternar bits simples, como aqueles que representam os estilos negrito e itálico.
- O controle **`LinkLabel`** é usado para exibir links para outros objetos, como arquivos ou páginas Web. Os links podem mudar de cor para refletir se cada link é novo, visitado ou ativo.
- Quando clicado, um **`LinkLabel`** gera um evento **`LinkClicked`**.
- O método **`Start`** da classe **`Process`** (espaço de nomes **`System.Diagnostics`**) pode iniciar um novo aplicativo. Esse método exige que o arquivo seja aberto (uma **`String`**) ou que o aplicativo seja executado e os argumentos de linha de comando (duas **`Strings`**).
- O controle **`ListBox`** permite que o usuário veja e selecione múltiplos itens em uma lista.
- O controle **`CheckedListBox`** estende **`ListBox`**, acompanhando cada item da lista com uma caixa de seleção. Isso permite que múltiplos itens sejam selecionados, sem nenhuma restrição lógica.
- A propriedade **`SelectionMode`** determina quantos itens em uma **`CheckedListBox`** podem ser selecionados.
- O evento **`SelectedIndexChanged`** ocorre quando o usuário seleciona um novo item em uma **`CheckedListBox`**.
- A propriedade **`Items`** de **`CheckBox`** retorna todos os objetos da lista como uma coleção. A propriedade **`SelectedItem`** retorna o item atualmente selecionado. **`SelectedIndex`** retorna o índice do item selecionado.
- O método **`GetSelected`** recebe um índice e retorna **`True`** se o item correspondente estiver selecionado.

- Adicione itens visualmente, examinando a coleção **Items** na janela **Properties**. Clicar nas reticências abre o **String Collection Editor**, no qual podemos digitar os itens a serem adicionados.
- As **CheckedListBox**es implicam que múltiplos itens podem ser selecionados — a propriedade **SelectionMode** só pode ter os valores **None** ou **One**. **One** permite seleção múltipla.
- O evento **ItemCheck** é gerado quando um item **CheckedListBox** está para ser alterado.
- O controle **ComboBox** combina recursos de **TextBox** com uma lista suspensa. O usuário pode selecionar uma opção na lista ou digitar uma (se permitido pelo programador). Se o número de elementos ultrapassar o máximo que pode ser exibido na lista suspensa, aparecerá uma barra de rolagem.
- A propriedade **DropDownStyle** determina o tipo de **ComboBox**.
- O controle **ComboBox** tem as propriedades **Items** (uma coleção), **SelectedItem** e **SelectedIndex**, que são semelhantes às propriedades correspondentes na **ListBox**.
- Quando o item selecionado muda, o evento **SelectedIndexChanged** é gerado.
- Um objeto **Graphics** permite que uma pena ou pincel desenhe em um componente utilizando um de vários métodos **Graphics**.
- O controle **TreeView** pode exibir nós hierarquicamente em uma árvore.
- Um nó é um elemento que contém um valor e referências para outros nós.
- Um nó progenitor contém nós filhos, e os próprios nós filhos podem ser progenitores.
- Uma árvore é uma coleção de nós, normalmente organizados de alguma maneira. O primeiro nó progenitor de uma árvore é freqüentemente chamado de nó raiz.
- Cada nó tem uma coleção **Nodes**, a qual contém uma lista de filhos do nó.
- Para adicionar nós visualmente na **TreeView**, clique nas reticências ao lado da propriedade **Nodes**, na janela **Properties**. Isso abre o **TreeNode Editor**, onde existem botões para criar uma raiz e para adicionar, excluir e renomear nós.
- O método **GetDirectories** recebe uma **String** (o diretório atual) e retorna um array de **Strings** (os subdiretórios).
- O controle **ListView** é semelhante a uma **ListBox** — ele exibe uma lista a partir da qual o usuário pode selecionar um ou mais itens. Entretanto, um **ListView** pode exibir ícones ao lado dos itens da lista de várias maneiras.
- Para exibir imagens, o programador deve usar um componente **ImageList**. Crie um arrastando-o para o formulário a partir da **ToolBox**. Clique na coleção **Images**, na janela **Properties**, para exibir o **Image Collection Editor**.
- A classe **DirectoryInfo** (espaço de nomes **System.IO**) nos permite percorrer ou manipular a estrutura de diretórios facilmente. O método **GetDirectories** retorna um array de objetos **DirectoryInfo** contendo os subdiretórios do diretório atual. O método **GetFiles** retorna um array de objetos da classe **FileInfo** contendo os arquivos do diretório atual.
- O controle **TabControl** cria janelas com guias. Isso permite que o programador forneça grandes volumes de informação, enquanto economiza espaço na tela.
- Os **TabControl**s contêm objetos **TabPage**, os quais podem conter controles.
- Para adicionar **TabPage**s no projetista do Visual Studio .NET, clique com o botão direito do mouse no **TabControl** e selecione **Add Tab**.
- Cada **TabPage** gera seu próprio evento **Click** quando sua guia é clicada. Os eventos dos controles dentro da **TabPage** ainda são manipulados pelo formulário.
- Os aplicativos SDI (interface de um único documento) podem suportar apenas uma janela ou documento aberto por vez. Os programas MDI (interface de múltiplos documentos) permitem aos usuários editar vários documentos simultaneamente.
- Cada janela dentro de um aplicativo MDI é chamada de janela filha, e a janela de aplicativo é chamada de janela progenitora.
- Para criar um formulário MDI, configure a propriedade **IsMDIContainer** do formulário como **True**.
- As janelas progenitoras e filhas de um aplicativo podem ter diferentes menus, os quais são combinados quando uma janela filha é selecionada.
- A propriedade **MdiList** da classe **MenuItem** (um valor booleano) permite que um item de menu contenha uma lista de janelas filhas abertas.
- As janelas filhas em um aplicativo MDI podem ser organizadas chamando-se o método **LayoutMdi** do formulário progenitor.
- A plataforma .NET permite que o programador crie controles personalizados. A maneira mais básica de criar um controle personalizado é derivar uma classe de um controle de formulário Windows (Windows Forms) já existente. Se herdamos de um controle de

formulário Windows já existente, podemos incrementar sua aparência, mas não o reprojetar. Para criar um novo controle, composto de controles já existentes, use a classe **UserControl**. Para criar um novo controle desde o início, herde da classe **Control**.

- Os **Timer**s são componentes invisíveis que residem em um formulário e geram eventos **Tick** em um intervalo definido.
- Criamos uma classe **UserControl** para o projeto selecionando **Project** e, em seguida, **Add User Control...**. Podemos tratar esse controle como um componente de formulário Windows, significando que podemos adicionar controles usando a **ToolBox** e configurar propriedades usando a janela **Properties**.
- A estrutura **DateTime** (espaço de nomes **System**) contém o membro **Now**, que é a hora atual.

Terminologia

& (atalho de acesso a menu)
abrindo um arquivo no Windows
adicionando controles na **ToolBox**
árvore
atalho de acesso
atalho de acesso a menu
barra de título MDI
barra separadora
botões de rádio, usando com **TabPage**
caixa de diálogo de propriedades do projeto
classe **CheckedListBox**
classe **ComboBox**
classe **Control**
classe de janela progenitora MDI
classe **DirectoryInfo**
classe **Graphics**
classe **ImageList**
classe **LinkLabel**
classe **ListBox**
classe **ListView**
classe **MainMenu**
classe **MenuItem**
classe **PaintEventArgs**
classe **PictureBox**
classe **Process**
classe **TabControl**
classe **TabPage**
classe **TreeNode**
classe **TreeView**
classe **UserControl**
coleção **ImageList**
controle definido pelo usuário
controle personalizado
controle personalizado sendo adicionado na **ToolBox**
desenhar em um controle
diretório de saída
enumeração **MdiLayout**
enumeração **MenuMerge**
enumeração **SelectionMode**
estilo **DropDown** para **ComboBox**
estilo **DropDownList** para **ComboBox**
estilo **Simple** para **ComboBox**
estrutura **DateTime**
evento **AfterSelect** da classe **TreeView**
evento **Click** da classe **MenuItem**
evento **CurrentValue** da classe **CheckedListBox**
evento **Index** da classe **CheckedListBox**
evento **ItemActivate** da classe **ListView**
evento **ItemCheck** da classe **CheckedListBox**
evento **ItemCheckEventArgs** da classe **CheckedListBox**
evento **LinkClicked** da classe **LinkLabel**
evento **MdiChildActivate** da classe **Form**
evento **NewValue** de **CheckedListBox**
evento **SelectedIndexChanged** da classe **ComboBox**
evento **SelectedIndexChanged** da classe **ListBox**
evento **SelectedIndexChanged** da classe **TabControl**
evento **Tick** da classe **Timer**
eventos em um intervalo
exibindo arquivos e pastas em uma **ListView**
expandindo um nó
formulário MDI
herdar de um controle de formulário Windows
Image Collection Editor
item de menu
item de menu **Add Tab**
janela filha
janela filha maximizada
janela filha minimizada
janela progenitora
limite de um controle
lista suspensa
MDI (Multiple-Document Interface — interface de múltiplos documentos)
membro **Add** da enumeração **MenuMerge**
membro **MergeItems** da enumeração **MenuMerge**
membro **Remove** da enumeração **MenuMerge**
membro **Replace** da enumeração **MenuMerge**
menu
Menu Designer no Visual Studio .NET
menu progenitor
menu, expandido e marcado
método **Add** de **TreeNodeCollection**
método **Clear** da classe **TreeNodeCollection**
método **Collapse** da classe **TreeNode**
método **DrawEllipse** da classe **Graphics**
método **DrawPie** da classe **Graphics**
método **DrawRectangle** da classe **Graphics**
método **Exit** da classe **Application**
método **Expand** da classe **TreeNode**
método **ExpandAll** da classe **TreeNode**
método **FillEllipse** da classe **Graphics**
método **FillPie** da classe **Graphics**
método **FillRectangle** da classe **Graphics**
método **GetDirectories** da classe **Directory**
método **GetDirectories** da classe **DirectoryInfo**
método **GetFiles** da classe **DirectoryInfo**

método **GetItemChecked** da classe **CheckedListBox**
método **GetNodeCount** da classe **TreeNode**
método **GetSelected** da classe **ListBox**
método **LayoutMdi** da classe **Form**
método **Main**
método **OnPaint**
método **Remove** da classe **TreeNodeCollection**
método **Show** da classe **Form**
método **Start** da classe **Process**
nó filho
nó progenitor
nó raiz
opção **Add User Control...** no Visual Studio
opção **Add Windows Form...** no Visual Studio
opção **Customize Toolbox...** no Visual Studio
opção **Insert Separator**
opção **More Windows...** no Visual Studio .NET
personalização da **ToolBox**
projeto, biblioteca de controles Windows
propriedade **Activation** da classe **ListView**
propriedade **ActiveLinkColor** da classe **LinkLabel**
propriedade **ActiveMdiChild** da classe **Form**
propriedade **CheckBoxes** da classe **ListView**
propriedade **CheckBoxes** da classe **TreeView**
propriedade **Checked** da classe **MenuItem**
propriedade **Checked** da classe **TreeNode**
propriedade **CheckedIndices** da classe **CheckedListBox**
propriedade **CheckedItems** da classe **CheckedListBox**
propriedade **ClipRectangle** da classe **PaintEventArgs**
propriedade **DropDownStyle** de **ComboBox**
propriedade **FirstNode** da classe **TreeNode**
propriedade **FullName**
propriedade **FullPath** da classe **TreeNode**
propriedade **Graphics** da classe **PaintEventArgs**
propriedade **ImageIndex** da classe **ListViewItem**
propriedade **ImageIndex** da classe **TreeNode**
propriedade **ImageList** da classe **TabControl**
propriedade **ImageList** da classe **TreeView**
propriedade **Index** da classe **MenuItem**
propriedade **Interval** da classe **Timer**
propriedade **IsMdiChild** da classe **Form**
propriedade **IsMdiContainer** da classe **Form**
propriedade **Items** da classe **ComboBox**
propriedade **Items** da classe **ListBox**
propriedade **Items** da classe **ListView**
propriedade **ItemSize** da classe **TabControl**
propriedade **LargeImageList** da classe **ListView**
propriedade **LastNode** da classe **TreeNode**
propriedade **LinkArea** da classe **LinkLabel**
propriedade **LinkBehavior** da classe **LinkLabel**
propriedade **LinkColor** da classe **LinkLabel**
propriedade **Links** da classe **LinkLabel**
propriedade **LinkVisited** da classe **LinkLabel**
propriedade **MaxDropDownItems** da classe **ComboBox**
propriedade **MdiChildren** da classe **Form**
propriedade **MdiList** da classe **MenuItem**
propriedade **MdiParent** da classe **Form**
propriedade **MenuItems** da classe **MainMenu**
propriedade **MenuItems** da classe **MenuItem**
propriedade **MergeOrder** da classe **MenuItem**
propriedade **MergeType** da classe **MenuItem**
propriedade **MultiColumn** da classe **ListBox**
propriedade **MultiLine** da classe **TabControl**
propriedade **MultiSelect** da classe **ListView**
propriedade **Name** da classe **DirectoryInfo**
propriedade **Name** da classe **FileInfo**
propriedade **NextNode** da classe **TreeNode**
propriedade **Nodes** da classe **TreeNode**
propriedade **Nodes** da classe **TreeView**
propriedade **Now** da estrutura **DateTime**
propriedade **PrevNode** da classe **TreeNode**
propriedade **RadioCheck** da classe **MenuItem**
propriedade **RightToLeft** da classe **MainMenu**
propriedade **SelectedImageIndex** da classe **TreeNode**
propriedade **SelectedIndex** da classe **ComboBox**
propriedade **SelectedIndex** da classe **ListBox**
propriedade **SelectedIndex** da classe **TabControl**
propriedade **SelectedIndices** da classe **ListBox**
propriedade **SelectedItem** da classe **ComboBox**
propriedade **SelectedItem** da classe **ListBox**
propriedade **SelectedItems** da classe **ListBox**
propriedade **SelectedItems** da classe **ListView**
propriedade **SelectedNode** da classe **TreeView**
propriedade **SelectedTab** da classe **TabControl**
propriedade **SelectionMode** da classe **CheckedListBox**
propriedade **SelectionMode** da classe **ListBox**
propriedade **Shortcut** da classe **MenuItem**
propriedade **ShowShortcut** da classe **MenuItem**
propriedade **SmallImageList** da classe **ListView**
propriedade **Sorted** da classe **ComboBox**
propriedade **Sorted** da classe **ListBox**
propriedade **TabCount** da classe **TabControl**
propriedade **TabPages** da classe **TabControl**
propriedade **Text** da classe **LinkLabel**
propriedade **Text** da classe **MenuItem**
propriedade **Text** da classe **TreeNode**
propriedade **UseMnemonic** da classe **LinkLabel**
propriedade **View** da classe **ListView**
propriedade **VisitedLinkColor** da classe **LinkLabel**
recolhendo um nó
SDI (Single Document Interface — interface de um único documento)
separador, menu
Solution Explorer no Visual Studio .NET
String Collection Editor no Visual Studio .NET
submenu
TabControl, adicionando uma **TabPage**
TabPage, adicionar em **TabControl**
TabPage, usando botões de rádio
tecla ativa
tecla de atalho
TreeNode Editor no VS .NET
valor **ArrangeIcons** na enumeração **MdiLayout**
valor **Cascade** na enumeração **MdiLayout**
valor **MultiExtended** de **SelectionMode**
valor **MultiSimple** de **SelectionMode**
valor **None** de **SelectionMode**
valor **One** de **SelectionMode**
valor **TileHorizontal** na enumeração **MdiLayout**
valor **TileVertical** na enumeração **MdiLayout**

Exercícios de revisão

13.1 Indique se cada uma das seguintes alternativas é *verdadeira* ou *falsa*. Se for *falsa*, justifique.

a) Os menus fornecem grupos de classes relacionadas.
b) Os itens de menu podem exibir botões de rádio, marcas de visto e atalhos de acesso.
c) O controle **ListBox** permite apenas uma seleção (como um botão de rádio), enquanto a **CheckedListBox** permite seleção múltipla (como uma caixa de seleção).
d) O controle **ComboBox** tem uma lista suspensa.
e) Excluir um nó progenitor em um controle **TreeView** exclui seus nós filhos.
f) O usuário pode selecionar apenas um item em um controle **ListView**.
g) Uma **TabPage** pode atuar como um grupo lógico de botões de rádio.
h) Em geral, as janelas MDI são usadas com aplicativos simples.
i) Uma janela filha MDI pode ter filhas MDI.
j) As janelas filhas MDI não podem ser maximizadas (ampliadas) dentro de sua progenitora.
k) Existem duas maneiras básicas para criar um controle personalizado.

13.2 Preencha os espaços em branco em cada uma das declarações a seguir:

a) O método ______________ da classe **Process** pode abrir arquivos e páginas Web, assim como acontece com o item de menu **Executar** do Windows.
b) Se aparecem mais elementos do que uma **ComboBox** pode conter, aparece uma ______________.
c) O nó de nível superior em uma **TreeView** é o nó______________.
d) Uma **ImageList** é usada para exibir ícones em uma ______________.
e) As propriedades **MergeOrder** e **MergeType** determinam como ______________ são combinados.
f) A propriedade ______________ permite que um menu apresente uma lista de janelas filhas ativas.
g) Um recurso importante do controle **ListView** é a capacidade de exibir ______________.
h) A classe ______________ permite que o programador combine vários controles em um único controle personalizado.
i) O ______________ economiza espaço, dispondo **TabPage**s umas sobre as outras.
j) A opção de layout de janela ______________ torna todas as janelas do mesmo tamanho e as dispõem em camadas de modo que cada barra de título fique visível (se possível).
k) Os ______________ são normalmente usados para exibir links para outros objetos, arquivos ou páginas Web.

Respostas dos exercícios de revisão

13.1 a) Falsa. Os menus fornecem grupos de comandos relacionados. b) Verdadeira. c) Falsa. Os dois controles podem ter seleção simples ou múltipla. d) Verdadeira. e) Verdadeira. f) Falsa. O usuário pode selecionar um ou mais itens. g) Verdadeira. h) Falsa. As janelas MDI tendem a ser usadas com aplicativos complexos. i) Falsa. Apenas uma janela progenitora MDI pode ter filhas MDI. Uma janela progenitora MDI não pode ser uma filha MDI. j) Falsa. As janelas filhas MDI não podem ser movidas para fora de sua janela progenitora. k) Falsa. Existem três métodos: 1) derivar de um controle já existente, 2) usar um **UserControl** ou 3) derivar de **Control** e criar um controle desde o início.

13.2 a) **Start**. b) barra de rolagem. c) raiz. d) **ListView**. e) menus. f) **MdiList**. g) ícones. h) **UserControl**. i) **TabControl**. j) **Cascade**. k) **LinkLabel**s.

Exercícios

13.3 Escreva um programa que exiba os nomes de 15 estados em uma **ComboBox**. Quando um item for selecionado na **ComboBox**, remova-o.

13.4 Modifique sua solução para o Exercício 13.3, para adicionar uma **ListBox**. Quando o usuário selecionar um item na **ComboBox**, remova o item da **ComboBox** e adicione-o à **ListBox**. Seu programa deve verificar se a **ComboBox** contém pelo menos um item. Se não contiver, imprima uma mensagem em uma caixa de mensagem e termine a execução do programa.

13.5 Escreva um programa que permita ao usuário fornecer strings em uma **TextBox**. Cada entrada de string é adicionada em uma **ListBox**. À medida que cada string for adicionada à **ListBox**, certifique-se de que as strings estejam ordenadas. Qualquer método de ordenamento pode ser usado.

13.6 Crie um navegador de arquivo (semelhante ao Windows Explorer) baseado nos programas das figuras 13.7, 13.21 e 13.24. O navegador de arquivo deve ter uma **TreeView** que permita ao usuário percorrer os diretórios. Deve haver uma **ListView** que mostre o conteúdo (todos os subdiretórios e arquivos) do diretório que está sendo percorrido. Um clique duplo em um arquivo deve abri-lo na **ListView**, e um clique duplo em um diretório, na **ListView** ou na **TreeView**, deve tornar possível percorrê-lo. Se um arquivo ou diretório não puder ser acessado, em virtude de suas configurações de permissão, notifique o usuário.

13.7 Crie um editor de texto MDI. Cada janela filha deve conter uma **`TextBox`** para múltiplas linhas. O progenitor MDI deve ter um menu **Formatar**, com submenus para controlar o tamanho, a fonte e a cor do texto na janela filha ativa. Cada submenu deve ter pelo menos três opções. Além disso, o progenitor deve ter um menu **Arquivo** com os itens de menu **Novo** (cria um novo filho), **Fechar** (fecha o filho ativo) e **Sair** (sai do aplicativo). O progenitor deve ter um menu **Janela** para apresentar uma lista das janelas filhas abertas e suas opções de layout.

13.8 Crie um **`UserControl`** chamado **`ControleDeUsuarioDeEntradaNoSistema`**. O **`ControleDeUsuarioDeEntradaNoSistema`** contém um **`Label`** (**`lnomeDoUsuario`**) que exibe a **`string`** "**`Usuário:`**", uma **`TextBox`** (**`txtNomeDo-Usuario`**) onde o usuário fornece um nome de login, um **`Label`** (**`lSenha`**) que exibe a **`string`** "**`Senha:`**" e, finalmente, uma **`TextBox`** (**`txtSenha`**) onde o usuário fornece uma senha (não se esqueça de configurar a propriedade **`PasswordChar`** como "**`*`**" na janela **Properties** da **`TextBox`**). O **`ControleDeUsuarioDeEntradaNoSistema`** deve fornecer as propriedades públicas e somente de leitura **`NomeDoUsuario`** e **`Senha`**, que permite a um aplicativo recuperar a entrada do usuário de **`txt-NomeDoUsuario`** e **`passwordTextBox`**. O **`UserControl`** deve ser exportado para um aplicativo que exibe os valores fornecidos pelo usuário no **`ControleDeUsuarioDeEntradaNoSistema`**.

14

Múltiplas Linhas de Execução (Multithreading)

Objetivos

- Entender a noção de múltiplas linhas de execução (multithreading).
- Ver como as múltiplas linhas de execução podem melhorar o desempenho do programa.
- Entender como criar, gerenciar e destruir linhas de execução (threads).
- Entender o ciclo de vida de uma linha de execução.
- Entender a sincronização de linhas de execução.
- Entender as prioridades e a programação de linhas de execução.
- Entender o papel de um **`ThreadPool`** no uso eficiente de linhas de execução.

★

O toque da aranha, como é estranhamente bom!
Sinta cada fio e viva de acordo com isso.
Alexander Pope

Uma pessoa com um relógio sabe que horas são;
uma pessoa com dois relógios nunca tem certeza.
Provérbio

Aprenda a trabalhar e a esperar.
Henry Wadsworth Longfellow

A definição mais geral da beleza...
multiplicidade na unidade.
Samuel Taylor Coleridge

Resumo

14.1 Introdução

Seria ótimo se pudéssemos executar uma única ação em dado momento e executá-la bem, mas isso normalmente é difícil de fazer. O corpo humano executa uma grande variedade de operações *em paralelo* — ou, como falaremos por todo este capítulo, *concorrentemente*. A respiração, a circulação sangüínea e a digestão, por exemplo, podem ocorrer concorrentemente. Todos os sentidos — visão, tato, olfato, paladar e audição — podem ocorrer simultaneamente. Os computadores também executam operações concorrentemente. É comum para o microcomputador de mesa compilar um programa, enviar um arquivo para uma impressora e receber mensagens de correio eletrônico (e-mail) através de uma rede concor-rentemente.

Ironicamente, a maioria das linguagens de programação não permite que os programadores especifiquem atividades concorrentes. Em vez disso, as linguagens de programação geralmente fornecem apenas um conjunto simples de estruturas de controle que permitem aos programadores executar uma ação por vez, passando para a próxima ação depois de terminada a anterior. Historicamente, as concorrências que os computadores executam hoje em geral têm sido implementadas como "primitivas" do sistema operacional, disponíveis apenas para "programadores de sistema" altamente experientes.

A linguagem de programação Ada, desenvolvida pelo Departamento de Defesa dos Estados Unidos, tornou as primitivas de concorrência amplamente disponíveis para os empreiteiros de defesa que constroem sistemas de comando e controle militares. Entretanto, a linguagem Ada não tem sido amplamente usada nas universidades e no setor comercial.

A .NET Framework Class Library torna as primitivas de concorrência disponíveis para o programador de aplicativos. O programador especifica que os aplicativos contêm "linhas de execução" (*threads*), com cada linha de execução designando uma parte de um programa que pode ser executada concorrentemente com outras linhas de execução — essa capacidade é chamada de *múltiplas linhas de execução* (*multithreading*). As múltiplas linhas de execução estão disponíveis para todas as linguagens de programação do .NET, incluindo C#, Visual Basic e Visual C++.

Observação de engenharia de software 14.1

A .NET Framework Class Library inclui recursos de múltiplas linhas de execução no espaço de nomes **System.Threading**. *Isso estimula o uso de múltiplas linhas de execução em uma parte maior da comunidade da programação de aplicativos.*

Discutimos muitas aplicações de programação concorrente. Quando os programas fazem download de arquivos grandes, como clipes de áudio ou clipes de vídeo da World Wide Web, os usuários não querem esperar até que o download de um clipe inteiro seja feito antes de começar a reprodução. Para resolver esse problema, podemos colocar várias linhas de execução para trabalhar — uma linha de execução faz o download de um clipe e outra reproduz o clipe. Essas atividades ou *tarefas* podem então prosseguir concorrentemente. Para evitar uma reprodução instável, *sincronizamos* as linhas de execução para que a linha de execução de reprodução não comece até que haja uma quantidade suficiente do clipe em memória, para manter a linha de execução de reprodução ocupada.

Outro exemplo de múltiplas linhas de execução é a *coleta de lixo* automática do C#. O C e o C++ transferem para o programador a responsabilidade de recuperar dinamicamente a memória alocada. O C# fornece uma *linha de execução de coleta de lixo* que recupera dinamicamente a memória alocada que não é mais necessária.

Dica de desempenho 14.1

Uma das razões da popularidade do C e do C++ com o passar dos anos deve-se ao fato de que suas técnicas de gerenciamento de memória serem mais eficientes do que aquelas das linguagens que usavam coleta de lixo. Na verdade, o gerenciamento de memória no C# freqüentemente é mais rápido do que no C ou C++[1].

Boa prática de programação 14.1

Configure uma referência a um objeto como **`null`** *quando o programa não precisar mais desse objeto. Isso permite que o mecanismo de coleta de lixo determine o mais cedo possível o momento em que o objeto pode ser coletado como lixo. Se tal objeto tiver outras referências para ele, esse objeto não poderá ser coletado.*

Escrever programas com múltiplas linhas de execução pode ser complicado. Embora a mente humana possa executar funções concorrentemente, as pessoas acham difícil saltar entre "linhas de pensamento" paralelas. Para ver por que as múltiplas linhas de execução podem ser difíceis de programar e entender, faça a seguinte experiência: abra três livros na página 1 e tente ler os livros concorrentemente. Leia algumas palavras do primeiro livro, depois leia algumas palavras do segundo; em seguida, leia algumas palavras do terceiro livro e depois volte e leia as próximas palavras do primeiro livro etc. Depois dessa experiência, você vai gostar dos desafios das múltiplas linhas de execução — alternar entre livros, ler brevemente, lembrar de seu lugar em cada livro, aproximar o livro que você está lendo para que possa vê-lo, afastar os livros que não está lendo — e no meio de todo esse caos tentar compreender o conteúdo dos livros!

Dica de desempenho 14.2

Um problema dos aplicativos de linha de execução única (single-threaded) é que as atividades demoradas devem terminar antes que outras atividades possam começar. Em um aplicativo de múltiplas linhas de execução, as linhas de execução podem compartilhar um processador (ou conjunto de processadores), de modo que várias tarefas sejam executadas em paralelo.

14.2 Estados de linha de execução: ciclo de vida de uma linha de execução

Em dado momento, diz-se que uma linha de execução está em um dos vários *estados de linha de execução* (ilustrado na Figura 14.1[2]). Esta seção discute esses estados e as transições entre eles. Duas classes fundamentais para os aplicativos de múltiplas linhas de execução são ***`Thread`*** e ***`Monitor`*** (espaço de nomes **`System.Threading`**). Esta seção também discute vários métodos das classes **`Thread`** e **`Monitor`** que causam transições de estado.

Uma nova linha de execução inicia seu ciclo de vida no estado *não iniciada*. A linha de execução permanece no estado *não iniciada* até que o programa chame o método ***`Start`*** de **`Thread`**, o que coloca a linha de execução no estado *iniciada* (às vezes chamado de *pronta* ou *passível de execução*) e imediatamente retorna o controle para a linha de execução chamadora. Então, a linha de execução que chamou **`Start`**, a linha de execução recentemente *iniciada* e todas as outras linhas de execução do programa são executadas concorrentemente.

A linha de execução *iniciada* de prioridade mais alta entra no estado *em execução* (isto é, começa a executar) quando o sistema operacional atribui um processador à linha de execução (a Seção 14.3 discute as prioridades da linha de execução). Quando uma linha de execução *iniciada* recebe um processador pela primeira vez e se torna uma linha de execução *em execução*, ela executa seu delegado ***`ThreadStart`***, o qual especifica as ações que a linha de execução executará durante seu ciclo de vida. Quando um programa cria uma nova **`Thread`**, ele especifica o delegado **`ThreadStart`** da **`Thread`** como o argumento do construtor de **`Thread`**. O delegado **`ThreadStart`** deve ser um método que retorne **`void`** e que não receba argumentos.

Uma linha de execução *em execução* entra no estado *parada* (ou *morta*) quando seu delegado **`ThreadStart`** termina. Note que um programa pode obrigar uma linha de execução a ficar no estado *parada* chamando o método ***`Abort`*** de **`Thread`** no objeto **`Thread`** apropriado. O método **`Abort`** lança uma ***`ThreadAbortException`*** na linha de execução, normalmente fazendo a linha de execução terminar. Quando uma linha de execução está no estado *parada* e não existem referências para o objeto linha de execução, o sistema de coleta de lixo pode remover o objeto da memória.

---

1. E. Schanzer, "Performance Considerations for Run-Time Technologies in the .NET Framework", agosto de 2001 **<`http://msdn.microsoft.com/library/default.asp?url=/library/en-us/dndotnet/html/dotnetperftechs.asp`>**.

2. Quando este livro estava para ser publicado, a Microsoft mudou os nomes dos estados de linha de execução *iniciada* e *bloqueada* para *em execução* e *dormente/espera/união*, respectivamente.

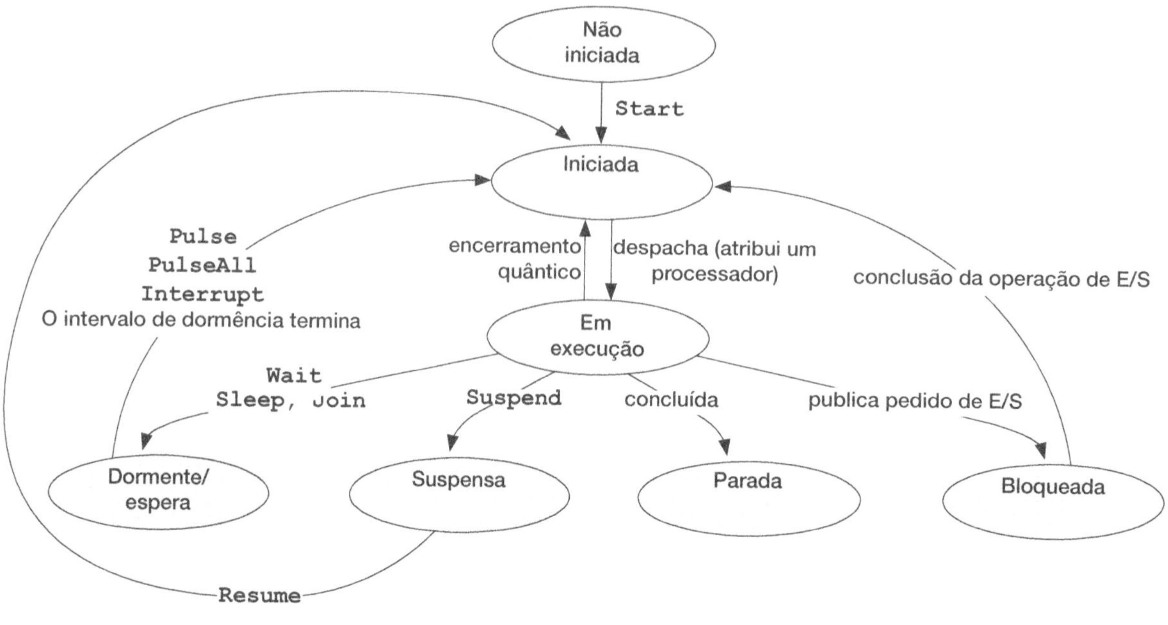

Figura 14.1 Ciclo de vida da linha de execução.

Uma linha de execução entra no estado *bloqueada* quando faz um pedido de entrada/saída. O sistema operacional impede a execução da linha de execução até que possa concluir a operação de E/S pela qual a linha de execução está aguardando. Nesse ponto, a linha de execução volta para o estado *iniciada*, para que possa retomar a execução. Uma linha de execução *bloqueada* não pode usar um processador, mesmo que haja um disponível.

Existem três maneiras para uma linha de execução *em execução* entrar no estado *dormente/espera/união*. Se a linha de execução encontra código que ainda não pode executar (normalmente em virtude de um pré-requisito não atendido), ela pode chamar o método ***Wait*** de ***Monitor***, para entrar no estado *dormente/espera/união*. Uma vez nesse estado, a linha de execução volta para o estado *iniciada* quando outra linha de execução chama o método ***Pulse*** ou ***PulseAll*** de **Monitor**. O método **Pulse** leva a próxima linha de execução que está esperando de volta para o estado *iniciada*. O método **PulseAll** move todas as linhas de execução que estão esperando de volta para o estado *iniciada*.

Uma linha de execução *em execução* pode chamar o método ***Sleep*** de **Thread** para entrar no estado *dormente/espera/união* por um período de milissegundos, especificado como o argumento de **Sleep**. Uma linha de execução dormente volta para o estado *iniciada* quando seu período de dormência designado termina. As linhas de execução dormentes não podem usar um processador, mesmo que haja um disponível.

Qualquer linha de execução que entre no estado *dormente/espera/união* chamando o método **Wait** de **Monitor** ou chamando o método **Sleep** de **Thread** também deixa o estado *dormente/espera/união* e retorna ao estado *iniciada*, caso o método ***Interrupt*** de **Thread** que esteja dormente ou esperando seja chamado por outra linha de execução no programa.

Se uma linha de execução não pode continuar a executar (chamaremos isso de linha de execução dependente), a não ser que outra linha de execução termine, a linha de execução dependente chama o método ***Join*** da outra linha de execução, para "unir" as duas linhas de execução. Quando duas linhas de execução são "unidas", a linha de execução dependente sai do estado *dormente/espera/união* quando a outra linha de execução termina sua execução (entra no estado *parada*).

Se o método ***Suspend*** de um **Thread** *em execução* é chamado, a linha de execução *em execução* entra no estado *suspensa*. Uma linha de execução *suspensa* volta para o estado *iniciada* quando outra linha de execução no programa chama o método ***Resume*** da linha de execução *suspensa*.

14.3 Prioridades e programação de linhas de execução

Toda linha de execução tem uma prioridade no intervalo entre **ThreadPriority.Lowest** e **ThreadPriority.Highest**. Esses dois valores vêm da enumeração **ThreadPriority** (espaço de nomes **System.Threading**). A enumeração consiste nos valores **Lowest**, **BelowNormal**, **Normal**, **AboveNormal** e **Highest**. Como padrão, cada linha de execução tem prioridade **Normal**.

O sistema operacional Windows suporta uma noção chamada *fatias de tempo* (*time slice*) que permite às linhas de execução de igual prioridade compartilhar um processador. Sem fatias de tempo, cada linha de execução de um conjunto de linhas de execução de igual prioridade é executada até a conclusão (a não ser que a linha de execução saia do estado *em execução* e entre no estado *dormente/espera/união*, *suspensa* ou *bloqueada*), antes que as outras linhas de execução do conjunto tenham uma chance de executar. Com as fatias de tempo, cada linha de execução recebe uma breve parte do tempo do processador, chamada de *quantum*, durante a qual a linha de execução pode ser executada. No término do quantum, mesmo que a linha de execução não tenha terminado de executar, o processador é retirado dessa linha de execução e dado à linha de execução seguinte de igual prioridade, se houver uma disponível.

A tarefa do escalonador de linhas de execução é manter a linha de execução de prioridade mais alta executando o tempo todo e, se houver mais de uma linha de execução de prioridade mais alta, garantir que todas essas linhas de execução sejam executadas cada uma durante um quantum, em rodízio. A Figura 14.2 ilustra a fila de prioridade de múltiplos níveis para linhas de execução. Na Figura 14.2, supondo um computador com um único processador, as linhas de execução A e B são executadas cada uma por um quantum, em rodízio, até que as duas terminem sua execução. Isso significa que A recebe um quantum de tempo para executar. Então, B recebe um quantum. Em seguida, A recebe outro quantum. Depois, B recebe outro quantum. Isso continua até que uma linha de execução termine. Então, o processador dedica todo o seu poder à linha de execução restante (a não ser que outra linha de execução com **TabControl**s essa prioridade seja *iniciada*). Em seguida, a linha de execução C é executada até a conclusão. As linhas de execução D, E e F são executadas por um quantum, em rodízio, até que todas elas concluam sua execução. Esse processo continua até que todas as linhas de execução sejam executadas até o fim. Note que, dependendo do sistema operacional, novas linhas de execução de prioridade mais alta poderiam adiar — é possível que indefinidamente — a execução de linhas de execução de prioridade mais baixa. Tal *adiamento indefinido* com freqüência é referido mais pitorescamente como *morrer de fome*.

A prioridade de uma linha de execução pode ser ajustada com a propriedade ***Priority***, que aceita valores da enumeração **ThreadPriority**. Se o argumento não for uma das constantes de prioridade de linha de execução válidas, ocorrerá uma **ArgumentException**.

Uma linha de execução é executada até terminar, torna-se *bloqueada* para operações de entrada/saída (ou por algum outro motivo), chama **Sleep**, chama o método **Wait** ou **Join** de **Monitor**, tem seu tempo de processamento tomado por uma linha de execução de prioridade mais alta ou tem seu quantum expirado. Uma linha de execução com uma prioridade mais alta do que a linha de execução *em execução* pode se tornar *iniciada* (e, daí, tomar o processador da linha de execução *em execução*) se uma linha de execução dormente acordar, se a operação de E/S terminar para uma linha de execução que estava *bloqueada* para essa operação, se **Pulse** ou **PulseAll** for chamado em um objeto no qual **Wait** foi chamado ou se uma linha de execução a partir qual a linha de execução de prioridade alta foi unida (via **Join**) terminar.

A Figura 14.3 demonstra as técnicas de linha de execução básicas, incluindo a construção de um objeto **Thread** e o uso

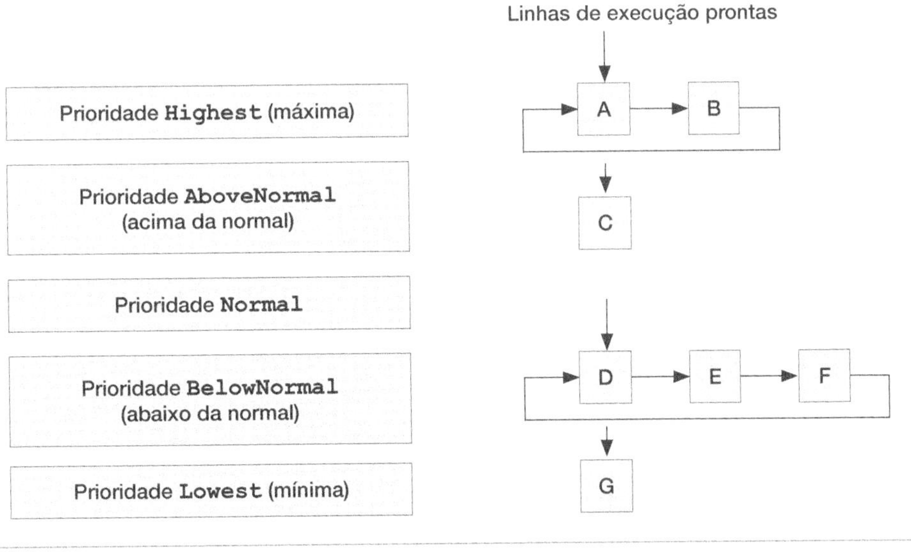

Figura 14.2 Programação de prioridades de linhas de execução.

do método **static Sleep** da classe **Thread**. O programa cria três linhas de execução, cada uma com a prioridade padrão **Normal**. Cada linha de execução exibe uma mensagem, indicando que ela vai ficar dormente por um intervalo aleatório de 0 a 5000 milissegundos e depois sair da dormência. Quando a linha de execução é ativada, ela exibe seu nome, indica que está dormente, termina e entra no estado *parada*. Você verá que o método **Main** (isto é, a *linha de execução* ***Main***) termina antes que o aplicativo termine. O programa consiste em duas classes — **ThreadTester** (linhas 8 a 41), que cria as três linhas de execução, e **MessagePrinter** (linhas 44 a 73), que define um método **Print** contendo as ações que cada linha de execução executará.

Os objetos da classe **MessagePrinter** (linhas 44 a 73) controlam o ciclo de vida de cada uma das três linhas de execução que o método **Main** da **ThreadTester** cria. A classe **MessagePrinter** consiste na variável de instância **sleepTime** (linha 46), na variável **static random** (linha 47), em um construtor (linhas 50 a 54) e em um método **Print** (linhas 57 a 71). A variável **sleepTime** armazena um valor inteiro aleatório, escolhido quando o construtor de um novo objeto **MessagePrinter** é chamado. Cada linha de execução controlada por um objeto **MessagePrinter** fica dormente pelo período de tempo especificado por **sleepTime** do objeto **MessagePrinter** correspondente.

O construtor de **MessagePrinter** (linhas 50 a 54) inicializa **sleepTime** com um inteiro aleatório de 0 até, mas não incluindo, 5001 (isto é, de 0 a 5000).

O método **Print** começa obtendo uma referência à linha de execução sendo atualmente executada (linha 60), por meio da propriedade **static** ***CurrentThread*** da classe **Thread**. A linha de execução atualmente executada é aquela que chama o método **Print**. Em seguida, as linhas 63 e 64 exibem uma mensagem indicando o nome da linha de execução atualmente executada e dizendo que ela vai ficar dormente por determinado número de milissegundos. Note que a linha 64 usa a propriedade **Name** da linha de execução atualmente executada para obter seu nome (configurado no método **Main** quando cada linha de execução é criada). A linha 66 chama o método **static Sleep** de **Thread** para colocar a linha de execução no estado *dormente/espera/união*. Nesse ponto, a linha de execução perde o processador, e o sistema permite que outra linha de execução seja executada. Quando a linha de execução acorda, ela entra novamente no estado *iniciada*, até que o sistema atribua um pro-cessador para ela. Quando o objeto **MessagePrinter** entra novamente no estado *em execução*, a linha 69 gera na saída o nome da linha de execução em uma mensagem que indica que ela está dormente, e o método **Print** termina.

O método **Main** da classe **ThreadTester** (linhas 10 a 39) cria três objetos da classe **MessagePrinter**, nas linhas 14, 19 e 24, respectivamente. As linhas 15 e 16, 20 e 21, e 25 e 26 criam e inicializam três objetos **Thread**. As linhas 17, 22 e 27 configuram a propriedade **Name** de cada objeto **Thread**, que usamos para propósitos de saída. Note que o construtor de cada objeto **Thread** recebe um delegado **ThreadStart** como argumento. Lembre-se de que um delegado **ThreadStart** especifica as ações que uma linha de execução executa durante seu ciclo de vida. A linha 16 especifica que o delegado de **thread1** será o método **Print** do objeto a que **printer1** se refere. Quando **thread1** entrar no estado *em execução* pela primeira vez, **thread1** chamará o método **Print** de **printer1** para executar as tarefas especificadas no corpo do método **Print**. Assim, **thread1** imprimirá seu nome, exibirá a quantidade de tempo durante o qual estará dormente, repousará durante esse período, acordará e exibirá uma mensagem indicando que a linha de execução acabou sua dormência. Nesse ponto, o método **Print** terminará. Uma linha de execução conclui sua tarefa quando o método especificado pelo delegado **ThreadStart** de um objeto **Thread** termina, colocando a linha de execução no estado *parada*. Quando **thread2** e **thread3** entram no estado *em execução* pela primeira vez, eles chamam os métodos **Print** de **printer2** e **printer3**, respectivamente. As linhas de execução **thread2** e **thread3** executam as mesmas tarefas que **thread1**, executando os métodos **Print** dos objetos a que **printer2** e **printer3** se referem (cada um dos quais tem seu próprio período de dormência escolhido aleatoriamente).

```
1   // Fig. 14.3: ThreadTester.cs
2   // Múltiplas linhas de execução imprimindo em diferentes intervalos.
3
4   using System;
5   using System.Threading;
6
7   // a classe ThreadTester demonstra os conceitos básicos das linhas de execução
8   class ThreadTester
9   {
10     static void Main( string[] args )
11     {
```

Figura 14.3 Linhas de execução dormentes e imprimindo. (Parte 1 de 3.)

```
      // Cria e dá um nome a cada linha de execução. Usa o método
      // Print de MessagePrinter como argumento do delegado ThreadStart.
      MessagePrinter printer1 = new MessagePrinter();
      Thread thread1 =
         new Thread ( new ThreadStart( printer1.Print ) );
      thread1.Name = "thread1";

      MessagePrinter printer2 = new MessagePrinter();
      Thread thread2 =
         new Thread ( new ThreadStart( printer2.Print ) );
      thread2.Name = "thread2";

      MessagePrinter printer3 = new MessagePrinter();
      Thread thread3 =
         new Thread ( new ThreadStart( printer3.Print  ) );
      thread3.Name = "thread3";

      Console.WriteLine( "Starting threads" );

      // chama o método Start de cada linha de execução para colocar
      // cada linha de execução no estado iniciada
      thread1.Start();
      thread2.Start();
      thread3.Start();

      Console.WriteLine( "Threads started\n" );

   } // fim do método Main

} // fim da classe ThreadTester

// método Print dessa classe usado para controlar as linhas de execução
class MessagePrinter
{
   private int sleepTime;
   private static Random random = new Random();

   // construtor para inicializar um objeto MessagePrinter
   public MessagePrinter()
   {
      // escolhe um período de dormência aleatório entre 0 e 5 segundos
      sleepTime = random.Next( 5001 );
   }

   // o método Print controla a linha de execução que imprime mensagens
   public void Print()
   {
      // obtém a referência à linha de execução sendo atualmente executada
      Thread current = Thread.CurrentThread;

      // coloca a linha de execução em estado dormente pelo período de tempo sleepTime
      Console.WriteLine(
         current.Name + " going to sleep for " + sleepTime );

      Thread.Sleep ( sleepTime );

      // imprime o nome da linha de execução
      Console.WriteLine( current.Name + " done sleeping" );
```

Figura 14.3 Linhas de execução dormentes e imprimindo. (Parte 2 de 3.)

```
70
71        }  // fim do método Print
72
73  }  // fim da classe MessagePrinter
```

```
Starting threads
Threads started

thread1 going to sleep for 1977
thread2 going to sleep for 4513
thread3 going to sleep for 1261
thread3 done sleeping
thread1 done sleeping
thread2 done sleeping
```

```
Starting threads
Threads started

thread1 going to sleep for 1466
thread2 going to sleep for 4245
thread3 going to sleep for 1929
thread1 done sleeping
thread3 done sleeping
thread2 done sleeping
```

Figura 14.3 Linhas de execução dormentes e imprimindo. (Parte 3 de 3.)

Dica de teste e depuração 14.1

Nomear linhas de execução ajuda na depuração de um programa com múltiplas linhas de execução. O depurador do Visual Studio .NET fornece uma janela **Threads** *que mostra o nome de cada linha de execução e permite ver a execução de qualquer linha de execução no programa.*

As linhas 33 a 35 chamam o método **Start** de cada **Thread** para colocar as linhas de execução no estado *iniciada* (o que às vezes é denominado *chamar uma linha de execução*). O método **Start** retorna imediatamente de cada chamada. Então, a linha 37 produz na saída uma mensagem indicando que as linhas de execução foram iniciadas, e a linha de execução **Main** termina. Entretanto, o programa em si não termina, pois ainda existem linhas de execução ativas (isto é, as linhas de execução estavam no estado *iniciada* e não chegaram ainda ao estado *parada*). O programa não terminará até que sua última linha de execução acabe. Quando o sistema atribui um processador a uma linha de execução, esta entra no estado *em execução* e chama o método especificado pelo delegado **ThreadStart** da linha de execução. Nesse programa, cada linha de execução chama o método **Print** do objeto **MessagePrinter** apropriado para executar as tarefas discutidas anteriormente.

Note que o exemplo de saída desse programa mostra cada linha de execução e seu período de dormência quando a linha de execução fica dormente. A linha de execução com o período de dormência mais curto normalmente acorda primeiro; em seguida, indica que acabou sua dormência e termina. Na Seção 14.7 discutimos problemas das múltiplas linhas de execução que poderiam impedir a linha de execução com o período de dormência mais curto de acordar primeiro.

14.4 Sincronização de linhas de execução e a classe Monitor

Freqüentemente, várias linhas de execução manipulam dados compartilhados. Se linhas de execução com acesso a dados compartilhados simplesmente lêem esses dados, então não há necessidade de impedir que eles sejam acessados por mais de uma linha de execução por vez. Entretanto, quando diversas linhas de execução compartilham dados e esses dados são modificados por uma ou mais dessas linhas de execução, então podem ocorrer resultados indeterminados. Se uma linha de execução estiver no processo de atualização dos dados e outra tentar atualizá-los também, os dados refletirão a atualização que ocorrer em segundo lugar. Se os dados forem um array ou outra estrutura de dados em que as linhas de execução poderiam atualizar partes separadas dos dados concorrentemente, é possível que parte dos dados reflitam as informações de uma linha de execução, enquanto outra parte refletirá as informações de uma linha de execução diferente. Quando isso acontece, o programa tem dificuldade de determinar quando os dados foram atualizados corretamente.

O problema pode ser resolvido dando-se, a uma linha de execução por vez, acesso exclusivo ao código que manipula os dados compartilhados. Durante esse tempo, as outras linhas de execução que queiram manipular os dados devem ficar esperando. Quando a linha de execução com acesso exclusivo aos dados conclui sua manipulação, uma das linhas de execução que estão esperando para manipular os dados deve prosseguir. Desse modo, cada linha de execução que acesse os dados compartilhados impede todas as outras linhas de execução de fazerem isso simultaneamente. Isso é chamado de *exclusão mútua* ou *sincronização de linhas de execução*.

O C# usa os monitores[3] da plataforma .NET para realizar a sincronização. A classe **`Monitor`** fornece os métodos para *bloquear objetos*, para implementar acesso sincronizado aos dados compartilhados. Bloquear um objeto significa que apenas uma linha de execução pode acessar esse objeto por vez. Quando uma linha de execução quer adquirir controle exclusivo sobre um objeto, ela chama o método ***`Enter`*** de **`Monitor`**, para adquirir o bloqueio sobre esse objeto de dados. Cada objeto tem um *SyncBlock*, que mantém o estado do bloqueio desse objeto. Os métodos da classe **`Monitor`** usam os dados do *SyncBlock* de um objeto para determinar o estado do bloqueio desse objeto. Após adquirir o bloqueio de um objeto, uma linha de execução pode manipular os dados desse objeto. Enquanto o objeto está bloqueado, todas as outras linhas de execução que tentam adquirir o bloqueio desse objeto são impedidas (isto é, elas entram no estado *bloqueada*) de adquiri-lo. Quando a linha de execução que bloqueou o objeto compartilhado não exigir mais o bloqueio, essa linha de execução chamará o método ***`Exit`*** de **`Monitor`** para liberar o bloqueio. Isso atualiza o *SyncBlock* do objeto compartilhado, para indicar que o bloqueio do objeto está disponível novamente. Nesse ponto, se houver uma linha de execução que tiver sido impedida anteriormente de adquirir o bloqueio do objeto compartilhado, essa linha de execução adquirirá o bloqueio para iniciar seu processamento do objeto. Se todas as linhas de execução com acesso a um objeto tentarem adquirir o bloqueio do objeto antes de manipular o objeto, apenas uma linha de execução por vez poderá manipulá-lo. Isso ajuda a garantir a integridade dos dados.

Erro de programação comum 14.1

Certifique-se de que todo código que atualiza um objeto compartilhado bloqueie o objeto antes de fazer a atualização. Caso contrário, uma linha de execução que chame um método que não bloqueia o objeto poderá torná-lo instável, mesmo quando outra linha de execução tiver adquirido o bloqueio do objeto.

Erro de programação comum 14.2

O impasse ocorre quando uma linha de execução que está esperando (vamos chamá-la de thread1*) não pode prosseguir porque está esperando que outra linha de execução (vamos chamá-la de* thread2*) prossiga. Analogamente,* thread2 *não pode prosseguir, pois está esperando que* thread1 *prossiga. As duas linhas de execução estão esperando uma pela outra; portanto, as ações que permitiriam a cada linha de execução continuar sua execução nunca ocorrem.*

O C# fornece outras maneiras de manipular o bloqueio de um objeto — a palavra-chave ***`lock`***. Colocar **`lock`** antes de um bloco de código (designado com chaves), como em

```
lock ( referênciaAoObjeto )
{
   // o código que exige sincronização fica aqui
}
```

obtém o bloqueio sobre o objeto a que *referênciaAoObjeto* nos parênteses se refere. *referênciaAoObjeto* é a mesma referência que normalmente seria passada para os métodos **`Enter`**, **`Exit`**, **`Pulse`** e **`PulseAll`** de **`Monitor`**. Quando um bloco **`lock`** termina por alguma razão, o C# libera o bloqueio sobre o objeto a que *referênciaAoObjeto* se refere. Explicaremos o bloqueio com mais detalhes na Seção 14.7.

---

3. Hoare, C. A. R., Monitors: An Operating System Structuring Concept, *Communications of the ACM*, v. 17, n. 10, outubro de 1974, p. 549–557. *Corrigendum, Communications of the ACM*, v. 18, n. 2, fevereiro de 1975, p. 95.

Se uma linha de execução determina que não pode executar sua tarefa em um objeto bloqueado, ela poderá chamar o método **Wait** de **Monitor** e passar como argumento o objeto em que a linha de execução esperará, até que possa executar sua tarefa. Chamar o método **Monitor.Wait** a partir de uma linha de execução libera o bloqueio que ela tem no objeto que **Wait** recebe como argumento e coloca essa linha de execução no estado *dormente/espera/união* para esse objeto. Uma linha de execução no estado *dormente/espera/união* para um objeto sai desse estado quando uma linha de execução separada chama o método **Pulse** ou **PulseAll** de **Monitor**, com o objeto como argumento. O método **Pulse** faz a transição do objeto da primeira linha de execução, do estado *dormente/espera/união* para o estado *iniciada*. O método **PulseAll** faz a transição de todas as linhas de execução no estado *dormente/espera/união* do objeto para o estado *iniciada*. A transição para o estado *iniciada* permite que a linha de execução (ou linhas de execução) esteja pronta para continuar a executar.

Existe uma diferença entre as linhas de execução que estão esperando para adquirir o bloqueio de um objeto e as que estão esperando no estado *dormente/espera/união* de um objeto: as linhas de execução chamaram o método **Wait** de **Monitor** com o objeto como argumento. As linhas de execução que estão esperando para adquirir o bloqueio entram no estado *bloqueada* e esperam lá até que o bloqueio do objeto se torne disponível. Então, uma das linhas de execução impedidas pode adquirir o bloqueio do objeto.

Os métodos **Enter**, **Exit**, **Wait**, **Pulse** e **PulseAll** de **Monitor** recebem uma referência para um objeto — normalmente, a palavra-chave **this** — como argumento.

Erro de programação comum 14.3

Uma linha de execução no estado dormente/espera/união *não pode entrar novamente no estado* iniciada *para continuar a execução até que uma linha de execução separada chame o método* **Pulse** *ou* **PulseAll** *de* **Monitor***, com o objeto apropriado como argumento. Se isso não ocorrer, a linha de execução que está esperando esperará para sempre e, assim, poderá causar um impasse.*

Dica de teste e depuração 14.2

Quando várias linhas de execução manipulam um objeto compartilhado, usar monitores garante que, se uma linha de execução chamar o **Wait** *de* **Monitor** *para entrar no estado* dormente/espera/união *para o objeto compartilhado, uma linha de execução separada finalmente chamará o método* **Pulse** *de* **Monitor** *para fazer a transição da linha de execução que está esperando o objeto compartilhado de volta para o estado* iniciada*. Se diversas linhas de execução estiverem esperando pelo objeto compartilhado, uma linha de execução separada poderá chamar o método* **PulseAll** *de* **Monitor** *como uma salvaguarda para garantir que todas as linhas de execução que estão esperando tenham outra oportunidade de executar suas tarefas.*

Dica de desempenho 14.3

A sincronização para se obter correção nos programas com múltiplas linhas de execução pode fazer com que eles sejam executados mais lentamente, como resultado da sobrecarga do monitoramento e das transições freqüentes de linhas de execução entre os estados em execução, dormente/espera/união *e* iniciada*. Não há muito o que dizer, entretanto, para os programas com múltiplas linhas de execução altamente eficientes e incorretos!*

14.5 Relacionamento produtor/consumidor sem sincronização de linhas de execução

Em um *relacionamento produtor/consumidor*, a parte referente ao *produtor* de um aplicativo gera dados, e a parte relativa ao *consumidor* usa esses dados. Em um relacionamento produtor/consumidor com múltiplas linhas de execução, uma *linha de execução produtora* chama um *método produtor* para gerar dados e colocá-los em uma região compartilhada da memória, chamada *buffer*. Uma *linha de execução consumidora* chama um *método consumidor* para ler esses dados. Se o produtor que está esperando para colocar os próximos dados no buffer determina que o consumidor ainda não leu os dados anteriores do buffer, a linha de execução produtora deve chamar **Wait**; caso contrário, o consumidor nunca verá os dados anteriores, e esses dados estarão perdidos para esse aplicativo. Quando a linha de execução consumidora lê a mensagem, ela deve chamar **Pulse** para permitir que um produtor que esteja esperando prossiga. Se uma linha de execução consumidora encontra o buffer vazio ou verifica que os dados anteriores já foram lidos, o consumidor deve chamar **Wait**; caso contrário, o consumidor poderia ler "lixo" do buffer ou poderia processar um item de dados anteriores mais de uma vez — cada uma dessas possibilidades resulta em um erro lógico no aplicativo. Quando o produtor coloca os próximos dados no buffer, ele deve chamar **Pulse** para permitir que a linha de execução consumidora prossiga.

Vamos considerar como podem surgir erros lógicos se não sincronizarmos o acesso entre várias linhas de execução manipulando dados compartilhados. Considere um relacionamento produtor/consumidor no qual uma linha de execução produtora escreve uma seqüência de números (usamos de 1 a 4) em um *buffer compartilhado* — uma posição de memória compartilhada entre várias linhas de execução. A linha de execução consumidora lê esses dados do buffer compartilhado e depois os exibe. Na saída do programa apresentamos os valores que o produtor escreve (produz) e que o consumidor lê (consome). A Figura 14.4 demonstra um produtor e um consumidor acessando uma única célula compartilhada (variável **int buffer**) da memória, sem nenhuma sincronização. As linhas de execução consumidora e produtora acessam essa célula: a linha de execução produtora escreve na célula; a linha de execução consumidora lê os dados que estão nela. Gostaríamos que cada valor que a linha de execução produtora escreve na célula compartilhada fosse consumido exatamente uma vez pela linha de execução consumidora. Entretanto, as linhas de execução nesse exemplo não são sincronizadas. Portanto, dados podem ser perdidos se o produtor colocar novos dados no local antes que o consumidor consuma os dados anteriores. Além disso, dados podem ser repetidos incorretamente se o consumidor consumir dados novamente antes que o produtor produza o próximo item. Para mostrar essas possibilidades, a linha de execução consumidora do exemplo a seguir mantém um total de todos os valores que lê. A linha de execução produtora gera valores de 1 a 4. Se o consumidor lesse cada valor produzido uma e apenas uma vez, o total seria 10. Entretanto, se você executar esse programa várias vezes, verá que o total raramente é 10, se alguma vez o for. Além disso, para enfatizarmos essa questão, as linhas de execução produtora e consumidora do exemplo ficam dormentes por intervalos aleatórios de até três segundos entre a execução de suas tarefas. Assim, não sabemos exatamente quando a linha de execução produtora tentará escrever um novo valor nem quando a linha de execução consumidora tentará ler um valor.

O programa consiste em quatro classes — **HoldIntegerUnsynchronized** (linhas 9 a 34), **Producer** (linhas 37 a 70), **Consumer** (linhas 73 a 106) e **SharedCell** (linhas 109 a 144).

```
1   // Fig. 14.4: Unsynchronized.cs
2   // Mostrando várias linhas de execução modificando um objeto compartilhado sem
3   // sincronização.
4
5   using System;
6   using System.Threading;
7
8   // essa classe representa um único valor compartilhado int
9   public class HoldIntegerUnsynchronized
10  {
11     // buffer compartilhado pelas linhas de execução produtora e consumidora
12     private int buffer = -1;
13
14     // propriedade Buffer
15     public int Buffer
16     {
17        get
18        {
19           Console.WriteLine( Thread.CurrentThread.Name +
20              " reads " + buffer );
21
22           return buffer;
23        }
24
25        set
26        {
27           Console.WriteLine( Thread.CurrentThread.Name +
28              " writes " + value );
29
30           buffer = value;
31        }
32
33     } // fim da propriedade Buffer
34
```

Figura 14.4 Linhas de execução produtora e consumidora acessando um objeto compartilhado, sem sincronização. (Parte 1 de 4.)

```
} // fim da classe HoldIntegerUnsynchronized

// o método Produce da classe Producer controla uma linha de execução que
// armazena valores de 1 a 4 em sharedLocation
class Producer
{
   private HoldIntegerUnsynchronized sharedLocation;
   private Random randomSleepTime;

   // construtor
   public Producer(
      HoldIntegerUnsynchronized shared, Random random )
   {
      sharedLocation = shared;
      randomSleepTime = random;
   }

   // armazena valores de 1 a 4 no objeto sharedLocation
   public void Produce()
   {
      // repousa por um intervalo aleatório de até 3000 milissegundos
      // e depois configura a propriedade Buffer de sharedLocation
      for ( int count = 1; count <= 4; count++ )
      {
         Thread.Sleep( randomSleepTime.Next( 1, 3000 ) );
         sharedLocation.Buffer = count;
      }

      Console.WriteLine( Thread.CurrentThread.Name +
         " done producing.\nTerminating " +
         Thread.CurrentThread.Name + "." );

   } // fim do método Produce

} // fim da classe Producer

// método Consume da classe Consumer controla uma linha de execução que
// itera quatro vezes e lê um valor de sharedLocation
class Consumer
{
   private HoldIntegerUnsynchronized sharedLocation;
   private Random randomSleepTime;

   // construtor
   public Consumer(
      HoldIntegerUnsynchronized shared, Random random )
   {
      sharedLocation = shared;
      randomSleepTime = random;
   }

   // lê o valor de sharedLocation quatro vezes
   public void Consume()
   {
      int sum = 0;
```

Figura 14.4 Linhas de execução produtora e consumidora acessando um objeto compartilhado, sem sincronização. (Parte 2 de 4.)

```

      // repousa por um intervalo aleatório de até 3000 milissegundos
      // e depois adiciona o valor da propriedade Buffer de sharedLocation
      // na soma
      for ( int count = 1; count <= 4; count++ )
      {
         Thread.Sleep( randomSleepTime.Next( 1, 3000 ) );
         sum += sharedLocation.Buffer;
      }

      Console.WriteLine( Thread.CurrentThread.Name +
         " read values totaling: " + sum +
         ".\nTerminating " + Thread.CurrentThread.Name + "." );

   } // fim do método Consume

} // fim da classe Consumer

// essa classe cria linhas de execução produtora e consumidora
class SharedCell
{
   // cria linhas de execução produtora e consumidora e as inicia
   static void Main( string[] args )
   {
      // cria objeto compartilhado usado pelas linhas de execução
      HoldIntegerUnsynchronized holdInteger =
         new HoldIntegerUnsynchronized();

      // objeto Random usado por cada linha de execução
      Random random = new Random();

      // cria objetos Producer e Consumer
      Producer producer =
         new Producer( holdInteger, random );

      Consumer consumer =
         new Consumer( holdInteger, random );

      // cria linhas de execução para produtor e consumidor, e configura
      // delegados para cada linha de execução
      Thread producerThread =
         new Thread( new ThreadStart( producer.Produce ) );
      producerThread.Name = "Producer";

      Thread consumerThread =
         new Thread( new ThreadStart( consumer.Consume ) );
      consumerThread.Name = "Consumer";

      // inicia cada linha de execução
      producerThread.Start();
      consumerThread.Start();

   } // fim do método Main

} // fim da classe SharedCell
```

Figura 14.4 Linhas de execução produtora e consumidora acessando um objeto compartilhado, sem sincronização. (Parte 3 de 4.)

```
Consumer reads -1
Producer writes 1
Consumer reads 1
Consumer reads 1
Consumer reads 1
Consumer read values totaling: 2.
Terminating Consumer.
Producer writes 2
Producer writes 3
Producer writes 4
Producer done producing.
Terminating Producer.
```

```
Producer writes 1
Producer writes 2
Consumer reads 2
Producer writes 3
Consumer reads 3
Producer writes 4
Producer done producing.
Terminating Producer.
Consumer reads 4
Consumer reads 4
Consumer read values totaling: 13.
Terminating Consumer.
```

```
Producer writes 1
Consumer reads 1
Producer writes 2
Consumer reads 2
Producer writes 3
Consumer reads 3
Producer writes 4
Producer done producing.
Terminating Producer.
Consumer reads 4
Consumer read values totaling: 10.
Terminating Consumer.
```

Figura 14.4 Linhas de execução produtora e consumidora acessando um objeto compartilhado, sem sincronização. (Parte 4 de 4.)

A classe **HoldIntegerUnsynchronized** (linhas 9 a 35) consiste na variável de instância **buffer** (linha 12) e na propriedade **Buffer** (linhas 15 a 33), que fornece acessores **get** e **set**. Os acessores da propriedade **Buffer** não sincronizam o acesso à variável de instância **buffer**. Note que cada acessor usa a propriedade **static CurrentThread** da classe **Thread** para obter uma referência à linha de execução sendo atualmente executada e, em seguida, usa a propriedade **Name** da linha de execução para obter o nome da linha de execução.

A classe **Producer** (linhas 39 a 69) consiste na variável de instância **sharedLocation** (linha 41), na variável de instância **randomSleepTime** (linha 42), em um construtor (linhas 45 a 50) para inicializar as variáveis de instância e em um método **Produce** (linhas 53 a 67). O construtor inicializa a variável de instância **sharedLocation** para fazer referência ao objeto **HoldIntegerUnsynchronized** recebido do método **Main** como o argumento **shared**. A linha de execução produtora desse programa executa as tarefas especificadas no método **Produce** da classe **Producer**. O método **Produce** contém uma estrutura **for** (linhas 57 a 61) que itera quatro vezes. Cada iteração do laço chama primeiro o método **Sleep** de **Thread** para colocar a linha de execução produtora no estado *dormente/espera/união* por um intervalo de tempo aleatório entre 0 e 3 segundos. Quando a linha de execução desperta, a linha 61 atribui o valor da variável de controle **count** à propriedade **Buffer** do objeto **HoldIntegerUnsynchronized**, o que faz o acessor **set** de **HoldInteger-Unsynchronized** modificar a variável de instância **buffer** do objeto **HoldIntegerUnsynchronized**. Quando o laço termina, as linhas 63 a 65 exibem uma linha de texto na janela de console, indicando que a linha de execução parou de produzir dados e está terminando; em seguida, o método **Produce** termina e, assim, coloca a linha de execução produtora no estado *parada*.

A classe **Consumer** (linhas 73 a 106) consiste nas variáveis de instância **sharedLocation** (linha 75) e **random-SleepTime** (linha 76), em um construtor (linhas 79 a 84) para inicializar as variáveis de instância e em um método **Consume** (linhas 87 a 104). O construtor inicializa **sharedLocation** para fazer referência ao objeto **HoldInteger-Unsynchronized** recebido de **Main** como o argumento **shared**. A linha de execução consumidora desse programa executa as tarefas especificadas no método **Consume** da classe **Consumer**. O método contém uma estrutura **for** (linhas 94 a 98) que itera quatro vezes. Cada iteração do laço chama o método **Sleep** de **Thread** para colocar a linha de execução consumidora no estado *dormente/espera/união* por um intervalo de tempo aleatório entre 0 e 3 segundos. Em seguida, a linha 97 obtém o valor da propriedade **Buffer** do objeto **HoldIntegerUnsynchronized** e adiciona o valor na variável **sum**. Quando o laço termina, as linhas 100 a 102 exibem uma linha na janela de console, indicando a soma de todos os valores lidos; em seguida, o método **Consume** termina, o que coloca a linha de execução consumidora no estado *parada*.

Nota: usamos o método **Sleep** nesse exemplo para enfatizar o fato de que, em aplicativos de múltiplas linhas de execução, não fica claro quando cada linha de execução executará sua tarefa e por quanto tempo quando tiver o processador. Normalmente esses problemas de programação de linhas de execução são o trabalho do sistema operacional do computador. Nesse programa, as tarefas de nossa linha de execução são bastante simples — para o produtor, iterar quatro vezes e realizar a instrução de atribuição; para o consumidor, iterar quatro vezes e adicionar um valor na variável **sum**. Sem a chamada do método **Sleep** e se o produtor executar primeiro, o produtor completaria sua tarefa antes mesmo que o consumidor tivesse uma chance de executar. Se o consumidor executasse primeiro, ele consumiria –1 quatro vezes e, então, terminaria antes que o produtor pudesse produzir o primeiro valor real.

O método **Main** da classe **SharedCell** (linhas 112 a 142) instancia um objeto compartilhado **HoldIntegerUn-synchronized** (linhas 115 e 116) e um objeto **Random** (linha 119) para gerar tempos de repouso aleatórios e os utiliza como argumentos para os construtores dos objetos das classes **Producer** (linhas 122 e 123) e **Consumer** (linhas 125 e 126). O objeto **HoldIntegerUnsynchronized** contém os dados que serão compartilhados entre as linhas de execução produtora e consumidora. As linhas 130 a 132 criam e nomeiam **producerThread**. O delegado **ThreadStart** de **pro-ducerThread** especifica que a linha de execução executará o método **Produce** do objeto **producer**. As linhas 134 a 136 criam e nomeiam **consumerThread**. O delegado **ThreadStart** de **consumerThread** especifica que a linha de execução executará o método **Consume** do objeto **consumer**. Finalmente, as linhas 139 e 140 colocam as duas linhas de execução no estado *iniciada*, chamando o método **Start** de cada linha de execução; em seguida, a linha de execução **Main** termina.

De preferência, gostaríamos que todo valor produzido pelo objeto **Producer** fosse consumido exatamente uma vez pelo objeto **Consumer**. Entretanto, quando estudamos a primeira saída da Figura 14.4, vemos que o consumidor recuperou um valor (–1) antes que o produtor colocasse um valor no buffer compartilhado e que o valor 1 fosse consumido três vezes. O consumidor acabou executando antes que o produtor tivesse uma oportunidade de produzir os valores 2, 3 e 4. Portanto, esses três valores foram perdidos. Na segunda saída, vemos que o valor 1 foi perdido, pois os valores 1 e 2 foram produzidos antes que a linha de execução consumidora pudesse ler o valor 1. Além disso, o valor 4 foi consumido duas vezes. O último exemplo de saída demonstra que é possível, com um pouco de sorte, obter uma saída correta, na qual cada valor que o produtor produz seja consumido uma e apenas uma vez pelo consumidor. Esse exemplo demonstra claramente que o acesso aos dados compartilhados por linhas de execução concorrentes deve ser controlado cuidadosamente; caso contrário, um programa pode produzir resultados incorretos.

Para resolver os problemas de dados perdidos e do consumo de dados mais de uma vez do exemplo anterior, sincronizaremos (na Figura 14.5) o acesso das linhas de execução produtora e consumidora concorrentes, no código que manipula os dados compartilhados, usando os métodos **Enter**, **Wait**, **Pulse** e **Exit** da classe **Monitor**. Quando uma linha de execução usa sincronização para acessar um objeto compartilhado, o objeto é *bloqueado*; portanto, nenhuma outra linha de execução pode adquirir o bloqueio para esse objeto compartilhado simultaneamente.

14.6 Relacionamento produtor/consumidor com sincronização de linhas de execução

A Figura 14.5 demonstra um produtor e um consumidor acessando uma célula compartilhada de memória, com sincronização, de modo que o consumidor consome somente depois que o produtor produz um valor, e o produtor produz um novo valor apenas depois que o consumidor consome o valor produzido anteriormente. As classes **Producer** (linhas 90 a 123), **Consumer** (linhas 126 a 162) e **SharedCell** (linhas 165 a 200) são idênticas à Figura 14.4, exceto que, nesse exemplo, elas usam a nova classe **HoldIntegerSynchronized**. [*Nota*: nesse exemplo demonstramos a sincronização com os métodos **Enter** e **Exit** da classe **Monitor**. No próximo exemplo demonstraremos os mesmos conceitos utilizando um bloco **lock**.]

```
1  // Fig. 14.5: Synchronized.cs
2  // Mostrando várias linhas de execução modificando um objeto compartilhado com
3  // sincronização.
4
5  using System;
6  using System.Threading;
7
8  // essa classe sincroniza o acesso a um inteiro
9  public class HoldIntegerSynchronized
10 {
11    // buffer compartilhado pelas linhas de execução produtora e consumidora
12    private int buffer = -1;
13
14    // occupiedBufferCount faz a contagem de buffers ocupados
15    private int occupiedBufferCount = 0;
16
17    // propriedade Buffer
18    public int Buffer
19    {
20       get
21       {
22          // obtém o bloqueio desse objeto
23          Monitor.Enter( this );
24
25          // se não houver dados para ler, coloca a linha de execução
26          // chamadora no estado dormente/espera/união
27          if ( occupiedBufferCount == 0 )
28          {
29             Console.WriteLine(
30                Thread.CurrentThread.Name + " tries to read." );
31
32             DisplayState( "Buffer empty. " +
33                Thread.CurrentThread.Name + " waits." );
34
35             Monitor.Wait( this );
36          }
37
38          // indica que o produtor pode armazenar outro valor
39          // porque um consumidor acabou de recuperar o valor do buffer
40          --occupiedBufferCount;
41
42          DisplayState(
43             Thread.CurrentThread.Name + " reads " + buffer );
44
```

Figura 14.5 Linhas de execução produtora e consumidora acessando um objeto compartilhado, com sincronização. (Parte 1 de 6.)

```
            // diz à linha de execução que está esperando (se houver alguma) para
            // que se apronte para executar (estado iniciada)
            Monitor.Pulse( this );

            // Obtém a cópia do buffer antes de liberar o bloqueio.
            // É possível que o produtor pudesse ser
            // atribuído ao processador imediatamente após o
            // monitor ser liberado e antes da execução da
            // instrução return. Nesse caso, o produtor
            // atribuiria um novo valor ao buffer, antes da instrução
            // return retornar o valor para o
            // consumidor. Assim, o consumidor receberia o
            // novo valor. Fazer uma cópia do buffer e
            // retornar a cópia garante que o
            // consumidor receba o valor correto.
            int bufferCopy = buffer;

            // libera o bloqueio desse objeto
            Monitor.Exit( this );

            return bufferCopy;

        } // fim de get

        set
        {
            // adquire o bloqueio para esse objeto
            Monitor.Enter( this );

            // se não houver posições vazias, coloca a linha de execução
            // chamadora no estado dormente/espera/união
            if ( occupiedBufferCount == 1 )
            {
                Console.WriteLine(
                    Thread.CurrentThread.Name + " tries to write." );

                DisplayState( "Buffer full. " +
                    Thread.CurrentThread.Name + " waits." );

                Monitor.Wait( this );
            }

            // configura o novo valor do buffer
            buffer = valor;

            // indica que o produtor não pode armazenar outro valor
            // até que o consumidor recupere o valor atual do buffer
            ++occupiedBufferCount;

            DisplayState(
                Thread.CurrentThread.Name + " writes " + buffer );

            // diz à linha de execução (se houver uma) que está esperando para
            // que se apronte para executar (estado iniciada)
            Monitor.Pulse( this );

```

Figura 14.5 Linhas de execução produtora e consumidora acessando um objeto compartilhado, com sincronização. (Parte 2 de 6.)

```
            // libera o bloqueio desse objeto
            Monitor.Exit( this );

         } // fim de set

      }

      // exibe a operação atual e o estado do buffer
      public void DisplayState( string operation )
      {
         Console.WriteLine( "{0,-35}{1,-9}{2}\n",
            operation, buffer, occupiedBufferCount );
      }

} // fim da classe HoldIntegerSynchronized

// o método Produce da classe Producer controla uma linha de execução que
// armazena valores de 1 a 4 em sharedLocation
class Producer
{
   private HoldIntegerSynchronized sharedLocation;
   private Random randomSleepTime;

   // construtor
   public Producer(
      HoldIntegerSynchronized shared, Random random )
   {
      sharedLocation = shared;
      randomSleepTime = random;
   }

   // armazena valores de 1 a 4 no objeto sharedLocation
   public void Produce()
   {
      // fica dormente por um intervalo aleatório de até 3000 milissegundos
      // então configura a propriedade Buffer de sharedLocation
      for ( int count = 1; count <= 4; count++ )
      {
         Thread.Sleep( randomSleepTime.Next( 1, 3000 ) );
         sharedLocation.Buffer = count;
      }

      Console.WriteLine( Thread.CurrentThread.Name +
         " done producing.\nTerminating " +
         Thread.CurrentThread.Name + ".\n" );

   } // fim do método Produce

} // fim da classe Producer

// o método Consume da classe Consumer controla uma linha de execução que
// itera quatro vezes e lê um valor de sharedLocation
class Consumer
{
   private HoldIntegerSynchronized sharedLocation;
```

Figura 14.5 Linhas de execução produtora e consumidora acessando um objeto compartilhado, com sincronização. (Parte 3 de 6.)

```
   private Random randomSleepTime;

   // construtor
   public Consumer(
      HoldIntegerSynchronized shared, Random random )
   {
      sharedLocation = shared;
      randomSleepTime = random;
   }

   // lê o valor de sharedLocation quatro vezes
   public void Consume()
   {
      int sum = 0;

      // obtém a linha de execução atual
      Thread current = Thread.CurrentThread;

      // fica dormente por um intervalo aleatório de até 3000 milissegundos
      // então adiciona o valor da propriedade Buffer de sharedLocation
      // na soma
      for ( int count = 1; count <= 4; count++ )
      {
         Thread.Sleep( randomSleepTime.Next( 1, 3000 ) );
         sum += sharedLocation.Buffer;
      }

      Console.WriteLine( Thread.CurrentThread.Name +
         " read values totaling: " + sum +
         ".\nTerminating " + Thread.CurrentThread.Name + ".\n" );

   } // fim do metodo Consume

} // fim da classe Consumer

// essa classe cria linhas de execução produtora e consumidora
class SharedCell
{
   // cria linhas de execução produtora e consumidora e as inicia
   static void Main( string[] args )
   {
      // cria objeto compartilhado usado pelas linhas de execução
      HoldIntegerSynchronized holdInteger =
         new HoldIntegerSynchronized();

      // objeto Random usado por cada linha de execução
      Random random = new Random();

      // cria objetos Producer e Consumer
      Producer producer =
         new Producer( holdInteger, random );

      Consumer consumer =
         new Consumer( holdInteger, random );
```

Figura 14.5 Linhas de execução produtora e consumidora acessando um objeto compartilhado, com sincronização. (Parte 4 de 6.)

```

      // cabeçalhos de coluna de saída e estado inicial do buffer
      Console.WriteLine( "{0,-35}{1,-9}{2}\n",
         "Operation", "Buffer", "Occupied Count" );
      holdInteger.DisplayState( "Initial state" );

      // cria linhas de execução para produtor e consumidor, e configura
      // delegados para cada linha de execução
      Thread producerThread =
         new Thread( new ThreadStart( producer.Produce ) );
      producerThread.Name = "Producer";

      Thread consumerThread =
         new Thread( new ThreadStart( consumer.Consume ) );
      consumerThread.Name = "Consumer";

      // inicia cada linha de execução
      producerThread.Start();
      consumerThread.Start();

   } // fim do método Main

} // fim da classe SharedCell
```

```
Operation                          Buffer   Occupied Count
Initial state                      -1       0
Producer writes 1                  1        1
Consumer reads 1                   1        0
Consumer tries to read.
Buffer empty. Consumer waits.      1        0
Producer writes 2                  2        1
Consumer reads 2                   2        0
Producer writes 3                  3        1
Producer tries to write.
Buffer full. Producer waits.       3        1
Consumer reads 3                   3        0
Producer writes 4                  4        1
Producer done producing.
Terminating Producer.
Consumer reads 4                   4        0
Consumer read values totaling: 10.
Terminating Consumer.
```

```
Operation                          Buffer   Occupied Count
Initial state                      -1       0
Consumer tries to read.
Buffer empty. Consumer waits.      -1       0
Producer writes 1                  1        1
```

Continua na próxima página

Figura 14.5 Linhas de execução produtora e consumidora acessando um objeto compartilhado, com sincronização. (Parte 5 de 6.)

Continuação da página anterior

```
Consumer reads 1                     1          0
Producer writes 2                    2          1
Consumer reads 2                     2          0
Producer writes 3                    3          1
Producer tries to write.
Buffer full. Producer waits.         3          1
Consumer reads 3                     3          0
Producer writes 4                    4          1
Producer done producing.
Terminating Producer.
Consumer reads 4                     4          0
Consumer read values totaling: 10.
Terminating Consumer.
```

```
Operation                            Buffer     Occupied Count
Initial state                        -1         0
Producer writes 1                    1          1
Consumer reads 1                     1          0
Producer writes 2                    2          1
Consumer reads 2                     2          0
Producer writes 3                    3          1
Consumer reads 3                     3          0
Producer writes 4                    4          1
Producer done producing.
Terminating Producer.
Consumer reads 4                     4          0
Consumer read values totaling: 10.
Terminating Consumer.
```

Figura 14.5 Linhas de execução produtora e consumidora acessando um objeto compartilhado, com sincronização. (Parte 6 de 6.)

A classe **HoldIntegerSynchronized** (linhas 9 a 115) contém duas variáveis de instância — **buffer** (linha 12) e **occupiedBufferCount** (linha 15). Além disso, agora os acessores **get** (linhas 20 a 67) e **set** (linhas 69 a 106) da propriedade **Buffer** usam métodos da classe **Monitor** para sincronizar o acesso à propriedade **Buffer**. Assim, cada objeto da classe **HoldIntegerSynchronized** tem um *SyncBlock* para manter a sincronização. A variável de instância **occupiedBufferCount** é conhecida como *variável de condição* — os acessores da propriedade **Buffer** usam esse **int** nas condições para determinar se é a vez do produtor de executar uma tarefa ou se é a vez do consumidor. Se **occupied-BufferCount** for **0**, o acessor **set** da propriedade **Buffer** pode colocar um valor na variável **buffer**, pois a variável atualmente não contém informações. Entretanto, isso significa que atualmente o acessor **get** da propriedade **Buffer** não pode ler o valor de **buffer**. Se **occupiedBufferCount** for **1**, o acessor **get** da propriedade **Buffer** pode ler um valor da variável **buffer**, pois atualmente a variável contém informações. Nesse caso, atualmente o acessor **set** da propriedade **Buffer** não pode colocar um valor em **buffer**.

Assim como na Figura 14.4, a linha de execução produtora executa as tarefas especificadas no método **Produce** do objeto **producer**. Quando a linha 140 configura o valor da propriedade **Buffer HoldIntegerSynchronized**, a linha de execução produtora chama o acessor **set**, nas linhas 69 a 104. A linha 72 chama o método **Enter** de **Monitor** para adquirir o bloqueio no objeto **HoldIntegerSynchronized**. A estrutura **if**, nas linhas 76 a 85, determina se **occupied-BufferCount** é **1**. Se essa condição for verdadeira, as linhas 78 e 79 produzem uma mensagem na saída indicando que a linha de execução produtora tenta escrever um valor, e as linhas 81 e 82 chamam o método **DisplayState** (linhas 109 a 113) para produzir na saída outra mensagem, indicando que o buffer está cheio e que a linha de execução produtora deve esperar. A linha 84 chama o método **Wait** de **Monitor** para colocar a linha de execução chamadora (isto é, o produtor) no estado *dormente/espera/união* para o objeto **HoldIntegerSynchronized** e libera o bloqueio sobre o objeto. O estado *dormente/espera/união* de um objeto é mantido pelo *SyncBlock* desse objeto. Agora, outra linha de execução pode chamar um método acessor da propriedade **Buffer** do objeto **HoldIntegerSynchronized**.

A linha de execução produtora permanece no estado *dormente/espera/união* até que seja notificada de que pode prosseguir — nesse momento, a linha de execução retorna ao estado *iniciada* e espera que o sistema atribua um processador à linha de execução. Quando a linha de execução retorna ao estado *em execução*, ela readquire implicitamente o bloqueio sobre o objeto **HoldIntegerSynchronized**, e o acessor **set** continua a executar, com a próxima instrução após **Wait**. A linha 88 atribui **value** a **buffer**. A linha 92 incrementa **occupiedBufferCount** para indicar que agora o buffer compartilhado contém um valor (isto é, um consumidor pode ler o valor e um produtor ainda não pode colocar outro valor lá). As linhas 94 e 95 chamam o método **DisplayState** para produzir na saída uma linha na janela de console indicando que o produtor está esperando um novo valor em **buffer**. A linha 99 chama o método **Pulse** de **Monitor**, com o objeto **HoldIntegerSynchronized** como argumento. Se houver quaisquer linhas de execução esperando no *SyncBlock* desse objeto, a primeira linha de execução que estiver esperando entra no *iniciada*, indicando que agora ela pode tentar sua tarefa novamente (assim que a linha de execução for atribuída a um processador). O método **Pulse** retorna imediatamente. A linha 102 chama o método **Exit** de **Monitor** para liberar o bloqueio sobre o objeto **HoldIntegerSynchronized**, e o acessor **set** retorna para seu chamador.

Erro de programação comum 14.4

Esquecer de liberar o bloqueio sobre um objeto, quando esse bloqueio não é mais necessário, é um erro lógico. Isso impedirá as linhas de execução de seu programa, que exigem o bloqueio, de adquiri-lo para prosseguir com suas tarefas. Essas linhas de execução serão obrigadas a esperar (desnecessariamente, pois o bloqueio não é mais necessário). Tal espera pode levar a um impasse e a um adiamento indefinido.

Os acessores **get** e **set** são implementados de forma análoga. Assim como na Figura 14.4, a linha de execução consumidora executa as tarefas especificadas no método **Consume** do objeto **consumer**. A linha de execução consumidora obtém o valor da propriedade **Buffer** do objeto **HoldIntegerSynchronized** (linha 180), chamando o acessor **get** nas linhas 20 a 67. A linha 23 chama o método **Enter** de **Monitor** para adquirir o bloqueio sobre o objeto **HoldInteger-Synchronized**.

A estrutura **if**, nas linhas 27 a 36, determina se **occupiedBufferCount** é **0**. Se essa condição for verdadeira, as linhas 29 e 30 produzem uma mensagem na saída, indicando que a linha de execução consumidora tenta ler um valor, e as linhas 32 e 33 chamam o método **DisplayState** para produzir na saída outra mensagem, indicando que o buffer está vazio e que a linha de execução consumidora deve esperar. A linha 35 chama o método **Wait** de **Monitor** para colocar a linha de execução chamadora (isto é, o consumidor) no estado *dormente/espera/união* para o objeto **HoldIntegerSynchronized** e libera o bloqueio sobre o objeto. Agora, outra linha de execução pode chamar um método acessor da propriedade **Buffer** do objeto **HoldIntegerSynchronized**.

O objeto linha de execução consumidora permanece no estado *dormente/espera/união* até que a linha de execução seja notificada de que pode prosseguir — nesse momento, a linha de execução retorna ao estado *iniciada* e espera que o sistema atribua um processador a ela. Quando a linha de execução entra novamente no estado *em execução*, ela readquire implicitamente o bloqueio sobre o objeto **HoldIntegerSynchronized**, e o acessor **get** continua a executar com a próxima instrução após **Wait**. A linha 40 decrementa **occupiedBufferCount** para indicar que agora o buffer compartilhado está vazio (isto é, um consumidor não pode ler o valor, mas um produtor pode colocar outro valor no buffer compartilhado), as linhas 42 e 43 produzem na saída uma linha na janela de console, indicando o valor que o consumidor está lendo, e a linha 47 chama o método **Pulse** de **Monitor**, com o objeto **HoldIntegerSynchronized** como argumento. Se houver quaisquer linhas de execução esperando no *SyncBlock* desse objeto, a primeira linha de execução que estiver esperando entra no estado *iniciada*, indicando que agora ela pode tentar sua tarefa novamente (assim que a linha de execução for atribuída a um processador). O método **Pulse** retorna imediatamente. A linha 60 obtém uma cópia de **buffer**, antes de liberar o bloqueio. É possível que o produtor possa ser atribuído ao processador imediatamente após o bloqueio ser liberado (linha 63) e antes que a instrução **return** seja executada (linha 65). Nesse caso, o produtor atribuiria um novo valor a **buffer**, antes que a instrução **return** retornasse o valor para o consumidor. Assim, o consumidor receberia o novo valor. Fazer uma cópia de **buffer** e retornar a cópia garante que o consumidor receba o valor correto. A linha 63 chama o método **Exit** de **Monitor** para liberar o bloqueio sobre o objeto **HoldIntegerSynchronized**, e o acessor **get** retorna **bufferCopy** para seu chamador.

Examine as saídas da Figura 14.5. Observe que todo inteiro produzido é consumido exatamente uma vez — nenhum valor é perdido e nenhum valor é consumido mais de uma vez. Isso ocorre porque nem o produtor nem o consumidor pode executar tarefas, a não ser que seja "a vez dele". O produtor deve ir primeiro; o consumidor deve esperar, caso o produtor não tenha produzido desde que o consumidor consumiu pela última vez; e o produtor deve esperar, se o consumidor ainda não tiver consumido o valor que o produtor produziu mais recentemente. Execute esse programa várias vezes, para confirmar se cada inteiro produzido é consumido uma vez.

No primeiro e no segundo exemplo de saída, observe as linhas indicando quando o produtor e o consumidor devem esperar para executar suas respectivas tarefas. No terceiro exemplo de saída, note que o produtor e o consumidor conseguiram executar suas tarefas sem esperar.

14.7 Relacionamento produtor/consumidor: buffer circular

A Figura 14.5 usa sincronização de linha de execução para garantir que duas linhas de execução manipulem dados em um buffer compartilhado corretamente. Entretanto, o aplicativo pode não funcionar perfeitamente. Se as duas linhas de execução operarem em velocidades diferentes, uma delas passará uma parte maior (ou o máximo) de seu tempo esperando. Por exemplo, na Figura 14.5 compartilhamos um único inteiro entre as duas linhas de execução. Se a linha de execução produtora gera valores mais rapidamente do que o consumidor pode consumi-los, então a linha de execução produtora esperará pelo consumidor, pois não existem outras posições na memória para colocar o valor seguinte. Analogamente, se o consumidor consumir mais rapidamente do que o produtor consegue produzir valores, o consumidor esperará até que o produtor coloque o próximo valor na posição de memória compartilhada. Mesmo quando temos linhas de execução que operam nas mesmas velocidades relativas, com o passar do tempo essas linhas de execução podem ficar "fora de sincronismo", fazendo uma delas esperar pela outra. Não podemos fazer suposições a respeito das velocidades relativas de linhas de execução concorrentes assíncronas. Existem muitas interações que ocorrem com o sistema operacional, com a rede, com o usuário e com outros componentes, as quais podem fazer as linhas de execução operarem em velocidades diferentes. Quando isso acontece, a linha de execução espera. Quando as linhas de execução esperam, os programas se tornam menos produtivos, os programas com interação do usuário se tornam menos responsivos, e os aplicativos de rede sofrem com atrasos maiores, pois o processador não é usado eficientemente.

Para minimizar a espera das linhas de execução que compartilham recursos e operam nas mesmas velocidades relativas, podemos implementar um *buffer circular*, que fornece buffers extras nos quais o produtor pode colocar valores e a partir dos quais o consumidor pode recuperar esses valores. Vamos supor que o buffer seja implementado como um array. O produtor e o consumidor trabalham a partir do início do array. Quando uma das linhas de execução chega ao final do array, ela simplesmente retorna ao primeiro elemento do array, para executar sua próxima tarefa. Se, temporariamente, o produtor produzir valores mais rapidamente do que o consumidor pode consumi-los, o produtor poderá escrever os valores adicionais nos buffers extras (se houver células disponíveis). Isso permite que o produtor execute sua tarefa, mesmo que o consumidor não esteja pronto para receber o valor que está sendo produzido. Da mesma maneira, se o consumidor consumir mais rapidamente do que o produtor produz novos valores, o consumidor poderá ler valores adicionais do buffer (se houver algum). Isso permite que o consumidor execute sua tarefa, mesmo que o produtor não esteja pronto para produzir valores adicionais.

Note que o buffer circular seria inadequado se o produtor e o consumidor operassem em velocidades diferentes. Se o consumidor sempre executar mais rapidamente do que o produtor, então um buffer em uma só posição será suficiente. Posições adicionais desperdiçariam memória. Se o produtor sempre executasse mais rapidamente, seria necessário um buffer com um número infinito de posições para absorver a produção extra.

O segredo para usar um buffer circular é defini-lo com células extras suficientes para tratar da produção "extra" antecipada. Se, com o passar do tempo, determinarmos que o produtor produz freqüentemente até três valores a mais do que o consumidor consegue consumir, poderemos definir um buffer de pelo menos três células para tratar da produção extra. Não queremos que o buffer seja pequeno demais, pois isso faria as linhas de execução esperarem mais. Por outro lado, não queremos que o buffer seja muito grande, pois isso desperdiçaria memória.

Dica de desempenho 14.4

Mesmo ao se usar um buffer circular, é possível que uma linha de execução produtora encha o buffer, o que obrigaria a linha de execução produtora a esperar até que um consumidor consumisse um valor para liberar um elemento no buffer. Analogamente, se o buffer estiver vazio em determinado momento, a linha de execução consumidora deverá esperar até que o produtor produza outro valor. O segredo para usar um buffer circular é otimizar o tamanho do buffer para minimizar a quantidade de tempo de espera da linha de execução.

A Figura 14.6 demonstra um produtor e um consumidor acessando um buffer circular (nesse caso, um array compartilhado de duas células) com sincronização. Nessa versão do relacionamento produtor/consumidor, o consumidor consome um valor apenas quando o array não está vazio, e o produtor produz um valor apenas quando o array não está cheio. Esse programa é implementado como um aplicativo Windows que envia sua saída para uma **TextBox**. As classes **Producer** (linhas 174 a 210) e **Consumer** (linhas 213 a 252) executam as mesmas tarefas que aparecem nas figuras 14.4 e 14.5, exceto que elas produzem mensagens de saída na **TextBox**, na janela de aplicativo. As instruções que criaram e iniciaram os objetos de linha de execução nos métodos **Main** da classe **SharedCell**, nas figuras 14.4 e 14.5, aparecem agora na classe **CircularBuffer** (linhas 255 a 313), onde o manipulador de evento **Load** (linhas 278 a 311) executa as instruções.

```
1  // Fig. 14.6: CircularBuffer.cs
2  // Implementando o relacionamento produtor/consumidor com um
3  // buffer circular.
4
5  using System;
6  using System.Drawing;
7  using System.Collections;
8  using System.ComponentModel;
9  using System.Windows.Forms;
10 using System.Data;
11 using System.Threading;
12
13 // implementa o inteiro compartilhado com sincronização
14 public class HoldIntegerSynchronized
15 {
16    // cada elemento do array é um buffer
17    private int[] buffers = { -1, -1, -1 };
18
19    // occupiedBufferCount mantém a contagem de buffers ocupados
20    private int occupiedBufferCount = 0;
21
22    // variável que mantém as posições do buffer de leitura e gravação
23    private int readLocation = 0, writeLocation = 0;
24
25    // componente de GUI para exibir a saída
26    private TextBox outputTextBox;
27
28    // construtor
29    public HoldIntegerSynchronized( TextBox output )
30    {
31       outputTextBox = output;
32    }
33
34    // propriedade Buffer
35    public int Buffer
36    {
37       get
38       {
39          // bloqueia esse objeto enquanto obtém o valor
40          // do array buffers
41          lock ( this )
42          {
43             // se não houver dados para ler, coloca a linha de execução
44             // chamadora no estado dormente/espera/união
45             if ( occupiedBufferCount == 0 )
46             {
47                outputTextBox.Text += "\r\nAll buffers empty. " +
48                   Thread.CurrentThread.Name + " waits.";
```

Figura 14.6 Linhas de execução produtora e consumidora acessando um buffer circular. (Parte 1 de 7.)

```
                  outputTextBox.ScrollToCaret();

                  Monitor.Wait( this );
               }

               // obtém o valor na readLocation atual, então
               // adiciona uma string indicando o valor consumido na saída
               int readValue = buffers[ readLocation ];

               outputTextBox.Text += "\r\n" +
                  Thread.CurrentThread.Name + " reads " +
                  buffers[ readLocation ] + " ";

               // acabou de consumir um valor; portanto, decrementa o número de
               // buffers ocupados
               --occupiedBufferCount;

               // atualiza readLocation para futura operação de leitura,
               // e depois adiciona o estado atual na saída
               readLocation =
                  ( readLocation + 1 ) % buffers.Length;
               outputTextBox.Text += CreateStateOutput();
               outputTextBox.ScrollToCaret();

               // retorna a linha de execução que está esperando (se houver uma)
               // ao estado iniciada
               Monitor.Pulse( this );

               return readValue;

            } // fim de lock

         } // fim do acessor get

         set
         {
            // bloqueia esse objeto enquanto configura o valor
            // no array buffers
            lock ( this )
            {
               // se não houver posições vazias, coloca a linha de execução
               // chamadora no estado dormente/espera/união
               if ( occupiedBufferCount == buffers.Length )
               {
                  outputTextBox.Text += "\r\nAll buffers full. " +
                     Thread.CurrentThread.Name + " waits.";
                  outputTextBox.ScrollToCaret();

                  Monitor.Wait( this );
               }

               // coloca o valor em writeLocation de buffers, então
               // adiciona uma string indicando o valor produzido na saída
               buffers[ writeLocation ] = value;

               outputTextBox.Text += "\r\n" +
                  Thread.CurrentThread.Name + " writes " +
                  buffers[ writeLocation ] + " ";
```

Figura 14.6 Linhas de execução produtora e consumidora acessando um buffer circular. (Parte 2 de 7.)

```

            // acabou de produzir um valor; portanto, incrementa o número de
            // buffers ocupados
            ++occupiedBufferCount;

            // atualiza writeLocation para futura operação de gravação,
            // e depois adiciona o estado atual na saída
            writeLocation =
               ( writeLocation + 1 ) % buffers.Length;
            outputTextBox.Text += CreateStateOutput();
            outputTextBox.ScrollToCaret();

            // retorna a linha de execução que está esperando (se houver uma)
            // ao estado iniciada
            Monitor.Pulse( this );

         } // fim de lock

      } // fim do acessor set

   } // fim da propriedade Buffer

   // cria saída do estado
   public string CreateStateOutput()
   {
      // exibe a primeira linha de informações de estado
      string output = "(buffers occupied: " +
         occupiedBufferCount + ")\r\nbuffers: ";

      for ( int i = 0; i < buffers.Length; i++ )
         output += " " + buffers[ i ] + "  ";

      output += "\r\n";

      // exibe a segunda linha de informações de estado
      output += "         ";

      for ( int i = 0; i < buffers.Length; i++ )
         output += "---- ";

      output += "\r\n";

      // exibe a terceira linha de informações de estado
      output += "         ";

      // exibe os indicadores readLocation (R) e writeLocation (W)
      // abaixo das posições de buffer apropriadas
      for ( int i = 0; i < buffers.Length; i++ )

         if ( i == writeLocation &&
               writeLocation == readLocation )
            output += " WR  ";
         else if ( i == writeLocation )
            output += " W   ";
         else if  ( i == readLocation )
            output += "  R  ";
         else
            output += "     ";
```

Figura 14.6 Linhas de execução produtora e consumidora acessando um buffer circular. (Parte 3 de 7.)

```

      output += "\r\n";

      return output;
   }

} // fim da classe HoldIntegerSynchronized

// gera os inteiros de 11 a 20 e os coloca no buffer
public class Producer
{
   private HoldIntegerSynchronized sharedLocation;
   private TextBox outputTextBox;
   private Random randomSleepTime;

   // construtor
   public Producer( HoldIntegerSynchronized shared,
      Random random, TextBox output )
   {
      sharedLocation = shared;
      outputTextBox = output;
      randomSleepTime = random;
   }

   // gera valores de 11 a 20 e os coloca no
   // buffer de sharedLocation
   public void Produce()
   {
      // fica dormente por um intervalo aleatório de até 3000 milissegundos
      // então configura a propriedade Buffer de sharedLocation
      for ( int count = 11; count <= 20; count++ )
      {
         Thread.Sleep( randomSleepTime.Next( 1, 3000 ) );
         sharedLocation.Buffer = count;
      }

      string name = Thread.CurrentThread.Name;

      outputTextBox.Text += "\r\n" + name +
         " done producing.\r\n" + name + " terminated.\r\n";

      outputTextBox.ScrollToCaret();

   } // fim do método Produce

} // fim da classe Producer

// consome os inteiros de 1 a 10 do buffer circular
public class Consumer
{
   private HoldIntegerSynchronized sharedLocation;
   private TextBox outputTextBox;
   private Random randomSleepTime;

   // construtor
   public Consumer( HoldIntegerSynchronized shared,
      Random random, TextBox output )
   {
```

Figura 14.6 Linhas de execução produtora e consumidora acessando um buffer circular. (Parte 4 de 7.)

```
      sharedLocation = shared;
      outputTextBox = output;
      randomSleepTime = random;
   }

   // consome 10 inteiros do buffer
   public void Consume()
   {
      int sum = 0;

      // itera 10 vezes e fica dormente por um intervalo aleatório de até
      // 3000 milissegundos; em seguida, adiciona o valor da propriedade
      // Buffer de sharedLocation na soma
      for ( int count = 1; count <= 10; count++ )
      {
         Thread.Sleep( randomSleepTime.Next( 1, 3000 ) );
         sum += sharedLocation.Buffer;
      }

      string name = Thread.CurrentThread.Name;

      outputTextBox.Text += "\r\nTotal " + name +
         " consumed: " + sum + ".\r\n" + name +
         " terminated.\r\n";

      outputTextBox.ScrollToCaret();

   } // fim do método Consume

} // fim da classe Consumer

// configura o produtor e o consumidor e os inicia
public class CircularBuffer : System.Windows.Forms.Form
{
   private System.Windows.Forms.TextBox outputTextBox;

   // variável exigida pelo projetista
   private System.ComponentModel.Container components = null;

   // construtor sem argumento
   public CircularBuffer()
   {
      InitializeComponent();
   }

   // o código de GUI do Visual Studio .NET aparece aqui, no arquivo-fonte

   // ponto de entrada principal do aplicativo
   [STAThread]
   static void Main()
   {
      Application.Run( new CircularBuffer() );
   }

   // o manipulador de evento Load cria e inicia linhas de execução
   private void CircularBuffer_Load(
      object sender, System.EventArgs e )
   {
```

Figura 14.6 Linhas de execução produtora e consumidora acessando um buffer circular. (Parte 5 de 7.)

```
      // cria objeto compartilhado
      HoldIntegerSynchronized sharedLocation =
         new HoldIntegerSynchronized( outputTextBox );

      // exibe o estado de sharedLocation antes que as linhas de execução
      // produtora e consumidora comecem a execução
      outputTextBox.Text = sharedLocation.CreateStateOutput();

      // objeto Random usado por cada linha de execução
      Random random = new Random();

      // cria objetos Producer e Consumer
      Producer producer =
         new Producer( sharedLocation, random, outputTextBox );
      Consumer consumer =
         new Consumer( sharedLocation, random, outputTextBox );

      // cria e dá nome às linhas de execução
      Thread producerThread =
         new Thread( new ThreadStart( producer.Produce ) );
      producerThread.Name = "Producer";

      Thread consumerThread =
         new Thread( new ThreadStart( consumer.Consume ) );
      consumerThread.Name = "Consumer";

      // inicia as linhas de execução
      producerThread.Start();
      consumerThread.Start();

   } // fim do método CircularBuffer_Load

} // fim da classe CircularBuffer
```

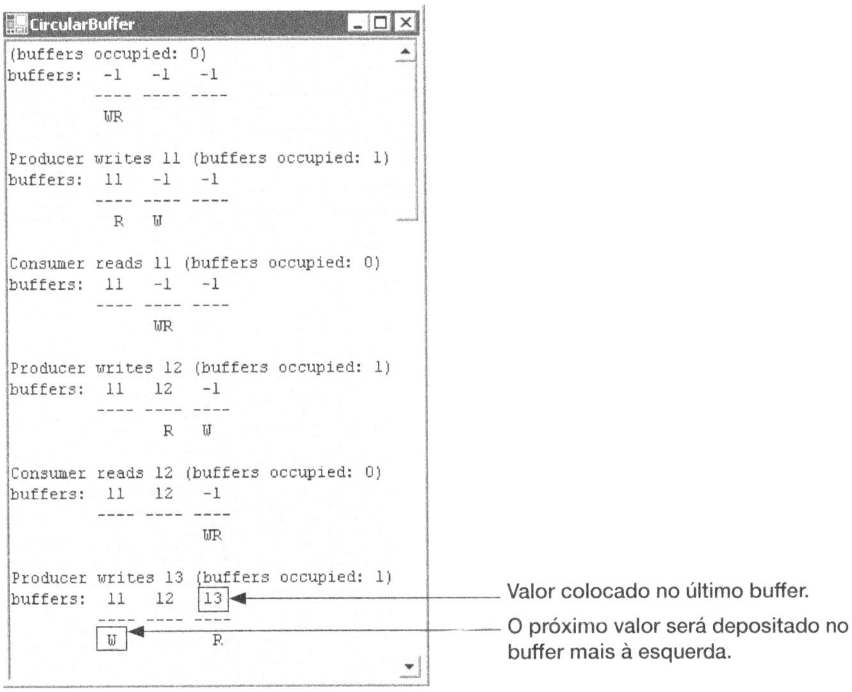

Figura 14.6 Linhas de execução produtora e consumidora acessando um buffer circular. (Parte 6 de 7.)

Figura 14.6 Linhas de execução produtora e consumidora acessando um buffer circular. (Parte 7 de 7.)

As alterações mais significativas em relação à Figura 14.5 ocorrem na classe **HoldIntegerSynchronized**, que agora contém seis variáveis de instância. O array **buffers** é um array inteiro de três elementos que representa o buffer circular. A variável **occupiedBufferCount** é a variável de condição que pode ser usada para determinar se um produtor pode escrever no buffer circular (isto é, **occupiedBufferCount** é menor do que o número de elementos no array **buffers**) e se um consumidor pode ler a partir do buffer circular (isto é, **occupiedBufferCount** é maior do que **0**). A variável **readLocation** indica a posição a partir da qual o próximo valor pode ser lido por um consumidor. A variável **writeLocation** indica a próxima posição em que um valor pode ser colocado por um produtor. O programa exibe a saída em **outputTextBox** (um controle **TextBox**).

O acessor **set** (linhas 83 a 125) da propriedade **Buffer** executa as mesmas tarefas que executava na Figura 14.5, com algumas modificações. Em vez de usar os métodos **Enter** e **Exit** de **Monitor** para adquirir e liberar o bloqueio sobre o objeto **HoldIntegerSynchronized**, usamos um bloco de código precedido pela palavra-chave **lock** para bloquear o objeto **HoldIntegerSynchronized**. Quando o controle do programa entra no bloco **lock**, a linha de execução sendo atualmente executada adquire o bloqueio (supondo que o bloqueio esteja atualmente disponível) sobre o objeto **HoldIntegerSynchronized** (isto é, **this**). Quando o bloco **lock** termina, a linha de execução libera o bloqueio automaticamente.

Erro de programação comum 14.5

*Ao se usar os métodos **Enter** e **Exit** da classe **Monitor** para gerenciar o bloqueio de um objeto, **Exit** deve ser chamado explicitamente para liberar o bloqueio. Se ocorrer uma exceção em um método, antes que **Exit** possa ser chamado, e essa exceção não for capturada, o método poderá terminar sem chamar **Exit**. Se assim for, o bloqueio não será liberado. Para evitar esse erro, coloque código que lança exceções em um bloco **try** e coloque a chamada de **Exit** no bloco **finally** correspondente, para garantir que o bloqueio seja liberado.*

Observação de engenharia de software 14.2

*Usar um bloco **lock** para gerenciar o bloqueio sobre um objeto sincronizado elimina a possibilidade de se esquecer de abandonar o bloqueio com uma chamada para o método **Exit** de **Monitor**. O C# chama implicitamente o método **Exit** de **Monitor** quando um bloco **lock** termina por qualquer motivo. Assim, mesmo que ocorra uma exceção no bloco, o bloqueio será liberado.*

A estrutura **if**, nas linhas 91 a 98, no acessor **set**, determina se o produtor deve esperar (isto é, todos os buffers estão cheios). Se a linha de execução produtora deve esperar, as linhas 93 e 94 anexam texto na **outputTextBox**, indicando que o produtor está esperando para executar sua tarefa, e a linha 97 chama o método **Wait** de **Monitor** para colocar a linha de execução produtora no estado *dormente/espera/união* do objeto **HoldIntegerSynchronized**. Quando a execução continua, na linha 102, após a estrutura **if**, o valor gravado pelo produtor é colocado no buffer circular, na posição **writeLocation**. Em seguida, as linhas 104 a 106 anexam uma mensagem contendo o valor produzido na **TextBox**. A linha 110 incrementa **occupiedBufferCount**, pois agora existe pelo menos um valor no buffer que o consumidor pode ler. Então, as linhas 114 e 115 atualizam **writeLocation** para a próxima chamada do acessor **set** da propriedade **Buffer**. A saída continua na linha 116, chamando o método **CreateStateOutput** (linhas 130 a 169), o qual produz na saída o número de buffers ocupados, o conteúdo dos buffers e **writeLocation** e **readLocation** atuais. Finalmente, a linha 121 chama o método **Pulse** de **Monitor** para indicar que uma linha de execução que está esperando no objeto **HoldIntegerSynchronized** (se houver uma linha de execução esperando) deve fazer a transição para o estado *iniciada*. Note que chegar à chave de fechamento do bloco **lock**, na linha 123, faz a linha de execução liberar o bloqueio sobre o objeto **HoldIntegerSynchronized**.

O acessor **get** (linhas 37 a 81) da propriedade **Buffer** também executa nesse exemplo as mesmas tarefas que executava na Figura 14.5, com algumas pequenas modificações. A estrutura **if** nas linhas 45 a 52, no acessor **get**, determina se o consumidor deve esperar (isto é, todos os buffers estão vazios). Se a linha de execução consumidora deve esperar, as linhas 47 e 48 anexam texto na **outputTextBox**, indicando que o consumidor está esperando para executar sua tarefa, e a linha 51 chama o método **Wait** de **Monitor** para colocar a linha de execução consumidora no estado *dormente/espera/união* do objeto **HoldIntegerSynchronized**. Mais uma vez, usamos um bloco **lock** para adquirir e liberar o bloqueio sobre o objeto **HoldIntegerSynchronized**, em vez de usar os métodos **Enter** e **Exit** de **Monitor**. Quando a execução continua, na linha 56, após a estrutura **if**, **readValue** recebe o valor da posição **readLocation** do buffer circular. As linhas 58 a 60 colocam o valor consumido na **TextBox**. A linha 64 decrementa **occupiedBufferCount**, pois existe pelo menos uma posição aberta no buffer na qual a linha de execução produtora pode colocar um valor. Então, as linhas 68 e 69 atualizam **readLocation** para a próxima chamada do acessor **get** de **Buffer**. A linha 70 chama o método **CreateStateOutput** para produzir na saída o número de buffers ocupados, o conteúdo dos buffers e **writeLocation** e **readLocation** atuais. Finalmente, a linha 80 chama o método **Pulse** para fazer a transição da próxima linha de execução que está esperando pelo objeto **HoldIntegerSynchronized**, para o estado *iniciada*, e a linha 82 retorna o valor consumido para o método chamador.

Na Figura 14.6, as saídas incluem o valor atual de **occupiedBufferCount**, o conteúdo dos buffers e os valores atuais de **writeLocation** e **readLocation**. Na saída, as letras **W** e **R** representam os valores atuais de **writeLocation** e **readLocation**, respectivamente. Note que, após o terceiro valor ser colocado no terceiro elemento do buffer, o quarto valor é inserido no início do array. Isso proporciona o efeito de buffer circular.

Resumo

- Os computadores executam operações concorrentemente, como a compilação de programas, a impressão de arquivos e a recepção de mensagens de correio eletrônico (e-mail) através de uma rede.
- As linguagens de programação geralmente fornecem apenas um conjunto de estruturas de controle simples que permitem aos programadores executarem uma ação por vez e passarem para a próxima ação depois de terminada a anterior.
- Historicamente, a concorrência que os computadores executam em geral tem sido implementada como "primitivas" do sistema operacional, disponíveis apenas para "programadores de sistema" altamente experientes.
- A .NET Framework Class Library torna as primitivas de concorrência disponíveis para o programador de aplicativos. O programador especifica que os aplicativos contêm linhas de execução, cada linha de execução designando uma parte de um programa que pode executar concorrentemente com outras linhas de execução — essa capacidade é chamada de múltiplas linhas de execução (*multithreading*).
- Uma linha de execução (*thread*) que acabou de ser criada está no estado *não iniciada*. Uma linha de execução é inicializada usando-se o construtor da classe **Thread**, que recebe um delegado **ThreadStart**. Esse delegado especifica o método que contém as tarefas que uma linha de execução executará.
- Uma linha de execução permanece no estado *não iniciada* até que seu método **Start** seja chamado; isso faz a linha de execução entrar no estado *iniciada* (também conhecido como estado *pronta* ou *passível de execução*).
- Uma linha de execução no estado *iniciada* entra no estado *em execução* quando o sistema atribui um processador a ela. O sistema atribui o processador à linha de execução *iniciada* de prioridade mais alta.
- Uma linha de execução entra no estado *parada* (ou *morta*) quando seu delegado **ThreadStart** conclui ou termina. Uma linha de execução é obrigada a entrar no estado *parada* quando seu método **Abort** é chamado (sozinho ou por outra linha de execução).
- Uma linha de execução *em execução* entra no estado *bloqueada* quando emite um pedido de entrada/saída. Uma linha de execução *bloqueada* se torna *iniciada* quando a operação de E/S que está esperando é concluída. Uma linha de execução *bloqueada* não pode usar um processador, mesmo que haja um disponível.
- Se uma linha de execução quiser ficar dormente, ela chama o método **Sleep** de **Thread**. Uma linha de execução acorda quando o intervalo de repouso designado expira.
- Se uma linha de execução não puder continuar executando (chamaremos isso de linha de execução dependente), a não ser que outra linha de execução termine, a linha de execução dependente chamará o método **Join** da outra linha de execução, para "unir" as duas. Quando duas linhas de execução são "unidas", a linha de execução dependente sai do estado *dormente/espera/união* quando a outra linha de execução termina sua execução (entra no estado *parada*).
- Na sincronização de linhas de execução, quando uma linha de execução encontra código que ainda não pode executar (por exemplo, um produtor não pode produzir no momento presente), ela pode chamar o método **Wait** de **Monitor** até que ocorram certas ações que a permitam continuar executando.
- Toda linha de execução no estado *dormente/espera/união* pode sair desse estado se outra linha de execução chamar o método **Interrupt** de **Thread**, na linha de execução no estado *dormente/espera/união*.
- Se uma linha de execução chamasse o método **Wait** de **Monitor**, uma chamada correspondente ao método **Pulse** ou **PulseAll** de **Monitor** feita por outra linha de execução no programa faria a transição da linha de execução original, do estado *dormente/espera/união* para o estado *iniciada*.
- Se o método **Suspend** de **Thread** for chamado em uma linha de execução (pela própria linha de execução ou por outra no programa), ela entrará no estado *suspensa*. Uma linha de execução sai do estado *suspensa* quando uma linha de execução separada chama o método **Resume** de **Thread** na linha de execução suspensa.
- Toda linha de execução do C# tem a prioridade **ThreadPriority.Lowest**, **ThreadPriority.BelowNormal**, **ThreadPriority.Normal**, **ThreadPriority.AboveNormal** ou **ThreadPriority.Highest**.
- O trabalho do escalonador de linhas de execução é manter a linha de execução de prioridade mais alta executando o tempo todo e, se houver mais de uma linha de execução de prioridade mais alta, garantir que todas as linhas de execução de prioridade igualmente alta sejam executadas por um quantum do tempo, em rodízio.

- A prioridade de uma linha de execução pode ser ajustada com a propriedade **Priority**, que aceita um argumento da enumeração **ThreadPriority**.
- Uma linha de execução que atualiza dados compartilhados chama o método **Enter** de **Monitor** para adquirir o bloqueio sobre esses dados. Ela atualiza os dados e chama o método **Exit** de **Monitor** quando termina a atualização. Enquanto os dados estão bloqueados, todas as outras linhas de execução que tentarem adquirir o bloqueio sobre esses dados deverão esperar.
- Se você colocar a palavra-chave **lock** antes de um bloco de código, o bloqueio será adquirido sobre o objeto especificado quando o controle do programa entrar no bloco. O bloqueio é liberado quando o bloco termina por qualquer motivo.
- Se uma linha de execução decide que não pode continuar a execução, ela pode chamar **Wait**. Isso coloca a linha de execução no estado *dormente/espera/união*. Quando a linha de execução puder continuar a execução novamente, **Pulse** ou **PulseAll** será chamado, para notificar a linha de execução para que continue a executar.
- Quando a palavra-chave **lock** é usada, o C# chama implicitamente o método **Exit** ao sairmos do escopo do bloco.

Terminologia

acessando dados compartilhados com sincronização
adiamento indefinido
adquirir o bloqueio para um objeto
agendamento
bloco de código sincronizado
bloqueando objetos
bloqueio de entrada/saída
buffer circular
buffer compartilhado
ciclo de vida de uma linha de execução
classe **Monitor**
classe **Thread**
coleta de lixo
coleta de lixo automática
conclusão da operação de E/S
concorrência
constante **AboveNormal (ThreadPriority)**
constante **BelowNormal (ThreadPriority)**
constante **Highest** em **ThreadPriority**
constante **Lowest** em **ThreadPriority**
constante **Normal** em **ThreadPriority**
consumidor
delegado **ThreadStart**
enumeração **ThreadPriority**
espaço de nomes **System.Threading**
estado *bloqueada*
estado de linha de execução
estado *dormente/espera/união*
estado *em execução*
estado *iniciada*
estado *morta*
estado *não iniciada*
estado *parada*
estado *passível de execução*
estado *pronta*
expiração do quantum
fila de prioridade de múltiplos níveis
Hoare, C. A. R.
impasse
intervalo de repouso expirado
liberação de um bloqueio
linha de execução
linha de execução *bloqueada*
linha de execução de coleta de lixo
linhas de execução produtora e consumidora concorrentes
método **Abort** da classe **Thread**
método **Enter** da classe **Monitor**
método **Exit** da classe **Monitor**
método **Interrupt** da classe **Thread**
método **Join** da classe **Thread**
método **Pulse** da classe **Monitor**
método **PulseAll** da classe **Monitor**
método **Resume** da classe **Thread**
método **Sleep** da classe **Thread**
método **Start** da classe **Thread**
método **Suspend** da classe **Thread**
método **Wait** da classe **Monitor**
morrer de fome
múltiplas linhas de execução
múltiplas linhas de execução internas
palavra-chave **lock**
pedido de E/S
produtor
programação concorrente
programação da prioridade
programação de prioridade de linha de execução
propriedade **Name** da classe **Thread**
propriedade **Priority** da classe **Thread**
quantum
relacionamento produtor/consumidor
repouso de linha de execução
SyncBlock
tarefa
ThreadAbortException
variável de condição
vazamento de memória

Exercícios de revisão

14.1 Preencha os espaços em branco em cada uma das declarações a seguir:

a) Os métodos ______________ e ______________ de **Monitor** adquirem e liberam o bloqueio sobre um objeto.

b) Dentre um grupo de linhas de execução de prioridade igual, cada linha de execução recebe um breve intervalo de tempo chamado ______________, durante o qual a linha de execução tem o processador e pode executar suas tarefas.
c) O C# fornece uma linha de execução ______________________, que recupera a memória alocada dinamicamente.
d) Quatro motivos pelos quais uma linha de execução ativa não está no estado *iniciada* são ______________, ______________, ______________ e ______________.
e) Uma linha de execução entra no estado ______________ quando o método que controla o ciclo de vida da linha de execução termina.
f) A prioridade de uma linha de execução deve ser uma das constantes de **ThreadPriority** ______________, ______________, ______________, ______________ e ______________.
g) Para esperar um número designado de milissegundos e depois retomar a execução, uma linha de execução deve chamar o método ______________ da classe **Thread**.
h) O método ______________ da classe **Monitor** faz a transição de uma linha de execução do estado *dormente/espera/união* para o estado *iniciada*.
i) Um bloco ______________ adquire automaticamente o bloqueio sobre um objeto quando o controle do programa entra no bloco e libera o bloqueio sobre esse objeto quando o bloco termina sua execução.
j) A classe **Monitor** fornece métodos que ______________ o acesso aos dados compartilhados.

14.2 Indique se cada uma das seguintes alternativas é *verdadeira* ou *falsa*. Se for *falsa*, justifique.

a) Uma linha de execução não pode executar se não estiver no estado *parada*.
b) Em C#, uma linha de execução de prioridade mais alta entrando (ou reentrando) no estado *iniciada* tomará o processador das linhas de execução de prioridade mais baixa.
c) O código que uma linha de execução executa é definido em seu método **Main**.
d) Uma linha de execução no estado *dormente/espera/união* sempre retorna ao estado *iniciada* quando o método **Pulse** de **Monitor** é chamado.
e) O método **Sleep** da classe **Thread** não consome tempo do processador enquanto uma linha de execução está dormente.
f) Uma linha de execução bloqueada pode ser colocada no estado *iniciada* pelo método **Pulse** de **Monitor**.
g) Os métodos **Wait**, **Pulse** e **PulseAll** da classe **Monitor** podem ser usados em qualquer bloco de código.
h) O programador deve colocar uma chamada ao método **Exit** de **Monitor** em um bloco **lock** para renunciar ao bloqueio.
i) Quando o método **Wait** da classe **Monitor** é chamado dentro de um bloco **lock**, o bloqueio desse bloco é liberado, e a linha de execução que chamou **Wait** é colocada no estado *dormente/espera/união*.

Respostas dos exercícios de revisão

14.1 a) **Enter**, **Exit**. b) fatia de tempo ou quantum. c) coletora de lixo. d) esperando, dormente, suspensa, bloqueada para entrada/saída. e) *parada*. f) **Lowest**, **BelowNormal**, **Normal**, **AboveNormal**, **Highest**. g) **Sleep**. h) **Pulse**. i) **lock**. j) sincronizam.

14.2 a) Verdadeira. b) Verdadeira. c) Falsa. O código que uma linha de execução executa é definido no método especificado pelo delegado **ThreadStart** da linha de execução. d) Falsa. Uma linha de execução pode estar no estado *dormente/espera/união* por vários motivos. Chamar **Pulse** move uma linha de execução do estado *dormente/espera/união* para o estado *iniciada* somente se a linha de execução tiver entrado no estado *dormente/espera/união* como resultado de uma chamada ao método **Pulse** de **Monitor**. e) Verdadeira. f) Falsa. Uma linha de execução é bloqueada pelo sistema operacional e retorna ao estado *iniciada* quando o sistema operacional determina que a linha de execução pode continuar a executar (por exemplo, quando um pedido de E/S termina ou quando um bloqueio que a linha de execução tentou adquirir se torna disponível). g) Falsa. Os métodos da classe **Monitor** só podem ser chamados se a linha de execução que está fazendo a chamada possui o bloqueio sobre o objeto que cada método recebe como argumento. h) Falsa. Um bloco **lock** renuncia implicitamente ao bloqueio quando a linha de execução completa a execução do bloco **lock**. i) Verdadeira.

Exercícios

14.3 O código que manipula o buffer circular na Figura 14.6 funcionará com um buffer de dois ou mais elementos. Tente mudar o tamanho do buffer para ver como isso afeta as linhas de execução produtora e consumidora. Em particular, note que o produtor espera para produzir menos freqüentemente quando o buffer cresce em tamanho.

14.4 Escreva um programa para demonstrar que, quando uma linha de execução de prioridade alta executar, ela retardará a execução de todas as linhas de execução de prioridade mais baixa.

14.5 Escreva um programa que demonstre o uso de fatias de tempo entre várias linhas de execução de prioridade igual. Mostre que a execução de uma linha de execução de prioridade mais baixa é adiada pelo uso de fatias de tempo das linhas de execução de prioridade mais alta.

14.6 Escreva um programa que demonstre uma linha de execução de prioridade alta usando **Sleep** para dar às linhas de execução de prioridade mais baixa uma chance de executar.

14.7 Dois problemas que podem ocorrer em linguagens como C#, que permitem às linhas de execução esperar, são o impasse, no qual uma ou mais linhas de execução esperarão para sempre por um evento que não pode ocorrer, e o adiamento indefinido, no qual uma ou mais linhas de execução serão retardadas por um tempo imprevisivelmente longo, mas que finalmente poderão terminar. Dê um exemplo de como cada um desses problemas pode ocorrer em um programa C# com múltiplas linhas de execução.

14.8 (Leitores e Gravadores) Este exercício pede que você desenvolva um monitor C# para resolver um famoso problema de controle de concorrência. Esse problema foi discutido e resolvido pela primeira vez por P. J. Courtois, F. Heymans e D. L. Parnas, em seu artigo de pesquisa, "Concurrent Control with Readers and Writers", *Communications of the ACM*, v. 14, n. 10, outubro de 1971, p. 667–668. O estudante interessado talvez também queira ler o artigo de pesquisa embrionário sobre monitores de C. A. R. Hoare, "Monitors: An Operating System Structuring Concept", *Communications of the ACM*, v. 17, n. 10, outubro de 1974, p. 549–557. *Corrigendum*, *Communications of the ACM*, v. 18, n. 2, fevereiro de 1975, p. 95. [O problema de leitores e gravadores está discutido detalhadamente no Capítulo 5 do livro do autor: Deitel, H. M., *Operating Systems*, Reading, MA: Addison-Wesley, 1990.]

Com as múltiplas linhas de execução, muitas linhas de execução podem acessar dados compartilhados; conforme vimos, o acesso aos dados compartilhados precisa ser sincronizado para evitar a corrupção dos dados.

Considere um sistema de reservas de passagem aérea no qual muitos clientes estão tentando marcar lugares em vôos específicos entre cidades em particular. Todas as informações sobre os vôos e lugares estão armazenadas em um banco de dados comum na memória. O banco de dados consiste em muitas entradas, cada uma representando um lugar em um vôo em particular, para um dia específico entre determinadas cidades. Em um cenário típico de reserva de passagem aérea, o cliente consultará o banco de dados, procurando o vôo "ótimo" para atender às necessidades desse cliente. Um cliente pode consultar o banco de dados muitas vezes antes de tentar marcar um lugar para um vôo em particular. Um lugar que estava disponível durante essa fase de consulta pode facilmente ser marcado por outra pessoa antes que o cliente tenha a chance de marcá-lo após decidir-se a respeito dele. Nesse caso, quando o cliente tentar fazer a reserva, descobrirá que os dados foram alterados e que o vôo não está mais disponível.

O cliente que está investigando o banco de dados é chamado de *leitor*. O cliente que está tentando reservar um lugar no vôo é chamado de *gravador*. Qualquer número de leitores pode estar investigando dados compartilhados simultaneamente, mas cada gravador precisa de acesso exclusivo aos dados compartilhados para evitar que os dados sejam corrompidos.

Escreva um programa com múltiplas linhas de execução em C# que ative várias linhas de execução de leitor e várias linhas de execução de gravador, cada uma tentando acessar um registro de reserva. Uma linha de execução gravadora tem duas transações possíveis, **`fazerReserva`** e **`cancelarReserva`**. Um leitor tem uma transação possível, **`consultarReserva`**.

Primeiro, implemente uma versão de seu programa que permita o acesso não sincronizado ao registro de reserva. Mostre como a integridade do banco de dados pode ser corrompida. Em seguida, implemente uma versão de seu programa que use sincronização de monitor C# com **`Wait`** e **`Pulse`**, para impor um protocolo disciplinado para leitores e gravadores que acessem os dados de reserva compartilhados. Em particular, seu programa deve permitir que múltiplos leitores acessem os dados compartilhados simultaneamente, quando nenhum gravador estiver ativo — mas, se um gravador estiver ativo, então nenhum leitor poderá acessar os dados compartilhados.

Tome cuidado. Esse problema tem muitas sutilezas. Por exemplo, o que acontece quando existem múltiplos leitores ativos e um gravador deseja gravar? Se permitíssemos que um fluxo constante de leitores compartilhasse os dados, eles poderiam adiar o gravador indefinidamente (que poderia ficar cansado de esperar e fazer negócio em outro lugar). Para resolver esse problema, você poderia decidir-se por favorecer os gravadores em detrimento dos leitores. Mas aqui também existe uma armadilha, pois um fluxo constante de gravadores poderia adiar indefinidamente os leitores que estivessem esperando, e eles também poderiam optar por levar seu trabalho para outro lugar! Implemente seu monitor com os seguintes métodos: **`iniciarLeitura`**, que é chamado por qualquer leitor que queira começar a acessar uma reserva; **`concluirLeitura`**, para ser chamado por qualquer leitor que tenha terminado de ler uma reserva; **`iniciarGravacao`**, para ser chamado por qualquer gravador que queira fazer uma reserva; e **`concluirGravacao`**, para ser chamado por qualquer gravador que tenha terminado de fazer uma reserva.

15

Strings, Caracteres e Expressões Regulares

Objetivos

- Criar e manipular objetos string de caracteres imutável da classe **String**.
- Criar e manipular objetos string de caracteres mutável da classe **StringBuilder**.
- Usar expressões regulares em conjunto com as classes **Regex** e **Match**.

★

O principal defeito do rei Henry
era mascar pequenos barbantes (strings).
Hilaire Belloc

A redação vigorosa é concisa.
Uma frase não deve conter palavras desnecessárias;
um parágrafo, nenhuma sentença desnecessária.
William Strunk, Jr.

Tornei esta carta mais longa do que o usual,
pois não tenho tempo de torná-la mais curta.
Blaise Pascal

A diferença entre a palavra quase certa
e a palavra certa é enorme —
é a diferença entre o vaga-lume e o relâmpago.
Mark Twain

Mantenha segredo.
Miguel de Cervantes, *Don Quixote de la Mancha*

Resumo

15.1 Introdução

Neste capítulo apresentaremos os recursos de processamento de strings e caracteres da Framework Class Library e demonstraremos o uso de expressões regulares para procurar padrões no texto. As técnicas apresentadas aqui podem ser empregadas para desenvolver editores de textos, processadores de textos, software de layout de página, sistemas de composição computadorizados e outros tipos de software de processamento de texto. Capítulos anteriores já apresentaram vários recursos de processamento de strings. Neste capítulo ampliaremos essas informações, pormenorizando os recursos da classe `String` e o tipo `char` do espaço de nomes `System`, a classe `StringBuilder` do espaço de nomes `System.Text` e as classes `Regex` e `Match` do espaço de nomes `System.Text.RegularExpressions`.

15.2 Fundamentos dos caracteres e strings

Os caracteres são os blocos de construção fundamentais do código-fonte C#. Todo programa é composto de caracteres que, quando agrupados de maneira significativa, criam uma seqüência que o compilador interpreta como uma série de instruções que descrevem como executar uma tarefa. Além dos caracteres normais, um programa também pode conter *constantes de caractere*. Uma constante de caractere é um caractere representado como um valor inteiro, chamado de *código de caractere*. Por exemplo, o valor inteiro **122** faz correspondência com a constante de caractere **'z'**. O valor inteiro **10** faz correspondência com o caractere de nova linha **'\n'**. As constantes de caractere são estabelecidas de acordo com o *conjunto de caracteres Unicode*, um conjunto de caracteres internacional que contém muito mais símbolos e letras do que o conjunto de caracteres ASCII (veja o Apêndice F). Para aprender mais sobre Unicode, veja o Apêndice G.

Uma string é uma série de caracteres tratados como uma única unidade. Esses caracteres podem ser letras maiús-culas, letras minúsculas, dígitos e vários *caracteres especiais*, como **+**, **-**, *****, **/**, **$** e outros. Uma string é um objeto da classe **String** no espaço de nomes **System**[1]. Escrevemos *literais de string* ou *constantes de string* (freqüentemente chamadas de `strings` *literais*) como seqüências de caracteres entre aspas, como se segue:

```
"Zé D. Couves"
"Rua Principal, 9999"
"Vargedo, Paraná"
"(01) 0051-5100"
```

1. O C# fornece a palavra-chave **string** como um alias da classe **String**. Neste livro usamos **String** para fazer referência à classe **String** e **string** para fazer referência a um objeto da classe **String**.

Uma declaração pode atribuir uma **string** literal a uma referência a **string**. A declaração

```
string cor = "azul";
```

inicializa a referência a **string cor** para se referir ao objeto **string** literal **"azul"**.

Dica de desempenho 15.1

Se houver várias ocorrências do mesmo objeto `string` literal em um aplicativo, uma única cópia do objeto `string` literal será referenciada a partir de cada ponto do programa que usa essa `string` literal. É possível compartilhar o objeto dessa maneira, pois os objetos `string` literal são implicitamente constantes. Tal compartilhamento economiza memória.

Algumas vezes uma **string** conterá vários caracteres de barra invertida (isso ocorre freqüentemente no nome de um arquivo). É possível excluir seqüências de escape e interpretar literalmente todos os caracteres de uma **string** usando o caractere **@**. As barras invertidas dentro das aspas não são consideradas seqüências de escape, mas caracteres de barra invertida normais. Com freqüência isso simplifica a programação e torna o código mais fácil de ler. Por exemplo, considere a string "**C:\MinhaPasta\MinhaSubPasta\MeuArquivo.txt**" com a seguinte atribuição:

```
string file = "C:\\MinhaPasta\\MinhaSubPasta\\MeuArquivo.txt";
```

Usando a sintaxe de string textual, a atribuição pode ser alterada para

```
string arquivo = @"C:\MinhaPasta\MinhaSubPasta\MeuArquivo.txt";
```

Essa estratégia também tem a vantagem de permitir que as strings abranjam várias linhas, preservando todos os caracteres de nova linha, espaços e tabulações.

15.3 Construtores de String

A classe **String** fornece oito construtores para inicializar **string**s de várias maneiras. A Figura 15.1 demonstra o uso de três dos construtores.

As linhas 14 a 16 declaram as **string**s **output originalString**, **string1**, **string2**, **string3** e **string4**. As linhas 18 e 19 alocam o array **char characterArray**, que contém nove caracteres. A linha 22 atribui a literal **string "Welcome to C# programming!"** à referência a **string originalString**. A linha 23 configura **string1** para referenciar a mesma **string** literal.

A linha 24 atribui uma nova **string** à **string2** usando o construtor de **String**, que recebe um array de caracteres como argumento. A nova **string** contém uma cópia dos caracteres no array **characterArray**.

```
1   // Fig. 15.1: StringConstructor.cs
2   // Demonstrando construtores da classe String.
3
4   using System;
5   using System.Windows.Forms;
6
7   // testa vários construtores da classe String
8   class StringConstructor
9   {
10     // o ponto de entrada principal do aplicativo
11     [STAThread]
12     static void Main( string[] args )
13     {
14        string output;
15        string originalString, string1, string2,
16           string3, string4;
17
```

Figura 15.1 Construtores de String. (Parte 1 de 2.)

```
18          char[] characterArray =
19             { 'b', 'i', 'r', 't', 'h', ' ', 'd', 'a', 'y' };
20
21          // inicialização das strings
22          originalString = "Welcome to C# programming!";
23          string1 = originalString;
24          string2 = new string( characterArray );
25          string3 = new string( characterArray, 6, 3 );
26          string4 = new string( 'C', 5 );
27
28          output = "string1 = " + "\"" + string1 + "\"\n" +
29             "string2 = " + "\"" + string2 + "\"\n" +
30             "string3 = " + "\"" + string3 + "\"\n" +
31             "string4 = " + "\"" + string4 + "\"\n";
32
33          MessageBox.Show( output, "String Class Constructors",
34             MessageBoxButtons.OK, MessageBoxIcon.Information );
35
36       } // fim do método Main
37
38    } // fim da classe StringConstructor
```

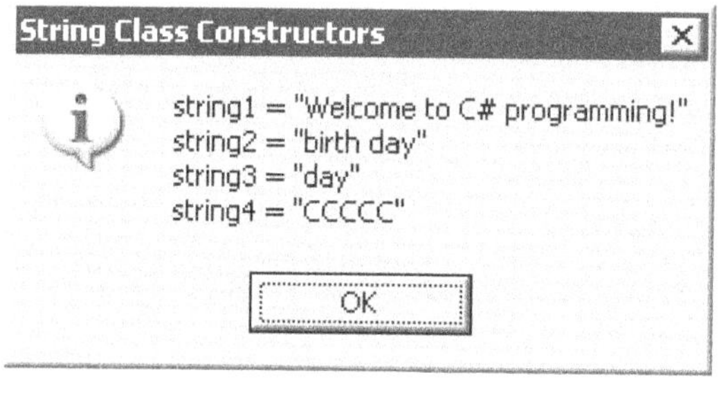

Figura 15.1 Construtores de String. (Parte 2 de 2.)

Observação de engenharia de software 15.1

Em muitos casos, não é necessário fazer uma cópia de uma `string` *existente. Todas as* `strings` *são imutáveis — seus conteúdos de caractere não podem ser alterados depois que elas são criadas. Além disso, se houver uma ou mais referências a uma* `string` *(ou, quanto a isso, qualquer objeto), o objeto não poderá ser reclamado pelo sistema de coleta de lixo.*

A linha 25 atribui uma nova **string** a **string3** usando o construtor de **String**, que recebe um array **char** e dois argumentos **int**. O segundo argumento especifica a posição de índice inicial (o *deslocamento — offset*) a partir do qual os caracteres do array são copiados. O terceiro argumento especifica o número de caracteres (a *contagem — count*) a serem copiados a partir da posição inicial especificada no array. A nova **string** contém uma cópia dos caracteres especificados no array. Se o deslocamento ou a contagem especificados indicarem que o programa deve acessar um elemento fora dos limites do array de caracteres, uma exceção `ArgumentOutOfRangeException` será lançada.

A linha 26 atribui uma nova **string** à **string4** usando o construtor de **String**, que recebe como argumentos um caractere e um valor **int** especificando o número de vezes a repetir esse caractere na **string**.

15.4 Indexador, propriedade Length e método CopyTo de String

O aplicativo da Figura 15.2 apresenta o indexador de **String**, que facilita a recuperação de qualquer caractere na **string**, e a propriedade `Length` de **String**, que retorna o comprimento da **string**. O método `CopyTo` de **String** copia um número especificado de caracteres a partir de uma **string** em um array **char**.

Nesse exemplo criamos um aplicativo que determina o comprimento de uma **string**, inverte a ordem dos caracteres na **string** e copia uma série de caracteres da **string** em um array de caracteres.

```
// Fig. 15.2: StringMethods.cs
// Usando o indexador, a propriedade Length e o método CopyTo
// da classe String.

using System;
using System.Windows.Forms;

// cria objetos string e exibe os resultados do uso do
// indexador e dos métodos Length e CopyTo
class StringMethods
{
   // o ponto de entrada principal do aplicativo
   [STAThread]
   static void Main( string[] args )
   {
      string string1, output;
      char[] characterArray;

      string1 = "hello there";
      characterArray = new char[ 5 ];

      // string de saída
      output =
         "string1: \"" + string1 + "\"";

      // testa a propriedade Length
      output += "\nLength of string1: " + string1.Length;

      // percorre os caracteres de string1 e exibe-os
      // invertido
      output += "\nThe string reversed is: ";

      for ( int i = string1.Length - 1; i >= 0; i-- )
         output += string1[ i ];

      // copia caracteres de string1 para characterArray
      string1.CopyTo( 0, characterArray, 0, 5 );
      output += "\nThe character array is: ";

      for ( int i = 0 ; i < characterArray.Length; i++ )
         output += characterArray[ i ];

      MessageBox.Show( output, "Demonstrating the string " +
         "Indexer, Length Property and CopyTo method",
         MessageBoxButtons.OK, MessageBoxIcon.Information );

   } // fim do método Main

} // fim da classe StringMethods
```

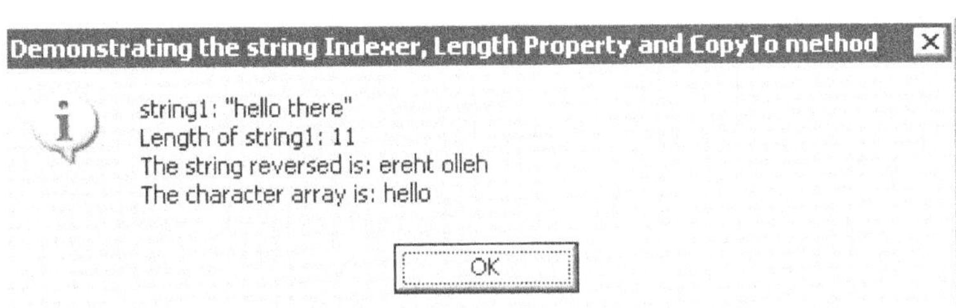

Figura 15.2 Indexador, propriedade Length e método CopyTo de String.

A linha 27 usa a propriedade **Length** de **String** para determinar o número de caracteres da **string string1**. Assim como os arrays, as **string**s sempre conhecem seu próprio tamanho.

As linhas 33 e 34 colocam em **output** os caracteres da **string string1**, em ordem inversa. O indexador da **string** retorna o caractere em uma posição específica na **string**. O indexador da **string** trata uma **string** como um array de valores **char**. O indexador recebe um argumento inteiro como o *número de posição* e retorna o caractere que está nessa posição. Assim como acontece com os arrays, o primeiro elemento de uma **string** é considerado como estando na posição 0.

Erro de programação comum 15.1

Tentar acessar um caractere que está fora dos limites de uma `string` *(isto é, um índice menor do que 0 ou um índice maior ou igual ao comprimento da* `string`*) resulta em uma exceção* `IndexOutOfRangeException`.

A linha 37 usa o método **CopyTo** de **String** para copiar os caracteres de uma **string** (**string1**) para um array de caracteres (**characterArray**). O primeiro argumento dado ao método **CopyTo** é o índice a partir do qual o método começa a copiar caracteres na **string**. O segundo argumento é o array de caracteres para o qual os caracteres são copiados. O terceiro argumento é o índice especificando a localização na qual o método coloca os caracteres copiados no array de caracteres. O último argumento é o número de caracteres que o método copiará a partir da **string**. As linhas 40 e 41 anexam o conteúdo do array **char** na **string output**, um caractere por vez.

15.5 Comparando strings

Os dois próximos exemplos demonstram os vários métodos que o C# fornece para comparar **string**s. Para entender como uma **string** pode ser "maior" ou "menor" do que outra, considere o processo de colocação em ordem alfabética de uma série de sobrenomes. Sem dúvida, o leitor colocaria **"Cardoso"** antes de **"Silva"**, pois a primeira letra de **"Cardoso"** vem antes da primeira letra de **"Silva"** no alfabeto. O alfabeto é mais do que um conjunto de 26 letras — é uma lista ordenada de caracteres na qual cada letra ocorre em uma posição específica. Por exemplo, **Z** é mais do que apenas uma letra do alfabeto; **Z** é especificamente a vigésima sexta letra do alfabeto.

Os computadores podem colocar caracteres em ordem alfabética, pois os caracteres são representados internamente como códigos numéricos Unicode. Ao comparar duas **string**s, o C# simplesmente compara os códigos numéricos dos caracteres nas **string**s.

A classe **String** fornece várias maneiras de comparar **string**s. O aplicativo da Figura 15.3 demonstra o uso do método *Equals*, do método *CompareTo* e do operador de igualdade (==).

A condição na estrutura **if** (linha 27) usa o método de instância **Equals** para comparar **string1** e a literal **string "hello"** para determinar se eles são iguais. O método **Equals** (herdado por **String** da classe **Object**) testa a igualdade de qualquer dois objetos (isto é, verifica se os objetos possuem conteúdos idênticos). O método retorna **true** se os objetos são iguais e **false**, caso contrário. Nesse caso, a condição precedente retorna **true**, pois **string1** faz referência ao objeto **string** literal **"hello"**. O método **Equals** usa uma *comparação lexicográfica* — os valores Unicode inteiros que representam cada caractere em cada **string** são comparados. O método **Equals** compara os valores Unicode numéricos que representam os caracteres em cada **string**. Uma comparação da **string "hello"** com a **string "HELLO"** retornaria **false**, pois as representações numéricas das letras minúsculas são diferentes das representações numéricas das letras maiúsculas correspondentes.

A condição na segunda estrutura **if** (linha 33) usa o operador de igualdade (==) para comparar a **string string1** com a literal **string "hello"** quanto à igualdade. Em C#, o operador de igualdade também usa uma comparação lexicográfica para comparar duas **string**s. Assim, a condição na estrutura **if** é avaliada como **true**, pois os valores de **string1** e **"hello"** são iguais. Para comparar as referências a duas **string**s, devemos convertê-las explicitamente para o tipo **object** e usar o operador de igualdade (==).

```
1   // Fig. 15.3: StringCompare.cs
2   // Comparando strings.
3
4   using System;
5   using System.Windows.Forms;
```

Figura 15.3 Teste de `string` para determinar a igualdade. (Parte 1 de 3.)

```

// compara um número de strings
class StringCompare
{
   // o ponto de entrada principal do aplicativo
   [STAThread]
   static void Main( string[] args )
   {
      string string1 = "hello";
      string string2 = "good bye";
      string string3 = "Happy Birthday";
      string string4 = "happy birthday";
      string output;

      // valores de saída de quatro strings
      output = "string1 = \"" + string1 + "\"" +
         "\nstring2 = \"" + string2 + "\"" +
         "\nstring3 = \"" + string3 + "\"" +
         "\nstring4 = \"" + string4 + "\"\n\n";

      // testa a igualdade usando o método Equals
      if ( string1.Equals( "hello" ) )
         output += "string1 equals \"hello\"\n";
      else
         output += "string1 does not equal \"hello\"\n";

      // testa a igualdade com ==
      if ( string1 == "hello" )
         output += "string1 equals \"hello\"\n";
      else
         output += "string1 does not equal \"hello\"\n";

     // testa a igualdade levando em conta diferenças entre letras maiúsculas e minúsculas
      if ( String.Equals( string3, string4 ) )
         output += "string3 equals string4\n";
      else
         output += "string3 does not equal string4\n";

      // testa CompareTo
      output += "\nstring1.CompareTo( string2 ) is " +
         string1.CompareTo( string2 ) + "\n" +
         "string2.CompareTo( string1 ) is " +
         string2.CompareTo( string1 ) + "\n" +
         "string1.CompareTo( string1 ) is " +
         string1.CompareTo( string1 ) + "\n" +
         "string3.CompareTo( string4 ) is " +
         string3.CompareTo( string4 ) + "\n" +
         "string4.CompareTo( string3 ) is " +
         string4.CompareTo( string3 ) + "\n\n";

      MessageBox.Show( output, "Demonstrating string " +
         "comparisons", MessageBoxButtons.OK,
         MessageBoxIcon.Information );

   } // fim do método Main

} // fim da classe StringCompare
```

Figura 15.3 Teste de string para determinar a igualdade. (Parte 2 de 3.)

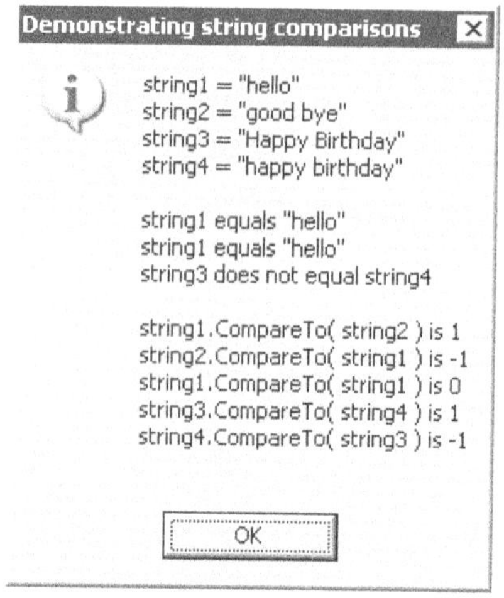

Figura 15.3 Teste de `string` para determinar a igualdade. (Parte 3 de 3.)

Apresentamos o teste de igualdade de **`string`** entre **`string3`** e **`string4`** (linha 39) para ilustrar que as comparações efetivamente diferenciam letras maiúsculas de minúsculas. Aqui, o método **`static Equals`** (em oposição ao método de instância na linha 27) é usado para comparar os valores de duas **`string`**s. **`"Happy Birthday"`** não é igual a **`"happy birthday"`**, de modo que a condição da estrutura **`if`** falha, e a mensagem **`"string3 does not equal string4"`** é adicionada na mensagem de saída (linha 42).

As linhas 46 a 54 usam o método **`CompareTo`** de **`String`** para comparar **`string`**s. O método **`CompareTo`** retorna **`0`** se as **`string`**s são iguais, **`-1`** se a **`string`** que chama **`CompareTo`** é menor do que a **`string`** passada como argumento, e **`1`** se a **`string`** que chama **`CompareTo`** é maior do que a **`string`** passada como argumento. O método **`CompareTo`** usa uma comparação lexicográfica.

Note que **`CompareTo`** considera **`string3`** como maior do que **`string4`**. A única diferença entre essas duas **`string`**s é que **`string3`** contém duas letras maiúsculas. Esse exemplo ilustra que uma letra maiúscula tem um valor menor no conjunto de caracteres Unicode do que sua correspondente minúscula.

O aplicativo da Figura 15.4 mostra como se faz para testar se uma instância de **`string`** começa ou termina com uma **`string`** dada. O método *`StartsWith`* determina se uma instância de **`string`** começa com o texto de **`string`** passado a ele como argumento. O método *`EndsWith`* determina se uma instância de **`string`** termina com o texto de **`string`** passado a ele como argumento. O método **`Main`** do aplicativo **`StringStartEnd`** define um array de **`string`**s (chamado **`strings`**), que contém **`"started"`**, **`"starting"`**, **`"ended"`** e **`"ending"`**. O restante do método **`Main`** testa os elementos do array para determinar se eles começam ou terminam com um conjunto de caracteres em particular.

A linha 21 usa o método **`StartsWith`**, que recebe um argumento **`string`**. A condição na estrutura **`if`** determina se a **`string`** no índice **`i`** do array começa com os caracteres **`"st"`**. Se assim for, o método retorna **`true`** e coloca **`strings[i]`** na **`string output`**, para fins de exibição.

A linha 30 usa o método **`EndsWith`**, que também recebe um argumento **`string`**. A condição na estrutura **`if`** determina se a **`string`** no índice **`i`** do array termina com os caracteres **`"ed"`**. Se assim for, o método retorna **`true`**, e **`strings[i]`** é colocada em **`string output`** para fins de exibição.

```
1  // Fig. 15.4: StringStartEnd.cs
2  // Demonstrando os métodos StartsWith e EndsWith.
3
4  using System;
5  using System.Windows.Forms;
6
```

Figura 15.4 Métodos `StartsWith` e `EndsWith`. (Parte 1 de 2.)

```
// testando StartsWith e EndsWith
class StringStartEnd
{
   // o ponto de entrada principal do aplicativo
   [STAThread]
   static void Main( string[] args )
   {
      string[] strings =
         { "started", "starting", "ended", "ending" };
      string output = "";

      // testa cada string para ver se ela começa com "st"
      for ( int i = 0; i < strings.Length; i++ )

         if ( strings[ i ].StartsWith( "st" ) )
            output += "\"" + strings[ i ] + "\"" +
               " starts with \"st\"\n";

      output += "\n";

      // testa cada string para ver se ela termina com "ed"
      for ( int i = 0; i < strings.Length; i ++ )

         if ( strings[ i ].EndsWith( "ed" ) )
            output += "\"" + strings[ i ] + "\"" +
               " ends with \"ed\"\n";

      MessageBox.Show( output, "Demonstrating StartsWith e " +
         "EndsWith methods", MessageBoxButtons.OK,
         MessageBoxIcon.Information );

   } // fim do método Main

} // fim da classe StringStartEnd
```

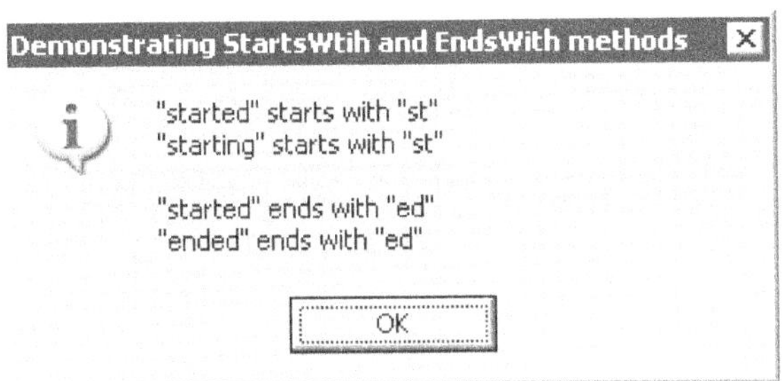

Figura 15.4 Métodos StartsWith e EndsWith. (Parte 2 de 2.)

15.6 Método GetHashCode de String

Freqüentemente é necessário armazenar **string**s e outros tipos de dados de modo a permitir que as informações sejam encontradas rapidamente. Uma das melhores maneiras de tornar as informações facilmente acessíveis é armazená-las em uma tabela de hash. Uma *tabela de hash* armazena um objeto efetuando um cálculo especial nesse objeto, o qual produz um *código de hash*. Então, o objeto é armazenado em um local na tabela de hash, determinado pelo código de hash calculado. Quando um programa precisa recuperar as informações, o mesmo cálculo é efetuado, gerando o mesmo código de hash. Qualquer objeto pode ser armazenado em uma tabela de hash. A classe **Object** define o método *GetHashCode* para efetuar o cálculo do código de hash. Embora todas as classes herdem esse método da classe **Object**, recomenda-se que eles sobreponham a implementação padrão de **Object**. A classe **String** sobrepõe o método **GetHashCode** para fornecer uma boa distribuição de códigos de hash, baseada no conteúdo da **string**. Vamos discutir hash em detalhes no Capítulo 24.

O exemplo da Figura 15.5 demonstra a aplicação do método **GetHashCode** em duas **string**s (**"hello"** e **"Hello"**). Aqui, o valor do código de hash para cada **string** é diferente. Entretanto, **string**s que não são idênticas podem ter o mesmo valor de código de hash.

```
// Fig. 15.5: StringHashCode.cs
// Demonstrando o método GetHashCode da classe String.

using System;
using System.Windows.Forms;

// testando o método GetHashCode
class StringHashCode
{
   // o ponto de entrada principal do aplicativo
   [STAThread]
   static void Main( string[] args )
   {

      string string1 = "hello";
      string string2 = "Hello";
      string output;

      output = "The hash code for \"" + string1 +
         "\" is " + string1.GetHashCode() + "\n";

      output += "The hash code for \"" + string2 +
         "\" is " + string2.GetHashCode() + "\n";

      MessageBox.Show( output, "Demonstrating String " +
         "method GetHashCode", MessageBoxButtons.OK,
         MessageBoxIcon.Information );

   } // fim do método Main

} // fim da classe StringHashCode
```

Figura 15.5 Demonstração do método GetHashCode.

15.7 Localizando caracteres e substrings em strings

Em muitas aplicações é necessário procurar um caractere ou conjunto de caracteres em uma **string**. Por exemplo, um programador que estivesse criando um processador de texto desejaria fornecer recursos para pesquisar os documentos. O aplicativo da Figura 15.6 demonstra algumas das muitas versões dos métodos *IndexOf*, *IndexOfAny*, *LastIndexOf* e *LastIndexOfAny* de **String**, que procuram um caractere ou substring especificado em uma **string**. Executamos todas as pesquisas nesse exemplo sobre a **string letters** (inicializada com **"abcdefghijklmabcdefghijklm"**), localizada no método **Main** da classe **StringIndexMethods**.

```
// Fig. 15.6: StringIndexMethods.cs
// Usando métodos de busca de String.

using System;
using System.Windows.Forms;

// testando recursos de indexação de strings
class StringIndexMethods
{
   // o ponto de entrada principal do aplicativo
   [STAThread]
   static void Main( string[] args )
   {
      string letters = "abcdefghijklmabcdefghijklm";
      string output = "";
      char[] searchLetters = { 'c', 'a', '$' };

      // testa IndexOf para localizar um caractere em uma string
      output += "'c' is located at index " +
         letters.IndexOf( 'c' );

      output += "\n'a' is located at index " +
         letters.IndexOf( 'a', 1 );

      output += "\n'$' is located at index " +
         letters.IndexOf( '$', 3, 5 );

      // testa LastIndexOf para encontrar um caractere em uma string
      output += "\n\nLast 'c' is located at " +
         "index " + letters.LastIndexOf( 'c' );

      output += "\nLast 'a' is located at index " +
         letters.LastIndexOf( 'a', 25 );

      output += "\nLast '$' is located at index " +
         letters.LastIndexOf( '$', 15, 5 );

      // testa IndexOf para localizar uma substring em uma string
      output += "\n\n\"def\" is located at" +
         " index " + letters.IndexOf( "def" );

      output += "\n\"def\" is located at index " +
         letters.IndexOf( "def", 7 );

      output += "\n\"hello\" is located at index " +
         letters.IndexOf( "hello", 5, 15 );

      // testa LastIndexOf para localizar uma substring em uma string
      output += "\n\nLast \"def\" is located at index " +
         letters.LastIndexOf( "def" );

      output += "\nLast \"def\" is located at " +
         letters.LastIndexOf( "def", 25 );

      output += "\nLast \"hello\" is located at index " +
         letters.LastIndexOf( "hello", 20, 15 );

      // testa IndexOfAny para localizar a primeira ocorrência do caractere
```

Figura 15.6 Procurando caracteres e substrings em `strings`. (Parte 1 de 2.)

```
59          // no array
60          output += "\n\nFirst occurrence of 'c', 'a', '$' is " +
61             "located at " + letters.IndexOfAny( searchLetters );
62
63          output += "\nFirst occurrence of 'c, 'a' ou '$' is " +
64             "located at " + letters.IndexOfAny( searchLetters, 7 );
65
66          output += "\nFirst occurrence of 'c', 'a' ou '$' is " +
67             "located at " + letters.IndexOfAny( searchLetters, 20, 5 );
68
69          // testa LastIndexOfAny para localizar a última ocorrência do caractere
70          // no array
71          output += "\n\nLast occurrence of 'c', 'a' ou '$' is " +
72             "located at " + letters.LastIndexOfAny( searchLetters );
73
74          output += "\nLast occurrence of 'c', 'a' ou '$' is " +
75             "located at " + letters.LastIndexOfAny( searchLetters, 1 );
76
77          output += "\nLast occurrence of 'c', 'a' ou '$' is " +
78             "located at " + letters.LastIndexOfAny(
79             searchLetters, 25, 5 );
80
81          MessageBox.Show( output,
82             "Demonstrating class index methods",
83             MessageBoxButtons.OK, MessageBoxIcon.Information );
84
85       } // fim do método Main
86
87    } // fim da classe StringIndexMethods
```

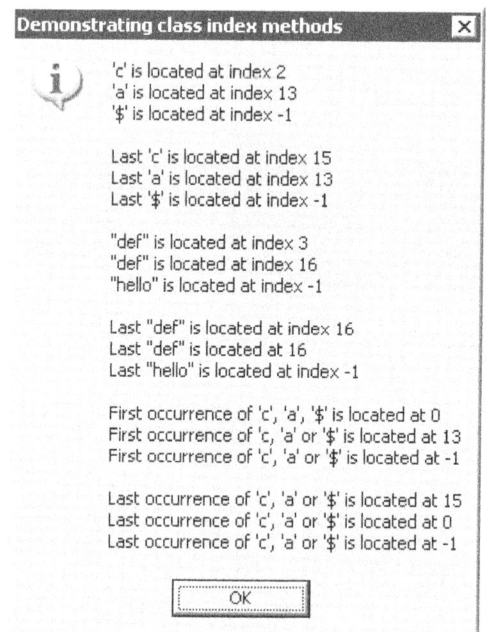

Figura 15.6 Procurando caracteres e substrings em `strings`. (Parte 2 de 2.)

As linhas 20, 23 e 26 usam o método **`IndexOf`** para localizar a primeira ocorrência de um caractere ou substring em uma **`string`**. Se o método encontra um caractere, **`IndexOf`** retorna o índice do caractere especificado na **`string`**; caso contrário, **`IndexOf`** retorna **`-1`**. A expressão na linha 23 usa uma versão do método **`IndexOf`** que recebe dois argumentos

— o caractere a ser procurado e o índice inicial em que a busca da **string** deve começar. O método não examina quaisquer caracteres que ocorram antes do índice inicial (nesse caso, **1**). A expressão na linha 26 usa outra versão do método **IndexOf**, que recebe três argumentos — o caractere a ser procurado, o índice no qual a pesquisa vai começar e o número de caracteres a serem procurados.

As linhas 30, 33 e 36 usam o método **LastIndexOf** para localizar a última ocorrência de um caractere em uma **string**. O método **LastIndexOf** realiza a pesquisa do final para o início da **string**. Se o método **LastIndexOf** encontra o caractere, ele retorna o índice do caractere especificado na **string**; caso contrário, **LastIndexOf** retorna **-1**. Existem três versões de **LastIndexOf** que procuram caracteres em uma **string**. A expressão na linha 30 usa a versão do método **LastIndexOf** que recebe como argumento o caractere a ser procurado. A expressão na linha 33 usa a versão do método **LastIndexOf** que recebe dois argumentos — o caractere a ser procurado e o índice mais alto a partir do qual vai começar a busca para trás do caractere. A expressão na linha 36 usa uma terceira versão do método **LastIndexOf**, que recebe três argumentos — o caractere a ser procurado, o índice inicial a partir do qual a busca para trás vai começar e o número de caracteres (a parte da **string**) a serem procurados.

As linhas 40 a 56 usam versões de **IndexOf** e **LastIndexOf** que recebem uma **string**, em vez de um caractere, como primeiro argumento. Essas versões dos métodos funcionam do mesmo modo que as descritas anteriormente, exceto que elas procuram seqüências de caracteres (ou substrings) que são especificadas por seus argumentos **string**.

As linhas 61 a 79 usam os métodos **IndexOfAny** e **LastIndexOfAny**, que recebem um array de caracteres como primeiro argumento. Essas versões dos métodos também funcionam do mesmo modo que as descritas anteriormente, exceto que retornam o índice da primeira ocorrência de qualquer um dos caracteres no argumento array de caracteres.

Erro de programação comum 15.2

Nos métodos sobrecarregados `LastIndexOf` e `LastIndexOfAny`, que recebem três parâmetros, o segundo argumento sempre deve ser maior ou igual ao terceiro. Isso pode parecer estranho, mas lembre-se de que a busca se processa do final para o início da string.

15.8 Extraindo substrings de strings

A classe **String** fornece dois métodos *Substring*, os quais são usados para criar uma nova **string** por meio da cópia de parte de uma **string** existente. Cada método retorna uma nova **string**. O aplicativo da Figura 15.7 demonstra o uso dos dois métodos.

```
// Fig. 15.7: SubString.cs
// Demonstrando o método Substring de String.

using System;
using System.Windows.Forms;

// criando substrings
class SubString
{
   // o ponto de entrada principal do aplicativo
   [STAThread]
   static void Main( string[] args )
   {
      string letters = "abcdefghijklmabcdefghijklm";
      string output = "";

      // chama o método Substring e passa a ele um parâmetro
      output += "Substring from index 20 to end is \"" +
         letters.Substring( 20 ) + "\"\n";

      // chama o método Substring e passa a ele dois parâmetros
      output += "Substring from index 0 to 6 is \"" +
```

Figura 15.7 Substrings geradas a partir de strings. (Parte 1 de 2.)

```
23             letters.Substring( 0, 6 ) + "\"";
24
25         MessageBox.Show( output,
26             "Demonstrating String method Substring",
27             MessageBoxButtons.OK, MessageBoxIcon.Information );
28
29     } // fim do método Main
30
31 } // fim da classe SubString
```

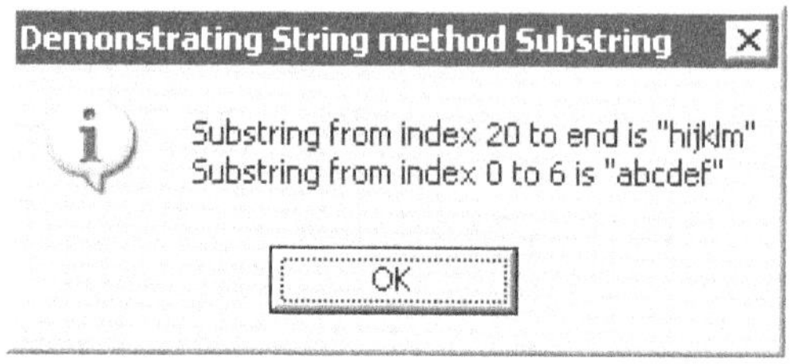

Figura 15.7 Substrings geradas a partir de strings. (Parte 2 de 2.)

A instrução na linha 19 usa o método **Substring** que recebe um argumento **int**. O argumento especifica o índice inicial a partir do qual o método copia caracteres da **string** original. A substring retornada contém uma cópia dos caracteres desde o índice inicial até o final da **string**. Se o índice especificado no argumento estiver fora dos limites da **string**, o programa lançará uma exceção **ArgumentOutOfRangeException**.

A segunda versão do método **Substring** (linha 23) recebe dois argumentos **int**. O primeiro argumento especifica o índice inicial a partir do qual o método copia caracteres da **string** original. O segundo argumento especifica o comprimento da substring a ser copiada. A substring retornada contém uma cópia dos caracteres especificados da **string** original.

15.9 Concatenando Strings

O operador **+** (discutido no Capítulo 3) não é a única maneira de realizar concatenação de **string**s. O método **static** *Concat* da classe **String** (Figura 15.8) concatena duas **string**s e retorna uma nova **string** contendo os caracteres combinados das duas **string**s originais. A linha 23 anexa os caracteres de **string2** no final de **string1** usando o método **Concat**. A instrução na linha 23 não modifica as **string**s originais.

15.10 Métodos de String diversos

A classe **String** fornece vários métodos que retornam cópias modificadas de **string**s. O aplicativo da Figura 15.9 demonstra o uso desses métodos, o que inclui os métodos *Replace*, *ToLower*, *ToUpper*, *Trim* e *ToString* de **String**.

```
1  // Fig. 15.8: SubConcatination.cs
2  // Demonstrando o método Concat da classe String.
3
4  using System;
5  using System.Windows.Forms;
6
7  // concatena strings usando o método Concat de String
8  class StringConcatenation
9  {
10     // o ponto de entrada principal do aplicativo
11     [STAThread]
```

Figura 15.8 Método static Concat. (Parte 1 de 2.)

```
12       static void Main( string[] args )
13       {
14          string string1 = "Happy ";
15          string string2 = "Birthday";
16          string output;
17
18          output = "string1 = \"" + string1 + "\"\n" +
19             "string2 = \"" + string2 + "\"";
20
21          output +=
22             "\n\nResult of String.Concat( string1, string2 ) = " +
23             String.Concat( string1, string2 );
24
25          output += "\nstring1 after concatenation = " + string1;
26
27          MessageBox.Show( output,
28             "Demonstrating String method Concat",
29             MessageBoxButtons.OK, MessageBoxIcon.Information );
30
31       } // fim do método Main
32
33    } // fim da classe StringConcatenation
```

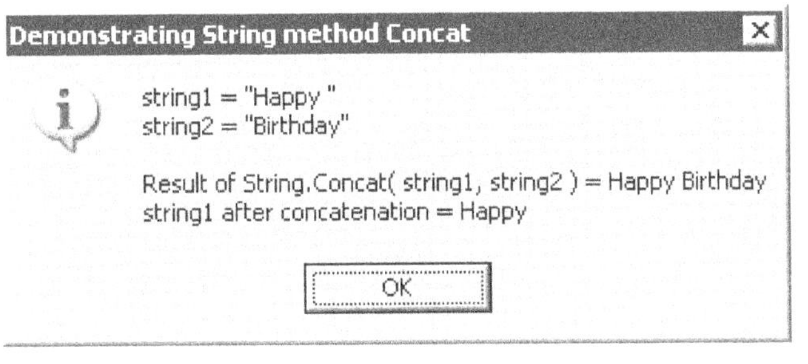

Figura 15.8 Método `static Concat`. (Parte 2 de 2.)

A linha 27 usa o método **`Replace`** de **`String`** para retornar uma nova **`string`**, substituindo cada ocorrência do caractere **`'e'`** da **`string1`** pelo caractere **`'E'`**. O método **`Replace`** recebe dois argumentos — uma **`string`** a ser pesquisada e outra para substituir todas as ocorrências correspondentes do primeiro argumento. A **`string`** original permanece inalterada. Se não houver ocorrências do primeiro argumento na **`string`**, o método retornará a **`string`** original.

O método **`ToUpper`** de **`String`** gera uma nova **`string`** (linha 31) que substitui todas as letras minúsculas de **`string1`** por suas equivalentes maiúsculas. O método retorna uma nova **`string`** contendo a **`string`** convertida; a **`string`** original permanece inalterada. Se não houver caracteres para converter para maiúsculas, o método retornará a **`string`** original. A linha 32 usa o método **`ToLower`** de **`String`** para retornar uma nova **`string`** na qual todas as letras maiúsculas de **`string2`** são substituídas por suas equivalentes minúsculas. A **`string`** original fica inalterada. Assim como no caso de **`ToUpper`**, se não houver caracteres para converter para minúsculas, o método **`ToLower`** retornará a **`string`** original.

```
1    // Fig. 15.9: StringMiscellaneous2.cs
2    // Demonstrando os métodos Replace, ToLower, ToUpper, Trim
3    // e ToString de String.
4
5    using System;
6    using System.Windows.Forms;
7
8    // cria strings usando os métodos Replace, ToLower, ToUpper, Trim
```

Figura 15.9 Métodos `Replace`, `ToLower`, `ToUpper`, `Trim` e `ToString` de `String`. (Parte 1 de 2.)

```
class StringMethods2
{
   // o ponto de entrada principal do aplicativo
   [STAThread]
   static void Main( string[] args )
   {
      string string1 = "cheers!";
      string string2 = "GOOD BYE ";
      string string3 = "   spaces   ";
      string output;

      output = "string1 = \"" + string1 + "\"\n" +
         "string2 = \"" + string2 + "\"\n" +
         "string3 = \"" + string3 + "\"";

      // chama o método Replace
      output +=
         "\n\nReplacing \"e\" with \"E\" in string1: \"" +
         string1.Replace( 'e', 'E' ) + "\"";

      // chama ToLower e ToUpper
      output += "\n\nstring1.ToUpper() = \"" +
         string1.ToUpper() + "\"\nstring2.ToLower() = \"" +
         string2.ToLower() + "\"";

      // chama o método Trim
      output += "\n\nstring3 after trim = \"" +
         string3.Trim() + "\"";

      // chama o método ToString
      output += "\n\nstring1 = \"" + string1.ToString() + "\"";

      MessageBox.Show( output,
         "Demonstrating various string methods",
         MessageBoxButtons.OK, MessageBoxIcon.Information );

   } // fim do método Main

} // fim da classe StringMethods2
```

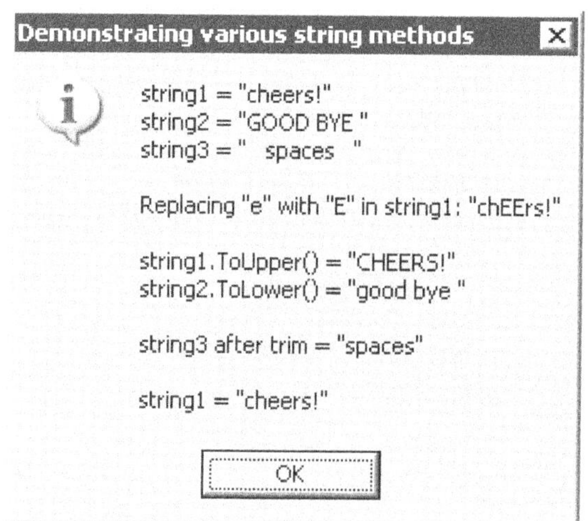

Figura 15.9 Métodos `Replace`, `ToLower`, `ToUpper`, `Trim` e `ToString` de `String`. (Parte 2 de 2.)

A linha 36 usa o método **Trim** de **String** para remover todos os caracteres de espaço em branco que aparecem no início e no final de uma **string**. Sem alterar a **string** original, o método retorna uma nova **string** que contém a **string**, mas omite os caracteres de espaço em branco à esquerda ou à direita. Outra versão do método **Trim** recebe um array de caracteres e retorna uma **string** que não contém os caracteres no argumento do array.

A linha 39 usa o método **ToString** da classe **String** para mostrar que os vários outros métodos empregados nesse aplicativo não modificaram **string1**. Por que o método **ToString** é fornecido para a classe **String**? Em C#, todos os objetos são derivados da classe **Object**, que define o método **virtual ToString**. Assim, o método **ToString** pode ser chamado para se obter uma representação de **string** de qualquer objeto. Se uma classe que herda de **Object** (como **String**) não sobrepõe o método **ToString**, a classe usa a versão padrão da classe **Object**, a qual retorna uma **string** consistindo no nome da classe do objeto. Normalmente, as classes sobrepõem o método **ToString** para expressar o conteúdo de um objeto como texto. A classe **String** sobrepõe o método **ToString** para que, em vez de retornar o nome da classe, ele retorne simplesmente a **string**.

15.11 Classe StringBuilder

A classe **String** fornece muitos recursos para processamento de **strings**. Entretanto, o conteúdo de uma **string** nunca pode mudar. As operações que parecem concatenar **strings** na verdade estão atribuindo referências a **string** às **strings** recentemente criadas (por exemplo, o operador **+=** cria uma nova **string** e atribui a referência a **string** inicial à **string** recentemente criada).

As próximas seções discutirão os recursos da classe **StringBuilder** (espaço de nomes **System.Text**), usada para criar e manipular informações de strings dinâmicas — isto é, strings mutáveis. Todo **StringBuilder** pode armazenar um certo número de caracteres, que é especificado por sua capacidade. Ultrapassar a capacidade de um **StringBuilder** faz com que ela aumente para acomodar os caracteres adicionais. Conforme veremos, os membros da classe **StringBuilder**, como os métodos **Append** e **AppendFormat**, podem ser usados para concatenação, assim como os operadores **+** e **+=** da classe **String**.

Observação de engenharia de software 15.2

Os objetos da classe `String` são strings constantes, enquanto os objetos da classe `StringBuilder` são strings mutáveis. O C# pode realizar certas otimizações envolvendo `strings` (como o compartilhamento de uma `string` entre várias referências), pois sabe que esses objetos não mudarão.

Dica de desempenho 15.2

Quando lhe for dado escolher entre usar uma `string` para representar uma string e usar um objeto `StringBuilder` para representar essa string, use sempre uma `string` se o conteúdo do objeto não vai mudar. Quando apropriado, usar `strings` em vez de objetos `StringBuilder` melhora o desempenho.

```
// Fig. 15.10: StringBuilderConstructor.cs
// Demonstrando os construtores da classe StringBuilder.

using System;
using System.Windows.Forms;
using System.Text;

// cria três objetos StringBuilder com três construtores
class StringBuilderConstructor
{
   // o ponto de entrada principal do aplicativo
   [STAThread]
   static void Main( string[] args )
   {
      StringBuilder buffer1, buffer2, buffer3;
      string output;

      buffer1 = new StringBuilder();
```

Figura 15.10 Construtores da classe StringBuilder. (Parte 1 de 2.)

```
19          buffer2 = new StringBuilder( 10 );
20          buffer3 = new StringBuilder( "hello" );
21
22          output = "buffer1 = \"" + buffer1.ToString() + "\"\n";
23
24          output += "buffer2 = \"" + buffer2.ToString() + "\"\n";
25
26          output += "buffer3 = \"" + buffer3.ToString() + "\"\n";
27
28          MessageBox.Show( output,
29             "Demonstrating StringBuilder class construtors",
30             MessageBoxButtons.OK, MessageBoxIcon.Information );
31
32       } // fim do método Main
33
34    } // fim da classe StringBuilderConstructor
```

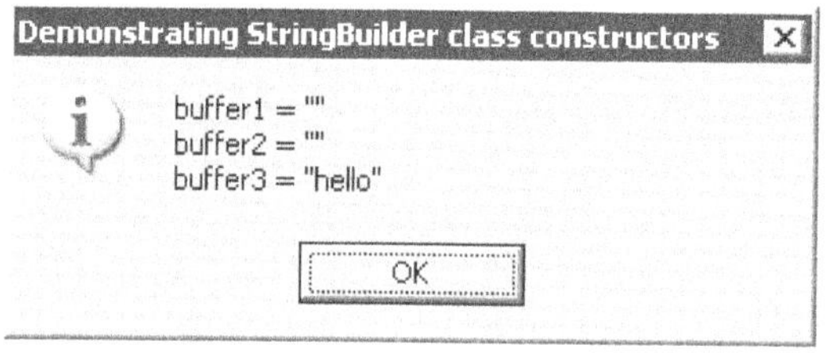

Figura 15.10 Construtores da classe `StringBuilder`. (Parte 2 de 2.)

A classe **`StringBuilder`** fornece seis construtores sobrecarregados. A classe **`StringBuilderConstructor`** (Figura 15.10) demonstra o uso de três desses construtores sobrecarregados.

A linha 18 emprega o construtor sem argumento de **`StringBuilder`** para criar um objeto **`StringBuilder`** que não contém caracteres e que possui uma capacidade padrão inicial de 16 caracteres. A linha 19 usa o construtor de **`StringBuilder`** que recebe um argumento **`int`** para criar um objeto **`StringBuilder`** que não contém caracteres e possui a capacidade inicial específica no argumento **`int`** (isto é, **`10`**). A linha 20 usa o construtor de **`StringBuilder`** que recebe um argumento **`string`** para criar um objeto **`StringBuilder`** contendo os caracteres do argumento **`string`**. A capacidade inicial é a menor potência de dois que seja maior do que o número de caracteres da **`string`** passada como argumento.

As linhas 22 a 26 usam o método **`ToString`** de **`StringBuilder`** para obter uma representação **`string`** do conteúdo de **`StringBuilder`**. Esse método retorna a **`string`** subjacente de **`StringBuilder`**.

15.12 Indexador, propriedades `Length` e `Capacity` e método `EnsureCapacity` de `StringBuilder`

A classe **`StringBuilder`** fornece as propriedades *`Length`* e *`Capacity`* para retornar o número de caracteres atualmente em um objeto **`StringBuilder`** e o número de caracteres que um objeto **`StringBuilder`** pode armazenar sem alocar mais memória, respectivamente. Essas propriedades também podem aumentar ou diminuir o comprimento ou a capacidade do objeto **`StringBuilder`**.

O método *`EnsureCapacity`* permite que os programadores garantam que um objeto **`StringBuilder`** tenha uma capacidade que reduza o número de vezes que ela deva ser aumentada. O método **`EnsureCapacity`** duplica a capacidade atual da instância de **`StringBuilder`**. Se esse valor duplicado for maior do que o valor que o programador deseja garantir, ele se tornará a nova capacidade. Caso contrário, **`EnsureCapacity`** alterará a capacidade para torná-la uma unidade a mais do que o número solicitado. Por exemplo, se a capacidade atual for 17 e quisermos torná-la 40, 17 multiplicado por 2 não é maior do que 40; portanto, a chamada resultará em uma nova capacidade de 41. Se a capacidade atual for 23 e quisermos torná-la 40, 23 será multiplicado por 2 para resultar em uma nova capacidade de 46. Tanto 41 como 46 são maiores do que 40; assim, uma capacidade de 40 é garantida pelo método **`EnsureCapacity`**. O programa da Figura 15.11 demonstra o uso desses métodos e propriedades.

O programa contém um objeto **StringBuilder**, chamado **buffer**. As linhas 15 e 16 do programa usam o construtor de **StringBuilder** que recebe um argumento **string** para instanciar o objeto **StringBuilder** e inicializa seu valor como **"Hello, how are you?"**. As linhas 19 a 21 colocam o conteúdo, o comprimento e a capacidade do objeto **StringBuilder** em **output**. Na janela de saída, note que a capacidade do objeto **StringBuilder** é inicialmente 32. Lembre-se de que o construtor de **StringBuilder** que recebe um argumento **string** cria um objeto **StringBuilder** com uma capacidade inicial que é a menor potência de dois, maior do que o número de caracteres na **string** passada como argumento.

A linha 24 aumenta a capacidade do objeto **StringBuilder** para um mínimo de 75 caracteres. A capacidade atual (**32**) multiplicada por dois é menor do que 75; portanto, o método **EnsureCapacity** aumenta a capacidade para um a mais do que 75 (isto é, 76). Se novos caracteres forem adicionados em um objeto **StringBuilder**, de modo que seu comprimento ultrapasse sua capacidade, esta aumentará para acomodar os caracteres adicionais, da mesma maneira como se o método **EnsureCapacity** fosse chamado.

```
1  // Fig. 15.11: StringBuilderFeatures.cs
2  // Demonstrando alguns recursos da classe StringBuilder.
3
4  using System;
5  using System.Windows.Forms;
6  using System.Text;
7
8  // usa alguns métodos da classe StringBuilder
9  class StringBuilderFeatures
10 {
11    // o ponto de entrada principal do aplicativo
12    [STAThread]
13    static void Main( string[] args )
14    {
15       StringBuilder buffer =
16          new StringBuilder( "Hello, how are you?" );
17
18       // usa as propriedades Length e Capacity
19       string output = "buffer = " + buffer.ToString() +
20          "\nLength = " + buffer.Length +
21          "\nCapacity = " + buffer.Capacity;
22
23       // usa o método EnsureCapacity
24       buffer.EnsureCapacity( 75 );
25
26       output += "\n\nNew capacity = " +
27          buffer.Capacity;
28
29       // trunca StringBuilder, configurando a propriedade Length
30       buffer.Length = 10;
31
32       output += "\n\nNew length = " +
33          buffer.Length + "\nbuffer = ";
34
35       // usa o indexador de StringBuilder
36       for ( int i = 0; i < buffer.Length; i++ )
37          output += buffer[ i ];
38
39       MessageBox.Show( output, "StringBuilder features",
40          MessageBoxButtons.OK, MessageBoxIcon.Information );
41
42    } // fim do metodo Main
43
44 } // fim da classe StringBuilderFeatures
```

Figura 15.11 Manipulação do tamanho de StringBuilder. (Parte 1 de 2.)

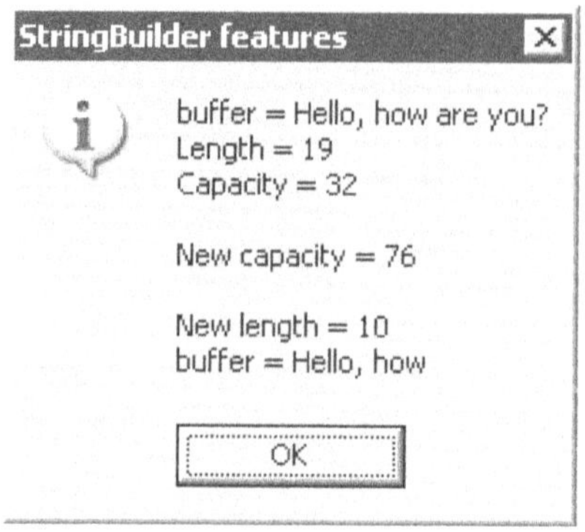

Figura 15.11 Manipulação do tamanho de `StringBuilder`. (Parte 2 de 2.)

A linha 30 usa o acessor **`Set`** de **`Length`** para configurar o comprimento do objeto **`StringBuilder`** como **`10`**. Se o comprimento especificado for menor do que o número atual de caracteres do objeto **`StringBuilder`**, o conteúdo de **`StringBuilder`** será truncado no comprimento especificado (isto é, o programa descarta todos os caracteres no objeto **`StringBuilder`** que ocorrem após o comprimento especificado). Se o comprimento especificado for maior do que o número de caracteres atualmente no objeto **`StringBuilder`**, caracteres nulos (caracteres com a representação numérica **`0`**, que sinaliza o final de uma **`string`**) serão colocados no objeto **`StringBuilder`**, até que o número total de caracteres no objeto **`StringBuilder`** seja igual ao comprimento especificado.

Erro de programação comum 15.3

Atribuir `null` a uma referência a `string` pode levar a erros lógicos. A palavra-chave `null` é uma referência nula, e não uma `string`. Não confunda `null` com a string vazia, `""` (a `string` de comprimento 0, que não contém caracteres).

15.13 Métodos Append e AppendFormat de StringBuilder

A classe **`StringBuilder`** fornece 19 métodos *`Append`* sobrecarregados, que permitem que vários valores de tipo de dados sejam adicionados no final de um objeto **`StringBuilder`**. O C# fornece versões para cada um dos tipos de dados primitivos e para arrays de caracteres, **`String`**s e **`Object`**s. (Lembre-se de que o método **`ToString`** produz uma representação de **`string`** de qualquer **`Object`**.) Cada um dos métodos recebe um argumento, o converte para uma **`string`** e a anexa no objeto **`StringBuilder`**. A Figura 15.12 demonstra o uso de vários métodos **`Append`**.

As linhas 29 a 47 usam 10 diferentes métodos **`Append`** sobrecarregados para anexar os objetos criados nas linhas 15 a 26 ao final do objeto **`StringBuilder`**. **`Append`** se comporta de modo semelhante ao operador **`+`**, que é usado com **`string`**s. Assim como **`+`** parece anexar objetos a uma **`string`**, o método **`Append`** pode anexar tipos de dados na string subjacente de um objeto **`StringBuilder`**.

A classe **`StringBuilder`** também fornece o método *`AppendFormat`*, o qual converte uma **`string`** para um formato especificado e, em seguida, a anexa no objeto **`StringBuilder`**. O exemplo da Figura 15.13 demonstra o uso desse método.

```
1  // Fig. 15.12: StringBuilderAppend.cs
2  // Demonstrando os métodos Append de StringBuilder.
3
4  using System;
5  using System.Windows.Forms;
6  using System.Text;
7
8  // testando o método Append
```

Figura 15.12 Métodos Append de `StringBuilder`. (Parte 1 de 2.)

```
class StringBuilderAppend
{
   // o ponto de entrada principal do aplicativo
   [STAThread]
   static void Main( string[] args )
   {
      object objectValue = "hello";
      string stringValue = "good bye";
      char[] characterArray = { 'a', 'b', 'c', 'd',
                                'e', 'f' };

      bool booleanValue = true;
      char characterValue = 'Z';
      int integerValue = 7;
      long longValue = 1000000;
      float floatValue = 2.5F;
      double doubleValue = 33.333;
      StringBuilder buffer = new StringBuilder();

      // usa o método Append para anexar valores no buffer
      buffer.Append( objectValue );
      buffer.Append( "  " );
      buffer.Append( stringValue );
      buffer.Append( "  " );
      buffer.Append( characterArray );
      buffer.Append( "  " );
      buffer.Append( characterArray, 0, 3 );
      buffer.Append( "  " );
      buffer.Append( booleanValue );
      buffer.Append( "  " );
      buffer.Append( characterValue );
      buffer.Append( "  " );
      buffer.Append( integerValue );
      buffer.Append( "  " );
      buffer.Append( longValue );
      buffer.Append( "  " );
      buffer.Append( floatValue );
      buffer.Append( "  " );
      buffer.Append( doubleValue );

      MessageBox.Show( "buffer = " + buffer.ToString(),
         "Demonstrating StringBuilder append method",
      MessageBoxButtons.OK, MessageBoxIcon.Information );

   } // fim do método Main

} // fim da classe StringBuilderAppend
```

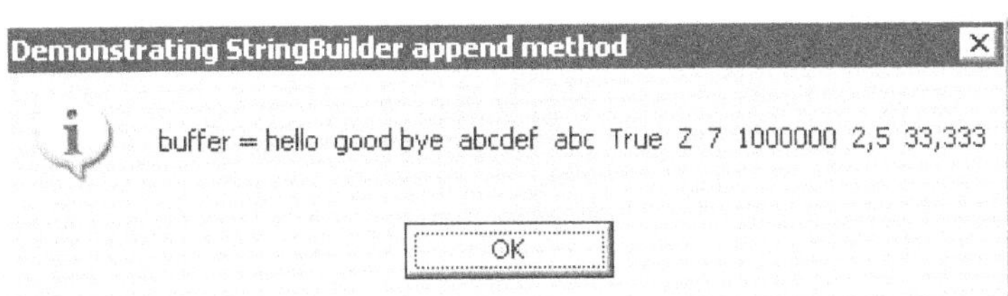

Figura 15.12 Métodos Append de StringBuilder. (Parte 2 de 2.)

```
1  // Fig. 15.13: StringBuilderAppendFormat.cs
2  // Demonstrando o metodo AppendFormat.
3
4  using System;
5  using System.Windows.Forms;
6  using System.Text;
7
8  // usa o método AppendFormat
9  class StringBuilderAppendFormat
10 {
11    // o ponto de entrada principal do aplicativo
12    [STAThread]
13    static void Main( string[] args )
14    {
15       StringBuilder buffer = new StringBuilder();
16       string string1, string2;
17
18       // string formatada
19       string1 = "This {0} costs: {1:C}.\n";
20
21       // array de argumentos de string1
22       object[] objectArray = new object[ 2 ];
23
24       objectArray[ 0 ] = "car";
25       objectArray[ 1 ] = 1234.56;
26
27       // anexa ao buffer a string formatada com os argumentos
28       buffer.AppendFormat( string1, objectArray );
29
30       // string formatada
31       string2 = "Number:{0:d3}.\n" +
32          "Number right aligned with spaces:{0, 4}.\n" +
33          "Number left aligned with spaces:{0, -4}.";
34
35       // anexa ao buffer a string formatada com os argumentos
36       buffer.AppendFormat( string2, 5 );
37
38       // exibe as strings formatadas
39       MessageBox.Show( buffer.ToString(), "Using AppendFormat",
40          MessageBoxButtons.OK, MessageBoxIcon.Information );
41
42    } // fim do método Main
43
44 } // fim da classe StringBuilderAppendFormat
```

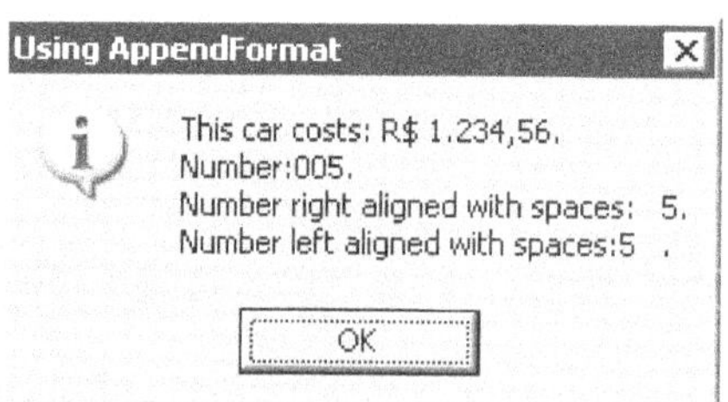

Figura 15.13 Método AppendFormat de StringBuilder.

A linha 19 cria uma **string** que contém informações de formatação. As informações delimitadas por chaves determinam como uma informação específica será formatada. Os formatos têm a forma **{X[,Y][:StringFormatação]}**, onde **X** é o número do argumento a ser formatado, contando a partir de zero. **Y** é um argumento opcional, que pode ser positivo ou negativo, indicando quantos caracteres devem estar no resultado da formatação. Se a **string** resultante for menor do que o número **Y**, ela será preenchida com espaços para compensar a diferença. Um inteiro positivo alinha a **string** à direita; um inteiro negativo a alinha à esquerda. O objeto **StringFormatação** opcional aplica um formato específico ao argumento: moeda, decimal ou científico, entre outros. Nesse caso, "**{0}**" significa que o primeiro argumento será impresso. "**{1:C}**" especifica que o segundo argumento será formatado como um valor de moeda.

A linha 28 mostra a versão de **AppendFormat**, que recebe dois parâmetros — uma **string** especificando o formato e um array de objetos para servir como argumentos para a **string** de formato. O argumento referido por "**{0}**" está no array de objetos, no índice **0** etc.

As linhas 31 a 33 definem outra **string**, usada para formatação. O primeiro formato, "**{0:D3}**", especifica que o primeiro argumento será formatado como um valor decimal de três dígitos, significando que qualquer número que tenha menos de três dígitos terá zeros preenchidos à esquerda, para compensar a diferença. O formato seguinte, "**{0, 4}**", especifica que a **string** formatada deve ter quatro caracteres e ser alinhada à direita. O terceiro formato, "**{0, -4}**", especifica que as **string**s devem ser alinhadas à esquerda. Para ver mais opções de formatação, consulte a documentação.

A linha 36 usa uma versão de **AppendFormat** que recebe dois parâmetros: uma **string** contendo um formato e um objeto no qual o formato é aplicado. Nesse caso, o objeto é o número **5**. A saída da Figura 15.13 mostra o resultado da aplicação dessas duas versões de **AppendFormat** com seus respectivos argumentos.

15.14 Métodos Insert, Remove e Replace de StringBuilder

A classe **StringBuilder** fornece 18 métodos *Insert* sobrecarregados para permitir que vários valores de tipo de dados sejam inseridos em qualquer posição de um **StringBuilder**. A classe fornece versões para cada um dos tipos de dados primitivos e para arrays de caracteres, **String**s e **Object**s. (Lembre-se de que o método **ToString** produz uma representação de **string** de qualquer **Object**.) Cada método recebe seu segundo argumento, o converte em uma **string** e insere a **string** no **StringBuilder**, na frente do índice especificado pelo primeiro argumento. O índice especificado pelo primeiro argumento deve ser maior ou igual a **0** e menor do que o comprimento do **StringBuilder**; caso contrário, o programa lançará uma exceção **ArgumentOutOfRangeException**.

A classe **StringBuilder** também fornece o método *Remove*, para excluir qualquer parte de um **StringBuilder**. O método **Remove** recebe dois argumentos — o índice no qual vai começar a exclusão e o número de caracteres a serem excluídos. A soma do índice inicial e do número de caracteres a serem excluídos sempre deve ser menor do que o comprimento do **StringBuilder**; caso contrário, o programa lançará uma exceção **ArgumentOutOfRangeException**. Os métodos **Insert** e **Remove** estão demonstrados na Figura 15.14.

```
// Fig. 15.14: StringBuilderInsertRemove.cs
// Demonstrando os métodos Insert e Remove da
// classe StringBuilder.

using System;
using System.Windows.Forms;
using System.Text;

// testa os métodos Insert e Remove
class StringBuilderInsertRemove
{
   // o ponto de entrada principal do aplicativo
   [STAThread]
   static void Main( string[] args )
   {
      object objectValue = "hello";
      string stringValue = "good bye";
      char[] characterArray = { 'a', 'b', 'c',
                                'd', 'e', 'f' };

      bool booleanValue = true;
```

Figura 15.14 Inserção e remoção de texto de StringBuilder. (Parte 1 de 2.)

```
        char characterValue = 'K';
        int integerValue = 7;
        long longValue = 10000000;
        float floatValue = 2.5F;
        double doubleValue = 33.333;
        StringBuilder buffer = new StringBuilder();
        string output;

        // coloca valores no buffer
        buffer.Insert(0, objectValue);
        buffer.Insert(0, "  ");
        buffer.Insert(0, stringValue);
        buffer.Insert(0, "  ");
        buffer.Insert(0, characterArray);
        buffer.Insert(0, "  ");
        buffer.Insert(0, booleanValue);
        buffer.Insert(0, "  ");
        buffer.Insert(0, characterValue);
        buffer.Insert(0, "  ");
        buffer.Insert(0, integerValue);
        buffer.Insert(0, "  ");
        buffer.Insert(0, longValue);
        buffer.Insert(0, "  ");
        buffer.Insert(0, floatValue);
        buffer.Insert(0, "  ");
        buffer.Insert(0, doubleValue);
        buffer.Insert(0, "  ");

        output = "buffer after inserts: \n" +
           buffer.ToString() + "\n\n";

        buffer.Remove( 10, 1 );  // exclui 2 em 2.5
        buffer.Remove( 2, 4 );   // exclui .333 em 33.333

        output += "buffer after Removes:\n" +
           buffer.ToString();

        MessageBox.Show( output, "Demonstrating StringBuilder " +
           "Insert e Remove methods", MessageBoxButtons.OK,
           MessageBoxIcon.Information );

     } // fim do método Main

  } // fim da classe StringBuilderInsertRemove
```

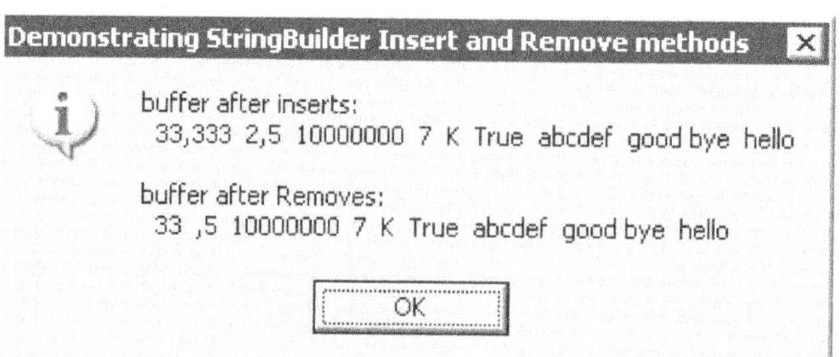

Figura 15.14 Inserção e remoção de texto de `StringBuilder`. (Parte 2 de 2.)

Outro método útil incluído com **`StringBuilder`** é **`Replace`**. **`Replace`** procura uma **`string`** ou caractere especificado e o substitui por outra **`string`** ou caractere. A Figura 15.15 demonstra esse método.

```
1  // Fig. 15.15: StringBuilderReplace.cs
2  // Demonstrando o método Replace.
3
4  using System;
5  using System.Windows.Forms;
6  using System.Text;
7
8  // testando o método Replace
9  class StringBuilderReplace
10 {
11    // o ponto de entrada principal do aplicativo
12    [STAThread]
13    static void Main( string[] args )
14    {
15       StringBuilder builder1 =
16          new StringBuilder( "Happy Birthday Jane" );
17
18       StringBuilder builder2 =
19          new StringBuilder( "good bye greg" );
20
21       string output = "Before replacements:\n" +
22          builder1.ToString() + "\n" + builder2.ToString();
23
24       builder1.Replace( "Jane", "Greg" );
25       builder2.Replace( 'g', 'G', 0, 5 );
26
27       output += "\n\nAfter replacements:\n" +
28          builder1.ToString() + "\n" + builder2.ToString();
29
30       MessageBox.Show( output,
31          "Using StringBuilder method Replace",
32          MessageBoxButtons.OK, MessageBoxIcon.Information );
33
34    } // fim do método Main
35
36 } // fim da classe StringBuilderReplace
```

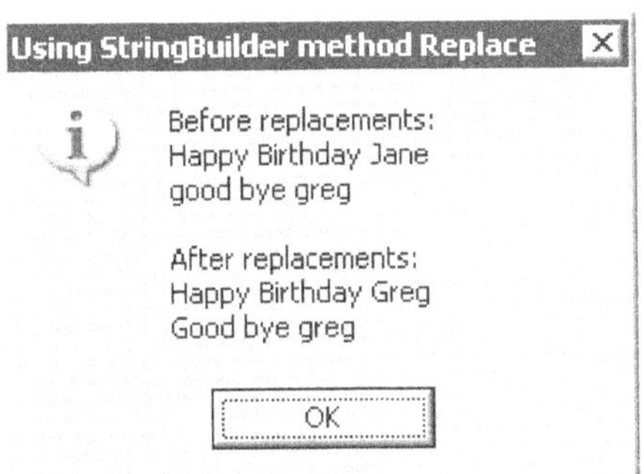

Figura 15.15 Substituição de texto de `StringBuilder`.

A linha 24 usa o método **`Replace`** para substituir todas as instâncias da **`string`** **`"Jane"`** pela **`string`** **`"Greg"`** em **`builder1`**. Outra sobrecarga desse método recebe dois caracteres como parâmetros e substitui cada ocorrência do primeiro por uma do segundo. A linha 25 usa uma sobrecarga de **`Replace`** que recebe quatro parâmetros — os dois primeiros são caracteres e os dois últimos, valores **`int`**. O método substitui todas as instâncias do primeiro caractere pelo segundo, começando no índice especificado pelo primeiro valor **int** e continuando até uma contagem especificada pelo segundo. Assim, nesse caso, **Replace** percorre apenas cinco caracteres, começando com o caractere que está no índice **0**. Conforme as saídas ilustram, essa versão de **Replace** substitui **g** por **G** na palavra **"good"**, mas não em **"greg"**. Isso acontece porque as letras **g** em **"greg"** não caem no intervalo indicado pelos argumentos **int** (isto é, entre os índices **0** e **4**).

15.15 Métodos de Char

O C# fornece um tipo de dados chamado *estrutura*, que é semelhante a uma classe. Embora as estruturas e classes sejam comparáveis de muitas maneiras, as estruturas são um tipo de valor. Assim como as classes, as estruturas contêm métodos e propriedades. Ambas usam os mesmos modificadores (como **public**, **private** e **protected**) e membros de acesso, por meio do operador de acesso a membro (**.**). Entretanto, as classes são criadas utilizando-se a palavra-chave **class**, mas as estruturas são criadas usando-se a palavra-chave *struct*.

Muitos dos tipos de dados primitivos que temos usado neste livro são na verdade aliases para diferentes estruturas. Por exemplo, um valor **int** é definido pela estrutura **System.Int32**, um valor **Long**, por **System.Int64** etc. Essas estruturas são derivadas da classe *ValueType*, a qual, por sua vez, é derivada da classe **Object**. Nesta seção apresentamos a estrutura *Char*, que é a estrutura para caracteres.

A maior parte dos métodos de **Char** é **static**, recebe pelo menos um argumento de caractere e faz um teste ou uma manipulação no caractere. Apresentaremos vários desses métodos no próximo exemplo. A Figura 15.16 demonstra métodos **static** que testam caracteres para determinar se eles são de um tipo de caractere específico e métodos **static** que realizam conversões entre letras maiúsculas e minúsculas nos caracteres.

Esse aplicativo Windows contém um rótulo que solicita a digitação de um caractere, uma **TextBox** na qual o usuário pode digitar o caractere, um botão que o usuário pode pressionar após digitar um caractere e uma segunda **TextBox**, que exibe a saída de nossa análise. Quando o usuário clica no botão **Analyze Character**, o manipulador de evento **analyzeButton_Click** (linhas 32 a 37) é chamado. Esse método converte os dados fornecidos de **string** para **Char**, usando o método **Convert.ToChar** (linha 35). Na linha 36 chamamos o método **BuildOutput**, que é definido nas linhas 40 a 72.

A linha 45 usa o método *IsDigit* de **Char** para determinar se o caractere **inputCharacter** é definido como um dígito. Se assim for, o método retornará **true**; caso contrário, retornará **false**.

A linha 48 usa o método *IsLetter* de **Char** para determinar se o caractere **inputCharacter** é uma letra. Se assim for, o método retornará **true**; caso contrário, retornará **false**. A linha 51 usa o método *IsLetterOrDigit* de **Char** para determinar se o caractere **inputCharacter** é uma letra ou um dígito. Se assim for, o método retornará **true**; caso contrário, retornará **false**.

```
1   // Fig. 15.16: CharMethods.cs
2   // Demonstra métodos estáticos de teste de caracteres
3   // da estrutura Char.
4
5   using System;
6   using System.Drawing;
7   using System.Collections;
8   using System.ComponentModel;
9   using System.Windows.Forms;
10  using System.Data;
11
12  // Form exibe informações sobre caracteres específicos.
13  public class StaticCharMethods : System.Windows.Forms.Form
14  {
15     private System.Windows.Forms.Label enterLabel;
16     private System.Windows.Forms.TextBox inputTextBox;
17     private System.Windows.Forms.Button analyzeButton;
```

Figura 15.16 Métodos static de teste de caractere de Char e métodos de conversão entre letras maiúsculas e minúsculas. (Parte 1 de 3.)

```
      private System.Windows.Forms.TextBox outputTextBox;

      private System.ComponentModel.Container components = null;

      // o ponto de entrada principal do aplicativo
      [STAThread]
      static void Main()
      {
         Application.Run( new StaticCharMethods() );
      }

      // código gerado pelo Visual Studio .NET

      // manipula analyzeButton_Click
      private void analyzeButton_Click(
         object sender, System.EventArgs e )
      {
         char character = Convert.ToChar( inputTextBox.Text );
         BuildOutput( character );
      }

      // exibe informações do caractere em outputTextBox
      private void BuildOutput( char inputCharacter )
      {
         string output;

         output = "is digit: " +
            Char.IsDigit( inputCharacter ) + "\r\n";

         output += "is letter: " +
            Char.IsLetter( inputCharacter ) + "\r\n";

         output += "is letter or digit: " +
            Char.IsLetterOrDigit( inputCharacter ) + "\r\n";

         output += "is lower case: " +
            Char.IsLower( inputCharacter ) + "\r\n";

         output += "is upper case: " +
            Char.IsUpper( inputCharacter ) + "\r\n";

         output += "to upper case: " +
            Char.ToUpper( inputCharacter ) + "\r\n";

         output += "to lower case: " +
            Char.ToLower( inputCharacter ) + "\r\n";

         output += "is punctuation: " +
            Char.IsPunctuation( inputCharacter ) + "\r\n";

         output += "is symbol: " + Char.IsSymbol( inputCharacter );

         outputTextBox.Text = output;
```

Figura 15.16 Métodos `static` de teste de caractere de `Char` e métodos de conversão entre letras maiúsculas e minúsculas. (Parte 2 de 3.)

```
71
72      }  // fim do método BuildOutput
73
74   }  // fim da classe StaticCharMethods
```

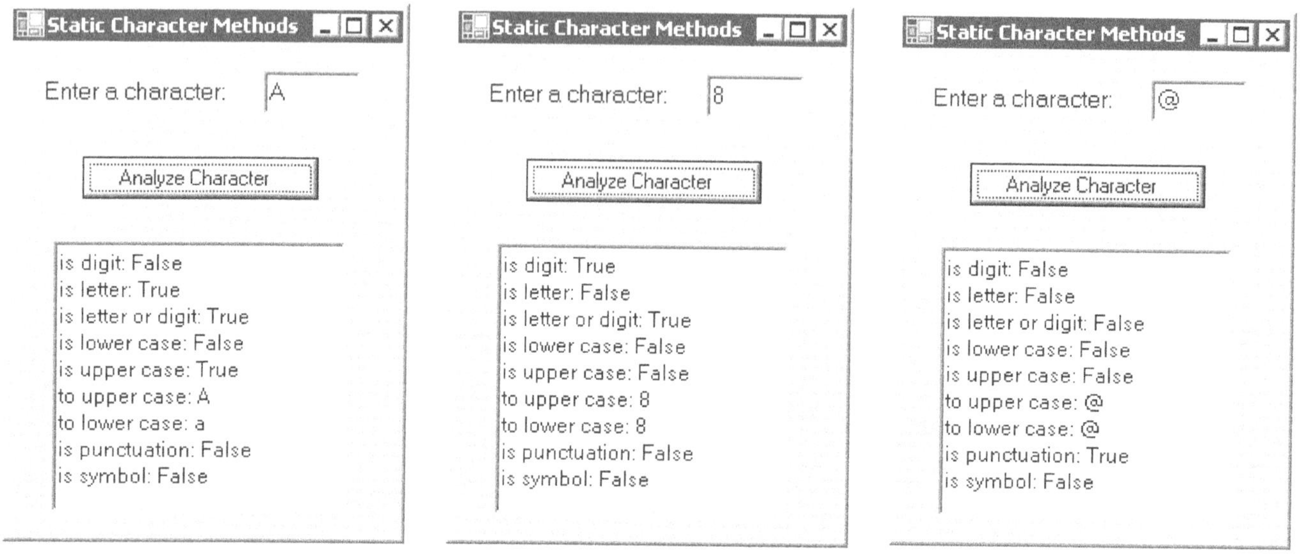

Figura 15.16 Métodos `static` de teste de caractere de `Char` e métodos de conversão entre letras maiúsculas e minúsculas. (Parte 3 de 3.)

A linha 54 usa o método *IsLower* de **Char** para determinar se o caractere **inputCharacter** é uma letra minúscula. Se for, o método retornará **true**; caso contrário, retornará **false**. A linha 57 usa o método *IsUpper* de **Char** para determinar se o caractere **inputCharacter** é uma letra maiúscula. Se for, o método retornará **true**; caso contrário, retornará **false**. A linha 60 usa o método *ToUpper* de **Char** para converter o caractere **inputCharacter** para seu equivalente maiúsculo. O método retornará o caractere convertido, se o caractere tiver um equivalente maiúsculo; caso contrário, o método retornará seu argumento original. A linha 63 usa o método *ToLower* de **Char** para converter o caractere **inputCharacter** em seu equivalente minúsculo. O método retornará o caractere convertido, se o caractere tiver um equivalente minúsculo; caso contrário, retornará seu argumento original.

A linha 66 usa o método *IsPunctuation* de **Char** para determinar se o caractere **inputCharacter** é um sinal de pontuação. Se assim for, o método retornará **true**; caso contrário, retornará **false**. A linha 68 usa o método *IsSymbol* de **Char** para determinar se o caractere **inputCharacter** é um símbolo. Se for, o método retornará **true**; caso contrário, retornará **false**.

O tipo de estrutura **Char** também contém outros métodos não mostrados nesse exemplo. Muitos dos métodos **static** são similares; por exemplo, *IsWhiteSpace* é usado para determinar se um caractere é um espaço em branco (por exemplo, nova linha, tabulação ou espaço). A estrutura também contém vários métodos de instância **public**; muitos desses, como os métodos **ToString** e **Equals**, são métodos que já vimos antes, em outras classes. Esse grupo inclui o método **CompareTo**, que é usado para comparar dois valores de caractere.

15.16 Simulação de embaralhamento e distribuição de cartas

Nesta seção usamos geração de números aleatórios para desenvolver um programa que simula o embaralhamento e a distribuição de cartas. Uma vez criado, esse programa pode ser implementado em programas que imitam jogos de carta específicos. Incluímos vários exercícios no final deste capítulo que exigem recursos de embaralhamento e distribuição de cartas.

A classe **Card** (Figura 15.17) contém duas variáveis de instância de **string** — **face** e **suit** — que armazenam referências para o nome do valor e para o nome do naipe de uma carta específica, respectivamente. O construtor da classe recebe duas **string**s, que utiliza para inicializar **face** e **suit**. O método **ToString** (linhas 20 a 24) cria uma **string** consistindo no valor e no naipe da carta.

```
// Fig. 15.17: Card.cs
// Armazena informações de naipe e valor de cada carta.

using System;

// a representação de uma carta
public class Card
{
   private string face;
   private string suit;

   public Card( string faceValue,
      string suitValue )
   {
      face = faceValue;
      suit = suitValue;

   } // fim do construtor

   public override string ToString()
   {
      return face + " of " + suit;

   } // fim do método ToString

} // fim da classe Card
```

Figura 15.17 Classe Card.

Desenvolvemos o aplicativo **DeckForm** (Figura 15.18), que cria um maço de 52 cartas de jogo, usando objetos **Card**. O usuário pode distribuir cada carta clicando no botão **Deal Card**. Cada carta distribuída é apresentada em um **Label**. Os usuários também podem embaralhar o maço a qualquer momento clicando no botão **Shuffle Cards**.

O método **DeckForm_Load** (linhas 35 a 53 da Figura 15.18) usa a estrutura **for** (linhas 50 e 51) para preencher o array **deck** com objetos **Card**. Note que cada objeto **Card** é instanciado e inicializado com duas **string**s — uma do array **faces** (**string**s **"Ace"** até **"King"**) e uma do array **suits** (**"Hearts"**, **"Diamonds"**, **"Clubs"** ou **"Spades"**). O cálculo **i % 13** sempre resulta em um valor de **0** a **12** (os 13 índices do array **faces**), e o cálculo **i % 4** sempre resulta em um valor de **0** a **3** (os quatro índices no array **suits**). O array **deck** inicializado contém as cartas com os valores de ás até rei de cada naipe.

Quando os usuários clicam no botão **Deal Card**, o manipulador de evento **dealButton_Click** (linhas 56 a 73 da Figura 15.18) chama o método **DealCard** (definido nas linhas 98 a 114) para obter a próxima carta do array **deck**. Se o maço não estiver vazio, o método retorna uma referência para o objeto **Card**; caso contrário, ele retorna **null**. Se a referência não for **null**, as linhas 65 e 66 apresentam o objeto **Card** em **displayLabel** e exibem o número da carta no **statusLabel**.

```
1  // Fig. 15.18: DeckOfCards.cs
2  // Simulando distribuição e embaralhamento de cartas.
3
4  using System;
5  using System.Drawing;
6  using System.Collections;
7  using System.ComponentModel;
8  using System.Windows.Forms;
9  using System.Data;
10
```

Figura 15.18 Simulação de distribuição e embaralhamento de cartas. (Parte 1 de 4.)

```
// fornece a funcionalidade para o formulário
public class DeckForm : System.Windows.Forms.Form
{
   private System.Windows.Forms.Button dealButton;
   private System.Windows.Forms.Button shuffleButton;

   private System.Windows.Forms.Label displayLabel;
   private System.Windows.Forms.Label statusLabel;

   private System.ComponentModel.Container components = null;

   private Card[] deck = new Card[ 52 ];
   private int currentCard;

   // ponto de entrada principal do aplicativo
   [STAThread]
   static void Main()
   {
      Application.Run( new deckForm() );
   }

   // código gerado pelo Visual Studio .NET

   // manipula o formulário no momento do carregamento
   private void DeckForm_Load(
      object sender, System.EventArgs e )
   {
      string[] faces = { "Ace", "Deuce", "Three", "Four",
                         "Five", "Six", "Seven", "Eight",
                         "Nine", "Ten", "Jack", "Queen",
                         "King" };

      string[] suits = { "Hearts", "Diamonds", "Clubs",
                         "Spades" };

      // nenhuma carta foi distribuida
      currentCard = -1;

      // inicializa o maço
      for ( int i = 0; i < deck.Length; i++ )
         deck[ i ] = new Card( faces[ i % 13 ], suits[ i % 4 ] );

   } // fim do método deckForm_Load

   // manipula dealButton Click
   private void dealButton_Click(
      object sender, System.EventArgs e )
   {
      Card dealt = DealCard();

      // se a carta distribuída for nula, então não resta nenhuma carta
      // o jogador deve embaralhar as cartas
      if ( dealt != null )
      {
         displayLabel.Text = dealt.ToString();
         statusLabel.Text = "Card #: " + currentCard;
      }
      else
```

Figura 15.18 Simulação de distribuição e embaralhamento de cartas. (Parte 2 de 4.)

```
      {
         displayLabel.Text = "NO MORE CARDS TO DEAL";
         statusLabel.Text = "Shuffle cards to continue";
      }
   }

   // embaralha as cartas
   private void Shuffle()
   {
      Random randomNumber = new Random();
      Card temporaryValue;

      currentCard = -1;

      // troca cada carta por uma carta aleatória
      for ( int i = 0; i < deck.Length; i++ )
      {
         int j = randomNumber.Next( 52 );

         // troca as cartas
         temporaryValue = deck[ i ];
         deck[ i ] = deck[ j ];
         deck[ j ] = temporaryValue;
      }

      dealButton.Enabled = true;

   } // fim do método Shuffle

   private Card DealCard()
   {
      // se houver uma carta para distribuir, então a distribui
      // caso contrario, sinaliza que as cartas precisam ser embaralhadas,
      // desativando dealButton e retornando null
      if ( currentCard + 1 < deck.Length )
      {
         currentCard++;
         return deck[ currentCard ];
      }
      else
      {
         dealButton.Enabled = false;
         return null;
      }

   } // fim do metodo DealCard

   // manipula shuffleButton Click
   private void shuffleButton_Click(
      object sender, System.EventArgs e )
   {
      displayLabel.Text = "SHUFFLING...";
      Shuffle();
      displayLabel.Text = "DECK IS SHUFFLED";

   } // fim do método shuffleButton_Click

} // fim da classe deckForm
```

Figura 15.18 Simulação de distribuição e embaralhamento de cartas. (Parte 3 de 4.)

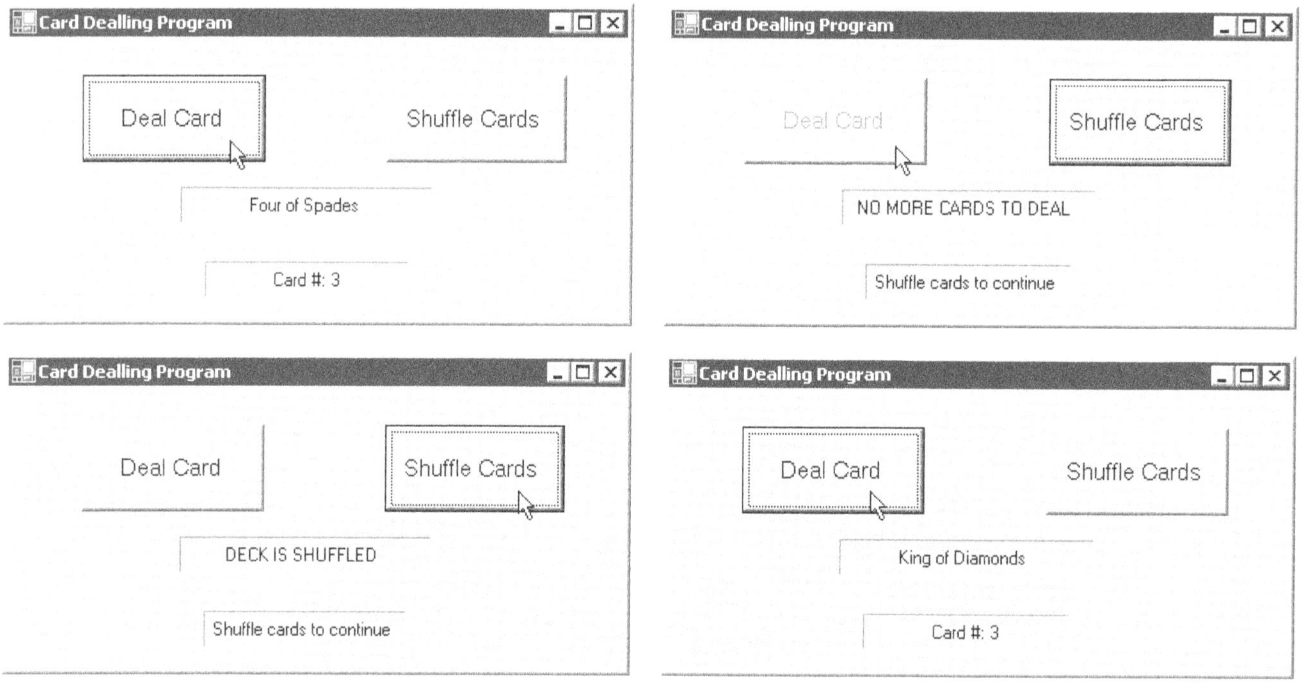

Figura 15.18 Simulação de distribuição e embaralhamento de cartas. (Parte 4 de 4.)

Se **DealCard** retorna uma referência **null**, a **string** **"NO MORE CARDS TO DEAL"** é apresentada em **displayLabel** e a **string** **"Shuffle cards to continue"** é exibida no **statusLabel**.

Quando os usuários clicam no botão **Shuffle Cards**, seu método manipulador de evento **shuffleButton_Click** (linhas 117 a 124) chama o método **Shuffle** (definido nas linhas 76 a 96) para embaralhar as cartas. O método percorre todas as 52 cartas (índices de array de **0** a **51**). Para cada carta, o método pega aleatoriamente um número entre **0** e **51**. Então, o objeto **Card** atual e o objeto **Card** selecionado aleatoriamente são trocados no array. Para embaralhar as cartas, o método **Shuffle** faz um total de apenas 52 trocas, durante uma única passagem no array inteiro. Quando o embaralhamento estiver completo, **displayLabel** exibirá a **string** **"DECK IS SHUFFLED"**.

15.17 Expressões regulares e classe Regex

As expressões regulares são **strings** especialmente formatadas, usadas para localizar padrões no texto, e podem ser úteis durante a validação de informações, para garantir que os dados estejam em um formato específico. Por exemplo, um código postal deve ser composto de cinco dígitos, um traço e mais três dígitos, e um sobrenome deve começar com uma letra maiúscula. Uma aplicação das expressões regulares é facilitar a construção de um compilador. Freqüentemente, uma expressão regular grande e complexa é usada para validar a sintaxe de um programa. Se o código do programa não faz correspondência com a expressão regular, o compilador sabe que existe um erro de sintaxe dentro do código.

A plataforma .NET fornece várias classes para ajudar os desenvolvedores a reconhecerem e manipularem expressões regulares. A classe **Regex** (espaço de nomes **System.Text.RegularExpressions**) representa uma expressão regular imutável. Ela contém métodos estáticos que permitem o uso da classe **Regex** sem instanciar explicitamente objetos dessa classe. A classe **Match** representa os resultados de uma operação de correspondência com expressão regular.

A classe **Regex** fornece o método **Match**, que retorna um objeto da classe **Match** representando uma única correspondência com expressão regular. **Regex** também fornece o método **Matches**, que encontra todas as correspondências de uma expressão regular em uma **string** arbitrária e retorna um objeto *MatchCollection* — isto é, um conjunto de objetos **Match**.

Erro de programação comum 15.4

Ao usar expressões regulares, não confunda a classe Match com o método Match, que pertence à classe Regex.

Erro de programação comum 15.5

O Visual Studio não adiciona `System.Text.RegularExpressions` *na lista de espaços de nomes importados nas propriedades do projeto; portanto, o programador deve importá-lo manualmente, com a instrução* `using System.Text.RegularExpressions`.

A tabela da Figura 15.19 especifica algumas *classes de caracteres* que podem ser usadas com expressões regulares. Uma classe de caracteres é uma seqüência de escape que representa um grupo de caracteres.

Um *caractere de palavra* é qualquer caractere alfanumérico ou o caractere de sublinhado. Um caractere de *espaço em branco* é um espaço, uma tabulação, um retorno de carro, uma nova linha ou um avanço de formulário. Um *dígito* é qualquer caractere numérico. Entretanto, as expressões regulares não estão limitadas a essas classes de caracteres. As expressões empregam vários operadores e outras formas de notação para procurar por padrões complexos. Discutiremos várias dessas técnicas no contexto do próximo exemplo.

A Figura 15.20 apresenta um exemplo simples que emprega expressões regulares. Esse programa recebe datas de aniversário e tenta fazer sua correspondência com uma expressão regular. A expressão faz correspondência apenas com as datas de aniversário que não ocorrem em abril e que pertencem às pessoas cujos nomes começam com `"J"`.

A linha 19 cria uma instância da classe **`Regex`** e define o padrão da expressão regular que **`Regex`** procurará. O primeiro caractere na expressão regular, `"J"`, é tratado como um caractere literal. Isso significa que qualquer **`string`** correspondente a essa expressão regular é obrigada a começar com `"J"`.

Caractere	Corresponde	Caractere	Corresponde
`\d`	qualquer dígito	`\D`	qualquer caractere que não seja dígito
`\w`	qualquer caractere de palavra	`\W`	qualquer caractere que não seja de palavra
`\s`	qualquer espaço em branco	`\S`	qualquer caractere que não seja espaço em branco

Figura 15.19 Classes de caracteres.

```
1  // Fig. 15.20: RegexMatches.cs
2  // Demonstrando a classe Regex.
3
4  using System;
5  using System.Windows.Forms;
6  using System.Text.RegularExpressions;
7
8  // testa expressões regulares
9  class RegexMatches
10 {
11    // o ponto de entrada principal do aplicativo
12    [STAThread]
13    static void Main( string[] args )
14    {
15       string output = "";
16
17       // cria a expressão regular
18       Regex expression =
19          new Regex( @"J.*\d[0-35-9]-\d\d-\d\d" );
20
21       string string1 = "Jane's Birthday is 05-12-75\n" +
22          "Dave's Birthday is 11-04-68\n" +
23          "John's Birthday is 04-28-73\n" +
24          "Joe's Birthday is 12-17-77";
25
```

Figura 15.20 Expressões regulares verificando datas de aniversário. (Parte 1 de 2.)

```
26          // faz a correspondência entre a expressão regular e a string e
27          // imprime todos os resultados obtidos
28          foreach ( Match myMatch in expression.Matches( string1 ) )
29             output += myMatch.ToString() + "\n";
30
31          MessageBox.Show( output, "Using class Regex",
32             MessageBoxButtons.OK, MessageBoxIcon.Information );
33
34       } // fim do método Main
35
36    } // fim da classe RegexMatches
```

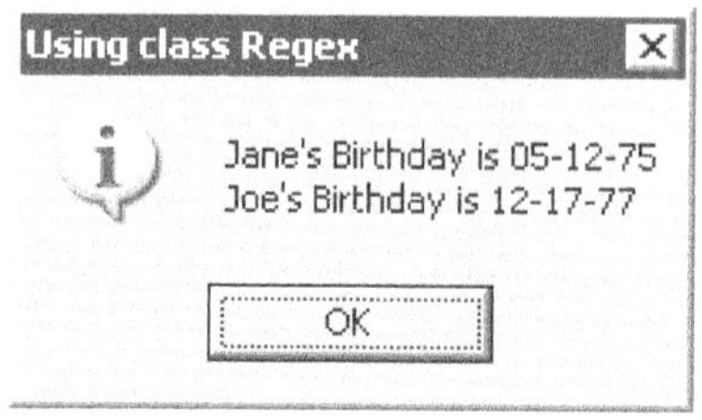

Figura 15.20 Expressões regulares verificando datas de aniversário. (Parte 2 de 2.)

Em uma expressão regular, o caractere de ponto "**.**" faz correspondência com qualquer caractere, exceto um caractere de nova linha. Entretanto, quando o caractere de ponto é seguido de um asterisco, como na expressão "**.***", ele faz correspondência com qualquer número de caracteres não especificados. Em geral, quando o operador "*****" for aplicado a qualquer expressão, a expressão corresponderá a zero ou mais ocorrências da expressão. Em comparação, a aplicação do operador "**+**" em uma expressão faz com que ela corresponda a uma ou mais ocorrências dessa expressão. Por exemplo, "**A***" e "**A+**" corresponderão a "**A**", mas apenas "**A***" corresponderá a uma **string** vazia.

Conforme indicado na Figura 15.19, "**\d**" faz correspondência com qualquer dígito numérico. Para especificar conjuntos de caracteres diferentes daqueles que têm uma classe de caracteres, os caracteres podem ser listados entre colchetes, **[]**. Por exemplo, o padrão "**[aeiou]**" pode ser usado para fazer correspondência com qualquer vogal. Intervalos de caracteres podem ser representados colocando-se um traço (**-**) entre dois caracteres. No exemplo, "**[0-35-9]**" faz correspondência apenas com os dígitos nos intervalos especificados pelo padrão. Nesse caso, o padrão faz correspondência com qualquer dígito entre **0** e **3** ou entre **5** e **9**; portanto, ele faz correspondência com qualquer dígito, exceto **4**. Se o primeiro caractere nos colchetes for "**^**", a expressão aceitará qualquer caractere diferente daquele indicado. Entretanto, é importante notar que "**[^4]**" não é o mesmo que "**[0-35-9]**"; o primeiro faz correspondência com qualquer caractere que não seja um dígito, além dos dígitos diferentes de **4**.

Embora o caractere "**-**" indique um intervalo quando colocado entre colchetes, as instâncias do caractere "**-**" fora do agrupamento de expressões são tratadas como caracteres literais. Assim, a expressão regular na linha 19 procura uma **string** que comece com a letra "**J**", seguida de qualquer número de caracteres, seguidos de um número de dois dígitos (dos quais o segundo não pode ser **4**), seguido de um traço, outro número de dois dígitos, um traço e outro número de dois dígitos.

As linhas 28 e 29 usam um laço **foreach** para fazer a iteração por meio de cada objeto **Match** obtido de **expression.Matches**, que usou **string1** como argumento. A saída na Figura 15.20 indica as duas correspondências que foram encontradas em **string1**. Note que as duas obedecem ao padrão especificado pela expressão regular.

O asterisco (*****) e o sinal de adição (**+**) no exemplo anterior são chamados de *quantificadores*. A Figura 15.21 relaciona vários quantificadores e seu uso.

Já discutimos como o asterisco (*****) e o sinal de adição (**+**) funcionam. O ponto de interrogação (**?**) faz correspondência com zero ou uma ocorrência da expressão que quantifica. Um par de chaves contendo um número (**{n}**) faz correspondência exatamente com **n** ocorrências da expressão que quantifica. Demonstraremos esse quantificador no próximo exemplo. Colocar uma vírgula após o número incluído nas chaves faz correspondência com pelo menos **n** ocorrências da expressão quantificada. O par de chaves contendo dois números, (**{n,m}**), faz correspondência entre **n** e **m** ocorrências da expressão que qualifica. Todos os quantificadores são *gananciosos*. Isso significa que eles farão correspondência com quantas

Quantificador	Correspondência
`*`	Faz correspondência com zero ou mais ocorrências do padrão.
`+`	Faz correspondência com uma ou mais ocorrências do padrão.
`?`	Faz correspondência com zero ou uma ocorrência do padrão.
`{n}`	Faz correspondência com exatamente **n** ocorrências.
`{n,}`	Faz correspondência com pelo menos **n** ocorrências.
`{n,m}`	Faz correspondência entre **n** e **m** (inclusive) ocorrências.

Figura 15.21 Quantificadores usados em expressões regulares.

ocorrências puderem, desde que a correspondência tenha êxito. Entretanto, se qualquer um desses quantificadores for seguido por um ponto de interrogação (**?**), o quantificador se tornará *preguiçoso*. Então, ele fará correspondência com o mínimo de ocorrências possível, desde que a correspondência tenha êxito.

O aplicativo Windows da Figura 15.22 apresenta um exemplo mais complexo, que valida a entrada do usuário por meio de expressões regulares.

Quando um usuário clica no botão **OK**, o programa verifica se nenhum dos campos está vazio (linhas 49 a 52). Se um ou mais campos estiverem vazios, o programa sinalizará ao usuário que todos os campos devem ser preenchidos antes que o programa possa validar as informações de entrada (linhas 55 e 56). A linha 59 chama o método de instância **Focus** da classe **TextBox**. O método **Focus** coloca o cursor dentro da **TextBox** que fez a chamada. Então, o programa sai do manipulador de evento (linha 61). Se não houver campos vazios, a entrada do usuário será validada. O campo **Last Name** é validado primeiro (linhas 65 a 74). Se ele passar no teste (isto é, se a propriedade *Success* da instância **Match** for **true**), o controle passará a validar o campo **First Name** (linhas 77 a 86). Esse processo continua até que todas as **TextBox**es sejam validadas ou até que um teste falhe (**Success** seja **false**), e o programa envia uma mensagem de erro apropriada. Se todos os campos contiverem informações válidas, o êxito será sinalizado, e o programa terminará.

No exemplo anterior procuramos substrings que correspondiam a uma expressão regular. Neste exemplo queremos verificar se uma **string** inteira faz correspondência com uma expressão regular. Por exemplo, queremos aceitar **"Smith"** como sobrenome, mas não **"9@Smith#"**. Conseguimos esse efeito iniciando cada expressão regular com um caractere **"^"** e finalizando com um caractere **"$"**. Os caracteres **"^"** e **"$"** correspondem às posições no início e no final de uma **string**, respectivamente. Isso obriga a expressão regular a avaliar a **string** inteira e não retornar uma correspondência se uma substring estabelecer a correspondência.

```
1  // Fig. 15.22: Validate.cs
2  // Valida informações do usuário utilizando expressões regulares.
3
4  using System;
5  using System.Drawing;
6  using System.Collections;
```

Figura 15.22 Validando informações do usuário com expressões regulares[2]. (Parte 1 de 5.)

2. Observe que os formatos de endereço, código postal e telefone são validados contra padrões norte-americanos e que, além disso, os padrões fornecidos para caracteres alfabéticos não conseguem tratar adequadamente caracteres acentuados. Um exercício interessante seria alterar as expressões de forma a torná-las compatíveis com os padrões brasileiros. Além da modificação das expressões de validação de endereço, código postal e telefone, também as correspondências com letras acentuadas devem ser incluídas nos campos alfabéticos. Por exemplo, para que o programa reconheça como válido um nome que inclua os caracteres "é" e "ã", como, por exemplo, "José" e "João", a linha

```
if ( !Regex.Match( firstTextBox.Text, @"^[A-Z][a-zA-Z]*$" ).Success )
```

precisa ser alterada para

```
if ( !Regex.Match( firstTextBox.Text, @"^[A-Z][a-zA-Zéã]*$" ).Success )
```

Para que todos os caracteres acentuados e "ç" sejam reconhecidos como válidos, todos eles devem ser incluídos na expressão regular, de acordo com o uso desejado (por exemplo, nem todos os caracteres acentuados nem "Ç" são válidos como letras iniciais de nomes no Brasil). (N.R.T.)

```
using System.ComponentModel;
using System.Windows.Forms;
using System.Data;
using System.Text.RegularExpressions;

// usa expressões regulares para validar strings
public class ValidateForm : System.Windows.Forms.Form
{
   private System.Windows.Forms.Label phoneLabel;
   private System.Windows.Forms.Label zipLabel;
   private System.Windows.Forms.Label stateLabel;
   private System.Windows.Forms.Label cityLabel;
   private System.Windows.Forms.Label addressLabel;
   private System.Windows.Forms.Label firstLabel;
   private System.Windows.Forms.Label lastLabel;

   private System.Windows.Forms.Button okButton;

   private System.Windows.Forms.TextBox phoneTextBox;
   private System.Windows.Forms.TextBox zipTextBox;
   private System.Windows.Forms.TextBox stateTextBox;
   private System.Windows.Forms.TextBox cityTextBox;
   private System.Windows.Forms.TextBox addressTextBox;
   private System.Windows.Forms.TextBox firstTextBox;
   private System.Windows.Forms.TextBox lastTextBox;

   private System.ComponentModel.Container components = null;

   // o ponto de entrada principal do aplicativo
   [STAThread]
   static void Main()
   {
      Application.Run( new validateForm() );
   }

   // código gerado pelo Visual Studio .NET

   // manipula o evento okButton Click
   private void okButton_Click(
      object sender, System.EventArgs e )
   {
      // garante que nenhuma caixa de texto esteja vazia
      if ( lastTextBox.Text == "" || firstTextBox.Text == "" ||
         addressTextBox.Text == "" || cityTextBox.Text == "" ||
         stateTextBox.Text == "" || zipTextBox.Text == "" ||
         phoneTextBox.Text == "" )
      {
         // exibe mensagem flutuante
         MessageBox.Show( "Please fill in all fields", "Error",
            MessageBoxButtons.OK, MessageBoxIcon.Error );

         // configura o foco como lastTextBox
         lastTextBox.Focus();

         return;
      }

```

Figura 15.22 Validando informações do usuário com expressões regulares. (Parte 2 de 5.)

```
         // se o formato do sobrenome for inválido, mostra a mensagem
         if ( !Regex.Match( lastTextBox.Text,
            @"^[A-Z][a-zA-Z]*$" ).Success )
         {
            // sobrenome incorreto
            MessageBox.Show( "Invalid Last Name", "Message",
               MessageBoxButtons.OK, MessageBoxIcon.Error );
            lastTextBox.Focus();

            return;
         }

         // se o formato do nome de batismo for inválido, mostra a mensagem
         if ( !Regex.Match( firstTextBox.Text,
            @"^[A-Z][a-zA-Z]*$" ).Success )
         {
            // nome de batismo incorreto
            MessageBox.Show( "Invalid First Name", "Message",
               MessageBoxButtons.OK, MessageBoxIcon.Error );
            firstTextBox.Focus();

            return;
         }

         // se o formato do endereço for inválido, mostra a mensagem
         if ( !Regex.Match( addressTextBox.Text,
            @"^[0-9]+\s+([a-zA-Z]+|[a-zA-Z]+\s[a-zA-Z]+)$" ).Success )
         {
            // endereço incorreto
            MessageBox.Show( "Invalid Address", "Message",
               MessageBoxButtons.OK, MessageBoxIcon.Error );
            addressTextBox.Focus();

            return;
         }

         // se o formato da cidade for invalido, mostra a mensagem
         if ( !Regex.Match( cityTextBox.Text,
            @"^([a-zA-Z]+|[a-zA-Z]+\s[a-zA-Z]+)$" ).Success )
         {
            // cidade incorreta
            MessageBox.Show( "Invalid City", "Message",
               MessageBoxButtons.OK, MessageBoxIcon.Error );
            cityTextBox.Focus();

            return;
         }

         // se o formato do estado for inválido, mostra a mensagem
         if ( !Regex.Match( stateTextBox.Text,
            @"^([a-zA-Z]+|[a-zA-Z]+\s[a-zA-Z]+)$" ).Success )
         {
            // estado incorreto
            MessageBox.Show( "Invalid State", "Message",
               MessageBoxButtons.OK, MessageBoxIcon.Error );
            stateTextBox.Focus();

```

Figura 15.22 Validando informações do usuário com expressões regulares. (Parte 3 de 5.)

```
            return;
         }

         // se o formato do código postal for inválido, mostra a mensagem
         if ( !Regex.Match( zipTextBox.Text, @"^\d{5}$" ).Success )
         {
            // código postal incorreto (neste exemplo, exige 5 dígitos)
            MessageBox.Show( "Invalid Zip Code", "Message",
               MessageBoxButtons.OK, MessageBoxIcon.Error );
            zipTextBox.Focus();

            return;
         }

         // se o formato do número de telefone for inválido, mostra a mensagem
         if ( !Regex.Match( phoneTextBox.Text,
            @"^[1-9]\d{2}-[1-9]\d{2}-\d{4}$" ).Success )
         {
            // número de telefone incorreto
            MessageBox.Show( "Invalid Phone Number", "Message",
               MessageBoxButtons.OK, MessageBoxIcon.Error );
            phoneTextBox.Focus();

            return;
         }

         // a informação é válida, sinaliza para o usuário e sai do aplicativo
         this.Hide();
         MessageBox.Show( "Thank You!", "Information Correct",
            MessageBoxButtons.OK, MessageBoxIcon.Information );

         Application.Exit();

      } // fim do método okButton_Click

} // fim da classe ValidateForm
```

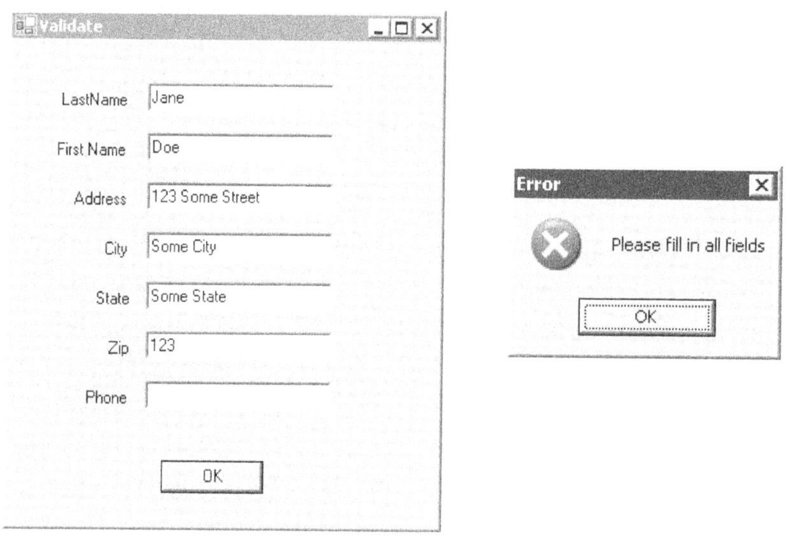

Figura 15.22 Validando informações do usuário com expressões regulares. (Parte 4 de 5.)

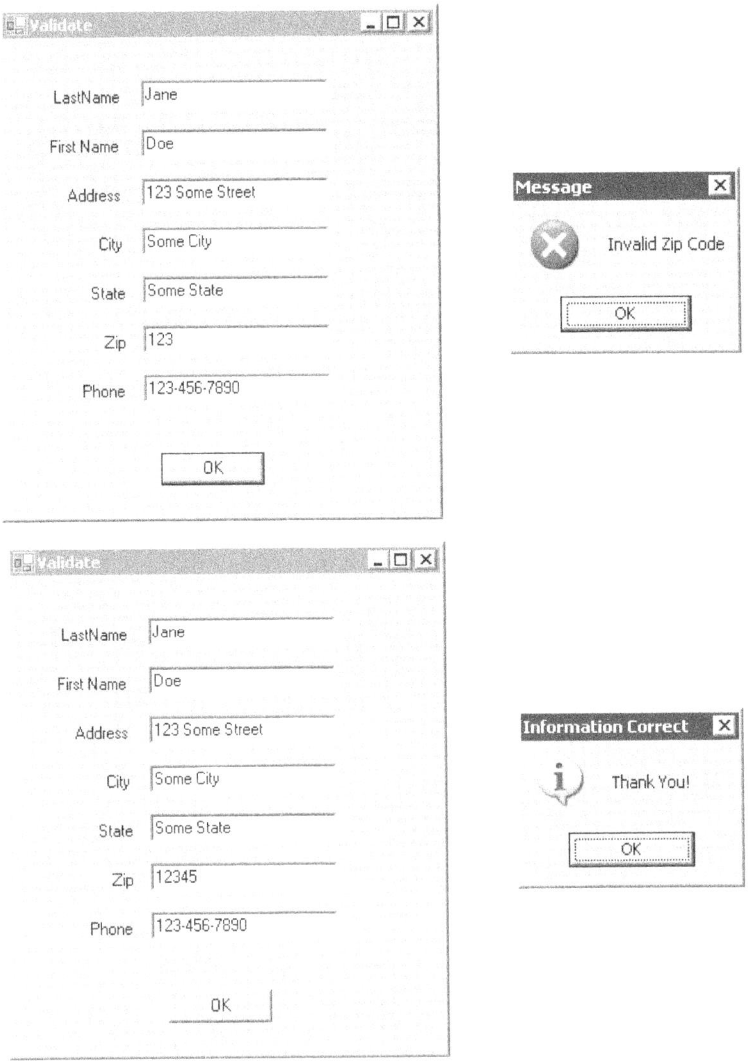

Figura 15.22 Validando informações do usuário com expressões regulares. (Parte 5 de 5.)

Nesse programa usamos a versão **`static`** do método *`Match`* de **`Regex`**, que recebe um parâmetro adicional especificando a expressão regular com a qual estamos tentando fazer a correspondência. A expressão na linha 66 usa a notação de colchete e intervalo para fazer correspondência com uma letra inicial maiúscula, seguida de letras maiúsculas ou minúsculas — **`a-z`** faz correspondência com qualquer letra minúscula, e **`A-Z`** faz correspondência com qualquer letra maiúscula[3]. O quantificador **`*`** significa que o segundo intervalo de caracteres pode ocorrer zero ou mais vezes na **`string`**. Assim, essa expressão faz correspondência com qualquer **`string`** consistindo em uma letra maiúscula, seguida de zero ou mais letras adicionais.

A notação **`\s`** faz correspondência com um único caractere de espaço em branco (linhas 90, 102 e 114). A expressão **`\d{5}`**, usada no campo **Zip** (código postal), faz correspondência com quaisquer cinco dígitos (linha 125). Em geral, uma expressão com um inteiro positivo **`x`** nas chaves fará correspondência com quaisquer **`x`** dígitos. (Observe a importância dos caracteres "**^**" e "**$**" para impedir que códigos postais com dígitos extras sejam validados.)

O caractere "**|**" faz correspondência com a expressão a sua esquerda ou a sua direita. Por exemplo, **`Hi (John|Jane)`** faz correspondência com **`Hi John`** e **`Hi Jane`**. Note o uso de parênteses para agrupar partes da expressão regular. Os quantificadores podem ser aplicados nos padrões incluídos entre parênteses para criar expressões regulares mais complexas.

3. Observe que isto NÃO inclui as versões acentuadas das letras. Para que letras acentuadas (Á, é, õ, ü etc.) e o "ç" sejam reconhecidos, eles devem ser fornecidos explicitamente nas expressões. (N.R.T.)

Os campos **Last Name** e **First Name** aceitam **string**s de qualquer tamanho que comecem com uma letra maiúscula. O campo **Address** faz correspondência com um número de pelo menos um dígito, seguido de um espaço e depois por uma ou mais letras ou então uma ou mais letras seguidas de um espaço e outra série de uma ou mais letras (linha 90). Portanto, **"10 Broadway"** e **"10 Main Street"** são ambos endereços válidos. Os campos **City** (linha 102) e **State** (linha 114) correspondem a qualquer palavra de pelo menos um caractere ou, como alternativa, a quaisquer duas palavras de pelo menos um caractere, se as palavras forem separadas por um único espaço. Isso significa que **Waltham** e **West Newton** corresponderiam. Conforme dito anteriormente, o código de ***Zip*** deve ser um número de cinco dígitos (linha 125). O número de **Phone** deve ser da forma **xxx-yyy-yyyy**, onde as letras **x** representam o código de área e as letras **y**, o número (linha 137). O primeiro **x** e o primeiro **y** não podem ser zero.

Às vezes é interessante substituir partes de uma **string** por outra ou dividir uma **string** de acordo com uma expressão regular. Para isso, a classe **Regex** fornece versões **static** e de instância dos métodos *Replace* e *Split*, que estão demonstradas na Figura 15.23.

```
// Fig. 15.23: RegexSubstitution.cs
// Usando o método Replace de Regex.

using System;
using System.Text.RegularExpressions;
using System.Windows.Forms;

// Descrição de resumo para RegexSubstitution.
public class RegexSubstitution1
{

   // o ponto de entrada principal do aplicativo
   static void Main( string[] args )
   {
      string testString1 =
         "This sentence ends in 5 stars *****";

      string testString2 = "1, 2, 3, 4, 5, 6, 7, 8";
      Regex testRegex1 = new Regex( "stars" );
      Regex testRegex2 = new Regex( @"\d" );
      string[] results;
      string output = "Original String 1\t\t\t" + testString1;

      testString1 = Regex.Replace( testString1, @"\*", "^" );

      output += "\n^ substituted for *\t\t\t" + testString1;

      testString1 = testRegex1.Replace( testString1, "carets" );

      output += "\n\"carets\" substituted for \"stars\"\t\t" +
         testString1;

      output += "\nEvery word replaced by \"word\"\t" +
         Regex.Replace( testString1, @"\w+", "word" );

      output += "\n\nOriginal String 2\t\t\t" + testString2;

      output += "\nFirst 3 digits replaced by \"digit\"\t\t" +
         testRegex2.Replace( testString2, "digit", 3 );

      output += "\nString split at commas\t\t[";

      results = Regex.Split( testString2, @",\s*" );
```

Figura 15.23 Métodos Replace e Split de Regex. (Parte 1 de 2.)

```
44
45          foreach ( string resultString in results )
46          {
47             output += "\"" + resultString + "\", ";
48          }
49
50          output = output.Substring( 0, output.Length - 2 ) + "]";
51
52          MessageBox.Show( output,
53             "Substitution using regular expressions" );
54
55       } // fim do método Main
56
57    } // fim da classe RegexSubstitution
```

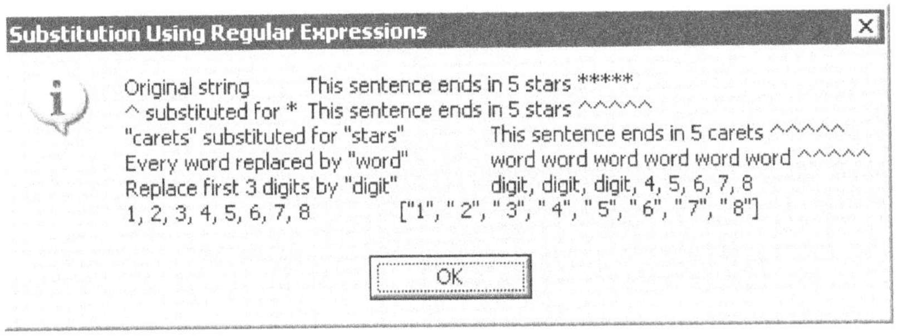

Figura 15.23 Métodos Replace e Split de Regex. (Parte 2 de 2.)

O método **Replace** substitui texto em uma **string** por um texto novo, onde a **string** original fizer correspondência com uma expressão regular. Apresentamos duas versões desse método na Figura 15.23. A primeira versão (linha 24) é **static** e recebe três parâmetros — a **string** a ser modificada, a **string** contendo a expressão regular a corresponder e a **string** substituta. Aqui, **Replace** substitui cada instância de "*" em **testString1** por "^". Note que a expressão regular (@"a*") precede o caractere * com uma barra invertida, \. Normalmente, * é um quantificador que indica que uma expressão regular deve fazer correspondência com qualquer número de ocorrências de um padrão precedente. Entretanto, na linha 24, queremos encontrar todas as ocorrências do caractere literal *; para fazer isso, devemos fazer o escape do caractere * com o caractere \. Fazendo o escape de um caractere de expressão regular especial com \, dizemos ao mecanismo de correspondência de expressão regular para que localize o caractere real, em oposição ao que ele representa em uma expressão regular. A segunda versão do método **Replace** (linha 28) é um método de instância que usa a expressão regular passada para o construtor de **testRegex1** (linha 19) para realizar a operação de substituição. Nesse caso toda correspondência com expressão regular "**stars**" em **testString1** é substituída por "**carets**".

A linha 20 instancia **testRegex2** com o argumento @"**\d**". A chamada do método de instância **Replace** na linha 39 recebe três argumentos — uma **string** a ser modificada, uma **string** contendo o texto substituto e um valor **int** especificando o número de substituições a serem feitas. Em outras palavras, essa versão de **Replace** substitui as três primeiras instâncias de um dígito ("**\d**") em **testString2** pelo texto "**digit**" (linha 39).

O método **Split** divide uma **string** em várias substrings. A **string** original é quebrada em qualquer posição que corresponda a uma expressão regular especificada. O método **Split** retorna um array contendo as substrings entre as correspondências da expressão regular. Na linha 43 usamos a versão estática do método **Split** para separar uma **string** de inteiros separados por vírgulas. O primeiro argumento é a **string** a ser dividida; o segundo argumento é a expressão regular. Nesse caso usamos a expressão regular @",**\s***" para separar as substrings onde ocorre uma vírgula. Correspondendo todos os caracteres de espaço em branco, eliminamos os espaços extras das substrings resultantes.

Resumo

- Os caracteres são os blocos de construção fundamentais do código de programa C#. Todo programa é composto de uma seqüência de caracteres, que é interpretada pelo compilador como uma série de instruções usadas para executar uma tarefa.

- Uma **string** é uma série de caracteres tratados como uma unidade. Uma **string** pode conter letras, dígitos e vários caracteres especiais, como **+**, **-**, *****, **/**, **$** e outros.
- Todos os caracteres correspondem a códigos numéricos. Quando o computador compara duas **string**s, na verdade ele compara os códigos numéricos dos caracteres nas **string**s.
- O método **Equals** usa uma comparação lexicográfica, significando que, se determinada **string** tivesse um valor mais alto do que outra **string**, ela seria encontrada posteriormente em um dicionário. O método **Equals** compara os valores Unicode inteiros que representam cada caractere em cada **string**.
- O método **CompareTo** retorna **0** se as **string**s são iguais, um número negativo se a **string** que chama **CompareTo** é menor do que a **string** passada como argumento e um número positivo se a **string** que chama **CompareTo** é maior do que a **string** passada como argumento. O método **CompareTo** usa uma comparação lexicográfica.
- Uma tabela de hash armazena informações usando um cálculo especial sobre o objeto a ser armazenado que produz um código de hash. O código de hash é usado para escolher o local na tabela em que se vai armazenar o objeto.
- A classe **Object** define o método **GetHashCode** para efetuar o cálculo do código de hash. Esse método é herdado por todas as subclasses de **Object**. O método **GetHashCode** é sobreposto por **String** para fornecer uma boa distribuição de código de hash baseada no conteúdo da **string**.
- A classe **String** fornece dois métodos **Substring** para permitir que uma nova **string** seja criada utilizando-se a cópia de parte de uma **string** existente.
- O método **IndexOf** de **String** localiza a primeira ocorrência de um caractere ou de uma substring em uma **string**. O método **LastIndexOf** localiza a última ocorrência de um caractere ou de uma substring em uma **string**.
- O método **StartsWith** de **String** determina se uma **string** começa com os caracteres especificados como argumento. O método **EndsWith** de **String** determina se uma **string** termina com os caracteres especificados como argumento.
- O método **static Concat** da classe **String** concatena duas **string**s e retorna uma nova **string** contendo os caracteres das duas **string**s originais.
- Os métodos **Replace**, **ToUpper**, **ToLower**, **Trim** e **ToString** são fornecidos para manipulação de **string**s mais avançadas.
- A classe **String** fornece muitos recursos para processamento de **string**s. Entretanto, uma vez criada uma **string**, seu conteúdo nunca pode mudar. A classe **StringBuilder** está disponível para criar e manipular **string**s dinâmicas, isto é, **string**s que podem mudar.
- A classe **StringBuilder** fornece as propriedades **Length** e **Capacity** para retornar o número de caracteres atualmente em um objeto **StringBuilder** e o número de caracteres que podem ser armazenados em um **StringBuilder**, sem alocar mais memória, respectivamente. Essas propriedades também podem ser usadas para aumentar ou diminuir o comprimento ou a capacidade do **StringBuilder**.
- O método **EnsureCapacity** permite que os programadores garantam que um **StringBuilder** tenha uma capacidade mínima. O método **EnsureCapacity** tenta duplicar a capacidade. Se esse valor for maior do que o valor que o programador deseja garantir, essa será a nova capacidade. Caso contrário, **EnsureCapacity** altera a capacidade para torná-la uma unidade maior do que o número solicitado.
- A classe **StringBuilder** fornece 18 métodos **Append** sobrecarregados para permitir que vários valores de tipo de dados sejam adicionados no final de um **StringBuilder**. São fornecidas versões para cada um dos tipos de dados primitivos e para arrays de caracteres, **String**s e **Object**s.
- As chaves em uma **string** de formato especificam como se vai formatar determinada informação. Os formatos têm a forma **{X[,Y][:StringFormatação]}**, onde **X** é o número do argumento a ser formatado, contando a partir de zero. **Y** é um argumento opcional, que pode ser positivo ou negativo. **Y** indica quantos caracteres devem estar no resultado da formatação; se a **string** resultante for menor do que esse número, ela será preenchida com espaços para compensar a diferença. Um inteiro positivo significa que a **string** será alinhada à direita; um inteiro negativo significa que ela será alinhada à esquerda. O componente opcional **StringFormatação** indica que tipo de formatação deve ser aplicado ao argumento: moeda, decimal ou científica, entre outras.
- A classe **StringBuilder** fornece 19 métodos **Insert** sobrecarregados para permitir que vários valores de tipo de dados sejam inseridos em qualquer posição em um **StringBuilder**. São fornecidas versões para cada um dos tipos de dados primitivos e para arrays de caracteres, **String**s e **Object**s.
- A classe **StringBuilder** também fornece o método **Remove** para excluir qualquer parte de um **StringBuilder**.
- Outro método útil incluído com **StringBuilder** é **Replace**. **Replace** procura uma **string** ou caractere especificado e substitui por outro.
- O C# fornece **structs**, ou estruturas, blocos de construção de programa semelhantes às classes.

- De muitas maneiras, as estruturas são semelhantes às classes, sendo a maior diferença entre elas o fato de que as estruturas encapsulam tipos de valor, enquanto as classes encapsulam tipos de referência.
- Muitos dos tipos de dados primitivos que usamos são na verdade alias para diferentes estruturas. Essas estruturas são derivadas da classe **ValueType**, a qual, por sua vez, é derivada da classe **Object**.
- **Char** é uma estrutura que representa caracteres.
- O método **Char.Parse** converte dados em um caractere.
- O método **Char.IsDigit** determina se um caractere é um dígito Unicode definido.
- O método **Char.IsLetter** determina se um caractere é uma letra.
- O método **Char.IsLetterOrDigit** determina se um caractere é uma letra ou um dígito.
- O método **Char.IsLower** determina se um caractere é uma letra minúscula.
- O método **Char.IsUpper** determina se um caractere é uma letra maiúscula.
- O método **Char.ToUpper** converte um caractere para seu equivalente maiúsculo.
- O método **Char.ToLower** converte um caractere para seu equivalente minúsculo.
- O método **Char.IsPunctuation** determina se um caractere é um sinal de pontuação.
- O método **Char.IsSymbol** determina se um caractere é um símbolo.
- O método **Char.IsWhiteSpace** determina se um caractere é um espaço em branco.
- O método **CompareTo** de **Char** compara dois valores de caractere.
- As expressões regulares localizam padrões no texto.
- A plataforma .NET fornece a classe **Regex** para ajudar os desenvolvedores no reconhecimento e na manipulação de expressões regulares. **Regex** fornece o método **Match**, que retorna um objeto da classe **Match**. Esse objeto representa uma única correspondência em uma expressão regular. **Regex** também fornece o método **Matches**, que localiza todas as correspondências de uma expressão regular em uma **string** arbitrária e retorna um objeto **MatchCollection** — um conjunto de objetos **Match**.
- As classes **Regex** e **Match** estão no espaço de nomes **System.Text.RegularExpressions**.
- Em geral, aplicar o quantificador * em qualquer expressão corresponderá a zero ou mais ocorrências dessa expressão, e aplicar o quantificador + corresponderá a uma ou mais ocorrências dessa expressão.
- O padrão "**[0-35-9]**" é uma expressão regular que faz correspondência com um caractere em um intervalo de caracteres. Essa **string** corresponderá a qualquer dígito de **0** a **3** e de **5** a **9**; portanto, ela corresponderá a qualquer dígito, exceto **4**.
- O caractere "**|**" faz correspondência com a expressão a sua esquerda ou a sua direita. Por exemplo, "**Hi (John|Jane)**" faz correspondência com "**Hi John**" e "**Hi Jane**".
- O método **Replace** substitui as substrings em uma **string** que correspondem a determinada expressão regular com uma **string** especificada.

Terminologia

ArgumentOutOfRangeException
array **char**
caractere
caractere de palavra
caracteres de espaço em branco
caracteres de espaço em branco à direita
caracteres especiais
classe de caracteres
classe **Match**
classe **MatchCollection**
classe **Regex**
classe **String**
classe **StringBuilder**
classe **ValueType**
código de hash
colocação em ordem alfabética
comparação lexicográfica
conjunto de caracteres Unicode
editor de textos
espaço de nomes **System**
espaço de nomes **System.Text**
espaço de nomes **System.Text.RegularExpressions**
estrutura **Char**
geração de números aleatórios
método **Append** da classe **StringBuilder**
método **AppendFormat** da classe **StringBuilder**
método **CompareTo** da classe **String**
método **CompareTo** da estrutura **Char**
método **Concat** da classe **String**
método **CopyTo** da classe **String**

método **EndsWith** da classe **String**
método **EnsureCapacity** da classe **StringBuilder**
método **Equals** da classe **String**
método **GetHashCode**
método **IndexOf** da classe **String**
método **IndexOfAny** da classe **String**
método **IsDigit** da estrutura **Char**
método **IsLetter** da estrutura **Char**
método **IsLetterOrDigit** da estrutura **Char**
método **IsLower** da estrutura **Char**
método **IsPunctuation** da estrutura **Char**
método **IsSymbol** da estrutura **Char**
método **IsUpper** da estrutura **Char**
método **IsWhiteSpace** da estrutura **Char**
método **LastIndexOf** da classe **String**
método **LastIndexOfAny** da classe **String**
método **Parse** da estrutura **Char**
método **Remove** da classe **StringBuilder**
método **Replace** da classe **Regex**
método **Replace** da classe **String**
método **Replace** da classe **StringBuilder**
método **Split** da classe **Regex**
método **StartsWith** da classe **String**
método **Substring** da classe **String**
método **ToLower** da classe **String**
método **ToLower** da estrutura **Char**
método **ToString** da classe **String**
método **ToString** de **StringBuilder**
método **ToUpper** da classe **String**
método **ToUpper** da estrutura **Char**
método **Trim** da classe **String**
operador **+**
operador de comparação **==**
operador de concatenação **+=**
propriedade **Capacity** de **StringBuilder**
propriedade **Chars** da classe **String**
propriedade **Enabled** da classe **Control**
propriedade **Length** da classe **String**
propriedade **Length** da classe **StringBuilder**
propriedade **Success** da classe **Match**
quantificador
quantificador ganancioso
quantificador preguiçoso
referência a **string**
sistema de coleta de lixo
software de layout de página
string de formato
String imutável
string literal
struct
tabela de hash

Exercícios de revisão

15.1 Indique se cada uma das seguintes alternativas é *verdadeira* ou *falsa*. Se for *falsa*, justifique.

a) Quando **string**s são comparadas com **==**, o resultado é **true** se as **string**s contêm os mesmos valores.
b) Uma **string** pode ser modificada após ser criada.
c) A classe **String** não possui o método **ToString**.
d) O método **EnsureCapacity** de **StringBuilder** configura a capacidade da instância de **StringBuilder** como o valor do argumento.
e) O método **Equals** e o operador de igualdade funcionam igualmente para **string**s.
f) O método **Trim** remove todo espaço em branco no início e no fim de uma **string**.
g) Uma expressão regular corresponde uma **string** a um padrão.
h) É sempre melhor usar **string**s em vez de objetos **StringBuilder**, pois as **string**s contendo o mesmo valor farão referência ao mesmo objeto na memória.
i) O método **ToUpper** da classe **String** coloca em maiúscula apenas a primeira letra da **string**.
j) A expressão **\d** em uma expressão regular denota todas as letras.

15.2 Preencha os espaços em branco em cada uma das declarações a seguir:

a) Para concatenar **string**s, use o operador ______________ ou o método ______________ da classe ______________.
b) O método **Compare** da classe **String** usa uma comparação ______________ de **string**s.
c) A classe **Regex** está localizada no espaço de nomes ______________.
d) O método ______________ de **StringBuilder** formata primeiro a **string** especificada e, em seguida, a concatena no final do **StringBuilder**.
e) Se os argumentos de uma chamada do método **Substring** estiverem fora do intervalo válido, uma exceção ______________ é lançada.
f) O método ______________ de **Regex** altera todas as ocorrências de um padrão em uma **string** para uma **string** especificada.
g) O método ______________ é herdado por todo objeto e calcula seu código de hash.
h) Uma letra **C** em uma string de formato significa produzir a saída do número como ______________.
i) O quantificador de expressão regular ______________ faz correspondência com zero ou mais ocorrências de uma expressão.
j) O operador de expressão regular ______________ dentro de colchetes não corresponderá a nenhum dos caracteres nesse par de colchetes.

Respostas dos exercícios de revisão

15.1 a) Verdadeira. b) Falsa. As **strings** são imutáveis e não podem ser modificadas após serem criadas. Os objetos **StringBuilder** podem ser modificados após serem criados. c) Falsa. A classe **String** herda um método **ToString** da classe **Object**. d) Verdadeira. e) Verdadeira. f) Verdadeira. g) Verdadeira. h) Falsa. **StringBuilder** deve ser usado se a **string** vai ser modificada. i) Falsa. O método **ToUpper** da classe **String** coloca em maiúscula todas as letras da **string**. j) Falsa. A expressão **\d** denota todos os decimais em uma expressão regular.

15.2 a) **+**, **StringBuilder.Append**. b) lexicográfica. c) **System.Text.RegularExpressions**. d) **AppendFormat**. e) **ArgumentOutOfRangeException**. f) **Replace**. g) **GetHashCode**. h) moeda. i) *****. j) **^**.

Exercícios

15.3 Modifique o programa da Figura 15.18 de modo que o método de distribuição de cartas distribua uma mão de pôquer de cinco cartas. Em seguida, escreva os seguintes métodos adicionais:

a) Determine se a mão contém um par.
b) Determine se a mão contém dois pares.
c) Determine se a mão contém três cartas de um tipo (por exemplo, três valetes).
d) Determine se a mão contém quatro cartas de um tipo (por exemplo, quatro ases).
e) Determine se a mão contém um flush (isto é, todas as cinco cartas do mesmo naipe).
f) Determine se a mão contém um straight (isto é, cinco cartas de valores de face consecutivos).
g) Determine se a mão contém um full house (isto é, duas cartas de um valor de face e três cartas de outro valor de face).

15.4 Use os métodos desenvolvidos no Exercício 15.3 para escrever um programa que distribua duas mãos de pôquer de cinco cartas, avalie cada mão e determine qual é a melhor.

15.5 Escreva um aplicativo que use o método **CompareTo** de **String** para comparar duas **strings** introduzidas pelo usuário. Indique na saída se a primeira **string** é menor, igual ou maior do que a segunda.

15.6 Escreva um aplicativo que use geração de números aleatórios para criar frases em inglês. Use quatro arrays de **strings**, chamados **artigo**, **substantivo**, **verbo** e **preposicao**. Crie uma sentença selecionando uma palavra aleatoriamente de cada array, na seguinte ordem: **artigo**, **substantivo**, **verbo**, **preposicao**, **artigo** e **substantivo**. À medida que cada palavra é selecionada, concatene-a com as palavras anteriores da sentença. As palavras devem ser separadas por espaços. Quando a sentença final for produzida na saída, ela deverá começar com uma letra maiúscula e terminar com um ponto. O programa deve gerar 20 frases e produzir sua saída em uma área de texto.

15.7 (*Pig Latin*) Escreva um aplicativo que codifique frases no idioma inglês para pig Latin. Pig Latin é uma forma de linguagem codificada, freqüentemente usada para divertimento. Existem muitas variações nos métodos usados para formar frases em pig Latin. Por simplicidade, use o seguinte algoritmo:

Para traduzir cada palavra inglesa para uma palavra em pig Latin, coloque a primeira letra da palavra inglesa no final da palavra e adicione as letras "**ay**". Assim, a palavra "**jump**" se torna "**umpjay**", a palavra "**the**" se torna "**hetay**" e a palavra "**computer**" se torna "**omputercay**". Os espaços em branco entre as palavras permanecem. Suponha o seguinte: a frase em inglês consiste nas palavras separadas por espaços em branco, não existem sinais de pontuação e todas as palavras têm duas ou mais letras. Permita que o usuário introduza uma sentença. Use as técnicas discutidas neste capítulo para dividir a sentença em palavras separadas. O método **GerarPigLatin** deve traduzir uma única palavra para pig Latin. Mantenha uma tela com todas as sentenças convertidas, em uma área de texto.

15.8 Escreva um programa que leia uma palavra de cinco letras do usuário e produza todas as palavras de três letras possíveis que possam ser derivadas das letras da palavra de cinco letras. Por exemplo, as palavras de três letras produzidas a partir da palavra "bathe" incluem as palavras normalmente usadas "ate", "bat", "bet", "tab", "hat", "the" e "tea".

16

Elementos Gráficos e Multimídia

Objetivos

- Entender os contextos gráficos e objetos gráficos.
- Manipular cores e fontes.
- Entender e usar métodos **`Graphics`** da GDI+ para desenhar linhas, retângulos, **`string`**s e imagens.
- Usar a classe **`Image`** para manipular e exibir imagens.
- Desenhar figuras complexas a partir de figuras simples, com a classe **`GraphicsPath`**.
- Usar o Windows Media Player e o Microsoft Agent em um aplicativo C#.

★

Uma figura vale mais do que dez mil palavras.
Provérbio chinês

Trate da natureza em termos do cilindro, da esfera, do cone, todos em perspectiva.
Paul Cézanne

Nada se torna real até que seja experimentado — mesmo um provérbio não é um provérbio até que sua vida o tenha ilustrado.
John Keats

Uma figura mostra de uma só vez o que precisa de dezenas de páginas de um livro para ser exposto.
Ivan Sergeyevich

Resumo

16.1 Introdução

Neste capítulo teremos uma visão geral das ferramentas do C# para desenhar figuras bidimensionais e para controlar cores e fontes. O C# suporta elementos gráficos que permitem aos programadores aprimorar seus aplicativos Windows visualmente. A FCL contém muitos recursos de desenho sofisticados como parte do espaço de nomes ***System.Drawing*** e dos outros espaços de nomes que constituem o recurso .NET *GDI+*. A GDI+, uma extensão da Graphical Device Interface (interface de dispositivos gráficos), é uma interface de programação de aplicativos (API — Application Programming Interface) que fornece classes para criar elementos gráficos vetoriais bidimensionais (uma maneira de descrever elementos gráficos, de modo que eles possam ser facilmente manipulados com técnicas de alto desempenho), manipular fontes e inserir imagens. A GDI+ estende a GDI simplificando o modelo de programação e introduzindo vários recursos novos, como os caminhos gráficos, suporte para formato de arquivos de imagem estendido e combinação alfa. Usando a API GDI+, os programadores podem criar imagens sem se preocupar com os detalhes específicos da plataforma de seu hardware gráfico.

Começaremos com uma introdução aos recursos de desenho da plataforma .NET. Em seguida apresentaremos recursos de desenho mais poderosos, como a mudança dos estilos das linhas usadas para desenhar figuras e o controle das cores e padrões de figuras preenchidas.

A Figura 16.1 representa uma parte da hierarquia de classes **System.Drawing**, que inclui várias das classes e estruturas gráficas básicas abordadas neste capítulo. Os componentes mais usados da GDI+ residem nos espaços de nomes **System.Drawing** e ***System.Drawing.Drawing2D***.

A classe ***Graphics*** contém métodos usados para desenhar **string**s, linhas, retângulos e outras figuras em um **Control**. Os métodos de desenho da classe **Graphics** normalmente exigem um objeto ***Pen*** ou ***Brush*** para representar uma figura especificada. O objeto **Pen** desenha contornos de figura; o objeto **Brush** desenha objetos sólidos.

A estrutura **Color** contém numerosas propriedades **static**, que configuram as cores de vários componentes gráficos, além de métodos que permitem aos usuários criar novas cores. A classe ***Font*** contém propriedades que definem fontes exclusivas. A classe ***FontFamily*** contém métodos para obter informações de fonte.

Para desenhar em C#, primeiro devemos entender o *sistema de coordenadas* da GDI+ (Figura 16.2), um esquema para identificar cada ponto na tela. Como padrão, o canto superior esquerdo de um componente de GUI (como **Panel** ou **Form**) tem as coordenadas (0, 0). Um par de coordenadas tem uma *coordenada x* (a *coordenada horizontal*) e uma *coordenada y* (a *coordenada vertical*). A coordenada *x* é a distância horizontal (à direita) a partir do canto superior esquerdo. A coordenada *y* é a distância vertical (para baixo) a partir do canto superior esquerdo. O *eixo x* define cada coordenada horizontal, e o *eixo y* define cada coordenada vertical. Os programadores posicionam texto e figuras na tela especificando suas coordenadas (*x*,*y*). As unidades de coordenada são medidas em *pixels* ("picture elements", elementos de figuras), que são as menores unidades de resolução em um monitor de vídeo.

O espaço de nomes **System.Drawing** fornece as estruturas **Rectangle** e **Point**. A *estrutura* ***Rectangle*** define figuras e dimensões retangulares. A *estrutura* ***Point*** representa as coordenadas *x*-*y* de um ponto em um plano bidimensional.

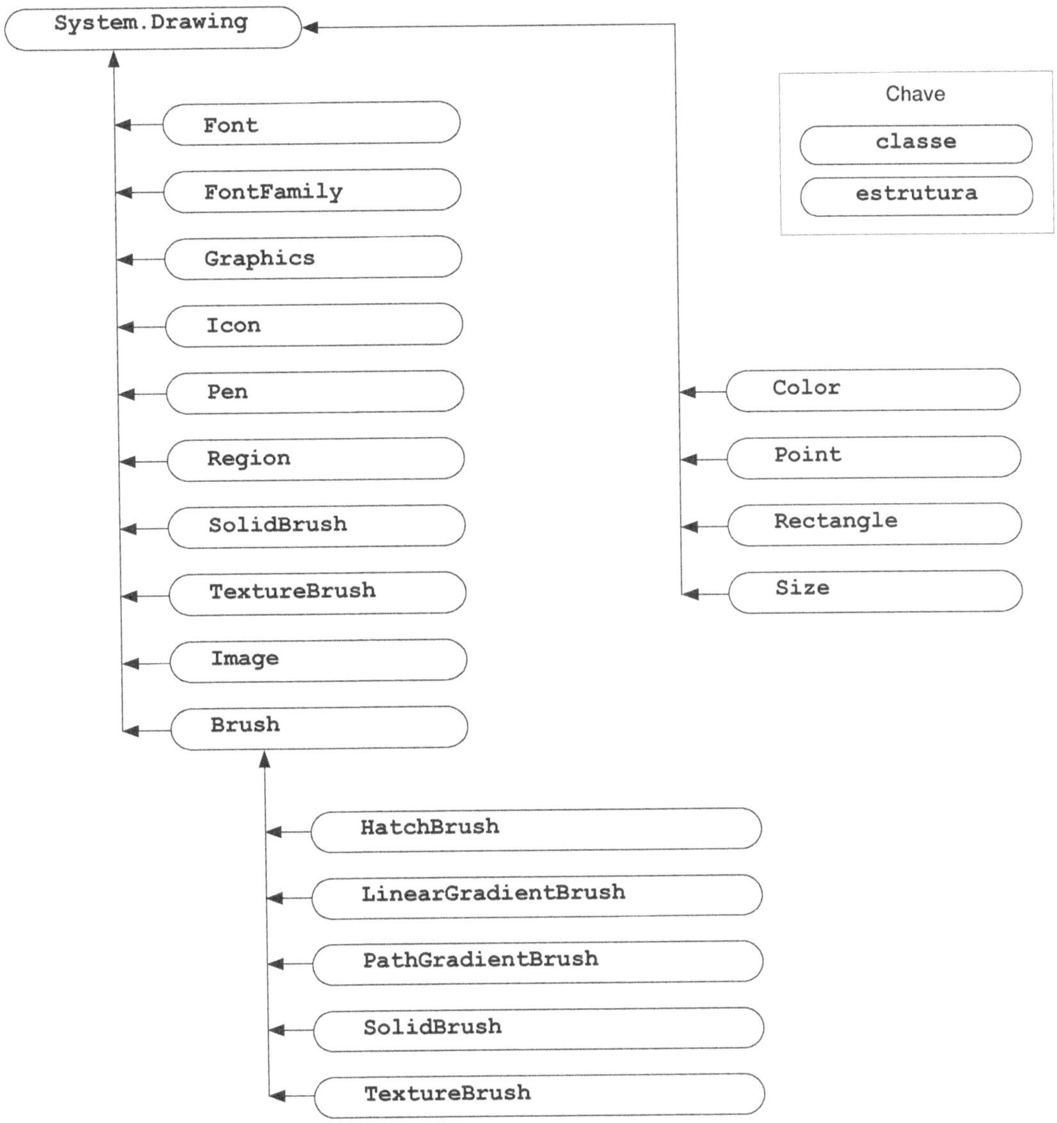

Figura 16.1 Classes e estruturas do espaço de nomes `System.Drawing`.

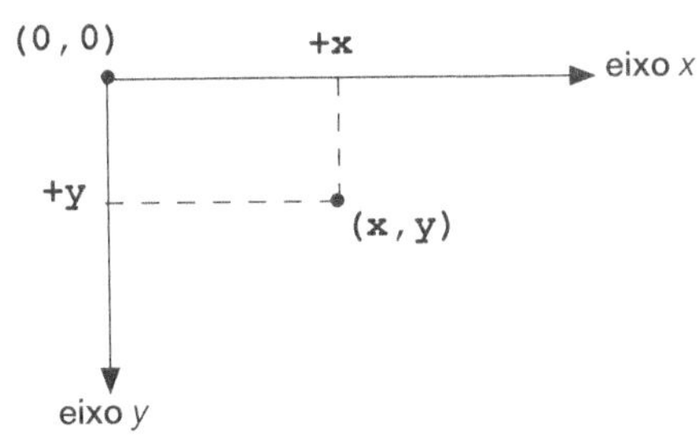

Figura 16.2 Sistema de coordenadas da GDI+. As unidades são medidas em pixels.

Dica de portabilidade 16.1

Diferentes monitores de vídeo têm diferentes resoluções; portanto, a densidade dos pixels em tais monitores variará. Isso pode fazer com que os elementos gráficos apareçam de tamanhos diferentes em diferentes monitores.

No restante deste capítulo exploraremos as técnicas para manipular imagens e criar animações suaves. Também discutiremos a classe ***Image***, que pode armazenar e manipular imagens de vários formatos de arquivo. Posteriormente explicaremos como combinar os recursos de representação gráfica abordados nas primeiras seções do capítulo com aqueles de manipulação de imagens.

16.2 Contextos gráficos e objetos gráficos

Um *contexto gráfico* do C# representa uma superfície de desenho que permite desenhar na tela. Um objeto **Graphics** gerencia um contexto gráfico controlando o modo como a informação é desenhada. Os objetos **Graphics** contêm métodos para desenho, manipulação de fontes, manipulação de cores e outras ações relacionadas aos elementos gráficos. Todo aplicativo Windows derivado da classe **System.Windows.Forms.Form** herda um manipulador de evento **virtual** ***OnPaint*** em que a maioria das operações gráficas é executada. Os argumentos do método **OnPaint** incluem um objeto **PaintEventArgs**, a partir do qual podemos obter um objeto **Graphics** para o controle. Devemos obter o objeto **Graphics** em cada chamada ao método, pois as propriedades do contexto gráfico que o objeto gráfico representa podem mudar. O método **OnPaint** ativa o evento ***Paint*** de **Control**.

Ao exibir informações gráficas na área cliente de um **Form**, os programadores podem sobrepor o método **OnPaint** para recuperar um objeto **Graphics** do argumento **PaintEventArgs** ou criar um novo objeto **Graphics** associado à superfície apropriada. Demonstraremos essas técnicas de desenho em C# posteriormente.

Para sobrepor o método **OnPaint** herdado, use a seguinte definição de método:

```
protected override void OnPaint( PaintEventArgs e )
```

Em seguida, extraia o objeto **Graphics** recebido do argumento **PaintEventArgs**:

```
Graphics objetoGrafico = e.Graphics;
```

Agora, a variável **objetoGrafico** está disponível para desenhar figuras e **string**s no formulário.

Chamar o método **OnPaint** lança o evento **Paint**. Em vez de sobrepor o método **OnPaint**, os programadores podem adicionar um manipulador para o evento **Paint**. O Visual Studio .NET gera o manipulador do evento **Paint** da seguinte maneira:

```
protected void MeuManipuladorDeEvento_Paint(
    object sender, PaintEventArgs e )
```

Os programadores poucas vezes chamam o método **OnPaint** diretamente, pois o desenho de elementos gráficos é um *processo dirigido por eventos*. Um evento — como cobrir, descobrir ou redimensionar uma janela — chama o método **OnPaint** dessa maneira. Analogamente, quando qualquer controle (como **TextBox** ou **Label**) é exibido, o programa chama o método **Paint** desse controle.

Se você precisar fazer o método **OnPaint** ser executado explicitamente, não chame o método **OnPaint**. Em vez disso, chame o método ***Invalidate*** (herdado de **Control**). Esse método atualiza a área cliente de um controle e repinta implicitamente todos os componentes gráficos. O C# contém vários métodos **Invalidate** sobrecarregados que permitem aos programadores atualizar partes da área cliente.

Dica de desempenho 16.1

Chamar o método **Invalidate** *para atualizar* **Control** *freqüentemente é ineficiente. Em vez disso, chame* **Invalidate** *com um parâmetro* **Rectangle** *para atualizar apenas a área delimitada pelo retângulo. Isso melhorará o desempenho do programa.*

Controles como **Label** e **Button** não têm seus próprios contextos gráficos, mas um contexto gráfico pode ser criado. Para desenhar em um controle, primeiro crie seu objeto gráfico chamando o método **CreateGraphics**:

```
Graphics objetoGrafico = nomeDoControle.CreateGraphics();
```

onde *objetoGrafico* representa uma instância da classe **Graphics** e *nomeDoControle* é qualquer controle. Agora, o programador pode usar os métodos fornecidos na classe **Graphics** para desenhar no controle.

16.3 Controle de cores

As cores podem melhorar a aparência de um programa e ajudar a transmitir um significado. Por exemplo, a luz vermelha do sinal de trânsito indica pare; a amarela, atenção; e a verde, siga.

A estrutura **Color** define métodos e constantes usados para manipular cores. Como se trata de um objeto leve que executa apenas algumas operações e armazena campos **static**, **Color** é implementada como uma estrutura, e não como uma classe.

Qualquer cor pode ser criada a partir de uma combinação dos componentes alfa, vermelho, verde e azul. Juntos, esses componentes são chamados de *valores ARGB*. Todos os quatro componentes ARGB são **bytes** que representam valores inteiros no intervalo de 0 a 255. O valor alfa determina a opacidade da cor. Por exemplo, o valor alfa 0 resulta em uma cor transparente; o valor 255, em uma cor opaca. Os valores alfa entre 0 e 255 resultam em um efeito de combinação ponderada do valor RGB da cor, com o da cor de fundo, causando um efeito semitransparente. O primeiro número no valor RGB define a quantidade de vermelho presente na cor; o segundo, a quantidade de verde; e o terceiro, a quantidade de azul. Quanto maior o valor, maior a quantidade dessa cor em particular. O C# permite que os programadores escolham dentre quase 17 milhões de cores. Se um computador em particular não puder exibir todas essas cores, ele exibirá a cor mais próxima da especificada. A Figura 16.3 resume algumas constantes predefinidas de **Color**, e a Figura 16.4 descreve vários métodos e propriedades de **Color**.

A tabela da Figura 16.4 descreve duas chamadas ao método ***FromArgb***. Uma recebe três argumentos **int** e a outra recebe quatro (todos os valores de argumento devem estar entre 0 e 255). Ambas recebem argumentos **int** especificando a quantidade de vermelho, verde e azul. A versão sobrecarregada recebe quatro argumentos e permite que o usuário especifique o valor alfa; a versão de três argumentos tem como padrão o valor alfa de 255. Os dois métodos retornam um objeto **Color** representando os valores especificados. As propriedades de **Color**, ***A***, ***R***, ***G*** e ***B***, retornam **bytes** que representam valores **int** de 0 a 255, correspondentes às quantidades de alfa, vermelho, verde e azul, respectivamente.

Os programadores desenham figuras e **string**s com objetos **Brush** e **Pen**. Um objeto **Pen**, que funciona como uma caneta normal, é usado para desenhar linhas. A maioria dos métodos de desenho exige um objeto **Pen**. Os construtores sobrecarregados de **Pen** permitem que os programadores especifiquem as cores e larguras das linhas com que desejam desenhar. O espaço de nomes **System.Drawing** também fornece uma coleção **Pens**, contendo os objetos **Pen** predefinidos.

Constantes na estrutura Color (todas são public static)	Valor RGB	Constantes na estrutura Color (todas são public static)	Valor RGB
Orange	255, 200, 0	**White**	255, 255, 255
Pink	255, 175, 175	**Gray**	128, 128, 128
Cyan	0, 255, 255	**DarkGray**	64, 64, 64
Magenta	255, 0, 255	**Red**	255, 0, 0
Yellow	255, 255, 0	**Green**	0, 255, 0
Black	0, 0, 0	**Blue**	0, 0, 255

Figura 16.3 Constantes static da estrutura Color e seus valores RGB.

Métodos e propriedades da estrutura Color	Descrição
Métodos comuns	
static **FromArgb**	Cria uma cor baseada nos valores de vermelho, verde e azul, expressos como **int** de 0 a 255. A versão sobrecarregada permite a especificação de valores alfa, vermelho, verde e azul.
static **FromName**	Cria uma cor a partir de um nome, passado como **string**.
Propriedades comuns	
A	**byte** entre 0 e 255, representando o componente alfa.
R	**byte** entre 0 e 255, representando o componente vermelho.
G	**byte** entre 0 e 255, representando o componente verde.
B	**byte** entre 0 e 255, representando o componente azul.

Figura 16.4 Membros da estrutura Color.

Todas as classes derivadas da classe abstrata **Brush** definem objetos que colorem o interior das figuras gráficas (por exemplo, o construtor de **SolidBrush** recebe um objeto **Color** — a cor para desenhar). Na maioria dos métodos **Fill**, objetos **Brush** preenchem um espaço com uma cor, padrão ou imagem. A Figura 16.5 resume vários objetos **Brush** e suas funções.

O aplicativo da Figura 16.6 demonstra vários métodos e propriedades descritos na Figura 16.4. Ela apresenta dois retângulos sobrepostos, permitindo que o usuário experimente valores e nome de cor.

Classe	Descrição
HatchBrush	Usa um pincel retangular para preencher uma região com um padrão. O padrão é definido por um membro da enumeração **HatchStyle**, uma cor de primeiro plano (com a qual o padrão é desenhado) e uma cor de fundo.
LinearGradientBrush	Preenche uma região com uma transformação gradual de uma cor em outra. Os gradientes lineares são definidos ao longo de uma linha. Eles podem ser especificados pelas duas cores, o ângulo do gradiente e a largura de um retângulo ou dois pontos.
SolidBrush	Preenche uma região com uma cor. Definido por um objeto **Color**.
TextureBrush	Preenche uma região repetindo na superfície um objeto **Image** especificado.

Figura 16.5 Classes derivadas da classe Brush.

```
// Fig. 16.6: ShowColors.cs
// Usando diferentes cores em C#.

using System;
using System.Drawing;
using System.Collections;
using System.ComponentModel;
using System.Windows.Forms;
using System.Data;

// permite que os usuários mudem as cores usando o nome
// da cor ou valores ARGB
class ShowColors : System.Windows.Forms.Form
{
   private System.ComponentModel.Container components = null;

   // cor do retângulo em segundo plano
   private Color behindColor = Color.Wheat;
   private System.Windows.Forms.GroupBox nameGroup;
   private System.Windows.Forms.GroupBox colorValueGroup;
   private System.Windows.Forms.TextBox colorNameTextBox;
   private System.Windows.Forms.TextBox alphaTextBox;
   private System.Windows.Forms.TextBox redTextBox;
   private System.Windows.Forms.TextBox greenTextBox;
   private System.Windows.Forms.TextBox blueTextBox;
   private System.Windows.Forms.Button colorValueButton;
   private System.Windows.Forms.Button colorNameButton;

   // cor do retângulo em primeiro plano
   private Color frontColor =
      Color.FromArgb( 100, 0 , 0, 255 );

   [STAThread]
   static void Main()
   {
      Application.Run( new ShowColors() );
```

Figura 16.6 Demonstração de valores de cor e alfa. (Parte 1 de 3.)

```
      }

      // código gerado pelo Visual Studio .NET

      // sobrepõe o método Form OnPaint
      protected override void OnPaint( PaintEventArgs e )
      {
         Graphics graphicsObject = e.Graphics; // obtém os elementos gráficos

         // cria pincel de texto
         SolidBrush textBrush = new SolidBrush( Color.Black );

         // cria pincel sólido
         SolidBrush brush = new SolidBrush( Color.White );

         // desenha um fundo branco
         graphicsObject.FillRectangle( brush, 4, 4, 275, 180 );

         // exibe o nome de behindColor
         graphicsObject.DrawString( behindColor.Name, this.Font,
            textBrush, 40, 5 );

         // configura a cor do pincel e exibe o retângulo em segundo plano
         brush.Color = behindColor;

         graphicsObject.FillRectangle( brush, 45, 20, 150, 120 );

         // exibe valores ARGB da cor em primeiro plano
         graphicsObject.DrawString( "Alpha: " + frontColor.A +
            " Red: " + frontColor.R + " Green: " + frontColor.G
            + " Blue: " + frontColor.B, this.Font, textBrush,
            55, 165 );

         // configura a cor do pincel e exibe o retângulo em primeiro plano
         brush.Color = frontColor;

         graphicsObject.FillRectangle( brush, 65, 35, 170, 130 );

      } // fim do método OnPaint

      // manipula o evento Click de colorValueButton
      private void colorValueButton_Click(
         object sender, System.EventArgs e )
      {
         // obtém a nova cor frontal das caixas de texto
         frontColor = Color.FromArgb( Convert.ToInt32(
            alphaTextBox.Text ),
            Convert.ToInt32( redTextBox.Text ),
            Convert.ToInt32( greenTextBox.Text ),
            Convert.ToInt32( blueTextBox.Text ) );

         Invalidate(); // atualiza Form
      }

      // manipula o evento Click de colorNameButton
      private void colorNameButton_Click(
         object sender, System.EventArgs e )
      {
```

Figura 16.6 Demonstração de valores de cor e alfa. (Parte 2 de 3.)

```
95          // configura behindColor com a cor especificada na caixa de texto
96          behindColor = Color.FromName( colorNameTextBox.Text );
97
98          Invalidate(); // atualiza Form
99       }
100
101 } // fim da classe ShowColors
```

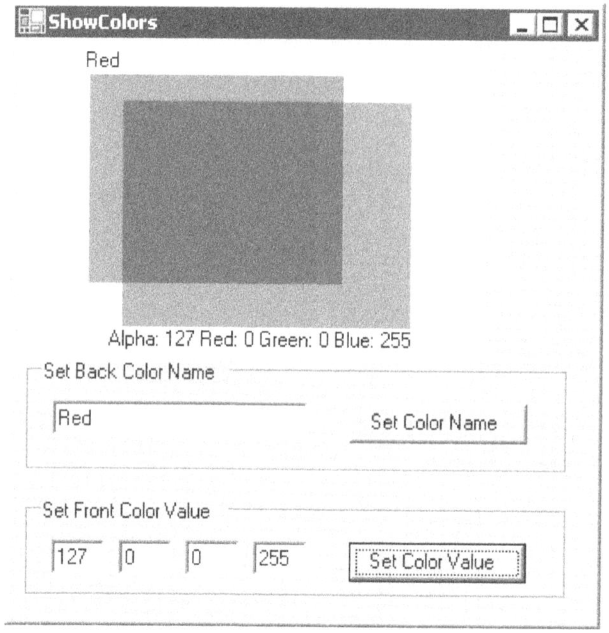

Figura 16.6 Demonstração de valores de cor e alfa. (Parte 3 de 3.)

Quando o aplicativo inicia sua execução, ele chama o método **OnPaint** da classe **ShowColors** para pintar a janela. A linha 44 obtém uma referência para o objeto **Graphics** de **PaintEventArgs e** e o atribui ao objeto **graphics-Object** de **Graphics**. As linhas 47 a 50 criam um objeto **SolidBrush** preto e um branco para desenhar no formulário. A classe **SolidBrush** deriva da classe base abstrata **Brush**; os programadores podem desenhar figuras sólidas com o objeto **SolidBrush**.

O método ***FillRectangle*** de **Graphics** desenha um retângulo sólido branco com o objeto **Brush** fornecido como parâmetro (linha 53). Ele recebe como parâmetros um pincel, as coordenadas *x* e *y* de um ponto e a largura e a altura do retângulo a ser desenhado. O ponto representa o canto superior esquerdo do retângulo. As linhas 56 e 57 exibem a propriedade **string Name** da propriedade **Color** de **Brush**, com o método **DrawString** de **Graphics**. O programador tem acesso a vários métodos **DrawString** sobrecarregados; a versão demonstrada nas linhas 56 e 57 recebe uma **string** para exibir, a fonte (**Font**) de exibição, um objeto **Brush** e as coordenadas *x* e *y* da localização do primeiro caractere da **string**.

As linhas 60 a 62 atribuem o valor **Color behindColor** à propriedade **Color** de **Brush** e exibem um retângulo. As linhas 65 a 68 extraem e exibem os valores ARGB de **Color frontColor** e, em seguida, exibem um retângulo preenchido que se sobrepõe ao primeiro.

O manipulador de evento de **Button colorValueButton_Click** (linhas 78 a 89) usa o método **FromArgb** de **Color** para construir um novo objeto **Color** a partir dos valores ARGB que o usuário especifica por meio de caixas de texto. Então, ele atribui o objeto **Color** recentemente criado a **frontColor**. O manipulador de evento **Button colorNameButton_Click** (linhas 92 a 99) usa o método **FromName** de **Color** para criar um novo objeto **Color** a partir da propriedade **colorName** que o usuário digita em uma caixa de texto. Esse objeto **Color** é atribuído a **behindColor**.

Se o usuário atribui um valor alfa entre 0 e 255 para **frontColor**, os efeitos da combinação alfa ficam aparentes. Na saída da tela capturada, a cor do retângulo de segundo plano vermelho se combina com o retângulo de primeiro plano azul para criar a cor violeta, quando os dois se sobrepõem.

Observação de engenharia de software 16.1

Nenhum método da classe **Color** *permite que os programadores mudem as características da cor atual. Para usar uma cor diferente, crie um novo objeto* **Color**.

O componente de GUI predefinido ***ColorDialog*** é uma caixa de diálogo que permite aos usuários fazerem uma seleção em uma paleta de cores disponíveis. Ela também oferece a opção de criar cores personalizadas. O programa da Figura 16.7 demonstra o uso dessa caixa de diálogo. Quando um usuário seleciona uma cor e pressiona **OK**, o aplicativo recupera a seleção do usuário por meio da propriedade ***Color*** de **ColorDialog**.

A GUI desse aplicativo contém dois objetos **Button**. O superior, **backgroundColorButton**, permite que o usuário mude as cores de fundo do formulário e do botão. O inferior, **textColorButton**, permite que o usuário mude as cores de texto do botão.

```
//Fig. 16.7: ShowColorsComplex.cs
// Muda as cores de fundo e de texto de um formulário.

using System;
using System.Drawing;
using System.Collections;
using System.ComponentModel;
using System.Windows.Forms;
using System.Data;

// permite que os usuários mudem as cores usando ColorDialog
public class ShowColorsComplex : System.Windows.Forms.Form
{
   private System.Windows.Forms.Button backgroundColorButton;
   private System.Windows.Forms.Button textColorButton;

   private System.ComponentModel.Container components = null;

   [STAThread]
   static void Main()
   {
      Application.Run( new ShowColorsComplex() );
   }

   // código gerado pelo Visual Studio .NET

   // muda a cor do texto
   private void textColorButton_Click(
      object sender, System.EventArgs e )
   {
      // cria o objeto ColorDialog
      ColorDialog colorChooser = new ColorDialog();
      DialogResult result;

      // obtém a cor escolhida
      result = colorChooser.ShowDialog();

      if ( result == DialogResult.Cancel )
         return;

      // atribui a cor de primeiro plano no resultado da caixa de diálogo
      backgroundColorButton.ForeColor = colorChooser.Color;
      textColorButton.ForeColor = colorChooser.Color;

```

Figura 16.7 ColorDialog usado para mudar a cor de fundo e do texto. (Parte 1 de 3.)

```
    } // fim do método textColorButton_Click

    // muda a cor de fundo
    private void backgroundColorButton_Click(
       object sender, System.EventArgs e )
    {
       // cria o objeto ColorDialog
       ColorDialog colorChooser = new ColorDialog();
       DialogResult result;

       // mostra ColorDialog e obtém o resultado
       colorChooser.FullOpen = true;
       result = colorChooser.ShowDialog();

       if ( result == DialogResult.Cancel )
          return;

       // configura a cor de fundo
       this.BackColor = colorChooser.Color;

    } // fim do método backgroundColorButton_Click

} // fim da classe ShowColorsComplex
```

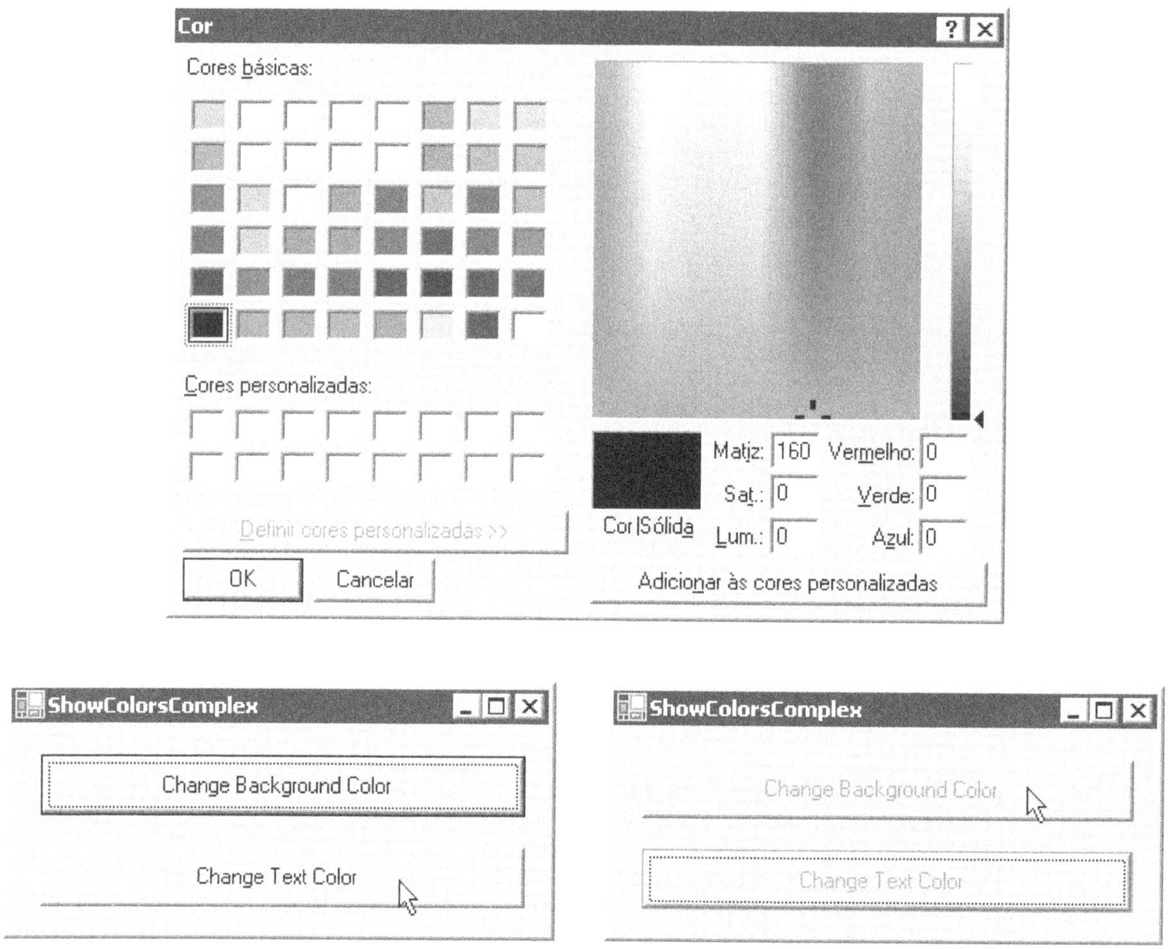

Figura 16.7 `ColorDialog` usado para mudar a cor de fundo e do texto. (Parte 2 de 3.)

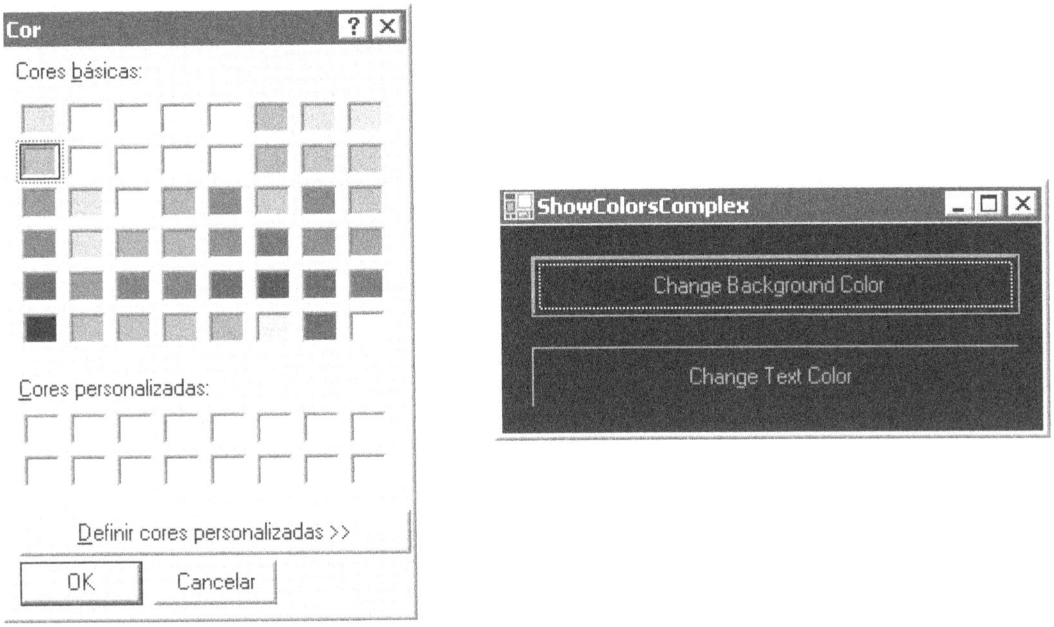

Figura 16.7 `ColorDialog` usado para mudar a cor de fundo e do texto. (Parte 3 de 3.)

As linhas 28 a 45 definem o manipulador de evento que é chamado quando o usuário clica em **`Button textColorButton`**. O manipulador de evento cria um novo objeto **`ColorDialog`** chamado **`colorChooser`** e chama seu método **`ShowDialog`**, que exibe a janela. A propriedade **`Color`** de **`colorChooser`** armazena as seleções dos usuários. As linhas 42 e 43 configuram a cor do texto dos botões com a cor selecionada.

As linhas 48 a 65 definem o manipulador de evento para o botão **`backgroundColorButton`**. O método modifica a cor de fundo do formulário, configurando **`BackColor`** igual à propriedade **`Color`** da caixa de diálogo. O método cria uma nova **`ColorDialog`** e configura a propriedade ***`FullOpen`*** da caixa de diálogo como **`true`**. Agora, a caixa de diálogo apresenta todas as cores disponíveis, conforme se vê na caixa Cor inferior da Figura 16.7. A tela de seleção de cores normal não mostra a parte direita da tela, conforme mostra a caixa Cor superior da mesma figura.

Os usuários não estão restritos às 48 cores de **`ColorDialog`**. Para criar uma cor personalizada, os usuários podem clicar em qualquer parte do retângulo grande de **`ColorDialog`** — isso exibe as várias tonalidades de cor. Ajuste o controle deslizante, o matiz e outras características para refinar a cor. Quando terminar, clique no botão **Add to Custom Colors**, que adiciona a cor personalizada em um quadrado, na seção de cores personalizadas da caixa de diálogo. Clicar em **OK** configura a propriedade **`Color`** de **`ColorDialog`** com essa cor. Selecionar uma cor e pressionar o botão **OK** da caixa de diálogo faz a cor de fundo do aplicativo mudar.

16.4 Controle de fontes

Esta seção apresenta métodos e constantes relacionados ao controle de fontes. Uma vez criado um objeto **`Font`**, suas propriedades não podem ser modificadas. Se os programadores quiserem uma fonte diferente, devem criar um novo objeto **`Font`** — existem muitas versões sobrecarregadas do construtor de **`Font`** para criar fontes personalizadas. Algumas propriedades da classe **`Font`** estão resumidas na Figura 16.8.

Note que a propriedade **`Size`** retorna o tamanho da fonte medido em unidades de projeto, enquanto **`SizeInPoints`** retorna o tamanho da fonte medido em pontos (a medida mais comum). Quando dizemos que a propriedade **`Size`** mede o tamanho da fonte em *unidades de projeto*, queremos dizer que o tamanho da fonte pode ser especificado de várias maneiras, como em polegadas ou milímetros. Algumas versões do construtor de **`Font`** aceitam um argumento **`GraphicsUnit`** — uma enumeração que permite aos usuários especificarem a unidade de medida empregada para descrever o tamanho da fonte. Os membros da enumeração **`GraphicsUnit`** incluem **`Point`** (1/72 polegada), **`Display`** (1/75 polegada), **`Document`** (1/300 polegada), **`Millimeter`**, **`Inch`** e **`Pixel`**. Se esse argumento for fornecido, a propriedade **`Size`** conterá o tamanho da fonte medida na unidade de projeto especificada, e a propriedade **`SizeInPoints`** converterá o tamanho da fonte para

Propriedade	Descrição
Bold	Testa uma fonte quanto ao estilo negrito. Retorna **true** se a fonte for em negrito.
FontFamily	Representa a **FontFamily** da **Font** (uma estrutura de agrupamento para organizar fontes e definir suas propriedades semelhantes).
Height	Representa a altura da fonte.
Italic	Testa uma fonte quanto ao estilo itálico. Retorna **true** se a fonte for em itálico.
Name	Representa o nome da fonte como uma **string**.
Size	Retorna um valor **float** indicando o tamanho atual da fonte, medido em unidades de projeto (as unidades de projeto são quaisquer unidades de medida especificadas para a fonte).
SizeInPoints	Retorna um valor **float** indicando o tamanho atual da fonte, medido em pontos.
Strikeout	Testa uma fonte quanto ao estilo taxado. Retorna **true** se a fonte estiver no formato taxado.
Underline	Testa uma fonte quanto ao estilo sublinhado. Retorna **true** se a fonte for sublinhada.

Figura 16.8 Propriedades somente de leitura da classe Font.

pontos. Por exemplo, se criarmos uma fonte com tamanho **1** e especificarmos que **GraphicsUnit.Inch** deve ser usado para medir a fonte, a propriedade **Size** será **1** e a propriedade **SizeInPoints**, **72**. Se empregarmos um construtor que não aceita um membro de **GraphicsUnit**, a medida padrão para o tamanho da fonte será **GraphicsUnit.Point** (assim, as propriedades **Size** e **SizeInPoints** serão iguais).

A classe **Font** tem vários construtores. A maioria exige um *nome de fonte*, que é uma **string** representando uma fonte atualmente suportada pelo sistema. As fontes comuns incluem *SansSerif* e *Serif*, da Microsoft. Normalmente os construtores também exigem o *tamanho da fonte* como argumento. Por fim, os construtores de **Font** normalmente exigem um *estilo de fonte*, especificado pela enumeração ***FontStyle***: ***Bold***, ***Italic***, ***Regular***, ***Strikeout***, ***Underline***. Os estilos de fonte podem ser combinados com o operador '**|**' (por exemplo, **FontStyle.Italic | FontStyle.Bold** faz uma fonte em itálico e negrito).

O método ***DrawString*** de **Graphics** configura a fonte de desenho atual — a fonte na qual o texto aparece — como seu argumento **Font**.

Erro de programação comum 16.1

Especificar uma fonte que não está disponível em um sistema é um erro lógico. Se isso ocorrer, o C# substituirá a fonte padrão desse sistema.

O programa da Figura 16.9 exibe texto em quatro fontes diferentes, cada uma com um tamanho diferente. O programa usa o construtor de **Font** para inicializar objetos **Font** (linhas 32 a 47). Cada chamada do construtor de **Font** passa um nome de fonte (por exemplo, Arial, Times New Roman, Courier New ou Tahoma) como uma **string**, um tamanho de fonte (um valor **float**) e um objeto **FontStyle** (**style**). O **DrawString** de **Graphics** configura a fonte e desenha o texto na localização especificada. Observe que a linha 29 cria um objeto **SolidBrush DarkBlue** (**brush**), fazendo todas as **string**s desenhadas com esse pincel aparecerem em **DarkBlue**.

Observação de engenharia de software 16.2

Não há meios de mudar as propriedades de um objeto ***Font*** *— para usar uma fonte diferente, os programadores devem criar um novo objeto* ***Font***.

```
1  // Fig. 16.9: UsingFonts.cs
2  // Demonstrando várias configurações de fonte.
3
4  using System;
5  using System.Drawing;
6  using System.Collections;
```

Figura 16.9 Fonts e FontStyles. (Parte 1 de 3.)

```
using System.ComponentModel;
using System.Windows.Forms;
using System.Data;

// demonstra construtores e propriedades de fonte
public class UsingFonts : System.Windows.Forms.Form
{
   private System.ComponentModel.Container components = null;

   [STAThread]
   static void Main()
   {
      Application.Run( new UsingFonts() );
   }

   // código gerado pelo Visual Studio .NET

   // demonstra várias configurações de fonte e estilo
   protected override void OnPaint(
      PaintEventArgs paintEvent )
   {
      Graphics graphicsObject = paintEvent.Graphics;
      SolidBrush brush = new SolidBrush( Color.DarkBlue );

      // arial, 12 pt negrito
      FontStyle style = FontStyle.Bold;
      Font arial =
         new Font( new FontFamily( "Arial" ), 12, style );

      // times new roman, 12 pt regular
      style = FontStyle.Regular;
      Font timesNewRoman =
         new Font( "Times New Roman", 12, style );

      // courier new, 16 pt negrito e itálico
      style = FontStyle.Bold | FontStyle.Italic;
      Font courierNew = new Font( "Courier New", 16, style );

      // tahoma, 18 pt taxado
      style = FontStyle.Strikeout;
      Font tahoma = new Font( "Tahoma", 18, style );

      graphicsObject.DrawString( arial.Name +
         " 12 point bold.", arial, brush, 10, 10 );

      graphicsObject.DrawString( timesNewRoman.Name +
         " 12 point plain.", timesNewRoman, brush, 10, 30 );

      graphicsObject.DrawString( courierNew.Name +
         " 16 point bold and italic.", courierNew,
         brush, 10, 54 );

      graphicsObject.DrawString( tahoma.Name +
         " 18 point strikeout.", tahoma, brush, 10, 75 );

   } // fim do método OnPaint

} // fim da classe UsingFonts
```

Figura 16.9 Fonts e FontStyles. (Parte 2 de 3.)

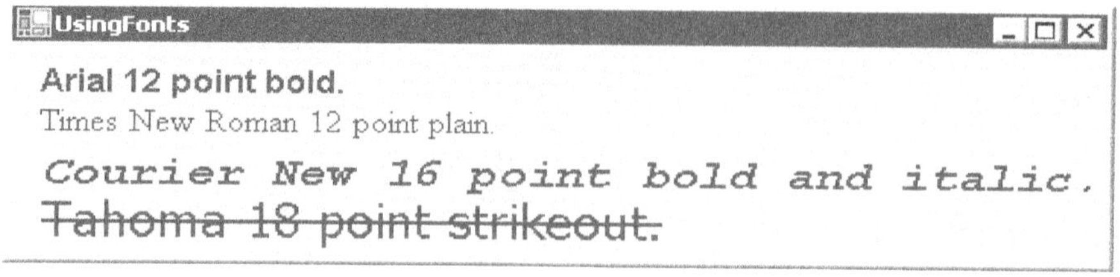

Figura 16.9 `Fonts` e `FontStyles`. (Parte 3 de 3.)

Os programadores podem definir informações precisas sobre as *métricas* (ou propriedades) de uma fonte, como a *altura*, a *haste descendente* (a quantidade pela qual os caracteres se aprofundam abaixo da linha de base), a *haste ascendente* (a quantidade pela qual os caracteres se elevam acima da linha de base) e o *entrelinhamento* (a diferença entre a haste ascendente de uma linha e a haste descendente da linha anterior). A Figura 16.10 ilustra essas propriedades.

A classe **`FontFamily`** define características comuns a um grupo de fontes relacionadas. A classe **`FontFamily`** fornece vários métodos usados para determinar as métricas da fonte, que são compartilhados pelos membros de uma família em particular. Esses métodos estão resumidos na Figura 16.11.

O programa mostrado na Figura 16.12 chama o método **`ToString`** para exibir as métricas de duas fontes. A linha 32 cria **`Font arial`** e a configura como fonte Arial de 12 pontos. A linha 33 usa a propriedade **`FontFamily`** da classe **`Font`** para obter o objeto **`FontFamily`** do objeto **`arial`**. As linhas 38 e 39 chamam **`ToString`** para produzir na saída a representação de **`string`** da fonte. Então, as linhas 41 a 55 usam métodos da classe **`FontFamily`** para retornar inteiros especificando a haste ascendente, a haste descendente, a altura e o entrelinhamento da fonte. As linhas 58 a 77 repetem esse processo para a fonte **`sansSerif`**, um objeto **`Font`** derivado da **`FontFamily`** MS Sans Serif.

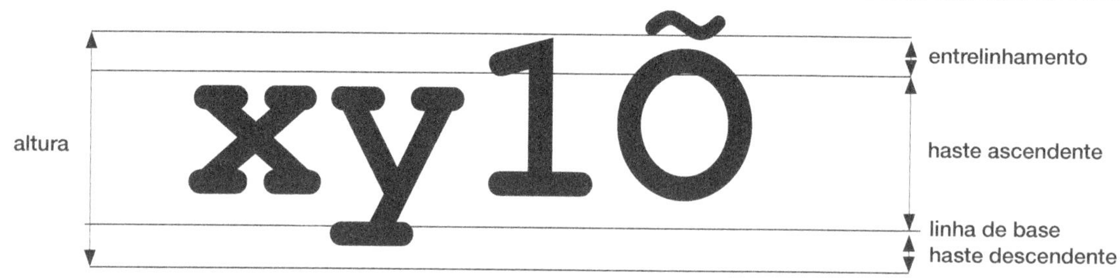

Figura 16.10 Uma ilustração das métricas de fontes.

Método	Descrição
`GetCellAscent`	Retorna um **`int`** representando a haste ascendente de uma fonte, medida em unidades de projeto.
`GetCellDescent`	Retorna um **`int`** representando a haste descendente de uma fonte, medida em unidades de projeto.
`GetEmHeight`	Retorna um **`int`** representando a altura de uma fonte, medida em pontos de projeto.
`GetLineSpacing`	Retorna um **`int`** representando a distância entre duas linhas consecutivas de texto, medida em unidades de projeto.

Figura 16.11 Métodos de `FontFamily` que retornam informações sobre as métricas da fonte.

```
1  // Fig. 16.12: UsingFontMetrics.cs
2  // Exibindo informações sobre métricas de fontes.
3
4  using System;
5  using System.Drawing;
```

Figura 16.12 Classe `FontFamily` usada para obter informações sobre métricas de fontes. (Parte 1 de 3.)

```
using System.Collections;
using System.ComponentModel;
using System.Windows.Forms;
using System.Data;

// exibe informações sobre a fonte
public class UsingFontMetrics : System.Windows.Forms.Form
{
   private System.ComponentModel.Container components = null;

   [STAThread]
   static void Main()
   {
      Application.Run( new UsingFontMetrics() );
   }

   // código gerado pelo Visual Studio .NET

   // exibe informações sobre a fonte
   protected override void OnPaint(
      PaintEventArgs paintEvent )
   {
      Graphics graphicsObject = paintEvent.Graphics;
      SolidBrush brush = new SolidBrush( Color.DarkBlue );

      // métricas da fonte Arial
      Font arial = new Font( "Arial", 12 );
      FontFamily family = arial.FontFamily;
      Font sanSerif = new Font( "Microsoft Sans Serif",
         14, FontStyle.Italic );

      // exibe as métricas da fonte Arial
      graphicsObject.DrawString( "Current Font " +
         arial.ToString(), arial, brush, 10, 10 );

      graphicsObject.DrawString( "Ascent: " +
         family.GetCellAscent( FontStyle.Regular ), arial,
         brush, 10, 30 );

      graphicsObject.DrawString( "Descent: " +
         family.GetCellDescent( FontStyle.Regular ), arial,
         brush, 10, 50 );

      graphicsObject.DrawString( "Height: " +
         family.GetEmHeight( FontStyle.Regular ), arial,
         brush, 10, 70 );

      graphicsObject.DrawString( "Leading: " +
         family.GetLineSpacing( FontStyle.Regular ), arial,
         brush, 10, 90 );

      // exibe as métricas da fonte Sans Serif
      family = sanSerif.FontFamily;

      graphicsObject.DrawString( "Current Font: " +
         sanSerif.ToString(), sanSerif, brush, 10, 130 );

      graphicsObject.DrawString( "Ascent: " +
```

Figura 16.12 Classe `FontFamily` usada para obter informações sobre métricas de fontes. (Parte 2 de 3.)

```
            family.GetCellAscent( FontStyle.Regular ), sanSerif,
            brush, 10, 150 );

         graphicsObject.DrawString( "Descent: " +
            family.GetCellDescent( FontStyle.Regular ), sanSerif,
            brush, 10, 170 );

         graphicsObject.DrawString( "Height: " +
            family.GetEmHeight( FontStyle.Regular ), sanSerif,
            brush, 10, 190 );

         graphicsObject.DrawString( "Leading: " +
            family.GetLineSpacing( FontStyle.Regular ), sanSerif,
            brush, 10, 210 );

      } // fim do método OnPaint

   } // fim da classe UsingFontMetrics
```

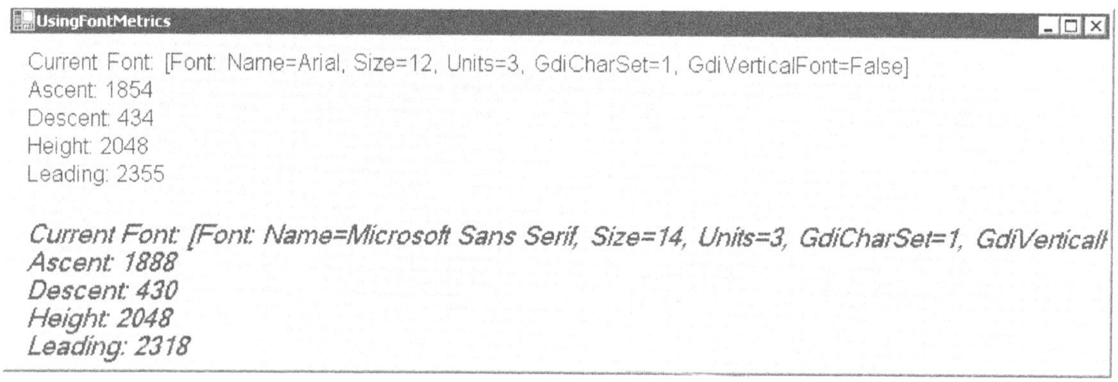

Figura 16.12 Classe `FontFamily` usada para obter informações sobre métricas de fontes. (Parte 3 de 3.)

16.5 Desenhando linhas, retângulos e elipses

Esta seção apresenta uma variedade de métodos **`Graphics`** para desenhar linhas, retângulos e elipses. Cada um dos métodos de desenho tem várias versões sobrecarregadas. Ao empregarmos métodos que desenham contornos de figura, usamos versões que recebem um objeto **`Pen`** e quatro valores **`int`**; ao empregarmos métodos que desenham figuras sólidas, usamos versões que recebem um objeto **`Brush`** e quatro valores **`int`**. Nos dois casos, os dois primeiros argumentos **`int`** representam as coordenadas do canto superior esquerdo da figura ou sua área circundante, e os dois últimos valores **`int`** indicam a largura e a altura da figura. A Figura 16.13 resume os métodos **`Graphics`** e seus parâmetros.

O aplicativo da Figura 16.14 desenha linhas, retângulos e elipses. Nesse aplicativo, também demonstramos métodos que desenham figuras preenchidas e não preenchidas.

Os métodos ***`DrawRectangle`*** e ***`FillRectangle`*** (linhas 33 e 42) desenham retângulos na tela. Para cada método, o primeiro argumento especifica o objeto de desenho a ser usado. O método **`DrawRectangle`** usa um objeto **`Pen`**, enquanto o método **`FillRectangle`** usa um objeto **`Brush`** (nesse caso, uma instância de **`SolidBrush`** — uma classe derivada de **`Brush`**). Os dois argumentos seguintes especificam as coordenadas do canto superior esquerdo do *retângulo delimitador*, que representa a área na qual o retângulo será desenhado. O quarto e o quinto argumento especificam a largura e a altura do retângulo. O método ***`DrawLine`*** (linhas 36 a 39) recebe um objeto **`Pen`** e dois pares de valores **`int`**, especificando o ponto inicial e final da linha. O método desenha uma linha usando o objeto **`Pen`** passado para ele.

Os métodos ***`DrawEllipse`*** e ***`FillEllipse`*** fornecem versões sobrecarregadas que recebem cinco argumentos. Nos dois métodos, o primeiro argumento especifica o objeto de desenho a ser usado. Os dois argumentos seguintes especificam as coordenadas superiores esquerdas do retângulo delimitador, representando a área na qual a elipse será desenhada.

Os dois últimos argumentos especificam a largura e a altura do retângulo delimitador, respectivamente. A Figura 16.15 representa uma elipse circundada por um retângulo. A elipse toca no ponto médio de cada um dos quatro lados do retângulo delimitador. O retângulo delimitador não é apresentado na tela.

Métodos `Graphics` de desenho e descrições

Nota: muitos destes métodos são sobrecarregados — consulte a documentação para ver uma listagem completa.

`DrawLine( Pen p, int x1, int y1, int x2, int y2 )`
Desenha uma linha de (**x1**, **y1**) a (**x2**, **y2**). O objeto **Pen** determina a cor, o estilo e a largura da linha.

`DrawRectangle( Pen p, int x, int y, int width, int height )`
Desenha um retângulo com a largura e a altura especificadas (parâmetros **width** e **height**, respectivamente). O canto superior esquerdo do retângulo está no ponto (**x**, **y**). O objeto **Pen** determina a cor, o estilo e a largura da borda do retângulo.

`FillRectangle( Brush b, int x, int y, int width, int height )`
Desenha um retângulo sólido com a largura e a altura especificadas (parâmetros **width** e **height**, respectivamente). O canto superior esquerdo do retângulo está no ponto (**x**, **y**). O objeto **Brush** determina o padrão de preenchimento dentro do retângulo.

`DrawEllipse( Pen p, int x, int y, int width, int height )`
Desenha uma elipse dentro de um retângulo. A largura e a altura do retângulo são conforme especificado (parâmetros **width** e **height**, respectivamente), e seu canto superior esquerdo está no ponto (**x**, **y**). O objeto **Pen** determina a cor, o estilo e a largura da borda da elipse.

`FillEllipse( Brush b, int x, int y, int width, int height )`
Desenha uma elipse preenchida dentro de um retângulo. A largura e a altura do retângulo são conforme especificado (parâmetros **width** e **height**, respectivamente), e seu canto superior esquerdo está no ponto (**x**, **y**). O objeto **Brush** determina o padrão dentro da elipse.

Figura 16.13 Métodos `Graphics` que desenham linhas, retângulos e elipses.

```
// Fig. 16.14: LinesRectanglesOvals.cs
// Demonstrando linhas, retângulos e elipses.

using System;
using System.Drawing;
using System.Collections;
using System.ComponentModel;
using System.Windows.Forms;
using System.Data;

// desenha figuras no formulário
public class LinesRectanglesOvals : System.Windows.Forms.Form
{
   private System.ComponentModel.Container components = null;

   [STAThread]
   static void Main()
   {
      Application.Run( new LinesRectanglesOvals() );
   }

   // código gerado pelo Visual Studio .NET

   protected override void OnPaint(
      PaintEventArgs paintEvent )
   {
      // obtém o objeto gráfico
      Graphics g = paintEvent.Graphics;
```

Figura 16.14 Demonstração de métodos que desenham linhas, retângulos e elipses. (Parte 1 de 2.)

```
        SolidBrush brush = new SolidBrush( Color.Blue );
        Pen pen = new Pen( Color.AliceBlue );

        // cria retângulo preenchido
        g.FillRectangle( brush, 90, 30, 150, 90 );

        // desenha linhas para conectar retângulos
        g.DrawLine( pen, 90, 30, 110, 40 );
        g.DrawLine( pen, 90, 120, 110, 130 );
        g.DrawLine( pen, 240, 30, 260, 40 );
        g.DrawLine( pen, 240, 120, 260, 130 );

        // desenha o retângulo superior
        g.DrawRectangle( pen, 110, 40, 150, 90 );

        // configura o pincel como vermelho
        brush.Color = Color.Red;

        // desenha a elipse de base
        g.FillEllipse( brush, 280, 75, 100, 50 );

        // desenha linhas de conexão
        g.DrawLine( pen, 380, 55, 380, 100 );
        g.DrawLine( pen, 280, 55, 280, 100 );

        // desenha o contorno da elipse
        g.DrawEllipse( pen, 280, 30, 100, 50 );

    } // fim do método OnPaint

} // fim da classe LinesRectanglesOvals
```

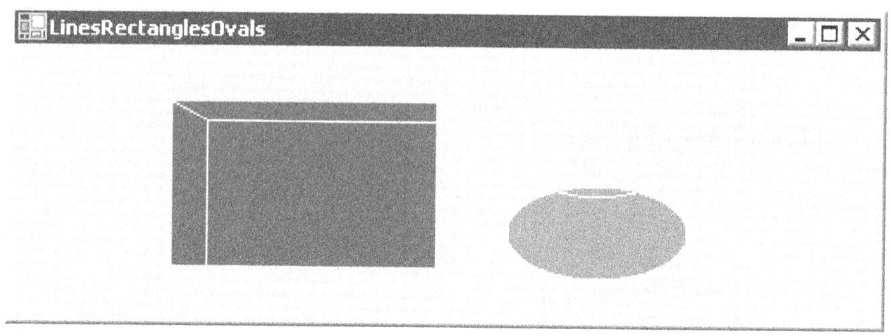

Figura 16.14 Demonstração de métodos que desenham linhas, retângulos e elipses. (Parte 2 de 2.)

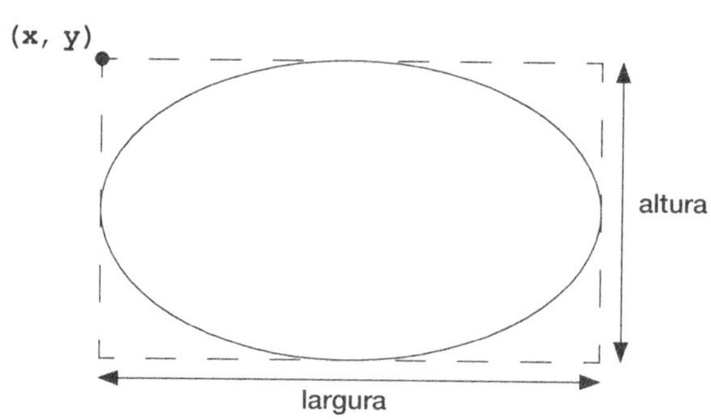

Figura 16.15 Elipse delimitada por um retângulo.

16.6 Desenhando arcos

Os *arcos* são partes de elipses e são medidos em graus, começando em um *ângulo inicial* e continuando por um número especificado de graus, chamado de *ângulo do arco*. Diz-se que um arco *varre* (percorre) seu ângulo a partir de seu ângulo inicial. Os arcos que varrem no sentido horário são medidos em graus positivos, enquanto os arcos que varrem no sentido anti-horário são medidos em graus negativos. A Figura 16.16 representa dois arcos. Note que a parte esquerda da figura varre para baixo de zero a aproximadamente 110 graus. Analogamente, o arco na parte direita da figura varre para cima de zero a aproximadamente –110 graus.

Desenhamos cada arco como parte de uma elipse (o restante da elipse não está visível). Ao desenhar uma elipse, especificamos suas dimensões na forma de um retângulo delimitador que engloba a elipse. Os métodos **Graphics** usados para desenhar arcos — **DrawArc**, **DrawPie** e **FillPie** — estão resumidos na Figura 16.17.

O programa da Figura 16.18 desenha seis imagens (três arcos e três fatias de torta preenchidas) para demonstrar os métodos de arco relacionados na Figura 16.17. Para ilustrar os retângulos delimitadores que determinam o tamanho e a localização dos arcos, estes são apresentados dentro de retângulos vermelhos que possuem as mesmas coordenadas *x*, coordenadas *y* e argumentos de largura e altura que aqueles que definem os retângulos delimitadores para os arcos.

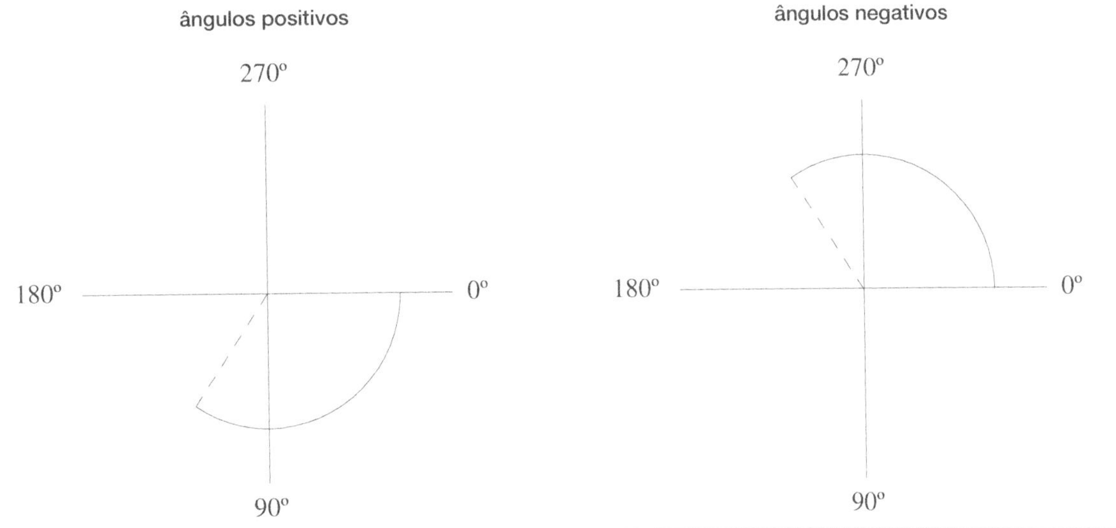

Figura 16.16 Ângulos de arco positivos e negativos.

Métodos Graphics e descrições

Nota: muitos desses métodos são sobrecarregados — consulte a documentação para ver uma listagem completa.

`DrawArc( Pen p, int x, int y, int width, int height, int startAngle, int sweepAngle )`

Desenha um arco de uma elipse, começando no ângulo **startAngle** (em graus) e varrendo **sweepAngle** graus. A elipse é definida por um retângulo delimitador de largura **width**, altura **height** e canto superior esquerdo (**x**,**y**). O objeto **Pen** determina a cor, a largura da borda e o estilo do arco.

`DrawPie( Pen p, int x, int y, int width, int height, int startAngle, int sweepAngle )`

Desenha uma seção de torta de uma elipse, começando no ângulo **startAngle** (em graus) e varrendo **sweepAngle** graus. A elipse é definida por um retângulo delimitador de largura **width**, altura **height** e canto superior esquerdo (**x**, **y**). O objeto **Pen** determina a cor, a largura da borda e o estilo do arco.

`FillPie( Brush b, int x, int y, int width, int height, int startAngle, int sweepAngle )`

Funciona de modo análogo a **DrawPie**, exceto que desenha um arco sólido (isto é, um setor). O objeto **Brush** determina o padrão de preenchimento do arco sólido.

Figura 16.17 Métodos Graphics para desenhar arcos.

```
// Fig. 16.18: DrawArcs.cs
// Desenhando vários arcos em um formulário.

using System;
using System.Drawing;
using System.Collections;
using System.ComponentModel;
using System.Windows.Forms;
using System.Data;

// desenha vários arcos
public class DrawArcs : System.Windows.Forms.Form
{
   private System.ComponentModel.Container components = null;

   [STAThread]
   static void Main()
   {
      Application.Run( new DrawArcs() );
   }

   // código gerado pelo Visual Studio .NET

   private void DrawArcs_Paint(
      object sender, System.Windows.Forms.PaintEventArgs e )
   {
      // obtém o objeto gráfico
      Graphics graphicsObject = e.Graphics;
      Rectangle rectangle1 =
         new Rectangle( 15, 35, 80, 80 );
      SolidBrush brush1 =
         new SolidBrush( Color.Firebrick );
      Pen pen1 = new Pen( brush1, 1 );
      SolidBrush brush2 = new SolidBrush( Color.DarkBlue );
      Pen pen2 = new Pen( brush2, 1 );

      // começa em 0 e varre 360 graus
      graphicsObject.DrawRectangle( pen1, rectangle1 );
      graphicsObject.DrawArc( pen2, rectangle1, 0, 360 );

      // começa em 0 e varre 110 graus
      rectangle1.Location = new Point( 100, 35 );
      graphicsObject.DrawRectangle( pen1, rectangle1 );
      graphicsObject.DrawArc( pen2, rectangle1, 0, 110 );

      // começa em 0 e varre -270 graus
      rectangle1.Location = new Point( 185, 35 );
      graphicsObject.DrawRectangle( pen1, rectangle1 );
      graphicsObject.DrawArc( pen2, rectangle1, 0, -270 );

      // começa em 0 e varre 360 graus
      rectangle1.Location = new Point( 15, 120 );
      rectangle1.Size = new Size( 80, 40 );
      graphicsObject.DrawRectangle( pen1, rectangle1 );
      graphicsObject.FillPie( brush2, rectangle1, 0, 360 );

      // começa em 270 e varre -90 graus
      rectangle1.Location = new Point( 100, 120 );
```

Figura 16.18 Demonstração de métodos de arco. (Parte 1 de 2.)

```
59         graphicsObject.DrawRectangle( pen1, rectangle1 );
60         graphicsObject.FillPie(
61            brush2, rectangle1, 270, -90 );
62
63         // começa em 0 e varre -270 graus
64         rectangle1.Location = new Point( 185, 120 );
65         graphicsObject.DrawRectangle( pen1, rectangle1 );
66         graphicsObject.FillPie(
67            brush2, rectangle1, 0, -270 );
68
69      } // fim do método DrawArcs_Paint
70
71   } // fim da classe DrawArcs
```

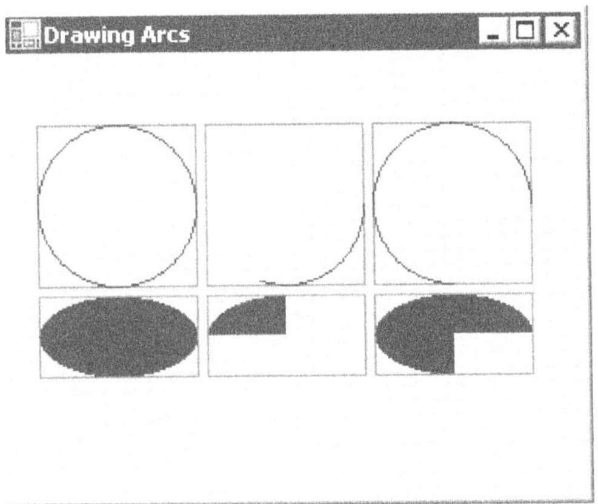

Figura 16.18 Demonstração de métodos de arco. (Parte 2 de 2.)

As linhas 28 a 35 criam os objetos que precisamos para desenhar vários arcos: objetos **Graphics**, **Rectangle**, **SolidBrush** e **Pen**. As linhas 38 e 39 desenham um retângulo e um arco dentro do retângulo. O arco varre 360 graus, formando um círculo. A linha 42 muda a localização do objeto **Rectangle**, configurando sua propriedade **Location** como um novo **Point**. O construtor de **Point** recebe as coordenadas *x* e *y* do novo ponto. A propriedade **Location** determina o canto superior esquerdo do objeto **Rectangle**. Após desenhar o retângulo, o programa desenha um arco que começa em 0 grau e varre 110 graus. Como, no C#, os ângulos aumentam no sentido horário, o arco varre para baixo.

As linhas 47 a 49 executam funções semelhantes, exceto que o arco especificado varre -270 graus. A propriedade **Size** de um objeto **Rectangle** determina a altura e a largura do arco. A linha 53 configura a propriedade **Size** como um novo objeto **Size**, o que muda o tamanho do retângulo.

O restante do programa é semelhante às partes descritas anteriormente, exceto que um objeto **SolidBrush** é usado com o **FillPie**. Os arcos resultantes, que são preenchidos, podem ser vistos na metade inferior da tela capturada da Figura 16.18.

16.7 Desenhando polígonos e linhas poligonais

Polígonos são figuras de vários lados. Existem vários métodos **Graphics** usados para desenhar polígonos: **DrawLines** desenha uma série de pontos conectados, **DrawPolygon** desenha um polígono fechado e **FillPolygon** desenha um polígono sólido. Esses métodos estão descritos na Figura 16.19. O programa da Figura 16.20 permite que os usuários desenhem polígonos e linhas conectadas utilizando os métodos relacionados na Figura 16.19.

Para permitir que o usuário especifique um número variável de pontos, a linha 26 declara **ArrayList points** como um contêiner para nossos objetos **Point**. As linhas 29 a 31 declaram os objetos **Pen** e **Brush** usados para colorir nossas figuras. O manipulador de evento **MouseDown** (linhas 42 a 49) de **Panel drawPanel** armazena as posições de clique de mouse no **ArrayList points**. Então, ele chama o método **Invalidate** de **drawPanel** para garantir que o painel seja atualizado para acomodar o novo ponto. O método **drawPanel_Paint** (linhas 51 a 82) manipula o evento **Paint** de **Panel**. Ele obtém o objeto **Graphics** do painel (linha 55) e, se o **ArrayList points** contém dois ou mais **Points**,

Método	Descrição
DrawLines	Desenha uma série de linhas conectadas. As coordenadas de cada ponto são especificadas em um array de **Point**s. Se o último ponto é diferente do primeiro, a figura não é fechada.
DrawPolygon	Desenha um polígono. As coordenadas de cada ponto são especificadas em um array de objetos **Point**. Esse método desenha um polígono fechado, mesmo que o último ponto seja diferente do primeiro.
FillPolygon	Desenha um polígono sólido. As coordenadas de cada ponto são especificadas em um array de **Point**s. Esse método desenha um polígono fechado, mesmo que o último ponto seja diferente do primeiro.

Figura 16.19 Métodos Graphics para desenhar polígonos.

exibe o polígono com o método selecionado pelo usuário, por meio dos botões de seleção da GUI (linhas 58 a 80). Nas linhas 61 a 63 extraímos um **Array** de **ArrayList**, utilizando o método **ToArray**. O método **ToArray** pode receber um único argumento para determinar o tipo do array retornado; obtemos o tipo do primeiro elemento de **ArrayList**.

```
1   // Fig. 16.20: DrawPolygons.cs
2   // Demonstrando polígonos.
3
4   using System;
5   using System.Drawing;
6   using System.Collections;
7   using System.ComponentModel;
8   using System.Windows.Forms;
9   using System.Data;
10
11  public class PolygonForm : System.Windows.Forms.Form
12  {
13     private System.Windows.Forms.Button colorButton;
14     private System.Windows.Forms.Button clearButton;
15     private System.Windows.Forms.GroupBox typeGroup;
16     private System.Windows.Forms.RadioButton
17        filledPolygonOption;
18     private System.Windows.Forms.RadioButton lineOption;
19     private System.Windows.Forms.RadioButton polygonOption;
20     private System.Windows.Forms.Panel drawPanel;
21
22     private
23        System.ComponentModel.Container components = null;
24
25     // contém a lista dos vértices do polígono
26     private ArrayList points = new ArrayList();
27
28     // inicializa a caneta e o pincel padrão
29     Pen pen = new Pen( Color.DarkBlue );
30
31     SolidBrush brush = new SolidBrush( Color.DarkBlue );
32
33     [STAThread]
34     static void Main()
35     {
36        Application.Run( new PolygonForm() );
37     }
38
39     // código gerado pelo Visual Studio .NET
40
```

Figura 16.20 Demonstração de desenho de polígonos. (Parte 1 de 4.)

```
      // manipulador de evento de mouse pressionado no painel de desenho
      private void drawPanel_MouseDown(
         object sender, System.Windows.Forms.MouseEventArgs e )
      {
         // adiciona a posição do mouse na lista de vértices
         points.Add( new Point( e.X, e.Y ) );
         drawPanel.Invalidate(); // atualiza o painel

      } // fim do método drawPanel_MouseDown

      private void drawPanel_Paint(
         object sender, System.Windows.Forms.PaintEventArgs e )
      {
         // obtém o objeto gráfico para o painel
         Graphics graphicsObject = e.Graphics;

         // se o arraylist tem 2 ou mais pontos, exibe a figura
         if ( points.Count > 1 )
         {
            // obtém o array para uso em funções de desenho
            Point[] pointArray =
               ( Point[] )points.ToArray(
               points[ 0 ].GetType() );

            if ( polygonOption.Checked )

               // desenha o polígono
               graphicsObject.DrawPolygon( pen, pointArray );

            else if ( lineOption.Checked )

               // desenha linhas
               graphicsObject.DrawLines( pen, pointArray );

            else if ( filledPolygonOption.Checked )

               // desenho preenchido
               graphicsObject.FillPolygon(
                  brush, pointArray );
         }

      } // fim do método drawPanel_Paint

      // manipula o evento de clique em clearButton
      private void clearButton_Click(
         object sender, System.EventArgs e )
      {
         points = new ArrayList(); // remove os pontos

         drawPanel.Invalidate(); // atualiza o painel

      } // fim do método clearButton_Click

      // manipula o evento CheckedChanged do botão de seleção de polígono
      private void polygonOption_CheckedChanged(
         object sender, System.EventArgs e)
      {
         drawPanel.Invalidate(); // atualiza o painel
```

Figura 16.20 Demonstração de desenho de polígonos. (Parte 2 de 4.)

```
   } // fim do método polygonOption_CheckedChanged

   // manipula o evento CheckedChanged do botão de seleção de linha
   private void lineOption_CheckedChanged(
      object sender, System.EventArgs e)
   {
      drawPanel.Invalidate(); // atualiza o painel

   } // fim do método lineOption_CheckedChanged

   // manipula o evento CheckedChanged do botão de
   // seleção de polígono preenchido
   private void filledPolygonOption_CheckedChanged(
      object sender, System.EventArgs e)
   {
      drawPanel.Invalidate(); // atualiza o painel

   } // fim do método filledPolygonOption_CheckedChanged

   // manipula o evento de clique em colorButton
   private void colorButton_Click(
      object sender, System.EventArgs e)
   {
      // cria uma nova caixa de diálogo de cor
      ColorDialog dialogColor = new ColorDialog();

      // mostra a caixa de diálogo e obtém o resultado
      DialogResult result = dialogColor.ShowDialog();

      // retorna se o usuário cancelar
      if ( result == DialogResult.Cancel )
         return;

      pen.Color = dialogColor.Color;      // configura a caneta com cor
      brush.Color = dialogColor.Color;    // configura o pincel
      drawPanel.Invalidate();             // atualiza o painel;

   } // fim do método colorButton_Click

} // fim da classe PolygonForm
```

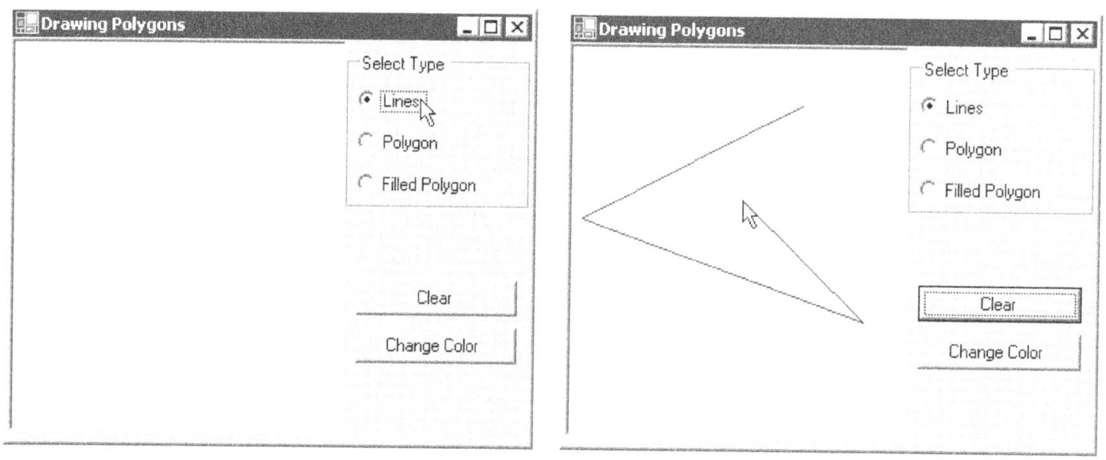

Figura 16.20 Demonstração de desenho de polígonos. (Parte 3 de 4.)

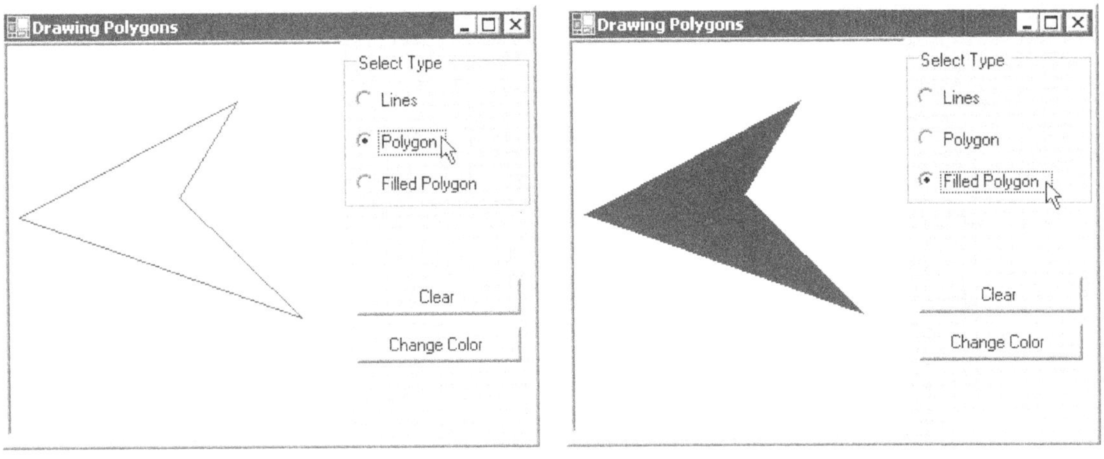

Figura 16.20 Demonstração de desenho de polígonos. (Parte 4 de 4.)

O método **`clearButton_Click`** (linhas 85 a 92) manipula o evento de clique do botão **Clear**, cria uma **`ArrayList`** vazia (fazendo a lista antiga ser apagada) e atualiza a tela. As linhas 95 a 117 definem os manipuladores de evento **`CheckedChanged`** dos botões de seleção. Cada método atualiza **`Panel drawPanel`** para garantir que o painel reflita o tipo de desenho selecionado. O método de evento **`colorButton_Click`** (120 a 137) permite que o usuário selecione uma nova cor de desenho com **`ColorDialog`**, usando a mesma técnica demonstrada na Figura 16.7.

16.8 Recursos gráficos avançados

O C# oferece muitos recursos gráficos adicionais. A hierarquia **`Brush`**, por exemplo, também inclui ***`HatchBrush`***, ***`LinearGradientBrush`***, ***`PathGradientBrush`*** e ***`TextureBrush`***.

O programa da Figura 16.21 demonstra vários recursos gráficos, como linhas tracejadas, linhas grossas e a capacidade de preencher figuras com padrões. Isso representa apenas alguns dos recursos adicionais do espaço de nomes **`System.Drawing`**.

```
// Fig. 16.21: DrawShapes.cs
// Desenhando várias figuras em um formulário.

using System;
using System.Drawing;
using System.Collections;
using System.ComponentModel;
using System.Windows.Forms;
using System.Data;
using System.Drawing.Drawing2D;

// desenha figuras com diferentes pincéis
public class DrawShapesForm : System.Windows.Forms.Form
{
   private System.ComponentModel.Container components = null;

   [STAThread]
   static void Main()
   {
      Application.Run( new DrawShapesForm() );
   }

```

Figura 16.21 Figuras desenhadas em um formulário. (Parte 1 de 3.)

```
   // código gerado pelo Visual Studio .NET

   // desenha várias figuras no formulário
   private void DrawShapesForm_Paint(
      object sender, System.Windows.Forms.PaintEventArgs e )
   {
      // referências para o objeto que usaremos
      Graphics graphicsObject = e.Graphics;

      // elipse retângulo e pincel de gradiente
      Rectangle drawArea1 =
         new Rectangle( 5, 35, 30, 100 );
      LinearGradientBrush linearBrush =
         new LinearGradientBrush( drawArea1, Color.Blue,
         Color.Yellow, LinearGradientMode.ForwardDiagonal );

      // caneta e localização do retângulo de contorno vermelho
      Pen thickRedPen = new Pen( Color.Red, 10 );
      Rectangle drawArea2 = new Rectangle( 80, 30, 65, 100 );

      // textura de bitmap
      Bitmap textureBitmap = new Bitmap( 10, 10 );

      // obtém elementos gráficos de bitmap
      Graphics graphicsObject2 =
         Graphics.FromImage( textureBitmap );

      // pincel e caneta usados por todo o programa
      SolidBrush solidColorBrush =
         new SolidBrush( Color.Red );
      Pen coloredPen = new Pen( solidColorBrush );

      // desenha elipse preenchida com um gradiente azul e amarelo
      graphicsObject.FillEllipse(
         linearBrush, 5, 30, 65, 100 );

      // desenha contorno de retângulo grosso em vermelho
      graphicsObject.DrawRectangle( thickRedPen, drawArea2 );

      // preenche textureBitmap com amarelo
      solidColorBrush.Color = Color.Yellow;
      graphicsObject2.FillRectangle(
         solidColorBrush, 0, 0, 10, 10 );

      // desenha pequeno retângulo preto em textureBitmap
      coloredPen.Color = Color.Black;
      graphicsObject2.DrawRectangle(
         coloredPen, 1, 1, 6, 6 );

      // desenha pequeno retângulo azul em textureBitmap
      solidColorBrush.Color = Color.Blue;
      graphicsObject2.FillRectangle(
         solidColorBrush, 1, 1, 3, 3 );

      // desenha pequeno quadrado vermelho em textureBitmap
      solidColorBrush.Color = Color.Red;
      graphicsObject2.FillRectangle(
         solidColorBrush, 4, 4, 3, 3 );
```

Figura 16.21 Figuras desenhadas em um formulário. (Parte 2 de 3.)

```
81
82          // cria pincel texturizado e
83          // exibe retângulo texturizado
84          TextureBrush texturedBrush =
85             new TextureBrush( textureBitmap );
86          graphicsObject.FillRectangle(
87             texturedBrush, 155, 30, 75, 100 );
88
89          // desenha arco branco em forma de torta
90          coloredPen.Color = Color.White;
91          coloredPen.Width = 6;
92          graphicsObject.DrawPie(
93             coloredPen, 240, 30, 75, 100, 0, 270 );
94
95          // desenha linhas verdes e amarelas
96          coloredPen.Color = Color.Green;
97          coloredPen.Width = 5;
98          graphicsObject.DrawLine(
99             coloredPen, 395, 30, 320, 150 );
100
101         // desenha uma linha pontilhada amarela grossa, com a ponta de cada traço arredondada
102         coloredPen.Color = Color.Yellow;
103         coloredPen.DashCap = DashCap.Round;
104         coloredPen.DashStyle = DashStyle.Dash;
105         graphicsObject.DrawLine(
106            coloredPen, 320, 30, 395, 150 );
107
108      } // fim do método DrawShapesForm_Paint
109
110   } // fim da classe DrawShapesForm
```

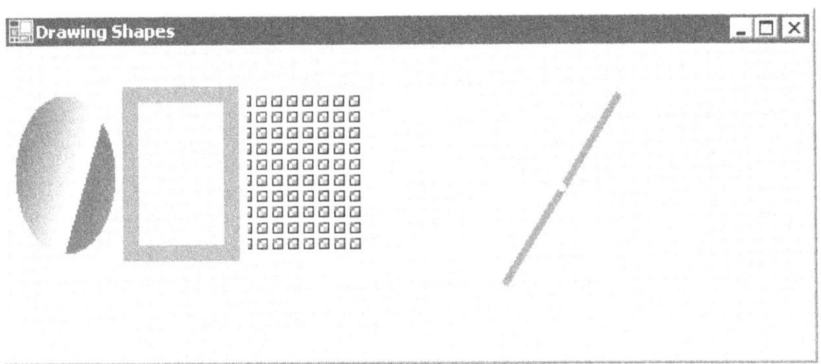

Figura 16.21 Figuras desenhadas em um formulário. (Parte 3 de 3.)

As linhas 26 a 108 definem o manipulador de evento **Paint** de nosso formulário. As linhas 35 a 37 criam o objeto **linearBrush** de **LinearGradientBrush**, que reside no espaço de nomes **System.Drawing.Drawing2D**. Um objeto **LinearGradientBrush** permite aos usuários desenhar com um gradiente colorido. O objeto **LinearGradientBrush** usado nesse exemplo recebe quatro argumentos: um **Rectangle**, dois **Color** e um membro da enumeração **LinearGradientMode**. Em C#, todos os gradientes lineares são definidos ao longo de uma linha que determina o ponto final do gradiente. Essa linha pode ser especificada pelos pontos inicial e final ou pela diagonal de um retângulo. O primeiro argumento, **Rectangle drawArea1**, especifica a linha de definição de **LinearGradientBrush linearBrush**. Esse argumento **Rectangle** representa os pontos finais do gradiente linear — o canto superior esquerdo é o ponto inicial, e o canto inferior direito é o ponto final. O segundo e o terceiro argumento especificam as cores que o gradiente usará. Nesse caso a cor da elipse mudará gradualmente de **Color.Blue** para **Color.Yellow**. O último argumento, um tipo da enumeração ***LinearGradientMode***, especifica a direção do gradiente linear. Em nosso caso, usamos ***LinearGradient-***

Mode.ForwardDiagonal, que cria um gradiente a partir do canto superior esquerdo até o canto inferior direito. Então, usamos o método **FillEllipse** de **Graphics** nas linhas 56 e 57, para desenhar uma elipse com **linearBrush**; a cor muda gradualmente de azul para amarelo, conforme descrito anteriormente.

Na linha 40 criamos um objeto **Pen thickRedPen**. Passamos o argumento **10** para o construtor de **Color.Red** e **int** de **thickRedPen**, indicando que queremos que **thickRedPen** desenhe linhas vermelhas com 10 pixels de largura.

A linha 44 cria uma nova imagem de ***Bitmap***, que está inicialmente vazia. A classe **Bitmap** pode produzir imagens coloridas e em escala de tons; esse **Bitmap** em particular tem 10 pixels de largura e 10 pixels de altura. O método ***FromImage*** (linhas 47 e 48) é um membro **static** da classe **Graphics** e recupera o objeto **Graphics** associado a **Image**, que pode ser usado para desenhar em uma imagem. As linhas 63 a 80 desenham um padrão no **Bitmap**, consistindo em retângulos e linhas pretas, azuis, vermelhas e amarelas. Um objeto **TextureBrush** é um pincel que preenche o interior de uma figura com uma imagem, em vez de uma cor uniforme. Nas linhas 86 e 87, o objeto **textureBrush** de **TextureBrush** preenche um retângulo com nosso **Bitmap**. A versão do construtor de **TextureBrush** que usamos recebe como argumento uma imagem que define sua textura.

Em seguida desenhamos um arco em forma de torta, com uma linha branca grossa. As linhas 90 e 91 configuram a cor de **coloredPen** como **White** e modificam sua largura para que tenha seis pixels. Então desenhamos a torta no formulário, especificando o objeto **Pen**, a coordenada *x*, a coordenada *y*, o comprimento e a largura do retângulo delimitador e o ângulo inicial e o ângulo de varredura.

Finalmente, as linhas 103 e 104 fazem uso das enumerações **System.Drawing.Drawing2D** ***DashCap*** e ***DashStyle*** para desenhar uma linha tracejada diagonal. A linha 103 configura a propriedade ***DashCap*** de **coloredPen** (não confunda com a enumeração **DashCap**) como um membro da enumeração **DashCap**. A enumeração **DashCap** especifica os estilos do início e do final de uma linha tracejada. Nesse caso queremos que as extremidades de cada elemento da linha tracejada sejam arredondadas; portanto, usamos ***DashCap.Round***. A linha 104 configura a propriedade ***DashStyle*** de **coloredPen** (não confundir com a enumeração **DashStyle**) como ***DashStyle.Dash***, indicando que queremos que nossa linha consista inteiramente em traços.

Nosso próximo exemplo demonstra o uso de um *caminho geral*. Um caminho geral é uma figura construída a partir de linhas retas e curvas complexas. Um objeto da classe ***GraphicsPath*** (espaço de nomes **System.Drawing.Drawing2D**) representa um caminho geral. A classe **GraphicsPath** fornece funcionalidade que permite a criação de figuras complexas a partir de objetos gráficos primitivos baseados em vetor. Um objeto **GraphicsPath** consiste em figuras definidas por formas simples. O ponto inicial de cada objeto gráfico vetorial (como uma linha ou arco) adicionado ao caminho é conectado por uma linha reta ao ponto final do objeto anterior. Quando chamado, o método **CloseFigure** anexa o ponto final do objeto gráfico vetorial ao ponto inicial da figura atual, por meio de uma linha reta, e depois inicia uma nova figura. O método **StartFigure** inicia uma nova figura dentro do caminho, sem fechar a figura anterior.

O programa da Figura 16.22 desenha caminhos gerais na forma de estrelas de cinco pontas. A linha 45 configura a origem do objeto **Graphics**. Os argumentos do método **TranslateTransform** indicam que a origem deve ser transformada nas coordenadas (150, 150). As linhas 36 a 39 definem dois arrays **int**, representando as coordenadas *x* e *y* dos pontos da estrela, e a linha 42 define o objeto **GraphicsPath star**. Um laço **for** cria linhas para conectar os pontos da estrela e adiciona essas linhas a **star**. Usamos o método ***AddLine*** de **GraphicsPath** para anexar uma linha à figura. Os argumentos de **AddLine** especificam as coordenadas dos pontos finais da linha; cada nova chamada de **AddLine** adiciona uma linha do ponto anterior ao ponto atual. A linha 38 usa o método ***CloseFigure*** de **GraphicsPath** para completar a figura.

```
1  // Fig. 16.22: DrawStarsForm.cs
2  // Usando caminhos para desenhar estrelas no formulário.
3
4  using System;
5  using System.Drawing;
6  using System.Collections;
7  using System.ComponentModel;
8  using System.Windows.Forms;
9  using System.Data;
10 using System.Drawing.Drawing2D;
11
```

Figura 16.22 Caminhos usados para desenhar estrelas em um formulário. (Parte 1 de 3.)

```
// desenha estrelas coloridas aleatoriamente
public class DrawStarsForm : System.Windows.Forms.Form
{
   private
      System.ComponentModel.Container components = null;

   [STAThread]
   static void Main()
   {
      Application.Run( new DrawStarsForm() );
   }

   // código gerado pelo Visual Studio .NET

   // cria caminho e desenha estrelas ao longo dele
   private void DrawStarsForm_Paint(
      object sender, System.Windows.Forms.PaintEventArgs e )
   {
      Graphics graphicsObject = e.Graphics;
      Random random = new Random();
      SolidBrush brush =
         new SolidBrush( Color.DarkMagenta );

      // pontos x e y do caminho
      int[] xPoints =
         { 55, 67, 109, 73, 83, 55, 27, 37, 1, 43 };
      int[] yPoints =
         { 0, 36, 36, 54, 96, 72, 96, 54, 36, 36 };

      // cria caminho de elemento gráfico para estrela;
      GraphicsPath star = new GraphicsPath();

      // translada a origem para (150, 150)
      graphicsObject.TranslateTransform( 150, 150 );

      // cria a estrela a partir de uma série de pontos
      for ( int i = 0; i <= 8; i += 2 )
         star.AddLine( xPoints[ i ], yPoints[ i ],
            xPoints[ i + 1 ], yPoints[ i + 1 ] );

      // fecha a figura
      star.CloseFigure();

      // gira a origem e desenha estrelas com cores aleatórias
      for ( int i = 1; i <= 18; i++ )
      {
         graphicsObject.RotateTransform( 20 );

         brush.Color = Color.FromArgb(
            random.Next( 200, 255 ), random.Next( 255 ),
            random.Next( 255 ), random.Next( 255 ) );

         graphicsObject.FillPath( brush, star );
      }

   } // fim do método DrawStarsForm_Paint

} // fim da classe DrawStarsForm
```

Figura 16.22 Caminhos usados para desenhar estrelas em um formulário. (Parte 2 de 3.)

Figura 16.22 Caminhos usados para desenhar estrelas em um formulário. (Parte 3 de 3.)

A estrutura **for**, nas linhas 56 a 65, desenha a estrela 18 vezes, girando-a em torno da origem. A linha 58 usa o método ***RotateTransform*** de **Graphics** para passar para a próxima posição no formulário; o argumento especifica o ângulo de rotação em graus. O método **FillPath** de **Graphics** (linha 64) desenha então uma versão preenchida da estrela, com o objeto **Brush** criado nas linhas 60 a 62. O aplicativo determina a cor de **SolidBrush** aleatoriamente, usando o método **Next** de **Random**.

16.9 Introdução à multimídia

O C# oferece muitas maneiras de incluir imagens e animações em programas. As pessoas que entraram no campo da computação há algumas décadas usavam os computadores principalmente para efetuar cálculos aritméticos. À medida que a disciplina evolui, estamos começando a perceber a importância dos recursos de manipulação de dados dos computadores. Estamos vendo uma grande variedade de novos e interessantes aplicativos tridimensionais. A programação de multimídia é um campo interessante e inovador, mas que apresenta muitos desafios.

Os aplicativos multimídia demandam um poder de computação extraordinário. Até recentemente, computadores acessíveis com esse poder não estavam disponíveis. Entretanto, os processadores ultra-rápidos atuais estão tornando os aplicativos baseados em multimídia comuns. À medida que o mercado para multimídia aumenta, os usuários estão adquirindo processadores mais rápidos, maiores memórias e larguras de banda de comunicação mais amplas, para suportar aplicativos multimídia. Isso beneficia os setores da computação e da comunicação, que fornecem o hardware, o software e os serviços que estimulam a revolução da multimídia.

Nas seções restantes deste capítulo apresentaremos o uso e a manipulação de imagens e outros recursos multimídia. A Seção 16.10 discutirá como carregar, exibir e mudar a escala de imagens; a Seção 16.11 demonstrará a animação de imagens; a Seção 16.12 apresentará os recursos de vídeo do controle Windows Media Player; e a Seção 16.13 explorará a tecnologia Microsoft Agent.

16.10 Carregando, exibindo e mudando a escala de imagens

Os recursos multimídia do C# incluem elementos gráficos, imagens, animações e vídeo. As seções anteriores demonstraram os recursos gráficos vetoriais do C#; esta seção se concentra na manipulação de imagens. O formulário Windows que criamos na Figura 16.23 demonstra o carregamento de um objeto **Image** (espaço de nomes **System.Drawing**). O aplicativo permite que os usuários introduzam uma altura e uma largura desejadas para o objeto **Image**, que é então exibido com o tamanho especificado.

As linhas 23 e 24 declaram a referência **image** a **Image**. O método **static *FromFile*** de **Image** recupera então uma imagem armazenada no disco e a atribui à **image** (linha 24). A linha 31 usa o método ***CreateGraphics*** de **Form** para criar um objeto **Graphics** associado ao objeto **Form**; usamos esse objeto para desenhar em **Form**. O método

CreateGraphics é herdado da classe **Control**; todos os controles do Windows, como objetos **Button** e **Panel**, também fornecem esse método. Quando os usuários clicam em **Set**, os parâmetros de largura e altura são validados para garantir que não sejam grandes demais. Se os parâmetros forem válidos, a linha 59 chamará o método ***Clear*** de **Graphics** para pintar o controle inteiro com a cor de fundo atual. As linhas 62 e 63 chamam o método ***DrawImage*** de **Graphics** com os seguintes parâmetros: a imagem a ser desenhada, a coordenada *x* do canto superior esquerdo, a coordenada *y* do canto superior esquerdo, a largura da imagem e a altura da imagem. Se a largura e a altura não corresponderem às dimensões originais da imagem, ela mudará de escala para estar de acordo com as novas especificações.

```
1  // Fig. 16.23: DisplayLogoForm.cs
2  // Exibindo e redimensionando uma imagem.
3
4  using System;
5  using System.Drawing;
6  using System.Collections;
7  using System.ComponentModel;
8  using System.Windows.Forms;
9  using System.Data;
10
11 // exibe uma imagem e permite que o usuário a redimensione
12 public class DisplayLogoForm : System.Windows.Forms.Form
13 {
14    private System.Windows.Forms.Button setButton;
15    private System.Windows.Forms.TextBox heightTextBox;
16    private System.Windows.Forms.Label heightLabel;
17    private System.Windows.Forms.TextBox widthTextBox;
18    private System.Windows.Forms.Label widthLabel;
19
20    private
21       System.ComponentModel.Container components = null;
22
23    private
24       Image image = Image.FromFile( "images/Logo.gif" );
25    private Graphics graphicsObject;
26
27    public DisplayLogoForm()
28    {
29       InitializeComponent();
30
31       graphicsObject = this.CreateGraphics();
32    }
33
34    [STAThread]
35    static void Main()
36    {
37       Application.Run( new DisplayLogoForm() );
38    }
39
40    // código gerado pelo Visual Studio .NET
41
42    private void setButton_Click(
43       object sender, System.EventArgs e )
44    {
45       // obtém entrada do usuario
46       int width = Convert.ToInt32( widthTextBox.Text );
47       int height = Convert.ToInt32( heightTextBox.Text );
48
49       // se as dimensões especificadas forem grandes demais
```

Figura 16.23 Redimensionamento de imagens. (Parte 1 de 2.)

```
         // apresenta o problema
         if ( width > 375 || height > 225 )
         {
            MessageBox.Show( "Height or Width too large" );

            return;
         }

         // limpa Windows Form
         graphicsObject.Clear( this.BackColor );

         // desenha a imagem
         graphicsObject.DrawImage(
            image, 5, 5, width, height );

      } // fim do método setButton_Click

   } // fim da classe DisplayLogoForm
```

Figura 16.23 Redimensionamento de imagens. (Parte 2 de 2.)

16.11 Animando uma série de imagens

O próximo exemplo anima uma série de imagens armazenadas em um array. O aplicativo usa técnicas para carregar e exibir objetos **Image** iguais àqueles ilustrados na Figura 16.23. As imagens foram criadas com o Adobe Photoshop.

A animação da Figura 16.24 usa uma **PictureBox**, que contém as imagens que animamos. Usamos um objeto **Timer** para percorrer as imagens, fazendo uma nova imagem aparecer a cada 50 milissegundos. A variável **count** controla o número da imagem atual e aumenta por um sempre que exibimos uma nova imagem. O array contém 30 imagens (numeradas de 0 a 29); quando o aplicativo chega na imagem 29, ele retorna à imagem 0. As 30 imagens foram preparadas antecipadamente e colocadas na pasta **images**, dentro do diretório **bin/Debug** do projeto.

```
// Fig. 16.24: LogoAnimator.cs
// Programa que anima uma série de imagens.

using System;
using System.Drawing;
using System.Collections;
using System.ComponentModel;
using System.Windows.Forms;
using System.Data;

// anima uma série de 30 imagens
public class LogoAnimator : System.Windows.Forms.Form
{
   private System.Windows.Forms.PictureBox logoPictureBox;
   private System.Windows.Forms.Timer Timer;
   private System.ComponentModel.IContainer components;

   private ArrayList imagens = new ArrayList();
   private int count = -1;

   public LogoAnimator()
   {
      InitializeComponent();

      for ( int i = 0; i < 30; i++ )
         images.Add( Image.FromFile( "images/deitel" + i +
            ".gif" ) );

      // carrega a primeira imagem
      logoPictureBox.Image = ( Image ) images[ 0 ];

      // configura PictureBox com o mesmo tamanho de Image
      logoPictureBox.Size = logoPictureBox.Image.Size;

   } // fim do construtor

   [STAThread]
   static void Main()
   {
      Application.Run( new LogoAnimator() );
   }

   // código gerado pelo Visual Studio .NET

   private void Timer_Tick(
      object sender, System.EventArgs e )
   {
      // incrementa o contador
      count = ( count + 1 ) % 30;

      // carrega a próxima imagem
```

Figura 16.24 Animação de uma série de imagens. (Parte 1 de 2.)

```
52         logoPictureBox.Image = ( Image )images[ count ];
53
54      } // fim do método Timer_Tick
55
56   } // fim da classe LogoAnimator
```

Figura 16.24 Animação de uma série de imagens. (Parte 2 de 2.)

As linhas 25 a 27 carregam cada uma das 30 imagens e as colocam em uma ***ArrayList***. O método ***Add*** de **ArrayList** nos permite adicionar objetos em **ArrayList**; usamos esse método nas linhas 26 e 27, para adicionar cada objeto **Image**. A linha 30 coloca a primeira imagem em **PictureBox**, usando o indexador de **ArrayList**. A linha 33 modifica o tamanho de **PictureBox** para que fique igual ao tamanho do objeto **Image** que está exibindo. O manipulador do evento **Tick** de **timer** (linhas 45 a 54) exibe então a próxima imagem de **ArrayList**.

Dica de desempenho 16.2

É mais eficiente carregar os quadros de uma animação como uma única imagem do que carregar cada imagem separadamente. (Um programa de pintura, como o Adobe Photoshop® ou o Jasc® Paint Shop Pro™, pode ser usado para combinar os quadros da animação em uma imagem.) Se as imagens estiverem sendo carregadas separadamente a partir da Web, cada imagem carregada exigirá uma conexão separada com o site no qual as imagens estão armazenadas; esse processo pode resultar em um desempenho pior.

Dica de desempenho 16.3

Carregar quadros de animação pode fazer o programa atrasar, pois ele espera que todos os quadros sejam carregados antes de exibi-los.

O exemplo a seguir demonstra os recursos da GDI+ pertencentes a um aplicativo de jogo de xadrez. Isso inclui técnicas de *detecção de colisões* bidimensional, a seleção de quadros individuais de uma imagem com múltiplos quadros e a *invalidação regional* (atualização somente das partes exigidas da tela) para aumentar o desempenho. A detecção de colisões bidimensional é a detecção de uma sobreposição entre duas figuras. No próximo exemplo demonstraremos a maneira mais simples de detecção de colisões, que determina se um ponto (o local do clique de mouse) está contido em um retângulo (uma imagem de peça de xadrez).

A classe **ChessPiece** (Figura 16.25) é uma classe contêiner para as peças individuais do xadrez. As linhas 11 a 19 definem uma enumeração pública de constantes que identificam cada tipo de peça de xadrez. As constantes também servem para identificar a localização de cada peça no arquivo de imagens de peças de xadrez. O objeto **targetRectangle** de **Rectangle** (linhas 25 e 26) identifica a localização da imagem no tabuleiro de xadrez. As propriedades **x** e **y** do retângulo são atribuídas no construtor de **ChessPiece**, e todas as imagens de peças de xadrez têm altura e largura **75**.

O construtor de **ChessPiece** (linhas 29 a 40) exige que a classe chamadora defina um tipo de peça de xadrez, sua posição **x** e **y** e o objeto **Bitmap** que contém todas as imagens de peças de xadrez. Em vez de carregar a imagem da peça de xadrez dentro da classe, permitimos que a classe chamadora passe a imagem. Isso evita a sobrecarga do carregamento das imagens para cada peça e também aumenta a flexibilidade da classe, permitindo que o usuário mude imagens; por exemplo, nesse caso usamos a classe para imagens de peças de xadrez pretas e brancas. As linhas 37 a 39 extraem uma subimagem contendo apenas os dados de bitmap da peça atual. Nossas imagens de peças de xadrez são definidas de uma maneira específica: uma imagem contém seis imagens de peças de xadrez, cada uma definida dentro de um bloco de 75 pixels, resultando em um tamanho da imagem total de 450 por 75. Obtemos uma única imagem usando o método **Clone** de **Bitmap**, que nos permite especificar a localização de uma imagem de retângulo e o formato de pixel desejado. A localização é um bloco de 75 por 75 pixels, com seu canto superior esquerdo **x** igual a **75 * type** e a coordenada **y** correspondente igual a **0**. Para o formato de pixel, especificamos a constante **DontCare**, fazendo o formato permanecer inalterado.

O método **Draw** (linhas 43 a 46) faz o objeto **ChessPiece** desenhar **pieceImage** em **targetRectangle**, no objeto **Graphics** passado. O método **GetBounds** retorna o objeto **targetRectangle** para uso na detecção de colisões, e **SetLocation** permite à classe chamadora especificar uma nova localização de peça.

```
1  // Fig. 16.25 : ChessPiece.cs
2  // Classe de armazenamento para atributos de peças de xadrez.
3
4  using System;
5  using System.Drawing;
6
7  // representa uma peça de xadrez
8  public class ChessPiece
9  {
10    // define constantes de tipo de peça de xadrez
11    public enum Types
12    {
13       KING,
14       QUEEN,
15       BISHOP,
16       KNIGHT,
17       ROOK,
18       PAWN
19    }
20
21    private int currentType;    // o tipo desse objeto
22    private Bitmap pieceImage;  // a imagem desse objeto
23
24    // localização de exibição padrão
25    private Rectangle targetRectangle =
26       new Rectangle( 0, 0, 75, 75 );
27
28    // constrói a peça
29    public ChessPiece( int type, int xLocation,
30       int yLocation, Bitmap sourceImage )
31    {
32       currentType = type; // configura o tipo atual
33       targetRectangle.X = xLocation; // configura a localização x atual
34       targetRectangle.Y = yLocation; // configura a localização y atual
35
36       // obtém pieceImage a partir da seção de sourceImage
37       pieceImage = sourceImage.Clone(
38          new Rectangle( type * 75, 0, 75, 75 ),
39          System.Drawing.Imaging.PixelFormat.DontCare );
40    }
41
42    // desenha a peça de xadrez
43    public void Draw( Graphics graphicsObject )
44    {
45       graphicsObject.DrawImage( pieceImage, targetRectangle );
46    }
47
48    // obtém o retângulo de localização da peça
```

Figura 16.25 Classe contêiner para peças de xadrez. (Parte 1 de 2.)

```
    public Rectangle GetBounds()
    {
       return targetRectangle;
    } // fim do método GetBounds

    // configura a posição dessa peça
    public void SetLocation( int xLocation, int yLocation )
    {
       targetRectangle.X = xLocation;
       targetRectangle.Y = yLocation;

    } // fim do método SetLocation

 } // fim da classe ChessPiece
```

Figura 16.25 Classe contêiner para peças de xadrez. (Parte 2 de 2.)

A classe **ChessGame** (Figura 16.26) define o código do jogo e de elementos gráficos de nosso jogo de xadrez. As linhas 23 a 33 definem as variáveis com escopo de classe exigidas pelo programa. **ArrayList chessTile** (linha 23) armazena as imagens das casas do tabuleiro. Ele contém quatro imagens: duas casas claras e duas escuras (para aumentar a variedade do tabuleiro). **ArrayList chessPieces** (linha 26) armazena todos os objetos **ChessPiece** ativos, e **int selectedIndex** (linha 29) identifica o índice em **chessPieces** da peça atualmente selecionada. O objeto **board** (linha 30) é um array **int** bidimensional de 8 por 8, correspondente aos quadrados de um tabuleiro. Cada elemento do tabuleiro é um inteiro de 0 a 3 que corresponde a um índice em **chessTile** e é usado para especificar a imagem do quadrado do tabuleiro de xadrez. **const int TILESIZE** (linha 33) define o tamanho de cada quadrado, em pixels.

A GUI do jogo de xadrez consiste em **Form ChessGame**, a área na qual desenhamos as casas; **Panel pieceBox**, a janela na qual desenhamos as peças (note que a cor de fundo **pieceBox** é configurada como **"transparent"**); e um **Menu** que permite ao usuário iniciar um novo jogo. Embora as peças e casas pudessem ter sido desenhadas no mesmo formulário, fazer isso diminuiria o desempenho. Seríamos forçados a atualizar o tabuleiro, assim como as peças, sempre que atualizássemos o controle.

O evento **Load** de **ChessGame** (linhas 44 a 56) carrega cada imagem de casa em **chessTile**. Então, ele chama o método **ResetBoard** para atualizar o objeto **Form** e iniciar o jogo. O método **ResetBoard** (linhas 59 a 169) atribui **chessPieces** a uma nova **ArrayList**, carregando imagens para os conjuntos de peças pretas e brancas do xadrez, e cria o objeto **Bitmap selected** para definir o conjunto de **Bitmap** atualmente selecionado. As linhas 82 a 167 percorrem 64 posições no tabuleiro de xadrez, configurando a cor da casa e a peça de cada uma. As linhas 86 e 87 fazem a imagem atualmente selecionada trocar para **blackPieces**, após a quinta linha. Se o contador de linha estiver na primeira ou na última linha, as linhas 94 a 134 adicionarão uma nova peça em **chessPieces**. O tipo da peça é baseado na coluna atual que estamos inicializando. As peças do xadrez são posicionadas na seguinte ordem, da esquerda para a direita: torre, cavalo, bispo, rainha, rei, bispo, cavalo e torre. As linhas 137 a 146 adicionam um novo peão na posição atual, se a linha atual for a segunda ou a sétima.

Um tabuleiro de xadrez é definido pela alternância de casas claras e escuras em uma linha, em um padrão em que a cor que começa cada linha é igual à cor da última casa da linha anterior. As linhas 151 a 162 atribuem a cor da casa atual do tabuleiro como um índice no array **board**. Com base no valor alternado da variável **bool light** e nos resultados da operação aleatória na linha 149, **0** e **1** são casas claras, enquanto **2** e **3** são casas escuras. A linha 166 inverte o valor de **light** no final de cada linha, para manter o efeito quadriculado de um tabuleiro de xadrez[1].

---

1. Conforme mostram as imagens da Figura 16.26, os puristas poderão notar que o programa fornecido no CD (e listado aqui) gera um tabuleiro com as casas claras e escuras invertidas (a primeira casa, no canto superior direito, deveria ser clara). Mas isso pode ser corrigido facilmente. Basta alterar a linha 64 de

```
bool light = false;
```

para

```
bool light = true;
```

Isso fará com que o programa comece a atribuir as cores das casas começando com uma clara. (N.R.T.)

```
// Fig. 16.26: ChessGame.cs
// Código gráfico do jogo de xadrez.

using System;
using System.Drawing;
using System.Collections;
using System.ComponentModel;
using System.Windows.Forms;
using System.Data;

// permite que dois jogadores joguem xadrez
public class ChessGame : System.Windows.Forms.Form
{
   private System.Windows.Forms.PictureBox pieceBox;
   private System.Windows.Forms.MainMenu GameMenu;
   private System.Windows.Forms.MenuItem gameItem;
   private System.Windows.Forms.MenuItem newGameItem;

   private
      System.ComponentModel.Container components = null;

   // ArrayList para imagens de casa do tabuleiro
   ArrayList chessTile = new ArrayList();

   // ArrayList para peças de xadrez
   ArrayList chessPieces = new ArrayList();

   // define o índice da peça selecionada
   int selectedIndex = -1;
   int[,] board = new int[ 8, 8 ]; // array board

   // define o tamanho da casa do xadrez, em pixels
   private const int TILESIZE = 75;

   [STAThread]
   static void Main()
   {
      Application.Run( new ChessGame() );
   }

   // código gerado pelo Visual Studio .NET

   // carrega os bitmaps das casas e inicializa o jogo
   private void ChessGame_Load(
      object sender, System.EventArgs e)
   {
      // carrega as casas do tabuleiro de xadrez
      chessTile.Add( Bitmap.FromFile( "lightTile1.png" ) );
      chessTile.Add( Bitmap.FromFile( "lightTile2.png" ) );
      chessTile.Add( Bitmap.FromFile( "darkTile1.png" ) );
      chessTile.Add( Bitmap.FromFile( "darkTile2.png" ) );

      ResetBoard();  // inicializa o tabuleiro
      Invalidate();  // atualiza o formulario

   } // fim do método ChessGame_Load

   // inicializa as peças para começar e reconstrói o tabuleiro
```

Figura 16.26 Código do jogo de xadrez. (Parte 1 de 6.)

```
      private void ResetBoard()
      {
         int current = -1;
         ChessPiece piece;
         Random random = new Random();
         bool light = false;
         int type;

         // garante arraylist vazio
         chessPieces = new ArrayList();

         // carrega imagem das peças brancas
         Bitmap whitePieces =
            ( Bitmap )Image.FromFile( "whitePieces.png" );

         // carrega imagem das peças pretas
         Bitmap blackPieces =
            ( Bitmap )Image.FromFile( "blackPieces.png" );

         // configura as peças brancas desenhadas primeiro
         Bitmap selected = whitePieces;

         // percorre as linhas do tabuleiro, no laço externo
         for ( int row = 0;
            row <= board.GetUpperBound( 0 ); row++ )
         {
            // se estiver nas linhas inferiores, configura como pretas as imagens das peças
            if ( row > 5 )
               selected = blackPieces;

            // percorre as colunas do tabuleiro, no laço interno
            for ( int column = 0;
               column <= board.GetUpperBound( 1 ); column++ )
            {
               // se for a primeira ou a última linha, organiza as peças
               if ( row == 0 || row == 7 )
               {
                  switch( column )
                  {
                     case 0:
                     case 7: // configura a peça atual como torre
                        current =
                           ( int )ChessPiece.Types.ROOK;
                        break;

                     case 1:
                     case 6: // configura a peça atual como cavalo
                        current =
                           ( int )ChessPiece.Types.KNIGHT;
                        break;

                     case 2:
                     case 5: // configura a peça atual como bispo
                        current =
                           ( int )ChessPiece.Types.BISHOP;
                        break;

                     case 3: // configura a peça atual como rei
```

Figura 16.26 Código do jogo de xadrez. (Parte 2 de 6.)

```
                        current =
                           ( int )ChessPiece.Types.KING;
                        break;

                     case 4: // configura a peça atual como rainha
                        current =
                           ( int )ChessPiece.Types.QUEEN;
                        break;
                  }

                  // cria a peça atual na posição inicial
                  piece = new ChessPiece( current,
                     column * TILESIZE, row * TILESIZE,
                     selected );

                  // adiciona a peça a arraylist
                  chessPieces.Add( piece );
               }

               // se for a segunda ou a sétima linha, organiza os peões
               if ( row == 1 || row == 6 )
               {
                  piece = new ChessPiece(
                     ( int )ChessPiece.Types.PAWN,
                     column * TILESIZE, row * TILESIZE,
                     selected );

                  // adiciona a peça a arraylist
                  chessPieces.Add( piece );
               }

               // determina o tipo de peça do tabuleiro
               type = random.Next( 0, 2 );

               if ( light )
               {
                  // configura a casa clara
                  board[ row, column ] = type;
                  light = false;
               }
               else
               {
                  // configura a casa escura
                  board[ row, column ] = type + 2;
                  light = true;
               }
            }

            // leva em conta a nova troca de cor de casa de linha
            light = !light;
         }

      } // fim do método ResetBoard

      // exibe o tabuleiro no evento OnPaint do formulário
      private void ChessGame_Paint(
         object sender, System.Windows.Forms.PaintEventArgs e)
      {
```

Figura 16.26 Código do jogo de xadrez. (Parte 3 de 6.)

```
         // obtém o objeto gráfico
         Graphics graphicsObject = e.Graphics;

         for ( int row = 0;
            row <= board.GetUpperBound( 0 ); row++ )
         {
            for ( int column = 0;
               column <= board.GetUpperBound( 1 ); column++ )
            {
               // desenha a imagem específica no array board
               graphicsObject.DrawImage(
                  (Image)chessTile[ board[ row, column ] ],
                  new Point( TILESIZE * column,
                  TILESIZE * row ) );
            }
         }

      } // fim do método ChessGame_Paint

      // retorna o índice da peça que intercepta o ponto
      // opcionalmente, exclui um valor
      private int CheckBounds( Point point, int exclude )
      {
         Rectangle rectangle; // retângulo delimitador atual

         for ( int i = 0; i < chessPieces.Count; i++ )
         {
            // obtém o retângulo da peça
            rectangle = GetPiece( i ).GetBounds();

            // verifica se o retângulo contém ponto
            if (rectangle.Contains( point ) && i != exclude )
               return i;
         }

         return -1;

      } // fim do método CheckBounds

      // manipula o evento de pintura de pieceBox
      private void pieceBox_Paint(
      object sender, System.Windows.Forms.PaintEventArgs e)
      {
         // desenha todas as peças
         for ( int i = 0; i < chessPieces.Count; i++ )
            GetPiece( i ).Draw( e.Graphics );

      } // fim do método pieceBox_Paint

      private void pieceBox_MouseDown(
         object sender, System.Windows.Forms.MouseEventArgs e)
      {
         // determina a peça selecionada
         selectedIndex =
            CheckBounds( new Point( e.X, e.Y ), -1 );

      } // fim do método pieceBox_MouseDown

```

Figura 16.26 Código do jogo de xadrez. (Parte 4 de 6.)

```
   // se a peça está selecionada, move-a
   private void pieceBox_MouseMove(
      object sender, System.Windows.Forms.MouseEventArgs e)
   {
      if ( selectedIndex > -1 )
      {
         Rectangle region = new Rectangle(
            e.X - TILESIZE * 2, e.Y - TILESIZE * 2,
            TILESIZE * 4, TILESIZE * 4 );

         // configura o centro da peça no mouse
         GetPiece( selectedIndex ).SetLocation(
            e.X - TILESIZE / 2, e.Y - TILESIZE / 2 );

         // atualiza a área imediata
         pieceBox.Invalidate( region );
      }

   } // fim do método pieceBox_MouseMove

   // quando o botão do mouse é liberado, cancela a seleção da peça e remove a peça tomada
   private void pieceBox_MouseUp(
      object sender, System.Windows.Forms.MouseEventArgs e)
   {
      int remove = -1;

      //se a peça do xadrez foi selecionada
      if ( selectedIndex > -1 )
      {
         Point current = new Point( e.X, e.Y );
         Point newPoint = new Point(
            current.X - ( current.X % TILESIZE ),
            current.Y - ( current.Y % TILESIZE ) );

         // verifica os limites com o ponto, exclui a peça selecionada
         remove = CheckBounds( current, selectedIndex );

         // coloca a peça no centro do quadrado mais próximo
         GetPiece( selectedIndex ).SetLocation( newPoint.X,
            newPoint.Y );

         // retira a seleção da peça
         selectedIndex = -1;

         // remove a peça tomada
         if ( remove > -1 )
            chessPieces.RemoveAt( remove );
      }

      // atualiza pieceBox para garantir a remoção da peça
      pieceBox.Invalidate();

   } // fim do método pieceBox_MouseUp

   // função auxiliar para converter
   // objeto ArrayList em ChessPiece
   private ChessPiece GetPiece( int i )
   {
```

Figura 16.26 Código do jogo de xadrez. (Parte 5 de 6.)

```
291          return (ChessPiece)chessPieces[ i ];
292       } // fim do método GetPiece
293
294       // manipula os cliques da opção do menu NewGame
295       private void newGameItem_Click(
296          object sender, System.EventArgs e)
297       {
298          ResetBoard();    // reinicializa o tabuleiro
299          Invalidate();    // atualiza o formulário
300
301       } // fim do método newGameItem_Click
302
303    } // fim da classe ChessGame
```

Figura 16.26 Código do jogo de xadrez. (Parte 6 de 6.)

O método **ChessGame_Paint** (linhas 172 a 192) manipula o evento **Paint** dessa classe **Form** e desenha as casas de acordo com seus valores no array board. O método **pieceBox_Paint**, que manipula o evento **pieceBox Panel paint**, percorre cada elemento do **ArrayList chessPiece** e chama seu método **Draw**.

O manipulador de evento **MouseDown** (linhas 224 a 231) chama o método **CheckBounds** com a localização do clique do usuário, para determinar se ele selecionou uma peça. **CheckBounds** retorna um inteiro localizando uma colisão de determinado ponto.

O manipulador de evento **MouseMove** (linhas 234 a 251) move a peça atualmente selecionada com o mouse. As linhas 244 e 245 configuram a localização da peça selecionada como a posição do ponteiro do mouse, ajustando a localização na metade de uma casa para centralizar a imagem no mouse. As linhas 239 a 241 definem e atualizam uma região de **Panel** que abrange duas casas em qualquer direção do mouse. Conforme mencionado anteriormente, o método **Invalidate** é lento. Isso significa que o manipulador de evento **MouseMove** poderia ser chamado novamente várias vezes antes que o método **Invalidate** terminasse. Se um usuário trabalhando em um computador lento mover o mouse rapidamente, o aplicativo pode deixar *artefatos* (*artifacts*) para trás. Um artefato é qualquer anormalidade visual não intencionada em um programa gráfico. Fazendo o programa atualizar um retângulo de dois quadrados, o que deve bastar na maioria dos casos, obtemos uma melhoria de desempenho significativa em relação à atualização de um componente inteiro durante cada evento **MouseMove**.

As linhas 254 a 285 definem o manipulador de evento **MouseUp**. Se uma peça tiver sido selecionada, as linhas 260 a 280 determinarão o índice em **chessPieces** de qualquer colisão de peça, removerão a peça colidida, prenderão (alinharão) a peça atual em uma posição válida e retirarão a seleção da peça. Verificamos as colisões de peça para permitir que uma peça "tome" outra no xadrez. A linha 268 verifica se alguma peça (excluindo a peça atualmente selecionada) está sob a localização atual do mouse. Se uma colisão for detectada, o índice da peça retornado será atribuído a **int remove**. As linhas 271 e 272 determinam a casa do xadrez válida mais próxima e "prendem" a peça selecionada nessa posição. Se **remove** contém um valor positivo, a linha 279 remove o objeto que está nesse índice de **chessPieces ArrayList**. Finalmente, o objeto **Panel** inteiro é invalidado na linha 283, para apresentar a nova localização da peça e remover todos os artefatos criados durante o movimento.

O método **CheckBounds** (linhas 196 a 212) é um método auxiliar de detecção de colisões; ele percorre **chessPieces ArrayList** e retorna o índice de qualquer retângulo de peça contendo o valor de ponto passado para o método (a posição do mouse, nesse exemplo). O método **CheckBounds** pode, opcionalmente, excluir um único índice de peça (para ignorar o índice selecionado no manipulador de evento **MouseUp**, nesse exemplo).

As linhas 289 a 292 definem a função auxiliar **GetPiece**, o que simplifica a conversão de objetos do **ArrayList chessPieces** para tipos **ChessPiece**. O método **newGameItem_Click** manipula o evento de clique no item de menu **NewGame**, chama **RefreshBoard** para reconfigurar o jogo e invalida o formulário inteiro.

16.12 Windows Media Player

O controle Windows Media Player permite que um aplicativo reproduza vídeo e som em muitos formatos multimídia. Isso inclui áudio e vídeo MPEG (Motion Pictures Experts Group), vídeo AVI (audio-video interleave), áudio WAV (Windows wave-file format) e áudio MIDI (Musical Instrument Digital Interface). Os usuários podem encontrar áudio e vídeo na Internet ou podem criar seus próprios arquivos usando os pacotes gráficos e de som disponíveis.

O aplicativo da Figura 16.27 demonstra o controle Windows Media Player, que permite aos usuários reproduzirem arquivos multimídia. Para usar o controle Windows Media Player, os programadores devem adicioná-lo na **Toolbox**. Isso é feito primeiro selecionando-se **Customize Toolbox** no menu **Tools**, para apresentar a caixa de diálogo **Customize Toolbox**. Na caixa de diálogo, role para baixo e selecione a opção **Windows Media Player**. Em seguida, clique no botão **OK** para dispensar a caixa de diálogo. O ícone do controle Windows Media Player deve aparecer agora na parte inferior da **Toolbox**.

```
// Fig. 16.27: MediaPlayerTest.cs
// Demonstra o controle Windows Media Player

using System;
using System.Drawing;
using System.Collections;
using System.ComponentModel;
using System.Windows.Forms;
using System.Data;

// permite que os usuários reproduzam arquivos de mídia usando
// um controle Windows Media Player
public class MediaPlayer : System.Windows.Forms.Form
{
   private System.Windows.Forms.MainMenu applicationMenu;
   private System.Windows.Forms.MenuItem fileItem;
   private System.Windows.Forms.MenuItem openItem;
   private System.Windows.Forms.MenuItem exitItem;
   private System.Windows.Forms.MenuItem aboutItem;
   private System.Windows.Forms.MenuItem aboutMessageItem;
   private System.Windows.Forms.OpenFileDialog
      openMediaFileDialog;
   private AxMediaPlayer.AxMediaPlayer player;

   private
      System.ComponentModel.Container components = null;

   [STAThread]
   static void Main()
   {
      Application.Run( new MediaPlayer() );
   }

```

Figura 16.27 Demonstração do Windows Media Player. (Parte 1 de 3.)

```
   // código gerado pelo Visual Studio .NET

   // abre novo arquivo de mídia no Windows Media Player
   private void openItem_Click(
      object sender, System.EventArgs e)
   {
      openMediaFileDialog.ShowDialog();

      player.FileName = openMediaFileDialog.FileName;

      // ajusta o tamanho do controle Media Player e
      // o formulário de acordo com o tamanho da imagem
      player.Size = new Size( player.ImageSourceWidth,
         player.ImageSourceHeight );

      this.Size = new Size( player.Size.Width + 20,
      player.Size.Height + 60 );

   } // fim do método openItem_Click

   private void exitItem_Click(
      object sender, System.EventArgs e)
   {
      Application.Exit();

   } // fim do método exitItem_Click

   private void aboutMessageItem_Click(
      object sender, System.EventArgs e)
   {
      player.AboutBox();

   } // fim do método aboutMessageItem_Click

} // fim da classe MediaPlayer
```

Figura 16.27 Demonstração do Windows Media Player. (Parte 2 de 3.)

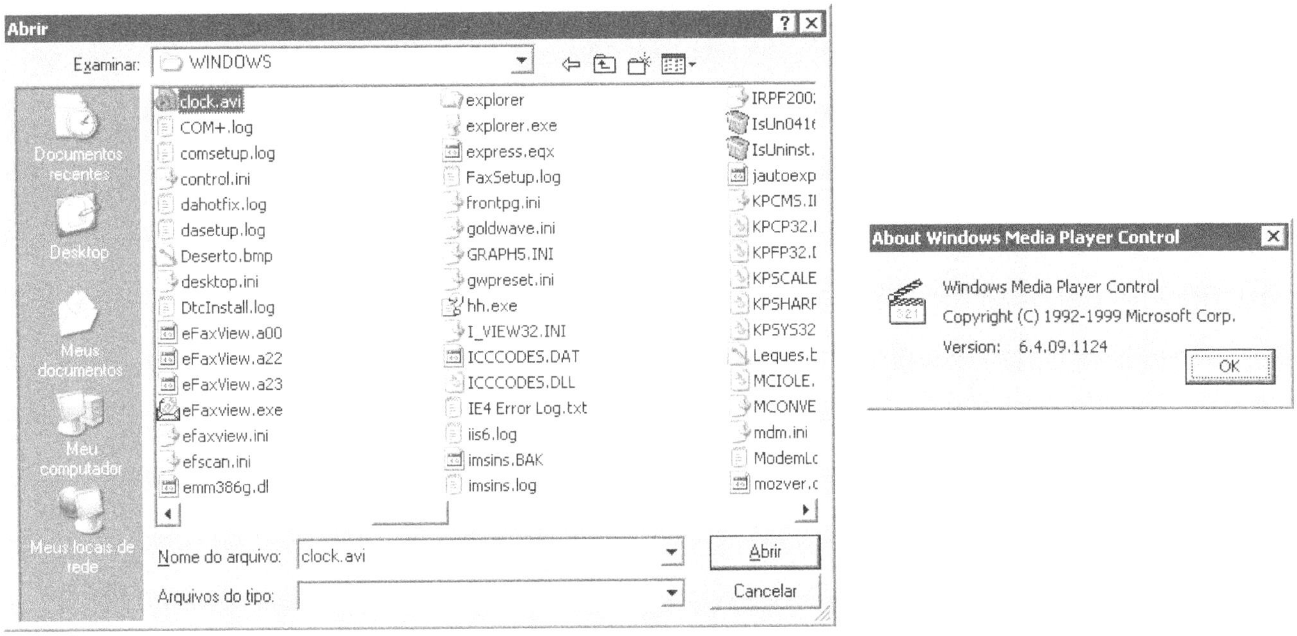

Figura 16.27 Demonstração do Windows Media Player. (Parte 3 de 3.)

O controle Windows Media Player fornece vários botões que permitem ao usuário reproduzir o arquivo atual, fazer uma pausa, parar, reproduzir o arquivo anterior, retroceder, avançar e reproduzir o próximo arquivo. O controle também inclui um controle de volume e barras de controle para selecionar uma posição específica no arquivo de mídia.

O aplicativo fornece um **MainMenu**, que contém os menus **File** e **About**. O menu **File** contém os itens de menu **Open** e **Exit**; o menu **About** contém o item de menu **About Windows Media Player**.

Quando um usuário escolhe **Open** no menu **File**, o manipulador de evento **openItem_Click** (linhas 37 a 52) é executado. Uma caixa **OpenFileDialog** aparece (linha 40), permitindo que o usuário selecione um arquivo. Então, o programa configura a propriedade **FileName** do reprodutor (o objeto do controle Windows Media Player de tipo **AxMediaPlayer**) com o nome do arquivo escolhido pelo usuário. A propriedade **FileName** especifica o arquivo que o Windows Media Player está usando atualmente. As linhas 46 a 50 ajustam o tamanho do reprodutor e do aplicativo para refletirem o tamanho da mídia que contém o arquivo.

O manipulador de evento que é executado quando o usuário seleciona **Exit** no menu **File** (linhas 54 a 59) simplesmente chama **Application.Exit** para terminar o aplicativo. O manipulador de evento que é executado quando o usuário escolhe **About Windows Media Player** no menu **About** (linhas 61 a 66) chama o método **AboutBox** do reprodutor. **AboutBox** simplesmente exibe uma caixa de mensagem predefinida, contendo informações sobre o Windows Media Player.

16.13 Microsoft Agent

Microsoft Agent é uma tecnologia usada para adicionar *personagens animadas interativas* em aplicativos Windows ou páginas Web. A interatividade é a principal função da tecnologia Microsoft Agent: as personagens do Microsoft Agent podem falar e responder à entrada do usuário por meio de reconhecimento e síntese de fala. A Microsoft emprega sua tecnologia Agent em aplicativos como Word, Excel e PowerPoint. Nesses programas, os agentes ajudam os usuários a encontrar respostas para perguntas e a entender como o aplicativo funciona.

O controle Microsoft Agent fornece aos programadores acesso a quatro personagens predefinidas — *Genie* (um gênio), *Merlin* (um mago), *Peedy* (um papagaio) e *Robby* (um robô). Cada personagem tem um conjunto exclusivo de animações que os programadores podem usar em seus aplicativos para ilustrar diferentes pontos e funções. Por exemplo, o conjunto de animação da personagem Peedy inclui diferentes animações de vôo, que o programador poderia usar para mover Peedy na tela. A Microsoft fornece informações básicas sobre a tecnologia Agent em seu site Web, no endereço:

www.microsoft.com/msagent

A tecnologia Microsoft Agent permite que os usuários interajam com os aplicativos e páginas Web por meio da fala, a forma mais natural de comunicação humana. Quando o usuário fala ao microfone, o controle usa um *mecanismo de reconhecimento de fala*, um aplicativo que transforma a entrada sonora vocal de um microfone em uma linguagem que o computador entende. O controle Microsoft Agent também usa um *mecanismo de texto-para-fala*, que gera as respostas faladas das personagens[2]. Um mecanismo de texto-para-fala é um aplicativo que transforma palavras digitadas em som de áudio, que os usuários ouvem utilizando fones de ouvido ou por meio de alto-falantes conectados em um computador. A Microsoft fornece mecanismos de reconhecimento de fala e de texto-para-fala para vários idiomas em seu site Web, no endereço:

www.microsoft.com/products/msagent/downloads.htm

Os programadores podem até criar suas próprias personagens animadas, com a ajuda do *Microsoft Agent Character Editor* e da *Microsoft Linguistic Sound Editing Tool*. Esses produtos estão disponíveis gratuitamente para download no endereço

www.microsoft.com/products/msagent/devdownloads.htm

Esta seção apresenta os recursos básicos do Microsoft Agent. Para ver os detalhes sobre o download desse controle, visite o endereço

www.microsoft.com/products/msagent/downloads.htm

O exemplo a seguir, Peedy's Pizza Palace, foi desenvolvido pela Microsoft para ilustrar os recursos do Microsoft Agent. Peedy's Pizza Palace é uma pizzaria on-line que aceita pedidos por meio de entrada de voz. A personagem Peedy interage com os usuários, auxiliando-os a escolher os sabores e depois calculando o total de seus pedidos.

Os leitores podem ver esse exemplo no endereço

agent.microsoft.com/agent2/sdk/samples/html/peedypza.htm

Para executar esse exemplo, os estudantes devem fazer o download do arquivo da personagem Peedy, de um mecanismo de texto-para-fala e de um mecanismo de reconhecimento de fala. Quando a página é carregada, o navegador solicita esses downloads. Siga as instruções fornecidas pela Microsoft para completar a instalação.

Quando a janela se abre, Peedy se apresenta (Figura 16.28) e as palavras que ele fala aparecem em um balão de fala de desenho animado, acima de sua cabeça. Note que as animações de Peedy correspondem às palavras que ele fala.

O balão de fala contém texto equivalente às palavras que o Peedy fala.

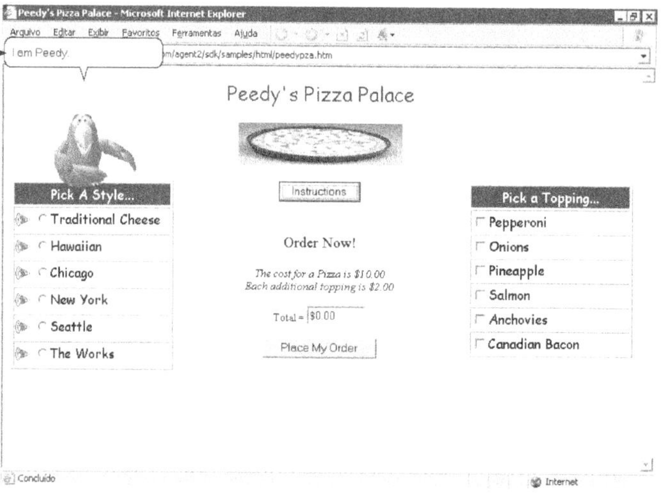

Figura 16.28 O Peedy apresentando-se quando a janela abre.

2. A Microsoft disponibiliza mecanismos de texto-para-fala para vários idiomas, inclusive o português, no site indicado neste capítulo. No entanto, quando este livro estava sendo revisado, era disponibilizado um mecanismo de reconhecimento de fala somente para o inglês. (N.R.T.)

Os programadores podem sincronizar as animações da personagem com a saída da fala, para ilustrar um ponto ou para transmitir o humor da personagem. Por exemplo, a Figura 16.29 representa a animação *Pleased* de Peedy. O conjunto de animação da personagem Peedy contém 85 diferentes animações, todas exclusivas dessa personagem.

Observação sobre aparência e comportamento 16.1

As personagens do Agent permanecem sobre todas as janelas ativas, enquanto um aplicativo Microsoft Agent está em execução. Seus movimentos não estão restritos aos limites do navegador ou da janela do aplicativo.

O Peedy também responde à entrada do teclado e do mouse. A Figura 16.30 mostra o que acontece quando um usuário clica no Peedy com o ponteiro do mouse. O Peedy pula, eriça as penas e exclama "Hey that tickles!" (Ei, isso faz cócegas!) ou "Be careful with that pointer!" (Cuidado com esse ponteiro!). Os usuários podem reposicionar o Peedy na tela clicando nele e arrastando-o com o mouse. Entretanto, mesmo quando o usuário move o Peedy para uma parte diferente da tela ele continua a executar suas animações predefinidas e mudanças de localização.

Muitas mudanças de localização envolvem animações. Por exemplo, o Peedy pode pular de uma posição da tela para outra ou pode voar (Figura 16.31).

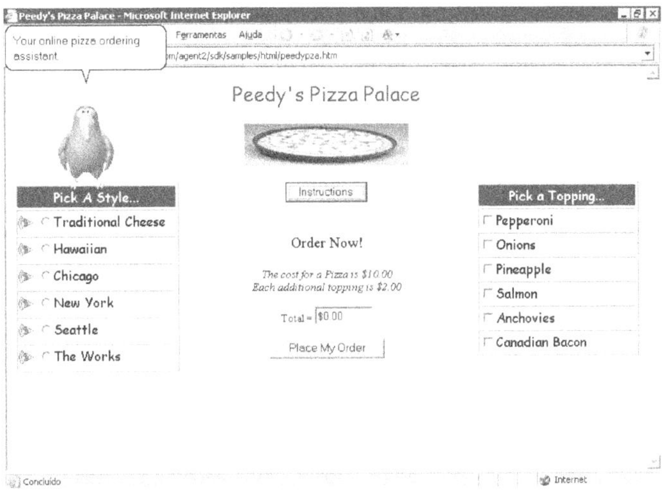

Figura 16.29 Animação *Pleased* do Peedy.

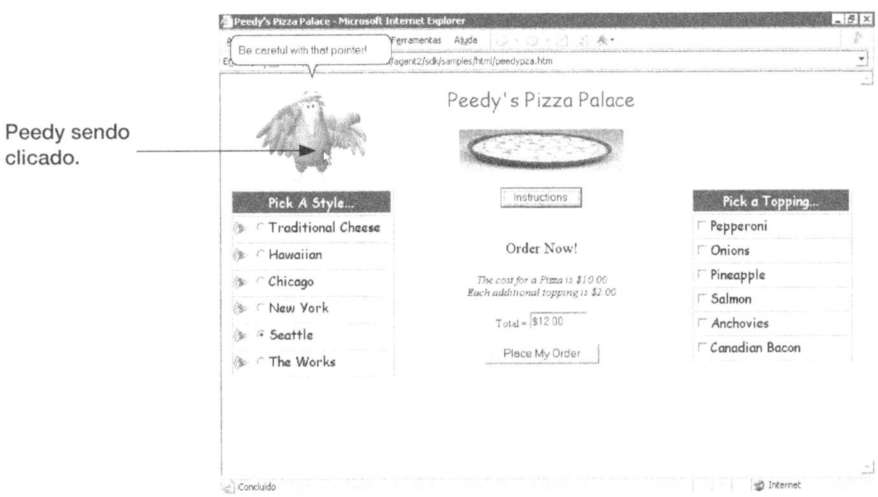

Figura 16.30 Reação do Peedy quando ele é clicado.

Figura 16.31 Animação do Peedy voando.

Assim que o Peedy completa as instruções que lhe foram passadas, uma caixa de texto aparece sob ele, indicando que ele está recebendo um comando de voz (Figura 16.32). O usuário pode fazer seu pedido falando em um microfone ou clicando no botão de seleção correspondente a sua escolha.

Se o usuário escolher a entrada de fala, aparecerá uma caixa abaixo do Peedy exibindo as palavras que Peedy "ouviu" (isto é, as palavras traduzidas para o programa pelo mecanismo de reconhecimento de fala). Quando reconhece a entrada do usuário, o Peedy fornece a ele uma descrição da pizza selecionada. A Figura 16.33 mostra o que acontece quando o usuário escolhe **Seattle** como tipo de pizza.

Então o Peedy pede ao usuário para que escolha sabores adicionais. Novamente, o usuário pode falar ou usar o mouse para fazer uma seleção. As caixas de seleção correspondentes ao sabor que acompanham o tipo de pizza selecionado são marcadas para o usuário. A Figura 16.34 mostra o que acontece quando o usuário escolhe anchovas como sabor adicional. O Peedy faz um gracejo sobre a escolha do usuário.

O usuário pode enviar o pedido pressionando o botão **Place My Order** ou falando "Place order" (Fazer pedido) no microfone. O Peedy relata minuciosamente o pedido, enquanto escreve os itens em seu bloco de notas (Figura 16.35). Então ele calcula os valores em sua calculadora e relata o total para o usuário (Figura 16.36).

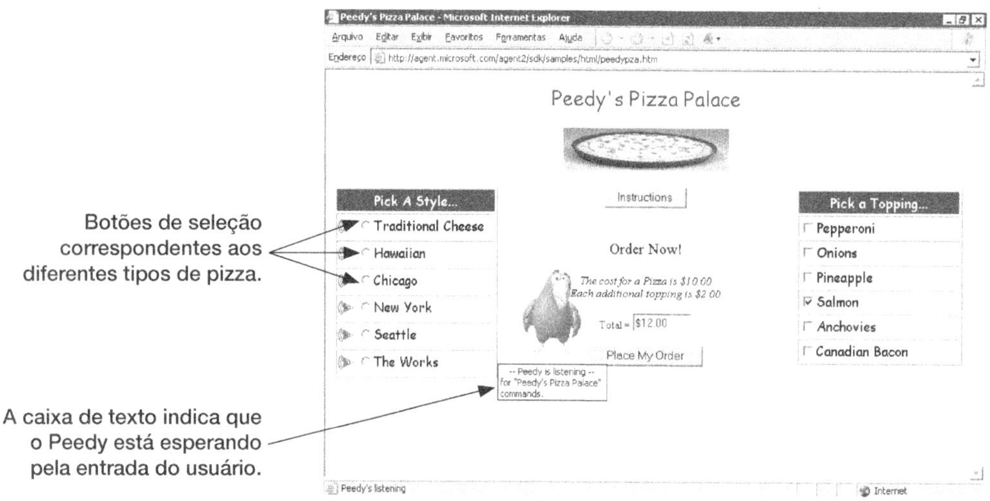

Figura 16.32 O Peedy esperando pela entrada falada.

A caixa de texto indica fala reconhecida.

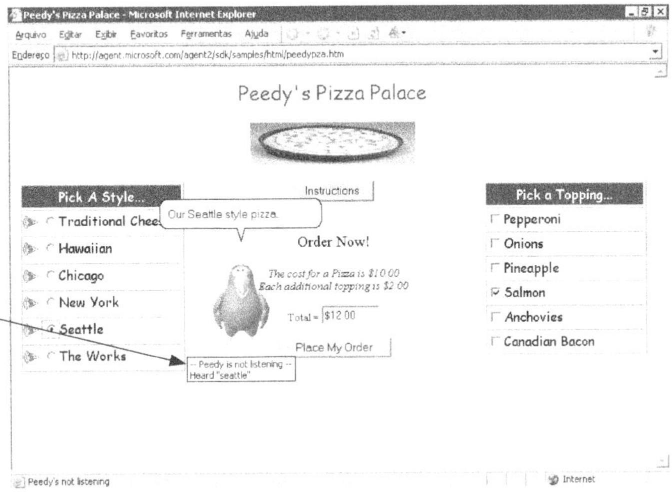

Figura 16.33 O Peedy repetindo o pedido do usuário da pizza tipo Seattle.

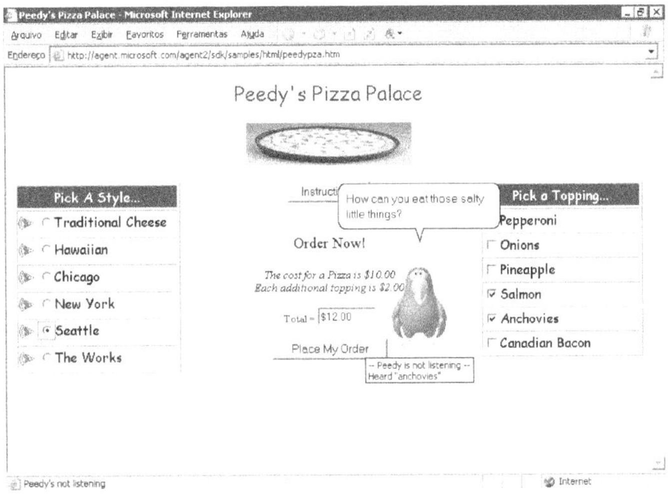

Figura 16.34 O Peedy repetindo o pedido do usuário de anchovas como sabor adicional.

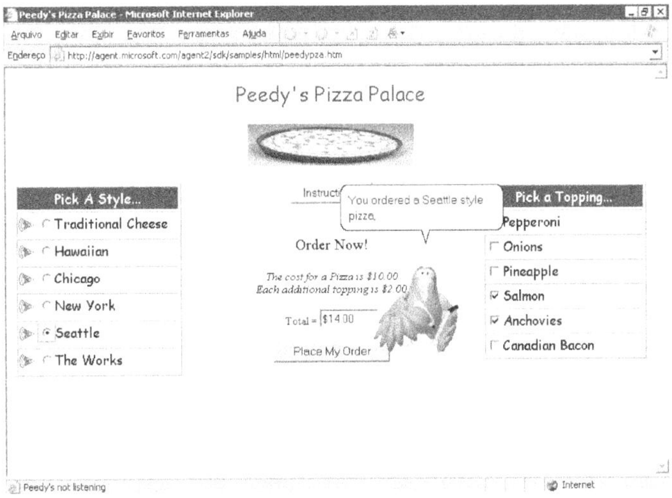

Figura 16.35 O Peedy relatando minuciosamente o pedido.

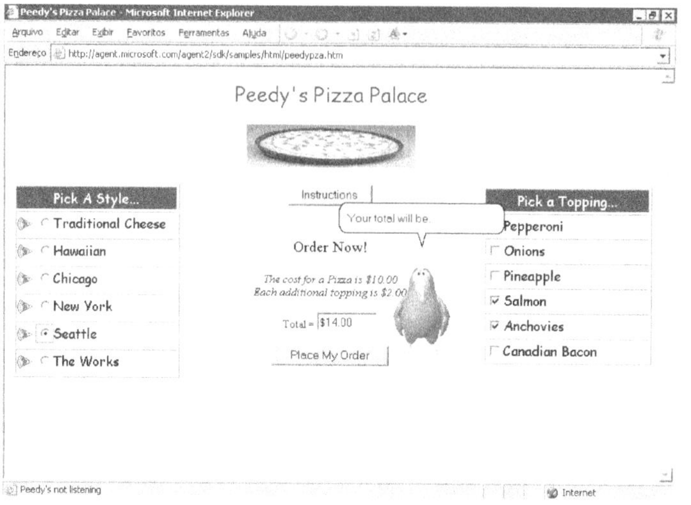

Figura 16.36 O Peedy calculando o total.

O exemplo a seguir (Figura 16.37) demonstra como construir um aplicativo simples com o Microsoft Agent. Esse aplicativo contém duas listas suspensas a partir das quais o usuário pode escolher uma personagem do Agent e uma animação para a personagem. Quando o usuário faz uma escolha nessas listas, a personagem escolhida aparece e executa a animação selecionada. O aplicativo usa reconhecimento e síntese de fala para controlar as animações e a fala da personagem: o usuário pode dizer à personagem a animação que ela deve executar pressionando a tecla Scroll Lock e, em seguida, falando o nome da animação em um microfone[3].

O exemplo também permite que o usuário troque para uma nova personagem, falando seu nome, e crie um comando personalizado, **MoveToMouse**. Além disso, as personagens falam qualquer texto que o usuário digite na caixa de texto. Antes de executar esse exemplo, primeiro os leitores devem fazer download e instalar o controle, o mecanismo de reconhecimento de fala, o mecanismo de texto-para-fala e as definições da personagem no site Web do Microsoft Agent.

Para usar o Microsoft Agent, o programador deve primeiro adicioná-lo na **Toolbox**. Para isso, deve selecionar **Customize Toolbox** no menu **Tools**, para apresentar a caixa de diálogo **Customize Toolbox**. Na caixa de diálogo, role para baixo e selecione a opção **Microsoft Agent Control 2.0**. Quando essa opção é selecionada, uma pequena marca de seleção aparece na caixa, à esquerda da opção. Então, clique em **OK** para dispensar a caixa de diálogo. O ícone do controle Microsoft Agent deve agora aparecer na parte inferior da **Toolbox**.

Além do objeto **mainAgent** do Microsoft Agent (de tipo **AxAgent**), que gerencia todas as personagens, também precisamos de um objeto (de tipo **IAgentCtlCharacter**) para representar a personagem atual. Criamos esse objeto, chamado **speaker**, na linha 30.

3. No Windows em português a personagem Peedy é chamada de Currupaco e o Genie é o Gênio da lâmpada (os nomes Merlin e Robby foram mantidos). Para que o exemplo da listagem funcione nesse ambiente e gere resultados como os da Figura 16.37, todas as ocorrências da string "Peedy" da listagem devem ser alteradas para "Currupaco" e as de "Genie" para "Gênio da lâmpada". Observe, porém, que os nomes de arquivo, Peedy.acs e Genie.acs, não devem ser alterados, pois eles permanecem os mesmos, independentemente do idioma. Essa mudança de nome não influencia o exemplo mostrado nas figuras 16.28 a 16.36 (**http://agent.microsoft.com/agent2/sdk/samples/html/peedypza.htm**).

Além disso, o diretório padrão onde as personagens são instaladas no Windows XP é

C:\WINDOWS\msagent\chars (o programa exibe como padrão **C:\WINNT\msagent\chars**).

Adicionalmente, para que as personagens "falem" no exemplo, é necessário instalar o mecanismo de texto-para-fala para o português, disponível em **http://www.microsoft.com/products/msagent/downloads.htm** (com uma pronúncia no mínimo estranha para o português e resultados divertidos quando são fornecidos os termos ou frases em inglês). Infelizmente, como o reconhecimento de voz só funciona para o inglês, a entrada para fala fica indisponível no exemplo. (N.R.T.)

```
// Fig. 16.37: Agent.cs
// Demonstra o Microsoft Agent

using System;
using System.Drawing;
using System.Collections;
using System.ComponentModel;
using System.Windows.Forms;
using System.Data;
using System.IO;

public class Agent : System.Windows.Forms.Form
{
   // opções
   private System.Windows.Forms.ComboBox actionsCombo;
   private System.Windows.Forms.ComboBox characterCombo;

   private System.Windows.Forms.Button speakButton;
   private System.Windows.Forms.GroupBox characterGroup;
   private AxAgentObjects.AxAgent mainAgent;

   // entrada
   private System.Windows.Forms.TextBox speechTextBox;
   private System.Windows.Forms.TextBox locationTextBox;

   private
      System.ComponentModel.Container components = null;

   // objeto agente atual
   private AgentObjects.IAgentCtlCharacter speaker;

   [STAThread]
   static void Main()
   {
      Application.Run( new Agent() );
   }

   // código gerado pelo Visual Studio .NET

   // manipulador de evento KeyDown de locationTextBox
   private void locationTextBox_KeyDown(
      object sender, System.Windows.Forms.KeyEventArgs e )
   {
      if ( e.KeyCode == Keys.Enter )
      {
         // configura a posição da personagem como o valor da caixa de texto
         string location = locationTextBox.Text;

         // inicializa as personagens
         try
         {
            // carrega as personagens no objeto agente
            mainAgent.Characters.Load( "Genie",
               location + "Genie.acs" );

            mainAgent.Characters.Load( "Merlin",
               location + "Merlin.acs" );

```

Figura 16.37 Demonstração do Microsoft Agent. (Parte 1 de 5.)

```
            mainAgent.Characters.Load( "Peedy",
               location + "Peedy.acs" );

            mainAgent.Characters.Load( "Robby",
               location + "Robby.acs" );

            // desativa TextBox para introduzir a localização
            // e ativar outros controles
            locationTextBox.Enabled = false;
            speechTextBox.Enabled = true;
            speakButton.Enabled = true;
            characterCombo.Enabled = true;
            actionsCombo.Enabled = true;

            // configura a personagem atual como o Genie e mostra-o
            speaker = mainAgent.Characters[ "Genie" ];

            // obtém uma lista de nomes de animação
            GetAnimationNames();
            speaker.Show( 0 );
         }
         catch( FileNotFoundException )
         {
            MessageBox.Show( "Invalid character location",
               "Error", MessageBoxButtons.OK,
               MessageBoxIcon.Error );
         }
      }

   } // fim do método locationTextBox_KeyDown

   private void speakButton_Click(
      object sender, System.EventArgs e )
   {
      // se a caixa de texto estiver vazia, faz a personagem pedir ao
      // usuário para que digite as palavras na caixa de texto, caso contrário
      // pede para a personagem dizer as palavras na caixa de texto
      if ( speechTextBox.Text == "" )
         speaker.Speak(
         "Please, type the words you want me to speak",
         "" );
      else
         speaker.Speak( speechTextBox.Text, "" );

   } // fim do método speakButton_Click

   // evento de clique do agente
   private void mainAgent_ClickEvent( object sender,
      AxAgentObjects._AgentEvents_ClickEvent e )
   {
      speaker.Play( "Confused" );
      speaker.Speak( "Why are you poking me?", "" );
      speaker.Play( "RestPose" );

   } // fim do método mainAgent_ClickEvent

   // a caixa de combinação mudou o evento, troca o agente ativo
   private void characterCombo_SelectedIndexChanged(
```

Figura 16.37 Demonstração do Microsoft Agent. (Parte 2 de 5.)

```
         object sender, System.EventArgs e )
      {
         ChangeCharacter( characterCombo.Text );

      } // fim do método characterCombo_SelectedIndexChanged

      private void ChangeCharacter( string name )
      {
         speaker.Hide( 0 );
         speaker = mainAgent.Characters[ name ];

         // regenera a lista de nomes de animação
         GetAnimationNames();
         speaker.Show( 0 );

      } // fim do método ChangeCharacter

      // obtém nomes de animação e armazena em arraylist
      private void GetAnimationNames()
      {
         // garante a segurança da linha de execução
         lock( this )
         {

            // obtém nomes de animação
            IEnumerator enumerator =
            mainAgent.Characters[
               speaker.Name ].AnimationNames.GetEnumerator();

            string voiceString;

            // limpa actionsCombo
            actionsCombo.Items.Clear();
            speaker.Commands.RemoveAll();

            // copia a enumeração em ArrayList
            while ( enumerator.MoveNext() )
            {
               // remove sublinhados na string de fala
               voiceString = ( string )enumerator.Current;
               voiceString =
                  voiceString.Replace( "_", "underscore" );

               actionsCombo.Items.Add( enumerator.Current );

               // adiciona todas as animações como comandos ativados pela voz
               speaker.Commands.Add(
                  ( string )enumerator.Current,
                  enumerator.Current,
                  voiceString, true, false );
            }

            // adiciona comando personalizado
            speaker.Commands.Add(
               "MoveToMouse", "MoveToMouse",
               "MoveToMouse", true, true );
         }

```

Figura 16.37 Demonstração do Microsoft Agent. (Parte 3 de 5.)

```
   } // fim do método GetAnimationNames

   // o usuário seleciona nova ação
   private void actionsCombo_SelectedIndexChanged(
      object sender, System.EventArgs e )
   {
      speaker.StopAll( "Play" );
      speaker.Play( actionsCombo.Text );
      speaker.Play( "RestPose" );

   } // fim do método actionsCombo_SelectedIndexChanged

   // manipula comandos de agente
   private void mainAgent_Command( object sender,
      AxAgentObjects._AgentEvents_CommandEvent e )
   {
      // obtém a propriedade userInput
      AgentObjects.IAgentCtlUserInput command =
         ( AgentObjects.IAgentCtlUserInput )e.userInput;

      // muda a personagem, se o usuário falar o nome dela
      if ( command.Voice == "Peedy" ||
         command.Voice == "Robby" ||
         command.Voice == "Merlin" ||
         command.Voice == "Genie" )
      {
         ChangeCharacter( command.Voice );

         return;
      }

      // envia o agente para o mouse
      if ( command.Voice == "MoveToMouse" )
      {
         speaker.MoveTo(
         Convert.ToInt16( Cursor.Position.X - 60 ),
         Convert.ToInt16( Cursor.Position.Y - 60 ), 5 );
         return;
      }

      // reproduz a nova animação
      speaker.StopAll( "Play" );
      speaker.Play( command.Name );

   } // fim do método mainAgent_Command
} // fim da classe Agent
```

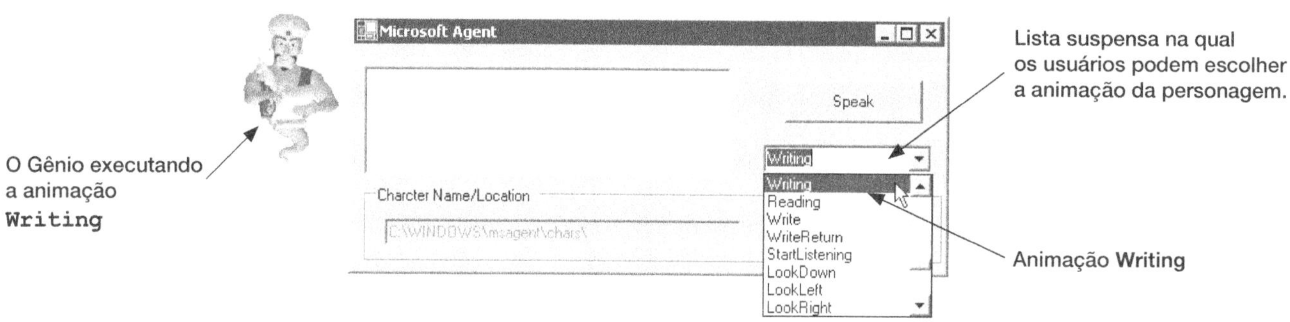

Figura 16.37 Demonstração do Microsoft Agent. (Parte 4 de 5.)

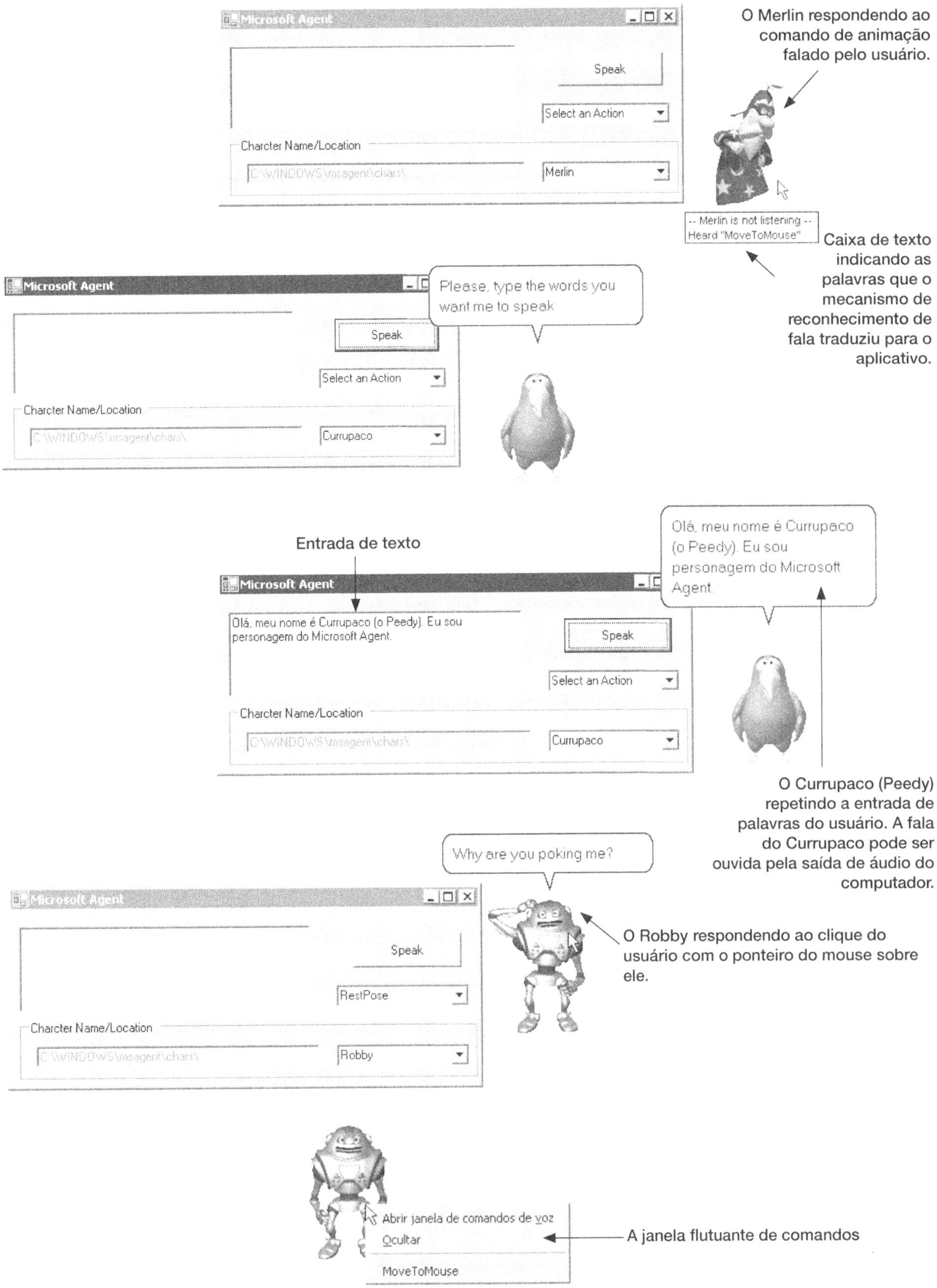

Figura 16.37 Demonstração do Microsoft Agent. (Parte 5 de 5.)

Quando o programa começa, o único controle ativado é **locationTextBox**. Essa caixa de texto contém a localização padrão dos arquivos de personagem, mas o usuário pode mudar essa localização, caso os arquivos estejam em outro lugar em seu computador. Quando o usuário pressiona *Enter* na **TextBox**, o manipulador de evento **locationTextBox_KeyDown** (linhas 41 a 88) é executado. As linhas 53 a 63 carregam as descrições das personagens animadas predefinidas. Se a localização especificada das personagens estiver incorreta ou se qualquer personagem estiver ausente, uma exceção **FileNotFoundException** será lançada.

As linhas 67 a 71 desativam **locationTextBox** e ativam o restante dos controles. As linhas 74 a 78 configuram o Genie como personagem padrão, obtêm todos os nomes de animação por meio do método **GetAnimationNames** e, em seguida, chamam o método **Show** de **IAgentCtlCharacter** para exibir a personagem. Acessamos as personagens por meio da propriedade **Characters** de **mainAgent**, que contém todas as personagens que foram carregadas. Usamos o indexador da propriedade **Characters** para especificar o nome da personagem que queremos carregar (Genie).

Quando o usuário clica na personagem (isto é, seleciona-a com o mouse), o manipulador de evento **mainAgent_ClickEvent** (linhas 106 a 113) é executado. Primeiro, o método **Play** de **speaker** reproduz uma animação. Esse método aceita como argumento uma **string** representando uma das animações predefinidas para a personagem (uma lista de animações para cada personagem está disponível no site Web do Microsoft Agent; cada personagem fornece acima de 70 animações). Em nosso exemplo, o argumento de **Play** é **"Confused"** — essa animação está definida para as quatro personagens, e cada uma delas expressa essa emoção de uma maneira exclusiva. Então, a personagem fala **"Why are you poking me?"** (Por que você está me cutucando?), por meio de uma chamada ao método **Speak**. Finalmente, a animação **RestPose** é reproduzida, a qual retorna a personagem a sua pose neutra, de repouso.

A lista de comandos válidos para uma personagem está contida na propriedade **Commands** do objeto **IAgentCtlCharacter** (**speaker**, nesse exemplo). Os comandos de uma personagem do Agent podem ser vistos na janela flutuante **Commands**, que aparece quando o usuário clica com o botão direito do mouse em uma personagem do Agent (a última tela capturada da Figura 16.37). O método **Add** da propriedade **Commands** adiciona um novo comando à lista de comandos. O método **Add** recebe três argumentos **string** e dois argumentos **bool**. O primeiro argumento **string** identifica o nome do comando, que usamos para identificar o comando por meio de programa. A segunda **string** define o nome do comando, conforme ele aparece na janela flutuante **Commands**. A terceira **string** define a entrada de voz que ativa o comando. O primeiro argumento **bool** especifica se o comando está ativo, e o segundo argumento **bool** indica se o comando está visível na janela flutuante **Commands**. Um comando é ativado quando o usuário o seleciona na janela flutuante **Commands** ou pronuncia a entrada de voz em um microfone. A lógica do comando é manipulada no evento **Command** do controle **AxAgent** (**mainAgent**, nesse exemplo). Além disso, o Agent define vários comandos globais que têm funções predefinidas (por exemplo, falar o nome de uma personagem faz com que ela apareça).

O método **GetAnimationNames** (linhas 135 a 175) preenche a **ComboBox actionsCombo** com a listagem de animações da personagem atual e define os comandos válidos que podem ser usados com a personagem. O método contém um bloco **lock** para evitar erros resultantes de mudanças rápidas de personagem. O método obtém as animações da personagem atual como um enumerador (142 a 144) e, em seguida, limpa os itens existentes na **ComboBox** e na propriedade **Commands** da personagem. As linhas 153 a 167 fazem a iteração por todos os itens do enumerador animação-nome. Para cada animação, na linha 156, atribuímos seu nome à **string voiceString**. As linhas 157 e 158 removem todos os caracteres de sublinhado (_) e os substituem pela **string "underscore"**; isso muda a **string** de modo que o usuário possa pronunciá-la e empregá-la como um ativador de comando. O método **Add** (linhas 163 a 166) da propriedade **Commands** adiciona um novo comando na personagem atual. O método **Add** adiciona todas as animações como comandos, fornecendo os seguintes argumentos: o nome da animação como **name** e legenda do novo comando, e **voiceString** para a **string** de ativação de voz. Os argumentos **bool** do método ativam o comando, mas o tornam indisponível na janela flutuante **Commands**. Assim, o comando só pode ser ativado pela entrada de voz. As linhas 170 a 172 criam um novo comando, chamado **MoveToMouse**, que é visível na janela flutuante **Commands**.

Depois de o método **GetAnimationNames** ter sido chamado, o usuário pode selecionar um valor na **ComboBox actionsCombo**. O manipulador de evento **actionsCombo.SelectedIndexChanged** interrompe qualquer animação atual e, em seguida, exibe a animação selecionada pelo usuário na **ComboBox**.

O usuário também pode digitar texto na **TextBox** e clicar em **Speak**. Isso faz o manipulador de evento **speakButton_Click** (linhas 90 a 103) chamar o método **Speak** de **speaker**, fornecendo como argumento o texto que está em **speechTextBox**. Se o usuário clicar em **Speak** sem fornecer texto, a personagem falará **"Please, type the words you want me to speak"** (Por favor, digite as palavras que você deseja que eu fale).

A qualquer momento no programa, o usuário pode optar por exibir uma personagem diferente da **ComboBox**. Quando isso acontece, o manipulador de evento **SelectedIndexChanged** de **characterCombo** (linhas 116 a 121) é executado. O manipulador de evento chama o método **ChangeCharacter** (linhas 123 a 132) com o texto que está na **ComboBox characterCombo** como argumento. O método **ChangeCharacter** chama o método **Hide** de **speaker** (linha 125) para ocultar a personagem atual. A linha 126 atribui a personagem recentemente selecionada a **speaker**, a linha 129 gera os nomes de animação e comandos da personagem, e a linha 130 exibe a personagem por meio de uma chamada ao método **Show**.

Sempre que o usuário pressiona a tecla *Scroll Lock* e fala ao microfone ou seleciona um comando na janela flutuante **Commands**, o manipulador de evento **mainAgent_Command** é chamado. Esse método recebe um argumento de tipo **AxAgentObjects._AgentEvents_CommandEvent**, que contém uma única propriedade, **userInput**. A propriedade **userInput** retorna um elemento **Object** que pode ser convertido para o tipo **AgentObjects.IAgentCtlUserInput**. O objeto **userInput** é atribuído a um **command** do objeto **IAgentCtlUserInput**, que é usado para identificar o comando e então executar a ação apropriada. As linhas 196 a 204 usam o método **ChangeCharacter** para mudar a personagem atual do Agent, se o usuário falar o nome de uma personagem. O Microsoft Agent sempre mostrará uma personagem quando o usuário falar seu nome; entretanto, controlando a mudança de personagem, podemos garantir que apenas uma personagem do Agent seja apresentada por vez. As linhas 207 a 213 movem a personagem para a posição atual do mouse, caso o usuário chame o comando **MoveToMouse**. O método **MoveTo** do Agent recebe os argumentos de coordenada *x* e *y* e move a personagem para a posição da tela especificada, aplicando as animações de movimento apropriadas. Para todos os outros comandos, usamos **Play** no nome do comando como uma animação, na linha 217.

Neste capítulo exploramos vários recursos gráficos da GDI+, incluindo canetas, pincéis e imagens, e alguns recursos multimídia da .NET Framework Class Library. No próximo capítulo abordaremos a leitura, a gravação e o acesso de arquivos de acesso seqüencial e aleatório. Também exploraremos vários tipos de fluxos incluídos no Visual Studio .NET.

Resumo

- Um sistema de coordenadas é usado para identificar cada ponto possível na tela.
- O canto superior esquerdo de um componente de GUI tem coordenadas (0, 0). Um par de coordenadas é composto de uma coordenada *x* (a coordenada horizontal) e uma coordenada *y* (a coordenada vertical).
- As unidades da coordenada são medidas em pixels. Um pixel é a menor unidade de resolução em um monitor de vídeo.
- Um contexto gráfico representa uma superfície de desenho na tela. Um objeto **Graphics** dá acesso ao contexto gráfico de um controle.
- Uma instância da classe **Pen** é usada para desenhar linhas.
- Uma instância de uma das classes derivadas da classe abstrata **Brush** é usada para desenhar figuras sólidas.
- A estrutura **Point** pode ser usada para representar um ponto em um plano bidimensional.
- Os objetos **Graphics** contêm métodos para desenho, manipulação de fontes, manipulação de cores e outras ações relacionadas a elementos gráficos.
- O método **OnPaint** normalmente é chamado em resposta a um evento, como o aparecimento de uma janela. Esse método, por sua vez, ativa o evento **Paint**.
- A estrutura **Color** define constantes para manipular cores em um programa C#.
- As propriedades de **Color R**, **G** e **B** retornam valores **int** de 0 a 255, representando as quantidades de vermelho, verde e azul, respectivamente, existentes em um objeto **Color**. Quanto maior o valor, maior a quantidade dessa cor em particular.
- O C# fornece a classe **ColorDialog** para exibir uma caixa de diálogo que permite ao usuário selecionar cores.
- A propriedade **BackColor** de **Component** (uma das muitas propriedades de **Component** que podem ser chamadas na maioria dos componentes de GUI) altera a cor de fundo do componente.
- Todos os construtores da classe **Font** recebem pelo menos três argumentos — o nome da fonte, o tamanho da fonte e o estilo da fonte. O nome da fonte é qualquer fonte atualmente suportada pelo sistema. O estilo da fonte é um membro da enumeração **FontStyle**.
- A classe **FontMetrics** define vários métodos para obter as métricas de uma fonte.
- A classe **Font** fornece as propriedades **Bold**, **Italic**, **Strikeout** e **Underline**, que retornam **true** caso a fonte seja em negrito, itálico, taxada ou sublinhada, respectivamente.
- A classe **Font** fornece a propriedade **Name**, que retorna uma **string** que representa o nome da fonte.
- A classe **Font** fornece as propriedades **Size** e **SizeInPoints**, que retornam o tamanho da fonte em unidades de projeto e pontos, respectivamente.

- A classe **FontFamily** fornece informações sobre métricas da fonte, como o espaçamento e a altura da família.
- A classe **FontFamily** fornece os métodos **GetCellAscent**, **GetCellDescent**, **GetEmHeight** e **GetLineSpacing**, que retornam a haste ascendente de uma fonte, a haste descendente de uma fonte, a altura da fonte em pontos e a distância entre duas linhas de texto consecutivas, respectivamente.
- A classe **Graphics** fornece os métodos **DrawLine**, **DrawRectangle**, **DrawEllipse**, **DrawArc**, **DrawLines**, **DrawPolygon** e **DrawPie**, que desenham contornos de linhas e figuras.
- A classe **Graphics** fornece os métodos **FillRectangle**, **FillEllipse**, **FillPolygon** e **FillPie**, que desenham figuras sólidas.
- As classes **HatchBrush**, **LinearGradientBrush**, **PathGradientBrush** e **TextureBrush** derivam todas da classe **Brush** e representam estilos de preenchimento de figuras.
- O método **FromImage** de **Graphics** recupera o objeto **Graphics** associado ao arquivo de imagem que é seu argumento.
- As enumerações **DashStyle** e **DashCap** definem o estilo dos traços e suas extremidades, respectivamente.
- A classe **GraphicsPath** representa uma figura construída a partir de linhas retas e curvas.
- O método **AddLine** de **GraphicsPath** anexa uma linha na figura que é encapsulada pelo objeto.
- O método **CloseFigure** de **GraphicsPath** completa a figura representada pelo objeto **GraphicsPath**.
- A classe **Image** é usada para manipular imagens.
- A classe **Image** fornece o método **FromFile** para recuperar uma imagem armazenada no disco e carregá-la em uma instância da classe **Image**.
- O método **Clear** de **Graphics** pinta o controle inteiro com a cor que o programador fornece como argumento.
- O método **DrawImage** de **Graphics** desenha a imagem especificada no controle.
- Usando Visual Studio .NET e C#, os programadores podem criar aplicativos que usam componentes como o Windows Media Player e o Microsoft Agent.
- O Windows Media Player permite que os programadores criem aplicativos para reproduzir arquivos multimídia.
- Microsoft Agent é uma tecnologia que permite aos programadores incluir personagens interativas animadas em seus aplicativos.

Terminologia

altura da fonte
amarelo
ângulo do arco
ângulo inicial
ângulos de arco negativos
ângulos de arco positivos e negativos
animação
animando uma série de imagens
aplicativo tridimensional
arco sólido
audio-video interleave (AVI)
caminho geral
canto superior esquerdo de um componente de GUI
classe **ArrayList**
classe **AxAgent**
classe **AxMediaPlayer**
classe **Bitmap**
classe **Brush**
classe **ColorDialog**
classe **Font**
classe **FontFamily**
classe **Graphics**
classe **GraphicsPath**
classe **HatchBrush**
classe **LinearGradientBrush**
classe **PaintEventArgs**
classe **Panel**
classe **PathGradientBrush**
classe **Pen**
classe **SolidBrush**
classe **TextureBrush**
classe **Timer**
constantes de cor
contexto gráfico
controle de fontes
coordenada horizontal
coordenada vertical
coordenada *x*
coordenada *y*
coordenadas (0, 0)
curva
curva complexa
eixo *x*
eixo *y*
elementos gráficos
entrelinhamento de fonte

enumeração **DashCap**
enumeração **DashStyle**
enumeração **FontStyle**
enumeração **HatchStyle**
enumeração **LinearGradientMode**
espaço de nomes **System.Drawing**
espaço de nomes **System.Drawing.Drawing2D**
estilo de fonte
estrela de cinco pontas
estrutura **Color**
estrutura **Point**
estrutura **Rectangle**
evento **Tick** da classe **Timer**
figura bidimensional
fonte
fonte Microsoft Sans Serif
fonte Microsoft Serif
fonte padrão
formato de arquivo de onda do Windows (WAV)
GDI+
GraphicsUnit
grau
haste ascendente de uma fonte
haste descendente de uma fonte
interface **IAgentCtlCharacter**
largura de banda
linha
linha fina
linha grossa
linha reta
linhas conectadas
linhas tracejadas
manipulação de cores
manipulação de fontes
membro **Bold** da enumeração **FontStyle**
membro **Dash** da enumeração **DashStyle**
membro **Display** da enumeração **GraphicsUnit**
membro **Document** da enumeração **GraphicsUnit**
membro **ForwardDiagonal** da enumeração **LinearGradientMode**
membro **Inch** de **GraphicsUnit**
membro **Italic** da enumeração **FontStyle**
membro **Millimeter** da enumeração **GraphicsUnit**
membro **Pixel** da enumeração **GraphicsUnit**
membro **Point** da enumeração **GraphicsUnit**
membro **Regular** da enumeração **FontStyle**
membro **Round** da enumeração **DashCap**
membro **Strikeout** da enumeração **FontStyle**
membro **Underline** da enumeração **FontStyle**
método **AboutBox** de **AxMediaPlayer**
método **Add** da classe **ArrayList**
método **AddLine** da classe **GraphicsPath**
método **CloseFigure** da classe **GraphicsPath**
método de arco
método **DrawArc** da classe **Graphics**
método **DrawEllipse** da classe **Graphics**
método **DrawLine** da classe **Graphics**
método **DrawLines** da classe **Graphics**
método **DrawPie** da classe **Graphics**
método **DrawPolygon** da classe **Graphics**
método **DrawRectangle** da classe **Graphics**
método **DrawString** da classe **Graphics**
método **Fill** da classe **Graphics**
método **FillEllipse** da classe **Graphics**
método **FillPie** da classe **Graphics**
método **FillPolygon** da classe **Graphics**
método **FillRectangle** da classe **Graphics**
método **FillRectangles** da classe **Graphics**
método **FromArgb** da estrutura **Color**
método **FromImage** da classe **Graphics**
método **FromName**
método **GetCellAscent** da classe **FontFamily**
método **GetCellDescent** da classe **FontFamily**
método **GetEmHeight** da classe **FontFamily**
método **GetLineSpacing** da classe **FontFamily**
método **Invalidate** da classe **Control**
método **OnPaint** da classe **Control**
método **Play** da interface **IAgentCtlCharacter**
método **RotateTransform** da classe **Graphics**
método **Show** da interface **IAgentCtlCharacter**
método **TranslateTransform** da classe **Graphics**
métodos e propriedades de **Color**
métricas de fonte
Microsoft Agent
Microsoft Agent Character Editor
Microsoft Linguistic Sound-Editing Tool
MIDI
monitor de vídeo
Motion Pictures Experts Group (MPEG)
multimídia
Musical Instrument Digital Interface (MIDI)
nome da fonte
padrão
personagem Genie do **Microsoft Agent**
personagem interativa animada
personagem Merlin do **Microsoft Agent**
personagem Peedy do **Microsoft Agent**
personagens animadas
personalizando a **Toolbox**
pixel
polígono fechado
polígono sólido
preenchimento de figura
preenchimento de uma figura com cor
processo manipulado por eventos
propriedade **A** da estrutura **Color**
propriedade **B** da estrutura **Color**
propriedade **Bold** da classe **Font**
propriedade **Characters** da classe **AxAgent**
propriedade **Color** da classe **ColorDialog**
propriedade **DashCap** da classe **Pen**
propriedade **DashStyle** da classe **Pen**
propriedade **FileName** da classe **AxMediaPlayer**
propriedade **FontFamily** da classe **Font**
propriedade **G** da estrutura **Color**
propriedade **Height** da classe **Font**
propriedade **Italic** da classe **Font**
propriedade **Name** da classe **Font**

propriedade **Name** da estrutura **Color**
propriedade **R** da estrutura **Color**
propriedade **Size** da classe **Font**
propriedade **SizeInPoints** da classe **Font**
propriedade **static Black** da estrutura **Color**
propriedade **static Blue** da estrutura **Color**
propriedade **static Cyan** da estrutura **Color**
propriedade **static DarkBlue** da estrutura **Color**
propriedade **static DarkGray** da estrutura **Color**
propriedade **static Gray** da estrutura **Color**
propriedade **static Green** da estrutura **Color**
propriedade **static Magenta** de **Color**
propriedade **static Orange** da estrutura **Color**
propriedade **static Pink** da estrutura **Color**
propriedade **static Red** da estrutura **Color**
propriedade **static White** da estrutura **Color**
propriedade **static Yellow** da estrutura **Color**
propriedade **Strikeout** da classe **Font**
propriedade **Underline** da classe **Font**
resolução
retângulo
retângulo delimitador para uma elipse
retângulo sólido
Robby, a personagem robô do **Microsoft Agent**
setor
sistema de coordenadas
tamanho da fonte
valores ARGB
valores RGB
varredura
varredura no sentido anti-horário
WAV
Windows Media Player

Exercícios de revisão

16.1 Indique se cada uma das seguintes alternativas é *verdadeira* ou *falsa*. Se for *falsa*, justifique.

a) O tamanho de um objeto **Font** pode ser mudado configurando-se sua propriedade **Size**.
b) No sistema de coordenadas do C#, os valores de *x* aumentam da esquerda para a direita.
c) O método **FillPolygon** desenha um polígono sólido com um **Brush** especificado.
d) O método **DrawArc** permite ângulos negativos.
e) A propriedade **Size** de **Font** retorna o tamanho da fonte atual em centímetros.
f) A coordenada de pixel (0, 0) está localizada exatamente no centro do monitor.
g) Um **HatchBrush** é usado para desenhar linhas.
h) Um **Color** é definido por seu conteúdo alfa, vermelho, verde e violeta.
i) Todo objeto **Control** tem um objeto **Graphics** associado.
j) O método **OnPaint** é herdado por todo **Form**.

16.2 Preencha os espaços em branco em cada uma das declarações a seguir:

a) A classe ______________ é usada para desenhar linhas de várias cores e espessuras.
b) As classes ______________ e ______________ definem o preenchimento de uma figura de maneira tal que ele muda gradualmente de uma cor para outra.
c) O método ______________ da classe **Graphics** desenha uma linha entre dois pontos.
d) ARGB é a abreviatura de ______________, ______________, ______________ e ______________.
e) Os tamanhos de fonte são medidos normalmente em unidades chamadas ______________.
f) A classe ______________ preenche uma figura usando um padrão desenhado em um **Bitmap**.
g) O ______________ ______________ ______________ permite que um aplicativo reproduza arquivos multimídia.
h) A classe ______________ define um caminho consistindo em linhas e curvas.
i) Os recursos de desenho do C# fazem parte dos espaços de nomes ______________ e ______________.
j) O método ______________ carrega uma imagem de um disco em um objeto **Image**.

Respostas dos exercícios de revisão

16.1 a) Falsa. **Size** é uma propriedade somente de leitura. b) Verdadeira. c) Verdadeira. d) Verdadeira. e) Falsa. Ela retorna o tamanho da **Font** atual em unidades de projeto. f) Falsa. A coordenada (0,0) corresponde ao canto superior esquerdo de um componente de GUI no qual o desenho ocorre. g) Falsa. Um objeto **Pen** é usado para desenhar linhas, um objeto **HatchBrush** preenche a figura com um padrão hachurado. h) Falsa. Uma cor é definida por seu conteúdo alfa, vermelho, verde e azul. i) Verdadeira. j) Verdadeira.

16.2 a) **Pen**. b) **LinearGradientBrush**, **PathGradientBrush**. c) **DrawLine**. d) alfa, vermelho, verde, azul. e) pontos. f) **TextureBrush**. g) Windows Media Player. h) **GraphicsPath**. i) **System.Drawing**, **System.Drawing.Drawing2D**. j) **FromFile**.

Exercícios

16.3 Escreva um programa que desenhe oito círculos concêntricos. Os círculos devem estar separados uns dos outros por 10 pixels. Use o método **DrawArc**.

16.4 Escreva um programa que desenhe 100 linhas com comprimentos, posições, espessuras e cores aleatórios.

16.5 Escreva um programa que desenhe um tetraedro (uma pirâmide). Use a classe **GraphicsPath** e o método **DrawPath**.

16.6 Escreva um programa que permita ao usuário desenhar imagens "a mão livre" com o mouse, em uma **PictureBox**. Permita que o usuário mude a cor do desenho e a largura da caneta. Forneça um botão que permita ao usuário limpar a **PictureBox**.

16.7 Escreva um programa que faça uma imagem piscar repetidamente na tela. Faça isso intercalando a exibição da imagem com outra, de cor de fundo lisa.

16.8 Se você quiser enfatizar uma imagem, coloque uma linha de lâmpadas simuladas em torno dela. Escreva um programa em que uma imagem seja enfatizada dessa maneira. Você pode deixar que as lâmpadas pisquem em uníssono ou pode deixar que acendam e apaguem em seqüência, uma após a outra.

16.9 (*Oito rainhas*) Um desafio para os aficionados em xadrez é o problema das oito rainhas. De forma simples, ele diz: é possível colocar oito rainhas em um tabuleiro vazio, de modo que nenhuma esteja "atacando" qualquer outra (isto é, de modo que duas rainhas não estejam na mesma linha, na mesma coluna ou ao longo da mesma diagonal)?

Crie uma GUI que permita ao usuário arrastar e soltar cada rainha no tabuleiro. Use os recursos gráficos da Figura 16.26. Forneça oito imagens de rainha à direita do tabuleiro (Figura 16.38), as quais o usuário pode arrastar e soltar. Quando uma rainha é solta no tabuleiro, sua imagem correspondente à direita não deve ser visível. Se uma rainha entrar em conflito com outra, quando colocada no tabuleiro, exiba uma caixa de mensagem e remova essa rainha do tabuleiro.

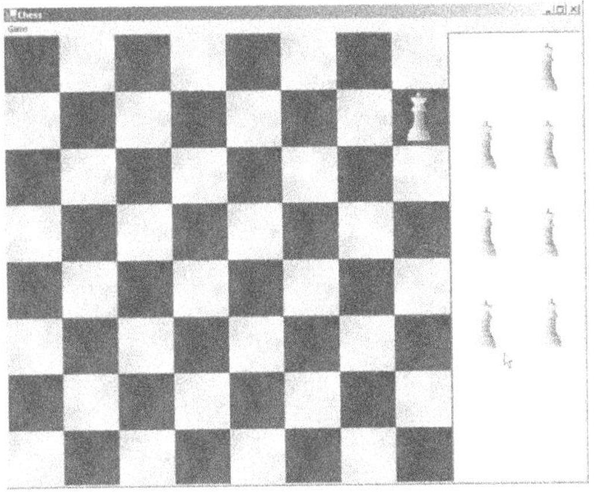

Figura 16.38 GUI do exercício oito rainhas.

17

ARQUIVOS E FLUXOS

OBJETIVOS

- Criar, ler, gravar e atualizar arquivos.
- Entender a hierarquia de classes de fluxos do C#.
- Usar as classes **`File`** e **`Directory`**.
- Usar as classes **`FileStream`** e **`BinaryFormatter`** para ler e gravar objetos em arquivos.
- Familiarizar-se com o processamento de arquivos de acesso seqüencial e de acesso aleatório.

★

Só consigo supor que um documento "Não arquive" está arquivado em um arquivo "Não arquive".
Senador Frank Church
Audiência do Subcomitê de Inteligência
do Senado norte-americano, 1975

Consciência... não aparece recortada em pedacinhos. ... Um "rio" ou um "fluxo" são as metáforas pelas quais ela é descrita mais naturalmente.
William James

Eu leio parte dele até o fim.
Samuel Goldwyn

Resumo

17.1 Introdução

As variáveis e os arrays oferecem apenas armazenamento temporário dos dados — os dados são perdidos quando um objeto é coletado como lixo ou quando o programa termina. Em comparação, os *arquivos* são usados para armazenamento de longo prazo de grandes volumes de dados e podem mantê-los mesmo depois que o programa que os criou termina. Os dados mantidos em arquivos são freqüentemente chamados de *dados persistentes*. Os computadores podem armazenar arquivos em *dispositivos de armazenamento secundário*, como discos magnéticos, discos ópticos e fitas magnéticas. Neste capítulo explicaremos como criar, atualizar e processar arquivos de dados em programas C#. Consideraremos os arquivos de "acesso seqüencial" e os arquivos de "acesso aleatório", indicando os tipos de aplicativos para os quais cada um é mais conveniente. Temos dois objetivos neste capítulo: apresentar os paradigmas do processamento de arquivos de acesso seqüencial e de acesso aleatório e fornecer ao leitor recursos de processamento de fluxo suficientes para suportar os recursos de redes que apresentaremos no Capítulo 22.

O processamento de arquivos é um dos recursos mais importantes de uma linguagem de programação, pois ele permite que a linguagem suporte aplicativos comerciais que normalmente processam grandes volumes de dados persistentes. Este capítulo discute os poderosos e abundantes recursos de processamento de arquivos e entrada/saída de fluxo do C#.

17.2 Hierarquia de dados

Em última análise, todos os itens de dados processados por um computador são reduzidos a combinações de valores zero e um. Isso porque é simples e econômico construir dispositivos eletrônicos que podem assumir dois estados estáveis — `0` representa um estado e `1` representa o outro. É notável o fato de que as poderosas funções executadas pelos computadores envolvem apenas as manipulações mais fundamentais de valores `0` e `1`.

Os menores itens de dados que os computadores suportam são chamados *bits*. Bit é uma abreviatura de "*binary digit*" (*dígito binário* — um dígito que pode assumir um de dois valores). Cada item de dados ou bit pode assumir o valor `0` ou o valor `1`. Os circuitos do computador realizam várias manipulações de bit simples, como examinar o valor de um bit, configurar o valor de um bit como 0 ou 1 e inverter um bit (de `1` para `0` ou de `0` para `1`).

É complicado programar com dados na forma de baixo nível de bits. É preferível programar com dados em formas como *dígitos decimais* (de 0 a 9), *letras* (de A até Z e de a até z) e *símbolos especiais* ($, @, %, &, *, (,), -, +, ", :, ?, / e muitos outros). Dígitos, letras e símbolos especiais são referidos como *caracteres*. O conjunto de todos os caracteres usados para escrever programas e representar itens de dados em um computador específico é chamado de *conjunto de caracteres* desse computador. Como o computador pode processar apenas valores `1` e `0`, todo caractere no conjunto de caracteres de um computador é representado como um padrão de valores `1` e `0`. Os *bytes* são compostos de oito bits (em C#, trabalha-se com caracteres *Unicode*, que são compostos de 2 bytes). Os programadores criam programas e itens de dados com caracteres; os computadores manipulam e processam esses caracteres como padrões de bits.

Da mesma maneira que os caracteres são compostos de bits, os *campos* são compostos de caracteres. Um campo é um grupo de caracteres que transmite algum significado. Por exemplo, um campo consistindo em letras maiúsculas e minúsculas pode representar o nome de uma pessoa.

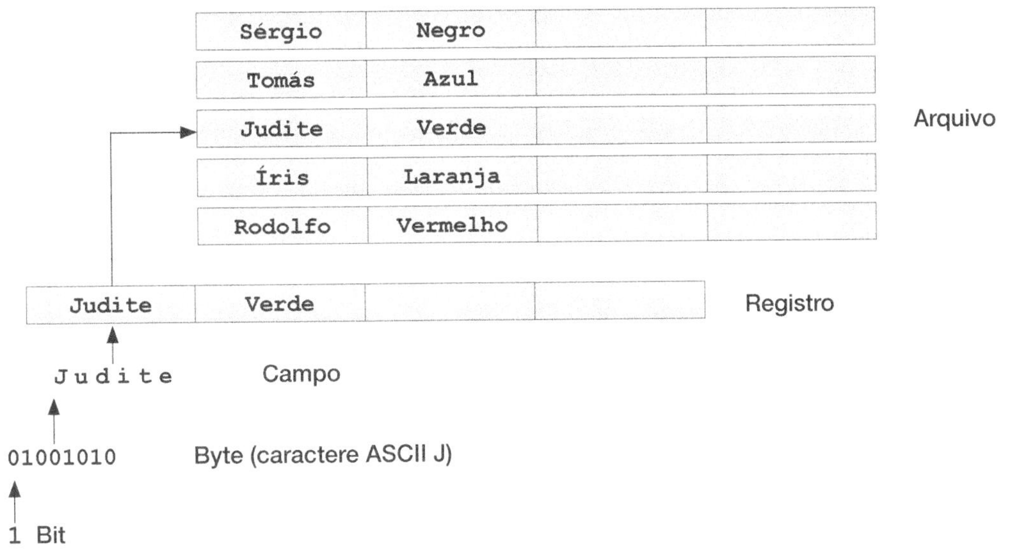

Figura 17.1 Hierarquia de dados.

Os vários tipos de itens de dados processados pelos computadores formam uma *hierarquia de dados* (Figura 17.1) na qual os itens de dados se tornam maiores e mais complexos na estrutura à medida que passamos de bits para caracteres, para campos e até estruturas de dados maiores.

Normalmente, um *registro* é composto de vários campos. Em um sistema de folha de pagamento, por exemplo, um registro de um funcionário em particular poderia conter os seguintes campos:

1. Número de identificação do funcionário
2. Nome
3. Endereço
4. Valor pago por hora
5. Número de dispensas solicitadas
6. Vencimentos até o momento no ano
7. Quantidade de imposto retido na fonte

Assim, um registro é um grupo de campos relacionados. No exemplo anterior, cada campo está associado ao mesmo funcionário. Um *arquivo* é um grupo de registros relacionados[1]. O arquivo de folha de pagamento de uma empresa normalmente contém um registro para cada funcionário. Assim, um arquivo de folha de pagamento de uma pequena empresa poderia conter somente 22 registros, enquanto o de uma grande empresa poderia conter 100.000 registros. Não é incomum uma empresa ter arquivos, contendo milhões, bilhões ou mesmo trilhões de bits de informação.

Para facilitar a recuperação de registros específicos de um arquivo, pelo menos um campo em cada registro é escolhido como *chave de registro* exclusiva. Uma chave de registro identifica um registro como pertencente a uma pessoa ou entidade específica e distingue esse registro de todos os outros. No registro de folha de pagamento descrito anteriormente, o número de identificação do funcionário normalmente seria escolhido como chave de registro.

Existem muitas maneiras de organizar os registros em um arquivo. O tipo mais comum de organização é chamado de *arquivo seqüencial*, no qual os registros normalmente são armazenados em ordem pelo campo de chave do registro. Em um arquivo de folha de pagamento, os registros normalmente são colocados em ordem pelos números de identificação do funcionário. O primeiro registro de funcionário no arquivo contém o número de identificação do funcionário mais baixo, e os registros subseqüentes contêm números de identificação cada vez maiores.

1. Mais geralmente, um arquivo pode conter dados arbitrários em formatos arbitrários. Em alguns sistemas operacionais, um arquivo é visto como tão-somente uma coleção de bytes. Em tais sistemas operacionais, qualquer organização dos bytes em um arquivo (como sua organização em registros) é uma visão, ou vista (view), criada pelo programador do aplicativo.

A maioria das empresas usa muitos arquivos diferentes para armazenar dados. Por exemplo, uma empresa poderia ter arquivos de folha de pagamento, arquivos de contas a receber (relacionando o dinheiro devido pelos clientes), arquivos de contas a pagar (relacionando o dinheiro devido aos fornecedores), arquivos de estoque (relacionando fatos sobre todos os itens manipulados pela empresa) e muitos outros tipos de arquivos. Às vezes, um grupo de arquivos relacionados é chamado de *banco de dados*. Uma coleção de programas projetados para criar e gerenciar bancos de dados é chamada de *sistema gerenciador de bancos de dados* (SGBD). Discutiremos os bancos de dados em detalhes no Capítulo 19.

17.3 Arquivos e fluxos

O C# vê cada arquivo como um *fluxo* (*stream*) seqüencial de bytes (Figura 17.2). Cada arquivo termina com um *marcador de final de arquivo* ou em um número de byte específico, que é escrito em uma estrutura de dados administrativa mantida pelo sistema. Quando um arquivo é *aberto*, o C# cria um objeto e, em seguida, associa um fluxo a esse objeto. O ambiente de tempo de execução cria três objetos fluxo na execução do programa, que são acessíveis por meio das propriedades **`Console.Out`**, **`Console.In`** e **`Console.Error`**, respectivamente. Esses objetos facilitam a comunicação entre um programa e um arquivo ou dispositivo em particular. A propriedade **`Console.In`** retorna o *objeto fluxo de entrada padrão*, que permite ao programa fornecer dados a partir do teclado. A propriedade **`Console.Out`** retorna o *objeto fluxo de saída padrão*, que permite ao programa produzir saída de dados na tela. A propriedade **`Console.Error`** retorna o *objeto fluxo de erro padrão*, que permite ao programa produzir saída de mensagens de erro na tela. Já usamos **`Console.Out`** e **`Console.In`** em nossos aplicativos de console — os métodos **`Write`** e **`WriteLine`** de **`Console`** usam **`Console.Out`** para realizar a saída, e os métodos **`Read`** e **`ReadLine`** usam **`Console.In`** para realizar a entrada.

Para realizar o processamento de arquivos em C#, o espaço de nomes **`System.IO`** deve ser referenciado. Esse espaço de nomes contém definições de classes de fluxo, como ***`StreamReader`*** (para entrada de texto a partir de um arquivo), ***`StreamWriter`*** (para saída de texto para um arquivo) e **`FileStream`** (para entrada e saída em um arquivo). Os arquivos são abertos por meio da criação de objetos dessas classes de fluxo, que herdam das classes **`abstract`** ***`TextReader`***, ***`TextWriter`*** e ***`Stream`***, respectivamente. Na verdade, **`Console.In`** e **`Console.Out`** são propriedades das classes **`TextReader`** e **`TextWriter`**, respectivamente.

O C# fornece a classe ***`BinaryFormatter`***, que é usada em conjunto com um objeto **`Stream`** para realizar a entrada e a saída de objetos. A *serialização* envolve converter um objeto para um formato que possa ser gravado em um arquivo, sem perder quaisquer dados desse objeto. A *desserialização* consiste em ler esse formato de um arquivo e reconstruir o objeto original a partir dele. Um **`BinaryFormatter`** pode serializar e desserializar objetos em um **`Stream`** especificado.

A classe ***`System.IO.Stream`*** fornece funcionalidade para representar fluxos como bytes. Essa classe é **`abstract`**, de modo que seus objetos não podem ser instanciados. As classes ***`FileStream`***, ***`MemoryStream`*** e ***`BufferedStream`*** (todas do espaço de nomes **`System.IO`**) herdam da classe **`Stream`**. Posteriormente usaremos **`FileStream`** para ler e gravar dados em arquivos de acesso seqüencial e de acesso aleatório. A classe **`MemoryStream`** permite a transferência de dados diretamente da memória — esse tipo de transferência é muito mais rápido do que os outros de transferência de dados (por exemplo, no disco). A classe **`BufferedStream`** usa *colocação em buffer* para transferir dados em um fluxo. Colocação em buffer (buffering) é uma técnica de melhoria de desempenho de E/S na qual cada operação de saída é dirigida para uma região na memória chamada *buffer*, que é suficientemente grande para conter os dados de muitas operações de saída. Então, a transferência real para o dispositivo de saída é realizada em uma única *operação de saída física* grande, sempre que o buffer fica cheio. As operações de saída dirigidas para o buffer de saída na memória são freqüentemente chamadas de *operações de saída lógicas*.

O C# oferece muitas classes para realizar entrada e saída. Neste capítulo usaremos várias classes de fluxo importantes para implementar uma variedade de programas de processamento de arquivos que criam, manipulam e destroem arquivos de acesso seqüencial e arquivos de acesso aleatório. No Capítulo 22 usamos as classes de fluxo extensivamente para implementar aplicativos de redes.

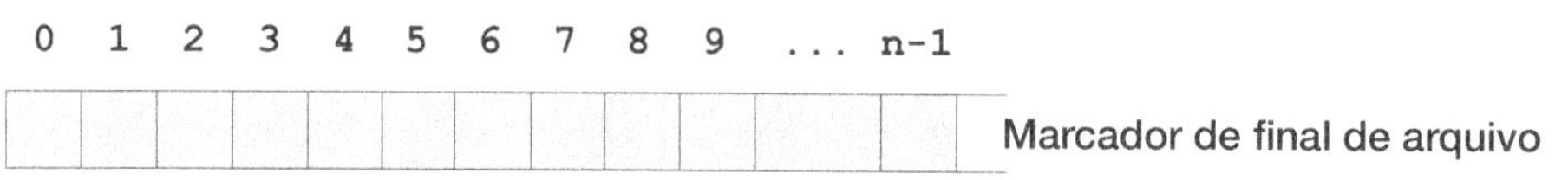

Figura 17.2 Visão do C# de um arquivo de *n* bytes.

17.4 Classes `File` e `Directory`

As informações nos computadores são armazenadas em arquivos, os quais são organizados em diretórios. A classe ***File*** é fornecida para manipular arquivos, e a classe ***Directory*** é fornecida para manipular diretórios. A classe **File** não pode gravar ou ler arquivos diretamente; discutiremos os métodos para ler e gravar arquivos nas seções subseqüentes.

Note que o *caractere separador* **** separa diretórios e arquivos em um caminho. Nos sistemas UNIX, o caractere separador é **/**. O C# processa os dois caracteres de maneira idêntica em um nome de caminho. Isso significa que, se especificássemos o caminho **c:\C_Sharp/LEIAME**, que usa um de cada caractere separador, o C# ainda processaria o arquivo corretamente.

A Figura 17.3 relaciona alguns métodos contidos na classe **File** para manipular e determinar informações sobre arquivos em particular. A classe **File** contém apenas métodos **static** — você não pode instanciar objetos de tipo **File**. Usamos vários desses métodos no exemplo da Figura 17.5.

A classe **Directory** fornece recursos para manipular diretórios. A Figura 17.4 relaciona alguns métodos que podem ser usados para manipulação de diretório. Empregamos vários desses métodos no exemplo da Figura 17.5

O objeto ***DirectoryInfo*** retornado pelo método **CreateDirectory** contém informações sobre um diretório. Grande parte da informação contida nessa classe também pode ser acessada por meio dos métodos da classe **Directory**.

A classe **FileTestForm** (Figura 17.5) usa os métodos descritos nas figuras 17.3 e 17.4 para acessar informações de arquivo e diretório. Essa classe contém **TextBox inputTextBox** (linha 18), que permite ao usuário fornecer um nome de arquivo ou diretório. Para cada tecla que o usuário pressiona na caixa de texto, o programa chama o método **inputText-Box_KeyDown** (linhas 31 a 93). Se o usuário pressiona a tecla *Enter* (linha 35), esse método exibe o conteúdo do arquivo ou diretório, dependendo do texto fornecido pelo usuário na **TextBox**. (Note que, se o usuário não pressionar a tecla *Enter*, esse método retornará sem exibir nenhum conteúdo.) A linha 43 usa o método **Exists** da classe **File** para determinar se o texto especificado pelo usuário é o nome de um arquivo existente. Se o usuário especifica um arquivo existente, a linha 47 chama o método **private GetInformation** (linhas 96 a 115), que chama os métodos **GetCreationTime** (linha 103), **GetLastWriteTime** (linha 107) e **GetLastAccessTime** (linha 111) da classe **File** para acessar informações de arquivo. Quando o método **GetInformation** retorna, a linha 53 instancia um objeto **StreamReader** para ler o texto do arquivo. O construtor de **StreamReader** recebe como argumento uma **string** contendo o nome do arquivo a ser aberto. A linha 54 chama o método **ReadToEnd** de **StreamReader** para ler o conteúdo do arquivo e, em seguida, exibe o conteúdo[2].

Método static	Descrição
AppendText	Retorna um objeto **StreamWriter** que anexa dados a um arquivo existente ou cria um arquivo para colocar os dados, se não existir nenhum.
Copy	Copia um arquivo para um novo arquivo.
Create	Cria um arquivo e retorna seu objeto **FileStream** associado.
CreateText	Cria um arquivo de texto e retorna seu objeto **StreamWriter** associado.
Delete	Exclui o arquivo especificado.
GetCreationTime	Retorna um objeto **DateTime** representando a hora em que o arquivo foi criado.
GetLastAccessTime	Retorna um objeto **DateTime** representando a hora em que o arquivo foi acessado pela última vez.
GetLastWriteTime	Retorna um objeto **DateTime** representando a hora em que o arquivo foi modificado pela última vez.
Move	Move o arquivo especificado para uma posição especificada.
Open	Retorna um objeto **FileStream** associado ao arquivo especificado e equipado com as permissões de leitura/gravação especificadas.
OpenRead	Retorna um objeto **FileStream** somente de leitura associado ao arquivo especificado.
OpenText	Retorna um objeto **StreamReader** associado ao arquivo especificado.
OpenWrite	Retorna um objeto **FileStream** de leitura/gravação associado ao arquivo especificado.

Figura 17.3 Métodos da classe `File` (lista parcial).

2. Observe, na tela capturada superior esquerda da figura, que caracteres acentuados, mesmo de arquivos de texto (**.txt**), são descartados. (N.R.T.)

Método static	Descrição
CreateDirectory	Cria um diretório e retorna seu objeto **DirectoryInfo** associado.
Delete	Exclui o diretório especificado.
Exists	Retorna **true** se o diretório especificado existe; caso contrário, retorna **false**.
GetLastWriteTime	Retorna um objeto **DateTime** representando a hora em que o diretório foi modificado pela última vez.
GetDirectories	Retorna um array de **string**s representando os nomes dos subdiretórios no diretório especificado.
GetFiles	Retorna um array de **string**s representando os nomes dos arquivos no diretório especificado.
GetCreationTime	Retorna um objeto **DateTime** representando a hora em que o diretório foi criado.
GetLastAccessTime	Retorna um objeto **DateTime** representando a hora em que o diretório foi acessado pela última vez.
GetLastWriteTime	Retorna um objeto **DateTime** representando a hora em que itens foram gravados no diretório pela última vez.
Move	Move o diretório especificado para uma posição especificada.

Figura 17.4 Métodos da classe Directory (lista parcial).

```
// Fig. 17.5: FileTest.cs
// Usando as classes File e Directory.

using System;
using System.Drawing;
using System.Collections;
using System.ComponentModel;
using System.Windows.Forms;
using System.Data;
using System.IO;

// exibe o conteúdo de arquivos e diretórios
public class FileTestForm : System.Windows.Forms.Form
{
   private System.Windows.Forms.Label directionsLabel;

   private System.Windows.Forms.TextBox outputTextBox;
   private System.Windows.Forms.TextBox inputTextBox;

   private System.ComponentModel.Container components = null;

   [STAThread]
   static void Main()
   {
      Application.Run( new FileTestForm() );
   }

   // código gerado pelo Visual Studio .NET

   // chamado quando o usuário pressiona uma tecla
   private void inputTextBox_KeyDown(
      object sender, System.Windows.Forms.KeyEventArgs e )
   {
      // determina se o usuário pressionou a tecla Enter
      if ( e.KeyCode == Keys.Enter )
      {
```

Figura 17.5 Testando as classes File e Directory. (Parte 1 de 3.)

```
         string fileName; // nome de arquivo ou diretório

         // obtém arquivo ou diretório especificado pelo usuário
         fileName = inputTextBox.Text;

         // determina se fileName é um arquivo
         if ( File.Exists( fileName ) )
         {
            // obtém a data de criação do arquivo,
            // a data de modificação etc.
            outputTextBox.Text = GetInformation( fileName );

            // exibe o conteúdo do arquivo por meio de StreamReader
            try
            {
               // obtém o leitor e o conteúdo do arquivo
               StreamReader stream = new StreamReader( fileName );
               outputTextBox.Text += stream.ReadToEnd();
            }
            // trata a exceção se StreamReader estiver indisponivel
            catch( IOException )
            {
               MessageBox.Show( "File Error", "File Error",
                  MessageBoxButtons.OK, MessageBoxIcon.Error );
            }
         }

         // determina se fileName é um diretório
         else if ( Directory.Exists( fileName ) )
         {
            // array de diretórios
            string[] directoryList;

            // obtém a data de criação do diretório,
            // data de modificação etc.
            outputTextBox.Text = GetInformation( fileName );

            // obtém lista de arquivo/diretório do diretório especificado
            directoryList = Directory.GetDirectories( fileName );

            outputTextBox.Text +=
               "\r\n\r\nDirectory contents:\r\n";

            // produz o conteúdo de directoryList na saída
            for ( int i = 0; i < directoryList.Length; i++ )
               outputTextBox.Text += directoryList[ i ] + "\r\n";
         }
         else
         {
            // notifica que não existe nenhum arquivo ou diretório com o nome dado
            MessageBox.Show( inputTextBox.Text +
               " does not exist", "File Error",
               MessageBoxButtons.OK, MessageBoxIcon.Error );
         }
      } // fim do if

```

Figura 17.5 Testando as classes `File` e `Directory`. (Parte 2 de 3.)

```
    } // fim do método inputTextBox_KeyDown

    // obtém informações sobre o arquivo ou diretório
    private string GetInformation( string fileName )
    {
       // saída dizendo que o arquivo ou diretório existe
       string information = fileName + " exists\r\n\r\n";

       // saída dizendo quando o arquivo ou diretório foi criado
       information += "Created: " +
          File.GetCreationTime( fileName ) + "\r\n";

          // saída dizendo quando o arquivo ou diretório foi modificado pela última vez
          information += "Last modified: " +
          File.GetLastWriteTime( fileName ) + "\r\n";

       // saída dizendo quando o arquivo ou diretório foi acessado pela última vez
       information += "Last accessed: " +
          File.GetLastAccessTime( fileName ) + "\r\n" + "\r\n";

       return information;

    } // fim do método GetInformation

} // fim da classe FileTestForm
```

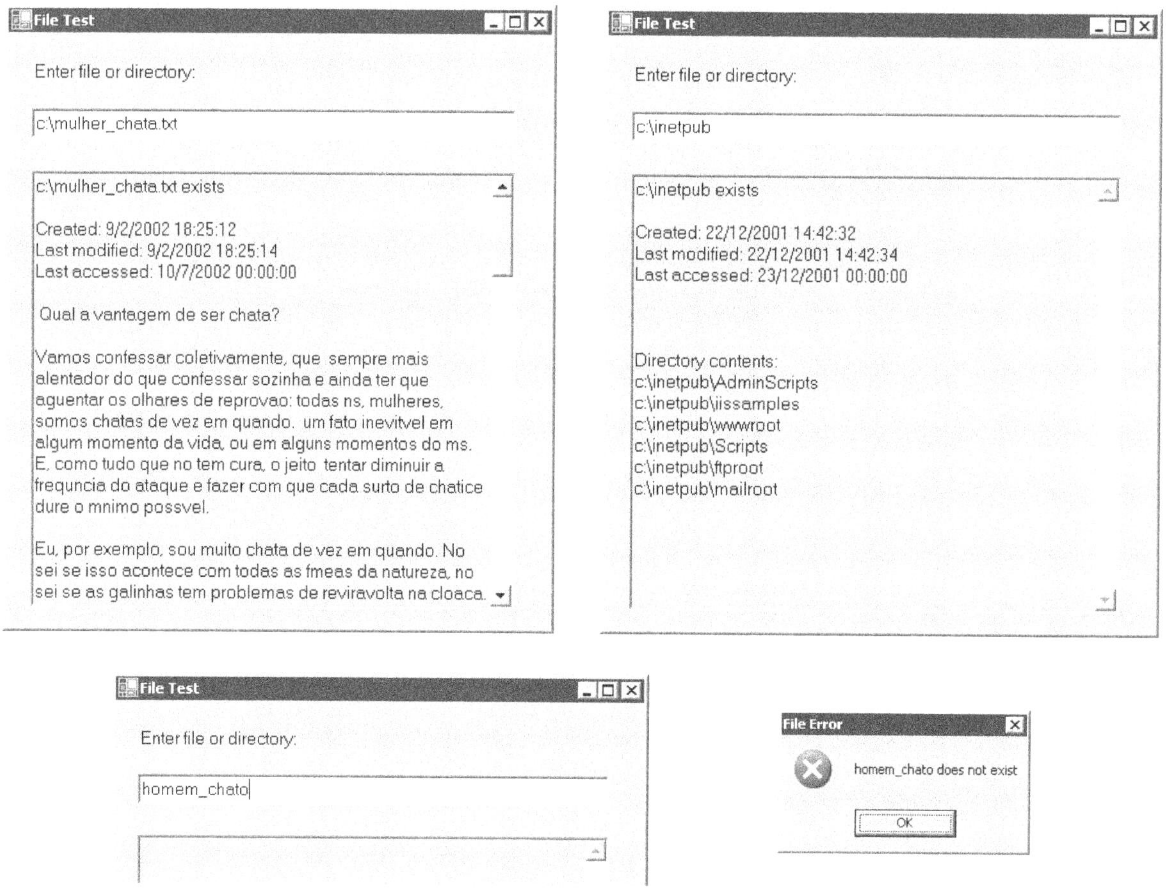

Figura 17.5 Testando as classes `File` e `Directory`. (Parte 3 de 3.)

Se a linha 43 determina que o texto especificado pelo usuário não é um arquivo, a linha 65 determina se é um diretório usando o método **`Exists`** da classe **`Directory`**. Se o usuário especificou um diretório existente, a linha 72 chama o método **`GetInformation`** para acessar as informações do diretório. A linha 75 chama o método **`GetDirectories`** da classe **`Directory`** para obter um array de **`string`**s contendo os nomes dos subdiretórios no diretório especificado. As linhas 81 e 82 apresentam cada elemento do array de **`string`**s. Note que, se a linha 65 determina que o texto especificado pelo usuário não é nem um arquivo nem um diretório, as linhas 87 a 89 notificam o usuário (por meio de uma **`MessageBox`**) de que o arquivo ou diretório não existe.

Consideraremos agora outro exemplo que usa os recursos de manipulação de arquivos e diretórios do C#. A classe **`FileSearchForm`** (Figura 17.6) usa as classes **`File`** e **`Directory`** em conjunto com classes para executar expressões regulares, para relatar o número de arquivos de cada tipo de arquivo existente no caminho do diretório especificado. O programa também serve como um utilitário de "limpeza" — quando o programa encontra um arquivo que tenha a extensão **`.bak`** (isto é, um arquivo de backup), ele exibe uma **`MessageBox`** perguntando se esse arquivo deve ser removido e, então, responde apropriadamente à entrada do usuário.

Quando o usuário pressiona a tecla *Enter* ou clica no botão **Search Directory**, o programa chama o método **`searchButton_Click`** (linhas 52 a 92), que pesquisa recursivamente no caminho de diretório fornecido pelo usuário. Se o usuário fornece texto na **`TextBox`**, a linha 59 chama o método **`Exists`** da classe **`Directory`** para determinar se esse texto indica um diretório válido. Se o usuário especifica um diretório inválido, as linhas 70 e 71 notificam o erro.

Se o usuário especifica um diretório válido, a linha 80 passa o nome do diretório como um argumento para o método **`private SearchDirectory`** (linhas 95 a 185). Esse método localiza os arquivos que correspondem à expressão regular definida nas linhas 103 e 104, que corresponde a qualquer seqüência de números ou letras, seguida de um ponto e uma ou mais letras. Observe a substring de formato **`(?<extension>`** *expressão_regular***`)`** no argumento do construtor de **`Regex`** (linha 104). Todas as **`string`**s com a substring *expressão_regular* são rotuladas com o nome **`extension`**. Nesse programa atribuímos à variável **`extension`** qualquer **`string`** que corresponda a um ou mais caracteres.

As linhas 115 e 116 chamam o método **`GetDirectories`** da classe **`Directory`** para recuperar os nomes de todos os subdiretórios pertencentes ao diretório atual. A linha 119 chama o método **`GetFiles`** da classe **`Directory`** para armazenar no array de **`string fileArray`** os nomes dos arquivos que estão no diretório atual. O laço **`foreach`**, nas linhas 122 a 170, procura todos os arquivos com extensão **`bak`**; então, ele chama **`SearchDirectory`** recursivamente para cada subdiretório do diretório atual. As linhas 125 e 126 eliminam o caminho do diretório, para que o programa possa testar apenas o nome do arquivo quando usar a expressão regular. A linha 129 usa o método **`Match`** do objeto **`Regex`** para fazer a correspondência entre a expressão regular com o nome do arquivo e, em seguida, retornar o resultado para o objeto **`matchResult`** de tipo **`Match`**. Se a correspondência tiver sucesso, as linhas 133 e 134 usarão o método **`Result`** do objeto **`matchResult`** para armazenar a **`string`** de extensão do objeto **`matchResult`** em **`fileExtension`** (a **`string`** que conterá a extensão do arquivo atual). Se a correspondência não tiver sucesso, a linha 136 configurará **`fileExtension`** para conter o valor **`"[no extension]"`**.

```
1   // Fig. 17.6: FileSearch.cs
2   // Usando expressões regulares para determinar tipos de arquivo.
3
4   using System;
5   using System.Drawing;
6   using System.Collections;
7   using System.ComponentModel;
8   using System.Windows.Forms;
9   using System.Data;
10  using System.IO;
11  using System.Text.RegularExpressions;
12  using System.Collections.Specialized;
13
14  public class FileSearchForm : System.Windows.Forms.Form
15  {
16     private System.Windows.Forms.Label directionsLabel;
17     private System.Windows.Forms.Label directoryLabel;
```

Figura 17.6 Expressão regular usada para determinar tipos de arquivo. (Parte 1 de 5.)

```
      private System.Windows.Forms.Button searchButton;

      private System.Windows.Forms.TextBox outputTextBox;
      private System.Windows.Forms.TextBox inputTextBox;

      private System.ComponentModel.Container components = null;

      string currentDirectory = Directory.GetCurrentDirectory();
      string[] directoryList;  // subdiretórios
      string[] fileArray;

      // armazena as extensões encontradas e o número encontrado
      NameValueCollection found = new NameValueCollection();

      [STAThread]
      static void Main()
      {
         Application.Run( new FileSearchForm() );
      }

      // código gerado pelo Visual Studio .NET

      // chamado quando o usuário digita na caixa de texto
      private void inputTextBox_KeyDown(
         object sender, System.Windows.Forms.KeyEventArgs e )
      {
         // determina se o usuário pressionou Enter
         if ( e.KeyCode == Keys.Enter )
            searchButton_Click( sender, e );

      } // fim do método inputTextBox_KeyDown

      // chamado quando o usuário clica no botão "Search Directory"
      private void searchButton_Click(
         object sender, System.EventArgs e )
      {
         // verifica a entrada do usuário; o padrão é o diretório atual
         if ( inputTextBox.Text != "" )
         {
            // verifica se a entrada do usuário é um nome de diretório válido
            if ( Directory.Exists( inputTextBox.Text ) )
            {
               currentDirectory = inputTextBox.Text;

               // reconfigura a caixa de texto de entrada e atualiza a tela
               directoryLabel.Text = "Current Directory:" +
                  "\r\n" + currentDirectory;
            }
            else
            {
               // mostra erro se o usuário não especificar um diretório válido
               MessageBox.Show( "Invalid Directory", "Error",
                  MessageBoxButtons.OK, MessageBoxIcon.Error );
            }
         }
```

Figura 17.6 Expressão regular usada para determinar tipos de arquivo. (Parte 2 de 5.)

```

         // limpa as caixas de texto
         inputTextBox.Clear();
         outputTextBox.Clear();

         // pesquisa o diretório
         SearchDirectory( currentDirectory );

         // resume e imprime os resultados
         foreach ( string current in found )
         {
            outputTextBox.Text += "* Found " +
               found[ current ] + " " + current + " files.\r\n";
         }

         // limpa a saída para nova pesquisa
         found.Clear();

      } // fim do método searchButton_Click

      // pesquisa o diretório usando a expressão regular
      private void SearchDirectory( string currentDirectory )
      {
         // pesquisa o diretório
         try
         {
            string fileName = "";

            // expressão regular para extensões correspondentes ao padrão
            Regex regularExpression = new Regex(
               "[a-zA-Z0-9]+\\.(?<extension>\\w+)" );

            // armazena o resultado da correspondência da expressão regular
            Match matchResult;

            string fileExtension; // contém extensões de arquivo

            // número de arquivos no diretório com a extensão dada
            int extensionCount;

            // obtém diretórios
            directoryList =
               Directory.GetDirectories( currentDirectory );

            // obtém lista de arquivos no diretório atual
            fileArray = Directory.GetFiles( currentDirectory );

            // faz iteração na lista de arquivos
            foreach ( string myFile in fileArray )
            {
               // remove caminho de diretório do nome de arquivo
               fileName = myFile.Substring(
                  myFile.LastIndexOf( "\\" ) + 1 );

               // obtém resultado da pesquisa da expressão regular
               matchResult = regularExpression.Match( fileName );

```

Figura 17.6 Expressão regular usada para determinar tipos de arquivo. (Parte 3 de 5.)

```
                // verifica a correspondência
                ( matchResult.Success )
                   fileExtension =
                      matchResult.Result( "${extension}" );
                else
                   fileExtension = "[no extension]";

                // armazena valor do contêiner
                if ( found[ fileExtension ] == null )
                   found.Add( fileExtension, "1" );
                else
                {
                   extensionCount = Int32.Parse(
                      found[ fileExtension ] ) + 1;

                   found[ fileExtension ] = extensionCount.ToString();
                }

                // procura arquivos de backup(.bak)
                if ( fileExtension == "bak" )
                {
                   // avisa o usuário para excluir arquivo (.bak)
                   DialogResult result =
                      MessageBox.Show( "Found backup file " +
                      fileName + ". Delete?", "Delete Backup",
                      MessageBoxButtons.YesNo,
                      MessageBoxIcon.Question );

                   // exclui arquivo se o usuário clicou em 'yes'
                   if ( result == DialogResult.Yes )
                   {
                      File.Delete( myFile );

                      extensionCount =
                         Int32.Parse( found[ "bak" ] ) - 1;

                      found[ "bak" ] = extensionCount.ToString();
                   }
                }
             }

             // chamada recursiva para procurar arquivos no subdiretório
             foreach ( string myDirectory in directoryList )
                SearchDirectory( myDirectory );
             }

          // trata a exceção se os arquivos não tiverem acesso autorizado
          catch( UnauthorizedAccessException )
          {
             MessageBox.Show( "Some files may not be visible" +
                " due to permission settings", "Warning",
                MessageBoxButtons.OK, MessageBoxIcon.Information );
          }

      } // fim do método SearchDirectory

   } // fim da classe FileSearchForm
```

Figura 17.6 Expressão regular usada para determinar tipos de arquivo. (Parte 4 de 5.)

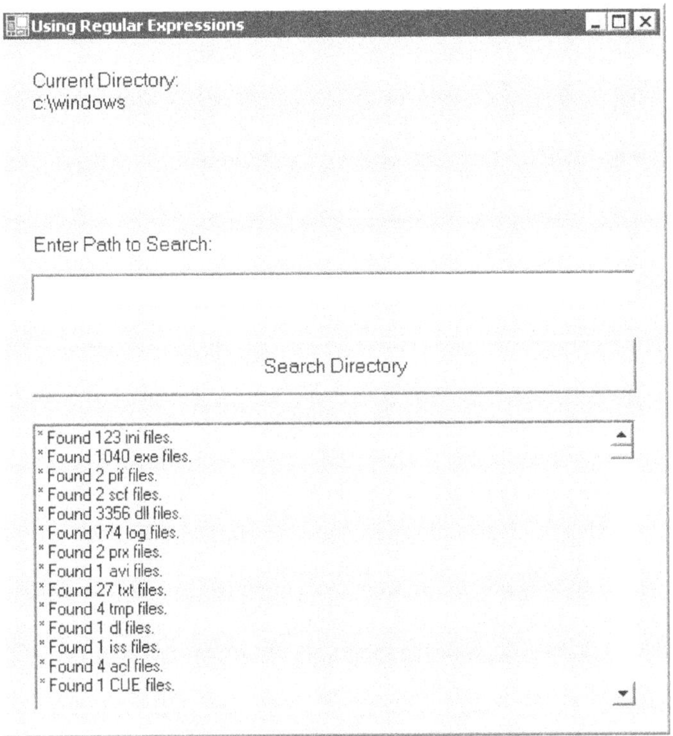

Figura 17.6 Expressão regular usada para determinar tipos de arquivo. (Parte 5 de 5.)

A classe **FileSearchForm** usa uma instância da classe ***NameValueCollection*** (declarada na linha 31) para armazenar cada tipo de extensão de arquivo e o número de arquivos de cada tipo. Um objeto **NameValueCollection** contém uma coleção de pares chave/valor, cada um dos quais sendo uma **string**, e fornece o método **Add** para adicionar um par chave/valor. O indexador desse par pode indexar de acordo com a ordem em que os itens foram adicionados ou de acordo com a chave de entrada. A linha 139 usa **NameValueCollection found** para determinar se essa é a primeira ocorrência da extensão de arquivo. Se for, a linha 140 adiciona essa extensão em **found** como uma chave com o valor **1**. Se a extensão já estiver em **found**, as linhas 143 e 144 incrementam o valor associado à extensão que está em **found**, para indicar outra ocorrência dessa extensão de arquivo.

A linha 150 determina se **fileExtension** é igual a "**bak**" — isto é, se o arquivo é um arquivo de backup. Se assim for, as linhas 153 a 157 avisam o usuário para que indique se o arquivo deve ser removido; se o usuário clicar em **Yes** (linha 160), as linhas 162 a 167 excluirão o arquivo e decrementarão o valor do tipo de arquivo "**bak**" em **found**.

As linhas 173 e 174 chamam o método **SearchDirectory** para cada subdiretório. Usando recursividade, garantimos que o programa execute a mesma lógica para encontrar arquivos **bak** em cada subdiretório. Após cada subdiretório ter sido verificado quanto aos arquivos **bak**, o método **SearchDirectory** termina, e as linhas 83 a 87 exibem os resultados.

17.5 Criando um arquivo de acesso seqüencial

O C# não impõe nenhuma estrutura para arquivos. Assim, noções como a de um "registro" não existem nos arquivos C#. Isso significa que o programador deve estruturar os arquivos para atender aos requisitos dos aplicativos. Nesse exemplo usamos texto e caracteres especiais para organizar nossa própria noção de "registro".

Os exemplos a seguir demonstram o processamento de arquivos em um aplicativo de manutenção de conta bancária. Esses programas têm interfaces com o usuário semelhantes; portanto, criamos a classe **BankUIForm** (Figura 17.7) para encapsular uma GUI de classe base (veja a tela capturada da Figura 17.7). A classe **BankUIForm** contém quatro **Label**s (linhas 15, 18, 21 e 24) e quatro **TextBox**es (linhas 16, 19, 22 e 25). Os métodos **ClearTextBox**es (linhas 49 a 64), **SetTextBoxValues** (linhas 67 a 91) e **GetTextBoxValues** (linhas 94 a 110) limpam, configuram os valores e obtêm os valores do texto que está em **TextBox**, respectivamente.

Para reutilizar a classe **BankUIForm**, compilamos a GUI em uma biblioteca de DLL, criando um projeto de tipo **Windows Control Library** (a DLL que criamos é chamada **BankLibrary**). Essa biblioteca, assim como todo o código deste livro, pode ser encontrada no CD que acompanha o livro e em nosso site Web, **www.deitel.com**. Entretanto, talvez o leitor precise mudar a referência para essa biblioteca, pois ela provavelmente fique em um lugar diferente em seu sistema.

A Figura 17.8 contém a classe **Record**, que as figuras 17.9, 17.11 e 17.12 usam para ler e gravar registros em um arquivo, seqüencialmente. Essa classe também pertence à DLL **BankLibrary**; portanto, ela está localizada no mesmo projeto que a classe **BankUIForm**.

O atributo ***Serializable*** (linha 6) indica para o compilador que os objetos da classe **Record** podem ser *serializados* ou representados como conjuntos de bytes — podemos ler e escrever esses bytes em nossos fluxos. Os objetos que queremos ler ou escrever em um fluxo devem incluir esse atributo em suas definições de classe.

A classe **Record** contém os membros de dados **private account**, **firstName**, **lastName** e **balance** (linhas 9 a 12), os quais, coletivamente, representam todas as informações necessárias para armazenar dados de registro. O construtor padrão (linhas 15 a 17) configura esses membros com seus valores padrão (isto é, vazios), e o construtor sobrecarregado (linhas 20 a 28) configura esses membros com os valores de parâmetro especificados. A classe **Record** também fornece as propriedades **Account** (linhas 31 a 43), **FirstName** (linhas 46 a 58), **LastName** (linhas 61 a 73) e **Balance** (linhas 76 a 88), para acessar o número da conta, o nome de batismo, o sobrenome e o saldo de cada cliente, respectivamente.

```
1  // Fig. 17.7: BankUI.cs
2  // Um formulário Windows reutilizável para os exemplos deste capítulo.
3
4  using System;
5  using System.Drawing;
6  using System.Collections;
7  using System.ComponentModel;
8  using System.Windows.Forms;
9  using System.Data;
10
11 public class BankUIForm : System.Windows.Forms.Form
12 {
13    private System.ComponentModel.Container components = null;
14
15    public System.Windows.Forms.Label accountLabel;
16    public System.Windows.Forms.TextBox accountTextBox;
17
18    public System.Windows.Forms.Label firstNameLabel;
19    public System.Windows.Forms.TextBox firstNameTextBox;
20
21    public System.Windows.Forms.Label lastNameLabel;
22    public System.Windows.Forms.TextBox lastNameTextBox;
23
24    public System.Windows.Forms.Label balanceLabel;
25    public System.Windows.Forms.TextBox balanceTextBox;
26
27    // número de TextBoxes no formulário
28    protected int TextBoxCount = 4;
29
30    // as constantes da enumeração especificam índices de TextBox
31    public enum TextBoxIndices
```

Figura 17.7 Classe base para GUIs em nossos aplicativos de processamento de arquivos. (Parte 1 de 3.)

```
   {
      ACCOUNT,
      FIRST,
      LAST,
      BALANCE

   } // fim de enum

   [STAThread]
   static void Main()
   {
      Application.Run( new BankUIForm() );
   }

   // código gerado pelo Visual Studio .NET

   // limpa todas as TextBoxes
   public void ClearTextBoxes()
   {
      // percorre todos os controles do formulário
      for ( int i = 0; i < Controls.Count; i++ )
      {
         Control myControl = Controls[ i ]; // obtém o controle

         // determina se Control é TextBox
         if ( myControl is TextBox )
         {
            // limpa a propriedade Text (configura como string vazia)
            myControl.Text = "";
         }
      }

   } // fim do método ClearTextBoxes

   // configura valores da caixa de texto como valores de array de strings
   public void SetTextBoxValues( string[] values )
   {
      // determina se o array de strings tem o tamanho correto
      if ( values.Length != TextBoxCount )
      {
         // lança exceção se não tiver o tamanho correto
         throw( new ArgumentException( "There must be " +
            (TextBoxCount + 1) + " strings in the array" ) );
      }

      // configura os valores do array se este tiver o tamanho correto
      else
      {
         // configura os valores do array com os valores da caixa de texto
         accountTextBox.Text =
            valores[ ( int )TextBoxIndices.ACCOUNT ];
         firstNameTextBox.Text =
            values[ ( int )TextBoxIndices.FIRST ];
         lastNameTextBox.Text =
            values[ ( int )TextBoxIndices.LAST ];
         balanceTextBox.Text =
            values[ ( int )TextBoxIndices.BALANCE ];
      }
```

Figura 17.7 Classe base para GUIs em nossos aplicativos de processamento de arquivos. (Parte 2 de 3.)

```
   } // fim do método SetTextBoxValues

   // retorna os valores da caixa de texto como array de strings
   public string[] GetTextBoxValues()
   {
      string[] values = new string[ TextBoxCount ];

      // copia os campos da caixa de texto no array de strings
      values[ ( int )TextBoxIndices.ACCOUNT ] =
         accountTextBox.Text;
      values[ ( int )TextBoxIndices.FIRST ] =
         firstNameTextBox.Text;
      values[ ( int )TextBoxIndices.LAST ] =
         lastNameTextBox.Text;
      values[ ( int )TextBoxIndices.BALANCE ] =
         balanceTextBox.Text;

      return values;

   } // fim do método GetTextBoxValues

} // fim da classe BankUIForm
```

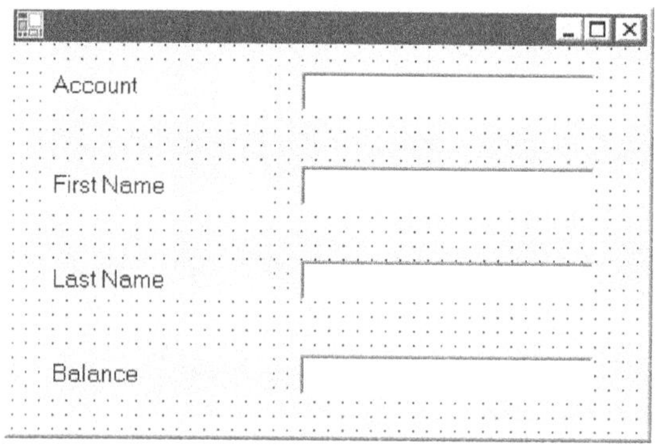

Figura 17.7 Classe base para GUIs em nossos aplicativos de processamento de arquivos. (Parte 3 de 3.)

```
// Fig. 17.8: Record.cs
// Classe serializável que representa um registro de dados.

using System;

[Serializable]
public class Record
{
   private int account;
   private string firstName;
   private string lastName;
   private double balance;

   // o construtor padrão configura os membros com valores padrão
   public Record() : this( 0, "", "", 0.0 )
   {
   }
```

Figura 17.8 Registro para aplicativos de processamento de arquivos de acesso seqüencial. (Parte 1 de 3.)

```

      // o construtor sobrecarregado configura os membros com os valores dos parâmetros
      public Record( int accountValue, string firstNameValue,
         string lastNameValue, double balanceValue )
      {
         Account = accountValue;
         FirstName = firstNameValue;
         LastName = lastNameValue;
         Balance = balanceValue;

      } // fim do construtor

      // propriedade Account
      public int Account
      {
         get
         {
            return account;
         }

         set
         {
            account = value;
         }

      } // fim da propriedade Account

      // propriedade FirstName
      public string FirstName
      {
         get
         {
            return firstName;
         }

         set
         {
            firstName = value;
         }

      } // fim da propriedade FirstName

      // propriedade LastName
      public string LastName
      {
         get
         {
            return lastName;
         }

         set
         {
            lastName = value;
         }

      } // fim da propriedade LastName

      // propriedade Balance
```

Figura 17.8 Registro para aplicativos de processamento de arquivos de acesso seqüencial. (Parte 2 de 3.)

```
    public double Balance
    {
       get
       {
          return balance;
       }

       set
       {
          balance = value;
       }

    } // fim da propriedade Balance

 } // fim da classe Record
```

Figura 17.8 Registro para aplicativos de processamento de arquivos de acesso seqüencial. (Parte 3 de 3.)

A classe **CreateFileForm** (Figura 17.9) usa instâncias da classe **Record** para criar um arquivo de acesso seqüencial, que pode ser usado em um sistema de contas a receber — isto é, um programa que organiza dados relativos a dinheiro pertencente aos clientes com débitos de uma empresa. Para cada cliente, o programa obtém o número da conta e o nome de batismo, o sobrenome e o saldo do cliente (isto é, a quantidade de dinheiro que o cliente possui na empresa, proveniente de bens ou serviços recebidos anteriormente). Os dados obtidos para cada cliente constituem um registro desse cliente. Nesse aplicativo, o número da conta representa a chave de registro — os arquivos são criados e mantidos na ordem do número da conta. Esse programa presume que o usuário fornece registros na ordem do número da conta. Entretanto, um sistema de contas a receber abrangente forneceria um recurso de ordenação. O usuário poderia fornecer os registros em qualquer ordem e então eles poderiam ser ordenados e gravados no arquivo. (Note que todas as saídas deste capítulo devem ser lidas fileira por fileira, da esquerda para a direita.)

A Figura 17.9 contém o código da classe **CreateFileForm**, que cria ou abre um arquivo e permite que o usuário grave nele informações bancárias. A linha 16 importa o espaço de nomes **BankLibrary**; esse espaço de nomes contém a classe **BankUIForm**, a partir da qual a classe **CreateFileForm** herda (linha 18). Em virtude desse relacionamento de herança, a GUI **CreateFileForm** é semelhante à da classe **BankUIForm** (mostrada na saída da Figura 17.9), exceto que a classe herdada contém os botões **Save As**, **Enter** e **Exit**.

Quando o usuário clica no botão **Save As**, o programa chama o método **saveButton_Click** (linhas 41 a 85). A linha 45 instancia um objeto da classe **SaveFileDialog**, que pertence ao espaço de nomes **System.Windows.Forms**. Os objetos dessa classe são usados para selecionar arquivos (veja a segunda tela na Figura 17.9). A linha 46 chama o método **ShowDialog** do objeto **SaveFileDialog**, para apresentar **SaveFileDialog**. Quando apresentada, **SaveFileDialog** impede que o usuário interaja com qualquer outra janela no programa até que feche **SaveFileDialog** clicando em **Salvar** ou em **Cancelar**. As caixas de diálogo que se comportam dessa maneira são chamadas de *caixas de diálogo modais*. O usuário seleciona a unidade de disco, o diretório e o nome de arquivo apropriados e em seguida clica em **Salvar**. O método **ShowDialog** retorna um inteiro especificando o botão (**Salvar** ou **Cancelar**) em que o usuário clicou para fechar a caixa de diálogo. Nesse exemplo a propriedade **DialogResult** de **Form** recebe esse inteiro. A linha 53 testa se o usuário clicou em **Cancelar** comparando o valor retornado pela propriedade **DialogResult** com a constante ***DialogResult.Cancel***. Se os valores forem iguais, o método **saveButton_Click** retornará (linha 54). Se os valores forem diferentes (isto é, o usuário clicou em **Salvar** em vez de clicar em **Cancelar**), a linha 57 usará a propriedade **FileName** da classe **SaveFileDialog** para obter o arquivo selecionado.

```
1  // Fig. 17.9: CreateSequentialAccessFile.cs
2  // Criando um arquivo de acesso seqüencial.
3
4  // espaço de nomes do C#
5  using System;
```

Figura 17.9 Cria e grava em um arquivo de acesso seqüencial. (Parte 1 de 6.)

```
using System.Drawing;
using System.Collections;
using System.ComponentModel;
using System.Windows.Forms;
using System.Data;
using System.IO;
using System.Runtime.Serialization.Formatters.Binary;
using System.Runtime.Serialization;

// espaço de nomes da Deitel
using BankLibrary;

public class CreateFileForm : BankUIForm
{
   private System.Windows.Forms.Button saveButton;
   private System.Windows.Forms.Button enterButton;
   private System.Windows.Forms.Button exitButton;

   private System.ComponentModel.Container components = null;

   // serializa Record em formato binário
   private BinaryFormatter formatter = new BinaryFormatter();

   // fluxo por meio do qual os dados serializáveis são gravados no arquivo
   private FileStream output;

   [STAThread]
   static void Main()
   {
      Application.Run( new CreateFileForm() );
   }

   // código gerado pelo Visual Studio .NET

   // chamado quando o usuário clica no botão Save As
   private void saveButton_Click(
      object sender, System.EventArgs e )
   {
      // cria caixa de diálogo permitindo que o usuário salve o arquivo
      SaveFileDialog fileChooser = new SaveFileDialog();
      DialogResult result = fileChooser.ShowDialog();
      string fileName; // nome do arquivo para salvar dados

      // permite que o usuário crie um arquivo
      fileChooser.CheckFileExists = false;

      // sai do manipulador de evento se o usuário clicou em "Cancelar"
      if ( result == DialogResult.Cancel )
         return;

      // obtém nome do arquivo especificado
      fileName = fileChooser.FileName;

      // mostra erro se o usuário especificou um arquivo inválido
      if ( fileName == "" || fileName == null )
```

Figura 17.9 Cria e grava em um arquivo de acesso seqüencial. (Parte 2 de 6.)

```
            MessageBox.Show( "Invalid File Name", "Error",
               MessageBoxButtons.OK, MessageBoxIcon.Error );
         else
         {
            // salva o arquivo por meio de FileStream, se o usuário especificou um arquivo válido
            try
            {
               // abre o arquivo com acesso a gravação
               output = new FileStream( fileName,
                  FileMode.OpenOrCreate, FileAccess.Write );

               // desativa o botão Save As e ativa o botão Enter
               saveButton.Enabled = false;
               enterButton.Enabled = true;
            }

            // trata a exceção se o arquivo não existe
            catch ( FileNotFoundException )
            {
               // notifica o usuário se o arquivo não existir
               MessageBox.Show( "File Does Not Exist", "Error",
                  MessageBoxButtons.OK, MessageBoxIcon.Error );
            }
         }
      } // fim do método saveButton_Click

      // chama quando o usuário clica em Enter
      private void enterButton_Click(
         object sender, System.EventArgs e )
      {
         // armazena array de string com valores de TextBox
         string[] values = GetTextBoxValues();

         // registro contendo valores de TextBox para serializar
         Record record = new Record();

         // determina se o campo de conta TextBox está vazio
         if ( values[ ( int )TextBoxIndices.ACCOUNT ] != "" )
         {
            // armazena valores de TextBox em Record e serializa Record
            try
            {
               // obtém o valor do número da conta de TextBox
               int accountNumber = Int32.Parse(
                  values[ ( int )TextBoxIndices.ACCOUNT ] );

               // determina se accountNumber é válido
               if ( accountNumber > 0 )
               {
                  // armazena campos de TextBox em Record
                  record.Account = accountNumber;
                  record.FirstName =
                     values[ ( int )TextBoxIndices.FIRST ];
                  record.LastName =
                     values[ ( int )TextBoxIndices.LAST ];
```

Figura 17.9 Cria e grava em um arquivo de acesso seqüencial. (Parte 3 de 6.)

```
               record.Balance = Double.Parse( values[
                  ( int )TextBoxIndices.BALANCE ] );

               // grava Record em FileStream (objeto serialize)
               formatter.Serialize( output, record );
            }
            else
            {
               // notifica o usuário se o número da conta for inválido
               MessageBox.Show( "Invalid Account Number", "Error",
                  MessageBoxButtons.OK, MessageBoxIcon.Error );
            }
         }

         // notifica o usuário se ocorrer erro na serialização
         catch( SerializationException )
         {
            MessageBox.Show( "Error Writing to File", "Error",
               MessageBoxButtons.OK, MessageBoxIcon.Error );
         }

         // notifica o usuário se ocorrer erro relativo ao formato do parâmetro
         catch( FormatException )
         {
            MessageBox.Show( "Invalid Format", "Error",
               MessageBoxButtons.OK, MessageBoxIcon.Error );
         }
      }

      ClearTextBoxes(); // limpa valores de TextBox

   } // fim do método enterButton_Click

   // chamado quando o usuário clica no botão Exit
   private void exitButton_Click(
      object sender, System.EventArgs e )
   {
      // determina se o arquivo existe
      if ( output != null )
      {
         // fecha o arquivo
         try
         {
            output.Close();
         }

         // notifica o usuário de erro fechando o arquivo
         catch( IOException )
         {
            MessageBox.Show( "Cannot close file", "Error",
               MessageBoxButtons.OK, MessageBoxIcon.Error );
         }
      }

      Application.Exit();
```

Figura 17.9 Cria e grava em um arquivo de acesso seqüencial. (Parte 4 de 6.)

```

   } // fim do método exitButton_Click

} // fim da classe CreateFileForm
```

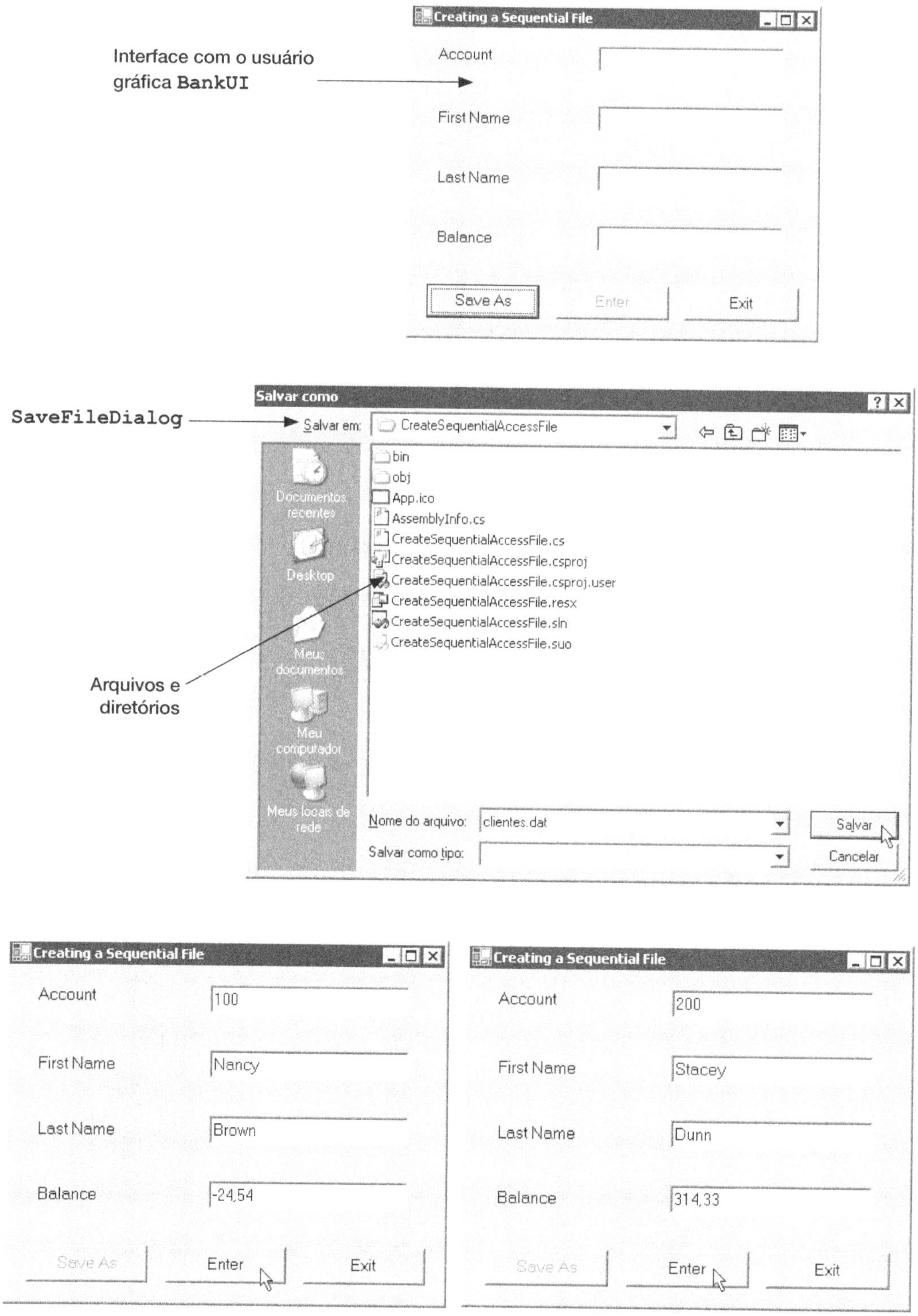

Figura 17.9 Cria e grava em um arquivo de acesso seqüencial. (Parte 5 de 6.)

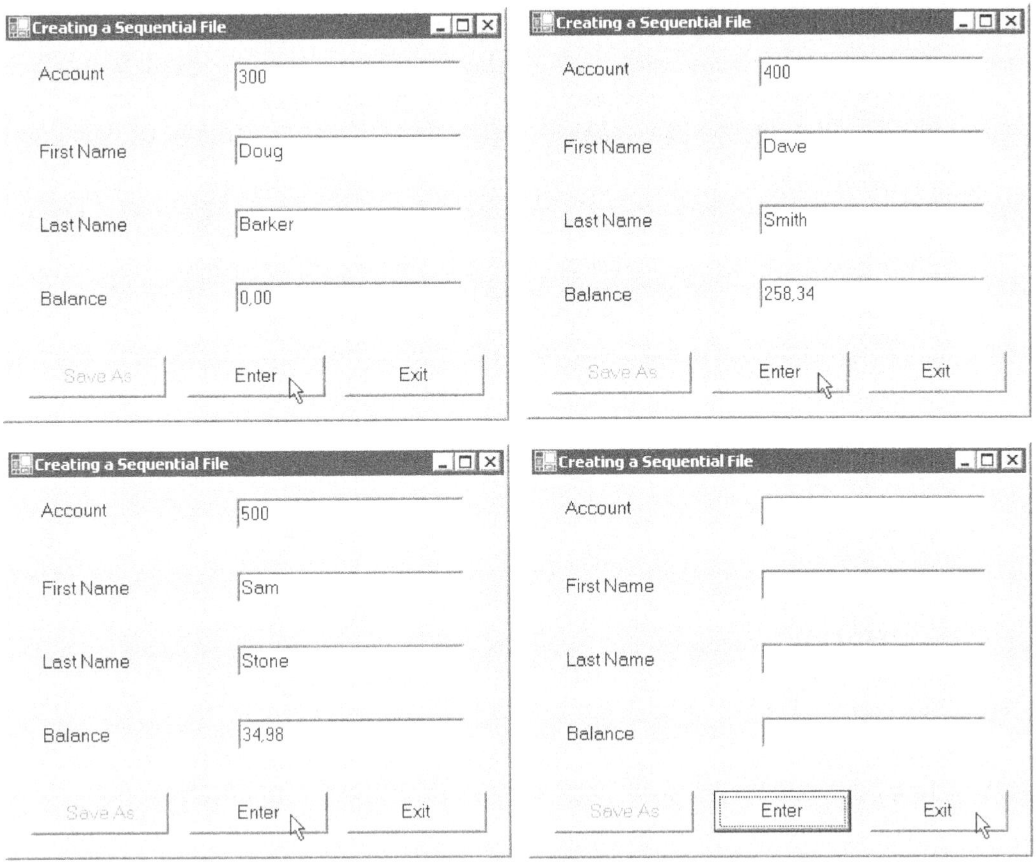

Figura 17.9 Cria e grava em um arquivo de acesso seqüencial. (Parte 6 de 6.)

Vimos anteriormente que podemos abrir arquivos para realizar manipulação de texto criando objetos das classes **`FileStream`**. Nesse exemplo queremos que o arquivo seja aberto para saída; portanto, as linhas 69 e 70 instanciam um objeto **`FileStream`**. O construtor de **`FileStream`** que usamos toma três argumentos — uma **`string`** contendo o nome do arquivo a ser aberto, uma constante descrevendo como o arquivo vai ser aberto e uma constante descrevendo as permissões do arquivo. A linha 70 passa a constante **`FileMode.OpenOrCreate`** para o construtor de **`FileStream`**, como segundo argumento do construtor. Essa constante indica que o objeto **`FileStream`** deve abrir o arquivo, se ele existir, ou criar um arquivo, caso não exista. O C# oferece outras constantes **`FileMode`** que descrevem como abrir arquivos; apresentaremos essas constantes à medida que as usarmos nos exemplos. A linha 70 passa a constante **`FileAccess.Write`** para o construtor de **`FileStream`** como terceiro argumento do construtor. Essa constante garante que o programa possa executar operações somente de gravação no objeto **`FileStream`**. O C# fornece duas outras constantes para esse parâmetro — **`FileAccess.Read`**, para acesso somente de leitura, e **`FileAccess.ReadWrite`**, para acesso de leitura e gravação.

Boa prática de programação 17.1

*Ao abrir arquivos, use a enumeração **`FileAccess`** para controlar o acesso dos usuários a esses arquivos.*

Após o usuário digitar informações em cada **`TextBox`**, ele clica no botão **Enter**, o que chama o método **`enterButton_Click`** (linhas 88 a 147) para salvar os dados da **`TextBox`** no arquivo especificado pelo usuário. Se o usuário forneceu um número de controle válido (isto é, um inteiro maior do que zero), as linhas 112 a 118 armazenam os valores de **`TextBox`** em um objeto de tipo **`Record`**. Se o usuário forneceu dados inválidos em uma das **`TextBox`**es (como no caso do fornecimento de caracteres não numéricos no campo **Balance**), o programa lança uma exceção **`FormatException`**. O bloco **`catch`**, nas linhas 138 a 142, trata tal exceção notificando o usuário (por meio de uma **`MessageBox`**) do formato incorreto. Se o usuário forneceu dados válidos, a linha 120 grava o registro no arquivo chamando o método **Serialize** do objeto **BinaryFormatter** (instanciado na linha 27). A classe **BinaryFormatter** usa os métodos ***Serialize*** e ***Deserialize*** para gravar e ler objetos nos fluxos, respectivamente. O método **Serialize** grava a representação do objeto em um arquivo. O método **Deserialize** lê essa representação de um arquivo e reconstrói o objeto original. Os dois métodos lançam uma exceção **SerializationException**, caso ocorra um erro durante a serialização ou a desserialização (ocorrem erros quando os métodos tentam acessar fluxos ou registros que não existem). Os métodos **Serialize** e **Deserialize** exigem um objeto **Stream** (por exemplo, **FileStream**) como parâmetro, para que o **BinaryFormatter** possa acessar o arquivo correto; o **BinaryFormatter** deve receber uma instância de uma classe derivada da classe **Stream**, pois **Stream** é **abstract**. A classe **BinaryFormatter** pertence ao espaço de nomes ***System.Runtime.Serialization.Formatters.Binary***.

Erro de programação comum 17.1

Tentar referenciar um arquivo antes de abri-lo em um programa é um erro de lógica.

Quando o usuário clica no botão **Exit**, o programa chama o método **exitButton_Click** (linhas 150 a 172) para sair do aplicativo. A linha 159 fecha o objeto **FileStream**, se um tiver sido aberto, e a linha 170 sai do programa.

Dica de desempenho 17.1

Feche cada arquivo explicitamente quando o programa não precisar mais referenciar o arquivo. Isso pode reduzir a utilização de recursos em programas que continuam a executar muito tempo depois de terminar de usar um arquivo específico. A prática de fechar arquivos explicitamente também melhora a clareza do programa.

Dica de desempenho 17.2

Liberar recursos explicitamente quando eles não são mais necessários torna-os imediatamente disponíveis para reutilização pelo programa, melhorando assim a utilização de recursos.

No exemplo de execução do programa, na Figura 17.9, fornecemos informações de cinco contas (Figura 17.10). O programa não mostra como os registros de dados são representados no arquivo. Para verificar se o arquivo foi criado com êxito, na próxima seção criaremos um programa para ler e exibir o arquivo.

17.6 Lendo dados de um arquivo de acesso seqüencial

Os dados são armazenados em arquivos, para que eles possam ser recuperados para processamento quando forem necessários. A seção anterior demonstrou como criar um arquivo para uso em aplicativos de acesso seqüencial. Nesta seção discutiremos

Número da conta	Nome de batismo	Sobrenome	Saldo
`100`	`Nancy`	`Brown`	`-25,54`
`200`	`Stacey`	`Dunn`	`314,33`
`300`	`Doug`	`Barker`	`0,00`
`400`	`Dave`	`Smith`	`258,34`
`500`	`Sam`	`Stone`	`34,98`

Figura 17.10 Exemplo de dados para o programa da Figura 17.9[3].

3. Como este programa (e os subseqüentes, que usam o arquivo de dados criado nesse exemplo) adota o caractere de separador decimal do computador hospedeiro, caso ele seja executado na versão para o Brasil do Windows é necessário fornecer os valores numéricos com vírgula decimal, não ponto decimal (conforme mostrado nas telas). Caso seja usado ponto decimal, a entrada não será considerada incorreta, mas o separador decimal será ignorado (por exemplo, uma entrada de 45.03 será entendida como 4503 e mostrada assim nos programas de exemplo subseqüentes, se o mesmo arquivo for aberto). Para ver um exemplo prático, basta incluir uma entrada com ponto decimal quando estiver fornecendo dados para o arquivo; nos próximos exemplos, você verá o ponto decimal ignorado. (N.R.T.)

como ler (ou recuperar) dados seqüencialmente de um arquivo.

A classe **ReadSequentialAccessFileForm** (Figura 17.11) lê registros do arquivo criado pelo programa da Figura 17.9 e, então, exibe o conteúdo de cada registro. Boa parte do código desse exemplo é semelhante ao da Figura 17.9; portanto, discutiremos apenas os aspectos exclusivos do aplicativo.

Quando o usuário clica no botão **Open File**, o programa chama o método **openButton_Click** (linhas 40 a 70). A linha 44 instancia um objeto da classe ***OpenFileDialog***, e a linha 45 chama o método ***ShowDialog*** do objeto para apresentar a caixa de diálogo **Abrir** (veja a segunda tela capturada da Figura 17.11). O comportamento e a GUI dos dois tipos de caixa de diálogo são os mesmos (exceto que **Salvar** é substituído por **Abrir**). Se o usuário fornece um nome de arquivo válido, as linhas 63 e 64 criam um objeto **FileStream** e o atribuem à referência **input**. Passamos a constante **FileMode.Open** como segundo argumento para o construtor de **FileStream**. Essa constante indica que o **FileStream** deve abrir o arquivo, caso ele exista, ou deve lançar uma exceção **FileNotFoundException**, caso ele não exista. (Nesse exemplo, o construtor de **FileStream** não lançará uma exceção **FileNotFoundException**, pois **OpenFileDialog** exige que o usuário forneça um nome de um arquivo existente.) No último exemplo (Figura 17.9) gravamos texto no arquivo usando um objeto **FileStream** com acesso somente de gravação. Nesse exemplo (Figura 17.11) especificamos acesso somente de leitura para o arquivo, passando a constante **FileAccess.Read** como terceiro argumento para o construtor de **FileStream**.

Dica de teste e depuração 17.1

*Abra um arquivo com o modo de abertura de arquivo **FileAccess.Read**, se o conteúdo do arquivo não deve ser modificado. Isso impedirá a modificação não intencional do conteúdo do arquivo.*

Quando o usuário clica no botão **Next Record**, o programa chama o método **nextButton_Click** (linhas 73 a 113), que lê o próximo registro do arquivo especificado pelo usuário. (O usuário deve clicar em **Next Record** após abrir o arquivo para ver o primeiro registro.) As linhas 80 e 81 chamam o método **Deserialize** do objeto **BinaryFormatter** para ler o próximo registro. O método **Deserialize** lê os dados e converte o resultado para um **Record** — essa conversão é necessária, pois **Deserialize** retorna uma referência de tipo **Object**. As linhas 84 a 91 exibem então os valores de **Record** em **TextBox**es. Quando o método **Deserialize** tenta desserializar um registro que não existe no arquivo (isto é, o programa já exibiu todos os registros do arquivo), o método lança uma exceção **SerializationException**. O bloco **catch** (linhas 95 a 111) que manipula essa exceção fecha o objeto **FileStream** (linha 98) e notifica o usuário de que não existem mais registros (linhas 109 e 110).

Para recuperar dados seqüencialmente de um arquivo, os programas normalmente começam no início do arquivo, lendo dados consecutivamente até que os dados desejados sejam encontrados. Às vezes é necessário processar um arquivo seqüencialmente várias vezes (desde o início do arquivo) durante a execução de um programa. Um objeto **FileStream** pode reposicionar seu *ponteiro de posição no arquivo* (que contém o número do próximo byte a ser lido ou gravado no arquivo) em qualquer lugar do arquivo — mostraremos esse recurso quando apresentarmos os aplicativos de processamento de arquivos de acesso aleatório. Quando um objeto **FileStream** é aberto, seu ponteiro de posição no arquivo é configurado como zero (isto é, o início do arquivo).

```
1   // Fig. 17.11: ReadSequentialAccessFile.cs
2   // Lendo um arquivo de acesso seqüencial.
3
4   // espaço de nomes do C#
5   using System;
6   using System.Drawing;
7   using System.Collections;
8   using System.ComponentModel;
9   using System.Windows.Forms;
10  using System.Data;
11  using System.IO;
12  using System.Runtime.Serialization.Formatters.Binary;
13  using System.Runtime.Serialization;
14
15  // espaço de nomes da Deitel
```

Figura 17.11 Lendo arquivos de acesso seqüencial. (Parte 1 de 5.)

```
using BankLibrary;

public class ReadSequentialAccessFileForm : BankUIForm
{
   System.Windows.Forms.Button openButton;
   System.Windows.Forms.Button nextButton;

   private System.ComponentModel.Container components = null;

   // fluxo por meio do qual os dados serializáveis são lidos do arquivo
   private FileStream input;

   // objeto para desserializar Record no formato binário
   private BinaryFormatter reader = new BinaryFormatter();

   [STAThread]
   static void Main()
   {
      Application.Run( new ReadSequentialAccessFileForm() );
   }

   // código gerado pelo Visual Studio .NET

   // chamado quando o usuário clica no botão Open File
   private void openButton_Click(
      object sender, System.EventArgs e )
   {
      // cria uma caixa de diálogo permitindo que o usuário abra o arquivo
      OpenFileDialog fileChooser = new OpenFileDialog();
      DialogResult result = fileChooser.ShowDialog();
      string fileName; // nome de arquivo contendo dados

      // sai do manipulador de evento se o usuário clicou em Cancelar
      if ( result == DialogResult.Cancel )
         return;

      // obtém nome do arquivo especificado
      fileName = fileChooser.FileName;
      ClearTextBoxes();

      // mostra erro se o usuário especificou um arquivo inválido
      if ( fileName == "" || fileName == null )
         MessageBox.Show( "Invalid File Name", "Error",
            MessageBoxButtons.OK, MessageBoxIcon.Error );
      else
      {
         // cria FileStream para obter acesso de leitura ao arquivo
         input = new FileStream( fileName, FileMode.Open,
            FileAccess.Read );

         // ativa o botão de próximo registro (Next Record)
         nextButton.Enabled = true;
      }

   } // fim do método openButton_Click

   // chamado quando o usuário clica no botão Next Record
   private void nextButton_Click(
      object sender, System.EventArgs e )
```

Figura 17.11 Lendo arquivos de acesso seqüencial. (Parte 2 de 5.)

```
   {
      // desserializa Record e armazena dados em TextBox
      try
      {
         // obtém o próximo registro disponível no arquivo
         Record record =
            ( Record )reader.Deserialize( input );

         // armazena valores de Record no array de string temporário
         string[] values = new string[] {
            record.Account.ToString(),
            record.FirstName.ToString(),
            record.LastName.ToString(),
            record.Balance.ToString() };

         // copia valores do array de string nos valores de TextBox
         SetTextBoxValues( values );
      }

      // trata a exceção quando não existem registros no arquivo
      catch( SerializationException )
      {\
         // fecha FileStream se não existem registros no arquivo
         input.Close();

         // ativa o botão Open Record
         openButton.Enabled = true;

         // desativa o botão Next Record
         nextButton.Enabled = false;

         ClearTextBoxes();

         // notifica o usuário se não houver registros no arquivo
         MessageBox.Show( "No more records in file", "",
            MessageBoxButtons.OK, MessageBoxIcon.Information );
      }

   } // fim do método nextButton_Click

} // fim da classe ReadSequentialAccessFileForm
```

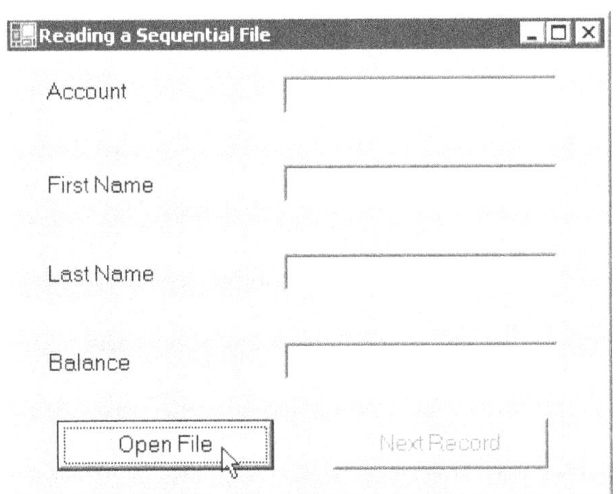

Figura 17.11 Lendo arquivos de acesso seqüencial. (Parte 3 de 5.)

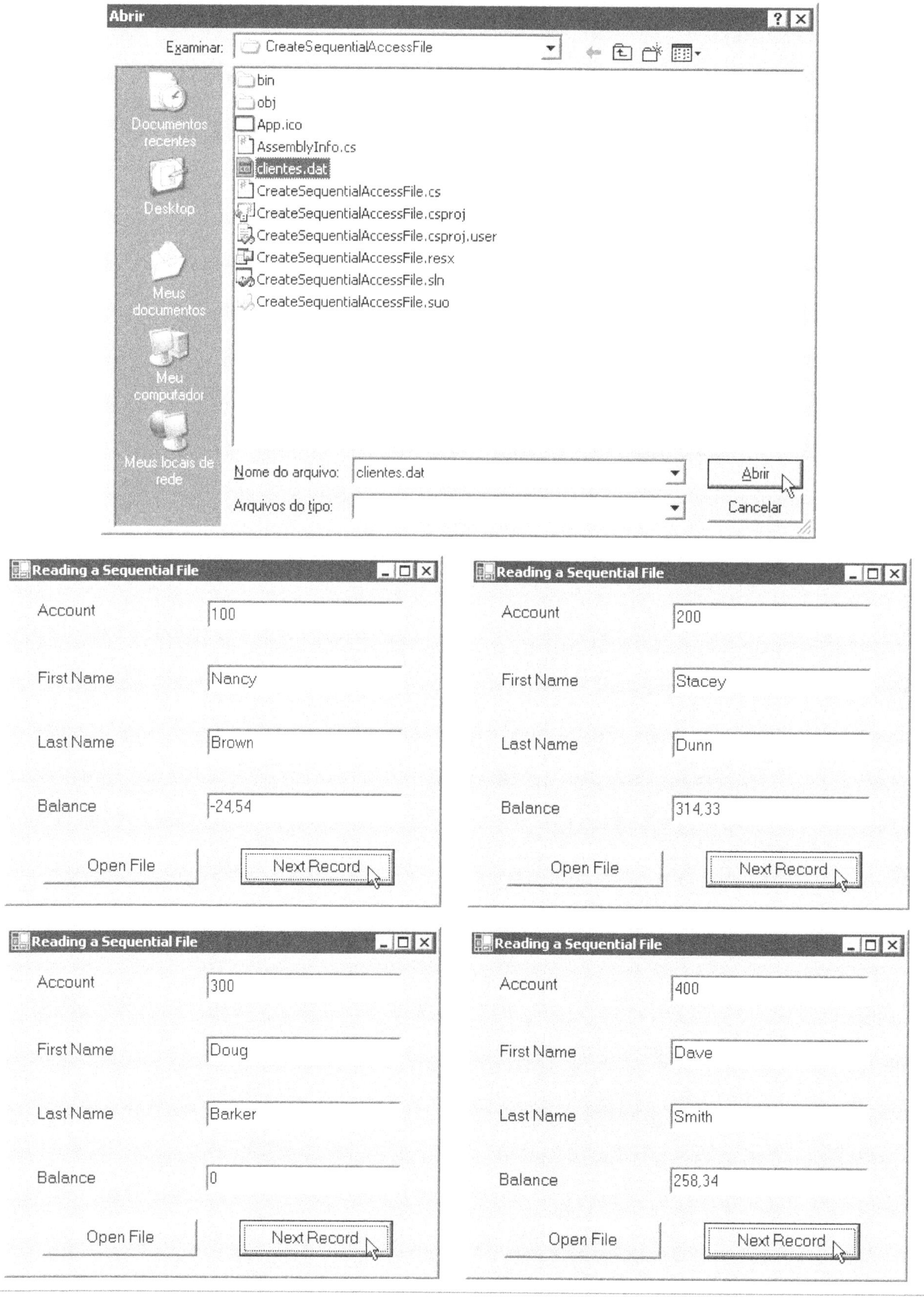

Figura 17.11 Lendo arquivos de acesso seqüencial. (Parte 4 de 5.)

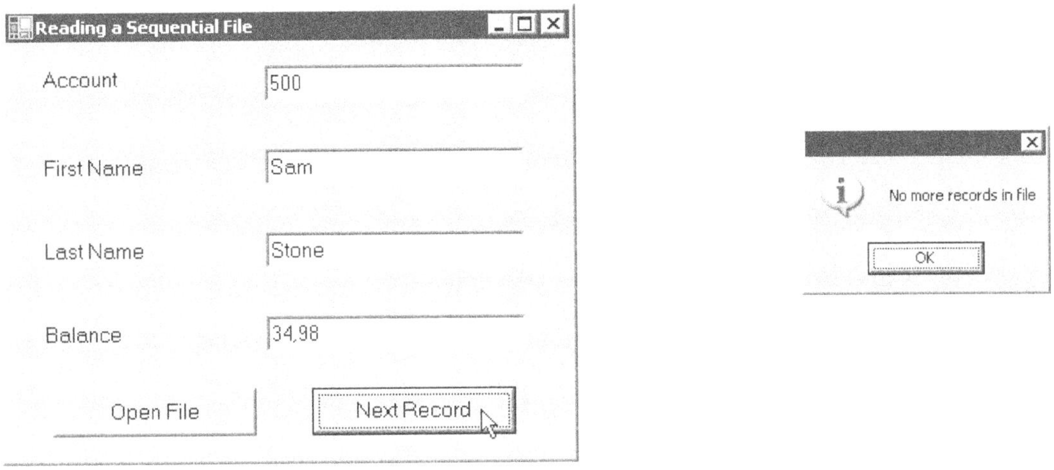

Figura 17.11 Lendo arquivos de acesso seqüencial. (Parte 5 de 5.)

Dica de desempenho 17.3

É demorado fechar e reabrir um arquivo para mover o ponteiro de posição no arquivo para o início do arquivo. Fazer isso com freqüência pode diminuir o desempenho do programa.

Agora apresentaremos um programa mais substancial, que complementa as noções empregadas na Figura 17.11. A classe **`creditInquiryForm`** (Figura 17.12) é um programa de consulta a crédito que permite a um gerente de crédito apresentar informações de conta dos clientes com crédito (isto é, clientes para quem a empresa deve dinheiro), saldo zero (isto é, clientes que não devem dinheiro para a empresa) e débito (isto é, clientes que devem dinheiro para a empresa por bens ou serviços recebidos). Note que a linha 21 declara uma ***`RichTextBox`*** que exibirá as informações da conta. As **`RichTextBox`**es fornecem mais funcionalidade do que as **`TextBox`**es normais — por exemplo, as **`RichTextBox`**es oferecem o método ***`Find`***, para procurar strings individuais, e o método ***`LoadFile`***, para exibir o conteúdo do arquivo. A classe **`RichTextBox`** não herda da classe **`TextBox`**; em vez disso, as duas classes herdam diretamente da classe **`abstract`** ***`System.Windows.Forms.TextBoxBase`***. Usamos uma **`RichTextBox`** nesse exemplo porque ela apresenta múltiplas linhas de texto como padrão, enquanto uma **`TextBox`** normal exibe apenas uma. Como alternativa, poderíamos ter especificado que um objeto **`TextBox`** apresenta várias linhas de texto configurando sua propriedade **`Multiline`** como **`true`**.

```
1  // Fig. 17.12: CreditInquiry.cs
2  // Lê um arquivo seqüencialmente e exibe o conteúdo baseado no
3  // tipo de conta especificado pelo usuário (crédito, débito ou saldo zero).
4
5  // espaço de nomes do C#
6  using System;
7  using System.Drawing;
8  using System.Collections;
9  using System.ComponentModel;
10 using System.Windows.Forms;
11 using System.Data;
12 using System.IO;
13 using System.Runtime.Serialization.Formatters.Binary;
14 using System.Runtime.Serialization;
15
16 // espaço de nomes da Deitel
17 using BankLibrary;
```

Figura 17.12 Programa de consulta a crédito. (Parte 1 de 6.)

```

public class CreditInquiryForm : System.Windows.Forms.Form
{
   private System.Windows.Forms.RichTextBox displayTextBox;

   private System.Windows.Forms.Button doneButton;
   private System.Windows.Forms.Button zeroButton;
   private System.Windows.Forms.Button debitButton;
   private System.Windows.Forms.Button creditButton;
   private System.Windows.Forms.Button openButton;

   private System.ComponentModel.Container components = null;

   // fluxo por meio do qual os dados serializáveis são lidos do arquivo
   private FileStream input;

   // objeto para desserializar o Record no formato binário
   BinaryFormatter reader = new BinaryFormatter();

   // nome do arquivo que armazena créditos, débitos e saldo zero
   private string fileName;

   [STAThread]
   static void Main()
   {
      Application.Run( new CreditInquiryForm() );
   }

   // código gerado pelo Visual Studio .NET

   // chamado quando o usuário clica no botão Open File
   private void openButton_Click(
      object sender, System.EventArgs e )
   {
      // cria uma caixa de diálogo permitindo que o usuário abra o arquivo
      OpenFileDialog fileChooser = new OpenFileDialog();
      DialogResult result = fileChooser.ShowDialog();

      // sai do manipulador de evento se o usuário clicou em Cancelar
      if ( result == DialogResult.Cancel )
         return;

      // obtém o nome do usuário
      fileName = fileChooser.FileName;

      // mostra erro se o usuário especificou um arquivo inválido
      if ( fileName == "" || fileName == null )
         MessageBox.Show( "Invalid File Name", "Error",
            MessageBoxButtons.OK, MessageBoxIcon.Error );
      else
      {
         // ativa todos os botões da GUI, exceto o botão Open File
         openButton.Enabled = false;
         creditButton.Enabled = true;
         debitButton.Enabled = true;
```

Figura 17.12 Programa de consulta a crédito. (Parte 2 de 6.)

```
         zeroButton.Enabled = true;
      }

   } // fim do método openButton_Click

   // chamado quando o usuário clica no botão de crédito,
   // débito ou saldo zero
   private void get_Click( object sender, System.EventArgs e )
   {
      // converte sender explicitamente para um objeto de tipo Button
      Button senderButton = ( Button )sender;

      // obtém o texto de Button clicado, o qual armazena o tipo da conta
      string accountType = senderButton.Text;

      // lê e exibe informações do arquivo
      try
      {
         // fecha o arquivo da operação anterior
         if ( input != null )
            input.Close();

         // cria FileStream para obter acesso de leitura ao arquivo
         input = new FileStream( fileName, FileMode.Open,
            FileAccess.Read );

         displayTextBox.Text = "The accounts are:\r\n";

         // percorre o arquivo até o final
         while ( true )
         {
            // obtém o próximo registro disponível no arquivo
            Record record = ( Record )reader.Deserialize( input );

            // armazena o último campo do registro
            Double balance = record.Balance;

            // determina se vai exibir o saldo
            if ( ShouldDisplay( balance, accountType ) )
            {
               // exibe o registro
               string output = record.Account + "\t" +
                  record.FirstName + "\t" + record.LastName +
                  new string( ' ', 6 ) + "\t";

               // exibe o saldo com o formato monetário correto
               output += String.Format(
                  "{0:F}", balance ) + "\r\n";

               // copia a saída na tela
               displayTextBox.Text += output;
            }
         }
      }

```

Figura 17.12 Programa de consulta a crédito. (Parte 3 de 6.)

```
         // trata a exceção quando o arquivo não pode ser fechado
         catch( IOException )
         {
            MessageBox.Show( "Cannot Close File", "Error",
               MessageBoxButtons.OK, MessageBoxIcon.Error );
         }

         // trata a exceção quando não existem mais registros
         catch( SerializationException )
         {
            // fecha FileStream se não houver mais registros no arquivo
            input.Close();
         }

      } // fim do método get_Click

      // determina se vai exibir o registro dado
      private bool ShouldDisplay( double balance, string accountType )
      {
         if ( balance > 0 )
         {
            // exibe os saldos
            if ( accountType == "Credit Balances" )
               return true;
         }

         else if ( balance < 0 )
         {
            // exibe os débitos
            if ( accountType == "Debit Balances" )
               return true;
         }

         else  // saldo == 0
         {
            // exibe saldos zero
            if ( accountType == "Zero Balances" )
               return true;
         }

         return false;

      } // fim do método ShouldDisplay

      // chamado quando o usuário clica no botão Done
      private void doneButton_Click(
         object sender, System.EventArgs e )
      {
         // determina se o arquivo existe
         if ( input != null )
         {
            // fecha o arquivo
            try
            {
               input.Close();
```

Figura 17.12 Programa de consulta a crédito. (Parte 4 de 6.)

```
            }

            // trata a exceção se FileStream não existe
            catch( IOException )
            {
               // notifica o usuário de erro fechando o arquivo
               MessageBox.Show( "Cannot close file", "Error",
                  MessageBoxButtons.OK, MessageBoxIcon.Error);
            }
         }

         Application.Exit();

      } // fim do método doneButton_Click

   } // fim da classe CreditInquiryForm
```

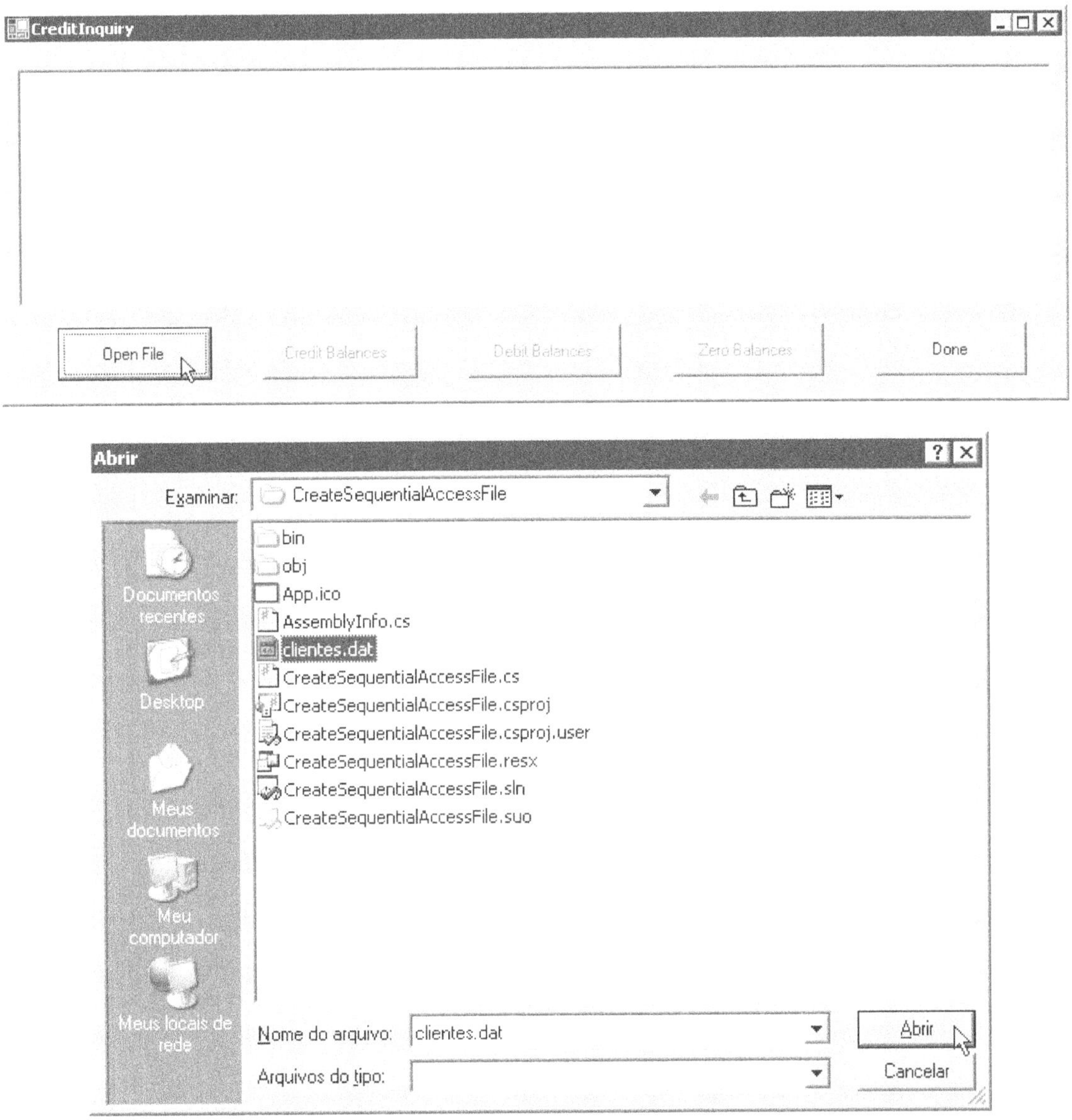

Figura 17.12 Programa de consulta a crédito. (Parte 5 de 6.)

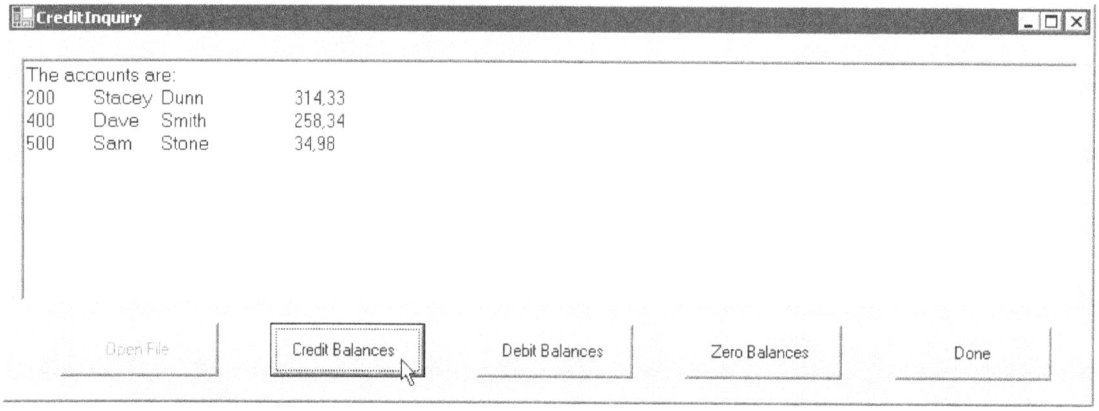

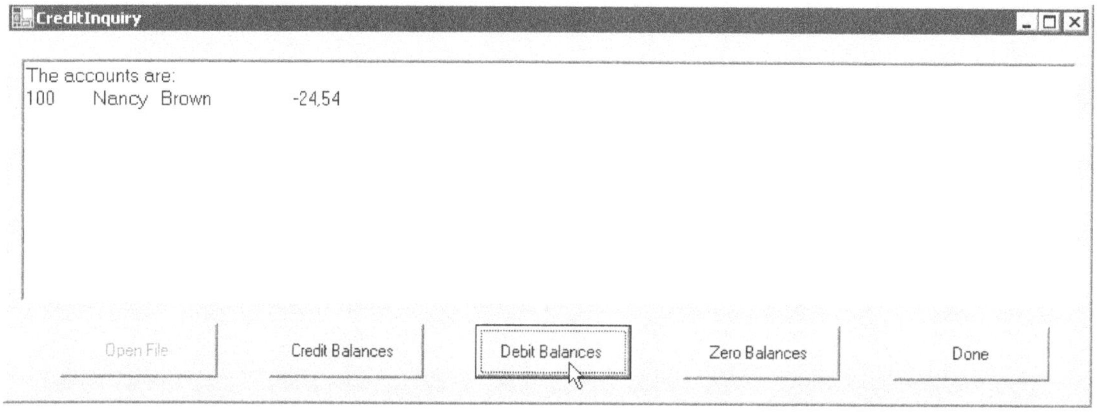

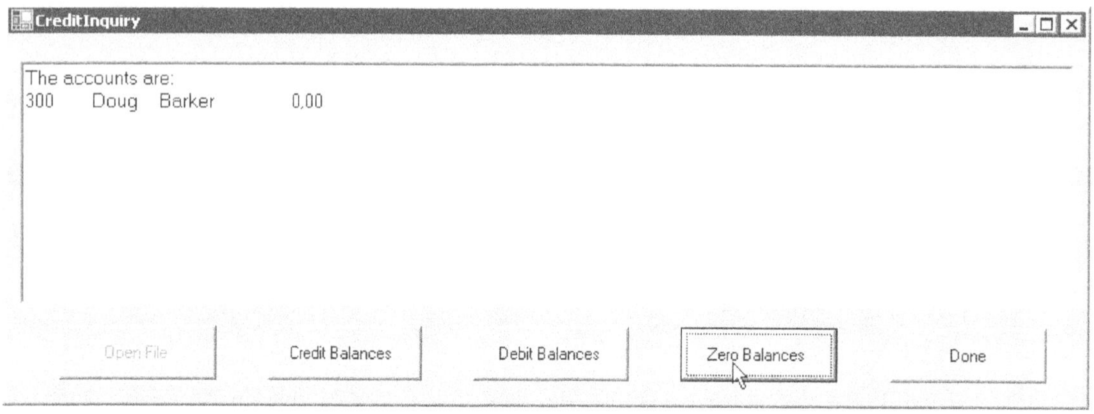

Figura 17.12 Programa de consulta a crédito. (Parte 6 de 6.)

O programa da Figura 17.12 apresenta botões que permitem a um gerente de crédito obter informações de crédito. O botão **Open File** abre um arquivo para abrir o arquivo de dados. O botão **Credit Balances** apresenta uma lista de contas que têm saldo positivo, o botão **Debit Balances** exibe uma lista de contas que estão com saldo negativo, e o botão **Zero Balances** mostra uma lista de contas que têm saldo zero. O botão **Done** termina o aplicativo.

Quando o usuário clica no botão **Open File**, o programa chama o método `openButton_Click` (linhas 49 a 76). A linha 53 instancia um objeto da classe ***`OpenFileDialog`***, e a linha 54 chama o método ***`ShowDialog`*** do objeto para apresentar a caixa de diálogo **Abrir**, na qual o usuário fornece o nome do arquivo a ser aberto.

Quando o usuário clica em **Credit Balances**, **Debit Balances** ou **Zero Balances**, o programa chama o método `get_Click` (linhas 80 a 142). A linha 83 converte o parâmetro `sender`, que é uma referência ao objeto que enviou o evento, em um objeto `Button`. A linha 86 extrai o texto do objeto `Button`, que o programa usa para determinar em qual `Button` da

GUI o usuário clicou. As linhas 96 e 97 criam um objeto **FileStream** com acesso a arquivo somente de leitura e o atribui à referência **input**. As linhas 102 a 125 definem um laço **while** que usa o método **private ShouldDisplay** (linhas 145 a 170) para determinar se vai apresentar cada registro do arquivo. O laço **while** obtém cada registro chamando repetidamente o método **Deserialize** do objeto **FileStream** (linha 105). Quando o ponteiro de posição no arquivo chega no final do arquivo, o método **Deserialize** lança uma exceção **SerializationException**, que é tratada pelo bloco **catch**, nas linhas 136 a 140. A linha 139 chama o método **Close** de **FileStream** para fechar o arquivo, e o método **get_Click** retorna.

17.7 Arquivos de acesso aleatório

Até aqui explicamos como criar arquivos de acesso seqüencial e como pesquisar esses arquivos para localizar informações específicas. Entretanto, os arquivos de acesso seqüencial são inadequados para os famosos *aplicativos de "acesso instantâneo"*, nos quais um registro em particular de informação deve ser localizado imediatamente. Os aplicativos de acesso instantâneo populares incluem sistemas de reservas aéreas, sistemas bancários, sistemas de ponto de venda, caixas automáticos e outros tipos de *sistemas de processamento de transações* que exigem rápido acesso a dados específicos. Um banco pode ter centenas de milhares ou mesmo milhões de clientes; entretanto, uma pessoa pode consultar seu saldo em um caixa eletrônico em questão de segundos. Esse tipo de acesso instantâneo se dá por meio dos *arquivos de acesso aleatório*. Os registros individuais de um arquivo de acesso aleatório podem ser acessados direta e rapidamente sem que seja necessário pesquisar grandes números de outros registros, como acontece no caso dos arquivos de acesso seqüencial. Às vezes os arquivos de acesso aleatório são chamados de *arquivos de acesso direto*.

Como vimos, o C# não impõe uma estrutura sobre os arquivos; portanto, os aplicativos que usam arquivos de acesso aleatório devem implementar o recurso de acesso aleatório. Existem muitas técnicas para criar arquivos de acesso aleatório — talvez a mais simples exige que todos os registros de um arquivo tenham um tamanho fixo e uniforme. O uso de registros de tamanho fixo permite que um programa calcule (como uma função do tamanho do registro e da chave de registro) a localização exata de qualquer registro em relação ao início do arquivo. Em breve demonstraremos como isso facilita o acesso imediato a registros específicos, mesmo em arquivos grandes.

A Figura 17.13 ilustra a organização de um arquivo de acesso aleatório composto de registros de tamanho fixo (cada registro nessa figura tem 100 bytes). O leitor pode considerar um arquivo de acesso aleatório como análogo a um trem com muitos vagões, alguns vazios e outros não.

É possível inserir dados em um arquivo de acesso aleatório sem destruir outros dados presentes no arquivo. Além disso, os dados anteriormente armazenados podem ser atualizados ou excluídos sem que seja necessário regravar o arquivo inteiro. Nas seções a seguir explicaremos como criar um arquivo de acesso aleatório, gravar dados nesse arquivo, ler dados seqüencial e aleatoriamente, atualizar dados e excluir dados que não são mais necessários.

A Figura 17.14 contém a classe **RandomAccessRecord**, que é usada nos aplicativos de processamento de arquivos de acesso aleatório deste capítulo. Essa classe também pertence à DLL **BankLibrary** — isto é, ela faz parte do projeto que contém as classes **BankUIForm** e **Record**. (Ao adicionar a classe **RandomAccessRecord** no projeto contendo **BankUIForm** e **Record**, lembre-se de reconstruir o projeto.)

Assim como a classe **Record** (Figura 17.8), a classe **RandomAccessRecord** contém membros de dados **private** (linhas 20 a 23) para armazenar informações dos registros, dois construtores para configurar esses membros com valores padrão e especificados por parâmetros, respectivamente, e propriedades para acessar esses membros. Entretanto, a classe **RandomAccessRecord** não contém o atributo **[Serializable]** antes de sua definição. Não serializamos essa classe, pois o C# não fornece um modo de obter o tamanho do objeto em tempo de execução. Isso significa que, se serializarmos a classe, não poderemos garantir um registro de tamanho fixo.

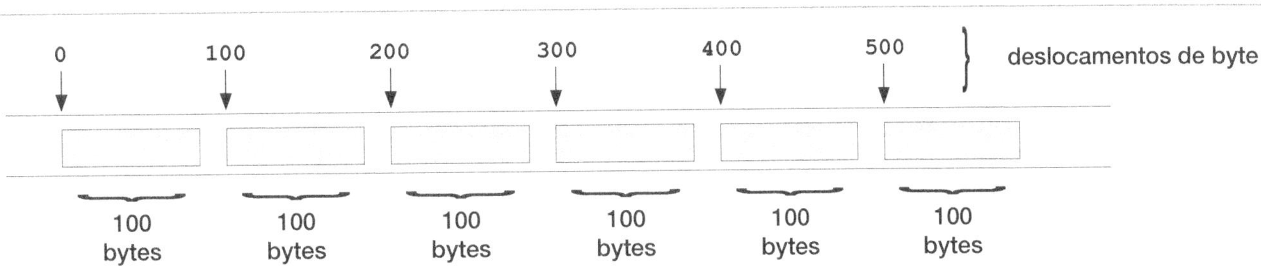

Figura 17.13 Arquivo de acesso aleatório com registros de tamanho fixo.

Em vez de serializar a classe, fixamos o tamanho dos membros de dados **private** e, em seguida, gravamos esses dados como um fluxo de bytes no arquivo. Para fixar esse tamanho, os acessores **set** das propriedades **FirstName** (linhas 58 a 91) e **LastName** (linhas 94 a 127) garantem que os membros **firstName** e **lastName** sejam arrays **char** de exatamente 15 elementos. Cada acessor **set** recebe como argumento uma **string** representando o nome de batismo e o sobrenome, respectivamente. Se o parâmetro **string** contém menos de 15 caracteres, o acessor **set** da propriedade copia os valores da **string** no array **char** e, em seguida, preenche o restante com espaços. Se o parâmetro **string** contém mais de 15 caracteres, o acessor **set** armazena apenas os primeiros 15 caracteres do parâmetro **string** no array **char**.

```
1  // Fig. 17.14: RandomAccessRecord.cs
2  // Classe de registro de dados para aplicativos de acesso aleatório.
3
4  using System;
5
6  public class RandomAccessRecord
7  {
8     // tamanho de firstName e lastName
9     private const int CHAR_ARRAY_LENGTH = 15;
10
11    private const int SIZE_OF_CHAR = 2;
12    private const int SIZE_OF_INT32 = 4;
13    private const int SIZE_OF_DOUBLE = 8;
14
15    // tamanho do registro
16    public const int SIZE = SIZE_OF_INT32 +
17       2 * ( SIZE_OF_CHAR * CHAR_ARRAY_LENGTH ) + SIZE_OF_DOUBLE;
18
19    // grava dados
20    private int account;
21    private char[] firstName = new char[ CHAR_ARRAY_LENGTH ];
22    private char[] lastName = new char[ CHAR_ARRAY_LENGTH ];
23    private double balance;
24
25    // o construtor padrão configura os membros com valores padrão
26    public RandomAccessRecord() : this( 0, "", "", 0.0 )
27    {
28    }
29
30    // o construtor sobrecarregado configura os membros com valores do parâmetro
31    public RandomAccessRecord( int accountValue,
32       string firstNameValue, string lastNameValue,
33       double balanceValue )
34    {
35       Account = accountValue;
36       FirstName = firstNameValue;
37       LastName = lastNameValue;
38       Balance = balanceValue;
39
40    } // fim do construtor
41
42    // propriedade Account
43    public int Account
44    {
45       get
46       {
47          return account;
48       }
49
```

Figura 17.14 Registro para aplicativos de processamento de arquivos de acesso aleatório. (Parte 1 de 3.)

```
         set
         {
            account = value;
         }

      } // fim da propriedade Account

      // propriedade FirstName
      public string FirstName
      {
         get
         {
            return new string( firstName );
         }

         set
         {
            // determina o tamanho do parâmetro string
            int stringSize = value.Length;

            // representação de string de firstName
            string firstNameString = value;

            // inclui espaços no final do parâmetro string se for curto demais
            if ( CHAR_ARRAY_LENGTH >= stringSize )
            {
               firstNameString = value +
                  new string( ' ', CHAR_ARRAY_LENGTH - stringSize );
            }
            else
            {
               // remove caracteres do parâmetro string se for longo demais
               firstNameString =
                  value.Substring( 0, CHAR_ARRAY_LENGTH );
            }

            // converte o parâmetro string em array de char
            firstName = firstNameString.ToCharArray();

         } // fim de set

      } // fim da propriedade FirstName

      // propriedade LastName
      public string LastName
      {
         get
         {
            return new string( lastName );
         }

         set
         {
            // determina o tamanho do parâmetro string
            int stringSize = value.Length;

            // representação de string de lastName
            string lastNameString = value;
```

Figura 17.14 Registro para aplicativos de processamento de arquivos de acesso aleatório. (Parte 2 de 3.)

```
108
109             // inclui espaços no final do parâmetro string se for curto demais
110             if ( CHAR_ARRAY_LENGTH >= stringSize )
111             {
112                lastNameString = value +
113                   new string( ' ', CHAR_ARRAY_LENGTH - stringSize );
114             }
115             else
116             {
117                // remove caracteres do parâmetro string se for longo demais
118                lastNameString =
119                   value.Substring( 0, CHAR_ARRAY_LENGTH );
120             }
121
122             // converte o parâmetro string em array char
123             lastName = lastNameString.ToCharArray();
124
125          } // fim de set
126
127       } // fim da propriedade LastName
128
129       // propriedade Balance
130       public double Balance
131       {
132          get
133          {
134             return balance;
135          }
136
137          set
138          {
139             balance = value;
140          }
141
142       } // fim da propriedade Balance
143
144    } // fim da classe RandomAccessRecord
```

Figura 17.14 Registro para aplicativos de processamento de arquivos de acesso aleatório. (Parte 3 de 3.)

As linhas 16 e 17 declaram **const SIZE**, que especifica o tamanho do registro. Cada registro contém **account** (**int** de 4 bytes), **firstName** e **lastName** (dois arrays **char** de 15 elementos, em que cada **char** ocupa dois bytes, resultando em um total de 60 bytes) e **balance** (**double** de 8 bytes). Nesse exemplo cada registro (isto é, os quatro membros de dados **private** que nossos programas lerão e gravarão em arquivos) ocupa 72 bytes (4 + 60 + 8).

17.8 Criando um arquivo de acesso aleatório

Considere a exposição de problema a seguir, de um aplicativo de processamento de crédito:

> *Crie um programa de processamento de transações capaz de armazenar um máximo de 100 registros de tamanho fixo, para uma empresa que pode ter no máximo 100 clientes. Cada registro consiste em um número de conta (que atua como a chave de registro), um sobrenome, um nome de batismo e um saldo. O programa pode atualizar uma conta, criar uma conta e excluir uma conta.*

As próximas seções apresentarão as técnicas necessárias para criar esse programa de processamento de crédito. Agora discutiremos o programa usado para criar o arquivo de acesso aleatório que os programas das figuras 17.16 e 17.17 e o aplicativo de processamento de transações usam para manipular dados. A classe **CreateRandomAccessFile** (Figura 17.15) cria um arquivo de acesso aleatório.

O método **Main** (linhas 18 a 24) inicia o aplicativo, que cria um arquivo de acesso aleatório chamando o método definido pelo usuário **SaveFile** (linhas 27 a 104). O método **SaveFile** preenche um arquivo com 100 cópias dos valores padrão (isto é, vazios) para os membros de dados **private account**, **firstName**, **lastName** e **balance** da classe **RandomAccessRecord**. As linhas 39 e 40 criam e exibem **SaveFileDialog**, que permite ao usuário especificar o arquivo em que o programa grava dados. Usando esse arquivo, as linhas 59 e 60 instanciam o objeto **FileStream**. Note que a linha 60 passa a constante **FileMode.Create**, que cria o arquivo especificado, se ele não existir, ou sobrescreve o arquivo especificado, se ele existir. As linhas 63 e 64 configuram o tamanho de **FileStream**, que é igual ao tamanho de um objeto **RandomAccessRecord** individual (obtido por meio da constante **RandomAccessRecord.SIZE**), multiplicado pelo número de registros que queremos copiar (obtido por meio da constante **NUMBER_OF_RECORDS** na linha 15, que configuramos com o valor **100**).

```
1  // Fig. 17.15: CreateRandomAccessFile.cs
2  // Criando um arquivo aleatório.
3
4  // espaço de nomes do C#
5  using System;
6  using System.IO;
7  using System.Windows.Forms;
8
9  // espaço de nomes da Deitel
10 using BankLibrary;
11
12 class CreateRandomAccessFile
13 {
14    // número de registros a gravar no disco
15    private const int NUMBER_OF_RECORDS = 100;
16
17    [STAThread]
18    static void Main(string[] args)
19    {
20       // cria arquivo aleatório e depois salva em disco
21       CreateRandomAccessFile file = new CreateRandomAccessFile();
22       file.SaveFile();
23
24    } // fim do método Main
25
26    // grava registros no disco
27    private void SaveFile()
28    {
29       // registro para gravar em disco
30       RandomAccessRecord blankRecord = new RandomAccessRecord();
31
32       // fluxo por meio do qual os dados serializáveis são gravados no arquivo
33       FileStream fileOutput = null;
34
35       // fluxo para gravar bytes no arquivo
36       BinaryWriter binaryOutput = null;
37
38       // cria uma caixa de diálogo permitindo que o usuário salve o arquivo
39       SaveFileDialog fileChooser = new SaveFileDialog();
40       DialogResult result = fileChooser.ShowDialog();
41
42       // obtém o nome do arquivo do usuário
43       string fileName = fileChooser.FileName;
44
```

Figura 17.15 Criando arquivos para aplicativos de processamento de arquivos de acesso aleatório. (Parte 1 de 3.)

```
         // sai do manipulador de evento se o usuário clicou em Cancelar
         if ( result == DialogResult.Cancel )
            return;

         // mostra erro se o usuário especificou um arquivo inválido
         if ( fileName == "" || fileName == null )
            MessageBox.Show("Invalid File Name", "Error",
               MessageBoxButtons.OK, MessageBoxIcon.Error);
         else
         {
            // grava registros no arquivo
            try
            {
               // cria FileStream para conter registros
               fileOutput = new FileStream( fileName,
                  FileMode.Create, FileAccess.Write );

               // configura o tamanho do arquivo
               fileOutput.SetLength( RandomAccessRecord.SIZE *
                  NUMBER_OF_RECORDS );

               // cria objeto para gravar bytes no arquivo
               binaryOutput = new BinaryWriter( fileOutput );

               // grava registros vazios no arquivo
               for ( int i = 0; i < NUMBER_OF_RECORDS; i++ )
               {
                  // configura o ponteiro de posição no arquivo do arquivo
                  fileOutput.Position = i * RandomAccessRecord.SIZE;

                  // grava registro em branco no arquivo
                  binaryOutput.Write( blankRecord.Account );
                  binaryOutput.Write( blankRecord.FirstName );
                  binaryOutput.Write( blankRecord.LastName );
                  binaryOutput.Write( blankRecord.Balance );
               }

               // notifica o usuário do êxito
               MessageBox.Show("File Created", "Success",
                  MessageBoxButtons.OK, MessageBoxIcon.Information);
            }

            // trata a exceção se ocorrer erro durante a gravação
            catch( IOException )
            {
               // notifica o usuário do erro
               MessageBox.Show( "Cannot write to file", "Error",
                  MessageBoxButtons.OK, MessageBoxIcon.Error );
            }
         }

         // fecha FileStream
         if ( fileOutput == null )
            fileOutput.Close();

         // fecha BinaryWriter
```

Figura 17.15 Criando arquivos para aplicativos de processamento de arquivos de acesso aleatório. (Parte 2 de 3.)

```
101        if ( binaryOutput == null )
102           binaryOutput.Close();
103
104     } // fim do método SaveFile
105 } // fim da classe CreateRandomAccessFile
```

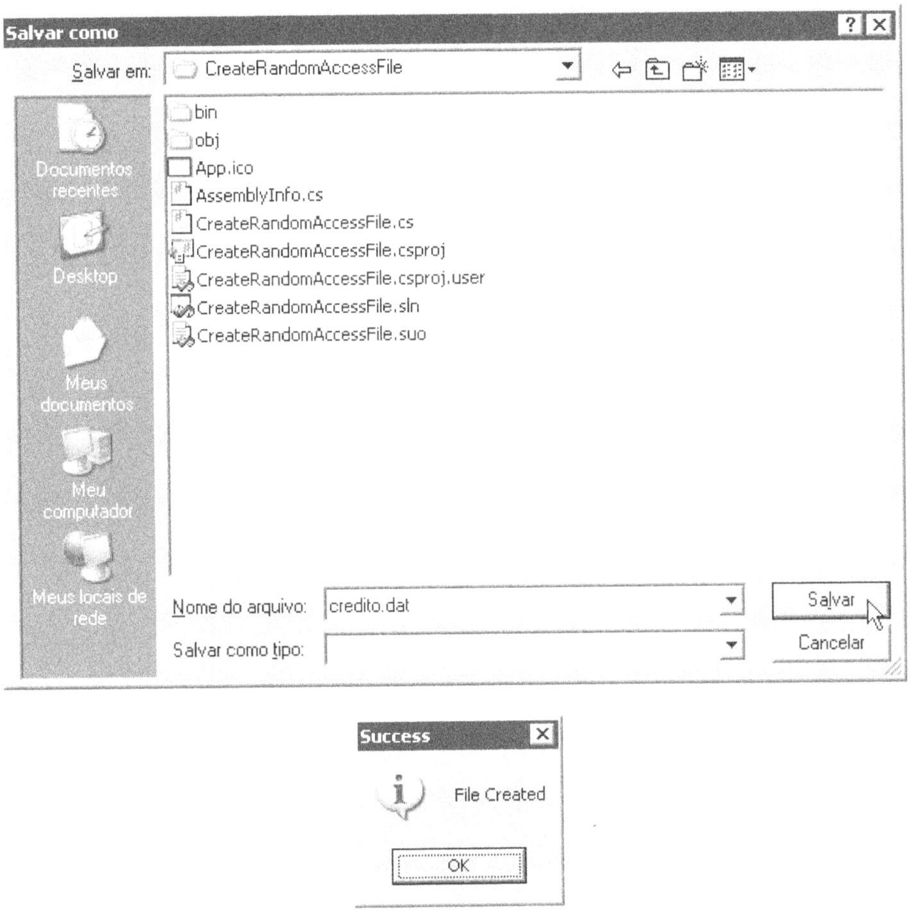

Figura 17.15 Criando arquivos para aplicativos de processamento de arquivos de acesso aleatório. (Parte 3 de 3.)

Agora precisamos de um meio de gravar bytes em um arquivo. A classe ***BinaryWriter*** do espaço de nomes **System.IO** fornece métodos para gravar bytes em fluxos. O construtor de **BinaryWriter** recebe como argumento uma referência para uma instância da classe **System.IO.Stream**, por meio da qual o objeto **BinaryWriter** pode gravar bytes. A classe **FileStream** fornece métodos para gravar fluxos em arquivos e herda da classe **Stream**; portanto, podemos passar o objeto **FileStream** como um argumento para o construtor de **BinaryWriter** (linha 67). Agora, podemos usar o objeto **BinaryWriter** para gravar bytes diretamente no arquivo.

As linhas 70 a 80 preenchem o arquivo com cem cópias dos valores de registro vazios (isto é, valores padrão para membros de dados **private** da classe **RandomAccessRecord**). A linha 73 muda o ponteiro de posição no arquivo para especificar o ponto do arquivo em que se vai gravar o próximo registro vazio. Agora que estamos trabalhando com um arquivo de acesso aleatório, devemos configurar o ponteiro de arquivo explicitamente, usando a propriedade **Position** do objeto **FileStream**. Essa propriedade recebe como argumento um valor **long**, descrevendo onde vai posicionar o ponteiro com relação ao início do arquivo — nesse exemplo configuramos o ponteiro, de modo que ele avance um número de bytes igual ao tamanho do registro (obtido por **RandomAccessRecord.SIZE**). As linhas 76 a 79 chamam o método **Write** do objeto **BinaryWriter** para gravar os dados. O método **Write** é um método sobrecarregado que recebe como argumento qualquer tipo de dados primitivo e depois grava esse tipo em um fluxo de bytes. Após o término do laço **for**, as linhas 97 a 102 fecham os objetos **FileStream** e **BinaryWriter**.

17.9 Gravando dados aleatoriamente em um arquivo de acesso aleatório

Agora que já criamos um arquivo de acesso aleatório, usaremos a classe **WriteRandomAccessFileForm** (Figura 17.16) para gravar dados nele. Quando um usuário clica no botão **Open File**, o programa chama o método **openButton_Click** (linhas 41 a 84), que apresenta **OpenFileDialog** para especificar o arquivo no qual vamos serializar dados (linhas 45 e 46); o programa usa então o arquivo especificado para criar um objeto **FileStream** com acesso somente de gravação (linhas 65 e 66). A linha 69 usa a referência **FileStream** para instanciar um objeto da classe **BinaryWriter**, permitindo que o programa grave bytes em arquivos. Usamos a mesma estratégia quando trabalhamos com a classe **CreateRandomAccessFile** (Figura 17.15).

O usuário fornece valores em **TextBox** para o número da conta, nome de batismo, sobrenome e saldo. Quando o usuário clica no botão **Enter**, o programa chama o método **enterButton_Click** (linhas 87 a 139), que grava os dados de **TextBox** no arquivo. A linha 91 chama o método **GetTextBoxValues** (fornecido pela classe base **BankUIForm**) para recuperar os dados. As linhas 104 e 105 determinam se **TextBox Account Number** contém informações válidas (isto é, o número da conta está no intervalo de **1** a **100**).

```
1   // Fig. 17.16: WriteRandomAccessFile.cs
2   // Grava dados em um arquivo de acesso aleatório.
3
4   // espaço de nomes do C#
5   using System;
6   using System.Drawing;
7   using System.Collections;
8   using System.ComponentModel;
9   using System.Windows.Forms;
10  using System.Data;
11  using System.IO;
12
13  // espaço de nomes da Deitel
14  using BankLibrary;
15
16  public class WriteRandomAccessFileForm : BankUIForm
17  {
18     private System.Windows.Forms.Button openButton;
19     private System.Windows.Forms.Button enterButton;
20
21     private System.ComponentModel.Container components = null;
22
23     // número de RandomAccessRecords a gravar no disco
24     private const int NUMBER_OF_RECORDS = 100;
25
26     // fluxo por meio do qual os dados são gravados no arquivo
27     private FileStream fileOutput;
28
29     // fluxo para gravar bytes no arquivo
30     private BinaryWriter binaryOutput;
31
32     [STAThread]
33     static void Main()
34     {
35        Application.Run( new WriteRandomAccessFileForm() );
36     }
37
38     // código gerado pelo Visual Studio .NET
39
40     // chamado quando o usuário clica no botão Open File
41     private void openButton_Click(
```

Figura 17.16 Gravando registros em arquivos de acesso aleatório. (Parte 1 de 5.)

```
         object sender, System.EventArgs e )
      {
         // cria uma caixa de diálogo permitindo que o usuário abra arquivo
         OpenFileDialog fileChooser = new OpenFileDialog();
         DialogResult result = fileChooser.ShowDialog();

         // obtém o nome do arquivo do usuário
         string fileName = fileChooser.FileName;

         // sai do manipulador de evento se o usuário clicou em Cancelar
         if ( result == DialogResult.Cancel )
            return;

         // mostra erro se o usuário especificou um arquivo invalido
         if ( fileName == "" || fileName == null )
            MessageBox.Show("Invalid File Name", "Error",
               MessageBoxButtons.OK, MessageBoxIcon.Error);
         else
         {
            // abre o arquivo se ele já existe
            try
            {
               // cria FileStream para conter registros
               fileOutput = new FileStream( fileName,
                  FileMode.Open, FileAccess.Write );

               // cria objeto para gravar bytes no arquivo
               binaryOutput = new BinaryWriter( fileOutput );

               // desativa o botão Open File e ativa o botão Enter
               openButton.Enabled = false;
               enterButton.Enabled = true;
            }

            // notifica o usuário se o arquivo não existe
            catch( IOException )
            {
               MessageBox.Show("File Does Not Exits", "Error",
                  MessageBoxButtons.OK, MessageBoxIcon.Error);
            }
         }

      } // fim do método openButton_Click

      // chamado quando o usuário clica no botão Enter
      private void enterButton_Click(
         object sender, System.EventArgs e )
      {
         // array de string de valores TextBox
         string[] values = GetTextBoxValues();

         // determina se o campo de conta TextBox está vazio
         if ( values[ ( int )TextBoxIndices.ACCOUNT ] != "" )
         {
            // grava registro no arquivo, na posição apropriada
            try
            {
               // obtém valor do número da conta a partir de TextBox
               int accountNumber = Int32.Parse(
```

Figura 17.16 Gravando registros em arquivos de acesso aleatório. (Parte 2 de 5.)

```
               values[ ( int )TextBoxIndices.ACCOUNT ] );

            // determina se accountNumber é válido
            if ( accountNumber > 0 &&
               accountNumber <= NUMBER_OF_RECORDS )
            {
               // move o ponteiro de posição no arquivo
               fileOutput.Seek( ( accountNumber - 1 ) *
                  RandomAccessRecord.SIZE, SeekOrigin.Begin );

               // grava dados no arquivo
               binaryOutput.Write( accountNumber );
               binaryOutput.Write(
                  values[ ( int )TextBoxIndices.FIRST ] );
               binaryOutput.Write(
                  values[ ( int )TextBoxIndices.LAST ] );
               binaryOutput.Write( Double.Parse( values[
                  ( int )TextBoxIndices.BALANCE ] ) );
            }
            else
            {
               // notifica o usuário se o número da conta for inválido
               MessageBox.Show("Invalid Account Number", "Error",
                  MessageBoxButtons.OK, MessageBoxIcon.Error);
            }
         }

         // manipula exceção de formato numérico
         catch( FormatException )
         {
            // notifica o usuário se ocorrer erro ao formatar números
            MessageBox.Show("Invalid Balance", "Error",
               MessageBoxButtons.OK, MessageBoxIcon.Error );
         }
      }

      ClearTextBoxes(); // limpa valores da caixa de texto

   } // fim do método enterButton_Click

} // fim da classe WriteRandomAccessFileForm
```

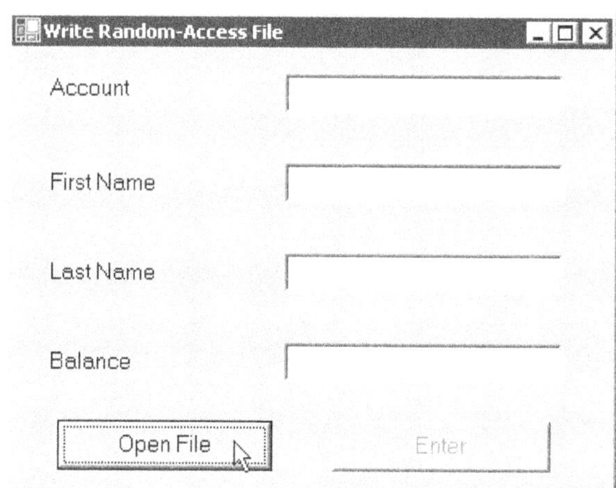

Figura 17.16 Gravando registros em arquivos de acesso aleatório. (Parte 3 de 5.)

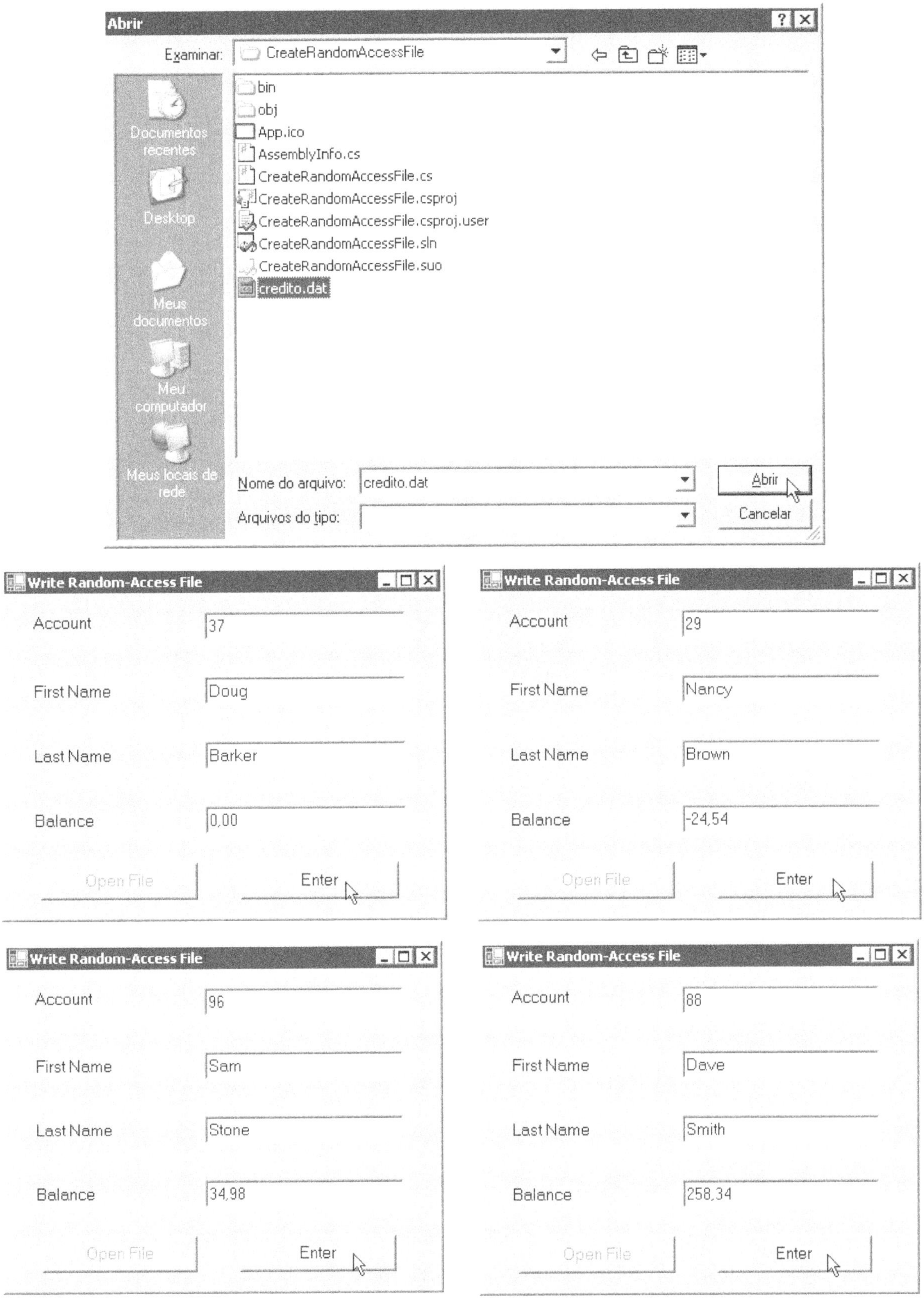

Figura 17.16 Gravando registros em arquivos de acesso aleatório. (Parte 4 de 5.)

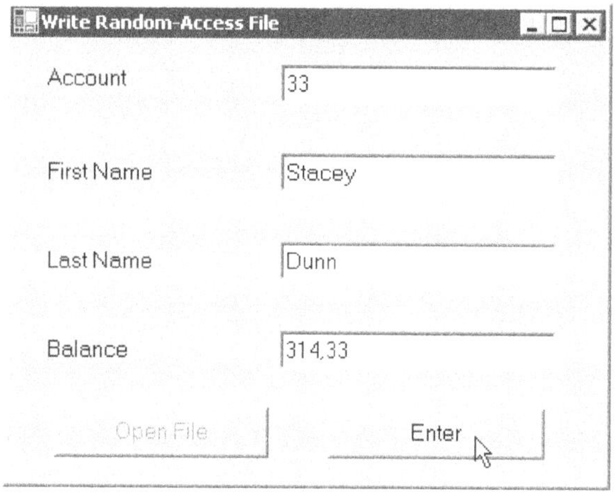

Figura 17.16 Gravando registros em arquivos de acesso aleatório. (Parte 5 de 5.)

A classe **WriteRandomAccessFileForm** deve determinar a localização no **FileStream** em que se vai inserir os dados da **TextBox**. As linhas 108 e 109 usam o método **Seek** do objeto **FileStream** para localizar um ponto exato no arquivo. Nesse caso o método **Seek** configura a posição do ponteiro de posição no arquivo do objeto **FileStream** como a posição, em termos de bytes, calculada por **(accountNumber - 1) * RandomAccessRecord.SIZE**. Como os números de conta variam de **1** a **100**, subtraímos **1** do número da conta ao calcular a posição do registro, em termos de bytes. Por exemplo, nosso uso do método **Seek** configura o ponteiro de posição no arquivo do primeiro registro como o byte 0 do arquivo (o início do arquivo). O segundo argumento do método **Seek** é um membro da enumeração ***SeekOrigin*** e especifica a posição em que o método deve começar a procurar. Usamos **const *SeekOrigin.Begin***, pois queremos que o método procure em relação ao início do arquivo. Após o programa determinar a localização do arquivo em que vai colocar o registro, as linhas 112 a 118 gravam o registro no arquivo usando o objeto **BinaryWriter** (discutido na seção anterior).

17.10 Lendo dados seqüencialmente de um arquivo de acesso aleatório

Nas seções anteriores criamos um arquivo de acesso aleatório e gravamos dados nesse arquivo. Aqui desenvolveremos um programa (Figura 17.17) que abre o arquivo, lê seus registros e exibe apenas aqueles que contêm dados (isto é, aqueles registros em que o número da conta não é zero). Esse programa fornece uma vantagem adicional. Os estudantes devem tentar determinar qual é ela — revelaremos isso no final desta seção.

```
// Fig. 17.17: ReadRandomAccessFile.cs
// Lê e exibe o conteúdo do arquivo de acesso aleatório.

// espaço de nomes do C#
using System;
using System.Drawing;
using System.Collections;
using System.ComponentModel;
using System.Windows.Forms;
using System.Data;
using System.IO;

// espaço de nomes da Deitel
using BankLibrary;

public class ReadRandomAccessFileForm : BankUIForm
{
   private System.Windows.Forms.Button openButton;
```

Figura 17.17 Lendo registros seqüencialmente de arquivos de acesso aleatório. (Parte 1 de 5.)

```
    private System.Windows.Forms.Button nextButton;

    private System.ComponentModel.Container components = null;

    // fluxo por meio do qual os dados são lidos do arquivo
    private FileStream fileInput;

    // fluxo para ler bytes do arquivo
    private BinaryReader binaryInput;

    // índice do registro atual a ser apresentado
    private int currentRecordIndex;

    [STAThread]
    static void Main()
    {
       Application.Run( new ReadRandomAccessFileForm() );
    }

    // código gerado pelo Visual Studio .NET

    // chamado quando o usuário clica no botão Open File
    private void openButton_Click(
       object sender, System.EventArgs e )
    {
       // cria uma caixa de diálogo que permite ao usuário abrir um arquivo
       OpenFileDialog fileChooser = new OpenFileDialog();
       DialogResult result = fileChooser.ShowDialog();

       // obtém nome do arquivo do usuário
       string fileName = fileChooser.FileName;

       // sai do manipulador de evento se o usuário clicou em Cancelar
       if ( result == DialogResult.Cancel )
          return;

       // mostra erro se o usuário especificou um arquivo inválido
       if ( fileName == "" || fileName == null )
          MessageBox.Show( "Invalid File Name", "Error",
             MessageBoxButtons.OK, MessageBoxIcon.Error );
       else
       {
          // cria FileStream para obter acesso de leitura para o arquivo
          fileInput = new FileStream( fileName,
             FileMode.Open, FileAccess.Read );

          // usa FileStream para BinaryWriter, para ler bytes do arquivo
          binaryInput = new BinaryReader( fileInput );

          openButton.Enabled = false; // desativa o botão Open File
          nextButton.Enabled = true;  // ativa o botão Next

          currentRecordIndex = 0;
          ClearTextBoxes();
       }

    } // fim do método openButton_Click

```

Figura 17.17 Lendo registros seqüencialmente de arquivos de acesso aleatório. (Parte 2 de 5.)

```
      // chamado quando o usuário clica no botão Next
      private void nextButton_Click(
         object sender, System.EventArgs e )
      {
         // registro para armazenar dados do arquivo
         RandomAccessRecord record = new RandomAccessRecord();

         // lê o registro e armazena dados em TextBox
         try
         {
            string[] values;   // para armazenar valores de TextBox

            // obtém próximo registro disponível no arquivo
            while( record.Account == 0 )
            {
               // configura o ponteiro de posição como o próximo registro no arquivo
               fileInput.Seek(
                  currentRecordIndex * RandomAccessRecord.SIZE, 0 );

               currentRecordIndex += 1;

               // lê dados do registro
               record.Account = binaryInput.ReadInt32();
               record.FirstName = binaryInput.ReadString();
               record.LastName = binaryInput.ReadString();
               record.Balance = binaryInput.ReadDouble();
            }

            // armazena valores do registro no array de string temporário
            values = new string[] {
               record.Account.ToString(),
               record.FirstName,
               record.LastName,
               record.Balance.ToString() };

            // copia valores do array de string nos valores de TextBox
            SetTextBoxValues( values );
         }

         // trata a exceção quando não existe nenhum registro no arquivo
         catch( IOException )
         {
            // fecha fluxos se não houver registros no arquivo
            fileInput.Close();
            binaryInput.Close();

            openButton.Enabled = true;  // ativa o botão Open File
            nextButton.Enabled = false; // desativa o botão Next
            ClearTextBoxes();

            // notifica o usuário se não existem registros no arquivo
            MessageBox.Show("No more records in file", "",
               MessageBoxButtons.OK, MessageBoxIcon.Information);
         }

      } // fim do método nextButton_Click

   } // fim da classe ReadRandomAccessFileForm
```

Figura 17.17 Lendo registros seqüencialmente de arquivos de acesso aleatório. (Parte 3 de 5.)

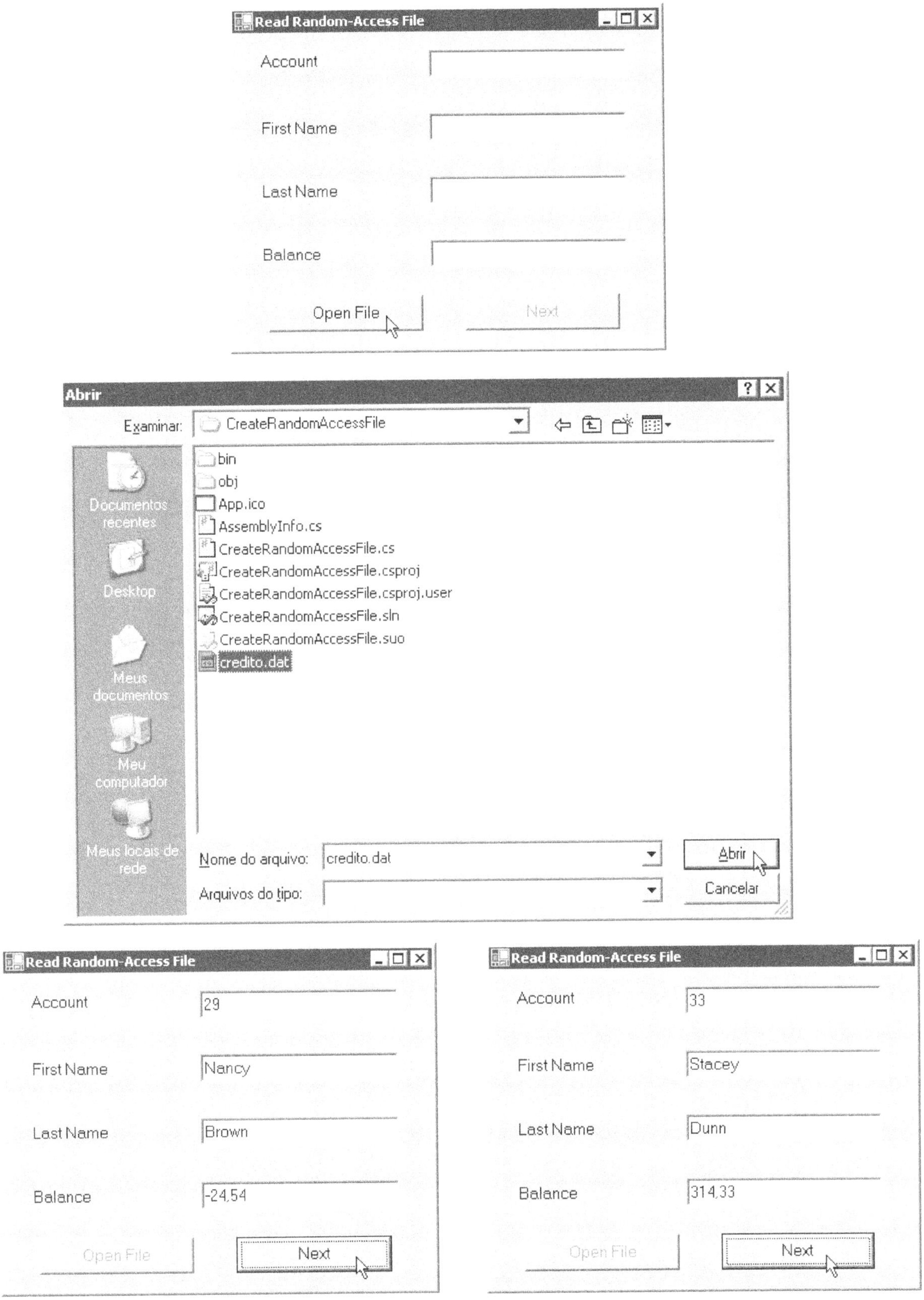

Figura 17.17 Lendo registros seqüencialmente de arquivos de acesso aleatório. (Parte 4 de 5.)

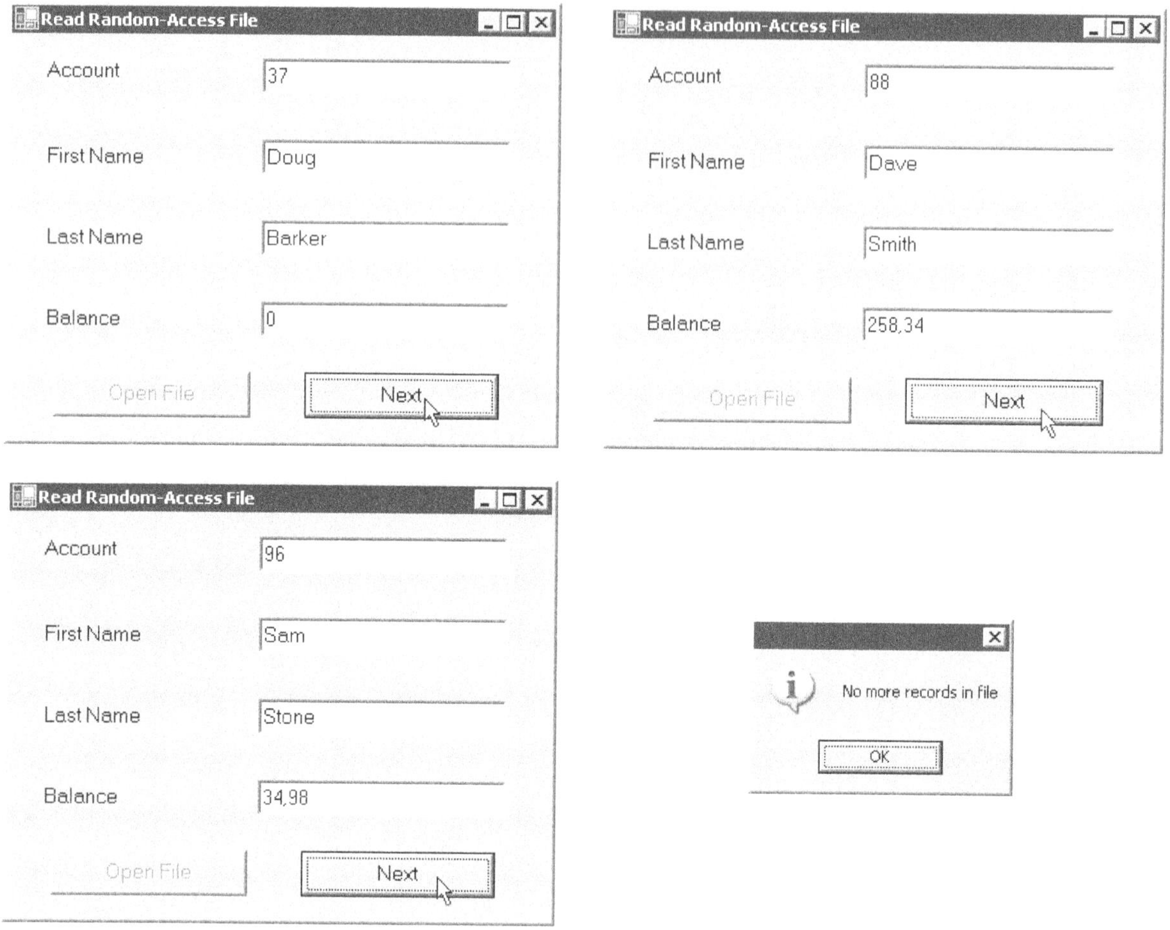

Figura 17.17 Lendo registros seqüencialmente de arquivos de acesso aleatório. (Parte 5 de 5.)

Quando o usuário clica no botão **Open File**, a classe **ReadRandomAccessFileForm** chama o método **openButton_Click** (linhas 41 a 75), que apresenta **OpenFileDialog** para especificar o arquivo do qual se vai ler dados. As linhas 62 e 63 instanciam um objeto **FileStream** que abre um arquivo com acesso somente de leitura. A linha 66 cria uma instância da classe ***BinaryReader***, que lê bytes de um fluxo. Passamos o objeto **FileStream** como argumento para o construtor de **BinaryReader**, permitindo assim que **BinaryReader** leia bytes do arquivo.

Quando o usuário clica no botão **Next**, o programa chama o método **nextButton_Click** (linhas 78 a 132), que lê o próximo registro do arquivo. A linha 82 instancia um objeto **RandomAccessRecord** para armazenar os dados do registro do arquivo. As linhas 90 a 114 definem um laço **while** que lê o arquivo até chegar a um registro que tenha um número de conta diferente de zero (**0** é o valor inicial para o número de conta). As linhas 93 e 94 chamam o método **Seek** do objeto **FileStream**, o qual move o ponteiro de posição no arquivo para o lugar apropriado no arquivo, onde o registro deve ser lido. Para fazer isso, o método **Seek** usa **int currentRecordIndex**, que armazena o número de registros que foram lidos. As linhas 99 a 102 usam o objeto **BinaryReader** para armazenar os dados do arquivo no objeto **RandomAccessRecord**. Lembre-se de que a classe **BinaryWriter** fornece métodos **Write** sobrecarregados para gravar dados. Entretanto, a classe **BinaryReader** não fornece métodos **Read** sobrecarregados para ler dados. Isso significa que devemos usar o método **ReadInt32** para ler um valor **int**, o método **ReadString** para ler uma **string** e o método **ReadDouble** para ler um valor **double**. Note que a ordem dessas chamadas a métodos deve corresponder à ordem em que o objeto **BinaryWriter** gravou cada tipo de dados. Quando o objeto **BinaryReader** lê um número de conta válido (isto é, um valor diferente de zero), o laço termina e as linhas 106 a 113 exibem os valores do registro em **TextBox**. Quando o programa tiver exibido todos os registros, o método **Seek** lançará uma exceção **IOException** (pois o método **Seek** tenta posicionar o ponteiro de posição no arquivo em um lugar que está além do marcador de final de arquivo). O bloco **catch** (linhas 117 a 130) manipula essa exceção, fechando os objetos **FileStream** e **BinaryReader** (linhas 120 e 121) e notificando o usuário de que não existem mais registros (linhas 128 e 129).

E quanto à vantagem adicional que prometemos? Se o leitor examinar a GUI quando o programa for executado, notará que ele exibe os registros em ordem crescente pelo número da conta! Essa é uma conseqüência simples do uso de nossas técnicas de acesso direto para armazenar esses registros no arquivo. Ordenar com técnicas de acesso direto é muito mais rápido do que ordenar com a ordenação de bolhas, apresentada no Capítulo 7. Obtemos essa maior velocidade tornando o arquivo suficientemente grande para conter todos os registros possíveis que o usuário possa criar. É claro que isso significa que o arquivo poderia ser mal ocupado na maioria das vezes, resultando em desperdício de armazenamento. Aqui está um outro exemplo do compromisso entre espaço e tempo: usando grandes quantidades de espaço, podemos desenvolver um algoritmo de ordenação mais rápido.

17.11 Estudo de caso: um programa de processamento de transações

Desenvolveremos agora um programa de processamento de transações considerável (figuras 17.18 a 17.23) usando um arquivo de acesso aleatório para obter processamento de "acesso instantâneo". O programa mantém informações de conta de um banco. Os usuários desse programa podem adicionar novas contas, atualizar contas existentes e excluir contas que não são mais necessárias. Primeiro discutiremos o comportamento do processamento de transações (isto é, a classe que permite a adição, a atualização e a remoção de contas). Depois discutiremos a GUI, que contém janelas que mostram as informações da conta e permitem ao usuário chamar o comportamento de processamento de transações do aplicativo.

Comportamento de processamento de transações

Neste estudo de caso, criamos a classe **Transaction** (Figura 17.18), que atua como um *proxy* ("agente") para manipular todo processamento de transações. Em vez de fornecer o comportamento de processamento de transações, os objetos desse aplicativo usam uma instância de **Transaction** para fornecer a funcionalidade necessária. Usando um proxy, podemos encapsular o comportamento de processamento de transações em apenas uma classe, permitindo que várias outras classes em nosso aplicativo reutilizem esse comportamento. Além disso, se decidirmos modificar esse comportamento, modificaremos apenas o proxy (isto é, a classe **Transaction**), em vez de modificar o comportamento de cada classe que utiliza o proxy.

A classe **Transaction** contém os métodos **OpenFile**, **GetRecord** e **AddRecord**. O método **OpenFile** (linhas 27 a 74) usa a constante **FileMode.OpenOrCreate** (linha 33) para criar um objeto **FileStream** a partir de um arquivo já existente ou de um ainda não criado. As linhas 36 a 39 usam esse objeto **FileStream** para criar objetos **BinaryReader** e **BinaryWriter** para ler e gravar bytes no arquivo, respectivamente. Se o arquivo for novo, as linhas 42 a 64 preencherão o objeto **FileStream** com registros vazios. Essas técnicas foram usadas na Seção 17.8.

```
1  // Fig. 17.18: Transaction.cs
2  // Manipula transações de registros.
3
4  // espaço de nomes do C#
5  using System;
6  using System.IO;
7  using System.Windows.Forms;
8
9  // espaço de nomes da Deitel
10 using BankLibrary;
11
12 public class Transaction
13 {
14    // número de registros a gravar no disco
15    private const int NUMBER_OF_RECORDS = 100;
16
17    // fluxo por meio do qual os dados se movem no arquivo
18    private FileStream file;
19
20    // fluxo para ler bytes do arquivo
```

Figura 17.18 Classe de transação de registro para o estudo de caso de processamento de transações. (Parte 1 de 4.)

```
   private BinaryReader binaryInput;

   // fluxo para gravar bytes no arquivo
   private BinaryWriter binaryOutput;

   // cria/abre arquivo contendo registros vazios
   public void OpenFile( string fileName )
   {
      // grava registros vazios no arquivo
      try
      {
         // cria FileStream a partir do novo arquivo ou de um arquivo existente
         file = new FileStream( fileName, FileMode.OpenOrCreate );

         // usa FileStream para BinaryWriter para ler bytes do arquivo
         binaryInput = new BinaryReader( file );

         // usa FileStream para BinaryWriter para gravar bytes no arquivo
         binaryOutput = new BinaryWriter( file );

         // determina se o arquivo acabou de ser criado
         if ( file.Length == 0 )
         {
            // registro a ser gravado no arquivo
            RandomAccessRecord blankRecord =
               new RandomAccessRecord();

            // o novo registro pode conter NUMBER_OF_RECORDS registros
            file.SetLength( RandomAccessRecord.SIZE *
               NUMBER_OF_RECORDS );

            // grava registros em branco no arquivo
            for ( int i = 0; i < NUMBER_OF_RECORDS; i++ )
            {
               // move o ponteiro de posição no arquivo para a próxima posição
               file.Position = i * RandomAccessRecord.SIZE;

               // grava registro em branco no arquivo
               binaryOutput.Write( blankRecord.Account );
               binaryOutput.Write( blankRecord.FirstName );
               binaryOutput.Write( blankRecord.LastName );
               binaryOutput.Write( blankRecord.Balance );
            }
         }
      }

      // notifica o usuário de erro durante a gravação de registros em branco
      catch( IOException )
      {
         MessageBox.Show("Cannot create file", "Error",
            MessageBoxButtons.OK, MessageBoxIcon.Error);
      }

   } // fim do método OpenFile

   // recupera registro dependendo de a conta ser válida
```

Figura 17.18 Classe de transação de registro para o estudo de caso de processamento de transações. (Parte 2 de 4.)

```
      public RandomAccessRecord GetRecord( string accountValue )
      {
         // armazena dados do arquivo associados à conta no registro
         try
         {
            // registro para armazenar dados do arquivo
            RandomAccessRecord record = new RandomAccessRecord();

            // obtém o valor do campo de conta de TextBox
            int accountNumber = Int32.Parse( accountValue );

            // se a conta for inválida, não lê dados
            if ( accountNumber < 1 ||
               accountNumber > NUMBER_OF_RECORDS )
            {
               // configura o campo de conta do registro com o número da conta
               record.Account = accountNumber;
            }

            // obtém dados do arquivo se a conta for válida
            else
            {
               // localiza a posição no arquivo onde o registro existe
               file.Seek( ( accountNumber - 1 ) *
                  RandomAccessRecord.SIZE, 0 );

               // lê dados do registro
               record.Account = binaryInput.ReadInt32();
               record.FirstName = binaryInput.ReadString();
               record.LastName = binaryInput.ReadString();
               record.Balance = binaryInput.ReadDouble();
            }

            return record;
         }

         // notifica o usuário de erro durante a leitura
         catch( IOException )
         {
            MessageBox.Show( "Cannot read file", "Error",
               MessageBoxButtons.OK, MessageBoxIcon.Error );
         }

         return null;

      } // fim do método GetRecord;

      // adiciona registro no arquivo, na posição determinada por accountNumber
      public bool AddRecord(
         RandomAccessRecord record, int accountNumber )
      {
         // grava registro no arquivo
         try
         {
            // move o ponteiro de posição no arquivo para o lugar apropriado
            file.Seek( ( accountNumber - 1 ) *
```

Figura 17.18 Classe de transação de registro para o estudo de caso de processamento de transações. (Parte 3 de 4.)

```
133                RandomAccessRecord.SIZE, 0 );
134
135             // grava dados no arquivo
136             binaryOutput.Write( record.Account );
137             binaryOutput.Write( record.FirstName );
138             binaryOutput.Write( record.LastName );
139             binaryOutput.Write( record.Balance );
140          }
141
142          // notifica o usuário se ocorrer erro durante a gravação
143          catch( IOException )
144          {
145             MessageBox.Show( "Error Writing To File", "Error",
146                MessageBoxButtons.OK, MessageBoxIcon.Error );
147
148             return false;   // falha
149          }
150
151          return true; // sucesso
152
153       } // fim do método AddRecord
154
155 } // fim da classe Transaction
```

Figura 17.18 Classe de transação de registro para o estudo de caso de processamento de transações. (Parte 4 de 4.)

O método **GetRecord** (linhas 77 a 122) retorna o registro associado ao parâmetro número da conta. A linha 83 instancia um objeto **RandomAccessRecord** que armazenará os dados do arquivo. Se o parâmetro número da conta for válido, as linhas 100 e 101 chamam o método **Seek** do objeto **FileStream**, o qual usa o parâmetro para determinar a posição do registro especificado no arquivo. Então, as linhas 104 a 107 chamam os métodos **ReadInt32**, **ReadString** e **ReadDouble** do objeto **BinaryReader** para armazenar os dados do arquivo no objeto **RandomAccessRecord**. A linha 110 retorna o objeto **RandomAccessRecord**. Usamos essas técnicas na Seção 17.10.

O método **AddRecord** (linhas 125 a 153) insere um registro no arquivo. As linhas 132 e 133 chamam o método **Seek** do objeto **FileStream**, que usa o parâmetro número da conta para localizar a posição em que deve inserir o registro no arquivo. As linhas 136 a 139 chamam os métodos **Write** sobrecarregados do objeto **BinaryWriter** para gravar os dados do objeto **RandomAccessRecord** no arquivo. Usamos essas técnicas na Seção 17.9. Note que, se ocorrer um erro ao se adicionar o registro (isto é, **FileStream** ou **BinaryWriter** lançam uma exceção **IOException**), as linhas 145 e 146 notificarão o usuário do erro e retornarão **false** (falha).

GUI de processamento de transações

A GUI desse programa usa uma interface de múltiplos documentos (MDI — Multiple-Document Interface). A classe **TransactionProcessorForm** (Figura 17.19) é a janela progenitora e contém as janelas filhas correspondentes **StartDialogForm** (Figura 17.20), **NewDialogForm** (Figura 17.22), **UpdateDialogForm** (Figura 17.21) e **DeleteDialogForm** (Figura 17.23). **StartDialogForm** permite ao usuário abrir um arquivo contendo informações de contas e dá acesso aos quadros internos **NewDialogForm**, **UpdateDialogForm** e **DeleteDialogForm**. Esses quadros permitem que os usuários atualizem, criem e excluam registros, respectivamente.

Inicialmente, **TransactionProcessorForm** exibe o objeto **StartDialogForm**; essa janela fornece ao usuário várias opções. Ela contém quatro botões, os quais permitem ao usuário criar ou abrir um arquivo, criar um registro, atualizar um registro existente ou excluir um registro existente.

```
// Fig. 17.19: TransactionProcessor.cs
// Progenitor MDI para o aplicativo de processamento de transações.

```

Figura 17.19 A classe TransactionProcessorForm executa o aplicativo de processamento de transações. (Parte 1 de 2.)

```
4   using System;
5   using System.Drawing;
6   using System.Collections;
7   using System.ComponentModel;
8   using System.Windows.Forms;
9   using System.Data;
10
11  public class TransactionProcessorForm
12     : System.Windows.Forms.Form
13  {
14     private System.ComponentModel.Container components = null;
15     private System.Windows.Forms.MdiClient MdiClient1;
16
17     // referência a StartDialog
18     private StartDialogForm startDialog;
19
20     // construtor
21     public TransactionProcessorForm()
22     {
23        // exigido para suporte do Windows Form Designer
24        InitializeComponent();
25
26        startDialog = new StartDialogForm();
27        startDialog.MdiParent = this;
28        startDialog.Show();
29     }
30
31     [STAThread]
32     static void Main()
33     {
34        Application.Run( new TransactionProcessorForm() );
35     }
36
37     // código gerado pelo Visual Studio .NET
38
39  } // fim da classe TransactionProcessorForm
```

Figura 17.19 A classe `TransactionProcessorForm` executa o aplicativo de processamento de transações. (Parte 2 de 2.)

Antes que o usuário possa modificar registros, ele deve criar ou abrir um arquivo. Quando o usuário clica no botão **New/Open File**, o programa chama o método **`openButton_Click`** (linhas 42 a 100), o qual abre um arquivo que o aplicativo utiliza para modificar registros. As linhas 46 a 62 exibem o objeto **`OpenFileDialog`** para especificar o arquivo do qual se vai ler dados e depois usa esse arquivo para criar o objeto **`FileStream`**. Note que a linha 52 configura a propriedade **`CheckFileExists`** do objeto **`OpenFileDialog`** como **`false`** — isso permite que o usuário crie um arquivo, caso o arquivo especificado não exista. Se essa propriedade fosse **`true`** (seu valor padrão), a caixa de diálogo notificaria o usuário de que o arquivo especificado não existe, impedindo-o assim de criar um arquivo.

Se o usuário especifica um nome de arquivo, a linha 73 instancia um objeto da classe **`Transaction`** (Figura 17.18), que atua como proxy para criar, ler e gravar registros nos arquivos de acesso aleatório. A linha 74 chama o método **`OpenFile`** de **`Transaction`**, que cria ou abre o arquivo especificado, dependendo de ele existir.

A classe **`StartDialogForm`** também cria janelas internas que permitem ao usuário criar, atualizar e excluir registros. Não usamos o construtor padrão criado pelo Visual Studio .NET para essas classes; em vez disso, usamos um construtor sobrecarregado que recebe como argumentos o objeto **`Transaction`** e um objeto delegado, que faz referência ao método **`ShowStartDialog`** (linhas 127 a 130). Cada janela filha usa o segundo parâmetro delegado para exibir o componente de GUI **`StartDialogForm`** quando o usuário fecha uma janela filha. As linhas 83 a 92 instanciam objetos das classes **`UpdateDialogForm`**, **`NewDialogForm`** e **`DeleteDialogForm`**, que servem como janelas filhas.

```
// Fig. 17.20: StartDialog.cs
// Caixa de diálogo inicial exibida para o usuário. Fornece botões para
// criar/abrir arquivo e para adicionar, atualizar e remover
// registros do arquivo.

// espaço de nomes do C#
using System;
using System.Drawing;
using System.Collections;
using System.ComponentModel;
using System.Windows.Forms;

// espaço de nomes da Deitel
using BankLibrary;
{
public delegate void MyDelegate();

public class StartDialogForm : System.Windows.Forms.Form
{
   private System.Windows.Forms.Button updateButton;
   private System.Windows.Forms.Button newButton;
   private System.Windows.Forms.Button deleteButton;
   private System.Windows.Forms.Button openButton;

   private System.ComponentModel.Container components = null;

   // referência à caixa de diálogo para adicionar registro
   private NewDialogForm newDialog;

   // referência à caixa de diálogo para atualizar registro
   private UpdateDialogForm updateDialog;

   // referência à caixa de diálogo para remover registro
   private DeleteDialogForm deleteDialog;

   // referência ao objeto que manipula transações
   private Transaction transactionProxy;

   // código gerado pelo Visual Studio .NET

   // chamado quando o usuário clica no botão New/Open File
   private void openButton_Click(
      object sender, System.EventArgs e )
   {
      // cria uma caixa de diálogo permitindo que o usuário crie ou abra arquivo
      OpenFileDialog fileChooser = new OpenFileDialog();
      DialogResult result;
      string fileName;

      // permite que o usuário crie arquivo, caso ele não exista
      fileChooser.Title = "Create File / Open File";
      fileChooser.CheckFileExists = false;

      // mostra a caixa de diálogo para o usuário
      result = fileChooser.ShowDialog();

      // sai do manipulador de evento se o usuário clicou em Cancelar
```

Figura 17.20 A classe `StartDialogForm` permite que os usuários acessem caixas de diálogo associadas a várias transações. (Parte 1 de 4.)

```
         if ( result == DialogResult.Cancel )
            return;

         // obtém nome do arquivo do usuário
         fileName = fileChooser.FileName;

         // mostra erro se o usuário especificou um arquivo inválido
         if ( fileName == "" || fileName == null )
            MessageBox.Show( "Invalid File Name", "Error",
               MessageBoxButtons.OK, MessageBoxIcon.Error );

         // abre ou cria arquivo, se o usuário especificou um arquivo válido
         else
         {
            // cria Transaction com o arquivo especificado
            transactionProxy = new Transaction();
            transactionProxy.OpenFile( fileName );

            // ativa os botões da GUI, exceto quanto ao botão New/Open File
            newButton.Enabled = true;
            updateButton.Enabled = true;
            deleteButton.Enabled = true;
            openButton.Enabled = false;

            // instancia a caixa de diálogo para criar registros
            newDialog = new NewDialogForm( transactionProxy,
               new MyDelegate( ShowStartDialog ) );

            // instancia a caixa de diálogo para atualizar registros
            updateDialog = new UpdateDialogForm( transactionProxy,
               new MyDelegate( ShowStartDialog ) );

            // instancia a caixa de diálogo para remover registros
            deleteDialog = new DeleteDialogForm( transactionProxy,
               new MyDelegate( ShowStartDialog ) );

            // configura StartDialog como MdiParent para as caixas de diálogo
            newDialog.MdiParent = this.MdiParent;
            updateDialog.MdiParent = this.MdiParent;
            deleteDialog.MdiParent = this.MdiParent;
         }

      } // fim do método openButton_Click

      // chamado quando o usuário clica no botão New Record
      private void newButton_Click(
         object sender, System.EventArgs e )
      {
         Hide(); // oculta StartDialog
         newDialog.Show(); // exibe NewDialog

      } // fim do método newButton_Click

      private void updateButton_Click(
         object sender, System.EventArgs e )
      {
         Hide(); // oculta StartDialog
```

Figura 17.20 A classe `StartDialogForm` permite que os usuários acessem caixas de diálogo associadas a várias transações. (Parte 2 de 4.)

```
         updateDialog.Show();  // exibe UpdateDialog

      } // fim do método updateButton_Click

      private void deleteButton_Click(
         object sender, System.EventArgs e )
      {
         Hide();  // oculta StartDialog
         deleteDialog.Show();  // exibe DeleteDialog

      } // fim do método deleteButton_Click

      protected void ShowStartDialog()
      {
         Show();
      }

   } // fim da classe StartDialogForm
```

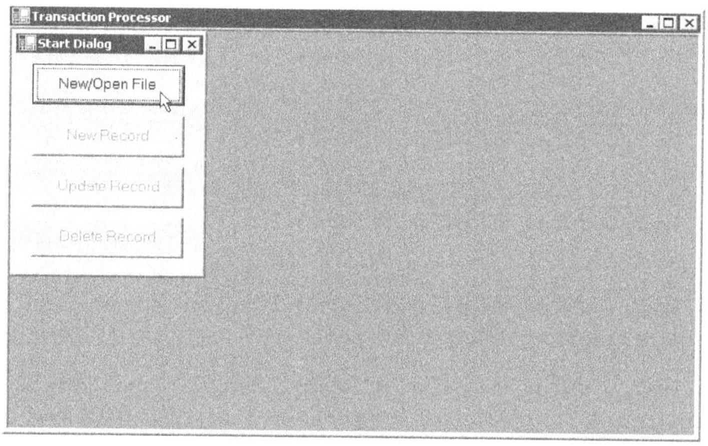

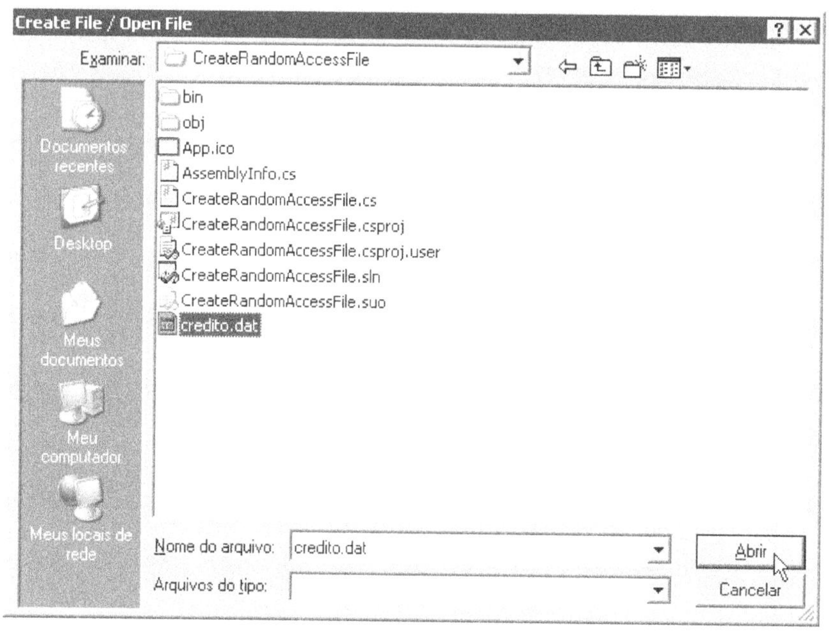

Figura 17.20 A classe `StartDialogForm` permite que os usuários acessem caixas de diálogo associadas a várias transações. (Parte 3 de 4.)

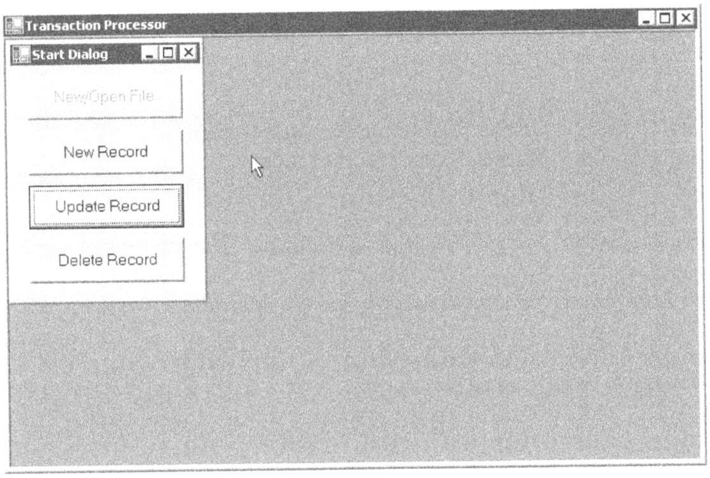

Figura 17.20 A classe `StartDialogForm` permite que os usuários acessem caixas de diálogo associadas a várias transações. (Parte 4 de 4.)

Quando o usuário clica no botão **New Record** em **Start Dialog**, o programa chama o método **`newButton_Click`** da classe **`StartDialogForm`** (Figura 17.20, linhas 103 a 109), que exibe o quadro interno **`NewDialogForm`** (Figura 17.22). A classe **`NewDialogForm`** permite que o usuário crie registros no arquivo que **`StartDialogForm`** abriu (ou criou). A linha 25 da Figura 17.22 define **`MyDelegate`** como um delegado para um método que não retorna um valor e que não tem parâmetros; o método **`ShowStartDialog`** da classe **`StartDialogForm`** (Figura 17.20, linhas 127 a 130) atende a esses requisitos. A classe **`NewDialogForm`** recebe um objeto **`MyDelegate`**, o qual faz referência a esse método como um parâmetro — portanto, **`NewDialogForm`** pode chamar esse método para exibir a janela inicial, quando o usuário sai de **`NewDialogForm`**. As classes **`UpdateDialogForm`** e **`DeleteDialogForm`** também recebem referências de **`MyDelegate`** como argumentos, permitindo que elas apresentem **`StartDialogForm`** após concluir suas tarefas.

Depois que o usuário fornece dados em **`TextBox`** e clica no botão **Save Record**, o programa chama o método **`saveButton_Click`** (linhas 51 a 66) para gravar o registro em disco. As linhas 54 a 56 chamam o método **`GetRecord`** do objeto **`Transaction`**, que deve retornar um objeto **`RandomAccessRecord`** vazio. Se o método **`GetRecord`** retornar um objeto **`RandomAccessRecord`** que contém dados, o usuário está tentando sobrescrever esse objeto **`RandomAccessRecord`** com um novo. A linha 60 chama o método **`private InsertRecord`** (linhas 69 a 116). Se o objeto **`RandomAccessRecord`** estiver vazio, o método **`InsertRecord`** chama o método **`AddRecord`** do objeto **`Transaction`** (linhas 100 e 101), que adiciona o objeto **`RandomAccessRecord`** recentemente criado no arquivo. Se o usuário estiver tentando sobrescrever um registro existente, as linhas 81 a 83 o notificam de que o registro já existe e retornam do método.

Quando o usuário clica no botão **Update Record** em **Start Dialog**, o programa chama o método **`updateButton_Click`** da classe **`StartDialogForm`** (Figura 17.20, linhas 111 a 117), que exibe o quadro interno **`UpdateDialogForm`** (Figura 17.21). A classe **`UpdateDialogForm`** permite que o usuário atualize registros existentes no arquivo.

```
// Fig. 17.21: UpdateDialog.cs
// Permite que o usuário atualize registros no arquivo.

// espaço de nomes do C#
using System;
using System.Drawing;
using System.Collections;
using System.ComponentModel;
using System.Windows.Forms;

// espaço de nomes da Deitel
```

Figura 17.21 A classe `UpdateDialogForm` permite que os usuários atualizem registros no estudo de caso de processamento de transações. (Parte 1 de 6.)

```
using BankLibrary;

public class UpdateDialogForm : BankUIForm
{
   private System.Windows.Forms.Label transactionLabel;
   private System.Windows.Forms.TextBox transactionTextBox;

   private System.Windows.Forms.Button saveButton;
   private System.Windows.Forms.Button cancelButton;

   private System.ComponentModel.Container components = null;

   // referência para o objeto que manipula transações
   private Transaction transactionProxy;

   // delegado para o método que exibe a janela anterior
   private MyDelegate showPreviousWindow;

   // inicializa componentes e configura membros com os valores dos parâmetros
   public UpdateDialogForm(
      Transaction transactionProxyValue,
      MyDelegate delegateValue )
   {
      InitializeComponent();
      showPreviousWindow = delegateValue;

      // instancia o objeto que manipula transações
      transactionProxy = transactionProxyValue;
   }

   // código gerado pelo Visual Studio .NET

   // chamado quando o usuário fornece texto na TextBox account
   private void accountTextBox_KeyDown(
      object sender, System.Windows.Forms.KeyEventArgs e )
   {
      // determina se o usuário pressionou a tecla Enter
      if ( e.KeyCode == Keys.Enter )
      {
         // recupera do arquivo o registro associado à conta
         RandomAccessRecord record =
            transactionProxy.GetRecord( GetTextBoxValues()
            [ ( int )TextBoxIndices.ACCOUNT ] );

         // retorna se o registro não existe
         if ( record == null )
            return;

         // determina se o registro está vazio
         if ( record.Account != 0 )
         {
            // armazena valores do registro no array de string
            string[] values = {
               record.Account.ToString(),
               record.FirstName.ToString(),
               record.LastName.ToString(),
               record.Balance.ToString() };
```

Figura 17.21 A classe UpdateDialogForm permite que os usuários atualizem registros no estudo de caso de processamento de transações. (Parte 2 de 6.)

```

            // copia o valor do array de string nos valores de TextBox
            SetTextBoxValues( values );
            transactionTextBox.Text = "[Charge ou Payment]";

         }
         else
         {
            // notifica o usuário se o registro não existe
            MessageBox.Show(
               "Record Does Not Exist", "Error",
               MessageBoxButtons.OK, MessageBoxIcon.Error );
         }
      }

   } // fim do método accountTextBox_KeyDown

   // chamado quando o usuário fornece texto na TextBox de transação
   private void transactionTextBox_KeyDown(
      object sender, System.Windows.Forms.KeyEventArgs e )
   {
      // determina se o usuário pressionou a tecla Enter
      if ( e.KeyCode == Keys.Enter )
      {
         // calcula o saldo usando o valor da TextBox de transação
         try
         {
            // recupera do arquivo o registro associado à conta
            RandomAccessRecord record =
               transactionProxy.GetRecord( GetTextBoxValues()
               [ ( int )TextBoxIndices.ACCOUNT ] );

            // obtém o valor da TextBox de transação
            double transactionValue =
               Double.Parse( transactionTextBox.Text );

            // calcula o novo saldo (saldo antigo + transação)
            double newBalance =
               record.Balance + transactionValue;

            // armazena valores do registro no array de string
            string[] values = {
               record.Account.ToString(),
               record.FirstName.ToString(),
               record.LastName.ToString(),
               newBalance.ToString() };

            // copia o valor do array de string nos valores de TextBox
            SetTextBoxValues( values );

            // limpa a TextBox de transação
            transactionTextBox.Text = "";
         }

         // notifica o usuário se ocorrer erro de descasamento de parâmetro
         catch( FormatException )
         {
```

Figura 17.21 A classe UpdateDialogForm permite que os usuários atualizem registros no estudo de caso de processamento de transações. (Parte 3 de 6.)

```
                MessageBox.Show(
                   "Invalid Transaction", "Error",
                   MessageBoxButtons.OK, MessageBoxIcon.Error );
             }
          }

       } // fim do método transactionTextBox_KeyDown

       // chamado quando o usuário clica no botão Save Changes
       private void saveButton_Click(
          object sender, System.EventArgs e )
       {
          RandomAccessRecord record =
             transactionProxy.GetRecord( GetTextBoxValues()
             [ ( int )TextBoxIndices.ACCOUNT ] );

          // se o registro existe, atualiza no arquivo
          if ( record != null )
             UpdateRecord( record );

          Hide();
          ClearTextBoxes();
          showPreviousWindow();

       } // fim do método saveButton_Click

       // chamado quando o usuário clica no botão Cancel
       private void cancelButton_Click(
          object sender, System.EventArgs e )
       {
          Hide();
          ClearTextBoxes();
          showPreviousWindow();

       } // fim do método cancelButton_Click

       // atualiza registro no arquivo, na posição especificada por accountNumber
       public void UpdateRecord( RandomAccessRecord record )
       {
          // armazena valores de TextBox no registro e grava o registro no arquivo
          try
          {
             int accountNumber = record.Account;
             string[] values = GetTextBoxValues();

             // armazena valores no registro
             record.Account = accountNumber;
             record.FirstName =
                values[ ( int )TextBoxIndices.FIRST ];
             record.LastName =
                values[ ( int )TextBoxIndices.LAST ];
             record.Balance =
                Double.Parse(
             values[ ( int )TextBoxIndices.BALANCE ] );

             // adiciona registro no arquivo
             if ( transactionProxy.AddRecord(
```

Figura 17.21 A classe `UpdateDialogForm` permite que os usuários atualizem registros no estudo de caso de processamento de transações. (Parte 4 de 6.)

```
                  record, accountNumber ) == false )

                  return;  // se houver erro
         }

         // notifica o usuário se ocorrer erro de descasamento de parâmetro
         catch( FormatException )
         {
            MessageBox.Show( "Invalid Balance", "Error",
               MessageBoxButtons.OK, MessageBoxIcon.Error );

            return;
         }

         MessageBox.Show( "Record Updated", "Success",
            MessageBoxButtons.OK,
            MessageBoxIcon.Information );

      }  // fim do método UpdateRecord

   }  // fim da classe UpdateDialogForm
```

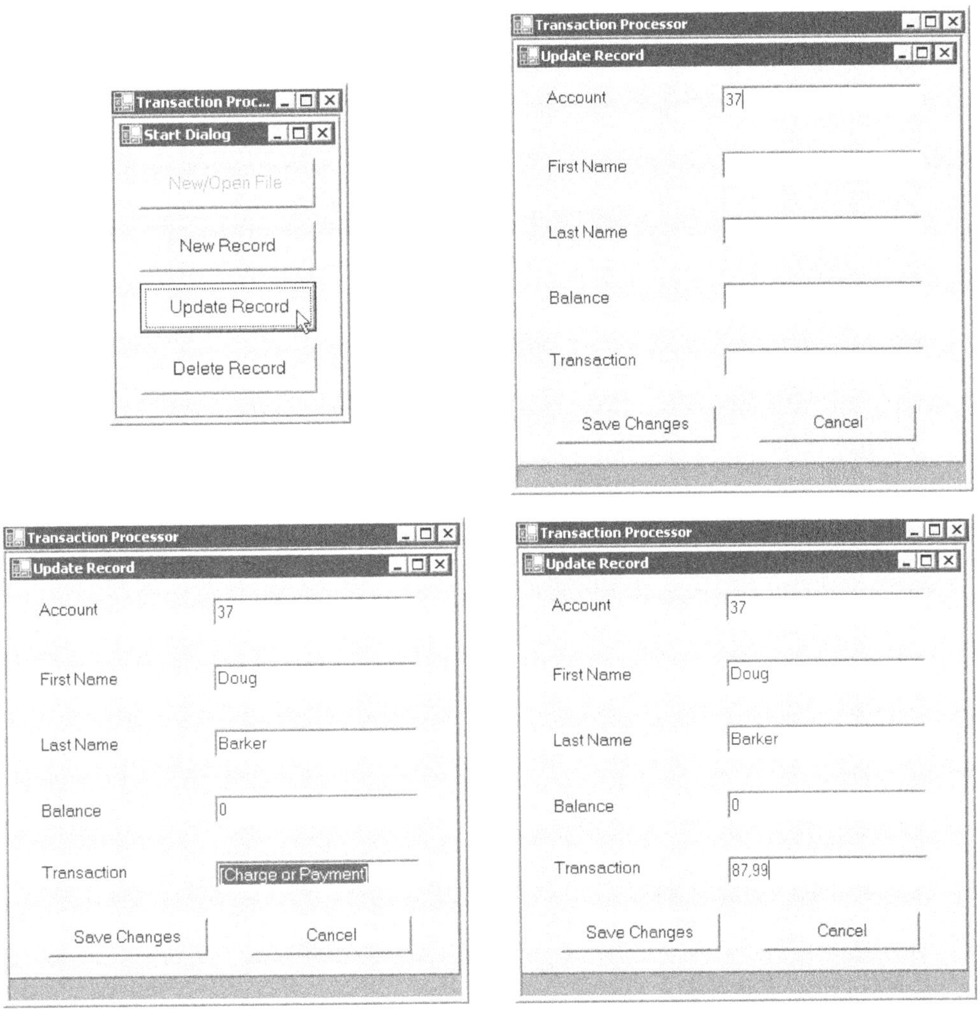

Figura 17.21 A classe `UpdateDialogForm` permite que os usuários atualizem registros no estudo de caso de processamento de transações. (Parte 5 de 6.)

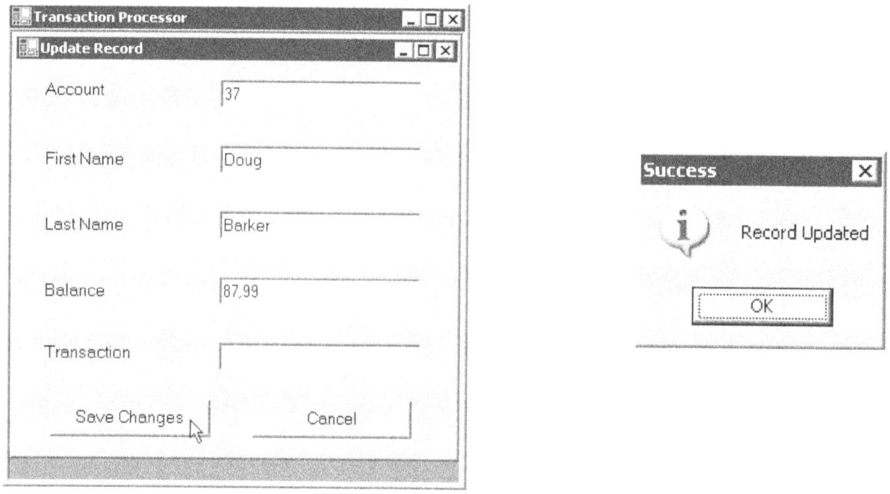

Figura 17.21 A classe `UpdateDialogForm` permite que os usuários atualizem registros no estudo de caso de processamento de transações. (Parte 6 de 6.)

Para atualizar um registro, o usuário deve fornecer o número da conta a ele associado. Quando o usuário pressiona *Enter*, **`UpdateDialogForm`** chama o método **`accountTextBox_KeyDown`** (linhas 45 a 84) para exibir o conteúdo do registro. Esse método chama o método **`GetRecord`** do objeto **`Transaction`** (linhas 52 a 54) para recuperar o objeto **`RandomAccessRecord`** especificado. Se o registro não estiver vazio, as linhas 64 a 72 preenchem as **`TextBox`**es com os valores de **`RandomAccessRecord`**.

`TextBox Transaction` contém inicialmente a string **Charge or Payment**. O usuário deve selecionar esse texto, digitar o valor da transação (um valor positivo para uma cobrança ou um valor negativo para um pagamento) e, em seguida, pressionar *Enter*. O programa chama o método **`transactionTextBox_KeyDown`** (linhas 87 a 132) para adicionar o valor da transação especificado pelo usuário ao saldo atual.

O usuário clica no botão **Save Changes** para gravar o conteúdo alterado da **`TextBox`** no arquivo. (Note que pressionar **Save Changes** não atualiza o campo **Balance** — o usuário deve pressionar *Enter* para atualizar esse campo antes de pressionar **Save Changes**.) Quando o usuário clica em **Save Changes**, o programa chama o método **`saveButton_Click`** (linhas 135 a 150), o qual chama o método **`private UpdateRecord`** (linhas 163 a 201). Esse método chama o método **`AddRecord`** do objeto **`Transaction`** (linhas 182 e 183), para armazenar os valores de **`TextBox`** em um objeto **`RandomAccessRecord`** e sobrescrever o registro do arquivo existente com o objeto **`RandomAccessRecord`** que contém os novos dados.

Quando o usuário clica no botão **Delete Record** da **Start Dialog**, o programa chama o método **`deleteButton_Click`** da classe **`StartDialogForm`** (Figura 17.20, linhas 119 a 125), o qual apresenta o quadro interno **`DeleteDialogForm`** (Figura 17.23). A classe **`DeleteDialogForm`** permite que o usuário remova registros existentes do arquivo. Para remover um registro, o usuário deve fornecer o número da conta associado a esse registro. Quando o usuário clica no botão **Delete Record** (agora, a partir do quadro interno **`DeleteDialogForm`**), **`DeleteDialogForm`** chama o método **`deleteButton_Click`** (linhas 44 a 57). Esse método chama o método **`DeleteRecord`** (linhas 69 a 102), o qual garante que o registro a ser excluído existe, e, em seguida, chama o método **`AddRecord`** do objeto **`Transaction`** (linhas 87 e 88) para sobrescrever o registro do arquivo com um novo e vazio.

```
// Fig. 17.22: NewDialog.cs
// Permite que o usuário insira um novo registro no arquivo.

// espaço de nomes do C#
using System;
```

Figura 17.22 A classe `NewDialogForm` permite que os usuários criem registros no estudo de caso de processamento de transações. (Parte 1 de 4.)

```
using System.Drawing;
using System.Collections;
using System.ComponentModel;
using System.Windows.Forms;

// espaço de nomes da Deitel
using BankLibrary;

public class NewDialogForm : BankUIForm
{
   private System.Windows.Forms.Button saveButton;
   private System.Windows.Forms.Button cancelButton;

   private System.ComponentModel.Container components = null;

   // referência ao objeto que manipula transações
   private Transaction transactionProxy;

   // delegado para o método que exibe a janela anterior
   public MyDelegate showPreviousWindow;

   // construtor
   public NewDialogForm( Transaction transactionProxyValue,
      MyDelegate delegateValue )
   {
      InitializeComponent();
      showPreviousWindow = delegateValue;

      // instancia o objeto que manipula transações
      transactionProxy = transactionProxyValue;
   }

   // código gerado pelo Visual Studio .NET

   // chamado quando o usuário clica no botão Cancel
   private void cancelButton_Click(
      object sender, System.EventArgs e )
   {
      Hide();
      ClearTextBoxes();
      showPreviousWindow();

   } // fim do método cancelButton_Click

   // chamado quando o usuario clica no botão Save As
   private void saveButton_Click(
      object sender, System.EventArgs e )
   {
      RandomAccessRecord record =
         transactionProxy.GetRecord( GetTextBoxValues()
         [ ( int )TextBoxIndices.ACCOUNT ] );

      // se o registro existe, adiciona-o no arquivo
      if ( record != null )
         InsertRecord( record );

      Hide();
```

Figura 17.22 A classe NewDialogForm permite que os usuários criem registros no estudo de caso de processamento de transações. (Parte 2 de 4.)

```
        ClearTextBoxes();
        showPreviousWindow();

    } // fim do método saveButton_Click

    // insere registro no arquivo, na posição especificada por accountNumber
    private void InsertRecord( RandomAccessRecord record )
    {
        //armazena valores de TextBox no array de string
        string[] textBoxValues = GetTextBoxValues();

        // armazena campo de conta de TextBox
        int accountNumber = Int32.Parse(
            textBoxValues[ ( int )TextBoxIndices.ACCOUNT ] );

        // notifica o usuário e retorna se o registro da conta não estiver vazio
        if ( record.Account != 0 )
        {
            MessageBox.Show(
                "Record Already Exists or Invalid Number", "Error",
                MessageBoxButtons.OK, MessageBoxIcon.Error);

            return;
        }

        // armazena valores no registro
        record.Account = accountNumber;
        record.FirstName =
            textBoxValues[ ( int )TextBoxIndices.FIRST];
        record.LastName =
            textBoxValues[ ( int )TextBoxIndices.LAST];
        record.Balance = Double.Parse(
            textBoxValues[ ( int )TextBoxIndices.BALANCE ] );

        // adiciona registro no arquivo
        try
        {
            if ( transactionProxy.AddRecord(
                record, accountNumber ) == false )

                return;  // se houver erro
        }

        // notifica o usuário se ocorrer erro de descasamento de parâmetro
        catch( FormatException )
        {
            MessageBox.Show( "Invalid Balance", "Error",
                MessageBoxButtons.OK, MessageBoxIcon.Error );
        }

        MessageBox.Show( "Record Created", "Success",
            MessageBoxButtons.OK, MessageBoxIcon.Information );

        // fim do método InsertRecord

} // fim da classe NewDialogForm
```

Figura 17.22 A classe `NewDialogForm` permite que os usuários criem registros no estudo de caso de processamento de transações. (Parte 3 de 4.)

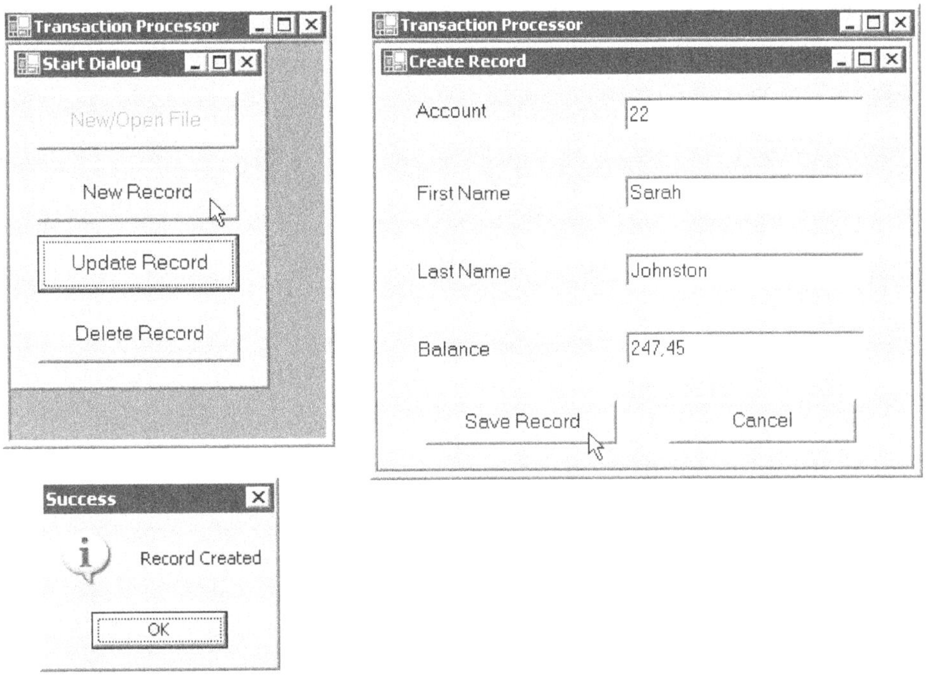

Figura 17.22 A classe `NewDialogForm` permite que os usuários criem registros no estudo de caso de processamento de transações. (Parte 4 de 4.)

```
// Fig. 17.23: DeleteDialog.cs
// Permite que o usuário exclua registros do arquivo.

// espaço de nomes do C#
using System;
using System.Drawing;
using System.Collections;
using System.ComponentModel;
using System.Windows.Forms;

// espaço de nomes da Deitel
using BankLibrary;

public class DeleteDialogForm : System.Windows.Forms.Form
{
   private System.Windows.Forms.Label accountLabel;
   private System.Windows.Forms.TextBox accountTextBox;

   private System.Windows.Forms.Button deleteButton;
   private System.Windows.Forms.Button cancelButton;

   private System.ComponentModel.Container components = null;

   // referência para o objeto que manipula transações
   private Transaction transactionProxy;

   // delegado do método que exibe a janela anterior
   private MyDelegate showPreviousWindow;
```

Figura 17.23 A classe `DeleteDialogForm` permite que os usuários removam registros de arquivos no estudo de caso de processamento de transações. (Parte 1 de 3.)

```

      // inicializa componentes e configura os membros com os valores dos parâmetros
      public DeleteDialogForm( Transaction transactionProxyValue,
         MyDelegate delegateValue)
      {
         InitializeComponent();
         showPreviousWindow = delegateValue;

         // instancia o objeto que manipula transações
         transactionProxy = transactionProxyValue;
      }

      // código gerado pelo Visual Studio .NET

      // chamado quando o usuário clica no botão Delete Record
      private void deleteButton_Click(
         object sender, System.EventArgs e)
      {
         RandomAccessRecord record =
         transactionProxy.GetRecord( accountTextBox.Text );

         // se o registro existe, o exclui do arquivo
         if ( record != null )
            DeleteRecord( record );

         this.Hide();
         showPreviousWindow();

      } // fim do método deleteButton_Click

      // chamado quando o usuário clica no botão Cancel
      private void cancelButton_Click(
         object sender, System.EventArgs e)
      {
         this.Hide();
         showPreviousWindow();

      } // fim do método cancelButton_Click

      // exclui registro no arquivo, na posição especificada por accountNumber
      public void DeleteRecord( RandomAccessRecord record )
      {
         int accountNumber = record.Account;

         // exibe mensagem de erro se o registro não existe
         if ( record.Account == 0 )
         {
            MessageBox.Show( "Record Does Not Exist", "Error",
               MessageBoxButtons.OK, MessageBoxIcon.Error );
               accountTextBox.Clear();

               return;
         }

         // cria registro em branco
         record = new RandomAccessRecord();

```

Figura 17.23 A classe `DeleteDialogForm` permite que os usuários removam registros de arquivos no estudo de caso de processamento de transações. (Parte 2 de 3.)

```
         // grava sobre o registro do arquivo com um registro vazio
         if ( transactionProxy.AddRecord(
            record, accountNumber ) == true )

            // notifica o usuário do êxito da exclusão
            MessageBox.Show( "Record Deleted", "Success",
               MessageBoxButtons.OK, MessageBoxIcon.Information );
         else

            // notifica o usuário da falha
            MessageBox.Show(
               "Record could not be deleted", "Error",
               MessageBoxButtons.OK, MessageBoxIcon.Error );

         accountTextBox.Clear();

      } // fim do método DeleteRecord

   } // fim da classe DeleteDialogForm
```

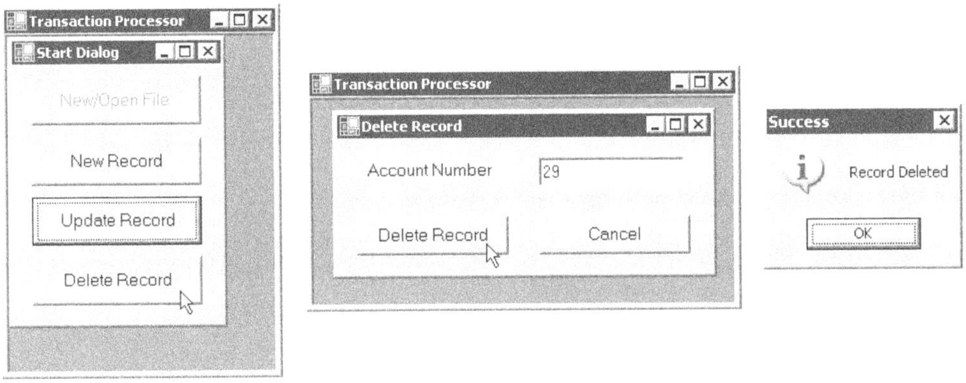

Figura 17.23 A classe `DeleteDialogForm` permite que os usuários removam registros de arquivos no estudo de caso de processamento de transações. (Parte 3 de 3.)

Neste capítulo demonstramos como ler dados de arquivos e gravar dados em arquivos por meio das técnicas de processamento de arquivo de acesso seqüencial e de acesso aleatório. Usando a classe **`BinaryFormatter`**, serializamos e desserializamos objetos em fluxos; então, empregamos **`FileStream`**, **`BinaryWriter`** e **`BinaryReader`** para transferir a representação de byte dos objetos para os arquivos. No Capítulo 18 discutiremos o XML (Extensible Markup Language — linguagem de marcação extensível), uma tecnologia amplamente suportada para descrever dados. Usando XML, podemos descrever qualquer tipo de dados, como fórmulas matemáticas, música e relatórios financeiros.

Resumo

- Todos os itens de dados processados por um computador, em última análise, são reduzidos a combinações de valores zero e um.
- Os menores itens de dados que os computadores suportam são chamados bits e podem assumir o valor `0` ou o valor `1`.
- Dígitos, letras e símbolos especiais são referidos como caracteres. O conjunto de todos os caracteres usados para escrever programas e representar itens de dados em um computador específico é chamado de conjunto de caracteres desse computador. Todo caractere no conjunto de caracteres de um computador é representado como um padrão de valores `1` e `0` (em C#, os caracteres são Unicode, que são caracteres compostos de 2 bytes).
- Pelo menos um campo em um registro é escolhido como chave de registro, que identifica esse registro como pertencente a uma pessoa ou a uma entidade em particular e que distingue esse registro de todos os outros do arquivo.
- Um arquivo é um grupo de registros relacionados.

- Os arquivos são usados para retenção de longo prazo de grandes volumes de dados e podem armazenar esses dados mesmo depois que o programa que os criou termina.
- Os dados mantidos em arquivos são freqüentemente chamados de dados persistentes.
- A classe **File** permite que os programas obtenham informações sobre um arquivo.
- A classe **Directory** permite que os programas obtenham informações sobre um diretório.
- A classe **FileStream** fornece o método **Seek** para reposicionar o ponteiro de posição no arquivo (o número de byte do próximo byte no arquivo a ser lido ou gravado) em qualquer lugar no arquivo.
- O tipo mais comum de organização de arquivo é o arquivo seqüencial, no qual os registros normalmente são armazenados em ordem pelo campo de chave de registro.
- Quando um arquivo é aberto, um objeto é criado e um fluxo é associado a esse objeto.
- O C# não impõe nenhuma estrutura para os arquivos. Isso significa que noções como a de um "registro" não existem em C#. O programador deve estruturar cada arquivo apropriadamente para atender aos requisitos de um aplicativo.
- Uma coleção de programas designados para criar e gerenciar bancos de dados é chamada de sistema gerenciador de bancos de dados (SGBD).
- O C# vê cada arquivo como um fluxo seqüencial de bytes.
- Cada arquivo termina com alguma forma dependente da máquina de marcador de final de arquivo.
- Os objetos das classes **OpenFileDialog** e **SaveFileDialog** são usados para selecionar arquivos para abrir e salvar, respectivamente. O método **ShowDialog** dessas classes exibe essa caixa de diálogo.
- Quando exibidas, uma **OpenFileDialog** e uma **SaveFileDialog** impedem que o usuário interaja com qualquer outra janela de programa até que a caixa de diálogo seja fechada. As caixas de diálogo que se comportam dessa maneira são chamadas caixas de diálogo modais.
- Os fluxos fornecem canais de comunicação entre arquivos e programas.
- Para realizar processamento de arquivos em C#, o espaço de nomes **System.IO** deve ser referenciado. Esse espaço de nomes inclui definições para classes de fluxo como **StreamReader**, **StreamWriter** e **FileStream**. Os arquivos são abertos por meio da instanciação de objetos dessas classes.
- Para recuperar dados seqüencialmente de um arquivo, em geral os programas começam no início do arquivo, lendo todos os dados consecutivamente, até que os dados desejados sejam encontrados.
- Com um arquivo de acesso seqüencial, cada pedido de entrada/saída sucessivo lê ou grava o próximo conjunto de dados consecutivo no arquivo.
- O acesso a dados instantâneo é possível com os arquivos de acesso aleatório. Um programa pode acessar registros individuais de um arquivo de acesso aleatório direta e rapidamente sem pesquisar outros registros. Às vezes os arquivos de acesso aleatório são chamados de arquivos de acesso direto.
- Com um arquivo de acesso aleatório, cada pedido de entrada/saída sucessivo pode ser dirigido para qualquer parte do arquivo, que pode estar a qualquer distância da parte do arquivo referenciada no pedido anterior.
- Os programadores podem usar membros da enumeração **FileAccess** para controlar o acesso dos usuários aos arquivos.
- Apenas as classes com o atributo **Serializable** podem ser serializadas e desserializadas nos arquivos.
- Existe uma variedade de técnicas para criar arquivos de acesso aleatório. Exigir que todos os registros de um arquivo tenham o mesmo tamanho fixo talvez seja a mais simples.
- O uso de registros de tamanho fixo torna fácil para um programa calcular (como uma função do tamanho do registro e da chave de registro) a localização exata de qualquer registro em relação ao início do arquivo.
- Dados podem ser inseridos em um arquivo de acesso aleatório sem destruir outros dados do arquivo. Os usuários também podem atualizar ou excluir dados armazenados anteriormente sem regravar o arquivo inteiro.
- **BinaryFormatter** usa os métodos **Serialize** e **Deserialize** para gravar e ler objetos, respectivamente. O método **Serialize** grava a representação do objeto em um fluxo. O método **Deserialize** lê essa representação de um fluxo e reconstrói o objeto original.
- Os métodos **Serialize** e **Deserialize** exigem um objeto **Stream** como parâmetro, permitindo que o **BinaryFormatter** acesse o arquivo correto.
- As classes **BinaryReader** e **BinaryWriter** fornecem métodos para ler e gravar bytes em fluxos, respectivamente. Os construtores de **BinaryReader** e **BinaryWriter** recebem como argumentos referências para instâncias da classe **System.IO.Stream**.

- A classe **FileStream** herda da classe **Stream**; portanto, podemos passar o objeto **FileStream** como argumento para o construtor de **BinaryReader** ou de **BinaryWriter**, para criar um objeto que possa transferir bytes diretamente em um arquivo.
- Os programas de processamento de arquivos de acesso aleatório raramente gravam um único campo em um arquivo. Normalmente eles gravam um objeto por vez.
- Ordenar com as técnicas de acesso direto é rápido. Essa velocidade é obtida tornando-se o arquivo suficientemente grande para conter todos os registros que possam ser criados. É claro que isso significa que o arquivo pode ser mal ocupado na maioria das vezes, possivelmente desperdiçando memória.

Terminologia

aplicativo de "acesso instantâneo"
arquivo
arquivo de acesso aleatório
arquivo de acesso seqüencial
arquivos de acesso direto
atributo **Serializable**
banco de dados
campo
caractere
caractere de separação
chave de registro
classe **BinaryFormatter**
classe **BinaryReader**
classe **BinaryWriter**
classe **BufferedStream**
classe **Console**
classe **Directory**
classe **DirectoryInfo**
classe **File**
classe **FileStream**
classe **MemoryStream**
classe **OpenFileDialog**
classe **SaveFileDialog**
classe **Stream**
classe **StreamReader**
classe **StreamWriter**
classe **TextReader**
classe **TextWriter**
conjunto de caracteres
dados persistentes
diálogo modal
dígito binário (bit)
dispositivos de armazenamento secundário
enumeração **FileAccess**
enumeração **SeekOrigin**
espaço de nomes **System.IO**
espaço de nomes **System.Runtime.Serialization.Formatters.Binary**
expressão regular
fechando um arquivo
fluxo de bytes
hierarquia de dados
IOException
manipulação de bit
marcador de final de arquivo
método **Close** da classe **StreamReader**
método **Copy** da classe **File**
método **Create** da classe **File**
método **CreateDirectory** da classe **Directory**
método **CreateText** da classe **File**
método **Delete** da classe **Directory**
método **Delete** da classe **File**
método **Deserialize** da classe **BinaryFormatter**
método **Exists** da classe **Directory**
método **GetCreationTime** da classe **Directory**
método **GetCreationTime** da classe **File**
método **GetDirectories** da classe **Directory**
método **GetFiles** da classe **Directory**
método **GetLastAccessTime** da classe **Directory**
método **GetLastAccessTime** da classe **File**
método **GetLastWriteTime** da classe **Directory**
método **GetLastWriteTime** da classe **File**
método **Move** da classe **Directory**
método **Move** da classe **File**
método **Open** da classe **File**
método **OpenRead** da classe **File**
método **OpenText** da classe **File**
método **OpenWrite** da classe **File**
método **Read** da classe **Console**
método **ReadDouble** de **BinaryReader**
método **ReadInt32** de **BinaryReader**
método **ReadLine** da classe **Console**
método **ReadLine** da classe **StreamReader**
método **ReadString** de **BinaryReader**
método **Seek** da classe **FileStream**
método **Serialize** da classe **BinaryFormatter**
método **ShowDialog** da classe **OpenFileDialog**
método **ShowDialog** da classe **SaveFileDialog**
método **Write** da classe **BinaryWriter**
método **Write** da classe **Console**
método **Write** da classe **StreamWriter**
método **WriteLine** da classe **Console**
método **WriteLine** da classe **StreamWriter**
objeto fluxo de entrada padrão
objeto fluxo de erro padrão
objeto fluxo de saída padrão
padrão de valores **1** e **0**
ponteiro de posição no arquivo
processamento de fluxo
programas de processamento de arquivos
projeto **Windows Control Library**
propriedade **Error** da classe **Console**
propriedade **In** da classe **Console**
propriedade **Out** da classe **Console**
registro
registros de tamanho fixo
seqüência de escape
SerializationException
sistema de processamento de transações
sistema gerenciador de bancos de dados (SGBD)

Exercícios de revisão

17.1 Indique se cada uma das seguintes alternativas é *verdadeira* ou *falsa*. Se for *falsa*, justifique.

a) Criar instâncias das classes **`File`** e **`Directory`** é impossível.
b) Normalmente, um arquivo seqüencial armazena registros em ordem pelo campo da chave do registro.
c) A classe **`StreamReader`** herda da classe **`Stream`**.
d) Qualquer classe pode ser serializada em um arquivo.
e) Pesquisar um arquivo de acesso aleatório seqüencialmente para localizar um registro específico é desnecessário.
f) O método **`Seek`** da classe **`FileStream`** sempre procura em relação ao início de um arquivo.
g) O C# fornece a classe **`Record`** para armazenar registros para aplicativos de processamento de arquivos de acesso aleatório.
h) Os sistemas bancários, sistemas de ponto-de-venda e caixas automáticos são tipos de sistemas de processamento de transações.
i) As classes **`StreamReader`** e **`StreamWriter`** são usadas com arquivos de acesso seqüencial.
j) Instanciar objetos de tipo **`Stream`** é impossível.

17.2 Preencha os espaços em branco em cada uma das declarações a seguir:

a) Em última análise, todos os itens de dados processados por um computador são reduzidos a combinações de valores ______________ e ______________.
b) O menor item de dados que um computador pode processar é chamado de ______________.
c) Um ______________ é um grupo de registros relacionados.
d) Dígitos, letras e símbolos especiais são referidos coletivamente como ______________.
e) Um grupo de arquivos relacionados é chamado de ______________.
f) O método ______________ de **`StreamReader`** lê uma linha de texto de um arquivo.
g) O método ______________ de **`StreamWriter`** grava uma linha de texto em um arquivo.
h) O método **`Serialize`** da classe **`BinaryFormatter`** recebe um(a) ____________ e um(a) ______________ como argumentos.
i) O espaço de nomes ______________ contém a maioria das classes de processamento de arquivos do C#.
j) O espaço de nomes ______________ contém a classe **`BinaryFormatter`**.

Respostas dos exercícios de revisão

17.1 a) Verdadeira. b) Verdadeira. c) Falsa. **`StreamReader`** herda de **`TextReader`**. d) Falsa. Apenas as classes com o atributo **`Serializable`** podem ser serializadas. e) Verdadeira. f) Falsa. Ele pesquisa com relação ao membro da enumeração **`SeekOrigin`** que é passado como um dos argumentos. g) Falsa. O C# não impõe nenhuma estrutura para um arquivo; portanto, a noção de "registro" não existe. h) Verdadeira. i) Verdadeira. j) Verdadeira.

17.2 a) **`1`** e **`0`**. b) bit. c) arquivo. d) caracteres. e) banco de dados. f) **`ReadLine`**. g) **`WriteLine`**. h) **`Stream`**, **`Object`**. i) **`System.IO`**. j) **`System.Runtime.Serialization.Formatters.Binary`**.

Exercícios

17.3 Crie um programa que armazena notas de alunos em um arquivo de texto. O arquivo deve conter o nome, o número de identificação, a classe e a nota de cada aluno. Permita que o usuário carregue um arquivo de notas e exiba seu conteúdo em uma caixa de texto somente de leitura. As entradas devem ser apresentadas como se segue:

```
Sobrenome, Nome:  NUM_ID  Turma  Nota
```

Listamos alguns exemplos de dados, a seguir:

```
Silva, Aguilar: 1 "Introdução à Ciência da Computação" "9"
Ferro, Paula: 2 "Estruturas de Dados" "8"
Silveira, Maria: 3 "Estruturas de Dados" "7"
```

17.4 Modifique o programa anterior para usar objetos de uma classe que pode ser serializada e desserializada em um arquivo. Garanta registros de tamanho fixo por meio da fixação do tamanho dos campos **`Sobrenome`**, **`Nome`**, **`Turma`** e **`Nota`**.

17.5 Estenda as classes **`StreamReader`** e **`StreamWriter`**. Faça a classe que deriva de **`StreamReader`** ter os métodos **`ReadInteger`**, **`ReadBoolean`** e **`ReadString`**. Faça a classe que deriva de **`StreamWriter`** ter os métodos **`WriteInteger`**, **`WriteBoolean`** e **`WriteString`**. Pense como fazer para projetar os métodos de gravação, de modo que os métodos de leitura possam ler o que foi gravado. Projete **`WriteInteger`** e **`WriteBoolean`** para gravar **`string`**s de tamanho uniforme, para que **`ReadInteger`** e **`ReadBoolean`** possam ler esses valores precisamente. Certifique-se de que **`ReadString`** e **`WriteString`** usem o(s) mesmo(s) caractere(s) para separar **`string`**s.

17.6 Crie um programa que combine as idéias das figuras 17.9 e 17.11, para permitir que o usuário grave e leia registros em um arquivo. Adicione um campo extra de tipo **`bool`** no registro, para indicar se a conta tem proteção contra saque a descoberto.

17.7 No processamento de dados comercial, é comum ter vários arquivos em cada sistema aplicativo. Em um sistema de contas a receber, por exemplo, geralmente existe um arquivo-mestre, contendo informações detalhadas sobre cada cliente, como o nome, o endereço, o número do telefone, o saldo, o limite de crédito, os prazos de desconto, as cláusulas de contrato e possivelmente um histórico resumido de aquisições recentes e pagamentos em dinheiro.

Quando as transações ocorrem (ou seja, vendas são feitas e pagamentos em dinheiro chegam pelo correio), elas são incluídas em um arquivo. Ao final de cada período contábil (isto é, um mês para algumas empresas, uma semana para outras, e um dia, em alguns casos), o arquivo de transações (**`transacoes.dat`**) é aplicado ao arquivo-mestre (**`mestre_antigo.dat`**), atualizando assim o registro de aquisições e pagamentos de cada conta. Durante uma atualização, o arquivo-mestre é regravado como um novo arquivo (**`mestre_novo.dat`**), o qual é então usado no final do próximo período contábil para iniciar novamente o processo de atualização.

Os programas que trabalham com arquivos-mestre e de atualizações devem tratar com certos problemas que não existem em programas que trabalham com um único arquivo. Por exemplo, nem sempre ocorre uma correspondência de registros. Um cliente no arquivo-mestre poderia não ter feito nenhuma aquisição ou pagamento em dinheiro no período contábil atual e, portanto, nenhum registro para esse cliente apareceria no arquivo de transação. Analogamente, um cliente que tivesse feito alguma aquisição ou pagamento em dinheiro poderia apenas ter acabado de se mudar para a comunidade e a empresa poderia não ter tido uma chance de criar um registro-mestre para ele.

Quando uma correspondência ocorrer (isto é, registros com o mesmo número de conta aparecem no arquivo-mestre e no arquivo de transação), some o valor em dólares do arquivo de transação no saldo atual no arquivo-mestre e grave o registro **`novo_mestre.dat`**. (Suponha que as aquisições sejam indicadas por valores positivos no arquivo de transação e que os pagamentos sejam indicados por valores negativos.) Quando existir um registro-mestre para uma conta em particular, mas nenhum registro de transação correspondente, apenas grave o registro-mestre em **`novo_mestre.dat`**. Quando houver um registro de transação, mas nenhum registro-mestre correspondente, imprima a mensagem "**`Não foi encontrado cadastro correspondente ao registro de transação da conta...`**" (preencha o número da conta do registro de transação).

17.8 Você é o proprietário de uma loja de ferragens e precisa manter um inventário das diferentes ferramentas que vende, do número de ferramentas em estoque (separados por tipo) e do custo de cada uma. Escreva um programa que inicialize o arquivo de acesso aleatório **`ferragens.dat`** com 100 registros vazios, permita a introdução de dados relativos a cada ferramenta, liste todas as suas ferramentas, exclua o registro das ferramentas que não mais existam e atualize todas as informações do arquivo. O número de identificação da ferramenta deve ser o número do registro. Use as informações da Figura 17.24 como dados iniciais para seu arquivo.

Número do Registro	Nome da ferramenta	Quantidade	Preço
3	Lixadeira elétrica	18	35,99
19	Martelo	128	10,00
26	Serra	16	14,25
39	Cortador de grama	10	79,50
56	Serra mecânica	8	89,99
76	Chave de fenda	236	4,99
81	Marreta	32	19,75
88	Chave inglesa	65	6,48

Figura 17.24 Inventário de uma loja de ferragens.

18

XML (Extensible Markup Language)

Objetivos

- Fazer marcação de dados usando XML.
- Entender a noção de um espaço de nomes do XML.
- Entender o relacionamento entre DTDs, esquemas e XML.
- Criar esquemas.
- Criar e usar documentos XSLT simples.
- Transformar documentos XML em XHTML usando a classe **`XslTransform`**.
- Familiarizar-se com BizTalk™.

Conhecendo as árvores,
entendo o significado da paciência.
Conhecendo a grama, posso apreciar a persistência.
Hal Borland

Assim como toda metafísica,
a harmonia entre o pensamento e a realidade
deve ser encontrada na gramática da linguagem.
Ludwig Wittgenstein

Eu brinquei com uma idéia e cultivei-a obstinado,
lancei-a no ar; transformei-a; deixei-a escapar
e recapturei-a; tornei-a iridescente com imaginação
e sublimei-a com paradoxo.
Oscar Wilde

Resumo

18.1 Introdução

O XML (Extensible Markup Language — linguagem de marcação extensível) foi desenvolvido em 1996, pelo *XML Working Group* do *W3C* (*World Wide Web Consortium*). O XML é uma tecnologia aberta, portável, amplamente suportada (isto é, tecnologia não-proprietária), para descrever dados. O XML está se tornando o padrão para armazenar dados intercambiados entre aplicativos. Usando XML, os autores de documento podem descrever qualquer tipo de dados, incluindo fórmulas matemáticas, instruções de configuração de software, música, receitas e relatórios financeiros. Os documentos XML podem ser lidos por seres humanos e máquinas.

A plataforma .NET usa XML extensivamente. A Framework Class Library (FCL) fornece um amplo conjunto de classes relacionadas com XML. Grande parte da implementação interna do Visual Studio também emprega XML. Neste capítulo apresentaremos o XML, tecnologias relacionadas a XML e as principais classes para criar e manipular documentos XML.

18.2 Documentos XML

Nesta seção apresentaremos nosso primeiro documento XML, que descreve um artigo (Figura 18.1). [*Nota*: os números de linha mostrados não fazem parte do documento XML.]

```
<?xml version = "1.0"?>

<!-- Fig. 18.1: article.xml     -->
<!-- Artigo estruturado com XML -->

<article>

   <title>Simple XML</title>

   <date>December 6, 2001</date>

   <author>
      <firstName>John</firstName>
      <lastName>Doe</lastName>
   </author>

   <summary>XML is pretty easy.</summary>

```

Figura 18.1 XML usado para marcar um artigo. (Parte 1 de 2.)

```
19      <content>In this chapter, we present a wide variety of examples
20         that use XML.
21      </content>
22
23   </article>
```

Figura 18.1 XML usado para marcar um artigo. (Parte 2 de 2.)

Esse documento começa com uma *declaração XML* opcional (linha 1), que identifica o documento como um documento XML. O *parâmetro de informação* **`version`** especifica a versão de XML usada no documento. Os comentários XML (linhas 3 e 4), que começam com **<!--** e terminam com **-->**, podem ser colocados em praticamente qualquer lugar em um documento XML[1]. Assim como em um programa C#, os comentários são usados em XML para propósitos de documentação.

Erro de programação comum 18.1

A colocação de quaisquer caracteres, incluindo espaço em branco, antes da declaração XML é um erro de sintaxe.

Dica de portabilidade 18.1

Embora a declaração XML seja opcional, os documentos devem incluí-la para identificar a versão do XML usada. Caso contrário, no futuro, um documento sem uma declaração XML poderia ser considerado como compatível com a versão de XML mais recente e poderiam resultar erros.

Em XML, os dados são marcados usando-se *tags* (ou *marcas*), que são nomes incluídos entre *sinais de menor e maior* (**<>**). As tags são usadas em pares para delimitar dados de caracteres (por exemplo, **`Simple XML`** na linha 8). Uma tag que inicia a *marcação* (isto é, dados XML) é chamada de *tag de início*, enquanto uma tag que termina a marcação é chamada de *tag de término*. Exemplos de tags de início são **`<article>`** e **`<title>`** (linhas 6 e 8, respectivamente). As tags de término diferem das tags de início, pois contêm um caractere de *barra normal* (**/**) imediatamente após o caractere **<**. Exemplos de tags de término são **`</title>`** e **`</article>`** (linhas 8 e 23, respectivamente). Os documentos XML podem conter qualquer número de tags.

Erro de programação comum 18.2

Não fornecer uma tag de término que corresponda a cada tag de início respectiva é um erro de sintaxe.

As unidades individuais de marcação (isto é, tudo o que estiver incluído entre uma tag de início e sua tag de término correspondente) são chamadas de *elementos*. Um documento XML inclui um elemento (chamado de *elemento raiz*) que contém todos os outros elementos. O elemento raiz deve ser o primeiro elemento após a declaração XML. Na Figura 18.1, **`article`** (linha 6) é o elemento raiz. Os elementos são *aninhados* uns dentro dos outros para formar hierarquias — com o elemento raiz no topo da hierarquia. Isso permite que os autores de documento criem relacionamentos explícitos entre os dados. Por exemplo, os elementos **`title`**, **`date`**, **`author`**, **`summary`** e **`content`** estão aninhados dentro de **`article`**. Os elementos **`firstName`** e **`lastName`** estão aninhados dentro de **`author`**.

Erro de programação comum 18.3

Tentar criar mais de um elemento-raiz em um documento XML é um erro de sintaxe.

O elemento **`title`** (linha 8) contém o título do artigo, **`Simple XML`**, como dados de caracteres. Analogamente, **`date`** (linha 10), **`summary`** (linha 17) e **`content`** (linhas 19 a 21) contêm como dados de caracteres a data, o resumo e o conteúdo, respectivamente. Os nomes dos elementos XML podem ter qualquer comprimento e podem conter letras, dígitos,

1. Alguns analisadores sintáticos (parsers) de XML, inclusive o msxml fornecido com certas versões do Internet Explorer, são incapazes (pelo menos até a versão atual) de reconhecer caracteres acentuados como válidos, mesmo como dados e dentro de comentários. Assim, no caso de documentos XML, sugere-se que caracteres acentuados e ç não sejam utilizados, nem mesmo em comentários, pelo menos enquanto não haja amplo suporte a eles nos principais analisadores e navegadores que entendem XML. (N.R.T.)

caracteres de sublinhado, hifens e pontos — eles devem começar com uma letra ou com um sublinhado.

Erro de programação comum 18.4

O XML diferencia letras maiúsculas de minúsculas. O uso de combinações de maiúsculas/minúsculas distintas para definir e/ou referenciar o nome de um mesmo elemento XML é um erro de sintaxe.

Por si só, esse documento é apenas um arquivo de texto chamado **`article.xml`**. Embora não seja obrigatório, a maioria dos documentos XML termina com a extensão de arquivo ***`.xml`***. O processamento de documentos XML exige um programa chamado *analisador sintático (parser) de XML*, também chamado de *processador de XML*. Os analisadores sintáticos são responsáveis por verificar a sintaxe de um documento XML e tornar os dados desse documento disponíveis para os aplicativos. Freqüentemente, os analisadores de XML são incorporados em aplicativos como o Visual Studio ou estão disponíveis para download na Internet. Analisadores populares incluem o *msxml* da Microsoft, o *Xerces* da Apache Software Foundation e o *XML4J* da IBM. Neste capítulo usaremos o msxml.

Quando o usuário carrega **`article.xml`** no Internet Explorer (IE)[2], o msxml analisa o documento e passa os dados analisados para o IE. Então, o IE usa uma *folha de estilos* interna para formatar os dados. Note que o formato resultante dos dados (Figura 18.2) é semelhante ao formato do documento XML mostrado na Figura 18.1. Conforme demonstraremos em breve, as folhas de estilos desempenham um papel importante e poderoso na transformação de dados XML para formatos convenientes para exibição.

Observe os sinais de menos (-) e mais (+) na Figura 18.2. Embora eles não façam parte do documento XML, o IE os coloca ao lado de todos os *elementos contêineres* (isto é, elementos que contêm outros elementos). Os elementos contêineres também são chamados de *elementos progenitores*. Um sinal de menos indica que os *elementos filhos* (isto é, elementos aninhados) do elemento progenitor estão sendo exibidos. Quando clicado, um sinal de menos se torna um sinal de mais (que recolhe o elemento contêiner e oculta todos os filhos). Inversamente, clicar em um sinal de mais expande o elemento contêiner e muda o sinal de mais para um sinal de menos. Esse comportamento é semelhante à visualização da estrutura de diretório em um sistema Windows, usando o Windows Explorer. Na verdade, uma estrutura de diretório é freqüentemente modelada como uma série de estruturas em árvore, nas quais cada letra de unidade de disco (por exemplo, **C:** etc.) representa a *raiz* de uma árvore. Cada pasta é um *nó* na árvore. Os analisadores freqüentemente colocam dados XML em árvores, para facilitar a manipulação eficiente, conforme discutido na Seção 18.4.

Erro de programação comum 18.5

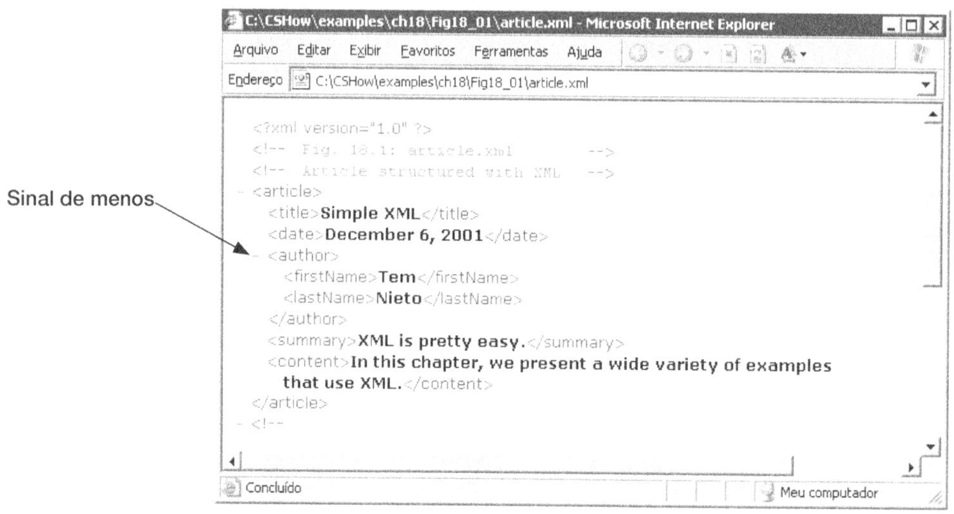

Figura 18.2 `article.xml` exibido pelo Internet Explorer. (Parte 1 de 2.)

2. IE versão 5 e posteriores.

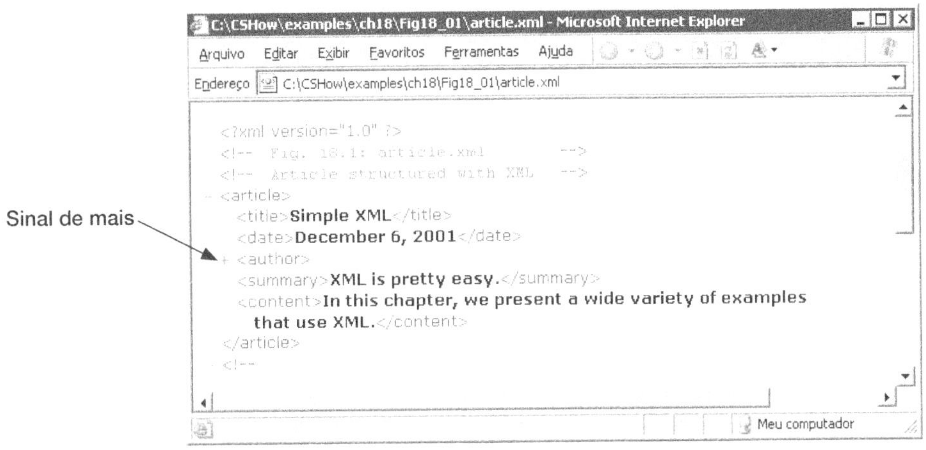

Figura 18.2 `article.xml` exibido pelo Internet Explorer. (Parte 2 de 2.)

Aninhar tags XML incorretamente é um erro de sintaxe. Por exemplo, **`<x><y>olha eu aqui</x></y>`** *é um erro, pois a tag* **`</y>`** *deve preceder a tag* **`</x>`**.

```
<?xml version = "1.0"?>

<!-- Fig. 18.3: letter.xml                  -->
<!-- Carta comercial formatada com XML -->

<letter>
   <contact type = "from">
      <name>Jane Doe</name>
      <address1>Box 12345</address1>
      <address2>15 Any Ave.</address2>
      <city>Othertown</city>
      <state>Otherstate</state>
      <zip>67890</zip>
      <phone>555-4321</phone>
      <flag gender = "F" />
   </contact>

   <contact type = "to">
      <name>John Doe</name>
      <address1>123 Main St.</address1>
      <address2></address2>
      <city>Anytown</city>
      <state>Anystate</state>
      <zip>12345</zip>
      <phone>555-1234</phone>
      <flag gender = "M" />
   </contact>

   <salutation>Dear Sir:</salutation>

      <paragraph>It is our privilege to inform you about our new
      database managed with <technology>XML</technology>. This
      new system allows you to reduce the load on
      your inventory list server by having the client machine
      perform the work of sorting and filtering the data.
```

Figura 18.3 XML para fazer a marcação de uma carta comercial. (Parte 1 de 2.)

```
36          </paragraph>
37
38          <paragraph>Please visit our Web site for availability
39          and pricing.
40          </paragraph>
41
42       <closing>Sincerely</closing>
43
44       <signature>Ms. Doe</signature>
45    </letter>
```

Figura 18.3 XML para fazer a marcação de uma carta comercial. (Parte 2 de 2.)

Agora apresentaremos um segundo documento XML (Figura 18.3) que faz a marcação de uma carta comercial. Esse documento contém significativamente mais dados do que o documento XML anterior.

O elemento raiz **`letter`** (linhas 6 a 45) contém os elementos filhos **`contact`** (linhas 7 a 16 e 18 a 27), **`salutation`**, **`paragraph`** (linhas 31 a 36 e 38 a 40), **`closing`** e **`signature`**. Além de serem colocados entre tags, os dados também podem ser colocados em *atributos*, que são pares nome–valor em tags de início. Os elementos podem ter qualquer número de atributos em suas tags de início. O primeiro elemento **`contact`** (linhas 7 a 16) tem o atributo **`type`** com o *valor* de atributo **`"from"`**, o qual indica que esse elemento **`contact`** marca informações sobre o remetente da carta. O segundo elemento **`contact`** (linhas 18 a 27) tem o atributo **`type`** com o valor **`"to"`**, o qual indica que esse elemento marca informações sobre o destinatário da carta. Assim como os nomes de elemento, os nomes de atributo fazem a diferenciação entre letras maiúsculas e minúsculas, podem ter qualquer comprimento, podem conter letras, dígitos, caracteres de sublinhado, hifens e pontos e devem começar com uma letra ou com um caractere de sublinhado. Um elemento **`contact`** armazena o nome, endereço e número de telefone de um contato. O elemento **`salutation`** (linha 29) marca a saudação da carta. As linhas 31 a 40 marcam o miolo da carta com elementos **`paragraph`**. Os elementos **`closing`** (linha 42) e **`signature`** (linha 44) marcam a frase de fechamento e a assinatura do autor da carta, respectivamente.

Erro de programação comum 18.6

Não incluir os valores de atributo entre aspas (" ") ou apóstrofos (' ') é um erro de sintaxe.

Erro de programação comum 18.7

Tentar fornecer dois atributos com o mesmo nome para um elemento é um erro de sintaxe.

Na linha 15 introduzimos o *elemento vazio* **flag**, o qual indica o sexo do contato. Os elementos vazios não contêm dados de caracteres (isto é, eles não contêm texto entre as tags de início e de término). Tais elementos são fechados colocando-se uma barra no final do elemento (como mostrado na linha 15) ou escrevendo-se explicitamente uma tag de fechamento, como em

```
<flag gender = "F"></flag>
```

18.3 Espaços de nomes do XML

As linguagens de programação orientada a objetos, como C# e Visual Basic .NET, fornecem muitas bibliotecas de classe que agrupam seus recursos em espaços de nomes. Esses espaços de nomes evitam *colisões de atribuição de nomes* entre identificadores definidos pelo programador e identificadores das bibliotecas de classe. Por exemplo, poderíamos usar a classe **`Book`** para representar informações sobre uma de nossas publicações; entretanto, um colecionador de selos poderia usar a classe **`Book`** para representar um livro de selos. Uma colisão de atribuição de nomes ocorreria se usássemos essas duas classes na mesma montagem, sem usar espaços de nomes para diferenciá-las.

Assim como o C#, o XML também fornece *espaços de nomes*, os quais fornecem uma maneira de identificar exclusivamente os elementos XML. Além disso, as linguagens baseadas em XML — chamadas de *vocabulários*, como XML Schema (Seção 18.5), Extensible Stylesheet Language (Seção 18.6) e BizTalk (Seção 18.7) — freqüentemente usam espaços de nomes para identificar seus elementos.

Os elementos são diferenciados por meio de *prefixos de espaço de nomes*, que identificam o espaço de nomes a que um elemento pertence. Por exemplo,

```
<deitel:book>C# How to Program</deitel:book>
```

qualifica o elemento **book** com prefixo de espaço de nomes **deitel**. Isso indica que o elemento **book** faz parte do espaço de nomes **deitel**. Os autores de documento podem usar qualquer nome para um prefixo de espaço de nomes, exceto o prefixo de espaço de nomes reservado ***xml***.

Erro de programação comum 18.8

Tentar criar um prefixo de espaço de nomes chamado **xml** *em qualquer mistura de letras maiúsculas e minúsculas é um erro de sintaxe.*

```
<?xml version = "1.0"?>

<!-- Fig. 18.4: namespace.xml    -->
<!-- Demonstrating namespace     -->

<text:directory xmlns:text = "urn:deitel:textInfo"
   xmlns:image = "urn:deitel:imageInfo">

   <text:file filename = "book.xml">
      <text:description>A book list</text:description>
   </text:file>

   <image:file filename = "funny.jpg">
      <image:description>A funny picture</image:description>
      <image:size width = "200" height = "100" />
   </image:file>

</text:directory>
```

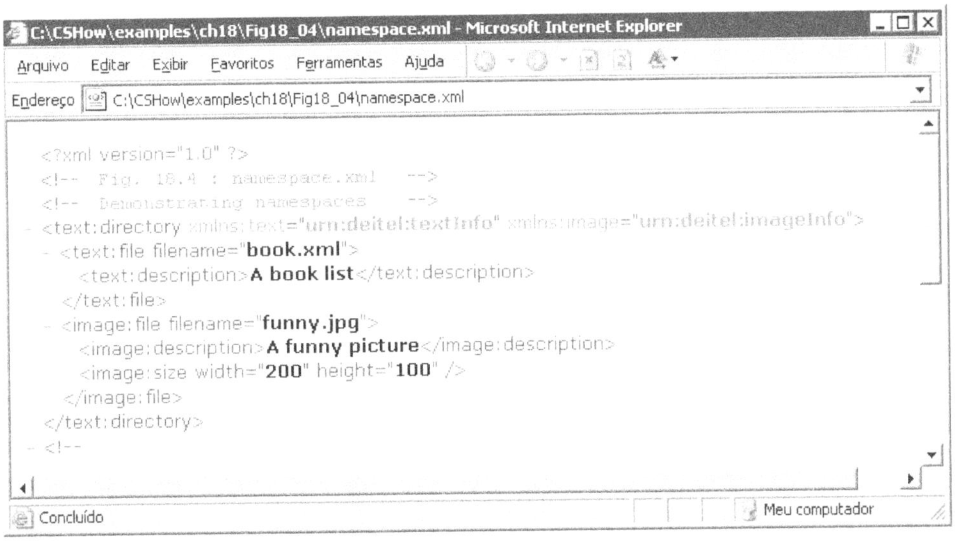

Figura 18.4 Demonstração de espaços de nomes XML.

A marcação na Figura 18.4 demonstra o uso de espaços de nomes. Esse documento XML contém dois elementos **file** que são diferenciados utilizando-se espaços de nomes.

Observação de engenharia de software 18.1

O programador tem a opção de qualificar um atributo com um prefixo de espaço de nomes. Entretanto, isso não é obrigatório, pois os atributos sempre são associados aos elementos.

As linhas 6 e 7 usam o atributo **`xmlns`** para criar dois prefixos de espaços de nomes: **`text`** e **`image`**. Cada prefixo de espaço de nomes está vinculado a uma série de caracteres, chamada *URI* (Uniform Resource Identifier — identificador de recurso uniforme), que identifica exclusivamente o espaço de nomes. Os autores de documento criam seus próprios prefixos de espaços de nomes e URIs.

Para garantir que os espaços de nomes sejam únicos, os autores de documento devem fornecer URIs exclusivos. Aqui usamos **`urn:deitel:textInfo`** e **`urn:deitel:imageInfo`** como URIs. Uma prática comum é usar URLs (Universal Resource Locators — localizadores de recurso uniforme) para URIs, pois os nomes de domínio (como **`www.deitel.com`**) usados em URLs com certeza são exclusivos. Por exemplo, as linhas 6 e 7 poderiam ter sido escritas como se segue

```
<text:directory xmlns:text =
   "http://www.deitel.com/xmlns-text"
   xmlns:image = "http://www.deitel.com/xmlns-image">
```

Nesse exemplo usamos URLs relativos ao nome de domínio Deitel & Associates, Inc. para identificar espaços de nomes. O analisador nunca visita esses URLs — eles simplesmente representam uma série de caracteres usados para diferenciar nomes. Os URLs não precisam fazer referência a páginas Web reais ou ser formados corretamente.

As linhas 9 a 11 usam o prefixo de espaço de nomes **`text`** para qualificar os elementos **`file`** e **`description`** como per-

```
1  <?xml version = "1.0"?>
2
3  <!-- Fig. 18.5: defaultnamespace.xml  -->
4  <!-- Using default namespaces         -->
5
6  <directory xmlns = "urn:deitel:textInfo"
7     xmlns:image = "urn:deitel:imageInfo">
8
9     <file filename = "book.xml">
10       <description>A book list</description>
11    </file>
12
13    <image:file filename = "funny.jpg">
14       <image:description>A funny picture</image:description>
15       <image:size width = "200" height = "100" />
16    </image:file>
17
18 </directory>
```

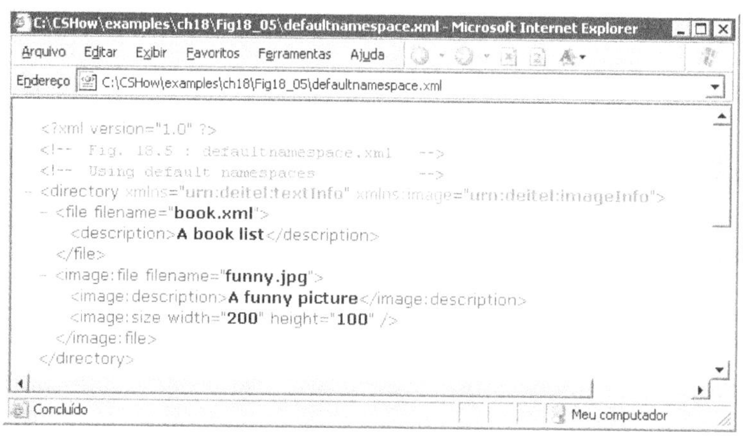

Figura 18.5 Demonstração de espaços de nomes padrão.

tencentes ao espaço de nomes "**urn:deitel:textInfo**". Note que o prefixo de espaço de nomes **text** também é aplicado às tags de término. As linhas 13 a 16 aplicam o prefixo de espaço de nomes **image** aos elementos **file**, **description** e **size**.

Para eliminar a necessidade de preceder cada elemento com um prefixo de espaço de nomes, os autores de documento podem especificar um *espaço de nomes padrão*. A Figura 18.5 demonstra a criação e o uso de espaços de nomes padrão.

A linha 6 declara um espaço de nomes padrão usando o atributo **xmlns**, tendo um URI como seu valor. Uma vez que definimos esse espaço de nomes padrão, os elementos filhos pertencentes ao espaço de nomes não precisam ser qualificados por um prefixo de espaço de nomes. O elemento **file** (linhas 9 a 11) está no espaço de nomes **urn:deitel:textInfo**. Compare isso com a Figura 18.4, onde prefixamos **file** e **description** com **text** (linhas 9 a 11).

O espaço de nomes padrão se aplica ao elemento **directory** e a todos os elementos que não estão qualificados com um prefixo de espaço de nomes. Entretanto, podemos usar um prefixo de espaço de nomes para especificar um espaço de nomes diferente para elementos em particular. Por exemplo, o elemento **file** na linha 13 é prefixado com **image** para indicar que está no espaço de nomes **urn:deitel:imageInfo**, em vez do espaço de nomes padrão.

18.4DOM (Document Object Model)

Embora os documentos XML sejam arquivos de texto, recuperar dados deles, por meio de técnicas de acesso a arquivo seqüencial, não é prático nem eficiente, especialmente em situações em que dados devem ser adicionados ou excluídos dinamicamente.

Ao analisar documentos com êxito, alguns analisadores de XML armazenam os dados do documento como estruturas em árvore na memória. A Figura 18.6 ilustra a estrutura em árvore do documento **article.xml** discutido na Figura 18.1. Essa estrutura em árvore hierárquica é chamada de árvore DOM (Document Object Model — modelo de objetos documento), e um analisador de XML que cria esse tipo de estrutura é conhecido como *analisador de DOM*. A árvore DOM representa cada componente do documento XML (por exemplo, **article**, **date**, **firstName** etc.) como um nó na árvore. Os nós (como **author**) que contêm outros nós (chamados de *nós filhos*) são denominados *nós progenitores*. Os nós que têm o mesmo progenitor (como **firstName** e **lastName**) são chamados de *nós irmãos*. Os *nós descendentes* de um nó incluem os filhos desse nó, os filhos de seus filhos etc. Analogamente, os *nós ancestrais* de um nó incluem o progenitor desse nó, o progenitor de seu progenitor etc. Toda árvore DOM tem um único *nó raiz*, que contém todos os outros nós do documento, como comentários, elementos etc.

As classes para criar, ler e manipular documentos XML estão localizadas no espaço de nomes C# ***System.Xml***. Esse

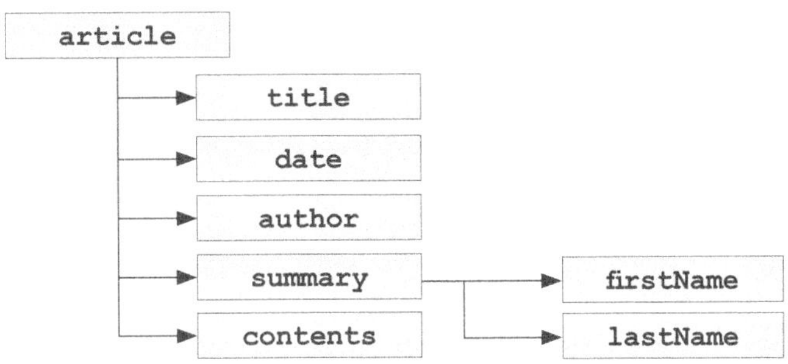

Figura 18.6 Estrutura em árvore da Figura 18.1.

```
// Fig. 18.7: XmlReaderTest.cs
// Lendo um documento XML.

using System;
using System.Windows.Forms;
using System.Xml;

public class XmlReaderTest : System.Windows.Forms.Form
{
   private System.Windows.Forms.TextBox outputTextBox;
```

Figura 18.7 XmlNodeReader usada para percorrer um documento XML. (Parte 1 de 3.)

```
      private System.ComponentModel.Container components = null;

      public XmlReaderTest()
      {
         InitializeComponent();

         // referência para "documento XML"
         XmlDocument document = new XmlDocument();
         document.Load( "..\\..\\article.xml" );

         // cria XmlNodeReader para o documento
         XmlNodeReader reader = new XmlNodeReader( document );

         // mostra o formulário antes que outputTextBox seja preenchida
         this.Show();

         // a profundidade da árvore é -1, sem endentação
         int depth = -1;

         // exibe o conteúdo de cada nó
         while ( reader.Read() )
         {
            switch ( reader.NodeType )
            {
               // se for Element, exibe seu nome
               case XmlNodeType.Element:

                  // aumenta a profundidade da tabulação
                  depth++;
                  TabOutput( depth );
                  outputTextBox.Text += "<" + reader.Name + ">" +
                     "\r\n";

                  // se o elemento estiver vazio, diminui a profundidade
                  if ( reader.IsEmptyElement )
                     depth--;

                  break;

               // se for Comment, exibe-o
               case XmlNodeType.Comment:
                  TabOutput( depth );
                  outputTextBox.Text +=
                     "<!--" + reader.Value + "-->\r\n";
                  break;

               // se for Text, exibe-o
               case XmlNodeType.Text:
                  TabOutput( depth );
                  outputTextBox.Text += "\t" + reader.Value +
                     "\r\n";
                  break;

               // se for declaração XML, exibe-a
               case XmlNodeType.XmlDeclaration:
                  TabOutput( depth );
                  outputTextBox.Text += "<?" + reader.Name + " "
                     + reader.Value + " ?>\r\n";
```

Figura 18.7 XmlNodeReader usada para percorrer um documento XML. (Parte 2 de 3.)

```
                  break;

               // se for EndElement, exibe-o e decrementa depth
               case XmlNodeType.EndElement:
                  TabOutput( depth );
                  outputTextBox.Text += "</" + reader.Name
                     + ">\r\n";
                  depth--;
                  break;
            } // fim da instrução switch
         } // fim do laço while
      } // Fim do construtor de XmlReaderTest

      // insere tabulações
      private void TabOutput( int number )
      {
         for ( int i = 0; i < number; i++ )
            outputTextBox.Text += "\t";
      } // fim de TabOutput

      // código gerado pelo Windows Form Designer

      [STAThread]
      static void Main()
      {
         Application.Run( new XmlReaderTest() );
      } // fim de Main
   } // fim de XmlReaderTest
```

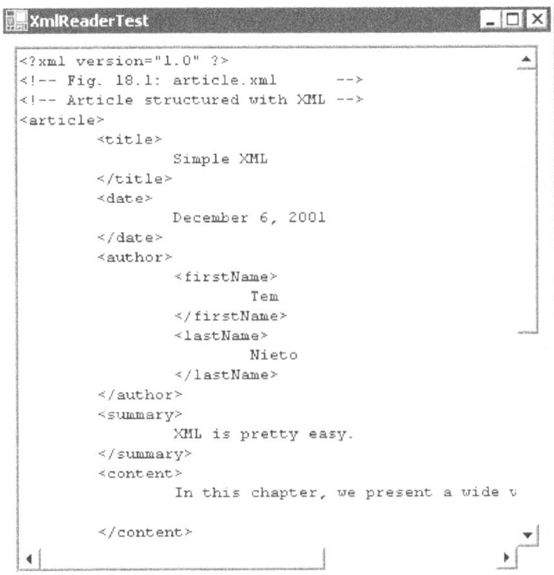

Figura 18.7 `XmlNodeReader` usada para percorrer um documento XML. (Parte 3 de 3.)

espaço de nomes também contém espaços de nomes adicionais, que contêm outras operações relacionadas ao XML.

Nesta seção apresentaremos vários exemplos que usam árvores DOM. Nosso primeiro exemplo, o programa da Figura 18.7, carrega o documento XML apresentado na Figura 18.1 e exibe seus dados em uma caixa de texto. Esse exemplo usa a classe ***XmlNodeReader***, que é derivada de ***XmlReader***, a qual percorre cada nó no documento XML. A classe **`XmlReader`** é uma classe **`abstract`** que define a interface para ler documentos XML.

A linha 6 inclui o espaço de nomes **System.Xml**, que contém as classes XML usadas nesse exemplo. A linha 18 cria uma referência para um objeto ***XmlDocument*** que, conceitualmente, representa um documento XML vazio. O documento XML **article.xml** é analisado e carregado nesse objeto **XmlDocument** quando o método **Load** é chamado na linha 19. Quando um documento XML é carregado em um objeto **XmlDocument**, seus dados podem ser lidos e manipulados via programação. Nesse exemplo lemos cada nó no objeto **XmlDocument**, que é a árvore DOM. Em exemplos posteriores demonstraremos como manipular valores de nós.

Na linha 22 criamos um objeto **XmlNodeReader** e atribuímos a ele uma referência a **reader**, o que nos permite ler um nó por vez do objeto **XmlDocument**. O método ***Read*** de **XmlReader** lê um nó da árvore DOM. Colocar essa instrução no laço **while** (linhas 31 a 78) faz **reader** ler todos os nós do documento. A instrução **switch** (linhas 33 a 77) processa cada nó. A propriedade ***Name*** (linha 41), que contém o nome do nó, ou a propriedade ***Value*** (linha 53), que contém os dados do nó, é formatada e concatenada com a **string** atribuída à propriedade **Text** da caixa de texto. A propriedade **NodeType** contém o tipo de nó (especificando se o nó é um elemento, comentário, texto etc.). Note que cada **case** especifica um tipo de nó usando constantes da enumeração ***XmlNodeType***.

Note que a saída apresentada enfatiza a estrutura do documento XML. A variável **depth** (linha 28) configura o número de caracteres de tabulação usados para endentar cada elemento. A profundidade é incrementada sempre que um tipo **Element** é encontrado e é decrementada sempre que um elemento **EndElement** ou vazio é encontrado. Usaremos uma técnica semelhante no exemplo a seguir para enfatizar a estrutura em árvore do documento XML na tela.

Note que nossas quebras de linha usam a seqüência de caracteres **"\r\n"**, que denota um retorno de carro seguido de um avanço de linha. Essa é a quebra de linha padrão para aplicativos e controles baseados no Windows.

O programa C# da Figura 18.8 demonstra como manipular árvores DOM via programação. Esse programa carrega **letter.xml** (Figura 18.3) na árvore DOM e, em seguida, cria uma segunda árvore DOM, que duplica a árvore DOM que possui o conteúdo de **letter.xml**. A GUI desse aplicativo contém uma caixa de texto, um controle **TreeView** e três botões — **Build**, **Print** e **Reset**. Quando clicado, **Build** copia **letter.xml** e exibe a estrutura em árvore do documento no controle **TreeView**, **Print** apresenta os valores e nomes do elemento XML em uma caixa de texto e **Reset** limpa o controle **TreeView** e o conteúdo da caixa de texto.

As linhas 20 e 23 criam referências para os objetos **XmlDocument source** e **copy**. A linha 32 atribui um novo objeto **XmlDocument** à referência **source**. A linha 33 chama então o método **Load**, para analisar e carregar **letter.**

```
1   // Fig. 18.8: XmlDom.cs
2   // Demonstra manipulação de árvores DOM.
3
4   using System;
5   using System.Windows.Forms;
6   using System.Xml;
7   using System.IO;
8   using System.CodeDom.Compiler; // contém TempFileCollection
9
10  // A classe XmlDom demonstra o DOM
11  public class XmlDom : System.Windows.Forms.Form
12  {
13     private System.Windows.Forms.Button buildButton;
14     private System.Windows.Forms.Button printButton;
15     private System.Windows.Forms.TreeView xmlTreeView;
16     private System.Windows.Forms.TextBox consoleTextBox;
17     private System.Windows.Forms.Button resetButton;
18     private System.ComponentModel.Container components = null;
19
20     private XmlDocument source; // referência para "documento XML"
21
22     // referência copy do "documento XML" de source
23     private XmlDocument copy;
24
```

Figura 18.8 Estrutura DOM de um documento XML ilustrado por uma classe. (Parte 1 de 5.)

```
    private TreeNode Tree;    // referência TreeNode

    public XmlDom()
    {
       InitializeComponent();

       // cria XmlDocument e carrega letter.xml
       source = new XmlDocument();
       source.Load( "..\\..\\letter.xml" );

       // inicializa as referências como nulas
       copy = null;
       tree = null;
    } // fim de XmlDom

    [STAThread]
    static void Main()
    {
       Application.Run( new XmlDom() );
    }

    // manipulador para o evento Click de buildButton
    private void buildButton_Click( object sender,
       System.EventArgs e )
    {
       // determina se copy já foi construido
       if ( copy != null )
          return;   // o documento já existe

       // instancia XmlDocument e TreeNode
       copy = new XmlDocument();
       tree = new TreeNode();

       // adiciona nome do nó raiz em TreeNode e adiciona
       // TreeNode no controle TreeView
       tree.Text = source.Name; // atribui #root
       xmlTreeView.Nodes.Add( tree );

       // constrói hierarquia de nós e árvore
       BuildTree( source, copy, tree );

       printButton.Enabled = true;
       resetButton.Enabled = true;
    } // fim de buildButton_Click

    // manipulador para o evento Click de printButton
    private void printButton_Click( object sender,
       System.EventArgs e )
    {
       // sai se copy não faz referência a um XmlDocument
       if ( copy == null )
          return;

       // cria arquivo XML temporário
       TempFileCollection file = new TempFileCollection();

```

Figura 18.8 Estrutura DOM de um documento XML ilustrado por uma classe. (Parte 2 de 5.)

```
      // cria arquivo que é excluído no término do programa
      file.AddExtension( "xml", false );
      string[] filename = new string[ 1 ];
      file.CopyTo( filename, 0 );

      // grava dados XML no disco
      XmlTextWriter writer = new XmlTextWriter( filename[ 0 ],
         System.Text.Encoding.UTF8 );
      copy.WriteTo( writer );
      writer.Close();

      // analisa e carrega documento XML temporário
      XmlTextReader reader = new XmlTextReader( filename[ 0 ] );

      // lê, formata e exibe dados
      while( reader.Read() )
      {
         if ( reader.NodeType == XmlNodeType.EndElement )
            consoleTextBox.Text += "/";

         if ( reader.Name != String.Empty )
            consoleTextBox.Text += reader.Name + "\r\n";

         if ( reader.Value != String.Empty )
            consoleTextBox.Text += "\t" + reader.Value +
               "\r\n";
      } // fim do while

      reader.Close();
   } // fim de printButton_Click

   // manipula o evento Click de resetButton
   private void resetButton_Click( object sender,
      System.EventArgs e )
   {
      // remove nós de TreeView
      if ( tree != null )
         xmlTreeView.Nodes.Remove( tree );

      xmlTreeView.Refresh();// força a atualização de TreeView

      // exclui XmlDocument e a árvore
      copy = null;
      tree = null;

      consoleTextBox.Text = "";// limpa a caixa de texto

      printButton.Enabled = false;
      resetButton.Enabled = false;

   } // fim de resetButton_Click

   // constrói a árvore DOM
   private void BuildTree( XmlNode xmlSourceNode,
      XmlNode document, TreeNode treeNode )
   {
      // cria XmlNodeReader para acessar documento XML
```

Figura 18.8 Estrutura DOM de um documento XML ilustrado por uma classe. (Parte 3 de 5.)

```
         XmlNodeReader nodeReader = new XmlNodeReader(
            xmlSourceNode );

         // representa o nó atual na árvore DOM
         XmlNode currentNode = null;

         // treeNode para adicionar na árvore existente
         TreeNode newNode = new TreeNode();

         // referencia tipo de nó modificado para CreateNode
         XmlNodeType modifiedNodeType;

         while ( nodeReader.Read() )
         {
            // obtém tipo de nó atual
            modifiedNodeType = nodeReader.NodeType;

            // verifica EndElement, armazena como Element
            if ( modifiedNodeType == XmlNodeType.EndElement )
               modifiedNodeType = XmlNodeType.Element;

            // cria nó copy
            currentNode = copy.CreateNode( modifiedNodeType,
               nodeReader.Name, nodeReader.NamespaceURI );

            // constrói árvore baseada no tipo de nó
            switch ( nodeReader.NodeType )
            {
               // se for nó Text, adiciona seu valor na árvore
               case XmlNodeType.Text:
                  newNode.Text = nodeReader.Value;
                  treeNode.Nodes.Add( newNode );

                  // acrescenta o valor do nó Text aos dados de currentNode
                  ( ( XmlText ) currentNode ).AppendData(
                     nodeReader.Value );
                  document.AppendChild( currentNode );
                  break;

               // se for EndElement, move para cima na árvore
               case XmlNodeType.EndElement:
                  document = document.ParentNode;
                  treeNode = treeNode.Parent;
                  break;

               // se for novo elemento, adiciona o nome e percorre a árvore
               case XmlNodeType.Element:

                  // determina se o elemento possui conteúdo
                  if ( !nodeReader.IsEmptyElement )
                  {
                     // atribui texto do nó, adiciona newNode como filho
                     newNode.Text = nodeReader.Name;
                     treeNode.Nodes.Add( newNode );

                     // configura treeNode como último filho
                     treeNode = newNode;
```

Figura 18.8 Estrutura DOM de um documento XML ilustrado por uma classe. (Parte 4 de 5.)

```

                     document.AppendChild( currentNode );
                     document = document.LastChild;
                  }
                  else  // não percorre elementos vazios
                  {
                     // atribui a string NodeType a newNode
                     newNode.Text =
                        nodeReader.NodeType.ToString();

                     treeNode.Nodes.Add( newNode );
                     document.AppendChild( currentNode );
                  }

                  break;

               // para todos os outros tipos, exibe tipo do nó
               default:
                  newNode.Text = nodeReader.NodeType.ToString();
                  treeNode.Nodes.Add( newNode );
                  document.AppendChild( currentNode );
                  break;
            } // fim do switch

            newNode = new TreeNode();
         } // fim do while

         // atualiza o controle TreeView
         xmlTreeView.ExpandAll();
         xmlTreeView.Refresh();

      } // fim de BuildTree
   } // fim de XmlDom
```

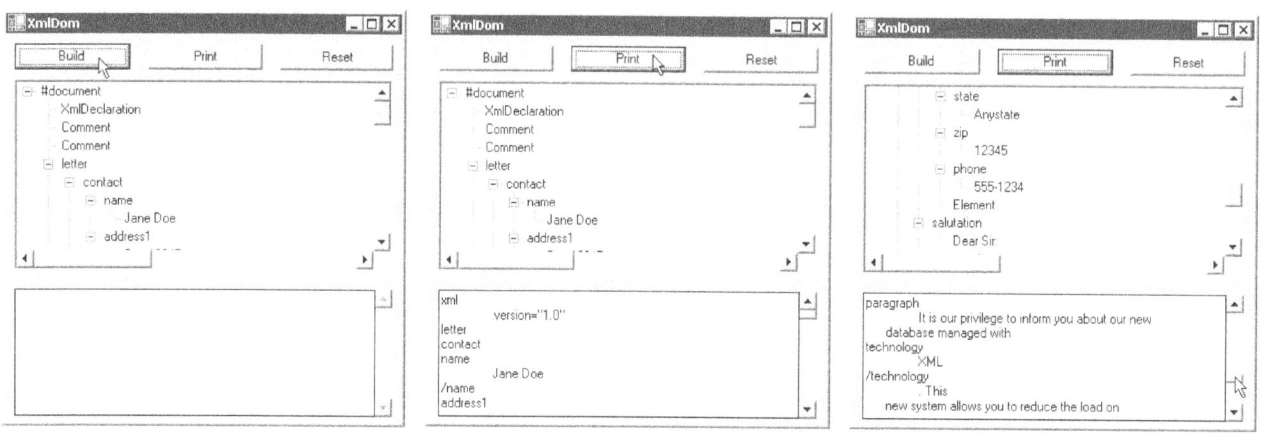

Figura 18.8 Estrutura DOM de um documento XML ilustrado por uma classe. (Parte 5 de 5.)

xml. Discutiremos a referência a **copy** em breve.

Infelizmente, os objetos **XmlDocument** não fornecem quaisquer recursos para apresentar seus conteúdos graficamente. Nesse exemplo apresentamos o conteúdo do documento por meio de um controle **TreeView**. Usamos objetos da classe ***TreeNode*** para representar cada nó da árvore. A classe **TreeView** e a classe **TreeNode** fazem parte do espaço de nomes **System.Windows.Forms**. Objetos **TreeNode** são adicionados no objeto **TreeView** para enfatizar a estrutura do documento XML.

Quando clicado, o botão **Build** chama o manipulador de evento **buildButton_Click** (linhas 47 a 68), que copia **letter.xml** dinamicamente. Os novos objetos **XmlDocument** e **TreeNode** (isto é, os nós usados para representação gráfica no objeto **TreeView**) são criados nas linhas 55 e 56. A linha 60 recupera a propriedade **Name** do nó referenciado por **source** (isto é, **#root**, que representa a raiz do documento) e atribui a ela a propriedade **Text** de **tree**. Então, esse objeto **TreeNode** é inserido na lista de nós do controle **TreeView**. O método **Add** é chamado para adicionar cada novo objeto **TreeNode** na coleção **Nodes** de **TreeView**. A linha 64 chama o método **BuildTree** para copiar o objeto **XMLDocument** referenciado por **source** e atualizar o objeto **TreeView**.

O método **BuildTree** (linhas 134 a 226) recebe um objeto **XmlNode** representando o nó fonte, um objeto **XmlNode** vazio e um objeto **treeNode** para colocar na árvore DOM. O parâmetro **treeNode** referencia a localização atual na árvore (isto é, o objeto **TreeNode** adicionado mais recentemente na **TreeView**). As linhas 138 e 139 instanciam um novo objeto **XmlNodeReader** para percorrer a árvore DOM. As linhas 142 a 145 declaram referências **XmlNode** e **TreeNode**, que indicam os próximos nós adicionados em **document** (isto é, a árvore DOM referenciada por **copy**) e **treeNode**. As linhas 150 a 220 percorrem cada nó da árvore.

As linhas 153 a 161 criam um nó contendo uma cópia do nó **nodeReader** atual. O método ***CreateNode*** de **XmlDocument** recebe como argumentos **NodeType**, **Name** e ***NamespaceURI***. O argumento **NodeType** não pode ser um objeto **EndElement**. Se o argumento **NodeType** for de um tipo **EndElement**, as linhas 156 e 157 atribuirão o tipo **Element** de **modifiedNodeType**.

A instrução **switch** nas linhas 164 a 217 determina o tipo de nó, cria e adiciona nós na **TreeView** e atualiza a árvo--re DOM. Quando um nó de texto é encontrado, a propriedade **Text** de **newNode** do novo objeto **TreeNode** é atribuída ao valor do nó atual. Esse **TreeNode** é adicionado na **TreeView**. Nas linhas 172 a 174, convertemos **currentNode** em **XmlText** e acrescentamos o valor do nó. Então, o objeto **currentNode** é acrescentado a **document**. As linhas 178 a 181 combinam um tipo de nó **EndElement**. Esse **case** move para cima na árvore, pois o final de um elemento foi encontrado. As propriedades ***ParentNode*** e ***Parent*** recuperam os progenitores de **document** e **treeNode**, respectivamente.

A linha 184 combina tipos de nó **Element**. Cada **NodeType Element** não vazio (linha 187) aumenta a profundidade da árvore; assim, atribuímos a propriedade **Name** atual de **nodeReader** à propriedade **Text** de **newNode** e adicionamos o objeto **newNode** à lista de nós **treeNode**. As linhas 194 a 197 reordenam os nós na lista de nós para garantir que **newNode** seja o último **TreeNode** na lista de nós. **XmlNode currentNode** é acrescentado a **document** como último filho, e **document** é configurado como ***LastChild***, que é o filho que acabamos de adicionar. Se for um elemento vazio (linha 192), atribuímos a representação de **string** de **NodeType** à propriedade **Text** de **newNode**. Em seguida, **newNode** é adicionado na lista de nós **treeNode**. A linha 206 acrescenta o objeto **currentNode** a **document**. O caso **default** atribui a representação de **string** do tipo de nó à propriedade **Text** de **NewNode**, adiciona **newNode** à lista de nós **TreeNode** e acrescenta **currentNode** a **document**.

Após a construção das árvores DOM, a lista de nós **TreeNode** aparece na **TreeView**. Clicar nos nós (isto é, nas caixas **+** ou **-**), na **TreeView**, os expande ou recolhe. Clicar em **Print** chama o manipulador de evento **printButton_Click** (linha 71). As linhas 79 a 84 criam um arquivo temporário para armazenar o código XML. A linha 87 cria um objeto **XmlTextWriter** para fazer os dados XML fluírem para o disco. O método ***WriteTo*** é chamado para gravar a representação XML no fluxo ***XmlTextWriter*** (linha 89). A linha 93 cria um objeto ***XmlTextReader*** para ler o arquivo. O laço **while** (linhas 96 a 107) lê cada nó da árvore DOM e grava nomes de tag e dados de caracteres na caixa de texto. Se se tratar de um elemento final, uma barra é concatenada. Se o nó tiver um objeto **Name** ou **Value**, esse nome ou valor será concatenado com o texto da caixa de texto.

O manipulador de evento do botão **Reset**, **resetButton_Click**, exclui as duas árvores geradas dinamicamente e atualiza a exibição da **TreeView**. A referência **copy** recebe **null** (para permitir que haja coleta de lixo de sua árvore, na linha 123) e à referência **tree** da lista de nós **TreeNode** é atribuído **null**.

Embora **XmlReader** inclua métodos para ler e modificar valores de nó, essa não é a maneira mais eficiente de localizar dados em uma árvore DOM. A plataforma .NET fornece a classe ***XpathNavigator***, no espaço de nomes ***System.Xml.Xpath***, para percorrer as listas de nós que correspondem aos critérios de pesquisa, que são gravados como uma *expressão XPath*. O XPath (XML Path Language — linguagem de caminhos do XML) fornece uma sintaxe para localizar, eficaz e eficientemente, nós específicos em documentos XML. O XPath é uma linguagem baseada em strings de expressões usadas pelo XML e por muitas de suas tecnologias relacionadas (como a XSLT, discutida na Seção 18.6).

A Figura 18.9 demonstra como navegar em um documento XML com um **XPathNavigator**. Assim como na Figura 18.8, esse programa usa uma **TreeView** e objetos **TreeNode** para apresentar a estrutura do documento XML. Entretanto, em vez de apresentar a árvore DOM inteira, a lista de nós **TreeNode** é atualizada sempre que **XPathNavigator** é posicionado em um novo nó. Os nós são adicionados e excluídos da **TreeView** para refletir a localização de **XPathNavigator** na árvore DOM. O documento XML **sports.xml** que usamos nesse exemplo está apresentado na Figura 18.10.

Esse programa carrega o documento XML **sports.xml** em um objeto ***XpathDocument***, passando o nome de arquivo do documento para o construtor de **XPathDocument** (linha 36). O método ***CreateNavigator*** (linha 39) cria e retorna uma referência de **XPathNavigator** para a estrutura em árvore de **XPathDocument**.

Os métodos de navegação de **XPathNavigator** usados na Figura 18.9 são ***MoveToFirstChild*** (linha 66), ***MoveToParent*** (linha 94), ***MoveToNext*** (linha 122) e ***MoveToPrevious*** (linha 151). Cada método executa a ação que seu nome indica. O método **MoveToFirstChild** move para o primeiro filho do nó referenciado por **XPathNavigator**, **MoveToParent** move para o nó progenitor do nó referenciado por **XPathNavigator**, **MoveToNext** move para o próximo irmão do nó referenciado por **XPathNavigator**, e **MoveToPrevious** move para o irmão anterior do nó referenciado por **XPathNavigator**. Cada método retorna um valor **bool**, indicando se a movimentação teve êxito. Nesse exemplo apresentamos um alerta em uma **MessageBox**, em que uma operação de movimentação falha. Além disso, cada um desses métodos é chamado no manipulador de evento do botão correspondente a seu nome (por exemplo, o botão **First Child** chama **firstChildButton_Click**, que chama **MoveToFirstChild**).

Quando nos movemos para frente, por meio de **XPathNavigator**, assim como acontece com **MoveToFirstChild** e **MoveToNext**, são adicionados nós na lista de nós **TreeNode**. O método **DetermineType** é um método **private** (definido nas linhas 208 a 229) que determina se vamos atribuir a propriedade ***Name*** ou a propriedade ***Value*** de **Node** a **TreeNode** (linhas 218 e 225). Quando **MoveToParent** é chamado, todos os filhos do nó progenitor são removidos da tela. Analogamente, uma chamada para **MoveToPrevious** remove o nó irmão atual. Note que os nós são removidos apenas da **TreeView**, e não da representação em árvore do documento.

O outro manipulador de evento corresponde ao botão **Select** (linhas 173 e 174). O método **Select** (linha 182) rece-

```
1   // Fig. 18.9: PathNavigator.cs
2   // Demonstra a classe XPathNavigator.
3
4   using System;
5   using System.Windows.Forms;
6   using System.Xml.XPath; // contém XPathNavigator
7
8   public class PathNavigator : System.Windows.Forms.Form
9   {
10     private System.Windows.Forms.Button firstChildButton;
11     private System.Windows.Forms.Button parentButton;
12     private System.Windows.Forms.Button nextButton;
13     private System.Windows.Forms.Button previousButton;
14     private System.Windows.Forms.Button selectButton;
15     private System.Windows.Forms.TreeView pathTreeViewer;
16     private System.Windows.Forms.ComboBox selectComboBox;
17     private System.ComponentModel.Container components = null;
18     private System.Windows.Forms.TextBox selectTreeViewer;
19     private System.Windows.Forms.GroupBox navigateBox;
20     private System.Windows.Forms.GroupBox locateBox;
21
22     // navegador para percorrer o documento
23     private XPathNavigator xpath;
24
25     // referencia documento para uso por XPathNavigator
26     private XPathDocument document;
27
28     // referencia a lista TreeNode usada por TreeView
29     private TreeNode tree;
30
```

Figura 18.9 Classe XPathNavigator usada para navegar em nós selecionados. (Parte 1 de 6.)

```
   public PathNavigator()
   {
      InitializeComponent();

      // carrega o documento XML
      document = new XPathDocument( "..\\..\\sports.xml" );

      // cria o navegador
      xpath = document.CreateNavigator();

      // cria nó raiz para TreeNodes
      tree = new TreeNode();

      tree.Text = xpath.NodeType.ToString();    // #root
      pathTreeViewer.Nodes.Add( tree );         // adiciona árvore

      // atualiza a TreeView
      pathTreeViewer.ExpandAll();
      pathTreeViewer.Refresh();
      pathTreeViewer.SelectedNode = tree;       // realça a raiz
   } // fim do construtor

   [STAThread]
   static void Main()
   {
      Application.Run( new PathNavigator() );
   }

   // percorre o primeiro filho
   private void firstChildButton_Click( object sender,
      System.EventArgs e )
   {
      TreeNode newTreeNode;

      // move para o primeiro filho
      if ( xpath.MoveToFirstChild() )
      {
         newTreeNode = new TreeNode();  // cria um novo nó

         // configura a propriedade Text do nó como
         // o nome ou valor do navegador
         DetermineType( newTreeNode, xpath );

         // adiciona nó na lista de nós TreeNode
         tree.Nodes.Add( newTreeNode );
         tree = newTreeNode;   // atribui árvore newTreeNode

         // atualiza TreeView
         pathTreeViewer.ExpandAll();
         pathTreeViewer.Refresh();
         pathTreeViewer.SelectedNode = tree;
      }
      else  // o nó não tem filhos
         MessageBox.Show( "Current Node has no children.",
```

Figura 18.9 Classe XPathNavigator usada para navegar em nós selecionados. (Parte 2 de 6.)

```
            "", MessageBoxButtons.OK,
               MessageBoxIcon.Information );
      }

      // percorre o progenitor do nó no evento Click parentButton
      private void parentButton_Click( object sender,
         System.EventArgs e )
      {
         // move para o progenitor
         if ( xpath.MoveToParent() )
         {
            tree = tree.Parent;

            // obtém o número de nós filhos, não incluindo subárvores
            int count = tree.GetNodeCount( false );

            // remove todos os filhos
            tree.Nodes.Clear();

            // atualiza TreeView
            pathTreeViewer.ExpandAll();
            pathTreeViewer.Refresh();
            pathTreeViewer.SelectedNode = tree;
         }
         else  // se o nó não tem progenitor (nó raiz)
            MessageBox.Show( "Current node has no parent.", "",
               MessageBoxButtons.OK,
               MessageBoxIcon.Information );
      }

      // encontra o próximo irmão no evento Click nextButton
      private void nextButton_Click( object sender,
         System.EventArgs e )
      {
         TreeNode newTreeNode = null, newNode = null;

         // move para o próximo irmão
         if ( xpath.MoveToNext() )
         {
            newTreeNode = tree.Parent;  // obtém o nó progenitor

            newNode = new TreeNode();// cria novo nó
            DetermineType( newNode, xpath );
            newTreeNode.Nodes.Add( newNode );

            // configura a posição atual para exibição
            tree = newNode;

            // atualiza TreeView
            pathTreeViewer.ExpandAll();
            pathTreeViewer.Refresh();
            pathTreeViewer.SelectedNode = tree;
         }
         else  // o nó não tem mais irmãos
```

Figura 18.9 Classe XPathNavigator usada para navegar em nós selecionados. (Parte 3 de 6.)

```
            MessageBox.Show( "Current node is last sibling.",
               "", MessageBoxButtons.OK,
               MessageBoxIcon.Information );
      } // fim de nextButton_Click

      // obtém irmão anterior no evento Click previousButton
      private void previousButton_Click( object sender,
         System.EventArgs e )
      {
         TreeNode parentTreeNode = null;

         // move para o próximo irmão
         if ( xpath.MoveToPrevious() )
         {
            parentTreeNode = tree.Parent;  // obtém o nó progenitor

            // exclui o nó atual
            parentTreeNode.Nodes.Remove( tree );

            // move para o nó anterior
            tree = parentTreeNode.LastNode;

            // atualiza TreeView
            pathTreeViewer.ExpandAll();
            pathTreeViewer.Refresh();
            pathTreeViewer.SelectedNode = tree;
         }
         else  // se o nó atual não tem irmãos anteriores
            MessageBox.Show( "Current node is first sibling.",
               "", MessageBoxButtons.OK,
               MessageBoxIcon.Information );
      } // fim de previousButton_Click

      // processa o evento Click selectButton
      private void selectButton_Click( object sender,
         System.EventArgs e )
      {
         XPathNodeIterator iterator; // permite percorrer os nós

         // obtém nó especificado de ComboBox
         try
         {
            iterator = xpath.Select( selectComboBox.Text );
            DisplayIterator( iterator ); // imprime a seleção
         }

         // captura expressões inválidas
         catch ( System.ArgumentException argumentException )
         {
            MessageBox.Show( argumentException.Message,
               "Error", MessageBoxButtons.OK,
               MessageBoxIcon.Error );
         }
      } // fim de selectButton_Click
```

Figura 18.9 Classe XPathNavigator usada para navegar em nós selecionados. (Parte 4 de 6.)

```

      // imprime valores de XPathNodeIterator
      private void DisplayIterator( XPathNodeIterator iterator )
      {
         selectTreeViewer.Text = "";

         // imprime os valores do nó selecionado
         while ( iterator.MoveNext() )
            selectTreeViewer.Text +=
               iterator.Current.Value.Trim()
               + "\r\n";
      } // fim de DisplayIterator

      // determina se TreeNode deve exibir o
      // nome ou valor do nó atual
      private void DetermineType( TreeNode node,
         XPathNavigator xPath )
      {
         // determina NodeType
         switch ( xPath.NodeType )
         {
            // se for Element, obtém seu nome
            case XPathNodeType.Element:

               // obtém o nome do nó atual e remove espaços em branco
               node.Text = xPath.Name.Trim();
               break;

            // obtém valores do nó
            default:

               // obtém valor do nó atual e remove espaços em branco
               node.Text = xPath.Value.Trim();
               break;

         } // fim do switch
      } // fim de DetermineType
} // fim de PathNavigator
```

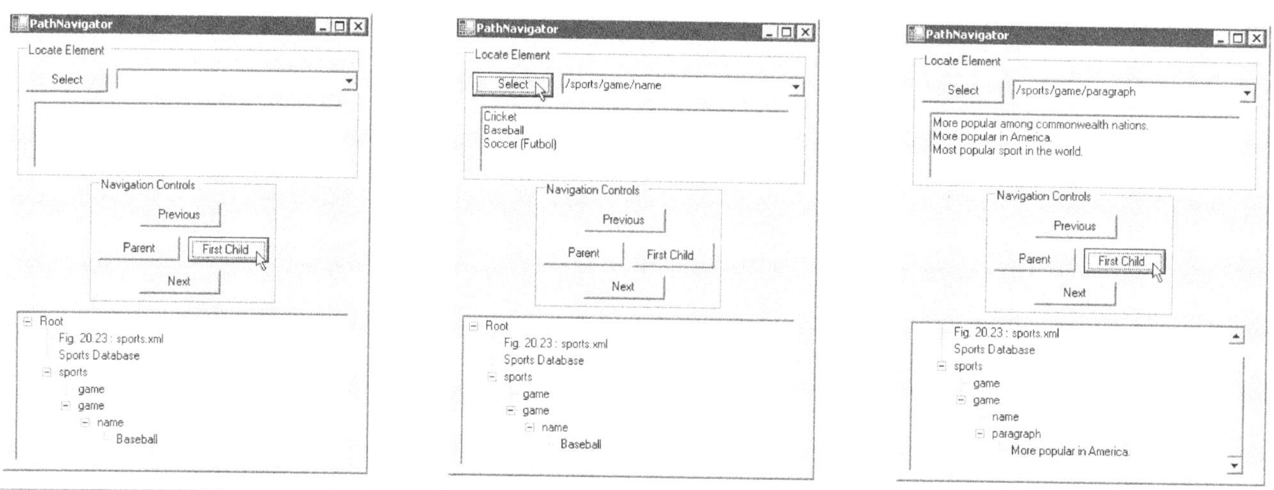

Figura 18.9 Classe `XPathNavigator` usada para navegar em nós selecionados. (Parte 5 de 6.)

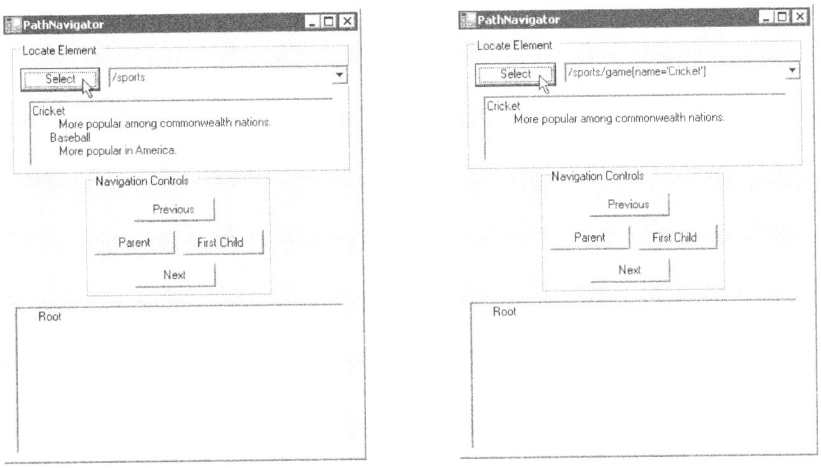

Figura 18.9 Classe `XPathNavigator` usada para navegar em nós selecionados. (Parte 6 de 6.)

```
<?xml version = "1.0"?>

<!-- Fig. 18.10: sports.xml -->
<!-- Sports Database        -->

<sports>

   <game id = "783">
      <name>Cricket</name>

      <paragraph>
         More popular among commonwealth nations.
      </paragraph>
   </game>

   <game id = "239">
      <name>Baseball</name>

      <paragraph>
         More popular in America.
      </paragraph>
   </game>

   <game id = "418">
      <name>Soccer(Futbol)</name>
      <paragraph>Most popular sport in the world</paragraph>
   </game>
</sports>
```

Figura 18.10 Documento XML que descreve vários esportes.

be critérios de pesquisa na forma de um objeto ***XPathExpression*** ou uma **`string`** representando uma expressão XPath e retorna como um objeto **`XPathNodeIterator`** todos os nós correspondentes aos critérios de pesquisa. As expressões XPath fornecidas pela caixa de combinação desse programa estão resumidas na Figura 18.11.

O método **`DisplayIterator`** (definido nas linhas 195 a 204) coloca os valores de nó do objeto **`XPathNode-`**

`Iterator` dado na caixa de texto **`selectTreeViewer`**. Note que chamamos o método **`Trim`** de **`string`** para remover os espaços em branco desnecessários. O método ***`MoveNext`*** (linha 200) avança para o próximo nó, que pode ser acessado pela propriedade ***`Current`*** (linha 202).

18.5DTDs (Document Type Definitions), esquemas e validação

Os documentos XML podem fazer referência a documentos opcionais que especificam como os documentos XML devem ser estruturados. Esses documentos opcionais são chamados DTDs *(*Document Type Definitions — definições de tipo de documento*)* e *esquemas*. Quando um documento DTD ou esquema é fornecido, alguns analisadores (chamados de *analisadores com validação*, *validating parsers*) podem ler a DTD ou esquema e verificar a estrutura do documento XML em relação a ele. Se o documento XML obedece à DTD ou ao esquema, então o documento XML é válido. Os analisadores que não podem verificar a obediência do documento em relação à DTD ou ao esquema são chamados de *analisadores sem validação* (*non-validating parsers*). Se um analisador de XML (com ou sem validação) é capaz de processar um documento XML (que não faz referência a uma DTD ou a um esquema), o documento XML é considerado como *bem-formado* (isto é, ele está sintaticamente correto). Por definição, um documento XML válido também é um documento XML bem-formado. Se um documento não é bem-formado, a análise pára e o analisador emite um erro.

Observação de engenharia de software 18.2

Os documentos de DTDs e esquemas são componentes fundamentais dos documentos XML usados em transações entre empresas (B2B, business-to-business) e sistemas de missão crítica. Esses documentos ajudam a garantir que os documentos XML sejam válidos.

Observação de engenharia de software 18.3

Como o conteúdo do documento XML pode ser estruturado de muitas maneiras diferentes, um aplicativo não pode determinar se os dados do documento que recebe estão completos, se faltam dados ou se estão corretamente ordenados. As DTDs e os esquemas resolvem esse problema fornecendo um meio extensível de descrever o conteúdo de um documento. Um aplicativo pode usar um documento de DTD ou esquema para realizar uma verificação de validade no conteúdo do documento.

18.5.1 DTDs

As DTDs (Document Type Definitions — definições de tipo de documento) fornecem uma maneira de fazer a verificação de tipo de documentos XML e, assim, checar sua validade (confirmando se os elementos contêm os atributos corretos, se os elementos estão na seqüência apropriada etc.). As DTDs usam a *gramática EBNF* (Extended Backus-Naur Form — forma de Backus-Naur estendida) para descrever o conteúdo de um documento XML. Os analisadores de XML precisam de funcionalidade adicional para ler gramática EBNF, pois ela não é sintaxe XML. Embora as DTDs sejam opcionais, elas são recomendadas para garantir a conformidade do documento. A DTD da Figura 18.12 define o conjunto de regras (isto é, a gramática) para estruturar o documento de carta comercial contido na Figura 18.13.

Dica de portabilidade 18.2

Expressão	**Descrição**
`/sports`	Faz correspondência com o nó **`sports`**, que é nó filho do nó raiz do documento. Esse nó contém o elemento raiz.
`/sports/game/name`	Faz correspondência com todos os nós **`name`**, que são nós filhos de **`game`**. O nó **`game`** deve ser filho de **`sports`**, e **`sports`** deve ser um nó do elemento raiz.
`/sports/game/paragraph`	Faz correspondência com todos os nós **`paragraph`**, que são nós filhos de **`game`**. O nó **`game`** deve ser filho de **`sports`**, e **`sports`** deve ser um nó do elemento raiz.
`/sports/game[name='Cricket']`	Faz correspondência com todos os nós **`game`** que contêm um nome de elemento filho cujo valor é **`Cricket`**. O nó **`game`** deve ser filho de **`sports`**, e **`sports`** deve ser um nó do elemento raiz.

Figura 18.11 Expressões XPath e descrições.

```
1  <!-- Fig. 18.12: letter.dtd       -->
2  <!-- documento de DTD para letter.xml -->
3
4  <!ELEMENT letter ( contact+, salutation, paragraph+,
5     closing, signature )>
6
7  <!ELEMENT contact ( name, address1, address2, city, state,
8     zip, phone, flag )>
9  <!ATTLIST contact type CDATA #IMPLIED>
10
11 <!ELEMENT name ( #PCDATA )>
12 <!ELEMENT address1 ( #PCDATA )>
13 <!ELEMENT address2 ( #PCDATA )>
14 <!ELEMENT city ( #PCDATA )>
15 <!ELEMENT state ( #PCDATA )>
16 <!ELEMENT zip ( #PCDATA )>
17 <!ELEMENT phone ( #PCDATA )>
18 <!ELEMENT flag EMPTY>
19 <!ATTLIST flag gender (M | F) "M">
20
21 <!ELEMENT salutation ( #PCDATA )>
22 <!ELEMENT closing ( #PCDATA )>
23 <!ELEMENT paragraph ( #PCDATA )>
24 <!ELEMENT signature ( #PCDATA )>
```

Figura 18.12 DTD para uma carta comercial.

As DTDs podem garantir a consistência entre documentos XML gerados por diferentes programas.

A linha 4 usa a *declaração de tipo de elemento* ***ELEMENT*** para definir regras para o elemento `letter`. Nesse caso `letter` contém um ou mais elementos `contact`, um elemento `salutation`, um ou mais elementos `paragraph`, um elemento `closing` e um elemento `signature`, nessa seqüência. O *indicador de ocorrência de sinal de mais* (+) especifica que um elemento deve ocorrer uma ou mais vezes. Outros indicadores incluem o *asterisco* (*), que indica um elemento opcional que pode ocorrer qualquer número de vezes, e o *ponto de interrogação* (?), que indica um elemento opcional que pode ocorrer no máximo uma vez. Se um indicador de ocorrência for omitido, exatamente uma ocorrência será esperada.

A definição do elemento `contact` (linha 7) especifica que ele contém os elementos `name`, `address1`, `address2`, `city`, `state`, `zip`, `phone` e `flag` — nessa ordem. Exatamente uma ocorrência de cada um é esperada.

A linha 9 usa a *declaração de tipo de elemento* ***ATTLIST*** para definir um atributo (isto é, `type`) para o elemento `contact`. A palavra-chave ***#IMPLIED*** especifica que, se o analisador encontrar um elemento `contact` sem um atributo `type`, o aplicativo pode fornecer um valor ou ignorar o atributo ausente. A ausência de um atributo `type` não pode invalidar o documento. Outros tipos de valores–padrão incluem ***#REQUIRED*** e ***#FIXED***. A palavra-chave `#REQUIRED` especifica que o atributo deve estar presente no documento, e a palavra-chave `#FIXED` especifica que o atributo (se estiver presente) sempre deve receber um valor específico. Por exemplo,

```
<!ATTLIST address zip #FIXED "01757">
```

indica que o valor `01757` deve ser usado para o atributo `zip`; caso contrário, o documento será inválido. Se o atributo não estiver presente, então, como padrão, o analisador usará o valor fixo que estiver especificado na declaração `ATTLIST`. O flag ***CDATA*** especifica que o atributo `type` contém uma `String` que não é processada pelo analisador, mas que é passada para o aplicativo no estado em que se encontra.

Observação de engenharia de software 18.4

A sintaxe DTD não fornece nenhum mecanismo para descrever o tipo de dados de um elemento (ou de um atributo).

O flag ***#PCDATA*** (linha 11) especifica que o elemento pode armazenar *dados de caracteres analisados* (isto é, texto). Os dados de caracteres analisados não podem conter marcação. Os caracteres menor que (<) e E comercial (&) devem

```
<?xml version = "1.0"?>

<!-- Fig. 18.13: letter2.xml                  -->
<!-- Carta comercial formatada com XML -->

<!DOCTYPE letter SYSTEM "letter.dtd">

<letter>
   <contact type = "from">
      <name>Jane Doe</name>
      <address1>Box 12345</address1>
      <address2>15 Any Ave.</address2>
      <city>Othertown</city>
      <state>Otherstate</state>
      <zip>67890</zip>
      <phone>555-4321</phone>
      <flag gender = "F" />
   </contact>

   <contact type = "to">
      <name>John Doe</name>
      <address1>123 Main St.</address1>
      <address2></address2>
      <city>Anytown</city>
      <state>Anystate</state>
      <zip>12345</zip>
      <phone>555-1234</phone>
   <flag gender = "M" />
   </contact>

   <salutation>Dear Sir:</salutation>

      <paragraph>It is our privilege to inform you about our new
      database managed with XML. This new system
      allows you to reduce the load on your inventory list
      server by having the client machine perform the work of
      sorting and filtering the data.
      </paragraph>

      <paragraph>Please visit our Web site for availability
      and pricing.
      </paragraph>
   <closing>Sincerely</closing>
   <signature>Ms. Doe</signature>
</letter>
```

Figura 18.13 Documento XML referenciando sua DTD associada.

ser substituídos por suas *entidades* (isto é, **<** e **&**). Entretanto, o caractere de E comercial pode ser inserido quando usado com entidades. Veja no Apêndice L (no CD) uma lista das entidades predefinidas.

A linha 18 define um elemento vazio chamado **flag**. A palavra-chave ***EMPTY*** especifica que o elemento não pode conter dados de caracteres. Os elementos vazios são normalmente usados por seus atributos.

Erro de programação comum 18.9

Qualquer elemento, atributo ou relacionamento não explicitamente definido por uma DTD resulta em um documento inválido.

Muitos documentos XML referenciam uma DTD explicitamente. A Figura 18.13 é um documento XML de acordo

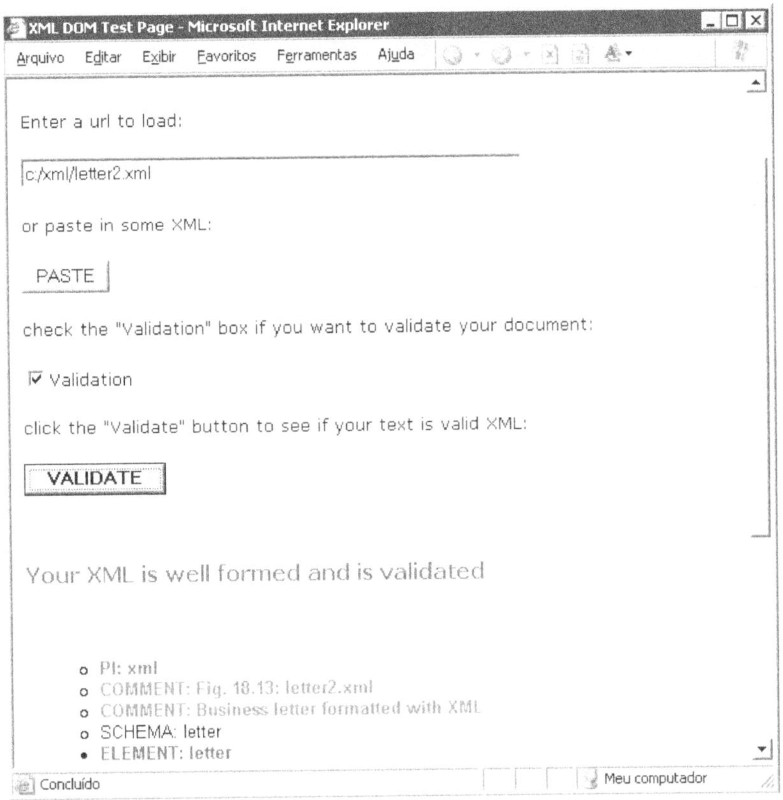

Figura 18.14 O XML Validator valida um documento XML em relação a uma DTD.

com **letter.dtd** (Figura 18.12).

Esse documento XML é semelhante ao da Figura 18.3. A linha 6 referencia um arquivo de DTD. Essa marcação contém três partes: o nome do elemento raiz (**letter**, na linha 8) no qual a DTD é aplicada, a palavra-chave ***SYSTEM*** (que, nesse caso, denota uma *DTD externa* — uma DTD definida em um arquivo separado) e o nome e a localização da DTD (isto é, **letter.dtd** no diretório atual). Embora quase todas as extensões de arquivo possam ser usadas, os documentos de DTD normalmente terminam com a extensão ***.dtd***.

Várias ferramentas (muitas das quais gratuitas) verificam a conformidade do documento em relação às DTDs e aos esquemas. A saída da Figura 18.14 mostra o resultado da validação de **letter2.xml** usando o *XML Validator* da Microsoft.

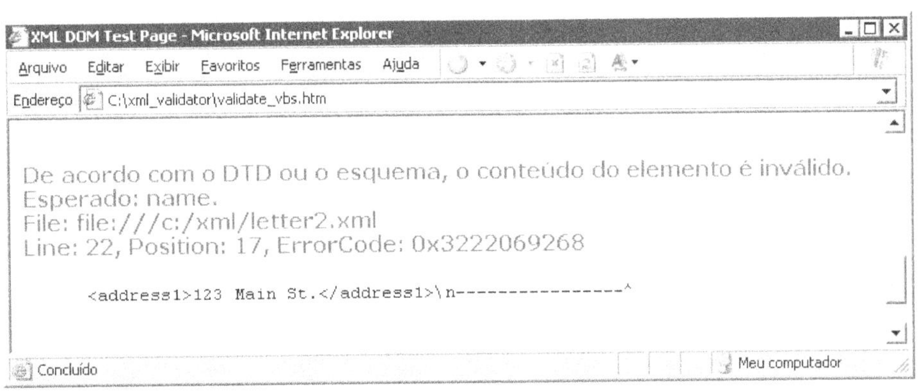

Figura 18.15 O XML Validator exibindo uma mensagem de erro.

Visite o endereço **www.w3.org/XML/Schema.html** para ver uma lista de ferramentas de validação. O Microsoft XML Validator está disponível gratuitamente para download no endereço

msdn.microsoft.com/downloads/samples/Internet/xml/xml_validator/sample.asp

O Microsoft XML Validator pode validar documentos XML em relação às DTDs de maneira local ou por meio do upload dos documentos no site da Web do XML Validator. Aqui, **letter2.xml** e **letter.dtd** são colocados na pasta **C:\XML**. Esse documento XML (**letter2.xml**) é bem-formado e está de acordo com **letter.dtd**.

Os documentos XML que não passam na validação ainda são documentos bem-formados. Quando um documento deixa de obedecer a uma DTD ou a um esquema, o Microsoft XML Validator exibe uma mensagem de erro. Por exemplo, a DTD da Figura 18.12 indica que o elemento **contact** deve conter o elemento filho **name**. Se o documento omitir esse elemento filho, ele será bem-formado, mas não será válido. Em tal cenário, o Microsoft XML Validator exibe a mensagem de erro ilustrada na Figura 18.15.

Os programas C# podem usar msxml para validar documentos XML em relação às DTDs. Para obter informações sobre como fazer isso, visite o endereço

msdn.microsoft.com/library/default.asp?url=/library/en-us/cpguidnf/html/cpconvalidationagainstdtdwithxmlvalidatingreader.asp

Os esquemas são o meio preferido para definir estruturas para documentos XML no .NET. Embora existam vários tipos de esquemas, os dois mais populares são Microsoft Schema e W3C Schema. Começaremos nossa discussão sobre esquemas na próxima seção.

18.5.2 Microsoft XML Schema[3]

```
<?xml version = "1.0"?>

<!-- Fig. 18.16: bookxdr.xml                  -->
<!-- arquivo XML que faz a marcacao de dados de livros -->

<books xmlns = "x-schema:book.xdr">
   <book>
      <title>C# How to Program</title>
   </book>

   <book>
      <title>Java How to Program, 4/e</title>
   </book>

   <book>
      <title>Visual Basic .NET How to Program</title>
   </book>

   <book>
      <title>Advanced Java 2 Platform How to Program</title>
   </book>

   <book>
      <title>Python How to Program</title>
   </book>
</books>
```

Figura 18.16 Documento XML de acordo com um documento Microsoft Schema.

3. O W3C Schema, que discutiremos na Seção 18.5.3, vem despontando como padrão da indústria para descrever a estrutura de um documento XML. Dentro dos próximos dois anos, esperamos que mais desenvolvedores utilizem o W3C Schema.

```
1  <?xml version = "1.0"?>
2
3  <!-- Fig. 18.17: book.xdr                           -->
4  <!-- Documento de esquema a que book.xml obedece -->
5
6  <Schema xmlns = "urn:schemas-microsoft-com:xml-data">
7     <ElementType name = "title" content = "textOnly"
8        model = "closed" />
9
10    <ElementType name = "book" content = "eltOnly" model = "closed">
11       <elemento type = "title" minOccurs = "1" maxOccurs = "1" />
12    </ElementType>
13
14    <ElementType name = "books" content = "eltOnly" model = "closed">
15       <elemento type = "book" minOccurs = "0" maxOccurs = "*" />
16    </ElementType>
17 </Schema>
```

Figura 18.17 Arquivo Microsoft Schema que contém a estrutura obedecida por **bookxdr.xml**.

Nesta seção apresentaremos uma alternativa para as DTDs — chamadas esquemas — para definir a estrutura de um documento XML. Muitos desenvolvedores na comunidade de XML acham que as DTDs não são suficientemente flexíveis para atender às necessidades de programação atuais. Por exemplo, as DTDs não podem ser manipuladas (por exemplo, ter seu conteúdo pesquisado, ser modificadas via programação etc.) da mesma maneira que os documentos XML, pois as DTDs não são documentos XML. Além disso, as DTDs não fornecem recursos para descrever o tipo de dados de um elemento (ou de um atributo).

Ao contrário das DTDs, os esquemas não usam a gramática EBNF. Em vez disso, os esquemas são documentos XML que podem ser manipulados (por exemplo, elementos podem ser adicionados ou removidos etc.) como qualquer outro documento XML. Assim como no caso das DTDs, os esquemas exigem analisadores com validação.

Nesta seção focalizaremos o *vocabulário XML Schema* da Microsoft. A Figura 18.16 apresenta um documento XML que está de acordo com o documento Microsoft Schema mostrado na Figura 18.17. Por convenção, os documentos Microsoft XML Schema usam a extensão de arquivo ***.xdr***, que é a abreviatura de *XML-Data Reduced*. A linha 6 (Figura 18.16) faz referência ao documento de esquema **book.xdr**.

Observação de engenharia de software 18.5

Os esquemas são documentos XML que obedecem às DTDs, as quais definem a estrutura de um esquema. Essas DTDs, que são empacotadas com o analisador, são usadas para validar os esquemas criados pelos autores.

Observação de engenharia de software 18.6

Muitas empresas e indivíduos estão criando DTDs e esquemas para uma ampla variedade de categorias (por exemplo, transações financeiras, prescrições médicas etc.). Com freqüência essas coleções — chamadas repositórios — estão disponíveis gratuitamente para download na Web[4].

Na linha 6, o elemento raiz ***Schema*** inicia a marcação do esquema. Os esquemas da Microsoft usam o espaço de nomes URI ***"urn:schemas-microsoft-com:xml-data"***. A linha 7 usa o elemento ***ElementType*** para definir o elemento **title**. O atributo ***content*** especifica que esse elemento contém dados de caracteres analisados (isto é, somente texto). O elemento **title** não pode conter elementos filhos. Configurar o *atributo **model*** como ***"closed"*** especifica que um documento XML compatível pode conter apenas elementos definidos nesse esquema. A linha 10 define o elemento **book**; o item **content** desse elemento é "somente de elementos" (isto é, ***eltOnly***). Isso significa que o elemento não pode ter

4. Veja, por exemplo, o endereço **opengis.net/schema.htm**.
5. Fornecemos um tratamento detalhado do W3C Schema no livro *XML How to Program, 2. ed.*
6. Para ver as informações mais recentes sobre o W3C XML Schema, visite o endereço **www.w3.org/XML/Schema**.

```
<?xml version = "1.0"?>

<!-- Fig. 18.18: bookxsd.xml                  -->
<!-- Documento que obedece ao W3C XML Schema -->

<deitel:books xmlns:deitel = "http://www.deitel.com/booklist">
   <book>
      <title>e-Business and e-Commerce How to Program</title>
   </book>
   <book>
      <title>Python How to Program</title>
   </book>
</deitel:books>
```

Figura 18.18 Documento XML que obedece ao W3C XML Schema.

```
<?xml version = "1.0"?>

<!-- Fig. 18.19: book.xsd            -->
<!-- Documento W3C XML Schema simples -->

<xsd:schema xmlns:xsd = "http://www.w3.org/2001/XMLSchema"
   xmlns:deitel = "http://www.deitel.com/booklist"
   targetNamespace = "http://www.deitel.com/booklist">

   <xsd:element name = "books" type = "deitel:BooksType"/>

   <xsd:complexType name = "BooksType">
      <xsd:sequence>
         <xsd:element name = "book" type = "deitel:BookType"
         minOccurs = "1" maxOccurs = "unbounded"/>
      </xsd:sequence>
   </xsd:complexType>

   <xsd:complexType name = "BookType">
      <xsd:sequence>
         <xsd:element name = "title" type = "xsd:string"/>
      </xsd:sequence>
   </xsd:complexType>

</xsd:schema>
```

Figura 18.19 Documento XSD Schema a que `bookxsd.xml` obedece.

conteúdo misto (isto é, texto e outros elementos). Dentro do elemento **ElementType** chamado **book**, o elemento ***element*** indica que **title** é um elemento **filho** de **book**. Os atributos ***minOccurs*** e ***maxOccurs*** são configurados como "**1**", indicando que um elemento **book** deve conter exatamente um elemento **title**. O asterisco (*****) na linha 15 indica que o esquema permite qualquer número de elementos **book** no elemento **books**. Discutiremos como validar **bookxdr.xml** em relação a **book.xdr** na Seção 18.5.4.

18.5.3 W3C XML Schema[5]

Nesta seção focalizaremos o *W3C XML Schema*[6] — o esquema que o W3C criou. O XML Schema é uma *recomendação* (isto é, uma versão estável, conveniente para uso na indústria). A Figura 18.18 mostra um documento XML válido como esquema, chamado **bookxsd.xml**, e a Figura 18.19 mostra o documento W3C XML Schema (**book.xsd**) que define a estrutura de **bookxsd.xml**. Embora os autores de esquema possam usar praticamente qualquer extensão de arquivo, os esquemas W3C XML normalmente usam a extensão ***.xsd***. Discutiremos como validar **bookxsd.xml** em relação a **book.xsd** na próxima seção.

O W3C XML Schema usa o espaço de nomes URI ***http://www.w3.org/2001/XMLSchema*** e freqüentemente usa o *prefixo de espaço de nomes* ***xsd*** (linha 6 na Figura 18.19). O elemento raiz ***schema*** contém elementos que definem a estrutura do documento XML. A linha 7 vincula o URI **http://www.deitel.com/booklist** com o prefixo de espaço de nomes **deitel**. A linha 8 especifica ***targetNamespace***, que é o espaço de nomes para os elementos e atributos que esse esquema define.

No W3C XML Schema, ***element*** (linha 10) define um elemento. Os atributos ***name*** e ***type*** especificam o nome e o tipo de dados do elemento, respectivamente. Nesse caso, o nome do elemento é **books** e o tipo de dados é **deitel:BooksType**. Todo elemento (por exemplo, **books**) que contenha atributos ou elementos filhos deve definir um *tipo complexo* que defina cada atributo e elemento filho. O tipo **deitel:BooksType** (linhas 12 a 17) é um exemplo de tipo complexo. Prefixamos **BooksType** com **deitel**, pois esse é um tipo complexo que criamos, e não um tipo complexo existente no W3C XML Schema.

As linhas 12 a 17 usam o elemento ***complexType*** para definir um tipo de elemento que tem um elemento filho chamado **book**. Como **book** contém um elemento filho, seu tipo deve ser complexo (por exemplo, **BookType**). O atributo ***minOccurs*** especifica que **books** deve conter no mínimo um elemento **book**. O atributo ***maxOccurs***, com valor ***unbounded*** (linha 14), especifica que **books** pode ter qualquer número de elementos filhos **book**. O elemento **sequence** especifica a ordem dos elementos no tipo complexo.

```
// Fig. 18.20: ValidationTest.cs
// Validando documentos XML em relação a esquemas.

using System;
using System.Windows.Forms;
using System.Xml;
using System.Xml.Schema;    // contém classes de esquema

// determina a validade do esquema do documento XML
public class ValidationTest : System.Windows.Forms.Form
{
   private System.Windows.Forms.ComboBox filesComboBox;
   private System.Windows.Forms.Button validateButton;
   private System.Windows.Forms.Label consoleLabel;
   private System.ComponentModel.Container components = null;

   private XmlSchemaCollection schemas;    // Esquemas
   private bool valid;                     // resultado da validação

   public ValidationTest()
   {
      InitializeComponent();

      valid = true;   // pressupõe que o documento é válido

      // obtem esquema(s) para validação
      schemas = new XmlSchemaCollection();
      schemas.Add( "book", "book.xdr" );
      schemas.Add( "http://www.deitel.com/booklist", "book.xsd" );
   } // fim do construtor

   // código gerado pelo Visual Studio .NET

   [STAThread]
   static void Main()
   {
      Application.Run( new ValidationTest() );
```

Figura 18.20 Exemplo de validação de esquema. (Parte 1 de 2.)

```
   } // fim de Main

   // manipula o evento Click de validateButton
   private void validateButton_Click( object sender,
      System.EventArgs e )
   {
      // obtém documento XML
      XmlTextReader reader =
         new XmlTextReader( filesComboBox.Text );

      // obtém validador
      XmlValidatingReader validator =
         new XmlValidatingReader( reader );

      // atribui o(s) esquema(s)
      validator.Schemas.Add( schemas );

      // configura tipo de validação
      validator.ValidationType = ValidationType.Auto;

      // registra manipulador de evento para erro(s) de validação
      validator.ValidationEventHandler +=
         new ValidationEventHandler( ValidationError );

      // valida o documento nó por nó
      while ( validator.Read() ) ; // corpo vazio

      // verifica o resultado da validação
      if ( valid )
         consoleLabel.Text = "Document is valid";

      valid = true;   // reconfigura a variável

      // fecha o fluxo leitor
      validator.Close();
   } // fim de validateButton_Click

   // manipulador para erro de validação
   private void ValidationError( object sender,
      ValidationEventArgs arguments )
   {
      consoleLabel.Text = arguments.Message;
      valid = false;     // a validação falhou
   } // fim de ValidationError
} // fim de ValidationTest
```

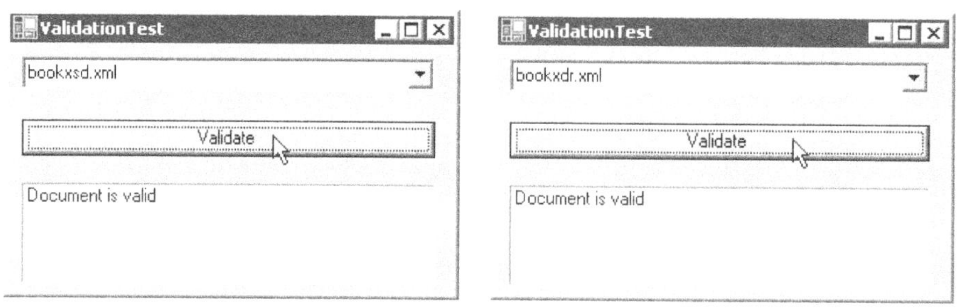

Figura 18.20 Exemplo de validação de esquema. (Parte 2 de 2.)

As linhas 19 a 23 definem o tipo **`complexType BookType`**. A linha 21 define o elemento **`title`** com **`type`** ***`xsd:string`***. Quando um elemento tem um *tipo simples*, como **`xsd:string`**, ele está proibido de conter atributos e elementos filhos. O W3C XML Schema fornece uma grande variedade de tipos de dados, como ***`xsd:date`*** para datas, ***`xsd:int`*** para inteiros, ***`xsd:double`*** para números de ponto flutuante e ***`xsd:time`*** para data/hora.

Boa prática de programação 18.1

*Por convenção, os autores de W3C XML Schema usam o prefixo de espaço de nomes **`xsd`** ao se referir ao URI **`http://www.w3.org/2001/XMLSchema`**.*

18.5.4 Validação de esquema em C#

Nesta seção apresentaremos um aplicativo C# (Figura 18.20) que usa classes da .NET Framework Class Library para validar os documentos XML apresentados nas duas últimas seções, em relação a seus respectivos esquemas. Usamos uma instância de ***`XmlValidatingReader`*** para realizar a validação.

A linha 17 cria uma referência ***`XmlSchemaCollection`*** chamada **`schemas`**. A linha 28 chama o método ***`Add`*** para adicionar um objeto ***`XmlSchema`*** na coleção Schema. O método **`Add`** recebe um nome que identifica o esquema (isto é, **`"book"`**) e o nome do arquivo de esquema (isto é, **`"book.xdr"`**). A linha 29 chama o método **`Add`** para adicionar um W3C XML Schema. O primeiro argumento especifica o espaço de nomes URI (isto é, a linha 18 na Figura 18.19), e o segundo argumento identifica o arquivo de esquema (isto é, **`"book.xsd"`**). Esse é o esquema usado para validar **`bookxsd.xml`**.

As linhas 45 e 46 criam um objeto **`XmlReader`** para o arquivo que o usuário selecionou em **`filesComboBox`**. O documento XML a ser validado em relação a um esquema contido em **`XmlSchemaCollection`** deve ser passado para o construtor de **`XmlValidatingReader`** (linhas 49 e 50).

A linha 53 adiciona a coleção **`Schema`** referenciada por **`Schemas`** na *propriedade **`Schemas`***. Essa proprieda-

```
<?xml version = "1.0"?>

<!-- Fig. 18.21: bookxsdfail.xml                 -->
<!-- Documento que nao obedece ao W3C Schema -->

<deitel:books xmlns:deitel = "http://www.deitel.com/booklist">
   <book>
      <title>e-Business and e-Commerce How to Program</title>
      <title>C# How to Program</title>
   </book>
   <book>
      <title>Python How to Program</title>
   </book>
</deitel:books>
```

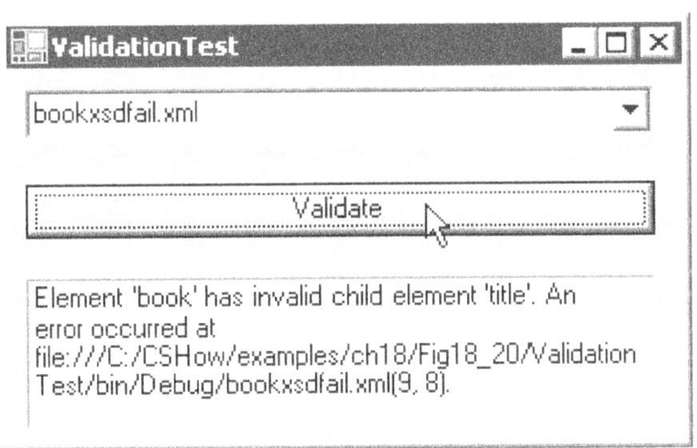

Figura 18.21 Documento XML que não está de acordo com o esquema XSD da Figura 18.19.

```
<?xml version = "1.0"?>

<!-- Fig. 18.22: bookxdrfail.xml                         -->
<!-- arquivo XML que nao obedece ao esquema book.xdr -->

<books xmlns = "x-schema:book.xdr">
   <book>
      <title>XML How to Program</title>
   </book>

   <book>
      <title>Java How to Program, 4/e</title>
   </book>

   <book>
      <title>Visual Basic .NET How to Program</title>
   </book>

   <book>
      <title>C++ How to Program, 3/e</title>
      <title>Python How to Program</title>
   </book>

   <book>
      <title>C# How to Program</title>
   </book>
</books>
```

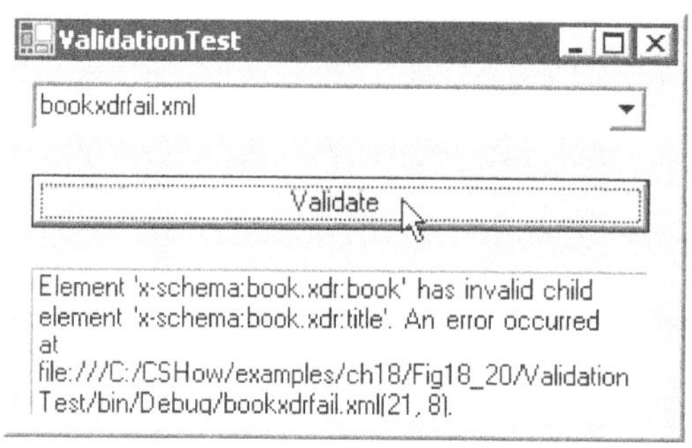

Figura 18.22 Arquivo XML que não obedece ao esquema da Figura 18.17.

de configura o esquema usado para validar o documento. A propriedade ***ValidationType*** (linha 56) é configurada com a constante de *enumeração* ***ValidationType*** para identificar automaticamente o tipo do esquema (isto é, XDR ou XSD). As linhas 59 e 60 registram o método **ValidationError** com ***ValidationEventHandler***. O método **ValidationError** (linhas 76 a 81) é chamado se o documento é inválido ou se ocorre um erro, como no caso de o documento não ser encontrado. A falta do registro de um método com **ValidationEventHandler** faz uma exceção ser lançada quando o documento está ausente ou é inválido.

A validação é feita nó a nó, chamando-se o método ***Read*** (linha 63). Cada chamada de **Read** valida o próximo nó do documento. O laço termina quando todos os nós tiverem sido validados com êxito ou quando a validação de um nó falha. Quando validados em relação a seus respectivos esquemas, os documentos XML das figuras 18.16 e 18.18 têm êxito na validação.

As figuras 18.21 e 18.22 listam dois documentos XML que não estão de acordo com **book.xdr** e **book.xsd**, res-

7. O XHTML (Extensible Hypertext Markup Language — linguagem de marcação de hipertexto extensível) é a recomendação técnica do W3C que substitui a HTML para marcação de conteúdo para a Web. Para obter mais informações sobre XHTML, veja os apêndices K e L do CD e visite o endereço **www.w3.org**.

```
<?xml version = "1.0"?>

<!-- Fig. 18.23: sorting.xml                    -->
<!-- documento XML contendo informacoes de livros -->

<?xml:stylesheet type = "text/xsl" href = "sorting.xsl"?>

<book isbn = "999-99999-9-X">
   <title>Deitel&apos;s XML Primer</title>

   <author>
      <firstName>Paul</firstName>
      <lastName>Deitel</lastName>
   </author>

   <chapters>
      <frontMatter>
         <preface pages = "2" />
         <contents pages = "5" />
         <illustrations pages = "4" />
      </frontMatter>

      <chapter number = "3" pages = "44">
         Advanced XML</chapter>

      <chapter number = "2" pages = "35">
         Intermediate XML</chapter>

      <appendix number = "B" pages = "26">
         Parsers and Tools</appendix>

      <appendix number = "A" pages = "7">
         Entities</appendix>

      <chapter number = "1" pages = "28">
         XML Fundamentals</chapter>
   </chapters>

   <media type = "CD" />
</book>
```

Figura 18.23 Documento XML contendo informações de livros.

pectivamente. Na Figura 18.21, o elemento **title** extra em **book** (linhas 19 a 22) invalida o documento. Na Figura 18.22, o elemento **title** extra em **book** (linhas 7 a 10) invalida o documento. Embora os dois documentos sejam inválidos, eles são bem-formados.

18.6 XSL e XslTransform

A XSL (Extensible Stylesheet Language — linguagem de folhas de estilos extensível*)* é um vocabulário do XML para formatar dados XML. Nesta seção discutiremos a parte da XSL — chamada XSLT (XSL Transformations — transformações da XSL) — que cria documentos baseados em textos formatados, a partir de documentos XML. Esse processo é chamado de *transformação* e envolve duas estruturas em árvore: a *árvore-fonte*, que é o documento XML que está sendo transformado, e a *árvore-resultado*, que é o resultado (isto é, qualquer formato baseado em texto, como XHTML) da transformação[7]. A árvore-fonte não é modificada quando ocorre uma transformação.

Para realizar transformações, um processador de XSLT é exigido. Os processadores de XSLT populares incluem o msxml da Microsoft e o *Xalan* da Apache Software Foundation. O documento XML mostrado na Figura 18.23 é transformado pelo msxml em um documento XHTML (Figura 18.24).

A linha 6 é uma PI (Processing Instruction — instrução de processamento) que contém informações específicas do aplicativo incorporadas no documento XML. Nesse caso em particular, a instrução de processamento é específica do IE e especifica a localização de um documento XSLT, com o qual vai transformar o documento XML. Os caracteres **<?** e **?>** delimitam uma instrução de processamento, que consiste em um *destino da PI* (por exemplo, **`xml:stylesheet`**) e em um *valor da PI* (por exemplo, **`type = "text/xsl" href = "sorting.xsl"`**). A parte desse valor da PI em particular que vem após **`href`** especifica o nome e a localização da folha de estilos a ser aplicada — nesse caso, **`sorting.xsl`**, que está localizada no mesmo diretório que esse documento XML.

A Figura 18.24 apresenta o documento XSLT (**`sorting.xsl`**), que transforma **`sorting.xml`** (Figura 18.23) em XHTML.

Dica de desempenho 18.1

Usar o Internet Explorer no cliente para processar documentos XSLT economiza recursos do servidor, usando o poder de processamento do cliente (em vez de fazer o servidor processar documentos XSLT de vários clientes).

A linha 1 da Figura 18.23 contém a declaração XML. Lembre-se de que um documento XSL é um documento XML. A linha 6 é o elemento raiz **`xsl:stylesheet`**. O atributo ***`version`*** especifica a versão de XSLT à qual esse documento obedece. O prefixo de espaço de nomes **`xsl`** é definido e está vinculado à URI XSLT definida pelo W3C. Quando processadas, as linhas 11 a 13 gravam a declaração de tipo de documento na árvore de resultado. O atributo **`method`** recebe **`"xml"`**, que indica que código XML está sendo produzido na saída da árvore de resultado. O atributo **`omit-xml-declaration`**

```
1  <?xml version = "1.0"?>
2
3  <!-- Fig. 18.24: sorting.xsl                     -->
4  <!-- Transformacao de informacoes de livros em XHTML -->
5
6  <xsl:stylesheet version = "1.0"
7     xmlns:xsl = "http://www.w3.org/1999/XSL/Transform">
8
9     <!-- grava a declaracao XML e as informacoes da DTD DOCTYPE -->
10    <xsl:output method = "xml" omit-xml-declaration = "no"
11       doctype-system =
12          "http://www.w3.org/TR/xhtml1/DTD/xhtml1-strict.dtd"
13       doctype-public = "-//W3C//DTD XHTML 1.0 Strict//EN"/>
14
15    <!-- faz correspondencia com a raiz do documento -->
16    <xsl:template match = "/">
17       <html xmlns = "http://www.w3.org/1999/xhtml">
18          <xsl:apply-templates/>
19       </html>
20    </xsl:template>
21
22    <!-- faz correspondencia com book -->
23    <xsl:template match = "book">
24       <head>
25          <title>ISBN <xsl:value-of select = "@isbn" /> -
26             <xsl:value-of select = "title" /></title>
27       </head>
28
29       <body>
30          <h1 style = "color: blue">
31             <xsl:value-of select = "title"/></h1>
32
```

Figura 18.24 Documento XSL que transforma `sorting.xml` (Figura 18.23) em XHTML. (Parte 1 de 3.)

```
         <h2 style = "color: blue">by <xsl:value-of
            select = "author/lastName" />,
            <xsl:value-of select = "author/firstName" /></h2>

         <table style =
            "border-style: groove; background-color: wheat">

            <xsl:for-each select = "chapters/frontMatter/*">
               <tr>
                  <td style = "text-align: right">
                     <xsl:value-of select = "name()" />
                  </td>

                  <td>
                     ( <xsl:value-of select = "@pages" /> pages )
                  </td>
               </tr>
            </xsl:for-each>

            <xsl:for-each select = "chapters/chapter">
               <xsl:sort select = "@number" data-type = "number"
                  order = "ascending" />
               <tr>
                  <td style = "text-align: right">
                     Chapter <xsl:value-of select = "@number" />
                  </td>

                  <td>
                     ( <xsl:value-of select = "@pages" /> pages )
                  </td>
               </tr>
            </xsl:for-each>

            <xsl:for-each select = "chapters/appendix">
               <xsl:sort select = "@number" data-type = "text"
                  order = "ascending" />
               <tr>
                  <td style = "text-align: right">
                  Appendix <xsl:value-of select = "@number" />
               </td>

               <td>
                  ( <xsl:value-of select = "@pages" /> pages )
               </td>
            </tr>
         </xsl:for-each>
      </table>

      <br /><p style = "color: blue">Pages:
         <xsl:variable name = "pagecount"
            select = "sum(chapters//*/@pages)" />
         <xsl:value-of select = "$pagecount" />
      <br />Media Type:
         <xsl:value-of select = "media/@type" /></p>
   </body>
   </xsl:template>

</xsl:stylesheet>
```

Figura 18.24 Documento XSL que transforma `sorting.xml` (Figura 18.23) em XHTML. (Parte 2 de 3.)

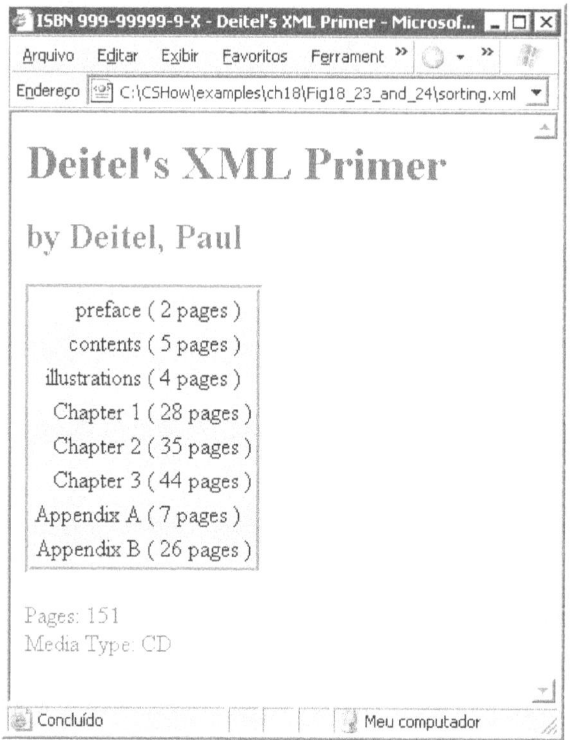

Figura 18.24 Documento XSL que transforma `sorting.xml` (Figura 18.23) em XHTML. (Parte 3 de 3.)

recebe **`"no"`**, o que produz na saída uma declaração XML para a árvore de resultado. Os atributos **`doctype-system`** e **`doctype-public`** gravam as informações da DTD **`Doctype`** na árvore de resultado.

Os documentos XSLT contêm um ou mais elementos ***`xsl:template`*** que especificam quais informações serão produzidas na saída da árvore de resultado. O modelo na linha 16 corresponde à raiz do documento da árvore-fonte. Quando a raiz do documento é encontrada, esse modelo é aplicado e todo texto marcado por esse elemento, que não esteja no espaço de nomes referenciado por **`xsl`**, aparece na saída da árvore de resultado. A linha 18 chama todos os modelos que correspondem aos filhos da raiz do documento a serem aplicados. A linha 23 especifica um modelo que corresponde ao elemento **`book`**.

As linhas 25 e 26 criam o título do documento XHTML. Usamos o ISBN do livro do atributo **`isbn`** e o conteúdo do elemento **`title`** para criar a string de título **ISBN 999-99999-9-X - Deitel's XML Primer**. O elemento **`xsl:value-of`** seleciona o atributo **`isbn`** do elemento **`book`**.

As linhas 33 a 35 criam um elemento de cabeçalho contendo o autor do livro. Como o *nó de contexto* (isto é, o nó que está sendo processado) é **`book`**, a expressão XPath **`author/lastName`** seleciona o sobrenome do autor, e a expressão **`author/firstName`** seleciona o nome de batismo do autor.

A linha 40 seleciona cada elemento (indicado por um asterisco) que é filho do elemento **`frontMatter`**. A linha 43 chama a *função de conjunto de nós **`name`*** para recuperar o nome do elemento do nó atual (por exemplo, **`preface`**). O nó atual é o nó de contexto especificado em **`xsl:for-each`** (linha 40).

As linhas 53 e 54 ordenam os capítulos pelo número, em ordem ascendente. O atributo **`select`** seleciona o valor do atributo **`number`** do nó de contexto **`chapter`**. O atributo ***`data-type`*** com valor **`"number"`** especifica uma ordenação numérica, e o atributo ***`order`*** especifica a ordem **`"ascending"`** (ascendente). O atributo **`data-type`** também pode receber o valor ***`"text"`*** (linha 67), e o atributo **`order`** também pode receber o valor ***`"descending"`***.

As linhas 82 e 83 usam uma *variável XSL* para armazenar o valor da contagem de páginas do livro e apresentá-lo na saída da árvore de resultado. O atributo **`name`** especifica o nome da variável, e o atributo **`select`** atribui um valor a ela. A função ***`sum`*** totaliza os valores de todos os valores do atributo **`page`**. As duas barras entre **`chapters`** e **`*`** indicam que todos os nós descendentes de **`chapters`** são pesquisados na busca de elementos que contenham um atributo chamado **`pages`**.

```
// Fig. 18.25: TransformTest.cs
// Aplicando uma folha de estilos em um documento XML.

using System;
using System.Windows.Forms;
using System.Xml;
using System.Xml.XPath;      // contém classes XPath
using System.Xml.Xsl;        // contém classes de folha de estilos
using System.IO;             // contém classes de fluxo

// transforma documento XML em XHTML
public class TransformTest : System.Windows.Forms.Form
{
   private System.Windows.Forms.TextBox consoleTextBox;
   private System.Windows.Forms.Button transformButton;
   private System.ComponentModel.Container components = null;

   private XmlDocument document;        // raiz do documento Xml
   private XPathNavigator navigator;    // navega pelo documento
   private XslTransform transformer;    // transforma o documento
   private StringWriter output;         // exibe o documento

   public TransformTest()
   {
      InitializeComponent();

      // carrega dados XML
      document = new XmlDocument();
      document.Load( "..\\..\\sports.xml" );

      // cria navegador
      navigator = document.CreateNavigator();

      // carrega a folha de estilos
      transformer = new XslTransform();
      transformer.Load( "..\\..\\sports.xsl" );
   } // fim do construtor

   // código gerado pelo Windows Form Designer

   [STAThread]
   static void Main()
   {
      Application.Run( new TransformTest() );
   } // fim de Main

   // evento Click de transformButton
   private void transformButton_Click( object sender,
      System.EventArgs e )
   {
      // transforma dados XML
      output = new StringWriter();
      transformer.Transform( navigator, null, output );

      // exibe a transformação na caixa de texto
      consoleTextBox.Text = output.ToString();
```

Figura 18.25 Folha de estilos XSL aplicada em um documento XML. (Parte 1 de 2.)

```
57
58          // grava o resultado da transformação no disco
59          FileStream stream = new FileStream( "..\\..\\sports.html",
60             FileMode.Create );
61          StreamWriter writer = new StreamWriter( stream );
62          writer.Write( output.ToString() );
63
64          // fecha os fluxos
65          writer.Close();
66          output.Close();
67       } // fim de transformButton_Click
68    }     // fim de TransformTest
```

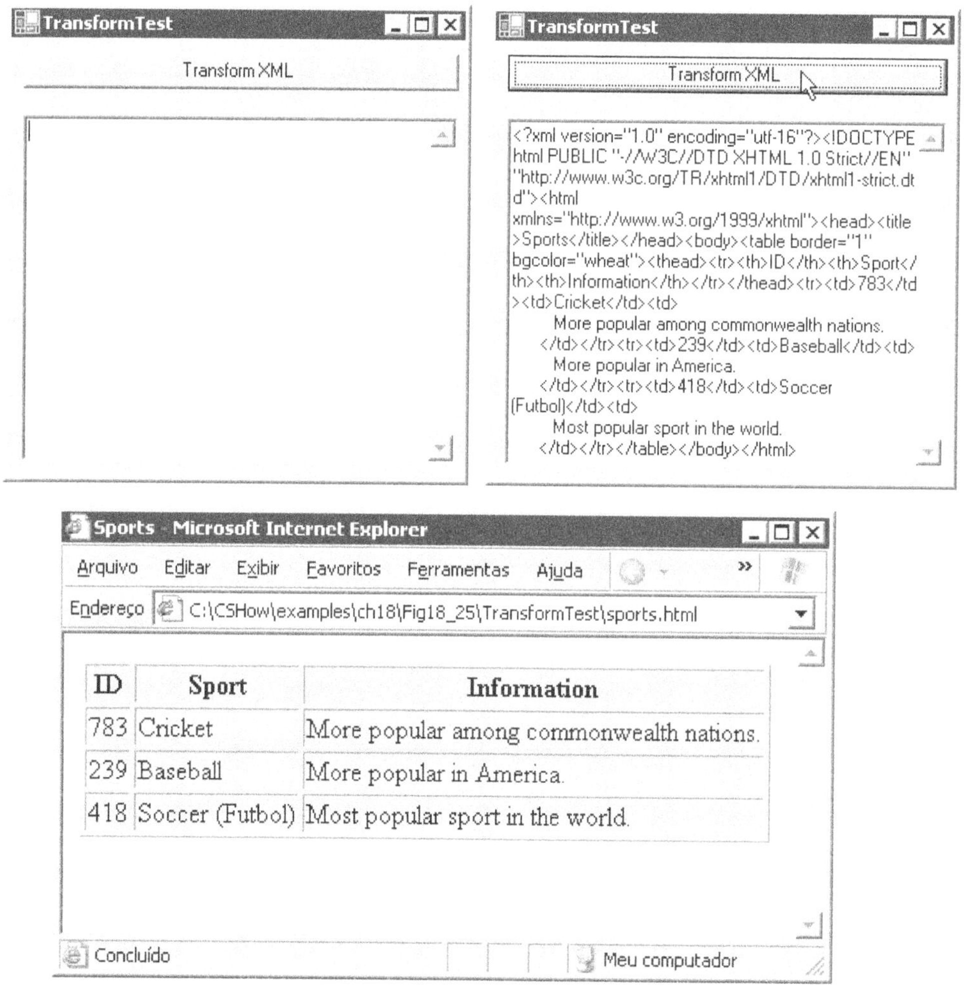

Figura 18.25 Folha de estilos XSL aplicada em um documento XML. (Parte 2 de 2.)

O espaço de nomes ***System.Xml.Xsl*** fornece classes para aplicar folhas de estilos XSLT em documentos XML. Especificamente, um objeto da classe ***XslTransform*** realiza a transformação.

A Figura 18.25 aplica uma folha de estilos (**sports.xsl**) em **sports.xml** (Figura 18.10). O resultado da transformação é gravado em uma caixa de texto e em um arquivo. Mostramos também os resultados da transformação no IE.

A linha 20 declara a referência **transformer** de **XslTransform**. Um objeto desse tipo é necessário para transformar os dados XML para outro formato. Na linha 29, o documento XML é analisado e carregado na memória, com uma chamada ao método **Load**. O método **CreateNavigator** é chamado na linha 32, para criar um objeto **XPathNavigator**, que é usado para navegar no documento XML, durante a transformação. Uma chamada ao método ***Load*** da classe **XslTransform** (linha 36) analisa e carrega a folha de estilos usada por esse aplicativo. O argumento passado contém o nome e a localização da folha de estilos.

O manipulador de evento **transformButton_Click** chama o método ***Transform*** da classe **XslTransform** para aplicar a folha de estilos (**sports.xsl**) em **sports.xml** (linha 53). Esse método toma três argumentos: um objeto **XPathNavigator** (criado a partir de **XmlDocument** de **sports.xml**), uma instância da classe ***XsltArgumentList***, que é uma lista de parâmetros **string** que podem ser aplicados a uma folha de estilos — **null**, nesse caso, e uma instância de uma classe derivada de **TextWriter** (nesse exemplo, uma instância da classe **StringWriter**). O resultado da transformação é armazenado no objeto **StringWriter** referenciado por **output**. As linhas 59 a 62 gravam o resultado da trans-formação no disco. A terceira captura de tela representa o documento XHTML criado, quando é exibido no IE.

18.7 Microsoft BizTalk™

Cada vez mais as empresas estão usando a Internet para intercambiar dados importantes entre parceiros comerciais e suas próprias divisões empresariais. Entretanto, transferir dados entre as empresas pode se tornar difícil, pois freqüentemente elas usam plataformas, aplicativos e especificações de dados diferentes, que complicam a transferência de dados. Considere, por exemplo, uma empresa que fornece matéria-prima para uma série de indústrias. Se o fornecedor não puder receber todos os pedidos eletronicamente, porque seus clientes utilizam plataformas de computação diferentes, um funcionário deverá introduzir os dados dos pedidos manualmente. Se o fornecedor receber centenas de pedidos diariamente, erros de digitação provavelmente acontecerão, resultando em inventários incorretos ou em preenchimentos de pedido errados, o que poderá levar a empresa a perder clientes.

O fornecedor tem várias opções — continuar introduzindo os dados manualmente, adquirir os mesmos pacotes de

BizTalk	Descrição
Framework	Uma especificação que define um formato para mensagens.
Biblioteca de esquemas	Um repositório de esquemas XML do Framework.
Servidor	Um aplicativo que ajuda os vendedores na conversão de suas mensagens para o formato BizTalk. Para obter mais informações, visite o endereço **www.microsoft.com/biztalkserver**.
JumpStart Kit	Um conjunto de ferramentas para desenvolver aplicativos BizTalk.

Figura 18.26 Terminologia BizTalk.

```
<?xml version = "1.0"?>
<BizTalk xmlns =
   "urn:schemas-biztalk-org:BizTalk/biztalk-0.81.xml">

<!-- Fig. 18.27: ibiztalkmarkup.xml       -->
<!-- Exemplo de marcacao BizTalk padrao -->

   <Route>
      <From locationID = "8888888" locationType = "DUNS"
         handle = "23" />

      <To locationID = "454545445" locationType = "DUNS"
         handle = "45" />
   </Route>

   <Body>
      <Offers xmlns =
         "x-schema:http://schemas.biztalk.org/eshop_msn_com/t7ntoqnq.xml">
```

Figura 18.27 Marcação BizTalk usando um esquema de oferta. (Parte 1 de 2.)

```
      <Offer>
         <Model>12-a-3411d</Model>
         <Manufacturer>ExComp, Inc.</Manufacturer>
         <ManufacturerModel>DCS-48403</ManufacturerModel>

         <MerchantCategory>
            Clothes | Sports wear
         </MerchantCategory>

         <MSNClassId></MSNClassId>

         <StartDate>2001-06-05 T13:12:00</StartDate>
         <EndDate>2001-12-05T13:12:00</EndDate>

         <RegularPrice>89.99</RegularPrice>
         <CurrentPrice>25.99</CurrentPrice>
         <DisplayPrice value = "3" />
         <InStock value = "15" />

         <ReferenceImageURL>
            http://www.example.com/clothes/index.jpg
         </ReferenceImageURL>

         <OfferName>Clearance sale</OfferName>

         <OfferDescription>
            This is a clearance sale
         </OfferDescription>

         <PromotionalText>Free Shipping</PromotionalText>

         <Comments>
            Clothes that you would love to wear.
         </Comments>

            <IconType value = "BuyNow" />

            <ActionURL>
               http://www.example.com/action.htm
            </ActionURL>

            <AgeGroup1 value = "Infant" />
            <AgeGroup2 value = "Adult" />

            <Occasion1 value = "Birthday" />
            <Occasion2 value = "Anniversary" />
            <Occasion3 value = "Christmas" />

         </Offer>
      </Offers>
   </Body>
</BizTalk>
```

Figura 18.27 Marcação BizTalk usando um esquema de oferta. (Parte 2 de 2.)

software que seus clientes usam ou estimular os clientes a adotar os aplicativos usados pela empresa fornecedora. Em uma economia em crescimento, uma empresa teria de adquirir e manter diferentes pacotes de software, gastando dinheiro com mais funcionários para processar dados ou obrigar seus parceiros comerciais a padronizar seus próprios programas de software organizacionais. Para facilitar o fluxo de informações entre as empresas, a Microsoft desenvolveu o *BizTalk* (Business Talk

— comunicação empresarial), uma tecnologia baseada em XML que ajuda a gerenciar e a facilitar as transações comerciais.

O BizTalk cria um ambiente em que dados marcados como XML são usados para intercambiar informações específicas da empresa, independentemente da plataforma ou da programação de aplicativos. Esta seção fornece um panorama do BizTalk e apresenta um exemplo de código para ilustrar as informações específicas da empresa incluídas na marcação.

O BizTalk consiste em três partes: o BizTalk Server, o BizTalk Framework e o BizTalk Schema Library. O *BizTalk Server (BTS)* analisa e converte todas as mensagens (ou documentos) recebidas e enviadas de uma empresa usando padrões da Internet, como HTTP. O *BizTalk Framework* é um esquema para estruturar essas mensagens. O Framework oferece um conjunto específico de tags. As pessoas podem fazer download do Framework para uso em suas empresas e podem enviar novos esquemas para a organização BizTalk, no endereço **`www.biztalk.org`**. Uma vez que a organização BizTalk verifique e valide os envios, os esquemas se tornam esquemas BizTalk Framework. O *BizTalk Schema Library* é uma coleção de esquemas do Framework. A Figura 18.26 resume a terminologia BizTalk.

A Figura 18.27 é um exemplo de mensagem BizTalk para uma oferta de produto de uma empresa de vestuário. O esquema de mensagem desse exemplo foi desenvolvido pela Microsoft, para facilitar para um varejista a aquisição on-line de um atacadista. Usamos esse esquema para uma empresa fictícia, chamada ExComp.

Todos os documentos Biztalk têm o elemento raiz ***`BizTalk`*** (linha 2). A linha 3 define um espaço de nomes padrão para os elementos da estrutura **`BizTalk`**. O elemento ***`Route`*** (linhas 8 a 14) contém as informações de roteamento, que são obrigatórias para todos os documentos BizTalk. O elemento **`Route`** também contém os elementos ***`To`*** e ***`From`*** (linhas 9 a 12), que indicam o destino e a origem do documento, respectivamente. Isso torna mais fácil para o aplicativo de destino se comunicar com o de origem. O atributo ***`locationType`*** especifica o tipo de empresa que envia ou recebe as informações, e o atributo ***`locationID`*** especifica uma identidade empresarial (o identificador exclusivo de uma empresa). Esses atributos facilitam a organização da origem e do destino. O atributo ***`handle`*** fornece informações para os aplicativos de roteamento que manipulam o documento.

O elemento ***`Body`*** (linhas 16 a 69) contém a mensagem em si, cujo esquema é definido pelas próprias empresas. As linhas 17 e 18 especificam o espaço de nomes padrão do elemento ***`Offers`*** (linhas 17 a 68), que está contido no elemento **`Body`** (note que a linha 18 deve ser escrita em uma única linha — se quebrarmos essa linha, o Internet Explorer não conseguirá localizar o espaço de nomes). Cada oferta é marcada usando-se um elemento ***`Offer`*** (linhas 19 a 67), que contém elementos descrevendo a oferta. Note que todas as tags são elementos relacionados à empresa e são facilmente entendidas. Para informações adicionais sobre BizTalk, visite o endereço **`www.biztalk.com`**.

Neste capítulo estudamos o XML e várias de suas tecnologias relacionadas. No Capítulo 19 começaremos nossa discussão sobre bancos de dados, que são fundamentais para o desenvolvimento de aplicativos multicamadas baseados na Web.

18.8 Recursos da Internet e da World Wide Web

`www.w3.org/xml`
O W3C (World Wide Web Consortium) facilita o desenvolvimento de protocolos comuns, para garantir o intercâmbio na Web. Sua página XML contém informações sobre futuros eventos, publicações, software e grupos de discussão. Visite esse site para ler a respeito dos desenvolvimentos mais recentes no XML.

`www.xml.org`
`xml.org` é uma referência para XML, DTDs, esquemas e espaços de nomes.

`www.w3.org/style/XSL`
Essa página do W3C fornece informações sobre XSL, incluindo tópicos como desenvolvimento de XSL, aprendizado de XSL, ferramentas compatíveis com XSL, especificação XSL, FAQs e história da XSL.

`www.w3.org/TR`
Essa é uma página de relatórios técnicos e publicações do W3C. Ela contém links para versões preliminares operacionais, recomendações propostas e outros recursos.

`www.xmlbooks.com`
Esse site fornece uma lista de livros sobre XML recomendados por Charles Goldfarb, um dos projetistas do GML (General Markup Language — linguagem de marcação geral), do qual o SGML foi derivado.

`www.xml-zone.com`

A Development Exchange XML Zone é um recurso completo de informações sobre XML. Este site contém um FAQ, notícias, artigos e links para outros sites e grupos de discussão de XML.

wdvl.internet.com/Authoring/Languages/XML

O site Web Developer's Virtual Library XML contém exercícios dirigidos, um FAQ, as notícias mais recentes e muitos links para sites de XML e downloads de software.

www.xml.com

O **XML.com** fornece as notícias mais recentes e informações sobre XML, listagens de conferência, links para recursos XML na Web organizados por assunto, ferramentas e outros recursos.

msdn.microsoft.com/xml/default.asp

O MSDN Online XML Development Center apresenta artigos sobre XML, sessões de bate-papo Ask the Experts, amostras e versões de demonstração, grupos de discussão e outras informações úteis.

msdn.microsoft.com/downloads/samples/Internet/xml/xml_validator/sample.asp

O microsoft XML validator, cujo download pode ser feito a partir desse site, pode validar documentos on-line e off-line.

www.oasis-open.org/cover/xml.html

A SGML/XML Web Page é um amplo recurso que contém links para vários FAQs, recursos on-line, iniciativas da indústria, versões de demonstração, conferências e exercícios dirigidos.

www.gca.org/whats_xml/default.htm

O site GCA oferece um glossário de XML, lista de livros, descrições resumidas dos padrões de rascunho para XML e links para versões preliminares on-line.

www-106.ibm.com/developerworks/xml

O site IBM XML Zone é um recurso excelente para desenvolvedores. Ele fornece notícias, ferramentas, uma biblioteca, estudos de caso e informações sobre eventos e padrões.

developer.netscape.com/tech/xml/index.html

O site XML and Metadata Developer Central tem versões de demonstração, notas técnicas e artigos de notícias relacionados a XML.

www.projectcool.com/desenvolvedor/xmlz

O site Project Cool Developer Zone contém vários exercícios dirigidos, que abordam desde assuntos introdutórios até avançados sobre XML.

www.ucc.ie/xml

Esse site é um FAQ detalhado sobre XML. Os desenvolvedores podem verificar respostas para algumas perguntas populares ou enviar suas próprias perguntas pelo site.

Resumo

- XML é uma tecnologia aberta e amplamente suportada (isto é, uma tecnologia não-proprietária) para o intercâmbio de dados. O XML está rapidamente se tornando o padrão por meio do qual os aplicativos mantêm dados.
- O XML é altamente portável. Qualquer editor de textos que suporte caracteres ASCII ou Unicode pode representar ou exibir documentos XML. Como os elementos XML descrevem os dados que contêm, eles podem ser lidos por seres humanos e pelas máquinas.
- O XML permite que os autores de documento criem marcação personalizada para praticamente qualquer tipo de informação. Essa capacidade de extensão permite aos autores de documento criar linguagens de marcação inteiramente novas, que descrevem tipos de dados específicos, incluindo fórmulas matemáticas, estruturas moleculares químicas, música, receitas etc.
- O processamento de documentos XML — que os programas normalmente armazenam em arquivos, cujos nomes terminam com a extensão **.xml** — exige um programa chamado analisador sintático (parser), ou simplesmente analisador, de XML. O analisador é responsável por identificar componentes de documentos XML e por armazenar esses componentes em uma estrutura de dados para manipulação.
- Um documento XML pode fazer referência a outro documento opcional que define a estrutura do documento XML. Dois tipos de

documentos opcionais de definição de estrutura são as DTDs (Document Type Definitions — definições de tipo de documento) e os esquemas.

- Um documento XML começa com uma declaração XML opcional, que identifica o documento como sendo XML. O parâmetro de informação **version** especifica a versão da sintaxe XML usada no documento.
- Os comentários XML começam com **<!--** e terminam com **-->**. Os dados são marcados com tags, cujos nomes são incluídos em sinais de menor e maior (**<>**). As tags são usadas em pares para delimitar a marcação. Uma tag que inicia a marcação é chamada de tag de início, e uma tag que termina a marcação é chamada de tag de término. As tags de término diferem das tags de início, pois contêm um caractere de barra normal (**/**).
- As unidades individuais de marcação são chamadas de elementos, que são os blocos de construção mais fundamentais do XML. Os documentos XML possuem um elemento, chamado elemento raiz, que contém todos os outros elementos do documento. Os elementos são incorporados ou aninhados uns dentro dos outros, para formar hierarquias, com o elemento raiz no topo da hierarquia.
- Os nomes de elemento XML podem ter qualquer comprimento e podem conter letras, dígitos, caracteres de sublinhado, hifens e pontos. Entretanto, eles devem começar com uma letra ou com um sublinhado.
- Quando um usuário carrega um documento XML no Internet Explorer (IE), o msxml analisa o documento e passa os dados analisados para o IE. Então, o IE usa uma folha de estilos para formatar os dados.
- O IE exibe sinais de menos (**-**) e mais (**+**) ao lado de todos os elementos contêineres (isto é, elementos que contêm outros elementos). Um sinal de menos indica que todos os elementos filhos (isto é, elementos aninhados) estão sendo exibidos. Quando clicado, um sinal de menos se torna um sinal de mais (que recolhe o elemento contêiner e oculta todos os filhos) e vice-versa.
- Além de serem colocados entre tags, os dados também podem ser colocados em atributos, que são pares nome–valor em tags de início. Os elementos podem ter qualquer número de atributos.
- Como o XML permite que os autores de documento criem suas próprias tags, podem ocorrer colisões de atribuição de nomes (isto é, dois elementos diferentes que têm o mesmo nome). Assim como no C#, os espaços de nomes XML fornecem uma maneira para os autores de documento evitarem colisões. Prefixos de espaço de nomes são anexados aos elementos, para especificar o espaço de nomes a que o elemento pertence.
- Cada prefixo de espaço de nomes é vinculado a um URI (Uniform Resource Identifier — identificador de recurso uniforme), que identifica exclusivamente o espaço de nomes. Um URI é uma série de caracteres que diferenciam os nomes. Os autores de documento criam seus próprios prefixos de espaço de nomes. Praticamente qualquer nome pode ser usado como prefixo de espaço de nomes, exceto o prefixo de espaço de nomes reservado **xml**.
- Para eliminar a necessidade de colocar um prefixo de espaço de nomes em cada elemento, os autores de documento podem especificar um espaço de nomes padrão para um elemento e seus filhos.
- Quando um analisador de XML analisa um documento com sucesso, ele armazena na memória uma estrutura em árvore contendo os dados do documento. Essa estrutura hierárquica em árvore é chamada de árvore DOM (Document Object Model — modelo de objetos documento). A árvore DOM representa cada componente do documento XML como um nó na árvore. Os nós que contêm outros nós (chamados de nós filhos) são denominados nós progenitores. Os nós que têm o mesmo progenitor são chamados nós irmãos. Os nós descendentes de um nó incluem os filhos desse nó, os filhos de seus filhos etc. Os nós ancestrais de um nó incluem o progenitor desse nó, o progenitor de seu progenitor etc. A árvore DOM tem um único nó raiz, que contém todos os outros nós do documento.
- O espaço de nomes **System.Xml** contém classes para criar, ler e manipular documentos XML.
- A classe **XmlNodeReader** derivada de **XmlReader** percorre cada nó no documento XML.
- A classe **XmlReader** é uma classe **abstract** que define a interface para ler documentos XML.
- Um objeto **XmlDocument** representa conceitualmente um documento XML vazio.
- Os documentos XML são analisados e carregados em um objeto **XmlDocument**, quando o método **Load** é chamado. Quando um documento XML é carregado em um objeto **XmlDocument**, seus dados podem ser lidos e manipulados via programação.
- Um objeto **XmlNodeReader** nos permite ler um nó por vez de um objeto **XmlDocument**.
- O método **Read** de **XmlReader** lê um nó da árvore DOM.
- A propriedade **Name** contém o nome do nó, a propriedade **Value** contém os dados do nó, e a propriedade **NodeType** contém o tipo do nó (isto é, elemento, comentário, texto etc.).
- As quebras de linha usam a seqüência de caracteres **"\r\n"**, que denota um retorno de carro seguido por um avanço de linha. Essa é a quebra de linha padrão para aplicativos e controles baseados no Windows.
- O método **CreateNode** de **XmlDocument** recebe os argumentos **NodeType**, **Name** e **NamespaceURI**.

- Um objeto **XmlTextWriter** faz dados XML fluírem para o disco. O método **WriteTo** grava uma representação XML em um fluxo **XmlTextWriter**.
- Um objeto **XmlTextReader** lê dados XML de um arquivo.
- A classe **XPathNavigator** no espaço de nomes **System.Xml.XPath** pode percorrer listas de nós que correspondem a critérios de pesquisa, escritos como uma expressão XPath.
- A XPath (XML Path Language — linguagem de caminhos do XML) fornece uma sintaxe para localizar, eficaz e eficientemente, nós específicos em documentos XML. A XPath é uma linguagem baseada em string de expressões usadas pelo XML e por muitas de suas tecnologias relacionadas.
- Os métodos de navegação de **XPathNavigator** são **MoveToFirstChild**, **MoveToParent**, **MoveToNext** e **MoveToPrevious**. Cada método executa a ação que seu nome implica: o método **MoveToFirstChild** move para o primeiro filho do nó referenciado por **XPathNavigator**, **MoveToParent** move para o nó progenitor do nó referenciado por **XPathNavigator**, **MoveToNext** move para o próximo irmão do nó referenciado por **XPathNavigator**, e **MoveToPrevious** move para o irmão anterior do nó referenciado por **XPathNavigator**.
- Enquanto o XML contém apenas dados, a XSLT é capaz de converter código XML em qualquer documento baseado em texto. Os documentos XSLT normalmente têm a extensão **.xsl**.
- Ao se transformar um documento XML por meio de XSLT, duas estruturas em árvore estão envolvidas: a árvore-fonte, que é o documento XML que está sendo transformado, e a árvore-resultado, que é o resultado (por exemplo, XHTML) da transformação.
- A XSLT especifica o uso do elemento **value-of** para recuperar o valor de um atributo. O símbolo **@** especifica um nó de atributo.
- A função de conjunto de nós **name** recupera o nome do elemento do nó atual.
- O atributo **select** seleciona o valor do atributo do nó de contexto.
- Os documentos XML podem ser transformados por meio de programas C#. O espaço de nomes **System.Xml.Xsl** facilita a aplicação de folhas de estilos XSLT em documentos XML.
- A classe **XsltArgumentList** é uma lista de parâmetros **string** que podem ser aplicados em uma folha de estilos.
- O BizTalk consiste em três partes: o BizTalk Server, o BizTalk Framework e o BizTalk Schema Library.
- O BTS (BizTalk Server) analisa e converte todas as mensagens (ou documentos) recebidas e enviadas em uma empresa.
- O BizTalk Framework é um esquema para estruturar essas mensagens.
- O BizTalk Schema Library é uma coleção de diferentes esquemas do Framework. As empresas podem projetar seus próprios esquemas ou escolher um do BizTalk Schema Library.
- Todos os documentos Biztalk têm o elemento raiz **BizTalk**.

Terminologia

\r\n
analisador
analisador de XML com validação
analisador de XML sem validação
analisador msxml
árvore-fonte
árvore-resultado
asterisco (*) indicador de ocorrência
atributo
atributo **data-type**
atributo **doctype-public**
atributo **doctype-system**
atributo **match**
atributo **maxOccurs**
atributo **method**
atributo **minOccurs**
atributo **name**
atributo **omit-xml-declaration**
atributo **order**
atributo **select**
atributo **type**
atributo **version**
atributo **xmlns**
ATTLIST
barra normal
BizTalk Framework
BizTalk Schema Library
BizTalk Server (BTS)

caractere @
caractere de apóstrofo (')
classe **ValidatingReader**
classe **ValidationEventHandler**
classe **XmlDocument**
classe **XmlNodeReader**
classe **XmlPathNodeIterator**
classe **XmlReader**
classe **XmlSchema**
classe **XmlTextWriter**
classe **XPathExpression**
classe **XPathNavigator**
classe **XslTransform**
classe **XsltTextWriter**
coleção **Nodes**
coleção **XmlSchemaCollection**
constante **ValidationType.Auto**
constante **XmlNodeType.Comment**
constante **XmlNodeType.Element**
constante **XmlNodeType.EndElement**
constante **XmlNodeType.Text**
constante **XmlNodeType.XmlDeclaration**
dados de caracteres analisados
dados de caracteres **CDATA**
declaração de tipo de elemento **ELEMENT**
declaração XML
destino da PI
Document Type Definition (DTD)

documento bem-formado
documento inválido
DOM (Document Object Model)
DTD externa
elemento contêiner
elemento filho
elemento **Schema**
elemento vazio
elemento **xsl:apply-templates**
elemento **xsl:for-each**
elemento **xsl:output**
elemento **xsl:sort**
elemento **xsl:stylesheet**
elemento **xsl:template**
elemento **xsl:value-of**
elemento raiz
enumeração **XmlNodeType**
espaço de nomes padrão
espaço de nomes **System.Xml**
espaço de nomes **System.Xml.Schema**
espaço de nomes **xml**
extensão **.xdr**
extensão **.xsl**
extensão de arquivo **.xml**
Extensible Stylesheet Language (XSL)
flag **#IMPLIED**
flag **#PCDATA**
flag **SYSTEM**
folha de estilos
função de conjunto de nós

função de conjunto de nós **name**
função **sum**
gramática EBNF (Extended Backus-Naur Form)
haste descendente recursiva
indicador de ocorrência
instrução de processamento
marcação
método **Add**
método **CreateNavigator**
método **CreateNode**
método **Load**
método **Read**
método **Select**
método **Transform**
modelo baseado em árvore
nó
nó ancestral
nó de atributo
nó de contexto
nó de texto
nó descendente
nó filho
nó irmão
nó progenitor
nó raiz
nó XML
palavra-chave **EMPTY**
parâmetro de informação **version**
PI (instrução de processamento)
ponto de interrogação (**?**) indicador de ocorrência
prefixo de espaço de nomes
prefixo de espaço de nomes reservado **xml**
processador de XML
propriedade **Current**
propriedade **IsEmptyElement**
propriedade **LastChild**
propriedade **MoveToFirstChild**
propriedade **MoveToNext**
propriedade **MoveToParent**
propriedade **MoveToPrevious**
propriedade **MoveToRoot**
propriedade **Name**
propriedade **NodeType**
propriedade **Parent**
propriedade **ParentNode**
propriedade **schema**
propriedade **Schemas**
propriedade **ValidationType**
propriedade **value**
raiz de documento
sinal de mais (**+**) indicador de ocorrência
tag de término
valor da PI
valor de atributo
variável XSL
W3C XML Schema
XML (Extensible Markup Language)
XML Schema
XML Validator
XSL Transformations (XSLT)

Exercícios de revisão

18.1 Quais dos seguintes são nomes de elemento XML válidos?

a) **`yearBorn`**
b) **`year.Born`**
c) **`year Born`**
d) **`year-Born1`**
e) **`2_year_born`**
f) **`--year/born`**
g) **`year*born`**
h) **`.year_born`**
i) **`_year_born_`**
j) **`y_e-a_r-b_o-r_n`**

18.2 Indique se cada uma das seguintes alternativas é *verdadeira* ou *falsa*. Se for *falsa*, justifique.

a) XML é uma tecnologia para criar linguagens de marcação.
b) A marcação XML é delimitada por barras normais e invertidas (/ e \).
c) Todas as tags de início XML devem ter tags de término correspondentes.
d) Os analisadores verificam a sintaxe de um documento XML.
e) O XML não suporta espaços de nomes.
f) Ao criar novos elementos XML, os autores de documento devem usar o conjunto de tags XML fornecido pelo W3C.
g) O caractere **#**, o sinal de cifrão (**$**), o E comercial (**&**) e os símbolos de maior (**>**) e menor (**<**) são exemplos de caracteres reservados do XML.

18.3 Preencha os espaços em branco em cada uma das declarações a seguir:

a) Os ______________ ajudam a evitar colisões de atribuição de nomes.
b) As ______________ incorporam informações específicas de um aplicativo em um documento XML.
c) O ______________ é o analisador de XML da Microsoft.
d) O elemento XSL ______________ grava um **`DOCTYPE`** na árvore de resultado.
e) Os documentos do Microsoft XML Schema têm o elemento raiz ______________.
f) Para definir um atributo de elemento em uma DTD, ______________ é usado.
g) O elemento XSL ______________ é o elemento raiz em um documento XSL.
h) O elemento XSL ______________ seleciona elementos XML específicos usando repetição.

18.4 Indique se cada uma das seguintes alternativas é *verdadeira* ou *falsa*. Se for *falsa*, justifique.

a) O XML não diferencia entre letras maiúsculas e minúsculas.
b) A arquitetura do C# suporta o W3C Schema.
c) As DTDs são um vocabulário do XML.
d) Schema é uma tecnologia para localizar informações em um documento XML.

18.5 Na Figura 18.1, subdividimos o elemento **`author`** em partes mais detalhadas. Como você poderia subdividir o elemento **`date`**?

18.6 Escreva uma instrução de processamento que inclua a folha de estilos **`wap.xsl`** para uso no Internet Explorer.

18.7 Preencha os espaços em branco em cada uma das declarações a seguir:

a) Os nós que contêm outros nós são chamados de nós ______________.
b) Os nós que são pares são chamados de nós ______________.
c) A classe **`XmlDocument`** é análoga à ______________ de uma árvore.
d) O método ______________ adiciona um objeto **`XmlNode`** em um objeto **`XmlTree`** como filho do nó atual.

18.8 Escreva uma expressão XPath que localize nós **`contact`** em **`letter.xml`** (Figura 18.3).

18.9 Descreva o método **`Select`** de **`XpathNavigator`**.

Respostas dos exercícios de revisão

18.1 a, b, d, i, j. [A opção c está incorreta, pois contém um espaço; a opção e está incorreta, pois o primeiro caractere é um número; a opção f está incorreta, pois contém um símbolo de divisão (/) e não começa com uma letra ou sublinhado; a opção g está incorreta, pois contém um asterisco (*****); a opção h está incorreta, pois o primeiro caractere é um ponto (**.**) e não começa com um letra ou sublinhado.]

18.2 a) Verdadeira. b) Falsa. Em um documento XML, o texto de marcação é delimitado pelos sinais de menor e maior (**<** e **>**), com uma barra normal na tag de término. c) Verdadeira. d) Verdadeira. e) Falsa. O XML suporta espaços de nomes. f) Falsa. Ao criar novas tags, os autores de documento podem usar qualquer nome válido, exceto a palavra reservada **xml** (além de **XML**, **Xml** etc.). g) Falsa. Os caracteres reservados do XML incluem o E comercial (**&**), o sinal de menor (**<**) e o sinal de maior (**>**), mas não **#** e **$**.

18.3 a) espaços de nomes. b) instruções de processamento. c) msxml. d) **xsl:output**. e) **Schema**. f) um operador (**mo**). g) **xsl:stylesheet**. h) **xsl:for-each**.

18.4 a) Falsa. O XML diferencia entre letras maiúsculas e minúsculas. b) Verdadeira. c) Falsa. As DTDs usam gramática EBNF que não é sintaxe XML. d) Falsa. XPath é uma tecnologia para localizar informações em um documento XML.

18.5

```
<date>
   <month>December</month>
   <day>6</day>
   <year>2001</year>
</date>.
```

18.6

```
<?xsl:stylesheet type = "text/xsl" href = "wap.xsl"?>
```

18.7 a) progenitores. b) irmãos. c) raiz. d) **AppendChild**.

18.8 **/letter/contact.**

18.9 **Select** recebe um objeto **XPathExpression** ou um argumento **string** contendo um objeto **XPathExpression** para selecionar nós referenciados pelo navegador.

Exercícios

18.10 Crie um documento XML que faça a marcação das informações de nutrição de um pacote de bolachas. Um pacote de bolachas tem um tamanho de porção de 1 pacote e o seguinte valor nutricional por porção: 260 calorias, 100 calorias de gordura, 11 gramas de gordura, 2 gramas de gordura saturada, 5 miligramas de colesterol, 210 miligramas de sódio, 36 gramas de carboidratos totais, 2 gramas de fibra, 15 gramas de açúcares e 5 gramas de proteína. Chame esse documento de **nutricao.xml**. Carregue o documento XML no Internet Explorer. [*Dica:* sua marcação deve conter elementos que descrevam o nome do produto, tamanho/quantidade da porção, calorias, sódio, colesterol, proteínas etc. Faça a marcação de cada informação/ingrediente de nutrição listada anteriormente.]

18.11 Escreva uma folha de estilos XSLT para sua solução do Exercício 18.10 que apresente as informações nutricionais em uma tabela XHTML. Modifique a Figura 18.25 (**TransformTest.cs**) para produzir na saída um arquivo XHTML, **nutricao.html**. Apresente o arquivo **nutricao.html** em um navegador da Web.

18.12 Escreva um esquema Microsoft para a Figura 18.23.

18.13 Altere a Figura 18.20 (**ValidationTest.cs**) para incluir uma lista de esquemas em uma caixa de lista suspensa, junto com a lista de arquivos XML. Permita que o usuário teste se algum arquivo XML da lista satisfaz um esquema específico. Use **books.xml**, **books.xsd**, **nutricao.xml**, **nutricao.xsd** e **fail.xml**.

18.14 Modifique **XmlReaderTest** (Figura 18.7) para exibir **letter.xml** (Figura 18.3) em uma **TreeView**, em vez de apresentar em uma caixa de texto.

18.15 Modifique a Figura 18.24 (**sorting.xsl**) para ordenar cada seção (isto é, frontispício, capítulos e apêndices) pelo número da página em vez do número do capítulo. Salve o documento modificado como **sorting_byChapter.xsl**.

18.16 Modifique **XmlTransform.cs** (Figura 18.25) para receber **sorting.xml** (Figura 18.23), **sorting.xsl** (Figura 18.24) e **sorting_byChapter.xsl** e imprimir o documento XHTML resultante da transformação de **sorting.xml** em dois arquivos XHTML, **sorting_byPage.html** e **sorting_byChapter.html**.

19

BANCOS DE DADOS, SQL E ADO .NET

OBJETIVOS

- Entender o modelo de bancos de dados relacional.
- Entender as consultas de bancos de dados básicas usando SQL (Structured Query Language — linguagem de consulta estruturada).
- Usar as classes e interfaces do espaço de nomes **`System.Data`** para manipular bancos de dados.
- Entender e usar o modelo desconectado do ADO .NET.
- Usar as classes e interfaces do espaço de nomes **`System.Data.OleDb`**.

★

É um erro fatal teorizar antes que alguém tenha dados.
Arthur Conan Doyle

Agora, vá, escreva isso diante deles em uma tábua
e anote em um livro,
que isso servirá para todo o sempre.
Bíblia Sagrada: Antigo Testamento

Vamos ver o registro.
Alfred Emanuel Smith

Obtenha primeiro os fatos;
depois você poderá distorcê-los o quanto quiser.
Mark Twain

Gosto de dois tipos de homens:
os nativos e os estrangeiros.
Mae West

Resumo

19.1 Introdução

Um *banco de dados* é uma coleção integrada de dados. Existem muitas estratégias diferentes para organizar dados em bancos de dados, para facilitar o acesso e a manipulação dos dados. Um *sistema gerenciador de bancos de dados* (SGBD) fornece mecanismos para armazenar e organizar dados de uma maneira consistente com o formato do banco de dados. Os sistemas gerenciadores de bancos de dados permitem que os programadores acessem e armazenem dados sem se preocupar com a representação interna dos bancos de dados.

Os sistemas de bancos de dados mais populares atualmente são os *bancos de dados relacionais*. Quase universalmente, os bancos de dados relacionais usam uma linguagem chamada SQL (Structured Query Language — linguagem de consulta estruturada) para realizar *consultas* (isto é, solicitar informações que satisfaçam os critérios dados) e manipular dados.

Alguns sistemas de bancos de dados relacionais populares, de nível corporativo, são: Microsoft SQL Server, Oracle™, Sybase™, DB2™, Informix™ e MySQL™. Este capítulo apresenta exemplos usando o Microsoft Access — um sistema de bancos de dados relacional fornecido como parte do Microsoft Office.

Uma linguagem de programação conecta e interage com um banco de dados, relacional por meio de uma *interface* — um software que facilita a comunicação entre um sistema gerenciador de bancos de dados e um programa. Os programadores de C# se comunicam com os bancos de dados e manipulam seus dados utilizando o Microsoft ActiveX Data Objects™ (ADO), ADO .NET.

19.2 Modelo de bancos de dados relacionais

O *modelo de bancos de dados relacional* é uma representação lógica dos dados que permite que os relacionamentos entre os dados sejam considerados sem se preocupar com a estrutura física dos dados. Um banco de dados relacional é composto de *tabelas*. A Figura 19.1 ilustra um exemplo de tabela que poderia ser usada em um sistema de pessoal. O nome da tabela é **Employee**, e seu principal objetivo é ilustrar os atributos específicos de vários funcionários. Uma linha em particular da tabela é chamada de *registro* (ou *linha*). Essa tabela consiste em seis registros. O *campo* (ou *coluna*) **number** de cada registro da tabela é a *chave primária* para referenciar dados na tabela. Uma chave primária é um campo (ou campos) de uma tabela que contém(êm) dados exclusivos — isto é, dados que não são duplicados em outros registros dessa tabela. Isso garante que cada registro possa ser identificado por pelo menos um valor distinto. Exemplos de campos de chave primária são colunas que contêm números de seguridade social, identificações de funcionário e números de peça em um sistema de inventário. Os registros da Figura 19.1 estão *ordenados* pela chave primária. Nesse caso, os registros estão relacionados em ordem crescente (eles também poderiam estar listados em ordem decrescente).

Cada coluna da tabela representa um campo diferente. Os registros normalmente são exclusivos (pela chave primária) dentro de uma tabela, mas valores de campo específicos poderiam ser duplicados em múltiplos registros. Por exemplo, três registros diferentes no campo **`Department`** da tabela **`Employee`** contêm o número 413.

Freqüentemente, diferentes usuários de um banco de dados estão interessados em dados diferentes e em diferentes relacionamentos entre esses dados. Alguns usuários exigem apenas subconjuntos das colunas da tabela. Para obter subconjuntos da tabela, usamos instruções SQL para especificar certos dados que queremos *selecionar* em uma tabela. O SQL fornece um conjunto completo de comandos (incluindo ***`SELECT`***) que permitem aos programadores definir *consultas* complexas para selecionar dados de uma tabela. Os resultados de uma consulta são normalmente chamados de *conjuntos de resultados* (ou *conjuntos de registros*). Por exemplo, poderíamos selecionar dados da tabela da Figura 19.1 para criar um novo conjunto de resultados contendo apenas a localização de cada departamento. Esse conjunto de resultados é mostrado na Figura 19.2. Consultas SQL são discutidas na Seção 19.4.

19.3 Visão geral de bancos de dados relacionais: banco de dados Books

A próxima seção fornece uma visão geral do SQL no contexto de um banco de dados de exemplo, **`Books`**, que criamos para este capítulo. Entretanto, antes de discutirmos o SQL, devemos explicar as várias tabelas do banco de dados **`Books`**. Usamos esse banco de dados para apresentar vários conceitos de banco de dados, incluindo o uso de SQL para manipular e obter informações úteis do banco de dados. O banco de dados está localizado no diretório de exemplos do Capítulo 19 do CD que acompanha este livro.

O banco de dados consiste nas tabelas **`Authors`**, **`Publishers`**, **`AuthorISBN`** e **`Titles`**. A tabela **`Authors`** (descrita na Figura 19.3) consiste em três campos (ou colunas) que guardam o número de identificação exclusivo, o nome de batismo e o sobrenome de cada autor. A Figura 19.4 contém os dados da tabela **`Authors`** do banco de dados **`Books`**.

A tabela **`Publishers`** (descrita na Figura 19.5) consiste em dois campos, representando a identificação exclusiva e o nome de cada editora. A Figura 19.6 contém os dados da tabela **`Publishers`** do banco de dados **`Books`**.

A tabela **`AuthorISBN`** (descrita na Figura 19.7) consiste em dois campos que guardam os números de identificação dos autores e os números ISBN correspondentes de seus livros. Essa tabela ajuda a associar os nomes dos autores com os títulos de seus livros. A Figura 19.8 contém os dados da tabela **`AuthorISBN`** do banco de dados **`Books`**. ISBN é a abreviatura de "International Standard Book Number" — um esquema de numeração por meio do qual editoras do mundo inteiro atribuem a cada livro um número de identificação exclusivo. [*Nota:* para economizar espaço, dividimos o conteúdo dessa figura em duas colunas, cada uma contendo os campos **`authorID`** e **`isbn`**.]

number	name	department	salary	location
23603	Jones	413	1100	New Jersey
24568	Kerwin	413	2000	New Jersey
34589	Larson	642	1800	Los Angeles
35761	Myers	611	1400	Orlando
47132	Neumann	413	9000	New Jersey
78321	Stephens	611	8500	Orlando

Registro/Linha

Chave primária

Campo/Coluna

Figura 19.1 Estrutura de banco de dados relacional de uma tabela `Employee`.

department	location
413	New Jersey
611	Orlando
642	Los Angeles

Figura 19.2 Conjunto de resultados formado pela seleção de dados de `Department` e `Location` da tabela `Employee`.

Campo	Descrição
`authorID`	Número de identificação do autor no banco de dados. No banco de dados **`Books`**, esse campo **`int`** está definido como um *campo de incremento automático*. Para cada novo registro inserido nessa tabela, o banco de dados incrementa o valor de **`authorID`**, garantindo que cada registro tenha um valor de **`authorID`** exclusivo. Esse campo representa a chave primária da tabela.
`firstName`	O nome de batismo do autor (uma **`string`**).
`lastName`	O sobrenome do autor (uma **`string`**).

Figura 19.3 Tabela `Authors` de `Books`.

`authorID`	`firstName`	`lastName`
1	Harvey	Deitel
2	Paul	Deitel
3	Tem	Nieto
4	Kate	Steinbuhler
5	Sean	Santry
6	Ted	Lin
7	Praveen	Sadhu
8	David	McPhie
9	Cheryl	Yaeger
10	Marina	Zlatkina
11	Ben	Wiedermann
12	Jonathan	Liperi
13	Jeffrey	Listfield

Figura 19.4 Dados da tabela `Authors` de `Books`.

Campo	Descrição
`publisherID`	O número de identificação da editora no banco de dados. Esse campo **`int`** de incremento automático é o campo de chave primária da tabela.
`publisherName`	O nome da editora (uma **`string`**).

Figura 19.5 Tabela `Publishers` de `Books`.

`publisherID`	`publisherName`
1	Prentice Hall
2	Prentice Hall PTG

Figura 19.6 Dados da tabela `Publishers` de `Books`.

Campo	Descrição
`authorID`	O número de identificação do autor, que permite ao banco de dados associar cada livro a um autor específico. O número de identificação inteiro desse campo também deve aparecer na tabela **`Authors`**.
`isbn`	O número ISBN de um livro (uma **`string`**).

Figura 19.7 Tabela `AuthorISBN` de `Books`.

A tabela **Titles** (descrita na Figura 19.9) consiste em sete campos que guardam informações gerais sobre os livros que estão no banco de dados. Essas informações incluem o número ISBN de cada livro, o título, o número da edição, o ano do copyright e o número de identificação da editora, assim como o nome de um arquivo contendo uma imagem da capa do livro e, finalmente, o preço de cada livro. A Figura 19.10 contém os dados da tabela **Titles**.

A Figura 19.11 ilustra os relacionamentos entre as tabelas no banco de dados **Books**. A primeira linha em cada tabela é o nome da tabela. O campo cujo nome aparece em itálico contém a chave primária dessa tabela. A chave primária de uma tabela identifica exclusivamente cada registro na tabela. Todo registro deve ter um valor no campo de chave primária, e o valor deve ser único. Isso é conhecido como *regra da integridade da entidade*. Note que a tabela **AuthorISBN** contém dois campos, cujos nomes estão em itálico. Isso indica que esses dois campos formam uma *chave primária composta* — cada registro na tabela deve ter uma combinação **authorID-isbn** exclusiva. Por exemplo, múltiplos registros poderiam ter o valor de **authorID** igual a **2** e múltiplos registros poderiam ter o **isbn** igual a **0130895601**, mas apenas um registro pode ter o valor de **authorID** igual a **2** e o **isbn 0130895601**.

authorID	isbn	authorID	isbn
1	0130895725	2	0139163050
1	0132261197	2	013028419x
1	0130895717	2	0130161438
1	0135289106	2	0130856118
1	0139163050	2	0130125075
1	013028419x	2	0138993947
1	0130161438	2	0130852473
1	0130856118	2	0130829277
1	0130125075	2	0134569555
1	0138993947	2	0130829293
1	0130852473	2	0130284173
1	0130829277	2	0130284181
1	0134569555	2	0130895601
1	0130829293	3	013028419x
1	0130284173	3	0130161438
1	0130284181	3	0130856118
1	0130895601	3	0134569555
2	0130895725	3	0130829293
2	0132261197	3	0130284173
2	0130895717	3	0130284181
2	0135289106	4	0130895601

Figura 19.8 Dados da tabela AuthorISBN em Books.

Campo	Descrição
isbn	Número ISBN do livro (uma **string**).
title	Título do livro (uma **string**).
editionNumber	Número da edição do livro (uma **string**).
copyright	Ano do copyright do livro (um valor **int**).
publisherID	Número de identificação da editora (um valor **int**). Esse valor deve corresponder a um número de identificação na tabela **Publishers**.
imageFile	Nome do arquivo contendo a imagem da capa do livro (uma **string**).
price	Preço de varejo sugerido do livro (um número real). [*Nota:* os preços mostrados nesse banco de dados são apenas para propósitos do exemplo.]

Figura 19.9 Tabela Titles de Books.

isbn	title	edition-Number	publisher-ID	copy-right	imageFile	price
0130923613	Python How to Program	1	1	2002	python,jpg	$ 69,95
0130622214	C# How to Program	1	1	2002	cshtp,jpg	$ 69,95
0130341517	Java How to Program	4	1	2002	jhtp4,jpg	$ 69,95
0130649341	The Complete Java Training Course	4	2	2002	javactc4,jpg	$ 109,95
0130895601	Advanced Java 2 Platform How to Program	1	1	2002	advjhtp1,jpg	$ 69,95
0130308978	Internet and World Wide Web How to Program	2	1	2002	iw3htp2,jpg	$ 69,95
0130293636	Visual Basic ,NET How to Program	2	1	2002	vbnet,jpg	$ 69,95
0130895636	The Complete C++ Training Course	3	2	2001	cppctc3,jpg	$ 109,95
0130895512	The Complete e-Business & e-Commerce Programming Training Course	1	2	2001	ebecctc,jpg	$ 109,95
013089561X	The Complete Internet & World Wide Web Programming Training Course	2	2	2001	iw3ctc2,jpg	$ 109,95
0130895547	The Complete Perl Training Course	1	2	2001	perl,jpg	$ 109,95
0130895563	The Complete XML Programming Training Course	1	2	2001	xmlctc,jpg	$ 109,95
0130895725	C How to Program	3	1	2001	chtp3,jpg	$ 69,95
0130895717	C++ How to Program	3	1	2001	cpphtp3,jpg	$ 69,95
013028419X	e-Business and e-Commerce How to Program	1	1	2001	ebechtp1,jpg	$ 69,95
0130622265	Wireless Internet and Mobile Business How to Program	1	1	2001	wireless,jpg	$ 69,95
0130284181	Perl How to Program	1	1	2001	perlhtp1,jpg	$ 69,95
0130284173	XML How to Program	1	1	2001	xmlhtp1,jpg	$ 69,95
0130856118	The Complete Internet and World Wide Web Programming Training Course	1	2	2000	iw3ctc1,jpg	$ 109,95
0130125075	Java How to Program (Java 2)	3	1	2000	jhtp3,jpg	$ 69,95
0130852481	The Complete Java 2 Training Course	3	2	2000	javactc3,jpg	$ 109,95
0130323640	e-Business and e-Commerce for Managers	1	1	2000	ebecm,jpg	$ 69,95
0130161438	Internet and World Wide Web How to Program	1	1	2000	iw3htp1,jpg	$ 69,95
0130132497	Getting Started with Visual C++ 6 with an Introduction to MFC	1	1	1999	gsvc,jpg	$ 49,95
0130829293	The Complete Visual Basic 6 Training Course	1	2	1999	vbctc1,jpg	$ 109,95
0134569555	Visual Basic 6 How to Program	1	1	1999	vbhtp1,jpg	$ 69,95
0132719746	Java Multimedia Cyber Classroom	1	2	1998	javactc,jpg	$ 109,95
0136325890	Java How to Program	1	1	1998	jhtp1,jpg	$ 69,95

Figura 19.10 Dados da tabela `Titles` de `Books`. (Parte 1 de 2.)

isbn	title	editionNumber	publisherID	copyright	imageFile	price
0139163050	The Complete C++ Training Course	2	2	1998	`cppctc2,jpg`	$ 109,95
0135289106	C++ How to Program	2	1	1998	`cpphtp2,jpg`	$ 49,95
0137905696	The Complete Java Training Course	2	2	1998	`javactc2,jpg`	$ 109,95
0130829277	The Complete Java Training Course (Java 1,1)	2	2	1998	`javactc2,jpg`	$ 99,95
0138993947	Java How to Program (Java 1,1)	2	1	1998	`jhtp2,jpg`	$ 49,95
0131173340	C++ How to Program	1	1	1994	`cpphtp1,jpg`	$ 69,95
0132261197	C How to Program	2	1	1994	`chtp2,jpg`	$ 49,95
0131180436	C How to Program	1	1	1992	`chtp,jpg`	$ 69,95

Figura 19.10 Dados da tabela `Titles` de `Books`. (Parte 2 de 2.)

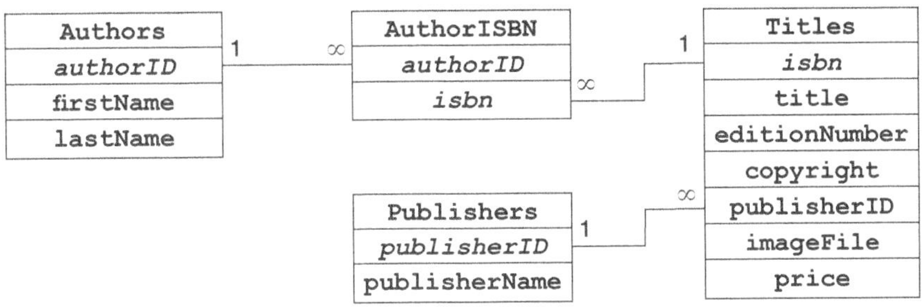

Figura 19.11 Relacionamentos de tabela em `Books`.

Erro de programação comum 19.1

Não fornecer um valor para um campo de chave primária em cada registro viola a Regra da integridade da entidade e faz o SGBD relatar um erro.

Erro de programação comum 19.2

Fornecer valores duplicados para o campo de chave primária de múltiplos registros faz o SGBD relatar um erro.

As linhas conectando as tabelas na Figura 19.11 representam os *relacionamentos* entre as tabelas. Considere a linha entre as tabelas **`Publishers`** e **`Titles`**. Na extremidade **`Publishers`** da linha existe um **`1`** e na extremidade **`Titles`** existe um símbolo de infinito (∞). Essa linha indica um *relacionamento um-para-muitos*, no qual cada editora na tabela **`Publishers`** pode ter um número arbitrariamente grande de livros na tabela **`Titles`**. Note que a linha de relacionamento liga o campo **`publisherID`** da tabela **`Publishers`** ao campo **`publisherID`** da tabela **`Titles`**. Na tabela **`Titles`**, o campo **`publisherID`** é uma *chave estrangeira* — um campo para o qual cada entrada tem um valor exclusivo em outra tabela e onde o campo na outra tabela é a chave primária dessa tabela (por exemplo, **`publisherID`** na tabela **`Publishers`**). Os programadores especificam chaves estrangeiras ao criar uma tabela. A chave estrangeira ajuda a manter a *regra da integridade referencial*: todo valor de campo de chave estrangeira deve aparecer no campo de chave primária de outra tabela. As chaves estrangeiras permitem que informações de várias tabelas sejam *juntadas* para propósitos de análise. Existe um relacionamento um-para-muitos entre uma chave primária e sua chave estrangeira correspondente. Isso significa que um valor de campo de chave estrangeira pode aparecer muitas vezes em sua própria tabela, mas deve aparecer exatamente uma vez como chave primária de outra tabela. A linha entre as tabelas representa a ligação entre a chave estrangeira de uma tabela e a chave primária de outra tabela.

Erro de programação comum 19.3

Fornecer um valor de chave estrangeira que não apareça como um valor de chave primária em outra tabela viola a regra da integridade referencial e faz o SGBD gerar um erro.

A linha entre as tabelas **AuthorISBN** e **Authors** indica que, para cada autor na tabela **Authors**, a tabela **AuthorISBN** pode conter um número arbitrário de ISBNs para livros escritos por esse autor. O campo **authorID** da tabe-la **AuthorISBN** é uma chave estrangeira do campo **authorID** (a chave primária) da tabela **Authors**. Note, novamente, que a linha entre as tabelas liga a chave estrangeira da tabela **AuthorISBN** com a chave primária correspondente na tabela **Authors**. A tabela **AuthorISBN** liga informações nas tabelas **Titles** e **Authors**.

A linha entre as tabelas **Titles** e **AuthorISBN** ilustra outro relacionamento um-para-muitos; um título pode ser escrito por qualquer número de autores. Na verdade, o único objetivo da tabela **AuthorISBN** é representar um relacionamento muitos-para-muitos entre as tabelas **Authors** e **Titles**; um autor pode escrever qualquer número de livros, e um livro pode ter qualquer número de autores.

19.4SQL

Nesta seção daremos uma visão geral do SQL (Structured Query Language — linguagem de consulta estruturada) no contexto de nosso exemplo de banco de dados **Books**. As consultas SQL discutidas aqui formam a base do código SQL usado nos exemplos do capítulo.

A Figura 19.12 lista palavras-chave SQL e fornece uma descrição para cada uma. Nas próximas subseções discutiremos essas palavras-chave SQL no contexto de consultas SQL completas. Existem outras palavras-chave SQL, mas estão fora dos objetivos deste texto. [*Nota:* para encontrar informações adicionais sobre SQL, consulte a bibliografia no final deste capítulo.]

19.4.1 Consulta SELECT básica

Vamos considerar várias consultas SQL que extraem informações do banco de dados **Books**. Uma consulta SQL típica "seleciona" informações de uma ou mais tabelas em um banco de dados. Tais seleções são realizadas pelas *consultas **SELECT***. O formato básico de uma consulta **SELECT** é:

```
SELECT * FROM nomeTabela
```

Nessa consulta, o asterisco (*) indica que todas as colunas da tabela *nomeTabela* do banco de dados devem ser selecionadas. Por exemplo, para selecionar o conteúdo inteiro da tabela **Authors** (isto é, todos os dados representados na Figura 19.4), use a consulta:

```
SELECT * FROM Authors
```

Para selecionar campos específicos de uma tabela, substitua o asterisco (*) por uma lista separada por vírgulas dos nomes de campo a serem selecionados. Por exemplo, para selecionar apenas os campos **authorID** e **lastName** de todas as linhas na tabela **Authors**, use a consulta:

```
SELECT authorID, lastName FROM Authors
```

Palavra-chave SQL	Descrição
SELECT	Seleciona (recupera) campos de uma ou mais tabelas.
FROM	Especifica tabelas das quais obter campos ou excluir registros. É obrigatória em todas as instruções **SELECT** e **DELETE**.
WHERE	Especifica critérios que determinam as linhas a serem recuperadas.
INNER JOIN	Junta registros de várias tabelas para produzir um único conjunto de registros.
GROUP BY	Especifica critérios para agrupar registros.
ORDER BY	Especifica critérios para ordenar registros.
INSERT	Insere dados em uma tabela especificada.
UPDATE	Atualiza dados em uma tabela especificada.
DELETE	Exclui dados de uma tabela especificada.

Figura 19.12 Palavras-chave de consulta SQL.

Essa consulta retorna apenas os dados apresentados na Figura 19.13. [*Nota:* se um nome de campo contém espaços, o nome do campo inteiro deve ser colocado entre colchetes (**[]**) na consulta. Por exemplo, se o nome do campo é **nome de batismo**, ele deve aparecer na consulta como **[nome de batismo]**.

Erro de programação comum 19.4

Se um programa supõe que uma instrução SQL usando o asterisco (*****) para selecionar campos sempre retorna esses campos na mesma ordem, o programa poderia processar o conjunto de resultados incorretamente. Se a ordem do campo na(s) tabela(s) do banco de dados mudar, a ordem dos campos no conjunto de resultados mudará de acordo.

Dica de desempenho 19.1

Se um programa não sabe a ordem dos campos em um conjunto de resultados, ele deve processar os campos pelo nome. Isso poderia exigir uma pesquisa linear dos nomes de campo no conjunto de resultados. Se os usuários especificarem os nomes de campo que desejam selecionar em uma tabela (ou em várias tabelas), o aplicativo que está recebendo o conjunto de resultados saberá a ordem dos campos antecipadamente. Quando isso ocorre, o programa pode processar os dados mais eficientemente, pois os campos podem ser acessados diretamente pelo número da coluna.

19.4.2 Cláusula WHERE

Na maioria dos casos, os usuários procuram registros em um banco de dados que satisfaçam certos critérios de seleção. Apenas os registros que correspondem aos critérios de seleção são selecionados. O SQL usa a *cláusula* opcional ***WHERE*** em uma consulta **SELECT** para especificar os critérios de seleção da consulta. O formato mais simples de uma consulta **SELECT** que inclui critérios de seleção é:

SELECT *nomeCampo1*, *nomeCampo2*, ... FROM *nomeTabela* WHERE *critérios*

Por exemplo, para selecionar os campos **title**, **editionNumber** e **copyright** das linhas da tabela **Titles** em que a data de **copyright** é maior do que **1999**, use a seguinte consulta:

```
SELECT title, editionNumber, copyright
FROM Titles
WHERE copyright > 1999
```

A Figura 19.14 mostra o conjunto de resultados da consulta anterior. [*Nota:* quando construímos uma consulta para uso em C#, criamos simplesmente uma **string** contendo a consulta inteira. Entretanto, quando apresentamos as consultas no texto, freqüentemente usamos várias linhas e recuo para melhorar a legibilidade.]

Dica de desempenho 19.2

Usar critérios de seleção melhora o desempenho, pois as consultas que envolvem tais critérios normalmente selecionam uma parte menor do banco de dados. Trabalhar com uma parte menor dos dados é mais eficiente do que trabalhar com o conjunto de dados inteiro armazenado no banco de dados.

A condição da cláusula **WHERE** pode conter os operadores **<**, **>**, **<=**, **>=**, **=**, **<>** e **LIKE**. O operador **LIKE** é usado para *correspondência de padrões* com os caracteres-curinga *asterisco* (*****) e *ponto de interrogação* (**?**). A correspondência de padrões permite ao SQL procurar strings que "correspondem a um padrão".

authorID	lastName	authorID	lastName
1	Deitel	8	McPhie
2	Deitel	9	Yaeger
3	Nieto	10	Zlatkina
4	Steinbuhler	12	Wiedermann
5	Santry	12	Liperi
6	Lin	13	Listfield
7	Sadhu		

Figura 19.13 authorID e lastName da tabela Authors.

Title	editionNumber	copyright
Internet and World Wide Web How to Program	2	2002
Java How to Program	4	2002
The Complete Java Training Course	4	2002
The Complete e-Business & e-Commerce Programming Training Course	1	2001
The Complete Internet & World Wide Web Programming Training Course	2	2001
The Complete Perl Training Course	1	2001
The Complete XML Programming Training Course	1	2001
C How to Program	3	2001
C++ How to Program	3	2001
The Complete C++ Training Course	3	2001
e-Business and e-Commerce How to Program	1	2001
Internet and World Wide Web How to Program	1	2000
The Complete Internet and World Wide Web Programming Training Course	1	2000
Java How to Program (Java 2)	3	2000
The Complete Java 2 Training Course	3	2000
XML How to Program	1	2001
Perl How to Program	1	2001
Advanced Java 2 Platform How to Program	1	2002
e-Business and e-Commerce for Managers	1	2000
Wireless Internet and Mobile Business How to Program	1	2001
C# How To Program	1	2002
Python How to Program	1	2002
Visual Basic .NET How to Program	2	2002

Figura 19.14 Títulos com copyright após 1999 da tabela `Titles`.

Um padrão que contém um asterisco (`*`) procura strings em que zero ou mais caracteres assumem o lugar do asterisco no padrão. Por exemplo, a consulta a seguir localiza os registros de todos os autores cujos sobrenomes começam com a letra **D**:

```
SELECT authorID, firstName, lastName
FROM Authors
WHERE lastName LIKE 'D*'
```

A consulta anterior seleciona os dois registros mostrados na Figura 19.15, pois dois dos autores em nosso banco de dados têm sobrenomes que começam com a letra **D** (seguida de zero ou mais caracteres). O símbolo ***** no padrão **LIKE** da cláusula **WHERE** indica que qualquer número de caracteres pode aparecer após a letra **D** no campo **lastName**. Note que a string do padrão está colocada entre caracteres de apóstrofo.

Dica de portabilidade 19.1

Nem todos os sistemas de bancos de dados suportam o operador **LIKE***; portanto, certifique-se de ler a documentação do sistema de bancos de dados cuidadosamente antes de empregar esse operador.*

authorID	firstName	lastName
1	Harvey	Deitel
2	Paul	Deitel

Figura 19.15 Autores da tabela `Authors`, cujos sobrenomes começam com D.

Dica de portabilidade 19.2

A maioria dos bancos de dados usa o caractere `%` *no lugar do caractere* `*` *em expressões* **`LIKE`**.

Dica de portabilidade 19.3

Em alguns bancos de dados, os dados de string diferenciam entre maiúsculas e minúsculas.

Dica de portabilidade 19.4

Em alguns bancos de dados, os nomes de tabela e de campo diferenciam entre maiúsculas e minúsculas.

Boa prática de programação 19.1

Por convenção, as palavras-chave SQL devem ser escritas totalmente em letras maiúsculas em sistemas que não diferenciam entre maiúsculas e minúsculas. Isso enfatiza as palavras-chave SQL em uma instrução SQL.

Uma string de padrão que inclui um caractere de ponto de interrogação (**?**) procura strings em que exatamente um caractere assume o lugar do ponto de interrogação no padrão. Por exemplo, a consulta a seguir localiza os registros de todos os autores cujos sobrenomes começam com qualquer caractere (especificado com **?**), seguido da letra **i**, seguida de qualquer número de caracteres adicionais (especificado com *****):

```
SELECT authorID, firstName, lastName
FROM Authors
WHERE lastName LIKE '?i*'
```

A consulta anterior produz os registros relacionados na Figura 19.16; cinco autores em nosso banco de dados têm sobrenomes em que **i** é a segunda letra.

Dica de portabilidade 19.5

A maioria dos bancos de dados usa o caractere _ no lugar do caractere ? em expressões **LIKE**.

19.4.3 Cláusula ORDER BY

Os resultados de uma consulta podem ser organizados em ordem ascendente ou descendente, usando-se a cláusula opcional ***ORDER BY***. As formas mais simples para uma cláusula **ORDER BY** são:

```
SELECT nomeCampo1, nomeCampo2, ... FROM nomeTabela ORDER BY campo ASC
SELECT nomeCampo1, nomeCampo2, ... FROM nomeTabela ORDER BY campo DESC
```

onde **ASC** especifica ordem ascendente (do mais baixo para o mais alto), **DESC** especifica ordem descendente (do mais alto para o mais baixo) e *campo* especifica o campo cujos valores determinam a ordem de classificação.

Por exemplo, para obter uma lista de autores organizada em ordem ascendente pelo sobrenome (Figura 19.17), use a consulta:

```
SELECT authorID, firstName, lastName
FROM Authors
ORDER BY lastName ASC
```

Note que a ordem de classificação padrão é ascendente; portanto, **ASC** é opcional.

authorID	firstName	lastName
3	Tem	Nieto
6	Ted	Lin
11	Ben	Wiedermann
12	Jonathan	Liperi
13	Jeffrey	Listfield

Figura 19.16 Autores da tabela `Authors` cujos sobrenomes contêm `i` como a segunda letra.

authorID	firstName	lastName
2	Paul	Deitel
1	Harvey	Deitel
6	Ted	Lin
12	Jonathan	Liperi
13	Jeffrey	Listfield
8	David	McPhie
3	Tem	Nieto
7	Praveen	Sadhu
5	Sean	Santry
4	Kate	Steinbuhler
11	Ben	Wiedermann
9	Cheryl	Yaeger
10	Marina	Zlatkina

Figura 19.17 Autores da tabela `Authors` em ordem ascendente por `lastName`.

Para obter a mesma lista de autores organizada em ordem descendente pelo sobrenome (Figura 19.18), use a consulta:

```
SELECT authorID, firstName, lastName
FROM Authors
ORDER BY lastName DESC
```

A cláusula **ORDER BY** também pode ser usada para ordenar registros por múltiplos campos. Tais consultas são escritas na forma:

ORDER BY *campo1 ordemClassificação*, *campo2 ordemClassificação*, ...

onde *ordemClassificação* é **ASC** ou **DESC**. Note que *ordemClassificação* não precisa ser igual para todos os campos da consulta.

Por exemplo, a consulta

```
SELECT authorID, firstName, lastName
FROM Authors
ORDER BY lastName, firstName
```

ordena todos os autores em ordem ascendente pelo sobrenome e depois pelo nome de batismo. Isso significa que, se quaisquer autores tiverem o mesmo sobrenome, seus registros serão retornados ordenados pelo nome de batismo (Figura 19.19).

authorID	firstName	lastName
10	Marina	Zlatkina
9	Cheryl	Yaeger
11	Ben	Wiedermann
4	Kate	Steinbuhler
5	Sean	Santry
7	Praveen	Sadhu
3	Tem	Nieto
8	David	McPhie
13	Jeffrey	Listfield
12	Jonathan	Liperi
6	Ted	Lin
2	Paul	Deitel
1	Harvey	Deitel

Figura 19.18 Autores da tabela `Authors` em ordem descendente por `lastName`.

authorID	firstName	lastName
1	Harvey	Deitel
2	Paul	Deitel
6	Ted	Lin
12	Jonathan	Liperi
13	Jeffrey	Listfield
8	David	McPhie
3	Tem	Nieto
7	Praveen	Sadhu
5	Sean	Santry
4	Kate	Steinbuhler
11	Ben	Wiedermann
9	Cheryl	Yaeger
10	Marina	Zlatkina

Figura 19.19 Autores da tabela `Authors` em ordem ascendente por `lastName` e por `firstName`.

As cláusulas **WHERE** e **ORDER BY** podem ser combinadas em uma consulta. Por exemplo, a consulta

```
SELECT isbn, title, editionNumber, copyright, price
FROM Titles
WHERE title
LIKE '*How to Program' ORDER BY title ASC
```

retorna o ISBN, o título, o número da edição, o copyright e o preço de cada livro da tabela **Titles** que tenha um título terminando com "**How to Program**"; ela lista esses registros em ordem ascendente por **title**. O resultado da consulta aparece na Figura 19.20.

19.4.4 Combinando dados de múltiplas tabelas: INNER JOIN

Os projetistas de bancos de dados freqüentemente dividem dados relacionados em tabelas separadas, para garantir que um banco de dados não armazene dados de maneira redundante. Por exemplo, o banco de dados **Books** tem as tabelas **Authors** e **Titles**. Usamos uma tabela **AuthorISBN** para fornecer "vínculos" entre os autores e seus títulos correspondentes. Se não separássemos essas informações em tabelas individuais, precisaríamos incluir as informações do autor com cada entrada na tabela **Titles**. Isso resultaria em um banco de dados armazenando informações de autor duplicadas para os autores que escrevessem vários livros.

Freqüentemente é necessário, para propósitos de análise, combinar dados de múltiplas tabelas em um único conjunto de dados. Referido como a *junção* (*join*) das tabelas, isso é feito por meio de uma operação ***INNER JOIN*** na consulta **SELECT**. Uma operação **INNER JOIN** combina os registros de duas ou mais tabelas, testando valores correspondentes em um campo que seja comum às tabelas. O formato mais simples para uma cláusula **INNER JOIN** é:

```
SELECT nomeCampo1, nomeCampo2, ...
FROM tabela1
INNER JOIN tabela2
    ON tabela1.nomeCampo = tabela2.nomeCampo
```

A parte **ON** da cláusula **INNER JOIN** especifica os campos de cada tabela que são comparados para determinar quais registros serão juntados. Por exemplo, a consulta a seguir produz uma lista dos autores, acompanhados pelos números ISBN dos livros escritos por cada autor:

```
SELECT firstName, lastName, isbn
FROM Authors
INNER JOIN AuthorISBN
```

isbn	title	editionNumber	copyright	price
0130895601	Advanced Java 2 Platform How to Program	1	2002	$ 69,95
0131180436	C How to Program	1	1992	$ 69,95
0130895725	C How to Program	3	2001	$ 69,95
0132261197	C How to Program	2	1994	$ 49,95
0130622214	C# How To Program	1	2002	$ 69,95
0135289106	C++ How to Program	2	1998	$ 49,95
0131173340	C++ How to Program	1	1994	$ 69,95
0130895717	C++ How to Program	3	2001	$ 69,95
013028419X	e-Business and e-Commerce How to Program	1	2001	$ 69,95
0130308978	Internet and World Wide Web How to Program	2	2002	$ 69,95
0130161438	Internet and World Wide Web How to Program	1	2000	$ 69,95
0130341517	Java How to Program	4	2002	$ 69,95
0136325890	Java How to Program	1	1998	$ 49,95
0130284181	Perl How to Program	1	2001	$ 69,95
0130923613	Python How to Program	1	2002	$ 69,95
0130293636	Visual Basic .NET How to Program	2	2002	$ 69,95
0134569555	Visual Basic 6 How to Program	1	1999	$ 69,95
0130622265	Wireless Internet and Mobile Business How to Program	1	2001	$ 69,95
0130284173	XML How to Program	1	2001	$ 69,95

Figura 19.20 Livros da tabela `Titles` cujos títulos terminam com `How to Program`, em ordem ascendente por `title`.

```
    ON Authors.authorID = AuthorISBN.authorID
ORDER BY lastName, firstName
```

A consulta combina os campos **firstName** e **lastName** da tabela **Authors** com o campo **isbn** da tabela **AuthorISBN**, ordenando os resultados em ordem ascendente por **lastName** e **firstName**. Observe o uso da sintaxe *nomeTabela*.*nomeCampo* na parte **ON** da cláusula **INNER JOIN**. Essa sintaxe (chamada de *nome totalmente qualificado*) especifica os campos de cada tabela que devem ser comparados para juntar as tabelas. A sintaxe "*nomeTabela.*" é exigida se os campos têm o mesmo nome nas duas tabelas. A mesma sintaxe pode ser usada em qualquer consulta, para distinguir entre os campos em diferentes tabelas que tenham o mesmo nome. Os nomes totalmente qualificados, que começam com o nome do banco de dados, podem ser usados para fazer consultas no banco de dados.

Observação de engenharia de software 19.1

Se uma instrução SQL inclui campos de várias tabelas que tenham o mesmo nome, a instrução deve preceder esses nomes de campo com os nomes de suas tabelas e o operador ponto (por exemplo, ***Authors.authorID****).*

Erro de programação comum 19.5

Em uma consulta, não fornecer nomes totalmente qualificados para campos que tenham o mesmo nome em duas ou mais tabelas é um erro.

Como sempre, a consulta pode conter uma cláusula **ORDER BY**. A Figura 19.21 mostra o resultado da consulta anterior, ordenada por **lastName** e **firstName**. [*Nota:* para economizar espaço, dividimos os resultados da consulta em duas colunas, cada uma contendo os campos **firstName**, **lastName** e **isbn**.]

firstName	lastName	isbn
Harvey	Deitel	0130895601
Harvey	Deitel	0130284181
Harvey	Deitel	0130284173
Harvey	Deitel	0130852473
Harvey	Deitel	0138993947
Harvey	Deitel	0130856118
Harvey	Deitel	0130161438
Harvey	Deitel	013028419x
Harvey	Deitel	0139163050
Harvey	Deitel	0135289106
Harvey	Deitel	0130895717
Harvey	Deitel	0132261197
Harvey	Deitel	0130895725
Harvey	Deitel	0130125075
Paul	Deitel	0130284181
Paul	Deitel	0130284173
Paul	Deitel	0130829293
Paul	Deitel	0134569555
Paul	Deitel	0130829277
Paul	Deitel	0130852473
Paul	Deitel	0138993947
Harvey	Deitel	0130829293
Harvey	Deitel	0134569555
Harvey	Deitel	0130829277
Paul	Deitel	0130125075
Paul	Deitel	0130856118
Paul	Deitel	0130161438
Paul	Deitel	013028419x
Paul	Deitel	0139163050
Paul	Deitel	0130895601
Paul	Deitel	0135289106
Paul	Deitel	0130895717
Paul	Deitel	0132261197
Paul	Deitel	0130895725
Tem	Nieto	0130284181
Tem	Nieto	0130284173
Tem	Nieto	0130829293
Tem	Nieto	0134569555
Tem	Nieto	0130856118
Tem	Nieto	0130161438
Tem	Nieto	013028419x

Figura 19.21 Autores da tabela **Authors** e números ISBN dos livros dos autores, ordenados em ordem ascendente por **lastName** e **firstName**.

19.4.5 Juntando dados das tabelas: **Authors**, **AuthorISBN**, **Titles** e **Publishers**

O banco de dados **Books** contém uma consulta predefinida (**TitleAuthor**), que seleciona como seus resultados o título, o número ISBN, o nome de batismo do autor, o sobrenome do autor, o ano do copyright e o nome da editora para cada livro do banco de dados. Para os livros que têm vários autores, a consulta produz um registro composto separado para cada autor. A consulta **TitleAuthor** está ilustrada na Figura 19.22. A Figura 19.23 contém uma parte dos resultados da consulta.

```
1   SELECT Titles.title, Titles.isbn, Authors.firstName,
2          Authors.lastName, Titles.copyright,
3          Publishers.publisherName
4   FROM
5      ( Publishers INNER JOIN Titles
6         ON Publishers.publisherID = Titles.publisherID )
7         INNER JOIN
8         ( Authors INNER JOIN AuthorISBN
9         ON Authors.authorID = AuthorISBN.authorID )
10     ON Titles.isbn = AuthorISBN.isbn
11  ORDER BY Titles.title
```

Figura 19.22 Consulta **TitleAuthor** do banco de dados **Books**.

Adicionamos endentação na consulta da Figura 19.22 para torná-la mais legível. Vamos agora decompor a consulta em suas várias partes. As linhas 1 a 3 contêm uma lista separada por vírgulas dos campos retornados pela consulta; a ordem dos campos, da esquerda para a direita, especifica a ordem dos campos na tabela retornada. Essa consulta seleciona os campos **title** e **isbn** da tabela **Titles**, os campos **firstName** e **lastName** da tabela **Authors**, o campo **copyright** da tabela **Titles** e o campo **publisherName** da tabela **Publishers**. Por clareza, qualificamos totalmente cada nome de campo com o nome de sua tabela (por exemplo, **Titles.isbn**).

As linhas 5 a 10 especificam as operações **INNER JOIN** usadas para combinar as informações das várias tabelas. Existem três operações **INNER JOIN**. É importante notar que, embora uma operação **INNER JOIN** seja efetuada em duas tabelas, uma dessas duas tabelas pode ser o resultado de outra consulta ou de outra operação **INNER JOIN**. Usamos parênteses para aninhar as operações **INNER JOIN**; o SQL avalia primeiro o conjunto de parênteses mais interno e daí para fora. Começamos com a operação **INNER JOIN** a seguir:

```
( Publishers INNER JOIN Titles
   ON Publishers.publisherID = Titles.publisherID )
```

a qual une a tabela **Publishers** e a tabela **Titles** usando a condição de que os números **publisherID** de cada tabela sejam correspondentes. A tabela temporária resultante contém informações sobre cada livro e sua editora.

Title	isbn	firstName	lastName	copyright	publisherName
Advanced Java 2 Platform How to Program	0130895601	Paul	Deitel	2002	Prentice Hall
Advanced Java 2 Platform How to Program	0130895601	Harvey	Deitel	2002	Prentice Hall
Advanced Java 2 Platform How to Program	0130895601	Sean	Santry	2002	Prentice Hall
C How to Program	0131180436	Harvey	Deitel	1992	Prentice Hall
C How to Program	0131180436	Paul	Deitel	1992	Prentice Hall
C How to Program	0132261197	Harvey	Deitel	1994	Prentice Hall
C How to Program	0132261197	Paul	Deitel	1994	Prentice Hall
C How to Program	0130895725	Harvey	Deitel	2001	Prentice Hall
C How to Program	0130895725	Paul	Deitel	2001	Prentice Hall
C# How To Program	0130622214	Tem	Nieto	2002	Prentice Hall
C# How To Program	0130622214	Paul	Deitel	2002	Prentice Hall
C# How To Program	0130622214	Jeffrey	Listfield	2002	Prentice Hall
C# How To Program	0130622214	Cheryl	Yaeger	2002	Prentice Hall
C# How To Program	0130622214	Marina	Zlatkina	2002	Prentice Hall
C# How To Program	0130622214	Harvey	Deitel	2002	Prentice Hall
C++ How to Program	0130895717	Paul	Deitel	2001	Prentice Hall
C++ How to Program	0130895717	Harvey	Deitel	2001	Prentice Hall
C++ How to Program	0131173340	Paul	Deitel	1994	Prentice Hall
C++ How to Program	0131173340	Harvey	Deitel	1994	Prentice Hall
C++ How to Program	0135289106	Harvey	Deitel	1998	Prentice Hall
C++ How to Program	0135289106	Paul	Deitel	1998	Prentice Hall
e-Business and e-Commerce for Managers	0130323640	Harvey	Deitel	2000	Prentice Hall
e-Business and e-Commerce for Managers	0130323640	Kate	Steinbuhler	2000	Prentice Hall
e-Business and e-Commerce for Managers	0130323640	Paul	Deitel	2000	Prentice Hall
e-Business and e-Commerce How to Program	013028419X	Harvey	Deitel	2001	Prentice Hall
e-Business and e-Commerce How to Program	013028419X	Paul	Deitel	2001	Prentice Hall
e-Business and e-Commerce How to Program	013028419X	Tem	Nieto	2001	Prentice Hall

Figura 19.23 Parte do conjunto de resultados produzido pela consulta da Figura 19.22.

O outro conjunto de parênteses aninhado contém a operação **INNER JOIN** a seguir:

```
( Authors INNER JOIN AuthorISBN ON
   Authors.AuthorID = AuthorISBN.AuthorID )
```

que une a tabela **Authors** e a tabela **AuthorISBN** usando a condição de que os campos **authorID** de cada tabela sejam correspondentes. Lembre-se de que a tabela **AuthorISBN** tem múltiplas entradas para números ISBN de livros que possuem mais de um autor. A terceira operação **INNER JOIN**:

```
( Publishers INNER JOIN Titles
   ON Publishers.publisherID = Titles.publisherID )
INNER JOIN
( Authors INNER JOIN AuthorISBN
   ON Authors.authorID = AuthorISBN.authorID )
ON Titles.isbn = AuthorISBN.isbn
```

une as duas tabelas temporárias produzidas pelas duas junções internas anteriores usando a condição de que o campo **Titles.isbn** de cada registro na primeira tabela temporária combine com o campo **AuthorISBN.isbn** correspondente para cada registro na segunda tabela temporária. O resultado de todas essas operações **INNER JOIN** é uma tabela temporária a partir da qual os campos apropriados são selecionados para produzir os resultados da consulta.

Finalmente, a linha 11 da consulta:

```
ORDER BY Titles.title
```

indica que todos os registros devem ser ordenados em ordem ascendente (o padrão) pelo título.

19.4.6 Instrução INSERT

A instrução ***INSERT*** insere um novo registro em uma tabela. A forma mais simples dessa instrução é:

```
INSERT INTO nomeTabela ( nomeCampo1, nomeCampo2, ..., nomeCampoN )
   VALUES ( valor1, valor2, ..., valorN )
```

onde *nomeTabela* é a tabela em que se vai inserir o registro. *nomeTabela* é seguido por uma lista separada por vírgulas de nomes de campo entre parênteses. A lista de nomes de campo é seguida pela palavra-chave SQL **VALUES** e uma lista separada por vírgulas de valores entre parênteses. Os valores especificados nessa lista devem corresponder aos nomes de campo listados após o nome da tabela, por ordem e tipo (por exemplo, se *nomeCampo1* estiver especificado como o campo **firstName**, então *valor1* deverá ser uma string entre apóstrofos, representando o nome de batismo). A instrução **INSERT**:

```
INSERT INTO Authors ( firstName, lastName )
   VALUES ( 'Sue', 'Smith' )
```

insere um registro na tabela **Authors**. A primeira lista separada por vírgulas indica que a instrução fornece dados para os campos **firstName** e **lastName**. Os valores correspondentes a serem inseridos, que estão contidos na segunda lista separada por vírgulas, são **'Sue'** e **'Smith'**. Não especificamos um valor para **authorID** nesse exemplo, pois **authorID** é um campo de incremento automático[1] do banco de dados. Todo novo registro que adicionamos nessa tabela recebe um valor de **author-ID** exclusivo, que é o próximo valor na seqüência de incremento automático (isto é, 1, 2, 3 etc.). Nesse caso, **Sue Smith** receberia o número de **authorID** 14. A Figura 19.24 mostra a tabela **Authors** após executarmos a operação **INSERT**.

Erro de programação comum 19.6

As instruções SQL usam o caractere de apóstrofo (') como delimitador de strings. Para especificar uma string contendo um apóstrofo (como em O'Malley) em uma instrução SQL, a string deve incluir dois apóstrofos na posição em que o caractere de apóstrofo deve aparecer nela (por exemplo, **'O''Malley'**). *O primeiro dos dois caracteres de apóstrofo atua como um caractere de escape para o segundo. Não fazer o escape de caracteres de apóstrofo em uma string que faz parte de uma instrução SQL é um erro de sintaxe SQL.*

1. No Access, chamado de AutoNumeração. (N.R.T.)

authorID	firstName	lastName
1	Harvey	Deitel
2	Paul	Deitel
3	Tem	Nieto
4	Kate	Steinbuhler
5	Sean	Santry
6	Ted	Lin
7	Praveen	Sadhu
8	David	McPhie
9	Cheryl	Yaeger
10	Marina	Zlatkina
11	Ben	Wiedermann
12	Jonathan	Liperi
13	Jeffrey	Listfield
14	Sue	Smith

Figura 19.24 `Authors` após uma operação `INSERT` para adicionar um registro.

19.4.7 Instrução UPDATE

Uma instrução ***UPDATE*** modifica dados em uma tabela. A forma mais simples de uma instrução **UPDATE** é a seguinte:

```
UPDATE nomeTabela
   SET nomeCampo1 = valor1, nomeCampo2 = valor2, ..., nomeCampoN = valorN
   WHERE critérios
```

onde *nomeTabela* é a tabela em que se vai atualizar um registro (ou registros). *nomeTabela* é seguido pela palavra-chave ***SET*** e uma lista separada por vírgulas de pares nome/valor de campo escritos no formato *nomeCampo = valor*. A cláusula **WHERE** especifica os critérios usados para determinar qual(is) registro(s) será(ão) atualizado(s). Por exemplo, a instrução **UPDATE**:

```
UPDATE Authors
   SET lastName = 'Jones'
   WHERE lastName = 'Smith' AND firstName = 'Sue'
```

atualiza um registro na tabela **Authors**. A instrução indica que **lastName** receberá o novo valor **Jones** para o registro em que **lastName** atualmente é igual a **Smith** e **firstName** é igual a **Sue**. Se conhecêssemos antes o valor de **authorID** na operação **UPDATE** (talvez porque procuramos o registro anteriormente), a cláusula **WHERE** poderia ser simplificada como se segue:

```
WHERE AuthorID = 14
```

A Figura 19.25 mostra a tabela **Authors** após executarmos a operação **UPDATE**.

Erro de programação comum 19.7

Não usar uma cláusula **WHERE** *com uma instrução* **UPDATE** *pode levar a erros lógicos.*

19.4.8 Instrução DELETE

Uma instrução SQL ***DELETE*** remove dados de uma tabela. A forma mais simples de uma instrução **DELETE** é:

```
DELETE FROM nomeTabela WHERE critérios
```

onde *nomeTabela* é a tabela da qual excluiremos um registro (ou registros). A cláusula **WHERE** especifica os critérios usados para determinar qual(is) registro(s) será(ão) excluído(s). Por exemplo, a instrução **DELETE**:

authorID	firstName	lastName
1	Harvey	Deitel
2	Paul	Deitel
3	Tem	Nieto
4	Kate	Steinbuhler
5	Sean	Santry
6	Ted	Lin
7	Praveen	Sadhu
8	David	McPhie
9	Cheryl	Yaeger
10	Marina	Zlatkina
11	Ben	Wiedermann
12	Jonathan	Liperi
13	Jeffrey	Listfield
14	Sue	Jones

Figura 19.25 A tabela `Authors` após uma operação `UPDATE` para alterar um registro.

```
DELETE FROM Authors
   WHERE lastName = 'Jones' AND firstName = 'Sue'
```

exclui o registro de **`Sue Jones`** da tabela **`Authors`**.

Erro de programação comum 19.8

*As cláusulas **WHERE** podem corresponder a múltiplos registros. Ao excluir registros de um banco de dados, certifique-se de definir uma cláusula **WHERE** que corresponda apenas aos registros a serem excluídos.*

A Figura 19.26 mostra a tabela **`Authors`** após executarmos a operação **`DELETE`**.

19.5 Modelo de objetos ADO .NET

O modelo de objetos ADO .NET fornece uma API para acessar sistemas de bancos de dados via programação. O ADO .NET foi criado para a estrutura .NET e é a próxima geração de ADO (*ActiveX Data Objects*™).

authorID	firstName	lastName
1	Harvey	Deitel
2	Paul	Deitel
3	Tem	Nieto
4	Kate	Steinbuhler
5	Sean	Santry
6	Ted	Lin
7	Praveen	Sadhu
8	David	McPhie
9	Cheryl	Yaeger
10	Marina	Zlatkina
11	Ben	Wiedermann
12	Jonathan	Liperi
13	Jeffrey	Listfield

Figura 19.26 A tabela `Authors` após uma operação `DELETE` para remover um registro.

O espaço de nomes ***System.Data*** é o espaço de nomes raiz da API ADO .NET. Os principais espaços de nomes do ADO .NET, ***System.Data.OleDb*** e ***System.Data.SqlClient***, contêm classes que permitem aos programas conectar e modificar fontes de dados. O espaço de nomes **System.Data.OleDb** contém classes projetadas para trabalhar com qualquer fonte de dados, enquanto o espaço de nomes **System.Data.SqlClient** contém classes otimizadas para trabalhar com bancos de dados Microsoft SQL Server 2000.

Instâncias da classe ***System.Data.DataSet***, que consiste em um conjunto de objetos **DataTable** e relacionamentos entre esses objetos, representam *caches* de dados — dados que um programa armazena temporariamente na memória local. A estrutura de um objeto **DataSet** imita a estrutura de um banco de dados relacional. Uma vantagem de usar a classe **DataSet** é que ela é *desconectada* — o programa não precisa de uma conexão persistente com a fonte de dados para trabalhar com dados em um objeto **DataSet**. O programa se conecta com a fonte de dados apenas durante o preenchimento inicial do objeto **DataSet** e, então, armazena todas as alterações feitas no objeto **DataSet**. Assim, o programa não exige nenhuma conexão ativa e permanente com a fonte de dados.

Instâncias da classe ***OleDbConnection*** (espaço de nomes **System.Data.OleDb**) representam conexões com uma fonte de dados. Uma instância da classe ***OleDbDataAdapter*** se conecta com uma fonte de dados por meio de uma instância da classe **OleDbConnection** e pode preencher um objeto **DataSet** com dados dessa fonte de dados. Discutiremos os detalhes da criação e do preenchimento de objetos **DataSet** posteriormente neste capítulo. Uma instância da classe ***OleDbCommand*** (espaço de nomes **System.Data.OleDb**) representa um comando SQL arbitrário, a ser executado em uma fonte de dados. Um programa pode usar instâncias da classe **OleDbCommand** para manipular uma fonte de dados por meio de um objeto **OleDbConnection**. O programador deve fechar explicitamente a conexão ativa com a fonte de dados, quando mais nenhuma alteração deverá ser feita. Ao contrário dos objetos **DataSet**, os objetos **OleDbCommand** não colocam os dados em cache na memória local.

19.6 Programando com ADO .NET: extraindo informações de um banco de dados

Nesta seção apresentaremos dois exemplos que mostram como se conectar com um banco de dados, consultá-lo e exibir os resultados da consulta. O banco de dados usado nesses exemplos é **Books**, do Microsoft Access, que discutimos por todo este capítulo. Ele pode ser encontrado no diretório de projetos do aplicativo da Figura 19.27. Cada programa deve especificar a localização desse banco de dados na unidade de disco rígido do computador. Ao executar esses exemplos, os leitores devem atualizar essa localização para cada programa. Por exemplo, antes que os leitores possam executar o aplicativo da Figura 19.27 em seus computadores, eles devem alterar as linhas 234 a 247, para que o código especifique a localização correta do arquivo de banco de dados[2].

19.6.1 Conectando e consultando uma fonte de dados Access

O primeiro exemplo (Figura 19.27) realiza uma consulta simples no banco de dados **Books**, que recupera a tabela **Authors** inteira e exibe os dados em um controle ***DataGrid*** (uma classe de **System.Windows.Forms** que pode apresentar uma fonte de dados em uma GUI). O programa ilustra o processo de conexão com o banco de dados, a consulta e a apresentação dos resultados em um controle **DataGrid**. A discussão após o exemplo apresenta os principais aspectos do programa. [*Nota:* apresentamos todo código gerado automaticamente pelo Visual Studio na Figura 19.27, para que os leitores conheçam o código que ele gera para o exemplo.]

---

2. Mais especificamente, a propriedade Data Source da string de conexão. No exemplo, ela é mostrada nas linhas

235 *@"User ID=Admin;Data Source=C:\Books\2001\csphtp1\"* +

236 *@"csphtp1_examples\ch19\Books.mdb;Mode=Share"* +

Se, por exemplo, o diretório em que o banco de dados Books.mdb estiver localizado for

C:\CSHow\examples\ch19

ela deverá ser alterada para

235 *@"User ID=Admin;Data Source=C:\CSHow\"* +

236 *@"examples\ch19\Books.mdb;Mode=Share"* +

Observe que, no programa em si, a string é fornecida em uma só linha, sem os símbolos '@'. (N.R.T.)

```
// Fig. 19.27: TableDisplay.cs
// Exibe dados de uma tabela do banco de dados.

using System;
using System.Drawing;
using System.Collections;
using System.ComponentModel;
using System.Windows.Forms;
using System.Data;

// Descrição resumida de TableDisplay.cs.
public class TableDisplay : System.Windows.Forms.Form
{
   private System.Data.DataSet dataSet1;
   private System.Data.OleDb.OleDbDataAdapter oleDbDataAdapter1;
   private System.Windows.Forms.DataGrid dataGrid1;
   private System.Data.OleDb.OleDbCommand oleDbSelectCommand1;
   private System.Data.OleDb.OleDbCommand oleDbInsertCommand1;
   private System.Data.OleDb.OleDbCommand oleDbUpdateCommand1;
   private System.Data.OleDb.OleDbCommand oleDbDeleteCommand1;
   private System.Data.OleDb.OleDbConnection oleDbConnection1;

   private System.ComponentModel.Container components = null;

   public TableDisplay()
   {
      InitializeComponent();

      // Preenche dataSet1 com dados
      oleDbDataAdapter1.Fill( dataSet1, "Authors" );

      // liga dados da tabela Authors em dataSet1 com dataGrid1
      dataGrid1.SetDataBinding( dataSet1, "Authors" );
   }

   private void InitializeComponent()
   {
      this.dataSet1 = new System.Data.DataSet();
      this.oleDbDataAdapter1 =
         new System.Data.OleDb.OleDbDataAdapter();
      this.dataGrid1 = new System.Windows.Forms.DataGrid();
      this.oleDbSelectCommand1 =
         new System.Data.OleDb.OleDbCommand();
      this.oleDbInsertCommand1 =
         new System.Data.OleDb.OleDbCommand();
      this.oleDbUpdateCommand1 =
         new System.Data.OleDb.OleDbCommand();
      this.oleDbDeleteCommand1 =
         new System.Data.OleDb.OleDbCommand();
      this.oleDbConnection1 =
         new System.Data.OleDb.OleDbConnection();
      ((System.ComponentModel.ISupportInitialize)
         (this.dataSet1)).BeginInit();
      ((System.ComponentModel.ISupportInitialize)
         (this.dataGrid1)).BeginInit();
      this.SuspendLayout();
      //
      // dataSet1
```

Figura 19.27 Acessando e exibindo dados de um banco de dados. (Parte 1 de 5.)

```
         //
         this.dataSet1.DataSetName = "NewDataSet";
         this.dataSet1.Locale =
            new System.Globalization.CultureInfo("en-US");
         //
         // oleDbDataAdapter1
         //
         this.oleDbDataAdapter1.DeleteCommand =
            this.oleDbDeleteCommand1;
         this.oleDbDataAdapter1.InsertCommand =
            this.oleDbInsertCommand1;
         this.oleDbDataAdapter1.SelectCommand =
            this.oleDbSelectCommand1;
         this.oleDbDataAdapter1.TableMappings.AddRange(
            new System.Data.Common.DataTableMapping[] {
               new System.Data.Common.DataTableMapping(
                  "Table", "Authors",
                  new System.Data.Common.DataColumnMapping[] {
                     new System.Data.Common.DataColumnMapping(
                        "authorID", "authorID"),
                     new System.Data.Common.DataColumnMapping(
                        "firstName", "firstName"),
                     new System.Data.Common.DataColumnMapping(
                        "lastName", "lastName")})});
         this.oleDbDataAdapter1.UpdateCommand =
            this.oleDbUpdateCommand1;
         //
         // dataGrid1
         //
         this.dataGrid1.DataMember = "";
         this.dataGrid1.HeaderForeColor =
            System.Drawing.SystemColors.ControlText;
         this.dataGrid1.Location =
            new System.Drawing.Point(16, 16);
         this.dataGrid1.Name = "dataGrid1";
         this.dataGrid1.Size = new System.Drawing.Size(264, 248);
         this.dataGrid1.TabIndex = 0;
         //
         // oleDbSelectCommand1
         //
         this.oleDbSelectCommand1.CommandText =
            "SELECT authorID, firstName, lastName FROM Authors";
         this.oleDbSelectCommand1.Connection =
            this.oleDbConnection1;
         //
         // oleDbInsertCommand1
         //
         this.oleDbInsertCommand1.CommandText =
            "INSERT INTO Authors(firstName, lastName) VALUES " +
            "(?, ?)";
         this.oleDbInsertCommand1.Connection =
            this.oleDbConnection1;
         this.oleDbInsertCommand1.Parameters.Add(
            new System.Data.OleDb.OleDbParameter("firstName",
               System.Data.OleDb.OleDbType.VarWChar, 50,
               "firstName"));
         this.oleDbInsertCommand1.Parameters.Add(
            new System.Data.OleDb.OleDbParameter("lastName",
```

Figura 19.27 Acessando e exibindo dados de um banco de dados. (Parte 2 de 5.)

```
            System.Data.OleDb.OleDbType.VarWChar, 50,
            "lastName"));
      //
      // oleDbUpdateCommand1
      //
      this.oleDbUpdateCommand1.CommandText =
         "UPDATE Authors SET firstName = ?, lastName = ? WHERE" +
         " (authorID = ?) AND (firstNam" +
         "e = ? OR ? IS NULL AND firstName IS NULL) AND " +
         "(lastName = ? OR ? IS NULL AND las" +
         "tName IS NULL)";
      this.oleDbUpdateCommand1.Connection =
         this.oleDbConnection1;
      this.oleDbUpdateCommand1.Parameters.Add(
         new System.Data.OleDb.OleDbParameter(
            "firstName",
            System.Data.OleDb.OleDbType.VarWChar,
            50, "firstName"));
      this.oleDbUpdateCommand1.Parameters.Add(
         new System.Data.OleDb.OleDbParameter(
         "lastName",
         System.Data.OleDb.OleDbType.VarWChar, 50,
         "lastName"));
      this.oleDbUpdateCommand1.Parameters.Add(
         new System.Data.OleDb.OleDbParameter(
            "Original_authorID",
            System.Data.OleDb.OleDbType.Integer, 0,
            System.Data.ParameterDirection.Input, false,
            ((System.Byte)(10)), ((System.Byte)(0)),
            "authorID", System.Data.DataRowVersion.Original,
            null));
      this.oleDbUpdateCommand1.Parameters.Add(
         new System.Data.OleDb.OleDbParameter(
            "Original_firstName",
            System.Data.OleDb.OleDbType.VarWChar, 50,
            System.Data.ParameterDirection.Input, false,
            ((System.Byte)(0)), ((System.Byte)(0)),
            "firstName", System.Data.DataRowVersion.Original,
            null));
      this.oleDbUpdateCommand1.Parameters.Add(
         new System.Data.OleDb.OleDbParameter(
            "Original_firstName1",
            System.Data.OleDb.OleDbType.VarWChar, 50,
            System.Data.ParameterDirection.Input, false,
            ((System.Byte)(0)), ((System.Byte)(0)),
            "firstName", System.Data.DataRowVersion.Original,
            null));
      this.oleDbUpdateCommand1.Parameters.Add(
         new System.Data.OleDb.OleDbParameter(
            "Original_lastName",
            System.Data.OleDb.OleDbType.VarWChar, 50,
            System.Data.ParameterDirection.Input, false,
            ((System.Byte)(0)), ((System.Byte)(0)),
            "lastName", System.Data.DataRowVersion.Original,
            null));
      this.oleDbUpdateCommand1.Parameters.Add(
         new System.Data.OleDb.OleDbParameter(
            "Original_lastName1",
```

Figura 19.27 Acessando e exibindo dados de um banco de dados. (Parte 3 de 5.)

```
                System.Data.OleDb.OleDbType.VarWChar, 50,
                System.Data.ParameterDirection.Input, false,
                ((System.Byte)(0)), ((System.Byte)(0)),
                "lastName", System.Data.DataRowVersion.Original,
                null));
        //
        // oleDbDeleteCommand1
        //
        this.oleDbDeleteCommand1.CommandText =
            "DELETE FROM Authors WHERE (authorID = ?) AND " +
            "(firstName = ? OR ? IS NULL AND firs" +
            "tName IS NULL) AND (lastName = ? OR ? IS NULL AND " +
            "lastName IS NULL)";
        this.oleDbDeleteCommand1.Connection =
            this.oleDbConnection1;
        this.oleDbDeleteCommand1.Parameters.Add(
            new System.Data.OleDb.OleDbParameter(
                "Original_authorID",
                System.Data.OleDb.OleDbType.Integer, 0,
                System.Data.ParameterDirection.Input, false,
                ((System.Byte)(10)), ((System.Byte)(0)),
                "authorID", System.Data.DataRowVersion.Original,
                null));
        this.oleDbDeleteCommand1.Parameters.Add(
            new System.Data.OleDb.OleDbParameter(
                "Original_firstName",
                System.Data.OleDb.OleDbType.VarWChar, 50,
                System.Data.ParameterDirection.Input, false,
                ((System.Byte)(0)), ((System.Byte)(0)),
                "firstName", System.Data.DataRowVersion.Original,
                null));
        this.oleDbDeleteCommand1.Parameters.Add(
            new System.Data.OleDb.OleDbParameter(
                "Original_firstName1",
                System.Data.OleDb.OleDbType.VarWChar, 50,
                System.Data.ParameterDirection.Input, false,
                ((System.Byte)(0)), ((System.Byte)(0)),
                "firstName", System.Data.DataRowVersion.Original,
                null));
        this.oleDbDeleteCommand1.Parameters.Add(
            new System.Data.OleDb.OleDbParameter(
                "Original_lastName",
                System.Data.OleDb.OleDbType.VarWChar, 50,
                System.Data.ParameterDirection.Input, false,
                ((System.Byte)(0)), ((System.Byte)(0)),
                "lastName", System.Data.DataRowVersion.Original,
                null));
        this.oleDbDeleteCommand1.Parameters.Add(
            new System.Data.OleDb.OleDbParameter(
                "Original_lastName1",
                System.Data.OleDb.OleDbType.VarWChar, 50,
                System.Data.ParameterDirection.Input, false,
                ((System.Byte)(0)), ((System.Byte)(0)),
                "lastName", System.Data.DataRowVersion.Original,
                null));
        //
        // oleDbConnection1
        //
```

Figura 19.27 Acessando e exibindo dados de um banco de dados. (Parte 4 de 5.)

```
      this.oleDbConnection1.ConnectionString =
         @"Provider=Microsoft.Jet.OLEDB.4.0;Password="""";" +
         @"User ID=Admin;Data Source=C:\Books\2001\csphtp1\" +
         @"csphtp1_examples\ch19\Books.mdb;Mode=Share " +
         @"Deny None;Extended Properties="""";Jet OLEDB:" +
         @"System database="""";Jet OLEDB:Registry " +
         @"Path="""";Jet OLEDB:Database Password="""";" +
         @"Jet OLEDB:Engine Type=5;Jet OLEDB:Database " +
         @"Locking Mode=1;Jet OLEDB:Global Partial Bulk " +
         @"Ops=2;Jet OLEDB:Global Bulk Transactions=1;Jet " +
         @"OLEDB:New Database Password="""";Jet OLEDB:" +
         @"Create System Database=False;Jet OLEDB:Encrypt " +
         @"Database=False;Jet OLEDB:Don't Copy Locale on " +
         @"Compact=False;Jet OLEDB:Compact Sem Replica " +
         @"Repair=False;Jet OLEDB:SFP=False";
      //
      // TableDisplay
      //
      this.AutoScaleBaseSize = new System.Drawing.Size(5, 13);
      this.ClientSize = new System.Drawing.Size(292, 273);
      this.Controls.AddRange(
         new System.Windows.Forms.Control[] {
            this.dataGrid1});
      this.Name = "TableDisplay";
      this.Text = "TableDisplay";
      ((System.ComponentModel.ISupportInitialize)
         (this.dataSet1)).EndInit();
      ((System.ComponentModel.ISupportInitialize)
         (this.dataGrid1)).EndInit();
      this.ResumeLayout(false);

   } // fim de InitializeComponent

   [STAThread]
   static void Main()
   {
      Application.Run( new TableDisplay() );
   }
}
```

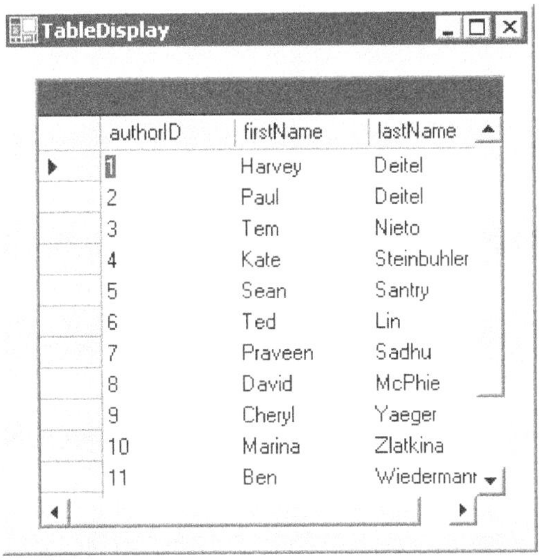

Figura 19.27 Acessando e exibindo dados de um banco de dados. (Parte 5 de 5.)

Esse exemplo usa um banco de dados Access. Para registrar o banco de dados `Books` como uma fonte de dados, selecione **View > Server Explorer**. Clique com o botão direito do mouse no nó **Data Connections**, no **Server Explorer**, e depois selecione **<Add Connection>**. Na guia **Provedor** da janela que se abrir, escolha "**Microsoft Jet 4.0 OLE DB Provider**", que é o driver para bancos de dados Access. Na guia **Conexão**, clique no botão de reticências (**...**) à direita da caixa de texto do nome do banco de dados, o que abrirá a janela **Selecionar banco de dados do Access**. Vá até a pasta apropriada, selecione o banco de dados `Books` e clique em **OK**. Agora, esse banco de dados está listado como uma conexão no **Server Explorer**. Arraste o nó do banco de dados para o formulário Windows. Isso criará um objeto `OleDbConnection` com a fonte, que o projetista do formulário Windows apresenta como `oleDbConnection1`.

Em seguida, arraste *`OleDbDataAdapter`* do grupo ***Data*** da **Toolbox** para o projetista do formulário Windows. Isso apresentará o **Data Adapter Configuration Wizard**, para configurar a instância `OleDbDataAdapter` com uma consulta personalizada, para preencher um objeto `DataSet`. Clique em **Next** para selecionar uma conexão para uso. Selecione na lista suspensa a conexão criada no passo anterior e clique em **Next**. A tela resultante nos permite escolher como o objeto `OleDbDataAdapter` deve acessar o banco de dados. Mantenha a opção padrão **Use SQL statements** e, em seguida, clique em **Next**. Clique no botão **Query Builder**, selecione a tabela `Authors` no menu **Add** e feche esse menu. Marque a caixa ***All Columns** da janela **Authors**. Observe como essa janela em particular relaciona todas as colunas da tabela `Authors`.

Em seguida, devemos criar um objeto `DataSet` para armazenar os resultados da consulta. Para isso, arraste um `DataSet` do grupo **Data** da **Toolbox**. Isso apresenta a janela **Add DataSet**. Escolha **Untyped dataSet**, pois a consulta com a qual preenchemos o objeto `DataSet` impõe o *esquema* ou estrutura do `DataSet`.

A Figura 19.27 mostra todo o código gerado pelo Visual Studio. Normalmente omitimos esse código, pois em geral ele contém código relacionado à GUI. Nesse caso, entretanto, o código contém funcionalidade do banco de dados que devemos discutir. Além disso, omitimos as convenções de atribuição de nomes padrão do Visual Studio nesse exemplo, para demonstrar o formato exato do código gerado automaticamente que o Visual Studio cria. Normalmente mudaríamos esses nomes para estarem de acordo com nossas convenções e estilo de programação. O código gerado pelo Visual Studio também foi formatado para propósitos de apresentação.

Boa prática de programação 19.2

Use nomes de variável claros e descritivos no código. Isso torna os programas mais fáceis de entender.

As linhas 233 a 247 inicializam o objeto `oleDbConnection` desse programa. A propriedade `ConnectionString` especifica o caminho para o arquivo de banco de dados na unidade de disco rígido do computador.

Uma instância da classe `OleDbDataAdapter` preenche o objeto `DataSet` desse exemplo com dados do banco de dados `Books`. As propriedades de instância *`DeleteCommand`* (linhas 66 e 67), *`InsertCommand`* (linhas 68 e 69), *`SelectCommand`* (linhas 70 e 71) e *`UpdateCommand`* (linhas 83 e 84) são objetos `OleDbCommand` que especificam como `OleDbDataAdapter` exclui, insere, seleciona e atualiza dados do banco de dados, respectivamente.

Cada objeto `OleDbCommand` deve ter um `OleDbConnection`, por meio do qual o objeto pode se comunicar com o banco de dados. A propriedade `Connection` é configurada como o `OleDbConnection` para o banco de dados `Books`. Para `oleDbUpdateCommand1`, as linhas 128 e 129 configuram a propriedade `Connection`, e as linhas 122 a 127 configuram o objeto `CommandText`.

Embora o Visual Studio gere a maior parte do código desse programa, escrevemos código no construtor `TableDisplay` (linhas 25 a 34) para preencher `dataSet1` usando um objeto `OleDbDataAdapter`. A linha 30 chama o método *`Fill`* de `OleDbDataAdapter` para recuperar informações do banco de dados associado ao objeto `OleDbConnection`, colocando-as no objeto `DataSet` fornecido como argumento. O segundo argumento desse método é uma `string` que especifica o nome da tabela no banco de dados que vai preencher o objeto `DataSet`.

A linha 33 chama o método `SetDataBinding` de `DataGrid` para ligar o objeto `DataGrid` a uma fonte de dados. O primeiro argumento é o objeto `DataSet` — nesse caso, `dataSet1` — cujos dados o objeto `DataGrid` deve mostrar. O segundo argumento é uma `string` representando o nome da tabela dentro da fonte de dados que queremos ligar ao objeto `DataGrid`. Quando essa linha é executada, `DataGrid` é preenchido com as informações do objeto `DataSet` — o número de linhas e o número de colunas são configurados a partir das informações presentes em `dataSet1`.

19.6.2 Consultando o banco de dados Books

O exemplo da Figura 19.28 demonstra como executar instruções SQL **SELECT** no banco de dados **Books.mdb** e exibir os resultados. Embora a Figura 19.28 use apenas instruções **SELECT** para consultar os dados, o mesmo programa poderia ser usado para executar muitas instruções SQL diferentes se fizéssemos pequenas modificações.

O método **submitButton_Click** é a parte principal desse programa. Quando o programa chama esse manipulador de evento, as linhas 47 e 48 atribuem a **string** da consulta **SELECT** à propriedade **SelectCommand** de **OleDbDataAdapter**. Essa **string** é analisada em uma consulta SQL e executada no banco de dados por meio do método **Fill** de **OleDbDataAdapter** (linha 55). Conforme discutimos na seção anterior, o método **Fill** coloca dados do banco de dados em **dataSet1**.

```
1  // Fig. 19.28: DisplayQueryResults.cs
2  // Exibe o conteúdo do banco de dados Authors.
3
4  using System;
5  using System.Drawing;
6  using System.Collections;
7  using System.ComponentModel;
8  using System.Windows.Forms;
9  using System.Data;
10
11 public class DisplayQueryResults : System.Windows.Forms.Form
12 {
13    private System.Data.OleDb.OleDbConnection oleDbConnection1;
14    private System.Data.DataSet dataSet1;
15    private System.Data.OleDb.OleDbDataAdapter oleDbDataAdapter1;
16    private System.Data.OleDb.OleDbCommand oleDbSelectCommand1;
17    private System.Data.OleDb.OleDbCommand oleDbInsertCommand1;
18    private System.Data.OleDb.OleDbCommand oleDbUpdateCommand1;
19    private System.Data.OleDb.OleDbCommand oleDbDeleteCommand1;
20    private System.Windows.Forms.TextBox queryTextBox;
21    private System.Windows.Forms.Button submitButton;
22    private System.Windows.Forms.DataGrid dataGrid1;
23    private System.ComponentModel.Container components = null;
24
25    public DisplayQueryResults()
26    {
27
28       InitializeComponent();
29    }
30
31    // código gerado pelo Visual Studio .NET
32
33    [STAThread]
34    static void Main()
35    {
36       Application.Run( new DisplayQueryResults() );
37    }
38
39    // efetua a consulta SQL nos dados
40    private void submitButton_Click( object sender,
41       System.EventArgs e )
42    {
43       try
44       {
45          // configura a consulta SQL com o que o usuário
```

Figura 19.28 Execução de instruções SQL em um banco de dados. (Parte 1 de 2.)

```
46              // introduz em queryTextBox
47              oleDbDataAdapter1.SelectCommand.CommandText =
48                 queryTextBox.Text;
49
50              // limpa o objeto DataSet da operação anterior
51              dataSet1.Clear();
52
53              // Preenche o conjunto de dados com informações que resultam
54              // da consulta SQL
55              oleDbDataAdapter1.Fill( dataSet1, "Authors" );
56
57              // liga DataGrid ao conteúdo do DataSet
58              dataGrid1.SetDataBinding( dataSet1, "Authors" );
59           }
60
61           catch ( System.Data.OleDb.OleDbException oleException )
62           {
63              MessageBox.Show( "Invalid query" );
64           }
65
66        } // fim de submitButton_Click
67     }
```

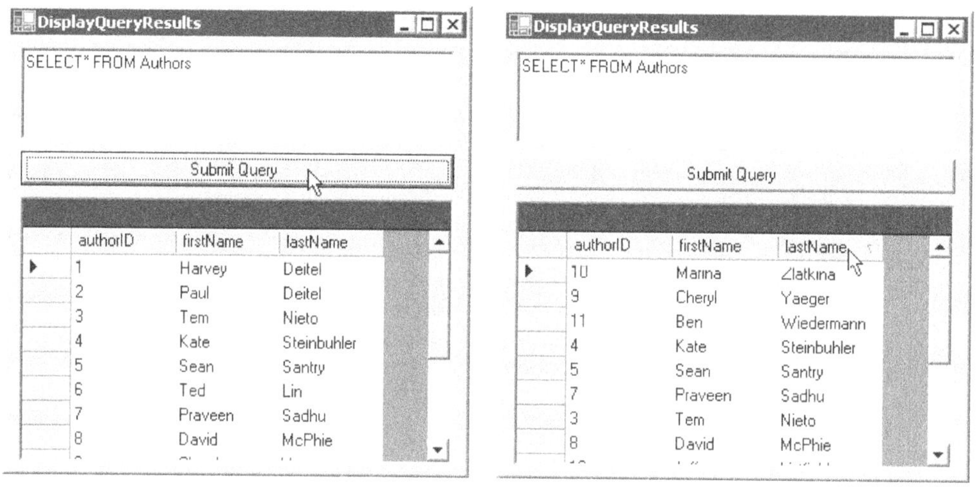

Figura 19.28 Execução de instruções SQL em um banco de dados. (Parte 2 de 2.)

Erro de programação comum 19.9

Se um objeto **DataSet** *tiver sido preenchido pelo menos uma vez, esquecer de chamar o método* **Clear** *de* **DataSet** *antes de chamar o método* **Fill** *novamente levará a erros lógicos.*

Para apresentar ou reapresentar o conteúdo do objeto **DataGrid**, use o método **SetDataBinding**. O primeiro argumento é a fonte de dados a ser exibida na tabela — um objeto **DataSet**, nesse caso. O segundo argumento é a **string** do nome do membro da fonte de dados a ser exibido (linha 58). Você pode experimentar digitar suas próprias consultas na caixa de texto e depois clicar no botão **Submit Query** para executar a consulta.

19.7 Programando com ADO .NET: modificando registros de um banco de dados

Nosso próximo exemplo implementa um aplicativo de agenda simples que permite ao usuário inserir, localizar e atualizar registros no banco de dados **Addressbook** do Microsoft Access.

O aplicativo **AddressBook** (Figura 19.29) fornece uma GUI que permite que os usuários executem instruções SQL no banco de dados. Anteriormente apresentamos exemplos demonstrando o uso de instruções **SELECT** para consultar um banco de dados. Aqui, essa mesma funcionalidade é fornecida.

O manipulador de evento **findButton_Click** executa a consulta **SELECT** no banco de dados, para o registro associado à **string** presente em **lastTextBox**. Isso representa o sobrenome da pessoa cujo registro o usuário deseja recuperar. A linha 72 chama o método **Clear** da classe **DataSet** para retirar os dados anteriores do objeto **DataSet**. Então, as linhas 76 a 78 modificam o texto da consulta SQL para executar a operação **SELECT** apropriada. Essa instrução é executada pelo método **Fill** de **OleDbDataAdapter** (linha 82), que é passado para o objeto **DataSet** como argumento. Finalmente, os **TextBox** são atualizados com uma chamada do método **Display** (linha 85).

```
1   // Fig. 19.29: AddressBook.cs
2   // Usando instruções SQL para manipular um banco de dados.
3
4   using System;
5   using System.Drawing;
6   using System.Collections;
7   using System.ComponentModel;
8   using System.Windows.Forms;
9   using System.Data;
10
11  public class AddressBook : System.Windows.Forms.Form
12  {
13     private System.Windows.Forms.TextBox faxTextBox;
14     private System.Windows.Forms.TextBox homeTextBox;
15     private System.Windows.Forms.TextBox firstTextBox;
16     private System.Windows.Forms.TextBox stateTextBox;
17     private System.Windows.Forms.TextBox idTextBox;
18     private System.Windows.Forms.TextBox lastTextBox;
19     private System.Windows.Forms.TextBox postalTextBox;
20     private System.Windows.Forms.TextBox addressTextBox;
21     private System.Windows.Forms.TextBox cityTextBox;
22     private System.Windows.Forms.TextBox countryTextBox;
23     private System.Windows.Forms.TextBox emailTextBox;
24     private System.Data.DataSet dataSet1;
25     private System.Data.OleDb.OleDbDataAdapter oleDbDataAdapter1;
26     private System.Data.OleDb.OleDbCommand oleDbSelectCommand1;
27     private System.Data.OleDb.OleDbCommand oleDbInsertCommand1;
28     private System.Data.OleDb.OleDbCommand oleDbUpdateCommand1;
29     private System.Data.OleDb.OleDbCommand oleDbDeleteCommand1;
30     private System.Data.OleDb.OleDbConnection oleDbConnection1;
31     private System.Windows.Forms.TextBox statusTextBox;
32     private System.Windows.Forms.Label addressLabel;
33     private System.Windows.Forms.Label cityLabel;
34     private System.Windows.Forms.Label stateLabel;
35     private System.Windows.Forms.Label idLabel;
36     private System.Windows.Forms.Label firstLabel;
37     private System.Windows.Forms.Label lastLabel;
38     private System.Windows.Forms.Label postalLabel;
39     private System.Windows.Forms.Label countryLabel;
40     private System.Windows.Forms.Label emailLabel;
41     private System.Windows.Forms.Button clearButton;
42     private System.Windows.Forms.Button helpButton;
43     private System.Windows.Forms.Button findButton;
44     private System.Windows.Forms.Button addButton;
45     private System.Windows.Forms.Button updateButton;
46     private System.Windows.Forms.Label faxLabel;
```

Figura 19.29 Modificando registros de um banco de dados. (Parte 1 de 6.)

```
      private System.Windows.Forms.Label homeLabel;
      private System.ComponentModel.Container components = null;

      public AddressBook()
      {
         InitializeComponent();
         oleDbConnection1.Open();
      }

      // código gerado pelo Visual Studio .NET

      [STAThread]
      static void Main()
      {
         Application.Run( new AddressBook() );
      }

      private void findButton_Click( object sender,
         System.EventArgs e )
      {
         try
         {
            if ( lastTextBox.Text != "" )
            {
               // limpa o objeto DataSet da última operação
               dataSet1.Clear();

               // cria consulta SQL para localizar contato com
               // o sobrenome especificado
               oleDbDataAdapter1.SelectCommand.CommandText =
                  "SELECT * FROM addresses WHERE lastname = '" +
                  lastTextBox.Text + "'";

               // preenche dataSet1 com linhas resultantes da
               // consulta
               oleDbDataAdapter1.Fill( dataSet1 );

               // exibe informações
               Display( dataSet1 );
               statusTextBox.Text += "\r\nQuery successful\r\n";
            }
            else
               lastTextBox.Text =
                  "Enter last name here then press Find";
         }

         catch ( System.Data.OleDb.OleDbException oleException )
         {
            Console.WriteLine( oleException.StackTrace );
            statusTextBox.Text += oleException.ToString();
         }

         catch ( InvalidOperationException invalidException )
         {
            MessageBox.Show( invalidException.Message );
         }

      } // fim de findButton_Click
```

Figura 19.29 Modificando registros de um banco de dados. (Parte 2 de 6.)

```

   private void addButton_Click( object sender, System.EventArgs e )
   {
      try
      {
         if ( lastTextBox.Text != "" && firstTextBox.Text != "" )
         {
            // cria consulta SQL para inserir linha
            oleDbDataAdapter1.InsertCommand.CommandText =
               "INSERT INTO addresses (" +
               "firstname, lastname, address, city, " +
               "stateorprovince, postalcode, country, " +
               "emailaddress, homephone, faxnumber" +
               ") VALUES ('" +
               firstTextBox.Text + "', '" +
               lastTextBox.Text + "', '" +
               addressTextBox.Text + "', '" +
               cityTextBox.Text + "', '" +
               stateTextBox.Text + "', '" +
               postalTextBox.Text + "', '" +
               countryTextBox.Text + "', '" +
               emailTextBox.Text + "', '" +
               homeTextBox.Text + "', '" +
               faxTextBox.Text + "')";

            // notifica o usuário de que a consulta está sendo enviada
            statusTextBox.Text += "\r\nSending query: " +
               oleDbDataAdapter1.InsertCommand.CommandText +
               "\r\n" ;

            // envia a consulta
            oleDbDataAdapter1.InsertCommand.ExecuteNonQuery();

            statusTextBox.Text += "\r\nQuery successful\r\n";
         }
         else
            statusTextBox.Text += "\r\nEnter at least first " +
               "and last name then press Add\r\n";
      }

      catch ( System.Data.OleDb.OleDbException oleException )
      {
         Console.WriteLine( oleException.StackTrace );
         statusTextBox.Text += oleException.ToString();
      }

   } // fim de addButton_Click

   private void updateButton_Click( object sender,
      System.EventArgs e )
   {
      try
      {
         // certifica-se de que os usuarios encontraram o registro
         // que desejam atualizar
         if ( idTextBox.Text != "" )
         {
            // define consulta SQL para atualizar todos os campos na
```

Figura 19.29 Modificando registros de um banco de dados. (Parte 3 de 6.)

```
                // tabela em que o número de identificação corresponde ao id
                // presente em idTextBox
                oleDbDataAdapter1.UpdateCommand.CommandText =
                   "UPDATE addresses SET " +
                   "firstname ='" + firstTextBox.Text +
                   "', lastname='" + lastTextBox.Text +
                   "', address='" + addressTextBox.Text +
                   "', city='" + cityTextBox.Text +
                   "', stateorprovince=v" + stateTextBox.Text +
                   "', postalcode='" + postalTextBox.Text +
                   "', country='" + countryTextBox.Text +
                   "', emailaddress='" + emailTextBox.Text +
                   "', homephone='" + homeTextBox.Text +
                   "', faxnumber='" + faxTextBox.Text +
                   "' WHERE id=" + idTextBox.Text;

                // notifica o usuário de que a consulta está sendo configurada
                statusTextBox.Text += "\r\nSending query: " +
                   oleDbDataAdapter1.UpdateCommand.CommandText +
                   "\r\n";

                // executa a consulta
                oleDbDataAdapter1.UpdateCommand.ExecuteNonQuery();

                statusTextBox.Text += "\r\nQuery successful\r\n";
             }
             else
                statusTextBox.Text += "\r\nYou may only update " +
                   "an existing record. Use Find to locate the" +
                   "record, then modify the information and " +
                   "press Update.\r\n";
          }

          catch ( System.Data.OleDb.OleDbException oleException )
          {
             Console.WriteLine( oleException.StackTrace );
             statusTextBox.Text += oleException.ToString();
          }

       } // fim de updateButton_Click

       private void clearButton_Click( object sender,
          System.EventArgs e )
       {
          idTextBox.Clear();
          ClearTextBoxes();
       }

       private void helpButton_Click( object sender,
          System.EventArgs e )
       {
          statusTextBox.AppendText(
             "\r\nClick Find to locate a record\r\n" +
             "Click Add to insert a new record.\r\n" +
             "Click Update to update the information in a record "
             + "\r\nClick Clear to empty the textboxes" );
       }

```

Figura 19.29 Modificando registros de um banco de dados. (Parte 4 de 6.)

```
      private void Display( DataSet dataSet )
      {
         try
         {
            // obtém o primeiro objeto DataTable--sempre haverá um
            DataTable dataTable = dataSet.Tables[ 0 ];

            if ( dataTable.Rows.Count != 0 )
            {
               int recordNumber = ( int ) dataTable.Rows[ 0 ][ 0 ];

               idTextBox.Text = recordNumber.ToString();
               firstTextBox.Text =
                  ( string ) dataTable.Rows[ 0 ][ 1 ];
               lastTextBox.Text =
                  ( string ) dataTable.Rows[ 0 ][ 2 ];
               addressTextBox.Text =
                  ( string ) dataTable.Rows[ 0 ][ 3 ];
               cityTextBox.Text =
                  ( string ) dataTable.Rows[ 0 ][ 4 ];
               stateTextBox.Text =
                  ( string ) dataTable.Rows[ 0 ][ 5 ];
               postalTextBox.Text =
                  ( string ) dataTable.Rows[ 0 ][ 6 ];
               countryTextBox.Text =
                  ( string ) dataTable.Rows[ 0 ][ 7 ];
               emailTextBox.Text =
                  ( string ) dataTable.Rows[ 0 ][ 8 ];
               homeTextBox.Text =
                  ( string ) dataTable.Rows[ 0 ][ 9 ];
               faxTextBox.Text =
                  ( string ) dataTable.Rows[ 0 ][ 10 ];
            }

            else
               statusTextBox.Text += "\r\nNo record found\r\n";
         }

         catch( System.Data.OleDb.OleDbException oleException )
         {
            Console.WriteLine( oleException.StackTrace );
            statusTextBox.Text += oleException.ToString();
         }

      } // fim de Display

      private void ClearTextBoxes()
      {
         firstTextBox.Clear();
         lastTextBox.Clear();
         addressTextBox.Clear();
         cityTextBox.Clear();
         stateTextBox.Clear();
         postalTextBox.Clear();
         countryTextBox.Clear();
         emailTextBox.Clear();
         homeTextBox.Clear();
         faxTextBox.Clear();
```

Figura 19.29 Modificando registros de um banco de dados. (Parte 5 de 6.)

```
        }
}
```

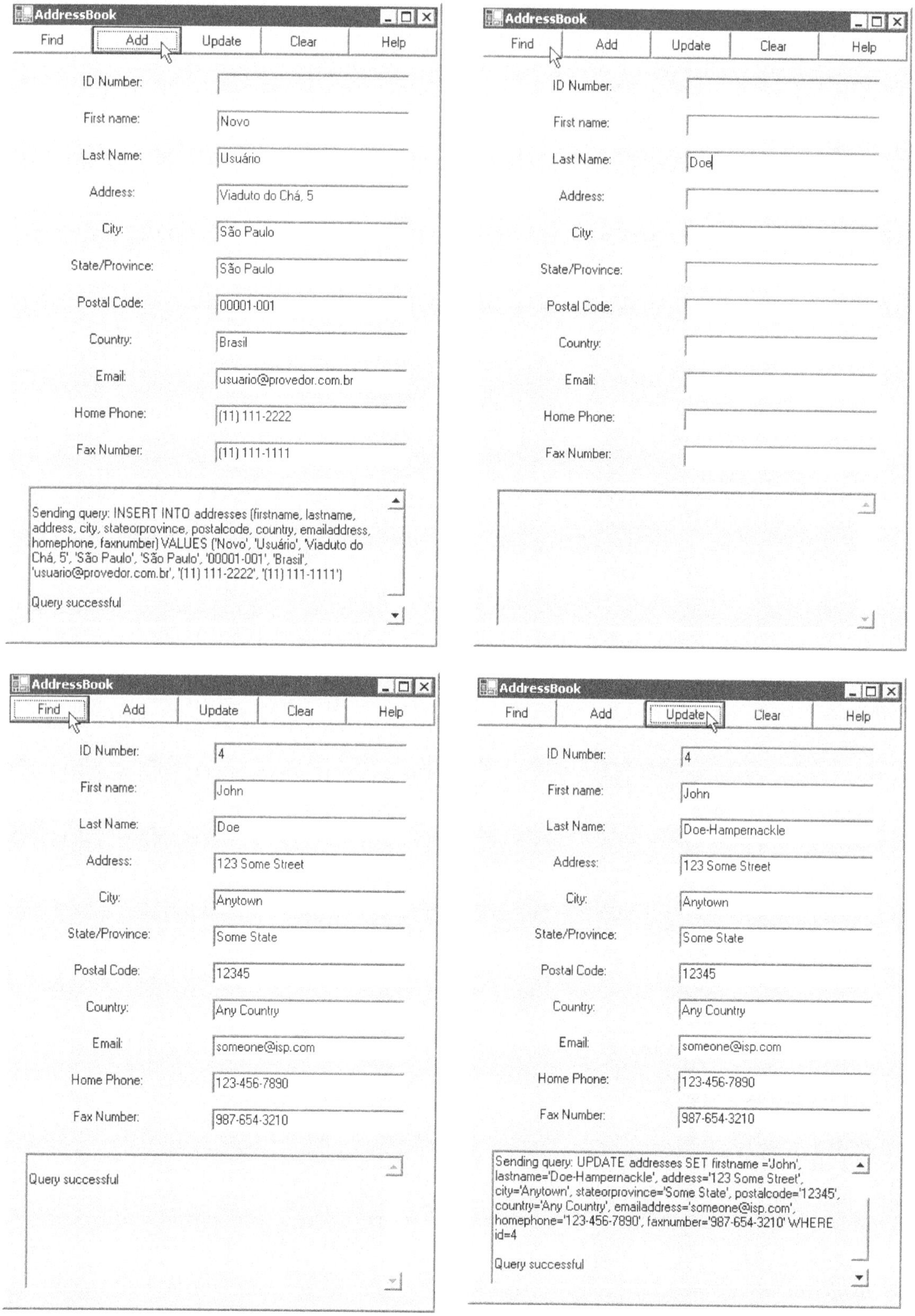

Figura 19.29 Modificando registros de um banco de dados. (Parte 6 de 6.)

Os métodos **addButton_Click** e **updateButton_Click** executam operações **INSERT** e **UPDATE**, respectivamente. Cada método usa membros da classe **OleDbCommand** para executar operações em um banco de dados. As propriedades de instância **InsertCommand** e **UpdateCommand** da classe **OleDbDataAdapter** são instâncias da classe **OleDbCommand**.

A propriedade **CommandText** da classe **OleDbCommand** é uma **string** representando a instrução SQL executada pelo objeto **OleDbCommand**. O método **addButton_Click** configura essa propriedade de **InsertCommand** para executar a instrução **INSERT** apropriada no banco de dados (linhas 113 a 128). O método **updateButton_Click** configura essa propriedade de **UpdateCommand** para executar a instrução **UPDATE** apropriada no banco de dados (linhas 165 a 177).

O método ***ExecuteNonQuery*** da classe **OleDbCommand** executa a ação especificada por **CommandText**. Então, a instrução **INSERT** definida por **oleDbDataAdapter1.InsertCommand.CommandText** no manipulador de evento **addButton_Click** é executada quando a linha 136 chama o método **oleDbDataAdapter1.InsertCommand.ExecuteNonQuery**. Analogamente, a instrução **UPDATE** definida por **oleDbDataAdapter1.DeleteCommand.CommandText** no manipulador de evento **updateButton_Click** é executada por **oleDbDataAdapter1.UpdateCommand.ExecuteNonQuery** (linha 185).

O método **Display** (linhas 221 a 265) atualiza a interface com o usuário com dados do registro da agenda recentemente recuperado. A linha 226 obtém um objeto **DataTable** da coleção **Tables** de **DataSet**. Esse objeto **DataTable** contém os resultados de nossa consulta SQL. A linha 228 determina se a consulta retornou quaisquer linhas. A propriedade **Rows** da classe **DataTable** dá acesso a todos os registros recuperados pela consulta. A propriedade **Rows** é semelhante a um array retangular bidimensional. A linha 230 recupera o campo com índice *0, 0* (isto é, a primeira coluna de dados do primeiro registro) e armazena o valor na variável **recordNumber**. As linhas 232 a 252 recuperam então os campos de dados restantes do objeto **DataTable**, para preencher a interface com o usuário.

O botão **Help** do aplicativo exibe instruções no console, na parte inferior da janela de aplicativo (linhas 214 a 218). O manipulador de evento desse botão é **helpButton_Click**. O botão **Clear** limpa o texto de **TextBox**. Esse manipulador de evento é definido no método **clearButton_Click** e usa o método utilitário **ClearTextBoxes** (linha 208).

19.8 Lendo e gravando arquivos XML

Um recurso poderoso do ADO .NET é sua capacidade de converter dados armazenados em uma fonte de dados para XML. A classe **DataSet** do espaço de nomes **System.Data** fornece os métodos ***WriteXml***, ***ReadXml*** e ***GetXml***, que permitem que os desenvolvedores criem documentos XML a partir de fontes de dados e convertam dados de XML para fontes de dados. O aplicativo da Figura 19.30 preenche um objeto **DataSet** com estatísticas sobre jogadores de beisebol e depois grava os dados em um arquivo como XML. O aplicativo também apresenta o código XML em um **TextBox**.

O construtor **DatabaseXMLWriter** (linhas 25 a 41) estabelece uma conexão com o banco de dados **Baseball** na linha 33. Então, a linha 36 chama o método **Fill** da classe **OleDbDataAdapter** para preencher **playersDataSet** com dados da tabela **Players** no banco de dados **Baseball**. A linha 39 liga **playersDataGrid** a **playersDataSet**, para exibir as informações para o usuário.

O método **writeButton_Click** define o manipulador de evento do botão **Write to XML**. Quando o usuário clica nesse botão, a linha 57 chama **WriteXml** de **DataSet**, que gera uma representação XML dos dados contidos no objeto **DataSet** e grava o código XML no arquivo especificado. A Figura 19.31 mostra essa representação XML. Cada elemento **Players** representa um registro na tabela **Players**. Os elementos **firstName**, **lastName**, **battingAverage** e **playerID** correspondem aos campos com os mesmos nomes na tabela **Players**. O método **GetXml** retorna uma **string** representando os dados de um **DataSet** em forma de XML. As linhas 60 e 61 anexam a **string** XML no objeto **outputTextBox**.

```
1   // Fig. 19.30 XMLWriter.cs
2   // Demonstra a geração de código XML a partir de um objeto DataSet ADO .NET.
3
4   using System;
5   using System.Drawing;
6   using System.Collections;
7   using System.ComponentModel;
8   using System.Windows.Forms;
```

Figura 19.30 Aplicativo que grava representação XML de um DataSet em um arquivo. (Parte 1 de 3.)

```
using System.Data;

public class DatabaseXMLWriter : System.Windows.Forms.Form
{
   private System.Data.OleDb.OleDbConnection baseballConnection;
   private System.Data.OleDb.OleDbDataAdapter playersDataAdapter;
   private System.Data.OleDb.OleDbCommand oleDbSelectCommand1;
   private System.Data.OleDb.OleDbCommand oleDbInsertCommand1;
   private System.Data.OleDb.OleDbCommand oleDbUpdateCommand1;
   private System.Data.OleDb.OleDbCommand oleDbDeleteCommand1;
   private System.Data.DataSet playersDataSet;
   private System.Windows.Forms.DataGrid playersDataGrid;
   private System.Windows.Forms.Button writeButton;
   private System.Windows.Forms.TextBox outputTextBox;
   private System.ComponentModel.Container components = null;

   public DatabaseXMLWriter()
   {
      //
      // Exigido para suporte do Windows Form Designer
      //
      InitializeComponent();

      // abre a conexão com o banco de dados
      baseballConnection.Open();

      // preenche DataSet com dados de OleDbDataAdapter
      playersDataAdapter.Fill( playersDataSet, "Players" );

      // liga DataGrid a DataSet
      playersDataGrid.SetDataBinding( playersDataSet, "Players" );

   }

   // código gerado pelo Visual Studio .NET

   // ponto de entrada principal do aplicativo.
   [STAThread]
   static void Main()
   {
      Application.Run( new DatabaseXMLWriter() );
   }

   // grava a representação XML de um DataSet quando o botão é clicado
   private void writeButton_Click(
      object sender, System.EventArgs e)
   {
      // grava a representação XML do DataSet no arquivo
      playersDataSet.WriteXml( "Players.xml" );

      // exibe o código XML em TextBox
      outputTextBox.Text += "Writing the following XML:\n\n" +
         playersDataSet.GetXml() + "\n\n";

   }
}
```

Figura 19.30 Aplicativo que grava representação XML de um `DataSet` em um arquivo. (Parte 2 de 3.)

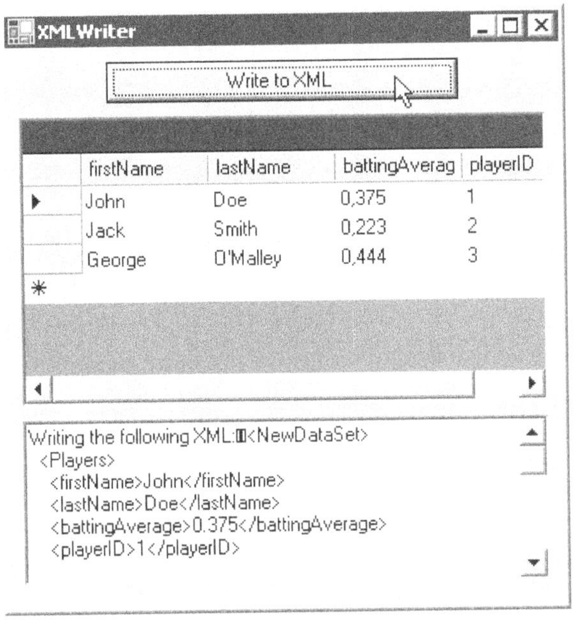

Figura 19.30 Aplicativo que grava representação XML de um `DataSet` em um arquivo. (Parte 3 de 3.)

```
<?xml version="1.0" standalone="yes"?>
<NewDataSet>
   <Players>
      <firstName>John</firstName>
      <lastName>Doe</lastName>
      <battingAverage>0.375</battingAverage>
      <playerID>1</playerID>
   </Players>

   <Players>
      <firstName>Jack</firstName>
      <lastName>Smith</lastName>
      <battingAverage>0.223</battingAverage>
      <playerID>2</playerID>
   </Players>

   <Players>
      <firstName>George</firstName>
      <lastName>O'Malley</lastName>
      <battingAverage>0.444</battingAverage>
      <playerID>3</playerID>
   </Players>
</NewDataSet>
```

Figura 19.31 Documento XML gerado a partir do `DataSet` de `DatabaseXMLWriter`.

Neste capítulo discutimos os fundamentos do SQL e os recursos de banco de dados do C#. Aprendemos que os programadores C# se comunicam com os bancos de dados e manipulam seus dados por meio do *Microsoft ActiveX Data Objects*™ (ADO), *ADO .NET*. No próximo capítulo discutiremos os formulários Web (Web Forms) do ASP .NET. Os formulários Web permitem que os programadores desenvolvam conteúdo dinâmico para a Web usando bancos de dados e recursos ASP .NET.

Resumo

- Um banco de dados é uma coleção integrada de dados. Um sistema gerenciador de bancos de dados (SGBD) fornece mecanismos para armazenar e organizar dados.
- Os sistemas de bancos de dados mais populares atualmente são os bancos de dados relacionais.
- Uma linguagem chamada SQL (Structured Query Language — linguagem de consulta estruturada) é usada quase que universalmente com sistemas de bancos de dados relacionais para fazer consultas e manipular dados.
- Uma linguagem de programação conecta e interage com os bancos de dados relacionais por meio de uma interface — um software que facilita a comunicação entre um sistema gerenciador de bancos de dados e um programa.
- Os programadores C# se comunicam com os bancos de dados e manipulam seus dados por meio do ADO .NET.
- Um banco de dados relacional é composto de tabelas. Uma linha de uma tabela é chamada de registro.
- Uma chave primária é um campo que contém dados exclusivos ou dados que não estão duplicados em outros registros dessa tabela.
- Cada coluna em uma tabela representa um campo (ou atributo) diferente.
- Uma chave primária pode ser composta de mais de uma coluna (ou campo) no banco de dados.
- O SQL fornece um conjunto completo de comandos; isso permite que os programadores definam consultas complexas para selecionar dados de uma tabela. Os resultados de uma consulta normalmente são chamados de conjuntos de resultados (ou conjuntos de registros).
- Um relacionamento um-para-muitos entre tabelas indica que um registro de uma tabela pode ter muitos registros correspondentes em uma outra tabela.
- Uma chave estrangeira é um campo para o qual toda entrada em uma tabela tem um valor exclusivo em outra tabela e onde o campo na outra tabela é a chave primária dessa tabela.
- O formato básico de uma consulta **SELECT** é:

  `SELECT * FROM` *nomeTabela*

  onde o asterisco (*****) indica que todas as colunas de *nomeTabela* devem ser selecionadas e *nomeTabela* especifica a tabela do banco de dados da qual os dados serão selecionados.
- Para selecionar campos específicos de uma tabela, substitua o asterisco (*****) por uma lista separada por vírgulas dos nomes de campo a serem selecionados.
- Os programadores processam conjuntos de resultados conhecendo antecipadamente a ordem dos campos no conjunto de resultados. Especificar os nomes de campo a serem selecionados garante que os campos sejam retornados na ordem especificada, mesmo que a ordem dos campos na(s) tabela(s) do banco de dados mude.
- A cláusula **WHERE** opcional em uma consulta **SELECT** especifica os critérios de seleção da consulta. O formato mais simples de uma consulta **SELECT** com critérios de seleção é:

  `SELECT` *nomeCampo1*`,` *nomeCampo2*`,` ... `FROM` *nomeTabela* `WHERE` *critérios*
- A condição da cláusula **WHERE** pode conter os operadores **<**, **>**, **<=**, **>=**, **=**, **<>** e **LIKE**. O operador **LIKE** é usado para correspondência de padrões com os caracteres curinga asterisco (*****) e ponto de interrogação (**?**).
- Uma **string** de padrão contendo um asterisco (*****) procura strings nas quais zero ou mais caracteres aparecem na posição do asterisco no padrão.
- Uma **string** de padrão contendo um ponto de interrogação (**?**) procura strings nas quais exatamente um caractere aparece na posição do ponto de interrogação no padrão.
- Os resultados de uma consulta podem ser ordenados em ordem ascendente ou descendente utilizando-se a cláusula opcional **ORDER BY**. A forma mais simples de uma cláusula **ORDER BY** é:

  `SELECT` *nomeCampo1*`,` *nomeCampo2*`,` ... `FROM` *nomeTabela* `ORDER BY` *campo* `ASC`
  `SELECT` *nomeCampo1*`,` *nomeCampo2*`,` ... `FROM` *nomeTabela* `ORDER BY` *campo* `DESC`

  onde **ASC** especifica ordem ascendente, **DESC** especifica ordem descendente e *campo* especifica o campo a ser ordenado. A ordem de classificação padrão é a ascendente; portanto, **ASC** é opcional.
- Uma cláusula **ORDER BY** também pode ordenar registros por múltiplos campos. Tais consultas são escritas na forma:

  `ORDER BY` *campo1 ordemClassificação*`,` *campo2 ordemClassificação*`,` ...
- As cláusulas **WHERE** e **ORDER BY** podem ser combinadas em uma consulta.

- Uma junção combina registros de duas ou mais tabelas, testando a correspondência de valores em um campo comum às duas tabelas. O formato mais simples de uma junção é:

  SELECT *nomeCampo1*, *nomeCampo2*, ...
      FROM *tabela1* INNER JOIN *tabela2*
      ON *tabela1*.*nomeCampo* = *tabela2*.*nomeCampo*

  no qual a cláusula **ON** especifica os campos de cada tabela que devem ser comparados para determinar quais registros serão juntados. Esses campos normalmente representam a chave primária em uma tabela e a chave estrangeira correspondente na outra tabela.
- Se uma instrução SQL usa campos que têm o mesmo nome em várias tabelas, a instrução deve qualificar totalmente o nome do campo, precedendo-o com o nome de sua tabela e com o operador ponto (**.**).
- Uma instrução **INSERT** insere um novo registro em uma tabela. A forma mais simples dessa instrução é:

  INSERT INTO *nomeTabela* (*nomeCampo1*, *nomeCampo2*, ..., *nomeCampoN*)
      VALUES (*valor1*, *valor2*, ..., *valorN*)

  onde *nomeTabela* é a tabela na qual o registro vai ser inserido. *nomeTabela* é seguido de uma lista separada por vírgulas de nomes de campo entre parênteses. A lista de nomes de campo é seguida pela palavra-chave SQL **VALUES** e por uma lista separada por vírgulas de valores entre parênteses.
- As instruções SQL usam um apóstrofo (**'**) como delimitador para strings. Para especificar uma string contendo um apóstrofo em uma instrução SQL, deve-se fazer o escape do apóstrofo com outro apóstrofo.
- Uma instrução **UPDATE** modifica dados em uma tabela. A forma mais simples de uma instrução **UPDATE** é:

  UPDATE *nomeTabela*
      SET *nomeCampo1* = *valor1*, *nomeCampo2* = *valor2*, ..., *nomeCampoN* = *valorN*
      WHERE *critérios*

  onde *nomeTabela* é a tabela na qual um ou mais registros serão atualizados. *nomeTabela* é seguido pela palavra-chave **SET** e por uma lista separada por vírgulas de pares nome/valor de campo, escritos no formato *nomeCampo* = *valor*. Os *critérios* da cláusula **WHERE** determinam o(s) registro(s) a ser(em) atualizado(s).
- Uma instrução **DELETE** remove dados de uma tabela. A forma mais simples de uma instrução **DELETE** é:

  DELETE FROM *nomeTabela* WHERE *critérios*

  onde *nomeTabela* é a tabela da qual o(s) registro(s) será(ão) excluído(s). Os *critérios* da cláusula **WHERE** determinam quais registros serão excluídos.
- **System.Data**, **System.Data.OleDb** e **System.Data.SqlClient** são os três principais espaços de nomes do ADO .NET.
- A classe **DataSet** é do espaço de nomes **System.Data**. Instâncias dessa classe representam caches de dados na memória.
- A vantagem de usar a classe **DataSet** é que essa é uma maneira de modificar o conteúdo de uma fonte de dados sem ter de manter uma conexão ativa.
- Uma estratégia da programação ADO .NET usa **OleDbCommand** do espaço de nomes **System.Data.OleDb**. Nessa estratégia, as instruções SQL são executadas diretamente na fonte de dados.
- Use a opção **Add Connection** para criar uma conexão de banco de dados na janela **Propriedades de ligação de dados**.
- Use o **Data Adapter Configuration Wizard** para configurar um objeto **OleDbDataAdapter** e gerar consultas.
- Se um objeto **DataSet** tiver de ser nomeado, use a propriedade de instância **DataSetName**.
- Os comandos **OleDbCommands** são o que o objeto **OleDbDataAdapter** executa no banco de dados, na forma de consultas SQL.
- Objetos **DataColumnMapping** convertem dados de um banco de dados em um objeto **DataSet** e vice-versa.
- A propriedade de instância **Parameters** da classe **OleDbCommand** é uma coleção de objetos **OleDbParameter**. Adicioná-los em um objeto **OleDbCommand** é uma maneira opcional de adicionar parâmetros em um comando, em vez de criar uma string de comando comprida e complexa.
- A propriedade de instância **Connection** de **OleDbCommand** é configurada como o objeto **OleDbConnection** em que o comando será executado e a propriedade de instância **CommandText** é configurada como a consulta SQL que será executada no banco de dados.
- O método **Fill** de **OleDbDataAdapter** recupera informações do banco de dados associado ao objeto **OleDbConnection** e coloca essas informações no objeto **DataSet** fornecido como argumento.
- O método **SetDataBinding** de **DataGrid** liga um objeto **DataGrid** a uma fonte de dados.

- O método **Clear** da classe **DataSet** é chamado para remover os dados anteriores do objeto **DataSet**.
- As propriedades de instância **InsertCommand** e **UpdateCommand**, da classe **OleDbDataAdapter**, são instâncias da classe **OleDbCommand**.
- A propriedade **CommandText** da classe **OleDbCommand** é a **string** que representa a instrução SQL a ser executada.
- O método **ExecuteNonQuery** da classe **OleDbCommand** é chamado para executar a ação especificada pelo objeto **CommandText** no banco de dados.
- Um recurso poderoso do ADO .NET é sua capacidade de converter dados armazenados em uma fonte de dados para XML e vice-versa.
- O método **WriteXml** da classe **DataSet** grava a representação XML da instância de **DataSet** no primeiro argumento passado a ele. Esse método tem várias versões sobrecarregadas para permitir que os programadores especifiquem uma fonte de saída e uma codificação de caractere para os dados.
- O método **ReadXml** da classe **DataSet** lê a representação XML do primeiro argumento passado a ele, em seu próprio objeto **DataSet**. Esse método tem várias versões sobrecarregadas que permitem que programadores especifiquem uma fonte de entrada e uma codificação de caractere para os dados.

Terminologia

a ordem de classificação padrão é ascendente
ADO.NET
AND
ASC (ordem ascendente)
asterisco (*)
banco de dados
banco de dados **books**
banco de dados relacional
cache
campo
caractere de apóstrofo
caractere curinga do SQL *
caractere curinga do SQL ?
chave estrangeira
chave primária
classe **DataGrid**
classe **DataSet**
classe **OleDbCommand**
classe **OleDbConnection**
classe **OleDbDataAdapter**
colchetes em uma consulta
coluna
coluna de tabela
combinação de registros de tabelas
conexão com um banco de dados
conjunto de registros
conjunto de resultados
consulta
consulta de um banco de dados
correspondência a critérios de seleção
correspondência de padrões
critérios de seleção
DELETE FROM
DESC
desconectada
efetivação de uma transação
espaço de nomes **System.Data**
espaço de nomes **System.Data.OleDb**
espaço de nomes **System.Data.SqlClient**
FROM
GROUP BY
INNER JOIN
INSERT INTO
instrução **DELETE**
instrução **INSERT**
instrução SQL
interface
junção de tabelas
LIKE
linha
linha de tabela
linhas a serem recuperadas
método **AcceptChanges** de **DataRow**
método **AcceptChanges** de **DataTable**
método **Clear** de **DataSet**
método **CommandText** de **OleDbCommand**
método **ExecuteNonQuery** de **OleDbCommand**
método **ExecuteReader** de **OleDbCommand**
método **ExecuteScalar** de **OleDbCommand**
método **Fill** de **OleDbAdapter**
método **GetXml** de **DataSet**
método **ReadXml** de **DataSet**
método **RejectChanges** de **DataRow**
método **RejectChanges** de **DataTable**
método **SetDataBinding** de **DataGrid**
método **Update** de **OleDbDataAdapter**
método **WriteXml** de **DataSet**
modelo de bancos de dados relacional
nome totalmente qualificado
número de coluna
operação atômica
ordem ascendente (ASC)
ordenação de registros
ordenado
ORDER BY
palavra-chave SQL
processamento de transação
propriedade **DeleteCommand** de **OleDbAdapter**
propriedade **InsertCommand** de **OleDbAdapter**
propriedade **SelectCommand** de **OleDbAdapter**
propriedade **UpdateCommand** de **OleDbAdapter**
provedor de dados

provedor de dados **OLE DB**
provedor de dados **SQL Server**
registro
regra da integridade da entidade
regra da integridade referencial
relacionamento muitos-para-muitos
relacionamento um-para-muitos
relacionamentos de tabela do banco de dados **books**
reverter uma transação
selecionando dados de uma tabela
selecionar
selecionar todos os campos de uma tabela
SELECT
SET
símbolo de infinito
sistema de computação distribuída
sistema gerenciador de bancos de dados (SGBD)
SQL (Structured Query Language — linguagem de consulta estruturada)
tabela
tabela **authorISBN** do banco de dados **books**
tabela **authors** do banco de dados **books**
tabela de banco de dados
tabela de banco de dados relacional
tabela em que o registro será atualizado
tabela **Publishers** do banco de dados **books**
tabela **titles** do banco de dados **books**
transação
UPDATE
VALUES
WHERE

Exercícios de revisão

19.1 Preencha os espaços em branco em cada uma das declarações a seguir:

a) A linguagem de consulta de banco de dados mais popular é ______________.
b) Uma tabela em um banco de dados consiste em ______________ e ______________.
c) Os bancos de dados podem ser manipulados em C# como objetos ______________.
d) A classe ______________ permite que os programadores exibam dados graficamente em objetos **DataSet**.
e) A palavra-chave SQL ______________ é seguida por critérios de seleção que especificam os registros a serem selecionados em uma consulta.
f) A palavra-chave SQL ______________ especifica a ordem em que os registros são classificados em uma consulta.
g) Selecionar dados de múltiplas tabelas do banco de dados é chamado de ______________ os dados.
h) Um ______________ é uma coleção integrada de dados controlados de maneira centralizada.
i) Uma ______________ é um ou mais campos em uma tabela para os quais toda entrada tem um valor exclusivo em outra tabela e onde o(s) campo(s) na outra tabela é(são) a chave primária dessa tabela.
j) O espaço de nomes ______________ contém classes e interfaces especiais para manipular bancos de dados SQLServer em C#.
k) O C# usa ______________ para transmitir dados entre fontes de dados.
l) O espaço de nomes ______________ é a interface geral do C# com um banco de dados.

19.2 Indique se cada uma das seguintes alternativas é *verdadeira* ou *falsa*. Se for *falsa*, justifique.

a) Em geral, ADO .NET é um modelo desconectado.
b) O SQL pode converter implicitamente campos com o mesmo nome de duas ou mais tabelas para o campo apropriado.
c) Apenas a instrução SQL **UPDATE** pode efetivar alterações em um banco de dados.
d) Fornecer um valor de chave estrangeira que não aparece como valor de chave primária em outra tabela viola a regra da integridade referencial.
e) A palavra-chave **VALUES** em uma instrução **INSERT** insere múltiplos registros em uma tabela.
f) As instruções **SELECT** podem combinar dados de múltiplas tabelas.
g) A instrução **DELETE** exclui apenas um registro em uma tabela.
h) Um objeto **OleDbDataAdapter** pode preencher (com **Fill**) um objeto **DataSet**.
i) A classe **DataSet** do espaço de nomes **System.Data** fornece métodos que permitem que os desenvolvedores criem documentos XML a partir de fontes de dados.
j) SQLServer é um exemplo de provedor gerenciado.
k) Como o C# usa um modelo desconectado, os objetos **OleDbConnection** são opcionais.
l) É sempre mais rápido atribuir um valor a uma variável do que instanciar um novo objeto.

Respostas dos exercícios de revisão

19.1 a) SQL. b) linhas, colunas. c) **DataSet**. d) **DataGrid**. e) **WHERE**. f) **ORDER BY**. g) juntar. h) banco de dados. i) chave estrangeira. j) **System.Data.SqlClient**. k) XML. l) **System.Data.OleDb**.

19.2 a) Verdadeira. b) Falsa. Em uma consulta, não fornecer nomes totalmente qualificados para campos com o mesmo nome em duas ou mais tabelas é um erro. c) Falsa. **INSERT** e **DELETE** também alteram o banco de dados. Não confunda a instrução SQL **Update**

com o método **OleDbDataAdapter.Update**. d) Verdadeira. e) Falsa. Uma instrução **INSERT** insere um registro na tabela. A palavra-chave **VALUES** especifica a lista separada por vírgulas de valores a partir dos quais o registro é formado. f) Verdadeira. g) Falsa. A instrução **DELETE** exclui todos os registros correspondentes a sua cláusula **WHERE**. h) Verdadeira. i) Verdadeira. j) Verdadeira. k) Falsa. Essa classe é exigida para conectar um banco de dados. l) Verdadeira.

Exercícios

19.3 Usando as técnicas mostradas neste capítulo, defina um aplicativo de consulta completo para o banco de dados **Authors.mdb**. Forneça uma série de consultas predefinidas com um nome apropriado para cada consulta, exibida em um **System.Windows.Forms.ComboBox**. Além disso, permita que os usuários forneçam suas próprias consultas e as adicionem em **ComboBox**. Forneça todas as consultas que você achar apropriadas.

19.4 Usando as técnicas mostradas neste capítulo, defina um aplicativo de consulta completo para o banco de dados **Books.mdb**. Forneça uma série de consultas predefinidas com um nome apropriado para cada consulta, exibida em um **System.Windows.Forms.ComboBox**. Além disso, permita que os usuários forneçam suas próprias consultas e as adicionem em **ComboBox**. Forneça as seguintes consultas predefinidas:

a) Selecionar todos os autores da tabela **Authors**.
b) Selecionar todas as editoras da tabela **Publishers**.
c) Selecionar um autor específico e relacionar todos os livros desse autor. Inclua o título, o ano e o número ISBN. Classifique as informações em ordem alfabética pelo título.
d) Selecionar uma editora específica e relacionar todos os livros publicados por ela. Inclua o título, o ano e o número ISBN. Classifique as informações em ordem alfabética pelo título.
e) Fornecer todas as outras consultas que você achar apropriadas.

19.5 Modifique o Exercício 19.4 para definir um aplicativo de manipulação de banco de dados completo para o banco de dados **Books.mdb**. Além de adicionar os recursos de consulta, o aplicativo deve permitir que os usuários editem os dados existentes e adicionem novos dados no banco de dados. Permita que o usuário edite o banco de dados assim:

a) Adicionar um novo autor.
b) Editar as informações existentes de um autor.
c) Adicionar um novo título para um autor (lembre-se de que o livro deve ter uma entrada na tabela **AuthorISBN**). Certifique-se de especificar a editora do título.
d) Adicionar uma nova editora.
e) Editar as informações existentes de uma editora.

Para cada uma das manipulações de banco de dados anteriores, projete uma GUI apropriada para permitir que o usuário realize a manipulação dos dados.

19.6 Modifique o exemplo de agenda da Figura 19.29 para permitir que cada entrada da agenda contenha múltiplos endereços, números de telefone e endereços de e-mail. O usuário deverá ver vários endereços, números de telefone e endereços de e-mail. [*Nota:* este é um exercício grande que exige diversas modificações nas classes originais do exemplo de agenda.]

19.7 Crie um aplicativo que permita ao usuário modificar todos os campos de um banco de dados usando um modelo de processo de transação. O usuário deve localizar, modificar e criar entradas. A GUI deve conter os botões **Aceitar alterações** e **Rejeitar alterações**. As modificações na fonte de dados devem ser feitas quando o usuário clicar em **Aceitar alterações**, chamando-se o método **Update** do objeto **OleDbDataAdapter**. O método **AcceptChanges** de **DataSet** deve ser chamado após as alterações serem feitas na fonte de dados.

19.8 Escreva um programa que permita ao usuário modificar um banco de dados graficamente utilizando um editor de textos XML. A GUI deve apresentar o conteúdo do banco de dados e efetivar todas as alterações do texto XML no banco de dados.

20

ASP .NET, Formulários Web e Controles Web

Objetivos

- Familiarizar-se com os formulários Web em ASP .NET.
- Criar formulários Web.
- Criar um aplicativo ASP .NET que consista em vários formulários Web.
- Controlar o acesso do usuário a aplicativos da Web por meio de autenticação de formulário.
- Usar arquivos e bancos de dados em aplicativos ASP .NET.
- Aprender a usar rastreamento com formulários Web.

Se algum homem redigir seu caso
e colocar seu nome no rodapé da primeira página,
eu responderei a ele imediatamente.
Onde ele me compele a virar a página,
deve esperar minha folga.
Lorde Sandwich

Regra um: o cliente tem sempre razão.
Regra dois: se você achar que nosso cliente
pode não ter razão, aplique a regra um.
Anônimo

Uma pergunta clara deve ser seguida
por uma ação em silêncio.
Dante Alighieri

Você virá e pegará livros que abrirão seus olhos
e seus ouvidos e sua curiosidade,
e o virarão às avessas ou de cabeça para baixo.
Ralph Waldo Emerson

Resumo

20.1 Introdução

Nos capítulos anteriores usamos formulários Windows (Windows Forms) e controles Windows para desenvolver aplicativos Windows. Neste capítulo apresentaremos o *desenvolvimento de aplicativos baseado na Web* com a tecnologia ASP .NET da Microsoft. Os aplicativos baseados na Web criam conteúdo para clientes de navegador da Web. Esse conteúdo da Web pode incluir HTML (HyperText Markup Language — linguagem de marcação de hipertexto)[1], script no lado do cliente, imagens e dados binários.

Apresentaremos vários exemplos que demonstram desenvolvimento de aplicativos baseados na Web usando *formulários Web* (também conhecidos como *Web Forms* e *páginas Web Form*), *controles Web* (também conhecidos como *Web controls* e *controles de servidor ASP .NET*) e programação com C#. Os arquivos de formulários Web têm a extensão **.aspx** e contêm a GUI da página Web. Os programadores personalizam os formulários Web adicionando controles Web, os quais incluem rótulos, caixas de texto, imagens, botões e outros controles de GUI. O arquivo de formulário Web representa o modo como será a página Web enviada para o navegador cliente. [*Nota:* deste ponto em diante, vamos nos referir aos arquivos de formulários Web como *arquivos ASPX*.]

Todo arquivo ASPX criado no Visual Studio tem uma classe correspondente escrita em uma linguagem de programação compatível com .NET, como o C#. Essa classe inclui manipuladores de evento, código de inicialização, métodos utilitários e outros trechos de código de suporte para a interface com o usuário no arquivo ASPX. O arquivo C# que contém essa classe é chamado de *arquivo de código de retaguarda* e fornece a implementação via programação do arquivo ASPX.

20.2 Transação HTTP simples

Antes de explorar mais a fundo o desenvolvimento de aplicativos baseados na Web, você precisa de um entendimento básico da interligação em rede e da World Wide Web. Nesta seção examinaremos o funcionamento interno do protocolo HTTP (HyperText Transfer Protocol — protocolo de transferência de hipertexto) e discutiremos o que ocorre nos bastidores quando um navegador exibe uma página Web. HTTP é um protocolo que especifica um conjunto de *métodos* e *cabeçalhos* que permitem aos clientes e servidores interagirem e trocarem informações de uma maneira uniforme e previsível.

Em sua forma mais simples, as páginas Web são documentos HTML; estes são arquivos de texto puro que contêm marcação (*marcas* ou *tags*) descrevendo as estruturas dos documentos. Por exemplo, a marcação HTML

```
<title>Meu Lindo Site Web</title>
```

1. Se você não estiver familiarizado com o HTML, leia os apêndices I e J antes de estudar este capítulo.

indica que o texto contido entre a *tag de início* **<title>** e a *tag de término* **</title>** é o título da página Web. Os documentos HTML também podem conter *links*, que permitem que os usuários naveguem, com seus navegadores da Web, para outras páginas Web. Quando o usuário ativa um link (normalmente clicando nele com o mouse), a página Web solicitada (ou uma parte diferente da mesma página Web) é carregada na janela do navegador do usuário.

Todo documento HTML disponível na Web tem um URL (Uniform Resource Locator — localizador de recurso uniforme), que indica a localização de um recurso. O URL contém informações que direcionam os navegadores da Web para o documento. Os computadores que executam software *servidor da Web* fornecem tais recursos. O IIS (Internet Information Service — serviço de informação da internet), da Microsoft, é o servidor da Web que os programadores usam ao desenvolver aplicativos da Web ASP .NET no Visual Studio.

Vamos examinar os componentes do URL:

```
http://www.deitel.com/books/downloads.htm
```

A parte **http://** indica que o recurso deve ser obtido usando-se HTTP. A parte central — **www.deitel.com** — é o *nome de host* totalmente qualificado do servidor. O nome de host é o nome do computador no qual o recurso reside. Normalmente, esse computador é referido como *host*, pois ele abriga e mantém os recursos. O nome de host **www.deitel.com** é transformado em um *endereço IP* (**207.60.134.230**), que identifica o servidor de uma maneira semelhante àquela pela qual um número de telefone define exclusivamente uma linha telefônica em particular. A transformação do nome de host em um endereço IP normalmente é realizada por um DNS (Domain Name Server — servidor de nomes de domínio), um computador que mantém um banco de dados de nomes de host e seus endereços IP correspondentes. Essa operação de transformação é chamada de *consulta de DNS*.

O restante do URL fornece o nome e a localização do recurso solicitado, **/books/downloads.htm** (um documento HTML). Essa parte do URL especifica o nome do recurso (**downloads.htm**) e seu caminho ou localização (**/books**) no servidor da Web. O caminho poderia especificar a localização de um diretório no sistema de arquivo do servidor da Web. Entretanto, por questões de segurança, os caminhos freqüentemente especificam a localização de um *diretório virtual*. Nesses sistemas, o servidor transforma o diretório virtual em uma localização real no servidor (ou em outro computador na rede do servidor), ocultando assim a localização real do recurso. Além disso, alguns recursos são criados dinamicamente e não residem em nenhum lugar do computador servidor. O nome de host no URL para esse recurso especifica o servidor e o caminho corretos, e as informações do recurso identificam sua localização, com a qual responde ao pedido do cliente.

Quando um URL é fornecido, um navegador executa uma transação HTTP simples para recuperar e exibir uma página Web. A Figura 20.1 ilustra essa transação em detalhes. A transação consiste na interação entre o navegador da Web (o lado do cliente) e o aplicativo servidor da Web (o lado do servidor).

Na Figura 20.1, o navegador da Web envia um pedido HTTP para o servidor. O pedido (em sua forma mais simples) é:

```
GET /books/downloads.htm HTTP/1.1
```

A palavra ***GET*** é um método HTTP indicando que o cliente deseja obter um recurso do servidor. O restante do pedido fornece o nome do caminho do recurso e o nome e o número de versão do protocolo (**HTTP/1.1**).

Qualquer servidor que entenda HTTP (versão 1.1) pode traduzir esse pedido e responder apropriadamente. A Figura 20.2 mostra a resposta de um servidor da Web quando há um pedido com êxito. O servidor responde primeiramente enviando

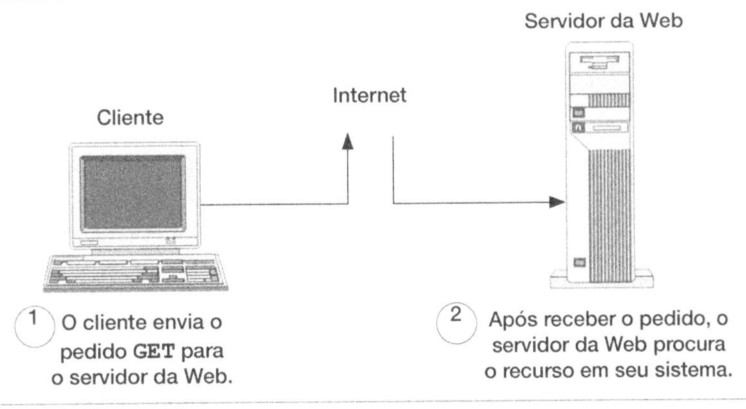

Figura 20.1 Interação servidor da Web/cliente. Passo 1: o pedido GET, GET /books/downloads.htm HTTP/1.1.

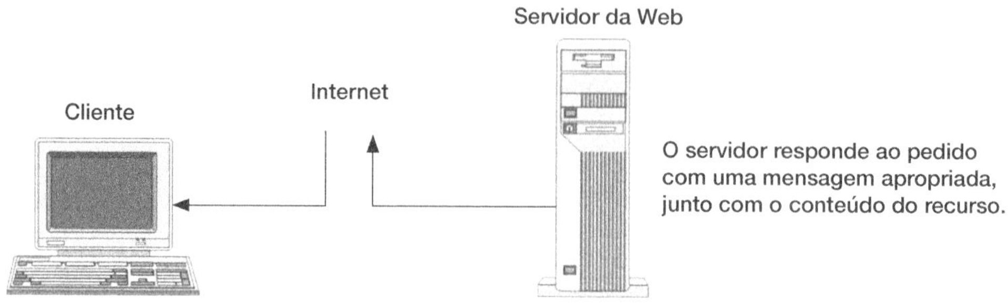

Figura 20.2 Cliente interagindo com o servidor da Web. Passo 2: a resposta HTTP, `HTTP/1.1 200 OK`.

uma linha de texto que indica a versão de HTTP, seguido de um código numérico e uma frase, ambos descrevendo o status da transação. Por exemplo,

```
HTTP/1.1 200 OK
```

indica sucesso, enquanto

```
HTTP/1.1 404 Arquivo não encontrado
```

informa ao cliente que o servidor da Web não conseguiu localizar o recurso solicitado.

Então, o servidor envia um ou mais *cabeçalhos HTTP*, que fornecem informações sobre os dados que serão enviados. Nesse caso, o servidor está enviando um documento de texto HTML, de modo que o cabeçalho HTTP desse exemplo indica:

```
Content-type: text/html
```

Esse cabeçalho especifica o tipo MIME (Multipurpose Internet Mail Extensions — extensões multipropósito do correio da Internet) do conteúdo que o servidor está transmitindo para o navegador. MIME é um padrão da Internet usado para identificar diversos tipos de dados, para que os programas possam interpretar esses dados corretamente. Por exemplo, o tipo MIME **`text/plain`** indica que as informações são texto puro que um navegador da Web pode exibir diretamente, sem nenhuma formatação especial. Analogamente, o tipo MIME **`image/gif`** indica que o conteúdo transmitido é uma imagem GIF, permitindo que o navegador da Web exiba a imagem apropriadamente.

O conjunto de cabeçalhos é seguido por uma linha em branco, que indica para o cliente que o servidor terminou de enviar cabeçalhos HTTP. Então, o servidor envia o conteúdo do documento HTML solicitado (**`downloads.htm`**). O servidor encerra a conexão quando a transferência do recurso está completa. Nesse ponto, o navegador no lado do cliente analisa o código HTML que recebeu e *representa* (ou exibe) os resultados.

20.3 Arquitetura do sistema

A maioria dos aplicativos baseados na Web é composta de *aplicativos multicamadas* (*multi-tier*, às vezes chamados de aplicativos de *n* camadas, ou *n-tier*). Os aplicativos multicamadas dividem a funcionalidade em *camadas* (*tiers*) separadas (isto é, agrupamentos lógicos de funcionalidade). Embora as camadas possam estar localizadas no mesmo computador, as camadas de aplicativos baseados na Web normalmente residem em computadores distintos. A Figura 20.3 apresenta a estrutura básica de um aplicativo baseado na Web de três camadas.

A *camada de informações* (também chamada de *camada de dados* ou *camada inferior*) mantém dados pertencentes ao aplicativo. Essa camada normalmente armazena dados em um *sistema gerenciador de bancos de dados relacional* (SGBDR). Discutimos os SGBDRs no Capítulo 19. Por exemplo, uma loja de varejo poderia manter um banco de dados para armazenar informações de produto, como descrições, preços e quantidades em estoque. O mesmo banco de dados também poderia conter informações sobre os clientes, como nomes de usuário, endereços de cobrança e números de cartão de crédito. Essa camada pode compreender vários bancos de dados, os quais, juntos, contêm os dados necessários para nosso aplicativo.

A *camada intermediária* implementa a *lógica do negócio*, a *lógica controladora* e a *lógica de apresentação* para controlar as interações entre os clientes e os dados do aplicativo. A camada intermediária atua como um intermediário entre os dados da camada de informações e os clientes do aplicativo. A lógica controladora da camada intermediária processa os pedidos do cliente (como os pedidos para ver um catálogo de produtos) e recupera dados do banco de dados. A lógica de apre-

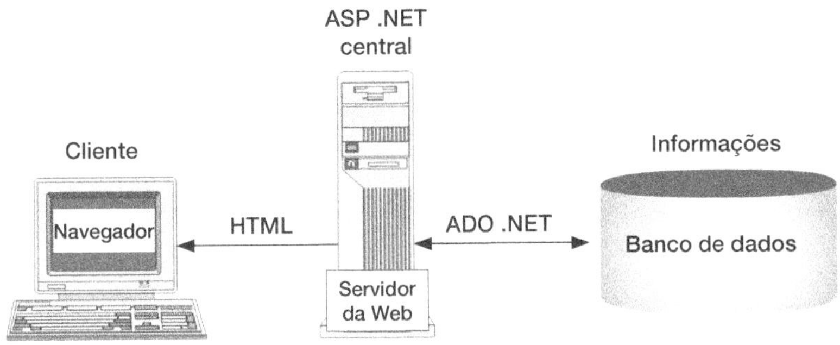

Figura 20.3 Arquitetura de três camadas.

sentação da camada intermediária processa então os dados da camada de informações e apresenta o conteúdo para o cliente. Normalmente, os aplicativos da Web apresentam dados para os clientes na forma de documentos HTML.

A lógica do negócio na camada intermediária impõe *regras do negócio* e garante que os dados sejam confiáveis, antes que o aplicativo servidor atualize o banco de dados ou apresente os dados para os usuários. As regras do negócio dizem como os clientes podem e não podem acessar dados do aplicativo e como os aplicativos processam os dados.

A *camada do cliente* ou *camada superior* é a interface com o usuário do aplicativo, que normalmente é um navegador da Web. Os usuários interagem diretamente com o aplicativo por meio da interface. A camada do cliente interage com a camada intermediária para fazer pedidos e recuperar dados da camada de informações. Então, a camada do cliente exibe para o usuário os dados recuperados pela camada intermediária.

20.4 Criando e executando um exemplo de formulário Web simples

Nesta seção apresentaremos nosso primeiro exemplo de aplicativo ASP .NET. Quando executado, esse programa exibe o texto **A Simple Web Form Example**, seguido da hora do servidor da Web. Conforme mencionado, o programa consiste em dois arquivos relacionados — um arquivo ASPX (Figura 20.4) e um arquivo de código de retaguarda C# (Figura 20.5). Apresentaremos primeiro a marcação no arquivo ASPX, o código no arquivo de código de retaguarda e a saída do aplicativo; em seguida, o conduziremos cuidadosamente pelo processo passo a passo de criação desse programa. [*Nota:* a marcação na Figura 20.4 e em outras listagens de arquivo ASPX deste capítulo foi reformatada para propósitos de apresentação.]

```
<%-- Fig. 20.4: WebTime.aspx            --%>
<%-- Uma página que contém dois rótulos. --%>

<%@ Page language="c#" Codebehind="WebTime.aspx.cs"
   AutoEventWireup="false" Inherits="WebTime.WebTimeTest"
   EnableSessionState="False" enableViewState="False"%>

<!DOCTYPE HTML PUBLIC "-//W3C//DTD HTML 4.0 Transitional//EN" >

<HTML>
   <HEAD>
      <title>WebTime</title>
         <meta name="GENERATOR"
            Content="Microsoft Visual Studio 7.0">
         <meta name="CODE_LANGUAGE" Content="C#">
         <meta name="vs_defaultClientScript"
            content="JavaScript">
         <meta name="vs_targetSchema"
         content="http://schemas.microsoft.com/intellisense/ie5">
   </HEAD>

   <body MS_POSITIONING="GridLayout">
      <form id="WebForm1" method="post" runat="server">
```

Figura 20.4 Página ASPX que mostra a hora do servidor da Web. (Parte 1 de 2.)

```
24            <asp:Label id="promptLabel" style="Z-INDEX: 101;
25               LEFT: 25px; POSITION: absolute; TOP: 23px"
26               runat="server" Font-Size="Medium">
27               A Simple Web Form Example
28            </asp:Label>
29
30            <asp:Label id="timeLabel" style="Z-INDEX: 102;
31               LEFT: 25px; POSITION: absolute; TOP: 55px"
32               runat="server" Font-Size="XX-Large"
33               BackColor="Black" ForeColor="LimeGreen">
34            </asp:Label>
35         </form>
36      </body>
37   </HTML>
```

Figura 20.4 Página ASPX que mostra a hora do servidor da Web. (Parte 2 de 2.)

O Visual Studio gera a marcação mostrada na Figura 20.4, quando o programador arrasta dois **Label**s para um formulário Web e configura suas propriedades. Note que o arquivo ASPX contém outras informações além do código HTML.

As linhas 1 e 2 da Figura 20.4 são *comentários ASP .NET* que indicam o número da figura, o nome do arquivo e o objetivo do arquivo. Os comentários ASP.NET começam com **<%--** e terminam com **--%>**. As linhas 4 a 6 usam a diretiva ***<%@ Page...%>*** para especificar as informações necessárias para processar esse arquivo. A linguagem de programação do arquivo de código de retaguarda é especificada como ***C#***, e o arquivo de código de retaguarda é chamado **WebTime.aspx.cs**.

O atributo ***AutoEventWireup*** determina como os manipuladores de evento são vinculados aos eventos de um controle. Quando **AutoEventWireup** é configurado como **true**, o ASP .NET determina quais métodos da classe serão chamados em resposta a um evento gerado pela interação de um usuário com a página Web. O ASP .NET chamará os manipuladores de evento corretos para um controle Web (baseado em uma convenção de atribuição de nomes específica para manipuladores de evento), sem usar um delegado, eliminando assim a necessidade de o programador adicionar um delegado para o manipulador de evento. Essa eliminação é particularmente conveniente quando os desenvolvedores não estão usando Visual Studio e, portanto, devem escrever todo o código eles mesmos. Quando o Visual Studio .NET gera um arquivo ASPX, ele configura **AutoEventWireup** como **false**, pois o Visual Studio gera os delegados de evento necessários para nós. Se configurássemos **AutoEventWireup** como **true** no Visual Studio (onde todos os delegados são adicionados automaticamente), um manipulador de evento poderia ser chamado duas vezes — uma vez por meio do delegado e outra como resultado de **AutoEventWireup**.

O atributo ***Inherits*** especifica a classe no arquivo de código de retaguarda, da qual esse documento ASP .NET herda — nesse caso, **WebTimeTest**. Falaremos mais a respeito de **Inherits** em breve. [*Nota:* configuramos explicitamente o atributo ***EnableViewState*** e o atributo ***EnableSessionState*** como **false**. Vamos explicar o significado desses atributos posteriormente neste capítulo.]

A linha 8, chamada de *declaração de tipo de documento*, especifica o nome do elemento documento (**HTML**) e o URI (Uniform Resource Identifier — identificador de recurso uniforme) da DTD. As linhas 10 e 11 contêm as tags de início **<HTML>** e **<HEAD>**, respectivamente. Os documentos **HTML** têm o elemento raiz **HTML** e informações de marcação sobre o documento, no elemento **HEAD**. A linha 12 configura o tipo dessa página Web. As linhas 13 a 19 exibem uma série de ***meta****elementos*, que contêm informações sobre o documento. Dois importantes atributos de **meta**elemento são: **name**, que identifica o **meta**elemento, e ***content***, que armazena os dados do **meta**elemento. O Visual Studio gera esses **meta**elementos quando um arquivo ASPX é criado.

A linha 22 contém a tag de início **<body>**, que marca o começo do conteúdo visível da página Web; o corpo contém o que o navegador exibe. O **Form** que contém nossos controles é definido nas linhas 23 a 35. Observe o atributo ***runat***, na linha 23, que é configurado como ***"server"***. Esse atributo indica que o servidor processa o formulário e gera código HTML para enviar ao cliente.

As linhas 24 a 28 e 30 a 34 exibem a marcação de dois controles Web **Label**. As propriedades que configuramos na janela **Properties**, como **Font-Size** e **Text**, são atributos aqui. O prefixo ***asp:*** *tag* na declaração da tag ***Label*** indica que o rótulo é um controle Web ASP .NET. Cada controle Web é mapeado em um elemento HTML correspondente.

Dica de portabilidade 20.1

Um único tipo de controle Web pode ser mapeado em diferentes elementos HTML, dependendo do navegador cliente e das configurações de propriedade do controle Web.

Nesse exemplo o controle **asp:Label** é mapeado no elemento HTML ***span***. Um elemento **span** contém somente texto. Esse elemento em particular é usado porque os elementos **span** facilitam a aplicação de estilos no texto. Vários dos valores de propriedade que foram aplicados em nossos rótulos são representados como parte do atributo **style** do elemento **span**. Veremos os elementos **span** criados por esse controle em breve.

Cada controle Web em nosso exemplo contém o par atributo–valor **runat="server"**, pois esses controles devem ser processados no servidor. Se esse par de atributos não estiver presente, o elemento **asp:Label** será escrito no cliente (isto é, o controle não será convertido em um elemento **span**, e o navegador da Web não representará o elemento corretamente).

A Figura 20.5 apresenta o arquivo de código de retaguarda de nosso exemplo. Lembre-se de que o arquivo ASPX, na Figura 20.4, referencia esse arquivo na linha 4. Apresentamos a listagem do código completa aqui. Nos exemplos restantes omitiremos partes do código gerado que não são relevantes para nossa discussão. Nesses exemplos inserimos um comentário para indicar onde o código gerado apareceria.

Observe as instruções **using**, nas linhas 10 a 16. Essas instruções especificam espaços de nomes que contêm classes para desenvolver aplicativos baseados na Web. O principal espaço de nomes que focalizaremos inicialmente é ***System.Web***, que contém classes que gerenciam pedidos do cliente e respostas do servidor. Alguns dos outros espaços de nomes definem os controles disponíveis e várias manipulações desses controles; discutiremos os outros espaços de nomes por todo o capítulo, quando eles se tornarem mais relevantes.

```
1  // Fig. 20.5: WebTime.aspx.cs
2  // O arquivo de código de retaguarda de uma página
3  // que exibe a hora do servidor da Web.
4
5  using System;
6  using System.Collections;
7  using System.ComponentModel;
8  using System.Data;
9  using System.Drawing;
10 using System.Web;
11 using System.Web.SessionState;
12
13 // definições dos controles gráficos usados em formulários Web
14 using System.Web.UI;
15 using System.Web.UI.WebControls;
16 using System.Web.UI.HtmlControls;
17
18 namespace WebTime
```

Figura 20.5 Arquivo de código de retaguarda de uma página que exibe a hora do servidor da Web[2]. (Parte 1 de 2.)

2. Para poder carregar os exemplos deste capítulo fornecidos no CD que acompanha o livro no Visual Studio, você precisará definir no IIS um diretório virtual que corresponda ao diretório físico onde está o projeto. Use o **Assistente para criação de diretório virtual** do IIS para definir tal diretório virtual, usando os dados fornecidos na janela de aviso do Visual Studio:

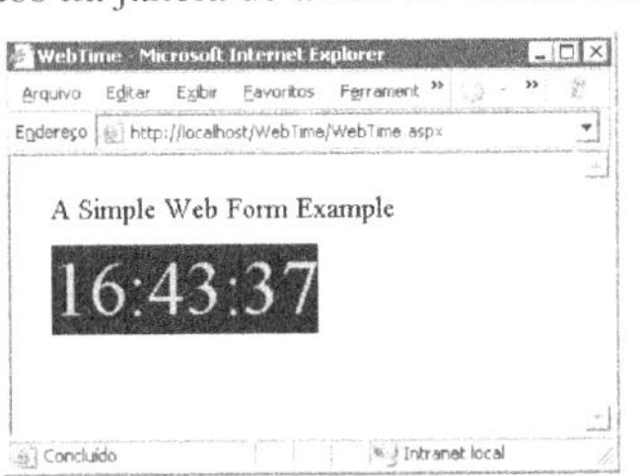

No exemplo da figura acima, a janela de aviso indica que se deve criar um alias **WebTime** que aponte para o diretório **C:\CSHow\examples\ch20\WebTime**. Aceite as permissões de acesso padrão marcadas no **Assistente** e, após clicar em **Concluir**, você já poderá carregar o projeto. Além disso, para executar o exemplo, é necessário definir uma página inicial, dentro do Visual Studio. Na janela do **Solution Explorer**, clique com o botão direito do mouse em **WebTime.aspx** e clique em **Set As Start Page**.

O mesmo procedimento (definição de diretório virtual para carregar o projeto e de página inicial para executá-lo) é necessário também para os demais exemplos do capítulo. Por outro lado, aplicativos para a Web NOVOS desenvolvidos dentro do Visual Studio não precisam desse procedimento, pois o próprio ambiente faz essa configuração durante a criação do projeto. (N.R.T.)

```
{
   /// <summary>
   /// display current time
   /// </summary>
   public class WebTimeTest : System.Web.UI.Page
   {
      protected System.Web.UI.WebControls.Label promptLabel;
      protected System.Web.UI.WebControls.Label timeLabel;

      // manipulador do evento Load
      private void Page_Load(
         object sender, System.EventArgs e )
      {
         // exibe a hora atual
         timeLabel.Text =
            String.Format( "{0:D2}:{1:D2}:{2:D2}",
            DateTime.Now.Hour, DateTime.Now.Minute,
            DateTime.Now.Second );
      }

      // manipulador do evento Init; configura
      // timeLabel com a hora do servidor da Web
      #region Web Form Designer generated code
      override protected void OnInit( EventArgs e )
      {
         //
         // CODEGEN: essa chamada é exigida pelo
         // ASP.NET Web Form Designer.
         //
         InitializeComponent();
         base.OnInit( e );
      }

      /// <summary>
      /// Método exigido para o suporte do projetista - não modifique
      /// o conteúdo deste método com o editor de código
      /// </summary>
      private void InitializeComponent()
      {
         this.Load += new System.EventHandler(
            this.Page_Load );
      }
      #endregion

   } // fim da classe WebTimeTest

} // fim do espaço de nomes WebTime
```

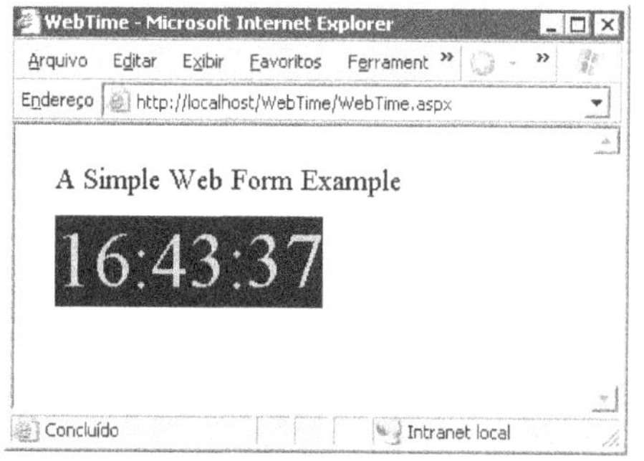

Figura 20.5 Arquivo de código de retaguarda de uma página que exibe a hora do servidor da Web. (Parte 2 de 2.)

A linha 23 inicia a definição de classe para **WebTimeTest**, que herda da classe ***Page***. Essa classe define a página Web solicitada e está localizada no espaço de nomes ***System.Web.UI*** (linha 14), que contém classes para a criação de aplicativos e controles baseados na Web. A classe **Page** também fornece manipuladores de evento e objetos necessários para a criação de aplicativos baseados na Web. Além da classe **Page** (da qual todos os formulários Web herdam direta ou indiretamente), **System.Web.UI** também inclui a classe ***Control***, que fornece funcionalidade comum para todos os controles Web.

As linhas 25 e 26 declaram referências para dois **Label**s. Esses **Label**s são controles Web definidos no espaço de nomes ***System.Web.UI.WebControls*** (linha 15). Esse espaço de nomes contém controles Web empregados no projeto da interface com o usuário da página. Os controles Web desse espaço de nomes derivam da classe ***WebControl***.

As linhas 42 a 50 definem o método ***OnInit***, que é chamado quando o evento ***Init*** é disparado. Esse evento, que é o primeiro evento lançado quando um cliente solicita o formulário Web, indica que a página está pronta para ser inicializada. O método **OnInit** chama o método **InitializeComponent** (definido nas linhas 56 a 60). Assim como nos formulários Windows, esse método é usado para configurar algumas propriedades iniciais dos controles do aplicativo. O método também pode ser usado para registrar eventos. O método **InitializeComponent** cria e anexa um manipulador para o evento ***Load***, que é disparado quando a página é carregada (esse evento ocorre depois que todos os controles Web na página tiverem sido inicializados e carregados). Após a execução de **InitializeComponent**, o método **OnInit** chama o método **OnInit** da classe base (de **Page**) para realizar toda inicialização adicional que possa ser exigida (linha 49).

Como o arquivo ASPX e o arquivo de código de retaguarda são usados para criar a página Web que é enviada para o cliente? Primeiro, lembre-se de que a classe **WebTimeTest** é a classe base especificada na linha 5 do arquivo ASPX (Figura 20.4). A classe **WebTimeTest** herda de **Page**, que define a funcionalidade geral de uma página Web. Além de herdar essa funcionalidade, **WebTimeTest** define a sua própria (isto é, exibir a hora atual). O arquivo de código de retaguarda é o arquivo que define essa funcionalidade, enquanto o arquivo ASPX define a GUI. Quando um cliente solicita um arquivo ASPX, uma classe é criada nos bastidores, contendo o aspecto visual (definido no arquivo ASPX) e a lógica de nossa página (definida no arquivo de código de retaguarda). A nova classe herda de **Page**. Na primeira vez que nossa página Web é solicitada, essa classe é compilada e uma instância é criada. Essa instância representa nossa página — ela cria o código HTML que é enviado para o cliente. A montagem criada a partir de nossa classe compilada é colocada no diretório **bin** do projeto.

Dica de desempenho 20.1

Uma vez criada uma instância da página Web, vários clientes podem usá-la para acessar a página — nenhuma recompilação é necessária. O projeto será recompilado apenas quando um programador modificar o aplicativo; essas alterações são detectadas pelo ambiente de tempo de execução, e o projeto é recompilado para refletir o conteúdo alterado.

Vamos ver brevemente como o código de nossa página Web é executado. Quando o servidor da Web cria uma instância de nossa página para atender o pedido de um cliente, o evento **Init** ocorre primeiro, chamando o método **OnInit**. Esse método chama **InitializeComponent**. Além disso, o método **OnInit** poderia conter código para inicializar objetos. Depois disso, o evento **Load** é gerado e chama o método **Page_Load**. Esse manipulador de evento executa todo processamento necessário para restaurar dados que foram usados em pedidos anteriores da página. As linhas 33 a 36 do manipulador de evento **Load** configuram a propriedade **Text** de **timeLabel** com a hora do servidor da Web. Incluímos esse código no manipulador de evento **Load** para que a hora fosse atualizada com cada pedido de página. Depois que esse manipulador de evento termina de executar, a página processa todos os eventos lançados pelos controles da página. Isso inclui a manipulação de todos os eventos gerados pelo usuário, como cliques de botão. Quando o objeto formulário Web está pronto para a coleta de lixo, um evento ***Unload*** é gerado. Embora não esteja presente em nosso exemplo, o manipulador de evento ***Page_Unload*** é herdado da classe **Page**. Esse manipulador de evento contém código que libera recursos, especialmente todos os *recursos não gerenciados* (isto é, recursos não gerenciados pelo CLR).

A Figura 20.6 mostra o código HTML gerado pelo aplicativo ASP .NET. Para ver esse código HTML, selecione **Exibir > Código fonte** no Internet Explorer.

```
<!-- Fig. 20.6: WebTime.html                    -->
<!-- O código HTML gerado quando WebTime é carregado. -->

```

Figura 20.6 Resposta HTML quando o navegador chama WebTime.aspx. (Parte 1 de 2.)

```
4  <!DOCTYPE HTML PUBLIC "-//W3C//DTD HTML 4.0 Transitional//EN" >
5
6  <HTML>
7     <HEAD>
8        <title>WebTime</title>
9        <meta name="GENERATOR"
10          Content="Microsoft Visual Studio 7.0">
11       <meta name="CODE_LANGUAGE" Content="C#">
12       <meta name="vs_defaultClientScript" content="JavaScript">
13       <meta name="vs_targetSchema"
14          content="http://schemas.microsoft.com/intellisense/ie5">
15    </HEAD>
16
17    <body MS_POSITIONING="GridLayout">
18       <form name="WebForm1" method="post"
19          action="WebTime.aspx" id="WebForm1">
20          <input type="hidden" name="__VIEWSTATE"
21             value="dDwtNjA2MTkwMTQ5Ozs+" />
22
23          <span id="promptLabel"
24             style="font-size:Medium;Z-INDEX: 101; LEFT: 25px;
25             POSITION: absolute; TOP: 23px">
26             A Simple Web Form Example
27          </span>
28
29          <span id="timeLabel" style="color:LimeGreen;
30             background-color:Black;font-size:XX-Large;
31             Z-INDEX: 102; LEFT: 25px; POSITION: absolute;
32             TOP: 55px">10:39:35
33          </span>
34       </form>
35    </body>
36 </HTML>
```

Figura 20.6 Resposta HTML quando o navegador chama **WebTime.aspx**. (Parte 2 de 2.)

O conteúdo dessa página é semelhante ao do arquivo ASPX. As linhas 7 a 15 definem um cabeçalho de documento semelhante ao da Figura 20.4. As linhas 17 a 35 definem o corpo do documento. A linha 18 inicia o formulário, que é um mecanismo para reunir informações do usuário e enviá-las para o servidor da Web. Nesse programa em particular, o usuário não envia dados para o servidor da Web, para processamento.

Os formulários HTML podem conter controles visuais e não-visuais. Os controles visuais incluem botões e outros controles de GUI com os quais o usuário interage. Os controles não-visuais, chamados de *entradas ocultas*, armazenam todos os dados que o autor do documento especifica, como endereços de e-mail digitados pelos usuários da página Web. Uma dessas entradas ocultas está definida nas linhas 20 e 21. Discutiremos o significado preciso dessa entrada oculta posteriormente neste capítulo. O atributo ***method*** do elemento **form** (linha 18) especifica o método por meio do qual o navegador da Web envia o formulário para o servidor (nesse exemplo, **post**). O atributo ***action*** no elemento **form** identifica o nome e a localização do recurso que será solicitado quando esse formulário for enviado; nesse caso, **WebTime.aspx**. Lembre-se de que o elemento **form** do arquivo ASPX continha o par atributo–valor **runat="server"**. Quando o elemento **form** é processado no servidor, os pares atributo–valor **name="WebForm1"** e **action="WebTime.aspx"** são adicionados no elemento HTML **form** enviado para o navegador cliente.

No arquivo ASPX, os rótulos do formulário eram controles Web. Aqui estamos vendo o código HTML criado por nosso aplicativo, de modo que o elemento **form** contém elementos **span** para representar o texto de nossos rótulos. Nesse caso em particular, o ASP .NET mapeia os controles Web **Label** em elementos HTML **span**. Cada elemento **span** contém informações de formatação, como o tamanho e o posicionamento do texto que está sendo exibido. A maior parte das informações especificadas como propriedades de **timeLabel** e **promptLabel** é especificada no atributo **style** de cada elemento **span**.

Agora que já apresentamos o arquivo ASPX e o arquivo de código de retaguarda, destacaremos o processo por meio do qual criamos esse aplicativo[3]:

1. *Crie o projeto.* Selecione **File > New > Project...** para apresentar a caixa de diálogo **New Project** (Figura 20.7). Nessa caixa de diálogo, selecione **Visual C# Projects** no painel da esquerda e, em seguida, ***ASP.NET Web Application***, no painel da direita. Note que o campo para o projeto está acinzentado. Em vez de usarmos esse campo, especificamos o nome e a localização do projeto no campo **Location**. Queremos que o projeto esteja localizado no endereço Web **`http://localhost`**, que é o URL do diretório raiz do IIS (normalmente, `C:\InetPub\wwwroot`). O nome *localhost* indica que o cliente e o servidor residem na mesma máquina. Se o servidor da Web estivesse localizado em uma máquina diferente, **`localhost`** seria substituído pelo endereço IP ou nome de host apropriado. Como padrão, o Visual Studio atribui ao projeto o nome **WebApplication1**, que mudamos para **`WebTime`**. O IIS deve estar em execução para que o projeto possa ser criado com êxito. O IIS pode ser iniciado executando-se **`inetmgr.exe`**, dando-se um clique com o botão direito do mouse em **Site Web padrão** na caixa de diálogo que aparece e selecionando-se **Iniciar**. [*Nota:* talvez você precise expandir o nó que representa seu computador, para apresentar o **Site Web padrão**.] Abaixo da caixa de texto **Location** aparece o texto **"Project will be created at http://localhost/WebTime"**. Isso indica que a pasta do projeto está localizada no diretório raiz do servidor da Web. Quando o desenvolvedor clica em **OK**, o projeto é criado; essa ação também produz um diretório virtual, que está vinculado à pasta de projeto. A caixa de diálogo ***Create New Web*** é apresentada em seguida, enquanto o Visual Studio cria o site Web no servidor (Figura 20.8).

2. *Examine o projeto recém-criado.* As próximas figuras descrevem o conteúdo do novo projeto. Começaremos com o **Solution Explorer**, ilustrado na Figura 20.9. Assim como acontece com os aplicativos Windows, o Visual Studio gera vários arquivos quando um novo **ASP .NET Web Application** é criado. **`WebForm1.aspx`** é o formulário Web. (**`WebForm1`** é o nome padrão desse arquivo.) Um arquivo de código de retaguarda também é

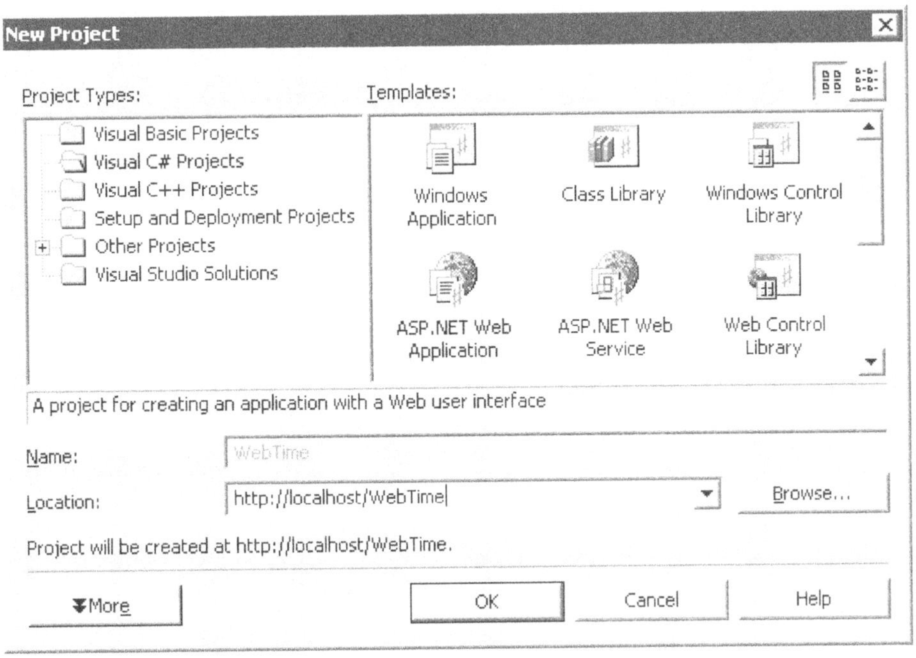

Figura 20.7 Criando um ASP .NET Web Application no Visual Studio.

3. Os passos fornecidos neste capítulo lhe permitem criar seus próprios aplicativos da Web. Se você quiser executar os exemplos deste capítulo contidos no CD, deve criar primeiro um diretório virtual no Microsoft Internet Information Services. Uma vez criado o diretório virtual e aberto o aplicativo, você precisará configurar a página inicial do aplicativo da Web. Para isso, clique com o botão direito do mouse no arquivo ASPX e selecione **Set as Start Page**.

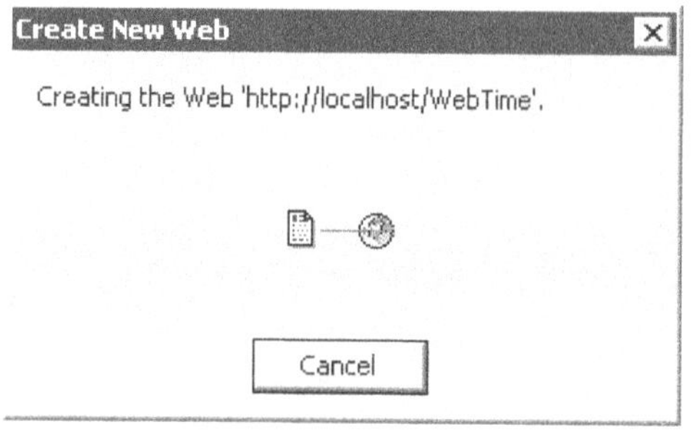

Figura 20.8 O Visual Studio criando e vinculando um diretório virtual para a pasta de projeto `WebTime`.

incluído como parte do projeto. Para ver o arquivo de código de retaguarda do arquivo ASPX, clique com o botão direito do mouse no arquivo ASPX e selecione **View Code**. Como alternativa, o programador pode clicar em um ícone para exibir todos os arquivos e, em seguida, expandir o nó de nossa página ASPX (veja a Figura 20.9). [*Nota:* para ver o arquivo de código de retaguarda relacionado no **Solution Explorer**, talvez você precise selecionar o ícone que exibe todos os arquivos.]

A Figura 20.10 mostra os **Web Forms** (formulários Web) relacionados na **Toolbox**. A figura da esquerda mostra o início da lista de controles Web, e a figura da direita exibe os controles Web restantes. Note que alguns controles são semelhantes aos controles Windows apresentados anteriormente no livro.

A Figura 20.11 mostra o projetista de formulários Web de **`WebForm1.aspx`**. Ele consiste em uma grade, na qual os usuários arrastam e soltam controles, como botões e rótulos, da **Toolbox**.

O modo ***HTML*** do projetista de formulários Web (Figura 20.12) permite que o programador veja a marcação que representa a interface com o usuário. Clicar no botão **HTML**, no canto inferior esquerdo do projetista de formulários Web, troca para o modo HTML. Analogamente, clicar no botão ***Design*** (à esquerda do botão **HTML**) retorna o projetista de formulários Web para o modo de projeto.

A Figura 20.13 exibe **`WebForm1.aspx.cs`** — o arquivo de código de retaguarda de **`WebForm1.aspx`**. Lembre-se de que o Visual Studio .NET gera esse arquivo de código de retaguarda quando o projeto é criado. Esse arquivo pode ser visto dando-se um clique com o botão direito do mouse no arquivo ASPX no **Solution Explorer** e selecionando-se **View Code**.

3. *Renomeie o arquivo ASPX.* Apresentamos o conteúdo do arquivo ASPX padrão e do arquivo de código de retaguarda. Agora vamos renomear esses arquivos. Clique com o botão direito do mouse no arquivo ASPX no **Solution Explorer** e selecione **Rename**. Forneça o novo nome de arquivo e pressione *Enter*. Isso atualiza o nome do arquivo ASPX e do arquivo de código de retaguarda. Nesse exemplo usamos o nome **`WebTime.aspx`**.

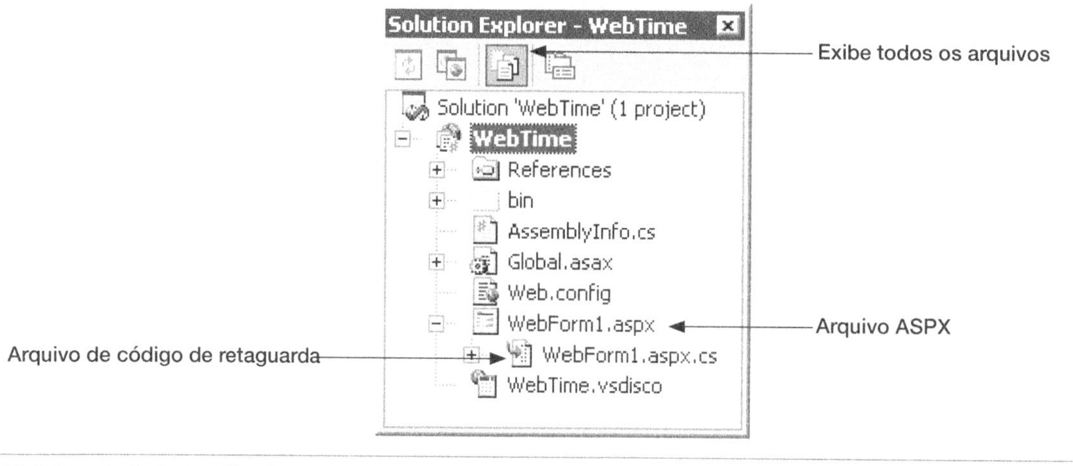

Figura 20.9 Janela Solution Explorer para o projeto `WebTime`.

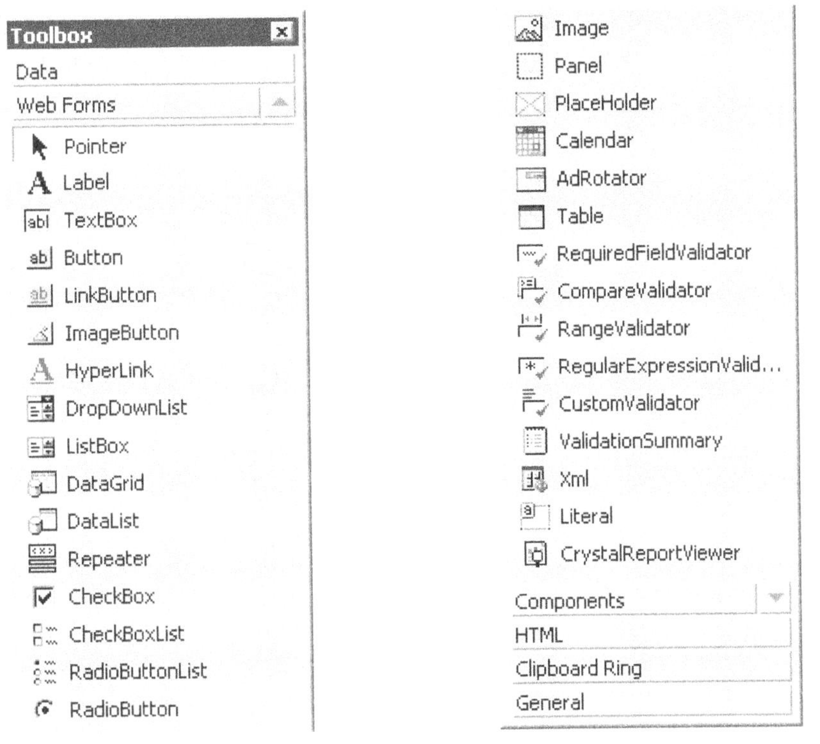

Figura 20.10 Menu Web Forms da Toolbox.

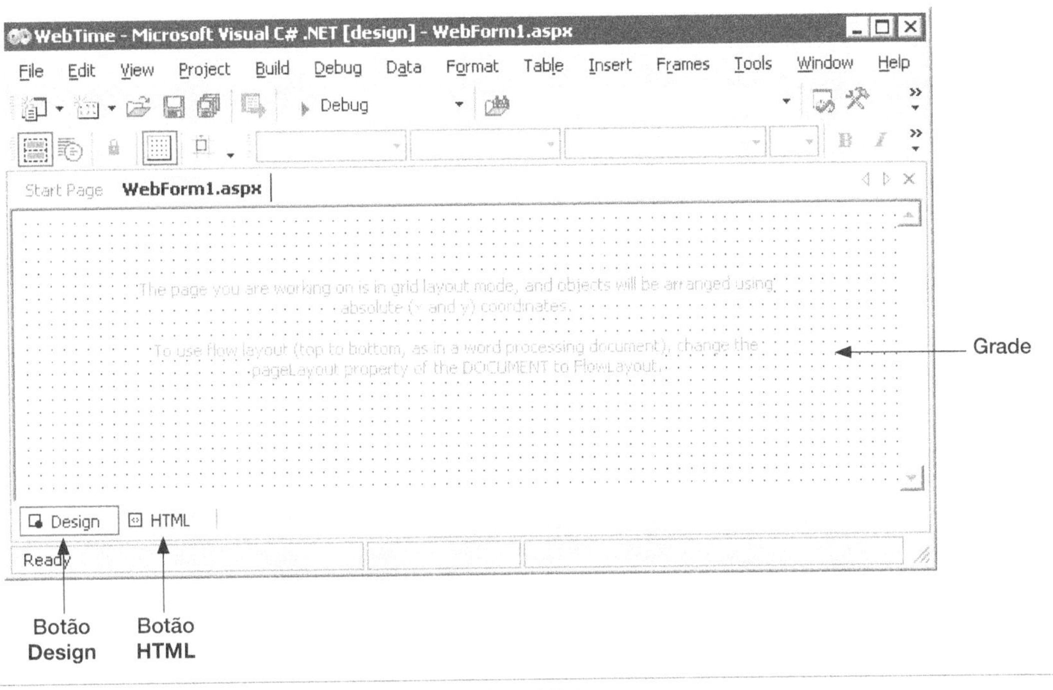

Figura 20.11 Modo Design (de projeto) do projetista de formulários Web.

4. *Projete a página*. Projetar um formulário Web é tão simples quanto projetar um formulário Windows. Para adicionar controles na página, arraste-os e solte-os da **Toolbox** no formulário Web. Assim como o próprio formulário Web, cada controle é um objeto que possui propriedades, métodos e eventos. Os desenvolvedores podem configurar essas propriedades e eventos usando a janela **Properties**.

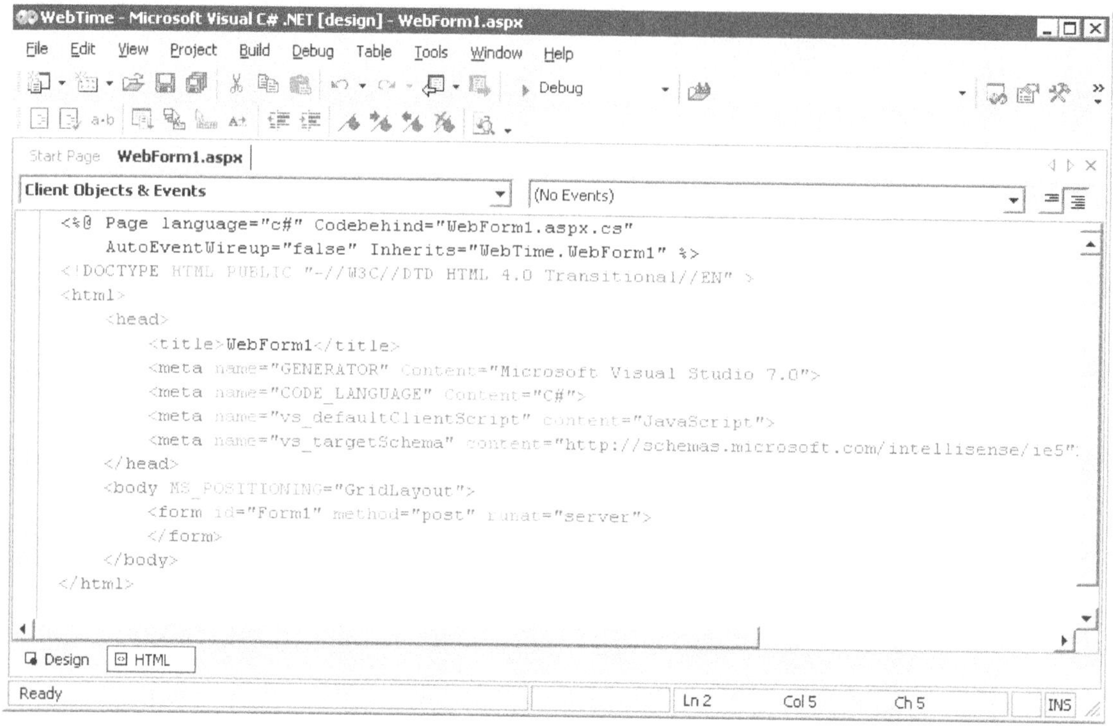

Figura 20.12 Modo **HTML** do projetista de formulários Web.

A propriedade ***PageLayout*** determina como os controles são organizados no formulário (Figura 20.14). Como padrão, a propriedade **PageLayout** é configurada como ***GridLayout***, o que especifica que todos os controles ficam localizados exatamente onde são soltos no formulário Web. Isso é chamado de *posicionamento absoluto*. Como alternativa, o desenvolvedor pode configurar a propriedade **PageLayout** do formulário Web como ***FlowLayout***, o que faz os controles serem colocados seqüencialmente no formulário Web. Isso é chamado de *posicionamento relativo*, pois as posições dos controles são relativas ao canto superior esquerdo do formulário Web. Usamos **GridLayout** para muitos de nossos exemplos. Para ver as propriedades do formulário Web, selecione ***DOCUMENT*** na lista suspensa da janela **Properties**; **DOCUMENT** é o nome usado para representar o formulário Web na janela **Properties**.

Nesse exemplo usamos dois **Label**s, que os desenvolvedores podem colocar no formulário Web arrastando e soltando ou dando um clique duplo no **Label** da **Toolbox**. Chame o primeiro **Label** de **promptLabel** e o segundo de **timeLabel**. Excluímos o texto de **timeLabel**, pois esse texto é configurado no arquivo de código de retaguarda. Quando um **Label** não contém texto, ele exibe seu nome entre colchetes no projetista de formulários Web (Figura 20.15), mas esse nome não é apresentado em tempo de execução. Configuramos o texto de **promptLabel** como **A Simple Web Form Example**.

Configuramos as propriedades **BackColor**, **ForeColor** e **Font-Size** de **timeLabel** como **Black**, **Lime-Green** e **XX-Large**, respectivamente. Para mudar as propriedades de fonte, o programador deve expandir o nó **Font** na janela **Properties** e, em seguida, alterar cada propriedade relevante individualmente. Também configuramos as posições e tamanhos dos rótulos arrastando os controles. Finalmente, configuramos as propriedades ***EnableSessionState*** e ***EnableViewState*** do formulário Web como **false** (essas propriedades são usadas para ativar o acompanhamento de sessão, discutido na Seção 20.6). Uma vez configuradas as propriedades dos **Label**s na janela **Properties**, o Visual Studio atualiza o conteúdo do arquivo ASPX. A Figura 20.15 mostra o IDE após a configuração dessas propriedades.

5. *Adicione a lógica da página.* Uma vez que a interface com o usuário tenha sido criada, o código C# deve ser adicionado no arquivo de código de retaguarda. Nesse exemplo, as linhas 33 a 36 da Figura 20.5 são adicionadas no arquivo de código de retaguarda. A instrução recupera a hora atual e a formata de modo que apareça no formato *HH:MM:SS*. Por exemplo, nove horas da manhã é formatada como **09:00:00**.

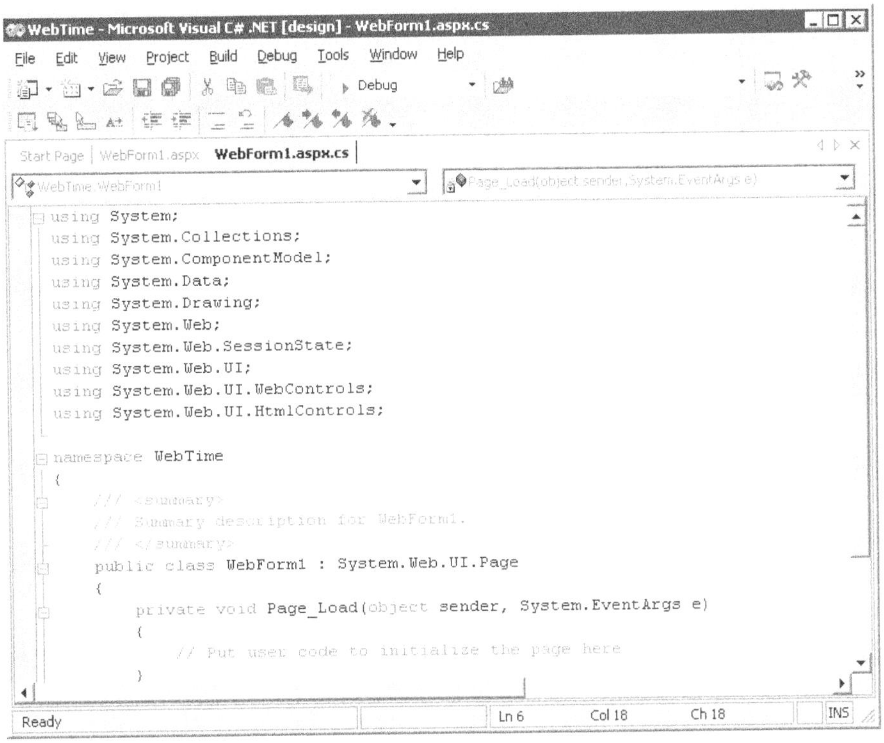

Figura 20.13 Arquivo de código de retaguarda de `WebForm1.aspx`, gerado pelo Visual Studio .NET.

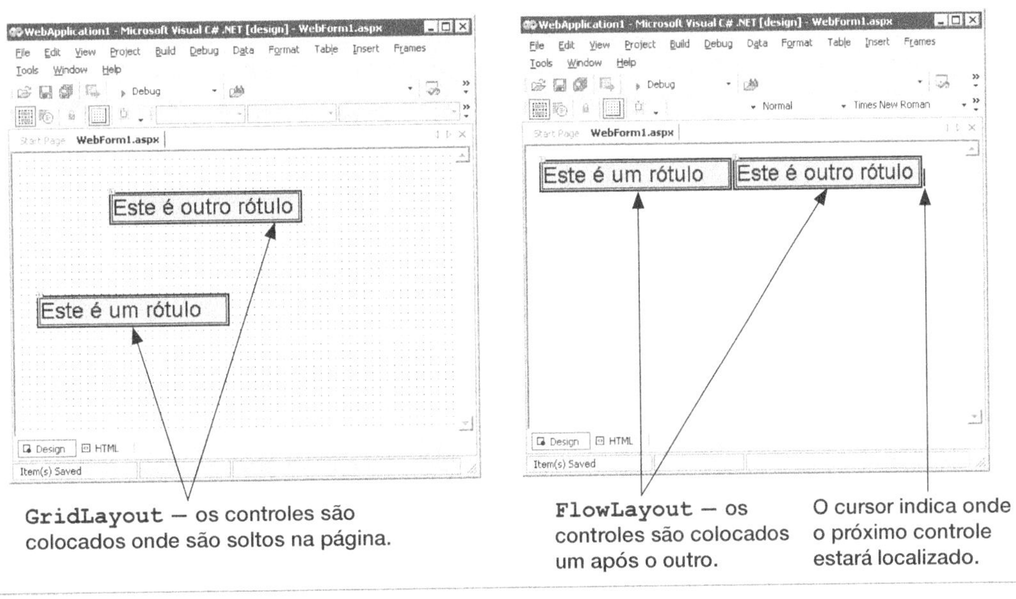

Figura 20.14 Ilustração de `GridLayout` e `FlowLayout`.

6. *Execute o programa*. Selecione **Debug > Start**. Uma janela do Internet Explorer se abre e carrega a página Web (o arquivo ASPX). Note que o URL é **`http://localhost/WebTime/WebTime.aspx`** (Figura 20.4), indicando que nosso arquivo ASPX está localizado no diretório **`WebTime`**, que está no diretório raiz do servidor da Web.

Após o formulário Web ser criado, o programador pode vê-lo de três maneiras diferentes. Primeiro, o programador pode selecionar **Debug>Start** (conforme descrito anteriormente), o que executa o aplicativo, abrindo uma janela do navegador. O IDE sai do modo **Run** ou **Debug** quando o navegador é fechado.

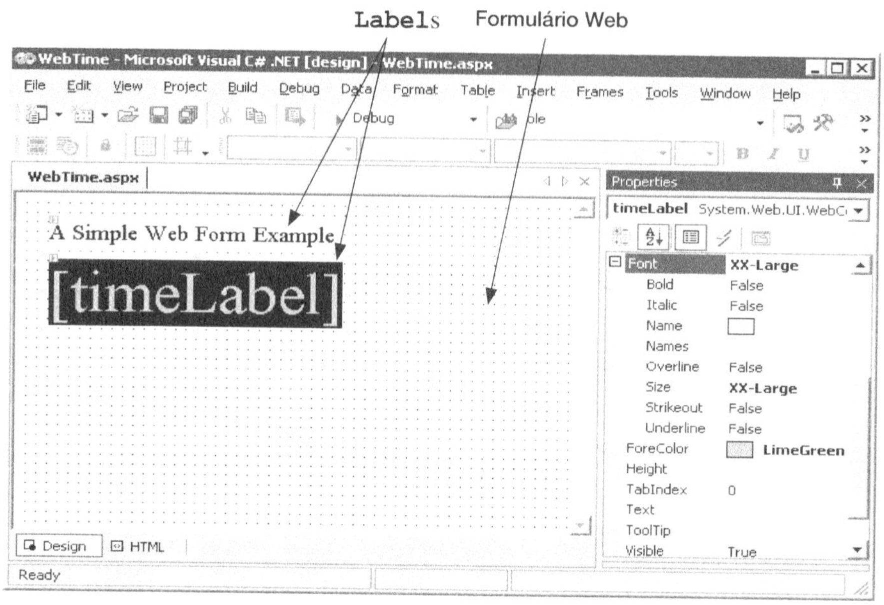

Figura 20.15 `WebForm.aspx` após a adição de dois `Labels` e a configuração de suas propriedades.

O programador também pode clicar com o botão direito do mouse no projetista de formulários Web ou no nome do arquivo ASPX (no **Solution Explorer**) e selecionar ***View In Browser***. Isso abre uma janela do navegador dentro do Visual Studio e apresenta uma prévia da página. Essa técnica permite que os desenvolvedores vejam como a página ficará quando for solicitada por um cliente, mas não compilará o arquivo de código de retaguarda. A terceira maneira de executar um aplicativo ASP .NET é abrir uma janela do navegador e digitar o URL da página Web. Ao testar um aplicativo ASP .NET no computador local, digite `http://localhost/`*PastaDoProjeto*/*NomeDaPágina*`.aspx`, onde *PastaDoProjeto* é a pasta em que a página reside (normalmente, o nome do projeto) e *NomeDaPágina* é o nome da página ASP .NET. Note que, se essa técnica for usada, a página já deverá estar compilada.

20.5 Controles Web

Esta seção apresenta alguns dos controles Web localizados na guia **Web Forms** da **Toolbox** (Figura 20.10). A Figura 20.16 resume alguns dos controles Web usados nos exemplos do capítulo[4].

20.5.1 Controles de texto e gráficos

O formulário da Figura 20.17 reúne entrada do usuário usando os controles relacionados na Figura 20.16. [*Nota:* esse exemplo não contém nenhuma funcionalidade (isto é, nenhuma ação ocorre quando o usuário clica em **Register**). Pedimos que você forneça a funcionalidade como exercício. Em exemplos posteriores, demonstraremos como adicionar funcionalidade em muitos desses controles Web.]

As linhas 34 a 37 definem um controle ***`Image`***, que coloca uma imagem em uma página Web. A propriedade ***`ImageUrl`*** (linha 36) especifica a localização do arquivo da imagem a ser exibida. Para especificar uma imagem, clique no botão de reticências ao lado da propriedade `ImageUrl` na janela **Properties**; a caixa de diálogo resultante permite que o programador navegue até a imagem desejada. A parte superior dessa caixa de diálogo mostra o conteúdo desse aplicativo. Se a imagem não fizer parte do projeto explicitamente, o programador precisará usar o botão **Browse** ou adicionar a imagem no projeto. Se a imagem estiver dentro do diretório de projeto (ou em qualquer subdiretório dele), essa imagem poderá ser adicionada explicitamente no projeto, exibindo-se todos os arquivos no **Solution Explorer**, dando-se um clique com o botão direito do mouse na imagem e selecionando-se **Include in Project**. Uma vez feito isso, a imagem será apresentada na lista de arquivos de projeto, na caixa

4. O ASP. NET também fornece controles, conhecidos como *controles HTML*, que representam controles HTML padrão. Em virtude da funcionalidade sofisticada fornecida pelos controles Web no ASP .NET, usamos esses tipos de controles no capítulo.

Controle Web	Descrição
`Label`	Exibe texto que o usuário não pode editar.
`Button`	Exibe um controle de botão.
`TextBox`	Reúne entrada do usuário e exibe texto.
`Image`	Exibe imagens (por exemplo, GIF e JPG).
`RadioButtonList`	Agrupa botões de rádio.
`DropDownList`	Exibe uma lista suspensa de opções, das quais o usuário pode selecionar um item.

Figura 20.16 Controles Web normalmente usados em aplicativos ASP .NET.

de diálogo que aparece quando o programador seleciona a propriedade **`ImageUrl`**. Dentro da caixa de diálogo, o usuário tem a opção de escolher **URL type**, que define como a localização da imagem será especificada no programa. Os desenvolvedores têm várias opções para **URL type**: eles podem especificar se desejam que a imagem seja referenciada como estando localizada no servidor, na máquina local ou relativa ao caminho atual. Optamos pela localização especificada como um caminho relativo.

As linhas 49 a 52 definem um controle ***TextBox***, que permite ao programador ler e exibir texto. As linhas 69 a 86 definem um controle ***RadioButtonList***, que fornece uma série de botões de rádio, dos quais o usuário pode selecionar apenas um. Cada botão de rádio (um controle também chamado, às vezes, de botão de opção) é definido usando-se um elemento ***ListItem*** (linhas 73 a 84). O controle ***HyperLink*** (linhas 88 a 92) adiciona um link em uma página Web. A propriedade ***NavigateUrl*** (linha 90) desse controle especifica o recurso solicitado (como **`http://www.deitel.com`**) quando o usuário clica no link. As linhas 94 a 114 definem um controle ***DropDownList***. Esse controle é semelhante a um controle **`RadioButtonList`**, no sentido de que ele permite ao usuário selecionar exatamente uma opção. Quando o usuário clica na lista suspensa, ela expande e apresenta uma lista na qual o usuário pode fazer uma seleção. As linhas 98 a 112 definem os elementos **`ListItem`** que aparecem quando a lista suspensa é expandida. Assim como o controle **`Button`** do Windows, o controle Web ***Button*** (linhas 137 a 140) representa um botão; um controle Web botão normalmente é mapeado em um elemento HTML **`input`** que tem o atributo **`type`** e o valor **`"button"`**.

```
1   <%-- Fig. 20.17: WebControls.aspx          --%>
2   <%-- Demonstrando alguns controles Web     --%>
3
4   <%@ Page language="c#" Codebehind="WebControls.aspx.cs"
5      AutoEventWireup="false" Inherits="WebControls.WebForm1"
6      EnableSessionState="False" enableViewState="False"%>
7
8   <!DOCTYPE HTML PUBLIC "-//W3C//DTD HTML 4.0 Transitional//EN" >
9
10  <HTML>
11     <HEAD>
12
13        <title>WebForm1</title>
14        <meta name="GENERATOR"
15           Content="Microsoft Visual Studio 7.0">
16        <meta name="CODE_LANGUAGE" Content="C#">
17        <meta name="vs_defaultClientScript"
18           content="JavaScript">
19        <meta name="vs_targetSchema"
20           content="http://schemas.microsoft.com/intellisense/ie5">
21
22     </HEAD>
23
24     <body MS_POSITIONING="GridLayout">
25
26        <form id="Form1" method="post" runat="server">
```

Figura 20.17 Demonstração de controles Web. (Parte 1 de 4.)

```

         <asp:Label id="welcomeLabel" style="Z-INDEX: 101;
            LEFT: 21px; POSITION: absolute; TOP: 17px"
            runat="server" Font-Bold="True" Font-Size="Medium">
            This is a sample registration form.
         </asp:Label>

         <asp:Image id="operatingImage" style="Z-INDEX: 121;
            LEFT: 21px; POSITION: absolute; TOP: 371px"
            runat="server" ImageUrl="images\os.png">
         </asp:Image>

         <asp:Image id="publicationImage" style="Z-INDEX: 120;
            LEFT: 21px; POSITION: absolute; TOP: 245px"
            runat="server" ImageUrl="images\downloads.png">
         </asp:Image>

         <asp:Image id="userImage" style="Z-INDEX: 119;
            LEFT: 21px; POSITION: absolute; TOP: 91px"
            runat="server" ImageUrl="images\user.png">
         </asp:Image>

         <asp:TextBox id="emailTextBox" style="Z-INDEX: 118;
            LEFT: 95px; POSITION: absolute;
            TOP: 161px" runat="server">
         </asp:TextBox>

         <asp:TextBox id="firstTextBox" style="Z-INDEX: 117;
            LEFT: 95px; POSITION: absolute; TOP: 127px"
            runat="server">
         </asp:TextBox>

         <asp:TextBox id="lastTextBox" style="Z-INDEX: 116;
            LEFT: 341px; POSITION: absolute;
            TOP: 127px" runat="server">
         </asp:TextBox>

         <asp:TextBox id="phoneTextBox" style="Z-INDEX: 115;
            LEFT: 341px; POSITION: absolute;
            TOP: 161px" runat="server">
         </asp:TextBox>

         <asp:RadioButtonList id="operatingRadioButtonList"
            style="Z-INDEX: 114; LEFT: 21px;
            POSITION: absolute; TOP: 409px" runat="server">

            <asp:ListItem Value="Windows NT">Windows NT
            </asp:ListItem>

            <asp:ListItem Value="Windows 2000">Windows 2000
            </asp:ListItem>

            <asp:ListItem Value="Windows XP">Windows XP
            </asp:ListItem>

            <asp:ListItem Value="Linux">Linux</asp:ListItem>

            <asp:ListItem Value="Other">Other</asp:ListItem>

```

Figura 20.17 Demonstração de controles Web. (Parte 2 de 4.)

```
         </asp:RadioButtonList>

         <asp:HyperLink id="booksHyperLink" style="Z-INDEX: 113;
            LEFT: 21px; POSITION: absolute; TOP: 316px"
            runat="server" NavigateUrl="http://www.deitel.com">
            Click here to view more information about our books.
         </asp:HyperLink>

         <asp:DropDownList id="booksDropDownList"
            style="Z-INDEX: 112; LEFT: 21px;
            POSITION: absolute; TOP: 282px" runat="server">

            <asp:ListItem Value="XML How to Program 1e">
               XML How to Program 1e
            </asp:ListItem>

            <asp:ListItem Value="C# How to Program 1e">
               C# How to Program 1e
            </asp:ListItem>

            <asp:ListItem Value="Visual Basic .NET How to Program 2e">
               Visual Basic .NET How to Program 2e
            </asp:ListItem>

            <asp:ListItem Value="C++ How to Program 3e">
               C++ How to Program 3e
            </asp:ListItem>

         </asp:DropDownList>

         <asp:Image id="phoneImage" style="Z-INDEX: 111;
            LEFT: 266px; POSITION: absolute; TOP: 161px"
            runat="server" ImageUrl="images\phone.png">
         </asp:Image>

         <asp:Image id="emailImage" style="Z-INDEX: 110;
            LEFT: 21px; POSITION: absolute; TOP: 161px"
            runat="server" ImageUrl="images\email.png">
         </asp:Image>

         <asp:Image id="lastImage" style="Z-INDEX: 109;
            LEFT: 266px; POSITION: absolute; TOP: 127px"
            runat="server" ImageUrl="images\lname.png">
         </asp:Image>

         <asp:Image id="firstImage" style="Z-INDEX: 108;
            LEFT: 21px; POSITION: absolute;
            TOP: 127px" runat="server"
            ImageUrl="images\fname.png">
         </asp:Image>

         <asp:Button id="registerButton" style="Z-INDEX: 107;
            LEFT: 21px; POSITION: absolute; TOP: 547px"
            runat="server" Text="Register">
         </asp:Button>

         <asp:Label id="bookLabel" style="Z-INDEX: 106;
            LEFT: 216px; POSITION: absolute; TOP: 245px"
            runat="server" ForeColor="DarkCyan">
```

Figura 20.17 Demonstração de controles Web. (Parte 3 de 4.)

```
            Which book would you like information about?
         </asp:Label>

         <asp:Label id="fillLabel" style="Z-INDEX: 105;
            LEFT: 218px; POSITION: absolute; TOP: 91px"
            runat="server" ForeColor="DarkCyan">
            Please fill out the fields below.
         </asp:Label>

         <asp:Label id="phoneLabel" style="Z-INDEX: 104;
            LEFT: 266px; POSITION: absolute;
            TOP: 198px" runat="server">
            Must be in the form (555)555-5555.
         </asp:Label>

         <asp:Label id="operatingLabel" style="Z-INDEX: 103;
            LEFT: 220px; POSITION: absolute; TOP: 371px"
            runat="server" Height="9px" ForeColor="DarkCyan">
            Which operating system are you using?
         </asp:Label>

         <asp:Label id="registerLabel" style="Z-INDEX: 102;
            LEFT: 21px; POSITION: absolute; TOP: 46px"
            runat="server" Font-Italic="True">
            Please fill in all fields and click Register.
         </asp:Label>

      </form>
   </body>
</HTML>
```

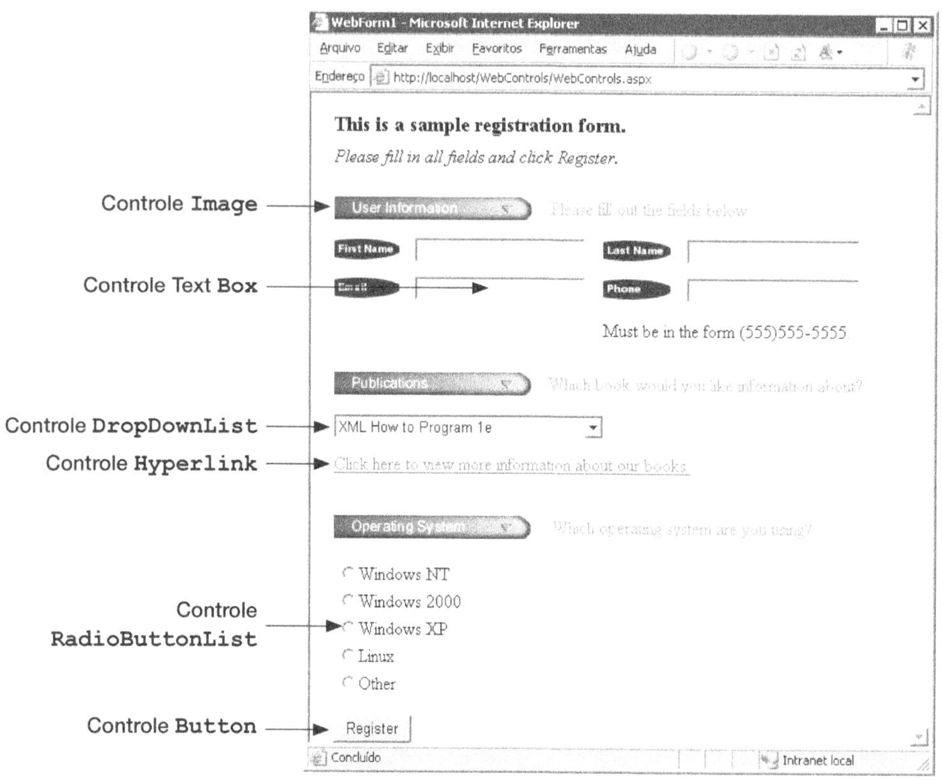

Figura 20.17 Demonstração de controles Web. (Parte 4 de 4.)

20.5.2 Controle AdRotator

As páginas Web freqüentemente contêm anúncios de produtos e serviços; esses anúncios normalmente consistem em imagens. Embora os autores de site Web queiram vender anúncios do máximo de patrocinadores possível, as páginas Web podem exibir apenas um número limitado de anúncios simultaneamente. Para tratar desse problema, o ASP .NET fornece o controle Web ***AdRotator***, para exibir anúncios. Usando dados de anúncios localizados em um arquivo XML, o controle **AdRotator** seleciona aleatoriamente uma imagem para exibir e gera um link para a página Web associada a essa imagem. Os navegadores que não suportam imagens exibem um texto alternativo, que é especificado no documento.

A Figura 20.18 demonstra o controle Web **AdRotator**. As imagens que giramos nesse exemplo contêm as bandeiras de 11 países. Quando o usuário clica na imagem da bandeira exibida, o navegador é redirecionado para uma página Web contendo informações sobre o país que a bandeira representa. Se o usuário clicar na opção de atualizar ou de solicitar novamente a página, uma das 11 bandeiras será escolhida e apresentada outra vez, aleatoriamente.

```
<%-- Fig. 20.18: AdRotator.aspx                      --%>
<%-- Um formulário Web que demonstra a classe AdRotator. --%>

<%@ Page language="c#" Codebehind="AdRotator.aspx.cs"
   AutoEventWireup="false" Inherits="AdRotatorTest.AdRotator"
   EnableSessionState="False" enableViewState="False"%>

<!DOCTYPE HTML PUBLIC "-//W3C//DTD HTML 4.0 Transitional//EN" >
<HTML>
   <HEAD>
      <title>WebForm1</title>
      <meta name="GENERATOR"
         Content="Microsoft Visual Studio 7.0">
      <meta name="CODE_LANGUAGE" Content="C#">
      <meta name="vs_defaultClientScript"
         content="JavaScript">
      <meta name="vs_targetSchema"
      content="http://schemas.microsoft.com/intellisense/ie5">
   </HEAD>

   <body MS_POSITIONING="GridLayout">
      background="images/background.png">
      <form id="Form1" method="post" runat="server">

         <asp:AdRotator id="adRotator" style="Z-INDEX: 101;
            LEFT: 17px; POSITION: absolute; TOP: 69px"
            runat="server" Width="86px" Height="60px"
            AdvertisementFile="AdRotatorInformation.xml">
         </asp:AdRotator>

         <asp:Label id="adRotatorLabel" style="Z-INDEX: 102;
            LEFT: 17px; POSITION: absolute; TOP: 26px"
            runat="server" Font-Size="Large">
            AdRotator Example
         </asp:Label> 

      </form>
   </body>
</HTML>
```

Figura 20.18 Classe AdRotator demonstrada em um formulário Web.

O arquivo ASPX da Figura 20.18 é semelhante ao da Figura 20.4. Entretanto, em vez de dois **Label**s, essa página contém um **Label** e um **AdRotator**, chamado **adRotator**. A propriedade **background** de nossa página está configurada para exibir a imagem **background.png**. Para especificar esse arquivo, clique no botão de reticências fornecido ao lado da propriedade **Background** e use a caixa de diálogo resultante para navegar até **background.png**.

Na janela **Properties**, configuramos a propriedade ***AdvertisementFile*** do controle **AdRotator** como **AdRotatorInformation.xml** (linha 28). O controle Web determina qual anúncio desse arquivo vai apresentar. Apresentaremos o conteúdo desse arquivo XML em breve. Conforme ilustrado na Figura 20.19, o programador não precisa adicionar nenhum código no arquivo de código de retaguarda, pois o controle **AdRotator** faz "todo o trabalho".

A saída mostra dois pedidos diferentes — na primeira vez que a página é solicitada, a bandeira norte-americana é mostrada; no segundo pedido, é exibida a bandeira da Letônia. A última imagem mostra a página Web que é carregada quando o usuário clica na bandeira da Letônia.

```
1  // Fig. 20.19: AdRotator.aspx.cs
2  // O arquivo de código de retaguarda de uma página que
3  // demonstra a classe AdRotator.
4
5  using System;
6  using System.Collections;
7  using System.ComponentModel;
8  using System.Data;
9  using System.Drawing;
10 using System.Web;
11 using System.Web.SessionState;
12 using System.Web.UI;
13 using System.Web.UI.WebControls;
14 using System.Web.UI.HtmlControls;
15
16 namespace AdRotatorTest
17 {
18    /// página que demonstra AdRotator
19    public class AdRotator : System.Web.UI.Page
20    {
21       protected System.Web.UI.WebControls.AdRotator adRotator;
22       protected System.Web.UI.WebControls.Label adRotatorLabel;
23
24       // código gerado pelo Visual Studio .NET
25
26    } // fim da classe AdRotator
27
28 } // fim do espaço de nomes AdRotatorTest
```

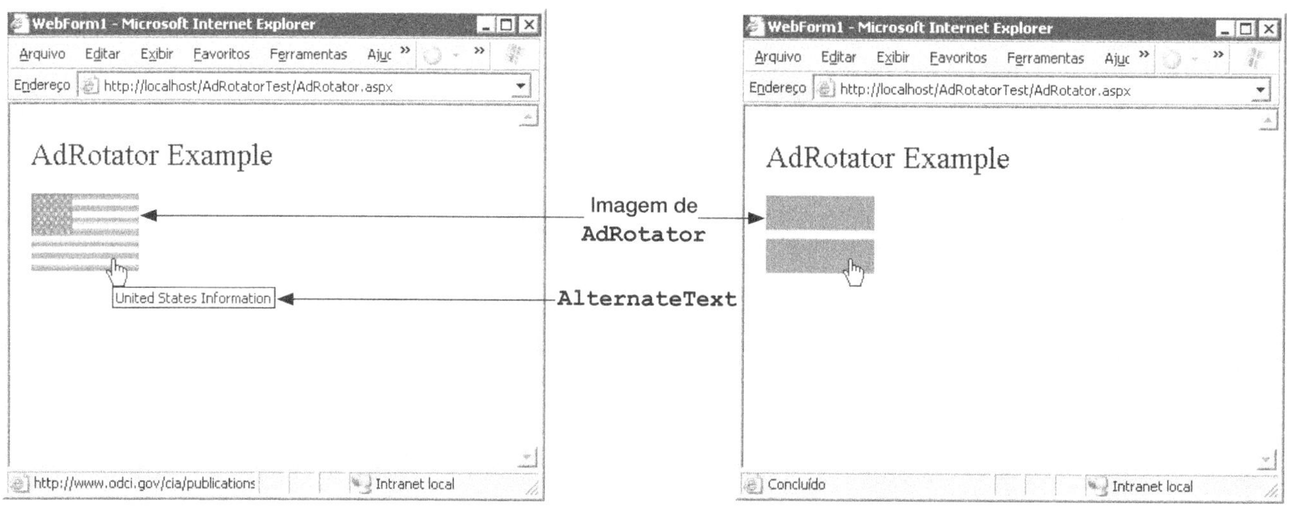

Figura 20.19 Arquivo de código de retaguarda da página que demonstra a classe AdRotator. (Parte 1 de 2.)

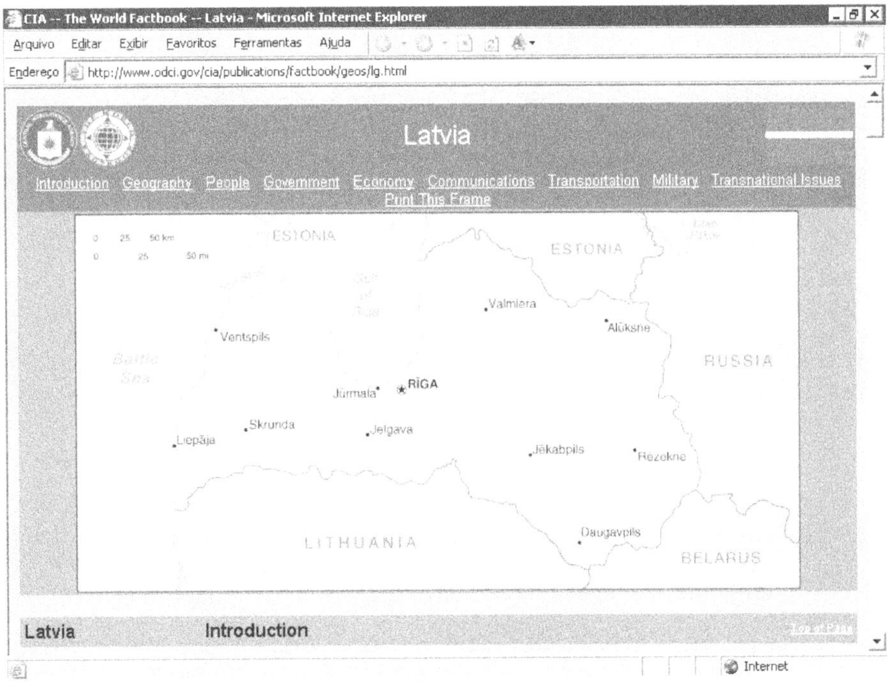

Figura 20.19 Arquivo de código de retaguarda da página que demonstra a classe `AdRotator`. (Parte 2 de 2.)

O documento XML **`AdRotatorInformation.xml`** (Figura 20.20) contém vários elementos ***Ad***. Cada um desses elementos fornece informações sobre um anúncio para o controle **`AdRotator`**. O elemento ***`ImageUrl`*** especifica o caminho relativo (localização) da imagem do anúncio, e o elemento ***`NavigateUrl`*** especifica o URL da página Web que é carregada quando o usuário clica no anúncio. O elemento **`AlternateText`** contém texto que aparece no lugar da imagem, quando o navegador não pode localizá-la ou representá-la (porque o arquivo está ausente ou porque o navegador não é capaz de exibi--la). O texto do elemento **`AlternateText`** também é uma *dica de tela* que o navegador da Web mostra quando o usuário coloca o ponteiro do mouse sobre a imagem (Figura 20.19). Uma dica de tela é uma legenda que aparece quando o ponteiro do mouse repousa sobre um controle e fornece ao usuário informações sobre esse controle. O elemento ***`Impressions`*** especifica com que freqüência uma imagem em particular aparece em relação às outras imagens. Um anúncio com um valor de **`Impressions`** maior aparece com mais freqüência do que um anúncio com um valor menor. Em nosso exemplo, os anúncios aparecem com probabilidade igual, pois o valor de cada elemento **`Impressions`** é configurado como **`1`**. Freqüentemente, os anunciantes compram anúncios em sites Web com base no número de aparições que o anúncio terá.

```
<?xml version="1.0" encoding="utf-8"?>

<!-- Fig. 20.20: AdRotatorInformation.xml                -->
<!-- arquivo XML contendo informacoes de anuncios. -->

   <Advertisements>
   <Ad>
      <ImageUrl>images/us.png</ImageUrl>
      <NavigateUrl>
         http://www.odci.gov/cia/publications/factbook/geos/us.html
      </NavigateUrl>
      <AlternateText>United States Information</AlternateText>
      <Impressions>1</Impressions>
   </Ad>

   <Ad>
```

Figura 20.20 `AdvertisementFile` usado no exemplo de `AdRotator`. (Parte 1 de 3.)

```
      <ImageUrl>images/france.png</ImageUrl>
      <NavigateUrl>
         http://www.odci.gov/cia/publications/factbook/geos/fr.html
      </NavigateUrl>
      <AlternateText>France Information</AlternateText>
      <Impressions>1</Impressions>
   </Ad>

   <Ad>
      <ImageUrl>images/germany.png</ImageUrl>
      <NavigateUrl>
         http://www.odci.gov/cia/publications/factbook/geos/gm.html
      </NavigateUrl>
      <AlternateText>Germany Information</AlternateText>
      <Impressions>1</Impressions>
   </Ad>

   <Ad>
      <ImageUrl>images/italy.png</ImageUrl>
      <NavigateUrl>
         http://www.odci.gov/cia/publications/factbook/geos/it.html
      </NavigateUrl>
      <AlternateText>Italy Information</AlternateText>
      <Impressions>1</Impressions>
   </Ad>

   <Ad>
      <ImageUrl>images/spain.png</ImageUrl>
      <NavigateUrl>
         http://www.odci.gov/cia/publications/factbook/geos/sp.html
      </NavigateUrl>
      <AlternateText>Spain Information</AlternateText>
      <Impressions>1</Impressions>
   </Ad>

   <Ad>
      <ImageUrl>images/latvia.png</ImageUrl>
      <NavigateUrl>
         http://www.odci.gov/cia/publications/factbook/geos/lg.html
      </NavigateUrl>
      <AlternateText>Latvia Information</AlternateText>
      <Impressions>1</Impressions>
   </Ad>

   <Ad>
      <ImageUrl>images/peru.png</ImageUrl>
      <NavigateUrl>
         http://www.odci.gov/cia/publications/factbook/geos/pe.html
      </NavigateUrl>
      <AlternateText>Peru Information</AlternateText>
      <Impressions>1</Impressions>
   </Ad>

   <Ad>
      <ImageUrl>images/senegal.png</ImageUrl>
      <NavigateUrl>
         http://www.odci.gov/cia/publications/factbook/geos/sg.html
      </NavigateUrl>
```

Figura 20.20 AdvertisementFile usado no exemplo de AdRotator. (Parte 2 de 3.)

```
      <AlternateText>Senegal Information</AlternateText>
      <Impressions>1</Impressions>
   </Ad>

   <Ad>
      <ImageUrl>images/sweden.png</ImageUrl>
      <NavigateUrl>
         http://www.odci.gov/cia/publications/factbook/geos/sw.html
      </NavigateUrl>
      <AlternateText>Sweden Information</AlternateText>
      <Impressions>1</Impressions>
   </Ad>

   <Ad>
      <ImageUrl>images/thailand.png</ImageUrl>
      <NavigateUrl>
         http://www.odci.gov/cia/publications/factbook/geos/th.html
      </NavigateUrl>
      <AlternateText>Thailand Information</AlternateText>
      <Impressions>1</Impressions>
   </Ad>

   <Ad>
      <ImageUrl>images/unitedstates.png</ImageUrl>
      <NavigateUrl>
         http://www.odci.gov/cia/publications/factbook/geos/us.html
      </NavigateUrl>
      <AlternateText>United States Information</AlternateText>
      <Impressions>1</Impressions>
   </Ad>
</Advertisements>
```

Figura 20.20 `AdvertisementFile` usado no exemplo de `AdRotator`. (Parte 3 de 3.)

20.5.3 Controles de validação

Esta seção apresenta os *controles de validação* (ou *validadores*) ASP .NET, que determinam se os dados presentes em outros controles Web estão no formato correto. Por exemplo, os validadores poderiam determinar se um usuário forneceu informações em um campo obrigatório ou se um campo de código postal contém exatamente cinco dígitos. Os validadores fornecem um mecanismo para validar a entrada do usuário no lado do cliente. Quando o código HTML de nossa página é criado, o validador é convertido para *ECMAScript*[5], que realiza a validação. ECMAScript é uma linguagem de programação de scripts que aprimora a funcionalidade e a aparência de páginas Web. Normalmente, o código ECMAScript é executado no lado do cliente. Entretanto, se o cliente não suportar scripts ou eles estiverem desativados, a validação será feita no servidor.

O exemplo desta seção solicita ao usuário que digite um número de telefone na forma 555-4567 (isto é, três dígitos seguidos de um hífen e mais quatro dígitos). Depois que o usuário digita um número, os validadores garantem que o campo de número de telefone esteja preenchido e que o número esteja no formato correto, antes que o programa o envie para o servidor da Web para mais processamento. Uma vez enviado o número de telefone, o servidor da Web responde com uma página HTML contendo todas as combinações de letra possíveis que representem o número. As letras usadas para cada dígito são aquelas encontradas em um teclado de telefone. Por exemplo, o botão 5 exibe as letras j, k e l. Para a posição no número de telefone onde aparece um 5, podemos substituir o número por uma dessas três letras. Nos Estados Unidos, as empresas freqüentemente usam essa técnica para tornar seus números de telefone fáceis de lembrar. A Figura 20.21 apresenta o arquivo ASPX.

5. ECMAScript (normalmente conhecido como JavaScript) é um padrão de scripts criado pela ECMA (European Computer Manufacturer's Association — Associação Européia de Fabricantes de Computadores). Tanto o JavaScript da Netscape como o JScript da Microsoft obedecem ao padrão ECMAScript, mas cada um fornece recursos adicionais, além da especificação. Para obter informações sobre o padrão ECMAScript atual, visite o endereço **www.ecma.ch/stand/ecma-262.htm**.

```
<%-- Fig. 20.21: Generator.aspx                          --%>
<%-- Um formulário Web demonstrando o uso de validadores. --%>

<%@ Page language="c#" Codebehind="Generator.aspx.cs"
AutoEventWireup="false" Inherits="WordGenerator.Generator" %>

<!DOCTYPE HTML PUBLIC "-//W3C//DTD HTML 4.0 Transitional//EN" >

<HTML>
   <HEAD>
      <title>WebForm1</title>
      <meta name="GENERATOR"
         Content="Microsoft Visual Studio 7.0">
      <meta name="CODE_LANGUAGE" Content="C#">
      <meta name="vs_defaultClientScript" content="JavaScript">
      <meta name="vs_targetSchema" content=
         "http://schemas.microsoft.com/intellisense/ie5">
   </HEAD>

   <body MS_POSITIONING="GridLayout">
      <form id="Form1" method="post" runat="server">
         <asp:Label id="promptLabel" style="Z-INDEX: 101;
            LEFT: 16px; POSITION: absolute; TOP: 23px"
            runat="server">
            Please enter a phone number in the form 555-4567:
         </asp:Label>

         <asp:RegularExpressionValidator
            id="phoneNumberValidator" style="Z-INDEX: 106;
            LEFT: 217px; POSITION: absolute; TOP: 73px"
            runat="server" ErrorMessage=
            "The phone number must be in the form 555-4567."
            ControlToValidate="inputTextBox"
            ValidationExpression="^\d{3}-\d{4}$">
         </asp:RegularExpressionValidator>

         <asp:RequiredFieldValidator
            id="phoneInputValidator" style="Z-INDEX: 105;
            LEFT: 217px; POSITION: absolute; TOP: 47px"
            runat="server" ErrorMessage=
            "Please enter a phone number."
            ControlToValidate="inputTextBox">
         </asp:RequiredFieldValidator>

         <asp:TextBox id="outputTextBox" style="Z-INDEX: 104;
            LEFT: 16px; POSITION: absolute; TOP: 146px"
            runat="server" Visible="False" TextMode="MultiLine"
            Height="198px" Width="227px" Font-Bold="True"
            Font-Names="Courier New">
         </asp:TextBox>

         <asp:Button id="submitButton" style="Z-INDEX: 103;
            LEFT: 16px; POSITION: absolute; TOP: 86px"
            runat="server" Text="Submit">
         </asp:Button>

         <asp:TextBox id="inputTextBox" style="Z-INDEX: 102;
```

Figura 20.21 Validadores usados em um formulário Web que gera as combinações de letra possíveis a partir de um número de telefone. (Parte 1 de 2.)

```
58               LEFT: 16px; POSITION: absolute; TOP: 52px"
59               runat="server">
60            </asp:TextBox>
61         </form>
62      </body>
63   </HTML>
```

Figura 20.21 Validadores usados em um formulário Web que gera as combinações de letra possíveis a partir de um número de telefone. (Parte 2 de 2.)

A página HTML enviada para o navegador cliente aceita um número de telefone na forma *555-4567* e, em seguida, relaciona todas as combinações de letras que podem ser geradas a partir dos três primeiros e dos quatro últimos dígitos. Esse exemplo usa ***RegularExpressionValidator*** para fazer a correspondência com o conteúdo de outro controle Web a uma expressão regular. (O uso de expressões regulares foi apresentado no Capítulo 15.) As linhas 28 a 35 criam um **RegularExpressionValidator** chamado **phoneNumberValidator**. O texto da propriedade ***ErrorMessage*** (linhas 31 e 32) é apresentado no formulário Web quando a validação falha. A propriedade ***ValidationExpression*** especifica a expressão regular com a qual se vai validar a entrada do usuário (linha 34). A entrada será válida se corresponder à expressão regular **^\d{3}-\d{4}$** (isto é, o início da string, seguido de três dígitos, um hífen, quatro dígitos adicionais e o final da string).

Clicar na propriedade **ValidationExpression**, na janela **Properties**, apresenta uma caixa de diálogo contendo uma lista de expressões regulares para números de telefone, códigos postais e outros dados comuns. Entretanto, escrevemos nossa própria expressão regular nesse exemplo, pois a entrada do número de telefone não deve conter um código de área. A linha 33 associa **inputTextBox** a **phoneNumberValidator**, configurando a propriedade ***ControlToValidate*** como **inputTextBox**. Isso indica que **phoneNumberValidator** verifica o conteúdo de **inputTextBox**. Se o usuário digitar texto que não tenha o formato correto e tentar enviar o formulário, o texto **ErrorMessage** será apresentado na cor vermelha.

Esse exemplo também usa um ***RequiredFieldValidator***, o qual garante que os dados foram fornecidos em um controle específico. As linhas 37 a 43 definem **RequiredFieldValidator phoneInputValidator**, que confirma que o conteúdo de **inputTextBox** não está vazio. Se o usuário não fornecer nenhum dado na **inputTextBox** e tentar enviar o formulário, a validação falhará e o texto **ErrorMessage** desse validador será apresentado na cor vermelha. Se a validação tiver êxito, **outputTextBox** (linhas 45 a 50) apresentará as palavras geradas a partir do número de telefone.

A Figura 20.22 é o arquivo de código de retaguarda do arquivo ASPX da Figura 20.21. Note que esse arquivo de código de retaguarda não contém nenhuma implementação relacionada aos validadores. Falaremos mais sobre isso em breve.

Os desenvolvedores de ASP .NET freqüentemente projetam suas páginas Web de tal modo que a página atual seja recarregada quando o usuário envia o formulário para processar a entrada. Essa prática — conhecida como *postback* — agrupa entrada e lógica de processamento, o que torna o arquivo ASPX mais fácil de manter. Em nosso exemplo, a página fornece uma caixa de texto em que os usuários podem digitar números de telefone. Uma vez enviada essa informação, a mesma página é recarregada, exibindo o resultado abaixo da caixa de texto original. Uma vantagem disso é que o usuário pode continuar a digitar números de telefone sem ter de voltar para uma página anterior. A linha 41 usa a propriedade ***IsPostBack*** da classe **Page** para determinar se a página está sendo carregada por causa de um postback. Na primeira vez que a página Web é solicitada, **IsPostBack** é **false**. Quando ocorre o postback (porque o usuário clicou em **Submit**), **IsPostBack** é **true**. Para preparar a **outputText-Box** para exibição, sua propriedade **Text** é configurada com uma string vazia ("") na linha 43. Então, a linha 46 usa o objeto ***Request*** para recuperar o valor de ***phoneTextBox*** do array ***Form***. Quando os dados são enviados para o servidor da Web, os dados do formulário HTML ficam acessíveis para o aplicativo da Web por meio do array **Form** do objeto **Request**. A linha 47 remove o hífen da string de número de telefone. O método **ComputeWords** recebe uma substring contendo os três primeiros números e uma string vazia (linha 53). A linha 62 configura a propriedade **Visible** de **outputTextBox** como **true**.

```
1   // Fig. 20.22: Generator.aspx.cs
2   // O arquivo de código de retaguarda de uma página que
3   // gera palavras a partir de um número de telefone.
4
5   using System;
```

Figura 20.22 Arquivo de código de retaguarda da página geradora de palavras (observe que, quando é fornecido o dígito 1, ele é substituído por um espaço em branco). (Parte 1 de 5.)

```
using System.Collections;
using System.ComponentModel;
using System.Data;
using System.Drawing;
using System.Web;
using System.Web.SessionState;
using System.Web.UI;
using System.Web.UI.WebControls;
using System.Web.UI.HtmlControls;

namespace WordGenerator
{
   // página que calcula todas as combinações de letras dos primeiros
   // três e dos quatro últimos dígitos no número de telefone
   public class Generator : System.Web.UI.Page
   {
      protected System.Web.UI.WebControls.TextBox
         outputTextBox;
      protected System.Web.UI.WebControls.TextBox
         inputTextBox;

      protected
         System.Web.UI.WebControls.RegularExpressionValidator
         phoneNumberValidator;
      protected
         System.Web.UI.WebControls.RequiredFieldValidator
         phoneInputValidator;

      protected System.Web.UI.WebControls.Button submitButton;
      protected System.Web.UI.WebControls.Label promptLabel;

      private void Page_Load(
         object sender, System.EventArgs e )
      {
         // se a página for carregada por causa de um postback
         if ( IsPostBack )
         {
            outputTextBox.Text = "";

            // recupera o número e remove "-"
            string number = Request.Form[ "inputTextBox" ];
            number = number.Remove( 3, 1 );

            // gera palavras dos primeiros três dígitos
            outputTextBox.Text += "Here are the words for\n";
            outputTextBox.Text +=
               "the first three digits:\n\n";
            ComputeWords( number.Substring( 0, 3 ), "" );
            outputTextBox.Text += "\n";

            // gera palavras para os últimos quatro dígitos
            outputTextBox.Text += "Here are the words for\n";
            outputTextBox.Text +=
               "the last four digits:\n\n";
            ComputeWords( number.Substring( 3 ), "" );

```

Figura 20.22 Arquivo de código de retaguarda da página geradora de palavras (observe que, quando é fornecido o dígito 1, ele é substituído por um espaço em branco). (Parte 2 de 5.)

```
               outputTextBox.Visible = true;

            } // fim do if

         } // fim do método Page_Load

         // código gerado pelo Visual Studio .NET

         private void ComputeWords(
            string number, string temporaryWord )
         {
            if ( number == "" )
            {
               outputTextBox.Text += temporaryWord + "\n";
               return;
            }

            int current =
               Int32.Parse( number.Substring( 0, 1 ) );

            number = number.Remove( 0, 1 );

            switch ( current )
            {
               // 0 pode ser q ou z
               case 0:
                  ComputeWords( number, temporaryWord + "q" );
                  ComputeWords( number, temporaryWord + "z" );
                  break;

               // 1 não tem letras associadas a ele
               case 1:
                  ComputeWords( number, temporaryWord + " " );
                  break;

               // 2 pode ser a, b ou c
               case 2:
                  ComputeWords( number, temporaryWord + "a" );
                  ComputeWords( number, temporaryWord + "b" );
                  ComputeWords( number, temporaryWord + "c" );
                  break;

               // 3 pode ser d, e ou f
               case 3:
                  ComputeWords( number, temporaryWord + "d" );
                  ComputeWords( number, temporaryWord + "e" );
                  ComputeWords( number, temporaryWord + "f" );
                  break;

               // 4 pode ser g, h ou i
               case 4:
                  ComputeWords( number, temporaryWord + "g" );
                  ComputeWords( number, temporaryWord + "h" );
                  ComputeWords( number, temporaryWord + "i" );
                  break;

```

Figura 20.22 Arquivo de código de retaguarda da página geradora de palavras (observe que, quando é fornecido o dígito 1, ele é substituído por um espaço em branco). (Parte 3 de 5.)

```
               // 5 pode ser j, k ou l
               case 5:
                  ComputeWords( number, temporaryWord + "j" );
                  ComputeWords( number, temporaryWord + "k" );
                  ComputeWords( number, temporaryWord + "l" );
                  break;

               // 6 pode ser m, n ou o
               case 6:
                  ComputeWords( number, temporaryWord + "m" );
                  ComputeWords( number, temporaryWord + "n" );
                  ComputeWords( number, temporaryWord + "o" );
                  break;

               // 7 pode ser p, r ou s
               case 7:
                  ComputeWords( number, temporaryWord + "p" );
                  ComputeWords( number, temporaryWord + "r" );
                  ComputeWords( number, temporaryWord + "s" );
                  break;

               // 8 pode ser t, u ou v
               case 8:
                  ComputeWords( number, temporaryWord + "t" );
                  ComputeWords( number, temporaryWord + "u" );
                  ComputeWords( number, temporaryWord + "v" );
                  break;

               // 9 pode ser w, x ou y
               case 9:
                  ComputeWords( number, temporaryWord + "w" );
                  ComputeWords( number, temporaryWord + "x" );
                  ComputeWords( number, temporaryWord + "y" );
                  break;

            } // fim do switch

         } // fim do método ComputeWords

      } // fim da classe Generator

} // fim do espaço de nomes WordGenerator
```

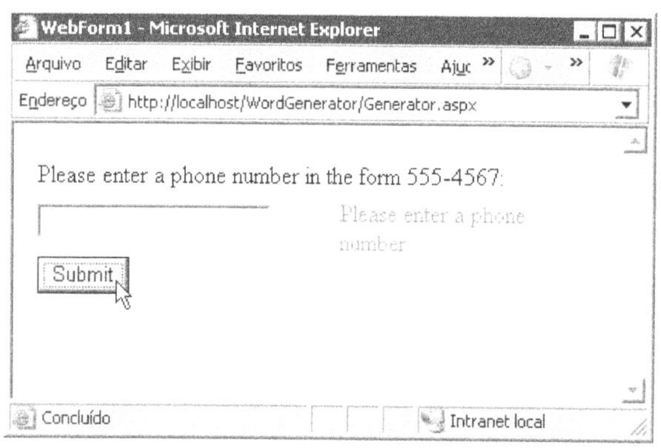

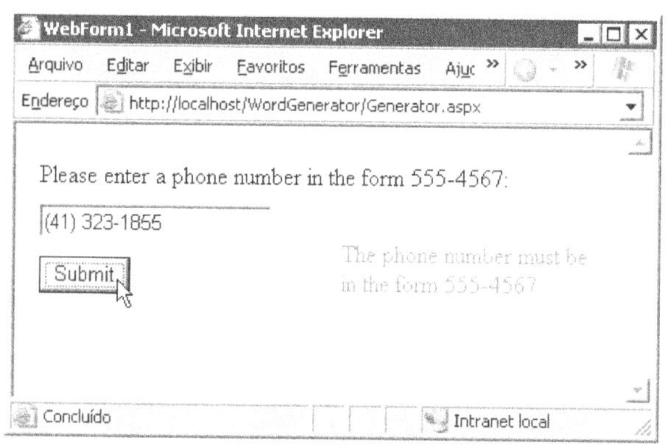

Figura 20.22 Arquivo de código de retaguarda da página geradora de palavras (observe que, quando é fornecido o dígito 1, ele é substituído por um espaço em branco). (Parte 4 de 5.)

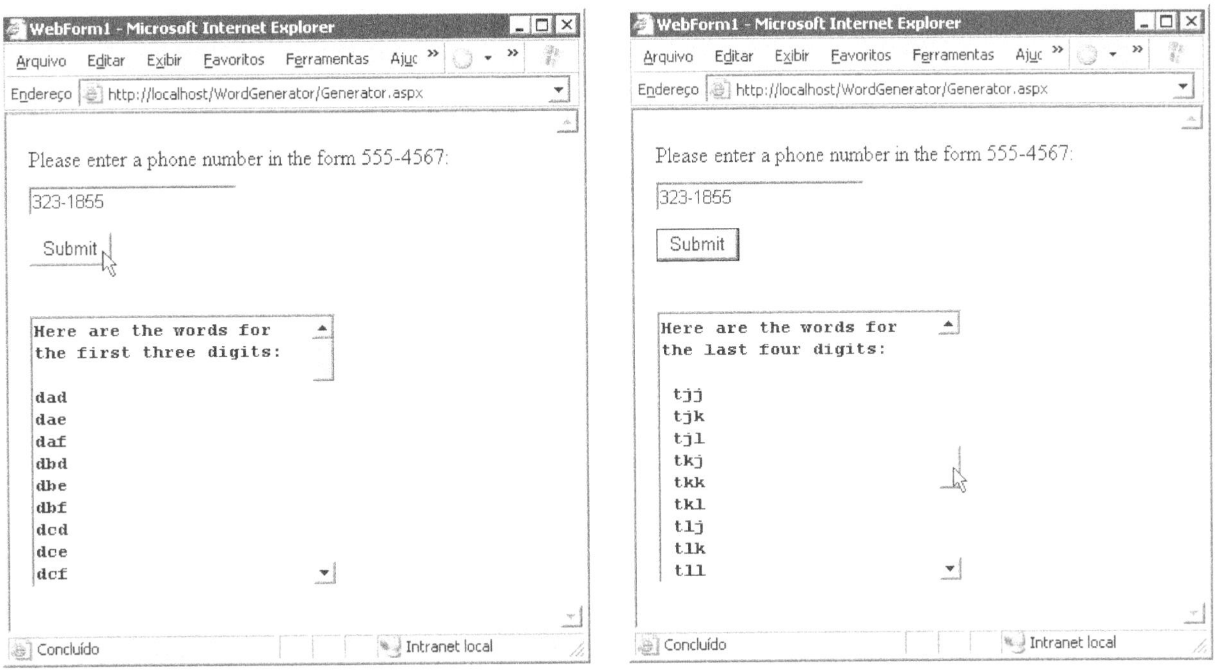

Figura 20.22 Arquivo de código de retaguarda da página geradora de palavras (observe que, quando é fornecido o dígito 1, ele é substituído por um espaço em branco). (Parte 5 de 5.)

O método **ComputeWords**, definido nas linhas 70 a 155, é um método recursivo que gera uma lista de palavras a partir da **string** que contém os dígitos do número de telefone, menos o hífen. O primeiro argumento — **number** — contém os dígitos que estão sendo convertidos em letras. A primeira chamada do método **ComputeWords** (linha 53) passa os três primeiros dígitos, e a segunda chamada (linha 60) passa os últimos quatro. O segundo argumento, **temporaryWord**, constrói a lista que o programa exibe. Sempre que esse método é chamado, **number** contém um caractere a menos do que a chamada anterior, enquanto **temporaryWord** contém um caractere a mais. As linhas 73 a 77 definem o caso base da recursividade, que ocorre quando **number** é igual à string vazia. Quando isso ocorre, **temporaryWord**, que foi construído a partir das chamadas anteriores, é adicionado a **outputTextBox**, e o método retorna.

Vamos discutir como **ComputeWords** funciona quando o caso base não é avaliado como **true**. Na linha 79, declaramos a variável **current** e inicializamos seu valor como o primeiro caractere de **number**. Então removemos esse caractere de **number**. O restante do método usa uma estrutura **switch** (linhas 84 a 153) para fazer as chamadas recursivas corretas, com base no número que está em **current**. Para cada dígito, queremos adicionar a letra apropriada em **temporaryWord**. Para a maioria dos dígitos, existem duas ou três letras que o número presente em **current** pode representar. O botão do teclado numérico para o número 3, por exemplo, também representa as letras d, e e f. Nesse exemplo, queremos esgotar todas as combinações de letras possíveis; portanto, fazemos uma chamada recursiva para **ComputeWords**, para cada opção (linhas 105 a 109). Cada chamada passa **number** como primeiro argumento (o qual contém um dígito a menos, como resultado da chamada do método **Remove** na linha 82). O segundo argumento contém **temporaryWord**, concatenado com a nova letra. Cada chamada adiciona uma letra do número atual, até que todos os números tenham sido processados. Nesse ponto, chegamos ao caso base, e **temporaryWord** é anexado em **outputTextBox**.

A Figura 20.23 mostra o código HTML enviado para o navegador cliente. Note que as linhas 25 a 28 e as linhas 72 a 113 contêm código ECMAScript, que fornece a implementação para os controles de validação. O ASP .NET gera esse código ECMAScript. O programador não precisa criar ou mesmo entender o código ECMAScript — a funcionalidade definida para os controles de nosso aplicativo é convertida em código ECMAScript funcional para nós.

Em arquivos ASPX anteriores, configuramos explicitamente o atributo ***EnableViewState*** como **false**. Esse atributo determina se as propriedades de um controle Web persistem (isto é, são mantidas) quando ocorre o postback. Como padrão, esse atributo é **true**, o que indica que os valores do controle persistem. Uma entrada **hidden** no documento HTML (linhas 22 e 23) armazena as propriedades dos controles dessa página entre os pedidos do cliente. Esse elemento sempre é chamado ***__VIEWSTATE*** e armazena as propriedades dos controles como dados codificados.

```
<!-- Fig. 20.23: Generator.html                         -->
<!-- A página HTML enviada para o navegador cliente. -->

<!DOCTYPE HTML PUBLIC "-//W3C//DTD HTML 4.0 Transitional//EN" >
<HTML>
   <HEAD>
      <title>WebForm1</title>
      <meta name="GENERATOR"
      content="Microsoft Visual Studio 7.0">
      <meta name="CODE_LANGUAGE" content="C#" >
      <meta name="vs_defaultClientScript"
         content="JavaScript">
      <meta name="vs_targetSchema"
      content="http://schemas.microsoft.com/intellisense/ie5">
   </HEAD>

   <body MS_POSITIONING="GridLayout">

      <form name="Form1" method="post"
         action="Generator.aspx" language="javascript"
         onsubmit=""ValidatorOnSubmit();" id="FORM1">
         <input type="hidden" name="__VIEWSTATE"
            value="dDwxMjgyMzM3ozs+" />

         <script language="javascript"
            src=
         "/aspnet_client/system_web/1_0_3215_11/WebUIValidation.js">
         </script>

         <span id="phoneNumberValidator"
            controltovalidate="inputTextBox"
            errormessage=
               "The phone number must be in the form 555-4567."
            evaluationfunction=
               "RegularExpressionValidatorEvaluateIsValid"
            validationexpression="^\d{3}-\d{4}$"
            style="color:Red;Z-INDEX:106;LEFT:217px;
               POSITION:absolute;TOP:73px;visibility:hidden;">
               The phone number must be in the form 555-4567.
         </span>

         <input name="inputTextBox" type="text"
            id="inputTextBox"
            style="Z-INDEX: 102; LEFT: 16px;
            POSITION: absolute; TOP: 52px" />

         <input type="submit" name="submitButton"
            value="Submit"
            onclick= "if ( " +
               "typeof(Page_ClientValidate) == 'function') " +
               "Page_ClientValidate(); " language="javascript"
               id="submitButton" style="Z-INDEX: 103;
            LEFT: 16px;
            POSITION: absolute;
            TOP: 86px" />

         <span id="phoneInputValidator"
            controltovalidate="inputTextBox"
```

Figura 20.23 Código HTML e ECMAScript enviado para o navegador cliente. (Parte 1 de 2.)

```
            errormessage="Please enter a phone number."
            evaluationfunction=
               "RequiredFieldValidatorEvaluateIsValid"
            initialvalue="" style="color:Red;Z-INDEX:105;
               LEFT:217px;POSITION:absolute;TOP:47px;
               visibility:hidden;">Please enter a phone number.
         </span>

         <span id="promptLabel" style="Z-INDEX: 101;
            LEFT: 16px; POSITION: absolute; TOP: 23px">
            Please enter a phone number in the form 555-4567:
         </span>

         <script language="javascript">
         <!--
            var Page_Validators = new Array(
               document.all["phoneNumberValidator"],
               document.all["phoneInputValidator"] );
         // -->
         </script>

         <script language="javascript">
         <!--
            var Page_ValidationActive = false;

            if (
               typeof(clientInformation) != "undefined" &&
               clientInformation.appName.indexOf("Explorer")
               != -1 ) {

               if ( typeof(Page_ValidationVer) == "undefined" )
                  alert(
                     "Unable to find script library " +
                     "'/aspnet_client/system_web/'"+
                     "'1_0_3215_11/WebUIValidation.js'. " +
                     "Try placing this file manually, or " +
                     "reinstall by running 'aspnet_regiis -c'.");
               else if ( Page_ValidationVer != "125" )
                  alert(
                     "This page uses an incorrect version " +
                     "of WebUIValidation.js. The page " +
                     "expects version 125. " +
                     "The script library is " +
                     Page_ValidationVer + ".");
               else
                  ValidatorOnLoad();
            }

            function ValidatorOnSubmit() {
               if (Page_ValidationActive) {
                  ValidatorCommonOnSubmit();
            }
          }
          // -->
          </script>
       </form>
    </body>
</HTML>
```

Figura 20.23 Código HTML e ECMAScript enviado para o navegador cliente. (Parte 2 de 2.)

Dica de desempenho 20.2

A configuração de **EnabledViewState** *como* **false** *reduz o volume de dados passados para o servidor da Web.*

20.6 Acompanhamento de sessão

Originariamente os críticos acusavam a Internet e os e-businesses de não fornecer os serviços personalizados normalmente encontrados nas lojas físicas do mundo real. Para resolver esse problema, os e-businesses começaram a estabelecer mecanismos por meio dos quais podiam personalizar a experiência de navegação dos usuários, adequando os conteúdos aos usuários individuais, enquanto permitiam que eles ignorassem informações irrelevantes. As empresas atingiram esse nível de serviço controlando a movimentação de cada cliente na Internet e combinando os dados reunidos com as informações fornecidas por ele, inclusive informações de cobrança, referências pessoais, interesses e hobbies.

A *personalização* possibilita que os e-businesses se comuniquem eficazmente com seus clientes e melhorem a capacidade dos usuários de localizar os produtos e serviços desejados. As empresas que fornecem conteúdo de interesse específico dos usuários podem estabelecer relacionamentos com os clientes e, com o passar do tempo, complementar esses relacionamentos. Além disso, atingindo consumidores com ofertas pessoais, anúncios, promoções e serviços, os e-businesses geram a lealdade do cliente. Em sites Web como **MSN.com** e **CNN.com**, uma tecnologia sofisticada permite que os visitantes personalizem suas páginas Web de acordo com suas necessidades e preferências individuais. Da mesma maneira, os sites de compras on-line freqüentemente armazenam informações pessoais de clientes e os atingem com notificações e ofertas especiais, personalizadas de acordo com seus interesses. Tais serviços podem gerar bases de clientes que visitam sites com mais freqüência e que fazem compras nesses sites com mais regularidade.

Entretanto, existe um compromisso entre o serviço de e-business personalizado e a *proteção da privacidade*. Enquanto alguns clientes aceitam a idéia do conteúdo personalizado, outros têm pavor de que a liberação de informações que fornecem para e-businesses ou que são reunidas a respeito deles por tecnologias de rastreamento tenha conseqüências adversas em suas vidas. Os consumidores e defensores da privacidade perguntam: e se o e-business ao qual fornecemos dados pessoais vender ou der essas informações para outras empresas, sem nosso conhecimento? E se não quisermos que nossas ações na Internet — um meio supostamente anônimo — sejam rastreadas e gravadas por pessoas desconhecidas? E se pessoas não autorizadas acessarem dados privados sigilosos, como números de cartão de crédito ou histórico médico? Todas essas são perguntas que devem ser debatidas e tratadas por consumidores, e-businesses e legisladores.

Para fornecer serviços personalizados aos consumidores, os e-businesses devem reconhecer clientes específicos ao solicitar informações em um site. Conforme já discutimos, o protocolo HTTP possibilita o sistema de pergunta/resposta em que a Web funciona. Infelizmente o protocolo HTTP não tem estados — ele não suporta conexões persistentes, que permitiriam aos servidores da Web manter informações de estado para clientes específicos. Isso significa que os servidores da Web não têm capacidade de determinar se um pedido é proveniente de um cliente em particular ou se os mesmos clientes ou clientes diferentes geram uma série de pedidos. Para contornar esse problema, sites como **MSN.com** e **CNN.com** fornecem mecanismos por meio dos quais eles identificam clientes individuais. Uma *ID de sessão* representa um cliente único na Internet. Se o cliente sair de um site e depois retornar, ele será reconhecido como sendo o mesmo usuário. Para ajudar o servidor a distinguir entre os clientes, cada cliente deve se identificar no servidor. O controle de clientes individuais, conhecido como *acompanhamento de sessão* (*session tracking*), pode ser obtido de várias maneiras. Uma técnica popular usa cookies (Seção 20.6.1), enquanto outra emprega o objeto **HttpSessionState** do .NET (Seção 20.6.2). Técnicas de acompanhamento de sessão adicionais incluem o uso de elementos de formulário de entrada oculta e reescrita de URL. Usando elementos de formulário ocultos, o formulário Web escreve seus dados de acompanhamento de sessão em um **form** na página Web, que retorna para o cliente em resposta a um pedido anterior. Quando o usuário envia o formulário na nova página Web, todos os dados do formulário, inclusive os campos ocultos, são enviados para o manipulador de formulários do servidor da Web. Quando um site Web emprega reescrita de URL, o formulário Web incorpora as informações de acompanhamento de sessão diretamente nos URLs de links, que o usuário clica para enviar pedidos subseqüentes para o servidor da Web.

O leitor deve notar que, nos exemplos anteriores, configuramos a propriedade **EnableSessionState** do formulário Web como **false**. Entretanto, como queremos usar acompanhamento de sessão nos exemplos a seguir, deixamos essa propriedade em seu modo padrão, que é **true**.

20.6.1 Cookies

Uma maneira popular de personalizar páginas Web para usuários específicos é a utilização dos *cookies*. Um cookie é um arquivo de texto que um site Web armazena no computador de uma pessoa para permitir que o site controle suas ações e preferências. Na primeira vez que um usuário visita o site Web, seu computador pode receber um cookie contendo um identificador exclusivo para esse usuário. Esse cookie é ativado sempre que o usuário visita esse site subseqüentemente. O site Web usa esse cookie para identificar o usuário e para armazenar informações, como o código postal do usuário ou outros dados que possam facilitar o fornecimento de conteúdo específico. As informações reunidas formarão um registro anônimo para personalizar as futuras visitas do usuário ao site. Os cookies de um aplicativo de compras podem armazenar identificadores exclusivos para usuários. Quando um usuário adiciona itens em um carrinho de compras on-line ou executa outra tarefa resultante de um pedido ao servidor da Web, o servidor recebe um cookie contendo o identificador exclusivo do usuário. Então o servidor usa o identificador exclusivo para localizar o carrinho de compras do usuário e realizar todo processamento necessário.

Além de identificar usuários, os cookies também podem indicar as preferências de um cliente. Quando um formulário Web recebe uma comunicação de um cliente, ele pode examinar o(s) cookie(s) enviado(s) para o cliente durante as comunicações anteriores, identificar as preferências do cliente e exibir imediatamente os produtos que sejam do interesse do cliente.

Toda interação baseada em HTTP entre um cliente e um servidor inclui um cabeçalho contendo informações sobre o pedido (quando a comunicação se dá do cliente para o servidor) ou sobre a resposta (quando a comunicação se dá do servidor para o cliente). Quando um formulário Web recebe um pedido, o cabeçalho contém informações como o tipo do pedido (por exemplo, **GET**) e todos os cookies que o servidor tiver armazenado na máquina do cliente. Quando o servidor formula sua resposta, as informações do cabeçalho contêm todos os cookies que ele deseja armazenar no computador do cliente, assim como informações como o tipo MIME da resposta.

Se o servidor da Web não configurar uma *data de validade* para um cookie, o navegador da Web manterá o cookie durante a sessão de navegação (que normalmente termina quando o usuário fecha o navegador da Web). Caso contrário, o navegador da Web manterá o cookie até ele atingir a data de validade. A data de validade de um cookie pode ser configurada usando-se sua propriedade ***Expires***. Quando o navegador solicita um recurso de um servidor da Web, os cookies enviados anteriormente para o cliente por esse servidor da Web são retornados para o servidor, como parte do pedido. Os cookies são excluídos quando expiram.

O próximo aplicativo da Web demonstra o uso de cookies. O exemplo contém duas páginas. Na primeira página (figuras 20.24 e 20.25) os usuários selecionam sua linguagem de programação predileta em um grupo de botões de rádio e, em seguida, enviam o formulário HTML para o servidor da Web, para processamento. O servidor da Web responde criando um cookie que armazena um registro da linguagem de programação escolhida, assim como o número ISBN de um livro sobre esse assunto. Então o servidor retorna um documento HTML para o navegador, permitindo que o usuário selecione outra linguagem de programação ou veja a segunda página no aplicativo (figuras 20.26 e 20.27), que relaciona os livros recomendados pertinentes à linguagem de programação selecionada anteriormente pelo usuário. Quando o usuário clica no link, os cookies anteriormente armazenados no cliente são lidos e usados para formar a lista de recomendações de livros.

```
<%-- Fig. 20.24: OptionsPage.aspx                                --%>
<%-- Esta página ASPX permite ao usuário escolher uma linguagem de programação. --%>

<%@ Page language="c#" Codebehind="OptionsPage.aspx.cs"
   AutoEventWireup="false"
   Inherits="Cookies.OptionsPage" %>

<!DOCTYPE HTML PUBLIC "-//W3C//DTD HTML 4.0 Transitional//EN" >

<HTML>
   <HEAD>
      <title>RecommendationsPage</title>
         <meta name="GENERATOR" Content=
            "Microsoft Visual Studio 7.0">
         <meta name="CODE_LANGUAGE" Content="C#">
         <meta name="vs_defaultClientScript" content=
            "JavaScript">
         <meta name="vs_targetSchema" content=
            "http://schemas.microsoft.com/intellisense/ie5">
```

Figura 20.24 Arquivo ASPX que apresenta uma lista de linguagens de programação. (Parte 1 de 2.)

```
   </HEAD>

   <body>
      <form id="RecommendationsPage" method="post"
         runat="server">
         <P>
            <asp:Label id="promptLabel" runat="server"
               Font-Bold="True">Select a programming language:
            </asp:Label>

            <asp:Label id="welcomeLabel" runat="server"
               Font-Bold="True" Visible="False">
               Welcome to Cookies! You selected
            </asp:Label>
         </P>

         <P>
            <asp:RadioButtonList id="languageList" runat=
               "server">
               <asp:ListItem Value="C#">C#</asp:ListItem>

               <asp:ListItem Value="C++">C++</asp:ListItem>

               <asp:ListItem Value="C">C</asp:ListItem>

               <asp:ListItem Value="Python">Python
               </asp:ListItem>

               <asp:ListItem Value="Visual Basic .NET">
                  Visual Basic .NET
               </asp:ListItem>
            </asp:RadioButtonList>
         </P>

         <P>
            <asp:Button id="submitButton" runat="server" Text=
               "Submit">
            </asp:Button>
         </P>

         <P>
            <asp:HyperLink id="languageLink" runat="server"
               NavigateUrl="OptionsPage.aspx" Visible="False">
               Click here to choose another language.
            </asp:HyperLink>
         </P>

         <P>
            <asp:HyperLink id="recommendationsLink" runat=
               "server" NavigateUrl="RecommendationsPage.aspx"
               Visible="False">Click here to get book recommendations.
            </asp:HyperLink>
         </P>
      </form>
   </body>
</HTML>
```

Figura 20.24 Arquivo ASPX que apresenta uma lista de linguagens de programação. (Parte 2 de 2.)

O arquivo ASPX da Figura 20.24 contém cinco botões de rádio (linhas 39 a 50), com os valores **C#**, **C++**, **C**, **Python** e **Visual Basic .NET**. Um programador configura esses valores clicando na propriedade **`Items`** na janela **Properties** e então adicionando itens por meio do **List Item Collection Editor**. Esse processo é semelhante ao da personalização de uma **`ListBox`** em um aplicativo Windows. O usuário seleciona uma linguagem de programação clicando em um dos botões de rádio. A página também contém um botão **Submit**, que quando clicado cria um cookie contendo um registro da linguagem de programação selecionada. Uma vez criado, esse cookie é adicionado no cabeçalho de resposta HTTP e ocorre um postback. Sempre que o usuário escolhe uma linguagem de programação e clica em **Submit**, um cookie é gravado no cliente.

Quando ocorre o postback, certos controles são ocultos, enquanto outros são exibidos. Na parte inferior da página, dois links são apresentados: um deles solicita a página atual (linhas 61 a 64), e o outro solicita **`Recommendations.aspx`** (linhas 68 a 71). Note que clicar no primeiro link (aquele que solicita a página atual) não faz ocorrer um postback. O arquivo **`OptionsPage.aspx`** é especificado na propriedade **`NavigateUrl`** do link. Quando o link é clicado, essa página é solicitada como um pedido completamente novo, para permitir que o usuário selecione uma nova linguagem de programação.

A Figura 20.25 apresenta o arquivo de código de retaguarda. A linha 35 define **`books`** como um objeto **`Hashtable`** (espaço de nomes **`System.Collections`**), que é uma estrutura de dados que armazena *pares de chave-valor* (abordamos o objeto **`Hashtable`** brevemente no Capítulo 15). O programa usa a chave para armazenar e recuperar o valor associado no objeto **`Hashtable`**. Nesse exemplo, as chaves são **`strings`** que contêm os nomes de linguagem de programação, e os valores são **`strings`** que contêm os números ISBN dos livros recomendados. A classe **`Hashtable`** fornece o método ***Add***, que recebe como argumentos uma chave e um valor. O valor de uma entrada específica de **`Hashtable`** pode ser obtido pela indexação da tabela de hash com a chave desse valor. Por exemplo,

NomeTabelaDeHash `[` *nomeDaChave* `];`

retorna o valor do par chave-valor em que *nomeDaChave* é a chave. Um exemplo disso está mostrado na linha 92 — **`books [ language ]`** retorna o valor correspondente à chave contida em **`language`**. A classe **`Hashtable`** será discutida em detalhes no Capítulo 23.

```
1   // Fig. 20.25: OptionPage.aspx.cs
2   // Uma lista das linguagens de programação que o usuário pode escolher.
3
4   using System;
5   using System.Collections;
6   using System.ComponentModel;
7   using System.Data;
8   using System.Drawing;
9   using System.Web;
10  using System.Web.SessionState;
11  using System.Web.UI;
12  using System.Web.UI.WebControls;
13  using System.Web.UI.HtmlControls;
14
15  namespace Cookies
16  {
17     // a página que contém opções de linguagem de programação em uma
18     // RadioButtonList adicionará um cookie para armazenar sua escolha
19     public class OptionsPage : System.Web.UI.Page
20     {
21        protected System.Web.UI.WebControls.Label promptLabel;
22        protected System.Web.UI.WebControls.Label welcomeLabel;
23
24        protected System.Web.UI.WebControls.RadioButtonList
25           languageList;
26
27        protected System.Web.UI.WebControls.HyperLink
28           languageLink;
29        protected System.Web.UI.WebControls.HyperLink
```

Figura 20.25 Arquivo de código de retaguarda que grava cookies no cliente. (Parte 1 de 3.)

```
            recommendationsLink;

         protected System.Web.UI.WebControls.Button
            submitButton;

         protected Hashtable books = new Hashtable();

         // manipulador para o evento Load
         private void Page_Load(
            object sender, System.EventArgs e )
         {
            if ( IsPostBack )
            {
               // se ocorreu postback, o usuário enviou
               // informações; portanto, exibe mensagem de boas-vindas
               // e os links apropriados
               welcomeLabel.Visible = true;
               languageLink.Visible = true;
               recommendationsLink.Visible = true;

               // oculta informações de opção
               submitButton.Visible = false;
               promptLabel.Visible = false;
               languageList.Visible = false;

               // notifica o usuário do que ele escolheu
               if ( languageList.SelectedItem != null )
                  welcomeLabel.Text +=
                     languageList.SelectedItem.ToString() + ".";
               else
                  welcomeLabel.Text += "no language.";

            } // fim do if

         } // fim do método Page_Load

         override protected void OnInit( EventArgs e )
         {
            // adiciona valores em Hashtable
            books.Add( "C#", "0-13-062221-4" );
            books.Add( "C++", "0-13-089571-7" );
            books.Add( "C", "0-13-089572-5" );
            books.Add( "Python", "0-13-092361-3" );
            books.Add( "Visual Basic .NET", "0-13-456955-5" );

            InitializeComponent();
            base.OnInit( e );
         }

         // código gerado pelo Visual Studio .NET

         // quando o usuário clica no botão Submit
         // cria cookie para armazenar a escolha do usuário
         private void submitButton_Click(
            object sender, System.EventArgs e )
         {
            // se a escolha foi feita pelo usuário
```

Figura 20.25 Arquivo de código de retaguarda que grava cookies no cliente. (Parte 2 de 3.)

```
         if ( languageList.SelectedItem != null )
         {
            string language =
               languageList.SelectedItem.ToString();

            string ISBN = books[ language ].ToString();

            // cria cookie, o par nome-valor é
            // a linguagem de programação escolhida e o número ISBN de Hashtable
            HttpCookie cookie = new HttpCookie(
               language, ISBN );

            // adiciona o cookie na resposta,
            // colocando-o, assim, na máquina do usuário
            Response.Cookies.Add( cookie );

         } // fim do if

      } // fim do método submitButton_Click

   } // fim da classe OptionsPage

} // fim do espaço de nomes Cookies
```

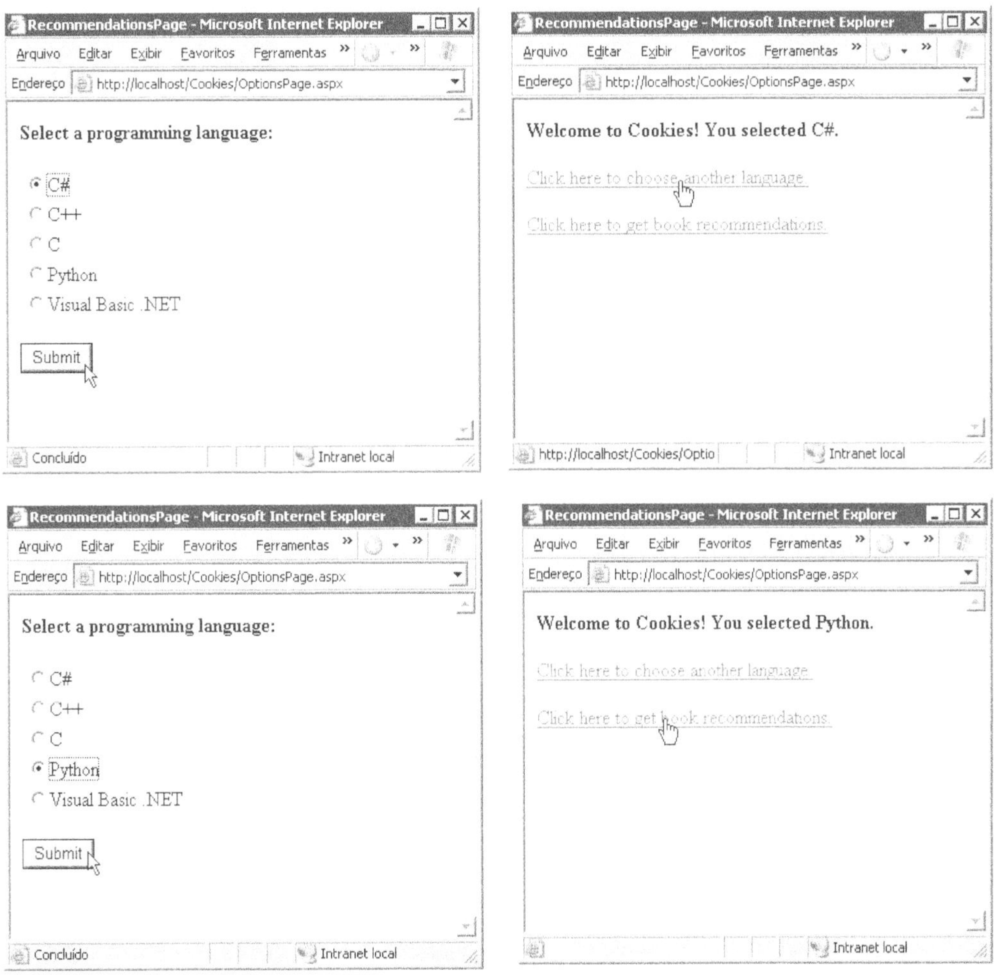

Figura 20.25 Arquivo de código de retaguarda que grava cookies no cliente. (Parte 3 de 3.)

Conforme mencionado anteriormente, clicar no botão **Submit** provoca um postback. Como resultado, a condição na estrutura **`if`** de **`Page_Load`** (linha 41) é avaliada como **`true`**, e as linhas 46 a 60 são executadas. A linha 56 testa se o usuário selecionou uma linguagem de programação. Se ele o fez, essa linguagem de programação é apresentada em **`welcomeLabel`** (linhas 57 e 58). Caso contrário, um texto indicando que uma linguagem de programação não foi selecionada é exibido em **`welcomeLabel`** (linha 60). Os dois links se tornam visíveis nas linhas 47 e 48.

Um novo objeto cookie (de tipo ***`HttpCookie`***) é criado para armazenar **`language`** e seu número **`ISBN`** correspondente (linhas 96 e 97). Então esse cookie é adicionado (com **`Add`**) na coleção ***`Cookies`*** enviada como parte do cabeçalho de resposta HTTP (linha 101).

```
1  <%-- Fig. 20.26: RecommendationsPage.aspx --%>
2  <%-- Esta página mostra recomendações      --%>
3  <%-- recuperadas da Hashtable.             --%>
4
5  <%@ Page language="c#" Codebehind="RecommendationsPage.aspx.cs"
6     AutoEventWireup="false"
7     Inherits="Cookies.RecommendationsPage" %>
8
9  <!DOCTYPE HTML PUBLIC "-//W3C//DTD HTML 4.0 Transitional//EN" >
10
11 <HTML>
12    <HEAD>
13       <title>WebForm1</title>
14       <meta name="GENERATOR" Content=
15          "Microsoft Visual Studio 7.0">
16       <meta name="CODE_LANGUAGE" Content="C#">
17       <meta name="vs_defaultClientScript" content="JavaScript">
18       <meta name="vs_targetSchema" content=
19          "http://schemas.microsoft.com/intellisense/ie5">
20    </HEAD>
21
22    <body MS_POSITIONING="GridLayout">
23
24       <form id="Form1" method="post" runat="server">
25
26          <asp:Label id="recommendationsLabel"
27             style="Z-INDEX: 101; LEFT: 21px; POSITION: absolute;
28             TOP: 25px" runat="server" Font-Bold="True"
29             Font-Size="X-Large">Recommendations
30          </asp:Label>
31
32          <asp:ListBox id="booksListBox" style="Z-INDEX: 102;
33             LEFT: 21px; POSITION: absolute; TOP: 82px" runat=
34             "server" Width="383px" Height="91px">
35          </asp:ListBox>
36       </form>
37    </body>
38 </HTML>
```

Figura 20.26 Página ASPX que exibe informações de livros.

`RecommendationsPage.aspx` contém um rótulo (linhas 26 a 30) e uma caixa de lista (linhas 32 a 35). Se o usuário tiver selecionado uma ou mais linguagens, o rótulo exibirá o texto **Recommendations**; caso contrário, exibirá **No Recommendations**. A caixa de lista exibe as recomendações criadas pelo arquivo de código de retaguarda, mostrado na Figura 20.27.

O método **`OnInit`** (linhas 26 a 52) recupera os cookies do cliente usando a propriedade ***`Cookies`*** do objeto **`Request`** (linha 32). Isso retorna uma coleção de tipo ***`HttpCookieCollection`***, que contém os cookies gravados anteriormente no cliente. Os cookies só podem ser lidos por um aplicativo se foram criados no domínio em que o aplicativo está sendo executado — um servidor da Web nunca pode acessar os cookies criados fora do domínio associado a esse servidor. Por exemplo, um cookie criado por um servidor da Web no domínio **deitel.com** não pode ser carregado por um servidor da Web no domínio **bug2bug.com**.

```
// Fig 20.27: RecommendationsPage.aspx.cs
// Lendo dados de cookie do cliente.

using System;
using System.Collections;
using System.ComponentModel;
using System.Data;
using System.Drawing;
using System.Web;
using System.Web.SessionState;
using System.Web.UI;
using System.Web.UI.WebControls;
using System.Web.UI.HtmlControls;

namespace Cookies
{
   // a página exibe informações de cookies e recomendações
   public class RecommendationsPage : System.Web.UI.Page
   {
      protected System.Web.UI.WebControls.ListBox booksListBox;
      protected System.Web.UI.WebControls.Label
         recommendationsLabel;

      // código gerado pelo Visual Studio .NET

      override protected void OnInit( EventArgs e )
      {
         InitializeComponent();
         base.OnInit( e );

         // recupera cookies do cliente
         HttpCookieCollection cookies = Request.Cookies;

         // se houver cookies diferentes do cookie ID,
         // lista os livros e números ISBN apropriados
         if ( cookies != null && cookies.Count != 1 )
            for ( int i = 1; i < cookies.Count; i++ )
               booksListBox.Items.Add(
                  cookies[ i ].Name +
                  " How to Program. ISBN#: " +
                  cookies[ i ].Value );

         // se não houver cookies além de ID, nenhuma opção foi
         // escolhida; portanto, nenhuma recomendação é feita
         else
         {
            recommendationsLabel.Text = "No Recommendations.";
            booksListBox.Items.Clear();
            booksListBox.Visible = false;
         }

      } // fim do método OnInit

```

Figura 20.27 Cookies sendo lidos de um cliente em um aplicativo ASP .NET. (Parte 1 de 2.)

```
54     }  // fim da classe RecommendationsPage
55
56  }  // fim do espaço de nomes Cookies
```

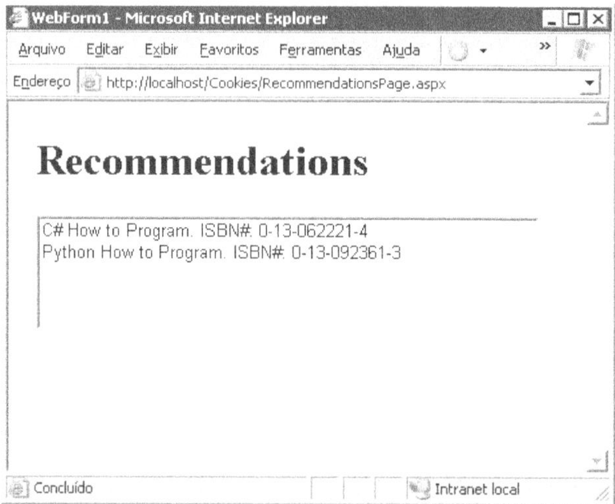

Figura 20.27 Cookies sendo lidos de um cliente em um aplicativo ASP .NET. (Parte 2 de 2.)

A linha 36 determina se existem pelo menos dois cookies. O ASP .NET sempre adiciona um cookie chamado ***ASP-.NET_SessionId*** na resposta, de modo que a linha 36 garante que exista pelo menos um cookie além do cookie **ASP.NET_-SessionId**. As linhas 38 a 41 adicionam as informações no(s) outro(s) cookie(s) de nossa caixa de lista. A estrutura **for** faz a iteração por todos os cookies, exceto o primeiro (o cookie **ASP.NET_SessionID**). O aplicativo recupera o nome e o valor de cada cookie usando **i**, a variável de controle de nossa estrutura **for**, para determinar o valor atual em nossa coleção de cookies. As propriedades ***Name*** e ***Value*** da classe **HttpCookie**, que contêm a linguagem de programação e o número ISBN correspondente, respectivamente, são concatenadas com " **How to Program. ISBN#** " e adicionadas na **ListBox**. A caixa de lista exibe no máximo cinco livros. As linhas 47 a 49 executam se nenhuma linguagem de programação foi selecionada. Resumimos algumas propriedades de **HttpCookie** normalmente usadas na Figura 20.28.

20.6.2 Acompanhamento de sessão com HttpSessionState

O C# fornece recursos de acompanhamento de sessão na classe ***HttpSessionState*** da FCL. Para demonstrar as técnicas básicas de acompanhamento de sessão, modificamos a Figura 20.27, de modo que ela empregasse objetos ***Http-***

Propriedades	Descrição
Domain	Retorna uma **string** contendo o domínio do cookie (isto é, o domínio do servidor da Web a partir do qual foi feito o download do cookie). Isso determina quais servidores da Web podem receber o cookie. Como padrão, os cookies são enviados para o servidor da Web que originariamente os enviou para o cliente.
Expires	Retorna um objeto **DateTime** indicando quando o navegador pode excluir o cookie.
Name	Retorna uma **string** contendo o nome do cookie.
Path	Retorna uma **string** contendo o prefixo do URL do cookie. Os cookies podem ser "destinados" a URLs específicos que incluam diretórios no servidor da Web, permitindo ao programador especificar a localização do cookie. Como padrão, um cookie é retornado para serviços que operam no mesmo diretório que o serviço que o enviou ou para um subdiretório desse diretório.
Secure	Retorna um valor booleano indicando se o cookie deve ser transmitido usando-se um protocolo seguro. O valor **true** faz um protocolo seguro ser usado.
Value	Retorna uma **string** contendo o valor do cookie.

Figura 20.28 Propriedades de HttpCookie.

`SessionState`. A Figura 20.29 apresenta o arquivo ASPX, e a Figura 20.30 apresenta o arquivo de código de retaguarda. O arquivo ASPX é semelhante àquele apresentado na Figura 20.24.

```
<%-- Fig. 20.29: OptionsPage.aspx                              --%>
<%-- Página que apresenta uma lista de opções de linguagem de programação. --%>

<%@ Page language="c#" Codebehind="OptionsPage.aspx.cs"
   AutoEventWireup="false" Inherits=
   "Sessions.OptionsPage" %>

<!DOCTYPE HTML PUBLIC "-//W3C//DTD HTML 4.0 Transitional//EN" >
<HTML>
   <HEAD>
      <title>RecommendationsPage</title>
      <meta name="GENERATOR" Content=
         "Microsoft Visual Studio 7.0">
      <meta name="CODE_LANGUAGE" Content="C#">
      <meta name="vs_defaultClientScript" content="JavaScript">
      <meta name="vs_targetSchema" content=
         "http://schemas.microsoft.com/intellisense/ie5">
   </HEAD>

   <body>
      <form id="RecommendationsPage" method="post"
         runat="server">
         <P>
            <asp:Label id="promptLabel" runat="server"
               Font-Bold="True">Select a programming language:
            </asp:Label>

            <asp:Label id="welcomeLabel" runat="server"
               Font-Bold="True" Visible="False">
               Welcome to Cookies! You selected
            </asp:Label>
         </P>

         <P>
            <asp:RadioButtonList id="languageList" runat=
               "server">

               <asp:ListItem Value="C#">C#</asp:ListItem>

               <asp:ListItem Value="C++">C++</asp:ListItem>

               <asp:ListItem Value="C">C</asp:ListItem>

               <asp:ListItem Value="Python">Python
               </asp:ListItem>

               <asp:ListItem Value="Visual Basic .NET">
                  Visual Basic .NET
               </asp:ListItem>
            </asp:RadioButtonList>
         </P>

         <P>
            <asp:Button id="submitButton" runat="server"
               Text="Submit">
```

Figura 20.29 Opções fornecidas em uma página ASPX. (Parte 1 de 2.)

```
                <\/asp:Button>
            </P>

            <P>
                <asp:Label id="idLabel" runat="server">
                </asp:Label>
            </P>

            <P>
                <asp:Label id="timeoutLabel" runat="server">
                </asp:Label>
            </P>

            <P>
                <asp:Label id="newSessionLabel" runat="server">
                </asp:Label>
            </P>

            <P>
                <asp:HyperLink id="languageLink" runat="server"
                    NavigateUrl="OptionsPage.aspx" Visible="False">
                    Click here to choose another language.
                </asp:HyperLink>
            </P>

            <P>
                <asp:HyperLink id="recommendationsLink" runat=
                    "server" NavigateUrl="RecommendationsPage.aspx"
                    Visible="False">
                    Click here to get book recommendations.
                </asp:HyperLink>
            </P>
        </form>
    </body>
</HTML>
```

Figura 20.29 Opções fornecidas em uma página ASPX. (Parte 2 de 2.)

Todo formulário Web inclui um objeto **HttpSessionState**, que é acessível por meio da propriedade ***Session*** da classe **Page**. Por toda esta seção usamos a propriedade **Session** para manipular o objeto **HttpSessionState** de nossa página. Quando a página Web é solicitada, um objeto **HttpSessionState** é criado e atribuído à propriedade **Session** de **Page**. Freqüentemente nos referimos à propriedade **Session** como o objeto **Session**. Quando o usuário clica em **Submit**, **submitButton_Click** é chamado no arquivo de código de retaguarda (Figura 20.30). O método **submit-Button_Click** adiciona um par chave-valor em nosso objeto **Session**, especificando a linguagem de programação escolhida e o número ISBN de um livro sobre essa linguagem de programação. Em seguida ocorre um postback. Sempre que o usuário clica em **Submit**, **submitButton_Click** adiciona um novo par linguagem de programação/ISBN no objeto **HttpSessionState**. Como grande parte desse exemplo é semelhante ao último, nos concentraremos nos recursos novos.

Observação de engenharia de software 20.1

Um formulário Web não deve usar variáveis de instância para guardar informações de estado do cliente, pois os clientes que acessarem esse formulário Web em paralelo poderão sobrescrever as variáveis de instância compartilhadas. Os formulários Web devem guardar as informações de estado do cliente em objetos ***HttpSessionState****, pois tais objetos são específicos a cada cliente.*

Como um cookie, um objeto **HttpSessionState** pode armazenar pares nome-valor. Na terminologia de sessão, eles são chamados de *itens de sessão* e são colocados em um objeto **HttpSessionState** por meio da chamada do método ***Add***. A linha 102 chama **Add** para colocar a linguagem de programação e o número ISBN correspondente do livro recomendado no objeto **HttpSessionState**. Uma das principais vantagens de usar objetos **HttpSessionState** (em vez de cookies) é que eles podem armazenar qualquer tipo de objeto (e não apenas **strings**) como valor de atributo. Isso fornece aos programadores de C# maior flexibilidade na determinação do tipo de informação de estado que desejam manter para seus clientes. Se o aplicativo chama o método **Add** para adicionar um atributo que tenha o mesmo nome de um atributo anteriormente armazenado em uma sessão, o objeto associado a esse atributo é substituído.

```
// Fig. 20.30: OptionsPage.aspx.cs
// Uma lista de linguagens de programação,
// a escolha é armazenada no objeto Session da página.

using System;
using System.Collections;
using System.ComponentModel;
using System.Data;
using System.Drawing;
using System.Web;
using System.Web.SessionState;
using System.Web.UI;
using System.Web.UI.WebControls;
using System.Web.UI.HtmlControls;

namespace Sessions
{
   // a página que contém opções de linguagem de programação em uma RadioButtonList
   // adicionará um cookie para armazenar a escolha do usuário
   public class OptionsPage : System.Web.UI.Page
   {
      protected System.Web.UI.WebControls.Label promptLabel;
      protected System.Web.UI.WebControls.Label welcomeLabel;
      protected System.Web.UI.WebControls.Label idLabel;
      protected System.Web.UI.WebControls.Label timeoutLabel;

      protected System.Web.UI.WebControls.HyperLink
         languageLink;
      protected System.Web.UI.WebControls.HyperLink
         recommendationsLink;

      protected System.Web.UI.WebControls.RadioButtonList
         languageList;
      protected System.Web.UI.WebControls.Button submitButton;

      private Hashtable books = new Hashtable();

      // manipulador para o evento Load
      private void Page_Load(
         object sender, System.EventArgs e )
      {
         // se a página for carregada por causa de um postback, carrega as informações
         // da sessão, oculta as opções de linguagem de programação do usuário
         if ( IsPostBack )
         {
            // exibe os controles que contêm informações de sessão
            welcomeLabel.Visible = true;
            languageLink.Visible = true;
            recommendationsLink.Visible = true;

            // oculta controles
```

Figura 20.30 Sessões são criadas para cada usuário em um aplicativo da Web ASP .NET. (Parte 1 de 3.)

```
            submitButton.Visible = false;
            promptLabel.Visible = false;
            languageList.Visible = false;

            // configura rótulos para apresentar informações de Session
            if ( languageList.SelectedItem != null )
               welcomeLabel.Text +=
                  languageList.SelectedItem.ToString() + ".";
            else
               welcomeLabel.Text += "no language.";

            idLabel.Text += "Your unique session ID is: " +
               Session.SessionID;

            timeoutLabel.Text += "Timeout: " + Session.Timeout +
               " minutes";

            } // fim do if

         } // fim do método Page_Load

         override protected void OnInit( EventArgs e )
         {
            // adiciona valores na Hashtable
            books.Add( "C#", "0-13-062221-4" );
            books.Add( "C++", "0-13-089571-7" );
            books.Add( "C", "0-13-089572-5" );
            books.Add( "Python", "0-13-092361-3" );
            books.Add( "Visual Basic .NET", "0-13-456955-5" );

            InitializeComponent();
            base.OnInit( e );
         }

         // código gerado pelo Visual Studio .NET

         // quando o usuário clica no botão Submit,
         // armazena a escolha do usuário no objeto sessão
         private void submitButton_Click(
            object sender, System.EventArgs e )
         {
            if ( languageList.SelectedItem != null )
            {
               string language =
                  languageList.SelectedItem.ToString();
               string ISBN = books[ language ].ToString();

               // armazena no objeto sessão como um par nome-valor
               // nome é a linguagem de programação escolhida, valor é
               // o número ISBN do livro correspondente
            Session.Add( language, ISBN );

         } // fim do if

      } // fim do método submitButton_Click

   } // fim da classe OptionsPage

} // fim do espaço de nomes Sessions
```

Figura 20.30 Sessões são criadas para cada usuário em um aplicativo da Web ASP .NET. (Parte 2 de 3.)

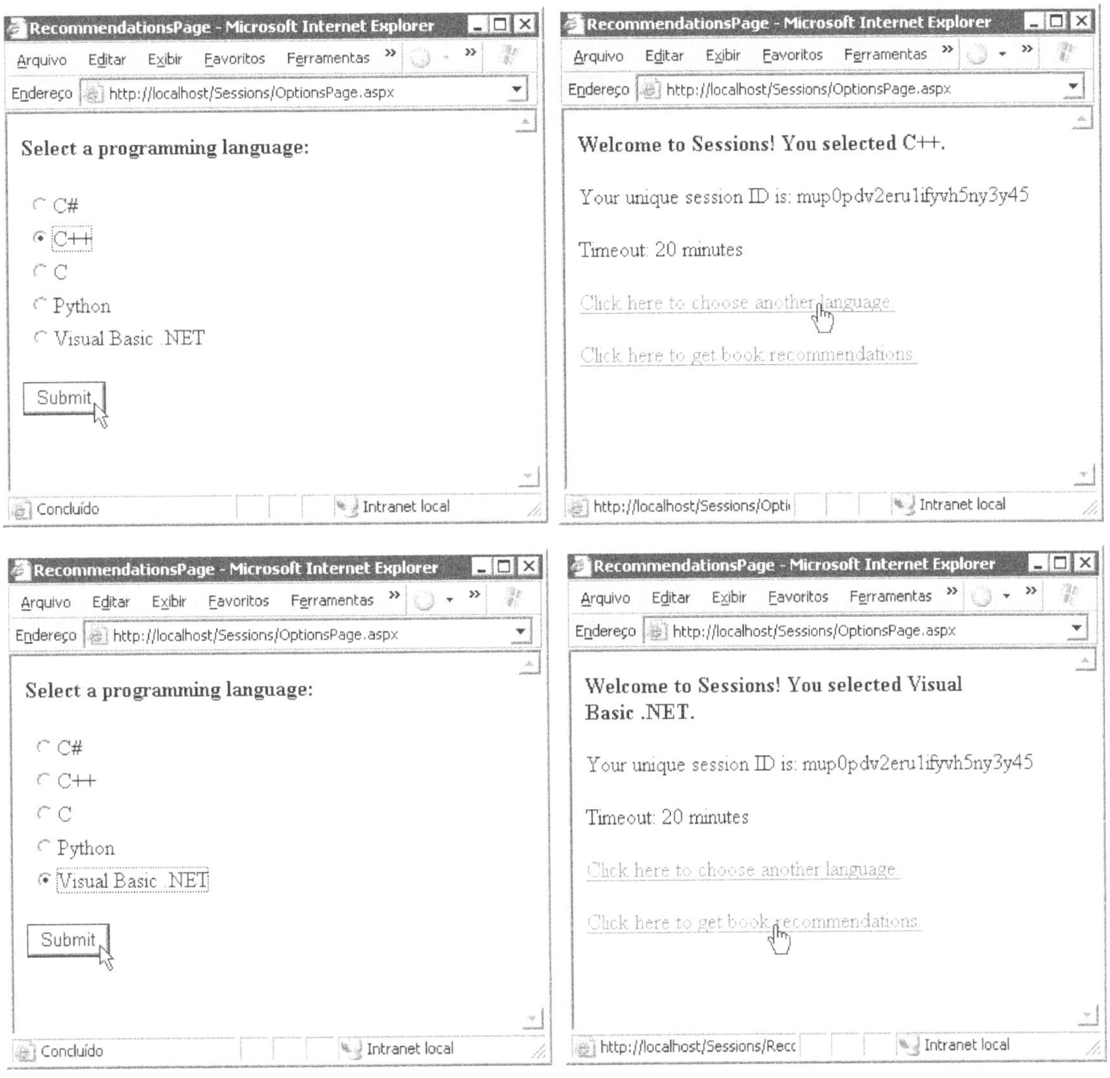

Figura 20.30 Sessões são criadas para cada usuário em um aplicativo da Web ASP .NET. (Parte 3 de 3.)

Depois que os valores são adicionados no objeto **HttpSessionState**, o aplicativo manipula o evento de postback (linhas 44 a 70) no método **Page_Load**. Aqui recuperamos informações sobre a sessão do cliente atual das propriedades do objeto **Session** e exibimos essas informações na página Web. O aplicativo ASP .NET contém informações sobre o objeto **HttpSessionState** do cliente atual. A propriedade ***SessionID*** (linhas 63 e 64) contém a *ID de sessão exclusiva*. Na primeira vez que um cliente se conecta com o servidor da Web, uma ID de sessão exclusiva é criada para esse cliente. Quando o cliente faz pedidos adicionais, sua ID de sessão é comparada com as IDs de sessão armazenadas na memória do servidor da Web. A propriedade ***Timeout*** (linha 66) especifica o máximo de tempo que um objeto **HttpSessionState** pode estar inativo antes de ser descartado. A Figura 20.31 relaciona algumas propriedades comuns de **HttpSessionState**.

Assim como no exemplo dos cookies, esse aplicativo fornece um link para **RecommendationsPage.aspx** (Figura 20.32), que exibe uma lista de recomendações de livros de acordo com as seleções de linguagem de programação do usuário. As linhas 30 a 33 definem um controle Web **ListBox** que é usado para apresentar as recomendações ao usuário. A Figura 20.33 apresenta o arquivo de código de retaguarda desse arquivo ASPX.

O manipulador de evento **OnInit** (linhas 28 a 58) recupera as informações da sessão. Se o usuário não selecionar nenhuma linguagem durante visita a esse site, a propriedade **Count** de nosso objeto **Session** será zero. Essa propriedade fornece o número de itens de sessão contidos em um objeto **Session**. Se a propriedade **Count** do objeto **Session** for zero (isto é, nenhuma linguagem de programação jamais foi selecionada), o texto **No Recommendations** será exibido.

Propriedades	Descrição
`Count`	Especifica o número de pares chave-valor no objeto **`Session`**.
`IsNewSession`	Indica se essa é uma nova sessão (isto é, se a sessão foi criada quando essa página foi carregada).
`IsReadOnly`	Indica se o objeto **`Session`** é somente de leitura.
`Keys`	Retorna uma coleção contendo as chaves do objeto **`Session`**.
`SessionID`	Retorna a ID de sessão exclusiva.
`Timeout`	Especifica o número máximo de minutos durante os quais uma sessão pode estar inativa (isto é, nenhum pedido é feito) antes que a sessão perca a validade. Como padrão, essa propriedade é configurada para 20 minutos.

Figura 20.31 Propriedades de `HttpSessionState`.

```
<%-- Fig. 20.32: RecommendationsPage.aspx --%>
<%-- Lê os dados de sessão do usuário.       --%>

<%@ Page language="c#" Codebehind="RecommendationsPage.aspx.cs"
   AutoEventWireup="false"
   Inherits="Sessions.RecommendationsPage" %>

<!DOCTYPE HTML PUBLIC "-//W3C//DTD HTML 4.0 Transitional//EN" >

<HTML>
   <HEAD>
      <title>WebForm1</title>
         <meta name="GENERATOR" Content=
            "Microsoft Visual Studio 7.0">
         <meta name="CODE_LANGUAGE" Content="C#">
         <meta name="vs_defaultClientScript" content=
            "JavaScript">
         <meta name="vs_targetSchema" content=
            "http://schemas.microsoft.com/intellisense/ie5">
   </HEAD>

   <body MS_POSITIONING="GridLayout">
      <form id="Form1" method="post" runat="server">
         <asp:Label id="recommendationsLabel"
            style="Z-INDEX: 101; LEFT: 21px; POSITION: absolute;
            TOP: 25px" runat="server" Font-Bold="True"
            Font-Size="X-Large">Recommendations
         </asp:Label>

         <asp:ListBox id="booksListBox" style="Z-INDEX: 102;
            LEFT: 21px; POSITION: absolute; TOP: 84px" runat=
            "server" Width="383px" Height="91px">
         </asp:ListBox>
      </form>
   </body>
</HTML>
```

Figura 20.32 Instrução de sessão exibida em uma `ListBox`.

```
// Fig. 20.33: RecommendationsPage.aspx.cs
// Lendo dados da sessão do usuário.
```

Figura 20.33 Dados de sessão lidos por um aplicativo da Web ASP .NET para fornecer recomendações para o usuário. (Parte 1 de 3.)

```
using System;
using System.Collections;
using System.ComponentModel;
using System.Data;
using System.Drawing;
using System.Web;
using System.Web.SessionState;
using System.Web.UI;
using System.Web.UI.WebControls;
using System.Web.UI.HtmlControls;

namespace Sessions
{
   // página exibindo informações de sessão e recomendações
   public class RecommendationsPage : System.Web.UI.Page
   {
      protected System.Web.UI.WebControls.ListBox booksListBox;

      protected System.Web.UI.WebControls.Label
         recommendationsLabel;

      // código gerado pelo Visual Studio .NET

      // manipulador para o evento Init
      override protected void OnInit( EventArgs e )
      {
         InitializeComponent();
         base.OnInit( e );

         // determina se Session contém informações
         if ( Session.Count != 0 )
         {
            // percorre os valores de Session,
            // exibe em ListBox
            for ( int i = 0; i < Session.Count; i++ )
            {
               // armazena chave atual em sessionName
               string keyName = Session.Keys[ i ];

               // usa chave atual para exibir
               // pares nome/valor de Session
               booksListBox.Items.Add( keyName +
                  " How to Program. ISBN#: " +
                  Session[ keyName ] );

            } // fim do for

         }
         else
         {
            recommendationsLabel.Text = "No Recommendations";
            booksListBox.Visible = false;
         }

      } // fim do método OnInit

```

Figura 20.33 Dados de sessão lidos por um aplicativo da Web ASP .NET para fornecer recomendações para o usuário. (Parte 2 de 3.)

```
60      } // fim da classe RecommendationsPage
61
62  } // fim do espaço de nomes Sessions
```

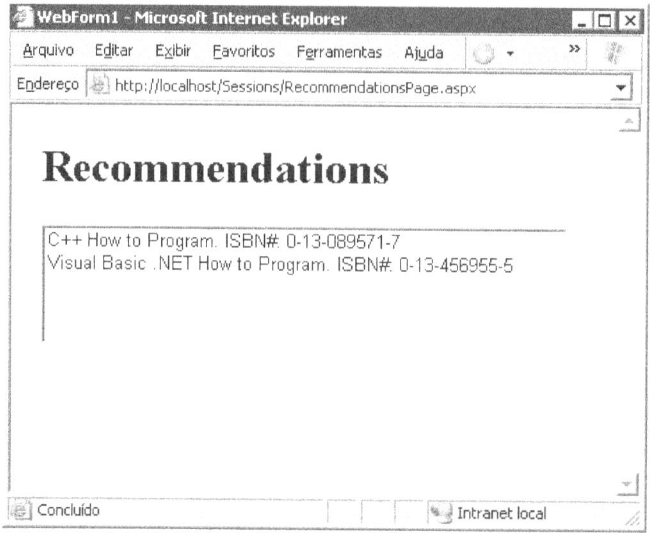

Figura 20.33 Dados de sessão lidos por um aplicativo da Web ASP .NET para fornecer recomendações para o usuário. (Parte 3 de 3.)

Se o usuário tiver escolhido uma linguagem de programação, a estrutura **`for`** (linhas 38 a 49) fará a iteração pelo objeto **`Session`**. A propriedade ***`Count`*** contém o número de pares de chave-valor armazenados nessa sessão. O valor em um par chave-valor é recuperado do objeto **`Session`** pela indexação do objeto **`Session`** com o nome da chave, usando o mesmo processo utilizado na recuperação de valor de nossa tabela de hash na última seção.

Então acessamos a propriedade ***`Keys`*** da classe **`HttpSessionState`** (linha 41), que retorna uma coleção que contém todas as chaves da sessão. Essa linha indexa nossa coleção para recuperar a chave atual. As linhas 45 a 47 concatenam o valor de **`keyName`** com a **`string`** **`" How to Program. ISBN#: "`** e com o valor do objeto sessão do qual **`keyName`** é a chave. A **`string`** resultante é a recomendação que aparece na **`ListBox`**.

20.7 Estudo de caso: livro de visitantes on-line

Muitos sites Web permitem que os usuários dêem retorno sobre eles em um *livro de visitantes*. Em geral os usuários clicam em um link na página principal do site Web para solicitar a página de livro de visitantes. Normalmente essa página consiste em um **`form`** (formulário) HTML, que contém campos para o nome do usuário, endereço de e-mail e uma mensagem. Os dados enviados para o livro de visitantes freqüentemente são armazenados em um banco de dados localizado na máquina do servidor da Web. Nesta seção criaremos um aplicativo formulário Web de livro de visitantes. A GUI é ligeiramente mais complexa do que aquela que acabamos de descrever; ela contém uma **`DataGrid`**, como se vê na Figura 20.34.

O **`form`** HTML apresentado para o usuário consiste em um campo para o nome de usuário, um campo para o endereço de e-mail e um campo para mensagem. A Figura 20.35 apresenta o arquivo ASPX, e a Figura 20.36 apresenta o arquivo de código de retaguarda do aplicativo de livro de visitantes. Por simplicidade, gravamos as informações do livro de visitantes em um arquivo de texto. Entretanto, nos exercícios, pedimos que você modifique esse exemplo, de modo que o aplicativo armazene as informações do livro de visitantes em um banco de dados.

O arquivo ASPX gerado pela GUI está ilustrado na Figura 20.35. Após arrastar os dois botões para o formulário, dê um clique duplo em cada botão para criar seu manipulador de evento correspondente. O Visual Studio adiciona os manipuladores de evento no arquivo de código de retaguarda (Figura 20.36). Uma **`DataGrid`** chamada **`dataGrid`** apresenta todas as entradas do livro de visitantes. Esse controle pode ser adicionado a partir da **Toolbox**. As cores da **`DataGrid`** são especificadas usando-se o link **Auto Format...**, localizado na parte inferior da janela **Properties**. Esse link aparecerá somente quando o desenvolvedor estiver olhando as propriedades de uma **`DataGrid`**. Uma caixa de diálogo se abrirá, com várias opções. Nesse exemplo escolhemos a opção **Colorful 4** nessa caixa de diálogo. Discutiremos a adição de informações na **`DataGrid`** em breve.

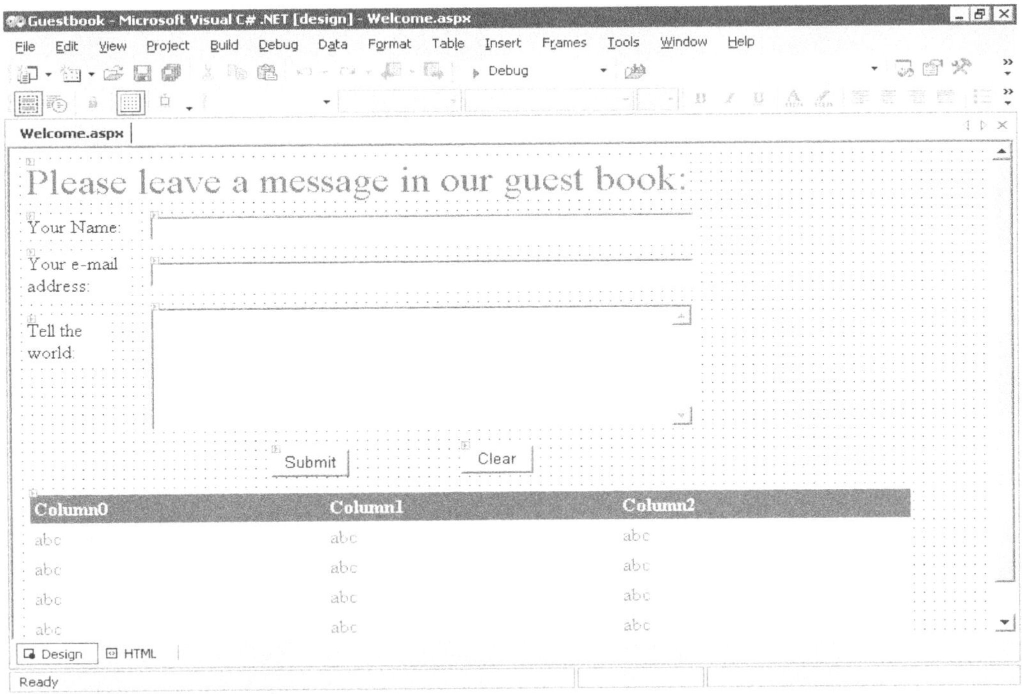

Figura 20.34 GUI do aplicativo de livro de visitantes.

O manipulador de evento de **clearButton** (linhas 114 a 121) limpa todas as **TextBox**, configurando suas propriedades **Text** como strings vazias. As linhas 90 a 111 contêm o código de manipulação de evento de **submitButton**, que adiciona as informações do usuário em **guestbook.txt**, um arquivo de texto armazenado em nosso projeto. As várias entradas desse arquivo, incluindo a mais recente, serão apresentadas na **DataGrid**. Vamos ver como isso é feito no código.

As linhas 94 a 96 criam um objeto **StreamWriter** que referencia o arquivo que contém as entradas do livro de visitantes. Usamos a propriedade ***PhysicalApplicationPath*** do objeto **Request** para recuperar o caminho do diretório raiz do aplicativo (esse será o caminho da pasta de projeto do aplicativo atual) e, em seguida, concatenar a ele o nome do arquivo (isto é, **guestbook.txt**). O segundo argumento (**true**) especifica que novas informações serão anexadas ao arquivo (isto é, adicionadas no final do arquivo). As linhas 99 a 102 anexam a mensagem apropriada ao arquivo de livro de visitantes. Antes que o manipulador de evento saia, ele chama o método **FillMessageTable** (linha 110).

```
<%-- Fig. 20.35: Welcome.aspx                    --%>
<%-- Um formulário Web demonstrando um livro de visitantes. --%>

<%@ Page language="c#" Codebehind="Welcome.aspx.cs"
   AutoEventWireup="false"
   Inherits="Guestbook.GuestBookTest" %>

<!DOCTYPE HTML PUBLIC "-//W3C//DTD HTML 4.0 Transitional//EN" >

<HTML>
   <HEAD>
      <title>WebForm1</title>
      <meta name="GENERATOR" Content=
         "Microsoft Visual Studio 7.0">
      <meta name="CODE_LANGUAGE" Content="C#">
      <meta name="vs_defaultClientScript" content="JavaScript">
      <meta name="vs_targetSchema" content=
         "http://schemas.microsoft.com/intellisense/ie5">
```

Figura 20.35 Arquivo ASPX do aplicativo de livro de visitantes. (Parte 1 de 3.)

```
</HEAD>

<body MS_POSITIONING="GridLayout">
   <form id="Form1" method="post" runat="server">
      <asp:DataGrid id="dataGrid" style="Z-INDEX: 101;
         LEFT: 13px; POSITION: absolute; TOP: 301px" runat=
         "server" Width="698px" HorizontalAlign="Left"
         BorderColor="#E7E7FF" BorderWidth="1px"
         GridLines="Horizontal" BackColor="White"
         DataSource="<%# dataView %>" BorderStyle="None"
         CellPadding="3">

         <SelectedItemStyle Font-Bold="True" ForeColor=
            "#F7F7F7" BackColor="#738A9C">
         </SelectedItemStyle>

         <AlternatingItemStyle BackColor="#F7F7F7">
         </AlternatingItemStyle>

         <ItemStyle HorizontalAlign="Left" ForeColor=
            "#4A3C8C" BackColor="#E7E7FF">
         </ItemStyle>

         <HeaderStyle Font-Bold="True" ForeColor="#F7F7F7"
            BackColor="#4A3C8C">
         </HeaderStyle>

         <FooterStyle ForeColor="#4A3C8C" BackColor=
            "#B5C7DE">
         </FooterStyle>

         <PagerStyle HorizontalAlign="Right" ForeColor=
            "#4A3C8C" BackColor="#E7E7FF" Mode=
            "NumericPages">
         </PagerStyle>
      </asp:DataGrid>

      <asp:Button id="clearButton" style="Z-INDEX: 111;
         LEFT: 354px; POSITION: absolute; TOP: 262px"
         runat="server" Width="57px" Text="Clear">
      </asp:Button>

      <asp:Button id="submitButton" style="Z-INDEX: 110;
         LEFT: 205px; POSITION: absolute; TOP: 264px"
         runat="server" Text="Submit">
      </asp:Button>

      <asp:TextBox id="messageTextBox" style="Z-INDEX: 109;
         LEFT: 111px; POSITION: absolute; TOP: 139px"
         runat="server" Width="427px" Height="107px"
         TextMode="MultiLine">
      </asp:TextBox>

      <asp:Label id="messageLabel" style="Z-INDEX: 108;
         LEFT: 13px; POSITION: absolute; TOP: 149px"
         runat="server" Width="59px" Height="9px">
         Tell the world:
      </asp:Label>
```

Figura 20.35 Arquivo ASPX do aplicativo de livro de visitantes. (Parte 2 de 3.)

```

         <asp:Label id="emailLabel" style="Z-INDEX: 107;
            LEFT: 13px; POSITION: absolute; TOP: 91px"
            runat="server" Width="76px">E-mail address:
         </asp:Label>

         <asp:TextBox id="emailTextBox" style="Z-INDEX: 106;
            LEFT: 111px; POSITION: absolute; TOP: 99px"
            runat="server" Width="428px">
         </asp:TextBox>

         <asp:Label id="nameLabel" style="Z-INDEX: 104;
            LEFT: 13px; POSITION: absolute; TOP: 59px"
            runat="server" Width="84px">First Name:
         </asp:Label>

         <asp:TextBox id="nameTextBox" style="Z-INDEX: 105;
            LEFT: 111px; POSITION: absolute; TOP: 59px"
            runat="server" Width="428px">
         </asp:TextBox>

         <asp:Label id="promptLabel" style="Z-INDEX: 102;
            LEFT: 13px; POSITION: absolute; TOP: 12px"
            runat="server" ForeColor="Blue" Font-Size="X-Large">
            Please leave a message in our guest book:
         </asp:Label>
      </form>
   </body>
</HTML>
```

Figura 20.35 Arquivo ASPX do aplicativo de livro de visitantes. (Parte 3 de 3.)

```
// Fig. 20.36: Welcome.aspx.cs
// O arquivo de código de retaguarda da página de livro de visitantes.

using System;
using System.Collections;
using System.ComponentModel;
using System.Data;
using System.Drawing;
using System.Web;
using System.Web.SessionState;
using System.Web.UI;
using System.Web.UI.WebControls;
using System.Web.UI.HtmlControls;
using System.IO;

namespace Guestbook
{
   // permite que o usuário deixe mensagens
   public class GuestBookForm : System.Web.UI.Page
   {
      protected System.Web.UI.WebControls.Label promptLabel;
      protected System.Web.UI.WebControls.Label nameLabel;
      protected System.Web.UI.WebControls.Label emailLabel;
      protected System.Web.UI.WebControls.Label messageLabel;
```

Figura 20.36 Arquivo de código de retaguarda do aplicativo de livro de visitantes. (Parte 1 de 4.)

```
      protected System.Web.UI.WebControls.DataGrid dataGrid;

      protected System.Web.UI.WebControls.Button submitButton;
      protected System.Web.UI.WebControls.Button clearButton;

      protected System.Web.UI.WebControls.TextBox nameTextBox;
      protected System.Web.UI.WebControls.TextBox
         emailTextBox;
      protected System.Web.UI.WebControls.TextBox
         messageTextBox;

      protected System.Data.DataView dataView;

      // manipula o evento Load de Page
      private void Page_Load(
         object sender, System.EventArgs e )
      {
         dataView = new DataView( new DataTable() );

      }  // fim do método Page_Load

      // código gerado pelo Visual Studio .NET

      // coloca todas as mensagens do livro de visitantes em uma
      // tabela; as mensagens são separadas por linhas horizontais
      public void FillMessageTable()
      {
         DataTable table = dataView.Table;
         table.Columns.Add( "Date" );
         table.Columns.Add( "First Name" );
         table.Columns.Add( "e-mail" );
         table.Columns.Add( "Message" );

         // abre o arquivo de livro de visitantes para leitura
         StreamReader reader = new StreamReader(
            Request.PhysicalApplicationPath +
            "guestbook.txt" );

         char[] separator = { '\t' };

         // lê linha do arquivo
         string message = reader.ReadLine();

         while ( message != null )
         {
            // divide a string em suas quatro partes
            string[] parts = message.Split( separator );

            // carrega os dados na tabela
            table.LoadDataRow( parts, true );

            // lê um linha do arquivo
            message = reader.ReadLine();
         }

         // atualiza a grade
         dataGrid.DataSource = table;
         dataGrid.DataBind();
```

Figura 20.36 Arquivo de código de retaguarda do aplicativo de livro de visitantes. (Parte 2 de 4.)

```

            reader.Close();

         } // fim do método FillMessageTable

         // adiciona a entrada do usuário no livro de visitantes
         private void submitButton_Click(
            object sender, System.EventArgs e )
         {
            // abre o fluxo para anexar no arquivo
            StreamWriter guestbook =
                  new StreamWriter( Request.PhysicalApplicationPath +
                  "guestbook.txt", true );

               // grava nova mensagem no arquivo
               guestbook.WriteLine(
                  DateTime.Now.Date.ToString().Substring( 0, 10 ) +
                  "\t" + nameTextBox.Text + "\t" + emailTextBox.Text
                  + "\t" + messageTextBox.Text );

               // limpa as caixas de texto e fecha o fluxo
               nameTextBox.Text = "";
               emailTextBox.Text = "";
               messageTextBox.Text = "";
               guestbook.Close();

            FillMessageTable();
         } // fim do método submitButton_Click

         // limpa todas as caixas de texto
         private void clearButton_Click(
            object sender, System.EventArgs e )
         {
            nameTextBox.Text = "";
            emailTextBox.Text = "";
            messageTextBox.Text = "";

         } // fim do método clearButton_Click

      } // fim da classe GuestBookForm

   } // fim do espaço de nomes Guestbook
```

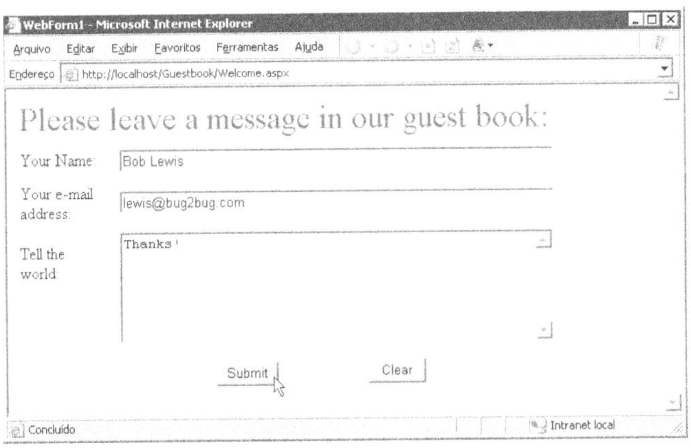

Figura 20.36 Arquivo de código de retaguarda do aplicativo de livro de visitantes. (Parte 3 de 4.)

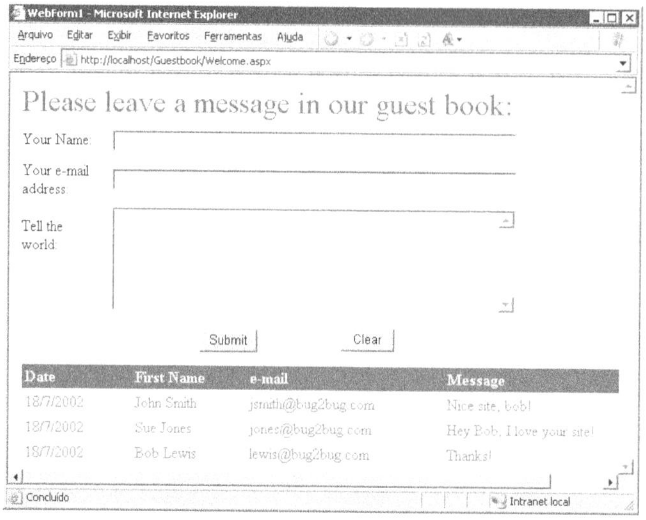

Figura 20.36 Arquivo de código de retaguarda do aplicativo de livro de visitantes. (Parte 4 de 4.)

O método **FillMessageTable** (linhas 51 a 87) coloca as entradas do livro de visitantes na **table** (tabela) **DataTable**. As linhas 53 a 57 criam um objeto **DataTable** a partir da propriedade **Table** de nossa **DataView** e, em seguida, formam as colunas necessárias usando o método **Add** da coleção **Columns**. As linhas 67 a 79 lêem cada linha do arquivo de texto. O método **Split** divide cada linha lida do arquivo em quatro elementos, que são adicionados na tabela pela chamada do método **LoadDataRow** (linha 75). O segundo argumento do método **LoadDataRow** é **true**, indicando que todas as alterações resultantes da adição serão aceitas. A **DataTable** coloca dados em cada coluna. Após o preenchimento de **DataTable**, os dados são vinculados à **DataGrid**. O método **DataBind** é chamado para atualizar a **DataView**. [*Nota:* **DataView dataView** foi atribuída à propriedade **DataSource** a **DataGrid** na janela **Properties** depois que foi declarada no código.]

20.8 Estudo de caso: conectando um banco de dados em ASP .NET

Esse estudo de caso apresenta um aplicativo baseado na Web no qual um usuário vê uma lista de publicações por um autor especificado. Esse programa consiste em dois formulários Web. A primeira página que um usuário solicita é **Login.aspx** (Figura 20.37). Após acessar essa página, os usuários selecionam seus nomes na lista suspensa e, em seguida, digitam suas senhas. Se suas senhas forem válidas, eles serão redirecionados para **Authors.aspx** (Figura 20.40), que fornece uma lista de autores. Quando o usuário escolhe um autor e clica no botão **Select**, ocorre um postback, e a página atualizada exibe uma tabela contendo os títulos, os números ISBN e as editoras dos livros escritos pelo autor selecionado.

```
<%-- Fig. 20.37: Login.aspx                    --%>
<%-- Uma página que permite ao usuário se conectar. --%>

<%@ Page language="c#" Codebehind="login.aspx.cs"
   AutoEventWireup="false" Inherits="Database.Login" %>
<%@ Register TagPrefix="Header" TagName="ImageHeader"
   Src="ImageHeader.ascx" %>

<!DOCTYPE HTML PUBLIC "-//W3C//DTD HTML 4.0 Transitional//EN" >
<HTML>
   <HEAD>
      <title>WebForm1</title>
      <meta name="GENERATOR" Content="Microsoft Visual Studio 7.0">
```

Figura 20.37 Formulário Web de login. (Parte 1 de 2.)

```
      <meta name="CODE_LANGUAGE" Content="C#">
      <meta name="vs_defaultClientScript" content="JavaScript">
      <meta name="vs_targetSchema"
         content="http://schemas.microsoft.com/intellisense/ie5">
   </HEAD>
   <body MS_POSITIONING="GridLayout" bgColor="#ffebff">
      <form id="Form1" method="post" runat="server">
         <asp:label id="nameLabel" style="Z-INDEX: 101;
            LEFT: 15px; POSITION: absolute; TOP: 188px"
            runat="server">Name
         </asp:label>

         <asp:label id="promptLabel" style="Z-INDEX: 108;
            LEFT: 15px; POSITION: absolute; TOP: 145px"
            runat="server">Please selecione your name and
            enter your password to log in:
         </asp:label>

         <asp:customvalidator id="invalidPasswordValidator"
            style="Z-INDEX: 107; LEFT: 262px; POSITION: absolute;
            TOP: 221px" runat="server"
            ControlToValidate="passwordTextBox" Font-Bold="True"
            ForeColor="DarkCyan" ErrorMessage="Invalid password!">
         </asp:customvalidator>

         <asp:requiredfieldvalidator id="requiredPasswordValidator"
            style="Z-INDEX: 106; LEFT: 262px; POSITION: absolute;
            TOP: 221px" runat="server"
            ControlToValidate="passwordTextBox" Font-Bold="True"
            ForeColor="DarkCyan"
            ErrorMessage="Please enter a password!">
         </asp:requiredfieldvalidator>

         <asp:dropdownlist id="nameList" style="Z-INDEX: 105;
            LEFT: 92px; POSITION: absolute; TOP: 185px"
            runat="server" Width= "154px">
         </asp:dropdownlist>

         <asp:button id="submitButton" style="Z-INDEX: 104;
            LEFT: 92px; POSITION: absolute; TOP: 263px"
            runat="server" Text="Submit">
         </asp:button>

         <asp:textbox id="passwordTextBox" style="Z-INDEX: 103;
            LEFT: 92px; POSITION: absolute; TOP: 221px"
            runat="server" TextMode="Password">
         </asp:textbox>

         <asp:label id="passwordLabel" style="Z-INDEX: 102;
            LEFT: 15px; POSITION: absolute; TOP: 220px"
            runat="server">Password
         </asp:label>

         <Header:ImageHeader id="ImageHeader1" runat="server">
         </Header:ImageHeader>
      </form>
   </body>
</HTML>
```

Figura 20.37 Formulário Web de login. (Parte 2 de 2.)

Grande parte das informações fornecidas por essa página Web é acessada por bancos de dados armazenados em nosso projeto. **`Login.aspx`** recupera nomes de usuário válidos para esse site por meio de **`Login.mdb`**, enquanto todas as informações de autor são recuperadas do banco de dados **`Books.mdb`** (também usado no Capítulo 19). Você poderá ver esses bancos de dados abrindo o diretório **`Database`** deste capítulo.

As linhas 6 e 7 adicionam um *controle Web de usuário* no arquivo ASPX. Abordamos a definição dos controles de usuário para aplicativos Windows no Capítulo 13 e podemos definir os controles de usuário para formulários Web usando uma técnica semelhante. Como os arquivos ASPX que os usuários solicitam não definem controles de usuário para formulários Web, esses controles não têm elementos **`HTML`** ou **`BODY`**. Em vez disso, os programadores especificam esses controles usando a diretiva **`<%@Register...%>`**. Por exemplo, um programador poderia querer incluir uma *barra de navegação* (isto é, uma série de botões para navegar em um site Web) em cada página de um site. Adicionar marcação para criar a barra de navegação para cada página, porém, poderia ser demorado em sites com muitas páginas. Além disso, se o programador modificar depois a barra de navegação, cada página no site que utiliza a barra de navegação deverá ser atualizada. Criando um controle de usuário, o programador pode especificar onde a barra de navegação é colocada em cada página usando apenas algumas linhas de marcação. Se a barra de navegação mudar, as páginas que a utilizam serão atualizadas quando essas páginas forem solicitadas futuramente.

Assim como os formulários Web, a maioria dos controles Web de usuário consiste em duas páginas: um *arquivo ASCX* e um arquivo de código de retaguarda. As linhas 6 e 7 definem o *nome da tag* do controle de usuário (o nome dessa instância do controle) e o prefixo da tag, que são **`ImageHeader`** e **`Header`**, respectivamente. O elemento **`ImageHeader`** é adicionado ao arquivo, nas linhas 67 e 68. A definição da tag está localizada no arquivo ***`Src`*** (fonte) **`HeaderImage.ascx`** (Figura 20.38). O programador pode criar esse arquivo dando um clique com o botão direito do mouse no nome do projeto no **Solution Explorer** e selecionando **Add > Add New Item...**. Na caixa de diálogo que se abre, selecione **Web User Control** e um novo arquivo ASCX será adicionado na solução. Nesse ponto, o programador pode adicionar controles e definir toda funcionalidade no arquivo de código de retaguarda do controle Web de usuário. Após criar o controle de usuário, o programador pode arrastá-lo diretamente do **Solution Explorer** para um arquivo ASPX aberto. Uma instância do controle será então criada e adicionada no formulário Web.

```
<%-- Fig. 20.38: ImageHeader.ascx              --%>
<%-- Listagem do controle de usuário cabeçalho. --%>

<%@ Control Language="c#" AutoEventWireup="false"
    Codebehind="ImageHeader.ascx.cs"
    Inherits="Database.ImageHeader"
    TargetSchema="http://schemas.microsoft.com/intellisense/ie5" %>

<asp:Image id="Image1" runat="server" ImageUrl="bug2bug.png">
</asp:Image>
```

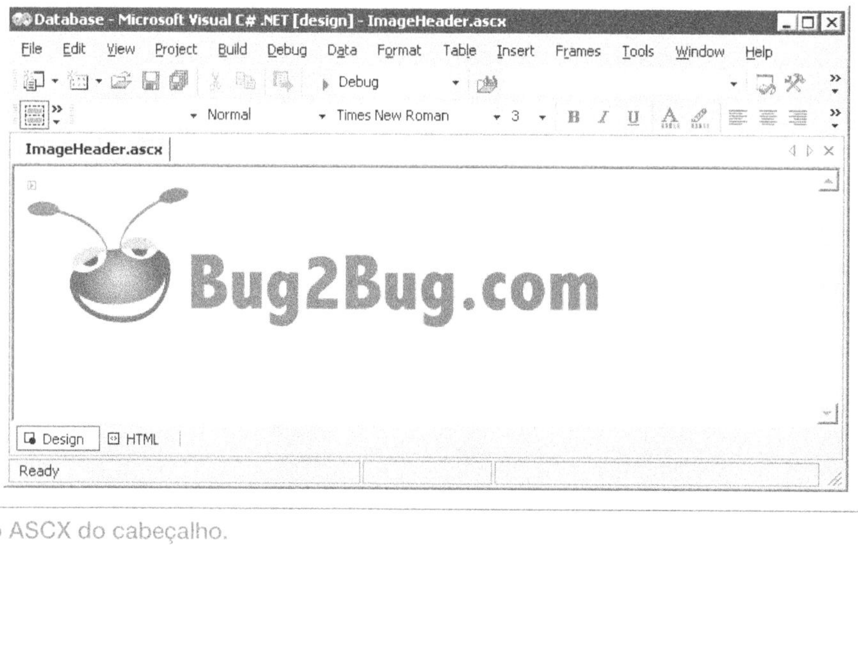

Figura 20.38 Código ASCX do cabeçalho.

O formulário (Figura 20.39) inclui vários **Labels**, uma **TextBox** (**passwordTextbox**) e uma **DropDownList** (**nameList**), ele é preenchido no arquivo de código de retaguarda (**Login.aspx.cs**) com nomes de usuário recuperados de um banco de dados. Também incluímos dois validadores: um ***RequiredFieldValidator*** e um ***CustomValidator***. Um **CustomValidator** nos permite especificar as condições sob as quais um campo é válido. Definimos essas condições no manipulador do evento ***ServerValidate*** do **CustomValidator**. O código de manipulação do evento, que é colocado no arquivo de código de retaguarda de **Login.aspx.cs**, será discutido em breve. As propriedades **ControlToValidate** dos dois validadores são configuradas como **passwordTextbox**.

```
// Fig. 20.39: Login.aspx.cs
// O arquivo de código de retaguarda da página que conecta o usuário.

using System;
using System.Collections;
using System.ComponentModel;
using System.Data;
using System.Drawing;
using System.Web;
using System.Web.SessionState;
using System.Web.UI;
using System.Web.UI.WebControls;
using System.Web.UI.HtmlControls;
using System.Web.Security;

namespace Database
{
   // permite que os usuários se conectem
   public class Login : System.Web.UI.Page
   {
      protected System.Data.OleDb.OleDbDataAdapter
         oleDbDataAdapter1;
      protected System.Data.OleDb.OleDbCommand
         oleDbSelectCommand1;
      protected System.Data.OleDb.OleDbCommand
         oleDbInsertCommand1;
      protected System.Data.OleDb.OleDbCommand
         oleDbUpdateCommand1;
      protected System.Data.OleDb.OleDbCommand
         oleDbDeleteCommand1;
      protected System.Data.OleDb.OleDbConnection
         oleDbConnection1;

      protected System.Web.UI.WebControls.Label passwordLabel;
      protected System.Web.UI.WebControls.Label nameLabel;
      protected System.Web.UI.WebControls.Label promptLabel;

```

Figura 20.39 Arquivo de código de retaguarda da página de login do aplicativo de autores[6]. (Parte 1 de 3.)

6. Esse exemplo exige que o caminho do banco de dados de login seja alterado, para ficar de acordo com o caminho em que o arquivo de nomes de usuário e senhas, **login.mdb**, foi efetivamente colocado. Para fazer isso rapidamente, antes de abrir o projeto no Visual Studio, abra o arquivo **Login.aspx.cs** em um editor de texto e altere o parâmetro Source da linha que começa com

```
this.oleDbConnection1.ConnectionString = ...
```

para que ele aponte para a localização do arquivo **login.mdb**.

Outra alternativa é localizar a **ConnectionString** no arquivo **Login.aspx** dentro do Visual Studio e alterá-la. Nesse caso, porém, pode ser necessário marcar a opção **Search hidden text** da caixa **Find**, para que a busca tenha sucesso.

Como pode ser verificado no próprio arquivo **login.mdb**, a senha para todos os usuários é password. (N.R.T.)

```
      protected System.Web.UI.WebControls.DropDownList nameList;
      protected System.Web.UI.WebControls.Button submitButton;
      protected System.Web.UI.WebControls.RequiredFieldValidator
         requiredPasswordValidator;
      protected System.Web.UI.WebControls.CustomValidator
         invalidPasswordValidator;
      protected System.Web.UI.WebControls.TextBox passwordTextBox;

      protected System.Data.OleDb.OleDbDataReader dataReader;

      // manipula o evento Load de Page
      private void Page_Load( object sender, System.EventArgs e )
      {
         // se a página é carregada por causa de um postback, processa as informações
         // caso contrário, a página está sendo carregada pela primeira vez; portanto
         // não faz nada
         if ( !IsPostBack )
         {
            // abre a conexão com o banco de dados
            oleDbConnection1.Open();

            // executa a consulta
            dataReader =
               oleDbDataAdapter1.SelectCommand.ExecuteReader();

            // enquanto podemos ler uma linha do resultado da consulta,
            // adiciona o primeiro item na lista suspensa
            while ( dataReader.Read() )
               nameList.Items.Add( dataReader.GetString( 0 ) );

            // fecha a conexão com o banco de dados
            oleDbConnection1.Close();
         }
      } // fim de Page_Load

      // código gerado pelo Visual Studio .NET

      // valida nome do usuário e senha
      private void invalidPasswordValidator_ServerValidate(
         object source,
         System.Web.UI.WebControls.ServerValidateEventArgs args )
      {
         // abre a conexão com o banco de dados
         oleDbConnection1.Open();

         // configura o comando de seleção para localizar a senha do nome de usuário
         // na lista suspensa
         oleDbDataAdapter1.SelectCommand.CommandText =
            "SELECT * FROM Users WHERE loginID = '" +
            Request.Form[ "nameList" ].ToString() + "'";

         dataReader =
            oleDbDataAdapter1.SelectCommand.ExecuteReader();

         dataReader.Read();

         // se a senha estiver correta, cria
         // tíquete de autenticação para esse usuário e o redireciona
```

Figura 20.39 Arquivo de código de retaguarda da página de login do aplicativo de autores. (Parte 2 de 3.)

```
         // para Authors.aspx; caso contrário, configura IsValid como false
         if ( args.Value == dataReader.GetString( 1 ) )
         {
            FormsAuthentication.SetAuthCookie(
               Request.Form[ "namelist" ], false );
            Session.Add(
               "name", Request.Form[ "nameList" ].ToString() );
            Response.Redirect( "Authors.aspx" );
         }
         else
            args.IsValid = false;

         // fecha a conexão com o banco de dados
         oleDbConnection1.Close();

      } // fim do método invalidPasswordValidator_ServerValidate

   } // fim da classe Login

} // fim do espaço de nomes Database
```

Figura 20.39 Arquivo de código de retaguarda da página de login do aplicativo de autores. (Parte 3 de 3.)

Na Figura 20.39, o manipulador de evento **Page_Load** está definido nas linhas 49 a 71. Se a página estiver sendo carregada pela primeira vez, as linhas 55 a 70 são executadas. As linhas 60 e 61 executam a consulta SQL que o Visual Studio gera em tempo de projeto — essa consulta simplesmente recupera todas as linhas da tabela **Authors** do banco de dados **Books**. As linhas 65 e 66 fazem a iteração pelas linhas, colocando o item da primeira coluna de cada linha (o nome do autor) em **nameList**.

Você pode observar que usamos um objeto ***OleDbDataReader***, que lê dados de um banco de dados. Não usamos um objeto desse tipo antes, pois o objeto **OleDbDataReader** não é tão flexível quanto os outros leitores que discutimos no Capítulo 19. O objeto pode ler dados, mas não pode atualizá-los. Usamos **OleDbDataReader** nesse exemplo porque precisávamos ler os nomes dos autores e esse objeto fornece uma maneira rápida e simples de fazer isso.

Nesse exemplo usamos um objeto **CustomValidator** para validar a senha do usuário. Definimos um manipulador (linhas 76 a 111) para o evento ***ServerValidate*** do objeto **CustomValidator**, que é executado sempre que o usuário clica em **Submit**. Esse manipulador de evento recebe um parâmetro ***ServerValidateEventArgs*** chamado **args**. O objeto referenciado por **args** tem duas propriedades importantes: ***Value***, que contém o valor do controle que o objeto **CustomValidator** está validando, e ***IsValid***, que contém um valor booleano representando o resultado da validação. Quando o manipulador de evento terminar, se **IsValid** for **true**, o formulário HTML será enviado para o servidor da Web; se **IsValid** for **false**, a mensagem **ErrorMessage** de **CustomValidator** será apresentada e o formulário HTML não será enviado para o servidor da Web.

Para criar e anexar um manipulador para o evento **ServerValidate**, dê um clique duplo em **CustomValidator**. A definição desse manipulador de evento (linhas 76 a 111) testa o nome de usuário selecionado e a senha fornecida pelo usuário. Se eles corresponderem a um nome de usuário e a uma senha válidos no banco de dados, o usuário será *autenticado* (isto é, a identidade do usuário será confirmada) e o navegador será redirecionado para **Authors.aspx** (Figura 20.40). As linhas 99 a 103 autenticam o usuário e dão acesso a **Authors.aspx**, chamando o método **static *SetAuthCookie*** da classe ***FormsAuthentication***. Essa classe está no espaço de nomes **System.Web.Security** (linha 14). O método **SetAuthCookie** grava um cookie *criptografado* no cliente, contendo as informações necessárias para autenticar o usuário. Os dados criptografados são transformados em código que apenas o remetente e o destinatário podem entender, mantendo assim esses dados privados. O método **SetAuthCookie** recebe dois argumentos: uma **string** que contém o nome do usuário e um valor booleano que especifica se esse cookie deve persistir (isto é, permanecer no computador do cliente) além da sessão atual. Como queremos que o aplicativo autentique o usuário apenas para a sessão atual, configuramos o valor **bool** como **false**. Depois que o usuário é autenticado, seu navegador da Web é redirecionado para **Authors.aspx**. Se a consulta do banco de dados não verificou a identidade do usuário, a propriedade ***IsValid*** do objeto **CustomValidator** é configurada como **false**; nesse caso, o aplicativo exibe a mensagem ***ErrorMessage***, e o usuário pode tentar se conectar novamente.

Esse exemplo usa uma técnica conhecida como *autenticação de formulário*, que protege uma página de modo que somente os usuários autenticados possam acessá-la. A autenticação é uma ferramenta fundamental para sites que permitem que apenas os membros entrem neles ou em uma parte deles. A autenticação e a recusa do acesso para usuários não autorizados exigem várias linhas em ***Web.config*** (um arquivo usado para configuração de aplicativos). Esse arquivo XML faz parte de todo aplicativo ASP .NET criado no Visual Studio. O elemento de autenticação padrão:

```
<authentication mode="None" />
```

desativa a autenticação. Para negar o acesso para os usuários não autorizados, substitua essa linha por

```
<authentication mode="Forms">
   <forms name="DatabaseCookie"
      loginUrl="Login.aspx" protection="Encryption" />
</authentication>
<authorization>
   <deny users="?" />
</authorization>
```

Essa substituição altera o valor do atributo ***mode*** no elemento **authentication**, de **"None"** para **"Forms"**, que especifica que queremos usar autenticação de formulário. O elemento ***forms*** define a maneira pela qual os usuários são validados. Dentro do elemento forms, o atributo **name** configura o nome do cookie que é criado na máquina do usuário — nesse caso, o chamamos de **DatabaseCookie**. O atributo ***loginUrl*** especifica a página de login de nosso aplicativo; os usuários que tentarem acessar qualquer página em nosso aplicativo sem se conectar serão redirecionados para essa página. O atributo ***protection*** especifica se o valor do cookie é criptografado. Nesse caso configuramos o valor de **protection** como **"Encryption"**, para criptografar os dados do cookie.

O elemento ***authorization*** indica o tipo de acesso que usuários específicos podem ter. Nesse aplicativo queremos permitir aos usuários autenticados o acesso a todas as páginas do site. Colocamos o elemento ***deny*** dentro do elemento **authorization**, para especificar os usuários a quem queremos negar o acesso. Quando configuramos o valor desse atributo como "**?**", todos os usuários anônimos (isto é, não autenticados) têm o acesso negado ao site.

Depois que o usuário foi autenticado, ele é redirecionado para **Authors.aspx** (Figura 20.40). Essa página fornece uma lista de autores, dos quais o usuário pode escolher um. Feita a escolha, uma tabela é apresentada, contendo informações sobre os livros que o autor escreveu.

```
<%-- Fig. 20.40: Authors.aspx                                    --%>
<%-- Esta página permite que o usuário escolha um autor e exibe  --%>
<%-- os livros desse autor.                                       --%>

<%@ Page language="c#" Codebehind="Authors.aspx.cs"
   AutoEventWireup="false" Inherits="Database.Authors" %>
<%@ Register TagPrefix="Header" TagName="ImageHeader"
   Src="ImageHeader.ascx" %>
<!DOCTYPE HTML PUBLIC "-//W3C//DTD HTML 4.0 Transitional//EN" >
<HTML>
   <HEAD>
      <title>Authors</title>
      <meta name="GENERATOR" Content="Microsoft Visual Studio 7.0">
      <meta name="CODE_LANGUAGE" Content="C#">
      <meta name="vs_defaultClientScript" content="JavaScript">
      <meta name="vs_targetSchema"
         content="http://schemas.microsoft.com/intellisense/ie5">
   </HEAD>
   <body MS_POSITIONING="GridLayout" bgColor="#ffebff">
      <form id="Authors" method="post" runat="server">
         <asp:DropDownList id="nameList" style="Z-INDEX: 103;
            LEFT: 90px; POSITION: absolute; TOP: 157px"
            runat="server" Width="158px" Height="22px">
      </asp:DropDownList>

         <Header:ImageHeader id="Head1" runat="server">
         </Header:ImageHeader>

         <asp:Label id="Label2" style="Z-INDEX: 102; LEFT: 28px;
            POSITION: absolute; TOP: 157px" runat="server"
            Width="48px" Height="22px">Authors:
         </asp:Label>

         <asp:Button id="Button1" style="Z-INDEX: 104; LEFT: 29px;
            POSITION: absolute; TOP: 188px" runat="server"
            Width="78px" Text="Select">
         </asp:Button>

         <asp:Label id="Label3" style="Z-INDEX: 105; LEFT: 19px;
            POSITION: absolute; TOP: 127px" runat="server"
            Width="210px" Visible="False">You chose
         </asp:Label>

         <asp:DataGrid id="dataGrid" style="Z-INDEX: 106;
            LEFT: 12px; POSITION: absolute; TOP: 151px"
            runat="server" Height="23px" Width="700px"
            ForeColor="Black" AllowPaging="True"
            DataSource="<%# dataView1 %>" Visible="False"
            AllowSorting="True">
```

Figura 20.40 Arquivo ASPX que permite ao usuário selecionar um autor em uma lista suspensa. (Parte 1 de 2.)

```
50
51              <EditItemStyle BackColor="White"></EditItemStyle>
52
53              <AlternatingItemStyle ForeColor="Black"
54                 BackColor="LightGoldenrodYellow">
55              </AlternatingItemStyle>
56
57              <ItemStyle BackColor="White"></ItemStyle>
58
59              <HeaderStyle BackColor="LightGreen"></HeaderStyle>
60
61              <PagerStyle NextPageText="Next &amp;gt;"
62                 PrevPageText="&amp;lt; Previous">
63              </PagerStyle>
64           </asp:DataGrid>
65        </form>
66     </body>
67  </HTML>
```

Figura 20.40 Arquivo ASPX que permite ao usuário selecionar um autor em uma lista suspensa. (Parte 2 de 2.)

O arquivo ASPX (Figura 20.40) dessa página cria vários controles: uma **DropDownList**, três **Label**s, um **Button** e um **DataGrid**. Note que alguns dos controles — um dos **Label**s e a **DataGrid** — têm suas propriedades **Visible** configuradas como **false** (linha 41 e linha 48). Isso significa que os controles não são visíveis quando a página é carregada pela primeira vez; como o usuário ainda não escolheu um autor, não há informações para exibir. Os usuários selecionam um autor na **DropDownList** e clicam em **Submit**, fazendo ocorrer um postback. Quando o postback é manipulado, a **DataGrid** é preenchida e exibida. A Figura 20.41 apresenta o arquivo de código de retaguarda desse arquivo ASPX.

```
// Fig. 20.41: Authors.aspx.cs
// O arquivo de código de retaguarda de uma página que permite ao usuário escolher um
// autor e então ver uma lista dos livros desse autor.

using System;
using System.Collections;
using System.ComponentModel;
using System.Data;
using System.Drawing;
using System.Web;
using System.Web.SessionState;
using System.Web.UI;
using System.Web.UI.WebControls;
```

Figura 20.41 Colocação de informações de banco de dados em uma DataGrid[7]. (Parte 1 de 5.)

7. Esse exemplo exige que o caminho do banco de dados de livros seja alterado, para ficar de acordo com o caminho em que o arquivo de dados de livros, **Books.mdb**, foi efetivamente colocado (normalmente, o mesmo diretório de **login.mdb**). Para fazer isso rapidamente (como no caso anterior), antes de abrir o projeto no Visual Studio abra o arquivo **Authors.aspx.cs** em um editor de texto e altere o parâmetro Source da linha que começa com

```
this.oleDbConnection1.ConnectionString = ...
```

para que ele aponte para a localização do arquivo **Books.mdb**.

Outra alternativa é localizar a **ConnectionString** no arquivo **Authors.aspx.cs** dentro do Visual Studio e alterá-la. Nesse caso, porém, pode ser necessário marcar a opção **Search hidden text** da caixa **Find**, para que a busca tenha sucesso.

Caso essa mudança de caminho não seja feita, o aplicativo Web é executado, mas ele mostra a lista de autores em branco e gera uma mensagem de erro de que não foi possível carregar o banco de dados quando o botão **Select** é clicado. (N.R.T.)

```
using System.Web.UI.HtmlControls;

namespace Database
{
   // permite que o usuário escolha um autor e depois exibe os livros desse autor
   public class Authors : System.Web.UI.Page
   {
      protected System.Web.UI.WebControls.DropDownList nameList;
      protected System.Web.UI.WebControls.Label choseLabel;
      protected System.Web.UI.WebControls.Button selectButton;
      protected System.Web.UI.WebControls.Label authorsLabel;
      protected System.Web.UI.WebControls.DataGrid dataGrid;

      protected System.Data.OleDb.OleDbDataAdapter
         oleDbDataAdapter1;
      protected System.Data.OleDb.OleDbConnection
         oleDbConnection1;
      protected System.Data.OleDb.OleDbDataReader dataReader;

      protected System.Data.OleDb.OleDbCommand
         oleDbSelectCommand1;
      protected System.Data.OleDb.OleDbCommand
         oleDbInsertCommand1;
      protected System.Data.OleDb.OleDbCommand
         oleDbUpdateCommand1;
      protected System.Data.OleDb.OleDbCommand
         oleDbDeleteCommand1;

      protected System.Data.DataTable dataTable1 =
         new DataTable();
      protected System.Data.DataView dataView1;

      protected static string sortString = "Title";

      // no carregamento da página
      private void Page_Load( object sender, System.EventArgs e )
      {
            // testa se a página foi carregada por causa de um postback
            if ( !IsPostBack )
            {
               // abre a conexão com o banco de dados
               try
               {
                  oleDbConnection1.Open();

                  // executa a consulta
                  dataReader =
                     oleDbDataAdapter1.SelectCommand.ExecuteReader();

                  // enquanto podemos ler uma linha do resultado da
                  // consulta, adiciona o primeiro item na lista suspensa
                  while ( dataReader.Read() )
                     nameList.Items.Add( dataReader.GetString( 0 ) +
                        " " + dataReader.GetString( 1 ) );
            }
```

Figura 20.41 Colocação de informações de banco de dados em uma DataGrid. (Parte 2 de 5.)

```

            // se o banco de dados não puder ser encontrado
            catch( System.Data.OleDb.OleDbException )
            {
               authorsLabel.Text =
                  "Server Error: Unable to load database!";
            }

            // fecha a conexão com o banco de dados
            finally
            {
                  oleDbConnection1.Close();
            }
         }
         else
         {
            // configura alguns controles para serem invisíveis
            nameList.Visible = false;
            selectButton.Visible = false;
            choseLabel.Visible = false;

            // configura outros controles para serem visíveis
            authorsLabel.Visible = true;
            dataGrid.Visible = true;

            // adiciona o nome do autor no rótulo
            authorsLabel.Text =
               "You Chose " + nameList.SelectedItem + ".";
               int authorID = nameList.SelectedIndex + 1;

            try
            {
               // abre a conexão com o banco de dados
               oleDbConnection1.Open();

               // pega o título, número ISBN e nome da editora de cada livro
               oleDbDataAdapter1.SelectCommand.CommandText =
                  "SELECT Titles.Title, Titles.ISBN, " +
                  "Publishers.PublisherName FROM AuthorISBN " +
                  "INNER JOIN Titles ON AuthorISBN.ISBN = " +
                  "Titles.ISBN, Publishers WHERE " +
                  "(AuthorISBN.AuthorID = " + authorID + ")";

               // preenche o modo de visualização de dados com os resultados
               oleDbDataAdapter1.Fill( dataTable1 );
               dataView1 = new DataView( dataTable1 );
               dataView1.Sort = sortString;
               dataGrid.DataBind();  // vincula a grade à origem de dados
            }

            // se o banco de dados não puder ser encontrado
            catch( System.Data.OleDb.OleDbException )
            {
               authorsLabel.Text =
                  "Server Error: Unable to load database!";
            }
```

Figura 20.41 Colocação de informações de banco de dados em uma DataGrid. (Parte 3 de 5.)

```
            // fecha a conexão com o banco de dados
            finally
            {
               oleDbConnection1.Close();
            }
         }

      }  // fim do método Page_Load

      // na nova página
      private void OnNewPage( object sender,
         DataGridPageChangedEventArgs e )
      {
         // configura a página atual como a próxima página
         dataGrid.CurrentPageIndex = e.NewPageIndex;

         dataView1.Sort = sortString;
         dataGrid.DataBind();  // vincula os dados novamente

      }  // fim do método OnNewPage

      // código gerado pelo Visual Studio .NET

      // manipula o evento Sort
      private void dataGrid_SortCommand( object source,
         System.Web.UI.WebControls.DataGridSortCommandEventArgs e )
      {
         // obtém a tabela a ordenar
         sortString = e.SortExpression.ToString();
         dataView1.Sort = sortString; // ordena
         dataGrid.DataBind();  // vincula os dados novamente

      }  // fim do método dataGrid_SortCommand

   }  // fim da classe Authors

}  // fim do espaço de nomes Database
```

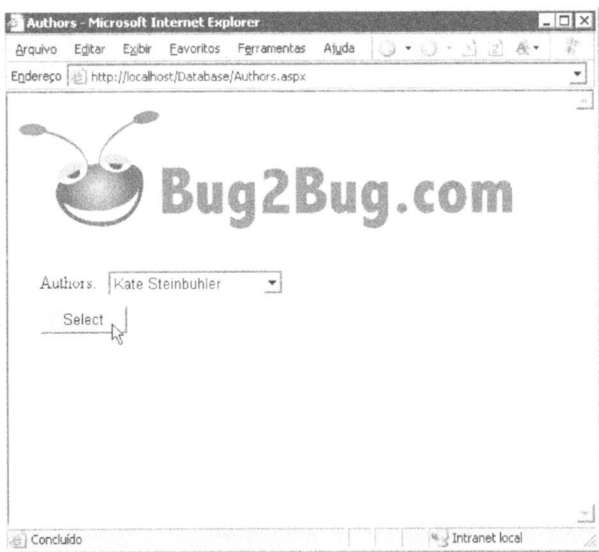

Figura 20.41 Colocação de informações de banco de dados em uma `DataGrid`. (Parte 4 de 5.)

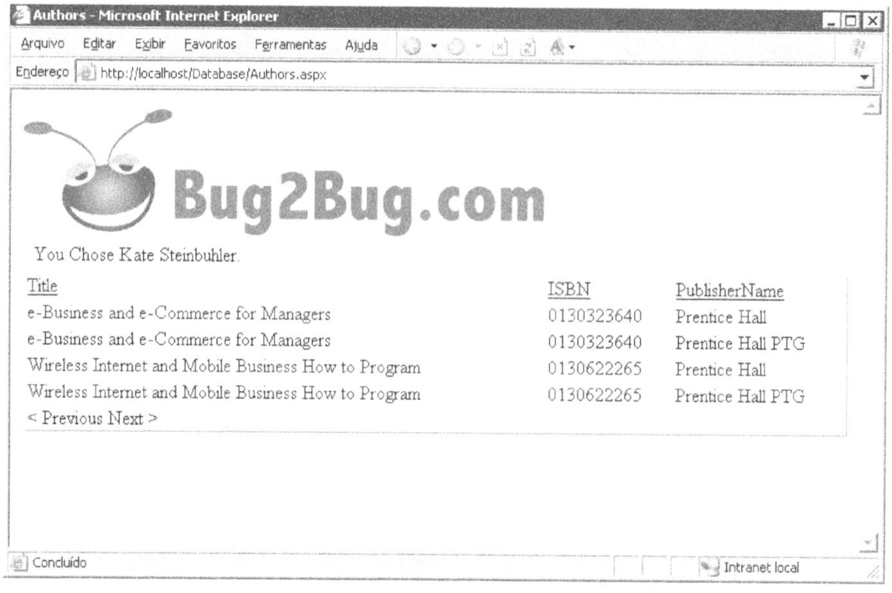

Figura 20.41 Colocação de informações de banco de dados em uma `DataGrid`. (Parte 5 de 5.)

O método **`Page_Load`** (linhas 49 a 133) contém a maior parte do código desse exemplo. A condição (linha 52) determina se a página foi carregada como resultado de um evento de postback. Então, a linha 57 abre a conexão com o banco de dados, e as linhas 60 e 61 executam o comando que recupera do banco de dados o nome de batismo e o sobrenome de todos os autores. As linhas 65 a 67 percorrem o conjunto de resultados e adicionam os nomes de batismo e sobrenomes dos autores em **`nameList`**.

Uma vez que o usuário tenha selecionado um autor e enviado o formulário, a condição (linha 52) se torna **`false`**, o que faz as linhas 86 a 131 serem executadas. O conjunto de controles inicialmente apresentado para o usuário (isto é, o rótulo, a lista suspensa e o botão) é oculto no postback. Entretanto, o rótulo e a grade de dados que anteriormente eram invisíveis se tornam visíveis. As linhas 95 e 96 adicionam o nome do autor selecionado no controle rótulo.

As linhas 105 a 110 criam uma consulta de banco de dados para recuperar o título, número ISBN e nome da editora de cada um dos livros do autor e os atribuem à propriedade **`CommandText`** do comando. O método **`fill`** (linha 113) preenche seu argumento **`DataTable`** com as linhas retornadas por nossa consulta, nas linhas 106 a 110. A propriedade ***`Sort`*** da classe **`DataView`** ordena seus dados pela **`string sortString`** atribuída (linha 115). A linha 46 configura inicialmente essa **`string`** como **`"Title"`**, indicando que as linhas de nossa tabela devem ser ordenadas em ordem ascendente pelo título. A ordem ascendente é o padrão. Se **`sortString`** fosse **`"TitleDESC"`**, as linhas de nossa tabela seriam ordenadas em ordem descendente pelo título.

O método **`OnNewPage`** (linhas 136 a 145) manipula o evento **`PageIndexChanged`** da **`DataGrid`**, que é ativado quando o usuário clica no link **Next**, na parte inferior da **`DataGrid`**, para apresentar a próxima página de dados. Para permitir a paginação, a propriedade **`AllowPaging`** da **`DataGrid`** é configurada como **`true`** no projetista de formulários Web. A propriedade **`PageSize`** de **`DataGrid`** determina o número de entradas por página, e sua propriedade **`PagerStyle`** personaliza a exibição de nossa **`DataGrid`** durante a paginação. Essa **`DataGrid`** exibe dez livros por página. Após a propriedade **`CurrentPageIndex`** de **`DataGrid`** ser atribuída ao argumento de evento **`NewPageIndex`** (linha 140), ordenamos os dados e os vinculamos novamente, para que a próxima página de dados possa ser exibida (linhas 142 e 143). Essa técnica de exibição de dados torna o site mais legível e permite que as páginas sejam carregadas mais rapidamente (pois menos dados são apresentados por vez).

O método **`dataGrid_SortCommand`** (linhas 150 a 158) manipula o evento **`Sort`** da **`DataGrid`**. Quando a propriedade **`AllowSorting`** é ativada no projetista de formulários Web, a **`DataGrid`** exibe todos os cabeçalhos de tabela como controles ***`LinkButton`*** (isto é, botões que agem como links). O evento **`SortCommand`** é disparado quando o usuário clica em um nome de cabeçalho de coluna. Na linha 154 usamos a propriedade ***`SortExpression`*** de **`e`**. Essa propriedade indica a coluna pela qual os dados são ordenados. Esse valor é atribuído à **`string sortString`**, que então é atribuída à propriedade **`Sort`** de nossa **`DataView`**, na linha 155. Na linha 156 vinculamos novamente os dados ordenados em nossa **`DataGrid`**.

20.9 Rastreamento

O ASP .NET fornece um recurso de *rastreamento* (*tracing*) para depuração de aplicativos baseados na Web. Rastreamento é o processo de colocar, por todo o arquivo de código de retaguarda, instruções que produzam a saída de informações a respeito do status do programa durante a execução.

Nos aplicativos Windows, as caixas de mensagem podem ajudar na depuração; nos formulários Web, o programador poderia usar **`Response.Write`** para esse propósito. Entretanto, usar **`Response.Write`** para rastreamento no ASP .NET apresenta vários inconvenientes.

Um deles é que, uma vez que o aplicativo esteja executando corretamente, o programador deve remover todas as instruções de rastreamento do programa. Isso é demorado e pode introduzir erros, pois o programador precisa diferenciar entre as instruções que fazem parte da lógica do programa e as instruções que são usadas para propósitos de teste. O ASP .NET fornece ao programador duas formas de rastreamento interno: *rastreamento de página* e *rastreamento de aplicativo*.

O rastreamento de página envolve o rastreamento das ações de uma página específica. Configurar a propriedade ***`Trace`*** da página como **`True`** na janela **Properties** permite o rastreamento dessa página. Em vez de chamar o método **`Write`** do objeto **`Response`**, chamamos o método ***`Write`*** do objeto ***`Trace`***. O objeto **`Trace`** é uma instância da classe ***`TraceContext`*** e fornece recursos de rastreamento. Além do método **`Write`**, o objeto **`Trace`** contém o método ***`Warn`***, que imprime as instruções de alerta em vermelho. Quando o rastreamento é desativado, configurando-se a propriedade **`Trace`** como **`false`**, as instruções **`Trace`** não são executadas.

A Figura 20.42 mostra uma página simples que exibe uma frase (não mostramos o código dessa página, pois ele é muito simples). O evento **`Page_Load`** dessa página inclui a instrução **`Trace.Warn( "Using warnings" )`**. A propriedade **`Trace`** é configurada como **`false`**, de modo que **`"Using warnings"`** não seja exibido na página. Em breve veremos quando e onde as instruções de rastreamento são exibidas.

A Figura 20.43 mostra a mesma página quando a propriedade **`Trace`** está configurada como **`True`**. A parte superior da figura mostra a página original, e as informações de rastreamento geradas pelo ASP .NET aparecem em baixo. A seção ***Request Details*** fornece informações sobre o pedido. A seção ***Trace Information*** contém as informações produzidas na saída pela chamada dos métodos **`Write`** e **`Warn`**. A segunda linha contém a mensagem, que aparece em vermelho.

A seção ***Control Tree*** relaciona todos os controles contidos na página. Diversas tabelas adicionais também aparecem nessa página. A seção ***Cookies Collection*** contém informações sobre os cookies do programa, a seção ***Headers Collection*** cataloga os cabeçalhos HTTP da página, e a seção ***Server Variables*** fornece uma lista de variáveis de servidor (isto é, informações enviadas pelo navegador com cada pedido) e seus valores.

O rastreamento de projetos inteiros também está disponível. Para ativar o rastreamento em nível de aplicativo, abra o arquivo **`Web.config`** do projeto e configure a propriedade ***`enabled`*** como **`true`** no elemento ***`trace`***. Para ver as informações de rastreamento do projeto, vá com o navegador até o arquivo ***`trace.axd`***, na pasta do projeto. Esse arquivo não existe realmente na unidade de disco rígido; ele é gerado quando o usuário solicita **`trace.axd`**. A Figura 20.44 mostra a página da Web que é gerada quando o programador solicita o arquivo **`trace.axd`**.

Essa página relaciona todos os pedidos feitos para esse aplicativo e os momentos em que as páginas foram acessadas. Clicar em um dos links de **View Details** direciona o navegador para uma página semelhante à que aparece na Figura 20.43.

Neste capítulo discutimos o ASP .NET com C# e seu papel em uma arquitetura de três camadas. Agora você conseguirá criar formulários Web dinâmicos, que respondem à entrada do usuário, controlam e mantêm as informações de sessão

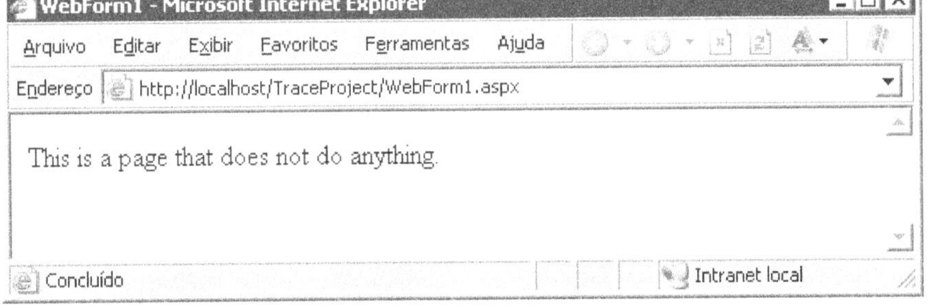

Figura 20.42 Página ASPX com rastreamento desligado.

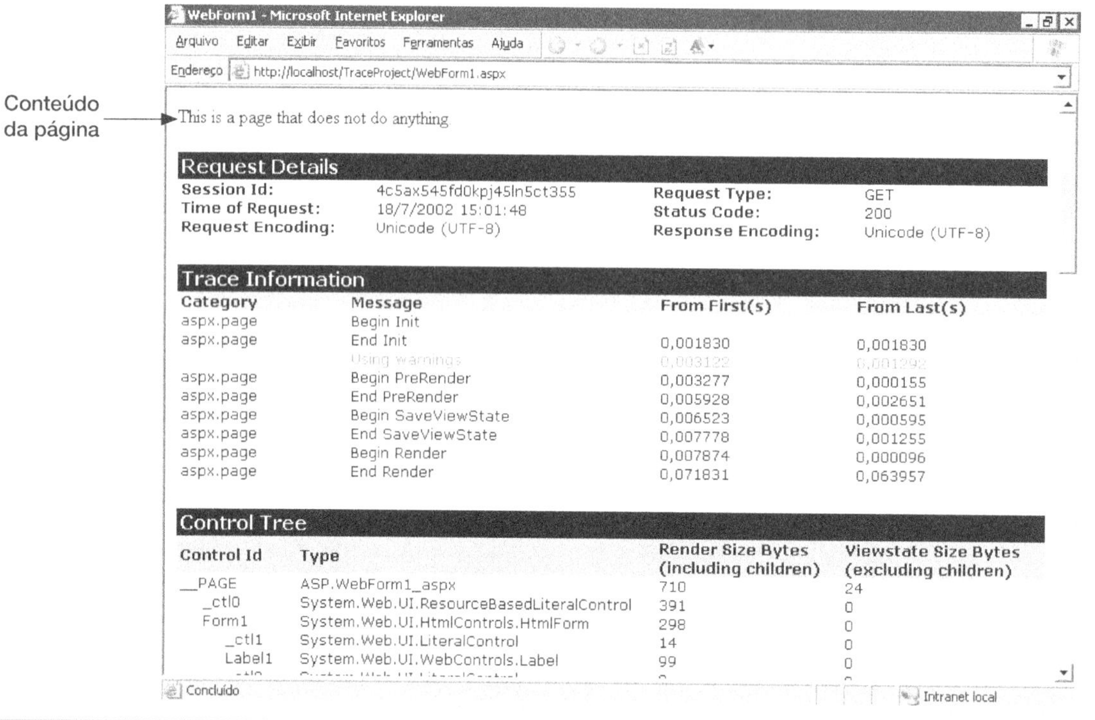

Figura 20.43 Rastreamento ativado em uma página.

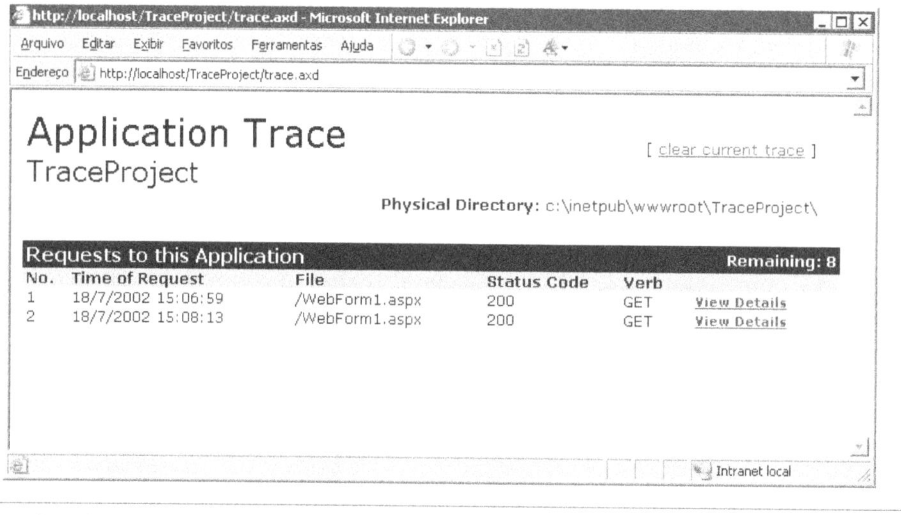

Figura 20.44 Informações de rastreamento de um projeto.

de um usuário e interagem com um banco de dados de back-end, a partir de um formulário Web. No próximo capítulo apresentaremos os serviços da Web do ASP .NET, que permitem ao software remoto interagir com métodos e objetos em um servidor da Web.

20.10 Recursos da Internet e da World Wide Web

`www.asp.net`

O site da Microsoft dá um panorama do ASP .NET e fornece um link para download do ASP .NET. Esse site inclui o exemplo de loja de e-commerce IBuy Spy, que usa ASP .NET. Também estão incluídos links para os sites Web Amazon e da Barnes & Noble, nos quais o usuário pode comprar livros.

www.asp101.com/aspplus

Esse site fornece um panorama do ASP .NET e inclui artigos, exemplos de código e links para recursos de ASP .NET. Os exemplos de código demonstram o uso de cookies em um aplicativo ASP .NET e mostram como estabelecer uma conexão com um banco de dados — dois recursos importantes dos aplicativos multicamadas.

www.411asp.net

Esse site de recursos fornece aos programadores exercícios dirigidos sobre ASP .NET e exemplos de código. As páginas da comunidade permitem que os programadores façam perguntas, respondam a perguntas e enviem mensagens.

www.aspfree.com

Esse site fornece demos ASP .NET gratuitos e código-fonte. Também fornece uma lista de artigos sobre vários assuntos e uma página de perguntas freqüentes (FAQ).

www.aspng.com

Esse site oferece exercícios dirigidos, links e recomendações de livros sobre ASP .NET. Também são fornecidos links para diferentes listas de distribuição. Esses links são organizados por assunto. Esse site também contém artigos relacionados a muitos assuntos de ASP .NET, como "Performance Tips and Tricks" (Dicas e truques de desempenho).

www.aspnetfaq.com

Esse site fornece respostas para perguntas freqüentes (FAQ) sobre ASP.NET.

www.123aspx.com

Esse site oferece um diretório de links para recursos ASP .NET. O site também inclui boletins diários e semanais.

Resumo

- A tecnologia ASP .NET da Microsoft é usada para o desenvolvimento de aplicativos baseados na Web.
- Os aplicativos baseados na Web criam conteúdo para clientes de navegador da Web.
- Um arquivo de formulário Web representa a página Web que é enviada para o navegador cliente.
- Os arquivos de formulário Web têm a extensão **.aspx** e contêm a GUI da página Web atualmente sendo desenvolvida.
- Os programadores personalizam formulários Web adicionando controles Web, os quais incluem rótulos, caixas de texto, imagens e botões.
- Todo arquivo ASPX criado no Visual Studio tem uma classe correspondente escrita em uma linguagem de programação compatível com .NET. O arquivo que contém essa classe é chamado de arquivo de código de retaguarda e fornece a implementação de programa do arquivo ASPX.
- HTTP especifica um conjunto de métodos e cabeçalhos que permitem aos clientes e servidores interagirem e trocarem informações de uma maneira uniforme e previsível.
- Em sua forma mais simples, uma página Web nada mais é do que um documento HTML. Esse documento é um arquivo de texto puro, contendo marcações (marcas ou tags) que descrevem para um navegador da Web como fazer para apresentar e formatar as informações do documento.
- Todo documento HTML disponível para visualização por meio da Web tem um URL (Uniform Resource Locator — localizador de recurso uniforme) correspondente, que é um endereço indicando a localização de um recurso.
- Os computadores que executam software servidor da Web fornecem recursos para download por meio da Internet.
- O nome de host é o nome do computador em que o recurso reside. Normalmente, esse computador é referido como host (que significa, literalmente, hospedeiro), pois ele abriga e guarda recursos.
- Um endereço IP identifica um servidor de uma maneira semelhante àquela pela qual um número de telefone define exclusivamente uma linha telefônica em particular.
- MIME é um padrão da Internet que especifica a maneira pela qual certos dados devem ser formatados, para que os programas possam interpretá-los corretamente.
- Os aplicativos baseados na Web são aplicativos multicamadas que, às vezes, são referidos como aplicativos de *n* camadas. Os aplicativos multicamadas dividem a funcionalidade em camadas separadas (isto é, agrupamentos lógicos de funcionalidade).
- A camada de informações mantém os dados pertencentes ao aplicativo.

- A camada intermediária implementa a lógica do negócio, a lógica controladora e a lógica de apresentação para controlar as interações entre os clientes e os dados do aplicativo.
- A camada do cliente ou camada superior é a interface com o usuário do aplicativo, que normalmente é um navegador da Web.
- O Visual Studio gera a marcação em nossa página ASPX quando controles são arrastados para o formulário Web.
- A diretiva **<%@ Page...%>** especifica as informações necessárias para que o CLR processe o arquivo.
- O objeto **AutoEventWireup** determina como os manipuladores de evento são vinculados aos eventos de um controle.
- O atributo **Inherits** especifica a classe no arquivo de código de retaguarda a partir da qual essa classe ASP. NET herda.
- Quando o atributo **runat** de um controle é configurado como **"server"**, esse controle é executado em um servidor, gerando um código HTML equivalente.
- O prefixo de tag **asp:** na declaração de um controle indica que ele é um controle Web ASP .NET.
- Cada controle Web é mapeado em um elemento HTML correspondente.
- O mesmo controle Web pode ser mapeado em diferentes elementos HTML, dependendo do navegador cliente e das configurações de propriedade do controle Web.
- O espaço de nomes **System.Web** contém classes que gerenciam os pedidos do cliente e as respostas do servidor.
- O espaço de nomes **System.Web.UI** contém classes para a criação de aplicativos e controles baseados na Web.
- A classe **Page** define uma página Web padrão, fornecendo manipuladores de evento e objetos necessários para a criação de aplicativos baseados na Web. Todas as classes de código de retaguarda dos formulários ASPX herdam da classe **Page**.
- A classe **Control** é a classe base que fornece funcionalidade comum para todos os controles Web.
- O espaço de nomes **System.Web.UI.WebControls** contém controles Web empregados no projeto da interface com o usuário da página.
- O método **OnInit** é chamado quando o evento **Init** é disparado. Esse evento indica que a página está pronta para ser inicializada.
- O evento **Load** é disparado sempre que uma página é solicitada/recarregada.
- Quando um cliente solicita um arquivo ASPX, uma classe é criada nos bastidores, contendo o aspecto visual (definido no arquivo ASPX) e a lógica de nossa página (definida no arquivo de código de retaguarda). Essa nova classe herda de **Page**. Na primeira vez que uma página Web é solicitada, essa classe é compilada e uma instância é criada. Essa instância representa a página — ela criará o código HTML que será enviado para o cliente. A montagem criada a partir de nossa classe compilada será colocada no diretório **bin** do projeto.
- As alterações no aplicativo da Web podem ser detectadas pelo ambiente de tempo de execução, e o projeto é recompilado para refletir o conteúdo alterado.
- O manipulador de evento **Page_Load** é normalmente usado para executar qualquer processamento que seja necessário para restaurar dados de pedidos anteriores.
- Depois que **Page_Load** terminou de executar, a página processa todos os eventos lançados pelos controles da página.
- Um formulário é um mecanismo para reunir informações do usuário e enviá-las ao servidor da Web.
- Os formulários HTML podem conter controles visuais e não-visuais. Os controles visuais incluem botões que podem ser clicados e outros controles de interface com o usuário gráfica com os quais os usuários interagem.
- Os controles não-visuais em um formulário HTML, chamados de entradas ocultas, armazenam todos os dados que o autor do documento especifica.
- O nome **localhost** indica que o cliente e o servidor residem na mesma máquina. Se o servidor da Web estivesse localizado em uma máquina diferente, **localhost** seria substituído pelo endereço IP ou nome de host apropriado.
- O projetista de formulários da Web, quando no modo **HTML**, exibe a marcação que representa a interface com o usuário dessa página. O modo **Design** permite que o programador veja a página conforme ela ficará e também a modifique usando a técnica de arrastar e soltar.
- A propriedade **PageLayout** determina como os controles são organizados no formulário.
- Como padrão, a propriedade **PageLayout** é configurada como **GridLayout**, o que significa que todos os controles permanecem exatamente onde são soltos no formulário Web. Isso é conhecido como posicionamento absoluto.
- O desenvolvedor pode configurar a propriedade **PageLayout** de um formulário Web como **FlowLayout**, o que faz os controles serem colocados seqüencialmente no formulário Web. Isso é chamado de posicionamento relativo, pois as posições dos controles são relativas ao canto superior esquerdo do formulário Web.

- Os controles **Image** inserem uma imagem em uma página Web. A propriedade **ImageUrl** especifica a localização do arquivo da imagem a ser exibida.
- Uma **TextBox** permite ao programador ler e exibir texto.
- Uma **RadioButtonList** fornece uma série de botões de rádio para o usuário.
- Uma **DropDownList** fornece uma lista de opções para o usuário.
- **HyperLink** adiciona um link em uma página Web. A propriedade **NavigateUrl** desse controle especifica o recurso que é solicitado quando o usuário clica no link.
- O ASP .NET fornece o controle Web **AdRotator** para exibir anúncios. Um anúncio é escolhido aleatoriamente nos anúncios armazenados em um arquivo XML, especificado pela propriedade **AdvertisementFile**.
- O arquivo de anúncio usado para um controle **AdRotator** contém elementos **Ad**. Cada um desses elementos fornece informações sobre um anúncio diferente.
- O elemento **ImageUrl** em um arquivo de anúncio especifica o caminho (localização) da imagem do anúncio, e o elemento **NavigateUrl** especifica o URL da página Web que é carregada quando o usuário clica no anúncio.
- O elemento **AlternateText** contém texto que aparece no lugar da imagem, quando o navegador não consegue localizar ou representar a imagem por algum motivo.
- O elemento **Impressions** especifica com que freqüência uma imagem em particular aparece com relação às outras imagens.
- Um controle de validação (ou validador) verifica se os dados de outro controle Web estão no formato correto.
- Quando o código HTML de nossa página é criado, um validador é convertido em código ECMAScript.
- ECMAScript é uma linguagem de programação de scripts que facilita uma estratégia disciplinada para projetar programas de computador que melhoram a funcionalidade e a aparência de páginas Web.
- Um **RegularExpressionValidator** faz a correspondência do conteúdo de um controle Web com uma expressão regular. A expressão regular que valida a entrada é atribuída à propriedade **ValidationExpression**.
- A propriedade **ControlToValidate** de um validador indica qual controle será validado.
- Um **RequiredFieldValidator** é usado para garantir que um controle receba entrada do usuário quando o formulário for enviado.
- Os programadores da Web que usam ASP .NET freqüentemente projetam suas páginas Web de modo que, quando enviadas, a página atual seja novamente solicitada. Esse evento é conhecido como postback.
- A propriedade **IsPostBack** de **Page** pode ser usada para determinar se a página está sendo carregada como resultado de um postback.
- O atributo **EnableViewState** determina se o estado de um controle Web persiste (ou seja, é mantido) quando ocorre um postback.
- A personalização torna possível para os e-businesses se comunicarem eficazmente com seus clientes e também melhora a capacidade dos usuários de localizar os produtos e serviços desejados.
- Para fornecer serviços personalizados para os clientes, os e-businesses devem reconhecê-los quando eles enviarem informações de um site.
- O sistema de pedido/resposta em que a Web opera é facilitado pelo protocolo HTTP. Infelizmente, HTTP é um protocolo sem estado — ele não suporta conexões persistentes, que permitiriam aos servidores da Web manter informações de estado a respeito de clientes específicos.
- Uma sessão representa um cliente exclusivo na Internet. Se o cliente sai de um site e depois retorna, ele ainda deve ser reconhecido como sendo o mesmo usuário. Para ajudar o servidor a distinguir entre os clientes, cada cliente deve se identificar no servidor.
- O controle de clientes individuais é conhecido como acompanhamento de sessão.
- Um cookie é um arquivo de texto armazenado por um site Web no computador de uma pessoa que permite ao site controlar as ações do visitante.
- Quando um formulário Web recebe um pedido, o cabeçalho inclui informações como o tipo de pedido e todos os cookies que tenham sido enviados anteriormente do servidor para serem armazenadas na máquina cliente.
- Quando o servidor formula sua resposta, as informações do cabeçalho incluem todos os cookies que o servidor deseja armazenar no computador cliente e outras informações, como o tipo MIME da resposta.
- Se o programador de um cookie não configurar uma data de validade, o navegador da Web manterá o cookie pela duração da sessão de navegação.
- Um objeto cookie é de tipo **HttpCookie**.
- Os cookies são enviados e recebidos na forma de uma coleção de cookies, de tipo **HttpCookieCollection**.

- Os cookies podem ser lidos por um aplicativo, se foram criados no domínio em que o aplicativo está sendo executado — um servidor da Web nunca pode acessar cookies criados fora do domínio associado a esse servidor.
- As propriedades **Name** e **Value** da classe **HttpCookie** podem ser usadas para recuperar a chave e o valor do par chave-valor em um cookie.
- O C# fornece recursos de acompanhamento de sessão na classe **HttpSessionState** da Framework Class Library.
- Todo formulário Web inclui um objeto **HttpSessionState**, que é acessível por meio da propriedade **Session** da classe **Page**.
- Quando a página Web é solicitada, um objeto **HttpSessionState** é criado e atribuído à propriedade **Session** de **Page**.
- A propriedade **Session** de **Page** é conhecida como objeto **Session**.
- Os pares de chave-valor do objeto **Session** são freqüentemente referidos como itens de sessão.
- Um formulário Web não deve usar variáveis de instância compartilhadas para manter informações de estado do cliente, pois os clientes que acessarem esse formulário Web em paralelo poderão sobrescrevê-las.
- Os formulários Web devem manter as informações de estado do cliente em objetos **HttpSessionState**, pois esses objetos são específicos de cada cliente.
- Como um cookie, um objeto **HttpSessionState** pode armazenar pares nome-valor. Esses itens de sessão são colocados em um objeto **HttpSessionState** por meio de uma chamada ao método **Add**.
- Os objetos **HttpSessionState** podem armazenar qualquer tipo de objeto (e não apenas **strings**) como valores de atributo. Isso fornece aos programadores de C# maior flexibilidade na determinação do tipo de informação de estado que desejam manter para seus clientes.
- Se o aplicativo chama o método **Add** para adicionar um atributo que tem o mesmo nome de um atributo anteriormente armazenado em uma sessão, o objeto associado a esse atributo é substituído.
- A propriedade **SessionID** contém a ID da sessão exclusiva. Na primeira vez que um cliente se conecta com o servidor da Web, uma ID de sessão exclusiva é criada para esse cliente. Quando o cliente faz pedidos adicionais, sua ID de sessão é comparada com as IDs de sessão armazenadas na memória do servidor da Web.
- A propriedade **Timeout** especifica o tempo máximo durante o qual um objeto **HttpSessionState** pode estar inativo antes que seja descartado.
- A propriedade **Count** do objeto **Session** fornece o número de itens de sessão contido em um objeto **Session**.
- O valor em um par chave-valor é recuperado do objeto **Session** por meio da indexação desse objeto com o nome da chave, usando-se o mesmo processo por meio do qual um valor pode ser recuperado de uma tabela de hash.
- A propriedade **Keys** da classe **HttpSessionState** retorna uma coleção contendo todas as chaves da sessão.
- As cores de uma **DataGrid** podem ser especificadas pelo link **Auto Format...**, que está localizado na parte inferior da janela **Properties**.
- A propriedade **PhysicalApplicationPath** do objeto **Request** recupera o caminho do diretório raiz do aplicativo.
- Colunas podem ser adicionadas em um objeto **DataTable** por meio do método **Add** da coleção **Columns**.
- As informações podem ser adicionadas em uma **DataTable** por meio do método **LoadDataRow**.
- O método **DataBind** é chamado para atualizar as informações em um **DataView**.
- Os programadores podem definir seus próprios controles Web, conhecidos como controles Web de usuário.
- Os controles Web de usuário normalmente consistem em duas páginas: um arquivo ASCX e um arquivo de código de retaguarda.
- Um objeto **CustomValidator** nos permite especificar as circunstâncias sob as quais um campo é válido. Definimos essas circunstâncias no manipulador do evento **ServerValidate** do objeto **CustomValidator**.
- Quando a identidade de um usuário é confirmada, dizemos que o usuário foi autenticado.
- O método **SetAuthCookie** grava no cliente um cookie criptografado contendo as informações necessárias para autenticar o usuário.
- Dados criptografados são dados transformados em um código que apenas o remetente e o destinatário podem entender, mantendo-os assim privados.
- Uma técnica conhecida como autenticação de formulário protege uma página, de modo que apenas os usuários autenticados possam acessá-la.
- A autenticação e a negação do acesso para usuários não-autorizados envolvem a colocação de várias linhas em **Web.config** (um arquivo usado para configuração de aplicativo). Esse arquivo faz parte de todo aplicativo ASP .NET criado no Visual Studio.

- Podemos modificar esse arquivo de modo que um usuário não-autenticado não possa ver nenhuma das páginas do aplicativo. Quem tentar ver uma página posterior será obrigado a voltar para a página de login.
- A propriedade **Sort** da classe **DataView** ordena seus dados pela **string** atribuída.
- Para permitir paginação, a propriedade **AllowPaging** de uma **DataGrid** é configurada como **true**.
- Quando a propriedade **AllowSorting** está ativada no projetista de formulários Web, uma **DataGrid** exibe todos os cabeçalhos de tabela como controles **LinkButton** (isto é, botões que agem como links). O evento **SortCommand** é disparado quando o usuário clica em um nome de cabeçalho de coluna.
- A propriedade **SortExpression** indica a coluna por meio da qual os dados são ordenados.
- O ASP .NET fornece um recurso de rastreamento para a depuração de aplicativos baseados na Web. Rastreamento é o processo de colocar instruções por todo o arquivo de código de retaguarda que produzam informações de saída sobre o status do programa durante a execução.
- O ASP .NET fornece ao programador duas formas de rastreamento interno: rastreamento de página e rastreamento de aplicativo.
- O rastreamento de página envolve o rastreamento das ações de uma página individual. Configurar a propriedade **Trace** da página como **true** na janela **Properties** ativa o rastreamento para essa página.
- O objeto **Trace** é uma instância da classe **TraceContext** e fornece recursos de rastreamento.
- Além do método **Write**, o objeto **Trace** inclui o método **Warn**, que imprime instruções de alerta em vermelho.
- Quando o rastreamento é desativado pela configuração da propriedade **Trace** como **false**, as instruções **Trace** não são executadas.
- A seção **Request Details**, que aparece quando as informações de rastreamento são exibidas em uma página ASPX, fornece dados sobre o pedido.
- A seção **Trace Information** contém a saída das informações, por meio da chamada dos métodos **Write** e **Warn**.
- A seção **Control Tree** relaciona todos os controles contidos na página.
- A seção **Cookies Collection** contém informações sobre os cookies do programa, a seção **Headers Collection** cataloga os cabeçalhos HTTP da página, e a seção **Server Variables** fornece uma lista de variáveis de servidor e seus valores.
- O rastreamento do projeto inteiro também está disponível. Para ativar o rastreamento em nível de aplicativo, abra o arquivo **Web.config** do projeto. Configure a propriedade **Enabled** como **true** no elemento **trace**. Para ver as informações de rastreamento do projeto, vá com o navegador até o arquivo **trace.axd**, na pasta de projeto.

Terminologia

AdRotatorInformation.xml
arquivo ASCX
arquivo ASPX
arquivo de código de retaguarda
arquivo **trace.axd**
arquivo **Web.config**
ASP .NET
ativando o rastreamento de aplicativo
atributo **Ad** no arquivo XML
atributo **AlternateText** em arquivo XML
atributo **AutoEventWireup** de página ASP .NET
atributo **ImageUrl** em arquivo XML
atributo **Impressions** em arquivo XML
atributo **Inherits** de página ASP .NET
atributo **loginUrl** do elemento **forms** em **Web.config**
atributo **mode** do elemento **forms** em **Web.config**
atributo **name** no elemento **forms** em **Web.config**
atributo **NavigateUrl** em arquivo XML
atributo **protection** do elemento **forms** em **Web.config**
atributo **users** do elemento **deny** em **Web.config**
autenticação de formulário
cabeçalho HTTP
caminho para um recurso
classe **AdRotator**
classe **CompareValidator**
classe **CustomValidator**
classe **DropDownList**
classe **FormsAuthentication**
classe **HttpRequest**
classe **HttpResponse**
classe **HttpSessionState**
classe **HyperLink**
classe **LinkButton**
classe **LiteralControl**
classe **Page**
classe **RegularExpressionValidator**
classe **RequiredFieldValidator**
classe **ServerValidateEventArgs**
classe **StreamReader**
classe **StreamWriter**
classe **TextBox** do espaço de nomes **System.Web.UI.WebControls**
classe **TraceContext**
conteúdo dinâmico da Web
controle
controle de usuário
controle HTML
cookie

diretório virtual
DNS (Domain Name Server — servidor de nome de domínio)
Document
elemento **authentication** em **Web.config**
elemento **authorization** em **Web.config**
elemento **deny** em **Web.config**
elemento **forms** em **Web.config**
elemento HTML **title**
elemento **sessionState** de **Web.config**
elemento **Trace** em **Web.config**
endereço IP
espaço de nomes **System.Web.Security**
espaço de nomes **System.Web.UI**
espaço de nomes **System.Web.UI.WebControls**
espaço de nomes **System.Windows.Forms**
evento **Init** da classe **Page**
evento **Load** da classe **Page**
evento **ServerValidate** da classe **CustomValidator**
FlowLayout
formulário Web
GridLayout
hipertexto
host
HTML (HyperText Markup Language — linguagem de programação de hipertexto)
HTTP (HyperText Transfer Protocol — protocolo de transferência de hipertexto)
link
marcação
método HTTP
método request
método **SetAuthCookie** da classe **FormsAuthentication**
método **Warn** da classe **TraceContext**
.NET Framework
nome de host
postback
processando diretivas em página ASP .NET
projeto de aplicativo da Web do ASP .NET
propriedade **AdvertisementFile** da classe **AdRotator**
propriedade **ControlToValidate** da classe **RegularExpressionValidator**
propriedade **IsValid** da classe **ServerValidateEventArgs**
propriedade **NavigateUrl** da classe HyperLink
propriedade **PageLayout** de página ASP .NET
propriedade **PhysicalApplicationPath** da classe **HttpRequest**
propriedade **Request** da classe **Page**
propriedade **Response** da classe **Page**
propriedade **Session** da classe **Page**
propriedade **Text** da classe **HyperLink**
propriedade **trace** da classe **Page**
propriedade **trace** de uma página ASP .NET
propriedade **ValidationExpression** da classe **RegularExpressionValidator**
propriedade **Value** da classe **ServerValidateEventArgs**
rastreamento de aplicativo
rastreamento de página
resposta HTTP
servidor da Web IIS
tag %>
tag <%
tag HTML
tipo de pedido HTTP
tipo MIME
Toolbox
transação HTTP
URL (Uniform Resource Locator — localizador de recurso uniforme)
validador
variável de sessão

Exercícios de revisão

20.1 Indique se cada uma das seguintes alternativas é *verdadeira* ou *falsa*. Se for *falsa*, justifique.

a) Os controles colocados em um formulário Web são colocados usando-se posicionamento absoluto, quando a propriedade **PageLayout** da página Web é configurada como **GridLayout**.
b) É possível ativar o rastreamento em uma página individual ou em um aplicativo inteiro no ASP .NET.
c) Os nomes de arquivo formulário Web normalmente terminam com **.aspx**.
d) Se nenhuma data de validade for configurada para um cookie, esse cookie será destruído no final da sessão.
e) No máximo dois controles validadores podem ser colocados em qualquer controle.
f) O controle Web **TextBox** não é igual ao controle **TextBox** do Windows.
g) Um objeto **AdRotator** sempre mostra todos os anúncios com freqüência igual.
h) O arquivo que contém informações de imagem de um **AdRotator** pode estar em um formato diferente de XML.
i) O método **Redirect** de **HttpResponse** pode redirecionar o navegador apenas para uma página ASP .NET dentro da mesma pasta.
j) As alterações feitas nas propriedades dos controles na janela **Properties** são refletidas no método **InitializeComponent**, no arquivo de código de retaguarda.
k) Se um projeto de aplicativo da Web não for compilado antes de ser solicitado, a(s) página(s) não será(ão) apresentada(s).

20.2 Preencha os espaços em branco em cada uma das declarações a seguir:

a) A estrutura básica de um aplicativo da Web contém três camadas: ______________, ______________ e ______________.
b) Um controle que garante que os dados de outro controle estão em um formato específico é chamado de ______________.
c) Uma ______________ ocorre quando uma página solicita a si mesma.
d) Toda página ASP .NET herda da classe ______________.

e) Quando uma página é carregada, o evento _______________ ocorre primeiro e o evento _______________ ocorre depois.
f) O arquivo _______________ contém a funcionalidade de uma página ASP.NET.
g) O método _______________ do objeto _______________ da classe **Page** produz saída de código HTML em um cliente.
h) A propriedade _______________ de **AdRotator** aponta para o arquivo que contém informações no formato _______________, sobre todos os anúncios que serão exibidos.
i) A propriedade _____________ no projetista de formulários Web organiza os controles, alinhando-os ou colocando-os em uma grade.
j) O código gerado pelo Visual Studio durante o projeto de uma página ASP .NET é colocado no método _________________.

Respostas dos exercícios de revisão

20.1 a) Verdadeira. b) Verdadeira. c) Verdadeira. d) Verdadeira. e) Falsa. Um número ilimitado de controles de validação pode ser colocado em um controle. f) Verdadeira. g) Falsa. A freqüência com que **AdRotator** exibe anúncios é especificada em **AdvertisementFile**. h) Falsa. **AdvertisementFile** deve ser um arquivo XML. i) Falsa. **Redirect** pode redirecionar o usuário para qualquer página. j) Falsa. As alterações nas propriedades dos controles podem ser vistas no arquivo ASPX. k) Verdadeira.

20.2 a) informação, do meio, cliente. b) validador. c) postback. d) **Page**. e) **Init**, **Load**. f) de código de retaguarda. g) **Write**, **Response**. h) **AdvertisementFile**, XML. i) **PageLayout**. j) **InitializeComponent**.

Exercícios

20.3 Modifique o exemplo **WebTime** de modo que ele permita que o usuário selecione um fuso horário em uma **DropDownList**. Então, o formulário Web deve redirecionar o usuário para uma página que exiba a hora no fuso selecionado. Atualize a hora a cada 30 segundos.

20.4 Modifique o Exercício 20.3 para conter listas suspensas para propriedades de **Label** como **BackColor**, **ForeColor**, **Font** etc. Permita que o usuário selecione a partir dessas listas e envie as seleções; em seguida, recarregue a página, para que ela reflita as alterações especificadas nas propriedades do **Label** que exibe a hora.

20.5 Crie uma página ASP .NET que utilize um arquivo no disco para controlar quantas visitas a página recebeu. Mostre o número de visitas sempre que a página for carregada.

20.6 Forneça funcionalidade para o exemplo da Seção 20.5.1. Quando os usuários clicarem em **Register**, armazene suas informações em um arquivo. No postback, agradeça ao usuário por fornecer as informações.

20.7 Usando as mesmas técnicas abordadas no estudo de caso do livro de visitantes da Seção 20.7, desenvolva um aplicativo ASP .NET para um grupo de discussão. Permita que novos links sejam criados para novos assuntos.

20.8 Crie um conjunto de páginas ASP .NET que permita que os usuários manipulem um banco de dados. Crie um banco de dados para uma livraria, com os seguintes campos: **nomeLivro**, **Preco**, **Quantidade**. A página ASP .NET principal deve permitir que os usuários façam uma seleção em uma lista suspensa, que conterá opções para incluir mais informações no banco de dados, ver o banco de dados inteiro, atualizar uma linha do banco de dados e excluir um item do banco de dados. Após concluir uma operação, o usuário deve retornar à página principal, por meio de um link, para iniciar outra operação.

21

ASP .NET E SERVIÇOS DA WEB

OBJETIVOS

- Entender o que é um serviço da Web.
- Criar serviços da Web.
- Entender os elementos que compõem um serviço da Web, como as descrições do serviço e os arquivos de descoberta.
- Criar um cliente que use um serviço da Web.
- Usar serviços da Web com aplicativos Windows e da Web.
- Entender o acompanhamento de sessão nos serviços da Web.
- Passar tipos de dados definidos pelo usuário entre serviços e clientes da Web.

Para mim, um cliente é uma mera unidade,
um fator em um problema.
Sir Arthur Conan Doyle

... se as coisas mais simples da natureza
têm uma mensagem que você entende,
regozije-se, por sua alma estar viva.
Eleonora Duse

Protocolo é tudo.
Francoise Giuliani

Eles também servem quem apenas pára e espera.
John Milton

Resumo

21.1 Introdução[1, 2]

Por todo este livro criamos DLLs (Dynamic Link Libraries — bibliotecas de vinculação dinâmica) para facilitar a reutilização e a modularidade do software — os fundamentos da boa programação orientada a objetos. Entretanto, o uso de DLLs é limitado, já que elas precisam residir na mesma máquina em que residem os programas que as utilizam. Este capítulo apresenta o uso de serviços da Web (*Web services*), às vezes chamados de *serviços da Web XML* (*XML Web services*), para promover a reutilização de software em sistemas distribuídos. As tecnologias de sistemas distribuídos permitem que os aplicativos sejam executados usando vários computadores em uma rede. Um serviço da Web é um aplicativo que possibilita a computação distribuída, permitindo que uma máquina chame métodos em outras máquinas por meio de formatos de dados e protocolos comuns, como XML e HTTP. No .NET, essas chamadas a métodos são implementadas usando-se SOAP (Simple Object Access Protocol — protocolo de acesso a objetos simples), um protocolo baseado em XML que descreve como fazer a marcação de requisições e respostas de modo que elas possam ser transferidas por meio de protocolos, como o HTTP. Usando SOAP, os aplicativos representam e transmitem dados em um formato padronizado — XML. A implementação subjacente ao serviço da Web é irrelevante para os clientes que usam o serviço.

A Microsoft está estimulando os fornecedores de software e e-businesses a fornecer serviços da Web. À medida que cada vez mais pessoas no mundo inteiro se conectam com a Internet por meio de redes, os aplicativos que chamam métodos pela rede se tornam mais práticos. Já analisamos neste livro os méritos da programação orientada a objetos. Os serviços da Web representam o passo seguinte da programação orientada a objetos: em vez de desenvolver software a partir de um pequeno número de bibliotecas de classe fornecidas em um único local, os programadores podem acessar incontáveis bibliotecas, em múltiplos lugares.

---

1. O servidor da Web IIS (Internet Information Services) deve estar em execução para se criar um serviço da Web no Visual Studio.

2. Da mesma maneira que no capítulo anterior, para poder carregar alguns dos exemplos deste capítulo fornecidos no CD que acompanha o livro no Visual Studio você precisará definir no IIS um diretório virtual que corresponda ao diretório físico onde está o projeto. Use o **Assistente para criação de diretório virtual** do IIS para definir esse diretório virtual, usando os dados fornecidos na janela de aviso do Visual Studio:

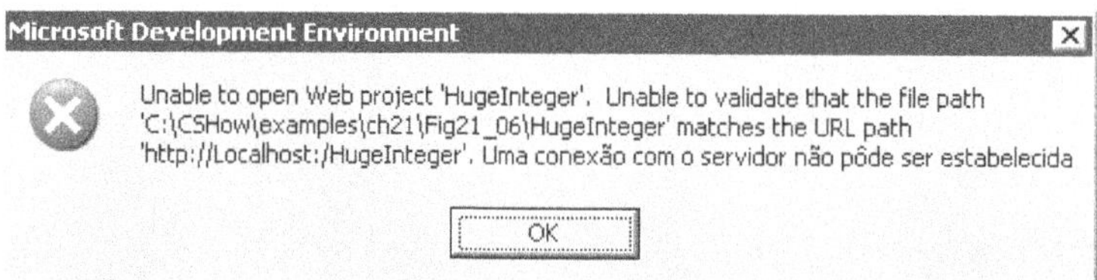

No exemplo da figura acima, a janela de aviso indica que se deve criar um alias **`HugeInteger`** que aponte para o diretório **`C:\CSHow\examples\ch21\Fig21_06\HugeInteger`**. Aceite as permissões de acesso padrão marcadas no Assistente e, após clicar em **Concluir**, você já poderá carregar o projeto. Além disso, para executar o exemplo é necessário definir uma página inicial dentro do Visual Studio. Na janela do **`Solution Explorer`**, clique com o botão direito do mouse em **`HugeInteger.asmx`** e clique em **Set As Start Page**. O mesmo procedimento (definição de diretório virtual para carregar o projeto e de página inicial para executá-lo) é necessário também para os demais exemplos do capítulo. Por outro lado, serviços da Web NOVOS desenvolvidos dentro do Visual Studio não precisam de tal procedimento, pois o próprio ambiente faz essa configuração durante a criação do projeto (como ocorre com aplicativos para a Web). Por fim, alguns exemplos dependem de outros. Por exemplo, o aplicativo '**`UsingHugeInteger`**' usa o serviço da Web **`HugeInteger`**. (N.R.T.)

Essa tecnologia também torna mais fácil para as empresas colaborarem e crescerem juntas. Adquirindo serviços da Web relevantes para seus negócios, as empresas que criam aplicativos podem perder menos tempo codificando e mais tempo desenvolvendo novos produtos, a partir de controles já existentes. Além disso, os e-businesses podem empregar os serviços da Web para oferecer a seus clientes uma experiência de compra aprimorada. Como um exemplo simples, considere uma loja de discos on-line que permita que os usuários comprem CDs ou obtenham informações sobre artistas. Agora, suponha que outra empresa, que venda entradas para shows, forneça um serviço da Web que determine as datas de futuros shows de vários artistas e permita que os usuários comprem entradas para eles. Licenciando o serviço da Web de ingressos para shows, para uso em seu site, a loja de discos on-line pode vender ingressos para seus clientes, o que provavelmente resultará em um maior tráfego no site. A empresa que vende ingressos para shows também se beneficia do relacionamento comercial. Além de vender mais ingressos, a empresa recebe dividendos da loja de discos on-line pelo uso de seu serviço da Web.

O Visual Studio e a plataforma .NET fornecem uma maneira simples de criar serviços da Web como o discutido aqui. Neste capítulo exploraremos os passos envolvidos na criação e no acesso de serviços da Web. Para cada exemplo, forneceremos o código do serviço da Web e, em seguida, daremos um exemplo de aplicativo que poderia usar o serviço da Web. Nossos exemplos iniciais oferecem uma breve introdução aos serviços da Web e como eles funcionam no Visual Studio. Em seções posteriores passaremos a demonstrar serviços da Web mais sofisticados.

21.2Serviços da Web

Um serviço da Web é um aplicativo armazenado em uma máquina que pode ser acessado em outra máquina, em uma rede. Em virtude da natureza desse relacionamento, a máquina em que o serviço da Web reside é comumente referida como *máquina remota*. O aplicativo que acessa o serviço da Web envia uma chamada a método para a máquina remota, que processa a chamada e envia uma resposta para o aplicativo. Esse tipo de computação distribuída beneficia vários sistemas, incluindo aqueles sem acesso a certos dados e aqueles que não possuem o poder de processamento necessário para realizar cálculos específicos.

Um serviço da Web é, em sua forma mais simples, uma classe. Em capítulos anteriores, quando queríamos incluir uma classe em um projeto, definíamos a classe em nosso projeto ou adicionávamos uma referência para a DLL compilada. Essa DLL compilada era colocada no diretório **bin** de um aplicativo, como padrão. Como resultado, todas as partes de nosso aplicativo residiam em apenas uma máquina. Ao usarmos serviços da Web, a classe (e sua DLL compilada) que queremos incluir em nosso projeto é armazenada em uma máquina remota — uma versão compilada dessa classe não é colocada no aplicativo atual.

Em um serviço da Web, os métodos são chamados de maneira remota, usando-se uma RPC (Remote Procedure Call — chamada a procedimento remoto). Esses métodos, que são marcados com o atributo ***WebMethod***, são freqüentemente referidos como *métodos de serviços da Web*. Declarar um método com esse atributo torna o método acessível para outras classes por meio de uma RPC. A declaração de um método de serviço da Web com o atributo **WebMethod** é conhecida como *exposição* do método ou permissão para que ele seja chamado de maneira remota.

Erro de programação comum 21.1

*Tentar chamar um método remoto a partir de um serviço da Web, se o método não estiver declarado com o atributo **WebMethod**, é um erro de compilação.*

A maioria das requisições e respostas de serviços da Web é transmitida por SOAP. Isso significa que qualquer cliente capaz de gerar e processar mensagens SOAP pode usar um serviço da Web, independentemente da linguagem em que o serviço da Web esteja escrito.

Os serviços da Web têm implicações importantes para *transações B2B* (Business-to-Bussiness — entre empresas), ou seja, transações que ocorrem entre duas ou mais empresas. Agora, em vez de usar aplicativos proprietários, as empresas podem conduzir transações por meio de serviços da Web — uma maneira muito mais simples e eficiente de conduzir os negócios. Como os serviços da Web e o SOAP são independentes da plataforma, as empresas podem colaborar e usar serviços da Web sem se preocupar com a compatibilidade de várias tecnologias ou linguagens de programação. Desse modo, os serviços da Web representam uma solução barata e prontamente disponível para facilitar as transações B2B.

Um serviço da Web criado no Visual Studio .NET tem duas partes: um arquivo *ASMX* e um arquivo de código de retaguarda. Como padrão, o arquivo ASMX pode ser visto em qualquer navegador da Web e contém informações valiosas sobre o serviço da Web, como as descrições dos métodos do serviço da Web e as maneiras de testar esses métodos. O arquivo de código de retaguarda fornece a implementação dos métodos que o serviço da Web contém. A Figura 21.1 mostra o Internet Explorer exibindo um arquivo ASMX.

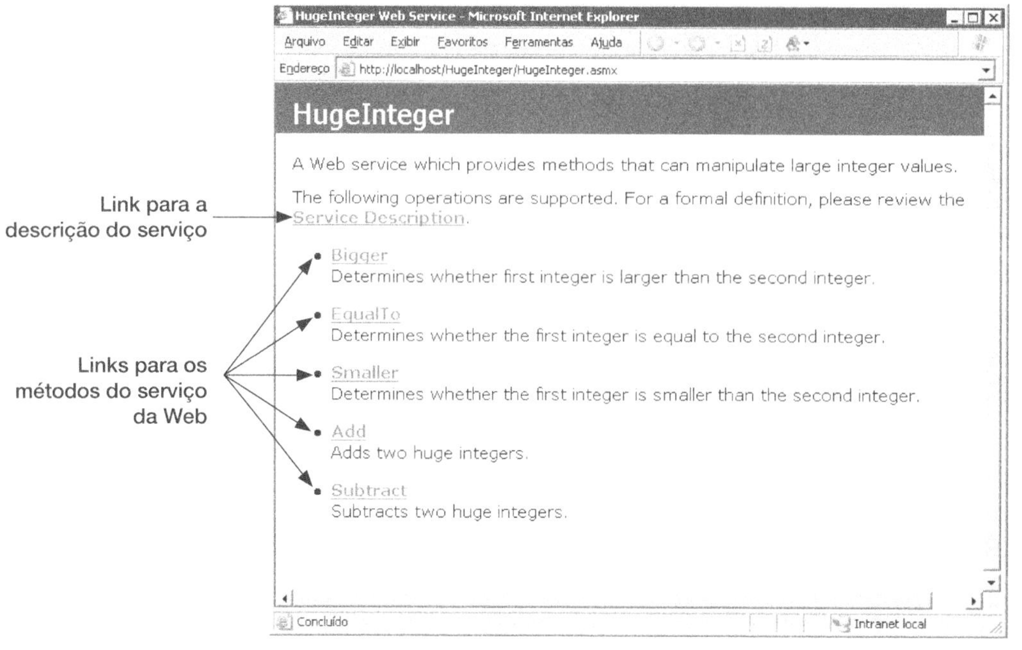

Figura 21.1 Arquivo ASMX exibido no Internet Explorer.

A parte superior da página fornece um link para a ***Service Description*** (descrição de serviço) do serviço da Web. Uma descrição de serviço é um documento XML que obedece a WSDL (Web Service Description Language — linguagem de descrição de serviços da Web), um vocabulário XML que define os métodos que o serviço da Web torna disponível e as maneiras pelas quais os clientes podem interagir com esses métodos. O documento WSDL também especifica informações de nível inferior que os clientes podem precisar, como os formatos exigidos para requisições e respostas. O Visual Studio .NET gera a descrição de serviço WSDL. Os programas clientes podem usar a descrição do serviço para confirmar a correção das chamadas a métodos quando os programas clientes são compilados.

O programador não deve alterar a descrição do serviço, pois ela define como um serviço da Web funciona. Quando um usuário clica no link **Service Description**, na parte superior da página ASMX, é apresentada a WSDL que define a descrição para esse serviço da Web (Figura 21.2).

Abaixo do link **Service Description**, a página Web ilustrada na Figura 21.1 relaciona os métodos que o serviço da Web fornece (isto é, todos os métodos do aplicativo que são declarados com atributos **`WebMethod`**). Clicar em qualquer nome de método solicita uma página de teste que descreve o método (Figura 21.3). Após explicar os argumentos do método, a página de teste permite que os usuários testem o método, fornecendo os parâmetros corretos e clicando em **Invoke**. (Discutiremos o processo de teste de um método de serviço da Web em breve.) Abaixo do botão **Invoke**, a página mostra exemplos de mensagens de requisição e resposta usando SOAP, HTTP GET e HTTP POST. Esses protocolos são as três opções de envio e recebimento de mensagens em serviços da Web. O protocolo usado para transmitir mensagens de requisição e resposta às vezes é conhecido como *protocolo de linha* (*wire protocol*) ou *formato de linha* (*wire format*) do serviço da Web, pois especifica como as informações são enviadas "pela linha" (de comunicação). Note que a Figura 21.3 usa o protocolo HTTP GET para testar um método. Posteriormente neste capítulo, quando usarmos serviços da Web em nossos programas C#, utilizaremos SOAP como protocolo de linha. As vantagens de usar SOAP em detrimento de HTTP GET e HTTP POST serão discutidas na próxima seção.

Na página ilustrada na Figura 21.3, os usuários podem testar um método fornecendo valores nos campos **first:** e **second:** e, em seguida, clicando em **Invoke** (nesse exemplo testamos o método **`Bigger`**). O método é executado e uma nova janela do navegador da Web se abre para exibir um documento XML contendo o resultado (Figura 21.4). Agora que já apresentamos um exemplo simples de uso de um serviço da Web, as próximas seções explorarão o papel do XML nos serviços da Web, assim como outros aspectos da funcionalidade do serviço da Web.

Dica de teste e depuração 21.1

Usar a página ASMX de um serviço da Web para testar e depurar métodos torna esse serviço da Web mais confiável e robusto; isso também reduz a probabilidade de que os clientes que estejam usando o serviço da Web encontrem erros.

Figura 21.2 Descrição de um serviço da Web.

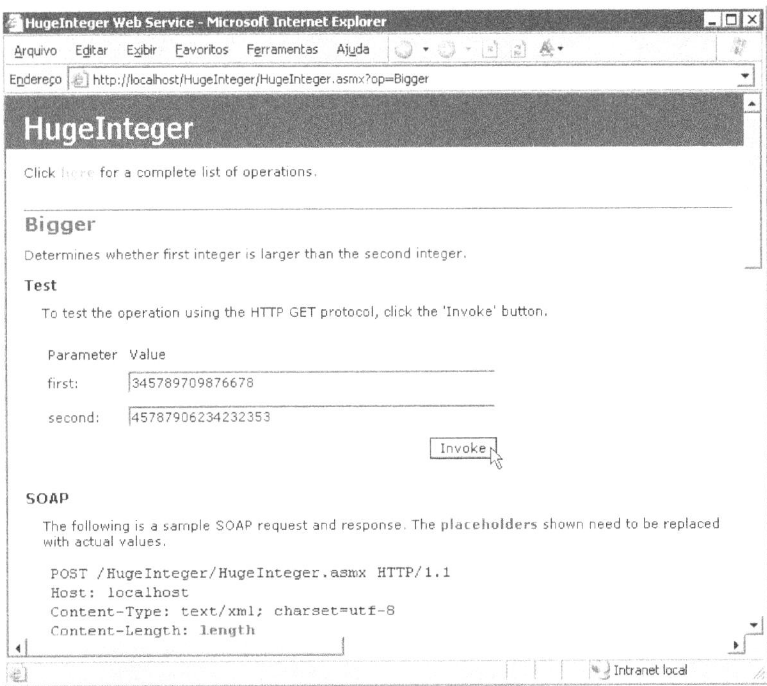

Figura 21.3 Chamando um método de um serviço da Web a partir de um navegador da Web.

21.3SOAP e serviços da Web

O SOAP (Simple Object Access Protocol — protocolo de acesso a objetos simples) é um protocolo independente de plataforma que usa XML para fazer chamadas a procedimentos remotos por meio de HTTP. As requisições e respostas são empacotadas em uma *mensagem SOAP* — uma mensagem XML que contém todas as informações necessárias para processar seu

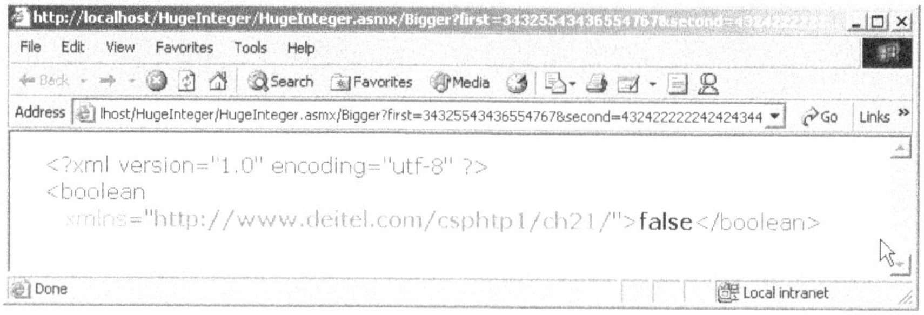

Figura 21.4 Resultados da chamada a um método de serviço da Web a partir de um navegador da Web.

conteúdo. As mensagens SOAP são muito populares, pois elas são escritas em código XML fácil de entender e independente de plataforma. Analogamente, HTTP foi escolhido para transmitir mensagens SOAP, pois se trata de um protocolo padrão para envio de informações pela Internet. O uso de XML e HTTP permite que diferentes sistemas operacionais enviem e recebam mensagens SOAP. Outra vantagem do HTTP é que ele pode ser usado com redes que contêm *firewalls* — barreiras de segurança que restringem a comunicação entre as redes.

O SOAP suporta um amplo conjunto de tipos de dados. Note que o formato de linha usado para transmitir requisições e respostas deve suportar todos os tipos de dados passados entre os aplicativos. Os serviços da Web que usam SOAP suportam uma variedade maior de tipos de dados do que os serviços da Web que empregam outros formatos de linha. Os tipos de dados suportados pelo SOAP incluem os tipos mais básicos, assim como **DataSet**, **DateTime**, **XmlNode** e vários outros. O SOAP também permite a transmissão de arranjos de todos esses tipos. Além disso, podem ser usados tipos definidos pelo usuário — demonstraremos como fazer isso na Seção 21.8.

Os aplicativos enviam requisições e respostas para os serviços da Web por meio de SOAP. Quando um programa chama um método de serviço da Web, a requisição e todas as informações relevantes são empacotadas em uma mensagem SOAP e enviadas para o destino apropriado. Quando o serviço da Web recebe a mensagem SOAP, ele começa a processar o conteúdo (chamado de *envelope SOAP*), que especifica o método que o cliente deseja executar e os argumentos que está passando para esse método. Depois que o serviço da Web recebe essa requisição e a analisa, o método correto é chamado, com os argumentos especificados (se houver algum), e a resposta é enviada de volta para o cliente, em outra mensagem SOAP. O cliente analisa a resposta para recuperar o resultado da chamada do método.

A requisição SOAP ilustrada na Figura 21.5 foi obtida diretamente do método **Bigger** do serviço da Web **HugeInteger** (Figura 21.3). Esse serviço da Web fornece aos programadores vários métodos que manipulam inteiros maiores do que aqueles que podem ser armazenados em uma variável **long**. A maioria dos programadores não manipula mensagens SOAP, permitindo que o serviço da Web trate dos detalhes da transmissão.

A Figura 21.5 mostra uma requisição SOAP padrão, que é criada quando um cliente deseja executar o método **Bigger** do serviço da Web **HugeInteger**. Quando uma requisição para um serviço da Web faz com que essa requisição SOAP seja criada, os dados de caracteres (**string**s) dos elementos **first** e **second** contêm os valores reais fornecidos pelo usuário (linhas 16 e 17). Se esse envelope contivesse a requisição da Figura 21.3, os elementos **first** e **second** conteriam os valores fornecidos na Figura 21.3. O lugar reservado **length** conteria o comprimento dessa mensagem SOAP.

```
1  POST /HugeIntegerWebService/HugeInteger.asmx HTTP/1.1
2  Host: localhost
3  Content-Type: text/xml; charset=utf-8
4  Content-Length: length
5  SOAPAction: "http://www.deitel.com/csphtp1/ch21/Bigger"
6
7  <?xml version="1.0" encoding="utf-8"?>
8
9  <soap:Envelope
10    xmlns:xsi="http://www.w3.org/2001/XMLSchema-instance"
11    xmlns:xsd="http://www.w3.org/2001/XMLSchema"
12    xmlns:soap="http://schemas.xmlsoap.org/soap/envelope/">
```

Figura 21.5 Requisição SOAP para o serviço da Web HugeInteger. (Parte 1 de 2.)

```
   <soap:Body>
      <Bigger xmlns="http://www.deitel.com/csphtp1/ch21/">
         <first>string</first>
         <second>string</second>
      </Bigger>
   </soap:Body>

</soap:Envelope>
```

Figura 21.5 Requisição SOAP para o serviço da Web HugeInteger. (Parte 2 de 2.)

21.4 Publicando e consumindo serviços da Web

Esta seção apresenta vários exemplos de criação (também conhecida como *publicação*) e uso (também conhecido como *consumo*) de um serviço da Web. Um aplicativo que consume um serviço da Web consiste em duas partes: uma classe *proxy*, que representa o serviço da Web, e um aplicativo cliente, que acessa o serviço da Web por meio de uma instância da classe proxy. A classe proxy manipula a transferência dos argumentos do método do serviço da Web, do aplicativo cliente para o serviço da Web, assim como a transferência do resultado do método do serviço da Web de volta para o aplicativo cliente. O Visual Studio pode gerar classes proxy — demonstraremos como fazer isso em breve.

A Figura 21.6 apresenta o arquivo de código de retaguarda do serviço da Web **HugeInteger** (exibido na tela da Figura 21.1). O nome do serviço da Web é baseado no nome da classe que o define (nesse caso, **HugeInteger**). Esse serviço da Web é projetado para efetuar cálculos com inteiros que contêm no máximo 100 dígitos. Conforme mencionado, as variáveis **long** não podem manipular inteiros desse tamanho (isto é, ocorreria um estouro). O serviço da Web fornece um cliente com métodos que recebem dois "inteiros enormes" e determina qual é o maior ou o menor se os dois números são iguais: sua soma ou sua diferença. Considere esses métodos como serviços que um aplicativo fornece para os programadores de outros aplicativos (daí o termo "serviços da Web"). Qualquer programador pode acessar esse serviço da Web, usar seus métodos e, assim, evitar a escrita de mais de 200 linhas de código. Nos exemplos restantes, ocultamos as partes do código gerado pelo Visual Studio nos arquivos de código de retaguarda. Fizemos isso para resumir e para propósitos de apresentação.

```
// Fig. 21.6: HugeInteger.asmx.cs
// Serviço da Web HugeInteger.

using System;
using System.Text;
using System.Collections;
using System.ComponentModel;
using System.Data;
using System.Diagnostics;
using System.Web;
using System.Web.Services;   // contém classes relacionadas ao serviço da Web

namespace HugeIntegerWebService
{
   /// <summary>
   /// executa operações em inteiros grandes
   /// </summary>
   [ WebService(
      Namespace = "http://www.deitel.com/csphtp1/ch21/",
      Description = "A Web service which provides methods that" +
      " can manipulate large integer values." ) ]
```

Figura 21.6 Serviço da Web HugeInteger. (Parte 1 de 6.)

```
   public class HugeInteger : System.Web.Services.WebService
   {
      // construtor padrão
      public HugeInteger()
      {
         // CODEGEN: essa chamada é exigida pelo ASP .NET Web
         // Services Designer
         InitializeComponent();

         number = new int[ MAXIMUM ];
      }

      #region Component Designer generated code
      /// <summary>
      /// Método exigido para suporte do Designer - não modifique
      /// o conteúdo desse método com o editor de código.
      /// </summary>
      private void InitializeComponent()
      {
      }
      #endregion

      /// <summary>
      /// Limpa todos os recursos que estejam sendo usados.
      /// </summary>
      protected override void Dispose( bool disposing )
      {
      }

      // EXEMPLO DE SERVIÇOS DA WEB
      // O exemplo de serviço HelloWorld() retorna
      // a string Hello World
      // Para construir, retire o comentário das linhas a seguir
      // e, em seguida, salve e construa o projeto
      // Para testar esse serviço da Web, pressione F5

      //    [WebMethod]
      //    public string HelloWorld()
      //    {
      //       return "Hello World";
      //    }

      private const int MAXIMUM = 100;

      public int[] number;

      // indexador que aceita um parâmetro inteiro
      public int this[ int index ]
      {
         get
         {
            return number[ index ];
         }

         set
```

Figura 21.6 Serviço da Web HugeInteger. (Parte 2 de 6.)

```
         {
            number[ index ] = value;
         }

      } // fim do indexador

      // retorna representação de string de HugeInteger
      public override string ToString()
      {
         StringBuilder returnString = new StringBuilder();

            foreach ( int digit in number )
            returnString.Insert( 0, digit );

            return returnString.ToString();
      }

      // cria HugeInteger baseado no argumento
      public static HugeInteger FromString( string integer )
      {
         HugeInteger parsedInteger = new HugeInteger();

         for ( int i = 0; i < integer.Length; i++ )
            parsedInteger[ i ] = Int32.Parse(
               integer[ integer.Length - i - 1 ].ToString() );

         return parsedInteger;
      }

      // WebMethod que efetua adição de inteiros
      // representada pelos argumentos de string
      [ WebMethod ( Description = "Adds two huge integers." ) ]
      public string Add( string first, string second )
      {
         int carry = 0;

         HugeInteger operand1 = HugeInteger.FromString( first );
         HugeInteger operand2 =
            HugeInteger.FromString( second );

         // armazena o resultado da adição
         HugeInteger result = new HugeInteger();

         // executa o algoritmo de adição para cada dígito
         for ( int i = 0; i < MAXIMUM; i++ )
         {
            // soma dois dígitos na mesma coluna
            // o resultado é sua soma, mais o transporte da
            // operação anterior de módulo 10
            result[ i ] =
               ( operand1[ i ] + operand2[ i ] ) % 10 + carry;

            // armazena o resto da divisão da
            // soma de dois dígitos por 10
            carry = ( operand1[ i ] + operand2[ i ] ) / 10;
```

Figura 21.6 Serviço da Web HugeInteger. (Parte 3 de 6.)

```
         }

         return result.ToString();

      } // fim do método Add

      // WebMethod que efetua a subtração de inteiros
      // representados pelos argumentos de string
      [ WebMethod (
         Description = "Subtracts two huge integers." ) ]
      public string Subtract( string first, string second )
      {
         HugeInteger operand1 = HugeInteger.FromString( first );
         HugeInteger operand2 =
            HugeInteger.FromString( second );
         HugeInteger result = new HugeInteger();

         // subtrai o digito superior do dígito inferior
         for ( int i = 0; i < MAXIMUM; i++ )
         {
            // se o digito superior for menor do que o
            // digito inferior, precisamos emprestar
            if ( operand1[ i ] < operand2[ i ] )
               Borrow( operand1, i );

            // subtrai o inferior do superior
            result[ i ] = operand1[ i ] - operand2[ i ];
         }

         return result.ToString();

      } // fim do método Subtract

      // empresta 1 do próximo dígito
      private void Borrow( HugeInteger integer, int place )
      {
         // se não houver nenhum lugar do qual emprestar, sinaliza o problema
         if ( place >= MAXIMUM - 1 )
            throw new ArgumentException();

         // caso contrário, se o próximo dígito for zero,
         // empresta do dígito à esquerda
         else if ( integer[ place + 1 ] == 0 )
            Borrow( integer, place + 1 );

         // soma 10 ao lugar atual, pois emprestamos
         // e subtrai um do dígito anterior -
         // esse é o dígito emprestado
         integer[ place ] += 10;
         integer[ place + 1 ] -= 1;

      } // fim do método Borrow

      // WebMethod que retorna true se o inteiro first for
      // maior do que second
```

Figura 21.6 Serviço da Web HugeInteger. (Parte 4 de 6.)

```
      [ WebMethod ( Description = "Determines whether first " +
         "integer is larger than the second integer." ) ]
      public bool Bigger( string first, string second )
      {
         char[] zeroes = { '0' };

         try
         {
            // se a eliminação de todos os zeros do resultado
            // da subtração é uma string vazia,
            // os números são iguais; portanto, retorna false,
            // caso contrário, retorna true
            if ( Subtract( first, second ).Trim( zeroes ) == "" )
               return false;
            else
               return true;
         }

         // se ocorrer ArgumentException, o número first
         // era menor; portanto, retorna false
         catch ( ArgumentException )
         {
            return false;
         }

      } // fim do método Bigger

      // WebMethod retorna true se o inteiro first for
      // menor do que second
      [ WebMethod ( Description = "Determines whether the " +
         "first integer is smaller than the second integer." ) ]
      public bool Smaller( string first, string second )
      {
         // se second é maior do que first, então first é
         // menor do que second
         return Bigger( second, first );
      }

      // WebMethod que retorna true se dois inteiros são iguais
      [ WebMethod ( Description = "Determines whether the " +
         "first integer is equal to the second integer." ) ]
      public bool EqualTo( string first, string second )
      {
         // se first é maior do que second ou first é
         // menor do que second, eles não são iguais
         if ( Bigger( first, second ) ||
            Smaller( first, second ) )
            return false;
         else
            return true;
      }

   } // fim da classe HugeInteger

} // fim do espaço de nomes HugeIntegerWebService
```

Figura 21.6 Serviço da Web HugeInteger. (Parte 5 de 6.)

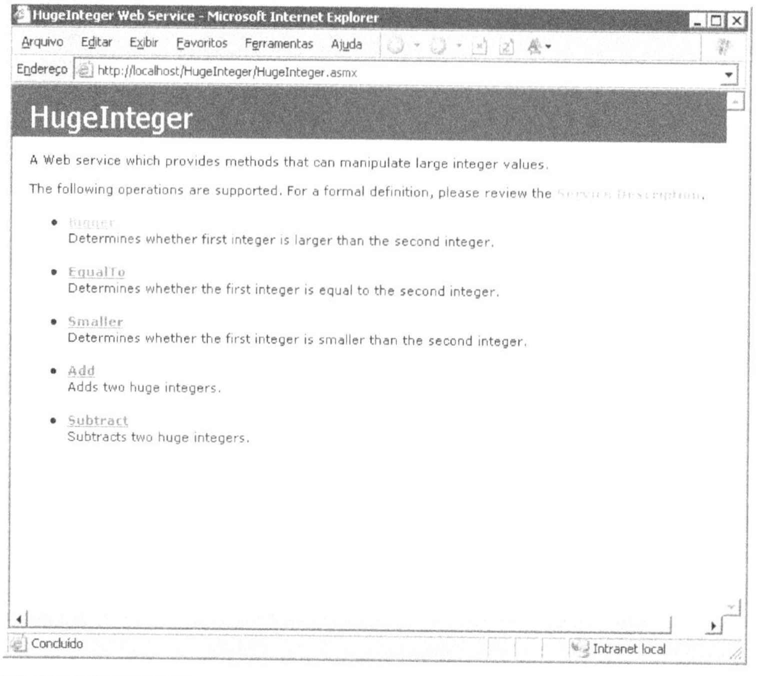

Figura 21.6 Serviço da Web `HugeInteger`. (Parte 6 de 6.)

A linha 13 coloca a classe **`HugeInteger`** no espaço de nomes **`HugeIntegerWebService`**. A linha 19 atribui o espaço de nomes do serviço da Web a **`www.deitel.com/csphtp1/ch21/`**, para identificar exclusivamente esse serviço da Web. O espaço de nomes é especificado usando-se a propriedade ***`Namespace`*** do atributo ***`WebService`***. Nas linhas 20 e 21 usamos a propriedade ***`Description`*** para fornecer informações sobre nosso serviço da Web, que aparecem no arquivo ASMX. A linha 22 especifica que nossa classe deriva de ***`System.Web.Services.WebService`***. Como padrão, o Visual Studio define nosso serviço da Web de modo que ele herde da classe **`WebService`**. Embora uma classe de serviço da Web não seja obrigatória para subclassear **`WebService`**, a classe **`WebService`** fornece membros que são úteis na determinação das informações a respeito do cliente e do próprio serviço da Web. Vários métodos na classe **`HugeInteger`** são marcados com o atributo ***`WebMethod`***, o que *expõe* o método de tal modo que ele possa ser chamado de maneira remota. Quando esse atributo está ausente, o método não é acessível por meio do serviço da Web. Note que o atributo **`WebMethod`**, assim como o atributo **`WebService`**, contém uma propriedade **`Description`**, que fornece informações sobre o método na página ASMX. Você pode ver essas descrições na saída da Figura 21.6.

Boa prática de programação 21.1

Especifique um espaço de nomes único para cada serviço da Web, para que ele possa ser identificado exclusivamente.

Boa prática de programação 21.2

Especifique descrições para todos os serviços da Web e métodos de serviços da Web, para que os clientes possam obter informações adicionais sobre o serviço da Web e seu conteúdo[3].

Erro de programação comum 21.2

Os métodos de serviços da Web não podem ser declarados como **`static`** *ou ocorrerá um erro de tempo de execução ao se tentar ver a página ASMX. Para um cliente acessar um método de serviço da Web, deve existir uma instância desse serviço.*

---

3. Nos exemplos deste capítulo, para manter a compatibilidade com as versões fornecidas no site do autor, as descrições foram mantidas em inglês. No entanto, o conteúdo da string fornecida após **`Description =`** pode ser perfeitamente fornecido em português ou em outro idioma. Escolha o idioma mais adequado ao uso pretendido para o serviço da Web (você pode, inclusive, fornecer descrições em vários idiomas). (N.R.T.)

As linhas 69 a 81 definem um indexador para nossa classe. Isso nos permite acessar qualquer dígito em **HugeInteger** como se o estivéssemos acessando por meio do array **number**. As linhas 108 a 136 e 142 a 163 definem os **WebMethod**s **Add** e **Subtract**, que efetuam a adição e a subtração, respectivamente. O método **Borrow** (linhas 166 a 183) trata do caso em que o dígito no operando da esquerda é menor do que o dígito correspondente no operando da direita. Por exemplo, quando subtraímos 19 de 32, normalmente fazemos isso dígito por dígito, começando a partir da direita. O número 2 é menor do que 9; portanto, somamos 10 a 2 (resultando em 12), que subtrai 9, resultando em 3 para o dígito mais à direita na solução. Então subtraímos 1 do próximo dígito acima (3), tornando-o 2. O dígito correspondente no operando da direita agora é o "1" em 19. A subtração de 1 de 2 dá 1, tornando o dígito correspondente no resultado 1. O resultado final, quando os dois dígitos resultantes são combinados, é 13. O método **Borrow** soma 10 aos dígitos apropriados e subtrai 1 do dígito à esquerda. Como esse é um método utilitário, que não se destina a ser chamado de maneira remota, ele não é qualificado com o atributo **WebMethod**.

A captura de tela da Figura 21.6 é idêntica à da Figura 21.1. Um aplicativo cliente pode chamar apenas os cinco métodos relacionados na captura de tela (isto é, os métodos qualificados com o atributo **WebMethod**).

Agora vamos demonstrar como criar esse serviço da Web. Para começar, devemos criar um projeto de tipo **ASP.NET Web Service**. Assim como os formulários Web, os serviços da Web são, como padrão, colocados no diretório **wwwroot** no servidor da Web (**localhost**). Como padrão, o Visual Studio coloca o arquivo de solução (**.sln**) na pasta **Visual Studio Projects**, em um diretório para a solução. (A pasta **Visual Studio Projects** normalmente está localizada dentro da pasta **Meus documentos**.)

Quando o projeto é criado, o arquivo de código de retaguarda é apresentado no modo de visualização de projeto, como padrão (Figura 21.7). Se esse arquivo não estiver aberto, ele pode ser aberto clicando-se em **Service1.asmx**. Entretanto, o arquivo que será aberto é **Service1.asmx.cs** (o arquivo de código de retaguarda de nosso serviço da Web). Isso porque, ao criar serviços da Web no Visual Studio, os programadores trabalham quase que exclusivamente no arquivo de código de retaguarda. Na verdade, se um programador fosse abrir o arquivo ASMX, ele conteria apenas as linhas a seguir:

```
<%@ WebService Language="c#" Codebehind="Service1.asmx.cs"
   Class="WebService1.Service1" %>
```

indicando o nome do arquivo de código de retaguarda, a linguagem de programação em que o arquivo de código de retaguarda está escrito e a classe que define nosso serviço da Web. Essa é a extensão das informações que esse arquivo deve conter. [*Nota:* como padrão, o arquivo de código de retaguarda não é relacionado no **Solution Explorer**. O arquivo de código de retaguarda é apresentado quando o arquivo ASMX recebe um clique duplo no **Solution Explorer**. Esse arquivo pode ser relacionado no **Solution Explorer** clicando-se no ícone para mostrar todos os arquivos.]

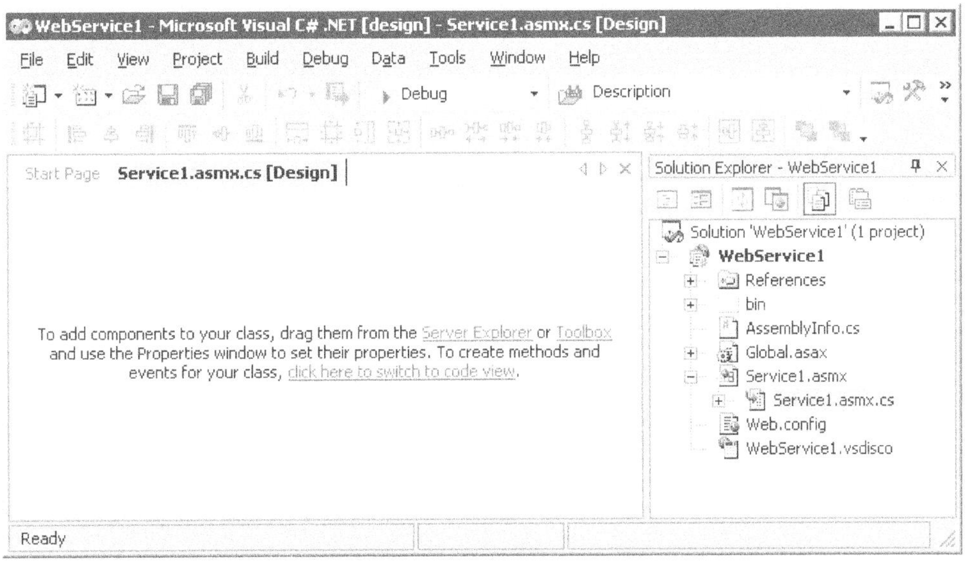

Figura 21.7 Modo de visualização de projeto de um serviço da Web.

Pode parecer estranho que exista um modo de visualização de projeto para serviços da Web, dado que esses serviços não possuem interfaces com o usuário gráficas. Um modo de visualização de projeto é fornecido porque serviços da Web mais sofisticados contêm métodos que manipulam mais do que apenas strings ou números. Por exemplo, um método de um serviço da Web poderia manipular um banco de dados. Em vez de digitar todo o código necessário para estabelecer uma conexão com o banco de dados, os desenvolvedores podem simplesmente soltar os controles ADO .NET corretos no modo de visualização de projeto e manipulá-los como fariam em um aplicativo Windows ou da Web. Mostraremos um exemplo disso na Seção 21.6.

Agora que já definimos nosso serviço da Web, demonstraremos como usá-lo. Primeiramente, um aplicativo cliente deve ser criado. Nesse primeiro exemplo criaremos um aplicativo Windows como nosso cliente. Uma vez criado esse aplicativo, o cliente deve adicionar uma classe proxy para acessar o serviço da Web. Uma classe proxy é uma classe criada a partir do arquivo WSDL do serviço da Web que permite ao cliente chamar métodos do serviço da Web pela Internet. A classe proxy manipula todas as "conexões" exigidas para as chamadas a métodos de um serviço da Web. Quando uma chamada é feita em um aplicativo cliente para um método do serviço da Web, o aplicativo chama na verdade um método correspondente na classe proxy. Esse método pega o nome do método e seus argumentos e, em seguida, os formata para que possam ser enviados como uma requisição em uma mensagem SOAP. O serviço da Web recebe essa requisição e executa a chamada a método, devolvendo o resultado como outra mensagem SOAP. Quando o aplicativo cliente recebe a mensagem SOAP contendo a resposta, a classe proxy a decodifica e formata o resultado para que ele seja entendido pelo cliente. Então, essa informação é retornada para o cliente. É importante notar que a classe proxy fica basicamente oculta para o programador. Na verdade, não podemos vê-la no **Solution Explorer**, a não ser que optemos por exibir todos os arquivos. O objetivo da classe proxy é fazer parecer aos clientes como se eles estivessem chamando diretamente os métodos do serviço da Web. Raramente é necessário para o cliente ver ou manipular a classe proxy.

O próximo exemplo demonstra como criar um cliente de serviço da Web e sua classe proxy correspondente. Devemos começar criando um projeto e adicionando um *referência Web* para esse projeto. Quando adicionamos uma referência Web em um aplicativo cliente, a classe proxy é criada. Então o cliente cria uma instância da classe proxy, que é usada para chamar os métodos incluídos no serviço da Web.

Para criar um proxy no Visual Studio, clique com o botão direito do mouse na pasta **References**, no **Solution Explorer**, e selecione ***Add Web Reference*** (Figura 21.8). Na caixa de diálogo **Add Web Reference** que aparece (Figura 21.9), forneça o endereço do serviço da Web, no campo **Address**, e pressione *Enter*. Note que serviços da Web também podem ser relacionados como arquivos com a extensão `.vsdisco`, localizados no diretório do projeto do serviço da Web. Os arquivos com a extensão `.disco` ou `.vsdisco` são conhecidos como *arquivos de descoberta*. Discutiremos os arquivos de descoberta, assim como as distinções entre arquivos `.disco` e arquivos `.vsdisco`, posteriormente. Uma vez escolhido um serviço da Web, sua descrição aparece, e o desenvolvedor pode clicar em **Add Reference** (Figura 21.10). Isso adiciona no **Solution Explorer** (Figura 21.11) uma pasta **Web References** com um nó denominado de acordo com o domínio onde o serviço da Web estiver localizado. Nesse caso, o nome é `localhost`, pois estamos usando o servidor da Web local. Isso significa que, quando referenciarmos a classe `HugeInteger`, estaremos fazendo isso por meio da classe `HugeInteger` no espaço de nomes `localhost`, em vez de por meio da classe `HugeInteger` no espaço de nomes `HugeIntegerWebService`. [*Nota:* a classe do serviço da Web e a classe proxy têm o mesmo nome. O Visual Studio gera um proxy para o serviço da Web e o adiciona como uma referência (Figura 21.11).]

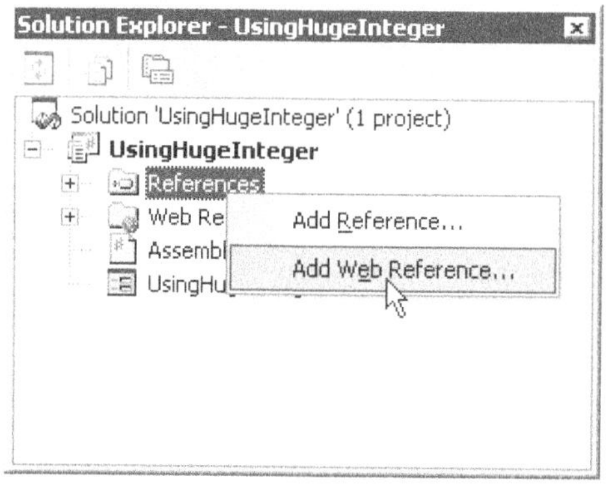

Figura 21.8 Adicionando uma referência de serviço da Web em um projeto.

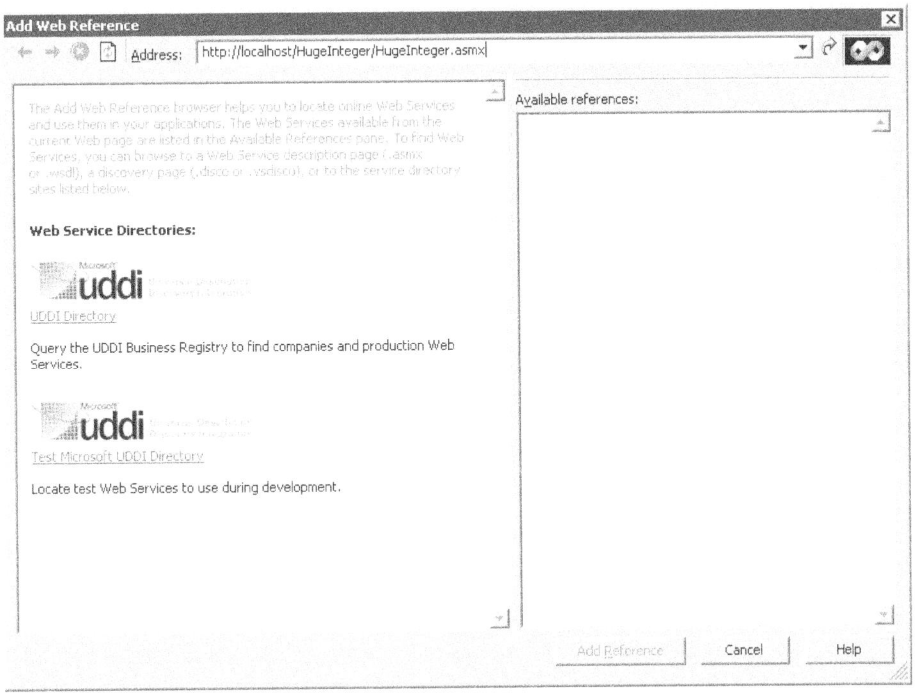

Figura 21.9 Caixa de diálogo Add Web Reference.

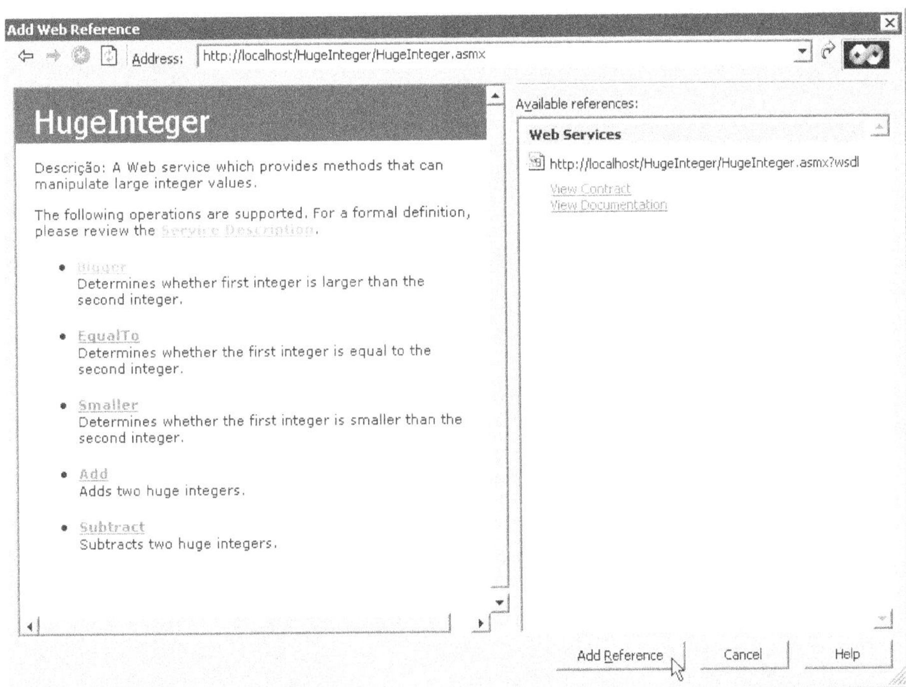

Figura 21.10 Seleção e descrição de referência Web.

Boa prática de programação 21.3

Ao criar um programa que vai usar serviços da Web, adicione a referência Web primeiro. Isso permitirá que o Visual Studio reconheça uma instância da classe do serviço da Web, possibilitando que o recurso Intellisense ajude o desenvolvedor a usar o serviço da Web.

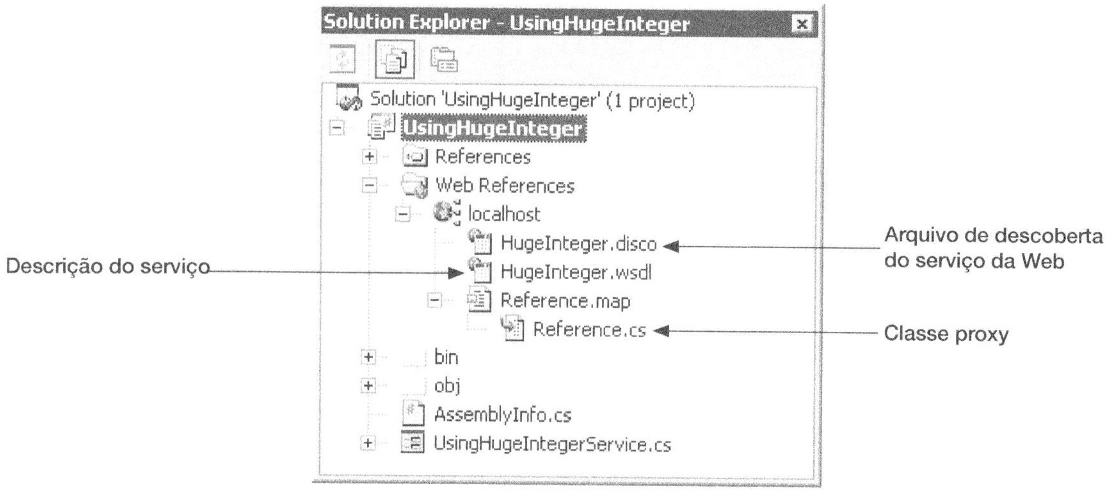

Figura 21.11 O Solution Explorer após a adição de uma referência Web em um projeto.

Os passos que descrevemos anteriormente funcionarão bem se o programador conhecer a referência dos serviços da Web apropriada. E se estivermos tentando localizar um novo serviço da Web? Existem duas tecnologias que facilitam esse processo: UDDI (Universal Description, Discovery and Integration — descrição, descoberta e integração universais) e arquivos Discovery (DISCO). UDDI é um projeto para desenvolver um conjunto de especificações que definem como os serviços da Web devem ser publicados, para que os programadores que estejam procurando serviços da Web possam encontrá-los. A Microsoft iniciou esse projeto para facilitar a localização de serviços da Web que atendem a certas especificações, permitindo que os programadores encontrem diferentes serviços da Web usando mecanismos de busca. O UDDI organiza e descreve os serviços da Web e, em seguida, coloca essa informação em uma localização central. Embora o UDDI esteja fora do escopo deste livro, você poderá aprender mais sobre esse projeto e ver uma demonstração visitando os endereços **`www.uddi.org`** e **`uddi.microsoft.com`**. Esses sites contêm ferramentas de pesquisa que tornam rápido e fácil localizar serviços da Web.

Um arquivo DISCO cataloga serviços da Web em um diretório específico. Existem dois tipos de arquivos de descoberta: arquivos *de descoberta dinâmicos* (com a extensão **`.vsdisco`**) e arquivos *de descoberta estáticos* (com a extensão **`.disco`**). Esses arquivos indicam a localização do arquivo ASMX e a descrição do serviço (um arquivo WSDL) para cada serviço da Web no diretório atual, assim como todos os serviços da Web presentes nos subdiretórios do diretório atual. Quando um programador cria um serviço da Web, o Visual Studio gera um arquivo de descoberta dinâmico para esse serviço. Quando uma referência Web é adicionada, o cliente usa o arquivo de descoberta dinâmico para selecionar o serviço da Web desejado. Uma vez criada a referência Web, um arquivo de descoberta estático é colocado no projeto do cliente. O arquivo de descoberta estático fixa em seu código a localização dos arquivos ASMX e WSDL. (Com "fixa em seu código" queremos dizer que a localização é fornecida diretamente no arquivo.) Os arquivos de descoberta dinâmicos, por outro lado, são criados de tal modo que uma lista de serviços da Web é gerada dinamicamente no servidor quando um cliente está procurando um serviço da Web. O uso de descoberta dinâmica possibilita certas opções extras, como ocultar determinados serviços da Web em subdiretórios. Os arquivos de descoberta são uma tecnologia específica da Microsoft, enquanto o UDDI não é. Entretanto, os dois podem trabalhar juntos para permitir que um cliente encontre um serviço da Web. Usando as duas tecnologias, o cliente pode utilizar um mecanismo de busca para encontrar um local com vários serviços da Web sobre um assunto e, então, usar arquivos de descoberta para ver todos os serviços da Web nesse local.

Depois de adicionada a referência Web, o cliente pode acessar o serviço da Web por meio de nosso proxy. Como nossa classe proxy é chamada **`HugeInteger`** e está localizada no espaço de nomes **`localhost`**, devemos usar **`localhost.HugeInteger`** para referenciar essa classe. O formulário Windows da Figura 21.12 usa o serviço da Web **`HugeInteger`** para efetuar cálculos com inteiros positivos com até **`100`** dígitos de comprimento. [*Nota:* se estiver usando o exemplo do CD deste livro, talvez você precise gerar o proxy novamente.]

```
// Fig. 21.12: UsingHugeIntegerService.cs
// Usando o serviço da Web HugeInteger.

```

Figura 21.12 Usando o serviço da Web `HugeInteger`. (Parte 1 de 5.)

```
using System;
using System.Drawing;
using System.Collections;
using System.ComponentModel;
using System.Windows.Forms;
using System.Web.Services.Protocols;

// permite que o usuário efetue operações em inteiros grandes
public class UsingHugeIntService : System.Windows.Forms.Form
{
   private System.Windows.Forms.Label promptLabel;
   private System.Windows.Forms.Label resultLabel;

   private System.Windows.Forms.TextBox firstTextBox;
   private System.Windows.Forms.TextBox secondTextBox;

   private System.Windows.Forms.Button addButton;
   private System.Windows.Forms.Button subtractButton;
   private System.Windows.Forms.Button biggerButton;
   private System.Windows.Forms.Button smallerButton;
   private System.Windows.Forms.Button equalButton;

   private System.ComponentModel.Container components = null;

   // declara um serviço da Web de referência
   private localhost.HugeInteger remoteInteger;

   private char[] zeroes = { '0' };

   // construtor padrão
   public UsingHugeIntService()
   {
      InitializeComponent();

      // instancia remoteInteger
      remoteInteger = new localhost.HugeInteger();
   }

   // código gerado pelo Visual Studio .NET

   [STAThread]
   static void Main()
   {
      Application.Run( new UsingHugeIntService() );

   } // fim de Main

   // verifica se os dois numeros fornecidos pelo usuário são iguais
   protected void equalButton_Click(
      object sender, System.EventArgs e )
   {
      // certifica-se de que HugeIntegers não ultrapasse 100 dígitos
      if ( CheckSize( firstTextBox, secondTextBox ) )
         return;

      // chama o método de serviço da Web para determinar
      // se os inteiros são iguais
      if ( remoteInteger.EqualTo(
```

Figura 21.12 Usando o serviço da Web HugeInteger. (Parte 2 de 5.).

```
            firstTextBox.Text, secondTextBox.Text ) )

            resultLabel.Text =
               firstTextBox.Text.TrimStart( zeroes ) +
               " is equal to " +
               secondTextBox.Text.TrimStart( zeroes );
         else
            resultLabel.Text =
               firstTextBox.Text.TrimStart( zeroes ) +
               " is NOT equal to " +
               secondTextBox.Text.TrimStart( zeroes );

      } // fim do método equalButton_Click

      // verifica se o inteiro first fornecido
      // pelo usuário é menor do que o second
      protected void smallerButton_Click(
         object sender, System.EventArgs e )
      {
         // certifica-se de que HugeIntegers não ultrapasse 100 dígitos
         if ( CheckSize( firstTextBox, secondTextBox ) )
            return;

         // chama o método de serviço da Web para determinar se o
         // inteiro first é menor do que o second
         if ( remoteInteger.Smaller(
            firstTextBox.Text, secondTextBox.Text ) )

            resultLabel.Text =
               firstTextBox.Text.TrimStart( zeroes ) +
               " is smaller than " +
               secondTextBox.Text.TrimStart( zeroes );
         else
            resultLabel.Text =
               firstTextBox.Text.TrimStart( zeroes ) +
               " is NOT smaller than " +
               secondTextBox.Text.TrimStart( zeroes );

      } // fim do método smallerButton_Click

      // verifica se o inteiro first fornecido
      // pelo usuário é maior do que o second
      protected void biggerButton_Click(
         object sender, System.EventArgs e )
      {
         // certifica-se de que HugeIntegers não ultrapasse 100 dígitos
         if ( CheckSize( firstTextBox, secondTextBox ) )
            return;

         // chama o método de serviço da Web para determinar se o
         // inteiro first é maior do que o second
         if ( remoteInteger.Bigger( firstTextBox.Text,
            secondTextBox.Text ) )

            resultLabel.Text =
               firstTextBox.Text.TrimStart( zeroes ) +
               " is larger than " +
               secondTextBox.Text.TrimStart( zeroes );
```

Figura 21.12 Usando o serviço da Web HugeInteger. (Parte 3 de 5.)

```
      else
         resultLabel.Text =
            firstTextBox.Text.TrimStart( zeroes ) +
            " is NOT larger than " +
            secondTextBox.Text.TrimStart( zeroes );

   } // fim do método biggerButton_Click

   // subtrai o inteiro second do first
   protected void subtractButton_Click(
      object sender, System.EventArgs e )
   {
      // certifica-se de que HugeIntegers não ultrapasse 100 dígitos
      if ( CheckSize( firstTextBox, secondTextBox ) )
         return;

      // efetua a subtração
      try
      {
         string result = remoteInteger.Subtract(
            firstTextBox.Text,
            secondTextBox.Text ).TrimStart( zeroes );

         resultLabel.Text = ( ( result == "" ) ? "0" : result );
      }

      // se WebMethod lançar uma exceção, então o primeiro
      // argumento era menor do que o segundo
      catch ( SoapException )
      {
         MessageBox.Show(
            "First argument was smaller than the second" );
      }

   } // fim do método subtractButton_Click

   // soma os dois inteiros fornecidos pelo usuário
   protected void addButton_Click(
      object sender, System.EventArgs e )
   {
      // certifica-se de que HugeInteger não ultrapasse 100 digitos
      // e não seja uma situação onde os dois inteiros tenham 100
      // dígitos de comprimento -- resulta em estouro
      if ( firstTextBox.Text.Length > 100 ||
         secondTextBox.Text.Length > 100  ||
         ( firstTextBox.Text.Length == 100 &&
         secondTextBox.Text.Length == 100 ) )
      {
         MessageBox.Show( "HugeIntegers must not be more "
            + "than 100 digits\nBoth integers cannot be of"
            + " length 100: this causes an overflow",
            "Error", MessageBoxButtons.OK,
            MessageBoxIcon.Information );

         return;
      }

      // efetua a adição
```

Figura 21.12 Usando o serviço da Web HugeInteger. (Parte 4 de 5.)

```
        resultLabel.Text = remoteInteger.Add( firstTextBox.Text,
           secondTextBox.Text ).TrimStart( zeroes ).ToString();

     } // fim do método addButton_Click

     // determina se o tamanho dos inteiros é grande demais
     private bool CheckSize( TextBox first, TextBox second )
     {
        if ( first.Text.Length > 100 || second.Text.Length > 100 )
        {
           MessageBox.Show( "HugeIntegers must be less than 100"
              + " digits", "Error", MessageBoxButtons.OK,
              MessageBoxIcon.Information );

           return true;
        }

        return false;

     } // fim do método CheckSize

  } // fim da classe UsingHugeIntegerService
```

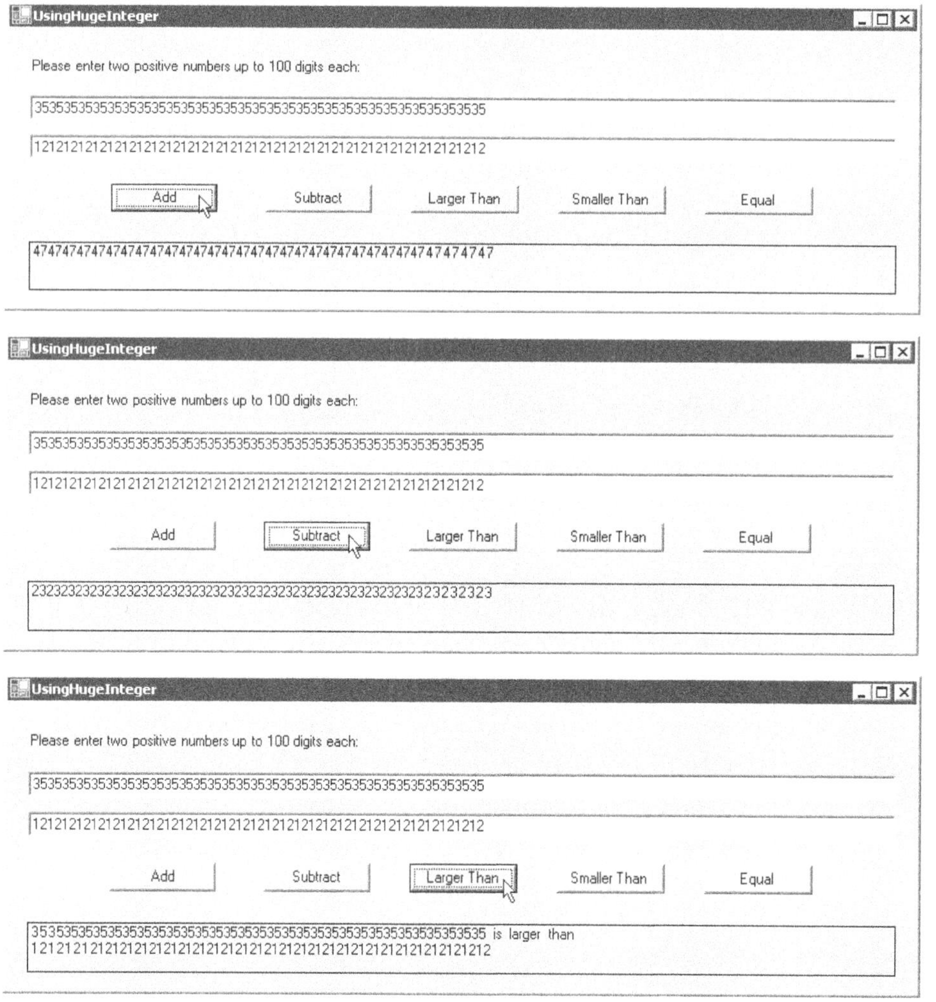

Figura 21.12 Usando o serviço da Web `HugeInteger`. (Parte 5 de 5.)

O usuário fornece dois inteiros, cada um com até 100 dígitos de comprimento. Clicar em qualquer botão chama um método remoto para efetuar o cálculo apropriado e retorna o resultado. O valor de retorno de cada operação é apresentado e todos os zeros à esquerda são eliminados usando-se o método **`string TrimStart`**. Note que **`UsingHugeInteger`** não tem a capacidade de efetuar operações com números de 100 dígitos. Em vez disso, ele cria representações de **`string`** desses números e as passa como argumentos para os métodos de serviços da Web que manipulam essas tarefas para nós.

21.5 Acompanhamento de sessão em serviços da Web

No Capítulo 20 descrevemos a importância da manutenção de informações sobre os usuários, para personalizar suas experiências. No contexto dessa discussão, exploramos o acompanhamento de sessão usando cookies e sessões. Nessa seção incorporaremos o acompanhamento de sessão em um serviço da Web. Às vezes faz sentido os aplicativos clientes chamarem vários métodos do mesmo serviço da Web e chamarem alguns métodos várias vezes. Seria vantajoso para o serviço da Web manter informações de estado para o cliente. Usar acompanhamento de sessão pode ser interessante, pois as informações armazenadas como parte da sessão não precisarão ser repassadas entre o serviço da Web e o cliente. Isso não apenas fará com que o aplicativo cliente seja executado mais rapidamente, mas também exigirá menos esforço por parte do programador (que provavelmente terá de passar menos informações para um método de serviço da Web).

O armazenamento de informações de sessão também pode propiciar um serviço da Web mais intuitivo. No exemplo a seguir criamos um serviço da Web para ajudar nos cálculos envolvidos ao se jogar vinte-e-um (Blackjack) (Figura 21.13). Então usamos esse serviço da Web para criar uma mesa para um jogo de vinte-e-um. Essa mesa manipula os detalhes de nosso maço de cartas. As informações são armazenadas como parte da sessão, de modo que um conjunto de cartas não seja misturado com outro maço de cartas que esteja sendo usado por outro aplicativo cliente. Nosso exemplo usa as regras do vinte-e-um jogado em cassinos, como se segue:

> *São distribuídas duas cartas para a mesa e duas cartas para o jogador. As cartas do jogador são distribuídas com a face para cima. Apenas uma das cartas da mesa é distribuída com a face para cima. Então, o jogador pode começar a pegar mais cartas, uma por vez. Essas cartas são distribuídas com a face para cima, e o jogador decide quando vai parar de pegar cartas. Se a soma das cartas do jogador ultrapassar 21, o jogo termina e o jogador perde. Quando o jogador estiver satisfeito com o conjunto de cartas atual, ele "pára" (isto é, pára de pegar cartas), e a carta oculta da mesa é revelada. Se o total da mesa for menor do que 17, a mesa deve pegar outra carta; caso contrário, a mesa deve parar. A mesa deve continuar a pegar cartas até que a soma de suas cartas seja maior ou igual a 17. Se a mesa ultrapassar 21, o jogador ganha. Caso contrário, ganha a mão com o total de pontos mais alto. Se os dois conjuntos de cartas tiverem o mesmo total de pontos — um empate —, ninguém ganha. Finalmente, se as primeiras duas cartas do jogador totalizarem 21, o jogador ganha imediatamente. Esse tipo de vitória é conhecida como "vinte-e-um".*

O serviço da Web que criamos fornece métodos para distribuir uma carta e para contar as cartas de uma mão, determinando o valor de uma mão específica. Cada carta é representada por uma string no formato "**`valor naipe`**", onde **`valor`** é um dígito que representa o valor da carta (ás a rei) e **`naipe`** é um dígito que representa o naipe da carta. Após o serviço da Web ser criado, criamos um aplicativo Windows que usa esses métodos para implementar um jogo de vinte-e-um.

```
// Fig. 21.13: BlackjackService.asmx.cs
// Serviço da Web Blackjack que manipula um maço de cartas.

using System;
using System.Collections;
using System.ComponentModel;
using System.Data;
using System.Diagnostics;
using System.Web;
using System.Web.Services;

namespace BlackjackWebService
{
   [ WebService(
      Namespace = "http://www.deitel.com/csphtp1/ch21/",
```

Figura 21.13 Serviço da Web `Blackjack`. (Parte 1 de 3.)

```
      Description = "A Web service that provides methods " +
      "to manipulate a deck of cards." ) ]
   public class BlackjackService : System.Web.Services.WebService
   {

      // código gerado pelo Visual Studio .NET

      // distribui nova carta
      [ WebMethod( EnableSession = true,
         Description = "Deal a new card from the deck." ) ]
      public string DealCard()
      {
         string card = "2 2";

         // obtém a carta do cliente
         ArrayList deck = ( ArrayList ) Session[ "deck" ];
         card = ( string ) deck[ 0 ];
         deck.RemoveAt( 0 );
         return card;

      } // fim do método DealCard

      [ WebMethod( EnableSession = true,
         Description = "Create and shuffle a deck of cards." ) ]
      public void Shuffle()
      {
         Random randomObject = new Random();

         ArrayList deck = new ArrayList();

         // gera todas as cartas possíveis
         for ( int i = 1; i < 14; i++ ) {
            for ( int j = 0; j < 4; j++ ) {
               deck.Add( i + " " + j );
            }
         }

         // troca cada carta por outra, aleatoriamente
         for ( int i = 0; i < deck.Count; i++ )
         {
            int newIndex = randomObject.Next( deck.Count );
            object temporary = deck[ i ];
            deck[ i ] = deck[ newIndex ];
            deck[ newIndex ] = temporary;
         }

         // adiciona esse maço no estado da sessão do usuário
         Session[ "deck" ] = deck;
      }

      // calcula o valor da mão
      [ WebMethod ( Description = "Compute a " +
         "numerical value for the current hand." ) ]
      public int CountCards( string dealt )
      {
         // "corta" a string contendo cartas
         char[] tab = { '\t' };
         string[] cards = dealt.Split( tab );
```

Figura 21.13 Serviço da Web Blackjack. (Parte 2 de 3.)

```
74              int total = 0, face, aceCount = 0;
75
76              foreach ( string drawn in cards )
77              {
78                 // obtém o valor da carta
79                 face =
80                    Int32.Parse( drawn.Substring(
81                       0, drawn.IndexOf( " " ) ) );
82
83                 switch ( face )
84                 {
85                    // se for ás, incrementa o número de ases na mão
86                    case 1:
87                       aceCount++;
88                       break;
89
90                    // se for valete, dama ou rei, soma 10 ao total
91                    case 11:  case 12:  case 13:
92                       total += 10;
93                       break;
94
95                    // caso contrário, soma o valor da carta
96                    default:
97                       total += face;
98                       break;
99
100                } // fim de switch
101
102             } // fim de foreach
103
104             // se houver ases, calcula o total ótimo
105             if ( aceCount > 0 )
106             {
107                // se for possível contar um ás como 11 e restar
108                // 1 cada, faz isso; caso contrário, conta todos os ases como 1 cada
109                if ( total + 11 + aceCount - 1 <= 21 )
110                   total += 11 + aceCount - 1;
111                else
112                   total += aceCount;
113             }
114
115             return total;
116
117          } // fim do método CountCards
118
119       } // fim da classe BlackjackService
120
121 } // fim do espaço de nomes BlackjackWebService
```

Figura 21.13 Serviço da Web `Blackjack`. (Parte 3 de 3.)

As linhas 24 a 36 definem o método **`DealCard`** como um **`WebMethod`**, com a propriedade ***`EnableSession`*** configurada como **`true`**. Essa propriedade precisa ser configurada como **`true`** para manter as informações da sessão. Esse passo simples proporciona uma vantagem importante para nosso serviço da Web. O serviço da Web pode agora usar um objeto **`HttpSessionState`** (chamado **`Session`**) para manter o maço de cartas de cada aplicativo cliente que queira usar esse serviço da Web (linha 31). Podemos usar **`Session`** para armazenar objetos de um cliente específico, entre chamadas a métodos. Discutimos o estado da sessão em detalhes no Capítulo 20.

Conforme veremos em breve, o método **DealCard** remove uma carta do maço e a entrega para o cliente. Se não estivéssemos usando uma variável de sessão, o maço de cartas precisaria ser repassado com cada chamada a método. O uso do estado da sessão não apenas torna o método mais fácil de chamar (ele agora não exige argumentos), mas também evitamos a sobrecarga que ocorreria na transmissão dessa informação, tornando nosso serviço da Web mais rápido.

Em nossa implementação atual, temos simplesmente métodos que usam variáveis de sessão. O serviço da Web, entretanto, ainda não pode determinar quais variáveis de sessão pertencem a qual usuário. Esse é um ponto importante — se o serviço da Web não consegue identificar exclusivamente um usuário, ele falhou em realizar o acompanhamento de sessão corretamente. Se o mesmo cliente chamasse o método **DealCard** duas vezes, dois maços diferentes seriam manipulados (como se dois usuários diferentes tivessem chamado **DealCard**). Para identificar vários usuários, o serviço da Web cria um cookie para cada um. Infelizmente, o serviço da Web não tem meios de determinar se cookies estão ou não ativados na máquina do cliente. Se o aplicativo cliente quiser usar esse serviço da Web, o cliente deverá aceitar esse cookie em um objeto ***CookieContainer***. Discutiremos isso com mais detalhes em breve, quando examinarmos o aplicativo cliente que usa o serviço da Web **Blackjack**.

O método **DealCard** (linhas 24 a 36) obtém o maço do usuário atual como um ***ArrayList*** do objeto **Session** do serviço da Web (linha 31). Você pode considerar um **ArrayList** como um array dinâmico (isto é, seu tamanho pode mudar em tempo de execução). A classe **ArrayList** será discutida com mais detalhes no Capítulo 23. O método **Add** da classe coloca um objeto no **ArrayList**. Então, o método **DealCard** remove a carta superior do maço (linha 33) e retorna o valor da carta como uma **string** (linha 34).

O método **Shuffle** (linhas 38 a 64) gera uma **ArrayList** representando um maço de cartas, embaralha o maço e armazena as cartas embaralhadas no objeto **Session** do cliente. As linhas 47 a 51 contêm laços **for** para gerar **string**s na forma "**valor naipe**", para representar cada carta possível em um maço. As linhas 54 a 60 embaralham o maço recriado, trocando cada carta por outra no maço. A linha 63 adiciona a **ArrayList** no objeto **Session** para manter o maço entre as chamadas a métodos.

O método **CountCards** (linhas 67 a 117) conta os valores das cartas em uma mão, tentando alcançar a maior soma possível, sem ultrapassar 21. Algumas precauções precisam ser tomadas ao se calcular o valor das cartas, pois um ás poderia ser contado como 1 ou como 11, e todas as cartas de "rosto" (valete, dama, rei) contam como 10.

A string **dealt** é dividida em suas cartas individuais, chamando-se o método de **string Split** e passando a ele um array contendo o caractere de tabulação. O laço **foreach** (linhas 76 a 102) conta o valor de cada carta. As linhas 79 a 81 recuperam o primeiro inteiro — o valor — e usam esse valor como entrada para a instrução **switch**, na linha 83. Se a carta for 1 (um ás), o programa incrementa a variável **aceCount**. Como um ás pode ter dois valores, lógica adicional é exigida para processar ases. Se a carta for um 13, 12 ou 11 (rei, dama ou valete), o programa soma 10 ao total. Se a carta for outra qualquer, o programa aumenta a soma total por esse valor.

Nas linhas 105 a 113, os ases são contados após todas as outras cartas. Se vários ases estão incluídos em uma mão, apenas um pode ser contado como 11 (por exemplo, se dois fossem contados como 11, já teríamos o valor 22 na mão, que é uma mão perdedora). Então, determinamos se podemos contar um ás como 11 sem ultrapassar 21. Se isso for possível, a linha 110 ajusta o total de acordo. Caso contrário, a linha 112 ajusta o total contando cada ás como 1 ponto.

CountCards tenta maximizar o valor das cartas atuais, sem ultrapassar 21. Imagine, por exemplo, que a banca tenha um 7 e, então, receba um ás. O novo total poderia ser 8 ou 18. Entretanto, **CountCards** sempre tenta maximizar o valor das cartas, sem ultrapassar 21, de modo que o novo total é 18.

Agora usaremos o serviço da Web **Blackjack** em um aplicativo Windows chamado **Game** (Figura 21.14). Esse programa usa uma instância de **BlackjackWebService** para representar a banca, chamando seus métodos **DealCard** e **CountCards**. O serviço da Web controla as cartas tanto do jogador como da banca (isto é, todas as cartas que foram distribuídas).

Cada jogador tem 11 **PictureBox**es — o número máximo de cartas que podem ser distribuídas, sem ultrapassar 21. Essas **PictureBox**es são colocadas em uma **ArrayList**, nos permitindo indexar esse elemento para determinar qual **PictureBox** exibe a imagem da carta.

Vimos que o cliente deve fornecer uma maneira de aceitar todos os cookies criados pelo serviço da Web para identificar usuários. A linha 64, no construtor, cria um novo objeto **CookieContainer** para a propriedade **CookieContainer** de **dealer**. A classe **CookieContainer** (definida no espaço de nomes **System.Net**) atua como um espaço de armazenamento para um objeto da classe **HttpCookie**. A criação de **CookieContainer** permite que o serviço da Web mantenha o estado da sessão do cliente atual. Esse elemento **CookieContainer** armazena um **Cookie** com um identificador exclusivo que o servidor poderá usar para reconhecer o cliente quando este fizer requisições futuramente. Como padrão, o **CookieContainer** é **null**, e um novo objeto **Session** é criado pelo Serviço da Web para cada cliente.

```
// Fig. 21.14: Blackjack.cs
// Jogo de vinte-e-um que usa o serviço da Web Blackjack.

using System;
using System.Drawing;
using System.Collections;
using System.ComponentModel;
using System.Windows.Forms;
using System.Data;
using System.Net;

// jogo que usa o serviço da Web Blackjack
public class Blackjack : System.Windows.Forms.Form
{
   private System.Windows.Forms.PictureBox pictureBox1;
   private System.Windows.Forms.PictureBox pictureBox2;
   private System.Windows.Forms.PictureBox pictureBox3;
   private System.Windows.Forms.PictureBox pictureBox4;
   private System.Windows.Forms.PictureBox pictureBox5;
   private System.Windows.Forms.PictureBox pictureBox6;
   private System.Windows.Forms.PictureBox pictureBox7;
   private System.Windows.Forms.PictureBox pictureBox8;
   private System.Windows.Forms.PictureBox pictureBox9;
   private System.Windows.Forms.PictureBox pictureBox10;
   private System.Windows.Forms.PictureBox pictureBox11;
   private System.Windows.Forms.PictureBox pictureBox12;
   private System.Windows.Forms.PictureBox pictureBox13;
   private System.Windows.Forms.PictureBox pictureBox14;
   private System.Windows.Forms.PictureBox pictureBox15;
   private System.Windows.Forms.PictureBox pictureBox16;
   private System.Windows.Forms.PictureBox pictureBox17;
   private System.Windows.Forms.PictureBox pictureBox18;
   private System.Windows.Forms.PictureBox pictureBox19;
   private System.Windows.Forms.PictureBox pictureBox20;
   private System.Windows.Forms.PictureBox pictureBox21;
   private System.Windows.Forms.PictureBox pictureBox22;

   private System.Windows.Forms.Button dealButton;
   private System.Windows.Forms.Button hitButton;
   private System.Windows.Forms.Button stayButton;

   private System.ComponentModel.Container components = null;

   private localhost.BlackjackService dealer;
   private string dealersCards, playersCards;
   private ArrayList cardBoxes;
   private int playerCard, dealerCard;

   // rotulos exibindo o status do jogo, a banca e o jogador
   private System.Windows.Forms.Label dealerLabel;
   private System.Windows.Forms.Label playerLabel;
   private System.Windows.Forms.Label statusLabel;

   public enum GameStatus :
      int { PUSH, LOSE, WIN, BLACKJACK };

   public Blackjack()
   {
      InitializeComponent();
```

Figura 21.14 Jogo de vinte-e-um que usa o serviço da Web `Blackjack`. (Parte 1 de 6.)

```
         dealer = new localhost.BlackjackService();

         // permite o estado da sessão
         dealer.CookieContainer = new CookieContainer();

         cardBoxes = new ArrayList();

         // coloca PictureBoxes em cardBoxes
         cardBoxes.Add( pictureBox1 );
         cardBoxes.Add( pictureBox2 );
         cardBoxes.Add( pictureBox3 );
         cardBoxes.Add( pictureBox4 );
         cardBoxes.Add( pictureBox5 );
         cardBoxes.Add( pictureBox6 );
         cardBoxes.Add( pictureBox7 );
         cardBoxes.Add( pictureBox8 );
         cardBoxes.Add( pictureBox9 );
         cardBoxes.Add( pictureBox10 );
         cardBoxes.Add( pictureBox11 );
         cardBoxes.Add( pictureBox12 );
         cardBoxes.Add( pictureBox13 );
         cardBoxes.Add( pictureBox14 );
         cardBoxes.Add( pictureBox15 );
         cardBoxes.Add( pictureBox16 );
         cardBoxes.Add( pictureBox17 );
         cardBoxes.Add( pictureBox18 );
         cardBoxes.Add( pictureBox19 );
         cardBoxes.Add( pictureBox20 );
         cardBoxes.Add( pictureBox21 );
         cardBoxes.Add( pictureBox22 );

      } // fim do método Blackjack

      // código gerado pelo Visual Studio .NET

      [STAThread]
      static void Main()
      {
         Application.Run( new Blackjack() );

      } // fim de Main

      // distribui cartas para a banca, enquanto o total é
      // menor do que 17 e, em seguida, calcula o valor de cada mão
      // e determina o vencedor
      protected void stayButton_Click(
         object sender, System.EventArgs e )
      {
         stayButton.Enabled = false;
         hitButton.Enabled = false;
         dealButton.Enabled = true;
         DealerPlay();
      }

      // processa a vez da banca
      private void DealerPlay()
      {
         // enquanto o valor (soma) da mão da banca está abaixo de 17,
```

Figura 21.14 Jogo de vinte-e-um que usa o serviço da Web Blackjack. (Parte 2 de 6.)

```
      // ela deve pegar cartas
      while ( dealer.CountCards( dealersCards ) < 17 )
      {
         dealersCards += "\t" + dealer.DealCard();
         DisplayCard( dealerCard, "" );
         dealerCard++;
         MessageBox.Show( "Dealer takes a card" );
      }

      int dealersTotal = dealer.CountCards( dealersCards );
      int playersTotal = dealer.CountCards( playersCards );

      // se a banca estourou, o jogador ganha
      if ( dealersTotal > 21 )
      {
         GameOver( GameStatus.WIN );
         return;
      }

      // se a banca e o jogador não ultrapassaram 21,
      // a soma mais alta vence; somas iguais são um empate.
      if ( dealersTotal > playersTotal )
         GameOver( GameStatus.LOSE );
      else if ( playersTotal > dealersTotal )
         GameOver( GameStatus.WIN );
      else
         GameOver( GameStatus.PUSH );

   } // fim do método DealerPlay

   // distribui outra carta para o jogador
   protected void hitButton_Click(
      object sender, System.EventArgs e )
   {
      // obtém outra carta do jogador
      string card = dealer.DealCard();
      playersCards += "\t" + card;
      DisplayCard( playerCard, card );
      playerCard++;

      int total = dealer.CountCards( playersCards );

      // se o jogador ultrapassar 21, a banca vence
      if ( total > 21 )
         GameOver( GameStatus.LOSE );

      // se o jogador tiver 21, ele não pode pegar mais cartas
      // a banca joga
      if ( total == 21 )
      {
         hitButton.Enabled = false;
         DealerPlay();
      }

   } // fim do método hitButton_Click

   // distribui duas cartas para a banca e para o jogador
   protected void dealButton_Click(
      object sender, System.EventArgs e )
```

Figura 21.14 Jogo de vinte-e-um que usa o serviço da Web `Blackjack`. (Parte 3 de 6.)

```
   {
      string card;

      // limpa as imagens de carta
      foreach ( PictureBox cardImage in cardBoxes )
         cardImage.Image = null;

      // limpa o status do jogo anterior
      statusLabel.Text = "";

      // embaralha as cartas
      dealer.Shuffle();

      // distribui duas cartas para o jogador
      playersCards = dealer.DealCard();
      DisplayCard( 11, playersCards );
      card = dealer.DealCard();
      DisplayCard( 12, card );
      playersCards += "\t" + card;

      // distribui duas cartas para a banca, exibe apenas a face
      // da primeira carta
      dealersCards = dealer.DealCard() ;
      DisplayCard( 0, dealersCards );
      card = dealer.DealCard();
      DisplayCard( 1, "" );
      dealersCards += "\t" + card;

      stayButton.Enabled = true;
      hitButton.Enabled = true;
      dealButton.Enabled = false;

      int dealersTotal = dealer.CountCards( dealersCards );
      int playersTotal = dealer.CountCards( playersCards );

      // se as mãos são iguais a 21, é um empate
      if ( dealersTotal == playersTotal &&
         dealersTotal == 21 )
         GameOver( GameStatus.PUSH );

      // se o jogador tiver 21, ele ganha com vinte-e-um
      else if ( playersTotal == 21 )
         GameOver( GameStatus.BLACKJACK );

      // se a banca tiver 21, ela vence
      else if ( dealersTotal == 21 )
         GameOver( GameStatus.LOSE );

      dealerCard = 2;
      playerCard = 13;

   } // fim do método dealButton_Click

   // exibe a carta representada por cardValue em
   // PictureBox com carta numérica
   public void DisplayCard( int card, string cardValue )
   {
      // recupera o objeto PictureBox apropriado de ArrayList
      PictureBox displayBox = ( PictureBox ) cardBoxes[ card ];
```

Figura 21.14 Jogo de vinte-e-um que usa o serviço da Web Blackjack. (Parte 4 de 6.)

```

      // se a string representando a carta estiver vazia,
      // configura displayBox para exibir as costas da carta
      if ( cardValue == "" )
      {
         displayBox.Image =
            Image.FromFile( "blackjack_images\\cardback.png" );
         return;
      }

      // recupera o valor da carta, de cardValue
      int faceNumber = Int32.Parse( cardValue.Substring( 0,
         cardValue.IndexOf( " " ) ) );

      string face = faceNumber.ToString();

      // recupera o naipe da carta, de cardValue
      string suit = cardValue.Substring(
         cardValue.IndexOf( " " ) + 1 );

      char suitLetter;

      // determina se o naipe é diferente de paus
      switch ( Convert.ToInt32( suit ) )
      {
         // o naipe é paus
         case 0:
            suitLetter = 'c';
            break;

         // o naipe é ouros
         case 1:
            suitLetter = 'd';
            break;

         // o naipe é copas
         case 2:
            suitLetter = 'h';
            break;

         // senão, o naipe é espadas
         default:
            suitLetter = 's';
            break;
      }

      // configura displayBox para exibir a imagem apropriada
      displayBox.Image = Image.FromFile(
         "blackjack_images\\" + face + suitLetter + ".png" );

   } // fim do método DisplayCard

   // exibe todas as cartas do jogador e mostra
   // a mensagem de status do jogo apropriada
   public void GameOver( GameStatus winner )
   {
      char[] tab = { '\t' };
      string[] cards = dealersCards.Split( tab );

```

Figura 21.14 Jogo de vinte-e-um que usa o serviço da Web `Blackjack`. (Parte 5 de 6.)

```
        for ( int i = 0; i < cards.Length; i++ )
           DisplayCard(  i, cards[ i ] );

        // empate
        if ( winner == GameStatus.PUSH )
           statusLabel.Text = "It's a tie!";

        // o jogador perde
        else if ( winner == GameStatus.LOSE )
           statusLabel.Text = "You Lose Try Again!";

        // o jogador vence
        else if ( winner == GameStatus.WIN )
           statusLabel.Text = "You Win!";

        // o jogador ganhou com vinte-e-um
        else
           statusLabel.Text = "BlackJack!";

        stayButton.Enabled = false;
        hitButton.Enabled = false;
        dealButton.Enabled = true;

     }  // fim do método GameOver

  }  // fim da classe Blackjack
```

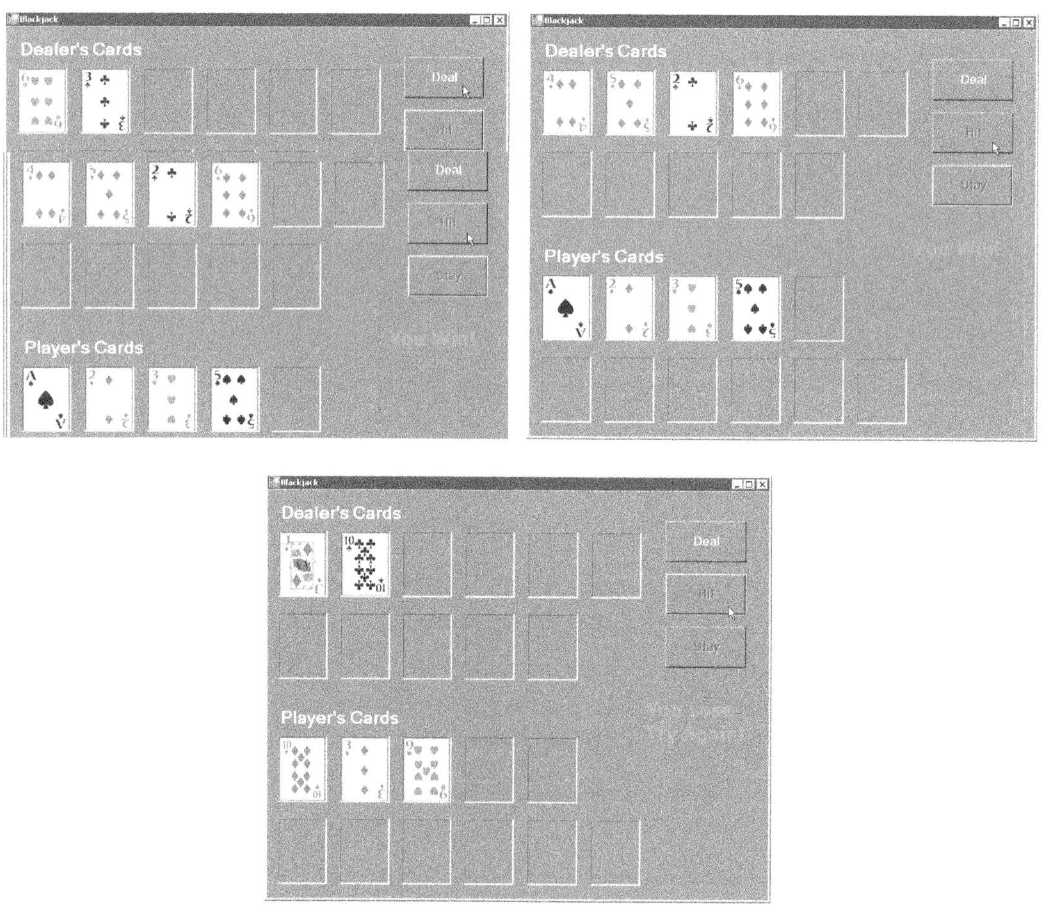

Figura 21.14 Jogo de vinte-e-um que usa o serviço da Web `Blackjack`. (Parte 6 de 6.)

O método **GameOver** (linhas 291 a 319) exibe todas as cartas da banca (muitas das quais têm a face voltada para baixo durante o jogo) e mostra a mensagem apropriada na **PictureBox** de status. O método **GameOver** recebe como argumento um membro da enumeração **GameStatus** (definida nas linhas 54 e 55). A enumeração mostra se o jogador empatou, perdeu ou ganhou o jogo; seus quatro membros são: **PUSH**, **LOSE**, **WIN** e **BLACKJACK**.

Quando o jogador clica no botão **Deal** (no manipulador de evento das linhas 176 a 229), todas as **PictureBox**es são limpas, o maço é embaralhado e o jogador e a banca recebem duas cartas cada um. Se ambos obtêm somas iguais a 21, o método **GameOver** é chamado e é passado **GameStatus.PUSH**. Se o jogador tiver 21, **GameOver** é chamado e é passado **GameStatus.BLACKJACK**. Finalmente, se apenas a banca tiver 21, o método **GameOver** é chamado e é passado **GameStatus.LOSE**.

Se **GameOver** não for chamado, o jogador poderá pegar mais cartas, clicando no botão **Hit** (no manipulador de evento das linhas 150 a 173). Sempre que o jogador clica em **Hit**, ele recebe uma carta, a qual é exibida na GUI. Se o jogador ultrapassar 21, o jogo termina e ele perde. Se o jogador tiver exatamente 21, ele não poderá pegar mais cartas.

Os jogadores podem clicar no botão **Stay** para indicar que não desejam correr riscos recebendo outra carta. No manipulador desse evento (linhas 106 a 113), todos os três botões são desativados, e o método **DealerPlay** é chamado. Esse método (linhas 116 a 147) faz a banca ficar pegando cartas até que sua mão seja 17 ou mais. Se a mão da banca ultrapassar 21, o jogador ganha; caso contrário, os valores das mãos são comparados, e **GameOver** é chamado com o argumento apropriado.

O método **DisplayCard** (linhas 233 a 287) recupera a imagem da carta apropriada. Ele recebe como argumentos um inteiro representando o índice da **PictureBox** na **ArrayList** que deve ter sua imagem configurada e uma **string** representando a carta. Uma **string** vazia indica que queremos exibir uma carta fechada; caso contrário, o programa extrai o valor e o naipe da **string** e usa essa informação para localizar a imagem correta. A instrução **switch** (linhas 260 a 281) converte o número que representa o naipe em um inteiro e atribui o caractere apropriado a **suitLetter** assim: **c** para paus (Clubs), **d** para ouros (Diamonds), **h** para copas (Hearts) e **s** para espadas (Spades). O caractere **suitLetter** completa o nome de arquivo da imagem.

21.6 Usando formulários Web e serviços da Web

Nos exemplos anteriores acessamos serviços da Web a partir de aplicativos Windows. Entretanto, podemos usá-los com a mesma facilidade em aplicativos Web. Como as empresas baseadas na Web estão se tornando cada vez mais predominantes, freqüentemente é mais prático para os programadores projetar serviços da Web como parte de aplicativos da Web. A Figura 21.15 apresenta um serviço da Web de reserva de passagens aéreas que recebe informações a respeito do tipo de assento que o cliente deseja reservar e então faz uma reserva se tal assento estiver disponível.

O serviço da Web de reserva de passagens aéreas tem um único **WebMethod** — **Reserve** (linhas 36 a 85) —, que pesquisa seu banco de dados de assentos para localizar um assento correspondente à requisição do usuário. Se encontrar um assento apropriado, **Reserve** atualiza o banco de dados, faz a reserva e retorna **true**; caso contrário, nenhuma reserva é feita, e o método retorna **false**.

```
1  // Fig. 21.15: Reservation.asmx.cs
2  // Serviço da Web de reserva de passagens aéreas.
3
4  using System;
5  using System.Data;
```

Figura 21.15 Serviço da Web de reserva de passagens aéreas[4]. (Parte 1 de 3.)

4. Esse exemplo exige que o caminho do banco de dados de passagens seja alterado, para ficar de acordo com o caminho em que esse arquivo, **tickets.mdb**, foi efetivamente colocado. Para fazer isso rapidamente antes de abrir o projeto no Visual Studio abra o arquivo **Reservation.asmx.cs** em um editor de texto e altere o parâmetro Source da linha que começa com

this.oleDbConnection1.ConnectionString =

de maneira que ele aponte para a localização do arquivo **tickets.mdb**.

Outra alternativa é localizar a **ConnectionString** no arquivo **Reservation.asmx.cs** dentro do Visual Studio e alterá-la. Nesse caso, porém, pode ser necessário marcar a opção **Search hidden text** da caixa **Find**, para que a busca tenha sucesso. (N.R.T.)

```
using System.Diagnostics;
using System.Web;
using System.Web.Services;
using System.Data.OleDb;

namespace AirlineReservation
{
   // efetua a reserva de um assento
   [ WebService( Namespace = "http://www.deitel.com/csphtp1/ch21/",
      Description = "Service that enables a user to " +
      "reserve a seat on a plane." ) ]
   public class Reservation : System.Web.Services.WebService
   {
      private System.Data.OleDb.OleDbCommand
         oleDbSelectCommand1;
      private System.Data.OleDb.OleDbCommand
         oleDbInsertCommand1;
      private System.Data.OleDb.OleDbCommand
         oleDbUpdateCommand1;
      private System.Data.OleDb.OleDbCommand
         oleDbDeleteCommand1;
      private System.Data.OleDb.OleDbConnection
         oleDbConnection1;
      private System.Data.OleDb.OleDbDataAdapter
         oleDbDataAdapter1;

      // código gerado pelo Visual Studio .NET

      // verifica o banco de dados para determinar se
      // um assento correspondente está disponível
      [ WebMethod ( Description = "Method to reserve seat." ) ]
      public bool Reserve( string seatType, string classType )
      {
         OleDbDataReader dataReader;

      // experimenta a conexão com o banco de dados
         try
         {
            // abre a conexão com o banco de dados
            oleDbConnection1.Open();

            // configura e executa a consulta SQL
            oleDbDataAdapter1.SelectCommand.CommandText =
               "SELECT Number FROM Seats WHERE Type = '" +
               seatType + "' AND Class = '" + classType +
               "' AND Taken = '0'" ;
            dataReader =
               oleDbDataAdapter1.SelectCommand.ExecuteReader();

            // se houve resultados, o assento está disponível
            if ( dataReader.Read() )
            {
               string seatNumber = dataReader.GetString( 0 );

               dataReader.Close();

               // atualiza o primeiro assento disponível a ser ocupado
```

Figura 21.15 Serviço da Web de reserva de passagens aéreas. (Parte 2 de 3.)

```
63                   oleDbDataAdapter1.UpdateCommand.CommandText =
64                      "Update Seats Set Taken = '1' WHERE Number = '"
65                      + seatNumber + "'";
66                   oleDbDataAdapter1.UpdateCommand.ExecuteNonQuery();
67
68                   return true;
69
70                } // fim do if
71                dataReader.Close();
72             }
73             catch ( OleDbException ) // se houver problema de conexão
74             {
75                return false;
76             }
77             finally
78             {
79                oleDbConnection1.Close();
80             }
81
82             // nenhum assento foi reservado
83             return false;
84
85          } // fim do método Reserve
86
87       } // fim da classe Reservation
88
89    } // fim do espaço de nomes AirlineReservation
```

Figura 21.15 Serviço da Web de reserva de passagens aéreas. (Parte 3 de 3.)

`Reserve` recebe dois argumentos: uma **`string`** representando o tipo de assento desejado (as opções são janela, central ou corredor) e uma **`string`** representando o tipo de classe desejado (as opções são econômica ou primeira classe). Nosso banco de dados contém quatro colunas: o número do assento, o tipo de assento, o tipo de classe e uma coluna contendo 0 ou 1 para indicar se o assento está ocupado. As linhas 48 a 51 definem um comando SQL que recupera o número de assentos disponíveis correspondentes aos tipos de assento e de classe solicitados. A instrução das linhas 52 e 53 executa a consulta. Se o resultado da consulta não for vazio, o aplicativo reserva o primeiro número de assento retornado pela consulta. O banco de dados é atualizado com um comando **`UPDATE`** e **`Reserve`** retorna **`true`**, indicando que a reserva foi feita. Se o resultado da consulta **`SELECT`** não obtiver sucesso, **`Reserve`** retornará **`false`**, indicando que nenhum assento disponível corresponde à requisição.

Apresentamos um serviço da Web no modo de visualização de projeto (Figura 21.7) e explicamos que esse modo de visualização permite ao programador adicionar controles em um serviço da Web. Em nosso serviço da Web de reserva de passagens aéreas (Figura 21.15) usamos vários controles de dados. A Figura 21.17 mostra esses controles no modo de visualização de projeto. Note que é mais fácil soltar esses controles em nosso serviço da Web usando a **Toolbox** do que digitar o código equivalente.

A Figura 21.17 apresenta a listagem ASPX do formulário Web por meio do qual os usuários podem selecionar tipos de assento. Essa página permite ao usuário reservar um assento de acordo com sua classe e localização em uma fila de assentos. Então, a página usa o serviço da Web de reserva de passagens aéreas para transmitir a requisição do usuário. Se a requisição ao banco de dados não tiver êxito, o usuário é instruído a modificá-lo e tentar novamente.

A página da Figura 21.16 define duas **`DropDownList`**s e um **`Button`**. Uma **`DropDownList`** exibe todos os tipos de assento que os usuários podem selecionar. **`Button`** relaciona as opções do tipo de classe. Os usuários clicam no **`Button`** chamado **`reserveButton`** para enviar as requisições, após fazer seleções nas **`DropDownList`**s. O arquivo de código de retaguarda (Figura 21.18) anexa um manipulador de evento para esse botão.

As linhas 30 e 31 criam um objeto **`Reservation`**. Quando o usuário clica em **Reserve**, o manipulador de evento **`reserveButton_Click`** é executado e a página é recarregada. O manipulador de evento (linhas 48 a 63) chama o método **`Reserve`** do serviço da Web e passa a ele o assento e os tipos de classe selecionados, como argumentos. Se **`Reserve`** retornar **`true`**, o aplicativo exibirá uma mensagem agradecendo o usuário por fazer a reserva; caso contrário, o usuário será notificado de que o tipo de assento solicitado não está disponível e será instruído a tentar novamente.

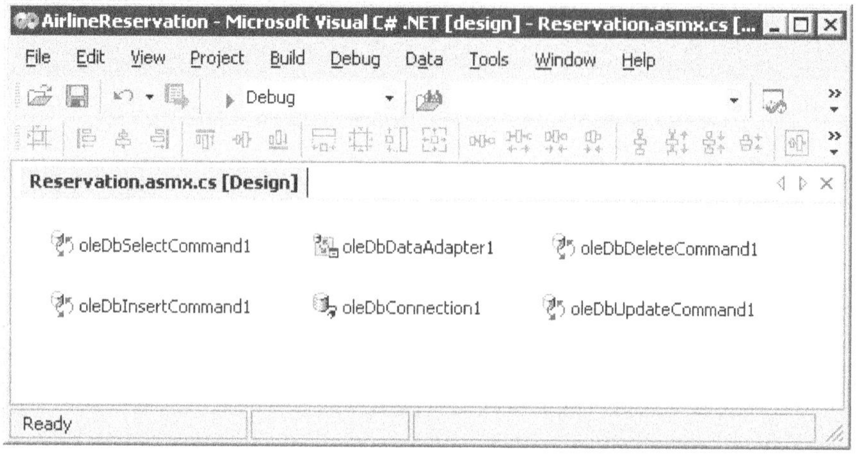

Figura 21.16 Serviço da Web de reserva de passagens aéreas no modo de visualização de projeto.

```
<%-- Fig. 21.17: TicketReservation.aspx                          --%>
<%-- Um Web Form para permitir que os usuários selecionem o tipo de assento --%>
<%-- que desejam reservar.                                        --%>

<%@ Page language="c#" Codebehind="TicketReservation.aspx.cs"
   AutoEventWireup="false"
   Inherits="MakeReservation.TicketReservation" %>

<!DOCTYPE HTML PUBLIC "-//W3C//DTD HTML 4.0 Transitional//EN" >
<HTML>
   <HEAD>
      <meta name="GENERATOR" Content="Microsoft Visual Studio 7.0">
      <meta name="CODE_LANGUAGE" Content="C#">
      <meta name="vs_defaultClientScript"
         content="JavaScript (ECMAScript)">
      <meta name="vs_targetSchema"
         content="http://schemas.microsoft.com/intellisense/ie5">
   </HEAD>
   <body MS_POSITIONING="GridLayout">

      <form id="MakeReservation" method="post" runat="server">

         <asp:DropDownList id="seatList" style="Z-INDEX: 101;
            LEFT: 16px; POSITION: absolute; TOP: 43px"
            runat="server" Width="105px" Height="22px">

            <asp:ListItem Value="Aisle">Aisle</asp:ListItem>
            <asp:ListItem Value="Middle">Middle</asp:ListItem>
            <asp:ListItem Value="Window">Window</asp:ListItem>

         </asp:DropDownList>

         <asp:DropDownList id="classList" style="Z-INDEX: 102;
            LEFT: 145px; POSITION: absolute; TOP: 43px"
            runat="server" Width="98px" Height="22px">

            <asp:ListItem Value="Economy">Economy</asp:ListItem>
```

Figura 21.17 Arquivo ASPX que pega informações de reserva. (Parte 1 de 2.)

```
               <asp:ListItem Value="First">First</asp:ListItem>

            </asp:DropDownList>

            <asp:Button id="reserveButton" style="Z-INDEX: 103;
               LEFT: 21px; POSITION: absolute; TOP: 83px" runat="server"
               Text="Reserve">
            </asp:Button>

            <asp:Label id="Label1" style="Z-INDEX: 104;
               LEFT: 17px; POSITION: absolute; TOP: 13px"
               runat="server">Please selecione the type of seat and
               class you wish to reserve:
            </asp:Label>

         </form>
      </body>
   </HTML>
```

Figura 21.17 Arquivo ASPX que pega informações de reserva. (Parte 2 de 2.)

```
// Fig. 21.18: TicketReservation.aspx.cs
// Fazendo uma reserva com um serviço da Web.

using System;
using System.Collections;
using System.ComponentModel;
using System.Data;
using System.Drawing;
using System.Web;
using System.Web.SessionState;
using System.Web.UI;
using System.Web.UI.WebControls;
using System.Web.UI.HtmlControls;

namespace MakeReservation
{
   // permite que os visitantes selecionem o tipo de assento a ser reservado
   // e então faz a reserva
   public class TicketReservation : System.Web.UI.Page
   {
      protected System.Web.UI.WebControls.DropDownList
         seatList;
      protected System.Web.UI.WebControls.DropDownList
         classList;

      protected System.Web.UI.WebControls.Button
         reserveButton;
      protected System.Web.UI.WebControls.Label Label1;

      private localhost.Reservation agent =
         new localhost.Reservation();

      private void Page_Load(
         object sender, System.EventArgs e )
      {
```

Figura 21.18 Arquivo de código de retaguarda da página de reservas. (Parte 1 de 2.)

```
         if ( IsPostBack )
         {
            seatList.Visible = false;
            classList.Visible = false;
            reserveButton.Visible = false;
            Label1.Visible = false;
         }
      }

      // código gerado pelo Visual Studio .NET

      // chama serviço da Web para tentar reservar o assento especificado
      public void reserveButton_Click (
         object sender, System.EventArgs e )
      {
         // se o método de serviço da Web retornou true, sinaliza êxito
         if ( agent.Reserve( seatList.SelectedItem.Text,
            classList.SelectedItem.Text ) )
            Response.Write( "Your reservation has been made."
               + "  Thank you." );

         // o método de serviço da Web retornou false; portanto, sinaliza falha
         else
            Response.Write( "This seat is not available, " +
               "please hit the back button on your browser " +
               "and try again." );

      } // fim do método reserveButton_Click

   } // fim da classe TicketReservation

} // fim do espaço de nomes MakeReservation
```

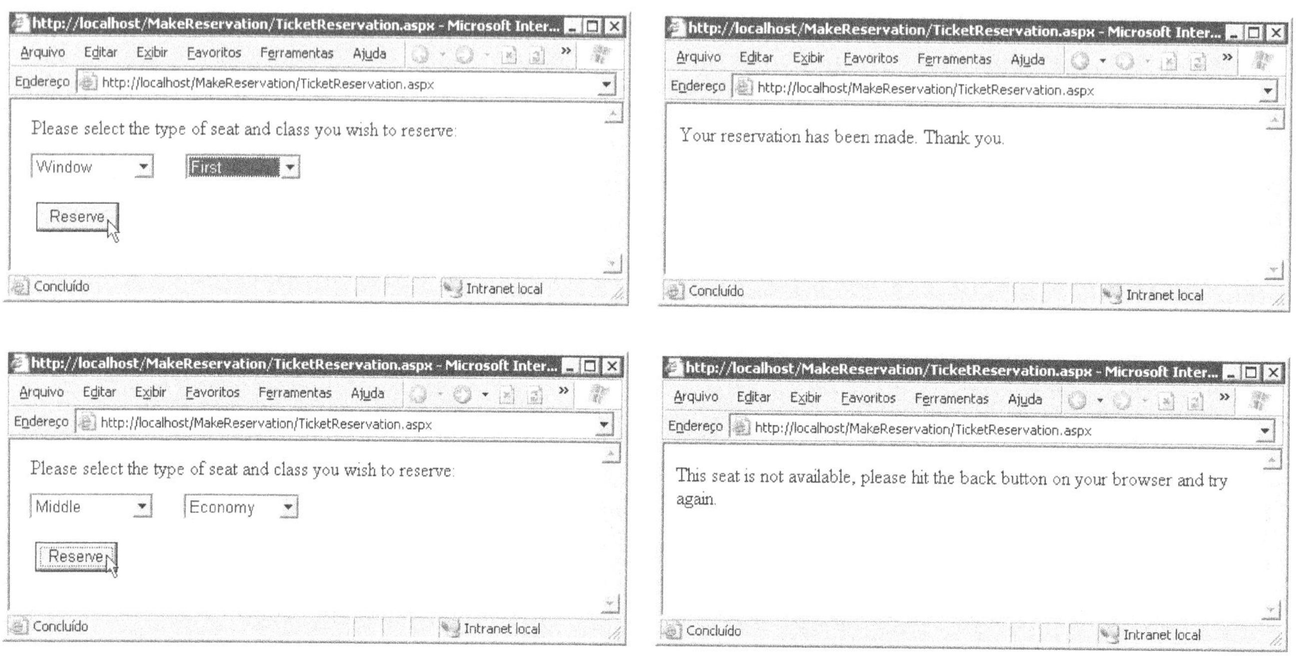

Figura 21.18 Arquivo de código de retaguarda da página de reservas. (Parte 2 de 2.)

21.7 Estudo de caso: aplicativo de informações de temperaturas

Esse estudo de caso discute um serviço da Web que apresenta previsões climáticas para várias cidades nos Estados Unidos e um aplicativo de janelas que emprega o serviço da Web. O serviço da Web usa recursos de rede para mostrar as previsões; ele analisa uma página da Web contendo as informações solicitadas e, em seguida, extrai dados de previsão climática.

Primeiramente, apresentaremos o serviço da Web **TemperatureServer**, na Figura 21.19. Esse serviço da Web lê uma página Web e reúne informações sobre a temperatura e as condições climáticas para diversas cidades norte-americanas. [*Nota:* na época em que este livro estava sendo revisado, esse programa funcionava da maneira que descrevemos. Entretanto, se mudanças forem feitas na página Web a partir da qual o programa recupera dados, ele poderá funcionar de modo diferente ou nem mesmo funcionar. Para atualizações, consulte nosso site Web, no endereço **www.deitel.com**.]

```
// Fig. 21.19: TemperatureServer.asmx.cs
// Serviço da Web TemperatureServer, que extrai informações
// climáticas de uma página Web.

using System;
using System.Collections;
using System.ComponentModel;
using System.Data;
using System.Diagnostics;
using System.Web;
using System.Web.Services;
using System.IO;
using System.Net;

namespace TemperatureWebService
{
   [ WebService( Namespace = "http://www.deitel.com/csphtp1/ch21/",
      Description = "A Web service that provides information " +
      "from the National Weather Service." ) ]
   public class TemperatureServer :
      System.Web.Services.WebService
   {
      // código gerado pelo Visual Studio .NET

      [ WebMethod( EnableSession = true, Description =
         "Method to read information from the weather service." ) ]
      public void UpdateWeatherConditions()
      {
         // cria WebClient para obter acesso à página Web
         WebClient myClient = new WebClient();
         ArrayList cityList = new ArrayList();

         // obtém StreamReader para resposta, para que possamos ler a página
            StreamReader input = new StreamReader(
               myClient.OpenRead(
               "http://iwin.nws.noaa.gov/iwin/us/" +
               "traveler.html" ) );

            string separator = "TAV12";

            // localiza a primeira linha horizontal na página Web
            while ( !input.ReadLine().StartsWith(
```

Figura 21.19 Serviço da Web `TemperatureServer`. (Parte 1 de 3.)

```
            separator ) ) ; // não faz nada

            // formato para dia e formato para noite
            string dayFormat =
               "CITY            WEA     HI/LO   WEA     " +
               "HI/LO";
            string nightFormat =
               "CITY            WEA     LO/HI   WEA     " +
               "LO/HI";
            string inputLine = "";

         // localiza cabeçalho que inicia as informações climáticas
         do
         {
            inputLine = input.ReadLine();
         } while ( !inputLine.Equals( dayFormat ) &&
            !inputLine.Equals( nightFormat ) );

         // obtém os dados da primeira cidade
         inputLine = input.ReadLine();

         while ( inputLine.Length > 28 )
         {
            // cria objeto CityWeather para a cidade
            CityWeather weather = new CityWeather(
               inputLine.Substring( 0, 16 ),
               inputLine.Substring( 16, 7 ),
               inputLine.Substring( 23, 7 ) );

               // adiciona em List
               cityList.Add( weather );

               // obtém os dados da próxima cidade
               inputLine = input.ReadLine();
         }

            // fecha a conexão com servidor do NWS
            input.Close();

            // adiciona a lista de cidades na sessão do usuário
            Session.Add( "cityList", cityList );

      } // fim de UpdateWeatherConditions

      // obtém os nomes de todas as cidades
      [ WebMethod( EnableSession = true, Description =
         "Method to retrieve a list of cities." ) ]
      public string[] Cities()
      {
         ArrayList cityList = ( ArrayList ) Session[ "cityList" ];
         string[] cities= new string[ cityList.Count ];

         // recupera nomes das cidades
         for ( int i = 0; i < cityList.Count; i++ )
         {
            CityWeather weather = ( CityWeather ) cityList[ i ];

```

Figura 21.19 Serviço da Web TemperatureServer. (Parte 2 de 3.)

```
100               cities[ i ] = weather.CityName;
101            }
102
103            return cities;
104
105         } // fim do método Cities
106
107         // obtém as descrições de todas as cidades
108         [ WebMethod( EnableSession = true, Description = "Method" +
109            " to retrieve weather descriptions for a " +
110            "list of cities." )]
111         public string[] Descriptions()
112         {
113            ArrayList cityList = ( ArrayList ) Session[ "cityList" ];
114            string[] descriptions= new string[ cityList.Count ];
115
116            // recupera descrições do clima para todas as cidades
117            for ( int i = 0; i < cityList.Count; i++ )
118            {
119               CityWeather weather = ( CityWeather )cityList[ i ];
120
121               descriptions [ i ] = weather.Description;
122            }
123
124            return descriptions;
125
126         } // fim do método Descriptions
127
128         // obtém a temperatura de cada cidade
129         [ WebMethod( EnableSession = true, Description = "Method " +
130            "to retrieve the temperature for a list of cities." ) ]
131         public string[] Temperatures()
132         {
133            ArrayList cityList = ( ArrayList ) Session[ "cityList" ];
134            string[] temperatures= new string[ cityList.Count ];
135
136            // recupera a temperatura de todas as cidades
137            for ( int i = 0; i < cityList.Count; i++ )
138            {
139               CityWeather weather = ( CityWeather )cityList[ i ];
140               temperatures[ i ] = weather.Temperature;
141            }
142
143            return temperatures;
144
145         } // fim do método Temperatures
146
147      } // fim da classe TemperatureServer
148
149   } // fim do espaço de nomes TemperatureWebService
```

Figura 21.19 Serviço da Web `TemperatureServer`. (Parte 3 de 3.)

O método **`UpdateWeatherConditions`**, que reúne dados climáticos de uma página Web, é o primeiro **`WebMethod`** que um cliente deve chamar do serviço da Web. O serviço também fornece os **`WebMethods Cities`**, **`Descriptions`** e **`Temperatures`**, que retornam diferentes tipos de informações relacionadas à previsão.

Quando **`UpdateWeatherConditions`** (linhas 25 a 85) é chamado, o método se conecta com um site Web contendo as previsões meteorológicas do NWS (National Weather Service — serviço nacional do tempo dos Estados Unidos). A linha 30 cria um objeto ***WebClient***, que usamos porque a classe **WebClient** é projetada para interação com uma fonte especificada por um URL. Nesse caso o URL da página NWS é **http://iwin.nws.noaa.gov/iwin/us/traveler.html**. As linhas 34 a 37 chamam o método ***OpenRead*** de **WebClient**; o método recupera um objeto **Stream** do URL que contém as informações climáticas e, em seguida, usa esse objeto **Stream** para criar um objeto **StreamReader**. Usando um objeto **StreamReader**, o programa pode ler a marcação HTML da página Web linha por linha.

A seção da página Web em que estamos interessados começa com a **string** "**TAV12**". Portanto, as linhas 42 e 43 lêem a marcação HTML uma linha por vez, até que essa string seja encontrada. Uma vez encontrada a string "**TAV12**", a estrutura **do/while** (linhas 55 a 59) continua a ler a página, uma linha por vez, até encontrar a linha de cabeçalho (isto é, a linha no início da tabela de previsão). Essa linha começa com **dayFormat**, indicando formato diurno, ou **nightFormat**, indicando formato noturno. Como a linha poderia estar em um dos dois formatos, a estrutura verifica ambos. A linha 62 lê a próxima linha da página, que é a primeira linha contendo informações de temperatura.

A estrutura **while** (linhas 64 a 77) cria um novo objeto **CityWeather** para representar a cidade atual. Ela analisa a **string** que contém os dados climáticos atuais, separando o nome da cidade, a condição climática e a temperatura. O objeto **CityWeather** é adicionado em **cityList** (um objeto **ArrayList** que contém uma lista das cidades, suas descrições e suas temperaturas atuais); então, a linha seguinte da página é lida e armazenada em **inputLine** para a próxima iteração. Esse processo continua até que o comprimento da **string** lida da página Web seja menor ou igual a **28**. Isso sinaliza o final da seção de temperatura. A linha 83 adiciona o objeto **ArrayList cityList** no objeto **Session**, para que os valores sejam mantidos entre as chamadas a métodos.

O método **Cities** (linhas 88 a 105) cria um array de **string**s que pode conter tantos elementos **string** quantos elementos houver em **cityList**. A linha 92 obtém a lista de cidades do objeto **Session**. As linhas 96 a 101 fazem a iteração por cada objeto **CityWeather** em **cityList** e inserem o nome da cidade no array, que é retornado na linha 103. Os métodos **Descriptions** (linhas 108 a 126) e **Temperatures** (linhas 129 a 145) se comportam de maneira semelhante, exceto que retornam descrições do clima e temperaturas, respectivamente.

A Figura 21.20 contém a listagem do código da classe **CityWeather**. O construtor recebe três argumentos: o nome da cidade, a descrição do clima e a temperatura atual. A classe fornece as propriedades somente de leitura **CityName**, **Temperature** e **Description**, de modo que esses valores podem ser recuperados pelo serviço da Web.

```
// Fig. 21.20: CityWeather.cs
// Classe representando as informações climáticas de uma cidade.

using System;

namespace TemperatureWebService
{
   public class CityWeather
   {
      private string cityName;
      private string temperature;
      private string description;

      public CityWeather(
         string city, string information, string degrees )
      {
         cityName = city;
         description = information;
         temperature = degrees;
      }

      // nome da cidade
      public string CityName
      {
         get
```

Figura 21.20 Classe que armazena informações climáticas sobre uma cidade. (Parte 1 de 2.)

```
         {
            return cityName;
         }
      }

      // temperatura da cidade
      public string Temperature
      {
         get
         {
            return temperature;
         }
      }

      // descrição da previsão
      public string Description
      {
         get
         {
            return description;
         }
      }

   } // fim da classe CityWeather
} // fim do espaço de nomes TemperatureWebService
```

Figura 21.20 Classe que armazena informações climáticas sobre uma cidade. (Parte 2 de 2.)

O aplicativo Windows da Figura 21.21 usa o serviço da Web **TemperatureServer** para exibir informações climáticas em um formato amigável para o usuário.

TemperatureClient (Figura 21.21) é um aplicativo Windows que usa o serviço da Web **TemperatureServer** para exibir informações climáticas de maneira gráfica e fácil de ler. O aplicativo consiste em 36 **Label**s, que são colocados em duas colunas. Cada **Label** exibe as informações climáticas de uma cidade diferente.

As linhas 60 a 63 do construtor instanciam um objeto **TemperatureServer**, criam um novo objeto **CookieContainer** e atualizam os dados climáticos, chamando o método **UpdateWeatherConditions**. As linhas 65 a 67 chamam os métodos **Cities**, **Descriptions** e **Temperatures** de **TemperatureServer**, para recuperar o clima da cidade e as informações de descrição. Como o aplicativo apresenta dados climáticos para muitas cidades, devemos estabelecer uma maneira de organizar as informações nos **Label**s e garantir que cada descrição de clima seja acompanhada por uma imagem apropriada. Para tratar desses problemas, o programa usa a classe **Hashtable** (discutida no Capítulo 23) para armazenar todos os **Label**s, as descrições climáticas e os nomes de suas imagens correspondentes. Um objeto **Hashtable** armazena pares chave-valor, nos quais a chave e o valor podem ser qualquer tipo de objeto. O método **Add** adiciona pares chave-valor em um objeto **Hashtable**. A classe também fornece um indexador para retornar o valor da chave em que o objeto **Hashtable** está indexado. A linha 75 cria um objeto **Hashtable**, e as linhas 76 a 109 adicionam os **Label**s nesse objeto usando os números **1** a **36** como chaves. Então, a linha 113 cria um segundo objeto **Hashtable** (**weather**) para conter pares de condições climáticas e as imagens associadas a essas condições. Note que determinada descrição climática não corresponde necessariamente ao nome do arquivo PNG que contém a imagem correta. Por exemplo, as condições climáticas "**TSTRMS**" e "**RAIN**" usam o arquivo **rain.png**.

As linhas 137 a 157 configuram cada **Label** de modo que contenha um nome de cidade, a temperatura atual na cidade e uma imagem correspondente à condição climática para ela. A linha 140 usa o indexador **Hashtable** para recuperar o próximo **Label**, passando como argumento o valor atual de **i**, mais **1**. Somamos **1** porque o indexador **Hashtable** começa em 0, a despeito do fato de que os rótulos e as chaves de **Hashtable** sejam numerados de 1 a 36.

As linhas 145 e 146 configuram a imagem do **Label** como a imagem PNG correspondente à condição climática da cidade. O aplicativo faz isso recuperando o nome da imagem PNG de **weather Hashtable**. O programa elimina todos os espaços na **string** de descrição chamando o método **string Trim**. As linhas 150 a 156 configuram várias propriedades dos **Label**s para obter o efeito visual visto na saída. Para cada rótulo, especificamos uma imagem de fundo azul e preta (linha 150). As linhas 155 e 156 configuram o texto de cada rótulo de modo que ele apresente as informações corretas para cada cidade (isto é, o nome e a temperatura da cidade).

```
1  // Fig. 21.21: Client.cs
2  // Classe que exibe informações climáticas que recebe
3  // de um serviço da Web.
4
5  using System;
6  using System.Drawing;
7  using System.Collections;
8  using System.ComponentModel;
9  using System.Windows.Forms;
10 using System.Net;
11
12 namespace TemperatureClient
13 {
14    public class Client : System.Windows.Forms.Form
15    {
16       private System.Windows.Forms.Label label1;
17       private System.Windows.Forms.Label label2;
18       private System.Windows.Forms.Label label3;
19       private System.Windows.Forms.Label label4;
20       private System.Windows.Forms.Label label5;
21       private System.Windows.Forms.Label label6;
22       private System.Windows.Forms.Label label7;
23       private System.Windows.Forms.Label label8;
24       private System.Windows.Forms.Label label9;
25       private System.Windows.Forms.Label label10;
26       private System.Windows.Forms.Label label11;
27       private System.Windows.Forms.Label label12;
28       private System.Windows.Forms.Label label13;
29       private System.Windows.Forms.Label label14;
30       private System.Windows.Forms.Label label15;
31       private System.Windows.Forms.Label label16;
32       private System.Windows.Forms.Label label17;
33       private System.Windows.Forms.Label label18;
34       private System.Windows.Forms.Label label19;
35       private System.Windows.Forms.Label label20;
36       private System.Windows.Forms.Label label21;
37       private System.Windows.Forms.Label label22;
38       private System.Windows.Forms.Label label23;
39       private System.Windows.Forms.Label label24;
40       private System.Windows.Forms.Label label25;
41       private System.Windows.Forms.Label label26;
42       private System.Windows.Forms.Label label27;
43       private System.Windows.Forms.Label label28;
44       private System.Windows.Forms.Label label29;
45       private System.Windows.Forms.Label label30;
46       private System.Windows.Forms.Label label31;
47       private System.Windows.Forms.Label label32;
48       private System.Windows.Forms.Label label33;
49       private System.Windows.Forms.Label label34;
50       private System.Windows.Forms.Label label36;
51       private System.Windows.Forms.Label label35;
52
53       private System.ComponentModel.Container components =
54          null;
```

Figura 21.21 Recebendo dados de temperatura e clima de um serviço da Web. (Parte 1 de 4.)

```

      public Client()
      {
         InitializeComponent();

         localhost.TemperatureServer client =
            new localhost.TemperatureServer();
         client.CookieContainer = new CookieContainer();
         client.UpdateWeatherConditions();

         string[] cities = client.Cities();
         string[] descriptions = client.Descriptions();
         string[] temperatures = client.Temperatures();

         label35.BackgroundImage = new Bitmap(
            "images/header.png" );
         label36.BackgroundImage = new Bitmap(
            "images/header.png" );

         // cria Hashtable e preenche com cada rótulo
         Hashtable cityLabels = new Hashtable();
         cityLabels.Add( 1, label1 );
         cityLabels.Add( 2, label2 );
         cityLabels.Add( 3, label3 );
         cityLabels.Add( 4, label4 );
         cityLabels.Add( 5, label5 );
         cityLabels.Add( 6, label6 );
         cityLabels.Add( 7, label7 );
         cityLabels.Add( 8, label8 );
         cityLabels.Add( 9, label9 );
         cityLabels.Add( 10, label10 );
         cityLabels.Add( 11, label11 );
         cityLabels.Add( 12, label12 );
         cityLabels.Add( 13, label13 );
         cityLabels.Add( 14, label14 );
         cityLabels.Add( 15, label15 );
         cityLabels.Add( 16, label16 );
         cityLabels.Add( 17, label17 );
         cityLabels.Add( 18, label18 );
         cityLabels.Add( 19, label19 );
         cityLabels.Add( 20, label20 );
         cityLabels.Add( 21, label21 );
         cityLabels.Add( 22, label22 );
         cityLabels.Add( 23, label23 );
         cityLabels.Add( 24, label24 );
         cityLabels.Add( 25, label25 );
         cityLabels.Add( 26, label26 );
         cityLabels.Add( 27, label27 );
         cityLabels.Add( 28, label28 );
         cityLabels.Add( 29, label29 );
         cityLabels.Add( 30, label30 );
         cityLabels.Add( 31, label31 );
         cityLabels.Add( 32, label32 );
         cityLabels.Add( 33, label33 );
         cityLabels.Add( 34, label34 );

         // cria Hashtable e preenche com
         // todas as condições climáticas
```

Figura 21.21 Recebendo dados de temperatura e clima de um serviço da Web. (Parte 2 de 4.)

```
         Hashtable weather = new Hashtable();
         weather.Add( "SUNNY", "sunny" );
         weather.Add( "PTCLDY", "pcloudy" );
         weather.Add( "CLOUDY", "mcloudy" );
         weather.Add( "MOCLDY", "mcloudy" );
         weather.Add( "TSTRMS", "rain" );
         weather.Add( "RAIN", "rain" );
         weather.Add( "SNOW", "snow" );
         weather.Add( "VRYHOT", "vryhot" );
         weather.Add( "FAIR", "fair" );
         weather.Add( "RNSNOW", "rnsnow" );
         weather.Add( "SHWRS", "showers" );
         weather.Add( "WINDY", "windy" );
         weather.Add( "NOINFO", "noinfo" );
         weather.Add( "MISG", "noinfo" );
         weather.Add( "DRZL", "rain" );
         weather.Add( "HAZE", "noinfo" );
         weather.Add( "SMOKE", "mcloudy" );

         Bitmap background = new Bitmap( "images/back.png" );
         Font font = new Font( "Courier New", 8,
            FontStyle.Bold );

         // para cada cidade
         for ( int i = 0; i < cities.Length; i++ )
         {
            // usa Hashtable cityLabels para encontrar o próximo Label
            Label currentCity = ( Label )cityLabels[ i + 1 ];

            // configura a imagem do Label atual com a imagem
            // correspondente à condição climática da cidade -
            // localiza o nome da imagem correto em Hashtable weather
            currentCity.Image = new Bitmap( "images/" +
               weather[ descrições[ i ].Trim() ] + ".png" );

            // configura a imagem de fundo, fonte e cor de primeiro plano
            // do Label
            currentCity.BackgroundImage = background;
            currentCity.Font = font;
            currentCity.ForeColor = Color.White;

            // configura o texto do rótulo com o nome da cidade
            currentCity.Text = "\r\n" + cities[ i ] + " " +
               temperatures[ i ];
         }

      } // fim do construtor

      // código gerado pelo Visual Studio .NET

      [STAThread]
      static void Main()
      {
         Application.Run( new Client() );
      }

   } // fim da classe Client

} // fim do espaço de nomes TemperatureClient
```

Figura 21.21 Recebendo dados de temperatura e clima de um serviço da Web. (Parte 3 de 4.)

Figura 21.21 Recebendo dados de temperatura e clima de um serviço da Web. (Parte 4 de 4.)

21.8 Tipos definidos pelo usuário em serviços da Web

O serviço da Web discutido na seção anterior retorna arrays de **strings**. Seria muito mais conveniente se **TemperatureServer** pudesse retornar um array de objetos **CityWeather**, em vez de um array de **string**s. Felizmente, é possível definir e empregar tipos definidos pelo usuário (também conhecidos como tipos personalizados) em um serviço da Web. Esses tipos podem ser passados ou retornados de métodos de serviços da Web. Os clientes do serviço da Web também podem usar esses tipos definidos pelo usuário, pois a classe proxy criada para o cliente contém essas definições de tipo. Entretanto, existem algumas sutilezas a serem lembradas ao se usar tipos definidos pelo usuário em serviços da Web; apontaremos isso quando as encontrarmos no próximo exemplo.

O estudo de caso desta seção apresenta um programa para ensinar matemática. O serviço da Web gera equações aleatórias do tipo **Equation**. O cliente fornece informações sobre o tipo de exemplo matemático que o usuário deseja (adição, subtração ou multiplicação) e o nível de habilidade do usuário (1 cria equações usando números de um algarismo, 2 especifica equações mais difíceis, envolvendo números de dois algarismos, e 3 especifica as equações mais difíceis, contendo números de três algarismos). Então, ele gera uma equação consistindo em números aleatórios que possuem o número correto de dígitos. O cliente recebe o objeto **Equation** e usa um formulário Windows para exibir os exemplos de questões para o usuário.

Vimos que todos os tipos de dados passados em serviços da Web devem ser suportados pelo SOAP. Como, então, a propriedade SOAP pode suportar um tipo que nem mesmo está criado ainda? No Capítulo 17 discutimos a serialização de tipos de dados que permite que esses dados sejam gravados em arquivos. Analogamente, os tipos personalizados enviados para um serviço da Web são serializados, o que permite que eles sejam passados no formato XML. Esse processo é referido como *serialização XML*.

Quando definimos objetos para serem retornados de métodos de serviços da Web, devemos entender várias sutilezas. Por exemplo, todo objeto retornado por um método de serviço da Web deve ter um construtor padrão. Embora todos os objetos possam ser instanciados usando-se um construtor **`public`** padrão (mesmo que esse construtor não esteja definido explicitamente), uma classe retornada de um serviço da Web deve ter um construtor definido explicitamente, mesmo que seu corpo esteja vazio.

Erro de programação comum 21.3

Não definir explicitamente um construtor **`public`** *para um tipo que está sendo usado em um serviço da Web resulta em um erro de tempo de execução.*

Alguns requisitos adicionais se aplicam aos tipos personalizados em serviços da Web. Todas as variáveis de nosso tipo definido pelo usuário que desejamos acessar no lado do cliente devem ser declaradas **`public`**. Também devemos definir os acessores **`get`** e **`set`** de todas as propriedades que desejamos acessar em tempo de execução. O serviço da Web precisa ter um modo de recuperar e manipular essas propriedades, pois os objetos do tipo definido pelo usuário serão convertidos em XML (quando os objetos forem serializados) e, então, convertidos de volta para objetos (quando forem desserializados). Durante a serialização, o valor da propriedade deve ser lido (por meio do acessor **`get`**); durante a desserialização, o valor da propriedade do objeto deve ser configurado (por meio do acessor **`set`**). Se apenas um acessor estiver presente, o aplicativo cliente não terá acesso à propriedade.

Erro de programação comum 21.4

Definir apenas o acessor **`get`** *ou* **`set`** *de uma propriedade para um tipo definido pelo usuário que está sendo usado em um serviço da Web resulta em uma propriedade inacessível para o cliente.*

Erro de programação comum 21.5

Os clientes de um serviço da Web podem acessar apenas os membros **`public`** *desse serviço. Para permitir o acesso aos dados* **`private`**, *o programador deve fornecer propriedades* **`public`**.

A Figura 21.22 mostra a classe **`Equation`**. O construtor chamado (linhas 18 a 37) recebe três argumentos — dois inteiros representando os operandos da esquerda e da direita e uma **`string`** representando a operação algébrica a ser executada. Definimos um construtor padrão (linhas 13 a 15) que chama outro construtor (linhas 18 a 37) e passa alguns valores padrão. O construtor configura os campos **`left`**, **`right`** e **`operation`** e, em seguida, calcula o resultado apropriado. Não usamos esse construtor padrão, mas ele deve ser definido no programa.

```
1  // Fig. 21.22: Equation.cs
2  // Classe Equation que contém
3  // informações sobre uma equação.
4
5  using System;
6
7  public class Equation
8  {
9     private int left, right, result;
10    private string operation;
11
12    // construtor padrão exigido
13    public Equation() : this( 0, 0, "+" )
14    {
15    }
```

Figura 21.22 Classe que armazena informações de equação. (Parte 1 de 3.)

```

   // construtor da classe Equation
   public Equation( int leftValue, int rightValue,
      string operationType )
   {
      Left = leftValue;
      Right = rightValue;
      Operation = operationType;

      switch ( operationType )
      {
         case "+":
            Result = Left + Right;
            break;
         case "-":
            Result = Left - Right;
            break;
         case "*":
            Result = Left * Right;
            break;
      }
   }

   public override string ToString()
   {
      return Left.ToString() + " " + Operation + " " +
         Right.ToString() + " = " + Result.ToString();
   }

   // propriedade retornando uma string representando
   // o lado esquerdo
   public string LeftHandSide
   {
      get
      {
         return Left.ToString() + " " + Operation + " " +
            Right.ToString();
      }

      set
      {
      }
   }

   // propriedade retornando uma string representando
   // o lado direito
   public string RightHandSide
   {
      get
      {
         return Result.ToString();
      }

      set
      {
      }
   }

```

Figura 21.22 Classe que armazena informações de equação. (Parte 2 de 3.)

```
      // propriedade get e set do operando da esquerda
      public int Left
      {
         get
         {
            return left;
         }

         set
         {
            left = value;
         }
      }

      // propriedade get e set do operando da direita
      public int Right
      {
         get
         {
            return right;
         }

         set
         {
            right = value;
         }
      }

      // propriedade get e set do resultado da aplicação
      // da operação nos operandos da esquerda e da direita
      public int Result
      {
         get
         {
            return result;
         }

         set
         {
            result = value;
         }
      }

      // propriedade get e set da operação
      public string Operation
      {
         get
         {
            return operation;
         }

         set
         {
            operation = value;
         }
      }

   } // fim da classe Equation
```

Figura 21.22 Classe que armazena informações de equação. (Parte 3 de 3.)

A classe **Equation** define as propriedades **LeftHandSide**, **RightHandSide**, **Left**, **Right**, **Operation** e **Result**. O programa não precisa modificar os valores de algumas dessas propriedades, mas a implementação do acessor **set** deve ser fornecida. **LeftHandSide** retorna uma **string** representando tudo o que está à esquerda do sinal "=", e **RightHandSide** retorna uma **string** representando tudo o que está à direita do sinal "=". **Left** retorna o valor **int** à esquerda do operador (conhecido como operando da esquerda), e **Right** retorna o valor **int** à direita do operador (conhecido como operando da direita). **Result** retorna a resposta da equação, e **Operation** retorna o operador. O programa não precisa da propriedade **RightHandSide**, mas optamos por incluí-la, para o caso de outros clientes quererem usá-la. A Figura 21.23 apresenta o serviço da Web **Generator**, que cria objetos **Equations** aleatórios e personalizados.

```
// Fig. 21.23: Generator.asmx.cs
// Serviço da Web para gerar equações aleatórias baseadas em uma
// operação e em um nível de dificuldade especificados.

using System;
using System.Collections;
using System.ComponentModel;
using System.Data;
using System.Diagnostics;
using System.Web;
using System.Web.Services;

namespace EquationGenerator
{
   [ WebService( Namespace = "http://www.deitel.com/csphtp1/ch21",
      Description = "A Web service that genarates questions " +
      "based on the specified mathematical operation and " +
      "level of difficulty chosen." ) ]
   public class Generator : System.Web.Services.WebService
   {

      // código gerado pelo Visual Studio .NET

      [ WebMethod ( Description =
         "Method that generates a random equation." ) ]
      public Equation GenerateEquation( string operation,
         int level )
      {
         // localiza os números máximo e mínimo a serem usados
         int maximum = ( int ) Math.Pow( 10, level ),
            minimum = ( int ) Math.Pow( 10, level - 1 );

         Random random = new Random();

         // cria equação consistindo em dois números aleatórios
         // entre os parâmetros minimum e maximum
         Equation equation = new Equation(
            random.Next( minimum, maximum ),
            random.Next( minimum, maximum ), operation );

         return equation;

      } // fim do método GenerateEquation

   } // fim da classe Generator

} // fim do espaço de nomes EquationGenerator
```

Figura 21.23 Serviço da Web que gera equações aleatórias.

O serviço da Web **Generator** contém apenas um método, **GenerateEquation**. Esse método recebe como argumentos uma **string** representando a operação que queremos executar e um inteiro representando o nível de dificuldade desejado para a equação. A Figura 21.24 demonstra o resultado da execução de uma chamada de teste desse serviço da Web. Note que o valor de retorno de nosso método de serviço da Web é marcado como XML. Entretanto, esse exemplo difere dos anteriores, pois o código XML especifica os valores de todas as propriedades e campos **public** do objeto que está sendo retornado. O objeto de retorno foi serializado em XML. Nossa classe proxy pega esse valor de retorno e o desserializa em um objeto (contendo os dados **public** do objeto original), que então é passado de volta para o cliente.

As linhas 30 e 31 definem os limites inferior e superior dos números aleatórios gerados pelo método. Para configurar esses limites, o programa chama primeiro o método **static Pow** da classe **Math** — esse método eleva seu primeiro argumento à potência de seu segundo argumento. O inteiro **maximum** representa o limite superior de um número gerado aleatoriamente. O programa eleva **10** à potência do argumento **level** especificado e, em seguida, passa esse valor como o limite superior. Por exemplo, se **level** for **1**, **maximum** será **10**; se **level** for **2**, **maximum** será **100** etc. O valor da variá-

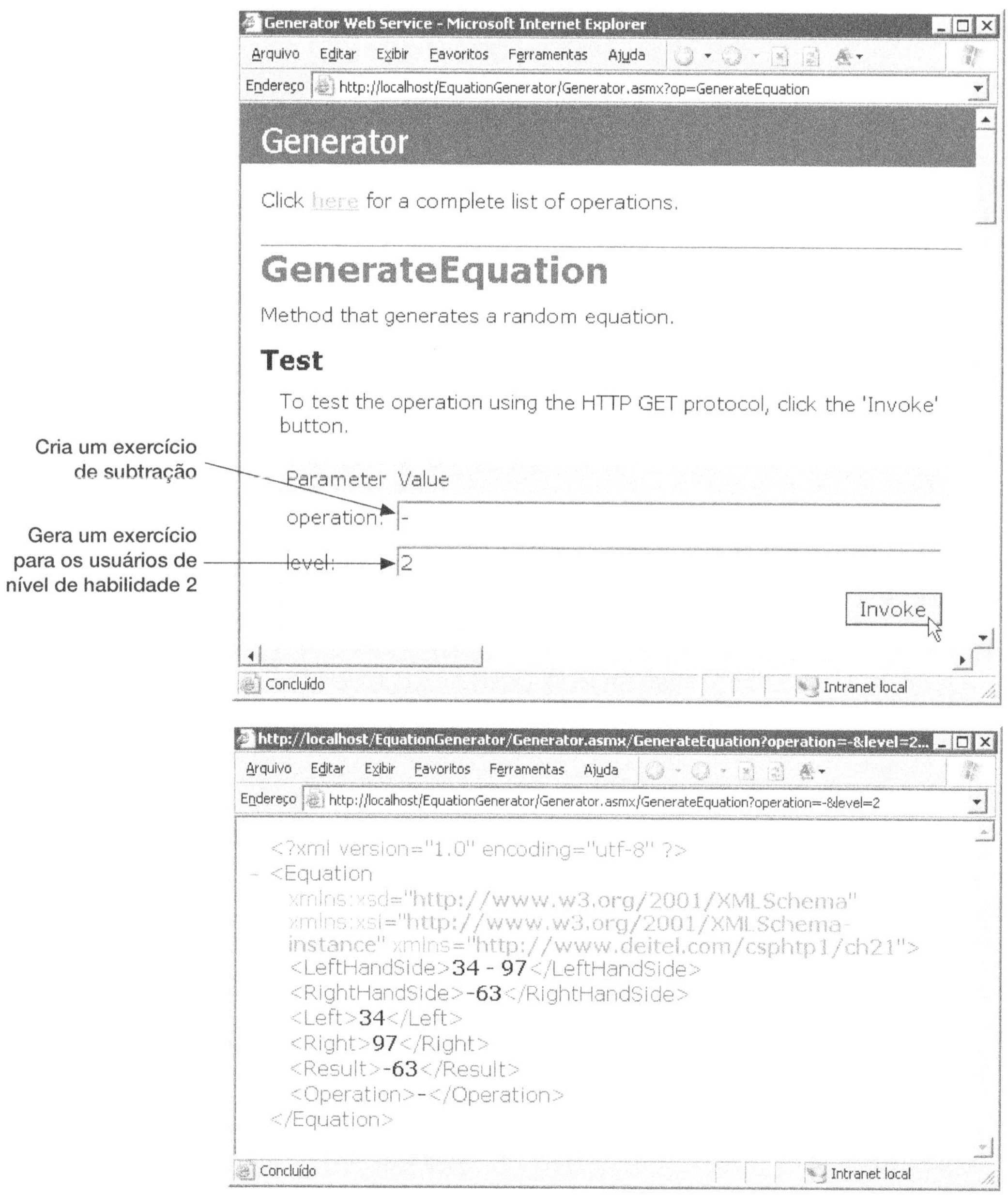

Figura 21.24 Retornando um objeto de um método de serviço da Web.

-vel **minimum** é determinado elevando-se **10** à potência um a menos que **level**. Isso calcula o menor número com **level** dígitos. Se **level** for **2**, **minimum** será **10**; se **level** for **3**, **minimum** será **100** etc.

As linhas 37 a 39 criam um novo objeto **Equation**. O programa chama o método **Next** de **Random**, que retorna um inteiro maior ou igual a um limite inferior especificado, mas menor que um limite superior especificado. Nesse exemplo **Random** gera um valor de operando da esquerda maior ou igual a **minimum**, mas menor do que **maximum** (isto é, um número com **level** dígitos). O operando da direita é outro número aleatório com as mesmas características. A operação passada para o construtor de **Equation** é a **string operation** recebida por **GenerateEquation**. O novo objeto **Equation** é retornado.

A Figura 21.25 relaciona o aplicativo de ensino de matemática que usa o serviço da Web **Generator**. O aplicativo chama o método **GenerateEquation** de **Generator** para criar um objeto **Equation**. Então, o aplicativo mostra o lado esquerdo do objeto **Equation** e espera a entrada do usuário. Nesse exemplo o programa acessa a classe **Generator** e a classe **Equation** dentro do espaço de nomes **localhost** — ambas são colocadas nesse espaço de nomes quando o proxy é gerado.

O aplicativo de ensino de matemática mostra uma questão e espera pela entrada. A configuração padrão para o nível de dificuldade é **1**, mas o usuário pode mudar isso a qualquer momento escolhendo um nível na linha superior de controles **RadioButton**s. Clicar em qualquer uma das opções de nível chama **levelRadioButtons_Click** (linhas 110 a 120), que configura o inteiro **level** como o nível selecionado pelo usuário. Embora a configuração padrão para o tipo de questão seja **Addition**, o usuário também pode mudar isso a qualquer momento selecionando um dos controles **RadioButton**s da linha inferior. Fazer isso chama o manipulador de evento **operationRadioButtons_Click** (linhas 91 a 107), que configura **string operation** de modo que ela contenha o símbolo correspondente à seleção do usuário.

```
1   // Fig. 21.25: Tutor.cs
2   // Programa de ensino de matemática.
3
4   using System;
5   using System.Drawing;
6   using System.Collections;
7   using System.ComponentModel;
8   using System.Windows.Forms;
9
10  namespace EquationGeneratorClient
11  {
12     public class Tutor : System.Windows.Forms.Form
13     {
14        private System.Windows.Forms.Panel panel1;
15        private System.Windows.Forms.Panel panel2;
16
17        private System.Windows.Forms.Label questionLabel;
18        private System.Windows.Forms.TextBox answerTextBox;
19        private System.Windows.Forms.Button okButton;
20        private System.Windows.Forms.Button generateButton;
21
22        private System.Windows.Forms.RadioButton oneRadioButton;
23        private System.Windows.Forms.RadioButton twoRadioButton;
24        private System.Windows.Forms.RadioButton
25           threeRadioButton;
26        private System.Windows.Forms.RadioButton addRadioButton;
27        private System.Windows.Forms.RadioButton
28           subtractRadioButton;
29        private System.Windows.Forms.RadioButton
30           multiplyRadioButton;
31
32        private System.ComponentModel.Container components =
33           null;
```

Figura 21.25 Aplicativo de ensino de matemática. (Parte 1 de 4.)

```
      private int level = 1;

      private localhost.Equation equation;
      private localhost.Generator generator =
         new localhost.Generator();
      private string operation = "+";

      // código gerado pelo Visual Studio .NET

      [STAThread]
      static void Main()
      {
         Application.Run( new Tutor() );
      }

      // gera nova equação no evento Click
      protected void generateButton_Click( object sender,
         System.EventArgs e )
      {
         // gera equação usando a operação
         // e o nível atuais
         equation = generator.GenerateEquation( operation,
            level );

         // exibe o lado esquerdo da equação
         questionLabel.Text = equação.LeftHandSide;

         okButton.Enabled = true;
         answerTextBox.Enabled = true;

      } // fim do método generateButton_Click

      // verifica a resposta dos usuários
      protected void okButton_Click( object sender,
         System.EventArgs e )
      {
         // determina o resultado correto do
         // objeto Equation
         int answer = equation.Result;

         // obtém a resposta do usuário
         int myAnswer = Int32.Parse( answerTextBox.Text );

         // testa se a resposta do usuário está correta
         if ( answer == myAnswer )
         {
            questionLabel.Text = "";
            answerTextBox.Text = "";
            okButton.Enabled = false;
            MessageBox.Show( "Correct! Good job!" );
         }
         else
            MessageBox.Show( "Incorrect. Try again." );

      } // fim do método okButton_Click

      // configura a operação selecionada
```

Figura 21.25 Aplicativo de ensino de matemática. (Parte 2 de 4.)

```
        protected void operationRadioButtons_Click( object sender,
           EventArgs e )
        {
           RadioButton item = ( RadioButton ) sender;

           // configura a operação para ter o símbolo apropriado
           if ( item == addRadioButton )
              operation = "+";
           else if ( item == subtractRadioButton )
              operation = "-";
           else
              operation = "*";

           generateButton.Text = "Generate " + item.Text +
              " Example";

        } // fim do método operationRadioButtons_Click

        // configura o nível atual
        protected void levelRadioButtons_Click( object sender,
           EventArgs e )
        {
           if ( sender == oneRadioButton )
              level = 1;
           else if ( sender == twoRadioButton )
              level = 2;
           else
              level = 3;

        } // fim do método levelRadioButtons_Click

     } // fim da classe Tutor

  } // fim do espaço de nomes EquationGeneratorClient
```

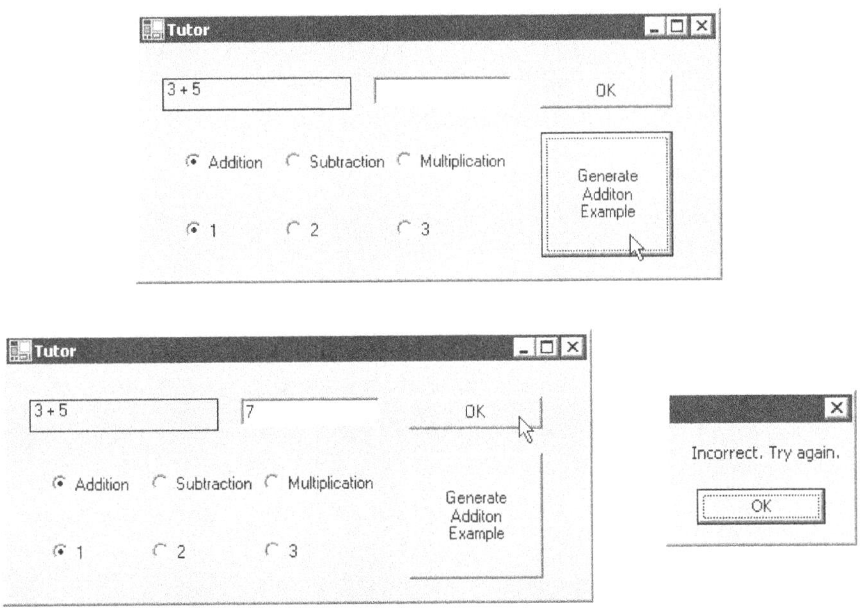

Figura 21.25 Aplicativo de ensino de matemática. (Parte 3 de 4.)

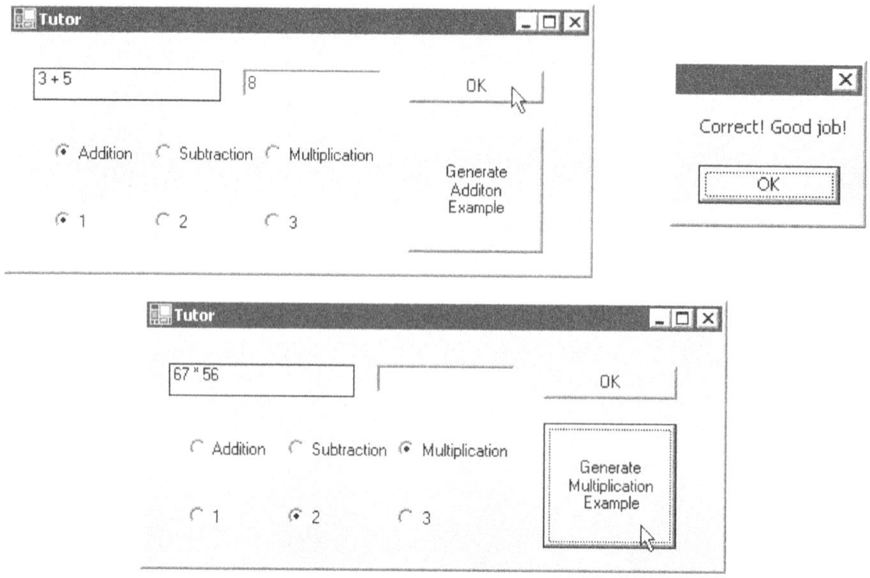

Figura 21.25 Aplicativo de ensino de matemática. (Parte 4 de 4.)

O manipulador de evento **`generateButton_Click`** (linhas 50 a 64) chama o método **`GenerateEquation`** de **`Generator`**. O lado esquerdo da equação é apresentado em **`questionLabel`** (linha 59), e **`okButton`** é ativado para que o usuário possa fornecer uma resposta. Quando o usuário clica em **OK**, **`okButton_Click`** (linhas 67 a 88) verifica se ele forneceu a resposta correta.

Este capítulo e os anteriores familiarizaram os leitores com a criação de aplicativos e serviços da Web; ambos permitem que os usuários solicitem e recebam dados pela Internet. No próximo capítulo discutiremos os detalhes de baixo nível sobre como os dados são enviados de um local para outro (esse processo é chamado de rede). Os assuntos discutidos no próximo capítulo incluem a implementação de servidores e clientes e o envio de dados por meio de soquetes.

Resumo

- Um serviço da Web é um aplicativo que é armazenado em uma máquina remota e acessado por meio de uma chamada a procedimento remoto.
- As tecnologias de sistemas distribuídos permitem que os aplicativos sejam executados em vários computadores em uma rede.
- As chamadas a métodos dos serviços da Web são implementadas usando-se SOAP (Simple Object Access Protocol — protocolo de acesso a objetos simples), um protocolo baseado em XML que descreve como as requisições e respostas são marcadas, de modo que possam ser transferidas por meio de protocolos, como HTTP.
- Os métodos são executados usando-se uma RPC (Remote Procedure Call — chamada a procedimento remoto). Esses métodos são marcados com o atributo **`WebMethod`** e freqüentemente são referidos como métodos de serviços da Web.
- As requisições e respostas de serviços da Web são enviadas usando-se SOAP, como padrão. Desde que um cliente possa criar e entender as mensagens SOAP, ele poderá usar serviços da Web, independentemente da linguagem de programação em que os serviços da Web estejam escritos.
- No .NET, um serviço da Web tem duas partes: um arquivo ASMX e um arquivo de código de retaguarda.
- Um arquivo ASMX pode ser visto em qualquer navegador da Web e exibe informações sobre o serviço da Web.
- O arquivo de código de retaguarda contém a definição dos métodos no serviço da Web.
- Uma descrição do serviço é um documento XML que obedece a WSDL (Web Service Description Language — linguagem de descrição de serviços da Web).
- WSDL é um vocabulário XML que descreve como os serviços da Web se comportam.
- A descrição do serviço pode ser usada por um programa cliente para confirmar a correção das chamadas a métodos em tempo de compilação.

- O arquivo ASMX também fornece uma maneira para os clientes executarem testes com os métodos de serviços da Web.
- SOAP, HTTP GET e HTTP POST são as três maneiras diferentes de enviar e receber mensagens em serviços da Web. O formato usado para essas mensagens de requisição e resposta às vezes é conhecido como protocolo de linha ou formato de linha, pois o formato define como a informação é enviada "pela linha" (de comunicação).
- O SOAP (Simple Object Access Protocol — protocolo de acesso a objetos simples) é um protocolo independente da plataforma que usa XML para fazer chamadas a procedimentos remotos por meio de HTTP.
- Como padrão, as requisições e respostas de um método de serviço da Web são empacotadas em uma mensagem SOAP — uma mensagem XML contendo todas as informações necessárias para processar seu conteúdo.
- O SOAP permite que os serviços da Web empreguem uma variedade de tipos de dados, incluindo os definidos pelo usuário.
- Quando um programa chama um método de serviço da Web, a requisição e todas as informações relevantes são empacotadas em uma mensagem SOAP e enviadas para o destino apropriado.
- Quando o serviço da Web recebe a mensagem SOAP, ele processa o conteúdo da mensagem, que especifica o método que o cliente deseja executar e os argumentos que o cliente está passando para esse método.
- Quando o serviço da Web recebe uma requisição, ela é analisada e o método correto é chamado, com os argumentos especificados (se houver algum). A resposta é enviada de volta para o cliente, como outra mensagem SOAP.
- Um aplicativo que usa um serviço da Web consiste em duas partes: uma classe proxy para o serviço da Web e um aplicativo cliente que acessa o serviço da Web por meio do proxy.
- Uma classe proxy manipula a tarefa de transferir os argumentos passados do cliente para uma mensagem SOAP, que é enviada para o serviço da Web. Do mesmo modo, o proxy manipula a transferência de informações da resposta SOAP para o cliente.
- A propriedade **`Namespace`** de um atributo **`WebService`** identifica exclusivamente um serviço da Web.
- A propriedade **`Description`** de um atributo **`WebService`** adiciona uma descrição do serviço da Web quando o serviço é apresentado em um navegador.
- A classe **`WebService`** fornece membros que determinam informações sobre o usuário, sobre o aplicativo e sobre outros tópicos relevantes ao serviço da Web.
- Um serviço da Web não é obrigado a herdar da classe **`WebService`**.
- Um programador especifica um método como sendo de serviço da Web, rotulando-o com o atributo **`WebMethod`**.
- O Visual Studio fornece um modo de visualização de projeto para cada serviço da Web, o que permite ao programador adicionar controles no aplicativo.
- Uma classe proxy é criada a partir do arquivo WSDL do serviço da Web, permitindo que o cliente chame métodos de serviços da Web pela Internet.
- Quando uma chamada é feita em um aplicativo cliente, para um método de serviço da Web, um método na classe proxy é chamado. Esse método pega o nome do método e os argumentos passados pelo cliente e os formata de modo que eles possam ser enviados como uma requisição em uma mensagem SOAP.
- Como padrão, o espaço de nomes de uma classe proxy é o nome do domínio em que o serviço da Web reside.
- UDDI é um projeto para desenvolver um conjunto de especificações que definem como os serviços da Web devem ser descobertos, para que os programadores que estejam procurando esses serviços possam encontrá-los.
- Um arquivo DISCO é um arquivo que especifica todos os serviços da Web que estão disponíveis no diretório atual.
- Existem dois tipos de arquivos de descoberta: arquivos de descoberta dinâmicos (extensão **`.vsdisco`**) e arquivos de descoberta estáticos (extensão **`.disco`**).
- Uma vez criada uma referência Web, um arquivo de descoberta estático é colocado no projeto do cliente. O arquivo de descoberta estático fixa em seu código as localizações dos arquivos ASMX e WSDL.
- Os arquivos de descoberta dinâmicos são criados para que uma lista de serviços da Web seja criada, quando um cliente estiver procurando serviços da Web.
- Para armazenar informações de sessão, a propriedade **`EnableSession`** do atributo **`WebMethod`** deve ser configurada como **`true`**.
- O uso de estado de sessão em um serviço da Web pode tornar a codificação mais fácil e reduzir a sobrecarga.
- Ao armazenar informações de sessão, um serviço da Web deve ter uma maneira de identificar os usuários entre as chamadas a métodos. A estratégia é implementada usando-se cookies, que são armazenados em um objeto **`CookieContainer`**.

- Tipos podem ser definidos por um programador e usados em um serviço da Web. Esses tipos podem ser passados ou retornados de métodos de serviços da Web.
- Os tipos definidos pelo usuário podem ser enviados ou retornados de métodos de serviços da Web, pois eles são definidos na classe proxy criada para o cliente.
- Os tipos personalizados que são enviados em um serviço da Web são serializados como XML.
- Qualquer objeto retornado por um método de serviço da Web deve ter um construtor padrão.
- Todas as variáveis de um tipo personalizado que você queira tornar disponíveis para os clientes devem ser declaradas **`public`**.
- Todas as propriedades de um tipo personalizado que você queira tornar disponíveis para os clientes devem ter os acessores **`get`** e **`set`** definidos.
- Quando um objeto é retornado de um serviço da Web, todas as suas propriedades e campos **`public`** são marcados em XML. Essa informação pode então ser transferida de volta para um objeto no lado do cliente.

Terminologia

acompanhamento de sessão em serviços da Web
arquivo ASMX
arquivo de código de retaguarda em serviços da Web
arquivos de descoberta (DISCO)
atributo **`WebMethod`**
atributo **`WebService`**
botão **Invoke**
caixa de diálogo **Add Web Reference**
classe **`CookieContainer`**
classe proxy
classe **`WebClient`**
classe **`WebService`**
computação distribuída
consumindo um serviço da Web
criando uma classe proxy para um serviço da Web
envelope SOAP
expondo um método de serviço da Web
extensão de arquivo **`.disco`**
extensão de arquivo **`.vsdisco`**
firewall
formato de linha
máquina remota
mensagem SOAP
método de serviço da Web
método **`OpenRead`** da classe **`WebClient`**
propriedade **`CookieContainer`**
propriedade **`Description`** de um atributo **`WebMethod`**
propriedade **`Description`** de um atributo **`WebService`**
propriedade **`EnableSession`** de um atributo **`WebMethod`**
propriedade **`Namespace`** de um atributo **`WebService`**
protocolo de linha
publicando um serviço da Web
requisição SOAP
RPC (Remote Procedure Call — chamada a procedimento remoto)
serialização XML
serviço da Web
sistema distribuído
SOAP (Simple Object Access Protocol — protocolo de acesso a objetos simples)
`System.Net`
tipo de projeto **ASP.NET Web Service**
UDDI (Universal Description, Discovery and Integration — descrição, descoberta e integração universais)
URL (Uniform Resource Locator — localizador de recurso uniforme)
WSDL (Web Service Description Language — linguagem de descrição de serviços da Web)

Exercícios de revisão

21.1 Indique se cada uma das seguintes alternativas é *verdadeira* ou *falsa*. Se for *falsa*, justifique.

a) O objetivo de um serviço da Web é criar objetos que sejam instanciados e usados na máquina local.
b) Um servidor da Web é exigido para criar serviços da Web e torná-los disponíveis.
c) Se um serviço da Web é referenciado pela adição de uma referência Web em um cliente no Visual Studio .NET, uma classe proxy não é criada.
d) No .NET, para se comunicar com um serviço da Web um programa utiliza HTTP GET, como padrão, para enviar e receber mensagens.
e) Um cliente pode usar apenas métodos de serviços da Web que sejam rotulados com o atributo **`WebMethod`**.
f) Para ativar o acompanhamento de sessão em um método de serviço da Web, o programador configura a propriedade **`EnableSession`** como **`true`** no atributo **`WebMethod`**. Nenhuma outra ação é exigida.
g) Um aplicativo pode usar apenas um serviço da Web.
h) Nem todos os tipos de dados primitivos podem ser retornados de um serviço da Web.
i) Os métodos **`WebMethods`** não podem ser declarados como **`static`**.
j) Um tipo definido pelo usuário usado em um serviço da Web deve definir os acessores **`get`** e **`set`** de qualquer propriedade que seja acessada em um aplicativo.

21.2 Preencha os espaços em branco em cada uma das declarações a seguir:

a) Quando mensagens são enviadas entre um aplicativo e um serviço da Web, cada mensagem é colocada em uma ____________.
b) Um serviço da Web pode herdar da classe ____________.
c) A classe que define um serviço da Web normalmente está localizada no arquivo ____________ desse serviço da Web.
d) O formato usado por um serviço da Web para enviar e receber mensagens é normalmente conhecido como ____________ ou ____________.
e) Um arquivo ____________ especifica todos os serviços da Web que estão disponíveis no diretório atual.
f) A classe ____________ é projetada para interação com recursos identificados por um URL.
g) As requisições de serviço da Web são enviadas pela Internet por meio do protocolo ____________.
h) Para adicionar uma descrição para um método de serviço da Web em uma página ASMX, é usada a propriedade ____________ do atributo **`WebService`**.
i) Enviar objetos entre um serviço da Web e um cliente exige a ____________ do objeto.
j) Uma classe proxy é definida em um espaço de nomes cujo nome é o do ____________ em que o serviço da Web está definido.

Respostas dos exercícios de revisão

21.1 a) Falsa. Os serviços da Web são usados para executar métodos em máquinas remotas. O serviço da Web recebe os parâmetros que precisa para executar um método em particular, executa o método e, em seguida, retorna o resultado para o chamador. b) Verdadeira. c) Verdadeira. d) Falsa. Para se comunicar com um serviço da Web um programa usa SOAP, como padrão, para enviar e receber mensagens. e) Verdadeira. f) Falsa. Um **`CookieContainer`** também deve ser criado no lado do cliente. g) Falsa. Um aplicativo pode usar quantos serviços da Web precisar. h) Verdadeira. i) Verdadeira. j) Verdadeira.

21.2 a) mensagem SOAP. b) **`WebService`**. c) de código de retaguarda. d) formato de linha, protocolo de linha. e) **`.disco`**. f) **`WebClient`**. g) HTTP. h) **`Description`**. i) serialização XML. j) domínio.

Exercícios

21.3 Crie um serviço da Web que armazene entradas de agenda telefônica em um banco de dados. Dê ao usuário a capacidade de fornecer novos contatos e localizar contatos pelo sobrenome. Passe para o serviço da Web apenas tipos primitivos como argumentos.

21.4 Modifique o Exercício 21.3 de modo que ele use uma classe chamada **`EntradaAgendaTelefones`**. O aplicativo cliente deve fornecer objetos de tipo **`EntradaAgendaTelefones`** para o serviço da Web, quando adicionar contatos, e deve receber objetos de tipo **`EntradaAgendaTelefones`**, quando procurar contatos.

21.5 Modifique o exemplo de serviço da Web **`Blackjack`** da Seção 21.5 para incluir uma classe **`Card`**. Faça **`DealCard`** retornar um objeto de tipo **`Card`**. Além disso, faça o aplicativo cliente controlar quais cartas foram distribuídas usando objetos **`Card`**. Sua classe de carta deve conter propriedades para determinar o valor e o naipe da carta.

21.6 Modifique o exemplo de reserva de passagens aéreas da Seção 21.6 de modo que ele contenha dois métodos da Web separados — um que permita que os usuários vejam todos os assentos disponíveis e outro que permita reservar assentos. Use um objeto de tipo **`Ticket`** para passar informações no serviço da Web. Esse aplicativo da Web deve relacionar em uma **`ListBox`** todos os assentos disponíveis e, em seguida, permitir que o usuário clique em um assento para reservá-lo. Seu aplicativo deve tratar dos casos em que dois usuários vêem assentos disponíveis e um reserva um assento e o segundo tenta reservar o mesmo assento sem saber que o banco de dados mudou desde que a página foi carregada.

21.7 Modifique o exemplo **`TemperatureServer`** da Seção 21.7 de modo que ele retorne um array de objetos **`CityWeather`**, que o aplicativo cliente usa para exibir as informações climáticas.

21.8 Modifique o serviço da Web no exemplo de ensino de matemática da Seção 21.8 de modo que ele inclua um método que calcule o quanto o usuário está "próximo" da resposta correta. O aplicativo cliente deve fornecer a resposta correta somente depois que o usuário tiver oferecido numerosas respostas distantes da correta. Use seu melhor julgamento a respeito do que constitui o estar "próximo" da resposta correta. Lembre-se de que deve haver uma fórmula diferente para números de um, dois e três algarismos. Além disso, forneça ao programa a capacidade de sugerir aos usuários para que tentem um nível de dificuldade inferior caso eles estejam constantemente errados.

22

REDE: SOQUETES E DATAGRAMAS BASEADOS EM FLUXOS

OBJETIVOS

- Implementar aplicativos de rede C# que usam soquetes e datagramas.
- Entender como implementar clientes e servidores C# que se comunicam entre si.
- Entender como implementar aplicativos de colaboração baseados em rede.
- Construir um servidor de múltiplas linhas de execução.

★

Se a presença da eletricidade pode se tornar visível
em qualquer parte de um circuito,
não vejo motivo para a inteligência
não poder ser transmitida instantaneamente
pela eletricidade.
Samuel F. B. Morse

Mr. Watson, venha aqui, quero você.
Alexander Graham Bell

O que as redes de vias férreas, auto-estradas
e canais foram em outra época,
as redes de telecomunicações, informações
e computação... são hoje.
Bruno Kreisky, chanceler austríaco

A ciência nunca poderá alcançar
um sistema de comunicação no escritório
melhor do que uma pausa para o café.
Earl Wilson

Resumo

22.1 Introdução

A Internet e a World Wide Web geraram muito entusiasmo nas comunidades empresariais e da computação. A Internet reúne o "mundo da informação"; a Web torna a Internet fácil de usar, enquanto fornece a capacidade da multimídia. As empresas vêem a Internet e a Web como fundamentais para suas estratégias de sistemas de informação. O C# e a plataforma .NET oferecem vários recursos de rede internos que facilitam o desenvolvimento de aplicativos baseados na Internet e na Web. O C# não apenas pode especificar o paralelismo, por meio das múltiplas linhas de execução (multithreading), como também pode permitir que os programas procurem informações na Web e colaborem com programas que estejam em execução em outros computadores em qualquer parte do mundo.

Nos capítulos 20 e 21 começamos nossa apresentação dos recursos de rede e computação distribuída do C#. Discutimos os formulários Web (Web Forms) e serviços da Web (Web Services), duas tecnologias de rede de alto nível que permitem que os programadores desenvolvam aplicativos distribuídos em C#. Neste capítulo focalizaremos as tecnologias de rede que suportam os recursos ASP .NET do C# e podem ser usadas para construir aplicativos distribuídos.

Nossa discussão sobre redes focaliza os dois lados de um *relacionamento cliente-servidor*. O *cliente* pede que alguma ação seja executada; o *servidor* executa a ação e responde ao cliente. Uma implementação comum desse modelo de requisição e resposta existe entre os navegadores e os servidores da Web. Quando o usuário seleciona sites Web que deseja ver em um navegador (o aplicativo cliente), o navegador faz uma requisição para o servidor da Web apropriado (o aplicativo servidor). O servidor normalmente responde para o cliente enviando as páginas Web HTML apropriadas.

Os recursos de rede do C# estão agrupados em vários espaços de nomes. Os recursos de rede fundamentais são definidos por classes e interfaces do espaço de nomes **System.Net.Sockets**. Por meio desse espaço de nomes, o C# oferece *comunicação baseada em soquetes*, o que permite que os desenvolvedores vejam redes como se fossem E/S de arquivo. Isso significa que um programa pode ler um *soquete* (conexão de rede) ou escrever em um soquete com a mesma facilidade com que pode ler ou gravar em um arquivo. Os soquetes são a principal maneira de realizar comunicação via rede na plataforma .NET. O termo "soquete" se refere à Berkeley Sockets Interface, que foi desenvolvida em 1978 para programação de redes com UNIX e popularizada pelos programadores de C e C++.

As classes e interfaces do espaço de nomes **System.Net.Sockets** também oferecem *comunicação baseada em pacotes*, por meio da qual *pacotes* individuais de informação são transmitidos — esse é um método comum de transmissão de áudio e vídeo pela Internet. Neste capítulo mostraremos como criar e manipular soquetes e como se comunicar por meio de pacotes de dados.

No C#, a comunicação baseada em soquetes emprega *soquetes de fluxo*. Com os soquetes de fluxo, um processo (programa em execução) estabelece uma *conexão* com outro processo. Enquanto a conexão está ativa, os dados fluem entre os processos em *fluxos* contínuos. Por isso dizemos que os soquetes de fluxo fornecem um *serviço orientado a conexão*. O popular protocolo TCP (Transmission Control Protocol — protocolo de controle de transmissão) facilita a transmissão de soquete de fluxo.

Em comparação, no C#, a comunicação baseada em pacotes emprega *soquetes de datagrama*, por meio dos quais *pacotes* individuais de informação são transmitidos. Ao contrário do TCP, o protocolo usado para ativar soquetes de datagrama, o UDP (User Datagram Protocol — protocolo de datagramas do usuário) é um serviço sem conexão e não garante que os pacotes cheguem em uma ordem específica. Na verdade, os pacotes podem ser perdidos ou duplicados e podem chegar fora da seqüência. O aplicativo que usa UDP freqüentemente exige programação extra significativa para tratar desses problemas. O UDP é mais apropriado para aplicativos de rede que não exigem a verificação de erros e a confiabilidade do TCP. Por exemplo, vários jogos de múltiplos jogadores on-line usam UDP, pois a velocidade é mais importante do que a precisão nesses tipos de aplicativos. Os soquetes de fluxo e o protocolo TCP constituirão o método mais desejável de comunicação para a ampla maioria dos programadores de C#.

Dica de desempenho 22.1

Os serviços sem conexão geralmente oferecem melhor desempenho, mas menor confiabilidade, do que os serviços orientados a conexão.

Dica de portabilidade 22.1

O protocolo TCP e seu conjunto de protocolos relacionados permitem a intercomunicação entre uma ampla variedade de sistemas de computador heterogêneos (isto é, sistemas de computador com diferentes processadores e diferentes sistemas operacionais).

22.2 Estabelecendo um servidor simples (usando soquetes de fluxo)

Normalmente, com TCP e soquetes de fluxo, um servidor "espera" por uma requisição de conexão de um cliente. Com freqüência, o programa servidor contém uma estrutura de controle ou bloco de código que é executado continuamente, até que o servidor receba uma requisição. Ao receber uma requisição, o servidor estabelece uma conexão com o cliente. Então, o servidor usa essa conexão para manipular futuras requisições desse cliente e para lhe enviar dados.

O estabelecimento de um servidor simples com TCP e soquetes de fluxo no C# exige cinco passos. O primeiro passo consiste em criar um objeto da classe ***TcpListener***, que pertence ao espaço de nomes **System.Net.Sockets**. Essa classe representa um soquete de fluxo TCP por meio do qual um servidor pode receber requisições. Uma chamada para o construtor de **TcpListener**, como a seguinte:

```
TcpListener servidor = new TcpListener( porta );
```

liga (atribui) o servidor ao *número de porta* especificado. Um número de porta é um identificador numérico que um processo usa para identificar-se em determinado *endereço de rede*, também conhecido como *endereço IP* (*Internet Protocol* — protocolo Internet). Os endereços IP identificam os computadores na Internet. Na verdade, os nomes de sites Web, como **www.netpar.com.br**, são alias ("apelidos") de endereços IP (no caso do exemplo anterior, 200.255.244.4). Todo processo que trabalha com rede se identifica por meio de um *par endereço IP/número de porta*. Então, dois processos não podem ter o mesmo número de porta em determinado endereço IP. A ligação explícita de um soquete com uma porta (usando o método ***Bind*** da classe **Socket**) normalmente é desnecessária, pois a classe **TcpListener** e outras classes discutidas neste capítulo ocultam essa ligação (isto é, ligam os soquetes às portas implicitamente), além de executar outras operações de inicialização de soquetes.

Observação de engenharia de software 22.1

Os números de porta podem ter valores entre 0 e 65535. Muitos sistemas operacionais reservam os números de porta abaixo de 1024 para serviços do sistema (como e-mail e servidores da Web). Os aplicativos devem receber privilégios especiais para usar esses números de porta reservados. Normalmente, um aplicativo do lado do servidor não deve especificar números de porta abaixo de 1024 como portas de conexão, pois alguns sistemas operacionais podem reservar esses números.

Erro de programação comum 22.1

Tentar ligar uma porta já atribuída a determinado endereço IP é um erro de lógica.

Para receber requisições, o **TcpListener** deve primeiro "ouvi-las" (ficar esperando por elas). O segundo passo em nosso processo de conexão é chamar o método ***Start*** de **TcpListener**, que faz o **TcpListener** começar a ouvir requisições de conexão. O terceiro passo estabelece a conexão entre o servidor e o cliente. O servidor ouve uma requisição indefinidamente — isto é, a execução do aplicativo do lado do servidor espera até que algum cliente tente se conectar com ele. O servidor cria uma conexão com o cliente ao receber uma requisição de conexão. Um objeto da classe ***System.Net.Sockets.Socket*** gerencia cada conexão com o cliente. O método ***AcceptSocket*** da classe **TcpListener** espera por uma requisição de conexão e, em seguida, cria uma conexão, quando uma requisição é recebida. Esse método retorna um objeto **Socket** na conexão, como na instrução a seguir:

```
Socket conexao = server.AcceptSocket();
```

Quando o servidor recebe uma requisição, o método **AcceptSocket** chama o método ***Accept*** do **Socket** subjacente de **TcpListener**, para estabelecer a conexão. Esse é um exemplo de ocultamento da complexidade das redes realizado pelo C# para o programador. O programador pode escrever a instrução anterior em um programa do lado do servidor e, então, permitir que as classes do espaço de nomes **System.Net.Sockets** manipule os detalhes da aceitação de requisições e do estabelecimento de conexões.

O passo quatro é a fase de processamento, na qual o servidor e o cliente se comunicam utilizando os métodos ***Receive*** e ***Send*** da classe **Socket**. Note que esses métodos, assim como o TCP e os soquetes de fluxo, só podem ser usados quando o servidor e o cliente estão conectados. Em comparação, utilizando os métodos ***SendTo*** e ***ReceiveFrom*** de **Socket**, o UDP e os soquetes de datagrama podem ser usados mesmo que não exista nenhuma conexão.

O quinto passo é a fase de término da conexão. Quando o cliente e o servidor encerram a comunicação, o servidor usa o método ***Close*** do objeto **Socket** para fechar a conexão. A maioria dos servidores retorna então ao passo dois (isto é, esperam outra requisição de conexão do cliente).

Um problema associado ao esquema do servidor descrito nesta seção é que o passo quatro *bloqueia* outras requisições enquanto está processando a requisição de um cliente, de modo que nenhum outro cliente possa se conectar com o servidor enquanto o código que define a fase de processamento está em execução. A técnica mais comum para tratar desse problema é usar servidores de múltiplas linhas de execução (multithreading), que colocam o código da fase de processamento em uma linha de execução (thread) separada. Quando o servidor recebe uma requisição de conexão, ele *gera* (*spawns*) ou cria um objeto **Thread** para processar a conexão, deixando seu **TcpListener** (ou **Socket**) livre para receber outras conexões.

Observação de engenharia de software 22.2

Usando os recursos de múltiplas linhas de execução do C#, podemos criar servidores que conseguem gerenciar conexões simultâneas com vários clientes. Essa arquitetura de servidor de múltiplas linhas de execução é precisamente o que os servidores de rede UNIX e Windows populares utilizam.

Observação de engenharia de software 22.3

Um servidor de múltiplas linhas de execução pode ser implementado para criar uma linha de execução que gerencia E/S de rede por meio de uma referência a um objeto **Socket** *retornada pelo método* **AcceptSocket**. *Um servidor de múltiplas linhas de execução também pode ser implementado para manter um conjunto (pool) de linhas de execução que gerenciam a E/S de rede por meio de objetos* **Socket** *recentemente criados.*

Dica de desempenho 22.2

Em sistemas de alto desempenho, com bastante memória, um servidor de múltiplas linhas de execução pode ser implementado para criar um conjunto de linhas de execução. Essas linhas de execução podem ser atribuídas rapidamente, para manipular a E/S de rede por meio de cada **Socket** *múltiplo. Assim, quando uma conexão é recebida, o servidor não enfrenta a sobrecarga da criação de linhas de execução.*

22.3 Estabelecendo um cliente simples (usando soquetes de fluxo)

Criamos clientes de soquete de fluxo TCP utilizando um processo que exige quatro passos. No primeiro passo criamos um objeto da classe ***TcpClient*** (que pertence ao espaço de nomes **System.Net.Sockets**) para se conectar com o servidor. Essa conexão é estabelecida pelo método ***Connect*** da classe **TcpClient**. Uma versão sobrecarregada desse método recebe dois argumentos — o endereço IP do servidor e o número da porta —, como se segue:

```
TcpClient cliente = new TcpClient();
cliente.Connect( enderecoServidor, portaServidor );
```

Aqui, **portaServidor** é um valor **int** que representa o número da porta do servidor, e **enderecoServidor** pode ser uma instância de ***IPAddress*** (que encapsula o endereço IP do servidor) ou uma **string** especificando o nome de host do servidor. Como alternativa, o programador poderia passar uma referência de objeto da classe ***IPEndPoint***, que representa um par endereço IP/número de porta, para uma sobrecarga diferente do método **Connect**. O método **Connect** da classe **TcpClient** chama o método ***Connect*** da classe **Socket** para estabelecer a conexão. Se a conexão tiver êxito, o método **TcpClient.Connect** retornará um inteiro positivo; caso contrário, retornará **0**.

No passo dois, o objeto **TcpClient** usa seu método ***GetStream*** para obter um objeto ***NetworkStream***, para que possa escrever e ler no servidor. Os métodos ***WriteByte*** e ***Write*** de **NetworkStream** podem ser usados para produzir na saída bytes individuais ou conjuntos de bytes no servidor, respectivamente. De maneira análoga, os métodos ***ReadByte*** e ***Read*** de **NetworkStream** podem ser usados para introduzir bytes individuais ou conjuntos de bytes do servidor, respectivamente.

O terceiro passo é a fase de processamento, na qual o cliente e o servidor se comunicam. Nessa fase, o cliente usa os métodos **Read**, **ReadByte**, **Write** e **WriteByte** da classe **NetworkStream** para realizar a comunicação apropriada. Utilizando um processo semelhante ao usado pelos servidores, um cliente pode empregar linhas de execução para evitar o bloqueio da comunicação com outros servidores enquanto processa dados de uma conexão.

Concluída a transmissão, o passo quatro exige que o cliente feche a conexão chamando o método ***Close*** de **NetworkStream**. Isso fecha o **Socket** subjacente (se o **NetworkStream** tiver uma referência para esse **Socket**). Então, o cliente chama o método ***Close*** da classe **TcpClient** para terminar a conexão TCP. Nesse ponto, uma nova conexão pode ser estabelecida por meio do método **Connect**, conforme descrevemos.

22.4 Interação cliente/servidor com conexões de soquetes de fluxo

Os aplicativos das figuras 22.1 e 22.2 usam as classes e as técnicas discutidas nas seções anteriores para construir um aplicativo de bate-papo cliente/servidor simples. O servidor espera por uma requisição do cliente para estabelecer uma conexão. Quando um aplicativo cliente se conecta com o servidor, o aplicativo servidor envia um array de bytes para o cliente, indicando que a conexão obteve êxito. Então, o cliente exibe uma mensagem notificando o usuário de que uma conexão foi estabelecida.

Os aplicativos clientes e servidores contêm **TextBox**es que permitem que os usuários digitem mensagens e as enviem para o outro aplicativo. Quando o cliente ou o servidor envia a mensagem "**TERMINATE**", a conexão entre o cliente e o servidor termina. Então, o servidor espera que outro cliente solicite uma conexão. As figuras 22.1 e 22.2 fornecem o código das classes **Server** e **Client**, respectivamente. A Figura 22.2 também contém telas capturadas mostrando a execução entre o cliente e o servidor.

```
// Fig. 22.1: Server.cs
// Configuração de um servidor que receberá uma conexão de um cliente,
// enviará uma string para o cliente e fechará a conexão.

using System;
using System.Drawing;
using System.Collections;
using System.ComponentModel;
using System.Windows.Forms;
using System.Threading;
using System.Net.Sockets;
using System.IO;

// servidor que espera conexões do cliente (uma por vez) e
// permite uma conversa entre o cliente e o servidor
public class Server : System.Windows.Forms.Form
{
   private System.Windows.Forms.TextBox inputTextBox;
   private System.Windows.Forms.TextBox displayTextBox;
   private Socket connection;
   private Thread readThread;

   private System.ComponentModel.Container components = null;
   private NetworkStream socketStream;
   private BinaryWriter writer;
   private BinaryReader reader;

   // construtor padrão
   public Server()
```

Figura 22.1 Parte do servidor de uma conexão de soquete de fluxo cliente/servidor. (Parte 1 de 4.)

```
      {
         InitializeComponent();

         // cria uma nova linha de execução a partir do servidor
         readThread = new Thread( new ThreadStart( RunServer ) );
         readThread.Start();
      }

      // código gerado pelo Visual Studio .NET

      [STAThread]
      static void Main()
      {
         Application.Run( new Server() );
      }

      protected void Server_Closing(
         object sender, CancelEventArgs e )
      {
         System.Environment.Exit( System.Environment.ExitCode );
      }

      // envia para o cliente o texto digitado no servidor
      protected void inputTextBox_KeyDown(
         object sender, KeyEventArgs e )
      {
         // envia o texto para o cliente
         try
         {
            if ( e.KeyCode == Keys.Enter && connection != null )
            {
               writer.Write( "SERVER>>> " + inputTextBox.Text );

               displayTextBox.Text +=
                  "\r\nSERVER>>> " + inputTextBox.Text;

               // se o usuário no servidor sinalizou término
               // corta a conexão com o cliente
               if ( inputTextBox.Text == "TERMINATE" )
                  connection.Close();

               inputTextBox.Clear();
            }
         }
         catch ( SocketException )
         {
            displayTextBox.Text += "\nError writing object";
         }
      } // inputTextBox_KeyDown

      // permite que um cliente se conecte e exibe o texto que ele envia
      public void RunServer()
      {
         TcpListener listener;
         int counter = 1;

         // espera por uma conexão de cliente e exibe o texto
         // que o cliente envia
         try
```

Figura 22.1 Parte do servidor de uma conexão de soquete de fluxo cliente/servidor. (Parte 2 de 4.)

```
      {
         // Passo 1: cria TcpListener
         listener = new TcpListener( 5000 );

         // Passo 2: TcpListener espera pela requisição de conexão
         listener.Start();

         // Passo 3: estabelece a conexão na requisição do cliente
         while ( true )
         {
            displayTextBox.Text = "Waiting for connection\r\n";

            // aceita uma conexão recebida
            connection = listener.AcceptSocket();

            // cria objeto NetworkStream associado ao soquete
            socketStream = new NetworkStream( connection );

            // cria objetos para transferir dados por meio de fluxo
            writer = new BinaryWriter( socketStream );
            reader = new BinaryReader( socketStream );

            displayTextBox.Text += "Connection " + counter +
               " received.\r\n";

            // informa ao cliente que a conexão obteve êxito
            writer.Write( "SERVER>>> Connection successful" );

            inputTextBox.ReadOnly = false;
            string theReply = "";

            // Passo 4: lê dados da string enviada do cliente
            do
            {
               try
               {
                  // lê a string enviada para o servidor
                  theReply = reader.ReadString();

                  // exibe a mensagem
                  displayTextBox.Text += "\r\n" + theReply;
               }

               // manipula a exceção, se houver erro lendo os dados
               catch ( Exception )
               {
                  break;
               }

            } while ( theReply != "CLIENT>>> TERMINATE" &&
                  connection.Connected );

            displayTextBox.Text +=
               "\r\nUser terminated connection";

            // Passo 5: fecha a conexão
            inputTextBox.ReadOnly = true;
            writer.Close();
            reader.Close();
```

Figura 22.1 Parte do servidor de uma conexão de soquete de fluxo cliente/servidor. (Parte 3 de 4.)

```
                socketStream.Close();
                connection.Close();

                ++counter;
             }
          } // fim do try

          catch ( Exception error )
          {
             MessageBox.Show( error.ToString() );
          }

       } // fim do método RunServer

} // fim da classe Server
```

Figura 22.1 Parte do servidor de uma conexão de soquete de fluxo cliente/servidor. (Parte 4 de 4.)

```
// Fig. 22.2: Client.cs
// Configura um cliente que lerá informações enviadas de um servidor
// e exibirá as informações.

using System;
using System.Drawing;
using System.Collections;
using System.ComponentModel;
using System.Windows.Forms;
using System.Threading;
using System.Net.Sockets;
using System.IO;

// conecta com um servidor de bate-papo
public class Client : System.Windows.Forms.Form
{
   private System.Windows.Forms.TextBox inputTextBox;
   private System.Windows.Forms.TextBox displayTextBox;

   private NetworkStream output;
   private BinaryWriter writer;
   private BinaryReader reader;

   private string message = "";

   private Thread readThread;

   private System.ComponentModel.Container components = null;

   // construtor padrão
   public Client()
   {
      InitializeComponent();

      readThread = new Thread( new ThreadStart( RunClient ) );
      readThread.Start();
   }

   // código gerado pelo Visual Studio .NET
```

Figura 22.2 Parte do cliente de uma conexão de soquete de fluxo cliente/servidor. (Parte 1 de 4.)

```

      [STAThread]
      static void Main()
      {
         Application.Run( new Client() );
      }

      protected void Client_Closing(
         object sender, CancelEventArgs e )
      {
         System.Environment.Exit( System.Environment.ExitCode );
      }

      // envia para o servidor o texto que o usuário digitou
      protected void inputTextBox_KeyDown (
         object sender, KeyEventArgs e )
      {
         try
         {
            if ( e.KeyCode == Keys.Enter )
            {
               writer.Write( "CLIENT>>> " + inputTextBox.Text );

               displayTextBox.Text +=
                  "\r\nCLIENT>>> " + inputTextBox.Text;

               inputTextBox.Clear();
            }
         }
         catch ( SocketException ioe )
         {
            displayTextBox.Text += "\nError writing object";
         }

      } // fim do método inputTextBox_KeyDown

      // conecta com o servidor e exibe o texto gerado por ele
      public void RunClient()
      {
         TcpClient client;

         // instancia TcpClient para enviar dados para o servidor
         try
         {
            displayTextBox.Text += "Attempting connection\r\n";

            // Passo 1: cria TcpClient e conecta com o servidor
            client = new TcpClient();
            client.Connect( "localhost", 5000 );

            // Passo 2: obtém NetworkStream associado a TcpClient
            output = client.GetStream();

            // cria objetos para escrever e ler por meio do fluxo
            writer = new BinaryWriter( output );
            reader = new BinaryReader( output );

            displayTextBox.Text += "\r\nGot E/S streams\r\n";
```

Figura 22.2 Parte do cliente de uma conexão de soquete de fluxo cliente/servidor. (Parte 2 de 4.)

```
            inputTextBox.ReadOnly = false;

            // repete até que o servidor sinalize o término
            do
            {

               // Passo 3: fase de processamento
               try
               {
                  // lê mensagem do servidor
                  message = reader.ReadString();
                  displayTextBox.Text += "\r\n" + message;
               }

               // trata exceção se houver erro ao ler dados do servidor
               catch ( Exception )
               {
                  System.Environment.Exit(
                     System.Environment.ExitCode );
               }
            } while( message != "SERVER>>> TERMINATE" );

            displayTextBox.Text += "\r\nClosing connection.\r\n";

            // Passo 4: fecha a conexão
            writer.Close();
            reader.Close();
            output.Close();
            client.Close();
            Application.Exit();
         }

         // trata exceção se houver erro ao estabelecer a conexão
         catch ( Exception error )
         {
            MessageBox.Show( error.ToString() );
         }

      } // fim do método RunClient

} // fim da classe Client
```

Figura 22.2 Parte do cliente de uma conexão de soquete de fluxo cliente/servidor. (Parte 3 de 4.)

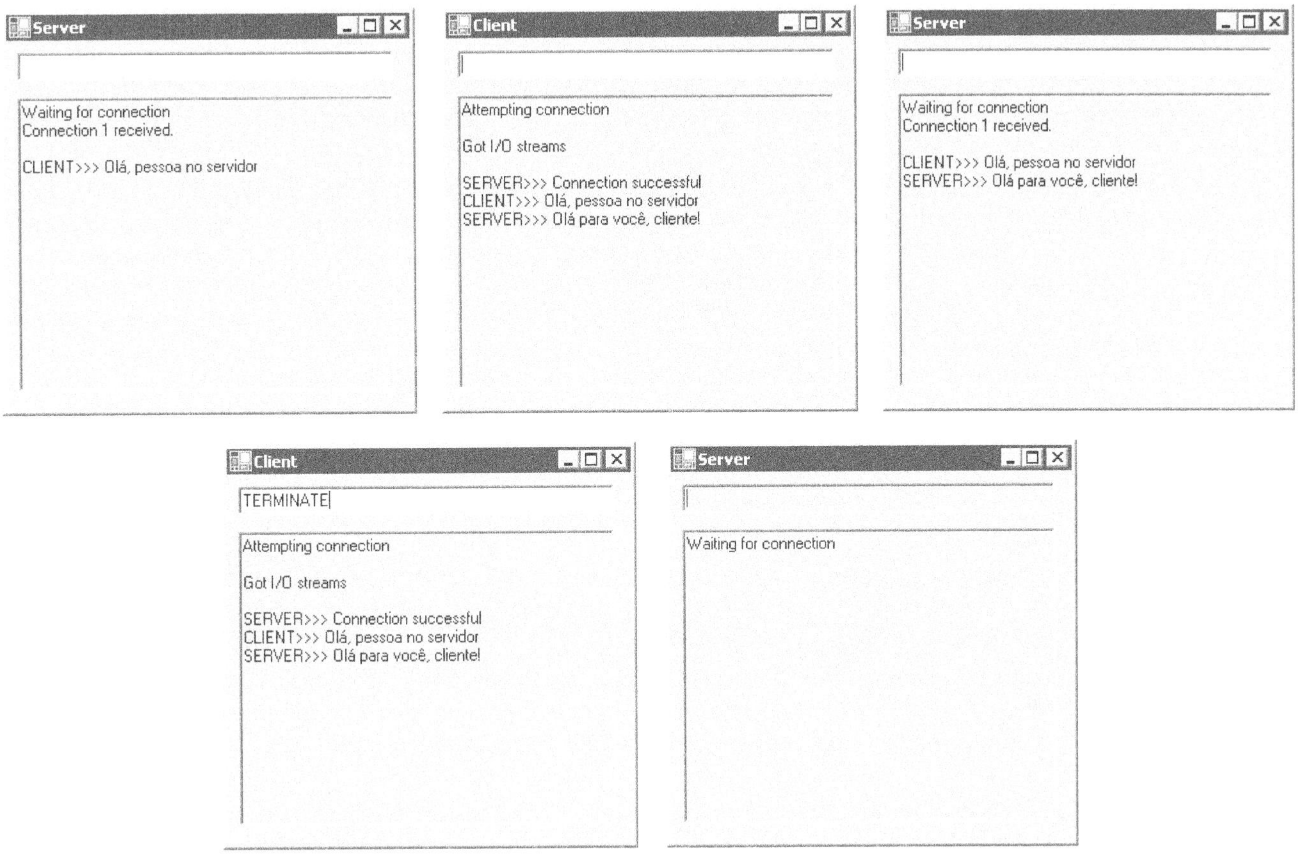

Figura 22.2 Parte do cliente de uma conexão de soquete de fluxo cliente/servidor. (Parte 4 de 4.)

Ao analisarmos esse exemplo, começamos discutindo a classe **`Server`** (Figura 22.1). No construtor, a linha 34 cria uma **`Thread`** que aceitará conexões dos clientes. A linha 35 inicia a **`Thread`**, que chama o método **`RunServer`** (linhas 81 a 160). O método **`RunServer`** inicializa o servidor para receber requisições de conexão e processar conexões. A linha 91 instancia o **`TcpListener`** para ouvir uma requisição de conexão de um cliente, na porta **`5000`** (Passo 1)[1]. Então, a linha 94 chama o método **`Start`** do **`TcpListener`**, que faz o **`TcpListener`** começar a esperar requisições (Passo 2).

As linhas 97 a 152 declaram um laço **`while`** infinito que estabelece as conexões solicitadas pelos clientes (Passo 3). A linha 102 chama o método **`AcceptSocket`** do objeto **`TcpListener`**, que retorna um **`Socket`** no sucesso da conexão. A linha de execução em que o método **`AcceptSocket`** é chamado pára de executar até que uma conexão seja estabelecida. O objeto **`Socket`** gerenciará a conexão. A linha 105 passa esse objeto **`Socket`** como argumento para o

1. Se ao tentar executar o programa servidor você receber uma mensagem de exceção lançada como "Normalmente é permitida apenas uma utilização de cada endereço de soquete (protocolo/endereço de rede/porta)", altere o número da porta da linha 91 do programa **`server.cs`** para um valor como o seguinte:

```
listener = new TcpListener( 5001 );
```

Não se esqueça de mudar também o número da porta da linha 88 do programa client.cs para o mesmo valor:

```
client.Connect( "localhost", 5001 );
```

Isso ocorre porque algum outro processo já estava usando o mesmo conjunto protocolo/endereço de rede/porta. Como o exemplo não precisa de um número de porta em especial, basta alterá-lo para um ainda livre no sistema (naturalmente, se você continuar tendo a mesma mensagem, tente alterar o número da porta no programa servidor até que encontre uma que não lance a exceção acima). (N.R.T.)

construtor de um objeto **NetworkStream**. A classe **NetworkStream** dá acesso a fluxos por meio de uma rede — nesse exemplo, o objeto **NetworkStream** dá acesso à conexão do **Socket**. As linhas 108 e 109 criam instâncias das classes ***BinaryWriter*** e ***BinaryReader*** para escrever e ler dados. Passamos o objeto **NetworkStream** como argumento para cada construtor; **BinaryWriter** pode escrever bytes no objeto **NetworkStream**, e **BinaryReader** pode ler bytes de **NetworkStream**. As linhas 111 e 112 colocam texto na **TextBox**, indicando que uma conexão foi recebida.

O método **Write** de **BinaryWriter** tem muitas versões sobrecarregadas, as quais permitem que o método escreva vários tipos em um fluxo. (Usamos esses métodos sobrecarregados no Capítulo 17, para gravar dados de registros em arquivos.) A linha 115 usa o método **Write** para enviar ao cliente uma **string** notificando o usuário do sucesso de uma conexão. As linhas 121 a 139 declaram uma estrutura **do/while** que é executada até que o servidor receba uma mensagem indicando o término da conexão (isto é, **CLIENT>>> TERMINATE**). A linha 126 usa o método ***ReadString*** de **BinaryReader** para ler uma **string** do fluxo (Passo 4). (Também usamos esse método no Capítulo 17, para ler as **string**s de nome de batismo e sobrenome dos registros dos arquivos.) O método **ReadString** bloqueia até que uma **string** seja lida. Para evitar que o servidor inteiro seja bloqueado, usamos uma **Thread** separada, para manipular a transferência das informações. A instrução **while** repete sua execução até que existam mais informações para ler — isso resulta em bloqueio de E/S, o que faz o programa sempre parecer "travado". Entretanto, se executarmos essa parte do programa em uma **Thread** separada, o usuário poderá interagir com o formulário Windows e enviar mensagens enquanto o programa espera o recebimento de mensagens em segundo plano.

Quando o bate-papo termina, as linhas 146 a 149 fecham os objetos **BinaryWriter**, **BinaryReader**, **NetworkStream** e **Socket** (Passo 5), chamando seus respectivos métodos **Close**. Então, o servidor espera por outra requisição de conexão do cliente, retornando ao início do laço **while** (linha 97).

Quando o usuário do aplicativo servidor fornece uma **string** na **TextBox** e pressiona a tecla *Enter*, o manipulador de evento **inputTextBox_KeyDown** (linhas 53 a 78) lê a **string** e a envia por meio do método **Write** da classe **BinaryWriter**. Se um usuário termina o aplicativo servidor, a linha 69 chama o método **Close** do objeto **Socket** para fechar a conexão.

As linhas 46 a 50 definem o manipulador de evento **Server_Closing** para o evento **Closing**. O evento fecha o aplicativo e usa o método **System.Environment.Exit** com o parâmetro **System.Environment.ExitCode**, para terminar todas as linhas de execução. O método **Exit** da classe **Environment** fecha todas as linhas de execução associadas ao aplicativo.

A Figura 22.2 lista o código do objeto **Client**. Assim como o objeto **Server**, o objeto **Client** cria uma **Thread** (linhas 35 e 36) em seu construtor, para manipular todas as mensagens recebidas. O método **RunClient** de **Client** (linhas 77 a 137) se conecta com o **Server**, recebe e envia dados para ele (quando o usuário pressiona *Enter*). As linhas 87 e 88 instanciam um objeto **TcpClient** e, em seguida, chamam seu método **Connect** para estabelecer uma conexão (Passo 1). O primeiro argumento do método **Connect** é o nome do servidor — em nosso caso, o nome do servidor é ***"localhost"***, significando que o servidor está localizado na mesma máquina que o cliente. O **localhost** também é conhecido como o *endereço IP de loopback* (na terminologia Microsoft, de *auto-retorno*) e é equivalente ao endereço IP ***127.0.0.1***. Esse valor envia a transmissão dos dados de volta para o endereço IP do remetente. [*Nota:* optamos por demonstrar o relacionamento cliente/servidor por meio da conexão entre programas que estão sendo executados no mesmo computador (**localhost**). Normalmente, esse argumento conteria o endereço de Internet de outro computador.] O segundo argumento do método **Connect** é o número da porta do servidor. Esse número deve corresponder ao número da porta em que o servidor espera por conexões.

O **Client** usa um **NetworkStream** para enviar e receber dados do servidor. O cliente obtém o **NetworkStream** na linha 91 por meio de uma chamada para o método **GetStream** de **TcpClient** (Passo 2). A estrutura **do/while** das linhas 102 a 119 repete sua execução até que o cliente receba a mensagem de término da conexão (**SERVER>>> TERMINATE**). A linha 109 usa o método **ReadString** de **BinaryReader** para obter a próxima mensagem do servidor (Passo 3). A linha 110 exibe a mensagem, e as linhas 124 a 127 fecham os objetos **BinaryWriter**, **BinaryReader**, **NetworkStream** e **TcpClient** (Passo 4).

Quando o usuário do aplicativo cliente fornece uma **string** na **TextBox** e pressiona a tecla *Enter*, o manipulador de evento **inputTextBox_KeyDown** (linhas 54 a 74) lê a **string** da **TextBox** e a envia por meio do método **Write** de **BinaryWriter**. Note que, aqui, o **Server** recebe uma conexão, a processa, fecha e espera pela próxima. Em um aplicativo real, um servidor provavelmente receberia uma conexão, a configuraria para ser processada como uma linha de execução separada e esperaria pelas próximas conexões. As linhas de execução separadas que processam conexões existentes podem continuar a ser executadas enquanto o **Server** se concentra nas novas requisições de conexão.

22.5 Interação cliente/servidor sem conexão, com datagramas

Até este ponto discutimos a transmissão baseada em fluxos e orientada a conexão. Agora consideraremos a transmissão sem conexão, usando datagramas.

A transmissão orientada a conexão é semelhante à interação em um sistema telefônico, no qual o usuário disca um número e é *conectado* ao telefone da pessoa com quem deseja falar. O sistema mantém a conexão pela duração da chamada telefônica, independentemente de os usuários estarem falando.

Em comparação, a transmissão sem conexão por *datagramas* é mais parecida com o método pelo qual o serviço postal transporta e distribui cartas. A transmissão sem conexão empacota e envia informações em *pacotes* chamados datagramas, que podem ser comparados a cartas postadas. Se uma mensagem grande não couber em um envelope, ela será dividida em partes e colocada em envelopes distintos, numerados em seqüência. Todas as cartas são enviadas simultaneamente. As cartas podem chegar em ordem, fora de ordem ou mesmo não chegar. Podemos fazer uma analogia entre a pessoa que está recebendo e as partes da mensagem em ordem seqüencial, antes de se tentar interpretar a mensagem. Se a mensagem é suficientemente pequena para caber em um envelope, o problema da seqüenciação está eliminado, mas ainda é possível que a mensagem nunca chegue. (Ao contrário do que acontece com a correspondência enviada, duplicatas dos datagramas podem chegar nos computadores receptores.) O C# fornece a classe ***UdpClient*** para transmissões sem conexão. Assim como **TcpListener** e **TcpClient**, **UdpClient** usa métodos da classe **Socket**. Os métodos ***Send*** e ***Receive*** de **UdpClient** são usados para transmitir dados com o método **SendTo** de **Socket** e para ler dados com o método **ReceiveFrom** de **Socket**, respectivamente.

Os programas das figuras 22.3 e 22.4 usam datagramas para enviar *pacotes* de informações entre aplicativos cliente e servidor. No aplicativo **Client**, o usuário digita uma mensagem em uma **TextBox** e pressiona *Enter*. O cliente converte a mensagem em um array de **bytes** e a envia para o servidor. O servidor recebe o pacote e exibe suas informações; em seguida, ele *ecoa* (ou retorna) o pacote para o cliente. Quando o cliente recebe o pacote, ele exibe as informações desse pacote. Nesse exemplo, as implementações das classes **Client** e **Server** são semelhantes.

O código da Figura 22.3 define o **Server** desse aplicativo. A linha 28 no construtor da classe **Server** cria uma instância da classe **UdpClient** que recebe dados na porta **5000**[2]. Isso inicializa o objeto **Socket** subjacente para comunicação. A linha 29 cria uma instância da classe **IPEndPoint** para conter o endereço IP e o número de porta do(s) cliente(s) que transmite(m) para o objeto **Server**. O primeiro argumento do construtor de **IPEndPoint** é um objeto **IPAddress**; o segundo argumento do construtor de **IPEndPoint** é o número da porta do ponto final. Esses valores são ambos **0**, pois precisamos instanciar apenas um objeto **IPEndPoint** vazio. Os endereços IP e os números de porta dos clientes são copiados no objeto **IPEndPoint** quando os datagramas são recebidos dos clientes.

```
1  // Fig. 22.3: Server.cs
2  // Configura um servidor que receberá pacotes de um
3  // cliente e enviará pacotes para um cliente.
4
5  using System;
6  using System.Drawing;
7  using System.Collections;
8  using System.ComponentModel;
9  using System.Windows.Forms;
10 using System.Data;
11 using System.Net;
12 using System.Net.Sockets;
13 using System.Threading;
14
15 // cria o servidor UDP
16 public class Server : System.Windows.Forms.Form
```

Figura 22.3 Parte do lado do servidor da computação cliente/servidor sem conexão. (Parte 1 de 3.)

2. Caso tenha um problema de lançamento de exceção do tipo "Normalmente é permitida apenas uma utilização de cada endereço de soquete (protocolo/endereço de rede/porta)" ao executar o programa servidor, utilize um procedimento análogo àquele indicado na primeira nota de rodapé deste capítulo. (N.R.T.)

```
{
   private System.Windows.Forms.TextBox displayTextBox;
   private UdpClient client;
   private IPEndPoint receivePoint;
   private System.ComponentModel.Container components = null;

   // construtor sem argumentos
   public Server()
   {
      InitializeComponent();

      client = new UdpClient( 5000 );
      receivePoint = new IPEndPoint( new IPAddress( 0 ), 0 );
      Thread readThread = new Thread(
      new ThreadStart( WaitForPackets ) );

      readThread.Start();
   }

   // código gerado pelo Visual Studio .NET

   [STAThread]
   static void Main()
   {
      Application.Run( new Server() );
   }

   // desliga o servidor
   protected void Server_Closing(
      object sender, CancelEventArgs e )
   {
      System.Environment.Exit( System.Environment.ExitCode );
   }

   // espera que um pacote chegue
   public void WaitForPackets()
   {
      while ( true )
      {
         // recebe array de bytes do cliente
         byte[] data = client.Receive( ref receivePoint );

         // saída de dados do pacote na TextBox
         displayTextBox.Text += "\r\nPacket received:" +
            "\r\nLength: " + data.Length + "\r\nContaining: " +
            System.Text.Encoding.ASCII.GetString( data );

         displayTextBox.Text +=
            "\r\n\r\nEcho data back to client...";

         // ecoa as informações do pacote no cliente
         client.Send( data, data.Length, receivePoint );
         displayTextBox.Text += "\r\nPacket sent\r\n";
      }

   } // fim do método WaitForPackets

} // fim da classe Server
```

Figura 22.3 Parte do lado do servidor da computação cliente/servidor sem conexão. (Parte 2 de 3.)

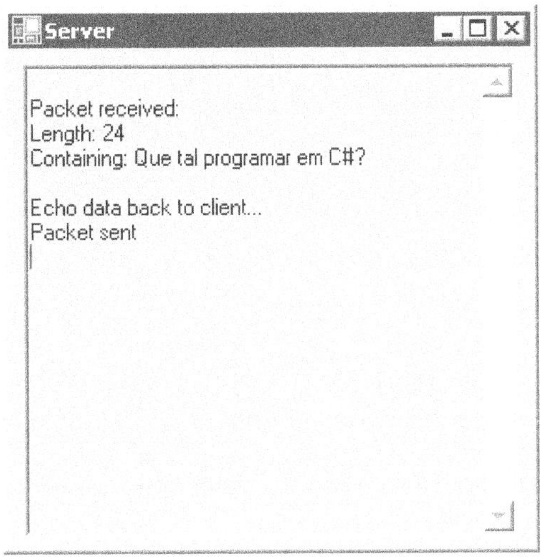

Figura 22.3 Parte do lado do servidor da computação cliente/servidor sem conexão. (Parte 3 de 3.)

```
// Fig. 22.4: Client.cs
// Configura um cliente que envia pacotes para um servidor e recebe
// pacotes de um servidor.

using System;
using System.Drawing;
using System.Collections;
using System.ComponentModel;
using System.Windows.Forms;
using System.Data;
using System.Net;
using System.Net.Sockets;
using System.Threading;

// executa o cliente UDP
public class Client : System.Windows.Forms.Form
{
   private System.Windows.Forms.TextBox inputTextBox;
   private System.Windows.Forms.TextBox displayTextBox;

   private UdpClient client;
   private IPEndPoint receivePoint;

   private System.ComponentModel.Container components = null;

   // construtor sem argumentos
   public Client()
   {
      InitializeComponent();

      receivePoint = new IPEndPoint( new IPAddress( 0 ), 0 );
      client = new UdpClient( 5001 );
      Thread thread =
         new Thread( new ThreadStart( WaitForPackets ) );
```

Figura 22.4 Parte cliente da computação cliente/servidor sem conexão. (Parte 1 de 3.)

```
        thread.Start();
    }

    // código gerado pelo Visual Studio.NET

    [STAThread]
    static void Main()
    {
        Application.Run( new Client() );
    }

    // desliga o cliente
    protected void Client_Closing(
        object sender, CancelEventArgs e )
    {
        System.Environment.Exit( System.Environment.ExitCode );
    }

    // envia um pacote
    protected void inputTextBox_KeyDown(
        object sender, KeyEventArgs e )
    {
        if ( e.KeyCode == Keys.Enter )
        {
            // cria pacote (datagrama) como string
            string packet = inputTextBox.Text;
            displayTextBox.Text +=
                "\r\nSending packet containing: " + packet;

            // converte pacote em array de bytes
            byte[] data =
                System.Text.Encoding.ASCII.GetBytes( packet );

            // envia pacote para o servidor na porta 5000
            client.Send( data, data.Length, "localhost", 5000 );
            displayTextBox.Text += "\r\nPacket sent\r\n";
            inputTextBox.Clear();
        }
    } // fim do método inputTextBox_KeyDown

    // espera que pacotes cheguem
    public void WaitForPackets()
    {
        while ( true )
        {
            // recebe array de bytes do servidor
            byte[] data = client.Receive( ref receivePoint );

            // saída de dados do pacote em TextBox
            displayTextBox.Text += "\r\nPacket received:" +
                "\r\nLength: " + data.Length + "\r\nContaining: " +
                System.Text.Encoding.ASCII.GetString( data ) +
                "\r\n";
        }

    } // fim do método WaitForPackets

} // fim da classe Client
```

Figura 22.4 Parte cliente da computação cliente/servidor sem conexão. (Parte 2 de 3.)

Janela **Client** antes de enviar um pacote para o servidor

Janela **Client** depois de enviar um pacote para o servidor e recebê-lo de volta

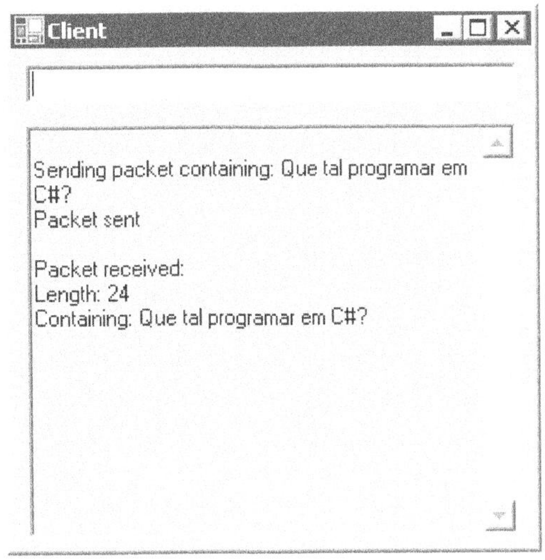

Figura 22.4 Parte cliente da computação cliente/servidor sem conexão. (Parte 3 de 3.)

O método **WaitForPackets** de **Server** (linhas 52 a 72) executa um laço while infinito, esperando que dados cheguem no **Server**. Quando chegam informações, o método **Receive** de **UdpClient** (linha 57) recebe um array de **bytes** do cliente. Incluímos **Receive** no objeto **IPEndPoint** criado no construtor; isso fornece ao método uma referência a um **IPEndPoint**, no qual o programa copia o endereço IP e o número de porta do cliente. Esse programa compilará e executará sem lançar uma exceção, mesmo que a referência ao objeto **IPEndPoint** seja **null**, pois o método **Receive** inicializa o objeto **IPEndPoint** caso ele seja **null**.

Boa prática de programação 22.1

Inicialize todas as referências a objetos (com um valor diferente de **null***). Isso protegerá o código dos métodos que não verificam seus parâmetros quanto às referências nulas (***null***).*

As linhas 60 a 65 atualizam a exibição do **Server** para incluir as informações e o conteúdo do pacote. A linha 68 ecoa os dados no cliente usando o método **Send** de **UdpClient**. Essa versão de **Send** recebe três argumentos: o array de bytes a ser enviado, um valor **int** representando o comprimento do array e o **IPEndPoint** para o qual os dados serão enviados. Usamos o array **data** retornado pelo método **Receive** como dados, o comprimento do array **data** como comprimento e o **IPEndPoint** passado para o método **Receive** como destino dos dados. O endereço IP e o número da porta do cliente que enviou os dados para o objeto **Server** são armazenados em **receivePoint**; portanto, apenas passar **receivePoint** para **Send** permite que o objeto **Server** responda ao cliente.

A classe **Client** (Figura 22.4) funciona de modo semelhante à classe **Server**, exceto que o objeto **Client** envia pacotes apenas quando o usuário digita uma mensagem em uma **TextBox** e pressiona a tecla *Enter*. Quando isso ocorre, o programa chama o manipulador de evento **inputTextBox_KeyDown** (linhas 54 a 73). As linhas 65 e 66 convertem a **string** fornecida pelo usuário na **TextBox** em um array de **bytes**. A linha 69 chama o método **Send** de **UdpClient** para enviar o array **byte** para o **Server** que está localizado em **localhost** (isto é, na mesma máquina). Especificamos a porta como **5000**, a qual sabemos ser a porta do objeto **Server**.

A linha 32 instancia um objeto **UdpClient** para receber pacotes na porta **5001** — escolhemos a porta **5001**, pois o objeto **Server** já ocupa a porta **5000**. O método **WaitForPackets** da classe **Client** (linhas 76 a 90) usa um laço infinito para esperar por esses pacotes. O método **Receive** de **UdpClient** bloqueia até que um pacote de dados seja recebido (linha 81). O bloqueio realizado pelo método **Receive** não impede que a classe **Client** execute outros serviços (por exemplo, manipular a entrada do usuário), pois uma linha de execução separada executa o método **WaitForPackets**.

Quando chega um pacote, as linhas 84 a 87 exibem seu conteúdo na **TextBox**. O usuário pode digitar informações na **TextBox** da janela de **Client** e pressionar a tecla *Enter* a qualquer momento, mesmo enquanto um pacote está sendo recebido. O manipulador de evento da **TextBox** processa o evento e envia os dados para o servidor.

22.6 Jogo-da-velha cliente/servidor usando um servidor com múltiplas linhas de execução

Nesta seção apresentaremos nosso principal exemplo de redes — o popular jogo-da-velha, implementado com técnicas de soquetes de fluxo e cliente/servidor. O programa consiste em um aplicativo **Server** (Figura 22.5) e dois aplicativos **Client** (Figura 22.6); o **Server** permite que os **Client**s se conectem com o servidor e joguem o jogo-da-velha. Mostramos a saída na Figura 22.6. Quando o servidor recebe uma conexão de cliente, as linhas 72 a 83 da Figura 22.5 criam uma instância da classe **Player** para processar o cliente em uma linha de execução separada. Isso permite que o servidor manipule as requisições dos dois clientes. O servidor atribui o valor "**X**" ao primeiro cliente que se conecta (o jogador **X** faz o primeiro movimento) e depois atribui o valor "**O**" ao segundo cliente. Por todo o jogo, o servidor mantém informações a respeito do estado do tabuleiro, para que possa validar os movimentos solicitados pelos jogadores. Entretanto, nem o servidor, nem o cliente podem estabelecer se um jogador ganhou o jogo — nesse aplicativo, o método **GameOver** (linhas 143 a 147) sempre retorna **false**. O Exercício 22.7 pede que você implemente a funcionalidade que permite ao aplicativo determinar um vencedor. Cada **Client** mantém sua própria versão de GUI do tabuleiro para apresentar o jogo-da-velha. Os clientes podem colocar marcas apenas nos quadrados vazios do tabuleiro. A classe **Square** (Figura 22.7) é usada para definir quadrados no tabuleiro do jogo-da-velha.

```
1   // Fig. 22.5: Server.cs
2   // Essa classe mantém um jogo-da-velha para dois
3   // aplicativos clientes.
4
5   using System;
6   using System.Drawing;
7   using System.Collections;
8   using System.ComponentModel;
9   using System.Windows.Forms;
10  using System.Data;
11  using System.Net.Sockets;
12  using System.Threading;
13  using System.IO;
14
15  // espera conexões de dois clientes e permite que eles
16  // joguem o jogo-da-velha um contra o outro
17  public class Server : System.Windows.Forms.Form
18  {
19     private System.Windows.Forms.TextBox displayTextBox;
20
21     private byte[] board;
22
23     private Player[] players;
24     private Thread[] playerThreads;
25
26     private TcpListener listener;
27     private int currentPlayer;
28     private Thread getPlayers;
29
30     private System.ComponentModel.Container components = null;
31
32     internal bool disconnected = false;
33
34     // construtor padrão
35     public Server()
36     {
37        InitializeComponent();
38
```

Figura 22.5 Lado do servidor do programa de jogo-da-velha cliente/servidor. (Parte 1 de 5.)

```
      board = new byte[ 9 ];

      players = new Player[ 2 ];
      playerThreads = new Thread[ 2 ];
      currentPlayer = 0;

      // aceita conexões em uma linha de execução diferente
      getPlayers = new Thread( new ThreadStart( SetUp ) );
      getPlayers.Start();
   }

   // código gerado pelo Visual Studio .NET

   [STAThread]
   static void Main()
   {
      Application.Run( new Server() );
   }

   protected void Server_Closing(
      object sender, CancelEventArgs e )
   {
      disconnected = true;
   }

   // aceita conexões de 2 jogadores
   public void SetUp()
   {
      // configura Socket
      listener = new TcpListener( 5000 );
      listener.Start();

      // aceita o primeiro jogador e inicia uma linha de execução para ele
      players[ 0 ] =
         new Player( listener.AcceptSocket(), this, 0 );
      playerThreads[ 0 ] = new Thread(
         new ThreadStart( players[ 0 ].Run ) );
      playerThreads[ 0 ].Start();

      // aceita o segundo jogador e inicia uma linha de execução para ele
      players[ 1 ] =
         new Player( listener.AcceptSocket(), this, 1 );
      playerThreads[ 1 ] =
         new Thread( new ThreadStart( players[ 1 ].Run ) );
      playerThreads[ 1 ].Start();

      // permite que o primeiro jogador saiba que o outro se
      // conectou
      lock ( players[ 0 ] )
      {
         players[ 0 ].threadSuspended = false;
         Monitor.Pulse( players[ 0 ] );
      }
   } // fim do método SetUp

   // anexa o argumento ao texto em displayTextBox
   public void Display( string message )
   {
```

Figura 22.5 Lado do servidor do programa de jogo-da-velha cliente/servidor. (Parte 2 de 5.)

```
        displayTextBox.Text += message + "\r\n";
    }

    // determina se um movimento é válido
    public bool ValidMove( int location, int player )
    {
        // impede que a outra linha de execução faça um movimento
        lock ( this )
        {
            // enquanto não é a vez do jogador atual, espera
            while ( player != currentPlayer )
                Monitor.Wait( this );

            // se o quadrado desejado não estiver ocupado
            if ( !IsOccupied( location ) )
            {
                // configura o tabuleiro para conter a marca do jogador atual
                board[ location ] = ( byte ) ( currentPlayer == 0 ?
                    'X' : 'O' );

                // configura o objeto currentPlayer para ser o outro jogador
                currentPlayer = ( currentPlayer + 1 ) % 2;

                // notifica o outro jogador do movimento
                players[ currentPlayer ].OtherPlayerMoved( location );

                // alerta o outro jogador que é sua vez de mover
                Monitor.Pulse( this );

                return true;
            }
            else
                return false;
            }
        } // fim do método ValidMove

        // determina se o quadrado especificado está ocupado
        public bool IsOccupied( int location )
        {
            if ( board[ location ] == 'X' || board[ location ] == 'O' )
                return true;
            else
                return false;
        }

        // determina se o jogo terminou
        public bool GameOver()
        {
            // coloque código aqui para testar um ganhador do jogo
            return false;
        }

    } // fim da classe Server

    public class Player
    {
        internal Socket connection;
        private NetworkStream socketStream;
```

Figura 22.5 Lado do servidor do programa de jogo-da-velha cliente/servidor. (Parte 3 de 5.)

```
      private Server server;
      private BinaryWriter writer;
      private BinaryReader reader;

      private int number;
      private char mark;
      internal bool threadSuspended = true;

      // construtor exigindo objetos Socket, Server e int
      // como argumentos
      public Player( Socket socket, Server serverValue, int newNumber )
      {
         mark = ( newNumber == 0 ? 'X' : 'O' );

         connection = socket;

         server = serverValue;
         number = newNumber;

         // cria objeto NetworkStream para Socket
         socketStream = new NetworkStream( connection );

         // cria Streams para ler/escrever bytes
         writer = new BinaryWriter( socketStream );
         reader = new BinaryReader( socketStream );

      } // fim do construtor

      // sinaliza o outro jogador do movimento
      public void OtherPlayerMoved( int location )
      {
         // sinaliza que o oponente moveu
         writer.Write( "Opponent moved" );
         writer.Write( location ); // envia localização do movimento
      }

      // permite que os jogadores façam e recebam movimentos
      // do outro jogador
      public void Run()
      {
         bool done = false;

         // mostra no servidor que uma conexão foi estabelecida
         server.Display( "Player " + ( number == 0 ? 'X' : 'O' )
            + " connected" );

         // envia a marca do jogador atual para o servidor
         writer.Write( mark );

         // se o número for igual a 0, então esse jogador é X; portanto, envia
         writer.Write( "Player " + ( number == 0 ?
            "X connected\r\n" : "O connected, please wait\r\n" ) );

         // espera que o outro jogador chegue
         if ( mark == 'X' )
            {
               writer.Write( "Waiting for another player" );

```

Figura 22.5 Lado do servidor do programa de jogo-da-velha cliente/servidor. (Parte 4 de 5.)

```
213                  // espera pela notificação do servidor de que o outro
214                  // jogador se conectou
215                  lock ( this )
216                  {
217                     while ( threadSuspended )
218                        Monitor.Wait( this );
219                  }
220
221                  writer.Write( "Other player connected. Your move" );
222
223               } // fim do if
224
225               // joga o jogo
226               while ( !done )
227            {
228            // espera que os dados se tornem disponíveis
229            while ( connection.Available == 0 )
230            {
231               Thread.Sleep( 1000 );
232
233               if ( server.disconnected )
234                  return;
235            }
236
237            // recebe os dados
238            int location = reader.ReadInt32();
239
240            // se o movimento é válido, exibe no
241            // servidor e sinaliza que o movimento é válido
242            if ( server.ValidMove( location, number ) )
243            {
244               server.Display( "loc: " + location );
245               writer.Write( "Valid move." );
246            }
247
248            // sinaliza que o movimento é inválido
249            else
250               writer.Write( "Invalid move, try again" );
251
252            // se o jogo terminou, configura done como true para sair do laço while
253            if ( server.GameOver() )
254               done = true;
255
256         } // fim do laço while
257
258         // fecha a conexão de soquete
259         writer.Close();
260         reader.Close();
261         socketStream.Close();
262         connection.Close();
263
264      } // fim do método Run
265
266 } // fim da classe Player
```

Figura 22.5 Lado do servidor do programa de jogo-da-velha cliente/servidor. (Parte 5 de 5.)

O **Server** (Figura 22.5) usa seu construtor (linhas 35 a 48) para criar um array de **bytes** para armazenar os movimentos feitos pelos jogadores (linha 39). O programa cria um array de duas referências a objetos **Player** (linha 41) e um array de duas referências a objetos **Thread** (linha 42). Cada elemento dos dois arrays corresponde a um jogador de jogo-da--velha. A variável **currentPlayer** é configurada como 0, o que corresponde ao jogador "**X**". Em nosso programa, o jogador "**X**" faz o primeiro movimento (linha 43). As linhas 46 e 47 criam e iniciam **Threads getPlayers**, que o **Server** usa para aceitar conexões, para que a **Thread** atual não bloqueie enquanto está esperando jogadores.

A linha de execução **getPlayers** executa o método **SetUp** (linhas 65 a 92), que cria um objeto **TcpListener** para ouvir as requisições na porta **5000** (linhas 68 e 69)[3]. Esse objeto ouve então as requisições de conexão do primeiro e do segundo jogador. As linhas 72 e 73 e 79 e 80 instanciam objetos **Player** representando os jogadores, e as linhas 74 e 75 e 81 e 82 criam duas **Thread**s que executam os métodos **Run** de cada objeto **Player**.

O construtor de **Player** (Figura 22.5, linhas 165 a 181) recebe como argumentos uma referência ao objeto **Socket** (isto é, a conexão com o cliente), uma referência ao objeto **Server** e um valor **int** indicando a marca ("**X**" ou "**O**") usada por esse jogador. Nesse estudo de caso, **Server** chama o método **Run** (linhas 193 a 264) após instanciar um objeto **Player**. As linhas 198 a 206 notificam o servidor de uma conexão bem-sucedida e enviam ao cliente o valor **char** que o cliente colocará no tabuleiro quando fizer um movimento. Se **Run** estiver sendo executado para **Player "X"**, as linhas 211 a 221 serão executadas, fazendo **Player "X"** esperar que um segundo jogador se conecte. As linhas 217 e 218 definem um laço **while** que suspende o objeto **Thread** de **Player "X"** até que o servidor sinalize que **Player "O"** se conectou. O servidor notifica o objeto **Player** da conexão configurando a variável **threadSuspended** de **Player** como **false** (linha 89). Quando **threadSuspended** se torna **false**, **Player** sai do laço **while** das linhas 217 e 218.

O método **Run** executa a estrutura **while** (linhas 226 a 256), permitindo que o usuário jogue o jogo. Cada iteração dessa estrutura espera que o cliente envie um valor **int** especificando onde no tabuleiro o "**X**" ou "**O**" deve ser colocado — o **Player** coloca então a marca no tabuleiro, caso a localização da marca especificada seja válida (por exemplo, essa localização ainda não contém uma marca). Note que a estrutura **while** continua a execução apenas se a variável **bool done** for **false**. Essa variável é configurada como **true** pelo manipulador de evento **Server_Closing** da classe **Server**, que é chamado quando o servidor fecha a conexão.

```
1  // Fig. 22.6: Client.cs
2  // Cliente do programa de jogo-da-velha.
3
4  using System;
5  using System.Drawing;
6  using System.Collections;
7  using System.ComponentModel;
8  using System.Windows.Forms;
9  using System.Data;
10 using System.Net.Sockets;
11 using System.Threading;
12 using System.IO;
13
14 // representa um jogador do jogo-da-velha
15 public class Client : System.Windows.Forms.Form
16 {
17    private System.Windows.Forms.Label idLabel;
```

Figura 22.6 Lado cliente do programa de jogo-da-velha cliente/servidor. (Parte 1 de 6.)

3. Se ao tentar executar o programa servidor você receber uma mensagem de exceção lançada como "Normalmente é permitida apenas uma utilização de cada endereço de soquete (protocolo/endereço de rede/porta)", altere o número da porta da linha 68 do programa **server.cs** para um valor como o seguinte:

```
listener = new TcpListener( 5001 );
```

Não se esqueça de mudar também o número da porta da linha 73 do programa **client.cs** para o mesmo valor:

```
connection = new TcpClient( "localhost", 5001 )
```

Isso ocorre porque algum outro processo já estava usando o mesmo conjunto protocolo/endereço de rede/porta. Como o exemplo não precisa de um número de porta em especial, basta alterá-lo para um ainda livre no sistema (naturalmente, se você continuar tendo a mesma mensagem, tente alterar o número da porta no programa servidor até que encontre uma que não lance a exceção acima). (N.R.T.)

```

   private System.Windows.Forms.TextBox displayTextBox;

   private System.Windows.Forms.Panel panel1;
   private System.Windows.Forms.Panel panel2;
   private System.Windows.Forms.Panel panel3;
   private System.Windows.Forms.Panel panel5;
   private System.Windows.Forms.Panel panel6;
   private System.Windows.Forms.Panel panel4;
   private System.Windows.Forms.Panel panel7;
   private System.Windows.Forms.Panel panel8;
   private System.Windows.Forms.Panel panel9;

   private Square[ , ] board;
   private Square currentSquare;

   private Thread outputThread;

   private TcpClient connection;
   private NetworkStream stream;
   private BinaryWriter writer;
   private BinaryReader reader;

   private char myMark;
   private bool myTurn;

   private SolidBrush brush;
   private System.ComponentModel.Container components = null;

   bool done = false;

   // construtor padrão
   public Client()
   {
      InitializeComponent();

      board = new Square[ 3, 3 ];

      // cria 9 objetos Square e os coloca no tabuleiro
      board[ 0, 0 ] = new Square( panel1, ' ', 0 );
      board[ 0, 1 ] = new Square( panel2, ' ', 1 );
      board[ 0, 2 ] = new Square( panel3, ' ', 2 );
      board[ 1, 0 ] = new Square( panel4, ' ', 3 );
      board[ 1, 1 ] = new Square( panel5, ' ', 4 );
      board[ 1, 2 ] = new Square( panel6, ' ', 5 );
      board[ 2, 0 ] = new Square( panel7, ' ', 6 );
      board[ 2, 1 ] = new Square( panel8, ' ', 7 );
      board[ 2, 2 ] = new Square( panel9, ' ', 8 );

      // cria um objeto SolidBrush para escrever nos objetos Square
      brush = new SolidBrush( Color.Black );

      // Estabelece conexão com o servidor e obtém o
      // fluxo de rede associado. Inicia linha de execução separada para permitir que
      // esse programa atualize continuamente sua saída na caixa de texto.
      connection = new TcpClient( "localhost", 5000 );
      stream = connection.GetStream();

```

Figura 22.6 Lado cliente do programa de jogo-da-velha cliente/servidor. (Parte 2 de 6.)

```
         writer = new BinaryWriter( stream );
         reader = new BinaryReader( stream );

         // inicia uma nova linha de execução para enviar e receber mensagens
         outputThread = new Thread( new ThreadStart( Run ) );
         outputThread.Start();
      } // fim do construtor de Client

      // código gerado pelo Visual Studio .NET

      [STAThread]
      static void Main()
      {
         Application.Run( new Client() );
      }

      protected void Client_Paint (
         object sender, System.Windows.Forms.PaintEventArgs e )
      {
         PaintSquares();
      }

      protected void Client_Closing(
         object sender, CancelEventArgs e )
      {
         done = true;
      }

      // desenha a marca de cada quadrado
      public void PaintSquares()
      {
         Graphics g;

      // desenha a marca apropriada em cada painel
      for ( int row = 0; row < 3; row++ )
         for ( int column = 0; column < 3; column++ )
            {
               // obtém o objeto Graphics de cada Panel
               g = board[ row, column ].SquarePanel.CreateGraphics();

               // desenha a letra apropriada no painel
               g.DrawString( board[ row, column ].Mark.ToString(),
                  this.Font, brush, 8, 8 );
            }
         } // fim do método PaintSquares

         // envia a localização do quadrado clicado para o servidor
         protected void square_MouseUp(
            object sender, System.Windows.Forms.MouseEventArgs e )
         {
            // para cada quadrado, verifica se ele foi clicado
            for ( int row = 0; row < 3; row++ )
               for ( int column = 0; column < 3; column++ )
                  if ( board[ row, column ].SquarePanel == sender )
                  {
                     CurrentSquare = board[ row, column ];

                     // envia o movimento para o servidor
```

Figura 22.6 Lado cliente do programa de jogo-da-velha cliente/servidor. (Parte 3 de 6.)

```
                  SendClickedSquare( board[ row, column ].Location );
               }
      } // fim do método square_MouseUp

      // controla a linha de execução que permite atualização contínua do
      // que é exibido na caixa de texto
      public void Run()
      {
         // primeiro obtem a marca do jogador (X ou O)
         myMark = reader.ReadChar();
         idLabel.Text = "You are player \"" + myMark + "\"";
         myTurn = ( myMark == 'X' ? true : false );

         // processa as mensagens recebidas
         try
         {
            // recebe as mensagens enviadas para o cliente
            while ( true )
               ProcessMessage( reader.ReadString() );
         }
         catch ( EndOfStreamException )
      {
         MessageBox.Show( "Server is down, game over", "Error",
            MessageBoxButtons.OK, MessageBoxIcon.Error );
      }

   } // fim do método Run

   // processa as mensagens enviadas para o cliente
   public void ProcessMessage( string message )
   {
      // se o movimento que o jogador enviou para o servidor é válido
      // atualiza a tela, configura a marca desse quadrado para ser
      // a marca do jogador atual e repinta o tabuleiro
      if ( message == "Valid move." )
      {
         displayTextBox.Text +=
            "Valid move, please wait.\r\n";
         currentSquare.Mark = myMark;
         PaintSquares();
      }

      // se o movimento é inválido, mostra isso e agora é a vez
      // desse jogador novamente
      else if ( message == "Invalid move, try again" )
      {
         displayTextBox.Text += message + "\r\n";
         myTurn = true;
      }

      // se o oponente moveu
      else if ( message == "Opponent moved" )
      {
         // encontra a localização de seu movimento
         int location = reader.ReadInt32();

         // configura esse quadrado para ter a marca do oponente e
         // repinta o tabuleiro
```

Figura 22.6 Lado cliente do programa de jogo-da-velha cliente/servidor. (Parte 4 de 6.)

```
         board[ location / 3, location % 3 ].Mark =
            ( myMark == 'X' ? 'O' : 'X' );
         PaintSquares();

         displayTextBox.Text +=
            "Opponent moved.  Your turn.\r\n";

         // agora é a vez desse jogador
         myTurn = true;
      }

      // exibe a mensagem
      else
         displayTextBox.Text += message + "\r\n";

   } // fim do método ProcessMessage

   // envia ao servidor o número do quadrado clicado
   public void SendClickedSquare( int location )
   {
      // se agora é o movimento do jogador atual
      if ( myTurn )
      {
         // envia a localização do movimento para o servidor
         writer.Write( location );

         // agora é a vez do outro jogador
         myTurn = false;
      }
   }

   // propriedade somente de escrita do quadrado atual
   public Square CurrentSquare
   {
      set
      {
         currentSquare = value;
      }
   }

} // fim da classe Client
```

1.

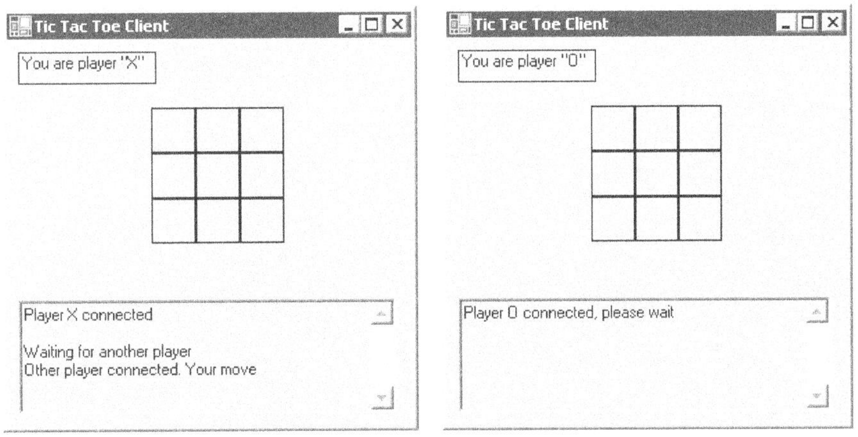

Figura 22.6 Lado cliente do programa de jogo-da-velha cliente/servidor. (Parte 5 de 6.)

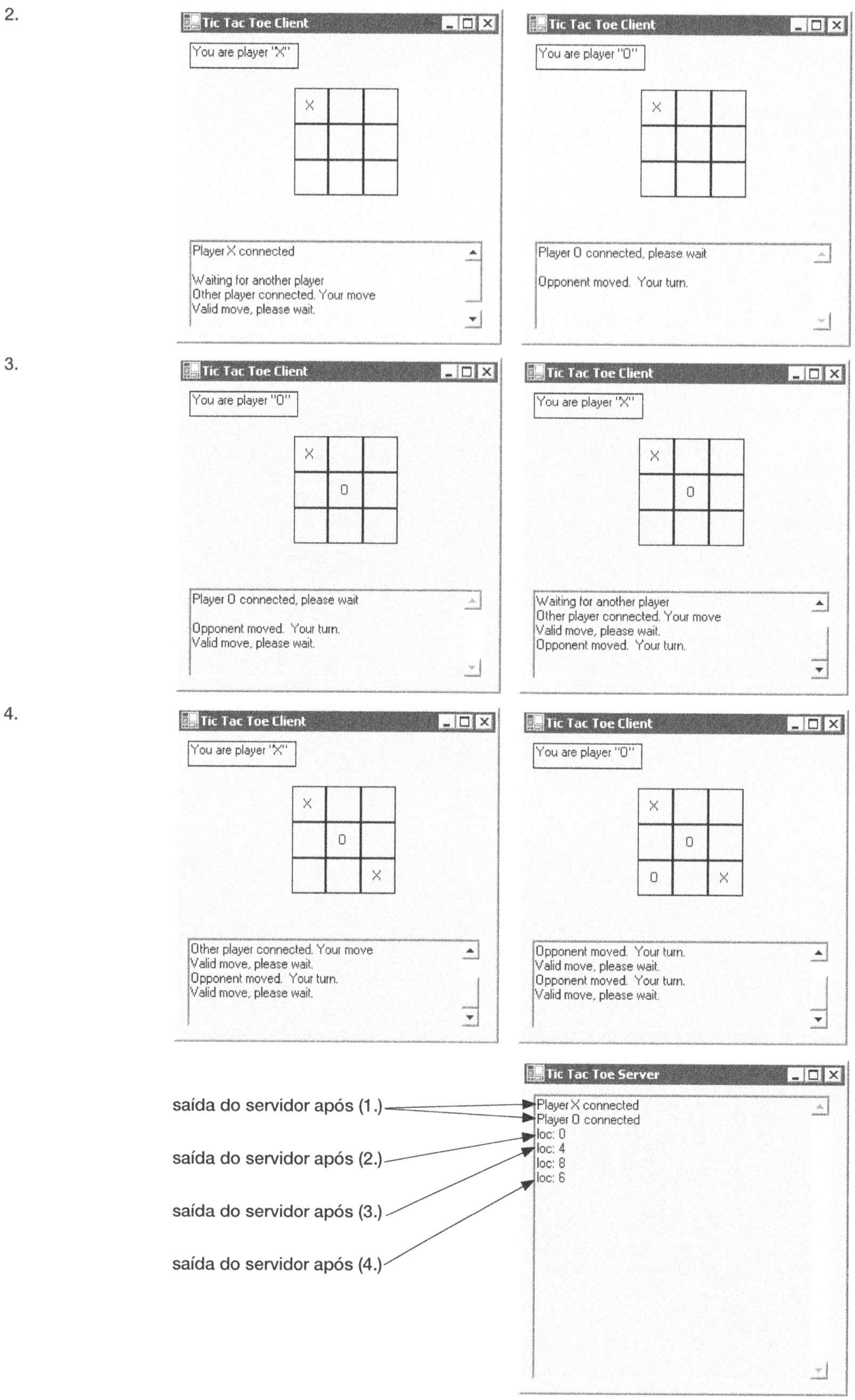

Figura 22.6 Lado cliente do programa de jogo-da-velha cliente/servidor. (Parte 6 de 6.)

A linha 229 da Figura 22.5 inicia uma estrutura **while** que repete até que a propriedade **Available** de **Socket** indique que existe informação para receber do **Socket** (ou até que o servidor se desconecte do cliente). Se não houver informação, a linha de execução entra em repouso por um segundo. Ao despertar, a linha de execução usa a propriedade **Disconnected** para verificar se a variável **disconnect** do servidor é **true**. Se o valor for **true**, o objeto **Thread** sai do método (terminando assim o objeto **Thread**); caso contrário, o objeto **Thread** entra no laço novamente. Entretanto, se a propriedade **Available** indicar que existem dados para receber, o laço **while** das linhas 229 a 235 termina, permitindo que as informações sejam processadas.

Essas informações contêm um valor **int** representando a localização em que o cliente deseja colocar uma marca. A linha 238 chama o método **ReadInt32** do objeto **BinaryReader** (que lê do **NetworkStream** criado com o **Socket**) para ler esse valor **int**. A linha 242 passa então o valor **int** para o método **ValidMove** de **Server**. Se esse método validar o movimento, o **Player** colocará a marca na posição desejada.

O método **ValidMove** (linhas 101 a 131) envia ao cliente uma mensagem indicando se o movimento foi válido. As posições no tabuleiro correspondem aos números **0** a **8** (**0** a **2** para a primeira fileira, **3** a **5** para a segunda e **6** a **8** para a terceira). Todas as instruções no método **ValidMove** são incluídas em uma instrução **lock** que permite que apenas um movimento seja tentado por vez. Isso impede que os dois jogadores modifiquem as informações de estado do jogo simultaneamente. Se o **Player** que está tentando validar um movimento não é o jogador atual (isto é, aquele que pode fazer um movimento), esse **Player** é colocado em um estado de espera até que seja a vez desse jogador de mover. Se o usuário tentar colocar uma marca em uma posição que já contém uma, o método **ValidMove** retornará **false**. Entretanto, se o usuário tiver selecionado uma posição desocupada (linha 111), as linhas 114 e 115 colocarão a marca na representação do local do tabuleiro. A linha 121 notifica o outro **Player** de que um movimento foi feito, e a linha 124 chama o método **Pulse** para que o **Player** que está esperando possa validar um movimento. Então, o método retorna **true** para indicar que o movimento é válido.

Quando um aplicativo **Client** (Figura 22.6) executa, ele cria uma **TextBox** para exibir mensagens do servidor e a representação do tabuleiro do jogo-da-velha. O tabuleiro é criado com nove objetos **Square** (Figura 22.7) que contêm objetos **Panel** nos quais o usuário pode clicar, indicando a posição no tabuleiro onde deve colocar uma marca. O construtor de **Client** (linhas 50 a 82) abre uma conexão com o servidor (linha 73) e obtém uma referência ao objeto **NetworkStream** associado à conexão de **TcpClient** (linha 74). As linhas 80 e 81 iniciam uma linha de execução que lê as mensagens enviadas do servidor para o cliente. O servidor passa as mensagens (por exemplo, se cada movimento é válido) para o método **ProcessMessage** (linhas 163 a 207). Se a mensagem indica que um movimento é válido (linha 168), o cliente configura sua marca como o quadrado atual (o quadrado em que o usuário clicou) e repinta o tabuleiro. Se a mensagem indica que um movimento é inválido (linha 178), o cliente notifica o usuário para que ele clique em um quadrado diferente. Se a mensagem indica que o oponente fez um movimento (linha 185), a linha 188 lê do servidor um valor **int** especificando onde, no teclado, o cliente deve colocar a marca do oponente.

Neste capítulo discutimos como usar as tecnologias de rede do C#, fornecendo transmissão orientada a conexão (isto é, baseada em fluxos) e transmissão sem conexão (isto é, baseada em pacotes). Mostramos como criar um servidor e um cliente simples por meio de soquetes de fluxo e como criar um servidor de múltiplas linhas de execução. No Capítulo 23 discutiremos como armazenar dados dinamicamente e estudaremos várias das principais classes que pertencem ao espaço de nomes **System.Collections** do C#.

```
// Fig. 22.7: Square.cs
// Um quadrado do tabuleiro de jogo-da-velha.

using System.Windows.Forms;

// a representação de um quadrado em uma grade de jogo-da-velha
public class Square
{
   private Panel panel;
   private char mark;
   private int location;

   // construtor
```

Figura 22.7 Classe Square. (Parte 1 de 2.)

```
      public Square( Panel newPanel, char newMark, int newLocation )
      {
         panel = newPanel;
         mark = newMark;
         location = newLocation;
      }

      // propriedade SquarePanel; o painel que o quadrado representa
      public Panel SquarePanel
      {
         get
         {
            return panel;
         }
      } // fim da  propriedade SquarePanel

      // propriedade Mark; a marca do quadrado
      public char Mark
      {
         get
         {
            return mark;
         }

         set
         {
            mark = value;
         }
      } // fim da propriedade Mark

      // propriedade Location; a localização do quadrado no tabuleiro
      public int Location
      {
         get
         {
            return location;
         }
      } // propriedade Location

   } // fim da classe Square
```

Figura 22.7 Classe Square. (Parte 2 de 2.)

Resumo

- Os soquetes são a principal maneira de realizar comunicação de rede na plataforma .NET. O termo "soquete" se refere à Berkeley Sockets Interface, que foi desenvolvida em 1978 para facilitar a programação de rede com UNIX e popularizada pelos programadores de C e C++.
- Os dois tipos mais populares de soquetes são os soquetes de fluxo e os soquetes de datagrama.
- Os soquetes de fluxo fornecem um serviço orientado a conexão, significando que um processo estabelece uma conexão com outro e os dados podem fluir entre os processos, em fluxos contínuos.
- Os soquetes de datagrama fornecem um serviço sem conexão que usa mensagens para transmitir dados.
- Os serviços sem conexão geralmente oferecem melhor desempenho, mas menor confiabilidade, do que os serviços orientados a conexão.
- O TCP (Transmission Control Protocol — protocolo de controle de transmissão) é o protocolo preferido para soquetes de fluxo. Trata-se de uma maneira confiável e relativamente rápida de enviar dados por meio de uma rede.

- O UDP (User Datagram Protocol — protocolo de datagramas do usuário) é o protocolo preferido para soquetes de datagrama. O UDP não é confiável. Não há garantia de que os pacotes enviados com UDP cheguem na ordem em que foram enviados ou mesmo que eles cheguem.
- O estabelecimento de um servidor simples com TCP e soquetes de fluxo em C# exige cinco passos. O Passo 1 é criar um objeto **TcpListener**. Essa classe representa um soquete de fluxo TCP que um servidor pode usar para receber conexões.
- Para receber conexões, o **TcpListener** deve ouvi-las. Para que o **TcpListener** ouça conexões de cliente, seu método **Start** deve ser chamado (Passo 2).
- O método **AcceptSocket** de **TcpListener** bloqueia indefinidamente até que uma conexão seja estabelecida, no ponto em que ele retorna um objeto **Socket** (Passo 3).
- O Passo 4 é a fase de processamento, na qual o servidor e o cliente se comunicam utilizando os métodos **Read** e **Write**, por meio de um objeto **NetworkStream**.
- Quando o cliente e o servidor tiverem terminado de se comunicar, o servidor fecha a conexão com o método **Close** do **Socket** (Passo 5). Então, a maioria dos servidores retornará, por meio de um laço de controle, ao passo da chamada a **AcceptSocket**, para esperar pela conexão de outro cliente.
- Um número de porta é uma identificação numérica que um processo usa para identificar-se em determinado endereço de rede, também conhecido como endereço IP (Internet Protocol — protocolo Internet).
- Um processo individual executando em um computador é identificado por um par endereço IP/número de porta. Assim, dois processos não podem ter o mesmo número de porta em determinado endereço IP.
- O estabelecimento de um cliente simples exige quatro passos. No Passo 1 criamos um **TcpClient** para se conectar com o servidor. Essa conexão é estabelecida por meio de uma chamada ao método **Connect** do **TcpClient**, contendo dois argumentos — o endereço IP e o número de porta do servidor.
- No Passo 2, o **TcpClient** usa o método **GetStream** para obter um **Stream** para escrever e ler no servidor.
- O Passo 3 é a fase de processamento, na qual o cliente e o servidor se comunicam.
- O Passo 4 tem o cliente fechando a conexão, chamando o método **Close** no **NetworkStream**.
- Os métodos **WriteByte** e **Write** de **NetworkStream** podem ser usados para produzir bytes individuais ou conjuntos de bytes na saída do servidor, respectivamente.
- Os métodos **ReadByte** e **Read** de **NetworkStream** podem ser usados para ler do servidor bytes individuais ou conjuntos de bytes, respectivamente.
- A classe **UdpClient** é fornecida para transmissão de dados sem conexão.
- Os métodos **Send** e **Receive** da classe **UdpClient** são usados para transmitir dados.
- A classe **IPEndPoint** representa um ponto final em uma rede.
- A classe **IPAddress** representa um endereço IP.
- Os servidores de múltiplas linhas de execução podem gerenciar muitas conexões simultâneas com vários clientes.

Terminologia

127.0.0.1
aplicativos de colaboração
bate-papo cliente/servidor
Berkeley Sockets Interface
bloqueio
bloqueio até que a conexão seja recebida
classe **BinaryReader**
classe **BinaryWriter**
classe **IPAddress**
classe **IPEndPoint**
classe **NetworkStream**
classe **Socket**
classe **TcpClient**
classe **TcpListener**
classe **Thread**
classe **UdpClient**
classe **WebClient**
cliente
comunicação baseada em soquetes
conexão
conexão com um servidor
conexão entre cliente e servidor termina
conjunto de linhas de execução
datagrama
duplicata de datagrama
eco de um pacote em um cliente
e-mail
endereço de rede
endereço do servidor na Internet
endereço IP

endereço IP de loopback
enviar dados para um servidor
espaço de nomes **System.Net**
espaço de nomes **System.Net.Sockets**
fluxo
geração
laço infinito
LAN
lendo um arquivo em um servidor da Web
ligando um servidor a uma porta
localhost
membro **static Loopback** da classe **IPAddress**
método **AcceptSocket** da classe **TcpListener**
método **Bind** da classe **Socket**
método **Close** da classe **Socket**
método **Close** da classe **TcpClient**
método **Connect** da classe **TcpListener**
método **Exit** da classe **Environment**
método **GetStream** da classe **Socket**
método **OpenRead** da classe **WebClient**
método **OpenWrite** da classe **WebClient**
método **Read** da classe **NetworkStream**
método **ReadByte** de **NetworkStream**
método **ReadString** de **BinaryReader**
método **Receive** da classe **Socket**
método **Receive** da classe **UdpClient**
método **ReceiveFrom** da classe **Socket**
método **Send** da classe **Socket**
método **Send** da classe **UdpClient**
método **SendTo** da classe **Socket**
método **Start** da classe **TcpListener**
método **Write** da classe **BinaryWriter**
método **Write** da classe **NetworkStream**
método **WriteByte** da classe **NetworkStream**
Microsoft Internet Explorer
modelo cliente/servidor
Netscape Communicator
número de porta
número de porta do servidor
pacote
porta de conexão
processamento de arquivos
propriedade **ExitCode** da classe **Environment**
protocolo
recepção de dados de um servidor
recepção de uma conexão
rede como E/S de arquivo
rede local (LAN)
serviço de sistema
serviço orientado a conexão
serviço sem conexão
servidor
servidor da Web
sistema telefônico
soquete
soquete de datagrama
soquete de fluxo
TCP (Transmission Control Protocol — protocolo de controle de transmissão)
tentativa de conexão
transmissão baseada em fluxos
transmissão baseada em fluxos, orientada a conexão
transmissão sem conexão com datagramas
UDP (User Datagram Protocol — protocolo de datagramas do usuário)

Exercícios de revisão

22.1 Indique se cada uma das seguintes alternativas é *verdadeira* ou *falsa*. Se for *falsa*, justifique.

a) O UDP é um protocolo orientado a conexão.
b) Com soquetes de fluxo, um processo estabelece uma conexão com outro processo.
c) A transmissão de pacote de datagrama por meio de uma rede é confiável — é garantido que os pacotes cheguem em seqüência.
d) Na maioria das vezes, o protocolo TCP é preferido em detrimento do protocolo UDP.
e) Cada **TcpListener** pode aceitar apenas uma conexão.
f) Um **TcpListener** pode ouvir conexões em mais de uma porta por vez.
g) Um **UdpClient** pode enviar informações apenas para uma porta em particular.
h) Os pacotes enviados por uma conexão UDP são enviados apenas uma vez.
i) Os clientes precisam saber o número de porta em que o servidor está esperando por conexões.

22.2 Preencha os espaços em branco em cada uma das declarações a seguir:

a) Muitas das classes de rede do C# estão contidas nos espaços de nomes ______________ e ______________.
b) A classe ______________ é usada para transmissão rápida de datagrama, mas não confiável.
c) Um objeto da classe ______________ representa um endereço IP.
d) Os dois tipos de soquetes que discutimos neste capítulo são os soquetes ______________ e ______________.
e) O acrônimo TCP significa ______________.
f) A classe ______________ ouve conexões de clientes.
g) A classe ______________ se conecta com servidores.
h) A classe ______________ dá acesso a dados de fluxo em uma rede.

Respostas dos exercícios de revisão

22.1 a) Falsa. UDP é um protocolo sem conexão e TCP é um protocolo orientado a conexão. b) Verdadeira. c) Falsa. Os pacotes podem ser perdidos, chegar fora de ordem ou mesmo ser duplicados. d) Verdadeira. e) Falsa. **TcpListener AcceptSocket** pode ser chamado quantas vezes for necessário — cada chamada aceitará uma nova conexão. f) Falsa. Um objeto **TcpListener** pode ouvir conexões apenas em uma porta por vez. g) Falsa. Um objeto **UdpClient** pode enviar informações para qualquer porta representada por um objeto **IPEndPoint**. h) Falsa. Os pacotes podem ser enviados mais de uma vez, para ser mais provável que pelo menos uma cópia de cada pacote chegue. i) Verdadeira.

22.2 a) **System.Net**, **System.Net.Sockets**. b) **UdpClient**. c) **IPAddress**. d) fluxo, datagrama. e) Transmission Control Protocol (protocolo de controle de transmissão). f) **TcpListener**. g) **TcpClient**. h) **NetworkStream**.

Exercícios

22.3 Use uma conexão de soquete para permitir que um cliente especifique um nome de arquivo e faça o servidor enviar o conteúdo do arquivo ou indicar que ele não existe. Permita que o cliente modifique o conteúdo do arquivo e envie o arquivo de volta para o servidor, para armazenamento.

22.4 Os servidores de múltiplas linhas de execução são hoje bastante populares, especialmente em virtude do uso cada vez maior de servidores multiprocessados (isto é, servidores com mais de uma unidade de processamento, ou CPU). Modifique o aplicativo servidor simples apresentado na Seção 22.4 para que ele se torne um servidor de múltiplas linhas de execução. Em seguida, use vários aplicativos clientes e faça cada um deles se conectar com o servidor simultaneamente.

22.5 Crie um aplicativo cliente/servidor para o jogo de forca, usando conexões de soquete. O servidor deve escolher uma palavra ou expressão aleatoriamente, de um arquivo ou de um banco de dados. Após se conectar, o cliente deve poder começar a adivinhar. Se o cliente supor incorretamente cinco vezes, o jogo termina. Mostre a expressão ou palavra original no servidor. Exiba no cliente sublinhados (para as letras que ainda não foram adivinhadas) e as letras que foram adivinhadas da palavra ou expressão.

22.6 Modifique o exercício anterior para ser um jogo sem conexão usando datagramas.

22.7 (*Modificações no programa de jogo-da-velha de múltiplas linhas de execução*) Os programas das figuras 22.5 a 22.7 implementam uma versão cliente/servidor de múltiplas linhas de execução do jogo-da-velha. Nosso objetivo no desenvolvimento desse jogo foi demonstrar um servidor de múltiplas linhas de execução que podia processar várias conexões de clientes simultaneamente. O servidor do exemplo é na verdade um mediador entre os dois clientes — ele certifica-se de que cada movimento seja válido e que cada cliente mova na ordem correta. O servidor não determina quem ganhou ou perdeu, ou se houve um empate. Além disso, não existe nenhum recurso para permitir que um novo jogo seja jogado ou para terminar um jogo existente.

Eis uma lista das modificações sugeridas no aplicativo de jogo-da-velha de múltiplas linhas de execução:

a) Modifique a classe **Server** para testar uma vitória, perda ou empate em cada movimento no jogo. Quando o jogo terminar, envie uma mensagem para cada cliente indicando o resultado do jogo.
b) Modifique a classe **Client** para exibir um botão que, quando clicado, permita ao cliente jogar outro jogo. O botão deve ser ativado apenas quando um jogo terminar. Note que as classes **Client** e **Server** devem ser modificadas para reconfigurar o tabuleiro e todas as informações de estado. Além disso, o outro **Client** deve ser notificado de um novo jogo, para que esse cliente possa reconfigurar seu tabuleiro e suas informações de estado.
c) Modifique a classe **Client** para fornecer um botão que permita a um cliente terminar o programa a qualquer momento. Quando o botão for clicado, o servidor e o outro cliente devem ser notificados. O servidor deve então esperar por uma conexão de outro cliente, para que um novo jogo possa começar.
d) Modifique as classes **Client** e **Server** para que o perdedor de um jogo possa escolher a peça **X** ou **O** para o próximo jogo. Lembre-se de que ***X*** sempre joga primeiro.

22.8 (*Código Morse em rede*) Talvez o mais famoso de todos os esquemas de codificação seja o código Morse, desenvolvido por Samuel Morse em 1832 para uso com o sistema telegráfico. O código Morse atribui uma série de pontos e traços a cada letra do alfabeto, cada algarismo e alguns caracteres especiais (como ponto final, vírgula, dois-pontos e ponto-e-vírgula). Em sistemas sonoros, o ponto representa um som curto e o traço, um som longo. Outras representações de pontos e traços são usadas com sistemas luminosos e sistemas de sinalização com bandeiras.

A separação entre as palavras é indicada por um espaço ou, muito simplesmente, pela ausência de um ponto ou traço. Em um sistema sonoro, um espaço é indicado por um curto período de tempo, durante o qual nenhum som é transmitido. A versão internacional do código Morse aparece na Figura 22.8.

Escreva um aplicativo que leia uma frase no idioma inglês e a codifique em código Morse. Além disso, escreva um programa que leia uma frase em código Morse e a converta para o equivalente no idioma inglês. Use um espaço em branco entre cada letra codificada no código Morse e três espaços em branco entre cada palavra codificada em código Morse. Então, permita que esses dois aplicativos enviem mensagens em código Morse um para o outro, por meio de um servidor de aplicativo de múltiplas linhas de execução. Cada aplicativo deve permitir que o usuário digite caracteres normais em uma **TextBox**. O aplicativo deve então transformar os caracteres em código Morse e enviar a mensagem codificada, por meio do servidor, para o outro cliente. Quando as mensagens forem recebidas, elas deverão ser decodificadas e exibidas como caracteres normais e como código Morse. O aplicativo deve ter duas **TextBox**es: uma para exibir as mensagens do outro cliente e uma para digitar.

Caractere	Código	Caractere	Código
A	•-	T	-
B	-•••	U	••-
C	-•-•	V	•••-
D	-••	W	•--
E	•	X	-••-
F	••-•	Y	-•--
G	--•	Z	--••
H	••••		
I	••	Algarismos	
J	•---	0	-----
K	-•-	1	•----
L	•-••	2	••---
M	--	3	•••--
N	-•	4	••••-
O	---	5	•••••
P	•--•	6	-••••
Q	--•-	7	--•••
R	•-•	8	---••
S	•••	9	----•

Figura 22.8 Letras do alfabeto e algarismos decimais expressos em código Morse internacional.

23

Estruturas de Dados e Coleções

Objetivos

- Formar estruturas de dados encadeadas usando referências, classes auto-referenciais e recursividade.
- Criar e manipular estruturas de dados dinâmicas, como listas encadeadas, filas, pilhas e árvores binárias.
- Entender várias aplicações importantes das estruturas de dados encadeadas.
- Entender como criar estruturas de dados reutilizáveis com classes, herança e composição.

Muito do que eu prendo não poderia libertar;
muito do que libertei voltou para mim.
Lee Wilson Dodd

'Você poderia andar um pouco mais rápido?',
disse um papa-terra para uma lesma,
'Há um boto bem perto de nós,
e ele está pisando em meu rabo'.
Lewis Carroll

Sempre há lugar em cima.
Daniel Webster

Continue — mantenha-se se movendo.
Thomas Morton

Acho que nunca verei
um poema belo como uma árvore.
Joyce Kilmer

Resumo

23.1 Introdução

As *estruturas de dados* que estudamos até aqui tinham tamanho fixo, como os arrays de índice simples e duplo. Este capítulo apresenta as *estruturas de dados dinâmicas*, que crescem e diminuem em tempo de execução. As *listas encadeadas* são coleções de itens de dados "organizados em uma linha" — os usuários podem fazer inserções e exclusões em qualquer parte de uma lista encadeada. As *pilhas* são importantes em compiladores e sistemas operacionais, pois as inserções e exclusões são feitas apenas em uma extremidade — seu *início*. As *filas* representam linhas de espera; as inserções são feitas no final (também referido como *cauda*) de uma fila, e as exclusões são feitas a partir do início (também referido como *cabeça*) de uma fila. As *árvores binárias* facilitam a busca e a ordenação em alta velocidade dos dados, a eliminação eficiente de itens de dados duplicados, a representação de diretórios de sistema de arquivo e a compilação de expressões em linguagem de máquina. Essas estruturas de dados têm muitas outras aplicações interessantes.

Vamos discutir cada um dos principais tipos de estruturas de dados e implementar programas que as criam e manipulam. Usaremos classes, herança e composição para criar e empacotar essas estruturas de dados para reutilização e manutenção.

Os exemplos do capítulo são programas práticos que serão úteis em cursos mais avançados e em aplicativos industriais. Os programas dedicam atenção especial e focalizam a manipulação da referência. Os exercícios oferecem uma rica coleção de aplicativos úteis.

23.2 Classes auto-referenciais

Uma *classe auto-referencial* contém um membro de referência que se refere a um objeto do mesmo tipo de classe. Por exemplo, a definição de classe da Figura 23.1 define um tipo, **`Node`** (nó). Esse tipo tem duas variáveis de instância **`private`** — o inteiro **`data`** (dados) e a referência a **`Node next`** (próximo, seguinte). O membro **`next`** referencia um objeto de tipo **`Node`**, um objeto do mesmo tipo que aquele que está sendo declarado aqui — daí o termo "classe auto-referencial". O membro **`next`** é referido como um *vínculo* (isto é, **`next`** pode ser usado para "ligar" um objeto de tipo **`Node`** a outro objeto do mesmo tipo). A classe **`Node`** também tem duas propriedades: uma para a variável **`data`** (chamada **`Data`**) e outra para a variável **`next`** (chamada **`Next`**).

Os objetos auto-referenciais podem ser ligados para formar estruturas de dados úteis, como listas, filas, pilhas e árvores. A Figura 23.2 ilustra dois objetos auto-referenciais ligados para formar uma lista. Uma barra invertida (representando uma referência **`null`**) é colocada no membro de vínculo do segundo objeto auto-referencial para indicar que o vínculo não se refere a outro objeto. A barra serve para propósitos de ilustração; ela não corresponde ao caractere de barra invertida no C#. Uma referência **`null`** normalmente indica o final de uma estrutura de dados.

Erro de programação comum 23.1

*Não configurar o vínculo no último nó de uma lista (ou outra estrutura de dados linear) como **`null`** é um erro de lógica comum.*

```
class Node
{
   private int data;
   private Node next;

   public Node( int d )
   {
      // corpo do construtor
   }

   public int Data
   {
      get
      {
         // corpo de get
      }

      set
      {
         // corpo de set
      }
   }

   public Node Next
   {
      get
      {
         // corpo de get
      }

      set
      {
         // corpo de set
      }
   }
}
```

Figura 23.1 Exemplo de definição da classe Node auto-referencial.

Figura 23.2 Dois objetos de classe auto-referencial vinculados.

Criar e manter estruturas de dados dinâmicas exige *alocação de memória dinâmica* — a capacidade de um programa de obter mais espaço de memória, em tempo de execução, para conter novos nós e para liberar o espaço não mais necessário. Conforme aprendemos, os programas C# não liberam de maneira explícita a memória alocada dinamicamente. Em vez disso, o C# realiza a coleta de lixo automática.

O limite da alocação de memória dinâmica pode ser tão grande quanto o espaço em disco disponível em um sistema de memória virtual. Freqüentemente, os limites são muito menores, pois a memória disponível do computador deve ser compartilhada entre muitos usuários (ou, no caso de computadores monousuários, vários processos).

O operador **new** é fundamental para a alocação de memória dinâmica. O operador **new** toma um operando do tipo do objeto que está sendo alocado dinamicamente e retorna uma referência para um objeto recentemente criado desse tipo. Por exemplo, a instrução:

```
Node nodeToAdd = new Node( 10 );
```

aloca a quantidade de memória apropriada para armazenar um objeto **Node** e armazena uma referência para esse objeto em **nodeToAdd**. Se não houver memória disponível, **new** lança uma exceção **OutOfMemoryException**. O valor 10 é o dado do objeto **Node**.

As seções a seguir discutem as listas, pilhas, filas e árvores. Essas estruturas de dados são criadas e mantidas com alocação de memória dinâmica e classes auto-referenciais.

Boa prática de programação 23.1

Ao criar um número muito grande de objetos, teste a existência de uma exceção **OutOfMemoryException**. *Execute o processamento de erro apropriado se a memória solicitada não for alocada.*

23.3 Listas encadeadas

Uma *lista encadeada* é uma coleção linear (isto é, uma seqüência) de objetos de classe auto-referencial, chamados *nós*, conectados por encadeamentos de referência — daí o termo lista "encadeada". Um programa acessa uma lista encadeada por meio de uma referência para o primeiro nó da lista. Cada nó subseqüente é acessado por meio do membro de referência a vínculo armazenado no nó anterior. Por convenção, a referência a vínculo no último nó de uma lista é configurada como **null** para marcar o final da lista. Os dados são armazenados em uma lista encadeada dinamicamente — isto é, cada nó é criado conforme for necessário. Um nó pode conter dados de qualquer tipo, incluindo objetos de outras classes. As pilhas e filas, que também são estruturas de dados lineares, são versões restritas das listas encadeadas. As árvores são estruturas de dados não-lineares.

As listas de dados podem ser armazenadas em arrays, mas as listas encadeadas oferecem diversas vantagens. Uma lista encadeada é apropriada quando o número de elementos de dados a serem representados na estrutura de dados é imprevisível. Ao contrário de uma lista encadeada, o tamanho de um array C# convencional não pode ser alterado, pois o tamanho do array é fixado no momento da criação. Os arrays convencionais podem se tornar cheios, mas as listas encadeadas se tornam cheias apenas quando o sistema não dispõe de memória suficiente para satisfazer os pedidos de alocação de armazenamento dinâmica.

Dica de desempenho 23.1

Um array pode ser declarado para conter mais elementos do que o número de itens esperado, à custa do desperdício de memória. As listas encadeadas fornecem uma melhor utilização da memória nessas situações e permitem que o programa se adapte em tempo de execução.

Dica de desempenho 23.2

Após localizar o ponto de inserção para um novo item em uma lista encadeada ordenada, inserir um elemento na lista é rápido — apenas duas referências precisam ser modificadas. Todos os nós existentes permanecem em suas posições atuais na memória.

Os programadores podem manter listas encadeadas ordenadas simplesmente inserindo cada novo elemento no ponto correto da lista (localizar o ponto de inserção correto leva tempo). Eles não precisam mover elementos existentes na lista.

Dica de desempenho 23.3

Os elementos de um array são armazenados de maneira contígua na memória, para permitir o acesso imediato a qualquer elemento do array — o endereço de qualquer elemento pode ser calculado diretamente, a partir de seu deslocamento em relação ao início do array. As listas encadeadas não conseguem tal acesso imediato a seus elementos — um elemento pode ser acessado apenas percorrendo-se a lista desde o início.

Normalmente, a memória não armazena nós de lista encadeada de forma contígua. Em vez disso, os nós são logicamente adjacentes. A Figura 23.3 ilustra uma lista encadeada com vários nós.

Dica de desempenho 23.4

Usar alocação de memória dinâmica (em vez de arrays) para estruturas de dados que crescem e diminuem em tempo de execução pode economizar memória. Lembre-se, entretanto, de que as referências ocupam espaço e de que a alocação de memória dinâmica acarreta a sobrecarga das chamadas a métodos.

O programa das figuras 23.4 e 23.5 usa um objeto da classe **List** para manipular uma lista de vários tipos de objeto. O método **Main** da classe **ListTest** (Figura 23.5) cria uma lista de objetos, insere objetos no início da lista usando

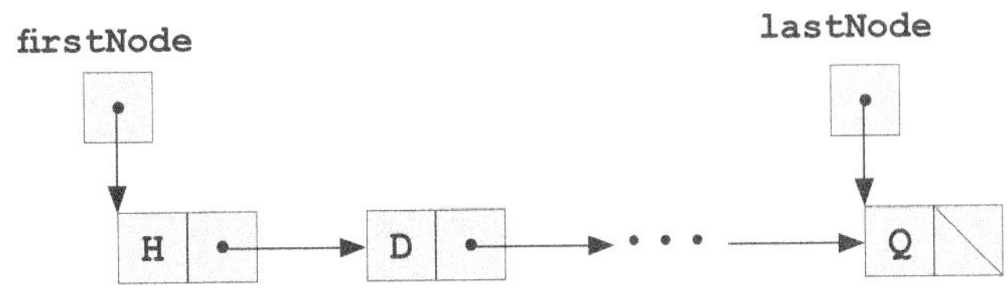

Figura 23.3 Uma representação gráfica de uma lista encadeada.

o método **InsertAtFront** de **List**, insere objetos no final da lista usando o método **InsertAtBack** de **List**, exclui objetos do início da lista usando o método **RemoveFromFront** de **List** e exclui objetos do final da lista usando o método **RemoveFromBack** de **List**. Cada operação de inserção e exclusão chama o método **Print** de **List** para apresentar o conteúdo atual da lista. Uma discussão detalhada do programa aparece a seguir. Se for feita uma tentativa de remover um item de uma lista vazia, ocorrerá uma exceção **EmptyListException**.

Dica de desempenho 23.5

A inserção e a exclusão em um array ordenado podem ser demoradas — todos os elementos após o que foi inserido ou excluído devem ser deslocados apropriadamente.

O programa consiste em quatro classes — **ListNode** (Figura 23.4, linhas 9 a 52), **List** (Figura 23.4, linhas 55 a 193), **EmptyListException** (Figura 23.4, linhas 196 a 203) e a classe **ListTest** (Figura 23.5). As classes da Figura 23.4 criam uma biblioteca de lista encadeada (definida no espaço de nomes **LinkedListLibrary**) que pode ser reutilizada por todo este capítulo.

Encapsulada em cada objeto **List** está uma lista encadeada de objetos **ListNode**. A classe **ListNode** (mostrada na Figura 23.4, linhas 9 a 52) consiste em duas variáveis membros — **data** e **next**. O membro **data** pode se referir a qualquer objeto. O membro **next** armazena uma referência para o próximo objeto **ListNode** da lista encadeada. Um objeto **List** acessa as variáveis membros de **ListNode** por meio das propriedades **Data** (linhas 44 a 50) e **Next** (linhas 30 a 41), respectivamente.

A classe **List** contém os membros **private firstNode** (uma referência para o primeiro **ListNode** de uma **List**) e **lastNode** (uma referência para o último **ListNode** de uma **List**). Os construtores (linhas 62 a 66 e 69 a 71) inicializam as duas referências como **null**. **InsertAtFront** (linhas 76 a 87), **InsertAtBack** (linhas 92 a 104), **RemoveFromFront** (linhas 107 a 125) e **RemoveFromBack** (linhas 128 a 156) são os principais métodos da classe **List**. Cada método usa um bloqueio **lock** para garantir que os objetos **List** sejam *seguros quanto às múltiplas linhas de execução*, quando usados em um programa com múltiplas linhas de execução. Se uma linha de execução estiver modificando o conteúdo de um objeto **List**, nenhuma outra linha de execução poderá modificar o mesmo objeto **List** simultaneamente. O método **IsEmpty** (linhas 159 a 165) é um *método predicado* que determina se a lista está vazia (isto é, a referência para o primeiro nó da lista é **null**). Os métodos predicados normalmente testam uma condição e não modificam o objeto em que são chamados. Se a lista estiver vazia, o método **IsEmpty** retornará **true**; caso contrário, retornará **false**. O método **Print** (linhas 168 a 191) exibe o conteúdo da lista. **IsEmpty** e **Print** também usam bloqueios **lock** para que o estado da lista não mude enquanto esses métodos estão executando suas tarefas.

A classe **EmptyListException** (linhas 196 a 203) define uma classe de exceção para manipular operações inválidas em uma **List** vazia.

A classe **ListTest** (Figura 23.5) usa a biblioteca de lista encadeada para criar e manipular uma lista encadeada. A linha 14 cria uma nova instância de tipo **List**, chamada **list**. As linhas 17 a 20 criam dados para adicionar na lista. As linhas 23 a 30 usam os métodos de inserção de **List** para inserir esses objetos e usam o método **Print** de **List** para produzir na saída o conteúdo de **list**, após cada inserção. O código dentro do bloco **try** (linhas 36 a 53) remove os objetos por meio dos métodos de exclusão de **List**, apresenta o objeto removido na saída e **list** após cada exclusão. Se houver uma tentativa de remover um objeto de uma lista vazia, esse bloco **try** captura a exceção **EmptyListException**. Note que a classe **ListTest** usa o espaço de nomes **LinkedListLibrary** (Figura 23.4); assim, a solução da classe **ListTest** deve ter uma referência para a biblioteca de classes **LinkedListLibrary**.

Nas próximas páginas discutiremos em detalhes cada um dos métodos da classe **List**. O método **InsertAtFront** (mostrado na Figura 23.4, linhas 76 a 87) coloca um novo nó no início da lista. O método consiste em três passos (ilustrados na Figura 23.6):

1. Chama **`IsEmpty`** para determinar se a lista está vazia (linha 80).
2. Se a lista estiver vazia, configura **`firstNode`** e **`lastNode`** para se referirem a um novo **`ListNode`**, inicializado com **`insertItem`** (linhas 81 e 82). O construtor de **`ListNode`**, nas linhas 16 a 19 (Figura 23.4), chama o construtor de **`ListNode`**, nas linhas 23 a 27 (Figura 23.4), para configurar a variável de instância **`data`**, para se referir ao objeto passado como primeiro argumento e configurar a referência **`next`** como **`null`**.
3. Se a lista não estiver vazia, o novo nó será inserido na lista, configurando-se **`firstNode`** para se referir a um novo objeto **`ListNode`**, inicializado com **`insertItem`** e **`firstNode`** (linhas 84 e 85). Quando o construtor de **`ListNode`** (linhas 23 a 27 da Figura 23.4) executa, ele configura a variável de instância **`data`** para se referir ao objeto passado como primeiro argumento e realiza a inserção configurando a referência **`next`** como a **`ListNode`** passada como segundo argumento.

```
1   // Fig. 23.4: LinkedListLibrary.cs
2   // Definições das classes ListNode e List.
3
4   using System;
5
6   namespace LinkedListLibrary
7   {
8      // classe para representar um nó em uma lista
9      class ListNode
10     {
11        private object data;
12        private ListNode next;
13
14        // construtor para criar ListNode que se refere a dataValue
15        // e é o último nó na lista
16        public ListNode( object dataValue )
17           : this( dataValue, null )
18        {
19        }
20
21        // construtor para criar ListNode que se refere a dataValue
22        // e se refere ao próximo ListNode de List
23        public ListNode( object dataValue, ListNode nextNode )
24        {
25           data = dataValue;
26           next = nextNode;
27        }
28
29        // propriedade Next
30        public ListNode Next
31        {
32           get
33           {
34              return next;
35           }
36
37           set
38           {
39              next = value;
40           }
41        }
42
43        // propriedade Data
44        public object Data
```

Figura 23.4 Definições das classes `ListNode`, `List` e `EmptyListException`. (Parte 1 de 4.)

```
      {
         get
         {
            return data;
         }
      }

   } // fim da classe ListNode

   // definição da classe List
   public class List
   {
      private ListNode firstNode;
      private ListNode lastNode;
      private string name;      // string como "list" a exibir

      // constroi objeto List vazio com o nome especificado
      public List( string listName )
      {
         name = listName;
         firstNode = lastNode = null;
      }

      // constrói objeto List vazio com "list" como seu nome
      public List() : this( "list" )
      {
      }

      // Insere objeto no início de List. Se List estiver vazio,
      // firstNode e lastNode se referirão ao mesmo objeto.
      // Caso contrário, firstNode se referirá ao novo nó.
      public void InsertAtFront( object insertItem )
      {
         lock ( this )
         {
            if ( IsEmpty() )
               firstNode = lastNode =
                  new ListNode( insertItem );
            else
               firstNode =
                  new ListNode( insertItem, firstNode );
         }
      }

      // Insere objeto no final de List. Se List estiver vazio,
      // firstNode e lastNode se referirão ao mesmo objeto.
      // Caso contrário, a propriedade Next de lastNode se referirá ao novo nó.
      public void InsertAtBack( object insertItem )
      {
         lock ( this )
         {
            if ( IsEmpty() )
               firstNode = lastNode =
                  new ListNode( insertItem );

            else
               lastNode = lastNode.Next =
                  new ListNode( insertItem );
```

Figura 23.4 Definições das classes ListNode, List e EmptyListException. (Parte 2 de 4.)

```
         }
      }

      // remove o primeiro nó de List
      public object RemoveFromFront()
      {
         lock ( this )
         {
            if ( IsEmpty() )
               throw new EmptyListException( name );

            object removeItem = firstNode.Data;   // recupera dados

            // reinicializa as referências a firstNode e lastNode
            if ( firstNode == lastNode )
               firstNode = lastNode = null;

            else
               firstNode = firstNode.Next;

            return removeItem;  // retorna os dados removidos
         }
      }

      // remove o último nó de List
      public object RemoveFromBack()
      {
         lock ( this )
         {
            if ( IsEmpty() )
               throw new EmptyListException( name );

            object removeItem = lastNode.Data;   // recupera dados

            // reinicializa as referências a firstNode e lastNode
            if ( firstNode == lastNode )
               firstNode = lastNode = null;

            else
            {
               ListNode current = firstNode;

               // repete enquanto o nó atual não é lastNode
               while ( current.Next != lastNode )
                  current = current.Next;    // vai para o próximo nó

                  // current é o novo lastNode
                  lastNode = current;
                  current.Next = null;
               }

               return removeItem;  // retorna os dados removidos
            }
         }

         // retorna true se List estiver vazio
         public bool IsEmpty()
         {
```

Figura 23.4 Definições das classes `ListNode`, `List` e `EmptyListException`. (Parte 3 de 4.)

```
         lock ( this )
         {
            return firstNode == null;
         }
      }

      // saída do conteúdo de List
      virtual public void Print()
      {
         lock ( this )
         {
            if ( IsEmpty() )
            {
               Console.WriteLine( "Empty " + name );
                  return;
            }

            Console.Write( "The " + name + " is: " );

            ListNode current = firstNode;

            // saída dos dados do nó atual, enquanto não está no final da lista
            while ( current != null )
            {
               Console.Write( current.Data + " " );
               current = current.Next;
            }

            Console.WriteLine( "\n" );
         }
      }

   } // fim da classe List

   // definição da classe EmptyListException
   public class EmptyListException : ApplicationException
   {
      public EmptyListException( string name )
         : base( "The " + name + " is empty" )
      {
      }

   } // fim da classe EmptyListException
} // fim do espaço de nomes LinkedListLibrary
```

Figura 23.4 Definições das classes ListNode, List e EmptyListException. (Parte 4 de 4.)

```
// Fig 23.5: ListTest.cs
// Testando a classe List.

using System;
using LinkedListLibrary;

namespace ListTest
```

Figura 23.5 Demonstrando listas encadeadas. (Parte 1 de 3.)

```
{
   // classe para testar a funcionalidade da classe List
   class ListTest
   {
      static void Main( string[] args )
      {
         List list = new List();  // cria contêiner List

         // cria dados para armazenar em List
         bool aBoolean = true;
         char aCharacter = '$';
         int anInteger =  34567;
         string aString = "hello";

         // usa métodos de inserção de List
         list.InsertAtFront( aBoolean );
         list.Print();
         list.InsertAtFront( aCharacter );
         list.Print();
         list.InsertAtBack( anInteger );
         list.Print();
         list.InsertAtBack( aString );
         list.Print();

         // usa métodos de remoção de List
         object removedObject;

         // remove dados da lista e imprime após cada remoção
         try
         {
            removedObject = list.RemoveFromFront();
            Console.WriteLine( removedObject + " removed" );
            list.Print();

            removedObject = list.RemoveFromFront();
            Console.WriteLine( removedObject + " removed" );
            list.Print();

            removedObject = list.RemoveFromBack();
            Console.WriteLine( removedObject + " removed" );
            list.Print();

            removedObject = list.RemoveFromBack();
            Console.WriteLine( removedObject + " removed" );
            list.Print();
         }

         // processa a exceção, se a lista estiver vazia quando for feita a tentativa
         // de remover item
         catch ( EmptyListException emptyListException )
         {
            Console.Error.WriteLine( "\n" + emptyListException );
         }

      } // fim do método Main

   } // fim da classe ListTest
}
```

Figura 23.5 Demonstrando listas encadeadas. (Parte 2 de 3.)

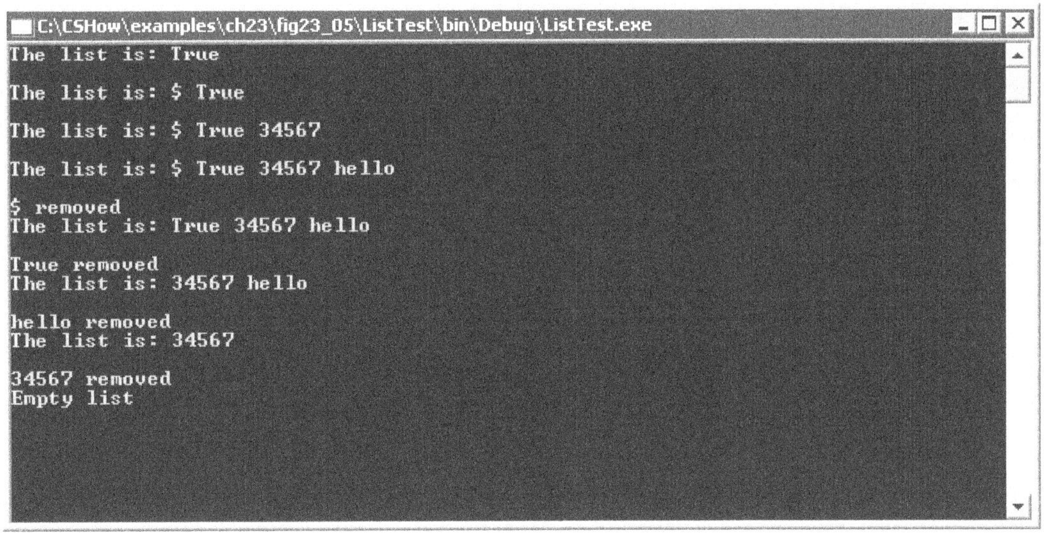

Figura 23.5 Demonstrando listas encadeadas. (Parte 3 de 3.)

A Figura 23.6 ilustra o método **InsertAtFront**. A parte (a) mostra a lista e o novo nó durante a operação **InsertAtFront** e antes da inserção do novo nó na lista. As setas pontilhadas na parte (b) ilustram o passo 3 da operação **InsertAtFront**, que permite que o nó que contém o número **12** se torne o início da nova lista.

O método **InsertAtBack** (Figura 23.4, linhas 92 a 104) coloca um novo nó no final da lista. O método consiste em três passos (ilustrados na Figura 23.7):

1. Chama **IsEmpty** para determinar se a lista está vazia (linha 96).
2. Se a lista estiver vazia, configura **firstNode** e **lastNode** para se referirem a um novo **ListNode**, inicializado com **insertItem** (linhas 97 e 98). O construtor de **ListNode**, nas linhas 16 a 19 (Figura 23.4), chama o construtor de **ListNode**, nas linhas 23 a 27 (Figura 23.4), para configurar a variável de instância **data** para se referir ao objeto passado como primeiro argumento e configura a referência **next** como **null**.
3. Se a lista não estiver vazia, insere o novo nó na lista, configurando **lastNode** e **lastNode.next** para se referirem a um novo objeto **ListNode** inicializado com **insertItem** (linhas 101 e 102). Quando o construtor de **ListNode** (linhas 16 a 19 da Figura 23.4) executa, ele configura a variável de instância **data** para se referir ao objeto passado como argumento e configura a referência **next** como **null**.

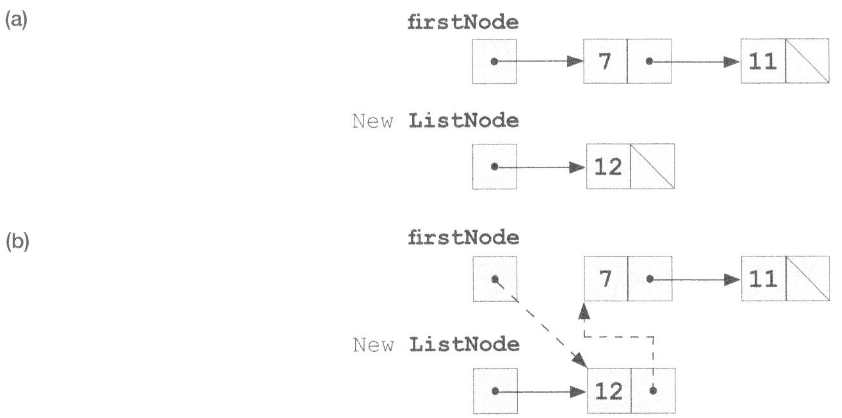

Figura 23.6 Uma representação gráfica da operação InsertAtFront.

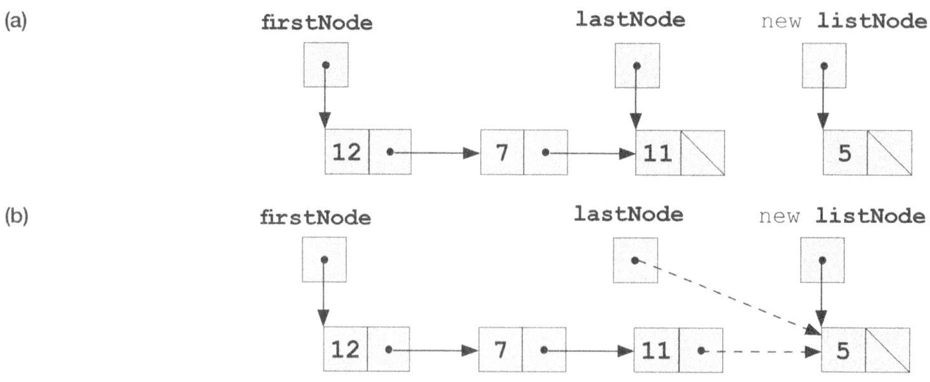

Figura 23.7 Uma representação gráfica da operação `InsertAtBack`.

A Figura 23.7 ilustra uma operação **`InsertAtBack`**. A parte (a) da figura mostra a lista e o novo nó durante a operação **`InsertAtBack`** e antes que o novo nó tenha sido inserido na lista. As setas pontilhadas na parte (b) ilustram os passos do método **`InsertAtBack`**, que permite que um novo nó seja adicionado no final de uma lista que não esteja vazia.

O método **`RemoveFromFront`** (Figura 23.4, linhas 107 a 127) remove o nó inicial da lista e retorna uma referência para os dados removidos. O método lança uma exceção **`EmptyListException`** (linha 114), caso o programador tente remover um nó de uma lista vazia. Caso contrário, o método retorna uma referência para os dados removidos. O método consiste em quatro passos (ilustrados na Figura 23.8):

1. Atribui **`firstNode.Data`** (os dados que estão sendo removidos da lista) à referência **`removeItem`** (linha 116).
2. Se os objetos aos quais **`firstNode`** e **`lastNode`** se referem forem o mesmo objeto, a lista terá apenas um elemento antes da tentativa de remoção. Nesse caso o método configura **`firstNode`** e **`lastNode`** como **`null`** (linha 120) para remover o nó da lista (deixando a lista vazia).
3. Se a lista tiver mais de um nó antes da remoção, então o método deixa a referência **`lastNode`** como está e simplesmente atribui **`firstNode.Next`** à referência **`firstNode`** (linha 123). Assim, **`firstNode`** referencia o nó que era o segundo antes da chamada de **`RemoveFromFront`**.
4. Retorna a referência **`removeItem`**.

A Figura 23.8 ilustra o método **`RemoveFromFront`**. A parte (a) ilustra a lista antes da operação de remoção. A parte (b) mostra as manipulações da referência.

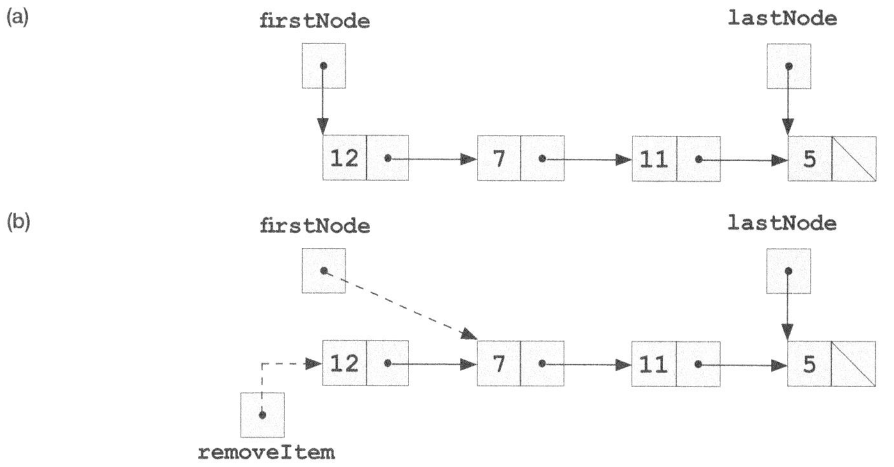

Figura 23.8 Uma representação gráfica da operação `RemoveFromFront`.

O método **RemoveFromBack** (Figura 23.4, linhas 130 a 160) remove o último nó de uma lista e retorna uma referência para os dados removidos. O método lança uma exceção **EmptyListException** (linha 137), caso o programa tente remover um nó de uma lista vazia. O método consiste em vários passos (ilustrados na Figura 23.9):

1. Atribui **lastNode.Data** (os dados que estão sendo removidos da lista) à referência **removeItem** (linha 139).
2. Se os objetos aos quais **firstNode** e **lastNode** se referem forem o mesmo objeto (linha 142), a lista terá apenas um elemento antes da tentativa de remoção. Nesse caso o método configura **firstNode** e **lastNode** como **null** (linha 143) para remover esse nó da lista (deixando a lista vazia).
3. Se a lista tiver mais de um nó antes da remoção, cria a referência **ListNode current** e a atribui a **firstNode** (linha 147).
4. Agora, "percorre a lista" com **current** até que ela referencie o nó anterior ao último. O laço **while** (linhas 150 e 151) atribui **current.Next** à referência **current**, desde que **current.Next** não seja igual a **lastNode**.
5. Após localizar o antepenúltimo nó, atribui **current** a **lastNode** (linha 154) para remover o último nó da lista.
6. Configura **current.Next** como **null** (linha 155) no novo último nó da lista, para garantir o término correto da lista.
7. Retorna a referência **removeItem** (linha 140).

A Figura 23.9 ilustra o método **RemoveFromBack**. A parte (a) ilustra a lista antes da operação de remoção. A parte (b) mostra as manipulações da referência.

O método **Print** (Figura 23.4, linhas 172 a 195) primeiro determina se a lista está vazia (linha 176). Se estiver, **Print** exibe uma **string** consistindo na string **"Empty"** e no objeto **name** da lista e, em seguida, devolve o controle para o método chamador. Caso contrário, **Print** apresenta os dados da lista na saída. O método imprime uma string consistindo na string **"The "**, em **name** e na string **" is: "**. Então, a linha 184 cria a referência **ListNode current** e a inicializa com **firstNode**. Enquanto **current** não é **null**, existem mais itens na lista. Portanto, o método imprime **current.Data** (linha 189) e, em seguida, atribui **current.Next** a **current** (linha 190) para passar ao próximo nó da lista. Note que, se o vínculo no último nó da lista não for **null**, o algoritmo de impressão tentará erroneamente imprimir o que há depois do final da lista. O algoritmo de impressão é idêntico para listas encadeadas, pilhas e filas.

23.4 Pilhas

Uma *pilha* é uma versão restrita de uma lista encadeada — uma pilha recebe novos nós e libera nós apenas no início. Por isso, uma pilha é referida como uma estrutura de dados *LIFO* (*last-in, first-out* — último a entrar, primeiro a sair). O membro de vínculo no nó inferior (isto é, o último) da pilha é configurado como **null** para indicar o final da pilha.

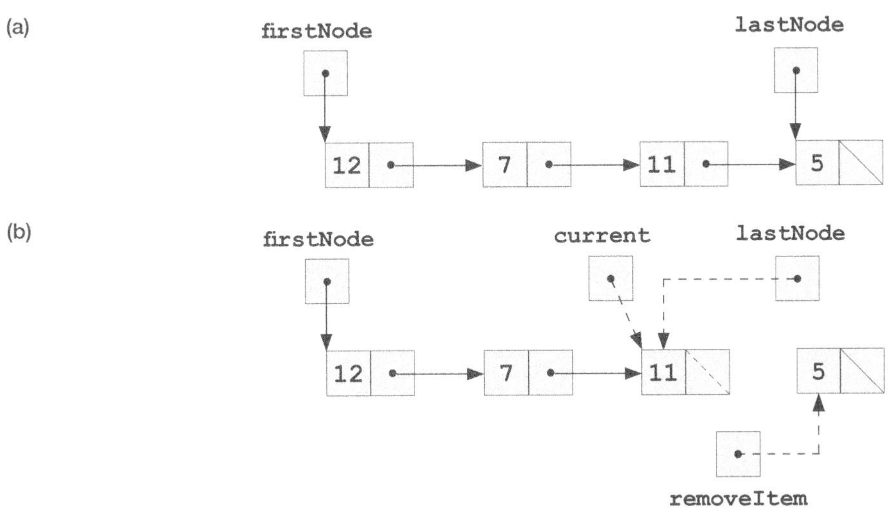

Figura 23.9 Uma representação gráfica da operação RemoveFromBack.

As principais operações para manipular uma pilha são *push* e *pop*. A operação push adiciona um novo nó no início da pilha. A operação pop remove um nó do início da pilha e retorna o item do nó retirado.

As pilhas têm muitas aplicações interessantes. Por exemplo, quando um programa chama um método, o método chamado deve saber como vai retornar para seu chamador; portanto, o endereço de retorno é colocado na *pilha de execução do programa* (*program execution stack*). Se ocorrer uma série de chamadas a métodos, os sucessivos valores de retorno serão colocados na pilha na ordem do último a entrar é o primeiro a sair, para que cada método possa retornar para seu chamador. As pilhas suportam chamadas a métodos recursivas, da mesma maneira que acontece com as chamadas a métodos não-recursivas convencionais.

A pilha de execução do programa contém o espaço criado para variáveis locais em cada chamada a um método durante a execução de um programa. Quando o método retorna para seu chamador, o espaço das variáveis locais desse método é retirado da pilha e essas variáveis não são mais reconhecidas pelo programa.

O espaço de nomes ***System.Collections*** contém a classe **Stack** para implementar e manipular pilhas que podem crescer e diminuir durante a execução do programa. A Seção 23.7 discutirá a classe **Stack**.

Tiramos proveito do relacionamento íntimo entre listas e pilhas para implementar uma classe de pilhas reutilizando uma classe de listas. Demonstraremos duas formas diferentes de reutilização. Primeiro, implementaremos a classe de pilhas herdando da classe **List** da Figura 23.4. Depois, implementaremos uma classe de pilhas de execução idêntica, por meio de composição, incluindo um objeto **List** como um membro **private** de uma classe de pilhas. Este capítulo implementa as estruturas de dados lista, pilha e fila para armazenar referências **object**, para estimular a maior reutilização. Assim, qualquer tipo de objeto pode ser armazenado em uma lista, pilha ou fila.

O programa das figuras 23.10 e 23.11 cria uma classe de pilhas herdando da classe **List** da Figura 23.4. Queremos que a pilha tenha os métodos **Push**, **Pop**, **IsEmpty** e **Print**. Basicamente, esses são os métodos **InsertAtFront**, **RemoveFromFront**, **IsEmpty** e **Print** da classe **List**. É claro que a classe **List** contém outros métodos (como **InsertAtBack** e **RemoveFromBack**), que não tornaríamos acessíveis por meio da interface **public** da pilha. É importante lembrar que todos os métodos na interface **public** da classe **List** também são métodos **public** da classe derivada **StackInheritance** (Figura 23.10).

Quando implementamos os métodos da pilha, temos cada método **StackInheritance** chamando o método **List** apropriado — o método **Push** chama **InsertAtFront**, e o método **Pop** chama **RemoveFromFront**. A classe **Stack-Inheritance** não define os métodos **IsEmpty** e **Print**, pois **StackInheritance** herda esses métodos da classe **List** na interface **public** de **StackInheritance**. Os métodos da classe **StackInheritance** não usam instruções **lock**. Cada um dos métodos dessa classe chama um método da classe **List** que usa **lock**. Se duas linhas de execução chamam **Push** no mesmo objeto pilha, apenas uma delas por vez poderá chamar o método **InsertAtFront** de **List**. Note que a classe **StackInheritance** usa o espaço de nomes **LinkedListLibrary** (Figura 23.4); assim, a solução para a biblioteca de classes que define **StackInheritance** deve ter uma referência para a biblioteca de classes **LinkedListLibrary**.

O método **Main** de **StackInheritanceTest** (Figura 23.11) usa a classe **StackInheritance** para instanciar uma pilha de **object**s chamada **stack**. As linhas 18 a 21 definem quatro objetos que serão colocados e retirados da pilha. O programa coloca na pilha (linhas 24, 26, 28 e 30) um valor **bool** contendo **true**, um valor **char** contendo **$**, um valor **int** contendo **34567** e uma **string** contendo **hello**. Um laço **while** infinito (linhas 36 a 41) retira os elementos da pilha. Quando não restar mais nenhum objeto para retirar, o método **Pop** lançará uma exceção **EmptyListException**, e o programa exibirá o rastreamento da pilha da exceção, que mostra a pilha de execução do programa no momento em que a exceção ocorreu. O programa usa o método **Print** (herdado da classe **List**) para mostrar na saída o conteúdo da pilha, após cada operação. Note que a classe **StackInheritanceTest** usa os espaços de nomes **LinkedListLibrary** (Figura 23.4) e **StackInheritanceLibrary** (Figura 23.10); assim, a solução da classe **StackInheritanceTest** deve ter referências às duas bibliotecas de classes.

```
// Fig. 23.10: StackInheritanceLibrary.cs
// Implementando uma pilha, herdando da classe List.

using System;
using LinkedListLibrary;

namespace StackInheritanceLibrary
```

Figura 23.10 StackInheritance estende a classe List. (Parte 1 de 2.)

```
{
   // A classe StackInheritance herda os recursos da classe List
   public class StackInheritance : List
   {
      // passa o nome "stack" para o construtor de List
      public StackInheritance() : base( "stack" )
      {
      }

      // coloca dataValue no início da pilha, inserindo
      // dataValue no início da lista encadeada
      public void Push( object dataValue )
      {
         InsertAtFront( dataValue );
      }

      // remove item do início da pilha, removendo
      // item do início da lista encadeada
      public object Pop()
      {
         return RemoveFromFront();
      }

   } // fim da classe StackInheritance
}
```

Figura 23.10 `StackInheritance` estende a classe `List`. (Parte 2 de 2.)

Outra maneira de implementar uma classe de pilhas é reutilizar uma classe de listas utilizando composição. A classe da Figura 23.12 usa um objeto **`private`** da classe **`List`** (linha 12) na definição da classe **`StackComposition`**. A composição nos permite ocultar os métodos da classe **`List`** que não devem estar na interface **`public`** de nossa pilha, fornecendo métodos de interface **`public`** apenas para os métodos **`List`** solicitados. Essa classe implementa cada método de pilha delegando seu trabalho para um método **`List`** apropriado. Em particular, **`StackComposition`** chama os métodos **`List`** **`InsertAtFront`**, **`RemoveFromFront`**, **`IsEmpty`** e **`Print`**. Nesse exemplo, não mostramos a classe **`StackCompositionTest`**, pois a única diferença aqui é que mudamos o tipo da pilha de **`StackInheritance`** para **`StackComposition`**. Se você executar o aplicativo a partir do código presente no CD que acompanha este livro, verá que a saída é idêntica.

```
// Fig. 23.11: StackInheritanceTest.cs
// Testando a classe StackInheritance.

using System;
using StackInheritanceLibrary;
using LinkedListLibrary;

namespace StackInheritanceTest
{
   // demonstra a funcionalidade da classe StackInheritance
   class StackInheritanceTest
   {
      static void Main( string[] args )
      {
         StackInheritance stack = new StackInheritance();

         // cria objetos para armazenar na pilha
```

Figura 23.11 Usando a classe `StackInheritance`. (Parte 1 de 3.)

```
         bool aBoolean = true;
         char aCharacter = '$';
         int anInteger = 34567;
         string aString = "hello";

         // usa o método Push para adicionar itens na pilha
         stack.Push( aBoolean );
         stack.Print();
         stack.Push( aCharacter );
         stack.Print();
         stack.Push( anInteger );
         stack.Print();
         stack.Push( aString );
         stack.Print();

         // usa o método Pop para remover itens da pilha
         try
         {
            while ( true )
            {
               object removedObject = stack.Pop();
               Console.WriteLine( removedObject + " popped" );
               stack.Print();
            }
         }

         // se ocorrer exceção, imprime o rastreamento da pilha
         catch ( EmptyListException emptyListException )
         {
            Console.Error.WriteLine(
               emptyListException.StackTrace );
         }

      } // fim do método Main

   } // fim da classe StackInheritanceTest
}
```

```
The stack is: True

The stack is: $ True

The stack is: 34567 $ True

The stack is: hello 34567 $ True

hello popped
The stack is: 34567 $ True

34567 popped
The stack is: $ True

$ popped
The stack is: True

True popped
Empty stack
  at LinkedListLibrary.List.RemoveFromFront()
    in z:\ch23\linkedlistlibrary\linkedlistlibrary.cs:line 114
```

Continua na próxima página

Figura 23.11 Usando a classe `StackInheritance`. (Parte 2 de 3.)

Continuação da página anterior

```
at StackInheritanceLibrary.StackInheritance.Pop()
  in z:\ch23\stackinheritancelibrary\
  stackinheritancelibrary.cs:line 28
at StackInheritanceTest.StackInheritanceTest.Main(String[] args
  in z:\ch23\fig23_11\stackinheritancetest.cs:line 41
```

Figura 23.11 Usando a classe `StackInheritance`. (Parte 3 de 3.)

```
// Fig. 23.12: StackCompositionLibrary.cs
// definição de StackComposition com objeto composto List.

using System;
using LinkedListLibrary;

namespace StackCompositionLibrary
{
   // a classe StackComposition encapsula os recursos de List
   public class StackComposition
   {
      private List stack;

      // constrói pilha vazia
      public StackComposition()
      {
         stack = new List( "stack" );
      }

      // adiciona objeto na pilha
      public void Push( object dataValue )
      {
         stack.InsertAtFront( dataValue );
      }

      // remove objeto da pilha
      public object Pop()
      {
         return stack.RemoveFromFront();
      }

      // determina se a pilha está vazia
      public bool IsEmpty()
      {
         return stack.IsEmpty();
      }

      // mostra o conteúdo da pilha na saída
      public void Print()
      {
         stack.Print();
      }

   } // fim da classe StackComposition
}
```

Figura 23.12 A classe `StackComposition` encapsula a funcionalidade da classe `List`.

23.5 Filas

Outra estrutura de dados comum é a *fila*. Uma fila é semelhante a uma fila do caixa em um supermercado — a primeira pessoa da fila é atendida primeiro; os clientes entram na fila somente no final e esperam para ser atendidos. Os nós da fila são removidos somente a partir da *cabeça* e são inseridos apenas em sua *cauda*. Por isso, uma fila é uma estrutura de dados *FIFO* (*first-in, first-out* — primeiro a entrar, primeiro a sair). As operações de inserção e remoção são conhecidas como *enqueue* e *dequeue* (do termo usado para filas em inglês, *queue*).

As filas têm muitas aplicações nos sistemas de computador. A maioria dos computadores tem apenas um processador; portanto, eles só podem atender um usuário por vez. As entradas dos outros usuários são colocadas em uma fila. A entrada que está no início da fila recebe o primeiro serviço disponível. Cada entrada avança gradualmente para o início da fila, à medida que os usuários recebem o serviço.

As filas também suportam spool de impressão. Um ambiente multiusuário pode ter apenas uma impressora. Vários usuários podem enviar saída para a impressora. Se a impressora estiver ocupada, os usuários ainda poderão gerar outras saídas, que são "colocadas em spool" no disco (exatamente como uma linha de execução seria envolvida em um spool), onde esperam em uma fila até que a impressora se torne disponível.

Os pacotes de informação também esperam em filas, em redes de computador. Sempre que um pacote chega em um nó da rede, o nó de roteamento deve direcioná-lo para o próximo nó na rede, pelo caminho até o destino final do pacote. O nó de roteamento direciona um pacote por vez, de modo que os pacotes adicionais são inseridos até que o roteador possa direcioná-los.

Um servidor de arquivo é um computador da rede que manipula os pedidos de acesso a arquivo de muitos clientes da rede. Os servidores podem ter uma capacidade limitada de atender aos pedidos dos clientes. Quando os pedidos de cliente ultrapassam essa capacidade, eles esperam em filas.

O programa das figuras 23.13 e 23.14 cria uma classe de fila por meio de herança a partir de uma classe de lista. Queremos que a classe **QueueInheritance** (Figura 23.13) tenha os métodos **Enqueue**, **Dequeue**, **IsEmpty** e **Print**. Note que esses métodos são basicamente os métodos **InsertAtBack**, **RemoveFromFront**, **IsEmpty** e **Print** da classe **List**. É claro que a classe de lista contém outros métodos (como **InsertAtFront** e **RemoveFromBack**) que não tornaríamos acessíveis por meio da interface **public** para a classe de fila. Lembre-se de que todos os métodos na interface **public** da classe **List** também são métodos **public** da classe derivada **QueueInheritance**.

Quando implementamos os métodos da fila, temos cada método **QueueInheritance** chamando o método **List** apropriado — o método **Enqueue** chama **InsertAtBack**, o método **Dequeue** chama **RemoveFromFront**, e **IsEmpty** e **Print** chamam suas versões de classe base. A classe **QueueInheritance** não define os métodos **IsEmpty** e **Print**, pois **QueueInheritance** herda esses métodos da classe **List** na interface **public** de **QueueInheritance**. Além disso, os métodos da classe **QueueInheritance** não usam instruções **lock**. Cada um dos métodos dessa classe chama um método da classe **List** que usa **lock**. Note que a classe **QueueInheritance** usa o espaço de nomes **LinkedListLibrary** (Figura 23.4); assim, a solução da biblioteca de classes que define **QueueInheritance** deve ter uma referência para a biblioteca de classes **LinkedListLibrary**.

O método **Main** da classe **QueueInheritanceTest** (Figura 23.14) usa a classe **QueueInheritance** para instanciar uma fila de **object**s chamada **queue**. As linhas 18 a 21 definem quatro objetos que serão inseridos e retirados. O programa insere (linhas 24, 26, 28 e 30) um valor **bool** contendo **true**, um valor **char** contendo **$**, um valor **int** contendo **34567** e uma **string** contendo **hello**.

```
// Fig. 23.13: QueueInheritanceLibrary.cs
// Implementando uma fila que herda da classe List.

using System;
using LinkedListLibrary;

namespace QueueInheritanceLibrary
{
   // a classe QueueInheritance herda os recursos de List
   public class QueueInheritance : List
   {
```

Figura 23.13 `QueueInheritance` estende a classe `List`. (Parte 1 de 2.)

```
        // passa o nome "queue" para o construtor de List
        public QueueInheritance() : base( "queue" )
        {
        }

        // coloca dataValue no final da fila, inserindo
        // dataValue no final da lista encadeada
        public void Enqueue( object dataValue )
        {
           InsertAtBack( dataValue );
        }

        // remove item do início da fila, removendo
        // item no início da lista encadeada
        public object Dequeue( )
        {
           return RemoveFromFront();
        }

     } // fim de QueueInheritance
  }
```

Figura 23.13 QueueInheritance estende a classe List. (Parte 2 de 2.)

Um laço **while** infinito (linhas 39 a 44) retira os elementos da fila na ordem FIFO. Quando não resta mais nenhum objeto para retirar, o método **Dequeue** lança uma exceção **EmptyListException**, e o programa exibe o rastreamento da pilha da exceção, que mostra a pilha de execução do programa no momento em que a exceção ocorreu. O programa usa o método **Print** (herdado da classe **List**) para mostrar na saída o conteúdo da fila após cada operação. Note que a classe **QueueInheritanceTest** usa os espaços de nomes **LinkedListLibrary** (Figura 23.4) e **QueueInheritanceLibrary** (Figura 23.13); assim, a solução da classe **QueueInheritanceTest** deve ter referências para as duas bibliotecas de classes.

```
1  // Fig. 23.14: QueueTest.cs
2  // Testando a classe QueueInheritance.
3
4  using System;
5  using QueueInheritanceLibrary;
6  using LinkedListLibrary;
7
8  namespace QueueTest
9  {
10    // demonstra a funcionalidade da classe QueueInheritance
11    class QueueTest
12    {
13       static void Main( string[] args )
14       {
15          QueueInheritance queue = new QueueInheritance();
16
17          // cria objetos para armazenar na pilha
18          bool aBoolean = true;
19          char aCharacter = '$';
20          int anInteger = 34567;
21          string aString = "hello";
22
23          // usa o método Enqueue para adicionar itens na fila
```

Figura 23.14 Usando herança para criar uma fila. (Parte 1 de 3.)

```
            queue.Enqueue( aBoolean );
            queue.Print();
            queue.Enqueue( aCharacter );
            queue.Print();
            queue.Enqueue( anInteger );
            queue.Print();
            queue.Enqueue( aString );
            queue.Print();

            // usa o método Dequeue para remover itens da fila
            object removedObject = null;

            // remove itens da fila
            try
            {
               while ( true )
               {
                  removedObject = queue.Dequeue();
                  Console.WriteLine( removedObject + " dequeue" );
                  queue.Print();
               }
            }

            // se ocorrer exceção, imprime o rastreamento da pilha
            catch ( EmptyListException emptyListException )
            {
               Console.Error.WriteLine(
                  emptyListException.StackTrace );
            }

         } // fim do método Main

      } // fim da classe QueueTest
   }
```

```
The queue is: True

The queue is: True $

The queue is: True $ 34567

The queue is: True $ 34567 hello

True dequeue
The queue is: $ 34567 hello

$ dequeue
The queue is: 34567 hello

34567 dequeue
The queue is: hello

hello dequeue
Empty queue
  at LinkedListLibrary.List.RemoveFromFront()
    in z:\ch23\linkedlistlibrary\linkedlistlibrary.cs:line 114
  at QueueInheritanceLibrary.QueueInheritance.Dequeue()
```

Continua na próxima página

Figura 23.14 Usando herança para criar uma fila. (Parte 2 de 3.)

Continuação da página anterior

```
   in z:\ch23\queueinheritancelibrary\
   queueinheritancelibrary.cs:line 28
 at QueueTest.QueueTest.Main(String[] args)
   in z:\ch23\fig23_14\queuetest.cs:line 41
```

Figura 23.14 Usando herança para criar uma fila. (Parte 3 de 3.)

23.6 Árvores

As listas encadeadas, pilhas e filas são *estruturas de dados lineares* (isto é, *seqüências*). Uma árvore é uma estrutura de dados não-linear e bidimensional com propriedades especiais. Os nós da árvore contêm dois ou mais vínculos. Esta seção discute as *árvores binárias* (Figura 23.15) — árvores cujos nós contêm dois vínculos (nenhum, um ou ambos podem ser **null**). O *nó raiz* é o primeiro nó em uma árvore. Cada vínculo no nó raiz se refere a um *filho*. O filho da esquerda é o primeiro nó na *subárvore esquerda*, e o *filho da direita* é o primeiro nó na *subárvore direita*. Os filhos de um nó específico são chamados de *irmãos*. Um nó sem filhos é chamado de *nó folha*. Os profissionais da computação em geral desenham as árvores do nó raiz para baixo — exatamente o oposto da maneira que as árvores crescem na natureza.

Erro de programação comum 23.2

Não configurar como **null** *os vínculos nos nós folha de uma árvore é um erro de lógica comum.*

Em nosso exemplo de árvore binária, criamos uma árvore binária especial, chamada *árvore de pesquisa binária*. Uma árvore de pesquisa binária (sem valores de nó duplicados) tem a característica de que os valores em qualquer subárvore esquerda são menores do que o valor no nó progenitor da subárvore e os valores em qualquer subárvore direita são maiores do que o valor no nó progenitor da subárvore. A Figura 23.16 ilustra uma árvore de pesquisa binária com 12 valores inteiros. Note que o formato da árvore de pesquisa binária correspondente a um conjunto de dados pode depender da ordem em que os valores são inseridos na árvore.

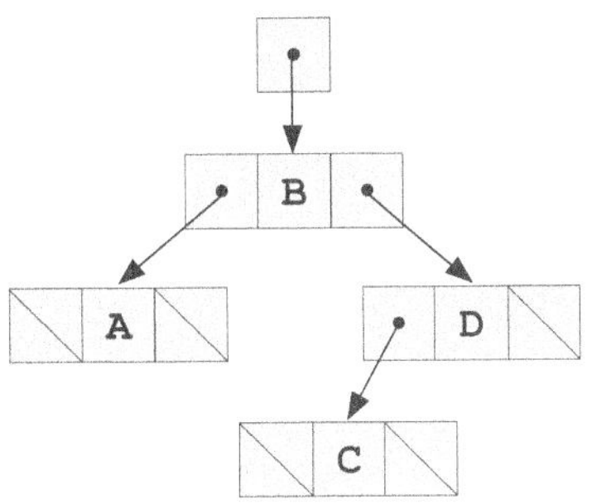

Figura 23.15 Uma representação gráfica de uma árvore binária.

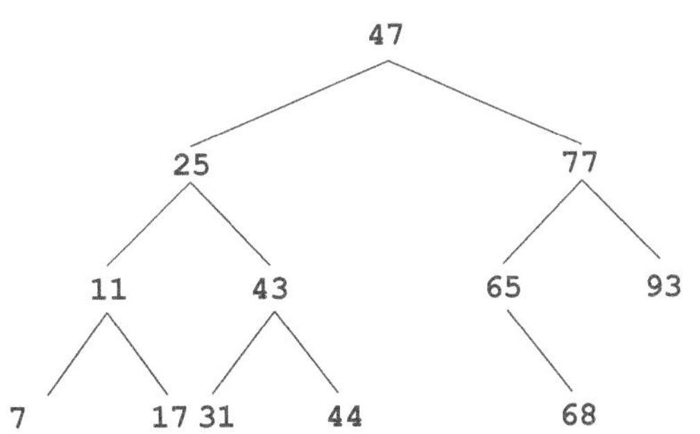

Figura 23.16 Uma árvore de pesquisa binária contendo 12 valores.

23.6.1 Árvore de pesquisa binária de valores inteiros

O aplicativo das figuras 23.17 e 23.18 cria uma árvore de pesquisa binária de valores inteiros e a percorre (isto é, passa por todos os seus nós) de três maneiras — usando *percorrimentos* recursivos *inorder*, *preorder* e *postorder*. O programa gera 10 números aleatórios e insere cada um na árvore. A Figura 23.17 define a classe **Tree** no espaço de nomes **BinaryTreeLibrary**, para propósitos de reutilização. A Figura 23.18 define a classe **TreeTest** para demonstrar a funcionalidade da classe **Tree**. O método **Main** da classe **TreeTest** instancia um objeto **Tree** vazio; em seguida, gera 10 valores inteiros aleatoriamente e insere cada valor na árvore binária, chamando o método **InsertNode** de **Tree**. Então, o programa realiza os percorrimentos preorder, inorder e postorder na árvore. Discutiremos esses percorrimentos em breve.

A classe **TreeNode** (linhas 9 a 95 da Figura 23.17) é uma classe auto-referencial contendo três membros de dados **private** — **leftNode** e **rightNode**, de tipo **TreeNode**, e **data**, de tipo **int**. Inicialmente, todo objeto **TreeNode** é um nó folha; portanto, o construtor (linhas 16 a 20) inicializa as referências **leftNode** e **rightNode** como **null**. As propriedades **LeftNode** (linhas 23 a 34), **Data** (linhas 37 a 48) e **RightNode** (linhas 51 a 62) dão acesso aos membros de dados **private** de um objeto **ListNode**. Discutiremos o método **Insert** de **TreeNode** (linhas 67 a 93) em breve.

```
1   // Fig. 23.17: BinaryTreeLibrary.cs
2   // Definição das classes TreeNode e Tree.
3
4   using System;
5
6   namespace BinaryTreeLibrary
7   {
8      // definição da classe TreeNode
9      class TreeNode
10     {
11        private TreeNode leftNode;
12        private int data;
13        private TreeNode rightNode;
14
15        // inicializa dados e os torna um nó folha
16        public TreeNode( int nodeData )
17        {
18           data = nodeData;
19              leftNode = rightNode = null;  // o nó não tem filhos
20           }
21
22           // propriedade LeftNode
23           public TreeNode LeftNode
24           {
25              get
26              {
27                 return leftNode;
28              }
29
30              set
31              {
32                 leftNode = value;
33              }
34           }
35
36           // propriedade Data
37           public int Data
38           {
39              get
40              {
```

Figura 23.17 Definições de TreeNode e Tree para uma árvore de pesquisa binária. (Parte 1 de 4.)

```
               return data;
            }

            set
            {
               data = value;
            }
         }

         // propriedade RightNode
         public TreeNode RightNode
         {
            get
            {
               return rightNode;
            }

            set
            {
               rightNode = value;
            }
         }


         // insere TreeNode em Tree que contém nós;
         // ignora valores em duplicidade
         public void Insert( int insertValue )
         {
         // insere na subárvore esquerda
         if ( insertValue < data )
         {
            // insere novo TreeNode
            if ( leftNode == null )
               leftNode = new TreeNode( insertValue );

            // continua percorrendo a subárvore esquerda
            else
               leftNode.Insert( insertValue );
         }

         // insere na subárvore direita
         else if ( insertValue > data )
         {
            // insere novo TreeNode
            if ( rightNode == null )
               rightNode = new TreeNode( insertValue );

            // continua percorrendo a subárvore direita
            else
               rightNode.Insert( insertValue );
         }

      }  // fim do método Insert

   }  // fim da classe TreeNode

   // definição da classe Tree
   public class Tree
```

Figura 23.17 Definições de TreeNode e Tree para uma árvore de pesquisa binária. (Parte 2 de 4.)

```
   {
      private TreeNode root;

      // constrói uma Tree de inteiros vazia
      public Tree()
      {
         root = null;
      }

      // Insere um novo nó na árvore de pesquisa binária.
      // Se o nó raiz for null, cria o nó raiz aqui.
      // Caso contrário, chama o método insert da classe TreeNode.
      public void InsertNode( int insertValue )
      {
         lock ( this )
         {
            if ( root == null )
               root = new TreeNode( insertValue );

            else
               root.Insert( insertValue );
         }
      }

      // começa o percorrimento preorder
      public void PreorderTraversal()
      {
         lock ( this )
         {
            PreorderHelper( root );
         }
      }

      // método recursivo para realizar o percorrimento preorder
      private void PreorderHelper( TreeNode node )
      {
         if ( node == null )
            return;

         // saída dos dados do nó
         Console.Write( node.Data + " " );

         // percorre a subárvore esquerda
         PreorderHelper( node.LeftNode );

         // percorre a subárvore direita
         PreorderHelper( node.RightNode );
      }

      // começa o percorrimento inorder
      public void InorderTraversal()
      {
         lock ( this )
         {
            InorderHelper( root );
         }
      }

```

Figura 23.17 Definições de TreeNode e Tree para uma árvore de pesquisa binária. (Parte 3 de 4.)

```
      // método recursivo para realizar o percorrimento inorder
      private void InorderHelper( TreeNode node )
      {
         if ( node == null )
            return;

         // percorre a subárvore esquerda
         InorderHelper( node.LeftNode );

         // saída dos dados do nó
         Console.Write( node.Data + " " );

         // percorre a subárvore direita
         InorderHelper( node.RightNode );
      }

      // começa o percorrimento postorder
      public void PostorderTraversal()
      {
         lock ( this )
         {
            PostorderHelper( root );
         }
      }

      // método recursivo para realizar o percorrimento postorder
      private void PostorderHelper( TreeNode node )
      {
         if ( node == null )
            return;

         // percorre a subárvore esquerda
         PostorderHelper( node.LeftNode );

         // percorre a subárvore direita
         PostorderHelper( node.RightNode );

         // saída dos dados do nó
         Console.Write( node.Data + " " );
      }

   } // fim da classe Tree
}
```

Figura 23.17 Definições de TreeNode e Tree para uma árvore de pesquisa binária. (Parte 4 de 4.)

```
// Fig. 23.18: TreeTest.cs
// Este programa testa a classe Tree.

using System;
using BinaryTreeLibrary;

namespace TreeTest
{
   // definição da classe TreeTest
   public class TreeTest
```

Figura 23.18 Criando e percorrendo uma árvore binária. (Parte 1 de 2.)

```
   {
      // testa a classe Tree
      static void Main( string[] args )
      {
         Tree tree = new Tree();
         int insertValue;

         Console.WriteLine( "Inserting values: " );
         Random random = new Random();

         // insere 10 valores inteiros aleatórios de 0 a 99 na árvore
         for ( int i = 1; i <= 10; i++ )
         {
            insertValue = random.Next( 100 );
            Console.Write( insertValue + " " );

            tree.InsertNode( insertValue );
         }

         // realiza o percorrimento preorder da árvore
         Console.WriteLine( "\n\nPreorder traversal" );
         tree.PreorderTraversal();

         // realiza o percorrimento inorder da árvore
         Console.WriteLine( "\n\nInorder traversal" );
         tree.InorderTraversal();

         // realiza o percorrimento postorder da árvore
         Console.WriteLine( "\n\nPostorder traversal" );
         tree.PostorderTraversal();
         Console.WriteLine();
      }

   } // fim da classe TreeTest
}
```

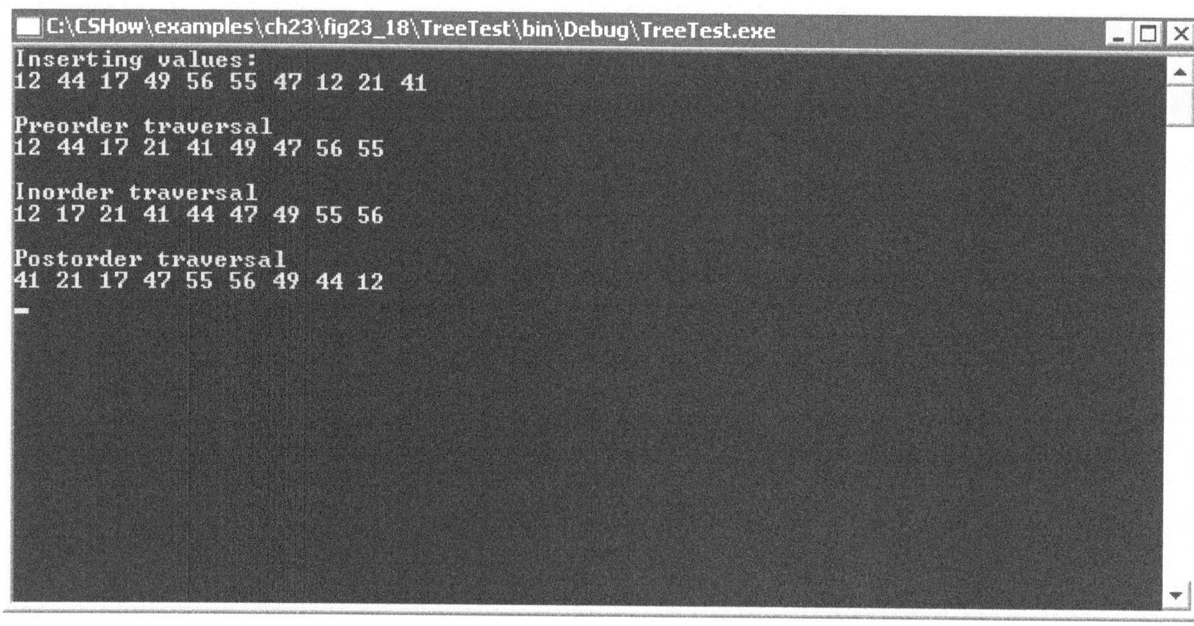

Figura 23.18 Criando e percorrendo uma árvore binária. (Parte 2 de 2.)

A classe **Tree** (linhas 98 a 198 da Figura 23.17) manipula objetos da classe **TreeNode**. A classe **Tree** tem um objeto **root** de dados **private** (linha 100) — uma referência para o nó raiz da árvore. A classe contém o método **public InsertNode** (linhas 111 a 121), para inserir um novo nó na árvore, e os métodos **public PreorderTraversal** (linhas 124 a 130), **InorderTraversal** (linhas 149 a 155) e **PostorderTraversal** (linhas 174 a 180), para iniciar os percorrimentos da árvore. Cada um desses métodos chama um método utilitário recursivo separado para executar as operações de percorrimento na representação interna da árvore. O construtor de **Tree** (linhas 103 a 106) inicializa **root** como **null** para indicar que a árvore está inicialmente vazia.

O método **InsertNode** da classe **Tree** (linhas 111 a 121) primeiro bloqueia o objeto **Tree** para a segurança da linha de execução e depois determina se a árvore está vazia. Se estiver, a linha 116 aloca um novo objeto **TreeNode**, inicializa o nó com o inteiro que está sendo inserido na árvore e atribui o novo nó a **root**. Se a árvore não estiver vazia, **InsertNode** chama o método **Insert** de **TreeNode** (linhas 67 a 93), que determina recursivamente a localização do novo nó na árvore e insere o nó nessa localização. *Em uma árvore de pesquisa binária, um nó pode ser inserido apenas como um nó folha.*

O método **Insert** de **TreeNode** compara o valor a inserir com o valor de **data** no nó raiz. Se o valor a inserir for menor do que os dados do nó raiz, o programa determina se a subárvore esquerda está vazia (linha 73). Se estiver, a linha 74 aloca um novo objeto **TreeNode**, o inicializa com o valor inteiro que está sendo inserido e atribui o novo nó à referência **leftNode**. Caso contrário, a linha 78 chama recursivamente **Insert** da subárvore esquerda, para inserir o valor na subárvore esquerda. Se o valor de inserção for maior do que os dados do nó raiz, o programa determina se a subárvore, direita está vazia (linha 85). Se estiver, a linha 86 aloca um novo objeto **TreeNode**, o inicializa com o valor inteiro que está sendo inserido e atribui o novo nó à referência **rightNode**. Caso contrário, a linha 90 chama recursivamente **Insert** da subárvore direita, para inserir o valor na subárvore direita.

Os métodos **InorderTraversal**, **PreorderTraversal** e **PostorderTraversal** chamam os métodos auxiliares **InorderHelper** (linhas 158 a 171), **PreorderHelper** (linhas 133 a 146) e **PostorderHelper** (linhas 183 a 196), respectivamente, para percorrer a árvore e imprimir os valores dos nós. O objetivo dos métodos auxiliares na classe **Tree** é permitir que o programador comece um percorrimento sem a necessidade de obter primeiro uma referência para o nó **root** e depois chamar o método recursivo com essa referência. Os métodos **InorderTraversal**, **PreorderTraversal** e **PostorderTraversal** simplesmente pegam a referência **private root** e a passam para o método auxiliar apropriado para iniciar um percorrimento da árvore. Para a discussão a seguir, usamos a árvore de pesquisa binária ilustrada na Figura 23.19.

O método **InorderHelper** (linhas 158 a 171) define os passos para um percorrimento inorder:

1. Se o argumento for **null**, retorna imediatamente.
2. Percorre a subárvore esquerda com uma chamada de **InorderHelper** (linha 164).
3. Processa o valor no nó (linha 167).
4. Percorre a subárvore direita com uma chamada de **InorderHelper** (linha 170).

O percorrimento inorder não processa o valor em um nó até que os valores na subárvore esquerda desse nó sejam processados. O percorrimento inorder da árvore na Figura 23.19 é:

```
6 13 17 27 33 42 48
```

Note que o percorrimento inorder de uma árvore de pesquisa binária imprime os valores de nó em ordem ascendente. O processo de criação de uma árvore de pesquisa binária ordena os dados — assim, esse processo é chamado de *ordenação de árvore binária.*

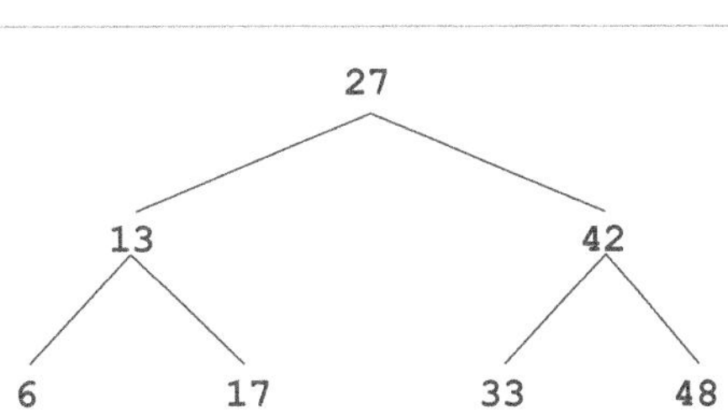

Figura 23.19 Uma árvore de pesquisa binária.

O método **PreorderHelper** (linhas 133 a 146) define os passos para um percorrimento preorder:

1. Se o argumento for **null**, retorna imediatamente.
2. Processa o valor no nó (linha 139).
3. Percorre a subárvore esquerda com uma chamada de **PreorderHelper** (linha 142).
4. Percorre a subárvore direita com uma chamada de **PreorderHelper** (linha 145).

O percorrimento preorder processa o valor em cada nó à medida que o nó é visitado. Após processar o valor de determinado nó, o percorrimento preorder processa os valores na subárvore esquerda e, em seguida, os valores na subárvore direita. O percorrimento preorder da árvore na Figura 23.19 é:

```
27  13  6  17  42  33  48
```

O método **PostorderHelper** (linhas 183 a 198) define os passos para um percorrimento postorder:

1. Se o argumento for **null**, retorna imediatamente.
2. Percorre a subárvore esquerda com uma chamada de **PostorderHelper** (linha 189).
3. Percorre a subárvore direita com uma chamada de **PostorderHelper** (linha 192).
4. Processa o valor no nó (linha 195).

O percorrimento postorder processa o valor em cada nó após os valores de todos os filhos desse nó serem processados. O percorrimento postorder da árvore na Figura 23.19 é:

```
6  17  13  33  48  42  27
```

A árvore de pesquisa binária facilita a *eliminação de valores em duplicidade*. Enquanto constrói uma árvore, a operação de inserção reconhece as tentativas de inserir um valor em duplicidade, pois uma duplicata segue as mesmas decisões de "ir para a esquerda" ou "ir para a direita" em cada comparação, como fez o valor original. Assim, a operação de inserção finalmente compara a duplicata com um nó contendo o mesmo valor. Nesse ponto, a operação de inserção poderia simplesmente descartar o valor em duplicidade.

Procurar valor correspondente a um valor de chave em uma árvore binária é rápido, especialmente para árvores *fortemente empacotadas*. Em uma árvore fortemente empacotada, cada nível contém cerca de duas vezes mais elementos que o nível anterior. A Figura 23.19 é uma árvore binária fortemente empacotada. Uma árvore de pesquisa binária com n elementos tem no mínimo $\log_2 n$ níveis. Assim, no máximo $\log_2 n$ comparações são exigidas para se encontrar uma correspondência ou para determinar que não existe nenhuma. Pesquisar uma árvore de pesquisa binária (fortemente empacotada) de 1.000 elementos exige no máximo 10 comparações, pois $2^{10} > 1.000$. Pesquisar uma árvore de pesquisa binária (fortemente empacotada) de 1.000.000 de elementos exige no máximo 20 comparações, pois $2^{20} > 1.000.000$.

Os exercícios do capítulo apresentam algoritmos para outras operações de árvore binária, como a realização de *percorrimento de uma árvore binária por ordem de nível*. O percorrimento por ordem de nível de uma árvore binária visita os nós da árvore linha por linha, começando no nível do nó raiz. Em cada nível da árvore, um percorrimento por ordem de nível visita os nós da esquerda para a direita.

23.6.2 Árvore de pesquisa binária de objetos `IComparable`

O exemplo de árvore binária na Seção 23.6.1 funciona perfeitamente quando todos os dados são de tipo **int**. Suponha que você queira manipular uma árvore binária de valores double. Você poderia reescrever as classes **TreeNode** e **Tree** com diferentes nomes e personalizá-las para manipular valores double. Analogamente, para cada tipo de dados, você poderia criar versões personalizadas das classes **TreeNode** e **Tree**. Isso resultaria em uma proliferação de código, que poderia se tornar difícil de gerenciar e manter. A linguagem de programação C++ fornece uma tecnologia chamada modelos, que nos permite escrever uma definição de classe uma vez e, então, fazer o compilador gerar novas versões da classe para qualquer tipo de dados que escolhermos.

De preferência, gostaríamos de definir a funcionalidade de uma árvore binária uma vez e reutilizar essa funcionalidade para muitos tipos de dados. Linguagens como Java™ e C# fornecem recursos polimórficos que permitem que todos os objetos sejam manipulados de maneira uniforme. O uso desses recursos nos permite projetar uma estrutura de dados mais flexível.

Em nosso próximo exemplo tiramos proveito dos recursos polimórficos do C#, implementando as classes **TreeNode** e **Tree** que manipulam objetos de qualquer tipo que implemente a interface ***IComparable*** (espaço de nomes **System**). É fundamental que possamos comparar objetos armazenados em uma pesquisa binária, para que possamos determinar o caminho para o ponto de inserção de um novo nó. As classes que implementam **IComparable** definem o método ***CompareTo***, que compara o objeto que chama o método com o objeto que o método recebe como argumento. O método retorna um valor **int** menor que zero, se o objeto chamador for menor do que o objeto do argumento; zero, se os objetos forem iguais; e um valor positivo, se o objeto chamador for maior do que o objeto do argumento. Além disso, o objeto chamador e o do argumento devem ser do mesmo tipo de dados; caso contrário, o método lançará uma exceção **ArgumentException**.

O programa das figuras 23.20 e 23.21 aprimoram o programa da Seção 23.6.1 para manipular objetos **IComparable**. Uma restrição nas novas versões das classes **TreeNode** e **Tree** da Figura 23.20 é que cada objeto **Tree** pode conter objetos de apenas um tipo de dados (por exemplo, todos são **string**s ou todos são **double**s). Se um programa tentar inserir vários tipos de dados no mesmo objeto **Tree**, ocorrerão exceções **ArgumentException**. Modificamos apenas seis linhas do código na classe **TreeNode** (linhas 13, 17, 38, 67, 70 e 82) e uma linha do código na classe **Tree** (linha 111), para permitir o processamento de objetos **IComparable**. Com exceção das linhas 70 e 82, todas as outras alterações simplesmente substituíram o tipo **int** pelo tipo **IComparable**. As linhas 70 e 82 anteriormente usavam os operadores **<** e **>** para comparar o valor que estava sendo inserido com o valor de determinado nó. Agora, essas linhas comparam objetos **IComparable** utilizando o método **CompareTo** da interface e, em seguida, testam o valor de retorno do método para determinar se ele é menor do que zero (o objeto chamador é menor do que o objeto do argumento) ou maior do que zero (o objeto chamador é maior do que o objeto do argumento), respectivamente.

A classe **TreeTest** (Figura 23.21) cria três objetos **Tree** para armazenar valores **int**, **double** e **string**, todos definidos como tipos **IComparable** pela plataforma .NET. O programa preenche as árvores com os valores nos arrays **intArray** (linha 15), **doubleArray** (linhas 16 e 17) e **stringArray** (linhas 18 e 19), respectivamente.

O método **populateTree** (linhas 38 a 48) recebe como argumentos um **Array** contendo os valores de inicialização para o objeto **Tree**, um objeto no qual os elementos do array serão colocados e uma **string** representando o nome **Tree**; em seguida, insere cada elemento **Array** no objeto **Tree**. O método **traverseTree** (linhas 51 a 68) recebe como argumentos um objeto **Tree** e uma **string** representando o nome **Tree**; em seguida, apresenta na saída os percorrimentos preorder, inorder e postorder do objeto **Tree**. Note que o percorrimento inorder de cada objeto **Tree** apresenta na saída os dados em ordem classificada, independentemente do tipo de dados armazenados no objeto **Tree**. Nossa implementação polimórfica da classe Tree chama o método **CompareTo** do tipo de dados apropriados para determinar o caminho para o ponto de inserção de cada valor, usando as regras de inserção de árvore de pesquisa binária padrão. Além disso, note que o objeto **Tree** de **string**s aparece em ordem alfabética.

```
1   // Fig. 23.20: BinaryTreeLibrary2.cs
2   // Definição das classes TreeNode e Tree para objetos
3   // IComparable.
4
5   using System;
6
7   namespace BinaryTreeLibrary2
8   {
9      // definição da classe TreeNode
10     class TreeNode
11     {
12        private TreeNode leftNode;
13        private IComparable data;
14        private TreeNode rightNode;
15
16        // inicializa os dados e os torna um nó folha
17        public TreeNode( IComparable nodeData )
```

Figura 23.20 Definições das classes TreeNode e Tree para manipular objetos IComparable. (Parte 1 de 5.)

```
        {
           data = nodeData;
           leftNode = rightNode = null;  // o nó não tem filhos
        }

        // propriedade LeftNode
        public TreeNode LeftNode
        {
           get
           {
              return leftNode;
           }

           set
           {
              leftNode = value;
           }
        }

        // propriedade Data
        public IComparable Data
        {
           get
           {
              return data;
           }

           set
           {
              data = value;
           }
        }

        // propriedade RightNode
        public TreeNode RightNode
        {
           get
           {
              return rightNode;
           }

           set
           {
              rightNode = value;
           }
        }

        // insere TreeNode em Tree que contém nós;
        // ignora valores em duplicidade
        public void Insert( IComparable insertValue )
        {
           // insere na subárvore esquerda
           if ( insertValue.CompareTo( data ) < 0 )
           {
              // insere novo TreeNode
              if ( leftNode == null )
                 leftNode = new TreeNode( insertValue );

```

Figura 23.20 Definições das classes `TreeNode` e `Tree` para manipular objetos `IComparable`. (Parte 2 de 5.)

```
            // continua percorrendo a subárvore esquerda
            else
               leftNode.Insert( insertValue );
         }

         // insere na sub-árvore direita
         else if ( insertValue.CompareTo( data ) > 0 )
         {
         // insere novo TreeNode
         if ( rightNode == null )
            rightNode = new TreeNode( insertValue );

         // continua percorrendo a subárvore direita
         else
            rightNode.Insert( insertValue );
         }

      } // fim do metodo Insert

   } // fim da classe TreeNode

   // definição da classe Tree
   public class Tree
   {
      private TreeNode root;

      // constroi uma Tree de inteiros vazia
      public Tree()
      {
         root = null;
      }

      // Insere um novo nó na árvore de pesquisa binária.
      // Se o nó raiz e null, cria o nó raiz aqui.
      // Caso contrário, chama o método de inserção da classe TreeNode.
      public void InsertNode( IComparable insertValue )
      {
         lock ( this )
         {
            if ( root == null )
               root = new TreeNode( insertValue );

            else
               root.Insert( insertValue );
         }
      }

      // começa o percorrimento preorder
      public void PreorderTraversal()
      {
         lock ( this )
         {
            PreorderHelper( root );
         }
      }

      // método recursivo para realizar o percorrimento preorder
      private void PreorderHelper( TreeNode node )
```

Figura 23.20 Definições das classes `TreeNode` e `Tree` para manipular objetos `IComparable`. (Parte 3 de 5.)

```
      {
         if ( node == null )
            return;

         // saída dos dados do nó
         Console.Write( node.Data + " " );

         // percorre a subárvore esquerda
         PreorderHelper( node.LeftNode );

         // percorre a subárvore direita
         PreorderHelper( node.RightNode );
      }

      // começa o percorrimento inorder
      public void InorderTraversal()
      {
         lock ( this )
         {
            InorderHelper( root );
         }
      }

      // método recursivo para realizar o percorrimento inorder
      private void InorderHelper( TreeNode node )
      {
         if ( node == null )
            return;

         // percorre a subárvore esquerda
         InorderHelper( node.LeftNode );

         // saída dos dados do nó
         Console.Write( node.Data + " " );

         // percorre a subárvore direita
         InorderHelper( node.RightNode );
      }

      // começa o percorrimento postorder
      public void PostorderTraversal()
      {
         lock ( this )
         {
            PostorderHelper( root );
         }
      }

      // método recursivo para realizar o percorrimento postorder
      private void PostorderHelper( TreeNode node )
      {
         if ( node == null )
            return;

         // percorre a subárvore esquerda
         PostorderHelper( node.LeftNode );

         // percorre a subárvore direita
```

Figura 23.20 Definições das classes `TreeNode` e `Tree` para manipular objetos `IComparable`. (Parte 4 de 5.)

```
            PostorderHelper( node.RightNode );

            // saída dos dados do nó
            Console.Write( node.Data + " " );
        }

    } // fim da classe Tree
}
```

Figura 23.20 Definições das classes `TreeNode` e `Tree` para manipular objetos `IComparable`. (Parte 5 de 5.)

```
// Fig. 23.21: TreeTest.cs
// Este programa testa a classe Tree.

using System;
using BinaryTreeLibrary2;

namespace TreeTest
{
   // definição da classe TreeTest
   public class TreeTest
   {
      // testa a classe Tree
      static void Main( string[] args )
      {
         int[] intArray = { 8, 2, 4, 3, 1, 7, 5, 6 };
         double[] doubleArray =
            { 8.8, 2.2, 4.4, 3.3, 1.1, 7.7, 5.5, 6.6 };
         string[] stringArray = { "eight", "two", "four",
            "three", "one", "seven", "five", "six" };

         // cria Tree int
         Tree intTree = new Tree();
         populateTree( intArray, intTree, "intTree" );
         traverseTree( intTree, "intTree" );

         // cria Tree double
         Tree doubleTree = new Tree();
         populateTree( doubleArray, doubleTree, "doubleTree" );
         traverseTree( doubleTree, "doubleTree" );

         // cria Tree string
         Tree stringTree = new Tree();
         populateTree( stringArray, stringTree, "stringTree" );
         traverseTree( stringTree, "stringTree" );
      }

      // preenche Tree com elementos do array
      static void populateTree(
         Array array, Tree tree, string name )
      {
         Console.WriteLine( "\nInserting into " + name + ":" );

         foreach ( IComparable data in array )
         {
            Console.Write( data + " " );
```

Figura 23.21 Demonstrando a classe Tree com objetos `IComparable`. (Parte 1 de 2.)

```
               tree.InsertNode( data );
            }
         }

         // a inserção realiza os percorrimentos
         static void traverseTree( Tree tree, string treeType )
         {
            // executa o percorrimento preorder da árvore
            Console.WriteLine(
               "\n\nPreorder traversal of " + treeType );
            tree.PreorderTraversal();

            // executa o percorrimento inorder da árvore
            Console.WriteLine(
               "\n\nInorder traversal of " + treeType );
            tree.InorderTraversal();

            // executa o percorrimento postorder da árvore
            Console.WriteLine(
               "\n\nPostorder traversal of " + treeType );
            tree.PostorderTraversal();
            Console.WriteLine( "\n" );
         }

      } // fim da classe TreeTest
   }
```

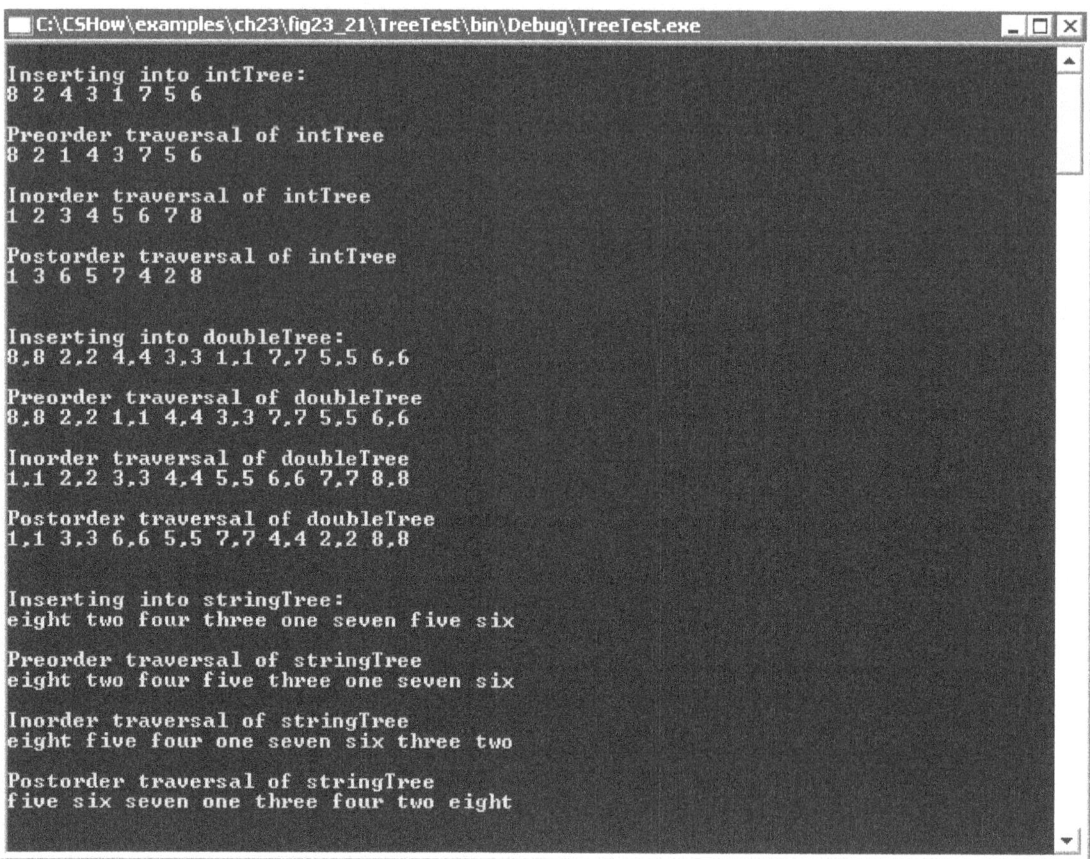

Figura 23.21 Demonstrando a classe Tree com objetos `IComparable`. (Parte 2 de 2.)

23.7 Classes de coleção

As seções anteriores deste capítulo discutiram como criar e manipular estruturas de dados. A discussão foi "de nível baixo", no sentido de que criamos cuidadosamente cada elemento de cada estrutura de dados dinamicamente, com as estruturas de dados novas e modificadas, manipulando diretamente seus elementos e referências para seus elementos. Nesta seção consideraremos as classes de estrutura de dados pré-empacotadas, fornecidas pela plataforma .NET. Essas classes são conhecidas como *classes de coleção* — elas armazenam coleções de dados. Cada instância de uma dessas classes é conhecida como *coleção*, que é um conjunto de itens.

Com as classes de coleção, em vez de criar estruturas de dados, o programador simplesmente usa estruturas de dados já existentes, sem se preocupar com o modo como as estruturas de dados são implementadas. Essa metodologia é um exemplo maravilhoso de reutilização de código. Os programadores podem codificar mais rapidamente e esperar desempenho excelente, maximização da velocidade de execução e minimização do consumo de memória.

Alguns exemplos de coleções são as cartas que você possui em um jogo de cartas, seus sons prediletos armazenados em seu computador e os registros de imóveis em seu cartório de escrituras local (que mapeiam números de livro e números de página para proprietários de imóveis). A plataforma .NET fornece várias coleções. Demonstraremos quatro classes de coleção — ***Array***, ***ArrayList***, ***Stack*** e ***Hashtable*** —, todas do espaço de nomes **System.Collections**, além de recursos de array internos. Além disso, o espaço de nomes **System.Collections** fornece várias outras estruturas de dados, incluindo ***BitArray*** (uma coleção de valores verdadeiros/falsos), ***Queue*** e ***SortedList*** (uma coleção de pares chave/valor ordenados pela chave e que podem ser acessados pela chave ou pelo índice).

A plataforma .NET fornece controles reutilizáveis prontos; você não precisa escrever suas próprias classes de coleção. As coleções são padronizadas para que os aplicativos possam compartilhá-las facilmente, sem se preocupar com os detalhes de sua implementação. Essas coleções são escritas para reutilização ampla. Elas são otimizadas para rápida execução e para uso eficiente da memória. À medida que novas estruturas de dados e algoritmos que se encaixem nessa estrutura forem desenvolvidos, muitos programadores já estarão familiarizados com as interfaces e algoritmos implementados por essas estruturas de dados.

23.7.1 Classe Array

O Capítulo 7 apresentou os recursos de processamento de arrays básicos e muitos capítulos subseqüentes usaram as técnicas mostradas lá. Discutimos brevemente que todos os arrays herdam da classe **Array** (espaço de nomes **System**), que define uma propriedade **Length** especificando o número de elementos de um array. Além disso, a classe **Array** fornece métodos **static** que fornecem algoritmos para o processamento de arrays. Normalmente, a classe **Array** sobrecarrega esses mé-todos para fornecer várias opções para executar algoritmos. Por exemplo, o método **Reverse** de **Array** pode inverter a ordem dos elementos em um array inteiro ou inverter os elementos de um intervalo especificado em um array. Para ver uma lista completa dos métodos **static** da classe **Array** e suas versões sobrecarregadas, consulte a documentação on-line da classe. A Figura 23.22 demonstra vários métodos **static** da classe **Array**.

A linha 28 usa o método **static** ***Sort*** de **Array** para ordenar um array de valores **double**. Quando esse método retorna, o array contém seus elementos originais ordenados em ordem ascendente.

As linhas 31 e 32 usam o método **static** ***Copy*** de **Array** para copiar elementos do array **intArray** no array **intArrayCopy**. O primeiro argumento é o array a ser copiado (**intValues**), o segundo argumento é o array de destino (**intValuesCopy**), e o terceiro argumento é um inteiro representando o número de elementos a serem copiados (nesse caso, **intValues.Length** especifica todos os elementos).

```
1  // Fig. 23.22: UsingArray.cs
2  // Usando a classe Array para realizar manipulações comuns de array.
3
4  using System;
5  using System.Windows.Forms;
6  using System.Collections;
7
8  namespace UsingArray
```

Figura 23.22 Programa que demonstra a classe Array. (Parte 1 de 3.)

```
{
   // demonstra algoritmos da classe Array
   class UsingArray
   {
      private int[] intValues = { 1, 2, 3, 4, 5, 6 };
      private double[] doubleValues =
         { 8.4, 9.3, 0.2, 7.9, 3.4 };
      private int[] intValuesCopy;
      private string output;

      // método para construir e exibir a saída do programa
      public void Start()
      {
         intValuesCopy = new int[ intValues.Length ];

         output = "Initial array values:\n";
         PrintArray(); // saída do conteúdo incial do array

         // ordena doubleValues
         Array.Sort( doubleValues );

         // copia intValues em intValuesCopy
         Array.Copy( intValues, intValuesCopy,
            intValues.Length );

         output += "\nArray values after Sort e Copy:\n";
         PrintArray(); // saída do conteúdo do array
         output += "\n";

         // procura 5 em intValues
         int result = Array.BinarySearch( intValues, 5 );
         output +=
            ( result >= 0 ? "5 found at element " + result :
               "5 not found" ) + " in intValues\n";

         // procura 8763 em intValues
         result = Array.BinarySearch( intValues, 8763 );
         output +=
            ( result >= 0 ? "8763 found at element " + result :
               "8763 not found" ) + " in intValues";

         MessageBox.Show( output, "Using Class Array",
            MessageBoxButtons.OK, MessageBoxIcon.Information );
      }

      // anexa conteúdo do array na string de saída
      private void PrintArray()
      {
         output += "doubleValues: ";

         foreach ( double element in doubleValues )
            output += element + " ";

         output += "\nintValues: ";

         foreach ( int element in intValues )
            output += element + " ";

```

Figura 23.22 Programa que demonstra a classe `Array`. (Parte 2 de 3.)

```
67            output += "\nintValuesCopy: ";
68
69            foreach ( int element in intValuesCopy )
70               output += element + " ";
71
72            output += "\n";
73         }
74
75         // ponto de entrada principal do aplicativo
76         static void Main( string[] args )
77         {
78            UsingArray application = new UsingArray();
79
80            application.Start();
81         }
82
83      } // fim da classe UsingArray
84   }
```

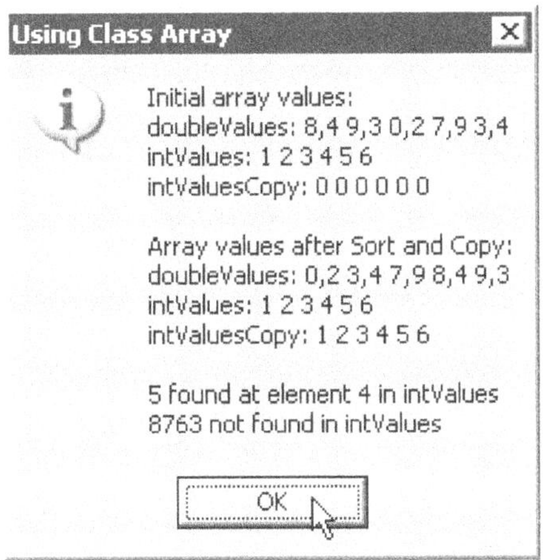

Figura 23.22 Programa que demonstra a classe `Array`. (Parte 3 de 3.)

As linhas 39 e 45 chamam o método **`static`** ***`BinarySearch`*** de **`Array`** para realizar pesquisas binárias no array **`intValues`**. O método **`BinarySearch`** recebe o array *ordenado* em que vai pesquisar e a chave por meio da qual fará a busca. O método retorna o índice no array em que a chave se encontra (mas um número negativo, caso a chave não seja encontrada).

Outros métodos **`static`** de **`Array`** são ***`Clear`*** (para configurar um intervalo de elementos como 0 ou null), ***`CreateInstance`*** (para criar um novo array de um tipo de dados especificado), ***`IndexOf`*** (para localizar a primeira ocorrência de um objeto em um array ou em parte de um array), ***`LastIndexOf`*** (para localizar a última ocorrência de um objeto em um array ou em parte de array) e ***`Reverse`*** (para inverter o conteúdo de um array ou de parte de um array).

23.7.2 Classe `ArrayList`

Na maioria das linguagens de programação, os arrays convencionais têm um tamanho fixo — eles não podem ser alterados dinamicamente para obedecer aos requisitos da memória de um aplicativo em tempo de execução. Em alguns aplicativos, essa limitação do tamanho fixo apresenta um problema para os programadores. Eles precisam optar entre usar arrays de tamanho fixo que sejam suficientemente grandes para armazenar o número máximo de elementos que o programa possa exigir e usar estruturas de dados dinâmicas que possam aumentar e diminuir a quantidade de memória exigida para armazenar dados em resposta à mudança dos requisitos de um programa em tempo de execução.

A coleção da classe ***`ArrayList`*** da plataforma .NET imita a funcionalidade dos arrays convencionais e fornece redimensionamento dinâmico da coleção utilizando métodos da classe. Em dado momento, um objeto **`ArrayList`** contém certo número de elementos menor ou igual a sua *capacidade* — o número de elementos atualmente reservados para um objeto

ArrayList. Um programa pode manipular a capacidade com a propriedade **Capacity** de **ArrayList**. Se um objeto **ArrayList** precisa crescer, como padrão, ele duplica sua capacidade (**Capacity**) atual.

Dica de desempenho 23.6

Assim como acontece com as listas encadeadas, inserir mais elementos em um objeto **ArrayList** *cujo tamanho atual é menor do que sua capacidade é uma operação rápida.*

Dica de desempenho 23.7

Inserir um elemento em um objeto **ArrayList** *que precisa ficar maior para acomodar um novo elemento é uma operação lenta.*

Dica de desempenho 23.8

Para facilitar a obtenção do armazenamento, use o método **TrimToSize** *da classe* **ArrayList** *para "aparar" um objeto* **ArrayList** *para seu tamanho exato. Isso otimizará o uso da memória de um objeto* **ArrayList**. *Tome cuidado — se o programa precisar inserir mais elementos, o processo será mais lento, porque o objeto* **ArrayList** *deve crescer dinamicamente (o corte não deixa espaço para crescimento).*

Dica de desempenho 23.9

O incremento da capacidade padrão, duplicando o tamanho do objeto **ArrayList**, *pode parecer desperdício de armazenamento, mas a duplicação é uma maneira eficiente para um objeto* **ArrayList** *crescer rapidamente para "o tamanho aproximadamente correto". Esse é um uso muito mais eficiente do tempo do que aumentar o objeto* **ArrayList** *por um elemento por vez em resposta às operações de inserção.*

ArrayLists armazenam referências para objetos. Todas as classes derivam da classe **Object**; portanto, um **ArrayList** pode conter objetos de qualquer tipo. A Figura 23.23 relaciona alguns métodos úteis da classe **ArrayList**.

A Figure 23.24 demonstra a classe **ArrayList** e vários de seus métodos. Os usuários podem digitar uma **string** na **TextBox** da interface com o usuário e, em seguida, pressionar um botão representando um método de **ArrayList**, para ver a funcionalidade desse método. Uma **TextBox** exibe mensagens indicando o resultado de cada operação.

Método	Descrição
Add	Adiciona um objeto no **ArrayList**. Retorna um valor **int** especificando o índice no qual o objeto foi adicionado.
Clear	Remove todos os elementos do **ArrayList**.
Contains	Retorna **true** se o objeto especificado estiver no **ArrayList**; caso contrário, retorna **false**.
IndexOf	Retorna o índice da primeira ocorrência do objeto especificado no **ArrayList**.
Insert	Insere um objeto no índice especificado.
Remove	Remove a primeira ocorrência do objeto especificado.
RemoveAt	Remove um objeto no índice especificado.
RemoveRange	Remove um número especificado de elementos a partir do índice especificado no **ArrayList**.
Sort	Ordena o **ArrayList**.
TrimToSize	Configura a capacidade (**Capacity**) do **ArrayList** como o número de elementos que o **ArrayList** contém atualmente.

Figura 23.23 Alguns métodos da classe ArrayList.

```
// Fig. 23.24: ArrayListTest.cs
// Usando a classe ArrayList.

using System;
using System.Drawing;
```

Figura 23.24 Demonstrando a classe ArrayList. (Parte 1 de 5.)

```
using System.Collections;
using System.ComponentModel;
using System.Windows.Forms;
using System.Data;
using System.Text;

namespace ArrayListTest
{
   // demonstrando a funcionalidade de ArrayList
   public class ArrayListTest : System.Windows.Forms.Form
   {
      private System.Windows.Forms.Button addButton;
      private System.Windows.Forms.TextBox inputTextBox;
      private System.Windows.Forms.Label inputLabel;
      private System.Windows.Forms.Button removeButton;
      private System.Windows.Forms.Button firstButton;
      private System.Windows.Forms.Button lastButton;
      private System.Windows.Forms.Button isEmptyButton;
      private System.Windows.Forms.Button containsButton;
      private System.Windows.Forms.Button locationButton;
      private System.Windows.Forms.Button trimButton;
      private System.Windows.Forms.Button statisticsButton;
      private System.Windows.Forms.Button displayButton;

      // Variável obrigatória do projetista.
      private System.ComponentModel.Container components = null;
      private System.Windows.Forms.TextBox consoleTextBox;

      // ArrayList para manipular strings
      private ArrayList arrayList = new ArrayList( 1 );

      public ArrayListTest()
      {
         // Exigido para suporte do Windows Form Designer
         InitializeComponent();
      }

      // código gerado pelo Visual Studio.NET

      // ponto de entrada principal do aplicativo
      [STAThread]
      static void Main()
      {
         Application.Run( new ArrayListTest() );
      }

      // adiciona item no final de arrayList
      private void addButton_Click(
         object sender, System.EventArgs e )
      {
         arrayList.Add( inputTextBox.Text );
         consoleTextBox.Text =
            "Added to end: " + inputTextBox.Text;
         inputTextBox.Clear();
      }

      // remove o item especificado de arrayList
      private void removeButton_Click(
```

Figura 23.24 Demonstrando a classe ArrayList. (Parte 2 de 5.)

```
            object sender, System.EventArgs e )
        {
            arrayList.Remove( inputTextBox.Text );
            consoleTextBox.Text = "Removed: " + inputTextBox.Text;
            inputTextBox.Clear();
        }

        // exibe o primeiro elemento
        private void firstButton_Click(
            object sender, System.EventArgs e )
        {
            // obtém o primeiro elemento
            try
            {
                consoleTextBox.Text =
                    "First element: " + arrayList[ 0 ];
            }

            // mostra exceção se não houver elementos em arrrayList
            catch ( ArgumentOutOfRangeException outOfRange )
            {
                consoleTextBox.Text = outOfRange.ToString();
            }
        }

        // exibe o último elemento
        private void lastButton_Click(
            object sender, System.EventArgs e )
        {
            // obtém o último elemento
            try
            {
                consoleTextBox.Text = "Last element: " +
                    arrayList[ arrayList.Count - 1 ];
            }

            // mostra exceção se não houver elementos em arrrayList
            catch ( ArgumentOutOfRangeException outOfRange )
            {
                consoleTextBox.Text = outOfRange.ToString();
            }
        }

        // determina se arrayList está vazio
        private void isEmptyButton_Click(
            object sender, System.EventArgs e )
        {
            consoleTextBox.Text = ( arrayList.Count == 0 ?
                "arrayList is empty" : "arrayList is not empty" );
        }

        // determina se arrayList contém o objeto especificado
        private void containsButton_Click(
            object sender, System.EventArgs e )
        {
            if ( arrayList.Contains( inputTextBox.Text ) )
                consoleTextBox.Text = "arrayList contains " +
                    inputTextBox.Text;
            else
```

Figura 23.24 Demonstrando a classe `ArrayList`. (Parte 3 de 5.)

```
               consoleTextBox.Text = inputTextBox.Text +
                  " not found";
         }

         // determina a localização do objeto especificado
         private void locationButton_Click(
            object sender, System.EventArgs e )
         {
            consoleTextBox.Text = "Element is at location " +
               arrayList.IndexOf( inputTextBox.Text );
         }

         // apara o arrayList para o tamanho atual
         private void trimButton_Click(
            object sender, System.EventArgs e )
         {
            arrayList.TrimToSize();
            consoleTextBox.Text = "Vector trimmed to size";
         }

         // mostra o tamanho e a capacidade atuais do arrayList
         private void statisticsButton_Click(
            object sender, System.EventArgs e )
         {
            consoleTextBox.Text = "Size = " + arrayList.Count +
               "; capacity = " + arrayList.Capacity;
         }

         // exibe o conteúdo do arrayList
         private void displayButton_Click(
            object sender, System.EventArgs e )
         {
            IEnumerator enumerator = arrayList.GetEnumerator();
            StringBuilder buffer = new StringBuilder();

            while ( enumerator.MoveNext() )
               buffer.Append( enumerator.Current + "  " );

            consoleTextBox.Text = buffer.ToString();
         }
      }
}
```

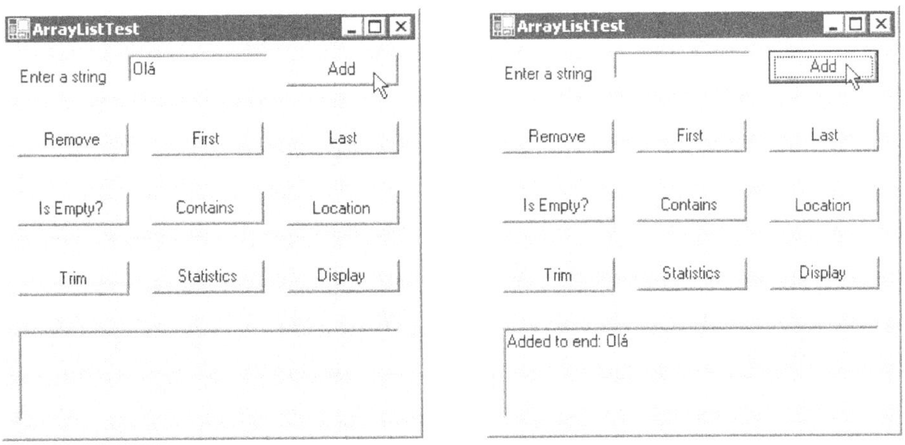

Figura 23.24 Demonstrando a classe `ArrayList`. (Parte 4 de 5.)

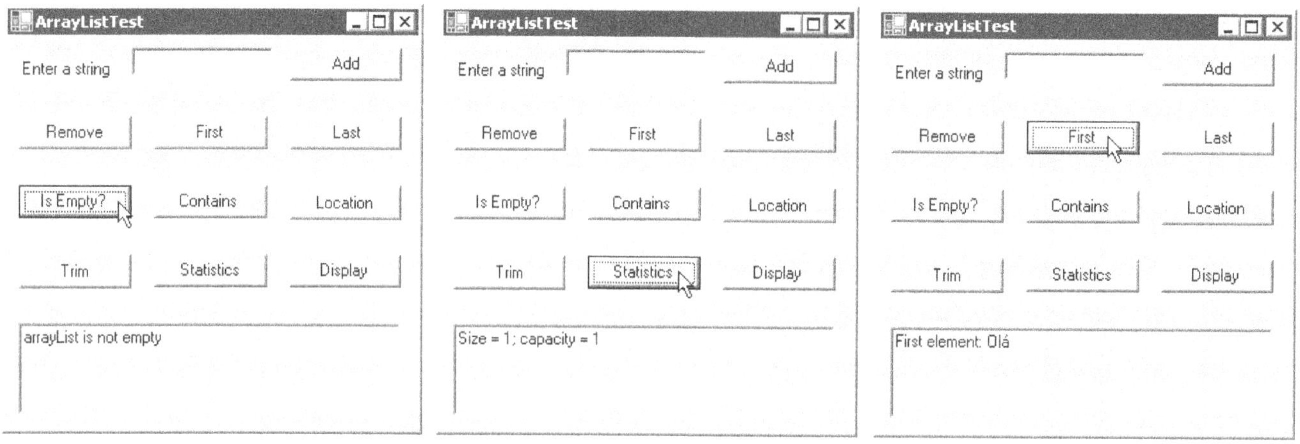

Figura 23.24 Demonstrando a classe `ArrayList`. (Parte 5 de 5.)

O objeto **`ArrayList`** desse exemplo armazena **`string`**s que os usuários fornecem na **`TextBox`**. A linha 35 cria um objeto **`ArrayList`** com uma capacidade inicial de um elemento. Esse objeto **`ArrayList`** terá seu tamanho duplicado sempre que o usuário preencher o array e tentar adicionar outro elemento.

O método ***`Add`*** de **`ArrayList`** anexa um novo elemento no final de um **`ArrayList`**. Quando o usuário clica em **Add**, o manipulador de evento **`addButton_Click`** (linhas 53 a 60) chama o método **`Add`** (linha 56) para anexar a **`string`** da **`inputTextBox`** no **`ArrayList`**.

O método ***`Remove`*** de **`ArrayList`** exclui um item especificado de um **`ArrayList`**. Quando o usuário clica em **Remove**, o manipulador de evento **`removeButton_Click`** (linhas 63 a 69) chama **`Remove`** (linha 66) para remover a **`string`** especificada na **`inputTextBox`** de **`ArrayList`**. Se o objeto passado para **`Remove`** estiver no **`ArrayList`**, a primeira ocorrência desse objeto será removida e todos os elementos subseqüentes se deslocarão em direção ao início do **`ArrayList`** para preencher a posição vazia.

Um programa pode acessar elementos de um **`ArrayList`** como elementos de array convencionais, seguindo o nome de referência **`ArrayList`** com o operador de índice de array (**`[]`**) e o índice desejado do elemento. Os manipuladores de evento **`firstButton_Click`** (linhas 72 a 87) e **`lastButton_Click`** (linhas 90 a 105) usam o operador de índice de **`ArrayList`** para recuperar o primeiro elemento (linha 79) e o último elemento (linha 97), respectivamente. Uma exceção **`ArgumentOutOfRangeException`** ocorre se o índice especificado não for maior que 0 e menor que o número de elementos atualmente armazenados no objeto **`ArrayList`**.

O manipulador de evento **`isEmptyButton_Click`** (linhas 108 a 113) usa a propriedade ***`Count`*** de **`ArrayList`** (linha 111) para determinar se o objeto **`ArrayList`** está vazio. O manipulador de evento **`containsButton_Click`** (linhas 116 a 125) usa o método **`Contains`** de **`ArrayList`** (linha 119) para determinar se o objeto dado está atualmente no **`ArrayList`**. Se estiver, o método retornará **`true`**; caso contrário, retornará **`false`**.

Dica de desempenho 23.10

*O método **`Contains`** de **`ArrayList`** realiza uma busca linear, que é uma operação dispendiosa para **`ArrayList`**s grandes. Se o **`ArrayList`** estiver ordenado, use o método **`BinarySearch`** de **`ArrayList`** para realizar uma busca mais eficiente.*

Quando o usuário clica em **Location**, o manipulador de evento **`locationButton_Click`** (linhas 128 a 133) chama o método ***`IndexOf`*** de **`ArrayList`** (linha 132) para determinar o índice de um objeto específico no **`ArrayList`**. **`IndexOf`** retornará **`-1`** se o elemento não for encontrado.

Quando o usuário clica em **Trim**, o manipulador de evento **`trimButton_Click`** (linhas 136 a 141) chama o método ***`TrimToSize`*** (linha 139) para configurar a propriedade ***`Capacity`*** igual à propriedade **`Count`**. Isso reduz a capacidade de armazenamento do **`ArrayList`** para o número exato de elementos atualmente no objeto.

Quando o usuário clica em **Statistics**, **`statisticsButton_Click`** (linhas 144 a 149) usa as propriedades **`Count`** e **`Capacity`** para apresentar o número atual de elementos no **`ArrayList`** e o número máximo de elementos que podem ser armazenados sem alocar mais memória para o **`ArrayList`**.

Quando os usuários clicam em **Display**, **displayButton_Click** (linhas 152 a 162) mostra na saída o conteúdo do **ArrayList**. Esse manipulador de evento usa uma interface ***IEnumerator*** (às vezes chamada de *enumerador* ou *iterador*) para percorrer os elementos de um **ArrayList**, um elemento por vez. A interface **IEnumerator** define os métodos ***MoveNext*** e ***Reset*** e a propriedade ***Current***. **MoveNext** move o enumerador para o próximo elemento do **ArrayList**. A primeira chamada de **MoveNext** posiciona o enumerador no primeiro elemento do **ArrayList**. **MoveNext** retorna **true** se houver pelo menos mais um elemento no **ArrayList**; caso contrário, o método retorna **false**. O método **Reset** posiciona o enumerador antes do primeiro elemento do **ArrayList**. Os métodos **MoveNext** e **Reset** lançam uma exceção **InvalidOperationException** se o conteúdo da coleção for modificado de qualquer maneira, após a criação do enumerador. A propriedade **Current** retorna o objeto na localização atual do **ArrayList**.

A linha 155 cria uma interface **IEnumerator** chamada **enumerator** e atribui a ela o resultado da chamada do método ***GetEnumerator*** de **ArrayList**. As linhas 158 e 159 fazem a iteração, enquanto **MoveNext** retorna **true**, recuperam o item atual por meio da propriedade **Count** e o anexam em **buffer**. Quando o laço termina, a linha 161 mostra o conteúdo de **buffer**.

23.7.3 Classe Stack

A classe **Stack** implementa uma estrutura de dados em pilha. Essa classe fornece grande parte da funcionalidade que definimos em nossa implementação da Seção 23.4. Consulte essa seção para ver uma discussão dos conceitos da estrutura de dados em pilha. O aplicativo da Figura 23.25 fornece uma GUI que permite ao usuário testar muitos métodos de **Stack**. A linha 38 do construtor de **StackTest** cria um objeto **Stack** com a capacidade inicial padrão (10 elementos).

Conforme se poderia esperar, a classe **Stack** tem os métodos **Push** e **Pop** para executar operações básicas de pilha. O método **Push** recebe um **object** como argumento e o adiciona no topo do objeto **Stack**. Se o número de itens no objeto **Stack** (a propriedade **Count**) for igual à capacidade no momento da operação **Push**, o objeto **Stack** crescerá para acomodar mais **object**s. O manipulador de evento **pushButton_Click** (linhas 51 a 56) usa o método **Push** para adicionar na pilha uma string especificada pelo usuário (linha 54).

O método **Pop** não recebe argumentos. Esse método remove e retorna o objeto que está no topo do objeto **Stack**. O manipulador de evento **popButton_Click** (linhas 59 a 73) chama o método **Pop** (linha 57) para remover um objeto da **Stack**. Uma exceção **InvalidOperationException** ocorrerá se a **Stack** estiver vazia quando o programa chamar **Pop**.

```
1  // Fig. 23.25: StackTest.cs
2  // Demonstra a classe Stack do espaço de nomes System.Collections.
3
4  using System;
5  using System.Drawing;
6  using System.Collections;
7  using System.ComponentModel;
8  using System.Windows.Forms;
9  using System.Data;
10 using System.Text;
11
12 namespace StackTest
13 {
14    // demonstra a coleção Stack
15    public class StackTest : System.Windows.Forms.Form
16    {
17       private System.Windows.Forms.Label inputLabel;
18       private System.Windows.Forms.TextBox inputTextBox;
19       private System.Windows.Forms.Button pushButton;
20       private System.Windows.Forms.Button popButton;
21       private System.Windows.Forms.Button peekButton;
22       private System.Windows.Forms.Button isEmptyButton;
23       private System.Windows.Forms.Button searchButton;
24       private System.Windows.Forms.Button displayButton;
```

Figura 23.25 Usando a classe Stack. (Parte 1 de 4.)

```
      private System.Windows.Forms.Label statusLabel;

      // Variável de projetista exigida.
      private System.ComponentModel.Container components = null;

      private Stack stack;

      public StackTest()
      {
         // Exigido para suporte do Windows Form Designer
         InitializeComponent();

         // cria Stack
         stack = new Stack();
      }

      // código gerado pelo Visual Studio.NET

      // ponto de entrada principal do aplicativo
      [STAThread]
      static void Main()
      {
         Application.Run( new StackTest() );
      }

      // coloca elemento na pilha
      private void pushButton_Click(
         object sender, System.EventArgs e )
      {
         stack.Push( inputTextBox.Text );
         statusLabel.Text = "Pushed: " + inputTextBox.Text;
      }

      // retira elemento da pilha
      private void popButton_Click(
         object sender, System.EventArgs e )
      {
         // retira elemento
         try
         {
            statusLabel.Text = "Popped: " + stack.Pop();
         }

         // imprime mensagem se a pilha estiver vazia
         catch ( InvalidOperationException invalidOperation )
         {
            statusLabel.Text = invalidOperation.ToString();
         }
      }

      // examina o elemento superior da pilha
      private void peekButton_Click(
         object sender, System.EventArgs e )
      {
         // vê o elemento superior
         try
         {
```

Figura 23.25 Usando a classe `Stack`. (Parte 2 de 4.)

```
            statusLabel.Text = "Top: " + stack.Peek();
         }

         // imprime mensagem se a pilha estiver vazia
         catch ( InvalidOperationException invalidOperation )
         {
            statusLabel.Text = invalidOperation.ToString();
         }
      }

      // determina se a pilha está vazia
      private void isEmptyButton_Click(
         object sender, System.EventArgs e )
      {
         statusLabel.Text = ( stack.Count == 0 ?
            "Stack is empty" : "Stack is not empty" );
      }

      // determina se o elemento especificado está na pilha
      private void searchButton_Click(
         object sender, System.EventArgs e )
      {
         string result = stack.Contains( inputTextBox.Text ) ?
            " found" : " not found";

         statusLabel.Text = inputTextBox.Text + result;
      }

      // exibe o conteúdo da pilha
      private void displayButton_Click(
         object sender, System.EventArgs e )
      {
         IEnumerator enumerator = stack.GetEnumerator();
         StringBuilder buffer = new StringBuilder();

         // enquanto o enumerador puder mover-se para o próximo elemento
         // imprime esse elemento.
         while ( enumerator.MoveNext() )
            buffer.Append( enumerator.Current + " " );

         statusLabel.Text = buffer.ToString();
      }
   }
}
```

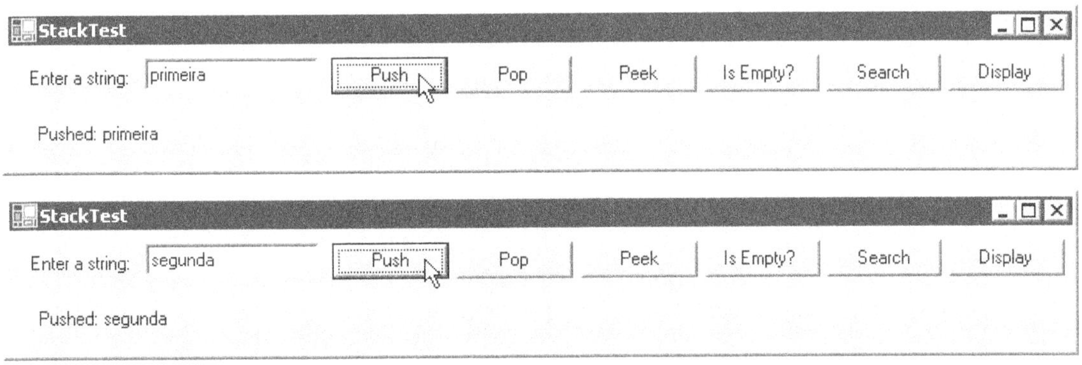

Figura 23.25 Usando a classe Stack. (Parte 3 de 4.)

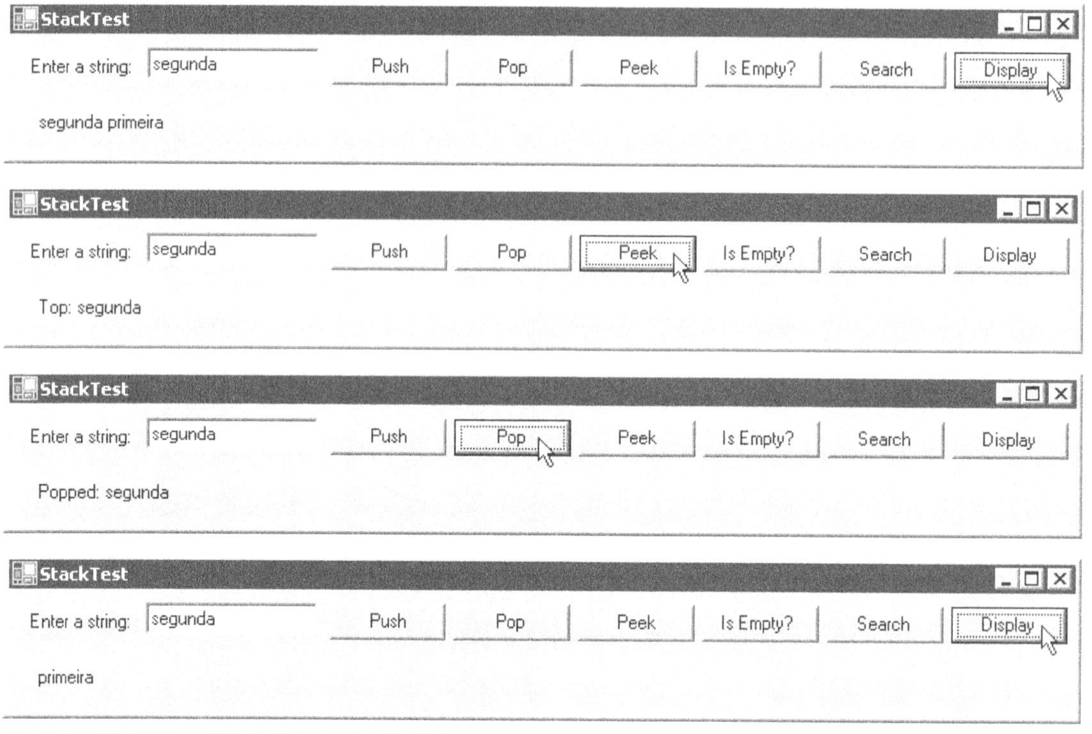

Figura 23.25 Usando a classe `Stack`. (Parte 4 de 4.)

O método **`Peek`** retorna o valor do elemento do topo da pilha, mas não remove o elemento da **`Stack`**. Demonstramos **`Peek`** na linha 82, no manipulador de evento **`peekButton_Click`** (linhas 76 a 90), para ver o objeto do topo da **`Stack`**. Assim como acontece com **`Pop`**, uma exceção **`InvalidOperationException`** ocorrerá se a **`Stack`** estiver vazia quando o programa chamar **`Peek`**.

Erro de programação comum 23.3

*Tentar usar **`Peek`** ou **`Pop`** em uma **`Stack`** vazia (uma **`Stack`** cuja propriedade **`Count`** é igual a 0) causará uma exceção **`InvalidOperationException`**.*

O manipulador de evento **`isEmptyButton_Click`** (linhas 93 a 98) determina se a **`Stack`** está vazia, comparando sua propriedade **`Count`** com 0. Se for 0, a **`Stack`** está vazia; caso contrário, não está. O manipulador de evento **`searchButton_Click`** (linhas 101 a 108) usa o método **`Contains`** de **`Stack`** (linhas 104 e 105) para determinar se a **`Stack`** contém o objeto especificado como argumento. **`Contains`** retorna **`true`** se a **`Stack`** contém o objeto especificado e **`false`** em caso contrário.

O manipulador de evento **`isEmptyButton_Click`** (linhas 111 a 123) usa uma interface IEnumerator para percorrer a **`Stack`** e exibir seu conteúdo.

23.7.4 Classe `Hashtable`

As linguagens de programação orientadas a objetos facilitam a criação de novos tipos. Quando um programa cria objetos de tipos novos ou já existentes, ele precisa gerenciá-los eficientemente. Isso inclui ordenar e recuperar objetos. Ordenar e recuperar informações com arrays é eficiente, se algum aspecto de seus dados corresponder diretamente ao valor da chave e se essas chaves forem exclusivas e fortemente empacotadas. Se você tivesse 100 funcionários com números de seguro social de nove dígitos e desejasse armazenar e recuperar dados de funcionário usando o número de seguro social como chave, isso exigiria nominalmente um array com 999.999.999 elementos, pois existiriam 999.999.999 números de nove dígitos diferentes (considerando-se que o número 0 não seja utilizado). Isso é impraticável para quase todos os aplicativos que usam números de seguro social como chave. Se você pudesse ter um array desse tamanho, poderia obter um desempenho muito alto armazenando e recuperando registros de funcionário simplesmente usando o número de seguro social como o índice do array.

Uma grande variedade de aplicativos apresenta esse problema — a saber, que as chaves são do tipo errado (isto é, nada de inteiros não-negativos) ou que são do tipo correto, mas estão muito espalhadas em um intervalo grande.

O que é necessário é um esquema de alta velocidade para converter chaves como os números de seguro social e códigos de peças em estoque em índices de array exclusivos. Então, quando um aplicativo precisasse armazenar algo, o esquema poderia converter a chave do aplicativo em um índice rapidamente, e o registro da informação poderia ser armazenado nesse local do array. A recuperação ocorre da mesma maneira — uma vez que o aplicativo tenha uma chave para a qual deseja recuperar o registro de dados, ele simplesmente aplica a conversão na chave, o que produz o índice onde os dados residem no array, e recupera os dados.

O esquema que descrevemos aqui é a base de uma técnica chamada *hashing* (ou simplesmente *hash*). Por que esse nome? Porque, quando convertemos uma chave em um índice de array, literalmente misturamos os bits, formando um tipo de "bagunça" de números (o significado da palavra inglesa *hash*). Na verdade, o número não tem nenhum significado real, além de sua utilidade no armazenamento e na recuperação desse registro de dados em particular.

Ocorre um problema no esquema quando acontecem *colisões* (isto é, duas chaves diferentes "se encontram" na mesma célula ou elemento do array). Como não podemos ordenar dois registros de dados diferentes no mesmo espaço, precisamos encontrar um local alternativo para todos os registros, além do primeiro, que se encontram em um índice em particular do array. Existem muitos esquemas para fazer isso. Um deles é "fazer um novo hash" (isto é, reaplicar a transformação de hash na chave para fornecer a próxima célula candidata no array). O processo de hash é projetado para ser bastante aleatório, de modo que a suposição é que, com alguns novos hashes, será encontrada uma célula disponível.

Outro esquema usa um hash para localizar a primeira célula candidata. Se a célula estiver ocupada, sucessivas células serão pesquisadas linearmente, até que uma célula disponível seja encontrada. A recuperação funciona da mesma maneira — a chave sofre hash uma vez, a célula resultante é verificada para determinar se ela contém os dados desejados. Se contiver, a busca estará terminada. Se não, sucessivas células serão pesquisadas linearmente, até que os dados desejados sejam encontrados.

A solução mais popular para colisões de tabela de hash é fazer com que cada célula da tabela seja um "balde" de hash, normalmente uma lista encadeada de todos os pares chave/valor que se encontram nessa célula. Essa é a solução que a classe ***Hashtable*** da plataforma .NET implementa.

O *fator de carga* é um valor que afeta o desempenho dos esquemas de hash. O fator de carga é a proporção do número de células ocupadas na tabela de hash com relação ao tamanho da tabela. Quanto mais a proporção se aproxima de 1,0, maior a chance de colisões.

Dica de desempenho 23.11

O fator de carga em uma tabela de hash é um exemplo clássico do compromisso espaço/tempo: aumentando o fator de carga, obtemos melhor utilização da memória, mas o programa funciona mais lentamente, em virtude de maior número de colisões de hash. Diminuindo o fator de carga, obtemos uma melhor velocidade do programa por causa do menor número de colisões de hash, mas temos uma utilização da memória pior, pois uma parte maior da tabela de hash permanece vazia.

A programação correta de tabelas de hash é complexa demais para a maioria dos programadores ocasionais. Os estudantes de ciência da computação estudam exaustivamente esquemas de hash em cursos chamados "Estruturas de dados" e "Algoritmos". Reconhecendo o valor do hashing, o C# fornece a classe **Hashtable** e alguns recursos relacionados, para permitir que os programadores tirem proveito do hashing sem os detalhes complexos.

A frase anterior é profundamente importante em nosso estudo da programação orientada a objetos. As classes encapsulam e ocultam a complexidade (isto é, os detalhes da implementação) e oferecem interfaces amigáveis ao usuário. Confeccionar classes para fazer isso corretamente é uma das habilidades mais conceituadas no campo da programação orientada a objetos.

Uma *função de hash* efetua um cálculo que determina onde colocar dados na tabela de hash. A função de hash é aplicada na chave de um par chave/valor de objetos. A classe **Hashtable** pode aceitar qualquer objeto como chave. Por isso, a classe **Object** define o método **GetHashCode**, que todos os objetos em C# herdam. A maioria das classes que são candidatas a ser usadas como chaves em uma tabela de hash sobrepõe esse método para fornecer um que efetua cálculos de código de hash eficientes para um tipo de dados específico. Por exemplo, uma **string** tem um cálculo de código de hash baseado em seu conteúdo. A Figura 23.26 demonstra vários métodos da classe **Hashtable**.

O manipulador de evento **addButton_Click** (linhas 57 a 75) lê o nome de batismo e o sobrenome de um funcionário da interface com o usuário, cria um objeto da classe Employee (definida nas linhas 153 a 170) e adiciona esse **Employee** à **Hashtable** com o método ***Add*** (linha 66). Esse método recebe dois argumentos — um objeto-chave e um objeto valor. Nesse exemplo, a chave é o sobrenome do **Employee** (uma **string**) e o valor é o objeto **Employee** correspondente. Uma exceção **ArgumentException** ocorre se a **Hashtable** já contém a chave ou se a chave é **null**.

O manipulador de evento **getButton_Click** (linhas 78 a 88) recupera o objeto associado a uma chave específica, usando o operador de índice de **Hashtable**, como mostra a linha 81. A expressão entre colchetes é a chave para a qual a **Hashtable** deve retornar o objeto correspondente. Se a chave não for encontrada, o resultado será **null**.

```
1  // Fig. 23.26: HashtableTest.cs
2  // Demonstra a classe Hashtable do espaço de nomes System.Collections.
3
4  using System;
5  using System.Drawing;
6  using System.Collections;
7  using System.ComponentModel;
8  using System.Windows.Forms;
9  using System.Data;
10 using System.Text;
11
12 namespace HashTableTest
13 {
14    // demonstra a funcionalidade de Hashtable
15    public class HashTableTest : System.Windows.Forms.Form
16    {
17       private System.Windows.Forms.Label firstNameLabel;
18       private System.Windows.Forms.Label lastNameLabel;
19       private System.Windows.Forms.Button addButton;
20       private System.Windows.Forms.TextBox lastNameTextBox;
21       private System.Windows.Forms.TextBox consoleTextBox;
22       private System.Windows.Forms.TextBox firstNameTextBox;
23       private System.Windows.Forms.Button getButton;
24       private System.Windows.Forms.Button removeButton;
25       private System.Windows.Forms.Button emptyButton;
26       private System.Windows.Forms.Button containsKeyButton;
27       private System.Windows.Forms.Button clearTableButton;
28       private System.Windows.Forms.Button listObjectsButton;
29       private System.Windows.Forms.Button listKeysButton;
30       private System.Windows.Forms.Label statusLabel;
31
32       // Variável de projetista exigida.
33       private System.ComponentModel.Container components = null;
34
35       // Tabela de hash para demonstrar a funcionalidade
36       private Hashtable table;
37
38       public HashTableTest()
39       {
40          // Exigido para suporte do Windows Form Designer
41          InitializeComponent();
42
43          // cria objeto Hashtable
44          table = new Hashtable();
45       }
46
47       // código gerado pelo Visual Studio.NET
48
```

Figura 23.26 Usando a classe Hashtable. (Parte 1 de 4.)

```
      // ponto de entrada principal do aplicativo
      [STAThread]
      static void Main()
      {
         Application.Run( new HashTableTest() );
      }

      // adiciona sobrenome e objeto Employee na tabela
      private void addButton_Click(
         object sender, System.EventArgs e )
      {
         Employee employee = new Employee( firstNameTextBox.Text,
            lastNameTextBox.Text );

         // adiciona novo par chave/valor
         try
         {
            table.Add( lastNameTextBox.Text, employee );
            statusLabel.Text = "Put: " + employee.ToString();
         }

         // se a chave for null ou já estiver na tabela, mostra mensagem na saída
         catch ( ArgumentException argumentException )
         {
            statusLabel.Text = argumentException.ToString();
         }
      }

      // obtém objeto da chave dada
      private void getButton_Click(
         object sender, System.EventArgs e )
      {
         object result = table[ lastNameTextBox.Text ];

         if ( result != null )
            statusLabel.Text = "Get: " + result.ToString();
         else
            statusLabel.Text = "Get: " + lastNameTextBox.Text +
               " not in table";
      }

      // remove par chave/valor da tabela
      private void removeButton_Click(
         object sender, System.EventArgs e )
      {
         table.Remove( lastNameTextBox.Text );
         statusLabel.Text = "Object Removed";
      }

      // determina se a tabela está vazia
      private void emptyButton_Click(
         object sender, System.EventArgs e )
      {
         statusLabel.Text = "Table is " + (
            table.Count == 0 ? "empty" : "not empty" );
      }

      // determina se a tabela contém a chave especificada
```

Figura 23.26 Usando a classe `Hashtable`. (Parte 2 de 4.)

```
      private void containsKeyButton_Click(
         object sender, System.EventArgs e )
      {
         statusLabel.Text = "Contains key: " +
            table.ContainsKey( lastNameTextBox.Text );
      }

      // descarta todo o conteúdo da tabela
      private void clearTableButton_Click(
         object sender, System.EventArgs e )
      {
         table.Clear();
         statusLabel.Text = "Clear: Table is now empty";
      }

      // exibe lista de objetos na tabela
      private void listObjectsButton_Click(
         object sender, System.EventArgs e )
      {
         IDictionaryEnumerator enumerator =
            table.GetEnumerator();
         StringBuilder buffer = new StringBuilder();

         while ( enumerator.MoveNext() )
            buffer.Append( enumerator.Value + "\r\n" );

         consoleTextBox.Text = buffer.ToString();
      }

      // exibe lista de chaves na tabela
      private void listKeysButton_Click(
         object sender, System.EventArgs e )
      {
         IDictionaryEnumerator enumerator =
            table.GetEnumerator();
         StringBuilder buffer = new StringBuilder();

         while ( enumerator.MoveNext() )
            buffer.Append( enumerator.Key + "\r\n" );

         consoleTextBox.Text = buffer.ToString();
      }

   } // fim da classe HashtableTest

   // classe Employee para uso com HashtableTest
   class Employee
   {
      private string first, last;

      // construtor
      public Employee( string fName, string lName )
      {
         first = fName;
         last = lName;
      }

      // retorna o nome de batismo e o sobrenome de Employee como string
```

Figura 23.26 Usando a classe Hashtable. (Parte 3 de 4.)

```
165       public override string ToString()
166       {
167          return first + " " + last;
168       }
169
170    } // fim da classe Employee
171 }
```

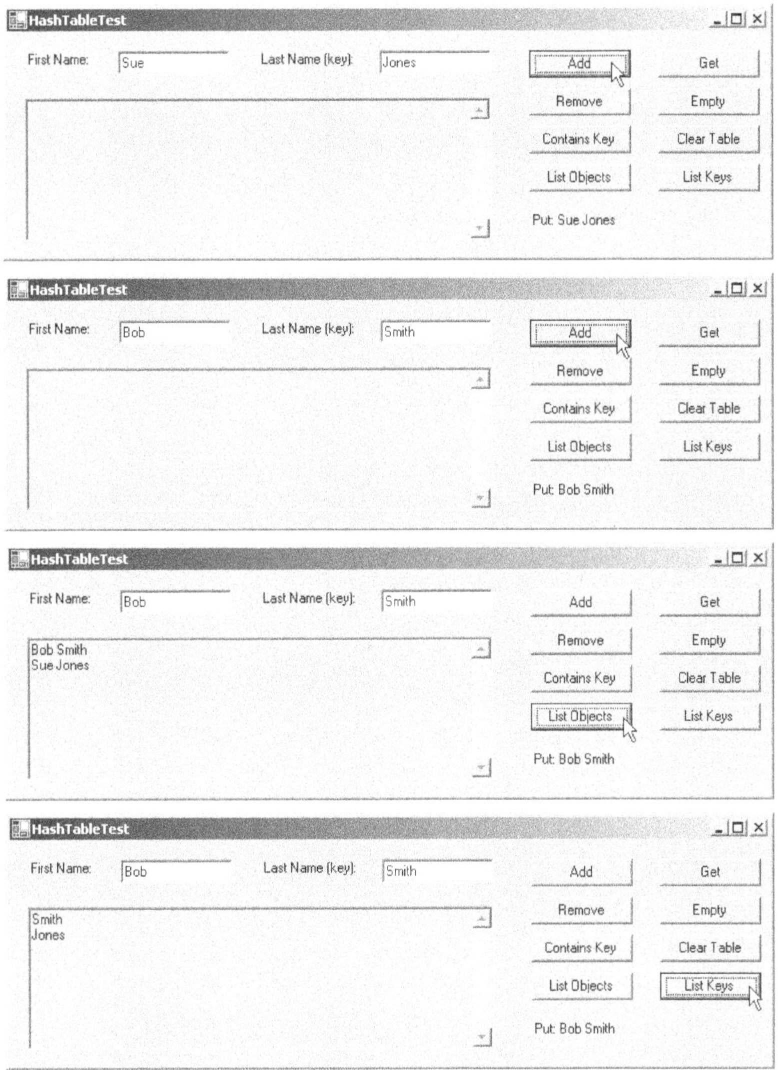

Figura 23.26 Usando a classe Hashtable. (Parte 4 de 4.)

O manipulador de evento **`removeButton_Click`** (linhas 91 a 96) chama o método ***`Remove`*** de **`Hashtable`** para excluir da **`Hashtable`** uma chave e seu objeto associado. Se a chave não existe na tabela, nada acontece.

O manipulador de evento **`emptyButton_Click`** (linhas 99 a 104) usa a propriedade ***`Count`*** de **`Hashtable`** para determinar se a **`Hashtable`** está vazia (isto é, **`Count`** é 0).

O manipulador de evento **`containsKeyButton_Click`** (linhas 107 a 112) chama o método ***`ContainsKey`*** de **`Hashtable`** para determinar se a **`Hashtable`** contém a chave especificada. Se contiver, o método retorna **`true`**; caso contrário, retorna **`false`**.

O manipulador de evento **`clearTableButton_Click`** (linhas 115 a 120) chama o método ***`Clear`*** de **`Hashtable`** para excluir todas as entradas da **`Hashtable`**.

A classe **Hashtable** fornece o método **GetEnumerator**, que retorna um enumerador de tipo ***IDictionary-Enumerator***, o qual deriva de **IEnumerator**. Esses enumeradores fornecem as propriedades ***Key*** e ***Value*** para acessar as informações de um par chave/valor. O manipulador de evento nas linhas 123 a 134 (**listObjectsButton_click**) usa a propriedade **Value** do enumerador para mostrar na saída os objetos da **Hashtable**. O manipulador de evento nas linhas 123 a 134 (**listKeysButton_click**) usa a propriedade **Key** do enumerador para mostrar na saída as chaves da **Hashtable**.

Resumo

- As estruturas de dados dinâmicas podem aumentar e diminuir em tempo de execução.
- Criar e manter estruturas de dados dinâmicas exige alocação de memória dinâmica — a capacidade de um programa de obter mais memória em tempo de execução (para conter novos nós) e liberar memória não mais necessária.
- O limite da alocação de memória dinâmica pode ser o tamanho da memória física disponível no computador ou a quantidade de espaço em disco disponível em um sistema de memória virtual.
- O operador **new** recebe como operando o tipo do objeto que está sendo alocado dinamicamente e retorna uma referência para um objeto desse tipo recentemente criado. Se não houver memória disponível, **new** lança uma exceção **OutOfMemoryException**.
- Uma classe auto-referencial contém um membro de dados que se refere a um objeto do mesmo tipo de classe. Os objetos auto-referenciais podem ser ligados para formar estruturas de dados úteis, como listas, filas, pilhas e árvores.
- Uma lista encadeada é uma coleção linear (isto é, uma seqüência) de objetos da classe auto-referencial chamados nós, conectados por vínculos de referência.
- Um nó pode conter dados de qualquer tipo, incluindo objetos de outras classes.
- Uma lista encadeada é acessada por uma referência para o primeiro nó da lista. Cada nó subseqüente é acessado por meio da referência vínculo-membro armazenada no nó anterior.
- Por convenção, a referência a vínculo no último nó de uma lista é configurada como **null** para marcar o final da lista.
- As pilhas são importantes nos compiladores e nos sistemas operacionais.
- Uma pilha é uma versão restrita de uma lista encadeada — novos nós podem ser adicionados e removidos somente no topo de uma pilha. Uma pilha é referida como uma estrutura de dados LIFO (last-in, first-out — o último que entra é o primeiro que sai).
- As principais operações da pilha são push e pop. A operação push adiciona um novo nó no início da pilha. A operação pop remove um nó do início da pilha e retorna o objeto de dados do nó retirado.
- As filas representam linhas de espera. As inserções ocorrem no final (também referido como cauda) de uma fila, e as exclusões ocorrem no início (também referido como cabeça) de uma fila.
- Uma fila é semelhante a uma fila de caixa em um supermercado: a primeira pessoa da fila é atendida primeiro; os outros clientes entram no final da fila e esperam para ser atendidos.
- Os nós da fila são removidos apenas da cabeça e são inseridos apenas na cauda da fila. Por isso, uma fila é referida como uma estrutura de dados FIFO (first-in, first-out — o primeiro que entra é o primeiro que sai).
- As operações de inserção e remoção de uma fila são conhecidas como enqueue e dequeue.
- As árvores binárias facilitam a busca e a ordenação em alta velocidade dos dados.
- Os nós da árvore contêm dois ou mais vínculos.
- Uma árvore binária é uma árvore cujos nós contêm dois vínculos. O nó raiz é o primeiro nó em uma árvore.
- Cada vínculo no nó raiz se refere a um filho. O filho da esquerda é o primeiro nó na subárvore esquerda e o filho da direita é o primeiro nó na subárvore direita.
- Os filhos de um nó são chamados de irmãos. Um nó sem filhos é chamado de nó folha.
- Uma árvore de pesquisa binária (sem valores de nó duplicados) tem por característica o fato de os valores em qualquer subárvore esquerda serem menores do que os valores do nó progenitor dessa subárvore e de os valores em qualquer subárvore direita serem maiores do que os valores do nó progenitor dessa subárvore.
- Em uma árvore de pesquisa binária, um nó pode ser inserido apenas como nó folha.
- Um percorrimento inorder de uma árvore de pesquisa binária processa os valores de nó em ordem ascendente.
- O processo de criação de uma árvore de pesquisa binária ordena realmente os dados — daí a expressão "ordenação de árvore binária".

- Em um percorrimento preorder, o valor em cada nó é processado quando o nó é visitado. Após o valor de determinado nó ser processado, os valores na subárvore esquerda são processados, seguidos pelos valores na subárvore direita.
- Em um percorrimento postorder, o valor em cada nó é processado após as subárvores esquerda e direita do nó serem processadas.
- A árvore de pesquisa binária facilita a eliminação de valores em duplicidade. Quando a árvore é criada, as tentativas de inserir um valor em duplicidade são reconhecidas, pois uma duplicata segue as mesmas decisões de "ir para a esquerda" ou "ir para a direita" em cada comparação, como fez o valor original. Assim, a duplicata finalmente é comparada com um nó que contém o mesmo valor. O valor em duplicidade pode simplesmente ser descartado nesse ponto.
- A classe **ArrayList** pode ser usada como um array de crescimento dinâmico.
- O método **Add** de **ArrayList** adiciona um objeto no **ArrayList**.
- O método **Remove** de **ArrayList** remove a primeira ocorrência do objeto especificado do **ArrayList**.
- O operador de índice de **ArrayList** acessa elementos de um **ArrayList** como se ele fosse um array.
- A classe **Stack** é fornecida no espaço de nomes **System.Collections**.
- O método **Push** de **Stack** executa a operação push na **Stack**.
- O método **Pop** de **Stack** executa a operação pop na **Stack**.
- A classe **Hashtable** é fornecida no espaço de nomes **System.Collections**.
- O método **Add** de **Hashtable** adiciona um par chave/valor em **Hashtable**.
- Qualquer classe que implemente a interface **IEnumerator** deve definir os métodos **MoveNext** e **Reset** e a propriedade **Current**.
- O método **MoveNext** deve ser chamado antes que a propriedade **Current** seja acessada pela primeira vez.
- Os métodos **MoveNext** e **Reset** lançam uma exceção **InvalidOperationException** se o conteúdo da coleção foi modificado de alguma maneira após a criação do enumerador.

Terminologia

ArgumentException
árvore binária
cabeça
classe **ArrayList**
classe auto-referencial
classe **Hashtable**
classe **Stack**
coleção
enumerador
espaço de nomes **System.Collections**
estruturas de dados
estruturas de dados dinâmicas
fila
interface **IDictionaryEnumerator**
interface **IEnumerator**
InvalidOperationException
linha de espera
lista encadeada
método **Add** de **ArrayList**
método **BinarySearch** de **ArrayList**
método **Clear** de **ArrayList**
método **Clear** de **Hashtable**
método **Contains** de **ArrayList**
método **Contains** de **Stack**
método **ContainsKey** de **Hashtable**
método **GetEnumerator** de **IEnumerable**
método **GetHashCode** de **Object**
método **IndexOf** de **ArrayList**
método **MoveNext** de **IEnumerator**
método **Peek** de **Stack**
método **Pop** de **Stack**
método **Push** de **Stack**
método **Remove** de **ArrayList**
método **Remove** de **Hashtable**
método **RemoveAt** de **ArrayList**
método **RemoveRange** de **ArrayList**
método **Reset** de **IEnumerator**
método **Sort** de **ArrayList**
método **TrimToSize** de **ArrayList**
ordenação
pesquisa
pilha
propriedade **Capacity** de **ArrayList**
propriedade **Count** de **ArrayList**
propriedade **Count** de **Stack**
propriedade **Current** de **IEnumerator**

Exercícios de revisão

23.1 Indique se cada uma das seguintes alternativas é *verdadeira* ou *falsa*. Se for *falsa*, justifique.

a) Em uma fila, o primeiro item a ser adicionado é o último a ser removido.
b) As árvores não podem ter mais do que dois nós filhos por nó.

c) O nó de uma árvore sem filhos é chamado de nó folha.
d) A classe **Stack** está no espaço de nomes **System.Collections**.
e) Uma classe implementando a interface **IEnumerator** deve definir apenas os métodos **MoveNext** e **Reset**.
f) Uma tabela de hash armazena pares chave/valor.
g) Os nós da lista encadeada são armazenados de maneira contígua na memória.
h) As principais operações da estrutura de dados em pilha são enqueue e dequeue.
i) Listas, pilhas e filas são estruturas de dados lineares.

23.2 Preencha os espaços em branco em cada uma das declarações a seguir:

a) Uma classe _______________ é usada para definir nós que formam estruturas de dados dinâmicas, que podem aumentar e diminuir em tempo de execução.
b) O operador _______________ aloca memória dinamicamente; esse operador retorna uma referência para a memória alocada.
c) Uma _______________ é uma versão restrita de uma lista encadeada, na qual os nós podem ser inseridos e excluídos apenas a partir do início da lista; essa estrutura de dados retorna valores de nó na ordem do último a entrar é o primeiro a sair.
d) Uma fila é uma estrutura de dados _______________, pois os primeiros nós inseridos são os primeiros nós removidos.
e) Uma _______________ é uma versão restrita de uma lista encadeada, na qual os nós podem ser inseridos apenas no final e excluídos apenas a partir do início da lista.
f) Uma _______________ é uma estrutura de dados não-linear e bidimensional que contém nós com dois ou mais vínculos.
g) Os nós de uma árvore _______________ contêm dois membros de vínculo.
h) O método _______________ de **IEnumerator** avança o enumerador para o próximo item.
i) O algoritmo de percorrimento de árvore que processa o nó e depois processa todos os nós a sua esquerda seguidos de todos os nós a sua direita é chamado de _______________.
j) Se a coleção que ele referenciava foi alterada após a criação do enumerador, chamar o método **Reset** causará uma exceção _______________.

Respostas dos exercícios de revisão

23.1 a) Falsa. Uma fila é uma estrutura de dados first-in, first-out — o primeiro item adicionado é o primeiro item removido. b) Falsa. Em geral, as árvores podem ter tantos nós filhos por nó quantos forem necessários. Apenas as árvores binárias estão restritas a não mais do que dois nós filhos por nó. c) Verdadeira. d) Verdadeira. e) Falsa. A classe também deve implementar a propriedade **Current**. f) Verdadeira. g) Falsa. Os nós da lista encadeada são logicamente contíguos, mas eles não precisam estar armazenados em um espaço de memória fisicamente contíguo. h) Falsa. Essas são as operações principais de uma fila. As principais operações de uma pilha são push e pop. i) Verdadeira.

23.2 a) auto-referencial. b) **new**. c) pilha. d) FIFO (first-in, first-out). e) fila. f) árvore. g) binária. h) **MoveNext**. i) preorder. j) **InvalidOperationException**.

Exercícios

23.3 Escreva um programa que junte (faça o "merge" de) dois objetos de lista ordenada de inteiros em um único objeto de lista ordenada de inteiros. O método **Merge** da classe **ListMerge** deve receber referências para cada um dos objetos da lista a ser mesclado e deve retornar uma referência para o objeto da lista mesclado.

23.4 Escreva um programa que receba uma linha de texto e use um objeto pilha para imprimir a linha invertida.

23.5 Escreva um programa que use uma pilha para determinar se uma string é um palíndromo (isto é, a string pode ser lida, indiferentemente, da esquerda para a direita ou vice-versa). O programa deve ignorar espaços e pontuação.

23.6 As pilhas são usadas pelos compiladores para ajudar no processo de avaliação de expressões e na geração de código em linguagem de máquina. Neste e no próximo exercício investigaremos como os compiladores avaliam expressões aritméticas consistindo apenas em constantes, operadores e parênteses.

Os seres humanos geralmente escrevem expressões como **3 + 4** e **7 / 9**, nas quais o operador (aqui, **+** ou **/**) é escrito entre seus operandos — isso é chamado de *notação infixa*. Os computadores "preferem" a *notação posfixa*, na qual o operador é escrito à direita de seus dois operandos. As expressões infixas anteriores apareceriam na notação posfixa como **3 4 +** e **7 9 /**, respectivamente.

Para avaliar uma expressão infixa complexa, um compilador primeiro converteria a expressão para a notação posfixa e depois avaliaria a versão posfixa da expressão. Cada um desses algoritmos exige apenas um percorrimento da esquerda para a direita da expressão. Cada algoritmo usa um objeto pilha no suporte de sua operação, e em cada algoritmo a pilha é usada para um propósito diferente.

Neste exercício, você vai escrever uma versão C# do algoritmo de conversão de notação infixa para posfixa. No próximo exercício, escreverá uma versão C# do algoritmo de avaliação de expressão posfixa. Em um exercício posterior, você vai descobrir que o código que escreveu neste exercício poderá ajudá-lo a implementar um compilador funcional completo.

Escreva a classe **InfixToPostfixConverter** para converter uma expressão aritmética infixa normal (suponha que uma expressão válida seja fornecida), com inteiros de um dígito, como

```
(6 + 2) * 5 - 8 / 4
```

em uma expressão posfixa. A versão posfixa da expressão infixa anterior (note que nenhum parêntese é necessário) é

```
6 2 + 5 * 8 4 / -
```

O programa deve ler a expressão em **StringBuilder infix** e, em seguida, usar a classe **StackComposition** (implementada na Figura 23.12) para ajudar a criar a expressão posfixa em **StringBuilder postfix**. O algoritmo para criação de uma expressão posfixa é o seguinte:

a) Coloque um parêntese à esquerda `'('` na pilha.
b) Anexe um parêntese à direita `')'` no final de **infix**.
c) Enquanto a pilha não estiver vazia, leia **infix** da esquerda para a direita e faça o seguinte:
    Se o caractere atual em **infix** for um dígito, anexe-o em **postfix**.
    Se o caractere atual em **infix** for um parêntese à esquerda, coloque-o na pilha.
    Se o caractere atual em **infix** for um operador:
        Retire os operadores (se houver algum) do topo da pilha, enquanto eles tiverem uma precedência igual ou maior do que o operador atual, e anexe os operadores retirados em **postfix**.
        Coloque o caractere atual de **infix** na pilha.
    Se o caractere atual em **infix** for um parêntese à direita:
        Retire os operadores do início da pilha e os anexe em **postfix** até que um parêntese à esquerda esteja no topo da pilha.
        Retire (e descarte) o parêntese à esquerda da pilha.

As operações aritméticas a seguir são permitidas em uma expressão:

`+` adição
`-` subtração
`*` multiplicação
`/` divisão
`^` exponenciação
`%` módulo

Eis alguns dos métodos que talvez você queira fornecer em seu programa:

a) Método **ConvertToPostfix**, que converte a expressão infixa em notação posfixa.
b) Método **IsOperator**, que determina se **c** é um operador.
c) Método **Precedence**, que determina se a precedência de **operator1** (da expressão infixa) é menor, igual ou maior do que a precedência de **operator2** (da pilha). O método retorna **true** se **operator1** tiver precedência menor do que **operator2**. Caso contrário, **false** é retornado.
d) Adicione esse método na definição da classe **StackComposition**.

23.7 Escreva a classe **PostfixEvaluator**, que avalia uma expressão posfixa (suponha que ela seja válida), como:

```
6 2 + 5 * 8 4 / -
```

O programa deve ler uma expressão posfixa, consistindo em dígitos e operadores, em um **StringBuilder**. Usando a classe **StackComposition** do Exercício 23.6, o programa deve percorrer a expressão e avaliá-la. O algoritmo é o seguinte:

a) Anexe um parêntese à direita (`')'`) no final da expressão posfixa. Quando o caractere de parêntese à direita for encontrado, mais nenhum processamento será necessário.
b) Quando o caractere de parêntese à direita não for encontrado, leia a expressão da esquerda para a direita.
    Se o caractere atual for um dígito, faça o seguinte:
        Coloque seu valor inteiro na pilha (o valor inteiro de um caractere de dígito é seu valor no conjunto de caracteres do computador, menos o valor de `'0'` em Unicode).
    Caso contrário, se o caractere atual for um operador:
        Retire os dois elementos superiores da pilha, nas variáveis **x** e **y**.
        Calcule **y** *operador* **x**.
        Coloque o resultado do cálculo na pilha.
c) Quando o parêntese à direita for encontrado na expressão, retire o valor superior da pilha. Esse é o resultado da expressão posfixa.

[*Nota:* em b) (com base no exemplo de expressão, no início destes exercícios), se o operador for `'/'`, o topo da pilha for `2` e o próximo elemento na pilha for `8`, então retire `2` em **x**, retire `8` em **y**, avalie `8 / 2` e coloque o resultado, `4`, de volta na pilha. Esta nota também se aplica ao operador `'-'`.] As operações aritméticas permitidas em uma expressão são:

+ adição
- subtração
* multiplicação
/ divisão
^ exponenciação
% módulo

Talvez você queira fornecer os seguintes métodos:

a) Método **EvaluatePostfixExpression**, que avalia a expressão posfixa.
b) Método **Calculate**, que avalia a expressão **op1** *operador* **op2**.

23.8 (*Exclusão de árvore binária*) Neste exercício discutiremos a exclusão de itens de árvores de pesquisa binárias. O algoritmo de exclusão não é tão simples quanto o algoritmo de inserção. Existem três casos que são encontrados ao se excluir um item — o item está contido em um nó folha (isto é, ele não tem filhos), o item está contido em um nó que tem apenas um filho ou o item está contido em um nó que tem dois filhos.

Se o item a ser excluído está contido em um nó folha, os nós são excluídos e a referência no nó progenitor é configurada como null.

Se o item a ser excluído está contido em um nó com apenas um filho, a referência no nó progenitor é configurada para referenciar o nó filho e o nó contendo o item de dados é excluído. Isso faz o nó filho ocupar o lugar do nó excluído na árvore.

O último caso é o mais difícil. Quando um nó com dois filhos é excluído, outro nó na árvore deve ocupar seu lugar. Entretanto, a referência no nó progenitor simplesmente não pode ser atribuída de modo a referenciar um dos filhos do nó a ser excluído. Na maioria dos casos, a árvore de pesquisa binária resultante não obedeceria à seguinte característica das árvores de pesquisa binárias (sem valores em duplicidade): *os valores em qualquer subárvore esquerda são menores do que o valor no nó progenitor, e os valores em qualquer subárvore direita são maiores do que o valor no nó progenitor.*

Que nó é usado como substituto para manter essa característica — o nó contendo o maior valor na árvore, menor do que o valor no nó que está sendo excluído, ou o nó contendo o menor valor na árvore, maior do que o valor no nó que está sendo excluído? Vamos considerar o nó com o menor valor. Em uma árvore de pesquisa binária, o maior valor menor do que o valor de um progenitor está localizado na subárvore esquerda do nó progenitor e com certeza está contido no nó mais à direita da subárvore. Esse nó é localizado percorrendo-se para baixo a subárvore esquerda para a direita, até que a referência para o filho da direita do nó atual seja null. Agora estamos referenciando o nó substituto, que é um nó folha ou um nó com um filho a sua esquerda. Se o nó substituto é um nó folha, os passos para realizar a exclusão são os seguintes:

a) Armazene a referência para o nó a ser excluído em uma variável de referência temporária.
b) Configure a referência no progenitor do nó que está sendo excluído para referenciar o nó substituto.
c) Configure a referência no progenitor do nó substituto como null.
d) Configure a referência para a subárvore direita no nó substituto para referenciar a subárvore direita do nó a ser excluído.
e) Configure a referência para a subárvore esquerda no nó substituto para referenciar a subárvore esquerda do nó a ser excluído.

Os passos da exclusão de um nó substituto com um filho da esquerda são semelhantes aos usados para um nó substituto sem filhos, mas o algoritmo também deve mover o filho para a posição do nó substituto na árvore. Se o nó substituto é um nó com um filho da esquerda, os passos para realizar a exclusão são os seguintes:

a) Armazene a referência para o nó a ser excluído em uma variável de referência temporária.
b) Configure a referência no progenitor do nó que está sendo excluído para referenciar o nó substituto.
c) Configure a referência no progenitor do nó substituto para referenciar o filho da esquerda do nó substituto.
d) Configure a referência para a subárvore direita no nó substituto para referenciar a subárvore direita do nó a ser excluído.
e) Configure a referência para a subárvore esquerda no nó substituto para referenciar a subárvore esquerda do nó a ser excluído.

Escreva o método **DeleteNode**, que recebe como argumento o valor a ser excluído. O método **DeleteNode** deve localizar na árvore o nó que contém o valor a ser excluído e usar os algoritmos discutidos aqui para excluir o nó. Se o valor não for encontrado na árvore, o método deve imprimir uma mensagem indicando se o valor está excluído. Modifique o programa da Figura 23.18 para usar esse método. Após excluir um item, chame os métodos **InorderTraversal**, **PreorderTraversal** e **PostorderTraversal** para confirmar se a operação de exclusão foi executada corretamente.

23.9 (*Percorrimento de árvore binária em ordem de nível*) O programa da Figura 23.18 ilustrava três métodos recursivos de percorrimento em uma árvore binária — percorrimentos inorder, preorder e postorder. Este exercício apresenta o percorrimento por ordem de nível de uma árvore binária, na qual os valores de nó são impressos nível por nível, começando no nível do nó raiz. Os nós de cada nível são impressos da esquerda para a direita. O percorrimento por ordem de nível não é um algoritmo recursivo. Ele usa um objeto fila para controlar a saída dos nós. O algoritmo é o seguinte:

a) Insira o nó raiz na fila.
b) Enquanto restarem nós na fila, faça o seguinte:
   Obtenha o próximo nó da fila.

Imprima o valor do nó.
Se a referência para o filho da esquerda do nó não for null:
    Insira o nó filho da esquerda na fila.
Se a referência para o filho da direita do nó não for null:
    Insira o nó filho da direita na fila.

Escreva o método **`LevelOrder`** para realizar um percorrimento por ordem de nível de um objeto árvore binária. Modifique o programa da Figura 23.18 para usar esse método. [*Nota:* você também precisará usar os métodos de processamento de filas da Figura 23.13 neste programa.]

24

ACESSIBILIDADE

OBJETIVOS

- Apresentar a WCAG 1.0 (Web Content Accessibility Guidelines 1.0 — diretrizes de acessibilidade de conteúdo da Web, versão 1.0) do World Wide Web Consortium.
- Entender como usar o atributo **alt** da tag HTML **<img>** para descrever imagens para pessoas portadoras de deficiência visual, usuários de dispositivos da Web móveis e outras pessoas incapazes de ver imagens.
- Entender como tornar as tabelas mais acessíveis para leitores de páginas.
- Entender como verificar se as tags XHTML estão usadas corretamente e garantir que as páginas Web possam ser vistas em qualquer tipo de tela ou leitor.
- Entender como o VoiceXML™ e o CallXML™ estão mudando a maneira pela qual as pessoas portadoras de deficiências acessam informações na Web.
- Apresentar os vários auxílios de acessibilidade oferecidos no Windows 2000/XP.

É o bom leitor que faz o bom livro...
Ralph Waldo Emerson

Eu estava perdido, mas agora me encontrei.
Estava cego, mas agora vejo.
John Newton

Resumo

24.1 Introdução

Por todo este livro discutimos a criação de aplicativos C# e o desenvolvimento de conteúdo baseado na Web usando formulários Web, ASP .NET, XHTML e XML. Neste capítulo exploraremos a *acessibilidade*, ou seja, o nível de utilização que um aplicativo ou site Web fornece para pessoas portadoras de várias deficiências. Certas deficiências podem afetar a utilização do computador ou da Internet por um indivíduo, entre elas as deficiências visuais, as deficiências auditivas, algumas deficiências físicas (como a incapacidade de usar o teclado ou o mouse) e deficiências de aprendizado. No ambiente de computação atual, esses problemas de acessibilidade impedem que muitos usuários aproveitem totalmente os aplicativos e o conteúdo da Web.

O projeto de aplicativos e sites para atender às necessidades dos indivíduos portadores de deficiências deve ser uma prioridade para todas as empresas de software e e-businesses. As pessoas portadoras de deficiências representam uma parte significativa da população, e poderiam existir mais leis que obrigassem as empresas a fornecer acesso adequado e universal a seus recursos. Neste capítulo exploraremos a *Web Accessibility Initiative* do World Wide Web Consortium e suas diretrizes e examinaremos várias leis a respeito da disponibilidade de computação e recursos da Internet para pessoas portadoras de deficiências. Também destacaremos as empresas que têm desenvolvido sistemas, produtos e serviços que atendem às necessidades desse público. Para usar o C# e suas tecnologias relacionadas para projetar aplicativos e sites Web, você deve ter em mente os requisitos de acessibilidade e recomendações que discutiremos neste capítulo.

24.2 Legislação e recursos

Nos últimos anos, os Estados Unidos tomaram medidas legais para garantir que pessoas portadoras de deficiências tenham as ferramentas de que necessitam para usar computadores e acessar a Web. Uma ampla variedade de leis, incluindo a *Americans with Disabilities Act* (ADA), de 1990, governa a condição da acessibilidade do computador e da Web (Figura 24.1). Essas leis têm influenciado uma ação legal significativa. Por exemplo, de acordo com a ADA, as empresas são obrigadas a oferecer acesso a indivíduos com problemas visuais. A National Federation for the Blind (NFB) citou essa lei em

Lei	Objetivo
Americans with Disabilities Act	A ADA proíbe a discriminação contra deficientes físicos em emprego, governo estadual e municipal, acomodações públicas, instalações comerciais, transportes e telecomunicações.
Telecommunications Act de 1996	A Telecommunications Act de 1996 contém emendas nas Seções 255 e 251(a)(2) da Communications Act de 1934. Essas emendas exigem que os dispositivos de comunicação, como telefones celulares, telefones fixos e pagers, sejam acessíveis às pessoas portadoras de deficiências.
Individuals with Disabilities Education Act de 1997	A Individuals with Disabilities Education Act estipula que os materiais educativos nas escolas devem ser acessíveis para crianças portadoras de deficiências.
Rehabilitation Act	A Seção 504 da Rehabilitation Act diz que as atividades patrocinadas pelas faculdades que recebem fundos federais não podem discriminar pessoas portadoras de deficiências. A Seção 508 exige que todas as instituições governamentais que recebem fundos federais devem projetar seus sites Web de modo que sejam acessíveis para pessoas portadoras de deficiências. As empresas que vendem serviços para o governo também devem obedecer a essa lei.

Figura 24.1 Leis criadas para melhorar a acessibilidade da Internet e dos computadores para pessoas portadoras de defi-ciências.

um processo, de 1999, contra a AOL, respondendo à falha da empresa em tornar seus serviços disponíveis para pessoas portadoras de deficiências.

Existem 54 milhões de norte-americanos portadores de deficiências, e essas pessoas representam um valor estimado de US$1 trilhão em poder de compra anual. Além da legislação, muitas organizações e recursos se dedicam a ajudar pessoas portadoras de deficiências para acessar computadores e a Internet. O **WeMedia.com**™ (Figura 24.2) é um site Web que fornece notícias, informações, produtos e serviços para milhões de pessoas portadoras de deficiências e suas famílias, amigos e assistentes.

Conforme essas leis e recursos exemplificam, a acessibilidade do computador e da Internet para pessoas portadoras de deficiências está rapidamente se tornando uma realidade. Essa acessibilidade permite que pessoas portadoras de defi-

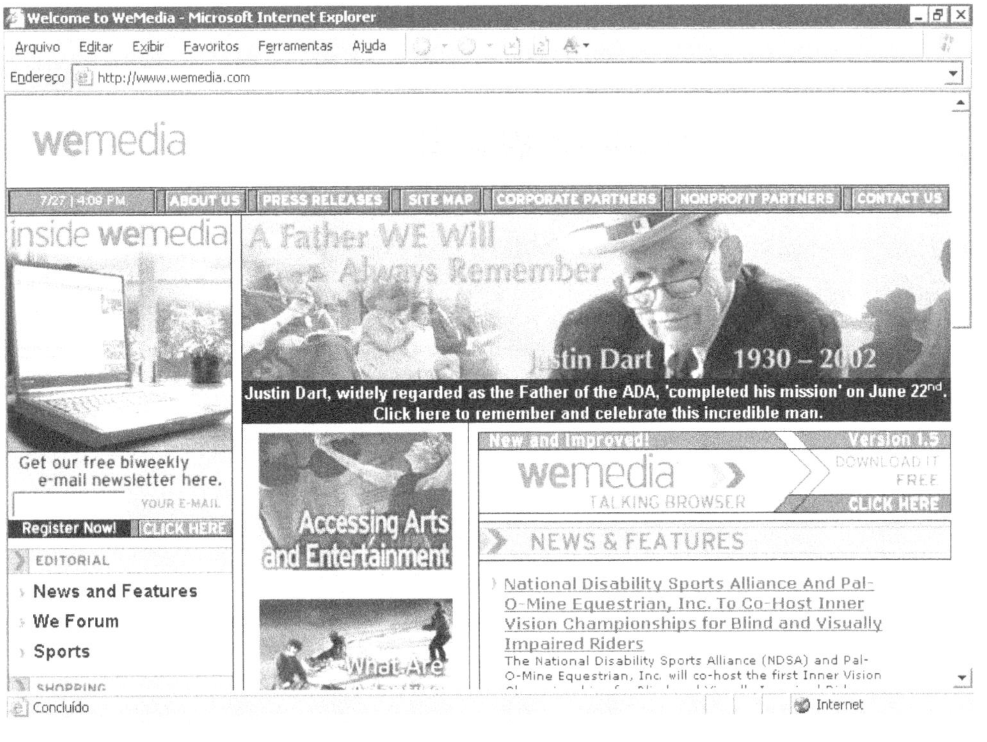

Figura 24.2 Página principal da We Media. (Cortesia da WeMedia, Inc.)

ciências trabalhem em uma grande variedade de novos campos. Isso se deve, em parte, ao fato de a Internet fornecer meios para que as pessoas portadoras de deficiência possam trabalhar e interagir facilmente com outras pessoas a partir de suas casas, sem precisar se deslocar. Essas tecnologias, como a ativação por voz, ampliadores visuais e auxiliares auditivos, criam mais oportunidades de emprego. Por exemplo, as pessoas portadoras de deficiência visual podem usar monitores de computador com texto ampliado, enquanto as pessoas portadoras de deficiência física podem usar ponteiros de cabeça com teclados na tela. Nas seções restantes deste capítulo exploraremos várias organizações, técnicas, produtos e serviços que ajudam a fornecer acesso ao computador e à Internet para pessoas portadoras de deficiências.

24.3 Web Accessibility Initiative

Atualmente a maioria dos sites Web é considerada como parcial ou totalmente inacessível para pessoas portadoras de deficiência visual, de aprendizado ou de mobilidade. A total acessibilidade é difícil de conseguir, em virtude da variedade de deficiências que devem ser abrangidas e dos problemas resultantes de barreiras de idioma e inconsistências de hardware e software. Entretanto, um alto grau de acessibilidade é possível. À medida que cada vez mais pessoas portadoras de deficiências começam a usar a Internet, é fundamental que os projetistas de sites Web aumentem a acessibilidade de seus sites. Embora a acessibilidade do computador e da Web seja o foco de algumas legislações recentes, as organizações padronizadoras também vêem a necessidade de recomendações para a indústria. Em uma tentativa de tratar dos problemas da acessibilidade, o World Wide Web Consortium (W3C) lançou a *Web Accessibility Initiative* (WAI™), em abril de 1997. Para aprender mais a respeito da WAI ou para ler sua declaração de missão, visite o endereço **`www.w3.org/WAI`**.

Este capítulo explica várias técnicas usadas para desenvolver sites Web acessíveis. Em 1999, a WAI publicou a WCAG 1.0 (Web Content Accessibility Guidelines 1.0 — diretrizes de acessibilidade de conteúdo da Web, versão 1.0) para ajudar as empresas a determinar se seus sites Web eram universalmente acessíveis. A WCAG 1.0 (disponível no endereço **`www.w3.org/TR/WCAG10`**) usa pontos de verificação para relacionar requisitos de acessibilidade específicos. Cada ponto de verificação é acompanhado de uma classificação de prioridade correspondente, que indica o nível de importância do requisito. Os *pontos de verificação de prioridade um* são os objetivos que devem ser atendidos para garantir a acessibilidade (focalizaremos esses pontos neste capítulo). Os *pontos de verificação de prioridade dois*, embora não sejam essenciais, são altamente recomendados. Se esses pontos de verificação não forem satisfeitos, as pessoas com certas deficiências terão dificuldade de acessar os sites Web. Os *pontos de verificação de prioridade três* melhoram a acessibilidade ligeiramente.

Quando a edição brasileira deste livro estava sendo revisada, a WAI estava trabalhando na *WCAG 2.0*; um esboço funcional dessa publicação pode ser encontrado no endereço **`www.w3.org/TR/WCAG20`**. Um único ponto de verificação da WCAG 2.0 Working Draft pode abranger vários pontos de verificação da WCAG 1.0. Uma vez que a WCAG 2.0 tenha sido revista e publicada pelo W3C, seus pontos de verificação superarão os da WCAG 1.0. Além disso, a nova versão pode ser aplicada em uma variedade maior de linguagens de marcação (isto é, XML, WML etc.) e tipos de conteúdo do que sua predecessora.

A WAI também apresenta uma lista de verificação suplementar de dicas rápidas, que reforça dez pontos importantes relacionados ao projeto de sites Web acessíveis. Mais informações sobre as WAI Quick Tips podem ser encontradas no endereço **`www.w3.org/WAI/References/Quicktips`**.

24.4 Alternativas para imagens

Um requisito importante da WAI especifica que toda imagem em uma página Web deve ser acompanhada por uma descrição textual que defina claramente o objetivo da imagem. Para cumprir essa tarefa, os desenvolvedores da Web podem usar o atributo **`alt`** das tags **`img`** e **`input`**, para incluir um equivalente textual para cada imagem ou elemento gráfico colocado em um site.

Os desenvolvedores da Web que não usam o atributo **`alt`** para fornecer equivalentes textuais aumentam as dificuldades que as pessoas portadoras de deficiência visual têm ao navegar na Web. *Agentes do usuário* (ou *auxiliares de acessibilidade*) especializados, como *leitores de telas* (programas que permitem que os usuários ouçam todo o texto que é exibido em suas telas) e *telas em braile* (dispositivos que recebem dados do software de leitura de telas e geram na saída os dados em código braile), permitem que as pessoas portadoras de deficiência visual acessem informações baseadas em texto, que normalmente são exibidas na tela. Um agente do usuário interpreta visualmente o código-fonte da página Web e o transforma em um formato acessível para pessoas com várias deficiências. Os navegadores da Web, como o Microsoft Internet Explorer e o Netscape Communicator, e os leitores de telas mencionados por todo este capítulo são exemplos de agentes do usuário.

Analogamente, as páginas Web que não fornecem equivalentes textuais para clipes de vídeo e áudio são de difícil acesso para as pessoas portadoras de deficiência visual ou auditiva. Os leitores de telas não podem interpretar imagens, filmes e a maior parte dos outros conteúdos não-XHTML dessas páginas Web. Entretanto, fornecendo informações baseadas em multimídia de diversas maneiras (por exemplo, usando o atributo `alt` ou fornecendo descrições em linha das imagens), os web designers podem ajudar a maximizar a acessibilidade do conteúdo de seus sites[1].

Os web designers devem fornecer equivalentes textuais úteis e apropriados no atributo **`alt`**, para uso por agentes do usuário não-visuais. Por exemplo, se o atributo **`alt`** descreve um gráfico do crescimento das vendas, ele deve fornecer um breve resumo dos dados, mas não deve descrever os dados no gráfico. Em vez disso, uma descrição completa dos dados do gráfico deve ser incluída no *atributo* **`longdesc`** (descrição longa), que se destina a estender a descrição do atributo **`alt`**. O atributo **`longdesc`** contém um link para uma página Web que descreve a imagem ou o conteúdo multimídia. Atualmente, a maioria dos navegadores da Web não suporta o atributo **`longdesc`**. Uma alternativa ao atributo **`longdesc`** é *D-link*, que fornece texto descritivo sobre gráficos e mapas. Mais informações sobre os D-links podem ser obtidas no site Web da *CORDA Technologies* (**`www.corda.com`**).

O uso de um leitor de telas para facilitar a navegação em sites Web pode ser demorado e frustrante, pois os leitores de telas não conseguem interpretar figuras e outro conteúdo gráfico. A inclusão de um link no início de cada página Web, fornecendo acesso direto ao conteúdo da página, poderia permitir que usuários portadores de deficiência ignorassem longas listas de links de navegação e outros conteúdos irrelevantes ou inacessíveis. Esse pulo pode economizar tempo e eliminar a frustração de pessoas portadoras de deficiência visual.

O *Emacspeak* (**`www.cs.cornell.edu/home/raman/emacspeak/emacspeak.html`**) é uma interface de tela que melhora a qualidade do acesso à Internet para indivíduos portadores de deficiência visual, transformando texto em dados de voz. O produto de código-fonte aberto também implementa ícones de audição que reproduzem vários sons. O Emacspeak pode ser personalizado com sistemas operacionais Linux e fornece suporte para o mecanismo de fala *ViaVoice* da IBM.

Em março de 2001, a WeMedia apresentou outro agente do usuário, o *WeMedia Browser*, que permite que pessoas portadoras de deficiência visual ou cognitiva (como a dislexia) usem a Internet de maneira mais conveniente. O WeMedia Browser melhora os tradicionais recursos do navegador, pois fornece botões superdimensionados e comandos de toque de tecla que ajudam na navegação. O navegador "lê" o texto selecionado pelo usuário, que pode controlar a velocidade e o volume de leitura. O download gratuito do WeMedia Browser está disponível no endereço **`www.wemedia.com`**.

O IBM Home Page Reader (HPR) é outro navegador que "lê" o texto selecionado pelo usuário. O HPR usa a tecnologia ViaVoice da IBM para sintetizar uma voz audível. Uma versão de teste do HPR está disponível no endereço **`www-3.ibm.com/able/hpr.html`**.

24.5 Maximização da legibilidade focalizando a estrutura

Muitos sites Web usam tags XHTML para propósitos estéticos, ignorando as funções para as quais elas foram concebidas. Por exemplo, a tag de cabeçalho **`<h1>`** é usada freqüentemente de maneira errada, para tornar o texto grande e em negrito, em vez de indicar um cabeçalho de seção importante do conteúdo. Essa prática pode criar um efeito visual desejado, mas causa problemas para os leitores de telas. Quando o software leitor de telas encontra a tag **`<h1>`**, ele pode informar verbalmente o usuário de que uma nova seção foi encontrada. Se esse não for realmente o caso, a tag **`<h1>`** pode confundir os usuários. Portanto, os desenvolvedores devem usar o termo **`h1`** somente de acordo com suas especificações XHTML (por exemplo, para marcar um cabeçalho que introduz uma seção importante de um documento). Em vez de usar **`h1`** para tornar o texto grande e em negrito, os desenvolvedores podem usar CSS (Cascading Style Sheets — folhas de estilos em cascata) ou XSL (Extensible Stylesheet Language — linguagem de folhas de estilos extensível) para formatar e estilizar o texto. Para mais exemplos dessa natureza, consulte o site Web da WCAG 1.0, no endereço **`www.w3.org/TR/WCAG10`**. [*Nota:* a tag **`<strong>`** também pode ser usada para negritar o texto; entretanto, os leitores de telas enfatizam texto em negrito, o que afeta a inflexão do que é falado.]

Outro problema de acessibilidade é a *legibilidade*. Ao criar uma página Web destinada ao público em geral, é importante considerar o nível de leitura (isto é, o nível de dificuldade para ler e entender) em que o conteúdo é escrito. Os projetistas de site Web podem tornar seus sites mais fáceis de ler usando palavras mais curtas. Além disso, gírias e outras expressões não-tradicionais do idioma poderiam ser problemáticas para usuários de outros países; portanto, os desenvolvedores devem limitar o uso dessas palavras.

---

1. Além disso, disponibilizar descrições para elementos gráficos facilita consideravelmente a navegação daqueles internautas que preferem navegar com a exibição de imagens desativada, para tornar mais rápido o download das páginas. (N.R.T.)

A WCAG 1.0 sugere o uso da primeira frase de um parágrafo para transmitir seu assunto. Quando um site Web informa o objetivo de um parágrafo em sua primeira frase, fica mais fácil para as pessoas portadoras de deficiências encontrar informações importantes e ignorar material indesejado.

A *Gunning Fog Index*, uma fórmula que aumenta a legibilidade quando aplicada a uma amostra de texto, pode avaliar a legibilidade de um site Web. Para obter mais informações sobre a Gunning Fog Index, visite o endereço **`www.training-post.org/3-2-inst.htm`**.

24.6 Acessibilidade no Visual Studio .NET

Nas seções anteriores destacamos várias diretrizes de acessibilidade apresentadas na Web Accessibility Initiative do W3C. Entretanto, o Visual Studio .NET fornece suas próprias diretrizes para projetar software acessível, dentro de seu ambiente de programação. Por exemplo, uma diretriz recomenda reservar o uso de cores para a melhoria ou ênfase das informações, em vez de para propósitos estéticos. Uma segunda diretriz recomenda fornecer informações a respeito de objetos (por exemplo, ícones de área de trabalho e janelas abertas) para os auxiliares de acessibilidade (software especializado que apresenta aplicativos para pessoas portadoras de deficiências). Essas informações podem incluir o nome, a localização e o tamanho de uma janela. Uma terceira diretriz recomenda projetar as interfaces com o usuário de modo que elas possam acomodar as preferências do usuário. Por exemplo, as pessoas portadoras de deficiência visual devem conseguir modificar o tamanho da fonte de uma interface com o usuário. Uma quarta diretriz recomenda permitir que os usuários ajustem a configuração de tempo dos aplicativos que tenham restrições de tempo. Por exemplo, os usuários portadores de deficiências na mobilidade ou de fala podem ter dificuldade ao usar aplicativos que exigem a digitação de entrada dentro de um período de tempo predeterminado (como 10 segundos). Entretanto, se esses aplicativos fornecerem configurações de tempo ajustáveis, os usuários poderão modificá-las de acordo com suas necessidades.

Além de sugerir diretrizes para ajudar os desenvolvedores a criar aplicativos acessíveis, o Visual Studio .NET também oferece recursos que permitem que as pessoas portadoras de deficiência usem o próprio ambiente de desenvolvimento. Por exemplo, os usuários podem aumentar os ícones e o texto, personalizar a caixa de ferramentas e o teclado e reorganizar janelas. As próximas subseções ilustrarão esses recursos.

24.6.1 Ampliação dos ícones da barra de ferramentas

Para aumentar os ícones no Visual Studio, selecione **Customize** no menu **Tools**. Na guia **Options** da janela **Customize**, selecione a caixa de seleção **Large Icons** (Figura 24.3) e selecione **Close**. A Figura 24.4 mostra os ícones ampliados na janela de desenvolvimento do Visual Studio.

24.6.2 Ampliação do texto

O Visual Studio usa as configurações de fonte padrão do sistema operacional ao exibir texto. Entretanto, algumas pessoas não conseguem ler essas configurações de fonte padrão, o que faz com que os aplicativos fiquem inacessíveis para elas. Para solucionar isso, o Visual Studio permite que os usuários modifiquem o tamanho da fonte. Selecione **Options** no menu **Tools**. Na janela **Options**, abra o diretório **Environment** e selecione **Fonts and Colors**. Na caixa suspensa **Show settings for**, selecione **Text Editor**. Na caixa suspensa **Font**, selecione um estilo de fonte diferente e, na caixa suspensa **Size**, selecione um tamanho de fonte diferente. A Figura 24.5 mostra o **Text Editor** antes de modificarmos o tamanho da fonte, a Figura 24.6 mostra a janela **Options** com as novas configurações de fonte, e a Figura 24.7 ilustra o **Text Editor** após as alterações terem sido aplicadas.

24.6.3 Modificação da Toolbox

O recurso **Toolbox** do Visual Studio contém numerosos elementos de projeto que facilitam a criação de aplicativos para a Web; entretanto, alguns desenvolvedores poderiam usar apenas alguns desses elementos de projeto. Para acomodar as necessidades de desenvolvedores individuais, o Visual Studio permite que os programadores personalizem a caixa de ferramentas, criando novas guias e depois inserindo os elementos de projeto nas guias. Isso elimina a necessidade de os usuários portadores de deficiências navegarem entre várias guias ou rolarem por longas listas na busca de elementos de projeto. Para criar uma nova guia, clique com o botão direito do mouse em qualquer guia já existente e selecione **Add Tab** no menu de contexto. Na caixa de texto, digite um identificador para a guia (como "Muito usados") e clique em *Enter*. Como padrão, o elemento **Pointer** é colocado em todas as guias (Figura 24.8). O elemento **Pointer** simplesmente permite que o cursor funcione normalmente.

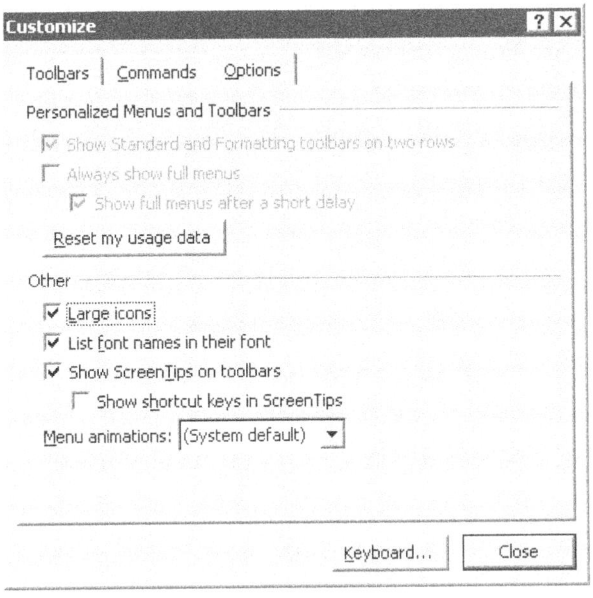

Figura 24.3 Ampliando ícones com o recurso **Customize**.

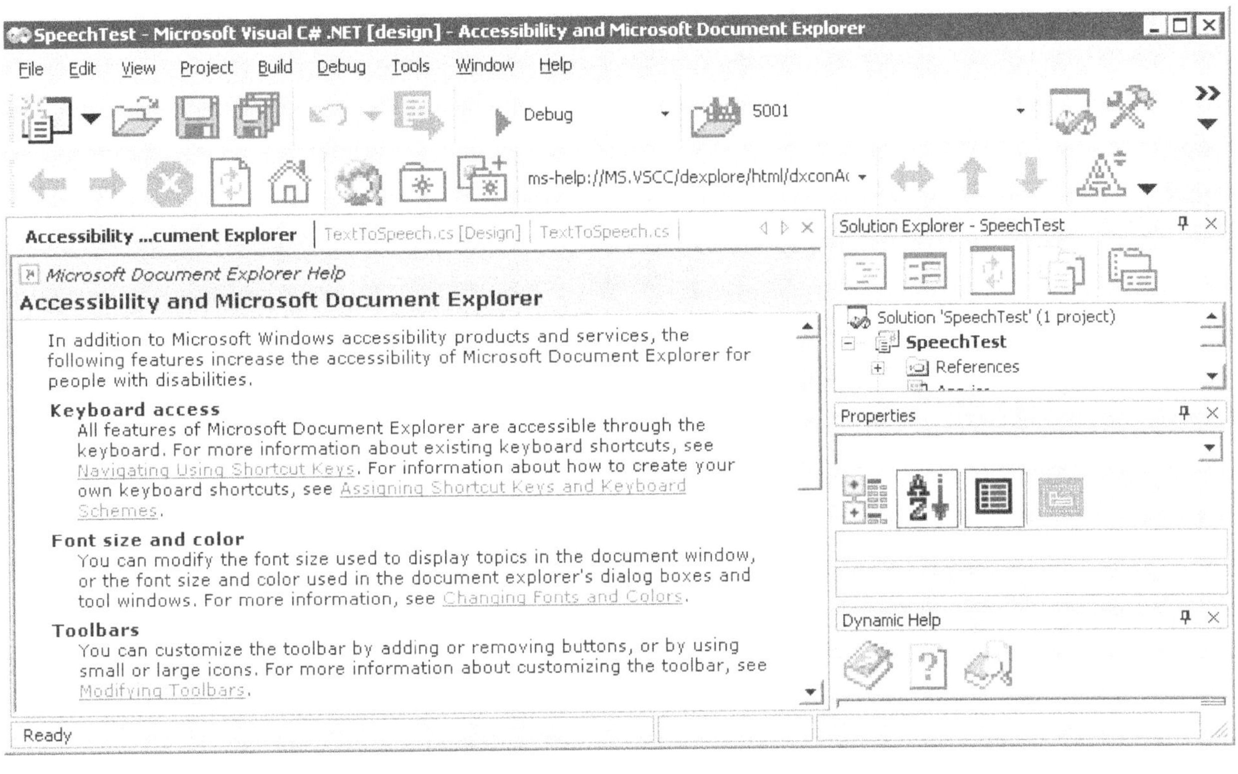

Figura 24.4 Ícones ampliados na janela de desenvolvimento.

Para inserir elementos na guia recentemente criada, selecione **Customize Toolbox** no menu **Tools**. Na guia **.NET Framework Components**, selecione os elementos a serem incluídos na nova guia e clique em **OK**. Os elementos selecionados aparecerão agora na guia.

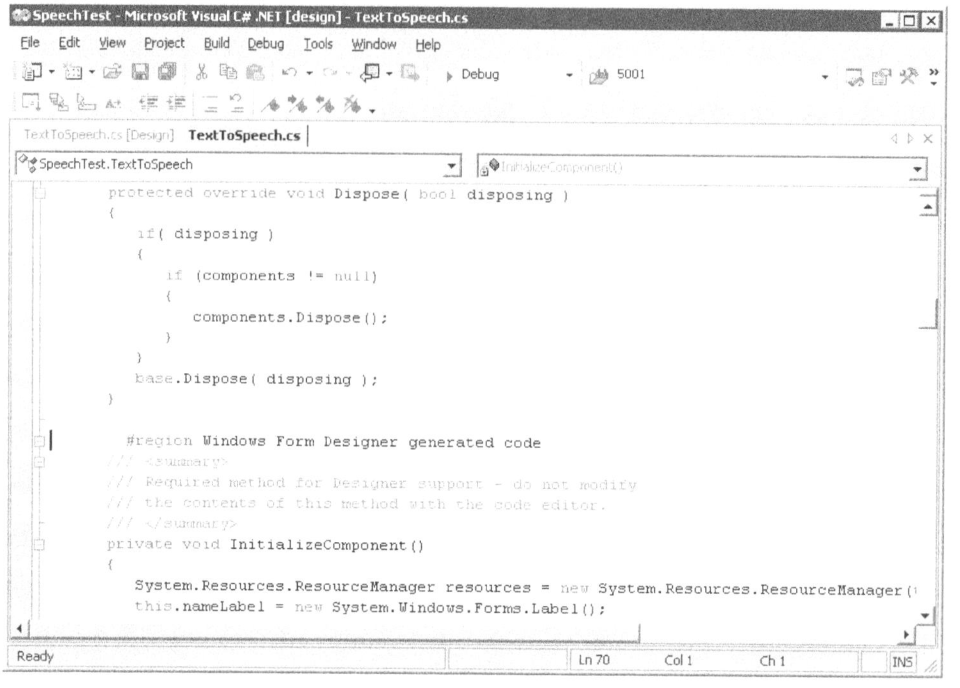

Figura 24.5 O **Text Editor** antes da modificação do tamanho da fonte.

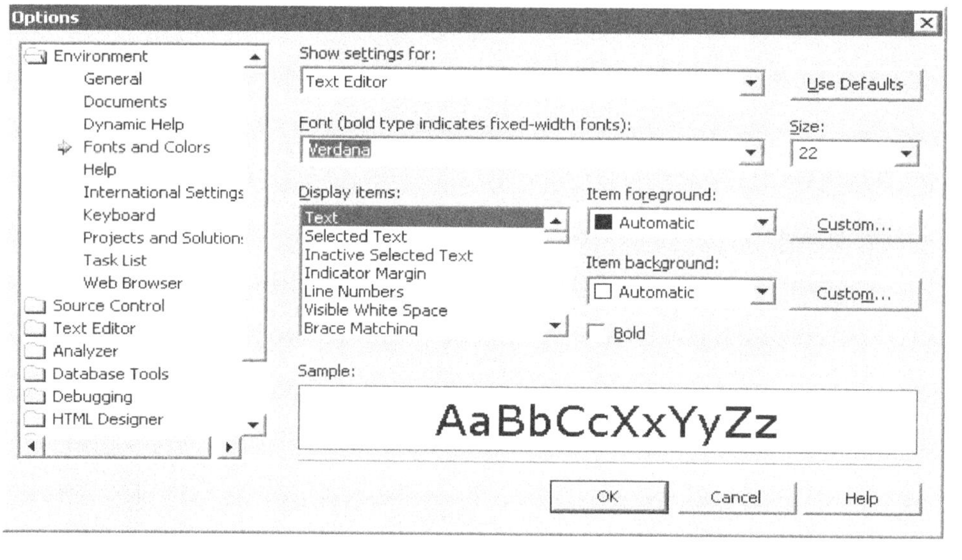

Figura 24.6 Ampliando o texto na janela **Options**.

24.6.4 Modificação do teclado

Outro recurso de acessibilidade no Visual Studio .NET permite que as pessoas portadoras de deficiências personalizem seus teclados criando *teclas de atalho* (isto é, combinações de teclas que, quando pressionadas juntas, executam tarefas freqüentes; por exemplo, *Ctrl + V* faz com que o texto da área de transferência seja colado). Para criar uma tecla de atalho, comece selecionando **Options** no menu **Tools**. Na janela **Options**, selecione o item **Keyboard** no diretório **Environment**. Na lista suspensa **Keyboard mapping scheme**, selecione um esquema e clique no botão **Save As**. Então, dê um nome ao esquema, na caixa de diálogo **Save Scheme**, e clique em **OK**. Forneça a tarefa da tecla de atalho na caixa de texto **Show commands containing**. Por exemplo, se estivéssemos criando uma tecla de atalho para a função colar, colocaríamos **Paste** na caixa de texto ou selecio-

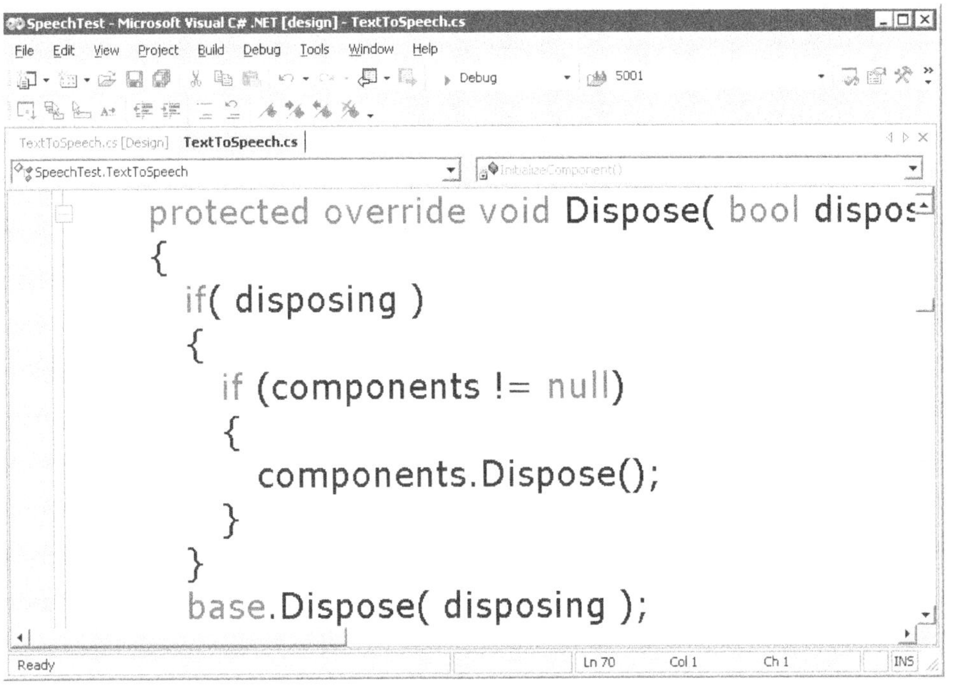

Figura 24.7 O **Text Editor** após o tamanho da fonte ser modificado.

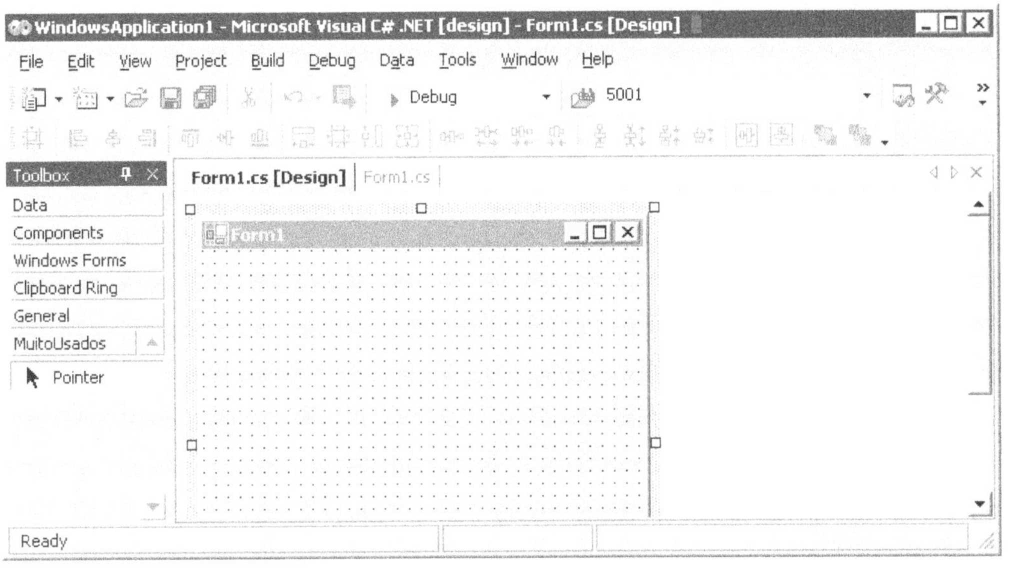

Figura 24.8 Adicionando guias na **Toolbox**.

naríamos a tarefa correta na lista de seleção imediatamente abaixo da caixa de texto. Então, na lista suspensa **Use new shortcut**, selecione os aplicativos que usarão a tecla de atalho. Se a tecla de atalho vai ser usada em todos os aplicativos, selecione **Global**. Finalmente, na caixa de texto **Press shortcut key(s)**, atribua uma tecla de atalho para a tarefa, na forma *tecla que não é texto + tecla de texto*. As teclas que não são texto válidas incluem *Ctrl*, *Shift* e *Alt*; as teclas de texto válidas incluem A–Z, inclusive. [*Nota:* para fornecer uma tecla que não é texto, selecione a própria tecla — não digite a palavra *Ctrl*, *Shift* ou *Alt*. É possível incluir mais de uma tecla que não é texto como parte de uma tecla de atalho. Não digite o símbolo +.] Assim, uma tecla de atalho válida poderia ser *Ctrl+Alt+D*. Após atribuir uma tecla de atalho, selecione **Assign** e, em seguida, **OK**. A Figura 24.9 ilustra o processo de criação de uma tecla de atalho para a função `NewBreakpoint`. A tecla de atalho (*Ctrl+Alt+D*) é válida apenas no **Text Editor**.

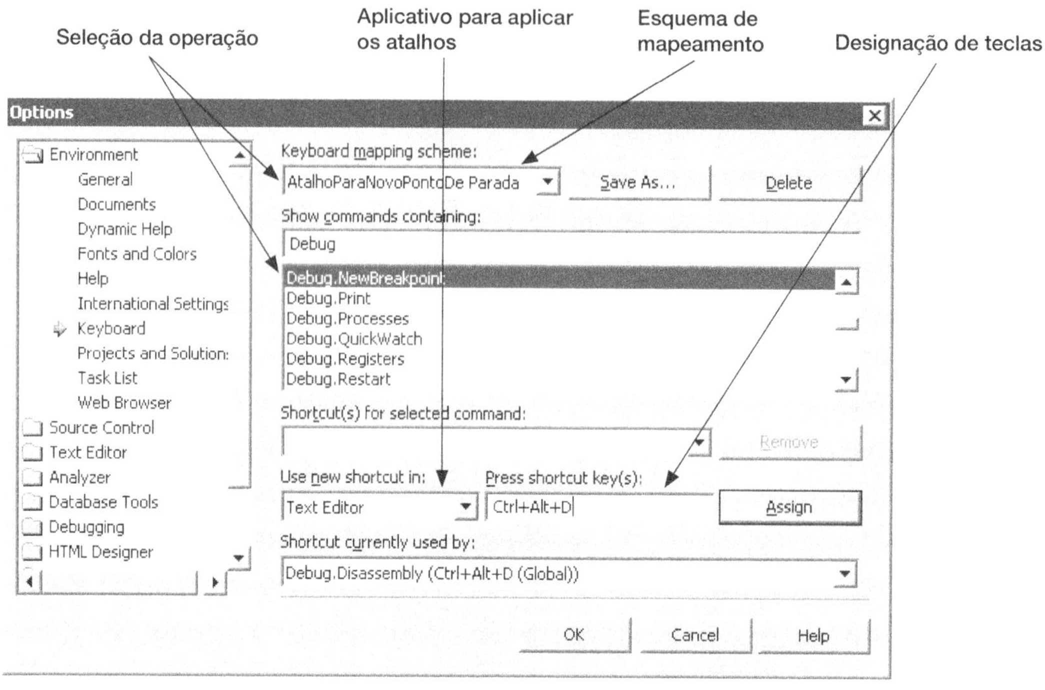

Figura 24.9 Criação de tecla de atalho.

24.6.5 Reorganização das janelas

Alguns leitores de telas têm dificuldade de interpretar interfaces com o usuário que contêm múltiplas guias; isso acontece porque a maioria dos leitores de telas pode ler informações apenas em uma tela. Para acomodar esses leitores de telas, o Visual Studio permite que os desenvolvedores personalizem suas interfaces com o usuário de modo que apenas a janela de console apareça. Para remover guias, selecione **Options** no menu **Tools**. Em seguida, na janela **Options**, selecione o item **General** do diretório **Environment**. Na seção **Settings**, selecione o botão de seleção **MDI environment** e clique em **OK**. A Figura 24.10 mostra a janela **Options**, e a Figura 24.11 ilustra uma janela de console com e sem guias.

24.7 Acessibilidade no C#

O Visual Studio .NET fornece muitos recursos de acessibilidade e também apresenta diretrizes para a criação de aplicativos acessíveis em seu ambiente de desenvolvimento. Recomendações semelhantes guiam o desenvolvimento de aplicativos C# acessíveis para pessoas portadoras de deficiências. É importante que os programadores de C# destinem os aplicativos para o máximo possível de usuários em potencial, em vez de destiná-los apenas aos usuários não portadores de deficiência. Com algumas modificações, a maioria dos aplicativos pode se tornar acessível para uma ampla variedade de pessoas. As diretrizes gerais para projetar aplicativos acessíveis são:

1. Usar fontes de tamanho maior — isso ajuda as pessoas portadoras de deficiência visual a verem o texto.
2. Criar aplicativos flexíveis que forneçam atalhos de teclado para todos os recursos dentro do aplicativo — isso permite que as pessoas usem o aplicativo sem empregar um mouse.
3. Permitir que as informações sejam transmitidas para o usuário em um contexto visual e em um contexto audível.
4. Usar elementos gráficos e imagens quando for útil — indícios visuais podem aumentar a acessibilidade para as pessoas que têm problemas para ler texto na tela.
5. Nunca sinalizar informações apenas com som — alguém que esteja acessando as informações pode não ter alto-falantes ou pode ter deficiência auditiva.[2]

2. "Basic Principles of Accessible Design", *.NET Framework Developer's Guide*, ajuda on-line do Visual Studio .NET

6. Testar o aplicativo sem usar o mouse ou o teclado. O acesso à funcionalidade de um aplicativo não deve ser limitado a um único dispositivo de entrada.

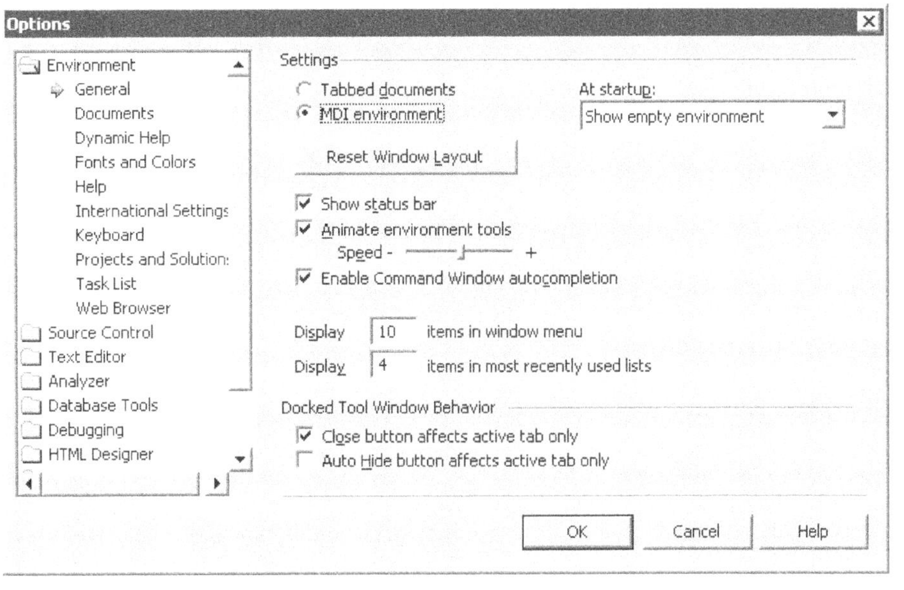

Figura 24.10 Removendo guias do ambiente Visual Studio.

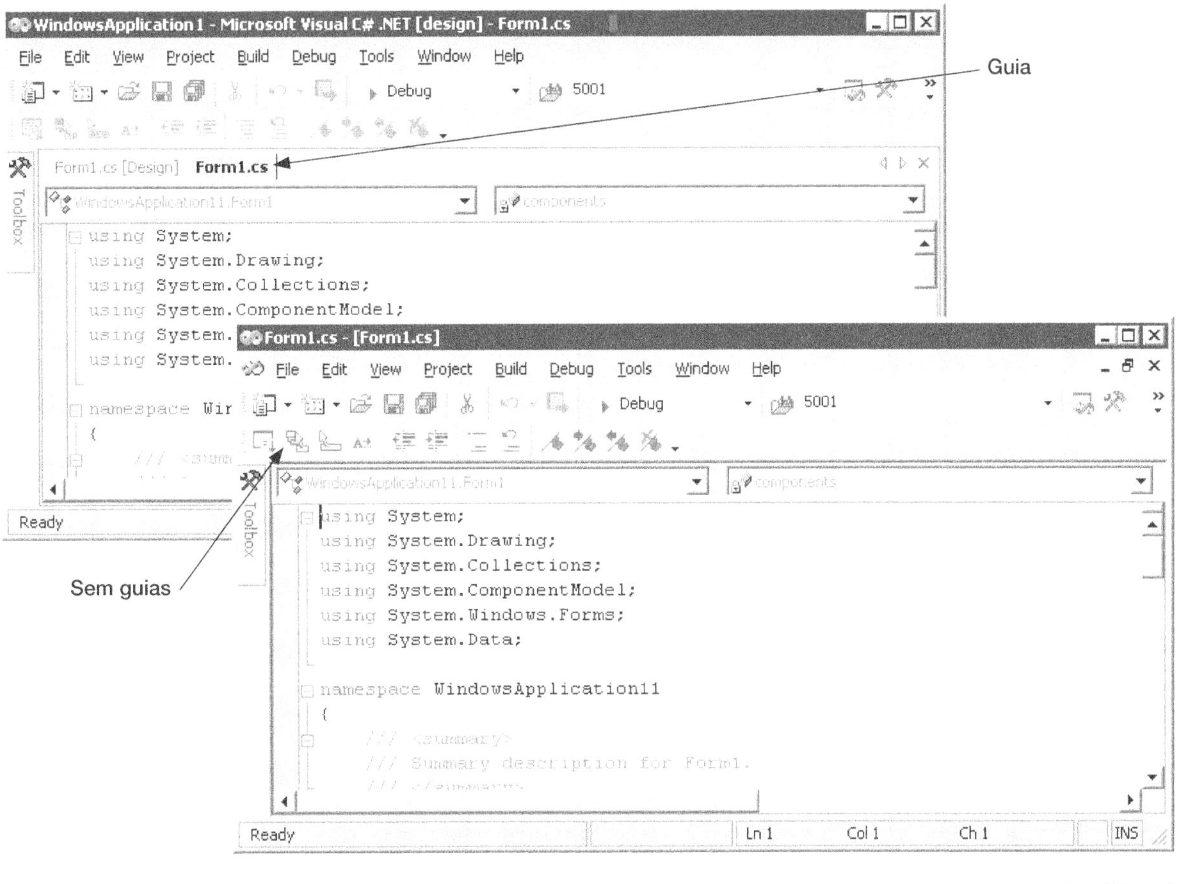

Figura 24.11 Janelas de console com e sem guias.

Para obter mais informações sobre essas e outras diretrizes de projeto para aplicativos acessíveis, consulte a documentação do Visual Studio .NET, na subseção **overview** do tópico **accessibility** do índice. Essa seção fornece links para discussões sobre como projetar aplicativos Windows e ASP.NET mais acessíveis.

Os programadores podem tornar seus aplicativos mais acessíveis usando um controle de *texto-para-fala* em seus programas. Um controle de texto-para-fala pode converter texto em fala — uma voz computadorizada fala as palavras fornecidas como texto no controle. Os controles de texto-para-fala facilitam o acesso para pessoas que não podem ver a tela.

Outra maneira de tornar os aplicativos mais acessíveis é usar *paradas de tabulação*. Uma parada de tabulação ocorre quando o usuário pressiona a tecla *Tab*, fazendo com que o foco seja transferido para outro controle. A ordem em que os controles ganham o foco é chamada de *ordem de tabulação* e é determinada pelo valor ***TabIndex*** dos controles (os controles ganham o foco em ordem ascendente). Cada controle também tem uma propriedade ***TabStop*** — se essa propriedade for **true**, o controle é incluído na ordem de tabulação; caso contrário, não é. As propriedades **TabIndex** e **TabStop** facilitam a criação de aplicativos navegáveis. Se essas propriedades forem configuradas incorretamente, a ordem lógica do aplicativo poderá não ser mantida. Considere um aplicativo que tenha **TextBox**es nas quais o usuário forneça um nome de batismo, um sobrenome e um endereço. A ordem de tabulação lógica levaria o usuário da **TextBox** do nome de batismo para a do sobrenome e, em seguida, para a do endereço.

Os programadores também podem aumentar a acessibilidade de seus aplicativos usando classes específicas fornecidas pelo .NET. A classe **Control**, por exemplo, tem muitas propriedades destinadas à transmissão de informações para os usuários. Esses aplicativos podem então encontrar as informações exigidas, armazenadas como propriedades. A Figura 24.12 relaciona algumas propriedades da classe **Control** destinadas a fornecer informações para os usuários.

O aplicativo da Figura 24.13 usa um controle de texto-para-fala, paradas de tabulação e as propriedades relacionadas à acessibilidade da classe **Control**. Ele consiste em um formulário com três **Label**s, três **TextBox**es e um **Button**, permitindo que o usuário envie as informações. O envio de informações simplesmente encerra o aplicativo — o aplicativo destina-se apenas a demonstrar o uso do controle de texto-para-fala.

Os recursos de acessibilidade desse programa funcionam como se segue: quando o mouse está sobre um **Label**, o controle de texto-para-fala pede que o usuário forneça a informação apropriada na **TextBox** localizada à direita do **Label**. Se o mouse estiver sobre uma **TextBox**, seu conteúdo é falado. Por último, se o mouse estiver sobre o **Button Submit**, o usuário fica sabendo que o botão deve ser clicado para enviar a informação. A ordem de tabulação é a seguinte: as **TextBox**es, onde o usuário fornece o nome, o número do telefone e a senha, e, em seguida, o **Button**. Os **Label**s e o controle de texto-para-fala não são incluídos na ordem de tabulação, pois o usuário não pode interagir com eles e sua inclusão não teria objetivo. As propriedades de acessibilidade são configuradas de modo que os aplicativos de acessibilidade clientes obtenham as informações apropriadas sobre os controles. Note que apenas o código relevante gerado pelo Visual Studio .NET está incluído na Figura 24.13. Para usar o controle de texto-para-fala, primeiro adicione-o na **Toolbox**. Isso é feito selecionando-se **Customize Toolbox** no menu **Tools**. A caixa de diálogo **Customize Toolbox** aparecerá — marque a caixa ao lado da opção **TextToSpeech Class**. Clique em **OK** para dispensar a caixa de diálogo. Agora, o controle **VText** está na **ToolBox** e pode ser arrastado para um formulário da mesma maneira que qualquer outro controle.

O aplicativo tem três **Label**s que solicitam o nome do usuário, o número do telefone e a senha. Três **TextBox**es correspondentes aceitam a entrada do usuário e um **Button** permite que o usuário envie o formulário. A linha 25 declara um con-

Propriedade	Objetivo
AccessibleDescription	Descreve o controle para um aplicativo de acessibilidade cliente. Uma **CheckBox** que diz **"Novo Usuário"**, por exemplo, não exigiria mais descrição, mas uma **CheckBox** com a imagem de um gato teria sua propriedade **AccessibleDescription** configurada com algo como **"Uma caixa de seleção contendo a imagem de um gato"**.
AccessibleName	Contém um nome curto ou identificador para o controle.
AccessibleRole	Membro da enumeração **AccessibleRole**. Representa o papel desse controle no aplicativo — essa informação pode ajudar o aplicativo de acessibilidade cliente a determinar quais ações ele deve executar.
IsAccessible	Contém um valor **bool** especificando se o controle é visível para aplicativos de acessibilidade clientes.

Figura 24.12 Propriedades da classe Control relacionadas à acessibilidade.

trole de texto-para-fala chamado **speaker**. Queremos que o usuário ouça descrições em áudio dos controles quando o mouse estiver localizado sobre esses controles. As linhas 112 a 139 definem o manipulador de evento **controls_MouseHover** — anexamos esse método nas três **TextBox**es e no **Button** como o manipulador do evento **MouseHover**.

```
1  // Fig. 24.13: TextToSpeech.cs
2  // Fornecendo áudio para pessoas portadoras de deficiência visual.
3
4  using System;
5  using System.Drawing;
6  using System.Collections;
7  using System.ComponentModel;
8  using System.Windows.Forms;
9  using System.Data;
10
11 // ajuda os usuários a navegar no formulário com a ajuda de indícios de áudio
12 public class TextToSpeech : System.Windows.Forms.Form
13 {
14    private System.Windows.Forms.Label nameLabel;
15    private System.Windows.Forms.Label phoneLabel;
16
17    private System.Windows.Forms.TextBox nameTextBox;
18    private System.Windows.Forms.TextBox phoneTextBox;
19    private System.Windows.Forms.TextBox passwordTextBox;
20
21    private System.Windows.Forms.Button submitButton;
22
23    private System.Windows.Forms.Label passwordLabel;
24
25    private AxHTTSLib.AxTextToSpeech speaker;
26
27    private System.ComponentModel.Container components = null;
28
29    // construtor padrão
30    public TextToSpeech()
31    {
32       InitializeComponent();
33
34       // configura Form como visível para aplicativos de acessibilidade
35       this.IsAccessible = true;
36
37       // permite que todos os controles sejam visíveis para aplicativos de acessibilidade
38       foreach ( Control current in this.Controls )
39          current.IsAccessible = true;
40    }
41
42    private void InitializeComponent()
43    {
44       this.nameLabel.AccessibleDescription = "User Name";
45       this.nameLabel.AccessibleName = "User Name";
46       this.nameLabel.TabIndex = 5;
47       this.nameLabel.MouseHover +=
48          new System.EventHandler( this.controls_MouseHover );
49
50       this.phoneLabel.AccessibleDescription =
51          "Phone Number Label";
52       this.phoneLabel.AccessibleName = "Phone Number Label";
53       this.phoneLabel.TabIndex = 6;
```

Figura 24.13 Aplicativo com recursos de acessibilidade. (Parte 1 de 3.)

```
         this.phoneLabel.MouseHover +=
            new System.EventHandler( this.controls_MouseHover );

         this.nameTextBox.AccessibleDescription =
            "Enter User Name";
         this.nameTextBox.AccessibleName = "User Name TextBox";
         this.nameTextBox.TabIndex = 1;
         this.nameTextBox.MouseHover +=
            new System.EventHandler( this.controls_MouseHover );

         this.phoneTextBox.AccessibleDescription =
            "Enter Phone Number";
         this.phoneTextBox.AccessibleName = "Phone Number TextBox";
         this.phoneTextBox.TabIndex = 2;
         this.phoneTextBox.MouseHover +=
            new System.EventHandler( this.controls_MouseHover );

         this.passwordTextBox.AccessibleDescription =
            "Enter Password";
         this.passwordTextBox.AccessibleName = "Password TextBox";
         this.passwordTextBox.TabIndex = 3;
         this.passwordTextBox.MouseHover +=
            new System.EventHandler( this.controls_MouseHover );

         this.submitButton.AccessibleDescription =
            "Submit the Information";
         this.submitButton.AccessibleName = "Submit Information";
         this.submitButton.TabIndex = 4;
         this.submitButton.Text = "&Submit";
         this.submitButton.Click +=
            new System.EventHandler( this.submitButton_Click );
         this.submitButton.MouseHover +=
            new System.EventHandler( this.controls_MouseHover );

         this.passwordLabel.AccessibleDescription =
            "Password Label";
         this.passwordLabel.AccessibleName = "Password Label";
         this.passwordLabel.TabIndex = 7;
         this.passwordLabel.MouseHover +=
            new System.EventHandler( this.controls_MouseHover );

         this.speaker.AccessibleDescription =
            "Give Information about Form";
         this.speaker.AccessibleName = "Speaker";
         this.speaker.TabIndex = 8;
         this.speaker.TabStop = false;

         this.AccessibleDescription = "Registration Form";
         this.AccessibleName = "Registration Form";
      }

      [STAThread]
      static void Main()
      {
         Application.Run( new TextToSpeech() );
      }

```

Figura 24.13 Aplicativo com recursos de acessibilidade. (Parte 2 de 3.)

```
    // diz ao usuário sobre qual controle o mouse está
    private void controls_MouseHover(
       object sender, System.EventArgs e )
    {
       // se o mouse estiver sobre Label, diz ao usuário para fornecer informação
       if ( sender.GetType() == nameLabel.GetType() )
       {
          Label temporary = ( Label) sender;
          speaker.Speak( "Please enter your " + temporary.Text +
             " in the textbox to the right" );
       }

       // se o mouse estiver sobre TextBox, diz ao usuário qual
       // informação foi fornecida
       else if ( sender.GetType() == nameTextBox.GetType() )
       {
          TextBox temporary = ( TextBox ) sender;
          speaker.Speak( "You have entered " +
             ( temporary.Text == "" ? "nothing" :
             temporary.Text ) + " in the " + temporary.Name );
       }

       // caso contrário, o usuário está sobre Button; portanto diz a ele para clicar
       // para enviar a informação
       else
          speaker.Speak(
             "Click on this button to submit your information" );

    } // fim do método controls_MouseHover

    // agradece o usuário pelo envio da informação
    private void submitButton_Click(
       object sender, System.EventArgs e )
    {
       speaker.Speak(
          "Thank you, your information has been submitted." );

       Application.Exit();
    }

} // fim da classe TextToSpeech
```

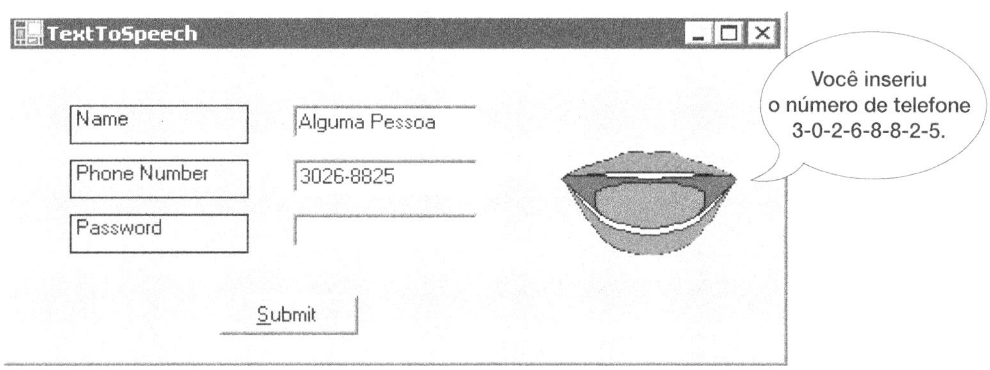

Figura 24.13 Aplicativo com recursos de acessibilidade. (Parte 3 de 3.)

O método **controls_MouseHover** determina sobre qual tipo de controle o mouse está pairando e gera o áudio apropriado[3]. A linha 116 determina se o tipo do controle que está chamando o método é o mesmo de **nameLabel**. Aqui usamos o método **GetType** da classe **Type**, que retorna uma instância da classe **Type**; essa classe representa informações sobre uma classe específica. Chamamos o método **GetType** no objeto **sender**. O argumento **sender** do manipulador de evento é uma referência para o controle que lançou o evento. Quando a condição na linha 116 é avaliada como **true** (isto é, o controle que lançou o evento é **nameLabel**), as linhas 118 a 120 são executadas. A linha 118 converte **sender** para um **Label** (agora que sabemos que ele é um) e o atribui a **Label temporary**. As linhas 119 e 120 chamam o método **Speak** de **speaker**, que fornece a **string** que deve ser convertida em fala.

Um processo semelhante é realizado para determinar se o mouse está sobre uma **TextBox** (linha 125) e para gerar o áudio apropriado (linhas 127 a 130). Por último, se o controle sobre o qual o mouse está pairando não é um **Label** nem uma **TextBox**, então deve ser **Button**; as linhas 136 e 137 dizem ao usuário para que clique no botão para enviar informações. O método **submitButton_Click** (linhas 142 a 149) executa quando o usuário clica em **Button**. Esse manipulador de evento chama o método **Speak** de **speaker**, fornecendo como argumento uma mensagem de agradecimento, e, em seguida, encerra o aplicativo.

A linha 82 configura a propriedade **Text** de **submitButton** como **"&Submit"**. Esse é um exemplo de fornecimento de acesso por teclado à funcionalidade do aplicativo. Lembre-se de que, no Capítulo 13, atribuímos teclas de atalho colocando **"&"** na frente da letra que se tornaria a tecla de atalho. Aqui fazemos o mesmo para **submitButton** — pressionar **Alt+S** no teclado equivale a clicar em **submitButton**.

Estabelecemos a ordem de tabulação nesse aplicativo configurando as propriedades **TabIndex** e **TabStop**. As propriedades **TabIndex** dos controles são atribuídas nas linhas 46, 60, 67, 74, 81, 91 e 98. As **TextBox**es recebem os índices de tabulação 1 a 3, na ordem de sua aparição (verticalmente) no formulário. **Button** recebe o índice de tabulação 4 e os demais controles recebem os índices de tabulação 5 a 8. Queremos que a ordem de tabulação inclua apenas as **TextBox**es e o **Button**. A configuração padrão para a propriedade **TabStop** de **Label**s é **false** — assim, não precisamos mudá-la; os rótulos não serão incluídos na ordem de tabulação. A propriedade **TabStop** das **TextBox**es e **Button**s é **true**, o que significa que não precisamos mudar os valores desses controles. A propriedade **TabStop** de **speaker**, entretanto, é **true** como padrão, que configuramos como **false** indicando que não queremos **speaker** incluído na ordem de tabulação. Em geral, os controles com os quais o usuário não pode interagir diretamente devem ter suas propriedades **TabStop** configuradas como **false**.

O último recurso de acessibilidade desse aplicativo envolve a configuração das propriedades de acessibilidade dos controles de modo que os aplicativos de acessibilidade clientes possam acessar e processar os controles corretamente. As linhas 44, 50 e 51, 57 e 58, 64 e 65, 71 e 72, 78 e 79, 88 e 89 e 95 e 96 configuram as propriedades **AccessibleDescription** de todos os controles (incluindo Form). As linhas 45, 52, 59, 66, 73, 80, 90 e 97 configuram as propriedades **AccessibleName** de todos os controles (novamente, incluindo Form). A propriedade **IsAccessible** não é visível na janela **Properties**, em tempo de projeto; portanto, devemos escrever o código para configurá-la como **true**. A linha 35 configura a propriedade **IsAccessible** de **TextToSpeech** como **true**. As linhas 38 e 39 percorrem cada controle no formulário e confi-guram cada propriedade **IsAccessible** como **true**. Agora Form e todos os seus controles serão visíveis nos aplicativos de acessibilidade cliente.

24.8 Acessibilidade em tabelas XHTML

As páginas Web complexas freqüentemente contêm tabelas que formatam o conteúdo e apresentam dados. Entretanto, muitos leitores de telas são incapazes de traduzir as tabelas corretamente, a não ser que os desenvolvedores as projetem com os requisitos do leitor de telas em mente. Por exemplo, o *CAST eReader*, um leitor de telas desenvolvido pelo Center for Applied Special Technology (**www.cast.org**), começa na célula superior esquerda e lê as colunas da esquerda para a direita e de

3. Caso você tenha instalado o mecanismo de texto-para-fala para o português (consulte o final do Capítulo 16, inclusive as notas de revisão, para obter mais informações), o programa falará com "pronúncia" em português, mesmo que o texto esteja em inglês, produzindo resultados de compreensão mais difícil. Além disso, ele lê números de telefone como se fossem inteiros. Um cuidado especial deve ser tomado caso você deseje fazer experiências com o programa: em alguns casos, mudar strings para português fez com que o processo 'monopolizasse' a CPU do sistema, fazendo com que ele passasse a responder de maneira EXTREMAMENTE LENTA a qualquer comando. Caso você tenha esse problema, a solução menos demorada é pressionar *Ctrl + Alt + Del*, abrir a guia Processos (se ela já não estiver selecionada), localizar o processo (**vcmd.exe**) que está consumindo 99% da CPU (ou outro valor elevado), selecioná-lo e encerrá-lo clicando no botão **Finalizar processo**. E mesmo esse procedimento ocorrerá em "câmera lenta", até que o processo seja efetivamente encerrado. (N.R.T.)

cima para baixo. Essa técnica de leitura de dados de uma tabela é referida como *linearizada*. A Figura 24.14 cria uma tabela simples, relacionando os custos de várias frutas; posteriormente forneceremos essa tabela para o CAST eReader, para demonstrar sua leitura linear da tabela. O CAST eReader lê a tabela da Figura 24.14 como se segue:

Price of Fruit Fruit Price Apple $0.25 Orange $0.50 Banana $1.00 Pineapple $2.00

Essa leitura não apresenta o conteúdo da tabela adequadamente: a leitura não especifica as informações da legenda e do cabeçalho nem os dados de links contidos nas células dos cabeçalhos de coluna que os descrevem. A WCAG 1.0 recomenda usar CSS em vez de tabelas, a menos que o conteúdo de uma tabela seja linearizado de uma maneira inteligível.

```
<?xml version = "1.0"?>
<!DOCTYPE html PUBLIC "-//W3C//DTD XHTML 1.0 Strict//EN"
   "http://www.w3.org/TR/xhtml1/DTD/xhtml1-strict.dtd">

<!-- Fig. 24.14: withoutheaders.html -->
<!-- Tabela sem cabecalhos           -->

<html xmlns = "http://www.w3.org/1999/xhtml">
   <head>
      <title>XHTML Table Without Headers</title>

      <style type = "text/css">
         body { background-color: #ccffaa;
                text-align: center }
      </style>
   </head>

   <body>

      <p>Price of Fruit</p>

      <table border = "1" width = "50%">

         <tr>
            <td>Fruit</td>
            <td>Price</td>
         </tr>

         <tr>
            <td>Apple</td>
            <td>$0.25</td>
         </tr>

         <tr>
            <td>Orange</td>
            <td>$0.50</td>
         </tr>

         <tr>
            <td>Banana</td>
            <td>$1.00</td>
         </tr>

         <tr>
            <td>Pineapple</td>
            <td>$2.00</td>
         </tr>
```

Figura 24.14 Tabela XHTML sem modificações de acessibilidade. (Parte 1 de 2.)

```

         </table>

      </body>
   </html>
```

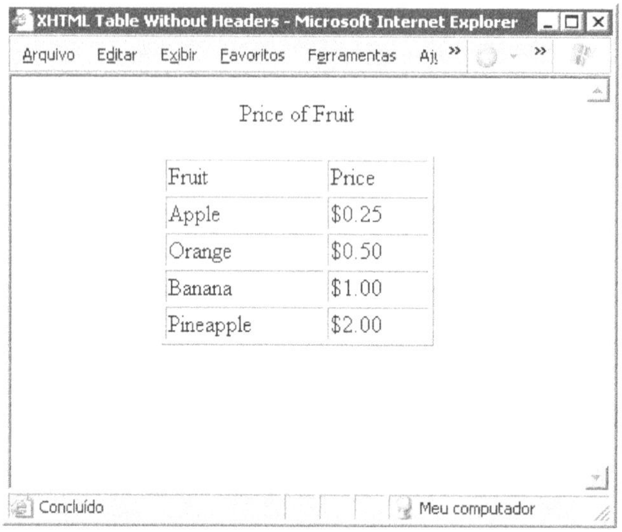

Figura 24.14 Tabela XHTML sem modificações de acessibilidade. (Parte 2 de 2.)

Se a tabela da Figura 24.14 fosse grande, a leitura linearizada do leitor de telas seria ainda mais confusa para os usuá--rios. Entretanto, modificar a tag **<td>** com o atributo **headers** e modificar as *células de cabeçalho* (células especificadas pela tag **<th>**) com o atributo **id** faz com que a tabela seja lida conforme o pretendido. A Figura 24.15 demonstra como essas modificações alteram a maneira pela qual um leitor de telas interpreta a tabela.

Essa tabela não parece ser diferente da tabela XHTML padrão, mostrada na Figura 24.14. Entretanto, a formatação dessa tabela permite que um leitor de telas leia os dados contidos de maneira mais inteligente. Um leitor de telas vocaliza os dados da tabela da Figura 24.15 como se segue:

Caption: Price of Fruit

Summary: This table uses th elements and id and headers attributes to make the table readable by screen readers

Fruit: Apple, Price: $0.25

Fruit: Orange, Price: $0.50

Fruit: Banana, Price: $1.00

Fruit: Pineapple, Price: $2.00

Cada célula na tabela é precedida por seu cabeçalho correspondente, quando lida pelo leitor de telas. Esse formato ajuda o ouvinte a entender a tabela. O *atributo* ***headers*** se destina especificamente para uso em tabelas que contêm grandes volumes de dados. A maioria das tabelas pequenas lineariza muito bem, desde que a tag **<th>** seja usada corretamente. Também sugerimos usar o atributo **summary** e o elemento **caption** para melhorar a clareza. Para ver mais exemplos que demonstram como tornar as tabelas acessíveis, visite o endereço **www.w3.org/TR/WCAG**.

```
<?xml version = "1.0"?>
<!DOCTYPE html PUBLIC "-//W3C//DTD XHTML 1.0 Strict//EN"
   "http://www.w3.org/TR/xhtml1/DTD/xhtml1-strict.dtd">

```

Figura 24.15 Tabela otimizada para leitores de telas usando o atributo `headers`. (Parte 1 de 3.)

```
<!-- Fig. 24.15: withheaders.html  -->
<!-- Tabela com cabecalhos          -->

<html xmlns = "http://www.w3.org/1999/xhtml">
   <head>
      <title>XHTML Table With Headers</title>

      <style type = "text/css">
         body { background-color: #ccffaa;
                text-align: center }
      </style>
   </head>

<body>

   <!-- Esta tabela usa os atributos id e headers para                    -->
   <!-- garantir a legibilidade pelos navegadores baseados em texto. Ela também -->
   <!-- usa o atributo summary, utilizado pelos leitores de telas para     -->
   <!-- descrever a tabela.                                                -->

      <table width = "50%" border = "1"
         summary = "This table uses the elements and id and
         headers attributes to make the table readable
         by screen readers">

         <caption><strong>Price of Fruit</strong></caption>

         <tr>
            <th id = "fruit">Fruit</th>
            <th id = "price">Price</th>
         </tr>

         <tr>
            <td headers = "fruit">Apple</td>
            <td headers = "price">$0.25</td>
         </tr>

         <tr>
            <td headers = "fruit">Orange</td>
            <td headers = "price">$0.50</td>
         </tr>

         <tr>
            <td headers = "fruit">Banana</td>
            <td headers = "price">$1.00</td>
         </tr>

         <tr>
            <td headers = "fruit">Pineapple</td>
            <td headers = "price">$2.00</td>
         </tr>

      </table>

   </body>
</html>
```

Figura 24.15 Tabela otimizada para leitores de telas usando o atributo headers. (Parte 2 de 3.)

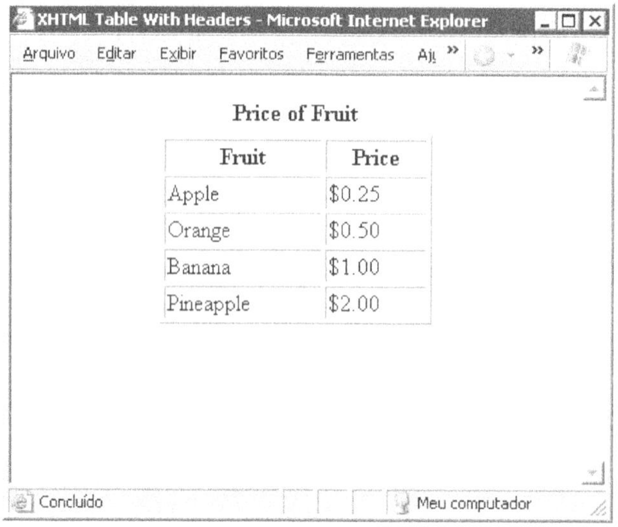

Figura 24.15 Tabela otimizada para leitores de telas usando o atributo `headers`. (Parte 3 de 3.)

24.9 Acessibilidade em frames XHTML

Os web designers freqüentemente usam frames para mostrar mais de um arquivo XHTML em uma única janela do navegador. Os frames são uma maneira conveniente de garantir que certo conteúdo sempre apareça na tela. Infelizmente, os frames freqüentemente não contêm as descrições corretas, e isso impede que os usuários com navegadores baseados em texto e os que estão ouvindo por meio de sintetizadores de fala naveguem no site Web.

Um site que usa frames deve fornecer uma descrição significativa de cada frame em sua tag **`<title>`**. Exemplos de bons títulos incluem *"Frame de Navegação"* e *"Frame de Conteúdo Principal"*. Os usuários que navegam com navegadores baseados em texto, como o Lynx, devem escolher a frame que querem abrir. Títulos descritivos tornam essa escolha mais simples; entretanto, a atribuição de título para frames não resolve todos os problemas de navegação associados aos frames. Os web designers também devem usar a tag **`<noframes>`**, que fornece conteúdo alternativo para navegadores que não suportam frames.

Observação de aparência e comportamento 24.1

Sempre forneça títulos para frames, para garantir que os agentes do usuário que não suportam frames tenham alternativas.

Observação de aparência e comportamento 24.2

Inclua um título para o conteúdo de cada frame com o elemento **`frame`**; *se possível, forneça links para páginas individuais dentro do conjunto de frames, para que os usuários ainda possam navegar pelas páginas Web. Para fornecer conteúdo alternativo para navegadores que não suportam frames, use a tag* **`<noframes>`**. *Isso também melhora o acesso de navegadores que oferecem suporte limitado para frames.*

A WCAG 1.0 sugere o uso de CSS como uma alternativa aos frames, pois as CSSs podem fornecer funcionalidade semelhante e são altamente flexíveis em termos de personalização. Infelizmente, a capacidade de apresentar múltiplos documentos XHTML em uma única janela do navegador exige o suporte completo de HTML 4, que não está difundido. Entretanto, a segunda geração das folhas de estilos em cascata (CSS2) pode apresentar um único documento como se fossem múltiplos documentos. A CSS2 ainda não é totalmente suportada por muitos agentes do usuário.

24.10 Acessibilidade em XML

O XML dá aos desenvolvedores a liberdade de criar novas linguagens de marcação. Embora esse recurso ofereça muitas vantagens, as novas linguagens podem não incorporar recursos de acessibilidade. Para impedir a proliferação de linguagens inacessíveis, a WAI está desenvolvendo diretrizes — a *XML GL* (*XML Guidelines*) — para facilitar a criação de documentos XML acessíveis. A XML Guidelines recomenda incluir uma descrição textual, semelhante à tag **<alt>** da XHTML, para cada objeto que não for texto em uma página. Para melhorar ainda mais a acessibilidade, os tipos de elemento devem permitir agrupamento e classificação e devem identificar conteúdo importante. Sem uma interface com o usuário acessível, outros esforços para implementar a acessibilidade são menos eficazes. Portanto, é fundamental criar folhas de estilo que possam produzir saídas múltiplas, incluindo esboços de documentos.

Muitas aplicações do XML, incluindo a SMIL (Synchronized Multimedia Integration Language — linguagem de integração de multimídia sincronizada) e a SVG (Scalable Vector Graphics — elementos gráficos vetoriais escaláveis), têm implementado várias das diretrizes da WAI. A WAI XML Accessibility Guidelines pode ser encontrada no endereço **www.w3.org/WAI/PF/xmlgl.htm**.

24.11 Usando síntese e reconhecimento de voz com o VoiceXML™

Um esforço conjunto da AT&T®, da IBM®, da Lucent™ e da Motorola® criou um vocabulário XML que faz a marcação de informações para uso por *sintetizadores de fala*, ferramentas que permitem que os computadores falem com os usuários. Essa tecnologia, chamada *VoiceXML*, pode oferecer vantagens tremendas para pessoas portadoras de deficiência visual e para pessoas analfabetas. Os aplicativos compatíveis com VoiceXML lêem as páginas Web para o usuário e, em seguida, empregam tecnologia de *reconhecimento de fala* para entender as palavras faladas em um microfone. Um exemplo de ferramenta de reconhecimento de fala é o *ViaVoice* da IBM (**www-4.ibm.com/software/speech**). Para aprender mais a respeito do reconhecimento e da síntese de fala, consulte o Capítulo 16.

O interpretador VoiceXML e o navegador VoiceXML processam VoiceXML. No futuro, os navegadores da Web poderão incorporar esses interpretadores. A VoiceXML é derivada da XML; portanto, a VoiceXML é independente de plataforma. Quando um documento VoiceXML é carregado, um *servidor de voz* envia uma mensagem para o navegador VoiceXML e inicia uma conversação verbal entre o usuário e o computador.

O *WebSphere Voice Server SDK 1.5* da IBM é um interpretador VoiceXML que pode ser usado para testar documentos VoiceXML em microcomputadores. Para fazer download do VoiceServer SDK, visite o endereço **www.alpha-works.ibm.com/tech/voiceserversdk**. [*Nota:* para executar o programa VoiceXML da Figura 24.16, faça download do *Java 2 Platform Standard Edition* (Java SDK) 1.3 no endereço **www.java.sun.com/j2se/1.3**. As instruções de instalação do VoiceServerSDK e do Java SDK estão localizadas no site Web da Deitel & Associates, no endereço **www.deitel.com**.]

As figuras 24.16 e 24.17 mostram exemplos de VoiceXML que poderiam ser incluídos em um site Web. O computador fala o texto de um documento para o usuário, e o texto incorporado nas tags VoiceXML permitem a interação verbal entre o usuário e o navegador. A saída contida na Figura 24.17 demonstra uma conversa que poderia ocorrer entre um usuário e um computador após esse documento ser carregado.

```
<?xml version = "1.0"?>
<vxml version = "1.0">

<!-- Fig. 24.16: main.vxml -->
<!-- Pagina de voz         -->

<link next = "#home">
   <grammar>home</grammar>
</link>

<link next = "#end">
   <grammar>exit</grammar>
</link>

<var name = "currentOption" expr = "'home'"/>

<form>
   <block>
      <emp>Welcome</emp> to the voice page of Deitel and
```

Figura 24.16 Página principal escrita em VoiceXML. (Parte 1 de 3.)

```
         Associates. To exit any time say exit.
         To go to the home page any time say home.
      </block>

      <subdialog src = "#home"/>
   </form>

   <menu id = "home">
      <prompt count = "1" timeout = "10s">
         You have just entered the Deitel home page.
         Please make a selection by speaking one of the
         following options:
         <break msecs = "1000" />
         <enumerate/>
      </prompt>

      <prompt count = "2">
         Please say one of the following.
         <break msecs = "1000" />
         <enumerate/>
      </prompt>

      <choice next = "#about">About us</choice>
      <choice next = "#directions">Driving directions</choice>
      <choice next = "publications.vxml">Publications</choice>
   </menu>

   <form id = "about">
      <block>
         About Deitel e Associates, Inc.
         Deitel and Associates, Inc. is an internationally
         recognized corporate training and publishing
         organization, specializing in programming languages,
         Internet and World Wide Web technology and object
         technology education. Deitel and Associates, Inc. is a
         member of the World Wide Web Consortium. The company
         provides courses on Java, C++, Visual Basic, C, Internet
         and World Wide Web programming and Object Technology.
         <assign name = "currentOption" expr = "'about'"/>
         <goto next = "#repeat"/>
      </block>
   </form>

   <form id = "directions">
      <block>
         Directions to Deitel and Associates, Inc.
         We are located on Route 20 in Sudbury,
         Massachusetts, equidistant from route
         <sayas class = "digits">128</sayas> and route
         <sayas class = "digits">495</sayas>.
         <assign name = "currentOption" expr = "'directions'"/>
         <goto next = "#repeat"/>
      </block>
   </form>

   <form id = "repeat">
      <field name = "confirm" type = "boolean">
         <prompt>
```

Figura 24.16 Página principal escrita em VoiceXML. (Parte 2 de 3.)

```
            To repeat say yes. To go back to home, say no.
         </prompt>

         <filled>
            <if cond = "confirm == true">
               <goto expr = "'#' + currentOption"/>
            <else/>
               <goto next = "#home"/>
            </if>
         </filled>

      </field>
   </form>

   <form id = "end">
      <block>
         Thank you for visiting Deitel and Associates voice page.
         Have a nice day.
         <exit/>
      </block>
   </form>

</vxml>
```

Figura 24.16 Página principal escrita em VoiceXML. (Parte 3 de 3.)

```
<?xml version = "1.0"?>
<vxml version = "1.0">

<!-- Fig. 24.17: publications.vxml       -->
<!-- Pagina de voz para diversas publicacoes -->

<link next = "main.vxml#home">
   <grammar>home</grammar>
</link>

<link next = "main.vxml#end">
   <grammar>exit</grammar>
</link>

<link next = "#publication">
   <grammar>menu</grammar>
</link>

<var name = "currentOption" expr = "'home'"/>

<menu id = "publication">

   <prompt count = "1" timeout = "12s">
      Following are some of our publications. For more
      information visit our web page at www.deitel.com.
      To repeat the following menu, say menu at any time.
      Please select by saying one of the following books:
      <break msecs = "1000" />
      <enumerate/>
   </prompt>

```

Figura 24.17 Página VoiceXML de publicação da Deitel and Associates. (Parte 1 de 4.)

```
   <prompt count = "2">
      Please select from the following books.
      <break msecs = "1000" />
      <enumerate/>
   </prompt>

   <choice next = "#java">Java.</choice>
   <choice next = "#c">C.</choice>
   <choice next = "#cplus">C plus plus.</choice>
</menu>

<form id = "java">
   <block>
      Java How to program, third edition.
      The complete, authoritative introduction to Java.
      Java is revolutionizing software development with
      multimedia-intensive, platform-independent,
      object-oriented code for conventional, Internet,
      Intranet and Extranet-based applets and applications.
      This Third Edition of the world's most widely used
      university-level Java textbook carefully explains
      Java's extraordinary capabilities.
      <assign name = "currentOption" expr = "'java'"/>
      <goto next = "#repeat"/>
   </block>
</form>

<form id = "c">
   <block>
      C How to Program, third edition.
      This is the long-awaited, thorough revision to the
      world's best-selling introductory C livro! The book's
      powerful "teach by example" approach is based on
      more than 10,000 lines of live code, thoroughly
      explained and illustrated with screen captures showing
      detailed output.World-renowned corporate trainers and
      best-selling authors Harvey and Paul Deitel offer the
      most comprehensive, practical introduction to C ever
      published with hundreds of hands-on exercises, more
      than 250 complete programs written and documented for
      easy learning and exceptional insight into good
      programming practices, maximizing performance, avoiding
      errors, debugging and testing. New features include
      thorough introductions to C++, Java and object-oriented
      programming that build directly on the C skills taught
      in this book; coverage of graphical user interface
      development e C library functions; and many new,
      substantial hands-on projects.For anyone who wants to
      learn C, improve their existing C skills, and understand
      how C serves as the foundation for C++, Java, and
      object-oriented development.
      <assign name = "currentOption" expr = "'c'"/>
      <goto next = "#repeat"/>
   </block>
</form>

<form id = "cplus">
   <block>
```

Figura 24.17 Página VoiceXML de publicação da Deitel and Associates. (Parte 2 de 4.)

```
         The C++ how to program, second edition.
         With nearly 250,000 sold, Harvey e Paul Deitel's C++
         How to Program is the world's best-selling introduction
         to C++ programming. Now, this classic has been thoroughly
         updated! The new, full-color Third Edition has been
         completely revised to reflect the ANSI C++ standard, add
         powerful new coverage of object analysis and design with
         UML, and give beginning C++ developers even better live
         code examples and real-world projects. The Deitels' C++
         How to Program is the most comprehensive, practical
         introduction to C++ ever published with hundreds of
         hands-on exercises, roughly 250 complete programs written
         and documented for easy learning, and exceptional insight
         into good programming practices, maximizing performance,
         avoiding errors, debugging, and testing. This new Third
         Edition covers every key concept and technique ANSI C++
         developers need to master: control structures, functions,
         arrays, pointers and strings, classes and data
         abstraction, operator overloading, inheritance, virtual
         functions, polymorphism, I/O, templates, exception
         handling, file processing, data structures, and more. It
         also includes a detailed introduction to Standard
         Template Library containers, container adapters,
         algorithms, and iterators.
         <assign name = "currentOption" expr = "'cplus'"/>
         <goto next = "#repeat"/>
      </block>
   </form>

   <form id = "repeat">
      <field name = "confirm" type = "boolean">

         <prompt>
            To repeat say yes. Say no, to go back to home.
         </prompt>

         <filled>
            <if cond = "confirm == true">
               <goto expr = "'#' + currentOption"/>
            <else/>
               <goto next = "#publication"/>
            </if>
         </filled>
      </field>
   </form>
   </vxml>
```

O computador fala:

Welcome to the voice page of Deitel and Associates. To exit any time say exit. To go to the home page any time say home.

O usuário fala:

Home

Continua na próxima página

Figura 24.17 Página VoiceXML de publicação da Deitel and Associates. (Parte 3 de 4.)

Continuação da página anterior

O computador fala:

You have just entered the Deitel home page. Please make a selection by speaking one of the following options: About us, Driving directions, Publications.

O usuário fala:

Driving directions

O computador fala:

Directions to Deitel and Associates, Inc.

We are located on Route 20 in Sudbury,

Massachusetts, equidistant from route 128

and route 495.

To repeat say yes. To go back to home, say no.

Figura 24.17 Página VoiceXML de publicação da Deitel and Associates. (Parte 4 de 4.)

Um documento VoiceXML contém uma série de diálogos e subdiálogos, resultando em interação falada entre o usuário e o computador. As tags **<form>** e **<menu>** implementam os diálogos. Um elemento ***form*** apresenta informações para o usuário e reúne dados do usuário. Um elemento ***menu*** fornece ao usuário a lista de opções e, em seguida, transfere o controle para outro diálogo, em resposta à seleção do usuário.

As linhas 7 a 9 (Figura 24.16) usam o elemento ***link*** para criar um link ativo para a home page (página principal). O atributo ***next*** especifica a URL para a qual o navegador é direcionado quando o usuário seleciona o link. O elemento ***grammar*** faz a marcação do texto que o usuário deve falar para selecionar o link. No elemento **link**, navegamos para o elemento que contém **id home** quando o usuário fala a palavra **home**. As linhas 11 a 13 usam o elemento **link** para criar um link para **id end** quando o usuário fala a palavra **exit**.

As linhas 17 a 25 criam um diálogo de formulário usando o elemento **form**, o qual reúne informações do usuário. As linhas 18 a 22 apresentam o texto introdutório. O elemento **block**, que pode existir apenas dentro de um elemento **form**, agrupa os elementos que executam uma ação ou um evento. O elemento **emp** indica que uma seção do texto deve ser falada com ênfase. Se o nível de ênfase não for especificado, então o nível padrão — *moderate* — será usado. Nosso exemplo usa o nível padrão. [*Nota:* para especificar um nível de ênfase, use o atributo **level**, que aceita os seguintes valores: *strong, moderate, none* e *reduced*.]

O elemento **menu** na linha 27 permite que os usuários selecionem a página com que desejam se vincular. O elemento ***choice***, que sempre faz parte de um **menu** ou **form**, apresenta as opções. O atributo **next** indica a página que é carregada quando o usuário faz uma seleção. O usuário seleciona um elemento **choice** falando em um microfone o texto com marcação entre as tags. Nesse exemplo, o primeiro e o segundo elemento **choice**, nas linhas 42 e 43, transferem o controle para um *diálogo local* (isto é, uma localização dentro do mesmo documento) quando são selecionados. O terceiro elemento **choice** transfere o usuário para o documento **publications.vxml**. As linhas 28 a 34 usam o elemento ***prompt*** para instruir o usuário a fazer uma seleção. O atributo ***count*** mantém um registro do número de vezes que um prompt é falado (isto é, sempre que o computador lê um prompt, **count** é incrementado de um). O atributo **count** transfere o controle para outro prompt quando determinado limite é atingido. O atributo **timeout** especifica por quanto tempo o programa deve esperar para responder após solicitar que o usuário responda. Se o usuário não responder antes que o prazo expire, as linhas 36 a 40 fornecerão um segundo prompt mais curto, que lembrará o usuário para que faça uma seleção.

Quando o usuário escolhe a opção **publications**, o arquivo **publications.vxml** (Figura 24.17) é carregado no navegador. As linhas 107 a 113 definem os elementos **link** que fornecem links para **main.vxml**. As linhas 115 a 117 fornecem links para o elemento **menu** (linhas 121 a 141), que pede que os usuários selecionem uma das seguintes publicações: Java, C ou C++. Os elementos **form** nas linhas 143 a 217 descrevem os livros que correspondem a esses tópicos. Uma vez que o navegador fale a descrição, o controle é transferido para o elemento **form**, com um atributo **id** cujo valor é igual a **repeat** (linhas 219 a 234).

A Figura 24.18 fornece uma breve descrição de cada tag VoiceXML que usamos no exemplo anterior (Figura 24.17).

24.12 CallXML™

Outro avanço que beneficia as pessoas portadoras de deficiência visual é o *CallXML*, uma tecnologia de voz criada e suportada pela *Voxeo* (**www.voxeo.com**). O CallXML cria aplicativos telefone-para-Web que controlam chamadas telefônicas recebidas e enviadas. Exemplos de aplicativos CallXML incluem correio de voz, sistemas interativos de resposta de voz e espera em chamada na Internet. A VoiceXML permite que os computadores leiam páginas Web para usuários portadores de deficiência visual; o CallXML lê conteúdo da Web para os usuários por meio de um telefone. O CallXML tem implicações importantes para indivíduos que não têm computador, mas que possuem telefone.

Quando os usuários acessam aplicativos CallXML, um mecanismo TTS (text-to-speech — texto-para-fala) converte o texto para uma voz automatizada. Então, o mecanismo TTS lê para os usuários as informações contidas nos elementos CallXML. Os aplicativos CallXML são personalizados para responder à entrada dos chamadores. [Nota: os usuários devem ter um telefone de tom de toque para acessar aplicativos CallXML.]

Normalmente os aplicativos CallXML reproduzem como saída clipes de áudio previamente gravados ou texto, exigindo respostas como entrada. Um clipe de áudio poderia conter uma saudação apresentando os chamadores para o aplicativo ou poderia recitar um menu de opções solicitando que os chamadores façam uma entrada de tom de toque. Certos aplicativos, como o correio de voz, podem exigir entrada verbal e de tom de toque. Quando o aplicativo recebe a entrada necessária, ele responde chamando elementos CallXML (como **text**), que contêm as informações que um mecanismo TTS lê para os usuários. Se o aplicativo não recebe entrada dentro de um período de tempo designado, ele pede que o usuário forneça entrada válida.

Quando um usuário acessa um aplicativo CallXML, a chamada telefônica recebida é referida como *sessão*. Um aplicativo CallXML pode suportar múltiplas sessões, o que significa que o aplicativo pode processar várias chamadas telefônicas simultaneamente. Cada sessão é independente das outras e recebe uma *sessionID* exclusiva para identificação. Uma sessão termina quando o usuário desliga o telefone ou quando o aplicativo CallXML chama o elemento **hangup**.

Tag VoiceXML	Descrição
<assign>	Atribui um valor para uma variável.
<block>	Apresenta informações para os usuários, sem nenhuma interação entre o usuário e o computador (isto é, o computador não espera nenhuma entrada do usuário).
<break>	Instrui o computador para fazer uma pausa em sua saída de fala por um período de tempo especificado.
<choice>	Especifica uma opção em um elemento **menu**.
<enumerate>	Relaciona todas as opções disponíveis para o usuário.
<exit>	Sai do programa.
<filled>	Contém elementos que executam quando o computador recebe entrada de um elemento **form** do usuário.
<form>	Reúne informações do usuário para um conjunto de variáveis.
<goto>	Transfere o controle de um diálogo para outro.
<grammar>	Especifica a gramática da entrada esperada do usuário.
<if>, <else>, <elseif>	Indica uma instrução de controle usada para tomar decisões lógicas.
<link>	Realiza uma transferência de controle semelhante à instrução **goto**, mas um **link** pode ser executado a qualquer momento durante a execução do programa.
<menu>	Fornece opções de usuário e, em seguida, transfere o controle para outros diálogos de acordo com a opção selecionada.
<prompt>	Especifica o texto a ser lido pelos usuários quando eles precisam fazer uma seleção.
<subdialog>	Chama outro diálogo. Após executar o subdiálogo, o diálogo chamador retoma o controle.
<var>	Declara uma variável.
<vxml>	Tag de nível superior que especifica que o documento deve ser processado por um interpretador VoiceXML.

Figura 24.18 Tags VoiceXML.

Nosso primeiro aplicativo CallXML demonstra o clássico exemplo "Hello World" (Figura 24.19). A linha 1 contém a *declaração XML* opcional. O valor **`version`** indica a versão de XML à qual o documento obedece. A recomendação XML atual é version **`1.0`**. O valor **`encoding`** indica o tipo de codificação *Unicode* usada pelo aplicativo. Para esse exemplo usamos UTF-8, que exige oito bits para transferir e receber dados. Mais informações sobre Unicode podem ser encontradas no Apêndice G.

A tag **`<callxml>`**, na linha 6, declara que o conteúdo é um documento CallXML. A linha 7 contém o elemento **`text`** **Hello World**. Todo texto que é para ser falado por um mecanismo TTS deve ser colocado dentro de tags **`<text>`**.

```
1  <?xml version = "1.0" encoding = "UTF-8"?>
2
3  <!-- Fig. 24.19: hello.xml               -->
4  <!-- O exemplo classico Hello World -->
5
6  <callxml>
7     <text>Hello World.</text>
8  </callxml>
```

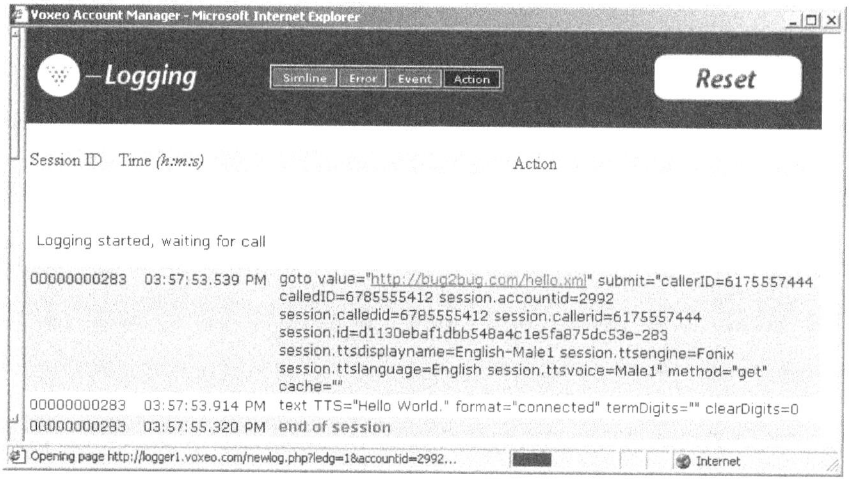

Figura 24.19 Exemplo de CallXML **Hello World**. (Cortesia da Voxeo, © Voxeo Corporation 2000–2001.)

Para distribuir um aplicativo CallXML, registre-se na *Voxeo* Community (**`community.voxeo.com`**), um recurso da Web que facilita a criação, a depuração e a distribuição de aplicativos telefônicos. De modo geral, os recursos da Voxeo são gratuitos, mas a empresa cobra quando os aplicativos CallXML são distribuídos comercialmente. A Voxeo Community atribui um número de telefone exclusivo a cada aplicativo CallXML, para que os usuários externos possam acessar e interagir com o aplicativo. [*Nota:* a Voxeo atribui números de telefone apenas para aplicativos que residem na Internet. Se você tiver acesso a um servidor da Web (como o IIS, PWS ou Apache), utilize-o para divulgar seu aplicativo CallXML. Caso contrário, abra uma conta na Internet, por meio de uma das muitas empresas de serviço de Internet (como **`www.geocities.com`**, **`www.angelfire.com`**, **`www.stormpages.com`**, **`www.freewebsites.com`** ou **`www.brinkster.com`**). Essas empresas permitem que as pessoas divulguem documentos na Internet usando seus servidores da Web.]

A Figura 24.19 também demonstra o registro de *log* do **Voxeo Account Manager**, que é acessível para membros registrados. O recurso de log grava e exibe a "conversa" entre o usuário e o aplicativo. A primeira linha do recurso de log relaciona o URL do aplicativo CallXML e as *variáveis globais* associadas a essa sessão. Quando uma sessão começa, o aplicativo cria e atribui valores para as variáveis globais que o aplicativo inteiro pode acessar e modificar. A(s) linha(s) subseqüente(s) mostra(m) a "conversa". Esse exemplo demonstra uma conversa unilateral (isto é, o aplicativo não aceita nenhuma entrada do usuário), na qual o mecanismo TTS diz **Hello World**. A última linha exibe a mensagem de fim de sessão, que informa que a chamada telefônica terminou. O recurso de log ajuda os desenvolvedores na depuração de seus aplicativos. Observando uma "conversa" CallXML, um desenvolvedor pode determinar o ponto em que o aplicativo termina. Se o aplicativo encerra abruptamente ("falha"), o recurso de log exibe informações a respeito do tipo e da localização do erro, apontando o desenvolvedor para a seção do aplicativo que está causando o problema.

O próximo exemplo (Figura 24.20) mostra um aplicativo CallXML que lê os números ISBN de três livros-texto da Deitel — *Internet and World Wide Web How to Program: Second Edition*, *XML How to Program* e *Java How to Program: Fourth Edition* — de acordo com a entrada de tom de toque do usuário. [*Nota:* o código foi formatado para propósitos de apresentação.]

```
<?xml version = "1.0" encoding = "UTF-8"?>

<!-- Fig. 24.20: isbn.xml                          -->
<!-- Le o valor ISBN de tres livros da Deitel      -->

<callxml>
   <block>
      <text>
         Welcome. To obtain the ISBN of the Internet and World
         Wide Web How to Program: Second Edition, please enter 1.
         To obtain the ISBN of the XML How to Program,
         please enter 2. To obtain the ISBN of the Java How
         to Program: Fourth Edition, please enter 3. To exit the
         application, please enter 4.
      </text>

      <!-- Obtem o valor numerico fornecido pelo usuario e -->
      <!-- o armazena na variavel ISBN. O usuario tem 60    -->
      <!-- segundos para fornecer um valor numerico         -->
      <getDigits var = "ISBN"
         maxDigits = "1"
         termDigits = "1234"
         maxTime = "60s" />

      <!-- Pede para que o usuario forneca um valor numerico -->
      <!-- valido, apos decorrido o tempo de 60 segundos    -->
      <onMaxSilence>
         <text>
            Please enter either 1, 2, 3 or 4.
         </text>

         <getDigits var = "ISBN"
            termDigits = "1234"
            maxDigits = "1"
            maxTime = "60s" />

      </onMaxSilence>

      <onTermDigit value = "1">
         <text>
            The ISBN for the Internet book is 0130308978.
            Thank you for calling our CallXML application.
            Good-bye.
         </text>
      </onTermDigit>

      <onTermDigit value = "2">
         <text>
            The ISBN for the XML book is 0130284173.
            Thank you for calling our CallXML application.
            Good-bye.
```

Figura 24.20 Exemplo de CallXML que lê três valores ISBN. (Cortesia da Voxeo, © Voxeo Corporation 2000–2001.) (Parte 1 de 2.)

```
52             </text>
53          </onTermDigit>
54
55          <onTermDigit value = "3">
56             <text>
57                The ISBN for the Java book is 0130341517.
58                Thank you for calling our CallXML application.
59                Good-bye.
60             </text>
61          </onTermDigit>
62
63          <onTermDigit value = "4">
64             <text>
65                Thank you for calling our CallXML application.
66                Good-bye.
67             </text>
68          </onTermDigit>
69       </block>
70
71       <!-- Manipulador de evento que encerra a chamada -->
72       <onHangup />
73    </callxml>
```

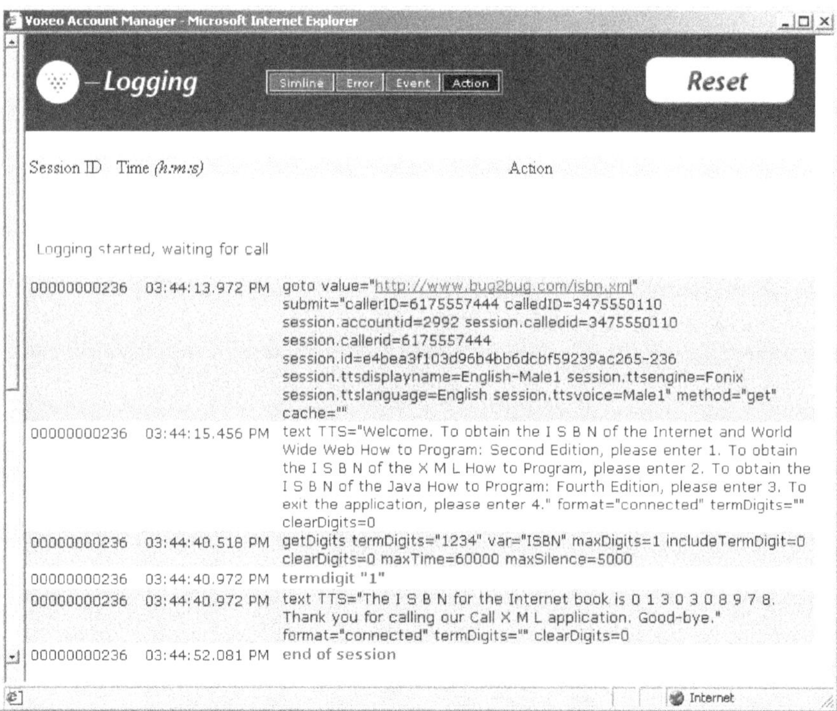

Figura 24.20 Exemplo de CallXML que lê três valores ISBN. (Cortesia da Voxeo, © Voxeo Corporation 2000–2001.) (Parte 2 de 2.)

A tag **<block>** (linha 7) encapsula outras tags CallXML. Normalmente, conjuntos de tags CallXML que executam tarefas semelhantes são incluídos em **<block>**...**</block>**. O elemento **block** desse exemplo encapsula as tags ***<text>***, ***<getDigits>***, ***<onMaxSilence>*** e ***<onTermDigit>***. Um elemento **block** também pode ser aninhado em outros elementos **block**.

As linhas 20 a 23 contêm alguns atributos da tag **<getDigits>**. O elemento **getDigits** obtém a resposta de tom de toque do usuário e a armazena na variável declarada pelo atributo ***var*** (isto é, **ISBN**). O atributo ***maxDigits*** (linha 21) indica o número máximo de dígitos que o aplicativo pode aceitar. Esse aplicativo aceita apenas um caractere. Se não for informado nenhum máximo, então o aplicativo usa o valor padrão, *nolimit*.

O atributo ***termDigits*** (linha 22) contém a lista de caracteres que terminam a entrada do usuário. Quando o usuário fornece um caractere da lista, o aplicativo é notificado de que recebeu a última entrada aceitável; qualquer caractere fornecido depois desse ponto será inválido. Esses caracteres não encerram a chamada; eles simplesmente notificam o aplicativo para que passe para a próxima instrução, pois a entrada necessária foi recebida. Em nosso exemplo, os valores de **termDigits** são **1**, **2**, **3** e **4**. O valor padrão de **termDigits** é o valor nulo ("").

O atributo ***maxTime*** (linha 23) indica a quantidade máxima de tempo que o aplicativo esperará por uma resposta do usuário. Se o usuário não fornecer entrada dentro do período de tempo dado, o aplicativo CallXML chamará o manipulador de evento **onMaxSilence**. O valor padrão desse atributo é 30 segundos.

O elemento ***onMaxSilence*** (linhas 27 a 37) é um manipulador de evento chamado quando o atributo **maxTime** (ou **maxSilence**) expira. O manipulador de evento notifica o aplicativo da ação apropriada a executar quando um usuário não responde. Nesse caso, o aplicativo pede que o usuário forneça um valor, pois **maxTime** expirou. Após receber entrada, **getDigits** (linha 32) armazena o valor fornecido na variável **ISBN**.

O elemento ***onTermDigit*** (linhas 39 a 68) é um manipulador de evento que notifica o aplicativo da ação apropriada a executar, quando um usuário seleciona um dos caracteres **termDigits**. Pelo menos uma tag **<onTermDigit>** deve ser associada (isto é, deve aparece após) ao elemento **getDigits**, mesmo que o valor padrão ("") seja usado. Fornecemos quatro ações que o aplicativo deve executar em resposta ao valor específico de **termDigits** fornecido pelo usuário. Por exemplo, se o usuário fornecer **1**, o aplicativo lerá o valor ISBN do livro-texto *Internet and World Wide Web How to Program: Second Edition*.

A linha 72 contém o manipulador de evento ***<onHangup/>***, que encerra a chamada telefônica quando o usuário desliga o telefone. Nosso manipulador de evento **<onHangup>** é uma tag vazia (isto é, nenhuma ação é executada quando essa tag é chamada).

O recurso de log (Figura 24.20) mostra a "conversa" entre o aplicativo e o usuário. Como no exemplo anterior, a primeira linha especifica o URL do aplicativo e as variáveis globais da sessão. As linhas subseqüentes mostram a "conversa": o aplicativo pergunta ao chamador qual valor de ISBN deve ler; o chamador fornece **1** (*Internet and World Wide Web How to Program: Second Edition*) e o aplicativo lê o ISBN correspondente. A mensagem **end of session** informa que o aplicativo terminou.

Fornecemos descrições breves de vários elementos CallXML lógicos e de ação na Figura 24.21. Os *elementos lógicos* atribuem valores e limpam valores das variáveis de sessão; os elementos de ação executam tarefas especificadas, como responder e encerrar uma chamada telefônica durante a sessão atual. Uma lista completa dos elementos CallXML está disponível no endereço

www.oasis-open.org/cover/callxmlv2.html

Elementos	Descrição
assign	Atribui um **value** a uma variável, **var**.
clear	Limpa o conteúdo do atributo **var**.
clearDigits	Limpa todos os dígitos fornecidos pelo usuário.
goto	Navega para outra seção do aplicativo CallXML atual ou para um aplicativo CallXML diferente. O atributo **value** especifica o URL do aplicativo chamado. O atributo **submit** relaciona as variáveis passadas para o aplicativo chamado. O atributo **method** informa se vai usar o tipo de pedido HTTP *get* ou *post* ao enviar e recuperar informações. Um pedido *get* recupera dados de um servidor da Web sem modificar o conteúdo, enquanto o pedido *post* recebe dados modificados.
run	Inicia uma nova sessão CallXML para cada chamada. O atributo **value** especifica o aplicativo CallXML a ser recuperado. O atributo **submit** relaciona as variáveis passadas para o aplicativo chamado. O atributo **method** informa se deve usar o tipo de pedido HTTP *get* ou *post*. O atributo **var** armazena o número de identificação da sessão.
sendEvent	Permite que múltiplas sessões troquem mensagens. O atributo **value** armazena a mensagem, e o atributo **session** especifica o número de identificação da sessão que recebe a mensagem.
answer	Responde a uma chamada telefônica recebida.

Figura 24.21 Elementos de CallXML. (Parte 1 de 2.)

Elementos	Descrição
`call`	Chama o URL especificado pelo atributo **`value`**. O atributo **`callerID`** contém o número de telefone exibido em um dispositivo **`CallerID`**. O atributo **`maxTime`** especifica o período de tempo a esperar que a chamada seja respondida antes de desconectar.
`conference`	Conecta múltiplas sessões para que as pessoas possam participar de uma chamada em conferência. O atributo **`targetSessions`** especifica os números de identificação das sessões, e o atributo **`termDigits`** indica as teclas de tom de toque que encerram a chamada.
`wait`	Espera pela entrada do usuário. O atributo **`value`** especifica quanto tempo deve esperar. O atributo **`termDigits`** indica as teclas de tom de toque que terminam o elemento **`wait`**.
`play`	Reproduz um arquivo de áudio ou pronuncia um valor armazenado como um número, data ou quantidade de dinheiro e é indicado pelo atributo **`format`**. O atributo **`value`** contém a informação (localização do arquivo de áudio, número, data ou quantidade de dinheiro) correspondente ao atributo **`format`**. O atributo **`clearDigits`** especifica se vai excluir ou não a entrada fornecida anteriormente. O atributo **`termDigits`** indica as teclas de tom de toque que terminam o arquivo de áudio etc.
`recordAudio`	Grava um arquivo de áudio e o armazena no URL especificado por **`value`**. O atributo **`format`** indica a extensão de arquivo do clipe de áudio. Outros atributos são **`termDigits`**, **`clearDigits`**, **`maxTime`** e **`maxSilence`**.

Figura 24.21 Elementos de CallXML. (Parte 2 de 2.)

24.13 JAWS® for Windows

O JAWS (Job Access with Sound — acesso a tarefas com som) é um dos leitores de telas líderes do mercado atualmente. A Henter-Joyce, uma divisão da Freedom Scientific™, criou esse aplicativo para ajudar as pessoas portadoras de deficiência visual a interagir com a tecnologia.

Para fazer o download de uma versão de demonstração do JAWS, visite o endereço **`www.freedomscientific.com`**. A versão de demonstração do JAWS é completamente funcional e inclui um amplo e altamente personalizado sistema de ajuda. Os usuários podem selecionar a voz que "lê" conteúdo da Web e a velocidade com que o texto é falado e também podem criar atalhos de teclado. Embora a versão de demonstração seja em inglês, a versão completa do JAWS permite que o usuário escolha um de vários idiomas suportados.

O JAWS também inclui comandos de tecla especiais para programas populares, como o Microsoft Internet Explorer e o Microsoft Word. Por exemplo, ao se navegar com o Internet Explorer, os recursos do JAWS vão além da leitura do conteúdo na tela. Se o JAWS estiver ativado, pressionar *Insert* + *F7* no Internet Explorer abre uma caixa de diálogo **Links List**, que mostra todos os links disponíveis em uma página Web. Para mais informações sobre o JAWS e os outros produtos oferecidos pela Henter-Joyce, visite o endereço **`www.freedomscientific.com`**.

24.14 Outras ferramentas de acessibilidade

Muitos produtos de acessibilidade estão disponíveis para ajudar pessoas portadoras de deficiências. Uma dessas tecnologias, o *Active Accessibility*® da Microsoft, estabelece um protocolo por meio do qual um auxílio de acessibilidade pode recuperar informações sobre a interface com o usuário de um aplicativo de maneira consistente. Os auxílios de acessibilidade exigem informações como o nome, a localização e o layout de elementos de GUI específicos dentro de um aplicativo, para que o auxílio de acessibilidade possa apresentar a informação corretamente para o público visado. O Active Accessibility também permite que os desenvolvedores de software e de auxílio de acessibilidade projetem programas e produtos compatíveis entre si. Além disso, o Active Accessibility é empacotado em dois componentes, permitindo que os programadores e as pessoas que usam auxílios de acessibilidade empreguem o software. O componente SDK (Software Development Kit) é destinado aos programadores: ele contém ferramentas de teste, bibliotecas de programa e arquivos de cabeçalho. O componente RDK (Redistribution Kit) é destinado àqueles que usam auxílios de acessibilidade: ele instala um componente de tempo de execução no sistema operacional da Microsoft. Os auxílios de acessibilidade usam o componente de tempo de execução Active Accessibility para interagir e obter informações de qualquer software aplicativo. Para mais informações sobre o Active Accessibility, visite o endereço

`www.microsoft.com/enable/`

Outra importante ferramenta de acessibilidade para pessoas portadoras de deficiência visual é o *teclado em braile*. Além de fornecer teclas rotuladas com as letras que representam, um teclado em braile também tem o símbolo equivalente em código braile impresso em cada tecla. Freqüentemente, os teclados em braile são combinados com um sintetizador de fala ou com uma tela em braile, permitindo que os usuários interajam com o computador para verificar se o que estão digitando está correto.

A síntese de fala também oferece vantagens para pessoas portadoras de deficiências. Há muitos anos, os *sintetizadores de fala* (também conhecidos com *sintetizadores de voz*) têm sido usados para ajudar as pessoas incapazes de se comunicar verbalmente. Entretanto, a crescente popularidade da Web tem estimulado uma onda de interesse nos campos da síntese e do reconhecimento de fala. Agora, essas tecnologias estão permitindo que pessoas portadoras de deficiências utilizem computadores mais do que nunca. O desenvolvimento de sintetizadores de fala também está permitindo o aprimoramento de outras tecnologias, como VoiceXML e AuralCSS (**`www.w3.org/TR/REC-CSS2/aural.html`**). Essas ferramentas permitem que pessoas portadoras de deficiência visual e pessoas analfabetas acessem sites Web.

A despeito da existência de software e hardware adaptável a pessoas portadoras de deficiência visual, a acessibilidade dos computadores e da Internet ainda é tolhida pelos altos custos, pela rápida obsolescência e pela complexidade desnecessária da tecnologia atual. Além disso, quase todo software atualmente disponível exige instalação por uma pessoa que possa enxergar. O *Ocularis* é um projeto lançado na comunidade do código-fonte aberto que se destina a tratar desses problemas. (Software de código-fonte aberto para pessoas portadoras de deficiência visual já existe; embora freqüentemente seja superior a seu equivalente proprietário de código-fonte fechado, ele ainda não atingiu seu pleno potencial.) O Ocularis garante que pessoas cegas possam acessar e usar todos os aspectos do sistema operacional Linux. Produtos que se integram com o Ocularis incluem processadores de texto, calculadoras, aplicativos financeiros básicos, navegadores da Internet e clientes de e-mail. Além disso, um leitor de telas é incluído para uso com programas que tenham uma interface de linha de comando. O site Web oficial do Ocularis está localizado no endereço

`ocularis.sourceforge.net`.

As pessoas portadoras de deficiência visual não são as únicas beneficiadas pelos esforços em aprimorar as linguagens de marcação. As pessoas portadoras de deficiência auditiva também têm várias ferramentas que as ajudam a interpretar informações audíveis distribuídas pela Web. Uma dessas ferramentas, a SMIL™, é feita para adicionar *faixas* (camadas de conteúdo encontradas dentro de um arquivo de áudio ou vídeo) extras em conteúdo multimídia. As faixas adicionais podem conter recursos de *closed caption*.

Tecnologias estão sendo projetadas para ajudar pessoas portadoras de deficiências sérias, como a tetraplegia, uma forma de paralisia que afeta o corpo do pescoço para baixo. A tecnologia *EagleEyes*, desenvolvida por pesquisadores do Boston College (**`www.bc.edu/eagleeyes`**), é um sistema que transforma os movimentos dos olhos em movimentos de mouse. O usuário move o cursor do mouse movendo seus olhos ou sua cabeça e, assim, é capaz de controlar o computador.

A GW Micro, a Henter-Joyce e a Adobe Systems também estão trabalhando em software que ajuda pessoas portadoras de deficiências. O Adobe Acrobat 5.0 é compatível com a interface de programação de aplicativos (API) da Microsoft, para permitir que as empresas forneçam informações para um público mais amplo. A JetForm Corp também está acomodando as necessidades de pessoas portadoras de deficiências, desenvolvendo software XML baseado no servidor. O novo software permite que os usuários façam download de informações em um formato que atende melhor a suas necessidades.

Existem muitos serviços na Web que ajudam os e-businesses no projeto de sites Web de modo que eles sejam acessíveis para pessoas portadoras de deficiências. Para mais informações, o Departamento de Justiça dos Estados Unidos (**`www.usdoj.gov`**) fornece detalhes dos problemas jurídicos e técnicos relacionados às pessoas portadoras de deficiências.

24.15 Acessibilidade no Microsoft® Windows® 2000/XP

Em virtude da preponderância do sistema operacional Windows, é fundamental que ele forneça acessibilidade correta para pessoas portadoras de deficiências. A partir do Microsoft *Windows 95*, a Microsoft tem incluído recursos de acessibilidade em seus sistemas operacionais e em muitos de seus aplicativos, incluindo o *Office 97*, o *Office 2000* e o *Netmeeting*. Desde o Microsoft *Windows 2000*, a Microsoft melhorou significativamente os recursos de acessibilidade do sistema operacional. Todas as opções de acessibilidade fornecidas pelo Windows 2000 e no Windows XP estão disponíveis por meio do ***Assistente de acessibilidade***, que guia os usuários nos recursos de acessibilidade do Windows 2000/XP e, em seguida, configura seus computadores de acordo com as especificações escolhidas. Essa seção usa o **Assistente de acessibilidade** para guiar os usuários na configuração de suas opções de acessibilidade do Windows 2000/XP.

Para acessar o **Assistente de acessibilidade**, os computadores dos usuários devem estar equipados com o Microsoft Windows 2000/XP. Clique no botão **Iniciar** e selecione **Todos os programas** (ou **Programas**) seguido de **Acessórios**, **Acessibilidade** e **Assistente de acessibilidade**. Quando o assistente iniciar, a tela **Bem-vindo** aparecerá. Clique em **Avançar**. A próxima caixa de diálogo (Figura 24.22) pede ao usuário que selecione um tamanho de fonte. Modifique o tamanho da fonte, se necessário, e, em seguida, clique em **Avançar**.

A Figura 24.22 mostra a caixa de diálogo **Configurações de exibição**, que permite que o usuário ative as configurações de tamanho de fonte escolhidas na janela anterior, altere a resolução da tela, selecione as opções *'Lente de aumento' da Microsoft* (um programa que exibe uma seção ampliada da tela em uma janela separada) e desative menus personalizados. Os menus personalizados ocultam programas raramente usados do menu Iniciar e podem ser um estorvo para usuários portadores de deficiências. Faça as seleções apropriadas e clique em **Avançar**.

A caixa de diálogo **Definir as opções do assistente** (Figura 24.23) faz perguntas sobre as deficiências do usuário; as respostas a essas perguntas permitem que o **Assistente de acessibilidade** personalize o Windows para atender melhor às necessidades do usuário. Para propósitos de demonstração, selecionamos cada tipo de deficiência incluído na caixa de diálogo. Clique em **Avançar** para continuar.

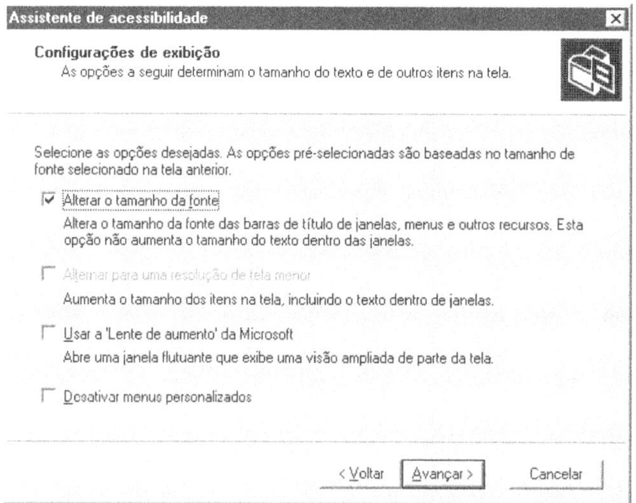

Figura 24.22 Caixa de diálogo Configurações de exibição.

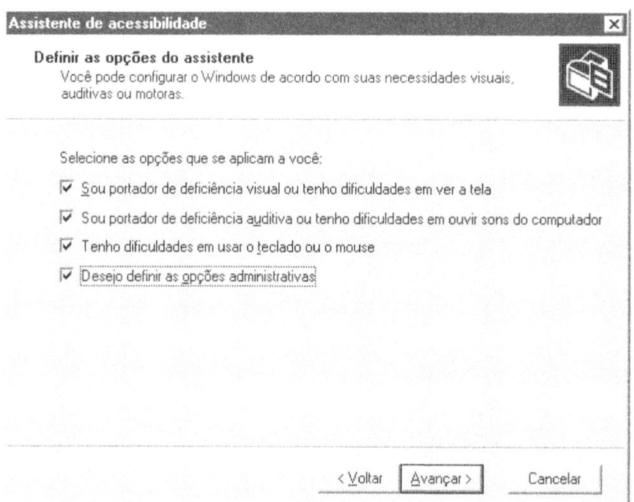

Figura 24.23 Opções de inicialização do Assistente de acessibilidade.

24.15.1 Ferramentas para pessoas portadoras de deficiência visual

Quando marcamos todas as opções na Figura 24.23, o assistente começa a configurar o Windows para que seja acessível para pessoas portadoras de deficiência visual. A caixa de diálogo ilustrada na Figura 24.24 permite que o usuário redimensione as barras de rolagem e as bordas das janelas para aumentar sua visibilidade. Clique em **Avançar** para prosseguir para a próxima caixa de diálogo.

A Figura 24.25 contém uma caixa de diálogo que permite ao usuário redimensionar os ícones. Os usuários com visão deficiente e os usuários analfabetos ou que têm problemas para ler se beneficiam com os ícones grandes.

Clicar em **Avançar** abre a caixa de diálogo **Exibir configurações de cores** (Figura 24.26). Essas configurações permitem que o usuário mude o esquema de cor do Windows e redimensione vários elementos de tela.

Clique em **Avançar** para ver a caixa de diálogo (Figura 24.27) que permite a personalização do cursor do mouse. Qualquer um que já tenha usado um computador portátil sabe como pode ser difícil ver o cursor do mouse. Isso é ainda mais problemático para pessoas portadoras de deficiência visual. Para tratar desse problema, o assistente oferece aos usuários as opções de cursores maiores, cursores pretos e cursores que invertem as cores dos objetos que estão sob eles. Clique em **Avançar**.

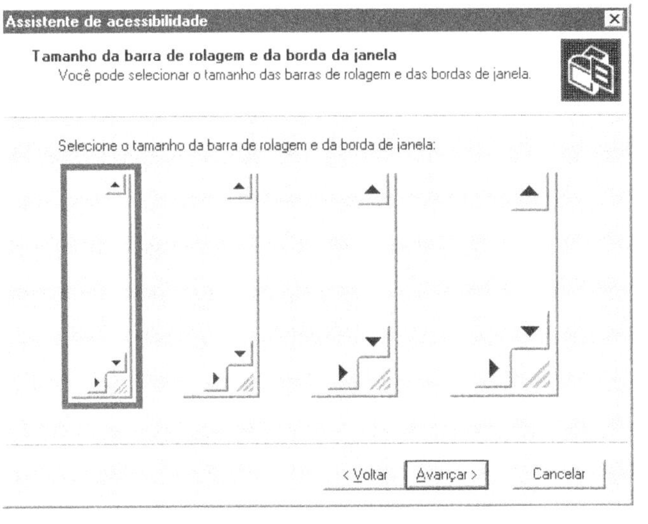

Figura 24.24 Caixa de diálogo Tamanho da barra de rolagem e da borda da janela.

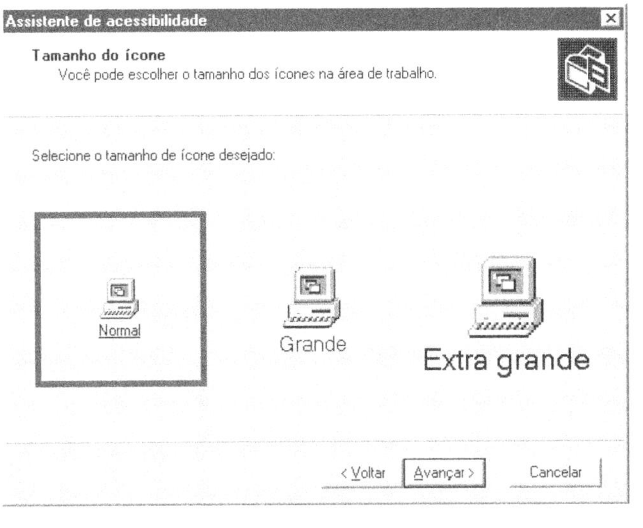

Figura 24.25 Ajustando o tamanho dos elementos da janela.

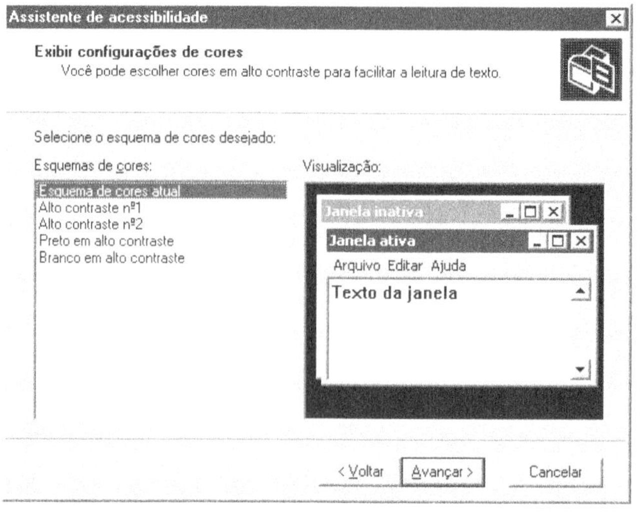

Figura 24.26 Opções de **Exibir configurações de cores**.

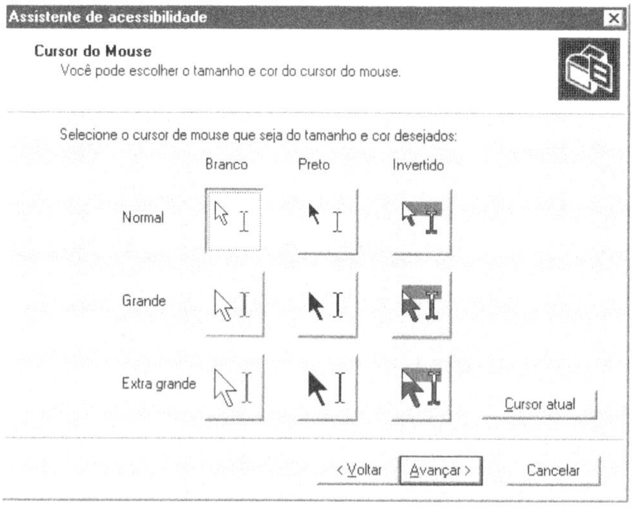

Figura 24.27 Ferramenta de configuração do cursor do mouse do **Assistente de acessibilidade**.

24.15.2 Ferramentas para pessoas portadoras de deficiência auditiva

Esta seção, que focaliza a acessibilidade para pessoas portadoras de deficiência auditiva, começa com a janela ***Sinalizador de som*** (Figura 24.28). O **Sinalizador de som** é uma ferramenta que cria sinais visuais para notificar os usuários de eventos do sistema. Por exemplo, as pessoas portadoras de deficiência auditiva são incapazes de ouvir os bipes que normalmente indicam alertas; portanto, o **Sinalizador de som** faz a tela piscar quando ocorre um bipe. Para continuar na próxima caixa de diálogo, clique em **Avançar**.

A próxima janela é a ***Mostrar sons*** (Figura 24.29). **Mostrar sons** adiciona legendas no texto falado e outros sons produzidos pelo software rico em multimídia atual. Para que **Mostrar sons** funcione em um aplicativo específico, os desenvolvedores devem fornecer as legendas e o texto falado especificamente dentro de seu software. Faça seleções e clique em **Avançar**.

24.15.3 Ferramentas para usuários que têm dificuldade de usar o teclado

A próxima caixa de diálogo descreve as **Teclas de aderência** (Figura 24.30). O recurso ***Teclas de aderência*** é um programa que ajuda os usuários que têm dificuldade em pressionar múltiplas teclas simultaneamente. Muitos comandos im-

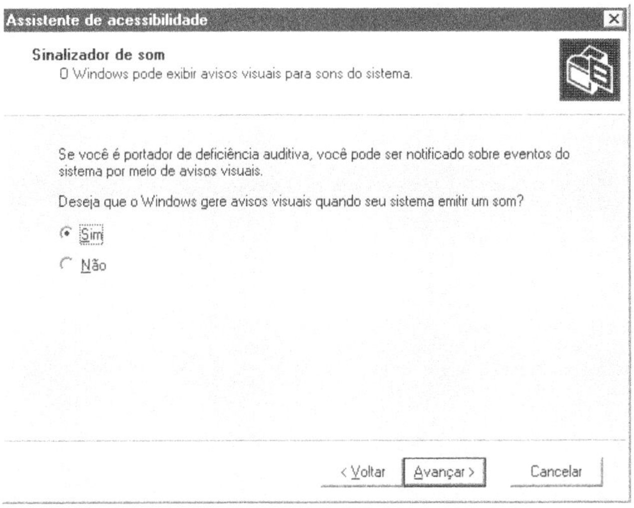

Figura 24.28 Diálogo Sinalizador de som.

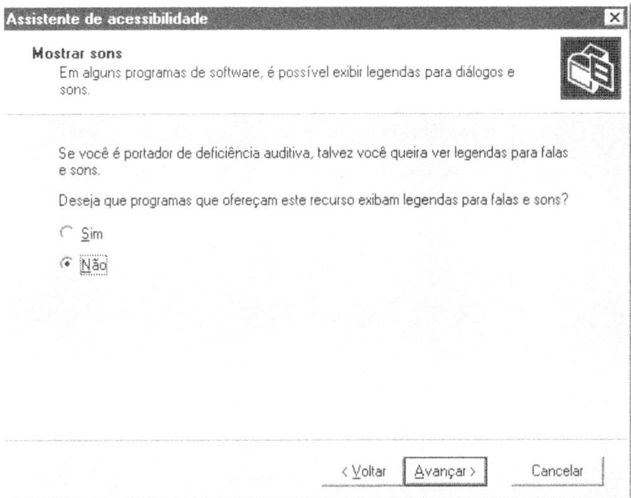

Figura 24.29 Caixa de diálogo Mostrar sons.

portantes do computador podem ser chamados apenas por meio do pressionamento de combinações de tecla específicas. Por exemplo, o comando de reinicialização exige que o usuário pressione *Ctrl+Alt+Delete* simultaneamente. O recurso **Teclas de aderência** permite que o usuário pressione combinações de tecla em seqüência, em vez de fazê-lo simultaneamente. Clique em **Avançar** para continuar na caixa de diálogo **Teclas de repercussão** (Figura 24.31).

Outro problema comum que afeta certos usuários portadores de deficiências é o pressionamento acidental da mesma tecla várias vezes. Esse problema normalmente é causado pelo pressionamento de uma tecla por tempo demais. O recurso ***Teclas de repercussão*** obriga o computador a ignorar os toques de tecla repetidos. Clique em ***Avançar***.

O recurso **Teclas de alternância** (Figura 24.32) alerta os usuários de que eles pressionaram uma das teclas de bloqueio (isto é, *Caps Lock, Num Lock* ou *Scroll Lock*), fazendo soar um bipe audível. Faça seleções e clique em **Avançar**.

Em seguida, aparece a caixa de diálogo **Ajuda extra sobre o teclado** (Figura 24.33), que pode ativar uma ferramenta que exibe informações como atalhos de teclado e dicas de tela quando essas informações estão disponíveis. Assim como o recurso **Mostrar sons**, essa ferramenta exige que os desenvolvedores de software forneçam o conteúdo a ser exibido.

Clicar em **Avançar** abrirá a janela de personalização **Teclas para mouse** (Figura 24.34). ***Teclas para mouse*** é uma ferramenta que usa o teclado para imitar movimentos de mouse. As teclas de seta direcionam o mouse, e a tecla 5 indica um único clique. Para dar um clique duplo, o usuário deve pressionar a tecla +; para simular a manutenção do pressionamento

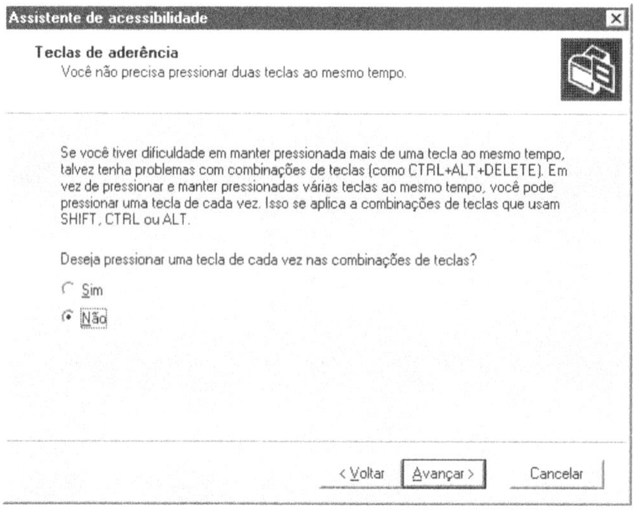

Figura 24.30 Janela **Teclas de aderência**.

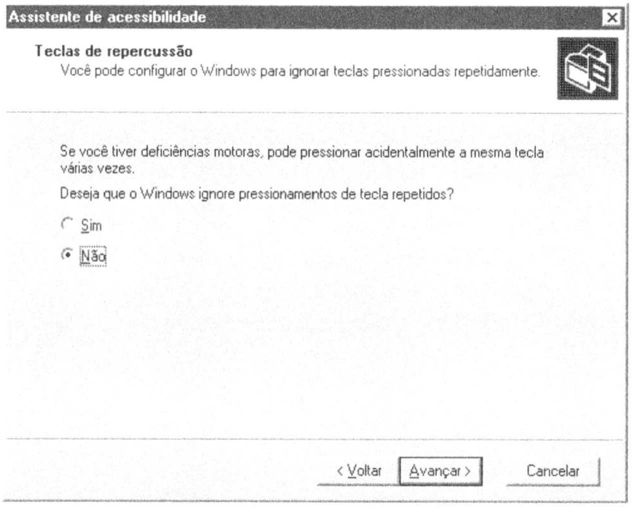

Figura 24.31 Caixa de diálogo **Teclas de repercussão**.

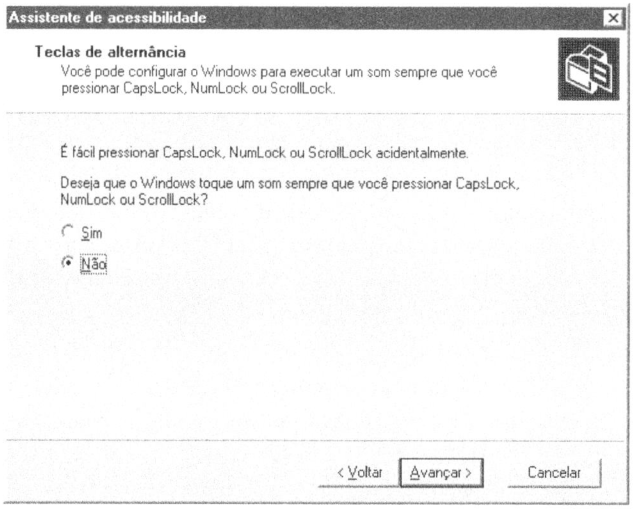

Figura 24.32 Janela **Teclas de alternância**.

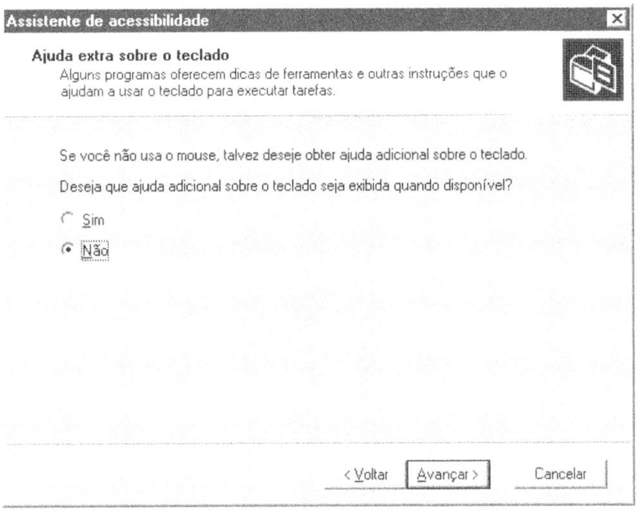

Figura 24.33 Caixa de diálogo efAjuda extra sobre o teclado.

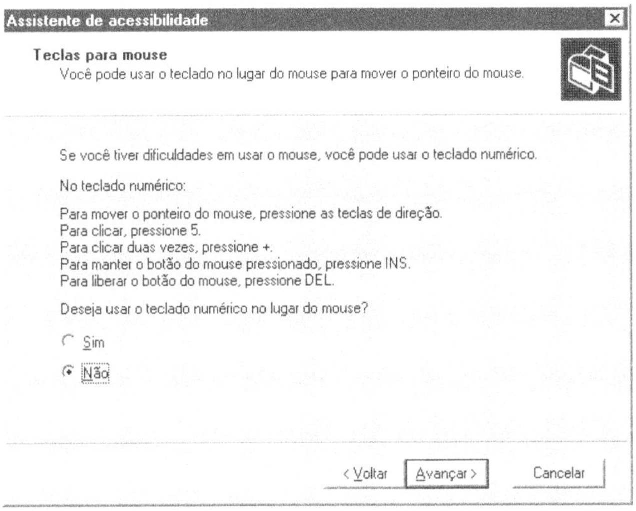

Figura 24.34 Janela Teclas para mouse.

do botão do mouse, o usuário deve pressionar a tecla *INS* (Insert). Para soltar o botão do mouse, o usuário deve pressionar a tecla *DEL* (Delete). Escolha se vai ativar o recurso **Teclas para mouse** e, em seguida, clique em **Avançar**.

As ferramentas de computador atuais, incluindo a maioria dos mouses, são projetadas quase exclusivamente para usuários destros. A Microsoft reconheceu esse problema e adicionou a janela ***Configurações de botões do mouse*** (Figura 24.35) no **Assistente de acessibilidade**. Essa ferramenta permite que o usuário crie um mouse virtual para canhotos, trocando as funções dos botões. Clique em **Avançar**.

Os usuários podem ajustar a velocidade do mouse na seção **Velocidade do mouse** (Figura 24.36) do **Assistente de acessibilidade**. Arrastar a barra de rolagem muda a velocidade. Clicar no botão **Avançar** configura a velocidade e exibe a janela **Definir tempos limites automáticos** (Figura 24.37) do assistente. Embora as ferramentas de acessibilidade sejam importantes para usuários portadores de deficiências, elas podem ser um incômodo para usuários que não precisam delas. Em situações em que existem necessidades de acessibilidade variadas, é importante que o usuário possa ativar e desativar as ferramentas de acessibilidade conforme necessário. A janela ***Definir tempos limites automáticos*** especifica um tempo-limite (*timeout*) para ativar ou desativar as ferramentas de acessibilidade. Um tempo-limite ativa ou desativa determinada ação após o computador ficar ocioso por um período de tempo especificado. Um protetor de tela é um exemplo comum de programa com tempo-limite. Aqui, um tempo-limite é configurado para ativar e desativar as ferramentas de acessibilidade. Selecione a opção desejada e clique em **Avançar**.

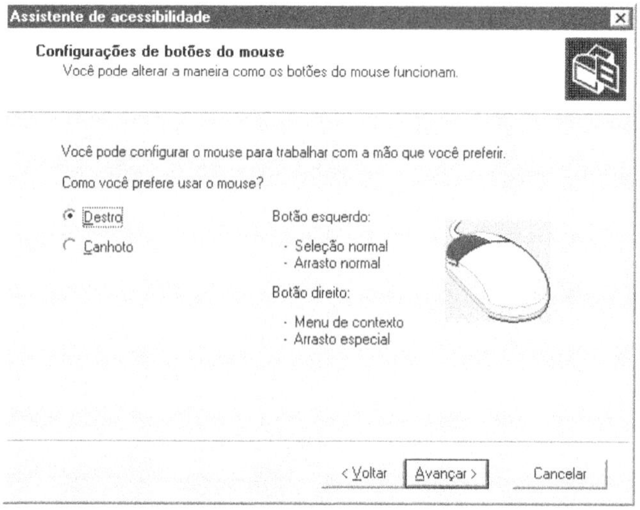

Figura 24.35 Janela **Configurações de botões do mouse**.

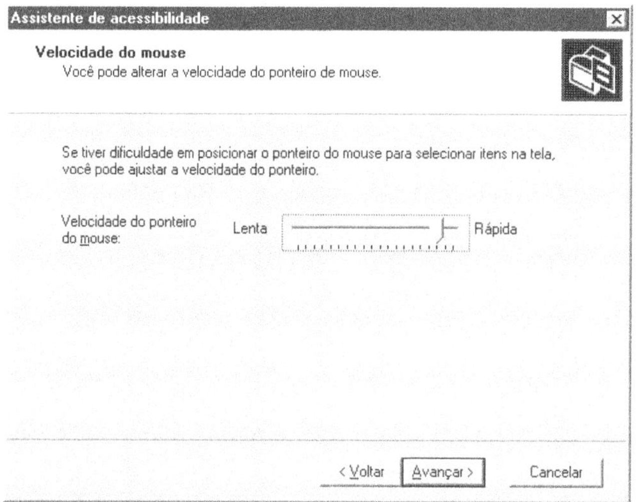

Figura 24.36 Caixa de diálogo **Velocidade do mouse**.

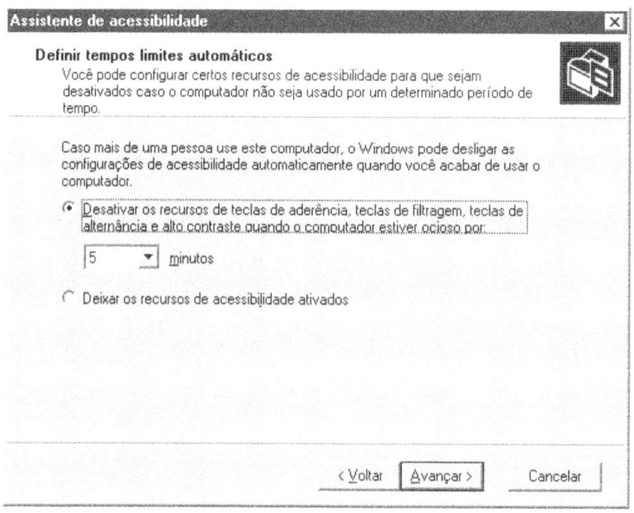

Figura 24.37 Caixa de diálogo **Definir tempos limites automáticos**.

Após o usuário clicar em **Avançar**, a caixa de diálogo **Salvar configurações em um arquivo** é aberta. Essa caixa de diálogo determina se as configurações de acessibilidade devem ser usadas como *padrão*, que são configurações carregadas quando o computador é reinicializado ou após uma interrupção. Configure os ajustes de acessibilidade como padrão se a maioria dos usuários precisar deles. Os usuários também podem salvar várias configurações de acessibilidade. O usuário pode criar um arquivo `.acw`, o qual, quando escolhido, ativa as configurações de acessibilidade salvas em qualquer computador Windows 2000.

Já no *Windows XP*, é aberta a caixa de diálogo **Configurações padrão de acessibilidade** (Figura 24.38a), que lhe permite escolher se as configurações serão aplicadas somente ao perfil de usuário atual ou a todas as novas contas, tornando-a a configuração padrão. Selecione a opção desejada e clique em **Avançar**. Será aberta a janela **Concluindo o 'Assistente de acessibilidade'** (Figura 24.38b), que lista as alterações feitas e permite concluir a tarefa. Se desejar implementar as novas configurações, clique em **Concluir**. Do contrário, use o botão **Voltar** para alterar as configurações ou abandoná-las completamente, clicando em **Cancelar** (nesse caso você precisará confirmar se deseja implementar as alterações selecionadas ou cancelá-las).

24.15.4 Microsoft Narrator

O ***Microsoft Narrator*** é um programa de texto-para-fala projetado para pessoas portadoras de deficiência visual. Ele lê texto, descreve o ambiente da área de trabalho atual e alerta o usuário quando certos eventos do Windows ocorrem. O

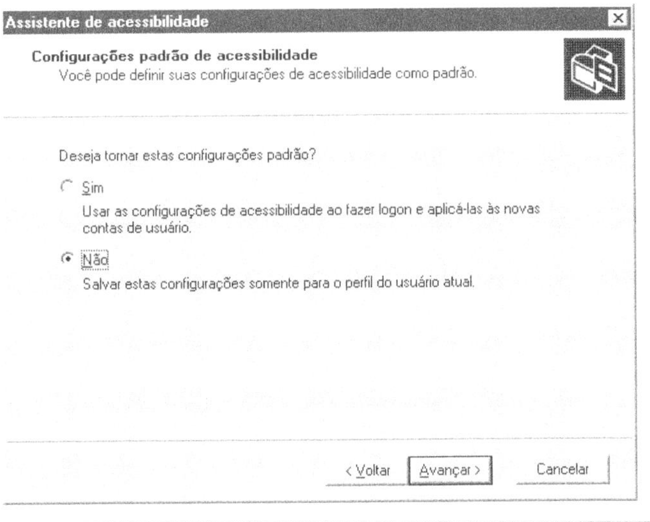

Figura 24.38a Caixa de diálogo **Configurações padrão de acessibilidade**.

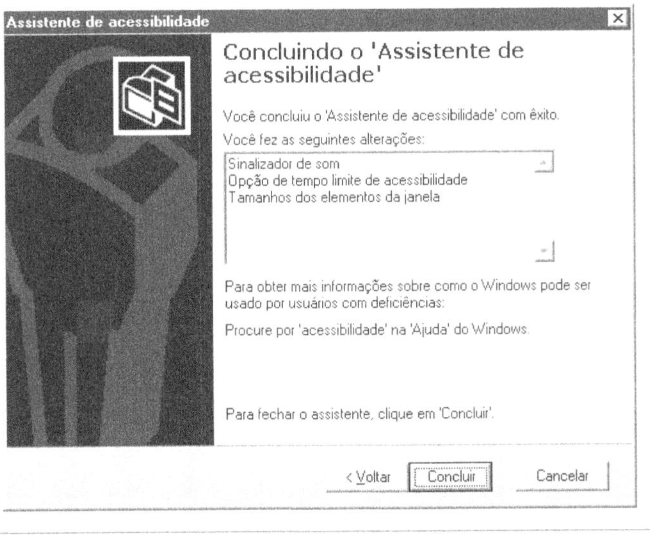

Figura 24.38b Concluindo o '**Assistente de acessibilidade**'.

Narrator se destina a ajudar na configuração do Microsoft Windows. Ele é um leitor de tela que funciona com o Internet Explorer, Wordpad, Bloco de notas e a maioria dos programas do **Painel de Controle**. Embora seus recursos sejam limitados fora desses aplicativos, o **Narrator** é excelente na navegação do ambiente Windows[4].

Para que você possa explorar a funcionalidade do **Narrator**, explicaremos como usar o programa em conjunto com vários aplicativos Windows. Clique no botão **Iniciar** e selecione **Executar**. Na caixa **Executar**, digite **narrator** e pressione **OK**. Quando o **Narrator** é aberto, ele mostra uma mensagem de alerta das limitações do programa e descreve a janela de primeiro plano atual. Então, ele lê em voz alta o texto que está dentro da janela para o usuário. Quando o usuário clica em **OK**, a caixa de diálogo da Figura 24.39 aparece.

Marcar a primeira opção instrui o **Narrator** para que descreva menus e novas janelas quando eles forem abertos. A segunda opção instrui o **Narrator** para que fale os caracteres digitados pelo usuário quando forem digitados. A terceira opção move o cursor do mouse para a região que está sendo lida pelo **Narrator**. Clicar no botão **Voz...** permite que o usuário mude a intensidade, o volume e a velocidade da voz do narrador (Figura 24.40).

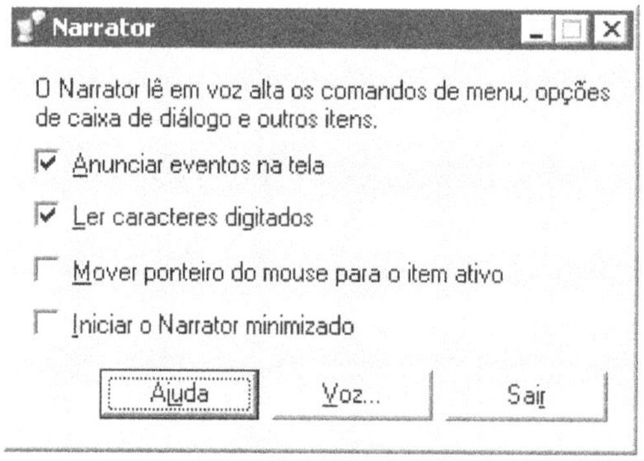

Figura 24.39 Janela Narrator.

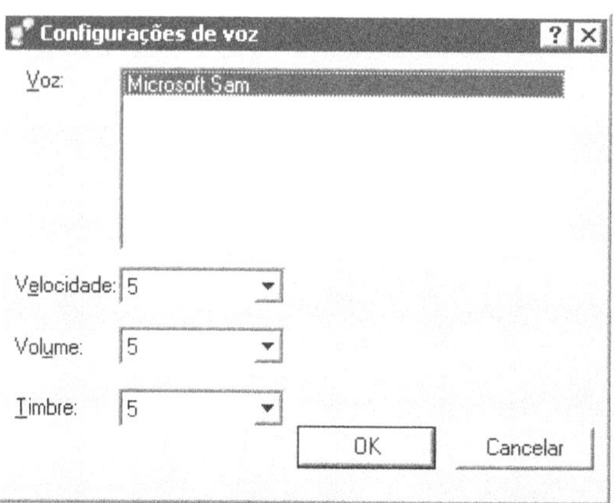

Figura 24.40 Janela de controles de voz.

4. O **Narrator** pode não funcionar bem com outros programas e só está disponível em inglês, ou seja, ele lê qualquer coisa como se fosse texto em inglês e com sotaque inglês. Além disso, sua operação pode afetar outros programas (por exemplo, verificou-se a perda da digitação de caracteres acentuados do teclado em todos os programas que aceitam entrada de texto quando o programa estava sendo executado com a opção **Ler caracteres digitados** selecionada, a qual é marcada como padrão). Quando testado no Windows XP em português, seus resultados mostraram-se, de maneira geral, bastante confusos e de utilidade próxima ao nulo. Talvez por isso a Microsoft não tenha incluído o programa como uma opção do menu **Acessibilidade**. Com texto em inglês, como o mostrado na Figura 24.41, os resultados são um pouco melhores, mas ainda de inteligibilidade restrita. (N.R.T.)

Agora demonstraremos o **Narrator** em vários aplicativos. Quando o **Narrator** estiver em execução, abra o **Bloco de notas** e clique no menu **Arquivo**. O **Narrator** anuncia a abertura do programa e começa a descrever os itens do menu **Arquivo**. À medida que o usuário rola para baixo na lista, o **Narrator** lê o item para o qual o mouse está apontando. Digite algum texto e pressione *Ctrl-Shift-Enter* para ouvir o **Narrator** ler isso (Figura 24.41). Se a opção **Ler caracteres digitados** estiver marcada, o **Narrator** lerá cada caractere quando for digitado[5]. Os usuários também podem empregar as setas de direção do teclado para fazer o **Narrator** ler. As setas para cima e para baixo fazem o **Narrator** falar as linhas adjacentes à posição atual do mouse, e as setas para a esquerda e para a direita fazem o **Narrator** falar os caracteres adjacentes à posição atual do mouse.

24.15.5 Teclado virtual da Microsoft

Alguns usuários de computador têm dificuldade de usar o teclado, mas podem usar um dispositivo de apontamento, como o mouse. Para esses usuários, o recurso ***Teclado virtual*** é útil. Para acessar o ***Teclado virtual***, clique no botão **Iniciar** e selecione **Todos os programas** (ou **Programas**), seguido de **Acessórios**, **Acessibilidade** e **Teclado virtual**. A Figura 24.42 mostra o layout do Teclado virtual da Microsoft.

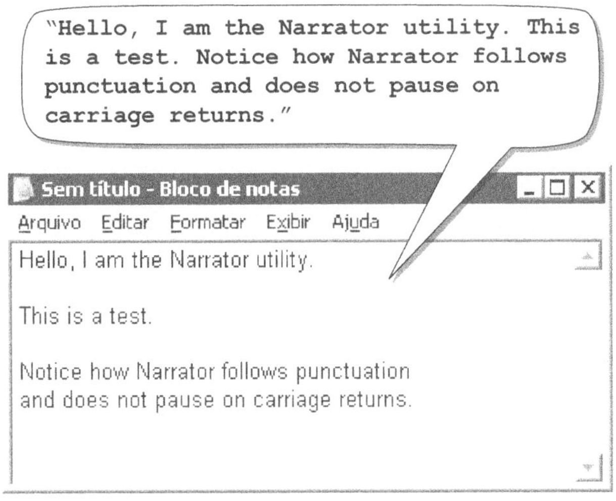

Figura 24.41 O Narrator lendo texto do Bloco de notas.

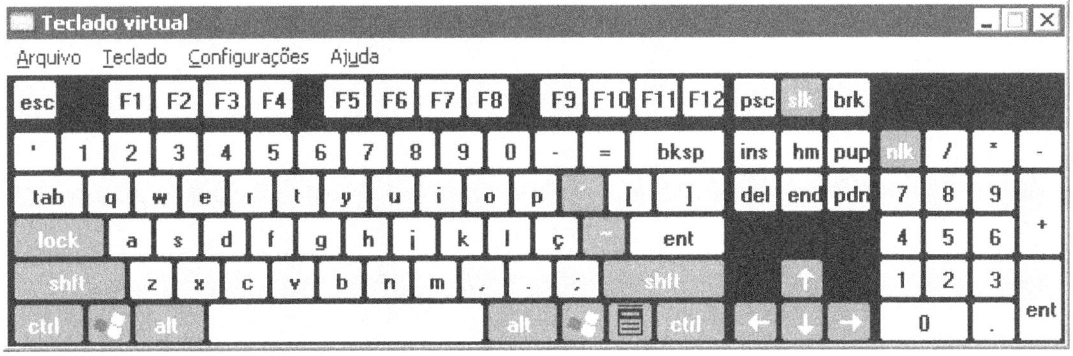

Figura 24.42 Teclado virtual da Microsoft.

5. No entanto, a capacidade de digitação de caracteres acentuados se perde. (N.R.T.)

Os usuários que têm dificuldade de usar o Teclado virtual podem adquirir produtos mais sofisticados, como o *Clicker 4*™ da *Inclusive Technology*. O Clicker 4 é um auxiliar destinado às pessoas que não conseguem usar o teclado eficientemente. Sua melhor característica é que ele pode ser personalizado. As teclas podem conter letras, números, palavras inteiras ou até figuras. Para mais informações a respeito do Clicker 4, visite o endereço **`www.inclusive.co.uk/catalog/clicker.htm`**.

24.15.6 Recursos de acessibilidade no Microsoft Internet Explorer 6

O Internet Explorer 6 oferece uma variedade de opções que podem melhorar a utilização. Para acessar os recursos de acessibilidade do IE 6, abra o programa, clique na opção **Ferramentas** do menu principal e selecione **Opções da Internet...**. Em seguida, no menu **Opções da Internet**, pressione o botão rotulado com **Acessibilidade...**, para abrir as opções de acessibilidade (Figura 24.43).

As opções de acessibilidade do IE 6 são feitas para melhorar as experiências de navegação na Web dos usuários portadores de deficiências. Os usuários podem ignorar cores, estilos de fonte e tags de tamanho de fonte especificados em páginas Web. Isso elimina os problemas de acessibilidade provenientes de um mau projeto de página Web e permite que os usuários personalizem sua navegação. O usuário pode até especificar uma *folha de estilos*, que formata todos os sites Web visitados pelo usuário de acordo com suas preferências pessoais.

Na caixa de diálogo **Opções da Internet**, clique na guia **Avançadas**. Isso abrirá a caixa de diálogo ilustrada na Figura 24.44. A primeira opção é **Mover o cursor do sistema com alterações de foco/seleção**, que se destina a tornar a leitura da tela mais eficiente. Alguns leitores de telas usam o *sinal de inclusão do sistema* (a barra vertical intermitente associada à edição de texto) para determinar o que vão ler. Se essa opção não estiver ativada, os leitores de telas poderão não ler as páginas Web corretamente. A segunda opção disponível é **Sempre expandir texto alternativo para imagens**. Como padrão, o IE 6 ocultará parte do texto **<alt>** se o tamanho do texto ultrapassar o da imagem que ele descreve. Essa opção força o IE 6 a mostrar todo o texto.

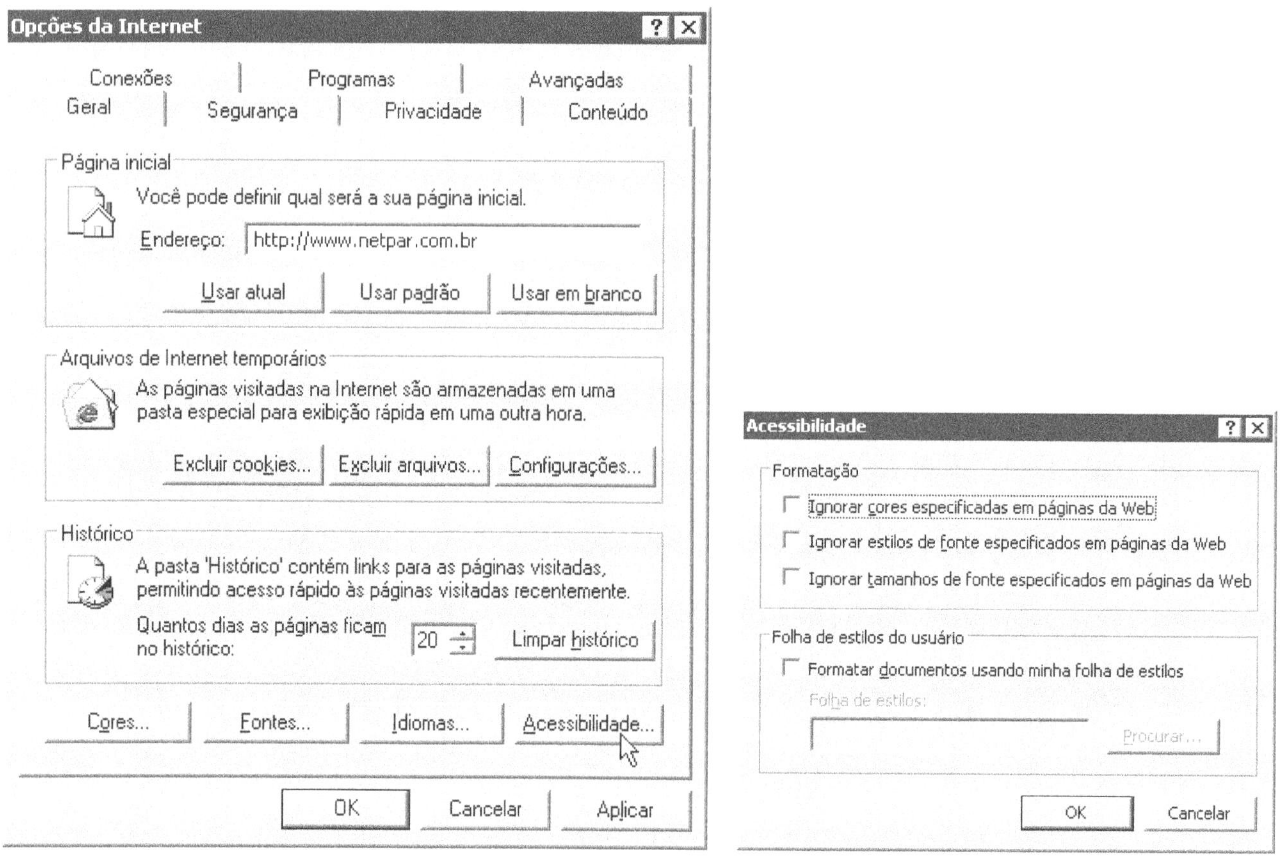

Figura 24.43 Opções de acessibilidade do Microsoft Internet Explorer 6.

Ao criar sites Web, os web designers freqüentemente se esquecem de levar a acessibilidade em conta e, na tentativa de fornecer grandes quantidades de conteúdo, eles usam fontes pequenas demais. Muitos agentes do usuário têm tratado desse problema, permitindo que o usuário ajuste o tamanho do texto. Clique no menu **Exibir** e selecione **Tamanho do texto** para mudar o tamanho da fonte em páginas exibidas pelo IE 6[6]. Como padrão, a fonte do texto é configurada como **Média**.

Neste capítulo apresentamos uma grande variedade de tecnologias que ajudam pessoas portadoras de deficiências a usar computadores e a Internet. Esperamos que todos os nossos leitores nos ajudem a enfatizar a importância desses recursos em suas escolas e locais de trabalho.

Bem, por enquanto é isso. Esperamos sinceramente que você tenha aproveitado o aprendizado com este livro. Quando a versão brasileira deste livro estava sendo revisada, já estávamos trabalhando no *Advanced C# How To Program*, um livro apropriado para desenvolvedores profissionais que escrevem aplicativos empresariais e para estudantes inscritos em cursos de desenvolvimento de software avançados.

24.16 Recursos da Internet e da World Wide Web

Existem muitos recursos de acessibilidade disponíveis na Internet e na World Wide Web; esta seção relaciona alguns desses recursos.

Informação geral, diretrizes e definições

`www.w3.org/WAI`

O site *Web Accessibility Initiative (WAI)* do World Wide Web Consortium promove o projeto de sites Web universalmente acessíveis. Esse site contém as diretrizes atuais e padrões futuros para acessibilidade da Web.

`www.w3.org/TR/xhtml1`

A *XHTML 1.0 Recommendation* contém informações gerais da XHTML 1.0, problemas de compatibilidade, informações sobre definição de tipo de documento, definições, terminologia e muito mais.

`www.abledata.com/text2/icg_hear.htm`

Essa página contém um guia do consumidor que discute tecnologias projetadas para pessoas portadoras de deficiência auditiva.

---

6. O Internet Explorer 6 também conta com o recurso **Personalizar barra de ferramentas**, que permite colocar um botão de acesso à função de ajuste do tamanho do texto na barra de ferramentas. Isso pode se revelar bastante útil mesmo para quem não tem qualquer deficiência visual, pois alguns web designers escolhem fontes que só ficariam bem legíveis na resolução de 800 x 600 pixels em monitores de 17 polegadas ou maiores. Para acessar o recurso, clique com o botão direito do mouse na barra de ferramentas do Internet Explorer 6 e selecione **Personalizar...**, o que abrirá a caixa de diálogo **Personalizar barra de ferramentas**. Nela você poderá incluir novos botões na barra de ferramentas e também remover aqueles já existentes. Uma possível configuração "minimalista", mas que inclui o botão de tamanho de fonte, é mostrada a seguir:

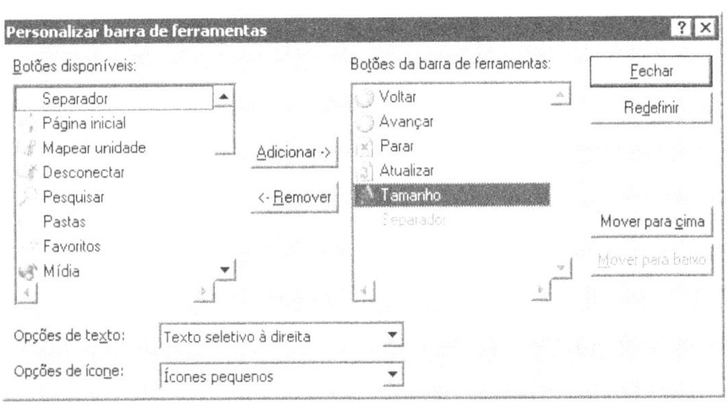

A configuração mostrada equivalerá à seguinte barra de ferramentas no IE 6, cujo posicionamento também foi personalizado. (N.R.T.)

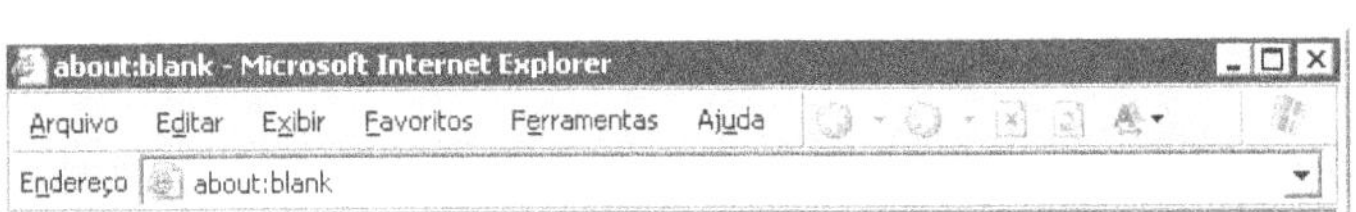

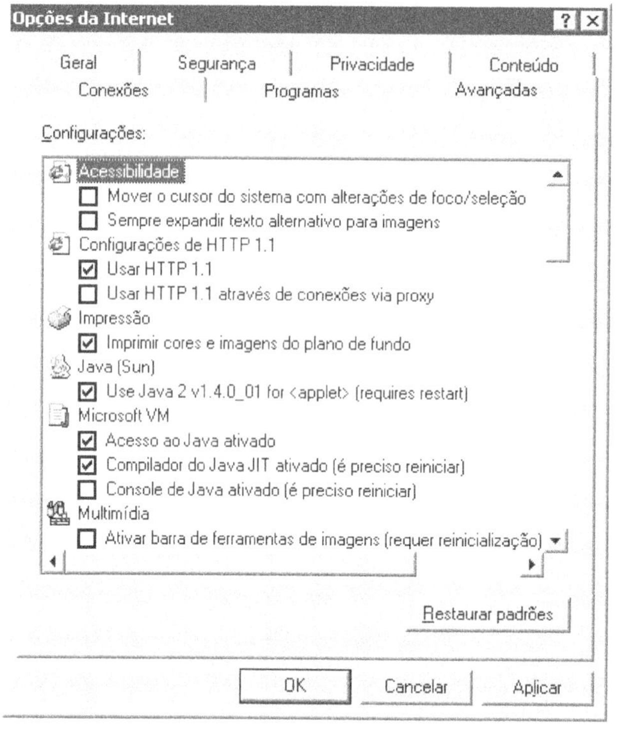

Figura 24.44 Configurações de acessibilidade avançadas no Microsoft Internet Explorer 6.

www.washington.edu/doit

O site DO-IT (Disabilities, Opportunities, Internetworking and Technology) da Universidade de Washington fornece informações e recursos para desenvolvimento da Web para a criação de sites Web universalmente acessíveis.

www.webable.com

O site *WebABLE* contém links para muitos recursos da Internet relacionados às deficiências; o site é destinado àqueles que desenvolvem tecnologias para pessoas portadoras de deficiências.

www.webaim.org

O site *WebAIM* fornece vários exercícios dirigidos, artigos, simulações e outros recursos úteis que demonstram como projetar sites Web acessíveis. O site fornece uma simulação de leitor de telas.

deafness.about.com/health/deafness/msubvib.htm

Este site fornece informações sobre dispositivos vibrotáteis, os quais permitem que as pessoas portadoras de deficiência auditiva experimentem áudio na forma de vibrações.

Desenvolvimento de aplicativos acessíveis com tecnologias existentes

wdvl.com/Authoring/Languages/XML/XHTML

A Web Developers Virtual Library fornece uma introdução ao XHTML. Esse site também contém artigos, exemplos e links para outras tecnologias.

www.w3.org/TR/1999/xhtml-modularization-19990406/DTD/doc

O site de documentação de DTD XHTML 1.0 fornece links para documentação para as DTDs **strict**, **transitional** e **frameset**.

www.webreference.com/xml/reference/xhtml.html

Essa página Web contém uma lista das tags XHTML freqüentemente usadas, como as tags de cabeçalho, de tabela, de frame e de formulário. Ela também fornece uma descrição de cada tag.

www.w3.org/TR/REC-CSS2/aural.html

Esse site discute as Aural Style Sheets, destacando o objetivo e uso dessa nova tecnologia.

www.islandnet.com

Lynxit é uma ferramenta de desenvolvimento que permite que os usuários vejam qualquer site Web como se estivessem usando um navegador somente de texto. O formulário do site permite que você forneça um URL e retorne o site Web em formato somente de texto.

www.trill-home.com/lynx/public_lynx.html

Esse site permite que os usuários naveguem na Web com um navegador Lynx. Os usuários podem ver como as páginas Web aparecem para os usuários que não estão usando as tecnologias mais atuais.

java.sun.com/products/java-media/speech/forDevelopers/JSML

Esse site destaca as especificações da JSML, a Java Speech Markup Language da Sun Microsystems. Essa linguagem, assim como a VoiceXML, ajuda a melhorar a acessibilidade para pessoas portadoras de deficiência visual.

ocfo.ed.gov/coninfo/clibrary/software.htm

Esse site Web do Ministério da Educação dos Estados Unidos destaca os requisitos de acessibilidade de software. O site ajuda os desenvolvedores a produzir produtos acessíveis.

www.speech.cs.cmu.edu/comp.speech/SpeechLinks.html

A página *Speech Technology Hyperlinks* tem mais de 500 links para sites relacionados à fala baseada em computador e às ferramentas de reconhecimento de fala.

www.islandnet.com/acessibilidade.html

Essa página fornece uma lista de dicas para a criação de páginas Web acessíveis.

www.chantinc.com/technology

Essa página é o site Web da *Chant*, que discute tecnologia de fala e como ela funciona. A Chant também fornece software de síntese e reconhecimento de fala.

searchmiddleware.techtarget.com/sdefinition/0,,sid26_gci518993,00.html

Esse site fornece definições e informações sobre vários assuntos, incluindo CallXML. Sua definição completa da CallXML a diferencia da VoiceXML, outra tecnologia desenvolvida pela Voxeo. O site também contém links para outros artigos publicados que discutem a CallXML.

www.oasis-open.org/cover/callxmlv2.html

Esse site fornece uma ampla lista das tags CallXML, com uma descrição de cada tag. O site também fornece exemplos curtos sobre como aplicar as tags em vários aplicativos.

web.ukonline.co.uk/ddmc/software.html

Esse site fornece links para software destinado às pessoas portadoras de deficiências.

www.freedomscientific.com

A Henter-Joyce é uma divisão da Freedom Scientific que fornece software para pessoas portadoras de deficiência visual. Essa é a página principal do JAWS (Job Access with Sound — acesso a tarefas com som).

www-3.ibm.com/able/

Essa é a página principal do site de acessibilidade da IBM. Ela fornece informações sobre produtos da IBM e sua acessibilidade e discute hardware, software e acessibilidade da Web.

www.w3.org/TR/voice-tts-reqs

Essa página explica os requisitos de marcação de síntese de fala para linguagens de marcação de voz.

www.cast.org

O CAST (Center for Applied Special Technology) oferece software, incluindo um valioso verificador de acessibilidade, que pode ajudar as pessoas portadoras de deficiências a usar computadores. O verificador de acessibilidade é um programa basea-do na Web que valida a acessibilidade de sites Web.

Informações sobre deficiências

`deafness.about.com/health/deafness/msubmenu6.htm`

Essa é a página principal do **`deafness.about.com`**. Ela fornece muitas informações sobre a história da perda da audição, o estado atual dos desenvolvimentos médicos e outros recursos relacionados a esses assuntos.

`www.trainingpost.org/3-2-inst.htm`

Esse site apresenta um exercício dirigido sobre o Gunning Fog Index. O Gunning Fog Index é um método de pontuação de texto de acordo com sua legibilidade.

`laurence.canlearn.ca/English/learn/accessibility2001/neads/index.shtml`

INDIE significa "Integrated Network of Disability Information and Education". Esse site é a base de um mecanismo de pesquisa que ajuda os usuários a encontrar informações sobre deficiências.

`www.wgbh.org/wgbh/pages/ncam/accesslinks.html`

Essa página fornece links para outras páginas de acessibilidade na Web.

Resumo

- Permitir que um site Web atenda às necessidades de pessoas portadoras de deficiências é uma questão importante.
- Permitir que um site Web atenda às necessidades de pessoas portadoras de deficiências é uma questão relevante para todos os proprietários de empresa.
- Tecnologias como a ativação de voz, intensificadores visuais e auxiliares auditivos permitem que pessoas portadoras de deficiências tenham acesso à Web e aos aplicativos de software.
- Em 1997, o World Wide Web Consortium (W3C) lançou a Web Accessibility Initiative (WAI). A WAI é uma tentativa de tornar a Web mais acessível; sua missão está descrita no endereço **`www.w3.org/WAI`**.
- Acessibilidade se refere ao nível de utilização de um aplicativo ou site Web por pessoas portadoras de deficiências. A acessibilidade total é difícil de obter, pois existem muitas deficiências diferentes, barreiras idiomáticas e inconsistências de hardware e software.
- A maioria dos sites Web é considerada como parcial ou totalmente inacessível para pessoas portadoras de deficiência visual, de aprendizado ou de mobilidade.
- A WAI publicou a Web Content Accessibility Guidelines 1.0 (diretrizes de acessibilidade de conteúdo da Web, versão 1.0), que atribui prioridades de acessibilidade para uma estrutura de três camadas de pontos de verificação. Atualmente a WAI está trabalhando em um esboço da Web Content Accessibility Guidelines 2.0.
- Um requisito importante da WAI é garantir que toda imagem, filme e som em um site Web seja acompanhado de uma descrição que defina claramente o objetivo do item; a descrição é chamada de tag **`<alt>`**.
- Agentes do usuário especializados, como os leitores de telas (programas que permitem ao usuário ouvir o que está sendo exibido na tela) e as telas em braile (dispositivos que recebem dados de software de leitura de telas e produzem a saída dos dados como código braile), permitem que pessoas portadoras de deficiência visual acessem informações baseadas em texto que normalmente são apresentadas na tela.
- Usar um leitor de telas para navegar em um site Web pode ser demorado e frustrante, pois os leitores de telas são incapazes de interpretar figuras e outro conteúdo gráfico que não tenha um texto alternativo.
- Incluir links no início de cada página Web fornece fácil acesso ao conteúdo principal da página.
- As páginas Web com grandes volumes de conteúdo multimídia são de difícil interpretação para os agentes do usuário, a não ser que sejam projetadas corretamente. As imagens, os filmes e a maioria dos objetos que não são XHTML não podem ser lidos pelos leitores de telas.
- As tags de cabeçalho (**`<h1>`**) mal usadas também apresentam desafios para alguns usuários da Web — particularmente aqueles que não podem usar um mouse.
- Os web designers devem evitar o uso errado do atributo **`alt`**; ele se destina a fornecer uma descrição curta de um objeto XHTML, que pode não ser corretamente carregado em todos os agentes do usuário.
- O valor do atributo **`longdesc`** é um URL baseado em texto, vinculado a uma página Web, que descreve a imagem associada ao atributo.

- Ao criar uma página Web para o público em geral, é importante considerar o nível de leitura em que ela é escrita. Os projetistas de site Web podem tornar seus sites mais legíveis usando palavras curtas; alguns usuários podem ter dificuldade de entender gíria ou outra linguagem não-tradicional.
- Os web designers freqüentemente usam frames para exibir mais de um arquivo XHTML de maneira simultânea. Infelizmente, os frames com freqüência não possuem descrições corretas, o que impede os usuários com navegadores baseados em texto e os usuários portadores de deficiência visual de navegar no site Web.
- A tag `<noframes>` permite que o projetista ofereça conteúdo alternativo para usuários cujos navegadores não suportam frames.
- A VoiceXML tem implicações tremendas para pessoas portadoras de deficiência visual e para pessoas analfabetas. A VoiceXML, uma tecnologia de reconhecimento e síntese de fala, lê páginas Web para os usuários e entende as palavras faladas em um microfone.
- Um documento VoiceXML é composto de uma série de diálogos e subdiálogos, os quais resultam em interação falada entre o usuário e o computador. A VoiceXML é uma tecnologia de reconhecimento de voz.
- A CallXML, uma linguagem criada e suportada pela Voxeo, cria aplicativos de telefone-para-Web. Esses aplicativos são personalizados de acordo com a entrada do usuário.
- Quando um usuário acessa um aplicativo CallXML, a chamada telefônica recebida é referida como sessão. Um aplicativo CallXML pode suportar várias sessões, o que permite ao aplicativo receber várias chamadas telefônicas em dado momento.
- Uma sessão termina quando o usuário desliga o telefone ou quando o aplicativo CallXML chama o elemento **hangup**.
- O conteúdo de um aplicativo CallXML é inserido dentro da tag `<callxml>`.
- As tags CallXML que executam tarefas semelhantes devem ser incluídas entre as tags `<block>` e `</block>`.
- Para distribuir um aplicativo CallXML, registre-se na Voxeo Community, que atribui um número de telefone ao aplicativo, para que outros usuários possam acessá-lo.
- O recurso de log da Voxeo permite aos desenvolvedores depurar seus aplicativos de telefone observando a "conversa" entre o usuário e o aplicativo.
- Os teclados em braile são semelhantes aos teclados padrão, exceto que, além de terem cada tecla rotulada com a letra que ela representa, os teclados em braile têm o símbolo braile equivalente impresso na tecla. Freqüentemente, os teclados em braile são combinados com um sintetizador de fala ou com uma tela em braile para que os usuários possam interagir com o computador e verificar se sua digitação está correta.
- As pessoas portadoras de deficiência visual não são as únicas beneficiadas com o esforço que está sendo feito para melhorar as linguagens de marcação. As pessoas portadoras de deficiência auditiva também dispõem de um grande número de ferramentas para ajudá-las a interpretar informações audíveis distribuídas pela Web.
- A síntese de fala é outra área em que estão sendo feitas pesquisas para ajudar pessoas portadoras de deficiências.
- Já existe software de código-fonte aberto para pessoas portadoras de deficiência visual, que freqüentemente é superior à maioria de seus equivalentes proprietários de código-fonte fechado. Entretanto, ele ainda não usa completamente o sistema operacional Linux.
- As pessoas portadoras de deficiência auditiva em breve se beneficiarão da SMIL (Synchronized Multimedia Integration Language — linguagem de integração de multimídia sincronizada). Essa linguagem de marcação é destinada a adicionar faixas extras — camadas de conteúdo encontradas dentro de um arquivo de áudio ou vídeo. As faixas adicionais podem conter dados como recursos de *closed caption*.
- O EagleEyes, desenvolvido por pesquisadores do Boston College (`www.bc.edu/eagleeyes`), é um sistema que transforma os movimentos do olho em movimentos de mouse. Os usuários movem o cursor do mouse movendo seus olhos ou cabeça e assim são capazes de controlar o computador.
- Todas as opções de acessibilidade fornecidas pelo Windows 2000/XP estão disponíveis por meio do **Assistente de acessibilidade**. O **Assistente de acessibilidade** leva o usuário, passo a passo, por todos os recursos de acessibilidade do Windows e configura seu computador de acordo com as especificações escolhidas.
- A lente de aumento da Microsoft aumenta a seção de sua tela em volta do ponteiro do mouse.
- Para resolver problemas de ver o ponteiro do mouse, a Microsoft oferece a capacidade de usar ponteiros maiores, pretos ou que invertam suas cores em relação aos objetos que estão sob eles.
- O **Sinalizador de som** é uma ferramenta que cria sinais visuais quando ocorrem eventos do sistema.
- **Mostrar sons** adiciona legendas no texto falado e outros sons produzidos pelo software rico em multimídia atual.
- As **Teclas de aderência** são um programa que ajuda os usuários que têm dificuldade de pressionar múltiplas teclas ao mesmo tempo.

- O recurso **Teclas de repercussão** força o computador a ignorar toques de tecla repetidos, resolvendo o problema do pressionamento acidental da mesma tecla mais de uma vez.
- O recurso **Teclas de alternância** causa um bipe audível para alertar os usuários de que eles pressionaram uma das teclas de bloqueio (isto é, *Caps Lock*, *Num Lock* ou *Scroll Lock*).
- O recurso **Teclas para mouse** é uma ferramenta que usa o teclado para simular movimentos do mouse.
- A ferramenta **Configurações de botões do mouse** permite que você crie um mouse virtual para canhotos, trocando as funções dos botões.
- Um tempo-limite ativa ou desativa determinada ação após o computador estar ocioso por um período de tempo especificado. Um uso comum de tempo-limite se dá em um protetor de tela.
- O Microsoft **Narrator** é um programa de texto-para-fala para pessoas portadoras de deficiência visual. Ele lê texto, descreve o ambiente atual da área de trabalho e alerta o usuário quando determinados eventos do Windows ocorrem. No entanto, ele só está disponível em inglês, sendo de utilidade bastante limitada no Windows em português.

Terminologia

.acw
<input>
acessibilidade
ADA (Americans with Disabilities Act)
agente do usuário
Ajuda extra sobre o teclado
Americans with Disabilities Act (ADA)
Assistente de acessibilidade
atributo **alt**
atributo **callerID**
atributo **count** do elemento **prompt**
atributo **format**
atributo **headers**
atributo **longdesc**
atributo **maxDigits**
atributo **maxTime**
atributo **method**
atributo **next** do elemento **choice**
atributo **session**
atributo **submit**
atributo **summary**
atributo **targetSessions**
atributo **termDigits**
atributo **timeout** do elemento **prompt**
atributo **value**
atributo **var**
Aural Style Sheet
AuralCSS
auxiliares de acessibilidade no Visual Studio .NET
caixa de diálogo de tamanho de barra de rolagem e borda de janela
caixa de diálogo **Font Size**
caixa de diálogo local
caixa de diálogo **Velocidade do mouse**
CallXML
CAST eReader
Center for Applied Special Technology
classe **Type**
Clicker 4
configuração padrão
configurações de acessibilidade avançadas no Microsoft Internet Explorer 6
Configurações de botões do mouse
Configurações de exibição
configurando o tamanho de elemento de janela
CORDA Technologies
CSS (Cascading Style Sheets — folhas de estilos em cascata)
CSS2
declaração **encoding**
declaração **version**
Definir tempos limites automáticos
diretrizes de acessibilidade do Visual Studio
D-link
EagleEyes
elemento **answer**
elemento **assign**
elemento **block**
elemento **call**
elemento **callxml**
elemento CallXML **hangup**
elemento **caption**
elemento **choice** da tag **form**
elemento **choice** da tag **menu**
elemento **clear**
elemento **clearDigits**
elemento **conference**
elemento de ação
elemento **getDigits**
elemento **goto**
elemento **img**
elemento **link** na VoiceXML
elemento lógico
elemento **onHangup**
elemento **onMaxSilence**
elemento **onTermDigit**
elemento **play**
elemento **prompt** na VoiceXML
elemento **recordAudio**
elemento **run**
elemento **sendEvent**
elemento **text**
elemento **th**
elemento **wait**
elementos CallXML
Emacspeak
enumeração **AccessibleRole**
evento **MouseHover**

XHTML Recommendation
XML GL (XML Guidelines)
XML Guidelines (XML GL)

Exercícios de revisão

24.1 Expanda os seguintes acrônimos:

a) W3C.
b) WAI.
c) JAWS.
d) SMIL.
e) CSS.

24.2 Preencha os espaços em branco em cada uma das declarações a seguir:

a) A prioridade mais alta da Web Accessibility Initiative é garantir que ______________, ______________ e ______________ sejam acompanhados por descrições que definam claramente seus objetivos.
b) Tecnologias como ______________, ______________ e ______________ permitem que pessoas portadoras de deficiências trabalhem em um grande número de posições.
c) Embora sejam uma excelente ferramenta de layout para apresentar dados, é difícil para os leitores de telas interpretar e transmitir ______________ claramente para um usuário.
d) Para tornar um frame acessível para pessoas portadoras de deficiências, é importante incluir tags ______________ na página.
e) Pessoas portadoras de deficiência visual usando computadores são freqüentemente auxiliadas por ______________ e ______________.
f) A CallXML é usada para criar aplicativos ______________ que permitem que as pessoas recebam e façam chamadas telefônicas.
g) Uma tag ______________ deve ser associada à tag **<getDigits>**.

24.3 Indique se cada uma das seguintes alternativas é *verdadeira* ou *falsa*. Se for *falsa*, justifique.

a) Os leitores de telas não têm problema para ler e traduzir imagens.
b) Ao escrever páginas Web para o público em geral, é importante considerar o nível de leitura do contexto.
c) A tag **<alt>** ajuda os leitores de telas a descrever as imagens em uma página Web.
d) As pessoas portadoras de deficiência visual têm sido ajudadas pelas melhorias feitas na tecnologia de reconhecimento de fala mais do que qualquer outro grupo de pessoas.
e) A VoiceXML permite que os usuários interajam com o conteúdo da Web usando tecnologias de reconhecimento e síntese de fala.
f) Elementos como **onMaxSilence**, **onTermDigit** e **onMaxTime** são manipuladores de evento porque executam tarefas especificadas quando chamados.
g) O recurso de depuração do **Voxeo Account Manager** ajuda os desenvolvedores na depuração de seus aplicativos CallXML.

Respostas dos exercícios de revisão

24.1 a) World Wide Web Consortium. b) Web Accessibility Initiative. c) Job Access with Sound. d) Synchronized Multimedia Integration Language. e) Folhas de estilos em cascata.

24.2 a) imagem, filme, som. b) ativação de voz, intensificadores visuais e auxiliares audíveis. c) tabelas. d) **<noframes>**. e) telas em braile, teclados em braile. f) telefone-para-Web. g) **<onTermDigit>**.

24.3 a) Falsa. Os leitores de telas não podem interpretar imagens diretamente. Se o programador incluir um atributo **alt** dentro da tag **<img>**, o leitor de telas lerá essa descrição para o usuário. b) Verdadeira. c) Verdadeira. d) Falsa. Embora a tecnologia de reconhecimento de fala tenha tido um grande impacto sobre as pessoas cegas, essa também teve um grande impacto sobre as pessoas com problemas de digitação. e) Verdadeira. f) Verdadeira. g) Falsa. O recurso de log ajuda os desenvolvedores na depuração de seus aplicativos CallXML.

Exercícios

24.4 Insira marcação XHTML em cada segmento para torná-lo acessível a uma pessoa portadora de deficiência. O conteúdo das imagens e frames deve ficar aparente no contexto e nos nomes de arquivo.

a)
```
<img src = "dogs.jpg" width = "300" height = "250" />
```
b)
```
<table width = "75%">
   <tr><th>Language</th><th>Version</th></tr>
   <tr><td>XHTML</td><td>1.0</td></tr>
   <tr><td>Perl</td><td>5.6.0</td></tr>
```

```
    <tr><td>Java</td><td>1.3</td></tr>
  </table>
```

c)
```
<map name = "links">
<area href = "index.html" shape = "rect"
  coords = "50, 120, 80, 150" />
<area href = "catalog.html" shape = "circle"
  coords = "220, 30" />
</map>
<img src = "antlinks.gif" width = "300" height = "200"
  usemap = "#links" />
```

24.5 Defina os seguintes termos:

a) Elemento de ação.
b) Gunning Fog Index.
c) Leitor de telas.
d) Sessão.
e) Web Accessibility Initiative (WAI).

24.6 Descreva a estrutura de três camadas de pontos de verificação (prioridade um, prioridade dois e prioridade três) estabelecida pela WAI.

24.7 Por que o uso errado das tags de cabeçalho **<h1>** cria problemas para os leitores de telas?

24.8 Use CallXML para criar um sistema de correio de voz que reproduza uma saudação de correio de voz e grave uma mensagem. Peça que amigos e colegas liguem para seu aplicativo e deixem uma mensagem.

A

Tabela de Precedência de Operadores

Os operadores estão apresentados em ordem decrescente de precedência, de cima para baixo, com cada nível de precedência separado por uma linha horizontal[1].

Operador	Tipo	Associatividade
`.`	acesso a membro	da esquerda para a direita
`()`	expressão com parênteses	
`[]`	acesso a elemento	
`++`	pós-incremento	
`--`	pós-decremento	
`new`	criação de objeto	
`typeof`	tipo de	
`checked`	marcado	
`unchecked`	desmarcado	
`+`	mais unário	da esquerda para a direita
`-`	menos unário	
`!`	unário	
`~`	unário	
`++`	pré-incremento	
`--`	pré-decremento	
`*`	multiplicação	da esquerda para a direita
`/`	divisão	

Figura A.1 Tabela de precedência de operadores. (Parte 1 de 2.)

1. Essa tabela de precedência de operadores é usada na Seção 7.2.1, *Operator precedence and associativity*, da C Language Specification (para mais informações, visite o endereço **msdn.microsoft.com/library/default.asp?url=/library/en-us/csspec/html/CSharp-Spec-Start.asp**).

<table>
<tr><th>Operador</th><th>Tipo</th><th>Associatividade</th></tr>
<tr><td>%</td><td>módulo (resto da divisão)</td><td></td></tr>
<tr><td>+</td><td>adição</td><td>da esquerda para a direita</td></tr>
<tr><td>-</td><td>subtração</td><td></td></tr>
<tr><td><<</td><td>deslocamento à esquerda</td><td>da esquerda para a direita</td></tr>
<tr><td>>></td><td>deslocamento à direita</td><td></td></tr>
<tr><td><</td><td>menor que relacional</td><td>da esquerda para a direita</td></tr>
<tr><td>></td><td>maior que relacional</td><td></td></tr>
<tr><td><=</td><td>menor ou igual relacional</td><td></td></tr>
<tr><td>>=</td><td>maior ou igual relacional</td><td></td></tr>
<tr><td>is</td><td>comparação de tipo</td><td></td></tr>
<tr><td>==</td><td>igual relacional</td><td>da esquerda para a direita</td></tr>
<tr><td>!=</td><td>diferente relacional</td><td></td></tr>
<tr><td>&</td><td>E lógico</td><td>da esquerda para a direita</td></tr>
<tr><td>^</td><td>OU exclusivo lógico</td><td>da esquerda para a direita</td></tr>
<tr><td>|</td><td>OU inclusivo lógico</td><td>da esquerda para a direita</td></tr>
<tr><td>&&</td><td>E condicional</td><td>da esquerda para a direita</td></tr>
<tr><td>||</td><td>OU condicional</td><td>da esquerda para a direita</td></tr>
<tr><td>?:</td><td>condicional</td><td>da direita para a esquerda</td></tr>
<tr><td>=</td><td>atribuição</td><td>da direita para a esquerda</td></tr>
<tr><td>*=</td><td>atribuição de multiplicação</td><td></td></tr>
<tr><td>/=</td><td>atribuição de divisão</td><td></td></tr>
<tr><td>+=</td><td>atribuição de adição</td><td></td></tr>
<tr><td>-=</td><td>atribuição de subtração</td><td></td></tr>
<tr><td><<=</td><td>atribuição com deslocamento à esquerda</td><td></td></tr>
<tr><td>>>=</td><td>atribuição com deslocamento à direita</td><td></td></tr>
<tr><td>&=</td><td>atribuição de E lógico</td><td></td></tr>
<tr><td>^=</td><td>atribuição de OU exclusivo lógico</td><td></td></tr>
<tr><td>|=</td><td>atribuição de OU inclusivo lógico</td><td></td></tr>
</table>

Figura A.1 Tabela de precedência de operadores. (Parte 2 de 2.)

B

SISTEMAS DE NUMERAÇÃO (NO CD)

OBJETIVOS

- Entender os conceitos básicos de sistemas de numeração, como base, valor posicional e valor simbólico.
- Entender como trabalhar com números representados nos sistemas de numeração binário, octal e hexadecimal.
- Abreviar números binários como octais ou hexadecimais.
- Converter números octais e hexadecimais em binários.
- Converter entre números decimais e seus equivalentes binários, octais e hexadecimais.
- Entender a aritmética binária e como os números binários negativos são representados usando-se a notação de complemento de dois.

★

O Apêndice B está incluído no CD que acompanha este livro, no formato PDF imprimível do Adobe® Acrobat®.

C

OPORTUNIDADES DE CARREIRA (NO CD)

OBJETIVOS

- Explorar os vários serviços de carreira on-line.
- Examinar as vantagens e desvantagens da divulgação e localização de trabalhos on-line.
- Examinar os principais sites Web de serviços de carreira on-line disponíveis para quem procura emprego.
- Explorar os vários serviços on-line disponíveis para empregadores buscando compor suas equipes de trabalho.

★

O Apêndice C está incluído no CD que acompanha este livro, no formato PDF imprimível do Adobe® Acrobat®.

D

Depurador do Visual Studio .NET

Objetivos

- Entender os erros de sintaxe e lógicos.
- Familiarizar-se com as ferramentas de depuração do Visual Studio .NET.
- Entender o uso de pontos de parada (*breakpoints*) para suspender a execução do programa.
- Examinar dados usando expressões nas janelas de depuração.
- Depurar métodos e objetos.

★

E, freqüentemente, desculpar-se de uma falha
não a torna pior pela desculpa.
William Shakespeare

Errar é humano; desculpar é divino.
Alexander Pope, *Um ensaio sobre a crítica*

Resumo

Resumo

D.1 Introdução

Dois tipos de erros ocorrem durante o desenvolvimento do software: erros de sintaxe e erros lógicos. Os erros de sintaxe (ou erros de compilação) ocorrem quando as instruções do programa violam as regras gramaticais de uma linguagem de programação, como a não-finalização de uma instrução com um ponto-e-vírgula. Quando um compilador detecta erros de sintaxe, ele termina sem gerar (*build*) o aplicativo. Em comparação, os erros lógicos não impedem que os programas compilem ou executem, mas os impedem de funcionar conforme o esperado.

Os erros de sintaxe são mais fáceis de corrigir do que os erros lógicos. Ao detectar um erro de sintaxe, o compilador fornece a descrição e o número da linha na janela ***Task List*** (Figura D.1). Essa informação dá ao programador uma "pista" sobre como eliminar o erro, para que o compilador possa criar o programa. Entretanto, os erros lógicos freqüentemente são mais sutis e em geral não informam ao usuário exatamente onde o erro ocorreu no programa. Este apêndice dá um panorama sobre os dois tipos de erros e detalha os recursos do Visual Studio .NET para a detecção e a correção desses erros lógicos.

Dica de teste e depuração D.1

Após corrigir um erro, você poderá observar que o número de erros globais percebidos pelo compilador será significativamente reduzido.

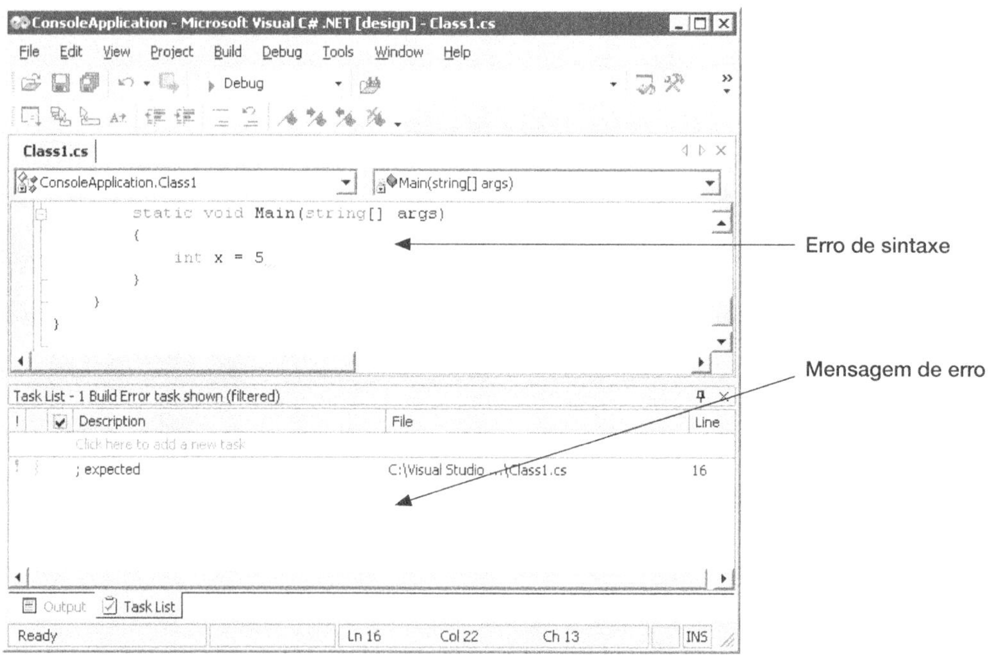

Figura D.1 Erro de sintaxe.

Dica de teste e depuração D.2

Quando o compilador relatar um erro de sintaxe em uma linha específica, procure o erro de sintaxe nessa linha. Se o erro não estiver nessa linha, procure a causa do erro de sintaxe nas linhas anteriores do código.

Depuração é o processo de localizar e corrigir *erros lógicos* em aplicativos. Os erros lógicos são mais sutis do que os erros de sintaxe, pois um programa que contém um erro lógico compila normalmente, mas não funciona conforme o esperado. Os erros lógicos são freqüentemente difíceis de depurar, pois o programador não pode ver o código sendo executado. Uma estratégia que os programadores iniciantes freqüentemente utilizam para depurar programas é exibir os dados diretamente, usando caixas de mensagem ou instruções **Console.WriteLine**. Por exemplo, o programador poderia exibir o valor de uma variável, quando seu valor mudasse, para determinar se o valor correto foi atribuído à variável. Essa estratégia é complicada, pois os programadores precisam inserir uma linha de código onde suspeitam que possa haver um problema. Além disso, uma vez depurado o programa, o programador precisa então remover as instruções estranhas a ele, que freqüentemente podem ser difíceis de distinguir do código original do programa.

Um *depurador* (*debugger*) é um software que permite ao programador analisar dados do programa e acompanhar o fluxo de execução do programa enquanto o aplicativo funciona. Um depurador fornece recursos que permitem ao programador suspender a execução do programa, examinar e modificar variáveis, chamar métodos sem alterar o código do programa e muito mais. Neste apêndice apresentamos o depurador do Visual Studio .NET e várias de suas ferramentas de depuração. [*Nota:* um programa deve compilar com sucesso antes que possa ser usado no depurador.]

D.2 Pontos de parada

Pontos de parada (*breakpoints*) são uma ferramenta de depuração simples, mas eficiente. Um ponto de parada é um marcador que o programador coloca em uma listagem de código. Quando um programa atinge um ponto de parada, a execução faz uma pausa — isso permite que o programador examine o estado do programa e garanta que ele está funcionando conforme o esperado. A Figura D.2 é um programa que mostra na saída o valor de dez fatorial (10!)[1], mas contém dois erros lógicos — a primeira iteração do laço multiplica **x** por **10**, em vez de multiplicar **x** por **9**, e o resultado do cálculo do fatorial é multiplicado por 0 (assim, o resultado é sempre 0). Usamos esse programa para demonstrar os recursos de depuração do Visual Studio .NET — usando seus recursos de ponto de parada como nosso primeiro exemplo.

```
// Fig. D.2: DebugExample.cs
// Exemplo de programa para depurar.

using System;

namespace Debug
{
   class DebugExample
   {
      static void Main( string[] args )
      {
         int x = 10;

         Console.Write( "The value of " + x + " factorial is: " );

         // laço para determinar x fatorial, contém erro lógico
         for ( int i = x; i >= 0; i-- )
            x *= i;

         Console.Write( x );

```

Figura D.2 Exemplo de depuração de programa. (Parte 1 de 2.)

1. O fatorial de **x** (**x!**) é definido como o produto de todos os dígitos menores ou iguais a **x**, mas maiores do que zero. Por exemplo, 10! = 10 * 9 * 8 * 7 * 6 * 5 * 4 * 3 * 2 * 1.

```
22            Console.ReadLine(); // retarda a saída do programa
23
24         } // fim de main
25
26      } // fim da classe DebugExample
27
28   } // fim do espaço de nomes Debug
```

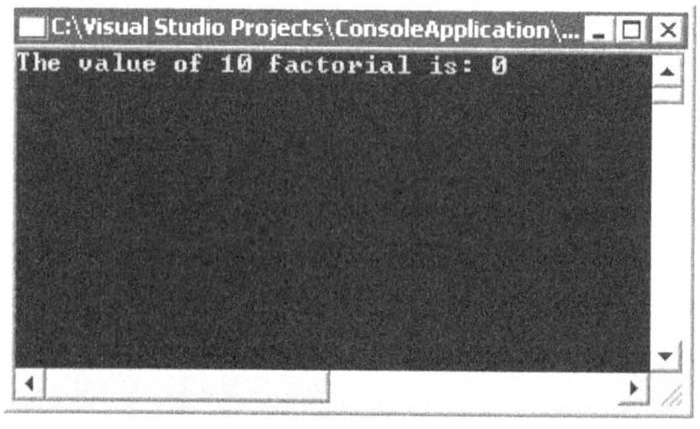

Figura D.2 Exemplo de depuração de programa. (Parte 2 de 2.)

Para configurar pontos de parada no Visual Studio, clique na área cinza à esquerda de qualquer linha de código ou clique com o botão direito do mouse em uma linha de código e selecione **Insert Breakpoint**. Um círculo vermelho cheio aparecerá, indicando que o ponto de parada foi configurado (Figura D.3). A execução do programa é pausada quando ele atinge a linha que contém o ponto de parada.

Para ativar os pontos de parada e outros recursos de depuração, devemos compilar o programa usando a configuração de depuração (Figura D.4). Selecione **Debug** na barra de ferramentas de configuração, se ainda não estiver selecionado. Como alternativa, selecione **Build > Configuration Manager** e altere **Active Solution Configuration** para **Debug**.

Selecionar **Debug > Start** compila o programa e inicia a depuração. Ao se depurar um aplicativo de console, a janela de console aparece (Figura D.5), permitindo a interação com o programa (entrada e saída). Quando o depurador atinge o ponto de parada (linha 18), a execução do programa é suspensa e o IDE se torna a janela ativa. Talvez os programadores precisem alternar entre o IDE e a janela de console enquanto depuram programas.

A Figura D.6 mostra o IDE com a execução do programa suspensa no ponto de parada. A *seta amarela* à esquerda da instrução

```
x *= i;
```

indica a linha em que a execução foi suspensa e que ela contém a próxima instrução a ser executada. Note que a barra de título do IDE mostra **[break]** — isso indica que o IDE está no *modo break* (*de parada*) (isto é, o depurador está em execução). Quando o programa atinge o ponto de parada, o programador pode fazer o mouse "pairar" sobre uma variável (nesse caso, **x** ou **i**) no código-fonte, para ver o valor dessa variável em uma dica de tela, como mostra a Figura D.6.

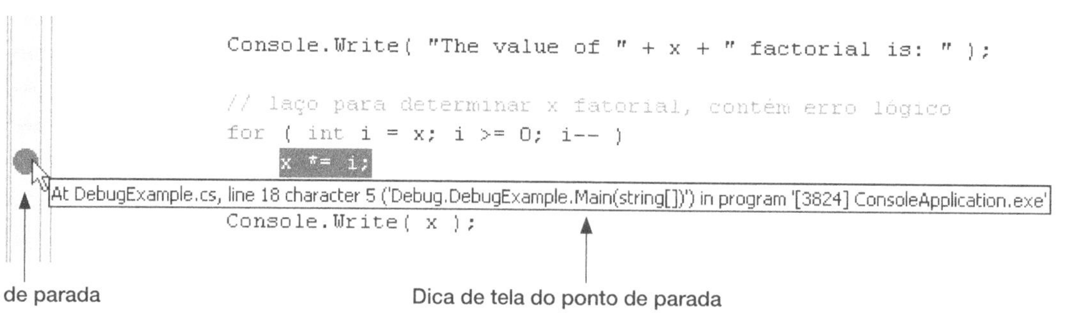

Figura D.3 Configurando um ponto de parada.

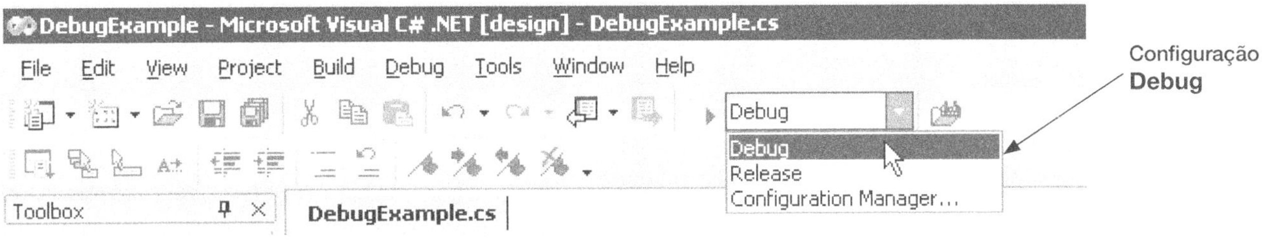

Figura D.4 Ajuste da configuração de depuração.

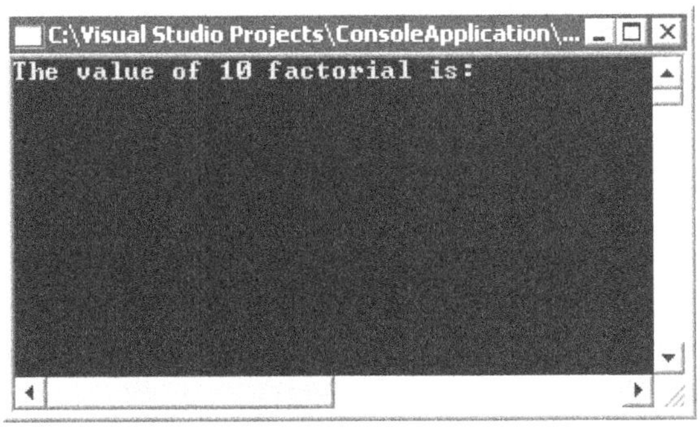

Figura D.5 Aplicativo de console suspenso para depuração.

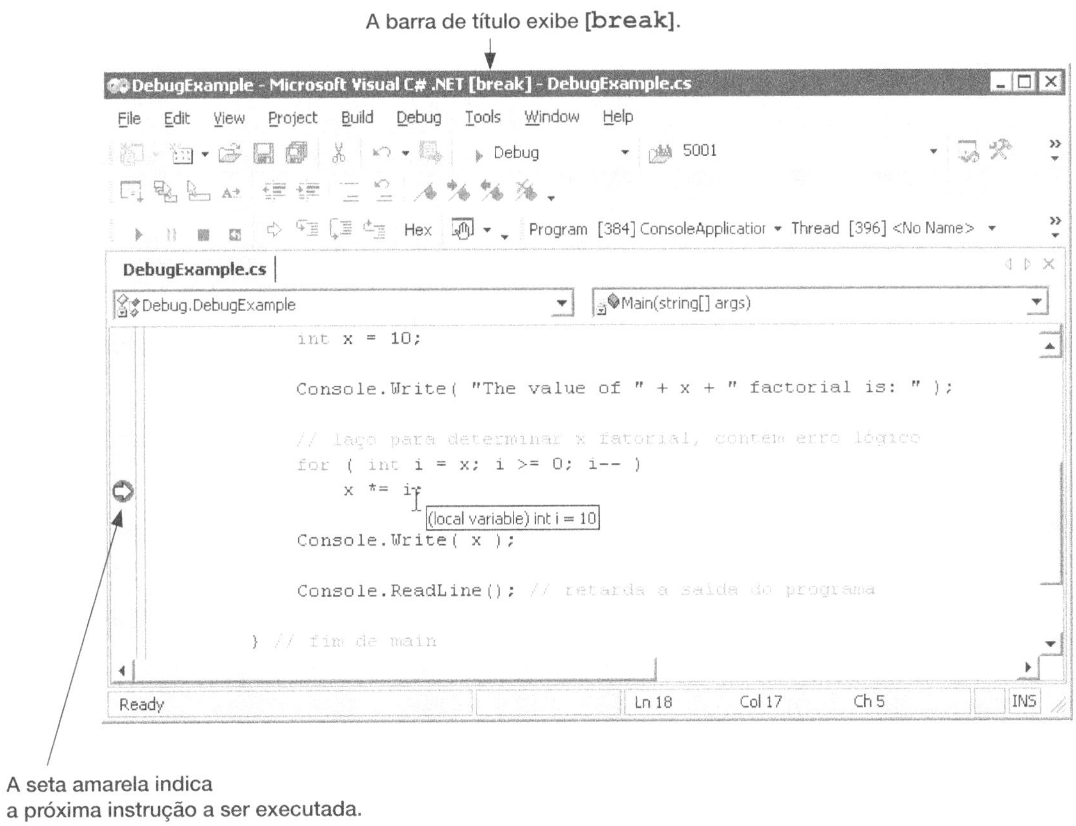

Figura D.6 Execução suspensa em um ponto de parada.

Dica de teste e depuração D.3

Colocar um ponto de parada após um laço em um programa permite que o laço termine sem que o ponto de parada seja atingido.

D.3 Examinando dados

O Visual Studio .NET inclui várias janelas de depuração que permitem que os programadores examinem variáveis e expressões. Todas as janelas são acessíveis a partir do submenu **Debug > Windows**. Algumas janelas são listadas apenas quando o IDE está no *modo break* (de parada, também chamado de *modo de depuração*). A janela ***Watch***, que está disponível apenas no modo break (Figura D.7), permite que os programadores examinem os valores de grupos relacionados de variáveis e expressões. O Visual Studio .NET fornece um total de quatro janelas **Watch**.

Na primeira abertura, a janela **Watch** não conterá nenhuma expressão para avaliar. Para examinar dados, digite uma expressão no campo ***Name***. A maioria das expressões C# válidas pode ser fornecida no campo **Name**, incluindo as expressões que contêm chamadas a métodos. Consulte a documentação em "**debbuger, expressions**" para ver uma descrição completa das expressões válidas.

Uma vez fornecida uma expressão, seu tipo e valor aparecem nos campos ***Value*** e ***Type***. A primeira expressão fornecida é a variável `i`, que tem o valor `10` (a linha 12 atribui o valor `10` à variável `x` e a linha 17 atribui o valor `x` a `i`). A janela **Watch** também pode avaliar expressões aritméticas mais complexas (por exemplo, `(i + 3) * 5`). Assim, a janela **Watch** fornece uma maneira conveniente de apresentar vários tipos de dados de um programa, sem modificar o código.

Fornecendo as variáveis e expressões relevantes para o erro lógico de um programa, os programadores podem acompanhar valores incorretos até a origem do erro e eliminá-lo. Por exemplo, para depurar o programa da Figura D.2, poderíamos digitar a expressão `i * x` na janela **Watch**. Quando chegarmos ao ponto de parada pela primeira vez, a expressão terá o valor `100`, em vez de `90`, o que indica um erro lógico em nosso programa. Isso ocorre porque o laço nas linhas 17 e 18 começou a multiplicar `x` por `10`, e não a multiplicar por `9`. Subtraímos `1` do valor inicial que o laço `for` atribui a `i` (isto é, mudamos `10` para `9`), para corrigir o erro.

Se um campo **Name** na janela **Watch** contém um nome de variável, o valor da variável pode ser modificado para propósitos de depuração. Para modificar o valor de uma variável, clique em seu valor no campo **Value** e forneça um novo valor. Todo valor modificado aparece na cor vermelha.

Se uma expressão é inválida, um erro aparece no campo **Value**. Por exemplo, **VariávelQueNãoExiste** não é um identificador usado no programa (quarta linha na Figura D.7). Portanto, o Visual Studio .NET mostra uma mensagem de erro no campo **Value**. Para remover uma expressão, selecione-a e pressione *Delete*.

O Visual Studio também fornece as janelas ***Locals***, ***Autos*** e ***This*** (Figura D.8), que são semelhantes à janela **Watch**, exceto que o programador não especifica seu conteúdo. A janela **Locals** mostra o nome e o valor atual de todas as variáveis que têm escopo de bloco no método que contém a instrução atual (indicada pela seta amarela na Figura D.6). A janela **Autos** mostra as variáveis e os valores da instrução atual e da instrução anterior. As variáveis podem ser alteradas em uma dessas janelas clicando-se no campo **Value** apropriado e digitando-se um novo valor. A janela **This** mostra os dados que têm escopo de classe de um objeto. Se o programa estiver dentro de um método `static` (como o método `Main` em um aplicativo de console), a janela **This** ficará vazia.

Um programador pode avaliar expressões linha a linha na janela ***Immediate*** (Figura D.9). Para avaliar uma expressão, o programador digita essa expressão na janela e pressiona *Enter*. Por exemplo, quando o programador digita `Console.`

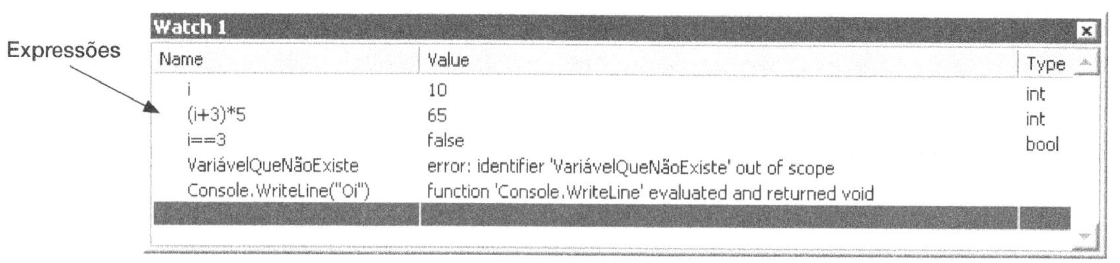

Figura D.7 Janela Watch.

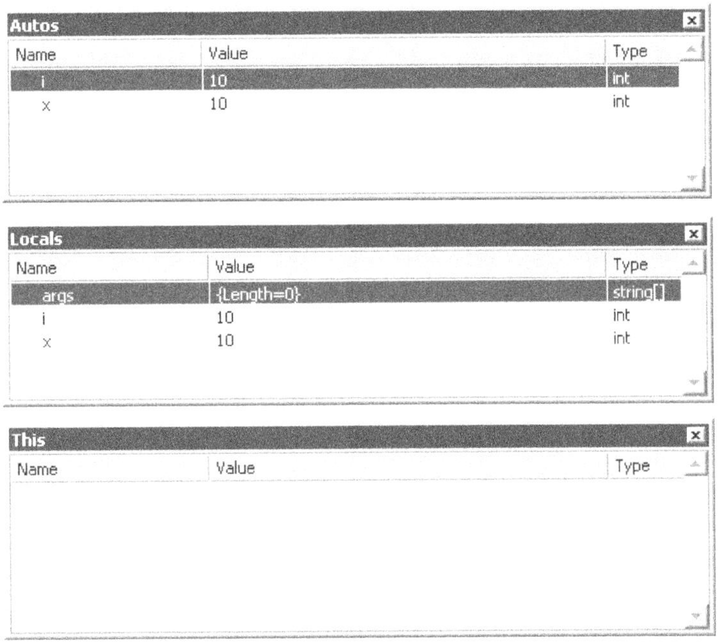

Figura D.8 Janelas Autos, Locals e This.

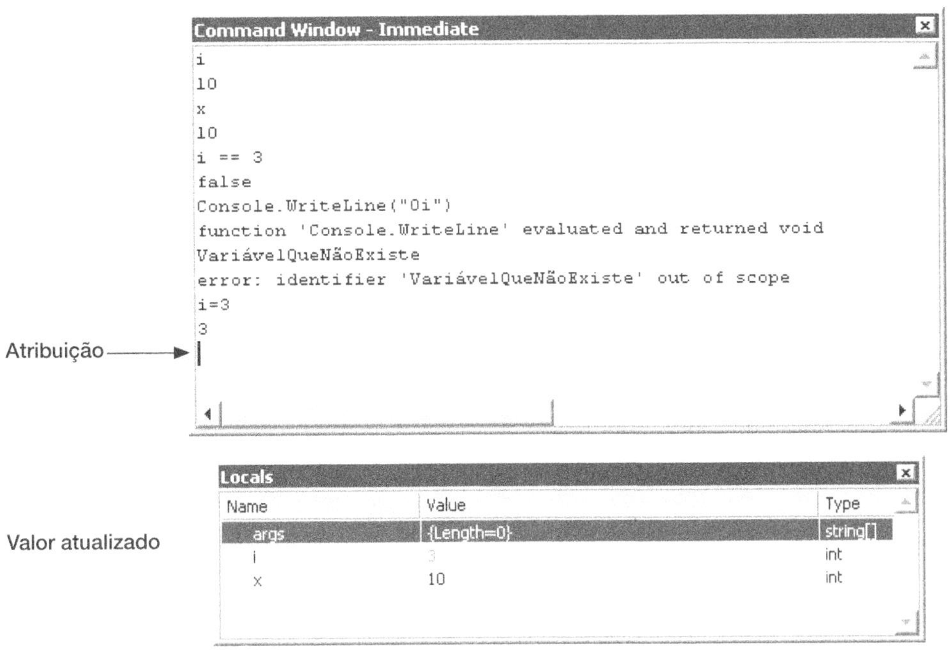

Figura D.9 Janela Immediate.

`WriteLine(i)` e pressiona *Enter*, o valor de **`i`** é apresentado na saída da janela de console. Um desenvolvedor também pode usar o operador de atribuição (**=**) para realizar atribuições na janela **Immediate**. Note que os valores de **`i`** e **`x`** na janela **Locals** são valores atualizados.

Dica de teste e depuração D.4

*Use a janela **Immediate** para chamar um método apenas uma vez. Colocar uma chamada a método dentro da janela **Watch** chama esse método sempre que o programa pára.*

D.4 Controle do programa

O depurador do Visual Studio .NET proporciona aos programadores considerável controle sobre a execução de um programa. Usando pontos de parada e comandos de controle de programa fornecidos pelo depurador, os programadores podem analisar convenientemente a execução do código em qualquer ponto de um programa. Isso é útil quando um programa contém várias chamadas a métodos que se sabe que executam corretamente. A barra de ferramentas **Debug** contém botões que fornecem acesso conveniente para controlar o processo de depuração (Figura D.10). Para exibir a barra de ferramentas **Debug**, selecione **View > Toolbars > Debug**.

A barra de ferramentas de depuração, na Figura D.10, controla a execução do depurador. O botão ***Restart*** executa o programa desde o início, fazendo uma pausa no começo dele para permitir que o programador configure pontos de parada antes que o programa seja executado novamente. O botão ***Continue*** retoma a execução de um programa suspenso. O botão ***Stop Debugging*** termina a sessão de depuração, e o botão ***Break All*** permite que o programador suspenda um programa em execução diretamente (isto é, sem configurar pontos de parada explicitamente). Após a suspensão da execução, a seta amarela aparece, indicando a próxima instrução a ser executada.

Dica de teste e depuração D.5

Quando um programa está em execução, problemas como laços infinitos normalmente podem ser interrompidos selecionando-se ***Debug > Break All*** *ou clicando-se no botão correspondente da barra de ferramentas.*

Clicar no botão ***Show Next Statement*** coloca o ponteiro na mesma linha da seta amarela. Esse comando é útil quando um programador precisa retornar ao ponto de execução atual após configurar pontos de parada em um programa que contém muitas linhas de código.

O botão ***Step Over*** executa a próxima instrução executável e avança a seta amarela para a linha seguinte. Se a próxima linha de código contém uma chamada a método, o método é executado em sua totalidade, como uma única etapa. Esse botão permite ao usuário executar o programa uma linha por vez, sem ver os detalhes de cada método chamado. Isso é útil quando um programa contém várias chamadas a métodos que se sabe que executam corretamente. Discutiremos os botões **Step Into** e **Step Out** na próxima seção.

O botão **Hex** alterna o formato de exibição dos dados. Se estiver ativado, o botão **Hex** mostra os dados no formato hexadecimal (base 16) em vez de exibi-los no formato decimal (base 10). Em geral os programadores experientes preferem ler valores no formato hexadecimal — especialmente números grandes, pois a representação de números em hexadecimal é mais concisa e pode ser convertida facilmente para a forma binária (base 2). Para mais informações sobre os formatos numéricos hexadecimal e decimal veja o Apêndice B.

A janela **Breakpoints** mostra todos os pontos de parada configurados para o programa (Figura D.11). Uma caixa de seleção aparece ao lado de cada ponto de parada, indicando se o ponto de parada está *ativo* (marcado) ou *desativado* (desmarcado). As linhas com pontos de parada desativados contêm um círculo vermelho não preenchido em vez de cheio (Figura D.12). O depurador não pausa a execução nos pontos de parada desativados.

Dica de teste e depuração D.6

Os pontos de parada desativados permitem ao programador manter pontos de parada em locais importantes no programa, para que possam ser reativados quando necessário. Os pontos de parada desativados são sempre visíveis.

Na janela **Breakpoints** (Figura D.11), o campo ***Condition*** mostra a condição que deve ser satisfeita para suspender a execução do programa nesse ponto de parada. O campo ***Hit Count*** mostra o número de vezes que o depurador parou em

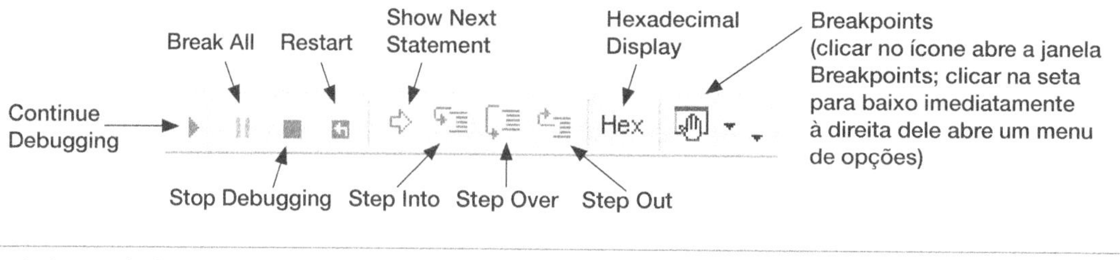

Figura D.10 Ícones da barra de ferramentas Debug.

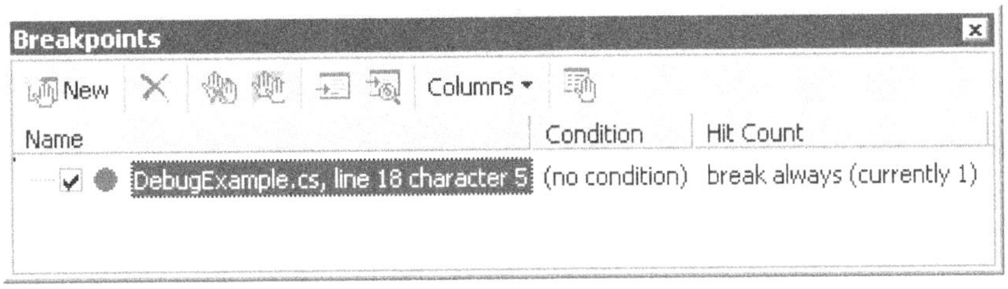

Figura D.11 Janela Breakpoints.

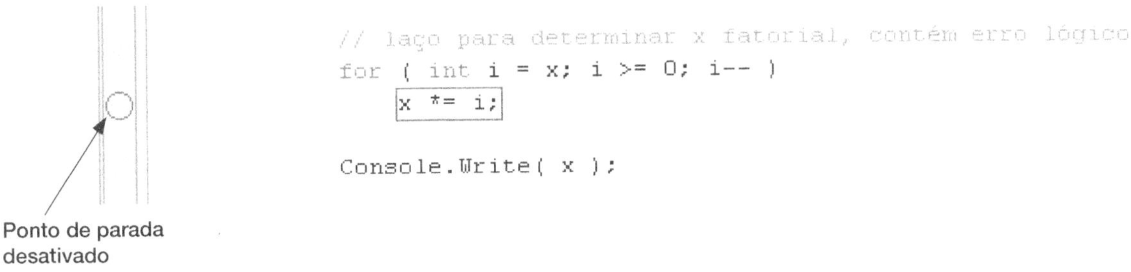

Figura D.12 Ponto de parada desativado.

cada ponto de parada. Dar um clique duplo em um item na janela **Breakpoints** move o cursor para a linha que contém esse ponto de parada.

Um programador pode adicionar pontos de parada em um programa clicando no botão ***New*** da janela **Breakpoints**. Isso faz a caixa de diálogo **New Breakpoint** aparecer (Figura D.13). As guias **Function**, **File**, **Address** e **Data** permitem ao programador suspender a execução em um método, em uma linha de um arquivo em particular, em uma instrução na memória ou quando o valor de uma variável muda. O botão **Hit Count...** (Figura D.14) pode ser usado para especificar quando o ponto de parada deve suspender o programa (o padrão é **always break**). Um ponto de parada pode ser configurado para suspender o programa quando o número de passagens chegar a um valor específico, quando for um múltiplo de um valor ou quando for maior ou igual a um valor específico.

O depurador do Visual Studio também permite que a execução seja suspensa em um ponto de parada dependendo do valor de uma expressão. Clicar no botão **Condition...** abre a caixa de diálogo ***Breakpoint Condition*** (Figura D.15). A caixa de seleção **Condition** indica se as condições do ponto de parada estão ativas. Os botões de rádio determinam como a expressão da caixa de texto é avaliada. O botão de rádio **is true** faz uma pausa na execução, no ponto de parada, quando a expressão é verdadeira. O botão de rádio **has changed** faz a execução do programa ser suspensa quando ele encontra o ponto de parada pela primeira vez e, novamente, sempre que a expressão diferir de seu valor anterior, quando o ponto de parada for encontrado. Quando a caixa de diálogo **New Breakpoint** tiver sido fechada, a janela **Breakpoints** mostrará a condição e as opções de contagem de passagens para o novo ponto de parada.

Suponha que configuremos **`x * i != 0`** como condição para o ponto de parada em nosso laço, com a opção **has changed** ativada. (Poderíamos fazer isso porque o programa produz uma saída incorreta igual a `0`.) A execução do programa é suspensa quando ele atinge o ponto de parada pela primeira vez e registra que a expressão tem o valor **`true`**, pois **`x * i`** é `100` (ou `10`, se tivermos corrigido o erro lógico anterior). Continuamos e o laço decrementa **`i`**. Enquanto **`i`** está entre `10` e `1`, o valor da condição nunca muda e a execução não é suspensa nesse ponto de parada. Quando **`i`** é `0`, a expressão **`x * i !=`** `0` é **`false`** e a execução é suspensa. Nesse ponto, o programador identifica o segundo erro lógico em nosso programa — a última iteração do laço **`for`** multiplica o resultado por `0`. Para retornar o IDE ao modo de projeto, clique no botão **Stop Debugging** da barra de ferramentas **Debug**.

D.5 Mais recursos de depuração de métodos

Em programas com muitos métodos, freqüentemente é difícil determinar quais deles podem estar envolvidos em cálculos incorretos que resultaram em um erro lógico. Para simplificar esse processo, o depurador do Visual Studio inclui ferramentas para analisar métodos e chamadas a métodos. Demonstraremos algumas ferramentas de depuração de métodos no exemplo a seguir (Figura D.16).

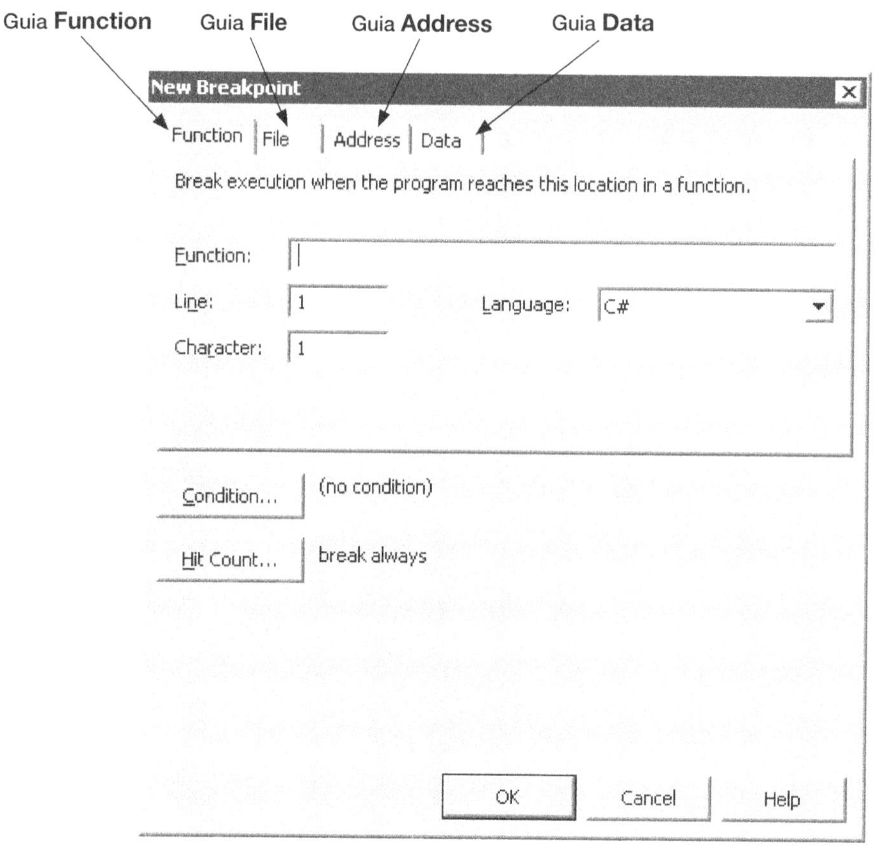

Figura D.13 Caixa de diálogo **New Breakpoint**.

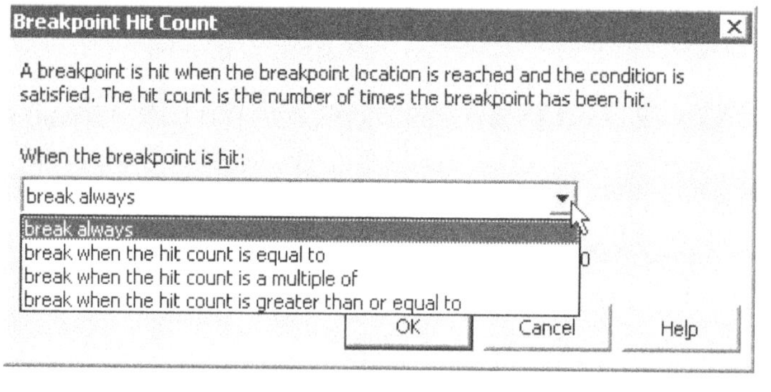

Figura D.14 Caixa de diálogo **Breakpoint Hit Count**.

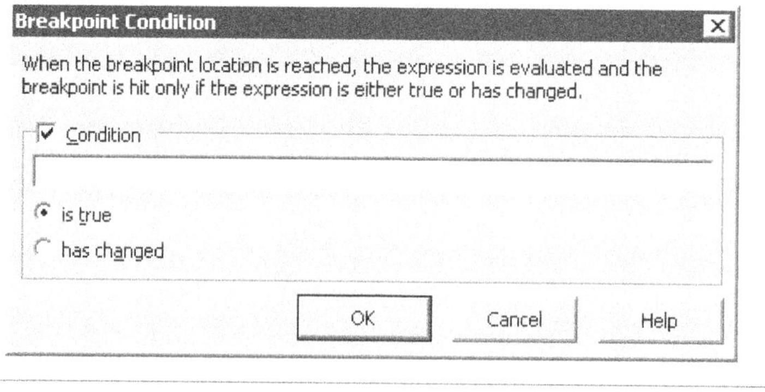

Figura D.15 Caixa de diálogo **Breakpoint Condition**.

A janela ***Call Stack*** contém a *pilha de chamadas a métodos* do programa, que permite ao programador determinar a seqüência exata de chamadas que leva ao método atual e examinar as chamadas a métodos na pilha. Essa janela permite ao programador determinar o fluxo de controle no programa que resultou na execução do método atual. Por exemplo, um ponto de parada é inserido em **MyMethod**, a pilha de chamada da Figura D.17 indica que o programa chamou primeiro o método **Main**, seguido de **MyMethod**.

```
// Fig. D.16: MethodDebugExample.cs
// Demonstra métodos de depuração.

using System;

namespace Debug
{

   // fornece métodos nos quais demonstra
   // as ferramentas de depuração do Visual Studio
   class MethodDebug
   {
      // ponto de entrada do aplicativo
      static void Main( string[] args )
      {
         // mostra os valores de retorno de MyMethod
         for ( int i = 0; i < 10; i++ )
            Console.WriteLine( MyMethod( i ) );

         Console.ReadLine();
      } // fim do método Main

      // efetua o cálculo
      static int MyMethod( int x )
      {
         return ( x * x ) - ( 3 * x ) + 7;
      } // fim do método MyMethod

      // método com erro lógico
      static int BadMethod( int x )
      {
         return 1 / ( x - x );
      } // fim do método BadMethod

   } // fim da classe MethodDebug

} // fim do espaço de nomes Debug
```

Figura D.16 Depurando métodos.

Dar um clique duplo em qualquer linha da janela **Call Stack**, exceto a do ponto de parada atual, mostra a próxima linha a ser executada nesse método. Isso permite que o programador determine como o resultado de cada método afetará a execução do método chamador. O Visual Studio .NET destaca a linha com a cor verde e, caso o cursor seja colocado sobre a seta verde à esquerda de linha, mostra uma dica de tela que explica que esta será a próxima instrução a ser executada, quando a função atualmente em execução for encerrada, conforme ilustrado na Figura D.18.

O Visual Studio .NET também fornece mais botões de controle de programa para depuração de métodos. O botão **Step Over** executa uma instrução de um método e, em seguida, faz uma pausa na execução do programa, na linha seguinte. Usando **Step Over**, se uma instrução avaliada chamar um método, o método é chamado e a execução pára na instrução seguinte. Usando ***Step Into***, se uma instrução chamar um método, o controle é transferido para o método para depuração linha a linha. O botão ***Step Out*** termina a execução do método atual e retorna o controle para a linha que chamou o método.

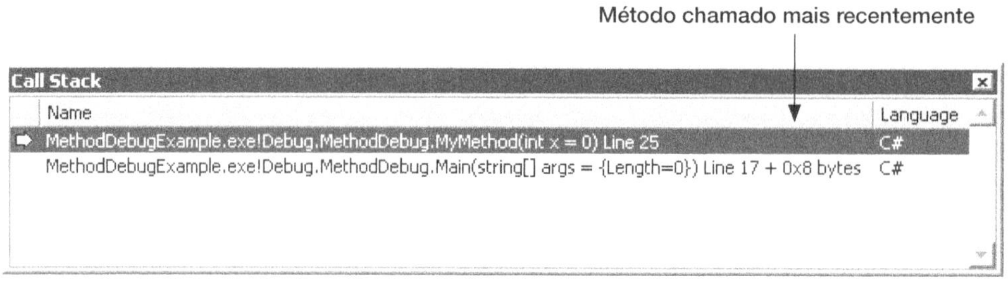

Figura D.17 Janela Call Stack.

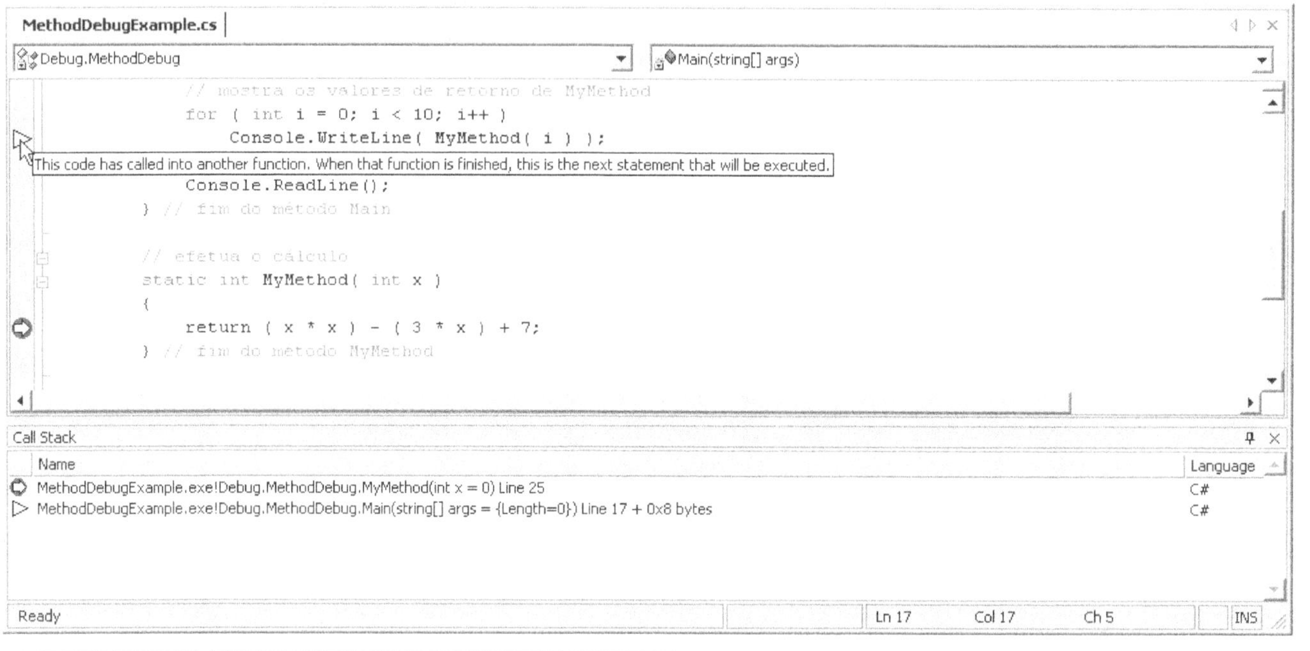

Figura D.18 O IDE exibindo o ponto de chamada de um método.

Dica de teste e depuração D.7

*Use **Step Out** para finalizar um método que foi percorrido linha a linha acidentalmente.*

A Figura D.19 relaciona cada recurso de depuração de controle de programa, sua tecla de atalho e uma descrição. Os programadores experientes freqüentemente preferem usar essas teclas de atalho para acessar comandos de menu.

Botão de controle	Tecla de atalho	Descrição
Continue	*F5*	Prossegue a execução do programa. A execução continua até que um ponto de parada seja encontrado ou até que o programa termine (por meio da execução normal).
Stop Debugging	*Shift + F5*	Encerra a depuração e retorna para o modo de projeto do Visual Studio.
Step Over	*F10*	Avança para a próxima instrução, não percorre as chamadas a métodos.
Step Into	*F11*	Executa a próxima instrução. Se a instrução contém uma chamada a método, o controle é transferido para o método para depuração linha a linha. Se a instrução não contém uma chamada a método, **Step Into** se comporta como **Step Over**.
Step Out	*Shift + F11*	Termina a execução do método atual e suspende a execução do programa no método chamador.

Figura D.19 Recursos de controle de programa para depuração.

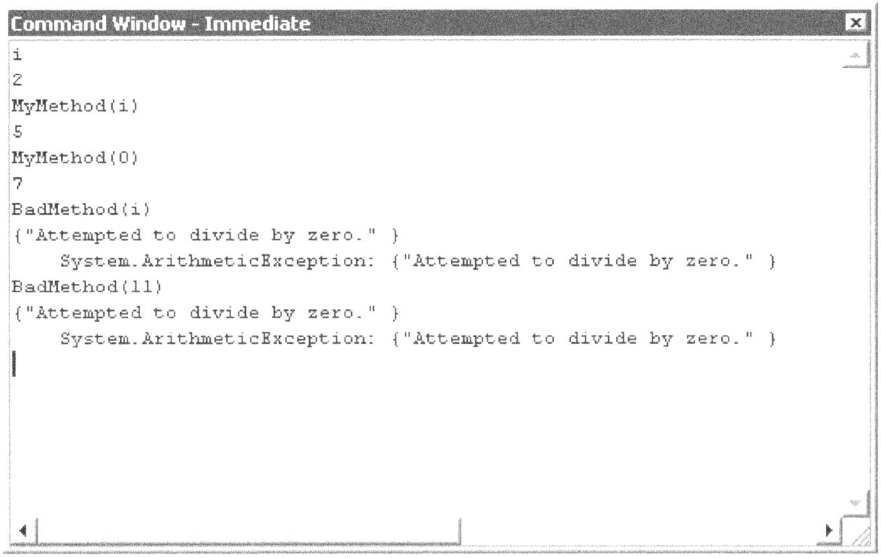

Figura D.20 Usando a janela **Immediate** para depurar métodos.

Os programadores podem usar a janela **Immediate**, discutida na Seção D.3, para testar os argumentos passados a um método (Figura D.20). Testar os argumentos ajuda a determinar se um método está funcionando corretamente.

D.6 Mais recursos de depuração de classes

Nos programas C# mais sofisticados, uma grande parte dos dados do programa está contida em objetos. Para isso, o Visual Studio inclui os recursos de depuração de classes, que permitem aos programadores determinar o estado atual dos objetos usados em um programa. Demonstraremos alguns recursos de depuração de classes usando o código apresentado na Figura D.21. Para examinar uma instância da classe **DebugEntry**, colocamos um ponto de parada na linha 43, como se vê na Figura D.22. [*Nota:* um arquivo C# pode conter múltiplas classes, como acontece com esse exemplo.]

```
1   // Fig. D.21: DebugClass.cs
2   // Aplicativo de console para demonstrar a depuração de objetos.
3
4   using System;
5
6   namespace ClassDebug
7   {
8
9      // cria um array contendo três classes diferentes
10     public class DebugEntry
11     {
12        public int someInteger = 123;
13        private int[] integerArray = { 74, 101, 102, 102 };
14        private DebugClass debugClass;
15        private Random randomObject;
16        private object[] list = new object[ 3 ];
17
18        // construtor
19        public DebugEntry()
20        {
21           randomObject = new Random();
22           debugClass = new DebugClass( "Hello World",
```

Figura D.21 Exemplo de depuração de objetos. (Parte 1 de 2.)

```
            new object() );

         list[ 0 ] = integerArray;
         list[ 1 ] = debugClass;
         list[ 2 ] = randomObject;
      }

      // exibe os valores recuperados dos três objetos
      public void DisplayValues()
      {
         Console.WriteLine( randomObject.Next() );
         Console.WriteLine( debugClass.SomeString );
         Console.WriteLine( integerArray[ 0 ] );
      }

      // ponto de entrada principal do aplicativo
      [STAThread]
      public static void Main()
      {
         DebugEntry entry = new DebugEntry();
         entry.DisplayValues();
      }
   } // fim da classe DebugEntry

   // demonstra a depuração de classes
   public class DebugClass
   {
      // variáveis privadas
      private string someString;
      private object privateObject;

      // construtor
      public DebugClass( string stringData,
         object objectData )
      {
         someString = stringData;
         privateObject = objectData;
      }

      // propriedade acessora de someString
      public string SomeString
      {
         get
         {
            return someString;
         }

         set
         {
            someString = value;
         }
      } // fim da propriedade SomeString

   } // fim da classe DebugClass

} // fim do espaço de nomes ClassDebug
```

Figura D.21 Exemplo de depuração de objetos. (Parte 2 de 2.)

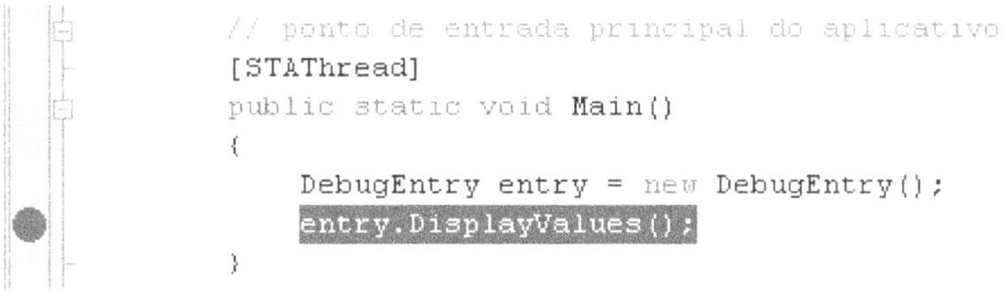

Figura D.22 Localização do ponto de parada para a depuração de classes.

Para ajudar na depuração de classes, o Visual Studio .NET permite que o programador expanda e veja todos os membros de dados e propriedades de uma classe, incluindo membros **private**. Em qualquer uma das janelas (isto é, **Watch**, **Locals**, **Autos** e **This**), uma classe que possui membros de dados é apresentada com um sinal de mais (**+**). Quando o programador clica na caixa do sinal de mais, todos os membros de dados do objeto e seus valores aparecem (Figura D.23). Se um membro referencia um objeto, os membros de dados do objeto também podem ser relacionados, clicando-se na caixa do sinal de mais do objeto.

Muitos erros lógicos são o resultado de cálculos incorretos com arrays. Para simplificar a identificação desses erros, o depurador inclui a capacidade de exibir todos os valores em um array. A Figura D.24 mostra o conteúdo do array **list**.

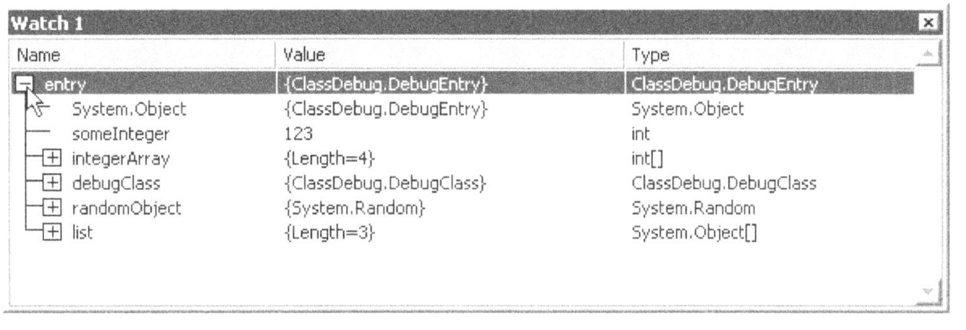

Figura D.23 Classe expandida na janela Watch.

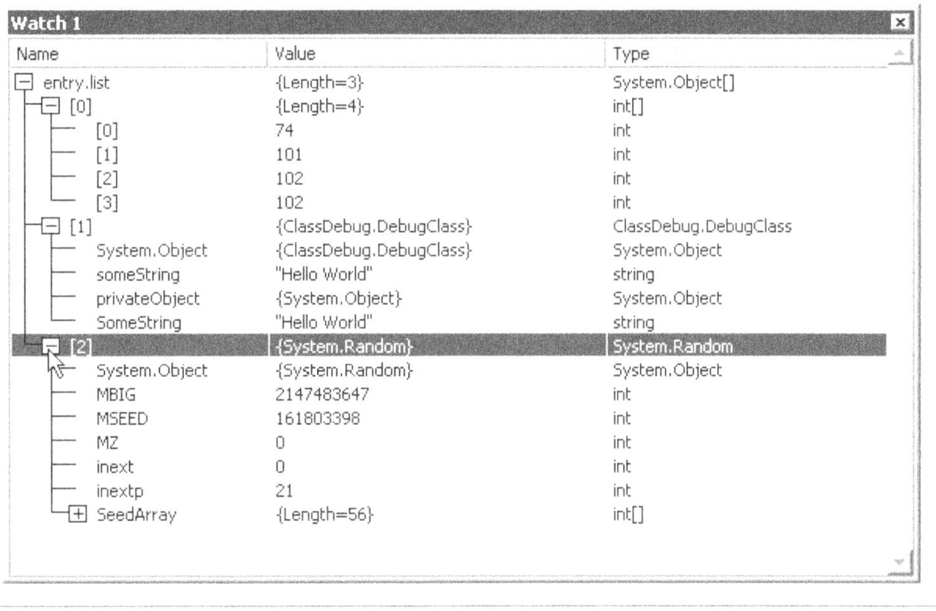

Figura D.24 Array expandido na janela Watch.

O objeto no índice `0` é um array de `int`, que está expandido para mostrar seu conteúdo. O índice `1` contém um objeto `DebugClass` — expandido para mostrar os membros de dados `private` do objeto, assim como uma propriedade `public`. O índice `2` contém um objeto `Random`, definido na Framework Class Library (FCL).

O depurador do Visual Studio contém várias outras janelas de depuração, incluindo **Threads**, **Modules**, **Memory**, **Disassembly** e **Registers**. Essas janelas são usadas por programadores experientes para depurar projetos grandes e complexos (consulte a documentação do Visual Studio .NET para obter mais detalhes sobre esses recursos).

Neste apêndice demonstramos várias técnicas para depurar programas, métodos e classes. O depurador do Visual Studio .NET é uma ferramenta poderosa que permite aos programadores construir programas mais robustos e tolerantes a falha.

Resumo

- Depuração é o processo de localizar erros lógicos em aplicativos.
- Os erros de sintaxe (ou erros de compilação) ocorrem quando as instruções do programa violam as regras gramaticais de uma linguagem de programação. Esses erros são capturados pelo compilador.
- Os erros lógicos são mais sutis do que os erros de sintaxe. Eles ocorrem quando um programa compila com sucesso mas não funciona conforme o esperado.
- Os depuradores podem suspender um programa em qualquer ponto, o que permite que os programadores examinem e configurem variáveis e chamem métodos.
- Um ponto de parada é um marcador configurado em uma linha de código. Quando um programa chega a um ponto de parada, a execução é suspensa. O programador pode então examinar o estado do programa e garantir que ele esteja funcionando corretamente.
- Para ativar os recursos de depuração, o programa deve ser compilado usando-se a configuração de depuração (opção `Debug`).
- Para configurar pontos de parada, clique na área cinza à esquerda de qualquer linha de código. Como alternativa, clique com o botão direito do mouse em uma linha de código e selecione **Insert Breakpoint**.
- A janela **Watch** permite que o programador examine valores de variáveis e expressões. Para examinar dados, digite uma expressão válida no Visual Basic, como um nome de variável, no campo **Name**. Uma vez fornecida a expressão, seu tipo e valor aparecem nos campos **Type** e **Value**.
- As variáveis na janela **Watch** podem ser modificadas pelo usuário para propósitos de teste. Para modificar o valor de uma variável, clique no campo **Value** e forneça um novo valor.
- A janela **Locals** mostra o nome e o valor atual de todas as variáveis locais ou objetos no escopo atual.
- A janela **Autos** mostra as variáveis e objetos usados na instrução anterior e na instrução atual (indicada pela seta amarela).
- Para avaliar uma expressão na janela **Immediate**, basta digitar a expressão na janela e pressionar *Enter*.
- O botão **Continue** retoma a execução de um programa suspenso.
- O botão **Stop Debugging** termina a sessão de depuração.
- O botão **Break All** permite que o programador coloque um programa em execução no modo break (de parada).
- O botão **Show Next Statement** coloca o cursor na mesma linha que a seta amarela que indica a próxima instrução a ser executada.
- O botão **Step Over** executa a próxima linha de código executável e avança a seta amarela para a linha executável seguinte no programa. Se a linha de código contém uma chamada a método, o método é executado em sua totalidade, como uma única etapa.
- O botão **Hex** alterna o formato de exibição dos dados. Se estiver ativado, o botão **Hex** exibe os dados na forma hexadecimal (base 16) em vez de na forma decimal (base 10).
- A janela **Breakpoints** mostra todos os pontos de parada atualmente configurados para um programa.
- Os pontos de parada desativados permitem que o programador mantenha pontos de parada em locais importantes do programa, para que eles possam ser usados novamente quando necessário.
- A janela **Call Stack** contém a pilha de chamadas a métodos do programa, que permite ao programador determinar a seqüência exata de chamadas que levou ao método atual e examinar as chamadas a métodos na pilha.
- O botão **Step Over** executa uma instrução em um método e, em seguida, faz uma pausa na execução do programa.
- O botão **Step Into** executa a próxima instrução. Se a instrução contém uma chamada a método, o controle é transferido para o método, para depuração linha a linha. Se a instrução não contém uma chamada a método, o botão **Step Into** se comporta como **Step Over**.
- O botão **Step Out** termina a execução do método e retorna o controle para a linha que chamou o método.

- A janela **Immediate** é útil para testar os argumentos passados para um método. Isso ajuda a determinar se um método está funcionando corretamente.
- O Visual Studio .NET inclui recursos de depuração de classes que permitem ao programador determinar o estado atual de todos os objetos usados em um programa.
- Para ajudar na depuração de classes, o Visual Studio .NET permite que o programador expanda e veja todas as variáveis de membros de dados e propriedades de um objeto, incluindo aqueles declarados como **`private`**.

E

GERAÇÃO DE DOCUMENTAÇÃO NO VISUAL STUDIO (NO CD)

OBJETIVOS

- Apresentar a ferramenta de geração de documentação do Visual Studio .NET.
- Apresentar os comentários de documentação XML.
- Entender as tags de documentação XML e seu uso.
- Gerar arquivos de documentação HTML e XML.

★

O Apêndice E está incluído no CD que acompanha este livro, no formato PDF imprimível do Adobe® Acrobat®.

F

CONJUNTO DE CARACTERES ASCII

	0	1	2	3	4	5	6	7	8	9
0	nul	soh	stx	etx	eot	enq	ack	bel	bs	ht
1	nl	vt	ff	cr	so	si	dle	dc1	dc2	dc3
2	dc4	nak	syn	etb	can	em	sub	esc	fs	gs
3	rs	us	sp	!	"	#	$	%	&	'
4	(	)	*	+	,	-	.	/	0	1
5	2	3	4	5	6	7	8	9	:	;
6	<	=	>	?	@	A	B	C	D	E
7	F	G	H	I	J	K	L	M	N	O
8	P	Q	R	S	T	U	V	W	X	Y
9	Z	[	\	]	^	_	`	a	b	c
10	d	e	f	g	h	i	j	k	l	m
11	n	o	p	q	r	s	t	u	v	w
12	x	y	z	{	|	}	~	del		

Figura F.1 Conjunto de caracteres ASCII.

Os dígitos à esquerda da tabela são os dígitos à esquerda do equivalente decimal (0 a 127) do código de caractere, e os dígitos na parte superior da tabela são os dígitos à direita do código de caractere. Por exemplo, o código de caractere para "F" é 70, e o código de caractere para "&" é 38.

A maioria dos usuários deste livro está interessada no conjunto de caracteres ASCII usado para representar caracteres do idioma inglês em muitos computadores. O conjunto de caracteres ASCII é um subconjunto do conjunto de caracteres Unicode usado pelo C# para representar caracteres da maioria dos idiomas do mundo. Para mais informações sobre o conjunto de caracteres Unicode, veja o Apêndice G.

G

UNICODE®
(NO CD)

OBJETIVOS

- Familiarizar-se com o Unicode.
- Discutir a missão do Unicode Consortium.
- Discutir a base do projeto do Unicode.
- Entender as três formas de codificação Unicode: UTF-8, UTF-16 e UTF-32.
- Apresentar os caracteres e hieróglifos.
- Discutir as vantagens e desvantagens de usar o Unicode.
- Fornecer um breve panorama do site Web do Unicode Consortium.

★

O Apêndice G está incluído no CD que acompanha este livro, no formato PDF imprimível do Adobe® Acrobat®.

H

INTEGRAÇÃO COM (NO CD)

O Apêndice H está incluído no CD que acompanha este livro, no formato PDF imprimível do Adobe® Acrobat®.

I

Introdução ao HTML 4: Parte 1 (no CD)

Objetivos

- Entender os principais componentes de um documento HTML.
- Usar elementos HTML básicos para criar páginas World Wide Web.
- Adicionar imagens em suas páginas Web.
- Entender como criar e usar links para navegar em páginas Web.
- Criar listas de informações.

O Apêndice I está incluído no CD que acompanha este livro, no formato PDF imprimível do Adobe® Acrobat®.

J

INTRODUÇÃO AO HTML 4: PARTE 2 (NO CD)

OBJETIVOS

- Criar tabelas com linhas e colunas de dados.
- Controlar a exibição e a formatação de tabelas.
- Criar e usar formulários.
- Criar e usar mapas de imagens para ajudar no uso de links.
- Tornar páginas Web acessíveis para mecanismos de busca.
- Usar o elemento **frameset** para criar páginas Web mais interessantes.

★

O Apêndice J está incluído no CD que acompanha este livro, no formato PDF imprimível do Adobe® Acrobat®.

K

Introdução ao XHTML: Parte 1 (no CD)

Objetivos

- Entender importantes componentes dos documentos XHTML.
- Usar XHTML para criar páginas World Wide Web.
- Adicionar imagens em páginas Web.
- Entender como criar e usar links para navegar em páginas Web.
- Fazer a marcação em listas de informações.

★

O Apêndice K está incluído no CD que acompanha este livro, no formato PDF imprimível do Adobe® Acrobat®.

L

INTRODUÇÃO AO XHTML: PARTE 2 (NO CD)

OBJETIVOS

- Criar tabelas com linhas e colunas de dados.
- Controlar a formatação de tabelas.
- Criar e usar formulários.
- Criar e usar mapas de imagens para ajudar na navegação de página Web.
- Tornar páginas Web acessíveis para mecanismos de busca por meio de tags **<meta>**.
- Usar o elemento **frameset** para apresentar múltiplas páginas Web em uma única janela de navegador.

★

O Apêndice L está incluído no CD que acompanha este livro, no formato PDF imprimível do Adobe® Acrobat®.

M

CARACTERES ESPECIAIS DO HTML/XHTML

A tabela da Figura M.1 mostra muitos caracteres especiais de HTML/XHTML comumente usados — chamados de *referências a entidades de caractere* pelo World Wide Web Consortium. Para uma lista completa das referências a entidades de caractere, veja o site

```
www.w3.org/TR/REC-html40/sgml/entities.html
```

Caractere	Codificação HTML/XHTML	Caractere	Codificação HTML/XHTML
espaço incondicional	` `	ê	`ê`
§	`§`	ì	`ì`
©	`©`	í	`í`
®	`®`	î	`î`
π	`¼`	ñ	`ñ`
∫	`½`	ò	`ò`
Ω	`¾`	ó	`ó`
à	`à`	ô	`ô`
á	`á`	õ	`õ`
â	`â`	÷	`÷`
ã	`ã`	ù	`ù`
å	`å`	ú	`ú`
ç	`ç`	û	`û`
è	`è`	•	`•`
é	`é`	™	`™`

Figura M.1 Caracteres especiais XHTML.

N

CORES NO HTML/XHTML

As cores podem ser especificadas pelo uso de um nome padrão (como **aqua**) ou um valor RGB hexadecimal (como **#00FFFF** para **aqua**). Dos seis dígitos hexadecimais em um valor RGB, os dois primeiros representam a quantidade de vermelho, os dois do meio representam a quantidade de verde, e os dois últimos representam a quantidade de azul na cor. Por exemplo, **black** (preto) é a ausência de cor e é definido por **#000000**, enquanto **white** (branco) é a máxima quantidade de vermelho, verde e azul e é definido por **#FFFFFF**. Vermelho (**red**) puro é **#FF0000**, verde puro (que é chamado **lime**) é **#00FF00**, e azul (**blue**) puro é **#0000FF**. Note que, no padrão, **green** é definido como **#008000**. A Figura N.1 contém o conjunto de cores padrão do HTML/XHTML. A Figura N.2 contém o conjunto de cores estendido do HTML/XHTML.

Nome da cor	Valor	Nome da cor	Valor
aqua	#00FFFF	navy	#000080
black	#000000	olive	#808000
blue	#0000FF	purple	#800080
fuchsia	#FF00FF	red	#FF0000
gray	#808080	silver	#C0C0C0
green	#008000	teal	#008080
lime	#00FF00	yellow	#FFFF00
maroon	#800000	white	#FFFFFF

Figura N.1 Cores padrão do HTML/XHTML e valores RGB hexadecimais correspondentes.

Nome da cor	Valor	Nome da cor	Valor
aliceblue	#F0F8FF	deeppink	#FF1493
antiquewhite	#FAEBD7	deepskyblue	#00BFFF
aquamarine	#7FFFD4	dimgray	#696969
azure	#F0FFFF	dodgerblue	#1E90FF
beige	#F5F5DC	firebrick	#B22222

Figura N.2 Cores estendidas do XHTML e valores RGB hexadecimais correspondentes. (Parte 1 de 2.)

Nome da cor	Valor	Nome da cor	Valor
bisque	#FFE4C4	floralwhite	#FFFAF0
blanchedalmond	#FFEBCD	forestgreen	#228B22
blueviolet	#8A2BE2	gainsboro	#DCDCDC
brown	#A52A2A	ghostwhite	#F8F8FF
burlywood	#DEB887	gold	#FFD700
cadetblue	#5F9EA0	goldenrod	#DAA520
chartreuse	#7FFF00	greenyellow	#ADFF2F
chocolate	#D2691E	honeydew	#F0FFF0
coral	#FF7F50	hotpink	#FF69B4
cornflowerblue	#6495ED	indianred	#CD5C5C
cornsilk	#FFF8DC	indigo	#4B0082
crimson	#DC1436	ivory	#FFFFF0
cyan	#00FFFF	khaki	#F0E68C
darkblue	#00008B	lavender	#E6E6FA
darkcyan	#008B8B	lavenderblush	#FFF0F5
darkgoldenrod	#B8860B	lawngreen	#7CFC00
darkgray	#A9A9A9	lemonchiffon	#FFFACD
darkgreen	#006400	lightblue	#ADD8E6
darkkhaki	#BDB76B	lightcoral	#F08080
darkmagenta	#8B008B	lightcyan	#E0FFFF
darkolivegreen	#556B2F	lightgoldenrodyellow	#FAFAD2
darkorange	#FF8C00	lightgreen	#90EE90
darkorchid	#9932CC	lightgrey	#D3D3D3
darkred	#8B0000	lightpink	#FFB6C1
darksalmon	#E9967A	lightsalmon	#FFA07A
darkseagreen	#8FBC8F	lightseagreen	#20B2AA
darkslateblue	#483D8B	lightskyblue	#87CEFA
darkslategray	#2F4F4F	lightslategray	#778899
darkturquoise	#00CED1	lightsteelblue	#B0C4DE
darkviolet	#9400D3	lightyellow	#FFFFE0
limegreen	#32CD32	peru	#CD853F
mediumaquamarine	#66CDAA	pink	#FFC0CB
mediumblue	#0000CD	plum	#DDA0DD
mediumorchid	#BA55D3	powderblue	#B0E0E6
mediumpurple	#9370DB	rosybrown	#BC8F8F
mediumseagreen	#3CB371	royalblue	#4169E1
mediumslateblue	#7B68EE	saddlebrown	#8B4513
mediumspringgreen	#00FA9A	salmon	#FA8072
mediumturquoise	#48D1CC	sandybrown	#F4A460
mediumvioletred	#C71585	seagreen	#2E8B57
midnightblue	#191970	seashell	#FFF5EE
mintcream	#F5FFFA	sienna	#A0522D
mistyrose	#FFE4E1	skyblue	#87CEEB
moccasin	#FFE4B5	slateblue	#6A5ACD
navajowhite	#FFDEAD	slategray	#708090
oldlace	#FDF5E6	snow	#FFFAFA
olivedrab	#6B8E23	springgreen	#00FF7F
orange	#FFA500	steelblue	#4682B4
orangered	#FF4500	tan	#D2B48C
orchid	#DA70D6	thistle	#D8BFD8
palegoldenrod	#EEE8AA	tomato	#FF6347
palegreen	#98FB98	turquoise	#40E0D0
paleturquoise	#AFEEEE	violet	#EE82EE
palevioletred	#DB7093	wheat	#F5DEB3
papayawhip	#FFEFD5	whitesmoke	#F5F5F5
peachpuff	#FFDAB9	yellowgreen	#9ACD32

Figura N.2 Cores estendidas do XHTML e valores RGB hexadecimais correspondentes. (Parte 2 de 2.)

O

Manipulação de Bits (no CD)

Objetivos

- Entender o conceito de manipulação de bits.
- Usar operadores bit a bit.
- Usar a classe `BitArray` para realizar manipulação de bits.

★

O Apêndice O está incluído no CD que acompanha este livro, no formato PDF imprimível do Adobe® Acrobat®.

P

CRYSTAL REPORTS FOR VISUAL STUDIO .NET

P.1 Introdução

Todas as empresas reúnem e mantêm dados relevantes a seus negócios. Por exemplo, as fábricas mantêm informações sobre inventários e produção, as lojas de varejo registram vendas, as empresas de plano de saúde mantêm registros de pacientes, e as editoras controlam vendas e inventários de livros. Entretanto, apenas armazenar dados não é suficiente: os gerentes devem usar esses dados para tomar decisões. As informações devem ser corretamente organizadas, acessíveis e compartilhadas entre vários indivíduos, departamentos e filiais. Isso facilita a análise dos dados, que pode revelar informações fundamentais para a empresa, como tendências de vendas ou falta de estoque. Para tornar isso possível, os desenvolvedores têm criado software de produção de relatório — uma ferramenta importante que permite a apresentação de fontes de dados armazenados.

O *Crystal Reports*® foi lançado em 1992 como um gerador de relatórios baseado no Windows, e a Microsoft adotou o software de produção de relatórios como o padrão para o Visual Basic em 1993[1]. Agora, o Visual Studio .NET integra uma versão especial do Crystal Reports, vinculando ainda mais o Crystal Reports a todas as linguagens de programação .NET, incluindo o C#, e ao desenvolvimento do Windows e da Web. Este apêndice apresenta os recursos que a *Crystal Decisions*, a empresa que produz o Crystal Reports, oferece em seu site Web e um panorama da funcionalidade única do Crystal Report e dos recursos no Visual Studio .NET.

P.2 Recursos do site Web do Crystal Reports

A Crystal Decisions oferece recursos para desenvolvedores que trabalham no Visual Studio .NET em seu site Web, **www.crystaldecisions.com/net**. O site atualiza as alterações feitas nas versões em inglês, chinês simplificado, chinês tradicional, francês, alemão, italiano, japonês, coreano e espanhol do Visual Studio .NET. A Crystal Decisions também fornece suporte técnico por e-mail para desenvolvedores de C# do Crystal Reports. O site oferece excursões, um boletim on-line, uma demonstração multimídia do produto, grupos de discussão, uma zona do desenvolvedor e um panorama do Crystal Reports no Visual Studio .NET.

P.3 Crystal Reports e Visual Studio .NET

Os desenvolvedores que trabalham no ambiente de desenvolvimento integrado (IDE) do Visual Studio .NET podem criar e integrar relatórios em seus aplicativos usando o software Crystal Reports. A edição do Visual Studio .NET do software for-

1. "Company History", **<www.crystaldecisions.com/about/ourcompany/history.asp>**.

nece poderosos recursos para os desenvolvedores. Os recursos do Crystal Reports para o Visual Studio .NET incluem uma API (interface de programação de aplicativos) que permite que os desenvolvedores controlem como os relatórios são colocados em cache nos servidores — configuração de interrupções, restrições etc. Os desenvolvedores podem criar relatórios em múltiplos idiomas, pois agora o Crystal Reports suporta totalmente os tipos de dados Unicode. Os relatórios criados podem ser vistos em muitos formatos de arquivo. O usuário pode converter um relatório para Microsoft Word, Portable Document Format (PDF) da Adobe, HyperText Markup Language (HTML) e outros, para que as informações possam ser facilmente distribuídas e usadas em uma ampla variedade de documentação. Todo relatório do Crystal Reports criado no Visual Studio .NET pode se tornar um recurso incorporado para uso em aplicativos Windows e da Web e em serviços da Web. Esta seção fornece um panorama dos estágios iniciais da criação de relatórios e de alguns recursos mais avançados.

Para ajudar os desenvolvedores do Visual Studio .NET a projetar relatórios, o Crystal Reports fornece o *Report Expert*. Os especialistas (*experts*) são semelhantes aos "modelos" e "assistentes" — eles guiam os usuários na criação de uma variedade de relatórios enquanto tratam dos detalhes de como o relatório é criado, de modo que o usuário não precisa se preocupar com eles. Os especialistas disponíveis criam vários tipos de relatórios, incluindo relatórios padrão, carta padrão, formulário, tabela cruzada, sub-relatório, etiquetas de endereçamento e de exercício (Figura P.1). A Figura P.2 ilustra a interface **Standard Report Expert**.

O software Crystal Reports para o Visual Studio .NET compreende vários componentes. Uma vez configurado um relatório, manualmente ou usando um especialista, os desenvolvedores utilizam o Crystal Reports Designer no Visual Studio .NET para modificar, adicionar e formatar objetos e campos, assim como para formatar o layout do relatório e manipular o seu projeto (Figura P.3). Então, o Designer gera arquivos RPT (`.rpt` é a extensão de arquivo de um relatório Crystal Reports). Esses arquivos RPT são processados pelo mecanismo Crystal Reports, que distribui a saída do relatório para um dos visua-lizadores do Crystal Report — um controle visualizador formulário Windows ou formulário Web, dependendo do tipo de aplicativo especificado pelo desenvolvedor. Então, os visualizadores apresentam as informações formatadas para o usuário.

Excursões ilustrando a nova funcionalidade estão disponíveis no site Web da Crystal Decisions, no endereço **`www.crystaldecisions.com/x-jump/scr_net/default.asp`**. As excursões incluem a integração e a visualização de relatórios Web por meio de aplicativos Windows, a criação de relatórios interativos em aplicativos para a Web, a exposição de Crystal Reports por meio de serviços Web e relatórios de dados ActiveX Data Objects (ADO) .NET[2]. (Para uma discussão detalhada do ADO .NET e outras ferramentas de banco de dados, veja o Capítulo 19. Esta seção fornece um panorama da funcionalidade de alguns dos ensaios de aplicativos e serviços da Web.

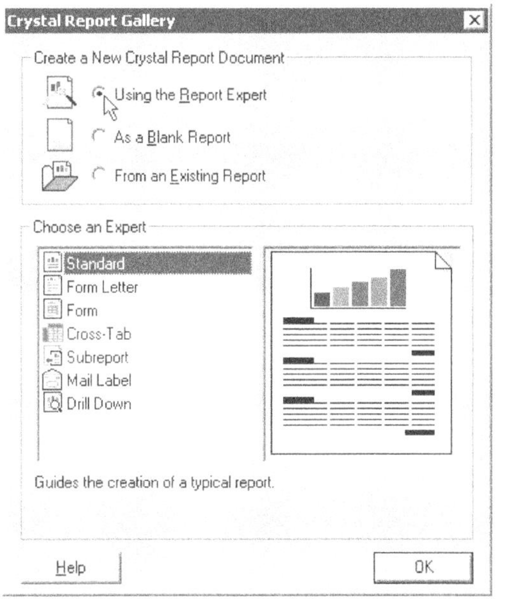

Figura P.1 Opções do especialista em relatório. (Cortesia da Crystal Decisions.)

2. As excursões do site Web da Crystal Decisions foram testadas usando-se C# no Visual Studio .NET, mas o desenvolvedor pode usá-las com qualquer linguagem suportada pelo Visual Studio .NET.

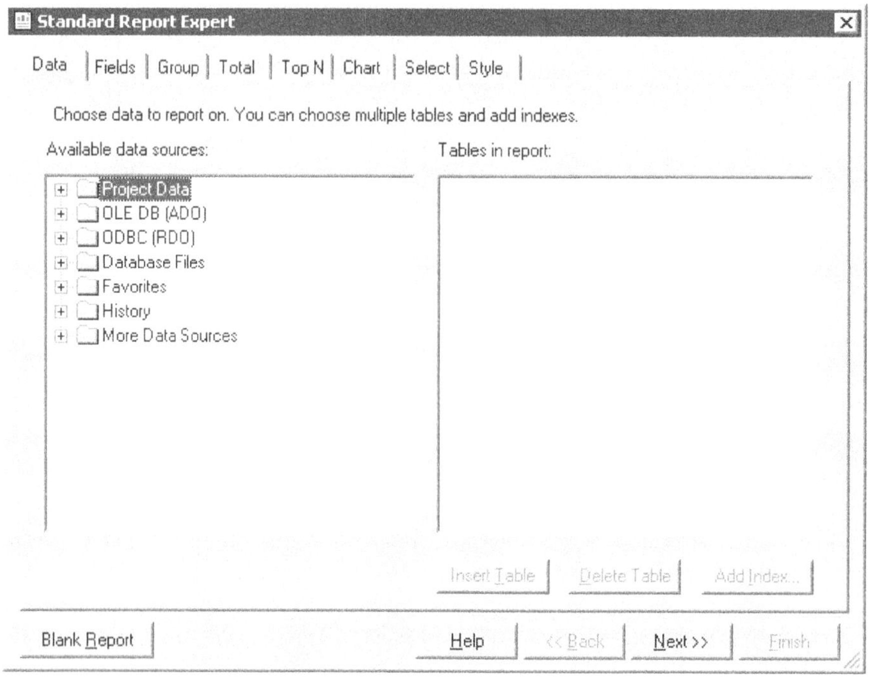

Figura P.2 Opções do menu de formatação do especialista. (Cortesia da Crystal Decisions.)

P.3.1 Crystal Reports em aplicativos para a Web

Usando o Visual Studio .NET, o desenvolvedor pode integrar um Crystal Report em uma página Web estática ou pode usar uma variedade de tecnologias disponíveis no Visual Studio .NET, para criar relatórios interativos e dinâmicos em aplicativos da Web. A tecnologia ASP .NET integrada no Visual Studio .NET possibilita a interatividade, produzindo aplicativos da Web independentes de plataforma e dinâmicos. Discutimos essas tecnologias em detalhes no Capítulo 20.

Os formulários Web consistem em arquivos HTML com controles Web incorporados e arquivos de código de retaguarda contendo lógica de tratamento de evento. O Crystal Reports fornece um Web Forms Report Viewer, que é um formulário Web que contém o relatório. Quando um cliente acessa esse formulário Web, o manipulador de evento pode atualizar e formatar informações em um Crystal Report e enviar o relatório atualizado para o usuário[3].

Uma excursão do site Web da Crystal Decision instrui o programador sobre como possibilitar a interatividade na página Web e como usar ASP .NET e seus controles. Na excursão, o usuário acessa informações sobre países, primeiro introduzindo o nome de um país na caixa de texto. Quando o usuário envia a informação, o nome do país é passado para o controle visualizador de formulário Web e o relatório é atualizado — a página de formulário Web atualiza o relatório em HTML e o envia para o navegador cliente.

P.3.2 Crystal Reports e serviços da Web

Qualquer Crystal Report criado em C# pode ser publicado como parte de um aplicativo ou serviço da Web. Um serviço da Web fornece métodos que são acessíveis pela Internet para qualquer aplicativo, independentemente da linguagem de programação ou da plataforma. Um serviço da Web de relatório seria um veículo excelente, com o qual parceiros comerciais poderiam acessar informações específicas do relatório. A Crystal Decisions fornece uma excursão que dá uma visão geral dos passos para familiarizar o usuário com a implementação de um relatório como um serviço da Web. (Discutimos os serviços da Web em detalhes no Capítulo 21.)

Quando um Crystal Report é publicado como um serviço da Web, o Visual Studio .NET gera um arquivo de DLL contendo o relatório e um arquivo XML. Os dois arquivos são publicados em um servidor da Web para que um cliente possa

3. "Interactivity and Reports in Web Applications", *Crystal Reports for Visual Studio .NET*. **<www.crystaldecisions.com>**.

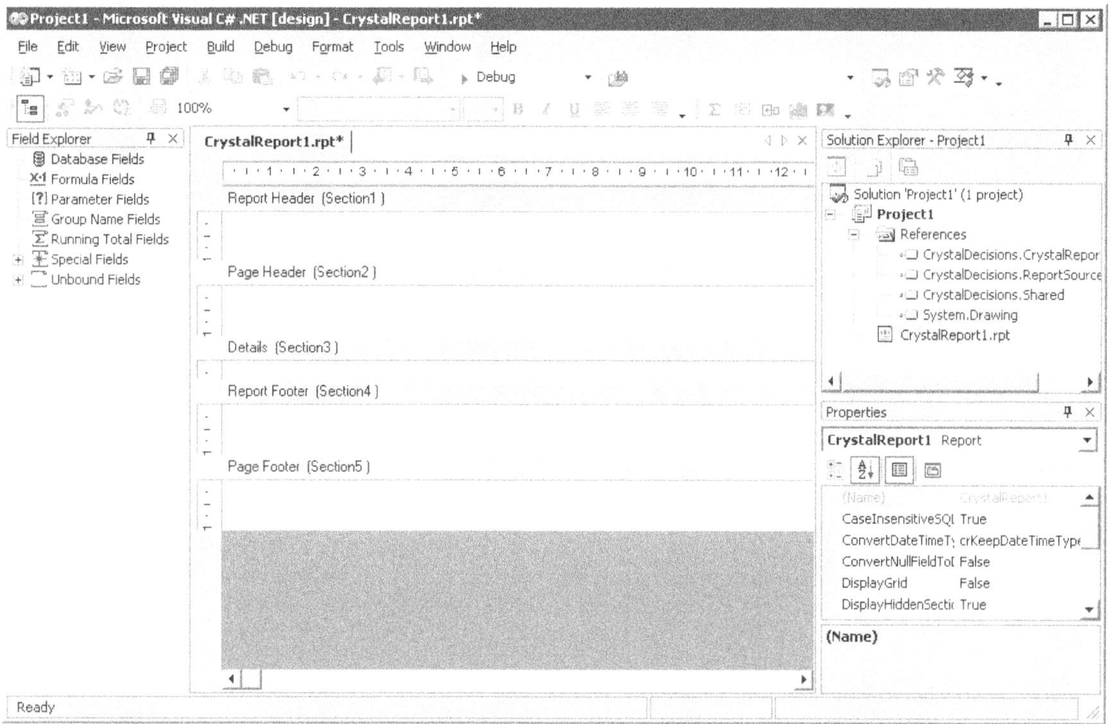

Figura P.3 Interface do projetista do Crystal Reports. (Cortesia da Crystal Decisions.)

acessar o relatório. Uma mensagem Simple Object Access Protocol (SOAP) baseada em XML transporta os dados de e para o serviço da Web.

Quando um desenvolvedor usa o Visual Studio .NET para criar e publicar o serviço da Web, ele pode vincular o serviço a um aplicativo Windows ou da Web, para apresentar os dados retornados do serviço da Web. O ensaio detalha como criar e gerar o serviço da Web, como vincular o serviço a um visualizador Windows ou da Web e como construir o aplicativo cliente que verá o serviço[4].

4. "Exposing Reports as Web Services", *Crystal Reports for Visual Studio .NET*. **<www.crystaldecisions.com>**.

Bibliografia

Albahari, B., P. Drayton e B. Merrill. *C# Essentials*. Cambridge, MA: O'Reilly & Associates, 2001.

Anderson, R., A. Homer, R. Howard e D. Sussman. *A Preview of Active Server Pages+*. Birmingham, UK: Wrox Press, 2001.

Anderson, R., B. Francis, A. Homer, R. Howard, D. Sussman e K. Watson. *ASP .NET*. Chicago, IL: Wrox Press, Inc., 2001.

Archer, T. *Inside C#*. Redmond, WA: Microsoft Press, 2001.

Blaha, M. R., W. J. Premerlani e J. E. Rumbaugh. "Relational Database Design Using an Object-Oriented Methodology". *Communications of the ACM*, v. 31, n. 4, abril de 1988, 414–427.

Carr, D. F. "Dave Winer: The President of Userland and SOAP Co-Creator Surveys the Changing Scene". *Internet World*, março de 2001, 53–58.

Carr, D. "Hitting a High Note". *Internet World*, março de 2001, 71.

Carr, D. "Slippery SOAP". *Internet World*, março de 2001, 72–74.

Chappel, D. "A Standard for Web Services: SOAP vs. ebXML". *Application Development Trends*, fevereiro de 2001, 17.

Chappel, D. "Coming Soon: The Biggest Platform Ever". *Application Development Trends Magazine*, maio de 2001, 15.

Codd, E. F. "A Relational Model of Data for Large Shared Data Banks". *Communications of the ACM*, junho de 1970.

Codd, E. F. "Fatal Flaws in SQL". *Datamation*, v. 34, n. 16, 15 de agosto de 1988, 45–48.

Codd, E. F. "Further Normalization of the Data Base Relational Model". *Courant Computer Science Symposia*, v. 6, *Data Base Systems*. Upper Saddle River, N.J.: Prentice Hall, 1972.

Conard, J., P. Dengler, B. Francis, J. Glynn, B. Harvey, B. Hollis, R. Ramachandran, J. Schenken, S. Short e C. Ullman. *Introducing .NET*. Birmingham, UK: Wrox Press, 2000.

Correia, E. J. "Visual Studio .NET to Speak in Tongues". *Software Development Times*, abril de 2001, 12.

Cornell, G. e J. Morrison. *Moving to VB .NET: Strategies, Concepts, and Code*. Berkeley, CA: Apress Publishing, 2001.

Date, C. J. *An Introduction to Database Systems, Seventh Edition*. Reading, MA: Addison-Wesley Publishing, 2000.

Davydov, M. "The Road to the Future of Web Services". *Intelligent Enterprise*, maio de 2001, 50–52.

Deitel, H. M. *Operating Systems, Second Edition*. Reading, MA: Addison Wesley Publishing, 1990.

Deitel, H. M. e Deitel, P. J. *Java How To Program, Fourth Edition*. Upper Saddle River, NJ: Prentice Hall, 2001

Deitel, H. M., Deitel, P. J. e T. R. Nieto. *Visual Basic 6 How To Program*. Upper Saddle River, NJ: Prentice Hall, 1999.

Deitel, H. M., P. J. Deitel, T. R. Nieto, T. M. Lin e P. Sadhu. *XML How To Program*. Upper Saddle River, NJ: Prentice Hall, 2001

Dejong, J. "Microsoft's Clout Drives Web Services". *Software Development Times*, março de 2001, 29, 31.

Dejong, J. "One-Stop Shopping: A Favored Method". *Software Development Times*, fevereiro de 2001, 20.

Dejong, J. "Raising the Bar". *Software Development Times*, março de 2001, 29–30.

Erlanger. L. "Dissecting .NET". *Internet World*, março de 2001, 30–36.

Erlanger. L. ".NET Services". *Internet World*, março de 2001, 47.

Esposito, D. "Data Grid In-Place Editing". *MSDN Magazine*, junho de 2001, 37–45.

Esposito, D. "Server-Side ASP .NET Data Binding: Part 2: Customizing the Data Grid Control". *MSDN Magazine*, abril de 2001, 33–45.

Finlay, D. "GoXML Native Database Clusters Data, Reduces Seek Time". *Software Development Times*, março de 2001, 5.

Finlay, D. "New York Prepares for .NET Conference". *Software Development Times*, junho de 2001, 23.

Finlay, D. "UDDI Works on Classification, Taxonomy Issues". *Software Development Times*, março de 2001, 3.

Fontana, J. "What You Get in .NET". *Network World*, abril de 2001, 75.

Galli, P. e R. Holland. ".NET Taking Shape, But Developers Still Wary". *eWeek*, junho de 2001, p. 9, 13.

Gillen, A. "Sun's Answer to .NET". *EntMag*, março de 2001, 38.

Gillen, A. "What a Year It's Been". *EntMag*, dezembro de 2000, 54.

Gladwin, L. C. "Microsoft, eBay Strike Web Services Deal". *Computer World*, março de 2001, 22.

Grimes, R. "Make COM Programming a Breeze with New Feature in Visual Studio .NET". *MSDN Magazine*, abril de 2001, 48–62.

Gunnerson, E. A *Programmer's Introduction to C#: Second Edition*. Nova York, NY: Apress, 2001.

Harvey, B., S. Robinson, J. Templeman e K. Watson. *C# Programming With the Public Beta*. Birmingham, UK: Wrox Press, 2000.

Holland, R. "Microsoft Scales Back VB Changes". *eWeek*, abril de 2001, 16.

Holland, R. "Tools Case Transition to .NET Platform". *eWeek*, março de 2001, 21.

Hulme, G, V. "XML Specification May Ease PKI Integration". *Information Week*, dezembro de 2000, 38.

Hutchinson, J. "Can't Fit Another Byte". *Network Computing*, março de 2001, 14.

Jepson, B. "Applying .NET to Web Services". *Web Techniques*, maio de 2001, 49–54.

Jones, B. *Sams Teach Yourself C# in 21 Days*. Indianapolis, IN: Sams Publishing, 2002.

Karney. J. ".NET Devices". *Internet World*, março de 2001, 49–50.

Kiely, D. "Doing .NET In Internet Time". *Information Week*, dezembro de 2000, 137–138, 142–144, 148.

Kirtland, M. "The Programmable Web: Web Services Provides Building Blocks for the Microsoft .NET Framework". *MSDN Magazine*, setembro de 2000 <msdn.microsoft.com/msdnmag/issues/0900/WebPlatform/WebPlatform.asp>.

Levitt, J. "Plug-And-Play Redefined". *Information Week*, abril de 2001, 63–68.

McCright, J. S. e D. Callaghan. "Lotus Pushes Domino Services". *eWeek*, junho de 2001, 14.

Michaelis, M. e P. Spokas. *C# Developer's Headstart*. New York, NY: Osbourne/McGraw-Hill, 2001.

"Microsoft Chimes in with New C Sharp Programming Language". Xephon Web site. 30 de junho de 2000 <www.xephon.com/news/00063019.html>.

Microsoft Corporation, *Microsoft C# Language Specifications*. Redmond, VA: Microsoft Press, 2001.

Microsoft Developer Network Documentation. Visual Studio .NET CD-ROM, 2001.

Microsoft Developer Network Library. .NET Framework SDK. Microsoft Web site <msdn.microsoft.com/library/default.asp>.

Moran, B. "Questions, Answers, and Tips". *SQL Server Magazine*, abril de 2001, 19–20.

MySQL Manual. MySQL Web site <www.mysql.com/doc/>.

Oracle Technology Network Documentation. Oracle Web site. <otn.oracle.com/docs/content.html>.

Otey, M. "Me Too .NET". *SQL Server Magazine*, abril de 2001, 7.

Papa, J. "Revisiting the Ad-Hoc Data Display Web Application". *MSDN Magazine*, junho de 2001, 27–33.

Powell, R. e R. Weeks. *C# and the .NET Framework: The C# Perspective*. Indianapolis, IN: Sams Publishing, 2002.

Pratschner, S. "Simplifying Deployment and Solving DLL Hell with the .NET Framework". *MSDN Library*, setembro de 2000 <msdn.microsoft.com/library/techart/dplywithnet.htm>.

Prosise, J. "Wicked Code". *MSDN Magazine*, abril de 2001, 121–127.

Relational Technology, *INGRES Overview*. Alameda, CA: Relational Technology, 1988.

Ricadela, A. "IBM Readies XML Middleware". *Information Week*, dezembro de 2000, 155.

Ricadela, A. e P. McDougall. "eBay Deal Helps Microsoft Sell .NET Strategy". *Information Week*, março de 2001, 33.

Richter, J. "An Introduction to Delegates". *MSDN Magazine*, abril de 2001, 107–111.

Richter, J. "Delegates, Part 2". *MSDN Magazine*, junho de 2001, 133–139.

Rizzo, T. "Let's Talk Web Services". *Internet World*, abril de 2001, 4–5.

Rizzo, T. "Moving to Square One". *Internet World*, março de 2001, 4–5.

Robinson, S., O. Cornes, J. Glynn, B. Harvey, C. McQueen, J. Moemeka, C. Nagel, M. Skinner e K. Watson. *Professional C#*. Birmingham, UK: Wrox Press, 2001.

Rollman, R. "XML Q & A". *SQL Server Magazine*, abril de 2001, 57–58.

Rubinstein, D. "Suit Settled, Acrimony Remains". *Software Development Times*, fevereiro de 2001, 1, 8.

Rubinstein, D. "Play It Again, XML". *Software Development Times*, março de 2001, 12.

Scott, G. "Adjusting to Adversity". *EntMag*, março de 2001, 38.

Scott, G. "Putting on the Breaks". *EntMag*, dezembro de 2000, 54.

Sells, C. "Managed Extensions Bring .NET CLR Support to C++". *MSDN Magazine*, julho de 2001, 115–122.

Seltzer, L. "Standards and .NET". *Internet World*, março de 2001, 75–76.

Shohoud, Y. "Tracing, Logging, and Threading Made Easy with .NET". *MSDN Magazine*, julho de 2001, 60–72.

Sliwa, C. "Microsoft Backs Off Changes to VB .NET". *Computer World*, abril de 2001, 14.

Songini, Marc. "Despite Tough Times, Novell Users Remain Upbeat". *Computer World*, março de 2001, 22.

Spencer, K. "Cleaning House". *SQL Server Magazine*, abril de 2001, 61–62.

Spencer, K. "Windows Forms in Visual Basic .NET". *MSDN Magazine*, abril de 2001, 25–45.

Stonebraker, M. "Operating System Support for Database Management". *Communications of the ACM*, v. 24, n. 7, julho de 1981, 412–418.

Surveyor. J. ".NET Framework". *Internet World*, março de 2001, 43–44.

Tapang, C. C. "New Definition Languages Expose Your COM Objects to SOAP Clients". *MSDN Magazine*, abril de 2001, 85–89.

Thai, T. e H. Q. Lam. *.NET Framework*. Cambridge, MA: O'Reilly & Associates, Inc., 2001.

Troelsen, A. *C# and the .NET Platform*. Nova York, NY: Apress, 2001.

Utley, C. *A Programmer's Introduction to Visual Basic .NET*. Indianápolis, IN: Sams Publishing, 2001.

Visual Studio .NET ADO .NET Overview. Microsoft Developers Network Web site <msdn.microsoft.com/vstudio/nextgen/technology/adoplusdefault.asp>.

Ward, K. "Microsoft Attempts to Demystify .NET". *EntMag*, dezembro de 2000, 1.

Waymire, R. "Answers from Microsoft". *SQL Server Magazine*, abril de 2001, 71–72.

Whitney, R. "XML for Analysis". *SQL Server Magazine*, abril de 2001, 63–66.

Wille, C. *Presenting C#*. Indianapolis, IN: Sams Publishing, 2000.

Winston, A. "A Distributed Database Primer". *UNIX World*, abril de 1988, 54–63.

Zeichick, A. "Microsoft Serious About Web Services". *Software Development Times*, março de 2001, 3.

Índice Remissivo

B

Q

R

Acordo de Licença e Garantia Limitada da Prentice Hall

LEIA CUIDADOSAMENTE OS TERMOS E CONDIÇÕES A SEGUIR, ANTES DE ABRIR ESTE PACOTE DE SOFTWARE. ESTE DOCUMENTO JURÍDICO É UM ACORDO ENTRE VOCÊ E A PRENTICE HALL, INC. (A "EMPRESA"). ABRINDO ESTE PACOTE DE SOFTWARE SELADO VOCÊ ESTÁ CONCORDANDO EM OBEDECER A ESTES TERMOS E CONDIÇÕES. SE VOCÊ NÃO CONCORDAR COM ESTES TERMOS E CONDIÇÕES, NÃO ABRA O PACOTE DE SOFTWARE. DEVOLVA PRONTAMENTE O PACOTE DE SOFTWARE INTACTO E TODOS OS ITENS QUE O ACOMPANHAM PARA O LUGAR EM QUE VOCÊ OS ADQUIRIU, PARA RESSARCIMENTO TOTAL DOS VALORES QUE TIVER PAGO.

1. CONCESSÃO DE LICENÇA: Em consideração a sua aquisição deste livro e a sua aquiescência em obedecer aos termos e às condições deste Acordo, a Empresa concede a você o direito não-exclusivo de usar e exibir a cópia do programa de software incluso (daqui em diante denominado "SOFTWARE") em um único computador (isto é, com uma única CPU), em um único local, desde que você obedeça aos termos deste Acordo. A Empresa reserva todos os direitos não expressamente concedidos a você neste Acordo.

2. POSSE DO SOFTWARE: Você possui apenas a mídia magnética ou física (a mídia incluída) em que o SOFTWARE está gravado ou corrigido, mas a Empresa e os desenvolvedores do software mantêm todos os direitos, o título e a posse do SOFTWARE gravado na(s) cópia(s) da mídia original e todas as cópias subseqüentes do SOFTWARE, independentemente da forma ou mídia em que a original ou outras cópias possam existir. Esta licença não é uma venda para você do SOFTWARE original ou de qualquer cópia.

3. RESTRIÇÕES DE CÓPIA: Este SOFTWARE e os materiais impressos e o manual do usuário acompanhantes (a "Documentação") são objeto de direitos autorais. Os programas individuais na mídia têm direitos autorais dos autores de cada programa. Alguns dos programas na mídia incluem acordos de licença separados. Se você pretende usar um desses programas, deve ler e seguir seu acordo de licença acompanhante. Você não pode copiar a Documentação nem o SOFTWARE, exceto que pode fazer uma única cópia do SOFTWARE, apenas para propósitos de backup ou arquivamento. Você pode ser responsabilizado legalmente por qualquer infração de cópia ou direitos autorais que seja causada ou estimulada por sua não-obediência aos termos desta restrição.

4. RESTRIÇÕES DE USUÁRIO: Você não pode colocar o software em rede nem usá-lo simultaneamente em mais de um computador ou terminal de computador. Você pode transferir o SOFTWARE fisicamente de um computador para outro, desde que o SOFTWARE seja usado em apenas um computador por vez. Você não pode distribuir cópias do SOFTWARE ou da Documentação para outros. Você não pode fazer engenharia reversa, desmontar, descompilar, modificar, adaptar, traduzir ou criar trabalhos derivados baseados no SOFTWARE ou na Documentação sem consentimento expresso anterior da Empresa.

5. RESTRIÇÕES DE TRANSFERÊNCIA: A licença do SOFTWARE incluso serve apenas para você e não pode ser transferida para ninguém mais sem consentimento expresso anterior da Empresa. Qualquer transferência não autorizada do SOFTWARE resultará no término imediato deste Acordo.

6. TÉRMINO: Esta licença fica em vigor até ser terminada. Esta licença terminará automaticamente, sem aviso da Empresa, e se tornará nula e inválida, se você não obedecer a qualquer uma de suas cláusulas ou limitações. Ao término dela, você deverá destruir a Documentação e todas as cópias do SOFTWARE. Todas as cláusulas deste Acordo, quanto às garantias, à limitação de responsabilidade, às retificações ou aos danos, e nossos direitos de posse valerão após o término.

7. MISCELÂNEA: Este Acordo será interpretado de acordo com as leis dos Estados Unidos da América e do estado de Nova York e beneficiará a Empresa, suas afiliadas e cessionários.

8. GARANTIA LIMITADA E RENÚNCIA DE DIREITO LEGAL À GARANTIA: A Empresa garante que o SOFTWARE, quando corretamente usado, de acordo com a Documentação, funcionará em substancial conformidade com a descrição do SOFTWARE estabelecida na Documentação. A Empresa não garante que o SOFTWARE vá atender a seus requisitos ou que o funcionamento do SOFTWARE será ininterrupto ou livre de erros. A Empresa garante que a mídia em que o SOFTWARE é distribuído estará isenta de defeitos quanto aos materiais e acabamento, sob uso normal, por um período de trinta (30) dias, a partir da data de sua aquisição. Sua única retificação e a única obrigação da Empresa, sob essas garantias limitadas, é, como opção da Empresa, devolver o item garantido pelo reembolso de todos os valores pagos por você ou a substituição do item. Toda substituição de SOFTWARE ou mídia sob as garantias não ultrapassará o período de garantia original. A garantia limitada acima estabelecida não se aplicará a nenhum SOFTWARE que a Empresa determine de boa fé como usado de maneira errada, negligente, de instalação incorreta, reparos, alteração ou danos de sua parte. EXCETO QUANTO ÀS GARANTIAS EXPRESSAS ESTABELECIDAS ACIMA, A EMPRESA RENUNCIA A TODAS AS GARANTIAS, EXPRESSAS OU IMPLÍCITAS, INCLUINDO SEM LIMITAÇÃO AS GARANTIAS IMPLÍCITAS DE MERCANTILISMO E LUCRO PARA UM PROPÓSITO EM PARTICULAR. EXCETO QUANTO À GARANTIA EXPRESSA ESTABELECIDA ACIMA, A EMPRESA NÃO CONCEDE, GARANTE NEM FAZ QUALQUER REPRESENTAÇÃO A RESPEITO DO USO OU DOS RESULTADOS DO USO DO SOFTWARE, EM TERMOS DE SUA CORREÇÃO, PRECISÃO, CONFIABILIDADE, ATUALIDADE OU OUTROS.

EM NENHUM EVENTO A EMPRESA OU SEUS FUNCIONÁRIOS, AGENTES, FORNECEDORES OU EMPREITEIROS SERÃO RESPONSÁVEIS POR DANOS ACIDENTAIS, INDIRETOS, ESPECIAIS OU CONSEQÜENTES, ORIUNDOS OU LIGADOS À LICENÇA CONCEDIDA SOB ESTE ACORDO, OU PELA PERDA DE USO, PERDA DE DADOS, PERDA DE FATURAMENTOS OU LUCROS, OU OUTRAS PERDAS, OCASIONADAS COMO RESULTADO DE DANOS A QUALQUER PESSOA, OU A PERDA OU DANOS À PROPRIEDADE, OU RECLAMAÇÕES DE TERCEIROS, MESMO QUE A EMPRESA OU UM REPRESENTANTE AUTORIZADO DELA TENHA SIDO AVISADO DA POSSIBILIDADE DE TAIS DANOS. EM NENHUM EVENTO A EMPRESA SERÁ RESPONSABILIZADA POR DANOS COM RELAÇÃO AO SOFTWARE EXCEDENDO AOS VALORES REALMENTE PAGOS POR VOCÊ, SE APLICÁVEL, PELO SOFTWARE.

ALGUMAS JURISDIÇÕES NÃO PERMITEM A LIMITAÇÃO DE GARANTIAS IMPLÍCITAS OU DA RESPONSABILIDADE POR DANOS ACIDENTAIS, INDIRETOS, ESPECIAIS OU CONSEQÜENTES; PORTANTO, AS LIMITAÇÕES ACIMA PODEM NEM SEMPRE SER APLICADAS. AS GARANTIAS DESTE ACORDO CONCEDEM A VOCÊ DIREITOS JURÍDICOS ESPECÍFICOS, E VOCÊ TAMBÉM PODERÁ TER OUTROS DIREITOS, QUE VARIAM DE ACORDO COM AS LEIS LOCAIS.

RECONHECIMENTO

VOCÊ RECONHECE QUE LEU ESTE ACORDO, O ENTENDEU E CONCORDA COM SEUS TERMOS E CONDIÇÕES. VOCÊ TAMBÉM CONCORDA QUE ESTE ACORDO É A DECLARAÇÃO COMPLETA E EXCLUSIVA DO ACORDO ENTRE VOCÊ E A EMPRESA E SUPERA TODAS AS PROPOSTAS OU ACORDOS ANTERIORES, VERBAIS OU ESCRITOS, E QUAISQUER OUTRAS COMUNICAÇÕES ENTRE VOCÊ E A EMPRESA OU QUALQUER REPRESENTANTE DELA, RELACIONADAS AO TEOR DESTE ACORDO.

Se você tiver quaisquer dúvidas a respeito deste Acordo ou se quiser entrar em contato com a Empresa por qualquer motivo, faça isso por escrito, no endereço a seguir.

Robin Short
Prentice Hall PTR
One Lake Street
Upper Saddle River, New Jersey 07458